受浙江大学文科高水平学术著作出版基金资助

总主编　黄先海　罗卫东

Volume 2A

宏观经济学手册

第2A卷

[美] 约翰·B. 泰勒（John B. Taylor）
[美] 哈拉尔德·厄里格（Harald Uhlig）　/ 主编

贾拥民 / 译

Handbook of
Macroeconomics

ZHEJIANG UNIVERSITY PRESS
浙江大学出版社
·杭州·

图书在版编目（CIP）数据

宏观经济学手册. 第2A卷 /（美）约翰·B.泰勒
（John B. Taylor），（美）哈拉尔德·厄里格
（Harald Uhlig）主编；贾拥民译 . -- 杭州：浙江大学
出版社，2024.12. -- ISBN 978-7-308-25669-8

Ⅰ. F015-62

中国国家版本馆CIP数据核字第202408KG77号

浙江省版权局著作权合作登记图字号11-2024-461

This edition of Handbook of Macroeconomics，2A-2B SET，by John B.
Taylor，Harald Uhlig is published by arrangement with ELSEVIER BV.，
of Radarweg 29，1043NX Amsterdam，Netherlands.

译者序

爱思唯尔出版社出版的《经济学手册》系列丛书是经济学界最重要的工具书之一。每一本手册都由所属领域的权威经济学家主编，他们邀请在该领域中对各个重要主题素有研究的经济学家对相关文献和最新研究成果进行综述并介绍自己的新思路与新发现。经济学家都把收到这种邀请视为对自己学术成就的一种极大的肯定。

在浙江大学出版社引进出版《经济学手册》系列的过程中，我承担了《宏观经济学手册（第 2 卷）》和《货币经济学手册（第 3B 卷）》的翻译工作。此外我还参与了《收入分配经济学手册（第 2 卷）》《媒体经济学手册（第 1 卷）》《健康经济学手册（第 2 卷）》，以及《货币经济学手册（第 3A 卷）》的审校。感谢浙江大学出版社对我的信任。

这是一项极其艰巨的任务。我当然有自知之明。这个工作其实也许是我力有未逮的。前些年，我承担过《新帕尔格雷夫经济学大辞典》（第二版，共八卷）和《行为经济学分析基础》（共八册）的翻译与校对工作，当时那种战战兢兢、如履薄冰的感觉，这一次又回来了，而且更加清晰。当年，我的老师汪丁丁教授就曾经对我说过："你做这个事情风险极大。"确实如此，在未来，我很可能要面对无数的批评。但是话说回来，事实上，真的能完全胜任这个工作的人本来就不会很多（当然，还有一个可能是，胜任的人不愿意承担这个工作）。而且这个事实本身也意味着，它是一项需要勇气和付出的工作。我也许胜任，也许不胜任，但是无论如何，我愿意冒这个险，并乐意接受专家和读者的批评。

从根本上说，经济学是一门致力于探究个人生活和社会秩序的定律或"法则"的学科，无论是想追求个人理想的实现，还是试图增进社会福利，前提都是绝不能背离经济学原理，在这个意义上，经济学是所有人都需要学习和掌握的。有一种说法是，学习经济学会使人变成一个"精致的利己主义者"。这种说法失之偏颇，经济学不能背这个锅，或者说，应该归咎的是那种不"健全"的经济学。

因此，为学生以及更广泛的愿意学习经济学的人提供更全面、更适当的工具，帮助他们理解经济学方法、经济学发现和经济学思想的发展，无疑是非常有意义的。而要做到这一点，翻译出版国外的优秀著作应该是一个比较快捷的途径。

回顾自己十多年来完成的经济学方面的译著，从《现代经济学主要流派》《贝克尔经济学讲义》，到《实验经济学手册》《神经经济学分析基础》，再到《经济学理论和认知科学》《复杂经济学》，再到我深度参与的《新帕尔格雷夫经济学大辞典》和《行为经济学分析基础》，然后再到现在这个《经济学手册》系列，我似乎真的（也许是不自觉地）在做着这样一件事情。

学术翻译的价值曾经受到过不少人的质疑，理由是普通读者不会去读学术性很强的译著，而专业研究者则应该直接去读原著。但是如前所述，这种质疑对于经济学领域的学术翻译并不适用。至少，译者能够为经济学的学习者和研究者节省时间，这一点应该没有疑问。

翻译向来被称为"戴着镣铐跳舞"，学术翻译更是众所周知的苦差事，而且在当前的评价体系下，翻译作品甚至不算科研成果。有人曾问我，你为什么要去做翻译这种"痛苦"的事情呢？首先请允许我自我标榜一下，基于前面谈到的理由，这确实是因为我有一种使命感和奉献精神，我觉得这件事情有价值，值得我为它付出。另一个原因是翻译（特别是研究型翻译）本身是一个很好的学习过程，可以带来知识得到充实的快乐。我的很多知识就是在翻译过程中学到的。

回首《宏观经济学手册（第 2 卷）》和《货币经济学手册（第 3B 卷）》的翻译过程，个中甘苦实在一言难尽。由于工作量很大，因此我制订了严苛的翻译计划。每天早晨四点起床开始翻译工作，七点之后再着手安排一天的其他事务，保证每天早上至少有三个小时的翻译时间，在此基础上利用一切可以利用的时间。一年中我至少有 350 天保持这种状态，无论是在家中，还是在外地，从不例外。不必讳言，由于整个翻译过程相当漫长，我的状态难免有所起伏，同时囿于有限的学识，译文中难免会存在疏漏，因此我也特别感谢编辑和审校老师。

当然，这么多年来，如果没有家人、老师和朋友的支持与帮助，我是无法坚持下来的，借此机会，请允许我对他们表达谢意。

首先要感谢的是我的家人。太太傅瑞蓉一直是我翻译工作的第一合作者，我无比感激她为我、为我们家庭的付出。感谢小儿贾岚晴，他以他的方式激励并推动着我，令我自豪的是，当他只是一个初中生时就可以在数学推导方面给我提供帮助，而且能够与我在不少问题上进行严肃的讨论。到本书付印时，他应该已经上大学了。感谢岳父傅美峰、岳母蒋仁娟在贾岚晴幼年时对他的精心照料。

感谢汪丁丁老师，他对我的翻译工作多次给予了高度肯定。同时感谢叶航、罗卫东、韦森等老师的鼓励和帮助。

感谢与我合作过的出版机构和编辑的支持与信任，特别是浙江大学出版社。还有许多同学、好友，囿于有限的篇幅，非常遗憾他们的名字无法在这里一一列出，但是无法否认，他们也给了我很大的帮助，在此一并致谢。

贾拥民

写于杭州尚谷阁

主编介绍

约翰·B. 泰勒

约翰·B. 泰勒(John B. Taylor)是斯坦福大学玛丽和罗伯特·雷蒙德经济学教授,也是斯坦福大学胡佛研究所乔治·舒尔茨高级经济学研究员,同时他还是斯坦福大学经济学中心主任。泰勒的研究领域主要集中在宏观经济学、货币经济学和国际经济学,他是《宏观经济学手册·第一卷》的主编。最近,泰勒出版了两本专著,一本讨论金融危机,名为《偏离正轨》(*Getting off Track*),另一本名为《基本原则:重建美国繁荣的五个关键》(*First Principles: Five Keys to Restoring America's Prosperity*)。

泰勒曾经担任过美国总统经济顾问委员会的高级经济学家和委员。2001年至2005年,他曾出任美国财政部副部长,负责国际事务。为了表彰泰勒在本科教学方面的杰出成就,斯坦福大学还授予他"霍格兰奖"(Hoagland Prize)和"罗兹奖"(Rhodes Prize)。由于为美国财政部的政策制定做出了重大贡献,泰勒还获得了"亚历山大·汉密尔顿奖"(Alexamder Hamilton Award)和美国财政部颁发的"杰出服务奖"。

泰勒分别在普林斯顿大学和斯坦福大学获得了经济学学士学位(最优等)和经济学博士学位。

哈拉尔德·厄里格

哈拉尔德·厄里格(Harald Uhlig,又译为哈拉尔德·乌利希)出生于1961年,自2007年起一直是芝加哥大学经济系的教授,并在2009年至2012年间担任该系主任。在此之前,他曾在普林斯顿大学、蒂尔堡大学和柏林洪堡大学担任过教职。厄里格的研究兴趣在于定量宏观经济学、金融市场和贝叶斯计量经济学。从2006年到2010年,他曾经担任《计量经济学》(*Econometrica*)杂志联合主编,并从2012年起担任《政治经济杂志》(*Journal of Political Economy*)编辑(从2013年起担任主编)。他现在是德国央行(德国联邦银行)、欧洲中央银行和芝加哥联邦储备银行的顾问。他还是计量经济学会的会员,也是社会政策协会(Verein für Socialpolitik)"戈森奖"(Gossen Preis)的获奖者。"戈森奖"每年颁发给德语区一位已经赢得了国际声誉的经济学家。

第一部分　经济增长与经济波动的事实

第一章　经济增长的基本事实

C. I. 琼斯 (C. I. Jones) [*]

[*]:斯坦福商学院,美国,加利福尼亚州,斯坦福;

美国国家经济研究局(NBER),美国,马萨诸塞州,剑桥

目　录

本章摘要:为什么世界上最富裕的国家的人比100年前的人富裕这么多?为什么一些国家比其他国家更加富裕?诸如此类的问题,以及对它们的回答,构成了经济增长这个宏观经济学领域。本章为作为上述问题的基础的一些基本事实提供了扎实的证据。我们今天到底比100年前的人富裕多少?国家与国家之间的收入差距究竟有多大?本章的目的就在于,提供一个关于经济增长的基本事实的百科全书式的叙述。这些事实是我们构建增长理论的基石。我们将它们聚集在一起,并利用可以得到的最新数据对这些事实加以更新。

关键词:经济增长,发展,长期增长,生产率

JEL 分类代码:E01,O10,04

与尊重真实数据但推理不正确导致的错误相比,由缺乏事实而产生的错误,不但数量多得多,而且错误产生的影响更加持久。

——查尔斯·巴贝奇,转引自罗森博格(Rosenborg,1994年,第27页)

由可观察的量来建立一个理论是不对的……正好相反,理论决定了我们能观察到什么。——阿尔伯特·爱因斯坦,转引自海森堡(Heisenberg,1971年,第63页)

为什么美国、德国和日本的居民会比100年或1000年前的人们富裕这么多?为什么今天的法国人和荷兰人要比海地人和肯尼亚人更加富有?类似这样的问题一直是经济增长领域的核心问题。

经济学试图通过建立定量模型来回答这些问题。这些模型是可以与经验数据进行比较

的。这也就是说,我们希望我们的模型不仅能够告诉我们一个国家将比另一个国家更加富有,而且能够告诉我们前者比后者富多少。或者说,这些模型不仅要说明,我们今天比一个世纪以前更富裕,而且还要说明,增长率应当是每年2%,而不是10%。但是,增长经济学仅部分实现了这些目标。无论如何,认真研读本章后,读者至少可以明晰我们的分析目标,即了解关于经济增长的基本事实。

因此,本章的目的是尽可能多地将这些事实罗列出来。卡尔多(Kaldor,1961)认为,只要将基本增长理论应该解释清楚的几个关键的特征事实阐述清楚,就足够了。后来,琼斯和罗默(Jones and Romer,2010)对卡尔多的"特征事实表"进行了更新,以反映过去50年来我们了解到的新事实。但是,在本章中,我们采取了另一种不同的做法。我们不再一味地强调少数特征事实,而是借鉴了增长经济学在最近30年的复兴中获得的有关经验知识。我们将用最新数据更新这些事实,并归纳整合,从而使它们不仅对这个领域的新手很有帮助,而且对专家也极为有用。我们希望,从基础数据的角度来看,这将会是一个引人入胜的增长经济学文献之旅。

本章大体上分为两部分。第一部分首先介绍"前沿增长"随时间变化的情况,目的是回答如下问题:世界上最富有的那些国家呈现出来的增长模式是什么?第二部分则聚焦于全球经济增长的扩散。目的是回答如下问题:落后于"前沿"的那些国家在多大程度上能够迎头赶上?它们会不会持续落后,或者停留在原地止步不前?这几类国家的经济增长有什么共同的特点吗?

1.　前沿增长

我们首先讨论"前沿增长"。"前沿"(frontier)一词,指的是在任何一个给定的时期内最富裕的一组国家。"前沿增长",就是指这样一些国家的经济增长。众所周知,在20世纪的大部分时间里,美国一直是经济增长的"前沿"的代表。本章也将遵循这个传统。

1.1　现代经济增长

图1给出了"前沿增长"中的一个关键特征事实,那就是:在差不多150年的时间里,美国的人均国内生产总值一直惊人地以年均大约2%的速度稳定增长着。从1870年的3000美元左右开始,到2014年,美国的人均国内生产总值(GDP)增长到超过5万美元,即增长了接近16倍。

除了生活水平的持续的、大幅度的提高之外,图1还清晰地展现了美国经济增长的其他几个重要特征。其中一个重要特征是,1929—1933年经济危机导致人均收入出现了显著下降。

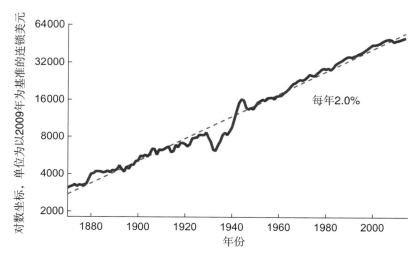

图1 美国历史上的人均国内生产总值(GDP)

资料来源:1929年至2014年的数据来自美国经济分析局,国民收入和产出账户(NIPA)表7.1;1929年之前的数据采集自A.麦迪逊(A. Maddison)于2008年编制的"1年至2006年的世界人口、国内生产总值和人均国内生产总值统计"。(2008年12月4日从http://www.ggdc.net/maddison/网站下载。)

　　但是,1929—1933年经济危机最突出的一点在于它是如此反常。在这差不多一个半世纪里,美国还发生过多次其他的衰退,但是它们几乎都不能给我们留下深刻的印象。因为在长期中,经济增长似乎"熨平"了经济波动。再者,尽管大萧条确实极其严重——在短短的四年内,人均GDP下降了将近20%——但是同样令人瞩目的是,它只是短期性的。到了1939年,美国经济就已经跨过了以往创下的高点,经过短短十年,宏观经济的"故事"就完全回到了"正轨",重新开始了持续的、近乎毫不间断的经济增长。

　　美国经济增长的稳定性值得我们深入讨论。借助图1中的那条趋势线,我们很容易就可以看出,1929年前的增长率略低于1929年后。表1是图1中数据的年化增长率,该表的数据更准确地证明了这一点。在1870年至1929年间,平均年增长率为1.76%;而在1929年至2007年间,平均增长率则为2.23%(这里采用了"峰值"数据以避免商业周期带来的影响)。从另一个角度看,在1900年至1950年间,平均年增长率为2.06%,而1950年以后的平均年增长率则为2.16%。当然,我们不应该过于匆忙地得出结论说,经济增长速度变得越来越快了。事实上,我们应该注意到,自1950年以后,经济增长呈现出了一种更加复杂的模式:在1950年至1973年间经济呈快速增长之势,在1973年至1995年间经济增长放缓,然后在20世纪90年代后期经济又开始迅速增长,直到21世纪后再次出现增长放缓迹象。

也可以看到类似的变化。当然,这种情况不独美国为然。例如,该图还表明,日本的农业就业人口在总就业人口中所占的份额从 1870 年前后的 85% 一路下降。[1]

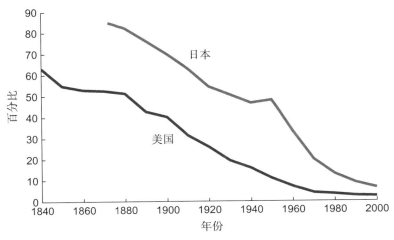

图 12　农业就业人数占总就业人数的比例

资料来源: Herrendorf, B., Rogerson, R., Valentinyi, A. 2014, Growth and structural transformation, In: Handbook of Economic Growth, vol. 2, Elsevier, pp. 855-941, http://ideas.repec.org/h/eee/grochp/2-855.html。

在增长经济学文献中,农业就业人口下降这种结构性变化还有其他一些分析维度,一种是从它与其他部门的增长的关系来分析。例如,农业的衰退首先与制造业的增长有关,而制造业的增长最后又被卫生和教育等服务业的增长所取代。对于这方面的文献,下文还会详细评述。

另一种形式的结构性变化也一再引发关注,那就是机器(资本)取代劳动的可能性。奥特尔等(Autor et al., 2003)利用职业分类细目表研究计算机化对劳动力需求的影响。他们强调了一种两极分化现象:计算机化是专门用来替代常规认知任务的,这种常规认知任务可以分解成一些具体规则,而且与非常规认知任务有互补性。这也就是说,计算机可以代替银行柜员和低级秘书,但是与此同时,计算机化却增加了对电脑程序设计师的需求,而且有许多体力劳动完全不受影响(比如清洁工作)。布林约尔弗森和麦凯菲的研究则凸显了人工智能所带来的更加广泛的影响(Brynjolfsson and McAfee, 2012):在未来,电脑可能会驾驶汽车、分析医疗检验结果、梳理法律文件等。这也就是说,甚至连那些以往被认为是认知性的、不容易常规化的任务,也可能被计算机化。这种变化会对劳动力市场产生什么影响呢?

这个问题的答案显然是相当复杂的,仍然有待于进一步的研究。[2] 不过,一个有用的参照系是,在美国农业衰退的过程中,农业就业人口在美国劳动人口中的份额从 2/3 下降到了 2%,而且这种变化主要是因为机械化和技术变革。毫无疑问,这种转变肯定对劳动市场产生了重要影响,但是总体而言,这种转变是非常有益的。当然,这样说并不意味着人工智能今后的影

---

① 关于结构性变化与经济增长的关系,赫伦多夫等人给出了很好的文献综述(Herrendorf et al., 2014)。这方面的最新进展体现在波帕特的论文(Boppart, 2014)、科明等的论文(Comin et al., 2015)中,他们强调了具有异质收入效应的需求体系。
② 请参见:阿西莫格鲁(Acemoglu, 1998)、泽拉(Zeira, 1998)、卡塞利(Caselli, 1999),以及赫谋斯和奥尔森的论文(Hemous and Olsen, 2014 年)。

响也一定会是这样。无论如何,农业就业人口下降带来的转变是一个值得关注的例子。

3.2 健康产业的崛起

不过,过去 50 年以来,另一种不同的结构性变化占据了主导地位,那就是卫生支出在 GDP 中所占的份额持续增长。图 13 给出的美国和其他几个经济合作与发展组织国家的卫生支出情况证明了这一点。例如,在美国,自 1960 年以来,卫生支出占 GDP 的份额足足翻了三倍,即从 1960 年的 5% 上升到了 2010 年的 17%。

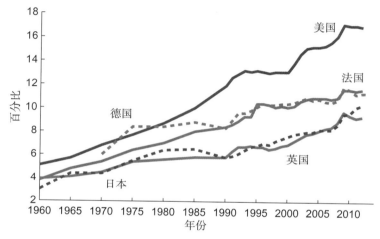

图 13 卫生支出在部分国家 GDP 中所占的份额

资料来源:经济合作与发展组织《卫生统计年报》(2014)。

其他国家的总体趋势也是如此。例如,在法国,卫生支出占 GDP 的份额从不到 4% 上升到了接近 12%。

霍尔和琼斯认为(Hall and Jones,2007),医疗保健支出引人注目的普遍上升是经济增长的一个副产品。在各种标准偏好假设下,消费的边际效用迅速下降。这一点从常数相对风险厌恶(CRRA)型偏好中最容易看出。根据这种偏好假设,跨期替代的弹性低于 1,因而在这种情况下,流量效用(flow utility)是有界的。随着人们变得越来越富裕,任何一天的消费的边际效用都将迅速下降;人们真正需要的是有更多的日子去享受高水平的消费。因此,收入效应倾向于有助于延长生命的那一类支出。

预期寿命属于少数几个与经济增长相关但不是指数增长的时间序列当中的一个,它的增长是算术型的,而不是指数型的。图 14 给出了美国人在出生时和 65 岁时的预期寿命。由于公共卫生的改善和婴儿死亡率的大幅下降,在 20 世纪上半叶,出生时的预期寿命迅速提高。而到 1950 年以后,提高的速度就比较温和了——大约每十年提高 1.8 岁。这张图还表明,预期寿命的提高发生在老年。自从 1950 年以来,满 65 岁的人的预期寿命每十年就会提高接近 1 岁。

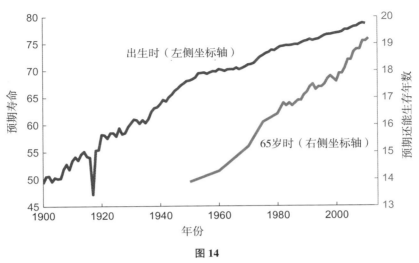

图 14

资料来源：Health, Unitedstates 2013 and https://www.clib-infra.edu；出生时与 65 岁时的预期寿命（美国）

　　有意思的是，死亡率本身却似乎是随年龄增大而呈指数增长的，这种现象被称为"康佩茨–马克哈姆"定律（Gompertz–Makeham Law），请参见达尔加德和斯特鲁里克的论文（Dalgaard and Strulik, 2014）。

3.3　工作时数与闲暇

　　在宏观经济学中，一个标准的特征事实是，即使工资呈现大幅上涨趋势，工作时间在总时间中所占的比例并未出现相同的趋势。但是，接下来的两张图将告诉我们，这个特征事实从长期来看并不真实，当然现在的证据仍然有些微妙。

　　图 15 显示了就业者的人均工作时数，图中的数据来自宾夕法尼亚大学世界数据表（Penn World Table），而该表的数据则采集自世界大企业联合会（Conference Board）的世界经济总量数据库（Total Economy Database）。从图中可见，在发达国家中，自 1950 年以来，每年工作时数已经出现了大幅下降。例如，美国的平均年工作时间从 1950 年的 1909 小时，下降到了 2011 年的 1704 小时。在法国，下降幅度还要更大——同期从 2159 小时下降到了 1476 小时。在日本，工作时数的下降开始得稍微晚一些（在第二次世界大战结束后的经济复苏之后才开始），从 1960 年的 2222 小时下降到了 2011 年的 1706 小时。

　　图 16 给出了进一步细化之后的美国数据——数据来自雷米和弗朗西斯的论文（Ramey and Francis, 2009）。这个数字表明，男女之间的工作时数是有差异的。在 1900 年至 1980 年之间，在走向平稳之前，男性的平均每周工作时间大幅下降。相比之下，妇女在市场上的工作时间却一

———————————

① 诺德豪斯（Nordhaus, 2003）、默菲和托佩尔（Murphy and Topel, 2006）对预期寿命提高和死亡率下降的经济回报进行了更加详尽的探讨。奥伊彭和沃佩尔则认为（Oeppen and Vaupel, 2002），在超过 150 年的时间里，"创纪录的预期寿命"（即各国之间的最大预期寿命）呈线性增长——大约每十年提高 2.5 岁。

直呈上升趋势。雷米和弗朗西斯还利用"作息时间表"来估计用于家庭生产的时间,从而使他们的研究变得更加复杂。一方面,男性在市场上的工作被女性替代;另一方面,男性也在替代女性在家庭生产中的工作。男性用于家庭生产的时间从 1900 年的每周 4 小时,上升到 2005 年的每周 16 小时以上。因此,休闲时间的增长实际上要远远小于市场时间的下降。

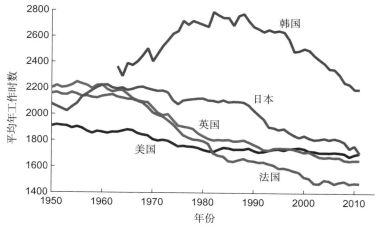

图 15　若干国家的平均年工作时数

资料来源:就业者人均年工作时数,源于宾夕法尼亚大学世界数据表 8.0,也请参见:Feenstra, R. C., Inklaar, R., Timmer, M. P. 2015. The next generation of the Penn World Table. Am. Econ. Rev. 105（10）, 3150-3182. doi:10.1257/aer. 20130954,以及该文所附的极其出色的数据附录。

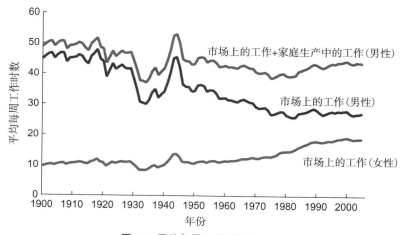

图 16　平均每周工作时数(美国)

资料来源:"每个工人平均每周工作时数",引自 Ramey, V. A., Francis, N. 2009. A century of work and leisure. Am. Econ. J. Macroecon.,1(2),189-224。http://ideas. repec. org/a/aea/aejmac/v1y2009i2p189-224. html。

3.4　生育率

到目前为止,我们提到的这些事实——农业的衰退以及健康等服务业的兴起、预期寿命的上升以及工作时间的下降——这些全都符合某种特定的收入效应。随着人们变得越来越富裕,消费的边际效用不断下降,人们用其他可以节省自己宝贵时间禀赋的行动来替代消费。唯有时间,才是技术进步无法创造的东西!

　　然而,关于生育率的如下事实却构成了对这个假说的一些有意思的质疑。具体地说,如图 17 所示,生育率大幅下降的开始时间至少可以追溯到 1800 年(那时被称为人口转型期)。例如在美国,自 1800 年以来,出生率从 5.5% 下降到了 2000 年的 1.5%;而在法国,则从3.3% 下降到了近年来的不足 1.5%。

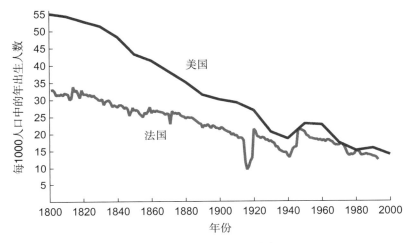

图 17　美国和法国的生育率

资料来源:美国的数据来自 Haines, M. 2008, Fertility and mortality in the United States. In: Whaples, R., (Ed.), EH. Net Encyclopedia, http://eh. net/encyclopedia/fertility-andmortality-in-the-united-states/;法国的数据来自 Greenwood, J., Vandenbroucke, G. 2004. The baby boom and baby bust: O. E. C. D. fertility data。Http://guillaumevdb. net/ BabyBoom-data. pdf。

　　在巴罗和贝克尔提出的"王朝模型"中(Barro and Becker,1989),生育更多的孩子实际上是增加自己的有效生命或时间禀赋的一个途径,因而存在着推动生育率上升的动力——至少在收入效应压倒了替代效应时肯定是如此。但是,从实际数据中,我们看到的却只是生育率的大幅下降。对于人口增长历史上的这个基本事实——生育率下降,同时人口增长曲线呈现驼峰状,这种情况被称为人口转型——很多文献都试图给出解释。标准解释的一个关键组成部分是,儿童本身是耗费时间的;在这种情况下,随着人们变得越来越富裕,"节省"了儿童(少生育儿童)也就节省了时间。[①]

3.5　顶层不平等

　　在过去十年,关于不平等,更加著名的一个事实如图 18 所示。这张图就是皮凯蒂和赛斯

[①] 对于这个问题的研究,请参见盖勒和威尔(Galor and Weil,1996)、德普克(Doepke,2005)、格林伍德等(Greenwood et al.,2005)、琼斯等(Jones et al.,2010)、科尔多瓦和里波尔(Cordoba and Ripoll,2014)、琼斯和特尔蒂尔特(Jones and Tertilt,即将发表)。

给出的"顶层收入差距图"(Piketty and Saez,2003)。无论是在美国还是在法国,1920年时,收入最高的前0.1%家庭的收入占人口总收入的比例大约为9%,20世纪50年代,这个比例大幅下降到了2%左右,而且一直到1980年前后,该比例一直维持在这样一个低水平上。然而在那之后,美国和法国之间出现了非常大的差异。在美国,收入最高的前0.1%家庭的收入占总收入的比例急剧上升到了与1920年基本相当的水平;而在法国,该份额则继续维持在相对较低的水平上。而且值得注意的是,美国和法国的不平等在20世纪前半叶的缓和,大部分与资本收入有关;而1980年以后美国不平等的加剧,却大部分与劳动(和企业)收入相关。①

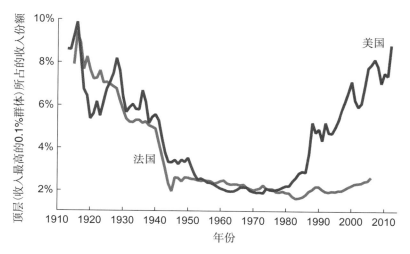

图18　美国和法国的顶层收入差距

资料来源:Alvaredo,F.,Atkinson,A.B.,Piketty,T.,Saez,E. 2013年,"世界顶层收入数据库",2013年10月15日下载,http:// topincomes. g-mond. parisschoolofeconomics. eu/。

　　同样值得一提的是这种不平等的演变所导致的宏观经济后果。图19将皮凯蒂-赛斯的顶层不平等数据与美国的人均GDP的长期数据(如本章开头的图1所示)放到了一起。这就是说,如图19所示,利用皮凯蒂-赛斯的不平等份额和人均GDP,可以得到收入最高的0.1%以及其他99.9%群体的人均估计值。②

　　注:本图给出的是收入最高的0.1%的群体和其他99.9%的群体的人均GDP估计,图中还给出了1950年至1980年、1980年至2007年这两个时期的年均增长率。

　　资料来源:总人均GDP数据取自本章图1。用来除以GDP的顶层收入份额取自世界顶层收入数据库(2013年版),网址:http://g-mond. parisschoolofeconomics. eu/topincomes/。

　　图19中,两个关键结果一目了然。首先,直到最近几十年以前,顶层(收入最高的0.1%

---

① 对于出现这种模式的可能原因,以下论文尝试过进行解释:卡斯塔涅达等(Castaneda et al.,2003)、卡吉蒂和纳尔迪(Cagetti and Nardi,2006)、阿特金斯等(Atkinson et al.,2011)、本哈比等(Benhabib et al.,2011)、青木和尼雷(Aoki and Nirei,2013)、琼斯和金(Jones and Kim,2014)、皮凯蒂(Piketty,2014)、皮凯蒂等(Piketty et al.,2014),以及赛斯和祖克曼(Saez and Zucman,2014)。
② 有一点很重要,即我们必须注意到这种估计肯定是不完美的,因为GDP的分配与作为皮凯蒂-赛斯估计的基础的经调整的总收入数据的分配并不一定相同。例如,健康福利的分配就应该比较均等。

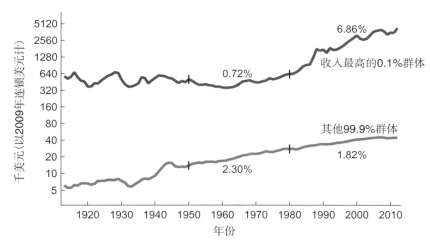

图 19 人均 GDP——收入最高的 0.1% 的人 vs 其他 99.9% 的人

群体）的人均 GDP 增长幅度小得惊人，1977 年的总额甚至还低于 1913 年的总额。事实上，直到 1960 年左右，所有增长都发生在顶层之外的那 99.9%。其次，近几十年来，上面这种模式发生了逆转。例如，顶层之外的那 99.9% 的人均 GDP 的平均增长率，从 1950 年至 1980 年间的 2.3% 下降到了 1980 年至 2007 年间的大约 1.8%，即大约下降了半个百分点。相比之下，顶层 0.1% 的增长率在沉寂了几乎 50 年之后，出现了大幅上升：前 0.1% 的人均 GDP 的增长率简直与中国经济相似，自 1980 年以来的平均年增长率达到了 6.86%。这样一种变化显然很有可能对经济福利产生重大影响，理应受到关注。

3.6 自然资源的价格

下面要讨论的这个事实与我们上面讨论的那些事实有很大的不同，但它也与前沿增长相关，而且是一个更令人惊异的事实。图 20 显示的是一篮子工业大宗商品的、已经用消费者物价指数平减的实际价格（该篮子由铝、煤、铜、铅、铁矿石和锌组成，且各种商品权重相等）。在整个 20 世纪，随着美国和全球其他国家的汽车化、电气化、城市化以及更广泛的工业化的兴起，全世界对这些工业大宗商品的需求呈现出了爆炸式的增长。但令人惊诧不已的是，这些大宗商品的实际价格在 20 世纪一直呈下降趋势，而且下降幅度非常巨大——2000 年下降为 1900 年的 1/5！

资料来源：由权重相等的铝、煤、铜、铅、铁矿石和锌组成的一篮子工业大宗商品的实际价格，用消费者物价指数平减。工业大宗商品价格来自 www.globalfinancialdata.com；消费者物价指数来自 www.measuringworth.com。

很显然，尽管需求增长巨大，但是不断加速的新发现和技术进步的结合，使得有效供给的增长速度大大超过了需求的增长速度。[1]

然而，同样令人惊异的是，2000 年以来，同样是这些工业大宗商品，实际价格却出现了大幅上涨。部分原因可能在于中国和印度的经济在这个时期快速增长，导致对大宗商品需求

---

[1] 这个事实之前已经被注意到了，例如请参见西蒙（Simon，1981）。

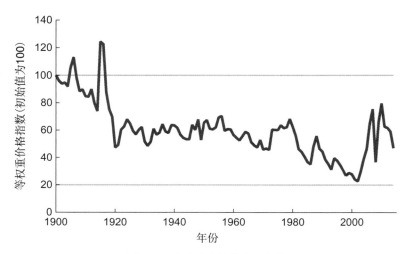

图 20　工业大宗商品的实际价格

的巨幅扩大。有意思的是,正如我们在下文中将会看到的,许多发展中国家在进入 21 世纪后经济增长表现得相当出色。其中某些国家的增长可能推动了对大宗商品需求的上升,但是另一些国家的成功很可能恰恰是中国和印度需求上升所导致的商品驱动型增长的反映。

4.　经济增长的扩散

到目前为止,我们一直主要关注前沿发展(前沿增长),即,随着时间的流逝,前沿增长出现了怎样一些事实? 接下来,我们来看一看增长是如何在不同国家之间扩散的,或者说,不同的国家是怎样移动到相对前沿的位置上的。

4.1　长期增长的扩散

关于长期内经济增长的扩散,最关键的一个事实是,它发生在不同的时间点上,导致通常所称的"大分流"("The Great Divergence")。[①]

图 21 说明了这一点。根据"麦迪逊计划"(The Maddison Project)的数据,世界各国的人均 GDP 是在 1600 年前后出现"大分流"的。例如,在 1300 年,世界各国的人均 GDP 最高的是荷兰的 1620 美元(以 1990 年美元价值计),较低的是埃及的 610 美元(当然埃及并不是当时世界上最贫穷的国家)。我们注意到,正如普里切特(Pritchett,1997)所指出的,在 1950 年,全世界最贫穷的国家的人均收入大约为 300 美元,而这种水平(每天不超过 1 美元)似乎非常接近于任何一个经济体在任何时点上可能出现的最低人均收入水平。因此,在 1300 年,最

---

① 请参见:麦迪逊(Maddison,1995)、普里彻特(Pritchett,1997)、卢卡斯(Lucas,2000),以及彭慕兰(Pomeranz,2009)。

第五部分 宏观经济政策

第一部分　经济增长与经济波动的事实

第一章　经济增长的基本事实

C. I. 琼斯（C. I. Jones）[*]

[*]:斯坦福商学院，美国，加利福尼亚州，斯坦福；

美国国家经济研究局（NBER），美国，马萨诸塞州，剑桥

目　录

1. 前沿增长 ……………………………………………………………………… 5
  1.1　现代经济增长 …………………………………………………………… 5
  1.2　甚长期的经济增长 ……………………………………………………… 7
2. 前沿增长的源泉 ……………………………………………………………… 9
  2.1　增长核算 ………………………………………………………………… 10
  2.2　实物资本 ………………………………………………………………… 12
  2.3　要素份额 ………………………………………………………………… 14
  2.4　人力资本 ………………………………………………………………… 15
  2.5　思想观念 ………………………………………………………………… 17
  2.6　错配 ……………………………………………………………………… 20
  2.7　解释前沿增长事实 ……………………………………………………… 21
3. 前沿增长：超越国内生产总值 ……………………………………………… 22
  3.1　结构性变化 ……………………………………………………………… 22
  3.2　健康产业的崛起 ………………………………………………………… 24
  3.3　工作时数与闲暇 ………………………………………………………… 25
  3.4　生育率 …………………………………………………………………… 26
  3.5　顶层不平等 ……………………………………………………………… 27
  3.6　自然资源的价格 ………………………………………………………… 29
4. 经济增长的扩散 ……………………………………………………………… 30
  4.1　长期增长的扩散 ………………………………………………………… 30

本章摘要:为什么世界上最富裕的国家的人比 100 年前的人富裕这么多？为什么一些国家比其他国家更加富裕？诸如此类的问题,以及对它们的回答,构成了经济增长这个宏观经济学领域。本章为作为上述问题的基础的一些基本事实提供了扎实的证据。我们今天到底比 100 年前的人富裕多少？国家与国家之间的收入差距究竟有多大？本章的目的就在于,提供一个关于经济增长的基本事实的百科全书式的叙述。这些事实是我们构建增长理论的基石。我们将它们聚集在一起,并利用可以得到的最新数据对这些事实加以更新。

关键词:经济增长,发展,长期增长,生产率

JEL 分类代码:E01,O10,04

与尊重真实数据但推理不正确导致的错误相比,由缺乏事实而产生的错误,不但数量多得多,而且错误产生的影响更加持久。

——查尔斯·巴贝奇,转引自罗森博格(Rosenborg,1994 年,第 27 页)

由可观察的量来建立一个理论是不对的……正好相反,理论决定了我们能观察到什么。——阿尔伯特·爱因斯坦,转引自海森堡(Heisenberg,1971 年,第 63 页)

为什么美国、德国和日本的居民会比 100 年或 1000 年前的人们富裕这么多？为什么今天的法国人和荷兰人要比海地人和肯尼亚人更加富有？类似这样的问题一直是经济增长领域的核心问题。

经济学试图通过建立定量模型来回答这些问题。这些模型是可以与经验数据进行比较

的。这也就是说，我们希望我们的模型不仅能够告诉我们一个国家将比另一个国家更加富有，而且能够告诉我们前者比后者富多少。或者说，这些模型不仅要说明，我们今天比一个世纪以前更富裕，而且还要说明，增长率应当是每年 2％，而不是 10％。但是，增长经济学仅部分实现了这些目标。无论如何，认真研读本章后，读者至少可以明晰我们的分析目标，即了解关于经济增长的基本事实。

　　因此，本章的目的是尽可能多地将这些事实罗列出来。卡尔多（Kaldor，1961）认为，只要将基本增长理论应该解释清楚的几个关键的特征事实阐述清楚，就足够了。后来，琼斯和罗默（Jones and Romer，2010）对卡尔多的"特征事实表"进行了更新，以反映过去50年来我们了解到的新事实。但是，在本章中，我们采取了另一种不同的做法。我们不再一味地强调少数特征事实，而是借鉴了增长经济学在最近30年的复兴中获得的有关经验知识。我们将用最新数据更新这些事实，并归纳整合，从而使它们不仅对这个领域的新手很有帮助，而且对专家也极为有用。我们希望，从基础数据的角度来看，这将会是一个引人入胜的增长经济学文献之旅。

　　本章大体上分为两部分。第一部分首先介绍"前沿增长"随时间变化的情况，目的是回答如下问题：世界上最富有的那些国家呈现出来的增长模式是什么？第二部分则聚焦于全球经济增长的扩散。目的是回答如下问题：落后于"前沿"的那些国家在多大程度上能够迎头赶上？它们会不会持续落后，或者停留在原地止步不前？这几类国家的经济增长有什么共同的特点吗？

1.　前沿增长

　　我们首先讨论"前沿增长"。"前沿"（frontier）一词，指的是在任何一个给定的时期内最富裕的一组国家。"前沿增长"，就是指这样一些国家的经济增长。众所周知，在20世纪的大部分时间里，美国一直是经济增长的"前沿"的代表。本章也将遵循这个传统。

1.1　现代经济增长

　　图1给出了"前沿增长"中的一个关键特征事实，那就是：在差不多150年的时间里，美国的人均国内生产总值一直惊人地以年均大约2％的速度稳定增长着。从1870年的3000美元左右开始，到2014年，美国的人均国内生产总值（GDP）增长到超过5万美元，即增长了接近16倍。

　　除了生活水平的持续的、大幅度的提高之外，图1还清晰地展现了美国经济增长的其他几个重要特征。其中一个重要特征是，1929—1933年经济危机导致人均收入出现了显著下降。

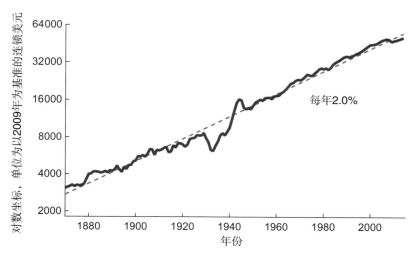

图1 美国历史上的人均国内生产总值(GDP)

资料来源:1929年至2014年的数据来自美国经济分析局,国民收入和产出账户(NIPA)表7.1;1929年之前的数据采集自A.麦迪逊(A. Maddison)于2008年编制的"1年至2006年的世界人口、国内生产总值和人均国内生产总值统计"。(2008年12月4日从 http://www.ggdc.net/maddison/网站下载。)

但是,1929—1933年经济危机最突出的一点在于它是如此反常。在这差不多一个半世纪里,美国还发生过多次其他的衰退,但是它们几乎都不能给我们留下深刻的印象。因为在长期中,经济增长似乎"熨平"了经济波动。再者,尽管大萧条确实极其严重——在短短的四年内,人均GDP下降了将近20%——但是同样令人瞩目的是,它只是短期性的。到了1939年,美国经济就已经跨过了以往创下的高点,经过短短十年,宏观经济的"故事"就完全回到了"正轨",重新开始了持续的、近乎毫不间断的经济增长。

美国经济增长的稳定性值得我们深入讨论。借助图1中的那条趋势线,我们很容易就可以看出,1929年前的增长率略低于1929年后。表1是图1中数据的年化增长率,该表的数据更准确地证明了这一点。在1870年至1929年间,平均年增长率为1.76%;而在1929年至2007年间,平均增长率则为2.23%(这里采用了"峰值"数据以避免商业周期带来的影响)。从另一个角度看,在1900年至1950年间,平均年增长率为2.06%,而1950年以后的平均年增长率则为2.16%。当然,我们不应该过于匆忙地得出结论说,经济增长速度变得越来越快了。事实上,我们应该注意到,自1950年以后,经济增长呈现出了一种更加复杂的模式:在1950年至1973年间经济呈快速增长之势,在1973年至1995年间经济增长放缓,然后在20世纪90年代后期经济又开始迅速增长,直到21世纪后再次出现增长放缓迹象。

表 1　美国经济增长的稳定性

年份	增长率/%
1870—2007	2.03
1870—1929	1.76
1929—2007	2.23
1900—1950	2.06
1950—2007	2.16
1950—1973	2.50
1973—2007	1.93
1973—1995	1.82
1995—2007	2.13
1995—2001	2.55
2001—2007	1.72

在表 1 中,我们可以看到一些有意思的"树木";在图 1 中,我们可以看到一片"森林"。"树木"可以支持我们从观察"森林"中得到的主要结论,即,在过去的 150 年里,前沿增长的核心特征可以归结为稳定的、持续的指数型增长。所有现代经济增长理论的提出者——例如,索洛(Solow,1956)、卢卡斯(Lucas,1988)、罗默(Romer,1990),以及阿吉翁和豪威特(Aghion and Howitt,1992)——在构建他们的理论时都不可能不考虑这个事实。

图 1 所呈现的经济持续增长的趋势,自然而然地引导我们提出如下问题:下一个世纪还能不能继续实现这样的增长?一方面,过去一个半世纪以来经济一直持续增长,这个事实有力地证明(它的力量超过任何其他证据),许多增长模型将关注的焦点放在平衡增长路径(balanced growth path)上的处理方法是合理的——所谓平衡增长,就是指一切经济变量都永远以恒定的指数增长率增长的情况。而且平衡增长路径的内在逻辑意味着,增长是可以不间断地持续下去的。另一方面,正如我们将会看到的,根据其他一些事实和理论,我们有理由对这个逻辑提出质疑。

1.2　甚长期的经济增长

虽然我们很难确定"前沿增长"的未来趋势究竟是怎样的,但是我们现在已经非常肯定地知道,如果只以如图 1 所示的长期中的前沿增长的稳定性为指导,去推断更长期的历史上的经济增长趋势,那将会误入歧途。图 2 表明,生活水平持续地以指数形式增长,只是相对晚近的现象,而且近得几乎令人难以置信。在此之前的数千年间,人类的生存状况一直很糟糕——用托马斯·霍布斯(Thomas Hobbes)的煽情语言来说,那时,人的一生是"污秽的、野蛮的而短暂的"一生。这种情况,一直到两个世纪之前才发生了根本性的变化;而且,在这个相对较短的历史时间内,变化是极其巨大的。[1]

① 有一些论文在证明和阐发上述这个事实的过程中发挥了关键作用,包括:麦迪逊(Maddison,1979)、克雷默(Kremer,1993)、麦迪逊(Maddison,1995)、戴蒙德(Diamond,1997)、普里切特(Pritchett,1997),以及克拉克(Clark,2001)。这一列表并不包括经济史方面的论文,而经济史领域对于这个问题也有悠久的研究传统,更完整的参考文献请参阅克拉克的论文(Clark,2014)。

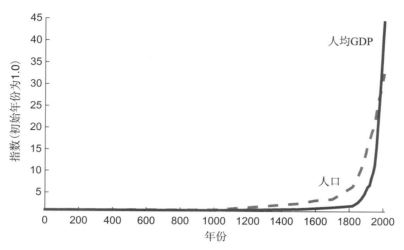

图2 甚长期的经济增长

资料来源:数据采集自 A. 麦迪逊(A. Maddison)于 2008 年编制的"1 年至 2006 年的世界人口、国内生产总值和人均国内生产总值统计"(2008 年 12 月 4 日从 http://www.ggdc.net/maddison/网站下载)。图中给出的是"西方"(即西欧各国再加美国)的甚长期的经济增长情况,"世界"各国的甚长期的经济增长也呈现出类似的模式。

在公元 1 年至 1820 年间,"西方"的生活水平(以西欧和美国的数据衡量)大体上翻了一番,从每人 600 美元左右提高到了每人 1200 美元左右(如表 2 所示)。而在这之后的两个世纪里,人均国内生产总值却增长了 20 多倍,达到 26000 美元左右。

事实上,现代经济增长时代的"特殊性"比表 2 中的数据体现的还要突出。大量证据表明,人类的生活水平在数以千年、万年计的历史期间内一直处于停滞不前的状态。例如,在史前的大部分时间里,人类依靠狩猎和采集,过着非常简单的生活,通常仅够勉强维持生存。从这个角度来说,即放在 20 万年甚至更漫长的人类演化历程的尺度上,现代经济增长时代其实短暂得惊人。这一点,可以用地球在宇宙中的位置相类比,如卡尔·萨根(Carl Sagan)所说,从太阳系的外缘回望地球,后者只是整个图像中一个"淡蓝色的小点"而已。

表2 "西方"经济增长的加速

年份	人均 GDP/美元	增长率/%	人口/百万	增长率/%
1	590	—	19	—
1000	420	−0.03	21	0.01
1500	780	0.12	50	0.17
1820	1240	0.15	125	0.28
1900	3350	1.24	280	1.01
2006	26200	1.94	627	0.76

注:增长率是以百分比表示的平均年增长率,人均 GDP 则按 1990 年的实际美元价值计算。

资料来源:数据采集自 A. 麦迪逊(A. Maddison)于 2008 年编制的"1 年至 2006 年的世界人口、国内生产总值和人均国内生产总值统计"(2008 年 12 月 4 日从 http://www.ggdc.net/maddison/网站下载)。

表 2 为我们呈现了其他一些有趣的事实。首先,从甚长远的角度来看,"前沿"的经济增

长速度在加快；这也就是说，经济增长率本身是随着时间的推移而提高的。罗默（Romer,1986）就曾经强调过，人类生活水平加速改善这个事实是他构建他的内生增长模型的促成因素之一。克雷默（Kremer,1993）则强调了人口增长率的加速趋势（这种趋势可以追溯到100万年以前），他给出的证据也为我们提供了非常有用的线索。根据克雷默的数据，在公元前100万年至公元前1万年，平均人口增长率为0.00035％；尽管这个增长速度看似缓慢，但是世界人口还是在此期间增加了31倍，即从大约12.5万人增加到了400万人。稍作对比，我们就会发现一个有意思的结果：这100万年间的人口增长比例，大体相当于西欧和美国在过去2000年以来的人口增长比例，如表2所示。

为了解释经济增长从长达数千年的停滞不前时期向现代经济增长时期的过渡是如何发生的，经济学家已经提出了各种各样的增长模型。几乎所有这些模型都有一个共同的关键因素，那就是马尔萨斯收益递减定律，特别是当假设土地供给固定时（而土地是生产中必不可少的一个投入要素）。[1] 在保持技术不变的情况下，土地上增加更多的人将减少劳动的边际产品，进而导致生活水平降低。结合维持生存所要求的最低消费水平（低于该水平，人就无法生存），马尔萨斯收益递减定律就把经济体中的人口规模与技术水平"绑定"在了一起：更高的技术水平可以支持更大的人口规模。

此后，许多模型将马尔萨斯定律与不同的增长机制结合了起来。李的模型（Lee,1988）、克雷默的模型（Kremer,1993）和琼斯的模型（Jones,2001），都强调罗默增长模型的"人产生思想""思想生产人"之间的正反馈循环。如果与思想相关的收益递增足够"强大"，足以抵消马尔萨斯收益递减定律的影响，那么这种正反馈机制就可以引到如图2所示的动态过程。卢卡斯（Lucas,2002）的模型强调了人力资本积累的作用，而汉森和普雷斯科特（Hansen and Presott,2002）则重点讨论了一个新古典主义增长模型，其特点是嵌入了从农业到制造业的转型结构。奥代德·盖勒（Oded Galor）和他的合作者也是这个领域的最重要的贡献者之一，他们开创了一种"统一增长理论"，具体请参见盖勒和威尔的论文（Galor and Weil,2000），以及盖勒的论文（Galor,2005）。

2. 前沿增长的源泉

第二组与经济增长相关的事实集中体现在索洛（Solow,1957）以及其他一些经济学家发展起来的增长核算分解一类的文献中。这些研究思路的核心是，透过特定的增长模型的视角去探究经济增长的源泉。然而众所周知，在具有丰富的底层微观结构的环境中，总生产函数的存在，必须满足一系列非常严格的条件。这里的关键并不在于人们是不是真的相信这

---

[1] 我也在自己构建的模型中使用了这个假设，但是我不得不承认，对历史的另一种解读告诉我们，相反的假设才是正确的：直到最近，土地一直是拥有完全弹性的；这就是说，无论何时，当我们需要更多的土地时，我们总能开拓新疆土并发现更多可以耕种的土地。

些条件是成立的。相反,人们通常希望通过"特定的增长模型的镜头"去观察数据,因为模型要比生成被观察的数据的世界本身简单得多。这确实是一个有效的获取知识的途径,经济增长领域的一大批著名论文已经证明了这一点,其中的一个突出例子就是索洛本人的经典论文(Solow,1957)。

虽然并不是必须如此,但是运用柯布-道格拉斯(Cobb-Douglas)形式的生产函数来解释增长核算结果确实有很大的便利之处。具体地说,假设最终产出 Y_t 是利用实物资本存量 K_t 和人力资本存量 H_t 生产出来的:

$$Y_t = \underbrace{A_t M_t}_{\text{TFP}} K_t^{\alpha} H_t^{1-\alpha} \tag{1}$$

其中 α 的取值范围介于 0 和 1 之间,A_t 表示经济体的知识存量,M_t 表示影响全要素生产率(TFP)的所有其他因素。在这里,"M"这个字母本身就会令我们联想起两个术语:"measure of our ignorance"("对我们的无知的测度")和"misallocation"("错配")。前者是阿布拉莫维茨对所谓的"残差"加的一个标签(Abramovitz,1956);至于后者("错配"),我们后文将会加以详细讨论。接下来的 2.1 小节将基于上面这个方程对美国增长核算进行全面的综述,而本节的其余部分则将对这个方程中的每一项展开更细致的讨论。

2.1 增长核算

利用像方程式(1)这样的生产函数进行增长核算是一个传统做法。但是,这种方法已经造成了一些混乱,因为据称某些实物资本的积累是由全要素生产率的增长而引起的(如在标准的索洛模型中)。如果希望将这种增长归功于全要素生产率,用另一种稍微有些不同的方式进行增长核算将会大有助益。① 具体地说,对生产函数的两边同时除以 Y_t^{α},并求解 Y_t,这样我们得到

$$Y_t = \left(\frac{K_t}{Y_t}\right)^{\frac{\alpha}{1-\alpha}} H_t Z_t \tag{2}$$

其中,$Z_t \equiv (A_t M_t)^{\frac{1}{1-\alpha}}$ 是以劳动扩增单位(labor-augmenting units)来度量的全要素生产率。最后,对等号两边同时除以总工作时数 L_t,我们得到

$$\frac{Y_t}{L_t} = \left(\frac{K_t}{Y_t}\right)^{\frac{\alpha}{1-\alpha}} \frac{H_t}{L_t} \cdot Z_t \tag{3}$$

这个式子告诉我们,每小时产出的增长源于资本—产出比率 K_t/Y_t 的增长、每小时人力资本 H_t/L_t 的增长,以及劳动扩增型全要素生产率的增长。如果取对数形式并对方程式(3)求差分,这一点就更加容易看出来。另外,需要请读者注意的是,在新古典增长模型中,资本—产出比率在长期中是与投资率成正比的,而不取决于全要素生产率。因此在这里,生产率和资本深化对增长的贡献是独立可分的,这与它们在方程式(1)中的情形不同。

至此,我们尚未讨论到的唯一一项是 H_t/L_t(人力资本的总和除以总工作时数)。在一个

① 例如,克莱瑙和罗德里格兹-克莱尔(Klenow and Rodriguez-Clare,1997)就采取了这种方法。

只存在一种类型的劳动的简化模型中,我们可以设想 $H_t = h_t L_t$,其中 h_t 是由于受了教育而得以增加的每个工人的人力资本。在更加复杂的、存在不同类型的劳动的情况下,只要各种劳动都是完全替代品(在用效率单位衡量的时候),那么 H_t / L_t 也可以刻画组合效应。也正因为如此,美国劳工统计局(我在下面的讨论中所用的核算数据就是从美国劳工统计局获得的)把这一项称为"劳动组合项"(labor composition)。

表 3 包含了自 1948 年以来美国的增长核算分解数据,对应方程式(3)。从这个核算表中,我们可以发现好几个众所周知的与增长相关的事实。首先,每小时产出增长率为 2.5%,略高于我们在前面看到的人均 GDP 的增长率。之所以会出现这种情况,有几个原因。第一,美国劳工统计局的数据只测度私营部门的增长,而不包括政府部门(这意味着假设政府部门的生产率增长率为零)。第二,这个时期的资本—产出比率相对稳定,对增长几乎没有贡献。第三,劳动组合(教育程度的提高、就业从制造业转向服务业、妇女劳动参与率的上升)对增长的贡献为平均每年 0.3 个百分点。最后,正如阿布拉莫维茨、索洛和其他一些经济学家所阐明的,全要素生产率中的"残差"解释了大部分增长——2.0 个百分点,或者说,自 1948 年以来的增长的 80%。

表 3 美国增长核算

年份	每小时产出	贡献源于		
		K/Y	劳动组合	劳动扩增型全要素生产率
1948—2013	2.5	0.1	0.3	2.0
1948—1973	3.3	-0.2	0.3	3.2
1973—1990	1.6	0.5	0.3	0.8
1990—1995	1.6	0.2	0.7	0.7
1995—2000	3.0	0.3	0.3	2.3
2000—2007	2.7	0.2	0.3	2.2
2007—2013	1.7	0.1	0.5	1.1

注:这里给出的是按方程式(3)计算的私营企业部门的每小时产出的平均年增长率(按百分比计)及其组成。
资料来源:作者利用美国劳工统计局的《多要素生产率趋势报告》中的数据计算得出,2014 年 8 月 21 日。

表 3 的其余部分显示了美国自 1948 年以来各个时期的增长及其分解的演变过程。我们看到,继 1948 年至 1973 年的经济快速增长和全要素生产率的快速增长之后,紧接着的是自 1973 年至 1995 年的众所周知的"生产率下滑期"。关于这个时期增长放缓的原因,一直是一个众说纷纭的问题,而且至今没有令人信服的定论,尽管有迹象表明,这种全面减速更多源于全要素生产率的残差,而不是因为实物资本或人力资本方面的问题。对于这种减速,格里利兹给出了相关的讨论(Griliches, 1988)。

引人注目的是,在 1995 年到 2007 年间,增长速度出现了大幅度回升,虽然还比不上 20 世纪 50 年代和 60 年代的增长速度,但是已经足以给人留下深刻印象了。这个时期的增长,在时间上与网络时代的繁荣和信息技术重要性的日益提高高度吻合。最近,拜恩等人分析了信息技术对于这个时期和未来的增长的重要性(Byrne et al., 2013)。自 2007 年以后,每小时产出增长乏力,这在很大程度上肯定可以归因于"大衰退",但是全要素增长率的放缓,则是一个难以解释的棘手问题①——有些经济学家例如费纳尔德(Fernald,2014)认为,这种放缓甚至可以追溯到2003年。

2.2 实物资本

在增长核算分解中,资本—产出比率的贡献度不大,这个事实表明,资本—产出比率相对来说不怎么会随着时间推移而变动。

这一点在图3中可以看得很清楚。实物资本(图中的"全部资本")这个概念最宽泛,包括公共资本和私人资本,以及所有的住宅资本和非住宅资本,其与实际GDP的比率为3。如果只考虑非住宅资本,那么这个比率就下降至2;更进一步限制在私人非住宅资本的范围内,那么该比率为刚刚超过1。

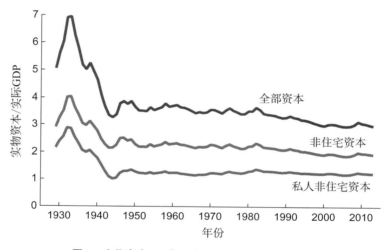

图3 实物资本(K)与国内生产总值(GDP)的比率

资料来源:美国经济分析局,固定资产表1.1和表1.2。在每一种情况下,分子都是实物资本的实际存量的一个不同测度,而分母则为实际GDP。

资本存量本身是投资的累积值(经折旧调整后)。图4给出了1929年以来名义投资占GDP的比重。在这期间的大部分时间内,这一比重一直保持相对稳定,不过在最近20年间却出现了显著的下降。

---

① 近几十年来,增长核算在很多领域都有很多重要的应用。杨证明,在所谓的"东亚奇迹"各国,全要素生产率增长得惊人地缓慢(Young,1992,1995)。克鲁格曼(Krugman,1994)进一步将杨的增长核算推广到了其他背景中,并将之与更早期的增长核算的一些令人惊讶的发现(即苏联表现出来的全要素生产率增长缓慢的现象)结合了起来。克莱瑙和罗德里格兹-克莱尔(Klenow and Rodriguez-Clare,1997)则运用大型多国数据集进行了增长核算,并证明全要素生产率的增长在他们设定的环境中的普遍意义。

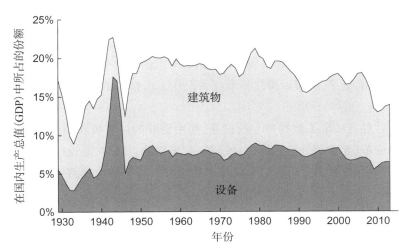

图4　美国的实物资本投资（私人的和公共的）

资料来源：美国经济分析局，国民收入和产出账户，表5.2.5。其中不包括知识产权产品和库存。政府投资和私人投资结合在一起考虑，建筑物投资包括住宅投资和非住宅投资。图中的百分比是名义投资对GDP的比率。

　　然而，除了累积投资之外，从（名义）投资率序列到（实际）资本—产出比率还要完成另一个步骤，那就是相对价格调整。图5给出了各类投资的相对价格——相对于GDP平减指数。在图5中，两个事实一目了然：自1960年以来，设备的相对价格大幅下降，为不到原来的三分之一，而建筑物的相对价格却从1929年以来上升了两倍（住宅）或三倍（非住宅）。

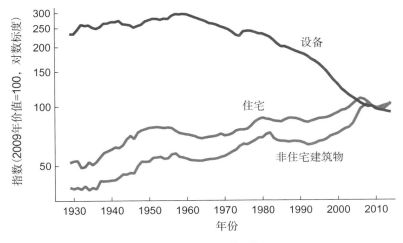

图5　投资的相对价格（美国）

注：各类私人投资的连锁价格指数已经除以GDP的连锁价格指数。

资料来源：美国经济分析局，国民收入和产出账户，表1.1.4。

　　另外，只要对图5所示的相对价格的趋势与图4所示的投资占GDP的比例略作比对，就可以得到另一个饶有趣味的结果：与相对价格的大幅变动趋势相比，名义投资在GDP中所占的份额是相对稳定的。例如，尽管自1960年以来，设备的相对价格下降为不到原来的三分之一，但用于设备的GDP的名义份额却保持了稳定。

　　经济增长领域的许多文献都强调了设备价格下跌这个事实（Greenwood et al. , 1997；

Whelan,2003)。这些论文指出,调和上面这些事实的一个可行的方法是,构建一个两部门模型,在这个模型中,假设设备部门的技术进步能够大大加快经济体中其他部门的技术进步。

这个假设是根据摩尔定律和半导体价格大幅下滑的历史事实做出的,将它与柯布-道格拉斯生产函数结合起来,就可以构建一个与我们在上面指出的那些事实大体一致的两部门模型。

说到底,这种方法最关键的核心假设是,使用更好的计算机相当于拥有更多的旧计算机,因此技术变革(至少部分地)是资本(设备)扩增型的。同时,假设柯布-道格拉斯形式的生产函数能够确保这种非劳动扩增型的技术变革可以与平衡增长路径并存,并保证稳定的名义投资率。①

2.3 要素份额

在卡尔多最初列出的关于经济增长的特征事实(Kaldor,1961)当中,很重要的一个就是支付给资本和劳动的国内生产总值份额的稳定性。图 6 给出了两个不同的数据集下的要素份额,它们表现出了非常相似的模式。首先,在 1948 年至 2000 年间,要素份额确实相当稳定。其次,自 2000 年以来,劳动的份额明显下降,资本的份额则相应上升。根据美国劳工统计局的数据,资本的份额从 1948 年至 2000 年间的平均值 34.2% 上升到了 2012 年的 38.7%;或者换个角度说,劳动的份额从 1948 年至 2000 年间的平均值 65.8% 下降至 2012 年的 61.3%。

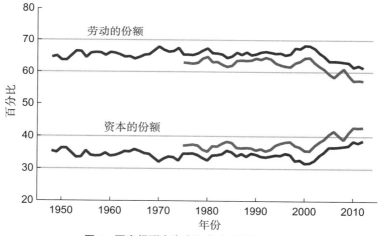

图6 要素报酬中资本和劳动的份额(美国)

资料来源:从 1975 年开始的序列数据,源于 L. 卡拉巴布尼斯(L. Karabarbounis)和 B. 内曼(B. Neiman)的论文[Karabarbounis L, Neiman B, 2014. The global decline of the labor share. Q. J. Econ. 129 (1), 61–103. http://ideas. repec. org/a/oup/qjecon/v129y2014i1p61–103. html]。该文所测量的是企业部门的要素份额,作者认为这有助于排除与自我雇用有关的问题。从 1948 年开始的系列源于 2014 年 8 月 21 日出版的美国劳工统计局《多要素生产率趋势报告:私营部门》。各要素的份额相加之和为 100%。

---

① 进一步的讨论涉及著名的宇泽定理(Uzawa theorem)。该定理给出了要实现平衡增长、技术变革所需要满足的限制条件。请参见施利希特(Schlicht,2006)的论文,以及琼斯和斯克林杰的论文(Jones and Scrimgeour,2008)。

近年来要素份额为什么会出现这种变动？很难说得清楚。这只是一种暂时现象吗？或许是 2008 年以后的经济大衰退放大了它？又或者，它是某个更深层次的结构性因素在起作用的结果？卡拉巴布尼斯和内曼（Karabarbounis and Neiman，2014）的研究表明，这确实是一个事实，在全世界的许多国家都有表现，这种趋势甚至有可能在 2000 年之前就已经开始出现了。还有一些经济学家试图通过研究货币贬值、房地产泡沫和/或知识产权问题来解释最近这种趋势，埃尔斯贝等（Elsby et al.，2013）、布里奇曼（Bridgman，2014）、科赫等（Koh et al.，2015）和罗吉利（Rognlie，2015）的论文都是这方面的典型例子。

另一个密切相关的事实是，要素份额的各种"行为"模式还表现出了跨行业（就一个经济体内部各行业而言）、跨国家的一致性。例如，琼斯指出（Jones，2003），在戴尔·乔根森（Dale Jorgenson）给出的美国 35 个行业（前 2 位数字）的分类数据中，存在着若干大趋势，既有正向的，也有反向的。戈林认为（Gollin，2002），要素份额与人均 GDP 无关在大多数国家都成立。

2.4　人力资本

新古典增长模型中，另一个主要投入要素是人力资本。图 7 显示了人力资本在经济中的最关键的表现形式之一——教育——的一个时间序列。更具体地说，本图展示了各出生世代的受教育年限，其起始点是 1875 年。

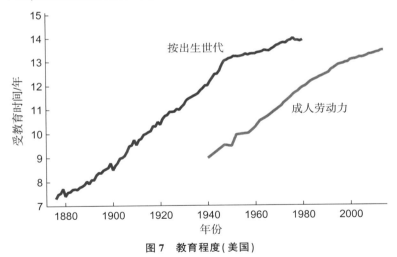

图 7　教育程度（美国）

资料来源：图中深灰色线显示了按出生世代统计的人们的受教育程度，数据源于 C. 戈尔丁和 L. F. 卡茨的论文（Goldin，C.，Katz，L. F，2007，Long-run changes in the wage structure：narrowing，widening，polarizing. Brook. Pap. Econ. Act. 2，135–165）。图中浅灰色线显示的是最近一次人口普查中 25 岁及以上劳动力的平均受教育程度。

这里又有两个事实浮出了水面。首先，这 75 年来，人们的受教育程度稳步上升：每过 10 年，平均受教育年限就增加差不多 1 年。例如，1880 年出生的人平均受过 7 年的教育，而 1950 年出生的同龄人则平均受过 13 年的教育。其次，如图中浅色线所示，成人劳动力的受教育程度也在逐渐上升。例如，在 1940 年至 1980 年间，成人劳动力平均受教育年限从 9 年增加到了 12 年,即大约每过 10 年增加 3/4 年。这就是说,假设每年的教育明瑟回报率(mincerian return)率为 7%,就意味着每位工人的平均产出每年可以增长大约 0.5 个百分点。

然而,还有另外一个事实也非常突出,那就是受教育程度存在越来越平稳的趋势。对于 1950 年后出生的那个世代的人,受教育程度提高得比以前更慢;而在最近一个出生世代,受教育程度提高曲线已经基本上变得平坦。许多人预计,随着时间的推移,这种趋势会转化为整体劳动力受教育程度提高速度的放缓,这一点,从图中的最后十年那段已经可以看出一些端倪来了。

图 8 还呈现了另一组与人力资本相关的特征事实。这些特征事实因卡茨和默菲的出色研究而广为人知(Katz and Murphy,1992)。在这张图中,深色线显示的是美国经济中受过大学教育的劳动者的工作时数,它在总工作时数中所占的比例,已经从 1963 年的不到 20% 上升到了 2012 年的 50% 以上。这张图同时还给出了受过大学教育的劳动者的工资溢价,即受过大学教育的劳动者的工资(在控制了经验和性别因素之后)超出未受过大学教育的劳动者的金额。在 1963 年至 20 世纪 80 年代初期,工资溢价平均大约为 50%,但是随后一路大幅上涨,到 2012 年达到将近 100%。因此,尽管受过大学教育的劳动者的供应量迅速增长,受过大学教育的劳动者的工资水平也仍然一直在急剧上升。

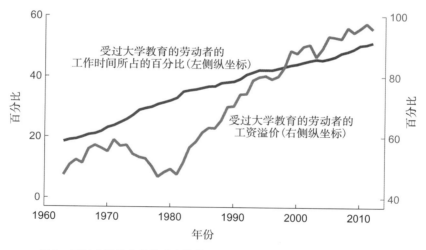

图 8   受过大学教育的劳动者的供给和受过大学教育的劳动者工资溢价

注:美国受过大学教育的劳动者的供应量,用受过大学教育的劳动者的工作时数占总工作时数的百分比来衡量,到 2012 年,已经从低于 20% 上升到了占 50% 以上。美国受过大学教育的劳动者的工资溢价是根据受过大学教育的劳动者相对于未受过大学教育的劳动者多获得的收入来计算的(控制了每个教育组别中的经验和性别因素的影响)。

资料来源:Autor, D. H., 2014. Skills, education, and the rise of earnings inequality among the "other 99 percent". Science 344 (6186), 843-851, fig. 3。

卡茨和默菲(Katz and Murphy,1992)提出了一个非常巧妙的模型,它可以用来解释受过大学教育的劳动者工资溢价的动力学。令"coll"和"hs"分别表示两种类型的劳动(即"受过大学教育的人的劳动"和"只受过高中教育的人的劳动"),进入生产的人力资本总额就可以用一个常数替代弹性（CES）生产函数给出，即：

$$H = [(A_{\text{coll}}L_{\text{coll}})^\rho + (A_{\text{hs}}L_{\text{hs}})^\rho]^{1/\rho} \tag{4}$$

受过大学教育的劳动者供应量的增加，会降低他们的边际产品；而技术参数 A_{coll} 的增大则会提高他们的边际产品。卡茨和默菲（Katz and Murphy，1992）证明，当替代弹性为大约1.4的时候，能够实现 $A_{\text{coll}}/A_{\text{hs}}$ 的恒定增长率（卡茨和墨菲将之称为"偏向技能的技术变化"），再结合观察到的 $L_{\text{coll}}/L_{\text{hs}}$ 的变化，就可以解释受过大学教育的劳动者工资溢价的时间序列。

当然，人力资本绝不仅仅包括教育。工人会不断地积累工作技能。这种人力资本会通过工人获得的更高的工资表现出来，但是，要将它分离出来，表示为一定数量的人力资本并给出每单位这种人力资本的价格，还需要大量的、细致的研究。一个简化的方法是，假设每年的工作经验都会导致人力资本增加某个常数值。事实上，在增长核算中，经济学家确实常常运用这种方法。为了在经济增长的环境中衡量人力资本，经济学家付出了很多努力，也取得了不少成果，其中包括：卢卡斯（Lucas，2009）、艾罗萨等（Erosa et al.，2010）、卢卡斯和莫尔（Lucas and Moll，2014），以及曼纽利和塞萨德里（Manuelli and Seshadri，2014）。

2.5　思想观念

我们接下来要讨论的一组事实与经济体中知识或思想的存量有关，即我们一开始讲的生产函数方程式（1）中的 A。长期以来，经济学家一直理解"思想生产"的重要性，但是"思想生产函数"却非常难以测度。思想或想法从哪里来？这个问题之所以困难，部分原因在于它的答案必定是多维的。思想本身是高度异质性的，有些思想显然是通过有目的的研发而出现的，但是其他的思想却似乎是无中生有的，它们的出现完全是一种偶然。面对这些困难，索洛（Solow，1956）的处理方法是，在建模时假设技术变革完全是外生的。但是，这样做肯定是太过了。事实很清楚：探寻新的思想的人越多，新思想被发现的可能性就越大。如果这种探索是有意为之的（就像在研究活动中那样），当然是如此；而且，即使思想只是生产过程本身的一种副产品，也是如此，例如在"干中学"模型中。在现代经济学中，新思想的"生产"对于理解经济增长至关重要，这方面的一些例子请参见：罗默（Romer，1990）、格罗斯曼和赫尔普曼（Grossman and Helpman，1991）、阿吉翁和豪威特（Aghion and Howitt，1992）。[①]

图9考虑到这一点，它显示的是美国的研发支出占GDP的比例。现在，这方面的最新数据已经可以直接从国民收入和产出账户（NIPA）获得了，这要归功于美国经济分析局的及时更新。根据国民收入和产出账户的记录，最宽泛的思想生产投资的统计对象是对"知识产权产品"的投资。这类投资包括传统的研发支出、用于计算机软件的支出，以及用于娱乐上的支出，后者则又包括电影、电视节目、书籍和音乐。

资料来源：美国经济分析局国民收入和产出账户，通过联邦储备经济数据库（FRED）获取。"软件业和娱乐业"反映的是私人支出和公共支出的总和，"娱乐业"包括电影、电视节目、书籍和音乐。

[①] 关于思想生产函数，经济学家已经提出了各种各样的不同观点，请参见：莫克尔（Mokyr，1990）、格里利兹（Griliches，1994）、韦茨曼（Weitzman，1998），以及费纳尔德和琼斯（Fernald and Jones，2014）。

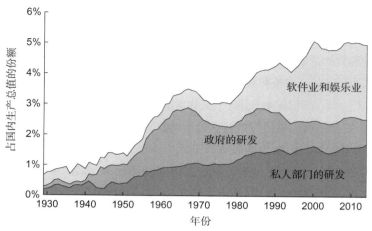

图9 研发支出(美国)

从图9可以看出几个很明显的事实。首先,知识产权投资总支出占GDP的比例从1929年的不到1%上升到近年来的差不多5%。其次,这种总体性的增长,是私人部门的研发、软件和娱乐投资大幅增长的反映,这一点在过去的25年间尤其明显。最后,在20世纪60年代的探索太空计划期间达到峰值后,政府在研发方面的支出占GDP的百分比一直在缩小。

图10则从另一个角度展现了研发支出的另外两个维度。第一,它的侧重点在于就业而不是投资支出;第二,它着眼于国际比较。该图显示了各经济体中研究人员在总人口中所占的份额。[1]

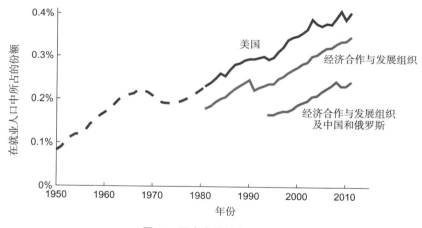

图10 研究人员的就业份额

资料来源:1981年至2001年数据来自经济合作与发展组织的主要科技指标(见 http://stats. oecd. org/ Index. aspx? DataSetCode=MSTI_PUB)。1981年之前的美国数据源于琼斯的论文(Jones, C. I. 2002. Sources of U. S. economic growth in a world of ideas. Am. Econ. Rev. 92 (1), 220-239),该文使用了美国国家科学基金会对研究人员的定义,即:"从事研发工作的科学家和工程师。"

在图10中,虽然有三个测度,但是其实每一个都讲述了同样的故事:近几十年来,研发人

---

[1] 根据经济合作与发展组织的《弗拉斯卡蒂手册》(*Frascati Manual*)2002年版,第93页,"研究人员"被定义为:"从事构思或创造新知识、新产品、新流程、新方法和新系统的专业人士,也包括从事有关项目管理的专业人员。"

员在就业人口中所占的比例一直在上升。在美国是如此,在经济合作与发展组织内部是如此,在中国和俄罗斯也是如此。

但是,目前为止给出的研发数据是有重大的局限性的,理解这一点很重要。特别是,这些数据充其量只刻画了经济学家所称的研究活动的极小的一部分。例如,现在已经有统计的研发活动70％以上据称都是发生在制造业中的,但是在2012年,整个美国却只有1800万工人在符合官方对研发的定义的企业中就业(而美国当年的就业人数超过了1.3亿人)。[①]一个极端的例子是,根据它们自己的公司报告,沃尔玛和高盛的研发支出都为零。

到目前为止,我们已经考虑了思想生产函数的投入端。接下来,我们转向产出端。不幸的是,思想的产出甚至比投入更加难以衡量。最常用的一个衡量思想产出的指标是专利数,图11给出了这个测度。

乍一看,就像本章所考察的许多其他变量一样,专利数量也呈指数形式增长。事实上,至少从1980年以来,美国授予的发明专利的数量就出现了惊人的上升——无论是授予专利的总量,还是授予美国发明家的专利的数量,都是如此。图中的两条曲线之间的差异——外国人在美国获得的专利——也值得注意,它证明思想创造是超越国界的、全球性的。以2013年为例,美国专利和商标局在这一年授予的专利中,有51％是授予外国人的。

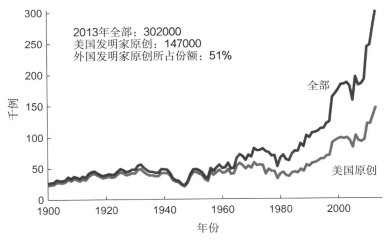

图11　美国专利和商标局授予的专利

资料来源:http://www.uspto.gov/web/offices/ac/ido/oeip/taf/h_counts.htm。

仔细观察图11,我们还可以发现其他一些同样有意思的事实:1915年、1950年和1985年授予美国发明家的专利的数量大致相同。换句话说,在20世纪的前85年,授予美国发明家的专利的数量似乎一直是相当稳定的,这与1985年以后的大幅增长形成了鲜明的对照。专利数量自20世纪80年代以来的大幅增长,部分是因为专利政策的变化(包括允许将专利保护扩展到软件和商业模式),以及专利案件所适用的司法上诉程序的变化,请参见贾菲和勒纳的论文(Jaffe and Lerner,2006)。

格里利兹(Griliches,1994)将上面这两个与思想生产相关的基本事实(即投入的快速增

---

① 这些数字来自沃尔夫的论文(Wolfe,2014)。

长,以及专利的稳定生产)结合起来,得出了一个关键的结论:在 20 世纪的大部分时间里,专利研究的生产率一直在急剧下降。科图姆(Kortum,1997)试图让他构建的增长模型与所有这些事实匹配起来。在这个模型中,他强调可以把专利视为一种与生产力成比例的改进。如果每项专利以某个不变的百分比提高 GDP,那么由新专利汇成的恒定的专利流就可以带来不变的经济增长率。但是,这种方法有一个严重的问题(或者,这也可能是所有以专利数据来衡量思想产出的问题),那就是,它完全不适用于 20 世纪 80 年代以后的情况。自 1980年以后,专利数量已经增长了四倍以上,但是经济增长幅度却仍然大致保持稳定。因此,思想生产函数之所以至今仍然在很大程度上只是一个黑箱,很可能恰恰是因为我们没有很好的办法去衡量思想或用于生产思想的投入。①

2.6　错配

如前所述,这一节是围绕方程式(1)给出的生产函数组织起来的。在设定生产函数时,我将全要素生产率划分成了两部分:思想存量,记为"A",以及其他所有因素。我将后者记为"M",这既可以表示"对我们的无知的测度",也可以表示"错配"。本小节就来讨论后面这种解释。

在过去的 15 年间,经济增长文献中的一个重要洞见是,微观层面上的错配可能会在更复杂的总体层面上表现为全要素生产率的下降。这一洞见在很多论文中都可以看到,如班纳吉和迪弗洛的论文(Banerjee and Duflo,2005)、沙里等的论文(Chari et al.,2007)、雷斯图斯亚和罗杰森的论文(Restuccia and Rogrson,2008),以及谢长泰和克莱瑙的论文(Hsieh and Klenow,2009)。

说到底,这个洞见的本质其实是非常简单的:只有在实现了资源最优配置的时候,经济才会运行在它的生产可能性边界上。如果资源是错配的,那么经济将会在生产可能性边界内部运行。当然,这只是说全要素生产率会降低的另一种方式:当给定投入的数量时,得到了较少的产出。

正如我们将在本章的第 4.7 中详细解释的那样,关于错配与发展,现在已经涌现出了大量文献。就目前来说,这也是我们对本章一开始就提出的那个问题——为什么有些国家比其他国家更加富有——的最佳答案。不过,就我们在本小节要处理的问题——错配到底在何种程度上与前沿增长相关——而言,相关的讨论却要少得多。

虽然从概念上看很清楚,即便是处于增长前沿的那些国家(或那个国家)也可能因错配而受损,同时错配的改善也可能有助于增长,但是,这个方向上的定量研究却少得可怜。事实上,就我自己而言,一贯以来的工作假设一直是,错配在过去的 50 年里对美国的影响很小。但是,我现在认为这种看法是错误的。

---

① 当然,在这个方向上也已经取得了若干进展,其中一些例子包括:卡巴莱罗和贾菲(Caballero and Jaffe,1993)、阿西莫格鲁等(Acemoglu et al.,2013),以及阿科西吉特等(Akcigit et al.,2014b)。[此处原文还有"L.(2013)"的字样,从文末的参考文献来看,这应该是误植。——译者注]

　　谢长泰等（Hsieh et al,2013）所强调的一个令人惊异的事实有力地说明了这一点：1960年,94％的医生和律师都是男性白人；而到了2008年,这一比例却下降到只有62％了。考虑到医生、律师及其他高技能职业所需的先天才能在不同组别之间的分布不太可能有所不同,1960年的上述职业分布状态表明,大量先天就拥有从事这类职业才能的非洲裔美国人和白人妇女并没有在他们拥有比较优势的职业领域中就业。这篇论文对从1960年到2008年间出现的这种职业分布显著趋同趋势的宏观经济后果进行了定量分析,结果发现每个工人的平均总产出增长的15％～20％都可以用人才配置的改善来解释。换句话说,错配率的降低,可能解释了过去50年来美国经济增长的一个重要组成部分。

　　还有许多同样令人惊叹的具体事件,它们可以帮助我们理解这些定量结果。桑德拉·奥康纳（Sandra O'Connor）,后来的最高法院法官,于1952年以年级第三名从斯坦福大学法学院毕业,但是毕业后在私人部门能够找到的唯一一份工作不过是担任一名法律秘书（Biskupic,2006）。与经济学家这个行当更接近的一个例子是大卫·布莱克威尔（David Blackwell）,他因压缩映射而闻名世界,是第一位进入美国国家科学院的非洲裔美国人,也是第一位在加州大学伯克利分校获得终身教职的非洲裔美国人。尽管他早在22岁时就获得了博士学位,并于1941年在普林斯顿高等研究院结束了博士后研究,但是却不能在普林斯顿大学为学生授课,并出于种族原因而无法在加州大学伯克利分校获得一个教职。他不得不先屈就于霍华德大学,然后一直等到1954年才被加州大学伯克利分校新成立的统计系聘为全职教授。[①]

　　错配的另一个潜在根源可以从思想生产经济学的角度分析。长期以来,经济学家一直认为,知识溢出是相当重要的——无论在特定国家内部还是国家之间都是如此。如果这种溢出效应越来越多地被内部化或由政策供给（或者相反）,那么知识资源错配的改变就可能会影响经济增长。[②]

　　最后再举一个例子。谢长泰和莫雷蒂指出,美国的空间错配问题可能是非常突出的（Hsieh and Moretti,2014）。为什么帕洛阿尔托沙罗沙丘路的租金与曼哈顿不相上下,但是前者那里却没有什么摩天大楼？谢长泰和莫雷蒂认为,当地的土地开发政策阻碍了人们对地面和空间的有效匹配。他们估计,像硅谷和纽约市这样的地方,实现有效配置时,人口规模应该是现在的四至八倍。

　　对上述这些影响前沿增长的错配（以及其他类型的错配）进行定量研究,无疑是未来研究的一个极有前途的方向。

2.7　解释前沿增长事实

　　虽然本章的主要目的是讨论经济增长的基本事实,但是仍然有必要先回过头去简短地

[①]　请参见:http://en.wikipedia.org/wiki/David_Blackwell。我非常感谢普雷斯科特（Ed Prescott）为我提供这个例子。
[②]　关于知识溢出的证据,请参见:格里利兹（Griliches,1992）、科和赫尔普曼（Coe and Helpman,1995）、琼斯和威廉姆斯（Jones and Williams,1998）、克莱瑙和罗德里格茨-克莱尔（Klenow and Rodriguez-Clare,2005）,以及布鲁姆等（Bloom et al.,2013）。

评论一下,我们经济学家是怎样把这些事实纳入各种各样的增长模型的。

长期以来,索洛(Solow,1956)和拉姆齐(Ramsey,1928)、卡斯(Cass,1965)、库普曼斯(Koopmans,1965)提出的新古典主义基本增长模型一直是理解各种增长事实的基准理论框架。罗默(Romer,1990)所强调的思想的非竞争性,则有助于我们理解持续的指数型增长是如何内生地实现的。我在一篇论文中回顾了罗默的贡献以及其所引发的一系列扩展性研究(Jones,2005)。[①]

克鲁塞尔等人将设备相对价格的下降和受过大学教育的劳动者工资溢价的上升放在一起考虑(Krusell et al,2000)。他们的这篇论文考虑的是设备资本与高技能劳动之间存在互补性的情况,在这种情形下,(技术驱动的)设备价格的下降成了技能偏向型技术变革的动量。这篇论文运用的是通用的常数替代弹性生产函数。该文的一个潜在问题是这种情形可能导致劳动份额的变动。但也许在数据中我们也开始看到这种变动。

重要的是,受教育程度提高和研究投入增加,这两种趋势为未来的研究打开了机会之门。为什么随着时间的推移,受教育程度和研究人员在劳动力中所占的份额会不断上升?这些趋势对未来的经济增长会产生什么样的影响?雷斯图斯亚和万登布鲁克(Restuccia and Vandenbroucke,2013)指出,技能偏向型技术变革本身就是推动教育程度上升的一个原因。阿西莫格鲁(Acemoglu,1998)则在技术变革方向本身就是内生性的情况下,对技术变革与教育的相互作用进行了研究。琼斯(Jones,2002)探讨了教育程度和研究强度的上述趋势对未来增长的影响,证明这些趋势在最近50年以来极大地提高了经济增长率——使之大幅高于长期经济增长率。

3. 前沿增长:超越国内生产总值

讨论与前沿增长相关的另一组事实需要我们超越GDP这个总量概念。下述事实与结构性变化(农业的衰退和服务业——特别是健康行业——的兴起)、闲暇和生育率的变化、不平等的加剧和商品价格的下跌有关。

3.1 结构性变化

图12显示了过去200多年以来农业就业人口下降的情况,这是最剧烈的结构性变化之一,对前沿经济产生了极大的影响。1840年,美国经济每三名劳动者中就有两名在农业领域工作。而到了2000年,这一比例已经下降到了2.4%。从农业增加值在GDP中所占的比例

---

① 罗默的思想可以从不同的方向加以扩展。阿吉翁和豪威特(Aghion and Howitt,1992)、格罗斯曼和赫尔普曼(Grossman and Helpman,1991)强调了创造性破坏的重要作用。琼斯(Jones,1995)、科图姆(Kortum,1997)和西格斯托姆(Segerstrom,1998)则阐明了思想生产的非竞争性与人口增长相互作用的方式,并以此解释生活水平的持续上升。

也可以看到类似的变化。当然,这种情况不独美国为然。例如,该图还表明,日本的农业就业人口在总就业人口中所占的份额从 1870 年前后的 85％一路下降。①

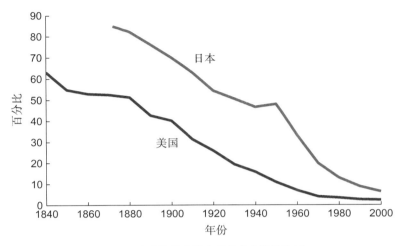

图 12　农业就业人数占总就业人数的比例

资料来源：Herrendorf, B., Rogerson, R., Valentinyi, A. 2014, Growth and structural transformation, In: Handbook of Economic Growth, vol. 2, Elsevier, pp. 855-941, http://ideas. repec. org/h/eee/grochp/2-855. html。

在增长经济学文献中,农业就业人口下降这种结构性变化还有其他一些分析维度,一种是从它与其他部门的增长的关系来分析。例如,农业的衰退首先与制造业的增长有关,而制造业的增长最后又被卫生和教育等服务业的增长所取代。对于这方面的文献,下文还会详细评述。

另一种形式的结构性变化也一再引发关注,那就是机器(资本)取代劳动的可能性。奥特尔等(Autor et al. ,2003)利用职业分类细目表研究计算机化对劳动力需求的影响。他们强调了一种两极分化现象:计算机化是专门用来替代常规认知任务的,这种常规认知任务可以分解成一些具体规则,而且与非常规认知任务有互补性。这也就是说,计算机可以代替银行柜员和低级秘书,但是与此同时,计算机化却增加了对电脑程序设计师的需求,而且有许多体力劳动完全不受影响(比如清洁工作)。布林约尔弗森和麦凯菲的研究则凸显了人工智能所带来的更加广泛的影响(Brynjolfsson and McAfee,2012):在未来,电脑可能会驾驶汽车、分析医疗检验结果、梳理法律文件等。这也就是说,甚至连那些以往被认为是认知性的、不容易常规化的任务,也可能被计算机化。这种变化会对劳动力市场产生什么影响呢?

这个问题的答案显然是相当复杂的,仍然有待于进一步的研究。② 不过,一个有用的参照系是,在美国农业衰退的过程中,农业就业人口在美国劳动人口中的份额从 2/3 下降到了 2％,而且这种变化主要是因为机械化和技术变革。毫无疑问,这种转变肯定对劳动市场产生了重要影响,但是总体而言,这种转变是非常有益的。当然,这样说并不意味着人工智能今后的影

---

① 关于结构性变化与经济增长的关系,赫伦多夫等人给出了很好的文献综述(Herrendorf et al. , 2014)。这方面的最新进展体现在波帕特的论文(Boppart,2014)、科明等的论文(Comin et al. ,2015)中,他们强调了具有异质收入效应的需求体系。
② 请参见:阿西莫格鲁(Acemoglu,1998)、泽拉(Zeira, 1998)、卡塞利(Caselli,1999),以及赫谋斯和奥尔森的论文(Hemous and Olsen,2014 年)。

响也一定会是这样。无论如何,农业就业人口下降带来的转变是一个值得关注的例子。

3.2 健康产业的崛起

不过,过去 50 年以来,另一种不同的结构性变化占据了主导地位,那就是卫生支出在 GDP 中所占的份额持续增长。图 13 给出的美国和其他几个经济合作与发展组织国家的卫生支出情况证明了这一点。例如,在美国,自 1960 年以来,卫生支出占 GDP 的份额足足翻了三倍,即从 1960 年的 5% 上升到了 2010 年的 17%。

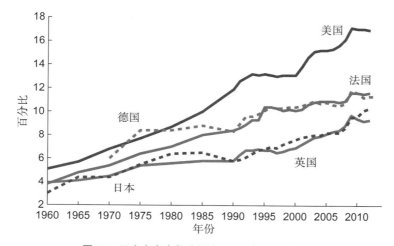

图 13 卫生支出在部分国家 GDP 中所占的份额

资料来源:经济合作与发展组织《卫生统计年报》(2014)。

其他国家的总体趋势也是如此。例如,在法国,卫生支出占 GDP 的份额从不到 4% 上升到了接近 12%。

霍尔和琼斯认为(Hall and Jones,2007),医疗保健支出引人注目的普遍上升是经济增长的一个副产品。在各种标准偏好假设下,消费的边际效用迅速下降。这一点从常数相对风险厌恶(CRRA)型偏好中最容易看出。根据这种偏好假设,跨期替代的弹性低于 1,因而在这种情况下,流量效用(flow utility)是有界的。随着人们变得越来越富裕,任何一天的消费的边际效用都将迅速下降;人们真正需要的是有更多的日子去享受高水平的消费。因此,收入效应倾向于有助于延长生命的那一类支出。

预期寿命属于少数几个与经济增长相关但不是指数增长的时间序列当中的一个,它的增长是算术型的,而不是指数型的。图 14 给出了美国人在出生时和 65 岁时的预期寿命。由于公共卫生的改善和婴儿死亡率的大幅下降,在 20 世纪上半叶,出生时的预期寿命迅速提高。而到 1950 年以后,提高的速度就比较温和了——大约每十年提高 1.8 岁。这张图还表明,预期寿命的提高发生在老年。自从 1950 年以来,满 65 岁的人的预期寿命每十年就会提高接近 1 岁。①

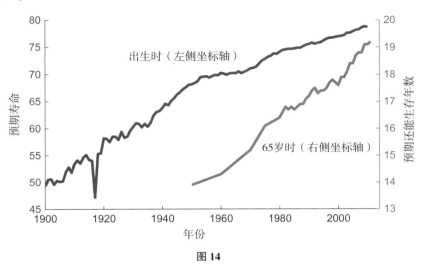

图 14

资料来源：Health，Unitedstates 2013 and https：//www.clib-infra.edu；出生时与 65 岁时的预期寿命（美国）

有意思的是，死亡率本身却似乎是随年龄增大而呈指数增长的，这种现象被称为"康佩茨-马克哈姆"定律（Gompertz-Makeham Law），请参见达尔加德和斯特鲁里克的论文（Dalgaard and Strulik，2014）。

3.3 工作时数与闲暇

在宏观经济学中，一个标准的特征事实是，即使工资呈现大幅上涨趋势，工作时间在总时间中所占的比例并未出现相同的趋势。但是，接下来的两张图将告诉我们，这个特征事实从长期来看并不真实，当然现在的证据仍然有些微妙。

图 15 显示了就业者的人均工作时数，图中的数据来自宾夕法尼亚大学世界数据表（Penn World Table），而该表的数据则采集自世界大企业联合会（Conference Board）的世界经济总量数据库（Total Economy Database）。从图中可见，在发达国家中，自 1950 年以来，每年工作时数已经出现了大幅下降。例如，美国的平均年工作时间从 1950 年的 1909 小时，下降到了 2011 年的 1704 小时。在法国，下降幅度还要更大——同期从 2159 小时下降到了 1476 小时。在日本，工作时数的下降开始得稍微晚一些（在第二次世界大战结束后的经济复苏之后才开始），从 1960 年的 2222 小时下降到了 2011 年的 1706 小时。

图 16 给出了进一步细化之后的美国数据——数据来自雷米和弗朗西斯的论文（Ramey and Francis，2009）。这个数字表明，男女之间的工作时数是有差异的。在 1900 年至 1980 年之间，在走向平稳之前，男性的平均每周工作时间大幅下降。相比之下，妇女在市场上的工作时间却一

---

① 诺德豪斯（Nordhaus，2003）、默菲和托佩尔（Murphy and Topel，2006）对预期寿命提高和死亡率下降的经济回报进行了更加详尽的探讨。奥伊彭和沃佩尔则认为（Oeppen and Vaupel，2002），在超过 150 年的时间里，"创纪录的预期寿命"（即各国之间的最大预期寿命）呈线性增长——大约每十年提高 2.5 岁。

直呈上升趋势。雷米和弗朗西斯还利用"作息时间表"来估计用于家庭生产的时间,从而使他们的研究变得更加复杂。一方面,男性在市场上的工作被女性替代;另一方面,男性也在替代女性在家庭生产中的工作。男性用于家庭生产的时间从 1900 年的每周 4 小时,上升到 2005 年的每周 16 小时以上。因此,休闲时间的增长实际上要远远小于市场时间的下降。

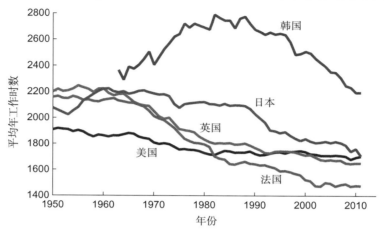

图 15　若干国家的平均年工作时数

资料来源:就业者人均年工作时数,源于宾夕法尼亚大学世界数据表 8.0,也请参见:Feenstra, R. C., Inklaar, R., Timmer, M. P. 2015. The next generation of the Penn World Table. Am. Econ. Rev. 105 (10), 3150−3182. doi:10.1257/aer. 20130954,以及该文所附的极其出色的数据附录。

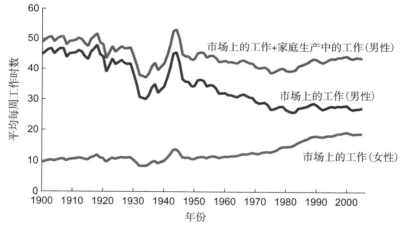

图 16　平均每周工作时数(美国)

资料来源:"每个工人平均每周工作时数",引自 Ramey, V. A., Francis, N. 2009. A century of work and leisure. Am. Econ. J. Macroecon.,1(2),189−224。http://ideas. repec. org/a/aea/aejmac/v1y2009i2p189−224. html。

3.4　生育率

到目前为止,我们提到的这些事实——农业的衰退以及健康等服务业的兴起、预期寿命的上升以及工作时间的下降——这些全都符合某种特定的收入效应。随着人们变得越来富裕,消费的边际效用不断下降,人们用其他可以节省自己宝贵时间禀赋的行动来替代消费。唯有时间,才是技术进步无法创造的东西!

　　然而,关于生育率的如下事实却构成了对这个假说的一些有意思的质疑。具体地说,如图17所示,生育率大幅下降的开始时间至少可以追溯到1800年(那时被称为人口转型期)。例如在美国,自1800年以来,出生率从5.5％下降到了2000年的1.5％;而在法国,则从3.3％下降到了近年来的不足1.5％。

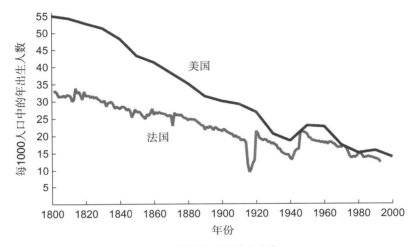

图17　美国和法国的生育率

资料来源:美国的数据来自Haines,M. 2008, Fertility and mortality in the United States. In: Whaples,R.,(Ed.),EH. Net Encyclopedia, http://eh. net/encyclopedia/fertility-andmortality-in-the-united-states/;法国的数据来自Greenwood,J.,Vandenbroucke,G. 2004. The baby boom and baby bust: O. E. C. D. fertility data。Http://guillaumevdb. net/ BabyBoom-data. pdf。

　　在巴罗和贝克尔提出的"王朝模型"中(Barro and Becker,1989),生育更多的孩子实际上是增加自己的有效生命或时间禀赋的一个途径,因而存在着推动生育率上升的动力——至少在收入效应压倒了替代效应时肯定是如此。但是,从实际数据中,我们看到的却只是生育率的大幅下降。对于人口增长历史上的这个基本事实——生育率下降,同时人口增长曲线呈现驼峰状,这种情况被称为人口转型——很多文献都试图给出解释。标准解释的一个关键组成部分是,儿童本身是耗费时间的;在这种情况下,随着人们变得越来越富裕,"节省"了儿童(少生育儿童)也就节省了时间。[①]

3.5　顶层不平等

　　在过去十年,关于不平等,更加著名的一个事实如图18所示。这张图就是皮凯蒂和赛斯

---

① 对于这个问题的研究,请参见盖勒和威尔(Galor and Weil,1996)、德普克(Doepke,2005)、格林伍德等(Greenwood et al.,2005)、琼斯等(Jones et al.,2010)、科尔多瓦和里波尔(Cordoba and Ripoll,2014)、琼斯和特尔蒂尔特(Jones and Tertilt,即将发表)。

给出的"顶层收入差距图"（Piketty and Saez，2003）。无论是在美国还是在法国，1920 年时，收入最高的前 0.1％家庭的收入占人口总收入的比例大约为 9％，20 世纪 50 年代，这个比例大幅下降到了 2％左右，而且一直到 1980 年前后，该比例一直维持在这样一个低水平上。然而在那之后，美国和法国之间出现了非常大的差异。在美国，收入最高的前 0.1％家庭的收入占总收入的比例急剧上升到了与 1920 年基本相当的水平；而在法国，该份额则继续维持在相对较低的水平上。而且值得注意的是，美国和法国的不平等在 20 世纪前半叶的缓和，大部分与资本收入有关；而 1980 年以后美国不平等的加剧，却大部分与劳动（和企业）收入相关。[①]

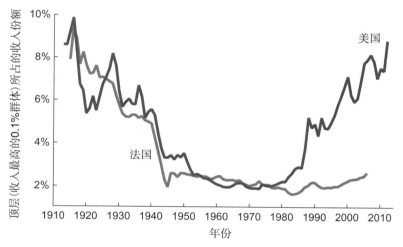

图 18　美国和法国的顶层收入差距

资料来源：Alvaredo，F.，Atkinson，A. B.，Piketty，T.，Saez，E. 2013 年，"世界顶层收入数据库"，2013 年 10 月 15 日下载，http：// topincomes. g-mond. parisschoolofeconomics. eu／。

同样值得一提的是这种不平等的演变所导致的宏观经济后果。图 19 将皮凯蒂-赛斯的顶层不平等数据与美国的人均 GDP 的长期数据（如本章开头的图 1 所示）放到了一起。这就是说，如图 19 所示，利用皮凯蒂-赛斯的不平等份额和人均 GDP，可以得到收入最高的 0.1％以及其他 99.9％群体的人均估计值。[②]

注：本图给出的是收入最高的 0.1％的群体和其他 99.9％的群体的人均 GDP 估计，图中还给出了 1950 年至 1980 年、1980 年至 2007 年这两个时期的年均增长率。

资料来源：总人均 GDP 数据取自本章图 1。用来除以 GDP 的顶层收入份额取自世界顶层收入数据库（2013 年版），网址：http：//g-mond. parisschoolofeconomics. eu/topincomes/。

图 19 中，两个关键结果一目了然。首先，直到最近几十年以前，顶层（收入最高的 0.1％

[①] 对于出现这种模式的可能原因，以下论文尝试过进行解释：卡斯塔涅达等（Castaneda et al.，2003）、卡吉蒂和纳尔迪（Cagetti and Nardi，2006）、阿特金斯等（Atkinson et al.，2011）、本哈比等（Benhabib et al.，2011）、青木和尼雷（Aoki and Nirei，2013）、琼斯和金（Jones and Kim，2014）、皮凯蒂（Piketty，2014）、皮凯蒂等（Piketty et al.，2014），以及赛斯和祖克曼（Saez and Zucman，2014）。

[②] 有一点很重要，即我们必须注意到这种估计肯定是不完美的，因为 GDP 的分配与作为皮凯蒂-赛斯估计的基础的经调整的总收入数据的分配并不一定相同。例如，健康福利的分配就应该比较均等。

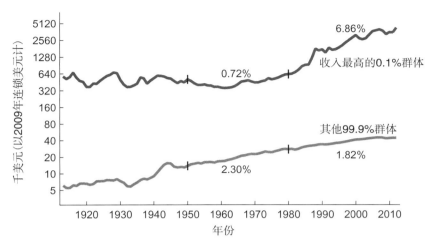

图 19　人均 GDP——收入最高的 0.1% 的人 vs 其他 99.9% 的人

群体) 的人均 GDP 增长幅度小得惊人, 1977 年的总额甚至还低于 1913 年的总额。事实上, 直到 1960 年左右, 所有增长都发生在顶层之外的那 99.9%。其次, 近几十年来, 上面这种模式发生了逆转。例如, 顶层之外的那 99.9% 的人均 GDP 的平均增长率, 从 1950 年至 1980 年间的 2.3% 下降到了 1980 年至 2007 年间的大约 1.8%, 即大约下降了半个百分点。相比之下, 顶层 0.1% 的增长率在沉寂了几乎 50 年之后, 出现了大幅上升: 前 0.1% 的人均 GDP 的增长率简直与中国经济相似, 自 1980 年以来的平均年增长率达到了 6.86%。这样一种变化显然很有可能对经济福利产生重大影响, 理应受到关注。

3.6　自然资源的价格

下面要讨论的这个事实与我们上面讨论的那些事实有很大的不同, 但它也与前沿增长相关, 而且是一个更令人惊异的事实。图 20 显示的是一篮子工业大宗商品的、已经用消费者物价指数平减的实际价格 (该篮子由铝、煤、铜、铅、铁矿石和锌组成, 且各种商品权重相等)。在整个 20 世纪, 随着美国和全球其他国家的汽车化、电气化、城市化以及更广泛的工业化的兴起, 全世界对这些工业大宗商品的需求呈现出了爆炸式的增长。但令人惊诧不已的是, 这些大宗商品的实际价格在 20 世纪一直呈下降趋势, 而且下降幅度非常巨大——2000 年下降为 1900 年的 1/5！

资料来源: 由权重相等的铝、煤、铜、铅、铁矿石和锌组成的一篮子工业大宗商品的实际价格, 用消费者物价指数平减。工业大宗商品价格来自 www.globalfinancialdata.com; 消费者物价指数来自 www.measuringworth.com。

很显然, 尽管需求增长巨大, 但是不断加速的新发现和技术进步的结合, 使得有效供给的增长速度大大超过了需求的增长速度。[1]

然而, 同样令人惊异的是, 2000 年以来, 同样是这些工业大宗商品, 实际价格却出现了大幅上涨。部分原因可能在于中国和印度的经济在这个时期快速增长, 导致对大宗商品需求

---

[1]　这个事实之前已经被注意到了, 例如请参见西蒙 (Simon, 1981)。

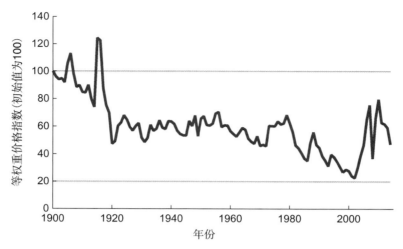

图 20　工业大宗商品的实际价格

的巨幅扩大。有意思的是,正如我们在下文中将会看到的,许多发展中国家在进入 21 世纪后经济增长表现得相当出色。其中某些国家的增长可能推动了对大宗商品需求的上升,但是另一些国家的成功很可能恰恰是中国和印度需求上升所导致的商品驱动型增长的反映。

4.　经济增长的扩散

到目前为止,我们一直主要关注前沿发展(前沿增长),即,随着时间的流逝,前沿增长出现了怎样一些事实? 接下来,我们来看一看增长是如何在不同国家之间扩散的,或者说,不同的国家是怎样移动到相对前沿的位置上的。

4.1　长期增长的扩散

关于长期内经济增长的扩散,最关键的一个事实是,它发生在不同的时间点上,导致通常所称的"大分流"("The Great Divergence")。[①]

图 21 说明了这一点。根据"麦迪逊计划"(The Maddison Project)的数据,世界各国的人均 GDP 是在 1600 年前后出现"大分流"的。例如,在 1300 年,世界各国的人均 GDP 最高的是荷兰的 1620 美元(以 1990 年美元价值计),较低的是埃及的 610 美元(当然埃及并不是当时世界上最贫穷的国家)。我们注意到,正如普里切特(Pritchett,1997)所指出的,在 1950 年,全世界最贫穷的国家的人均收入大约为 300 美元,而这种水平(每天不超过 1 美元)似乎非常接近于任何一个经济体在任何时点上可能出现的最低人均收入水平。因此,在 1300 年,最

---

① 请参见:麦迪逊(Maddison,1995)、普里切特(Pritchett,1997)、卢卡斯(Lucas,2000),以及彭慕兰(Pomeranz,2009)。

富有国家与最贫穷国家的人均收入之间的倍数大约为 1620 美元/300 美元 ≈ 5 倍。不过,在麦迪逊计划的数据中,我们观察到,在 1300 年之前,这个倍数要更小一些。

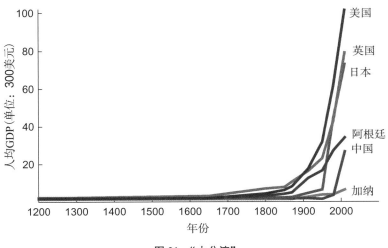

图 21 "大分流"

注:图中显示的不同国家的人均 GDP,单位是 300 美元,因此纵坐标轴上的数字大致相当于某个国家的人均收入与世界上最贫穷国家的人均收入之间的倍数。

资料来源:Bolt, J., van Zanden, J. L. 2014. The Maddison Project: collaborative research on historical national accounts. Econ. Hist. Rev. 67(3), 627-651.

图 21 显示了这个倍数随着时间的推移而演变的轨迹(只取了小部分国家为样本),从图中我们可以看到在 1600 年以后发生的不同国家人均收入的"大分流"。到了 1870 年,最富有的国家与最贫穷的国家已经达到了 10 倍以上(样本中当时最富的国家是英国)。到了 2010 年,这个倍数更加达到了 100 多倍(样本中最富的国家是美国)。而且在不同的国家,快速增长也出现在不同的时期。阿根廷在 1870 年相对富裕,第二次世界大战后日本经济起飞。在 1950 年,中国比加纳还要贫穷——根据麦迪逊计划的数据,差不多要穷 2 倍——不过,自 1978 年后,中国开始快速增长,几十年内就使本国的生活水平提高到了超过每年 300 美元的基准水平的 25 倍。

图 22 以另一种方式显示了自 1870 年以来的经济增长的扩散过程。它以美国为基准,将不同国家的相对收入水平随时间演变的轨迹描绘了出来。当数据以这种方式呈现出来时,另一个关键事实就凸显出来了,那就是各国经验的异质性。有些国家,比如英国、阿根廷和南非等国,它们的收入水平相对于美国出现了大幅下滑,这说明它们长期中的增长率远低于前沿增长率(2%),而日本和中国等国家的收入相对于美国的收入则实现了大幅增长。

资料来源:Bolt, J., van Zanden, J. L. 2014. The Maddison Project: collaborative research on historical national accounts. Econ. Hist. Rev. 67(3), 627-651.

4.2 最近几十年来的增长扩散

图 23 集中关注过去 30 年间发生的增长扩散现象,它使用了宾夕法尼亚大学世界数据表

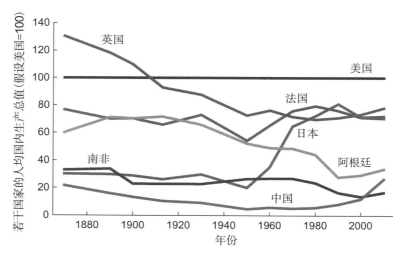

图 22　1978 年后经济增长的扩散

8.0(Penn World Tables 8.0)的数据,显示的同样是每个国家相对于美国的 GDP。从图 23 中不难看出几个显著的事实。首先,西欧国家的收入相当稳定——几乎一直稳定在美国的 75％左右。像法国、德国和英国这样的国家,与美国的差距竟然如此大,这一点也许会令不少人惊讶不已。普雷斯科特(Prescott,2004)认为,这种差距的很大一部分可以归因于工作小时数:美国和西欧各国的每小时 GDP 差距要小得多;事实上,西欧的成年人的人均工作时间大大低于美国,这可以解释为什么它们的人均 GDP 比美国更低。而且,正如琼斯和克莱瑙所指出的(Jones and Klenow,2015),除了更多的闲暇时间之外,西欧人的预期寿命往往更高一些,他们在消费上的不平等也更少一些。如果在构建消费等价福利测度时,把所有这些因素都考虑进去,西欧国家的人均收入将会比单纯的人均 GDP 指标所显示的更加接近于美国的水平。关于这一点后文还将进一步讨论。

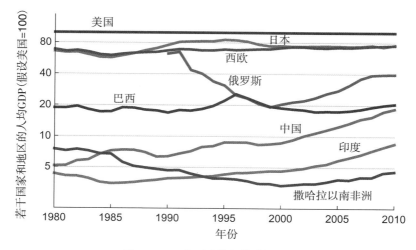

图 23　1980 年以来的经济增长扩散

资料来源:宾夕法尼亚大学世界数据表 8.0。

图 23 也说明,日本经历了"失落的几十年"。在 20 世纪 80 年代(以及更早以前)的迅速

增长之后,日本的人均收入在 1995 年达到了高点——相当于美国的 85%。然而,自从 1995年至今,日本的人均收入已经回落到了美国的 75% 左右。中国自 1980 年以来、印度自 1990年以来的快速增长,也可以清晰地从这张图中看出来。中国和印度的增长,如果与撒哈拉以南非洲相对比,那么就更加突出,因为撒哈拉以南非洲整个地区的人均收入从 1980 年的相当于美国的 7.5% 下降到了 2000 年的 3.3%。从图 23 可见,自 2000 年以来,许多国家和地区都开始了"追赶"美国的过程。

图 24 显示了 1960 年和 2011 年这两年 100 个国家和地区的人均 GDP 相对于美国的水平。这些国家和地区分散在 45 度线上下,给人的第一印象是,这种分布并不存在系统的模式。其中有些国家和地区相对于美国而言正在追赶,而另一些国家和地区则进一步落后了,而且这种变动可能会很大(如各地对 45 度线的偏离所示)。

更加仔细地观察这张图,我们会发现,位于 45 度线以上的中等收入国家和地区的数量要比位于 45 度线以下的中等收入国家和地区多。至少在 1960 年至 2011 年间,中等收入国家和地区的趋势是趋于更接近美国,而不是趋于更落后于美国。相比之下,低收入国家和地区的情况则似乎有些不妙,因为数据显示,它们的模式与中等收入国家和地区相反:平均而言,贫穷国家和地区"系统性地"位于 45 度线以下,而不是以上。

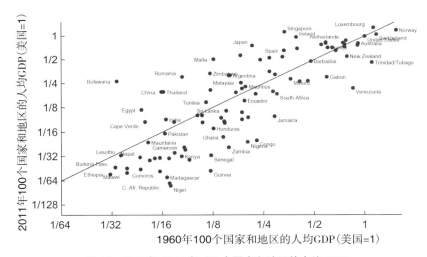

图 24　1960 年、2011 年 100 个国家和地区的人均 GDP

资料来源:宾夕法尼亚大学世界数据表 8.0。

图 25 在关于经济增长的经验研究文献中更加著名。这张图显示了经济合作与发展组织国家自 1960 年以来的"追赶"美国的"行为"特征。在经济合作与发展组织国家中,在 1960年时相对较差的一些国家——如日本、葡萄牙和希腊——取得了迅速增长,而在 1960 年时相对富裕的一些国家——如瑞士、挪威和美国——则增长得相对缓慢一些。从数据来看,这种模式是非常显著的:简单回归的拟合度(R^2 值)达到了 75%。[①]

① 请参阅:鲍默尔(Baumol,1986)和德容(DeLong,1988)。

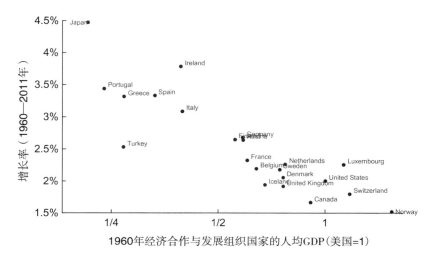

图25 经济合作与发展组织国家经济增长趋于收敛(趋同)

资料来源:宾夕法尼亚大学世界数据表8.0。图中给出的是1970年的经济合作与发展组织国家各成员国。

然而,图26却表明,各国经济增长正在趋于收敛这个结论并不适用于整个世界。在世界范围内,各贫穷国家和地区既没有表现出比富裕国家和地区更快增长的统一趋势,也没有表现出比富裕国家和地区增长得更慢的统一趋势。世界上,不仅有博茨瓦纳和韩国,还有马达加斯加和尼日尔。在这里,特别值得关注的是,在1960年至2011年间,全部100个国家和地区当中有14个国家和地区的人均GDP出现了负增长。

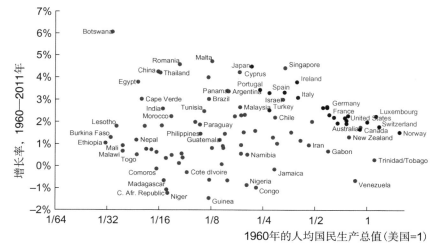

图26 全球范围内,经济增长并未趋于收敛

资料来源:宾夕法尼亚大学世界数据表8.0。

不过,这些国家的持续的负增长率是不是完全准确的,仍然有些疑问。正如杨所指出的(Young,2012),计算这些增长率时所依据的数据往往质量很差。例如,在1991年至2004年期间,联合国的国民核算账户数据库公布了47个撒哈拉以南非洲国家的GDP(分别以现行价格计和不变价格计），但是实际上，直到 2006 年中期，联合国统计局实际上只收到了一半观察点上的数据，而且在这些国家中，有 15 个国家从来没有提供过任何不变价格数据。为此，杨转而利用耐用消费品（如无线电收音机、电视机和自行车）有关指标，以及来自发展中国家人口与健康调查等的其他数据，对这些国家的经济增长率进行了重新估计。他认为，撒哈拉以南非洲国家的生活水平在过去 20 年中平均每年的增长率大约为 3.5％，与其他发展中国家的增长率大体相当。

　　不少论文，如巴罗（Barro，1991）、巴罗和萨拉－马丁（Barro and Sala-i-Martin，1992），以及曼昆等（Mankiw et al.，1992），对如图 25 所示的增长趋同模式为什么会出现（而图 26 却没有呈现同样的模式）给出了有力的解释。特别是，这些论文证明，新古典主义增长理论的基本预测对作为一个整体的世界来说是成立的。世界各国的经济增长正在趋同，不过，是向它们各自的稳定状态而不是增长前沿趋同。如果一个国家的稳定状态的决定因素（如实物资本和人力资本的投资率）能够确定下来，那么就可以看到低于自身的稳定状态的国家迅速增长，而高于稳定状态的国家则增长缓慢（甚至下降）。各国向本国的稳定状态收敛的速度——通常被称为"趋同速度"——大约为每年 2％，这个事实有时被称为"巴罗趋同铁律"（Barro's iron law of convergence）。根据这种观点，对于如图 25 所示的经济合作与发展组织国家的趋同，我们可以这样解释：这些国家的稳定状态是大体上相同的，因此，即使我们无法准确地判断决定这些国家的稳定状态的那些因素究竟是什么，这种趋同现象也会出现。与这种逻辑相一致，从图 25 中的最佳拟合线的斜率可以估计出，那些经济合作与发展组织国家的趋同速度为每年大约 1.8％。[①]

　　对于这些一般模式，我们还将通过更多的图表进行更细致的考察。图 27 显示的是这个稳定的由 100 个国家组成的样本的人均对数 GDP 的横截面标准差的时间序列。该图还显示了样本中前五个最富有的国家与前五个最贫穷的国家之间的人均 GDP 的比值，作为一种衡量离散度的替代方法。这两种测度都揭示了同样的道理：从 20 世纪 60 年代到 20 世纪 90 年代末期，世界收入分配差距日益扩大——至少以每个国家为一个观察单位时是这样。在过去的十年左右的时间里，这种模式似乎已经稳定下来了。事实上，在前面的图 24 中，这种模式中的一些特点已经表现得很明显了。在 1960 年，最贫穷的国家——如埃塞俄比亚——的人均 GDP 大约与美国的 1/32 多一点；而到了 2011 年，相对收入低于这个水平的国家更多了，其中的尼日尔和中非共和国的人均 GDP 都不到美国的 1/64。

---

① 请参见巴罗最近对"趋同"的讨论（Barro，2012）。

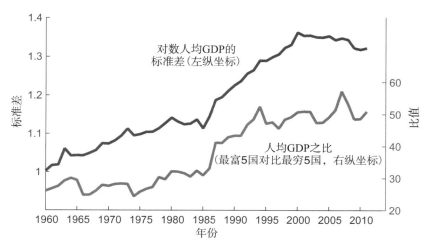

图 27 自 1960 年以来的"分流"

资料来源:宾夕法尼亚大学世界数据表 8.0,对 100 个国家的稳定样本的计算结果。

我们现在更系统地研究世界各国收入分布的动态变动过程,结果如表 4 所示。按照柯成兴提出的方法(Quah,1993),首先,我们将 134 个国家 1980 年和 2010 年的数据根据各国相对于世界增长前沿的相对收入分成若干组——在这里,世界增长前沿指的是美国。然后,利用从 1980 年至 2010 年间的 30 年增长率,我们计算出各个国家从一个"组"移位到另一个"组"的样本概率。最后,我们再计算出假设这些样本概率永远保持不变时所隐含的各个国家在各个"组"之间的稳态分布(stationary distribution)。

表 4 世界各国在甚长期中的收入分布

"组别"	收入分布状况			完成"洗牌"需要的年数
	1980 年	2010 年	长期	
低于 5%	18	21	15	1190
在 5% 至 10% 之间	19	16	8	1100
在 10% 至 20% 之间	22	16	11	920
在 20% 至 40% 之间	13	18	14	270
在 40% 至 80% 之间	19	18	32	950
高于 80%	9	12	20	1000

注:在表中,"收入分布状况"下的各条目反映了分入每个"组别"——按相对人均 GDP(相对于美国)分"组别"——的国家占全部国家的百分比。"洗牌"需要的年数则表示,根据最佳猜测,一个国家从特定的某个"组别"开始,多少年后它的位置将由长期分布决定(即,位于某个百分点上,以"组别"为单位)。

资料来源:利用宾夕法尼亚大学世界数据表 8.0 中的 134 个国家的数据,按照琼斯的论文的方法计算(Jones, C. I. 1997. On the evolution of the world income distribution. J. Econ. Perspect. 11, 19–36)。

例如,考虑如表 4 所示的 1980 年和 2010 年的分布。在 1980 年至 2010 年期间,最高两个"组别"中的国家数量略有增加。相当于美国水平的 5% 至 20% 之间的国家比例则有所下降。

样本转移概率意味着动态过程迭代,进行迭代运算,得到如表4第三主列所示的稳态分布。① 这样,许多国家都预计会从分布的底部和中间部分移出,进入顶部。

总的来说,通过这种分析,我们可以得到这样一个结论:过去30年以来的数据中存在一种基本动力学,那就是,一旦某个国家搭上了“增长自动扶梯”,那么“好的事情”就会发生,这个国家会迅速靠近发展前沿。至于增长会在何处结束,则正如我们将会讨论到的,最终依赖于每个国家制度改进的程度。而且这个过程本身,用表4中估算得到的马尔可夫动态就可以刻画了。但是,在1980年,虽然只有不到30%的国家处于前两个“组”——其人均收入比超过了美国水平的40%——但是马尔可夫过程告诉我们,在长期中,会有一半以上的国家达到这种相对收入水平。

需要注意的是,这种推演包含了一个可能带有一定误导性的因素,那就是,它意味着稳态分布是遍历性的。而遍历性也就意味着,各国都在时间的长河中围绕这种分布波动,所以只要有足够的时间,即便是英国也可能在最贫穷的某个地方结束。(表4的最后一列表明这种动态过程是非常缓慢的)。这种猜测也许是正确的——请回忆一下阿根廷在过去150年的发展过程。或者,像卢卡斯(Lucas,2000)在他的《二十一世纪的宏观经济学》一文中所暗示的,站在2100年回头看,宏观经济学最引人注目的事实很可能是最终有非常多的国家接近了增长前沿。换句话说,过去200年来的“大分流”,在下一个世纪有可能变成“大趋同”。也许,良善规则的传播扩散、优异制度的创新扩展确实能够导致国家与国家之间的收入分布的持续改进。当然,在这里所进行的这种计算,只能刻画这种改进过程的一部分。②

4.3　以人而非以国家为观察单位的收入分布

到目前为止,我们一直以国家为观察单位,考察国家与国家之间的收入分布。③ 这对于某些目的无疑是适合的,但是有的时候也需要以人为观察单位来考察收入分布。例如,卢森堡只有50万人,而中国却有14亿人,为什么这两个国家的权重应该一样呢?

图28是从个人的角度分析数据的结果。我们先假设每一个国家的每一个人都得到了本国的人均GDP,然后求出全世界按个人计算的收入分布。按照同样的思路,还可以将更详细的计算结果——每个国家内部按个人计算的收入分布——也结合进来,它们为我们从图28得出基本结论提供了进一步的支持。这方面的工作请参见:布吉尼翁和莫里森的论文(Bourguignon and Morrisson,2002)以及其他经济学家,尤其是萨拉-马丁的论文(Sala-i-

---

① 在数学上,这种计算方法很容易理解。首先,估计出各个国家在所有“组别”之间的马尔可夫转移概率。然后,用初始分布去乘该矩阵,得出未来十年收入分配的估计。这样重复多次,就可以得到长期分布的估计。
② 布埃拉等(Buera et al.,2011b)研究了当一国从邻国的发展过程中“学习借鉴”时,市场导向型制度的扩散。凯文则在他的论文中(Kevin,2015)探讨了一种马尔可夫过程(与我们这里所讨论的类似),并指出随着时间的推移,那种“自动扶梯”效应(escalator effect)会越来越普遍。
③ “Distribution of Income”,现在多译为“收入分配”,其实准确的译法应该是“收入分布”,因为“分配”一词包含了太多的经济和政治含义。考虑到中文世界的习惯,在论及个人的收入时,尤其是论及收入的非均等性时,在本手册中,视语境需要,有时会将“Distribution of Income”译为“收入分配”。在其他情况下,一般都译为“收入分布”——译者注。

Martin,2006)。

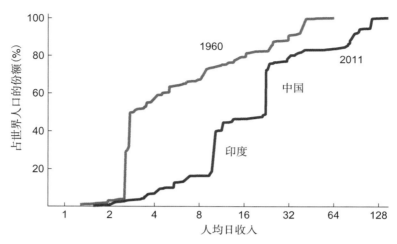

图28 按人口计算的世界收入分布

资料来源:宾夕法尼亚大学世界数据表8.0,根据100个国家的稳定样本计算。

1960 年,全世界 51% 的人每天的生活费不足 3 美元(以 2005 年美元价值计)。而到了 2011 年,全世界只有不到 5% 的人生活在这个水平以下。当然,产生这种差异的很大一个原因在于中国和印度的增长,因为这两个国家的人口占了全世界人口的三分之一以上。1960 年,中印两国的人均收入都低于每天 2.75 美元。而到了 2011 年,印度的人均收入达到了每天 10 美元,而中国的人均收入更是达到了每天 22 美元。从个人的角度来看,过去 50 年来经济增长的最明显的事实是,确实有非常多的人摆脱了贫困。

4.4　超越国内生产总值

很久以前,人们就已经认识到 GDP 并不是衡量生活水准的完美指标。污染情况、闲暇时间、预期寿命、不平等状况、犯罪率、自由度等,所有这些因素都很难反映在 GDP 中,或者即使有所反映,也很不完善。

多年来,经济学家一直在努力弥补这种缺陷,或者至少判断被遗漏的各因素的重要性有多大。这方面的例子包括:诺德豪斯和托宾(Nordhaus and Tobin,1972)、贝克尔等(Becker et al.,2005)、弗勒拜伊和高利埃(Fleurbaey and Gaulier,2009),以及斯蒂格利茨等(Stiglitz et al.,2009)。

琼斯和克莱瑙的论文(Jones and Klenow,2015)扩展了这些文献的思想——在一个标准的效用函数的基础上,结合"无知之幕"方法,构造了一个可以衡量消费、闲暇、死亡率和不平等的"价值"的消费等价福利指标,它可以适用于一系列不同的国家。表 5 显示了一个高质量的样本的基线结果,展示了他们运用家庭调查数据计算出来的一些国家的福利。这张表呈现的关键发现有两个。首先,在像英国和法国这样的西欧国家,人们的实际生活水平要比 GDP 所显示的要高得多。例如,与美国相比,法国的人均预期寿命更高,人均闲暇时间更多,同时消费和休闲的不平等程度更低。这些差异其实非同小可:虽然法国的人均 GDP 仅为美国的三分之二左右,但是法国的消费等价福利(consumption-equivalent welfare)却已经达到了美国的 92％左右。其次,虽然许多富国比我们想象的还要富裕,但是对穷国来说则相反——它们比我们想象的还要贫穷。在穷国,人均预期寿命更短、闲暇时间更少,而且不平等程度往往更高,所有这些都会减少相对于 GDP 的福利。在这里,只需要举一个例子:南非的人均 GDP 大约相当于美国的 16％,但是它的消费等价福利却只相当于美国的 7.4％。

就增长率而言,死亡率下降的影响最大:在全世界大多数国家——只有撒哈拉以南非洲地区国家是明显的例外——死亡率下降都会大幅度提高消费等价福利的增长。例如,在美国和西欧,出于死亡率下降这个因素,自 1980 年以来的增长率可能整整被低估了大约 1 个百分点。

表5　超越 GDP:各国的福利

国家	消费等价福利	收入	对数比例	预期寿命	分解			
					C/Y	闲暇	消费不平等性	闲暇不平等性
美国	100.0	100.0	0.000	0.000	0.000	0.000	0.000	0.000
英国	96.6	75.2	0.250	0.086	-0.143	0.073	0.136	0.097
法国	91.8	67.2	0.312	0.155	-0.152	0.083	0.102	0.124
意大利	80.2	66.1	0.193	0.182	-0.228	0.078	0.086	0.075
西班牙	73.3	61.1	0.182	0.133	-0.111	0.070	0.017	0.073
墨西哥	21.9	28.6	-0.268	-0.156	-0.021	-0.010	-0.076	-0.005
俄罗斯	20.7	37.0	-0.583	-0.501	-0.248	0.035	0.098	0.032
巴西	11.1	17.2	-0.436	-0.242	0.004	0.005	-0.209	0.006
南非	7.4	16.0	-0.771	-0.555	0.018	0.054	-0.283	-0.006
中国	6.3	10.1	-0.468	-0.174	-0.311	-0.016	0.048	-0.014
印度尼西亚	5.0	7.8	-0.445	-0.340	-0.178	-0.001	0.114	-0.041
印度	3.2	5.6	-0.559	-0.440	-0.158	-0.019	0.085	-0.028
马拉维	0.9	1.3	-0.310	-0.389	0.012	-0.020	0.058	0.028

注:表格中的第一栏"消费等价福利"的数值是这样计算出来的:在一个传统的效用函数的基础上,"加上"源于消费、闲暇、死亡率、不平等的"贡献",并将之表示为消费等价值。"收入"栏报告的是人均 GDP 的数据。"分解"栏各列报告福利与收入之间的对数差异的加性分解结果。

资料来源:上表中的数据取自下面这本目前尚未出版的书稿的"表2":Jones, C.I., Klenow, P.J. 2015. Beyond GDP: Welfare across countries and time. Stanford University。该书所依据的数据,源于每个国家的家庭调查结果,死亡率数据源于世界银行,以及宾夕法尼亚大学世界数据表 8.0。

4.5 发展核算

发展核算应用的也是索洛增长核算的逻辑,目的是解释各国每个工人的 GDP 水平的差异。一个国家之所以变得富裕,既可能是因为它有大量的要素可以投入,也可能是因为它能够有效地利用投入的要素。发展核算就是要定量地确定这些因素中的每一个有多重要。

发展核算的早期概念是丹尼森提出的(Denison,1967),他早在 20 世纪 60 年代就将八个欧洲经济体与美国进行了比较。克里斯腾森等人研究了一组与丹尼森研究的类似的国家(Christensen et al.,1981),并将人力资本纳入进来。金和莱文则重点讨论了实物资本和全要素生产率(King and Levine,1994),他们的比较研究涉及的国家的范围更加广泛;而且据我所知,他们还是"发展核算"这个术语的最先使用者。[1] 克莱瑙和罗德里格茨-克莱尔的论文(Klenow and Rodriguez-Clare,1997),以及霍尔和琼斯的论文(Hall and Jones,1999),也将人力资本差异纳入了分析范围,并考虑了更大范围的国家。卡塞利(Caselli,2005)对这篇文献进行了详细的综述和解析。[2]

发展核算的基本方法与本章第 2 节描述的增长核算有密切关系。要搞清楚这种关系,不妨先回顾一下我们在那里所用的生产函数:

$$Y_t = \underbrace{A_t M_t}_{TFP} K_t^\alpha H_t^{1-\alpha} \tag{5}$$

有些发展核算直接利用这个生产函数。这种做法的优点在于,它无疑是最直接的一种方法。但是它的缺点也是很明显的,那就是,它无法避免增长核算和标准新古典增长模式的不足:不同国家之间全要素生产率的差异,导致资本积累各不相同,进而导致 K(资本存量)的差异。因此很自然地,在这种方法中,归因于 K 的,其实很大程度上可能更应该归因于全要素生产率。

克莱瑙和罗德里格茨-克莱尔(Klenow and Rodriguez-Clare,1997),以及霍尔和琼斯(Hall and Jones,1999)则采取了另一种方法,他们改写了生产函数,以便将引致的资本积累分配给全要素生产率。只要将生产函数的两边同时除以 Y_t^α,并解出 Y_t 来,就可以实现这一点:

$$\frac{Y_t}{L_t} = \left(\frac{K_t}{Y_t}\right)^{\frac{\alpha}{1-\alpha}} \frac{H_t}{L_t} \cdot Z_t \tag{6}$$

其中 $Z_t = (A_t M_t)^{\frac{1}{1-\alpha}}$ 是用劳动扩增单位来衡量的全要素生产率。这个方程为什么能够将引致的资本积累分配给全要素生产率呢?要理解这一点,只需注意到,在新古典增长模型的稳定状态下,资本—产出比率 K/Y 是与投资率成正比的,而与全要素生产率无关。因此,生产率和资本深化的贡献在这里是分开的,而不是像方程式(5)中那样。方程式(6)就是我们进行增长核算所依据的方程,我们将使用同一个方式来进行发展核算。

从 8.0 版开始,宾夕法尼亚大学世界数据表包含了进行这种最简单的发展核算——以方程式(6)为基础的发展核算——所需要的全部信息。这个数据集不仅包括测度经济体中的实物资本的各种指标,还包括了以巴罗和李(Barro and Lee,2013)的教育年限数据为基础的

---

[1] 霍尔和琼斯(Hall and Jones,1996)曾经提出过一个术语——"多层次核算",但是意思不尽相同。

[2] 到目前为止,本章所引用的论文都假设存在一个已知的生产函数——通常是柯布-道格拉斯生产函数,资本项的指数一般在 1/3 上下。还有一组与此相关的论文,包括曼昆等(Mankiw et al.,1992)的论文、伊斯兰的论文(Islam,1995),以及卡塞利等人的论文(Caselli et al.,1996),则在回归框架中进行了类似的分析。但是,就其最简单的形式而言,回归框架的局限性在于,它会在投入要素与全要素生产率之间强加一种正交性,而这似乎是不合适的。当然,估计生产函数永远是一项非常困难的工作。

人力资本指标。其中的明瑟回报率为：前四年教育的回报率是 13.4％，接下来的 4 年是 10.1％，之后的更多年限教育的回报率为 6.8％。这与霍尔和琼斯所采用的回报率相同（Hall and Jones，1999）。我们就是运用这些数据和方程式（6）进行增长核算的（假设 $\alpha = 1/3$）。①

表 6 给出了我们以宾夕法尼亚大学世界数据表中若干国家的数据为例进行发展核算的基本结果。② 为了搞清楚这种核算的原理，请读者考虑表中墨西哥这一行。根据宾夕法尼亚大学世界数据表，墨西哥平均每个工人的 GDP 在 2010 年大约相当于美国的 1/3。而根据方程式（6），1/3 这个数字是它所在行的后面三项的乘积。

表 6　基本发展核算，2010 年

国家/地区	每位工人的 GDP，y	资本/GDP $(K/Y)^{\alpha/(1-\alpha)}$	人力资本，h	全要素生产率	可以归因于全要素生产率的份额
美国	1.000	1.000	1.000	1.000	–
中国香港	0.854	1.086	0.833	0.944	48.90％
新加坡	0.845	1.105	0.764	1.001	45.80％
法国	0.790	1.184	0.840	0.795	55.60％
德国	0.740	1.078	0.918	0.748	57.00％
英国	0.733	1.015	0.780	0.925	46.10％
日本	0.683	1.218	0.903	0.620	63.90％
韩国	0.598	1.146	0.925	0.564	65.30％
阿根廷	0.376	1.109	0.779	0.435	66.50％
墨西哥	0.338	0.931	0.760	0.477	59.70％
博茨瓦纳	0.236	1.034	0.786	0.291	73.70％
南非	0.225	0.877	0.731	0.351	64.60％
巴西	0.183	1.084	0.676	0.250	74.50％
泰国	0.154	1.125	0.667	0.206	78.50％
中国	0.136	1.137	0.713	0.168	82.90％
印度尼西亚	0.096	1.014	0.575	0.165	77.90％
印度	0.096	0.827	0.533	0.217	67.00％
肯尼亚	0.037	0.819	0.618	0.073	87.30％
马拉维	0.021	1.107	0.507	0.038	93.60％
平均值	0.212	0.979	0.705	0.307	63.80％
平均值的倒数	4.720	1.021	1.418	3.260	69.20％

注：三个生产投入列的乘积等于每个工人的 GDP。倒数第二行"平均值"显示的是 128 个国家/地区每列的几何平均数。"可以归因于全要素生产率的份额"这一列的计算方法如正文所述。最后一行中的 69.20％ 这个份额是从各列中估算出来的，即大体上等于 3.5 /（3.5+1.5）。

资料来源：作者使用宾夕法尼亚大学世界数据表 8.0 的 2010 年的数据计算，假设 α 取相同的值 1/3。

① 现在，宾夕法尼亚大学世界数据表也提供它自己的全要素生产率指标。这个指标是以托恩奎斯特（Tornqvist）指数为基础的，该指数将要素份额的变动也考虑在内。芬斯特拉等（Feenstra et al.，2015）在一篇论文的数据附录中对这种数据和相关的方法进行了有益和广泛的讨论。
② 如果想得到所有国家/地区的数据，本章作者的网站提供了数据文件的下载，文件名为："DevelopmentAccounting. log"。

　　表6各行之间由实物资本导致的差异小得有些出人意料:墨西哥的资本—产出比率大约为美国的87%;然而,由于收益递减,对于收入来说,重要的是这种差异的平方根[当 $\alpha = 1/3$ 时,$\alpha/(1-\alpha) = 1/2$],而 $\sqrt{0.87}$ 约等于0.93,所以美国和墨西哥之间实物资本的差异只能导致这两国平均每个工人的GDP出现7%左右的差异。

　　在下一栏中,我们看到人力资本的贡献更大。根据巴罗和李给出的数据(Barro and Lee,2013),2010年墨西哥15岁及以上的人平均只接受了8.8年的教育;相比之下,美国这个年龄段的人的平均受教育年限达到了13.2年。两者之间的差距为4.6年,而每年的教育回报率大约为7%,这意味着受教育年限不同导致的差异达到了32%。墨西哥人力资本那一项的值为0.76,1/0.76约等于1.32,这个结果与上述推理一致。

　　这意味着,美国与墨西哥之间的全要素生产率差异可以用这个式子计算:0.338/(0.931×0.760)≈0.477。换句话说,美国每个工人的GDP大致等于墨西哥工人的3倍。

　　这种差异的一个因子1.07×1.32≈1.4是由投入要素引起的,而这又意味着另一个因子2.1可以归因于全要素生产率——因为1.4×2.1≈3。从这些数字中,我们很容易就可以看出,"可以归因于全要素生产率的份额"那一列是怎么计算出来的。应注意到,1.4和2.1是7的简单倍数:如果有2份是由投入要素引起的,那么就有3份是全要素生产率引起的,因此可以归因于全要素生产率的份额大约为60%[即3/(2+3)]。

　　更一般地说,表6还呈现了好几个关键性的结论。首先,各个国家的资本—产出比率都非常稳定。事实上,从宾夕法尼亚大学世界数据表的数据来看,资本—产出比率的平均值非常接近于1,即便是在马拉维这样的最贫穷的国家,资本—产出比率也非常接近美国。因此,实物资本的差异对不同国家之间每个工人的GDP差异几乎没有什么影响。卡塞利和费雷尔也在他们的论文中(Caselli and Feyrer,2007)非常详细地阐明了一个密切相关的事实:资本的边际产品(它与资本—产出比率的倒数成正比)在富国和穷国之间相差无几。[①]

　　其次,受教育程度的贡献比较大,但仍然不是很大。例如,像印度和马拉维这样的国家,收入因为受教育程度较低而减少的影响因子只有2左右。大体上说,在世界上最贫穷的国家,受教育年限大约为4年至5年,而最富裕的那些国家则有13年,两者之间存在8年的差距,按10%的教育回报率计算,会导致0.8的对数差异,于是我们可以得到:$exp(0.8) \approx 2$。

　　最后(前两个事实的含义就在于此),从核算的角度来说,全要素生产率的差异对收入差距"做出了最大的贡献"。图29显示的是2010年128个国家的全要素生产率水平与每个工人的平均GDP。这两个时间序列的相关度高达0.96。而且,各国的全要素生产率的差异非常大,例如,中非共和国的人均GDP相当于美国的1/64左右,而它的全要素生产率则仅为美国的1/32。

---

① 芬斯特拉等人也讨论了资本—产出比率与人均GDP之间一般缺乏相关性(Feenstra et al.,2015)。

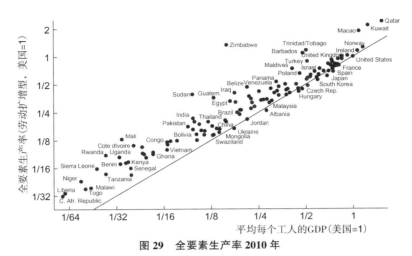

图 29 全要素生产率 2010 年

资料来源:作者使用宾夕法尼亚大学世界数据表 8.0 的 2010 年的数据计算,假设 α 取共同的值 1/3。

全要素生产率差异对收入差异的影响最大,这一点也可以从表 6 的最后一列得到验证:全要素生产率能够解释的份额,最低为新加坡和中国香港的不到 50%,最高为马拉维的 90% 以上。要搞清楚 "可以归因于全要素生产率的份额" 一列是怎么计算出来的,可以考虑表 6 的最后一行。从该行可以看出,就这个样本所包含的 128 个国家和地区而言,平均收入水平要比美国穷五倍以上。这种差异几乎完全不受 K/Y 上的差异的影响(因子仅为 1.021),另外,受教育程度差异的影响也相当有限(因子仅为 1.42)。综合起来,这就意味着投入要素差异的影响因子仅有 $1.021 \times 1.42 \approx 1.5$,所有其他收入差异都应该归因于全要素生产率。然后,我们计算出 "可以归因于全要素生产率的份额" 为 $3.5/(1.5+3.5) \approx 70\%$,如表 6 中的最后一项所示。[①] 其余的份额可以用类似的方法计算出来。例如,对于马拉维这个国家来说,归因于投入要素的因子为 2,归因于全要素生产率的因子为 26,这意味着可以归因于全要素生产率的份额为 $26/28 \approx 93\%$。

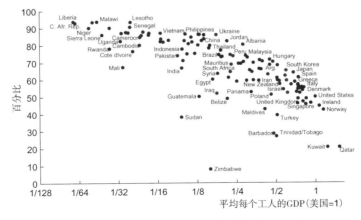

图 30 全要素生产率在发展核算中的份额,2010 年

---

① 更准确的算法是:$3.26/(3.26+1.021 \times 1.418) \approx 69.2\%$。

资料来源:作者使用宾夕法尼亚大学世界数据表8.0的2010年的数据计算,假设 α 取相同的值1/3。计算方法如正文和表6所述。

更一般地,我们计算出了所有128个国家和地区全要素生产率在发展核算中的份额,结果显示在图30中。在这张图中,我们很容易观察到如下这个系统性的模式:全世界最贫穷的国家与美国之间在每个工人的 GDP 上的差异,80%以上都是因全要素生产率的差异而引起的;而且,从图中可见,国家和地区越富,可以归因于全要素生产率的份额越小——对于那些最富裕的国家和地区而言,全要素生产率仅仅"贡献"了大约50%的差异。

4.6　对全要素生产率差异的解释

全要素生产率差异可以解释不同国家之间的大部分收入差距,这个基本事实的发现引发了大量相关研究,它们的目标是对不同国家之间全要素生产率的差异做出解释。其中一个典型是普雷斯科特的著名论文(Prescott,1998),它有一个单刀直入的标题:"应运而生:一个全要素生产率的理论"。

在过去15年以来,为了解释不同国家之间全要素生产率的差异,经济学家主要在两个方向上进行了努力。首先,有一些论文尝试了各种方法,试图改进对投入要素的测度,以尽量减少不得不归因于"我们的无知"的份额。其次,还有一系列讨论错配的论文,它们试图提出普雷斯科特所追求的那种理论。本小节的剩余部分先评述改进对投入要素的测度的各种努力,接下来的几小节则将考察错配及其影响。

卡塞利对2005年以前的发展核算的状况进行了回顾,并提供了一个详尽的文献综述(Caselli,2005)。对这方面有兴趣的读者一定要看一下他的论文,以尽快跟上这个领域的推进步伐。卡塞利的综述评估了许多方向的进展,例如:用考试成绩衡量教育质量,请参见汉纳谢克和金科的论文(Hanushek and Kimko,2000);考虑各国劳动力的经验差异,请参见克莱瑙和罗德里格茨–克莱尔的论文(Klenow and Rodriguez-Clare,1997);分析各部门间生产率的差异,特别是农业,请参见雷斯图斯亚等人的论文(Restuccia et al. ,2008);讨论健康状况不同导致的劳动生产率差异,请参见威尔的论文(Weil,2007);资本质量差异,请参见卡塞利和威尔逊的论文(Caselli and Wilson,2004);非中性生产率的潜在作用,请参见卡塞利和科尔曼的论文(Caselli and Coleman,2006)。

在卡塞利的综述发表之后,发展核算在最近十年间又取得了很大的进展,尤其是在错配领域(下一小节将会详细讨论)。不过,在发展核算的投入要素的测度这个方向上,也涌现了很多非常不错的研究。拉加科斯等人运用来自35个国家的家庭调查数据证明(Lagakos et al. ,2012),不同国家之间工作经验的回报率差异很大,较贫穷的国家的年龄收入曲线的轮廓通常更加扁平。如果将经验的不同回报纳入发展核算中,那么人力资本项的重要性将会提高大约50%。亨德里克斯和舍尔曼则收集了大量移民数据,包括50个移民来源国及11个不同的东道国,用它们改进我们对劳工质量差异的测量,结果发现人力资本项的重要性再次得到了提高——大约提高了30%(Hendricks and Schoellman,2014)。汉纳谢克和沃斯曼的综述(Hanushek and Woessmann,2008)讨论了更广泛的证据,更一般地强调了教育质量和认知技能的重要性。

最近,有两篇论文研究了拥有不同人力资本(如教育程度)的工人互为完美替代品这个假设,进一步深化了我们对人力资本的作用的理解。第一篇是本·琼斯的论文(Ben Jones,2014),该文构造了一个一般化的"聚合器"(aggregator),能够用来对拥有异质教育水平的工人的人力资本进行加总,并证明传统模型(它们假设了完美替代性)给人力资本的作用确立一个下限——这就是说,如果拥有不同人力资本的劳动者不是完全可相互替代的,那么可以用人力资本来解释的收入差距所占的份额就可能剧增。然而,在卡塞利和西科恩的论文中(Caselli and Ciccone,2013),作者们虽然采取了类似的方法,但是却发现了相反的结果:可以完美替代的情形给出的是人力资本差异的重要性的上限,因此人力资本差异对不同国家之间的收入差异的贡献必定相当小。

这两篇论文的不同结论怎么才能调和起来?这个问题的答案在于,这要考虑要素扩增生产率项,令它与每种类型的劳动量相乘。卡塞利和西科恩在进行发展核算时,实际是让这个参数保持不变的,因此他们发现了相当大的、中性的全要素生产率差异。而琼斯则隐含地假定,当不同类型的人力资本的数量在不同国家之间有所变化时,这种生产率将随之变化,以保持不同类型的人力资本的相对工资(如熟练技能工资溢价)不变。换句话说,琼斯在他的发展核算中,也需要考虑相当大的生产率残差,只不过他将这些残差归入了他所称的"人力资本"的聚合器之内,而不认为它们是中性的全要素生产率差异。①

4.7　错配:一个全要素生产率理论

经济增长领域过去 15 年来的大量文献的一个重要的洞见是,微观层面上的错配可能会在更宏观的层面上表现为全要素生产率的下降。这个洞见出现在许多不同的论著中,例如:班纳吉和迪弗洛(Banerjee and Duflo,2005),沙里等(Chari et al.,2007),雷斯图斯亚和罗杰森(Restuccia and Rogerson,2008),以及谢长泰和克莱瑙(Hsieh and Klenow,2009)等的文章。

正如我们前面简要地讨论错配与前沿增长的关系时已经指出过的(见本章第2.6节),这个洞见的本质其实是非常简单的:只有在资源配置实现最优化的时候,经济才能运行在生产可能性边界上;而当资源错配时,经济肯定会在生产可能性边界内部运行。但是从另一个角度来看,这只不过是全要素生产率将会降低的另一种说法,即,一定量的投入只能带来较

① 这个发现与卡塞利和科尔曼的一个观察结论有关(Caselli and Coleman,2006)。他们指出,"熟练工人"与"非熟练工人"之间的比例在不同国家之间差别很大。例如,如果我们规定以高中毕业为分界线,那么肯尼亚的熟练工人与非熟练工人之间的比值只有 0.025,而美国则高达 1.8,这两个国家整整相差了 70 多倍;如果以大学毕业为分界线,那么两者之间相差的倍数就更大了。当人力资本水平不同的工人不再可以完全相互替代时,上述比值就变得意义重大。然而,困难在于,如果不够谨慎,那么这可能会被有些人误认为其意味着不同国家之间接受教育的回报的差异非常大。卡塞利和科尔曼引入了额外的全要素生产率项,以便促使回报与教育程度更加匹配,但是那样一来,要素比例的巨大差异就会在这些非中性的全要素生产率项中显示出巨大的差异。琼斯采取的方法似乎也出现了类似的问题。在这个意义上,这里隐含地存在着一个被忽略了的(即技能偏向的)全要素生产率项,它在不同国家之间各不相同,而且并没有被考虑在内。

少的产出。

下面这个简单的例子可以说明这一点。假设如 $Y = X_1^\alpha X_2^{1-\alpha}$ 这个生产函数所示,生产是通过完成两个"任务"来实现的。这个生产函数可以用来描述一个企业,而"任务"则可以指"管理"和"生产线生产";或者,这个生产函数也可以用来描述经济整体,而"任务"则可以指"制造"和"服务"。现假设,每个任务的完成都非常简单:每单位劳动能够完成一个单位的任一任务;同时假设经济拥有的资源为 L 单位劳动。最后再假设劳动的配置是这样的:s 部分用于完成第一个任务,剩下的 $1-s$ 部分用于完成第二个任务。在这里,我们先不讨论导致某种具体配置的原因——劳动这种资源既可能实现了最优配置,也可能因为税收政策、管理不善、信息问题、工会等而被错配。但是无论如何,给定某种配置,总是存在一个简化形式的生产函数,如下式所示:

$$Y = M(s)L \quad 其中 \quad M(s) \equiv s^\alpha (1-s)^{1-\alpha} \tag{7}$$

换句话说,在这个经济中,全要素生产率是 $M(s)$,它取决于经济中劳动的配置。[①] 此外,同样很容易看出,在这个例子中使产出最大化的劳动的配置是 $s^* = \alpha$,并且对 s^* 这种配置的任何偏离都会降低全要素生产率。这就是关于错配和全要素生产率的文献的关键所在。

这个洞见也是我们用来回答为什么一些国家比其他国家更加富裕这个问题的最佳候选答案的核心所在。发展核算告诉我们,贫穷国家不但投入水平很低,而且使用这些投入时也是非常低效的。错配提供了将存在于贫穷经济体中的无数扭曲与我们在发展核算中观察到的全要素生产率差异联系起来的理论纽带。

在本节的剩余部分,我们就来探讨与错配有关的各种事实。

4.8 制度和政府的作用

国家是增长经济学家在研究时一般都会自然选择的分析单位,原因很简单,因为国界就是不同政治和经济制度开始和结束的地方。长期以来,经济学家一直推测,制度差异是长期经济成功的根本决定因素。但是,这种论断的证据到底在哪里?我们怎么才能确定,我们全世界观察到的不同国家之间的收入差异主要并不是自然资源或其他地理方面的差异所导致的?

奥尔森(Olson,1996)提供了关于这个问题的最佳证据来源之一。奥尔森认为,历史本身就是一种"自然实验",足以让我们观察到制度对经济成功的巨大影响。例如,在第二次世界大战之前,今天的朝鲜(朝鲜半岛北部)和韩国(朝鲜半岛南部)并不是两个独立的国家。总体上看,在当时,朝鲜半岛北部和朝鲜半岛南部拥有共同的文化遗产、政府、制度甚至地理人口。而且,如果说它们之间有优劣之分的话,事实上也是朝鲜半岛北部相对于朝鲜半岛南部

[①] 当然,我们也可以假设生产每个 X 都需要同时使用资本和劳动,这样一来,方程式(7)将会变为 $Y = M(s)K^\beta L^{1-\beta}$,而这将会使得 $M(s)$ 与全要素生产率之间的联系更加明显。

在经济上占有优势,因为发电量和重工业生产都是朝鲜北部占据了完全不成比例的更大份额。[①] 然而,自从 1953 年朝鲜战争结束之后,朝鲜半岛就陷入了分裂,北部和南部分别采取了完全不同的制度和规则。接下来半个多世纪的故事路人皆知——如图 31 所示,两者的经济发展出现了天壤之别。

图 31 中的照片是 2014 年初由一位宇航员从国际空间站上拍摄的,显示了朝鲜和韩国的夜晚的灯光景象。韩国一片璀璨光明,而朝鲜则是暗夜无边,几乎完全无法与海洋区分开来。很显然,朝鲜和韩国在 1953 年以后分别采取的不同制度,对它们的长期经济成就造成了极大的影响。

图 31 朝鲜半岛的夜晚(灯光图)

注意:朝鲜(朝鲜半岛北部)是图中的黑色中心区域,与它北边的中国和南边的韩国形成了鲜明的对照;而平壤则是一片黑暗中的一盏孤灯。

资料来源:http://commons.wikimedia.org/wiki/File:North_and_South_Korea_at_night.jpg。

顺便简单说一下,值得注意的是,近几年来,很多论文都运用夜间卫星数据来研究经济增长问题。例如,亨德森等人引用了这类数据(Henderson et al.,2012),并认为它们可以提供关于经济增长和生活水平的有用信息。他们还指出,这类数据也可以用于研究区域经济增长,从而克服发展中国家往往无法对收入进行准确测度的问题。米哈洛普洛斯和帕帕约安努的论文就是利用夜晚灯光数据研究区域增长问题的,他们还对国家层面的政策与次国家(地方)层面的文化/制度的重要性进行了比较(Michalopoulos and Papaioannou,2014)。

在第二次世界大战结束以后的"东德"和"西德"、在中国香港和中国东南部、在墨西哥和美国得克萨斯州之间……都可以观察到类似于朝鲜和韩国这种"自然"实验。这些例子很清

[①] 例如,杨指出:"(在二次大战之前,处于日本统治下时)朝鲜北部和朝鲜南部的殖民地工业的分布是非常不均匀的。重工业和化工业集中在北部,而一些轻工业,如纺织业、食品业、印刷业和木材加工业,则位于南部。在 1940 年的时候,朝鲜北部在金属工业和化工业的总产量中所占的份额分别高达 96% 和 82%。此外,在 1945 年,总发电量的 92% 也来自北部(Lee,D-G,2002 年:第 39 页)。因此,1945 年,当日本从朝鲜半岛撤出时,整个朝鲜分裂成了两个独立的政治实体,韩国的整体经济特别是工业当时是极不完整的。"见杨的论文(Yang,2004 年:第 16 页)。

楚地告诉我们,对于经济发展,肯定有某种东西发挥了有益的作用——尽管不一定能够明确地指出这种东西到底是什么。

另一个令人着迷的证据来自阿西莫格鲁等人的论著(Acemoglu et al.,2002),它就是所谓的"财富的逆转"或"贫富逆转"(如图32所示)。"贫富逆转"证据主要来自前欧洲殖民地,在那里,500年前的经济成功与今天的经济成功呈现出了负相关性。这也就是说,500年前最成功的那些地方(以人口密度或城市化程度来衡量),今天平均来说经济发展水平比较低。

恩格曼和索科洛夫在他们的论文(Engerman and Sokoloff,1997)中强调,这种现象的典型例子正是所谓的"新世界":

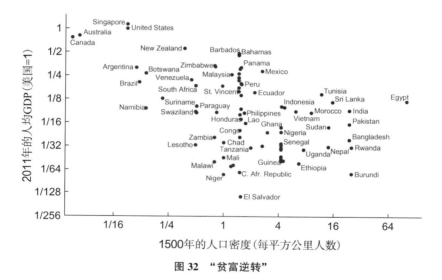

图32 "贫富逆转"

注:1500年比较繁荣的前欧洲殖民地(至少从人口密度上看是这样),今天平均来说要比其他殖民地更加贫穷而不是更加富裕。

资料来源:人口密度数据取自 Acemoglu, D., Johnson, S., Robinson, J. A. 2002. Reversal of fortune: geography and institutions in the making of the modern world income distribution. Q. J. Econ. 117 (4), 1231–1294;人均 GDP 数据取自宾夕法尼亚大学世界数据表8.0。

拉丁美洲的发展始于——以当时欧洲的标准——高水平的人均土地和自然资源供应,它是17至18世纪所有殖民地当中最繁荣、最令人垂涎欲滴的地区之一。的确,这些地区在那个时候是如此生机勃勃,以至于当时的欧洲人普遍认为,北美大陆和加拿大的13个英国殖民地的经济利益与之相比简直微不足道。而且很显然,当时的美洲土著人也持同样的看法,他们高度集中在西班牙统治的这些地区。然而,历史最终证明,尽管要素禀赋相似(如果不说更差一些的话),美国和加拿大比其他殖民地更加成功地实现了持续的经济增长(Engerman and Sokoloff,1997:第260—261页)。

这些例子表明,经济上的成功并不是永久性的(如因为优越的地理禀赋而取得的成功),而是可以随着所遵循的规则而改变的。恩格曼和索科洛夫(Engerman and Sokoloff,1997)、阿西莫格鲁等(Acemoglu et al.,2002)指出,欧洲人所采用的制度——那是对各殖民地的初始条件的反应——影响了后来的经济增长。在1500年时就取得了经济成功的那些地方,欧洲人倾向于建立"攫取型"的制度,即,将殖民地的经济收益转移到欧洲。相反,在欧洲人自己移民过去的、在1500年时人口稀少的那些地方,欧洲人却建立了有利于长期经济增长的"欧洲式"的制度。[①]

戴尔对秘鲁的一种特殊制度的上述长期作用进行了详细的分析(Dell,2010)。在秘鲁的一个地区,存在一种名为"米塔"(mita)的强迫劳动制度,在1573年至1812年之间,这种制度要求该地区七分之一的成年男性进入当地的白银矿和水银矿工作。断点回归分析表明,直到今天——"米塔"制度正式终结200年后——曾经实施这种制度的地区的消费水平要比其他地区低25%左右,同时受教育程度也较低,道路和其他基础设施也更加不发达。

4.9　税收与经济增长

对于政府参与经济活动的程度,最明显、最容易量化的一个指标就是税收。要写出一个表明政府税收导致经济长期成功可能性大幅降低的模型,可能并不太困难,但事实却不是如此非黑即白。

图33给出了1980年以来美国人均实际GDP的增长率,以及政府税收总额(包括国家和地方)占GDP的比例。这幅图是对斯托基和雷贝洛(Stokey and Rebelo,1995)最先给出的一幅图的更新。

图33　美国的税率和增长率

资料来源:本图是在斯托基和雷贝洛的论文中的一幅类似图的基础上更新数据后得到的(Stokey, N. L., Rebelo, S. 1995. Growth effects of flat-rate taxes. J. Polit. Econ. 103, 519–550)。政府总收入数据源于美国经济分析局国民收入和产出账户的表3.1,通过联邦储备经济数据库获取,包括联邦、州和地方收入。实际人均

[①] 例如,请参见:霍尔和琼斯(Hall and Jones,1999),阿西莫格鲁等(Acemoglu et al.,2001),阿西莫格鲁和罗宾逊(Acemoglu and Robinson,2012)。

GDP 数据来源同本章的图 1。增长率是经过平滑处理的——取相关数据前后五年的移动平均值。

从这张图可以非常清楚地看出,政府的税收收入大幅提高了——从 1929 年的占 GDP 的 10％左右,到 2000 年高点时占 GDP 的 30％以上。但是,正如我们在上面已经指出过的那样,在整个 20 世纪,增长率一直非常稳定——如果非要说曾经有所波动的话,也是 1950 年之后比之前高。

图 34 显示了世界各国的另一个相关事实:税收占 GDP 的份额与经济成功程度呈正相关,而不是负相关。

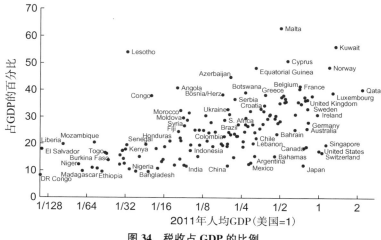

图 34　税收占 GDP 的比例

注:2000 年至 2014 年期间的税收收入是平均值,只反映了中央政府的税收收入(其中包括社会保险计划的收入)。

资料来源:这幅图是阿西莫格鲁的如下论文中的一幅图的更新版(Acemoglu, D. 2005. Politics and economics in weak and strong states. J. Monet. Econ. 52（7）, 1199–1226. http://ideas. repec. org/a/eee/moneco/v52y2005i7p1199-1226. html.)。人均 GDP 数据源于宾夕法尼亚大学世界数据表 8.0;其他数据源于世界银行的世界发展指标。

当然,所有这些都只是简单的相关性,而因果关系的性质可能会非常复杂。因为各国政府不会直接将它们收上来的税丢入大海。相反,这种收入——至少在某种程度上——会被政府用于实现一系列"好目标":提供稳定的法治,维持司法体系,提供教育和公共卫生服务,建设高速公路,资助基础研究,等等。或者,也许只有富国才有可能负担得起大政府。贝斯利等(Besley et al. ,2013)、普里切特和艾亚尔(Pritchett and Aiyar,2015)都沿着这个思路展开了研究。

4.10　产量全要素生产率与收入全要素生产率

在过去十年中,出现了一种有重要意义的衡量劳动生产率或全要素生产率的方法。这种方法有一个特点:为了衡量真实生产率,需要关于微观层面上的价格的详细信息。福斯特等人还为此引入了两个术语(Foster et al. ,2008)——"产量全要素生产率"(TFPQ)和"收入全要素生产率"(TFPR),下文将对这两个术语加以详细说明。这个区分在谢长泰和克莱瑙那里发挥了至关重要的作用(Hsieh and Klenow,2009)。关于这两个术语的进一步的讨论,请参阅西弗森最近的综述文章(Syverson,2011)。

为了让大家更好地理解这一点,请考虑以下情形。假设经济包括了一单位量的异质产品,且各种产品都是通过一个常数替代弹性积分算子进入效用函数的,即:

$$C = \int_0^1 (\alpha_i Y_i)^\rho di \tag{8}$$

其中 α_i 是与第 i 种产品相关的"口味参数",$0 < \rho < 1$ 决定了不同种类的产品之间的替代弹性。

假定每种产品都是不同的进行垄断竞争的公司运用劳动生产出来的,即:

$$Y_i = A_i L_i \tag{9}$$

其中 A_i 是生产每种产品的(外生给定的)生产率。最后,再假设劳动都是同质的,并可以被任何一个公司以工资率 w 雇用。

众所周知,在这种情况下,垄断竞争型企业会对他们的产品收取 p_i 的价格,那会是一个高于边际成本的标价(即在边际成本之上加成定价):

$$p_i = \frac{1}{\rho} \cdot \frac{w}{A_i} \tag{10}$$

这个方程式意味着每个企业的销售收入为 $p_i Y_i = wL_i/\rho$。

接下来考虑如何衡量在这个经济体系中的企业的生产率。由于我们这个例子已经预先把资本排除出去了,因此在这里只需关注劳动生产率。但是完全相同的方法也适用于全要素生产率。

一般来说,关于企业,我们可以得到的数据包括销售收入 $p_i Y_i$ 和雇用的劳动力 L_i。从这里可以直接推导出一个很重要的结果:如果没有关于企业层面的价格 p_i 的数据,那么我们就无法还原 A_i。举例来说,用行业一级的价格平减指数调整销售收入,与用企业一级的价格 p_i 调整得到的结果是不一样的,因为各企业是异质的,而且具有不同的生产率水平。在缺乏企业一级的价格的情况下,通常只能还原收入生产率,即 TFPR_i:

$$\frac{p_i Y_i}{L_i} = \frac{w}{\rho}$$

如果所有企业给出的加成定价都相同,而且不存在任何扭曲,那么这些异质性企业的收入生产率都应该相等。在这种情况下,所有企业的工人都必定只能得到相同的工资,而这种工资就等于各企业的劳动的边际收入产品。这就是我们在这里能够还原的。

同样的推导过程也适用于全要素生产率——而且还会带出"收入全要素生产率"(TFPR)这个术语,其中的字母"R"表示"收入"。在与上述模型同样简单的"全要素"模型中,所有企业的资本的边际收入产品也应该都相等,因此所有企业的资本和劳动的平均收入产品的加权平均数(即收入全要素生产率)也应该相等。

讨论到这里,读者应该能够意识到,在一个存在异质产品的世界中,对"真正的生产率"进行比较,从来不是一件简单易行的事情。例如,我们怎么去比较制造皮卡的福特公司的生产率与生产电动汽车的特斯拉公司的生产率呢?或者,我们怎么去比较戴尔公司在生产个人电脑时的生产率与苹果公司在生产个人电脑时的生产率? 即使我们拥有关于福特的卡车价格和特斯拉的汽车价格的详细数据——甚至,即使能够利用这些价格数据还原各企业的 A_i——它们也仍然是不可比的,因为产品本身就是不同的!

当然,如果拥有关于效用函数的知识,那么这两个问题都可以得到解决。在这里,关于效用函数的知识就是方程式(8)中的聚合算子 C。具体地说,有了关于效用函数的知识,我们就可以计算出不同产品之间的边际替代率,这样就能够搞清楚如何对福特汽车和特斯拉汽车、苹果电脑和戴尔电脑进行比较了。

下面说明这一点是如何做到的。请注意,在方程式(8)中,效用最大化时的需求曲线是:

$$\lambda p_i = \rho \alpha_i^\rho Y_i^{\rho-1}. \tag{11}$$

其中 λ 是预算约束中的拉格朗日乘数(在下面的推导中,我们选择适当的产品单位以保持 $\lambda=1$)。于是,第 i 种产品的销售收入为:

$$p_i Y_i = \rho(\alpha_i Y_i)^\rho \tag{12}$$

然后对上式做倒置变形,我们就可以得到:

$$\alpha_i Y_i = \left(\frac{p_i Y_i}{\rho}\right)^{1/\rho} \tag{13}$$

这正是我们所要求的:$\alpha_i Y_i$ 就是进入效用聚合 C 的那一项。α_i 告诉我们,福特汽车和特斯拉汽车是如何结合起来的:[1]

真正的生产率,TFPQ_i:$\dfrac{\alpha_i Y_i}{L_i} = \dfrac{(p_i Y_i)^{1/\rho}}{L_i} = \alpha_i A_i$。

也就是说,产量全要素生产率(TFPQ)(这里的字母"Q"表示"产量",因此"TFPQ"意为产量全要素生产率)可以说明,一家企业对单位劳动的利用——用劳动生产出可比单位的福特汽车和特斯拉汽车——的效率有多高(在我们这个例子中,没有资本)。

请注意,在这种情况下,要测度产量全要素生产率,只需要利用我们通常能够得到的数据——销售收入和雇用人数,以及关于需求弹性的知识就足够了。

产量全要素生产率能够同时反映 A_i 和 α_i,这两者在我们上文所讨论的经济环境中都是基础生产率的一部分。与它不同,相对而言,更传统一些的收入全要素生产率实际上是独立于 A_i 和 α_i 的。[2]

4.11 谢长泰—克莱瑙事实

为了将错配对总体全要素生产率的影响定量化,谢长泰和克莱瑙(Hsieh and Klenow, 2009)充分利用了如下直觉:如果资源已经实现了最优配置,那么收入全要素生产率在所有工厂都应该相等。基于此,他们使用四位数的制造业不同工厂之间的收入全要素生产率的差异来衡量美国、中国和印度的错配情况。

---

[1] 为了使下面的讨论更加清晰明了,我在方程中舍弃了 $\rho^{1/\rho}$ 项。
[2] 在更复杂的经济环境中,收入全要素生产率也可能依赖于 A_i,例如生产中存在固定成本的话。

他们所采用的方法的第一部分实际上已经在上一节中解释过了：他们假设了一个常数替代弹性需求函数，并利用这个常数弹性从销售收入中倒推出价格和实际产出。这样一来，他们就能够利用现有数据去测度每个企业的"真实的"全要素生产率了（即上面所说的产量全要素生产率 TFPQ）。图 35 给出了他们所还原的四位数制造业中的产量全要素生产率的平均分布。

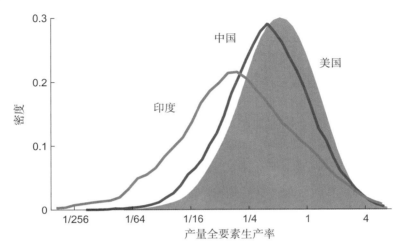

图 35 四位数制造业中产量全要素生产率的分布情况

注：图中给出的是三个国家在不同年份的平均产量全要素生产率分布——美国是 1997 年，中国是 2005年，印度是 1994 年；计算方法则如正文所述。跨不同国家的平均分布并没有什么意义。

资料来源：Hsieh, C. T. , Klenow, P. J. 2009. Misallocation and manufacturing TFP in China and India. Q. J. Econ. 124 (4), 1403-1448；具体数据承蒙谢长泰提供。

如图所示，美国和中国的产量全要素生产率在行业内的分布情况相对来说比较接近，而印度的分布范围则显著地更广一些。[①] 最令人惊讶的也许是，产量全要素生产率在同一个行业内部的差异之大。谢长泰和克莱瑙发现（2009），企业之间的产量全要素生产率 90—10 这个比率在各个国家所对应的情况是，美国为 8.8，印度为 22.4，中国为 11.5。理解这种巨大的全要素生产率差异的一个方法是分析不同企业雇用工人数量的差异。我们注意到，企业之间的雇用人数差异非常大。为什么大型纺织厂雇用的工人会比"夫妻店"多得多？一个答案是，大型工厂的产量全要素生产率要高得多。

然而，谢长泰和克莱瑙最有价值的贡献，还是对错配的定量分析。看一看下面这个简单的例子，就可以理解他们是如何做到这一点的。假设有一家工厂使用资本和劳动进行生产，（其生产函数是标准的柯布-道格拉斯型的），并假设它在选择投入要素时要面临两种扭曲 τ_K 和 τ_L。在研究中，可以将这些扭曲模型化为税收，但是相关文献对扭曲的解释更加宽泛，包括信贷市场上的摩擦、招聘和解雇成本，以及各种数量管制，等等。面对种种扭曲，追求利润最大化的企业的做法是，持续投入资本和劳动，直到这些要素的边际收入产品等于它们的

[①] 然而，该文作者还指出，在中国的数据中，小企业情况的代表性不充分，这可能反映出样本差异。

"总扭曲租金价格"为止。[1] 或者换一种说法,企业将努力使要素报酬等于要素指数与扭曲(失真)项的乘积,即:

$$\frac{rK_i}{p_iY_i} = \alpha_K \cdot \frac{1}{1+\tau_K} \tag{14}$$

且

$$\frac{wL_i}{p_iY_i} = \alpha_L \cdot \frac{1}{1+\tau_L} \tag{15}$$

大体上说,谢长泰和克莱瑙的做法就是:先从数据中观察上面这两个方程式的左侧(即分别用于劳动和资本的收入份额)。然后,再运用这些观察到的支出份额去抵消扭曲,以此来还原 τ_K 和 τ_L。

需要注意的是,还原 τ_K 和 τ_L 时关键的识别问题是:如果一家制造业工厂归于劳动的收入的份额更大,那么这到底是因为该工厂面对的 τ_L 更低,还是因为它的技术本身就是劳动密集型(即拥有很高的 α_L)?谢长泰和克莱瑙解决这个识别问题的方法是,假设四位数制造业内的所有企业都具有共同的 α_K 和 α_L(柯布-道格拉斯生产函数指数)。在这样一种假设之下,不同工厂之间要素份额的差异所反映的就只能是扭曲的不同而不是技术的不同了。而这也正是他们的方法在处理"行业内"的识别问题时很有效,而在处理"行业之间"的识别问题时就会遇到困难的原因。

收入全要素生产率是各种扭曲的一个"汇总指标",它相当于资本边际收入产品与劳动边际收入产品的加权平均(相对于产业的平均值)。在不存在任何扭曲的情况下,收入全要素生产率的值为1,这是因为,在实现了资源有效配置时,边际收入产品在所有企业之间都相等。而在存在扭曲的情况下,收入全要素生产率等于 $1+\tau_K$ 和 $1+\tau_L$ 扭曲的加权平均值,而其中的权重就是生产函数中的柯布-道格拉斯指数。[2]

四位数制造业的收入全要素生产率的平均分布如图36所示。从这幅图中,我们一眼就可以看出一件事,那就是,每家企业的收入全要素生产率都不等于1——即便在美国也是如此。对于这个事实,一种解释是,即便是在美国,也存在资源错配的情况,而且收入全要素税率偏离1的幅度可以用来衡量美国的资源错配程度。另一种解释则是,美国数据中存在测量误差,上述偏离中有一部分是对这种测量误差的反映。这两种解释应该都有一定道理。

图36中还有第二个事实也值得注意。就收入全要素生产率的离散程度而言,印度和中国明显高于美国。如果这并不是印度和中国存在着更大的测量误差的结果,那么它足以表明,中国和印度四位数制造业内部资本和劳动的错配,就是这两个经济体 GDP 没有那么高的一个原因。谢长泰和克莱瑙对这种效应进行了估计,结果发现,如果中国和印度的收入全要

---

[1] 例如,假设没有折旧,那么该企业的利润最大化问题就可以表示为:

$$\max_{K,L} \ p_iF(K_i,L_i) - w(1+\tau_L)L_i - r(1+\tau_K)K_i$$

然后就可以给出一阶条件(如正文所示)。

[2] 因此,为了将 τ_K 和 τ_L 聚合为"收入全要素生产率"这样一个单个指标,并测度扭曲对全要素生产率的影响,谢长泰和克莱瑙就必须得出柯布-道格拉斯指数的值。为此,他们假设美国的平均份额没有失真,并假定中国和印度的柯布-道格拉斯指数与美国是一样的。

素生产率的离散程度与美国相同,那么它们的总体全要素生产率将会大幅提高——中国将提高 30％至 50％,而印度则将提高 40％至 60％。而在长期中,因为与这种更高的全要素生产率对应的更快的资本积累,GDP 将会高出这一数额的两倍。

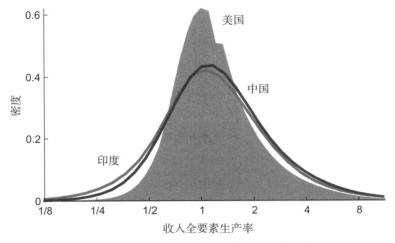

图 36　四位数制造业中收入全要素生产率分布情况

注:图中给出的是三个国家在不同年份的平均收入全要素生产率分布——美国是 1997 年,中国是 2005 年,印度是 1994 年;计算方法则如正文所述。

资料来源:Hsieh, C. T. , Klenow, P. J. 2009. Misallocation and manufacturing TFP in China and India. Q. J. Econ. 124 (4), 1403-1448;具体数据承蒙谢长泰提供。

在最近发表的一篇后续论文中,谢长泰和克莱瑙试图解释可能导致这种错配的原因到底是什么(Hsieh and Klenow,2014)。在这篇论文中,他们研究了美国、印度和墨西哥的企业是如何随着存续年限的增加而成长的。他们最主要的发现如图 37 所示:美国的工厂的规模随着自己的"年龄"的增加而不断扩大,但在印度却完全不是这样。

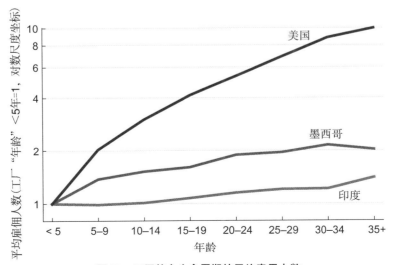

图 37　工厂整个生命周期的平均雇用人数

注:这幅图对美国、墨西哥和印度(调查时)仍然生存的工厂的平均雇用人数与同一批工厂早年的平均雇

用人数进行了比较,采用的是制造业普查数据。

资料来源:Hsieh,C. T. , Klenow, P. J. 2014. The life cycle of plants in India and Mexico. Q. J. Econ. 129 (3), 1035-1084;具体数据承蒙谢长泰提供。

更具体地说,在美国,"厂龄"35 年以上的工厂雇用的劳动者的人数是"厂龄"不到 5 年的工厂的 8 倍多。相比之下,墨西哥的"老工厂"的雇用人数只是"新工厂"的 2 倍,而印度的工厂的雇用人数的增长幅度就更低了。对于这种情况,一种解释是(这也是本章一直在探讨的),墨西哥和印度存在着大量扭曲,阻碍了最有生产力的工厂扩大规模,这就是这些经济体总体全要素生产率更低的一个重要原因。根据谢长泰和克莱瑙的估计,美国工厂的生命周期倘若转变为印度或墨西哥的生命周期,那么总体全要素生产率将会下降大约 25%。

正是在类似这样的事实的启发下,近来致力于探讨各种各样的错配对全要素生产率的影响的论文如雨后春笋般地涌现出来,其中一些例子包括:阿斯克等(Asker et al. ,2011)研究了波动性和调整成本在解释收入全要素生产率和产量全要素生产率的变化中的作用。布埃拉等(Buera et al. ,2011 a)、米德里根和徐熠(Midrigan and Xu,2014)、莫尔(Moll,2014)研究了信贷市场摩擦可能导致错配和全要素生产率损失的程度。彼得斯(Peters,2013)分析了异质性加成定价在解释错配中的作用。古纳等(Guner et al. ,2008)、古里奥和罗伊斯(Gourio and Roys,2014)以及加里卡诺等(Garicano et al. ,2014)还考虑了企业规模管制的影响。阿科西吉特等则证明,管理者的激励问题会限制潜在的高生产力小企业扩张的能力,从而降低全要素生产率;霍朋哈恩(Hopenhayn,2014)和布埃拉等(Buera et al. ,2015)分别对最近这些文献进行了出色的综述。

4.12 思想的扩散

图 38 向我们呈现了又一个基本事实:在过去的两个世纪以来,采用新技术的滞后期已经大幅缩短了。这个事实是科明和霍布金报告的,他们所依据的是自己创建的 CHAT 数据库("Cross-country Historical Adoption of Technology",即"技术采用跨国历史数据库")。这个数据库包含了自 1800 年以来超过 100 项技术的扩散信息,涵盖了 150 多个国家(Comin and Hobijn,2010)。

图 38 给出了 15 种技术在样本国家中从被发明到被采用的平均采用滞后期。更准确地说,每个国家、每种技术的采用滞后指标,就是指技术的发明年份与采用年份之间的年数。图 38 中显示的是这个统计指数在 166 个国家/地区的平均值。

从图 38 中可以看出一种明显的负相关性,它表明技术采用滞后期在这个时期内一直在缩短。科明和霍布金(Comin and Hobijn,2010)估计,平均来说,每过 10 年,技术发明后被采用的滞后期就会缩短 4.3 年。

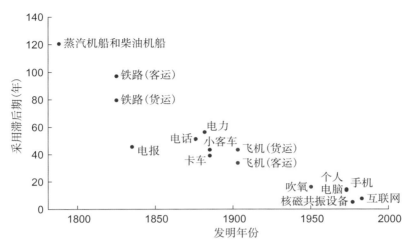

图38 随着时间的流逝,技术采用越来越快

注:每个国家的技术采用滞后期衡量的是某个技术从被发明到被采用之间的年数。本图给出的是 166 个国家/地区在 1820 年至 2003 年的平均估计结果。

资料来源:Comin, D., Hobijn, B. 2010. An exploration of technology diffusion. Am. Econ. Rev. 100 (5), 2031-2059. doi:10.1257/aer.100.5.2031.

4.13 城市化

在前面,我们讨论过一个事实,1500 年时的城市化水平与今天的人均收入呈现出了负相关性。图 39 显示了城市化随着时间的推移而推进的大趋势。

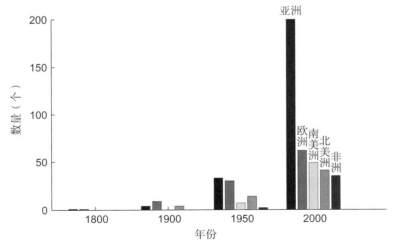

图39 "百万人口城市"的数量

注意:直方图显示了每个洲人口超过 100 万的城市的数量,其中大洋洲被包括在亚洲内。

资料来源:Satterthwaite, D. 2005. The scale of urban change worldwide 1950—2000 and its underpinnings. International Institute for Environment and Development,未发表论文,表3。

图 39 显示了自 1800 年以来,各洲所拥有的人口超过 100 万的城市的数量。这凸显了一个事实,那就是,亚洲的城市化程度甚至可以说比欧洲和北美洲更高——至少从大城市的数量来看是这样。

5.　结　论

虽然本章已经涵盖了大量基本事实,但是有些重要的事实仍然没有讨论到。部分是因为这篇论文的篇幅现在已经很大了,部分是因为其中有一些事实并没有完全确立下来。因此,这最后一节的讨论也可以视为对哪些方面特别有意义、特别值得进一步研究的建议。

本章略而不述的一个重要事实是全球化及其对经济增长的影响:贸易壁垒的降低、运输成本和通信成本的下降、垂直供应链的兴起等。萨克斯和沃纳(Sachs and Warner,1995)阐明了一个"历史悠久"的特征事实:从 1970 年至 1989 年,"开放"的经济体比"封闭"的经济体的增长速度更快。不过,他们对"开放"和"封闭"的定义是非常宽泛的,实际上包括很多其他因素,而且这种二分法肯定也与更一般的制度质量相关。①

许多与制度相关的事实都是我们试图更好地加以解释的。从本章前面给出的各种证据来看,"制度很重要"这一点应该是没有问题的。但是制度究竟有多重要?制度又是怎么改变的呢?民主是否有利于增长,或者,民主一般是由增长引起的,还是两者是相互促进的[请参见巴罗(Barro,1999)、阿西莫格鲁等(Acemoglu et al.,2014)]?人力资本积累会带来良好的制度吗?还是良好的制度导致人力资本的积累?抑或两者皆然?[请参见格莱泽等(Glaeser et al.,2004)]。另外,文化、"大分流"、制度与成长之间又有什么关系[请参见阿莱西纳等(Alesina et al.,2003)]?

还有一个事实也是我们想了解得更多一些的,那就是各国知识溢出的程度。众所周知,每个国家都受益于世界其他国家和地区创造的知识,但是对这种益处进行量化分析是很困难的。伊顿和科顿(Eaton and Kortum,1999)认为,近几十年来,美国的经济增长中只有 60% 来自美国本土创造的知识,日本(35%)和英国(13%)的"当地知识"的数量甚至还要更少。弗里曼(Freeman,2010)也提供了一个相关的事实:在 20 世纪 70 年代,中国培养的科学博士和工程博士的数量微乎其微,但是到了 2010 年,中国培养的博士的数量就已经比美国还多26% 了。在一个思想日益重要的世界里,中国和印度的经济发展可能会对未来的增长产生深远的影响。未来将会涌现出多少个托马斯·爱迪生(Thomas Edisons)、阿尔伯特·爱因斯坦(Albert Einsteins)、史蒂夫·乔布斯(Steve Jobs)和山姆·沃尔顿(Sam Waltons)啊!今天,他们仍未显山露水,因为他们的才能需要得到适当的培育。

---

① 另外,请参见:本-戴维(Ben-David,1993)、弗兰克尔和罗默(Frankel and Romer,1999),以及弗雷尔(Feyrer,2009)。

致谢

我非常感谢凯文·布莱恩（Kevin Bryan）、安东尼奥·西科恩（Antonio Ciccone）、约翰·科克兰（John Cochrane）、约翰·霍尔蒂万格（John Haltiwanger）、乔纳森·哈斯克尔（Jonathan Haskel）、巴特·霍布金（Bart Hobijn）、罗伯特·因卡拉（Robert Inklaar）、金智熙（Jihee Kim）、皮特·克莱瑙（Pete Klenow）、马丁·梅思蒂埃里（Marti Mestieri）、约翰·西特（John Seater）、克里斯·托内蒂（Chris Tonetti），在斯坦福大学召开的《宏观经济学手册》编辑会议的与会者，以及本手册主编约翰·B. 泰勒（John B. Taylor）和哈拉尔德·厄里格（Harald Uhlig）提供的有益的意见。本章中使用的所有数据都可以从文件 FactsofGrowth-Replication. zip 中获得，该文件可在作者的个人网站上找到。

参考文献

Abramovitz, M. , 1956. Resource and output trends in the united states since 1870. Am. Econ. Assoc. Pap. Proc. 46 (2), 5—23.

Acemoglu, D. , 1998. Why do new technologies complement skills? Directed technical change and wage inequality. Q. J. Econ. 113, 1055—1089.

Acemoglu, D. , Robinson, J. A. , 2012. Why Nations Fail：The Origins of Power, Prosperity and Poverty. Crown Business.

Acemoglu, D. , Johnson, S. , Robinson, J. A. , 2001. The colonial origins of comparative development：an empirical investigation. Am. Econ. Rev. 91 (5), 1369—1401.

Acemoglu, D. , Johnson, S. , Robinson, J. A. , 2002. Reversal of fortune：geography and institutions in the making of the modern world income distribution. Q. J. Econ. 117 (4), 1231—1294.

Acemoglu, D. , Akcigit, U. , Bloom, N. , Kerr, W. R. , 2013. Innovation, reallocation and growth. National Bureau of Economic Research, Inc. http://ideas. repec. org/p/nbr/nberwo/18993. html.

Acemoglu, D. , Naidu, S. , Restrepo, P. , Robinson, J. A. , 2014. Democracy does cause growth. National Bureau of Economic Research, Inc. http://ideas. repec. org/p/nbr/nberwo/20004. html.

Aghion, P. , Howitt, P. , 1992. A model of growth through creative destruction. Econometrica 60 (2), 323—351.

Akcigit, U. , Alp, H. , Peters, M. , 2014a. Lack of selection and limits to delegation：firms dynamics in developing countries.

Akcigit, U. , Celik, M. A. , Greenwood, J. , 2014b. Buy, keep or sell：economic growth and the market for ideas. University of Pennsylvania manuscript.

Alesina, A. , Devleeschauwer, A. , Easterly, W. , Kurlat, S. , Wacziarg, R. , 2003.

Fractionalization. J. Econ. Growth 8 (2), 155—194.

Aoki, S., Nirei, M., 2013. Pareto distributions and the evolution of top incomes in the U. S. University Library of Munich, Germany. http://ideas. repec. org/p/pra/mprapa/47967. html.

Asker, J., Collard - Wexler, A., Loecker, J. D., 2011. Productivity volatility and the misallocation of resources in developing economies. National Bureau of Economic Research, Inc. http://ideas. repec. org/p/nbr/ nberwo/17175. html.

Atkinson, A. B., Piketty, T., Saez, E., 2011. Top incomes in the long run of history. J. Econ. Lit. 49 (1), 3—71.

Autor, D. H., Levy, F., Murnane, R. J., 2003. The skill content of recent technological change: an empirical exploration. Q. J. Econ. 118 (4), 1279—1333. http://ideas. repec. org/ a/tpr/qjecon/v118y2003i4p1279—1333. html.

Banerjee, A. V., Duflo, E., 2005. Growth theory through the lens of development economics. In: Aghion, P., Durlauf, S. A. (Eds.), Handbook of Economic Growth. North Holland, New York, NY, pp. 473—552.

Barro, R. J., 1991. Economic growth in a cross section of countries. Q. J. Econ. 106, 407—443.

Barro, R. J., 1999. Determinants of democracy. J. Polit. Econ. 107 (S6), S158—S183.

Barro, R. J., 2012. Convergence and modernization revisited. National Bureau of Economic Research, Inc. http://ideas. repec. org/p/nbr/nberwo/18295. html.

Barro, R. J., Becker, G. S., 1989. Fertility choice in a model of economic growth. Econometrica 57 (2), 481—501.

Barro, R. J., Sala - i - Martin, X., 1992. Convergence. J. Polit. Econ. 100 (2), 223—251.

Barro, R., Lee, J. W., 2013. A new data set of educational attainment in the world, 1950- 2010. J. Dev. Econ. 104(c), 184—198. http://EconPapers. repec. org/RePEc:eee:deveco:v: 104:y:2013:i:c:p:184-198.

Baumol, W. J., 1986. Productivity growth, convergence and welfare: what the long-run data show. Am. Econ. Rev. 76, 1072—1085.

Becker, G. S., Philipson, T. J., Soares, R. R., 2005. The quantity and quality of life and the evolution of world inequality. Am. Econ. Rev. 95 (1), 277—291. http://ideas. repec. org/ a/aea/aecrev/v95y2005i1p277—291. html.

Ben-David, D., 1993. Equalizing exchange: trade liberalization and income convergence. Q. J. Econ. 108 (3), 653—680.

Benhabib, J., Bisin, A., Zhu, S., 2011. The distribution of wealth and fiscal policy in economies with finitely lived agents. Econometrica 79 (1), 123—157. http://ideas. repec. org/a/ ecm/emetrp/v79y2011i1p123—157. html.

Besley, T., Ilzetzki, E., Persson, T., 2013. Weak states and steady states: the dynamics of fiscal capacity. Am. Econ. J. Macroecon. 5 (4), 205—235. http://dx.doi.org/10.1257/mac. 5.4.205.

Biskupic, J., 2006. Sandra Day O'Connor: How the First Woman on the Supreme Court Became Its Most Influential Justice. HarperCollins, New York, NY.

Bloom, N., Schankerman, M., Reenen, J. V., 2013. Identifying technology spillovers and product market rivalry. Econometrica 81 (4), 1347—1393. http://ideas.repec.org/a/ecm/emetrp/v81y2013i4p1347—1393.html.

Boppart, T., 2014. Structural change and the Kaldor facts in a growth model with relative price effects and non-Gorman preferences. Econometrica 82, 2167—2196. http://ideas.repec.org/a/wly/emetrp/ v82y2014ip2167-2196.html.

Bourguignon, F., Morrisson, C., 2002. Inequality among world citizens: 1820 - 1992 inequality among world citizens: 1820-1992. Am. Econ. Rev. 92 (4), 727—744.

Bridgman, B., 2014. Is labor's loss capital's gain? Gross versus net labor shares. Bureau of Economic Analysis manuscript.

Brynjolfsson, E., McAfee, A., 2012. Race Against the Machine: How the Digital Revolution is Accelerating Innovation, Driving Productivity and Irreversibly Transforming Employment and the Economy. Digital Frontier Press. http://books.google.com/books? id = IhArMwEACAAJ. ISBN 9780984725113.

Buera, F.J., Kaboski, J.P., Shin, Y., 2011a. Finance and development: a tale of two sectors. Am. Econ. Rev. 101 (5), 1964—2002. http://dx.doi.org/10.1257/aer.101.5.1964.

Buera, F.J., Monge - Naranjo, A., Primiceri, G.E., 2011b. Learning the wealth of nations. Econometrica 1468-0262. 79 (1), 1—45. http://dx.doi.org/10.3982/ECTA8299.

Buera, F.J., Kaboski, J.P., Shin, Y., 2015. Entrepreneurship and financial frictions: a macro - development perspective. National Bureau of Economic Research, Inc. https://ideas.repec.org/p/nbr/nberwo/ 21107.html.

Byrne, D.M., Oliner, S.D., Sichel, D.E., 2013. Is the information technology revolution over? Intern. Product. Monit. 25, 20—36. http://ideas.repec.org/a/sls/ipmsls/v25y20133.html.

Caballero, R.J., Jaffe, A.B., 1993. How high are the giants' shoulders? In: Blanchard, O., Fischer, S. (Eds.), NBER Macroeconomics Annual. MIT Press, Cambridge, MA, pp. 15—74.

Cagetti, M., Nardi, M.D., 2006. Entrepreneurship, frictions, and wealth. J. Polit. Econ. 114 (5), 835—870. http://ideas.repec.org/a/ucp/jpolec/v114y2006i5p835-870.html.

Caselli, F., 1999. Technological revolutions. Am. Econ. Rev. 89 (1), 78—102. http://ideas.repec.org/a/aea/ aecrev/v89y1999i1p78-102.html.

Caselli, F., 2005. Accounting for cross country income differences. In: Aghion, P., Durlauf, S. (Eds.), Hand book of Economic Growth. Elsevier.

Caselli, F., Ciccone, A., 2013. The contribution of schooling in development accounting: results from a nonparametric upper bound. J. Dev. Econ. 104 C, 199—211. https://ideas. repec. org/a/eee/ deveco/v104y2013icp199-211. html.

Caselli, F., Coleman, W. J., 2006. The world technology frontier. Am. Econ. Rev. 96 (3), 499—522.

Caselli, F., Feyrer, J., 2007. The marginal product of capital. Q. J. Econ. 122 (2), 535—568.

Caselli, F., Wilson, D. J., 2004. Importing technology. J. Monet. Econ. 51 (1), 1—32. http://ideas. repec. org/ a/eee/moneco/v51y2004i1p1-32. html.

Caselli, F., Esquivel, G., Lefort, F., 1996. Reopening the convergence debate: a new look at cross-country growth empirics. J. Econ. Growth 1, 363—390.

Cass, D., 1965. Optimal growth in an aggregative model of capital accumulation. Rev. Econ. Stud. 32, 233—240.

Castaneda, A., Diaz-Gimenez, J., Rios-Rull, J. V., 2003. Accounting for the U. S. earnings and wealth inequality. J. Polit. Econ. 111 (4), 818—857. http://ideas. repec. org/a/ ucp/jpolec/v111y2003i4p818—857. html.

Chari, V., Kehoe, P., McGrattan, E., 2007. Business cycle accounting. Econometrica 75 (3), 781—836.

Christensen, L. R., Cummings, D., Jorgenson, D. W., 1981. Relative productivity levels, 1947-1973. Eur. Econ. Rev. 16 (1), 61—94.

Clark, G., 2001. The secret history of the industrial revolution. U. C. Davis mimeo.

Clark, G., 2014. The industrial revolution. In: Handbook of Economic Growth, vol. 2. Elsevier, pp. 217—262. http://ideas. repec. org/h/eee/grochp/2-217. html.

Coe, D. T., Helpman, E., 1995. International R&D spillovers. Eur. Econ. Rev. 39 (5), 859—887.

Comin, D., Hobijn, B., 2010. An exploration of technology diffusion. Am. Econ. Rev. 100 (5), 2031—2059. http://dx. doi. org/10. 1257/aer. 100. 5. 2031.

Comin, D., Lashkari, D., Mestieri, M., 2015. Structural transformations with long-run income and price effects. Dartmouth College, unpublished manuscript.

Cordoba, J. C., Ripoll, M., 2014. The elasticity of intergenerational substitution, parental altruism, and fer tility choice. Iowa State University, Department of Economics. http://ideas. repec. org/p/isu/genres/ 37766. html.

Dalgaard, C. J., Strulik, H., 2014. Optimal aging and death: understanding the Preston curve. J. Eur. Econ. Assoc. 12 (3), 672—701. http://ideas. repec. org/a/bla/jeurec/v12y2014i3p672-

701. html.

Dell, M., 2010. The persistent effects of Peru's Mining Mita. Econometrica 78 (6), 1863—1903. http://ideas. repec. org/a/ecm/emetrp/v78y2010i6p1863-1903. html.

DeLong, J. B., 1988. Productivity growth, convergence, and welfare: comment. Am. Econ. Rev. 78, 1138—1154.

Denison, E. F., 1967. Why Growth Rates Differ. The Brookings Institution, Washington, DC.

Diamond, J., 1997. Guns, Germs, and Steel. W. W. Norton and Co., New York, NY.

Doepke, M., 2005. Child mortality and fertility decline: does the Barro-Becker model fit the facts? J. Popul. Econ. 18 (2), 337—366. http://ideas. repec. org/a/spr/jopoec/v18y2005i2p337-366. html.

Eaton, J., Kortum, S.S., 1999. International technology diffusion: theory and measurement. Int. Econ. Rev. 40, 537—570.

Elsby, M. W. L., Hobijn, B., şahin, A., 2013. The decline of the U. S. labor share. Brook. Pap. Econ. Act. 2013 (2), 1—63.

Engerman, S. L., Sokoloff, K. L., 1997. Factor endowments, institutions, and differential paths of growth among new world economies. In: Haber, S. (Ed.), How Latin America Fell Behind. Stanford University Press, Stanford, CA.

Erosa, A., Koreshkova, T., Restuccia, D., 2010. How important is human capital? A quantitative theory assessment of world income inequality. Rev. Econ. Stud. 77 (4), 1421—1449. http://ideas. repec. org/ a/bla/restud/v77y2010i4p1421—1449. html.

Feenstra, R. C., Inklaar, R., Timmer, M. P., 2015. The next generation of the Penn World Table. Am. Econ. Rev. 105 (10), 3150—3182. http://dx. doi. org/10. 1257/aer. 20130954.

Fernald, J., 2014. Productivity and potential output before, during, and after the great recession. In: NBER Macroeconomics Annual 2014, Volume 29, University of Chicago Press.

Fernald, J. G., Jones, C. I., 2014. The future of US economic growth. Am. Econ. Rev. Pap. Proc. 104 (5), 44—49. http://ideas. repec. org/a/aea/aecrev/v104y2014i5p44—49. html.

Feyrer, J., 2009. Trade and income-exploiting time series in geography. National Bureau of Economic Research, Inc. https://ideas. repec. org/p/nbr/nberwo/14910. html.

Fleurbaey, M., Gaulier, G., 2009. International comparisons of living standards by equivalent incomes. Scand. J. Econ. 111 (3), 597—624. http://ideas. repec. org/a/bla/scandj/v111y2009i3p597—624. html.

Foster, L., Haltiwanger, J., Syverson, C., 2008. Reallocation, firm turnover, and efficiency: selection on productivity or profitability? Am. Econ. Rev. 98 (1), 394—425. http://ideas. repec. org/a/aea/aecrev/ v98y2008i1p394—425. html.

Frankel, J. A. , Romer, D. , 1999. Does trade cause growth? Am. Econ. Rev. 89 (3), 379—399.

Freeman, R. B. , 2010. What does global expansion of higher education mean for the United States? In: American Universities in a Global Market, University of Chicago Press, pp. 373—404.

Galor, O. , 2005. From stagnation to growth: unified growth theory. Handb. Econ. Growth 1, 171—293.

Galor, O. , Weil, D. , 2000. Population, technology, and growth: from the malthusian regime to the demo? graphic transition. Am. Econ. Rev. 90, 806—828.

Galor, O. , Weil, D. N. , 1996. The gender gap, fertility, and growth. Am. Econ. Rev. 86 (3), 374—387.

Garicano, L. , Lelarge, C. , Van Reenen, J. , 2014. Firm size distortions and the productivity distribution: evidence from France.

Glaeser, E. L. , La Porta, R. , Lopez-de Silanes, F. , Shleifer, A. , 2004. Do institutions cause growth? J. Econ. Growth 9 (3), 271—303.

Gollin, D. , 2002. Getting income shares right. J. Polit. Econ. 110 (2), 458—474.

Gourio, F. , Roys, N. , 2014. Size – dependent regulations, firm size distribution, and reallocation. Quant. Econ. 5, 377—416. https://ideas. repec. org/a/wly/quante/v5y2014ip377—416. html.

Greenwood, J. , Hercowitz, Z. , Krusell, P. , 1997. Long-run implications of investment-specific technological change. Am. Econ. Rev. 87 (3), 342—362.

Greenwood, J. , Seshadri, A. , Vandenbroucke, G. , 2005. The baby boom and baby bust. Am. Econ. Rev. 95 (1), 183—207. http://ideas. repec. org/a/aea/aecrev/v95y2005i1p183—207. html.

Griliches, Z. , 1988. Productivity puzzles and R&D: another nonexplanation. J. Econ. Perspect. 2, 9—21.

Griliches, Z. , 1992. The search for R&D spillovers. Scand. J. Econ. 94, 29—47.

Griliches, Z. , 1994. Productivity, R&D and the data constraint. Am. Econ. Rev. 84 (1), 1—23.

Grossman, G. M. , Helpman, E. , 1991. Innovation and Growth in the Global Economy. MIT Press, Cambridge, MA.

Guner, N. , Ventura, G. , Yi, X. , 2008. Macroeconomic implications of size – dependent policies. Rev. Econ. Dyn. 11 (4), 721—744. http://ideas. repec. org/a/red/issued/07—73. html.

Hall, R. E. , Jones, C. I. , 1996. The productivity of nations. NBER Working Paper No. 5812.

Hall, R. E. , Jones, C. I. , 1999. Why do some countries produce so much more output per worker than others? Q. J. Econ. 114（1）, 83—116.

Hall, R. E., Jones, C. I., 2007. The value of life and the rise in health spending. Q. J. Econ. 122（1）, 39—72.

Hansen, G. D., Prescott, E. C., 2002. Malthus to solow. Am. Econ. Rev. 92（4）, 1205—1217.

Hanushek, E. A., Kimko, D. D., 2000. Schooling, labor-force quality, and the growth of nations. Am. Econ. Rev. 90（5）, 1184—1208.

Hanushek, E. A., Woessmann, L., 2008. The role of cognitive skills in economic development. J. Econ. Lit. 46（3）, 607—668. http://dx. doi. org/10. 1257/jel. 46. 3. 607.

Heisenberg, W., 1971. Physics and Beyond, Encounters and Conversations. Harper & Row, New York, NY.

Hemous, D., Olsen, M., 2014. The rise of the machines: automation, horizontal innovation and income inequality. Society for Economic Dynamics. http://ideas. repec. org/p/red/sed014/162. html.

Henderson, J. V., Storeygard, A., Weil, D. N., 2012. Measuring economic growth from outer space. Am. Econ. Rev. 102（2）, 994—1028. http://ideas. repec. org/a/aea/aecrev/v102y2012i2p994—1028. html.

Hendricks, L., Schoellman, T., 2014. Human capital and development accounting: new evidence from immigrant earnings. Society for Economic Dynamics. http://ideas. repec. org/p/red/sed014/702. html.

Herrendorf, B., Rogerson, R., Valentinyi, A., 2014. Growth and structural transformation. In: Handbook of Economic Growth, vol. 2. Elsevier, pp. 855—941. http://ideas. repec. org/h/eee/grochp/2—855. html.

Hopenhayn, H. A., 2014. Firms, misallocation, and aggregate productivity: a review. Ann. Rev. Econ. 6（1）, 735—770. https://ideas. repec. org/a/anr/reveco/v6y2014p735—770. html.

Hsieh, C. T., Klenow, P. J., 2009. Misallocation and manufacturing TFP in China and India. Q. J. Econ. 124（4）, 1403—1448.

Hsieh, C. T., Klenow, P. J., 2014. The life cycle of plants in India and Mexico. Q. J. Econ. 129（3）, 1035—1084.

Hsieh, C. T., Moretti, E., 2014. Growth in cities and countries. U. C. Berkeley manuscript, unpublished.

Hsieh, C. T., Hurst, E., Jones, C. I., Klenow, P. J., 2013. The allocation of talent and U. S. economic growth. Stanford University, unpublished paper.

Islam, N., 1995. Growth empirics: a panel data approach. Q. J. Econ. 110, 1127—1170.

Jaffe, A. B., Lerner, J., 2006. Innovation and its discontents. Capital. Soc. 1(3).

Jones, C. I., 1995. R&D-based models of economic growth. J. Polit. Econ. 103（4）,

759—784.

Jones, C. I. , 2001. Was an industrial revolution inevitable? economic growth over the very long run. Adv. Macroecon. 1 (2). http://www. bepress. com/bejm/advances/vol1/iss2/art1. Article 1.

Jones, C. I. , 2002. Sources of U. S. economic growth in a world of ideas. Am. Econ. Rev. 92 (1), 220—239.

Jones, C. I. , 2003. Growth, capital shares, and a new perspective on production functions. U. C. Berkeley mimeo.

Jones, C. I. , 2005. Growth and ideas. In: Aghion, P. , Durlauf, S. A. (Eds.), Handbook of Economic Growth. North Holland, New York, NY, pp. 1063—1111.

Jones, B. F. , 2014. The human capital stock: a generalized approach. Am. Econ. Rev. 104 (11), 3752—3777. http://ideas. repec. org/a/aea/aecrev/v104y2014i11p3752—77. html.

Jones, C. I. , Kim, J. , 2014. A Schumpeterian model of top income inequality. Stanford University manuscript.

Jones, C. I. , Klenow, P. J. , 2015. Beyond GDP: welfare across countries and time. Stanford University, unpublished manuscript.

Jones, C. I. , Romer, P. M. , 2010. The new Kaldor Facts: ideas, institutions, population, and human capital. Am. Econ. J. Macroecon. 1945—7707. 2 (1), 224—245.

Jones, C. I. , Scrimgeour, D. , 2008. A new proof of Uzawa's steady-state growth theorem. Rev. Econ. Stat. 90 (1), 180—182. http://ideas. repec. org/a/tpr/restat/v90y2008i1p180—182. html.

Jones, C. I. , Williams, J. C. , 1998. Measuring the social return to R&D. Q. J. Econ. 113 (4), 1119—1135.

Jones, L. , Tertilt, M. , 2016. An economic history of fertility in the U. S. : 1826—1960. In: Rupert, P. (Ed.), Frontiers of Family Economics. Emerald Press, pp. 165—230.

Jones, L. E. , Schoonbroodt, A. , Tertilt, M. , 2010. Fertility theories: can they explain the negative fertility - income relationship? In: Demography and the Economy, National Bureau of Economic Research, Inc, pp. 43—100. NBER Chapters, http://ideas. repec. org/h/nbr/nberch/8406. html.

Kaldor, N. , 1961. Capital accumulation and economic growth. In: Lutz, F. , Hague, D. (Eds.), The Theory of Capital. St. Martins Press, pp. 177—222.

Kane, T. , 2015. Accelerating convergence in the world income distribution. Stanford University, unpublished paper.

Karabarbounis, L. , Neiman, B. , 2014. The global decline of the labor share. Q. J. Econ. 129 (1), 61—103. http://ideas. repec. org/a/oup/qjecon/v129y2014i1p61—103. html.

Katz, L. , Murphy, K. , 1992. Changes in relative wages, 1963—1987: supply and demand factors. Q. J. Econ. 107（1），35—78.

King, R. G., Levine, R., 1994. Capital fundamentalism, economic development, and economic growth. Carnegie－Rochester Conf. Ser. Publ. Pol. 0167—2231. 40, 259—292. http://dx. doi. org/10. 1016/ 0167—2231（94）90011—6. http://www. sciencedirect. com/ science/article/pii/0167223194900116.

Klenow, P. J., Rodriguez－Clare, A., 1997. The neoclassical revival in growth economics: Has it gone too far? In: Bernanke, B. S., Rotemberg, J. J.（Eds.），NBER Macroeconomics Annual 1997. MIT Press, Cambridge, MA.

Klenow, P. J., Rodriguez－Clare, A., 2005. Extenalities and growth. In: Aghion, P., Durlauf, S.（Eds.），Handbook of Economic Growth. Elsevier, Amsterdam.

Koh, D., Santaeulalia－Llopis, R., Zheng, Y., 2015. Labor share decline and intellectual property products capital. Washington University St. Louis, unpublished paper.

Koopmans, T. C., 1965. On the concept of optimal economic growth. In: The Econometric Approach to Development Planning, North Holland, Amsterdam.

Kortum, S. S., 1997. Research, patenting, and technological change. Econometrica 65（6），1389—1419.

Kremer, M., 1993. Population growth and technological change: one million B. C. to 1990. Q. J. Econ. 108（4），681—716.

Krugman, P., 1994. The myth of Asia's miracle. Fore. Aff. 73（6），62—78.

Krusell, P., Ohanian, L., Rios－Rull, J. V., Violante, G., 2000. Capital－skill complementarity and inequality: a macroeconomic analysis. Econometrica 68（5），1029—1053.

Lagakos, D., Moll, B., Porzio, T., Qian, N., Schoellman, T., 2012. Experience matters: human capital and development accounting. National Bureau of Economic Research, Inc. http://ideas. repec. org/p/nbr/ nberwo/18602. html.

Lee, R. D., 1988. Induced population growth and induced technological progress: their interaction in the accelerating stage. Math. Popul. Stud. 1（3），265—288.

Lucas, R. E., 1988. On the mechanics of economic development. J. Monet. Econ. 22（1），3—42.

Lucas, R. E., 2000. Some macroeconomics for the 21st century. J. Econ. Perspect. 14（1），159—168.

Lucas, R. E., 2002. The industrial revolution: past and future. Lect. Econ. Growth, 109—188.

Lucas, R. E., 2009. Ideas and growth. Economica 76（301），1—19. http://ideas. repec. org/a/bla/econom/ v76y2009i301p1—19. html.

Lucas, R. E., Moll, B., 2014. Knowledge growth and the allocation of time. J. Polit. Econ. 122（1），1—51.

Maddison, A. , 1979. Per capita output in the long run. Kyklos 32, 412—419.

Maddison, A. , 1995. Monitoring the World Economy 1820—1992. Organization for Economic Cooperation and Development, Paris.

Mankiw, N. , Romer, D. , Weil, D. , 1992. A contribution to the empirics of economic growth. Q. J. Econ. 107 (2), 407—438.

Manuelli, R. E. , Seshadri, A. , 2014. Human capital and the wealth of nations. Am. Econ. Rev. 104 (9), 2736—2762. http://dx. doi. org/10. 1257/aer. 104. 9. 2736.

Michalopoulos, S. , Papaioannou, E. , 2014. National institutions and subnational development in Africa. Q. J. Econ. 129 (1), 151—213. http://ideas. repec. org/a/oup/qjecon/ v129y2014i1p151—213. html.

Midrigan, V. , Xu, D. Y. , 2014. Finance and misallocation: evidence from plant-level data. Am. Econ. Rev. 104 (2), 422—458. http://ideas. repec. org/a/aea/aecrev/ v104y2014i2p422—58. html.

Mokyr, J. , 1990. The Lever of Riches. Oxford University Press, New York, NY.

Moll, B. , 2014. Productivity losses from financial frictions: can self-financing undo capital misallocation? Am. Econ. Rev. 104 (10), 3186—3221.

Murphy, K. M. , Topel, R. H. , 2006. The value of health and longevity. J. Polit. Econ. 114 (5), 871—904.

Nordhaus, W. D. , 2003. The health of nations: the contribution of improved health to living standards. In: Murphy, K. M. , Topel, R. (Eds.), Measuring the Gains from Medical Research: An Economic Approach. University of Chicago Press, Chicago, IL, pp. 9—40.

Nordhaus, W. D. , Tobin, J. , 1972. Is growth obsolete? In: Economic Research: Retrospect and Prospect, Vol 5: Economic Growth, National Bureau of Economic Research, Inc, pp. 1—80. http://ideas. repec. org/h/nbr/nberch/7620. html.

OECD, 2002. Frascati Manual 2002. OECD Publishing. http://dx. doi. org/10. 1787/ 9789264199040-en.

Oeppen, J. , Vaupel, J. W. , 2002. Broken limits to life expectancy. Science 296 (5570), 1029—1031.

Olson, M. , 1996. Big bills left on the sidewalk: why some nations are rich, and others poor. J. Econ. Perspect. 10 (2), 3—24.

Peters, M. , 2013. Heterogeneous mark-ups, growth, and endogenous misallocation. Yale University manuscript.

Piketty, T. , 2014. Capital in the Twenty-first Century. Harvard University Press.

Piketty, T. , Saez, E. , 2003. Income inequality in the united states, 1913—1998. Q. J. Econ. 118 (1), 1—39. http://ideas. repec. org/a/tpr/qjecon/v118y2003i1p1—39. html.

Piketty, T. , Saez, E. , Stantcheva, S. , 2014. Optimal taxation of top labor incomes: a tale of three elasticities. Am. Econ. J. Econ. Pol. 6 (1), 230—271. http://ideas. repec. org/a/aea/aejpol/v6y2014i1p230—71. html.

Pomeranz, K., 2009. The Great Divergence: China, Europe, and the Making of the Modern World Economy. Princeton University Press.

Prescott, E. C., 1998. Needed: a theory of total factor productivity. Int. Econ. Rev. 39 (3), 525—551.

Prescott, E. C., 2004. Why do americans work so much more than Europeans? Q. Rev. 28, 2—13. http:// ideas. repec. org/a/fip/fedmqr/y2004ijulp2—13nv. 28no. 1. html.

Pritchett, L., 1997. Divergence: big time. J. Econ. Perspect. 11 (3), 3—17.

Pritchett, L., Aiyar, Y., 2015. Taxes: price of civilization or tribute to leviathan? Center for Global Development Working Paper 412.

Quah, D., 1993. Empirical cross–section dynamics in economic growth. Eur. Econ. Rev. 37, 426—434.

Ramey, V. A., Francis, N., 2009. A century of work and leisure. Am. Econ. J. Macroecon. 1 (2), 189—224. http://ideas. repec. org/a/aea/aejmac/v1y2009i2p189—224. html.

Ramsey, F., 1928. A mathematical theory of saving. Econ. J. 38, 543—559.

Restuccia, D., Rogerson, R., 2008. Policy distortions and aggregate productivity with heterogeneous plants. Rev. Econ. Dyn. 11, 707—720.

Restuccia, D., Vandenbroucke, G., 2013. The evolution of education: a macroeconomic analysis. Int. Econ. Rev. 1468—2354. 54 (3), 915—936. http://dx. doi. org/10. 1111/iere. 12022.

Restuccia, D., Yang, D. T., Zhu, X., 2008. Agriculture and aggregate productivity: a quantitative cross–country analysis. J. Monet. Econ. 55 (2), 234—250.

Rognlie, M., 2015. Deciphering the fall and rise in the net capital share. In: Brookings Papers on Economic Activity, Conference Draft, March.

Romer, P. M., 1986. Increasing returns and long – run growth. J. Polit. Econ. 94, 1002—1037.

Romer, P. M., 1990. Endogenous technological change. J. Polit. Econ. 98 (5), S71—S102.

Rosenberg, N., 1994. Exploring the Black Box: Technology, Economics, and History. Cambridge University Press, New York, NY.

Sachs, J. D., Warner, A., 1995. Economic reform and the process of global integration. Brook. Pap. Econ. Act. 1, 1—95.

Saez, E., Zucman, G., 2014. Wealth inequality in the United States since 1913. U. C. Berkeley slides.

Sala-i-Martin, X., 2006. The world distribution of income: falling poverty and convergence, period. Q. J. Econ. 121 (2), 351—397.

Schlicht, E., 2006. A variant of Uzawa's theorem. Econ. Bull. 5 (6), 1—5. http://www.economicbulletin. com/2006/volume5/EB-06E10001A. pdf.

Segerstrom, P., 1998. Endogenous growth without scale effects. Am. Econ. Rev. 88 (5), 1290—1310.

Simon, J. L., 1981. The Ultimate Resource. Princeton University Press, Princeton, NJ.

Solow, R. M., 1956. A contribution to the theory of economic growth. Q. J. Econ. 70 (1), 65—94.

Solow, R. M., 1957. Technical change and the aggregate production function. Rev. Econ. Stat. 39 (3), 312—320.

Stiglitz, J. E., Sen, A., Fitoussi, J. P., 2009. Report by the commission on the measurement of economic per? formance and social progress.

Stokey, N. L., Rebelo, S., 1995. Growth effects of flat-rate taxes. J. Polit. Econ. 103, 519—550.

Syverson, C., 2011. What determines productivity? J. Econ. Lit. 49 (2), 326—365. http://ideas. repec. org/a/ aea/jeclit/v49y2011i2p326—65. html.

Weil, D. N., 2007. Accounting for the effect of health on economic growth. Q. J. Econ. 122 (3), 1265—1306.

Weitzman, M. L., 1998. Recombinant growth. Q. J. Econ. 113, 331—360.

Whelan, K., 2003. A two-sector approach to modeling U. S. NIPA data. J. Money, Credit, Bank. 35 (4), 627—656.

Wolfe, R. M., 2014. Business R&D performance in the United States tops MYM300 billion in 2012. NCSES Info Brief, NSF, 15—303.

Yang, J., 2004. Colonial legacy and modern economic growth in Korea: a critical examination of their relationships. Devel. Soc. 33 (1), 1—24.

Young, A., 1992. A tale of two cities: Factor accumulation and technical change in Hong Kong and Singapore. In: Blanchard, O., Fischer, S. (Eds.), NBER Macroeconomics Annual. MIT Press, Cambridge, MA, pp. 13—54.

Young, A., 1995. The tyranny of numbers: confronting the statistical realities of the East Asian growth experience. Q. J. Econ. 110 (3), 641—680.

Young, A., 2012. The African growth miracle. J. Polit. Econ. 120 (4), 696—739.

Williams, L. H., 2013. Intellectual property rights and innovation: evidence from the human genome. J. Polit. Econ. 121 (1), 1—27.

Zeira, J., 1998. Workers, machines, and economic growth. Q. J. Econ. 113 (4), 1091—1117. http://ideas. repec. org/a/tpr/qjecon/v113y1998i4p1091—1117. html.

第二章　宏观经济冲击及其传播

V. A. 雷米(V. A. Ramey) *

* :加利福尼亚大学,美国,加利福尼亚州,圣迭哥;

美国国家经济研究局(NBER),美国,马萨诸塞州,剑桥

目　录

本章摘要：本章回顾和整合了我们目前对于推动经济发展的各种冲击的理解。本章以宏观经济冲击的识别问题入题，紧接着简要评述了最近发展起来的许多新的识别冲击的方法。然后，我们分三节详细地讨论了三种主要的冲击类型：货币冲击、财政冲击和技术冲击。这几节的具体安排是：先给出文献综述，然后对文献的关键内容进行比较和综合，提出新的估计。本章倒数第二节简要总结了其他一些冲击。在最后一节，我们分析了这几种主要冲击在何种范围内能够解释产出和就业波动。最后是本章的结论：与 20 年前相比，我们对推动经济波动的冲击的理解更加深刻了。

关键词：宏观经济冲击，货币政策，财政政策，技术冲击，消息，识别，SVARs，DSGE 估计
JEL 分类代码：E3，E5，E6

1.　引言

早在 20 世纪初，经济学家就已经认识到了冲击及其传播机制对于解释经济周期性波动的重要性。当时的关键问题是，在一个震荡不断衰减的模型中，如何解释周期性的波动。1927 年，苏联统计学家斯勒茨基（Slutsky）发表了一篇题为《加总作为周期过程的来源的随机原因》的论文。在该文中，斯勒茨基向读者证明了一个令人惊讶的结果：通过对随机变量移动求和，就可以生成时间序列，而且看上去与经济领域的时间序列非常相似："上升运动和下降运动的序列，宛如波浪……呈现出了某些近似均匀性和规则性的标志性特征。"[1]几乎在同一时间，英国数学家尤尔（Yule）也在 1926 年独立地发现了这个"规律"。后来，弗里施进一步扩展了尤尔的思想（Frisch，1933），他的论文《动态经济学中的传播问题和脉冲问题》彻底改变了商业周期经济学研究的面貌。这几位先驱者的洞见，使得商业周期研究的重点发生了根本性的转移：从构建某种机制以支持某种关于商业周期的节拍性的观点（每一次繁荣都创造了导致下一次崩溃的条件），转变为寻找随机冲击的根源。自那之后，经济学家为这种"随机原因"提供了大量的"候选者"，例如，作物歉收、战争、技术创新、动物精神、政府行为，以及商品冲击等。

从 20 世纪 40 年代到 70 年代，这个领域的研究一直强调财政政策冲击和货币政策冲击——或者用大规模的计量经济学模型识别，或者用单个方程分析。到了 20 世纪 80 年代，两个重大创新从根本上改变了研究方向。首先，西姆斯在他的开创性的论文《宏观经济与现实》（Sims，1980a）中引入了向量自回归模型（VARs），使得随机脉冲驱动的系统的研究发生了根本性的变化。西姆斯的向量自回归模型将线性系统中的新息与宏观经济冲击联系起来。有了他的方法，识别假设的构造、冲击响应函数的估计都变得更加容易了，而且可以利

---

[1] 见《计量经济学》（*Econometrica*）杂志于 1937 年发表的该文的英文版，第 105 页。

用预测误差分解进行"新息核算"。第二个重要的创新是,扩大了被研究的冲击的范围,即扩大到了政策冲击之外,将重要的非政策冲击也考虑进来,包括科技冲击,例如基德兰德和普雷斯科特的论文(Kydland and Prescott,1982)。

这两个重大创新激发了对冲击及其影响的一系列研究。在约翰·科克兰(John Cochrane)于 1994 年发表的以《冲击》为题的论文中,他充分利用了当时的"知识库",并运用当时标准的向量自回归技术对驱使经济波动的各种冲击进行了一番相当全面的调查。然而,令人惊讶的是,他发现在当时所有的热门"候选者"中,没有一个能够解释大部分经济波动。在文中,他给出了一个相当悲观的预测可能性:"我们永远无法知悉经济波动的根本原因。"(Cochrane,1994)

我们真的命中注定永远无法知悉经济波动的根本原因吗?斯勒茨基所说的"随机原因"真的是不可知的吗?在本章中,我将对自科克兰提出他的预测以后出现的一系列方法论创新进行总结,并评述应用方法论创新所能揭示的宏观经济冲击的主要"候选者"的传播机制以及它们对于解释经济波动的重要性。

本章的内容安排如下。

在接下来的第 2 节,我将首先定义什么是宏观经济冲击,然后对识别宏观经济冲击、计算脉冲响应的各种工具进行总结。这一节还强调了可能会面临的一些复杂的问题和陷阱,例如预见的影响和非线性问题。

第 3 节的主题是货币冲击及其对宏观经济的影响。这一节首先对现有文献和识别面临的各种挑战进行了总结,然后在一个整合了一些较晚近的创新的框架中探讨了几种主要的货币冲击的影响。

第 4 节讨论财政冲击。这一节的第一部分首先总结了研究有关政府支出冲击的一系列文献的主要结果,并强调了预期的重要性。这一部分还在一个共同的框架中估计了几个已被识别出来的财政冲击的影响。本节的第二部分讨论税收冲击。这一部分所综述的文献,既涉及意外的税收冲击,也涉及关于未来税收变化的消息;此外,该部分还进行了一系列稳健性检验。

第 5 节综述关于技术冲击的文献,包括全要素生产率冲击、特定于投资的技术(investment-specific technology,IST,或译为投资专有技术)冲击和投资边际效率(marginal efficiency of investment,MEI)冲击。本节还讨论了关于未来技术的新情况。本节最后对文献中提到的各种已经被识别出来的冲击进行了比较。

第 6 节简要地讨论了冲击的另外四个"候选者":石油冲击、信贷冲击、不确定性冲击和劳动力供给(或"工资加成定价")冲击。

第 7 节是结论,它总结了我们目前对冲击的理解。本节对产出和工作时数进行了组合预测误差方差分解,以便确定前面各节讨论的那些主要冲击可以在多大程度上解释经济波动。最后,本章得出的结论是,我们对于驱动宏观经济的冲击的理解,已经取得了实质性的进步。

2.　识别冲击和估计脉冲响应的方法

2.1　概述：什么是冲击？

我们试图进行经验估计的宏观经济冲击究竟是指什么？关于冲击的定义，文献中存在着一些歧义，因为一些研究者在使用"冲击"这个术语时，实际上是指"新息"（innovation）——来自某个简化式向量自回归模型的残差，或工具（instrument）。例如，西姆斯（Sims，1980a）直接将新息等同于宏观经济冲击，尽管他也声称这只是一种"非理论性"的处理方式。其他一些研究者则在使用"工具"时使用了"冲击"这个术语［例如，科克兰（Cochrane，2004）］。在本章中，我将冲击、向量自回归模型中的新息、工具这三者视为不同的概念来处理，尽管在许多情况下，特定的识别假设可能会使它们实际上相互等同。冲击与联立方程系统中的结构干扰最为密切相关。在本章中，我采用的冲击概念与布兰查德和沃森（Blanchard and Watson，1986）、伯南克（Bernanke，1986）以及斯托克和沃森（Stock and Watson，即将出版）等相同。根据伯南克的定义，冲击应该是彼此互不相关的原始外生因素，而且它们应该是在经济上有意义的（第52—55页）。

因此我认为，我们试图估计的各种冲击是我们在理论中讨论的那些冲击的经验对应物，例如技术冲击、货币政策冲击和财政政策冲击。这就是说，冲击应具有以下特点（或满足如下条件）：①相对于模型中的其他当前的和滞后的内生变量，它们应该是外生的；②任何冲击都应与其他外生冲击互不相关，如若不然，我们就无法确定某个外生冲击相对于另一个冲击的单一因果效应；③它们所代表的应该是外生变量的意料之外的运动，或者是关于外生变量的未来变动的消息。对于条件②，有人可能会说，财政政策和货币政策都是对某些事件的反应，因此可以认为财政政策冲击和货币政策冲击是相关的。对此，我的回应是，这些不是原始冲击，而是政策对某种原始冲击的内生反应。原始冲击可以直接进入联立方程系统的某个或某几个方程。例如，某个地缘政治事件可能导致战争爆发，进而导致财政政策和货币政策都内生地做出回应。在这里，该地缘政治事件就是我们的经济模型中的原始冲击（尽管从政治学模型的角度来看，该事件可能被认为是一种内生的反应）。①

为了与这些理论上的冲击相匹配，我们可以将结构向量自回归（SVAR）中的新息与这些理论上的（结构）冲击结合起来，并在一个结构动态随机一般均衡（DSGE）模型中对它们进行估计，或者，如果数据来源足够丰富的话，我们也可以直接对它们进行测量。

---

① 当然，战争也可能由其他事件引发，例如水灾。在这种情况下，原始冲击就是水灾。这种冲击将进入更多的方程式，例如政府支出方程式、GDP方程式和生产率方程式。

2.2　一个示范性框架

在本部分,我将提出一个简单的框架来讨论识别问题,并解释最主要的几种识别方法。我将从一个非动态的、简单的模型开始,它要解决的问题是如何识别财政政策冲击。然后我会将这个模型一般化为一个动态的三变量模型。

首先,考虑这个简单的关于财政变量与 GDP 之间关系的静态模型。假设这个模型的结构关系由以下方程式给出:

$$\tau_t = b_{\tau g} g_t + b_{\tau y} y_t + \varepsilon_{\tau t}$$
$$g_t = b_{g\tau} \tau_t + b_{gy} y_t + \varepsilon_{gt} \tag{1}$$
$$y_t = b_{y\tau} \tau_t + b_{yg} g_t + \varepsilon_{yt}$$

其中 τ 是税收,g 是政府支出,y 是 GDP。各方程式中的 ε 项是我们试图识别出来的宏观经济冲击。我们假设它们是互不相关的——在这个简单的例子中,它们每一个都只能影响一个方程。$\varepsilon_{\tau t}$ 在这里指税收冲击,它可能是政治权力变化之后通过的新法律所导致的。ε_{gt} 刻画的或许是突然爆发的战争——战争提高军费开支。ε_{yt} 刻画的是技术进步。另外,各方程式中的各 b 项刻画通常的交互作用。例如,我们通常预计政府支出会提高产出,同时税收则会降低产出,因此,$b_{gy}>0$ 且 $b_{\tau y}<0$。然而,由于特定的自动稳定器的存在,财政变量也可能对 GDP 做出反应,即,$b_{gy}<0$ 且 $b_{\tau y}>0$。这就意味着,用 GDP 对政府支出和税收进行简单的回归分析,并不能得出 b_{yg} 和 $b_{y\tau}$,因为 g_t 和 τ_t 都与对 GDP 的冲击 ε_{yt} 相关。例如,我们可能会无法观察到 GDP 和政府支出之间的相关性,但是这种相关性既相容于 GDP 与政府支出之间没有结构性关系(即 $b_{yg}=b_{gy}=0$),也相容于 b_{yg} 和 b_{gy} 都很大,但是具有相反的符号。如果没有进一步的假设或数据,我们就既无法识别参数也无法识别冲击。

接下来,我们转而考虑一个简单的三变量模型。在这个模型中,有三个内生变量 Y_1、Y_2 和 Y_3,而且动态过程有潜在的重要意义。[1] 如果考虑的是货币政策冲击,那么这些变量可能是工业产出、价格指数和联邦基金利率;如果考虑的是财政政策冲击,那么这些变量可能是 GDP、政府购买和税收;如果考虑的是技术冲击,那么这些变量可能是劳动生产率、工作时数和投资。令 $Y_t = [Y_{1t}, Y_{2t}, Y_{3t}]$ 为这些内生变量的向量。假设 Y_t 的动态行为可以用以下结构模型描述:

$$Y_t = B(L) Y_t + \Omega \varepsilon_t \tag{2}$$

其中,$B(L) = B_0 + \sum_{k=1}^{p} B_k L^k$,且如果 $t=s$,则 $E[\varepsilon_t \varepsilon'_s] = D$,否则 $E[\varepsilon_t \varepsilon'_s] = 0$(其中 D 为对角矩阵)。各方程式中的 ε 是原始的结构性冲击。由于原始冲击原则上可以影响多个变量,所以我在初始时令 Ω 具有非零、非对角元素。

B_0 的元素与上面的方程式(1)中的各个 b 相同,但是 $b_{ii}=0$。因此,解决动态问题的最简单的方法是从一个简化式向量自回归模型的新息这个角度,重新表述这个问题,即:

---

[1] 请参阅本手册中由斯托克和沃森撰写的一章,他们在那里更细致地阐述了如何运用结构向量自回归模式进行识别。

$$A(L)Y_t = \eta_t \tag{3}$$

其中，$A(L)$ 是滞后算子中的一个多项式，且 $A(L)=I-\sum_{k=1}^{p}A_kL^k$。$\eta_t=[\eta_{1t},\eta_{2t},\eta_{3t}]$，是简化式向量自回归模型中的新息。我们假设：$E[\eta_t]=0$，$E[\eta_t\eta'_t]=\Sigma\eta$，且所有的 $s\neq t$，$E[\eta_t\eta'_s]=0$。这样一来，我们就可以将简化式向量自回归方程式（3）中的新息与结构方程（2）中未观察到的结构性冲击 ε 联系起来，具体形式如下：

$$\eta_t = B_0\eta_t + \Omega\varepsilon_t \tag{4a}$$

或

$$\eta = H\varepsilon_t，其中 H=[I-B_0]^{-1}\Omega \tag{4b}$$

现在，我可以将方程式（4a）所表示的系统明确地写出来了，对它的限制包含了一个经常被使用的识别假设和标准化方法。具体地说，这些限制是：①Ω 是单位矩阵（这意味着每个冲击只进入一个方程）；②结构性冲击具有单位效应（即 H 的对角线元素均为单位元素）。[1] 这样一来，该系统就可以被重写为：

$$\begin{aligned}
\eta_{1t} &= b_{12}\eta_{2t}+b_{13}\eta_{3t}+\varepsilon_{1t} \\
\eta_{2t} &= b_{21}\eta_{1t}+b_{23}\eta_{3t}+\varepsilon_{2t} \\
\eta_{3t} &= b_{31}\eta_{1t}+b_{32}\eta_{2t}+\varepsilon_{3t}
\end{aligned} \tag{5}$$

这个方程组是方程式（1）的动态版本。两者之间唯一的区别是，对于结构性关系，我们现在不再用像 GDP、政府支出和税收这样的变量本身来表示，而是将它们写成了简化式的向量自回归新息。当然，如果结构性关系取决于同时期的互相作用，那么对于上面这个方程组中的各个 b 的解释将是相同的。

如本部分开头所述，我们无法在不施加更多限制条件的情况下识别出系数或冲击。要识别出所有三个冲击，我们至少还需要三个限制条件；不过，如果我们只想识别出一个冲击，那么需要的限制可能更少一些。由于许多常见的识别方法都取决于同时期的限制，所以我在下面讨论识别方法时，将以方程式（5）表示的方程组为例。

2.3　常见的识别方法

在本部分，我将简要地评述一些最常见的识别方法。由于本章的主题所限，本部分对识别方法的描述并不全面。关于我在这里总结的各种识别方法的更具体的细节，请参阅斯托克和沃森的论文（Stock and Watson），他们还讨论了我在这里没有提到的其他一些识别方法，包括集合识别和利用异方差性来识别。为了行文方便，我在这里大量使用了"政策变量"这个术语，但是应该对它从广义上理解，即，它可以代表我们想要从中提取出某种冲击成分的任何一个变量。

---

① 对于②，另一种可选的归一化方法是，假设结构性冲击具有单位标准差（即，式中的各个 ε 的方差都是统一的）。

2.3.1　乔里斯基分解

在宏观经济学中,最常用的识别方法是,用若干组可选的递归零限制对同时期系统进行试探。这种方法最早是由西姆斯引入的(Sims,1980a),通常也被称为"三角化"方法。下面给出两种被广泛使用的可选方案:

A.　政策变量在本期间内对其他内生变量没有回应。这可能是因为政策制定者出现了决策滞后,也可能是因为存在其他调整成本。令 Y_1 为政策变量,η_1 为简化式新息。那么这个方案的要点就是,在如方程式(5)所示的方程组加以 $b_{12}=b_{13}=0$ 的约束,这就相当于在乔里斯基排序中将政策变量排在首位。举例来说,布兰查德和佩罗蒂在他们的论文中(Blanchard and Perotti,2002)就利用了这个限制来识别政府支出受到的冲击——他们假设,政府支出对产出或税收的同期变动没有反应。[①]

B.　其他内生变量对本期间内的政策冲击没有反应。这可能是由于其他内生变量对政策变量的冲击的反应非常缓慢。这个方案的核心是施加 $b_{21}=b_{31}=0$ 的约束,而这就相当于在乔里斯基排序中将政策变量排在末位。伯南克和布林德在他们的论文中(Bernanke and Blinder,1992)最先将联邦基金利率受到的冲击识别为一种货币政策冲击,他们使用的就是这种识别方法。[②]

这些时序假设乍看起来似乎是基本"无害"的,但是,在接下来的讨论中,我们将会看到,它们并不像表面上看上去这么"无害"。例如,政策制定者的前瞻性行为或他们所拥有的优势信息,都可能使这些限制变得无效。

2.3.2　其他同期限制

布兰查德和沃森(Blanchard and Watson,1986)以及伯南克(Bernanke,1986)引入了另一种更一般的方法(嵌套着乔里斯基分解),它就是现在众所周知的结构性向量自回归法(简称SVAR)。这种方法或者利用经济学中的理论结论,或者利用外部估计来约束参数。作为一个例子,我们不妨考虑布兰查德和佩罗蒂在他们的论文中用来识别政府支出和净税收冲击的方法(Blanchard and Perotti,2002)。令 Y_1 为净税收、Y_2 为政府支出、Y_3 为 GDP,首先利用将政府支出排在首位的乔里斯基分解(即设定 $b_{21}=b_{23}=0$),识别出对政府支出的冲击。然后,布兰查德和佩罗蒂(Blanchard and Perotti,2002)又通过设定 $b_{13}=2.08$ 识别出了对净税收的外部冲击($b_{13}=2.08$ 是对净税收的周期敏感性的外部估计结果)。[③] 有了这三个限制,就足以识别出所有剩余参数,进而识别出所有三个冲击了。

2.3.3　叙事性方法

叙事性方法的含义是,利用历史文献构造出一个时间序列数据,然后据以识别出与变量

---

① 利用普通最小二乘法(OLS)就可以实现这一识别:我们只需要直接对政府支出与系统中的所有变量的 p 期滞后值进行回归,然后将得到的残差称为政府支出冲击即可。

② 要想用普通最小二乘法来实现这一识别,我们可以对联邦基金利率对系统中所有其他变量的同期价值,以及所有变量的 p 期滞后值进行回归,得到的残差就是这里所说的货币政策冲击。

③ 实现税收冲击识别的方法之一是,利用估计出来的简化式残差构造一个变量 $\eta_1-2.08\eta_3$。然后,以 $\eta_1-2.08\eta_3$ 为 η_1 的工具变量,进行 η_3 对 η_1 和 η_2 的回归(需要注意的是,$b_{21}=b_{23}=0$ 这个假设将 η_2 识别为 ε_{2t},而根据假设,ε_{2t} 与 ε_{3t} 是不相关的)。这些回归可以确定 b_{31} 和 b_{32};而残差就是 ε_{3t} 的估计值。

的特定变化相关联的因果关系和/或定量关系。弗里德曼和施瓦茨的著作（Friedman and Schwartz，1963）堪称使用历史信息来识别政治冲击的一个典范。汉密尔顿（Hamilton，1985）、胡佛和佩雷茨（Hoover and Perez，1994）在识别石油冲击的时候，也运用了叙事性方法，这些论著将导致世界石油市场出现波动和混乱的政治事件分离了出来。运用叙事性方法的其他一些例子还包括：波特巴（Poterba，1986）对税收政策通告的影响的分析；罗默夫妇（Romer and Romer，1989，2004，2010），以及根据立法文件构造的关于税收政策变更的叙事性序列。insert 雷米和夏皮罗（Ramey and Shapiro，1998）以及雷米（Ramey，2011a）基于《商业周刊》构造的国防新闻时间序列。

　　直到最近，这些时间序列或者被视为外生冲击用于动态单方程回归中，或者被嵌入在乔里斯基分解中。例如，在如前所述的框架中，我们可以将 Y_t 设定为叙事性序列，同时约束 $b_{12} = b_{13} = 0$。不过，最近出现的创新已经给出了结合这种序列的其他方法，对此，下面的章节中将会详细讨论。

　　关于叙事性序列在识别外生冲击方面的潜在能力，有必要在这里提出一点警告。有些后续研究的"操作原理"是，叙事性序列本身就提供了足够的外生性，然而并非如此。夏皮罗（Shapiro，1994）和利珀（Leeper，1997）关于货币政策冲击的研究充分说明了这一点。另一个例子来源于关于财政政策冲击的文献：关于财政巩固的一个时间序列（通过关于财政巩固措施的预期规模的叙事性证据来量化）不一定是外生的。如果该序列涉及了基于对经济未来增长的坏消息而采取的财政巩固措施，那么该序列就不能被用于确定财政巩固措施对未来产出的影响。

2.3.4　高频识别

　　巴格里亚诺和法费罗（Bagliano and Favero，1999）、库特纳（Kuttner，2001）、科克兰和皮亚泽齐（Cochrane and Piazzesi，2002）、福斯特等（Faust et al.，2004）、古尔凯纳克等（Gürkaynak et al.，2005）、皮亚泽齐和斯万森（Piazzesi and Swanson，2008）、格特勒和卡拉迪（Gertler and Karadi，2015）、中村惠美和斯泰因森（Nakamura and Steinsson，2015），以及其他一些研究者曾经试图利用高频数据（例如联邦公开市场委员会的每日新闻公报）和联邦基金期货价格的走势，将意料之外的联邦政策行动识别出来。当然，这种识别方法也部分地依赖于择时因素，但是由于时间频率已经足够高（每天或更高频率），所以相关假设应该比基于每月或每季度数据的假设更加合理。正如我在下文中讨论"预见"时将会指出的，金融期货数据是确保冲击未被预期到的理想选择。

　　然而，同样应该指出的是，如果没有额外的假设，意料之外的冲击也并不一定是外生于经济过程的。例如，如果进行识别时没有充分控制美国联邦储备委员会关于未来经济状况的私人信息（这种信息可能会使它的政策发生变化），那么这种冲击就不能用于估计货币政策对宏观经济变量的因果性影响。

2.3.5　外部工具变量/代理变量结构向量自回归法

　　在将外部序列数据用于识别方面，"外部工具变量"或"代理变量"结构向量自回归法是一种特别有希望的新方法。这种方法最早是由斯托克和沃森（Stock and Watson，2008）引入的,后来又在斯托克和沃森(Stock and Watson,2012)和默藤斯和拉文(Mertens and Ravn, 2013)的论文中得到了进一步的扩展。这种方法利用了在向量自回归"之外"提炼的信息(例如基于叙事性证据得到的时间序列数据)、估计得到的动态随机一般均衡模型的冲击,或高频信息。它的基本思想是,这些外部序列是真正的冲击的一种带有噪声的测度。

现在,令 Z_t 表示一个上面说的这种外部序列,那么如果以下两个条件成立,这个序列就是识别冲击 ε_{1t} 的一个有效的工具:

$$E[Z_t\varepsilon_{1t}] \neq 0 \tag{6a}$$
$$E[Z_t\varepsilon_{it}] = 0 \quad i = 2,3 \tag{6b}$$

条件(6a)就是通常所说的工具相关性条件(instrument relevance condition):外部工具必须同期与被研究的结构性政策冲击相关。而条件(6b)则是通常所说的工具外生性条件(instrument exogeneity condition):外部工具必须同期与其他结构性冲击不相关。如果外部工具满足这两个条件,那么就可以用于识别冲击 ε_{1t}。

具体的识别程序也非常简单直接,只需按以下步骤执行即可:[1]

第 1 步:估计简化式(方程组)系统以获得对简化式残差 η_t 的估计。

第 2 步:以外部工具 Z_t 为工具,运行 η_{2t} 和 η_{3t} 对 η_{1t} 的回归。通过这些回归,可以得到对 b_{21} 和 b_{31} 的无偏估计,并将这些回归的残差定义为 v_{2t} 和 v_{3t}。

第 3 步:以上面第 2 步估计出来的 v_{2t} 和 v_{3t} 为工具,运行 η_{1t} 对 η_{2t} 和 η_{3t} 的回归,得到对 b_{12} 和 b_{13} 的无偏估计。

这种方法可以被称为"外部工具法",它的一个很好的例子是默藤斯和拉文的论文(Mertens and Ravn,2014)。他们以罗默夫妇的叙事性税收冲击序列为外部工具 Z_t,识别出了结构性税收冲击,从而将罗默夫妇(Romer and Romer,2010)对税收冲击的影响的估计,与布兰查德和佩罗蒂(Blanchard and Perotti,2002)的估计结果很好地调和了起来。由于采取了这种方法,他们根本不需要强加参数限制(例如税收的周期性弹性对产出的限制)。而且,正如我将在本章 2.4 小节指出的,我们还可以扩展这种"外部工具法",即,将它与约尔达(Jordà, 2005)提出的方法结合起来去估计脉冲响应。

2.3.6 更长期的时间范围上的限制

当然,在识别冲击时,也可以不采用限制同期反应的方法,而是通过施加长期限制来实现。在这方面,最常用的是一种无限时域的长期限制,它最先是夏皮罗和沃森(Shapiro and Watson,1988)、布兰查德和柯成兴(Blanchard and Quah,1989),以及金等(King et al.,1991)引入的。将方程式(3)以移动平均表示法重写如下:

$$Y_t = C(L)\eta_t \tag{7}$$

其中,$C(L) = [A(L)]^{-1}$。将方程式(4b)和(7)结合起来考虑,我们就可以将各个 Y 以结构冲击的形式写出来:

---

[1] 这里所述的识别程序源于默藤斯和拉文(Mertens and Ravn,2013)的在线附录。关于如何将这种方法推广至更多的外部工具和更大的系统,请参阅默藤斯和拉文的另外两篇论文(Mertens and Ravn,2013a,2013b)以及它们的在线附录。

$$Y_t = D(L)\varepsilon_t \tag{8}$$

其中，$D(L) = C(L)H$。现假设，我们试图将技术冲击作为长期中影响劳动生产率的唯一冲击识别出来。在这种情况下，Y_1 将是劳动生产率的增长率，其他变量也都需要进行变形以得到平稳点（即，求一阶差分）。令 $D^{ij}(L)$ 表示矩阵 D 的 (i,j) 元素，$D^{11}(1)$ 表示 $L=1$ 时的滞后多项式，我们将长期限制设定为 $D^{12}(1)=0$，且 $D^{13}(1)=0$。这个限制保证了 Y_1 中的单位根只能出自被我们称为"技术冲击"的那种冲击。这正是加里（Galí，1999）所使用的识别方法。

施加这种约束的一个等效处理方法是，利用夏皮罗和沃森提出的如下估计方法。令 Y_1 表示对数劳动生产率的一阶差分，Y_2 和 Y_3 表示其他两个变量（如工作时数）的平稳变换。这样一来，施加长期限制就相当于将如下方程式中的误差项识别为技术冲击。

$$Y_{1t} = \sum_{j=1}^{p} \omega_{11,j} Y_{1t-j} + \sum_{j=1}^{p-1} \omega_{12,j} \Delta Y_{2t-j} + \sum_{j=1}^{p-1} \omega_{13,j} \Delta Y_{3t-j} + \zeta_t \tag{9}$$

在上面，我们是通过规定只有其他稳定变量的一阶差分才能进入这个方程来施加限制的。由于这些差分的当前值可能受技术冲击的影响，因此也与误差项相关。为了解决这个问题，我们将 Y_2 和 Y_3 滞后 1 到 p 期的值作为工具，来代表与那些变量的当前值和滞后值有关的各项。这样，估计出来的残差就是识别出来的技术冲击。然后，如果需要的话，我们还可以通过将误差项与技术冲击进行正交化，来识别出其他冲击。

施加长期识别限制的这种等效处理方法还使长期识别限制法本身可能出现的一些问题凸显了出来。首先，识别能否成功取决于工具的相关性。其次，这种方法还要求额外的识别限制——关于单位根的假设。例如，如果工作时数有一个单位根，那么为了识别出技术冲击，就必须施加另一个限制，即，只有工作时数的二阶差分能够进入方程式（9）中。①

另一个问题则与小样本中无限期限制的特点有关〔例如请参阅：福斯特和利珀的论文（Faust and Leeper，1997）〕。最近，研究者提出一些能够克服这些问题的新方法。以福斯特（Faust，1998）和厄里格（Uhlig，2003，2004）的早期研究为基础，弗朗西斯等（Francis et al.，2014）提出了如下识别策略：将技术冲击确定为，在某个有限期限 h 内能够最大化劳动生产率预测误差方差份额的冲击。巴斯基和西姆斯（Barsky and Sims，2011）的做法与此类似，他们将冲击确定为，能够最大化直到第 h 个有限期限为止的预测误差方差的总和的冲击。至于这些识别方法具体是怎样实施的，请读者自行参阅这些论文。

2.3.7　符号限制

许多研究者注意到，在分析向量自回归的实际设定时，某些推理环节会表现出循环性。具体地说，某种设定或识别方法能不能被认为是"正确的"，通常要通过它们识别出来的冲击是不是"合理"来判断，即，看它是不是与研究者的先验预设一致。福斯特（Faust，1998）和厄里格（Uhlig，1997，2005）设计了一种新方法，能够将"合理性"要求融汇进来，而且不会影响科学性：考察冲击对变量 Y 的影响，而冲击是利用对其他变量（不包括变量 Y）的反应的符号限制来识别的。卡诺瓦和德尼科洛（Canova and De Nicolo，2002）、卡诺瓦和皮纳（Canova and

---

① 有一点一定要搞清楚，在这个系统中，所有 Y 变量在这个系统中都必定是趋势平稳的（trend stationary）。如果 hours（工作时数）有单位根，那么 Y_2 就必定等于 Δhours，所以方程式（9）中的约束将采取 Δ^2hours$_t$ 的形式。

Pina,2005)也引入了符号限制法的若干变体。

自那之后,符号限制法在许多情况下得到了应用,例如货币政策冲击、财政政策冲击和技术冲击。最近,又涌现出了一批运用贝叶斯方法来施加符号限制的新文献。例如,阿里亚斯等(Arias et al.,2015年b)及鲍迈斯特和汉密尔顿(Baumeister and Hamilton,2015)分别提出了涉及不同维度的"不可知的"先验的方法。阿米尔·艾哈迈迪和厄里格(Amir Ahmadi and Uhlig,2015)则将符号限制法与贝叶斯因子增广型向量自回归法(factor-augmented VARs,FAVARs)结合了起来。关于识别方法中的符号限制法的更多细节,请参见斯托克和沃森的论著(Stock and Watson,即将出版)。①

2.3.8 因子增广型向量自回归模型

在识别冲击时,人们时刻担心的一个问题是,向量自回归中包含的变量无法刻画所有相关信息。一个例子是,在有或没有大宗商品价格的货币向量自回归模型中对价格反应的比较,就很能说明变量排除可以带来的巨大差异。为了在更一般的层面上解决这个问题,伯南克等(Bernanke et al.,2005)在由斯托克和沃森(Stock and Watson,2002)以及其他一些学者开发的早期动态因子模型的基础上,开发了因子增广型向量自回归模型(FAVAR)。一个因子增广型向量自回归模型通常要包含100多个数据序列,它的优点是,以相关信息为条件对冲击进行识别将会变得容易得多。但是在实施时,因子增广型向量自回归模型在大多数情况下仍然依赖于乔里斯基分解。阿米尔·艾哈迈迪和厄里格(Amir Ahmadi and Uhlig,2015)创造的新方法,即在贝叶斯因子增广型向量自回归模型中使用符号限制,是少数不依赖乔里斯基分解的例子之一。因子增广型向量自回归模型方法的一个缺点是,所有的变量必须被转换成平稳形式,这就需要进行预测试,并解决伴随预测试而来的其他问题[例如,请参阅:艾利奥特的论文(Elliott,1998),以及戈斯波迪诺夫等的论文(Gospodinov et al.,2013)]。关于动态因子模型,请参见斯托克和沃森(Stock and Watson,即将出版)的深入探讨。

2.3.9 估计的动态随机一般均衡模型

另外还有一种完全不同的识别方法,那就是由斯梅茨和沃特斯在他们的论文中(Smets and Wouters,2003,2007)提出的估计动态随机一般均衡模型(DSGE)。这种方法大体上包括两个步骤:先估计一个完全设定的模型(就斯梅茨和沃特斯讨论的情况而言,这是指一个有诸多"摩擦"和"刚性"的新凯恩斯主义模型),然后从这些估计中提取出一整套隐含的冲击。以斯梅茨和沃特斯所研究的情况为例:他们先估计出了很多种冲击,包括技术冲击、金融冲击、政府支出冲击、工资上升冲击和风险溢价冲击。然后再找出对应于这些冲击的脉冲响应,并对新息加以解释。这种方法的例子也可以在胡斯蒂尼亚诺等的论文(Justiniano et al.,2010,2011)、施密特-格罗赫和乌里韦的论文(Schmitt-Grohe and Uribe,2012)中找到。克里斯蒂亚诺等的论著(Christiano et al.,2005)则采用了不同的估计方法:首先估计一个标准结构向量自回归模型中的对货币冲击的脉冲响应,然后通过将数据与来自该模型的脉冲响应匹配起来,去估计它们的动态随机一般均衡模型的参数。

---

① 即本手册的第八章,下同。——译者注

这些模型都是通过施加基于理论的某种结构来实现识别的。应该指出的是,在这种类型的模型中,识别过程都不太直接。卡诺瓦和沙拉(Canova and Sala,2009)、科孟杰和吴(Komunjer and Ng,2011),以及其他一些研究者的论文,都强调了动态随机一般均衡模型识别中的一些潜在问题。不过另一方面,这种方法确实克服了费尔南德斯–比利亚韦德等在他们的论文(Fernandez-Villaverde et al.,2007)中强调的无限制向量自回归模型的一些潜在问题。

2.4　估计脉冲响应

现在假设,我们已经通过前面讨论的一种方法识别出了经济冲击,那么,我们如何衡量冲击对我们感兴趣的内生变量的影响? 在估计对冲击的脉冲响应时,最常见的一种方法是使用估计的向量自回归参数的非线性函数。具体地说,对简化式方程系统的估计提供了方程式(7)的移动平均表示矩阵 $C(L)=[A(L)]^{-1}$ 的元素,而识别则提供了 B_0 的元素。回忆一下,$D(L)=C(L)H$,因此我们可以得出 $D(L)=D_0+D_1L+D_2L^2+D_3L^3+\cdots$。记 $D_h=[d_{ijh}]$,我们可以将第 $t+h$ 期时变量 Y_i 对冲击 ε_{jt} 的脉冲响应表示为:

$$\frac{\partial Y_{i,t+h}}{\partial \varepsilon_{j,t}}=d_{ijh} \tag{10}$$

上式中的 d_{ijh} 参数是简化式向量自回归参数的非线性函数。

如果向量自回归模型能够充分刻画数据生成过程,那么这种方法在所有的期间内都是最佳的。然而,如果向量自回归模型的设定是错误的,那么每个期间的设定误差都会变得非常复杂。为了解决这个问题,约尔达(Jordà,2005)引入了一种用于估计脉冲响应的局部投影(local projection)方法。要对约尔达的识别程序和标准程序进行比较,不妨用直接预测与迭代预测之间的比较来类比[例如,可参阅马塞利诺等的论文(Marcellino et al.,2006)]。我们在进行预测的时候,既可以运用专用于某个时域的回归去预测某个变量的未来值(此即"直接"预测),也可以在前一期的估计模型的基础上通过迭代去预测某个变量的未来值(此即"迭代"预测)。约尔达所采用的方法类似于直接预测,而标准向量自回归方法则与迭代预测方法一致。张宝莉和坂田在一项研究中(Chang and Sakata,2007)引入了一种他们称之为"长自回归"的方法,并证明这种方法是渐近等价于约尔达的方法的。

为了搞清楚约尔达的方法的工作原理,先假设我们已经利用上一小节讨论过的某一种方法识别出了 ε_{1t},这样一来,第 h 期的 Y_i 的脉冲响应就可以利用以下单回归(single regression)进行估计了:

$$Y_{i,t+h}=\theta_{i,h}\cdot\varepsilon_{1t}+控制变量+\xi_{t+h} \tag{11}$$

其中,$\theta_{i,h}$ 是 Y_i 第 h 期对冲击 ε_{1t} 的脉冲响应的估计。只要 ε_{1t} 对于其他各 Y 是外生的,那么上式中的控制变量就不一定需要包括其他 Y。通常来说,方程式(11)中的控制变量包括确定项(常数、时间趋势)、Y_i 的滞后变量,以及"清理战场"所需的其他变量的滞后变量。而且,具体的设定可以利用信息标准来选择。这样,每一期都可以独立运行一次回归来进行估计,而且控制变量并不一定需要每一次都相同。需要注意的是,除了期间 $h=0$ 之外,误差项 ξ_{t+h} 将是序列相关的,因为它是从第 t 期到第 $t+h$ 期的预测误差的移动平均值。因此,标准误差需要对序列相关性进行校正,例如,用纽维–韦斯特法校正(Newey-West,1987)。

由于用来计算脉冲响应函数的约尔达法所需要施加的限制较少,因此得到的估计往往不太精确,而且有时还不够稳定。然而,这种方法比标准方法更加稳健,所以作为对标准方法的一种启发性的补充和校核还是非常有用的。更加重要的是,使用这种方法更容易实现对状态依赖性的整合[例如,请参阅奥尔巴赫和戈罗德尼岑科(Auerbach and Gorodnichenko,2013)]。

约尔达的方法还可以通过好几种方法来加以扩展,其中有些方法包含了不少方法论上的创新。首先,我们可以将估计得到的因子作为控制变量,这样就能够将因子增广型向量自回归法(FAVAR)的优点结合进来(见本章第2.3.8部分)。其次,我们还可以整合外部工具/代理变量结构向量自回归法(SVAR)的某些深刻见解(见本章第2.3.5部分)。为了说明这一点,先将方程式(11)修改为如下形式:

$$Y_{i,t+h}=\theta_{i,h}\cdot Y_{1,t}+控制变量+\xi_{t+h} \tag{12}$$

在这里,我们用 $Y_{1,t}$ 代替了冲击 ε_{1t}。如前所述,如果 Y_1 与 ξ_{t+h} 相关,那么 Y_i 对 Y_1 的普通最小二乘法回归就无法刻画结构效应。然而,通过以外部工具 Z_t 作为 $Y_{1,t}$ 的工具变量来估计这个方程,我们就可以轻而易举地解决这个问题。例如,如果 Y_i 是实际产出,$Y_{1,t}$ 是联邦基金利率,那么我们就可以使用罗默夫妇(Romer and Romer,2004)给出的基于叙事的货币冲击序列,将其作为工具来进行估计。我稍后会讨论到,在某些情况下,有多种潜在的外部工具可选;我们通过使用 Y_1 的多重工具变量,很容易就可以将它们纳入这个框架。事实上,这些过度识别限制可以用来检验模型本身的限制(例如,使用汉森的 J–统计量检验)。

2.5 预见问题

预见问题(the problem of foresight)对宏观经济冲击的识别提出了严峻的挑战。当然,挑战同时也意味着机遇。[1] 我们会遇到以下两个主要的预见问题:①私人经济个体的预见;②政策制定者的预见。接下来我们依次探讨这两个问题。

第一个预见性问题是私人经济个体也许有能力预见到政策冲击或其他外部冲击的变化,这是很有可能的。例如,正如博德里和波蒂尔所明确指出的(Beaudry and Portier,2006),关于未来技术的消息可能会产生很大影响,即使它对当前的生产率可能没有影响。雷米(2011a)则指出,以往的两项重要研究——雷米和夏皮罗(Ramey and Shapiro,1998),以及布兰查德和佩罗蒂(Blanchard and Perotti,2002)之所以得出了不同的结果,是因为后者所识别出来的大多数政府支出冲击实际上都被预见到了。在汉森和萨金特(Hansen and Sargent,1991)的基础上,利珀等(Leeper et al.,2013)对税收领域的"财政远见"进行了计量经济学分

---

[1] 这个普遍性的问题在几十年前就已经被认识到了,而且得到了广泛的讨论,例如,西姆斯(Sims,1980a)指出:"然而,我认为,理性预期对识别的破坏性影响比现在人们认识到的深远得多。"

析,结果表明预见可能导致一种"非基本移动平均表示"。在货币政策中,"前瞻性指引"的地位变得越来越重要了,这个事实本身就意味着许多政策变化很可能被预见到了。

考虑以下这个例子。这是一个简单的经济增长模型,它基于利珀等的论文(Leeper et al.,2013)。在这个经济体中,代表性家庭拥有有关消费的对数效用函数,贴现因子为 β;生产函数的形式为 $Y_t = A_t K_{t-1}^{\alpha}$,其中 $\alpha < 1$。政府要对产出 Y 征税,税率为 τ_t,政府税收面临独立同分布(i.i.d.)的冲击 $\hat{\tau}_t$(冲击是相对于税率的均值 τ 而言的)。冲击技术为 ε_{A_t},也是独立同分布的。现假设,私人经济个体可以在第 t 期内接收到关于政府在第 $t+q$ 期内将采取什么税率的消息,这样一来,$\hat{\tau}_t = \varepsilon_{t,t-q}$。如果冲击是无法预见到的(即,$q = 0$),那么资本积累规则为:

$$k_t = \alpha k_{t-1} + \varepsilon_{A,t}$$

这个结果再一次证明了一个著名的结论:意想不到的独立同分布税率冲击对资本积累没有影响。然而,如果税率冲击能够提前两期被预见到(即,$q = 2$),那么最优资本积累将变为:

$$k_t = \alpha k_{t-1} + \varepsilon_{A,t} - k\{\varepsilon_{\tau,t-1} + \theta \varepsilon_{\tau,t}\}$$

其中,$\theta = \alpha \beta(1-\tau) < 1$,且 $k = (1-\theta)\tau/(1-\tau)$。那么,我们能不能通过资本对它自己的滞后变量进行回归来揭示税收冲击呢?不能,我们无法做到这一点。因为 $\theta < 1$,这种表示法对当前的 k 和过去的各 k 而言,都不是可逆的;因此,我们说 $\{\varepsilon_{\tau,t-j}\}_{j=0}^{\infty}$ 对 $\{k_{t-j}\}_{j=0}^{\infty}$ 并不是根本性的(not fundamental)。如果我们对 k_t 对它自身的滞后变量进行回归,那么我们所能重建的是在第 t 期以及更早的时间观察到的税收政策消息(即,"旧"消息)的"贴现后的总值"。在这个例子中,在向量自回归模型中添加滞后税率并没有什么帮助。

博德里等(Beaudry et al.,2015)发明了一种诊断法,能够确定非根本性是不是有重要的定量意义。他们认为,在某些特殊情况下,非根本性的表示其实接近于根本性的表示。

第二个预见性问题源于政策制定者一方的"远见卓识"。与私人经济个体相比,政策制定者有时更了解经济状况。如果真的出现了这种情况,同时我们又没有将这些信息纳入向量自回归模型,那么识别出来的部分冲击就可能包括了政策对于宏观经济变量未来路径的预期的内生反应。货币向量自回归模型中的"价格难题"就是一个很好的例子,它意味着,在识别出来的货币政策冲击背后隐含的其实是,货币收缩在短期内提高了价格。正如西姆斯(Sims,1992)所指出的,"价格难题"是那种未能将与对未来通货膨胀的预测的所有相关信息都包含在内的向量自回归模型的典型结果。因此,识别出来的政策冲击不仅包括对政策的外部冲击,而且还包括了对未来通货膨胀预测的内生政策反应。就财政政策冲击而言,政府可以根据自己掌握的关于未来潜在 GDP 增长率的私人信息采取财政巩固政策;如果没有考虑到这一点,那么类似于财政巩固政策导致产出增长下降这样的结论,就可能是将因果关系与预期影响混淆在一起的结果。

处理预见问题的主要方法是直接衡量预期、时间序列限制或理论模型限制。例如:博德里和波蒂尔(Beaudry and Portier,2006)从股价中提炼出了关于未来技术的消息;雷米(Ramey,2011a)通过阅读《商业周刊》及其他杂志构造了一个关于未来政府支出的消息的时间序列;费希尔和彼得斯通过国防承包商的股票回报提取信息,提炼出了关于政府支出的消息(Fisher and Peters,2010);波特巴(Poterba,1986),以及利珀等(Leeper et al.,2012)利用关于联邦债券与市政债券收益率之间的差距的信息,得出了关于未来税收变化的消息;默藤斯和拉文(Mertens and Ravn,2012)将罗默夫妇(Romer and Romer,2010)的叙事型税收序列分解成了多个序列——一个序列是直接实施的(未曾预料到的),其他序列的实施则是被推迟了的(新消息)。而在货币冲击文献中,许多论文都使用高频金融期货价格来将这种变化分解为预见到的和意料之外的两个分量或组成部分[例如,请参见:鲁德布施(Rudebusch,1998),巴格里亚诺和法费罗(Bagliano and Favero,1999),库特纳(Kuttner,2001),古尔凯纳克等(Gürkaynak et al.,2005)]。

将消息纳入向量自回归模型的典型方法是,将消息序列添加到标准的向量自回归模型中,并将它排在首位。佩罗蒂(Perotti,2011)将这种模型称为"期望向量自回归模型"(Expectational VARs),简称"EVARs"。需要注意的是,一般而言,我们是不能直接在默藤斯和拉文的代理变量结构向量自回归模型的框架内将新消息作为外部工具来使用的。预见的存在会使得对向量自回归模型中的简化式残差的解释归于无效,因为调节变量不能扩展到有远见能力的经济行为人的信息集上去[例如,请参见默藤斯和拉文(Mertens and Ravn,2013,2014)]。

2.6 趋势问题

大多数宏观经济变量是不平稳的,会表现出与某种确定性趋势或随机趋势相一致的行为。在这里,一个关键的问题是,在许多变量都可能呈现出某种趋势的时候,如何对模型进行设定。西姆斯等证明(Sims et al.,1990),即使变量存在着随机趋势且可能被协整,设定对数模型仍然可以得到一致的估计。然而,尽管许多人可能会试图对变量进行预检验,并且会为了保证有效性而施加单位根协整关系限制,但是正如艾利奥特所证明的(Elliott,1998),从理论上看,这种做法可能会导致极大的扭曲。最近,戈斯波迪诺夫等(Gospodinov et al,2013)进一步证明实践中这种扭曲可以达到极其严重的程度。

只要进行识别不需要施加平稳性限制,那么最安全的方法也许就是先在对数水平上估计结构向量自回归模型(也许还包括一些确定性趋势),然后我们就可以探讨施加单位根和协整关系限制是不是会导致类似的结果——同时提高估计的精确度。多年来,在宏观经济方程中包含一个线性时间趋势一直是一种常见的做法。现在,许多模型都会把中断趋势(broken trend)或二次趋势(quadratic trend)包含进来,以刻画诸如生产率放缓此类特征(像1974年发生的那样),或者反映婴儿潮"涌过"时,对各宏观经济变量的影响[例如,请参见佩龙(Perron,1989)、弗朗西斯和雷米(Francis and Ramey,2009)]。

2.7 关于非线性问题的若干简要说明

在前面的几小节中,我们一直隐含地假设我们试图刻画的各种关系用线性函数就可以很好地近似表示了。然而，在很多情况下，我们认为非线性也可能是很重要的。例如：正面的冲击可能与负面的冲击产生不同性质的影响；影响也可能不与冲击的大小成正比；或者，冲击的影响可能取决于经济受到冲击时的状态。

对非线性的详尽分析超出了本章的范围，所以我只在下面简要地提一下处理非线性问题的三个要点。第一，库普等（Koop et al. , 1996）提出的非线性模型中估计脉冲响应的方法非常有用，他们对估计时会出现的问题进行了非常精到的分析。第二，如果研究者的兴趣在于估计状态依赖模型，那么约尔达（Jordà, 2005）提出的局部投影法不失为估计这类模型、计算脉冲响应函数的一个简单有效的方法。奥尔巴赫和戈罗德尼岑科（Auerbach and Gorodnichenko, 2013）、雷米和祖贝里（Ramey and Zubairy, 2014）的论文都讨论了这种方法的应用，以及它与另一个主要方法——平滑变换向量自回归法（smooth transition VARs）——之间的关系。第三，对一个注意事项的提醒：要考虑不对称的可能性。在很多时候，研究者认为只有正面的冲击（或只有负面的冲击）才是重要的。例如，在讨论石油危机的文献中，人们普遍认为只有石油价格上涨才是重要的，因而只在向量自回归模型中包含一个可以增加而不能减少的变量。基利恩和维格弗森（Kilian and Vigfusson, 2011）证明这种模型设定可能会导致严重的偏差和错误推断。他们的解释很简单。假设 Y 是 X 的线性函数，其中 X 既可以取负值，也可以取正值。研究者所施加的只有正值才重要的限制，其实质上是将 X 的所有负值都设为零。该论文（Kilian and Vigfusson, 2011）的图 1 阐明了这个过程——将 X 变量截断——是如何导致斜率系数严重向上偏倚的。因此，即使真正的关系确实是线性的，人们也会错误地得出结论，说正值的 X 比负值的 X 有更大的影响。为了防止出现这种错误的推断，我们在检验不对称性的时候，一定要保证模型确实符合线性情况。如果发现了不对称性的证据，那么就可以使用基利恩和维格弗森的方法来正确地计算脉冲响应。

2.8　动态随机一般均衡蒙特卡洛

许多宏观经济学实证研究的目的都在于检验理论模型。这里要关注的一个问题是，结构向量自回归模型中识别出来的冲击——通常具有最低限度的理论限制——能不能刻画真正的冲击。费尔南德斯-比利亚韦德等（Fernandez-Villaverde et al. , 2007）通过对理论模型的状态空间表示与向量自回归表示进行比较，研究了这个问题。他们注意到在某些情况下可能会出现可逆性问题，并提供了一种检验这个问题是否存在的方法。

埃尔采格等的论文（Erceg et al. , 2005）可能是最早研究有长期限制的结构向量自回归模型的一篇论文，我把这种模型称为"动态随机一般均衡蒙特卡洛模型"（DSGE Monte Carlo）。具体地说，埃尔采格等人的做法是，利用校准的动态随机一般均衡模型生成人工数据，并将数据应用于有长期限制的结构向量自回归模型，看数据隐含的脉冲响应是否与基础模型的脉冲响应相匹配。

现在，这种方法已经在很多种设定中得到运用。沙里等（Chari et al. , 2008）使用这种方法，对结构向量自回归模型检验真实商业周期（RBC）模型的能力提出了质疑。雷米（Ramey,

2009)则利用这种方法证明了,标准的结构向量自回归模型会受到被预期到的政府支出变化的影响。弗兰西斯等(Francis et al.,2014)采用这种方法验证了他们提出的新的有限时域限制法的适用性。这种方法似乎已经成了一个非常有用的工具,常被用于判断结构向量自回归模型是否有能力检验动态随机一般均衡模型(DSGE模型)。当然,与任何一种蒙特卡洛方法一样,这里最重要的是生成人工数据时所用的模型的设定。

3. 货币政策冲击

上一节,我已经讨论了宏观经济冲击的定义和识别宏观经济冲击的主要方法。接下来,我将转而讨论货币政策冲击,它是下面各节将要进行详细讨论的一系列候选冲击中的第一个。在本节中,我将对旨在识别和估计货币政策冲击的影响的实证文献进行全面综述,讨论它们的重要结果,并剖析它们的主要问题。我将从对克里斯蒂亚诺等(Christiano et al.,1999)为《宏观经济学手册(第1卷)》撰写的关于这个主题的那一章出版前后的一系列研究的评述入手。然后,我将分析克里斯蒂亚诺、艾肯鲍姆(Eichenbaum)和埃文斯(Evans)等人的模型设定①,然后着重讨论可以从外部识别的两种主要的货币政策冲击类型——罗默夫妇(Romer and Romer,2004)提出的叙事型/绿皮书冲击(Greenbook shock),以及格特勒和卡拉迪最近提出的高频识别冲击方法(Gertler and Karadi,2015),后者可以利用联邦基金期货数据识别。我之所以特别关注这两种类型的冲击,部分原因是它们都意味着非常相似的货币政策对于产出的影响,尽管使用了不同的识别方法和不同的样本。

在讨论正式开始之前,还有一点很重要,那就是首先要澄清,在"冲击"文献中识别出来的那些"冲击",并不一定是我们的理论模型中的冲击的"经验对应物"。本章第2.1小节其实已经强调过这一点了。因为货币政策通常是以某项规则为指导的,所以货币政策工具中的大多数变动都可以归因于货币政策的系统分量(systematic component),而不能归因于对规则的偏离。② 而且,对于结构性货币政策冲击"应该"是什么样的,我们并没有一个太好的现成经济理论来界定。除了"随机的掷硬币"之外,被讨论得最多的货币政策冲击的来源是中央银行的偏好变化,而这通常是由"损失函数"中通货膨胀率与失业率的相对权重的变化,或联邦公开市场委员会的组成人员的政治权力的变化引起的。有些文献虽然直接将实证研究中识别出来的冲击与估计得到的中央银行的偏好变化联系起来[例如,欧杨格和雷米(Owyang and Ramey,2004),拉克达瓦拉(Lakdawala,2015)],但是它们中的大多数仍然将这类冲击视为相对于泰勒规则的新息,而不会讨论其经济意义。③

如果说许多宏观经济学家现在都认为货币政策冲击本身对宏观经济结果的影响很小,

---

① 此处的"埃文斯"原文为"Evan",疑有误。——译者注
② 但是,弗里德曼却认为,在1960年以前货币工具的大部分波动都源于货币政策的非系统分量。
③ 克里斯蒂亚诺等(Christiano et al.,1999,第71—73页)还讨论了一些其他的可能性,如原始数据中的测量误差。

那么为什么还会有这么多的文献致力于识别货币政策冲击呢？原因在于，我们希望将货币政策中的非系统性变动识别出来，以便我们对货币对宏观经济变量的因果性影响进行评估。正如西姆斯（Sims，1998）回应鲁德布施（Rudebusch，1998）对标准向量自回归方法的批评时所指出的，我们需要一些工具来确定关键的结构参数。与供求理论类似——在那里，我们需要用改变需求的工具来确定供给曲线的参数，在讨论货币政策时，我们需要知道对货币规则的偏离来确定经济对货币政策的反应。因此，寻找货币政策"冲击"，其实很大程度上是在寻找适当的工具，而不是搜寻原始的宏观经济冲击。

3.1 货币政策冲击研究简史（从起源至 1999 年）

货币政策对经济的影响，一直是宏观经济学中最受瞩目的实证问题之一。最重要的早期证据源于弗里德曼和施瓦茨的突破性贡献（他们出版于 1963 年的著作，主要以历史案例研究和历史数据分析的形式呈现）。20 世纪 60 年代末和 70 年代的理性预期革命凸显了将作为规则的一部分的政策与对该规则的冲击区分清楚，以及将政策变量中被预期到的变化与未被预期到的变化区分开来的重要性。西姆斯（Sims，1972，1980a，1980b）发展了现代时间序列分析方法，使得我们在考察货币政策的影响的同时能够进行上述区分。在 20 世纪 70 年代和 80 年代的大部分时间里，对货币政策的冲击通常都是用对货币存量的冲击来测度的[例如，请参见：西姆斯（Sims，1972），巴罗（Barro，1977，1978）]。这些早期的研究工作提供的证据表明：①货币是收入的（格兰杰）原因；②货币存量的波动可以解释很大一部分产出波动。然而，到了后来，西姆斯（Sims，1980b）、李特曼和韦斯（Litterman and Weiss，1985）发现，将利率纳入向量自回归模型后，就会显著降低货币存量冲击在解释产出波动时的重要性，而且许多经济学家认为货币政策对于理解经济波动并不重要。[1]

针对货币政策对理解经济波动不重要这种观念，一些经济学家提出了两个重要的反驳。第一个反驳源于罗默夫妇（Romer and Romer，1989），他们在弗里德曼和施瓦茨的著作（Friedman and Schwarz，1963）的启发下，构造了一个叙事型的货币政策冲击时间序列。在仔细梳理了联邦公开市场委员会会议记录之后，他们确定了美国联邦储备委员会"试图对经济施加某种紧缩性的影响，以降低通货膨胀率"的日期。他们发现，在这些"罗默日期"之后，工业产出呈现出了显著的下降。罗默夫妇构造的这个序列迅速得到了承认，被当成了货币政策冲击的重要指标。[2] 几年后，夏皮罗（Shapiro，1994）和利珀（Leeper，1997）证明，罗默夫妇的虚拟变量实际上可以从产出（或失业）和通货膨胀的滞后值中预测出来。总之，夏皮罗和利珀都认为，罗默夫妇所使用的叙事性方法并没有将对货币政策的外部冲击与货币政策对经济的内生反应充分地分离开来，而这是构建一条有力的因果链条所必需的。[3]

对西姆斯、李特曼和韦斯的观点（货币政策对于理解经济波动并不重要）的第二个有力

---

① 当然，这个观点得到了基德兰德和普雷斯科特的有力支持。基德兰德和普雷斯科特在他们的一篇有重大意义的论文中证明，商业周期可以用技术冲击来解释（Kydland and Prescott，1982）。
② 博斯岑和米尔斯还将罗默夫妇的虚拟变量推广成了一个连续性更高的指标（Boschen and Mills，1995）。
③ 但是，请参见罗默夫妇（Romer and Romer，1997）对利珀的观点的回应。

反驳来自伯南克和布林德(Bernanke and Blinder, 1992)。基于麦卡勒姆提出的一个早期观点(McCallum, 1983),伯南克和布林德(Bernanke and Blinder, 1992)将前述货币供给与利率证据的关系完全颠倒了过来,他们指出,利率,特别是联邦基金利率才是货币政策的关键指标。他们证明,无论是在格兰杰因果关系检验中,还是在对预测误差进行方差分解时,联邦基金利率的重要性都超过了 M1 和 M2,也超过了三个月和十个月国债券数量。

20 世纪 90 年代,涌现出了许多致力于解决货币政策函数的正确设定问题的论文。这些论文使用了关于货币当局的操作程序的先验信息来设定政策函数,以便正确地识别对政策的冲击。例如,克里斯蒂亚诺和艾肯鲍姆(Christiano and Eichenbaum, 1992)引入了非借入储备指标,后来,斯特朗恩(Strongin, 1995)又指出非借入储备的一部分是与总储备正交的。随后,伯南克和米霍夫(Bernanke and Mihov, 1998)将这些思想综合起来并加以一般化,从而允许区制(regime)发生变化(表现为目标货币工具的转换上)。[1] 此外,艾肯鲍姆(Eichenbaum, 1992)首创了"价格难题"这个术语,用来描述一个常见的结果,即一项紧缩性的货币政策出台后,在短期内反而会推高价格水平,进而引发了一系列相关研究。西姆斯的推测是(Sims, 1992),美国联邦储备委员会所利用的关于未来的通货膨胀走势的信息,超过了通常包含在向量自回归模型中的信息。他证明,如果将大宗商品价格(那通常是未来将发生通货膨胀的预兆)包括在向量自回归模型中,那么这种价格难题就不一定会出现。

克里斯蒂亚诺等人为《宏观经济学手册(第 1 卷)》撰写了专章"货币政策冲击:我们已经学到了什么?最终能学到些什么?"(Christiano et al., 1999),总结和探讨了 20 世纪 90 年代货币政策冲击研究领域的诸多创新及其影响。他们的基准模型使用了一种特定形式的乔里斯基分解:假设在本季度(或本月)内,由产出、价格和大宗商品价格组成的第一组变量不会对货币政策冲击做出反应。他们称这种识别假设为"递归性假设"(recursiveness assumption)。与此同时,他们又允许第一组变量的同期价值影响货币政策决策。他们这一章给出的最重要的信息也许是,如下发现是非常稳健的:紧缩性的货币政策冲击——无论是用联邦基金利率来衡量,还是用非借入储备来衡量——肯定会对产出产生显著的负面影响。不过另一方面,前述"价格难题"还是出现在了某些设定当中。

3.2 标准模型的若干替代方案

并不是所有关于货币政策冲击的研究都是利用典型的线性不变的结构向量自回归模型来进行。在本部分,我将简要地介绍一些一般化了线性模型,或使用了完全不同的方法的研究。

3.2.1 区制转换模型

除了在"钉住"利率与"钉住"非借入储备之间转换——对此,伯南克和米霍夫(Bernanke and Mihov, 1998)进行了深入的讨论——之外,还有一些论著对货币政策的区制转换模型进行了估计。这些模型的基本思想是,货币政策不仅受各种冲击驱动,而且还要受到政策参数

---

[1] 这篇文献的一个很重要的方面是针对所谓的"流动性难题"的。流动性难题是指,某些货币供应冲击并不会导致货币供应与利率之间短期内的负相关性。

变化的驱动。作为这类文献的一个早期贡献,欧杨格和雷米(Owyang and Ramey,2004)估计了一个制度转换模型。在这个模型中,美国联邦储备委员会的偏好参数可以在"鹰式"和"鸽式"两种制度之间切换。他们发现,"鸽式"制度的启动,会导致价格稳步上涨,然后大约一年之后,产出会随之下降。普里米切里(Primiceri,2005)考察了过去 40 年来系统性的货币政策变化的作用与政策受到的冲击对结果的影响。虽然发现了存在系统性的货币政策变化的证据,但他还是得出结论说,这些变化并不构成对通货膨胀和产出波动的解释的一个重要组成部分。西姆斯和查涛(Sims and Zha,2006a)也研究了制度转换模型,结果发现了与美国联邦储备委员会主席任职情况变化密切相关的制度转换的证据。不过,他们还是得出结论说,货币政策的制度转换并不能完全解释经济波动。

3.2.2　货币政策的时变效应

在博伊文等(Boivin et al.,2010)为《货币经济学手册》撰写的对货币政策文献进行综述的那一章中,作者关注的重点是货币政策的估计效应的时变性(time variation)。这是一篇优秀的综述,值得试图了解更多细节的读者细细阅读。在这里,我只重点引述他们对一个因子增广型向量自回归模型的估计中的两组结果(利用标准的乔里斯基识别方法)。第一组结果是,他们进一步证实了一个早期的发现,即在 1979 年第三季度之前,实际 GDP 对货币政策的反应比在 1984 年第一季度之后更大。[①] 例如,他们发现:在较早的那个期间,联邦基金利率提高 100 个基点,会使工业产出在大约 8 个月内下降 1.6% 左右;而在较后的那个期间,联邦基金利率同样幅度的上涨,只会使工业产出下降 0.7%(24 个月内)。第二组结果则涉及前述"价格难题"。他们发现,在标准向量自回归模型中,与价格相关的结果对设定非常敏感。将大宗商品价格指数纳入模型并不能解决"价格难题",不过,如果将预期通货膨胀指标也纳入进来,那么确实能够在 1984 年第一季度之后那个时期内解决"价格难题"。相比之下,因子增广型向量自回归模型的估计结果则不存在"价格难题"。博伊文等(Boivin et al.,2010)还讨论了货币传导机制可能发生变化的各种原因,例如,影响信贷的监管环境的变化、预期的锚定等。

巴拉克奇安和克罗在他们的一篇论文(Barakchian and Crowe,2013)中估计了许多个不同的标准模型,例如由伯南克和米霍夫(Bernanke and Mihov,1998),克里斯蒂亚诺、艾肯鲍姆和埃文斯(CEE,1999),罗默夫妇(Romer and Romer,2004),以及西姆斯和查涛(Sims and Zha,2006b)提出的模型。他们对 20 世纪 80 年代的估计样本进行了划分,结果发现脉冲响应函数发生了显著的变化。特别是,用 1988 年至 2008 年数据估计得出的大部分参数特征都表明,在大多数情况下,对联邦基金利率的正面冲击提高了产出和价格。

时变性的另一个来源是货币冲击对经济的状态依赖效应或符号依赖效应。科弗是最早提出证据证明负面的货币政策冲击的影响比正面的货币政策冲击更大(在绝对值意义上)的研究者之一(Cover,1992)。托马(Thoma,1994)和韦斯(Weise,1999)等后续论文也都报告了类似的结果。安格瑞斯特等人在最近的研究中(Angrist et al.,2013)发现的相关证据也表明,

---

① 例如,请参见福斯特(Faust,1998)、巴思和雷米(Barth and Ramey,2002),以及博伊文和詹诺尼(Boivin and Giannoni,2006)。

货币政策在给经济活动降温时要比在刺激经济活动时有效得多。特恩雷罗和思韦茨的研究也表明,在经济衰退期间,货币冲击的威力似乎不那么强大(Tenreyro and Thwaites,即将发表)。

奥利维和特恩雷罗(Olivei and Tenreyro,2007)对货币冲击的季节性进行了估计。他们发现这种效应很重要,而且可以用粘性工资模型加以解释。他们得到的结果是:发生在一年中的头两个季度的货币冲击对产出有相当大的影响,但是这种影响只是暂时性的;而发生在一年中的第三季度和第四季度的冲击则对产出几乎没有影响。对于这些结果,他们用一年中劳动合同签订的不均匀性来解释:发生在年底的冲击之所以几乎没有什么影响,是因为大部分工资合同在那个时候要重新订立,所以工资可以立即得到调整。

自 2008 年秋季以来,联邦基金利率已经接近零下限。这样一来,一个关键的问题也就浮现在了经济学家面前:如何根据这种非线性限制来衡量冲击。吴和夏运用一个多因子影子利率期限结构模型(Shadow Rate Term Structure Model)估计了联邦基金利率(Wu and Xia,2016)。这种影子利率能够刻画一系列额外的特征,其中包括量化宽松。吴和夏发现,非常规货币政策对宏观经济有显著影响。

3.2.3　历史案例研究

尽管弗里德曼和施瓦茨(1963)对大萧条期间的货币政策的历史案例研究是一个伟大的里程碑,影响极其深远,但令人惊奇的是,后续的历史案例研究却少得出奇。罗默夫妇(Romer and Romer,1989)有开创性意义的叙事性货币政策研究也可以说是一个准历史案例研究,从中明显看得出弗里德曼和施瓦茨的著作的影响。罗默夫妇的具体做法是,将虚拟变量序列分配给美国联邦储备委员会冒着经济衰退的风险采取措施抑制通货膨胀的各个历史事件节点。

维尔德(Velde,2009)以法国在 1724 年发生的一系列事件为基础考察了货币非中性理论。这是这个领域的最引人注目的案例研究之一。在那一年,法国政府连续三次削减货币供应量,累计降幅高达 45％! 当然,法国政府之所以采取这种行动,是出于多种原因,例如为了实现控制价格的长期目标,担心本国的军人和债权人会因过去六年来的价格上涨而利益受损,等等。维尔德发现,虽然外汇市场上价格立即出现了调整,但是其他价格的反应却很缓慢,而且调整得也不充分,同时工业产出也下降了 30％。这个案例研究的优势在于,发生这些事件的环境条件是非常清楚、非常"干净"的,所以维尔德得出的支持货币非中性的证据是相当有说服力的。

3.3　识别面临的主要挑战

在本章第 2 节的讨论中,有好几个部分都涉及了一般意义上的识别挑战。在这里,我将评述对货币政策冲击的识别来说特别重要的一些问题。

3.3.1　递归性假设

克里斯蒂亚诺等(Christiano et al.,1999)使用的一个关键假设是"递归性假设"。考虑如

下方程组所示的一个三变量模型,它源于上一部分的方程组(5),为了方便起见,这里将它重写为:

$$\eta_{1t} = b_{12}\eta_{2t} + b_{13}\eta_{3t} + \varepsilon_{1t}$$
$$\eta_{2t} = b_{21}\eta_{1t} + b_{23}\eta_{3t} + \varepsilon_{2t} \tag{13}$$
$$\eta_{3t} = b_{31}\eta_{1t} + b_{32}\eta_{2t} + \varepsilon_{3t}$$

克里斯蒂亚诺等人在这个系统中纳入了三个以上的变量,所以我们应该认为每个 η_t 都代表了一组变量:η_{1t} 包括产出、一个一般价格指数和一个大宗商品价格指数,η_{2t} 代表了联邦基金利率,η_{3t} 包括 M1 或 M2 这样的货币存量、非借入储备和总储备。克里斯蒂亚诺等人将 η_{2t} 这个方程式解释为美国联邦储备委员会的反馈规则,并将 ε_2 解释为货币政策冲击。他们假设,ε_{1t} 的当前价值会进入美国联邦储备委员会的反馈规则,因此 $b_{21} \neq 0$;但是货币存量和储备不进入反馈规则,因此 $b_{23} = 0$。不过,即使有了这些假设,也仍然不足以识别出货币政策冲击,这是因为,如果货币政策冲击在当期内可以影响外汇等变量,那么 η_{1t} 就是与 ε_{2t} 相关的,所以我们不能使用普通最小二乘法来估计。为此,克里斯蒂亚诺等人又增加了一个额外的递归性假设:η_{1t} 中的各变量(产出和价格)在当期内都不会受货币政策冲击或货币总量的影响,即,$b_{12} = b_{13} = 0$。在实际执行时,这其实只需要把乔里斯基分解推广到这一组变量即可。由于克里斯蒂亚诺等人只关注货币政策的冲击,因此他们不需要做出更多的假设去识别第一组和第三组变量中的冲击。

不过,在这里确实需要强调一下递归性假设对于识别的重要性。克里斯蒂亚诺等人的所有结果都取决于 $b_{12} = 0$ 的设定——这意味着,不允许产出和价格在当期内对联邦基金利率的变化做出反应。必须注意的是,这个假设与后来出现的一些新凯恩斯主义动态随机一般均衡模型有所不同。例如,斯梅茨和沃特斯(Smets and Wouters, 2007)估计的模型意味着,产出、工作时数和通货膨胀率都应该会立即对货币政策冲击做出反应(参见他们的论文中的图6)。而克里斯蒂亚诺等(Christiano et al., 2005)估计的动态随机一般均衡模型并不意味着会立即做出反应,但这只是因为他们假设没有经济行为人有能力在当期就对该期的货币政策冲击做出反应。他们之所以做出这样一个理论假设,是因为他们想估计出他们的模型参数,用以匹配他们的向量自回归模型的脉冲响应——货币政策冲击就是在该模型中递归性假设下识别的。

即便是那些发展了外部工具的研究,通常也要使用递归性假设。例如,罗默夫妇(Romer and Romer, 2004)利用叙事性方法和绿皮书预测,构造了一个衡量货币政策冲击的新指标,但是当他们研究货币政策冲击对产出和价格的影响时,他们还是施加了 $b_{12} = b_{13} = 0$ 这样一个额外的假设。他们之所以要这样做,是因为他们并没有将自己估计的冲击视为一个纯粹的冲击,因此将递归性假设当成了一种"外生性保险措施"来使用。科尔比翁(Coibion, 2012)一般化了他们的方法,但是也增加了约束。巴拉克奇安和克罗(Barakchian and Crowe, 2013)利用美国联邦储备委员会基金期货数据进行了高频识别(HFI),不过还是在他们的向量自回归模型中引用了递归性假设。典型的因子增广型向量自回归(FAVAR)模型,如伯南克等(Bernanke et al., 2005)和博伊文等(Boivin et al., 2010)也使用递归性假设。

也有少数几篇论文不使用递归性假设,但是它们都使用了符号限制。厄里格(Uhlig,
1997,2005)、福斯特(Faust,1998)、福斯特等(Faust et al.,2004)、阿里亚斯等(Arias et al.,
2015a),以及阿米尔·艾哈迈迪和厄里格(Amir Ahmadi and Uhlig,2015)的论文都通过用符
号限制(也称为"集合识别"或部分识别)代替递归性假设,从而无须施加与递归性假设相关
的零限制。例如:厄里格(Uhlig,1997,2005)施加的限制是,紧缩性货币政策冲击不能提高价
格;福斯特等(Faust et al.,2004)则对产出和价格方程施加了 $-0.1 \leqslant b_{12} \leqslant 0$ 的约束。这些施
加符号限制的论文所得出的置信集,通常都意味着收缩性货币政策对产出可能有正向的影
响[例如,请参见厄里格(Uhlig,2005)、福斯特等(Faust et al.,2004)、阿米尔·艾哈迈迪和厄
里格(Amir Ahmadi and Uhlig,2015)]。

在下面的 3.4 小节,我还将更详细地讨论递归性假设的重要性。

3.3.2 预见问题

上面的 2.5 小节在一般性的意义上阐明了,有两种类型的预见可能会对识别冲击及其影
响造成困难。这两种预见对于货币政策尤其重要。幸运的是,在理解它们的重要性、发展解
决它们带来的问题的方法等方面,最近都取得了重大进展。

第一种预见问题是政策制定者的预见。为了说明这个问题的实质,现假设美国联邦储
备委员会遵循如下这个简单的政策规则:

$$ff_t = \alpha_1 E_t(\Delta_h y_{t+h}) + \alpha_2 E_t(\Delta_h \pi_{t+h}) + \varepsilon_{ft} \qquad (14)$$

其中,ff 是联邦基金利率,y 是对数产出,π 是通货膨胀率。Δ_h 是变量从第 t 期到第 $t+h$ 期的
变化。美国联邦储备委员会根据自己对未来产出和通货膨胀率的预期来设定利率,因为它
已经意识到了货币政策影响的滞后性。我将这一点简单地建模为预期从第 t 期到第 $t+h$ 期
的变化,但是下面的分析适用于更一般的对于变化路径的预期概念。

在通常的结构向量自回归模型设定中,一般都假设,对于美国联邦储备委员会对未来产
出和通货膨胀路径的预期,利用结构向量自回归模型中包含的少数几个(通常如此)宏观经
济变量的当前值和滞后值,就能够加以充分地刻画了。这是一个很强的假设。但是,识别出
来的货币冲击很可能会将系统性反应与美国联邦储备委员会的预期错误地混同起来。西姆
斯(Sims,1992)是最早强调这个思想的人,他指出"价格难题"之所以会出现,就是因为美国
联邦储备委员会能够观察到关于通货膨胀的更多信息。他主张纳入更敏感的大宗商品价格
来解决这个问题。然而,这种做法也不一定能摆脱"价格难题"。伯南克等(Bernanke et al.,
2005)提出的因子增广型向量自回归法是纳入更多信息的另一种方法。因子增广型向量自
回归模型通常要包含 100 多个序列,其优点在于它能够依据更多相关信息来识别冲击。但
是,因子增广型向量自回归法仍然依赖于如下假设:一系列可以利用的、公开的序列的线性
组合,就能完全刻画美国联邦储备委员会的预期。

在发表于 2000 年的一篇论文中(Romer and Romer,2000),罗默夫妇提出了有力的证据
证明,与私营部门相比,美国联邦储备委员会在预测通货膨胀走势时,确实拥有更多的信息。
为了反映这种信息不对称性,只需将方程式(14)重写为:

$$ff_t = \alpha_1 E_t^p(\Delta_h y_{t+h}) + \alpha_2 E_t^p(\Delta_h \pi_{t+h}) + \alpha_1[E_t^f(\Delta_h y_{t+h}) - E_t^p(\Delta_h y_{t+h})]$$
$$+ \alpha_2[E_t^f(\Delta_h \pi_{t+h}) - E_t^p(\Delta_h \pi_{t+h})] + \varepsilon_{ft} \qquad (15)$$

在这个方程式中，E_t^p 表示经济主体基于自己的私人信息的预期，而 E_t^f 则表示基于美国联邦储备委员会的信息的预期。如果信息是对称的和公开的，那么方括号中的两项都将为零；在这种情况下，包含了足够多的公共信息的方法应该能够正确地识别货币政策冲击 ε_{ft}。另一方面，如果美国联邦储备委员会拥有信息优势，那么方括号中的各项将不会为零，这样结构向量自回归模型或因子增广型向量自回归模型将只能识别出不正确的货币政策冲击 $\tilde{\varepsilon}_{ft}$，后者由两部分组成，即真正的冲击以及基于美国联邦储备委员会的信息优势的另一个组成部分：

$$\tilde{\varepsilon}_{ft} = \varepsilon_{ft} + \alpha_1 \left[E_t^f(\Delta_h y_{t+h}) - E_t^p(\Delta_h y_{t+h}) \right] + \alpha_2 \left[E_t^f(\Delta_h \pi_{t+h}) - E_t^p(\Delta_h \pi_{t+h}) \right] \qquad (16)$$

巴思和雷米（Barth and Ramey，2002）认为，在向量自回归模型中，通过控制美国联邦储备委员会的预测，有可能解决这个问题。他们用绿皮书对通货膨胀和产出的预测来扩增他们的货币向量自回归模型，以确定控制美国联邦储备委员会的信息优势后，能不能使"价格难题"从1965年至1979年的早期样本中消失。结果他们发现，即便是在控制了绿皮书的预测之后，这个早期样本中的"价格难题"仍然非常突出（请参见该论文的图7）。

罗默夫妇（Romer and Romer，2004）将绿皮书预测与叙事性方法结合起来，构造了衡量货币政策冲击的新指标。首先，他们使用叙事性方法，从联邦公开市场委员会的会议记录推导出了一个联邦基金利率"意向变动"序列。其次，为了将货币政策对外部经济信息的内生反应与内生的冲击区分开来，他们运行了两个回归——意向联邦基金变动对当前利率的回归，以及意向联邦基金变动对绿皮书关于未来两个季度的产出增长和通货膨胀率的预测的回归。最后，他们将基于联邦公开市场委员会会议的高频数据的估计残差，转换为月度数据，并将之用于对产出和其他变量的动态回归。结果，他们发现这些冲击对产出的影响非常大。

约翰·科克兰在提交给美国国家经济研究局对罗默夫妇的论文的研讨会的论文（John Cochrane，2004）中强调指出，罗默夫妇的方法能够识别出货币政策工具的变动，而且这种变动是外生于模型中的误差项的。如果绿皮书对未来GDP增长的预测包含了联邦公开市场委员会用于做出决策的所有信息，那么那些预测就是"充分的统计数据"。如果确实是这样，那么目标基金利率的任何变动，只要未被绿皮书对未来产出的预测所预测到，就都可以作为一个工具，用于识别货币政策对产出的因果效应。类似地，目标基金利率的任何变动，只要未被绿皮书对未来通货膨胀的预测所预测到，就都可以作为一个工具，用于识别货币政策对通货膨胀的因果效应。这里的思想是，如果美国联邦储备委员会出于对未来产出或未来通货膨胀的影响之外的原因而对某个冲击做出反应，那么这个反应就可以作为产出或通货膨胀的工具。科克兰在他的讨论中提出了以下命题：

命题1（科克兰命题）：为了衡量货币政策对产出的影响，只要保证冲击与对产出的预测正交就足够了。冲击不一定需要与对价格、汇率或其他变量的预测正交。它也许是可以利用时间 t 时的信息预测的，它也不一定是一个对经济个体或美国联邦储备委员会的整个信息集的冲击（Cochrane，2004）。

科克兰对外生于方程中的误差项的货币政策变化识别问题的概念化，是向前迈出的重要一步。但是需要提请读者注意的是，科克兰所称的"冲击"与本章使用的冲击定义并不相同。科克兰所说的冲击,并不是指原始的结构性冲击,而是某种用于估计货币政策对产出、价格等变量的影响的有用工具。

然而,美国联邦储备委员会和私营部门之间存在着信息不对称的这种可能性会使问题进一步复杂化。如果美国联邦储备委员会拥有更多、更完备的信息,那么它的任何行动或公告都会对私人经济主体提出一个信号提取问题。私人经济主体可以观察到方程式(14)中的 $\tilde{\varepsilon}_{jt}$,而且他们知道它是由真正的冲击以及美国联邦储备委员会的规则的系统分量组成的(而美国联邦储备委员会的规则又基于它的信息优势)。这个问题可以很容易加以扩展以包括如下可能性:$\tilde{\varepsilon}_{jt}$ 包含了应时而变的通货膨胀或产出目标(它们对公众来说是不可观察的)。古尔凯纳克等(Gürkaynak et al.,2005)的估计结果是,联邦基金利率的意外上涨对长期中的远期利率有负面影响。他们认为,这个结果可以解释为人们对美国联邦储备委员会为了实现通货膨胀目标而采取的行动所揭示的信息的反应。

第二种预见问题是关于未来政策行动的消息。坎贝尔等(Campbell et al.,2012)指出,自20世纪90年代初以来,美国联邦储备委员会一直在进行前瞻性指引(forward guidance)。这个事实意味着联邦基金利率的许多变化其实是预先提前被预期到的。正如本章关于预见的2.5小节所指出的,对政策变量的未来变动的预见,可能会导致非基本的移动平均表示,而这意味着一般不能用标准的向量自回归模型去识别冲击。

不过幸运的是,货币政策冲击领域的文献已经发展出了一些很好的方法来识别消息冲击。如本章第2.3.4部分所述,许多研究——如库特纳(Kuttner,2001)、科克兰和皮亚泽齐(Cochrane and Piazzesi,2002)、古尔凯纳克等(Gürkaynak et al.,2005)、皮亚泽齐和斯万森(Piazzesi and Swanson,2008)、巴拉克奇安和克罗(Barakchian and Crowe,2013)、格特勒和卡拉迪(Gertler and Karadi,2015)、中村惠美和斯泰因森(Nakamura and Steinsson,2015),都利用联邦公开市场委员会(FOMC)发布公告的小窗口期出现的联邦基金利率和其他利率期货的变化,识别出了美国联邦储备委员会的未被预期到的行动。利用利率期货信息是构建"消息"序列的一个理想途径。达米科和金(D'Amico and King,2015)通过将信息与期望相结合来研究预期到的货币政策的影响,与坎贝尔等的做法(Campbell et al.,2012)类似,他们也在结构向量自回归模型中施加了符号限制。具体地说,他们施加的限制是,令预期短期利率的反应的方向与预期通货膨胀和预期产出相反,以此来识别货币政策消息的冲击。

3.4 对最近的研究中的估计结果的总结

表1总结了相关研究文献识别出来的货币冲击对产出的影响、货币冲击对产出波动的影响,以及"价格难题"是否存在的一些主要结果。我不可能也不想将所有结果都列入这张表,而是只选择了在各种识别假设下获得的一些有代表性的例子。此外,我还试图将这些结果在标准化后再呈现出来——即将联邦基金利率的响应峰值统一设定为100个基点,当然,这种标准化过程并不能控制我在后面将要讨论的响应持久性方面的差异。

如表1所示,克里斯蒂亚诺等(Christiano et al.,1999)采取的标准结构向量自回归模型、福斯特等(Faust et al.,2004)采用的高频识别方法、厄里格(Uhlig,2005)以及阿米尔·艾哈迈迪和厄里格(Amir Ahmadi and Uhlig,2015)使用的符号限制法、斯梅茨和沃特斯(Smets and Wouters,2007)估计的动态随机一般均衡模型,以及伯南克等(Bernanke et al.,2005)发展起来的因子扩增向量自回归模型,全都表明货币政策冲击的影响相当小。而且,大多数模型或方法仍然或多或少地受到了"价格难题"的困扰。另一方面,罗默夫妇(Romer and Romer,2004)、科尔比翁(Coibion,2012)、巴拉克奇安和克罗(Barakchian and Crowe,2013),以及格特勒和卡拉迪(Gertler and Karadi,2015)则发现,冲击对产出的影响要更大。

表 1　货币政策冲击对产出和价格的影响

论文	方法和样本	低谷效应,联邦基金利率响应峰值已经标准化为100个基点	冲击可以解释的产出的百分比,期限	"价格难题"是否存在
克里斯蒂亚诺等(Christiano et al.,1999),联邦基金利率识别	结构向量自回归,1965年第三季度—1995年第三季度	-0.7%,8个季度	4.4%,2年	存在,但很小
福斯特等(Faust et al.,2004)	高频识别,1991年2月—2001年7月	-0.6%,10个月	未涉及	未涉及
罗默夫妇(Romer and Romer,2004)	叙事性/绿皮书,1970年1月—1996年12月	-4.3%,24个月	主要部分	不存在,但是价格在22个月内都没有变
厄里格(Uhlig,2005)	符号限制,1965年1月—1996年12月	正值,但并不显著不同于0	5%～10%,在所有期间	不存在(模型构造所致)
伯南克等(Bernanke et al.,2005)	因子扩增向量自回归,1959年1月—2001年7月	-0.6%,18个月	5%,5年	存在
斯梅茨和沃特斯(Smets and Wouters,2007)	估计动态随机一般均衡模型,1966年第一季度—2004年第四季度	-1.8%,4个季度(低谷)①	10%,1年(低谷)	不存在
博伊文等(Boivin et al.,2010)	因子扩增向量自回归模型,1962年1月—1979年9月,1984年1月—2008年12月	-1.6%,8个月(在第一个样本期);-0.7%,24个月(在第二个样本期)	未涉及	只在第一个期间存在
科尔比翁(Coibion,2012)	"稳健版"罗默夫妇法,1970年1月—1996年12月	-2%,18个月	"中等"部分	是的,有时存在
巴拉克奇安和克罗(Barakchian and Crowe,2013)	高频识别,罗默方法加向量自回归法,1988年12月—2008年6月	-5%,23个月	50%,3年	存在
格特勒和卡拉迪(Gertler and Karadi,2015)	高频识别—代理结构向量自回归,1979年7月—2012年6月	-2.2%,18个月	?	不存在
阿米尔·艾哈迈迪和厄里格(Amir Ahmadi and Uhlig,2015)	有符号限制的贝叶斯因子扩增向量自回归法,1960年2月—2010年6月	-1.3%,9个月	7%,24个月	不存在(模型构造所致)

---

① 此处的"-1.8%",原文为"-1.8",疑误。——译者注

我还将简要总结一些重要论文关于金融政策冲击对其他变量的影响的结论。博伊文等(Boivin et al.,2010)利用因子扩增向量自回归法对许多变量进行了特别全面的考察。读者不妨回想一下,他们在1980年之前和之后的数据上得到了不同的结果。他们发现,在1984年1月至2008年12月期间,对联邦基金利率的正面冲击导致了一些变量的下降,包括就业、消费支出、投资、住房开工率和产能利用率。

3.5 货币冲击三大类型探析

接下来,我将探讨货币政策冲击的影响的稳健性,在这个过程中,我会利用相关文献引入的一些新方法来处理预见问题和递归性假设。作为一个参照点,我将首先估计像克里斯蒂亚诺等(Christiano et al.,1999)所采用的那种经典的模型设定,然后转而讨论罗默夫妇(Romer and Romer,2004)识别的冲击,以及格特勒和卡拉迪(Gertler and Karadi,2015)的高频识别冲击。

3.5.1 克里斯蒂亚诺等(1999)的基准结果

克里斯蒂亚诺等(Christiano et al.,1999)给出了基于在递归性假设下识别出来的冲击的估计结果,他们证明结果是稳健的,而且与关于金融冲击的影响的传统观点一致。在这里,我要讨论的是,当样本得到更新时,结果会如何变化。

在这里,我将会估计一个与克里斯蒂亚诺等人的设定相似的模型,不同的是我将使用科尔比翁(Coibion,2012)给出的宏观经济变量作为第一个板块(the first block)。具体地说,第一个板块使用的是月度数据,包括对数工业产出、失业率、对数消费者价格指数(CPI),以及对数大宗商品价格指数。第二个板块则包括联邦基金利率。第三个板块由对数非借入储备、总储备和M1组成。因此,联邦基金利率的新息(与第一个板块的变量的同期价值和所有变量的滞后价值正交)可以被识别为货币政策冲击。

图1给出了这个结构向量自回归模型的脉冲响应的估计结果。图中黑色实线和阴影区域是对克里斯蒂亚诺等人的样本期间(1965年1月至1995年6月)内进行估计的点估计结果和90%自举置信区间。从图中来看,这些反应确实很像货币政策冲击的经典效应。联邦基金利率短期内出现跳涨,但是涨幅在6个月后回落至0。然而,联邦基金利率的这种昙花一现式的动荡,却掀起了长期衰退的波澜。工业产出从次月开始下滑,直到21个月后仍然徘徊于低位。失业率也上升,并于23个月后达到高峰。失业和工业产出水平直到4年后才恢复正常。价格在前几个月略有上涨,但是随后就进入稳定的下降通道,并在4年后稳定在一个更低的水平上。非借入储备、总储备和M1也下降了,到3年后才恢复原状;不过,非借入储备还显示出了不寻常的震荡趋势。总体上看,这些反应与克里斯蒂亚诺等(Christiano et al.,1999)的图3所示的反应非常相似。

同一幅图中的深灰色短虚线表示的是1983年1月至2007年12月这个样本期间的响应状况。采样之所以于2007年停止,是为了排除金融危机的影响,同时也是出于操作上的需要,因为2008年以来,非借入储备已经转为负数了。从图中可见,结果发生了巨大的变化——联邦基金利率的上升导致失业率下降。这些结果重现了巴拉克奇安和克罗（Barakchian and Crowe,2013）的观点,他们的研究表明,根据1988年至2007年的样本,模型主要特征意味着扩张效应。

　　图1中的灰色长虚线给出了对1983年1月至2007年12月这个样本的一个简化模型的结果。这个模型略去了M1、非借入储备和总储备这几个变量。在这种模型设定下,对产出和失业率的扩张效应在开始的时候仍然存在,但是更小,而且随之而来的是那种更标准的收缩效应。然而,价格从不会下降。

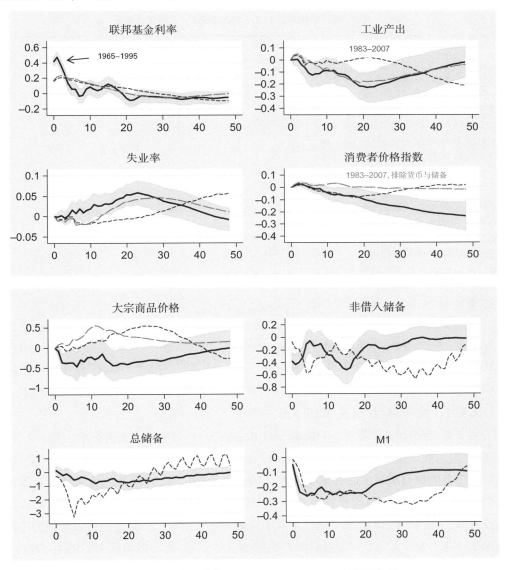

图1　克里斯蒂亚诺等（Christiano et al. ,1999）的识别结果

注:1965年1月至1995年6月样本期,完整设定,为实心黑线;1983年1月至2007年12月样本期,完整设定为深灰色短虚线;1983年1月至2007年12月,部分设定(排除了货币和储备)为灰色长虚线。图中的浅灰色区域为90%置信区间。图中横坐标为期数(季度数),纵坐标为百分数。

表2给出了衡量克里斯蒂亚诺等人的设定下货币政策冲击的重要性的若干指标值。第二列显示的是一个冲击对产出的低谷效应(trough effect)(该冲击提高联邦基金利率,峰值为100个基点)。即便是在克里斯蒂亚诺等人的原始样本中,这个冲击的影响也非常温和,即低于下跌0.5%。而对1959年至2007年样本期进行估计时,影响还不到一半。第三列显示的是24个月的预测误差方差的分解结果,它们表明货币政策冲击只能解释原始样本的预测误差方差的不到7%,期间更长的样本预测误差方差的不到1%。对于金融冲击对产出波动的影响减少这种结果,一个合理的解释是货币政策得到了改善,不稳定性下降了。

表2 货币政策冲击对工业产出的影响:我的估计结果

方法和样本	低谷效应,联邦基金利率响应峰值已经标准化为100个基点(%)	预测误差方差分解(%),24个月
克里斯蒂亚诺等人的基准方法,1965年1月—1996年6月	−0.48	6.6
克里斯蒂亚诺等人的基准方法,1959年1月—2007年12月	−0.20	0.5
罗默夫妇的向量自回归法,1969年3月—1996年12月	−1.38	8.8
罗默夫妇的向量自回归法,1969年3月—2007年12月	−0.83	2.7
罗默夫妇的约尔达法,1969年3月—1996年12月	−0.83	不适用
罗默夫妇的约尔达法,无递归性假设,1969年3月—2007年12月	−0.90	不适用
格特勒和卡拉迪,代理变量结构向量自回归法,1990年1月—2012年6月	−2.2	不适用
格特勒和卡拉迪,代理变量结构向量自回归法,1990年1月—2012年6月	−1,但是随后上升至+4	不适用

注:关于表中所涉及的克里斯蒂亚诺等(Christiano et al. ,1999)的基准方法、罗默夫妇(Romer and Romer, 2004)的向量自回归法,以及格特勒和卡拉迪(Gertler and Karadi,2015)的代理变量结构向量自回归法,请参阅正文中的说明。

3.5.2 绿皮书/叙事法识别冲击

接下来,我将讨论罗默夫妇(Romer and Romer,2004)识别的冲击的影响。如3.3.2部分所述,罗默夫妇试图通过运行联邦基金目标利率对美国联邦公开市场委员会召开会议时公布的绿皮书的预测来解决联邦储备委员会的信息优势问题,并将残差视为货币政策冲击。他们发现,货币政策的影响要比克里斯蒂亚诺等人所认为的大得多。科尔比翁(Coibion, 2012)探讨了罗默夫妇的结果之所以不同于克里斯蒂亚诺等人的结果的诸多可能的原因,并给出了一些非常令人满意和极具启发性的答案。特别是,他发现罗默夫妇的主要结果是以他们对自己运用单一动态方程识别出来的冲击的影响的衡量为基础的,因此对以下两个因素非常敏感:所纳入的非借入储备的针对时期(即1979年至1982年)和滞后变量的数量(例如,对产出的影响的估计值随着设定的模型所包含的滞后变量数量而单调增加)。此外,在他们的模型中,冲击对产出的影响之所以更大,还与冲击对联邦基金利率的影响更加持久有关。相比之下，罗默夫妇的混合向量自回归模型，即用他们的（累积）冲击代替标准向量自回归模型中的联邦基金利率（ordered last），由此得到的结果意味着货币政策冲击具有"中度"的影响。科尔比翁（Coibion,2012）进一步阐明，混合模型的结果与许多其他不同的模型设定的结果是一致的，比如对泰勒规则的广义自回归条件异方差（GARCH）估计和时变参数模型——前者的例子包括汉密尔顿（Hamilton,2010）、西姆斯和查涛（Sims and Zha,2006a），后者的例子包括博伊文（Boivin,2006）、科尔比翁和戈罗德尼岑科（Coibion and Gorodnichenko,2011）。因此，科尔比翁认为，货币政策冲击只能产生"中度"影响。具体地说，联邦基金利率上涨 100 个基点，工业产出会下跌 2%～3%，在大约 18 个月后到达低位。

我自己在分析时，使用的是罗默夫妇的混合向量自回归模型的科尔比翁版本：这是一个月度向量自回归模型，第一个板块中的变量包括对数工业产出、失业率和对数 CPI，并用罗默夫妇的累积冲击取代了联邦基金利率。这个模型的设定也使用递归性假设，将联邦基金利率放进了排序中，从而假设货币冲击不会影响本月内的宏观经济变量。

结果如图 2A 所显示。图中的实线置信区间是使用原始的"罗默冲击"对 1969 年 3 月至 1996 年 12 月的原始的"罗默样本"进行估计得到的。这些结果都与货币政策冲击的典型影响一致。产出在一个月或两个月内就会下降，同时失业率则会上升；价格先保持不变，直到冲击后大约九个月才开始稳定下滑，并到冲击后第四年才见底。与克里斯蒂亚诺等人的结果的一个定性差异是，联邦基金利率的反应在罗默夫妇的向量自回归模型中更加持久。

在图中，深灰色的短虚线显示的是基于 1983 年 1 月至 2007 年 12 月的样本估计的响应。利用韦兰德和杨提供的更新后的样本（Wieland and Yang,2015），我重新估计了罗默夫妇的美国联邦公开市场委员会会议回归结果，构造了新的"罗默冲击"（R&R shock）。然后，我又将这些冲击转换成月度冲击，并将它们用于同一个更新的样本的向量自回归模型中。我得到的结果与巴拉克奇安和克罗（Barakchian and Crowe,2013）发现的结果很相似：紧缩性货币政策冲击的影响似乎是扩张性的。

图中的灰色长虚线给出了基于 1969 年 3 月至 2007 年 12 月的样本估计的响应。这里的"罗默冲击"是通过对整个样本的联邦公开市场委员会会议的回归结果进行重新估计而得到的。完整样本的结果更像原始的罗默夫妇的样本的结果，但是货币政策冲击对产出和失业率的影响更加明显。

表 2 的第二和第三列显示了罗默夫妇的向量自回归模型的低谷效应（trough effect）和方差分解。在原始样本中，产出的低谷效应为 −1.38，远远大于使用克里斯蒂亚诺等人的方法的结果。[①] 预测误差方差分解的结果意味着，货币政策冲击可以解释 24 个月内各个期间的方差的 9%。[②] 然而，与大多数货币冲击模型设定一样，如果我们在样本中包括更多更晚近的

[①] 我对原始样本估计出来的数字与科尔比翁的结果略有不同，因为他是用对基金利率的影响而不是用基金利率的峰值反应来标准化的。中村惠美（Emi Nakamura）认为，将产出反应的积分与基金利率反应的积分进行比较可能会更好一些，因为这种测度方法可以将持续性也包含进去。但是，我发现这个指标有时会显得很奇怪，因为某些变量变动趋势就是围绕着零点上下波动。

[②] 罗默夫妇（Romer and Romer,2004）和科尔比翁（Coibion,2012）都未曾进行预测误差方差分解。他们在说有"大的"或"中度的"影响时，所依据的是对实际路径与估计的货币政策冲击所暗示的路径之间的比较结果。

期间,那么这种影响就会小得多。

图 2 中所示的脉冲响应有一个看上去相当反常的特征:工业产出在衰退了两年后,会出现强劲的反弹。48 个月时的工业产出峰值与 13 个月时的谷底大体相当。对此,一个可能的解释是,向量自回归模型的错误设定扭曲了估计的脉冲响应。要检验这个假说,一个方法是使用约尔达(Jordà,2005)的局部投影法。如本章上文的 2.4 小节所述,约尔达的方法不需要对脉冲响应施加多少限制。而且,约尔达的方法不是根据简化式参数的非线性函数来估计脉冲响应的,而是根据第 t 期的冲击来估计第 $t+h$ 期的自变量的回归,并将冲击系数作为脉冲响应的估计值。

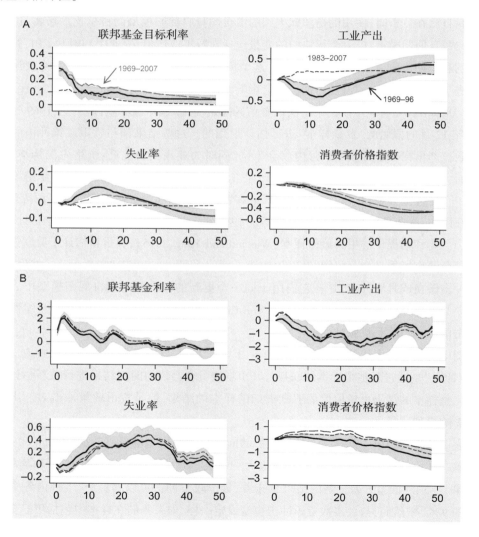

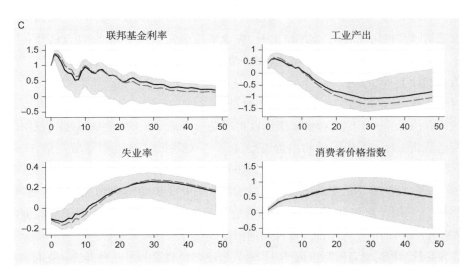

图 2　"罗默货币冲击"

注:图 2A:科尔比翁的结果,向量自回归方法。1969 年 3 月—1996 年 12 月:实心黑线;1983 年 1 月—2007 年 12 月:深灰色短虚线;1969 年 3 月—2007 年 12 月:灰色长虚线。图 2B:约尔达,局部投影法。1969 年 3 月—1996 年 12 月,递归性假设:实心黑线;无递归性假设:深灰色短虚线;无递归性假设,因子扩增向量自回归控制:深灰色长虚线。图中的浅灰色区域是 90% 置信区间。图 2C:代理工具结构向量自回归。1969 年 3 月—1996 年 12 月:实心黑线;1969 年 3 月—2007 年 12 月:灰色长虚线。

为了考察这个限制较少的模型设定的结果,我估计了以下一系列回归:

$$z_{t+h} = \alpha_h + \theta_h \cdot 冲击_t + 控制变量 + \varepsilon_{t+h} \tag{17}$$

其中,z 是我们要研究的变量。控制变量包括"罗默冲击"的两个滞后变量、联邦基金利率、对数工业产出、失业率、对数消费者价格指数及大宗商品价格指数对数。[1] 此外,为了保持递归性假设,我还纳入了对数工业产出、失业率和两个对数价格指数的同期价值。系数 θ_h 给出了第 $t+h$ 期时 z 第 t 期的冲击的响应。如前面的第 2 节所述,ε_{t+h} 将是序列相关的,因此标准误必须包含一个校正,比如纽维-韦斯特校正(Newey-West,1987)。

图 2B 给出了使用约尔达法对罗默夫妇的原始样本(1969 年 3 月—1996 年 12 月)估计的脉冲响应。在图中,相关的脉冲响应是用实心黑线表示的。虽然这些响应看上去似乎更加游走不定,但是它们同时呈现出了更一致的动态特点。特别是,向量自回归估计意味着工业产出会从衰退直接荡升至繁荣,而约尔达法的估计则意味着产出持续下降(以及失业率持续上升)且只能缓慢地恢复正常。

如前所述,罗默夫妇的向量自回归模型仍然需要递归性假设。然而,如果确实认为绿皮书的预测包含了美国联邦储备委员会所运用的所有相关信息,那么就不需要再施加克里斯蒂亚诺等人的递归性假设了。为了确定去掉产出和价格无法对本月内的冲击做出反应这个限制的影响,我省略了除"罗默冲击"以外的所有变量的同期值,重新估计了约尔达的回归方程。这个估计的结果如图 2B 中的深灰短虚线所示。图中可见,反应的许多方面与递归性假

---

[1] 如果包含更多的滞后变量,点估计也相似。

设下获得的相似,但是确实存在几个关键的区别。首先,估计结果意味着,提高基金利率的冲击在最初时是扩张性的:工业产出上升,失业率在前几个月下降,而且点估计在统计学上显著不等于零(未显示在图中)。其次,在前两年存在着显而易见的"价格难题",且绝大多数估计值在统计上不等于零。

对于这些"价格难题",一个可能的解释是,绿皮书的预测未能捕获美国联邦储备委员会使用的所有信息。为了确定对信息集加以扩展是否有助于消除"价格难题",我用以下替代控制变量重新估计了非递归的约尔达模型:每个"罗默冲击"的两个滞后变量、联邦基金利率、因变量,以及博伊文等(Boivin et al.,2010)的因子扩增向量自回归模型中的五个因子的更新。① 结果如图2B中的深灰色长虚线所示。从图中可见,在这种情况下,"价格难题"变得更加严重了,同时产出和失业的初期扩张效应却没有增强。因此,纳入因子增广型向量自回归(FAVAR)类型的因子并不能复制使用递归性假设时获得的结果。

代理变量结构向量自回归法是可以用来放松递归性假设的另一种方法。克利姆和克里沃鲁茨基(Kliem and Kriwoluzky,2013)就曾经试图使用这种方法来调和向量自回归模型中的货币冲击与罗默夫妇的叙事型冲击。然而,他们并没有探讨产出、价格或其他变量受到的影响。为了分析使用这种方法可以得到的结果,我估计了科尔比翁的模型的一个简化形式。具体做法是,以累积"罗默冲击"替代联邦基金利率,并将罗默夫妇所指的货币政策冲击作为外部工具,根据斯托克和沃森(Stock and Watson,2012)、默藤斯和拉文(Mertens and Ravn,2013)的思路,用代理变量结构向量自回归法进行估计(关于这种方法的细节,请参见本章第2节)。

图2C 显示了原始样本(1969年3月至1996年12月)的估计结果和完整样本(1969年3月至2007年12月)的估计结果。图中阴影区域是使用默藤斯和拉文(Mertens and Ravn,2013)的方法对原始样本估计的90%置信区间。在这两个样本中,对货币政策的冲击都提高了联邦基金利率——在冲击后的一个月达到了峰值1.4%,然后再慢慢下降至0。工业产出的反应(在图2中显示为灰色长虚线)也与使用混合向量自回归法观察到的反应不同。具体来说,在这种情况下,工业产出先在大约10个月的时间内上升到正常水平以上,然后开始下降,并在大约29个月时降至低谷。以联邦基金利率进行标准化后,这些结果表明,联邦基金利率提高100个基点这样一个冲击,在一开始会提高工业产出(在冲击后几个月的峰值为提高大约0.5%),然后在29个月后导致产出下降0.9%。失业率也呈现出同样的逆转态势。在紧缩性货币政策冲击之后,第一年的失业率会下降0.1个百分点,然后开始上升,到30个月时达到上升0.2个百分点的峰值。至于消费者价格指数(CPI),则清晰地呈现出了统计上显著的"价格难题"。②

总而言之,放松罗默夫妇的混合向量自回归模型所施加的递归性假设,会导致一些难以解释的问题,例如,紧缩性货币政策冲击在第一年的影响变成了扩张性的,而且存在非常明显的"价格难题"。

对于这些结果,最直接、最明显的一种解释是,联邦公开市场委员会做出反应时所依据

---

① 我要感谢谢诗翰,她提供了博伊文等人估计的因子的最新更新。
② 原文为"prize puzzle",当为"price puzzle"之误。——译者注

的信息比绿皮书的预测所包含的、因子增广型向量自回归模型各因子所刻画的还要多,这使得"罗默冲击"与当期的产出和价格正交(此即递归性假设),从而有助于消除这些额外冲击的影响。然而,这种观点也意味着,即便是对于"罗默冲击",我们也不得不做出递归性假设,尽管这种假设并不拥有坚实的经济基础。如前所述,当今最主要的新凯恩斯主义模型——例如,斯梅茨和沃特斯的模型(Smets and Wouters, 2007)——都意味着货币政策冲击对产出和价格有直接影响。

上面的分析凸显了各种额外的限制在标准的货币冲击模型中的重要性,也强调了在估计货币冲击的影响时样本期间的重要性。如果没有附加的递归性假设,那么即便是叙事性方法也会产生令人费解的结果。此外,正如巴拉克奇安和克罗(Barakchian and Crowe, 2013)所强调的,许多方法在用于估计截止于20世纪90年代中期的样本时可以产出货币冲击的经典结果,但是在对晚近的样本进行估计时,却会带来一些难题。特别是,紧缩性的货币冲击在第一年似乎会产生扩张性的影响,同时"价格难题"也几乎总是存在。对于从更晚近的样本中会得到这种结果的原因,一个有可能成立的解释是,这是一个识别问题:因为货币政策在以往的几十年间都运行得非常顺畅,从而使得真正的货币政策冲击变得非常罕见了,因此,很难提取出有意义的、不会受货币当局的预见所"污染"的货币冲击。

3.5.3 高频识别冲击

如我们在前文讨论过的,许多研究者都使用高频识别(HFI)方法来处理对货币政策变化的预见可能导致的问题。在这类文献中,有一部分论著只关注利率和资产价格受到的影响[例如,克里希纳穆尔蒂和维辛-约根森的论文(Krishnamurthy and Vissing-Jorgensen, 2011)、汉森和斯坦因的论文(Hanson and Stein, 2015)]。中村惠美和斯泰因森(Nakamura and Steinsson, 2015)通过校准一个新凯恩斯主义模型,将他们估计的利率变化与产出效应联系了起来。然而,这种效应的强度在很大程度上取决于对跨期替代弹性(intertemporal elasticity of substitution)的假设。也正因为如此,估计数据中的直接关系也很重要。

格特勒和卡拉迪(Gertler and Karadi, 2015)在最近的一篇论文中将高频识别方法与代理变量结构向量自回归方法结合起来,去考察宏观经济变量受到的影响。他们之所以使用这些方法,是出于两个方面的动机。首先,他们试图研究货币政策对衡量金融摩擦的各个变量——如利率差距——的影响。通常的乔里斯基排序是将联邦基金利率排在末位,这种排序施加的限制是,排在前面的所有变量都不会对当期的联邦基金利率冲击做出反应。这种对金融市场利率的假设显然是站不住脚的。其次,他们试图刻画如下事实:随着时间的推移,美国联邦储备委员会越来越依赖于与影响未来利率走向的市场信念之间的互动(即所谓前瞻性指引)。

在具体操作时,格特勒和卡拉迪用从1979年至2012年的月度数据估计出了残差,然后再对从1991年至2012年的数据用代理变量结构向量自回归法进行了估计(因为这些工具只能用于该样本)。图3A显示的是格特勒和卡拉迪的代理变量结构向量自回归模型的基准结果(数据复制自他们的论文中的图1)。① 这个模型中以超前三个月前的联邦基金期货价格

---

① 唯一的区别是,为了与本章的其他图表保持一致,我使用的是90%的置信区间。

指数(ff4_tc)为冲击,以一年期政府债券利率为政策工具,其他变量还包括:对数工业产出、对数消费者价格指数,以及吉尔克里斯特和扎克拉伊舍克(Gilchrist and Zakrajšek,2012)所定义的超额债券溢价利差。结果表明,冲击会导致一年期利率提高、工业产出显著下降、债券溢价提高,但是只会使第一年的 CPI 出现极小幅度的下降。为了将这些结果与其他结果在同样的条件下呈现出来,我还估计了基金利率冲击的影响。结果表明(图中未显示),将联邦基金利率提高 100 个基点这样一个冲击,会使工业生产下降大约 2%。

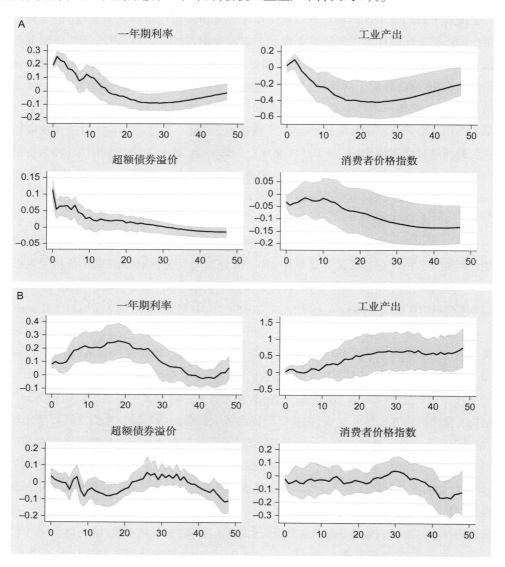

图 3　格特勒和卡拉迪的货币冲击

　　图 3A:格特勒和卡拉迪的货币代理变量结构向量自回归模型的结果,向量自回归样本期为从 1979 年 7 月至 2012 年 6 月,工具为从 1991 年 1 月至 2012 年 6 月。图 3B:格特勒和卡拉迪的货币冲击,约尔达局部投影法,1990 年 1 月—2012 年 6 月。图中浅灰色的区域是 90%置信区间。

　　为了检验这些结果的稳健性,我在约尔达的局部投影法框架中估计了这些冲击的影响,所用的控制变量包括:冲击本身的两个滞后变量、一年期国债利率、工业产出、消费者价格指数,以及吉尔克里斯特和扎克拉伊舍克的超额债券溢价利差。我没有纳入这些其他变量的当前值,因此也没有施加递归性假设。

结果如图 3B 所示。从图中可见,脉冲响应看上去与使用代理变量结构向量自回归方法时大不相同。利率上升得更慢了,而且随着时间的推移,利率仍然保持在高位;产出在一年内都无反应,但是随后出现了上升;前 30 个月的价格反应不大,但是最终却下跌了。

然后,我进一步对格特勒—卡拉迪冲击进行了研究。这里不难看出如下几个特征:首先,冲击的均值不是零——均值为 -0.013,与 0 有统计学上的显著差异。其次,冲击是序列相关的,如果对其滞后价值进行回归,可以得出系数为 0.31、标准误为 0.11(这很稳健)。但是,这并不是一个很好的性质,因为它本应该只刻画未被预料到的利率变动。我的局部投影法模型中还包括冲击的滞后值,所以我的估计程序能够去除这种序列相关性的冲击。结果发现,序列相关是由格特勒和卡拉迪用来将公告日冲击转换为月度冲击时所用的方法引起的。[①] 最后,如果我使用美国联邦公开市场委员会的高频数据对罗默夫妇用来构造他们的冲击的所有绿皮书变量进行回归,那么回归的可决系数(R 平方值)为 0.21,同时我可以拒绝各系数共同为 0 的假设(p 值为 0.027)。[②] 因此,格特勒—卡拉迪变量是能够用绿皮书的预测来预测的。格特勒和卡拉迪也注意到了这个问题,但是他们仅仅依据私人预测和绿皮书的预测之间的差异进行了稳健性检验。结果,他们发现了一个低得多的 R 平方值(见他们论文中的表 4)。当他们使用了他们的"净化措施"后,发现工业产出出现了更大的降幅。在这里,我考察了使用他们的一种"净化措施"的效果,即:①与罗默夫妇的绿皮书变量正交;②在约尔达的框架中,以与罗默夫妇转换数据相同的方式转换为月度数据。但是得到的结果仍然是令人困惑的(在图中未显示)。

为什么用约尔达的方法会得到与代理变量结构向量自回归法如此不同的估计结果?一个可能的解释是,用于估计脉冲响应函数的方法和样本都不相同。格特勒和卡拉迪的脉冲响应函数被构造为根据 1979 年到 2012 年的数据估计出来的简化式向量自回归模型参数的非线性函数,而约尔达法在估计时针对的是 1991 年至 2012 年的样本,且后者取的是直接投影,而不是简化式向量自回归模型的参数的函数。由于这两种方法对工业产出的影响的估计都接近于零,因此脉冲响应的整体差异只能源于格特勒和卡拉迪的简化式向量自回归参数估计所隐含的动态的差异。对于上述差异,第二可能的解释是,从 20 世纪 90 年代中期开始出现的前瞻性指引的重要性日益提高,这个事实意味着代理变量结构向量自回归模型背后的向量自回归可能设定有误。如本章 2.5 小节所述,对未来政策行动的预期可能导致非基本性的移动平均表示问题。在格特勒和卡拉迪的模型中,联邦基金期货变量能够很好地刻画各种消息,但是他们并没有把它直接纳入结构向量自回归中,而只是将它作为一种工具来使用。

---

① 详见格特勒和卡拉迪(Gertler and Karadi,2015)的脚注 11。
② 我要感谢卡拉迪,他慷慨地与我分享公告日序列数据。

3.6 货币冲击小结

克里斯蒂亚诺等人为《宏观经济学手册(第1卷)》写下的那一章(Christiano et al., 1999),为识别货币政策冲击、追踪货币政策冲击的影响提供了一个基准框架。只要纳入递归性假设,得到的结果就相当稳健。在那之后,更晚近的文献综合了许多新方法,也面临着不少新挑战。在估计货币政策冲击时,研究者们现在更加重视工具识别及其相关性了。各种新方法的出现,如因子扩增向量自回归法和绿皮书预测法,极大地改进了预测货币政策冲击的条件。结构向量自回归(SVAR)模型、符号限制模型和区制转换模型提供了不同于通常的乔里斯基分解的方案。此外,还出现了一批衡量货币冲击的新指标,它们充分利用了丰富的外部数据(如叙事型数据、绿皮书预测,以及金融市场的高频信息)。最近发表的使用外部数据估计冲击的研究论文也得到了类似的结论。其中的一些例子包括:科尔比翁(Coibion,2012)试图调和罗默夫妇的结果与向量自回归模型的结果,发现联邦基金利率上涨100个基点,18个月后工业产出大约下降2%(他的结果是基于1969年至1996年的数据得到的);格特勒和卡拉迪(Gertler and Karadi,2015)运用高频识别法(联邦基金期货数据)和外部工具/代理变量结构向量自回归法,也得到了非常相似的结果。

然而,在对特定的模型设定进行稳健性检验时,上面这种"玫瑰色"的美好图景就消失了。通过探索,我使几个潜在的问题凸显了出来(其中部分问题在相关文献中已经被注意到了)。第一,克里斯蒂亚诺等(Christiano et al.,1999)的原始设定及其他许多设定,在更晚近的样本中很可能是站不住脚的。第二,去除递归性假设导致这样的估计结果:收缩性货币政策在短期内意味着扩张效应。第三,在预测效应可能发挥着重要作用的样本中估计模型时,我们必须特别小心。例如,高频识别冲击应不应该被用作标准的向量自回归模型的外部工具,现在仍不清楚。

我们应该如何解释上面描述的这些结果?我认为,对于更晚近的样本,许多设定不再成立的最可能的一个原因在于,我们无法再清晰地识别货币政策冲击了。现在,货币政策正在变得越来越系统化,所以真正意义上的货币政策冲击已经很少见了。我们现在识别出来的货币政策冲击,实际上也许只是美国联邦储备委员会所拥有的优势信息、经济个体的预见力,以及信息噪音的影响。虽然这对计量经济学识别来说是一个坏消息,但是对经济政策来说却无疑是个好消息。

那么,对于货币冲击对产出的影响,我们究竟可以得出什么结论呢?我认为最好的证据仍然源于历史案例研究(如弗里德曼和施瓦茨的研究),以及在不包括最近几十年来的数据的样本上估计得到的时间序列模型。当然,人们有理由担心,在过去几十年里,经济结构本身可能已经发生了很大变化,但是我们根本没有足够的信息可以非常确定地做出估计。货币政策可能会产生很大的影响,但货币冲击却可能不再是宏观不稳定性的重要来源。

4.　财政(政策)冲击

本节围绕财政政策冲击展开。我将回顾识别财政政策冲击的主要方法,并对实证研究文献中估计财政政策冲击的影响的结果加以总结。本节还将提供一些与若干相对来说比较确定的财政政策冲击有关的新结果。

与货币政策冲击相比,财政冲击是一个更加直截了当的经济学概念。由于政府的立法机关和行政部门确实经常根据自己的某种与当前宏观经济状况正交的"担忧"做出税收决策和支出决策,因此说财政政策冲击经常会发生,要比说货币政策冲击经常出现显得更加可信一些。

衡量政府支出和税收政策的变化对 GDP 及其各组成部分的实证效应,数十年来一直是一个相当活跃的研究领域。早在 20 世纪 60 年代,经济学家就构建了一系列大型凯恩斯主义模型,将财政变量包括了进来,当时还出现了许多旨在估计财政变量在行为方程中的影响的论文。然而,在数十年后,对税收和支出冲击的总体影响的研究却陷入了一个停滞期,有影响力的论文几乎屈指可数。在 20 世纪 80 年代、90 年代和 21 世纪初期,大多数关于冲击的实证研究转而侧重于货币政策。不过,随着经济衰退的开始和零下限时代的揭幕,经济学家的研究兴趣迅速转向了财政政策的影响。在这个领域,最近十来年出现了大量新文献,少数学者在以往那个漫长的休眠期所取得的进展得到了延续和扩展。

下面各小节将分别评述 20 世纪 90 年代以来旨在分析财政冲击影响的若干文献。我将首先考虑政府支出冲击,然后讨论税收冲击。

4.1　政府支出冲击

在本部分,我讨论的是政府支出冲击。在这里,当我使用"政府支出"(government spending)这个术语时,我是指"政府购买",即,国民收入和产出账户中的"G"。然而,在日常讨论中,政府支出往往是指"政府开支"(outlays),包括政府购买和转移支付。经济学家通常认为,转移支付就是负税收。因此,我将把转移支付冲击放在讨论税收冲击影响的那节讨论。

4.1.1 识别方法概述

本章第 2 节总结了许多识别方法,它们也被广泛使用于分析政府支出冲击的影响的文献中。具体地说,这些方法包括:有同期限制的结构向量自回归法、符号限制法、中期视野限制法(medium-horizon restriction)、叙事性方法和估计动态随机一般均衡模型等。

以向量自回归法对财政冲击的影响进行分析的一个最早例子可能是罗腾伯格和伍德福德的论文(Rotemberg and Woodford,1992 年)。他们分析了军费支出和就业对宏观经济变量的影响。他们这篇论文的目的是找到一些证据,以支持他们自己提出的"反周期提价模型"——该模型试图证明,"需求"的冲击将导致反周期的加价。为此,他们估计了一个存在军费开支、军事雇佣和各种宏观经济变量(如私人部门价值的增加、私人工作时数等)的系统。他们的系统包括了各变量的滞后变量,同时对向量自回归模型进行了限制,保证宏观经济变量不会对军事变量做出反馈。他们的系统的使用的识别方法和识别过程如下:为了识别出政府购买冲击(一种外生于经济的冲击),他们采纳了霍尔(Hall,1980,1986)和巴罗(Barro,1981)的观点——霍尔和巴罗认为国防支出是由军事事件驱动的,而不是由宏观经济事件驱动的。为了识别出意料之外的冲击,他们运行了军事变量对自己的滞后变量的回归,并将残差识别为冲击。这种识别策略的假设是,用于预测军费支出和军事雇佣的所有相关信息都已经包含在了军费支出和军事雇佣的滞后变量中。他们证明,他们识别出来的国防支出冲击提高了实际工资。

雷米和夏皮罗在一篇论文中(Ramey and Shapiro,1998)分析了在不同部门之间的资本流动需要付出一定成本的情况下资本在部门之间转移的影响,他们运用了叙事性技术,构造了一个虚拟变量,以捕获重要的增强军备的事件(military buildups)。他们翻阅了《商业周刊》,分离出了导致增强军事积累举措的政治事件,进而构造了一个外生于当前经济状况的序列。他们还用这种叙事方法来确保这种冲击是无法预知的。据他们所称:"我们认为,与通常的向量自回归法相比,这种方法能够提供一个更加明确的衡量国防支出改变的指标,因为向量自回归法模型中表现出来的许多扰动,其实完全可以归因于军事合同的时序效应(timing effects),并不代表意料之外的军事支出的变化。"(Ramey and Shapiro,1998)雷米和夏皮罗估计了"战争日期"的影响,他们所采取的方法是运行每一个感兴趣的变量对战争日期的当前值和滞后值以及左侧变量的滞后值的回归。许多后续研究论文将战争日期嵌入到了向量自回归模型中,即,在乔里斯基分解时将战争日期排在第一位,从而构建出了"期望向量自回归模型"(EVARs)——这是佩罗蒂(Perotti,2011)创造的一个术语。在这方面进行探索的还有埃德尔伯格等(Edelberg et al.,1999)、伯恩赛德等(Burnside et al.,2004),等等。大多数应用预期向量自回归模型的研究者通常会发现,虽然政府支出提高了 GDP 和工作时数,但是降低了投资、消费和实际工资。不过,这些论文大多没有专门估计乘数,尽管人们通常可以从脉冲响应倒推出隐含的乘数。

与此不同,布兰查德和佩罗蒂(Blanchard and Perotti,2002)则使用结构向量自回归法来识别政府购买和税收冲击。他们假设,政府购买是在当季内预先定好的,并且使用标准的乔里斯基分解来识别政府购买的冲击(将政府支出排在第一位)。结果他们发现,政府购买冲击不仅提高了 GDP,还提高了工作时数、消费和实际工资。这方面的一系列后续研究——例如,法塔斯和米霍夫(Fatás and Mihov,2001)、佩罗蒂(Perotti,2005)、帕帕(Pappa,2009),以及加里等(Galí et al.,2007)——也都发现了类似的结果。蒙特福德和厄里格(Mountford and Uhlig,2009)采用了符号限制法,结果发现政府支出对 GDP 影响相当弱,对消费则没有显著影响。

我在一项研究中(Ramey,2011a)试图调和上述结果——为什么利用"战争日期"得到的结果与运用乔里斯基分解的结构向量自回归模型产生的结果会不同? 我认为原因在于,大多数政府支出都是至少可以提前几个季度预计到的,因此标准的结构向量自回归方法其实并不是在识别未预料到的冲击。我还证明(从而为我上面的观点提供了有力支持),结构向量自回归法识别出来的冲击实际上是由雷米和夏皮罗(Ramey and Shapiro,1998)所说的"战争日期"导致的(在格兰杰因果关系的意义上)。为了构造一个更有意义的叙事型变量来捕获政府支出冲击中的"消息"部分,我翻阅了1939年以来的全部《商业周刊》,构建了一个定量序列,使它成为对各个军事事件导致的政府购买的预期现值的变化的估计。然后我再将这个消息序列嵌入到标准的向量自回归模型中(在乔里斯基分解中把消息排在第一位)。在这项研究中,我发现其结果与直接基于战争日期的估计的结果大体上是一致的。

在一系列后续研究中,欧杨格等(Owyang et al.,2013)、雷米和祖贝里(Ramey and Zubairy,2014)把军事消息序列进一步溯回到了1889年。不过,军事消息变量与始于朝鲜战争之后的样本通常只具有较低的工具相关性。在前述那项研究中(Ramey,2011a),为了扩大探究的范围,我还考虑了对与未来政府购买的专业预测相正交的冲击。费希尔和彼得斯(Fisher and Peters,2010)根据自1958年开始的一段期间内国防承包商股票的超额收益,构建了另一个消息序列。泽埃夫和帕帕最近的一项研究(Zeev and Pappa,即将发表)则运用巴斯基和西姆斯(Barsky and Sims,2011)的中期视野识别方法,从一个时间序列模型中识别出了对国防支出的消息冲击。具体地说,泽埃夫和帕帕将国防支出消息识别为这样一个冲击:①与当前国防支出正交;②能最好地解释国防支出的未来(超过五年)变动。

然而,所有这些用来衡量预期的方法都有弱点。首先,因为它们与军事活动有关,因此实际上各种影响可能混杂在一起(例如,配给制、价格管制、征兵、因爱国精神而导致的劳动供给增加,等等)。其次,正如我在下面将会证明的,在某些样本中,有些冲击的第一阶段 F 统计量的值过低,表明它们也许不能作为估计乘数的合适工具。

因此,在这两类模型中分别识别出来的冲击存在两个重要的差异。首先,用结构向量自回归法识别的冲击更有可能受到预见问题的困扰。正如我在本章第2节中讨论的那样,预见问题可能是各种结构向量自回归模型的一个严重缺陷。其次,一些消息序列在一些子样本中不够"丰富",可能存在各种效应混杂的情况。

识别政府购买冲击的一种结构性更强的方法是,通过一个估计的动态随机一般均衡模型来进行识别。例如,斯梅茨和沃特斯(Smets and Wouters,2007)就是通过这种方法发现一个政府购买冲击的,科根等(Cogan et al.,2010)也在一个估计的动态随机一般均衡模型的背景下估计了政府支出乘数。

4.1.2　相关文献主要结果概述

一般而言,讨论政府支出的文献试图回答的通常是以下两个主要问题中的一个(或两个):①实证结果与理论上的动态随机一般均衡模型是否一致? ②政府支出的乘数是多少?

让我们首先考虑与第一个问题有关的结果。标准的新古典主义理论和标准的新凯恩斯主义理论一般都预测,政府购买的增加(通过赤字或一次总付税来支付,而且不用于公共基础设施等投资)应该能够推高 GDP 和工作小时数,同时还会降低消费和实际工资;至于投资,一开始是上升还是下降,则取决于政府支出增长的持续性。只有在往模型中加入其他额外的因素——如经验主义消费者(rule-of-thumb consumer)和工人的非劳动供给行为——的情况下,才能在模型中生成消费增加和实际工资上涨的结果[例如,请参见:加里等(Galí et al., 2007)]。

无论是在结构向量自回归模型中,还是在使用消息变量的预期向量自回归模型中,某些变量都会产生一些相似的定性结果。例如,作为对正面的政府支出冲击的反应,这两类模型通常都会估计 GDP 和工作时数会增加,而投资则会回落(至少在第一年后是如此)。不过相比之下,结构向量自回归模型通常还意味着消费和实际工资将上涨,而预期向量自回归模型则一般预测消费和实际工资将下降。

这个领域的文献试图回答的第二个问题是"政府购买"乘数有多大。然而不幸的是,大多数估计结果都算不上纯粹的通过赤字融资的政府购买的乘数,因为政府支出的上升大多数都伴随着某种扭曲性的税收的上升(通常是滞后的)。在随后讨论乘数的估计时,请时刻注意这一点。

有人或许会认为,结构向量自回归模型估计出来的乘数会更大一些,因为这类模型同时还预测消费会增加。但事实并非如此。在我的一项研究(Ramey,2013)中,我比较了基于不同识别方法的各种政府支出冲击对私人支出(即 GDP 减去政府支出)的影响。众所周知,如果政府支出乘数大于 1,那么私人支出就会增加。但是我发现所有这些冲击都导致私人支出有所减少,其中尤以布兰查德和佩罗蒂(Blanchard and Perotti,2002)识别出来的冲击为甚。这个事实意味着更小的乘数。

斯梅茨和沃特斯(Smets and Wouters,2007)以及科根等(Cogan et al.,2010)都通过估计动态随机一般均衡模型得到了接近于新古典主义理论模型的结果。在这两项研究中,对政府支出的冲击都降低了消费,并导致了低于 1 的乘数。

在对讨论乘数问题的文献进行综述时(Ramey,2011b),我发现大多数研究依据总量数据估计得到的政府开支乘数均在 0.8 到 1.2 之间。较大的乘数只出现在:①在州一级或地区一级层面上估计的乘数;②当允许存在状态依赖性(state dependence)时估计出来的乘数。正如我在这篇综述中所表明的——同时也正如中村惠美和斯泰因森(Nakamura and Steinsson, 2014),以及法里和温宁(Farhi and Werning,2012)从形式上证明的——财政联盟(如美国各州或地区)内部的估计乘数之间的联系对于总乘数来说并不是完全清晰的。大多数跨州或跨地区的研究事实上都只是探讨联邦支出对某个地方的影响。不幸的是,由于包含了常数项或时间固定效应,这些回归不同于融资的影响,因为用来为联邦支出融资的税收是在国家的层面上征收的。① 这也就解释了为什么州层面上的联邦支出乘数会比总乘数更高。稍后,我还会更详细地讨论状态依赖性问题。

在写那篇综述之后,我意识到不少研究者用来计算乘数的方法有两个潜在的偏误,由此导致的一个结果是,许多论文报告的估计结果之间没有可比性。首先,许多研究者都追随布

---

① 一个显著的例外源于克莱门斯和米兰的论文(Clemens and Miran,2012)。在该文中,他们识别出了州一级的外生变动。有意思的是,他们发现乘数大约为 0.5,这更接近于那些国家一级的乘数。

兰查德和佩罗蒂（Blanchard and Perotti，2002）的做法，通过将产出反应峰值与初始政府支出冲击效应进行比较来计算乘数。虽然比较脉冲响应的峰值和谷值是比较脉冲响应的一种有用的方法，它并不是计算乘数的好方法。正如蒙特福德和厄里格（Mountford and Uhlig，2009）、厄里格（Uhlig，2010），以及费希尔和彼得斯（Fisher and Peters，2010）的论文所证明的，乘数的计算方法应该是：产出响应的积分（或现值）除以政府支出反应的积分。这种积分乘数能够解决政策相关性问题，因为它们衡量的是一个给定时期内相对于政府累计支出的累积 GDP 增长。在许多情形下，布兰查德和佩罗蒂所用的求峰值与冲击的比值的方法，给出的乘数要比积分法更高。其次，大多数研究者在估计向量自回归模型时都使用变量的对数，而为了把估计值转换为乘数，他们通常要将估计值乘以 GDP 与政府支出之间的比值的样本均值。正如欧杨格等（Owyang et al.，2013）正确地指出的，这种做法可能导致严重的偏差——在 GDP 与政府支出之间的比值存在某种显著趋势的那些样本中。在极少数情况下，我虽然能够将乘数的估计值调整为积分乘数，但还是发现乘数通常都小于 1。

在浏览表 3 的时候，请读者千万不要忘记上面的警告。表 3 总结了对政府购买乘数的几种估计。从表中不难看出，尽管利用估计的脉冲响应函数来计算乘数的方法多种多样，但是大多数估计出来的乘数都介于 0.6 至 1.5 之间。

表 3　美国总体政府支出乘数估计总结

研究	样本	识别方法	所指出的支出乘数
巴罗（1981），霍尔（1986），巴罗和雷德里克（Barro and Redlick，2011）	年度历史样本	以军事支出为政府支出的工具变量	0.6～1
罗腾伯格和伍德福德（Rotemberg and Woodford，1992）	季度，1947—1989 年	军事支出对它自己的滞后变量及军工行业就业的滞后变量的回归的残差	1.25
雷米和夏皮罗（Ramey and Shapiro，1998），埃德尔伯格等（Edelberg et al.，1999），伯恩赛德等（Burnside et al.，2004）	季度，1947 年至 20 世纪 90 年代末期或 21 世纪初期	雷米—夏皮罗日期，它们基于预期到的增强军事事件的叙事性证据	0.6～1.2，随样本不同而不同，且随计算方法是以累积值还是峰值为准而不同
布兰查德和佩罗蒂（Blanchard and Perotti，2002）	季度，1960—1997 年	结构向量自回归，在乔里斯基分解中将 G 排在第一位	0.9～1.29，按峰值计算乘数
蒙特福德和厄里格（Mountford and Uhlig，2009）	季度，1955—2000 年	结构向量自回归，有符号限制	0.65，增加的支出通过赤字融资
伯恩斯坦和罗默（Bernstein and Romer，2009）	季度	美国联邦储备银行的模型和一个私人预测公司模型的平均乘数	第 8 个季度上升到 1.57
科根等（Cogan et al.，2010）	季度，1966—2004 年	估计斯梅茨—沃特斯模型	0.64 为峰值

续　表

研究	样本	识别方法	所指出的支出乘数
雷米(Ramey,2011a,2011b)	季度,1939—2008年以及若干子样本	向量自回归,冲击为军事事件导致的政府支出的贴现值,基于叙事性证据	0.6~1.2,随样本不同而不同
费希尔和彼得斯(Fisher and Peters, 2010)	季度,1960—2007年	向量自回归,对军事承包商的股票超额回报的冲击	1.5,基于累积效应
奥尔巴赫和戈罗德尼岑科(Auerbach and Gorodnichenko, 2012)	季度,1947—2008年	结构向量自回归,控制了专家预测和"雷米消息"	经济扩张期:−0.3~0.8;经济萧条期:1~3.6
泽埃夫和帕帕(Zeev and Pappa, 即将发表)	季度,1947—2007年	冲击特征:与当前国防支出正交;最好地解释了国防支出的未来(超过五年)变动	2.1,基于 6 个季度的积分乘数

　　一些研究者和决策者认为,乘数可能是状态依赖的。奥尔巴赫和戈罗德尼岑科构建了一个平滑过渡向量自回归模型(Auerbach and Gorodnichenko,2012),结果发现了经济衰退时乘数较大的证据。不过,雷米和祖贝里(Ramey and Zubairy,2014)使用约尔达(Jordà,2005)的方法——奥尔巴赫和戈罗德尼岑科(Auerbach and Gorodnichenko,2013)也使用了这种方法——并以经济衰退、失业率上升及利率零下限为背景进行估计时,却没有发现什么可以证明状态依赖的证据。他们认为自己的发现之所以不同,并不是因为作为基础的参数估计不同,而是因为奥尔巴赫和戈罗德尼岑科在将这些估计转化为乘数时做出了额外的假设。

　　我在这里总结的绝大多数研究都只关注不包括基础设施建设支出的政府购买。剔除关于基础设施建设支出的研究的理由是,基础设施建设支出冲击太难识别了,特别是在美国。美国的高速公路系统是 20 世纪 50 年代末至 70 年代初政府购买的一个重要组成部分。识别总体效应面临的问题是,《公路法案》于 1956 年获得了通过,而一旦这个法案得以面世,大部分公路建设支出就变得可以预期到了。当然,也有少数研究提供了可靠的分析,它们大多使用了某种巧妙的间接方法,或者利用了跨州支出的变化。弗纳尔德(Fernald,1999)提供了非常有力的证据,证明了高速公路系统对生产率的提高的因果效应——他证明,高速公路系统对汽车相关行业的影响要比通常人们认为的更大。尽管如此,这些估计并不能直接告知我们总体效应。勒迪克和威尔逊利用关于制度规则因素(institutional formula factor)的新信息,构造了美国各州的面板数据,识别出了美国国家高速公路支出的消息冲击(Leduc and Wilson,2013)。然而,如前所述,他们发现的乘数也不能转换为总乘数。

　　吉切特(Gechert,2015)对 104 篇研究不同国家的乘数效应的论文进行了荟萃分析(meta-analysis),其中涉及了从简化式实证分析到估计动态随机一般均衡模型等多种不同类型的分析。吉切特发现,公共支出乘数接近于 1,而公共投资乘数则大约为 1.5。他同时还强调,必须时刻注意各项研究所针对的具体情境以及使用的估计方法的区别。

4.1.3　对若干已识别的冲击的进一步探讨

　　接下来,我将探讨在约尔达局部投影框架下识别出来的若干主要政府支出冲击的影响。

这种探讨不仅有利于评测估计结果对局部投影法的稳健性,而且还可以用于比较使用相同数据、相同设定和相同方式计算乘数时所识别出来的不同冲击的影响。因为在这种情况下,结果之间的一切差异都将归因于识别方法的差异,而不能归因于数据或实施过程的差异。

我在这里要研究的三个主要的冲击是:①使用布兰查德和佩罗蒂(Blanchard and Perotti,2002)的方法识别出来的冲击(他们只是在乔里斯基分解时将政府支出排在第一位);②我自己的叙事性军事新闻冲击,我与合作者在最近的论文中给出了更新(Ramey and Zubairy,2014);③泽埃夫和帕帕(Ben Zeev and Pappa,即将出版)防务新闻冲击,他们所用的识别方法是巴斯基和西姆斯(Barsky and Sims,2012)的中期视野法(medium-run horizon method)。① 此外,我还会对用费希尔和彼得斯(Fisher and Peters,2010)的军事承包商超额收益法得到的结果进行简短的评述。

在所有这些情况下,我都将使用如下数据转换方法和函数形式。第一组转换的目的是使得直接计算乘数更加便利一些,以避免对基于对数变量的估计结果进行某种"特别"转换——对此,欧杨格等人已经有所讨论了(Owyang et al.,2013)。我们可以使用霍尔(Hall,2009)和巴罗-雷德里克(Barro-Redlick,2011)的转换方法,或者也可以使用戈登(Gordon)-克伦(Krenn)转换方法(Gordon and Krenn,2010 年)。霍尔-巴罗-雷德里克的数据转换方法将变量构造为$(X_{t+h}-X_{t-1})/Y_{t-1}$的形式,其中 X 是国民收入和产出账户变量(已经用 GDP 平减指数调整),Y_{t-1}是期间 t 冲击发生之前的实际 GDP。戈登-克伦转换则将所有国民收入和产出账户变量除以"潜在 GDP",后者估计为某个指数趋势。这两种方法可以得到类似的结果。我采取的是戈登-克伦法,将对数实际 GDP 拟合为一个二次趋势。② 这样一来,国民收入和产出账户变量就会转换为:$z_t = X_t/Y_t^*$,其中,Y_t^*是实际 GDP 的估计趋势。使用这种转换时的脉冲响应的性质类似于使用对数水平时的脉冲响应,但是通常同时具有更窄的置信区间。

对非国民收入和产出账户变量做如下变换。平均税率通过当期联邦收入除以名义 GDP 得到。时数变量则是人均总时数的对数——其中作为分母的是总人口。工资则为商业部门的对数名义薪酬,并经私人企业的物价平减指数调整。实际利率则是三个月的国债收益率减去使用 GDP 平减指数计算的通货膨胀率。

这样,在每一期 h,用于估计每个变量 z 的脉冲响应的方程可由下式给出:

$$z_{t+h} = \alpha_h + \theta_h \cdot 冲击_t + \varphi_h(L)y_{t-1} + 二次趋势 + \varepsilon_{t+h} \qquad (18)$$

其中,z 我们是感兴趣的变量,冲击是识别的冲击,y 是控制变量的向量,$\varphi_h(L)$则是滞后算子中的多项式。所有的回归都包括冲击的两个滞后(以消除序列相关性)、转换后的实际 GDP、转换后政府实际购买和实际税率,而且包括所有左侧变量的两个滞后。其中的系数θ_h描述了变量 z 在第 t+h 期对第 t 期的冲击的响应。

如前所述,计算乘数的正确方法是,求出 GDP 的脉冲响应的积分除以政府支出的脉冲响

---

① 我用对数政府支出、GDP 和税收以及四期滞后变量估计了布兰查德-佩罗给蒂冲击。当然,研究者也可以使用戈登-克伦法转换的变量在回归中直接进行估计。感谢泽埃夫和帕帕,他们向我提供了他们对冲击的估计。
② 研究者也可以使用国会预算办公室(CBO)对实际潜在 GDP 的估计。但是,我发现,当我使用国会预算办公室的估计时,隐含的乘数很明显小于当我使用霍尔-巴罗-雷德里克(Hall-Barro-Redlick)的方法或戈登-克伦(Gordon-Krenn)的方法时的乘数(无论是具有二次对数趋势还是四次对数趋势)。

应的积分的比值。具体地说，我们可以通过如下步骤计算出乘数：首先，估计方程式（18）中每期的 GDP，并对系数 θ_h 求和，直至第 H 期。其次，估计方程式（18）中每期的政府购买，并对系数 θ_h 求和，直至第 H 期。最后，将第一步得出的结果除以第二步得出的结果，求出乘数。不过，要估计标准误差则需要一些独特的技巧，例如，可以尝试在一次面板估计中联合估计所有回归。

另一个思路是，如果我们对各变量进行"累积"并将这个估计问题重新表示为一个工具变量（IV）估计问题，那么只用一步就可以轻松地估计出乘数及其标准误差。具体地说，我们可以估计以下方程式：

$$\sum_{i=0}^{h} z_{t+i} = \beta_h + m_h \cdot \sum_{i=0}^{h} g_{t+i} + \chi_h(L) y_{t-1} + 二次趋势 + \nu_{t+h} \qquad (19)$$

其中，因变量是从第 t 期到第 $t+h$ 期的实际 GDP（或其他国民收入和产出账户变量）的总和，政府支出变量是政府购买变量的总和。我们将识别出来的冲击作为政府购买总和的工具变量。估计出来的系数 m_h 就是第 h 期的乘数。这种一步工具变量法有几个优点。首先，乘数的标准误差就是系数 m_h 的标准误差。[①] 其次，只要测量误差与政府支出中的任何测量误差互不相关，冲击的测量误差就是可以衡量的。最后，将这个估计问题表示为工具变量问题的形式，可以凸显工具相关性的重要性。

因此，我首先要考虑的是，每个识别出来的冲击作为政府支出的积分的一个工具变量的相关程度如何。斯托克等（Stock et al.，2002）认为，第一阶段 F 统计量应该超过 10，工具变量法的估计结果才是可靠的，但是他们给出的这个阈值只适用于误差项不存在序列相关性的第一阶段回归。幸运的是，奥莱和弗吕格尔在后续研究中（Montiel Olea and Pflueger，2013）为存在序列相关性的情况确立了阈值。对于方程式（19）的第一阶段回归，10% 水平上的阈值是 23，5% 水平上的阈值则为 37。[②] 如果 F 统计量的值低于上述阈值，就说明工具相关性可能存在问题。

图 4 给出了每一期（共 20 个季度）上述两个水平上政府购买总额对每个识别出来的冲击的第一阶段 F 统计量。在图中，当 F 统计量的值高于 50 时，就"封顶"为 50，这样就可以看得更清楚。图 4A 显示的是从 1947 年开始的样本的结果，图 4B 则显示了从 1954 年开始的样本的结果（即朝鲜战争之后）。从图中可以清晰地观察到若干重要结果。第一，布兰查德–佩罗蒂识别出来的冲击（下文简称"BP 冲击"）总是有非常高的 F 统计量。当然这一点其实并不奇怪，因为根据定义，BP 冲击就等于政府支出、GDP 和税收的四个滞后未能预测的那一部分政府支出。第二，费希尔–彼得斯的国防承包商超额收益冲击在两个样本的所有期间的 F 统计量都非常低，这说明这种收益变量对于衡量政府支出来说，不是一个好工具。第三，我所识别的消息冲击和泽埃夫–帕帕所识别的消息冲击（下文简称为"BZP 冲击"）在短期内相关性较低，但这并不令人意外，因为这种冲击刻画的是关于未来政府支出的消息。第四，在三个季度之后的全样本中，"雷米消息"冲击的 F 统计量的值高于蒙蒂尔–弗吕格尔阈值，但

[①] 由于误差中存在序列相关性，用来估计标准误差的任何方法都应该考虑到序列相关性问题。

[②] 这些 F 统计量和阈值是利用弗吕格尔和王所给出的"weakivtest"（"弱工具变量检验"）Stata 程序模块（Pflueger and Wang，2015 年）得到的。

是 BZP 冲击的 F 统计量则低于那些阈值(介于 8 与 13 之间)。第五,在将朝鲜战争期间排除在外的样本中,除了 BP 冲击之外,其他所有冲击的 F 统计量都非常低。总结一下:BP 冲击的 F 统计量在两个样本中的所有期间内都超出了相关性的安全阈值;"雷米消息"冲击则在全样本中的第四到第二十个季度中做到了这一点;而 BZP 冲击在大多数期间内都可能存在相关性问题;至于费希尔-彼得斯冲击,则总是只有非常低的相关性。因此,在下面的分析中,我不再考虑费希尔-彼得斯冲击。

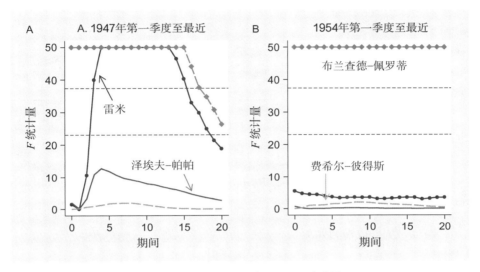

图 4　政府支出冲击的第一阶段 F 统计量

　　注:F 统计量是利用第 t 期至第 $t+h$ 期的政府支出总和对第 t 期的冲击加上滞后控制变量的回归而得出的,其值的上限设为 50,高出此值者一律统一为 50。图中的水平虚线是奥莱和弗吕格尔给出的 5% 最坏情况偏差(两图中上面那条虚线)和 10% 最坏情况偏差(两图中下面那条虚线)的阈值(Montiel Olea and Pflueger,2013)。

　　图 5 显示的是用方程式(18)估计的脉冲响应(各种不同设定下得到的估计结果,已经通过令政府购买具有同样的峰值进行了标准化调整)。在图 5 中,描述国民收入和产出账户变量的各小图的纵坐标应被解释为美元,例如,政府购买上升的峰值为 1 美元的冲击,可能会导致 GDP 增加 75 美分;而描述其他变量的各小图的纵坐标则表示百分点。图中的置信区间表示基于对标准误差的纽维-韦斯特校正的 90% 置信区间,但是,它们并没有将有两个冲击是生成回归量(generated regressor,或称生成自变量)这一点考虑进去。

　　首先考虑图 5 中的左上小图。雷米和 BZP 的消息变量意味着相似的政府购买冲击发挥作用的路线:冲击发生后前几个季度几乎没有什么影响,然后在大约五个季度后达到峰值。相比之下,BP 冲击则会立即导致政府支出上升。右上小图则表明,作为对这三个主要冲击的反应,GDP 会立即跳升。GDP 的反应最大的是 BZP 冲击,但是在政府购买达到顶峰之前,GDP 就开始回落了。

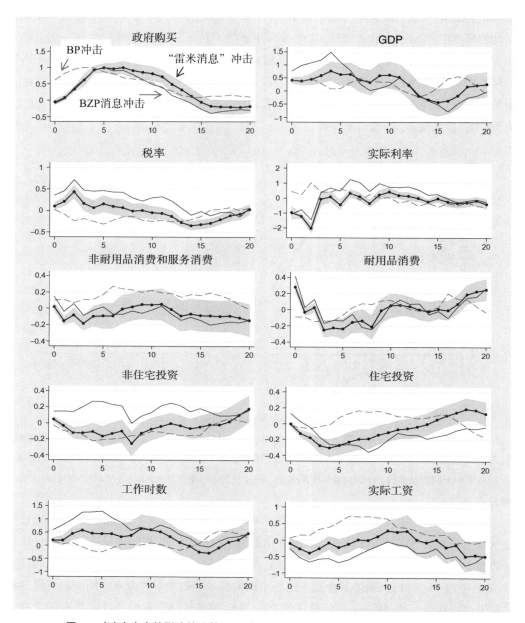

图 5　对政府支出的影响的比较(BP:布兰查德–佩罗蒂;BZP:本·泽埃夫–帕帕)

注:图中的灰色区域表示 90% 置信区间。

　　税率序列就是联邦收入除以 GDP 的结果。这个变量既可能因为税收立法而上升,也可能因为更高的 GDP 将更多的家庭推入更高的纳税等级而提高。据估计,BZP 冲击之时,税率立即就会开始上涨;而在"雷米消息"冲击下,税率只会逐级上升。BP 冲击后,税率却逐渐下降。实际利率(以 3 个月政府债券利率减去通货膨胀率计算)在消息冲击之后会下降,但在 BP 冲击后却略有上涨。对实际利率各组成部分的反应的分析表明(在图 5 中未显示),下跌是由名义利率下降和通货膨胀上升所致。正如我(Ramey,2011a)所阐明的那样,通货膨胀率的上升在很大程度上是由朝鲜战争初期价格的巨幅上涨所致。这是因为,企业对不久之前的第二次世界大战记忆犹新,预计随着战争的爆发价格管制将卷土重来,因此提前加价。

现在考虑国民收入账户的四个组成部分(如图 5 中间的四幅小图所示)。非耐用品消费和服务消费在"雷米消息"冲击后出现下降,在 BZP 冲击后则反应不大,但在 BP 冲击后却出现上升。我在一篇论文(Ramey,2009)中通过对一个动态随机一般均衡模型的模拟证明,如果将一个预期到的冲击当作一个意想不到的冲击来处理,那么是可以估计消费的上升的。我在那篇论文中指出,BP 冲击后的消费上升可以通过这种类型的识别问题来解释。

耐用品消费在这两种消息冲击后的反应是,一开始的时候迅速上升,然后下降。就价格而言,之所以在冲击之后的初期出现飙涨,主要是因为消费者在 1950 年朝鲜战争刚开始时的激烈反应:根据第二次世界大战给自己留下的新鲜记忆,消费者担心耐用品配给迫在眉睫,所以他们匆忙购买了大量耐用品。非住宅投资因 BZP 冲击而有所上升,但在"雷米消息"冲击和 BP 冲击后却出现了下降。住宅投资对这两种消息冲击的反应都是下降,但是在 BP 冲击一年以后,住宅投资会回升。

最后,上述两种消息冲击都意味着工作时数上升和实际工资下降,而在 BP 冲击后,工作时数几乎没有什么反应,不过实际工资则出现上涨。

表 4 显示的是各个期间的估计乘数。[①] 上述两种消息冲击的影响的乘数为负,是因为产出跳升,同时政府支出却略有下降。而在接下来的几个季度,这两种消息冲击的乘数很大,因为产出立即对未来政府支出的消息做出了反应。不过,政府支出一旦上升到高点,"雷米消息"冲击所隐含的乘数就会低于 1,BZP 消息冲击的乘数则高于 1。例如,BZP 消息冲击的乘数在第 8 季度时为 1.4,在第 16 季度时为 1.1。图 5 中给出的反应图示表明,BZP 冲击后乘数较大,原因在于非住宅投资大幅上升。不过,还应该指出的是,BZP 冲击下的乘数估计不太准确,这一点可以从标准误差看得很清楚。这也是 BZP 消息冲击工具相关性往往较低的一个表现。另一方面,布兰查德和佩罗蒂冲击下的乘数都很小——绝大多数都小于 0.5。然而,估计值不够准确,不足以在标准的显著性水平上拒绝 0 或 1 的乘数。

表 4 乘数估计[括号中为 HAC(异方差和自相关一致的)标准误差]

期间(以季度计)	布兰查德-佩罗蒂冲击	"雷米消息"冲击	本·泽埃夫-帕帕消息冲击
0	0.65(0.24)	−7.53(7.26)	−7.37(5.85)
4	0.37(0.23)	1.37(0.33)	2.91(1.13)
8	0.39(0.32)	0.80(0.25)	1.41(0.61)
12	0.39(0.44)	0.77(0.27)	1.24(0.71)
16	0.40(0.58)	0.60(0.36)	1.10(1.01)
20	0.44(0.63)	0.69(0.48)	1.17(1.46)

注:乘数是用方程式(19)估计的。所有回归都还包括冲击的两个滞后(以消除序列相关性)、实际 GDP(除以潜在 GDP)、实际政府购买(除以潜在 GDP)、税率二次趋势。

———————

① 这些估计是基于如方程式(19)所示的一步法得出的。

接下来,我们考虑每个冲击对产出的预测误差方差的贡献有多大。虽然可以使用估计的局部投影系数来计算预测误差方差,但是我发现全部冲击的份额加总后会超过100%。因此,就目前的目的而言,更好的计算预测误差方差的方法是,在一个包括了冲击、对数政府支出、对数实际GDP和对数税收的标准向量自回归模型中计算,其中,冲击排在第一位,并包括各个变量的四期滞后,以及一个二次趋势。

表5显示了上述已经识别出来的三种政府支出冲击对政府支出和产出的影响的预测误差方差分解。BZP冲击尽管对政府支出的贡献最小,但是对产出的贡献是最大的——不过仍然在13%以下。BP消息冲击和"雷米消息"冲击的贡献则通常只有5%以下。因此,所有这三种冲击都不是产出变化的重要因素。

总而言之,大多数总体分析都发现政府支出乘数在0.6到1.5之间。BP冲击导致的乘数更小一些,但是它同时又确实意味着政府支出导致消费和实际工资随着GDP和工作小时数上升。相比之下,"雷米消息"冲击和BZP消息冲击都会导致实际工资下降。这两个消息冲击初期都会导致耐用品消费飙升(由于消费者担心实施配给制),然后又会下降。BZP冲击导致非耐用品消费昙花一现式地上升,但是升幅随后就下降至0。"雷米消息"冲击意味着非耐用品消费下滑。总之,没有一种方法表明政府支出冲击可以解释GDP波动的主要部分。

表5　冲击对政府支出和产出预测误差方差的贡献

期间(以季度计)	布兰查德–佩罗蒂冲击		"雷米消息"冲击		本·泽埃夫–帕帕消息冲击	
	政府支出	产出	政府支出	产出	政府支出	产出
0	100.0	5.5	1.0	2.2	1.4	5.6
4	96.2	3.3	31.8	2.6	14.0	10.1
8	90.5	2.9	50.2	2.9	27.0	12.6
12	86.5	2.5	50.5	2.5	29.8	12.1
16	83.1	2.4	46.7	2.4	29.4	11.8
20	80.2	2.3	43.0	2.2	28.7	11.7

注:基于包括了冲击、对数政府支出、对数实际GDP、对数税收和一个二次趋势的标准向量自回归模型,其中,冲击排在第一位,并包括了各个变量的四期滞后。

4.2　税收冲击

我接下来评述关于税收冲击的文献。在20世纪60年代的大型凯恩斯计量经济学模型中,税收通常是一个重要的组成部分。公共财政文献也分析了税收效应的许多细节。在本节中,我将重点介绍20世纪90年代以来的宏观经济学文献对税收的影响的估计。

4.2.1　预料不到的税收冲击

4.2.1.1　相关文献总结

宏观经济学家一般使用估计的动态随机一般均衡模型和时间序列模型来估计税收的影响。最早在一个估计的动态随机一般均衡模型中对宏观经济的税收效应进行系统分析的宏观经济学家是麦克格拉顿（McGrattan，1994）。她将基德兰德和普雷斯科特（Kydland and Prescott，1982）的模型扩展为包含政府消费、劳动收入所得税和资本收入所得税的模型，并使用最大似然估计参数。结果发现，技术在商业周期波动中的作用大为降低了——只有 41%，而不是基德兰德和普雷斯科特估计的 75%。她还发现，对政府支出的冲击可以解释产出预测误差方差的 28%，劳动收入所得税冲击可以解释 27%，资本收入所得税冲击只能解释 4%。

在各种时间序列方法中，布兰查德和佩罗蒂（Blanchard and Perotti，2002）运用结构向量自回归方法，利用净税收对 GDP 的弹性（源于其他研究的估计）来识别税收冲击。现在，让我们回到本章第 2 节讨论过的那个简单的三变量模型，考虑以下系统：

$$\eta_{1t}=b_{12}\eta_{2t}+b_{13}\eta_{3t}+\varepsilon_{1t}$$
$$\eta_{2t}=b_{21}\eta_{1t}+b_{23}\eta_{3t}+\varepsilon_{2t} \tag{20}$$
$$\eta_{3t}=b_{31}\eta_{1t}+b_{32}\eta_{2t}+\varepsilon_{3t}$$

其中，η_{1t} 是净税收的简化式残差，η_{2t} 是政府支出的简化式残差，η_{3t} 是 GDP 的简化式残差。布兰查德和佩罗蒂（Blanchard and Perotti，2002）利用乔里斯基分解识别出了对政府支出的冲击，方法是将政府支出排在第一位（即，$b_{21}=b_{23}=0$）。他们又通过设定 $b_{13}=2.08$（来自对净税收的周期敏感性的外部估计），识别出了对净税收的外部冲击。有了这三个限制，研究者就足以识别所有剩余的参数，从而识别所有三个冲击。布兰查德和佩罗蒂估计，税收冲击的"影响乘数"为负的 0.78。这个影响乘数是按相对于初始的税收冲击的 GDP 谷值来计算的。

蒙特福德和厄里格（Mountford and Uhlig，2009）使用符号限制法来识别税收冲击和消费冲击。他们得到的结果是，在 12 个季度内，通过赤字融资的税收减免的乘数为-5（税收减免的乘数是通过脉冲响应函数的当前值的比率来计算的）。为了将他们的结果与布兰查德和佩罗蒂（Blanchard and Perotti，2002）的结果进行比较，他们还计算出了"影响乘数"——其含义是，某个给定的季度的 GDP 对财政变量的最初冲击影响的反应值。结果发现，在第 7 个季度，布兰查德和佩罗蒂的方法得到的峰值影响乘数为-1.3，而蒙特福德和厄里格他们自己的结果则意味着-3.6 的峰值影响乘数（Mountford and Uhlig，2009）。

关于布兰查德和佩罗蒂（Blanchard and Perotti，2002）所用的模型，卡尔达拉和坎普斯证明，用该模型估计出来的乘数在很大程度上取决于对净税收收入对 GDP 的弹性的假设（Caldara and Kamps，2012）。尤其重要的是，卡尔达拉和坎普斯还证明，假设的周期性弹性参数的微小变化，就可能导致估计出来的税收乘数发生很大的变化。也就是说，这种情况本身似乎就可以说是假设的弹性的"乘数的乘数"。为此，卡尔达拉和坎普斯（Caldara and Kamps，2012）提出了一种新的方法，其中包括对税收和支出的产出弹性施加概率限制（probability restrictions）。当他们实施这种方法时，他们发现税收冲击的峰值影响乘数为-0.65，同时还发现政府支出冲击的峰值影响乘数大于 1。

巴罗和雷德里克（Barro and Redlick，2011）利用美国国税局数据构造了一个新的平均边际税率序列，并分析了它在他们的模型中的影响，该模型同时还考虑了政府支出的年度数据（追溯至 1917 年）。在他们的基准设定中，他们发现平均边际税率每上升 1 个百分点就会使

GDP下降0.5%。他们的计算表明税收乘数为-1.1。

罗默夫妇则使用叙事性方法来识别税收冲击(Romer and Romer,2010)。他们根据总统演讲和国会报告,构造了若干个税收改革立法序列,并根据颁布实施法案的动机将它们相互区分开来。他们认为,由减少赤字或促进长期增长的愿望引发的税收变动可以用于确定税收变化对产出的因果影响。他们构建了一个标准的动态单方程模型,运行产出增长对其自身的滞后值、对"外生的"税收变化的当期值和滞后值的回归,得到的估计结果是,三年期的税收乘数为-2.5至-3。利等(Leigh et al.,2010年)也运用类似的叙事性方法研究了各国的财政巩固的影响。[①] 克罗因(Cloyne,2013年)同样运用这种方法识别出了英国的外部税收冲击。

法费罗和吉亚瓦齐(Favero and Giavazzi,2012)将罗默夫妇的序列嵌入了一个有些受限的向量自回归模型,并识别出了较小的乘数。在默藤斯和拉文(Mertens and Ravn,2011b,2012,2013,2014)的一系列研究中,他们利用罗默夫妇的叙事性信息,大大扩展了我们对于税收冲击对经济的影响的理解。在本小节中,我将重点介绍默藤斯和拉文的几个贡献,并在下一小节中继续讨论他们的其他贡献。首先,默藤斯和拉文(Mertens and Ravn,2011b,2012)根据法案通过时间和法律实施之间的间隔,将罗默夫妇的序列区分为意料之中的冲击和意料之外的冲击。罗默夫妇是根据法律实施时间(而不是立法时间)对所有冲击进行排列的。在这里,我将先讨论意料之外的冲击的影响,并在下面再来讨论预期到的冲击的影响。其次,在他们的另一篇论文中(Mertens and Ravn,2013),默藤斯和拉文将罗默夫妇的序列中意料之外的那部分进一步分解为个人所得税的变化和企业所得税的变化,并揭示了这两种不同的减税对经济的不同影响。在2014年发表的一篇论文中,默藤斯和拉文又通过引入我在前一节中讨论过的代理变量结构向量自回归方法,将布兰查德和佩罗蒂的结构向量自回归模型的估计结果与叙事性方法的估计结果进行调和。

如本章第2.3.5部分所述,默藤斯和拉文(Mertens and Ravn,2014)的代理变量结构向量自回归模型提供了一种使用外部工具来识别冲击的新方法。他们的具体做法是,以罗默夫妇的冲击为工具,运行方程式(20)中的GDP的简化式残差 η_{3t} 对税收的简化式残差 η_{1t} 的回归,这样可以得到 b_{31} 的无偏估计(因为他们假设 η_{2t} 是对政府支出的结构性冲击,它与其他结构性冲击不相关)。然后,我们就可以利用该回归中得到的估计残差——将之作为 η_{1t} 对 η_{2t} 和 η_{3t} 的回归的一个工具。通过此回归可以识别出 b_{12} 和 b_{13}。默藤斯和拉文利用这种方法估计的结果是 $b_{13} = 3.13$,95%置信区间为(2.73,3.55)。因此,他们的结果表明,布兰查德和佩罗蒂预设的估计值 $b_{13} = 2.08$ 太低了。将税收收入的产出弹性设定得太低,会导致包含反向因果关系的估计税收冲击(反向因果关系是指,由于产出对税收的正面因果效应,税收的周期性分量与产出之间将存在正相关性)。这也是可以证明卡尔达拉和坎普斯关于假设的结构性税收弹性与估计乘数之间联系的洞见的一个很好的例证。表6总结了现有文献给

---

① 利等人试图解决一个测度问题,后者是讨论财政巩固措施的影响的大量文献都非常关注的问题,其中较好的一些研究包括:吉亚瓦齐和帕加诺的论文(Giavazzi and Pagano,1990,1996),阿莱西纳和佩罗蒂的论文(Alesina and Perotti,1995,1997),以及阿莱西纳和阿尔德格纳的论文(Alesina and Ardagna,1998,2010)。

出的多种税收乘数估计值。

表6　对美国经济的总税收乘数的若干估计结果总结

研究	主要样本	识别方法	所指出的税收乘数
埃文斯（Evans,1969）	季度,1966—1974年	基于对沃顿（Wharton）、克莱因－戈德伯格（Klein－Goldberger）和布鲁金斯（Brookings）模型的估计	-0.5 至 -0.7,依赖于期间、税收类型及模型设定
布兰查德和佩罗蒂（Blanchard and Perotti,2002）	季度,1960—1997年	在一个结构向量自回归模型中假设了产出弹性。"税收"是实际税收减去转移支付	-0.78 至 -1.33（峰值影响）
蒙特福德和厄里格（Mountford and Uhlig,2009）	季度,1955—2000年	有符号限制的向量自回归。运用的变量与布兰查德和佩罗蒂（Blanchard and Perotti,2002）相同	-5,对于为了减少赤字而增税的情况
罗默夫妇（Romer and Romer,2010）	季度,1947—2007年	基于叙事性证据,出于减少政府预算赤字或促进未来经济增长而改变税收的立法	-3,基于峰值效应。罗默夫妇的论文（Romer and Romer,2009）证明这种税收冲击不会显著地提高政府支出,因此它们接近于纯粹的税收冲击
巴罗和雷德里克（Barro and Redlick,2011）	年度,1917—2006年,以及其子样本	平均边际所得税率	-1.1
法费罗和吉亚瓦齐（Favero and Giavazzi,2012）	季度,1950—2006年	"罗默冲击",嵌入结构向量自回归模型中	-0.5
卡尔达拉和坎普斯（Caldara and Kamps,2012）	季度,1947—2006年	结构向量自回归,运用外部弹性	-0.65（峰值影响）
默藤斯和拉文（Mertens and Ravn,2014）	季度,1950—2006年	代理变量结构向量自回归,运用罗默夫妇的意料之外的冲击	-3,6个季度内

默藤斯和拉文（Mertens and Ravn,2013）将意想不到的罗默式冲击（Romer shock）分解为个人收入所得税税率的变化和企业所得税税率的变化两部分。他们发现,任何一种税收税率的降低,都会对产出、就业、工作时数和税基产生正面影响。特别有意思的是,降低企业所得税税率并不会减少企业所得税收入,因为企业所得税税基对减税的反应极其强烈。个人所得税减免通常比企业所得税减免更能提高消费和投资。更多、更详细的信息,请参见默藤斯和拉文的论文（Mertens and Ravn,2013）中的图2、图9和图10。

吴和瑞斯强调了转移支付在应对经济大衰退的刺激工具箱中的重要性（Oh and Reiss,2012）。他们构建了一个异质经济个体模型,并探讨了转移支付的预测乘数。然而,对于与政府转移支付相关的乘数,现有的实证研究非常少。[1] 一个主要的挑战是识别转移支付的外生变动。豪斯曼(Hausman,2016)研究了1936年的巨额退伍军人奖金(相当于当年GDP的2%),发现它对消费支出产生了即期影响。他的计算表明,该奖金导致1936年GDP增长速度加快,但是随后的1937年的经济增长却迅速出现了逆转。罗默夫妇(Romer and Romer,2016)也研究了社会保障福利支付总额的变化对美国经济的影响。他们发现,消费对社会福利的永久性变化的反应非常快,但是这种影响在几个月内就会消失。此外,没有明确的证据可以证明它对总产出或就业的影响。

吉切特(Gechert,2015)对各种类型的乘数进行了荟萃分析。他发现税收乘数和转移支付乘数通常为0.6~0.7。

4.2.1.2 对税收冲击的进一步探索

在本部分,我将对默藤斯和拉文发表于2014年的一篇论文(Mertens and Ravn,2014)给出的关于税收冲击的结果进行更细致的分析。为此,我首先照搬默藤斯和拉文的模型设定、数据和样本。他们设定了一个三变量结构向量自回归模型——三个变量分别是联邦政府支出、产出和联邦税收,全部取其实际人均对数值。[2] 这个向量自回归模型包括了各变量的四期滞后,还包括一个二次趋势以及一个指代1975年第二季度的虚拟变量——这种处理方法追随了布兰查德和佩罗蒂(Blanchard and Perotti,2002)的做法。而所用的税收冲击则是默藤斯和拉文从罗默夫妇的叙事性冲击中提取出来的意想不到的冲击。

图6A显示的是默藤斯和拉文用他们的代理变量结构向量自回归方法估计出来的税收收入和产出的脉冲响应。[3] 结果表明,对税收收入的冲击效应相当于GDP1%的正向的"罗默税收冲击",会在若干个季度内提高税收收入,并在随后增幅降低至零以下(尽管在统计学上并不显著)。而产出则在冲击后显著下滑,并在一年后于-3左右的低谷徘徊。这些结果的量级与罗默夫妇(Romer and Romer,2010)运用他们的完整外生序列时得到的相似。

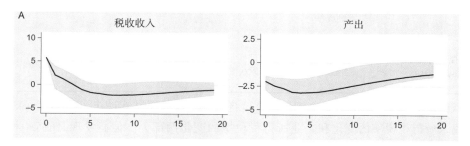

---

[1] 当然,研究各种转移支付对个人家庭消费和储蓄的影响的文献有很多。但是,这些文献的估计结果并不能直接转化为总乘数。

[2] 布兰查德和佩罗蒂实际上使用的是"净税收"(net taxes),这个术语意味着税收减去转移支付。不过,我采取的是与默藤斯和拉文一样的做法,即直接使用税收。当然,我们可以对他们的模型进行扩展,将转移支付作为第四个变量包括进来,并以罗默夫妇(Romer and Romer,2014)的叙事性转移支付冲击序列作为外部工具。

[3] 这与默藤斯和拉文的论文(Mertens and Ravn,2014)的图4一样——只不过符号方向相反,以考察税收增加的影响。

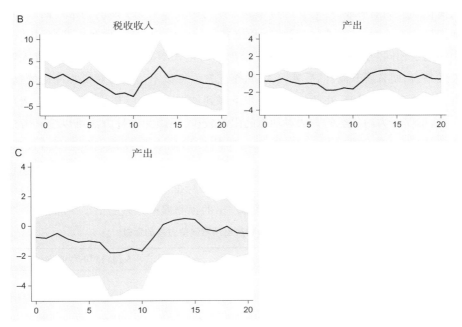

图 6　意料之外的罗默税收冲击的影响,三变量向量自回归模型,
样本期间为 1950 年第一季度至 2006 年第四季度

注:(A)默藤斯和拉文(Mertens and Ravn,2014)的代理变量结构向量自回归模型。(B)约尔达局部投影法,简化式。(C)约尔达局部投影法,工具变量回归(产出对税收收入)。图中浅灰色区域是 90% 置信区间。

但是,通过进一步探索,我发现了一些工具相关性方面的潜在问题。税收收入对预期的税收冲击(已控制向量自回归中的其他变量的滞后变量)的第一阶段回归的 F 统计量的值仅为 1.6(基于稳健的标准误差),这就说明工具相关性可能存在问题。[1] 斯托克和沃森(Stock and Watson,2012)也注意到,他们的动态因子模型中的某些外部工具变量的第一阶段 F 统计量存在问题。[2] 当然,从 GDP 到税收的反馈本身就是一个相当复杂的过程。当保持 GDP 不变的时候,外生给定的加税举措应能增加税收收入;然而,当 GDP 下降时,就会导致税收收入也下降。因此,也许最好将"罗默税收冲击"视为税率的一个工具变量。在理想情况下,我们可以直接利用法定税率,因为实际支付的税率部分是内生性的(因为收入的变化可能会导致一个纳税人"进入"不同的纳税等级)。

我没有上述数据,所以我直接使用了平均税率,即,联邦税收收入除以名义 GDP,然后估计了如前所述的第一阶段回归(用平均税率代替对数税收)。在这个回归中,罗默冲击的 F 统计量为 3.2,达到了前一种估计中的两倍,但是仍远低于工具相关性所要求的阈值。

考虑到工具相关性的重要意义,我又使用约尔达局部投影法和罗默税收冲击来估计脉冲响应,以便对默藤斯和拉文(Mertens and Ravn,2014)的结果进行陷健性检验。我首先估计

---

[1] 这些额外的结果是基于与默藤斯和拉文(Mertens and Ravn,2014)相同的数据定义和模型设定得到的,但是对数据有所修订。如果使用他们的原始数据,我们也可以得到相似的结果。
[2] 关于外部工具变量模型框架下的工具相关性问题,请参见隆德福德(Lundsford,2015)和蒙蒂尔·奥莱等(Montiel Olea et al.,2015)的讨论。

的是其简化式。如前所述,这需要运行第 $t+h$ 期的因变量对第 t 期的冲击的回归,同时控制好其他变量的滞后变量。为了与默藤斯和拉文的设定保持一致,我在代理变量结构向量自回归中使用了相同的滞后和变量。图 6B 给出了简化式下的脉冲响应。税收收入对冲击的反应模式是,初期有所升高,然后就回落,直至正常水平以下。作为对税收冲击的反应,产出在冲击伊始就会下降,随后在两年后进一步下降到-2 左右,之后开始有所复苏。置信区间则更加广,这不仅因为约尔达的方法对动态的限制较少,还因为这种方法可以统一考虑税收冲击对税收的影响的不确定性。不过,头几年的产出的点估计值与罗默夫妇(Romer and Romer,2010)的原始结果以及默藤斯和拉文(Mertens and Ravn,2014)的代理变量结构向量自回归模型的结果大体一致。[1] 表 7 给出了基于一个标准的向量自回归模型的预测误差方差分解。[2] 预料之外的税收冲击似乎只能解释产出的预测误差方差的很小一部分。

表 7　税收冲击对产出预测误差方差的贡献

期间(以季度计)	罗默夫妇的意料之外的冲击	利珀等人预料到的税收序列
0	1.6	0.4
4	0.4	5.7
8	0.5	4.8
12	1.1	4.4
16	1.8	4.3
20	2.1	4.3

注:基于标准向量自回归模型,变量包括冲击、对数产出、对数政府支出、对数税收,以及二次趋势。冲击被排在第一位,包括各变量的四期滞后。

　　然而,正如默藤斯和拉文(Mertens and Ravn,2014)所指出的那样,外部工具变量往往会携带着测量误差(measurement error),所以不应该直接被用于结构向量自回归模型当中。对于这个问题,我在本章第 2 节已经讨论过了。一个自然调整方法是动用约尔达法,估计作为工具变量的某个事物。因此,在第二个设定中,我将运行第 $t+h$ 期的产出对第 t 期税收收入变动的回归,并以罗默税收冲击中的意料之外的部分(分量)为工具变量,同时控制与代理工具结构向量自回归模型中相同的那些变量(产出、税收收入和政府支出的四期滞后,以及所有确定项)。图 6C 给出了这种设定下产出的估计脉冲响应。这些结果的点估计值与图 6B 中与产出有关的结果非常相似,区别在于置信区间非常宽,且总是包含零。此外,我还对前12 个季度的响应的积分是否不同于零进行了检验,结果是,我不能拒绝零假设。[3]

　　简单总结一下。讨论税收冲击的影响的文献采用了许多不同的方法,例如存在校准弹性的结构向量自回归模型、叙事性方法和符号限制。默藤斯和拉文(Mertens and Ravn,2014)

[1] 如果我对罗默的原始设定和税收冲击应用约尔达的方法,那么得到的结果将会非常接近他们的结果。这也是可以预料到的,因为他们不是根据向量自回归模型计算反应的。

[2] 如本章第 4.1.3 部分所述,虽然可以使用估计的局部投影系数计算预测误差方差,但是我发现其份额加总有时会超过 100%。因此,为了达到目前的研究目的,我计算了一个向量自回归模型中的预测误差方差,该模型的变量包括冲击、对数政府支出、对数实际 GDP 和对数税收。其中,冲击被排在了第一位,还包括各变量的四期滞后。

[3] 减少滞后变量或控制变量的数量,结果也基本不变。

试图调和其中一些方法,他们的结论倾向于支持罗默夫妇(Romer and Romer,2010)得到的较大的估计弹性。我的稳健性检验则证明,虽然在工具相关性方面可能会存在某种问题,但是用限制性较低的方法估计出来的冲击响应也大体上支持罗默夫妇(Romer and Romer,2010)对税收乘数为-2 至-3 的估计。

4.2.2　关于未来税收变化的消息

4.2.2.1　相关文献概览

经济学理论预测,预料到的税收变化所产生的影响应该与意想不到的税收冲击非常不同[例如,请参阅杨(Yang,2005)]。如果经济个体知道未来税率会有所上升,那么他们应该会在当期通过采取一些具有跨期替代性质的"应税行动"来做出回应。此外,如本章第 2 节所述,对未来税收变化的预见可能会导致标准结构向量自回归模型出现识别问题。在本部分,我将回顾近期探讨预期税收变化对总体经济的影响的相关文献,同时还将给出一些新的结果。

默藤斯和拉文(Mertens and Ravn,2011b,2012)根据立法通过和法律实施之间的"延迟",将罗默夫妇的叙事性税收冲击序列分解为预期到的冲击与意料之外的冲击,探讨了预期税收变化的影响。在罗默夫妇的序列中,所有冲击的排列顺序是与法律实施时间,而不是与立法通过时间相一致的。默藤斯和拉文认为,宏观经济变量对预期到的冲击和意料之外的冲击的反应应该是很不相同的。

默藤斯和拉文将立法通过后超过 90 日才付诸实施的税收变动分离了出来。由于这类税收变化的数量并不多,而且由于立法通过与法律实施之间的时间间隔相互之间差异极大,因此,默藤斯和拉文根据法律实施前的剩余季度数,将不同的预期到的税收冲击"捆绑"起来,以保持其估计的自由度。这样一来,他们这项研究并没有追溯到"税收消息"本身的影响;相反,它更接近于对税收变化(立法)实施之前与之后各变量的"行为"的一个事件研究。默藤斯和拉文(Mertens and Ravn,2011b,2012)估计,预期到的和意料之外的税收冲击合到一起,可以解释商业周期循环频率中产出的历史变化的 20%。特别有意思的是,他们还发现,所谓的"沃尔克衰退"(Volcker Recession)实际上主要是里根减税导致的。里根的减税法案于 1981 年通过,但是直到 1982 年至 1984 年间才得以分阶段实施。默藤斯和拉文的估计结果表明,从 1981 年下半年至 1982 年整年这个时期出现的产出下降,大部分都是由人们预计到未来会减税而导致的负面效应所致。

利珀、里克特和沃克在一项研究中(Leeper, Richter and Walker,2012)根据联邦债券和市政债券之间的差价,构造了一个衡量预期税收变化的替代指标(下文将该论文简称为"LRW")。不过,他们的目标只是利用他们新构造的序列来改进他们的理论模型,因此没有直接从数据中估计冲击的影响。后来,在利珀等人为 2013 年于《经济计量学报》发表的另一篇论文(Leeper et al.,2013)提供的非公开补充资料中,利珀等人考察了他们这个指标对产出的影响,并证明对未来增税的预期会导致消息来临时产出的提高。

4.2.2.2　进一步的探索

我接下来进一步分析若干已被识别出来的重要税收消息冲击的影响。图 7 给出了默藤斯和拉文(Mertens and Ravn,2011a,2011b)对预期到的罗默税收冲击的影响的估计。在图中,第"0"季度指法律实施的那个季度,取负值的季度指消息到来之前和实施之前的那些季度,取正值的季度指实施之后的那些季度。

图7中的各幅小图给出了存在预期效应和跨期替代效应的明确证据。在宣布增税之后与付诸实施之间的那段时间,大多数变量,包括产出、工作时数、投资和耐用品消费支出,全都高于平均水平。而在实施后,所有变量均低于正常值——甚至还包括非耐用品消费支出。这样来看,数据与理论非常一致。

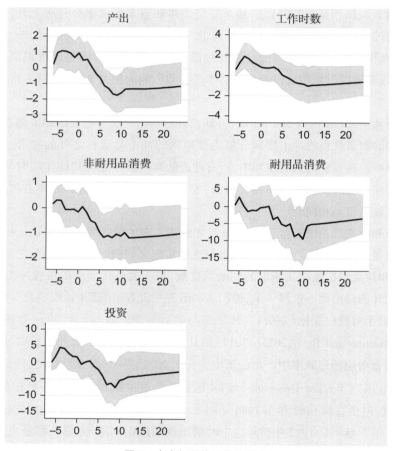

图7 未来加税的消息的影响

注:默藤斯和拉文的估计基于罗默夫妇的叙事性序列(1950年第一季度至2006年第四季度)。图中的浅灰色区域为90%置信区间。

为了与默藤斯和拉文的结果进行比较,我进一步分析了利珀等(Leeper et al.,2012)的对未来1至5年的平均预期未来税率这个指标(AFTR 15)的影响。运用约尔达的局部投影法,我对每一期都估计了几组回归。具体做法是,运行如下回归:第$t+h$期的内生利率变量对第t期的AFTR 15以及AFTR 15的四期滞后、该内生变量的四期滞后、平均联邦税率(即联邦总收入除以GDP)的四期滞后。因为我没有将冲击与任何其他变量的当前值进行正交,所以这个识别方案与利珀等(Leeper et al.,2013)所使用的识别方法相似——他们在乔里斯基分解中将税收消息排在了首位。

图 8 显示了对未来税率会上升的"消息"的估计反应。不难看出,这里的结果与默藤斯和拉文的结果非常相似,尽管税收消息变量有着完全不同的来源,而且这里估计的模型是对消息的反应,而不是对法律实施前后的事件的研究。在第 0 期,当消息到来——税率将在未来 1 年至 5 年间提高——产出、工作时数和投资都开始上升。这些变量先是在一段时间内维持高位,然后在大约一年后下降至低于正常水平。

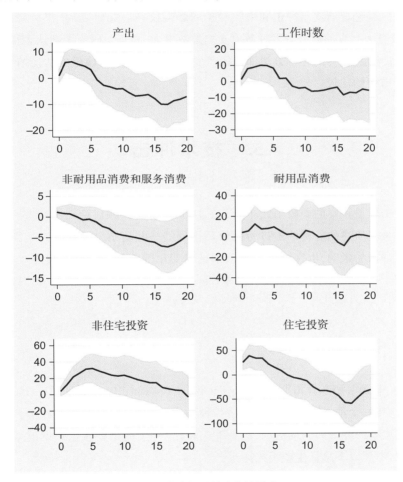

图 8　未来加税的消息的影响

注:使用利珀等(Leeper et al. ,2012)的指标和约尔达局部投影法,样本期间为 1954 年第一季度至 2005 年第四季度。图中的浅灰色区域为 90% 置信区间。

表 7 给出了利珀等人的预期税收变化指标的预测误差方差分解。这些冲击看上去似乎比预料之外的税收变化更能解释产出的方差,但是解释度仍然低于 6%。

总而言之,与未来税收变化的消息相关的这些结果,是财政文献给出的最有力、最稳健的结果中的一些。关于未来税率将会提高的预期,会导致当前的"繁荣"以及随后的"萧条"。这也许是"消息"能够驱动经济波动的最强有力的证据之一。

4.3 对财政冲击的结果的小结

在本部分,我对关于财政冲击的影响的主要方法和结论进行了总结。关于政府支出和税收对产出的影响,使用外部叙事性序列方法得到的估计结果往往比传统的结构向量自回归方法更大。而且对于政府支出和税收来说,预期效应是非常重要的。

一些文献是把政府支出冲击和税收冲击的影响放在一起研究的,并且会在比较后指出"哪个"乘数更大。有的研究者发现政府支出乘数更大,而其他研究者则认为税收乘数更大。对此,我的评论是,现有的各种方法都无法产生足够精确和足够稳健的估计结果来对上述两种乘数进行有效的比较。

5. 技术冲击

技术冲击是最重要的非政治性冲击。在本节中,我将回顾讨论技术冲击的相关文献,并给出通过对文献所述的各种冲击进行比较后得到的一些新结果。我讨论了经典的、未曾预料到的技术冲击的影响,也探讨了关于未来技术变化的消息的影响。我还对中性的技术冲击与对特定于投资的技术或投资专有技术(investment-specific technology,IST)的冲击进行了区分。

5.1 中性技术冲击

1982 年,基德兰德和普雷斯科特(Kydland and Prescott,1982)证明了一个(在当时)令人惊讶的结果:在一个动态随机一般均衡增长模型中,只要有一种类型的冲击,就可以令各关键变量形成典型的经济周期性运动,这种冲击就是:外生的全要素生产率的增长率的变化。更具体地说,考虑以下总量生产函数:

$$Y_t = A_t F(L_t, K_t) \tag{21}$$

其中,Y_t为产出,A_t为全要素生产率,L_t为劳动,K_t为第 t 期初的资本。中性技术冲击,或者说全要素税率冲击就是指对驱动 A_t 变化的过程的冲击。

许多"经验规律"都支持基德兰德和普雷斯科特提出的假说。第一,索洛(Solow,1957)证明,在 1909 年至 1949 年间的平均劳动生产率增长中,高达87%都可以归因于全要素生产率的增长。既然全要素生产率的增长对经济增长如此重要,那么怎么可能对商业周期不重要呢? 第二,在基德兰德和普雷斯科特发表那篇论文的时代,劳动生产率的顺周期性作为一个特征事实在很久之前就已经得到了广泛公认。当然,对于凯恩斯主义从"总需求"角度给出的对商业周期的解释来说,这种特征事实构成了一个挑战,因为收益递减规律预示了劳动

生产率是逆周期性的。在通常情况下,认为总需求驱动商业周期的理论不得不诉诸所谓的
"劳动窖藏"(labor hoarding)或收益递增一类的"故事",不然就无法解释劳动生产率的顺周
期性。

在后续研究中,普雷斯科特(Prescott,1986)使用索洛残差来度量外生全要素生产率,并
将他的模型与该序列的标准偏差结合起来,论证了商业周期波动的大部分都可以用技术冲
击来解释。然而,从20世纪90年代开始,出现了一些新的研究结果,使得人们对将索洛残差
当作外生技术进步的度量指标来分析商业周期的做法产生了怀疑。首先,埃文斯(Evans,
1992)证明,货币、利率和政府支出等变量也会导致索洛残差(在格兰杰因果关系的意义上)。
其次,霍尔(Hall,1988,1990)发展出了一个更一般的索洛残差分析框架,放松了竞争假设和
规模收益不变假设。这个框架阐明了内生分量是如何进入索洛残差的。最后,许多论
文——例如夏皮罗(Shapiro,1993)、伯恩赛德等(Burnside et al.,1995)、巴苏和金伯尔(Basu
and Kimball,1997)——利用诸如资本的周工时、用电量或平均工作时间等代理变量,根据劳
动和/或资本的利用情况,对索洛残差进行了调整。他们发现,调整后,索洛残差的顺周期性
在很大程度上消失了。

不同的研究者从两个不同的途径对技术冲击会不会导致商业周期性运动提出了质疑。
加里(Galí,1999)和巴苏等(Basu et al.,2006)虽然采用了不同的方法,但是都发现这样一些
结果:正面的技术冲击会导致劳动投入的下降,如工作时数。这两项研究都假设所有的技术
冲击都是中立的技术冲击。下面我们依次讨论这两项研究及其后续工作。

加里(Galí,1999)利用长期限制来识别中性技术冲击。他认为,一个标准的真实周期模
型的预测是,技术冲击就是唯一可能对劳动生产率产生永久影响的冲击。如本章第2.3.6部
分所述,加里(Galí,1999)估计了一个双变量——劳动生产率和工作时数(或就业)——向量
自回归模型,并施加了如下长期限制,即技术冲击是唯一可能对劳动生产率产生永久影响的
冲击。弗朗西斯和雷米(Francis and Ramey,2005)从理论模型中推导出了更多的长期限制,
并将它们用于过度识别检验,结果发现无法拒绝过度识别限制。弗朗西斯和雷米(Francis
and Ramey,2006)针对美国的经济增长构建了新的历史数据,并将分析周期追溯到了1889
年。他们发现,在第二次世界大战前,正面的技术冲击会增加工作时数,但是在第二次世界
大战后则会减少工作时数。对于这种"切换",他们用生产率的序列相关性方面的差异进行
了解释:在前面那段时期,识别出来的技术冲击马上就能提高生产率;而在后面那段时期,识
别出来的技术冲击是缓慢提高生产率的。后面这个时期的这种缓慢提升,在短期内起到了
减少工作时数的作用,而从长远来看,则提高了生产率。

加里(Galí,1999)以及弗朗西斯和雷米(Francis and Ramey,2005)都假设,(对数)劳动生
产率和工作时数都有一个单位根,而且它们的一阶差分是平稳的。正如本章第2.3.6部分所
阐述的,施加长期限制需要有平稳性假设。克里斯蒂亚诺等(Christiano et al.,2003)则指出,
将人均工作时数设定为有一个单位根其实是没有意义的,因为它上下均有界。该文认为,如
果采取相反的方法,即,假设工作时数是平稳的,然后再加以像加里的论文所给定的那样的
长期限制,那么正面的技术冲击就会导致工作时数的上升。弗纳尔德(Fernald,2007)指出,

劳动生产率增长会出现结构性的突破,当它允许数据表现出这个特征时,会发现技术冲击后工作时数出现了下降。弗朗西斯和雷米(Francis and Ramey,2009)认为,婴儿潮之下,劳动生产率增长和人均工作时数呈现出一种"低频运动",没有根据这些因素进行调整才会导致克里斯蒂亚诺等(Christiano et al.,)发现的正相关性。他们根据人口统计数据进行了修正之后,发现正面的技术冲击导致了工作时数的下降。戈斯波迪诺夫等(Gospodinov et al.,2013)也讨论了这种设定下因低频运动而出现的各种计量经济学问题。

以厄里格的一篇论文(Uhlig,2003)的思想为基础,弗朗西斯等(Francis et al.,2014)引入了一种施加长期限制的新方法,克服了许多类似的问题。他们的做法是,将技术冲击识别为在某个有限的期间 h 内最大化劳动生产率预测误差方差份额的冲击。运用这个识别方案,他们发现他们识别出来的技术确实导致了工作时数的下降。他们估计,技术冲击可以对商业周期期间产出预测误差方差的贡献率达到 15% 至 40%。巴斯基和西姆斯(Barsky and Sims,2011)的模型可以说是弗朗西斯等人的模型的一个变体,他们将技术冲击识别为能够最大化截至某个期间 h 的预测误差方差总和的那个冲击。

对于加里(Galí,1999)的基本识别假设,即技术冲击是唯一能对劳动生产率产生长期影响的冲击,也有几篇论文提出了质疑。厄里格(Uhlig,2004)认为,资本税和涉及"工作场所中的闲暇"的偏好转变,也可能对劳动生产率产生长期影响。他还发展出了一个"中期"识别方法,对此我们在前面已经讨论过了。厄里格发现,冲击在发生时对工作时数的影响为零,不过之后影响会有一点小小的增加。默藤斯和拉文(Mertens and Ravn,2011a)在他们的向量误差校正模型中纳入了罗默夫妇(Romer and Romer,2010)的外生税收冲击,结果发现一旦税收得到控制,并且允许协整,那么正向的全要素生产率冲击在短期内会增加工作时数。他们还发现技术冲击可以解释产出预测误差方差的 50% 至 55%。

巴苏等(Basu et al.,2006)发现,技术冲击是紧缩性的,不过他们使用了一种完全不同的方法。巴苏和金博尔(Basu and Kimball,1997)根据自己的理论思想,根据利用率对年度索洛残差进行了调整,并将每个工人所用的工作时数作为代理变量。他们检验了技术对这种"净化了的索洛残差"的冲击,结果发现正向的技术冲击会导致工作时数下降。最近,弗纳尔德(Fernald,2014)构造了另一个根据利用率调整的全要素生产率序列,不过他所用的是季度数据。[①]

亚历克索普洛斯(Alexopoulos,2011)通过构造全新的度量技术的数据序列来确定技术冲击。她细致地全面收集了和统计关于若干技术类型的书籍出版物,构造了几个关于新技术的年度数据序列。亚历克索普洛斯发现,这些序列不是由标准宏观经济变量引起的(在格兰杰因果关系的意义上)。她把这些新序列用于向量自回归模型,结果表明正面的技术冲击提高了产出和生产率。与加里(Galí,1999)和巴苏等(Basu et al.,2006)的研究结果相反,她估计技术的正面冲击能够提高产出,尽管这种效应很微弱。

表 8 总结了全要素生产率冲击对商业周期频率中产出波动的影响,它们是基于时间序列

---

① 这个序列由约翰·弗纳尔德(John Fernald)定期更新并提供下载,网址是:http://www.frbsf.org/economic-research/economists/jfernald/quarterly_tfp.xls。

模型中用于识别技术冲击的多种方法估计出来的。

表 8　各种结构向量自回归模型估计的各类技术冲击的不同重要性

研究	方法	技术冲击类型	有无消息	可以解释的产出的百分比
加里（Galí，1999），弗朗西斯和雷米（Francis and Ramey，2005）	长期限制，一阶差分工作时数	全要素生产率技术	无	极少
克里斯蒂亚诺等（Christiano et al.，2004）	长期限制，水平工作时数	全要素生产率技术	无	多至 20 个季度的各期间，为 31％至 45％
克里斯蒂亚诺等（Christiano et al.，2004）	长期限制，工作时数一阶差分	全要素生产率技术	无	多至 20 个季度的各期间，为 1％至 17％
巴苏等（Basu et al.，2006）	以利用率和努力程度调整全要素生产率技术	全要素生产率技术	无	第一至第三年，17％至 40％
博德里和波蒂尔（Beaudry and Portier，2006）	短期限制或长期限制	全要素生产率技术	有	50％
费希尔（Fisher，2006）	长期限制，涉及劳动生产率和投资品价格	全要素生产率技术	无	12 个季度为 32％（更多细节请参阅论文）
费希尔（Fisher，2006）	长期限制，涉及劳动生产率和投资品价格	全要素生产率技术	无	较早的样本，12 个季度为 26％；较晚的样本，12 个季度为 49％
默藤斯和拉文（Mertens and Ravn，2010）	长期限制，协整，包含税收	全要素生产率技术	无	50％至 55％，在商业周期频率上
巴斯基和西姆斯（Barsky and Sims，2011）	中期限制	全要素生产率技术	有	9％至 43％，多至 24 个季度
巴斯基和西姆斯（Barsky and Sims，2011）	中期限制	全要素生产率技术	无	6％至 20％，多至 24 个季度
弗朗西斯等（Francis et al.，2014）	中期限制	全要素生产率技术	无	15％至 40％，多至 32 个季度
弗朗西斯等（Francis et al.，2014）	长期限制	全要素生产率技术	无	40％至 55％，多至 32 个季度
本·泽埃夫和卡恩（Ben Zeev and Khan，2015）	中期限制	投资专有技术	有	73％，8 个季度
本·泽埃夫和卡恩（Ben Zeev and Khan，2015）	中期限制	投资专有技术	无	极少
本·泽埃夫和卡恩（Ben Zeev and Khan，2015）	中期限制	全要素生产率技术	无	10％，8 个季度

注：表中的技术冲击分为三类，即中性的全要素生产率技术、投资专有技术（IST）和投资边际效率技术（MEI）。

许多论文都通过估计的动态随机一般均衡模型来识别技术冲击。麦克格拉顿（McGrattan，1994）估计了一个存在技术冲击和财政冲击的新古典动态随机一般均衡模型。斯梅茨和沃特斯（Smets and Wouters，2007）也用贝叶斯方法估计了一个新凯恩斯动态随机一般均衡模型，以探索各种冲击的影响。他们在模型中引入了一系列不同的冲击，包括中性技术冲击、IST 冲击、货币冲击、政府支出冲击、加价冲击和风险溢价冲击。他们的估计表明，正向的中性技术冲击会减少工作时数。胡斯蒂尼亚诺等（Justiniano et al.，2010，2011）也估计了一个新凯恩斯主义模型,并且还纳入了投资专有型技术冲击和投资边际效率型技术冲击。施密特–格罗赫和乌里韦(Schmitt-Grohe and Uribe,2012)所估计的动态随机一般均衡模型的特点是,允许所有的冲击都有一个意料之外的分量和一个"消息"。[①] 宫本和阮(Miyamoto and Nguyen,2015)则在估计中纳入了基于问卷调查数据的序列,进一步扩展了这种估计方法。对于这些论文,我将在下文分析投资专有型技术冲击和消息冲击的各章节进行更细致的解读。布兰查德等(Blanchard et al.,2013)估计了一个动态随机一般均衡模型,它既允许"消息",也允许"噪声"。表9总结了运用动态随机一般均衡模型对各种类型的技术冲击对商业周期频率中的产出波动的贡献进行估计得到的结果。

表9 对动态一般均衡模型中各种技术冲击的重要性的估计结果

研究	模型特点	技术冲击类型	有无消息	商业周期频率中可以解释的产出的百分比
普雷斯科特(Prescott,1986)	校准的新古典动态随机一般均衡模型	全要素生产率技术	无	75%
麦克格拉顿(McGrattan,1994)	新古典模型,存在扭曲性的税收和政府支出	全要素生产率技术	无	41%
格林伍德等(Greenwood et al.,2000)	校准的动态随机一般均衡模型,技术通过投资的相对价格来识别	投资专有技术	无	30%
斯梅茨和沃特斯(Smets and Wouters,2007)	新凯恩斯主义模型,存在多种类型的冲击	全要素生产率技术	无	15%至30%,从第1季度至10季度各期间
胡斯蒂尼亚诺等(Justiniano et al.,2011)	新凯恩斯主义模型,存在多种类型的冲击	全要素生产率技术	无	25%
胡斯蒂尼亚诺等(Justiniano et al.,2011)	新凯恩斯主义模型,存在多种类型的冲击	投资专有技术	无	0%
胡斯蒂尼亚诺等(Justiniano et al.,2011)	新凯恩斯主义模型,存在多种类型的冲击	投资边际效率技术	无	60%
施密特–格罗赫和乌里韦(Schmitt–Grohe and Uribe,2012)	区分预料之外的冲击与预期到的冲击,全要素生产率技术与投资专有技术,不存在粘性价格	全要素生产率技术	无	25%
施密特–格罗赫和乌里韦(Schmitt–Grohe and Uribe,2012)	区分预料之外的冲击与预期到的冲击,全要素生产率技术与投资专有技术,不存在粘性价格	全要素生产率技术	有	3%
施密特–格罗赫和乌里韦(Schmitt–Grohe and Uribe,2012)	区分预料之外的冲击与预期到的冲击,全要素生产率技术与投资专有技术,不存在粘性价格	投资专有技术	无	21%

---

① 这里原文为"to have an unanticipated component and a 'news,' or unanticipated, component",疑有误,故没有按照原文翻译。——译者注

续　表

研究	模型特点	技术冲击类型	有无消息	商业周期频率中可以解释的产出的百分比
施密特-格罗赫和乌里韦（Schmitt-Grohe and Uribe,2012）	区分预料之外的冲击与预期到的冲击,全要素生产率技术与投资专有技术,不存在粘性价格	投资专有技术	有	7%
卡恩和特索卡拉斯（Khan and Tsoukalas,2012）	新凯恩斯主义模型,区分预料之外的冲击与预期到的冲击	全要素生产率技术	无	24%
卡恩和特索卡拉斯（Khan and Tsoukalas,2012）	新凯恩斯主义模型,区分预料之外的冲击与预期到的冲击	投资边际效率技术	无	47%
卡恩和特索卡拉斯（Khan and Tsoukalas,2012）	新凯恩斯主义模型,区分预料之外的冲击与预期到的冲击	投资专有技术	无	1.2%
卡恩和特索卡拉斯（Khan and Tsoukalas,2012）	新凯恩斯主义模型,区分预料之外的冲击与预期到的冲击	全要素生产率技术+投资专有技术+投资边际效率技术	有	1.4%
宫本和阮（Miyamoto and Nguyen,2015）	利用关于预期的数据扩展了施密特-格罗赫和乌里韦的模型	全要素生产率技术	无	19%
宫本和阮（Miyamoto and Nguyen,2015）	利用关于预期的数据扩展了施密特-格罗赫和乌里韦的模型	全要素生产率技术	有	7%
宫本和阮（Miyamoto and Nguyen,2015）	利用关于预期的数据扩展了施密特-格罗赫和乌里韦的模型	投资专有技术	无	27%
宫本和阮（Miyamoto and Nguyen,2015）	利用关于预期的数据扩展了施密特-格罗赫和乌里韦的模型	投资专有技术	有	12%

注:表中的技术冲击分为三类,即中性的全要素生产率技术、投资专有技术和投资边际效率技术。

5.2　与投资相关的技术冲击

凯恩斯很早就指出过,投资的边际效率受到的冲击可能是商业周期波动的一个根源。格林伍德等人的论文（Greenwood et al.,1988）是最早在动态随机一般均衡模型中研究凯恩斯这个思想的文献。在后续研究中,格林伍德等（Greenwood et al.,2000）使用校准的动态随机一般均衡模型检验了商业周期中投资专有技术变化的重要性。该文采取的具体方法是,通过新设备的相对价格来识别引致投资专有技术冲击的过程。他们得出的结论是,这类冲击可以解释商业周期波动的30%。

费希尔（Fisher,2006）通过加入更多的数据和额外的限制——能够分别识别中性技术冲击和投资专有技术冲击——扩展了加里（Galí,1999）对中性技术冲击的分析。具体地说,费希尔假设,从长远来看,只有投资专有冲击才能影响投资品的相对价格,而且只有中性技术冲击和投资专有技术冲击才能影响长期的劳动生产率。由于样本存在一定程度的不稳定性,他分两个时期估计了他的模型:1955年第一季度至1979年第二季度,以及1982年第三季度至2000年第四季度。费希尔发现,这两种类型的技术冲击合在一起可以解释预测误差方差的很大一部分:在较早的样本中的12个季度中高达60%,在较晚的样本中则为83%。

胡斯蒂尼亚诺等(Justiniano et al.,2010,2011)估计了一个新凯恩斯主义动态随机一般均衡模型,并考虑了各种类型的意想不到的冲击。胡斯蒂尼亚诺等(Justiniano et al.,2011)区分出了投资专有冲击和投资边际效率冲击。具体来说,考虑他们的动态随机一般均衡模型中的两个简化式方程:

$$I_t = \Psi_t Y_t^I \tag{22a}$$

$$K_{t+1} = (1-\delta) K_t + \mu_t I_t \tag{22b}$$

其中,I_t是投资品的产量,Ψ_t表示最终商品Y_t^I转换为投资品的转化率。Ψ_t是投资专有技术,根据胡斯蒂尼亚诺等人的模型,它应该等于投资品对消费品的相对价格的倒数。K_{t+1}是第$t+1$期初期的资本水平,δ是折旧率,μ_t是投资品和固定资本(installed capital)之间的转化率,即,投资边际效率技术。在此之前的研究——例如,格林伍德等(Greenwood et al.,2000)、费希尔(Fisher,2006)——都没有将投资专有技术与投资边际效率技术(MEI)区分开来,而且通常直接假设它们的乘积就等于投资商品的相对价格的倒数。胡斯蒂尼亚诺等(Justiniano et al.,2011)估计,(意料之外的)投资边际效率技术冲击对商业周期频率中的产出的方差的贡献率达到了60%。

施密特–格罗赫和乌里韦(Schmitt-Grohe and Uribe,2012)、卡恩和特索卡拉斯(Khan and Tsoukalas,2012),以及宫本和阮(Miyamoto and Nguyen,2015)分别估计了包含全要素生产率技术冲击和投资专有技术冲击的动态随机一般均衡模型。他们的估计的一个重要焦点是,意料之外的技术变化与关于技术未来变化的消息之间存在区别。因此,我将在下一部分讨论他们对技术变化消息的影响的研究。

虽然相关文献给出的结果涉及范围非常广泛,但还是可以从中总结出一个一般模式,那就是,当模型将投资专有技术冲击和/或投资边际效率技术冲击包括进去时,它们就可以解释商业周期频率中产出变化的很大一部分。

5.3 关于未来技术变化的消息的影响

很久以前,庇古(Pigou,1927)和凯恩斯(Keynes,1936)就都已经指出过,对未来变化的预期可能是经济波动的一个重要推动力量。博德里和波蒂尔(Beaudry and Portier,2006)提供的时间序列证据证明,关于未来生产率变化的消息可以解释商业周期中的一半产出波动,从而重新点燃了经济学界对庇古和凯恩斯等人的这一思想的兴趣。此外,他们的估计结果还表明,在消息到来时,工作时数和产出都上升,从而形成商业周期式的联动效应。他们在识别消息冲击时,使用了两种方法,不过这两种方法有一个共同点:冲击出现时,股票价格立即出现动荡,但是生产率受到的影响则有所滞后。博德里和勒克(Beaudry and Lucke,2010)、库尔曼和奥特罗克(Kurmann and Otrok,2013)使用其他识别方法也得出了类似的结论。最近,巴斯基和西姆斯(Barsky and Sims,2011)以及巴斯基等(Barsky et al.,2014)利用中期限制和消费者信心序列来识别消息冲击,结果发现消息冲击并未导致商业周期波动,尤其是,当消息到来时,工作时数反而下降。费希尔(Fisher,2010)、库尔曼和默藤斯(Kurmann and Mertens,2014),以及福尔尼等(Forni et al.,2014)指出了博德里和波蒂尔的识别方法的问题。例如,库尔曼和默藤斯(Kurmann and Mertens,2014)指出,在博德里和波蒂尔(Beaudry and Portier,2006)的论文中,更大的向量误差修正模型(VECM)实际上并未被识别出来。福尔尼等(Forni et al.,2014)认为,小规模的结构向量自回归模型受到如本章上文第2.5小节所讨论的"非基础性"问题的影响。总之,基于时间序列识别的实证研究的发展非常迅速。博德里和波蒂尔(Beaudry and Portier,2014)对这方面的文献给出了一个全面的综述。

　　我在这里还要补充一下,博德里和波蒂尔(Beaudry and Portier,2006)用来识别全要素生产率的消息冲击的方法的另一个潜在问题是,他们对股票价格的隐含假设是有疑问的。他们假设,全要素分辨率技术冲击的未来利润将体现在当前股价上。但是,这个假设是否适用于重大创新并不清楚。格林伍德和约万诺维奇(Greenwood and Jovanovic,1999)以及霍布金和约万诺维奇(Hobijn and Jovanovic,2001)给出了重大技术创新(如信息技术)实际上会导致股票市场价值暂时下降的理论和证据——因为它们降低了现有技术的价值。革命性的重大创新通常在非上市公司出现,而对未来股息流的请求权却只有在公司首次公开发行股票后才会体现在股价上。因此,我们不一定能够观察到关于未来的全要素生产率技术的消息对股票价格的积极影响。

　　本·泽埃夫和卡恩(Ben Zeev and Khan,2015)则识别出了意料之外的投资专有技术冲击和有关投资专有技术消息的冲击。为此,他们扩展了巴斯基和西姆斯(Barsky and Sims,2011)用来识别消息的中期限制方法,并采用了费希尔(Fisher,2006)提出的投资专有技术与投资品的相对价格相关的假设。他们发现,投资专有技术的消息冲击可以解释长达8个季度的一个期间的产出预测误差方差的73%。他们还证明,由费希尔(Fisher,2006)当初识别出来的投资专有技术冲击其实是未曾预料到的投资专有技术冲击与关于投资专有技术的消息的冲击的组合。因此,本·泽埃夫和卡恩的论文(Ben Zeev and Khan,2015)证实了费希尔的发现:投资专有技术冲击是波动的主要根源;而且该文还证明,其中最重要的部分是关于专有技术冲击的消息。

　　识别消息的另一个策略是通过估计一个动态随机一般均衡模型,这种方法是施密特-格罗赫和乌里韦(Schmitt-Grohe and Uribe,2012)首创的。在采用这种方法的时候,识别部分是通过假设消息到来之时与技术变化真的实现之日两者之间存在一定时间间隔来实现的。施密特-格罗赫和乌里韦(Schmitt-Grohe and Uribe,2012)的模型允许存在诸如全要素生产率技术、投资专有技术、工资提升等变量的各种意外和消息冲击。他们的估计结果表明,所有消息变量(包括非技术性冲击,如工资提升冲击)可以解释产出波动的50%。宫本和阮(Miyamoto and Nguyen,2015)扩展了这种方法——利用真实的关于预测变量的调查问卷数据。

卡恩和特索卡拉斯（Khan and Tsoukalas, 2012）估计了一个新凯恩斯主义动态随机一般均衡模型，它同时存在投资专有技术冲击和投资边际效率技术冲击，而且同时允许未曾预料到的变化和消息冲击。他们发现，意料之外的投资边际效率技术冲击可以解释产出的方差的很大一部分（47%），技术消息冲击却完全不重要。然而，非技术消息冲击却对工作时数的方差分解有不少贡献。特别是，工资提升冲击可以解释工作时数方差的 40% 以上。因此，他们得到的关于意想不到的技术冲击的重要性的结果与施密特-格罗赫和乌里韦（Schmitt-Grohe and Uribe, 2012）恰恰相反，不过他们关于工资提升的消息的重要性的结果则是与施密特-格罗赫和乌里韦的发现一致的。表 9 总结了与技术变化有关的消息的重要性的估计结果。

5.4 对估计的技术冲击的进一步探讨

在本部分，我将研究若干重要的技术冲击之间的关系，并在约尔达的局部投影法的框架下探讨其中几个技术冲击的影响。我用更新后的数据，重新估计了加里（Galí, 1999）、克里斯蒂亚诺等（Christiano et al., 2003），以及博德里和波蒂尔（Beaudry and Portier, 2006）的模型（在每种情况下，我使用的都是一个简单的双变量系统）。加里和克里斯蒂亚诺等人在识别冲击时都施加了长期限制，前者假设人均工作时数有一个单位根，后者则假设工作时数存在二次趋势。我使用了博德里和波蒂尔在短期限制下识别出来的冲击，即，对股票价格有影响但是对全要素生产率却没有影响的冲击。这种冲击与运用长期限制估计出来的冲击之间的相关性为 0.97。费纳尔德估计的冲击其实就是弗纳尔德（Fernald, 2014）以前针对总体经济或投资品行业，以利用率调整后的全要素生产率增长率。其余的估计出来的冲击是由以下经济学家"友情提供"的：弗朗西斯等（Francis, 2014）（中期限制），巴斯基和西姆斯（Barsky and Sims, 2011）（中期限制，消费者信心），胡斯蒂尼亚诺等（Justiniano et al., 2011）（估计的动态随机一般均衡模型），本·泽埃夫和卡恩（Ben Zeev and Khan, 2015）（有中期限制的结构向量自回归模型），宫本和阮（Miyamoto and Nguyen, 2015）（有预测数据的动态随机一般均衡模型）。联合样本期间为 1955 年第二季度至 2006 年第四季度；不过全要素生产率技术消息样本受限于巴斯基和西姆斯的冲击的可用性，期间为 1961 年第一季度至 2006 年第四季度。在各个期间较长的样本上获得的冲击子集之间的相关性，与根据联合样本得出的相似。表 10 呈现了这种相关性——该表根据冲击到底是全要素生产率技术冲击、投资专有技术冲击，抑或是投资边际效率技术冲击，以及是未曾预料到的冲击还是技术变化消息，分别列示。

表 10 各种估计的技术冲击之间的相关性（样本期间为 1955 年第二季度至 2006 年第四季度）

A. 意料之外的全要素生产率技术冲击							
	gali_tfp	cev_tfp	jf_tfp	ford_tfp	bzk_tfp	jpt_tfp	mn_tfp_p	mn_tfp_s
gali_tfp	1.00							
cev_tfp	0.62	1.00						

续　表

A. 意料之外的全要素生产率技术冲击

	gali_tfp	cev_tfp	jf_tfp	ford_tfp	bzk_tfp	jpt_tfp	mn_tfp_p	mn_tfp_s
jf_tfp	0.68	0.42	1.00					
ford_tfp	0.75	0.62	0.62	1.00				
bzk_tfp	0.67	0.78	0.54	0.63	1.00			
jpt_tfp	0.68	0.69	0.53	0.54	0.63	1.00		
mn_tfp_p	0.17	0.16	0.20	0.28	0.08	0.16	1.00	
mn_tfp_s	0.52	0.59	0.47	0.52	0.58	0.62	0.10	1.00

B. 关于全要素生产率技术的消息的冲击

	bp_news	bs_news	mn_p_n4	mn_p_n8	mn_s_n4	mn_p_n8
bp_news	1.00					
bs_news	0.25	1.00				
mn_p_n4	0.08	0.12	1.00			
mn_p_n8	0.05	0.00	0.29	1.00		
mn_s_n4	0.04	−0.04	0.53	−0.14	1.00	
mn_p_n8	0.05	0.00	0.29	1.00	−0.14	1.00

C. 意料之外的投资专有技术冲击或投资边际效率技术冲击

	jf_ist	bzk_ist	jpt_mei	jpt_ist	mn_ist_p	mn_ist_s
jf_ist	1.00					
bzk_ist	0.17	1.00				
jpt_mei	−0.27	0.05	1.00			
jpt_ist	0.19	0.49	−0.01	1.00		
mn_ist_p	0.03	0.31	0.17	0.20	1.00	
mn_ist_s	−0.13	0.11	0.27	0.14	−0.06	1.00

D. 关于投资专有技术的消息的冲击

	bzk_news	mn_p_n4	mn_p_n8	mn_s_n4	mn_s_n8
bzk_news	1.00				
mn_p_n4	0.15	1.00			
mn_p_n8	0.02	0.18	1.00		
mn_s_n4	0.12	0.07	0.12	1.00	
mn_s_n8	0.08	0.01	0.02	0.28	1.00

注：表中各缩写字母的含义：bp，博德里和波蒂尔；bs，巴斯基和西姆斯；bzk，本·泽埃夫和卡恩；cev，克里斯蒂亚诺、艾肯鲍姆和维格弗森；ford，弗朗西斯、欧杨格、鲁斯和迪塞西奥；gali，加里；ist，投资专有技术；jf，约翰·费尔法尔德；jpt，胡斯蒂尼亚诺、普里米切里和塔姆波罗蒂；mei，投资边际效率技术；mn，宫本和阮；n4，领先 4 个季度的消息；n8，领先 8 个季度的消息；_p，永久；_s，平稳；tfp，全要素生产率。

表 10A 呈现了最受关注的意料之外的全要素生产率技术冲击的结果。从表中可见，绝大多数冲击与使用加里（Galí，1999）的方法估计的冲击存在相关性，且相关系数大于 0.6。其

中一个例外是宫本和阮（Miyamoto and Nguyen,2015）识别出来的永久性的全要素生产率技术冲击。令人惊讶的是,宫本和阮识别出来的平稳全要素生产率冲击比永久性的全要素生产率冲击与用加里（Galí,1999）的方法估计的冲击的相关性更高——因为加里的方法就是识别永久性的全要素生产率技术冲击的。

表 10B 给出了关于全要素生产率技术的消息的冲击的结果。从表中可见,博德里和波蒂尔（Beaudry and Roriter,2006）使用短期限制估计的消息冲击,与巴斯基和西姆斯（Garsky and Sims,2011）使用中期限制估计的冲击之间的相关性只有 0.25。这些基于结构向量自回归模型估计的冲击与宫本和阮（Miyamoto and Nguyen,2015）基于动态随机一般均衡模型估计的冲击的相关性基本等于 0。

表 10C 显示的是关于意料之外的投资专有技术冲击或投资边际效率技术冲击的各种估计结果的相关性。不难看出,各种估计之间的相关性相当低。例如,弗纳尔德估计的投资品部门的、以利用率调整的全要素生产率技术冲击,与胡斯蒂尼亚诺等（Justiniano et al. , 2011）估计的投资专有技术冲击和投资边际效率技术冲击之间的相关性分别仅为 0.19 和-0.27。胡斯蒂尼亚诺等人估计的投资专有技术冲击与本·泽埃夫和卡恩（Ben Zeev and Khan,2015）估计的投资专有技术冲击之间的相关性也只有 0.49,但这已经是最高的了。事实上,对于这种更高的相关性,我们不应觉得奇怪,因为这两种方法所考虑的都是投资专有技术冲击与设备的相对价格的倒数之间的相关性。

表 10D 则告诉我们关于投资专有技术的消息的冲击的各种估计之间的相关性。本·泽埃夫和卡恩（Ben Zeev and Khan, 2015）基于结构向量自回归模型的估计结果与宫本和阮（Miyamoto and Nguyen,2015）在动态随机一般均衡模型中估计的冲击之间基本不存在相关性。

如果我们努力试图发展的只是用于估计结构参数的工具,那么即便各种工具之间的相关性很低,也没有太大关系。[①] 但是,如果我们想要实现的目标是估计冲击,并确定它们对宏观经济波动的重要性,那么各种估计之间过低的相关性就令人不安了。在现有的文献中,各种不同方法之间低相关性大量存在,而且不同论文报告的结果也往往大相径庭,这个事实表明我们对各种技术冲击的性质和重要性远未达成共识。问题的严重性在于,不但动态随机一般均衡方法与结构向量自回归方法之间缺乏一致性,即便是在同一类方法内部,结果也差别很大,这一点表 8 和表 9 已经很清楚地告诉我们了。

此外,许多估计得到的冲击都不具备如下性质,即,冲击必须是意料之外的,或者本身就是消息。表 11 给出了两组检验的 p 值。第一组检验冲击的序列相关性,方法是运行各冲击对它自己的两期滞后变量的回归并检验其联合显著性。用结构向量自回归方法估计的冲击在这组检验中"表现良好",而用动态随机一般均衡方法估计的许多冲击却未能通过这项检验。第二组检验是格兰杰因果关系检验（Granger,1969）。为了进行格兰杰因果关系检验,在回归中,我在回归中添加了对数实际 GDP、对数实际消费和对数实际股票价格的两期滞后。我之所以选择消费和股票价格这两个变量,是因为这些变量拥有对它们自身来说是前瞻性

---

① 这一点是西姆斯（Sims,1998）在讨论鲁德布施（Rudebusch,1998）就货币冲击问题的评论时提出来的。

表 11　序列相关性检验和格兰杰因果关系检验的结果

	对自身的滞后变量的显著性检验的 p 值	格兰杰因果关系检验的 p 值
gali_tfp	0.986	**0.020**
cev_tfp	0.986	**0.000**
jf_tfp	0.718	**0.001**
jf_ist	0.644	**0.000**
ford_tfp	0.991	0.855
bp_tfp_news_sr	0.999	0.910
bs_tfp_news	0.834	0.935
bzk_ist_news	0.724	**0.049**
bzk_ist	0.981	0.740
bzk_tfp	0.949	0.992
jpt_tfp	0.101	**0.000**
jpt_mei	**0.006**	**0.000**
jpt_ist	0.941	0.854
mn_tfp_p	0.133	**0.000**
mn_ist_p	**0.000**	0.287
mn_tfp_s	**0.010**	**0.008**
mn_ist_s	**0.000**	**0.024**
mn_tfp_p_n4	**0.000**	**0.001**
mn_tfp_p_n8	**0.000**	**0.087**
mn_ist_p_n4	**0.000**	0.924
mn_ist_p_n8	**0.000**	**0.076**
mn_tfp_s_n4	**0.098**	0.134
mn_tfp_s_n8	0.353	0.783
mn_ist_s_n4	**0.000**	0.497
mn_ist_s_n8	**0.000**	**0.052**

注:序列相关性检验是通过运行各个冲击对它自己的两期滞后变量的回归并检验其联合显著性来进行的。格兰杰因果关系检验则是通过运行冲击对自身的两期滞后变量,以及冲击对对数实际 GDP、对数实际消费和对数实际股票的两期滞后变量来进行的,要检验的是那三个附加变量的滞后变量的联合显著性。在表中,小于0.1 的 P 值用粗体表示。

表中各缩写字母的含义:bp,博德里和波蒂尔;bs,巴斯基和西姆斯;bzk,本·泽埃夫和卡恩;cev,克里斯蒂亚诺、艾肯鲍姆和维格弗森;ford,弗朗西斯、欧杨格、鲁斯和迪塞西奥;gali,加里;ist,投资专有技术;jpt,胡斯蒂尼亚诺、普里米切里和塔姆波罗蒂;mei,投资边际效率技术;mn,宫本和阮;n4,领先 4 个季度的消息;_p,永久;_s,平稳;tfp,全要素生产率技术。

的分量。检验结果表明,一半的冲击无法通过检验。当然,这里有一个原因是,加里和克里斯蒂亚诺等人估计冲击时使用的是简单的双变量模型。如果我将这些变量加入他们的系统,那么这些冲击都可以通过检验(这是建模方法本身决定的)。弗朗西斯等人、博德里和波蒂尔以及本·泽埃夫和卡恩识别的冲击都通过了这个检验,大约一半用动态随机一般均衡模型估计的冲击也通过了检验。

接下来,我又在约尔达的局部投影法的框架下分析了其中几种冲击对若干宏观经济变量的影响。具体地说,为了做到这一点,我需要估计如下一系列回归方程:

$$z_{t+h} = \alpha_h + \theta_h \cdot 冲击_t + \varphi_h(L)\gamma_{t-1} + 二次趋势 + \varepsilon_{t+h} \tag{23}$$

其中,z 是我们要分析的变量。控制变量包括每个冲击的两期滞后(以消除冲击中可能的序列相关性)、对数人均实际 GDP、对数人均实际股价、对数劳动生产率(相当于实际 GDP 除以总工作时数)和因变量。系数 θ_h 给出了 z 在时间 $t+h$ 上对发生在时刻 t 的冲击的反应。如本章第 2 节所述,ε_{t+h} 是序列相关的,因此标准误差必须包含某种校正,比如说纽维-韦斯特校正。

图 9 显示了实际 GDP、劳动生产率、工作时数、股票价格、消费和非住宅投资对三种意料之外的全要素生产率技术冲击的反应。

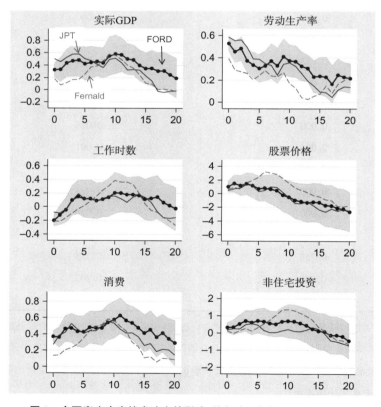

图9　全要素生产率技术冲击的影响,约尔达局部投影法,多个样本

注:弗朗西斯、欧杨格、鲁斯和迪塞西奥(Francis, Owyang, Roush and DiCecio,2014)估计的冲击("FORD冲击"):图中的黑色线条;弗纳尔德的利用率调整后的全要素生产率技术冲击:灰色虚线;胡斯蒂尼亚诺、普里米切里和塔姆波罗蒂的从动态随机一般均衡模型中估计的全要素生产率技术冲击:灰色实心线。图中的浅灰色区域为90%置信区间。

　　这三种冲击分别是：弗朗西斯、欧杨格、鲁斯和迪塞西奥（Francis，Owyang，Roush and DiCecio，2014）使用中期限制估计的冲击（以下简称为"FORD 冲击"），弗纳尔德（Fernald，2014）的经利用率调整后的全要素生产率增长冲击，以及胡斯蒂尼亚诺、普里米切里和塔姆波罗蒂（Justiniano，Primiceri and Tambalotti，2011）从他们的动态随机一般均衡模型中估计的冲击（以下简称为"JPT 冲击"）。各宏观经济变量对 FORD 冲击和 JPT 冲击的反应非常相似：国内生产总值、劳动生产率、股票价格和消费都立即出现了显著上涨；而工作时数则在前几个季度先下降，然后上涨。弗纳尔德估计的冲击会带来 GDP、工作时数、股票价格、消费和投资的更大的驼峰形反应；同时劳动生产率在冲击后立即上升，但是随后在 16 个季度内又恢复正常。弗纳尔德的冲击发生后，工作时数也出现了先下降后上升的走势。

　　图 10 给出了本·泽埃夫和卡恩（Ben Zeev and Khan，2015）估计的投资专有技术冲击的影响。回忆一下，估计这种冲击的方法是费希尔（Fisher，2006）的方法的一种扩展，即运用巴斯基和西姆斯的中期限制法，再结合关于投资的相对价格的信息。这种冲击可以产生经典的商业周期模式。GDP、工作时数、股票价格、消费和非住宅投资都随之上升，并呈现出一种被拉长的驼峰状。劳动生产率在大约 6 个季度内没有什么变化，然后下降大约 9 个季度，最后也出现上升。

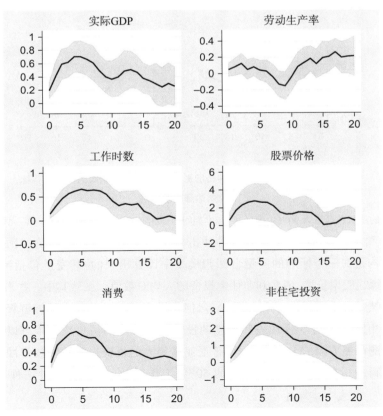

图 10　投资专有技术冲击的影响，本·泽埃夫和卡恩的衡量指标，约尔达局部投影法

注：图中的浅灰色区域为 90％置信区间，样本期间为 1952 年第一季度至 2012 年第一季度。

图 11 呈现的是胡斯蒂尼亚诺、普里米切里和塔姆波罗蒂从动态随机一般均衡模型中估计的投资边际效率技术冲击的影响。虽然这种冲击会导致实际 GDP、劳动生产率、消费和非住宅投资的暂时性上涨(一年或更短一点),但是却导致了股价下跌(这一点是很令人困惑的)。

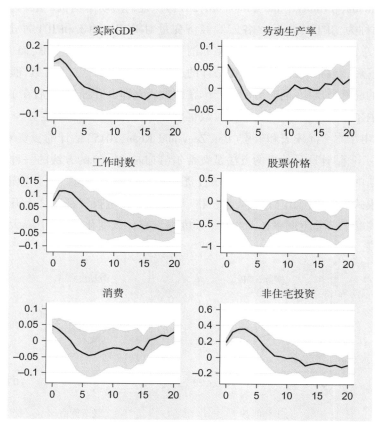

图 11 投资边际效率技术冲击的影响,胡斯蒂尼亚诺等人的衡量指标,
约尔达局部投影法

注:图中的浅灰色区域为 90% 置信区间,样本期间为 1954 年第三季度至 2009 年第一季度。

表 12A 和表 12B 给出了上面这五种冲击对产出和工作时数的影响的预测误差方差分解。这些结构是在一个标准的向量自回归模型中计算出来的,其变量包括冲击,以及实际 GDP、工作时数、股票价格、消费和非住宅投资的人均对数值。虽然其中一些未曾预料到的全要素生产率技术冲击可以解释产出的 16%,但是没有任何一种冲击能够解释工作时数的大部分方差。相比之下,本·泽埃夫和卡恩的投资专有技术的消息冲击则可以解释产出和工作时数的预测误差方差的 1/3。而胡斯蒂尼亚诺等人的投资边际效率技术冲击在冲击刚发生时可以解释的份额相当大——产出的 50%、工作时数的 26%,不过这种效应消逝得相当快。

表 12A　全要素生产率技术冲击对产出和工作时数预测误差方差的贡献

期间(以季度计)	FORD 全要素生产率技术冲击		弗纳尔德全要素生产率技术冲击		JPT 全要素生产率技术冲击	
	产出	工作时数	产出	工作时数	产出	工作时数
0	16.2	10.5	6.1	10.5	28.2	1.0
4	13.1	2.0	2.0	2.4	15.1	0.9
8	14.3	1.9	2.8	1.3	15.9	1.6
12	14.3	1.6	3.1	1.2	16.3	1.6
16	14.0	1.5	3.1	1.5	16.0	1.6
20	13.7	1.5	3.0	2.0	15.7	1.9

注:表中的这些结果是基于一个标准向量自回归模型计算出来的,它包括冲击、产出、工作时数、股票价格、消费和非住宅投资,其中冲击排在第一位,此外还包括四期滞后和一个二次趋势。

表 12B　投资相关技术冲击对产出和工作时数预测误差方差的贡献

期间(以季度计)	本·泽埃夫和卡恩的投资专有技术冲击		JPT 投资边际效率技术冲击	
	产出	工作时数	产出	工作时数
0	7.8	6.9	49.6	26.4
4	33.2	31.3	19.8	20.9
8	36.8	38.5	11.9	12.1
12	36.8	38.8	11.4	10.5
16	36.4	37.9	11.3	10.1
20	35.9	36.8	11.1	9.8

注:表中的这些结果是基于一个标准的向量自回归模型计算出来的,它包括冲击、产出、工作时数、股票价格、消费和非住宅投资,其中冲击排在第一位,此外还包括四期滞后和一个二次趋势。

5.5　技术冲击总结

研究技术冲击的影响的近期文献的内容已经远远超越了索洛残差的范围。为了处理由可变利用率(variable utilization)导致的全要素生产率测度结果的变化,许多新方法被引入进来了。此外,有关文献也早就超越了中性技术冲击,开始充分认识到投资专有技术冲击和投资边际效率技术冲击的潜在重要性。此外,最近的一系列研究还探讨了消息冲击的重要性。

然而,我的分析证明,某些估计的冲击与其他冲击没有多少相关性。此外,许多冲击是序列相关的,或者是其他变量(格兰杰因果关系意义上)的结果。这个事实表明,我们必须进行更深入、更广泛的研究来改进对冲击的测度。现在看来,有希望既产生商业周期联动效应,又对产出的方差造成重大影响的一种冲击是:关于投资专有技术变化的消息的冲击。

6. 其他更多的冲击

到目前为止,本章一直只关注货币冲击、财政冲击和技术冲击这三种类型的冲击。事实上,宏观经济冲击还有许多可能相当重要的"候选者"。在这里,我将简要地讨论其中一些。

宏观经济冲击的一个显而易见的"候选者"是石油危机。汉密尔顿(Hamilton,1983)率先指出,石油供应冲击是经济波动的主要驱动力。自那之后,研究石油供应冲击的影响的文献大量出现。这支文献的一个重要主题是,如何估计不断变化的石油价格冲击的影响。这种影响一般是通过在线性向量自回归模型中将石油价格排在第一位来进行识别的。特别是,自20世纪70年代以来,石油价格变化的影响似乎变小了。对此,一种潜在的解释是存在非对称性。戴维斯和霍尔蒂万格(Davis and Haltiwanger,2001)、汉密尔顿(Hamilton,2003)等研究认为,石油价格上涨的影响比石油价格下跌更大。然而,随后的一些研究——例如基利恩和维格弗森(Kilian and Vigfusson,2011)——又发现,有关不对称性的有力证据并不存在。正如雷米和瓦因(Ramey and Vine,2011)所指出的,对石油供应冲击的影响的这种变化的第二种潜在解释是,早期的油价上涨都伴随着价格控制,从而导致了更多、更大的扭曲。在他们构建的隐含石油成本的模型(其中包含了一个表示扭曲成本的代理变量)中,雷米和瓦因没有发现多少能够证明石油价格冲击的影响有所变化的证据。第三种可能的解释源于基利恩(Kilian,2009),该文对标准的识别方法提出了批评。基利恩认为,在当今世界,石油价格的变化大部分都是受需求冲击而不是供应冲击所驱动,因此标准的乔里斯基分解——将石油价格排在第一位——并不能正确地识别出石油供给冲击。本手册中斯托克和沃森撰写的那一章在阐述研究方法时,将石油冲击作为一个案例进行了研究。不过他们的发现是,使用基利恩(Kilian,2009)的方法识别出来的石油供应冲击并不能解释产出预测误差方差中的较大一部分。

信贷冲击是宏观经济冲击的另一个可能的"候选者"。有大量文献分析了信贷以及信贷不完全性对经济波动和经济增长的重要影响。不过,这些文献的关注点大多集中在作为一种重要的推动力量和放大机制的信贷上(例如,货币政策的"信贷渠道"),而不是关注作为一种重要的独立的冲击来源的信贷。吉尔克里斯特和扎克拉伊舍克(Gilchrist and Zakrajšek,2012)最近对于新息对超额债券溢价变量的影响的分析,也可以解释为对信贷市场冲击的分析。他们的研究表明,与当前经济状态正交的过剩债券溢价的新息,对宏观经济变量有显著影响。他们将对这个变量的负面"冲击"解释为金融部门有效的风险承受能力降低的一个信号。

商业周期中的不确定性的意义近来受到了越来越多的关注。除了标准的企业层面的不确定性和金融不确定性,最近的研究也强调了政策不确定性的可能影响。不过,要理清不确定性是作为冲击的一种内生传播机制,还是作为宏观经济冲击的一个独立来源,还需要进行进一步的深入研究。

　　劳动供给冲击也是宏观经济冲击的另一个可能来源。众所周知,"劳动楔"(劳动摩擦)的周期性变化是商业周期的一个重要组成部分。夏皮罗和沃森(Shapiro and Watson,1988)估计了一个有长期限制的结构向量自回归模型,结果发现劳动供给冲击是商业周期的主要驱动者。在具有许多冲击的估计动态随机一般均衡模型中,也经常可以发现工资提升冲击发挥着重要作用。关于工资提升的消息尤其如此。例如,卡恩和特索卡拉斯(Khan and Tsoukalas,2012)、施密特-格罗赫和乌里韦(Schmitt-Grohe and Uribe,2012)都发现,有关工资提升的消息的冲击可以解释工作时数方差的份额达到了60%。在这个领域,一个关键问题是劳动力市场受到的外部冲击到底是波动的重要组成部分,还是我们偶然地将内部传播机制识别为外部冲击的结果。

7.　总结与结论

　　本章总结了研究各种宏观经济冲击及其传播的新方法和新发现。识别问题在宏观经济学中特别具有挑战性,因为经济学家必须问:哪些动态是特别重要的? 哪些一般均衡效应是至关重要的? 哪些预期是有强大影响的?

　　自从早期的乔里斯基分解法问世以来,经济学家一直在认真探索冲击的识别问题,并取得了重大进展。现在,我们不仅能够利用许多新的数据来源,如叙事性记录、问卷调查数据和高频财务数据,还能够将理论模型与更多的数据序列(例如,投资品的相对价格)结合起来,并将相关信息纳入估计的动态随机一般均衡模型和结构向量自回归模型中。

　　本章的引言部分提出了一个老问题:我们是否注定无法了解经济波动的根本原因? 对于这个问题,我的回答是:并非如此。虽然我们现在所做的还远远不够,但是自从科克兰(Cochrane,1994)提出这个问题以来,确实已经取得了实质性的进展。

　　作为对我的回答的支持,我特意为读者提供如表13所示的预测误差方差分解,它综合了本章所讨论过的主要的冲击。我设定了一个向量自回归模型,它包含了各种冲击和许多宏观经济变量。具体地说,它包括的冲击有(注意顺序):本・泽埃夫和帕帕(Ben Zeev and Pappa,即将发表)的军事消息冲击、利珀等(Leeper et al.,2012)的关于债券价格的未来税收政策的消息冲击、罗默夫妇(Romer and Romer,2010)的意料之外的税收冲击[由默藤斯和拉文(Mertens and Ravn,2012)构造]、弗朗西斯等(Francis et al.,2014)的有中期限制的全要素生产率技术冲击、本・泽夫和卡恩(Ben Zeev and Khan,2015)的投资专有技术消息冲击、胡斯蒂尼亚诺等(Justiniano et al.,2011)的投资边际效率技术冲击。宏观经济变量则包括:实际人均GDP和总工作时数的对数值、对数大宗商品价格以及GDP平减指数。排在最后的是联邦基金利率。这个模型还使用了四期滞后变量,并包括一个二次趋势。

　　表13给出了对数人均实际GDP和对数人均工作时数的预测误差方差分解。由于对于

某些冲击来说,存在数据限制,因此样本期始于朝鲜战争结束之后。从表中可见,政府支出冲击的重要性不是很大,当然这个结果并不值得奇怪。税收消息冲击的贡献份额也少于10%,意外的税收冲击也是不重要的。

表13 组合向量自回归:各种冲击对产出和工作时数预测误差方差的贡献

期间	bzp_gov	lrw	rrtaxu	ford_tfp	bzk_ist_news	jpt_mei	ffr
A. 产出							
0	5.5	0.1	2.4	15.8	11.8	42.1	0.0
4	1.6	5.6	1.6	15.1	28.8	23.9	2.0
8	1.4	4.8	1.5	13.9	26.9	16.3	6.1
12	3.0	4.8	1.2	12.6	22.1	13.6	8.1
16	4.4	6.9	1.2	11.2	19.6	12.5	7.8
20	4.9	8.5	1.2	10.7	18.6	11.9	7.4
B. 工作时数							
0	2.3	0.8	0.3	17.6	13.2	20.5	0.0
4	0.5	6.6	0.8	3.7	38.3	22.1	3.2
8	0.9	6.3	0.8	2.4	39.5	14.2	10.9
12	4.1	5.2	0.7	1.8	33.4	11.5	16.8
16	7.3	6.0	0.7	1.7	28.6	10.6	18.3
20	8.9	7.0	0.8	2.0	26.7	10.2	18.1

注:表中的这些结果来自一个标准的向量自回归模型,它包括四期滞后和一个二次趋势,样本期间为1954年第三季度至2005年第四季度。变量如下(按这个顺序):bzp_gov, lrw, rrtaxu, ford_tfp, bzk_ist_news, jpt_mei,对数人均实际GDP,对数人均总工作时数,对数大宗商品价格,对数GDP平减指数,联邦基金利率。

缩写字母的含义:bzk,本·泽埃夫和卡恩;bzp,本·泽埃夫和帕帕;ffr,联邦基金利率;ford,弗朗西斯、欧杨格、鲁斯和迪塞西奥;Lrw,利珀、里克特、沃克的预计未来税收;ist,投资专有技术;Jpt,胡斯蒂尼亚诺、普里米切里和塔姆波罗蒂;mei,投资边际效率技术;rrtaxu,罗默夫妇的意料之外的税收;tfp,全要素生产率。

那么,哪些冲击是重要的?无论是对于产出还是工作时数,最重要的冲击都是本·泽夫和卡恩(Ben Zeev and Khan,2015)的关于投资专有技术变化的消息的冲击。这个变量对产出和工作时数的预测误差方差都有非常重要的贡献。例如,在8个季度时,对工作时数的贡献率为40%,而且其90%的置信区间(在表中未显示)为(25,54)。胡斯蒂尼亚诺等(Justiniano et al.,2011)的投资边际效率技术冲击的贡献率在冲击时也达到了42%——其90%置信区间为(34,50)——不过一年后就下降到了24%。如果我们将联邦基金利率的新息与货币政策冲击结合起来考虑,那么货币政策冲击对产出的方差的贡献率就会达到8%,而对工作时数的方差的贡献率更是会达到18%。

总而言之,三种财政冲击、三种技术冲击和联邦基金利率冲击贡献了第4季度至第20季度的产出和工作时数方差的63%~79%。当然,要判定识别假设的合理性,要检验这些冲击估计的稳健性,要想确保它们确实满足作为一种冲击应该满足的性质,我们还必须进行更深入、更广泛的研究。无论如何,这些结果已经充分地表明,我们离理解斯勒茨基所说的推动宏观经济波动的"随机冲击",确实又更近了一步。

致谢

我非常感谢约翰·科克兰(John Cochrane)、马可·德尔尼格罗(Marco Del Negro)、格雷厄姆·艾略特(Graham Elliott)、内维尔·弗朗西斯(Neville Francis)、马克·詹诺尼(Marc Giannoni)、罗伯特·霍尔(Robert Hall)、阿尔温德·克里希纳穆尔蒂(Arvind Krishnamurthy)、柯特·伦斯福德(Kurt Lunsford)、卡雷尔·默藤斯(Karel Mertens)、克里斯蒂娜·罗默(Christina Romer)、戴维·罗默(David Romer)、詹姆斯·斯托克(James Stock)、约翰·泰勒(John Taylor)、哈拉尔德·厄里格(Harald Uhlig)、马克·沃森(Mark Watson)和约翰内斯·维兰德(Johannes Wieland),他们提出了非常有益的意见。衷心感谢在斯坦福大学召开的《宏观会议手册》编辑会议和在美国国家经济研究局召开的货币经济大会的与会者,他们的讨论也极有帮助。感谢许多论著的作者,他们提供了各种技术冲击的相关估计方法和结果,当然还要感谢向我提供更新后的因子增广型向量自回归模型的因子的所有学者。在这里,我还要感谢美国经济协会,它要求研究者发表论文的同时公开相应的数据和方法。此外,我特别感谢那些在没有这个要求的期刊发表论文,却仍然在自己的网站上公开数据和程序的研究者。

参考文献

Alesina, A., Ardagna, S., 1998. Tales of fiscal adjustment. Econ. Policy 13 (27), 487—545.

Alesina, A., Ardagna, S., 2010. Large changes in fiscal policy: taxes versus spending. In: Brown, J. R. (Ed.), Tax Policy and the Economy, vol. 24. National Bureau of Economic Research, Cambridge, MA.

Alesina, A., Perotti, R., 1995. Fiscal expansions and fiscal adjustments in OECD countries. Econ. Policy 10 (21), 205—248.

Alesina, A., Perotti, R., 1997. Fiscal adjustments in OECD countries: composition and macroeconomic effects. IMF Staff. Pap. 44, 210—248.

Alexopoulos, M., 2011. Read all about it!! What happens following a technology shock? Am. Econ. Rev. 101 (4), 1144—1179.

Amir Ahmadi, P., Uhlig, H., 2015. Sign Restrictions in Bayesian FAVARs with an Application to Monetary Policy Shocks. NBER Working Paper 21738.

Angrist, J. D., Jordà, O., Kuersteiner, G., 2013. Semiparametric Estimates of Monetary Policy Effects: String Theory Revisited. NBER Working Paper 19355.

Arias, J. E., Caldara, D., Rubio-Ramirez, J. F., 2015a. The Systematic Component of Monetary Policy in SVARS: An Agnostic Identification Procedure. January 2015 Working Paper.

Arias, J. E., Rubio-Ramirez, J. F., Waggoner, D. F., 2015b. Inference Based on SVARs Identified with Sign and Zero Restrictions: Theory and Applications. November 2015 Working Paper.

Auerbach, A., Gorodnichenko, Y., 2012. Measuring the output responses to fiscal policy. Am. Econ. J. Econ. Pol. 4 (2), 1—27.

Auerbach, A., Gorodnichenko, Y., 2013. Fiscal multipliers in recession and expansion. In: Alesina, A., Giavazzi, F. (Eds.), Fiscal Policy After the Financial Crisis. University of Chicago Press, Chicago, IL.

Bagliano, F. C., Favero, C. A., 1999. Information from financial markets and VAR measures of monetary policy. Eur. Econ. Rev. 43 (4—6), 825—837.

Barakchian, S. M., Crowe, C., 2013. Monetary policy matters: evidence from new shocks. J. Monet. Econ. 60 (8), 950—966.

Barro, R. J., 1977. Unanticipated money growth and unemployment in the United States. Am. Econ. Rev. 67 (2), 101—115.

Barro, R. J., 1978. Unanticipated money, output, and the price level in the United States. J. Polit. Econ. 86 (4), 549—580.

Barro, R. J., 1981. Output effects of government purchases. J. Polit. Econ. 89 (6), 1086—1121.

Barro, R. J., Redlick, C. J., 2011. Macroeconomic effects from government purchases and taxes. Q. J. Econ. 126 (1), 51—102.

Barsky, R. B., Sims, E. R., 2011. News shocks and business cycles. J. Monet. Econ. 58 (3), 273—289.

Barsky, R. B., Sims, E., 2012. Information, animal spirits, and the meaning of innovations in consumer confidence. Am. Econ. Rev. 102 (4), 1343—1377.

Barsky, R. B., Basu, S., Lee, K., 2014. Whither News Shocks? NBER Working Paper 20666.

Barth III, M. J., Ramey, V. A., 2002. The cost channel of monetary transmission. In: Bernanke, B. S., Rogoff, K. (Eds.), NBER Macroeconomics Annual 2001, vol. 16. MIT Press, Cambridge, MA, pp. 199—256.

Basu, S., Kimball, M. S., 1997. Cyclical productivity with unobserved input variation. No. w5915, National Bureau of Economic Research.

Basu, S., Fernald, J. G., Kimball, M. S., 2006. Are technology improvements contractionary? Am. Econ. Rev. 96, 1418—1448.

Baumeister, C., Hamilton, J. D., 2015. Sign restrictions, structural vector autoregressions, and useful prior information. Econometrica 83, 1963—1999.

Beaudry, P., Lucke, B., 2010. Letting different views about business cycles compete. In:

Acemoglu, D., Rogoff, K., Woodford, M. (Eds.), NBER Macroeconomics Annual 2009, vol. 24. University of Chicago Press, Chicago, IL, pp. 413—455.

Beaudry, P., Portier, F., 2006. Stock prices, news, and economic fluctuations. Am. Econ. Rev. 96(4), 1293—1307.

Beaudry, P., Portier, F., 2014. News driven business cycles: insights and challenges. J. Econ. Lit. 52 (4), 993—1074.

Beaudry, P., Fève, P., Guay, A., 2015. When is Nonfundamentalness in VARs a Real Problem? An Application to News Shocks. No. W21466, National Bureau of Economic Research.

Ben Zeev, N., Khan, H., 2015. Investment-specific news shocks and U. S. business cycles. J. Money Credit Bank. 47, 1443—1464.

Ben Zeev, N., Pappa, E., forthcoming. Chronicle of a War Foretold: The Macroeconomic Effects of Anticipated Defense Spending Shocks. Econ. J. http://doi.org/10.1111/ecoj.12349.

Bernanke, B. S., 1986. Alternative explanations of the money-income correlation. Carn. - Roch. Conf. Ser. Public Policy 25, 49—99.

Bernanke, B. S., Blinder, A. S., 1992. The Federal funds rate and the channels of monetary transmission. Am. Econ. Rev. 82 (4), 901—921.

Bernanke, B. S., Mihov, I., 1998. Measuring monetary policy. Q. J. Econ. 113 (3), 869—902.

Bernanke, B. S., Boivin, J., Eliasz, P., 2005. Measuring the effects of monetary policy: a factor-augmented vector autoregressive (FAVAR) approach. Q. J. Econ. 120 (1), 387—422.

Bernstein, J., Romer, C. D., 2009. The job impact of the American Recovery and Reinvestment Plan. Office of the Vice President-Elect. Working paper.

Blanchard, O., Perotti, R., 2002. An empirical characterization of the dynamic effects of changes in government spending and taxes on output. Q. J. Econ. 117, 1329—1368.

Blanchard, O., Quah, D., 1989. The dynamic effects of aggregate demand and supply disturbances. Am. Econ. Rev. 79 (4), 655—673.

Blanchard, O., Watson, M. W., 1986. Are all business cycles alike? In: Gordon, R. J. (Ed.), The American Business Cycle: Continuity and Change. NBER. The University of Chicago Press, Chicago, IL.

Blanchard, O. J., L'Huillier, J. P., Lorenzoni, G., 2013. News, noise, and fluctuations: an empirical exploration. Am. Econ. Rev. 103 (7), 3045—3070.

Boivin, J., 2006. Has U. S. monetary policy changed? Evidence from drifting coefficients and real-time data. J. Money Credit Bank. 38 (5), 1149—1173.

Boivin, J., Giannoni, M. P., 2006. Has monetary policy become more effective? Rev. Econ. Stat. 88 (3), 445—462.

Boivin, J., Kiley, M. T., Mishkin, F. S., 2010. How has the monetary transmission mechanism evolved over time? In: Friedman, B. M., Woodford, M. (Eds.), Handbook of Monetary Economics. Elsevier.

Boschen, J. F., Mills, L. O., 1995. The relation between narrative and money market indicators of monetary policy. Econ. Inq. 33 (1), 24—44.

Burnside, C., Eichenbaum, M., Rebelo, S., 1995. Capital utilization and returns to scale. In: Bernanke, B. S., Rotemberg, J. J. (Eds.), NBER Macroeconomics Annual 1995, vol. 10. MIT Press, Cambridge, MA, pp. 67—124.

Burnside, C., Eichenbaum, M., Fisher, J., 2004. Fiscal shocks and their consequences. J. Econ. Theory 115, 89—117.

Caldara, D., Kamps, C., 2012. The Analytics of SVARs: A Unified Framework to Measure Fiscal Multipliers. Finance and Economics Discussion Series Divisions of Research&Statistics and Monetary Affairs Federal Reserve Board, Washington, DC.

Campbell, J. R., Evans, C. L., Fisher, J. D. M., Justiniano, A., 2012. Macroeconomic effects of federal reserve forward guidance. Brook. Pap. Econ. Act. (Spring), 1—80.

Canova, F., De Nicolo, G., 2002. Monetary disturbances matter for business fluctuations in the G-7. J. Monet. Econ. 49 (6), 1131—1159.

Canova, F., Pina, J. P., 2005. What VAR tell us about DSGE models? In: Diebolt, C., Kyrtsou, C. (Eds.), New Trends in Macroeconomics. Springer, Berlin Heidelberg, pp. 89—123.

Canova, F., Sala, L., 2009. Back to square one: identification issues in DSGE models. J. Monet. Econ. 56, 431—449.

Chang, P. -L., Sakata, S., 2007. Estimation of impulse response functions using long autoregression. Econ. J. 10 (2), 453—469.

Chari, V. V., Kehoe, P. J., McGrattan, E. R., 2008. Are structural VARs with long-run restrictions useful in developing business cycle theory? J. Monet. Econ. 55 (8), 1337—1352.

Christiano, L. J., Eichenbaum, M., 1992. Liquidity effects and the monetary transmission mechanism. Am. Econ. Rev. 82 (2), 346.

Christiano, L. J., Eichenbaum, M., Evans, C. L., 1999. What have we learned and to what end? In: Woodford, M., Taylor, J. D. (Eds.), Handbook of Macroeconomics. Elsevier, Amsterdam.

Christiano, L. J., Eichenbaum, M., Vigfusson, R., 2003. What happens after a technology shock? In: NBER Working Paper Series 9819. National Bureau of Economic Research, Cambridge, MA.

Christiano, L. J., Eichenbaum, M., Evans, C. L., 2005. Nominal rigidities and the dynamic effects of a shock to monetary policy. J. Polit. Econ. 113 (1), 1—45.

Clemens, J., Miran, S., 2012. Fiscal policy multipliers on subnational government spending. Am. Econ. J.：Econ. Pol. 4（2），46—68.

Cloyne，J.，2013. Discretionary tax changes and the macroeconomy：new narrative evidence from the United Kingdom. Am. Econ. Rev. 103（4），1507—1528.

Cochrane，J.，1994. Shocks. Carn.-Roch. Conf. Ser. Public Policy 41，295—364.

Cochrane，J.，Comments on 'A New Measure of Monetary Shocks：Derivation and Implications' By Christina Romer and David Romer. July 17，2004，presented at NBER EFG Meeting. http：// faculty. chicagobooth. edu/john. cochrane/research/papers/talk _ notes _ new _ measure_2. pdf.

Cochrane，J.，Piazzesi，M.，2002. The fed and interest rates：a high-frequency identification. Am. Econ. Rev. 92（2），90—95.

Cogan，J. F.，Cwik，T.，Taylor，J. B.，Wieland，V.，2010. New Keynesian versus old Keynesian government spending multipliers. J. Econ. Dyn. Control. 34（3），281—295.

Coibion，O.，2012. Are the effects of monetary policy shocks big or small? Am. Econ. J. Macroecon. 4（2），1—32.

Coibion，O.，Gorodnichenko，Y.，2011. Monetary policy，trend inflation，and the great moderation：an alternative interpretation. Am. Econ. Rev. 101（1），341—370.

Cover，J. P.，1992. Asymmetric effects of positive and negative money-supply shocks. Q. J. Econ. 107（4），1261—1282.

D'Amico，S.，King，T. B.，2015. What Does Anticipated Monetary Policy Do? Federal Reserve Bank of Chicago Working Paper 2015—10，November 2015.

Davis，S. J.，Haltiwanger，J.，2001. Sectoral job creation and destruction responses to oil price changes. J. Monet. Econ. 48（3），465—512.

Edelberg，W.，Eichenbaum，M. S.，Fisher，J. D. M.，1999. Understanding the effects of a shock to government purchases. Rev. Econ. Dynamics. 2（1），166—206.

Eichenbaum，M. S.，1992. Comment on interpreting the macroeconomic time series facts：the effects of monetary policy. Eur. Econ. Rev. 36（5），1001—1011.

Elliott，G.，1998. On the robustness of cointegration methods when regressors almost have unit roots. Econometrica 66（1），149—158.

Erceg，C. J.，Guerrieri，L.，Gust，C.，2005. Can long-run restrictions identify technology shocks? J. Eur. Econ. Assoc. 3（6），1237—1278.

Evans，M. K.，1969. Reconstruction and estimation of the balanced budget multiplier. R. Econ. Stats. 51（1），14—25.

Evans，C. L.，1992. Productivity shocks and real business cycles. J. Monet. Econ. 29（2），191—208.

Farhi，E.，Werning，I.，2012. Fiscal Multipliers：Liquidity Traps and Currency Unions. NBER Working Paper No. 18381，September 2012.

Fatás, A., Mihov, I., 2001. The effects of fiscal policy on consumption and employment: theory and evidence. CEPR Discussion Paper No. 2760.

Faust, J., 1998. The robustness of identified VAR conclusions about money. Carn.-Roch. Conf. Ser. Public Policy 49, 207—244.

Faust, J., Leeper, E. M., 1997. When do long-run identifying restrictions give reliable results? J. Bus. Econ. Stat. 15 (3), 345—353.

Faust, J., Swanson, E. T., Wright, J. H., 2004. Identifying VARS based on high frequency futures data. J. Monet. Econ. 51 (6), 1107—1113.

Favero, C., Giavazzi, F., 2012. Measuring tax multipliers: the narrative method in fiscal VARs. Am. Econ. J. Econ. Pol. 4 (2), 69—94.

Fernald, J. G., 1999. Roads to prosperity? Assessing the link between public capital and productivity. Am. Econ. Rev. 89 (3), 619—638.

Fernald, J. G., 2007. Trend breaks, long-run restrictions, and contractionary technology improvements. J. Monet. Econ. 54 (8), 2467—2485.

Fernald, J. G., 2014. AQuarterly, Utilization-Adjusted Series on Total Factor Productivity. Federal Reserve Bank of San Francisco Working Paper 2012—19, April 2014.

Fernandez-Villaverde, J., Rubio-Ramirez, J., Sargent, T. J., Watson, M. W., 2007. A, B, C's (and D's) of understanding VARs. Am. Econ. Rev. 97 (3), 1021—1026.

Fisher, J. D. M., 2006. The dynamic effects of neutral and investment-specific technology shocks. J. Polit. Econ. 114 (3), 413—451.

Fisher, J. D. M., 2010. Comment on 'Letting Different Views of the Business Cycle Compete'. In: Acemoglu, D., Rogoff, K., Woodford, M. (Eds.), NBER Macroeconomics Annual 2009, vol. 24, University of Chicago Press, Chicago, IL, pp. 457—474.

Fisher, J. D. M., Peters, R., 2010. Using stock returns to identify government spending shocks. Econ. J. 120, 414—436.

Forni, M., Gambetti, L., Sala, L., 2014. No news in business cycles. Econ. J. 124, 1168—1191.

Francis, N., Ramey, V. A., 2006. The source of historical fluctuations: an analysis using long-run restrictions. In: Clarida, R., Frankel, J., Giavazzi, F., West, K. (Eds.), NBER International Seminar on Macroeconomics 2004. The MIT Press, Cambridge, MA, pp. 17—49.

Francis, N., Ramey, V. A., 2005. Is the technology-driven real business cycle hypothesis dead? Shocks and aggregate fluctuations revisited. J. Monet. Econ. 52 (8), 1379—1399.

Francis, N., Ramey, V. A., 2009. Measures of per capita hours and their implications for the technology-hours debate. J. Money Credit Bank. 41 (6), 1071—1097.

Francis, N., Owyang, M. T., Rousch, J. E., DiCecio, R., 2014. Aflexible finite-horizon alternative to long-run restrictions with an application to technology shocks. Rev. Econ. Stat. 96

(4), 638—647.

Friedman, M., Schwartz, A., 1963. A Monetary History of the United States: 1867—1960. National Bureau of Economic Research, Princeton University Press, Princeton, NJ.

Frisch, R., 1933. Propagation problems and impulse problems in dynamic economics. In: Economic Essays in Honor of Gustav Cassel. Allen & Unwin, London, pp. 171—205.

Galí, J., 1999. Technology, employment, and the business cycle: do technology shocks explain aggregate fluctuations. Am. Econ. Rev. 89, 249—271.

Galí, J., David López-Salido, J., Valles, J., 2007. Understanding the effects of government spending on consumption. J. Eur. Econ. Assoc. 5 (1), 227—270.

Gechert, S., 2015. What Fiscal Policy Is Most Effective? A Meta Regression Analysis. Oxford Economic Papers. 67 (3), 553—580.

Gertler, M., Karadi, P., 2015. Monetary policy surprises, credit costs, and economic activity. Am. Econ. J. Macroecon. 7 (1), 44—76.

Giavazzi, F., Pagano, M., 1990. Can severe fiscal consolidations be expansionary? Tales of two small European countries. In: Blanchard, O., Fischer, S. (Eds.), NBER Macroeconomics Annual, Vol. 5. National Bureau of Economic Research, Cambridge, Massachusetts.

Giavazzi, F., Pagano, M., 1996. Non-Keynesian effects of fiscal policy changes: international evidence and the Swedish experience. Swedish Econ. Pol. Rev. 3 (1), 67—103.

Gilchrist, S., Zakrajšek, E., 2012. Credit spreads and business cycle fluctuations. Am. Econ. Rev. 102 (4), 1692—1720.

Gordon, R. J., Krenn, R., 2010. The End of the Great Depression: VAR Insight on the Roles of Monetary and Fiscal Policy. NBER Working Paper 16380, September.

Gospodinov, N., María Herrera, A., Pesavento, E., 2013. Unit roots, cointegration, and pretesting in VAR models. In: Fomby, T. B., Kilian, L., Murphy, A. (Eds.), VAR Models in Macroeconomics—New Developments and Applications: Essays in Honor of Christopher A. Sims. Emerald Group Publishing Limited, pp. 81—115.

Granger, C. W. J., 1969. Investigating causal relations by econometric models and cross-spectral methods. Econometrica 37 (3), 424—438.

Greenwood, J., Jovanovic, B., 1999. The information-technology revolution and the stock market. Am. Econ. Rev. 89 (2), 116—122.

Greenwood, J., Hercowitz, Z., Huffman, G. W., 1988. Investment, capacity utilization, and the real business cycle. Am. Econ. Rev. 78 (3), 402—417.

Greenwood, J., Hercowitz, Z., Krusell, P., 2000. The role of investment-specific technological change in the business cycle. Eur. Econ. Rev. 44 (1), 91—115.

Gürkaynak, R. S., Sack, B., Swanson, E., 2005. The sensitivity of long-term interest rates to economic news: evidence and implications for macroeconomic models. Am. Econ. Rev. 95 (1),

425—436.

Hall, R. E. , 1980. Labor supply and aggregate fluctuations. In: Carnegie-Rochester Conference Series on Public Policy, vol. 12, North-Holland.

Hall, R. E. , 1986. The role of consumption in economic fluctuations. In: Gordon, R. J. (Ed.), The American Business Cycle: Continuity and Change. NBER, University of Chicago Press, Chicago, IL, pp. 237—266.

Hall, R. E. , 1988. The relation between price and marginal cost in U. S. industry. J. Polit. Econ. 96 (5), 921—947.

Hall, R. E. , 1990. Invariance properties of Solow's productivity residual. In: Diamond, P. (Ed.), Growth/ Productivity/Unemployment: Essays to Celebrate Bob Solow's Birthday. MIT Press, Cambridge, MA, pp. 71—112.

Hall, R. E. , 2009. By how much does GDP rise if the government buys more output? Brook. Pap. Econ. Act. 2, 183—231.

Hamilton, J. D. , 1983. Oil and the macroeconomy since World War II. J. Polit. Econ. 91 (2), 228—248.

Hamilton, J. D. , 1985. Historical causes of postwar oil shocks and recessions. Energy J. 6 (1), 97—116.

Hamilton, J. D. , 2003. What is an oil shock? J. Econ. 113 (2), 363—398.

Hamilton, J. D. , 2010. Macroeconomics and ARCH. In: Bollerslev, T. , Russell, J. , Watson, M. (Eds.), Volatility and Time Series Econometrics: Essays in Honor of Robert Engle. Oxford University Press, Oxford, pp. 79—96.

Hansen, L. P. , Sargent, T. J. , 1991. Two difficulties in interpreting vector autoregressions. In: Hansen, L. P. , Sargent, T. J. (Eds.), Rational Expectations Econometrics. Westview Press, Boulder, CO, pp. 77—119.

Hanson, S. G. , Stein, J. C. , 2015. Monetary policy and long-term real rates. J. Financ. Econ. 115 (3), 429—448.

Hausman, J. K. , 2016. Fiscal policy and economic recovery: the case of the 1936 Veterans' bonus. Am. Econ. Rev. 106 (4), 1100—1143.

Hobijn, B. , Jovanovic, B. , 2001. The information-technology revolution and the stock market: evidence. Am. Econ. Rev. 91 (5), 1203—1220.

Hoover, K. D. , Perez, S. J. , 1994. Post hoc ergo propter once more an evaluation of 'does monetary policy matter?' In the spirit of James Tobin. J. Monet. Econ. 34 (1), 47—74.

Jordà, Ò. , 2005. Estimation and inference of impulse responses by local projections. Am. Econ. Rev. 95 (1), 161—182.

Justiniano, A. , Primiceri, G. E. , Tambalotti, A. , 2010. Investment shocks and business cycles. J. Monet. Econ. 57 (2), 132—145.

Justiniano, A., Primiceri, G. E., Tambalotti, A., 2011. Investment shocks and the relative price of investment. Rev. Econ. Dyn. 14 (1), 102—121.

Keynes, J. M., 1936. The General Theory of Employment, Interest and Money. Macmillan, London.

Khan, H., Tsoukalas, J., 2012. The quantitative importance of news shocks in estimated DSGE models. J. Money Credit Bank. 44 (8), 1535—1561.

Kilian, L., 2009. Not all oil price shocks are alike: disentangling demand and supply shocks in the crude oil market. Am. Econ. Rev. 99 (3), 1053—1069.

Kilian, L., Vigfusson, R. J., 2011. Are the responses of the US economy asymmetric in energy price increases and decreases? Quant. Econ. 2 (3), 419—453.

King, R., Plosser, C., Stock, J., Watson, M. W., 1991. Stochastic trends and economic fluctuations. Am. Econ. Rev. 81 (4), 819—840.

Kliem, M., Kriwoluzky, A., 2013. Reconciling narrative monetary policy disturbances with structural VAR model shocks? Econ. Lett. 121 (2), 247—251.

Komunjer, I., Ng, S., 2011. Dynamic identification of DSGE models. Econometrica 79 (6), 1995—2032.

Koop, G., Hashem Pesaran, M., Potter, S. M., 1996. Impulse response analysis in nonlinear multivariate models. J. Econ. 74 (1), 119—147.

Krishnamurthy, A., Vissing-Jorgensen, A., 2011. The effects of quantitative easing on interest rates. Brook. Pap. Econ. Acti. Fall, 215—287.

Kurmann, A., Otrok, C., 2013. News shocks and the slope of the term structure of interest rates. Am. Econ. Rev. 103 (6), 2612—2632.

Kurmann, A., Mertens, E., 2014. Stock prices, news, and economic fluctuations: comment. Am. Econ. Rev. 104 (4), 1439—1445.

Kuttner, K. N., 2001. Monetary policy surprises and interest rates: evidence from the Fed funds futures market. J. Monet. Econ. 47 (3), 523—544.

Kydland, F. E., Prescott, E. C., 1982. Time to build and aggregate fluctuations. Econometrica 50 (6), 1345—1370.

Lakdawala, A., 2015. Changes in Federal Reserve Preferences. Michigan State University Working Paper, April 2015.

Leduc, Sylvain, Wilson, Daniel, 2013. Roads to prosperity or bridges to nowhere? Theory and evidence on the impact of public infrastructure investment. In: Acemoglu, D., Parker, J., Woodford, M. (Eds.), NBER Macroecon. Annu. 2012. Vol. 27, pp. 89—142.

Leeper, E. M., 1997. Narrative and VAR approaches to monetary policy: common identification problems. J. Monet. Econ. 40, 641—657.

Leeper, E. M., Richter, A., Walker, T. B., 2012. Quantitative effects of fiscal foresight.

Am. Econ. J. Econ. Pol. 4 (2), 1—27.

Leeper, E. M., Walker, T. B., Susan Yang, S. -C., 2013. Fiscal foresight and information flows. Econometrica 81 (3), 1115—1145. Also, unpublished supplement at: https://www. econometricsociety. org/sites/ default/files/8337_extensions_0. pdf.

Leigh, D., Devries, P., Freedman, C., Guajardo, J., Laxton, D., Pescatori, A., 2010. Will it hurt? Macroeconomic effects of fiscal consolidation. World Economic Outlook, IMF, October 2010 (Chapter 3).

Litterman, R. B., Weiss, L., 1985. Money, real interest rates, and output: a reinterpretation of post-war data. Econometrica 53 (1), 129—156.

Lundsford, K. G., 2015. Identifying Structural VARs with a Proxy Variable and a Test for a Weak Proxy. Federal Reserve Bank of Cleveland Working Paper, December 15—28, 2015.

Marcellino, M., Stock, J. H., Watson, M. W., 2006. A comparison of direct and iterated multistep AR methods for forecasting macroeconomic time series. J. Econ. 135 (1), 499—526.

McCallum, B. T., 1983. A reconsiderationof Sims' evidence concerning monetarism. Econ. Lett. 13(2—3), 167—171.

McGrattan, E. R., 1994. The macroeconomic effects of distortionary taxation. J. Monet. Econ. 33 (3), 573—601.

Mertens, K., Ravn, M. O., 2011a. Technology-hours redux: tax changes and the measurement of technology shocks. In: NBER International Seminar on Macroeconomics 2010.

Mertens, K., Ravn, M. O., 2011b. Understanding the aggregate effects of anticipated and unanticipated tax policy shocks. Rev. Econ. Dyn. 14 (1), 27—54.

Mertens, K., Ravn, M. O., 2012. Empirical evidence on the aggregate effects of anticipated and unanticipated US tax policy shocks. Am. Econ. J. Econ. Pol. 4 (2), 145—181.

Mertens, K., Ravn, M. O., 2013. The dynamic effects of personal and corporate income tax changes in the United States. Am. Econ. Rev. 103 (4), 1212—1247.

Mertens, K., Ravn, M. O., 2014. A reconciliation of SVAR and narrative estimates of tax multipliers. J. Monet. Econ. 68, S1—S19.

Miyamoto, W., Nguyen, T. L., 2015. News Shocks and Business Cycles: Evidence from Forecast Data. Santa Clara University working paper.

Montiel Olea, J. L., Pflueger, J., 2013. A robust test for weak instruments. J. Bus. Econ. Stat. 31 (3), 358—369.

Montiel Olea, J. L., Stock, J. H., Watson, M. W., 2015. Uniform Inference in SVARs with External Instruments. December 2015 manuscript.

Mountford, A., Uhlig, H., 2009. What are the effects of fiscal policy shocks? J. Appl. Econ. 24, 960—992.

Nakamura, E., Steinsson, J., 2014. Fiscal stimulus in a monetary union: evidence from US regions. Am. Econ. Rev. 104 (3), 753—792.

Nakamura, E., Steinsson, J., 2015. High Frequency Identification of Monetary Non-Neutrality. October 2015 Working Paper.

Newey, W. K., West, K. D., 1987. A simple, positive semi-definite, heteroskedasticity and autocorrelation consistent covariance matrix. Econometrica 55 (3), 703—708.

Oh, H., Reis, R., 2012. Targeted transfers and the fiscal response to the great recession. J. Monet. Econ. 59, S50—S64.

Olivei, G., Tenreyro, S., 2007. The timing of monetary policy shocks. Am. Econ. Rev. 97, 636—663.

Owyang, M., Ramey, G., 2004. Regime switching and monetary policy measurement. J. Monet. Econ. 51 (8), 1577—1597.

Owyang, M. T., Ramey, V. A., Zubairy, S., 2013. Are government spending multipliers greater during periods of slack? Evidence from twentieth-century historical data. Am. Econ. Rev. 103 (3), 129—134.

Pappa, E., 2009. The effects of fiscal shocks on employment and the real wage. Int. Econ. Rev. 50 (1), 217—244.

Perotti, R., 2005. Estimating the effects of fiscal policy in OECD countries. CEPR Discussion Paper 4842, January.

Perotti, R., 2011. Expectations and Fiscal Policy: An Empirical Investigation. Bocconi Working Paper.

Perron, P., 1989. The great crash, the oil price shock, and the unit root hypothesis. Econometrica 57 (6), 1361—1401.

Pflueger, C. E., Wang, S., 2015. A robust test for weak instruments in Stata. Stata J. 15 (1), 216—225.

Piazzesi, M., Swanson, E. T., 2008. Futures prices as risk-adjusted forecasts of monetary policy. J. Monet. Econ. 55 (4), 677—691.

Pigou, A. C., 1927. Industrial Fluctuations. Macmillan, London.

Poterba, J. M., 1986. Explaining the yield spread between taxable and tax-exempt bonds: the role of expected tax policy. In: Rosen, H. S. (Ed.), Studies in State and Local Public Finance. University of Chicago Press, pp. 5—52.

Prescott, E. C., 1986. Theory ahead of business-cycle measurement. Carn.-Roch. Conf. Ser. Public Policy 25, 11—44.

Primiceri, G., 2005. Time varying structural vector autoregressions and monetary policy. Rev. Econ. Stud. 72 (3), 821—852.

Ramey, V. A., 2009. Identifying Government Spending Shocks: It's All in the Timing. NBER Working Paper No. 15464, October 2009.

Ramey, V. A. , 2011a. Identifying government spending shocks: it's all in the timing. Q. J. Econ. 126,1—50.

Ramey, V. A. , 2011b. Can government purchases stimulate the economy? J. Econ. Lit. 49 (3), 673—685.

Ramey, V. A. , 2013. Government spending and private activity. In: Alesina, A. , Giavazzi, F. (Eds.), Fiscal Policy After the Financial Crisis. University of Chicago Press, Chicago, IL.

Ramey, V. A. , Shapiro, M. , 1998. Costly capital reallocation and the effects of government spending. Carn. -Roch. Conf. Ser. Public Policy 48, 145—194.

Ramey, V. A. , Vine, D. J. , 2011. Oil, automobiles, and the US economy: how much have things really changed? In: Acemoglu, D. , Woodford, M. (Eds.), NBER Macroeconomics Annual 2010, Vol. 25. University of Chicago Press, pp. 333—367.

Ramey, V. A. , Zubairy, S. , 2014. Government Spending Multipliers in Good Times and in Bad: Evidence from 20th Century Historical Data. November 2014 Working Paper.

Romer, C. D. , Romer, D. H. , 1989. Does Monetary Policy Matter? A New Test in the Spirit of Friedman and Schwartz. NBER Macroeconomic Annual 1989.

Romer, C. D. , Romer, D. H. , 1997. Identification and the narrative approach: a reply to Leeper. J. Monet. Econ. 40, 659—665.

Romer, C. D. , Romer, D. H. , 2000. Federal reserve information and the behavior of interest rates. Am. Econ. Rev. 90 (3), 429—457.

Romer, C. D. , Romer, D. H. , 2004. A new measure of monetary policy shocks: derivation and implications. Am. Econ. Rev. 94 (4), 1055—1084.

Romer, C. D. , Romer, D. H. , 2010. The macroeconomic effects of tax changes: estimates based on a new measure of fiscal shocks. Am. Econ. Rev. 100, 763—801.

Romer, C. D. , Romer, D. H. , 2016. Transfer payments and the macroeconomy: the effects of social security benefit increases, 1952—1991. Berkeley working paper, March.

Rotemberg, J. , Woodford, M. , 1992. Oligopolistic pricing and the effects of aggregate demand on economic activity. J. Polit. Econ. 100, 1153—1297.

Rudebusch, G. , 1998. Do measures of monetary policy in a VAR make sense? In: Symposium on Forecast-ing and Empirical Methods in Macroeconomics and Finance. International Economic Review, vol. 39(4), pp. 907—931.

Schmitt-Grohe, S. , Uribe, M. , 2012. What's news in business cycles? Econometrica 80 (6), 2733—2764.

Shapiro, M. D. , 1993. Cyclical productivity and the workweek of capital. Am. Econ. Rev. 83 (2), 229—233.

Shapiro, M. D. , 1994. Federal reserve policy: cause and effect. In: Gregory Mankiw, N. (Ed.), Monetary Policy. National Bureau of Economic Research, The University of Chicago

Press, Chicago, IL.

Shapiro, M. D., Watson, M. W., 1988. The sources of business cycle fluctuations. In: Fischer, S. (Ed.), NBER Macroeconomics Annual, vol. 3. MIT Press, Cambridge, MA.

Sims, C. A., 1972. Money, income, and causality. Am. Econ. Rev. 62 (4), 540—552.

Sims, C. A., 1980a. Macroeconomics and reality. Econometrica 48, 1—48.

Sims, C. A., 1980b. Comparison of interwar and postwar business cycles: monetarism reconsidered. Am. Econ. Rev. 70 (2), 250—257.

Sims, C. A., 1992. Interpreting the macroeconomic time series facts: the effects of monetary policy. Eur. Econ. Rev. 36 (5), 975—1000.

Sims, C. A., 1998. Discussion of Glenn Rudebusch, "Do measures of monetary policy in a VAR make sense?" In: Symposium on Forecasting and Empirical Methods in Macroeconomics and Finance (Nov. 1998). International Economic Review, vol. 39, pp. 907—931.

Sims, C. A., Zha, T., 2006a. Were there Regime Switches in U.S. monetary policy? Am. Econ. Rev. 96 (1), 54—81.

Sims, C. A., Zha, T., 2006b. Does monetary policy generate recessions? Macroecon. Dyn. 10 (2), 231—272.

Sims, C. A., Stock, J. H., Watson, M. W., 1990. Inference in linear time series models with some unit roots. Econometrica 58 (1), 113—144.

Slutsky, E., 1937. The summation of random causes as the source of cyclic processes. Econometrica 5 (2), 105—146.

Smets, F., Wouters, R., 2003. An estimated dynamic stochastic general equilibrium model of the Euro area. J. Eur. Econ. Assoc. 1 (5), 1123—1175.

Smets, F., Wouters, R., 2007. Shocks and frictions in U.S. business cycles: a Bayesian DSGE approach. Am. Econ. Rev. 97 (3), 586—606.

Solow, R. M., 1957. Technical change and the aggregate production function. Rev. Econ. Stat. 39 (3), 312—320.

Stock, J. H., Watson, M. W., 2002. Forecasting using principal components from a large number of predictors. J. Am. Stat. Assoc. 97 (460), 1167—1179.

Stock, J. H., Watson, M. W., 2008. NBER Summer Institute Minicourse 2008: What's New in Econometrics: Time Series, Lecture 7: Structural VARs. National Institute for Economic Research, Cambridge, MA. www.nber.org/minicourse_2008.html.

Stock, J. H., Watson, M. W., 2012. Disentangling the channels of the 2007—2009 recession. Brook. Pap. Econ. Act. 2012 (Spring), 81—135.

Stock, J. H., Watson, M. W., 2016. Dynamic factor models, factor-augmented vector autoregressions, and structural vector autoregressions in macroeconomics. In: Taylor, J. B., Uhlig, H. (Eds.), Handbook of Macroeconomics, vol. 2A. Elsevier, Amsterdam, Netherlands, pp.

415—525.

Stock, J. H., Wright, J. H., Yogo, M., 2002. A survey of weak instruments and weak identification in generalized method of moments. J. Bus. Econ. Stat. 20 (4), 518—529.

Strongin, S., 1995. The identification of monetary policy disturbances explaining the liquidity puzzle. J. Monet. Econ. 35 (3), 463—497.

Tenreyro, S., Thwaites, G., forthcoming. Pushing on a String: US Monetary Policy is Less Powerful in Recessions. Am. Econ. J.: Macro.

Thoma, M. A., 1994. Subsample instability and asymmetries in money-income causality. J. Econ. 64 (1—2), 279—306.

Uhlig, H., 1997. What are the effects of monetary policy on output? Results from an agnostic identification procedure. Tilburg University Manuscript.

Uhlig, H., 2003. What drives GNP? Unpublished manuscript, Euro Area Business Cycle Network.

Uhlig, H., 2004. Do technology shocks lead to a fall in total hours worked? J. Eur. Econ. Assoc. 2 (2—3), 361—371.

Uhlig, H., 2005. What are the effects of monetary policy on output? Results from an agnostic identification procedure. J. Monet. Econ. 52 (2), 381—419.

Uhlig, H., 2010. Some fiscal calculus. Am. Econ. Rev. 100 (2), 30—34.

Velde, F. R., 2009. Chronicle of a deflation unforetold. J. Polit. Econ. 117 (4), 591—634.

Weise, C. L., 1999. The asymmetric effects of monetary policy: a nonlinear vector autoregression approach. J. Money, Credit, Bank. 31 (1), 85—108.

Wieland, J., Yang, M. -J., 2015. Financial Dampening. September 2015 Working Paper.

Wu, J. C., Xia, F. D., 2016. Measuring the macroeconomic impact of monetary policy at the zero lower bound. J. Money, Credit, Bank. 48 (2—3), 253—291.

Yang, S. -C. S., 2005. Quantifying tax effects under policy foresight. J. Monet. Econ. 52 (8), 1557—1568.

第三章　宏观经济区制与区制转换

J. D. 汉密尔顿(J. D. Hamilton)[*]

[*]:加利福尼亚大学,美国,加利福尼亚州,拉霍亚,圣迭戈

目　录

本章摘要:许多经济时间序列都会出现明显的中断。这种中断往往与经济衰退、金融恐慌和货币危机等事件相关。区制的这种变化可能源于倾覆点(tipping point)的存在或其他非线性动力学因素,这正是宏观经济学中一些最重要的问题的核心所在。本章综述了研究区制转换的文献,对可以用于这个领域的研究的方法进行了总结。第 1 节介绍了分析这类现象的一些基本工具,它们可以用来说明经济陷入衰退、走出衰退的过程。第 2 节着重于实证方法,详细介绍了适用于描述区制转换的时间序列的计量经济学模型。第 3 节讨论了处理区制转换的若干宏观经济学理论模型,并综述它们在多个宏观经济学领域的应用。第四节总结本章并简要地为应用研究者提供了一些建议。

关键词:区制变化,马尔可夫变换,EM 算法,非线性宏观经济动力学,向量自回归

JEL 分类代码:C32,E32,E37

1. 引言:作为区制变化的经济衰退

图 1 描绘了美国的失业率自第二次世界大战以来的变化情况。图中的阴影区域凸显了宏观经济学家非常熟悉的一个数据特征——美国经济周期性地进入一个失业率快速上升的时期。这些阴影区域对应于美国国家经济研究局商业周期测定委员会所认定的经济衰退时期。但是,这样一种认定所指的究竟是什么意思呢?

一种观点认为,"经济陷入了衰退"这样的声明没有任何内在的客观意义。根据这种观点,经济总是会受到意想不到的冲击,其中有的是有利的,也有的是不利的,因此,经济衰退只不过是一系列异常不利的冲击。从根本上说,这种声明的作用就在于将观察到的样本区分为"经济衰退期的"和"经济扩张期的",这无非是一种总结数据的方式而已,而它基本上是武断的。

这种观点隐含于当今经济学中使用的许多理论模型当中,因为它也正是我们经常假定

的"线性"的含义所在(这种假定是使我们的模型更容易处理所必需的)。但是,线性模型的便利性并不是一个充分的理由,令我们能够声称当经济陷入衰退时,经济动力学没有什么根本性的变化。例如,我们有相当好的理由认为,在经济扩张的情况下,依照新技术创新的步伐,GDP 在某些时候的增长速度会比其他时候快得多。但是,"负面的技术冲击"又是什么意思呢?说这种事件就像技术改进一样,只不过多了一个负号——这样假设也许未尝不可,但是如果我们希望搞清楚经济衰退期间真正发生了什么,那么这种假设似乎不能算是一个好的出发点。

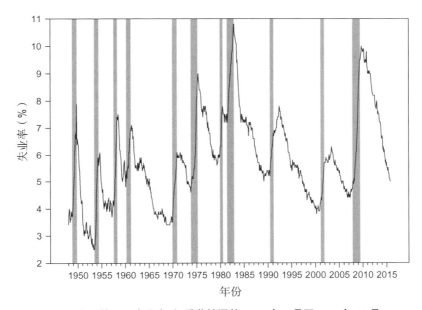

图 1　美国的平民失业率,经季节性调整,1948 年 1 月至 2015 年 11 月

注:图中的阴影区域对应于美国国家经济研究局测定的衰退期间。

　　另一种观点认为,有的时候,经济体系会被某种与一般技术增长有很大差异的力量接管,它们决定了就业和产出,例如当不同部门的产品需求同时下降、失业工人迅速增加时,就会形成新的反馈机制。这种观念——可能存在一个倾覆点(tipping point),在那里,另一种经济动力学会开始接管——将在本章中反复出现。

　　让我们从如下这个模型开始,它非常简单,但是我们可以用它来探讨很多问题。我们可以用一个随机变量 s_t 来表示经济中存在两个截然不同的"相"(phase)的可能性。当 $s_t = 1$ 时,经济在第 t 期处于扩张"相";当 $s_t = 2$ 时,经济在第 t 期处于衰退"相"。假设关于这个经济体的经济所属的"相",有一个可观测变量 y_t(例如 GDP 增长率),当 $s_t = 1$ 时,y_t 具有平均值 $m_1 > 0$,当 $s_t = 2$ 时,y_t 具有平均值 $m_2 < 0$,于是我们有

$$y_t = m_{s_t} + \varepsilon_t \tag{1}$$

其中,$\varepsilon_t \sim$ i. i. d. $N(0, \sigma^2)$,即 ε_t 是独立同分布的,且服从均值为零、方差为 σ^2 的正态分布。再假设不同体制之间的转移受如下这个独立于 ε_t 的马尔可夫链支配:

$$\text{Prob}(s_t = j \mid s_{t-1} = i, s_{t-2} = k, \cdots, y_{t-1}, y_{t-2}, \cdots) = p_{ij} \quad i, j = 1, 2 \tag{2}$$

注意，如果能够直接观察到 s_t 和 ε_t，那么方程式（1）和（2）实际上仍然可以被描述为一个线性过程，于是我们可以从方程式（2）直接验证得到[①]

$$E(m_{s_t} | m_{s_{t-1}}, m_{s_{t-2}}, \cdots) = a + \phi m_{s_{t-1}} \qquad (3)$$

其中，$a = p_{21}m_1 + p_{12}m_2$，且 $\varphi = p_{11} - p_{21}$。换句话说，$m_{s_t}$ 服从遵循一阶自回归 AR（1）过程，

$$m_{s_t} = a + \phi m_{s_{t-1}} + v_t \qquad (4)$$

在这里，v_t 为新息，只能在四个可能值中取某一个（具体取决于实现的 s_t 和 s_{t-1} 是什么），但是借助于方程式（3），v_t 可以表示一个鞅差序列（martingale difference sequence）。

然而，假设我们不能直接观察到 s_t 和 ε_t，而只能得到关于 GDP 的、直到第 $t-1$ 期为止的观察结果（记为：$\Omega_{t-1} = \{y_{t-1}, y_{t-2}, \cdots\}$），并且想要预测 y_t 的值，那么又该怎么做呢？我们注意到在方程式（1）中，y_t 是一个一阶自回归过程［即方程式（4）］与一个白噪声过程 ε_t 之和，而这个求和结果——试回忆一下一些经典的计算经济学论著中的讨论，例如，请参见汉密尔顿（Hamilton，1994，第 108 页）——可以被描述为一个自回归滑动平均 ARMA（1,1）过程。因此，GDP 对其自身的滞后值的线性投影可以由式（5）给出：

$$\hat{E}(y_t | \Omega_{t-1}) = a + \phi y_{t-1} + \theta[y_{t-1} - \hat{E}(y_{t-1} | \Omega_{t-2})] \qquad (5)$$

其中，θ 是 ϕ、σ^2 以及 v_t 的方差的函数，它的形式是已知的（请参见汉密尔顿 Hamilton，1994，式［4.7.12］）。不难注意到，我们现在所做的，其实是用记号来表示一个线性投影（Ω_{t-1} 的所有线性函数族中，能够产生最小均方误差的预测），以便将它与条件期望 $E(y_t | \Omega_{t-1})$ 区分开来（后者系 Ω_{t-1} 的所有函数族中，能够产生最小均方误差的预测）。

由于 s_t 的离散性质，线性投影（5）不会产生对 GDP 的最佳预测。我们可以用期望迭代法则来证明这一点［参见，怀特（White，1984），第 54 页］：

$$E(y_t | \Omega_{t-1}) = \sum_{i=1}^{2} E(y_t | s_{t-1} = i, \Omega_{t-1}) \text{Prob}(s_{t-1} = i | \Omega_{t-1})$$
$$= \sum_{i=1}^{2} (a + \phi m_i) \text{Prob}(s_{t-1} = i | \Omega_{t-1}). \qquad (6)$$

因为概率的取值必定介于 0 与 1 之间，所以最优推断 $\text{Prob}(s_{t-1} = i | \Omega_{t-1})$ 必定是 Ω_{t-1} 的非线性函数。如果截至第 $t-1$ 期的数据能够说服我们相信当时经济正处于扩张期，那么最优预测就会很接近于 $a + \phi m_1$。而如果我们相信经济正处于衰退期，那么最优预测就会很接近于 $a + \phi m_2$。正是在这个意义上，我们可以说方程式（1）是一个非线性过程，表征对 GDP 的可观察的影响。

对于这样一个过程，非线性推断 $\text{Prob}(s_{t-1} = i | \Omega_{t-1})$ 的计算相当简单。举例来说，对于 $t = 0$，我们以马尔可夫链的遍历概率开始：

$$\text{Prob}(s_0 = 1 | \Omega_0) = \frac{p_{21}}{p_{21} + p_{12}}$$

$$\text{Prob}(s_0 = 2 | \Omega_0) = \frac{p_{12}}{p_{21} + p_{12}}$$

---

① 推导过程如下：

$E(m_{s_{t+1}} | m_{s_t} = m_1) = p_{11}m_1 + p_{12}m_2 = p_{11}m_1 + a - p_{21}m_1 = a + \phi m_1$

$E(m_{s_{t+1}} | m_{s_t} = m_2) = p_{21}m_1 + p_{22}m_2 = a - p_{12}m_2 + p_{22}m_2 = a - (1 - p_{11})m_2 + (1 - p_{21})m_2 = a + \phi m_2$。

于是,给定 $\text{Prob}(s_{t-1}=i\mid\Omega_{t-1})$ 任意一个值,我们都可以利用贝叶斯法则得到 $\text{Prob}(s_t=j\mid\Omega_t)$ 的值:

$$\text{Prob}(s_t=j\mid\Omega_t) = \frac{\text{Prob}(s_t=j\mid\Omega_{t-1})f(y_t\mid s_t=j,\Omega_{t-1})}{f(y_t\mid\Omega_{t-1})} \tag{7}$$

在这里, $f(y_t\mid s_t=j,\Omega_{t-1})$ 是 $N(m_j,\sigma^2)$ 的密度,即,

$$f(y_t\mid s_t=j,\Omega_{t-1}) = \frac{1}{\sqrt{2\pi}\sigma}\exp\left[\frac{-(y_t-m_j)^2}{2\sigma^2}\right] \tag{8}$$

$\text{Prob}(s_t=j\mid\Omega_{t-1})$ 是给定过去的观察值时预测得到的区制,

$$\text{Prob}(s_t=j\mid\Omega_{t-1}) = p_{1j}\text{Prob}(s_{t-1}=1\mid\Omega_{t-1}) + p_{2j}\text{Prob}(s_{t-1}=2\mid\Omega_{t-1}) \tag{9}$$

而 $f(y_t\mid\Omega_{t-1})$ 则是 GDP 的可预测密度:

$$f(y_t\mid\Omega_{t-1}) = \sum_{i=1}^{2}\text{Prob}(s_t=i\mid\Omega_{t-1})f(y_t\mid s_t=i,\Omega_{t-1}) \tag{10}$$

因此,给定 $\text{Prob}(s_{t-1}=i\mid\Omega_{t-1})$ 的任意一个值,我们都可以使用方程式(7)计算出 $\text{Prob}(s_t=j\mid\Omega_t)$,并运用 $t=1,2,\cdots,T$ 的数据,以同样这种方式进行迭代计算,直到计算出构造方程式(6)给出的最优非线性预测所需的数值。

需要注意的是,这个递归还有另一个副产品,那就是用方程式(10)计算观察到的数据的可预测密度。因此,我们可以通过最大化,观察到的 GDP 增长率样本的对数似然函数,来估计未知总体参数 $\lambda=(m_1,m_2,\sigma,p_{11},p_{22})$ 的向量:

$$\mathcal{L}(\lambda) = \sum_{t=1}^{T}\log f(y_t\mid\Omega_{t-1};\lambda) \tag{11}$$

如果目标是得出关于经济何时处于衰退期的最佳推断,那么我们可以使用同样的原则来获得更好的推断——只要积累了更多的数据例如,利用直到第 $t+k$ 期时观察到的数据获得的关于第 t 期时的区制的推断,被称为提前 k 期平滑推断:

$$\text{Prob}(s_t=i\mid\Omega_{t+k})$$

它的计算方法将通过后文中的方程式(22)来解释。

虽然这可以说是一个最简单的小模型,但是有了它,我们就可以把美国国家经济研究局的商业周期报表(business cycle chronology)所要描述的信息说得相当清楚了。如果我们只把美国国家经济研究局宣布美国经济进入扩张期的那些季度选出来,我们可以计算出年增长率平均值大约为 4.5%,而这就意味着参数 m_1 的一个值等于 4.5。我们还可以观察到,如果美国国家经济研究局认定经济在第 t 季度是扩张的,那么有 95% 的可能它在第 $t+1$ 季度也做同样的认定,这与 $p_{11}=0.95$ 这个值相一致。一方面,我们把美国国家经济研究局的报表所隐含的这些值加以总结并列示于表 1 第 3 列。另一方面,如果我们完全忽略美国国家经济研究局发布这种公告的日期,同时直接最大化观察到的 GDP 数据的对数似然函数,那么我们也会得到非常相似的估计结果(如表 1 中的第 4 列所示)。

此外,即使考虑到数据修订所带来的挑战,提前一个季度的平滑概率在跟踪美国国家经济研究局公布商业周期的日期方面也拥有极好的样本外的预测记录。图 2 给出了 $\text{Prob}(s_t=2\mid\Omega_{t+1},\hat{\lambda}_{t+1})$ 的历史值,它在估计参数并形成对第 t 期的推断时,只利用了第 $t+1$ 期实际公布

的 GDP 数据。在图中,垂直线之前的各值来自肖伟和汉密尔顿(Chauvet and Hamilton,2006)的"模拟实时推断",也就是说,2005 年的各个值,是利用图中所示的每个期间 t 的历史实时数据计算出来的;垂直线之后的值是真正的实时样本外推断,因为它们当初是每个季度分别被公布于 www. econbrowser. com 网站上的,自 2005 年以来从未被修订过。

这种方法有一个特征是非常有吸引力的,那就是,模型以 s_t 为条件的"强线性",使得它几乎与完全线性模型一样容易处理。

表 1 描述美国经济衰退的参数值

参数	释义	美国国家经济研究局的分类表给出的值	从 GDP 本身计算的值
m_1	扩张期的平均增长率	4. 5	4. 62
m_2	萧条期的平均增长率	−1. 2	−0. 48
σ	增长率的标准差	3. 5	3. 34
p_{11}	扩张期继续的概率	0. 95	0. 92
p_{22}	萧条期继续的概率	0. 78	0. 74

注:估计参数时所依据的是美国国家经济研究局对扩张和衰退进行分类时所根据的扩张和衰退的典型特征值(第三列),以及使战后 GDP 增长率的观察到的样本对数似然度最大化的值(第四列),样本期间为 1947 年第二季度至 2004 年第二季度。

资料来源:Chauvet, M., Hamilton, J. D., 2006. Dating business cycle turning points. In:Costas Milas, P. R., van Dijk, D. (Eds.), Nonlinear Analysis of Business Cycles. Elsevier, Amsterdam, pp. 1—54。

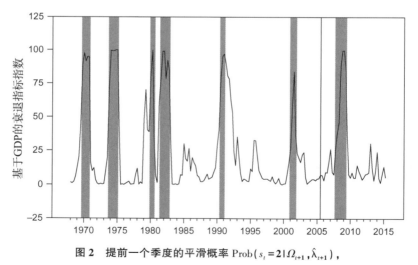

图 2 提前一个季度的平滑概率 $\mathrm{Prob}(s_t=2|\Omega_{t+1},\hat{\lambda}_{t+1})$,

1967 年第四季度至 2014 年第二季度,仅使用直至第 $t+1$ 期的 GDP 数据推断

注:图中的阴影区域对应于美国国家经济研究局测定的衰退期间,在构造上述概率时没有以任何方式利用这方面的数据。在 2005 年之前,图中的每个点对应于一个根据指定日期之后四个月可以获得的数据集构建的模拟实时推断——如肖伟和汉密尔顿(2006 年)所报告的那样。在 2005 年以后,图中的点对应于在指定日期 4 个月后公开发布的实际公告。

资料来源:汉密尔顿的论文(Hamilton, 2011. Calling recessions in real time. Int. J. Forecast. 27, 1006-1026)和 www. econbrowser. com 网站。

例如,对 GDP 增长率的提前 k 期的最优预测,只需要以观察到的直至第 t 期的增长率为基础来计算,即,对于 $\mu = a/(1-\phi)$,直接可以根据方程式(4)计算:

$$E(y_{t+k}|\Omega_t) = \mu + \phi^k \sum_{i=1}^{2}(m_i - \mu)\,\mathrm{Prob}(s_t = i|\Omega_t) \tag{12}$$

类似这样的结果使得这种区制变化模型非常便于处理。

2.　对区制变化的计量经济学分析

本节讨论对于可能会受到区制变化影响的数据,如何得出计量经济学推断,接下来的第 3 节则研究将区制变化纳入经济学理论模型的方法。

2.1　多变量过程或非高斯过程

虽然我们在第 1 节中给出的模型是相当程式化的,但是它的基本原则却可以用来研究更复杂环境中的区制变化。现假设,我们在第 t 期可以观察到变量向量 y_t,同时假设 y_t 以过去历史为条件的密度 $\Omega_{t-1} = \{y_{t-1}, y_{t-2}, \cdots\}$ 取决于参数 θ,而其中一些参数或全部参数则取决于区制 s_t,即:

$$f(y_t|s_t = i, \Omega_{t-1}) = f(y_t|\Omega_{t-1}; \theta_i), i = 1, \cdots, N \tag{13}$$

在第 1 节给出的例子中,有 $N = 2$ 种可能的区制,参数 $\theta_1 = (m_1, \sigma)'$,$\theta_2 = (m_2, \sigma)'$,且 $f(y_t|\Omega_{t-1}; \theta_i)$ 为服从 $N(m_i, \sigma^2)$ 的密度。而且,同样的基本方法也适用于 n 维向量自回归,其中一些或所有参数随着区制的转换而变化:

$$\begin{aligned}y_t &= \Phi_{s_t,1}y_{t-1} + \Phi_{s_t,2}y_{t-2} + \cdots + \Phi_{s_t,r}y_{t-r} + c_{s_t} + \varepsilon_t \\ &= \Phi_{s_t}x_{t-1} + \varepsilon_t\end{aligned} \tag{14}$$

$$\varepsilon_t|s_t, \Omega_{t-1} \sim N(0, \Sigma_{s_t}) \tag{15}$$

这正是克罗尔齐格在他的论文(Krolzig, 1997)中曾经细致地分析过的那一类模型。在这里,x_{t-1} 是一个 $(nr+1) \times 1$ 向量,由一个常数项和 y 的 r 个滞后组成:

$$x_{t-1} = (y'_{t-1}, y'_{t-2}, \cdots, y'_{t-r}, 1)'$$

在这种情况下,y_t 的密度取决于它自己的历史值,并且取 i 值的区制 s_t,将为:

$$f(y_t|s_t = i, \Omega_{t-1}) = \frac{1}{(2\pi)^{n/2}|\Sigma_i|^{1/2}}\exp\left[-(1/2)(y_t - \Phi_i x_{t-1})'\Sigma_i^{-1}(y_t - \Phi_i x_{t-1})\right] \tag{16}$$

这里没有必要运用高斯密度。例如,德毓克(Dueker, 1997)提出了一个股票收益模型,其中新息源于"学生氏" t 分布,其自由度参数 η 则随着区制的变化而变化。

2.2　多重区制

具有多重区制($N>2$)的模型的一种传统的表示方法是,设定一个矩阵 P,让该矩阵中第 i

行、第 j 列的元素对应于转移概率 p_{ij}(从而使得 P 的各列之和为 1)。同样地,我们也可以用一个($N\times1$)向量 ξ_t 来表示第 t 期的区制,该向量的第 i 个元素在 $s_t=i$ 时为 1,否则为零。换句话说,ξ_t 对应于单位矩阵 I_N 的第 s_t 列。$E(\xi_t|s_{t-1}=\mathrm{i})$ 可以表示为:

$$E(\xi_t|s_{t-1}=i)=\begin{bmatrix}\mathrm{Prob}(s_t=1|s_{t-1}=i)\\ \vdots \\ \mathrm{Prob}(s_t=N|s_{t-1}=i)\end{bmatrix}=\begin{bmatrix}p_{i1}\\ \vdots \\ p_{iN}\end{bmatrix}$$

这意味着

$$E(\xi_t|\xi_{t-1})=P\xi_{t-1},\text{以及}$$

$$\xi_t=P\xi_{t-1}+v_t$$

在这里,v_t 是一个其元素之和总是为零的鞅差序列。这样一来,马尔可夫链也可以用一个一阶向量自回归 VAR(1)来表示,其中取决于观察到的数据 Ω_t 的提前 k 期的区制的概率由式(17)给出:

$$\begin{bmatrix}\mathrm{Prob}(s_{t+k}=1|\Omega_t)\\ \vdots \\ \mathrm{Prob}(s_{t+k}=N|\Omega_t)\end{bmatrix}=P^k\begin{bmatrix}\mathrm{Prob}(s_t=1|\Omega_t)\\ \vdots \\ \mathrm{Prob}(s_t=N|\Omega_t)\end{bmatrix} \tag{17}$$

关于适用于区制转换的一般过程的矩和平稳条件的讨论,读者可以参阅以下论文:特约斯塞姆(Tjøstheim,1986)、杨(Yang,2000)、蒂莫尔曼(Timmermann,2000)、弗兰克和扎科尔安(Francq and Zakoïan,2001),它们都对此进行了深入的讨论。

虽然大多数应用研究都假定可能的区制的数量比较少,但是西姆斯和查涛(Sims and Zha,2006)却构建了一个 N 大于 10 的模型,并使用了贝叶斯先验信息;另外,卡尔韦特和费希尔(Calvet and Fisher,2004)则通过对不同区制之间参数变化的函数施加限制估计了一个具有数千种区制的模型。

2.3 依赖于当前和过去的区制的过程

在汉密尔顿(Hamilton,1989)发展出来的描述经济衰退的原始模型中,给定的假设是,GDP 增长率 y_t 的条件密度不仅取决于当前区制,而且取决于 r 个以往的区制,即:

$$y_t=m_{st}+\phi_1(y_{t-1}-m_{s_{t-1}})+\phi_2(y_{t-2}-m_{s_{t-2}})+\cdots+\phi_r(y_{t-r}-m_{s_{t-r}})+\varepsilon_t \tag{18}$$

虽然乍看起来,这似乎不像是方程式(13)给出的一般形式的一个特殊情况,但这其实只是一个符号表达的问题。为了说明这一点,以在方程式(18)中取 $r=1$ 为例,定义:

$$s_t^*\begin{cases}1,\text{当 }s_t=1\text{ 且 }s_{t-1}=1\text{ 时,}\\ 2,\text{当 }s_t=2\text{ 且 }s_{t-1}=1\text{ 时,}\\ 3,\text{当 }s_t=1\text{ 且 }s_{t-1}=2\text{ 时,}\\ 4,\text{当 }s_t=2\text{ 且 }s_{t-1}=2\text{ 时,}\end{cases}$$

那么,s_t^* 本身就是一个四态马尔可夫链,其转移矩阵为:

$$P^* = \begin{bmatrix} p_{11} & 0 & p_{11} & 0 \\ p_{12} & 0 & p_{12} & 0 \\ 0 & p_{21} & 0 & p_{21} \\ 0 & p_{22} & 0 & p_{22} \end{bmatrix}$$

这样一来,我们不难看出,模型(18)确实可以被认为是模型(13)的一个特殊情况,例如,我们有:

$$f(y_t \mid s_t^* = 2, \Omega_{t-1}) = \frac{1}{(2\pi\sigma^2)^{1/2}} \exp\left\{ -\frac{[y_t - m_2 - \phi_1(y_{t-1} - m_1)]^2}{2\sigma^2} \right\}$$

2.4　关于区制的推断,以及在一般情况下如何求似然度

对于上面举过的任何一个例子,我们都可以用一个($N \times 1$)向量 η_t 表达依赖于 N 个不同的可能区制中的某一个区制的一组密度,该向量的第 i 个元素为 $f(y_t \mid s_t = i, \Omega_{t-1}; \lambda)$,其中 $\Omega_{t-1} = \{y_{t-1}, y_{t-2}, \cdots, y_1\}$,而 λ 也是一个向量,由所有未知的总体参数组成。例如,对于马尔可夫转换向量自回归而言,η_t 的第 i 个元素由方程式(16)给出,向量 λ 则拾取(collect)了未知元素 $\{\Phi_1, \Phi_2, \cdots, \Phi_N, \Sigma_1, \Sigma_2, \cdots, \Sigma_N, P\}$ 中的元素,其中 P 为一个($N \times N$)矩阵,它的第 j 行第 i 列的元素为 $\mathrm{Prob}(s_{t+1} = j \mid s_t = i)$,因此 P 各列之和等于1。类似地,我们同样可以定义一个($N \times 1$)向量 $\hat{\zeta}_{t|t}$,该向量的第 i 个元素是概率 $\mathrm{Prob}(s_t = i \mid \Omega_t; \lambda)$。这样做的一个目标是得到推断 $\hat{\zeta}_{t-1|t-1}$,并利用关于 y_t 的观察结果更新之,以便计算出 $\hat{\zeta}_{t|t}$。汉密尔顿(Hamilton, 1994,第692页)证明,这个目标可以通过计算式(19)完成:

$$\hat{\zeta}_{t|t-1} = P\hat{\zeta}_{t-1|t-1}$$
$$\hat{\zeta}_{t|t} = \frac{(\hat{\zeta}_{t|t-1} \odot \eta_t)}{1'(\hat{\zeta}_{t|t-1} \odot \eta_t)} \tag{19}$$

在式(19)中,1 表示一个元素全为 1 的($N \times 1$)向量,$\odot$ 则表示逐个元素地进行向量相乘。

如果给定马尔可夫链遍历的,那么我们就可以开始就 $t = 1$ 进行递归,方法是设定 $\hat{\zeta}_{1|0}$ 为无条件概率向量。如汉密尔顿(Hamilton, 1994,第684页)所述,对于如下的矩阵 A,无条件概率能够从矩阵 $(A'A)^{-1}A'$ 的第($N+1$)列找到:

$$\underset{(N+1)\times N}{A} = \begin{bmatrix} I_N - P \\ 1' \end{bmatrix} \tag{20}$$

还有一种替代方法是将各初始概率视为单独的参数,

$$\begin{bmatrix} \mathrm{Prob}(s_1 = 1 \mid \Omega_0) \\ \vdots \\ \mathrm{Prob}(s_1 = N \mid \Omega_0) \end{bmatrix} = \begin{bmatrix} \rho_1 \\ \vdots \\ \rho_N \end{bmatrix}$$

其中 ρ_i 可以反映各种先验信念(例如,如果研究者知道样本是从区制 1 中开始的,那么我们就有 $\rho_1 = 1$);研究者也可以是完全无知的(这时就有 $\rho_i = 1/N$,对于所有的 $1, \cdots, N$),又或

者,ρ 还可以是一个单独的参数向量,而且也通过最大似然法被选中。如果使用第 2.5 小节描述的最大期望算法(EM 算法)或 2.8 小节描述的吉布斯(Gibbs)采样器,又或者,如果我们允许永久性的区制转换这种可能性存在(永久性的区制转换意味着马尔可夫链不是遍历性的),那么上述三种选项中的任何一种都会显得特别有吸引力。

在对方程式(10)和方程式(11)进行一般化的时候,作为上述递归过程的一个副产品,观察到的数据的对数似然函数也会自然而然地被计算出来:

$$\mathcal{L}(\lambda) = \sum_{t=1}^{T} \log f(y_t | \Omega_{t-1}; \lambda) = \sum_{t=1}^{T} \log [1'(\hat{\zeta}_{t|t-1} \odot \eta_t)] \tag{21}$$

从方程式(17)还可以得出对于该区制的提前 k 期预测:从 $P^k \hat{\zeta}_{t|t}$ 的第 j 个元素可以得到概率 $\text{Prob}(s_{t+k} = i | \Omega_t; \lambda)$。

经济学家也往往希望计算出 t 时刻依赖于延伸至样本 T 末端的全部观测结果的推断,这种推断方法就是通常所称的"平滑概率法"。从 $\hat{\zeta}_{t|T}$ 的第 i 个元素,就可以得到平滑概率 $\text{Prob}(s_t = i | \Omega_T; \lambda)$。至于 $\hat{\zeta}_{t|T}$,则可以像汉密尔顿所阐述的那样(Hamilton,1994,第 694 页),以 $t = T-1, T-2, \cdots, 1$ 这样的顺序,通过反复逆向迭代计算出来:

$$\hat{\zeta}_{t|T} = \hat{\zeta}_{t|t} \odot \{P'[\hat{\zeta}_{t+1|T}(\div)\hat{\zeta}_{t+1|t}]\} \tag{22}$$

其中,运算($\div$)表示逐个元素地相除。

2.5 最大期望算法

上面所说的未知参数 λ,则可以利用数值搜索方法、最大化似然函数式(21)来进行估计,或者也可以利用最大期望算法(EM 算法),因为就像汉密尔顿(Hamilton,1990)指出的那样,最大期望算法是找到最大似然函数的一种简便的方法。如果我们将初始概率 $\hat{\zeta}_{1|0}$ 视为自由参数 ρ 的一个向量,而不运用源于方程式(20)的遍历性概率,那么这种方法确实是最简单的。本部分介绍如何在无限制马尔可夫转换向量自回归——如方程式(14)所示——的情况下实现最大期望算法。在这种情况下,λ 包括了 ρ 以及 $\{\Phi_1, \Phi_2, \cdots, \Phi_N, \Sigma_1, \Sigma_2, \cdots, \Sigma_N, P\}$ 中的元素。最大期望算法实质上是一个迭代过程,它会生成一个估计序列 $\{\hat{\lambda}^{(\ell)}\}$,而且算法保证了在 $\hat{\lambda}^{(\ell+1)}$ 处求出的对数似然度——方程式(21)——大于或等于 $\hat{\lambda}^{(\ell)}$ 处求出的。这样不断迭代直到收敛,最终导出似然函数的局部最大值。

为了计算出 $\hat{\lambda}^{(\ell+1)}$ 的值,我们首先在方程式(22)中使用 $\hat{\lambda}^{(\ell)}$ 来求出平滑概率 $\text{Prob}(s_t = i | \Omega_T; \hat{\lambda}^{(\ell)})$ 以及平滑联合概率 $(s_t = i, s_{t+1} = j | \Omega_T; \hat{\lambda}^{(\ell)})$。后者可以从如下 ($N \times N$) 矩阵的第 i 行第 j 列上的元素中得出:[1]

$$\{\hat{\zeta}_{t|t}(\hat{\lambda}^{(\ell)})[\hat{\zeta}_{t+1|T}(\hat{\lambda}^{(\ell)})(\div)(\hat{P}^{(\ell)}\hat{\zeta}_{t|t}(\hat{\lambda}^{(\ell)}))]'\} \odot \hat{P}^{(\ell)'} \tag{23}$$

---

① 该矩阵的第 i 行第 j 列上的元素对应于

$$\text{Prob}(s_t = i | \Omega_t) \frac{\text{Prob}(s_{t+1} = j | \Omega_T)}{\text{Prob}(s_{t+1} = j | \Omega_t)} p_{ij}$$

它源于汉密尔顿(Hamilton,1994)的式[22. A. 21],等于 $\text{Prob}(s_t = i, s_{t+1} = j | \Omega_T)$。

然后我们就可以使用这些平滑概率来生成一个新的估计 $\hat{\rho}^{(\ell+1)}$，它的第 i 个元素得自 $\mathrm{Prob}(s_1=i\mid\Omega_T;\hat{\lambda}^{(\ell)})$。此外，我们还可以得到另一个新的估计值 $\hat{P}^{(\ell+1)}$，它的第 j 行第 i 列上的元素由下式给出：

$$\hat{P}_{ij}^{(\ell+1)}=\frac{\sum_{t=1}^{T-1}\mathrm{Prob}(s_t=i,s_{t+1}=j\mid\Omega_T;\hat{\lambda}^{(\ell)})}{\sum_{t=1}^{T-1}\mathrm{Prob}(s_t=i\mid\Omega_T;\hat{\lambda}^{(\ell)})}$$

对于 $i=1,2,\cdots,N$，向量自回归参数的更新估计则由式（24）给出：

$$\hat{\Phi}_i^{(\ell+1)}=\left(\sum_{t=1}^T y_t x'_{t-1}\mathrm{Prob}(s_t=i\mid\Omega_T;\hat{\lambda}^{(\ell)})\right)\left(\sum_{t=1}^T x_{t-1}x'_{t-1}\mathrm{Prob}(s_t=i\mid\Omega_T;\hat{\lambda}^{(\ell)})\right)^{-1} \tag{24}$$

$$\hat{\Sigma}_i^{(\ell+1)}=\frac{\sum_{t=1}^T(y_t-\hat{\Phi}_i^{(\ell+1)}x_{t-1})(y_t-\hat{\Phi}_i^{(\ell+1)}x_{t-1})'\mathrm{Prob}(s_t=i\mid\Omega_T;\hat{\lambda}^{(\ell)})}{\sum_{t=1}^T\mathrm{Prob}(s_t=i\mid\Omega_T;\hat{\lambda}^{(\ell)})}$$

因此，我们只是简单地在计算平滑概率与 y_t 对它自身的滞后变量的普通最小二乘回归之间进行迭代，而且这些滞后变量就是用这些平滑概率对它们进行加权的。这种算法将收敛到这样一个点上：对于服从 $\rho'1=1$、$1'P=1'$ 约束的 λ，该点上的对数似然——方程式（21）——至少是一个局部最大值，且 ρ 和 P 的所有元素都是非负的，而且对于 $j=1,2,\cdots,N$，Σ_j 是半正定的。

2.6 有限制模型的最大期望算法

一般来说，我们会希望运用一种更简洁的表示方法，保证最大期望算法有更大的适应性。例如，在如下系统中，我们假定在描述系统的前 n_1 个变量的方程组中不存在区制的变化：

$$y_{1t}=Ax_{t-1}+\varepsilon_{1t} \tag{25}$$

$$y_{2t}=B_{s_t}x_{t-1}+\varepsilon_{2t} \tag{26}$$

$$E\left\{\begin{bmatrix}\varepsilon_{1t}\\\varepsilon_{2t}\end{bmatrix}\begin{bmatrix}\varepsilon'_{1t}&\varepsilon'_{2t}\end{bmatrix}\bigg|s_t\right\}=\begin{bmatrix}\Sigma_{11}&\Sigma_{12,s_t}\\\Sigma_{21,s_t}&\Sigma_{22,s_t}\end{bmatrix}$$

正如汉密尔顿（Hamilton，1994，第 310 页）所证明的，对系统进行重新参数化是很方便的：只需要对方程式（25）左自乘 $\Sigma_{21,s_t}\Sigma_{11}^{-1}$，再减去方程式（26）的结果，就可以得到

$$y_{2t}=C_{s_t}y_{1t}+D_{s_t}x_{t-1}+v_{2t} \tag{27}$$

其中，$C_{s_t}=\Sigma_{21,s_t}\Sigma_{11}^{-1}$，$D_{s_t}=B_{s_t}-\Sigma_{21,s_t}\Sigma_{11}^{-1}A$，$v_{2t}=\varepsilon_{2t}-\Sigma_{21,s_t}\Sigma_{11}^{-1}\varepsilon_{1t}$，且，$E(v_{2t}v'_{2t}\mid s_t)=H_{s_t}=\Sigma_{22,s_t}-\Sigma_{21,s_t}\Sigma_{11}^{-1}\Sigma_{12,s_t}$。然后，与模型（25）和（27）有关的似然就会将一个区制转换分量和一个区制依赖分量纳入进来（分别参数化为 A 和 Σ_{11}）。在不存在对 B_{s_t}、Σ_{21,s_t} 和 Σ_{22,s_t} 的限制的情况下，A 和 Σ_{11} 的值并不会限制区制转换分块的似然度，这意味着整个系统的完全信息最大似然是可以通过分别最大化两个分块的似然来实现的。对于非区制依赖的分块，最大似然估计（MLE）则是通过简单的普通最小二乘方法得到的：

$$\hat{A}=\left(\sum_{t=1}^T y_{1t}x'_{t-1}\right)\left(\sum_{t=1}^T x_{t-1}x'_{t-1}\right)^{-1}$$

$$\hat{\Sigma}_{11} = T^{-1} \sum_{t=1}^{T} (y_{1t} - \hat{A}x_{t-1})(y_{1t} - \hat{A}x_{t-1})'$$

至于区制转换分块,最大似然估计则可以运用最大期望算法得到:

$$\hat{G}_i^{(\ell+1)} = \left(\sum_{t=1}^{T} y_{2t} z'_t p_{it}^{(\ell)} \right) \left(\sum_{t=1}^{T} z_t z'_t p_{it}^{(\ell)} \right)^{-1}$$

$$\hat{H}_i^{(\ell+1)} = \frac{\left(\sum_{t=1}^{T} (y_{2t} - \hat{G}_i^{(\ell+1)} z_t)(y_{2t} - \hat{G}_i^{(\ell+1)} z_t)' p_{it}^{(\ell)} \right)}{\left(\sum_{t=1}^{T} p_{it}^{(\ell)} \right)}$$

$$p_{it}^{(\ell)} = \mathrm{Prob}(s_t = i \mid \Omega_T; \hat{\lambda}^{(\ell)})$$

其中,$z_t = (y'_{1t}, x'_{t-1})$,且 $G_j = \begin{bmatrix} C_j & D_j \end{bmatrix}$。因此,直接将导致方程式(27)的转移过程逆转过来,就可以得到原始参数化的最大似然估计了,例如,$\hat{\Sigma}_{21,j} = \hat{C}_j \hat{\Sigma}_{11}$ 且 $\hat{B}_j = \hat{D}_j + \hat{\Sigma}_{21,j} \hat{\Sigma}_{11}^{-1} \hat{A}$。

或者,另一种方法是,假设我们要将转换系数限制为仅适用于原始回归元的一个子集 $x_{2,t-1}$,例如,在如下这个只有截距(x_{t-1} 的最后一个元素)特定于区制的向量自回归中:

$$y_t = A x_{1,t-1} + B_{s_t} x_{2,t-1} + \varepsilon_t \tag{28}$$

其中 $E(\varepsilon_t \varepsilon'_t) = \Sigma$。在这种情况下,最大期望方程采用的形式如下:[1]

$$\left[\hat{A}^{(\ell+1)} \hat{B}_1^{(\ell+1)} \hat{B}_2^{(\ell+1)} \cdots \hat{B}_N^{(\ell+1)} \right] = S_{yx}(\hat{\lambda}^{(\ell)}) S_{xx}^{-1}(\hat{\lambda}^{(\ell)}) \tag{29}$$

$$S_{yx}(\hat{\lambda}^{(\ell)}) = \sum_{i=1}^{T} y_t \left[x'_{1,t-1} \quad x'_{2,t-1} p_{1t}^{(\ell)} \quad x'_{2,t-1} p_{2t}^{(\ell)} \cdots x'_{2,t-1} p_{Nt}^{(\ell)} \right]$$

$$S_{xx}(\hat{\lambda}^{(\ell)}) = \sum_{t=1}^{T} \begin{bmatrix} x_{1,t-1} x'_{1,t-1} & x_{1,t-1} x'_{2,t-1} p_{1t}^{(\ell)} & x_{1,t-1} x'_{2,t-1} p_{2t}^{(\ell)} & \cdots & x_{1,t-1} x'_{2,t-1} p_{Nt}^{(\ell)} \\ x_{2,t-1} x'_{1,t-1} p_{1t}^{(\ell)} & x_{2,t-1} x'_{2,t-1} p_{1t}^{(\ell)} & 0 & \cdots & 0 \\ x_{2,t-1} x'_{1,t-1} p_{2t}^{(\ell)} & 0 & x_{2,t-1} x'_{2,t-1} p_{2t}^{(\ell)} & \cdots & 0 \\ \vdots & \vdots & \vdots & \vdots & \vdots \\ x_{2,t-1} x'_{1,t-1} p_{Nt}^{(\ell)} & 0 & 0 & \cdots & x_{2,t-1} x'_{2,t-1} p_{Nt}^{(\ell)} \end{bmatrix}$$

$$\hat{\Sigma}^{(\ell+1)} = T^{-1} \sum_{i=1}^{N} \sum_{t=1}^{T} \left[y_t - \hat{A}^{(\ell+1)} x_{1,t-1} - \hat{B}_i^{(\ell+1)} x_{2,t-1} \right]$$

$$\times \left[y_t - \hat{A}^{(\ell+1)} x_{1,t-1} - \hat{B}^{(\ell+1)} x_{2,t-1} \right] \hat{P}_{it}^{(\ell)} \tag{30}$$

2.7 结构向量自回归和脉冲响应函数

高斯结构向量自回归模型采取如下形式:

$$A_{s_t} y_t = B_{s_t} x_{t-1} + u_t$$

其中,$x_{t-1} = (y'_{t-1}, y'_{t-2}, \cdots, y'_{t-r}, 1)$,且 $u_t \mid s_t, \Omega_{t-1} \sim N(0, D_{s_t})$。在这里,$u_t$ 的各元素被解释为不同的结构性冲击,它们是通过对 A_i、B_i 和 D_i 施加特定的限制来识别的。例如,常用的乔里斯基识别就假设结构方程是递归性的,D_i 是对角的、A_i 是下三角形的且对角线上的元素均为

---

[1] 相关的详细信息,请参阅本章的附录。

1。对于已经识别出来的结构,要估计参数,我们可以先对方程式(19)中的 η_t 的第 i 个元素设定如下限制

$$\eta_{it}=\frac{1}{(2\pi)^{n/2}}\frac{\sqrt{|A_i|^2}}{\sqrt{|D_i|}}\exp[-(1/2)(A_iy_t-B_ix_{t-1})'D_i^{-1}(A_iy_t-B_ix_{t-1})]$$

然后再在 $\{A_1,\cdots,A_N,B_1,\cdots,B_N,D_1,\cdots,D_N,P\}$ 中选择,以最大化——方程式(21)的似然估计。

　　另外一种速度可能更快一些的算法是,先利用如本章 2.5 小节所述的最大期望算法,找到(14)和(15)的最大似然估计 $\{\hat{\Phi}_1,\cdots,\hat{\Phi}_N,\hat{\Sigma}_1,\cdots,\hat{\Sigma}_N,\hat{P},\hat{\rho}\}$。如果模型是适度识别的,那么我们就可以将最大似然估计转换为模型所隐含的结构参数 $\{\hat{A}_1,\cdots,\hat{A}_N,\hat{B}_1,\cdots,\hat{B}_N,\hat{F}_1,\cdots,\hat{D}_N,\hat{P},\hat{\rho}\}$;而如果我们面对的是一个过度识别的模型,那么我们也可以利用最小卡方估计法找到最接近于简化式的结构参数的参数值[例如,请参见汉密尔顿和吴(Hamilton and Wu,2012)]。举例来说,对于乔里斯基公式,我们只需为每个 i 找到恰当的乔里斯基因子分解 $\hat{P}_i\hat{P}'_i=\hat{\Sigma}_i$,然后 D_i 的第 j 行第 j 列上的元素就是 $\hat{P}_i$ 中第 j 行第 j 列上的元素的平方。这样我们就有 $\hat{A}_i=\hat{D}_i^{1/2}\hat{P}_i^{-1}$ 以及 $\hat{B}_i=\hat{A}_i\hat{\Phi}_i$。

　　在进行结构向量自回归时,人们往往会对结构脉冲响应函数感兴趣。在这种情况下,脉冲响应函数是期间 t 的区制的函数:

$$H_{mj}=\frac{\partial E(y_{t+m}|s_t=j,\Omega_t)}{\partial u'_t}=\frac{\partial E(y_{t+m}|s_t=j,\Omega_t)}{\partial \varepsilon'_t}\frac{\partial \varepsilon_t}{\partial u'_t}=\Psi_{mj}A_j^{-1}$$

上式中非正交化的或简化形式的脉冲响应函数 Ψ_{mj} 可以通过如下方法找到。假设我们不仅仅对第 t 期的区制 j 求一阶条件,而且还对第 $t+1$ 期的区制 j_1、第 $t+2$ 期的区制 j_2、……、第 $t+m$ 期的区制 j_m 求一阶条件,并且考虑下式的值:

$$\tilde{\Psi}_{m,j,j_1,\cdots,j_m}=\frac{\partial E(y_{t+m}|s_t=j,s_{t+1}=j_1,\cdots,s_{t+m}=j_m,\Omega_t)}{\partial \varepsilon'_t}$$

卡拉米(Karamé,2010)指出,这个 $(n\times n)$ 矩阵可以通过如下递归计算出来

$$\tilde{\Psi}_{m,j,j_1,\cdots,j_m}=\Phi_{1j_m}\tilde{\Psi}_{m-1,j,j_1,\cdots,j_{m-1}}+\Phi_{2j_m}\tilde{\Psi}_{m-2,j,j_1,\cdots,j_{m-2}}+\cdots+\Phi_{rj_m}\tilde{\Psi}_{m-r,j,j_1,\cdots,j_{m-r}}$$

对于 $m=1,2,\cdots$ 其中 $\tilde{\Psi}_{0j}=I_n$ 且 $0=\tilde{\Psi}_{-1,.}=\tilde{\Psi}_{-2,.}=\cdots$。我们感兴趣的目标可以通过对调节变量加以积分得出:

$$\Psi_{mj}=\sum_{j_1=1}^{N}\cdots\sum_{j_m=1}^{N}\tilde{\Psi}_{m,j,j_1,\cdots,j_m}\text{Prob}(s_{t+1}=j_1,\cdots,s_{t+m}=j_m|s_t=j)$$
$$=\sum_{j_1=1}^{N}\cdots\sum_{j_m=1}^{N}\tilde{\Psi}_{m,j,j_1,\cdots,j_m}p_{jj_1}p_{j_1j_2}\cdots p_{j_{m-1},j_m}$$

这些数值,或者可以用解析法求出(对于适当的 m 和 N),或者可以通过模拟计算得到。

　　这类“特定区制所特有”或“特定于区制”(regime-specific)的脉冲响应函数,对于我们研究货币政策[例如,请参见,骆和皮格尔(Lo and Piger,2005)],或者财政政策[例如,请参见,奥尔巴赫和戈罗德尼岑科(Auerbach and Gorodnichenko,2012)]在扩张期间和衰退期间是不是会对经济产生不同影响,特别有意义。

2.8　贝叶斯推理和吉布斯采样器

贝叶斯方法是另一类流行的计量经济学推断方法的基础。贝叶斯推理从关于未知参数 λ 的先验信念开始:这些参数用概率密度 $f(\lambda)$ 来表示,以便将更高的概率与被判断为更合理的 λ 的值关联起来。贝叶斯推理的目的是,根据观察到的数据 $\Omega_T = \{y_1, y_2, \cdots, y_T\}$,用后验密度 $f(\lambda \mid \Omega_T)$ 来修正这些信念。一般来说,研究者通常会假定先验分布 $f(\lambda)$ 是从被称为自然共轭(natural conjugate)分布的某个特定参数族中取出的。这样就保证了一个很好的性质,即,所有先验和后验分布都来自同一个参数族,例如,如果先验信念是基于较早的样本得出的,那么就是如此。自然共轭假设也是非常有用的,因为在这种假设下,我们可以利用许多已知解析方法去获得结果。

我们再一次以马尔可夫转换向量自回归为例,来阐明贝叶斯方法的主要思想。模型如下:

$$y_t = \Phi_{s_t} x_{t-1} + \varepsilon_t$$
$$\varepsilon_t \mid s_t = i \sim N(0, \Sigma_i)$$
$$\text{Prob}(s_1 = i) = \rho_i$$
$$\text{Prob}(s_t = j \mid s_{t-1} = i) = p_{ij}$$

2.8.1　先验分布

狄利克雷分布(Dirichlet Distribution)是决定马尔可夫转换概率的参数的自然共轭。假设 $z = (z_1, z_2, \cdots, z_N)'$ 是一个非负的、其和为 1 的随机变量的 $(N \times 1)$ 向量。具有一组参数 $\alpha = (\alpha_1, \alpha_2, \cdots, \alpha_N)'$ 的狄利克雷密度由下式给出:

$$f(z) = \frac{\Gamma(\alpha_1 + \cdots + \alpha_N)}{\Gamma(\alpha_1) \cdots \Gamma(\alpha_N)} z_1^{\alpha_1 - 1} \cdots z_N^{\alpha_N - 1}$$

式中的 $\Gamma(.)$ 是伽马函数,其中的常数确保密度在满足特定条件的向量集合 z 上积分值为 1。β 分布是一种特殊情况(当 $N = 2$ 时),通常表示为标量 $z_1 \in (0,1)$ 的一个函数,即

$$f(z_1) = \frac{\Gamma(\alpha_1 + \alpha_2)}{\Gamma(\alpha_1) \Gamma(\alpha_2)} z_1^{\alpha_1 - 1} (1 - z_1)^{\alpha_2 - 1}$$

然后,对于 $i = 1, 2, \cdots, N$,我们将初始概率的 $(n \times 1)$ 向量上的先验信念表示为 $(\rho_1, \rho_2, \cdots, \rho_N) \sim D(\alpha_1, \alpha_2, \cdots, \alpha_N)$,并将对转移概率的先验信念表示为 $(p_{i1}, p_{i2}, \cdots, p_{iN}) \sim D(\alpha_{i1}, \alpha_{i2}, \cdots, \alpha_{iN})$。$\Sigma_j$ 的自然共轭,以及区制 j 的新息方差矩阵,则由威沙特分布(Wishart Distribution)给出。令 z_i 为独立的 $(n \times 1)$ 向量,服从 $N(0, \Lambda^{-1})$,并考虑矩阵 $W = z_1 z_1' + \cdots + z_\eta z_\eta'$(其中 $\eta > n-1$)。可以证明,这个矩阵有一个 n 维的威沙特分布,它有 η 个自由度且尺度矩阵为 Λ^{-1},其密度为

$$f(W) = c |\Lambda|^{\eta/2} |W|^{(\eta-n-1)/2} \exp[-(1/2) \text{tr}(W\Lambda)]$$

其中,$\text{tr}(.)$ 表示该矩阵的迹(对角线上的元素之和)。就一元回归(当 $n = 1$ 时)而言,这就变

成了 Λ^{-1} 乘以一个 $\chi^2(\eta)$ 变量,又或者等价地,一个均值为 η/Λ、方差为 $2\eta/\Lambda^2$ 的伽玛分布。在选择式中的常数 c 时,必须保证所有正定对称矩阵 W 的集合上的密度积分为 1[例如,可参见德格鲁特(DeGroot,1970,第 57 页)]:

$$c = \left[2^{\eta n/2} \pi^{n(n-1)/4} \prod_{j=1}^{n} \Gamma\left(\frac{\eta+1-j}{2}\right) \right]^{-1}$$

Σ_j^{-1} 之前的自然共轭,即区制 j 中的新息方差矩阵的倒数,采取了 η 个自由度且尺度矩阵为 Λ_j^{-1} 的威沙特分布的形式:

$$f(\Sigma_j^{-1}) = c \mid \Lambda_j \mid^{\eta/2} \mid \Sigma_j \mid^{-(\eta_j-n-1)/2} \exp\left[-(1/2)\,\mathrm{tr}(\Sigma_j^{-1}\Lambda_j)\right]$$

而关于区制 j 的回归系数 $\varphi_j = \mathrm{vec}(\Phi_j')$ 的先验信息,可以用一个 $N(\mathrm{m}_j, \mathrm{M}_j)$ 来表示。在不存在关于这些系数的有用的先验信息的情况下,这个式子会变得简单很多(这可以看作是当 $\mathrm{M}_j^{-1} \to 0$ 时的推断的极限),这种极限情形将用于这里给出的结果。

2.8.2 似然函数和条件后验分布

下面定义三个集合。刻画马尔可夫概率的参数用集合 $p = \{\rho_j, p_{1j}, \cdots, p_{Nj}\}_{j=1}^{N}$ 表示,刻画方差的参数用集合 $\sigma = \{\Sigma_1, \cdots, \Sigma_N\}$ 表示,向量自回归(VAR)系数用集合 $\varphi = \{\Phi_1, \cdots, \Phi_N\}$ 表示。如果我们以所有这些参数以及某个特定的数值为 $S = \{s_1, \cdots, s_T\}$ 上的每个期间的区制实现设定条件,那么观察到的数据 $\Omega_T = \{y_1, \cdots, y_T\}$ 的似然函数将是

$$f(\Omega_T \mid p, \sigma, \varphi, S) = \prod_{t=1}^{T} \frac{1}{(2\pi)^{n/2}} \mid \Sigma_{s_t} \mid^{-1/2} \exp\left[-(1/2)(y_t - \Phi_{s_t} x_{t-1})' \Sigma_{s_t}^{-1}(y_t - \Phi_{s_t} x_{t-1})\right]$$

$$= \prod_{t=1}^{T} \frac{1}{(2\pi)^{n/2}} \sum_{j=1}^{N} \delta_{jt} \mid \Sigma_j \mid^{-1/2} \exp\left[-(1/2)(y_t - \Phi_j x_{t-1})' \Sigma_j^{-1}(y_t - \Phi_j x_{t-1})\right]$$

其中,如果 $s_t = j$,则 $\delta_{jt} = 1$,否则 δ_{jt} 的值为零。于是,根据独立的先验密度,数据、参数和区制的联合密度为

$$f(\Omega_T, p, \sigma, \varphi, S) = f(\Omega_T \mid p, \sigma, \varphi, S) f(p) f(\sigma) f(\varphi) f(S \mid p) \tag{31}$$

$$f(p) \propto \prod_{j=1}^{N} \rho_j^{\alpha_j-1} p_{1j}^{\alpha_{ij}-1} \cdots p_{Nj}^{\alpha_{Nj}-1}$$

$$f(\sigma) \propto \prod_{j=1}^{N} \mid \Sigma_j \mid^{-(\eta_j-n-1)/2} \exp\left[-(1/2)\,\mathrm{tr}(\Sigma_j^{-1}\Lambda_j)\right]$$

$$f(\varphi) \propto 1$$

$$f(S \mid p) = \rho_{s_1} p_{s_1,s_2} p_{s_2,s_3} \cdots p_{s_{T-1},s_T}$$

其中,p_{s_{T-1},s_T} 表示当 $s_{t-1} = i$ 且 $s_t = j$ 时的参数 p_{ij}。

令 $\Delta(j) = \{t \in 1, \cdots, T : \delta_{jt} = 1\}$ 表示所有区制为 j 的期间的集合。从方程式(31)可以推导出,以 Ω_T, p, φ, S 为条件的后验分布 Σ_j 由式(32)给出:

$$f(\Sigma_j^{-1} \mid \Omega_T, p, \varphi, S) \propto \mid \Sigma_j \mid^{-(\eta_j-n-1)/2} \exp\left[-(1/2)\,\mathrm{tr}(\Sigma_j^{-1}\Lambda_j)\right] \times$$

$$\prod_{t \in \Delta(j)} \mid \Sigma_j \mid^{-1/2} \exp\left[-(1/2)(y_t - \Phi_j x_{t-1})' \Sigma_j^{-1}(y_t - \Phi_j x_{t-1})\right]$$

$$= \mid \Sigma_j \mid^{-(T_j+\eta_j-n-1)/2} \exp\left[-(1/2)\,\mathrm{tr}[\Sigma_j^{-1}(\Lambda_j + \mathrm{H}_j)]\right] \tag{32}$$

其中,$T_j = \sum_{t=1}^{T} \delta_{jt}$ 为可以用区制 j 刻画的期间的数量,$H_j = \sum_{t=1}^{T} \delta_{jt}(y_t - \Phi_j x_{t-1})(y_t - \Phi_j x_{t-1})'$ 为这些观察值的残差向量的外积之和。换句话说,$\Sigma_j^{-1} | \Omega_T, p, \varphi, S$ 是一个威沙特分布——有 $T_j + \eta_j$ 个自由度,其尺度矩阵为 $(\Lambda_j + H_j)^{-1}$。

同样,对于 $\hat{\Phi}_j = \left(\sum_{t=1}^{T} \delta_{jt} y_t x'_{t-1} \right) \left(\sum_{t=1}^{T} \delta_{jt} x_t x'_{t-1} \right)^{-1}$ 也可做类似推导。这就是说,对于 $\hat{\Phi}_j$,仅使用区制 j 下的观察值的普通最小二乘回归系数,$\varphi_j = \text{vec}(\hat{\Phi}'_j)$ 以 Ω_T, p, σ, S 为条件的后验分布为

$$
\begin{aligned}
f(\varphi_j | \Omega_T, p, \sigma, S) &\propto \prod_{t \in \Delta(j)} \exp\left[-(1/2)(y_t - \Phi_j x_{t-1})' \Sigma_j^{-1} (y_t - \Phi_j x_{t-1}) \right] \\
&= \prod_{t \in \Delta(j)} \exp\left[-(1/2)(y_t - \hat{\Phi}_j x_{t-1} + \hat{\Phi}_j x_{t-1} - \Phi_j x_{t-1})' \Sigma_j^{-1} \times \right. \\
&\qquad \left. (y_t - \hat{\Phi}_j x_{t-1} + \hat{\Phi}_j x_{t-1} - \Phi_j x_{t-1}) \right] \\
&\propto \prod_{t \in \Delta(j)} \exp\left[-(1/2) x'_{t-1}(\hat{\Phi}_j - \Phi_j)' \Sigma_j^{-1}(\hat{\Phi}_j - \Phi_j) x_{t-1} \right] \\
&= \prod_{t \in \Delta(j)} \exp\left\{ -(1/2)(\hat{\varphi}_j - \varphi_j)' \left[\Sigma_j^{-1} \otimes x_{t-1} x'_{t-1} \right] (\hat{\varphi}_j - \varphi_j) \right\} \\
&= \exp\left\{ -(1/2)(\varphi_j - \hat{\varphi}_j)' \left[\Sigma_j \otimes \left(\sum_{t=1}^{T} \delta_{jt} x_{t-1} x'_{t-1} \right)^{-1} \right]^{-1} (\varphi_j - \hat{\varphi}_j) \right\}
\end{aligned}
$$

这就说明,对于 $\hat{\varphi}_j = \text{vec}(\hat{\Phi}'_j)$,我们有 $\varphi_j | \Omega_T, p, \sigma, S \sim N\left(\hat{\varphi}_j, \Sigma_j \otimes \left(\sum_{t=1}^{T} \delta_{jt} x_{t-1} x'_{t-1} \right)^{-1} \right)$。

ρ 的条件后验分布则可从下式得出:

$$
f(\rho | \Omega_T, \varphi, \sigma, S) \propto \rho_1^{\alpha_1 - 1} \cdots \rho_N^{\alpha_N - 1} \rho_{s_t}
$$

它将被认为是 $D(\alpha_1 + \delta_{11}, \cdots, \alpha_N + \delta_{N1})$,换句话说,将被认为是一个狄利克雷分布。在这个分布中,我们已经将与观察点 1 上已实现的区制相关联的参数加大了 1 个单位,同时保持所有其他参数不变。类似地,我们还可以得到,对于 $T_{ij} = \sum_{t=2}^{T} \delta_{i,t-1} \delta_{jt}$——在给定序列 S 中,区制 i 之后为区制 j 这种情况出现的次数——有 $(p_{i1}, \cdots p_{iN}) | \Omega_T, \varphi, \sigma, S \sim D(\alpha_{i1} + T_{i1}, \cdots, \alpha_{iN} + T_{iN})$。

2.8.3 吉布斯采样器

吉布斯采样器(Gibbs Sampler)背后的思想是,利用上述已知的条件分布来生成一个随机变量序列,其无条件分布恰恰是我们感兴趣的对象。现假设,作为已经运行的迭代 l 的结果,我们已经为 φ, σ, p, S 生成了特定的数值。作为例子,我们可以从对于参数的任何初始猜测以及每个期间可能实现的某种区制开始运行迭代 $l=1$。给定源于迭代的数值,我们能够从方程式(32)中生成 $\Sigma_j^{(\ell+1)}$。具体地说,$\Sigma_j^{(\ell+1)}$ 是从一个有 $T_j^{(\ell)} + \eta_j$ 个自由度且其尺度矩阵为 $(\Lambda_j + H_j^{(\ell)})^{-1}$ 的威沙特分布中的一次采样的倒数。其中,$T_j^{(\ell)} = \sum_{t=1}^{T} \delta_{jt}^{(\ell)}$ 为集合 $\{s_1^{(\ell)}, \cdots s_T^{(\ell)}\}$ 中值为 j 的元素的一个简单计数,$H_j^{(\ell)}$ 则为这 $T_j^{(\ell)}$ 个观察值的残差外积 $\sum_{t=1}^{T} \delta_{jt}^{(\ell)}(y_t - \Phi_j^{(\ell)} x_{t-1})(y_t - \Phi_j^{(\ell)} x_{t-1})'$ 之和。对每个 $j=1, \cdots, N$ 都进行这种迭代,我们可以得到新的 $\sigma^{(\ell+1)}$。然后,我们通过生成 $\varphi_j^{(\ell+1)} \sim N\left(\hat{\varphi}_j^{(\ell+1)}, \Sigma_j^{(\ell+1)} \otimes \left(\sum_{t=1}^{T} \delta_{jt}^{(\ell)} x_{t-1} x'_{t-1} \right)^{-1} \right)$ 得到向量自回归系数的一个新的值,其

中 $\hat{\varphi}_j^{(\ell+1)} = \text{vec}\big[\, \hat{\Phi}_j^{(\ell+1)\prime}\,\big]$ 是通过对这 $T_j^{(\ell)}$ 个观察值进行普通最小二乘回归得到的：$\hat{\Phi}_j^{(\ell+1)} =$
$\Big(\sum_{t=1}^{T} \delta_{jt}^{(\ell)} \mathrm{y}_t \mathrm{x}'_{t-1} \Big) \Big(\sum_{t=1}^{T} \delta_{jt}^{(\ell)} \mathrm{x}_{t-1} \mathrm{x}'_{t-1} \Big)^{-1}$。新的初始概率 $(\rho_1^{(\ell+1)}, \cdots, \rho_N^{(\ell+1)})$ 可以由 $D(\alpha_1 + \delta_{11}^{(\ell)}, \cdots,$
$\alpha_N + \delta_{N1}^{(\ell)})$ 得出，而新的马尔可夫概率 $(p_{i1}^{(\ell+1)}, \cdots, p_{iN}^{(\ell+1)})$ 则可以从 $D(\alpha_{i1} + T_{i1}^{(\ell)}, \cdots, \alpha_{iN} + T_{iN}^{(\ell)})$ 得出——其中 $T_{ij}^{(\ell)}$ 表示在给定的实现 $(s_1^{(\ell)}, \cdots, s_T^{(\ell)})$ 中，$s_t^{(\ell)} = i$ 之后为 $s_{t+1}^{(\ell)} = j$ 这种情况出现的次数。

最后，通过向后迭代第 2.4 小节所述的平滑算法的一种变体，作为从条件后验 $f(S \mid \Omega_T,$ $p^{(\ell+1)}, \sigma^{(\ell+1)}, \varphi^{(\ell+1)})$ 中的一个采样，我们可以得到一个新的实现 $(s_1^{(\ell+1)}, \cdots, s_T^{(\ell+1)})$。具体地说，给定值 $(p^{(\ell+1)}, \sigma^{(\ell+1)}, \varphi^{(\ell+1)})$，我们可以对方程式(19)就 $t = 1, \cdots, T$ 进行迭代，来计算出($N \times 1$) 向量 $\{\delta_{t|t}^{(\ell+1)}\}_{t=1}^{T}$，该向量的第 j 个元素是 $\text{Prob}(s_t = j \mid \Omega_T, p^{(\ell+1)}, \sigma^{(\ell+1)}, \varphi^{(\ell+1)})$。为了生成 $s_T^{(\ell+1)}$，我们要首先生成一个 $U(0,1)$ 变量。如果它小于计算出来的 $\text{Prob}(s_T = 1 \mid \Omega_T, p^{(\ell+1)},$ $\sigma^{(\ell+1)}, \varphi^{(\ell+1)})$，那么我们就令 $s_T^{(\ell+1)} = 1$。如果均匀变量介于 $\text{Prob}(s_T = 1 \mid \Omega_T, p^{(\ell+1)}, \sigma^{(\ell+1)},$ $\varphi^{(\ell+1)})$ 与 $\text{Prob}(s_T = 1 \mid \Omega_T, p^{(\ell+1)}, \sigma^{(\ell+1)}, \varphi^{(\ell+1)})$ 和 $\text{Prob}(s_T = 2 \mid \Omega_T, p^{(\ell+1)}, \sigma^{(\ell+1)}, \varphi^{(\ell+1)})$ 两者的和之间，那么我们就令 $s_T^{(\ell+1)} = 2$，依此类推。在生成了一个特定的 $s_T^{(\ell+1)}$ 值之后，我们可以运用方程式(23)去计算如下概率：

$$\text{Prob}(s_{T-1} = i \mid s_T = s_T^{(\ell+1)}, \Omega_T, p^{(\ell+1)}, \sigma^{(\ell+1)}, \varphi^{(\ell+1)})$$
$$= \frac{\text{Prob}(s_{T-1} = i, s_T = s_T^{(\ell+1)} \mid \Omega_T, p^{(\ell+1)}, \sigma^{(\ell+1)}, \varphi^{(\ell+1)})}{\text{Prob}(s_T = s_T^{(\ell+1)} \mid \Omega_T, p^{(\ell+1)}, \sigma^{(\ell+1)}, \varphi^{(\ell+1)})}$$

然后再利用这个概率去生成一个采样 $s_{T-1}^{(\ell+1)}$。以这种方式不断反向迭代，我们就可以得到 $S^{(\ell+1)}$ 的完整序列。

现在，我们有了一系列全新的 $p^{(\ell+1)}$、$\sigma^{(\ell+1)}$、$\varphi^{(\ell+1)}$ 和 $S^{(\ell+1)}$，然后我们可以利用它来生成 $\ell + 2$、$\ell + 3$ 等对应的各个值。这类吉布斯采样器[例如，可参见阿尔伯特和奇布(Albert and Chib, 1993)]背后的思想是，这种序列是对应于这样的马尔可夫链：其在一般条件下的遍历分布是真正的后验分布 $f(p, \sigma, \varphi, S \mid \Omega_T)$，因此完全可以丢弃(比如说)前 10 万次采样、保留接下来的 10 万次采样，作为后验分布的样本。

我们还可以使用像上面第 2.6 小节所述的那样，将吉布斯采样器应用于有限制模型。例如，如果将区制转换限制在各方程式的一个子集，那么我们可以利用方程式(27)的参数化，并对独立于系统的其余部分的区制转换子集做出推断。

虽然吉布斯采样器在许多应用领域都非常方便，但是在使用时，还是必须警惕标签切换(label switching)的影响。很多研究者，例如塞勒等(Celeux et al., 2000)、弗鲁沃什-斯奈特(Frühwirth-Schnatter, 2007)，还有格韦克(Geweke, 2007)，全都讨论过处理这个问题的策略。

2.9　时变转移概率

上面的计算全都假定区制的特征可以用一个外生的马尔可夫链来刻画，但是这其实很容易一般化。我们可以用式(33)来替换方程式(2)：

$$\text{Prob}(s_t = j \mid s_{t-1} = i, s_{t-2} = k, \cdots, \Omega_{t-1}) = p_{ij}(\mathbf{x}_{t-1}; \lambda) \quad i, j = 1, \cdots, N \tag{33}$$

其中 $\mathbf{x}_{t-1}$ 是 Ω_{t-1} 的一个子集或我们愿意用来调节的其他观察到的变量,$p_{ij}(\mathbf{x}_{t-1}; \lambda)$ 是一个指定的参数函数。这样一来,方程式(9)就可以一般化为

$$\text{Prob}(s_t = j \mid \Omega_{t-1}) = \sum_{i=1}^{N} p_{ij}(\mathbf{x}_{t-1}; \lambda) \text{Prob}(s_{t-1} = i \mid \Omega_{t-1})$$

其中的序列 $\text{Prob}(s_t = i \mid \Omega_t)$ 仍然像方程式(7)那样通过迭代方法计算出来:

$$\text{Prob}(s_t = j \mid \Omega_t) = \frac{\text{Prob}(s_t = j \mid \Omega_{t-1}) f(\mathbf{y}_t \mid \Omega_{t-1}; \theta_j)}{f(\mathbf{y}_t \mid \Omega_{t-1})} \tag{34}$$

只是分母中的预测密度现在变成了:

$$f(\mathbf{y}_t \mid \Omega_{t-1}) = \sum_{i=1}^{N} \text{Prob}(s_t = i \mid \Omega_{t-1}) f(\mathbf{y}_t \mid \Omega_{t-1}; \theta_i) \tag{35}$$

迪博尔德等(Diebold et al., 1994)阐明了最大期望算法在这样的设定下应该怎样发挥作用;同时菲拉尔多和戈登还为此发展出了一种新的吉布斯采样器(Filardo and Gordon, 1998)。关于时变转移概率的其他有意思的应用还可以参见菲拉尔多和佩里亚的论文(Filardo and Peria, 2002)。

2.10 包含了区制转换的潜在变量模型

上面各种方法都无法处理的一种更加复杂的情形是,$\mathbf{y}_t$ 的条件密度取决于直到期间 t 的区制变化的完整历史 $(s_t, s_{t-1}, \cdots, s_1)$。会出现这种情况的一个重要例子是,进入和退出衰退期的某个过程被认为是影响了观察到的变量 $\mathbf{y}_t$ 的一个 $(n \times 1)$ 向量。例如,肖伟(Chauvet, 1998)针对不可观察的标量商业周期因子 F_t 设定了如下式所刻画的一个过程,

$$F_t = \alpha_{s_t} + \varphi F_{t-1} + \eta_t$$

它影响观察到的 $\mathbf{y}_t$ 的方式是

$$\mathbf{y}_t = \psi F_t + \mathbf{q}_t$$

其中的 ψ 是一个 $(n \times 1)$ 因子载荷向量(vector of factor loadings),同时假设 $\mathbf{q}_t$ 的元素服从分离自回归(separate autoregression)。这可以被视为一个具有依赖于区制的参数的区制空间模型,其中条件密度——方程式(13)——取决于完整历史 $(s_t, s_{t-1}, \cdots, s_1)$。

处理这种模型的一种方法是由金(Kim, 1994)提出的逼近对数似然和最优推断的方法。肖伟和汉密尔顿(Chauvet and Hamilton, 2006)、肖伟和皮格尔(Chauvet and Piger, 2008)证明了这种方法识别美国经济衰退的实时有用性。他们构建了一个(4×1)向量——销售额、收入、就业和工业产出的月度指标。卡马乔等人则利用一个更加详尽的模型在识别欧元区的衰退时取得了很好的结果(Camacho et al., 2014)。

吉布斯采样器为这类模型提供了一种特别便利的方法。我们只需直接将不可观察的因子序列 $\{F_1, \cdots, F_T\}$ 作为另一个随机分块,与 p, σ, φ 和 S 一起被采样。以 $\{F_1, \cdots, F_T\}$ 为条件,为其他分块进行的采样可以通过与第2.8小节所描述的完全相同的方法实施,依赖于区制以及其他参数的、对 $\{F_1, \cdots, F_T\}$ 进行的抽样则可以运用与卡尔曼滤波器相关的一些众所周知的算法来计算。更进一步的细节,请参见金和尼尔森的论文(Kim and Nelson, 1999a)。

2.11 选择区制的数量

我们通常会想检验这样一个零假设,即与其添加第 $N+1$ 个可能的区制,不如维持 N 个区制。特别是,我们想要检验如下零假设:根本没有发生区制变化(即, $H_0:N=1$)。一个很自然的想法是,对第 N 个区制和第 $N+1$ 个区制的对数似然[方程式(21)]进行比较。然而不幸的是,似然比并不具备通常的渐近的卡方分布(X^2 distribution)的性质,因为在零假设下,模型的一些参数无法识别。例如,如果认为方程式(1)中的零假设是 $m_1=m_2$,那么当零假设为真时,最大似然估计 $\hat{p}_{11}$ 和 $\hat{p}_{22}$ 是不会收敛到任何总体值的。汉森(Hansen,1992)、加西亚(Garcia,1998)考察了这种情况下的似然比统计分布,不过实施他们的方法在模型本身比较复杂时是非常烦琐的。卓和怀特(Cho and White,2007)、卡特和斯泰格沃德(Carter and Steigerwald,2012,2013)建议进行一种忽略了马尔可夫属性的准似然比检验。关于独立同分布情况下区制变化问题的微妙之处以及可能的解决方案,请参阅霍尔和斯图尔特(Hall and Stewart,2005),以及陈和李(Chen an Li,2009)。

另一种替代方案是直接计算一般性的度量指标,它们要在更高的似然度与更少的参数数量之间进行权衡。像施瓦茨(Schwarz,1978)的"贝叶斯准则"之类的流行方法完全依赖于对正则条件的渐近辩解,这种辩解一旦失败,必然导致似然比统计量的非标准分布。但是好在,史密斯等人构造了一个简单的检验,它可以用来选择马尔可夫转换回归所用的区制的数量(Smith et al.,2006),

$$\gamma_t = x'\beta_{s_t}+\sigma_{s_t}\varepsilon_t \tag{36}$$

其中, $\varepsilon_t \sim N(0,1)$,且 s_t 服从 N 态马尔可夫链。史密斯等人给出的建议是,通过 N 中每个可能的选择的最大似然来估计参数向量 $\lambda=(\beta'_1,\cdots\beta'_N,\sigma_1,\cdots,\sigma_N,p_{ij,i=1,\cdots N;j=1,\cdots,N-1})^{-1}$,并运用全样本平滑概率计算:

$$\hat{T}_i = \sum_{t=1}^T \text{Prob}(s_t=i|\Omega_T;\hat{\lambda}_{\text{MLE}}) \quad \text{for } i=1,\cdots,N$$

他们建议,要适当地选择 N 的值,使得

$$\text{MSC} = -2\mathcal{L}(\hat{\lambda}_{\text{MLE}})+\sum_{i=1}^N \frac{\hat{T}_i(\hat{T}_i+Nk)}{\hat{T}_i-Nk-2}$$

为最小——其中的 k 是回归向量 β 中的元素的数量。其他的替代方法还包括,使用贝叶斯方法来找出一个能够导致最大边际似然值的 N[奇布(Chib,1998)],或者找到一个能够导致最高贝叶斯因子的 N[库普和波特(Koop and Potter,1999)]。

卡拉斯科等人发展出了另一种很有前途的,检验不存在区制变化的零假设的方法(Carrasco et al.,2014)。令 $\ell_t=\log f(y_t|\Omega_{t-1};\lambda)$ 为不存在区制转换的零假设下的第 t 次观测的预测密度的对数。对于马尔可夫转换回归[方程式(36)], λ 对应于固定区制回归系数及方差 $(\beta',\sigma^2)'$:

$$\ell_t = -(1/2)\log(2\pi\sigma^2)-\frac{(y_t-x'_t\beta)^2}{2\sigma^2}$$

定义 h_t 为对数密度相对于参数向量的导数,即:

$$h_t = \frac{\partial \ell_t}{\partial \lambda}\bigg|_{\lambda = \hat{\lambda}_0}$$

其中,$\hat{\lambda}_0$ 表示在不存在区制变化的零假设下的最大似然估计。例如,

$$h_t = \begin{bmatrix} \dfrac{(y_t - x'_t \hat{\beta}) x_t}{\hat{\sigma}^2} \\ -\dfrac{1}{2\hat{\sigma}^2} + \dfrac{(y_t - x'_t \hat{\beta})^2}{2\hat{\sigma}^4} \end{bmatrix}$$

其中,$\hat{\beta} = (\sum_{t=1}^T x_t x'_t)^{-1}(\sum_{t=1}^T x_t y_t)$,且 $\hat{\sigma}^2 = T^{-1}\sum_{t=1}^T (y_t - x'_t \hat{\beta})^2$。为了实施卡拉斯科等(Carrasco et al.,2014)关于不存在区制变化的零假设的检验(备选假设为 β 的第一个元素会根据某个马尔可夫链改变区制),令 $\ell_t^{(1)}$ 表示 h_t 的第一个元素并计算

$$\ell_t^{(2)} = \frac{\partial^2 \ell_t}{\partial \lambda_1^2}\bigg|_{\lambda = \hat{\lambda}_0}$$

$$y_t(\rho) = \ell_t^{(2)} + [\ell_t^{(1)}]^2 + 2\sum_{s<t}\rho^{t-s}\ell_t^{(1)}\ell_s^{(1)}$$

其中,ρ 是刻画马尔可夫链的持续性的未知参数。然后运行 $(1/2)y_t(\rho)$ 对 h_t 的回归,保存残差 $\hat{\varepsilon}_t(\rho)$,并计算

$$C(\rho) = \frac{1}{2}\left[\max\left\{0, \frac{\sum_{t=1}^T y_t(\rho)}{2\sqrt{\sum_{t=1}^T [\hat{\varepsilon}_t(\rho)]^2}}\right\}\right]^2$$

然后,我们找出在一定范围内(例如,$\rho \in [0.2, 0.8]$)能够最大化 $C(\rho)$ 的值的 $\rho*$,并运用自举法确认 $C(\rho*)$ 是否具有统计学上的显著意义。要做到这一点,只要利用最大似然估计 $\lambda = \hat{\lambda}_0$ 生成不存在区制变化时的数据,并对每个生成的样本计算 $C(\rho*)$ 即可。

另一个选择是进行汉密尔顿(Hamilton,1996)发展起来的通用检验(generic test),即,检验 N 态模型准确地描述数据的假设。例如,如果模型的设定是正确的,那么参数向量的任何一个元素的预测密度的对数的导数

$$\frac{\partial \log p(y_t | \Omega_{t-1}; \lambda)}{\partial \lambda_i}\bigg|_{\lambda = \hat{\lambda}_{MLE}}$$

不可能从它自己的滞后值中预测得到,这是一个用简单回归就可以进行检验的假设。

2.12 确定性断点

另一种常见的做法是,将区制的变化视为确定性的而不是随机的。如果我们想要检验的零假设是常数系数(而它的替代假设是,在固定的已知期间 $t_1, t_2, \cdots, t_N$ 发生了转换的某个回归的系数的某个子集是存在的),那么我们只要使用标准的 F 检验,就很容易做到这一点[请参见,例如,费希尔(Fisher,1970)]。如果我们不知道具体的期间,那么我们可以计算每一个允许分区集合的 F 统计量的值,拜伊和佩龙(Bai and Perron,2003)、多恩(Doan,2012)已

经对这种计算所需要的有效算法进行了详细的描述,而解释 F 统计量的上确界的关键值也由拜伊和佩龙(Bai and Perron,1998)给出了。此外,拜伊和佩龙(Bai and Perron,1998)还描述了一个依序逐级检验的程序——可以先检验没有任何断点的零假设(针对 $N=1$ 的替代假设),再检验只有一个断点($N=1$)的零假设(针对 $N=2$ 的替代假设)……依此类推。

尽管在进行经济计量分析时可能会更简单一些,但是确定性的结构断点方法还是有其缺点的,那就是,很难以合理的方式将其纳入基于理性决策的模型。无论是人们可以提前几年洞悉变化将会发生的假设,还是他们很确定根本不会有什么变化会发生的假设(在区制变化这种事件确实出现了的时候),都不能说是非常有吸引力的。另外还有一个实际操作问题,那就是,这些计量经济学模型的使用者应该怎样形成自己的关于未来的预测。佩萨兰和蒂莫尔曼(Pesaran and Timmermann,2007)给出的建议是,在有限子样本的窗口上估计模型,即,观察数据,等待"是不是到了该切换使用新模型的时间了"的信号出现。将结构性断点解释为确定性事件这种方法的另一个缺点是,这种方法没能利用如下事实:诸如商业衰退之类的区制可能是一个反复发生的事件。

2.13　奇布的多重变化点模型

奇布(Chib,1998)给出了一种解释多重变化点的模型,它试图解决确定性结构断点方法存在的若干令人尴尬的问题。奇布的模型假设,当某个过程处于区制 i 时,数据的条件密度是受如方程式(13)所描述的参数向量 θ_i 控制的。具体地说,奇布假设,过程开始于期间 1、区制 $s_t=1$,此时参数向量为 θ_1,同时假设下一个期间仍然停留在区制 1 的概率为 p_{11}。有了概率 $1-p_{11}$,我们可以得到一个新的参数值 θ_2,它可能来自一个 $N(\theta_1,\Sigma)$ 分布。由于我们知道存在着 N 个这样的"断点",这个过程可以被视为具有如下转移概率矩阵的 N 态马尔可夫转换模型的一种特殊情况:

$$P = \begin{bmatrix} p_{11} & 0 & 0 & \cdots & 0 & 0 \\ 1-p_{11} & p_{22} & 0 & \cdots & 0 & 0 \\ 0 & 1-p_{22} & p_{33} & \cdots & 0 & 0 \\ \vdots & \vdots & \vdots & & \vdots & \vdots \\ 0 & 0 & 0 & \cdots & p_{N-1,N-1} & 0 \\ 0 & 0 & 0 & \cdots & 1-p_{N-1,N-1} & 1 \end{bmatrix}$$

然后,我们就可以利用上面讨论过的方法之一来选定区制变化的总次数了。

然而,我们仍然不清楚,在这种设定下怎样才能形成样本外预测。佩萨兰等(Pesaran et al.,2006)建议,将奇布的模型嵌入一个多层先验(hierarchical prior)模型中,这样就可以根据过去的断点的大小和持续时间长短,来预测未来的区制变化。

2.14 平滑转换模型

研究区制变化的另一种计量经济学方法是如下的平滑转换回归模型(smooth transition

regression model),例如,特拉斯维尔塔在他的论文中提出(Teräsvirta,2004):

$$\gamma_t = \frac{\exp[-\gamma(z_{t-1}-c)]}{1+\exp[-\gamma(z_{t-1}-c)]}x'_{t-1}\beta_1 + \frac{1}{1+\exp[-\gamma(z_{t-1}-c)]}x'_{t-1}\beta_2 + u_t \tag{37}$$

其中的标量 z_{t-1} 既可以是 x_{t-1} 的一个元素,也可以是 x_{t-1} 的某个已知函数。对于 $\gamma>0$,当 $z_{t-1}\to-\infty$ 时,回归系数将趋向于 β_1;而当 $z_{t-1}\to+\infty$ 时,回归系数则将接近于 β_2。参数 γ 控制的是,当 z_{t-1} 越过阈值 c 后,系数转换的速度有多快。

如果 $x_{t-1}=(y_{t-1},y_{t-2},\cdots,y_{t-r})'$,那么就变成了如特拉斯维尔塔(Teräsvirta,1994)所说的平滑转换自回归,对于某些滞后 d,通常有 $z_{t-1}=y_{t-d}$。更一般地说,给定一个 x_t 的数据生成过程,方程式(37)将是一个充分设定的时间序列过程,对于这样一个过程,任一期间的预测都可以通过模拟计算出来。一个重要的挑战是如何选择滞后 d,或者更一般地,如何选择转换变量 z_{t-1}。虽然在某些情况下,预测可能与由方程式(6)得到的结果类似,但不同的是,后者的权重 $\mathrm{Prob}(s_{t-1}=i|\Omega_{t-1})$ 将是整个 $(y_{t-1},y_{t-2},\cdots,y_1)$ 的历史函数,而不会是任何单个值。

3. 经济理论与区制变化

上一节讨论了与区制变化相关的计量经济学问题。本节将总结这些特征如何体现在理论经济模型当中。

3.1 动态随机一般均衡模型的封闭解(解析解)及其对资产定价的意义

在某些情况下,有可能找到关于区制变化的完全动态随机一般均衡模型的精确解析解。在许多宏观经济理论模型中,标准的一阶条件如下:

$$U'(C_t)=\beta E_t[U'(C_t+1)(1+r_{j,t+1})] \tag{38}$$

其中,C_t表示某个代表性消费者的消费,β是时间贴现率,$r_{j,t+1}$是第 t 期与第 $t+1$ 期之间资产 j 的实际回报。卢卡斯(Lucas,1978)设定了一个特别简单的模型。在这个模型中,总产出只源于不可再生产的资产(例如,可以想象一下果树长出的果实),该模型的均衡条件要求 C_t 等于股票支付的实际股利总和(或每年收获的水果)。如果效用函数是常数相对风险厌恶型的——即 $U(C)=(1+\gamma)^{-1}C^{(1+\gamma)}$——那么总体均衡时实际股价必须满足以下条件

$$P_T=D_t^{-\gamma}\sum_{k=1}^{\infty}\beta^k E_t D_{t+k}^{(1+\gamma)}$$

因为派利过程 $\{D_{t+k}\}$ 在这个模型中是外生的,所以我们可以简单地假设 D_t 的对数的变化可以用如方程式(1)所示的一个过程来描述。切凯蒂等人使用与方程式(12)相关的计算方法找到了一般均衡股价的封闭解(Cecchetti et al.,1990),

$$P_t=\rho_{s_t}D_t$$

其中,ρ_1 和 ρ_2 的值由他们的论文中的方程式(11)和(12)给出。

　　卢卡斯的假设——消费和派利过程都是外生的——显然是有一定局限性的。然而无论我们怎样处理方程式(38)所述的资产定价关系模型的其余部分,该关系都是必须保持的。我们总是可以利用方程式(38)或其他基本的资产定价条件,再辅以对回报过程的某种假设,去寻找更一般情况下,区制变化对金融变量的含义。研究这个方面的问题的文献堪称汗牛充栋,涵盖了诸如投资组合配置[例如:昂和贝克特(Ang and Bekaert,2002a);圭多林和蒂莫尔曼(Guidolin and Timmermann,2008)]、小概率事件风险的财务影响[例如:巴罗(Barro,2006);埃文斯(Evans,1996)]、期权定价[埃利奥特等(Elliott et al.,2005)],以及利率期限结构[例如:昂和贝克特(Ang and Bekaert,2002b);班塞尔和邹(Bansal and Zhou,2002);贝克特等(Bekaert et al.,2001)]等一系列主题。对于这支文献的详细综述,请参见昂和蒂莫尔曼(Ang and Timmermann,2012)。

3.2　使用扰动法求动态随机一般模型的近似解

　　更一般地内置了马尔可夫区制转换的动态随机一般均衡模型的一阶条件为
$$E_t a(y_{t+1},y_t,x_t,x_{t-1},\varepsilon_{t+1},\varepsilon_t,\theta s_{t+1},\theta s_t)=0 \tag{39}$$
在这里:a(.)是一个$[(n_y+n_x)\times 1]$向量值函数;y_t是一个$(n_y\times 1)$向量,代表控制变量(有时也被称为内生跳转变量);x_t是一个$(n_x\times 1)$向量,代表预先确定的内生变量或外生变量;ε_t是一个$(n_\varepsilon\times 1)$向量,代表 x_t 中外生模型的那些元素的新息;s_t是一个服从 N 态马尔可夫链的过程。我们在 3.1 小节讨论的例子就是这里这个系统在如下情况下的一个特例:$n_y=n_x=1$,$y_t=P_t/D_t$,$x_t=\ln(D_t/D_{t-1})$,$\theta_{s_t}=m_{s_t}$,而且有:[①]
$$a(y_{t+1},y_t,x_t,x_{t-1},\varepsilon_{t+1},\varepsilon_t,m_{s_{t+1}},m_{s_t})$$
$$=\begin{bmatrix}\beta\exp[(1+\gamma)(m_{s_{t+1}}+\varepsilon_{t+1})][(y_{t+1}+1)/y_t]-1\\ x_t-m_{s_t}-\varepsilon_t\end{bmatrix}$$

对于这个例子,我们可以找到如下形式的封闭解:
$$y_t=\rho_{s_t}(x_{t-1},\varepsilon_t)$$
$$x_t=h_{s_t}(x_{t-1},\varepsilon_t)$$
即,$y_t=\rho_{s_t}$,且 $x_t=m_{s_t}+\varepsilon_t$。

　　对于更复杂的模型,一般无法求得解析解,但是我们可以运用福尔斯特等(Foerster et al.,即将发表)开发的分区扰动方法来求得近似解。他们的方法实质上是一般化了由施密特-格罗赫和乌里韦(Schmitt-Grohe and Uribe,2004)提出的、用来在不会发生区制转换的动态随

---

① 只需注意到,方程式(38)可以重写为:
$$D^\gamma \gamma_t=\beta E_t\left[D_{t+1}^\gamma \frac{P_{t+1}+D_{t+1}}{P_t}\right]$$
$$1=\beta E_t\left[\left(\frac{D_{t+1}}{D_t}\right)^\gamma \left(\frac{(P_{t+1}/D_{t+1})+1}{P_t/D_t}\right)\left(\frac{D_{t+1}}{D_t}\right)\right]$$

机一般均衡模型中找到线性和高阶近似解的方法(那种方法现在已经成了标准的扰动方法)。福尔斯特等(Foerster et al.,即将发表)的方法背后的思想是,在满足 a(y^*,y^*,x^*,x^*, 0,0,θ^*,θ^*)= 0 的确定性稳态值附近的邻域中逼近解 $\rho_j(.)$ 和 $h_j(.)$,其中 θ^* 是从马尔可夫链的遍历概率中计算出来的 θ_{s_t} 的无条件期望,

$$\theta^* = \sum_{j=1}^{N} \theta_j \text{Prob}(s_t = j)$$

对于前一小节所举的"卢卡斯果树"的例子,我们有 $m^* = (m_1 p_{21} + m_2 p_{12})/(p_{12} + p_{21})$。我们现在考虑一个经济体的序列,它用一个连续标量 χ 来表示,这个标量的设定要保证,当 $\chi \to 0$ 时,这些经济体会趋近于稳定状态,同时当 $\chi = 1$ 时的值恰恰是上面的方程式(39)所隐含的:

$$y_t = \rho_{s_t}(x_{t-1}, \varepsilon_t, \chi) \tag{40}$$

$$x_t = h_{s_t}(x_{t-1}, \varepsilon_t, \chi) \tag{41}$$

当 $\chi \to 0$ 时,源于 ε_t 的随机性被抑制;而且为了得到计算近似值所必不可少的某些不动点,对影响稳态的 θ 的任何元素进行同样处理也被证明是必要的。对于 θ_{s_t} 中那么可能随着区制的变化而改变,但是对稳态则无关紧要的元素,福尔斯特等(Foerster et al.,即将发表)证明,为了得到近似动态解,并不需要通过 χ 来进行"缩小"。这几位研究者据此设定

$$\theta(s_t, \chi) = \begin{bmatrix} \theta^{A*} + \chi(\theta_{s_t}^A - \theta^{A*}) \\ \theta_{s_t}^B \end{bmatrix}$$

其中,$\theta_{s_t}^A$ 表示影响稳态的 θ_{s_t} 的元素构成的一个子集。因此,用 χ 的某个特定值来刻画的经济需要满足

$$0 = \int \sum_{j=1}^{N} p_{s_t,j} a[\rho_j(x_t, \chi \varepsilon_t + 1, \chi), y_t, x_t, x_{t-1}, \chi \varepsilon_{t+1}, \varepsilon_t, \theta(j, \chi), \theta(s_t, \chi)] dF(\varepsilon_{t+1}) \tag{42}$$

其中 $F(\varepsilon_{t+1})$ 表示 ε_{t+1} 的累积分布函数。请注意,根据模型设定,在 $y_t = y^*$,$x_t = x_{t-1} = x^*$,$\varepsilon_t = 0$ 以及 $\chi = 0$ 处进行求值时,方程式(42)是得到满足的。

接下来,我们将方程式(40)和(41)代入到方程式(42)中,得到一个有 $N(n_y + n_\varepsilon)$ 个方程式的系统,其形式为

$$Q_{s_t}(x_{t-1}, \varepsilon_t, \chi) = 0 \quad s_t = 1, \cdots, N$$

这些方程必须对所有的 x_{t-1}、ε_t 和 χ 都成立。对 x_{t-1} 求导,并求 $x_{t-1} = x^*$,$\varepsilon_t = 0$ 以及 $\chi = 0$ 时的值(这就是说,求稳态周围的一阶泰勒近似),这样可以得到一个有 $N(n_y + n_x)n_x$ 个二次多项式方程的系统,这些方程的 $N(n_y + n_x)n_x$ 个未知数对应于如下矩阵的元素

$$\underset{(n_y \times n_x)}{R_j^x} = \frac{\partial \rho_j(x_{t-1}, \varepsilon_t, \chi)}{\partial x'_{t-1}} \bigg|_{x_{t-1} = x^*, \varepsilon_t = 0, \chi = 0} \quad j = 1, \cdots, N$$

$$\underset{(n_x \times n_x)}{H_j^x} = \frac{\partial \rho_j(x_{t-1}, \varepsilon_t, \chi)}{\partial x'_{t-1}} \bigg|_{x_{t-1} = x^*, \varepsilon_t = 0, \chi = 0} \quad j = 1, \cdots, N$$

福尔斯特等人提出了一种求解该方程组(即,找到上面这个矩阵组的值)的算法。给定这些解或值,方程式(42)的一阶泰勒近似中的其他项也可以生成一个有 $N(n_y + n_x)n_x$ 个方程的系统,它们对已知参数以及如下矩阵组的未知元素是线性的,

$$\underset{(n_y \times n_\varepsilon)}{R_j^\varepsilon} = \frac{\partial \rho_j(x_{t-1}, \varepsilon_t, \chi)}{\partial \varepsilon'_t} \bigg|_{x_{t-1} = x^*, \varepsilon_t = 0, \chi = 0} \quad j = 1, \cdots, N$$

$$H_j^\varepsilon_{(n_x \times n_\varepsilon)} = \frac{\partial h_j(x_{t-1}, \varepsilon_t, \mathcal{X})}{\partial \varepsilon_t'}\bigg|_{x_{t-1}=x^*, \varepsilon_t=0, \mathcal{X}=0} \qquad j=1, \cdots, N$$

从这个矩阵组中,很容易就可以计算出 R_j^ε 与 H_j^ε。而且,从另一个有 $N(n_y+n_x)$ 个线性方程的系统中,也可以得到

$$R_j^\mathcal{X}_{(n_y \times 1)} = \frac{\partial \rho_j(x_{t-1}, \varepsilon_t, \mathcal{X})}{\partial \mathcal{X}}\bigg|_{x_{t-1}=x^*, \varepsilon_t=0, \mathcal{X}=0} \qquad j=1, \cdots, N$$

$$H_j^\mathcal{X}_{(n_x \times 1)} = \frac{\partial h_j(x_{t-1}, \varepsilon_t, \mathcal{X})}{\partial \mathcal{X}}\bigg|_{x_{t-1}=x^*, \varepsilon_t=0, \mathcal{X}=0} \qquad j=1, \cdots, N$$

因此,存在区制转换的动态随机一般均衡模型的近似解为

$$y_t = y^* + R_{s_t}^x(x_{t-1}-x^*) + R_{s_t}^\varepsilon \varepsilon_t + R_{s_t}^\mathcal{X}$$

$$x_t = x^* + H_{s_t}^x(x_{t-1}-x^*) + H_{s_t}^\varepsilon \varepsilon_t + H_{s_t}^\mathcal{X}$$

然后,如果有需要的话,我们还可以再进一步,求出方程式(42)的二阶泰勒近似。一旦完成了第一步(线性近似),第二步(二次近似)实际上比第一步更容易计算,因为第二步涉及的所有方程对剩余的未知数都是线性的。

林德(Lind, 2014)对上述这种方法进行了进一步的扩展。他的方法可以用于对任何具有强烈非线性特征的模型求近似解,即使方程式(39)那种形式的区制转换不是保留下来的结构的一部分也无关紧要——例如,当利率处于零下界时,经济关系可能会发生重大变化。林德的方法背后的思想是,为了得到非线性模型在一系列离散的区域上的近似结果,可以利用各单个区域上的线性关系(或者,也可能是高阶多项式),然后再使用上面讨论过的工具来进行经济学分析和计量经济学分析。

3.3　包含了区制变化的线性理性预期模型

经济研究者经常使用的是方程式(39)的一种线性特例。在不存在区制转换的情况下,这种线性形式为

$$AE(y_{t+1} | \Omega_t) = d + By_t + Cx_t$$

$$x_t = c + \Phi x_{t-1} + v_t$$

(43)

在这里,y_t 是代表内生变量 $\Omega_t = \{y_t, y_{t-1}, \cdots, y_1\}$ 的一个 $(n_y \times 1)$ 向量,x_t 是代表外生变量的一个 $(n_x \times 1)$ 向量,v_t 是一个鞅差序列。这样的系统,可以作为对使用标准扰动算法的非线性动态随机一般均衡模型的一阶条件的一个近似而得到,或者,往往也可能会被简单地设定为人们想要研究的模型的原始条件。如果 A^{-1} 存在,同时 $A^{-1}B$(其模数小于或等于单位1)的特征值的数量等于预先确定的内生变量的数量,就可以找到唯一的稳定解,其形式如下[①]

$$k_{t+1} = h_{k0} + H_{kk}k_t + H_{kx}x_t$$

$$d_t = h_{d0} + H_{dk}k_t + H_{dx}x_t$$

---

① 克莱因(Klein, 2000)又进一步一般化为 A 可能不可逆的情形。

其中 k_t 表示对应于预先确定的变量的 y_t 的元素, d_t 则代表控制变量或跳转变量。布兰查德和卡恩(Blanchard and Kahn, 1980)、克莱因(Klein, 2000),以及西姆斯(Sims, 2001)都开发了用于寻找参数 h_{i0} 和 H_{ij} 的值的算法。

我们还可以一般化方程式(43),以允许区制变化,从而得到

$$A_{s_t}E(y_{t+1}|\Omega_t, s_t, s_{t-1}, \cdots, s_1) = d_{s_t} + B_{s_t}y_t + C_{s_t}x_t \tag{44}$$

其中,s_t 服从一个外生给定的 N 态马尔可夫链,A_j 表示当第 t 期的区制由 $s_t = j$ 给出时的参数的 $(n_y \times n_y)$ 矩阵。为了对这个模型求解,戴维格和利珀(Davig and Leeper, 2007)建议应该好好利用模型的一个特征:当满足 $S = \{s_t\}_{t=1}^{\infty}$ 这个条件时,模型是线性的。令 y_{jt} 对应于当 $s_t = j$ 时 y_t 的值,并用一个更大的向量 Y_t 来表示所有可能的区制下这样的向量的集合:

$$Y_t \atop (Nn_y \times 1) = \begin{bmatrix} y_{1t} \\ (n_y \times 1) \\ \vdots \\ y_{Nt} \\ (n_y \times 1) \end{bmatrix}$$

如果我们把求解范围限制在满足最小态马尔可夫性质的解,那么就有

$$E(y_{t+1}|S, \Omega_t) = E(y_{t+1}|s_{t+1}, s_t, \Omega_t)$$

以及

$$E(y_{t+1}|s_t = i, \Omega_t) = \sum_{j=1}^{N} E(y_{t+1}|s_{t+1}=j, s_t=i, \Omega_t)p_{ij}$$

因此,当 $s_t = i$ 时,

$$A_{s_t}E(y_{t+1}|s_t, \Omega_t) = (p'_i \otimes A_i)E(Y_{t+1}|Yt) \tag{45}$$

其中的 $P_i = \begin{bmatrix} p_{i1} \\ \vdots \\ p_{iN} \end{bmatrix}$ 表示马尔可夫转移概率的第 i 列,而且 p_i 的要素之和为 1。然后考虑如下多层堆叠结构系统(stacked structural system)

$$AE(Y_{t+1}|Y_t) = d + BY_t + Cx_t \tag{46}$$

$$A \atop (Nn_y \times Nn_y) = \begin{bmatrix} p'_1 \otimes A_1 \\ (1\times N) \quad (n_y \times n_y) \\ \vdots \\ p'_N \otimes A_N \\ (1\times N) \quad (n_y \times n_y) \end{bmatrix} \quad d \atop (Nn_y \times 1) = \begin{bmatrix} d_1 \\ (n_y \times 1) \\ \vdots \\ d_N \\ (n_y \times 1) \end{bmatrix}$$

$$B \atop (Nn_y \times Nn_y) = \begin{bmatrix} B_1 & 0 & \cdots & 0 \\ 0 & B_2 & \cdots & 0 \\ \vdots & \vdots & \cdots & \vdots \\ 0 & 0 & \cdots & B_N \end{bmatrix} \quad C \atop (Nn_y \times n_x) = \begin{bmatrix} C_1 \\ (n_y \times n_x) \\ \vdots \\ C_N \\ (n_y \times n_x) \end{bmatrix} \tag{47}$$

这是一个简单的不依赖于区制的系统,只需使用传统方法就可以求解。例如,在没有预先确定的变量的情况下,如果 $A^{-1}B$ 的所有特征值都位于单位圆之外,那么我们就可以找到唯一

的稳定解,其形式为

$$Y_t = h + H x_t$$
$$\scriptstyle (Nn_y \times 1) \quad (Nn_y \times 1) \quad (Nn_y \times n_x)(n_x \times 1)$$

(48)

而它就意味着:

$$y_t = h_{s_t} + H_{s_t} x_t$$
$$\scriptstyle (n_y \times 1) \quad (n_y \times 1) \quad (n_y \times n_x)(n_x \times 1)$$

(49)

其中,h_i 和 H_i 分别指 h 和 H 的第 i 个分块。如果方程式(48)是方程式(46)的解,那么方程式(49)就是方程式(44)的解。[①]

　　然而,法玛等(Farmer et al.,2010)证明,虽然方程式(48)能够给出方程式(44)的一个稳定解,但却不一定是唯一的稳定解。对这个方面的进一步讨论,请参阅法玛等人的论文(Farmeret et al.,2009)。

3.4　多重均衡

　　但是,其他一些经济学家却认为,有多个可能的解的那类模型——例如,像方程式(43)那样但没有预先确定的变量、$A^{-1}B$ 的特征值位于单位圆之内的系统——才是我们最应该感兴趣的。这是因为,有的时候消费者或企业似乎会变得极度悲观(尽管没有任何明显的理由),结果使经济陷入一种自我实现的衰退。关于这类文献的详细综述,请参见本哈比和法玛(Benhabib and Farmer,1999)。可能导致多重均衡的一个原因是协调外部性(coordination externality)。例如,当我预期非常多的人会与我做同样的事情时,参与某个市场给我带来的回报将会是最大的,这方面的研究请参见库珀(Cooper,1994)、库珀和约翰(Cooper and John,1988),等等。当预期本身变成了决定均衡的因素时,也可能出现多重均衡[例如,请参见库尔兹和摩托莱塞(Kurz and Motolese,2001)]。科尔曼(Kirman,1993)以及查雷(Chamley,1999)还讨论了经济在多重均衡环境中可能趋向于在若干可能的区制之间进行周期性振荡的机制。

　　一个已经得到了广泛研究的例子是金融市场泡沫。在所有投资者都是风险中性投资者的特殊情况下,也就是说,当 $U'(C)$ 是某个与消费 C 无关的常数时,将股票价格 P_t 与股票的

[①] 这是因为,如果方程式(49)成立,那么有

$$E(y_{t+1}|\Omega_t, s_t=i) = \sum_{j=1}^{N} p_{ij}[h_j + H_j(c + \Phi x_t)]$$

因此,要让方程式(44)成立,必须保证对于每个 $i=1,\cdots,N$,有

$$A_i \sum_{j=1}^{N} p_{ij} H_j \Phi = B_i H_i + C_i$$
$$A_i \sum_{j=1}^{N} p_{ij}(h_j + H_j c) = d_i + B_i h_i$$

同时,如果方程式(48)是方程式(46)的解,那么有

$$A[h + H(c + \Phi x_t)] = d + B(h + H x_t) + C x_t$$

根据方程式(47),第 i 个分区要求

$$(p_i' \otimes A_i) H \Phi = B_i H_i + C_i$$
$$(p_i' \otimes A_i)(h + Hc) = d_i + B_i h_i$$

成立。

未来股利 D_{t+1} 联系起来的方程式(38)就变成了如下的方程式(50)

$$P_t = \beta E_t(P_{t+1} + D_{t+1}) \tag{50}$$

方程式(50)的其中一个解就是所谓的"市场基本面解",它由下式给出

$$P_t^* = \sum_{j=1}^{\infty} \beta^j E_t(D_{t+j})$$

但是 $P_t = P_t^* + B_t$ 也满足方程式(50)。这里的 B_t 是泡沫过程,只要它满足 $B_t = \beta E_t B_{t+1}$ 即可。霍尔等(Hall et al., 1999)设计了一种实证检验方法,用来确定观察到的金融价格是否至少偶尔会受到这种泡沫机制的制约。这项检验已经被应用于数十种不同的实证研究。然而,汉密尔顿(Hamilton, 1985)、德里费尔和索拉(Driffill and Sola, 1998),以及居尔凯伊纳克(Gürkaynak, 2008)等人则指出,要将金融泡沫与不可观察的基本面因素区分开来,面临着一些固有的内在困难。

3.5 倾覆点与金融危机

在其他一些模型中,可能只有一个独一无二的均衡,但是在"适当"的历史条件下,基本面的一个小小的变化就可以在观察到的结果中产生巨大的影响。这种动力学用周期性的经历区制变化的局部线性过程就可以很好地加以描述。例如,投资动力学就构成了一种可能的传导机制。事件的"适当"顺序可能最终触发投资大幅下滑,后者又进而导致产出的大幅度下降和经济区制的有效变化。阿西莫格鲁和斯科特(Acemoglu and Scott, 1997)构建了一个模型,在该模型中,上述这种情况的发生是跨期收益递增的结果——例如,如果导致重大新发现的投资使得更多的投资在短时间内更有利可图,结果就会如此。摩尔和沙勒(Moore and Schaller, 2002)、郭等(Guo et al., 2005),以及维尔德坎普(Veldkamp, 2005)则研究了另一种不同的模型设定,其中投资的动力变化会引致倾覆点——通常是通过对当前机会的学习和了解。斯塔茨(Startz, 1998)证明,在某些情况下,小规模冲击的不断积累可能会引发巨大的转变,即,导致不同生产技术之间的相互替代。市场参与者的学习是可能的倾覆点或区制转换的动力的另一个来源,例如,洪等(Hong et al., 2007)、布兰奇和埃文斯(Branch and Evans, 2010)、加尔里努等(Gârleanu et al., 2015)都阐明,有限的市场一体化、杠杆化和信息扩散及其相互作用,可能会引致倾覆点。

布伦纳迈耶和桑尼科夫(Brunnermeier and Sannikov, 2014)对于金融危机背景下的倾覆点的分析极具启发性。在他们的模型中,经济个体分为两种类型,分别被称为"专家"和"家庭"。专家有能力以某种比家庭投资更有效的方法将资本投资出去,但是他们只能使用无风险债务进行借款。在正常时期,最终的结果是经济体中100%的股票都由专家持有。但是,随着负面冲击的不断到来,股票净值趋于下降,专家最终也可能将资本出售给生产率较低的家庭,从而导致产出和投资水平下降。这导致了一个双峰式的平稳分布——经济体大部分时间都位于专家拥有全部资本的稳定状态的周围。但是一连串的负面冲击可能会导致经济陷入低效率均衡,而且需要很长时间才能恢复过来。

许多研究者都利用区制转换模型对金融危机进行了实证研究。其中一些例子包括:汉

密尔顿(Hamilton,2005)对19世纪银行危机的阐述、阿西亚和布隆贝格(Asea and Blomberg,1998)对20世纪后期的贷款周期的研究,以及胡布里奇和泰特洛(Hubrich and Tetlow,2015)对金融危机的分析。

3.6　货币危机和主权债务危机

对一个国家的信心的突然丧失,可能导致货币大量出逃,从而对该国的信贷和支出产生巨大冲击,进而加剧该国的问题。突如其来的悲观主义情绪浪潮可能是自我实现的,从而导致呈现出马尔可夫转换性质的多重均衡[例如,请参见珍妮和马森(Jeanne and Masson,2000)];或者,在某些"适当"的情况下,它还可能引发倾覆点效应,即,一个小小的基本面的变化,都有可能推动一个国家陷入危机。使用区制转换模型对货币危机进行实证研究的例子还包括:佩里亚(Peria,2002)、塞拉和萨克塞纳(Cerra and Saxena,2005)等。

类似的动力学还可以用来刻画主权债务的收益率。如果投资者对某个国家偿还债务的能力失去了信心,那么他们就会要求得到更高的利率作为补偿。而更高的利息成本可能会导致倾覆点的出现,从而导致该国违约或被迫进行大规模的财政巩固[例如,请参见,格林劳等人的研究(Greenlaw et al.,2013)]。在这个方向上对区制变化进行研究的例子还包括戴维格等(Davig et al.,2011),以及比(Bi,2012)。

3.7　作为区制转换的来源的政策变化

区制变化的另一个根源就是政策本身的离散型转变。在这方面,一种常见的可能性是,货币政策也许会在"鹰派"(强硬)和"鸽派"(温和)之间定期转换,"鸽派"货币政策的特点是设定的通货膨胀目标更高,或者更愿意容忍实际通货膨胀率与目标通货膨胀率之间的偏差。遵循这一方向进行实证研究的例子包括:欧阳格和雷米(Owyang and Ramey,2004)、绍尔夫海德(Schorfheide,2005)、刘等(Liu,2011)、比安奇(Bianchi,2013),以及贝勒等(Baele,2015)。

还有一种可能性是,财政制度的变化本身就可能是一个不稳定因素。鲁格-穆尔西亚(Ruge-Murcia,1995)证明,在以色列,由于缺乏信誉,1984年的财政巩固政策导致了通货膨胀水平的大幅变化。鲁格-穆尔西亚在另一篇论文中(Ruge-Murcia,1999)还阐明了巴西财政制度变化与通货膨胀区制之间的密切联系。

4.　结论以及对研究者的建议

我们已经看到,作为研究者,我们已经拥有了一整套很丰富的工具和设定,它们可以用于解释数据、对区制可能发生变化的境况构建经济模型。作为本章的结束部分,我在这里将为研究者提供一些实用的建议:在这些可供我们选择的工具和设定中,哪些是最有希望的。

尽管研究者可能会试图使用最具一般性的设定,但是由于所有的参数都会在大量的区制和时变转移概率之间发生变化,所以在实际应用中,有普遍意义的设定所要求的通常要比数据能够提供的更多。举例来说,就二战后的美国数据而言,我们只能观察到 11 次衰退,而且它们是经济理论很难(或者更应该说是不可能)预测的[参见汉密尔顿(Hamilton,2011)]。构建一个充分参数化的模型去描述进入和退出经济衰退的过程,很容易导致过度拟合和错误的模型设定。相比之下,使用简单的非时变的马尔可夫链反而可能得出对数据的关键特征的合理的、稳健的近似。同样地,我们从最大似然估计[如方程式(24)所示]的解析特征可知,关于只在某个区制 i 中出现的参数的推断,只能来自该区制中的观察结果。例如,使用二战后季度数据,就意味着必须通过大约 50 个观察值来估计经济衰退期间的所有参数。其中一个或两个参数可能估计得相当好,但是过度拟合问题仍然是那些具有许多参数的模型的一个潜在问题。有鉴于此,研究者可能希望只集中关注可能发生变化的一些最重要的参数,例如截距和方差。

在需要处理两个以上的区制的场合中,保持模型的简洁仍然是非常有益的。例如,经济学界的一个共同发现是,在 1984 年,美国产出增长的方差永久性地下降了[参见麦康奈尔和佩雷斯-奎罗斯(McConnell and Perez-Quiros,2000)],而在经济衰退期间截距却周期性地变为负数。这里需要处理四种不同的区制——经济可能处于扩张期或衰退期中,同时期间可能处于“大缓和”(Great Moderation)之前或之后。一个有用的简化处理方法是认为方差区制(variance regime)独立于衰退区制,那么就只需要估计 4 个转移概率,而不是 12 个,如金和尼尔森(KimKim and Nelson,1999a)所述。

研究者应该注意的另一个要点是,似然函数可能存在多个局部极大值。因此,一种值得提倡的做法是,从大量不同的起始点开始进行最大期望迭代,以确保我们总能以相同的结果结束,同时,也应该对所用的算法是否确实会收敛到某个不动点进行检验。类似地,在采用贝叶斯方法时,我们也要确保数值算法在不同起点和不同的链动态下都会收敛于相同的后验分布,并且应该考虑标签切换的影响。

如果研究者很好地注意到了这些问题,那么本章综述的这些方法就为他们提供了一个灵活的工具箱。有了它们,研究者就可以对宏观经济动力学中的一些关键非线性问题进行建模,而不用牺牲线性模型的简单性和易用性。

附录　受限制向量自回归的最大期望方程的推导

正如汉密尔顿(Hamilton,1990,第 47 页)所指出的,最大期望算法中的“M”(或“最大化”这个步骤)可以这样实现:把基于某个实现了的区制的集合 $S=\{s_1,\cdots,s_T\}$ 的似然度得以最大化的一阶条件找出来,然后用 S 的平滑概率对这些条件进行加权,并就 S 的所有可能实现进行求和。对于一个如方程式(28)中所述的受限制的向量自回归模型,条件似然为

$$\frac{1}{(2\pi)^{nT/2}|\sum|^{T/2}}\exp\left[-(1/2)\sum_{t=1}^{T}(y_t-Ax_{1,t-1}-B_{s_t}x_{2,t-1})'\sum^{-1}(y_t-Ax_{1,t-1}-B_{s_t}x_{2,t-1})\right]$$

其一阶条件是

$$\sum_{t=1}^{T}(y_t-Ax_{1,t-1}-B_{s_t}x_{2,t-1})x'_{1,t-1}=0 \tag{A.1}$$

$$\sum_{t=1}^{T}(y_t-Ax_{1,t-1}-B_{s_t}x_{2,t-1})x'_{2,t-1}\delta(s_t=i)=0 \ 其中,i=1,\cdots,N \tag{A.2}$$

$$\sum_{t=1}^{T}(1/2)\left[\sum-(y_t-Ax_{1,t-1}-B_{s_t}x_{2,t-1})(y_t-Ax_{1,t-1}-B_{s_t}x_{2,t-1})'\right]=0 \tag{A.3}$$

对于其中的 $\delta(s_t=i)$,如果 $s_t=i$ 则为 1,否则为 0。将方程式(A.1)和方程式(A.2)横向叠放,得到

$$\sum_{t=1}^{T}(y_t-Ax_{1,t-1}-B_{s_t}x_{2,t-1})z'_{t-1}=\sum_{t=1}^{T}(y_t-[A \quad B_1 \quad B_2\cdots B_N]z_{t-1})z'_{t-1}=0 \tag{A.4}$$

其中,

$$z'_{t-1}_{[1\times(k_1+Nk_2)]}=\left[x'_{1,t-1} \ x'_{2,t-1}\delta(s_t=1) \ x'_{2,t-1}\delta(s_t=2)\cdots x'_{2,t-1}\delta(s_t=N)\right]$$

将方程式(A.4)与方程式(A.3)中的第 t 项乘以 $\mathrm{Prob}(s_t=i\mid\Omega_T;\hat{\lambda}^{(\ell)})$,然后对 $i=1,\cdots,N$ 进行求和,并重新排列,就可以得到方程式(29)和方程式(30)。

致谢

感谢马林内·卡拉斯科(Marine Carrasco)、史蒂夫·戴维斯(Steve Davis)、胡亮(Liang Hu)、奥斯卡·约尔达(Òscar Jordà)、道格拉斯·斯泰格沃德(Douglas Steigerwald)、约翰·泰勒(John Taylor)、艾伦·蒂莫尔曼(Allan Timmermann)和哈拉尔德·厄里格(Harald Uhlig)对本章的草稿的有益评论。

参考文献

Acemoglu, D., Scott, A., 1997. Asymmetric business cycles: theory and time-series evidence. J. Monet. Econ. 40, 501—533.

Albert, J., Chib, S., 1993. Bayes inference via Gibbs sampling of autoregressive time series subject to Markov mean and variance shifts. J. Bus. Econ. Stat. 11, 1—15.

Ang, A.A., Bekaert, G., 2002a. International asset allocation with regime shifts. Rev. Financ. Stud. 15, 1137—1187.

Ang, A.A., Bekaert, G., 2002b. Regime switches in interest rates. J. Bus. Econ. Stat. 20, 163—182.

Ang, A.A., Timmermann, A., 2012. Regime changes and financial markets. Ann. Rev. Financ. Econ. 4, 313—337.

Asea, P.K., Blomberg, B., 1998. Lending cycles. J. Econom. 83, 89—128.

Auerbach, A., Gorodnichenko, Y., 2012. Measuring the output responses to fiscal policy. Am. Econ. J. Macroecon. 4, 1—27.

Baele, L., Bekaert, G., Cho, S., Inghelbrecht, K., Moreno, A., 2015. Macroeconomic regimes. J. Monet. Econ. 70, 51—71.

Bai, J., Perron, P., 1998. Testing for and estimation of multiple structural changes. Econometrica 66, 47—78.

Bai, J., Perron, P., 2003. Computation and analysis of multiple structural change models. J. Appl. Econ. 18, 1—22.

Bansal, R., Zhou, H., 2002. Term structure of interest rates with regime shifts. J. Financ. 57, 1997—2042.

Barro, R.J., 2006. Rare disasters and asset markets in the twentieth century. Q. J. Econ. 121, 823—866.

Bekaert, G., Hodrick, R. J., Marshall, D., 2001. Peso problem explanations for term structure anomalies. J. Monet. Econ. 48, 241—270.

Benhabib, J., Farmer, R. E. A., 1999. Indeterminacy and sunspots in macroeconomics. In: Taylor, J., Woodford, M. (Eds.), Handbook of Macroeconomics. In: vol. 1. North Holland, Amsterdam.

Bi, H., 2012. Sovereign default, risk premia, fiscal limits, and fiscal policy. Eur. Econ. Rev. 56, 389—410.

Bianchi, F., 2013. Regime switches, agents' beliefs and post – World War II U. S. macroeconomic dynamics. Rev. Econ. Stud. 80, 463—490.

Blanchard, O.J., Kahn, C. M., 1980. The solution of linear difference models under rational expectations. Econometrica 48, 1305—1317.

Branch, W. A., Evans, G. W., 2010. Asset return dynamics and learning. Rev. Financ. Stud. 23, 1651—1680.

Brunnermeier, M. K., Sannikov, Y., 2014. A macroeconomic model with a financial sector. Am. Econ. Rev. 104, 379—421.

Calvet, L., Fisher, A., 2004. How to forecast long-run volatility: regime-switching and the estimation of multifractal processes. J. Financ. Econ. 2, 49—83.

Camacho, M., Perez-Quiros, G., Poncela, P., 2014. GreenshootsanddoubledipsintheEuroare: arealtime measure. Int. J. Forecast. 30, 520—535.

Carrasco, M., Hu, L., Ploberger, W., 2014. Optimal test for Markov switching. Econometrica 82, 765—784.

Carter, A. V., Steigerwald, D. G., 2012. Testing for regime switching: a comment. Econometrica 80, 1809—1812.

Carter, A. V., Steigerwald, D.G., 2013. Markov regime-switching tests: asymptotic critical values. J. Econ. Methods 2, 25—34.

Cecchetti, S. G., Lam, P. S., Mark, N. C., 1990. Mean reversion in equilibrium asset prices. Am. Econ. Rev. 80, 398—418.

Celeux, G., Hurn, M., Robert, C. P., 2000. Computational and inferential difficulties with mixture posterior distributions. J. Am. Stat. Assoc. 95, 957—970.

Cerra, V., Saxena, S. C., 2005. Did output recover from the Asian crisis? IMF Staff Pap. 52, 1—23.

Chamley, C., 1999. Coordinating regime switches. Q. J. Econ. 114, 869—905.

Chauvet, M., 1998. An economic characterization of business cycle dynamics with factor structure and regime switches. Int. Econ. Rev. 39, 969—996.

Chauvet, M., Hamilton, J. D., 2006. Dating business cycle turning points. In: Costas Milas, P. R., van Dijk, D. (Eds.), Nonlinear Analysis of Business Cycles. Elsevier, Amsterdam, pp. 1—54.

Chauvet, M., Piger, J., 2008. A comparison of the real-time performance of business cycle dating methods. J. Bus. Econ. Stat. 26, 42—49.

Chen, J., Li, P., 2009. Hypothesis test for normal mixture models: the EM approach. Ann. Stat. 37, 2523—2542.

Chib, S., 1998. Estimation and comparison of multiple change-point models. J. Econom. 86, 221—241.

Cho, J. S., White, H., 2007. Testing for regime switching. Econometrica 75, 1671—1720.

Cooper, R., 1994. Equilibrium selection in imperfectly competitive economics with multiple equilibria. Econ. J. 104, 1106—1122.

Cooper, R., John, A., 1988. Coordinating coordination failures in Keynesian models. Q. J. Econ. 103, 441—463.

Davig, T., Leeper, E. M., 2007. Generalizing the Taylor principle. Am. Econ. Rev. 97, 607—635.

Davig, T., Leeper, E. M., Walker, T. B., 2011. Inflation and the fiscal limit. Eur. Econ. Rev. 55, 31—47.

DeGroot, M. H., 1970. Optimal Statistical Decisions. McGraw-Hill, New York.

Diebold, F. X., Lee, J. H., Weinbach, G. C., 1994. Regime switching with time-varying transition probabil? ities. In: Hargreaves, C. P. (Ed.), Nonstationary Time Series Analysis and Cointegration. Oxford University Press, Oxford.

Doan, T., 2012. RATS User's Guide, Version 8. 2. http://www. estima. com.

Driffill, J., Sola, M., 1998. Intrinsic bubbles and regime-switching. J. Monet. Econ. 42, 357—374.

Dueker, M., 1997. Markov switching in GARCH processes and mean-reverting stock-market volatility. J. Bus. Econ. Stat. 15, 26—34.

Elliott, R. J., Chan, L., Siu, T. K., 2005. Option pricing and Esscher transform under regime switching. Ann. Finance 1, 423—432.

Evans, M. D. D. , 1996. Peso problems: their theoretical and empirical implications. In: Maddala, G. S. , Rao, C. R. (Eds.), Handbook of Statistics, vol. 14. Elsevier, Amsterdam.

Farmer, R. E. A. , Waggoner, D. F. , Zha, T. , 2009. Understanding Markov – switching rational expectations models. J. Econ. Theory 144, 1849—1867.

Farmer, R. E. A. , Waggoner, D. F. , Zha, T. , 2010. Generalizing the Taylor principle: comment. Am. Econ. Rev. 100, 608—617.

Filardo, A. J. , 1994. Business cycle phases and their transitional dynamics. J. Bus. Econ. Stat. 12, 299—308.

Filardo, A. J. , Gordon, S. F. , 1998. Business cycle durations. J. Econom. 85, 99—123.

Fisher, F. M. , 1970. Tests of equality between sets of coefficients in two linear regressions: an expository note. Econometrica 38, 361—366.

Foerster, A. , Rubio–Ramirez, J. , Waggoner, D. F. , Zha, T. , forthcoming. Perturbation methods for Markov–switching DSGE models. Quant. Econom.

Francq, C. , Zakoïan, J. M. , 2001. Stationarity of multivariate Markov – switching ARMA models. J. Econom. 102, 339—364.

Frühwirth – Schnatter, S. , 2001. Markov chain Monte Carlo estimation of classical and dynamic switching and mixture models. J. Am. Stat. Assoc. 96, 194—209.

Garcia, R. , 1998. Asymptotic null distribution of the likelihood ratio test in Markov switching models. Int. Econ. Rev. 39, 763—788.

Garleanu, N. , Panageas, S. , Yu, J. , 2015. Financial entanglement: a theory of incomplete integration, leverage, crashes, and contagion. Am. Econ. Rev. 105, 1979—2010.

Geweke, J. , 2007. Interpretation and inference in mixture models: simple MCMC works. Comput. Stat. Data Anal. 51, 3529—3550.

Greenlaw, D. , Hamilton, J. D. , Hooper, P. , Mishkin, F. , 2013. Crunch time: fiscal crises and the role of monetary policy. In: Inproceedings of the U. S. Monetary Policy Forum 2013. Chicago Booth School of Business: Initiative on Global Markets, pp. 3—58.

Guidolin, M. , Timmermann, A. , 2008. International asset allocation under regime switching, skew, and kurtosis preferences. Rev. Financ. Stud. 21, 889—935.

Guo, X. , Miao, J. , Morelle, E. , 2005. Irreversible investment with regime shifts. J. Econ. Theory 122, 37—59.

Gürkaynak, R. S. , 2008. Econometric tests of asset price bubbles: taking stock. J. Econ. Surv. 22, 166—186.

Hall, P. , Stewart, M. , 2005. Theoretical analysis of power in a two – component normal mixture model. J. Stat. Plan. Inference 134, 158—179.

Hall, S. G. , Psaradakis, Z. , Sola, M. , 1999. Detecting periodically collapsing bubbles: a Markov–switching unit root test. J. Appl. Econ. 14, 43—154.

Hamilton, J. D. , 1985. On testing for self-fulfilling speculative price bubbles. Int. Econ. Rev. 27, 545—552.

Hamilton, J. D. , 1989. A new approach to the economic analysis of nonstationary time series and the business cycle. Econometrica 57, 357—384.

Hamilton, J. D. , 1990. Analysis of time series subject to changes in regime. J. Econom. 45, 39—70.

Hamilton, J. D. , 1994. Time Series Analysis. Princeton University Press, Princeton, NJ.

Hamilton, J. D. , 1996. Specification testing in Markov-switching time-series models. J. Econom. 70, 127—157.

Hamilton, J. D. , 2005. What's real about the business cycle? Fed. Reserve Bank St. Louis Rev. 87, 435—452.

Hamilton, J. D. , 2011. Calling recessions in real time. Int. J. Forecast. 27, 1006—1026.

Hamilton, J. D. , Wu, J. C. , 2012. Identification and estimation of Gaussian affine term structure models. J. Econom. 168, 315—331.

Hansen, B. E. , 1992. The likelihood ratio test under non-standard conditions. J. Appl. Econ. 7, S61—S82. Erratum, 1996, 11, 195—198.

Hong, H. , Stein, J. C. , Yu, J. , 2007. Simple forecasts and paradigm shifts. J. Financ. 62, 1207—1242.

Hubrich, K. , Tetlow, R. J. , 2015. Financial stress and economic dynamics: the transmission of crises. J. Monet. Econ. 70, 100—115.

Jeanne, O. , Masson, P. , 2000. Currency crises, sunspots, and Markov-switching regimes. J. Int. Econ. 50, 327—350.

Karamé, F. , 2010. Impulse-response functions in Markov-switching structural vector autoregressions: a step further. Econ. Lett. 106, 162—165.

Kim, C. J. , 1994. Dynamic linear models with Markov-switching. J. Econom. 60, 1—22.

Kim, C. J. , Nelson, C. R. , 1999a. State-Space Models with Regime Switching. MIT Press, Cambridge, MA.

Kim, C. J. , Nelson, C. R. , 1999b. Has the U. S. economy become more stable? ABayesian approach based on a Markov-switching model of the business cycle. Rev. Econ. Stat. 81, 608—616.

Kirman, A. , 1993. Ants, rationality, and recruitment. Q. J. Econ. 108, 137—156.

Klein, P. , 2000. Using the generalized Schur form to solve a multivariate linear rational expectations model. J. Econ. Dyn. Control 24, 1405—1423.

Koop, G. , Potter, S. N. , 1999. Bayes factors and nonlinearity: evidence from economic time series. J. Econom. 88, 251—281.

Krolzig, H. M. , 1997. Markov-Switching Vector Autoregressions: Modelling, Statistical

Inference, and Application to Business Cycle Analysis. Springer, Berlin.

Kurz, M., Motolese, M., 2001. Endogenous uncertainty and market volatility. Econ. Theory 17, 497—544.

Lind, N., 2014. Regime-switching perturbation for non-linear equilibrium models. Working paper, UCSD.

Liu, Z., Waggoner, D. F., Zha, T., 2011. Sources of macroeconomic fluctuations: a regime-switching DSGE approach. Quant. Econ. 2, 251—301.

Lo, M. C., Piger, J., 2005. Is the response of output to monetary policy asymmetric? Evidence from a regime-switching coefficients model. J. Money Credit Bank. 37, 865—886.

Lucas Jr., R. E., 1978. Asset prices in an exchange economy. Econometrica 66, 1429—1445.

McConnell, M. M., Perez-Quiros, G., 2000. Output fluctuations in the United States: what has changed since the early 1980's? Am. Econ. Rev. 90, 1464—1476.

Moore, B., Schaller, H., 2002. Persistent and transitory shocks, learning, and investment dynamics. J. Money Credit Bank. 34, 650—677.

Owyang, M., Ramey, G., 2004. Regime switching and monetary policy measurement. J. Monet. Econ. 51, 1577—1597.

Peria, M. S. M., 2002. Aregime-switching approach to the study of speculative attacks: a focus on EMS crises. In: Hamilton, J. D., Raj, B. (Eds.), Advances in Markov-Switching Models. Physica-Verlag, Heidelberg.

Pesaran, M. H., Pettenuzzo, D., Timmermann, A., 2006. Forecasting time series subject to multiple structural breaks. Rev. Econ. Stud. 73, 1057—1084.

Pesaran, M. H., Timmermann, A., 2007. Selection of estimation window in the presence of breaks. J. Econom. 137, 134—161.

Ruge-Murcia, F. J., 1995. Credibility and changes in policy regime. J. Polit. Econ. 103, 176—208.

Ruge-Murcia, F. J., 1999. Government expenditure and the dynamics of high inflation. J. Dev. Econ. 58, 333—358.

Schmitt-Grohe, S., Uribe, M., 2004. Solving dynamic general equilibrium models using a second-order approximation. J. Econ. Dyn. Control 28, 755—775.

Schorfheide, F., 2005. Learning and monetary policy shifts. Rev. Econ. Dyn. 8, 392—419.

Schwarz, G., 1978. Estimating the dimension of a model. Ann. Stat. 6, 461—464.

Sims, C., 2001. Solving linear rational expectations models. J. Comput. Econ. 20, 1—20.

Sims, C., Zha, T., 2006. Were there regime switches in U. S. monetary policy? Am. Econ. Rev. 96, 54—81.

Smith, A., Naik, P. A., Tsai, C. L., 2006. Markov-switching model selection using Kullback-Leibler divergence. J. Econom. 134, 553—577.

Startz, R., 1998. Growth states and shocks. J. Econ. Growth 3, 203—215.

Teräsvirta, T., 1994. Specification, estimation, and evaluation of smooth transition autoregressive models. J. Am. Stat. Assoc. 89, 208—218.

Teräsvirta, T., 2004. Smooth transition regression modelling. In: Lütkepohl, H., Krätzig, M. (Eds.), Applied Time Series Econometrics. Cambridge University Press, Cambridge, UK, pp. 222—242.

Timmermann, A., 2000. Moments of Markov switching models. J. Econom. 96, 75—111.

Tjøstheim, D., 1986. Some doubly stochastic time series models. J. Time Ser. Anal. 7, 51—72.

Veldkamp, L. L., 2005. Slow boom, sudden crash. J. Econ. Theory 124, 230—257.

White, H., 1984. Asymptotic Theory for Econometricians. Academic Press, Orlando.

Yang, M. X., 2000. Some properties of vector autoregressive processes with Markov-switching coefficients. Econ. Theory 16, 23—43.

第四章　时间分配的宏观经济学

M·阿吉亚尔(**M. Aguiar**)*,E·赫斯特(**E. Hurst**)**

*:普林斯顿大学,美国,新泽西州,普林斯顿;

**:芝加哥大学商学院,美国,伊利诺伊州,芝加哥

目　录

本章摘要:在本章中,我们探讨时间分配的宏观经济学。我们首先概述了美国市场劳动时间——总量水平上的,以及关键子样本的——变化趋势。本章引入了贝克尔的理论框架,并在此框架下讨论了时间序列(包括商业周期属性)和生命周期中的时间分配的核心经验模

式。我们特别关注包括家庭生产、儿童抚育和休闲在内的多种关键非市场时间分配活动。本章的结论部分讨论了为什么这些模式对宏观经济学很重要，并为未来研究指明了方向。

关键词：时间分配，家庭生产，劳动供给，就业，休闲，不可分割的偏好

JEL 分类代码：J22，E24

1. 引言

劳动供给的时间序列的变化是什么驱动的？在过去的十年里，壮年工人（核心劳动力）就业人口比急剧下降——特别是对于低技术工人而言尤其如此。市场劳动时间既然在持续下降，家庭又是如何分配时间的？为什么劳动供给在商业周期的不同阶段会有那么大的差异？家庭生产能力可以使得劳动供给更有弹性吗？家庭生产技术的创新是不是可以解释女性就业的增长和男女劳动供给弹性的趋同？为什么消费在生命周期中有所不同？当人到中年、市场劳动时间出现下降之后，家庭内的个人如何分配时间？随着个人年龄的增长，人们会为家庭生产和购物分配更多的时间、并减少（可以观察到的）他们的市场支出，以维持家庭消费篮子不变吗？

在本章中，我们为读者介绍时间分配对生命周期的、商业周期的以及长期的劳动供给和市场消费时间序列变化的重要性。贝克尔在美国经济协会发表的主席演讲（Becher，1989），为我们将微观的时间分配以及相关的支出决策与关键的宏观经济结果联系起来考虑提供了一个很好的理由。本章的目标就是介绍考查这些问题的相关文献。在这样做的过程中，我们强调了性别差异和多年累积的教育差异的重要性。正如我们将会阐明的，时间使用的时间序列和生命周期模式在男女之间存在着显著差异。类似地，时间使用的时间序列和生命周期模式在拥有不同技能的群体之间也存在着显著差异。例如，在过去 50 年间，与男性相比，女性分配给市场劳动的时间急剧上升。与此同时，在过去 50 年间，与男性相比，女性分配给家庭生产的时间却急剧下降。然而，男性和女性的休闲时间的变化趋势却几乎完全相同。但是在同一时期，技术水平较低的男性和女性的休闲时间的增加幅度比拥有高技能的男性和女性大得多。

本章首先探讨市场劳动时间随时间的推移而变化的模式。我们将对不同年龄、性别和技能分别加以说明。这些模式为接下来的讨论奠定了基础。在本章第 2 节中，我们概述了有多种商品的贝克尔消费模型。该模型阐明了一系列关键因素，而通过这些因素，我们可以阐释，为什么能够用市场部门分配时间的方式的变化去解释分配给市场劳动和市场消费的时间的生命周期变动、商业周期变动和时间序列变动。这个模型虽然很简单，但是很强大。个人被赋予一定时间，并且利用这一禀赋，在给定的价格和技术下，就如何在各种活动之间分配时间进行选择。

在第 3 节至第 5 节中，我们分别讨论了个人时间使用的时间序列变化、商业周期变化和

生命周期变化。我们主要关注的是市场劳动之外的三种用途。首先,我们以一种宽泛的视角来看待家庭生产。在本章中,家庭生产活动包括烹饪、清洁、购物、洗衣、整理草坪和照顾老年人等活动。其次,我们分析了幼儿抚育活动。在这样做的时候,我们先讨论了为什么研究者会将育儿视为一种与家庭生产相关的独特活动。最后,我们讨论了个人用于休闲活动的时间。这类活动包括看电视、社交、在外看电影、玩视频游戏、锻炼和睡觉等。在讨论上述三类时间使用的过程中,我们有时也会涉及其他类型的时间使用的变动趋势,例如求职、积累人力资本和参与公民组织活动,等等。我们还会把这几节所讨论的事实放在更广泛的宏观经济学研究中考查。最后一节是结论,我们提出了对未来的研究议程的几点建议。

2. 市场劳动时间的变化趋势

在本节中,我们首先回顾历史,然后更新一些我们耳熟能详的市场劳动时间变化趋势,以便为接下来的几节的讨论奠定基础。在本章的其余各节中,我们将讨论市场劳动时间的趋势是如何与时间密集型活动的趋势实现互补的。我们在下一节将给出一个理论框架,阐明为什么度量多种活动之间的时间分配有助于我们理解市场时间。

图 1 显示了从 1967 年到 2014 年,男性分配给市场劳动的每周工作时数(左纵坐标轴)和就业倾向(右纵坐标轴)历史演变趋势。这幅图中的各个数字指标,是我们利用三月份当前人口调查(Current Population Survey,CPS)的数据计算出来的(本节中所有其他数字指标也是一样)。[1] 我们对这个数据集的唯一限制是,只包括 21 岁至 75 岁(含 75 岁)的男性。每周工作时数是个人自我报告的前一周在各种工作岗位上用于工作的时间。对于那些前一周没有工作的人来说,每周工作时间为 0。就业倾向是一个虚拟变量,如果个人报告自己有工作(无论前一周真正用于工作的时间有多少),就取其值为 1。

从图 1 中很容易看出,自 20 世纪 60 年代末以来,男性每周工作时数出现了大幅下降。1967 年,21 岁至 75 岁之间的典型男性每周工作大约 36 个小时。自那之后,这个数字就一直稳步下降。到了 20 世纪 80 年代,平均来说,男性每周大约工作 31 个小时。在 2008 年经济衰退期间,男性每周工作时间下降到了大约 28 个小时。这个数字直到 2014 年一直没有出现任何反弹。而且,每周工作时数的这种变化,几乎完全是劳动供给的外延边际(extensive margin)的变化所驱动的。正如图 1 清晰地呈现给我们的,在上述期间内,就业倾向的变动与工作时数的变动,步伐高度一致。或者换句话说,在这 47 年内,受雇者的每周工作时数其实是大致固定不变的。在 2008 年经济衰退之前,21 岁至 75 岁的男性大约有 77% 的人受雇。在经济衰退期间,这个数字下降到了 70%,到 2014 年才反弹至 71%。

---

[1] 我们是直接从综合公共微观数据库(Integrated Public Use Microdata Series,IPUMS)网站下载这些数据的:https://www.ipums.org。

图1 市场工作时数和就业率的变化趋势:所有男性(21~75岁)

注:本图显示的是,1967年至2014年,所有男性的市场每周工作时数(实线-左纵坐标轴)和就业倾向(虚线-右坐标轴)的时间趋势。数据源于3月当前人口调查。样本包括该调查中所有年龄在21岁至75岁(含75岁)之间的男性。市场每周工作时数是基于自我报告得出的(受访者要回答的问题是:上个星期工作了多少个小时),就业倾向是基于报告自己在给定的一周内处于就业状态的人数得出的。

图2给出的是,1967年至2014年,作为受雇者的男性每周工作时数的变动趋势。不难看出,在过去的50年,男性受雇者的每周工作时数一直大致上保持不变。自1970年以来,受雇者的每周工作时间为40个小时至42个小时。自21世纪初以来,受雇者的每周工作时数一直在下降——从每周42个小时下降到了2009年的每周大约40个小时。自2009年以后至今,受雇者的每周工作时数一直保持在这个低水平上。

图3表明,女性也存在着类似的趋势。从20世纪60年代末到20世纪90年代末,女性分配给市场劳动的时间急剧增加。在此期间,无论是每周工作时数还是就业倾向都持续提升。然而,从2000年开始,女性每周工作时数和就业倾向都出现了下降。女性工作时数和就业倾向的变化趋势是与男性一致的。图4则给出了从1967年至2014年,女性受雇者每周工作时数的变化趋势。像男性一样,女性受雇者的每周工作时间在过去的50年也大致保持不变。但是自1980年以来,女性受雇者的每周工作时间一直保持在大约35个小时。这就表明,对于女性而言,自1980年以来,基本上所有总工作时数变化都是就业的外延边际变化所致。

图 2 当前人口调查数据显示的市场工作时数和就业率的时间趋势：受雇男性

注：这幅图给出的是男性受雇者每周工作时数的变化趋势。样本与图 1 相同。

图 3 市场工作时数和就业率的时间趋势：所有女性（21~75 岁）

注:本图显示的是,1967 年至 2014 年,所有女性的市场每周工作时数(实线–左纵坐标轴)和就业倾向(虚线–右坐标轴)的时间趋势。数据源于 3 月当前人口调查。样本包括该调查中所有年龄在 21 岁至 75 岁(含 75 岁)之间的女性。市场每周工作时数是基于自我报告得出的(受访者要回答的问题是:上个星期工作了多少个小时),就业倾向是基于报告自己在给定的一周内处于就业状态的人数得出的。

图 4　当前人口调查数据显示的市场工作时数和就业率的时间趋势:受雇女性

注:这幅图给出的是女性受雇者每周工作时数的变化趋势。样本与图 3 相同。

　　图 5 和图 6 进一步表明,在受教育程度的变化方面,男性(图 5)和女性(图 6)也呈现出了同样的趋势。在这里,我们将"受过高等教育者"定义为获得了学士及以上学位的人。受教育程度较低者,则指学历低于本科学历的人。考虑到人口在上述期间不断趋于老化的事实,图 7 和图 8 又分别给出了按性别、技能和年龄分组列示的工作时数变化趋势。图 7A 显示了高技能男性的四个年龄组的模式(年龄组分别为 21～40 岁、41～55 岁、56～65 岁和 66～75 岁)。图 7B、图 8A 和图 8B 则按年龄分组,分别呈现了低技能男性、高技能女性和低技能女性的类似模式。

　　图 5 至图 8 凸显了许多问题。正是这些问题,"框定"了我们下面各节的分析。首先,自 20 世纪 60 年代末以来,分配给市场劳动的时间一直呈下降趋势。受过高等教育的男性的市场劳动时间从 1967 年的 43 个小时左右下降到了 2008 年的大约 34 个小时,而且这种下降大多是在 1980 年以前和 1999 年之后发生的。同时,在此期间,随着人口的老龄化,越来越多的人退休了。从图 7A 中,我们很容易就可以看出,在过去 47 年中,每个年龄组的高技能男性的工作时间都减少了,而其中又以 56～65 岁这个年龄组的高技能男子降幅最大。在 1967 年的时候,这个年龄组的男性平均每周要工作 40 个小时,但是到了 1990 年,这个数字就下降到

图 5　当前人口调查数据显示的市场工作时数的时间趋势:男性,按技能分组(21~75 岁)

　　注:本图显示的是,1967 年至 2014 年期间,高技能男性的市场每周工作时数(实线)和低技能男性的市场每周工作时数(虚线)的时间趋势。数据源于 3 月当前人口调查。样本包括该调查中所有年龄在 21 岁至 75 岁(含 75 岁)之间的男性。高教育程度男性的定义是那些获得了学士及以上学位的男性,低教育程度男性是指那些受教育年限小于16 年的男性。市场每周工作时数是基于自我报告得出的(受访者要回答的问题是:上个星期工作了多少个小时)。

图 6　当前人口调查数据显示的市场工作时数的时间趋势:女性,按技能分组(21~75 岁)

　　注:本图显示的是,1967 年至 2014 年期间,高技能女性的市场每周工作时数(实线)和低技能女性的市场每周工作时数(虚线)的时间趋势。数据源于 3 月当前人口调查。样本包括该调查中所有年龄在 21 岁至 75 岁(含 75 岁)之间的女性。高教育程度女性的定义是那些获得了学士及以上学位的女性。低教育程度女性是指那些受教育年限小于 16 年的女性。市场每周工作时数是基于自我报告得出的(受访者要回答的问题是:上个星期工作了多少个小时)。

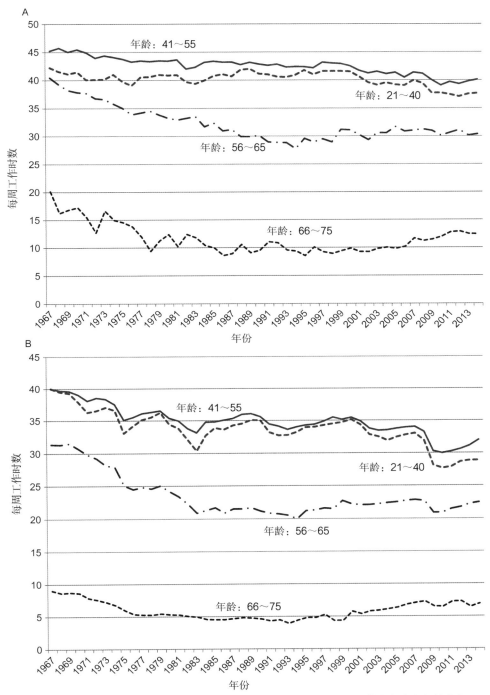

图 7　当前人口调查数据显示的市场工作时数的时间趋势：男性，按受教育程度和年龄分组

注：本图显示的是，1967 年至 2014 年，按年龄组别列示的高教育程度男性（A）和低教育程度男性（B）的市场每周工作时数。数据源于 3 月当前人口调查。样本包括该调查中所有年龄在 21 岁至 75 岁（含 75 岁）之间的男性。高教育程度男性的定义是那些获得了学士及以上学位的男性，低教育程度男性是指那些受教育年限小于 16 年的男性。市场每周工作时数是基于自我报告得出的（受访者要回答的问题是：上个星期工作了多少个小时）。

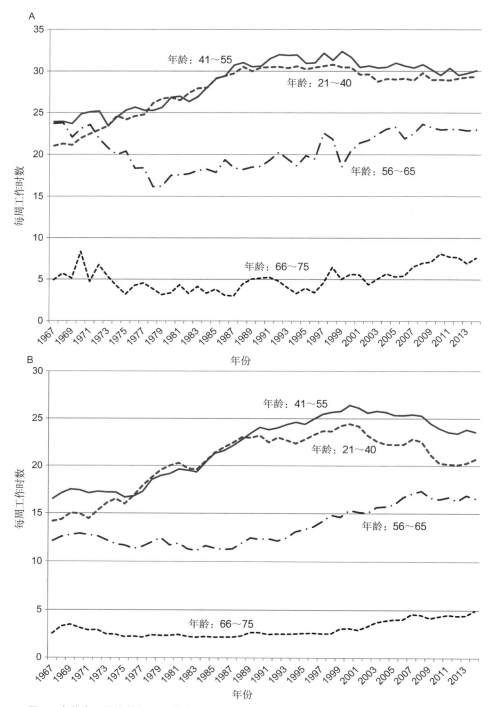

图 8　当前人口调查数据显示的市场工作时数的时间趋势：女性，按受教育程度和年龄分组

注：本图显示的是，1967 年至 2014 年，按年龄组别列示的高教育程度女性（A）和低教育程度女性（B）的市场每周工作时数。数据源于 3 月当前人口调查。样本包括该调查中所有年龄在 21 岁至 75 岁（含 75 岁）之间的女性。高教育程度女性的定义是那些获得了学士及以上学位的女性，低教育程度女性是指那些受教育年限小于 16 年的女性。市场每周工作时数是基于自我报告得出的（受访者要回答的问题是：上个星期工作了多少个小时）。

　　了每周平均 30 个小时,而且此后一直大致维持不变——即便是在 2008 年经济衰退期间,也是如此。41～55 岁这个年龄组的高技能男性的每周工作时数也呈稳步下滑之势。自 20 世纪 60 年代末以来,他们的工作时间从 1967 年的每周 45 个小时下降到了 2014 年的每周 40 个小时。与不分年龄组别的所有高技能男性的趋势一样,大部分下降发生在 1980 年以前和 1999 年之后。更年轻的高技能男性(即,年龄在 21 岁至 40 岁之间的高技能男性)的工作时数的波动在 1999 年之前相对平缓一些。但是,自 20 世纪 90 年代后期以来,更年轻的高技能男性的工作时间从每周大约 41 个小时急剧地减少到了 2014 年的每周大约 37 个小时。相反,更年长的高技能男性(即,年龄在 66 岁至 75 岁之间的高技能男性)的每周工作时间则增加了 3 至 4 个小时。

　　每个年龄组的低技能男性的市场工作时间不断下降的趋势与高技能男性大体上相同,虽然也有若干差异。一个最主要的定量差异是,年龄在 21 岁至 40 岁之间,以及在 41 岁至 55 岁之间的低技能男性的工作时间的下降趋势更加显著。这些相对年轻的低技能男性的工作时间的减少幅度显著大于受过高等教育的男性。在 1967 年的时候,较年轻的低技能男性每周工作大约 40 个小时。然而,到 2014 年,21 岁至 40 岁这个年龄组的未受过良好教育的男性却每周只工作 28 个小时多一点了。每周工作时数减少了 12 个小时,这比同一年龄组的受过高等教育的男性多减少了 5 个小时。年龄在 41 岁至 55 岁之间的低技能男性的工作时间则平均每周减少了 8 个小时,这一降幅也比同年龄组别的高技能男性多 5 个小时。这种差异大部分发生在 1999 年以后。这告诉我们,年轻的低技能男性的工作时间在过去 15 年以来下降得非常厉害。而且,与图 1 显示的模式一样,基本上所有变化都可以归结为就业的外延边际的变化。低技能男性受雇者的每周工作时间的减少幅度相对来说要小得多。自 2000 年以来,高技能壮年(21～40 岁和 41～55 岁这两个年龄组)男性与低技能壮年男性的就业倾向之间的不平等程度的增加,是这个时期时间使用的一个决定性特征。

　　与男性相同,各个年龄段的高技能女性的市场工作时间也总是比同年龄段的低技能女性多。与男性的情况类似,进入 21 世纪以后,壮年高技能女性的每周市场工作时间略有减少。这可以说是对过去几十年来的趋势的一种逆转。从 1967 年至 1990 年,壮年高技能女性的每周市场工作时间增加了 6～9 个小时。再一次与男性的情况相近的是,进入 21 世纪以后,壮年低技能女性的市场工作时间大幅减少。例如,从 1999 年至 2014 年,较年轻(21～40 岁这个年龄组)的低技能女性的市场工作时间减少了大约 4 个小时。

　　这些趋势结合一起,还共同造成了如下结果:自 21 世纪以来,壮年低技能女性与壮年高技能女性在市场劳动时间上的不平等程度也进一步上升了。

　　随着时间的推移,不同性别以及同一性别内不同技能、不同年龄组别的劳动者的市场劳动时间都出现了大幅波动,这就向我们提出了一个问题,即,分配给市场劳动之外的其他活动的时间,是怎样随着时间的推移而变化的? 接下来,我们就来分析这个问题。

3. 时间使用理论

现代时间分配理论是由贝克尔开创的。在发表于 1965 年的经典论文中(Becker,1965),贝克尔认为,消费"商品"(consumption commodity)是用市场商品(market goods)和时间生产出来的。事实证明,贝克尔的模型对于人们理解现实世界中的时间分配以及相关的市场支出很有意义。本节也强调了这一点。下面给出的模型是阿吉亚尔和赫斯特(Aguiar and Hurst,2007b)及阿吉亚尔等(Aguiar et al.,2012)在贝克尔模型的基础上进行改进的结果。为了便于阐述,我们做了一些简化的假设(要放松这些假设也很容易),我们这样做的目的是使关键机制凸显出来。

考虑这样一个经济行为主体,他可以从 I 种不同的消费商品 $c_1,\cdots,c_i,\cdots c_I$ 中获得效用。消费商品 i 是用市场(上买入的)投入品 x_i 和时间投入生产出来的,所用的生产技术符合下面的描述:

$$c_i = f^i(x_i, h_i)$$

我们假设,这里不存在联合生产,所以 x_i 和 h_i 只用于生产消费商品 i。

在这个理论框架中,消费商品可以指一餐美食,它是用食材(市场商品)和烹饪时间"生产"出来的。在这个例子中,时间和市场商品是互为替代品,因为同样品质的美食,我们可以用价格更高的市场商品(已经部分或全部烹调好的食材)和更低的时间成本生产出来。时间和市场商品也可以是互补品。举另一个例子看电视。对于"看电视"这种消费商品,市场支出对时间投入的替代能力是有限的,但是,买入更多的市场商品(比如说,购买一个新的付费频道)投入生产,却能够提高用于生产消费的时间的价值。

假设,行为主体的生命周期为 T 个期间,而且偏好如下式所示的消费序列:

$$\sum_{t=0}^{T-1} \beta^t u(c_1(t),\cdots,c_I(t))$$

假设这里不存在不确定性,而且不同期间的效用是可分的。

我们假设,行为主体可以按利率 $R=\beta^{-1}$ 自由地借入贷出,而且会在期间 t 选择以市场工资 $w(t)$ 提供劳动 $n(t)$。于是,如果该行为主体的初始资产为 a_0,那么它的预算约束为:

$$\sum_{t=0}^{T-1} \beta^t \left[\sum_{i=1}^{I} p_i(t)x_i(t) - w(t)n(t)\right] \leq a_0$$

我们将时间禀赋标准化,然后分配到每一期,于是可以得出时间分配的预算约束:

$$\sum_i h_i + n \leq 1, h_i, n \geq 0$$

我们假设劳动供给是内部的,因此工资是用于家庭生产的时间投入的机会成本。我们还假设 $h_i \geq 0$ 永远不束紧。

如果我们假设 f^i 具有不变规模报酬,那么一单位消费商品 c_i 的隐含价格指数可以用 $q^i(p_i, w)$ 表示,其中的 q^i 有:

$$q^i(p_i,w) = \min_{x_i,h_i} p_i x_i + w h_i$$

服从条件

$$f^i(x_i,h_i) \geqslant 1$$

家庭生产意味着,消费商品的价格取决于投入的市场商品的价格以及投入的时间的机会成本。

因此,求解成本最小化问题即可得出:

$$\frac{f_h^i}{f_x^i} = \frac{w}{p_i}$$

这也就是说,要令边际技术替代率等于各投入的边际价值。用 σ_i 表示 x_i 和 h_i 之间的替代弹性,它与技术 f^i 相关。随着时间的相对成本的增加,该行为主体将减少生产中投入的时间与投入的市场商品之间的比例 $\left(\dfrac{h_i}{x_i}\right)$。这种替代的程度是由 σ_i 控制的。再一次地,为了符号的简化,我们假设 σ_i 保持不变。从而,该行为主体的最优化问题可以被重写为:

$$\max_{\{c_i(t)\}} \sum_{t=0}^{T-1} \beta^t u(c_1(t),\cdots,c_I(t))$$

服从条件

$$\sum_{t=0}^{T-1} \beta^t \left(\sum_i q_i(p_i(t),w(t)) x_i(t) - w(t)\right) \leqslant a_0$$

令 λ 为预算约束的乘数,则一阶条件为:

$$u_i = q^i \lambda$$

在这里,一个有趣的问题是,在保持 λ 不变的条件下,投入的时间和投入的市场商品如何随工资变化? 稍做代数变换,我们就可以得到:

$$\left.\frac{d\ln x_i}{d\ln w}\right|_\lambda = s_h^i\left(\sigma_i - \frac{1}{\gamma_i}\right) \tag{1}$$

其中:

$$s_h^j = \frac{\partial \ln q^i}{\partial \ln w} = \frac{wh}{q_i c_i}$$

是投入消费商品 i 中的时间所占的成本份额,而

$$\frac{1}{\gamma_i} = -\frac{u_i}{u_{ii} c_i}$$

则是消费商品 i 的跨期替代弹性。

式(1)告诉我们,如果期内替代弹性大于跨期替代弹性,那么时间成本的增加(在 λ 保持不变的条件下)将导致市场支出的增加,反之亦然——如果 $\sigma_i < \dfrac{1}{\gamma_i}$ 的话。这里的直觉推断是这样的。在特定的生产水平下,时间的价格上涨会导致替代关系偏离 h_i 而趋向 x_i。如前所述,这种替代是由 σ_i 控制的。然而,由于 $q^i(p_i,w)$ 在两个自变量项中都是递增的,时间的价格的上涨会提高今天消费相对于其他时期消费的成本。这将导致消费从高工资期间转移出去,从而使市场支出和时间投入相应下降。这种效应的大小由替代的跨期替代弹性 $1/\gamma_i$ 决

定。同时,市场支出随着 w 的变化而上升抑或下降,取决于哪个效应占主导地位。此外,这种效应是通过投入消费商品生产的时间所占的份额 s_h^i 来衡量的。

类似地,从该行为主体的一阶条件可以推导出:

$$\frac{\mathrm{d}\,\ln h_i}{\mathrm{d}\,\ln w}\bigg|_\lambda = -\sigma_i(1-s_h^i) - \frac{1}{\gamma_i}s_h^i \tag{2}$$

这个弹性毫无疑问是负的,因为无论是期内的考虑,还是跨期的考虑,都意味着在工资高的时候要减少时间投入。总效应是这两个弹性的加权平均值。

利用时间约束(它意味着 $\sum_i h_i = 1 - n$),我们可以将非市场时间 $1-n$ 的弗里希弹性(Frisch Elasticity)表示为:

$$\frac{\mathrm{d}\,\ln n}{\mathrm{d}\,\ln w}\bigg|_\lambda = \sum_{i=1}^I \left(\frac{h_i}{n}\right)\left(\sigma_i(1-s_h^i) + \frac{1}{\gamma_i}s_h^i\right) \tag{3}$$

这是式(2)中每种商品的时间投入的弹性的加权平均值。式(3)意味着市场劳动的弹性取决于时间如何从市场上分配出来,以及这些活动相对于工资的弹性。这个思想至少可以追溯到明瑟的一篇论文(Mincer,1962),他指出,女性的市场劳动的弹性之所以较高,是因为她们的非市场时间都集中到了近乎市场替代品的那些活动中——在我们的框架里,这意味着高 σ_i 值。正如我们看到的,近几十年来,妇女一直在将非市场时间从家庭生产中替换出来,并用于休闲。在贝克尔的框架中,这就意味着劳动供给弹性的相应变化。在未来的研究中,检验实际数据是否反映了这一点,将是一个非常有意思的问题。

4.　时间使用数据

在进行实证检验之前,一个值得专门讨论的问题是,我们怎样衡量不再分配给市场劳动的时间。我们所用的主要数据来源是 2003 年至 2013 年的美国人时间使用调查(American Time-Use Survey,ATUS)的数据。美国人时间使用调查由美国劳工统计局(BLS)组织实施,样本中的个人全部都是从当前人口调查(CPS)的现有样本中抽取出来的——平均来说,在完成当前人口调查后大约三个月,进行抽样。由于这个原因,我们可以将每个受访者与他们在当前人口调查中的劳动力市场状况联系起来。美国人时间使用调查是一个非常详细且很容易利用的调查,而且它与当前人口调查的天然关联,也使得它直接把时间日志与一长串协变量联系了起来。

在进行时间使用调查时,美国劳工统计局会更新受访者的就业和人口信息。在这个调查中,每一波都基于 24 小时的时间日志,受访者要按规定的非常细密的时间间隔,报告前一天的活动。然后,调查人员对受访者个人报告的活动根据美国人时间使用调查的分类表进行分类,归入特定的类别(该分类表由超过 400 个详尽的时间使用类别组成)。关于美国人时间使用调查所记录的活动类型的更多信息,请参阅哈默梅什等(Hammermesh et al.,2005)。

2003 年的那一波调查覆盖了超过 20 000 名受访者,其余各波调查都分别包括大约 13 000 名受访者。

我们将时间分配活动划分为六个"时间使用"大类。各个类别都是互斥的,分配给各个类别的时间的总和等于个人的全部时间禀赋。对于这六个大类,我们在下文中将给出详细的描述,它们都基于受访者对主要的时间使用活动的回应。这些类别的定义与阿吉亚尔等(Aguiar et al. ,2013)的定义相似。

市场劳动(market work)时间包括在市场部门的工作上花费的所有时间,即:主要职业、第二职业和加班所用的时间,上下班所用的时间,以及花在与工作相关的就餐和其他活动上的时间。但是,我们要把花在求职上的时间,以及在正规市场部门之外的其他获取收入的活动上所花费的时间从总体市场劳动时间中分离出来。这样一来,我们就能够研究家庭要花费多少时间去求职,以及将用于正规部门的时间转用于非正规部门的程度。

求职(job search)时间包括个人为搜索工作而花费的所有时间。与其他所有时间使用类别一样,我们将与求职相关的各种时间都包括在求职时间内。求职活动包括诸如发送简历、准备和参加面试、研究有关工作的细节、咨询工作机会以及在报纸或互联网上寻找工作等多种多样的活动。

儿童抚育(child care)时间指个人用来照看、教育或与孩子一起玩耍的所有时间。古里场等证明(Guryan et al. ,2008),花费在幼儿抚育上的时间,与花费在家庭生产上的时间相比,无论是从时间序列模型还是生命周期模式来看都有显著的差异。具体地说:儿童抚育所花时间的收入弹性为正,而且绝对值较大;而家庭生产所花时间的收入弹性也较大,但为负。此外,儿童抚育活动的某些组成部分直接具有休闲性质。例如,根据贾斯特的观察(Juster,1985),许多人都认为,花时间与自己的孩子一起玩耍是最令他们身心快乐的活动之一。而另一方面,现在已经有了一个相当发达的儿童抚育服务市场,父母们也愿意付出一定代价,以减少他们花费在子女身上的时间。考虑到这种情况,我们将儿童抚育也作为一个单独的时间使用类别。

非市场劳动(nonmarket work)所花的时间,也就是用于家庭生产活动的时间。这个大类由四个子类别组成:核心家庭生产、与自有住房有关的活动、获得商品和服务,以及照顾其他成年人。核心家庭生产所花费的时间包括用于准备饭菜及餐后的清理、洗衣、熨烫、打扫、吸尘、室内家庭清洁、车辆和家具保洁及修理等的所有时间,以及花在与家庭管理和组织有关的活动上的时间。与自有住房有关的活动包括维修住房所花费的时间、房屋外部清洁和改造所花费的时间,以及花在园艺与草坪维护上的时间。① 获取商品和服务所花费的时间包括用于获取任何商品或服务(不包括医疗保健、教育和去餐厅用餐)的时间。例如,购买日用杂货的时间、采购其他家居用品的时间、在购买时用于比价的时间、收集优惠券所花的时间、获取政府服务所需的时间、在线购买商品的时间,以及去银行、去理发店、去邮局等所花的时

---

① 在讨论时间使用的长期趋势时,有一个争论:花在维护园艺和花在逗弄自己的宠物上的时间,是归入家庭生产时间,还是归入休闲时间。例如,请参见雷米对这个问题的探讨(Ramey,2007)。在本章中,考虑到美国人时间使用调查中的时间使用类别还可以进一步分为更精细的子类别,所以我们将用于园艺和草坪维护的时间归入非市场劳动时间,而把照顾宠物的时间包括在休闲时间当中。

间。最后,照顾其他成年人所花费的时间则包括:监督和照顾其他成年人、为其他成年人准备饭菜和购物、帮助其他成年人在家里进行清洁和维护、将其他成年人送到医院和杂货店,等等。

休闲(leisure)时间包括个人在市场劳动时间、非市场劳动时间、求职时间或儿童抚育时间之外所花掉的大部分剩余时间。对于休闲活动,我们采用了阿吉亚尔和赫斯特(Aguiar and Hurst, 2007c, 2009)的定义,并尝试将那些时间与支出之间存在互补性的商品分离出来。花费在休闲活动上的时间包括观看电视的时间、社交活动的时间(与朋友和家人一起放松、与朋友和家人一起玩游戏、电话聊天、参加和主办社交派对,等等)、用于体育锻炼和体育活动的时间(参加锻炼、观看体育赛事、参加体育活动,等等)、阅读时间(阅读书籍和杂志、阅读个人信件和电子邮件,等等)、花费在不产生收入的娱乐和爱好上的时间(看电影、看戏剧表演、听音乐、玩电脑、手工制作工艺品、玩乐器,等等)、花费在照顾宠物上的时间,以及所有其他类似的活动所花费的时间。此外,我们还把在那些提供直接效用、但同时又可以被视为中间投入的活动上所花费的时间也归入休闲活动时间,例如,用于睡觉、吃饭和"打理自己"的时间。虽然我们不把用于对自己的医疗护理的时间包括在内,但是我们要把化妆打扮以及在家里或在餐馆里就餐等活动所花费的时间包括进来。

其他(other)时间包括花在教育上的时间、花在公民事务和宗教活动上的时间、花在自己的医疗保健和医疗护理上的时间。其中一些时间也可以被认为是花在家庭生产上的,因为它们代表了对健康和人力资本存量的时间投资。[1]

我们的主样本包括所有美国人时间使用调查的受访者,条件是,他们要拥有完整的时间使用记录,且年龄在 21 到 75 岁(含 75 岁)之间。这也就是说,如果某个受访者的某种时间分配方法,不能被美国人时间使用调查的工作人员归入某个适当的类别,那么他就不会被包括在样本之内。我们的基本样本共有 107 768 人。我们还运用美国人时间使用调查提供的样本权重,对受访者的回应按年龄或年份进行了汇总。在分析中,我们分别通过年龄、性别和受教育年限研究了不同的子样本。

在分析时间使用的历史趋势时,我们还引入了阿吉亚尔和赫斯特(Aguiar and Hurst, 2007c, 2009)的一些研究结果。在总结这些历史趋势时,所依据的数据来自"1965—1966 年美国人时间使用"和"1985 年美国人时间使用"。1965—1966 年美国人时间使用调查是由密歇根大学调查研究中心组织实施的。这个调查抽样了 2001 个家庭(每个家庭各出 1 个人作为受访者),这些家庭必须至少有 1 名在非农部门就业的、19 岁至 65 岁的成年人。这个调查本身不包含抽样权重,所以我们对每个受访者进行了平等赋权(在对每个受访者的日志进行日期调整之前)。在这 2001 个受访者中,776 人来自密歇根州的杰克逊市。获取时间使用数据的方法是,让受访者在 1965 年 11 月 15 日至 1965 年 12 月 15 日之间,或者在 1966 年 3 月 7日至 4 月 29 日之间,选出一天,记下自己这一天的 24 个小时内的所有活动的完整日志。我

---

[1] "其他时间"这个类别还包括从事任何正规市场部门之外的、能够产生收入的活动的时间,例如,包括制作通过非正式渠道出售的收藏品、手工艺品或食物。此外,非正式的保姆服务也包括在这类活动中。正如阿吉亚尔等(Aguiar et al. , 2013)指出的,平均来说,花在正规市场部门之外的、以获取收入为目的的活动上的时间接近于零,不值得作为一个单独的类别专门加以分析。

们在复盘阿吉亚尔和赫斯特(Aguiar and Hurst,2007c,2009)得出的历史趋势时,上述来自杰克逊市的样本也包括在内。1985 年美国人使用时间调查则由马里兰大学的调查研究中心进行。这次调查的样本有 4 939 人,有全国范围的代表性,每个受访者都是 18 周岁以上的成年人,家庭至少有 1 部电话。该调查的抽样时间是从 1985 年 1 月至 1985 年 12 月。再一次地,这个调查也进行了加权处理,以保证一周内的每一天都得到了同样程度的代表。在分析历史趋势时,阿吉亚尔和赫斯特(Aguiar and Hurst,2007c,2009)使用的时间使用数据分类方法,与上面所述的分类方法几乎完全相同。①

5. 时间使用的长期趋势

5.1 时间使用的历史趋势

如上所述,自 20 世纪 60 年代末以来,在美国,男性用于市场劳动的时间一直在下降,而女性用于市场劳动的时间却一直在稳步上升。利用详细的时间日志,我们还可以总结出其他三个时间使用类别的历史趋势:非市场劳动时间、儿童抚育时间和休闲时间。我们在本小节介绍的大部分历史趋势,都借鉴了阿吉亚尔和赫斯特的研究成果(Aguiar and Hurst,2007c,2009)。在他们的论文中,阿吉亚尔和赫斯特将注意力集中在 18 岁至 65 岁之间的未退休的个人身上。之所以这样处理,是由于 1965 年那个调查本身的一个缺憾,当时只对尚未退休的人进行了抽样,从而使这种不必要的限制变得必不可少了。同样地,将年龄在 65 岁以上的个人排除在外的限制也是必要的,因为 1965 年的那个调查同样不包括 65 岁以上的个人。虽然这些限制美国人时间使用调查的限制因素显得更加狭隘一些,但是我们在下面的章节中还是会使用它们,这并不会使时间序列趋势的主要结论出现任何有意义的改变。

阿吉亚尔和赫斯特(Aguiar and Hurst,2007c)利用 1965 年、1985 年和 2003 年三次调查的全样本度量了男性和女性的非市场劳动时间、儿童抚育时间和休闲时间的时间序列趋势,他们的结果总结在了图 9 中。其中,图 9A 显示的是非市场劳动时间的趋势。在 1965 年至 2003 年期间,女性分配给家庭生产的时间出现了大幅下降——每个星期减少了大约 10 个小时。男性在 1965 年至 1985 年间分配给家庭生产的时间则每个星期增加了大约 3 个小时。从 1985 年到 2003 年,男性分配给家庭生产的时间大体上保持不变。

---

① 虽然几乎完全相同,但还是有若干小差异。尤其是,阿吉亚尔和赫斯特(Aguiar and Hurst, 2007c,2009)把草坪维护和园艺归入了"休闲"类别,而在本节讨论的 2003—2013 年美国人时间使用调查的分类方法中,草坪维护和园艺却被列为家庭生产的一个组成部分。

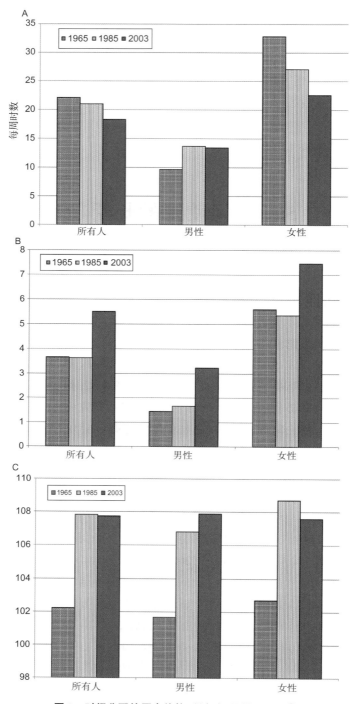

图 9　时间分配的历史趋势:所有人、男性和女性①

　　注:这幅图显示了美国 1965 年、1985 年和 2003 年分配给非市场劳动(A)、儿童抚育(B)和休闲(C)的时间。图中的结果取自阿吉亚尔和赫斯特(Aguiar and Hurst,2007c)的表Ⅱ和表Ⅲ。其他详细信息,请参阅正文。

① 此处的"所有人、男性"原文为"all men",显然有误,故改。——译者注。

　　由图 9A 不难看出，在美国，过去 40 年以来，人们用于非市场劳动的时间有所减少，而且男性和女性在非市场劳动上所花的时间呈现出了趋同的趋势。现有的许多研究都指出，非市场部门的创新导致了女性市场劳动时间的增加。例如，格林伍德等人证明（Greenwood et al. , 2005），由于家庭生产中使用的劳动节约型设备的创新，妇女有能力增加劳动供给——在他们的模型中，家庭生产提供了有效的边际替代空间（margin of substitution）。

　　在图 9B 中，我们看到，近年来，无论是男性还是女性，用于儿童抚育的时间都有所增加。所有这些增加都是在 1985 年以后才发生的。我们很难确定，这种增加究竟有多少是真实发生的，有多少是 2003 年美国人时间使用调查与 1985 年的那个调查之间的调查设计差异所导致的一种假象。特别是，美国人时间使用调查还附带了一个目标，即，度量父母对孩子的时间投入。雷米和雷米（Ramey and Ramey，2010）指出，相对于受教育程度较低的父母，受过高等教育的父母花在陪伴儿童上的时间增加得更多一些。父母花在儿童抚育上的时间，随受教育程度的上升而增加，这种现象出现在了所有儿童抚育活动类别上：花在基本儿童抚育上的时间、花在幼儿教育上的时间以及花在休闲性的陪伴幼儿嬉戏上的时间，等等。他们认为，花费在幼儿抚育上的时间的增加是真实存在的，也是父母之间试图让孩子进入精英大学的竞争加剧的结果。

　　图 9C 给出了休闲时间的时间序列趋势。在 20 世纪 60 年代、70 年代和 80 年代，男性市场劳动时间的大幅度下降，导致 1985 年男性休闲时间与 1965 年相比大幅增加。同样地，在 20 世纪 60 年代、70 年代和 80 年代，女性家庭生产时间的大幅度下降，导致在 1965 年至 1975 年期间，女性的休闲时间大幅增加。无论是男性还是女性，1985 年至 2003 年期间的休闲时间大致保持不变。男性的休闲时间在 1985 年至 2003 年这 20 年内增加了大约 1 个小时，而女性的休闲时间则在这 20 年内减少了大约 1 个小时。然而，值得指出的是，在这里有一点很有意思：尽管各自的市场劳动时间、家庭生产时间和儿童抚育时间非常不同，但是男性和女性的休闲时间却几乎相同。例如，在 2003 年，男性和女性分配给休闲活动的时间都是每周大约 107 个小时。这 107 个小时包括了睡觉时间。将休闲活动时间中的睡眠时间去除，不会改变任何横截面趋势或时间序列趋势，因为睡眠时间在这几十年之间大致保持了恒定，而且在男性和女性之间也大体相同。

　　图 10 和图 11 显示了按性别和技能分组的家庭生产时间和休闲时间的趋势。从这两幅图中可以看出两个方面的趋势。首先，给定性别，受教育程度不同的个人用于家庭生产的时间的变化趋势几乎完全相同。其次，休闲时间的趋势在高技能个人与低技能个人之间的差异很大。高技能个人的休闲时间在 1965 年至 2003 年之间只实现了小幅的增加：在 1965 年至 1985 年间经历了大幅度的增加之后，却在 1985 年至 2003 年之间出现了反转。相比之下，低技能个人的休闲时间不但在 1965 年至 1985 年之间与高技能个人一样得到了大幅增加，而且在 1985 年至 2003 年之间仍然继续增加。过去 30 年来，休闲时间的不平等程度的扩大，与许多研究都阐述过的收入和消费的不平等程度的明显扩大是相互匹配的。[①]

---

① 例如，请参见阿吉亚尔和比尔斯（Aguiar and Bils，2015）。

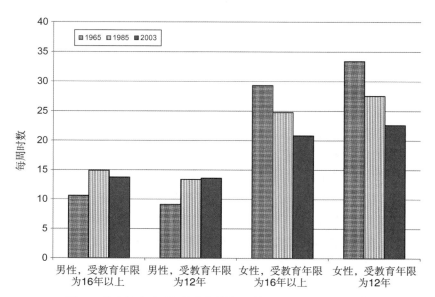

图10 非市场劳动时间的历史趋势:男性和女性,按技能分组①

注:这幅图显示了1965年、1985年和2003年分配给家庭生产活动的时间(按性别和技能分组)。这里我们关注的是两个受教育程度组别:具有学士学位及以上学历(受教育年限为16年及以上)的人以及高中毕业的人(受教育年限为12年)。图中的结果来自阿吉亚尔和赫斯特(Aguiar and Hurst,2007c)的表 V。有关其他详细信息,请参阅正文。与图7所示的结果不同,这幅图的结果也可以根据人口组成随时间推移的变化而相应进行调整(在每个性别−技能组别内)。这种人口调整可以解释年龄分布和家庭组成的变化。当然,这种人口调整对一般的时间趋势没有什么影响。

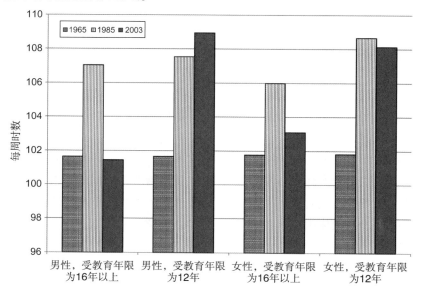

图11 休闲时间的历史趋势:男性和女性,按技能分组②

---

① 此处的"男性和女性"原文为"all, men and women",显然有误,故改。——译者注
② 此处的"男性和女性"原文为"all, men and women",显然有误,故改。——译者注

注:这幅图显示了 1965 年、1985 年和 2003 年分配给休闲活动的时间(按性别和技能分组)。这里我们关注的是两个受教育程度组别:具有学士学位及以上学历(受教育年限为 16 年及以上)的人以及高中毕业的人(受教育年限为 12 年)。图中的结果来自阿吉亚尔和赫斯特(Aguiar and Hurst,2007c)的表 V。有关其他详细信息,请参阅正文。与图 7 所示的结果不同,这幅图的结果也可以根据人口组成随时间推移的变化而相应进行调整(在每个性别-技能组别内)。这种人口调整可以解释年龄分布和家庭组成的变化。当然,这种人口调整对一般的时间趋势没有什么影响。

上述事实引自阿吉亚尔和赫斯特的研究(Aguiar and Hurst,2007c,2009)。不过,阿吉亚尔和赫斯特的论文并不是唯一试图用美国人时间使用调查数据来度量非市场劳动时间和休闲时间的历史趋势的研究。阿吉亚尔和赫斯特用来分析 20 世纪 60 年代、70 年代和 80 年代休闲时间和非市场劳动时间的历史趋势的数据集的子集,也被贾斯特和斯塔福德(Juster and Stafford,1985)、罗宾逊和古德贝(Robinson and Godbey,1999)在各自的经典著作中所利用。像阿吉亚尔和赫斯特一样,这些研究者也发现,在 1965 年至 1985 年这 20 年间,男性和女性的休闲时间都大幅增加了。而且,与阿吉亚尔和赫斯特差不多同时,雷米和弗朗西斯(Ramey and Francis,2009)也利用美国人时间使用调查数据,不仅分别对男性和女性,还对整体人口的休闲时间和家庭生产时间的趋势进行了探讨。而且,与阿吉亚尔和赫斯特一样,雷米和弗朗西斯也发现,从 1960 年到 21 世纪初期,壮年个体的家庭总生产时间出现了大幅度下降。不过,雷米和弗朗西斯还发现,在这个时期内,壮年男性或壮年女性的休闲时间几乎没有什么增加。[1]

此外,雷米和弗朗西斯(Ramey and Francis,2009)在分析时还将雷米另一项研究(Ramey,2009)的结果结合了进来,这使得他们能够计算出 1965 年之前的非市场劳动时间和休闲时间的历史趋势。这是一个雄心勃勃的研究设想,因为在 1965 年之前,美国完全不存在任何有全国范围代表性的时间使用日志。雷米(Ramey,2009)的研究目标是,使用在 1965 年以前在美国进行的非代表性的时间使用调查数据,通过赋予非代表性样本适当的权重,计算出一个美国"普通人"(average individual)能够完成的家庭生产的数量。使用这种方法,雷米得出的结论是,在 1900 年至 1965 年间,女性每周的非市场劳动时间下降了大约 6 个小时,男性每个星期用于非市场劳动时间则增加了大约 7 个小时。利用雷米的估计结果,雷米和弗朗西斯(Ramey and Francis,2009)指出,在 1900 年至 1965 年之间,壮年美国人的总休闲时间每周增加了 2 个小时。

总而言之,有充分的证据表明,在长期中,家庭生产时间总体呈下降趋势,而闲暇时间则一直在增加。

---

[1] 请参见雷米(Ramey,2007)、阿吉亚尔和赫斯特(Aguiar and Hurst,2007a)对这些研究所呈现的休闲时间的历史趋势之间的差异的解释。这种差异之所以会出现,很大一个原因是,不同研究者对市场劳动过程当中的就餐时间应该被视为市场劳动时间(阿吉亚尔和赫斯特)还是休闲时间(雷米和弗朗西斯)存在争议。

5.2 最近的时间使用趋势

上面这种做法——利用几个不同的时间使用调查的数据来识别长期趋势——有一个突出的缺点,那就是,不能保证数据收集方法、样本架构和时间使用分类方法不会随着时间的推移而改变。数据收集方法、样本架构和分类方法的变化,可能会导致对上述历史趋势的度量出现错误。最近出现并一直持续的美国人时间使用调查有助于解决这个问题。自2003年以来,美国人时间使用调查已经建立了一个有全国代表性的样本,而且所有受访者都要用前后一贯的方法和分类标准记录自己的使用时间情况。这套数据到今天已经连续积累了11年,所以现在已经可以只利用美国人时间使用调查数据来度量时间序列趋势了。

使用5.1小节描述的样本,图12给出了2003年至2013年市场劳动时间、非市场劳动时间、儿童抚育时间和休闲时间的变化趋势。这幅图分为四张子图,每张子图分别关注一个不同的时间使用类别。具体地说,每张子图都有四行,每一行代表了一个性别—技能组别的情况。这些数据包括所有年龄在21岁至75岁(含75岁)之间且所有时间的分配都符合美国人时间使用调查的分类方法的个人。图13完全类似于图12,唯一的不同之处在于,图13的样本仅限于年龄在21至55岁(含75岁)之间的个体。

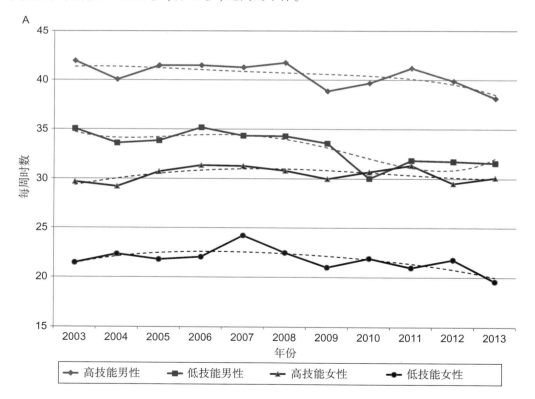

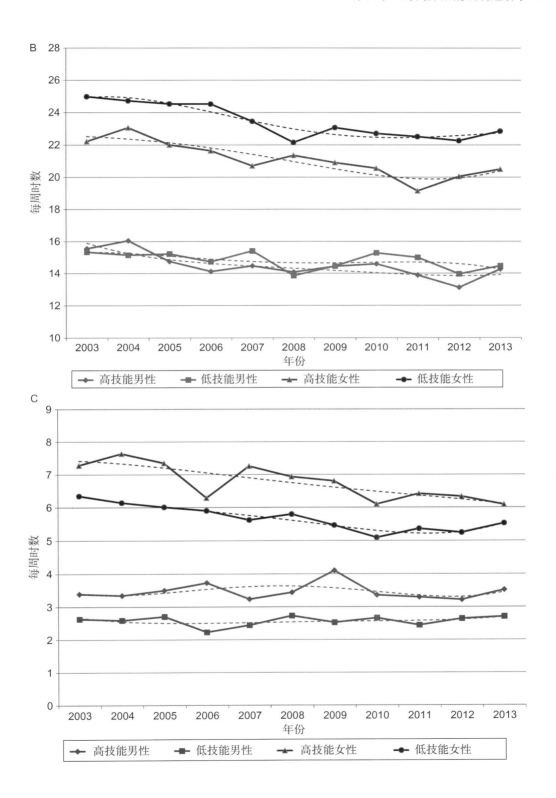

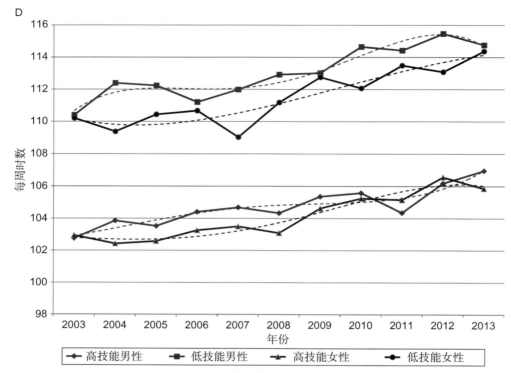

图 12　美国人时间使用调查数据显示的历史趋势，按受教育年限和年龄分组

注：这幅图显示的是，在 2003 年至 2013 年间，高技能男性（钻石形线条）、低技能男性（正方形线条）、高技能女性（三角形线条）和低技能女性（圆形线条）用于市场劳动的时间（A）、用于非市场劳动的时间（B）、用于抚育儿童的时间（C）和用于休闲的时间（D）。数据来自美国人时间使用调查。样本包括该调查中拥有完整时间日志的、年龄在 21 岁至 75 岁（含 75 岁）之间的所有个人。市场劳动时间包括所有从事受薪工作的时间、上下班时间，以及任何在工作时用于就餐和休息的时间。非市场劳动时间包括烹饪、清洁、洗衣和采购日用杂货等活动所花费的时间。高教育程度男性（女性）被定义为拥有本科或以上学历的男性（女性）。低教育程度男性（女性）指那些只接受过不到 16 年教育的男性（女性）。

图 12A 呈现的趋势类似于图 5 和图 6。从图中可见，在过去的十年，就全部工人而言，市场劳动时间出现了明显的减少，但是那些教育程度更低的人（没有学士学位的人）的市场劳动时间减少幅度更大。需要提请大家注意的是，与图 5 和图 6 所反映的当前人口调查数据相比，美国人时间使用调查数据反映的分配给市场劳动的时间更多，原因是我们把上下班时间、工作时的休息和就餐时间也视为市场劳动时间的一部分。如果把我们的分析只限于直接花在从事市场劳动的时间上，那么美国人时间使用调查的市场劳动时间总量将会更接近当前人口调查所报告的市场劳动时间总量。图 13A 表明，即使将我们的分析只限定于年龄在 21 岁至 55 岁的个人（而不是 21 岁至 75 岁的个人），上述趋势也会出现。

图 12B 和图 13B 表明，在 2003 年至 2013 年间，所有组别用于家庭生产的时间都有所减少。就女性而言，这只是用于家庭生产的时间在之前 40 年一直下滑的趋势的继续。不过需要注意的是，即使只是就美国人时间使用调查数据来看，在 2002 年至 2013 年期间，高技能女性用于家庭生产时间也从每周 22 个小时减少到了每周 19 个小时。这很有意思，因为这一切

是在市场劳动时间总体下滑的情况下出现的。正如我们在下一小节将会阐明的,市场劳动时间的下滑几乎总是伴随着家庭生产时间的增加。从图 12B 和图 13B 也可以看出,在此期间,男性用于非市场劳动的时间其实也有所减少。同样地,尽管市场劳动时间有所减少,但是仍然出现了这种情况。因此,最近的这种趋势,与上一小节所指出的趋势——在 1985 年至 2003 年间,非市场劳动几乎保持不变——相比,已经略有逆转了。

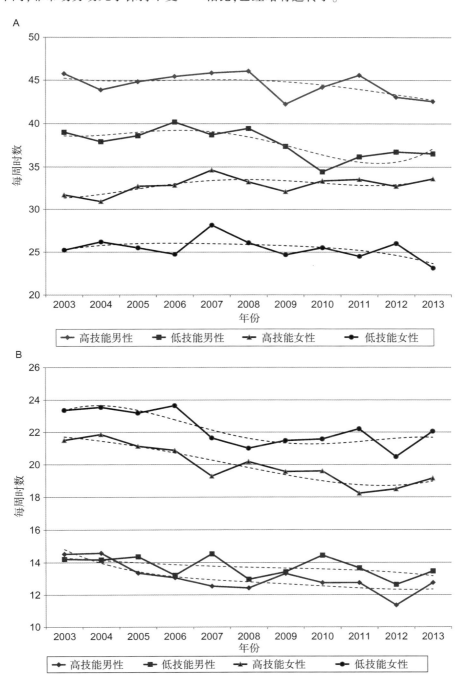

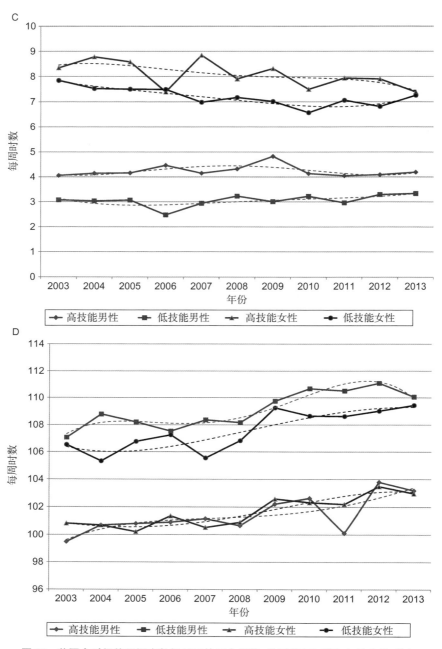

图 13 美国人时间使用调查数据显示的历史趋势,按受教育年限和年龄分组:壮年

注:这幅图显示的是,在 2003 年至 2013 年间,高技能男性(钻石形线条)、低技能男性(正方形线条)、高技能女性(三角形线条)和低技能女性(圆形线条)用于市场劳动的时间(A)、用于非市场劳动的时间(B)、用于抚育儿童的时间(C)和用于休闲的时间(D)。数据来自美国人时间使用调查。样本包括该调查中拥有完整时间日志的、年龄在 21 岁至 55 岁(含 55 岁)之间的所有个人。市场劳动时间包括所有从事受薪工作的时间、上下班时间,以及任何在工作时用于就餐和休息的时间。非市场劳动时间包括烹饪、清洁、洗衣和采购日用杂货等活动所花费的时间。高教育程度男性(女性)被定义为拥有本科或以上学历的男性(女性)。低教育程度男性(女性)指那些只接受过不到 16 年教育的男性(女性)。

　　图 12C 和 13C 表明，近年来用于儿童抚育的时间与过去 20 年的趋势相比，也略有反转的迹象。在 2003 年至 2013 年间，高技能女性和低技能女性每个星期用于儿童抚育的时间都减少了大约 1 个小时。这种减少抹去了 1985 年至 2003 年间积累起来的儿童抚育时间的大部分增量。不过，就男性而言，过去十年，用于儿童抚育的时间基本与以前持平。

　　图 12D 和 13D 显示了在 2003 年至 2013 年期间高技能男性（女性）和低技能男性（女性）用于休闲活动的时间趋势。在此期间，所有组别用于休闲的时间都有所增加。值得注意的是，在同一个技能组别中，男性和女性用于休闲的时间增加的趋势无论从数量上看还是从增长率上看都几乎完全相同。例如，高技能男性和高技能女性分配给休闲活动的时间几乎相同，尽管他们分配给市场劳动、家庭生产和儿童抚育的时间大不相同。同样地，低技能男性和低技能女性分配给休闲活动的时间也是旗鼓相当。在过去的十年间，壮年低技能个人每个星期分配给休闲活动的时间增加了大约 3 个小时。同样是在过去十年中，壮年高技能个人每个星期用于休闲活动的时间则增加了大约 2 个小时。此外，最近的时间序列结果表明，过去几十年来形成的休闲不平等不断扩大的趋势仍在延续。

5.3　时间使用的商业周期变化

　　在 5.2 小节，我们阐明了，在过去十年间，所有性别–技能组别的个人用于休闲的时间都增加了，同时用于市场劳动的时间和用于家庭生产的时间则都减少了。然而，如果仅仅使用时间序列数据，很难将时间序列趋势与最近的商业周期的潜在影响分别梳理清楚。不过，正如阿吉亚尔等（Aguiar et al. , 2013）所指出的，我们可以使用跨区域数据来估计商业周期效应。

　　作为本小节的开始，我们将利用最近一次经济衰退期间就业变化的跨区域数据，来分析商业周期对时间使用的影响。具体地说，我们需要估计如下设定：

$$\Delta Time_{kt}^{j} = \alpha_0^j + \alpha_1^j \Delta Time_{kt}^{market} + \epsilon_{kt}^j$$

其中，$\Delta Time_{kt}^{market}$ 是第 t 期和第 $t+s$ 期之间、第 k 个州的个人每个星期用于劳动时间的变化的平均值，$\Delta Time_{kt}^{j}$ 是第 t 期和第 $t+s$ 期之间、第 k 个州的个人每个星期用于第 j 类活动的时间的变化的平均值。为了估计出这些关系，我们利用了 2007 年至 2013 年美国人时间使用调查的样本中年龄为 21 岁至 75 岁（含 75 岁）的个人数据。为了便于计算州一级的均值，我们将基础数据"折叠"为多年样本。具体地说：我们分别为每个时间使用类别构造了 2007—2008 年、2009—2010 年、2011—2013 年的州一级的均值；对于每个州，计算 $\Delta Time_{kt}^{j}$ 的方法是，求出两个相邻期间（2009—2010 年 vs 2007—2008 年、2011—2013 年 vs 2009—2010 年）之间的第 k 个州用于第 j 类活动的平均时间的差异。这样一来，我们在进行回归时就有了 102 个观察点（50 个州再加上哥伦比亚特区，各有 2 个观察点）。这个回归的识别限制（identification restriction）是，每个类别上的时间使用的基本趋势在各州之间是相似的。因此，从各州之间差异就只分离出时间运用的商业周期变化。[1]

图14显示了用于市场劳动的时间的变化与用于家庭生产的时间的变化(A)、用于儿童抚育的时间的变化(B)、用于休闲的时间的变化(C)和用于求职的时间的变化(D)之间的跨州关系。相邻时期(以每周时数衡量)每个州内部的市场劳动时间变化用 x 轴表示(这一点在图14的所有四个子图中都保持不变)。在每个子图上,y 轴表示的是用于相关活动的时间的相应变化(同样以每周时数衡量)。从图14A可以看出,在商业周期中,随着用于市场劳动的时间的减少,有36%的时间被重新分配到了家庭生产中($\alpha_1^{nonmarket} = -0.36$,标准误差 = 0.04)。如图14C所示,在商业周期中,用于市场劳动的时间每减少1个小时,会导致用于休闲的时间增加0.44个小时($\alpha_1^{leisure} = -0.44$,标准误差 = 0.04)。这两者一起考虑,因用于市场劳动的时间减少而腾出来的时间,有80%被重新分配给了休闲或家庭生产。然而,这些发现使得本章前几节所阐述的时间序列趋势变得复杂化了。事实上,从21世纪第一个十年的中期到2013年,尽管经济处于衰退状态,但无论是高技能个人还是低技能个人、无论是男性还是女性,用于家庭生产的时间都减少了,这个事实确实可能会令许多人觉得困惑。如果只有商业周期因素在驱动着这种时间序列模式,那么我们应该会预料到用于家庭生产的时间会随着用于市场劳动的时间的减少而增加。现在,用于家庭生产的时间却出现了减少。这个事实表明,用于家庭生产的时间在商业周期期间和之后都出现了长期性的大幅减少。当然这并不足怪,因为用于家庭生产的时间几十年来一直在下降。

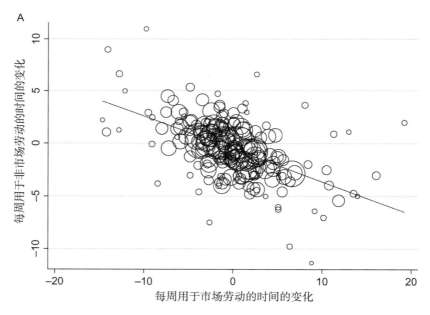

---

① 请参见阿吉亚尔等(Aguiar et al. ,2013),该文更全面地讨论了识别问题。

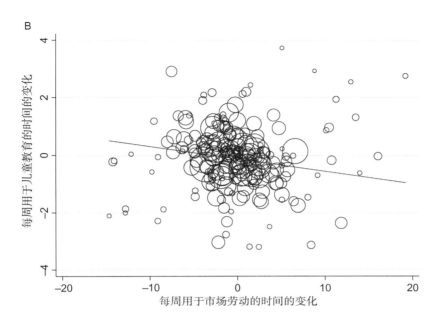

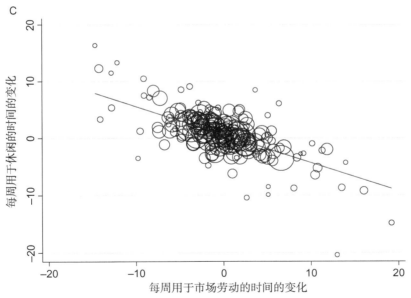

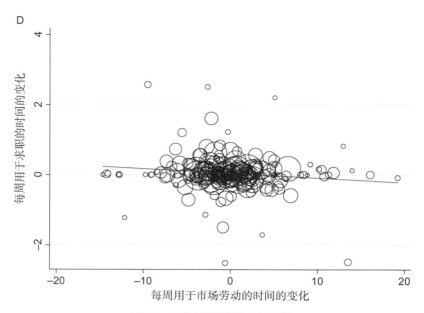

图 14　经济衰退期间的时间分配

（A）用于非市场劳动的时间，（B）用于幼儿抚育的时间，（C）用于休闲的时间，（D）用于求职的时间。

　　注：这幅图的每一张子图分别显示了 2007—2013 年间，州一级每周用于市场劳动的时间的变化与州一级每周用于一种指定的活动的时间变化之间的关系。对于每个州，每个时间使用类别都要计算出三个时间使用观察值：2007 年和 2008 年合并的用于给定类别的平均时间（第一期），2009 年和 2010 年合并的用于给定类别中的平均时间（第二期），2011 年、2012 年和 2013 年之间用于给定类别的平均时间（第三期）。这幅图描述了第一期与第二期之间、第二期与第三期之间的时间使用的变化情况。因此，每个州，再加上哥伦比亚特区都在图中出现两次（于是总共有 102 个观察点）。在图中，圆圈的大小代表了开始计算上述变化时的初始期间，本州在美国人时间使用调查中的受访者的数量。直线是通过散点图的加权回归线，其中的权重就是开始计算上述变化时的初始期间，本州在美国人时间使用调查中的受访者的数量。该回归线的斜率为 0.31，标准误差为 0.03，标准误差按州聚类。

　　图 14B 表明，在经济衰退期间，在用于市场劳动的时间减少的情况下，用于儿童抚育的时间在增加。再一次地，时间使用的时间序列趋势告诉我们，在经济衰退期间，用于儿童抚育的时间总体上是在减少的。尽管经济总体上处于衰退，但是花在儿童抚育活动上的总体时间却减少了，这个事实再一次证明，进入 21 世纪后，用于儿童抚育的总体时间不断减少的长期趋势可能已经形成了。如果真的是这样，就意味着雷米和雷米（Ramey and Ramey，2010）所阐述的趋势已经遭到了反转，从而说明用于儿童抚育的时间不断增多这种情况只出现在高技能父母身上。

　　虽然本章项目没有正式论及，但是阿吉亚尔等（Aguiar et al.，2013）已经证明，在教育、公民活动和医疗保健方面的投资也吸收了市场劳动时间的减量当中的相当重要的一部分（超过了 10%）；相比之下，工作搜索则只吸收了市场劳动时间的减量的大约 1%（请参见图 14D）。后面这个结果并不足怪，因为失业者用来寻找工作的时间原本就非常有限［例如，请参见克鲁格和穆勒（Krueger and Mueller，2010）］。这些结果表明，时间使用调查中的用于求职的时间这个指标，可能并不是用来衡量求职者在寻找工作时所付出的真实努力的好的指标。

5.4 失业人员的时间使用

要探讨商业周期条件对时间使用的影响,另一种方法是对失业人员与就业人员的时间使用情况进行比较。不过,这样的比较可能会受到个体之间的组合差异的影响。例如,对休闲更加热衷的人,也许更有可能失业。尽管有这种局限性,我们还是认为在劳动力市场上对有不同地位的个人的时间使用情况进行比较分析是有益的。

表 1 给出了受教育年限在 16 年及以上的男性(表上半部分)和不到 16 年的男性(表下半部分)的市场劳动、非市场劳动、儿童抚育和休闲等方面的时间分配。表中的每一列都代表了一种不同的劳动力市场地位。第一列和第二列分别指在正规市场部门中就业的男性(第一列)和失业的男性(第二列)。在这里,失业人员指那些目前没有工作,但是正在积极求职的人。第三列和第四列则指退出了"劳动大军"的人。这个类别包括残障人士、退休人员、学生和其他不工作且不想求职的人。我们进一步将这些退出了劳动大军的人区分为 63 岁以下的和 63 岁及以上的人。做这种区分的原因是识别出潜在的退休家庭。63 岁及以上的退出劳动大军的人,大多数已经退休。

表 1 按就业状况分别列示的时间分配:男性

活动	受教育程度较高			
	就业人员	失业人员	非劳动力(年龄<63 岁)	非劳动力(年龄≥63 岁)
休闲/小时	100.27	121.47	127.8	134.11
市场劳动/小时	47.7	1.98	0.47	0.11
求职/小时	0.09	9.37	0.58	0
家庭生产/小时	12.73	23.64	21.42	25.26
幼儿抚育/小时	3.59	4.25	2.7	1.71
其他/小时	3.45	6.86	14.7	6.55
观察点数量/人	13746	412	783	1054
活动	受教育程度较高			
	就业人员	失业人员	非劳动力(年龄<63 岁)	非劳动力(年龄≥63 岁)
休闲/小时	103.36	131.58	139.14	140.42
市场劳动/小时	46.15	0.76	0.38	0.2
求职/小时	0.11	4.9	0.22	0
家庭生产/小时	12.91	21.89	16.85	20.62
幼儿抚育/小时	2.63	3.74	2.49	1.21
其他/小时	2.72	4.59	8.71	5.31
观察点数量/人	22319	1625	3603	3399

在表 1 中,有几点很引人注目。第一,无论受教育程度是高是低,失业男性仍然会把一些时间用在市场劳动上(受教育程度较高者每周约两个小时,较低者每周约一个小时)。然而,

他们从事的所有劳动,都是在正规市场部门之外的,属于有薪的兼职工作。第二,受教育程度较高的男性失业人员每周要花大约九个小时用于求职,而受教育程度较低的男性失业人员则每周只花约五个小时用于求职。至于已经退出劳动大军的男性,则无论受教育程度高低,用于求职的时间都基本上为零。第三,与前面我们在讨论商业周期特征时得到的结果类似,高技能男性用于市场劳动的时间在从就业转为失业状态后减少的部分,大约有 47%(45个小时中有 21 个)被分配给了休闲活动,低技能男性用于市场劳动的时间在从就业转为失业后减少的部分,大约有 62%(45 个小时中的 28 个)被分配给了休闲活动。此外,失业男性与就业男性用于市场劳动的时间差中,有 20%~25%——无论技能如何——被分配给了非市场劳动。低技能失业人员用于休闲的时间比高技能失业人员更多,主要因为两者用于求职的时间相差甚大。

表 2 表明,女性也存在与男性相似的模式。女性与男性之间的主要区别在于,无论是受教育程度较低的女性还是受教育程度较高的女性,从就业转为失业后减少的用于市场劳动的时间,都有 45%被分配给了休闲活动。对受教育程度较低的女性来说,这个比例远远低于受教育程度较低的男性(后者不再用于市场劳动的时间有 62%被分配给了休闲活动)。于是我们再一次看到,无论我们进行的是哪一种分析——时间序列、生命周期,还是商业周期——受教育程度较低的男性的生活总是"最悠闲"的。

表 2 按就业状况分别列示的时间分配:女性

活动	受教育程度较高			
	就业人员	失业人员	非劳动力(年龄<63 岁)	非劳动力(年龄≥63 岁)
休闲/小时	99.56	115.96	112.79	128.24
市场劳动/小时	40.96	0.78	0.19	0.17
求职/小时	0.1	4.74	0.11	0
家庭生产/小时	17.75	29.4	30.79	29.27
幼儿抚育/小时	5.36	7.68	14.89	2.06
其他/小时	4.13	9.28	8.99	8.08
观察点数量/人	13878	548	2825	1234
活动	受教育程度较高			
	就业人员	失业人员	非劳动力(年龄<63 岁)	非劳动力(年龄≥63 岁)
休闲/小时	102.13	119.33	121.51	131.28
市场劳动/小时	37.57	0.44	0.22	0.06
求职/小时	0.04	2.85	0.08	0
家庭生产/小时	19.57	28.77	28.97	28.51
幼儿抚育/小时	4.62	8.81	9.61	1.76
其他/小时	3.90	7.07	7.32	6.23
观察点数量/人	22665	2068	8878	5671

在本部分,我们想解决的最后一个问题是,长期失业人员的时间分配会不会与短期失业人员有所不同。如果两者之间存在差异,那么该差异既可能代表选择的结果,也可能代表某

种潜在的对时间使用的持续期依赖(duration dependence)。然而,正如表3告诉我们的,短期失业人员与长期失业人员的时间使用模式之间似乎并不存在差异。为了衡量失业的持续时间,我们从他们在当前人口调查中最后一次受访时的报告中提取了个人劳动市场地位数据。如前所述,美国人时间使用调查的样本是从当前人口调查中的当前调查轮中抽取出来的。在当前人口调查中,个人在最后一次受访时,要评估其当前的就业状况。如果个人处于失业状态,则会被要求报告失业时间长短。美国人时间使用调查也会向受访者询问他们当前的就业状况。但是如果受访者处于失业状态,就不会要求他们报告失业时间长短。在这两个样本中的个体之间建立起联系,我们就可以得到一个能够衡量当前失业持续时间的不完全的指标。[①]

表 3　失业人员的时间使用:持续期依赖

失业持续时间(周)	休闲	求职	家庭生产	儿童抚育
0~9	0.23 (1.57)	-0.70 (0.77)	0.34 (1.29)	0.37 (0.69)
10~19	0.43 (1.95)	0.48 (0.96)	-0.80 (1.61)	-0.23 (0.86)
20~29	-0.97 (2.51)	-2.16 (1.23)	2.23 (2.08)	1.95 (1.10)
30~39	-1.53 (2.61)	1.83 (1.29)	0.04 (2.16)	0.59 (1.15)
40~49	-5.64 (3.58)	2.86 (1.76)	-0.10 (2.95)	1.53 (1.57)
50+	3.14 (1.76)	-1.23 (0.87)	1.11 (1.45)	-0.20 (0.77)

注:样本由美国人时间使用调查中符合如下条件的21岁至62岁的受访者组成:在美国人时间使用调查中接受访问时报告自己处于失业状态,访问时间是当前人口调查最后一次访问之后三个月。样本规模为2164人。被忽略的组别中包括在当前人口调查最后一次访问时处于就业状态的受访者。表格中的各行给出了与失业持续期虚拟变量的相关系数,该虚拟变量表示当前人口调查访问时失业持续时间为0~9周、10~19周等。其他控制变量包括年龄、年龄平方、婚姻状况、一个表示家庭有一个孩子的虚拟变量,以及一个表示种族为白人的虚拟变量。

在表3中,我们将样本限制在这样一些个体上:在美国人时间使用调查中报告自己处于失业状态(目前没有工作,且正在努力求职),同时在当前人口调查中,三个月前处于就业状态或失业状态。[②] 然后,我们估计了以下回归方程:

$$Time_{it}^j = \beta_0^j + \beta_1^j UnempDur_{it} + \beta_2 X_{it} + \beta_4 D_t + \eta_{kt}^j$$

其中,$Time_{it}^j$是个人i在第t期中用于第j类活动的时间,$UnempDur_{it}$是受访者的失业持续时间

[①] 在当前人口调查与美国人时间使用调查之间,没有就业时间长短(employment spells)这方面的信息。

[②] 我们将观察点限制在美国人时间使用调查与当前人口调查之间有三个月间隔的那些个体上。这在美国人时间使用调查的受访者当中占了压倒性的绝大多数。

(三个月之前在当前人口调查中测知),X_{it} 是个人层面上的各个控制变量的向量,D_t 是由一年内的各时间虚拟变量组成的向量。X_{it} 向量包括:年龄、年龄平方、婚姻状况、一个表示家庭中有一个孩子的虚拟变量,以及一个表示种族为白人的虚拟变量。失业持续时间是用一系列虚拟变量来度量的,它们分别表示当前人口调查中获悉的失业期的长短:0~9 周、10~19 周、20~20~29 周、30~39 周、40~49 周,以及 50+周。在回归中被省略的虚拟变量指那些在当前人口调查采访最后一次访问时仍就业、但在美国人时间使用调查进行时已失业的个人。因此,我们的回归要估计的是,当前处于失业状态的个人的时间使用是怎样随它们在当前人口调查时所报告的失业期的不同而不同的——相对于当前人口调查最后一次访问时仍有工作的那些个人。如果失业期是持续性的,那么那些在接受美国人时间使用调查时处于失业状态、但在当前人口调查最后一次访问时仍有工作的个人的失业持续时间,应该比那些在接受美国人时间使用调查时处于失业状态,且在当前人口调查最后一次访问时就已经失业的个人短一些。应该强调的是,这是一个对失业持续性的不完全的度量,因为我们没有考察个人在当前人口调查与美国人时间使用调查之间的那三个月内的就业状况。

表 3 中的结果表明,时间使用与当前人口调查中报告的失业期的持续长短之间在统计上不存在显著关系。但是,表中数据也表明,我们的估计结果的标准误差很大。因此,我们不能完全排除时间使用会随着失业持续期不同而不同的可能性。另外,如上所述,对失业期持续性的度量还存在一些噪音。一个人在当前人口调查的最后一次访问时已经失业了 10 个星期,并不意味着他在美国人时间使用调查时失业了 22 个星期。平均来说,个人当前人口调查与美国人时间使用调查之间有 12 个星期的空档期。一个人有可能在那段时间内找到了工作,但是又在美国人时间使用调查开始时再次失业。因此,我们认为,上面得到的结果最多只能算作关于失业持续性与时间使用之间的关系的一种有启发意义的证据。

5.5　时间使用对商业周期的宏观影响

对时间的经济学分析的最重要的贡献之一,是加深了我们对经济总体波动的理解。以基德兰德和普雷斯科特的经典论文(Kydland and Prescott,1982)为先驱的第一波动态一般均衡模型,都假设时间只在两类活动——市场劳动与休闲——之间进行分配。引入第三类活动(用于家庭生产的时间)对这些模型有重要意义。首先,当个人既能从市场生产的商品获得效用,也能从家庭产品中获得效用时,由于两个部门之间存在着相对生产率差异,商品市场和劳动市场可能会出现波动,从而这两个市场上的波动就不再只由市场部门中的生产率冲击而产生了。其次,相对价格的变化,会导致家庭不仅会在不同时期之间对商品和时间进行跨期替代,而且会在市场部门与家庭部门之间进行期内替代。而期内替代会引入一个强大的放大通道,这在标准真实商业周期模型中是不存在的。针对这一点,在对家庭生产文献进行综述时,格罗诺(Gronau,1997)这样写道:"过去十年,家庭生产理论的最大贡献就在于,它有助于我们更好地了解消费行为和商业周期中劳动供给的变化。"

将家庭生产引入随机新古典增长模型的第一批论文出现在 1991 年,例如,本哈比比等人的论文（Benhabib et al.，1991），格林伍德和赫尔科维茨的论文（Greenwood and Hercowitz，1991）。本哈比比等人证明，纳入家庭生产的真实商业周期模型在很多方面都要比标准的真实商业周期模型更好。特别是，在他们的模型的校准版中，最主要的一个发现就是，家庭生产增大了劳动供给和消费相对于产出的波动。这是因为，家庭生产引入一个额外的边际空间，在外生的技术冲击发生后，市场劳动时间和市场消费都可能会受到引导趋向这个边际。他们的第二个发现是，在家庭部门引入技术冲击显著降低了生产率与劳动时数之间的相关性。这是因为家庭部门的技术冲击会导致劳动供给计划发生变化，并且往往会在生产率和劳动时数之间产生一个负相关关系。这倾向于抵消市场部门中由于技术冲击而引发的正相关关系——市场部门中的技术冲击会改变劳动需求计划。

然而，引入家庭生产的真实周期模型也会产生一些值得注意的"不符点"（相对于数据而言）。格林伍德和赫尔科维茨（Greenwood and Hercowitz，1991）证明，这种模型会导致市场部门投资与家庭投资之间出现一种反事实的负相关。这是因为在一个无摩擦的两部门模型中，资源倾向于流向生产率更高的部门。一般而言，这就意味着，在其中一个部门出现了技术冲击之后，不会出现两个部门的投资都增加的情况。格林伍德和赫尔科维茨（Greenwood and Hercowitz，1991）进一步证明，在家庭部门和市场部门之间引入高度相关的技术冲击，同时增加家庭部门生产过程中时间和资本之间的互补性，有助于解决这个"不符点"。张（Chang，2000）也证明，资本积累时的调整成本，也有助于解决这种"投资异常"——当资本和时间在家庭产品生产中可以相互替代时。

6. 时间使用的生命周期变化

在传统经济学文献中，经济学家在分析消费和劳动时间的生命周期模式时，通常都要求助于一些强调商品和时间的跨期替代的模型。然而，正如我们在上面已经指出过的，时间和商品之间的期内替代对于解释时间使用和消费的生命周期模式也可能是非常重要的。在本节中，我们先讨论受教育程度不同的个人（男性和女性）的时间使用的生命周期模式。然后，我们将简要地综述最近的一些研究，它们发现了可以证明期内替代对解释消费的生命周期模式非常重要的证据。

6.1 时间使用的生命周期特征

在估计时间使用的生命周期特征时，我们必须考虑时间因素或世代效应（cohort effect）会导致结果发生变化的潜在可能性。然而，众所周知，在估计生命周期特征时，共线性的存在，会阻碍我们将一个包括了时间虚拟变量、世代虚拟变量和年龄虚拟变量的完整向量纳入模型。特别是，正如霍尔在一篇论文所指出的（Hall，1968），年龄、年份和世代效应在重复横截面数据中,是被识别为对数线性趋势的,而后者则可以被任意分配于这三种效应之间。为了分离出年龄特征(age profile),需要给出额外的假设。

在本小节接下来的内容中,我们将分两步进行阐述。首先,我们评估世代效应在多大程度上改变了用于市场劳动时间的生命周期特征,我们在估计时使用的是源于1967年至2013年的当前人口调查的重复横截面数据。其次,我们将利用来自2003年至2007年间的美国人时间使用调查的重复横截面数据,分别对用于市场劳动的时间、用于家庭生产的时间、用于儿童抚育的时间,以及用于休闲的时间的生命周期特征进行分析。第二步分析之所以截止于2007年,是因为2007年后经济大衰退就发生了。

图15A—D分别给出了利用当前人口调查数据得到的受教育程度较高的男性、受教育程度较低的男性、受教育程度较高的女性和受教育程度较低的女性的市场劳动时间的生命周期模式。与前文一样,"受教育程度较高的"意味着至少接受过16年的教育。具体来说,每张图给出的是用式(4)这个回归方程估计出来的年龄相关系数(相对于25岁):

$$market\_hours_{it}^g = \beta_0^g + \beta_{age}^g Age_{it} + \beta_c^g Cohort_{it} + \beta_t^g D_t^{norm} + \varepsilon_{it}^g \qquad (4)$$

其中:$market\_hours_{it}^g$ 是来自g组的家庭i在第t年的市场劳动时数;Age_{it} 是一个由50个年龄虚拟变量(从26岁到75岁,每1岁一个)组成的向量,用来表示户主的年龄;$Cohort_{it}$ 是世代虚拟变量组成的向量(同一年出生的人为同一个世代);D_t^{norm} 是标准化的年份虚拟变量组成的向量。我们采用的方法是,将不同家庭之间的市场劳动时数差异归因于年龄效应和世代效应,并运用年份虚拟变量来刻画周期性波动。更具体地说,我们将年份效应限制为在样本期间内的平均值为零。在下文中,我们在说到相关系数有这个限制的年份虚拟变量时,都称为标准化的年份虚拟变量。

图15有四张子图,每一张子图都有三条线。第一条线给出了用1967年至2013年的当前人口调查数据来估计上述回归方程的结果(在四张子图中这条线都用三角形表示)。第二条线是不考虑世代效应且不将年份效应限制总和为零时的结果;更正式地说,它报告了我们用以下设定估计出来的年龄相关系数:

$$market\_hours_{it}^g = \beta_0^g + \beta_{age}^g Age_{it} + \beta_t^g D_t + \varepsilon_{it}^g$$

这个设定也是根据1967年至2013年的当前人口调查数据估计的。第二条线在每张子图上都用正方形表示。[①] 对第一条线和第二条线加以比较,我们就可以评估用重复的横截面数据估计市场劳动时间的生命周期特征时省略世代效应的影响。第三条线——在每张子图上都用三角形表示——对应的回归方程的设定与第二条线一样,但是只限于2003年至2007年这个时期。[②] 只要比较第三条线和第二条线,我们就可以看出,在没有世代效应和不限制时间效应的情况下,相对于更长期的1967年至2013年,2003年至2007年这个时期的市场劳动时间的生命周期特征在多大程度上不同。这一点也是很重要的,因为在利用美国人时间使用调查的数据来估计生命周期特征时,我们将只使用2003年至2007年的数据。

从图15中,我们可以得出三个非常有意思的观察结论。首先,市场劳动时间的生命周期

---

① 原文如此,疑有误。因为从图15中可以看出,第二条线应该是上面加圆圈的虚线。——译者注

② 原文如此,疑有误。因为从图15中可以看出,第三条线应该是上面加了方形的点划线。——译者注

特征随性别–技能组别不同而有所不同。就高技能男性而言,每周的市场劳动时间在 25 岁至 31 岁之间增加了六七个小时。而在 31 岁至 51 岁之间,每周市场劳动时间则大致保持不变。到了 51 岁之后,市场劳动时间开始稳步减少,直到 75 岁时减少为零。而就低技能男性而言,每周的市场劳动时间在 25 岁至 31 岁的增加幅度则要小得多(只增加了 2～3 个小时)。对于低技能男性,每周用于市场劳动的时间的最高峰为大约 40 个小时。因此,低技能男性每周市场劳动时间开始减少的年龄要比高技能男性早很多。高技能女性的市场劳动时间的生命周期模式与高技能男性和低技能男性都显著不同。在 25 岁至 35 岁之间,高技能女性的每周市场劳动时间会减少大约 5 个小时,因为这正是高技能女性建立自己的家庭的年龄。然而,到了 40 岁出头,她们的每周市场劳动时间又会恢复到 20 岁多一点那个年龄的水平。她们的每周市场劳动时间在年龄增加到 55 岁左右时仍然维持在高位,然后开始下降,到 75 岁时减少至零。至于低技能女性,她们在 30 多岁前一直维持着相当低的劳动供给水平,然后逐渐增加,至 45 岁前后每周增加 3～5 个小时。

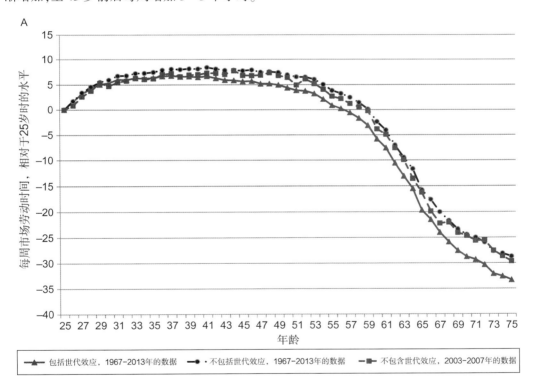

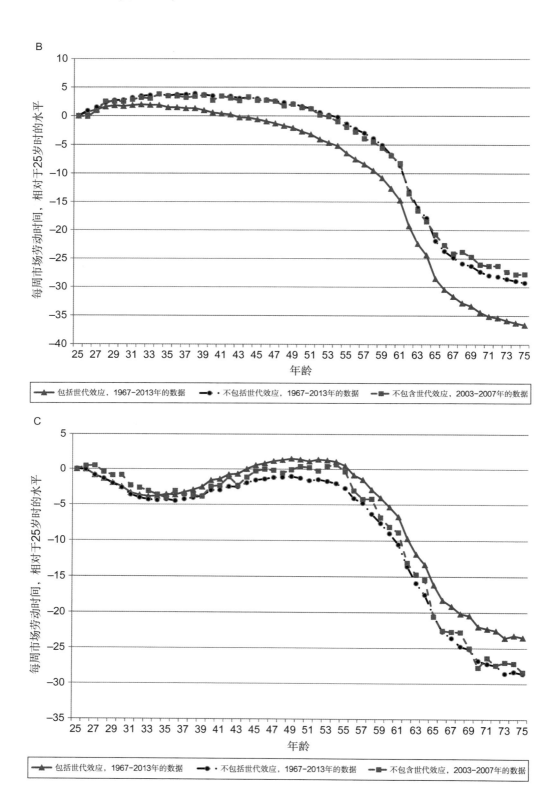

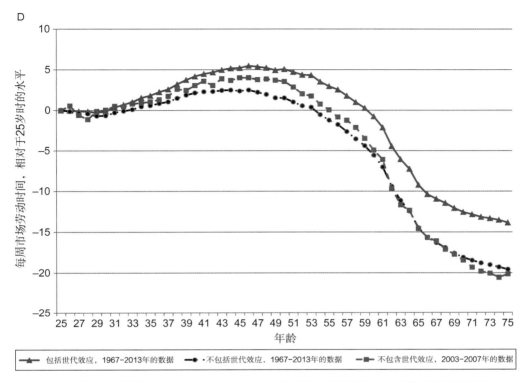

图15 整个生命周期的市场劳动时间,其中:(A)受教育程度高的男性,(B)受教育程度低的男性,
(C)受教育程度高的女性,(D)受教育程度低的女性。

注:本图给出了当前人口调查中至少受过16年教育的男性(A)、受教育年限不到16年的男性(B)、至少
受过16年教育的女性(C)和受教育年限不到16年的女性(D)的市场劳动时间的生命周期特征。在图中,上
面有三角形的实线表示用1967年至2013年的数据估计的生命周期特征。估计时控制了一年期的世代效应
并对年份效应进行了标准化处理,并将标准化后的年份效应限制为所有年份的总和为零。上面有圆圈的虚线
表示用1967年至2013年的数据估计的生命周期特征,这里不存在世代效应,不过包括了每年各自的年份效
应。上面有正方形的点划线则给出了仅使用2003年至2007年的数据的生命周期特征,其中包括了每年各自
的年份效应。

从图15中,我们注意到的第二个观察结论是,不控制世代效应对于高技能男性和高技能
女性的市场劳动时间的生命周期特征的演变的影响微不足道。控制世代效应时的系数(三
角形)与忽略世代效应时的系数(圆圈)几乎完全相同这个事实,有力地证明了这一点。而
且,即使存在偏差,差异也极小。例如,在控制世代效应的情况下,受教育程度高的男性在25
岁至40岁之间每周市场劳动时间会增加大约7个小时,然后在40岁至75岁之间每周市场
劳动时间会减少大约41个小时。而在不控制世代效应的情况下,受教育程度高的男性在25
岁至40岁之间每周市场劳动时间会增加大约8个小时,然后在40岁至75岁之间每周市场
劳动时间会减少大约38个小时。而且,对于受教育程度低的男性和女性而言,这种差异会更
加明显一些。然而总的来说,生命周期模式可以说在很大程度上是非常相似的,无论有没有
明确控制世代效应。

从图15中可以注意到的最后一点是,用1967年至2013年数据估计的没有世代效应的

生命周期特征,与用2003年至2007年数据估计的没有世代效应的生命周期特征是几乎完全相同的,而且所有性别–技能组都是这样。这个结果给了我们很大信心:尽管美国人时间使用调查数据的开始年份是2003年,但是我们根据这个数据集估计出来的生命周期模式也应该与过去半个世纪以来的生命周期模式大体一致。

我们利用2003年至2007年的美国人时间使用调查的数据,绘制了受教育程度较高的男性(钻石形)、受教育程度较低的男性(正方形)、受教育程度较高的女性(三角形)和受教育程度较低的女性(圆圈)的市场劳动时间的生命周期特征,结果如图16A所示。在这里,我们没有使用一年期的年龄虚拟变量,而是运行了每周用于某个给定的时间使用类别上的时间对年龄的四阶多项式的回归。利用四阶多项式的系数,我们拟合了每一个时间使用类别的预测生命周期模式。考虑到美国人时间使用调查的样本规模要比当前人口调查小得多,我们使用四阶多项式来平滑一年期年龄虚拟变量中包含的生命周期波动。然后,对于每一个性别–技能组别、每个时间使用类别,我们都以25岁时的平均使用时间为锚来进行计算。① 这样一来,我们就能测度每周分配于给定活动的小时数在生命周期中的水平和变化了。

图16A表明,用2003年至2007年间美国人时间使用调查的横截面数据估计出来的市场劳动时间的生命周期模式几乎与图15A完全相同(后者用的是当前人口调查数据)。受教育程度较高的男性的每周市场劳动时间从25岁到40岁一直稳定增加,直到50岁出头之后才开始减少。受教育程度较高的女性的每周市场劳动时间在20岁至35岁会减少,然后增加,至50岁出头之后又开始减少。我们认为,美国人时间使用调查市场显示的市场劳动时间的生命周期模式,是与当前人口调查显示的生命周期模式大致相似的。

图16B–D分别显示了分配给家庭生产、儿童抚育和休闲的时间的生命周期模式。在年轻人中,受教育程度较低的女性每周花费在非市场劳动的时间最多。然而,在40岁以后的整个生命周期的剩余岁月中,受教育程度较高的女性与受教育程度较低的女性在家庭生产中花费的时间几乎相同。所有的女性,无论受教育程度如何,在45岁前后用于非市场劳动的时间均为每周大约25个小时。这个数字在她们65岁时会再增加到每周大约30个小时。类似地,无论受教育程度如何,男性用于家庭生产的时间几乎完全相同。从图16B可以看出,受教育程度较高的男性和受教育程度较低的男性的拟合线在生命周期的大部分时间内几乎相互重叠。在25岁左右,男性每周花费大约12个小时的时间用于家庭生产,到了45岁前后,这个数字变为每周大约15个小时,而到了65岁左右,则进一步增加到每周大约20个小时。从40岁至70岁,男性与女性之间用于家庭生产的每周小时数的差距明显趋于缩小。随着年龄的增长,所有组别用于家庭生产的时间都在增加。

图16C给出了每个组别用于儿童抚育的时间的生命周期模式。这张图也有几个值得注意的地方。第一,受教育程度较高的女性花在儿童抚育上的时间到35岁左右才达到最高峰,这远远迟于受教育程度较低的女性(后者在29岁时就达到了最高峰)。这个结果反映了受教育程度更高的女性生儿育女的时间更晚的事实。第二,当年龄超过29岁之后,受教育程度

① 在报告25岁的各变量的值时,我们实际上取的是每个类别、每年性别–技能组别的23~27岁平均值。再一次地,我们这样做是为了减轻美国人时间使用调查因样本量较小而导致的测量误差。

较高的女性在以后每个年龄段用于抚育儿童的时间都比受教育程度较低的女性更多。例如，在 35 岁的时候，受教育程度较高的女性每周要分配 17 个小时去抚育儿童，而受教育程度较低的女性每周用于儿童抚育的时间却只有 10 个小时。第三，按技能组别来看，男性在儿童抚育方面花费的时间要比女性少。第四，在 35 岁以后，受教育程度较高的男性每周用于儿童抚育的时间，要比受教育程度较低的女性更多。第五，受教育程度较高的男性几乎在每个年龄段上都比受教育程度较低的男性花更多的时间用于儿童抚育。受教育程度较高的男性和女性，用于儿童抚育的时间都在 60 多岁再次达到高峰，这可能是因为他们花了不少时间去照顾自己的孙辈。

图 16D 显示了所有组别用于休闲的时间的生活周期模式。与前文描述的结果一样，低技能男性在生命周期的每一个年龄段都拥有最多的休闲时光。受教育程度较高的男性和女性在生命周期的每一个年龄段用于休闲的时间都较少。但是，图 16D 告诉我们的最引人注目的一个事实是，尽管受教育程度较高的男性和女性在整个生命周期中的时间分配，无论是在市场劳动方面、家庭生产方面还是儿童抚育方面，都存在巨大的差异，但是他们用于休闲的时间却在每个年龄段几乎完全相同。这就是说，虽然受教育程度较高的男性和女性的"工作"的构成可能不同，但是他们的休闲时间却几乎相同。这与前文讨论的时间序列证据一致。此外，所有家庭在"进入中年"以后都大大增加了休闲时间。例如，受教育程度较高的男性和女性在 41 岁至 75 岁之间，每周的休闲时间增加了大约 35 个小时。至于受教育程度较低的男性和女性，每周的休闲时间则增加了大约 30 个小时。

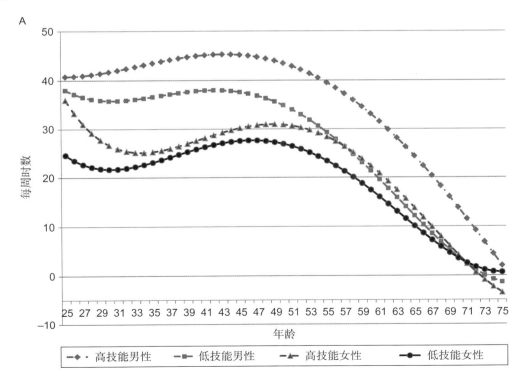

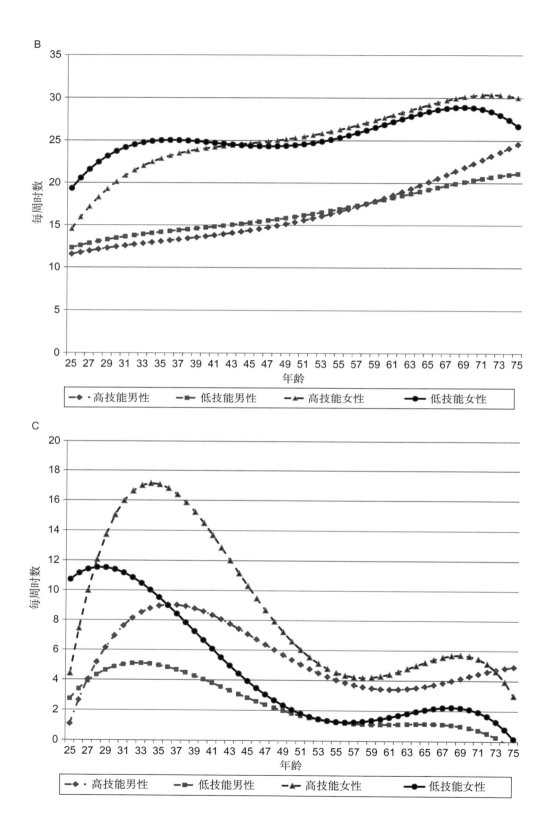

B

C

图例: -◆- 高技能男性　-■- 低技能男性　-▲- 高技能女性　-●- 低技能女性

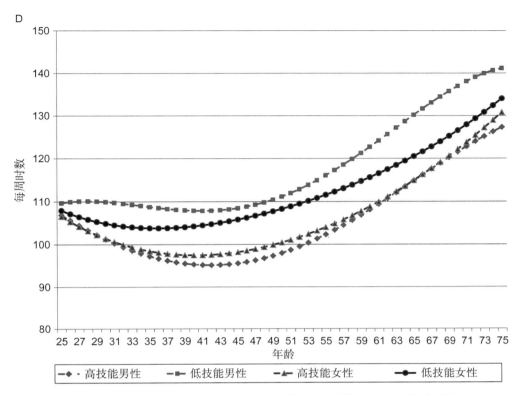

图 16　整个生命周期的时间分配：美国人时间使用调查数据。（A）市场劳动时间，
（B）非市场劳动时间，（C）幼儿抚育时间，（D）休闲时间。

注：本图按性别和技能分组给出了美国人时间使用调查中的时间分配的生命周期特征。上面有钻石的线条显示的是至少受过 16 年教育的男性的趋势。上面有正方形的线条显示的是受教育年限不到 16 年的男性的趋势。上面有三角形的线条显示的是至少受过 16 年教育的女性的趋势。上面有圆圈的线条显示的是受教育年限不到 16 年的女性的趋势。这里没有控制世代效应，但是包括每年各自的年份效应。

6.2　时间与商品之间的期内替代的重要性

经济学家用来解释整个生命周期的消费的"主力"模型是永久收入假说模型，它假设个人会适当地配置自己的资源，目的是平滑各个不同时间的消费的边际效用［例如，请参见阿坦纳西奥的出色综述（Attanasio，1999）］。如果消费的边际效用只取决于消费量，那么这个假设就意味着个人会在自己的生命周期的早期储蓄，以便在退休后维持平稳的支出水平。但是，在过去十年里，大量研究的结果表明，时间和支出之间的替代，才是对消费为什么会在生命周期的不同阶段发生变化的最重要的解释。

这支文献的典型发现是，消费在生命周期中呈现驼峰状：消费在生命周期初期处于低水平，中年达到高峰，退休后急剧下降。一些经济学家认为，这种生命周期特征反映的证据是与永久收入模型冲突的，因为永久收入模型意味着前瞻性消费平滑行为。尤其是，正如卡罗尔和萨默斯所述（Carroll and Summers，1991），支出的驼峰是明显与劳动收入的驼峰相一致的。这些经济学家将生命周期后半部分的支出下降的事实解释为个人规划不善的证据。其他一些经济学家则认为,如果家庭面临流动性限制,那么就需要对特殊收入风险进行自我保险,消费的驼峰形状正是这种最优化行为的反映[例如,请参见:泽尔德斯(Zeldes,1989);迪顿(Deaton,1991);卡罗尔(Carroll,1997);古兰沙和帕克(Gourinchas and Parker,2002)]。这些研究者指出:家庭会在生命周期的早期积累供日后缓冲用的资产存量,因而我们会在生命周期的前半部分发现支出增加的情况;至于生命周期后半部分的支出下降,则可以归因为家庭在积累了足够的预防性储蓄之后的"人性不耐"。

在最近发表的一篇论文中,阿吉亚尔和赫斯特(Aguiar and Hurst,2013)指出,不同类别的支出,其生命周期模式存在极大的异质性。特别是,某些类别(如食物和交通)在生命周期中会呈现出熟悉的驼峰形状,但是其他类别的支出却会在整个生命周期中呈现出上升的(如娱乐)或下降(如服装和个人养护)的趋势。而且,这种异质性是不能仅仅用只强调商品和时间的跨期替代的标准生命周期模型来刻画的。阿吉亚尔和赫斯特证明,家庭生产的产品(如食品)和与工作有关的支出(服装和非耐久性交通工具支出)可以解释中年之后的总支出的下降。此外,同样是这些产品,也可以用来解释中年之后不同个体之间的大部分的(不断扩大的)支出差距。这篇论文表明,如果没有将家庭生产和与工作有关的商品考虑在内,会导致人们高估个人所面临的收入风险。

还有一支独立的文献则集中关注"退休消费难题"。这些研究发现,家庭支出在退休时会出现一个不连续的下滑。班克斯等(Banks et al.,1998)研究了英国家庭在退休时的消费平滑行为。在控制了可能影响消费的边际效用(如家庭构成和年龄、死亡风险、劳动力参与率)的因素后,他们发现消费行为在退休时显著下降。伯恩海姆等(Bernheim et al.,2001)则发现,在退休前和退休后,食品总支出急剧下降了 6%~10%,这个事实导致他们得出了如下结论:家庭面对可预测的收入冲击时,并不会使用储蓄来平滑消费。海德尔和斯蒂芬斯(Haider and Stephens,2007)则以主观的退休预期为工具变量,区分了预料之中的退休和意外的退休,结果发现食物支出在退休时显著下降,其幅度为 7%~11%。

阿吉亚尔和赫斯特(Aguiar and Hurst,2005)指出,经济学家在检验生命周期模型时,通常直接将消费等同于支出。但是,正如本章上文给出的模型所强调的,消费是家庭生产过程的产出,而且家庭生产要投入的是市场支出和时间。因而,根据这个模型,当时间的市场价格下跌时,个人在进行家庭生产时,将会用时间来取代市场支出。因为退休人员的时间的机会成本比没有退休时更低,所以在退休后,他们应该增加用于生产消费产品的时间。如果真的是这样,那么支出的下降并不一定意味着退休后实际消费的大幅度下降。

为了检验这个假说,阿吉亚尔和赫斯特(Aguiar and Hurst,2005)分析了退休后实际食品消费情况的变化。在"个人食物摄入量持续调查"(Continuing Survey of Food Intake of Individuals)的数据中(这是美国农业部维护的一个数据集,它跟踪美国家庭食品消费的美元价值、数量和质量),阿吉亚尔和赫斯特发现,人们退休前后,他们的家庭饮食状况实际上并没有恶化。因此他们提出了这样一个假说,虽然食物支出下降了,但是退休人员的食物消费水平仍然基本上保持不变。为了检验这个假说,阿吉亚尔和赫斯特利用来自"全国人类活动模式调查"(National Human Activity Pattern Survey)和美国人时间使用调查的详细时间日志，证明与类似的其他非退休家庭相比，退休人员家庭大大增加了用于食品生产的时间。赫德和罗韦尔德的研究(Hurd and Rohwedder, 2006)，以及施韦尔特(Schwerdt, 2005)的研究也表明，退休人员会将更多的时间用于非市场生产活动。

根据这些证据，赫斯特(Hurst, 2008)得出了这样一个结论，"退休难题"实际上"已经退休"了。这就是说，家庭退休后某些类别的支出急剧下降，尽管是一个很稳健的事实，但是由于退休人员将更多的时间用于家庭生产，所以标准的生命周期模型仍然能够解释这种急剧下滑。[①] 另外，正如我们在下一节的讨论中将会指出的，支出下降主要限于两种类型的消费：与工作有关的支出项目(如服装和交通支出)和食物(无论在家庭之内还是在家庭之外)。如果把食品、与工作相关的支出排除在外，那么退休支出的下降幅度将接近零，甚至反而有所上升。

随着家庭时间机会成本的下降，家庭在某个给定的商品上的支出是增加还是减少，一个关键参数是时间和支出之间的替代弹性(即，上述理论模型的 σ)是大于1还是小于1。阿吉亚尔和赫斯特(Aguiar and Hurst, 2005)在他们的论文中，把"休闲品"定义为时间和支出之间的期内弹性小于1的商品。对于这些商品来说，当时间的机会成本下降时，支出会增加(财富的边际效用保持不变)。例如，假设一些人在退休后喜欢上了打高尔夫球。如果在退休过渡期间财富的边际效用保持不变，那么就可以认为高尔夫球是一种"休闲品"。与此不同，阿吉亚尔和赫斯特认为，家庭产品是时间与支出之间的期内弹性大于1(财富的边际效用保持不变)的商品。家庭产品包括家庭提供的生活用品、清洁服务等。

很多研究都致力于估计 σ_i 的准确值。鲁佩特等(Rupert et al., 1995)运用来自"收入动态追踪调查"(Panel Study of Income Dynamics, PSID)的家庭生产时间和食品支出数据对食品的 σ 进行了估计。他们的大部分估计结果都表明弹性超过了1。阿吉亚尔和赫斯特(2007b)则用美国人时间使用调查的数据进行了估计。他们假设时间的相关机会成本是购物技术中时间与购买的商品之间的边际技术替代率，结果发现家庭产品的 σ 值大约是1.8。吉尔伯和米切尔(Gelber and Mitchell, 2012)则在收入动态追踪调查的数据中发现，为了应对税收冲击，单身男性在市场与家庭产品之间的替代弹性大约为1.2，而单身女性的这个替代弹性则高达2.6。最后，冈萨雷斯·查佩拉(Gonzalez Chapela, 2011)运用来自收入动态追踪调查的消费者层面的劳动时数、工资、消费支出数据，以及来自美国劳工统计局的关于价格指数 p_i 的城市一级的数据，估计了一个纳入了家庭生产的生命周期模型，结果发现家庭生产食品的 σ 大约为2。

7.　结论与进一步的讨论

现在，可以用来度量时间使用的新数据越来越丰富了，这使得经济学家能够在实证的层

---

① 赫斯特(Hurst, 2008)还分析了健康冲击所导致的提前退休是如何有助于我们理解实际消费在退休后出现的下降只占家庭总消费的极小一部分这个事实。

面深入探索宏观经济学中的各种实质性问题。详细的时间使用日志,加上各种相关的大型调查,使我们能够更好地了解市场劳动时间的时间序列趋势、家庭支出的生命周期变化以及消费和就业的商业周期波动。这些都极大地推进了加里·贝克尔在经济学会主席演讲中提出的研究议程。接下来,我们再强调一下现有的时间使用数据的一些限制,然后讨论未来研究的若干方向,以此来结束本章。

现有的各种关于时间使用状况的调查有四个主要限制:①个人的时间使用数据与个人的支出数据没有建立关联;②数据只来自重复性的横截面,而不能构成面板的数据;③数据不包括同一家庭其他成员的时间使用指标;④数据不反映市场劳动时间中的具体活动。

研究人员是通过构造合成的世代数据来解决缺乏面板数据这个问题的。例如,平均而言,在时间使用调查中,在第 t 年参加调查的年龄为 25 岁的、高中毕业的白人男性,与在第 $t+1$ 年参加调查的年龄为 26 岁的、高中毕业的白人男性,一般来说是同一批人。因此,通过跟踪不同年份的横断面数据中的不同人群,可以构造出合成的面板数据。合成世代方法还可以解决因时间使用数据和消费数据分别来源于不同调查而导致的问题。如果样本是在全国范围内都有代表性的,那么来自支出调查的年龄为 25 岁的、高中毕业的白人男性第 t 年的消费数据,就可以与来自时间使用调查的同一人群第 t 年的数据合并。25 岁的白人男性高中毕业的消费量可以与时间使用调查第 t 年同期的同一组数据合并。合成世代方法揭示的差异,来自这些人群之间的差异。通常来说,这种差异已经足以用来识别我们感兴趣的问题了。但是,使用合成面板方法有一个很大缺陷,那就是,在利用这种方法时,同一个人群内部的个体差异在很大程度上都被舍弃了。一旦拥有时间使用的面板数据——在理想情况下,同一调查也包括了对支出的度量——研究人员就可以利用更丰富的差异或变动来识别感兴趣的问题。有了这种数据,经济学家就可以在控制了个人的固定特征的情况下,计算出时间分配——例如,作为对人口状态或就业状态的变化的反应——的变化。此外,有多个调查也可以帮助我们更好地了解某种活动的频率。

当前时间使用调查数据的另一个主要限制是,我们并没有收集同一家庭内多个成员的时间使用信息。如果能够很好地度量家庭中多个成员的时间使用情况,那么我们试图通过时间使用数据回答的许多关键问题都可能迎刃而解。例如,如果女性用于市场劳动的时间增加了,那么她们用于家庭生产的时间会增加吗?如果某个家庭成员开始照顾老年父母,那么其他家庭成员之间会怎样重新分配时间?父母如何将自己的时间"投资"到孩子身上?要想在解释支出和劳动供给的时间序列、生命周期和经济周期特征时真正了解家庭的作用,获取同一家庭的多个成员的时间使用数据很有必要。

最后,在美国,目前还没有任何一个有全国代表性的调查追踪了个人在工作过程中到底怎样使用时间的细节。例如,在美国人时间使用调查中,花费在市场劳动上的时间只有一个类别,并不包含任何关于个人在工作时所执行的任务的其他具体信息。举例来说,如果能够知道个人在工作时、在参加会议时分别会在计算机上花费多少时间,应该是很有益的。或者,从另一个角度来说,个人在与客户互动时、在整理货架中各花了多少时间,也很能说明一些问题。又比如,个人在认知活动中花了多少时间、在体力劳动上又花了多少时间?准确地衡量个人在工作时怎样分配时间,可以帮助我们理解工作的性质是如何随着时间的推移、个人生命周期以及商业周期的变化而改变的。如果时间使用调查也能"与时俱进",经济学家能够回答的问题的类型将大大扩展。

不过,光是利用我们现在可以利用的时间使用数据,研究人员就能够解决许多有意义的宏观经济学问题了。一个研究方向是怎样更好地解释劳动供给,包括非市场部门的技术进步如何使劳动力参与率发生变化。另一个研究方向是商业周期研究,它也可以从时间分配数据中获益匪浅。此外,特别有价值的一个问题是分析求职活动的时间分配和求职活动的周期性回报。对儿童人力资本的时间投资(在广义的投资的意义上),也是一个活跃的研究领域。时间分配是人力资本积累的关键决定因素,对为了获取技能(无论是工作上的,还是工作外的)而付出的时间及其回报的定量研究有很重要的意义。从一个更广泛的角度来看,时间使用调查数据可以告诉我们,不同父母分配给儿童抚育的时间上的差异,是怎样影响下一代的经济前景的。

致谢

我们感谢我们的评论人蒂鲍特·拉玛登(Thibaut Lamadon)的有益评论,感谢本书主编约翰·泰勒和哈拉尔德·厄里格的意见和帮助。我们还因与劳卡斯·卡拉巴鲍尼斯(Loukas Karabarbounis)的合作而受益匪浅。我们还非常感谢出色的研究助理希拉里·史(Hilary Shi)提供的帮助。

参考文献

Aguiar, M., Bils, M., 2015. Has Consumption Inequality Mirrored Income Inequality. AER 105 (9), 2725—2756.

Aguiar, M., Hurst, E., 2005. Consumption versus expenditure. J. Polit. Econ. 113, 919—948.

Aguiar, M., Hurst, E., 2007a. Comments on Valerie A. Ramey's "How much has leisure inequality really increased since 1965?" University of Chicago Booth Working Paper.

Aguiar, M., Hurst, E., 2007b. Lifecycle prices and production. Am. Econ. Rev. 97, 1533—1559.

Aguiar, M., Hurst, E., 2007c. Measuring trends in leisure: the allocation of time over five decades. Q. J. Econ. 122, 969—1006.

Aguiar, M., Hurst, E., 2009. The Increase of Leisure Inequality: 1965—2005. American Enterprise Institute Press.

Aguiar, M., Hurst, E., 2013. Deconstructing lifecycle expenditure. J. Polit. Econ. 121, 437—492.

Aguiar, M., Hurst, E., Karabarbounis, L., 2012. Recent developments in the economics of time use. Annu. Rev. Econ. 4, 373—397.

Aguiar, M., Hurst, E., Karabarbounis, L., 2013. Time use during the Great Recession. Am. Econ. Rev. 103, 1664—1696.

Attanasio, O., 1999. Consumption. In: Taylor, J. B., Woodford, M. (Eds.), Handbook of Macroeconomics. Amsterdam, New York: North Holland.

Banks, J., Blundell, R., Tanner, S., 1998. Is there a retirement-savings puzzle? Am. Econ. Rev. 88, 769—788.

Becker, G., 1965. A theory of the allocation of time. Q. J. Econ. 75, 493—517.

Becker, G., 1989. Family economics and macro behavior. Am. Econ. Rev. 78, 1—13.

Benhabib, J., Rogerson, R., Wright, R., 1991. Homework in macroeconomics: household production and aggregate fluctuations. J. Polit. Econ. 99, 1166—1187.

Bernheim, B. D., Skinner, J., Weinberg, S., 2001. What accounts for the variation in retirement wealth among U. S. households? Am. Econ. Rev. 91, 832—857.

Carroll, C., 1997. Buffer stock saving and the life cycle/permanent income hypothesis. Q. J. Econ. 112, 1—56.

Carroll, C., Summers, L., 1991. Consumption growth parallels income growth: some new evidence. In: Bernheim, D., Shoven, J. (Eds.), National Saving and Economic Performance. University of Chicago Press, Chicago.

Chang, Y., 2000. Comovement, excess volatility, and home production. J. Monet. Econ. 46, 385—396.

Deaton, A., 1991. Saving and liquidity constraints. Econometrica 59, 1221—1248.

Gelber, A., Mitchell, J., 2012. Taxes and time allocation: evidence from single women. Rev. Econ. Stud. 79, 863—897.

Gonzalez Chapela, J., 2011. Recreation, home production, and intertemporal substitution of female labor supply: evidence on the intensive margin. Rev. Econ. Dyn. 14, 532—548.

Gourinchas, P. O., Parker, J., 2002. Consumption over the life cycle. Econometrica 70, 47—89.

Greenwood, J., Hercowitz, Z., 1991. The allocation of capital and time over the business cycle. J. Polit. Econ. 99, 1188—1214.

Greenwood, J., Seshadri, A., Yorukoglu, M., 2005. Engines of liberation. Rev. Econ. Stud. 72, 109—123.

Gronau, R., 1997. The theory of home production: the past ten years. J. Labor Econ. 15, 197—205.

Guryan, J., Hurst, E., Kearney, M., 2008. Parental education and parental time with children. J. Econ. Perspect. 22, 23—46.

Haider, S., Stephens, M., 2007. Is there a retirement consumption puzzle? Evidence using subjective retire ment expectations. Rev. Econ. Stat. 89, 247—264.

Hall, R. E. , 1968. Technical change and capital from the point of view of the dual. Rev. Econ. Stud. 35, 35—46.

Hammermesh, D. , Frazis, H. , Stewart, J. , 2005. Data watch: the American time use survey. J. Econ. Perspect. 19, 221—232.

Hurd, M. , Rohwedder, S. , 2006. Some answers to the retirement－consumption puzzle. NBER Working Papers 13929.

Hurst, E. , 2008. The retirement of a consumption puzzle. NBER Working Papers 13789.

Juster, F. T. , 1985. Preference for work and leisure. In: Juster, F. T. , Stafford, F. (Eds.), Time, Goods, and Well－Being. University of Michigan Press, Ann Arbor.

Juster, F. T. , Stafford, F. (Eds.), 1985. Time, Goods and Well－Being. University of Michigan Press, Ann Arbor.

Krueger, A. , Mueller, A. , 2010. Job search and unemployment insurance: new evidence from time use data. J. Public Econ. 94, 298—307.

Kydland, F. , Prescott, E. , 1982. Time to build and aggregate fluctuations. Econometrica 50, 1345—1371.

Mincer, J. , 1962. Labor force participation of married women: a study of labor supply. In: Aspects of Labor Economics. (Eds.), Universities－National Bureau Committee for Economic Research, Princeton, NJ.

Ramey, V. , 2007. How much has leisure really increased since 1965? University of California, San Diego Working Paper.

Ramey, V. , 2009. Time spent in home production in the 20th century United States: new estimates from old data. J. Econ. Hist. 69, 1—47.

Ramey, V. , Francis, N. , 2009. A century of work and leisure. Am. Econ. J. Macroecon. 1, 189—224.

Ramey, G. , Ramey, V. , 2010. The rug rat race. Brookings Pap. Econ. Act. 41 (1), 129—176.

Robinson, J. , Godbey, G. , 1999. Time for Life: The Surprising Ways Americans Use Their Time. The Pennsylvania State University Press, University Park, Pennsylvania.

Rupert, P. , Rogerson, R. , Wright, R. , 1995. Estimating substitution elasticities in household production models. Econ. Theory 6, 179—193.

Schwerdt, G. , 2005. Why does consumption fall at retirement? Evidence from Germany. Econ. Lett. 89, 300—305.

Zeldes, S. , 1989. Consumption and liquidity constraints: an empirical investigation. J. Polit. Econ. 97, 305—346.

第五章　谁来承担经济衰退的代价？
——房价和家庭债务的作用

A·米安（**A. Mian**）,A·苏菲（**A. Sufi**）

* :普林斯顿大学,美国,新泽西州,普林斯顿;

** :芝加哥大学布斯商学院,美国,伊犁诺伊州,芝加哥;

美国国家经济研究局,美国,马萨诸塞州,坎布里奇

目　录

本章摘要：本章回顾了经济衰退期发生时个人的收入和消费增长率差异的实证估计结果。在大多数现有研究中，研究者都是通过对事前的或同期的收入或消费水平进行排序来考察个人收入和消费增长率的变化的。我们对这一支文献的分析表明，源于家庭债务增加和住房价格崩溃对家庭资产净值的差异性冲击的作用没有被得到充分重视。以美国的邮政编码区为分析单位，我们证明，在经济衰退期间，那些住房净值出现了急剧萎缩的邮政编码区的许多消费指标的下降幅度远远大于其他邮政编码区。而在经济衰退发生之前的那几年，也正是这些邮政编码区，房价大幅上涨，房屋所有人债务急剧增加，消费快速增长。我们还讨论了一系列看起来与数据显示的这种引人注目的模式最一致的模型，并强调指出，越来越多的宏观经济证据表明，家庭债务与商业周期之间存在着紧密关系。我们的主要结论是，在那些探索家庭异质性对宏观经济结果和政策的重要意义的模型中，住房和家庭债务应该扮演更重要的角色。

关键词：消费，经济衰退，分配，不平等，住房，家庭债务
JEL 分类代码：E21，E32，D12，D31

1. 引言

严重的经济衰退最重要的一个特点就是家庭消费大幅下滑。从 2008 年第二季度到 2009 年第二季度，美国的实际消费下降了差不多 3 个百分点。而在 20 世纪的大萧条期间，从 1929 年到 1933 年，美国的实际消费更是下降了 18%。从 2008 年到 2011 年，欧盟各国的消费平均下滑超过了 5%，只有爱尔兰和英国稍好一些——降幅略低于 5%。

鉴于消费对家庭福利的极端重要性，消费水平急剧下滑这种现象本身就可以解释为什么对经济衰退的研究成了宏观经济学的核心主题之一。在这个研究领域中，一种常见的进路是关注总体消费下降的原因和影响。然而，我们认为，宏观经济研究的一个重要目标应该是搞清楚消费下滑在不同个体之间的分布情况。正如我们这一章的标题所表明的，我们关注的是这样一个问题：哪些人承担了衰退的代价？或者，更具体地说，在经济下滑期间，哪些家庭的消费水平降幅最大？

这是一个非常重要的问题。之所以如此，有好几个原因。首先，在宏观经济学中，关于总量波动的福利成本，自从卢卡斯（Lucas，1987）在他的开创性论文中激发了争论以后，一直是一个聚讼纷纭的问题。而且，卢卡斯以来的大量研究都证明，在经济衰退期间，收入和消费损失在不同个人之间的分布是决定商业周期会不会导致显著福利后果的重要因素。例

如,克雷布斯(Krebs,2007)和克鲁塞尔等(Krusell et al.,2009)运用异质性家庭模型,证明总量波动的福利后果比卢卡斯计算出来的福利后果高了整整一个数量级。因此,搞清楚消费损失的分布及其持续性,将有助于阐明经济衰退的有害程度。

之所以要研究经济衰退期间消费增长率下降的分布,另一个重要理由是这有助于评估金融体系。金融体系的主要作用之一就是有效地分配风险。以往的大部分研究关注的焦点是,如果个体的消费不是个体受到的特异性冲击(idiosyncratic shock)的直接函数,数据是否与消费的完全风险分担模型一致——例如,请参见科克兰的论文(Cochrane,1991)。探析经济衰退的影响无疑是有意义的,因为这有助于我们评估,在总体消费急剧下滑期间是否存在着风险分担。如果不存在,就有必要对金融系统和政府的保障体制进行更进一步的分析。

研究经济衰退期间消费增长率的分布情况,对资产定价也有重要的意义。经济衰退往往发生在资产价格下跌的时候。在基于消费的代表性经济主体资产定价模型中,证券在经济衰退期间(也即消费的边际效用较高的时期)的支付是证券价值的核心决定因素。但是,正如许多研究者早就正确地指出的那样,像公司股票这样的金融证券,是不成比例地高度集中在高收入的富裕人士手中的。这样一来,总体消费波动对于金融资产定价来说的有用性,就可能不如那些更倾向于持有金融资产的个人的消费波动[例如,马洛尔等(Malloy et al.,2009);曼昆和泽尔德斯(Mankiw and Zeldes,1991)]。因此,金融资产估价中要解决的一个核心问题是,持有金融资产的个人的消费的周期性是不是会比其他人更强。

本章的文献回顾分为三个主要部分。我们回顾了讨论不同个体的收入和消费周期性的实证研究文献。我们详细说明了每一项研究所针对的确切时间段、使用的数据和得到的结论。我们关注的重点是经济衰退期间个人收入增长率和消费增长率的横截面差异。与此同时,我们还介绍了一些讨论消费风险分担的研究,以及一些追踪消费与收入不平等如何随时间流逝而演变的实证研究。后两个研究领域在理论和方法论上都是密切相关的。

从我们对文献的综述中可以看出,在以往的研究中,财富冲击的作用,特别是与住房相关的财富冲击的作用,在很大程度上被忽视了。然后,在本章的第 3 节和第 4 节中,我们提供了大量经验证据,证明家庭净值冲击对我们解释大衰退期间美国各邮政编码区之间的跨区域消费增长率差异有非常重要的意义。在这个部分,我们先讨论了邮政编码区级数据的优点和缺点。总的来说,邮政编码区级数据的主要优点是,它们能够很好地与关于收入、消费、财富和人口统计等方面的管理性数据(administrative data)进行匹配——这些管理性数据可以自然地加总为大多数宏观经济学家使用的总量数据。而它们的主要缺点则是,我们只能在一个略微偏向于总量的层面上来估计各种关键参数,比如说,相对于净值冲击的消费弹性。

利用邮政编码区级数据,我们证明,在 2006 年至 2009 年,因为房价崩溃所导致的净值下降——我们把这种变化称为住房净值冲击——可以有力地解释邮政编码区之间的消费增长率的差异。我们利用了关于汽车拥有量、新车购买量、船只购买量的邮政编码区级管理性数据,以及关于拥有住房的个体数量的基于问卷调查的数据。从这些数据中,我们看到,负向住房净值冲击更严重的那些邮政编码区,消费增长率在经济衰退期间下滑的幅度显著更大。

我们还证明，受住房价格崩溃冲击影响更大的那些邮政编码区，出生人数也下降得更多。

在某个邮政编码区内，住房净值冲击可以分解为两部分：该邮政编码区的房价下降，以及该邮政编码区事前对房价下降的财富敞口。我们发现这两个组成部分都是很重要的。在房价下跌风险事前敞口更大的那些邮政编码区，房价、住房抵押贷款和消费在经济衰退发生之前都出现了大幅上升。

在这些实证结果的基础上，我们又回顾了一些总体经济波动模型，它们能够很好地解释房价冲击与消费增长率的横截面差异之间的联系。虽然我们的实证结果主要集中在美国这轮经济大衰退期间，但是我们同时也强调，大量宏观经济证据表明，家庭债务、住房价格与商业周期之间的这种紧密联系，在很多国家、很多历史时期都出现过。

同样重要的一点是，读者还要注意本章的综述遗漏掉的一些问题。其中重要的一个遗漏是，我们没有对那些考虑了家庭异质性的定量宏观经济模型进行详细评述，例如，由比利（Bewley，1977）和哈吉特（Huggett，1993）等研究开创的那支文献。尽管我们的综述也涵盖了一些这个方向上的研究，但那只是吸收了它们的实证结果，而没有对它们进行全面的评述。这支文献很重要，它们改变了我们的思维方式。本章之所以没有将它们包括进来，是因为希思科特等（Heathcote et al.，2009）已经给出了一个非常优秀的综述。这篇综述本身也成了一篇经典的必读文献，我们强烈建议各位读者读一下，它是本章的必要补充。

2. 谁承担了经济衰退的风险？现有研究综述

2.1 对文献的分类

如本章第 1 节所述，在宏观经济学的许多重要领域，经济体中消费和收入的周期性在家庭之间的分布是至关重要的。任何一个模型，在探讨风险敞口的横截面异质性的时候，都不能不关注这个基本事实。正如居文能等人所指出的（Guvenen et al.，2014）：

所有这些理论研究和定量研究都有一个共同之处，那就是，它们都依赖于先期的实证研究——必须先通过实证研究确定关于收入风险周期性的基本事实。然而不幸的是，除了下面要讨论的一些重要例外之外，这个领域的实证研究少之又少，这主要是因为数据受到了限制。

本部分的目标是总结关于收入和消费风险周期性的实证证据。居文能等（Guvenen et al.，2014）认为证据相当有限，这当然没有错，但是现在已经有一些重要的研究涌现出来了，它们完全可以成为进一步研究的"起飞坪"。

现有文献可以从以下五个维度加以分类。第一，有没有讨论收入增长率或消费增长率的周期性？第二，采用的是什么样的数据集？第三，考察的是什么时间期限，更具体地说，研究所关注的是衰退期的时间序列还是一个更长周期的时间序列？第四,在分析收入增长率或消费增长率时,横截面数据中的家庭是按什么维度排序的？第五,家庭是根据其事前特征、在收入或消费分布中的同时期位置(contemporaneous placement),还是根据其在衰退期间受到的冲击来分类的？

本部分接下来的内容就是按最后一个维度来组织的。在我们看来,最理想的经验研究情境是,不仅可以根据某些事前特征对家庭进行排序,而且可以跨周期地对家庭进行跟踪。更正式地,我们把从 $\tau=0$ 至 $\tau=T$ 这样一个期间定义为一个"总体事件"(aggregate episode),比如说,扩张或衰退。沿用居文能等(Guvenen et al. ,2014)的做法,我们感兴趣的经验研究对象是:

$$f(H_{-1}^i) \equiv E[y_T^i - y_0^i | H_{-1}^i] \tag{1}$$

其中,H_{-1}^i 是在我们要研究的事件发生之前,第 i 个个体或第 i 个群组的某个特征,是第 i 个个体或第 i 个群组在 τ 时的对数消费或对数收入。[①] 于是,经验对象 $f(H_{-1}^i)$ 可以根据群组的数量灵活地加以估计。

例如,居文能等(Guvenen et al. ,2014)考察了 1978 年至 2013 年间的四个衰退时期,他们的主要模型设定是,以经济衰退前五年的平均收入作为 $f(H_{-1}^i)$。然后,他们根据 H_{-1}^i 这个指标,将所有个体排列成百分位数,并将每个经济衰退期间的所有百分位的 $y_T^i - y_0^i$ 都计算出来绘制在图上——其中 y 为收入(的某种测度)。从这样一幅图中,我们可以看出,事前收入水平较高的个人在经济衰退期间收入增长率的下降幅度是更大一些还是更小一些。正如居文能等(Guvenen et al. ,2014)所指出的,如果 H_{-1}^i 是收入或消费,那么研究者在估计式(1)中的对象时必须非常谨慎。因为收入和消费很可能呈现出均值回归的特性。因此,对事前收入进行排序,然后考察事后的收入增长率趋势,这种估计策略往往使我们"发现"事前收入对收入增长率有负面影响。例如,研究者有可能发现高收入人士的收入增长率下降幅度更大一些。但是,既然收入过程是均值回归的,那么这样一个结果至少有一部分是估计策略本身导致的。

特别需要指出的是,面板数据的可得性对于这种估计来说是至关重要的。换句话说,只有当我们能够在相当长的一段时间内追踪同一个家庭时才可以这样做。我们把估计式(1)中的对象的那些研究归类为按事前特征进行排序的文献。

另一个与此相关的估计方法也同样利用面板数据,但是不根据事前家庭特征,而是根据经济衰退期间家庭受到的冲击排序。例如,各种异质性定量模型的一个共同假设是,部分家庭会失业,而且失业的概率在经济衰退期间会更高[例如,请参见,克鲁塞尔和史密斯(Krusell and Smith,1999)]。很自然地,在这样的模型中,一个值得研究的经验对象是经济衰退期间失业者的消费水平的下降:

$$f(S_T^i) \equiv E[y_T^i - y_0^i | S_T^i] \tag{2}$$

其中,S_T^i 是经济衰退期间受到的冲击,比如说,失业或财富的减损。再一次,要估计这个

[①] 为了节省符号,当 i 表示一个群组而不是一个个人时,则用 y_τ^i 表示该群组的对数平均消费或对数平均收入。

对象,就必须有可用的面板数据。我们将对式(2)中的对象进行估计的那些研究归类为按同时期冲击进行排序的文献。

　　然而不幸的是,要对式(1)和式(2)中的对象进行估计,都需要相当难以获得的面板数据,特别是消费方面的面板数据。因此,许多研究者都采用了第三种估计技术,它依赖的是重复横截面数据——每个横截面中的所有家庭,都要按收入(或者消费)的分布的百分位排序。在实际研究中,这是一种很常见的方法,例如,当使用的是源于美国国家税务局的收入数据时。令 p 是该分布的一个百分位群组,这类研究就可以追踪不同时间的对象 y_τ^p 了。

　　这种方法的缺点在于,随着时间的推移,y_τ^p 的变化既取决于群组 p 中的家庭的收入 y 的变化,也取决于群组 p 中家庭构成的变化。根据佩里和斯腾伯格(Perri and Steinberg,2012)的研究,群组 p 中从任何时期 $\tau=0$ 到 $\tau=T$ 的变化如式(3)所示:

$$y_T^p - y_0^p = \alpha(y_T^{p\_stay} - y_0^{p\_stay}) + (1-\alpha)(y_T^{p\_in} - y_0^{p\_out}) \tag{3}$$

该分布的第 p 百分位群组的收入(或消费)的增长,是留在该百分位群组的家庭的收入(或消费)的增长($y_T^{p\_stay} - y_0^{p\_stay}$)与该百分位群组的构成变化($y_T^{p\_in} - y_0^{p\_out}$)的加权平均值。不难注意到,这个表达式的第一项几乎与式(1)要研究的对象几乎完全相同,而式(1)的排序变量正是事前分布的百分位。这样,我们可以把围绕式(3)进行的研究归入重复横截面方法这支文献。

　　在这里,我们很容易想到一个问题:对象(3)作为对象(1)的代理有多合适？这主要取决于研究者正在考察的事件展开期间分布的变动。据我们所知,现有文献中没有对这种技术的综合评估。我们可以找到的最接近这个要求的是佩里和斯腾伯格的论文(Perri and Steinberg,2012),他们强调了消费增长率的模式如何依赖于所跟踪的个人或百分位随时间的变化。在下文中,我们将会更加详细地讨论佩里和斯腾伯格的这篇论文。

　　我们下面要讨论的最后一组研究的共同特点是,它们使用源于数据的经验矩(empirical moment)来校准引入了家庭异质性的定量宏观经济模型。如第一节所述,我们不会对这些文献进行全面的评述。但是,它们当中有许多研究都包含了与我们这个综述的核心问题有关的重要实证结果。

2.2　按事前特征排序

　　居文能等人的研究(Guvenen et al.,2014)给我们评估经济衰退对收入的横截面影响设立了一个"黄金标准"。他们利用一个来自美国社会保障局的非常大的数据集,有效地跟踪了从1978年到2011年的个人收入情况。这个数据集使得他们能够对四次经济衰退进行比较分析。他们最主要的数据是上述时间段美国的工作年龄男性的有关数据。这个数据集的面板结构非常好,他们能够在每次经济衰退和扩张之前将个人排序分类为各个不同的收入位,从而直接估计式(1)中的对象。

　　更具体地说,他们所使用的是1979年至1983年、1990年至1992年、2000年至2002年和2007年至2010年这四个经济衰退期的数据。同时,为了避免收入为零的那些人可能导致的

估计偏差,他们实际估计的是式(1)中的对象的一个变体,其表达式如下:

$$\log(E[y_T^i|H_{-1}^i])-\log(E[y_0^i|H_{-1}^i])$$

居文能等人这篇论文的图 13 报告了他们关于经济衰退的核心发现。在他们考察的全部四次经济衰退中,从分布中第 10 百分位至第 70 百分位的家庭的事前收入与收入增长率之间都存在着正相关性。如果把从 2000 年至 2002 年这次经济衰退排除在外,那么另三次经济衰退中上述正相关性都延续到了第 90 百分位。这也就是说,收入更低的人在经济衰退期间受到的损害更大(以收入增长率衡量),这个结论对收入分布中的绝大多数人、所有四次经济衰退都成立。需要提醒读者注意的是,这种效应还可能被低估,因为均值回归特性会使相关系数在正的方向上出现偏差。

不过,在分布的上尾部,收入增长变化的模式在不同经济衰退期之间显得有些不一致。在最近这两次经济衰退中,收入分布最顶端的模式看上去非常相似。事前收入位于分布前 10% 的那些个体,成了全部人口中收入下降幅度最大的一个群组——在第 99 百分位,收入下降的幅度达到了惊人的 30%。这种模式在先前的两次经济衰退中是不存在的。从历次经济衰退的总体来看,基本模式是,从收入分布的第 10 百分位到第 90 百分位,收入更低的人在经济衰退期间收入下降的幅度更大。但是这个结果在第 90 百分位以后就不再肯定如此了,因为在最近两次经济衰退中,特别富裕的个体的收入下降的幅度最大。

佩里和斯腾伯格(Perri and Steinberg,2012)使用源于“收入动态追踪调查”(Panel Study of Income Dynamics,PSID)的面板数据,研究了 2007 年至 2009 年的经济衰退期间可支配收入的增长率。首先,他们证明,收入分布最底端的 20% 的个人的收入急剧下降——在经济衰退期间,相对于中位数水平下降了 30%。不过,他们同时也表明,通过税收和转移支付实现的再分配有助于抵消收入的下降。在考虑了税收和转移支付之后,收入分布最底端的 20% 的家庭的可支配收入与其他群体不相上下。

上述研究结论是在对收入最低的那 20% 家庭在 2006 年至 2008 年间的收入状况进行比较的基础上得出的。但是,正如我们在上文中已经指出过的,这种方法的问题在于,收入分布最底端的 20% 家庭的构成本身可能会发生重大变化。只有少数研究讨论了这个问题,佩里和斯腾伯格(Perri and Steinberg,2012)的研究就是其中之一。他们比较了将构成变化这个因素考虑进去后得到的估计结果。他们证明,在 2008 年,位于收入分布最底端 20% 的那些家庭当中,有 75% 在 2006 年也位于收入分布的最底端 20%。他们还证明,从 2006 年到 2008 年,新进入收入分布最底端 20% 的家庭的可支配收入的下降幅度达到了惊人的 53.4%。而原本就在收入分布最底端 20% 的家庭的可支配收入则只下降了 2%。相比之下,从 2006 年到 2008 年,脱离了收入分布最底端 20% 的那些家庭的可支配收入则增加了 110%。

希思科特和佩里(Heathcote and Perri,2015)则利用来自消费者支出调查(CEX)和收入动态追踪调查(PSID)的数据,研究了 2007 年至 2009 年经济衰退期间,事前家庭财富水平与消费率(即,消费与收入之间的比率)变化之间的关系。他们关注的主要是收入动态追踪调查数据。首先,根据第 t 年和第 $t+2$ 年的财富与平均消费的比率,对所有家庭进行排序。因为分母包括了未来的消费,所以他们并没有严格地按照事前特征进行分类排序。尽管如此,他们采用的方法的实质仍然是根据经济衰退之前的财富消费比来对家庭进行排序。

希思科特和佩里（Heathcote and Perri，2015）发现，从 2006 年到 2008 年，更贫困的家庭的消费率下降的幅度更大。在财富分布中位于下半部分的家庭的收入消费率下降了将近 10 个百分点，而位于上半部分的家庭则只下降了 4 个百分点。作者认为，穷人的消费率下降幅度更大，这个证据与预防性储蓄动机大幅增强一致。他们的检验还表明，2006 年至 2008 年间，富裕家庭遭受的的财富冲击更大，而富人和穷人的收入前景的恶化程度则相同。这两个因素进一步强化了这样一个结论：贫困家庭消费率下降幅度之所以更大，是因为预防性储蓄。

另一支文献关注的重点是不同家庭之间基于金融资产持有量的消费增长率的周期性的差异。这些研究有一个统一的基础，那就是基于消费的资产定价规范模型。根据这种模型，资产价格的关键决定因素是消费风险。不过，将那些在经济衰退期间承担风险的人分离出来，并不是这支文献要解决的核心问题。尽管如此，这些研究还是给出了一些有洞察力的观点，并阐明了消费增长率是如何与不同家庭的股票回报（有的家庭拥有股票，有的家庭则不拥有股票）联系在一起的。

曼昆和泽尔德斯的研究（Mankiw and Zeldes，1991）使用的是 1970 年至 1984 年的收入动态追踪调查数据，他们还根据家庭在 1984 年是否持有一定市值的股票对它们进行了排序。然而不幸的是，收入动态追踪调查是从 1984 年后才开始向受访者提出这个问题的，因此这两位作者不得不根据股票持有量的事后指标（而不是事前指标）来对家庭进行排序。结果他们发现，与不持有股票的家庭相比，持有股票的家庭的消费不但波动性更高，而且与股票市场高度相关。他们认为，这种更高的相关性"对最终解决这个难题，以及解释其他资产定价异常现象来说，可能是至关重要的"。持有股票的家庭的收入和财富往往都高于不持有股票的家庭，因此，这个发现也就意味着，更富裕的家庭的消费的周期性更强。

在一项更近的研究中（Malloy et al.，2009），马洛尔等人利用 1982 年至 2004 年的消费者支出调查数据检验了这样一个假说：持有金融资产的家庭的长期消费增长率对资产价格的波动比不持有金融资产的家庭更加敏感。从现有文献来看，研究者通常将消费者支出调查数据作为受访者的重复横截面数据来使用。然而，这个数据集是有面板要素的，因为家庭是连续四个季度接受调查的。马洛尔等（Malloy et al.，2009）利用该面板维度的方法是，计算出一组家庭从第 t 期到第 $t+1$ 期的消费增长，作为每个家庭从第 t 期到第 $t+1$ 期的消费增长的平均值。由此而得到的群组面的消费增长率，就既具有面板维度又具有重复横截面维度了，因为样本中的家庭在四个季度之后会"离开"。

通过对持有股票的家庭与不持有股票的家庭的消费增长率的对比，马洛尔等人首先证明，持有股票的家庭的消费增长率对总消费增长率的敏感性（或"beta"）更高，在长期中尤其如此。然后，他们在这个发现的基础上得出了如下结论："相对于不持有股票的家庭，持有股票的家庭承担了总消费风险中的一个不成比例的高份额，而且在长期中，这种负担还会进一步加重……"此外，马洛尔等（Malloy et al.，2009）还发现，持有股票的家庭的消费增长率与资产回报的相关性更高。他们利用资产回报和持有股票的家庭的消费增长率，估计出了欧拉方程,并发现通过这种方法估计出来的风险规避倾向与用总消费增长率估计的结果相比要低得多。

2.3 重复横截面方法

现有的收入和消费数据集中,很少能够发现如下这种理想的面板——在很长的时间跨度内追踪了一组个体(家庭或个人)的收入和消费。因此,许多研究者都使用了如本章第2.1小节所述的"百分位排序"。使用这种技术的典范性的例子是皮凯蒂(Piketty)、塞茨(Saez)和祖克曼(Zucman)完成的一系列研究。他们利用采集自美国国税局报税表的数据,探讨了美国收入和财富不平等的演化趋势,其中主要的论文包括:皮凯蒂和塞茨(Piketty and Saez,2003,2006)、皮凯蒂和祖克曼(Piketty and Zucman,2014)、塞茨(Saez,2015)、塞茨和祖克曼(Saez and Zucman,2014),等等。但是,这些研究所关注的焦点是收入和财富不平等的长期趋势,而不是确定到底是谁承担了经济衰退的代价。

不过也有例外。塞茨(Saez,2015)试图用同样的数据集来探讨不同群体的收入的周期性。例如,他证明,从1993年至2013年,平均实际收入增长率为15.1%,但是其中位于收入分布前1%的人的收入增长率则达到了62.4%。请注意,这是2013年位于收入分布前1%的家庭的收入。塞茨将它与1993年位于收入分布前1%的家庭的收入进行了比较——当然,这不是对同一些家庭进行的比较。塞茨证明,位于收入分布前1%的家庭的收入在经济衰退期间比其他家庭下降得更多一些,而在经济扩张期间则比其他家庭增加得多得多。例如,在2001年经济衰退和2007年至2009年这轮大衰退期间,前1%的家庭的收入分别下降了31%和36%,而同期所有家庭的平均收入增长率则分别为-12%和-17%。这些数字包括了资本收益收入。但是,如果把资本收益排除在外,同样的模式依然存在,尽管会不那么明显一些。因此,通过重复横截面分析的这个结果进一步证实了居文能等(Guvenen et al.,2014)用面板数据得到的结果:在2001年和2007年至2009年这两次经济衰退期间,收入最高的那些人收入下降的幅度最大。

帕克和维辛-乔根森(Parker and Vissing-Jorgensen,2010)利用美国国税局的数据证明,高收入者的收入增长率有更强的周期性是一个近期才出现的现象,而且该文所指的收入是不包括资本收益的、税前的、转移支付前的收入。在研究了各种收入水平的个体在经济衰退和经济扩张期间的收入增长率的横截面变化之后,他们发现在最近三次经济衰退期间,收入分布前1%的个体的收入都出现了急剧下降的趋势。但是,在最近三次经济衰退之前的五次经济衰退期间,却都没有表现出这种模式。这两位作者也计算了收入的"beta"值,后者来自对以下方程式的估计:

$$\Delta \ln Y_{i,t+1} = \alpha_i + \beta_i \Delta \ln Y_{t+1} + \epsilon_{i,t+1}$$

这个设定告诉我们,第i组的收入是否"承担"了总收入变化中的一个更大的份额。帕克和维辛-乔根森(Parker and Vissing-Jorgensen,2010)证明,从1982年至2008年,收入分布中前1%的家庭的β值比前些年要高得多。此外,非常富有的家庭的强周期性,相对于人口普查数据中的其他收入指标来说也是很稳健的。

帕克和维辛-乔根森（Parker and Vissing-Jorgensen, 2010）还研究了相对于事前支出分布的消费周期性。他们利用的数据来自消费者支出调查，所采取的估计方法则类似于马洛尔等（Malloy et al., 2009）。具体地说，他们首先根据第 q 季度的支出水平将家庭排序分组，并计算出每个组别的季度消费增长率，作为该组内所有家庭的消费季度增长率的平均值。我们知道消费者支出调查数据是允许进行这种计算的，因为受访的家庭是连续四个季度接受调查的。然后，他们根据四个季度的消费增长率指标，计算出每个组别的年消费增长率。这样一来，消费增长率指标就同时具有重复横截面维度和面板维度了。

这两位作者估计了一个与上述收入设定类似的方程式，以便找出每个组别相对于总消费和总收入的消费 β 值。结果他们发现，支出分布中前 5% 的家庭的消费的周期性比其他家庭要更强。而且，他们还发现，在运用其他指标——包括来自国民收入和生产账户（NIPA）的税前总收入和税后总收入，或者来自国民收入和生产账户的总消费时，得到的周期性还要更强。与马洛尔等（Malloy et al., 2009）一样，帕克和维辛-乔根森（Parker and Vissing-Jorgensen, 2010）所使用的消费指标主要是指非耐用品和服务上的支出，而耐用品方面的支出则不包括在内。

迈耶和沙利文（Meyer and Sullivan, 2013a）则着重讨论了 2000 年至 2011 年间消费不平等的发展趋势，他们使用的是消费者支出调查数据。在这篇论文中，他们利用一个服务流等价，将支出转换为汽车消费，而将住房支出和教育支出排除在外。他们所分析的是一个纯粹的重复横截面，并没有利用数据的面板维度。每一年，他们都根据收入水平将家庭排序分组，归入百分位，并计算出每个组别相对于 2000 年的对数差异。结果他们发现，高消费群组的消费的周期性更强。例如，对于第 90 百分位，从 2000 年到 2007 年，消费量增长了 20%，然后在 2007 年至 2009 年间又下降了 6%。相比之下，从 2000 年到 2007 年，中位消费量则增加了 16%，然后在 2007 年至 2009 年间又下降了 4 个百分点。

大多数关注家庭消费增长率变化的研究都依赖于消费者支出调查（CEX）数据或收入动态追踪调查（PSID）数据。不过，希南蒙和法扎齐的研究（Cynamon and Fazzari, 2014）是一个例外。这两位作者关注的是收入分布的底部 95% 和顶层 5% 的消费情况，并跟踪了这两个组别的消费随时间变化的情况。他们先估计出了每个组别的收入和储蓄率，然后估计出它们的消费，再将两者之间的差额作为消费率。他们的方法的关键是，采用总储蓄指标，并利用微观层面估计出来的储蓄率将总储蓄分配给上述两个组别。他们还用类似的方法将收入分配给上述两个组别他们的收入数据源于美国国会预算办公室，以及皮凯蒂（Piketty）和塞茨（Saez）构建的美国国税局数据集。根据定义，总收入、总储蓄和总消费等于国民收入和产品账户的相应的总量指标。

希南蒙和法扎齐（Cynamon and Fazzari, 2014）证明，收入分布底部 95% 的家庭的消费收入比在大衰退期间大幅下降：从 2007 年的 92% 减少到了 2010 年的 87%。而在同一时期，收入分布顶层 5% 的家庭的消费收入比却大幅提高。作者们认为，这是收入分布顶层 5% 的家庭"平滑消费"的证据（收入下降了，但是维持消费水平不变）。类似地，在 2001 年衰退期间，前5%的消费收入比也有相当幅度的提高。作者们指出,相对于消费水平,这两个组别在大衰退期间的消费都大大偏离了原来的趋势,其中收入分布底部95%的家庭的下降幅度略大。

2.4 按经济衰退期间受到冲击排序

在经济衰退期间,失业人数会急剧增加。例如,戴维斯和冯·瓦赫特证明(Davis and von Wachter,2011),从1990年第二季度到1991年第二季度,季度裁员率提高了129个基点;从2000年第二季度到2001年第四季度,提高了85个基点;从2007年第三季度到2009年第一季度,则提高了208个基点。戴维斯和冯·瓦赫特没有按事前特征排序,而是根据个人在经济衰退期间所面对的大规模裁员浪潮来对个人进行排序。

更具体地说,戴维斯和冯·瓦赫特这两位作者规定,如果一个工人在第y年与他的雇主分开了,而且他的雇主在这一年中进行了大规模裁员,那么就认为该工人在第y年是一个"被撤换的人"。至于大规模裁员事件,则必须满足以下条件:在第$y-2$年,雇员总数不低于50人;从第$y-2$年到第y年,就业收缩30%至99%;第$y-2$年的就业不高于第$y-3$年的130%;第$y+1$年的就业低于第$y-2$年的90%。他们利用美国社会保障总局(SSA)从1974年到2008年的记录——这也是居文能等(Guvenen et al.,2014)所使用的数据。在这个抽样期间,他们分析了三个主要的经济衰退期:20世纪80年代初、20世纪90年代初和21世纪初。

戴维斯和冯·瓦赫特的核心研究结果表明,在就业严重不足的经济环境中(失业率高于8%时),因大规模裁员而不幸失业的工人,遭受的收入损失相当于失业前2.8年的收入(按现值计算)。当失业率低于6%时,如果工人在大规模裁员事件中失业,那么损失等于失业前1.4年的收入。这就是说,在失业率居高不下的环境中,失业者的收入会大幅度下降。这个结论也得到了其他一些研究的支持。例如,雅各布森等(Jacobson et al.,1993)证明,在20世纪80年代初,宾夕法尼亚州的失业者的短期收入损失超过50%。而且,这种损失的持续性很强——至少会持续10年[请参见,沙利文和冯·瓦赫特(Sullivan and von Wachter,2009)]。托佩尔也发现(Topel,1991),在1979年至1984年间,失业的工人即使找到了新工作,收入也会减少14%。戴维斯和冯·瓦赫特(Davis and von Wachter,2011)的研究数据只到2008年,因此无法衡量大衰退的长期后果。然而,正如他们所指出的,现有的研究表明,"自2008年以来,失业的工人可能遭受严重的、持续的收入损失。"

还有一些相关的研究则探讨了经济衰退期间失业对大学毕业生的影响。卡恩的研究(Kahn,2010)使用了全国青年长期跟踪调查(NLSY)中毕业于1979年至1989年间的大学生的数据。她通过国家失业率的变化和州级失业率的变化,识别出了"毕业时恰逢经济疲软"这个因素对大学毕业生的工资的影响。她发现,"毕业时恰逢经济不景,对毕业生的工资有很大的负面影响,而且这种影响在研究的整个时期都持续存在。"具体地说,卡恩发现,失业率每上升1个百分点,就会导致6%~7%的工资损失,这种工资损失会随着时间的推移而逐渐趋于消失,但是即使是在毕业15年后,工资仍然会比正常水平低2.5%左右。在一项相关研究中,奥雷普洛斯等(Oreopoulos et al.,2012)分析了加拿大的数据,结果发现,失业率上升

5 个百分点,意味着初始收入会损失大约 9％,这种损失在 5 年内将减半,最终在 10 年左右的时间逐渐下降到 0。

　　经济衰退通常也是住房价格和金融财富受到重大冲击的时候。这种冲击通常都有一个很强的横截面成分,因为暴露于这种冲击之下的家庭之间存在显著的横截面差异。米安等(Mian et al.,2013)分析了美国不同地理区域(不同郡或不同邮政编码区)在面对住房净值冲击时的横截面差异。他们将住房净值冲击定义为源于住房价格崩溃的住房净值减量。值得指出的是,全国范围内住房净值冲击的差异非常大:在全国分布的底部十分位,住房净值冲击达到了差不多-50％,但是在最顶部却接近于 0％。他们还证明了,在住房净值负面冲击更大的那些郡县,消费者的支出的降幅也更大。此外,利用邮政编码区级的汽车购置数据,他们还证明,在那些收入更低、住房杠杆更大的邮政编码区,运用住房财富来消费的边际消费倾向更大。卡普兰等(Caplan et al.,2015),以及斯特罗贝尔和瓦夫拉(Stroebel and Vavra,2014)分别使用不同的数据来源,但都得到了类似于米安等(Mian et al.,2013)的结果:大衰退期间的消费增长率与美国各城市的房价涨幅密切相关。在下面的分析中,我们利用源于美国经济分析局的新数据证明,在大衰退期间,房价涨幅与个人消费增长率之间在州一级呈现出了很强的相关性。

　　米安和苏菲(Mian and Sufi,2010)根据 2002 年至 2006 年间的家庭债务与收入之间的比率的变化对所有郡进行了排序,然后研究了大萧条期间新车购置量和住宅投资的下降与之前的家庭负债增长情况之间的关系。他们发现这是一种负相关关系:从 2002 年到 2006 年,家庭债务与收入之间的比率大幅度上升的那些郡,在经济衰退期间新车购置量和住宅投资额下降幅度最大。米安和苏菲还证明,2006 年至 2009 年间的房价涨幅与之前的家庭债务增加之间存在很强的相关性。因此,虽然从技术上看米安和苏菲是根据一个事前变量来排序的,但是最好还是将事前的房屋债务增加和事后的房屋价格下降都视为对类似的潜在冲击的反映。邦恩和罗斯顿(Bunn and Rostom,2014)分析了英国家庭层面的微观经济数据,结果发现债务更多的个人在 2007 年之后的消费增长率更低。安德森等(Andersen et al.,2014)则通过丹麦家庭的微观数据发现,危机前的杠杆率与危机期间的非住房消费的变化之间存在着很强的负相关性。贝克(Baker,2014)使用来自在线金融服务公司的数据,发现在大衰退期间,美国负债率更高的家庭在面对负面的收入冲击时,会表现出更大的消费弹性。所有这些研究结果都意味着,消费增长率与家庭资产负债表之间存在着非常密切的联系。

　　对于根据经济衰退中受到的冲击对个体(家庭或个人)进行排序这种做法的一个担忧是,消费收入的下降可能与某个既驱动了冲击、又驱动了我们所关注的结果的遗漏变量相关。例如,对于前述戴维斯和冯·瓦赫特(Davis and von Wachter,2011)的研究,我们可能会想到,在经济衰退期间被解雇的那些人本身就是"质量较低"的工人,这个因素可以部分解释收入的巨大变化。或者,对于米安等(Mian et al.,2013)的研究,人们可能会担心,在某个郡中,会不会有某个遗漏变量驱动了房价的崩溃和消费的下滑。在下一节中,我们就来回答这个问题。我们将推广米安等(Mian et al.,2013)的结论,并讨论为什么我们认为上面这种情况不可能出现。顺便指出,那些针对大学毕业生的研究,不太会受到这种批评的冲击,因为大学生毕业的时间不太可能是某个与经济衰退相关的遗漏变量决定的。

2.5 定量模型的结果

正如我们在第1节中已经指出的,我们文献综述的侧重点放在那些关注经济衰退期间个人之间消费增长率和收入增长率的横截面变化的研究上。有很多研究都采用定量模型和校准方法来评估商业周期波动的重要性,希思科特等人的综述(Heathcote et al.,2009)已经对这些研究进行了详细的讨论。尽管如此,我们在这里仍然要强调一下这支文献的一些实证结果,因为它们与谁承担经济衰退的成本这个核心问题有关。

斯多雷斯莱腾等人利用收入动态追踪调查数据得出了两个重要结论(Storesletten,2001,2004)。首先,他们认为,个人的收入过程中的特异性组成部分的新息有很强的持续性。其次,他们认为特异性的收入风险是逆周期的。为了证明这两个结论,他们给出了很多结果。例如,他们证明,经济衰退期间,在收入的横截面均值下降的同时,收入的横截面的标准偏差是上升的。此外,他们还证明,那些经历过更多经济收缩期的年龄群组的个体,即便在年龄继续增大的情况下,其收入也会表现出更高的横截面离散度。[①] 这几位作者根据这些事实,构建了一个定量模型。在这个模型中,与商业周期波动相关的福利损失大大超过了卢卡斯(Lucas,1987)的模型所隐含的水平。

2.6 文献总结

当我们从整体的角度来考虑这些文献时,不难看出以下几点。

第一,我们仍然迫切需要更多的面板数据,特别是有关消费方面的。在上面提到的所有研究中,只有两项研究是先根据事前特征排序,然后通过相同的单位跟踪整个经济衰退期的消费的;而且,其中还有一项研究是基于郡级数据,而不是基于个人级数据。同样是在这一点上,我们还需要更深入探究细节,阐明根据分布偏差中的同时期位置进行的排序能否导致有意义的结果。这也与前面第2.1小节所给出的关于人们"进""出"某个群组的讨论有关。

第二,关于经济衰退期间的消费增长率,上述研究得到的结果是混杂的。使用消费者支出调查数据的研究者,往往会发现更富裕的个体的消费有更强的周期性,而且在大衰退期间消费下降的幅度也更大。但是使用收入动态追踪调查数据的研究者,则通常会证明穷人的消费水平显著下降,有一项研究甚至证明穷人的消费率的降幅远远高于富人。要将这些结果融合到一起是非常困难的,因为不同的研究使用了不同的数据集、分析了收入分布上的不同点位。如果有完美的消费数据(类似于美国社会保障总局的收入数据),那么我们也许能够得到居文能等(Guvenen et al.,2014)得到的那种非单调性:非常富有的家庭的消费下降幅度最大,但是中等富有的家庭的降幅却比贫困家庭少一些。

[①] 居文能等(Guvenen et al.,2014)使用美国社会保障总局的数据,证明特异性的收入冲击不是逆周期性的,相反,这种冲击的左偏态才是强逆周期的。

第三,根据经济衰退期间受到的冲击来排序的研究者发现了一些长期持续的影响。特别是那些按是否在经济衰退期间失去了工作进行排序分类的研究,尤其如此。

2.7　其他相关研究领域

此外,还有两个领域的研究与本章的核心问题(消费风险分担和消费不平等)有关。在这里,我们不会对这两个领域的研究进行全面综述,而只是简单地提一下与我们关注的经济衰退风险分担问题有关的若干研究。完全消费风险分担是指个人的消费有充分的保险,可以应对各种各样的特异性冲击。在这个领域,科克兰的研究(Cochrane,1991)特别有开创性意义。他利用收入动态追踪调查数据检验了诸如个人的疾病、失业或强迫迁移这样的特异性冲击是不是会影响消费。他的发现是,非自然失业对消费增长率有特别重要的影响。然而,由于所依据的样本的数量有限,科克兰最终只能得出这样一个结论:"本文对这些变量的考察,并不足以让我们稳健地拒绝该理论。"

阿塔纳西奥和戴维斯(Attanasio and Davis,1996)研究了20世纪80年代美国工人的小时工资结构发生变化时不同消费群体的反应。他们指出,由于"关于收入和消费的纵向数据来源极度匮乏……",许多估计方法无法直接应用。考虑到这个实际困难,他们根据当前人口调查中的收入信息和消费者支出调查中的消费数据,构建了一个合成面板数据集。他们先根据年龄和受教育程度将人们划分为若干组,然后研究了在20世纪80年代,每个组别中的工资相对变化是如何影响消费增长率的。这篇论文的图2呈现了他们的核心发现:相对工资变动与消费增长率之间存在着很强的相关关系。在结论中,他们指出,他们的研究结果表明了"群体间的消费保险的巨大失败,而且现有的有限信息约束下的最优消费行为理论是无法解释这个失败的"。

舒勒霍费–沃尔(Schulhofer-Wohl,2011)认为,在对消费风险分担进行检验时,将风险偏好的异质性考虑进去是至关重要的。例如,他证明,如果风险规避倾向较低的家庭拥有更高的顺周期收入(如果在某种程度上按照风险承受能力将个人归入若干职业类型,就可能会出现这种情况),那么消费风险分担的标准检验就将倾向于拒绝完全风险分担假设,即便它实际存在时也是如此。舒勒霍费–沃尔使用收入动态追踪调查数据表明,考虑这种异质性将导致无法拒绝完全消费风险分担假设。

另一个相关的研究领域是对美国过去50年消费不平等状况的演化的研究。关于这个问题的文献汗牛充栋,其中做出了重要贡献的研究包括:阿吉亚尔和比尔斯(Aguiar and Bils,2015)、阿塔纳西奥等(Attanasio et al.,2004,2012)、希思科特等(Heathcote et al.,2010)、克鲁格和佩里(Krueger and Perri,2006)、斯莱斯尼克(Slesnick,2001),以及迈耶和沙利文(Meyer and Sullivan,2013b),等等。考虑到本文的目的,我们在这里将简要地点评一下这些研究所用的数据集以及围绕着消费不平等状况是不是一直在恶化而展开的争论。在这支文献中,早期的研究发现,使用消费者支出调查数据得到的消费不平等指标不能"跟踪"收入不平等加剧的趋势。然而,后来的研究则发现,之所以会出现这种情况,可能与消费者支出调查本身的报告偏差有关。为此,阿塔纳西奥(Attanasio,2012)在使用消费者支出调查数据时专门进行了调整,而且同时参考了收入动态追踪调查数据,结果发现在过去30年,消费不平等状况确实一直在恶化。

这场争论帮助研究者更好地理解了消费者支出调查数据的优缺点。从这个角度来说,这个争论的成果非同凡响,因为这个数据集可以说是消费领域的有关文献的最重要的数据来源。不过,我们在自己研究中所采取的方法是利用私营公司收集的管理性数据。在下一节,我们还会回过头来讨论与消费者支出调查数据有关的一些问题。

3. 邮政编码区级消费指标

3.1 采用管理性的消费数据

正如我们在第2.1小节已经讨论过的,宏观经济波动的实证研究的一个关键目标是,估计能够预测经济衰退期间不同个人的消费下降的事前因素的"荷载"。现在,对于能够预测经济衰退期间收入下降的因素的研究,我们已经取得了一些实质性进展,这主要得益于最近才可得的关于收入的管理性数据的改进。但是,消费方面的进展则要少得多。关键的限制是缺乏能够非常准确衡量消费的个人层面的面板数据。

如上所述,研究者使用的数据主要是源于两项调查:消费者支出调查和收入动态追踪调查。然而,这两个数据集都有各自的局限性。首先,这两个数据集都不是理想的面板数据。消费者支出调查数据集仅仅跟踪同一个个体四个季度,而收入动态追踪调查则每两年才进行一次。这样一来,要对经济衰退期间的消费增长率进行全面分析就非常困难。

其次,这两个数据集都是基于调查的数据而不是管理性数据。利用消费者支出调查数据来研究跨个体消费横截面差异这种方法,受到的批评尤其多[例如,阿塔纳西奥等(Attanasio et al.,2004)、康托尔等(Cantor et al.,2011)]。研究者们列出了消费者支出调查存在的诸多问题,比如说,高收入家庭的报告不足、家访者的低反应率,等等。此外,根据康托尔等(Cantor et al.,2011)的推断,这些问题还会随着时间的推移而变得越来越严重。[1] 而且,更一般地,正如大量的研究所表明的,利用问卷调查数据来衡量消费会导致非典型误差。[2] 相关文献中最引人注目的一个例子来自一项关于瑞典的研究。科尔詹等人将从登记管理机构获得的车辆购置数据与问卷调查中受访者报告的数据进行了比较(Koijen et al.,

---

[1] 关于消费者支出调查的质量,争论至今仍未停息。例如,比等(Bee et al.,2012)指出,只要加以适当的调整,消费者支出调查数据还是相当不错的。类似地,阿塔纳西奥等(Attanasio et al.,2012)也认为,对消费者支出调查数据进行调整后,跨个体的横截面比较可以变得相当准确。我们不想过多地卷入这场争论,因为我们的目标是指出还有其他可以选择的衡量消费的方法,它们也很有用。

[2] 例如,请参见科尔詹等(Koijen et al.,2014)所引用的资料。

2014），结果他们发现，问卷调查中少报的程度达到了 30％左右。这也就是说，实际购买了汽车的家庭中，大约有 30％没有向调查者报告。这种少报、低报的情况，在低收入、贫困和老年家庭中更加严重。

要说明的是，我们这样说并不意味着我们不应该使用基于调查的消费数据。我们强调的是，可以对这类数据进行适当的调整，而测量误差也可能与要研究的问题相关性不强。无论如何，我们的观点是，一个更有希望的途径是，像那些探讨收入问题的研究那样，越来越多地利用管理性数据，例如，居文能等（Guvenen et al. ,2014）所使用的来自美国社会保障总局的管理性数据。

这个消费研究前沿领域最近已经取得了一些进展。例如，贝克（Baker,2014）利用了来自一个能够把用户的多个金融账户连通起来的大型在线个人理财网站的数据。因为该网站登记了海量银行和信用卡账户，所以贝克就可以利用关于交易和撤回交易的管理性数据来测度消费。利用这些数据，他发现高负债家庭对收入波动更加敏感。特别是，当资产负债率上升一个标准差时，消费弹性会提高大约 25％。另外两项研究——贝克和雅奈利斯（Baker and Yannelis,2015）、吉尔曼等（Gelman et al. ,2015）——也利用个人理财网站的管理性数据研究了 2013 年发生的美国政府"停摆"对消费和借款的影响。

3.2　邮政编码区级消费数据

我们在自己的研究中采取的方法是，使用通过某种地理单位自然地汇总起来的管理性数据［例如可参见米安等（Mian et al. ,2013）］。我们采用的主要是以下两个指标：来自 R. L. 波尔克汽车调查公司（R. L. Polk）的邮政编码区级新车销售数据，以及从万事达卡咨询公司获得的县级借记卡和信用卡交易数据。在后一个数据集中确定的县所指的是购买行为发生的商店所在的县，而不是购买人所居住的县。这两个数据集都是基于实际的交易的，而不是基于受访者的反应的。R. L. 波尔克汽车调查公司的数据包括了所有登记过的新车；万事达咨询公司的数据虽然仅限于以万事达公司为服务商的交易，但是米安等（Mian et al. ,2013）证明，根据万事达卡数据汇总的总支出，能够很好地"跟踪"根据人口普查局的零售数据汇总的总支出。

在后续研究中，我们又引入了三个新的衡量消费的指标。第一个同样来自 R. L. 波尔克汽车调查公司，它反映了登记在某一个邮政编码区内的个人名下的车辆总数。我们还拿到了分解到车型年份的汽车总数——我们在根据雅各布森和范本特姆（Jacobsen and van Benthem,2015）给出的旧车价格来对更老旧的汽车进行折旧时，需要用到车型年份。最终，我们得到的这个邮政编码区级变量是当前年度的车辆总数（老旧的车辆在加入总数之前，要先进行折旧）。

第二个衡量消费的指标是登记游艇数量。游艇数据源于一个名为"美国商船"的数据文件，该文件记录了由美国海岸警备队负责登记的所有商船和游艇。根据《美国联邦法典》（2001 年）的规定，在美国领海的可航行水域和美国专属经济区从事渔业或近海贸易业的载重量为 5 净吨以上的船只,每年都必须登记(只有极少数能够豁免)。大多数长度超过 25 英尺(1 英尺 = 0.3048 米)的船舶的载重量都超过 5 净吨。

相关数据包括了船舶的一般用途和登记状态。我们采集了以游乐为用途且登记信息有效船舶的数量,以此来衡量游艇消费。在全部有效登记的船只中,大约有 70% 都是这个意义上的游艇。我们以它们的实际所有者的地址中的邮政编码为标准,将这些游艇分配到各个邮政编码区。

第三个衡量消费的指标来自美国社区调查(American Community Survey,简称"ACS")。美国社区调查每五年为"一波",提供多个邮政编码区级的统计量。我们采用的是来自 2005 年至 2009 年和 2008 年至 2012 年这两波调查的相关数据。在这两波之间,有两年是相互重叠的(2008 年至 2009 年),因此很自然地,也就意味着我们难以在同一个邮政编码区内发现巨大变化。为了行文方便,我们用每一波调查最中间的那一年来指代那一波:前面那一波调查是"2007 年波",后来那一波是"2010 年波"。我们从这项调查中得到的具体消费指标是每个住房单位的人数为 16 人以上的数量。我们计算了 2007 年至 2010 年每个住房单位的成年人数量的变化,以此来衡量住房服务的人均消费水平。

此外,还有另外一个指标,但是与其说它是一个消费指标,还不如说它是一个福利指标:新生婴儿的数量。我们只对加利福尼亚州设置了这个数据集,它包括了各个邮政编码的居民的新生婴儿的数量。

3.3 邮政编码区级数据的优点和缺点

管理性邮政编码区级消费数据的主要优点是,对它的测量非常准确,因此能够实现与总量数据的完美契合。例如,从 R. L. 波尔克汽车调查公司得到的新车购置总量与人口普查中的零售调查新车总购买量几乎完全相同。在一个理想的世界中,我们可以将宏观经济总体消费数据分解到每一个人的头上。邮政编码区级管理性数据集是我们目前能够得到的最接近这个理想世界的数据集。[1]

那么,与理想的个人层面的面板数据集相比,邮政编码区级的数据集又有哪些缺点呢?第一个重要的缺点是,任何汇总集结过程都可能会抹去不同群体之间的差异。如果我们希望搞清楚事前因素或事后冲击的差异如何影响经济衰退期间的消费增长率,那么在不同邮政编码区之间就必须有足够大的差异,不然就无法估计参数。这个问题的严重程度在很大程度上取决于不同邮政编码区之间的个体是如何排序的。例如,如果个体之间存在着很高的异质性,同时邮政编码区均值之间却不存在异质性,那么运用邮政编码区级数据的分析就无法挖掘任何差异。如果人们在不同邮政编码区之间是随机排序的,那么就会出现这种情况。

那么,在美国这个问题有多严重呢?截至 2000 年,美国 16 岁以上的人大约有 2.2 亿人,

---

[1] 贝克(Baker, 2014)证明,他从那个个人理财网站采集的数据,在用适当的权重调整使用该网站的不同个人之间的特征差异之后,就能够完美地跟踪总量数据了。

全美国大约有 31 000 个邮政编码区,因此每个邮政编码区的平均成年人数大约为 7000 人。但是,在邮政编码区一级,人口分布严重偏向右侧。所有邮政编码区的成年人数量中位数为 2225 人,但是第 90 百分位上却有 21 732 人,第 99 百分位上更是有 43 477 人。

那么,在使用邮政编码区级数据时,我们会损失多少差异信息呢? 要回答这个问题,我们需要关于某个变量的个体层面的数据和邮政编码区级的数据。在相关文献中,一个重要的排序变量是收入。从美国国税局,我们既可以得到个体层面的数据(通过公共用途文件),也可以得到邮政编码区级的数据。图 1 给出了个体层面的分布和邮政编码区级的分布。对于邮政编码区级数据,我们先计算出调整后的所得税申报表总收入,然后观察分布上的各个点位(以所得税申报表的总数加权)。如图 1 所示,邮政编码区级的分布被平滑化了,特别是分布的尾部。个体层面的分布的第 99 百分位上的数值为差不多 40 万美元,而邮政编码区级的分布的第 99 百分位的平均调整后总收入(AGI)却仅为 25 万美元上下。但是,即使经过了这种平滑化,不同邮政编码区之间的平均收入仍然存在着很大的差异。

第二个缺点在于不同邮政编码区之间存在着迁移者。这个批评与前面第 2.1 小节讨论过的对基于百分位的重复横截面分析方法的批评性质完全一样。从长期的角度来说,跨邮政编码区迁移的人可能会导致某些严重的问题。但是,在两年到三年时间窗口内(比如说大衰退时期),这种迁移者并不一定会导致太大的问题。

我们现在还不知道,把人们在两到三年的时间内跨邮政编码区迁移的可能性考虑进去后,估计结果会怎样。人口普查提供了美国每年有多少人会迁居他处的信息——从 2006 年至 2009 年,每年迁居的人在总人口中所占的比例平均为 12.5%。然而,大多数迁居行动都发生在同一个县内部。从 2006 年到 2009 年,每年迁居到另一个县的人的比例只有 3.9%。

这种跨邮政编码区迁移会对我们使用邮政编码区级数据来估计消费增长率的横截面变化产生什么影响? 我们现在还没有足够的证据来加以评估。例如,如果迁居者倾向于搬到其他类似的邮政编码区(从我们所用的排序变量的角度来看),那么这种迁移就可能不会带来什么问题。[1]

---

[1] 到目前为止,我们可以找到的最接近对这个问题的回答的一项研究是雅冈的研究(Yagan,2014)。雅冈考察的是这样一个问题,工人在大衰退期间受到的当地劳动力需求冲击的影响,会不会在他们迁移到了受大衰退影响很小的其他地区之后仍然存在? 他发现,即使在迁移到了受影响较小的地区之后,这些工人也只能面临"非常小的就业增长"。当然,这项研究并没有解决我们关注的关键问题:个人最终会不会迁移到所受的冲击与他们离开的邮政编码区类似的那些邮政编码区中。

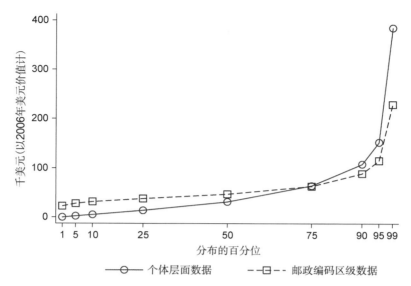

图1　邮政编码区级数据与个体层面数据的比较:2006年收入分布

注:本图比较了源于美国国家税务局的2006年调整后总收入的邮政编码区级数据与个体层面数据。对于邮政编码区级的分布,我们先计算出调整后的所得税申报表总收入,然后观察分布上的各个点位(以所得税申报表的总数加权)。如图所示,邮政编码区级数据使分布变得平滑了,在分布的尾部,这种平滑效应特别显著。

4.　住房净值冲击与大衰退

在这一节中,我们回顾并进一步充实了大衰退时期源于房价崩溃的住房净值冲击的重要性的证据。特别是,米安等(Mian et al.,2013)证明,美国各州之间住房净值冲击——或者说,因住房价格下跌而导致的家庭财富净值下降的百分比——的差异,与消费增长率的下降密切相关。我们利用邮政编码区级的新的消费数据,在这项研究的基础上加以扩展,并探讨对相关结果的可能解释。

4.1　住房净值冲击:定义

遵循米安等(Mian et al.,2013)的思路,我们将邮政编码区级的住房净值冲击定义为:

$$住房净值冲击_z \equiv \frac{p_{z,2009}-p_{z,2006}}{p_{z,2006}} \times \frac{H_{z,2006}}{F_{z,2006}+H_{z,2006}-D_{z,2006}} \tag{4}$$

其中,$p_{z,t}$ 是第 z 个邮政编码区在第 t 期时的业主自住住房单位的中位价格,$H_{z,2006}$ 是 2006 年第 z 个邮政编码区的居民持有的住房资产的价值,$F_{z,2006}$ 是 2006 年第 z 个邮政编码区的居民持有的金融资产的价值,而 $D_{z,2006}$ 则是 2006 年第 z 个邮政编码区的居民的未偿还的债务的账面价值。这个定义系由从 2006 年至 2009 年净值变动百分比的分解而来——我们将房价崩溃所导致的净值变化百分比分离出来了。[①]

　　如定义（4）所示，在大衰退期间住房净值冲击中，跨邮政编码区的横截面变化是由两大因素驱动的：大衰退期间第 z 个邮政编码区的住房价格增长，以及事前的住房财富与家庭净值之比。后者刻画了杠杆效应。在所有其他条件相同的情况下，杠杆率更高的邮政编码区的住房财富与家庭净值比更高。这种杠杆化可以放大房价上涨对总净值的影响。在本章中，我们将住房财富与总净值之比定义为式（4）的第二项：

$$\text{住房财富与净值之比}_z \equiv \frac{H_{z,2006}}{F_{z,2006}+H_{z,2006}-D_{z,2006}} \tag{5}$$

正如我们在下文中将会证明的，住房财富与净值之间的比率是大衰退期间不同邮政编码区的收入增长率的一个强有力的预测指标：住房财富与净值之间的比率更高的那些邮政编码区，大衰退期间消费下降幅度更大。

　　对我们的样本最主要的一个限制源于如下事实：并不是所有的邮政编码区都有准确的房价指数。为此，我们使用了房地产数据公司核心逻辑（CoreLogic）的房价数据，它涵盖了美国 31 000 个邮政编码区中的大约 6600 个。截至 2000 年，这些邮政编码区的成年人口占美国总成年人口的 65％。有住房价格数据的邮政编码区与没有住房价格数据的邮政编码区之间的主要区别在于居民密度。我们的样本中不包含的那些邮政编码区更有可能位于农村地区（农村地区发生的住房交易不够多，无法构建住房价格指数）。

　　在图 2 中，我们根据大衰退期间的住房净值冲击，将所有邮政编码区分为五个五分位。这些五分位都用人口进行加权，以保证每个五分位都包括相同数量的居民。然后，我们描绘出了整个分布上的住房净值冲击。由定义可知，在越位于底部的五分位，住房净值冲击的负面效应越大。图 2 表明，在美国不同邮政编码区之间，住房净值冲击呈现出了极大的异质性。在第一个五分位，房价崩溃使家庭净值下降了将近 30％。而在第五个五分位，房价崩溃几乎完全没有改变家庭净值。

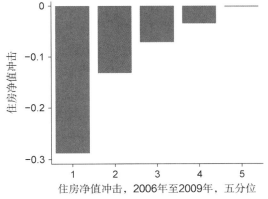

图 2　2006 年至 2009 年各邮政编码区的住房净值冲击

　　注：本图给出了整个住房净值冲击分布上的住房净值冲击。每个五分位所包含的成年人人口均占总成年人人口的 20％。

────────────

[①] 用来构造定义（4）的所有变量的确切方法，请参阅米安等（Mian et al. ,2013）的论述。

表 1 总结了从邮政编码区样本得到的各个统计结果。汇总统计量对各邮政编码区以 2000 年的总成年人口数进行了加权。由上面的讨论可知,住房净值冲击可以分解为自 2006 年至 2009 年间的住房价值上涨,以及 2006 年时的住房财富与家庭净值之间的比率。

从表 1 给出的概括统计量可见,在不同邮政编码区之间,这两个指标都存在着相当可观的差异。住房财富与家庭净值之间比率的均值为 0.46,但是第 10 百分位仅为 0.21,而第 90 百分则高达 0.77。

表 1 还给出了消费增长率指标的概括统计量。在大衰退期间,新车的销量和汽车的存量都出现了大幅下降。(请注意,登记的旧车是经过折旧的,因此表中汽车数量都以新车为标准)。从 2007 年至 2010 年,每个住房单位的平均成年人的数量也减少了 0.016 人。同时,在大衰退期间,出生人数也急剧下降。[①]

表 1　概括统计量

	成年人人数/人	均值	标准偏差	第 10 百分位	第 90 百分位
住房净值冲击					
住房净值冲击,2006—2009 年	6689	−0.105	0.111	−0.263	−0.005
住房财富与家庭净值之间的比率,2006 年	6689	0.456	0.218	0.212	0.767
住房价格涨幅,2006—2009 年	6689	−0.200	0.153	−0.430	−0.017
结果					
登记汽车数量的增长率,2006—2010 年	6689	−0.135	0.084	−0.234	−0.036
新车销量的增长率,2006—2009 年	6689	−0.382	0.149	−0.582	−0.199
每住房单位成年人数的变化,2007—2010 年	6686	−0.016	0.095	−0.125	0.091
登记游艇数量的增长率,2006—2010 年	3204	−0.102	0.196	−0.348	0.150
新生婴儿数的增长率,2006—2010 年	855	−0.087	0.106	−0.202	0.038
未付完房贷(underwater)的房主所占的比例,2011 年	6300	0.337	0.158	0.143	0.565
事前模式					
住房价格涨幅,2002—2006 年	6689	0.456	0.318	0.090	0.910
套现再融资(cash-out refinancing)所占比例的变化	6689	0.022	0.047	−0.025	0.081
中位家庭的收入,2000 年	6689	48.705	16.657	31.031	70.821
工资增长率,根据所得税申报表,2002—2006 年	6689	0.106	0.068	0.030	0.189
调整后总收入增长率,根据所得税申报表,2002—2006 年	6689	0.186	0.124	0.064	0.345

注:本表给出了我们的样本中的邮政编码区的各相关概括统计量。我们的样本仅限于房地产数据公司核心逻辑(CoreLogic)能够提供房价数据的那些邮政编码区。住房净值冲击是因房价下跌而导致的净值下降,或者说,是 2006 年至 2009 年间房价的涨幅与 2006 年住房财富与净值之间的比率的乘积。有登记汽车的数量反映的是登记在某个邮政编码区的居民名下的汽车总数(汽车的价值要根据其车型年份折旧)。出生数据仅适用于加利福尼亚州。表中有登记游艇数量的邮政编码区,仅指那些在 2006 年时至少有十艘登记游艇的邮政编码区。

[①] 对于登记汽车和登记游艇的数量,我们只考察 2006—2010 年这个时间段。我们之所以要这样做,是因为登记数据不会立即更新,特别是在出现了登记有效期过期的时候。对于出生人数,我们使用的是 2006 年至 2010 年的数据,其假设是,若父母在 2009 年做出生育决策,将在 2010 年实现。

4.2　住房净值冲击与消费增长率

下面的图 3 和图 4 显示了各邮政编码区的消费增长率与住房净值冲击之间的强相关性。从图 3 可见，在 2006 年至 2009 年期间，遭受严重的负面住房净值冲击最严重的那些邮政编码区，登记汽车数量从 2006 年到 2010 年下降了 20％，新车购置量则更是下降了 50％。而对于那些位于前五分之一的邮政编码区来说，登记汽车数量和新车购置量在同一时期则只分别下降了 10％和 25％。

从图 4 中也可以观察到类似的结果。在遭受了最严重的负面住房净值冲击的那些邮政编码区，登记游艇的数量的下滑幅度也最大；同时每居住单位的成年人数量也数这些邮政编码区增加得最多。同样地，在遭受了最负面的住房净值冲击的那些邮政编码区，出生人数也下降得最多。

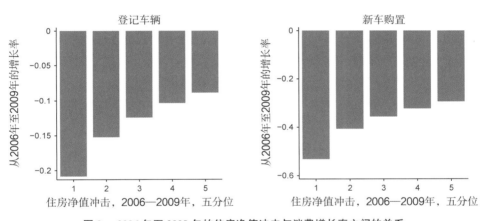

图 3　2006 年至 2009 年的住房净值冲击与消费增长率之间的关系

注：本图给出了住房净值冲击分布上的消费增长率指标。每个五分位的人口占成年人总人口的 20％。

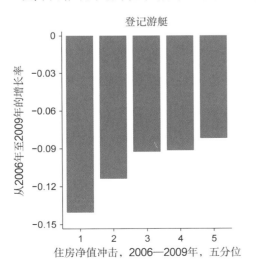

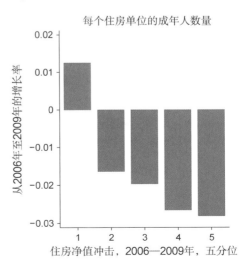

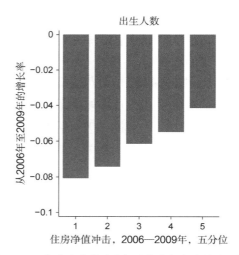

图 4　2006 年至 2009 年住房净值冲击与消费增长率的其他指标之间的关系

注:本图给出了整个住房净值冲击分布上的登记游艇数、每个住房单位的成年人数以及出生人数。每个五分位的人口占成年人总人口的 20%。出生人数这个指标仅适用于加利福尼亚州,因此,最下面的小图是对加利福尼亚州的邮政编码区排序后的结果。

表 2 列出了住房净值冲击下的消费增长弹性的估计值。请回忆一下,住房净值冲击的定义是,房价崩溃导致的净值下降的百分比。弹性的估计值介于 0.2~0.8,具体数值则取决于消费指标;而出生人数的弹性的估计值为 0.12。

该表第五列的数字的量级需要更多的信息才能解释。在住房净值冲击分布上从第 90 百分位移动到第 10 百分位数,移动了-0.25。第五列给出的系数估计意味着,这样的移动会导致每个住房单位的成年人数增加 0.04 个。初听起来,这个数字似乎不大,但是我们注意到,单位住房成年人数量的变化本身就很少——每单位住房的成年人人数变化的标准偏差只有0.095,因此,上述影响几乎达到了标准偏差的 1/2。

表 2　2006 年至 2009 年的住房净值冲击与消费增长率

	(1)	(2)	(3)	(4)	(5)
	登记汽车增长率 2006—2009 年	新车销售增长率 2006—2009 年	登记游艇增长率 2006—2009 年	单位住房成年人数变化 2006—2009 年	出生人口增长率 2006—2009 年
住房净值冲击,2006—2009 年	0.381**	0.788**	0.239**	-0.150**	0.116**
	(0.019)	(0.030)	(0.052)	(0.036)	(0.026)
常数(资产价格冲击)	-0.095**	-0.299**	-0.080**	-0.031**	-0.035**
	(0.003)	(0.006)	(0.007)	(0.003)	(0.009)
观察点数	6689	6689	3204	6686	856
R^2	0.250	0.342	0.012	0.031	0.027

注 1:这个表格给出的邮政编码区级回归结果,表明了大衰退期间的消费增长率的若干指标与从 2006 年到 2009 年的住房净值冲击的关系。住房净值冲击是因住房价格崩溃而导致的净值下降的百分比。出生人数只适用于加利福尼亚州。标准误差按县汇集。

注 2:**,*分别指在 1% 和 5% 置信水平下,相关系数在统计上显著不等于零。

在表 3 中,我们将 2006 年至 2009 年的住房净值冲击分解成了两个组成部分:2006 年至 2009 年间的房价涨幅,以及 2006 年的住房财富与净值之间的比率。表 3 的"Panel A"给出的是普通最小二乘(OLS)估计结果。第一列表明,这两个组成部分彼此之间是密切相关的:2006 年住房财富与净值之间的比率很高的那些邮政编码区在经济衰退期间房价大幅下滑。这种强相关性使得我们很难将对消费的单独影响分离出来。表 3 的"Panel A"的第二列至第六列中给出的估计结果则表明,这两个组成部分都很重要,对于登记汽车数量和新车购置量而言,尤其如此。

表 3 的"Panel B"给出的估计结果包含了县的固定效应。这样做是很有意义的,因为房价涨幅在不同邮政编码区之间的差异,大部分都是由县级的差异所推动的。[①]

表 3　住房净值冲击对消费增长率的影响的分解

Panel A:普通最小二乘法					
(1)	(2)	(3)	(4)	(5)	(6)
住房价格涨幅 2006—2009 年	登记汽车数量增长率 2006—2009 年	新车销量增长率 2006—2009 年	登记游艇增长率 2006—2009 年	单位住房成年人数变化 2006—2009 年	出生人口增长率 2006—2009 年

住房财富与净值之间的比率, 2006 年住房价格涨幅, 2006—2009 年

-0.297^{**} (0.022)	-0.034^{*} (0.013)	-0.147^{**} (0.022)	-0.019 (0.021)	0.061^{**} (0.015)	-0.057^{**} (0.014)
	0.274^{**} (0.020)	0.464^{**} (0.034)	0.147^{**} (0.037)	-0.031 (0.028)	0.054 (0.037)

(1)	(2)	(3)	(4)	(5)	(6)
住房价格涨幅 2006—2009 年	登记汽车数量增长率 2006—2009 年	新车销量增长率 2006—2009 年	登记游艇增长率 2006—2009 年	单位住房成年人数变化 2006—2009 年	出生人口增长率 2006—2009 年

	(1)	(2)	(3)	(4)	(5)	(6)
常数(资产价格冲击)	-0.064^{**} (0.011)	-0.065^{**} (0.004)	-0.222^{**} (0.008)	-0.064^{**} (0.010)	-0.050^{**} (0.006)	-0.007 (0.016)
观察点数	6689	6689	6689	3204	6686	856
R^2	0.179	0.291	0.360	0.013	0.029	0.033

Panel B:县固定效应						
	(1)	(2)	(3)	(4)	(5)	(6)
	住房价格涨幅 2006—2009 年	登记汽车数量增长率 2006—2009 年	新车销量增长率 2006—2009 年	登记游艇增长率 2006—2009 年	单位住房成年人数变化 2006—2009 年	出生人口增长率 2006—2009 年

住房财富与净值之间的比率, 2006 年住房价格涨幅, 2006—2009 年

-0.090^{**} (0.010)	-0.073^{**} (0.008)	-0.219^{**} (0.018)	-0.087^{**} (0.026)	-0.063^{**} (0.012)	-0.051^{**} (0.013)
	0.093^{**} (0.021)	0.230^{**} (0.036)	0.150 (0.091)	-0.052^{*} (0.023)	0.017 (0.037)

	(1)	(2)	(3)	(4)	(5)	(6)
观察点数	6689	6689	6689	3204	6686	856
R^2	0.893	0.556	0.686	0.258	0.443	0.128

注 1:这个表格给出的邮政编码区级回归结果,表明了大衰退期间的消费增长率的若干指标与住房净值冲击的两个组成部分之间的关系:2006 年至 2009 年间的房价涨幅,以及 2006 年的住房财富与净值之间的比率。出

[①] 我们的样本中有 1 021 个县,所以平均每个县有 7 个邮政编码区。

生人数仅适用于加利福尼亚州。"Panel B"还包括了县固定效应。标准误差按县汇集。

　注2:**,*分别表示在1%和5%置信水平下,相关系数在统计上显著不等于零。

　例如,2006 年至 2009 年房价涨幅的"县间"标准偏差为 0.13,而"县内"标准偏差则仅为 0.05。这是美国房价变动的一个非常显著的特征,即,大部分变化都是跨县的(或跨市的)而不是县内的。与此相反,2006 年住房财富与净值之间的比率的变动,却更多是由县内差异驱动的。住房财富与净值之间的比率的"县内"标准偏差为 0.16,而"县间"标准偏差则为 0.12。

　在理想情况下,如果邮政编码区级房价下降的幅度是完全一样的,那么我们很容易就可以检验,2006 年的事前住房财富与净值之间的比率,是不是预测消费的一个更加有效的指标。换句话说,我们可以保持资产价格冲击恒定不变,然后估计更大的冲击风险是不是会对消费增长率产生更加强大的影响。

　不幸的是,即便考虑了县固定效应,房价涨幅还是和住房财富与净值之间的比率相关。如表 3 的"Panel B"的第一列所示,当包含了县固定效应时,回归系数仍然为负且在统计上显著,但是系数显然更小,t 统计量也较小。在第二列至第六列中,我们也包含了县固定效应,结果表明,2006 年的住房财富与总净值之间的比率在对消费增长率的影响中的荷载就大得多了。这也就是说,在控制了房价上升之后,住房财富在净值中所占比例更高的邮政编码区的消费量的下降幅度更大。

　图 5 显示了截至 2011 年时无力偿还的抵押贷款所占的份额(以 2006 年住房财富与净值之间的比率为对照)。从这幅图中可以看出,2006 年住房财富与净值之间的比率更高的那些邮政编码区的房主,在住房价格大幅下跌后,无法偿还抵押贷款的可能性要高差不多两倍。

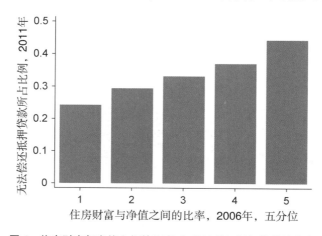

图 5　住房财富与净值之间的比率,与无法偿还抵押贷款的房主

　注:这幅图显示了在 2006 年住房财富与净值之间的比率的分布上的 2011 年无法偿还房贷的房主所占的比例。每个五分位各包含 20% 的人口。

4.3　对2006年住房财富与净值之间的比率较高的那些邮政编码区的进一步分析

迄今为止，我们一直没有触及这个问题：是什么基本经济机制使得2006年的住房财富与净值之间的比率，能够与大衰退期间的消费增长率联系起来？从下面的表4开始，我们就来讨论这个问题。在表4中，每一个单元格都是2006年住房财富与净值之间的比率关于某个导致大衰退的因素的回归系数。其中第一列是使用最小二乘法得到的估计结果，第二列则是包含了县固定效应的设定的估计结果。

截至2006年，住房财富与净值之间的比率更高的那些邮政编码区，在2002年至2006年期间的房价涨幅也更大。表4的第二行以套现再融资（cash-out refinancing）所占比例的变化为因变量。这个变量的具体定义是，在2003年至2006年间套现抵押贷款再融资（即，抵押贷款余额有所增加）的平均比例，减去2000年至2002年的平均比例。正如估计出来的系数所表明的，截至2006年住房财富与净值之间的比率更高的那些家庭，在2003年至2006年间套现抵押贷款再融资的份额是大幅增加的。

表4　理解2006年住房财富与净值之间的比率的变化

	住房财富与净值之间的比率，2006年	
	(1)	(2)
住房价格涨幅，2002—2006年	0.313** (0.041)	0.499** (0.106)
套现再融资比例的变化	2.495** (0.271)	3.894** (0.205)
工资增长率，2002—2006年	−0.626** (0.071)	−1.179** (0.090)
调整后总收入增长率，2002—2006年	−0.825** (0.038)	−1.078** (0.051)
2002年调整后总收入的对数	−0.244** (0.025)	−0.339** (0.014)
次级抵押贷款所占比例，2002年	0.702** (0.075)	0.957** (0.057)
县固定效应	否	是

注1：本表给出了2006年住房财富与净值之间的比率关于邮政编码区级的各种特征的回归系数。这里的回归是在邮政编码区层面上进行的单变量回归。表中的每一个单元格都是一个独立的回归。第二列的回归方程设定中包括了县固定效应。标准误差是按县汇集的。

注2：**，*表示在1%和5%置信水平下，相关系数在统计上显著不等于零。

图6显示的是上述结果随时间流逝而演变的轨迹。我们根据2006年住房财富与净值之间的比率，将样本划分为五个以人口加权的五分位，然后计算出了最顶部和最底部这两个五分位的套现抵押贷款再融资所占的份额。从图中不难看出，在2003年，两个五分位上的套现再融资都飙升到了最高峰。但是，自那之后，属于最底部五分位的那些邮政编码区的套现再

融资所占的份额开始急剧下降,而最顶部五分位的套现再融资的份额则一直到 2006 年仍然保持在比较高的水平上。从 2007 年开始,最顶部五分位邮政编码区的套现再融资所占的份额出现了急剧下降。

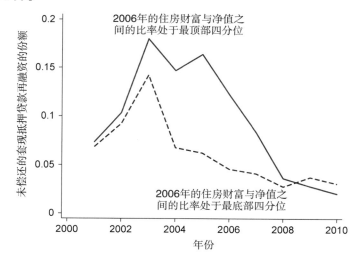

图 6　套现抵押贷款再融资的份额,根据 2006 年的住房财富与净值之间的比率列示

　　注:为了绘制这幅图,我们根据 2006 年住房财富与净值之间的比率,将邮政编码区归类为以人口加权的四分位。我们在图中描绘出了最顶部和最底部的两个四分位。套现再融资份额是指在某个给定的年度内取得现金的未偿还抵押贷款所占的份额。

　　在图 7 中,我们利用从艾奎法克斯信用服务公司(Equifax)获得的个人层面的数据——对于这个数据集,米安和苏菲(Mian and Sufi,2011)进行过详细的描述——绘制了现有房主的债务增长曲线。具体地说,只有那些在 1998 年就已经拥有了自己的房子的人,才可以进入我们的样本,然后我们计算出了最顶部和最底部的那两个四分位的住房净财富值与净值之间的比率。图 7 显示的证据与图 6 一致:原先就拥有房子的房主以自己的房子为抵押借入贷款的行为在住房价格繁荣期间表现得更加激进,特别是 2005 年、2006 年和 2007 年。

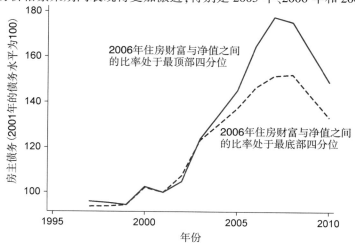

图 7　房主的债务总额,根据 2006 年的住房财富与净值之间的比率列示

注：本图使用了个人层面的数据，仅包括在 1998 年拥有了自己的住房的人。我们根据 2006 年时仍然存在于某个邮政编码区的住房财富与净值之间的比率将所有房主进行了分组，然后追踪了最顶部和最底部两个四分位的所有房主的总负债。

综合起来，表 4、图 5 和图 7 给出的证据支持了以下结论：在 2006 年时住房财富与净值之间的比率更高的那些邮政编码区，相对房价从 2002 年至 2006 年大幅上涨，房主借款也大幅增加。图 8 表明，这些邮政编码区 2002 年至 2006 年间的消费增长率也较高——证据源于米安和苏菲（Mian and Sufi，2014）。住房财富与净值之间的比率更高的那些邮政编码区，新车销量和登记汽车数量在住房繁荣期间都增加得更多，而在经济衰退期间则下降得更多。①

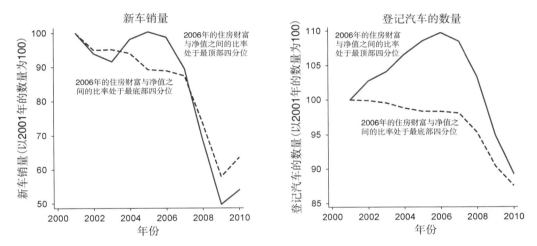

图 8　汽车服务消费，根据 2006 年的住房财富与净值之间的比率列示

注：在这幅图中，我们根据 2006 年的住房财富与净值之间的比率，将邮政编码区归入以人口加权的四分位。在图中，我们描绘出了最顶部和最底部那两个四分位的轨迹。

4.4　房价效应的识别

对于上述证据，我们的首选解释是，从 2002 年到 2006 年，不同邮政编码区之间的外生房价涨幅的横截面变异，驱动了不同邮政编码区之间现有房主的债务增长率和消费增长率的横截面差异。当房价下跌时，居住在同一个邮政编码区的家庭被迫大幅削减消费。至于削减消费的动机，既可能是出于增加储蓄，也可能是因为借款面临着更加严格的限制。这正是我们在一系列研究中——米安等（Mian et al.，2013）、米安和苏菲（Mian and Sufi，2011，2014）——试图证明的核心结论

在这里，有一点至关重要，必须着重强调一下：我们在上面的研究中强调的"因果通道"只与那些先后经历了房价的暴涨和萧条的邮政编码区有关。对 2006 年至 2009 年间的房价涨幅与 2002 年至 2006 年间的房价涨幅在邮政编码区层面上进行回归分析，得出的是一个负

---

① 麦卡利等（McCully et al.，2015）使用住房产权增值抵押贷款（home equity withdrawal）和新车购置数据证明，通过住房产权增值抵押贷款提取的现金一般不会直接用于汽车采购。他们还分析了可能导致套现再融资与新车购置之间的相关性的其他渠道。

的相关系数,其 t 统计量为 57,R^2 则为 0.33。我们认为,要想在不考虑房价繁荣期的涨幅的情况下,单独挖掘房价崩溃时不同邮政编码区之间的外生差异,是非常困难的。繁荣与萧条应该一起考虑。

对把房价波动视为因果性要素这种解释的一个主要隐忧是,房价的涨跌之所以会出现跨邮政编码区的横截面差异,有可能是因为某种遗漏变量所致——这种遗漏变量同时驱动了房价、借贷和消费。在我们看来,最值得我们考虑的一种情况可能是,在 21 世纪初期,出现了一个永久性收入冲击或生产率冲击,它对不同邮政编码区有不同的影响,从而导致房价涨幅最大的那些邮政编码区在随后的大衰退中房价走势出现反转。

为了排除上面这种可能的替代解释,我们在以往的研究中提出了一些工具变量,用来处理房价变动的横截面差异。在米安和苏菲(Mian and Sufi,2011)中,我们使用的两个工具变量中的其中一个是基于都会统计区(MSA,metropolitan statistical area)之间的差异,另一个则是基于都会统计区内部的差异。追随塞兹的思路(Saiz,2010),跨都会统计区工具变量是指一个城市的住房供给弹性。这个工具变量背后的逻辑是,在 2002 年至 2006 年期间(由于信贷可用性的增加,或对住房服务的偏好的增强),出现了一个全国性的住房需求冲击。这种全国性的冲击在住房供给缺乏弹性的情况下会转化为房价上涨。都会统计区内工具变量则基于都会统计区的住房供给弹性与邮政编码区级信用评分的相互作用。因家庭购房而发放的抵押贷款不成比例地推高那些信用评分很低的社区的房价,尽管这些社区的工资增长率或收入增长率并不会更高。

在表 4 中,第三行和第四行给出的是,2006 年的邮政编码区级住房财富与总净值之间的比率,对从 2002 年到 2006 年的收入增长率的回归系数。这些结果表明,没有证据可以证明这些邮政编码区存在着同时期正面收入冲击,从而很好地响应了我们以往的研究的结果。事实上,恰恰是在那些收入相对较低的邮政编码区,房价上涨幅度更大、贷款增加数额更多。[1]

戴维多夫在一系列研究中(Davidoff,2013,2014)对跨城市住房供给弹性工具变量提出了批评。特别是,戴维多夫(Davidoff,2014)认为,供给限制是与需求增长相关的。这个观点的含义之一是,在那些住房供给缺乏弹性的城市中,2002 年至 2006 年间出现的贷款和支出的相对增长,也许是由不同的需求冲击驱动的。但是,戴维多夫(Davidoff,2014)完全没有看到,米安和苏菲(Mian and Sufi,2011,2014)给出的证据已经证明,永久性收入冲击的某些指标与住房供给弹性完全不相关。此外,他也没有处理如下城市内证据(或县内证据),后者表明在住房供给无弹性的城市的那些邮政编码区,贷款和支出增长势头最强劲,但这些城市的可观察的收入增长率相对来说反而是在下降的。表 4 所示的结果进一步印证了这个证据:截至 2006 年,住房财富与净值之间的比率最高的那些邮政编码区,在 2002 年至 2006 年间调整后的总收入和工资增长率都出现了相对下降,同时用于汽车服务的贷款和支出的增幅却最大。

此外,关于住房财富与净值之间的比率很高的那些邮政编码区,还有其他一些事实也值

---

[1] 在米安和苏菲(Mian and Sufi,2014)中,我们还利用了查尔斯等(Charles et al.,2014)提出的另一个工具变量,它基于 2000 年至 2005 年间某些城市房价加速上涨的速度。

得一提:它们往往更贫穷,而且信用评分较低。表4的最后两行表明,在住房财富与净值之间的比率很高的那些邮政编码区,2006年的平均调整后的总收入更低,同时信用评分低于660分的个人所占比例也更高。无论包含还是不包含县固定效应,这些结果都相似。图9给出了收入和住房财富与净值之间的比率这两者的关系。截止至2006年,住房财富与净值之间的比率最顶部的那个五分位的邮政编码区,调整后的总收入平均仅为4万美元,而最底部的五分位的这个数字差不多达到了9万美元。

　　这一点非常重要,因为许多研究人员在确定大衰退期间消费增长率的横截面差异时,都是根据事前收入或事前财富进行分类的。低收入人士的低消费增长率,至少部分反映了房价下跌对低收入人士的不同影响。

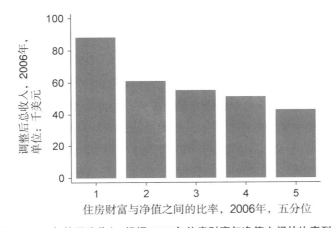

图9　2006年的平均收入,根据2006年住房财富与净值之间的比率列示

注:这幅图给出了2006年住房财富与净值之间的比率的整个分布上的平均调整后总收入。每个五分位的人口占成年人总人口的20%。

5.　若干与前述事实关系最紧密的模型

　　住房和家庭债务在大衰退中的重要地位,激发了大量以家庭资产负债表与消费的相互作用为目标的理论研究。与前述事实最吻合的第一波宏观经济理论模型出现在如下著述当中:艾格尔特森和克鲁格曼(Eggertsson and Krugman,2012),圭列里和洛伦佐尼(Guerrieri and Lorenzoni,2015),米德里甘和普利彭(Midrigan and Philippon,2011),以及霍震和里奥斯-拉尔(Huo and Ríos-Rull,2016)。

　　在圭列里和洛伦佐尼(Guerrieri and Lorenzoni,2015)的模型中,经济行为主体会受到无法保险的特异性生产率冲击,这种冲击会产生一种财富分布效应。家庭面临着一种借款约束,而且那些受到了最严重的生产率冲击的家庭,受到的借款约束也最为严苛。在他们的模型中,导致经济衰退的总冲击就体现在外生性的借款约束的不断收紧。这种收紧会导致收入分布中的大部分经济行为主体削减消费。而且,当借款约束收紧时,由于存在预防性储蓄动机,即便是借款不受约束的经济行为主体也会减少消费。

当然,约束最紧的家庭消费下降幅度最大。圭列里和洛伦佐尼(Guerrieri and Lorenzoni, 2015)提供的一幅图(该论文的最新版的图 6)表明,消费响应存在着异质性——具体取决于约束的松紧程度。最受约束的经济个体的消费量将会减少 10%以上,而最不受约束的个体则不会调整消费。

在艾格尔特森和克鲁格曼(Eggertsson and Krugman,2012)的模型中,只存在两种类型的经济行为主体(被赋予了不同的偏好)。受约束的经济行为主体的贴现因子更低,而且每一年的消费都会用尽自己的借款上限。因此,他们的消费可以通过借款上限确定。不受约束的经济行为主体则向受约束的经济行为主体提供贷款,因此利率决定了他们的跨期消费分配决策。

在圭列里和洛伦佐尼(Guerrieri and Lorenzoni,2015)的模型中,造成经济衰退的冲击是借款约束的持续收紧。为了应对这种紧缩,受约束的经济行为主体将削减消费。如果利率可以自由调整,那么无约束的经济行为主体会随着利率的下行而扩大消费。然而,由于存在着名义刚性以及零利率下限,受约束的消费者的消费的急剧下降,会使经济陷入衰退。再一次地,在这个模型中,最关键的横截面模式是受约束的经济行为主体的消费下降幅度最大。

那么这些模型与前述实证结果有什么关系呢? 一个解释是,模型中收紧的借款约束反映的正是经济衰退期间的房价崩溃。事实上,正如艾格尔特森和克鲁格曼(Eggertsson and Krugman,2012)所指出的:"有很多理由认为,借款上限在某种程度上是取决于当前条件的,例如,如果借款人的资产的抵押价值依赖于当前条件(如住房价格)的话……"根据这种解释,模型将预测房价崩溃最严重的那些邮政编码区消费下降的幅度最大,这个预测与我们的数据非常吻合。米安等(Mian et al. ,2013)证明,受房价崩溃冲击最严重的那些县,住房净值抵押贷款的可得性、信用卡限额和抵押贷款再融资量,都出现了大幅滑落。

在米德里甘和菲利彭(Midrigan and Philippon,2011)的模型中,关键的摩擦是现金先行约束(cash-in-advance constraint)。在这个模型中,家庭的支出,既可以用政府发行的现金支付,也可以用信用卡支付。用于消费的私人信用必须以住房财富为抵押,而令人感兴趣的关键参数是可以用作借款抵押的住房财富的一个比例——作者们称之为 θ。米德里甘和菲利彭引入异质性的方法是,先假设存在一些完全相同的岛屿,然后让它们各自的 θ 受到不同的正向冲击。对 θ 的不同的正向冲击是用来解释住房繁荣期间家庭负债的不同上升幅度的。但是,在那之后,θ 又会回到它在繁荣之前的水平上,这导致抵押约束大起大落的各岛出现繁荣和萧条。

米德里甘和菲利彭(Midrigan and Philippon,2011)根据对美国各州在大衰退期间的横截面分析,假设了名义刚性、劳动市场刚性和抵押约束,从而对模型进行了校准。他们得到的主要结果是,家庭债务增长更快的那些州在经济衰退期间消费下降的幅度更大。

在霍震和里奥斯-拉尔(Huo and Ríos-Rull,2016)构建的模型中,最根本的冲击是家庭所面对的不断趋紧的财务状况。他们的这个研究更加严肃地对待了住房财富,这是它的一个重要贡献。根据他们的模型,家庭信贷可用性的下降,会触发房价的大幅下跌,而房价的下跌,又会导致消费的减少。他们的模型还包含了其他一些摩擦,比如说,可交易商品难以扩大生产、劳动市场的刚性导致难以大幅降低工资。总之,在他们的模型中,大部分财富与房子捆绑在一起的那些家庭,消费下降幅度最大。这一点也是与我们在上面描述过的模式一致的:在经济衰退之前,住房财富在总净值中占据的份额最大的那些邮政编码区,在大衰退中消费下滑最为严重。

第二波研究进一步扩展了上述模式,从而更有力地解释了过度借贷为什么可能导致经济衰退。科里尼克和西姆塞克(Korinek an Simsek,2014)的模型,是从一个类似于艾格尔特森和克鲁格曼(Eggertsson and Krugman,2012)的假设开始的:偏好的差异,导致了借款人和贷款人的出现。在模型的初始阶段,借款人可以选择任何规模的债务,但是在模型的第二阶段就会面临借款约束。如果施加的借款约束足够紧,那么借款人就必须大幅削减开支,从而生成与艾格尔特森和克鲁格曼(Eggertsson and Krugman,2012)的研究类似的横截面关系。科里尼克和西姆塞克(Korinek and Simsek,2014)证明,在存在会产生总需求外部性的名义刚性的情况下,借款人在初始阶段选择的贷款规模可能远远大于一个"社会规划者"会选择的最佳规模。

他们对此的推理是:到了第二阶段,由于存在名义刚性,例如零利率下限,借款人大幅削减消费,就会导致经济体中其他个体的消费下降(这就是"总需求外部性"的含义)。如果借款约束是有约束力的,那么借款人就不会考虑自己的决定对其他个人的消费的影响,而这就意味着他们在初始阶段的借款超过了社会最优水平。

法里和韦尔宁(Farhi and Werning,2015)分析了这样一些经济体:商品市场和劳动市场都存在名义刚性,或者,名义利率存在着零下限约束,又或者实行的是固定汇率制度。他们证明,在这些情况下,财富的分配状态会影响总需求和产出,经济行为主体可能会在事前过度借贷。他们认为,这个框架适用于很多种情形下的分析,包括信贷繁荣和(开放经济中的)资本流动。

胡斯蒂尼亚诺等(Justiniano et al.,2014)构建了一个定量模型并证明信贷供给的扩张,而非贷款约束的放松,更符合2000年至2006年出现的那种模式——房价持续上涨、抵押贷款不断增加。特别是,他们认为,信贷供给增加能够很好地预测住房价格的上涨、抵押贷款占GDP的比例的增加、利率的下降、债务与抵押价格的比率的走平,等等。但是,胡斯蒂尼亚诺等人并没有说明信贷的扩张是如何影响消费的。法韦卢奇斯等(Favilukis et al.,2015)为了分析住房价格变动的动态机制,也构建了一个定量模型,结果发现2000年至2006年的房价上涨狂潮之所以出现,是融资约束放宽、与住房资产相关的风险溢价下降的结果。

上面描述的这些模型,都先强调像信贷供给扩张或借款约束收紧这样的外生冲击,然后探讨这些冲击对消费和总体经济的影响。这些模型能够给出横截面预测,例如,在经济衰退期间,哪些主体的消费的下降幅度最大。但是,它们的主要目的都放在了解释总体经济活动的衰退上面。相比之下,伯杰等人最近的研究(Berger et al.,2015)却侧重于探究是什么决定了个人消费对房价变动的反应。他们构建了这样一个模型:家庭既可以从非住房消费中获得效用,也可以从住房服务中获得效用,还可以从将财富留给子女这种行为中获得效用。这些家庭同样面临着借款约束和收入不确定性。伯杰等人的模型的主要结果表明,个体的非

耐用品消费对于房价出人意料的永久性变化的弹性,可以用如下的充分统计量来刻画:

$$\eta_{it} = \frac{\dfrac{dC_{it}}{C_{it}}}{\dfrac{dP}{P}} = MPC_{it} \times (1-\delta) \times \frac{P \times H_{i,t-1}}{C_{it}} \tag{6}$$

其中,MPC_{it} 是第 i 个家庭在第 t 期受到暂时性收入冲击时的边际消费倾向,δ 是住房资产的折旧率,P 是住房价格(假设在冲击之前住房价格是恒定的),$H_{i,t-1}$ 是第 i 个家庭在第 $t-1$ 期持有的住房资产的数量,C_{it} 是第 i 个家庭在第 t 期的消费。这篇论文的作者用源于收入动态追踪调查的证据证明,受到暂时性收入冲击时的边际消费倾向与住房资产持有量之间并不存在很强的相关性。

方程式(6)是在一个局部均衡的框架中推导出来的,该方程式的两边都依赖于一些内生变量,如房价涨幅和边际消费倾向等。尽管如此,这个统计量仍然不失为一个有用的统计量,它有助于我们理解不同个体的消费增长率的横截面差异(这是个体对同样的房价下跌做出的不同反应)。如果能够将外部冲击分离出来并以房价的涨幅表示,那么方程式(6)就意味着,对于那些在受到临时收入冲击时边际消费倾向更高的家庭,以及住房财富与消费之间的比率更大的家庭,受到的影响将会更大。

我们现有的邮政编码区级数据还不足以充分地检验这个方程式,因为我们无法衡量消费对住房财富的边际倾向,也不能衡量居住在某个邮政编码区的家庭的总消费。尽管如此,我们在上面的表3和表4中给出的结果还是有力地支持了方程式(6)。表3表明,在控制了房价涨幅之后,住房财富与净值之间的比率更高的那些邮政编码区在经济衰退期间的消费增长率更低。换句话说,对于同样的房屋价格下降,住房财富与净值之间的比率更高的那些邮政编码区的消费增长率更低。

虽然我们不能十分肯定,但是住房财富与净值之间的比率更高的那些邮政编码区的住房财富与消费之比也应该更高。此外,如表4所示,住房财富与净值之间的比率更高的那些邮政编码区人们的收入更低,信用评分也更低。而且,大量的研究告诉我们,收入更低、信用评分更低的个人在受到收入冲击、贷款可得性冲击或房价冲击时,具有更高的边际消费倾向。

我们有理由期待,使用类似于伯杰等(Berger et al.,2015)的充分统计量方法的实证研究将会大量涌现出来,从而使消费增长率对于住房价格上涨的弹性得到确切的检验。最后有必要指出的一点是,虽然伯杰等人是在完全理性框架内推导出方程式(6)的,但是我们应该注意到,消费的边际倾向在整个人口中可能会因为贷款约束之外的"行为偏差"的存在而出现很多差异,例如双曲线型贴现[请参见哈里斯和莱伯森(Harris and Laibson,2001)]。

6. 家庭债务的总量证据

本章的综述关注的主要焦点是谁来负担总体经济衰退的成本。然而,前面提到的那些理论研究——特别是艾格尔特森和克鲁格曼（Eggertsson and Krugman，2012），圭列里和洛伦佐尼（Guerrieri and Lorenzoni，2015 年），法里和韦尔宁（Farhi and Werning，2015），霍震和里奥斯－拉尔（Huo and Ríos－Rull，2016），以及科里尼克和西姆塞克（Korinek and Simsek，2014）——都包含着另外一个含义，那就是，家庭债务的不断积累，再加上信贷供给冲击以及名义刚性，可能会导致经济衰退。这也就是说，这些研究同时具有横截面意义和总体意义。

但是，检验家庭债务堆积和房价崩溃是不是真的会导致经济转头向下，是一项非常艰巨的任务。例如，贝拉雅等人在一篇论文中指出（Beraja et al.，2015），如果使用横截面差异来推断决定总体商业周期的因素，得出的结论就很可能是误导性的，因为总体冲击并不一定能在横截面中被识别出来。然而，现在有越来越多的证据表明，家庭债务的增加与随后的经济增长率之间确实存在着很强的相关性。一种方法是考察更具汇总性的地理单位的横截面差异，例如国家与国家之间、州与州之间的差异。图 10 利用了美国经济分析局（BEA）的全新的州级个人消费支出数据，它表明，在经济衰退期间，房价涨幅与各州的消费增长率之间存在着很强的相关性——估计出来的弹性为 0.21，其 t 统计值为 7。如果直接将这种关系解释为因果效应，人们可能还有疑问。但是前述研究已经分离出了房价繁荣和低迷中的外生变化，并且有力地预测了家庭支出上的"繁荣"和"衰退"。

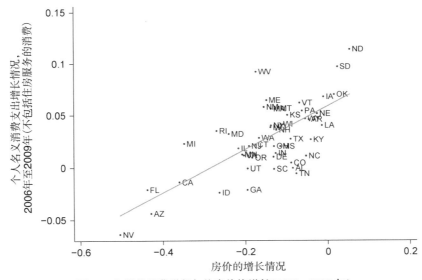

图 10　各州的消费增长与住房价格增长（2006—2009 年）

注：这幅图描绘的是美国各州 2006 年至 2009 年的消费增长情况与 2006 年至 2009 年的住房价格涨跌情况。我们使用的是美国经济分析局（BEA）关于个人消费增长和房价涨跌的州级数据。[数据来源：核心逻辑公司（CoreLogie）]

对于大衰退，类似的研究也在跨国层面上进行。格利克和兰辛（Glick and Lansing，2010）考察了各国的情况，结果发现"家庭加杠杆程度最大的那些国家，往往在同一时期内房价上涨最快。而一旦房价开始下滑，这些国家的家庭消费下降幅度也往往最大"。利等人的研究（Leigh et al.，2012）证实了这些发现，他们发现，从 2002 年到 2006 年，由房价上涨推动的住房债务增长幅度最大的那些国家，在泡沫破灭期间消费的下滑幅度也是最大的。此外，他们还对从 1980 年到 2011 年的多次经济繁荣和衰退进行了更系统的分析,结果发现当私人债务大幅上涨先于房价泡沫破灭时,这种泡沫破灭导致的消费降幅更大。

我们获得的证据并不仅仅限于最近这轮大衰退期间。约尔达等人通过一系列研究(Jordà et al. ,2013,2014a,2014b)构建了一个囊括许多发达国家的长期历史面板数据,研究了信贷的增长率与金融危机和经济衰退的严重程度之间的关系。舒拉里克和泰勒(Schularick and Taylor,2012)也用同样的方法研究了类似的问题。不同的是,舒拉里克和泰勒估计的回归结果表明,信贷增长是金融危机的预测器;而约尔达等(Jordà et al. ,2013)则证明,如果前期出现了信贷大扩张,那么经济衰退往往更加严峻。约尔达等(Jordà et al. ,2014b)进一步扩展了他们前两项研究中的工作,利用新的数据将信贷细分为家庭债务和企业债务。他们发现,抵押贷款债务膨胀和房地产繁荣"预测"了二战后的历次金融危机;他们还发现,在抵押贷款债务快速增长之后发生的经济衰退往往更加严重而且复苏更加缓慢。戴拉里西亚等(Dell'Ariccia et al. , 2012)研究了 1970 年至 2009 年间的一个跨国面板,这些国家的特点是银行信贷与 GDP 之间的比率急剧上升。在这篇论文中,他们给出了信贷泡沫的性质,以及它们是不是会导致泡沫破灭或金融危机的描述性证据。

对于艾格尔特森和克鲁格曼(Eggertsson and Krugman,2012),圭列里和洛伦佐尼(Guerrieri and Lorenzoni,2015),法里和韦尔宁(Farhi and Werning,2015),霍震和里奥斯-拉尔(Huo and Ríos-Rull,2016),以及科里尼克和西姆塞克(Korinek and Simsek,2014)提出的理论模型,最有力的支持证据也许是米安等(Mian et al. ,2015)给出的。在这篇论文中,米安等人证明,在过去40年,30个主要发达经济体的家庭债务与 GDP 之间的比率,对随后的经济增长率有强大的预测能力。此外,他们还尝试将信贷供给驱动的家庭债务增长分离出来,并证明这种信贷供给驱动的繁荣能够预测随后的经济增长放缓。在实施固定汇率制度的那些经济体中,家庭债务增长的上述预测能力最强,这就进一步证实了名义刚性的重要性。这篇论文还给出了存在全球家庭债务周期的证据:全球家庭债务与 GDP 之间的比率的提高,预示着随后的全球产出增长放缓。①

7. 结论

源于房价崩溃的家庭净值冲击,显然是一个决定经济衰退期间消费增长率的重要因素。对于这种模式的进一步分析表明,截至 2006 年的房价崩溃风险敞口(我们用截止至 2006 年的住房财富与总净值之间的比率来衡量)是上述关系的重要驱动者。不过,我们对现有文献的回顾表明,在探讨家庭在商业周期中的消费增长率的横截面差异的那些研究中,很少有人

① 相比之下,切凯蒂等(Cecchetti et al. , 2011)估计了国家级面板的回归值,他们将第 t 年到第 t+5 年的经济增长率与第 t 年的政府债务、企业债务和家庭债务的水平联系起来。为此,他们使用了更长的为期五年的"时间窗口",因为这样一个时间窗口能够"减少周期性变动的潜在影响,并允许(他们)关注中期的经济增长率"。不过,他们没有发现强有力的证据以证明私人债务水平能够预测经济增长。

将关注的重点放在房价崩溃冲击的风险敞口上。我们认为在这个方向上还需要更进一步的研究。在更长的时间期限上，运用国家层面的宏观经济数据，研究者们发现，家庭债务增长与随后的经济下滑之间存在着很强的相关性，这个事实表明家庭资产负债表与产出增长之间的强大联系即使在经济衰退期之外也同样存在。

现在，我们已经有了一个坚实的理论基础，它将激发更多、更深入地讨论房价和家庭债务对消费的影响的实证研究。我们认为，如果研究者能够获得有关消费者支出的行政面板数据，而且这些数据的质量又与来自美国社会保障局的高质量收入面板数据差不多的话，那么对于这些问题的研究将会产生一个非常大的飞跃。正如米安等（Mian et al.，2013）已经指出过的，要想估计受到收入冲击和财富冲击时的边际消费倾向的差异，我们需要有关消费的高质量的微观经济数据。正因为现在的研究越来越关注人口中边际消费倾向的差异，所以这种高质量的数据就显得更加重要了。

致谢

本研究得到了芝加哥大学布斯商学院的全球市场研究中心（Initiative on Global Markets）和法玛－米勒研究中心（Fama-Miller Center）的资金支持，还得到了普林斯顿大学的资助。我们感谢鲁迪格·巴赫曼（Ruediger Bachmann）、约翰·B. 泰勒（John B. Taylor）、哈拉尔德·厄里格（Harald Uhlig），以及芝加哥大学《宏观经济学手册》研讨会的与会者的宝贵意见。感谢朴晟溙（Seongjin Park）、郑司空（Jung Sakong）和张晓（Xiao Zhang），他们是出色的研究助理。本章所包含的任何意见、结果、结论或建议，都是作者们自己的，不一定反映任何其他机构的观点。

参考文献

Aguiar, M., Bils, M., 2015. Has consumption inequality mirrored income inequality? Am. Econ. Rev. 105 (9), 2725—2756.

Andersen, A. L., Duus, C., Jensen, T. L., 2014. Household debt and consumption during the financial crisis: evidence from Danish micro data. Danmarks Nationalbank Working Papers.

Attanasio, O., Battistin, E., Ichimura, H., 2004. What really happened to consumption inequality in the US? National Bureau of Economic Research.

Attanasio, O., Davis, S. J., 1996. Relative wage movements and the distribution of consumption. J. Polit. Econ. 104 (6), 1227—1262.

Attanasio, O., Hurst, E., Pistaferri, L., 2012. The evolution of income, consumption, and leisure inequality in the US, 1980-2010. National Bureau of Economic Research.

Baker, S. R., 2014. Debt and the consumption response to household income shocks.

Baker, S. R., Yannelis, C., 2015. Income changes and consumption: evidence from the 2013 federal government shutdown. Available at SSRN 2575461.

Bee, A., Meyer, B. D., Sullivan, J. X., 2012. The validity of consumption data: are the consumer expenditure interview and diary surveys informative? National Bureau of Economic Research.

Beraja, M., Hurst, E., Ospina, J., 2015. The aggregate implications of regional business cycles.

Berger, D., Guerrieri, V., Lorenzoni, G., Vavra, J., 2015. House prices and consumer spending. National Bureau of Economic Research.

Bewley, T., 1977. The permanent income hypothesis: a theoretical formulation. J. Econ. Theory 16 (2), 252—292.

Bunn, P., Rostom, M., 2014. Household debt and spending. Bank Engl. Q. Bull Q3, 304—315.

Cantor, D., Schneider, S., Edwards, B., 2011. Redesign options for the consumer expenditure survey. Westat.

Cecchetti, S. G., Mohanty, M. S., Zampolli, F., 2011. The real effects of debt. BIS Working Paper.

Charles, K. K., Hurst, E., Notowidigdo, M. J., 2014. Housing booms, labor market outcomes, and educational attainment. University of Chicago Working Paper.

Cochrane, J. H., 1991. A simple test of consumption insurance. J. Polit. Econ. 99 (5), 957—976.

Cynamon, B. Z., Fazzari, S. M., 2014. Inequality, the great recession, and slow recovery.

Davidoff, T., 2013. Supply elasticity and the housing cycle of the 2000s. Real Estate Econ. 41 (4), 793—813.

Davidoff, T., 2014. Supply constraints are not valid instrumental variables for home prices because they are correlated with many demand factors. Available at SSRN 2400833.

Davis, S. J., von Wachter, T., 2011. Recessions and the costs of job loss. Brook. Pap. Econ. Act. 1—72.

Dell'Ariccia, G., Laeven, L., Igan, D., Tong, H., 2012, June. Policies for macrofinancial stability: how to deal with credit booms. IMF Staff Discussion Note.

Eggertsson, G. B., Krugman, P., 2012. Debt, deleveraging, and the liquidity trap: a Fisher-Minsky-Koo approach. Q. J. Econ. 127 (3), 1469—1513.

Farhi, E., Werning, I., 2015. A theory of macroprudential policies in the presence of nominal rigidities. Working Paper.

Favilukis, J., Ludvigsson, S. C., Van Nieuwerburgh, S., 2015. The macroeconomic effects of housing wealth, housing finance, and limited risk-sharing in general equilibrium. Working Paper.

Gelman, M., Kariv, S., Shapiro, M. D., Silverman, D., Tadelis, S., 2015. How individuals smooth spending: evidence from the 2013 government shutdown using account data. National Bureau of Economic Research.

Glick, R., Lansing, K. J., 2010. Global household leverage, house prices, and consumption. FRBSF Econ. Lett. 2010 (1), 1—5.

Guerrieri, V., Lorenzoni, G., 2015. Credit crises, precautionary savings, and the liquidity trap.

Guvenen, F., Ozkan, S., Song, J., 2014. The nature of countercyclical income risk. J. Polit. Econ. 122 (3), 621—660.

Harris, C., Laibson, D., 2001. Hyperbolic discounting and consumption. In: Forthcoming Proceedings of the 8th World Congress of the Econometric Society.

Heathcote, J., Perri, F., 2015. Wealth and volatility. National Bureau of Economic Research.

Heathcote, J., Perri, F., Violante, G. L., 2010. Unequal we stand: an empirical analysis of economic inequality in the United States, 1967-2006. Rev. Econ. Dyn. 13 (1), 15—51.

Heathcote, J., Storesletten, K., Violante, G. L., 2009. Quantitative macroeconomics with heterogeneous households. Annu. Rev. Econ. 1 (1), 319—354.

Huggett, M., 1993. The risk－free rate in heterogeneous－agent incomplete－insurance economies. J. Econ. Dyn. Control 17 (5), 953—969.

Huo, Z., Ríos-Rull, J. V., 2016. Financial frictions, asset prices, and the great recession. Working Paper.

Jacobsen, M. R., van Benthem, A. A., 2015. Vehicle scrappage and gasoline policy. Am. Econ. Rev. 105 (3), 1312—1338.

Jacobson, L. S., LaLonde, R. J., Sullivan, D. G., 1993. Earnings losses of displaced workers. Am. Econ. Rev. 83, 685—709.

Jordà, O., Schularick, M., Taylor, A. M., 2013. When credit bites back. J. Money Credit Bank. 1538461645 (s2), 3—28.

Jordà, O., Schularick, M., Taylor, A. M., 2014a. Betting the house. Federal Reserve Bank of San Francisco Working Paper.

Jordà, O., Schularick, M., Taylor, A. M., 2014b. The great mortgaging: housing finance, crises, and business cycles. National Bureau of Economic Research.

Justiniano, A., Primiceri, G. E., Tambalotti, A., 2014. Credit supply and the housing boom. FRB of Chicago Working Paper.

Kahn, L. B., 2010. The long-term labor market consequences of graduating from college in a bad economy. Labour Econ. 17 (2), 303—316.

Kaplan, G., Mitman, K., Violante, G., 2015. Consumption and house prices in the great recession: model meets evidence. Working Paper.

Koijen, R., Van Nieuwerburgh, S., Vestman, R., 2014. Judging the quality of survey data by comparison with "truth" as measured by administrative records: evidence from Sweden. In: Improving the Measure? ment of Consumer Expenditures. University of Chicago Press.

Korinek, A., Simsek, A., 2014. Liquidity trap and excessive leverage. Working Paper.

Krebs, T., 2007. Job displacement risk and the cost of business cycles. Am. Econ. Rev. 97 (3), 664—686.

Krueger, D., Perri, F., 2006. Does income inequality lead to consumption inequality? Evidence and theory. Rev. Econ. Stud. 73 (1), 163—193.

Krusell, P., Mukoyama, T., Sahin, A., Smith, A. A., 2009. Revisitingthe welfare effectsof eliminating business cycles. Rev. Econ. Dyn. 12 (3), 393—404.

Krusell, P., Smith, A. A., 1999. On the welfare effects of eliminating business cycles. Rev. Econ. Dyn. 2 (1), 245—272.

Leigh, D., Igan, D., Simon, J., Topalova, P., 2012. Dealing with household debt. In: World Economic Outlook. International Monetary Fund, Washington, DC, pp. 89—124.

Lucas, R. E., 1987. Models of business cycles, vol. 26. Basil Blackwell Oxford, Hoboken, NJ, USA.

Malloy, C. J., Moskowitz, T. J., Vissing-Jørgensen, A., 2009. Long-run stockholder consumption risk and asset returns. J. Financ. 64 (6), 2427—2479.

Mankiw, N. G., Zeldes, S. P., 1991. The consumption of stockholders and nonstockholders. J. Financ. Econ. 29 (1), 97—112.

McCully, Brett, Pence, K. M., Vine, D. J., 2015. How Much Are Car Purchases Driven by Home Equity Withdrawal? Evidence from Household Surveys. Finance and Economics Discussion Series 2015—106. Board of Governors of the Federal Reserve System, Washington. http://dx.doi.org/ 10.17016/FEDS.2015.106.

Meyer, B. D., Sullivan, J. X., 2013. Consumption and income inequality and the great recession. Am. Econ. Rev. 103 (3), 178—183.

Meyer, B. D., Sullivan, J. X., 2013. Consumption and income inequality in the US since the 1960s. Working Paper.

Mian, A., Rao, K., Sufi, A., 2013. Household balance sheets, consumption, and the economic slump. Q. J. Econ. 128 (4), 1687—1726.

Mian, A., Sufi, A., 2010. Household leverage and the recession of 2007-09. IMF Econ. Rev. 58 (1), 74—117.

Mian, A., Sufi, A., 2011. House prices, home equity-based borrowing, and the US household leverage crisis. Am. Econ. Rev. 2132—2156.

Mian, A., Sufi, A., 2014. House price gains and US household spending from 2002 to 2006. National Bureau of Economic Research.

Mian, A. R., Sufi, A., Verner, E., 2015. Household debt and business cycles worldwide. National Bureau of Economic Research.

Midrigan, V., Philippon, T., 2011. Household leverage and the recession. NYU Working Paper.

Oreopoulos, P., von Wachter, T., Heisz, A., 2012. The short-and long-term career effects of graduating in a recession. Am. Econ. J. Appl. Econ. 4（1）, 1—29.

Parker, J. A. , Vissing-Jorgensen, A. , 2010. The increase in income cyclicality of high-income households and its relation to the rise in top income shares. National Bureau of Economic Research.

Perri, F. , Steinberg, J. , 2012. Inequality and redistribution during the Great Recession. Federal Reserve Bank of Minneapolis.

Piketty, T. , Saez, E. , 2003. Income inequality in the United States, 1913–1998. Q. J. Econ. 118（1）, 1—39.

Piketty, T. , Saez, E. , 2006. The evolution of top incomes: a historical and international perspective. Am. Econ. Rev. 96（2）, 200—205.

Piketty, T. , Zucman, G. , 2014. Capital is back: wealth–income ratios in rich countries 1700–2010. Q. J. Econ. 129（3）, 1255—1310.

Saez, E. , 2015. Striking it richer: the evolution of top incomes in the United States（updated with 2014 preliminary estimates）. University of California, Berkeley.

Saez, E. , Zucman, G. , 2014. Wealth inequality in the United States since 1913: evidence from capitalized income tax data. National Bureau of Economic Research.

Saiz, A. , 2010. The geographic determinants of housing supply. Q. J. Econ. 125（3）, 1253—1296.

Schularick, M. , Taylor, A. M. , 2012. Credit booms gone bust: monetary policy, leverage cycles, and financial crises, 1870–2008. Am. Econ. Rev. 102（2）, 1029—1061. http://dx. doi. org/10. 1257/aer. 102. 2. 1029.

Schulhofer-Wohl, S. , 2011. Heterogeneity and tests of risk sharing. J. Polit. Econ. 119（5）, 925—958.

Slesnick, D. T. , 2001. Consumption and Social Welfare: Living Standards and Their Distribution in the United States. Cambridge University Press, UK.

Storesletten, K. , Telmer, C. I. , Yaron, A. , 2001. The welfare cost of business cycles revisited: finite lives and cyclical variation in idiosyncratic risk. Eur. Econ. Rev. 45（7）, 1311—1339.

Storesletten, K. , Telmer, C. I. , Yaron, A. , 2004. Cyclical dynamics in idiosyncratic labor market risk. J. Polit. Econ. 112（3）, 695—717.

Stroebel, J. , Vavra, J. , 2014. House prices, local demand, and retail prices. National Bureau of Economic Research.

Sullivan, D. , Von Wachter, T. , 2009. Job displacement and mortality: an analysis using administrative data. Q. J. Econ. 124（3）, 1265—1306.

Topel, R. , 1991. Specific capital, mobility, and wages: wages rise with job seniority. J. Polit. Econ. 145—176.

Yagan, D. , 2014. Moving to opportunity? Migratory insurance over the Great Recession.

第六章　配置工资和汇出工资：
新事实及其对凯恩斯主义模型的挑战

S. 巴苏(S. Basu) [*,†]，　C. L. 豪斯(C. L. House) [†,‡]

[*]:波士顿学院,美国,马萨诸塞州,栗山;

[†]:美国国家经济研究局,美国,马萨诸塞州,剑桥;

[‡]:密歇根大学,美国,密歇根州,安娜堡

目　录

　　本章摘要：各种现代货币商业周期模型都严重依赖于价格刚性和工资刚性假设。虽然确实有大量实质性证据表明价格不会频繁调整，但是在现实世界中，关于工资刚性是不是劳动市场的一个重要特征，有力的证据却很少。尽管实际平均小时收入并不会呈现出特别明显的周期性，而且对货币政策冲击也不会产生显著的反应，但是就业工人的构成的系统性变化，以及就业安排中的隐性合同的存在，使得我们很难得出很强的关于工资刚性的重要性的结论。在本章中，我们对一个货币动态随机一般均衡模型（它是这个领域的一个"主力模型"）进行了扩展，方法是允许工人构成发生内生性变化并允许配置工资与汇出工资之间出现差异。使用个人层面的微观和总体数据，我们研究并扩展了有关工资周期性的现有证据，并特别强调了工资对识别出来的货币政策冲击的反应。通过分析，我们提出了几个一般性的结论：(i)从现有数据来看，构成偏差在劳动报酬的周期性模式中发挥着适度但显著的作用；(ii)从经验的角度来说，新入职工人的工资和"劳动的使用者成本"对识别出来的货币政策新息会做出很强的反应；(iii)我们给出的包含了工人与企业之间的隐含合同以及有弹性的配置工资的模型，能够很好地呈现上述模式。在此基础上，我们得出的最终结论是，价格刚性所起到的支配经济波动的作用，很可能比工资刚性更加重要。

　　关键词：劳动的使用者成本；构成偏差；粘性工资；实际工资周期性

　　JEL 分类代码：E24，E3，E31，E32

1. 引言

　　至少自休谟(Hume)以来,工资和价格的调整速度迟缓这个特点就被认定为理解货币传导机制的核心。在现代新凯恩斯主义模型中,无论是出现在教科书上的"经典模型"中,还是在研究中用来匹配经济数据的"中型模型"中,都是如此。[1] 从总体上说,包含了名义刚性的模型能够重现某些作为局部均衡模型的特征的模式,并且可以使需求决定的产出波动与基本商业周期事实以及观察到的对货币政策变化的反应相一致。如果超越货币非中性假设,那么包含了名义刚性的模型在面对真实冲击时也会有不同的表现。例如,作为对跨期冲击(例如,关于那些能够改变预期资本回报的未来技术、不确定性或金融摩擦的消息)的反应,包含了名义刚性的模型能够生成商业周期协动性,即便在价格可以灵活调整的模型不会出现这种结果时,也是如此。[2]

　　因此,把名义价格刚性和名义工资刚性的程度和重要性搞清楚,这是非常重要的。在本章的综述中,虽然我们同时讨论工资刚性和价格刚性,但是关注的主要焦点还是工资刚性,原因有如下几个。第一,克里斯蒂亚诺(Christiano)等人(2005)[3]的研究,以及许多后续研究都发现,在解释货币冲击的影响,以及更一般地解释周期性波动时,工资刚性在定量分析时比价格刚性更加重要。第二,在那些试图对一种名为"劳动楔"(labor wedge)周期性行为进行分析的研究中——劳动楔指劳动的边际产出与消费、休闲的边际替代率之间的差距——通常都会发现仅凭工资调整缓慢这个事实就可以解释观察到的这种周期性行为的很大一部分。这也就是说,工资加成(wage markup)的周期性要比价格加成更强。[4] 第三,这个领域的研究者们对价格刚性的基本经验事实已经达成了广泛的一致意见,但是对于工资刚性的性质则没有多少一致意见。在比尔斯(Bils)和克莱瑙(Klenow)(2004)的开创性研究之后,近年来已经涌现出了大量研究价格变化的频率和幅度以及从成本到价格的传递的论文。相比之下,对工资刚性的研究要少得多,而且现有的为数极少的研究也往往没有把它们的结果与宏观经济模型联系起来。工资的"行为"之所以会呈现出更大的不确定性,部分原因在于工资更加难以衡量,而且也很难搞清楚观察到的工资是不是配置性的。

　　虽然存在着将价格刚性和工资刚性作为相互独立的现象来讨论的倾向,但在宏观经济层面上这是不正确的。在某些特殊情况下,我们也许可以把微观经济层面上的工资刚性率和价格刚性率视为独立的参数——例如,调整工资或价格的外生的泊松风险率,但是,正如

---

[1] 经典教科书对这种模型的处理,请参见:伍德福德(Woodford)(2003)。而典型的中型模型则主要归功于克里斯蒂亚诺等人(2005)、斯梅茨(Smets)和沃特斯(Wouters)(2007)等。
[2] 例如,请参见:巴苏(Basu)和邦迪克(Bundick)(2012)。这个基本问题是巴罗(Barro)和金(King)(1984)最先指出的。
[3] 因本书翻译周期长,译者关于第6—9章文献的引用格式与其余各章不一,敬请读者理解。——译者注
[4] 例如,请参见:加里(Galí)等人(2007)。然而,他们的结论敏感依赖于所使用的工资测度。又如,请参见:比尔斯等人(2014)。

许多宏观经济模型所阐明的,总价格水平的惯性——宏观经济价格刚性的程度——在很大程度上取决于工资的刚性。由于大多数模型都假设,设定目标价格的方式是在名义边际成本的基础上加入一个不变的加成,因此价格水平的惯性取决于边际成本的调整。工资是生产实际增加值所需的边际成本的最大组成部分,因此工资粘性自然而然地增强了价格粘性。事实上,在大多数中型模型中,工资粘性对于价格水平的惯性的获得是至关重要的,因此,对(例如)名义冲击的持续实际效应也是非常重要的。同样地,工资的制定,例如由垄断工会决定的工资,也会受到对未来价格(通货膨胀)的预期的影响。在本手册中,还有泰勒(Taylor)(2006)撰写的另一章,讨论了工资和价格的交错制定及其对宏观经济模型的影响的微观经济证据。

　　本章这个综述的主要目的是讨论工资粘性和周期性工资调整的若干定义和测度,然后在一个中型宏观经济模型(我们的“主力模型”)中考察它们对工资刚性和价格刚性的意义。虽然我们的综述关注的重点是工资的测度,但是我们也认为如果不参考理论模型,是不可能评估数据的含义的。因此,我们在克里斯蒂亚诺等人(2005)的研究的基础上构建了一个中型动态随机一般均衡(DSGE)模型,将不同的工资概念纳入了一个更宽泛的模型。我们这个模型能够区分我们稍后将讨论的四个概念:平均收入(average earnings)、以劳动力构成调整后的平均收入、新入职员工的工资,以及劳动的使用者成本。这些不同的“工资”对于我们所研究的货币冲击有不同的反应,所以我们可以使用这个模型来预测这些不同的“工资”在面对货币政策冲击时的行为;货币政策冲击是我们对典型的名义总体冲击的测度。

　　我们之所以用这样一个模型来引入测度问题,是因为这可以让我们把注意力集中到我们认为与宏观经济学问题最相关的那些工资和价格统计量上来。正是通过价格和工资的反应,我们才得以识别总体冲击;这也就是说,它们反映的是条件相关性,而不是平均商业周期相关性,也不是工资或价格的变化的平均频率。当同时存在特异性冲击(idiosyncratic shock)和总体冲击(aggregate shock)时,微观层面的工资和价格可能会因为与总体经济波动不相关而频繁地变动。而对于总体冲击,它们却可能只会缓慢地发生变化。为了集中关注宏观经济学最重要的统计数据,我们重点讨论名义工资和名义价格对货币冲击的反应(货币冲击是名义总体冲击的标准例子)。我们之所以关注货币冲击,并不意味着我们认为这些冲击是导致商业周期波动很大的一个原因。相反,大多数现有证据表明,货币冲击只能解释产出波动中相对较小的一部分。但是,由于它们是通过一个限制的合意集(consensus set)来识别的,而且由于这种冲击在没有某种名义刚性的情况下是中性的,所以它们为我们评估宏观经济模型的表现提供了宝贵的机会。

　　现在先预告一下本章的主要结果。我们首先指出,最近的研究提供了一个有力的证据,它们说明概念上正确的配置工资测度有很强的顺周期性。这个发现与传统宏观经济学文献中的典型估计结果大相径庭,它们通常认为实际工资基本上是非周期的。然后,我们讨论了关于工资的一些新事实对包含了名义刚性的模型的含义,我们还发现这些模型很难解释一系列与货币政策冲击的影响有关的经验事实。我们接下来证明,标准的动态随机一般均衡模型可以通过引入一些现实特征得到增强,从而能够再现近期文献中发现的许多工资模式——尽管这些现实特征通常会给关于货币商业周期的动态随机一般均衡模型将其他变量的估计反应与货币冲击相匹配的能力,带来严重的问题。我们认为,为了使微观层面的数据与我们对货币传导机制的理解调和起来,我们还需要更多的关于配置工资的调整和货币模型中的传播机制的证据。寻找这些证据应该是未来研究的重中之重。

本章这个综述的结构安排如下。在概述了"工资"的各种不同的概念、回顾了相关文献之后,我们给出了一个"主力模型",然后将它在多个维度上加以扩展。有了这个模型,我们就能够精确地定义几种不同的工资概念,并推导出各种工资对货币政策冲击可能做出的反应,从而对它们的"行为"做出预测。这里有一点很重要,那就是,这个模型可以生成与每种工资概念相对应的预测,尽管只有一种工资概念会被工人和企业认为是配置工资。因此,我们可以使用这个模型来预测配置工资和非配置工资在货币冲击下的"行为"。然后,我们再将模型的含义与现有研究给出的关于工资和价格的微观数据关联起来,并指出哪些地方还需要进一步的证据。

从这些源于模型的概念出发,我们分析了关于工资周期性的大量证据,它们绝大部分来自那些使用美国的微观数据的研究。我们重点关注的问题有三个,这几个问题对解释数据至关重要,但是常见的宏观经济学模型却往往不包含它们。这三个问题是:工资总量指标中的构成偏差、新入职员工的工资与连续就业员工的工资之间的差异,以及现货工资(spot wage)与工资的预期时间路径之间的区别。为了从同一个数据来源得出我们的统计量,并确保它们可以相互比较,我们利用 1979 年之后的全国青年长期跟踪调查数据构造了以下时间序列:构成校正工资(composition-corrected wages)、新入职员工的工资,以及劳动的使用者成本。然后,我们阐明了实际工资的这些不同测度如何对货币政策冲击做出反应。我们的主要结论是,当得到了正确的定义和测度后,实际工资其实是顺周期性的,这与平均小时收入相反——平均小时收入基本上是非周期性的。

在结论部分,我们以微观数据为基础经验证据来检验我们提出的上述模型。我们发现,要想与我们从微观数据估计出来的真实工资的特点相匹配,配置工资必须非常有弹性才行。然后,要想与平均小时收入的特征相匹配,就需要将灵活的配置工资与不会频繁变化的(观察到的)汇出工资结合起来,也只有这样才能与源于微观数据的证据相一致。纳入了粘性价格、灵活工资和隐性劳动合同的模型最接近于与关键变量对货币政策冲击的脉冲反应相匹配的目标。然而,具有包含了灵活工资的标准中型动态随机一般均衡模型很难与估计得到的作为对货币冲击的反应的产出的持续性匹配。近来的许多模型都引入工资粘性(以各种各样的理由),将之作为一种重要的传播冲击的机制。但是,微观数据表明,工资弹性假设要比工资粘性假设更好,因此宏观经济学家必须寻到新的传播机制,以匹配观察到的产出波动的持续性,特别是当出现了货币冲击的时候。

2. 定义"工资"

一般的宏观经济模型通常由大量完全同质的工人—消费者组成，他们在现货市场上沿着集约边际供应劳动。在这种模型设定中，定义工资非常容易：在时间 t 为额外的一单位同期劳动供给而付出的当期支付。如果现实世界与这种模型一样简单，那么"工资"也就非常容易测度了。然而不幸的是，从数据来看，上面这种模型关于劳动市场的几乎所有假设都不成立，这样一来，对工资行为的测度就变得非常复杂了。

第一，工人从来不是同质的。这是一个显而易见的事实，但是，假如不同类型的工人的工作时间是同步地增加和减少的，那么这个事实也不一定会导致我们无法准确地测度工资周期性。因为那样的话，我们就可以把代表性工人定义为这样一个工人——他所拥有的人力资本等于人口中所有工人的人力资本的加权平均值，然后证明我们在数据中观察到的平均工资就是这个代表性工人的固定的人类资本组合本身的特征所要求的。然而不幸的是，劳动力的构成在周期之间是变动不居的。斯托克曼（Stockman）（1983）推测低收入工人的工作时间比平均水平有更强的周期性，后来，梭伦（Solon）等人（1994）证实了这个推测。因此，低收入劳动者在经济繁荣期间所占的劳动报酬的份额要高于经济衰退期间。这也就意味着，总体（平均）实际工资的周期性行为所体现的并不是支付给具有固定人力资本特征的代表性工人的工资的周期性，而后者正是几乎所有商业周期模型都隐含着的或明确表述的概念。正如我们将会看到的，纠正这种构成偏差后，支付给具有固定人力资本特征的代表性工人的工资比数据直接得出的平均工资有更强的顺周期性。这也是比尔斯（1985）的一篇早期重要论文的结论。

第二，由于大多数工人与雇主之间都存在着长期雇佣关系，所以劳动力市场并不是现货市场。因此，劳动者的"现货工资"并不一定就是企业所认定的边际劳动成本——边际劳动成本是大多数宏观经济模型的关键概念之一。巴罗（1977）提出了隐性合同的思想，批评了那些强调以工资粘性为基础的"雇佣权利"的模型——在那些模型中，工人提出一个固定的工资要求（可能是名义工资要求），而企业则根据自己的劳动需求曲线来决定雇佣规模（或工作时数）。巴罗证明，其他合同会增加双方在议价中的收益，他还认为有效的合同能够使得在每个时期内，工人的消费与休闲之间的边际替代率都等于企业的边际劳动产品——在这种工人—企业协作关系存续的全部时间内，总劳动报酬是以"分期付款"的形式支付给工人的。这种推理遵循了贝克尔（Becker）（1962）的一篇经典论文的思路。贝克尔在一个新古典主义模型中证明，只有企业在它们与工人的整个协作期向工人支付的工资的现期贴现价值才是配置性的。如果保持工资的现值不变，汇出工资的时间路径可以有多种多样的形式，而且任何一种形式都不会影响实际后果。

因此我们还需要知道，工资的预期现值的"年金价值"（它在概念上可以被视为"永久工资"），是如何因经济状况的变化而变化的。以永久收入假说为类比，我们可以看到，对致力于实现最优化的工人或企业来说，重要的是永久性工资（的"行为"），而不是当前的工资（的"行为"）。在现有文献中，许多研究都隐含地将永久性工资的行为与新员工的工资的行为捆绑在一起，但是考虑到两者的区别，永久性工资更加重要。如果工人与企业之间有长期的协作关系，那么永久性工资才是对劳动投入成本的正确测度。这样一来，观察到的平均工资对周期性波动不敏感（粘性）——即便正确配置的工资灵活有弹性时也会观察到这种现象——就不难理解了。事实上，巴罗早就预见到了这个结论（1977，第 316 页），他这样写道："事实上，短期宏观经济分析中的合同范式的主要贡献可能就在于，它告诉我们，某些人们经常讨论的劳动市场的特征，其实只是就业波动的表面现象。在这类现象中，粘性工资就是其中之一……"

3. 背景与相关文献

在这一节中，我们先回顾一下关于工资周期性的经济学研究的历史，在此过程中，我们将着眼于提炼和解释与平均企业的有效单位劳动边际成本的周期性有关的证据。这个主题对于宏观经济学的重要性无须多说，数十年来相关论文早就汗牛充栋，在这里，我们只能阐述与我们关注的核心问题最密切相关的若干关键思想。幸运的是，近些年来已经涌现了不少关于工资周期性的出色综述，因此，在涉及一些需要进一步深入讨论的具体问题的时候，我们建议读者去阅读这些文献。[1]

我们的综述范围既包括了名义工资刚性的估计，也包括了实际工资周期性的估计。这两者对于评估现代"中型"宏观经济模型，特别是这些模型能不能重现数据中观察到的货币政策冲击的实际影响都很重要。[2] 最终，重要的是企业必须面对的"影子"实际工资的行为。"影子"工资是企业的单位劳动的边际成本，这是经济学家不一定能在数据中轻易观察到的。"影子"实际工资对劳动需求变化不敏感的情况之所以会发生，既可能是由于经济的某些实际特征（例如，有弹性的劳动供给），也可能是因为工资刚性（即便名义上的劳动供给是没有弹性的，也可能如此），还可能是两者的共同作用。从一个企业的立场来看，上述两种理由都可以解释为什么总工作时数在商业周期中的波动几乎与国民生产总值的波动相同。[3] 然而，在一般的宏观经济学模型中，经济学家通常需要名义刚性来解释为什么名义冲击会产生实际效果。但是，即便名义工资能够自由调整，非周期的实际工资与名义价格刚性相结合也可

① 例如，请参见：亚伯拉罕（Abraham）和霍尔蒂旺格尔（Haltiwanger）（1995）。
② 弗里德曼（Friedman）和施瓦茨（Schwartz）开创了证明"货币非中立性"的"叙事性"方法（1963），这种方法得到了罗默夫妇（1989）发展。用现代向量自回归（VAR）法估计货币政策冲击的影响的文献，则源于伯南克（Bernanke）和布林德（Blinder）（1992），请参阅克里斯蒂亚诺等人（1999）对向量自回归方法的综述。关于叙事性方法和向量自回归法之外的识别方法，请参见罗默夫妇的讨论（2004）。
③ 关于商业周期的基本统计规律的讨论，请参见：斯托克（Stock）和沃森（Watson）的综述（1999）。关于新古典主义模型对此的解释，请参见：金和雷贝罗（Rebelo）（1999）。

以解释为什么会出现这样的估计结果：货币冲击对产出通常会有相当大的持续影响,但是对名义工资却几乎没有影响。[①]

由于我们关注的焦点是企业的劳动成本,所以我们不得不忽略了其他许多与工资的行为特征相关且相当重要的问题。特别是,我们的综述没有涉及劳动刚性的原因,比如说,效率—工资模型或内部人—外部人模型。对于劳动市场上的搜索模型,我们也只是简略地提一下,尽管有一些相当重要的文献,将搜索模型与新凯恩斯主义宏观经济学模型结合了起来。[②]

3.1　历史数据中的工资刚性

在《就业、利息和货币通论》这本经典著作中,凯恩斯(Keynes)(1936)将名义工资刚性概念作为他的总供给理论的核心。他的理论框架的预测是,价格的顺周期性变化,再加上货币工资惯性,会导致反周期的实际工资。因为货币工资和货币价格的变化方向应该是相同的,所以《就业、利息和货币通论》预测名义工资的变化与实际工资的变化应该是负相关的。邓洛普(Dunlop)(1938)和塔尔西斯(Tarshis)(1939)对这个预测进行了检验,但是没有证实它,于是他们将自己的发现视为反对名义工资刚性假设的初步证据。[③]

但是另一方面,许多经济学家在研究了历史数据后,都找到了在19世纪末、20世纪初存在名义工资刚性的明确证据。在一篇经典论文中,艾肯格林(Eichengreen)和萨克斯(Sachs)(1985)利用10个国家的横截面数据证明,在大萧条时期,产出与实际工资之间存在着负相关关系。他们还证明,仍然坚持采用金本位制的那些国家产出低而实际工资高,而更早放弃金本位制的那些国家则产出高而实际工资低。伯南克和凯里(1996)将艾肯格林和萨克斯(1985)的样本扩展到了22个国家,他们使用面板数据进行了动态分析,并实施了一系列计量经济学和经济稳健性检验。他们得到的所有结果都支持了名义工资刚性的基本假设。正如伯南克和凯里所强调的那样,他们所研究的是一个纯粹的名义冲击的后果——这个冲击就是,从金本位制过渡为法定货币制,它发生在不同国家的不同历史时期。事实上,当这些国家放弃金本位制时,实际工资系统性地下降了,而产出则系统性地提高了。这个事实意味着,首先,纯粹的货币冲击可以产生重大的实际效果;其次,名义总需求的扩张通过降低实际工资提高了产出(假设企业有激励雇佣更多的劳动力的话)。

然而也有大量证据表明,名义工资刚性并不是劳动市场的普遍特征。黑尼斯(Hanes)(1993)指出,工资是在大规模工业生产普及、劳资纠纷不断的那个时代才变得"刚性"起来的,他认为那是在1890年。黑尼斯还认为,名义工资至少在第一次世界大战之后仍然保持了

[①] 关于这个观点的进一步拓展,请参见:波尔(Ball)和罗默(1990)、金波尔(Kimball)(1995),以及伍德福德(Woodford)(2003,第3章)。
[②] 请参见:沃尔什(Walsh)(2003)、雷文纳(Ravenna)和沃尔什(2008),以及格特勒(Gertler)和特里加里(Trigari)(2009)。
[③] 彭卡维尔(Pencavel)(2015)讨论了关于工资问题的早期的凯恩斯主义文献。加里(Galí)(2013)则将20世纪30年代的这场争论与现代新凯恩斯主义分析结合起来进行了讨论。

刚性,但是有一些证据表明,从 20 世纪 70 年代开始,名义工资就变得更加"有弹性"了。巴苏和泰勒(1999)使用时间序列和跨国数据研究了工资周期性。他们专注于实际工资,并对照《就业、利息和货币通论》对实际工资的反周期性的预测,来解释自己的结果。他们发现,实际工资变动与商业周期之间的相关性并没有明确的证据。对于他们那个由 13 个国家组成的样本来说,在第一次世界大战之前,实际工资呈现出了一定的顺周期性;而在两次世界大战之间,实际工资变得有些反周期了;到了第二次世界大战之后,实际工资就决定性地变成顺周期了。这些证据支持了实际工资随着时间的推移而变得更加顺周期了的观点。

黑尼斯(1996)、黄(Huang)等人(2004)试图解释实际工资的周期性在这一个多世纪的漫长历史时期内的变化。这两篇论文提出了一个相同的解释,那就是,随着时间的推移,价格变得更加有粘性了——在黑尼斯看来,这是因为生产商品要经过很多个加工步骤,而在黄等人(2004)看来,这是因为中间品投入的产出弹性更大了。(这两篇论文还包括了对反周期的价格加成机制的讨论,这对于他们的结果很重要。)因此,从这两篇论文来看,实际工资的顺周期性随着时间的推移而发生的变化,实际上源于产品市场上的变化而不是劳动市场上的变化。无论它们这个假说最终能不能被证明是合理的,这都是一味难得的清醒剂,它提醒我们,一般均衡效应会使我们对简单商业周期相关性的解释变得复杂化,特别是在宏观经济环境中。

3.2 现代数据中的工资刚性

在一个关于商业周期事实的基准性的综述研究中,斯托克和沃森(1999)发现,从第二次世界大战后的美国数据来看,去趋势后的实际平均小时收入与去趋势后的国民生产总值之间几乎不相关。[①] 这个结果,以及更多的类似结果(例如,在美国数据中,劳动生产率也是非周期性的),导致许多致力于构建模型的研究者转而强调一些能够导致有效劳动供给函数的偏好或制度——它们对于工资来说几乎是无限弹性的。[②] 当然,在这种情况下,名义工资和价格的调整都是很缓慢的,因此也可以使得实际工资大体上是非周期性的——无论偏好如何。后者正是克里斯蒂亚诺等人(2005)、斯梅茨和沃特斯(2007)以及其他一些研究采取的方法。

对于产出和实际工资之间这种几乎为零的平均相关性,当然也可以有其他解释。一种可能是,实际工资也许会因这种冲击(例如,也许是扩张性的货币冲击)而下降,因那种冲击(例如,也许是正面的技术冲击)而上升,如果这样的两种冲击在数据中大体上是同等重要的,那么实际工资就可能会呈现出非周期性。当然,这种微弱的平均相关性也许会掩盖重要的、远离零点的条件相关性。这种"多重冲击"假说还可以用来解释前面讨论过的历史数据显示的产出与实际工资之间的相关关系的不稳定性。工资的周期性分量与产出的周期性分

[①] 斯托克和沃森(1999)用滤波器对这两个时间序列进行了去趋势化处理,设定的隔离波动的期间分别为 6 个季度和 32 个季度。

[②] 关于那些工资对产出波动不敏感的模型,请参见:汉森(Hansen)(1985)、罗杰森(Rogerson)(1988)、格林伍德(Greenwood)等人(1988)等等;关于非新古典的设定,请参见:索洛(Solow)(1979),以及霍尔(Hall)(2005)。

量之间的相关性的变化,可能只不过是两种不同类型的冲击在不同的次级周期中做出的贡献的反映。①

萨姆纳(Sumner)和西尔弗(Silver)(1989)给出了支持上述假说的证据。他们将那些产出和价格水平向同一方向移动的时期归类为由"需求冲击"所主导的时期,而把这两个变量向相反方向移动的时期归类为由"供给冲击"所主导的时期。他们发现,有证据表明,作为对需求冲击的反应,工资向反周期方向变动;而作为对供给冲击的反应,工资则向顺周期方向变动。这个发现与"旧凯恩斯主义"模型的增强版是相一致的。②

黄等人(2004)反对用"多重冲击"来解释商业周期中产出与实际工资之间的相关性的变化。他们的主要观点是,观察到的这种周期性上的变化,适用于条件相关性,而不是简单的相关性。例如,他们引用艾肯格林和萨克斯(1985)、伯南克和凯里(1996)的证据(我们在上文已经讨论过)证明了,尽管在两次世界大战期间,作为对扩张性货币冲击的反应,实际工资出现了下降,但是只是例外;他们利用结构性向量自回归方法分析了第二次世界大战数据,证明在更晚近的历史时期,实际工资对扩张性货币冲击的反应是上升。又例如,克里斯蒂亚诺等人(2005)的实证结果表明,实际工资在货币扩张后的几个季度内略有上涨,然后在 10 个季度后才略有下降,但是在任何一个方向上,在任何一个期限内,实际工资的反应都不具有统计上的显著意义。从他们的数据来看,我们可以拒绝这样一个假说:实际工资对扩张性货币政策冲击的反应是会出现显著下降。

3.3　总体数据和微观数据中的"工资"

绝大多数历史文献和宏观经济学文献都利用总体工资数据来考察工资的"行为特征"。③然而不幸的是,总体数据受制于构成偏差。这种偏差会使得总体工资(平均工资)率的周期性不如单个工人的工资那么强。斯托克曼(1983)推测,生产率更低(因此工资也更低)的工人的就业的周期性特征最为突出——因为他们是最有可能在经济衰退中被解雇的,而且也是最有可能在繁荣期间被雇佣的。如果真的是这样,那么总工资(个人工资率的劳动收入加权平均数)将不如个体工人的工资那么顺周期,因为在经济繁荣期间,低工资工人在劳动收入中所占的份额较大。

比尔斯(1985)使用源于 1966 年至 1980 年的"全国青年长期跟踪调查"的个人面板数据,结果发现微观数据中的工资显得非常顺周期:失业率每下降 1 个百分点,实际工资就随之

---

① 吉尔里(Geary)和凯南(Kennan)(1982)给出了源于 12 个经济发展与合作组织国家制造业部门的证据。这些证据表明,工资的周期性的变化显著依赖于研究所选取的时段。他们还发现,平减指数(消费者价格指数或产品价格指数)的选择也会造成明显的差异。有理由猜测,产品价格指数更适合用来检验就业和工资沿着某条稳定的劳动需求曲线移动的假说。

② 弗莱斯赫曼(Fleischman)(1999)利用一个具有长期限制的结构向量自回归模型识别出各种不同类型的冲击,并得出了类似的结论。

③ 颇具讽刺意味的是,历史文献更倾向于使用非总体数据,尽管在早期高质量数据非常少。例如,黑尼斯(1993)、黑尼斯和詹姆斯(2003)都使用了各种狭义的职业的固定权重的工资指数。这种指数类似于劳动统计局编制的就业成本指数(ECI)。

提高1.5至2个百分点。虽然比尔斯也在总工资测度中发现了逆周期的构成偏差(这也与斯托克曼的猜测一致),但是他还是认为,这种偏差对于他所发现的工资顺周期性没有显著影响,因为同一个时期的总工资数据也显示了有很强的顺周期性的实际工资。除了样本期这个因素之外,比尔斯认为他所发现的这种工资顺周期性部分原因还在于他将加班收入也纳入工资测度。

梭伦等人(1994)也使用纵向微观数据检验了斯托克曼的总工资数据中存在构成偏差的假说。在他们的研究中,数据源于1967年至1987年的"美国收入动态追踪调查"(PSID)。不过,与比尔斯不同的是,他们的结果表明,在给定的采样期内,构成偏差在减少总实际工资的周期性方面发挥了重要作用。[①] 控制了构成偏差后,他们发现工资的顺周期程度达到了总体数据所显示的两倍。梭伦等人解释说,他们得到的这个结果是与劳动和就业沿着一条稳定的劳动总供给曲线(其劳动供给弹性介于1.0和1.4之间)移动的趋势相一致的。他们认为,这个发现更加符合那些预测实际工资具有顺周期性的模型,而不符合通常的工资非周期性的"特征事实"。他们还指出,新古典主义商业周期理论和新凯恩斯主义商业周期理论都倾向于预测工资应该是顺周期的。

表面上看起来,"实际工资是强顺周期的"这样一个结果与前面讨论过的如下发现是不一致的:在美国,劳动生产率大致是非周期性的。但是事实上,这里并不存在不一致性。只要承认劳动力是异质的,认劳动生产率就需要用每单位有效劳动的产出来衡量(而不能用每小时"原始"劳动的产出来衡量)。由于经济繁荣期间雇佣的低收入劳动者所贡献的有效劳动时间小于他们的工作时间(所代表的贡献),所以正确计算出来的劳动生产率也要比总体数据所显示的更为顺周期。事实上,在衡量单位劳动力成本(小时工资除以每工作小时的产出)时,工资和劳动生产率的构成校正要抵消的正是这个。因此,在生产函数采取柯布-道格拉斯形式的情况下,文献中作为边际成本之上的价格加成的直接指标来使用的未经调整的单位劳动成本指标,并不会因为构成的周期性变化而变得有所偏差。[②]

运用源于当前人口调查(CPS)的数据,戴利(Daly)和霍比金(Hobijn)(2016)通过对所谓的"内涵边际"和"外延边际"的研究也得出了类似的结论。当沿着内涵边际变化时——一直被雇佣的劳动者的工资发生变化时——工资显然是顺周期的。而外延边际则包括了就业的周期性变化,这种变化的核心是那些收入低于平均水平的劳动者的就业(和失业)。外延边际使得总工资呈现出反周期的特征。这两种效应结合起来,使得总体实际工资"平均"表现为非周期性的。不过,戴利和霍比金还指出,这两种边际的相对力量会随着时间的推移而变化,因而总工资的周期性也会随之变化。

艾尔斯比(Elsby)等人(2016)根据21世纪初美国和英国经济大衰退时期的经验,重新审视工资周期性和构成偏差问题。他们同时使用了两个国家纵向微观数据,不过同时指出,在许多方面英国的数据比美国的数据更加可取,首先是因为前者样本量较大,其次是因为前者

---

① 梭伦等人(1994)指出,比尔斯(1985)给出的估计值适用于狭义的工人类别内部的构成偏差,但是未能充分反映群组之间的构成变化,从而低估了构成变化的总体影响。

② 关于被解释为价格加成的单位劳动成本的测度,请参见:罗腾伯格(Rotemberg)和伍德福德(Woodford)(1991,1999)、加里和格特勒(1999)、索伯多恩(Sbordone)(2002),以及内卡尔达(Nekarda)和雷米(Ramey)(2013)。

的收入和工作时间的数据直接来自雇主支付薪资的记录——通常认为,这要比工人的回忆更准确。

值得指出的是,艾尔斯比等人报告的结果很有些微妙之处。他们证实了其他研究者利用美国早期的微观数据得到的结果(即男性劳动者的实际工资显然是顺周期的),但是他们又发现,这次大衰退期间男性工资的周期性不如之前的大型经济衰退期间那么显著。自1979 年以来,妇女的实际工资急剧上升,而在大衰退期间则停滞不前。不过,艾尔斯比等人发现了一些线索,它们暗示,其实在上次经济衰退之前,女性的工资增长率已经在下降了。因此,艾尔斯比等人的结论是,这次经济衰退期间工资增长乏力,到底是由于妇女的工资高度顺周期,还是由于工资缓慢增长的新趋势已经形成,仍然无法过早下定论。还有一点值得指出,在英国,男性和女性的工资的周期性都与美国男性相似,即实际工资在大衰退期间大幅下降。但是,这两个国家在不同经济衰退期间工资周期性的变化却在很大程度上是相反的:在英国,大衰退期间的工资比以前的经济衰退期间更加顺周期,美国的情况却恰恰相反——至少对男性工资是如此。另一个主要区别是,构成偏差对于衡量英国的工资周期性的重要性,与美国相比更甚。当我们试图从本章报告的实证结果中吸取"经验教训"时,千万不要忘记这些差异,因为我们报告的实证结果完全是基于美国数据的。

3.4　向下的名义工资刚性

研究工资刚性的凯恩斯主义模型源远流长,它们中的一支基于如下假设:工资向下的刚性比向上的刚性更加"刚性"。例如,托宾(Tobin)(1972)在就任美国经济协会主席时发表的就职演讲中声称,工人关心的是相对工资,而这就意味着他们倾向于抵制同步的减薪,同时却可能容易忍受通过某种中性的机制(比如说,通货膨胀)按比例地削减所有人的实际工资。工资上升与工资下降之间是不对称的,这个假设一直是大量劳动经济学文献强调的重点。在试图用微观数据来检验这个假说的第一批研究中,有一篇论文出自麦克劳林(McLaughlin)(1994)之手,但是他未能发现太多能够证明这种不对称性的证据。后来,卡德(Card)和希斯洛普(Hyslop)(1997)、卡恩(Kahn)(1997)以及利鲍(Lebow)等人(1999)相继发现了向下的名义工资刚性(DNWR)的证据,包括在工资变化分布的零点位置(不变的名义工资)观察到很高的尖峰,以及比小幅工资下降数量更多的小幅工资上升。戈特沙尔克(Gottschalk)(2005)利用计量经济学方法校正了自我报告的工资中的测量误差,然后对工资变化的微观数据进行了分析,结果发现了相当明显的向下的名义工资刚性。因此,最近的研究表明确实存在着显著的向下的名义工资刚性;同时,考虑到自 20 世纪 90 年代中期以来的低通胀经济环境,显然实际工资也存在着向下的名义工资刚性。

黑尼斯和詹姆斯(2003)研究了另一个低通胀期(1841 年到 1891 年)的个人工资变化的历史数据。他们将分析现代工资数据的文献发展起来的检验工资变化不对称性的方法,应用于这个数据集,结果未能发现向下的名义工资刚性的证据。对于这个结果,他们的解释是,它说明对名义上的减薪的厌恶并不是工人的工资偏好的基本特征。然而,他们同时又指出,他们的结果并不与如下假说相冲突:制度的变化可能会使得当今时代向下的名义工资刚性变得"可取"。至于其原因,也许是正如比利(Bewley)(1999)所提出的,这能够提高工人的士气和生产力。在解释向下的名义工资刚性的后果时,另一个值得牢记的"注意事项"源于艾尔斯比(2009)。艾尔斯比首先假设对名义上的工资削减的厌恶确实是工人的偏好的一个特征,然后他表明,这种形式不同寻常的偏好对均衡结果影响通常很小。原因是,对于一个致力于实现动态优化的企业来说,当它遇到一个具有向下的名义工资刚性的工人时,将会延迟名义上的工资增长,这样可以制造一个缓冲,使得实际工资上涨时,不会导致明显的就业下滑——如果对名义工资下降的限制发挥作用的话。艾尔斯比的模型表明,人们有可能在微观数据中找到向下的名义工资刚性的实质性证据,同时观察这种不对称性的若干宏观后果。不过,事实上,支持向下的名义工资刚性有重要的宏观经济影响的证据似乎并不是压倒性的,例如,请参见,阿克洛夫(Akerlof)等人(1996)。

一些观察者认为,向下的名义工资刚性可以很好地解释最近观察到的一个现象:在拖延甚久的、严重的经济衰退期间,通货膨胀率下降得非常缓慢(例如,日本从 20 世纪 90 年代开始的经济不景气,美国和其他国家 21 世纪初发生的大衰退)。据我们所知,还没有任何研究者给出这种联系的正式证据。不过,施密特-格罗赫(Schmitt-Grohé)和乌里韦(Uribe)(2013)认为,如果向下的名义工资刚性确实存在,那么就有强烈的理由让欧元区的通货膨胀率更高一些,从而降低实际工资,并刺激就业。

3.5 微观数据中的工资变动频率

典型的新凯恩斯主义模型,例如克里斯蒂亚诺等人(2005)以及斯梅茨和沃特斯(2007)的模型,通常都遵循布兰查德(Blanchard)和清泷(Kiyotaki)(1987)的假设,即假设每种类型的工人的工资都是由垄断工会确定的。就像在产品市场上的垄断企业一样,垄断工会在改变名义工资时会受到"卡尔沃摩擦"(Calvo friction)的影响。因此,正如价格调整的频率对关于名义价格刚性的显著性的定量分析很重要一样,微观数据中的工资变化的频率对于评估名义工资率的惯性也是非常重要的。然而,尽管关于微观价格刚性,已经有了非常丰富的文献,但是对个体层面的工资变化的频率的研究仍然非常有限。

巴拉蒂耶里(Barattieri)等人(2014)研究的就是这样,他们使用的是源于美国收入和项目参与调查(survey of income and program participation,简称 SIPP)的微观数据。美国收入和项目参与调查数据的一个优点在于,这项调查每年都要进行三次(这不同于每年只进行一次的美国收入动态追踪调查),因此更适合用于对个人工资的高频分析。[①] 因为美国所有大型调查中关于个人工资的微观数据都是受访者自己报告的数据,所以巴拉蒂耶里等人(2014)先提出了一种校正方法。事实上,他们这篇论文有相当大的篇幅都是用来论证如何校正测量误差,以便使研究者能够得到对于个人工资调整的频率的一致估计。很显然,这种研究如

---

① 其他知名的微观工资数据来源还包括:当前人口调查(current population survey,简称 CPS)和雇佣成本指数(employment cost index,简称 ECI)等。但是它们都不提供这类研究所需的足够长的个人工资时间序列。

果放在一个能够直接获得行政数据的国家进行,应该会容易得多,因为行政数据的测量误差一般来说要小得多。勒毕昂(Le Bihan)等人(2012)对法国、卢内曼(Lünnemann)和温特尔(Wintr)(2009)对卢森堡,以及西加德森(Sigurdsson)和西加德达多蒂尔(Sigurdardottir)(2016)对冰岛的个人工资变动频率的研究,就都是利用行政数据进行的。(在美国,尽管研究者也有机会获得可信的行政数据,但是通常只能获得总收入的有关信息,而无法获得小时工资率数据,后者才是巴拉蒂耶里等人的研究所关注的重点。)

正如我们在下一节讨论模型时将会看到的,在个体层面观察到的工资变化的频率是校准劳动市场隐性合约模型的一个重要参数(即使观察到的工资不一定是配置工资,这一点也是正确的,我们在下一节给出的模型就是如此)。巴拉蒂耶里等人报告的估计结果不能直接适用于美国劳动市场整体,因为这些作者的样本只包括小时工。在这里,我们还给出了研究者运用巴拉蒂耶里等人提供的方法对受薪工人的工资变动频率进行估计的结果。[①] 小时工和受薪工人的结果如表1所示。

表1　美国"收入和项目参与调查"(SIPP)数据中的工资变化频率

项目	小时工人[a]	受薪工人
自我报告值	0.565	0.721
调整后值	0.120	0.061
调整后值+校正[b]	0.211	0.209
观察点数	17,148	21,947

[a]:基于巴拉蒂耶里等人(2014)的数据和计算。

[b]:基于戈特沙尔克和黄(Huynh)(2010)的计算。

表1的第一栏复制了巴拉蒂耶里等人(2014)的论文的表6的前三行的结果("整体"样本的结果),第二栏是关于受薪工人的估计结果。在原始的自我报告的数据中,受薪工人的小时的变化频率竟然比小时工人还要高。在接受调查的受薪工人中,差不多有四分之三的人声称自己的每小时薪酬每季度都会变化。然而,在使用戈特沙尔克(2005)给出的迭代过程法对工资中的测量误差进行了校正之后,受薪工人实际工资变化的季度概率的估计值就减少到了6.1%。然而不幸的是,由于存在第一类和第二类误差,这种估计并不是所需的概率的一致估计。利用巴拉蒂耶里等人(2014)在戈特沙尔克和黄(2010)的研究的基础上提出的信噪比调整法,最终估计出来的受薪工人实际工资发生变化的季度概率大约为20.9%。这个数字与表1中对小时工人的估计结果(21.1%)非常接近。据此,在我们下文给出的模型中,我们一般将汇出工资变化的季度频率设定为21%。

3.6　隐性合同、调整成本与实际工资的周期性

在一篇经典论文中,贝克尔(1962)证明,在新古典主义设定下,企业向工人支付的工资

① 非常感谢亚历山德罗·巴拉蒂耶里(Alessandro Barattieri)对我们估计这些结果时的帮助。

的当前贴现价值在企业与工人相互协作期间对就业来说是配置性的。这也就是说,保持工资支付的现值不变,汇出工资(观察到的)的时间路径无论采取何种形式都不会影响实际结果。例如,企业和工人可能会同意这样一项隐性合同:相对于配置现值的变化,令汇出工资保持平滑,但是观察到的工资是平滑的这个事实,并不会影响实际结果。巴罗(1977)在隐性合同概念的基础上批评了工资粘性的"雇佣权利"模型。在这种模型中,工人们提出某个固定工资要求,企业则根据劳动需求曲线选择雇佣规模(或小时)。巴罗证明,其他形式的合同能够增加双方在讨价还价中的收益;他认为有效的合同将会使每个时期的工人的消费与休闲之间的边际替代率等于企业边际劳动产品,而且在这种工人—企业协作关系的整个存续期内,总劳动报酬是以"分期付款"的形式支付给工人的。

很显然,说工人与企业之间对工资现值有一个隐性合同的模型需要对双方的承诺能力做出某种假设。在一些模型中——比如说,在我们下面将要给出的模型中——研究者直接假定承诺是可行的。另一种选择是假设一方或双方要想解散这种"配对"需要付出调整成本;如果不存在这种成本,那么在"分期付款"中"占先"的那一方就会解散配对。关于劳动调整成本,最流行的模型都是基于搜索的模型。霍尔(2005)证明配置工资可能是历史依赖性的,因此它在劳动市场上的戴蒙德(Diamond)−默藤森(Mortensen)−皮萨里德斯(Pissarides)搜索模型中可能是粘性的——只要预先确定的工资仍然位于该模型生成的纳什讨价还价集当中。这就回应了巴罗(1977)对配置工资粘性的批判。[这个论点也化解了夏默(Shimer)(2005)对戴蒙德−默藤森−皮萨里德斯模型的批评,他认为工资的强顺周期性就是这个规范模型不能与失业率、职位空缺率的波动性相匹配的核心原因。]霍尔和米尔格罗姆(Milgrom)(2008)证明,就替代性方案的讨价还价也可能会产生某种工资粘性。皮萨里德斯(2009)、格特勒和特里加里(2009)分别证明,在要进行检索的情况下,关键的配置工资是新入职员工的工资。哈伊弗克(Haefke)等人(2013)分析了"当前人口调查"数据后,得出结论说,新入职员工的工资实际上比所有从业人员的平均小时收入更加顺周期得多。

与关于构成偏差的文献相比,基于搜索模型的这些研究的主要贡献在于,它们集中关注一部分工资,即新入职员工的工资。因此,很多研究者,例如格特勒和特里加里(2009)认为,关键的统计量在于,新入职员工是否得到了与他们刚刚加入的企业当前雇佣的工人同样的工资,或者他们是不是以不同的工资水平被雇佣——这种工资水平能够更好地反映当前的经济环境。

假设新入职员工期望与现任雇主保持相当长时间的"协作关系",那么很直观的一个结论是,他们的预期劳动报酬就是他们在协作关系存续期内收到的工资的预期现值。在这种情况下,重要的实际上并不是新入职员工的现货工资的周期性本身,而是支付给新入职员工的工资的预期现值的周期性。

在最近的一篇重要论文中,库德莉娅克(Kudlyak)(2014)就是在这样一个框架下观察到了,衡量当期雇佣一个工人的机会成本的一种方法是,它就等于——如果暂且不考虑贴现因素的话——在下期雇佣同一个工人的成本。如果劳动市场是现货市场,那么这个差异就是当期工资。但是,如果存在隐性合同,现值的差异就可能与工资有很大的不同。库德莉娅克指出，这里的研究对象——她所用的术语是"劳动的使用者成本"——可以这样进行构建：使用有关工人的面板数据估计出时间 t 和 $t+1$ 上的当前现值，并用观察到的人力资本特征上的差异和无法观察的、估计出来的工人固定效应的差异来校正。使用源于全国青年长期跟踪调查的数据，库德莉娅克得出了 1978—1997 年的估计结果。库德莉娅克发现，使用者成本明显高于平均小时收入，而且比新入职员工的工资有更强的顺周期性。在本章的实证部分，我们也使用类似于库德莉娅克的方法，根据全国青年长期跟踪调查（NLSY）数据构建了劳动的使用者成本，并发现了非常相似的结果。

库德莉娅克证明，她提出的劳动的使用者成本是一大批劳动市场搜索模型中的配置工资的恰当的测度。这样一来，她就使前面讨论过的许多论文中所用的基于粘性配置工资的搜索模型变得相当可疑。我们把库德莉娅克的这些洞见嵌入了一个标准的新凯恩斯主义模型中，并且在那个框架下，使用者成本也就是配置工资。对此，我们在下文中将详述。

事实上，博德里（Beaudry）和迪纳尔多（DiNardo）（1991，1995）的两篇重要的早期论文，就已经预示了库德莉娅克的实证研究结果。博德里和迪纳尔多发现，"永久"工资可能比某个时间点上的收入显著地更加顺周期。他们发现，即便是在经济复苏之后，在失业率居高不下时被雇佣工人的工资也仍然持续地维持在低位。因此，现货工资是周期性的，而工资的现值则波幅更大。博德里和迪纳尔多对他们自己这个发现的解释是，它支持了贝克尔-巴罗的隐性合同假说（工人的流动是成本高昂的）。在一定意义上，可以说博德里和迪纳尔多是从工人的角度来思考这个问题的；他们问的是，为什么一个工人在经济衰退期间愿意接受一份有效（永久）工资如此之低的工作。与此相反，我们的方法（以及库德莉娅克的方法），则是从公司的角度审视了同样的事实；我们问的是，为什么企业不想在经济衰退期间雇佣更多的员工——要知道，在经济衰退期雇佣一名员工的有效成本似乎很低。（博德里和迪纳尔多还认为，数据更倾向于那些工人无法承诺完全遵循未来工资的时间路线的模型，因为除了雇佣工人时的失业率外，工资似乎也依赖于观察到的自雇佣日期起的最低失业率。）

哈格多恩（Hagedorn）和曼诺夫斯基（Manovskii）（2013）认为，只要考虑到了当工人面对工作阶梯（job ladder）时进行的工作搜索，就可以理解当前工资的大部分历史依赖现象。在哈格多恩和曼诺夫斯基给出的搜索模型中，工资完全由当前的劳动市场状况决定，但是由于工人是逐渐"爬上"工作阶梯的，所以工资似乎是"历史依赖"的。要看清楚这一点，只需将就业周期定义为轮流出现的非自愿失业之间的时间长度（Wolpin，1992）。因此，（在其他条件保持不变的条件下），就业周期越长，工人可以获得的工作机会就越多。这也就意味着，当前工资水平必须相对较高，才能让工人不被其他与之竞争的机会吸引。而进入非自愿就业期（并因此打破了就业周期）的工人则脱离了工作阶梯，因此他的保留工资水平就下降了。此外，当一个工人开始新的就业周期时，他的初始工资是由当前的劳动市场状况决定的。在经济扩张期间开始自己的就业周期的工人，是从相对较高的工资阶梯位置起步的，因为他们在经济扩张期得到的工作机会较多。而在经济衰退期间开始自己的就业周期的工人则只能收到相对较少的工作邀约，从而接受了较低的起步工资。

在哈格多恩和曼诺夫斯基的模型中，对于工人和职位的匹配质量，只要把就业周期的劳动市场累积"紧张度"包括进工资回归，就可以构造一个代理变量。劳动市场紧张度是指职位空缺与失业人数之间的比率。从直觉上看，在就业周期中，一名工人是在匹配质量阶梯上逐渐向上攀登的，而且他（或她）爬升的速度是由当前劳动市场的紧张度决定的。一个劳动者最终能爬多高，取决于劳动市场在就业周期中的累积紧张度。哈格多恩和曼诺夫斯基根据自己的模型以及基于该模型的实证结果，对博德里和迪纳尔多（1991，1995）的结论提出了批评。他们发现，如果工资回归中加入基于职业阶梯模型的匹配质量的经验性代理变量，那么滞后失业就不能在解释当前工资时发挥重要意义。在我们的实证研究中，我们利用全国青年长期跟踪调查数据，分析基于库德莉娅克的隐性工资概念的发现是不是也要受到哈格多恩和曼诺夫斯基的类似批评。

4. 基准模型

在本节中，我们首先对一个标准的商业周期模型加以扩展，以容纳现实世界中工资设定的若干特征。我们的基准模型是一个标准的新凯恩斯主义动态随机一般均衡模型，它是在克里斯蒂亚诺等人（2005）给出基本分析框架的基础上构建的。我们的基准模型允许：（i）劳动力构成的内生变化；（ii）配置工资与向工人实际支付的汇出工资之间存在差异。我们将花费更多的篇幅描述我们对劳动供给和工资确定的处理，以及模型变量与数据之间的对应关系，因为这些是我们的模型特有的非标准特征。我们这个模型中的许多其他机制则是现有的动态随机一般均衡文献和定量新凯恩斯主义文献中常见的，因此我们对它们的讨论，相对来说不那么详细具体。

4.1 家庭

消费者可以从消费和实际货币余额中获得效用，而工作带给他们的是负效用。令 C_t 表示家庭在日期 t 对非耐用商品的消费，N_t 表示家庭在日期 t 提供的劳动，并令 M_t / P_t 表示家庭在日期 t 持有的实际货币余额。家庭的最优化行为可以描述为：

$$E_t\left[\sum_{j=0}^{\infty}\beta^j\left\{\frac{\sigma}{\sigma-1}\left[C_{t+j}-hC_{t+j-1}\right]^{\frac{\sigma-1}{\sigma}}-\phi\frac{\eta}{\eta+1}N_{t+j}^{\frac{\eta+1}{\eta}}+\Lambda\left(\frac{M_{t+j}}{P_{t+j}}\right)\right\}\right] \tag{1}$$

服从如下名义预算约束：

$$P_t\left(C_t+I_t+b(u_t)K_t\right)+S_t+M_t=W_tN_t+R_tK_tu_t+S_{t-1}(1+i_{t-1})+\Pi_t+M_{t-1} \tag{2}$$

以及如下资本积累方程：

$$K_{t+1}=K_t(1-\delta)+F(I_t,I_{t-1}) \tag{3}$$

在这里，P_t 是耐用品和非耐用品的名义价格，W_t 是名义工资率，R_t 是资本服务的名义租金价格,即乘积 $K_t u_t$。Π_t 表示通过股利返还给家庭的利润。M_t 是在时间 t 持有的名义货币余额的供应,S_t 是名义储蓄,i_t 是名义利率。σ 是跨期替代弹性,η 是弗里施(Frisch)劳动供给弹性,函数 $\Lambda(.)$ 表示家庭对实际货币余额的估值,而 $h \geq 0$ 是一个习惯持续项($h>0$ 表示效用中有习惯持续性)。函数 $F(.)$ 是投资调整成本函数。$b(u_t)$ 表示额外利用一单位实物资本的资源成本。与克里斯蒂亚诺等人(2005)一样,我们假设:

$$F(I_t, I_{t-1}) = \left[1 - f\left(\frac{I_t}{I_{t-1}}\right)\right] I_t$$

其中,$f(1)=1$,$f'(1)=0$,$f''(1)=\kappa$。

家庭在满足式(2)和式(3)的条件下,选择能够最大化式(1)的 C_t, I_t, M_t, u_t 和 K_{t+1}。劳动供给 N_t 的决定因素是本章关注的关键对象,我们在下面会更详细地加以讨论。

4.2 企业及其定价行为

与大部分新凯恩斯主义文献一样,我们将这个模型的生产和定价部分建模为一个两阶段过程。最终商品是用中间产品组合生产出来的。最终商品生产企业身处竞争市场,价格是有弹性的。中间产品生产企业之间是垄断竞争的,会根据卡尔沃机制不那么频繁地改变价格。

4.2.1 最终商品生产企业

最终商品是用中间产品生产出来的。具体地说,最终产出可以用如下标准的迪克西特-斯蒂格利茨聚合算子(Dixit-Stiglitz aggregator)算出:

$$Y_t = \left[\int_0^1 y_t(s)^{\frac{\varepsilon-1}{\varepsilon}} ds\right]^{\frac{\varepsilon}{\varepsilon-1}} \tag{4}$$

其中 $\varepsilon>1$。最终商品生产企业是完全竞争的,它们是价格接受者——接受给定的最终商品价格 P_t 和中间产品价格 $p_t(s)$。很容易就可以证明,对每个中间产品的需求都具有如下标准的等弹性形式:

$$y_t(s) = Y_t\left(\frac{p_t(s)}{P_t}\right)^{-\varepsilon} \tag{5}$$

最终商品生产企业之间的竞争保证了最终商品的名义价格是生产时所使用的中间产品的名义价格的简单组合,其具体形式是:

$$P_t = \left[\int_0^1 p_t(s)^{1-\varepsilon} ds\right]^{\frac{1}{1-\varepsilon}} \tag{6}$$

4.2.2 中间产品生产企业

中间产品是由相互垄断竞争的企业生产的,它们在定价时的需求曲线——式(5)——是给定的。每个中间产品生产企业的生产函数都是规模报酬不变的,其形式如下:

$$y_t(s) = Z_t k_t(s)^\alpha l_t(s)^{1-\alpha}$$

其中 $k_t(s)$、$l_t(s)$ 和 $y_t(s)$ 分别表示在时间 t 上中间产品生产企业的资本、劳动和产出。k_t 是包含了利用率的资本服务的数量,因此并不是 K_t 在企业层面的等价物(K_t 是实物资本存量)。同样地,l_t 也是企业所雇佣的标准化了的劳动单位的数量;也就是说,它是企业从它雇佣的可能是异质性的劳动力中得到的劳动总投入的指标,用某个共同尺度(比如说受过高等教育的员工的数量)表示。这个劳动概念与生产率相关,应该将它与 N_t 区分开来,N_t 类似于总就业水平或所有人的总工作时数,是一个与效用相关的对象。另外在这里,Z_t 是一个总体性的生产率冲击,是所有企业都要面对的。虽然中间产品生产企业在它们的产品的市场上有一定的垄断权力,但是在投入品市场上则要面对完全竞争;它们在投入品市场上做出决策时,面对的名义投入品价格 W_t 和 R_t 都是给定的。在每一期,企业都要选择投入品来最小化成本。对于任何给定的生产水平 $\bar{y}$,企业的成本最小化问题是求解 $\min_{l, WK} Wl + Rk$,其约束条件为 $Zk^{\alpha} l^{1-\alpha} \geq \bar{y}$。

由于生产函数具有规模报酬不变的性质,同时由于资本和劳动都可以自由流动到任何一个企业,所以各个企业都会选择相同的资本劳动比。这也就是说,对于每个中间产品 s,都有:

$$\frac{k_t(s)}{l_t(s)} = \frac{K_t u_t}{L_t}$$

在上式中,我们使用了市场出清条件 $\int k_t(s) \, \mathrm{d}s = u_t K_t$ 和 $\int l_t(s) \, \mathrm{d}s = L_t$。所有中间产品生产企业的名义边际成本 MC_t 都一样(因为所有这些企业都具有规模报酬不变的生产函数)。于是不难证明,在日期 t,名义边际成本是

$$MC_t = \left(\frac{1}{\alpha}\right)^{\alpha} \left(\frac{1}{1-\alpha}\right)^{1-\alpha} \frac{W_t^{1-\alpha} R_t^{\alpha}}{Z_t} \tag{7}$$

企业对每个中间产品的定价通过某种特定的卡尔沃机制完成。令 θ_p 表示中间产品生产企业在给定时段内不能重新制定价格的概率;这也就是说,在每一期内,企业有 $1 - \theta_p$ 的机会根据它们认为合适的时机和方式重新制定价格。在许多动态随机一般均衡模型中,研究者一般都会假设那些不能重新制定价格的企业(即没有抽到"卡尔沃签"的企业)将直接根据后顾性规则重新设定价格。克里斯蒂亚诺等人(2005)将动态随机一般均衡文献中的这种建模方法称为"滞后通货膨胀指数法"。为了按通货膨胀率进行指数化,我们假设剩余的 θ_p 企业根据后顾性规则重新设定价格 $p_t(s) = p_{t-1}(s)(1 + \pi_{t-1})$,其中,$1 + \pi_t$ 是总名义通货膨胀率:

$$1 + \pi_t = \frac{P_t}{P_{t-1}}$$

如果不按通货膨胀率进行指数化,那么那些没有抽到"卡尔沃签"的企业就会继续采用与期初相同的名义价格。

中间产品生产企业要实现股东(以及家庭)利润的贴现价值的最大化,因而,它们会对第 $t+j$ 期的未来名义利润以随机贴现因子 $\beta^j \lambda_{t+j}$ 进行贴现[从技术上说,λ_t 就是与名义约束式(2)相关的拉格朗日乘数]。于是,中间产品生产企业的最优化问题就是在重新制定价格时选择某个适当的价格 p_t^*,实现如下目标的最大化:

$$E_t \left[\sum_{j=0}^{\infty} (\theta_p)^j \left[\beta^j \lambda_{t+j} \left(p_t^* \prod_{s=0}^{j-1} (1 + \pi_{t+s}) - MC_{t+j} \right) \left(\left[\frac{p_t^* \prod_{s=0}^{j-1} (1 + \pi_{t+s})}{P_{t+j}} \right]^{-\varepsilon} Y_{t+j} \right) \right] \right]$$

不难理解，其中的 $\prod_{s=0}^{j-1}(1+\pi_{t+s})\equiv1$。（上面这个方程式，以及后面的方程式，都假设企业会按如前所述的方法，对价格按滞后通货膨胀率进行指数化。在不进行通货膨胀指数化的模型中，相应的方程式是一样的——除了 $1+\pi_{t+s}$ 这一项直接等于1之外。）

给定上述重新制定的价格 p_t^*，同时根据式（6），可知最终商品的价格的变化服从：

$$P_t = \left[\theta_p\left(\left[1+\pi_{t-1}\right]P_{t-1}\right)^{1-\varepsilon}+(1-\theta_p)(p_t^*)^{1-\varepsilon}\right]^{\frac{1}{1-\varepsilon}}$$

不难证明，最优的重新制定的价格，以及总价格水平的动态演化模式意味着这个模型满足一种混合新凯恩斯主义菲利普斯曲线，即：

$$\widetilde{\pi}_t - \widetilde{\pi}_{t-1} = \gamma^p \widetilde{mc}_t + \beta E_t\left[\widetilde{\pi}_{t+1} - \widetilde{\pi}_t\right]$$

其中，$\gamma^p = \dfrac{(1-\theta_p\beta)(1-\theta_p)}{\theta_p}$ 是价格调整的微观经济速度。[1] 我们用符号 $\widetilde{v}_t$ 表示变量 v_t 与其稳态值 $\bar{v}$ 之间的百分比偏差，即，$\widetilde{v}_t = \mathrm{d}v_t/\bar{v}$。

4.3　劳动供给与定价问题

我们这个模型中劳动供给的几个机制，全都是现有的关于劳动供给和工资测度的实证研究中很突出的机制。与埃尔采格（Erceg）等人（2000）和克里斯蒂亚诺等人（2005）一样，我们的模型包含了名义工资刚性。除了名义工资粘性，我们的模型还增加了两个新的特征：(i)内生的构成偏差；(ii)配置工资与汇出工资之间的差异。这两种机制会影响模型的预测与工资和劳动供给的经验测度之间的映射。为了容纳这些机制，我们假设一期内的劳动供给是分两个独立的阶段发生的。为了行文方便，我们下面将它们直接简称为阶段 1 和阶段 2。

在第一阶段（阶段1），构成偏差机制将彼此之间存在生产率差异的工人配置到劳动市场上。这个阶段的结果是，单一的名义工资将支付给生产率调整后的劳动单位，同时受雇佣的工人的平均工资也将确定下来。我们用 W_t^1 表示生产率调整后的劳动的工资，用 $\overline{W}_t^1$ 表示受雇佣的工人的平均小时工资，用 L_t^1 表示有效劳动（生产力调整后）的总供给。这里的上标"1"表示这些变量是在阶段 1 中确定的。

在第二阶段（阶段2），要决定的是配置工资。配置工资是粘性的，其变化由某个卡尔沃机制决定——并以阶段 1 中的工资 W_t^1 为有效劳动单位的供给的有效边际成本。除了决定实际就业的配置工资，第二阶段还会生成两个可以分别观察到的工资：新入职员工的工资 W_t^{New}，以及对应于平均小时收入的所有受雇佣员工的工资 W_t^{AHE}。

4.3.1　构成偏差

众所周知，劳动大军的构成在商业周期演变过程中会出现系统性的变化。在通常情况

---

[1] 我们还可以允许部分通货膨胀指数化的可能性，即 $p_t(s) = p_{t-1}(s)(1+\pi_{t-1})^\omega$，其中，$\omega \in [0,1]$。在这种情况下，隐含的菲利普斯曲线为：

$$\widetilde{\pi}_t - \omega\widetilde{\pi}_{t-1} = \gamma^p \widetilde{mc}_t + \beta E_t\left[\widetilde{\pi}_{t+1} - \omega\widetilde{\pi}_t\right]$$

下,劳动大军中的低工资劳动者的比例在经济繁荣期间要高于经济衰退期间,从而使得平均工资比拥有固定的人力资本特征的代表性工人的工资具有更强的反周期性。在大多数宏观经济学模型中,工资的概念都有这个特征。如果构成在整个商业周期内发生了波动,那么劳动大军这种不断变化的特征就会自动导致人均产出比其他情况下更具反周期性。

为了将构成偏差引入我们的模型中来,我们假设劳动"因生产率而异"。更具体来说,我们假设总实际劳动小时数[即效用函数式(1)中的参数]是由下式给定的:

$$N_t = \int_0^A n_t(a)\varphi(a)\,\mathrm{d}a \tag{8}$$

在这里,a 是一个衡量生产率的指标,A 是社会中任何个人的最大生产率。$\varphi(a)$ 具有劳动生产率 a 的人口的某个测度,$n_t(a)$ 则表示具有劳动生产率 a 的人每人的工作时间。对于每一种类型,都有 $n_t(a) \in [0,1]$。由此,总人口为 $\overline{N} = \int_0^A \varphi(a)\,\mathrm{d}a$。每一种类型的工人都会收到名义工资 $w_t^1(a)$。

劳动者向"劳动聚合企业"(labor aggregating firm)提供劳动力,而后者则以工资 W_t^1 将有效劳动聚合体售出。劳动聚合企业的最大化问题是如何雇佣不同类型的劳动,以最大限度地提高名义利润,即:

$$\max_{n_t(a)} \left\{ W_t^1 \int a n_t(a)\,\mathrm{d}a - \int w_t^1(a) n_t(a)\,\mathrm{d}a \right\}$$

劳动力聚合企业要选择的 $n_t(a)$ 的一阶条件要求,即对于所有 a,都有:

$$w_t^1(a) = W_t^1 a$$

这也就是说,劳动者个人的工资是劳动者个人的生产率的一个直接反映。

再从代表性家庭的角度考虑 $n_t(a)$ 增加时的情况。这种增加的效用影响是

$$\left[-\phi N_t^{\frac{1}{\eta}} + \lambda_t w_t^1(a) \right] \varphi(a) \times \mathrm{d}n_t(a)$$

其中,λ_t 是代表性家庭收到的货币工资的影子价值(这就是说,λ_t 就是名义预算约束中的拉格朗日乘数)。如果方括号内那一项为正值,那么设定 $n_t(a) = 1$ 是最优的。如果方括号内那一项为负值,那么设定 $n_t(a) = 0$ 是最优的。利用 $w_t^1(a) = W_t^1 a$,我们就可以将关键的生产率截断 $\hat{a}_t$ 表示如下:

$$\frac{\phi N_t^{\frac{1}{\eta}}}{\lambda_t W_t^1} = \hat{a}_t \tag{9}$$

对于任何满足 $a > \hat{a}_t$ 的劳动者类型来说,全职工作都是最优的。而 $a < \hat{a}_t$ 的类型,则将会退出劳动大军。总就业量为 $N_t = \int_{\hat{a}_t}^A \varphi(a)\,\mathrm{d}a$,同时生产率调整后的总有效劳动为:

$$L_t^1 = = \int_{\hat{a}_t}^A a\varphi(a)\,\mathrm{d}a$$

除了以下两个重要的区别,式(9)其实就是标准的劳动供给条件:第一,是内生的,而且与总体就业 N_t 呈负相关;第二,在有效劳动与测量出来的就业时数之间存在差异。

在第一阶段,受雇佣劳动者(就业人员)的平均工资为总工资支付与总工作时数之间的

比值,也就是说:

$$\overline{W}_t^1 = \frac{\int_0^A w_t^1(a) n_t(a) \varphi(a) \mathrm{d}a}{N_t} = \frac{L_t^1 W_t^1}{N_t}$$

与此不同,第一阶段的构成调整后的工资直接就是 W_t^1。需要注意的是,总工作时数与有效劳动之比,等于构成调整后的工资与平均工资之比,即 $\frac{N}{L} = \frac{W}{\overline{W}}$。使用 N_t 和 L_t 的对数线性表达式,我们可以证明,构成偏差($\overline{W}_t$ 和 W_t 之间的对数差异)满足下式:

$$\widetilde{\overline{W}_t} - \widetilde{W}_t^1 = -\left[\frac{LN-1}{LN}\right]\widetilde{N}_t \qquad (10)$$

在上式中,我们用符号 LN 表示有效劳动与测量出来的工作时数的比率 L/N。由于平均工资超过了边际劳动者的工资(即因为 $LN>1$),所以构成偏差告诉我们在平均工资和总工作时数之间呈现一种负相关关系。在美国的数据中,平均实际工资的周期性变化是微不足道的,而构成校正后的工资则是顺周期的。

4.3.2 配置工资刚性

除了如上所述的构成偏差机制之外,我们的模型还具有名义工资刚性,这与克里斯蒂亚诺等人(2005)的模型类似。他们的模型中与工资有关的部分追随了埃尔采格等人(2000)的思路。与这些早期研究一样,我们也假设工资刚性直接适用于"配置工资"——我们所说的配置工资的含义是,在决定雇佣水平和工作努力程度时直接相关的工资。不过,与以前的论文不同,我们还允许配置工资与数据中很容易观察到的汇出工资不同。除了这种配置工资,我们的模型还会生成可度量的汇出工资,我们稍后会讨论到。

在这里,我们用 X_t 表示配置工资。配置工资将根据卡尔沃机制缓慢调整。正如我们对构成偏差的处理一样,我们假设存在一个"劳动聚合企业",它可以将各种"类型"的劳动组合起来成为劳动总量。这个劳动聚合企业以流动配置工资 X_t 为生产企业提供有效劳动,同时根据因劳动类型而异的配置工资 $x_t(s)$ 雇佣劳动者。劳动总量是由劳动类型 s 的常替代弹性(CES)聚合给出的:

$$L_t^2 = \left[\int_0^1 l_t(s)^{\frac{\Psi-1}{\Psi}} \mathrm{d}s\right]^{\frac{\Psi}{\Psi-1}}$$

上式中的上标"2"所指的是这样一个事实——这个劳动供给是在第二阶段决定的。(需要注意的是,这种处理与我们对价格的处理基本相同。正如我们在前面所做的那样,我们以 s 为索引,用来指代不同的类型,尽管在这里它所指的是一种劳动类型,而在之前所指的是一种中间产品类型。)如果劳动聚合企业决定供给劳动 L_t^2,那么它对 s 类型的工作的需求可以如下由等弹性函数给出:

$$l_t^2(s) = L_t^2 \left(\frac{x_t(s)}{X_t}\right)^{-\Psi}$$

每种类型的劳动的配置工资 $x_t(s)$ 都由该类型的垄断者(类似于工会组织)设定。劳动总量单位的总配置工资 X_t 是因类型而异的配置工资 $x_{i,t}$ 的一个反映:

$$X_t = \left[\int_0^1 x_t(s)^{1-\Psi} \mathrm{d}s \right]^{\frac{1}{1-\Psi}}$$

请注意,劳动市场的清算条件意味着,在一阶近似时,第一阶段的劳动总量等于第二阶段所得到的劳动总量(即 $\widetilde{L}_t^1 \approx \widetilde{L}_t^2$)。

与我们对价格制定者的处理一样,我们也假设因类型而异的工资是根据卡尔沃机制设定的。调整一个因类型而异的工资的概率为 $1-\theta_w$(不调整的概率是 θ_w)。同样,与我们对价格制定者的处理一样,我们也允许存在工资通货膨胀指数化的可能性。在这种情况下,没有抽到卡尔沃签的工资制定者,将直接根据工资通货膨胀指数化规则 $x_t(s) = x_{t-1}(s)(1+\pi_{t-1})$ 来设定工资。如果工资不进行通货膨胀指数化,那么它们就将继续维持在这一期开始时的名义配置工资的水平上。工会努力试图最大化工资加成的贴现值 $x_t(s) - W_t^1$。第 $t+j$ 期的额外一美元对家庭来说值 $\beta^j \lambda_{t+j}$。因此,在时间 t 设定工资的垄断者应该这样重新设定工资 w_t^*,以最大化下式:

$$\max_{x_t^*} \left\{ E_t \left[\sum_{j=0}^{\infty} (\beta\theta_\omega)^j \lambda_{t+j} (x_t^* \prod_{s=0}^{j-1}(1+\pi_{t+s}) - W_{t+j}^1) L_{t+j}^2 \left(\frac{x_t^* \prod_{s=0}^{j-1}(1+\pi_{t+s})}{X_{t+j}} \right)^{-\Psi} \right] \right\}$$

再一次地,我们知道上式中 $\prod_{s=0}^{j-1}(1+\pi_{t+s}) = 1$。给定重新设定的工资 x_t^*,总配置工资的变化将根据下式演变:

$$X_t = \left[\theta_\omega \{(1+\pi_{t-1})X_{t-1}\}^{1-\Psi} + (1-\theta_\omega)(x_t^*)^{1-\Psi} \right]^{\frac{1}{1-\Psi}}$$

4.3.3 汇出工资

我们上面的讨论强调了配置工资(支配着工作努力程度和雇佣规模的影子工资 X_t)与汇出工资(支配着雇主对员工定期支付的可以测量的工资)之间的差异。我们假设,汇出工资是配置工资的一个平滑函数。更具体地说,我们假设工人会就雇佣合同条款进行重新谈判(或者从目前的工作岗位离职,并以新的雇佣条款获得新的工作)。重新谈判工资合同时,雇主会给工人提议一个新的汇出工资。现在,我们用 PDV_t 表示新入职员工未来的名义配置工资的预期贴现值——该员工重新设定汇出工资的概率为 $s \in (0,1]$——其表述式为:

$$PDV_t = X_t + \beta(1-s) E_t \left[\frac{\lambda_{t+1}}{\lambda_t} PDV_{t+1} \right] = E_t \left[\sum_{j=0}^{\infty} [\beta(1-s)]^j \frac{\lambda_{t+j+1}}{\lambda_t} X_{t+j} \right]$$

显而易见的是,PDV_t 依赖于汇出工资重设率 s(尽管该重设率对配置工资不起任何作用)。新入职员工(或重新谈判雇佣合同的工人)在日期 t 的可以测量的汇出工资将是 PDV 的一个平滑版本。更具体地说,我们假设,新入职员工在"测算"工资时要求解如下问题:

$$PDV_t = W_t^{New} E_t \left[\sum_{j=0}^{\infty} [\beta(1-s)]^j \frac{\lambda_{t+j+1}}{\lambda_t} \right]$$

这也就是说,式中的 W_t^{New} 是一个不变工资,给定工资重设率 s,它会将同样的期望数额转移给工人(与他们获得随时间变化的总配置工资 X_t 时一样)。为了便于与数据进行比较,这里的 W_t^{New} 就是新雇佣工资。

我们也可以跟踪模型中所有工人平均未兑付工资(欠薪)。令 W_t^{AHE} 表示所有受雇佣工人的平均小时收入,根据定义,我们知道在时间 t 上的平均未兑付工资是所有没有就新雇佣工资进行重新谈判的工人的平均工资,即:

$$W_t^{AHE} = W_{t-1}^{AHE}(1-s) + H_t W_t^{New}$$

其中,$H_t = L_t - L_{t-1}(1-s)$ 表示"新员工"——在我们这里,"新员工"指所有新雇佣的员工,再加上那些仍然受雇佣但接受了关于汇出工资的新合同条款的员工。

在这里,值得指出的是,以下不同工资概念之间的区别需要加以特别注意:W_t^1、$\overline{W}_t^1$、W_t^{AHE}、W_t^{New} 以及 X_t。在第一阶段的两种工资概念(W_t^1 和 $\overline{W}_t^1$)与第二阶段的三种工资概念(W_t^{AHE}、W_t^{New} 以及 X_t)之间,有一点差异至关重要,那就是,第二阶段的工资有一个(潜在的、时变的)工资加成。这也就是说,在非随机的稳定状态下,有 $W^{AHE} = W^{New} = X = \dfrac{\Psi}{\Psi-1} W^1$。如果配置工资是有弹性的,那么工资加成 $\dfrac{\Psi}{\Psi-1}$ 是恒定的,即使远离稳定状态,也是如此,而且在这种情况下,配置工资的动态特征是与第一阶段工资完全一样的(即 $\widetilde{X}_t = \widetilde{W_t^1}$)。如果不存在构成偏差,那么第一阶段的两种工资就是相同的,即 $W_t^1 = \overline{W}_t^1$。如果再谈判率 $s = 1$,那么第二阶段的所有工资都是相同的,即 $W_t^{AHE} = W_t^{New} = X_t$。但是在一般情况下,所有这些工资都会有所不同。

4.4 总量条件与稳定状态

商品市场的出清条件如下:

$$Y_t = C_t + I_t + K_t a(u_t)$$

虽然,原则上说可以有许多种不同的不确定性来源,但是我们在这里要把注意力集中在货币冲击上。我们假设货币政策可以用如下泰勒法则来描述:

$$\widetilde{\iota}_t = (1-\rho^i)\left[\phi_Y \frac{\widetilde{Y}_t}{4} + \phi_\pi \widetilde{\pi}_t\right] + \rho^i \widetilde{\iota_{t-1}} + \varepsilon_t^i$$

上式中,ϕ_Y 和 ϕ_π 给出了货币当局对产出和利润的相对反应,而 ρ^i 是一个利率"平滑"参数。在这里,ε_t^i 是对货币当局的政策规则的冲击。我们假设,ε_t^i 零均值且在时间上独立同分布。

4.4.1 非随机稳定状态

我们选择适当的参数以保证在非随机稳定状态下,有 $L = P = u = 1$。稳定状态下的加成分别是 $\mu^p = \dfrac{\varepsilon}{\varepsilon-1}$ 和 $\mu^w = \dfrac{\Psi}{\Psi-1}$。我们将稳定状态下的生产率截断进行归一化,即 $\hat{\alpha} = 1$。于是,稳定状态名义边际成本为 $MC = 1/\mu^p$。因为在稳定状态下既不存在通货膨胀,也不存在经济增长,所以有 $1 + r = 1 + i = \dfrac{1}{\beta}$。接下来,很容易证明名义租金价格为 $R = r + \delta$,而且我们必定有 $R = b'(1)$。稳定状态下的资本为:

$$K = \left(\frac{\alpha MC}{R} \right)^{\frac{1}{1-\alpha}}$$

关于稳定状态,其他的细节都与通常的模型无异,因此在此略去。

4.4.2 校准

为了将模型与数据进行比较(我们在本章第 6 节将这样做),我们需要先校准模型中的参数。只要有可能,我们就将采用以用于中型动态随机一般均衡模型的常规参数值为基础的校准设置。我们将贴现因子 β 设定为 0.97,这意味着稳态下实际年利率为 3%。我们将弗里施弹性 η 和跨期替代弹性 σ 均设定为 1.00。资本份额 α 则设定为 0.36。我们将因类型而异的劳动需求弹性 ψ 设定为 21,这意味着配置工资要在基本工资的基础上加成 5%。我们将产品需求 ε 的类型弹性设定为 6,这意味着名义价格比名义货币成本高 20%。我们将工资和价格调整的卡尔沃参数(θ_w 和 θ_p)均设置为 0.90(每季度),这意味着工资和价格的平均持续时间大约为 10 个季度。这样的持续时间比大多数针对价格调整数据的微观经济学研究的设定稍长一些,但是与动态随机一般均衡模型的估计相当。

按照巴苏和金波尔(1997)的思路,我们将利用率弹性设定为 $\frac{b''(1)}{b'(1)} = 1.00$。至于投资调整成本参数和习惯持续参数,我们则分别设定为 $\kappa = 4.00$ 和 $h = 0.65$。我们还允许企业在定价时进行通货膨胀指数化——就像克里斯蒂亚诺等人(2005)一样。

除了上面讨论的这些标准参数,我们的模型还要求设定与构成偏差和汇出工资有关的参数的值。支配这些机制的三个关键参数是:重新谈判率 s、稳定状态下有效劳动与总工作时数之间的比率 LN,以及稳定状态下生产率的截断值(cutoff)的类型密度 $\varphi(1)$。对于我们的基准模型设定,我们假定这些机制都不起作用,因此,我们设定 $s = 1.00$(所以汇出工资就等于配置工资)、$LN = 1.00$(所以平均每小时生产率没有差异),以及 $\varphi(1) = \infty$(所以工作时数可以在不用改变边际劳动者的生产力的情况下变动)。因此,这个基准设定基本上等同于标准中型粘性价格/粘性工资动态随机一般均衡模型。而当我们要引入构成偏差和不频繁地重新调整的汇出工资时,我们设定 $s = 0.21$,$LN = 2.0$,以及 $\varphi(1) = 2$,这种设定沿用了巴拉蒂耶里等人(2014)。

5. 实际工资的经验测度

从经验的角度来看,实际工资的周期性可能受到几个不同特征的影响。就业人员构成的周期性变化早就受到了重视,被视为实际工资变化的重要组成部分[请参见:梭伦等人(1994)、艾尔斯比等人(2016)]。然而,即使在校正了构成变化之后,我们也很难毫不含糊地讨论"实际工资"这个看似简单的概念。而且,正如哈伊弗克等人(2013)正确地强调的那样,新入职员工的工资的周期性似乎要比继续在岗就业的员工的工资周期性强得多。博德里和迪纳尔多(1991,1995)认为,工资支付要受雇主与工人之间的隐性合同的影响,因此在给定时间点上的汇出工资最多只是对工人报酬的一个不完全的测度。类似地，库德莉娅克（2014）也发现，在商业周期的各个不同阶段被雇佣的工人的工资路径的现值，会表现出很大的差异。这些结果表明，贝克尔（1962）和巴罗（1977）关于隐性长期合同的理论探讨是具有很高的经验价值和理论价值的。

在本节中，我们将考察与实际工资有关的微观数据。我们的目标是，评估现有证据是不是能够帮助我们搞清楚：实际工资支付的各种测度在商业周期的不同阶段如何变动，这些测度是不是会对货币冲击做出反应。为此，我们对构成偏差、新员工工资中的差异，以及工资承诺的现值差异的各自的贡献进行了定量分析。

5.1　背景

在上一节给出的模型中，有好几个对象都是映射到可测量的工资，但是只有一个，即我们称之为 X_t 的那个对象，是配置性的。不幸的是，这种配置工资的数据并不能直接测量。从原则上说，这种配置工资可以通过求两个时间点上的工资测度的现值之间的差值来发现。这个差值就是库德莉娅克（2014）所称的"劳动的使用者成本"（UCL）[①]，其具体形式如下：

$$UCL_t = PDV_t - \beta(1-s)PDV_{t+1} \approx X_t \qquad (11)$$

因为上述计算方法忽略了期望算子和随机贴现因子，所以这样得到的 UCL_t 只是近似地等于配置工资。库德莉娅克发现，与平均工资不同，劳动的使用者成本是高度顺周期的，甚至比新员工的工资的顺周期性还要高。

下面我们将构建用来测度劳动的使用者成本和新员工工资的指标。劳动的使用者成本和新员工的工资都是难以测度的对象，因为这需要我们观察个体工人的薪酬随时间推移而演变的整个过程。美国现有的两个面板数据集，全国青年长期跟踪调查和美国收入动态追踪调查，样本量都相对较小，而且采样周期也比较有限。此外，它们的数据是年度数据，对于商业周期分析来说这不是理想的数据。不过，使用个体层面的面板数据的好处是，这种数据可以纠正构成偏差。比尔斯（1985）在一项分析商业周期中的构成偏差的早期研究中，使用了全国青年长期跟踪调查数据，而梭伦等人（1994）则在他们的研究中使用了美国收入动态追踪调查数据。更晚近一些的研究，比如说哈伊弗克等人（2013）和艾尔斯比等人（2016），有不少转而使用当前人口调查数据。然而，当前人口调查数据的缺点是，它并不是一个真正的面板数据，由于这个原因，研究者不能从工资中消除不可观察的个人效应的影响。不过当前人口调查的优势在于，它提供了大量和全国性的代表性样本，以及连续的月度数据，从而便于对整个大衰退期间及其前后发生的事件进行分析。

5.2　全国青年长期跟踪调查

从本章的目的出发，我们在这里重点讨论一下从 1979 年开始的全国青年长期跟踪调查

[①] 这个术语可以说是调整成本下的"资本的使用者成本"概念的一个类比——在后者的情况下，增加额外一个单位的资本的决定是一个具有长期后果的动态决策。

的工资数据。全国青年长期跟踪调查是一个不平衡面板数据集,这项调查始于1979年。然后一直到1994年,只要没有特殊情况,每年都进行一次调查,但是在1994年以后,又改为每隔一年进行一次调查(见下文)。初始样本包括了在1957年至1964年之间出生的12686个人。数据中的个人的出生年份大体上均匀地分布于1957年至1964年之间。在1979年的第一次调查中,这些人的年龄全部介于14岁与21岁之间。最初的受访者包括了6403名男性和6283名女性。

虽然全国青年长期跟踪调查数据有很多优点,但是它也有一些明显的缺点。其中最突出的一个缺点是,由于该项调查本身的性质,它的样本会随着时间的推移而系统性地"变老"。这也就意味着,不应该直接拿全国青年长期跟踪调查中的在职工人的平均工资与用国民收入和产出账户(NIPA)数据构建的平均小时工资收入时间序列数据相比,因为后者可能反映了在任何给定时间点上的在职人员的工资,而且在任何一年中都只有很小的年龄变化。因此,虽然从原则上说,我们可以控制工资回归中的年龄,但是年龄(或更准确地说"经验")系数将难以与平均工资随时间的增长区分开来。

我们所用的数据包括了全国青年长期跟踪调查从1979年的第一次调查到2013年的所有数据。由于全国青年长期跟踪调查从1994年开始改为每两年调查一次,所以我们无法得到1994年至2012年间全部奇数年份的数据。[1] 我们的研究只讨论了男性的情况。因此,我们的样本包括了于1979年接受了第一次调查的6403名男性,数据截止期为2012年。尽管全国青年长期跟踪调查的受访者不是美国人口的代表性样本,但是这个调查确实提供了一个年度横截面权重变量,可以使得该样本与当年的人口有可比性。[2]

全国青年长期跟踪调查每年只报告最多五个工作职位的工资信息。尽管第一次调查是在1979年完成的,我们的样本从技术上说仍然包括了1978年的工作职位数据。(1978年的数据来自1979年初进行的调查,当时涉及的是1978年的工作职位情况。)我们关注全国青年长期跟踪调查构建的"小时工资率"变量。在调查中,受访者要以"最方便的方式"报告自己的总收入。[3] 他们可以报告每小时、每天、每周、每月或每年的工资。无论受访者报告的是哪一种,相关的数据都要根据受访者的典型工作时间转换为小时工资率。由此提到的小时工资率包括了小费、加班费和奖金,它们都要在扣除之前计算在内。而为了构建实际工资,我们需要用某个价格指数来对小时工资率进行通货膨胀平减处理。我们在分析中考虑了两个

---

① 虽然全国青年长期跟踪调查在改为每两年调查一次之后,仍然会要求被访者回忆前一年的信息,但是在奇数年份,工资序列及其反应似乎都有系统性的不同。

② 在第一次调查的整个样本中,大约有一半(6111人)是由全国青年长期跟踪调查组织者所称的出生于1957年至1964年间的劳动年龄人口的"代表性样本"组成的。除了这些所谓的代表性样本,全国青年长期跟踪调查还收集了5295名"弱势群体"的数据,该"弱势群体"由西班牙裔、拉丁裔、黑人和其他在经济上处于弱势地位的受访者组成。最后,全国青年长期跟踪调查还包括1280名代表了军队中服役人员的受访者,这些样本被称为"军人"样本。"弱势群体"样本和"军人"样本在1984年和1990年两度被大幅削减,甚至被完全删除了。在这里,我们将所有男性分为三组(代表性样本组、军人样本组和弱势群体样本组)。然后我们使用横截面权重将全国青年长期跟踪调查数据转换成了一个整体代表性样本。需要提醒读者注意的是,我们并没有使用全国青年长期跟踪调查包含的纵向权重。纵向权重是用来生成一个覆盖了整个期间的代表性面板的。

③ 即2012年的调查中的QES-71A。

独立的价格平减指数:消费者价格指数和非农业部门的隐性价格平减指数。①② 对这两个独立的价格指数的分析总体上非常相似。由于我们关注的是企业视角(即实际产品工资)的跨期劳动需求,所以在后面的讨论中,我们将重点关注用非农业部门的隐性价格平减指数调整后的实际工资测度。

除了关于工资的信息,全国青年长期跟踪调查还包括了各种工作职位所属行业以及是否存在工会等方面的信息。在我们的分析中,我们将不包括工会状况,因为雇主历史名册(employer history roster)中包含的工会变量在1994年全国青年长期跟踪调查从每年进行变更到每两年进行变更之后,出现了异常变化。

5.2.1 关于工资的若干回归结果

我们首先描述我们如何利用全国青年长期跟踪调查数据构建实际工资的各种测度的时间序列。给定这个可用数据集(其特征一如上述),我们进行以下形式的回归:

$$\ln w_{t,\tau}^i = c + \alpha^i + \zeta t + \Psi X_t^i + \sum_{d_0=1}^{T}\sum_{d=d_0}^{T}\chi_{d_0,d}D_{d_0,d}^i + \varepsilon_t^i \tag{12}$$

这也正是库德莉娅克(2014)所考虑的基本实证设定。在这里,$w_{t,\tau}^i$是第i个在时间τ被雇佣的工人在时间t上的实际工资。这个回归给出了对一个工人在时间t的实际工资的最佳线性预测。在其最一般的形式下,这种工资回归允许时间趋势、人口和行业控制变量(它们被包括在X_t^i内),也允许个体固定效应(即α^i系数)以及时间效应;时间效应依赖于两个期间——这个工人是什么时候开始从事当前这份工作的,以及当前日期。

矩阵X_t^i中,另外一些协变量还包括个体在时间t时的经验(以及经验的平方)、在时间t时的工作年限(以及工作年限的平方)、受教育程度,以及行业固定效应。我们将经验定义为(年龄—6—受教育年数)与0之间的较大者。当$d_0=\tau$且$d=t$时,虚拟变量$D_{d_0,d}^i$等于1,否则等于0。

系数χ对于解释新员工工资序列和使用者成本序列特别重要(对于这两个序列,下面我们会着重分析)。在时间t,所有从以往的某个日期τ开始从事当前工作的工人的由χ_τ给定的预测工资都会得到一个额外调整。这些调整意味着从日期τ开始从事当前工作的工人经历了一个由$\{\hat{\chi}_\tau,\hat{\chi}_{\tau+1,\tau},\hat{\chi}_{\tau+2,\tau},\cdots\hat{\chi}_{\tau+j,\tau},\cdots\}$组成的期望对数工资"带"。因此,这些虚拟变量需要根据在职工人的雇佣年限进行调整,其中雇佣年限的定义是,从工人被雇佣的时间到当前日历时间。需要注意的是,变量$\hat{\chi}_{\tau,\tau}$反映的是一个新近入职的工人的工资(即在日期τ被雇佣的工人在日期τ的工资)。在估计中,我们将这条χ带截断为7年(包括第0年)。③

这种设定还可以用于计算进行了构成调整后的工资。例如,如果我们将$\chi_{\tau+j,\tau}$系数限定

---

① 我们对所有城市消费者使用的是消费者价格指数,其他项目使用的是非农业部门隐性价格平减指数。这两个变量都先进行了季节调整,它们可从美国联邦储备经济数据库(FRED)直接获取(其名称分别为CPIAUCSL和IPDNBS)。
② 我们排除了工资水平低于每小时1美元和每小时高于100美元的样本点(以1979年美元计)。这个限制导致了2894个年度观察点被排除。1美元至100美元这个标准,也是美国劳工统计局(BLS)在使用全国青年长期跟踪调查的数据时的标准。
③ 更准确地说,我们在对式(12)的估计中已经包括了所有的虚拟变量。然而,与库德莉娅克(2014)一样,我们在计算劳动的使用者成本时,只使用了7个χ估计值。

为0,那么所得到的设定就可以给出一个预测工资,它既根据观察到的劳动力构成变化(通过将 X_t^i 变量包括进来)进行了调整,也根据未观察到的劳动力构成(通过将个人固定效应 α^i 包括进来)进行了调整,但不允许雇佣年限对工资产生影响。加入 χ 虚拟变量,我们能够用年限效应(vintage effect)来发现构成调整后的工资。例如, $\chi_{\tau,\tau}$ 的系数告诉我们,某个新雇佣的工人得到的工资相对于前几年聘用的工人的工资是增加了还是减少了——当然,是在控制了新员工和其他员工之间的人力资本差异的基础上。

5.2.2 平均每小时收入和新员工的工资

在考虑我们用来衡量劳动的使用者成本的指标之前,我们先来看一下平均小时收入(AHE)的测度。我们考虑两个指标。第一个是来自美国劳工统计局的指标。劳工统计局报告了非农业部门每小时劳动报酬,然后我们用隐含的价格平减指数来对这个指标进行通货膨胀调整。[①] 我们将这种测度命名为 AHE-BLS。

我们用来测度平均小时收入的第二个指标是用源于全国青年长期跟踪调查的数据构造的。我们把这种测度称为 AHE-NLSY。为了构造这个工资系列,先对式(12)的如下简化版本运行回归:

$$\ln w_t^i = c + \Psi X_t^i + \sum_{d=1}^{T} \omega_d D_d^i + \varepsilon_t^i$$

其中, D_d^i 是一个时间虚拟变量(如果 $d=t$,则 D_d^i 的取值等于1,否则等于0)。对于这个基于全国青年长期跟踪调查数据构建的平均小时收入指标,控制变量 X_d^i 只包括经验以及经验平方。因为经验变量的定义是(年龄-6-受教育年限)与0之间的较大者,所以这个控制变量就相当接近于年龄以及年龄平方。这样一来,估计出来的时间固定效应将是平均小时收入的一个估计时间序列。需要注意的是,由于全国青年长期跟踪调查所针对的是20世纪70年代后期进入劳动大军的一组固定的个人,所以在这个测度中包括对年龄的控制是非常重要的。如果我们不把经验和经验平方包括在内,那么样本将会系统地"老去",从而使得对工资的测度包含一个不断老化的组成部分。

为了构造新员工工资,我们先回到如式(12)所示的最初的回归方程设定上来。如上所述,新员工工资序列对应于估计出来的系数 $\hat{\chi}_{t,t}$。我们把所有可用的人口统计学控制变量都包括在 X_t^i 当中,同时把个体固定效应包括在回归中。[②]

5.2.3 计算劳动的使用者成本

我们在式(11)的基础上计算劳动的使用者成本。为了计算使用者成本,我们必须先计算支付给一个在日期 t 被雇佣的工人的工资现值的预测值,并计算于日期 $t+1$ 被雇佣的工人的工资支付的现值。对于一个在日期 t 被雇佣、到日期 $t+j$ 仍然在职的工人,我们则构造出对数实际工资 $\widehat{\ln w}_{t,t+j}$ 的预测价值。然后,我们就可以计算出工资报酬的隐含现值了:

[①] 这个计算中使用的变量来自美国联邦储备经济数据库。我们使用的数据是:非农部门数据中的每小时报酬(COMPNFB),非农部门的隐性价格平减指数(IPBNBS)。

[②] 我们构造新员工的工资的方法与库德莉娅克(2014)所采用的方法不同,后者只是简单地考察了当年雇佣的工人的工资。我们所用的方法为新员工工资创造了一个按构成列示的工资序列,类似于我们构造的劳动的使用者成本序列。

$$\widehat{PDV}_t = \sum_{j=0}^{\infty} \beta^j (1-s)^j \exp\left\{\widehat{\ln w}_{t,t+j}\right\}$$

请注意,除了要求一个预测的对数工资的序列外,这个计算还要求一个离职率 s 和一个贴现因子 β。

为了构造预计工资支付 $\widehat{\ln w}_{t,t+j}$,我们考虑在日期 t 雇佣"普通工人"的企业的预期工资支付。当雇佣关系一直持续下去时,我们用来衡量工人的经验和工人的工作年限的指标值都要随着增加。我们假设,初始经验固定在 11.72 年这个样本平均值上。同时,我们将工作年限变量的初始值设定为 0.5 年(这隐含地假设,在接受调查时报告自己是新入职员工的那些工人是在 6 个月之前获得当前的工作职位的)。我们将工人的受教育年限设定为 12.57 年,这也是全国青年长期跟踪调查的样本平均值。然后,根据式(12),在日期 τ,一个在日期 $t \leqslant \tau$ 被雇佣的工人的预计对数工资为:

$$\widehat{\ln w}_{t,\tau} = \hat{c} + \hat{\zeta}\tau + \hat{\Psi}\bar{X}_{\tau-t} + \hat{\chi}_{\tau,t} \tag{13}$$

其中 $\bar{X}_{\tau-t}$ 是"普通工人"的人口统计学控制向量(即受教育年限 = 12.57,经验 = 11.72 + $\tau-t$,工作年限 = 0.5 + $\tau-t$)。

对于离职率 s,我们遵循库德莉娅克(2014)的先例,将月度离职率设定为 0.0295。这个数字也是基于全国青年长期跟踪调查数据中的平均离职率计算出来的。然后,我们再把这个月度离职率转换为年度离职率 $s = 1 - (1-0.0295)^{12} = 0.3019$。与其他数据集相比,全国青年长期跟踪调查中这个数字可能略低一些。根据美国职位空缺和劳动力流动情况调查(JOLTS)的数据集计算出来的月度离职率接近 0.035。此外,年贴现因子设定为 0.97。需要注意的是,我们对工资现值的计算是在 7 年处(包括初始年度)截断的。给定数据中观察到的高离职率,该截断对当前现值的影响相对较小。

5.3　实际劳动报酬的周期性

有了前面的铺垫,我们现在可以开始正式考察实际工资的周期性特征了。表 2 和表 3 报告了六种不同的实际工资测度的周期性的估计结果。对于实际工资的每一种测度,我们都运行了计算出来的工资序列对商业周期的一个指标(以及一个时间趋势和一个常数)的回归。表 2 考察了实际工资相对于经霍德里克-普雷斯科特滤波法(HP filtering)处理后的失业率的周期性。我们之所以使用霍德里克-普雷斯科特滤波后的失业率,而不是直接采用水平失业率,是因为平均失业率在全国青年长期跟踪调查的时间段内出现了大幅度的变化。[①] 因此,表中报告的系数是半弹性的:作为对失业率偏离其自身趋势的一个百分点的变化的反应的实际工资测度的百分比变化。表 2 的第 2 列至第 5 列的样本有 25 个数据点(从 1979 年到 2012 年,并且将 1994 年至 2012 年间的奇数年份排除在外——见上文第 3.2 小节)。为了构

---

① 霍德里克-普雷斯科特滤波后的失业率源于 1985 年至 2016 年的每月数据。为了避免应用霍德里克-普雷斯科特滤波法时众所周知的端点问题,我们在样本结束后加入了 120 个月的来自估计的 AR(6) 的预测失业率,然后我们使用 50 万的平滑参数对填充的序列进行滤波处理。回归使用的是月度霍德里克-普雷斯科特偏差的年平均值。

造劳动的使用者成本,我们也需要估算从 1994 年至 2012 年的奇数年份的工资价值。最后的使用者成本序列结束于 2007 年,因为要计算出某一年的劳动的使用者成本,我们需要随后 7 年的工资观察值(有关的细节,仍然请参见第 3.2 小节的描述)。

表 2　实际工资周期性:失业率

| 指标 | AHE-BLS | HAE-NLSY | | | 新员工工资 | 劳动的使用者成本 |
	(1)	基准(2)	控制(3)	控制,固定效应(4)	(5)	(6)
霍德里克–普雷斯科特滤波后的失业率	−0.507 (0.471)	−0.976 (1.530)	−1.185 (1.507)	−1.328 (1.623)	−0.698 (1.822)	−5.818 (2.079)
观察点数	34	25	25	25	25	27

注:括号中的数字表示最小二乘标准误差。表中的相关系数是乘以 100 之后的结果。

表 3　实际工资周期性:国民生产总值(GDP)

| 指标 | AHE-BLS | HAE-NLSY | | | 新员工工资 | 劳动的使用者成本 |
	(1)	基准(2)	控制(3)	控制,固定效应(4)	(5)	(6)
霍德里克–普雷斯科特滤波后的 GDP	0.311 (0.353)	0.984 (1.093)	0.960 (1.082)	1.165 (1.161)	1.325 (1.287)	3.122 (1.351)
观察点数	34	25	25	25	25	27

注:括号中的数字表示最小二乘标准误差。

　　表 2 的第 1 列至第 4 列报告了平均小时收入的估计结果。对于源于美国劳动统计局的数据的工资序列(表中的 AHE-BLS),其与失业率的相关系数为−0.507:失业率的周期性分量每增加 1 个百分点,实际平均小时收入下降大约 0.5 个百分点。第 2 列至第 4 列报告了基于我们用全国青年长期跟踪调查数据构造的平均小时收入测度提到的结果。如前面讨论所表明的,第 2 列至第 4 列中的因变量是通过个人工资对如前所述的那些控制变量的回归而估计的时间固定效应。这几栏的不同之处在于,回归时所包含的控制变量的数量有所不同。第 2 列仅包括经验和经验平方;第 3 列增加了行业固定效应、在职年限和受教育年限;第 4 列包括了所有上述控制变量并增加了个体固定效应。全国青年长期跟踪调查的样本在平均小时收入的所有测度上都展现出了很强的周期性,而且周期性随着控制工人特征的变量的增多而增强。我们对这个发现的解释是,它支持了比尔斯(1985)和梭伦等人(1994)所强调的基本构成偏差效应。通常,随着我们针对工人的异质性的控制变量的增多,周期性的点估计值也在不断上升(然而需要注意的是,尽管如此,由于标准误差很高,我们还是不能肯定地说这些测度中哪一个比任何其他测度更具周期性)。

　　第 5 列报告的是来自新员工工资的结果。周期性系数的点估计值为−0.698,因而失业中的周期性分量 1 个百分点的提高,对应于新员工实际工资大约 0.7 个百分点的下降。这种点估计结果本身似乎与哈伊弗克等人(2013)的研究结果不符。他们报告说,在当前人口调查数据中,新入职员工的工资的周期性明显比平均小时收入强得多。在这里,我们应该指出的是,尽管我们的点估计结果没有表明新员工的实际工资的周期性更强,但是估计结果包含了很多噪声,因此可以从各个角度加以解释。

第 6 列报告的是劳动的使用者成本的结果。我们对劳动的使用者成本的测度呈现的周期性,比构成调整后的工资序列和新员工的工资序列都要强得多。从表 2 可见,周期性的估计结果为−5.818,表明失业的周期性分量每增加 1 个百分点,实际使用者成本就会下降大约 6 个百分点(!)。

表 2 给出的估计结果对商业周期的其他测度也非常稳健。表 3 所涉及的因变量与表 2 完全相同,只是将衡量商业周期的指标从失业率换成了霍德里克−普雷斯科特滤波后的 GDP。平均小时收入的周期性再一次只呈现出了中等程度的周期性。当霍德里克−普雷斯科特滤波后的 GDP 高于趋势 1%时,AHE-BLS 仅仅高于趋势 0.311%。相比之下,如果保持全国青年长期跟踪调查中的工人集合不变,并控制观察到的和不可观察的异质性,这一估计值就会增加到 1.165%。新入职员工的工资周期性的点估计的周期性则更强——GDP 的周期性分量每上升 1%,就会上升大约 1.3%。最后,和前面一样,劳动的使用者成本仍然是周期性最终的衡量工资的指标。GDP 高于趋势 1 个百分点,劳动的使用者成本就会上升大约 3.1 个百分点。

这些结果似乎表明,在商业周期中对工人的工资支付方面,构成偏差和隐性合同都发挥了重要作用。从定量的角度来看,控制构成因素(方法是将个人固定效应包括进来,并控制工资回归中观察到的工人的差异),就可以将工资周期性提高到不进行这种控制时的两倍。而且看起来,隐性合同和工资平滑化的影响甚至可能超过了构成偏差的影响。根据我们的计算,在某些情况下,劳动的使用者成本的周期性差不多是基准组的对数实际工资的 6 倍。由于平均工资支付的周期性远低于劳动的使用者成本,所以在经济不景气时期被雇佣的工人的工资要高于使用者成本。反过来也可以预计,这些工人在职期间加工资的幅度会更低,次数也会更少。

我们的发现与库德莉娅克(2014)的结果是一致的,同时也进一步证实了博德里和迪纳尔多(1991,1995)的结果——他们指出,当前的工资支付似乎与过去的劳动力市场状况有关。博德里和迪纳尔多(1991,1995)证明,在职期间的最高失业率以及通常失业率,都会对在职劳动者的当前工资支付产生很大影响。我们的模型设定,作为对库德莉娅克的模型设定的一个改进,比博德里和迪纳尔多的计量经济学模型更加一般化,但是隐性合同在我们的模型中似乎仍然对工资支付的决定产生了重要的影响。

5.4　工资对货币冲击的反应

几乎所有讨论工资的周期性的文献都会分析实际工资对某个周期性的指标的反应——通常是失业率。然而,货币商业周期文献同时还会强调估计得到的对于识别出来的冲击(最常见的是货币冲击)的脉冲响应函数的可复制性的重要性。使用向量自回归方法(VAR)估计货币政策冲击的影响的现代文献始于伯南克和布林德(1992)。在这里,我们仍将遵循克里斯蒂亚诺的方法,因为我们希望最终能够比较对于货币冲击的脉冲响应的理论结果和经验证据。

为了进行向量自回归分析,我们首先要用"邹-林方法"(Chow-Lin procedure)把源于全国青年长期跟踪调查的年度实际工资测度扩展为一个更大的季度时间序列。扩展为季度数据这一步对向量自回归文献中通常使用的识别假设的有效性至关重要。许多研究所使用的识别假设在季度观察点是合理的,但如果以年为频率对数据进行采样,那么这种合理性就会变得很有疑问。利用"邹-林方法",我们就能够使用年度数据估计以前述方法构造的年度工资测度与其他季度频率的变量之间的关系。在采用"邹-林方法"时,我们分析的变量包括:实际国内生产总值、非农业部门的实际小时劳动薪酬、国民平均失业率和所有就业者的非农工资总额。[①] 所得到的内插序列将年度测度分配给相对应的季度(因此,构造出来的季度序列的年平均值等于原来的年度测度)。然后,我们还要再将该序列扩展到全国青年长期跟踪调查所涵盖的1979年至2012年之外的时期。为此,我们先运行各插值季度工资测度对"邹-林方法"所包括的上述变量的回归,然后再进行最小二乘(OLS)估计,并用得到的估计结果来构建1979年以前和2012年以后的那些时间段的估计值。图1给出了1965年第1季度至2015年第3季度的季度平均小时收入、新员工工资和劳动的使用者成本。这三个时间序列中的每一个,在绘图之前都除去了单独的线性趋势。每个序列都以对数尺度呈现,而且绘图时已经保证每个序列的值为1.00。

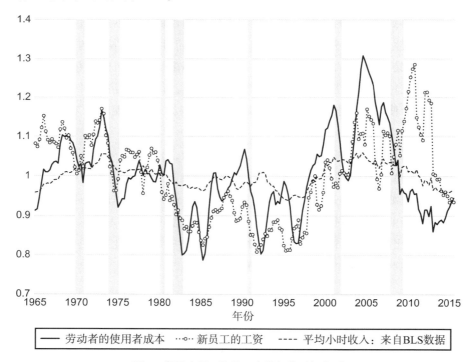

图1 衡量实际工资的三个指标的时间序列

---

① 所有变量都是对数值,只有失业率例外,它直接呈现为失业水平。

对货币政策冲击的脉冲响应函数也是按照克里斯蒂亚诺等人给出的程序构造的。与克里斯蒂亚诺等人的初始设定一样,我们的模型也包含了相同的变量,并且保持了同样的乔里斯基排序(Choleski ordering)。所有变量按照顺序分别为:实际产出、实际消费支出、价格水平、实际投资支出、实际平均小时薪酬、平均劳动生产率、联邦基金利率、实际利润和货币供给增长率(M2)。像伯南克和布林德(1992)一样,我们将联邦基金利率的新息识别为货币政策的结构性冲击。注意到根据假设,第一组变量(实际产出、实际消费支出、价格水平、实际投资支出、实际平均小时薪酬和平均劳动生产率)不会在货币政策冲击发生的同一期就有所反应。与此不同,公司利润和 M2 增长率则会对货币冲击做出同期反应。我们的基本思路是,通过增加一个变量(给第二组变量增加一个工资测度)来扩展克里斯蒂亚诺等人(2005)的模型设定。因此,我们的扩增向量自回归方法引入一种能够对货币冲击做出同期反应的工资测度。与此同时,我们又增加了一个限制,即货币政策不会对新的工资测度的冲击做出同期反应。有了这个限制,就足以识别这种工资测度对货币政策冲击的脉冲响应了。

我们不允许这种新的工资测度影响识别的货币政策冲击。这也就是说,我们希望确保,在向量自回归中,当我们改变我们测度工资的方法时,识别出来的冲击仍然维持原样。这是我们要考虑的第一准则。它意味着,必须把新的工资测度排除在支配了克里斯蒂亚诺等人(2005)当初的模型设定中的变量的动态方程组之外。它还意味着,我们应该把这个新的工资序列排在最后,从而使得这些新的工资测度会对其他变量做出反应,而其他变量——特别是联邦基金利率——则不会对这些工资测度做出反应。[1] 将这些新的工资测度排在最后还会带来另一个后果,那就是,它们会同时对货币政策冲击做出反应。在克里斯蒂亚诺等人(2005)的原始设定中,他们用来测度工资的是平均小时收入,排在了联邦基金利率之前,而且仅仅滞后一个季度就能够对货币政策冲击做出反应。因此,我们对新的工资测度的处理虽然与平均小时收入不同,但是仅仅体现在货币政策冲击发生后的第一个季度上。[2]

与克里斯蒂亚诺等人(2005)一样,消费、投资和企业利润都来自美国经济分析局(BEA)的国民收入和产出账户的相应报表。与克里斯蒂亚诺等人(2005)不同的是,我们对产出、价格水平、员工薪酬和劳动生产率的测度只适用于非农业部门。我们之所以决定使用非农业部门的数据,其主要动机是我们认为非农业部门能够更好地匹配试图最大化利润的公司不频繁地进行价格调整的模型。被排除掉的行业(如公用事业行业和政府机构)可能不会采取大多数宏观经济模型所描述的最优化定价行为。所有变量都取其对数值,但是联邦基金利率和货币供给量 M2 除外(联邦基金利率直接水平列示,而 M2 是对数差异)。所有变量值都源于美国联邦储备经济数据库(从圣路易斯联邦储备银行的网络数据库下载)。

在进行向量自回归估计的时候,我们使用的是与克里斯蒂亚诺等人(2005)一样的样本,即 1965 年第 3 季度至 1995 年第 3 季度的样本。我们这样做的目的是便于将我们的结果与

---

[1] 与克里斯蒂亚诺等人(2005)一样,我们也假定联邦基金利率会对平均小时薪酬做出反应。因此,我们总是在向量自回归中包括实际小时薪酬。这样能够确保我们的识别假设与克里斯蒂亚诺等人(2005)的识别假设是匹配的。

[2] 我们也尝试了其他识别方案,其中有一些将这个新的工资测度限制为零,与平均小时收入对称。我们在下文中报告的结果对尝试过的所有变体都是非常稳健的。

那篇基准论文的结果进行对比。① 我们也用其他样本期进行了试验，包括将样本期扩展到2007年。扩展后的样本使得我们可以用更大的数据集去进行向量自回归估计，不过会在碰到零下限期时止步（在那时，识别假设不再适用）。然而不幸的是，我们发现，随着后期数据的加入，克里斯蒂亚诺等人（2005）所报告的脉冲响应发生了显著的变化，而且这种变化是背后的基础理论无法解释的（例如，在扩展后的样本中，众所周知的"价格难题"清晰地显现了出来）。由于我们的主要目标是探索我们新构造的衡量实际工资的指标会如何对一个众所周知的识别出来的冲击做出反应，所以我们选择在克里斯蒂亚诺等人（2005）的原始样本上进行向量自回归估计。但是我们确实认为，在不同样本期之间，对货币冲击的脉冲响应的（不）稳定性各不相同——这令我们想起了汉森（Hanson）（2004）的研究结果——本身就非常值得进一步深入研究。②

本章的重点是讨论上面构造的各种衡量工资的指标对冲击的反应。对于用于衡量实际工资的每一个"新"指标，我们都要估计一个不同的向量自回归系统来重现工资对货币冲击的反应。例如，我们要分别就新员工的工资和劳动的使用者成本进行估计。就我们在下面将要讨论的向量自回归系统的结构而言，新变量不会以任何方式影响克里斯蒂亚诺等人（2005）原来的那些变量的反应。在下面，我们将把所有基准变量对货币政策冲击的脉冲响应放在一起报告——因为我们改变了添加到克里斯蒂亚诺等人（2005）的设定中的额外工资变量后，这些变量并不会随之发生变化。

图2显示了克里斯蒂亚诺等人（2005）的系统所包含的各标准宏观经济变量对联邦基金利率提高50个基点这个确定的冲击的反应（为了节省空间，该图没有绘出企业利润的反应和M2的增长率的反应）。图2中的每幅子图都报告了一个变量的脉冲响应。所有变量的变化都以百分比为单位来显示（即1.00对应于1%）。图中虚线对应于1个标准差误差范围。这个冲击导致产出大约下降0.25%、非耐用消费品消费量的减少略低于0.2%、投资萎缩差不多0.5%。请注意，测量出来的生产率也下降了，从而表明未观察到的因素对产出的下降也有一定"贡献"。

图3报告了我们在前文中构造的三个测度工资的指标的脉冲响应。左侧小图显示的是AHE-BLS的反应，该小图表明，这个工资测度对冲击几乎没有什么反应。中间的小图表明，新员工工资对冲击的反应要比平均小时收入大得多——冲击发生大约一年半之后，新员工的工资下降0.5%以上。右侧小图显示劳动的使用者成本对冲击的反应，它表明，劳动的使用者成本的降幅比新员工工资还要大，而且，在冲击发生两年之后，这个指标仍然停留在相对较低的水平上。

---

① 尽管我们的样本与克里斯蒂亚诺等人（2005）的样本相同，但是还存在一些差异，这一方面是因为数据有了更新，另一方面也是因为我们使用的是非农业部门（NFB）的产出和价格，而不是GDP和GDP平减指数。
② 与我们的研究结果相一致，雷米在她为本《宏观经济学手册》撰写的那一章中（Ramey，2016）也强调指出，克里斯蒂亚诺等人（2005）的估计结果"在后期的样本中不能很好地保持"。她得出的结论是，"这种脱节最可能的原因是……在后期的样本中，我们无法继续清晰地识别货币政策的冲击了"。

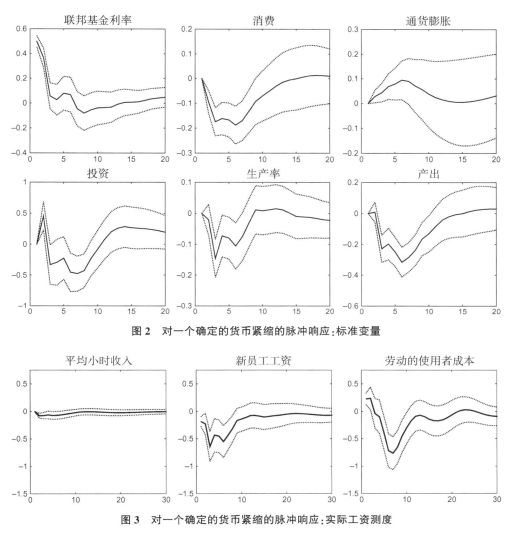

图 2　对一个确定的货币紧缩的脉冲响应：标准变量

图 3　对一个确定的货币紧缩的脉冲响应：实际工资测度

在对 1979 年第 4 季度至 2007 年第 4 季度这个样本期间估计脉冲响应函数时，我们也得到了类似的结果。这个样本的好处在于，它的初始日期对应于保罗·沃尔克（Paul Volcker）开始担任美国联邦储备委员会主席的日子，同时也有利于排除使用者成本序列的可能的反向投影。从总体的估计结果看，主变量组的脉冲响应的噪声更低，而且也需要更长时间才能回到原来的趋势上去。尽管有这样一些区别，劳动的使用者成本序列的峰值响应仍然接近了 0.75％。新员工的工资则快速振荡，不过也在差不多的滞后期间后达到了差不多高的峰值。我们据此得出结论，在这个较短的样本期间内，估计结果的性质没有发生改变（这个样本不仅与库德莉娅克数据样本重叠，而且开始于美国货币政策的"现代"时代的肇始期）。

5.5　扩展：控制匹配质量

如上文第 3 节所述，哈格多恩和曼诺夫斯基（2013）指出，我们观察到的当前工资的历史依赖性,在很大程度上可以用劳动者在面对工作阶梯时的职位搜索行为来解释。在哈格多恩和曼诺夫斯基给出的模型中,工作职位的匹配质量可以通过在工资回归中纳入就业周期中劳动市场的累积"紧张度"来处理。劳动市场的紧张度是空缺职位与失业人数之间的比例。从直觉上我们知道,在某个特定的就业周期中,一位劳动者要在一架"匹配质量"之梯上逐渐向上攀升。他(或她)爬升的速度是由当前劳动市场的总体紧张度决定的。最终他(或她)能够爬多高,则取决于整个就业周期上劳动市场的累积紧张度。在本节中,我们将扩展前面几节的结果,即将哈格多恩和曼诺夫斯基提出的劳动市场紧张度指标包括进来,看一看我们前面报告的那些结果在包含了这个变量之后是不是仍然稳健。

为了实施源于哈格多恩和曼诺夫斯基的这种修正,我们利用全国青年长期跟踪调查的每周数据将每个受访者的工作历史划分为不同的就业周期。从一个人找到了工作(离开了非自愿失业者大军)的那一刻开始,一个就业周期就开始了,它将包括这个人处于就业状态的全部时间——即使这个工人改变了雇主,或进入了自愿失业状态,也属于这个就业周期。当一个人非自愿失业了,或者当一个自愿失业者在两个月后仍然没有找到新的工作,一个就业周期就结束了。全国青年长期跟踪调查会询问受访者为什么要放弃最后一份工作,我们利用这方面的信息来确定失业到底是自愿的还是非自愿的。[1]

然后,我们计算出每个劳动者的每个就业周期的劳动市场紧张度的总和,并将所得变量作为一个额外控制变量,包括在如式(12)所示的个体工资回归中。[2][3] 更具体地说,令 $\xi_t = \dfrac{v_t}{u_t}$ 表示日期 t 的劳动市场紧张度。然后,对于当前正处于特定的就业周期——该就业周期从日期 $J(i)$ 开始——中的任何一个劳动者 i,我们都要计算出他(或她)的个人劳动市场紧张度的总和,即 $\omega_t^i = \sum_{s=t-J(i)}^{t} \xi_s$。接下来,我们再重新估计式(12)并将 ω_t^i 包括在控制向量 X_t^i 当中。

最后,我们修改预测方程,方法是假设企业会雇佣具有(如前所述的)平均特征且其就业周期的平均长度固定的个体劳动者——在全国青年长期跟踪调查数据中,就业周期的平均长度为 $\bar{J} = 3.24$ 年。这也就是说,我们把变量 $\bar{x}_t = \sum_{s=t-\bar{J}}^{t} \xi_s$ 包括进估计方程式(13)中,就构造了投影 $\widehat{\ln w}_{t,\tau}$。但是,与变量 x_t^i 不同(它在不同工人之间是不同的,依赖于每个工人的就业周期的开始时间),变量 $\bar{x}_t$ 不会出现横截面变化。不过,因为总体劳动市场紧张度 ξ_t 随时间而变化,所以 $\bar{x}_t$ 是会出现时间序列变化的,这种变动包括在了对 $\widehat{\ln w}_{t,\tau}$ 的预测当中。

---

[1] 如果一个劳动者被解雇或被解职了,或者他所在的工厂倒闭了,那么他(或她)就是非自愿失业。如果一个人主动离职去寻找新的工作(作为自愿失业者),并在两个月的时间内找到了新工作,那么这个人的就业周期并不中断。但是,如果这个自愿失业者没能在两个月的时间内找到新的工作,那么就业周期就结束了,这个人就脱离了工作阶梯。

[2] 为了构造我们这个劳动市场紧张度指标,我们利用了巴尼科恩(Barnichon)(2010)计算出来的招聘指数。

[3] 哈格多恩和曼诺夫斯基实际上使用了两个独立的控制变量。他们不仅控制了当前工作期间的累积劳动市场紧张度(在他们发表于 2013 年的论文中为变量 q^{HM}),而且还控制了获得某个工作职位之前的时期的累积劳动市场紧张度(劳动者转换了工作职位,或者结束自愿失业状态重新开始工作;在他们发表于 2013 年的论文中为变量 q^{EH})。因为式(12)包括了当前就业期间的任意一组固定效应 $\chi_{\tau,t}$,所以第一项调整(哈格多恩和曼诺夫斯基中的变量 q^{HM})已经包含在我们的基准设定中了。因此,在我们的分析中,我们的注意力仅限于第二项调整,即只控制获得一个工作职位之前的累积劳动市场紧张度。

　　表 4 和表 5 显示了我们对无法观察的特异性匹配质量进行控制后各种工资测度的周期性的估计结果。不难注意到,周期性的各个估计值都有所下降,尽管工资序列的整体周期性只发生了温和的变化。特别是,新员工的工资和劳动的使用者成本的高周期性依然存在。在对货币冲击的反应中,也可以发现类似的结果。控制了匹配质量之后,对各种工资测度重复前述步骤所产生的脉冲响应函数,仍然与我们之前看到的脉冲响应函数相似。下面的图 4 比较了控制匹配质量时与不控制匹配质量时的新员工的工资和劳动的使用者成本的脉冲响应。正如图 4 告诉我们的,两种情况下的脉冲响应几乎完全无法区分。

表 4　控制了匹配质量的实际工资的周期性:失业率

指标	AHE-BLS	HAE-NLSY			新员工工资	劳动的使用者成本
	(1)	基准(2)	控制(3)	控制,固定效应(4)	(5)	(6)
霍德里克–普雷斯科特滤波后的失业率	−0.507 (0.471)	−1.039 (1.833)	−1.092 (1.729)	−1.294 (1.764)	−0.691 (1.851)	−4.773 (2.049)
观察点数	34	25	25	25	25	27

注:括号中的数字表示最小二乘标准误差。表中的相关系数是乘以 100 之后的结果。

表 5　控制了匹配质量的实际工资的周期性:GDP

指标	AHE-BLS	HAE-NLSY			新员工工资	劳动的使用者成本
	(1)	基准(2)	控制(3)	控制,固定效应(4)	(5)	(6)
霍德里克–普雷斯科特滤波后的 GDP	0.311 (0.353)	1.000 (1.682)	0.844 (1.568)	1.069 (1.631)	1.244 (1.311)	2.284 (1.336)
观察点数	34	25	25	25	25	27

注:括号中的数字表示最小二乘标准误差。

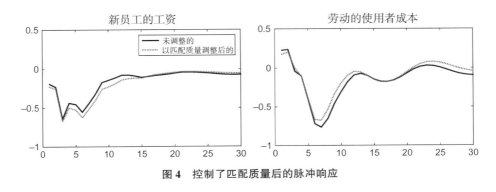

图 4　控制了匹配质量后的脉冲响应

6. 比较模型和数据

接下来,我们将上面报告的关于实际工资周期性的实证证据与我们在本章第4节提出的新凯恩斯主义模型的预测联系起来讨论。为了加强直观性,我们从既不存在构成偏差,也不会就汇出工资进行(不那么频繁的)重新谈判的模型开始。这也就是说,我们需要将重新谈判率 s 和有效劳动与总小时数之比 L/N 都设定为1.00,同时假设类型 $\varphi(1)^{-1}$ 的逆密度为0。由于 s 是长期工资合同重新谈判的比例,因此,$s=1$ 就意味着每一期的汇出工资都会发生变化——随着(粘性)配置工资的变化而"亦步亦趋"地变化。因为在当前这个模型设定中,汇出工资就等于配置工资,因此经济体系中不存在隐性工资合同。而不存在构成偏差的假设又意味着边际工人和平均工人在每一个观察到的工作时间内都提供相同数量的有效劳动。接下来,我们分别在假设只存在粘性价格、只存在粘性工资、同时存在粘性价格和粘性工资的情况下,考察这个基准新凯恩斯主义模型对货币冲击的反应。由此得到的结果将有助于我们确定模型还应该加入哪些特征,以便使模型的预测更接近于观察到的工资数据。

我们将(季度)价格调整的卡尔沃参数设置为 $\theta_p = 0.90$,这意味着价格平均每十个季度调整一次(或者说,每两年半调整一次)。我们对初始粘性工资也给予同样的设定,即 $\theta_w = 0.90$。尽管这些校准相对于微观数据所显示的价格和工资变化的平均频率似乎有点偏高,但是它们确实与许多动态随机一般均衡估计结果一致,而且隐含的模型冲击响应函数也具有足够的持久性,使得它们计算出来的轨迹与经验脉冲响应有可比性。这个动态随机一般均衡模型的另一个特征是,它所拥有的一些传统的机制,在分析商业周期时被予以充分考虑的话,就能更好地匹配货币冲击对产出的动态影响。更具体来说,这个模型中的投资调整成本、消费习惯持续性、可变资本利用率、价格指数化和工资指数化,以及生产中的规模报酬递增,都属于这类机制。本校准使用的参数如表6所示,它们符合相关文献的一般估计结果。

图5显示了这个基准模型对中央银行的利率政策变动25个基点(对泰勒规则的冲击)的脉冲反应。由于我们的主要关注点在于将模型中各种工资测度的反应与相对应的经济反应进行对比,因此给出了平均小时收入、新员工的工资、劳动的使用者成本,以及产出的模型反应和数据反应。我们将图3中所示的数据反应复制过来,与基准模型的反应进行了比较——我们假设了三种名义刚性:只存在粘性价格、只存在粘性工资、同时存在粘性价格和粘性工资。正如我们早就预料到的,随着利率的上升,所有这三种名义刚性都会导致产出的下降。在只存在粘性价格模型中,产出下降的幅度显著大于只存在粘性工资的模型,当然,粘性工资和这两种刚性同时存在的模型,产出下降的幅度最大。不过,尽管基准模型再现了数据中观察到的驼峰形产出反应,但是产出低谷在模型中出现的时间却比数据中早了两到三个季度。这也就是说,模型还需要额外的持续机制或更强的持续机制,才能与估计结果匹配。

表 6　新凯恩斯主义动态随机一般均衡模型的参数

参数	取值
贴现因子,年度(β)	0.97
跨期替代弹性(σ)	1.00
弗里施劳动供给弹性(η)	1.00
折旧率,年度(δ)	0.10
资本份额(α)	0.36
因类型而定的劳动弹性(ψ)	21.00
因类型而定的产品弹性(ε)	6.00
平均价格持久期,季度$[(1-\theta_p)^{-1}]$	10.00
平均工资持久期,季度$[(1-\theta_w)^{-1}]$	10.00
通货膨胀指数化	是
资本利用边际成本$[b''(1)/b'(1)]$	1.00
投资调整成本(κ)	4.00
习惯的权重	0.65
有效劳动与总小时数的比率(LN)	2.00
单位生产率的逆密度$[\varphi(1)^{-1}]$	2.00
重新谈判率,季度(s)	0.21

实证部分的主要研究成果之一是,不同的工资测度在商业周期中的行为和对货币冲击的反应都有所不同。在基准模型中,由于只存在一种工资(或者更准确地说,平均工资、新员工的工资和配置工资都是相同的),因此模型无法匹配数据中的不同工资模式。我们发现,在每个模型中,三种概念的工资的脉冲响应都是相同的。像往常一样,模型中的劳动和使用者成本就是配置工资;不过,在经常进行工资谈判且不存在构成偏差时,平均小时收入和新员工工资、劳动的使用成本是相同的。因此,在这组模型中,对于货币冲击,有一种单一的和明确的工资反应。

在工资有充分弹性的粘性价格模式中,工资急剧下降(因此,它是顺周期的——在货币冲击发生后,它的变动的方向与产出变动的方向相同)。这种工资下降从定性的角度来说是与新员工工资和劳动的使用者成本的反应相匹配的,但是与平时小时工作的反应要微弱得多这个事实却不匹配。此外,在粘性工资和灵活价格的模型中,工资对货币冲击的反应显示出了温和的反周期特征,也正是因为这个原因,凯恩斯在《就业、利息和货币通论》中提出的模型预测了经济衰退中的高实际工资。最后,特别要注意的是,同时存在粘性(高)价格和粘性实际工资的模型证明货币冲击刚刚袭来时,实际工资基本上是反周期的。对于这三个模型,我们可以这样总结:在只存在价格刚性的模型中,企业离开了劳动需求曲线,而工人则位于自己的劳动供给曲线上,所以实际工资是顺周期的;而在只存在粘性工资的模型中,情况刚好相反,因此实际工资是反周期的。(然而,资本利用率可变的假设显著地拉平了劳动需求曲线,所以这种反周期性的程度是温和的。)最后,当同时存在粘性工资和粘性价格时,企业和工人都离开了劳动市场上各自的需求曲线和供给曲线,因此实际工资不再表现出明显

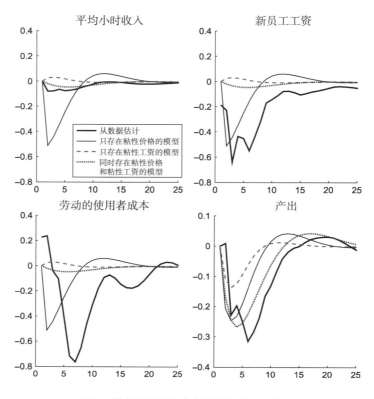

图5   基准新凯恩斯主义模型中的工资动态

注:每幅小图都分别报告了对联邦基金利率提高25个基点这个冲击的估计脉冲响应(粗实线)和各个模型的脉冲响应。在图中,细实线显示了有粘性价格但工资有弹性的基准新凯恩斯主义模型的反应,短划虚线显示了有粘性工资但价格有弹性的模型的反应,点虚线显示了同时有粘性价格和粘性工资的模型的反应。

的周期性模式。不难注意到,在这个模型中,工资的反应在性质上是与数据显示的平均小时收入的经验模式一致的。这样也就很清楚了:为什么那些将平均小时收入解释为配置工资的研究者,会被引导到建构一些同时存在工资和价格刚性的模型,就像克里斯蒂亚诺等人那样(2005)。

在上述基准模型的基础上,我们现在考虑隐性合同和构成偏差对我们的模型对前述三个工资测度的预测会有什么影响。在下面的讨论中,我们只考虑价格有粘性且工资有弹性的模型。我们之所以这样做,一方面是为了节省篇幅,另一方面是因为粘性工资模型的模拟工资路径通常有这样的特点:或者是明显反事实的(即在负面的货币冲击后工资支付急剧增加),或者是反周期的——虽然与观察到的平均小时收入的特征相符,但是却不能匹配新员工的工资和劳动的使用者成本的反应。

接下来,我们先考察隐性合同的作用。从上面的基准模型出发,我们分析参数 s 从其初始值 1.00 逐渐减少时会带来什么影响。当 s<1 时,尽管配置工资(即劳动的使用者成本)是完全弹性的,汇出工资的变化频率却相当低,因为我们在这个模型中假设不存在工资刚性。对于不断变化的经济环境,劳动的使用者成本随时都可以做出反应,但是测度工资的其他指标——平均小时收入和新员工的工资——的变化却比劳动的使用者成本小得多。结果如图

6 所示。需要注意的是,$s=1.00$ 时的结果是从前面的粘性工资脉冲响应图中复制过来的。正如我们前面第 3 节已经讨论过的,巴拉蒂耶里等人(2014)发现,$s=0.21$ 是微观数据中观察到的汇出工资发生变化的近似频率。我们在这里给出了 $s=0.50$ 时的中间情形。注意到,劳动的使用者成本的三个脉冲响应是相同的,因为配置工资不受 s 的值的变化的影响。然而,$s<0$ 意味着隐性合同的存在,这会使得三个工资测度对货币政策冲击的反应有所不同。我们特别感兴趣的是 $s=0.21$ 时的结果。当 s 取这个特定值时,配置工资急剧下降,新员工的工资的下降幅度相比之下较小一些,而平均小时收入则仅仅是微有下降。这三个工资测度的反应相对产出的反应的模式,在性质上与数据显示的脉冲响应非常相似。根据这个观察结果,我们可以先得出这样一个结论:现有证据表明,有粘性价格和弹性工资,并包含了隐性工资合同的重要作用的模型最有可能与数据相匹配。

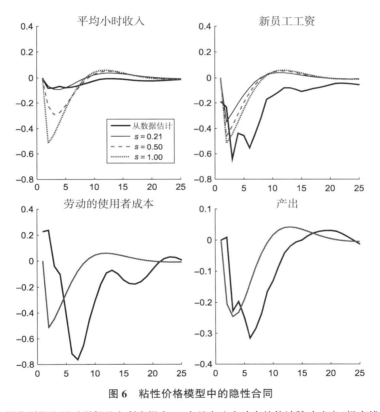

图 6 粘性价格模型中的隐性合同

注:各幅小图分别报告了对联邦基金利率提高 25 个基点这个冲击的估计脉冲响应(粗实线)和模型脉冲响应。图中的不同的线对应不同的参数值。在所有情况下,价格都是有粘性的,而工资都是完全弹性的。细实线显示的是,当汇出工资以 0.21 的季度概率(s)重新设定时(即平均大约每 15 个月重新设定一次),基准模型的反应。短划虚线显示的是 $s=0.50$ 时模型的结果。点虚线显示的是 $s=1.00$(连续调整汇出工资)时的结果。

　　图7给出了考虑了包含构成偏差效应的模型的脉冲响应函数。内生的构成调整对货币冲击(以及非货币冲击)发生时工资的反应有两个独立的影响。首先,通过引入在职劳动者的平均劳动报酬与"边际"劳动者的劳动报酬之间的差值,构成调整将导致平均小时收入的反应性低于劳动的使用者成本(后者保持劳动大军的构成不变)。该差值的大小由式(10)中的比率$(LN-1)/LN$给出,其中,$LN \geqslant 1$是稳定状态下有效劳动供给与工作时数之间的比率——或者,等效地,LN是平均劳动报酬与支付给边际劳动者的工资之间的比率。在不进行内生构成调整的模型中,该比率的值为1,构成偏差对测量工资没有影响。如果$LN>1$,那么平均工资的变动将少于劳动的使用者成本。

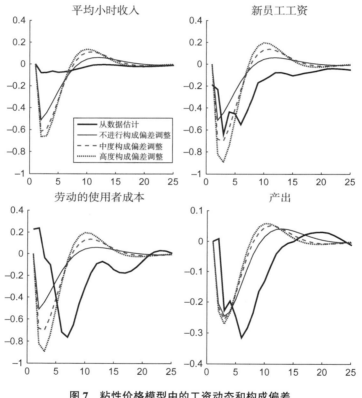

图7 粘性价格模型中的工资动态和构成偏差

　　注:各幅小图分别报告了对联邦基金利率提高25个基点这个冲击的估计脉冲响应(粗实线)和模型脉冲响应。图中的不同的线对应不同的参数值。在所有情况下,价格都是有粘性的,而工资都是完全弹性的。细实线显示的是当不存在构成偏差时[即$LN=1.00$且$\varphi^{-1}(1)=0.0001$]的模型反应。短划虚线显示的是中度的构成偏差时[即$LN=2.00$且$\varphi^{-1}(1)=2.00$]的结果。点虚线显示的是高度构成偏差时[即$LN=4.00$且$\varphi^{-1}(1)=4.00$]的结果。

　　构成变化的第二个影响是,在这种情况下,有效劳动供给弹性将严重小于个体劳动供给弹性。之所以如此,原因在于,不断扩大的就业意味着必须聘用越来越没有生产性的工人。这种效应的大小受生产率截断点的类型$\varphi(1)^{-1}$的逆密度支配。在一个所有劳动者都完全相同的模型中,$\varphi(1)=\infty$(即在共同生产率1处存在一个质点),因此$\varphi^{-1}(1)=0$。不过,如果在截断点的类型的密度是平滑的,那么$\varphi(1)^{-1}>0$,这意味着要雇佣更多劳动者就必须降低边际生产率。如果φ

(1)⁻¹很大,那么扩大雇佣规模就意味着容忍生产率低得多的劳动者,从而导致劳动供给弹性大大降低。

在图 7 中,我们考虑了三个不同的模型设定。首先,我们报告了没有构成偏差的标准模型的反应(图中的细实线)。然后,我们报告了具有"中度"构成偏差的模型的脉冲响应(图中的短划虚线)。在这个模型设定中,我们考虑的是 $LN=2.0$(即平均工人的报酬是边际工人的两倍)且 $\varphi^{-1}(1)=2.00$ 的情形。而图中的点虚线则给出了"高"构成偏差的模型的结果的响应,其中 $LN=\varphi^{-1}(1)=4.00$。图 7 同时呈现了上述讨论的两种效应。特别是,我们注意到,在有构成偏差的模型设定下,工资的下降很明显更快。这是因为,在粘性价格的环境中,产出是有效需求决定的,进而工资也是有效需求决定的。给定需求,企业根据增产(减产)要求,雇佣(解雇)所需数量的劳动者。既然构成调整会降低有效劳动供给弹性,所以工资必定会下降得更多。此外,我们还要注意,平均小时收入的降幅要小于劳动的使用者成本。这是 $LN>1$ 的一个直接结果,梭伦等人(1994)所强调的效应也就是这个。

图 8 考虑了具有隐性工资平滑合同和温和的构成偏差的基准模型。在这个模拟中,我们像巴拉蒂耶里等人(2014)所建议的那样,设定 $s=0.21$,同时我们设定了中等程度的构成偏差,即 $LN=\varphi(1)^{-1}=2.0$。

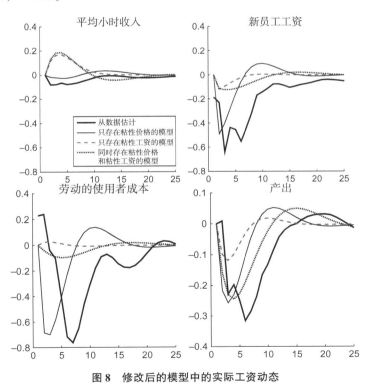

图 8　修改后的模型中的实际工资动态

注:每幅小图都分别报告了对联邦基金利率提高 25 个基点这个冲击的估计脉冲响应(粗实线)和各个模型的脉冲响应。模型的各参数值根据表 6 设定。我们使用了 $s=0.21$ 和中等程度的构成偏差[即 $LN=\varphi(1)^{-1}=2.0$]。细实线显示了有粘性价格但工资有弹性的模型的反应,短划虚线显示了有粘性工资但价格有弹性的模型的反应,点虚线显示了同时有粘性价格和粘性工资的模型的反应。

与前面的图 5 类似,图 8 也给出了假设只存在粘性价格(实线)、只存在粘性工资(短划虚线),以及同时存在粘性价格和粘性工资(点虚线)的脉冲响应。从这个模拟来看,粘性价格模型设定似乎优于其他两种设定。在粘性工资情形和同时存在两种名义刚性的模型中,平均小时收入在货币紧缩之后明显上升,只有粘性价格模型令人惊讶地接近于结构向量自回归脉冲响应的实际点估计值,即平均小时收入表现为轻微下降。虽然这仍然不能与新员工的工资或劳动的使用者成本的动态反应的形状完全匹配,但是模型反应在数量上已经是比较接近的了。这个模型预测新员工的工资的最大降幅大约为 0.50%,劳动的使用者成本的最大降幅为 0.70%。与之相对应,结构向量自回归的估计结果则是,新员工的工资大约下降 0.70%,劳动的使用者成本下降将近 0.80%。相比之下,其他两个模型设定的模拟响应结果则呈现为幅度小得多的变化——无论是新员工的工资,还是劳动的使用者成本都是如此(这两者下降的最大幅度都不足 0.10%)。

粘性价格模型的脉冲响应相对于数据中的脉冲响应的主要问题在于,货币紧缩后的产出缺乏持续性。在这个模型中,产出的反应在冲击发生后三个季度就达到了最大峰值,而数据则在六个季度后。新员工的工资和劳动的使用者成本也与产出同时触及谷底,这意味着,相对于经验脉冲响应,它们出现了一个"相移"。因此,我们推测,真实变量在货币冲击后如果能够更有持续性,那么就能使模型和数据更加接近。

同时,我们也很容易就可以看出为什么这个模型缺乏持续性。克里斯蒂亚诺等人(2005)的模型使用粘性工资作为一个重要的持续性机制,但是,正如图 8 所表明的,配置工资粘性与货币紧缩后劳动的使用者成本观察到的"行为特征"并不一致。然而,我们在这里首选的具有粘性价格和弹性工资的模型设定,缺少了文献中许多中型动态随机一般均衡模型都具备的一个关键传播机制。未来研究的重要议程是为粘性价格模型找到新的传播机制,以取代粘性配置工资的假设,因为后者似乎与数据存在着根本性的不一致。

7.　结论

最近的实证研究表明,实际工资的周期性远远大于传统上所认为的。现有文献强调了这种强周期性的两个原因。首先,劳动大军构成的内生变化是一个重要机制,它导致平均小时工资支付低估了工资的变化(相对于劳动大军构成保持不变时的工资变动)。其次,大量证明表明,配置工资——决定工作小时的工资,同时也是企业在生产和定价决策时内部化的工资——往往不等于同期的汇出工资。特别是,企业和工人之间可能达成一个隐性的共识:汇出的工资是预期配置工资的平滑版本。通过估计工资支付额的预期现值,可以构造出"劳动的使用者成本",它能够衡量作为其基础的配置工资。

在本章中,我们重现并扩展了库德莉娅克(2014)的主要实证结果。我们的经验分析证实了她对于配置工资的周期性的计算。更进一步地,利用全国青年长期跟踪调查数据,我们通过单独控制构成变化和控制对工资进行平滑化处理的隐性合同，还对工资的周期性反应进行了分解。数据表明，构成变化对平均小时收入的动态有显著贡献，但是隐性合同和工资平滑化的影响要更大。

以利用全国青年长期跟踪调查数据估计出来的劳动的使用者成本和新员工工资为起点，我们将估计系列扩展为季度系列，并将扩展后的数据纳入了一个结构向量自回归模型中，以便研究实际工资对货币冲击的反应。估计出来的结构性向量自回归模型表明，在紧缩型货币冲击发生之后，劳动的使用者成本和新员工工资都急剧下降。相比之下，平均小时收入（这是宏观经济学研究中用来衡量工资的常用指标）则几乎对这种冲击没有什么反应。如果将我们的模型加以扩展，允许长期企业—工人协作对工资平滑化，那么就可以使平均小时收入（甚至支付给新员工的工资）的周期性明显低于配置性的劳动的使用者成本。

这些工资测度对冲击的不同反应，对流行的新凯恩斯主义货币传导机制模型提出了两个关键挑战。首先，在大多数新凯恩斯主义模型中，配置工资、汇出工资和平均小时收入三者之间在概念上是没有任何差异的。因此，在最基本的层面上，这类模型将无法与我们的研究的实证结果相匹配。其次，如果新凯恩斯主义模型包含了粘性的名义工资的突出作用，那么这些模型的预测是，在利率提高时配置工资会上升（这是反事实的）或者完全没有反应。这两种预测都不符合我们的基本发现，即在货币紧缩后，配置工资是急剧下降的。

我们利用自己构建的一个中型动态随机一般均衡模型的分析表明，成功的模型应该强调的是价格刚性而不是工资刚性。此外，要想与本章给出的估计结果相一致，这种模型还可以允许非配置性的相对平滑的汇出工资。因此，工资数据有利于"旧的新凯恩斯主义经济学模型"——罗腾伯格（1982）、波尔和罗默（1989），以及金波尔（1995）等人的模型，它们都假设竞争性劳动市场和有弹性的配置工资；而不利于"新的新凯恩斯主义经济学模型"，它们假设配置性价格和工资都是粘性的，例如布兰查德和清泷（1987）、埃尔采格等人（2000）、斯梅茨和沃特斯（2007），以及克里斯蒂亚诺等人（2005）。

在上述结论的基础上，我们建议在两个前沿上推进研究，一个是理论性的，另一个是实证性的。这些结果提出的理论挑战是，我们必须解释观察到的货币冲击的实际影响的持续性，而不能依靠工资粘性去"驯服"边际成本对金融冲击的反应。我们的估计结果表明，只要计算正确，实际边际成本就会呈现出很强的顺周期性。[①] 如果这个结论是正确的，那么就会构成对流行的中型（中等规模的）新凯恩斯主义模型——如克里斯蒂亚诺等人（2005）、斯梅茨和沃特斯（2007）的模型——的主要持续性机制的质疑，它们一般都依赖于边际成本非周期性的假设。因此，货币经济学面临的这个理论问题可以重新表述为：为什么价格表现总是显得步调迟滞，尽管工资和边际成本是强顺周期的？

这个问题其实是几十年前的一项重大研究计划的焦点所在。与20世纪80年代出现的一系列研究相比，新得到的对企业级价格和数量的观察结果，以及对与时间依赖的定价模型

[①] 这一点与许多（虽然不是全部）讨论价格加成的反周期性的文献是一致的。当然，价格加成就是实际边际成本的倒数。例如，请参见：罗腾伯格和伍德福德（1999）、比尔斯等人（2014）。

和状态依赖的定价模型相一致的持续性机制的渴望,都对可能的解提出了更多的限制。[①] 用波尔和罗默(1990)话来说,对价格设定中的"真正的刚性"的探索,最终必须有一个令人满意的结论,使货币传导机制的模型与最近数据的观察结果相一致。

我们在上面描述的结果对实证研究的挑战是,如何将实际工资周期性的测度范围扩展到其他数据集和其他国家中去。将我们在这里报告的结果与主要欧洲经济体的同类计算结果进行比较,或者与整个欧元区进行比较,应该是特别有意思的一个尝试。劳动市场是经济学家认为美国与欧洲之间差异最为明显的领域之一。加里(2016)根据这个传统,将"滞后"效应纳入了标准的新凯恩斯主义框架,认为这种修正对于解释欧洲更高的失业率的持续存在来说是必要的。然而,这种变化——失业人员所产生的使工资下行的压力——只会使实际工资对经济周期的敏感度比用来解释美国宏观数据的标准新凯恩斯主义模型还要更低。欧洲的微观数据真的表明欧洲的配置工资刚性比美国高很多吗?必须首先找到这个问题的答案,这对于我们解释这两个主要经济体的周期性波动显然是至关重要的。

致谢

感谢研究助理泰勒·阿特金森(Tyler Atkinson)和瑞奇·瑞恩(Rich Ryan)的协助。同时感谢本手册主编约翰·泰勒(John Taylor)和哈拉尔德·厄里格(Harald Uhlig)的帮助。我们还要感谢本章的正式评议人埃里克·西姆斯(Eric Sims)和安德里亚斯·韦斯特马克(Andreas Westermark)的深刻洞见。我们还要对参加密歇根大学研讨会、芝加哥大学贝克尔-弗里德曼研究所和波士顿学院举办的《宏观经济学手册》研讨会,以及在庞培法布拉大学举办的"劳动市场的宏观经济学研究新进展"国际会议的与会者提出的有益意见和建议表示感谢。

参考文献

Abraham, K. G., Haltiwanger, J. C., 1995. Real wages and the business cycle. J. Econ. Lit. 33(3), 1215—1264.

Akerlof, G., Dickens, W. R., Perry, G., 1996. The macroeconomics of low inflation. Brook. Pap. Econ. Act. 27(1), 1—76.

Ball, L., Romer, D., 1989. The equilibrium and optimal timing of price changes. Rev. Econ. Stud. 56(2), 179—198.

Ball, L., Romer, D., 1990. Real rigidities and the non-neutrality of money. Rev. Econ. Stud. 57(2), 183—203.

[①] 例如,请参见:克莱瑙(Klenow)和威利斯(Willis)(2016)、多特塞(Dotsey)和金(King)(2005)以及中村(Nakamura)和斯泰因森(Steinsson)(2010)。莱希(Leahy)(2011)以及中村和斯泰因森(2013,第12节)在波尔和罗默(1990)的基础上进行了深入的讨论。

Barattieri, A., Basu, S., Gottschalk, P., 2014. Some evidence on the importance of sticky wages. Am. Econ. J. Macroecon. 6(1), 70—101.

Barnichon, R., 2010. Building a composite help-wanted index. Econ. Lett. 109 (3), 175—178.

Barro, R. J., 1977. Long-term contracting, sticky prices, and monetary policy. J. Monet. Econ. 3(3), 305—316.

Barro, R. J., King, R. G., 1984. Time-separable preferences and intertemporal-substitution models of business cycles. Q. J. Econ. 99(4), 817—839.

Basu, S., Bundick, B., 2012. Uncertainty shocks in a model of effective demand. Working Paper 18420. National Bureau of Economic Research.

Basu, S., Kimball, M. S., 1997. Cyclical productivity with unobserved input variation. Working Paper 5915. National Bureau of Economic Research.

Basu, S., Taylor, A. M., 1999. Business cycles in international historical perspective. J. Econ. Perspect. 13(2), 45—68.

Beaudry, P., DiNardo, J., 1991. The effect of implicit contracts on the movement of wages over the business cycle: evidence from micro data. J. Polit. Econ. 99(4), 665—688.

Beaudry, P., DiNardo, J., 1995. Is the behavior of hours worked consistent with implicit contract theory? Q. J. Econ. 110(3), 743—768.

Becker, G. S., 1962. Investment in human capital: a theoretical analysis. J. Polit. Econ. 70 (5), 9—49.

Bernanke, B. S., Blinder, A. S., 1992. The Federal funds rate and the channels of monetary transmission. Am. Econ. Rev. 82(4), 901—921.

Bernanke, B. S., Carey, K., 1996. Nominal wage stickiness and aggregate supply in the great depression. Q. J. Econ. 111(3), 853—883.

Bewley, T. F., 1999. Why Wages Don't Fall During a Recession. Harvard University Press, Cambridge, MA.

Bils, M., 1985. Real wages over the business cycle: evidence from panel data. J. Polit. Econ. 93(4), 666—689.

Bils, M., Klenow, P. J., 2004. Some evidence on the importance of sticky prices. J. Polit. Econ. 112(5),947—985.

Bils, M., Klenow, P. J., Malin, B. A., 2014. Resurrecting the role of the product market wedge in recessions. Working Paper 20555. National Bureau of Economic Research.

Blanchard, O. J., Kiyotaki, N., 1987. Monopolistic competition and the effects of aggregate demand. Am. Econ. Rev. 77(4), 647—666.

Card, D., Hyslop, D., 1997. Does inflation "grease the wheels of the labor market"? In: Romer, C. D., Romer, D. H. (Eds.), Reducing Inflation: Motivation and Strategy. University of

Chicago Press, Chicago.

Christiano, L. J., Eichenbaum, M., Evans, C. L., 1999. Monetary policy shocks: what have we learned and to what end? In: Taylor, J. B., Woodford, M. (Eds.), Handbook of Macroeconomics, vol. 1, (Chapter 2). Elsevier, Amsterdam, Netherlands, pp. 65—148.

Christiano, L. J., Eichenbaum, M., Evans, C. L., 2005. Nominal rigidities and the dynamic effects of a shock to monetary policy. J. Polit. Econ. 113(1), 1—45.

Daly, M. C., Hobijn, B., 2016. The intensive and extensive margins of real wage adjustment. Federal Reserve Bank of San Franciso Working Paper 2016—04. Available from http://www. frbsf. org/economic? research/files/wp2016—04. pdf.

Dotsey, M., King, R. G., 2005. Implications of state-dependent pricing for dynamic macroeconomic models. J. Monet. Econ. 52(1), 213—242.

Dunlop, J. T., 1938. The movement of real and money wage rates. Econ. J. 48(191), 413—434.

Eichengreen, B., Sachs, J., 1985. Exchange rates and economic recovery in the 1930s. J. Econ. Hist. 45(4), 925—946.

Elsby, M. W. L., 2009. Evaluating the economic significance of downward nominal wage rigidity. J. Monet. Econ. 56(2), 154—169.

Elsby, M. W. L., Shin, D., Solon, G., 2016. Wage adjustment in the great recession and other downturns: evidence from the United States and Great Britain. J. Labor Econ. 34(S1), S249—S291.

Erceg, C. J., Henderson, D. W., Levin, A. T., 2000. Optimal monetary policy with staggered wage and price contracts. J. Monet. Econ. 46(2), 281—313.

Fleischman, C. A., 1999. The Causes of Business Cycles and the Cyclicality of Real Wages. Finance and Economics Discussion Series 1999—53. Board of Governors of the Federal Reserve System.

Friedman, M., Schwartz, A. J., 1963. A Monetary History of the United States. Princeton University Press, Princeton.

Galí, J., 2013. Notes for a new guide to Keynes (I): wages, aggregate demand, and employment. J. Eur. Econ. Assoc. 11(5), 973—1003.

Galí, J., 2016. Insider-outsider labor markets, hysteresis and monetary policy. Working paper. Available from http://crei. cat/people/gali/mp_hysteresis_jan2016. pdf.

Galí, J., Gertler, M., 1999. Inflation dynamics: a structural econometric analysis. J. Monet. Econ. 44(2), 195—222.

Galí, J., Gertler, M., Ló pez-Salido, J. D., 2007. Markups, gaps, and the welfare costs of business fluctuations. Rev. Econ. Stat. 89(1), 44—59.

Geary, P. T., Kennan, J., 1982. The employment-real wage relationship: an international study. J. Polit. Econ. 90(4), 854—871.

Gertler, M., Trigari, A., 2009. Unemployment fluctuations with staggered nash wage bargaining. J. Polit. Econ. 117(1), 38—86.

Gottschalk, P., 2005. Downward nominal-wage flexibility: real or measurement error? Rev. Econ. Stat. 87(3), 556—568.

Gottschalk, P., Huynh, M., 2010. Are earnings inequality and mobility overstated? The impact of nonclassical measurement error. Rev. Econ. Stat. 92(2), 302—315.

Greenwood, J., Hercowitz, Z., Huffman, G. W., 1988. Investment, capacity utilization, and the real business cycle. Am. Econ. Rev. 78(3), 402—417.

Haefke, C., Sonntag, M., van Rens, T., 2013. Wage rigidity and job creation. J. Monet. Econ. 60(8), 887—899.

Hagedorn, M., Manovskii, I., 2013. Job selection and wages over the business cycle. Am. Econ. Rev. 103(2), 771—803.

Hall, R. E., 2005. Employment fluctuations with equilibrium wage stickiness. Am. Econ. Rev. 95(1), 50—65.

Hall, R. E., Milgrom, P. R., 2008. The limited influence of unemployment on the wage bargain. Am. Econ. Rev. 98(4), 1653—1674.

Hanes, C., 1993. The development of nominal wage rigidity in the late 19th century. Am. Econ. Rev. 83(4), 732—756.

Hanes, C., 1996. Changes in the cyclical behavior of real wage rates, 1870—1990. J. Econ. Hist. 56(4), 837—861.

Hanes, C., James, J. A., 2003. Wage adjustment under low inflation: evidence from U. S. history. Am. Econ. Rev. 93(4), 1414—1424.

Hansen, G. D., 1985. Indivisible labor and the business cycle. J. Monet. Econ. 16(3), 309—327.

Hanson, M. S., 2004. The "price puzzle" reconsidered. J. Monet. Econ. 51(7), 1385—1413.

Huang, K. X. D., Liu, Z., Phaneuf, L., 2004. Why does the cyclical behavior of real wages change over time? Am. Econ. Rev. 94(4), 836—856.

Hume, D., (1742) 1987. Essays, Moral, Political, and Literary. Library of Economics and Liberty, Indianapolis, IN.

Kahn, S., 1997. Evidence of nominal wage stickiness from microdata. Am. Econ. Rev. 87(5), 993—1008.

Keynes, J. M., 1936. The General Theory of Employment, Interest, and Money. Macmillan, London.

Kimball, M. S., 1995. The quantitative analytics of the basic neomonetarist model. J. Money

Credit Bank. 27(4), 1241—1277.

King, R., Rebelo, S., 1999. Resuscitating real business cycles. In: Taylor, J. B., Woodford, M. (Eds.), Handbook of Macroeconomics, first ed., vol. 1, Part B, (Chapter 14). Elsevier, Amsterdam, Netherlands, pp. 927—1007.

Klenow, P. J., Willis, J. L., 2016. Real rigidities and nominal price changes. Working Paper. Available from http://klenow. com/RealRigidities. pdf.

Kudlyak, M., 2014. The cyclicality of the user cost of labor. J. Monet. Econ. 68, 53—67.

Le Bihan, H., Montorne's, J., Heckel, T., 2012. Sticky wages: evidence from quarterly microeconomic data. Am. Econ. J. Macroecon. 4(3), 1—32.

Leahy, J., 2011. Asurvey of new Keynesian theories of aggregate supply and their relation to industrial organization. J. Money Credit Bank. 43, 87—110.

Lebow, D. E., Saks, R. E., Wilson, B. A., 1999. Downward nominal wage rigidity: evidence from the employment cost index. Finance and Economic Discussion Series Working Paper 1999—31. Available from http://www. federalreserve. gov/pubs/feds/1999/199931/ 199931pap. pdf.

Lünnemann, P., Wintr, L., 2009. Wages are flexible, aren't they? Evidence from monthly micro wage data. European Central Bank(ECB) Working Paper 1074.

McLaughlin, K. J., 1994. Rigid wages? J. Monet. Econ. 34(3), 383—414.

Nakamura, E., Steinsson, J., 2010. Monetary non-neutrality in a multisector menu cost model. Q. J. Econ. 125(3), 961—1013.

Nakamura, E., Steinsson, J., 2013. Price rigidity: microeconomic evidence and macroeconomic implications. Annu. Rev. Econ. 5(1), 133—163.

Nekarda, C. J., Ramey, V. A., 2013. The cyclical behavior of the price-cost markup. Working Paper 19099. National Bureau of Economic Research.

Pencavel, J., 2015. Keynesian controversies on wages. Econ. J. 125(583), 295—349.

Pissarides, C. A., 2009. The unemployment volatility puzzle: is wage stickiness the answer? Econometrica 77(5), 1339—1369.

Ramey, V. A., 2016. Macroeconomic shocks and their propagation. In: Taylor, J. B., Uhlig, H. (Eds.), Handbook of Macroeconomics, vol. 2A. Elsevier, Amsterdam, Netherlands, pp. 71—162.

Ravenna, F., Walsh, C. E., 2008. Vacancies, unemployment, and the phillips curve. Eur. Econ. Rev. 52(8), 1494—1521.

Rogerson, R., 1988. Indivisible labor, lotteries and equilibrium. J. Monet. Econ. 21(1), 3—16.

Romer, C. D., Romer, D. H., 1989. Does Monetary Policy Matter? A New Test in the Spirit of Friedman and Schwartz, NBER Chapters. In: NBER Macroeconomics Annual 1989. National

Bureau of Economic Research, Inc, Volume 4, pp. 121—184.

Romer, C. D., Romer, D. H., 2004. A new measure of monetary shocks: derivation and implications. Am. Econ. Rev. 94(4), 1055—1084.

Rotemberg, J. J., 1982. Monopolistic price adjustment and aggregate output. Rev. Econ. Stud. 49(4), 517—531.

Rotemberg, J. J., Woodford, M., 1991. Markups and the business cycle. In: Blanchard, O. J., Fischer, S. (Eds.), NBER Macroeconomics Annual 1991, vol. 6. MIT Press, Cambridge, MA, pp. 63—140.

Rotemberg, J. J., Woodford, M., 1999. The cyclical behavior of prices and costs. In: Taylor, J. B., Woodford, M. (Eds.), Handbook of Macroeconomics, vol. 1, Part B, (Chapter 16). Elsevier, Amsterdam, Netherlands, pp. 1051—1135.

Sbordone, A. M., 2002. Prices and unit labor costs: a new test of price stickiness. J. Monet. Econ. 49(2), 265—292.

Schmitt-Grohé, S., Uribe, M., 2013. Downward nominal wage rigidity and the case for temporary inflation in the eurozone. J. Econ. Perspect. 27(3), 193—212.

Shimer, R., 2005. The cyclical behavior of equilibrium unemployment and vacancies. Am. Econ. Rev. 95(1), 25—49.

Sigurdsson, J., Sigurdardottir, R., 2016. Time-dependent or state-dependent wage-setting? Evidence from periods of macroeconomic instability. J. Monet. Econ. 78, 50—66.

Smets, F., Wouters, R., 2007. Shocks and frictions in US business cycles: a Bayesian DSGE approach. Am. Econ. Rev. 97(3), 586—606.

Solon, G., Barsky, R., Parker, J. A., 1994. Measuring the cyclicality of real wages: how important is composition bias. Q. J. Econ. 109(1), 1—25.

Solow, R. M., 1979. Another possible source of wage stickiness. J. Macroecon. 1(1), 79—82.

Stock, J. H., Watson, M. W., 1999. Business cycle fluctuations in US macroeconomic time series. In: Taylor, J. B., Woodford, M. (Eds.), Handbook of Macroeconomics, vol. 1, PartA, (Chapter1). Elsevier, Amsterdam, Netherlands, pp. 3—64.

Stockman, A., 1983. Aggregation bias and the cyclical behavior of real wages(Mimeo.). University of Rochester, Economics Department.

Sumner, S., Silver, S., 1989. Real wages, employment, and the Phillips curve. J. Polit. Econ. 97(3), 706—720.

Tarshis, L., 1939. Changes in real and money wages. Econ. J. 49(193), 150—154.

Taylor, J. B., 2016. The staying power of staggered wage and price setting models in macroeconomics. In: Taylor, J. B., Uhlig, H. (Eds.), Handbook of Macroeconomics. vol. 2B. Elsevier, Amsterdam, Netherlands, pp. 2009—2042.

Tobin, J., 1972. Inflation and unemployment. Am. Econ. Rev. 62(1/2), 1—18.

Walsh, C. E., 2003. Labor market search and monetary shocks. In: Altug, S., Chadha, J. S., Nolan, C. (Eds.), Dynamic Macroeconomic Analysis. Cambridge University Press, Cambridge, UK, pp. 451—486.

Wolpin, K. I., 1992. The determinants of black-white differences in early employment careers: search, layoffs, quits, and endogenous wage growth. J. Polit. Econ. 100 (3), 535—560.

Woodford, M., 2003. Interest and Prices: Foundations of a Theory of Monetary Policy. Princeton University Press, Princeton.

第七章　财政危机与金融危机

M. D. 博尔多(M. D. Bordo) [*,†],

C. M. 迈斯纳(C. M. Meissner) [†,‡]

[*]:罗格斯大学新伯朗士威分校,美国,新泽西州;

[†]:美国国家经济研究局,美国,马萨诸塞州,剑桥;

[‡]:加利福尼亚大学戴维斯分校,美国,加利福尼亚州

目　录

    本章摘要:银行危机与财政危机之间的相互联系是一个历史悠久的研究对象。在本章中,我们描述了危机长期演变的历史——从古典的银行恐慌到现代银行危机。在现代银行危机中,财政担保(financial guarantees)与危机的解决密不可分。最近发生的危机的一个显著特征就是,银行担保和银行持有主权债务之间存在着反馈循环,从而将金融危机与财政危机联系了起来。而稍早一些的例子,则包括智利(20世纪80年代初)、日本(1990年)、瑞典和芬兰(1991年)、亚洲金融危机(1997年)。我们还讨论了自20世纪50年代以来关于危机的经济学理论的变迁,然后概述了不同类型的危机之间的长期联系的演化。接下来,我们综述了对金融危机的实证研究。我们讨论了危机测量的方法论问题,包括金融危机的定义、日期测定和发生率。当前可用的一些最好的数据集在历史上危机发生的频率方面存在着显著差异,这导致了分类的不确定性。许多文献估计了金融危机的产出损失,但这些结果也取决于定义。我们用一个前后一致的方法和同一个数据集,发现不同类型的危机都会导致经济上显著的产出损失。预测危机也是一个挑战。我们综述了关于危机的早期预警指标(Early Warnings Indicators)的文献,发现很多变量都有成为预测器的潜力。许多研究者最近都强调信贷泡沫,但是其他因素仍然很重要。最后,我们阐述了一个新的政策三难困境(trilemma)。任何一个国家,最多可以在以下三个备选方案中选择其中两个:一个庞大的金融部门;专门用于金融危机的财政救助,以及以在金融危机引发的经济衰退期间提高需求为目标的相机抉择的财政政策(discretionary fiscal policy)。

    关键词:银行危机;货币危机;财政危机;财政解决;产出损失;危机年表;财政三难困境;预警指标;信贷繁荣;资本流动

    JEL 分类代码:E62,F34,G01,N1

1. 引言

欧元区最近的金融危机同时涉及主权债务和银行体系。这场危机发生时的环境、相关国家的经验无疑是独一无二的，但是财政危机和金融危机"并发"这种事件本身其实并不是没有先例的。事实上，这种联系已经经历了长期的演变。反复发生的、系统性的金融危机是作为 19 世纪初以来金融发展、全球化和经济发展的现代化的一个副产品而出现的。随着时间的推移，经济理论和经济数据的演化、决策者目标的变化已经改变了对危机及其后续事件的应对。不同类型的金融危机之间的相互联系确实有着非常悠久的历史。

从 19 世纪中叶开始，应对银行部门的金融危机逐渐从单纯的市场责任，转变成了"共同责任"——可以从作为最后贷款人的中央银行获得贷款。自第二次世界大战以来，特别是 20 世纪 70 年代以来，银行危机、货币危机和债务危机相互缠绕在了一起，因为各国政府已经变得越来越愿意为银行系统的大部分负债提供担保了。例如，为了解释 20 世纪 90 年代的拉美危机，自从迪亚兹-亚历杭德罗（Diaz-Alejandro）发表开创性论文（1985）以来，已经涌现出了大量文献。1991 年至 1992 年的北欧危机和 1990 年的日本银行部门危机，同样涉及了多种银行、货币和债务因素。1997 年到 1998 年的亚洲危机导致了新的理论的出现，它们试图解释担保和以外国货币计价的债务所导致的"三重危机"。最后，近来的欧元区危机又激发了大量新的研究，它们突出强调了银行担保与银行持有的主权债务之间的反馈循环，这种反馈循环将金融危机与债务危机联系了起来。

在本章中，我们从历史、理论和实证等多个维度来研究金融危机与财政危机之间的相互联系。第 2 部分简要回顾了金融危机的历史。银行危机至少可以追溯到数百年以前。在存款保险制度和有效的最后贷款人问世之前，银行危机就表现为银行恐慌。在 20 世纪 30 年代的大萧条时期，各国政府出面为银行体系担保，并实施了许多干预措施，从而为日后以财政手段解决银行危机提供了强有力的先例。自从 20 世纪 70 年代布雷顿森林体系崩溃以来，国内和国际金融市场不断扩大开放，银行恐慌已经日益演变为需要财政手段才能解决的银行危机。而且，银行危机往往会成为全球性或区域性事件，因为世界各国已经通过固定汇率、资本流动以及其他"传染渠道"紧密地联系在一起了。债务危机——主权债务违约——也已经存在了好几个世纪，这种危机与过度负债有关，通常由国际和国内的冲击引发。今天，债务危机主要发生在新兴国家，但是 2008 年以后，欧元区有好几个发达国家也再度面临艰难的债务危机考验（希腊已经出现了主权债务违约）。货币危机——对钉住汇率（联系汇率）制的投机性攻击——往往伴随着银行业危机，有时还会由于货币政策与危机解决手段之间的关联而导致债务危机。

本章第 3 部分综述了关于金融危机的各种理论。传统上，对于银行危机的分析，有以下三种方法：货币主义方法、金融脆弱性方法和商业周期方法。现代理论则建立在这些早期理论的基础之上,其中最关键的方法是基于戴蒙德(Diamond)和迪布维格(Dybvig)(1983)提出的银行业固有的因期限错配而导致的内在不稳定性概念。同样也很重要的是基于不对称信息的货币危机理论。近十年来,以往在局部均衡模型中被研究的金融摩擦已经成功地加入了动态一般均衡模型当中。旨在解释为什么国家要发行主权债务并试图避免债务危机的现代开创性研究,至少可以追溯到伊顿(Eaton)和格尔索维茨(Gersovitz)(1981)的模型,他们强调的是声誉。与此相区别的是,布洛(Bulow)和罗戈夫(Rogoff)(1989a)则集中关注制裁的威慑效应。莱因哈特(Reinhart)和罗戈夫(2009)还强调了连续违约、债务不耐性(debt intolerance)及国内债务和国外债务之间的区别。新出现的利用动态一般均衡模型进行的研究也纳入了经济财政和财务方面的联系。

第 4 部分则给出了关于金融危机的实证结果。我们先讨论了测度金融危机的方法论问题,其中包括金融危机的定义、日期测定和发生率。现有文献所采用的各种不同的定义和测定日期的方法会导致金融危机发生率的记录呈现出非常不同的模式,进而导致对历史记录的大相径庭的解释。在给出任何明确的一般性结论之前,必须首先解决这些分类问题。我们还讨论了金融危机的多种不同原因或决定因素,包括银行信贷驱动的资产泡沫(它与近期危机产生了共振)。现在,经济学家已经提出了很多方法来识别危机的关键决定因素、评估实证模型的预测能力。这些讨论早期预警指标(early warning indicators,简称 EWIs)的研究在过去二十年来取得了重大进展。然而,我们对这些文献的看法是,由于古德哈特定律(Goodhart's law),由于金融部门所代表的复杂的经济生态系统,由于潜在原因的高维性,要准确预测金融危机仍然非常困难。[①] 然后,我们综述了探讨如何衡量金融危机的产出成本的文献,并且给出了一个能够使不同数据集变得相互可比的方法,构造了测度这些损失的一些指标。再一次,文献中的不同方法和不同分类系统,导致了显著不同的结论以及关于金融危机的经济成本的不同观点。

第 5 部分对金融危机与财政危机之间的经验联系进行了初步考察,然后识别出了一个潜在的新政策"三难困境"。在未来,各国在以下三个选项中将最多只能拥有两个:庞大的金融部门、对伴随着杠杆化和金融深化而来的不可避免的危机的财政救助,以及旨在扩大金融危机引发的经济衰退时期的需求的相机财政政策。这个阐述迥异于以往文献中的陈旧论点,即财政政策在欠发达国家是顺周期的。而且,正如最近的危机所表明的,在债务与国内生产总值之比的初始水平很高时,这个三难困境将更具约束力。

第 6 部分是结论部分,我们简要地讨论了现有文献的优缺点,并提出了有待进一步研究的一些问题。

[①] 古德哈特定律说的是,"任何观察到的统计规律性都会因为出于控制目的而施加于其上的压力而崩溃"。例如,如果政策制定者试图管制以前与危机相关的某个金融变量,那么以前那种关系就会崩溃,而且危机仍然会发生。请参见阿诺德(Arnold)等人(2012)关于宏观审慎政策与金融稳定性的讨论。

2. 金融危机历史概述

金融危机的历史可以追溯到数百年以前(Kindleberger,1978)。关于危机的历史性研究描述了很多银行危机、货币危机、债务危机及它们的组合(Bordo and Eichengreen,1999;Bordo and Meissner,2006;Reinhart and Rogoff,2009)。虽然金融危机和财政危机肯定不是一个全新的现象,但是如果说最近的全球金融危机以及随后的欧元区危机与以往所有的危机没有任何不同,却无疑是不对的。财政危机的性质和起因,及其与金融危机的关系,从长期的角度来看,实际上已经发生了重大变化。

在存款保险制度(以及金融业安全网的其他组成部分)出现之前,银行危机就是银行恐慌——公众试图在短期内将大笔存款转换为现金。除非由最后贷款人通过适当行动化解,否则银行恐慌可能会通过减少货币供给(Friedman and Schwartz,1963),导致金融中介机构破产(Bernanke,1983),进而严重影响实体经济。银行恐慌会通过资产市场传播,因为受到威胁的银行不得不低价抛售资产。银行恐慌也可以通过银行间的联系和其他的制度安排迅速传播,从而造成系统性崩溃(Mitchener and Richardson,2014)。

银行恐慌也可能是由导致传统银行部门之外某个重要金融机构(例如,影子银行)破产的冲击引发的(Rockoff,2014)。这种冲击的发生,可能是因为银行信贷驱动的资产价格暴涨或暴跌。最近,舒拉里克(Schularick)和泰勒(Taylor)(2012)、布伦纳梅耶(Brunnermeir)和奥姆克(Oehmke)(2013)以及其他许多研究者都认为,系统性的金融危机很可能会紧随着银行信贷驱动的资产价格上涨的脚步而至。

最后,银行危机还可能会扩展到全球,例如,1890 年至 1891 年的巴林银行危机、1907 年的全球不稳定、1931 年的安斯塔特信用社(Credit Anstalt)危机、1997 年至 1998 年的亚洲金融危机和 2007 年至 2009 年的次贷危机。博尔多(Bordo)和朗顿-莱恩(Landon-Lane)(2012)定义了历史上的五大全球性金融危机(1890—1891 年、1914 年、1929—1930 年、1980—1981 年、2007—2008 年)。在这些全球性金融危机中,某个国家的银行危机都在发生后一年内影响多个国家、多个洲的银行。在出现了这种"传染病"的情况下,跨境债权和境外银行(或交易对手)的问题,往往会导致国内银行破产或出现流动性困难。此外,源于主要金融中心的利率冲击(例如,1890 年的英格兰银行,1929 年、1980 年至 1981 年间的美国联邦储备委员会)可能直接或间接地产生或加剧金融压力,特别是对于新兴国家而言[例如可参见,卡明斯基(Kaminsky)和维加-加西亚(Vega-García),2016]。

在 19 世纪的时候,许多发达国家的银行恐慌的发生率都很高。那时,货币当局还没有成为最后贷款人。在英国,最后一场因存款人导致的银行恐慌出现在 1866 年。在法国,则是在 1882 年。在德国,是在 1873 年。而在美国,直到 1933 年,当存款保险制度建立之后,银行恐慌才终于不再发生了[请参见,施瓦茨(Schwartz)(1987)]。

在美国,存款保险和其他形式的政府担保在大萧条期间相继出现(在其他一些国家,甚至还要更早),自那之后,银行危机的性质才真正从恐慌转变为危机,而且这种危机开始越来越多地通过财政救助解决。① 这样一来,银行体系与政府的资产负债表之间就建立起了直接的联系。这种先例一旦确立下来,成本高昂的救助就完全有可能造成严重的财政不平衡,甚至导致违约。此外,担保还可能导致道德风险(即受保护的银行因为知道它们会得到求助,所以将会扩张资产负债表,并主动承担更多的风险)。② 而这反过来又会增加救助的费用,并增加政府的财政负担。反过来,如果赤字是通过扩张货币基础的方法融资的,那么这种救助将使通货膨胀、货币危机或主权违约的可能性大大增加。

在 20 世纪 30 年代之前很久,主权违约就已经是一个屡见不鲜、不可更改的事实了,它反映了通过借款(通常是外币贷款)筹集军费、弥补收入差距、建设基础设施这种做法天然倾向于导致危机的性质,因为所有这些都不能立即带来经济增长或收入回报,因而期限错配几乎是不可避免的。由于这个原因,资本流动的突然停顿常常导致主权违约(Bordo,2006;Bordo et al.,2010)。而且,即使政府不进行担保,银行危机也有可能导致财政困难、减少国民实际收入和政府收入。

19 世纪 20 年代,一股与跨国资本流动密不可分的主权违约浪潮席卷了许多拉丁美洲国家。起因是来自欧洲的过度乐观投资者借给这些新兴的共和国的资金,远远超过了它们薄弱的公共财政的负担能力。这些国家的主权违约整整持续了四十年,在那之后,它们才有机会再次进入国际资本市场。在接下来的两个世纪中,拉丁美洲又出现了三轮违约浪潮(Marichal,1989)。③ 事实上,在 19 世纪和 20 世纪,除了很有限的几个最发达的国家之外,绝大多数国家都曾经发生主权债务违约(Reinhart and Rogoff,2009)。其中许多国家都是连续违约者(Reinhart et al.,2003)。

货币危机——对于钉住汇率制的投机性攻击,这种攻击表明本国的基本面与被固定钉住的汇率是不匹配的——也是新兴国家在 19 世纪和 20 世纪经常发生的事件(Bordo and Schwartz,1999)。在 1914 年以前,发达国家由于采取金本位制,因此通常能够避免货币危机,但是两次世界大战期间和二战后布雷顿森林体系时期,货币危机也成了发达国家必须面对的大问题(Bordo et al.,2001)。

货币危机经常与银行危机同时发生,它们因此被合称为"共生双重危机"(Kaminsky and Reinhart,1999)。它们之间的因果关系往往是双向的。像 1931 年在德国发生那种银行危机可能会导致外国存款人的资本外逃(Eichengreen,1992)。反过来说,货币危机也可能导致那

① 早在第一次世界大战前,通过财政救助解决银行危机的做法在那些新兴国家中就已经相当普遍了(Grossman,2010)。即便是某些显赫的发达国家,也曾经这样做过。例如法国在 1889 年、英国在 1890 年都违背了白芝浩(Bagehot)所强调的戒条(1873)——中央银行只能给流动性良好的金融机构发放贷款,而不能给无力偿债的金融机构发放贷款——安排了政府主导、财政支持的救助行动(White,2015)。博尔多和弗朗德鲁(Flandreau)(2003)证明,在新兴国家,19 世纪末期的救助活动导致了债务与 GDP 之间的比率大幅度上升和严重的财政危机(例如,在葡萄牙、希腊和俄国)。不过,在 20 世纪 30 年代以前,发达国家并没有出现过银行危机导致财政危机的情况(Schularick,2012)。
② 根据阿克洛夫(Akerlof)和罗默(Romer)(1993)以及怀特(White)(2000)对美国 20 世纪 80 年代发生的储贷危机的分析,担保会直接导致监管的宽松,从而诱发道德风险,进而导致危机。
③ 卡明斯基和维加-加西亚(2016)证明,这些违约大多数发生在欧洲核心国家的系统性的金融危机之后。

些借入了大量外币负债而又以国内货币计价资产的银行破产,1914年以前许多新兴国家发生的危机,以及1973年后金融全球化时代的危机,都是如此(Bordo and Meissner,2006;Reinhart and Rogoff,2009)。

货币危机是在19世纪90年代开始与债务危机联系起来的,从那个时期开始,新兴国家从国外大量借入以外国货币计价的贷款(Bordo and Flandreau,2003)。随着政府对以外国货币计价的如山债务进行担保,货币危机、银行危机和债务危机在20世纪90年代后期至21世纪初的新兴市场危机中相互关联起来。

因此,最近的欧元区危机说到底其实只是历史悠久的各种类型的危机及其相互关联达到了一个阶段性高潮的表现而已。而且,随着金融全球化势头的日益深入和扩大,随着人们越来越相信政府必须将金融危机的收入损失社会化,这种关联仍然在不断发展。

3. 金融危机与财政危机: 对理论发展的一个长时段的综述

在本节中,我们将综述研究金融危机和财政危机的理论文献。首先,我们将总结这个领域的传统方法。大多数文献都分别处理这两种危机(以及货币危机)。然后,我们将讨论更晚近的研究方法,这些方法常常将银行危机、财政危机与货币危机结合起来考虑。

3.1 银行危机

关于银行危机,传统观点是银行危机就是银行恐慌或银行流动性危机。这种危机出现在公众争先恐后地要求得到支付的时候。在以下两个场景下,银行危机频繁发生:第一个场景是传染性的银行恐慌,即当民众担心银行无法将自己的存款兑换为货币时,就会一窝蜂地要求银行兑付;第二个场景是股市崩盘,导致民众担心无法以任何价格获得贷款。如果货币当局或最后贷款人不经过公开市场操作或自由贴现窗口贷款加以干预,那么实体经济就会因货币供应量减少、支付系统运行不畅、银行贷款中断而大受影响。

第二次世界大战之后,随着存款保险制度的广泛采用(明确的和隐式的),随着最后贷款人有重要作用这种观念的深入人心,旧式的银行恐慌已经变得非常罕见了。相反,银行危机主要体现在银行系统的某个重要组成部分的无力偿付。当资产价格暴跌时(无论是股票价格、房地产价格还是大宗商品价格的崩盘)、当某个国家的货币的交换价值(汇率)大幅度贬值时、当某家大型金融机构或非金融机构面临破产时、当主权债务违约时,就会出现现代意义上的银行危机。与银行恐慌不同的是——银行恐慌的延续时间通常是短暂的,当中央银行出面解决后一般就会结束——银行危机是一种长期性的扰动,通常不以中央银行扮演最后贷款人这种方式解决,尽管在危机发展的某些阶段,中央银行可以通过贴现窗口或公开市场操作来提供流动性。

要对银行危机进行理论分析,传统上有三种方法:货币主义方法、金融脆弱性方法和商业周期方法。基于理性预期和博弈论的当代文献都追随了运用这些方法的研究。

3.1.1 货币主义方法

货币主义方法由弗里德曼和施瓦茨(1963)提出,它通过(生成或加剧货币紧缩的影响的)银行恐慌来识别金融危机。在《美国货币史:1867—1960年》一书中,弗里德曼和施瓦茨特别重视银行恐慌在美国导致货币不稳定性的作用。对于弗里德曼和施瓦茨来说,银行恐慌很重要,因为它会影响货币供应,进而影响整个经济活动。

在弗里德曼和施瓦茨看来,银行恐慌之所以会发生,是因为公众对银行将存款转换为货币的能力失去了信心。这种信心的丧失,通常与某些重要金融机构的失败有关(例如,1873年、1893年和1907年发生的情况就是如此)。即使公众只是尝试在部分储备金银行系统增加数额有限的货币持有量,如果这种努力不能被抵消的话,也只能通过存款的多倍收缩来实现。因此,如果货币当局不能及时切断银行恐慌的传播,那么就会导致原本非常稳健的银行大面积倒闭。[①] 这些银行会被迫陷入无法偿付的困境,因为它们的资产的价值急剧贬值——在所有人都在争夺流动性的时候,它们不得不抛售资产提供流动性,但是杯水车薪。银行恐慌,就像1930年至1933年期间所发生的,会对经济活动产生非常有害的影响,其主要传导途径是,减少存款货币比率,导致存款准备金率下降,从而减少了货币存量。

很多经济史文献都致力于重新审视20世纪30年代的银行恐慌。研究者们在辩论中提出了这样一个核心问题:银行危机到底是不是由“恐惧感的蔓延”驱动的流动性恐慌?或者,银行破产只是对经济衰退的一种内生反应?特曼(Temin)的研究(1976),还有比较晚近的卡洛米里斯(Calomiris)和梅森(Mason)的研究(2003)给出了一些证据,对弗里德曼和施瓦茨所讲述的流动性恐慌的故事提出了疑问。而理查德森(Richardson)(2007)、博尔多和朗顿-莱恩(2010)则提供了支持弗里德曼和施瓦茨的证据。

3.1.2 金融脆弱性方法

对于金融危机,一个可以追溯到19世纪的传统观点是,金融危机是商业周期发展过程中顶部转折点的重要组成部分,也是前一个繁荣时期的“过度负债”导致的必然后果。这种观点在20世纪中期之后仍不乏支持者,其代表人物明斯基(Minsky)(1977)和考夫曼(Kaufman)(1986)扩展了欧文·费雪(Irving Fisher)在他的《繁荣与萧条》(1932)和《大萧条的债务紧缩理论》(1933)等论著中所表达的观点。

根据费雪的观点,商业周期可以用两个关键因素解释:过度负债和通货紧缩。某个外部事件的发生,为主要经济部门的投资(者)提供了新的有利可图的机会,从而增加了产出和价格,启动了商业周期的上行。不断上涨的价格,提高了利润,鼓励了更多的投资,也引发了追逐资本利得的投机活动。这个过程是通过债务来融资的,而且主要是银行贷款;反过来,银行贷款的上升,又增加了存款和货币供应,抬高了价格水平。由于所有人都很乐观,所以周期速度大为提高,这又进一步推动了扩张。此外,不断抬高的价格,由于能够降低未偿还债

[①] 卡尔森(Carlson)等人(2011)、理查德森(Richardson)和特洛斯特(Troost)(2009)给出了关于这些问题的历史证据。

务的实际价值,从而鼓励了进一步的借款。这样一个过程将一直持续到"过度负债"成为一个普遍的和危险的状态为止。一旦个人、企业和银行所拥有的现金流不足以偿付其到期负债(这既可能因需求冲击,也可能因供给冲击而发生),就可以确认过度负债状态。在这种情况下,债务人或债权人的判断错误就可能引发危机。债务人在债务到期时无力偿还或无法进行债务再融资时,他们的资产就可能被清算。

这种为了偿债而进行的削价销售,如果占据了相当大的一部分市场份额,那么就会导致价格水平的显著下降,因为随着贷款消失(而不再延期),银行存款将会减少。价格下降会减少净值和利润,进而导致破产。而且这两个因素都会推动产出和就业的下降。此外,名义利率随着通货紧缩而下降,但实际利率却在上升,从而进一步恶化了经济形势。这个过程会一直持续到大面积的破产消除了过度负债或货币当局采用鼓励通货膨胀的货币政策为止。然而,一旦经济步入复苏,整个繁荣—萧条周期又会重演。

自 2007—2009 年财政危机以来,上面描述的这种研究思路在很大程度上得到了复兴。事实上,一些研究者已经将 2007 年 9 月雷曼兄弟公司的破产描述为"明斯基时刻"(Brunnermeir and Oehmke,2013)。[1] 而且,它与国际清算银行(BIS)所采用的以信贷繁荣为核心的研究方法(Borio,2012)是一致的,同时也符合舒拉里克和泰勒(2012)、约尔达(Jordà)等人(2011)对信贷和资产价格涨幅的比较实证研究的结果。

3.1.3 商业周期方法

采取这种方法的研究者认为,银行恐慌在经济衰退期间更有可能出现,因为银行资产的回报可能会因为借款人无力偿还贷款而下降(Mitchell,1941)。同时,存款人由于预期不良贷款增加,为了预防银行挤兑,会提前支取自己的银行存款,以保护自己的财富(Allen and Gale,2007)。戈顿(Gorton)(1988)也认为,存款人预计收入将下降,为了平滑消费,会在商业周期到达顶峰之前,将自己的资金从银行中提取出来。

3.2 近期发展起来的研究银行危机的若干方法

3.2.1 戴蒙德和迪布维格:银行的固有不稳定性

戴蒙德和迪布维格(1983)在一篇开创性的重要论文中指出,银行可以通过发行一些回报模式在时间上更平滑的不同的债务,来转换流动性差的债权。银行能够提供私人市场无法提供的有效的风险分担/保险。然而,由于资产的流动性不够足,银行很容易面临挤兑的危险,因此存在着期限错配问题。在这种情况下,均衡是挤兑。银行挤兑可能由某个随机事件(例如太阳黑子)触发,即便是原本稳健的银行也不例外,因为理性的存款人将会急于将存款转换成货币,在这一点上,谁都不甘人后。只有存款保险或最后贷款人制度才有可能防止银行业不稳定。

过去二十多年来,以戴蒙德和迪布维格的模型为基础的相关研究出现了爆炸性的增长。

---

[1] 请参见:雷(Wray)(2015)。

一方面,许多研究者对戴蒙德和迪布维格的原始模型中的依序服务约束(sequential servicing constraint)——存款人在提现时不得不排队轮候——提出了批评。有的研究者指出,就像在1914年之前的国家银行时代那样,银行是可以暂停兑付现金的(Jacklin,1987)。而在另一方面,华莱士(Wallace)(1988)在他的模型中证明依序约束是可以内生的,从而支持了戴蒙德和迪布维格的原始模型。还有其他一些论文,也对戴蒙德和迪布维格的原始模型中的依序服务约束进行了合理化,其中就包括了戴蒙德和拉詹(Rajan)(2001),以及卡洛米里斯和卡恩(Kahn)(1991)。戴蒙德和迪布维格的原始模型的另一个问题是它存在多重均衡,因而无法做出强有力的预测。在一篇很有影响的讨论货币危机的论文中,莫里斯(Morris)和辛恩(Shin)(1998)利用全局博弈方法求得了一个作为基本面因素的函数的单一均衡,而无须像戴蒙德和迪布维格的原始模型那样必须以太阳黑子均衡为协调工具。罗切特(Rochet)和比韦斯(Vives)(2004)、戈尔德斯坦因(Goldstein)和波兹纳(Pauzner)(2005)也以类似的方法分析了银行危机。

后续的大量文献从各个维度对戴蒙德和迪布维格的基本框架进行了扩展:使之包括金融市场和银行体系(Allen and Gale,1998,2004)、包括泡沫和危机(Allen and Gale,2000)、包括货币和货币政策(Diamond and Rajan,2001,2005,2011,2012)、包括银行间市场(Bhattacharya and Gale,1987)。还有一些论文利用戴蒙德和迪布维格的模型去证明最后贷款人在金融危机中进行干预、提供流动性的合理性[例如:霍尔姆斯特罗姆(Holmström)和梯若尔(Tirole),1998;戈顿(Gorton)和黄(Huang),2004;罗切特和比韦斯]。

3.2.2 信息不对称

信息不对称方法提供的对银行恐慌的解释是,存款人不可能在不付出成本的情况下对每家银行的资产进行估值,因此他们无法有效地监督银行的绩效[Jacklin and Bhattacharya,1988;沙里(Chari)和贾甘内坦(Jagannathan),1989]。根据这种观点,银行恐慌其实是监督的一种形式。当新的、提高了银行资产的可感知风险程度的信息到来时,存款人由于系统性的恐慌而迫使稳健和不稳健的银行都退出市场。

3.3 财政危机

典型的财政危机都是债务危机。当主权债务人无法按计划偿还利息和本金时,就会出现主权债务危机。当一个国家的财政当局无法在现在和将来获取足够的税收收入来偿还和摊销债务时,就会出现债务危机。

此外,当债务危机冲击了银行体系时,它会演变成金融危机;当它威胁到了中央银行的储备时,还会演变成货币危机。20世纪90年代的亚洲危机就是如此。如果财政当局为了给无力偿债的银行提供救助而使自己承担了不可持续的主权债务,银行危机就可能会引发主权债务危机。当银行拥有了大量的主权债务时,债务危机也可能导致银行危机——无论银行是自愿持有主权债务的,还是政府强制银行持有大量主权债务的。

下面,我们就来综述讨论主权债务危机及其与金融(银行)危机之间的联系的文献。

3.3.1 主权债务危机：理论

当代大部分关于主权债务危机的文献都或多或少地受两篇重要论文的启发。① 伊顿（Eaton）和格尔索维茨（Gersovitz）的论文（1981），解释了主权债务市场存在的原因以及主权借款人进入信贷市场去偿还债务的动机。主权债务人担心违约可能会破坏自己的声誉，导致未来无法获得本国经济发展所需的外国资本，因此会平滑不同时间上的消费。布洛和罗戈夫（1989a，1989b）则认为，还有其他一些自我保险方法可以替代外国借款，而且债务国家不想违约的主要原因是它们面临着受到制裁的威胁。在 19 世纪，英国（和其他欧洲国家）会派出坚船利炮，或使用其他手段扣押违约的国家的海关收入或其他资产。不过在今天，贸易制裁、扣留贸易信贷和其他法律措施变得更加重要了。另一支早期研究是对所谓的可原谅的违约（excusable default）的分析。格罗斯曼（Grossman）和范赫伊克（van Huyck）（1988）指出，对于那些因为经济受到了外部的（不是它们自己的行为导致的）严重冲击而被迫违约的国家，信贷市场会比较宽容；而对于那些因为自身的恶劣的经济政策而出现违约的国家则不然。

随后的一批文献则怀疑，第二次世界大战之后对违约国家的制裁是否真的存在〔（科尔（Cole）和基欧（Kehoe），1995；伊顿（Eaton），1996；克勒特泽（Kletzer）和赖特（Wright），2000〕，尽管有历史证据表明，这种制裁在第一次世界大战之前是真实存在的〔米切纳（Michener）和维登梅耶（Wiedenmeir），2010〕。有些研究者则强调了违约给经济带来的"附带损害"〔例如可参见科尔（Kole）和基欧（Kehoe，1998）〕。② 布洛和罗戈夫（2015）则认为，对违约国家的制裁，仍然不失为理解希腊和阿根廷最近发生的事件的一个有效的途径。

此外，还有一个研究方向是重点关注连续违约（serial default）。莱因哈特等人（2003）阐明，有一些新兴国家债务违约的历史已经非常"悠久"了。事实上，这种违约持续性模式还可以扩展到一些欧洲国家（例如，西班牙和法国），这些欧洲国家很早之前就有连续违约的历史。此外，他们还发现，连续违约的国家通常也会呈现债务不耐性（即它们违约时债务与 GDP 之间的比率明显低于发达国家）。例如，阿根廷在 2002 年违约时，债务占国内生产总值的比例仅为 35％，而日本今天的债务占国内生产总值的比率已经远远高于 200％了。但是日本连接近违约都说不上。

为此，莱因哈特和罗戈夫（2009）对国内债务和外债进行了严格区分。这个区分很重要。他们指出，因通货膨胀、金融抑制、重定货币单位、废除黄金结算条款等而出现的国内债务违约，可能会造成与国外债务违约同样严重的后果。此外，他们还认为，在很多国家，即将违约的高额国内债务可能是它们采用通货膨胀税的一个很大原因。

3.4 财政危机与金融危机

布雷顿森林体系崩溃、全球金融市场自由化以及世界各国国内金融体系普遍去管制之

---

① 请参见帕尼查（Panizza）等人（2009）近期的一个综述。
② 关于经济在遭受了不利冲击之后出现的主权债务违约，请参见阿吉亚尔（Aguiar）和戈平纳思（Gopinath）（2006）、阿雷利亚诺（Arellano）（2008）分别构建的两个模型。

后,一浪接一浪的系统性的金融危机和财政危机陆续登场。金融危机与财政危机之间的一个关键结点是政府为银行系统负债提供担保的做法的普及。① 明确阐述财政危机与金融危机之间的互动机制和动力的一篇开创性论文出自迪亚兹-亚历杭德罗之手(1985)。② 他描述了智利在解除对国内金融体系的管制并对外开放资本账户后发生于1977年至1982年的一系列灾难。在那之前,与其他拉美国家一样,智利自20世纪30年代以来对国内金融体系以及资本账户进行了广泛的管制。

在"芝加哥男孩"——阿尔·哈勃格(Al Harberger)的学生——的影响下,智利皮诺切特政权解除了对经济的所有领域的管制:降低关税、取消对国内金融体系的控制、废除资本管制……他们还在1977年取消了进入银行业的准入障碍,但是却没有同时引入存款保险,并且声称在银行遇到麻烦时不会救助银行系统。他们还将智利比索与美元挂钩。

这个崇尚自由化的政权还鼓励外资大量流入,从而导致银行信贷增加,推动了资产价格的上涨。1977年,一家大银行破产,引发了传染病般的银行恐慌,而政府再一次发誓不会进行救助。但是随后政府却立即进行了救助,这鼓励了道德风险行为,导致了信贷膨胀的继续。到了1982年初,更多的银行破产,但是它们的债务却得到了担保。这意味着政府承接了新的或有负债,而这反过来又导致政府财政赤字的大幅增加。于是中央银行通过通货膨胀税为赤字融资,从而导致了通货膨胀,并为投机者攻击其储备准备好了弹药。1982年夏季,银行危机和货币危机再度重演,迫使智利政府不得不放弃钉住美元的汇率体制并将其银行系统国有化。紧随其后的是1983年的债务危机。③

麦金农(McKinnon)和皮尔(Pill)(1986)构建了一个模型,分析自由化和改革对原来实施金融管制的新兴国家的影响。在他们的模型中,像在迪亚兹-亚历杭德罗(1985)那里一样,外国资本支持了高度不可持续的贷款繁荣,而银行则以为自己的外债是由政府担保的。这种过度借贷的现象导致国内信贷总量上升、货币供给增加、通货膨胀率提高和资产价格加速上涨。来自国外的冲击一旦发生,就会导致泡沫崩溃,从而引发银行危机和货币危机,并使改革发生逆转。

3.4.1 日本和北欧银行危机:1990—1992年

1990年日本发生的银行危机的背景是一个繁荣—萧条周期。从20世纪80年代中期开始,随着银行贷款的增加和宽松货币政策的实施,日本的房地产价格不断上涨。日本中央银行在1985年"广场协议"之后开始采取宽松的货币政策,从而导致日元升值和美元走弱[舟桥(Funabashi)(1988)]。从而导致了房地产价格泡沫,而房地产价格泡沫反过来又导致了股市泡沫,因为企业所拥有的房地产的价值提升,使企业预期利润上扬,推动了股票价格的暴涨(Iwaisako and Ito,1995)。土地价格的上涨和股票价格的上涨,又一起反过来增加了企业的抵押品价值,从而鼓励企业进一步增加银行贷款,为泡沫提供了更多的"燃料"……泡沫的破灭可能是日本中央银行为了遏制资产价格的上涨而在1989年开始实施紧缩货币政策所触

---

① 请参见舒拉里克(2012),以及亚历山德里(Alessandri)和霍尔丹(Haldane)(2009)。
② 请参见莱因哈特(2015)。
③ 维拉斯科(Velasco)(1987)给出了一个相关的模型。

发的。

在随后的五年,资产价格一路崩盘,企业的抵押贷款急剧萎缩,银行贷款总额也随之崩溃。资产价格的崩盘进一步冲击了银行体系,使得许多银行无力偿债。[①] 虽然最后贷款人政策防止了典型的银行恐慌的发生,但是这种宽容性监管(regulatory forbearance)也使得实际无力偿债(僵尸)银行大量出现。为了救助银行而付出的大量成本,再加上经济增长的放缓,使得日本债务与国内生产总值之间的比率一再攀升,但是日本从未出现主权债务违约。日本之所以能够避免财政危机,是因为其主权债务都以日元计价,而且主要由国内投资者持有。

发生在 1991 年至 1992 年的北欧金融危机则同时涉及银行危机、货币危机,以及大规模财政救助。就挪威的情况而言,它在 1984 年取消了对银行贷款的数量限制,这导致了银行信贷驱动的房地产泡沫和严重的银行危机(Steigum,2009)。至于瑞典,它于 1992 年发生的金融危机与银行部门和汇率体制有关。20 世纪 80 年代的金融自由化之前,瑞典实施了几十年的金融管制;金融行业的去管制化和资本账户的自由化导致银行信贷激增,推动了资产价格上涨(股票价格和房地产价格)。欧洲汇率机制(ERM)危机带来的通货紧缩冲击引发了资产价格泡沫的破灭、银行业的崩溃以及大规模的货币危机和本币贬值。政府对银行体系的财政救助,又使得债务与 GDP 之间的比率大幅上升,不过还没有高到触发财政危机的程度(Jonung et al.,2009)。

大约同一个时期,芬兰也出现了类似的严重危机,不过导致芬兰发生危机的关键触发因素是苏联的解体(Honkapohja,2009)。危机中,挪威、瑞典和荷兰这三个国家的贷款损失都非常大(在挪威,占国内生产总值的 6%;在瑞典,占国内生产总值的 7%;在芬兰,占国内生产总值的 7%),但是它们用财政方法来化解金融危机的做法,都没有导致财政危机(Drees and Pazarbasioglu,1994)。尽管如此,北欧危机仍然可以说是后来在新兴国家识别出来的由政府担保引发的财政危机/金融危机"联盟"的先声。

3.4.2　亚洲危机

1997 年至 1998 年发生在亚洲的危机同时涉及银行危机、货币危机和债务危机。这些危机是由政府担保和另一个对亚洲来说表面上很新的因素——"原罪"或外币债务——联系起来的。[②] 外国借款导致银行危机的一个关键机制是,"亚洲四小虎"(泰国、印度尼西亚、马来西亚和韩国)都借入了大量以外币计价的债务。它们之所以要这么做,是因为它们的经济发展程度决定了它们还不能够像发达国家那样发行本国货币债务。因而,从国外借款(例如,借入美元)、以更低的国际利率获得外国资本,就成了一项"原罪"。与这种"原罪"相关的风险在于,如果债务国出现了货币危机,导致货币贬值,那么就必须大幅度地增加以国内货币计价的税收、扩大出口,并将收入输往国外以偿还外债。而这种举措反过来又会压制实体经济的发展,加大主权违约的可能性。扩大出口的可能性取决于全球需求是否强劲、是否有足够大的弹性。此外,这些国家的银行系统是通过外国证券(通常是短期证券)来为贷款融资的,本币贬值后,银行的资产负债表会受损,从而增加银行破产和银行危机的可能性。

[①] 日本经验的许多方面都符合伯南克等人(Bernanke et al.,1999)提出的金融加速器思想。
[②] 请参见艾肯格林(Eichengreen)和豪斯曼(Hausmann)(2005)。

亚洲危机还导致了"第三代"投机攻击模型的出现。这种模型是第一代和第二代投机攻击模型的扩展。第一代货币危机模型(Krugman,1979)认为,当国内财政基本原则和货币基本面所坚持的钉住汇率体制不一致时,必然会引发投机性攻击。第二代模型(Obstfeld,1995)则认为,经济行为主体知道,国内稳定和钉住汇率制在政府"心中"孰轻孰重,因此当他们预期,在发生危机时,政府的偏好是国内稳定性时,他们就会发动投机性攻击。这时,投机者将会卖空这些国家的货币,从而触发危机。

在上述第一代和第二代模型的基础上,一些研究者进行了扩展,将亚洲危机的若干独有的特征容纳了进来,包括道德风险(政府对银行体系的担保)、外币短期借款和货币贬值。克鲁格曼(Krugman)(1998)认为,亚洲的货币危机和金融危机表明,道德风险是金融不稳定的根源,而金融不稳定又是货币危机的主要原因。克鲁格曼叙述了这样一个故事:在这些亚洲国家,银行等金融机构认为自己陷入困境时政府会施以援手,因此敢于从事风险很高的放贷活动,同时又以接近国际利率的低利率借入离岸贷款,为自己的放贷活动提供资金。资本流入和国内银行贷款推动了资产市场繁荣,而反过来又鼓励银行进一步放大借款规模。这个过程驱动了国内的投资和消费热潮,并导致经常项目赤字大幅增长。当外部因素揭示汇率估值过高时,经典的投机性攻击就会出现,导致货币贬值。随着银行以外币计价的短期贷款的迅猛增加,这种货币贬值终于反过来引发了金融危机,使得银行流动性不足、无力偿债。对金融体系的救助,特别是对它们的美元债务的救助,反过来又会引发进一步的投机攻击,于是很快就会耗尽货币当局的国际储备。

杜利(Dooley)(2000)认为,新兴国家货币当局用来支持金融安全网的负债,应该被视为对新兴国家的国际储备的替代索赔人。市场上的经济行为主体很清楚这一点,他们会抓住净负债超过国际储备的时机进行投机性攻击。

克鲁格曼(1999)着重分析了那些从国外以外币借款的企业的资产负债表。当市场人士预期货币不断贬值将导致破产和经济活动收缩,企业必须抽出资金进而引发不利事件链式发生时,就会发动投机性攻击。

伯恩赛德(Burnside)等人(2004)也强调了政府担保在解释亚洲危机中的关键作用。在他们构建的模型中,银行的外币贷款是没有对冲的,因为外债得到了政府的担保。但是,当外部冲击来临、货币出现贬值之后,银行不得不对外债违约并宣告破产,而政府却没有资金来加以救助。当中央银行利用铸币税来为财政赤字融资时,就会出现银行危机和货币危机。

科尔塞蒂(Corsetti)等人(1999)也针对亚洲危机构建了一个模型。在他们的模型中,政府为银行给国内投资提供资金的外币贷款提供担保。这会导致资金流入型繁荣、经常项目赤字和投资热潮。私营部门的借款人以为,他们和银行在陷入困境时最终都会得到救助。但是,当冲击来临时,这种情况将导致银行危机和可能的债务危机,因为政府必须承担的或有负债会导致财政赤字大幅上升。① 因此,亚洲危机确实包含了迪亚兹-亚历杭德罗式阐述的许多元素。在迪亚兹-亚历杭德罗的模型中,政府提供的担保会诱发财政赤字,不过财政

---

① 对亚洲危机进行建模并强调政府担保的作用的其他论文还包括:阿雷利亚诺和柯薛拉柯塔(Kocherlakota)(2014),伯恩赛德等人(2001),伯恩赛德(2004),以及施奈德(Schneider)和托尼尔(Tornell)(2014),等等。

赤字主要是通过发行货币来融资的,而不是通过增加主权借款来融资的。

3.4.3 欧元区危机

2010 年至 2014 年的欧元区危机是 2007 年到 2009 年的全球金融危机的"续集",也同样涉及银行危机与财政危机之间的密切联系。莱因哈特和罗戈夫(2009,2011)告诉我们,银行危机与财政危机之间的联系具有悠久的历史根基。他们表明,银行危机往往是债务危机的先声。他们构建一个包含了 20 世纪大多数发达国家和新兴国家的大型面板数据集,结果发现当债务占国内生产总值的比例在银行危机发生后 3 年内上升到 86% 的水平或以上时,就等于给信用等级下调和可能的违约搭好了舞台。舒拉里克(2012)则指出,这种情况主要发生在第二次世界大战之后。

欧元区危机的表现基本符合财政危机与金融危机有很强的联系这种预测。在次贷危机之后,几个受美国危机影响的欧洲国家,以及那些出现过银行信贷驱动的房价泡沫的欧洲国家,都不得不通过发行国债来融资,进行成本高昂的银行救助。救助与经济下滑一起,扩大了它们的财政赤字,进而导致债务激增。欧洲各国的救助在许多方面都遵循了爱尔兰的先例:2008 年 9 月,爱尔兰政府为本国整个金融体系提供了担保。此外,为了应对伴随危机而来的经济衰退,它们还采取了扩张性的财政政策,这也增加了赤字。

莱因哈特和罗戈夫(2009)则认为,产出下降导致的税收收入下降,再加上扩张性的政府支出,比对银行体系的救助更能解释政府赤字和债务的增长。莱文(Laeven)和瓦伦西亚(Valencia)(2012)提供了一个粗略的测度方法,能够将由于救助和解决危机的活动引起的债务上升,与由于相机抉择和自动的财政扩张政策而导致的债务上升区分开来。在他们的样本中,在危机之后,债务与 GDP 之间的比率的中位数上升了 12 个(百分点),其中一半多(6.8 个百分点)可以归因于财政救助。对于发达经济体,这两个数字分别为 21.4 和 3.8,而新兴经济体则分别为 9 和 10。各国之间存在显著的异质性。关于这个问题的进一步推论应该考虑这个事实,而且其他历史记录也应该像对这些数据一样进行评估。

在欧元区财政总体状况日趋疲弱的背景下,2009 年希腊政府被揭露伪造财政账册,揭开了欧元区债务危机的序幕。希腊率先陷入主权违约的巨大风险,而且这种风险迅速通过大量持有希腊和其他欧元区外围国家主权债务的银行向其他欧元区成员国传播。

希腊主权违约的巨大威胁,导致了银行危机,因为希腊本国的银行和已经实现了金融一体化的欧元区其他国家的银行都持有大量希腊和其他欧元区外围国家的主权债务。例如,就爱尔兰而言,爱尔兰政府对爱尔兰金融部门的一揽子担保话音未落,该国的房地产价格泡沫就破灭了。这场崩溃导致爱尔兰的银行无力偿债,并导致了一场财政危机,因为市场预计爱尔兰政府将无法偿还后续的更大债务。2010 年,国际货币基金组织、欧盟和其他方面提供了总额为 850 亿欧元的国际援助。再后来,一些私营机构实现了融资自救。

在西班牙,同样出现了住房价格崩盘事件,危机也导致了财政问题。西班牙提出了几项代价高昂的救助计划,加强了担保,并接受了一项欧洲救助计划。在这整个过程,国际压力——无论是政治上还是市场上的——非常严峻,导致风险溢价畸高。从 2010 年开始,西班牙通过了一系列"紧缩"计划。此外,西班牙各银行对西班牙主权债务的需求大增,因为它们可以借此利用欧洲中央银行提供的流动性资金,尽管欧洲中央银行警告财政问题可能会转移给银行。2010 年以后,葡萄牙和意大利的债券利差飙升,甚至连法国和比利时等国家也面临着来自债券市场的重大压力。欧洲国家在危机爆发前表现出了很大的脆弱性,同时国际债券市场对许多欧洲国家的信心几乎荡然无存。这个事实表明,这个由多个国家组成的货币联盟是有局限的,它没有强有力的财政联盟,银行业联盟也很薄弱/或不存在,而且欧洲中央银行的货币政策也过于迟疑不决(至少在最初阶段是如此)。

最近的这场危机提供了财政危机与银行危机之间存在密切联系的一些很好的新例子,随后也涌现出了一系列新的理论模型和实证证据,它们证明了这种联系。在博尔顿(Bolton)和珍妮(Jeanne)(2011)的模型中,货币联盟的各成员国的银行通过持有其他成员国的主权债务来实现投资组合多样化。它们在这个模型中探讨了主权债务风险与银行系统之间的相互联系:银行所持有的政府债券是安全的抵押品,可以让它们增加杠杆;一个成员国的违约会削弱银行的投资组合,从而使风险向其他成员国传播。[1]

詹纳伊奥里(Gennaioli)等人(2014)也对主权违约与银行体系之间的关系构建了模型。像博尔顿和珍妮的模型一样,詹纳伊奥里的模型也假设银行所持有的主权债务可以成为抵押品,使得它们可以多发放贷款,而债务危机则会导致信贷紧缩和实际收入下降。作者们证明,财政冲击的成本在金融更发达的国家更高。[2]

阿查里亚(Acharya)等人(2014)构建了一个分析财政危机与银行危机之间的双向互连的模型。在这个模型中,银行救助会推动财政赤字和负债比率上升,因而会导致主权违约风险加大。而这反过来又削弱了以所持有的主权债务为抵押品的银行体系。

阿查里亚等人以爱尔兰 2008 年的救助为例进行了说明。他们的模型的预测是,银行信用违约掉期(CDS)与主权信用违约掉期之间的利差在银行危机期间应该上升;然后在救助结束后,银行信用违约掉期应该下降,而主权信用违约掉期应该上升——这反映了银行向政府转移风险。从实际情况来看,2007 年 9 月底,当次贷危机爆发后,银行信用违约掉期急剧上升,而主权信用违约掉期则没有变化。然后,在雷曼兄弟公司破产之后,爱尔兰政府在 2008 年 9 月底为银行体系提供了担保,于是主权信用违约掉期上升,同时银行信用违约掉期下降。

莫迪(Mody)和桑德里(Sandri)(2012)研究了 2007 年至 2009 年金融危机前后欧元区国家主权风险利差的特征。他们证明,自 1999 年欧元创立以后,欧元区各个国家的主权利差趋于收敛。然而在 2008 年 3 月对贝尔斯登公司的救助行动开始之后,金融部门更脆弱、更可能被救助的那些欧元区国家的利差开始有所上升。2008 年 9 月,雷曼兄弟公司破产后,债务比率更高的那些欧元区国家的利差大幅飙升。然后,2009 年 1 月,盎格鲁爱尔兰银行被国有化,整个欧元区的利差都迅速上升,这表明欧元区所有成员国的金融体系的脆弱性都在加大。

马丁(Martin)和菲利彭(Philippon)(2015)对大衰退期间欧元区各成员国与美国各州进

---

[1] 巴蒂斯蒂尼(Battistini)等人(2014)观察到,在欧元区,即使收益率(和风险)上升、系统性风险上升,银行也会增加持有国内债券。他们还讨论了这种情况对各种货币联盟(如欧洲货币联盟)的政策影响。

[2] 另请参阅厄里格(Uhlig)(2013)。

行了比较。欧元区与美国的主要区别在于,前者缺乏一个运行良好的财政联盟(博尔多等人(2013))。马丁和菲利彭通过分析表明,在 2007—2010 年,美国和欧洲的家庭债务和就业的横截面特征是非常相似的。但是,到了 2010 年以后,这两个货币区之间就出现了明显的差异。欧元区的外围国家的资本流动突然陷入了停滞,其集中体现是,借款成本(利差)飙升以及就业率和增长率下降。相比之下,美国各州这些变量的变动模式并不发散。欧元区国家以往的财政政策对累积债务的影响,终于拖累了经济表现:一方面,市场普遍担忧偿债风险过大、经济发展不可持续;另一方面,2010 年之后要实施扩张性财政政策也受到了强大的制约。

因此我们可以说,欧元区危机代表了政府担保引致的金融危机与财政危机之间的互动的高潮。欧元区独有的一些特点(没有财政联盟和银行业联盟、没有浮动汇率,以及缺乏通过国内货币政策抵消外部冲击的能力)又使得情况进一步恶化。

4.　对长期金融危机的实证研究和结果

在以下各节中,我们将综述对于金融危机的实证研究。我们将仔细剖析金融危机的不同定义和日期测定方法,同时也会探讨几种危机同时并发的情形。我们强调,这个领域的研究者要解决的一个关键问题是如何处理分类不确定性(classification uncertainty)。简单地说,不同的研究者给出的不同的危机定义,导致不同研究之间出现了很大差异,并最终导致了对危机的影响和原因的不同结论。我们将在下一小节中讨论研究金融危机的经验决定因素的不同方法和结果。然后,我们将讨论如何衡量与金融危机相关的产出损失,并给出一个简要的文献综述,同时我们还将探讨另一个密切相关的主题——复苏。在本节中,我们将剖析政府债务与救助、担保的财政成本之间的联系,然后着重指出了一个新的权衡:当救助成本高昂时,相机抉择的财政政策可能会受到各种因素的掣肘,特别是当面对严重的金融危机的时候。

4.1　金融危机的日期测定:"综合年表"小史

关于历史上发生的历次金融危机,现在已经出现了许多不同的"金融危机年表"。正如我们将会看到的,每份年表列举的各个金融危机的发生(和结束)日期往往截然不同。而且每次金融危机的覆盖范围——包括延续的年份和涉及的国家的数量——也经常各不相同。由于存在这些差异,不同的研究的结论可能会有所不同(有时甚至会显著不同)。在本节中,我们先来评述一下若干主要的数据库测定金融危机的日期的方法。

过去两百多年来,许多经济学家都被重要的金融事件吸引,他们试图通过它们来理解宏观经济。早在 20 世纪初,康纳特(Conant)(1915)就梳理过全世界很多国家的中央银行的历史,同时详细说明了历次金融事件的原因和影响。在美国,国家货币委员会长期以来形成了邀请当时的顶尖金融专家举行听证会的传统,并且会将许多其他国家的金融历史资料作为证据。格罗斯曼(Grossman)(1994)的开创性论文,是最早系统地收集与大萧条时期银行危机有关数据的研究之一。

爱德华兹(Edwards)和桑泰利亚(Santaella)(1993)提供了布雷顿森林体系时期各国货币贬值年表。到了20世纪90年代,就职于世界银行的一些研究者,例如卡普里奥(Caprio)和克林格比尔(Klingebiel)(1996),开始提供许多国家的系统性的金融危机发生的日期。这种危机作为一个经济现象,在20世纪40年代至70年代初期曾经一度消失。然而,从20世纪70年代末开始,到20世纪90年代初,这种危机——先是在欠发达国家和新兴市场经济体国家(EMEs),然后是在发达国家——变得越来越普遍了。这些事件引起了政界决策者和学界研究人员的极大兴趣。

卡明斯基和莱因哈特(1999)提供了欠发达国家的银行危机、货币危机和"共生双重危机"的一个列表。莱文和瓦伦西亚(2008,2012)编制了1970年至2011年银行危机、货币危机和债务危机的综合数据集。莱文和瓦伦西亚的数据集涵盖了162个发达国家、新兴国家和欠发达经济体。

就更长期的数据而言,最突出的综合性数据集有三个。博尔多等人(2001)测定了1880年至1997年的所有银行危机、货币危机以及"共生双重危机"的日期。这个数据集大体上分为两段。从1880年至1945年,他们的样本包括了21个当今主要发达国家(只有阿根廷、巴西和智利除外);从1945年开始的数据则涵盖了56个国家。莱因哈特和罗戈夫(2009)、莱因哈特(2010)提供了70个国家的银行危机、货币危机和债务危机的相关数据。其中,主权债务危机方面的记录可以一直追溯到中世纪时期,不过仅限于若干特定的欧洲国家。莱因哈特和罗戈夫追踪了1800年以来的所有银行危机、货币危机和债务危机。这些数据可以从卡尔门·莱因哈特的个人网站上下载,他在那里提供了一整套excel电子表格。[①] 第三个数据集是泰勒(2015)在他和约尔达等人(2011)的研究的基础上给出的,它包括了17个国家从1770年至2010年的所有"系统性"金融危机(主要是银行危机)的日期。

最近,罗默夫妇(2015)根据经济合作与发展组织的《经济展望:1967—2007年》的内容,构建了一个新的金融危机数据集。以往的研究提供的主要是历次金融危机的二元指标,而罗默夫妇则在0—15的尺度上构造了一个新指标。这个指标与传统上用来测度危机的指标完全不同,所以我们在下面的分析中没有使用它。

4.2 危机的定义

表1给出了每个主要危机数据集对各种危机的不同定义:博尔多等人(简称BEKM)、莱文和瓦伦西亚(简称LV)、莱因哈特和罗戈夫(简称RR),以及约尔达等人(简称JST)。从表中可以清楚地看出,对于银行危机和货币危机,不同的研究者给出的定义各不相同;定义的不同导致他们对危机的日期测定出现了重大分歧(甚至对某些危机是否存在也出现了重大

① http://www.carmenreinhart.com/.

分歧)。特别是对于银行危机而言,"系统性危机"的界定标准是什么,他们无法取得共识——必须有多少家银行倒闭,或者,必须有多少比例的金融行业的资本受损,一个危机才能被称为是"系统性危机"?莱文和瓦伦西亚认为,认定系统性危机,条件是出现了重大政策干预。被莱因哈特和罗戈夫归类为危机的事件比其他研究者多得多,因为在他们看来,只要有"一家或多家金融机构倒闭",就可以认定危机爆发了。

货币危机通常被定义为名义汇率的急剧下降。许多研究者都用汇率下降幅度的某个阈值来界定货币危机(例如,当降幅达到了 15% 或 30% 时),但是汇率下降幅度可能与前几年的灵活性受限有关。博尔多等人则利用了艾肯格林等人(1995)提出的外汇市场压力(EMP)指数。在 20 世纪 70 年代之前,特别是在 20 世纪 30 年代之前,所需的数据比较难以获得,因此重点通常放在了名义汇率变动上。莱文和瓦伦西亚采用了弗兰克尔(Frankel)和罗斯(Rose)(1996)的方法,莱因哈特和罗戈夫也一样。但是,这两组研究者所使用的截点值还是有一些差异的。

表 1　四个主要的数据集对危机的定义

作者	样本	银行危机的定义	货币危机的定义	债务危机的定义
博尔多等人(2001)	1880—1939 年 21 个发达国家、1945—1997 年 21 个发达国家以及 35 个欠发达国家和新兴市场经济体	财务困境的侵袭,导致银行系统总资本全部或大部分受侵蚀,如卡普里奥和克林格比尔(Klingebiel)(1996)所述。	平价被迫变更,放弃钉住汇率制,或者接受国际救助。又或者:外汇市场压力(EMP)超过了临界阈值[外汇市场压力的计算方法是:以核心国家(1913 年以前是英国,之后是美国)的相应指标为基准,计算出汇率变化、短期利率变化、储备变化的加权平均值]。当这个指标高于某个临界阈值时,就发生了货币危机。博尔多等人认为,当这两个条件满足了任何一个(或两个同时满足)时,就称为金融危机期。	本数据集未确定债务危机的发生日期。
莱因哈特和罗戈夫(2009)	1800—2011 年 70 个国家	当出现了以下两类事件之一时,就认为发生了银行危机:(1)银行挤兑导致一家或多家金融机构倒闭、合并或被公共部门接管;(2)如果没有出现挤兑,那么某家(或一组)重要金融机构的倒闭、合并、接管或接受政府的大规模救助,标志着其他一连串金融机构的类似命运的开始。	莱因哈特(2010)引用的一篇工作论文(莱因哈特和罗戈夫,2011)称,他们沿袭了弗兰克尔和罗斯(1996)的定义。弗兰克尔和罗斯认为,名义汇率贬值 25%(且贬值率大于上一年 10 个百分点)即为货币危机。在莱因哈特的网站上,给出的货币危机的定义是:"对美元的年度贬值率……达到了 15% 或更高。"	"外债危机指的是在外国法律管辖范围内发生的直接债务违约、拒付或条件对债权人来说比原来更加不利的债务重组。"(莱因哈特和罗戈夫,2011)

作者	样本	银行危机的定义	货币危机的定义	债务危机的定义
莱文和瓦伦西亚（2012）	1970—2011 年 162 个国家	满足以下两个条件： (1)"银行体系出现了陷入财务困境的显著信号（其标志是明显的银行挤兑、银行系统蒙受大额亏损，以及（或）银行清算。" (2)作为对银行体系的显著损失的反应，出台了重大的干预银行体系的政策。	本国货币相对于美元的名义贬值至少达到了 30％（而且还要比前一年的贬值率至少高 10 个百分点）。	"违约和重整。"数据源于卡洛米里斯和贝姆（2001），世界银行（2002），施图尔辛内格尔（Sturzenegger）和策特尔迈尔（Zettelmeyer）（2006），国际货币基金组织报告，以及评级机构的报告。
泰勒（2015）/约尔达等人（2011）	1870—2011 年 17 个国家	泰勒（2015）和约尔达等人（2011）称，他们采纳了博尔多等人、莱因哈特和罗戈夫、莱文和瓦伦西亚，以及切凯蒂（Cecchetti）等人（2009）的定义。	本数据集未确定货币危机的发生日期。	本数据集未确定债务危机的发生日期。

　　从 19 世纪到 21 世纪的主权债务危机的综合数据来自莱因哈特等人（2003）的论文。另外，莱因哈特的个人网站也提供了电子表格。莱文和瓦伦西亚也根据其他一些数据来源确定了历次危机的发生日期，而且他们没有引用莱因哈特和罗戈夫的成果。事实上，莱文和瓦伦西亚认为主权债务危机发生在主权违约和重组那一刻。而莱因哈特和罗戈夫（2011）的定义则是"在外国法律管辖范围内发生的直接债务违约、拒付或条件对债权人来说比原来更加不利的债务重组"。

　　由此不难看出，这些研究者之间对各种危机的定义存在着巨大的分歧。在下文中，我们在讨论了金融危机发生的频率之后，还会再回到这个问题上来。

4.3　金融危机：历史记录

　　图 1A—D 显示了四种不同类型的金融危机的第一年的国家—年度观察点的样本百分比。这个变量作为一个比率，它是这样计算出来的，先找出样本的国家集合处于银行危机、货币危机、债务危机、双重危机（银行危机和货币危机）以及三重危机（银行危机、货币危机和债务危机）的第一年的年份，再求出这样的年份的总数与国家—年份的总数之比。[①] 我们比较了各种不同的年表，以及如下四个时期的结果：经典金本位时期（1880—1913 年）、两次世界大战之间（1919—1939 年）、布雷顿森林体系时期（1945—1972 年），以及最近的全球化时期（1973 年起至今）。我们注意到，正如博尔多等人（2001）所做的，国家样本在他们这个数据集中确实随着时间的推移而在 1972 年之后从 21 个国家变成了 56 个国家，从而在某种程

---

① 双重危机是指货币危机发生在银行危机之前或之后的一年之内。三重危机是指在双重危机的基础上，又出现了主权违约事件——发生在货币危机或银行危机的一年前后这个时间窗口内。为了避免重复计算，我们将所有在双重危机或三重危机的背景下发生的银行危机和货币危机都赋了零值。同样地，发生后一年内又出现了主权违约的双重危机，也只算为三重危机。

度上改变了样本频率。

货币危机是发生得最频繁的危机,然后依次是银行危机、债务危机、双重危机,最后是三重危机。总的来说,所有不同的年表都符合这个趋势。在涵盖了两次世界大战之间这个时期的那三个数据集当中,只有两个(博尔多等人和约尔达等人)"同意"这个时期危机发生的频率是最高的。莱因哈特和罗戈夫的数据集则表明,最近的全球化时期,银行危机、三重危机和债务危机(图中未显示)的发生率要高于两次世界大战之间那个时期。莱因哈特和罗戈夫的数据集还表明,两次世界大战之间与1973年之后双重危机的发生率大致相同,而布雷顿森林体系时期和1973年之后货币危机的发生频率要更高一些。如博尔多等人(2001)所指出的,没有多少证据表明,危机的长期趋势是变得越来越频繁——唯一可能的例外是货币危机。

图1B表明,在两次世界大战之间,货币危机的发生概率直线上升,此后又进一步略有提高,博尔多等人的数据集、莱因哈特和罗戈夫的数据集报告的概率介于0.06至0.08的范围之内。但是,在最近这个时期(1973年至今),这两个数据集与莱文和瓦伦西亚的数据集有很大的差异。即便在年度和国家完全重叠的样本内,莱文和瓦伦西亚所报告的货币危机发生数量也比莱因哈特和罗戈夫或博尔多等人所报告的少了一半。

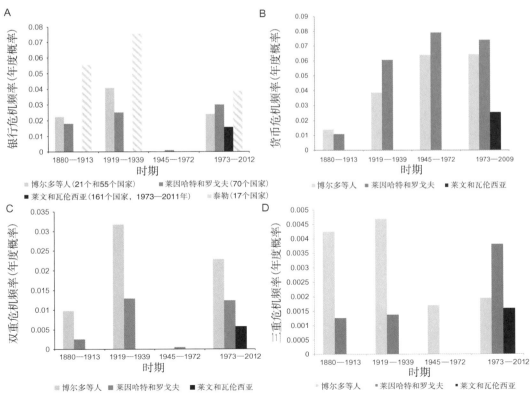

图1　(A)银行危机频率,1880—2012年;(B)货币危机频率,1880—2009年;
(C)双重危机频率(三个数据集),1880—2012年;(D)三重危机频率(四个数据集),1880—2012年

注(A—D):(A)中的柱状图显示的是当国家处于银行危机的第一年时,国家—年度数量与样本中的国

家—年度总数的比率。各个数据集对银行危机的定义各不相同，不过有一点是相同的：银行危机是这样的事件，即在此之前或之后一年内，没有发生过货币危机，也没有发生过货币危机兼债务危机。泰勒（2015）研究的是"系统性危机"，莱文和瓦伦西亚没有 1970 年以前的数据，所以这些数据被排除在了前三个子样本之外。(B)中柱状图显示的是当国家处于银行危机的第一年的国家—年度数量与样本中的国家—年度总数的比率。每个数据集对货币危机的定义各不相同。货币危机是银行危机或银行危机和债务危机发生之前或之后的事件。莱文和瓦伦西亚没有给出 1970 年之前的数据，所以这些数据从前三个子样本中被排除掉了。(C)中的柱状图显示了一个国家处于双重危机的第一年时的国家—年度数量与样本中国家—年度总数的比率。每个数据集对货币危机和银行危机的定义不同。双重危机是货币危机之前或之后一年内又发生了银行危机。涉及债务违约、银行危机和货币危机的三重危机被排除在外了。莱文和瓦伦西亚没有给出 1970 年之前的数据，所以这些数据从前三个子样本中排除出去了。(D)中的柱状图显示了一个国家在三重危机的第一年的国家—年度数量与样本中国家—年度总数的比率。每个数据集对货币危机和银行危机的定义是不同的。三重危机是银行危机之前或之后一年内又发生了货币危机和债务危机。莱文和瓦伦西亚没有给出 1970 年之前的数据，所以这些数据从前三个子样本中排除出去了。

关于双重危机的时间趋势，博尔多等人发现，其发生频率在两次世界大战期间最高(0.03)，而在布雷顿森林体系时期则最低。莱因哈特和罗戈夫的数据集则不然，它表明两次世界大战期间与最近的时期(1973—2012 年)双重危机的发生频率相差无几。而莱文和瓦伦西亚的数据集所给出的双重危机的频率则相对较低，因为它所认定的货币危机本身就少得多。

最后，对于三重危机，博尔多等人、莱因哈特和罗戈夫的数据集都表明三重危机是很罕见的事件，它们在样本中的国家—年度内的发生率不到 1%。不同的是莱因哈特和罗戈夫发现，三重危机的发生，在当前这个时期(1973 年后)比前三个时期更加频繁，而博尔多等人则证明第一次世界大战以前和两次世界大战之间是三重危机发生最多的两个时期。[1] 再一次地，莱文和瓦伦西亚得出了与莱因哈特和罗戈夫不同的结论，在后者的数据集中，1973 年至 2012 年三重危机的发生率比其他两个数据集低得多。

图 2A—D 显示了发生的危机的数量(单独发生的，或与其他类型的危机同时发生的)。利用这些图表，我们可以探讨银行危机与真正意义上的主权违约之间的关系。在 1880—1913 年，与银行危机(或银行危机和货币危机)相关的债务危机的比例接近 0.21。在这个构成不变的国家样本中，这个数字在 1919—1939 年下降到了 0.10(降幅达到了一半多)。而自 1973 年以来，如果我们利用莱文和瓦伦西亚的危机日期数据，那么这个数字为 0.30;如果利用莱因哈特和罗戈夫的数据，那么可以看出在 1973—2012 年间，这个数字为 0.29。[2]

---

[1] 注意，我们在测定博尔多等人的数据集的三重危机的日期时，使用了莱因哈特和罗戈夫测定的债务危机日期。

[2] 有些读者会注意到，我们在这里的图 2D 中给出的数字与莱文和瓦伦西亚(2012)的论文中相对应的图 4 中的数字有所不同。原因是，莱文和瓦伦西亚的数据集中有一些不一致之处，我们已经纠正过来了。

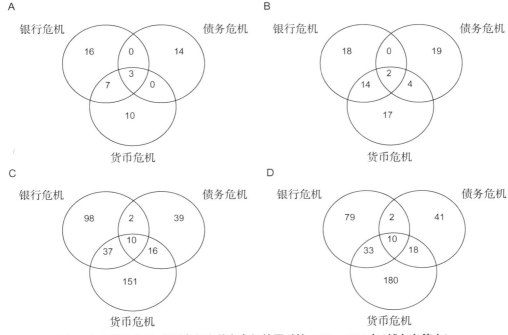

图2　（A）银行危机、货币危机和债务危机的同时性，1880—1913年（博尔多等人）；

（B）银行危机、货币危机和债务危机的同时性，1919—1939年（博尔多等人）；

（C）银行危机、货币危机和债务危机的同时性，1970—2012年（莱文和瓦伦西亚）；

（D）银行危机、货币危机和债务危机的同时性，1970—2012年（莱因哈特和罗戈夫给出的日期）

注释（A—D）：（A）和（B）的数据来源于Bordo, M. D., Eichengreen, B., Klingebiel, D., Martinez-Peria, S. 2001. Is the crisis problem growing more severe? Econ. Policy 16(32), 52-82。（C）的数据来源于莱文和瓦伦西亚（2013）。（D）的数据来源于莱因哈特和罗戈夫（2009）。

当然，卡明斯基和莱因哈特（1999）的一系列后续研究还证明，在最不发达国家，货币危机通常与银行危机如影随形。此外，正如莱因哈特和罗戈夫（2009）指出的，在许多债务危机之前，都曾发生过银行危机。有意思的是，根据我们的严格定义，如果给定一年的时间窗口，这里所说的"许多"只相当于17％。博尔多和迈斯纳（2006）也探讨了银行危机、货币危机与债务危机之间的历史联系。他们发现，第一次世界大战前那个时期发生的危机中，有相当一部分都可以归类为双重危机或三重危机。如图2A所示，在1913年之前有记录的货币危机当中，有50％都伴随着银行危机。

4.4　分类不确定性：危机日期的定义与分歧

我们认为，最重要的危机年表是博尔多等人（2001）、莱因哈特和罗戈夫（2009）、莱文和瓦伦西亚（2012）给出的那几个。泰勒（2015）提供的数据集——以约尔达等人（2011）的论文为基础——则有一些局限性且可比性较差，因为它只关注所谓的"系统性危机"，而且样本量很小——只包括了17个发达国家。其他三个数据集则允许研究人员分离出货币危机、银行危机、债务危机、双重危机和三重危机。每种类型的危机本身就是重要的现象。然而,既然有三个数据集,那么如下两个问题立即浮出了水面。这几个数据集所记录的危机发生的日期是否一致?哪一个数据集是最好的?

对于第一个问题(关于对危机的日期测定的一致性),相当有力的证据表明,即便是在国家样本保持不变的情况下,各个数据集各自用来测定危机日期的方法之间的相关性也不是很高。表 2a—2d 显示了四个不同的时期(1880—1913 年、1919—1939 年、1950—1972 年、1973 年以后)、四个数据来源(博尔多等人、莱因哈特和罗戈夫、泰勒、莱文和瓦伦西亚)中银行危机指标的交叉表。在这些表格中,我们的注意力集中在一个国家的银行危机的第一年上。

在每个子表中,我们都显示了无危机的国家—年度的数量,以及两个数据集共有的国家当中,其中一个数据集记录的发生危机的国家—年度的数量。在每个子表,第 2 行第 2 列的条目给出了两个数据集"达成一致"的次数,而最后两列则给出了一个测度不同数据来源之间的一致性的指标:在该期间和该国家样本内所有测定的危机—年度当中,两个来源达成一致的情况所占的百分比。

表 2a 对主要的危机年表的比较:1880—1913 年

第一次世界大战之前	1890—1913 年 博尔多等人与莱因哈特、罗戈夫的对比	莱因哈特、罗戈夫		一致的百分比/%	
		没有危机	银行危机	同一年	本年及推前一年、延后一年
博尔多等人	没有危机	681	17	0.33	0.38
	银行危机	5	11		
	21 个国家(博尔多等人为 21 个国家,莱因哈特和罗戈夫为 70 个国家)				
莱因哈特和罗戈夫	1890—1913 年 莱因哈特、罗戈夫与泰勒的对比	泰勒		一致的百分比/%	
		没有危机	银行危机	同一年	本年及推前一年、延后一年
	没有危机	533	16	0.36	0.55
	银行危机	13	16		
	17 个国家(泰勒为 17 个国家,莱因哈特和罗戈夫为 70 个国家)				
博尔多等人	1890—1913 年 博尔多等人与泰勒的对比	泰勒		一致的百分比/%	
		没有危机	银行危机	同一年	本年及推前一年、延后一年
	没有危机	538	20	0.30	0.41
	银行危机	8	12		
	17 个国家(泰勒为 17 个国家,博尔多等人为 21 个国家)				

表 2b　对主要的危机年表的比较：1919—1939 年

两次世界大战之间	1919—1939 年 博尔多等人与莱因哈特、罗戈夫的对比	莱因哈特和罗戈夫		一致的百分比/%	
		没有危机	银行危机	同一年	本年及推前一年、延后一年
博尔多等人	没有危机	409	14	0.31	0.34
	银行危机	8	10		
21 个国家(博尔多等人为 21 个国家,莱因哈特和罗戈夫为 70 个国家)					
莱因哈特和罗戈夫	1919—1939 年 莱因哈特、罗戈夫与泰勒的对比	泰勒		一致的百分比/%	
		没有危机	银行危机	同一年	本年及推前一年、延后一年
	没有危机	321	2	0.69	0.74
	银行危机	9	25		
17 个国家(泰勒为 17 个国家,莱因哈特和罗戈夫为 70 个国家)					
博尔多等人	1919—1939 年 博尔多等人与泰勒的对比	泰勒		一致的百分比/%	
		没有危机	银行危机	同一年	本年及推前一年、延后一年
	没有危机	323	5	0.65	0.87
	银行危机	7	22		
17 个国家(泰勒为 17 个国家,博尔多等人为 21 个国家)					

表 2c　对主要的危机年表的比较：1950—1972 年

布雷顿森林体系时期	1950—1972 年 博尔多等人与莱因哈特、罗戈夫的对比	莱因哈特和罗戈夫		一致的百分比/%	
		没有危机	银行危机	同一年	本年及推前一年、延后一年
博尔多等人	没有危机	539	0	1.00	1.00
	银行危机	0	0		
21 个国家(博尔多等人为 21 个国家,莱因哈特和罗戈夫为 70 个国家)					
莱因哈特和罗戈夫	1950—1972 年 莱因哈特、罗戈夫与泰勒的对比	泰勒		一致的百分比/%	
		没有危机	银行危机	同一年	本年及推前一年、延后一年
	没有危机	391	0	1.00	1.00
	银行危机	0	0		
17 个国家(泰勒为 17 个国家,莱因哈特和罗戈夫为 70 个国家)					
博尔多等人	1950—1972 年 博尔多等人与泰勒的对比	泰勒		一致的百分比/%	
		没有危机	银行危机	同一年	本年及推前一年、延后一年
	没有危机	391	0	1.00	1.00
	银行危机	0	0		
17 个国家(泰勒为 17 个国家,博尔多等人为 21 个国家)					

表 2d 对主要的危机年表的比较:1973—2012 年

后布雷顿森林体系时期	1973—1997 年 博尔多等人与莱因哈特、罗戈夫的对比	莱因哈特和罗戈夫		一致的百分比/%	
		没有危机	银行危机	同一年	本年及推前一年、延后一年
博尔多等人	没有危机	1171	25	0.37	0.37
	银行危机	9	20		
	49 个国家(博尔多等人为 55 个国家,莱因哈特和罗戈夫为 70 个国家)				
	1973—2010 年 莱因哈特、罗戈夫与泰勒的对比	泰勒		一致的百分比/%	
		没有危机	银行危机	同一年	本年及推前一年、延后一年
莱因哈特和罗戈夫	没有危机	614	6	0.59	0.70
	银行危机	7	19		
	17 个国家(泰勒为 17 个国家,莱因哈特和罗戈夫为 70 个国家)				
	1973—1997 年 博尔多等人与莱文、瓦伦西亚的对比	莱文和瓦伦西亚		一致的百分比/%	
		没有危机	银行危机	同一年	本年及推前一年、延后一年
博尔多等人	没有危机	1308	12	0.26	0.26
	银行危机	19	11		
	55 个国家(博尔多等人为 55 个国家,莱文和瓦伦西亚为 162 个国家)				
	1973—1997 年 博尔多等人与泰勒的对比	泰勒		一致的百分比/%	
		没有危机	银行危机	同一年	本年及推前一年、延后一年
博尔多等人	没有危机	407	6	0.39	0.39
	银行危机	5	7		
	17 个国家(泰勒为 17 个国家,博尔多等人为 55 个国家)				
	1973—2011 年 莱因哈特、罗戈夫与莱文、瓦伦西亚的对比	莱文和瓦伦西亚		一致的百分比/%	
		没有危机	银行危机	同一年	本年及推前一年、延后一年
莱因哈特和罗戈夫	没有危机	2520	24	0.26	0.29
	银行危机	51	27		
	70 个国家(莱因哈特和罗戈夫为 70 个国家,莱文和瓦伦西亚为 162 个国家)				
	1973—2010 年 泰勒与莱文、瓦伦西亚的对比	莱文和瓦伦西亚		一致的百分比/%	
		没有危机	银行危机	同一年	本年及推前一年、延后一年
泰勒	没有危机	618	3	0.54	0.59
	银行危机	10	15		
	17 个国家(泰勒为 17 个国家,莱文和瓦伦西亚为 162 个国家)				

注:本表列出了四个时期、四个来源(博尔多等人、莱因哈特和罗戈夫、泰勒、莱文和瓦伦西亚)的银行危机指标的交叉表。我们的注意力集中在一个国家发生银行危机的第一年。在每个条目中,我们都给出了没有危机的国家—年度的数量,以及两个数据集共有的国家当中,其中一个数据集记录的发生危机的国家—年度的

数量。在每个子表中,第 2 行第 2 列的条目给出了两个数据集"达成一致"的次数,而最后两列则给出了一个测度不同来源数据之间的一致性的指标:在该期间和该国家样本内所有测定的危机—年度当中,两个来源一致的情况所占的百分比。我们给出了同一年发生的危机所占的百分比,以及该年及推前一年、延后一年发生的危机的百分比,以便使各个数据集所测定的日期的差异显得更小一些。

我们给出了同一年发生的危机所占的百分比,以及本年及推前一年、延后一年发生的危机的百分比,以便使各个数据集所测定的日期之间的合理差异显得更小一些。

表 2a—2d 中,最小一个百分比为 0.26(源于对博尔多等人的数据集与莱文和瓦伦西亚的数据集在 1973—1997 年的 55 个国家的比较)。排除了布雷顿森林体系时期(该时期内所有数据集都一致),最大值为 0.69(约尔达等人对比莱因哈特和罗戈夫,17 个国家,1919—1939 年)和 0.65(博尔多等人对比约尔达等人,17 个国家,1919—1939 年)。如果将布雷顿森林体系时期排除在外,所有这些"头对头"比较的平均百分比是 0.42。

由于上面这些数字是只根据重叠的国家样本计算出来的,因而契合度方面的问题明显比这些数字稍差,因为如果从对应关系的角度来看,危机情况会更严重一些。莱因哈特和罗戈夫以及莱文和瓦伦西亚所提供样本的规模更大,这个事实本身就意味着他们所报告的危机的绝对数量肯定会更大,而且如图 1A—D 所示,危机发生的频率也不相同。①

数据集之间的不一致和分类不确定性之所以会出现,有好几个原因。不同的数据集对于什么构成了一个特定类型的危机的定义是不同的。如表 1 所示,对银行危机的定义在不同的研究者之间有很大差异。此外,由于我们将样本空间或可能的结果划分为互不重叠的若干类别(银行危机、货币危机、债务危机、双重危机和三重危机),这也会导致很多不一致之处,例如,某个数据集所认定的一个双重危机,另一个数据集可能会认为只是一个银行或货币危机。数据集之间可能不一致的第三个原因在于测定日期时发生了"险肇事件"(near-miss)——这一组研究者测定的特定日期与另一组研究者测定的日期相差了两年或更长的时间。在高波动期确定某个事件的确切日期确实是一个不小的挑战。拉丁美洲各国在 20 世纪 70 年代、80 年代和 90 年代长期处于本国货币处境艰难、银行失稳的状态,从而导致了这种不一致。

以莱因哈特和罗戈夫的数据集与博尔多等人的数据集之间的比较为例,这很能说明问题。阿根廷在 1973—1992 年一直处于特别困难的境况。莱因哈特和罗戈夫在 1973—1992 年,每年都识别出了一个货币危机,同时还识别出了两个银行危机(1980—1982 年,以及 1989—1990 年)。博尔多等人则识别出了如下危机:货币危机(1975—1978 年)、双重危机(1980—1982 年)、货币危机(1984—1985 年)、货币危机(1987 年)和双重危机(1989 年)——最后这个双重危机与 1987 年的货币危机无关。很显然,在确定某个特定类型的危机的第一年是哪一年时,不同的研究者会采取不同的方法,而且在宏观经济非常不稳定的时期,差异就会更大一些。

---

① 切凯蒂等人(2009)报告说,莱文和瓦伦西亚识别出来的所有危机都已经包括在莱因哈特和罗戈夫那里了。但是严格来说,这是不可能的,因为莱文和瓦伦西亚的数据集中国家的数量更多。此外,我们是将银行危机与双重危机和三重危机区分开来的,而切凯蒂等人却没有这样做。

测定历史上的危机的发生日期时要解决的另一个问题是,研究者必须依靠其他经济史学者的研究和大量来自多个国家的分散的、琐屑的数据。历史数据往往是含糊不清的(例如,到底有多少家金融机构倒闭了或者曾经面临挤兑,很多时候都没有确切的数据),这会导致银行危机日期测定上的差异。贾利尔(Jalil)(2015)研究了关于美国19世纪和20世纪初的银行体系的6个主要的年表。他观察到,这些年表之间存在重大分歧。贾利尔指出,"仅仅利用定量数据,并不足以识别全部银行恐慌"。他建议,在测定银行恐慌(而不是系统性银行危机)的日期时,必须广泛而细致地阅读当时各种来源的资料。

在测定历史上(特别是19世纪)的货币危机的日期时,面临的问题难度更大。事实告诉我们,对于样本中那21个发达国家之外的其他国家,要想找到可靠的汇率数据,是非常困难的——如果不说完全不可能的话。这是因为,如果此前没有一定程度的金融发展基础,交易活跃的、有一定流动性的外汇市场就不可能存在。莱因哈特和罗戈夫(2009)提供了一个详尽的日期列表,上面列出了一些相关国家的货币在历史上的名义汇率,例如:阿根廷(始于1880年),芬兰(1900年以来),韩国(1905年以来),希腊(1872年以来),新西兰(1892年以来),南非(1900年以来),乌拉圭(1900年以来),等等。另外,由于缺乏准备金和利率的有关数据,在20世纪30年代之前,甚至20世纪50年代之前使用外汇市场压力(EMP)指标非常困难。在这些情况下,我们只能满足于弗兰克尔和罗默的方法,即对名义汇率变动使用截断值。很显然,完全依赖汇率变动会导致我们遗漏很多重要事件。

更令人不安的是各个数据集之间对于1973年以来这个时期的主权违约发生情况的分歧。这些数据主要来自如莱文和瓦伦西亚(2012)、莱因哈特和罗戈夫(2009)所述的主要来源和次要来源。莱因哈特和罗戈夫在1973年至2009年期间确定了64起主权违约事件,然而就同一组国家,莱文和瓦伦西亚(2012)却只确定了34起主权违约事件。这不仅仅是扩大确定违约的时间窗口的问题。莱因哈特和罗戈夫所确定的许多起违约,如阿尔及利亚(1991年)、巴西(2002年),以及乌拉圭(1990年)等,在莱文和瓦伦西亚的数据集中却完全没有记录。出现这种情况的原因是,莱文和瓦伦西亚只有在发生无法按时还款的情况时才会记录该事件。莱因哈特和罗戈夫所遵循的认定标准似乎宽松得多:只要出现了评级降级、失去了市场准入机会、市场信心大幅下降等事件即可认定。[①] 这种分类标准与表1所示的定义以及莱因哈特和罗戈夫(2011)给出的标准有很大不同。很显然,不同研究者之间的这种差异,无疑严重影响了对历史记录的解读,也影响了对于主权债务危机的发生频率、持续时间、代价和原因的推断。

4.5　金融危机的成因

20世纪70年代和80年代,伴随着金融自由化的推进,金融危机重新在世界各地泛滥成灾,同时,跨国数据的质量也得到了很大的改善。因此,研究者开始将注意力集中到对金融

---

① 这一结论直接源于我们在2016年2月11日与卢克·莱文(Luc Laeven)的电子邮件通信。他以2002年巴西的情况为例,当时没有出现任何不能按时还款的事件,但是莱因哈特和罗戈夫却宣布巴西发生了债务危机。

危机的主要决定因素的分离上来。20 世纪 70 年代和 80 年代提出的理论模型和分析框架为研究者分离关键变量指明了基本方向,但是对特定模型的明确的结构检验仍然很少,而且不成体系。这个领域的大部分研究都集中在对大量的宏观经济、金融和国际变量的分析上面(也包括致力于排除统计上对金融危机的预测能力最低的那些变量)。

在这些早期的努力之后,出现了一个新的(近乎成为共识的)观点——部分原因是许多研究者基于 2007 年危机的经验——将信贷泡沫视为金融危机的关键决定因素和预测器[例如,博里奥和德雷曼(2009),舒拉里克和泰勒(2012),古兰沙和奥布斯特费尔德(2012)]。我们应该认识到,尽管这种观点大行其道,但是并不是所有的银行危机都是由信贷繁荣所驱动的。同样,我们还应该认识到,并不是所有的住房价格繁荣、股权价格泡沫和资本大量流入都会以危机告终。[①] 一个更加理想的理解金融危机的驱动因素的方法要求我们充分理解金融体系的微观结构的重要性,以及信贷与其他的宏观经济决定因素之间的互动的重要性。

自 20 世纪 90 年代以来,研究者们主要采取如下四种关键方法来理解危机的成因,而且这些方法在近年来都得到了很大的改进。第一种方法使用跨国数据和受限因变量模型(limited dependent variable models)——比如说,分对数模型(logit model)或条件分对数模型——来探寻在统计上有显著意义的决定因素。例如,很多研究——德米尔古克-孔特(demirgüç-Kunt)和德特拉贾凯(Detragiache)(1998)、卡明斯基等人(1998)、卡明斯基和莱因哈特(1999),以及卡明斯基(1999)——都证明,为预测商业周期而发展起来的早期预警指标(EWI / EWS)方法的使用效果令人满意。此外,定性方法、描述性分析以及"大数据"方法也得到了广泛的应用。

在一项非常有影响力的研究中,卡明斯基和莱因哈特(1999)应用经他们修正后的早期预警指标方法预测了 1970 年至 1995 年一个由 20 个国家组成的样本中的银行危机、货币危机和双重危机。从大量的变量中,他们根据各个变量在不同类型的危机之前和之后的几个月内的变化,挑选出了 16 个最重要的变量,并把它们分为四类(金融部门变量、外部变量、实体部门变量和财政部门变量)。卡明斯基和莱因哈特(1999)检验了特定的变量能不能发出某个特定的时间窗口会发生危机的信号(银行危机的时间窗口为 12 个月,货币危机则为 24 个月),然后把能够最小化噪声信号比率的变量的水平或变化确定下来,以此来确定相关的阈值。通过这种方法,老练地使用信息准则就能平衡 I 型与 II 型误差。

从这份早期预警指标文献给出的研究结果中,我们马上可以看出对决策者来说有两个重要的权衡。首先,预测窗口的最优大小是多少?过早认定危机会打断健康的经济发展进程,但是不能及时采取行动则可能会失去阻止危机发生的机会。第二个权衡则涉及决策者的损失函数。巴贝基(Babecky)等人(2014)指出,最小化噪声信号比率指标,会导致我们忽略漏报危机与虚假警报之间的相对损失(对决策者而言)。在这种情况下,最佳阈值将取决于损失函数中的相对权重以及信号的预测能力。显然,这种计算过程与宏观审慎政策有直

---

① 请参见博尔多和朗顿-莱恩(2014)、约尔达等人(即将出版)和戈茨曼(Goetzmann)(2015)对房屋繁荣与金融危机之间的关系的论述。戈顿和奥尔多内兹(Ordoñez)(2016)则研究了"好"的信贷繁荣和"坏"的信贷繁荣,他们认为并不是所有的信贷繁荣都会以危机告终。

接联系。约尔达等人(2011)则阐明,寻找有正确的分类边界的任何给定危机指标的最优阈值时的权衡,接近于生产可能性边界上的 Ⅰ 型和 Ⅱ 型误差之间的权衡。他们认为,他们给出的正确的分类边界下的面积(它等价于曲线下的面积),可以用来确定特定模型是否具有预测能力。

与卡明斯基和莱因哈特(1999)的开拓性研究相呼应,约尔达等人的数据表明,在危机发生之前,货币供给和利率的增长高于趋势、同时实际汇率的升值和出口则低于趋势的观察结果,有助于我们预测危机。另外,在他们的样本中,产出在危机发生之前就已经低于趋势。银行危机的最佳预测指标(即噪声信号比率最低的预测指标)包括:实际汇率升值幅度、股票价格涨势和货币乘数。Ⅰ 型误差(即漏报危机)最低的预测指标是高实际利率,它与金融自由化有很大的关系。这一点在 20 世纪 80 年代尤其突出。

最近涌现出来的一批关注金融周期的同类研究——例如,巴贝基等人(2014)、德雷曼等人(2012)、古兰沙和奥布斯特费尔德(2012)——还强调了国内私人信贷与 GDP 之比和房地产价格持续高于趋势的上升势头。早期的文献[例如,卡明斯基和莱因哈特(1999)]并没有否认信贷是重要的,但是在卡明斯基和莱因哈特的样本中,正确地被称为信贷危机(高于其阈值)的那些危机所占的百分比只有 50%,而且其噪声信号比率相对较低,仅为 0.59。虽然这些结果与舒拉里克和泰勒(2012)的结果无法直接相比(后者认为信贷本身就是一个非常强的预测危机单一指标),但是看上去信贷的作用取决于特定的样本选择和对危机的定义。

另一份文献试图利用分对数方法(logit analysis)来预测银行危机。德米尔古克-孔特和德特拉贾凯(1998)发现了如下几点:

——低 GDP 增长率、高实际利率和高通货膨胀率,与银行业危机的发生密切相关。

——银行部门变量,例如广义货币与外汇储备之间的比率、对私营部门的信贷,以及管理不善的自由化,也与银行危机相关。

——人均 GDP 的水平则与危机呈负相关。

——过度宽松的存款保险也可能与道德风险和银行不稳定性相关。

在他们的后续研究中,德米尔古克-孔特和德特拉贾凯重点强调了特定环境下金融自由化的作用:当监管能力低下、制度约束无力时,就容易滋生腐败,导致法治力量薄弱,合同执行不力。他们的结果也证实了我们在上面总结出来的一般经验,那就是,存款保险和政府担保会使得监管容忍度大幅提高,而这在许多情况下都会导致银行危机。

过去五至十年来研究又进一步改进了前面提出的一般方法。例如,博希埃(Bussiere)和弗拉兹切尔(Fratzscher)(2006)指出,预测危机爆发的二元分对数(binary logit)模型可能会忽略这样一个事实,即宏观经济变量及关系在危机发生之后可能会有不同的表现。这样一来,用危机爆发当季及随后的季度数据来预测危机,预测质量就可能大成问题。正因为如此,博希埃和弗拉兹切尔(2006)没有用二元响应模型去预测银行危机,而是估计了一个多项式响应——允许世界有三个状态:无危机、危机和后危机。运用模型选择文献给出的一些工具,研究者也可以得出更好的预测。在这个方面的一个很好的例子是,巴贝基等人(2014)利用贝叶斯平均回归估计来选择最强有力的一组决定因素,而不是集中在少数几个指标上。

出、产出增长率以及宏观经济总量指标甚至健康指标的影响［例如,斯塔克勒等人(2012)］。

　　表3总结了讨论金融危机对产出影响的主要论文的样本、方法和基准估计结果。① 在这篇文献中,大多数作者都将产出损失定义为对危机前的某个产出高点或产出趋势的偏离(值)。但是,这些研究用来计算金融危机成本的方法却有相当大的区别。有的研究者考虑的是危机和金融困境对增长率的边际影响,还有的研究者则计算了相对于经济活动的峰值水平的人均产出或人均GDP的累积损失(至于计算所依据的窗口长度则各不相同)。方法、因变量和样本等方面的差异导致了对金融危机的产出成本的各种点估计值之间的显著差异。不过相同的是,几乎所有研究都认为金融危机与经济上显著的产出和产出增长率下滑有关。

表3　金融危机的产出损失的定义及损失额

作者	样本	危机定义	计算金融危机的经济代价的方法	平均"损失"
博尔多等人(2001)	1880—1939年,21个发达国家;1945—1997年,21个发达国家,再加35个欠发达国家和新兴市场经济体	银行危机	危机发生起到复苏开始前整个期间的累积损失,计算方法是从危机开始前的趋势增长中减去实际增长,认定复苏开始的标准是增长率回升到了危机前的趋势的水平上。	7%(21个国家,1973—1997年);6.2%(56个国家,1973—1997年)。
霍加尔思等人(2002)	1977—1998年,47个国家,47个银行危机	银行危机(系统性的、临界性的)	GAP1:危机期间潜在产出增长率与实际产出增长率之间的差距的总和。潜在产出增长率等于危机之前3年的GDP增长率的算术平均值。危机结束的标志是产出增长率回到了趋势水平。GAP2:危机期间潜在产出水平与实际产出水平之间的累积差异。潜在产出水平基于危机之前10年的趋势增长率,经过霍德里克-普雷斯科特滤波后计算。	GAP1=14.5%;GAP2=16.5%。
哈钦森(Hutchison)和诺伊(Noy)(2005)	1975—1997年,24个新市场经济体	双重危机	实际GDP增长率对危机指标和滞后变量的回归。	GDP的平均损失为15%—18%。
德拉里西亚(Dell'Ariccia)等人(2008)	1980—2000年,41个国家,48个危机	银行危机:出现了大规模的银行挤兑;政府采取紧急措施保护银行体系,例如银行放假或国家化;救助银行的财政成本最少达GDP的2%;或者,不良贷款至少占银行资产的10%	银行危机对各部门的年增长率的边际冲击的加总值。	危机爆发后3至4年,严重依赖外部融资的行业的增长率降低了1.1个百分点。

① 巴塞尔银行监管委员会和国际清算银行(2010)也提供了一个类似的表格,同时计算出了各项研究结果的中位数和平均产出损失(没有"永久"效应),并指出平均产出损失为19%。请参阅该文的表A1.1。

续　表

作者	样本	危机定义	计算金融危机的经济代价的方法	平均"损失"
安格基南德（Angkinand）等人（2009）	20 世纪 70 年代至 2003 年，35 个国家，47 个危机（系统性的和非系统性的）	银行危机，采取卡普里奥和克林格比尔（2003）的定义	实际 GDP 对经霍德里克-普雷斯科特滤波后的外推趋势的偏离的累积值。计算期间是自危机爆发之日起至 GDP 回升到趋势水平。	3.13%（所有银行危机的平均值）。3.99%（系统性银行危机的平均值）。
切凯蒂等人（2009）	1980—2007 年，国家数量不明，40 个危机	银行危机，采取莱文和瓦伦西亚的定义	产出损失为从危机爆发之日起至 GDP 回升到危机前高点的期间的累积 GDP 损失。	18.4%（平均值）；9.2%（中位值）。
莱文和瓦伦西亚（2013）	1970—2011 年，162 个国家	系统性银行危机（可能伴随着货币危机、债务危机，或者两者）	危机爆发之日起至危机爆发 3 年内的累积 GDP 损失，根据实际产出与经霍德里克-普雷斯科特滤波后的危机前 20 年（如果有些年份数据不可得，则较小年份）趋势之间的差距计算。	23%（中位值）；32%（发达国家中位值）；26%（新兴市场经济体中位值）。
约尔达等人（2013）	1870—2008 年，14 个国家	"金融衰退"（即与系统性金融危机相关的衰退），既可以伴随着也可以不伴随着实际信贷的大幅增长	从第 $T+1$ 年到第 $T+5$ 年的对数人均 GDP 差异的局部投影（第 t 年的水平与从峰值的差异）。	对于从第 $T+1$ 到第 $T+5$ 年（表7第1行，第19页），对峰值的累积偏离为 16.9%。
莱因哈特和罗戈夫（2014）	1800—2011 年，70 个国家	100 个系统性银行危机，采取莱因哈特和罗戈夫（2009）的定义，可能伴随着货币危机、债务危机，或者同时伴随着两者。	1. 人均 GDP 从高峰到谷底的降幅。2. 严重程度 = $-1\times$（人均 GDP 从高峰到谷底的降幅）+ 达到峰值人均 GDP 水平的年数。后者被定义为复苏时间。	11.5%（平均值）；8.8%（中位值）；从峰值到复苏的时间为 8.3 年（平均值）；从峰值到复苏的时间为 6.5 年（中位值）。
答罗查（da Rocha）和索洛莫（Solomou）（2015）	24 个国家，1920—1938 年，19 个危机	系统性银行危机："对危机的分类基于对危机的性质的'定性判断'，基于一个国家的银行体系陷入金融困境的程度。"	在危机开始之后 7 年实际 GDP 和工业产出的累积增长率。	从第 T 年到第 $T+7$ 年对峰值的累积偏离为 33%。

要确定危机导致的产出损失的大小，要解决的一个主要问题是搞清楚因果关系或内生性。实体部门的冲击可能会导致产出下降、金融部门出现问题，但金融冲击也会导致产出下降。① 归根结底，问题在于，在不可观察的金融摩擦和冲击的影响很重要且互相关联的情况下，如何确定结果的变化的来源。作为对那些导致了金融困境的冲击的反应，需求和供给可能会发生变化，因此要清晰地识别金融冲击本身的影响并不容易。从经验上看，莱因哈特和

① 总体来说，宏观经济学的理论文献可以告诉我们，在存在金融摩擦的情况下，冲击产生的损失是如何被放大的。例如，在格特勒（Gertler）和卡拉迪（Karadi）（2011 年）构建的金融摩擦模型中，资产质量冲击会导致金融冲击。另请参见伯南克等人（1999）。

罗戈夫(2014)在他们的样本中观察到,经济扩张的高峰期通常与银行危机相吻合,但是在某些情况下,经济扩张高峰早于危机的发生。而卡洛米里斯和哈伯德(1989)则认为,产出下滑的情况出现在金融部门陷入困境之前。

对于异质性、不可观察的因素以及内生偏差,相关的文献形成了两种主要的处理方法。博尔多等人(2001)对没有金融危机的经济衰退与有金融危机的经济衰退进行了比较。结果他们发现,在控制了一小部分可以观察的变量之后,与没有金融危机的经济衰退相比,与金融危机相关的产出损失更高。类似地,约尔达等人(2013)也发现有金融危机的产出下滑与没有金融危机的产出下滑之间在统计上和经济上都存在显著差异,即便是在对一些预定的宏观经济变量进行了调整之后也是如此。另外,约尔达等人(2011)还发现,金融危机中的产出损失与危机前信贷与 GDP 之间的比率的上升幅度正相关。

处理因果关系的另一种方法是针对数据进行更多的理论建构。德拉里西亚等人(2008)指出,如果金融部门的困境确实会产生重大影响,那么当银行业陷入困境的时候,更依赖于外部融资的部门应该是受打击最重的。他们的证据与这个推理相符。姆拉詹(Mladjan)(2012)通过对大衰退的分析也提供了类似的证据。此外,齐尹巴思(Ziebarth)(2013)也在 20 世纪 30 年代的大萧条中发现了准实验证据——银行破产更严重的地区,产出下降幅度更大、收入水平更低、新设立的企业重新进入市场的速度更慢。

对于各种在方法论的意义上可以比较的产出损失,我们给出了一些基准估计。我们使用的是博尔多等人、莱因哈特和罗戈夫、莱文和瓦伦西亚的危机数据,以及巴罗(Barro)和乌苏亚(Ursúa)(2008)给出的 1865 年至 2009 年间 42 个国家的人均产出数据。对于 2000 年到 2014 年这个期间,我们使用的是"世界经济展望"数据库的人均实际国内生产总值(以当地货币计算)数据,从而计算出了产出增长趋势和 2007 年开始的最近这次危机导致的产出损失。我们利用前面第 4 节讨论过的那些数据集,计算出了各个不同时期的无条件产出损失。具体地说,我们研究了人均国内生产总值对危机前人均国内生产总值趋势水平的累积百分比偏差。我们计算的时间窗口是危机爆发之年至 3 年后。危机前的趋势则通过危机发生前 10 年的人均国内生产总值的对数平均年变化计算。[①]

如图 3A—D 所示,我们给出了银行危机、双重危机和三重危机带来的产出损失。图 4A—F 则以具体国家为例给出了进一步的说明。根据我们在这里给出的定义,产出损失在经济上是非常巨大的。图 3A 表明,在 1880 年至 1913 年,对于银行危机,博尔多等人的数据中的平均产出损失为接近 3％(中位数为 0.20,标准偏差为 38.9),在莱因哈特和罗戈夫的数据中则为 6％(中位数为 5,标准偏差为 33)。而在两次世界大战期间,由于大萧条的驱动,产出损失要大得多。在前述三种不同类型的危机中,博尔多等人的数据集中的损失全都高于 40％。在布雷顿森林体系时期,博尔多等人的数据集、莱因哈特和罗戈夫的数据集中的损失都小于两次世界大战之间那个时期,但大于 1880 年至 1913 年那个时期。在这个时期,产出

① 我们排除了那些在另一个危机发生 3 年内发生的危机,因为以前的危机可能会对产出的趋势和水平产生影响。我们还分别估计了没有伴随着货币危机和债务危机的银行危机所导致的损失,以便将样本空间分割为如上所述的互斥的子空间。

损失从小到大依次为:博尔多等人的数据为14％(中位数为18,标准偏差为23)、莱因哈特和罗戈夫的数据为21％(中位数为24,标准偏差为28),以及莱文和瓦伦西亚的数据为28％(中位数为30,标准偏差为28)。莱文和瓦伦西亚的数据集的产出损失之所以更高,是因为它纳入了更多的国家,并涵盖了2007年危机——这个危机的产出损失高于之前的危机。

　　由于不同的研究者在计算趋势、测定危机日期、定义危机类型、划定国家/地区的覆盖范围等方面所用的方法都有所不同,因此最终得出的产出损失自然也会不同。当我们将样本国家限制为博尔多等人的56个国家、时间限制为1973年至1997年(这个时期是所有数据集都覆盖到的),根据各个数据集分别计算出来的银行危机的产出损失为14％(博尔多等人)、15％(莱因哈特和罗戈夫)和19％(莱文和瓦伦西亚)。使用不同的样本年份和国家,自然会导致不同的计算结果,这一点无须多说。此外,莱文和瓦伦西亚使用的是国内生产总值指标,而不是人均国内生产总值指标,尽管这种区别只会带来很小的影响。还有一点,莱文和瓦伦西亚还使用了霍德里克-普雷斯科特滤波器,而我们则选择了一种简化的指数去趋势方法。

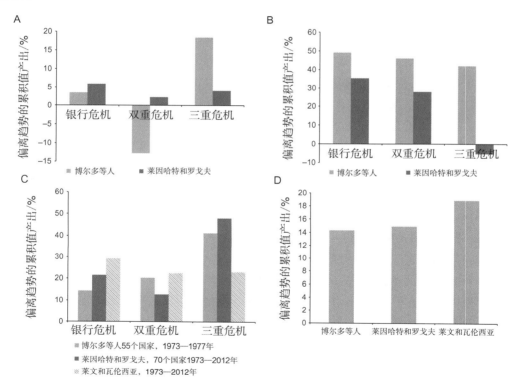

图3 **(A)** 1880—1913年三种类型的危机的产出损失,博尔多等人的数据集对比莱因哈特和罗戈夫的数据集 **(B)** 1919—1939年三种类型的危机的产出损失,博尔多等人的数据集对比莱因哈特和罗戈夫的数据集 **(C)** 1973—1997年(博尔多等人)、1973—2012年(莱因哈特和罗戈夫)和1973—2012年(莱文和瓦伦西亚)三种类型的危机的产出损失 **(D)** 1973—1997年银行危机的产出损失(以上三个数据集)

注:(A—D)所示的产出损失指的是危机发生后3年人均国内生产总值与人均国内生产总值的推算趋势之间的差异,而趋势则是按危机发生前10年的平均增长率计算的。有关的其他信息,请参阅正文。

　　不过,我们还发现了一些产出损失不为正(即人均产出并不低于趋势)的特殊例子,这可能是危机前的趋势本来就已经很低了。莱文和瓦伦西亚没有报告这种情况。另外,计算趋势时考虑的滞后长度似乎也很重要。约尔达等人(2013)考虑的是对商业周期峰值的偏离(见该文的表 5,第 13 页;表 6,第 15 页;表 7,第 19 页)。这可能导致他们计算出来的损失偏低,因为他们没有给出关于人均 GDP 的持续的趋势的假设。

　　令人惊讶的是,从长期的角度来看,近期危机的产出损失似乎比第一次世界大战之前更大,尽管我们今天可以更多地采取各种试图弥补市场失灵、对抗金融冲击的政策,例如银行救助、提供流动性支持、进行财政干预等等。不过,与两次世界大战之间那个时期(大萧条时期)相比,近期因银行危机而导致的产出损失平均来说要低一些,因为那个时期的许多政策都是反生产性的,具体可参见图 4。

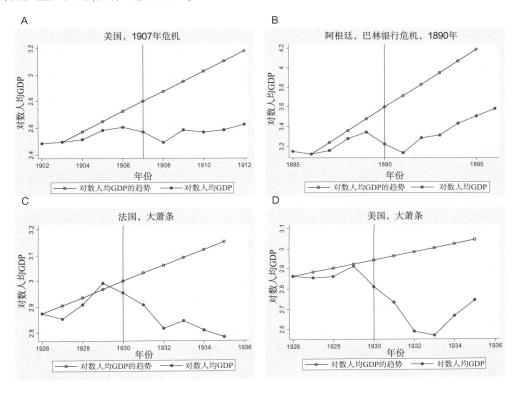

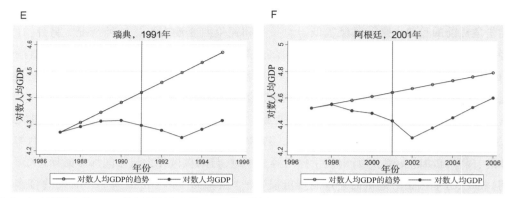

图4 （A）实际人均 GDP 值和反事实人均 GDP 值，美国，1907 年；（B）实际人均 GDP 值和反事实人均 GDP 值，阿根廷，巴林危机；（C）实际人均 GDP 值和反事实人均 GDP 值，法国，大萧条；（D）实际人均 GDP 值和反事实人均 GDP 值，美国，大萧条；（E）实际人均 GDP 值和反事实人均 GDP 值，瑞典，1991 年；（F）实际人均 GDP 值和反事实人均 GDP 值，阿根廷，2001 年

注：(A—F)的数据都源于博尔多等人，但是(F)中的人均实际 GDP 值数据除外——它源于"世界经济展望"数据库。趋势(反事实)线是基于过去 10 年的平均增长率的简单外推计算的。

但是，在最近的危机中，如果不进行干预，产出损失可能会更高——假如不展开进一步细致研究，对内生性和选择偏差问题分析透彻，我们就无法对财政困境和系统性银行危机的因果性影响给出明确的结论。至于第一次世界大战以前的那个时期，当时的经济体系可能更加灵活，同时金融部门的规模也比较有限，从而减轻了对产出的整体负面影响。因而在那个时期，各国尽管没有今天这样的全面的危机"战备手册"（大大超出了最后贷款人和临时救助的范围），也在一定程度上避免了产出的大幅滑落。因而未来的实证研究的一个有意义的方向是，在适当地考虑了政策行动的差异之后，再来研究和比较产出损失的大小。

4.7　金融危机后复苏的速度

莱因哈特和罗戈夫(2009,2014)认为，金融危机导致了衰退之后，经济复苏的步伐将会很缓慢。研究者们通常用来衡量复苏时间的指标是实际人均国内生产总值达到前一个峰值所需要的年数。莱因哈特和罗戈夫(2009)先研究了一个由"严重的"金融危机构成的小样本，然后他们(2014)又研究了 1857—2013 年的 100 个系统性银行危机。莱因哈特和罗戈夫发现，与那些没有发生危机的经济衰退相比，系统性危机导致的经济衰退需要更多的时间来实现复苏。

但是，与早先的研究相反，博尔多和豪布里希(Haubrich)(2012)却认为，金融衰退之后的经济复苏通常更快。他们这项研究的基础是弗里德曼(1993)的"摆动模型"，该模型证明深度衰退之后将出现快速的复苏。扎诺维茨(Zarnowitz)(1992)用美国数据证明了这个特征事实。博尔多和豪布里希的论文将美国危机所导致的经济衰退后的复苏，与 1880 年至 2010 年的 22 个不是由危机导致的商业周期经济衰退后的复苏进行了比较。对于经济收缩的程度，博尔多和豪布里希采用的衡量指标是季度 GDP 从 NBER 周期的高峰下降到低谷的百分比。然后,他们用来衡量经济复苏的"强度"的指标是扩张期前四个季度 GDP 的百分比变化。博尔多和豪布里希还测量了与前一个衰退期产出下降的季度数相同的季度的复苏的"强度"——GDP 的百分比变化。结果他们发现,有金融危机的衰退(使用博尔多等人测定的危机日期)比没有金融危机的衰退更严重(相差 1 个百分点),同时复苏则比没有金融危机的衰退的复苏强 1.5 个百分点。其他一些研究也证实了博尔多和豪布里希的发现,其中包括:霍华德(Howard)等人(2011)、罗默夫妇(2015)。而约尔达等人(2013)则证明,2007 年以后美国的实际复苏速度比他们的实证模型所预测的要快。

5. 财政危机、银行危机和财务危机的三重困境

在莱因哈特和罗戈夫(2009)的开创性研究之后,特别是在观察到欧洲发生的一系列事件之后,许多研究开始着重关注银行危机对债务危机的可能影响——尤其是在发达国家。尽管发展中国家在 20 世纪 70 年代就已经碰到过这种困难,但是直到最近以前,发达国家出现这类危机的频率要低得多,危机规模也小得多,20 世纪 90 年代的日本、瑞典和芬兰发生的危机是仅有的几个例外。然而,莱因哈特和罗戈夫指出,由于收入下降的影响,发达国家的公共债务(而不是债务与 GDP 之间的比率)在银行危机之后增加了大约 86%。根据莱因哈特和罗戈夫的说法,这种增加"在某些情况下"并不完全是救助的财政成本所致。舒拉里克(2012)证明,20 世纪末的(系统性)危机和债务与 GDP 之间的比率大幅上升相关,但在由 14 个发达国家组成的同一个样本中,20 世纪 70 年代之前的危机则与这个比率的大幅上升完全不相关。

莱文和瓦伦西亚系统地整理了他们的数据集中所有银行危机的债务与 GDP 之间的比率的上升幅度。由数据可见,所有国家的系统性危机的债务与 GDP 之间的比率的中位数上升幅度为 GDP 的 12%,而在发达经济体中,这个数字则增加到了 GDP 的 21.4%。财政成本——用因金融部门重组而增加的支出来衡量——的中位数为 GDP 的 6.8%。然后,莱文和瓦伦西亚将上述因重组而产生的财政成本的上升幅度从债务总额的上升幅度中减去,从而得出了自由裁量财政政策的成本的粗略数额。这个变量的中位数是 GDP 的 7%。

塔格卡拉奇斯(Tagkalakis)(2013)对从财政政策到财政市场,再回到财政政策的反馈环路进行了实证分析,他所用的样本是 1990 年至 2010 年的 20 个经济合作与发展组织(OECD)成员国。财政不稳定导致金融不稳定,金融不稳定又通过救助导致财政不稳定。弗拉兹切尔(Fratzscher)和里特(Rieth)(2015)使用结构性向量自回归模型分析了 2003 年至 2013 年的金融市场日交易数据,证实主权风险冲击与银行风险之间确实存在着双向因果关系,不过他们又发现,主权风险冲击在解释银行风险时的重要性高于银行风险解释主权风险。欧洲委员会(2009)发布的一份报告显示,危机后,债务与 GDP 之间的比率的平均无条件上升幅度

是 GDP 的 18.9%。这个数字是累积的(一直累积到样本中的每个危机"结束"时),所用的样本涵盖 1970 年至 2007 年发达国家和新兴经济体的 49 个危机(根据莱文和瓦伦西亚测定的日期)。

塔格卡拉奇斯(2013)得到了一个很有趣的研究结果:金融部门相对于总产出的规模越大,金融危机后债务的上升幅度也就越大。莱文和瓦伦西亚(2013)也指出,自 20 世纪 70 年代以来,危机的最大财政成本主要体现在爱尔兰、冰岛、以色列(1977 年)、希腊和日本(20 世纪 90 年代)。

将所有这些发现结合在一起,我们可以发现,国家在权衡时可能会面临一个三难困境。我们在这里所说的财务/财政三难困境的含义是,国家只可以选择三个选项中的两个:规模庞大的金融部门、大型救助计划,以及对与金融危机相关的经济衰退的有力的相机抉择应对。这个三难困境的逻辑可以阐述如下。假设,现有一个大国,它有很大的金融部门,它现在面临银行危机。在这种情况下,政府可以考虑提供大小与金融部门的规模相称的救助。如果是这样,它的财政空间就会被耗尽。又或者,政府可以降低救助的规模,而将它的财政空间用于相机抉择的财政政策。而在金融部门规模比较小的情况下,如果财政空间相同,那么由于救助规模较小,因扩张性政策而引起的债务上升幅度就可能会更大。

美国和希腊在 2007 年危机发生后的情况就很能说明这一点。一方面,美国的金融部门规模很大,但是它的以财政成本衡量的救助规模相对来说却相当小(只占 GDP 的 4.5%左右);另一方面,债务占 GDP 的比例中不能归因于救助成本的上升幅度却占到了 GDP 的 19%左右(莱文和瓦伦西亚,2012)。而对于希腊来说,虽然债务占其 GDP 的比例(财政救助成本之外)只上升了大约 17%,但是由过去的经验可知,它的经济下行幅度更大,也更需要相机抉择的财政救助。莱文和瓦伦西亚报告,希腊为进行救助而付出的财政成本相当于 GDP 的 27%。很显然,各国为救助计划或相机抉择政策提供资金的能力取决于资本市场为赤字融资的意愿。从这个角度来说,对于那些在危机开始时债务可持续性指标更出色的国家来说,前述三难困境将更加适用或更具约束力。

为了检验这个金融三难困境假说,我们利用莱文和瓦伦西亚(2012)的数据,分析了银行危机、双重危机和三重危机发生后的 3 年内,政府债务与 GDP 之间的比率的变化、救助的财政成本与 GDP 之间的比率,以及两者的差额。我们的分析所用的样本是 1970 年以来发达国家发生的 19 次银行危机。我们略去了 2008 年的瑞士的有关数据,因为瑞士的总体债务与 GDP 的比率在那一年出现了下降,而我们所用的计量经济模型所针对的是对数变量。同样地,对于许多新兴经济体,由于通货膨胀频发,它们的债务与 GDP 的比率多次出现了下降,因而也会给我们初步的对数线性回归带来不少困难。

为了测度、权衡这个三难困境,我们对如下的模型进行回归:

$$\ln\left(\Delta \frac{Debt_{it}}{GDP_{it}}\right)=\kappa+\theta_1\left[\ln\left(\Delta \frac{Fiscal\ costs_{it}}{GDP_{it}}\right)\right]+\theta_2\left[\ln\left(\Delta \frac{Discretion_{it}}{GDP_{it}}\right)\right]+\varepsilon_{it} \quad (1)$$

在这里,我们没有使用面板数据方法。相反,我们研究的是 1970 年至 2012 年发生的 19 个危机。数据来自 18 个国家(奥地利、比利时、丹麦、芬兰、法国、德国、希腊、冰岛、爱尔兰、意大利、日本、卢森堡、荷兰、挪威、葡萄牙、瑞典、英国和美国）。财政成本源于莱文和瓦伦西亚的数据集，"相机抉择"指的是债务与 GDP 之间的比率的变化减去财政成本与 GDP 之间的比率后的差额。当然，对于这里这个目标变量"债务"，不同的国家根据各自的市场情况、政治经济问题和金融危机的规模，控制的能力和期望结果都有所不同。在这里，我们假设危机造成了救助的需要，同时还假设一个国家在救助方面投入的资源与该国对"相机抉择"反应的规模的权衡有关。

回归结果以及系数之下括号内的稳健标准误差如下：

$$\ln\left(\Delta\frac{Debt_{it}}{GDP_{it}}\right) = \underset{(0.13)}{0.69} + \underset{(0.03)}{0.25}\left[\ln\left(\Delta\frac{Fiscal\ costs_{it}}{GDP_{it}}\right)\right] + \underset{(0.04)}{0.74}\left[\ln\left(\Delta\frac{Discretion_{it}}{GDP_{it}}\right)\right]$$

这些结果表明，两个回归量的系数加起来（约）等于 1，这意味着救助与相机抉择之间存在权衡。在图 5，我们将预测的等值线画在了债务与 GDP 之间的比率的变化的给定水平上。除了这些等值线，我们还绘制了样本中 18 个国家的 19 个危机的数据。债务与 GDP 之比的上升与数据拟合得相当好，特别是在债务与 GDP 之比变化的中间范围内［方程（1）的 R^2 值为 0.97］。

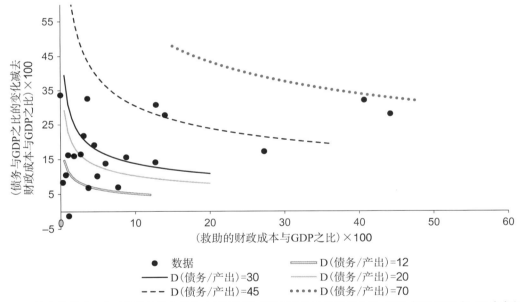

图 5　救助的财政支出对比因其他非救助支出而导致的政府债务/GDP 的上升，1970 年至 2012 年，19 个危机

注：数据源于 Laeven, L., Valencia, F., 2012. Systemic banking crises database: an update. IMF working paper no. 12/163. 图中的等值线给出了从方程（1）中估计出来的债务与 GDP 之比的预测值。

我们还检验了，财政成本变量与金融部门规模（即国内私人信贷与 GDP 之比，数据源于国际货币基金组织的"国际金融统计数据库"）的交互项对上述权衡是否有明显影响。如果交互项为正，那么就意味着金融部门规模较大的国家会将更大的财政空间用于救助。事实上，在以下的回归结果中，我们可以很清楚地看到这一点。

$$\ln\left(\Delta\frac{Debt_{it}}{GDP_{it}}\right) = \underset{(0.49)}{1.72} + \underset{(0.24)}{-0.27}\left[\ln\left(\Delta\frac{Fiscal\ costs_{it}}{GDP_{it}}\right)\right] + \underset{(0.05)}{0.11}\left[\ln\left(\Delta\frac{Fiscal\ costs_{it}}{GDP_{it}}\right)\times\right.$$

$$\ln\left(\Delta\,\frac{Domestic\ credit_{it}}{GDP_{it}}\right)\right] + \underset{(0.04)}{0.72}\left[\ln\left(\Delta\,\frac{Discretion_{it}}{GDP_{it}}\right)\right] - \underset{(0.10)}{0.22}\left[\ln\left(\Delta\,\frac{Domestic\ credit_{it}}{GDP_{it}}\right)\right]$$

单因素回归的进一步估计结果表明,在债务与 GDP 之比的升幅中,救助所占的份额是金融部门规模的正函数,虽然其系数在统计上的显著性并不是很高。回归结果如图 6 所示。因此,从总体上说,我们发现,随着财政救助规模的增加,财政反应中的相机抉择部分的规模通常会变得更小。第三个因素导致了一个三难困境。规模庞大的金融部门需要更大规模的救助。如果一个国家的金融部门的规模很小,那么对自由裁量的财政行为的限制将不会具有很强的约束力。

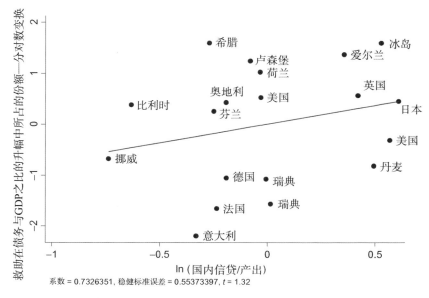

图 6　救助的财政成本占债务与 GDP 之比的升幅的比例对比金融部门的规模

注:图中显示的是预测回归线/部分回归图,源于债务与 GDP 之比的升幅中财政救助所占份额关于对数私人国内信贷与 GDP 之比的单变量回归。我们在估计之前对因变量进行分对数(logit)变换。债务数据来自莱文和瓦伦西亚的数据集,信贷数据源于国际货币基金组织的"国际金融统计数据库"(IFS)。

6. 结论

本章综述了金融危机、财政危机及其相互关系的历史、理论和实证研究。过去两个世纪以来的历史记录表明,自 19 世纪人类社会步入全球化时代以来,世界各地金融危机、货币危机和债务危机频繁发生,其中仅全球性的系统性危机的频率就达到了每 10 年 5 次。金融危机与财政危机之间的联系在历史上是比较晚近才开始出现的,但也至少可追溯到 20 世纪 30 年代;在新兴市场国家则到了 20 世纪末期,这类事件才变得相当频繁。金融危机与财政危机之间的联系的关键环节是,政府对金融机构的担保的持续强化。自大萧条以来,特别是自 20

世纪 80 年代以来,这种关联的发生率和规模都出现了激增。大萧条后,各国政府意识到银行恐慌的经济成本和政治成本都极其高昂,因此它们竭尽全力避免 19 世纪和 20 世纪初经常发生的那种经典的银行恐慌,并逐渐摆脱了政府应当束手旁观的传统观念的束缚。由此而导致的一个后果是,现代银行危机一旦爆发就更加剧烈,同时以财政手段解决银行危机的可能性则越来越大,而财政解决的成本也自然水涨船高。这也是一个有一般意义的经济现象的一种表现:当政府进行干预以防止像森林火灾和洪水这样的可能导致巨大损失的事件发生的时候,经济主体就会相应地调整自己的行为,从而使得他们用掉的受保护资源要比长期最优水平更多(Ip,2015)。银行危机的情况就是如此:基于存款保险和政府担保构建的安全网,会导致对受到保护的金融机构的监管宽容和这些机构的道德风险行为和高杠杆化。因此,在伴随着金融发展与增长而来的金融危机的高昂代价与保险的道德风险成本之间,必须进行权衡。在合理的假设下,一方面,完全消除金融危机发生的可能性并不一定是一个可得结果,也不是一个可预的结果(托内尔和韦斯特曼,2005)。另一方面,像 19 世纪早期那样,听任金融危机肆虐、静待它们自然消亡,也不可能是理想的策略。在我们这个充斥着市场不完全性和监管不完美性的世界里,金融危机保险的最优数额是什么? 这是未来研究的一个重要主题。①

自 20 世纪中叶以来,这个领域的理论框架发生了重大改变,对各种危机现象的处理,已经用到了理性预期、博弈论和动态优化等现代工具。大萧条后,许多文献都致力于从定量的角度解释银行业恐慌[例如,弗里德曼和施瓦茨(1963)]。后来,在全球金融市场走向开放和金融市场从大萧条后的管制和压抑下解放出来以后,货币危机和银行危机的浪潮席卷了全球经济。作为对这种挑战的回应,经济学理论创新也进入了新时代,戴蒙德-迪布维格模型和第一代投机攻击模型就是其中的两个突出的例子。20 世纪 90 年代,新兴市场危机又导致了一系列新的理论模型,它们都强调多重均衡和内生的自我实现的危机。自从 20 世纪 90 年代以来,大多数宏观经济学模型都强调真实冲击与金融摩擦之间的相互作用,而且变得越来越复杂。此外,动态一般均衡模型也开始纳入银行部门,并考虑了银行挤兑和银行流动性不足的可能性。② 最近发生的次级抵押贷款危机以及紧随其后的欧元区危机又激发了很多新的文献,它们重点关注的是金融危机与财政危机之间的关系,并结合了政府担保问题。当然,最近提出的许多思想,在很大程度上都可以追溯到 1997 年亚洲危机后出现的一系列研究。从前几轮危机浪潮之后理论模型的爆炸式发展的过程来看,未来的研究很可能会以财政危机与金融危机之间的关系为焦点。在这个领域,可能提出的问题包括:

——对于最优银行监管、宏观审慎政策,以及解决危机的政治经济方法,我们知道些什么? 对于导致了这种干预措施的市场失灵,我们又了解什么?

——如果预测金融危机是非常困难的,那么宏观审慎政策和财政规则是否可靠? 在这个领域,基于跨国面板数据集的实证研究才刚刚起步[例如可参见,塞鲁蒂(Cerutti)等人(即将出版)]。

---

① 艾伦和盖尔(2007)从理论角度讨论了这些问题。
② 例如,请参见:格特勒(Gertler)和清泷(2015)、博伊赛(Boissay)等人(即将发表),以及保罗(Paul)(2016)。

——在系统性金融危机的解决阶段,财政空间发挥的作用是什么?

——解决方案能否取得成效,取决于初始条件和其他制度约束吗?[1]

——在货币联盟内部,什么样的财政联盟在经济和政治上都是可行的?在这种制度安排下,财政约束到底有多重要?在面临系统性冲击的货币联盟中,哪些财政安排是可行和有效的?

我们对金融危机和财政危机的经验证据的综述揭示了如下两个最基本的争议。(1)分类不确定性:我们如何界定不同类型的金融危机?如何测定各个危机的日期?(2)危机的代价和成因:对于危机造成的损失和导致危机的原因,我们了解了多少?在文献综述的基础上,我们利用多个年度的跨国数据库证明,现有文献采用的各种主要方法对危机的定义存在重大差异。这种差异又导致了彼此之间大相径庭的危机年表。这种差异给理论研究者和决策者带来了严重的问题。到底应该相信谁?采取错误的方法可能导致校准到错误的目标上的误导性模型,最终导致错误或误导性的政策处方。

如果经济学家和决策者确实认为,危机是一个必须得到解释的且可能避免的重要现象,那么我们或许应该考虑设立一个独立的危机日期测定委员会——由这个委员会来测定危机发生的日期,就像美国国家经济研究局测定商业周期的日期那样。美国国家经济研究局是一个备受尊重的非政府、无党派组织,这是它的一个很大的优势。其他组织,比如说国际货币基金组织,在政治上并不具有类似的独立性。如果危机的全球化程度日益增强,防范和化解危机日益成为全球性的"公共产品",那么这种改革的重要意义应该是显而易见的。这样一个委员会(如果成功设立的话)不仅可以决定如何以统一和一致的方式合理地定义危机,而且还可以根据商定的危机定义,帮助预测危机、计算危机的代价。

在测度危机的产出损失方面,现有文献所使用的方法和技术之间同样存在很大差异。不过,虽然存在这样那样的差异,所有研究还是都认为金融危机的产出损失在经济上是显著的。这就进一步说明,对危机的研究确实很重要,同时采取新的理论和政策措施来减轻危机的危害也就显得更加迫在眉睫了。这些文献给出的初步证据表明,当政府提供了担保但这种担保本身没有得到适当的"保护"或嵌入可靠的制度框架中时,危机可能会更加严重。到目前为止,我们对于旨在减轻危机的政策(货币政策、救助措施、财政政策)究竟能有多大影响尚不清楚。但是这肯定是进一步研究优先要解决的问题。而且,在这个方向上的任何研究都必须尽一切可能去满足政策评估文献设定的实证标准——通过可靠的研究设计和/或关于现象的合理的结构模型。

当然,还有许多其他实证问题也非常值得进一步深入研究。金融衰退会不会减缓复苏的进程,这个问题仍然没有解决。确定金融危机的主要原因也是一个悬而未决的问题。信贷支持的资产价格的繁荣—萧条(即人们所称的金融周期)一直是(或永远都会是)一个关键的解释因素,但是从历史记录来看,这一点并不是不言自明的,尽管最近的证据偏向于支持这种解释。考虑到金融生态系统的复杂性,也许应该先将若干最一般的前提性的东西搞清

---

[1] 施泰因坎普(Steinkamp)和韦斯特曼(2014)证明,解决贷款的方式,特别是确定次级或优先级债权人地位的方式,与所在国的利率有关。

楚,比如说,风险程度究竟有多高? 哪些地方存在风险?[①] 对于经济稳定性和金融稳定性来说,过度强调某一个或某几个指标,即使不是危险的,也至少是误导性的。必须充分考虑互联性和系统性风险。最后一个需要更加深入地研究的问题是金融发展、危机的财政解决方法以及总体财政政策目标之间的联系。

正确地回答这些问题,对我们制定关于金融危机的公共政策意义非常重大。从理论上搞清楚危机的原因和机制以及它们影响实体经济的方式,对于制定预防危机、管理危机和解决危机的合理政策至关重要。阐释历史事实当然也是至关重要的。同样,必须避免对经济历史的过度推理或错误解读以及在此基础上轻率地一般化。这种分析会使研究者和决策者跌入陷阱:前者会基于实际上可能远离现实的所谓特征事实构建理论框架,后者则会基于对历史上发生的事件的误解而制定错误的抗御下一个危机的政策。

通过这项研究,我们得出的"底线结论"是,为了准确地衡量金融危机的发生率和影响,也为了解危机的真实原因及其对实体经济的影响,我们还需要做更多的工作,而第一步就是正确地理解历史现实。

致谢

我们非常感谢萨拉·昆西(Sarah Quincy)所提供非常宝贵的研究助理工作。同时感谢国际清算银行、波恩大学、法兰西银行、哥本哈根商学院、胡佛研究所、隆德大学和罗格斯大学举行的研讨会和京都世界经济历史大会的与会者。感谢克里斯·卡明(Chris Cumming)、拉尔斯·乔农(Lars Jonung)、奥斯卡·约尔达(Oscar Jordà)、雅尼克·卡立场特齐斯(Yannick Kalantzis)、约翰·朗顿-莱恩(John Landon-Lane)、阿肖卡卡·莫迪(Ashoka Mody)、莫里茨卡·舒拉里克(Moritz Schularick)、安德斯卡·奥格伦(Anders Ögren)、约翰·B. 泰勒(John B. Taylor)、哈拉尔德·厄里格(Harald Uhlig)和尤金·怀特(Eugene White)提供的非常有帮助的意见。当然,我们对任何可能的错误负责。数据和其他相关文件可从以下网址获取:https://sites.google.com/site/chrismmeissner/data。

参考文献

Acharya, V., Drechsler, I., Schnabl, P., 2014. A Pyrrhic victory? Bank bailouts and sovereign credit risk. J. Financ. 69(6), 2689—2739.

Aguiar, M., Gopinath, G., 2006. Defaultable debt, interest rates and the current account. J. Int. Econ. 69(1), 64—83.

Akerlof, G. A., Romer, P., 1993. Looting: the economic underworld of bankruptcy for profit. Brook. Pap. Econ. Act. 199(2), 1—73.

Alessandri, P., Haldane, A. G., 2009. Banking on the state. In: Federal Reserve Bank of

---

[①] 请参见霍尔丹(Haldane)和梅(May)(2011)对金融系统的复杂性和互联性的讨论。

Chicago 12th Annual International Banking Conference, 2009.

Allen, F. , Gale, D. , 1998. Optimal financial crises. J. Financ. 53(4), 1245—1284.

Allen, F. , Gale, D. , 2000. Bubbles and crises. Econ. J. 110(460), 236—255.

Allen, F. , Gale, D. , 2004. Financial intermediaries and markets. Econometrica 72 (4), 1023—1061.

Allen, F. , Gale, D. , 2007. Understanding Financial Crises. Oxford University Press, New York, NY.

Angkinand, A. P. , 2009. Banking regulation and the output cost of banking crises. J. Int. Financ. Mark. Inst. Money 19(2), 240—257.

Arellano, C. , 2008. Default risk and income fluctuations in emerging economies. Am. Econ. Rev. 98(3), 690—712.

Arellano, C. , Kocherlakota, N. , 2014. Internal debt crises and sovereign defaults. J. Monet. Econ. 68(Suppl.), S68—S80.

Arnold, B. , Borio, C. , Ellis, L. , Moshirian, F. , 2012. Systemic risk, macroprudential policy frameworks, monitoring financial systems and the evolution of capital adequacy. J. Bank. Financ. 36(12), 3125—3132.

Babecký, J. , Havránek, T. , Matějů, J. , Rusnák, M. , Smídková, K. , Vašíček, B. , 2013. Leading indicators of crisis incidence: evidence from developed countries. J. Int. Money Financ. 35(1), 1—19.

Babecký J. , Havránek, T. , Matějů, J. , Rusnák, M. , Smídková, K. , Vašíček, B. , 2014. Banking, debt, and currency crises in developed countries: stylized facts and early warning indicators. J. Financ. Stab. 15, 1—17.

Bagehot, W. , 1873. Lombard Street: A Decision of the Money Market. HS King, London.

Barro, R. J. , Ursúa, J. F. , 2008. Macroeconomic crises since 1870. Brook. Pap. Econ. Act. (Spring 2008), 255—335.

Basel Committee on Banking Supervision, Bank for International Settlements, 2010. An Assessment of the Long-Term Economic Impact of Stronger Capital and Liquidity Requirements. Mimeo BIS Basel, Switzerland.

Battistini, N. , Pagano, M. , Simonelli, S. , 2014. Systemic risk, sovereign yields and bank exposures in the euro crisis. Econ. Policy 29(78), 203—251.

Bernanke, B. , 1983. Nonmonetary effects of the financial crisis in the propagation of the Great Depression. Am. Econ. Rev. 73(1), 257—276.

Bernanke, B. , Gertler, M. , Gilchrist, S. , 1999. The financial accelerator in a quantitative business cycle framework. In: Taylor, J. , Woodford, M. (Eds.), In: Handbook of Macroeconomics, vol. 1, pp. 1341—1393.

Bhattacharya, S. , Gale, D. , 1987. Preference shocks, liquidity and central bank policy. In:

Barnett, W., Singleton, K. (Eds.), New Approaches to Monetary Economics. Cambridge University Press, New York, NY, pp. 69—88.

Boissay, F., Collard, F. Smets, F., forthcoming. Booms and banking crises. J. Polit. Econ.

Bolton, P., Jeanne, O., 2011. Sovereign default risk and bank fragility in financially integrated economies. IMF Econ. Rev. 59, 162—194.

Bordo, M. D., 2006. Sudden stops, financial crises, and original sin in emerging countries: Dejà vu? NBER working paper 12393.

Bordo, M. D., Eichengreen, B., 1999. Is our international economic environment unusually crisis prone? In: Gruen, D., Gower, L. (Eds.), Capital Flows and the International Financial System. Reserve Bank of Australia, Sydney, pp. 18—74.

Bordo, M. D., Flandreau, M., 2003. Core, periphery, exchange rate regimes and globalization. In: Bordo, M. D., Taylor, A. M., Williamson, J. G. (Eds.), Globalization in Historical Perspective. University of Chicago Press for the NBER, Chicago, IL, pp. 417—472.

Bordo, M. D., Haubrich, J., 2012. Deep recessions, fast recoveries, and financial crises: evidence from the American record. NBER working paper 18194, June.

Bordo, M. D., Landon-Lane, J., 2010. The banking panics in the United States in the 1930s: some lessons for today. Oxf. Rev. Econ. Policy 26, 486—509.

Bordo, M. D., Landon-Lane, J., 2012. The global financial crisis: is it unprecedented? In: Obstfeld, M., Cho, D., Mason, A. (Eds.), Global Economic Crisis: Impacts, Transmission and Recovery. Edward Elgar, Northampton, MA, pp. 19—56.

Bordo, M. D., Landon-Lane, J., 2014. What explains house price booms? History and empirical evidence. In: Kouretras, G., Papadopoulos, A. P. (Eds.), Macroeconomic Analysis and International Finance. International symposia in Economic Theory and Econometrics. Emerald Publishers, Bingley, UK, pp. 1—36.

Bordo, M. D., Meissner, C. M., 2006. The role of foreign currency debt in financial crises: 1880—1913 vs 1972—1997. J. Bank. Financ. 30(12), 3299—3329.

Bordo, M. D., Schwartz, A. J., 1999. Why currency clashes between internal and external stability goals end in currency crises, 1797—1995. Open Econ. Rev. 7(1), 437—468.

Bordo, M. D., Eichengreen, B., Klingebiel, D., Martinez-Peria, S., 2001. Is the crisis problem growing more severe? Econ. Policy 16(32), 52—82.

Bordo, M. D., Cavallo, A., Meissner, C. M., 2010. Sudden stops: determinants and output effects in the first era of globalization, 1880—1913. J. Dev. Econ. 91(2), 227—241.

Bordo, M. D., Jonung, L., Markiewicz, A., 2013. A fiscal union for the euro: some lessons from history. CESifo Econ. Stud. 61(3—4), 449—488.

Borio, C., 2012. The financial cycle and macroeconomics: what have we learnt? BIS working paper 395.

Borio, C. , Drehman, M. , 2009. Assessing the risk of banking crises: revisited. BIS Q. Rev. (March), 29—46.

Borio, C. , James, H. , Shin, H. S. , 2014. The international monetary and financial system: a capital account historical perspective. Federal Reserve Bank of Dallas Globalization and Monetary Policy Institute Working Paper No. 204.

Brunnermeir, M. , Oehmke, M. , 2013. Bubbles, financial crises, and systemic risk. In: Constantinides, M. H. , Stulz, R. M. (Eds.), In: Handbook of the Economics of Finance, vol. 2. North Holland Elsevier, Oxford, pp. 1221—1288.

Bulow, J. , Rogoff, K. S. , 1989a. A constant recontracting model of sovereign debt. J. Polit. Econ. 97(1), 155—178.

Bulow, J. , Rogoff, K. S. , 1989b. Sovereign debt: is to forgive to forget? Am. Econ. Rev. 79(1), 43—52.

Bulow, J. , Rogoff, K. S. , 2015. Why sovereigns repay debts to external creditors and why it matters. vox EU, 10 June 2015. http://www. voxeu. org/article/why-sovereigns-repay-debts-external-creditors-and-why-it-matters.

Burnside, C. , 2004. Currency crises and contingent liabilities. J. Int. Econ. 62(1), 25—52.

Burnside, C. , Eichenbaum, M. , Rebelo, S. , 2001. Prospective deficits and the Asian currency crisis. J. Polit. Econ. 109(6), 1155—1197.

Burnside, C. , Eichenbaum, M. , Rebelo, S. , 2004. Government guarantees and self-fulfilling speculative attacks. J. Econ. Theory 119(1), 31—63.

Bussiere, M. , Fratzscher, M. , 2006. Towards a new early warning system of financial crises. J. Int. Money Financ. 25(6), 953—973.

Caballero, J. A. , 2014. Do surges in international capital inflows influence the likelihood of banking crises? Econ. J. , 1—36.

Calomiris, C. , Beim, D. , 2001. Emerging Financial Markets. Irwin Professional Publishers, New York, NY.

Calomiris, C. W. , Hubbard, R. G. , 1989. Price flexibility, credit availability, and economic fluctuations: evidence from the United States, 1894—1909. Q. J. Econ. 104(3), 429—452.

Calomiris, C. , Kahn, C. , 1991. The role of demandable debt in structuring optimal banking arrangements. Am. Econ. Rev. 93(5), 1615—1646.

Calomiris, C. , Mason, J. , 2003. Fundamentals, panic and bank distress during the depression. Am. Econ. Rev. 93(5), 1615—1647.

Caprio Jr. , G. , Klingebiel, D. , 1996. Bank insolvencies: cross-country experience. Policy Research working paper 1620. The World Bank, Washington, DC.

Caprio, C., Klingebiel, D., 2003. Episodes of Systemic and Borderline Financial Crises. The World Bank, Washington, DC.

Carlson, M., Mitchener, K. J., Richardson, G., 2011. Arresting banking panics: federal reserve liquidity provision and the forgotten panic of 1929. J. Polit. Econ. 119(5), 889—924.

Cecchetti, S. G., Kohler, M., Upper, C., 2009. Financial crises and economic activity. NBER working paper 15379.

Cerutti, E, Claessens, S., Laeven, L., forthcoming. The use and effectiveness of macroprudential policies: new evidence. J. Financ. Stab.

Chari, V. V., Jagannathan, R., 1989. Banking panics, information and rational expectations equilibrium. J. Financ. 43(3), 749—761.

Cole, H., Kehoe, P., 1995. The role of institutions in reputation models of sovereign debt. J. Monet. Econ. 35(1), 45—46.

Cole, H., Kehoe, P., 1998. Models of sovereign debt: partial versus general reputation. Int. Econ. Rev. 29(1), 55—70.

Conant, C., 1915. A History of Modern Banks of Issue, fifth ed. G. P. Putnam's and Sons, New York, NY.

Corsetti, G., Pesenti, P., Roubini, N., 1999. Papertigers? A model of the Asian crisis. Eur. Econ. Rev. 43(7), 1211—1236.

da Rocha, B. T., Solomou, S., 2015. The effects of systemic banking crises in the inter-war period. J. Int. Money Financ. 54, 35—49.

Dell'Ariccia, G., Detragiache, E., Rajan, R., 2008. The real effect of banking crises. J. Financ. Intermed. 17(1), 89—112.

Demirgüç-Kunt, A., Detragiache, E., 1998. The determinants of banking crises: evidence from developing and developed countries. IMF Staff Pap. 45, 81—109.

Diamond, D., Dybvig, P., 1983. Bank runs, deposit insurance, and liquidity. J. Polit. Econ. 91(3), 401—419.

Diamond, D., Rajan, R., 2001. Liquidity risk, liquidity creation and financial fragility: a theory of banking. J. Polit. Econ. 109(2), 2431—2465.

Diamond, D., Rajan, R., 2005. Liquidity shortages and banking crisis. J. Financ. 60(2), 615—647.

Diamond, D., Rajan, R., 2011. Fear of fire sales, illiquidity seeking and credit squeezes. Q. J. Econ. 126(2), 557—591.

Diamond, D., Rajan, R., 2012. Illiquid banks, financial stability and interest rate policy. J. Polit. Econ. 120(3), 552—591.

Diaz-Alejandro, C., 1985. Good bye financial repression, hello financial crash. J. Dev. Econ. 19(1—2), 1—24.

Dooley, M. , 2000. A model of crises in emerging markets. Econ. J. 110(460), 256—272.

Drees, B. , Pazarbasioglu, C. , 1994. The Nordic banking crisis: pitfalls in financial liberalization. IMF occasional paper. International Monetary Fund, Washington, DC.

Drehman, M. , Borio, C. , Tsatsaronis, K. , 2012. Characterising the financial cycle: don't lose sign of the medium term! BIS working paper no. 380.

Eaton, J. , 1996. Sovereign debt, reputation and credit terms. Int. J. Financ. Econ. 1(1), 25—35.

Eaton, J. , Gersovitz, M. , 1981. Debt with potential repudiation: theoretical and empirical analysis. Rev. Econ. Stud. 48(2), 289—309.

Edwards, S. , Santaella, J. , 1993. Devaluation controversies in the developing countries: lessons from the Bretton woods era. In: Bordo, M. D. , Eichnegreen, B. (Eds.), A Retrospective on the Bretton Woods System: Lessons for International Monetary Reform. University of Chicago Press, Chicago, IL, pp. 405—460.

Eichengreen, B. , 1992. Golden Fetters. Oxford University Press, Oxford.

Eichengreen, B. , Hausmann, R. , 2005. Other People's Money: Debt Denomination and Financial Instability in Emerging Market Economies. University of Chicago Press, Chicago, IL.

Eichengreen, B. , Rose, A. K. , Wyplosz, C. , 1995. Exchange market mayhem: the antecedents and aftermath of speculative attacks. Econ. Policy 10(21), 249—312.

European Commission, 2009. Public Finances in EMU 2009. European Commission, Luxembourg.

Fisher, I. , 1932. Booms and Depressions. Adelphi, New York, NY.

Fisher, I. , 1933. The debt deflation theory of Great Depressions. Econometrica 1 (4), 337—357.

Frankel, J. A. , Rose, A. K. , 1996. Currency crashes in emerging markets: an empirical treatment. J. Int. Econ. 41(3), 351—366.

Frankel, J. A. , Saravelos, G. , 2012. Can leading indicators assess country vulnerability? Evidence from the 2008—09 global financial crisis. J. Int. Econ. 87(2), 216—231.

Fratzscher, M. , Rieth, M. , 2015. Monetary policy, bank bailouts and the Sovereign-bank risk Nexus in the Euro Area. CEPR working paper no. 10370.

Friedman, M. , 1993. The 'plucking model' of business fluctuations revisited. Econ. Inq. 31, 171—177.

Friedman, M. , Schwartz, A. J. , 1963. A Monetary History of the United States 1867 to 1960. Princeton University Press, Princeton, NJ.

Funabashi, Y. , 1988. Managing the Dollar: From the Plaza to the Louvre. Institute for International Economics, Washington, DC.

Gennaioli, N. , Martin, A. , Rossi, S. , 2014. Sovereign default, domestic banks, and financial institutions. J. Financ. 69(2), 819—886.

Gertler, M., Karadi, P., 2011. A model of unconventional monetary policy. J. Monet. Econ. 58(1), 17—34.

Gertler, M., Kiyotaki, N., 2015. Banking liquidity and bank runs in an infinite horizon economy. Am. Econ. Rev. 105(7), 2011—2043.

Goetzmann, W., 2015. Bubble investing: learning from history. NBER working paper 21693.

Goldstein, I., Pauzner, A., 2005. Demand-deposit contracts and the probability of bank runs. J. Financ. 60(3), 1293—1327.

Gorton, G., 1988. Banking panics and business cycles. Oxf. Econ. Pap. 40(4), 751—781.

Gorton, G., Huang, I., 2004. Liquidity, efficiency and bank bailouts. Am. Econ. Rev. 94(3), 455—483.

Gorton, G., Ordoñez, G., 2016. Good booms, bad booms. NBER working paper 22008.

Gourinchas, P. O., Obstfeld, M., 2012. Stories of the twentieth century for the twenty-first. Am. Econ. J. Macroecon. 4(1), 226—265.

Grossman, R. S., 1994. The shoe that didn't drop: explaining banking stability during the Great Depression. J. Econ. Hist. 54(3), 654—682.

Grossman, R. S., 2010. Unsettled Account: The Evolution of Banking in the Industrialized World Since 1820. Princeton University Press, Princeton, NJ.

Grossman, H., van Huyck, J., 1988. Sovereign debt as a contingent claim: excusable default, repudiation and reputations. Am. Econ. Rev. 78(5), 1088—1097.

Haldane, A., May, R. M., 2011. Systemic risk in banking ecosystems. Nature 469, 351—355.

Hoggarth, G., Ricardo, R., Saporta, V., 2002. Costs of banking system instability: some empirical evidence. J. Bank. Financ. 26(5), 825—855.

Holmström, B., Tirole, J., 1998. Private and public supply of liquidity. J. Polit. Econ. 106(1), 1—40.

Honkapohja, S., 2009. The 1990s financial crisis in Nordic countries. Bank of Finland discussion paper.

Howard, G., Martin, R., Wilson, B., 2011. Are recoveries from banking and financial crises really so different? International Finance discussion papers. Federal Reserve Board of Governors, Washington, DC.

Hutchison, M. M., Noy, I., 2005. How bad are twins? Output costs of currency and banking crises. J. Money Credit Bank. 725—752.

International Monetary Fund, IMF, 2009. Lessons of the Global Crisis for Macroeconomic Policy. Mimeo, International Monetary Fund Research Department, Washington, D. C.

Ip, G., 2015. Foolproof: Why Safety Can Be Dangerous and How Danger Makes Us Safe Little. Brown and Company, New York, NY.

Iwaisako, T., Ito, T., 1995. Explaining asset bubbles in Japan. NBER working paper 5350.

Jacklin, C., 1987. Demand deposits, trading restrictions, and risk sharing. In: Prescott, E., Wallace, N. (Eds.), Contractual Arrangements for Intertemporal Trade. University of Minnesota Press, Minneapolis, MN, pp. 26—47.

Jacklin, C., Bhattacharya, S., 1988. Distinguishing panics and information based bank runs: welfare and policy implications. J. Polit. Econ. 96(3), 568—592.

Jalil, A., 2015. A new history of banking panics in the United States, 1825—1929: construction and implications. Am. Econ. J. Macroecon. 7(3), 295—330.

Jonung, L., Kiander, J., Vartia, P., 2009. The great financial crisis in Finland and Sweden: the dynamics of boom, bust and recovery 1985—2000. In: Jonung, L., Kiander, J., Vartia, P. (Eds.), The Great Financial Crisis in Finland and Sweden: The Nordic Experience of Financial Liberalization. Edward Elgar Publishers, Cheltenham, UK, pp. 19—70.

Jordà, O., Schularick, M., Taylor, A.M., 2011. Financial crises, credit booms, and external imbalances: 140 years of lessons. IMF Econ. Rev. 59(2), 340—378.

Jordà, O., Schularick, M., Taylor, A.M., 2013. When credit bites back. J. Money Credit Bank. 45(2), 3—28.

Jordà, O., Schularick, M., Taylor, A.M., forthcoming. The great mortgaging: housing finance, crises, and business cycles. Econ. Policy. 31(85).

Kaminsky, G., 1999. Currency and banking crises: the early warnings of distress. IMF working paper no. 99/178.

Kaminsky, G., Reinhart, C.M., 1999. The twin crises: the causes of banking and balance-of-payments problems. Am. Econ. Rev. 89(3), 473—500.

Kaminsky, G.L., Vega-García, P., 2016. Systemic and idiosyncratic sovereign debt crises. J. Eur. Econ. Assoc. 14(1), 80—114.

Kaminsky, G., Lizondo, S., Reinhart, C.M., 1998. Leading indicators of currency crises. Staff Pap. Int. Monet. Fund 45(1), 1—48.

Kaufman, H., 1986. Debt: The Threat to Economic and Financial Stability. In: Debt, Financial Stability and Public Policy. Federal Reserve Bank of Kansas City, Kansas City, MO.

Kindleberger, C., 1978. Manias, Panics and Crashes: A History of Financial Crises. Wiley and Sons, New York, NY.

Kletzer, K., Wright, B., 2000. Sovereign debt as intertemporal barter. Am. Econ. Rev. 90(3), 621—639.

Krugman, P., 1979. A model of balance of payments crises. J. Money Credit Bank. 11(3), 311—325.

Krugman, P., 1998. Currency Crises. Mimeo, Princeton University, Princeton, NJ.

Krugman, P., 1999. Balance sheets, the transfer problem and financial crises. In: Isard, P., Razin, A., Rose, A. K. (Eds.), International Finance and Financial Crises: Essays in Honor of Robert B. Flood. Springer, New York, NY, pp. 31—55.

Laeven, L., Valencia, F., 2008. Systemic banking crises: a new database. IMF working paper no. 08/224.

Laeven, L., Valencia, F., 2012. Systemic banking crises database: an update. IMF working paper no. 12/163.

Marichal, C., 1989. A century of debt crisis in Latin America: from independence to the Great Depression, 1820—1930. Princeton University Press, Princeton, NJ.

Martin, P., Philippon, T., 2015. Inspecting the mechanism: leverage and the great recession in the Eurozone. NBER working paper 20572.

McKinnon, R., Pill, H., 1986. Credible liberalizations and international capital flows: the over borrowing syndrome. In: Ito, T., Kreuger, A. (Eds.), Financial Deregulation and Integration in East Asia. University of Chicago Press, Chicago, IL, pp. 7—50.

Minsky, H., 1977. A theory of systemic fragility. In: Altman, E. J., Sametz, A. (Eds.), Financial Crises: Institutions and Markets in a Fragile Environment. Wiley, New York, NY, pp. 138—152.

Mitchell, W. C., 1941. Business Cycles and Their Causes. University of California Press, Berkeley, CA.

Mitchener, K. J., Richardson, G., 2014. Shadowy Banks and the Interbank Amplifier During the Great Depression. Mimeo, UC Irvine, Irvine, CA.

Mitchener, K. J., Wiedenmeir, M., 2010. Supersanctions and sovereign debt repayment. J. Int. Money Financ. 29(1), 19—36.

Mladjan, M., 2012. Accelerating into the Abyss: Financial Dependence and the Great Depression. Mimeo. EBS Business School, Wiesbaden, Germany.

Mody, A., Sandri, D., 2012. The Eurozone crisis: how banks and sovereigns came to be joined at the hip. Econ. Policy 27(70), 201—230.

Morris, S., Shin, H. S., 1998. Unique equilibrium in a model of self-fulfilling currency attack. Am. Econ. Rev. 88(3), 587—597.

Obstfeld, M., 1995. The logic of currency crises. In: Eichengreen, B., Frieden, J., von Hagen, J. (Eds.), Monetary and Fiscal Policy in an Integrated Europe. Springer, Heidelberg, pp. 62—90.

Panizza, U., Sturzenegger, F., Zettelmeyer, J., 2009. The economics and law of sovereign debt and default. J. Econ. Lit. 47(3), 651—669.

Paul, P., 2016. Financial Crises and Debt Rigidities. Mimeo, University of Oxford, Oxford,

UK.

Portes, R., 2010. Comments on Claessens, S., Dell'Ariccia, G., Igan, D., and Laeven, L. Econ. Policy 25(62), 267—293.

Reinhart, C. M., 2010. This time is different chartbook: country histories on debt, default and financial crises. NBER working paper 15815.

Reinhart, C. M., 2015. The antecedents and aftermath of financial crises as told by Carlos F. Diaz-Alejandro. NBER working paper 21350.

Reinhart, C. M., Rogoff, K. S., 2009. This Time is Different: Eight Centuries of Financial Folly. Princeton University Press, Princeton, NJ.

Reinhart, C. M., Rogoff, K. S., 2011. From financial crash to debt crisis. Am. Econ. Rev. 101(5), 1676—1706.

Reinhart, C. M., Rogoff, K. S., 2014. Recovery from financial crises: evidence from 100 episodes. Am. Econ. Rev. 104(5), 50—55.

Reinhart, C., Rogoff, K. S., Savastano, M., 2003. Debt intolerance. Brook. Pap. Econ. Act. 1, 1—62.

Richardson, G., 2007. Categories and causes of bank distress during the Great Depression, 1920—1935: the liquidity and insolvency debate revisited. Explor. Econ. Hist. 44 (4), 588—607.

Richardson, G., Troost, W., 2009. Monetary intervention mitigated banking panics during the Great Depression: quasi-experimental evidence from a federal reserve district border, 1929—1933. J. Polit. Econ. 117(6), 1031—1073.

Rochet, J., Vives, X., 2004. Coordination failures and the lender of last resort: was Bagehot right after all? J. Eur. Econ. Assoc. 2(6), 1116—1147.

Rockoff, H., 2014. It is Always the Shadow Banks: The Failures that Ignited America's Financial Panics. Mimeo, Rutgers University, New Brunswick, NJ.

Romer, C., Romer, D., 2015. New evidence on the impact of financial crises in advanced countries. NBER working paper 21021.

Rose, A. K., Spiegel, M. M., 2011. Cross-country causes and consequences of the 2008 crisis: an update. Eur. Econ. Rev. 55(3), 309—324.

Rose, A. K., Spiegel, M. M., 2012. Cross-country causes and consequences of the 2008 crisis: early warning. Jpn World Econ. 24, 1—16.

Sayek, S., Taksin, F., 2014. Financial crises: lessons from history for today. Econ. Policy 29(79), 447—493.

Schneider, M., Tornell, A., 2004. Balance sheet effects, bailout guarantees and financial crises. Rev. Econ. Stud. 74, 883—913.

Schularick, M., 2012. Public debt and financial crises in the twentieth century. Eur. Rev.

Hist. 19(6), 881—897.

Schularick, M., Taylor, A. M., 2012. Credit booms gone bust: monetary policy, leverage cycles, and financial crises, 1870—2008. Am. Econ. Rev. 102(2), 1029—1061.

Schwartz, A. J., 1987. The lender of last resort and the federal safety net. J. Financ. Serv. Res. 1, 77—111.

Steigum, E., 2009. The boom and bust cycle in Norway. In: Jonung, L., Kiander, J., Vartia, P. (Eds.), The Great Financial Crisis in Finland and Sweden: The Nordic Experience of Financial Liberalization. Edward Elgar Publishers, Cheltenham, UK, pp. 202—244.

Steinkamp, S., Westermann, F., 2014. The role of creditor seniority in Europe's sovereign debt crisis. Econ. Policy 29(79), 495—552.

Stuckler, D., Meissner, C. M., Fishback, P., Basu, S., McKee, M., 2012. Banking crises and mortality during the Great Depression: evidence from US urban populations, 1929—1937. J. Epidemiol. Community Health 66(5), 410—419.

Sturzenegger, F., Zettelmeyer, J., 2006. Debt Defaults and Lessons from a Decade of Crises. MIT Press, Cambridge, MA.

Tagkalakis, A., 2013. The effects of financial crisis on fiscal positions. Eur. J. Polit. Econ. 29, 197—213.

Taylor, A. M., 2015. Credit, stability and the macroeconomy. Annu. Rev. Econ. 7(1), 309—339. http://dx.doi.org/10.1146/annurev-economics—080614—115437.

Temin, P., 1976. Did Monetary Forces Cause the Great Depression? WW Norton, New York, NY.

Tornell, A., Westermann, F., 2005. Boom Bust Cycles and Financial Liberalization. MIT Press, Cambridge, MA.

Uhlig, H., 2013. Sovereign default risk and banks in a monetary union. Ger. Econ. Rev. 15(1), 23—41.

Velasco, A., 1987. Financial crises and balance of payments crises: a simple model of the southern cone experience. J. Dev. Econ. 27(1—2), 263—283.

Wallace, N., 1988. Another attempt to explain an illiquid banking system: the Diamond Dybvig model with sequential service taken seriously. Q. Rev. FRB Minneapolis 12(4), 3—16.

White, E. N., 2000. Banking and finance in the twentieth century. In: Gallman, R., Engerman, S. (Eds.), Cambridge Economic History of the United States. Cambridge University Press, New York, NY, pp. 742—802.

White, E. N., 2015. Rescuing a SIFI, halting a panic: the Barings crisis of 1890. In: Paper Presented at the Banque de France. December, 2015.

World Bank, 2002. Global Development Finance. In: Appendix on Commercial Debt Restructuring. World Bank, Washington, D. C.

Wray, L. W., 2015. Why Minsky Matters: An Introduction to the Work of a Maverick Economist. Princeton University Press, Princeton, NJ.

Zarnowitz, V., 1992. Business Cycles: Theory, History Indicators, and Forecasting. University of Chicago Press, Chicago, IL.

Ziebarth, N., 2013. Identifying the effects of bank failures from a natural experiment in Mississippi during the Great Depression. Am. Econ. J. Macroecon. 5(1), 81—101.

第二部分 宏观经济学的方法论

第八章 动态因子模型、因子增广型向量自回归与宏观经济学中的结构向量自回归[①]

J. H. 斯托克(J. H. Stock) [*,‡] **,M. W. 沃森(M. W. Watson)** [†,‡]

[*]:哈佛大学,美国,马萨诸塞州,剑桥;

[†]:普林斯顿大学伍德罗・威尔逊学院,美国,新泽西州,普林斯顿;

[‡]:美国国家经济研究局,美国,马萨诸塞州,剑桥

目　录

[①] 读者可以到沃森的网站上下载相关复制本章的结果所需的文件和资料。那里还提供了用于本章所描述的动态因子模型估计和结构动态因子模型估计、推断的软件的链接。

本章摘要：本章提供了动态因子模型(DFM)的一个使用手册，并对动态因子模型的估计及其在经验宏观经济学中的应用进行了综述。本章还综述了识别和估计结构向量自回归(SVAR)的最新方法，这个领域在过去15年中发生了很多重要的变化。在本章中，我们先介绍动态因子模型以及相关的统计工具，包括参数的(状态空间形式)和非参数的(主成分法以及相关方法)。在回顾了动态因子模型的两个成熟的应用——预测和宏观经济监测——之后，本章又介绍了动态因子模型在分析结构冲击方面的应用，其中一个特例是因子增广型向量自回归(FAVAR)。本章的主要侧重点是如何将结构向量自回归中的冲击识别方法扩展到结构动态因子模型中。总之，本章提供了结构向量自回归、因子增广型向量自回归与结构动态因子模型之间的统一性的证据，并且从理论上证明了和在经验上通过石油冲击这个具体问题中的应用表明了如何将相同的识别策略应用于各种类型的模型。

关键词：状态空间模型；结构向量自回归；因子增广型向量自回归；主成分；大型模型预测；即时预报；结构冲击

JEL 分类代码：C32，C38，C55，E17，E37，E47

1. 引言

动态因子模型(DFM)的前提假设是，一大批时间序列变量的共同动态变化源于数量相对较少的、不可观察的(或潜在的)因子，同时这些因子反过来也随着时间推移而变化。大型现代经济是极其复杂的，而且不同区域和不同部门之间都非常不同。考虑到这个事实，上述这个简单的思想如果能够得到大量经验证据的支持，那么当然会令人惊讶。然而值得注意的是，它也确实如此。

图1显示了用一个单因子动态因子模型去拟合美国经济中的58个实际季度变量——包括分部门工业产出、分部门就业、销售收入，以及国民收入和产品账户(NIPA)中的时间序列变量——的关键结果(关于这个模型的细节，我们将在本章第6节中进行深入分析)。这些时间序列的共同因子是用主成分分析法估计出来的。主成分分析法是最小二乘法的一种，用于对不可观察的因子的非参数估计——我们将在本章第2节详细讨论主成分分析法。图1给出了测度经济活动总量的四个指标(实际GDP、非农就业总数、工业产出、制造业和贸易销售额)的去趋势①四季增长率随时间变动的情况，同时还给出了每个时间序列的去趋势四季增长率对单一共同因素的回归得到的拟合值。需要注意的是，图1所示的这四个序列，都没有被用于估计这个因子：尽管国民收入和产出账户中的非总量变量(例如耐用品的消费、非耐用品的消费，以及服务的消费，等等)被用于估计这个因子，但是总消费、GDP以及其他

---

① 与斯托克和沃森(Stock and Watson，2012a)所使用的方法一样(同时见下文第6.1节的讨论)，在这里，各个增长率的趋势是用频宽为100个季度的双权重滤波器(biweight filter)估计的，图中显示的各个时间序列都已经去除了趋势。

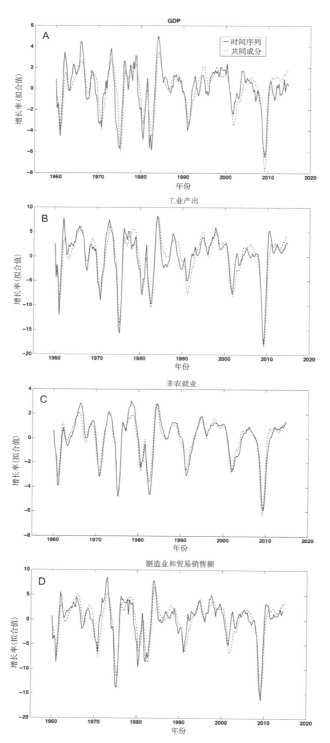

图1 美国的 GDP、工业产出、非农就业总量、制造业和贸易销售额的去趋势四个季度增长率(实线),
以及源于一个单因子动态因子模型(虚线)的共同成分(拟合值)

注:这个因子是使用美国 **58** 个季度实际经济变量估计出来的。所有变量都按百分比来衡量。

高层级别的总量变量则没有。从图 1 中可以看出,单一因子解释了这四个时间序列的四季变化的很大一部分。对于这四个时间序列,四季拟合值的 R^2 的变动范围是,从对于 GDP 的 0.73,到对于就业的 0.92。与此同时,估计得到的因子既不等于这些时间序列中的任何一个,也不等于用于构建它的 58 个时间序列中的任何一个。

动态因子模型有几个很吸引人的性质。正是这些良好的性质驱动了宏观经济学中对动态因子模型的方法和应用的大量研究。第一,正如图 1 所表明的(我们在下面还将更详细地加以讨论),经验证据支持动态因子模型的主要前提:动态因子模型能够很好地拟合数据。用单一指标就可以描述许多宏观调控变量的联动,这个思想至少可以追溯到 20 世纪中叶的伯恩斯(Burns)和米切尔(Mitchell)(1946)。对于这些早期文献,我们将在本章第 2 节中加以讨论。

第二,正如我们将在下一节中讨论到的,动态因子模型只限定于少数几个潜在的因子,这个模型限制与标准动态均衡宏观经济理论模型是一致的。

第三,在过去 15 年中发展起来的大量技术,使得我们可以使用大型数据集来估计结构动态因子模型,而不用对变量的数量施加操作性的或计算上的限制。现在,大型数据集已经相当容易获取了。① 例如,本章的经验性应用就使用了一个有 207 个变量的动态因子模型。同时,因子的估计、动态因子模型的参数,以及结构动态因子模型的脉冲响应函数(IRF)的估计,都只需要几秒钟的时间就可以完成。

基于大型动态因子模型的预测,具有丰富的信息集,但是仍然必须利用少数几个"预测器"(太多则难以处理),它们是潜在因子的估计结果。这种预测不需要施加诸如原始变量的稀疏度这样的限制(这种限制是某些机器学习算法所常用的)。因此,过去 15 年来,动态因子模型一直是宏观经济学家在实证研究中使用的最主要的"大数据"工具。

第四,动态因子模型非常适合专业宏观经济学家要完成的实际任务(例如,实时监控),也包括便于研究者利用概念上类似的有噪声的时间序列来构建特定的指数。

第五,由于能够同时处理一大批时间序列,高维动态因子模型可以容纳足够多的变量,研究各种各样的宏观经济冲击。给定识别一个或多个结构性冲击的策略,用一个结构动态因子模型就可以估计出对这些结构性冲击的反应。使用覆盖了整个冲击空间的多个变量,减轻了结构向量自回归中的"可逆性问题"——变量数量相对较少时,如果有测量误差就无法测度研究者感兴趣的结构性冲击。

本章内容安排如下。第 2 节先介绍结构动态因子模型和估计动态因子模型的参数的方法,包括参数法(状态空间法)和非参数法(主成分法和相关的最小二乘法)。本节的讨论还扩展到了对数据不规则性的分析,例如缺失观察点和混合观测频率,同时还评述了在动态因子模型中检测断点和其他形式的不稳定性的近期研究工作。

本章接下来综述了动态因子模型的主要应用。第一个应用领域是宏观经济监测和预

① 例如,麦克拉肯(McCracken)和吴(Ng)(2015)构建了一个关于美国经济的月度宏观经济数据集,名为 FRED-MD。要下载它很方便,只需通过圣路易斯联邦储备银行的"美国联邦储备经济数据库"(FRED)的数据工具即可:https://research.stlouisfed.org/econ/mccracken/fred-databases/。

测,本章第 3 节讨论了这方面的内容。动态因子模型在这个领域的应用已经相当成熟了,而且不少研究文章也进行过讨论,因此我们只给出了相当简要的评述,同时提供了对其他研究文章的综述。

第 4 节和第 5 节讨论对结构性冲击的影响的估计。本章着力阐述的其中一个基本主题是,结构向量自回归的基本识别方法是可以转用于结构动态因子模型的。这是通过两个归一化过程实现的,我们分别称之为结构向量自回归的单位效应归一化和结构动态因子模型的命名因子(named factor)归一化。这两个归一化为结构动态因子模型、因子扩增型向量自回归(FAVAR)和结构向量自回归的统一处理奠定了基础。

识别结构性冲击的基本方法在结构向量自回归、因子增广型向量自回归和结构动态因子模型中都是相同的。因此,本章第 4 节着重综述了结构向量自回归中结构性冲击的识别。过去十年来,这个领域涌现出了很多新颖的研究。第 4 节是对结构向量自回归模型中的识别的独立评述,读者可以单独阅读这一节(而不用去参考本章其他节的内容),并可以将它与雷米(Ramey)(2016)的综述结合起来看。第 4 节的讨论涉及了本章的另一个主题:当结构向量自回归中识别结构性冲击的现代方法变得更加可信之后,也就提高了依赖于变化幅度相对较小的数据的风险,而这反过来又意味着冲击是可以弱识别的。正如以微观数据为基础的应用研究所表明的,弱识别可能会同时扭曲使用贝叶斯方法和频率方法得出的统计推断。第 4 节阐明了,在各种结构向量自回归识别策略中,弱识别问题是怎样出现的。

第 5 节证明了,这些结构向量自回归识别方案如何才能直接扩展到结构动态因子模型和因子增广型向量自回归中去。第 5 节还深入阐述了本章的另一个主题,即结构动态因子模型、因子增广型向量自回归和结构向量自回归是一套统一的工具,它们具有本质上相似的结构,区别仅在于是把因子视为观察到的,还是视为不可观察的。通过使用一大批变量并将因子视为不可观察的,动态因子模型可以把个别时间序列中的测量误差"平均掉",从而提高覆盖共同的宏观经济结构性冲击的能力。

第 6 节和第 7 节通过实例,说明动态因子模型在实证研究中的应用。我们使用的是一个有 8 个因子、207 个变量的动态因子模型。第 6 节说明如何估计结构动态因子模型:首先只使用实际经济变量构建一个实际经济活动指数,然后使用所有的变量。

第 7 节用这个有 207 个变量的动态因子模型考察了原油市场的冲击对美国经济的影响。传统观点认为,意料之外的石油价格大幅上涨会对美国经济产生非常巨大的负面影响,在第二次世界大战结束后的多次美国经济衰退之前,都发生过这种冲击[汉密尔顿(Hamilton),1983,2009]。然而,后来又有研究表明,自从 20 世纪 80 年代以来,石油冲击的影响已经变得很小了[例如,胡克(Hooker),1996;艾德尔斯坦因(Edelstein)和基利安(Kilian),2009;布兰查德(Blanchard)和加里(Galí),2010],而且石油价格的变动,大部分是由于需求冲击,而不是石油供给冲击(例如,基利安,2009)。我们用一个大型动态因子模型说明了,结构向量自回归识别方法如何移植到动态因子模型和因子增广型向量自回归中,同时我们还比较了分别使用两种不同方法识别石油市场冲击得到的结构动态因子模型、因子增广型向量自回归和结构向量自回归的结果。结构动态因子模型的结果与现代文献的主要发现一致,即石油供给冲击只能解释石油价格变动的一小部分，因而只能解释自 20 世纪 80 年代中期以来美国主要宏观经济变量的变化的极小一部分。

在第 8 节中，我们回过头去，以宏观经济学中大量动态因子模型文献为基础，在更高的层面上对前面各节的内容进行了评估和反思，然后对运用动态因子模型进行估计提出一些很有实用价值的建议，并指出了若干可能存在的潜在陷阱。

关于动态因子模型分析，近期出现的几篇综述对本章的内容构成了很好的补充。白（Bai）和吴（Ng）（2008）从技术的角度，对主成分分析和相关的动态因子模型方法的计量经济学理论进行了综述。斯托克（Stock）和沃森（2011）则以应用为核心，对这个领域的计量经济学方法进行了综述。班伯拉（Bańbura）等人（2013）综述了使用动态因子模型进行即时预报的方法。本章的重点是动态因子模型在宏观经济学中的应用，同时我们还注意到了，因子模型和主成分分析法在多个学科中都得到了广泛应用：从心理测量学到金融学，再到自然科学、生物科学与工程领域的大数据应用。当然，我们不可能在这里详细讨论这些。

2.　动态因子模型：记号与计量经济学方法概要

2.1　动态因子模型

动态因子模型是这样一种模型，将一个由 N 个观察到的时间序列组成的向量 X_t 的演变，表示为数量少得多的、随时间变化的、不可观察的共同因子，再加上表示各个序列的测量误差和/或特异性动态特征的非相关扰动项。动态因子模型有两种表示方法。动态形式明确地表示 X_t 对这些因子的滞后变量（也可能是领先变量）的依赖性，而静态形式则只是隐含地表示这些动态。这两种形式分别导致了相应的不同的估计方法。到底哪种形式更方便，则取决于具体应用。

动态因子模型是一类范围更大的模型——状态空间模型或隐马尔可夫模型——的一个特例。在隐马尔可夫模型中，可观察的变量用不可观察的变量或潜在变量表示，而这些可观察的变量或潜在变量又根据某种带着有限依赖性的滞后动态演变（即潜在变量的运动规律是马尔可夫式的）。令动态因子模型在宏观计量应用研究中脱颖而出的是它有一个很大的优点，即大量潜在的可观察的序列的复杂变化，可以通过少数几个共同因子加以总结，这些共同因子驱动了所有序列的共同波动。

除非另有明确说明，在本章中，所有可观察的变量和潜在变量都被假设为二阶平稳的（second-order stationary），并且是零阶单整的（integrated of order zero）；关于单位根、低频趋势和协整的处理，我们在下面的 2.1.4 小节中再来讨论。此外，按照惯例，假定所有数据序列都已经转换为具有单位标准偏差的序列。

在本章中,我们使用如下滞后算子记号(lag operator notation),使得 $a(\mathrm{L}) = \sum_{i=0}^{\infty}a_i\mathrm{L}^i$,其中 L 是滞后运算符,且有 $a(\mathrm{L})X_t = \sum_{i=0}^{\infty}a_iX_{t-i}$。

2.1.1 动态因子模型的动态形式

动态因子模型表示,一个观察到的 $N\times1$ 时间序列向量 X_t 依赖于较少数量的 q 个无法观察的因子或潜在因子 f_t 以及一个零均值的特异性成分 e_t。通常,其中的潜在因子和特异扰动项都序列相关。形式上,动态因子模型如下式所示:

$$X_t = \lambda(\mathrm{L})f_t + e_t \tag{1}$$
$$f_t = \Psi(\mathrm{L})f_{t-1} + \eta_t \tag{2}$$

其中:滞后多项式矩阵 $\lambda(\mathrm{L})$ 和 $\Psi(\mathrm{L})$ 分别是 $N\times q$ 和 $q\times q$ 的;η_t 为对因子的(序列不相关的)零均值新息的 $q\times1$ 向量。关于这些特异扰动项,假设它们与所有领先变量和滞后变量中的因子新息都不相关。这也就是说,对于所有的 k,都有 $Ee_t\eta'_{t-k} = 0$。一般来说,e_t 则可以是序列相关的。滞后多项式矩阵 $\lambda(\mathrm{L})$ 的第 i 行,即滞后多项式 $\lambda_i(\mathrm{L})$,则称为负荷第 i 个序列 X_{it} 的动态因子。

方程式(1)中的 $\lambda_i(\mathrm{L})f_t$ 项是第 i 个序列的共同成分。在本章中,我们将滞后多项式 $\lambda(\mathrm{L})$ 视为单侧的(one sided)。因此,每个时间序列的共同成分都是 f_t 的当前值和过去值的一个分布滞后。[①]

方程式(1)中的特异性扰动项 e_t 可以是序列相关的。如果是,那么由方程式(1)和方程式(2)组成的这个模型就是不完全设定的。在用于某些目的时,例如后面将要讨论的状态空间估计,最好对该特异性动力学设定一个参数模型。一个简单的和易于理解的参数模型是假设,第 i 个特异性扰动项 e_{it} 服从单变量自回归,即

$$e_{it} = \delta_i(\mathrm{L})e_{it-1} + \nu_{it}, \tag{3}$$

其中,ν_{it} 是序列不相关的。

2.1.1.1 精确的动态因子模型

如果在一个动态因子模型中,特异性扰动项 e_t 在各个序列之间是互不相关的,也就是说,对于所有的 t 和 s,当 $i\neq j$ 时,都有 $Ee_{it}e_{js} = 0$,那么我们就称这个模型为精确的动态因子模型(exact dynamic factor model,也译为"真动态因子模型")。

在精确的动态因子模型中,一个序列与另一个序列之间的相关性只能通过潜在因子 f_t 实现。或者,更准确地说,假设扰动 (e_t, η_t) 是高斯分布的,那么方程式(1)和方程式(2)就意味着

$$\begin{aligned}
E[X_{it}\,|\,X_t^{-i}, f_t, X_{t-1}^{-i}, f_{t-1}, \cdots] &= E[\lambda_i(\mathrm{L})f_t + e_{it}\,|\,X_t^{-i}, f_t, X_{t-1}^{-i}, f_{t-1}, \cdots] \\
&= E[\lambda_i(\mathrm{L})f_t\,|\,X_t^{-i}, f_t, X_{t-1}^{-i}, f_{t-1}, \cdots] \\
&= \lambda_i(\mathrm{L})f_t
\end{aligned} \tag{4}$$

其中,上标"$-i$"表示除 i 之外的所有时间序列。这样一来,X_{it} 的共同成分就是给定因子和所

---

① 如果 $\lambda(\mathrm{L})$ 有很多个领先变量,那么由于 f_t 是不可观察的,所以可以通过移位 f_t 来重写滞后多项式且不失一般性,从而使得 $\lambda(\mathrm{L})$ 是单侧的。

有其他变量时的 X_{it} 的期望值。给定该因子,所有其他时间序列 X_t^{-i} 对 X_{it} 没有解释力。

类似地,在扰动符合高斯分布的精确的动态因子模型中,给定所有变量和因子的第 i 个时间序列的预测可以化约为给定因子和 X_{it} 的预测。假设 e_t 服从如方程式(3)所示的自回归,且 (ν_t, η_t) 服从正态分布,同时在精确的动态因子模型下,$E\nu_{it}\nu_{jt}=0(i\neq j)$,于是我们有:

$$E[X_{it+1} | X_t, f_t, X_{t-1}, f_{t-1}, \cdots] = E[\lambda_i(L)f_{t+1} + e_{it+1} | X_t, f_t, X_{t-1}, f_{t-1}, \cdots]$$

$$= \alpha_i^f(L)f_t + \delta_i(L)X_{it}, \tag{5}$$

其中,$\alpha_i^f(L) = \lambda_{i0}\Psi(L) - \delta_i(L)\lambda_i(L) + L^{-1}(\lambda_i(L) - \lambda_0)$。[①]

如果扰动 (e_t, η_t) 满足精确的动态因子模型的要求,但不是高斯分布的,那么方程式(4)和方程式(5)中的表达式可以解释为群体线性预测因子。

方程式(4)和方程式(5)总结了精确的动态因子模型的关键的降维特性:为了解释同期变化、为了给出预测,那么一旦你知晓了这些因子的值,其他的时间序列也就不会再提供其他有用的信息了。

2.1.1.2 近似的动态因子模型

在许多应用中,e_t 在各个序列之间互不相关这个假设是不切实际的。例如,从同一个调查中得到的数据可能会存在相关的测量误差;又如,某个给定的部门的多个序列可能包含着未被建模的本部门特有的动态特性。张伯伦(Chamberlain)和罗斯柴尔德(Rothschild)(1983)近似因子模型就允许存在这种相关性,我们将在下面的第 2.2 节讨论这种处理在计量经济学方法上的理论合理性。关于限制近似因子模型中的不同扰动之间的依赖性的技术条件,相关的讨论见白和吴(2008)。

在近似的动态因子模型中,方程式(4)和方程式(5)中的最终表达式将包含一个反映这种有限相关性的附加项。具体地说,预测方程式(5)可能包含一些与预测时间序列 X_{it} 相关的可观察的变量。在应用中,对于这种潜在的相关性,最好做到"具体情况具体分析"。

2.1.2 动态因子模型的静态(堆叠)形式

动态因子模型的静态形式(或堆叠形式),要求如方程式(1)和方程式(2)所示的动态形式改写一下,以便依赖于 r 个静态因子 F_t 而不是 q 个动态因子 f_t,其中 $r\geq q$。改写的意义在于,这样做使得模型可以适用于主成分分析和其他最小二乘法。

令 p 为滞后多项式矩阵 $\lambda(L)$ 的度数,同时令 $F_t = (f_t', f_{t-1}', \cdots, f_{t-p}')$——这表示一个 $r \times 1$ "静态"因子向量,而不是"动态"因子 f_t 的向量。再假设 $\Lambda = (\lambda_0, \lambda_1, \cdots, \lambda_p)$,其中 λ_h 是 $\lambda(L)$ 的第 h 个滞后的 $N\times q$ 系数矩阵。类似地,令 $\Phi(L)$ 表示一个由 1、0 和 $\Psi(L)$ 的元素构成的矩阵,它能够使得方程式(2)中的向量自回归用 F_t 来重写。利用这个记号,将动态形式的动态因子模型方程式(1)和方程式(2)重写为:

$$X_t = \Lambda F_t + e_t \tag{6}$$

$$F_t = \Phi(L)F_{t-1} + G\eta_t \tag{7}$$

[①] 将式(2)和式(3)代入式(1),就可以得到 $X_{it+1} = \lambda_{i0}[\Psi(L)f_t + \eta_{t+1}] + \sum_j \lambda_{ij}f_{t-j+1} + \delta_i(L)e_{it} + V_{it+1}$。注意到 $\sum_j \lambda_{ij}f_{t-j+1} = L^{-1}[\lambda_i(L) - \lambda_{i0}]f_t$,且 $\delta_i(L)e_{it} = \delta_i(L)[X_{it} - \lambda_i(L)f_t]$,所有我们有 $X_{it+1} = \lambda_{i0}[\Psi(L)f_t + \eta_{t+1}] + L^{-1}(\lambda_i(L) - \lambda_{i0})f_t + \delta_i(L)[X_{it} - \lambda_i(L)f_t] + V_{it+1}$。从而,取项并求期望,就可以得出式(5)。

其中,$G=[\mathrm{I}_q \ 0_{q\times(r-q)}]'$。

下面举例说明。假设有且只有一个单一的动态因子f_t(从而$q=1$),使得X_{it}只依赖于f_t的当前值和第一滞后值,且方程式(2)中的f_t的向量自回归有两个滞后,即$f_t=\Psi_1 f_{t-1}+\Psi_2 f_{t-2}+\eta_t$。这样一来,$X_{it}$的动态形式与静态形式之间的对应关系可以表示为:

$$X_{it}=\lambda_{i0}f_t+\lambda_{i1}f_{t-1}+e_{it}=[\lambda_{i0} \ \lambda_{i1}]\begin{bmatrix}f_t\\f_{t-1}\end{bmatrix}+e_{it}=\Lambda_i F_t+e_{it} \qquad (8)$$

$$F_t=\begin{bmatrix}f_t\\f_{t-1}\end{bmatrix}=\begin{bmatrix}\Psi_1 & \Psi_2\\1 & 0\end{bmatrix}\begin{bmatrix}f_{t-1}\\f_{t-2}\end{bmatrix}+\begin{bmatrix}1\\0\end{bmatrix}\eta_t=\Phi F_{t-1}+G\eta_t \qquad (9)$$

其中,方程式(8)中的第一个表达式写出了动态形式的方程式(1)中的X_{it}的方程式,$\Lambda_i=[\lambda_{i0} \ \lambda_{i1}]$是$\Lambda$的第$i$行。方程式(8)中的最后一个表达式是静态形式的方程式(6)中的X_{it}的方程式。方程式(9)中的第一行是方程式(2)中的动态因子的演化方程式,第二行是以一阶形式表示的方程式(2)的恒等式。

在动态因子模型的静态形式中,第i个变量的共同成分为$\Lambda_i F_t$,特异性成分为e_{it}。

另外,再假设特异性扰动项服从如方程式(3)所示的自回归,而且扰动(ν_t,η_t)是高斯的,这样,静态因子模型中第i个变量的提前一步的预测是,

$$E[X_{it+1}|X_t,F_t,X_{t-1},F_{t-1},\cdots]=\alpha_i^F(\mathrm{L})F_t+\delta_i(\mathrm{L})X_{it}, \qquad (10)$$

其中,$\alpha_i^F=\Lambda_i\Phi(\mathrm{L})-\delta_i(\mathrm{L})\Lambda_i$。如果扰动是非高斯的,那么该表达式就是群体线性预测因子(population linear predictor)。

预测方程式(10)是方程式(5)所示的静态因子模型"对应物"。在动态因子模型的动态形式和静态形式中,运用所有序列的预测都可以化约为一个因子和个别序列的分布滞后。向量自回归方程式(7)可以通过堆叠F_t的元素及其滞后改定为伴随形式(companion form)。在由此而形成的表示法中,堆叠因子遵循一阶向量自回归,在这种情况下,只有因子堆叠向量的当前值会进入方程式(10)。

提前多步的预测可以通过对当前和过去的F_t和X_{it}进行直接回归来计算,或者也可以通过向前迭代自回归模型(对于e_{it})和向量自回归模型(对于F_t)来得到——即前面的方程式(3)和方程式(7)。

一般来说,静态因子r的数量超过动态因子q的数量,这是因为F_t由当前的和过去的f_t堆叠而成。当$r>q$时,静态因子有一个动态奇点,即F_t的$q-r$个线性组合是(利用过去的F_t)完全可预测的。就方程式(8)和方程式(9)所示的这两个例子而言,存在着一个动态因子和两个静态因子,同时完美的、可预测的线性组合则为$F_{2t}=F_{1t-1}$。

在使用宏观经济数据估计静态因子和动态因子的数量时,r和q的估计值之间的差异通常很小(本章第6节报告的实证研究就是如此)。由此而导致的一个结果是,许多应用研究直接在方程式(7)中设定$r=q$和$G=I$。或者,如果$q<r$,那么就设定所得的静态因子新息的协方差矩阵,即$F_t-\Phi(\mathrm{L})F_{t-1}=G\eta_t$,有秩$q$;这是本章所讨论的应用中容易施加的一个约束。

2.1.3 因子归一化

因为这些因子是不可观察的,为了将它们识别出来,还得进行归一化。我们首先考虑静

态形式的动态因子模型,然后考虑动态形式的动态因子模型。

在静态形式的动态因子模型中,F_t 所涵盖的空间已经被识别出来了,但是 F_t 本身则没有被识别出来:$\Lambda F_t = (\Lambda Q^{-1})(QF_t)$,其中 Q 是任何一个可逆的 $r \times r$ 矩阵。对于许多应用研究来说(包括宏观监测和预测在内),需要识别的只是因子所涵盖的空间,而无须识别因子本身。在这种情况下,上面这个表达式中的 Q 是无关紧要的。对于这样的应用,识别不足问题是通过施加一个在数学上很容易实现的归一化过程来解决的。本章重点讨论的两种归一化是"主成分"归一化和"命名因子"(named factor)归一化。

2.1.3.1　主成分归一化

在这种归一化下,Λ 的各列是正交的并已经进行了缩放,从而具有单位范数(unit norm):

$$N^{-1}\Lambda'\Lambda = I,\text{且}\sum\nolimits_F\text{ 为对角矩阵("主成分"归一化)} \tag{11}$$

其中,$\sum\nolimits_F = E(F_t F'_t)$。

这种归一化的名称源于它在以主成分分析法估计因子时发挥的作用。当这些因子用主成分分析法估计时,$\sum\nolimits_F$ 的对角线元素是弱递减的。

2.1.3.2　命名因子归一化

主成分归一化之外,另一种可以选择的归一化方法是将每个因子与特定变量关联起来。因此,这种归一化要对每个因子进行"命名"。这种方法对于下面要讨论的结构分析是非常有用的(如第 5 节中对结构动态因子模型的讨论所表明的)。但是应该强调的是,这里所讨论的"命名"只是一种归一化,它本身没有任何结构性内容。

对 X_t 中的变量进行排序,使得前 r 个变量成为命名变量。由此,"命名因子"归一化也就是:

$$\Lambda^{NF} = \begin{bmatrix} I_r \\ \Lambda_{r+1:n}^{NF} \end{bmatrix},\text{其中的 }\sum\nolimits_F\text{ 是无限制的("命名因子"归一化)。} \tag{12}$$

在命名因子归一化下,这些因子一般是同期相关的。[①]

命名因子归一化能够将因子和变量"互相对齐",从而使得 X_{1t} 的共同成分就是 F_{1t},进而使得 F_{1t} 的任何一个新息都会使得 X_{1t} 的共同成分增加一个单位,因此也能使 X_{1t} 增加一个单位。类似地,X_{2t} 的共同成分是 F_{2t},所以 F_{2t} 的新息也使 X_{2t} 增加一个单位。

举例来说,假设第一个变量是石油的价格。然后如方程式(12)的归一化将使第一个因子的新息与石油价格的共同成分的新息相等。因此,第一个因子的新息和第一个因子本身,就可以称为石油价格因子新息和石油价格因子。

与主成分归一化相比,命名因子归一化还需要一个附加假设。具体地说,这个假设是,前 r 个变量("命名变量")之上的因子载荷矩阵必须是可逆的。这也就是说,令 $\Lambda_{1:r}$ 表示主成分归一化中前 r 个变量上 $r \times r$ 的因子载荷矩阵,那么有 $\Lambda_{r+1:N}^{NF} = \Lambda_{1:r}^{-1}\Lambda_{r+1:N}$。或者换一种说法,前 r 个共同成分的新息空间必须涵盖静态变量的新息空间。在实际应用中,命名变量彼此之间必须足够不同,而且具备足够高的代表性,能够代表其他变量组,这样它们的共同成

[①] 白和吴(2013)分别将如方程式(11)和方程式(12)的归一化称为"主成分 1"归一化和"主成分 3"归一化。他们还讨论了"主成分 2"归一化,其中 Λ 的前 $r \times r$ 块是下三角形矩阵。

分的新息才能涵盖因子新息空间。这个假设并不很强,如果适当地选择命名变量,是可以满足的。

2.1.3.3 动态形式的动态因子模型中的时序归一化

在动态形式的动态因子模型中,另一个识别问题与时序有关。因为 $\lambda(L)f_t = [\lambda(L)q(L)^{-1}][q(L)f_t]$,其中 $q(L)$ 是任意的可逆 $q \times q$ 滞后多项式矩阵。具有因子 f_t 和因子载荷 $\lambda(L)$ 的动态因子模型,与具有因子 $q(L)f_t$ 和因子载荷 $\lambda(L)q(L)^{-1}$ 的动态因子模型在观察上是等价的。这种识别不足问题可以通过选择 f_t 只有同期载荷而没有领先或滞后的 q 个变量来解决,即 $\lambda_i(L) = \lambda_{i0}$。

2.1.4 低频运动、单位根和协整

在本章中,我们一直假设 X_t 已经进行了"预处理",即去除了大部分的低频变动(趋势和单位根为其主要形式)。这个假设是与关于动态因子模型的计量经济学理论一致的,后者假设所涉及的序列是零阶单整的[I(0)]。

不过在实际操作时,这种预处理要分为两个步骤。首先,对于因漂移而产生的随机趋势以及潜在的确定性趋势,可以通过对数据进行差分来消除。其次,对于剩余的低频运动或长期漂移,则可以运用像"特低频带通滤波器"(very low-frequency band-pass filter)这样的方法来去除。我们在下面的第6节和第7节给出的实际应用实例中,将会使用这两个步骤,届时再来对它们进行更详细的讨论。

如果有一些变量是协整的,那么将它们转换为一阶差分就会丢失一部分潜在重要的信息。这种信息原本可能存在于误差纠正项当中(即来自协整方程的残差,可能要加上协整系数)。在这里,我们讨论两种不同的处理协整变量的方法,第6节和第7节给出的实证应用也都运用了这两种方法。

处理协整变量的第一种方法是,将某些变量的一阶差分和其他变量的误差修正项包括进来。如果误差修正项包含了估计一个或多个因子时有用的重要信息,那么这样做就是非常值得的。例如,假设一些变量是政府规定的不同期限的利率,那么这些利率序列就是 1 阶单整的[I(1)],即它们都是与单一的共同 I(1) 成分协整的,并且其利差(spread)的负荷也加在了宏观因子上。这样一来,只要将一个利率的一阶差分包括进来,我们就可以利用利差信息来估计它们的因子了。

第二种方法是将所有一阶差分变量都包括进来,但是不包括任何利差。这就可以在这些协整变量中引入一个频谱密度矩阵,它在频率为零时是一个奇异矩阵。不过,在利用主成分法估计因子时,并不用估计这个零频率频谱密度矩阵。如果这些因子的一阶差分对于共同趋势是有意义的,同时协整残差又不会在共同因子上负荷,那么这种方法就是适当的。例如,在下面第7节和第8节的实证例子中,衡量实际石油价格的多项指标都使用了一阶差分。虽然有实证证据表明,这些石油价格(例如布伦特原油和西得克萨斯州中级原油的价格)相互之间是协整一致的,但是我们没有任何先验理由相信,西得克萨斯州中级原石油价格与布伦特原石油价格之间的价差,包含了估计宏观因子时所需的丰富信息。价差反映了石油市场的某些具体特征、短暂的运输和存储中断等等。在下面的第7.2小节,我们还将对此进一

步展开讨论。

处理单位根和协整的另一种可以选择的方法是,在某些或所有变量的水平上或对数水平上设定动态因子模型,然后将对协整关系和共同随机趋势的估计,作为对动态因子模型的估计的一部分。不过,这种方法超出了本章的范围,它需要假设变量已经变换为零阶单整的[I(0)],去除了趋势。班纳吉(Banerjee)和马赛林诺(Marcellino)(2009)、班纳吉等人(2014,2016)构建了一个因子增广型误差校正模型(FECM)。在这个模型中,变量子集的水平可以表示为与共同因子协整。本章关于动态因子模型应用和识别的讨论,很容易扩展到因子增广型误差校正模型中去。

2.2 若干动态因子模型:对早期文献的一个简要回顾

因子模型在统计学和心理测量学中早就有了相当悠久的历史。将因子模型扩展为动态因子模型的工作,最早始于格韦克(Geweke)(1977)、萨金特(Sargent)和西姆斯(Sims)(1977),他们使用频域方法来估计模型。恩格尔(Engle)和沃森(1981,1983)阐明了如何使用时域状态空间方法通过最大似然法估计动态因子模型。与频域方法相比,时域方法的一个重要优点是,它能够使用卡尔曼滤波器估计潜在因子的值。斯托克和沃森(1989)使用这种状态空间方法,构建了一个同步实体经济活动指数,作为一个四变量月度模型中的估计因子;萨金特(1989)也用类似的状态空间方法估计出了一个有6个变量且有单一的共同结构性冲击的真实商业周期模型的参数。

尽管取得了这样一些进展,但是这些早期应用都未能避免两个局限。第一个局限体现在可计算性上:利用最大似然法估计参数对可以估计的参数的数量构成了实际限制,除了柯成兴(Quah)和萨金特(1993)估计了一个单因子、60变量的模型之外,这些早期应用都只能处理几个可观察的变量和一个或两个潜在因子。第二个局限则体现在概念上:最大似然估计需要设定一个全参数模型,而这实际上就必须假设各个特异性成分都是相互独立的,同时扰动是正态分布的。这种假设显然不如张伯伦和罗斯柴尔德(1983)在他们的近似的动态因子模型中给出的更弱的假设有吸引力。[①] 由于这些原因,最好能够找到一种方法,既可以同时处理许多时间序列和维数更多的因子空间,同时又只需给出关于各个特异性扰动的分布和相关性的更弱的假设条件。

状态空间法和频域法都要利用时间上的平均值和变量横截面上的平均值。估计动态因子模型所用的非参数方法,特别是估计因子的主成分法,背后的核心思想是,当变量的数量足够大时,只要利用横截面变化就可以估计这些因子所涵盖的空间。康纳(Connor)和科拉吉齐克(Korajczyk)(1986)率先证明了,在不存在滞后或任何序列相关性的精确的因子模型中,当 T 固定且 $N \to \infty$ 时,F_t 的主成分估计是一致的。福尔尼(Forni)和雷克林(Reichlin)

[①] 不过事实证明,如果时间序列的数量足够大,那么上述第二个局限性就没有想象的那么大了。多茨(Doz)等人(2012)证明,状态空间的高斯准最大似然是关于因子跨越空间的一个一致估计量,而且是在较弱的关于误差分布的假设条件下,且允许特异性扰动之间存在有限的相关性。

(1998)对具有单因子和非零平均因子载荷动态的动态因子模型的未加权横截面平均值的横截面一致性进行了形式化。福尔尼等人(2000)还证明了公共成分的动态主成分估计的可识别性和一致性(运用双侧平滑的频域方法)。斯托克和沃森(2002a)证明了,在张伯伦和罗斯柴尔德(1983)给出的近似的因子模型的条件下,静态因子的(时域)主成分估计量是一致的;他们还给出了将估计出来的因子视为下一步回归中的观察到的因子的条件。白(2003)推导出了估计出来的因子和共同因子的极限分布。白和吴(2006a)进一步提升了因子的主成分估计的一致性。具体地说,白和吴(2006a)证明,当 $N \to \infty$、$T \to \infty$ 且 $N^2/T \to \infty$ 时,主成分法估计的因子在用作回归元(自变量)时,是可以被视为数据的(这就是说,估计因子时的误差是可以忽略的)。

2.3　因子和动态因子模型参数的估计

动态因子模型的参数和因子,可以使用与主成分分析相关的非参数方法或参数状态空间法估计。

2.3.1　非参数方法和主成分估计

非参数方法直接估计方程式(6)中的静态因子,而不用设定因子模型或假设扰动的特定分布。这种方法运用横截面平均来消除特异性扰动的影响,即只留下与因子相关的变化。

当只有一个因子时,横截面平均这种处理方法背后的直觉最容易看得清楚。在这种情况下,方程式(6)中 X_t 的横截面平均值为 $\overline{X}_t = \overline{\Lambda} F_t + \overline{e}_t$,其中 $\overline{X}_t$、$\overline{\Lambda}$ 和 $\overline{e}_t$ 分别指横截面平均值,如 $\overline{X}_t = N^{-1} \sum_{i=1}^{N} X_{it}$,等等。如果 $\{e_{it}\}$ 之间的横截面相关性是有限的,然后根据大数定律,我们有 $\overline{e}_t \xrightarrow{P} 0$,这也就是说,$\overline{X}_t - \overline{\Lambda} F_t \xrightarrow{P} 0$。因此,如果 $\overline{\Lambda} \neq 0$,那么 $\overline{X}_t$ 对 F_t 的估计就达到了要求。当存在不止一个因子时,上述论证也是成立的,只要运用 X_t 的多重加权平均数即可。具体来说,假设 $N^{-1} \Lambda' \Lambda$ 存在一个非奇异极限,那么加权平均 $N^{-1} \Lambda' X_t$ 就满足 $N^{-1} \Lambda' X_t - N^{-1} \Lambda' \Lambda F_t \xrightarrow{P} 0$,从而使得 $N^{-1} \Lambda' X_t$ 渐近地涵盖因子空间。权重 $N^{-1} \Lambda$ 是不可行的,因为 Λ 是未知的,然而主成分估计法可以计算出这个加权平均值的样本值。

2.3.1.1　主成分估计

主成分方法解决这样一类最小二乘问题:方程式(6)中的 Λ 和 F_t 被视为待估计的未知参数,即

$$\min_{F_1, \cdots, F_T, \Lambda} V_r(\Lambda, F), \text{其中}, V_r(\Lambda, F) = \frac{1}{NT} \sum_{t=1}^{T} (X_t - \Lambda F_t)'(X_t - \Lambda F_t) \tag{13}$$

这里的 $V_r(\Lambda, F)$ 要按方程式(11)归一化。在具有同质的特异性方差、因子被视为参数的精确的动态因子模型中,方程式(13)就是高斯最大似然估计量(张伯伦和罗斯柴尔德,1983)。如果没有数据缺失问题,那么如方程式(13)所示的最小二乘问题的解就是因子的主成分估计,即 $\hat{F}_t = N^{-1} \hat{\Lambda}' X_t$,其中 $\hat{\Lambda}$ 是样本方差矩阵 X_t,$\hat{\Sigma}_X = T^{-1} \sum_{t=1}^{T} X_t X_t'$ 的特征向量矩阵,与 $\hat{\Sigma}_X$ 的 r 个最大的特征值相关联。

2.3.1.2　广义主成分估计

如果特异性扰动具有不同的方差,且/或其中一些是交互相关的,那么通过一种类似于广义最小二乘的方法,即对如方程式(13)所示的最小二乘问题进行修正,使之适用于更一般的加权矩阵,就有可能实现效率增益。具体做法如下:令 Σ_e 表示 e_t 的误差方差矩阵,然后类广义最小二乘回归表明,F_t 和 Λ 是方程式(13)的某个加权版本(其中加权矩阵为 Σ_e^{-1})的解,于是有:

$$\min_{F_1,\cdots,F_T,\Lambda} T^{-1}\sum_{t=1}^{T}(X_t-\Lambda F_t)'\Sigma_e^{-1}(X_t-\Lambda F_t) \tag{14}$$

方程式(14)的其中一个解是不可行的广义主成分估计量,$\widetilde{F}_t=N^{-1}\widetilde{\Lambda}'X_t$,其中 $\widetilde{\Lambda}$ 是对应于 $\Sigma_e^{-1/2}\hat{\Sigma}_X\Sigma_e^{-1/2'}$ 的 r 个最大特征值的按比例缩放的特征向量。[①]

可行的广义主成分估计值可以将方程式(14)中的未知的 Σ_e 替换为一个估计量 $\hat{\Sigma}_e$。崔(Choi)(2012)证明,如果估计量 $\hat{\Sigma}_e$ 是 Σ_e 的一致估计量,那么 $\{F_t\}$ 的可行的广义主成分估计量和 Λ 就比主成分估计量渐近更加有效。现在,计量经济学家已经提出了 Σ_e 的好几个估计量。尽管用来比较它们的性能的数值模拟和实证研究提供的证据还相当有限,但是这些证据已经初步表明,一种合理的方法是使用博尔文(Boivin)和吴(2006)提出的两步对角加权矩阵方法;其中,第一步是主成分(即单位权重矩阵),第二步则是利用对角矩阵 $\hat{\Sigma}_e$,其中对角线上的元素是第一步估计出来的特异性成分的样本方差。

其他方法还包括福尔尼等人(2005)提出的方法,它允许特异性扰动项之间存在同期协方差,但是不对序列相关性进行调整。此外,斯托克和沃森(2005)、布雷通(Breitung)和滕霍芬(Tenhofen)(2011)的方法则对 e_{it} 中的序列相关性和异方差性进行调整,但是不对交互相关性进行调整。关于这些方法的细节,请参见崔(2012)的深入讨论。

2.3.1.3　对 Λ 所受限制的扩展

上面的 2.3.1.1 小节和 2.3.1.2 小节所描述的主成分法适用于 Λ 和 F 能够用主成分归一化法准确识别出来的情况。如果对 Λ 还有更多的限制,那么主成分法就不再适用了,不过最小二乘方法仍然适用。具体地说,进行最小化时可以继续使用方程式(13),但是 Λ 要进一步参数化为 $\Lambda(\theta)$,且最小化现在是通过 θ 进行,而不再是对不受限制的 Λ 进行了。

一般来说,这种对 θ 进行的最小化意味着非线性最优化。不过,在某些最重要的情形下,对此最小二乘问题也可能得到解析形式的解。其中一种情况就是分层动态因子模型(hierarchical DFM)。在这种模型中,存在着影响所有变量的共同因子,而且群组一级的因子只影响选中的变量。例如,假设群组是若干国家,群组因子是国家因子,群组之间(组间)的共同因子是国际因子,那么,如果因子归一化为正交的,第一级因子就可以利用所有时间序列通过主成分法估计出来。然后,第 g 组独属的因子就可以利用主成分法,从第 g 组变量到第一级变量的投影的残差估计出来。第二种情况是当限制是线性的时候。在这种情况下,

---

[①] 如本节开头所述,对 X 中的各时间序列,通常都会进行预处理,以使得它们具有单位标准偏差。因此,在这个意义上,不加权的主成分估计量式(13)其实也是隐含地加权了的,如果它是以非标准化数据表示的话。

$vec(\Lambda) = R\theta$,其中 R 是一个固定的已知矩阵。于是,标准回归公式就给出了给定 $\{\hat{F}_t\}$ 时最小化算子 $\hat{\theta}$ 的显式表示(反之亦然)。

2.3.2　参数状态空间法

状态空间估计需要在动态形式的动态因子模型中指定 X_t、e_t 和 f_t 的全参数模型,以保证可以计算似然。

对于参数估计,还需要对动态因子模型中的特异性成分的误差分布和动态特性给出额外的假设。一个常见的处理方法是,将 e_t 的元素建模为服从如方程式(3)所示的独立的单变量自回归。进一步的假设是,方程式(3)中的扰动项 ν_{it} 是独立同分布的,且 $N(0, \sigma_{V_i}^2)$,$i = 1$,$\cdots$,N;η_t 也是独立同分布的。由于 $N(0, \Sigma_\eta)$ 和 $\{\nu_t\}$ 和 $\{\eta_t\}$ 是独立的,这样方程式(1)—方程式(3)构成了一个完整的线性状态空间模型。又或者,静态、动态因子模型可以用方程式(6)、方程式(7)和方程式(3)写成状态空间的形式。

给定上述参数,我们可以用卡尔曼滤波器计算出似然,然后用卡尔曼平滑器来计算给定 $\{X_t\}$ 上的全样本数据时 f_t 的估计值。这样,对该似然最大化,就可以得到参数的最大似然估计。另一种方法是,添加一个先验分布,以便用卡尔曼滤波器计算出参数的后验分布,同时不可观察的因子的后验估计则可以用卡尔曼平滑器来计算。状态空间方法使用了跨期平滑来估计因子,而主成分方法则只使用同期平滑(对同一日期的各时间序列求均值),这个事实体现了这两种方法之间的重要区别。

参数状态空间法有自身的优点,包括使用了准最大似然估计、增大了使用贝叶斯推断的可能性、能够有效地解决缺失观察点问题(关于最后这一点,我们在下一节还要进一步详细讨论),以及使用跨期平滑来估计因子。然而,参数状态空间法也有缺点。从历史上看,当 N 很大时,这种方法的实现就会变得非常困难,因为参数的数量会与 N 成比例增加,从而使得参数向量的最大似然估计实际上无法进行。[①] 此外,参数状态空间法还需要指定因子载荷滞后多项式的次数、设定因子的模型和特异性扰动项的模型。这种建模过程会引入潜在的设定错误,而且这种设定错误并不会反映在基于模型的推断中,这也就是说,标准误差和后验覆盖区域对模型设定错误是不稳健的。

2.3.3　混合方法与数据修剪

2.3.3.1　混合方法

要解决状态空间参数的最大似然估计的可计算性问题,一个出路是采用两步混合方法,它能够将主成分法的速度和卡尔曼滤波器的效率结合起来(多兹等,2011)。在第一步中,用主成分法获得因子的初始估计,然后利用初始估计来估计因子载荷,并将模型拟合于特异性成分。在第二步中,利用得到的参数构造状态空间模型,然后就可以使用卡尔曼滤波器估计 F_t 了。多兹等人(2011)证明,对于很大的 N 和 T,这种两步混合法得到的因子的估计量对于因子空间是一致的,同时对于特征分量的相关结构的设定错误也是稳健的,因此可以具有非参数解释。

[①] 德宾(Durbin)和库普曼(Koopman)(2012,第 6.5 节)讨论了当 N 很大时卡尔曼滤波的有效计算公式。

2.3.3.2　数据集修剪和变量选择

到目前为止，我们的讨论一直假设所有变量都是使用先验知识来选择的——以便把对估计因子有潜在价值的时间序列包括进来。因为我们的重点是使用许多变量，因此一种可能性是一些无关的变量也被包括进来了，显然，最好能够把这些变量消除掉。不过，这到底有没有构成一个需要解决的问题？如果这构成了一个需要解决的问题，又该如何解决？这些问题的答案取决于具体的应用环境。如果有先验的理由将这些因子建模为仅适用于某些变量（例如，存在着多个国家，但我们的兴趣仅在于获得某些特定国家专有的因子和某些国际因子），那么就可以使用分层动态因子模型。事实上，在估计某个给定国家的因子时，这样做自然会删去其他国家的变量。另一种可以选择的方法是，使用预筛选方法来修剪数据集——例如，请参见白和吴（2006a）。或者，也可以使用稀疏数据方法来消除一些变量，例如，在状态空间框架下使用稀疏数据方法（例如，考夫曼和舒马赫，2012）。

2.3.4　缺失数据与混合数据采样频率

各种原因都可能导致数据缺失。有些时间序列的起始时间可能比其他时间序列更迟，不同的时间序列的最后观察日期可能不同（因为数据发布的时间不同）；不同的时间序列可能有不同的采样频率（例如每月采样或每季度采样）。在实际应用中，主成分法和状态空间法处理数据缺乏的具体方法有所不同。不过，它们所用的方法（据我们所知，文献中所有处理数据缺失的方法）都假设数据的缺失是随机的。在数据随机缺失的假设下，某个数据点是不是缺失与潜在变量无关（即不存在内生样本选择）。到目前为止，在大多数宏观经济应用研究中，随机缺失假设似乎确实是对动态因子模型中数据缺失的主要来源的合理假设。

2.3.4.1　存在数据缺失的情况下的主成分估计

当所有 NT 个观察点都不存在缺失时，即如果面板是平衡的，那么用特征值表示的如方程式（13）所示的最小二乘问题的解仍然保持不变。当存在观察点缺失时，仍然可以使用最小二乘法估计 F_t 和 Λ，不过，在这种情况下只能得到数值形式的解。具体来说，在存在数据缺失的情况下，方程式（13）要修正为：

$$\min_{F_1,\cdots,F_T,\Lambda} \frac{1}{NT}\sum_{i=1}^{N}\sum_{t=1}^{T} S_{it}(X_{it}-\Lambda_i F_t)^2 \tag{15}$$

其中 $S_{it}=1$，如果 X_{it} 中的某个观察点是可得的，否则 $S_{it}=0$；同时，Λ_i 是 Λ 的第 i 行。方程式（15）中的目标函数可以通过交替迭代实现最小化——给定 $\{F_t\}$，迭代 Λ；给定 Λ，迭代 $\{F_t\}$。而且最小化的每一步都有一个解析表示式。而初始值则可以（例如）使用主成分法估计出来——利用时间序列的某个不存在观察点缺失的子集。或者，也可以采用斯托克和沃森（2002b）的方法，他们给出了用于处理观察点缺失的最大期望算法（EM algorithm）。

给定基于存在数据缺失的数值集估计得到的因子载荷和因子，第 i 个时间序列的估计公共成分仍然为 $\hat{\Lambda}_i\hat{F}_t$，而超前一步预测则由方程式（10）给出，其中方程式（10）的参数是在将 $\hat{F}_t$ 视为数据的情况下估计出来的。

2.3.4.2　存在数据缺失的情况下的状态空间估计

状态空间框架也可以加以适当修正，以适应存在数据缺失的情况，方法是允许方程式

(1)中的测度随给定日期 t 下可得数据的变化而变化,具体方法见哈维(Harvey)(1989,第 325 页)的论述。或者,另一种可以选择的方法是,在调整模型参数的同时,将缺失观察点的代理变量值包括进来,使得卡尔曼滤波器不会对缺乏的观察值赋予权重,这样就可以保持测量方程的维数不变。关于后一种方法的具体细节及主要变体,请参见詹诺内(Giannone)等人(2008)、马里亚诺(Mariano)和村泽(Murasawa)(2010),以及马塞里诺(Marcellino)和西维克(Sivec)(2014)。

当 N 的值很大的时候,我们在计算上会面临一个挑战,那就是在 N 不断增大时,如何将状态向量的维度数保持在比较小的水平上。当存在缺失观察点时,这个挑战比不存在缺失观察点时更大。请参见容格巴克尔(Jungbacker)等人(2011)、班布拉和莫杜尼奥(Modugno)(2014)的进一步讨论以及他们提出的计算效率高的解决方案。

对于混合频率,状态空间方法在理论上有一些优势。第一个优势是,当测量很精确时,就可以确定下来。一个例子是,美国机构调查(US establishment survey)对全职非农就业人员的测量,总是针对当月 12 日所在的那个星期进行。状态空间方法的第二个理论优势是,它可以明确区分存量变量(在某个时间点观察到的,例如就业量)和流量变量(某个时间段的平均水平,例如 GDP)。然而,在实际运用中,流量变量的处理是非常复杂的,因为流量的总体指标表示的是水平,但是被测量的变量,例如分部门产出,却通常最好以增长率来建模。这种复杂性的存在,要求我们进行近似处理,从而可能显著增加潜在变量的维数。具有混合采样频率和混合的存量变量、流量变量的应用研究的一个例子,请参见阿鲁奥巴(Aruoba)等人(2009)。另外,请参见福罗尼和马塞里诺(2013)的综述,他们评述了处理混合频率数据的各种方法,包括动态因子模型及其替代方法。

但是,对混合频率数据的参数方法和非参数方法的性能进行比较的研究似乎很少。

2.3.5 贝叶斯方法

估计动态因子模型的另一种可以选择的方法是运用贝叶斯方法。在贝叶斯估计中,动态因子模型的参数被认为是从一个先验分布中随机抽取出来的。因为这些因子是不可观察的,而且要乘以系数,所以这里的贝叶斯推理,要比在具有观察到的回归因子和共轭先验值的标准回归模型中更加复杂。而且,贝叶斯动态因子模型的估计需要使用现代数值技术。

据我们所知,最早的一批贝叶斯动态因子模型是由金(Kim)和纳尔逊(Nelson)(1998)、奥特罗克(Otrok)和怀特曼(Whiteman)(1998)构建的。他们分别使用了马尔可夫链蒙特卡罗方法估计了一个小型单因子系统。金和纳尔逊(1998)还将马尔可夫切换纳入了潜在因子过程。在其他一些早期研究中,科塞(Kose)等人(2003)将奥特罗克和怀特曼(1998)的小型系统扩展为了一个 180 个变量的系统,并通过一个分级区域/国家结构,利用了国际宏观经济数据。阿吉亚尔(Aguilar)和韦斯特(West)(2000)给出了估计有随机波动性的动态因子模型的贝叶斯方法,他们用这种方法分析了多变量金融时间序列数据。

贝叶斯方法的一个理论优势是,可以通过收缩(shrinkage)来减少估计出来的参数(如在预测函数中的)的特定函数的均方误差。库普曼(Koopman)和梅斯特尔(Mesters)(即将出版)采用经验贝叶斯方法来估计有效收缩量。他们的算法的核心是,在高斯信号提取(卡尔曼平滑器)的因子的估计结果与在给定一致估计因子的参数的贝叶斯估计之间,进行迭代。

到目前为止,宏观经济学应用中使用的主要方法都是属于频率主义,特别是基于主成分的计算上比较简单的那些方法。因此,本章将重点介绍用于估计动态因子模型的频率主义的方法。然而,由于 Λ 中的参数的个数很大,所以动态因子模型的贝叶斯方法也是非常有前途的,它能够改进用频率主义的方法得到的估计量和预测的表现。

2.4　确定因子的数量

2.4.1　估计静态因子数 r

静态因子的数量 r 可以通过将先验知识、对碎石图的查看(visual inspection of a scree plot)以及信息准则和其他统计测度结合起来加以确定。

2.4.1.1　碎石图

碎石图显示的是第 k 个主成分相对于前 k 个主成分对 X_t 的 N 个回归的平均 R^2 的边际贡献。这个边际贡献表示的是第 k 个因子所带来的平均解释额外价值。在不存在数据缺失的情况下,碎石图就是 $\hat{\Sigma}_x$ 有序特征值的图(用各特征值之和进行归一化)。

2.4.1.2　信息准则

信息准则,比如说赤池信息量准则(Akaike information criterion),运用惩罚目标函数(penalized objective function)来对纳入一个额外的参数的收益与增加抽样变异性的成本进行权衡。白和吴(2002)将这个思想进行了扩展,使之能够运用惩罚的平方和来纳入一个附加因子,即

$$IC(r) = \ln V_r(\hat{\Lambda}, \hat{F}) + rg(N, T) \tag{16}$$

其中,$V_r(\hat{\Lambda}, \hat{F})$ 是方程式(13)中在主成分 $(\hat{\Lambda}, \hat{F})$ 处评估的最小二乘目标函数,而 $g(N, T)$ 则为惩罚因子,它能够使得当 $N, T \to \infty$ 时,$g(N, T) \to 0$ 且 $\min(N, T)g(N, T) \to \infty$。白和吴(2002)给出了能够最小化信息准则的 r 的值的条件,满足他们的条件的 $g(N, T)$ 是与 r 的真实值相一致的。一个常用的惩罚函数是白和吴(2002)提供的 ICp_2 惩罚函数,对于它,有 $g(N, T) = [(N+T)/NT] \ln[\min(N, T)]$。当 $N = T$ 时,这种惩罚简化为 BIC 惩罚,即 $T^{-1}\ln T$。蒙特卡罗证据表明,这个惩罚函数在用宏观经济数据进行了校准的模型设定中运行良好。

2.4.1.3　其他方法

奥纳特斯基(Onatski)(2010)给出了另一个可选的 r 的一致的估计量,其估计方法是,求出能使得 $\hat{\Sigma}_x$ 第 k 个特征值与第 $k+1$ 个特征值之间的差大于他在论文中给出的某个阈值的最大的 k 值,作为 r 的估计量。这个估计量对应于碎石图中大于该阈值的最后一个"悬崖"。类似地,安(Ahn)和霍伦斯泰因(Horenstein)(2013)证明,获得 r 的另一个一致估计量的方法是,求得使得第 k 个特征值与第 $k+1$ 个特征值之间的比值最大的 k 值。他们这个估计量对应于在碎石图中定位于最大的"相对悬崖"。奥纳特斯基(2009)则采用了一个不同的方法,他考虑的检验所根据的是信息准则,不是 r 的估计量。

研究者们在应用研究中获得的经验告诉我们,不同的方法一般都会给出不同的估计。尽管比较不同方法的性能的研究现在还很少见,但是这种敏感性已经足以表明,重要的是,我们要通过对碎石图的观察分析并根据现有的实际经验和判断来增加统计估计量。

2.4.2 估计动态因子的数量 q

从原则上说,动态因子的数量可以小于静态因子的数量,如果真是这样的话,静态因子就服从一个奇异动态过程。在方程式(7)给定的框架内,这种奇异性之所以会出现,是因为 F_t 新息的协方差矩阵[即方程式(7)中的 $G\eta_t$]在秩 $q<r$ 时是奇异的。而这就意味着 F_t 的谱密度矩阵是奇异的。从而,在给定 r 时估计 q 就需要估计这个奇异性的秩。尽管原则上可以基于动态形式的动态因子模型的似然、使用信息准则来估计动态因子的数量,但是,给定 r 时对 q 的估计有一个优点,即用不着计算该似然。

有三种相互有联系的方法都可以用于一致地估计 q(给定 r)。阿蒙奎尔(Amengual)和沃森(2007)的方法是,先将 X_t 在 F_t 的主成分估计量的滞后值上的投影的残差计算出来,然后将白和吴(2002)的信息准则应用于这些残差的协方差矩阵。第二种方法是,白和吴(2007)直接用因子进行估计——用信息准则去估计一个用 r 个主成分估计出来的向量自回归模型的残差协方差矩阵的秩。与上面这两种方法不同,哈林(Hallin)和里斯卡(Liška)(2007)则提出了一种频域过程,它使用信息准则来估计 X_t 的谱密度矩阵的秩。对这些方法进行比较的研究还很少。

2.5 断点与时变参数

上一节为止的讨论所考虑的都是具有非时变参数的动态因子模型。然而,在许多实际应用中,至少会存在参数不稳定的可能性。本节回顾了因子的主成分估计量对小断点的稳健性。然而,如果不稳定性很严重且很广泛,那么全样本主成分估计量就会崩溃。因此,在许多应用研究中,非常重要的一点是检验和/或模拟因子载荷中的结构不稳定性。处理动态因子模型中的不稳定性通常有两种方法。第一种方法假设参数存在断点,第二种方法将参数建模为随机演化的。

2.5.1 主成分对有限的不稳定性的稳健性

如果不稳定性的程度较小且/或在变量之间的是有限的,那么因子的主成分估计量仍然保持其一致性。这个结果初看起来是令人惊讶的,回到前面2.3.1节的单一因子的横截面平均的例子,这个结果背后的直觉就可以看得很清楚了。假设静态因子载荷矩阵是依时性的(有时间依赖性的)——使得方程式(6)中的 Λ 被替换为 Λ_t。这样一来,$\bar{X}_t=\bar{\Lambda}_t F_t+\bar{e}_t$,其中 $\bar{\Lambda}_t$ 是 Λ_t 的横截面平均。令 $\bar{\bar{\Lambda}}$ 表示 Λ_t 的时间平均值。于是有 $\bar{X}_t-\bar{\bar{\Lambda}}F_t=(\bar{\Lambda}_t-\bar{\bar{\Lambda}})F_t+\bar{e}_t$。仅仅当时间序列的某个消没分子(vanishing fraction)在它们的因素载荷中有一个断点,或者如果 Λ_{it} 中的断点是随机的,才会存在有限的时间依赖性,各个序列之间才是不相关的。或者说,如果 Λ_{it} 存在持续漂移——这种漂移的均值为零且在不同的时间序列之间是不相关的——那么根据大数定律,有 $\bar{\Lambda}_t-\bar{\bar{\Lambda}} \xrightarrow{p} 0$ 且 $\bar{e}_t \xrightarrow{p} 0$,从而 $\bar{X}_t-\bar{\bar{\Lambda}}F_t \xrightarrow{p} 0$。因此,尽管这种不稳定性是重要的,只要 Λ 是非零的,$\overline{X}_t$ 也能按比例估计出因子。

　　贝茨(Bates)等人(2013)给出了能够让主成分估计量的一致性得以保持的参数不稳定性的一般条件。例如,他们证明,如果时间序列的一个 $O(N^{-1/2})$ 分量的因子载荷存在着一个大的离散断点,因子估计量仍然能够保持其一致性;或者,如果因子载荷服从新息相对较小的独立随机游走,因子估计量也仍然是一致的,只要这些新息在不同时间序列之间是相互独立的。[①] 对于这样一些不稳定性,Λ 的稳定性检验在大样本中将以趋近于 1 的概率不通过,但是主成分估计量则仍然是一致的。[②]

　　尽管估计出来的因子具有这些稳健性(检验)结果,但是任何特定方程中的系数都可能具有较大的漂移或中断。斯托克和沃森(2009)提供的证据表明,在实际应用中,当研究者关注某种特定的序列时(比如说,为了预测),让模型容许这种不稳定性是很重要的,即便因子的全样本主成分估计量都用掉了也是如此。

2.5.2　不稳定性检验

　　尽管主成分估计量对因子载荷中的某些形式的不稳定性并不敏感,但是对于广泛分布的大断点或 Λ 中的在不同序列之间存在系统相关性的大的时变性,主成分估计量则是不稳健的。在这里,我们根据斯托克和沃森(2009)、布雷通和艾克迈尔(Eickmeier)(2011)的思想,考虑 Λ 取两个值的情况:

$$X_t = \Lambda_t F_t + e_t, \quad \Lambda_t = \begin{cases} \Lambda^{(1)} \text{如果 } t < \tau \\ \Lambda^{(2)} \text{如果 } t \geq \tau \end{cases} \tag{17}$$

在对 Λ 取这两个值的情况分别讨论时,我们假设因子结构的动态没有发生变化。因此,动态因子模型在这两种条件下都具有相同的 r 个因子,但是具有不同的因子载荷。正如斯托克和沃森(2009)、布雷通和艾克迈尔(2011)已经证明的,如果 Λ 中的断点广泛分布于各个时间序列当中,那么这些因子的分割样本(split-sample)主成分估计量将会彼此不同。此外,如果每个子样本中都存在 r 个因子,并且在 Λ 中存在普遍分布的断点,那么在全样本中,将会出现好像有 $2r$ 个因子的情况。布雷通和艾克迈尔(2011)提供的蒙特卡罗证据表明,白和吴(2002)给出的程序可能会系统性地高估因子的数量。

　　现在已经出现了一系列检验因子载荷中的断点的方法。斯托克和沃森(2009)考虑了单一方程系统中的断点问题,并建议对每个变量的估计因子进行回归,并对每个回归进行断点检验。布雷通和艾克迈尔(2011)进行了相关的拉格朗日乘数检验,它能够处理方式数量固定且有限的动态因子模型中的断点;与斯托克和沃森(2009)的方法相比,他们的检验似乎改进了对规模的控制。陈(Chen)等人(2014)、韩(Han)和井上(Inoue)(2015)提出的检验方法都可以检验 Λ(所有方程式)中的一般断点(即所有方程共有的),他们还指出,如果 Λ 改变了,那么全样本主成分估计量的协方差矩阵将在 Λ 的断点日期上发生变化。不过,陈等人

[①] 具体来说,贝茨等人(2013)证明,如果 $\Lambda_t = \Lambda_0 + h_{NT}\xi_t$,其中 $h_{NT} = O[1/\min(N^{1/4}T^{1/2}, T^{3/4})]$,那么估计的因子实现了白和吴(2002)均方根一致性率——$1/\min(N,T)$。

[②] 斯托克和沃森(2009)提供了一些实证证据,证明这种断点的相关性。在使用美国宏观经济数据的一个伪样本预测中,他们发现了 1984 年因子载荷存在断点的证据,同时也发现最佳预测要通过在全数据跨度上估计因子才能得到,而估计因子载荷则要对 1984 年以后的子数据集进行。

(2014)的检验还需要测试估计的因子对其他估计的因子的回归中的断点。韩和井上(2015)则运用标准方法检验了主成分估计量的全协方差矩阵中的断点。所有上述断点检验都可以推广为使用标准方法的对未知断点日期的断点的检验。程(Cheng)等人(即将发表)则采取了不同的方法,并对 LASSO 方法(Least absolute shrinkage and selection operator,最小绝对收缩和选择算子)进行了扩展,使之能够处理因子载荷的变化和/或因子数量的变化。

在解释这些断点检验的结果时,我们必须非常小心,这至少有两个原因。第一,虽然这些检验是对离散的断点进行的,但是断点检验还是有能力对其他类型的参数不稳定性产生影响,对漂移参数而言尤其如此。[1]

第二,解释时要面对的一个更加微妙的问题是,虽然这些检验旨在检测 Λ 中的断点,进而检测因子空间中的断点,但是至少其中有一些会对因子新息的异方差性和/或向量自回归过程中的断点有影响。对异方差性的这种影响之所以只出现在某些检验中而不会出现在其他检验中,是因为检验中使用了不同的归一化方法。从原则上说,这些不稳定性的不同来源——Λ 中的断点、因子新息中的异方差性,以及对 F_t 的向量自回归过程中的断点——是可以分别加以识别的。这些检验是新型的,它们对不同类型的断点的相对作用还没有得到详尽的研究。因为 Λ 中广泛分布的断点的建模方法和实质性影响与因子新息的波动性的变化的建模方法和实质性影响有很大的不同,所以对拒绝假设的解释必然是对这种模糊性敏感的。[2]

2.5.3 将时变因子载荷和随机波动率结合进来

虽然稳定性检验可以检测动态因子模型参数的断点或演化,但是这种不稳定性的经验意义还是必须通过估计将不稳定性纳入考虑的模型来进行评估。

对于考虑了不稳定性的动态因子模型,最直接的一个估计方法是通过子样本估计。然而,这样做需要假设只有一个共同的断点日期,但是在许多应用中,可能要对不同时间序列在不同日期下的连续参数漂移、波动率聚集或断点进行关注。如果是这样,那么使用更灵活的参数变更模型要比单一的共同断点模型更加合适。

对时变建模的另一种方法是将参数建模为随机演化的,而不是假设一个单一的断点日期。如果参数变化较小,那么这个方法就可以通过两个步骤来实现:首先利用最小二乘法估计出因子,然后估计一个将因子视为观察到的变量的时变模型。例如,请参见科格利(Cogley)和萨金特(Sargent)(2005)所描述的用于观察到的变量的时变参数向量自回归方法,该方法最近的发展和进一步的参考文献则请参见科罗比利斯(Korobilis)(2014)。艾克迈

---

[1] 例如,请参见斯托克和沃森(1998)、艾利奥特(Elliott)和穆勒(Müller)(2006)。

[2] 对动态因子模型进行断点检验的实施研究表明,动态因子模型参数在二战后的样本中已经发生了变化。特别是,有证据表明,在大缓和(Great Moderation)开始之前,因子载荷出现了断点。斯托克和沃森(2009)发现了 1984 年存在一个断点的证据,那也是他们考虑的唯一断点日期。布雷通和艾克迈尔(2011)运用他们的断点检验方法对未知日期进行了检验,结果在多方程式系统中发现了断点,估计日期为 1894 年前后。陈等人(2014)也在 1980 年前后发现了断点。斯托克和沃森(2012a)、程等人(即将发表)发现了 2007 年经济衰退开始时存在断点的证据。斯托克和沃森(2012a)发现,这个断点是在因子新息的差异中(在 Σ_η 中),而程等人(即将发表)则发现断点在 Λ 中。但是,程等人的归一化在因子新息中强加了同方差性。所以在他们的检验中,Σ_η 的变化将显示为 Λ 中的变化,因此两组结果都与断点在 Σ_η 处一致。所有这些论文都是利用美国的季度数据进行研究的。

尔等人（2015）详细地描述了动态因子模型中用这个两步法来处理时变问题的细节。在贝茨等人（2013）得到的结果的激发下，艾克迈尔等人（2015）建议通过主成分法来估计因子并将其处理为观察到的。这样，动态因子模型中的时变性可以很方便逐个方程地处理了。他们将这些方法应用于一个时变因子增广型向量自回归模型，但是只要我们将估计的因子处理为观察到的，这些方法就同样适用于动态因子模型。

　　然而，如果参数变化很大，那么（如上一节所述），这种方法就会产生误导性的因子估计结果。因此，最近的研究工作集中在了将这些因子视为不可观察的，并同时允许因子载荷和估计因子载荷的时变随机过程。另外一个扩展是用于因子和特异性扰动项的新息的随机波动，从而允许隐含的滤波器中的额外的时变性，并允许数据中的波动率聚集。

　　当前，关于时变动态因子模型的大部分研究都使用或扩展了德尔内格罗（del Negro）和奥特罗克（2008）的模型。他们的模型允许因子载荷根据如下这个随机游走过程演化：$\Lambda_{it} = \Lambda_{it-1} + \sigma_{\Delta\Lambda,i}\zeta_{it}$，其中 ζ_{it} 是一个独立同分布的 $N(0,1)$ 扰动。他们的模型还允许因子向量自回归系数和描述特异性动力学的自回归系数的时变性。最后，德尔内格罗和奥特罗克（2008）还允许因子和特异性扰动的新息的随机波动。对动态因子模型的这些扩展带来的结果是，状态演化方程是状态变量的这样一个非线性函数：当它仍然是一个隐马尔可夫模型时，它不能再用卡尔曼滤波器估计。德尔内格罗和奥特罗克（2008）阐明了，如何通过数值贝叶斯方法来估计该模型。一些研究者将这种算法或其变体应用于有时变参数的动态因子模型，这方面的论文包括：蒙塔兹（Mumtaz）和苏利科（Surico）（2012）、比约恩兰（Bjørnland）和索尔斯鲁德（Thorsrud）（2015a），以及斯托克和沃森（2015）。不过，这些方法的细节超出了本章的范围。

3.　用于宏观经济监测和预测的动态因子模型

　　动态因子模型的两个经典应用是实时宏观经济监测和预测。从一开始，动态因子模型的研究者就有一个希望，那就是利用这种模型——从最初的小型动态因子模型，到后来的"大数据"高维动态因子模型——所拥有的从有噪声的数据中提取有意义的信号（因子）的能力，在宏观经济预测领域取得突破。但是事实证明，这种早期的乐观主义其实是没有理由的，主要原因是，对经济"最重要"的那些冲击当中，其实有许多是无法提前得知的，例如 1990 年 8 月伊拉克入侵科威特、2008 年秋季爆发的金融危机，等等。但是，事实也证明，动态因子模型能够使经济预测得到有意义的改进，这主要体现在对实际经济活动的测度方面。而且，动态因子模型对宏观经济监测这项重要任务——实时跟踪经济——特别有用。讨论用动态因子模型进行宏观经济预测和监测的文献非常多。本节只是对这些文献的一个选择性的综述，致力于在比较抽象的层面上讨论若干技术问题，并为对技术细节感兴趣的读者提供进一步的参考文献。

3.1 宏观经济监测

中央银行、政府行政部门和私营部门的经济学家,都需要实时跟踪经济的变化,这也就是说,他们得监测宏观经济。宏观经济监测的核心任务是跟踪和解释数据,搞清楚经济当前处于何种状态、将向什么方向演变。宏观经济调控主要有两大突出的挑战。首先,每个季度、每个月、每一天都可能有数据发布,从而可用的数据每一天甚至在一天内都会发生变化,这个特征被称为"参差边缘"（ragged edge）问题。其次,数据发布的次数和每次发布所包含的时间序列的数量都很庞大。处理大量不同数据"流量"要求对各种各样的特殊事件都有良好判断和知识。总的来说,宏观经济监测工作越来越受益于动态因子模型形式的高维系统性建模。

动态因子模型通常用于两个相互联系的宏观经济监视任务。第一个任务是建立指数,将当前可用的数据简化为对经济状况的简洁的摘要。第二个任务是即时预报（nowcasting）,这是对尚未发布的某个特定的时间序列的当期值的"预测",例如,在 11 月份预测第四季度 GDP。

3.1.1 指标构建

动态因子模型的一个很自然的应用领域是宏观经济学实证研究中的一个经典问题,即构建经济活动的指标指数。在动态因子模型中,潜在因子总结了观测到的变量的协动性,因此在一个单因子动态因子模型中,潜在因子的估计值是相关的时间序列的运动一个很自然的指数。

动态因子模型用于实时大规模宏观经济监控的最早的一个实例是斯托克和沃森（1989,1991）给出的实验性同步指数（experimental coincident idex,XCI）。这个指数从 1989 年 5 月至 2003 年 12 月由国家经济研究局按月发布。这个实验性同步指数是对四个同步指数中的单一共同因子的卡尔曼过滤器的估计结果:总非农就业、知识产权指数、实体制造业和贸易销售额,以及实际个人收入（减去转移支付）。动态因子模型则用状态空间形式的最大似然估计。这个系统可以处理因数据发布实质性延迟而导致的时间序列（实际个人收入减去转移支付）的"参差边缘"问题。斯托克和沃森最初发布的指数对最终观察使用了缩减维度的测量方程。对实时经验的回顾性分析表明,这个实验性同步指数在对 1990 年的经济衰退的同期监测和实时监测中获得了成功（使用一个伴随衰退概率模型）。但是,这个实验性同步指数及其相关的领先指数并没能实现提前 6 个月预测经济衰退的目标（斯托克和沃森,1993）。

随后,利用小型状态空间动态因子模型完成的有代表性的研究主要包括:克罗内（Crone）和克莱顿–马修斯（Clayton-Matthews）（2005）为美国各州建立了月度实际经济活动指数,自 2005 年以后,该指数由费城联邦储备银行实时发布;马里亚诺（Mariano）和村泽（Murasawa）（2003）将前述实验性同步指数扩展到了混合频率数据,包括季度 GDP 数据。阿鲁奥巴等人（2009）则使用混合频率数据（每周、每月和每季度）开发了一个每周指数,即 ADS 指数,由费城联邦储备银行实时发布。

近期在指数构建方面的研究工作主要集中在更高维的系统上。自 2001 年 1 月以来,芝加哥联邦储备银行实时公布月度芝加哥联邦储备银行全国经济活动指数(CFNAI)。事实上,这个指数就是建立在斯托克和沃森(1999)所构建的实际经济活动指数的基础上的 85 个实际经济活动变量的共同因子的主成分估计。在欧洲,自 2002 年 1 月以来,英国经济政策研究中心也实时发布关于欧洲经济活动的月度欧洲经济指数(EuroCOIN)。该指数由阿尔梯西莫(Altissimo)等人(2001)开发,在一开始时纳入了多达 951 个欧元区经济活动变量。① 后来,阿尔梯西莫等人(2010)更新了这个指数,使之只需要用 145 个欧元区实际经济活动变量以主成分法估计主要因子。

3.1.2 即时预报

即时预报的重点是预测可观察变量的当前值(例如,本季度的 GDP)。长期以来,经济学家都使用混合频率数据以及间歇发布的方法来进行即时预报。更老的方法不设定联合分布,而且通常是变量专门化的,通常不存在一个可以将不同变量或不同时间的即时预报联系在一起的结构化模型。与此相反,动态因子模型则可以设定一个内在一致的模型。该模型可以用于预测多个变量,同时对新的数据发布赋予适当的权重。埃文斯(Evans)(2005)、詹诺内等人(2008),以及安杰利尼(Angelini)等人(2010)则扩展了在"状态空间"中使用高维和混合频率数据的早期即时预报方法。阿艾斯韦特(Aastveit)等人(2014)则进一步将这些方法推广,用来计算 GDP 增长率的密度即时预报(density nowcast),而不仅仅是点即时预报(point nowcasts)。对于与即时预报有关的理论和技术问题,班布拉(Bánbura)、詹诺内、莫杜尼奥(Modugno)和雷克林(Reichlin)(2013)提供了一个很好的综述。

3.2 预测

利用动态因子模型进行预测的相关文献非常多,在这里,我们不打算给出一个全面完整的综述,相反,我们只是在提纲挈领的层面上给出一些评论。艾克迈尔和齐格勒(Ziegler)(2008)对这方面的文献进行了全面的综述,并对 21 世纪初的一系列实证研究展开了荟萃分析。他们发现,因子预测往往表现优于小型的模型的预测,同时对美国实际经济活动的因子预测也通常优于对美国通货膨胀的因子预测。对于更加晚近的参考文献,包括动态因子模型预测方法的扩展以及该方法与其他高维方法的比较,则请参见斯托克和沃森(2012b)、达戈斯蒂诺(D'Agostino)和詹诺内(2012)、克莱门茨(Clements)(即将发表),以及程和汉森(Hansen)(2015)。

---

① 这个指数被校准到 GDP 增长率的平滑部分。具体地说,报告的指数是欧元区 GDP 经滤波除去了调频变化后的共同成分。

4. 结构向量自回归模型中的冲击识别

　　本节是一个对结构向量自回归识别的当代方法的独立的综述。这就是说,在我们这个综述中,这些方法以统一的方式呈现,使得它们能够直接适用于结构动态因子模型(见下一节所述)。

　　长期以来,实证宏观经济学的一个重要的研究目标一直是,估计意想不到的结构性扰动(通常称为冲击)对经济的影响。冲击的例子包括中央银行意外加息(货币政策冲击)、由于石油供给中断导致的石油价格突然上涨(石油供给冲击)、生产率出人意料地提高(生产率冲击),以及意料之外的总需求的变化(需求冲击),等等。这些冲击会导致各种经济变量的值发生意想不到的变化,例如,紧缩货币政策冲击会使短期利率上升。由于这些冲击都是自主的,因此它们各自与其他冲击无关;同时,由于冲击是无法预知的,所以它们是序列不相关的。[1]

　　如果冲击的时间序列是可以观察到的,那么就可以直接估计某个冲击,比如说 ε_{1t},对某个宏观变量 y_t 的影响:只需运行 y_t 对 ε_{1t} 的当前值和过去值的回归即可。由于冲击 ε_{1t} 与其他对经济的冲击不相关,因此这个回归不会产生遗漏变量偏差。于是,这个回归的总体相关系数(population coefficient)将是该冲击对因变量的动态因果效应,这也就是我们所称的结构性脉冲响应函数(SIRF)。所有回归的总体相关系数的累积和就是该冲击在时间上的累积因果效应,称为累积结构性脉冲响应函数。因此,如果冲击的时间序列是可以观察到的,那么在估计它的动态效应时就不需要额外的建模假设。然而不幸的是,我们极少观察到一个完整的冲击的时间序列,而构建的冲击时间序列则肯定会存在测量误差和/或错过若干事件(观察点缺失),因此这种理想的回归——y_t 对 ε_{1t} 的当前值和过去值的回归——通常是不可行的。

　　因为通常没有办法得到完整的、没有测量误差的冲击时间序列的直接观察值,所以计量经济学家发展出了许多方法,在尽可能少增加额外假设的情况下,识别时间序列模型中的冲击。不过,这种识别的主要框架集中在结构向量自回归上,这要归功于西姆斯(Sims)(1980)的卓越贡献。结构向量自回归的前提假设是,可以用时间序列变量的向量 Y_t 的新息空间——基于 Y_t 对它的过去值的总体投影的,Y_t 的所有超前一步预测误差(one step ahead forecast errors)——涵盖的结构冲击的空间。或者换一种说法,这种假设意味着,在总体上,计量经济学家对经济体的超前一步的预测,与直接观察到实时结构性冲击的经济行为主体一样好。这样,识别我们感兴趣的结构性冲击的任务就简化成了,找到作为结构性冲击的新息的线性组合。西姆斯(1980)最初的设想是,利用短期的"时间"限制来完成这个构建。随后,计量经济学家发展出了许多用于识别结构性冲击的其他方法,包括基于累积结构性脉冲

---

[1] 请参见雷米(2016)为本手册撰写的那一章,他对结构性向量自回归中的冲击进行了全面的讨论。

响应函数的长期限制、异方差识别、基于对结构性脉冲响应函数的符号限制的部分识别,以及最近出现的利用外部工具变量进行的识别。

本节主要讨论四个主题。第一,我们梳理相关文献,对各种识别方案进行总结(它们总的来说越来越可信了)。我们强调的识别的重点,是与微观计量学中发生的"识别革命"相一致的,后者也强调了可信的限制的重要性——其一般表现形式是:将数据中的"似乎是"随机的变动分离出来,以识别我们感兴趣的因果效应。

第二,评述各种识别独立的结构性脉冲响应函数的方法(即各种用于点识别结构性脉冲响应函数的识别方案),这些方法在工具变量法或广义矩方法(GMM)回归中都有很符合直觉的解释。

第三,我们强调了对冲击的归一化方法的选择的重要性,同时证明了我们所称的单位效应归一化(unit effect normalization)法的合理性。这种归一化方法不同于将冲击方差设定为一的流行的归一化方法。虽然这种归一化方法对于总体而言并不太重要,但是对样本而言确实是非常重要的,而且我们认为单位效应归一化是绝大多数应用最自然的归一化方法。再者,单位效应归一化方法可以使得结构向量自回归方法向结构动态因子方法的推广非常简单直观。

第四个主题与前面三个主题密不可分:对识别的可信性的追求,可能会导致侧重于外部运动的研究设计,但这种外部运动只解释数据变化中的一小部分,进而影响推断。在点识别(point identified)的设定中,我们可以将这个潜在的陷阱用弱工具变量或弱识别来刻画。而在集合识别(set indentified)的设定中(例如,在符号限制下的结构向量自回归的识别),这种问题则会以贝叶斯先验分布的推断敏感性的形式出现,即便这些先验——在一定意义上——是被设定为不能提供信息的。

总之,本节的重点是解释归一化、识别方案和由弱识别引起的问题。对于传统的推断方法,我们也有所涉及,但是所花的篇幅更小。传统的推断方法通常使用自助法(bootstrap method)来进行,例如,请参见基利安(Kilian)(1998,2001);或者,通过计算一个贝叶斯后验分布来得出,例如,请参见西姆斯和查涛(Zha)(1998,1999)。关于向量自回归、传统的渐近估计法和推断方法,请参见重特克波尔(Lütkepohl)(2015)所著的教科书的相关章节。基利安(2015)、比约恩兰和索尔斯鲁德(2015b)对结构向量自回归方法进行的综述与我们这里的综述很有互补性,前者的细节更详尽,例子也更多,但是关注的重点并不是这四个主题。

本节也可以补充雷米(2016)为本手册撰写的那一章;尽管材料的覆盖范围不无相似之处,但是本节更多地侧重于方法和计量经济学问题,而雷米撰写的那一章则更多地侧重于实践中的应用和对识别的评估。

下面的第4.1节先叙述结构向量自回归所需的记号和假设,其中第4.1.3小节给出归一化条件。第4.2至4.7节分别讨论识别结构性脉冲响应函数的各种方法。

4.1　结构向量自回归

结构向量自回归分析的目标是识别可观察变量对一个或多个冲击的结构性脉冲响应,

它们是这些向量自回归的新息的线性组合。

4.1.1 向量自回归、结构向量自回归和冲击识别问题

4.1.1.1 向量自回归

令 Y_t 表示平稳时间序列的一个 $n \times 1$ 向量,为了方便起见,假设其均值为零。第 p 阶向量自回归模型将 Y_t 表示为它的前 p 个滞后值再加上一个序列不相关的扰动 η_t 的线性函数。而扰动 η_t 则称为 Y_t 的新息,在给定过去的 Y 时其条件均值亦为零。因此 η_t 是总体的超前一步预测误差(在平方误差损失下)。这也就是说,Y_t 的 p 阶向量自回归[$VAR(p)$]模型是:

$$Y_t = A_1 Y_{t-1} + \cdots + A_p Y_{t-p} + \eta_t \text{ 或 } A(L)Y_t = \eta_t \tag{18}$$

其中,$A(L) = I - A_1 L - \cdots - A_p L^p$,且 L 是滞后算子。同时,扰动 η_t 是具有协方差矩阵 Σ_η 的鞅差序列,使得 η_t 序列不相关。

在实践中,Y_t 通常具有非零均值,方程式(18)中的向量自回归将包括一个截距。向量自回归中的零均值和无截距假设均是为了简化记号,同时也不失一般性。

向量自回归方程式(18)称为简化式向量自回归。方程式(18)中的第 i 个方程是 Y_{it} 对 Y_t 的滞后值的总体回归。因为方程式(18)是 Y_t 对它的滞后变量的总体回归,因此其参数 $A(L)$ 和 Σ_η 就得以识别了。

方程式(18)的第 i 个方程中,Y_{it} 的新息超前一步的预测误差为 η_{it}。

Y_t 的向量移动平均表示一般为无限阶,用新息的当前值和过去值来表示 Y_t:

$$Y_t = C(L)\eta_t, \text{ 其中}, C(L) = I + C_1 L + C_2 L^2 + \cdots = A(L)^{-1} \tag{19}$$

4.1.1.2 结构向量自回归

在结构向量自回归模型中,Y_t 不是用它的新息 η_t 来表示的,而是用"根本性"的结构性冲击 ε_t 的向量来表示的。这些结构性冲击代表的是对结构性经济关系的未曾预料到的外部扰动,例如生产函数(生产率冲击)、中央银行的反应函数(货币政策冲击),或原油供给函数(石油供给冲击)。[①] 结构向量自回归假设,新息是不可观察到的结构性冲击的线性组合,即:

$$\eta_t = H\varepsilon_t \tag{20}$$

同时假设结构性冲击之间是互不相关的[②]:

$$E\varepsilon_t \varepsilon_t' = \Sigma_\varepsilon = \begin{pmatrix} \sigma_{\varepsilon_1}^2 & & 0 \\ & \ddots & \\ 0 & & \sigma_{\varepsilon_n}^2 \end{pmatrix} \tag{21}$$

将方程式(20)代入方程式(18)和方程式(19),就可以得到结构向量自回归以及用结构性冲击表示的观察到的变量的结构性移动平均的表达式:

$$A(L)Y_t = H\varepsilon_t, \text{ 或者 } B(L)Y_t = \varepsilon_t, \text{ 其中 } B(L) = H^{-1}A(L) \text{ (结构向量自回归)} \tag{22}$$

[①] 雷米(2016)描述了结构性冲击所具有的三个特征:(1)它们是外生的和不可预知的;(2)它们与其他冲击互不相关;(3)它们或者代表着外生变量的意外变动,或者代表着关于外生变量的未来变动的消息。

[②] Σ_ε 是对角的这个假设是自主的结构性冲击的定义的一个很自然的组成部分。例如,假定有人假设两个结构性冲击是相关的(也许是因为某种结构性的原因或联系),如果是这样,那么必定有一个冲击(或两个冲击同时)会内生地对另一个冲击做出反应,在这种情况下它也就不能作为一个外生的结构性冲击了。关于对这个假设的讨论,请参阅雷米(2016)。

$$Y_t = D(\mathrm{L})\varepsilon_t, \text{其中 } D(\mathrm{L}) = C(\mathrm{L})H(\text{结构移动平均}) \tag{23}$$

方程式(22)的第二个表达式当 H^{-1} 存在时成立。

4.1.1.3　结构向量自回归的识别问题

因为 $A(\mathrm{L})$ 和 $\sum_\eta$ 是从 Y_t 到它自己的过去的投影中识别出来的,所以如果 H 和 $\sum_\varepsilon$ 被识别出来了,那么方程式(22)的结构向量自回归和方程式(23)的结构移动平均的参数也就可以被识别出来了。识别 H 和 $\sum_\varepsilon$ 的问题,就是通常所称的结构向量自回归的识别问题。当然,严格来说,识别的概念所指的是非随机参数或函数,但是由于 $D(\mathrm{L})$ 是 Y_t 到当前和过去的冲击的投影,所以结构向量自回归的识别问题也往往被称为结构性冲击的识别问题。

4.1.1.4　结构性冲击响应函数、历史分解和预测误差方差分解

方程式(23)的结构性移动平均不仅反映了冲击对当前的和未来的 Y_t 的动态因果影响,而且还直接给出了结构向量自回归分析的两个关键目标:找到结构性脉冲响应函数;将 Y_t 分解为结构性冲击。根据如方程式(21)所示的附加假设可知,各结构性冲击是互不相关的,因而结构性移动平均表达式也就给出了结构预测误差方差分解(FEVD)。

结构性脉冲响应函数是,在日期 0 时,ε_{jt} 增加一单位对变量 Y_{it} 的动态因果效应的时间路径。令 D_h 表示 $D(\mathrm{L})$ 中的系数的第 h 个滞后矩阵,那么 $D_{h,ij}$ 是 h 期之后第 j 个冲击增加一单位对第 i 个变量的因果效应,这也就是说,$D_{h,ij}$ 是 ε_{jt} 增加一单位对变量 Y_{it+h} 的影响。因此,结构脉冲响应函数($SIRF_{ij}$)是结构移动平均系数的序列,即:

$$SIRF_{ij} = \{D_{h,ij}\}, h = 0, 1, \cdots, \text{其中 } D_h = C_h H \tag{24}$$

其中由方程式(19)可知,$C(\mathrm{L}) = A(\mathrm{L})^{-1}$。同期效应(contemporaneous effect)D_0 被称为冲击效应,注意 $D_0 = H$,因为 $C_0 = I$。

累积结构冲击响应函数是日期 0 的一单位冲击对 Y_t 的累积动态因果效应。若用 $D(\mathrm{L})$ 来表示,h 期后第 j 个冲击对第 i 个变量的累积结构冲击响应函数为 $\sum_{k=0}^h D_{k,ij}$。

因为 $D(\mathrm{L})\varepsilon_t$ 是 ε_t 的当前值和滞后值的线性函数,所以方程式(23)就是 Y_t 分解为每个结构性冲击的独立贡献的路径的历史分解;给定 $D(\mathrm{L})$ 时,这种分解是唯一的。

结构预测误差方差分解($FEVD_{h,ij}$)衡量的是第 j 个冲击解释 Y_{it} 的变化时的重要性,衡量方法是计算该冲击对 Y_{it} 在 h 个期间内的意料之外的变化的相对贡献,即对它的超前 h 步的变化的相对贡献。此预测误差方差分解的表达式如下:

$$FEVD_{h,ij} = \frac{\sum_{k=0}^h D_{k,ij}^2 \sigma_{\varepsilon_j}^2}{\mathrm{var}(Y_{it+h} \mid Y_t, Y_{t-1}, \cdots)} = \frac{\sum_{k=0}^h D_{k,ij}^2 \sigma_{\varepsilon_j}^2}{\sum_{j=1}^n \sum_{k=0}^h D_{k,ij}^2 \sigma_{\varepsilon_j}^2} \tag{25}$$

其中 $D(\mathrm{L}) = A(\mathrm{L})^{-1}H$。

4.1.1.5　系统识别

系统识别需要先识别全矩阵 H,进而识别结构性脉冲响应函数的全矩阵 $D(\mathrm{L})$。系统识别假设新息空间涵盖结构性冲击空间,因而 H 是可逆的,即:

$$H^{-1} \text{ 存在,使得 } \varepsilon_t = H^{-1}\eta_t \tag{26}$$

假设方程式(26)成立,就等价于说如方程式(22)所示的结构向量自回归系统存在。

而方程式(20)和方程式(21)意味着:

$$\textstyle\sum_{\eta}=H\sum_{\varepsilon}H' \tag{27}$$

自由参数的个数为 $n(n+1)$(H 中有 n^2 个,$\sum_{\varepsilon}$ 中有 n 个)。由于协方差矩阵是对称的,所以 $\sum_{\eta}=H\sum_{\varepsilon}H'$ 中方程的个数为 $n(n+1)/2$。因此,H 和 $\sum_{\varepsilon}$ 的识别需要有 $n(n+1)/2$ 个附加假设。其中,n 个是通过对冲击规模的归一化得到的,余下的 $n(n-1)/2$ 个附加限制则用于识别 H。

如果冲击是独立同分布的,且是高斯分布的,那么方程式(27)的限制是唯一可以用于识别的限制。如果冲击不是高斯的,那么还可以考虑对更高矩的额外限制,有些研究所使用的就是这类限制。类似地,这些限制也需要强大的附加假设,例如假设冲击是独立同分布的(而不仅仅是不相关的)。无论如何,这类方法都不会增强高斯情况下的识别。因此在这里,我们不讨论那些利用非高斯性的进一步的识别方法。

4.1.1.6 单次冲击识别

在许多应用研究中,例如下面第 7 节要讨论的源于石油供给冲击的影响的研究中,人们感兴趣的是单次冲击的影响。为了不失一般性,假设要识别的单次冲击就是第一个冲击 ε_{1t}。通常来说,为了识别第一个冲击的结构性脉冲响应函数,并不需要先将其他冲击识别出来;同时,为了识别出第一个冲击的结构性脉冲响应函数,新息空间也不需要涵盖其他冲击的空间。为了强调这一点,对于单次冲击的识别,我们将方程式(20)改写为如下的方程式(28):

$$\eta_t = H\begin{pmatrix} \varepsilon_{1t} \\ \widetilde{\boldsymbol\eta}_{\bullet t} \end{pmatrix} = [\,H_1\ \ H_{\bullet}\,]\begin{pmatrix} \varepsilon_{1t} \\ \widetilde{\boldsymbol\eta}_{\bullet t} \end{pmatrix} = \begin{pmatrix} H_{11} & H_{1\bullet} \\ H_{\bullet 1} & H_{\bullet\bullet} \end{pmatrix}\begin{pmatrix} \varepsilon_{1t} \\ \widetilde{\boldsymbol\eta}_{\bullet t} \end{pmatrix} \tag{28}$$

其中,H_1 是 H 的第一列,$_{\bullet}$ 则表示剩余各列,最后一个表达式也类似地将这些列分隔开来,并且其中的 $\widetilde{\boldsymbol\eta}_{\bullet}$ 涵盖的 η_t 的空间正交于 ε_{1t}。因为这些其他冲击与 ε_{1t} 不相关,所以有:$\mathrm{cov}(\varepsilon_{1t},\widetilde{\boldsymbol\eta}_{\bullet})=0$。

在单次冲击识别中,目的是识别出 H_1。给定 H_1,如方程式(23)所示的结构移动平均的表达式可以写为:

$$Y_t = C(\mathrm{L})\eta_t = C(\mathrm{L})H_1\varepsilon_{1t} + C(\mathrm{L})H_{\bullet}\widetilde{\boldsymbol\eta}_{\bullet t},\ \text{其中},\ \mathrm{cov}(\varepsilon_{1t},\widetilde{\boldsymbol\eta}_{\bullet t})=0 \tag{29}$$

很显然,第一个冲击的结构性脉冲响应函数为 $C(\mathrm{L})H_1$,而第一个冲击对于 Y_t 的历史贡献则为 $C(\mathrm{L})H_1\varepsilon_{1t}$。

如果方程式(28)中的 H 是可逆的,那么我们就可以得到作为 η_t 的线性组合的 ε_{1t}。将 H^{-1} 的第一列记为 H^1。于是,从分区逆公式和如方程式(21)的假设——冲击是互不相关的——可以看出,如果 H_1 被识别出来了,那么 H^1 也可以被充分识别。反过来,如果知道 H^1 达到规模(up to scale),那么就可构建达到规模的冲击 ε_{1t}:

$$\varepsilon_{1t} = H^1\eta_t \propto [\,1\ \ \widetilde{H}^{1\bullet}\,]\eta_t \tag{30}$$

其中，$\widetilde{H}^{1\cdot}$ 是 H_1 和 Σ_η 的函数。[1] 因此，H_1 被识别出来后，就可以构造出达到规模的冲击 ε_{1t} 了。方程式（30）的含义恰恰就是，H_1 的识别与冲击的识别是可以互换的。[2]

需要注意的是，方程式（30）不需要额外假设新息涵盖所有的冲击，或者说，不需要假设除了 ε_{1t} 之外，新息还涵盖了任何其他冲击。

4.1.2　可逆性

结构式移动平均表达式 $Y_t = D(\mathrm{L})\varepsilon_t$ 是用结构性冲击 ε_t 的当前值和过去值来表示 Y_t。如果 ε_t 可以表示为观察到的数据 Y_t 的当前值和过去值的分布滞后，那么我们就说该移动平均是可逆的。结构向量自回归模型通常假设 $\varepsilon_t = H^{-1}\eta_t = H^{-1}A(\mathrm{L})Y_t$，也就是说，结构向量自回归通常会施加可逆性限制。[3] 然而，经济模型可能会生成不可逆的结构性移动平均过程。如果真的是这样，那么向量自回归的新息就不会涵盖结构性冲击的空间。因为识别冲击与识别结构脉冲响应函数是等价的，所以如果真实的结构脉冲响应函数是不可逆的，那么从向量自回归新息构建的结构向量自回归将不能恢复真正的结构性脉冲响应函数。

结构移动平均值之所以可能不是可逆的，至少有三个原因。第一，向量自回归中的变量太少。例如，假设有四个冲击都是我们感兴趣的（货币政策冲击、生产率冲击、需求冲击，以及石油供给冲击），但是在向量自回归模型中却只有三个变量（利率、GDP 和石油价格）。从三个观察到的时间序列的当前值和滞后值重构四次冲击是不可能的，所以结构移动平均过程自然是不可逆的。因此，从向量自回归新息中构建的结构向量自回归的估计值将会存在遗漏变量偏差。

第二，Y 的某些元素的测量可能是有误差的，而且这种误差确实增加了对模型的冲击（测量误差）。再一次地，这使得我们不可能从 Y 的当前值和滞后值重建结构性冲击。我们可以把这种不可逆性的来源称为变量中的错误偏差。

---

① 在式（28）的最终表达式中使用 H 的分区表示法，并使用分区矩阵逆公式，我们有 $H^1 = [\,H^{11} - H^{11}H_1\cdot H_{\cdot\cdot}^{-1}\,] \propto [\,1 - H_1\cdot H_{\cdot\cdot}^{-1}\,]$，其中的 H^{11} 是一个标量，$H^{11} = (H_{11} - H_1\cdot H_{\cdot\cdot}^{-1}\cdot H'_{\cdot 1})^{-1}$。因为目标是识别达到规模的冲击 ε_{1t}，而 ε_{1t} 的规模是任意的，为了方便考虑，我们采用使 $\Sigma_\varepsilon = I$ 的归一化，这就是第 4.1.3 节所述的单位标准偏差归一化，且不失一般性。这样一来，式（27）意味着 $\Sigma_\eta = HH'$。在式（28）中采用与 H 相符的 Σ_η 的分区表示法，于是 $\Sigma_\eta = HH'$ 就意味着 $\Sigma_{\eta,1\cdot} = H_{11}H'_{\cdot 1} + H_1\cdot H'_{\cdot\cdot}$，以及 $\Sigma_{\eta,\cdot\cdot} = H_{\cdot 1}H'_{\cdot 1} + H_{\cdot\cdot}H'_{\cdot\cdot}$，而这又反过来意味着 $H_1\cdot H'_{\cdot\cdot} = \Sigma_{\eta,1\cdot} - H_{11}H'_{\cdot 1}$，以及 $H_{\cdot\cdot}H'_{\cdot\cdot} = \Sigma_{\eta,\cdot\cdot} - H_{\cdot 1}H'_{\cdot 1}$。利用这最后两个表达式和 $H_1\cdot H'_{\cdot\cdot}(H_{\cdot\cdot}H'_{\cdot\cdot})^{-1} = H_{\cdot\cdot}^{-1}$ 这一事实，可以得到 $H_1\cdot H_{\cdot\cdot}^{-1} = (\Sigma_{\eta,1\cdot} - H_{11}H'_{\cdot 1})(\Sigma_{\eta,\cdot\cdot} - H_{\cdot 1}H'_{\cdot 1})^{-1}$。从而有 $H^1 \propto [\,1\ \ \widetilde{H}^{1\cdot}\,]$，其中，$\widetilde{H}^{1\cdot} = -(\Sigma_{\eta,1\cdot} - H_{11}H'_{\cdot 1})(\Sigma_{\eta,\cdot\cdot} - H_{\cdot 1}H'_{\cdot 1})^{-1}$。因为 Σ_η 是从简化式中识别出来的，所以利用关于 H_1 的知识和冲击不相关假设，就可以确定 H^1 了，进而可以确定达到规模的冲击 ε_{1t}。

② 在这里给出第二个方法（也许是更加直观的方法），用来在给定 H_1、如式（21）假设冲击互不相关和 H 满足可逆性的情况下，从 η_t 中构造出 ε_{1t}。令 $H_1^\perp$ 为任意一个 $n\times(n-1)$ 矩阵，各列线性独立且正交于 H_1。这样一来，就有 $H_1^\perp{}'\eta_t = H_1^\perp{}'H\varepsilon_t = H_1^\perp{}'[\,H_1\ H_{\cdot}\,]\varepsilon_t = [\,0\ H_1^\perp{}'H_{\cdot}\,]\varepsilon_t = H_1^\perp{}'H_{\cdot}\varepsilon_{\cdot t}$。如果 H 是可逆的，那么就有 $\varepsilon_{\cdot t} = (H_1^\perp{}'H_{\cdot})^{-1}H_1^\perp{}'\eta_t$。此外，$H'_1\eta_t = H'_1H\varepsilon_t = H'_1H_1\varepsilon_{1t} + H'_1H_{\cdot}\varepsilon_{\cdot t}$，因为 ε_{1t} 和 $\varepsilon_{\cdot t}$ 是不相关的，所以有 $H'_1\eta_t - \mathrm{Proj}(H'_1\eta_t \mid \varepsilon_{\cdot t}) = H'_1H_1\varepsilon_{1t}$，其中，$\mathrm{Proj}(X \mid Y)$ 是 X 在 Y 上的总体投影。因为 $\varepsilon_{\cdot t} = (H_1^\perp{}'H_{\cdot})^{-1}H_1^\perp{}'\eta_t$，所以有 $\varepsilon_{1t} = (H'_1H_1)^{-1}[\,H'_1\eta_t - \mathrm{Proj}(H'_1\eta_t \mid \varepsilon_{\cdot t})\,] = (H'_1H_1)^{-1}[\,H'_1\eta_t - \mathrm{Proj}(H'_1\eta_t \mid H_1^\perp{}'\eta_t)\,]$，这就是由式（30）中的 $H_t^1\eta_t$ 给定的 η_t 的另一种线性组合表达式。

③ 在线性滤波理论中，如果扰动是可观察数据的当前值和过去值的一个函数，那么该时间序列表示就被称为基波。因此，可逆性假设也被称为根本性结构冲击假设。

第三,当冲击包含了关于未来的消息时,不可逆性也会出现。为了阐述清楚这个问题的机制,考虑如下有一个滞后的一阶移动平均单变量模型:$Y_t = \varepsilon_t - d\varepsilon_{t-1}$。求解作为 Y_t 的当前值和滞后值的函数的 ε_t,我们得到,$\varepsilon_t = \sum_{i=0}^{h-1} d^i Y_{t-i} + d^h \varepsilon_{t-h}$。如果 $|d| < 1$,那么当 h 很大时,$d^h \approx 0$;且当 $d \to \infty$ 时,$E(\varepsilon_t - \sum_{i=0}^{h-1} d^i Y_{t-i})^2 \to 0$;这样一来,$\varepsilon_t$ 就可以从 y 的当前值和滞后值重建了,而且该过程也是可逆的。相反,当 $|d| > 1$ 时,初始值 ε_0 仍然很重要,所以这个过程是不可逆的。不过,在这种情况下,ε_t 还是可以从 y 的当前值和滞后值重建,方法是:求解前向移动平均过程得到表达式 $\varepsilon_t = -(1/d)\sum_{i=1}^{h}(1/d)^i Y_{t+i} + (1/d)^h \varepsilon_{t+h}$,其中,当 $|d| > 1$ 时,有 $E[(1/d)^h \varepsilon_{t+h}]^2 \to 0$。在经济模型中,不可逆性在很多情况下都会出现,例如,由于技术创新(冲击)初期对生产率的影响可能较小,而对未来的生产率的影响则可能很大,因此发生在今天的技术冲击(今天的发明)实际上只有在未来提高了生产率之后,才会在数据中观察到。第二个例子是,如果中央银行宣布下个月加息,那么货币政策的冲击就发生在今天,但是直到下个月才会在隔夜利率数据中被观察到。像遗漏变量的情况一样,新闻冲击也是经济行为主体对冲击比计量经济学家有更多的了解的例子——计量经济学家只能对当前和过去的数据进行解读。

不幸的是,我们无法仅凭基于数据的二阶矩(包括结构向量自回归模型的参数)的统计量来确定真实的结构性脉冲响应函数是不是可逆的:每个不可逆移动平均表示都有一个从观察者的角度来看等价于基于数据的二阶矩的可逆的移动平均表示。要搞清楚这一点,不妨再来考虑前一段中给出的那个单变量一阶移动平均的例子:$y_t = \varepsilon_t - d\varepsilon_{t-1}$。通过直接计算,就可以得出,$\mathrm{var}(y_t) = (1+d^2)\sigma_\varepsilon^2$,$\mathrm{cov}(y_t, y_{t-1}) = -d\sigma_\varepsilon^2$,且 $\mathrm{cov}(y_t, y_{t-i}) = 0 (|i| > 1)$。很容易就可以验证,对于 $|d| < 1$ 的任何一组参数值 $(d, \sigma_\varepsilon^2)$,其替代参数值 $(\tilde{d}, \widetilde{\sigma_\varepsilon^2}) = (d^{-1}, d^2 \sigma_\varepsilon^2)$ 可以产生同样的自协方差;这也就是说,$(d, \sigma_\varepsilon^2)$ 和 $(d^{-1}, d^2 \sigma_\varepsilon^2)$ 是基于数据的二阶矩的观察上等价的参数值。如果数据是高斯分布的,那么这两组参数值在似然的基础上是观测等价的。因为这些参数对具有相同的自协方差,它们会产生相同的简化形式的向量自回归,但是它们仍然意味着不同的结构性脉冲响应函数。

不可逆性是对结构向量自回归分析的有效性的重要威胁。对于这个问题,汉森和萨金特(1991)的早期讨论很重要。萨金特(1987)给出了一个基于永久收入假设的极有启示性的例子,费尔南德斯-维拉瓦尔德(Fernández-Villaverde)等人(2007)讨论了能够生成可逆性的线性经济模型的限制。关于这个方面的研究的更详细的讨论和参考文献目录,请参见福尔尼等人(2009)、利珀(Leeper)等人(2013)、普拉格波尔格-穆勒(Plagborg-Müller)(2015),以及雷米(2016)的综述。正如福尔尼等人(2009)所指出的,结构动态因子模型可以通过使用大量的时间序列来解决测量误差、遗漏变量以及某些情况下的定时(新闻)问题。对此,我们在本章的第5节中将会展开详细讨论。

4.1.3 单位效应归一化

因为结构性冲击是不可观察的,它们的符号和规模是任意的,因此必须进行归一化处理。通常使用归一化方法有两种:单位标准偏差归一化(unit standard deviation normalization)和单位效应归一化(unit effect normalization)。

单位标准偏差归一化使每个冲击都有单位方差,即:

$$\Sigma_{\varepsilon} = I \quad （单位标准偏差归一化） \tag{31}$$

方程式(31)的归一化修正了冲击的单位,但没有涉及冲击的符号。符号必须单独固定,例如,将"正"的货币冲击定义为提高了目标利率的货币冲击。

单位效应归一化则固定了第 j 个冲击的符号和规模,使得 ε_{jt} 增加一个单位,能够导致特定的可观察变量在同期中增加一个单位。我们将这个可观察变量记为 Y_{jt}。用 H 矩阵来表示,单位效应归一化将使得

$$H_{jj} = 1 \quad （单位效应归一化） \tag{32}$$

等价地,在单位效应归一化下,ε_{jt} 的单位增量将使得 η_{jt} 增加一个单位,而这反过来又将使得 Y_{jt} 增加一个单位。例如,如果联邦基金利率以百分点来衡量,那么单位货币冲击会使联邦基金利率上升 1 个百分点。对生产率增长率的单位冲击会使生产率的增长率提高 1 个百分点,等等。

对于系统识别,这两种归一化都对 H 提供了 n 个附加限制,因此需要 $n(n-1)/2$ 个附加限制。

对于单次冲击识别,这两种归一化都设定了 ε_{1t} 的规模。在单位标准偏差假设下,$\sigma_{\varepsilon 1}^2 = 1$。而在单位效应归一化下,则有:

$$H_1 = \begin{pmatrix} 1 \\ H_1_{\cdot} \end{pmatrix} \tag{33}$$

在这两种情况下,都需要 $n-1$ 个附加限制来识别 H_1。

在总体中,这两个归一化是可互换的。然而,由于以下三个原因,单位效应归一化是更可取的。

第一,单位效应归一化中的"单位"正是政策分析或解释现实世界所需的单位。例如,制定货币政策的决策者需要知道政府利率提高 25 个基点会有什么影响,以标准偏差单位提供的答案不符合这个要求。又如,由于石油供给冲击,石油价格下跌 10％时,会对经济产生什么影响?再一次,以标准偏差单位表示的结构性脉冲响应函数不能回答这个问题。

第二,虽然这两种归一化方法在总体中是相互等价的,但是在这两种归一化之下得到的关于结构脉冲响应函数的推断却是不一样的。特别是,在单位标准偏差归一化下计算结构脉冲响应函数的置信区间,然后再重新归一化那些频谱以便回答决策者关注的问题,就会出现推断误差。这里的推断误差是,这种重新归一化会导致用 H_{11} 的估计量去除的情况发生,从而引入额外的抽样不确定性。在采用单位标准偏差归一化的时候,如果 H_{11} 接近于零,那么这种抽样变异性就会非常可观,同时重新归一化又会引入与弱工具变量相关的推断问题。[①]

第三,正如我们在下一节将会讨论到的,单位效应归一化允许将结构向量自回归识别方案直接扩展到结构动态因子模型中。

------

① 另外一种说明这个问题的方法是放到用自助法得出脉冲响应函数的情境中去。如果自助法在计算置信区间时使用单位标准偏差归一化,然后用一个将标准偏差转换为原始单位(native unit)的缩放系数去乘置信区间,那么所得到的脉冲响应函数置信区间就不会包含该缩放系数的抽样不确定度。相反,如果使用自助法时,每次抽取都进行转换(那相当于使用单位效应归一化),那么脉冲响应函数置信区间就会包含单位转换步骤的抽样不确定度。

由于这些原因,我们在本章中将采用单位效应归一化。

最后,我们还要指出一点:单位效应归一化还可以替代用于如下归一化:冲击 j 引起变量 i 的单位增加。在这种情况下,如方程式(32)所示的冲击 j 的归一化将成为 $H_{ij} = 1$,而不再是 $H_{jj} = 1$。如果每个冲击各自对一个不同的向量自回归新息产生影响,那么我们在这里所做的区别就是平凡的(trivial),因为所指派的冲击总是能够被排列成与向量自回归中变量的顺序一致。例如,在不失一般性的情况下,可以将联邦基金利率列为第一位,于是可以将货币政策冲击认作第一个冲击,从而 $H_{11} = 1$ 是单位效应归一化。

然而,当两个不同的冲击被归一化为对同一个变量具有单位效应时,这种区别就变得不平凡(nontrivial)了。例如,假设我们想要研究石油供给冲击(不妨记为 ε_{1t})和石油库存需求冲击(不妨记为 ε_{2t})的单独的效应,为了实现这个研究的目的,将这两个冲击分别固定为使得石油价格上涨 1 个百分点显然是有益的。不失一般性,把石油价格列为第一个变量,然后用 η_{1t} 表示石油价格的新息。于是可选的替代单位效应归一化将是 $H_{11} = 1$ 和 $H_{12} = 1$。如果用这种归一化方法来表示结果,那么从一开始就采用这种归一化就能确保置信区间可以正确地包含实施这种归一化时数据依赖的变换。

因为上一段中描述的情况是不常见的,所以在本章中,我们将使用如方程式(32)所示的单位效应归一化。

4.1.4　结构向量自回归假设汇总

现在,我们把结构向量自回归分析所依据的假设汇总如下。

(SVAR-1) Y_t 和 η_t 的新息涵盖一个或多个结构性冲击的空间:

　　　　(a)用于系统识别,如方程式(20)所示,$\eta_t = H\varepsilon_t$ 且 H^{-1} 存在,

　　　　(b)用于单次冲击识别,方程式(28)成立,且 H^{-1} 存在。

(SVAR-2)如方程式(21)所示,结构性冲击之间是互不相关的。

(SVAR-3)冲击的规模要进行归一化,或者使用如方程式(31)所示的单位标准偏差归一化,或者使用如方程式(32)所示的单位效应归一化。

除了一个例外,上面这些假设(我们在前面已经讨论过了),是本节要讨论的所有冲击识别方案都必需的。这个例外就是基于对结构性冲击的时间序列的直接测量的单次冲击识别:由于冲击是观察到的,所以只需要 SVAR-2 这个假设就足够了。

对于本章其他各节,我们还需要进一步假设:

(SVAR-4)新息 η_t 是具有非时变参数 $A(L)$ 和 $\sum_\eta$ 的向量自回归(p)的超前一步预测误差。

(SVAR-5)向量自回归滞后多项式 $A(L)$ 是可逆的。

SVAR-4 和 SVAR-5 这两个假设是为了方便性而做出的技术性假设。例如,SVAR-4 这个假设可以放宽,从而允许断点;或者,可以使用其他方法——例如科格利和萨金特(2005),或西姆斯和查涛(2006)——将时变性引入向量自回归参数当中。SVAR-5 这个假设则认为变量已经被转换成了平稳的(通常使用一阶差分或误差校正项);或者,时间序列可以在这样的层级上建模,即结构性脉冲响应函数将会具有对累积结构性脉冲响应函数的解释。许多

文献中都使用了多层级设定（levels specifications）。对 SVAR-4 和 SVAR-5 这两个假设的这类放松，不会对接下来的讨论的结论产生实质性影响，所以我们将在这种假设之下展开讨论。

4.2　同期限制（短期限制）

同期限制（约束条件）是关于某个给定冲击对某个给定变量在一定时期的影响的时间参数的——如果是月度数据，则以月度为期间，等等。通常，这种同期约束条件都是"零限制"，即它们意味着由于 Y_{it} 变化较为缓慢或它的某种制度特征，冲击 ε_{jt} 在一个期间内不会影响 Y_{it}（这等价于说，不会影响 η_{it}）。这些同期时间限制可以用来识别所有的冲击，或者其中一些冲击。

4.2.1　系统识别

西姆斯（1980）提出的识别结构性冲击的初始方案采取的就是这种形式。具体来说，他采用的变量的排序方式是这样的：第一个新息在一个期间只会对第一个冲击做出反应，第二个新息则只响应第一个冲击和第二个冲击……在这种递归识别方案中，冲击就是线性回归残差，其中第一回归仅控制各滞后观察值，第二回归控制各滞后观察值和一个同期变量……例如，在许多递归货币结构向量自回归模型中，货币政策冲击被识别为泰勒规则型回归的残差。

这种递归识别方案的实质是一个沃尔德因果链（Wold，1954），它对应于假设 H 是下三角矩阵。因为 $\sum_\eta = H\sum_\varepsilon H'$，下三角矩阵假设意味着 $H\sum_\varepsilon^{1/2} = Chol(\sum_\eta)$，其中的 $Chol$ 表示乔里斯基分解（Cholesky factorization）。在单位效应归一化的情形下，对乔里斯基分解进行重整（再归一化）即可得到 H。这也就是说，$H = Chol(\sum_\eta)\sum_\varepsilon^{-1/2}$，其中 $\sum_\varepsilon = diag(\{[Chol(\sum_\eta)_{jj}]^2, j=1,\cdots,n\})$。在结构向量自回归实证研究中，这个下三角形矩阵假设仍然是一个常用的识别假设。

非递归限制也可以为系统识别提供 $n(n-1)/2$ 个同期约束条件。例如，可以通过提取某些随实际应用而异的信息来确定 H 的一些元素。较早运用这种方法的一个例子是布兰查德和沃森（1986），他们利用了关于预算中的自动稳定器的信息（预算决定了对总需求冲击的同期财政反应），以及基于时间参数的零限制假设，识别出了 H。

布兰查德和沃森（1986）还阐明了如何从工具变量的角度，就对于系数的短期约束条件进行重新解释。

4.2.2　单次冲击识别

识别单次冲击时需要对 H 施加的约束条件较少。在这里，我们通过三个例子来加以说明。第一个例子是，假设某个给定的变量（不失一般性，记为 Y_{1t}）在一个期间里只对某个结构性冲击做出回应；如果真的是这样，那么 $\varepsilon_{1t} = \eta_{1t}$，并且不需要额外的假设就可以识别出 ε_{1t} 了。这个例子对应于在乔里斯基因子分解中把那个给定的变量排在第一位，而且不需要关于其余变量的排序的任何其他假设（或者，其余的冲击能不能识别也都没有关系）。

第二个例子则有相反的假设:某个给定的冲击只影响一个期间内的一个变量,同时这个变量(及其新息)则可能会对所有其他冲击产生反应。这第二个例子对应于在乔里斯基因子分解中将该变量排在最后一位。

第三个例子是经常用于识别货币政策冲击的"缓慢还是快速"识别方案,例如,请参见克里斯蒂亚诺(Christiano)、艾肯鲍姆(Eichenbaum)和埃文斯(Evans)(1999),以及伯南克(Bernanke)等人(2005)。根据这种识别方案,那些所谓的"缓慢变动变量"Y_t^s,如产出和价格,在同一期间不会对货币政策或资产价格的变动做出反应。因此,通过货币政策,联储基金利率 r_t 在同一期间会对缓慢变动的变量受到的冲击做出反应,而不会对资产价格的变化做出反应。同时,所谓的"快速变动变量"Y_t^f,如资产价格和各种预期变量,则会对同一期间的所有冲击做出反应。这样,就给出了一个分块递归机制:

$$\begin{pmatrix} \eta_t^s \\ \eta_t^r \\ \eta_t^f \end{pmatrix} = \begin{pmatrix} H_{ss} & 0 & 0 \\ H_{rs} & H_{rr} & 0 \\ H_{fs} & H_{fr} & H_{ff} \end{pmatrix} \begin{pmatrix} \varepsilon_t^s \\ \varepsilon_t^r \\ \varepsilon_t^f \end{pmatrix} \text{ 其中 } Y_t \text{ 是分区式的} \begin{pmatrix} Y_t^s \\ r_t \\ Y_t^f \end{pmatrix} \tag{34}$$

其中 H_{ss} 为方阵。在方程式(34)的识别方案下,η_t^s 涵盖了 ε_t^s 的空间,所以货币政策冲击是联邦基金利率新息 η_t^r 对 η_t^s 的总体回归的残差。同样地,ε_t^r 则被识别为货币工具变量对缓慢变动的变量的当前值和所有变量的滞后值的回归的残差。

4.3 长期限制

对某些冲击或某个冲击的识别,也可以通过对某个给定冲击对给定变量的长期影响施加一定约束条件来实现,请参见,夏皮罗(Shapiro)和沃森(1988)、布兰查德和柯成兴(Quan)(1989),以及金(King)、普洛瑟(Plosser)、斯托克和沃森(1991)。因为我们假定 Y_t 是稳态的,所以 ε_t 对 Y_t 的未来值的累积长期效应是结构移动平均系数 $D(1)$ 的总和,其中 $D(1) = C(1)H = A(1)^{-1}H$,而且 $C(1)$ 和 $A(1)$ 分别是简化形式的移动平均系数和向量自回归系数的总和。

4.3.1 系统识别

令 Ω 表示 Y_t 的长期方差矩阵,即 $\Omega = \text{var}(\sqrt{n}\,\bar{Y}) = 2\pi$ 乘以频率为零的 Y_t 的频谱密度矩阵。然后我们有:

$$\Omega = A(1)^{-1} \textstyle\sum_\eta A(1)^{-1\prime} = A(1)^{-1}H \textstyle\sum_\varepsilon H'A(1)^{-1\prime} = D(1)\textstyle\sum_\varepsilon D(1)' \tag{35}$$

对 $D(1)$ 施加 $n(n-1)/2$ 个约束条件,我们就可以识别出 $D(1)$,而且,因为 $A(1)^{-1}H = D(1)$,所以 $H = A(1)D(1)$ 就可以识别 H。

一个常用的方法是采用一些隐含着 $D(1)$ 是下三角矩阵的假设。例如,布兰查德和柯成兴(1989)识别出了一个对产出水平没有长期影响的需求冲击。令 $Y_t = $(GDP 增长率,失业率),并令 ε_{1t} 表示总供给冲击,ε_{2t} 表示总需求冲击。如果假设 ε_{2t} 对产出水平没有长期影响,那也就等价于说它对产出增长的累积影响为零。因此,ε_{2t}(需求冲击)对 Y_{1t}(产出的增长率)

的长期影响为零,即 $D_{12}(1)=0$,从而 $D(1)$ 为下三角矩阵。

在另一篇很有影响力的论文中,加里(Gali)(1999)利用长期限制来识别技术冲击。具体地说,加里(1999)构建了一个小型总量结构性模型,证明只有技术冲击才会对劳动生产率水平产生永久性的影响。令 Y_t =(劳动生产率增长,工作时数增长),令 ε_{1t} 表示一个技术冲击,ε_{2t} 表示非技术冲击。加里(1999)认为,非技术性冲击对劳动生产率水平的长期影响为零,这也就意味着 $D_{12}(1)=0$,从而 $D(1)$ 为下三角矩阵。

许多研究者——包括布兰查德和柯成兴(1989),金、普洛瑟、斯托克和沃森(1991),加里(1999)——都使用单位标准偏差归一化,使得 $\Sigma_\varepsilon=I$,然后利用方程式(35),得出 $\Omega=D(1)$ $D(1)'$。Ω 的下三角因子分解是唯一的乔里斯基因子分解,$D(1)=Chol(\Omega)$。使用方程式(35)中的第一个表达式和 $H=A(1)D(1)$,单位标准偏差归一化和 $D(1)$ 为下三角矩阵这个识别约束条件的组合,给出了 H 的解析表达式,即:

$$H=A(1)Chol\left[A(1)^{-1}\sum_\eta A(1)^{-1}\right] \tag{36}$$

一般来说,H 的样本估计量可以这样来估计:用简化式向量自回归中对应的样本矩阵 $\hat{A}(1)$ 和 $\hat{\Sigma}_\eta$ 来替代总体矩阵,并施加对 $D(1)$ 的约束条件,求解方程式(35)。当在 $D(1)$ 为下三角形并且使用单位标准偏差假设的情况下,H 的估计量有解析解,而且是方程式(36)的样本版。

4.3.2　单次冲击识别

长期限制也可以用来识别单次冲击。布兰查德和柯成兴(1989)以及加里(1999)给出的例子中,都有 $n=2$,但是假设 $n>2$。这样一来,长期中只有 ε_{1t} 能够影响 Y_t 的假设就对 $D(1)$ 的第一行施加了 $n-1$ 个零限制,并且意味着 ε_{1t} 与 $A(1)^1\eta_t$ 成比例,其中 $A(1)^1$ 是 $A(1)^{-1}$ 的第一行。因此,这个假设识别出了达到规模的 ε_{1t},然后使用单位效应归一化或单位标准偏差归一化来设定规模。

4.3.3　长期限制的工具变量解释

夏皮罗和沃森(1988)给出了通过施加长期限制进行识别的工具变量解释。我们用一个双变量一阶向量自回归模型来说明这一解释。根据方程式(22),将结构向量自回归写为如下形式:$B(L)Y_t=\varepsilon_t$,其中 $B(L)=H^{-1}A(L)=B_0+B_1L$,这里最后一个表达式假设向量自回归的滞后期数为 $p=1$。对 B_0L 进行加减,使得 $B(L)Y_t=(B_0+B_1L)Y_t=B_0\Delta Y_t+B(1)Y_{t-1}$,同时注意到 $B_0=H^{-1}$,从而结构向量自回归可以写成 $H^{-1}\Delta Y_t=-B(1)Y_{t-1}+\varepsilon_t$。在单位效应归一化下,$H_{11}=H_{22}=1$,所以,利用 2×2 矩阵的求逆公式,可以将结构向量自回归写成

$$\Delta Y_{1t}=H_{12}\Delta Y_{2t}-\det(H)B(1)_{11}Y_{1t-1}-\det(H)B(1)_{12}Y_{2t-1}+\det(H)\varepsilon_{1t}$$
$$\Delta Y_{2t}=H_{21}\Delta Y_{1t}-\det(H)B(1)_{21}Y_{1t-1}-\det(H)B(1)_{22}Y_{2t-1}+\det(H)\varepsilon_{2t} \tag{37}$$

在没有对如方程式(37)所示的联立方程模型施加进一步的限制之前,参数 H_{12} 和 H_{21} 是无法识别的,但是对 $D(1)$ 的长期约束条件就提供了这样的限制。具体地说,$D(1)$ 为下三角矩阵这个假设意味着 $D(1)^{-1}=B(1)$ 是下三角矩阵,所以 $B(1)_{12}=0$。因此,$D(1)$ 为下三角矩阵这个假设也就意味着,Y_{2t-1} 被从方程式(37)所示的联合方程组的第一个方程中排除出去了,从而使得我们可以将它作为 ΔY_2 的一个工具变量来估计该方程的 H_{12}。因为 Y_{2t-1} 是预先决定

的,从而 $E(\varepsilon_{1t}Y_{2t-1})=0$,这样一来,$Y_{2t-1}$ 就满足了作为一个有效的工具变量的外生性条件。

下面举一个例子。考虑如方程式(37)所示的一阶向量自回归模型的一个特殊情况:

$$\Delta Y_{1t} = H_{12}\Delta Y_{2t} + \det(H)\varepsilon_{1t}$$
$$\Delta Y_{2t} = H_{21}\Delta Y_{1t} + (\alpha-1)Y_{2t-1} + \det(H)\varepsilon_{2t} \qquad (38)$$

因为 ΔY_{2t} 依赖于 ΔY_{1t},所以方程式(38)是一个联立方程组系统,而且 H_{12} 和 H_{21} 用最小二乘法(OLS)都得不到一致的估计结果。然而,由于 Y_{2t-1} 并没有出现在第一个方程中,所以我们可以把它当作 ΔY_{2t} 的工具变量来估计 H_{12}。不难推出,H_{12} 的工具变量估计量为

$$\hat{H}_{12} = \frac{\sum_{t=2}^{T}\Delta Y_{1t}Y_{2t-1}}{\sum_{t=2}^{T}\Delta Y_{2t}Y_{2t-1}} \qquad (39)$$

我们之所以说这个工具变量解释是非常值得关注的,有以下两个原因。第一,虽然长期识别的标准估计算法——例如,方程式(36)所示的乔里斯基因子表达式——与工具变量似乎有很大的不同,但是当系统得以精确识别时,两种估计方法是等价的。因此,识别中所用的"方程计数"识别方法与存在一个有效的 ΔY_{2t} 的工具变量时是一样的。

第二,工具变量解释将长期限制下的推断问题与工具变量回归中的推断联系了起来,而后者已经得到了很好的研究。在这里,我们关注的是工具变量回归中的推断的其中一个方面,即与长期限制下的结构向量自回归相关的那个方面:当工具变量较弱时,如何进行推断。

4.3.4 题外论述:用弱工具变量进行工具变量回归推断

在工具变量回归中,如果某个工具变量的相关性与回归所包含的内生回归量(解释变量)较小,那么就称这个工具变量是弱的。虽然,对弱工具变量和弱识别的详细讨论超出了本章的范围,但是在这里列出其核心思想还是有必要的,因为它们也出现在了其他结构向量自回归识别方案当中。在这个"题外论述"中(也仅仅是在这里),我们稍微修改一下符号,以便与标准的回归模型保持一致。在这个临时的符号体系中,工具变量回归模型的形式如下,

$$Y_{1t} = \beta Y_{2t} + u_t$$
$$Y_{2t} = \pi' Z_t + V_t \qquad (40)$$

其中,Y_{2t} 是唯一的内生变量,β 则是我们感兴趣的系数,方程式(40)中的第二个方程是将所包含的内生变量与 k 个工具变量组成的向量 Z_t 联系起来的第一阶段方程。所有工具变量都假设是外生的——在 $E(Z_t u_t)=0$ 这个意义上。当只有一个工具变量时,工具变量估计为:

$$\hat{\beta}_{IV} = \frac{\sum_{t=1}^{T}Y_{1t}Z_t}{\sum_{t=1}^{T}Y_{2t}Z_t} \qquad (41)$$

如果存在多个工具变量,那么就会有多个估计量,比如说两阶段最小二乘估计量。

当所包含的内生变量 Y_{2t} 与 Z_t 只是弱相关时,或者等价地,当方程式(40)中的 π 很小时,就会出现弱工具变量问题。在这种情况下,方程式(41)的分母中的样本协方差可能有一个足够接近于零的均值;而且在某些样本中,分母本身就可能接近于零,或者其至其符号都可能与群体协方差不同。当分母的抽样分布包括某些很小的值时,工具变量估计量的结果就会是有偏的,它的分布会出现重尾,并且大大偏离与之相关的 t 统计量的正常状态。这些特征是很常见的,不仅会出现在时间序列回归中,还会出现在面板回归和横截面回归中(当

存在多个工具、包括了多个内生解释变量时），也会出现在广义矩估计中[例如可参见，纳尔逊（Nelson）和斯塔茨（Startz），1990a，1990b；斯泰格尔（Staiger）和斯托克，1997；赖特（Wright），2000]。

在线性工具变量回归中，工具的强度的主要衡量指标被称为集中参数（concentration parameter）除以工具的数量。在经典的线性工具变量模型中，集中参数是用观察点的同方差性和独立同分布性来定义的：集中参数 $\mu^2 = \pi'Z'Z\pi/\sigma_v^2$，其中 σ_v^2 是第一阶段误差的方差。量 μ^2/k 是 F 统计的非集中参数，它检验第一阶段回归中的工具变量的相关系数。在这里，有一个重要的经验法则：在第一阶段的 F 统计量小于 10 时，弱工具变量问题就会成为一个值得重视的问题，例如，请参见斯泰格尔和斯托克（1997）。[1]

4.3.5　长期限制和弱工具变量下的推断

很多研究者都已经指出过，结构向量自回归模型基于长期限制的推断可能敏感于看似微乎其微的变化，例如抽样周期的不同，或向量自回归中的滞后变量的个数不同。此外，在蒙特卡罗模拟中，研究者也已经发现了基于长期限制的脉冲响应函数可能是有偏的和/或其置信区间的覆盖概率远不如预想；例如，请参见克里斯蒂亚诺等人（2006）。对于这些问题，福斯特（Faust）和利珀（1997）给出的一个解释是，它们之所以会出现，是因为我们很难估计长期方差 Ω，因为估计它就需要估计 $A(1)^{-1}$。但是，我们则认为，这种解释虽然不是错误的，但是没有什么实际用处，远不如将这些问题放在工具变量回归的框架中来讨论。将这里的识别问题视为弱识别，不仅可以解释抽样分布的"病态"，而且同时也指出了稳健于这些问题的推断程序。

因此，我们将重点在工具变量回归的框架下讨论与长期限制和弱工具变量有关的问题。这种解释最初是由萨尔特（Sarte）（1997）、佩根（Pagan）和罗伯森（Robertson）（1998），以及沃森（2006）提出的。在这里，我们专注于如方程式（38）所示的特殊情况以及如方程式（39）所示的工具变量估计量，但是正如这些研究者已经证明的，我们给出的评论也一般地适用于所有使用长期限制的推断。

比较一下如方程式（38）和方程式（39）所示的结构向量自回归模型与如方程式（40）和方程式（41）所示的工具变量模型和估计量，不难发现，当 α 足够接近 1 时，工具变量 Y_{2t} 是"弱"的。不妨先考虑特殊情况 $H_{21} = 0$，此时方程式（38）中的第二个方程为第一阶段，且第一阶段相关系数为 $\alpha - 1$。在这种情况下，通过直接计算就可以证明，集中参数为 $T(\alpha-1)^2/(1-\alpha^2)$。如果 $T = 100$，那么当 $\alpha = 0.9$，集中参数为 5.3；当 $\alpha = 0.95$ 时，集中参数则为 2.6。这些都是比较小的集中参数，远低于集中参数必须大于 10 的经验法则。

戈斯波迪诺夫（Gospodinov）（2010）针对被排除的变量持续存在的情况，给出了一个更加完整的基于分布理论的解释，他证明当工具变量较弱时（估计出来的脉冲响应函数是有偏的，且置信区间不具有其声明的覆盖率），标准的推断通常是有误导性的。

---

[1] 关于工具变量回归中的弱工具变量以及广义矩估计中的弱识别问题，现在已经有了非常多的文献。安德鲁斯（Andrews）和斯托克（2007）对早期的弱工具变量计量经济学研究进行过综述。最近，围绕着新凯恩斯主义菲利普斯曲线估计中的弱工具变量问题，马弗罗艾迪斯（Mavroeidis）等人（2014）又给出了一个很好的综述。

因为当根较大时,弱工具变量问题就会出现,所以在稳态下的标准推断方法[请参见,斯托克和赖特(2000)]在存在弱工具变量时就不能再直接使用了。谢维隆(Chevillon)等人(2015)发展出了一个新的方法,用于在这种情况下构造不敏感于弱工具变量问题的置信集,他们还发现使用弱工具变量方法,会改变某些基于长期限制进行识别的经典向量自回归研究的结论,例如,布兰查德和柯成兴(1989)的结论。

4.4 对冲击的直接测度

如果能够通过直接观察来度量 ε_{1t},就可以解决识别问题。采取这种方法的文献也有不少。

直接测度冲击的其中一种方法是使用叙述性资料来确定外部政策变化。这种方法最初是由罗默夫妇(1989)发展起来的,他们用它来度量货币政策冲击。他们(罗默夫妇)还用同样的方法度量税收冲击、金融危机冲击和货币政策冲击(罗默夫妇,2004,2010,2015)。例如,在一篇论文中(罗默夫妇,2010),他们使用了包括总统演讲和国会报告在内的文字资料,构建了一个外生税收变化时间序列。雷米和夏皮罗(1998)、雷米(2011)也使用类似的方法去度量政府支出冲击。

还有许多论文也在关于期限结构和/或高频金融数据的预期假设的基础上,采用这种方法来衡量货币政策冲击。在这些文献中,早期的贡献包括鲁德布施(Rudebusch)(1998)、库特纳(Kuttner)(2001)、科克兰(Cochrane)和皮亚泽西(Piazzesi)(2002)、福斯特等人(2003,2004)、古尔凯纳克(Gürkaynak)等人(2005),以及伯南克和库特纳(2005);最近的贡献则包括坎贝尔(Campbell)等人(2012)、汉森和斯泰因(Stein)(2015),以及中村(Nakamura)和斯泰因森(Steinsson)(2015)。例如,库特纳(2001)用联邦公开市场委员会(FOMC)宣布改变目标利率当天的联邦基金利率期货的价格变动来度量货币政策冲击。根据预期假设,目标利率的任何预期变化都会被纳入预先公布利率,所以联邦基金利率期货的价格在公告当日的变化衡量了未曾预期到的变动。科克兰和皮亚泽西(2002)也采取了类似的方法,他们使用联邦公开市场委员会发布目标利率变化公告前后的欧元对美元的汇率变动来度量货币政策冲击。在汇总到月度水平之后,就可以生成一个货币政策冲击时间序列,然后,他们以它为解释变量,估计出了结构性脉冲响应函数。

这种方法的另一个应用领域是直接度量石油供给冲击。汉密尔顿(2003)和基利安(2008a)以外生政治事件为参照,生成了一个OPEC(石油输出国组织)石油供给波动的历史年表,并利用它构建了外生石油产出缺口的数值估计,即石油供给的外部冲击。

提出这些直接度量冲击的方法的研究者志存高远,很有创造精神,而且这方面的研究也提供了不少新的洞见。但是,这种方法必须面对两大挑战。第一,有一种质疑是这种方法无法回避的,那就是,以这种方法构建出来的时间序列是不是真的只度量了研究者感兴趣的外生冲击。例如,短期利率在公告日的变化,既可能是因为外生货币冲击改变了目标利率,也可能是因为目标利率本身的变化——这种变化揭示了美国联邦储备委员会所拥有的关于经济状况的内幕信息(即关于其他冲击的"价值"的信息)。再者,如果公告前后的时间窗口太大,那么利率变化还可能反映了货币政策冲击之外的其他影响,例如,请参见中村和斯泰因森(2015)。

第二个挑战是,这些构造出来的冲击一般不能度量结构性冲击的全部。例如,在美国联邦储备委员会官员在联邦公开市场委员会举行会议之前的几个星期的演讲当中,就可能发现货币冲击的某些因素,因此,只考虑联邦公开市场委员会会议之前和之后的短期利率变动,就会低估整个冲击。这种遗漏是不是会导致对货币政策冲击的影响的有偏估计量,取决于已测量的冲击是否与未测量的冲击相关。如果已测量的成分与未测量的成分相关,那么这种测量误差就会在使用构造的冲击去估计结构性脉冲响应函数时导致有偏性。

上述问题中的第一个问题是异质性问题,事关研究设计的根本出发点,无法纯粹利用计量经济学技术解决。但是上述问题中的第二个问题则属于含误差变量(errors-in-variables)有偏性问题,是可以使用计量经济学方法来解决的——具体方法是,将度量的冲击时间序列作为一个外生的工具变量。这种方法的细节,我们将在下面的第4.7节讨论。

4.5　利用异方差性识别

识别也可以通过在保持 H 矩阵不变的同时,假设结构性冲击是异方差的来实现。这种异方差性的形式,可以表现为不同的异方差区制(heteroskedasticity regime),也可以表现为条件异方差。

4.5.1　异方差识别:多个区制

里戈邦(Rigobon)(2003)、里戈邦和萨克(Sack)(2003,2004)证明,H 可以通过假设它在不同区制之间保持不变(而结构性冲击的方差会发生变化)来进行识别。

现假设,H 在全样本上都恒定不变,但是存在两个不同的方差区制:第一个是,结构性冲击具有对角方差矩阵 $\sum_{\varepsilon}^{1}$,第二个是,结构性冲击具有对角方差矩阵 $\sum_{\varepsilon}^{2}$。由于两个区制中都有 $\eta_t = H\varepsilon_t$,因此在这两个区制中的 η_t 的方差矩阵 $\sum_{\eta}^{1}$ 和 $\sum_{\eta}^{2}$ 满足:

$$\sum_{\eta}^{1} = H\sum_{\varepsilon}^{1}H'$$
$$\sum_{\eta}^{2} = H\sum_{\varepsilon}^{2}H'$$
(42)

在方程式(42)中,第一个矩阵方程(即第一个区制)给出了 $n(n+1)/2$ 个不同的方程,第二个矩阵方程也是一样,因此方程式(42)总共给出了 n^2+n 个不同的方程。在单位效应归一化下,H 的对角元素为1,H 具有 n^2-n 个未知元素;此外,$\sum_{\varepsilon}^{1}$ 和 $\sum_{\varepsilon}^{2}$ 加起来又有 $2n$ 个未知对角元素,因此总共有 n^2+n 个未知数。这样一来,方程式的数量等于未知数的数量。

但是,要想用这些方程式来解出这些未知参数,它们还必须提供独立的信息(即满足"秩"条件)。例如,成比例的异方差性 $\sum_{\varepsilon}^{2} = a\sum_{\varepsilon}^{1}$ 就不能提供额外的信息,因为可以得出 $\sum_{\eta}^{2} = a\sum_{\eta}^{1}$,从而第二个区制下的方程式与第一个区制下的方程式是相同的。实践中,由于必须估计 $\sum_{\eta}^{1}$ 和 $\sum_{\eta}^{2}$,所以要检查"秩"条件是非常困难的。例如,在前面那个例子中,总体层级上 $\sum_{\eta}^{2} = a\sum_{\eta}^{1}$ 成立,但是 $\sum_{\eta}^{1}$ 和 $\sum_{\eta}^{2}$ 的样本估计量却不会是成比例的(因为抽样变异性的存在)。

在以下两种情况下,经济推理或依具体情况而异的"专用性"知识可以在异方差性识别中发挥很大作用。第一种情况是,证明 H 在不同的异方差区制下是不会发生变化的,即使结构性冲击的方差是时变的,H 也是非时变的。第二种情况是,当某些冲击并非与某个特定的可观察变量自然而然地相关时。例如,里戈邦(2003)构建了一个供给和需求双变量模型,假设供给扰动的方差是递增的(相对于需求扰动的方差),然后证明这种增长识别了需求曲线的斜率。但是,这种识别需要关于相对冲击方差的变化性质的先验知识。同样地,里戈邦和萨克(2004)、赖特(2012)利用了如下制度性事实:货币政策冲击在公告日的方差很可能比其他日期更大,但是它们的影响(H_1)在公告日和其他日期则应该相同。不同公告日之间的这种异方差性提供了上面第 4.3 节中讨论过的方法的一个变体,即用公告的市场利率的变化来度量冲击本身。

关于区制转移异方差性的进一步讨论和更多的参考文献,请参见鲁特克波尔(Lütkepohl)和奈特苏纳耶夫(Netšunajev)(2015),以及基利安(2015)的综述。

4.5.2 异方差识别:条件异方差

条件异方差识别的基本思想与区制转移异方差识别类似,其假设是,结构性冲击是条件异方差的,但是 H 则是恒定不变的。这样一来 $\eta_t = H\varepsilon_t$ 意味着如下的条件矩匹配方程

$$E(\eta_t \eta'_t | Y_{t-1}, Y_{t-2}, \cdots) = HE(\varepsilon_t \varepsilon'_t | Y_{t-1}, Y_{t-2}, \cdots)H' \tag{43}$$

ε_t 的条件协方差矩阵是对角的。如果这些方差的演变可以用一个广义自回归条件异方差(GARCH)过程来描述,那么对于 η_t,它们也就意味着一个条件异方差过程。森塔纳(Sentana)和菲奥伦蒂尼(Fiorentini)(2001)、诺曼丁(Normandin)和潘诺夫(Phaneuf)(2004)分别证明,通过 ε_t 的一个广义自回归条件异方差过程,再结合方程式(43),就可以识别 H。兰内(Lanne)等人(2010)又将这种推理从广义自回归条件异方差模型扩展到了马尔可夫转换模型。马尔可夫转换模型与第 4.5.1 节讨论的区制转换模型相似,只不过前者的区制转换的指标是潜藏的,请参见汉密尔顿(2016)。关于这个问题的进一步讨论,请参阅鲁特克波尔和奈特苏纳耶夫(2015)。

4.5.3 工具变量解释与潜在的弱识别

正如里戈邦(2003)以及里戈邦和萨克(2003)所指出的那样,利用异方差区制的识别有一个工具变量解释。这个解释说明了推断时面临的一个潜在挑战——方差的变化只能提供有限的识别能力,这或者是因为方差变化很小,或者是因为其中一个区制下的观察点数量很少。

下面通过例子来说明异方差识别的工具变量解释。令 $n = 2$,并假设第一个冲击的方差在两个区制之间会发生变化,而另一个冲击的方差则不会。这正是里戈邦和萨克(2004)以及赖特(2012)在使用高频数据进行识别时的假设,在他们那里,货币政策冲击(ε_{1t})的方差在联邦公开市场委员会的公告日期前后会增大,而其他冲击的方差则不会在公告日前后发生变化。这样一来,在单位效应归一化下,方程式(42)可以写为:

$$\begin{pmatrix} \sum_{\eta_1 \eta_1}^j & \sum_{\eta_1 \eta_2}^j \\ \sum_{\eta_2 \eta_1}^j & \sum_{\eta_2 \eta_2}^j \end{pmatrix} = \begin{pmatrix} 1 & H_{12} \\ H_{21} & 1 \end{pmatrix} \begin{pmatrix} \sigma_{\varepsilon_1,j}^2 & 0 \\ 0 & \sigma_{\varepsilon_2}^2 \end{pmatrix} \begin{pmatrix} 1 & H_{21} \\ H_{12} & 1 \end{pmatrix}, j = 1, 2 \tag{44}$$

其中，$\sigma_{\varepsilon_1}^2$ 在不同的区制之间（公告日或非公告日）会发生变化，$\sigma_{\varepsilon_2}^2$ 则不会发生变化。

将方程式（44）当中的方程式单独提取出来并求解，结果表明，H_{21} 可以识别为 $\boldsymbol{\eta}_{1t}$ 与 $\boldsymbol{\eta}_{2t}$ 之间的协方差的变化（相对于 $\boldsymbol{\eta}_{1t}$ 的方差的变化）：

$$H_{21} = \frac{\sum_{\eta_1\eta_2}^2 - \sum_{\eta_1\eta_2}^1}{\sum_{\eta_1\eta_1}^2 - \sum_{\eta_1\eta_1}^1} \tag{45}$$

这也就意味着如下的估计量：

$$\hat{H}_{21} = \frac{\sum_{t=1}^T \hat{\eta}_{2t} Z_t}{\sum_{t=1}^T \hat{\eta}_{1t} Z_t} \tag{46}$$

其中，$Z_t = D_t \hat{\eta}_{1t}$，而且在第一个区制中，$D_t = -1/T_1$；而在第二个区制中，$D_t = 1/T_2$。这里的 T_1 和 T_2 是每个区制中的观察点的个数，而 $\hat{\eta}_t$ 则为用全样本最小二乘法或加权最小二乘法估计的新息。

方程式（46）中的估计量是通过以 Z_t 为工具变量的、$\hat{\eta}_{2t}$ 对 $\hat{\eta}_{1t}$ 的回归中得到的工具变量估计量。这里要注意的是，尽管这个工具变量解释与方程式（39）中的工具变量解释之间有很大的相似性，但却是在非常不同的识别假设下得到的：累积的脉冲响应函数是下三角形的，因此 H_{21} 是在将 Y_{2t-1} 作为 ΔY_{2t} 的工具变量时估计到的工具变量估计量。

方程式（46）的工具变量表达式将异方差识别的结构向量自回归中的推断与工具变量回归的推断联系了起来（特别是当工具变量是弱工具变量时的推断）。在方程式（46）中，弱工具变量对应于 Z_t 与 $\hat{\eta}_{1t}$ 弱相关的情形，即当出现在方程式（45）的分母中的 η_{1t} 的方差的总体变化很小时的情形。使用斯泰格尔和斯托克（1997）的弱工具变量渐近嵌套法，我们可以证明，在标准矩条件下，$\hat{H}_{21} \xrightarrow{d} z_2/z_1$，其中 z_1 和 z_2 是联合正态分布的两个变量，而且其中的 z_1 的均值为 $T^{1/2}(\sum_{\eta_1\eta_1}^2 - \sum_{\eta_1\eta_1}^1)$。如果 z_1 的可变性与这个均值相比是相当大的，那么估计量通常不会是正态分布的，而且很可能是有重尾的双峰分布，因此，基于常规的自助置信区间的推断将会得出误导性的结果。

如果每个区制虽然都有很多个观察点，但是区制的方差之间的差异却很小，或者，尽管方差之间的差异在不同区制之间是很大的，但其中一个区制却只有很小几个观察点，那么弱工具变量问题就会出现。在任何一种情况下，对于分布来说，重要的都是对 η_{1t} 的方差的变化的估计（相对于实际变化）的准确程度。

关于异方差识别的结构向量自回归模型中的弱识别的稳健推断的研究，现在仍然处于早期阶段。马格努森（Magnusson）和马弗罗艾迪斯（Mavroeidis）（2014）提出了构建弱识别稳健置信集的一般方法，中村和斯泰因森（2015）则在针对美国联邦公开市场委员会公告日前后的货币政策冲击异方差性的应用研究中，实施了弱识别稳健推断。

4.6　不等式限制（符号限制）

到目前为止，我们讨论的识别方案都要使用先验信息来识别 H 的参数，或者，在单次冲击识别的情况下,要识别的是 H 的第一列的参数。这些参数都是在通常的意义上被识别的:参数的不同取值会引起数据的不同分布,从而 H(或 H_1)的参数在某个点上被识别出来。但是,实现点识别一般都需要很强的、在许多情况下可能很有争议的假设。因此,福斯特(1998)和厄里格(Uhlig)(2005)分别在他们的有开创意义的论文中指出,通过对脉冲反应的符号施加一定限制,可以实现更有说服力的识别。他们认为,这种做法与很多经济理论模型的联系更直接,例如,很多货币理论都表明,货币刺激会在一定时间内(比如说一年)对经济活动产生非负影响。这种可供选择的识别方法对脉冲响应函数施加了不等式限制,它虽然不能产生点识别,但是它将 H(或 H_1)的可能值限定在了一个集合之内。或者换句话说,在不等式限制下得到的是 H(或 H_1)的集合识别。

集合识别引入了新的计量经济学问题——既有计算上的,也有推断上的。在结构向量自回归模型中,集合识别的标准方法是使用贝叶斯方法。从数值计算的角度来看,这种方法比较方便。因此,本节将从评述各种贝叶斯不等式限制方法的区制入手,然后转而讨论集合识别引发的新的推断问题。我们的重点是有贝叶斯符号限制的结构向量自回归模型。最后,本节还将讨论若干以不同的方法解决这些推断问题的论文。

4.6.1 不等式限制与识别集合的估计的计算

在很多应用研究中,经济理论或制度环境本身就已经提供了判断某个给定冲击对特定变量的影响的方向(符号)的有力依据。例如,在讨论供给和需求关系且给出了价格和数量的数据的情况下,经济理论强烈建议,供给弹性为正,而需求弹性则为负的,所以正面的供给冲击会导致数量增加和价格下降,而正面的需求冲击则会同时提高数量和价格。更一般地说,经济理论可以表明,给定的正面冲击对向量自回归模型中的一个或多个变量在一定时间内的影响的符号是什么。这也就是说,经济理论可能给出对结构性脉冲响应函数的元素的符号限制。

正如福斯特(1998)和厄里格(2005)已经证明的——弗赖伊(Fry)和佩根(2011)对相关文献进行了综述——对结构性脉冲响应函数的符号限制,或者更一般地,不等式限制,能够帮助我们识别冲击。一般来说,不等式限制提供的是 H 的集合识别而不是点识别,也就是说,它们能够用于识别包含了唯一真实的 H 的一个 H 矩阵的集合。接下来的计量经济学问题是,如何估计出 H,怎样在给定的 H 识别集合的基础上做出关于 H 的推断。

在厄里格(2005)的开创性论文之后,贝叶斯方法成了这支文献的主流方法。最主要的贝叶斯推断问题是,如何在给定数据和一个先验分布的情况下,计算出结构性脉冲响应函数 $D(L)$ 的后验分布。在这里,我们冒一点被指责滥用符号的风险,将这个后验分布记为 $f(D|Y)$。

计算 $f(D|Y)$ 需要先知悉先验分布 $D(L)$。因为 $D(L) = A(L)^{-1}H$,所以要求得 $D(L)$ 的先验分布就需要先求出 $A(L)$ 和 H 的先验分布。厄里格(2005)提出的算法采用了如方程式(31)所示的单位标准偏差归一化,它使得 $\Sigma_\eta = HH'$。因此,任何 H 都可以写成 $\Sigma_\eta^{1/2}Q$ 的形式,其中,$\Sigma_\eta^{1/2}$ 是 Σ_η 的乔里斯基分解,Q 是一个正交矩阵。这样一来,在单位标准偏差归一化下,我们有 $D(L) = A(L)^{-1}\Sigma_\eta^{1/2}Q$。这个表达式拥有很大的计算优势:$A(L)$ 和 Σ_η 都是简化式

参数,它们在通常假设的误差服从正态分布的情况下具有共轭先验,并且先验中的唯一非标准部分就是 Q。而且,由于 $QQ'=I_n$,令 $\mathfrak{D}$ 表示满足符号限制的脉冲响应函数的集合,于是施加符号限制的先验与 $\mathbf{1}[D(L) \in \mathfrak{D}]$ 成比例。

继续"滥用符号"。我们采纳传统的约定,即 $A(L)$、$\sum_\eta$ 和 Q 上的先验分布在 $D(L) \in \mathfrak{D}$ 的条件下是相互独立的,于是我们可以把后验分布 $f(D|Y)$ 写成如下形式:

$$f(D|Y) \propto f(Y|A(L), \sum_\eta, Q)\pi(A)\pi(\sum_\eta)\pi(Q)\mathbf{1}[D(L) \in \mathfrak{D}]$$
$$\propto f(A(L), \sum_\eta|Y)\pi(Q)\mathbf{1}[D(L) \in \mathfrak{D}] \tag{47}$$

这里的 $f(Y|A(L), \sum_\eta, Q)$ 是结构向量自回归 $A(L)Y_t = \sum_\eta^{1/2}Q\varepsilon_t$ 的高斯似然,其中 $\sum_\varepsilon = I_n$,且 $f(A(L), \sum_\eta|Y)$ 是简化式向量自回归的后验分布。这可以从方程式(47)中的第二行得出,因为似然不取决于 Q。厄里格(2005)的算法使用 $A(L)$ 和 $\sum_\eta^{-1}$ 的共轭正态维沙特(Normal-Wishart)先验分布,因此对 $f(A(L), \sum_\eta|Y)$ 的计算(或从中抽样)很简单。

施加符号限制的算法如下。

(1)从 $\pi(Q)$ 中抽取一个候选的 $\widetilde{Q}$、从后验分布的 $f(A(L), \sum_\eta|Y)$ 抽取一个候选的 $(\widetilde{A}(L), \widetilde{\sum}_\eta)$。

(2)计算隐含的结构性脉冲响应函数,$\widetilde{D}(L) = \widetilde{A}(L)^{-1}\widetilde{\sum}_\eta^{1/2}\widetilde{Q}$。

(3)保留 $\widetilde{D}(L)$,如果它满足不等式限制。

(4)重复步骤(1)—(3)多次,从 $f(D|Y)$ 中获得足够的抽取值。

这个算法运用了正交矩阵空间上的先验分布 $\pi(Q)$。在二维的情况下,所有的正交矩阵都可以写成如下形式

$$\widetilde{Q} = \begin{pmatrix} \cos\theta & -\sin\theta \\ \sin\theta & \cos\theta \end{pmatrix} \tag{48}$$

因此从 $\pi(Q)$ 中抽取的过程就可以简化为从 θ 上的先验分布抽取的过程(其中 $0 \le \theta \le 2\pi$)。根据厄里格(2005),通常将方程式(48)假设为 $\theta \sim U[0, 2\pi]$。

对于 $n>2$ 的情况,约束条件要更加复杂得多。由于计算速度方面的原因,鲁比奥–拉米雷斯(Rubio-Ramírez)等人(2010)建议使用 QR 算法或豪斯霍尔德变换(Householder transformation)完成抽取 $\widetilde{Q}$ 的工作——也请参见阿里亚斯(Arias)等人(2014)的论述。在步骤(1)中,用 QR 方法构造 $\widetilde{Q}$ 的一个抽取值要这样进行:首先抽取一个 $n \times n$ 矩阵 $\widetilde{W}$,其元素都是独立标准正态的,然后使用 QR 分解写出 $\widetilde{W} = \widetilde{Q}\widetilde{R}$,其中 $\widetilde{Q}$ 是正交的,$\widetilde{R}$ 是上三角的。

先验 $\pi(Q)$ 的选择——在 $n=2$ 的情形下,就是方程式(48)中 θ 的先验分布——对后验有重要影响。我们在下一节中还要回过头来讨论这个问题。

4.6.1.1 单次冲击识别

我们在这里的讨论集中在系统识别上,但是也可以用于实现单次冲击的识别。具体来说,如果不等式约束条件仅涉及对一个冲击 ε_{1t} 的限制,那么这些约束条件就只涉及 $\widetilde{Q}$、$\widetilde{Q}_1$ 的

第一列,而且得到的 H_1 的抽取值为 $\Sigma_\eta^{1/2}\widetilde{Q}_1$。

4.6.2 当 H 为集合识别时的推断

这里要解决的统计问题是,当得到了 H 的唯一的集合识别时,如何给出一个有意义的表达式,将数据所"告知"我们的关于 H 的真实值(以及因此而得到的真实的结构性脉冲响应函数)刻画出来。正如弗赖伊和佩根(2011)、穆恩(Moon)和肖尔夫海德(Schorfheide)(2012)、穆恩等人(2013),以及鲍迈斯特(Baumeister)和汉密尔顿(2015a)等论文所指出的,用根据前一小节给出的算法计算出来的后验去处理不确定性的标准方法会引起一些概念上和技术上的问题。这些问题的核心点在于,因为结构性脉冲响应函数是在先验所"立足"的参数的非线性变换——在 $n=2$ 的情形下,就是在方程式(48)中的 θ 之上——所以一个 Q 上的看似平坦的先验最终会显得对推断有非常高的信息量。因此,关于结构性脉冲响应函数的推断是被一些与要解决的经济问题无关的假设驱动的(正交矩阵空间上的先验),这些假设的含义隐晦但确实很有影响。

接下来,我们重点讨论两个推断问题。为了更加有效地说明这些问题,我们以一个简化的双变量结构向量自回归模型为例。[①] 假设研究者的兴趣在于构造结构性脉冲响应函数,为此给出了这样的符号限制:冲击 1 对变量 1 和变量 2 的影响在冲击发生时和发生前 4 期均为非负,即 $D_{h,11}\geqslant 0$ 且 $D_{h,21}\geqslant 0$,$h=0,\cdots,4$,其中 $D(L)=A(L)^{-1}H$ 为结构性脉冲响应函数。

为了让这个例子尽可能简单一些,再假设简化形式向量自回归是一阶的,$A(L)$ 是对角线的,同时新息具有同样的新息方差。这也就是说:

$$A(L)=\begin{pmatrix} 1-\alpha_1 L & 0 \\ 0 & 1-\alpha_2 L \end{pmatrix}, \text{其中 } \alpha_1,\alpha_2>0,\text{且}\sum_\eta=I \tag{49}$$

因此,$Chol(\sum_\eta)=I$。进一步假设,样本规模足够大,使得这些简化式参数可以被当成已知的参数来处理,这样一来不难看出,结构向量自回归中的唯一的不确定性将来自 Q——因为 $n=2$,所以只来自方程式(48)中的 θ。研究者利用方程式(48)抽取候选正交矩阵 $\widetilde{Q}$,其中 $\theta\sim$ $U[0,2\pi]$。[②] 那么,关于结构性脉冲响应函数 $D(L)$,得到的推断是什么呢?

在上述假设下,对第一次冲击的结构性脉冲响应函数的识别集合和后验分布,都是可以解析地计算出来的。在大样本中,对于一个特定的抽样 $\widetilde{Q}$,候选的脉冲响应函数是:

$$\widetilde{D}(L)=\widetilde{A}(L)^{-1}\Sigma_\eta^{1/2}\widetilde{Q}=\begin{pmatrix} (1-\alpha_1 L)^{-1}\cos\theta-(1-\alpha_1 L)^{-1}\sin\theta \\ (1-\alpha_2 L)^{-1}\sin\theta \ (1-\alpha_2 L)^{-1}\cos\theta \end{pmatrix} \tag{50}$$

其中,等号依据的是大样本假设——不存在与 $A(L)$ 或 Σ_η 的估计相关的抽样变异性,使得后验抽样 $(\widetilde{A}(L),\widetilde{\sum}\eta)=(A(L),\sum_\eta)$。对方程式(50)的第一列应用符号限制意味着,如果 $\cos\theta$ $\geqslant 0$ 且 $\sin\theta\geqslant 0$(即如果 $0\leqslant\theta\leqslant\pi/2$),那么 $\widetilde{D}(L)$ 符合符号限制。因此,$D_{21}(L)$ 的识别集是 $0\leqslant$ $D_{21}(L)\leqslant(1-\alpha_2 L)^{-1}$,所以脉冲响应函数的第 h 个滞后的识别集合是 $[0,\alpha_2^h]$。

[①] 这个例子类似于鲍迈斯特和汉密尔顿(2015a)中当 $n=2$ 时的例子,但是有所进一步简化。
[②] 在 $n=2$ 的情形下,这相当于用第 4.6.1 节讨论的 QR 算法抽取 $\widetilde{Q}$。

因为 $D_{21}(L)=(1-\alpha_2 L)^{-1}\sin\theta$，所以冲击 2 对变量 1 的第 h 期结构性脉冲响应函数的后验分布 $D_{h,21}$ 就是 $\alpha_2^h\sin\theta$ 的后验分布，其中 $\theta\sim U[0,\pi/2]$。该后验分布的均值 $E[D_{h,21}]=E(\alpha_2^h\sin\theta)=2\alpha_2^h/\pi\approx 0.637\alpha_2^h$，且该后验的中位值大约为 $0.707\alpha_2^h$。通过变量的变化，求得 $D_{h,21}$ 的后验密度为 $p_{D_{21,i}|Y}(x)\propto 2\alpha_2^h/\pi\sqrt{1-x^2}$，且等尾 68% 后验覆盖区域为 $[0.259\alpha_2^h, 0.966\alpha_2^h]$。

这个例子说明了用符号限制识别法进行贝叶斯推断时的两个问题。第一，后验覆盖区间域严格集中在识别集合之内。正如穆恩和肖尔夫海德（2012）所指出的，这个结果是大样本集合识别的贝叶斯计量经济学的一般结果。从频率主义的角度来看，这是一个很讨厌的结果。在标准参数设定下，大样本中贝叶斯主义 95% 的后验区间与频率主义 95% 的置信区间一致，所以从频率主义的角度来看，95% 的贝叶斯置信集所包含的真实参数值，就是所有真实参数值的样本的全部真实实现的 95%。然而，在符号识别设定下，情况却不是这样，因为在重复样本中，贝叶斯区间所包括的参数值在所有时间都是该参数的某些值，另外的值则从来不会包含。[①]

第二，虽然符号限制没有给出关于识别区域的任何先验知识，但是关于 θ 的"平坦"形状的先验信息还是引入了一个信息量相当大的关于识别集合的后验。在我们这个例子中，这就意味着大部分质量（mass）都放到了 $D_{21}(L)$ 的较大的值上了。虽然这种效应在我们这个简单的例子中是近乎清晰的，但是正如鲍迈斯特和汉密尔顿（2015a）所表明的，在更复杂的模型和更高的维度上，识别集合上隐含的后验可能会包含很多信息并具有很不直观的形状。而且，在我们这个例子中，我们还假设 $A(L)$ 和 $\sum_\eta$ 中的抽样不确定性是不存在的，如果存在，就会进一步使得搞清楚推断如何受先验分布的影响这个问题更加复杂化。

在实际应用中，在简化式的参数的 $A(L)$ 和 $\sum_\eta$ 中还存在额外的抽样变异性。在采用贝叶斯主义的方法时，这种变异性是通过对这些参数进行额外的单整（integrating）来处理的，但是，随着抽样变异性的增强，穆恩和肖尔夫海德（2012）的结果（后验覆盖集被严格地包含于识别集当中）将不再成立。由此，这个例子告诉我们的是，贝叶斯后验推断依赖于正交矩阵空间上的任意先验。简而言之，传统的贝叶斯方法虽然可以从主观主义的贝叶斯推理的角度证明其合理性，但是这样做得出来的推断结果在一个频率主义者看来却是不可接受的。[②]

4.6.2.1 单位标准偏差归一化的含义

在传统的贝叶斯算法中使用单位标准偏差归一化，意味着结构性脉冲响应函数全都以标准偏差单位表示。对于以原来的单位提出的问题（例如，提高 25 个基点的货币政策冲击对联邦基金利率的影响是什么？），则必须先根据冲击的标准偏差加以重新调整。正如弗赖

---

① 在标准参数模型中，贝叶斯主义的置信集与频率主义的置信集，以及后验均值和最大似然估计量的渐近重合，通常被称为伯恩斯坦-冯·米塞斯定理（Bernstein-von Mises theorem）。弗里德曼（Freedman）（1999）介绍了这个定理并给出了这个定理不再成立的其他一些例子（除了我们在这里讨论的集合识别设定之外）。另外也请参见穆恩和肖尔夫海德（2012）。

② 贝叶斯符号识别的结构向量自回归模型的一个技术问题是，传统上，它必须逐点地对脉冲反应进行研究，正如我们在上面的例子中必须研究对于 h 的一个给定的值的 $D_{h,21}$ 的后验，而不是直接研究作为 h 的一个函数的 $D_{h,21}$ 的后验。因此，对应于某个期间的后验模式的向量自回归的参数值，一般不同于对应于另一个期间的参数值。参见西姆斯和查涛（1999）对这个问题的讨论。井上（Inoue）和基利安（2013）提出了一个处理这个问题并计算最可能的脉冲响应函数的方法（其路径不是逐点式的）。

伊和佩根（2011）所指出的那样，在集合识别的情形下，这种重新调整会引发一些在点识别设定下不会出现的额外推断问题。具体地说，转换为单位效应标准化必须对每次抽取进行，而不是只在最后一步进行，因为在这种方法下 H 没有一致的估计量。

4.6.2.2 集合识别的结构向量自回归模型的新的推断方法

这些推断问题难度很大，相关的研究正在推进过程中。在这里，我们只能简要地介绍以下五种新方法。

在这五种方法中，前两种是频率主义的。过去十多年以来，大量的计量经济学研究都尝试着用频率主义的方法去解决一般情况下的集合识别推断问题。通过矩不等式识别参数时的推断并不是标准的推断——正如结构向量自回归模型的应用中那样——而且可能会产生额外的问题，即矩不等式的个数可能非常多，但是却只有一个或几个不等式对给定的参数值有约束力。包括许多非约束性的不等式的推断通常会无谓增大置信区间。用来解决集合识别的结构向量自回归模型的推断问题的两种现有的频率主义方法之间的不同之处就在于，如何处理有很多个不等方程式（约束条件）的问题。穆恩等人（2013）从所有不等式入手，然后利用安德鲁斯和苏亚雷斯（Soares）（2010）的矩选择方法的修正版来收紧置信区间。加法罗夫（Gafarov）和蒙特埃尔·奥莱亚（Montiel Olea）（2015）则只使用了对于 H 的不等式约束（即冲击效应），从而大大简化了计算。加法罗夫和蒙特埃尔·奥莱亚（2015）的结果表明，在某些应用中，尽管只使用了较少的约束条件，置信区间反而可以比使用了所有不等式时更加紧凑。

其余三种方法都是贝叶斯主义的。鲍迈斯特和汉密尔顿（2015a）建议，将 Q 上的（在二维情况下，就是 θ 上的）先验用冲击乘数上——即 H_{21} 上——的先验直接替换掉。该先验可能是平坦的，或者是截断的（对于符号限制），也可能是高信息含量的。这种方法解决了前面那个例子中的问题，即正交矩阵空间上的"平坦"先验 $\pi(Q)$ 即使在大样本中也会导致脉冲响应函数的多信息后验（informative posterior）。不过，这种方法仍然受到了穆恩和肖尔夫海德（2012）的批评，即贝叶斯后验集仅会渐近地落在识别集合之内。

与此相反，嘉科米尼（Giacomini）和北川（Kitagawa）（2014）建议使用稳健贝叶斯推断（robust Bayes inference）。这种推断需要对 Q 的可能先验集进行"全扫描"，计算出每个先验的后验区域，然后报告作为随先验而定的区域的并集的后验区域，以及作为随后验而定的后验均值的范围。如果样本很大，它们就给出了稳健可信集收敛到识别集的条件，这样也就避免了穆恩和肖尔夫海德（2012）的批评。

普拉格波尔格-穆勒（2015）则采用了一种非常不同的方法：将结构性脉冲响应函数视为先验所置于其上的原始值（primitive）。与鲍迈斯特和汉密尔顿（2015a，2015b）将先验置于冲击影响（H）之上的做法相反，普拉格波尔格-穆勒（2015）将一个联合先验置于整个脉冲响应函数之上。通过对结构性移动平均表达式直接进行参数化，他还解决了表达式不可逆问题——将先验用于区分从观察的角度等价的不同结构向量自回归模型。

4.7　外部工具变量法

工具变量估计用一个内生变量的某些可量化的外生变化来估计该内生变量的因果效应。如果对于某个给定的冲击,可以用一个变量测度这种外生变化,而且该变量不包括在向量自回归中,那么就可以将它用于对结构性脉冲响应函数的估计——利用工具变量回归的向量扩展。感谢斯托克(2008)的贡献,这种方法已经被近期的不少论文采用了,包括斯托克和沃森(2012a)、默腾斯(Mertens)和拉文(Ravn)(2013),以及格特勒(Gertler)和卡拉迪(Karadi)(2015)。有些人将这种方法称为"代理向量自回归法"(proxy VAR),但是我们认为"外部工具变量法"(method of external instruments)这个术语更加准确得当。

作为例子,考虑对 ε_{1t} 的如下单次识别问题。假设变量 Z_t 的一个向量满足:

$$(\text{i})\quad E(\varepsilon_{1t}Z'_t)=\alpha'\neq 0 \tag{51}$$

$$(\text{ii})\quad E(\varepsilon_{jt}Z'_t)=0,\ j=2,\cdots,n \tag{52}$$

那么,我们就把变量 Z_t 称为外部工具变量。之所以说"外部",是因为它不是向量自回归中的 Y_t 的一个元素;之所以说"工具变量",是因为它可以用于对 H_1 的工具变量估计。

条件(i)对应于通常的工具变量回归中的相关性条件,它要求将该工具与被研究的内生变量 ε_{1t} 相关。条件(ii)则对应于通常的工具变量外生性的条件,它要求工具变量与其他结构冲击互不相关。

有了条件(i)和条件(ii),再结合方程式(21)的假设(所有冲击互不相关),再加上如方程式(32)所示的单位效应归一化,就可以识别 H_1,进而识别结构性冲击了。为了说明这一点,根据 $\eta_t=H\varepsilon_t$,条件(i)和条件(ii)以及如方程式(28)所示的分区表示法,我们先写出:

$$\begin{bmatrix}E(\eta_{1t}Z'_t)\\E(\eta_{\bullet t}Z'_t)\end{bmatrix}=E(\eta_t Z'_t)=E(H\varepsilon t Z'_t)=\begin{bmatrix}H_1 & H_\bullet\end{bmatrix}\begin{bmatrix}E(\varepsilon_{1t}Z'_t)\\E(\varepsilon_{\bullet t}Z'_t)\end{bmatrix}=H_1\alpha'=\begin{pmatrix}\alpha'\\H_{1\bullet}\alpha'\end{pmatrix} \tag{53}$$

其中 $\eta_{\bullet t}$ 表示 η_t 的最后 $n-1$ 行;第二个等式利用了 $\eta_t=H\varepsilon_t$,第三个等式则利用了如方程式(28)所示的分区表示法,第四个等式利用了条件(i)和条件(ii),最后一个等式如方程式(33)所示的利用了单位效应归一化 $H_{11}=1$。

方程式(53)中第一个和最后一个表达式的相等表明 $H_{1\bullet}$ (从而 H_1 和 ε_{1t})已经被识别出来了。在只有一个工具变量的情况下,我们可以得到如下表达式:

$$H_{1\bullet}=\frac{E\eta_{\bullet t}Z_t}{E\eta_{1t}Z_t} \tag{54}$$

这个表达式具有自然的工具变量解释:ε_{1t} 对 η_{jt} 的影响,即对 H 的第 j 个元素的影响,被确定为使用工具变量 Z_t 时,η_{jt} 对 η_{1t} 的总体工具变量回归中的相关系数。

与标准的工具变量回归一样,外部工具变量法的成功取决于如下这一点:是不是至少有一个强大而可靠的外生工具。虽然使用外部工具变量的结构向量自回归估计的文献还很"年轻",但是事实证明,至少在某些情况下,这种外生工具是可以找到的。例如,科克兰和皮亚泽西(2002)在他们的论文的第 4.2 节中讨论的度量货币冲击的指标,实际上度量的并不是货币冲击:正如他们所指出的那样,即使这种测度成功地刻画了部分冲击(冲击被认为是美国联邦公开市场委员会会议的一个直接结果),联邦公开市场委员会成员以及美国联邦储备委员会的其他行动也可能会在联邦公开市场委员会真的召开会议之前发出利率变动的信号。因此,最好把科克兰和皮亚泽西(2002)给出的测度理解为冲击的工具变量,而不是冲击本身;这也就是说,它很可能是与货币政策冲击相关的,而且因为它是在联邦公开市场委员会会议前后的时间窗口度量的,它看起来是外生的。从这个角度来看,我们在上面的第4.4节中讨论的用冲击测度构造的许多时间序列实际上并不是真正的冲击时间序列,而是冲击时间序列的工具变量。因此,将这些冲击测度作为变量的那些结构向量自回归模型实际上并没有在度量与这些冲击相关的结构性脉冲响应函数,而是在度量一个与这种冲击的工具相对应的简化式的脉冲响应函数。与此不同,外部工具变量法所识别的就是结构性冲击的脉冲响应函数。

与更一般的工具变量回归一样,如果工具变量是弱的,那么常规的渐近推断就是不可信的。结构向量自回归中的外部工具变量的细节与工具变量回归有很大的不同:在弱识别下的推断方法不能直接应用于结构向量自回归的实证研究中。至于存在弱外部工具变量的结构向量自回归模型中的推断方法,现在还在探索中,例如,请参见蒙特埃尔·奥莱亚等人(2016)的论文。

5. 结构动态因子模型和因子增广型向量自回归

结构动态因子模型有可能化解结构向量自回归的三个公认缺陷。第一,由于包括了许多变量,大大增加了新息涵盖结构性冲击的空间的能力,从而解决了上面第4.1.2节中讨论的遗漏变量问题。第二,由于所研究的冲击都是对共同因子的冲击,动态因子模型提供了一个很自然的框架,能够容纳单个时间序列的测量误差或不同时间序列的特异性变化,从而解决了上面第4.1.2节中讨论的含误差变量问题。第三,在高维结构动态因子模型中,我们能够估计任意多个观察到的变量之间一致的结构性脉冲响应函数、历史分解和预测误差方差分解。尽管我们也可以使用高维向量自回归来实现这些目标,但是由于向量自回归中的参数的数量会随着 n 的增加而增加(以 n^2 的形式),所以当 n 很大时,向量自回归就需要采用许多高信息量的先验,而后者本身的性质通常是统计上的。相比之下,因为在动态因子模型中,参数的数量是随 n 成比例地增加的,所以动态因子模型不需要非常强的约束条件(即超出了因子结构的可检验的限制的范围)来估计参数。

本节介绍如何将结构向量自回归方法直接扩展到动态因子模型,从而构建结构动态因子模型。在结构动态因子模型中,所有的因子都是不可观察的。不过,只要做一些轻微的修正,就可以将一个或多个因子视为观察到的;在这种情况下,结构动态因子模型就成了因子增广型向量自回归模型。将结构向量自回归识别与动态因子模型直接关联起来的关键在于两个归一化过程:上文第2.1.3节所述的动态因子模型的"命名因子"归一化,以及第3.4.3

节所述的结构向量自回归模型的单位效应归一化。命名因子归一化将（比如说）第一个变量的名称归结于第一个因子，从而使得第一个因子的新息等于第一个变量的共同成分的新息。单位效应归一化则指，要研究的结构性冲击——比如说第一个冲击——对第一个因子的新息有一个单位效应。

　　总而言之，这两个归一化将一个因子的新息与一个（命名）变量的共同成分的新息联系起来，并且设定了结构性冲击的尺度（单位效应）。例如，一个百分点的正向货币供给冲击会使得美国联邦基金因子的新息提高 1 个百分点，而后者又将联邦基金利率的共同成分的新息提高了 1 个百分点，而后者又使联邦基金利率提高了 1 个百分点。这些归一化并没有直接识别出货币政策冲击，但是进行这些归一化之后，结构向量自回归模型中任何一种能够识别货币政策冲击的识别方案，现在都可以用来从因子新息中识别出货币政策冲击了。

　　本节下面的内容就是对上一段文字的考察。在本节中，我们首先考虑对因子载荷矩阵 Λ 没有额外限制的情况下的结构动态因子模型，接下来转而讨论 Λ 有额外限制的结构动态因子模型，然后再将结构向量自回归识别方法扩展到因子增广型向量自回归模型中，最后给出结论。本节提供了一个统一的处理框架，并阐明了结构向量自回归模型、结构动态因子模型和因子增广型向量自回归模型之间的联系，还扩展到了对过度识别的讨论。

　　在相关文献中，将结构向量自回归扩展到结构动态因子模型的方法有很多种，我们在本节中统一了这些方法并加以进一步扩展。最早的因子增广型向量自回归模型是伯南克等人（2005）提出的。然后，斯托克和沃森（2005）发展出了一种不同的方法，使用了不同归一化过程，我们在本节中给出的方法可以说是其简化版。在这里给出的准确识别的结构动态因子模型的处理方法与斯托克和沃森（2012a）相同。文献中与这种方法比较接近的其他方法请参见福尔尼和盖姆贝蒂（Gambetti）（2010）、白和吴（2013）、白和王（Wang）（2014）、比约恩兰和索尔斯鲁德（即将发表），等等。

5.1　动态因子模型中的结构性冲击和单位效应归一化

结构动态因子模型的假设是，因子的新息是基本的结构性冲击 ε_t 的线性组合。

5.1.1　结构动态因子模型

　　结构动态因子模型在如方程式（6）和方程式（7）所示的静态形式的动态因子模型的基础上增加了如方程式（20）的假设，即因子的新息 η_t 是结构性冲击 ε_t 的线性组合，从而：

$$\overset{n\times1}{X_t}=\overset{n\times r}{\Lambda}\,\overset{r\times1}{F_t}+\overset{n\times1}{e_t} \tag{55}$$

$$\overset{r\times r}{\Phi(\mathrm{L})}\overset{r\times1}{F_t}=\overset{r\times q}{G}\,\overset{q\times1}{\eta_t}，其中，\Phi(\mathrm{L})=I-\Phi_1\mathrm{L}-\cdots-\Phi_p\mathrm{L}^p \tag{56}$$

$$\overset{q\times1}{\eta_t}=\overset{q\times q}{H}\,\overset{q\times1}{\varepsilon_t} \tag{57}$$

　　根据前面的方程式（7），上述系统中有 r 个静态因子和 q 个动态因子，其中 $r\geqslant q$。在这个系统中，q 个结构性冲击 ε_t 影响共同因子，但是不会影响特异项。另外，我们在上面的第4.1.4 节中给出的假设（SVAR-1）—（SVAR-3）成立，即这里的 $q\times q$ 矩阵 H 是可逆的（因而结构性冲击可以从因子新息中重建),而且各个冲击相互之间是不相关的。这也就是说,Σ_ε 是对角线的,如方程式(21)所示。

将方程式(57)代入方程式(56),然后再将得到的结果代入方程式(55),就可以得出结构性脉冲响应函数:

$$X_t = \Lambda \Phi(\mathrm{L})^{-1} GH\varepsilon_t + e_t \tag{58}$$

ε_t 增加一个单位对所有 n 个变量的动态因果效应,就是结构性脉冲响应函数,即 $\Lambda \Phi(\mathrm{L})^{-1} GH$。等价地,方程式(58)右边的第一项就是 X_t 的共同成分的移动平均的表达式——用结构性冲击来表示。

如果研究者感兴趣的是单个冲击(比如说第一个冲击),那么该冲击的结构性脉冲响应函数就是 $\Lambda \Phi(\mathrm{L})^{-1} GH_1$。

结构动态因子模型对结构向量自回归模型的一般化体现在,它可以允许的变量的个数比结构性冲击的个数还要更多,而且允许每个变量都具有本身的特异性动态和/或测量误差。在不存在特异性误差项(即 $e_t = 0$)且 $r = q = n$、$\Lambda = I$ 以及 $G = I$ 这种特殊情况下,结构动态因子模型方程式(58)就是如方程式(23)所示的结构移动平均,其中 $\Phi(\mathrm{L}) = A(\mathrm{L})$。

5.1.2 将单位效应归一化与命名因子归一化结合起来

结构动态因子模型方程式(55)—(57)需要三个归一化:Λ、G 和 H。我们首先考虑 $r = q$ 这种特殊情况,此时静态因子具有满秩协方差矩阵,然后再讨论 $r \geq q$ 的一般情况。

5.1.2.1 $r = q$ 时的归一化

在这种情况下,设定 $G = I$,使得 η_t 是对因子的新息。我们对 Λ 进行如方程式(12)所示的命名因子归一化,对 H 进行如方程式(32)所示的单位效应归一化。使用这两个归一化,我们可以给出以变量的原始单位来衡量的结构性脉冲响应函数,并确保关于结构性脉冲响应函数的推断不会因忽略数据依赖的重新缩放而出现误差——这种重新缩放是从标准偏差单位(如果使用单位标准偏差归一化的话)变换为原始单位所必需的。

如上文第 2.1.3 节所述,命名因子归一化将一个因子的新息(因此,也就将这个因子)与命名变量的共同成分的新息联系起来。不失一般地,首先放置好命名变量,以便让第一个因子采用第一个变量的名称,然后依次类推,将所有 r 个变量放置好。这样一来,$\Lambda_{1:r} = I_r$,其中,像在方程式(12)中一样,$\Lambda_{1:r}$ 表示 Λ 的第 1 行到第 r 行。如果不存在对 Λ 的过度识别,那么 Λ 和 F_t 可以先用主成分法估计,然后再根据方程式(12)进行变换。这也就是说,如果用 PC 表示主成分估计器,那么有:

$$\hat{\Lambda} = \begin{bmatrix} I_r \\ \hat{\Lambda}_{r+1:n}^{PC}(\hat{\Lambda}_{1:r}^{PC})^{-1} \end{bmatrix},\text{且} \hat{F}_t = \hat{\Lambda}_{1:r}^{PC} \hat{F}_t^{PC} \tag{59}$$

命名因子归一化和单位效应归一化共同设定了各结构性冲击的规模(scale)。例如,如果将石油价格和石油供给冲击排在第一位,那么一个单位的石油供给冲击就会导致第一个因子的一个单位的新息,这就是石油价格的共同成分的新息,它会使石油价格上涨一个原始单位(例如,如果石油价格是用百分比表示的,那么就使石油价格提高一个百分点)。用方程式(58)和方程式(59)中的符号来说明,那就是:ε_{1t} 对 X_{1t} 的影响为 $\Lambda_1 H_1$,其中的 Λ_1 是 Λ 的第一行。因为 $\Lambda_1 = (1\ 0 \cdots 0)$ 且单位效应归一化决定了 $H_{11} = 1$，因此有 $\Lambda_1' H_1 = 1$。因此，如果 ε_{1t} 增加一个单位，会使 X_{1t} 增加一个（原始）单位。

这种方法还可以扩展到使用 2.3.1 节所述的方法对 Λ 进行过度识别限制。作为一个具体的例子，在下面的第 7 节中，我们将考虑识别石油供给冲击的实证研究。我们的数据集有四种不同的原油价格指数[美国原油生产者价格指数（PPI）、布伦特原油价格指数（Brent）、西得克萨斯中级原油价格指数（WTI），以及美国能源信息管理局估计的美国炼油厂的进口石油采购成本（PAC）]。这些时间序列所覆盖的时间范围各不相同，但是它们通常一起变动，由于产地条件和原油等级的差异，它们的价差各不相同。所有这四个变量都是研究石油经济问题的宏观经济学文献中常用的石油价格测度。因此，在我们构建的模型中，真实石油价格因子新息以单位系数影响所有这四个实际价格。这就是说，命名因子归一化按以下表达式进行：

$$
\begin{bmatrix} p_t^{PPI\text{-}Oil} \\ p_t^{Brent} \\ p_t^{WTI} \\ p_t^{RAC} \\ X_{5:n,t} \end{bmatrix} = \begin{bmatrix} 1 & 0 & \cdots & 0 \\ 1 & 0 & \cdots & 0 \\ 1 & 0 & \cdots & 0 \\ 1 & 0 & \cdots & 0 \\ & A_{5:n} & \end{bmatrix} \begin{bmatrix} F_t^{oil} \\ F_{2:r,t} \end{bmatrix} + e_t \tag{60}
$$

其中，$p_t^{PPI\text{-}Oil}$ 是生产者价格指数中的原油实际价格等的对数。严格地说，方程式（60）的前四行中的任何一行都是一个命名归一化，而剩下来的各行则是额外的限制，这些约束条件将其他三个石油价格视为单一石油价格冲击的附加指标。到目前为止，静态因子 r 的数量是未指定的，不过在第 7 节的实证应用中，我们使用的参数是 $r = 8$。

给定方程式（60）中受限制的 Λ，如上文第 2.3.1 节所述，静态因子可以用受限制的主成分来估计[方法是，在满足如方程式（60）所示的对 Λ 的限制的前提下，求方程式（14）所示的最小二乘目标函数的数值最小化]。从这个最小化问题中计算出来的第一个因子是石油因子。

5.1.2.2　当 $r > q$ 时的归一化

如果动态因子模型的实证分析表明（就像上文第 2.4.2 节所讨论的那样），动态因子 q 的数量小于静态因子 r 的数量，那么就需要增加一个步骤才能估计出 G。这个步骤也必须与单位效应归一化一致。这就是说，我们要对 G 归一化，使得

$$
G = \begin{bmatrix} I_q \\ G_{q+1:r} \end{bmatrix} \tag{61}
$$

其中 $G_{q+1:r}$ 是一个无限制的 $(q-r) \times q$ 矩阵。

在总体这个层级上，满足方程式（61）的 G 可以这样构造：先求得各个因子的新息 a_t，使得 $\Phi(L)F_t = a_t$；然后，因为 $r > q$，$\Sigma_a = Ea_t a_t'$ 的秩为 q。分割 $a_t = (a_{1t}'\ a_{2t}')'$，其中 a_{1t} 是 $q \times 1$ 的，a_{2t} 是 $(r-q) \times 1$ 的；类似地，分割 Σ_a。假设 Σ_a 上的 $q \times q$ 块是满秩的，我们可以设定 $\eta_t = a_{1t}$ 和 $G_{q+1:r} = \Sigma_{a,21} \Sigma_{a,11}^{-1}$。构建完成后，就实现了如方程式（61）所示的归一化。

在样本中，用样本对象来代替上述总体对象即可。这也就是说，令 $\hat{a}_t$ 为 $\hat{F}_t$ 对 $\hat{F}_t$ 的 p 个

滞后的回归的残差,令 $\hat{\eta}_t = \hat{a}_{1t}$,并用 $\hat{\Sigma}_a$ 表示 $\hat{a}_t$ 的样本协方差矩阵。那么 $\hat{G}_{q+1:r} = \hat{\Sigma}_{a,21}\hat{\Sigma}_{a,11}^{-1}$ 就是 $\hat{a}_{2t}$ 对 $\hat{\eta}_t$ 的回归的相关系数矩阵。[①]

5.1.2.3 给定识别方案下的估计

完成了归一化后,就可以直接套用上面第4节给出的识别方案了。不过,第4节中讨论的新息 η_t 现在成了因子的新息。因子(或所需的子集)现在已经被重命名了,而且规模也已经在结构性冲击中被设定了,所以剩下的就是如何实现识别方案了。第4节中的公式也继续适用,只不过需要变更一下记号,即将第4节中的 $A(\text{L})$ 修改为 $\Phi(\text{L})$。下面第6节分别举例说明了两种同期限制下的石油价格识别方案。

5.1.3 结构性脉冲响应函数的标准误差

对于结构性脉冲响应函数的标准误差,以及其他研究者有兴趣的统计量(比如说预测误差方差分解)的标准误差,都有很多不同的计算方法。本章中使用的方法是参数自助法(parametric bootstrap)。不过这种方法(像其他标准自助法一样)只有在强识别时才适用。

这里使用的参数自助法的步骤如下。

1. 估计 Λ、F_t、$\Phi(\text{L})$、G 和 Σ_η,并计算出特异性残差 $\hat{e}_t = X_t - \hat{\Lambda}\hat{F}_t$。

2. 估计单变量自回归过程 $\hat{e}_t$,$\hat{e}_{it} = d_i(\text{L})\hat{e}_{it-1} + \zeta_{it}$(本章使用的是四阶自回归)。

3. 从数据中构造一个自助抽样(bootstrap draw),方法是:(a)独立地抽取 $\tilde{\eta}_t \sim N(0, \hat{\Sigma}_\eta)$ 和 $\zeta_{it} \sim N(0, \hat{\sigma}_{\zeta_i}^2)$;(b)运用 ζ_{it} 的抽样和自回归系数 $\hat{d}_i(\text{L})$ 生成特异性误差 $\tilde{e}_t$;(c)用 $\hat{\Phi}(\text{L})$、$\hat{G}$ 和 $\tilde{\eta}_t$ 生成因子 $\tilde{F}_t$;以及(d)生成自助数据(bootstrap data) $\tilde{X}_t = \hat{\Lambda}\tilde{F}_t + \tilde{e}_t$。

4. 运用自助数据估计 Λ、F_t、$\Phi(\text{L})$、G 和 H,以此来获得结构性脉冲响应函数 $\Lambda\Phi(\text{L})GH$ 的自助估计。为了识别出冲击的一个子集,将 H 替换为 H 中对应于所识别的冲击的那几列。

5. 重复步骤3和4,以获得所需数量的自助抽样,然后构建出自助标准误差、置信区间和/或进行检验。

这种方法还有不少变化。例如,在步骤3中,可以用来自因子向量自回归的残差和特异性自回归的块自助重抽样来替换抽取的正常误差。

如何通过自助法来改进动态因子模型、结构动态因子模型和因子增广型向量自回归模型中的推断,是现在许多研究所关注的焦点。例如,山本(Yamamoto)(2012)为单位标准偏差归一化下的因子增广型向量自回归开发了一个自助程序。卡拉迪(Corradi)和斯万森(Swanson)(2014)则考虑了将自助法用于检验因子载荷和因子增广型回归系数的稳定性。贡萨尔维维斯(Gonçalves)和佩龙(Perron)(2015)证明了因子增广型回归中的自助法的渐近有效性。贡萨尔维维斯等人(即将发表)则为动态因子模型中的超前 h 期预测构建了一个自助预测区间。限于篇幅,我们在这里无法详细地评述这些新进展。

[①] 这个算法假定样本逆矩阵 $\hat{\Sigma}_{a,11}^{-1}$ 具有良好性状(well behaved)。

5.2　因子增广型向量自回归模型

因子增广型向量自回归模型(FAVARs)最初是由伯南克等人(2005)发展起来的。这种模型将一些因子视为观察到的变量,而其余因子则仍是不可观察的。因此,因子增广型向量自回归模型其实是对动态因子模型增加了一些限制,或者更具体地说,一个或多个因子是用一个或多个可观察变量无误差地测量的。这就意味着,具有单位效应归一化的结构向量自回归识别方法可以直接转用于因子增广型向量自回归模型。

因子增广型向量自回归模型可以用两种方式表示。第一种方法是将它表示为一个有参数限制的动态因子模型。为了简单起见,在这里考虑只有一个可观察因子 $\widetilde{F}_t$ 的情形,该因子可以用变量 Y_t 无误差地测量。在这个例子中,有 r 个不可观察的变量 F_t,并将可观察变量排在第一位。这样,结构性因子增广型向量自回归模型表示为:

$$\begin{pmatrix} Y_t \\ X_t \end{pmatrix} = \begin{pmatrix} 1 & 0_{1\times r} \\ & \Lambda \end{pmatrix} \begin{pmatrix} \widetilde{F}_t \\ F_t \end{pmatrix} + \begin{pmatrix} 0 \\ u_t \end{pmatrix}, \tag{62}$$

$$F_t^+ = \Phi(\mathrm{L}) F_{t-1}^+ + G\eta_t, \text{其中 } F_t^+ = \begin{pmatrix} \widetilde{F}_t \\ F_t \end{pmatrix}, \tag{63}$$

$$\eta_t = H\varepsilon_t \tag{64}$$

因此,因子增广型向量自回归模型将加之于如方程式(12)所示的因子载荷上的单位效应归一化与可观察变量 $\widetilde{F}_t$ 不包含特异性分量的假设结合了起来。

因子增广型向量自回归模型的第二种表示方法,也是更常用的表示方法——令 $Y_t = \widetilde{F}_t$[来自方程式(62)的第一行],使得 Y_t 直接作为一个因子被包括在内,即:

$$X_t = \Lambda \begin{pmatrix} Y_t \\ F_t \end{pmatrix} + u_t \tag{65}$$

$$F_t^+ = \Phi(\mathrm{L}) F_{t-1}^+ + G\eta_t, \text{其中 } F_t^+ = \begin{pmatrix} Y_t \\ F_t \end{pmatrix} \tag{66}$$

$$\eta_t = H\varepsilon_t \tag{67}$$

通过这种替代,结构动态因子模型识别问题就转化成了结构向量自回归识别问题,其中的向量自回归现在变成了 $(Y_t \ F'_t)$ 的形式。因子和因子载荷则可以通过最小二乘估计;如果对 Λ 存在过度识别,那么可以转而使用有约束的最小二乘法(restricted least square),如上文第2.3.1 小节所述。①

作为一个很好的例子,不妨考虑伯南克等人(2005)应用因子增广型向量自回归模型构建的用于识别货币政策冲击的"缓慢还是快速"识别方案。这是一个首创性的因子增广型向量自回归模型的应用,它实现了两个目标。首先,通过将大量的变量包含进来,它解决了低维向量自回归中的遗漏变量问题,特别是有助于解决货币向量自回归模型中的所谓"价格难

---

① 在下面的第 7.3 节对实证应用的讨论中,我们给出了关于如何实施这种有约束的最小二乘法的更多细节。

题"[雷米(2016),参见本手册]。其次,对许多变量的联合建模,使得研究者可以为任意大的感兴趣的变量列表估计内在一致的结构性脉冲响应函数。

在这个"缓慢还是快速"识别方案中,伯南克等人假设货币政策冲击或新闻/金融冲击不会影响同一期的产出、就业和价格指数等"缓慢变动"的变量,同时货币政策会在同一期对那些缓慢变动的变量做出反应,但是却不会对新闻或金融冲击做出反应,而"快速变动"的变量(比如说资产价格)则会在同一期对所有的冲击(包括仅仅反映在这些变量中的新闻/金融冲击)都做出反应。[①] 我们用"s"和"f"分别指称缓慢变动的变量和快速变化的变量、新息和冲击,并在 X_t 把缓慢变动的变量排在前面,然后(与前面所述的传统做法不同)将缓慢变动的新息和因子排在前面,其次是可观察的因子($Y_t = R_t$,联邦基金利率),然后是快速变化的因子和新息。这样一来,伯南克等人(2005)的"缓慢还是快速"识别方案的实现形式为:

$$\begin{pmatrix} X_t^s \\ X_t^f \end{pmatrix} = \begin{pmatrix} \Lambda_{ss} & 0 & 0 \\ \Lambda_{fs} & \Lambda_{fr} & \Lambda_{ff} \end{pmatrix} \begin{pmatrix} F_t^s \\ r_t \\ F_t^f \end{pmatrix} + e_t \tag{68}$$

$$\Phi(L) \begin{pmatrix} F_t^s \\ r_t \\ F_t^f \end{pmatrix} = \begin{pmatrix} \eta_t^S \\ \eta_t^r \\ \eta_t^f \end{pmatrix} \text{和} \tag{69}$$

$$\begin{pmatrix} \eta_t^s \\ \eta_t^r \\ \eta_t^f \end{pmatrix} = \begin{pmatrix} H_{ss} & 0 & 0 \\ H_{rs} & 1 & 0 \\ H_{fs} & H_{fr} & H_{ff} \end{pmatrix} \begin{pmatrix} \varepsilon_t^s \\ \varepsilon_t^r \\ \varepsilon_t^f \end{pmatrix} \tag{70}$$

这个识别方案对方程式(68)中的 Λ 施加了过度识别限制,而且这些限制是可以通过有约束的主成分法来施加的,如第2.3.1节所述。

6. 一个有 200 多个变量的动态因子模型: 美国的季度数据

第6节和第7节分别以实例说明上一节给出的方法。这个例子是一个用季度数据(主要是来自美国的数据)估计的、有207个变量的动态因子模型。在这一节中,我们先描述简化形式的动态因子模型:因子的数量、因子的拟合及其稳定性。第7节则用简化形式的动态因子模型来估计结构动态因子模型,进而用结构动态因子模型估计各种不同的识别方案下石油市场冲击对经济的影响。

---

① 关于"缓慢还是快速"识别方案的更多讨论,请参见克里斯蒂亚诺等人(1999)。

6.1　数据及其初步变换

我们的数据包括 207 个时间序列的季度观察值,包括各种各样的反映实际经济活动水平的变量价格、生产率和收益,利率和利差,货币和信贷,资产和财富变量,石油市场变量和代表国际经济活动的变量。表 1 给出了这些时间序列的类别,详细列表请参见本章的数据附录。原本以月度数据提供的那些数据已经用时间平均法转换为季度数据。实际经济活动变量和其他几个变量都已经进行了季节调整。我们在这里使用的这个数据集是对斯托克和沃森(2012a)使用的数据集的更新和扩展。主要的扩展是,我们这个数据集包括了基利安(2009)的国际经济活动指标和石油市场数据,它们将在下一节中用于石油市场冲击对经济影响的分析。数据集的时间范围是 1959 年第一季度至 2014 年第四季度。但是 207 个时间序列当中,只有 145 个有上述期间的完整数据。

在这个数据集的基础上,我们使用表 1 的前四个类别的 86 个实际经济活动变量生成了一个子数据集。在下文中,这个子数据集将称为"实际经济活动数据集"。在这些实际经济活动变量中,有 75 个适用于全样本。

数据集在数据附录中有详细描述。

表 1　全数据集中的季度时间序列

序号	类别	时间序列的个数	用于因子估计的时间序列的个数
(1)	NIPA(国民收入和产品账户)	20	12
(2)	工业产出	11	7
(3)	就业与失业	45	30
(4)	订单、存货与销售收入	10	9
(5)	新房开工与建造许可	8	6
(6)	价格	37	24
(7)	生产率与劳动收入	10	5
(8)	利率	18	10
(9)	货币与信贷	12	6
(10)	国际经济活动	9	9
(11)	资产价格、财富、家庭资产负债表	15	10
(12)	其他	2	2
(13)	石油市场变量	10	9
	合计	207	139

注:实际经济活动数据集由表 1 中的第 1 类至第 4 类变量组成。

6.1.1　数据的初步变换与去除趋势

数据要进行四个初步变换。第一,我们在上面第二节阐述的动态因子模型框架和相关经济学理论都假设变量是二阶平稳的。因此,每个时间序列都被变换为接近零阶单整的,例如,实际经济活动变量被变换为增长率,利率被变换为一阶差分,价格则被变换为通货膨胀率的一阶差分。决定这些变换的依据是单位根检验结果基础上的适当判断,同时,同一个类别下的类似的时间序列都进行同样的变换(例如,就业这个类别下所有度量指标都变换为增长率)。选择的协整关系是通过将误差修正项包括进来而施加的。具体来说(例如),利率的利差就被建模为零阶单整的(平稳的)。第二,我们去除了极少数异常值。第三,与斯托克和沃森(2012a)的做法一样,每个时间序列的长期均值都被去除了,方法是使用一个带宽为 100 个季度的双权重滤波器。这个步骤并不是标准的做法,我们将在下一小节中讨论这样做的原因。第四,在完成了这些变换之后,再将这些时间序列归一化为具有单位标准偏差的序列。

数据附录提供了有关这些步骤的更多细节,包括每个时间序列的初步转换。

6.1.1.1 去除低频趋势

最近的研究表明,第二次世界大战结束后,GDP 平均增长率在长期中呈放缓趋势——例如,请参见:斯托克和沃森(1996,2012a)、经济顾问委员会(2013)和戈登(Gordon)(2014,2016)。虽然对于这种放缓的原因仍有争论,但是长期的人口转变显然在其中发挥了重要作用。20 世纪 70 年代至 90 年代,女性大举进入美国劳动力大军,提高了劳动力增长率,进而提高了充分就业 GDP 增长率,但是到了现在,劳动力的老龄化和退休却导致劳动力参与率不断下降——请参见阿伦森等人(2014,以及该文的参考文献)。这种人口结构变化的净效应是,从 20 世纪 80 年代初至今,GDP 年增长率下降了大约 1 个百分点。这个长期放缓趋势在国民收入和产品账户的许多总量指标中都表现得很清楚,而且从理论上说,它在其他时间序列——如利率——的长期趋势中也有体现。

这种长期趋势就其本身而言,当然是非常重要的,而且也与我们这里的应用研究有关,原因虽然是技术性的,但是也很重要。这种长期趋势提出了两个具体的问题。首先,如果遗漏了趋势,并在建模时认为时间序列(比如说就业增长率和 GDP 增长率)是平稳的,那么,因为这些持久的成分很小,从实证数据估计出来的模型将会是均值回归。然而,趋势的根本原因(比如说人口结构的变化),通常不会是均值回归的。因此如果忽略这些长期趋势,就会将错误设定误差引入预测和其他简化式研究。其次,旨在量化宏观经济变量对特定冲击(例如,货币冲击、需求冲击或石油供给冲击)的反应的结构分析,通常都集中在对 GDP 增长的影响上。如果将增长率建模为有均值回归特征的长期趋势,就会将设定误差引入向量自回归模型和动态因子模型:简化式脉冲响应函数会把对上述暂时性的冲击的反应与产生于其他来源的趋势的缓慢展开混淆起来。

从原则上说,将这些长期趋势与其他因子一起建模也是有可能做到的,例如,可以加入一个随机行走漂移项,作为出现在时间序列中的增长率的一个因子。这种方法的优点是,允许对低频趋势和动态因子模型的其余部分一起进行估计,但是缺点也很明显:需要对这些趋势构建时间序列模型,从而可能导致参数设定错误。因为本节和下一节的动态因子模型分析的目的——以及更一般地,绝大多数向量自回归和动态因子模型文献的目的——在于短期和中期的分析和预测(比如说,最多 4 年),所以更简单、更稳健的方法是,直接去除这些低频趋势,然后用去趋势的增长率来估计时间序列模型。

出于这些原因,我们在估计动态因子模型之前就对所有时间序列进行了去除趋势处理。

虽然增长率的这种下降趋势有很强的持续性,但是无论是这种下降背后的"基本面原因",还是对这种趋势的外观的"目测"[例如,请参见斯托克和沃森(2012a)、戈登(2014)],全都足以表明,它们并不遵循线性趋势,因此也就不适用于线性去除趋势法。

为此,我们在这里沿用了斯托克和沃森的去除趋势的方法。首先,如前所述,将所有时间序列变换为接近于零阶单整的(例如,就业量转换为就业增长)。其次,估计出每个变换后得到的时间序列(例如就业增长)的趋势,方法是用带宽为 100 个季度的双权重滤波器进行非参数估计。[①]

图 2 将这种双权重滤波器与同样可以用来估计低频趋势的其他三种滤波器进行了比较。这三种滤波器是:具有 40 个领先和 40 个滞后(即有 81 个季度的居中移动平均)的等权重移动平均滤波器,霍德里克(Hodrick)和普雷斯科特(Prescott)(1997)所使用的具有传统的季度调谐参数(1600)的滤波器,以及巴克斯特(Baxter)和金(1999)所使用的通带宽度为 200 个季度、截止±100 个滞后的低通带通滤波器。这些滤波器都是线性的,所以估计出来的趋势是 $w(L)x_t$,其中 x_t 是原始时间序列(例如,就业增长),而 $w(L)$ 通常表示滤波器。图 2A 给出了这些滤波器在时域中的权重,图 2B 则给出了这些滤波器的频谱增益。[②]

从图 2A 和图 2B 可以看出,双权重滤波器与巴克斯特-金低通带通滤波器非常相似。双权重滤波器与±40 个季度的等权重移动平均滤波器也有一定可比性,但是双权重滤波器避免了移动平均滤波器的尖锐截断所导致的噪声(移动平均滤波器中的这些较高频率分量在图 2B 所显示的增益图的较高频率处的波纹中可以看得非常清楚)。不过相比之下,所有这三个滤波器都集中在了比霍德里克和普雷斯科特的滤波器低得多的频率上,后者绝大部分权重都落在了±15 个季度上。双权重滤波器在"数十年"这个频段估计趋势,而霍德里克和普雷斯科特的趋势则被不到十年的波动占据了相当大的份额。

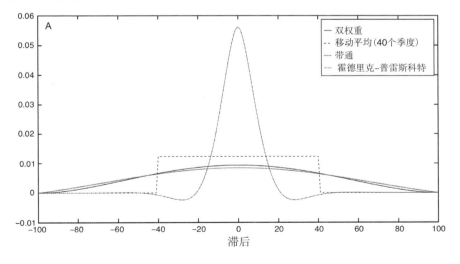

[①] 塔基(Tukey)的双权重滤波器 $w(L)$ 是双向的,当 $|j| \leq B$ 时,$w_j = c[1-(j/B)^2]^2$,不然 $|j| = 0$,其中 B 是带宽,c 是使得 $w(1) = 1$ 的归一化常数。

[②] 对于滤波器 $w(L)$,估计出的趋势是 $w(L)x_t$,并且去除趋势后的时间序列为 $x_t - w(L)x_t$。滤波器 $w(L)$ 的光谱增益是 $||w(e^{i\omega})||$,其中 $||\cdot||$ 是复范数(complex norm)。

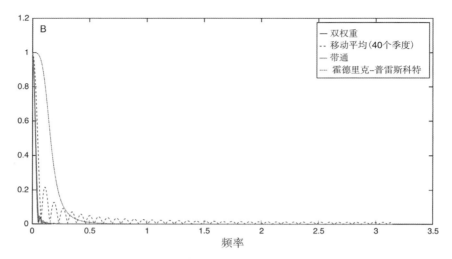

图2　各趋势滤波器的滞后权重和频谱增益

注:双权重滤波器使用的是100个季度的带宽(截断参数)。带通滤波器是200个季度的低通滤波器,截断于100个领先和100个滞后处[巴克斯特和金(1999年)]。移动平均滤波器是等权重滤波器,有40个领先和40个滞后。霍德里克和普雷斯科特(1997)的滤波器则使用1600为其调谐参数。

不过,双权重滤波器还需要适当修正,不然不能适用于样本开始和样本结束附近的观察值。一种修正方法是,对每个时间序列做出一个时间序列模型,并将该模型的预测值填充在时间序列的端点处,然后将双权重滤波器适用于这个"填充好"的时间序列。这种方法实际上对应于在给定可用数据的情况下,估计端点处的滤波后的时间序列的条件期望。然而,要采用这种方法,需要构建一个模型,而这个模型本身就会带来前面讨论过的那些问题(而且这些问题正是我们希望用去除趋势法避免的):如果在估计模型时忽略趋势,那么长期预测将会是均值回归的,而这种均值回归很可能会将错误设定引入趋势估计当中,而且将这种趋势设定为模型的一部分也会引入潜在的参数错误设定。为此,我们在这里没有使用这种方法。相反,我们使用的方法是:截断过滤器、重新归一化并将修正后的过滤器直接应用于样本端点的带宽内的观察点的可得数据。①

6.1.2　用于估计因子的时间序列子集

我们这个数据集包含的时间序列有多重层级的聚合(levels of aggregation),由此而导致的一个结果是,有些总量时间序列,相当于或几乎相当于若干个非总量时间序列的加总。尽管总量性质在对数中不一定能继续保持,但是在动态因子模型的情形下,某个更高层级的总量的对数的特异性项,与它的各非总量的对数的特异性项的份额加权平均是高度相关的。基于这个原因,当有非总量组分时间序列可用时,我们就用非总量组分时间序列去估计因子,而不用更高层级的总量时间序列。

例如,我们的数据集中,包括了工业总产出、最终产品的工业产出,消费品的工业产出,

---

① 例如,假设观察点 t 距样本结束点 $m < B$ 个时期,其中 B 是带宽。那么日期 t 上的估计趋势为 $\sum_{i=-B}^{m} w_i x_{t+i} / \sum_{i=-B}^{m} w_i$,其中 w_i 是未调整的双向滤波器的第 i 个滞后的权重。

以及分部门(共 7 个部门)的工业产出等指标。前 3 个时间序列是用数据集中的那 7 个分部门工业产出的时间序列构建而成,因此这 3 个总量的特异性项与 7 个非总量组分的特异性项是共线性的。因此,我们只用那 7 个非总量的分部门工业产出时间序列估计相关的因子。

没有用来估计因子的总量变量包括 GDP、总消费、总就业,以及刚刚提到过的工业总产出。因此,总的来说,在去掉了总量时间序列之后,整个数据集还有 139 个时间序列,它们都可以用来估计因子。例如,在实际经济活动子数据集当中,除了总量时间序列之外,可以用来估计因子的非总量时间序列有 58 个。表 1 按类别给出了用于估计因子的时间序列的数量。

6.2 实际经济活动数据集和单指数模型(single-index model)

第一步是确定实际经济活动数据集中的静态因子的数量。图 3 显示的是使用实际经济活动数据集中的 58 个非总量时间序列计算出来的 3 个碎石图,即完整的数据集的碎石图、以 1984 年为界拆分出来的 2 个子样本的碎石图(1984 年是一个常用的年份,通常认为它是"大缓和"时代的起始点)。表 2 的 A 部分总结了与因子数量有关的统计量:各因子的边际 R^2 (即图 3 中第一个竖条的数值)、白和吴(2002)的 IC_{p2} 信息准则,以及安和霍伦斯泰因(2013)的特征值比率。

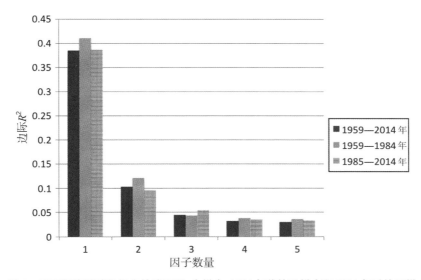

图 3 实际经济活动数据集的碎石图:全样本、1984 年前的子样本和 1984 年后的子样本

首先考虑一下全样本估计量。如图 3 所示,这 58 个子集对于迹 R^2 的主要贡献来自第一个因子,它整整解释了这 58 个时间序列的 38.5% 的方差。然而,第二个因子以及更高阶的因子对于迹 R^2 也可以做出有意义的贡献:第二个因子的边际 R^2 在全样本中为 10.3%,第三个因子则为 4.4%,前五个因子的总边际 R^2 则为 59.4%,这个值比第一个因子所解释的 38.5% 显然大了很多。这个事实表明,真实活动数据集中至少有 1 个因子,而且很可能更多。白和吴(2002)的 IC_{p2} 信息准则要求估计 3 个因子,而安和霍伦斯泰因比率则只需估计一个因子。

不幸的是,这种模糊性是非常典型的。在碰到这种情况的时候,就必须做出判断,而判断则取决于使用动态因子模型的目的。

图 1(见上文第 1 节)显示了美国的 GDP、工业产出、非农就业总量、制造业和贸易销售额的去除趋势四个季度增长率(实线),以及用单一静态因子模型估计出来的共同成分。[1] 在这当中,制造业和贸易销售额是用来估计因子的,其余的时间序列都是总量水平的,它们的分解时间序列也在同一个数据集中。显然,全样本单因子通过商业周期频率就解释了这些时间序列的年度变动。

表 2　静态因子数估计的统计量

(A)实际经济活动数据集(N=58,用于估计因子的非总量变量)

静态因子的数量	迹 R^2	边际迹 R^2	BN-IC_{p2}	AH-ER
1	0.385	0.385	−0.398	**3.739**
2	0.489	0.103	−0.493	2.338
3	0.533	0.044	**−0.494**	1.384
4	0.565	0.032	−0.475	1.059
5	0.595	0.030	−0.458	1.082

(B)全数据集(N=139,用于估计因子的非总量变量)

静态因子的数量	迹 R^2	边际迹 R^2	BN-IC_{p2}	AH-ER
1	0.215	0.215	−0.183	**2.662**
2	0.296	0.081	−0.233	1.313
3	0.358	0.062	−0.266	1.540
4	0.398	0.040	**−0.271**	1.368
5	0.427	0.029	−0.262	1.127
6	0.453	0.026	−0.249	1.064
7	0.478	0.024	−0.235	1.035
8	0.501	0.024	−0.223	1.151
9	0.522	0.021	−0.205	1.123
10	0.540	0.018	−0.185	1.057

(C)阿蒙奎尔和沃森对动态因子的数量的估计:BN-IC_{pi} 的 IC_{p2} 值,全数据集(N=139)

动态因子的数量	静态因子的数量									
	1	2	3	4	5	6	7	8	9	10
1	−0.098	−0.071	−0.072	−0.068	−0.069	−0.065	−0.064	−0.064	−0.064	−0.060
2		**−0.085**	−0.089	−0.087	−0.089	−0.084	−0.084	−0.084	−0.085	−0.080

---

[1] 四个季度增长率的共同成分是各个时间序列的共同成分的四个季度增长率。对第 i 序列,这个共同成分是 $\hat{\Lambda}_i$ $(\hat{F}_t+\hat{F}_{t-1}+\hat{F}_{t-2}+\hat{F}_{t-3})$,其中 $\hat{F}_t$ 和 $\hat{\Lambda}_i$ 分别是因子的主成分估计量和估计因子载荷的第 i 行。

续　表

动态因子的数量	静态因子的数量									
	1	2	3	4	5	6	7	8	9	10
3			**−0.090**	**−0.088**	**−0.091**	**−0.088**	**−0.088**	**−0.086**	**−0.086**	**−0.084**
4				−0.077	−0.080	−0.075	−0.075	−0.073	−0.072	−0.069
5					−0.064	−0.060	−0.062	−0.057	−0.055	−0.052
6						−0.045	−0.043	−0.040	−0.037	−0.036
7							−0.024	−0.022	−0.020	−0.018
8								−0.002	0.000	0.003
9									0.021	0.023
10										0.044

注：BN-IC_{p2} 表示白和吴（2002）的 IC_{p2} 信息准则；AH-ER 表示安和霍伦斯泰因（2013）的特征值比率（第 $i+1$ 个特征值比第 i 个特征值）。每列中最小的 BN-IC_{p2} 项和每列中最大的安-霍伦斯泰因比率项,分别是相关的因子数量的估计值,以粗体显示。在表 2 的 C 部分中,BN-IC_{p2} 值是用变量对静态因子的数量的滞后值的回归的残差的协方差矩阵计算的,而静态因子的数量,则用主成分方法估计。

　　图 4 显示了使用 1、3 和 5 个因子对全样本计算得到 GDP 的四个季度增长率及其共同成分的估计值（图 1 中也给出了单因子共同成分）。GDP 的共同成分在 1 个因子时的 R^2 值为 0.73,5 个因子时则增加到 0.88。

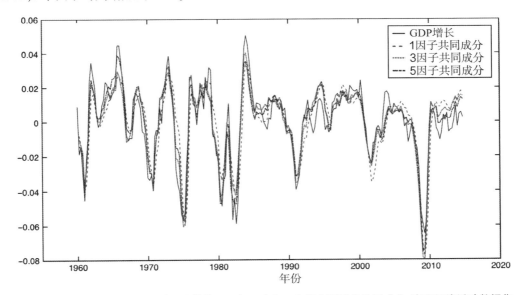

图 4　四个季度 GDP 增长（黑色）及其基于 1 个、3 个和 5 个静态因子的共同成分:真实经济活动数据集

　　对所有时间序列的拟合情况的"目测"结果是,对于某些非总量时间序列的变动的解释,第一个因子之外的其他因子起着主要作用。

　　为什么这些实际经济活动时间序列可能有多个因子? 从原则上说,至少有三个可能的原因。

第一个可能的原因是，某个单一的动态因子也许会呈现出有多个静态因子的性状；用上面第 2 节给出的术语来说，可能 $q=1, r>1$，而且方程式（7）中的 G 的行数比列数要少一些。正如我们第 2 节中已经指出过的，给定静态因子的数量，就可以估计动态因子的数量，并将阿蒙奎尔和沃森（2007）的检验方法应用于实际经济活动数据集，例如，在有 3 个静态因子的情况下，估计有 1 个动态因子。这也就是说，可能的附加动态因子对于迹 R^2 的贡献的经济意义依然相当大，所以单个动态因子的估计值尽管是非常有启示性的，但一般不是决定性的。

第二个可能的原因是，这些时间序列会对多种结构性冲击做出反应，而且它们对这些冲击的反应的差异性足够大，以至于它们的共同成分的新息涵盖的空间超越了一个总体性的冲击（aggregated shock）。

第三个可能的原因是（我们在第 2 节已经讨论过这个原因了），结构不稳定性会导致大量的静态因子。例如，如果在第一子样本和第二子样本中都只存在着 1 个单一因子，但在因子载荷中却存在很大的断点，那么全样本主成分就会有 2 个因子，一个估计第一子样本因子（并且在第二子样本作为噪声），另一个估计第二子样本因子。

然而，图 3 中的三个碎石图并不是这种不稳定性的证据。两个子样本上的碎石图是非常稳定的，特别是第一个因子的迹 R^2 基本上保持不变——无论是在全样本上计算（38.5%），还是在 1984 年前的子样本上计算（41.1%），抑或是在 1984 年后的子样本上计算（38.7%），与这种稳定性一致，白和吴（2002）的信息准则法则估计，第一个子样本有 2 个因子，第二个子样本有 3 个因子，合并样本有 3 个因子。

图 5 给出了估计出来的第一个因子（即第一个主成分）的四个季度增长率——分别针对全数据集和 1984 年之前、1984 年之后的子样本计算——从而为上述稳定性提供了进一步的证据。这些时间序列几乎无法通过"目测"方法区分，且全样本估计与 1984 年之前及之后的估计之间的相关性很高（均超过了 0.99）。因此，图 3 至图 5 证明了单因子模型的稳定性。对于稳定性的正式检验，我们推迟到分析基于全数据集的规模更大的动态因子模型时一并进行。

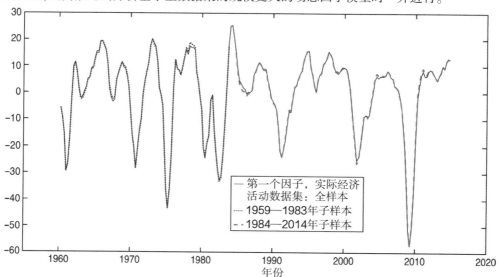

图 5　第一个因子，实际经济活动数据集：全样本、1959—1983 年子样本和 1984—2014 年子样本

综合起来,这些结果表明,基于全数据集的第一个估计因子(第一个主成分)是度量季度实际经济活动的指标的一个很好的"候选人"。

当然,其他变量,如金融变量,对即时预报和预测实际经济活动也很有用。此外,虽然多发性宏观冲击似乎也会影响这些实际经济变量的变动,但是实际经济活动数据集中的时间序列仅能提供对这些冲击的反应,而不能提供更直接的度量指标。因此,为了更好地分析结构性冲击,我们自然会希望扩展数据集,以便让因子新息的空间更合理地涵盖结构性冲击的空间。

例如,研究者可能会希望把利率包括进去,它对货币政策冲击很敏感;也可能想把石油价格和石油产出包括进去,它们会对石油供给冲击做出反应;或者想把对成本冲击和需求冲击都很敏感的通货膨胀指标包括进去。

6.3 全数据集和多因子模型

6.3.1 估计因子和因子数量

图 6A 是多达 10 个因子的全数据集的碎石图,与它对应的是表 2 的 B 部分。表 2B 报告了与因子数量的估计相关的统计量。白和吴(2002)依据信息准则选择了 4 个因子,而根据安-霍伦斯泰因的准则将选择 1 个因子。与实际经济活动数据集相比,第一个因子所能解释的变化更小,同时更高阶的因子的解释力的下降也没有那么急剧:第四个因子的边际 R^2 为 0.040,而第八个因子的边际 R^2 也仅下降到了 0.024。在给定静态因子的数量为 3 个至 8 个的假设下,阿蒙奎尔和沃森(2007)检验了选择 3 个动态因子(表 2 的 C 部分)的效果,这只比根据白和吴(2002)的准则的选择小一个。就像静态因子的情形下一样,动态因子的边际 R^2 的下降也是缓慢的,所以关于动态因子数量的现有证据并不能给出明确的结论。

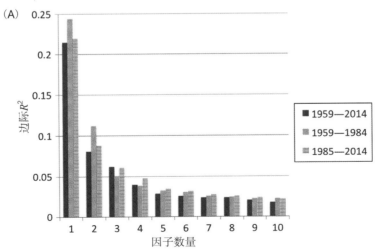

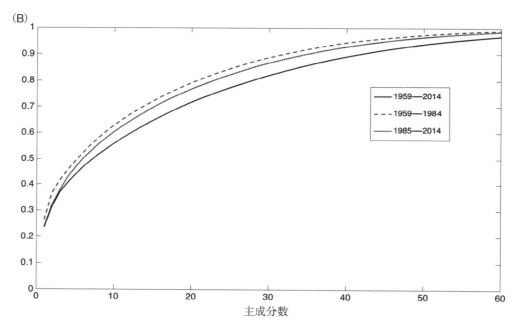

图 6 (A)全数据集的碎石图:全样本、1984 年前和 1984 年后
(B)累积 R^2 作为因子数的函数,94 个变量的平衡面板

表 3 提出了衡量不同因子在解释各种时间序列的变动时的重要性的两个统计量。如第 A 列所示,第一个统计量是有 1 个、4 个和 8 个因子的模型的共同成分的 R^2,这个统计量度量的是各时间序列由于因子的同期变化而发生的变化。根据第 A 列给出的同期变化度量,第一个因子解释了 GDP 和就业增长变化中的很大一部分,但是只解释了价格和金融变量变化的一小部分。第二到第四个因子解释了整体通货膨胀、石油价格、房屋开工率和一些金融变量的变化。第五到第八个因子解释了劳动生产率、小时薪酬、期限利差和汇率的大部分变化。因此,根据白和吴的信息准则应该选择的额外因子可以解释一些重要的时间序列的变化的很大一部分。

表 3 的第 B 列给出了一个相关的度量指标:可以归因于动态因子的超前四个季度预测的预测误差方差所占的比例(在假设有 8 个静态因子的前提下,分别计算出了有 1 个、4 个和 8 个动态因子时的结果)。[①] 对于某些时间序列,包括房屋开工率、泰德利差(Ted spread[②]、期限利差和股票价格等,第五到第八个动态因子解释了四个季度变化的相当大的一部分。表 3 的这两列都表明,这些更高阶的因子(无论是静态因子还是动态因子)都刻画了对于解释某些类别的时间序列非常重要的共同新息。

---

① 利用式(6)和式(7),可以得出 $X_t = \Lambda \Phi(L)^{-1} G \eta_t + e_t$。因此超前 h 期的预测误差就可以表示为 $\mathrm{var}(\Lambda \sum_{i=0}^{h-1} \Phi_i G \eta_{t-i}) + \mathrm{var}(e_t | e_{t-h}, e_{t-h-1}, \cdots)$,同时动态因子所解释的超前 h 期预测误差方差所占的比例,就是这个表达式中第一项与总数之比。式中的 $\mathrm{var}(e_t | e_{t-h}, e_{t-h-1}, \cdots)$ 这一项是使用四阶向量自回归计算的。

② 泰德利差是指美国国库券期货与欧洲美元利率期货之间的价差,泰德利差高表示风险规避——译者注

表 3　不同数量的静态因子和动态因子对若干时间序列的重要性：全数据集、动态因子模型

时间序列	A：共同成分的 R^2			B：归因于动态因子的超前四个季度预测的预测误差方差所占的比例		
	静态因子的数量			动态因子的数量		
	1	4	8	1	4	8
实际 GDP	0.54	0.65	0.81	0.39	0.77	0.83
就业	0.84	0.92	0.93	0.79	0.86	0.90
房屋开工率	0.00	0.52	0.67	0.49	0.51	0.75
通货膨胀（个人消费支出）	0.05	0.51	0.64	0.34	0.66	0.67
通货膨胀（核心个人消费支出）	0.02	0.13	0.17	0.24	0.34	0.41
劳动生产率（非农商业部门）	0.02	0.30	0.59	0.12	0.46	0.54
实际小时劳动收入（非农商业部门）	0.00	0.25	0.70	0.19	0.67	0.71
联邦基金利率	0.25	0.41	0.54	0.52	0.54	0.62
泰德利差	0.26	0.59	0.61	0.18	0.33	0.59
期限利差（10 年期与 3 月期）	0.00	0.36	0.72	0.32	0.38	0.63
汇率	0.01	0.22	0.70	0.05	0.60	0.68
股票价格（标准普尔 500）	0.06	0.49	0.73	0.14	0.29	0.79
实际货币供给（MZ）	0.00	0.25	0.34	0.15	0.24	0.29
商业贷款	0.11	0.49	0.51	0.13	0.16	0.23
实际原油价格	0.04	0.68	0.70	0.40	0.66	0.71
原油产量	0.09	0.10	0.12	0.01	0.04	0.12

　　图 6A 的碎石图、表 2 和表 3 给出的统计量，都指向这样一个结论：数量相对较小的因子（介于 4 个因子与 8 个因子之间），描述了这些时间序列的相当大的一部分变化。这也就是说，仍然有相当可观的一部分变化未能用这些因子描述，因而追问这样一个问题是适当的：剩下来的变化是来自特异性的干扰项还是某些"更小"的、"更高"的因子造成的结果？

　　图 6B 表明了，迹 R^2 是如何随着主成分的数量的增加而增加的——直到 60 个主成分为止。这里的关键在于，这些更高阶的因子真的代表了共同的波动（尽管是较小的波动）吗？或者只不过是估计误差、特异性扰动或相关的调查抽样噪声导致的结果（因为很多时间序列都是从同一个调查中得到的）？可惜的是，分析更高阶的因子所包含的信息内容的研究的数量相对来说却要少得多。德莫尔（De Mol）等人发现（2008），用于大量时间序列数据时，贝叶斯压缩法（Bayesian shrinkage methods）的结果非常近似于只使用少数几个因子的主成分预测。同样地，斯托克和沃森（2012b）使用实证贝叶斯方法将信息纳入更高阶的因子，结果发现，使用这种信息的许多时间序列在使用了该信息之后的预测，与少数几个因子的使用相比并没有什么改善。卡拉斯科（Carrasco）和罗西（Rossi）（即将出版）使用压缩法检验了增加高阶因子能不能改进预测。奥纳特斯基（2009，2010）则提出了一种关于有许多弱因子的因子模型的理论。尽管这个领域的大多数文献结论都和宏观经济数据中的变化与少数几个因子

相关这个解释大体一致,但是更多高阶因子的信息量究竟有多大,仍然是一个悬而未决的问题,值得进一步深入研究。

到底选择多少个因子为宜? 这取决于要进行的应用研究的具体情况。如果研究的目的是预测实际经济活动,那么更多因子相关的抽样误差可能会超过前者对预测的贡献。与此相区别,在下面第 7 节中,当我们要分析结构动态因子模型时,我们将使用八个因子,因为重要的是因子的新息涵盖了结构性冲击的空间,同时更多高阶因子也有利于刻画变化。

6.3.2 稳定性

表 4 总结了与对全数据集估计的四因子模型和八因子模型的子样本稳定性有关的各个统计量。其中表 4 的 A 部分给出了逐个方程地进行稳定性检验的结果。在这里,邹氏检验(Chow test)利用沃尔德(Wald)统计量检验如下假说:在某个给定的方程中,因子载荷保持不变,尽管它们在 1984 年第四季度的"大缓和"断点之前和之后有不同的值[例如可参见斯托克和沃森(2009)、布雷通和艾克迈尔(2011,第 3 节)]。如果采用另一个统计量——匡特似然比(Quandt likelihood ratio,QLR),那么还允许未知的断点日期,且其值为邹氏统计量的最大值[即上沃尔德统计量(sup-Wald)],同时断点出现在样本的中间 70%。进一步的讨论,请参见布雷通和艾克迈尔(2011)。无论是在邹氏检验中,还是在匡特似然比检验中,都以因子的全样本估计量为回归元。[1] 表 4 还报告了在 1%、5% 和 10% 显著性水平上拒绝稳定性假设的时间序列所占的比例。表 4 的 B 部分则报告了度量断点大小的一个指标,即对某个子样本计算的共同成分与对全样本计算的共同成分之间的相关系数——其中考虑的两个子样本分别指 1984 年之前和之后的两个时期。表 4 的 C 部分则按时间序列的类别重新给出了表 4 的前两个部分(A 部分和 B 部分)的结果。

表 4 中的所有这些统计量都指向这么一个结果:因子载荷有相当大的不稳定性。在四因子模型中,超过一半的时间序列在 5% 的水平上拒绝了稳定性假设(1984 年有一个断点),而在八因子模型中,则有差不多三分之二的时间序列拒绝了这个假设。从表 4 的 C 部分可以看出,因子载荷在 1984 年有一个断点的发现在不同类别的时间序列中是普遍存在的。对于因子载荷的稳定性的匡特似然比检验,拒绝率甚至还要更高。

一个合理的忧虑是,这种拒绝率会不会被夸大了,因为检验的规模原本就偏大。布雷通和藤霍芬(Tenhofen)(2011)给出的蒙特卡罗证据表明,如果特异性扰动是高度序列自相关的,那么规模扭曲可能会很严重。出于这个原因,在经济意义上检验不稳定性是否突出也是很重要的。

度量这种不稳定性的一个方法是,看对子样本估计的共同成分是否类似于全样本共同成分。正如表 4 的 B 部分所表明的,至少有一半时间序列,用两个子样本估计的共同成分之间是高度相关的。

---

[1] 这些结果基于 176 个时间序列,它们在 1984 年之前和 1984 年之后的子样本中至少有 80 个季度的观察结果。表中 A 部分和 C 部分都用邹氏检验法检验了 1984 年第四季度的断点。

表 4 四因子和八因子全数据集动态因子模型的稳定性检验

（A）拒绝稳定性零假设的时间序列的比例

检验类型	邹氏检验（1984 年第四季度的断点）	匡特似然比检验
（i）四因子模型		
1%	0.39	0.62
5%	0.54	0.77
10%	0.63	0.83
（ii）八因子模型		
1%	0.55	0.94
5%	0.65	0.98
10%	0.72	0.98

（B）全样本和分样本的共同成分之间的相关系数的分布

模型	分布的百分位				
	5%	25%	50%	75%	5%
（i）四因子模型					
1959—1984 年	0.65	0.89	0.96	0.99	1.00
1985—2014 年	0.45	0.83	0.95	0.97	0.99
（ii）八因子模型					
1959—1984 年	0.57	0.83	0.92	0.97	0.99
1985—2014 年	0.43	0.80	0.94	0.97	0.99

（C）按类别划分的结果（四因子模型）

类别	时间序列的数量	邹氏检验在 5% 水平上拒绝假设的比例	全样本和分样本的共同成分之间的中位相关系数	
			1959—1984 年	1985—2014 年
国民收入和产品账户	20	0.50	0.98	0.96
工业产出	10	0.50	0.98	0.97
就业和失业	40	0.40	0.99	0.99
订单、存货和销售额	10	0.80	0.98	0.96
新建住房开工许可	8	0.75	0.96	0.91
价格	35	0.49	0.88	0.90
生产率和劳动收入	10	0.80	0.92	0.67
利率	12	0.33	0.98	0.94
货币与信贷	9	0.89	0.93	0.89
国际经济活动	3	0.00	0.97	0.97
资产价格、财富与家庭资产负债表	12	0.58	0.95	0.92
其他	1	1.00	0.95	0.91
石油市场变量	6	0.83	0.79	0.79

注:这些结果基于176个时间序列,它们在1984年之前和1984年之后的子样本中至少有80个季度的观察结果。表中A部分和C部分都用邹氏检验检验了1984年第四季度的断点。

然而,在这些时间序列当中,有相当一部分的时间序列的全样本共同成分估计量与子样本共同成分估计量之间存在着相当可观的差异。事实上,有5%的时间序列,对1984年之后的子样本估计的共同成分与对全样本中估计的共同成分之间的相关性低于50%——无论是四因子模型,还是八因子模型,都是如此。

不过有意思的是,在按类别分别呈现上述结果时,对于某些类别,绝大部分子样本共同成分与全样本共同成分都是高度相关的(见表4的C部分的最后两列)。而对于实际经济活动变量来说,则尤其如此。这个结果与图5所示的经济活动数据集上的共同成分的稳定性相一致。但是,对于另一些类别,子样本和全样本的共同成分的估计却是非常不同的。这些类别包括价格、生产率、货币与信贷,以及石油市场变量,它们至少有一个子样本,类别内的中位相关性低于0.9。

总而言之,表4的结果表明,动态因子模型存在相当大的不稳定性。对于这种不稳定性,与这个表格中的结果相一致的一个简单的模型是,在1984年前后出现了一个断点。斯托克和沃森(2009)、布雷通和艾克迈尔(2011),以及陈等人(2014)的实证研究结果证实了这一点。然而,表4中的结果也可能与更复杂的时变模型一致。

6.4 八因子结构动态因子模型可以用低维向量自回归模型近似吗?

构建动态因子模型的一个核心动机是,通过命名用多个变量提高模型涵盖结构性冲击的能力。但是,有没有可能通过一个小型的向量自回归模型去逼近结构动态因子模型呢?[1]如果真的是这样,那么少数几个变量就可以代替预测因子,同时结构向量自回归的方法也就可以直接用来识别结构性冲击,而不需要结构动态因子模型装置了。实际上,未观察到的因子可以用观察到的因子替代——以少数几个变量的形式。可观察变量对因子的近似可以采取强弱两种形式。强的形式是,直接用少数几个变量涵盖因子空间。弱的形式是,运用少量几个变量,并让向量自回归新息去涵盖因子新息的空间。[2] 白和吴(2006b)提出了一种检验可以观察到的变量能不能涵盖不可观察的因子的空间方法,并将这种检验应用于法玛–弗伦奇(Fama-French)投资组合分析。在这里,我们根据白和吴(2006b)的思路,通过典型相关性(canonical correlations)来检验我们这个宏观数据应用研究是否也存在这种可能性。

表5呈现了四个不同的向量自回归模型逼近八因子动态因子模型的"不同能力"。前两个向量自回归模型都是实证研究中有代表性的小型向量自回归模型。第一个是四变量系统(VAR-A),它的四个变量分别是GDP、总就业、以个人消费支出度量的通货膨胀率,以及联邦基金利率。第二个是八变量系统(VAR-B),它的八个变量除了上述四个变量之外,还有供应

---

[1] 我们感谢克里斯·西姆斯提出了这个问题。
[2] 如果可观察的变量是因子的可逆同期线性组合,那么向量自回归和因子将具有相同的新息。但是,具有相同的新息并不意味着可观察的变量是因子的同期值的线性组合。

管理协会制造业指数（ISM manufacturing index）、石油价格 PPI、企业债券与 90 天期国债之间的利差，以及 3 月期国债与 10 年期国债之间的利差。

表 5　通过一个八变量向量自回归模型来逼近八因子动态因子模型

模型	典型相关性							
	1	2	3	4	5	6	7	8
（A）新息								
VAR-A	0.76	0.64	0.6	0.49				
VAR-B	0.83	0.67	0.59	0.56	0.37	0.33	0.18	0.01
VAR-C	0.86	0.81	0.78	0.76	0.73	0.58	0.43	0.35
VAR-O	0.83	0.80	0.69	0.56	0.50	0.26	0.16	0.02
（B）变量与因子								
VAR-A	0.97	0.85	0.79	0.57				
VAR-B	0.97	0.95	0.89	0.83	0.61	0.43	0.26	0.10
VAR-C	0.98	0.93	0.90	0.87	0.79	0.78	0.57	0.41
VAR-O	0.98	0.96	0.88	0.84	0.72	0.39	0.18	0.02

注：所有向量自回归模型中的所有变量都包含四个滞后变量。表 5A 部分中的典型相关性存在于向量自回归残差与对八个静态因子估计的向量自回归的残差之间。

VAR-A 是典型的实证研究中经常见到的四变量向量自回归模型，其变量包括：GDP、就业总量、以个人消费支出度量的通货膨胀率和联邦基金利率。

VAR-B 是典型的实证研究中经常见到的八变量向量自回归模型，其变量包括：GDP、就业总量、以个人消费支出度量的通货膨胀率、联邦基金利率、供应管理协会制造业指数（ISM manufacturing index）、石油价格 PPI、企业债券与 90 天期国债之间的利差，以及 3 月期国债与 10 年期国债之间的利差。

VAR-C 是一个八变量向量自回归模型，它的变量是通过逐步最大化向量自回归新息与静态因子新息之间的典型相关性来选择的。其变量包括：工业品生产者物价指数（PPI）、股票收益（标准普尔 500）、单位劳动成本（非农商业部门）、汇率、工业产出、联邦基金、每小时劳动报酬（商业部门）和总就业（私营部门）。

VAR-O 也是一个八变量向量自回归模型，其变量包括：实际石油价格（PPI-石油）、全球石油产量、全球商品出货指数、GDP、总就业量（私人部门）、以个人消费支出度量的通货膨胀率、联邦基金利率和贸易加权的美国汇率指数。

表中各单元格给出的是：（A）因子新息和向量自回归残差的典型相关性，（B）因子和可观察变量之间的典型相关性。

　　第三个向量自回归模型（VAR-C）中的八个变量是通过一个逐步最大化过程——使向量自回归新息与八个静态因子的新息（即八个静态因子的向量自回归的新息）之间实现高度拟合过程——挑选出来的。这个过程生成的 VAR-C 的变量是：工业产出指数、实际个人消费支出、政府支出、工业品生产者物价指数（PPI）、单位劳动成本（非农商业部门）、标准普尔 500

指数、6月期国债与3月期国债的利差,以及贸易加权的汇率指数。① 而最后一个向量自回归模型,即 VAR-O,则用于对石油冲击的影响的结构向量自回归分析,其具体细节将在下面的第7节讨论。

表5(A部分)给出了两组残差之间的典型相关性,从而检验了向量自回归新息是不是静态因子的八个新息的线性组合。在四变量向量自回归模型中,第一个典型相关性很大;在八变量向量自回归模型中,前几个典型相关性也很大,这也是高度变量向量自回归中的第一个典型相关性,表明动态因子模型新息的某个线性组合是可以通过向量自回归新息的线性组合构建出的。但是,典型相关性下降的速度非常快。对于有八个变量的 VAR-B,最后四个典型相关性都小于0.40,这表明这个典型的向量自回归的新息空间与因子的新息空间有很大的不同。即便是对于 VAR-C,尽管在选择变量时就采取了逐步最大化新息之间的典型相关性的程序,但是最后三个典型相关性也不足0.60,这表明因子新息中有相当可观的变化未被向量自回归的新息"捕获"。

表5(B部分)报告了三个向量自回归模型之下可观察变量与因子之间的典型相关性,从而检验了可观察变量能否涵盖因子的空间(在没有领先和滞后的情况下)。对于四变量向量自回归,典型相关性度量的是可观察变量在何种范围内是因子的线性组合;对于八变量向量自回归,典型相关性度量的是可观察变量涵盖的空间是不是与因子涵盖的空间相同,从而使得利用全数据集估计出来的八个潜在因子能够被八个可观察变量替代。表5(B部分)中的典型相关性表明,可观察变量并不能充分逼近因子。在 VAR-B 中,有三个典型相关性小于0.50;即便是在 VAR-C 中,也有两个典型相关性小于0.6。

这些结果向我们提出了几个警告。因为所有这些因子都是估计出来的,样本典型相关性将小于1——即便在总体中它们等于1——而且没有提供抽样变异性的度量。此外,通过逐步程序选择变量的 VAR-C,也只有在从所有可能的八变量向量自回归中选出充分逼近的那个向量自回归,才有可能获得更好一些的近似。②

总的来说,这些结果告诉我们,虽然典型的向量自回归能够"捕获"因子变化的某些重要方面,但是它们不能涵盖因子的空间,而且它们的新息也不能涵盖因子新息的空间。归根到底,这些结果表明,动态因子模型能够总结来自大量时间序列的信息并减少测量误差和特异性变化的影响,因而生成的因子新息包含了小型向量自回归模型中所不包含的信息。

---

① VAR-C 中的这些变量是从207个变量中挑选出来的。挑选方法要保证第 i 个变量最大化了有 i 个变量的向量自回归残差与八因子向量自回归残差之间的第 i 个典型相关性。在第一步中选中的是这样一个变量:能够在自身向量自回归残差与因子向量自回归残差之间生成最高的典型相关性。在第二步中,选择能够最大化所有206个双变量向量自回归残差(在给定第一个向量自回归变量的前提下)与因子向量自回归残差之间的第二典型相关性的那个变量。依次重复这样的步骤,直到选出八个变量为止。

② 选择变量的其他方法,例如逐步最大化变量与因子之间的第 i 个典型相关性(而不是最大化向量自回归新息与因子新息之间的典型相关性),所能得到的结果与表5中的 VAR-C 相似。

7.　石油供给冲击的宏观经济效应

本节以一项实证研究为例,说明如何将结构向量自回归识别方案扩展到结构动态因子模型。这个应用是估计石油市场冲击对宏观经济的影响,而利用的识别方案则来自石油经济学和宏观经济学的相关文献。为了便于比较,我们在本节中分别给出了以下模型的结果:一个有 207 个变量的八因子结构动态因子模型,一个有 207 个变量的因子增广型向量自回归模型(其中有一个或多个因子被视为可观察的),以及一个八变量结构向量自回归模型。

7.1　石油价格与宏观经济:老问题,新答案

石油在各发达经济体中扮演着一个核心角色,而且在过去半个世纪以来的大部分时间里,石油价格一直呈现出了高度的波动性。20 世纪 70 年代的石油价格急剧上涨与 1973—1974 年欧佩克组织(OPEC)的石油禁运和中东战争以及国际石油市场的发展等事件密切相关(汉密尔顿,2013;鲍迈斯特和基利安,2016)。20 世纪 80 年代末到 21 世纪初期,则是一个相对平静的时期,尽管伊拉克入侵科威特期间,这种平静局面一度被打破。然而,自从进入21 世纪以后,石油价格再次出现了巨幅波动。作为其中一个国际基准,布伦特原油的名义从2002 年的每桶 30 美元一路上涨至 2008 年 6 月的大约每桶 140 美元。紧接着,在金融危机期间以及随后的经济衰退期间,石油价格崩溃了,但是到 2011 年春季又反弹到了每桶 100 美元。然后,从 2014 年夏天开始,石油价格再度大幅下滑,布伦特原油在 2016 年年初下跌到了每桶 30 美元以下。据信,石油价格的这一次下降,部分原因在于非传统石油生产技术取得了长足进步(如水力压裂技术)。1985—2015 年的实际石油价格变动轨迹如图 7A 所示。

图 7B 显示了石油价格季度波动百分比的四个度量及其共同成分,它们是用第 6 节描述的那个有 207 个变量的动态因子模型估计的八个因子估计的。图 7B 提醒我们,我们这个世界上并不存在单一的石油价格;事实上,石油是一种异质性商品,其价格因不同等级和产地而不同。衡量实际石油价格的四个测度的变动——布伦特原油价格指数、西得克萨斯中级原油价格指数、美国原油生产者价格指数,以及美国能源信息管理局估计的美国炼油厂的进口石油采购成本(RAC),全都通过核心个人消费者支出价格指数进行了通货膨胀调整——相互之间有密切联系,但是从来不是完全相同的。正如下文中将会讨论到的,在本节中,所有这些时间序列都被限制为拥有同样的共同成分,它们(从图 7B 中可以看出)刻画了这四个价格指数的共同变化。

自从 20 世纪 70 年代发生了石油供给中断事件以后,经济学家就一直努力对石油供给冲击对美国经济的影响进行定量研究。在一篇里程碑式的论文中,汉密尔顿(1983)发现,石油价格的跳涨,预示着美国的经济衰退;后来,汉密尔顿(2003,2009)又对这个问题进行了进一

步扩展研究。关于石油供给对经济的影响的第一波研究,由于出现在 20 世纪 70 年代发生的那些事件的历史背景下,所以通常都将意料之外的石油价格的变动视为外生的,且认为这种变动就等价于石油供给冲击。

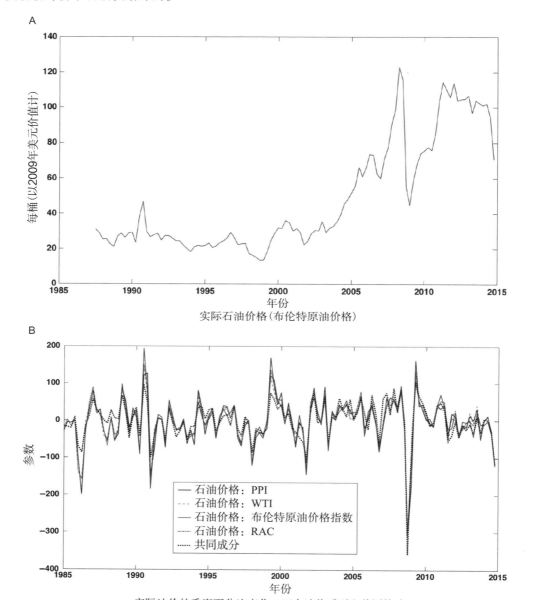

实际石油价格(布伦特原油价格)

实际油价的季度百分比变化:四个油价系列和共同构成

图 7　实际石油价格(以 2009 年美元价值计)及其季度变动

而在结构向量自回归模型中,假设了这种等价关系,就可以将石油价格方程式中的新息作为外部冲击来处理,而这反过来又对应于在乔里斯基分解中将原油排在第一位。[①]

[①] 采用这种方法的重要论文还包括夏皮罗和沃森(1988),以及布兰查德和加里(2010)。

但是,最近的研究早就摒弃了这个早期的观点(意料之外的石油价格变动完全是外生的石油供给冲击的结果),并提出了一个相反的假说:石油价格的许多变动或绝大部分变动,实际上应该归因于全球需求的冲击,或者归因于特定于石油的特殊冲击(库存需求冲击)。这种观点与另一个更一般的思想也是一致的,那就是,石油价格在 21 世纪第一个 10 年的中期的持续攀升与全球需求的增长有关(其中包括中国的需求);而且,在同一时期,传统的石油供给的增长一直非常缓慢甚至出现了下降(直到 20 世纪末期至 21 世纪第一个 10 年初期非传统石油生产进入繁荣期为止)。

从文献源流来看,巴斯基(Barsky)和基利安(2002)较早地提出了总需求冲击对决定石油价格的潜在重要性,后来,基利安(2008a,2008b,2009)又进行了扩展,并产生了广泛的影响。计量经济学家试图将石油供给冲击与需求冲击区分开来,他们通常使用的工具是结构向量自回归,而且基本上都依赖于三种识别方案。第一种识别方案依赖于时间限制,即对如方程式(20)所示的 H 矩阵施加零约束条件。基利安(2009)阐明了这种识别方案的内在逻辑:当价格发生变化时,石油产量是很难实现快速调整的,所以在生产出来的石油数量方面的新息在足够短的时期内对需求冲击是没有反应的。正如稍后将会更详细地讨论的,这种时间限制可以用于识别石油供给冲击。

第二种识别方案则采用不等式限制:标准的需求分析表明,石油供给的正向冲击将会压低石油价格,增加石油消费,而对总需求的正向冲击将会推高石油价格和石油消费。皮尔斯曼(Peersman)和范罗拜斯(Van Robays)(2009)、里皮(Lippi)和诺比利(Nobili)(2012)、基利安和默菲(Murphy)(2012,2014)、鲍迈斯特和皮尔斯曼(2013)、鲁特克波尔和奈特苏纳耶夫(2014),以及鲍迈斯特和汉密尔顿(2015b)等研究都使用了这种符号限制。

第三种识别方案则利用工具变量法来识别对供给冲击的反应。汉密尔顿(2003)构建了一个外生性石油供给中断事件列表(例如,伊拉克入侵科威特),然后将它作为工具变量,用于石油供给冲击对国际生产总值影响的单方程估计。基利安(2008b)在一个单方程模型中进一步扩展了这种工具变量。斯托克和沃森(2012a)则在一个结构动态因子模型中运用外部工具变量法估计了石油供给冲击的脉冲响应。他们使用了多个工具变量,其中也包括一个与汉密尔顿(2003)类似的石油供给中断列表。

概括地说,对石油供给冲击的第二波研究得到的一个普遍性的结论是,石油供给冲击只能解释石油价格波动和经济总量变化的很早一部分——至少在 20 世纪 70 年代以来是这样。此外,这些研究还发现,石油价格变动中的一部分或大部分(至少至 2014 年止)是由于需求的变化而导致的——主要是总需求的变化以及特定于石油的需求变化。

在本节中,我们将阐明,怎样将近期关于石油供给冲击的研究从结构向量自回归模型扩展到因子增广型向量自回归模型和结构动态因子模型中。为了保证简洁性,下面的说明将只限于两个同期识别方案。与本节的处理方法最接近的几篇论文包括:阿艾斯韦特(Aastveit)(2014)的论文,他在那里使用的时间限制类似于我们在这里使用的时间限制;查尔纳沃基(Charnavoki)和多拉多(Dolado)(2014)的论文、朱文诺(Juvenal)和彼得雷拉(Petrella)(2015)的论文,他们都在结构动态因子模型中使用了符号限制;阿艾斯韦特等人

(2015)的论文则在因子增广型向量自回归模型中使用了符号限制和时间限制的组合。本节的结果也进一步证实了这些论文的结果,同时也进一步证实了现代经济学文献的一个更一般的结果:需求冲击对决定石油价格有非常重要的意义,同时石油供给冲击 20 世纪 80 年代初以来在石油产量的决定方面只发挥了很小的作用。虽然本节的目的是说明相关的方法,但是这里描述的研究确实包含着一些新的特征和新的结果。

7.2　识别方案

我们考虑基于 H 矩阵的同期零限制(contemporaneous zero restrictions)的两个识别方案,即上面第 4.2 节中讨论过的那两个识别方案。在早期的石油冲击文献中,研究者们使用的第一个识别方案是,将石油价格视为外生的,并假设石油价格新息为石油价格供给冲击。第二个识别方案则追随了基利安(2009)的思路,将石油供给冲击与需求冲击区别开来,即假设石油产出会滞后一期对需求冲击做出反应。① 当然,相关文献仍然处于继续演变当中,例如,基利安和默菲(2014)将库存数据包括进来,并用符号限制来帮助识别石油需求冲击。不过,本节的目标并不在于推动这个经验问题的前沿研究,而在于以一个简单的设定为例说明结构动态因子模型、因子增广型向量自回归模型和结构向量自回归模型的主要方法。当然,这个简单的设定已经足够丰富了,能够将各种方法和建模诀窍呈现给读者。

第一个识别方案,即假设"石油价格外生"的识别方案在如下三个相关的模型中加以实现:一个有八个不可观察的因子的 207 变量结构动态因子模型、一个 207 变量因子增广型向量自回归模型(即前述八个因子中,有一些因子被视为可观察的结构动态因子模型),以及一个八变量结构向量自回归模型。基利安(2009)的识别方案则在如下三个模型中进行考察:一个八变量向量自回归模型、一个具有三个可观察因子和五个不可观察因子的 207 变量因子增广型向量自回归模型,以及一个 207 变量因子增广型向量自回归模型具有一个观察值和七个未观察到的因子。正如我们在下文中将会讨论到的,之所以使用最后这个因子增广型向量自回归模型而不使用一个所有因子都无法观察的结构动态因子模型,是因为石油产出新息所发挥的宏观经济作用是如此之小,以至于它似乎不能涵盖(或弱涵盖)为宏观因子的新息空间。

对于结构向量自回归模型,要进行识别就需要对 H 施加足够的约束条件,来确定与供油冲击相关的 H 列,以及(为第二个假设)总需求冲击和特定于石油的需求冲击相关的各列。

---

① 基利安(2009)的论文使用的是月度数据,而我们在这里使用的是季度数据。时间限制,例如产出对需求的缓慢反应,用月度比用季度数据可能更加适合。昆特纳(Güntner)(2014)在一个石油-宏观经济结构向量自回归模型中使用符号限制来识别需求冲击,结果发现所有石油生产商在一个月内对需求冲击的反应完全可以忽略不计,大部分生产商在一个季度内的反应也可以忽略不计(尽管据估计,沙特阿拉伯会在滞后两个月后做出反应)。最近发展起来的水力压裂和水平钻井技术也可能削弱时间限制的有效性,特别是在季度水平上,因为新井的钻探和裂解都相对更快了(在某些情况下在几个星期内即可完成)。此外,由于这些新油气井的井产能的下降速度比传统油井要快得多,所以与常规石油生产相比,非常规石油生产可以更快对价格做出反应。如果上述时间限制在月度频率上有效而不再在季度频率上有效,那么我们估计出来的供给冲击将有可能包括需求冲击,从而使我们的结构性脉冲响应函数变得有偏。尽管这些因素值得我们关注,但是本节的结果与基利安(2009)和阿艾斯韦特(2014)在采用同样的排除限制时用月度数据得到的结果相似。

对于可以观察到相关因子的因子增广型向量自回归模型,相关的因子["石油价格外生"情况下的石油价格、石油产出、总需求和基利安(2009)情况下的石油价格]都被建模为观察到的,从而不需要结构向量自回归识别限制之外的更多识别限制。

对于结构动态因子模型和三个因子中只有一个因子是观察到的那个增广型向量自回归,识别也需要对因子载荷 Λ 和矩阵 G 进行归一化,以便将动态因子新息与静态因子新息关联起来。

结构动态因子模型和因子增广型向量自回归模型需要确定动态因子的数量。虽然我们可以将表2(C部分)解释为所需的动态因子比静态因子更少,但是我们忽略了过度指定新息空间的一面,这使得它们终成了我们感兴趣的减少数量的冲击的空间,因此将动态因子数量设定为等于静态因子的数量,从而 η_t(因子新息)的维数为8。因此,我们采用了 G 是单位矩阵的归一化方法。

7.2.1 通过将石油价格新息视为外生的来进行识别

在历史上,最早的石油冲击文献认为,石油价格的任何意想不到的变化对美国经济发展的影响都是外生的。这种假设的一个动机是,如果石油价格出乎意料的变化源于石油供给中出现的某种意外事件——无论是因地缘政治因素而发生的石油供给中断,还是因为石油生产中意外的产量上扬——那么石油价格的这种变化都是特定于石油供给的,因此可以被认为是石油供给冲击。另外,还有一个较弱的解释是,石油价格是在世界石油市场上决定的,因此石油价格的意想不到的变化反映了石油市场的某种国际性的事件,因此它们是外部冲击(尽管它们可能是石油供给冲击,也可能是需求冲击)。无论采用哪一种解释,当时的普遍做法是,将石油的实际价格的意料之外的上升解释为外生的石油价格冲击。由于石油价格冲击又被识别为石油(对数)价格的新息,因此就可以对这种冲击估计结构性脉冲响应。

7.2.1.1 结构向量自回归和因子增广型向量自回归

不失一般性,将石油价格排在变量清单的第一位。假设石油价格冲击 ε_t^{oil} 是外生的,结合单位效应归一化,这个假设意味着 $\eta_{1t} = \varepsilon_t^{oil}$。因此,上面的方程式(28)中的 η_t 和 ε_t 之间的关系可以写成:

$$\eta_t = \begin{pmatrix} 1 & 0 \\ H_{\bullet 1} & H_{\bullet \bullet} \end{pmatrix} \begin{pmatrix} \varepsilon_t^{oil} \\ \underset{\sim}{\eta}_{\bullet t} \end{pmatrix} \tag{71}$$

其中 $\underset{\sim}{\eta}_{\bullet t}$ 涵盖 η_t 正交于 η_{1t} 的空间。向量 $H_{\bullet 1}$ 被识别为 $\eta_{\bullet t}$ 对 η_{1t} 的(总体)回归中的系数。

在实际操作中,这种识别方案是通过在乔里斯基分解中将石油排在第一位来实现的,而剩余其他变量的排序,对于识别和估计石油冲击的结构性脉冲响应函数这个目标来说,并不重要。

7.2.1.2 结构动态因子模型

除了方程式(71)中的 H 的识别之外,结构动态因子模型中的识别还需要对因子载荷 Λ 和 G 进行归一化限制。因为静态因子和动态因子的数量是相同的,所以我们根据前文第5.1.2节的叙述,将 G 设定为单位矩阵。

如果数据集只具有单一的石油价格,则命名因子的归一化将等于第一个因子的新息与石油的共同成分的新息。因此,通过在结构动态因子模型中将该单一石油价格度量排在第一位,Λ 的第一行将设定为 $\Lambda_1 = (1\ 0\ \cdots\ 0)$。接下来的 7 行(因为共有八个静态因子)的归一化则是任意的,虽然仍然必须小心一些,以保证这 7 个变量的共同成分再加上石油价格,能够涵盖八个因子的新息空间。

然而问题在于,这个有 207 个变量的数据集并非只包含一个衡量石油价格的指标,而是包括了四个不同的石油价格度量:布伦特原油价格指数、西得克萨斯中级原油价格指数、美国原油生产者价格指数,以及美国能源信息管理局估计的美国炼油厂的进口石油采购成本。所有这四个时间序列(以价格百分比变化表示),都被当成了衡量共同的(未被观察到的)石油价格百分比变化的指标。而共同的石油价格则被识别为第一个因子(对所有四个时间序列应用命名因子归一化方法进行识别)。这种方法需要使用方程式(60)对 Λ 的设定。[1]

由于 G 被设定为单位矩阵,所以石油价格因子的新息就是石油价格新息。

7.2.2　基利安（2009）的识别方案

这个识别方案是基利安(2009)提出的,它分别对石油供给冲击、世界商品总需求冲击和特定于石油的需求冲击加以识别。为了实现这个目标,基利安往模型中加了一个衡量石油产出的指标(季度内生产的石油的桶数)和一个衡量全球实际经济活动的指标。我们在这里使用的全球经济活动度量也就是基利安(2009)所采用的全球干散货航运指数(global index of bulk dry goods shipments)。

7.2.2.1　结构向量自回归和因子增广型向量自回归

对于 H 矩阵的排除限制,可以给出以下理由:(i)从技术的角度来说,调整现有油井的产能、关闭油井、让新油井投产等都需要一定的时间,由于这个原因,原油产量对需求冲击以及任何其他宏观经济冲击或全球性的冲击的反应都会有一个滞后期。因此,在同一期间,石油产量的预料之外的变化是外生的,是一个外生供给冲击(记为 ε_t^{OS})。也正因为如此,石油产量的新息等于石油供给冲击。(ii)全球经济活动能够立即对石油供给冲击和全球总需求冲击(记为 ε_t^{GD})做出反应,但是除此之外的反应则是缓慢的,不会在同一期间对其他冲击做出反应。(iii)实际石油价格会对本期内的石油供给冲击和总需求冲击做出反应,也会对其他特定于石油价格的冲击(记为 ε_t^{OD})做出反应,但是不会对别的宏观或全球性冲击做出反应。基利安(2009)将上述特定于石油价格的冲击(记为 ε_t^{OD})解释为对石油需求的冲击,并认为这种冲击不同于总需求冲击。这种冲击的例子包括石油存货需求冲击(这可能由预期的石油供给冲击驱动)和石油投机需求冲击,等等。

上述思想意味着,H 矩阵是上三角矩阵,同时对冲击的乔里斯基排序为:

---

[1] 图 7 表明,实际石油价格是一阶单整的 I(1);在实证分析中,我们使用的是石油价格增长率,从而忽略协整限制。这是上面第 2.1.4 节讨论过的第二种处理协整问题的方法。在全参数的动态因子模型(见第 2.3.2 节)中,施加协整可以提高估计的效率,但是这种约束条件可能导致非参数(主成分)模型的估计不那么有效。这种处理还允许使用所有四个石油价格来估计第一个因子的载荷,进而命名(识别出)石油价格因子。

$$
\begin{pmatrix}
\boldsymbol{\eta}_t^{oilproduction} \\
\boldsymbol{\eta}^{globalactivity} \\
\boldsymbol{\eta}_t^{oilprice} \\
\boldsymbol{\eta}_{\bullet\, t}
\end{pmatrix}
=
\begin{pmatrix}
1 & 0 & 0 & 0 \\
H_{12} & 1 & 0 & 0 \\
H_{13} & H_{23} & 1 & 0 \\
H_{1\bullet} & H_{2\bullet} & H_{3\bullet} & H_{\bullet\bullet}
\end{pmatrix}
\begin{pmatrix}
\varepsilon_t^{OS} \\
\varepsilon_t^{GD} \\
\varepsilon_t^{OD} \\
\widetilde{\boldsymbol{\eta}}_{\bullet\, t}
\end{pmatrix}
\tag{72}
$$

对角线上的单位系数用来实施单位效应归一化,同时对变量的排序是这样的:使得新息涉及全球石油产量、全球总需求、石油价格,以及剩余变量的时间序列。H 的前三行识别研究者感兴趣的三个冲击,而 H 的第一、第二和第三行的剩余元素被识别为新息对各个冲击的总体回归系数。

从简便性的角度来看,如方程式(72)所示的识别方案可以按照方程式(72)的顺序来对前三个变量进行排序,并对剩余变量采用下三角排序(乔里斯基因子分解)来实现,并重新进行归一化,使得 H 的对角元素等于 1。只有前三个冲击才会被识别,而且对应于这些冲击的结构性脉冲响应函数并不取决于剩余变量的顺序。

7.2.2.2　结构动态因子模型

结构动态因子模型是通过方程式(72)中的对 H 的限制、对 Λ 的命名因子归一化,以及将 G 设置为单位矩阵的设定来识别的。

如前所述,结构动态因子模型的实现需要将石油产出(oil production)这个因子视为观察到的,而把其余七个因子视为不可观察的。在这七个不可观察的因子中,我们感兴趣的是与全球经济活动(global activity)新息和石油价格(oil price)新息相对应的因子新息的两个线性组合。这样,一个观察到的因子、两个识别出来的不可观察的因子,以及五个未识别的不可观察的因子,就组合成了一个混合因子增广型向量自回归—结构动态因子模型。在这个混合模型中,命名因子归一化为:

$$
\begin{bmatrix}
oil\ production_t \\
global\ activity_t \\
p_t^{PPI\text{-}Oil} \\
p_t^{Brent} \\
p_t^{WTI} \\
p_t^{RAC} \\
X_{7:n,t}
\end{bmatrix}
=
\begin{bmatrix}
1 & 0 & 0 & 0\cdots0 \\
0 & 1 & 0 & 0\cdots0 \\
0 & 0 & 1 & 0\cdots0 \\
0 & 0 & 1 & 0\cdots0 \\
0 & 0 & 1 & 0\cdots0 \\
0 & 0 & 1 & 0\cdots0 \\
\Lambda_{7:n} & & &
\end{bmatrix}
\begin{bmatrix}
F_t^{oil\ production} \\
F_t^{global\ activity} \\
F_t^{oil\ price} \\
F_{4:r,\,t}
\end{bmatrix}
+
\begin{bmatrix}
0 \\
e_{2t} \\
e_{3t} \\
e_{4t} \\
e_{5t} \\
e_{6t} \\
e_{7:n,\,t}
\end{bmatrix}
\tag{73}
$$

其中第一个变量为石油产出($oil\ production_t$),它被视为观察到的因子,第二个变量是全球经济活动(商品装运)指数,接下来的其余四个变量就是四个度量石油价格的指数。第一个因子是观察到的石油产出因子。接下来的两个因子是不可观察的,即全球经济活动因子和石油价格因子。G 的单位矩阵归一化将新息与这些因子联系起来,使得那些新息与方程式(72)的前三个新息相对应。

7.3 比较结构向量自回归模型及估计细节

7.3.1 比较结构向量自回归

由于结构动态因子模型有八个静态因子和八个动态因子,所以用来进行比较的结构向量自回归模型也具有八个变量。在这个结构向量自回归模型的八个变量中,前三个就是基利安(2009)的三变量结构向量自回归模型中的那三个变量:实际石油价格(PPI-oil)、全球石油产量和基利安(2009)的全球经济活动指数(全球干散货航运指数)。其余的 5 个变量则反映了美国的总体经济活动水平、通货膨胀和金融市场状况:GDP、总就业量、以个人消费支出衡量的通货膨胀率、联邦基金利率和贸易加权的汇率指数。

表 5(A 部分)中"VAR-0"那一行总结了因子新息与向量自回归新息之间的典型相关性。虽然前几个典型相关性的值很大,但是最后四个均为 0.50 及以下。很显然,向量自回归与因子新息涵盖的空间有很大的不同。

7.3.2 结构动态因子模型估计步骤之总结

7.3.2.1 估计步骤总结

我们现在总结一下估计第 7.2.2 节的结构动态因子模型的结构性脉冲响应函数所需的各个步骤。在那个模型中,有一个观察到的因子和三个识别出来的冲击。从方程式(58)可知,对应于第 i 个冲击的结构脉冲响应函数是:

$$SIRF_i = \Lambda\Phi(L)^{-1}GH_i \qquad (74)$$

其中 H_i 是 H 的第 i 列,$i=1,2,3$。这个结构性脉冲响应函数可以通过以下步骤来估计。

1. 如方程式(73)所示对各变量进行排序,然后如第 2.3.1 节所述,利用方程式(73)中受限制的 Λ、通过受限制的最小二乘法对方程式(13)最小化来估计七个不可观测的静态因子。[①] 加入这七个因子,使之与石油产量并列,从而这个八个因子的向量有一个观察到的因子(排在第一位)和七个估计出来的因子。命名因子归一化中的后五个变量可以任意选择,只要它们不是线性相关的即可。这个步骤生成归一化因子 $\hat{F}_t$ 和 Λ 因子载荷。

2. 用 $\hat{F}_t$ 去估计向量自回归,即 $\hat{F}_t = \Phi(L)\hat{F}_{t-1} + \eta_t$。这里要用到归一化 $G=I$ 和新息的数量等于因子的数量这个条件。[②]

3. 用向量自回归残差 $\hat{\eta}_t$ 去估计 H,这里还要利用方程式(72)中的识别限制。因为 H 是下三角结构,所以利用对 $\hat{\eta}_t$ 的协方差矩阵的乔里斯基因子化就可以实现这一点,但是要重新归一化,使得 H 的对角元素等于 1。

7.3.2.2 更多的估计细节

我们在第 6 节中讨论过的一些证据表明,我们这个结构动态因子模型的参数存在一个断点,它可能与 1984 年的"大缓和"的断点数据有关,为此,所有模型都是在 1985 年 1 月至 2014 年

---

① 如果只有一个石油价格时间序列,那么 Λ 和各因子可以被估计为如方程式(59)所示的重新归一化的主成分估计量。
② 如果新息数量少于因子的数量,那么 G 的命名因子归一化将会是方程式(61)中的上对角线归一化。而且新息数量的减少可以用式(61)来估计。

第四季度这个时期估计的。标准误差是用参数自助法计算的,具体细节如第5.1.3节所述。

7.4　结果:"石油价格外生"识别

本节和下一节的重点是理解结构动态因子模型、因子增广型向量自回归模型和结构向量自回归模型的结果之间的差异和相似之处。本节将从第7.2.1节所述的"石油价格外生"识别方案的结果开始讨论。

图8给出了使用结构动态因子模型、将石油价格视为观察到的变量的因子增广型向量自回归模型,以及结构向量自回归模型计算出来的若干变量对石油价格冲击的结构性脉冲响应函数。

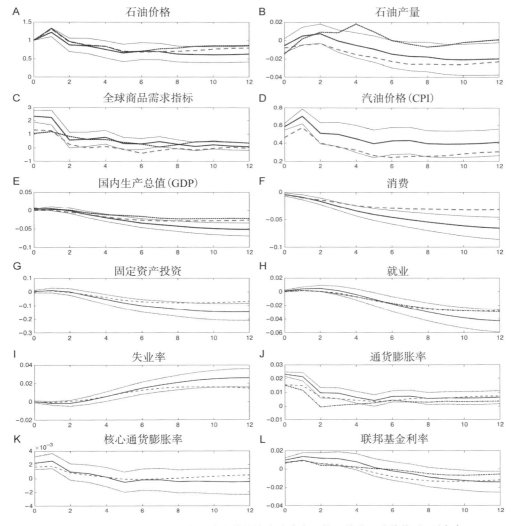

图8　若干变量对一个石油价格冲击的结构脉冲响应函数:"外生石油价格"识别方案

注:深灰色实线为来自结构动态因子模型的结构脉冲响应函数(图中也给出了加减1个标准误差的带),灰色虚线为来自因子增广型向量自回归模型的结构脉冲响应函数,黑色点虚线为来自结构向量自回归模型的结构脉冲响应函数。图中的单位:全球商品需求为标准偏差,所有其他变量为百分点。

　　结构向量自回归模型中结构性脉冲响应函数仅可用于结构向量自回归中的八个变量。图 8 显示了这些变量的对数水平的结构性脉冲响应函数。例如，根据图 8 左上角的结构动态因子模型中的结构性脉冲响应函数，一个石油价格冲击会使石油价格在冲击发生时上涨 1％（这是单位效应归一化的结果），还会使石油价格在一个季度后再上涨 0.3％，然后石油价格部分回落，到四个季度后稳定在比冲击发生前大约高 0.8％的水平上。这些结构性脉冲响应函数也是变量的一阶差分中的累积结构性脉冲响应函数。

　　从图 8 可以看出，最突出的特征是所有三组结构性脉冲响应函数是相当接近的，特别是在八个季度以内的时段内。这有两个主要原因。首先，如图 7 的 B 部分（以及表 3）所表明的，石油价格变动的方差大部分可以用共同因子来解释，所以结构动态因子模型中的不可观察因子的共同成分的新息与因子增广型向量自回归模型中的观察到的因子的新息相似。其次，对石油价格的超前一个季度预测误差，无论是使用因子来预测，还是用八变量向量自回归来预测，都是相似的（石油价格变化难以预测）。将这两个事实结合在一起，所有三个模型下的石油价格新息（或石油价格因子）都非常相似也就不奇怪了。而且，在石油价格外生的识别方案下，冲击也是如此。事实上，如表 8 所示，三个模型下的石油价格冲击确实非常相似（最小的相关系数也达到了 0.72）。简而言之，石油价格中的新息空间就是由因子价格新息的空间所涵盖的。

　　一方面，如果要说结构动态因子模型、因子增广型向量自回归模型和结构向量自回归模型的结构性脉冲响应函数有所不同的话，那么就只能说因子增广型向量自回归模型和结构向量自回归模型中结构性脉冲响应函数相对于结构动态因子模型趋于衰减，或者换句话说，结构动态因子模型中的石油冲击的影响通常较大一些。这一点与以下事实是一致的：动态因子模型中唯一观察到的因子，在因子增广型向量自回归模型和结构向量自回归模型中是有误差地测量的（用单一的石油价格），但是这种影响非常小。

　　关于实质性的解释，对于结构动态因子模型、因子增广型向量自回归模型和结构向量自回归模型，有两个结构性脉冲响应函数令人困惑：第一，能够使石油价格上涨的石油冲击，对石油产量的影响却很小——估计量在统计上是不显著的（在冲击发生时影响为负，而在冲击发生后一到两个季度之后影响变为微弱的正）；第二，这种冲击对全球航运活动却具有统计上显著的正面影响。这两个令人费解的结构性脉冲响应函数引出了这样一个问题：假设石油价格外生的识别方案所识别出来的石油价格冲击实际上可能只是石油供给冲击，（人们可能会认为）它应该与导致石油产出下降的影响和对全球航运活动的中性或负面影响相关联。这两个令人费解的结构性脉冲响应函数表明，将需求所导致石油价格上涨与对石油供给的冲击所导致石油价格上涨区别开来是非常重要的。

　　表 7 给出了识别出来的各个冲击的超前六个季度的预测误差方差分解，采用"石油价格外生"识别方案用因子增广型向量自回归模型和结构动态因子模型得到的结果如该表的第 A 栏所示。不难看出，对于大多数时间序列，因子增广型向量自回归模型和结构动态因子模型的分解是非常相似的，这一点与图 8 所示的因子增广型向量自回归模型和结构动态因子模型在六个季度上的结构性脉冲响应函数的相似性一致。这些结果表明，在六个季度内，识别

出来的石油冲击,只能解释不超过 10％的美国 GDP、固定资产投资、就业、失业率和核心通货膨胀率的变化。令人深感奇怪的是,石油价格冲击也只能解释石油产量预测误差的可以忽略不计的一小部分。因子增广型向量自回归模型和结构动态因子模型的预测误差方差分解差异最大的时间序列是实际石油价格:这并不奇怪,因为将石油价格视为观察到的因子,于是对石油价格的新息就是石油冲击,从而能够比将石油价格因子视为潜在因子时解释更多的石油价格预测误差。

7.5　结果:基利安(2009)的识别方案

如第 7.2 节所述,基利安(2009)的识别方案能够识别出石油供给冲击、全球总需求冲击和特定于石油的需求冲击。因为我们要考察的这些模型中总共有八项新息,所以这个识别方案会留下五个未识别的冲击(或者更确切地说,会留下一个没有识别限制的五维新息子空间)。

7.5.1　混合因子增广型向量自回归—结构动态因子模型

如表 6 所示,前八个主成分的新息只能解释石油产量的超前一步预测误差中的很小一部分,这也就是说,石油产量中的新息基本上不是因子新息空间所涵盖的。根据基利安(2009)的识别方案,石油产量新息是石油供给冲击,但是这种石油供给冲击实际上并不在那可以解释宏观经济变量的变化的八个冲击的空间之内。这就为结构动态因子模型提出了一个操作性难题,因为识别方案要求从宏观因子新息识别出一个冲击,但是它可能不在这些新息的空间内,或者基本上不在这个空间内。在石油产量的共同成分为零的极端情况下,估计出来的所谓共同成分新息将只有噪声。

表 6　在第一期($h=1$)和第六期($h=6$),若干变量的变化能够被八个因子解释的比例（子样本:1985 年第一季度至 2014 年第四季度）

变量	$h=1$	$h=6$
GDP	0.60	0.80
消费	0.37	0.76
固定资产投资	0.38	0.76
就业(非农部门)	0.56	0.94
失业率	0.44	0.90
以个人消费支出衡量的通货膨胀率	0.70	0.63
以个人消费支出衡量的通货膨胀率——核心指标	0.10	0.34
联邦基金利率	0.48	0.71
实际石油价格	0.74	0.78
石油产量	0.06	0.27
全球商品航运指数	0.39	0.51
实际汽油价格	0.72	0.80

出于这个原因,我们将结构动态因子模型进行了修改,使得它拥有一个观察到的因子,即石油产量因子。然而,全球需求冲击和特定于石油的需求冲击还是要从因子新息识别出

来的。因此,这种混合因子增广型向量自回归—结构动态因子模型具有一个识别出来的观察到的因子,两个识别出来的未观察到的因子,以及五个未知的未观察到的因子。

相比之下,如第7.2节所述,因子增广型向量自回归模型则将石油价格(PPI-oil)、全球石油产量和全球经济活动指数视为观察到的因子,另外再加五个潜在因子。

7.5.2 结果

图9至图11显示了三个识别出来的冲击的结构性脉冲响应函数,表7的第B栏则给出了超前六个季度预测误差的方差分解。接下来,我们对这些冲击的结果,依次逐个进行分析。

首先考虑石油供给冲击(如图9所示)。所有三个模型都以相同的方式将石油供给冲击识别为对石油供给的超前一步的预测误差。

对这个变量进行即时预报和预测是相当困难的,因此预测误差基本上并不依赖于条件集的选择(在因子增广型向量自回归模型中为观察到的变量的滞后、在结构动态因子模型和结构向量自回归模型中为因子的滞后)。因此,识别出来的冲击是高度相关的(见表8),并且三个模型中的结构性脉冲响应函数都非常相似。不过,还需要说明以下有实质性意义的一点,宏观经济变量的变化中,能够用石油供给冲击解释的部分是相当小的(见表7)。

相比之下,对于全球需求冲击,结构动态因子模型中的结构性脉冲响应函数,与因子增广型向量自回归模型和结构向量自回归模型中的相应的结构性脉冲响应函数之间却存在着相当可观的差异(不过,因子增广型向量自回归模型中的结构性脉冲响应函数则与结构向量自回归模型中结构性脉冲响应函数非常相似,见图10)。大体上说,因子增广型向量自回归模型和结构向量自回归模型中结构性脉冲响应函数相对于结构动态因子模型中的结构性脉冲响应函数有所衰减。

这些特征与以下事实是一致的:(a)全球需求冲击——不像石油供给冲击——是由因子新息空间涵盖的;(b)商品指数的新息是对不可观察的全球因子新息的一个有噪声的度量;(c)对商品指数的超前一步预测误差,用因子预测与用结构向量自回归模型中的变量预测,两者非常接近。(a)点的证据是,对全球商品指数的超前一步预测误差方差中,大部分都可以用因子新息解释(见表6)。但是,由于全球商品指数只是全球需求的一个有噪声的度量指标,所以从上面第5节的一般性讨论可知,因子增广型向量自回归模型和结构向量自回归模型中的全球商品指数新息也是对全球经济活动的一个有噪声的度量——也就是说,是一个不完美的代理变量——这就证明了上面的(b)点。(c)点的证据是,正如表8所示,全球需求冲击的结构向量自回归估计值与因子增广型向量自回归估计值之间存在着高度的相关性(0.82)。对于特定于石油的需求冲击(见图11),因子增广型向量自回归模型和结构向量自回归模型的结构性脉冲响应函数也相对于结构动态因子模型中结构性脉冲响应函数出现了衰减。不过,要解释这些差异,会引出一些微妙的问题。除了前面提到的石油供给冲击和总需求冲击之外,混合结构动态因子模型还允许两个特定于石油价格的冲击:一个解释了其他宏观变量的一些协动性,另一个则完全是特异性的,对其他宏观经济变量没有影响(实际上,就是对每个石油价格的特异性扰动)。

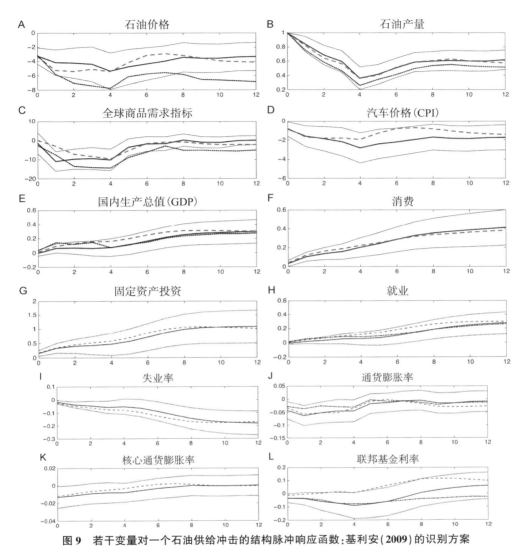

图 9　若干变量对一个石油供给冲击的结构脉冲响应函数：基利安（2009）的识别方案

注：深灰色实线为来自结构动态因子模型的结构脉冲响应函数（图中也给出了加减 1 个标准误差的带），灰色虚线为来自因子增广型向量自回归模型的结构脉冲响应函数，黑色点虚线为来自结构向量自回归模型的结构脉冲响应函数。图中的单位：全球商品需求为标准偏差，所有其他变量为百分点。

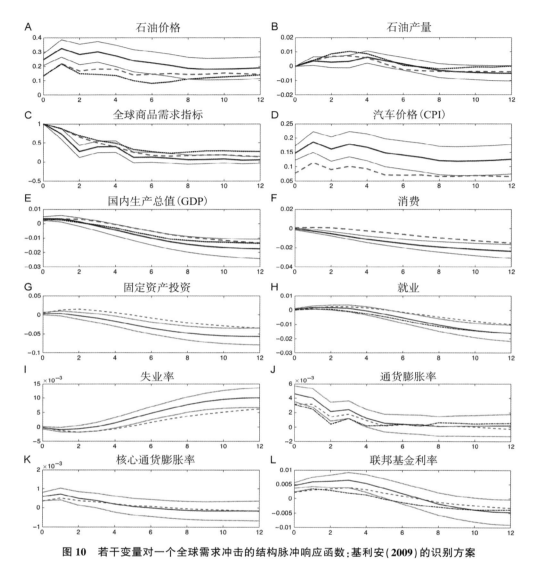

图10 若干变量对一个全球需求冲击的结构脉冲响应函数:基利安(2009)的识别方案

注:深灰色实线为来自结构动态因子模型的结构脉冲响应函数(图中也给出了加减1个标准误差的带),灰色虚线为来自因子增广型向量自回归模型的结构脉冲响应函数,黑色点虚线为来自结构向量自回归模型的结构脉冲响应函数。图中的单位:全球商品需求为标准偏差,所有其他变量为百分点。

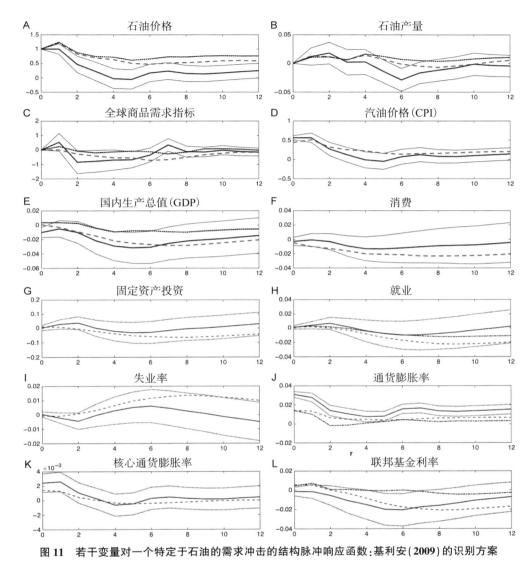

图 11 若干变量对一个特定于石油的需求冲击的结构脉冲响应函数:基利安(2009)的识别方案

注:深灰色实线为来自结构动态因子模型的结构脉冲响应函数(图中也给出了加减 1 个标准误差的带),灰色虚线为来自因子增广型向量自回归模型的结构脉冲响应函数,黑色点虚线为来自结构向量自回归模型的结构脉冲响应函数。图中的单位:全球商品需求为标准偏差,所有其他变量为百分点。

从表 7 给出的预测误差方差分解结果来看，由因子新息所涵盖的特定于石油的需求冲击只能解释很少一部分石油价格预测误差，而对其他主要宏观经济变量的变化则几乎完全不能解释。因此，结构动态因子模型将石油价格的残差变化"降级"为特异性扰动，从而除了影响石油价格自身（以及可能通过石油价格计算的个人消费支出的通货膨胀）之外，不影响其他变量。相比之下，因子增广型向量自回归模型和结构向量自回归模型则具有单一的特定于石油价格的冲击，而不是像结构动态因子模型中有两个。因子增广型向量自回归和结构向量自回归中的单一冲击将石油价格的纯粹特异性变动与可能产生更广泛后果的特定于石油的需求冲击混同了起来，从而使得这个冲击能够解释对石油价格的超前六个季度预测误差方差的二分之一，对汽油价格的超前六个季度预测误差方差的三分之一，但是对其他宏观变量能够解释的比例则非常小。

表 7　若干变量的超前六个季度的预测误差方差分解：因子增广型向量自回归模型和结构动态因子模型

变量	A. "石油价格外生"的识别方案		B. 基利安（2009）的识别方案					
			石油供给冲击		全球需求冲击		特定于石油的需求冲击	
	F	D	F	D(O)	F	D(U)	F	D(U)
GDP	0.07	0.07	0.04	0.01	0.02	0.04	0.09	0.04
消费	0.19	0.22	0.09	0.08	0.02	0.22	0.11	0.01
固定资产投资	0.04	0.04	0.05	0.04	0.03	0.04	0.03	0.01
就业（非农部门）	0.03	0.02	0.04	0.02	0.01	0.01	0.03	0.01
失业率	0.04	0.03	0.04	0.03	0.02	0.03	0.04	0.01
以个人消费支出衡量的通货膨胀率	0.28	0.40	0.02	0.04	0.09	0.16	0.17	0.29
以个人消费支出衡量的通货膨胀率——核心指标	0.05	0.04	0.01	0.02	0.03	0.05	0.02	0.02
联邦基金利率	0.02	0.04	0.00	0.01	0.05	0.11	0.03	0.02
实际石油价格	0.81	0.53	0.14	0.10	0.22	0.44	0.42	0.09
石油产量	0.03	0.01	0.75	0.78	0.07	0.02	0.03	0.01
全球商品航运指数	0.11	0.23	0.05	0.07	0.79	0.33	0.03	0.02
实际汽油价格	0.61	0.48	0.05	0.06	0.25	0.43	0.34	0.08

注：表中各单元格中的数字是超前六期预测误差中行（变量）用列（冲击）解释的比例；表中的 A 栏显示"石油价格外生"的识别方案下的结果，表中的 B 栏所给出的则是基利安的识别方案的结果。在每一个冲击下，"F"表示因子增广型向量自回归模型下的处理（因子被视为观察到的），"D"则表示结构动态因子模型下的处理。而在基利安（2009）所用的混合结构动态因子模型中的识别方案中，石油供给因子是被视为观察到的（即石油产量变量，表中用"D(O)"表示），同时全球需求因子和特定于石油的需求因子则被视为不可观察的（表中用"D(U)"表示）。

表 8 识别出来的冲击之间的相关性

			"石油价格外生"的识别方案			基利安(2009)的识别方案								
			石油价格冲击			石油供给冲击			全球需求冲击			特定于石油的需求冲击		
			D	F	V	D	F	V	D	F	V	D	F	V
"石油价格外生"的识别方案	石油价格冲击	D	1.00											
		F	0.86	1.00										
		V	0.72	0.84	1.00									
基利安(2009)的识别方案	石油供给冲击	D	−0.22	−0.24	−0.22	1.00								
		F	−0.21	−0.23	−0.23	0.95	1.00							
		V	−0.18	−0.22	−0.22	0.88	0.88	1.00						
	全球需求冲击	D	0.70	0.63	0.56	0.00	0.06	0.07	1.00					
		F	0.45	0.35	0.31	−0.02	0.00	−0.06	0.37	1.00				
		V	0.37	0.28	0.37	0.00	−0.01	0.00	0.40	0.82	1.00			
	特定于石油的需求冲击	D	0.63	0.50	0.43	0.00	−0.05	−0.04	0.00	0.30	0.17	1.00		
		F	0.66	0.83	0.79	0.00	0.00	0.03	0.54	0.00	0.02	0.44	1.00	
		V	0.60	0.76	0.91	−0.03	−0.04	0.00	0.48	0.00	0.00	0.39	0.88	1.00

注:各单元格中的数字代表所识别的各冲击之间的相关性。D=结构动态因子模型或混合结构动态因子模型,F=因子增广型向量自回归模型,V=结构向量自回归模型。

7.6 讨论和经验教训

前述两种识别方案提供了两个很好的可以用来对比的实例。在"石油价格外生"识别方案中,石油价格新息是由因子新息空间有效地涵盖的,因此石油价格是在结构动态因子模型中被视为一个不可观察的因子,还是在因子增广型向量自回归模型中被视为一个观察到的因子,几乎没有什么差别。此外,由于很难预测石油价格的变动,因此用因子来进行预测,还是用八变量向量自回归模型来预测,也没有太大的区别。这样一来,在所有模型中,石油价格冲击都基本相同,因此结构性脉冲响应函数和方差分解也基本相同。这些事实证明,对于这种识别方案,是选择使用结构动态因子模型,还是选择因子增广型向量自回归模型,抑或是选择结构向量自回归模型,其实并不重要。

相比之下,在基利安(2009)的识别方案中,结果是否更敏感依赖于结构动态因子模型中被视为不可观察的那些因子,在某个模型中是不是被当成了不可观察的因子来处理。此外,这个识别方案还有另外一个特点,那就是,石油产量的预测误差似乎不是由宏观因子新息所涵盖的,这表明它对宏观变量几乎没有影响,同时将石油产量处理为不可观察的因子会导致估计误差问题,因此应该优先选择将石油产量作为观察到的因子来处理。结果依赖于全球经济活动因子和石油需求因子,这个事实与第 5 节中的理论推理是一致的:在因子增广型向量自回归模型中将全球需求冲击和特定于石油的需求冲击视为观察到的，或者在结构向量自回归模型中将它们视为变量，有可能会导致对这些新息的测量误差，从而导致在脉冲响应函数中出现测量误差。对于这两个冲击，我们最好认识到，观察到的变量对冲击的测量是有误差的，因此要依赖结构动态因子模型对脉冲响应函数的估计。

最后，从根本上说，这些结果与现代文献的结果也是一致的——石油供给冲击只能解释自 20 世纪 80 年代初以来美国总体经济活动的变化的极小的一个部分。事实上，即便是"石油价格外生"识别方案用 1984 年之后的子样本进行估计，结果也会是这样。与此相反，总需求冲击则是石油价格走势中的一个重要驱动力量。根据结构动态因子模型的估计，对石油价格的提前六季度预测误差方差的 44%，可以用全球需求冲击来解释，这大于因子增广型向量自回归模型所估计的 22%，也与前面对测量误差的讨论相一致。

8. 批判性评估和展望

在这一节中，我们首先会依据现有文献和我们自己对上述模型的使用经验，对如何运用动态因子模型提出一些实际操作上的建议。然后，我们将转而对我们从关于动态因子模型的大量文献中吸取的经验教训进行更一般的评估，其中也包括对若干至今仍然悬而未决的方法论问题的评论。

8.1 对动态因子模型实证研究的一些建议

8.1.1 变量选择和数据处理

动态因子模型中变量的选择应该以实证研究的目的和关于时间序列的知识为依据。为了实现构造指数的目标，选中的时间序列应该具有可比较的范围，例如上文第 6 节中在构造实际经济活动指数时，使用的是经济活动变量的子集，而不是全数据集。为了实现即时预报、预测和估计因子的目标，一个关键的指导原则是，因子新息应该涵盖最重要的冲击的空间，而冲击则反过来影响我们最有兴趣的变量的演变。

本章描述的方法适用于零阶单整的变量，在实际运用时，这意味着可能需要对数据进行预处理以去除长期相关性和长期趋势。在大多数实证研究中，这种预处理是通过将变量变为增长率，或更一般地，对变量适当地进行一阶或二阶差分来完成的。对于本章中作为例子的应用，我们还通过减去使用低通滤波器估计出来的趋势去除了剩余的低频波动，这种低通滤波器能够捕获十年或更长期间的周期性中的平均增长率的变化。尽管这个处理步骤在一般文献中并不常见，但是我们认为，在使用美国宏观经济数据时，它是非常重要的，因为数据中的长期趋势的驱动因素，如数十年间的人口变动，会给动态因子模型的短期建模和中期建模造成混淆。

8.1.2　参数方法与非参数方法

在构建和估计状态空间中的动态因子模型时,参数化方法天然具有理论上的优势:它能够生成最大似然估计量(MLE),适用于正确设定下的贝叶斯分析,并能够处理数据不规则性——比如说缺失观察点和混合频率数据。但是,我们阅读的文献,以及我们自己的研究经验都表明,在大多数应用中,参数化实现和非参数实现(主成分法或用于估计因子的其他最小二乘方法)之间的差异其实往往非常小。如上面的第2.3.3节所述,与参数化方法一样,非参数方法也可以处理缺失数据、混合频率数据和其他数据不规则性。非参数方法还有一个额外的优点,那就是,计算要简单得多,而且不需要设定一个用于估计因子的关键步骤的参数化动态模型。基于这些原因,我们认为默认选择非参数方法是适当的。

8.1.3　不稳定性

有越来越多的经验证据表明,动态因子模型与其他时间序列模型一样,可能会呈现出很大的不稳定性。这并不奇怪。例如,有充分的证据表明,与“大缓和”相关的变化超出了减少方差和减少可预测性以容纳动态变化的限度。因此,检验动态因子模型的稳定性是非常重要的,这一点与其他处理时间序列数据的模型一样。本章中使用的稳定性检验都是很容易实现的,只需要应用教科书中单方程稳定性检验方法来运行单个变量对因子回归即可(其他稳定性检验也在第2.5.2节中讨论过了)。

这里有一个很微妙的地方,那就是,这些因子的主成分估计量对于中等程度的时变性具有相当理想的稳健性(参见上面第2.5.1节的讨论)。因此,如果某些变量(但不是所有变量)的因子载荷有断点,那么以下做法可能是合适的:使用全样本去估计因子,同时使用分割样本去估计因子载荷,尽管是否真的有必要这样做则取决于具体的应用。

8.1.4　结构分析的其他注意事项

当分析目标是估计结构性冲击的影响时,以下四个问题值得特别注意。

第一个问题,也是本章的核心关注点,在结构向量自回归分析中发展起来的识别方法可以直接嫁接到结构动态因子模型中,不过要在如方程式(32)所示的单位效应归一化和如方程式(12)所示的命名因子归一化的“帮助”之下。

第二个问题涉及弱识别的潜力。这个问题同等地适用于结构向量自回归模型、因子增广型向量自回归模型和结构动态因子模型。我们在第4节着力阐述的一个主题是,在结构向量自回归模型中用于识别结构性冲击及其脉冲响应函数的各种方法,都解释为广义矩方法,或者在某些情况下可以解释为简单的工具变量方法。由此而导致的一个结果是,现结构参数[即方程式(20)中的H矩阵的参数]可能是弱识别的。如果是这样,那么结构性脉冲响应函数通常会是有偏的,同时置信区间将不再可靠。到作者们撰写本章时为止,尽管计量经济学家已经探索出了一些在结构向量自回归模型中做出识别稳健(identification-robust)的推断的方法,但是仍然没能总结出一套方便使用且全面的工具。

第三个问题,符号识别的结构向量自回归模型、因子增广型向量自回归模型和结构动态因子模型在推断时各有各的弱点。如第4.6.2节所述,从先验到后验的映射的非线性意味着,看似不包含多少信息的先验会导致未识别集合上的高信息量的先验。如何解决这个问题？这是当前一个非常活跃的研究领域。

第四个问题只存在于结构动态因子模型中，而不存在于结构向量自回归模型或因子增广型向量自回归模型中。这个问题存在如下可能性：识别出来的冲击有可能不是由因子载荷的新息所涵盖的。这可能是由于为结构动态因子模型选择的变量的范围过于狭窄了，或者也可能是因为研究者感兴趣的冲击只有极小的或根本没有任何宏观经济后果。后一种情况出现在了第 7 节的实证应用中，在那里，因子新息几乎完全没能解释全球石油产量的预测误差。在这种情况下，命名因子归一化失败了(因为潜在的宏观经济因子不包括全球石油产量因子，因此它实际上不存在全球石油产量共同成分)，所以结构动态因子模型方法也就变得不可信了。在第 7 节中，我们解决这个问题的方法是，采用混合结构动态因子模型，其中全球石油产量被设定为观察到的因子，据估计，它只能解释 1984 年后美国宏观经济变量的变化中的极少一部分。

8.2 评估

为了给出我们的结论，先回过头来看一下三个关于动态因子模型是否实现了它所承诺的目标的"更高层次问题"。第一，是否已经有初步的证据表明，宏观经济变量的协动性能够用很少数量的因子很好地进行描述，并经受住了考验？第二，动态因子模型，迄今仍然是宏观经济学"大数据"分析的首选工具，但是它真的改进了对宏观经济变量的即时预报和预测吗？第三，结构动态因子模型改进了结构向量自回归模型吗？如果真的有改进，又是如何做到的？

8.2.1 数量不多的因子就可以描述宏观经济变量的协动性吗？

对于这个问题，实证动态因子模型文献已经一再给出了肯定的答案。在本章描述的这个有 207 个变量的数据集中，207 个变量对八个因子的回归的 R^2 的平均值达到了 51%。对于未用于估计因子的主要宏观经济总量，这一比例还要更高：GDP 增长率为 81%，非农就业增长率为 93%。这个 R^2 对于其他宏观经济变量也是很高的：以个人消费支出衡量的通货膨胀率为 64%，10 年期与 3 月期国债利差为 72%，标准普尔 500 指数为 73%。对于不同的动态因子模型和不同的变量，这种高拟合度是非常明显的，从本章的图 4、图 5 和图 7B 以及这个领域的许多文献中都可以看得非常清楚。不过，这个有普遍意义的肯定答案，并不意味着每一个变量都能很好地用很少几个共同因子拟合，也不意味着不存在剩余的共同结构。但是结论是不可动摇的：自萨金特和西姆斯(1977)以来，少数几个因子就解释了许多宏观经济时间序列的变化的很大一部分，已经是一个很稳健的特征事实了。

8.2.2 结构动态因子模型是否改进了即时预报和预测？

我们的答案是有所改进，但很微妙。一般来说，与其他模型的预测相比，动态因子模型的预测是有竞争力的，而且，在某些特定的问题上，比如说预测实际经济活动时，动态因子模型的预测在许多情况下是可以得到的最佳预测。而对于即时预报，动态因子模型也提供了一种结构化的和内部一致的方法来处理大型数据集的"粗糙边缘"问题。不过事实也证明，对于即时预报，使用小型数据集的混合频率方法在某些应用中是很有竞争力的。在实际应用中,例如,在宏观经济预测和即时预报中,动态因子模型的表现通常不错——有时能够提供最好的预测,而且至少总是属于会被考虑的模型之一。

8.2.3　结构动态因子模型是否提供了超越结构向量自回归模型的改进?

从结构性冲击分析的角度来看,动态因子模型有两个胜过结构向量自回归模型——在许多情况下,同样胜过因子增广型向量自回归模型——的显著的优势。第一个优势是,通过使用许多变量,动态因子模型能够比低维的向量自回归模型更好地涵盖结构性冲击的空间。如第6.4节所述,在美国季度经济数据集中,低维向量自回归的新息空间并不能很好地逼近因子新息的空间,这一点与向量自回归中单个时间序列存在测量误差和特异性变化的事实一致。这个发现表明,由于存在测量误差或特异性变化,结构向量自回归模型中识别冲击的方法可能会遭到失败,但是在结构动态因子模型中却可能成功地识别冲击,这一点与第7.4节中的实证结果是一致的。

第二个使用许多变量的好处是,结构动态因子模型可以为大量变量生成内在一致的结构性脉冲响应函数。对于识别结构性冲击、估计研究者感兴趣的变量的结构性脉冲响应函数这两个任务,结构动态因子模型是分开来完成的,这是它的一个很大的优势。

致谢

我们感谢克努特·阿瑞·阿艾斯韦特(Knut Are Aastveit)、迈克尔·鲍尔(Michael Bauer)、希尔德·比约恩兰(Hilde Bjørnland)、加布里埃尔·霍多罗夫–赖希(Gabriel Chodorow-Reich)、多梅尼科·詹诺内(Domenico Giannone)、卢茨·基利安(Lutz Kilian)、马西米利亚诺·马塞里诺(Massimiliano Marcellino)、弗雷德里克·马丁内特(Frédéric Martinet)、赛琳娜·吴(Serena Ng)、格特·皮尔斯曼(Geert Peersman)、米克尔·普拉格波尔格–穆勒(Mikkel Plagborg-Müller)、瓦莱丽·雷米(Valerie Ramey)和列夫·安德斯·索尔斯鲁德(Leif Anders Thorsrud)等人给出的非常有益的建议和/或讨论。还要感谢出色的研究助理保罗·何(Paul Ho)、艾本·拉扎勒斯(Eben Lazarus)和丹尼尔·刘易斯(Daniel Lewis)。

参考文献

Aaronson, S., Cajner, T., Fallick, B., Galbis-Reig, F., Smith, C., Wascher, W., 2014. Labor force participation: recent developments and future prospects. In: Brookings Papers on Economic Activity, Fall 2014, pp. 197—275. (including discussion).

Aastveit, K. A., 2014. Oil price shocks in a data-rich environment. Energy Econ. 45, 268—279.

Aastveit, K. A., Bjørnland, H. C., Thorsrud, L. A., 2015. What drives oil prices? Emerging versus developed economies. J. Appl. Econ. 30, 1013—1028.

Aastveit, K. A., Gerdrup, K. R., Jore, A. S., Thorsrud, L. A., 2014. Nowcasting GDP in real time: a density combination approach. J. Bus. Econ. Stat. 32, 48—68.

Aguilar, O., West, M., 2000. Bayesian dynamic factor models and portfolio allocation. J.

Bus. Econ. Stat. 18, 338—357.

Ahn, S. C. , Horenstein, A. R. , 2013. Eigenvalue ratio test for the number of factors. Econometrica 81, 1203—1227.

Altissimo, F. , Bassanetti, A. , Cristadoro, R. , Forni, M. , Hallin, M. , Lippi, M. , Reichlin, L. , Veronese, G. , 2001. EuroCOIN: a real time coincident indicator of the euro area business cycle. In: CEPR DP3108.

Altissimo, F. , Cristadoro, R. , Forni, M. , Lippi, M. , Veronese, G. , 2010. New EuroCOIN: tracking economic growth in real time. Rev. Econ. Stat. 92(4), 1024—1034.

Amengual, D. , Watson, M. W. , 2007. Consistent estimation of the number of dynamic factors in a large N and T panel. J. Bus. Econ. Stat. 25, 91—96.

Andrews, D. W. K. , Soares, G. , 2010. Inference for parameters defined by moment inequalities using generalized moment selection. Econometrica 78, 119—157.

Andrews, D. W. K. , Stock, J. H. , 2007. Inference with weak instruments. In: Blundell, R. , Newey, W. K. , Persson, T. (Eds.), Advances in Economics and Econometrics, Theory and Applications: Ninth World Congress of the Econometric Society, Vol. Ⅲ. Cambridge University Press, Cambridge, UK.

Angelini, E. , Baunstler, G. , 2010. Estimating and forecasting the euro monthly national nbura, N. , Rarea accounts from a dynamic factor model. In: OECD Journal of Business Cycle Measurement and Analysis 7, pp. 1—22. also ECB working paper no. 953(2008).

Arias, J. E. , Rubio-Ramírez, J. F. , Waggoner, D. F. , 2014. Inference based on SVARs identified with sign and zero restrictions: theory and applications. Federal Reserve Bank of Atlanta. Working paper 2014—1.

Aruoba, S. B. , Diebold, F. X. , Scotti, C. , 2009. Real-time measurement of business conditions. J. Bus. Econ. Stat. 27, 417—427.

Bai, J. , 2003. Inferential theory for factor models of large dimensions. Econometrica 71, 135—172.

Bai, J. , Ng, S. , 2002. Determining the number of factors in approximate factor models. Econometrica 70, 191—221.

Bai, J. , Ng, S. , 2006a. Confidence intervals for diffusion index forecasts and inference for factor-augmented regressions. Econometrica 74, 1133—1150.

Bai, J. , Ng, S. , 2006b. Evaluating latent and observed factors in macroeconomics and finance. J. Econ. 131, 507—537.

Bai, J. , Ng, S. , 2007. Determining the number of primitive shocks in factor models. J. Bus. Econ. Stat. 25, 52—60.

Bai, J. , Ng, S. , 2008. Large dimensional factor analysis. Found. Trends Econ. 3(2), 89—163.

Bai, J. , Ng, S. , 2013. Principal components estimation and identification of static factors. J. Econ. 176, 18—29.

Bai, J. , Wang, P. , 2014. Identification theory for high dimensional static and dynamic factor models. J. Econ. 178, 794—804.

Bańbura, M., Giannone, D., Modugno, M., Reichlin, L., 2013. Nowcasting and the real-time data flow. In: Elliott, G., Timmermann, A., Elliott, G., Timmermann, A. (Eds.), Handbook of Economic Forecasting, vol. 2. Elsevier, North-Holland, pp. 195—237. Chapter 4.

Bańbura, M., Modugno, M., 2014. Likelihood of factor models datasets arbitrary pattern of missing data. J. Appl. Econ. 29, 133—160.

Banerjee, A., Marcellino, M., 2009. Factor-augmented error correction models. In: Shephard, N., Castle, J. (Eds.), The Methodology and Practice of Econometrics: Festschrift in Honor of D. F. Hendry. Oxford University Press, Oxford, pp. 227—254. Chapter 9.

Banerjee, A., Marcellino, M., Masten, I., 2014. Forecasting with factor-augmented error correction models. Int. J. Forecast. 30, 589—612.

Banerjee, A., Marcellino, M., Masten, I., 2016. An overview of the factor-augmented error correction model. In: Koopman, S. J., Hillebrand, E. (Eds.), Dynamic Factor Models, Advances in Econometrics, 35, Emerald Group Publishing, Bingley, UK.

Bates, B., Plagborg-Müller, M., Stock, J. H., Watson, M. W., 2013. Consistent factor estimation in dynamic factor models with structural instability. J. Econ. 177, 289—304.

Baumeister, C., Hamilton, J. D., 2015a. Sign restrictions, structural vector autoregressions, and useful prior information. Econometrica 83, 1963—1999.

Baumeister, C., Hamilton, J. D., 2015b. Structural interpretation of vector autoregressions with incomplete identification: revisiting the role of oil supply and demand shocks. Manuscript. University of California, San Diego.

Baumeister, C., Kilian, L., 2016. Forty years of oil price fluctuations: why the price of oil may still surprise us. J. Econ. Perspect. 30, 139—160.

Baumeister, C., Peersman, G., 2013. Time-varying effects of oil supply shocks on the U.S. economy. Am. Econ. J. Macroecon. 5, 1—28.

Barsky, R.B., Kilian, L., 2002. Do we really know that oil caused the great stagflation? A monetary alternative. NBER Macroecon. Annu. 16, 137—183.

Baxter, M., King, R.G., 1999. Measuring business cycles: approximate band-pass filters for economic time series. Rev. Econ. Stat. 81, 575—593.

Bernanke, B.S., Boivin, J., Eliasz, P., 2005. Measuring the effects of monetary policy: a factor-augmented vector autoregressive (FAVAR) approach. Q. J. Econ. 120, 387—422.

Bernanke, B.S., Kuttner, K.N., 2005. What explains the stock market's reaction to federal reserve policy? J. Financ. 40, 1221—1257.

Bjørnland, H., Thorsrud, L.A., forthcoming. Boom or gloom? Examining the Dutch disease in two-speed economies. Econ. J.

Bjørnland, H., Thorsrud, L.A., 2015a. Commodity prices and fiscal policy design: procyclical despite a rule. CAMP working paper 5/2015.

Bjørnland, H., Thorsrud, L.A., 2015b. Applied Time Series for Macroeconomists. Gyldendal Akademisk, Oslo.

Blanchard, O.J., Galí, J., 2010. The macroeconomic effects of oil price shocks: why are the

2000s so different from the 1970s? In: Galí, J., Gertler, M. J. (Eds.), International Dimensions of Monetary Policy. University of Chicago Press for the NBER, Chicago, pp. 373—421. Chapter 7.

Blanchard, O. J., Quah, D., 1989. Dynamic effects of aggregate demand and supply disturbances. Am. Econ. Rev. 79, 655—673.

Blanchard, O. J., Watson, M. W., 1986. Are business cycles all alike? In: Gordon, R. J. (Ed.), The American Business Cycle. University of Chicago Press, Chicago.

Boivin, J., Ng, S., 2006. Are more data always better for factor analysis. J. Econ. 132, 169—194.

Breitung, J., Eickmeier, S., 2011. Testing for structural breaks in dynamic factor models. J. Econ. 163, 71—84.

Breitung, J., Tenhofen, J., 2011. GLS estimation of dynamic factor models. J. Am. Stat. Assoc. 106, 1150—1166.

Burns, A. F., Mitchell, W. C., 1946. Measuring Business Cycles. NBER, New York.

Campbell, J. R., Evans, C. L., Fisher, J. D. M., Justiniano, A., 2012. Macroeconomic effects of FOMC forward guidance. In: Brookings Papers on Economic Activity, Spring, pp. 1—80.

Carrasco, M., Rossi, B., forthcoming. In-sample inference and forecasting in misspecified factor models. J. Bus. Econ. with discussion.

Chamberlain, G., Rothschild, M., 1983. Arbitrage factor structure, and mean-variance analysis of large asset markets. Econometrica 51, 1281—1304.

Charnavoki, V., Dolado, J. J., 2014. The effects of global shocks on small commodity-exporting economies: lessons from Canada. Am. Econ. J. Macroecon. 6, 207—237.

Chen, L., Dolado, J. J., Gonzalo, J., 2014. Detecting big structural breaks in large factor models. J. Econ. 180, 30—48.

Cheng, X., Hansen, B. E., 2015. Forecasting with factor-augmented regression: a Frequentist model averaging approach. J. Econ. 186, 280—293.

Cheng, X., Liao, Z., Schorfheide, F., forthcoming. Shrinkage estimation of high-dimensional factor models with structural instabilities. Rev. Econ. Stud.

Chevillon, G., Mavroeidis, S., Zhan, Z., 2015. Robust Inference in Structural VARs with Long-Run Restrictions. manuscript. Oxford University.

Choi, I., 2012. Efficient estimation of factor models. Econ. Theory 28, 274—308.

Christiano, L. J., Eichenbaum, M. S., Evans, C. L., 1999. Monetary policy shocks: what have we learned and to what end? In: Taylor, J. B., Woodford, M. (Eds.), Handbook of Macroeconomics. Elsevier Science, North-Holland, Amsterdam.

Christiano, L. J., Eichenbaum, M., Vigfusson, R., 2006. Assessing structural VARs. NBER Macroecon. Annu. 21, 1—72(including discussion).

Clements, M. P., forthcoming. Real-time factor model forecasting and the effects of instability. Comput. Stat. Data Anal.

Cochrane, J. H., Piazzesi, M., 2002. The fed and interest rates: a high-frequency identification. Am. Econ. Rev. 92(May), 90—95.

Cogley, T., Sargent, T. J., 2005. Drifts and volatilities: monetary policies and outcomes in the post WWII US. Rev. Econ. Dyn. 8(2), 262—302.

Connor, G., Korajczyk, R. A., 1986. Performance measurement with the arbitrage pricing theory. J. Financ. Econ. 15, 373—394.

Corradi, V., Swanson, N., 2014. Testing for structural stability of factor augmented forecasting models. J. Econ. 182, 100—118.

Council of Economic Advisers, 2013. Economic Report of the President 2013. U. S. Government Printing Office. Chapter 2.

Crone, T. M., Clayton-Matthews, A., 2005. Consistent economic indexes for the 50 states. Rev. Econ. Stat. 87, 593—603.

D'Agostino, A., Giannone, Domenico, 2012. Comparing alternative predictors based on large-panel factor models. Oxf. Bull. Econ. Stat. 74, 306—326.

del Negro, M., Otrok, C., 2008. Dynamic factor models with time-varying parameters: measuring changes in international business cycles: Staff Report. Federal Reserve Bank of New York. no. 326.

De Mol, C., Giannone, D., Reichlin, L., 2008. Forecasting using a large number of predictors: is Bayesian shrinkage a valid alternative to principal components? J. Econ. 146, 318—328.

Doz, C., Giannone, D., Reichlin, L., 2011. A two-step estimator for large approximate dynamic factor models based on Kalman filtering. J. Econ. 164(1), 188—205.

Doz, C., Giannone, D., Reichlin, L., 2012. A quasi maximum likelihood approach for large approximate dynamic factor models. Rev. Econ. Stat. 94, 1014—1024.

Durbin, J., Koopman, S. J., 2012. Time Series Analysis by State Space Methods, second ed. Oxford University Press, Oxford.

Edelstein, P., Kilian, L., 2009. How sensitive are consumer expenditures to retail energy prices? J. Mon. Econ. 56, 766—779.

Eickmeier, S., Lemke, W., Marcellino, M., 2015. A classical time varying FAVAR model: estimation, forecasting, and structural analysis. J. Royal Stat. Soc. A 178, 493—533.

Eickmeier, S., Ziegler, C., 2008. How successful are dynamic factor models at forecasting output and inflation? A meta-analytic approach. J. Forecast. 27(3), 237—265.

Elliott, G., Müller, U., 2006. Efficient tests for general persistent time variation in regression coefficients. Rev. Econ. Stud. 73, 907—940.

Engle, R. F., Watson, M. W., 1981. A one-factor multivariate time series model of metropolitan wage rates. J. Am. Stat. Assoc. 76, 774—781.

Engle, R. F., Watson, M. W., 1983. Alternative algorithms for estimation of dynamic MIMIC, factor, and time varying coefficient regression models. J. Econ. 23, 385—400.

Evans, M. D. D., 2005. Where are we now? Real-time estimates of the macroeconomy. Int.

J. Cent. Bank. 1, 127—175.

Faust, J., 1998. The robustness of identified VAR conclusions about money. Carn.—Roch. Conf. Ser. Public Policy 49, 207—244.

Faust, J., Leeper, E. M., 1997. When do long-run identifying restrictions give reliable results? J. Bus. Econ. Stat. 15, 345—353.

Faust, J., Rogers, J. H., Swanson, E., Wright, J. H., 2003. Identifying the effects of monetary policy shocks on exchange rates using high frequency data. J. Eur. Econ. Assoc. 1(5), 1031—1057.

Faust, J., Swanson, E., Wright, J., 2004. Identifying VARs based on high-frequency futures data. J. Monet. Econ. 51(6), 1107—1131.

Fernández-Villaverde, J., Rubio-Ramírez, J. F., Sargent, T. J., Watson, M. W., 2007. The ABCs(and Ds) of understanding VARs. Am. Econ. Rev. 97(3), 1021—1026.

Forni, M., Gambetti, L., 2010. The dynamic effects of monetary policy: a structural factor model approach. J. Monet. Econ. 57, 203—216.

Forni, M., Giannone, D., Lippi, M., Reichlin, L., 2009. Opening the black box: structural factor models with large cross sections. Econ. Theory 25, 1319—1347.

Forni, M., Hallin, M., Lippi, M., Reichlin, L., 2000. The generalized factor model: identification and estimation. Rev. Econ. Stat. 82, 540—554.

Forni, M., Hallin, M., Lippi, M., Reichlin, L., 2005. The generalized dynamic factor model: one-sided estimation and forecasting. J. Am. Stat. Assoc. 100, 830—839.

Forni, M., Reichlin, L., 1998. Let's get real: a dynamic factor analytical approach to disaggregated business cycle. Rev. Econ. Stud. 65, 453—474.

Foroni, C., Marcellino, M., 2013. As urvey of econometric methods for mixed-frequency data. Norges Bank working paper 2013—2016.

Freedman, D., 1999. Wald lecture: on the Bernstein-von Mises theorem with infinite-dimensional parameters. Ann. Stat. 27(4), 1119—1141.

Fry, R., Pagan, A., 2011. Sign restrictions in structural vector autoregressions: a critical review. J. Econ. Lit. 49(4), 938—960.

Gafarov, B., Montiel Olea, J. L., 2015. On the Maximum and Minimum Response to an Impulse in SVARs. New York University. manuscript.

Gali, Jordi, 1999. Technology, employment, and the business cycle: do technology shocks explain aggregate fluctuations? Am. Econ. Rev. 89(1), 249—271.

Gertler, M., Karadi, P., 2015. Monetary policy surprises, credit costs, and economic activity. Am. Econ. J. Macroecon. 7, 44—76.

Geweke, J., 1977. The dynamic factor analysis of economic time series. In: Aigner, D. J., Goldberger, A. S. (Eds.), Latent Variables in Socio-Economic Models. North-Holland, Amsterdam.

Giacomini, R., Kitagawa, T., 2014. Inference About Non-Identified SVARs. University College London. manuscript.

Giannone, D., Reichlin, L., Small, D., 2008. Nowcasting: the real-time informational content of macro? economic data. J. Monet. Econ. 55, 665—676.

Gonccalves, S., Perron, B., 2015. Bootstrapping factor-augmented regression models. J. Econ. 182, 156—173.

Gonccalves, S., Perron, B., Djogbenou, A., forthcoming. Bootstrap prediction intervals for factor models. J. Bus. Econ. Stat.

Gordon, R. J., 2014. A new method of estimating potential real GDP growth: implications for the labor market and the debt/GDP ratio. NBER discussion paper 201423.

Gordon, R. J., 2016. The Rise and Fall of American Growth. Princeton University Press, Princeton.

Gospodinov, N., 2010. Inference in nearly nonstationary SVAR models with long-run identifying restrictions. J. Bus. Econ. Stat. 28, 1—11.

Güntner, J. H. F., 2014. How do oil producers respond to oil demand shocks. Energy Econ. 44, 1—13.

Gürkaynak, R. S., Sack, B., Swanson, E., 2005. The sensitivity of long-term interest rates to economic news: evidence and implications for macroeconomic models. Am. Econ. Rev. 95(1), 425—436.

Hallin, M., Liška, R., 2007. The generalized dynamic factor model: determining the number of factors. J. Am. Stat. Assoc. 102, 603—617.

Hamilton, J. D., 1983. Oil and the macroeconomy since World War II. J. Polit. Econ. 91, 228—248.

Hamilton, J. D., 2003. What is an oil shock? J. Econ. 113, 363—398.

Hamilton, J. D., 2009. Causes and consequences of the oil shock of 2007—8. Brookings Papers on Economic Activity. Spring 2009, 215—261.

Hamilton, J. D., 2013. Historical oil shocks. In: Parker, R. E., Whaples, R. (Eds.), Routledge Handbook of Major Events in Economic History. Routledge Taylor and Francis Group, New York.

Hamilton, J. D., 2016. Macroeconomic regimes and regime shifts. In: Taylor, J. B. and Uhlig, H. (Eds.), Handbook of Macroeconomics, vol. 2A. Elsevier, Amsterdam, Netherlands, pp. 163—201.

Han, X., Inoue, A., 2015. Tests for parameter instability in dynamic factor models. Econ. Theory 31, 1117—1152.

Hansen, L. P., Sargent, T. J., 1991. Two difficulties in interpreting vector autoregressions. In: Hansen, L. P., Sargent, T. J. (Eds.), Rational Expectations Econometrics. Westview Press, Boulder, pp. 77—119.

Hanson, S. G., Stein, J. C., 2015. Monetary policy and long-term real rates. J. Financ. Econ. 115, 429—448.

Harvey, A. C., 1989. Forecasting, Structural Time Series Models and the Kalman Filter. Cambridge University Press, Cambridge, UK.

Hodrick, R. J. , Prescott, E. C. , 1997. Post-war U. S. business cycles: an empirical investigation. J. Money Credit Bank. 29, 1—16.

Hooker, M. A. , 1996. What happened to the oil price-macroeconomy relationship? J. Mon. Econ. 38, 195—213.

Inoue, A. , Kilian, L. , 2013. Inference on impulse response functions in structural VARs. J. Econ. 177,1—13.

Jungbacker, B. , Koopman, S. J. , van der Wel, M. , 2011. Maximum likelihood estimation for dynamic factor models with missing data. J. Econ. Dyn. Control 35, 1358—1368.

Juvenal, L. , Petrella, I. , 2015. Speculation in the oil market. J. Appl. Econ. 30, 621—649.

Kaufmann, S. , Schumacher, C. , 2012. Finding relevant variables in sparse Bayesian factor models: economic applications and simulation results. Deutsche Bundesbank discussion paper 29/2012.

Kilian, L. , 1998. Small-sample confidence intervals for impulse response functions. Rev. Econ. Stat. 80, 218—230.

Kilian, L. , 2001. Impulse response analysis in vector autoregressions with unknown lag order. J. Forecast. 20, 161—179.

Kilian, L. , 2008a. Exogenous oil supply shocks: how big are they and how much do they matter for the U. S. economy? Rev. Econ. Stat. 90, 216—240.

Kilian, L. , 2008b. The economic effects of energy price shocks. J. Econ. Lit. 46, 871—909.

Kilian, L. , 2009. Not all oil price shocks are alike: disentangling demand and supply shocks in the crude oil market. Am. Econ. Rev. 99, 1053—1069.

Kilian, L. , 2015. Structural vector autoregressions. In: Hashimzade, N. , Thornton, M. A. (Eds.), Handbook of Research Methods and Applications in Empirical Macroeconomics. Edward Elgar, Cheltenham, UK. Chapter 22.

Kilian, L. , Murphy, D. P. , 2012. Why agnostic sign restrictions are not enough: understanding the dynamics of oil market VAR models. J. Eur. Econ. Assoc. 10, 1166—1188.

Kilian, L. , Murphy, D. P. , 2014. The role of inventories and speculative trading in the global market for crude oil. J. Appl. Econ. 29, 454—478.

Kim, C. -J. , Nelson, C. R. , 1998. Business cycle turning points, a new coincident index, and tests of duration dependence based on a dynamic factor model with regime switching. Rev. Econ. Stat. 80, 188—201.

King, R. G. , Plosser, C. I. , Stock, J. H. , Watson, M. W. , 1991. Stochastic trends and economic fluctuations. Am. Econ. Rev. 81, 819—840.

Koopman, S. J. , Mesters, G. , forthcoming. Empirical Bayes methods for dynamic factor models. Rev. Econ. Stat.

Korobilis, D. , 2014. Data-Based Priors for Vector Autoregressions with Drifting Coefficients. University of Glasgow. manuscript.

Kose, A. M., Otrok, C., Whiteman, C. H., 2003. International business cycles: world, region, and country-specific factors. Am. Econ. Rev. 93, 1216—1239.

Kuttner, K. N., 2001. Monetary policy surprises and interest rates: evidence fropm the Fed fudns futures market. J. Monet. Econ. 47, 523—544.

Lanne, M.,Lutkepohl, H., Maciejowska, K., 2010. Structural vector autoregressions with Markov switching. J. Econ. Dyn. Control 34, 121—131.

Leeper, E. M., Walker, T. B., Yang, S. -C. S., 2013. Fiscal foresight and information flows. Econometrica 81, 1115—1145.

Lippi, F., Nobili, A., 2012. Oil and the macroeconomy: a quantitative structural analysis. J. Eur. Econ. Assoc. 10, 1059—1083.

Lütkepohl, H., 2015. New Introduction to Multiple Time Series Analysis. Springer-Verlag, Berlin.

Lütkepohl, H., Netšunajev, A., 2014. Disentangling demand and supply shocks in the crude oil market: how to check sign restrictions in structural VARs. J. Appl. Econ. 29, 479—496.

Lütkepohl, H., Netšunajev, A., 2015. Structural vector autoregressions with heteroskedasticity: a comparison of different volatility models. Humboldt University. SFB 649 discussion paper 2015—2015.

Magnusson, L. M., Mavroeidis, S., 2014. Identification using stability restrictions. Econometrica 82, 1799—1851.

Marcellino, M., Sivec, V., 2014. Monetary, Fiscal, and Oil Shocks: Evidence Based on Mixed Frequency Structural FAVARs. forthcoming, J. Econometrics.

Mariano, R. S., Murasawa, Y., 2003. A new coincident index of business cycles based on monthly and quarterly series. J. Appl. Econ. 18, 427—443.

Mariano, R. S., Murasawa, Y., 2010. A coincident index, common factors, and monthly real GDP. Oxf. Bull. Econ. Stat. 72(1), 27—46.

Mavroeidis, S., Plagborg-Müller, M., Stock, J. H., 2014. Empirical evidence on inflation expectations in the New Keynesian Phillips curve. J. Econ. Lit. 52, 124—188.

McCracken, M., Ng, S., 2015. FRED-MD: a monthly database for macroeconomic research. Federal Reserve Bank of St. Louis. Working paper 2015—012B.

Mertens, K., Ravn, M. O., 2013. The dynamic effects of personal and corporate income tax changes in the United States. Am. Econ. Rev. 103, 1212—1247.

Montiel Olea, J., Stock, J. H., Watson, M. W., 2016. Inference in structural VARs with external instruments. Manuscript. Harvard University.

Moon, H. R., Schorfheide, F., 2012. Bayesian and Frequentist inference in partially identified models. Econometrica 80, 755—782.

Moon, H. R., Schorfheide, F., Granziera, E., 2013. Inference for VARs Identified with Sign Restrictions. Manuscript. University of Pennsylvania.

Mumtaz, H., Surico, P., 2012. Evolving international inflation dynamics: world and country-specific factors. J. Eur. Econ. Assoc. 10(4), 716—734.

Nakamura, E. , Steinsson, J. , 2015. High Frequency Identification of Monetary Non-Neutrality. Manuscript. Columbia University.

Nelson, C. R. , Startz, R. , 1990a. The distribution of the instrumental variable estimator and its t ratio when the instrument is a poor one. J. Bus. 63, S125—S140.

Nelson, C. R. , Startz, R. , 1990b. Some further results on the exact small sample properties of the instrumental variables estimator. Econometrica 58, 967—976.

Normandin, M. , Phaneuf, L. , 2004. Monetary policy shocks: testing identification conditions under time-varying conditional volatility. J. Monet. Econ. 51, 1217—1243.

Onatski, A. , 2009. Testing hypotheses about the number of factors in large factor models. Econometrica 77, 1447—1479.

Onatski, A. , 2010. Determining the number of factors from empirical distribution of eigenvalues. Rev. Econ. Stat. 92, 1004—1016.

Otrok, C. , Whiteman, C. H. , 1998. Bayesian leading indicators: measuring and predicting economic conditions in Iowa. Int. Econ. Rev. 39, 997—1014.

Pagan, A. R. , Robertson, J. C. , 1998. Structural models of the liquidity effect. Rev. Econ. Stat. 80, 202—217.

Peersman, G. , Van Robays, I. , 2009. Oil and the Euro area. Economic Policy October 2009, 605—651.

Plagborg-Müller, M. , 2015. Bayesian Inference on Structural Impulse Response Functions. Harvard University. manuscript.

Quah, D. , Sargent, T. J. , 1993. A dynamic index model for large cross sections (with discussion). In: Stock, J. H. , Watson, M. W. (Eds.), Business Cycles, Indicators, and Forecasting. University of Chicago Press for the NBER, Chicago, pp. 285—310.

Ramey, V. A. , 2011. Identifying government spending shocks: it's all in the timing. Q. J. Econ. 126, 1—50.

Ramey, V. A. , 2016. Macroeconomic shocks and their propagation. In: Taylor, J. B. and Uhlig, H. (Eds.), Handbook of Macroeconomics, vol. 2A. Elsevier, Amsterdam, Netherlands, pp. 71—162.

Ramey, V. A. , Shapiro, M. , 1998. "Costly capital reallocation and the effects of government spending" with discussion. Carn. -Roch. Conf. Ser. Public Policy 48, 145—209.

Rigobon, R. , 2003. Identification through heteroskedasticity. Rev. Econ. Stat. 85, 777—792.

Rigobon, R. , Sack, B. , 2003. Measuring the reaction of monetary policy to the stock market. Q. J. Econ. 118, 639—669.

Rigobon, R. , Sack, B. , 2004. The impact of monetary policy on asset prices. J. Monet. Econ. 51, 1553—1575.

Romer, C. D. , Romer, D. H. , 1989. Does monetary policy matter? A new test in the spirit of Friedman and Schwartz. In: Blanchard, O. J. , Fischer, S. (Eds.), NBER Macroeconomics Annual 1989. MIT Press, Cambridge, MA, pp. 121—170.

Romer, C. D., Romer, D. H., 2004. A new measure of monetary shocks: derivation and implications. Am. Econ. Rev. 94, 1055—1084.

Romer, C. D., Romer, D. H., 2010. The macroeconomic effects of tax changes: estimates based on a new measure of fiscal shocks. Am. Econ. Rev. 100(3), 763—801.

Romer, C. D., Romer, D. H., 2015. New Evidence on the Impact of the Financial Crisis. Manuscript, University of California, Berkeley.

Rubio-Ramírez, J. F., Waggoner, D. F., Zha, T., 2010. Structural vector autoregressions: theory of identification and algorithms for inference. Rev. Econ. Stud. 77, 665—696.

Rudebusch, G. D., 1998. Do measures of monetary policy in a VAR make sense? Int. Econ. Rev. 39, 907—931.

Sargent, T. J., 1987. Macroeconomic Theory, second ed. Harcourt Brace Jovanovich Academic Press, Orlando.

Sargent, T. J., 1989. Two models of measurements and the investment accelerator. J. Polit. Econ. 97, 251—287.

Sargent, T. J., Sims, C. A., 1977. Business cycle modeling without pretending to have too much a-priori economic theory. In: Sims, C. et al., (Ed.), New Methods in Business Cycle Research. Federal Reserve Bank of Minneapolis, Minneapolis.

Sarte, P.-D. G., 1997. On the identification of structural vector autoregressions. Richmond Fed Econ. Q. 83(3), 45—67.

Sentana, E., Fiorentini, G., 2001. Identification, estimation, and testing of conditionally heteroskedastic factor models. J. Econ. 102, 143—164.

Shapiro, M. D., Watson, M. W., 1988. Sources of business cycle fluctuations. NBER Macroecon. Annu. 3, 111—156.

Sims, C. A., 1980. Macroeconomics and reality. Econometrica 48, 1—48.

Sims, C. A., Zha, T., 1998. Bayesian methods for dynamic multivariate models. Int. Econ. Rev. 39, 949—968.

Sims, C. A., Zha, T., 1999. Error bands for impulse responses. Econometrica 67, 1113—1155.

Sims, C. A., Zha, T., 2006. Were there regime shifts in U. S. monetary policy. Am. Econ. Rev. 96(1), 54—81.

Staiger, D., Stock, J. H., 1997. Instrumental variable regression with weak instruments. Econometrica 65(3), 557—586.

Stock, J. H., 2008. What's new in econometrics: time series, lecture 7. Short course lectures, NBER Summer Institute, at http://www.nber.org/minicourse_2008.html.

Stock, J. H., Watson, M. W., 1989. New indexes of coincident and leading economic indicators. NBER Macroecon. Annu. 4, 351—393.

Stock, J. H., Watson, M. W., 1991. Aprobability model of the coincident economic indicators. In: Moore, G., Lahiri, K. (Eds.), The Leading Economic Indicators: New Approaches and Forecasting Records. Cambridge University Press, Cambridge, pp. 63—90.

Stock, J. H. , Watson, M. W. , 1993. Aprocedure for predicting recessions with leading indicators: econometric issues and recent experience. In: Stock, J. H. , Watson, M. W. (Eds.), Business Cycles, Indicators and Forecasting. NBER Studies in Business Cycles, vol. 28. University of Chicago Press for the NBER, Chicago.

Stock, J. H. , Watson, M. W. , 1996. Evidence on structural instability in macroeconomic time series relations. J. Bus. Econ. Stat. 14, 11—30.

Stock, J. H. , Watson, M. W. , 1998. Median unbiased estimation of coefficient variance in a time varying parameter model. J. Am. Stat. Assoc. 93, 349—358.

Stock, J. H. , Watson, M. W. , 1999. Forecasting inflation. J. Monet. Econ. 44(2), 293—335.

Stock, J. H. , Watson, M. W. , 2002a. Forecasting using principal components from a large number of predictors. J. Am. Stat. Assoc. 97, 1167—1179.

Stock, J. H. , Watson, M. W. , 2002b. Macroeconomic forecasting using diffusion indexes. J. Bus. Econ. Stat. 20, 147—162.

Stock, J. H. , Watson, M. W. , 2005. Implications of Dynamic Factor Models for VAR Analysis. Harvard University. manuscript.

Stock, J. H. , Watson, M. W. , 2009. Forecasting in dynamic factor models subject to structural instability. In: Shephard, Neil, Castle, Jennifer (Eds.), The Methodology and Practice of Econometrics: Festschrift in Honor of D. F. Hendry. Oxford University Press, Oxford. Chapter 7.

Stock, J. H. , Watson, M. W. , 2011. Dynamic factor models. In: Clements, M. J. , Hendry, D. F. (Eds.), Oxford Handbook on Economic Forecasting. Oxford University Press, Oxford, pp. 35—59. Chapter 2.

Stock, J. H. , Watson, M. W. , 2012a. Disentangling the channels of the 2007—09 recession. In: Brookings Papers on Economic Activity, No. 1, pp. 81—135.

Stock, J. H. , Watson, M. W. , 2012b. Generalized shrinkage methods for forecasting using many predictors. J. Bus. Econ. Stat. 30, 481—493.

Stock, J. H. , Watson, M. W. , 2015. Core inflation and trend inflation. NBER working paper 21282.

Stock, J. H. , Wright, J. H. , 2000. GMM with weak identification. Econometrica 68, 1055—1096.

Uhlig, H. , 2005. What are the effects of monetary policy on output? Results from an agnostic identification procedure. J. Monet. Econ. 52, 381—419.

Watson, M. W. , 2006. Comment on Christiano, Eichenbaum, and Vigfusson's 'assessing structural VARs'. NBER Macroecon. Annu. 2006, 21, 97—102.

Wold, H. , 1954. Causality and econometrics. Econometrica 22(2), 162—177.

Wright, J. , 2012. What does monetary policy to do long-term interest rates at the zero lower bound? Econ. J. 122, F447—F466.

Yamamoto, Y. , 2012. Bootstrap inference for impulse response functions in factor-augmented vector auto-regressions. Hitotsubashi University, Global COE Hi-Stat Discussion Paper Series 249.

第九章　动态随机一般均衡（DSGE）模型的求解和估计方法

J. 费尔南德斯–比利亚韦德(J. Fernández-Villaverde) [*]，

J. F. 卢比奥–拉米雷斯(J. F. Rubio-Ramírez) [†,‡,§,¶]，

F. 绍尔夫海德(F. Schorfheide) [*]

[*]:宾夕法尼亚大学,美国,宾夕法尼亚州,费城;

[†]:埃默里大学,美国,佐治亚州,亚特兰大;

[‡]:亚特兰大联邦储备银行,美国,佐治亚州,亚特兰大;

[§]:毕尔巴鄂比斯开银行(BBVA)研究院,西班牙,马德里;

[¶]:支点(Fulcrum)资产管理公司,英国,伦敦

目　录

本章摘要：本章对动态随机一般均衡(DSGE)模型的求解方法和估计技术进行了全面的综述。我们讨论了数值逼近技术、统计推断方法及其基础,还评述了这个领域的最新发展。

关键词：近似误差分析；贝叶斯推断；动态随机一般均衡(DSGE)模型；频率主义推断；广义矩(GMM)估计；脉冲响应函数匹配；基于似然的推断；米特罗波利斯-黑斯廷斯(Metropolis-Hastings)算法；最小距离估计；粒子滤波；微扰方法；投影方法；序贯蒙特卡罗

JEL 分类代码：C11,C13,C32,C52,C61,C63,E32,E52

1.　引言

　　本章的目标是对动态随机一般均衡(DSGE)模型的最先进的求解方法和估计技术给出一个透彻的说明和全面的综述。动态随机一般均衡模型使用现代宏观经济学理论来解释和预测商业周期中总量时间序列的协动性。"动态随机一般均衡模型"这个术语涵盖了非常广泛的类型的宏观经济学模型,从金(King)等人(1988)讨论的标准新古典增长模型,到由克里斯蒂亚诺(Christiano)等人(2005)、斯梅茨(Smets)和沃特斯(Wouters)(2003)开创的纳入了多个实际和名义摩擦的新凯恩斯主义货币模型……不一而足。这些模型的一个共同特征是,经济行为主体的决策规则是通过求解跨期最优化问题,从关于偏好、技术、信息以及现行财政政策和货币政策的假设中推导出来的。由此而导致的一个结果是,动态随机一般均衡模型这个研究范式能够提供拥有极强的理论一致性的实证模型,它们可以充当政策实验的"虚拟实验室",这一点非常有吸引力。而且,现代的动态随机一般均衡模型已经拥有了足够的灵活性,可以很好地跟踪和预测宏观经济时间序列。今天,动态随机一般均衡模型已经成为中央银行货币政策分析的主力模型之一。

　　将动态随机一般均衡模型的求解方法和估计技术结合起来,放在同一章中讨论,这种做法并不多见。之所以要这样处理,是因为我们认为理论和数据的紧密结合在宏观经济学中发挥着核心作用。数值解法(numerical solution methods)的发展,使得我们能够处理商业周期分析、政策分析和预测所需的丰富多彩的 DSGE 模型。各种各样的估计方法则使得我们能够以严格的方式用这些模型去拟合数据。DSGE 模型的求解方法和估计技术是我们使用现代宏观经济学工具来理解 GDP、就业、通货膨胀和利率等总量变量的"行为"的两大根本性支柱。

然而不幸的是,对于一般的经济学博士生而言(除了那些幸运的、长期使用 DSGE 模型的人之外),要掌握 DSGE 模型,"文献壁垒"是相当高的。求解 DSGE 模型,需要熟悉数值逼近技术,而且模型的估计也是非标准的——由于各种各样的原因,包括:状态空间表示需要使用复杂的滤波技术来求得似然函数,而似然函数又以某种复杂的方式取决于底层的模型参数;同时,潜在的模型设定问题,又会使得传统的基于"正确设定公理"的计量经济学技术不再适用。本章的目标是,通过综述在过去十年间发展起来的 DSGE 模型的求解和估计的"标准"方法、通过概述最新的技术发展,来有效地降低进入这个领域的障碍。尽管我们提供了详尽的数值实例和大量的应用研究参考文献,但是本章重点介绍的方法并不仅仅限于那些适用于实质性的应用的方法。本章分为两个部分。第一部分:DSGE 模型的求解(第 2—7 节),阐述求解 DSGE 模型的各种技术(我们将它们划分为微扰技术和投影技术两大类)。第二部分:DSGE 模型的估计(第 8—12 节),着重介绍如何估计 DSGE 模型。我们同时涵盖了贝叶斯主义和频率主义的估计和推断技术。

第一部分　DSGE 模型的求解

2.　求解 DSGE 模型的方法

除了少数特殊情况之外,DSGE 模型不"认为"我们可以用"纸和铅笔"直接推导出解析形式的均衡动态解,相反,我们需要借助于数值方法和计算机技术来找到一个近似解。

然而,数值分析和计算机程序设计并不是本科或研究生阶段的经济学教育的标准课程的一个组成部分。这就形成了一个教育落差,它导致了三个方面的问题。第一个问题是,许多宏观经济学家不愿意接受解析形式的结果带来的限制,但是又缺乏必要的技术。在许多时候,"必须得出解析解"这种堂吉诃德式的假设,不但不能澄清问题,反而可能导致更大的混淆。虽然解析形式的结果对直觉观念的建构、经济机制的解释都非常重要,而且也是检验数值近似的结果所需要的,但是 DSGE 模型旨在解决的许多问题确实是必须用数值方法才能给出定量答案的。作为一个例子,请考虑一下货币政策对负向供给冲击的最佳反应。在真实世界里,简单地建议货币当局降低名义利率来平稳产出,是远远不够的。我们还需要测定这种减息举措的具体幅度和持续时间。同样,仅仅建议政府通过增加支出来提高产出也是不够的,因为那并不能提供足够的信息来设计一个有效的反周期的财政政策包。

第二个问题是,对数值分析技术的不熟悉,导致许多非常好的求解方法无法迅速普及,同时还导致数值误差的评估等重要问题几乎完全不能引起人们应有的关注。然而不幸的是,糟糕的近似的后果可能非常严重。金姆(Kim)和金姆(2003)阐明了,不准确的解是如何导致似是而非的福利逆转现象的。类似地,参数值的识别也可能严重依赖于近似解。例如,范宾斯贝尔根(van Binsbergen)等人证明(2012),在假设了递归偏好的 DSGE 模型中,要想识别出所有感兴趣的参数,就必须用高阶逼近法来求解。在过去几年间,虽然计算方法的研究已经取得了很大的进展,但是仍有极大的改进余地。计算方法是极其重要的,因为本质性的非线性问题——例如,由非标准效用函数、时变波动性或偶尔有约束力的约束条件(间或紧固约束,occasionally binding constraints)引发的非线性问题——正在日益成为宏观经济学前沿领域的越来越多研究的核心。塔拉里尼(Tallarini)(2000)、皮亚泽西(Piazzesi)和施奈德(Schneider)(2006)、鲁德布施(Rudebusch)和斯万森(Swanson)(2011,2012)、范宾斯贝尔根等人(2012),以及费尔南德斯–比利亚韦德(Fernández-Villaverde)等人(2014)的众多论文给出的 DSGE 模型中,以及许多其他研究中,都使用了非标准效用函数,例如基于非常受欢迎的爱泼斯坦–齐恩(Epstein-Zin)偏好的效用函数(爱泼斯坦和齐思,1989)。纳入了时变波动性的 DSGE 模型则出现在了费尔南德斯–比利亚韦德和卢比奥–拉米雷斯(Rubio-Ramírez)(2007)、胡斯蒂尼亚诺(Justiniano)和普里米切里(Primiceri)(2008)、布鲁姆(Bloom)(2009)、费尔南德斯–比利亚韦德等人(2011,2015b)等论著中。而间或紧固约束则可能由许多不同的机制所导致,其中两个最流行的机制是名义利率的零下限约束(ZLB)和各种各样的金融摩擦,对前者的研究包括艾格特森(Eggertsson)和伍德福德(Woodford)(2003)、克里斯蒂亚诺等人(2011)、费尔南德斯–比利亚韦德等人(2015a)、阿罗巴(Aruoba)和绍尔夫海德(Schorfheide)(2015)、古斯特(Gust)等人(2016)等等;对后者进行研究的例子则包括,伯南克(Bernanke)和格特勒(Gertler)(1989)、卡尔斯特伦(Carlstrom)和费尔斯特(Fuerst)(1997)、伯南克等人(1999)、费尔南德斯–比利亚韦德(2010)、克里斯蒂亚诺等人(2014),以及其他数十项研究。这些固有的非线性问题迫使宏观经济学家去探索突破传统的线性方法的限制。

第三个问题是,即便拥有了一整套最先进的求解方法,研究者在很多情况下也不一定非常清楚应该如何在不同算法之间进行权衡(例如,对速度和准确度的权衡)。

本章的安排如下。第一部分介绍了 DSGE 模型求解方法的基本思想,讨论了各种备选算法之间的权衡,同时还阐述了与对于解的准确性的评估相关的基本概念。在这一部分以及这一章中,我们都为那些愿意进一步深入了解技术细节的读者提供了额外的阅读材料。

考虑到篇幅不能过长,有一些重要的主题只好付之阙如(事实上,本章现在的篇幅已经很大了)。首先,我们不会处理值函数和政策的迭代问题,这方面的内容请参见拉斯特

（Rust）（1996）、蔡（Cai）和贾德（Judd）（2014）对数值动态规划的细致综述。其次，我们不会讨论假设异质性行为主体的模型，阿尔甘（Algan）等人（2014）、西山（Nishiyama）和斯梅特斯（Smetters）（2014）分别给出的综述已经很好地完成了这项任务——前者以克鲁塞尔（Krusell）和史密斯（Smith）（1998）开创的那一类模型为核心，后者则侧重于世代交叠模型。虽然异质性行为主体模型其实也是 DSGE 模型，但是为了简单起见，它们通常是作为一类独立的模型来处理的。考虑到本章的目的，如果要细致地介绍异质性行为主体模型，那么就要增加不少篇幅。尽管如此，幸运的是，我们在这一章中讨论的大多数思想也可以在适当的修正后应用于有异质性行为主体的模型。再次，我们不会花太多时间去解释具马尔可夫区制转换模型和有随机波动性模型的特征。最后，我们也不打算深入探索，伴随着图形处理器单元（GPU）的出现而变得可行的大规模并行编程技术是如何改变了数值分析和计算的"游戏规则"，为求解更多、更复杂的模型打开了大门的。这方面的综述，请参见（例如）奥德里奇（Aldrich）等人（2011）和奥德里奇（2014）。最后，我们也不会在这里介绍数值分析的一般的理论背景。对于经济学家来说，有一本好的数值分析方面的参考书确实很重要。贾德（1998）的著作仍然是这个领域的经典。

此处，还有两个重要的主题——求解方法是如何随着时间的推移而演变的，以及模型的离散时间解与连续时间解之间的对比分析——我们也只在接下来的两个备注中简要地介绍一下。

备注 1（求解方法的演变） 我们将跳过对 DSGE 模型的求解方法的历史演变（或者，更确切地说，对于理性预期革命的前二十年间的求解方法的出现和发展）进行细致描述，相反，我们只是在这里简略地提一下四种最有影响力的求解方法。

费尔（Fair）和泰勒（Taylor）（1983）提出了一种扩展路径算法（extended path algorithm）。这种方法的基本思想是，在最终的日期位于足够远的未来的情况下，可以使用一种打靶算法来求出内生变量的路径。最近，马里亚尔（Maliar）等人（2015）对这种思想进行了推广，提出了很有前途的扩展函数路径法（extended function path，简称 EFP），用于分析马尔可夫均衡不适用的应用模型。

基德兰德（Kydland）和普雷斯科特（Prescott）（1982）认为，他们的模型中，需要求解的是社会规划者的问题，而不是递归均衡问题。为此，他们利用了他们正在分析的经济是帕累托最优的这个事实。为了做到这一点，他们将原来的社会规划者问题替换为一个线性二次近似问题，并利用了原有的针对这类优化问题的快速求解算法。我们将在下面的"备注 13"讨论这种方法及其与微扰法的关系。

金、普洛塞（Plosser）和里贝洛（Rebelo）（在一个早就广泛传播，但直到 2002 年才公布发表的技术性附录中），以布兰查德（Blanchard）和卡恩（Kahn）（1980）的方法为基础，对模型的均衡条件（最优条件、市场出清条件等等）进行了线性化处理，并解出了通过这种处理过程得到的随机线性差分方程组。在下文中，我们将通过将其解释为一阶微扰，重新审视这种线性化方法。

克里斯蒂亚诺（1990）将值函数迭代法应用于一个随机新古典增长模型中的社会规划者

问题。

备注 2（离散时间，还是连续时间） 在本章中，我们将处理以离散时间表示的 DSGE 模型，而对以连续时间表示的 DSGE 模型，则只是在适当时候稍微引述一下。我们之所以要这样做，主要原因是大多数 DSGE 模型文献都是离散时间的。当然，我们不能以这个原因为借口，不提及以连续时间表示的 DSGE 模型的计算方面的最近取得的重要进展［例如，请参见帕拉－阿尔瓦雷斯（Parra-Alvarez），2015］，或者低估连续时间模型的分析能力。在每一个特定的应用中，研究者都应该保持开放心态，在这两种模型设定中选择最合适的时间结构，以便更好地分析模型、拟合数据。

3. 一个一般框架

几十年来，为了解出 DSGE 模型，研究者已经提出了大量求解方法。因此，如果能够给出一个一般性的表示法，以便适当地表达模型及其求解方法，无疑是非常有益的。这种通用性的符号能够使不同求解方法之间的相似点和差异性明确起来，并有助于我们将不同的求解方法与作为其基础的数学理论更好地联系起来，特别是已经发展得相当完善的泛函方程理论。

事实上，我们可以用函数方程式的形式来表达许多经济学问题。[①] 为此，我们先给出函数方程式的精确定义。令 J^1 和 J^2 分别表示为两个函数空间，$\Omega \subseteq \mathbb{R}^n$（其中 Ω 为状态空间）；再令 $\mathcal{H}:J^1 \to J^2$ 为这两个空间之间的一个算子。于是，一个函数方程式问题就是指，如何找到一个函数 $d \subseteq J^1:\Omega \to \mathbb{R}^m$，使得：

$$\mathcal{H}(d) = 0 \tag{1}$$

从方程式（1）中，我们可以看出，通常的规范方程式只不过是函数方程式的特例。另外需要注意的是，这里的 0 是空间零，一般不同于实数中的零。

宏观经济学中可以用函数方程式来表达的问题有很多例子，包括值函数、欧拉方程和条件期望等等。为了将这个联系更清晰地揭示出来，我们下面先介绍随机新古典增长模型，它是所有现代 DSGE 模型的"共同祖先"。然后，我们通过例子说明怎样才能导出函数方程，它们可以用来解决模型的均衡动力学问题，无论是用于表达值函数、欧拉方程，还是条件期望。在熟悉了这个例子之后，读者可以将我们在推导时所用的各个步骤扩展到自己的应用中去。

3.1 随机新古典增长模型

在这个经济体中，有一个代表性家庭，它要对各个时间点上的消费 c_t 和资本 k_t 做出选

[①] 在这里，我们必须指出，本章所阐述的问题绝对不仅仅限于宏观经济学。金融学、产业组织理论、国际金融等领域都会出现类似的问题。

择，来求解以下最优化问题：

$$\max_{\{c_t, WK_{t+1}\}} \mathbb{E}_0 \sum_{t=0}^{\infty} \beta^t u(c_t) \tag{2}$$

其中，$\mathbb{E}_t$ 是在第 t 期求值的条件期望算子，β 是贴现因子，u 是期间效用函数。为了简单起见，我们在这里不考虑劳动力供给决策。

这个经济体的资源约束由下式给出：

$$c_t + k_{t+1} = e^{z_t} k_t^{\alpha} + (1-\delta) k_t \tag{3}$$

其中，δ 是折旧率，z_t 是一个一阶自相关 [AR(1)] 的生产率过程：

$$z_t = \rho z_{t-1} + \sigma \varepsilon_t, \varepsilon_t \sim N(0,1), \text{且} |\rho| < 1 \tag{4}$$

因为福利经济学第一基本定理和第二基本定理在这个经济体中都成立，所以我们可以在社会规划者问题与竞争均衡问题之间来回跳跃，这也就是说，在任何一个时候，哪种方法更加方便就采用哪种方法。当然，在现实世界中，一般来说这种情况是不可能出现的。这只是一个练习，无论我们是采取了社会规划者视角还是采取了竞争均衡视角，都必须注意这一点。

3.2 值函数

在标准技术条件下［参见斯托基（Stokey）等人，1989］，我们可以将方程式（2）—（4）所定义的序贯决策问题转化为一个用社会规划者的值函数 $V(k_t, z_t)$ 表示的递归问题。值函数依赖于该经济体的两个状态变量，即资本 k_t 和生产率 z_t。更具体地说，这个值函数 $V(k_t, z_t)$ 可以用如下贝尔曼算子（Bellman Operator）定义：

$$V(k_t, z_t) = \max_{k_{t+1}} [u(e^{z_t} k_t^{\alpha} + (1-\delta) k_t - k_{t+1}) + \beta \mathbb{E}_t V(k_{t+1}, z_{t+1})] \tag{5}$$

在这里，我们用方程式（3）的资源约束代替了效用函数中的 c_t，并且方程式（5）中的期望是根据方程式（4）来取值的。这个值函数有一个相关的决策规则 $g: \mathbb{R}_+ \times \mathbb{R} \to \mathbb{R}_+$：

$$k_{t+1} = g(k_t, z_t)$$

它将状态 k_t 和 z_t 映射到 k_{t+1} 的最优选择上［因此，也是 $c_t = e^{z_t} k_t^{\alpha} + (1-\delta) k_t - g(k_t, z_t)$ 的最优选择］。

将模型表示为一个值函数问题，处理起来会很方便。这有好几个原因，但是我们在这里只需指出两个。第一个原因是，对于值函数的性质以及与它们有关的决策规则，我们早就得到了很多结果（例如，关于它们的可微分性）。这些结果在对问题进行经济学分析、设计相应的数值方法时，都可以发挥很好的作用。第二个原因是，我们将值函数迭代法作为缺省方法来使用［请参见拉斯特（1996）、蔡和贾德（2014）的解释］，这是一种特别可靠的求解方法，尽管通常很慢。

这样，我们可以将贝尔曼算子重写为：对于所有的 k_t 和 z_t，都有：

$$V(k_t, z_t) - \max_{k_{t+1}} [u(e^{z_t} k_t^{\alpha} + (1-\delta) k_t - k_{t+1}) + \beta \mathbb{E}_t V(k_{t+1}, z_{t+1})] = 0$$

如果我们定义，对于所有的 k_t 和 z_t，有：

$$\mathcal{H}(d) = V(k_t, z_t) - \max_{k_{t+1}} \left[u(e^{z_t}k_t^\alpha + (1-\delta)k_t - k_{t+1}) + \beta\, \mathbb{E}_t V(k_{t+1}, z_{t+1}) \right] = 0 \qquad (6)$$

其中 $d(\cdot,\cdot) = V(\cdot,\cdot)$。我们看到算子 $\mathcal{H}$（由贝尔曼算子重写而来）是如何取到值函数 V（$\cdot,\cdot$）并得到零值。或者，更准确地说，方程式（6）是给定期望算子存在的情况下的积分方程。这可能会导致某个非"平凡的"测度理论，不过我们在这里暂且不予考虑。

3.3　欧拉方程法

我们在前面已经给出了用值函数来表述问题的做法对经济学家很有吸引力的几个原因。然而，不幸的是，这种表述可能是非常困难的。如果模型不符合福利经济学的两个基本定理，我们就不能"轻松自如"地在社会规划者问题与竞争均衡之间来回跳动。在这种情况下，家庭和企业的值函数就会需要先给出关于个体状态变量和总体状态变量的"运动定律"，但是那可能很难刻画。[①]

另一种方法是直接考虑模型的均衡条件集。均衡条件有很多个，包括：家庭、企业的一阶条件（如果模型设定中也包括了政府的话，那么还有政府的一阶条件），预算和资源约束，市场出清条件，以及外生过程的运动定律，等等。因为这些均衡条件的核心是描述模型中的行为主体的最优化行为的欧拉方程（其他条件在一定程度上都是机械的），所以这种方法通常也称为欧拉方程法（有时也直接称为"求解模型的均衡条件"）。这种求解方法有很高的一般性，它使得我们可以处理非帕累托有效的经济体，而不会产生其他的问题。

在随机新古典增长模型中，方程式（2）—（4）定义的序贯决策问题的欧拉方程为：

$$u'(c_t) = \beta\, \mathbb{E}_t \left[u'(c_{t+1})(\alpha e^{z_{t+1}}k_{t+1}^{\alpha-1} + 1 - \delta) \right] \qquad (7)$$

再次，在标准的技术条件下，存在一个决策规则 $g: \mathbb{R}_+ \times \mathbb{R} \to \mathbb{R}_+^2$，在给定今天的资本 k_t 和生产率 z_t 的情况下，社会规划者利用它做出最优消费决策（$g^1(k_t, z_t)$）和留给明天的资本（$g^2(k_t, z_t)$）。然后，我们可以将一阶条件重写为，对于所有的 k_t 和 z_t，有：

$$u'(g^1(k_t, z_t)) = \beta\, \mathbb{E}_t \left[u'(g^1(g^2(k_t, z_t), z_{t+1}))(\alpha e^{\rho z_t + \sigma\varepsilon_{t+1}}(g^2(k_t, z_t))^{\alpha-1} + 1 - \delta) \right]$$

在这里，我们用方程式（4）的生产率的运动定律替代 z_{t+1}，或者：

$$\begin{pmatrix} u'(g^1(k_t, z_t)) \\ -\beta\, \mathbb{E}_t \left[u'(g^1(g^2(k_t, z_t), z_{t+1}))(\alpha e^{\rho z_t + \sigma\varepsilon_{t+1}}(g^2(k_t, z_t))^{\alpha-1} + 1 - \delta) \right] \end{pmatrix} = 0 \qquad (8)$$

对于所有的 k_t 和 z_t 都成立[注意在 $t+1$ 期求消费的值时，函数 $g^1(g^2(k_t, z_t), z_{t+1})$ 的构成]。对于资源约束，我们也有：

$$g^1(k_t, z_t) + g^2(k_t, z_t) = e^{z_t}k_t^\alpha + (1-\delta)k_t \qquad (9)$$

然后，我们就得到了一个函数方程，它里面的未知对象是决策规则 g。将方程式（8）和（9）映射到我们的算子 $\mathcal{H}$ 上，可以直接得到：

[①] 请参见汉森（Hansen）和普雷斯科特（Prescott）（1995），了解如何重新表述非帕累托最优经济中的问题，使之可以参照帕累托最优问题的模式来求解。

$$\mathcal{H}(d) = \begin{cases} u'(g^1(k_t, z_t)) \\ -\beta \, \mathbb{E}_t \big[u'(g^1(g^2(k_t, z_t), z_{t+1}))(\alpha e^{\rho z_t + \sigma \varepsilon_{t+1}}(g^2(k_t, z_t))^{\alpha-1} + 1 - \delta) \big] = 0 \\ g^1(k_t, z_t) + g^2(k_t, z_t) - e^{z_t} k_t^\alpha - (1-\delta)k_t \end{cases}$$

对于所有的 k_t 和 z_t 都成立，其中 $d = g$。

在这个简单的模型中，我们也可以将资源约束代入方程式（8）来解出一维决策规则。但是，留下方程式（8）和（9）不动，我们可以更清楚地看出，当这种代入不可行或不合适时，应该如何处理。

我们需要注意的另外一点，欧拉方程（7）只是一个必要条件。因此，在找到了 $g(\cdot, \cdot)$ 之后，我们还需要确保如下形式的横截性条件

$$\lim_{t \to \infty} \beta^t \frac{u'(c_t)}{u'(c_0)} k_t = 0$$

（或相关的条件）能够得到满足。我们将在下面描述我们如何构建我们的求解方法，以确保确实如此。

3.4　条件期望法

我们在如何设定算子 $\mathcal{H}$ 和 d 方面有相当大的灵活性。例如，如果我们回到欧拉方程（7），可以得到：

$$u'(c_t) = \beta \, \mathbb{E}_t \big[u'(c_{t+1})(\alpha e^{z_{t+1}} k_{t+1}^{\alpha-1} + 1 - \delta) \big]$$

我们可能想找到那个未知的条件期望：

$$\mathbb{E}_t \big[u'(c_{t+1})(\alpha e^{z_{t+1}} k_{t+1}^{\alpha-1} + 1 - \delta) \big]$$

这可能是因为条件期望是研究者感兴趣的对象，或者也可能因为求解条件期望能够避免与决策规则相关的一些问题。例如，我们为了丰富新古典经济增长模型，可能会引入一些额外的约束条件［例如，非负投资：$k_{t+1} \geqslant (1-\delta)k_t$］，而这些约束条件可能会导致决策规则出现"曲折"或产生其他不好的性质。然而，即使决策规则出现了这些特征，条件期望（因为它平滑了不同生产率冲击的实现）仍然可以具有诸如可微分性此类的良好性质，研究者在求数值解时或随后的经济分析中都可以很好地利用这些性质。[1]

为了更好地看清楚这一点，我们不妨定义 $g: \mathbb{R}_+ \times \mathbb{R} \to \mathbb{R}_+$：

$$g(k_t, z_t) = \mathbb{E}_t \big[u'(c_{t+1})(\alpha e^{z_{t+1}} k_{t+1}^{\alpha-1} + 1 - \delta) \big] \tag{10}$$

在这里，我们利用了 $\mathbb{E}_t$ 是经济状态的函数这个事实。再回到我们的欧拉方程（7）和资源约束（3），如果我们考虑 g，那么我们将会发现：

$$c_t = u'(\beta g(k_t, z_t))^{-1} \tag{11}$$

---

[1] 这方面的一个例子，请参见费尔南德斯–比利亚韦德等人（2015a）。这篇论文的目标是求解一个新名义利率有零下限（ZLB）约束的新凯恩斯主义商业周期模型。这种零下限约束会在将模型状态映射到名义利率的函数上产生曲折（变得不光滑）。这篇论文通过求解消费、通货膨胀以及一个编码与条件期望类似的信息的辅助变量，解决了这个问题。发现了这些函数后，模型的其他内生变量（包括名义利率）就可以在没有其他近似值的情况下得到。特别是，零下限约束总能得到满足。

以及
$$k_{t+1} = e^{z_t} k_t^\alpha + (1-\delta) k_t - u'(\beta y(k_t, z_t))^{-1}$$
因此,关于条件期望的知识使我们能够重建模型中我们感兴趣的所有其他内生变量。为了省略符号,我们记 $c_t = c_{g,t}$, $k_{t+1} = k_{g,t}$,以表示 g 所蕴含的 c_t 和 k_{t+1} 的值。同理,
$$c_{t+1} = c_{g,t+1} = u'(\beta g(k_{t+1}, z_{t+1}))^{-1} = u'(\beta g(k_{g,t}, z_{t+1}))^{-1}$$
是 g 的递归应用所蕴含的 c_{t+1} 的值。

为了求解 g ,我们使用方程式(10)中的定义:
$$g(k_t, z_t) = \beta \, \mathbb{E}_t \big[u'(c_{g,t+1})(\alpha e^{\rho z_t + \sigma \varepsilon_{t+1}} k_{g,t}^{\alpha-1} + 1 - \delta) \big]$$
并记
$$\mathcal{H}(d) = g(k_t, z_t) - \beta \, \mathbb{E}_t \big[u'(c_{g,t+1})(\alpha e^{\rho z_t + \sigma \varepsilon_{t+1}} k_{g,t}^{\alpha-1} + 1 - \delta) \big] = 0$$
其中 $d = g$ 。

3.5 前进之路

在前面,我们已经指出过,宏观经济学领域非常多的问题都可以表示为一个函数方程问题:
$$\mathcal{H}(d) = 0$$
而且,我们已经通过分别为一个值函数问题、一个欧拉方程问题和一个条件期望问题构造了算子 $\mathcal{H}$ 来证明了上述断言。当然,我们的例子远远不能穷尽所有情况,按照同样的思想可以构造出无数个类似的例子。

现在,我们继续深入一步,着重研究函数方程问题的两类主要求解方法:微扰法和投影法。这两类方法都将未知函数 d 替换为一个近似值 $d^j(x, \theta)$,我们该近似值用模型 x 的状态变量和系数 θ 的向量以及逼近度 j 来表示(在目前这个阶段,我们故意不对这个逼近度给出清晰的解释)。在下文中,我们将使用术语"参数"来指代各种对象,它们描述了模型的偏好、技术和信息集。贴现因子、风险厌恶系数、折旧率或生产率冲击的存在,都是参数的例子。我们将把数值解的数值项称为"系数"。与"参数"不同,参数通常有与之相关的明确的经济解释,但是"系数"在大多数情况下并不存在这种解释。

备注3(结构参数?) 当我们讨论模型的参数时,我们将会很小心,以避免使用"结构的"这个形容词。在这里,我们遵循的是赫维茨(Hurwicz)(1962)的教导,他把"结构参数"定义为这样一个参数,即对研究者感兴趣的、正在分析的所有政策干预都保持不变的参数。许多现代研究者感兴趣的"参数",其实可能并不是赫维茨意义上的"结构性参数"。例如,技术冲击的持续性可能依赖于商品和服务市场的进入/退出壁垒以及技术创新的扩散速度。这些壁垒可能随着竞争政策的变化而改变。关于 DSGE 模型中参数的"结构"特征以及相关的实证证据,费尔南德斯-比利亚韦德和卢比奥-拉米雷斯(2008)给出更加深入细致的讨论。

模型的状态是由模型的结构决定的。尽管,正如托马斯·萨金特(Thomas Sargent)所指出的,"找到状态是一门艺术"(他这句话有两重含义。第一重含义是,迄今仍然没有构造性

的算法来帮助研究者找到状态;第二重含义是,研究人员可能会找到不同的状态集合,它们都能实现对目标模型的完全描述,只不过其中一些状态集合可能在某一种情况下比其他状态集合更加有用,但是在其他情况下却可能不如其他状态集合有用)。不过,确定状态是对模型进行数值求解之前的一个步骤,因此不在本章要讨论的范围之内。

4. 微扰法

在求一个 DSGE 模型的近似解的时候,微扰法(微扰理论)要先求得该模型的某个特殊情况的精确解,或者先求得某个与该模型接近的、已经有解法的模型的解,然后再来构建该模型的近似解。因此,微扰法也被称为逼近法,不过我们在本章中将避免使用这个名称,因为那样的话,就要冒将它与本章第二部分将会介绍的针对估计量的大样本性质的类似技术混淆起来的风险。事实上,微扰法在宏观经济学中还有一个更常见的"化身",在那里,微扰算法利用隐函数定理构建了围绕其确定稳态的 DSGE 模型的解的泰勒级数逼近。当然,还有许多其他的微扰方法可用,因此我们应该讨论的是模型的某个微扰而不是该模型的微扰。在物理学和其他自然科学中,微扰理论的应用早就有了一个非常悠久的历史。不过在经济学界,微扰理论是在 20 世纪 90 年代初经贾德和顾尤(Guu)(1993)大力倡导后才开始变得流行起来的。后来,贾德(1998)、贾德和顾尤(2001),以及金(Jin)和贾德(2002)又对这种方法进行了权威性的阐述。[①] 在经济学中,涉及微扰问题的文献非常多[包括关于可解性条件的形式化的数学背景知识,以及更前沿的微扰技术,例如,校准和帕德(Padé)逼近],有兴趣的读者可以去读一读上面提到的这些文献。

过去二十年以来,微扰方法在经济学家当中受到了广泛的欢迎,这有四个原因。第一,微扰法求得的解在近似点附近是准确的。微扰法找到的近似解本质上是局部解。或者,换句话说,这个近似解在我们进行泰勒级数展开的点附近是非常接近于精确解的——尽管该精确解仍然是未知的。而且,大量研究已经证明,在状态变量的广泛的取值范围下,微扰法都显示出了良好的全局属性。这方面的证据请参见贾德(1998)、阿罗巴等人(2006)、卡尔达拉(Caldara)等人(2012)的论著。另外,正如我们在下面将会讨论到的,微扰法的解还可以用作其他求解方法的输入,如值函数迭代方法。第二,近似解的结构是直观的和容易解释的。例如,DSGE 模型的二阶扩展会包括一个修正项,用来纠正驱动经济体的随机动力学的冲击的标准偏差。这个修正项刻画了预防性行为,打破了线性近似的确定性等价,后者使得在一个线性化的世界中讨论福利和风险非常有挑战性。第三,正如我们将在下面详细解释的,传统的线性化其实只不过是一阶微扰。因此,经济学家可以将自己拥有的大部分知识和实践

[①] 早在 19 世纪,各种微扰方法就已经被广泛应用于物理学领域。到了 20 世纪上半叶,随着量子力学的发展,它们成为自然科学的核心工具。关于微扰方法,如下的参考文献非常出色:西蒙兹(Simmonds)和曼(Mann)(1997),以及本德尔(Bender)和奥斯扎格(Orszag)(1999)。

经验输入微扰理论中,而且同时还能够融合应用数学中新发展起来的正式结果。第四,现在已经出现了大量开源软件,例如 Dynare 和 Dynare++[由斯特凡·阿德耶米安(Stephane Adjemian)、米歇尔·朱亚尔(Michel Juillard)及其合作者开发],或者 Perturbation AIM[由埃里克·斯万森(Eric Swanson)、加里·安德森(Gary Anderson)和安德鲁·莱文(Andrew Levin)开发],利用它们,即便是不太熟悉数值方法的研究者,也可以很方便地计算高阶微扰。[①]

4.1　微扰法的基本框架

微扰方法是用来求解如下函数方程问题的:

$$\mathcal{H}(d) = 0$$

其基本思想是,对未知函数模型 x 的 n 个状态变量和某个系数 θ,指定对未知函数 $d:\Omega \to \mathbb{R}^m$ 的泰勒级数展开。例如,二阶泰勒展开式的形式如下:

$$d_i^2(x,\theta) = \theta_{i,0} + \theta_{i,1}(x-x_0)' + (x-x_0)\theta_{i,2}(x-x_0)', \text{对于 } i = 1, \cdots, m \qquad (12)$$

其中,x' 是 x 的转置,x_0 是我们围绕它来构建我们的微扰解的点,$\theta_{i,0}$ 是一个标量,$\theta_{i,1}$ 是一个 n 维向量,$\theta_{i,2}$ 是一个 $n \times n$ 矩阵,而且其中的 $\theta_{i,0}$、$\theta_{i,1}$ 和 $\theta_{i,2}$ 依赖于我们使用隐函数定理找到的 d 的导数。[②]

相比之下,金等人(2002)努力普及的传统线性化方法则给出了以下形式的求解方法:

$$d_i^1(x,\theta) = \tilde{\theta}_{i,0} + \theta_{i,1}(x-x_0)'$$

其中的 $\theta_{i,1}$ 与方程式(12)中相同,而且若 $j = 1$,则 $\tilde{\theta}_{i,0} = \theta_{i,0}$。换句话说,线性化别无其他,无非是一阶微扰而已。高阶近似法通过将附加项包括进来,扩展了线性化解的结构。线性化并不是一种特殊的方法(20 世纪 80 年代和 90 年代,许多人都这样理解),相反,它可以直接引用微扰理论的一系列完整的结果。当然,影响是双方的,线性化方法的结果也可以输入微扰理论中,例如,关于线性化 DSGE 模型,经济学家已经积累了大量知识(例如,如何有效地求解系数 $\theta_{i,0}$ 和 $\theta_{i,1}$,以及如何解释它们的经济意义),值得微扰理论借鉴。

备注 4(线性化,还是对数线性化)　线性化,以及更一般地,微扰可以直接在状态变量的层面上实施,或者也可以在对模型的某些变量(或全部变量)进行了某种变换之后实施。例如,对数线性化就是根据变量相对于它们的稳态的对数偏差来逼近模型的解的。这也就是说,对于一个变量 $x \in x$,我们定义:

---

① 利用 Dynare(这是 Matlab 的一个工具箱)和 Dynare++(这是一个独立应用程序),研究者可以用非常简洁、透明的语言,写出 DSGE 模型的均衡条件,并找到它的微扰解——在 Dynare 中,最高为三阶;而在 Dynare++,则可以高到任意阶。详情请参阅 http://www.dynare.org/。微扰算法工具包 AIM 也遵循了类似的理念,但是还拥有另外的优点,即它的数学计算能力更强,能够有效地进行使用任意精度的计算。这一点是很重要的,例如,在具有极商曲率的模型中,例如具有爱泼斯坦-齐恩偏好或习惯持续性的那些模型中。详情请参见 http://www.ericswanson.us/perturbation.html。

② 严格来说,逼近的顺序是由第一个非零项或主项给出的,但是由于在 DSGE 模型中,$\theta_{i,1}$ 通常不会等于零,所以我们可以在不进行进一步验证的情况下就继续进行下去。

$$\hat{x} = \log \frac{x}{\overline{x}}$$

其中$\overline{x}$是其稳态值。然后我们就可以找到一个二阶近似:

$$d_i^2(\hat{x}, \theta) = \theta_{i,0} + \theta_{i,1}(\hat{x} - \hat{x}_0)' + (\hat{x} - \hat{x}_0)\theta_{i,2}(\hat{x} - \hat{x}_0)', 对于 i = 1, \cdots, m$$

如果x_0是确定性稳态(这是通常假设的情况),那么$\hat{x}_0 = 0$,因为对于所有变量$x \in x$,有:

$$\hat{x}_0 = \log \frac{x}{\overline{x}} = 0$$

这个结果提供了一个紧凑表示:

$$d_i^2(\hat{x}, \theta) = \theta_{i,0} + \theta_{i,1}\hat{x}' + \hat{x}\theta_{i,2}\hat{x}', 对于 i = 1, \cdots, m$$

对数线性化求解方法易于理解(对数线性偏差就是相对于稳态的百分比偏差的近似值),而且在某些情况下,它们可以提高解的准确性。我们将在本章后面再重新回过头来讨论变量的变换。

在深入探讨如何实施微扰方法的技术细节之前,我们先简要地区分一下正则微扰和奇异微扰。正则微扰(regular perturbation)指的是这样一种情况,问题的微小变化引起了解的微小变化。在这方面,伍德福德给出的标准新凯恩斯主义模型(伍德福德,2003)可以说是一个很好的例子。货币政策冲击的标准偏差的一个小小的变化,将导致均衡动力学的性质(即相关变量,如产出或通货膨胀率的标准偏差和自相关性)发生小小的变化。而奇异微扰(singular perturbation)则指这样一种情况,问题的微小变化引起了解的巨大变化。奇异微扰的一个例子是过剩需求函数。过剩需求函数的很小的幅变化,就可能导致市场出清价格的非常大的变动。

与DSGE模型相关的许多问题都会导致正则微扰。因此,我们在本章中将主要讨论正则微扰。但是现实世界中的情况却未必如此。例如,在不完全市场模型中引入某种新资产,可能会导致解的巨大变化。现在,经济学家越来越关注金融摩擦和/或市场不完全模型,这类问题在不久之后就可能会变得很常见。因此,研究者需要更多地了解如何应用奇异微扰方法。这个领域的开创性的工作,出自贾德和顾尤(1993),贾德(1998)还给出了奇异微扰问题的分形解法。

4.2 一般情况

我们现在已经准备就绪,可以深入探讨如何实现微扰的技术细节了。首先,我们介绍如何在一般情况下,通过(1)运用模型的平衡条件和(2)找到更高阶的泰勒级数逼近,来求得DSGE模型的微扰解。一旦我们掌握了这个方法,将它的结果扩展到其他问题(例如值函数的求解),设计其他可能的微扰解法就都很容易了。在本节中,我们的介绍在很大程度上采用了施密特-格罗厄(Schmitt-Grohé)和乌里韦(Uribe)(2004)在第3节中的结构和符号。

首先,我们将模型的均衡条件写成如下形式:

$$\mathbb{E}_t \, \mathcal{H}(y, y', x, x') = 0 \tag{13}$$

其中 y 是一个 $n_y \times 1$ 的控制向量,x 是一个 $n_x \times 1$ 的状态向量,同时 $n = n_x + n_y$。算子 $\mathcal{H} : \mathbb{R}^{n_y} \times \mathbb{R}^{n_y} \times \mathbb{R}^{n_x} \times \mathbb{R}^{n_x} \to \mathbb{R}^n$ 总结了所有均衡条件——在均衡条件中,有些拥有期望项,有些则不拥有期望项。不失一般性(这里的符号与前面的第 3 节稍有不同),我们将条件期望算子放在了 $\mathcal{H}$ 之外:对于那些没有期望项的均衡条件,条件期望算子将不会对它们产生任何影响。将 $\mathbb{E}_t$ 移到了 $\mathcal{H}$ 之外,将使得下面的一些推导更容易理解。此外,为了节省空间,在保证不会产生歧义的前提下,我们将采用递归符号,其中 x 表示在第 t 期的变量,x′则表示第 t+1 期的变量。

另外,将内生状态变量(资本、资产头寸等)与外生状态变量(生产率冲击、偏好冲击等)分开来表示也可以带来很大方便。采用这种表示方式,我们很容易就可以看出下面将引入的微扰参数将会对哪些变量产生直接的影响。因此,我们将状态向量 x(及其转置)分割为

$$x = [x'_1 ; x'_2]'$$

其中 x_1 是一个 $(n_x - n_\epsilon) \times 1$ 的内生状态变量向量,x_2 是一个 $n_\epsilon \times 1$ 的外生状态变量向量。再令 $\bar{n} = n_x - n_\epsilon$。

4.2.1 稳态

如果我们抑制模型中的随机性分量(更多的细节将在下文中讨论),我们就可以将模型的确定性稳态定义为:存在向量 $(\bar{x}, \bar{y})$,使得:

$$\mathcal{H}(\bar{y}, \bar{y}, \bar{x}, \bar{x}) = 0 \tag{14}$$

这个问题的解通常可以通过解析方法求得。如果不能实现这一点,那么也可以采用标准的非线性方程解算器。

前一段话还隐含了这样的意思:我们正在处理的模型可能不具有稳定状态,或者可能有好几个稳定状态(事实上,我们甚至可能有一个稳定状态的连续统)。我们在上面给出的方程式(13)的定义是很抽象的,我们不能排除任何这些可能性。盖勒(Galor)(2007)详细讨论了离散时间动力学模型中(局部和全局)稳态的存在性和稳定性,有兴趣的读者可以参考。

另一方面,我们经济学家感兴趣的一种情况是,模型虽然不具有稳定状态,但是却具有平衡增长路径(balanced growth path,简称 BGP)。这就是说,模型的各个变量(可能有一些例外的变量,如劳动)都以相同的速率增长(无论是确定性的,还是随机性的)。考虑到微扰法从根本上说是一种局部求解方法,我们不能直接解出这种平衡增长路径模型。但是,在许多情况下,我们可以用趋势 μ_t 来对模型中的变量 x_t 进行缩放,使之变得平稳起来:

$$\hat{x}_t = \frac{x_t}{\mu_t}$$

至于趋势,它本身可能是经济体中的某些技术性过程的复杂的函数,就像我们同时会有中性和投资专用的技术变革一样;请参见费尔南德斯-比利亚韦德和卢比奥-拉米雷斯(2007)。然后,我们可以对缩放调整后的变量实施微扰了,并在将近似解用于分析和模拟时还原缩放。[①]

备注 5(简化求得解 $(\bar{x}, \bar{y})$ 的方法) 以下两个"技巧"通常能够帮我们更容易找到解$(\bar{x},

---

[①] 这种缩放处理对于投影法也是很有用的,因为投影法要求状态变量位于有界域上。

$\overline{y}$)。第一个技巧是,将算子$\mathcal{H}(\,\cdot\,)$中某些变量代入后消掉,并把原来这个有n个未知变量和n个方程式的系统化简为一个有n'个未知变量($n'<n$)和n'个方程式的系统。例如,如果我掌握了关于本期资本和投资演变为下一期资本的如下"运动定律":

$$k_{t+1}=(1-\delta)k_t+i_t$$

那么我们只要写出下式,再代进去,就可以将整个系统中的投资项消掉:

$$i_t=k_{t+1}-(1-\delta)k_t$$

因为求解非线性方程组的复杂程度会随着问题的维数而呈指数增长[关于计算复杂度的经典结果,请参见西科尔斯基(Sikorski),1985],所以即便是少数几个替代也可以带来相当大的改进。

第二个可用的技巧是,选择适当的参数值,先固定模型的一个或多个变量,然后解出作为这些固定下来的变量的函数的所有其他变量。为了说明这个过程,让我们考虑如下这个简单的随机新古典增长模型,它有一个代表性家庭,其效用函数为:

$$\mathbb{E}_0\sum_{t=0}^{\infty}\beta^t\left(\log c_t-\psi\frac{l_t^{1+\eta}}{1+\eta}\right)$$

符号的含义与第3节相同。同时,生产函数为:

$$output_t=A_tk_t^{\alpha}l_t^{1-\alpha}$$

其中的A_t是生产力水平。另外,资本的运动规律如下式所示:

$$k_{t+1}=output_t+(1-\delta)k_t-c_t$$

对于劳动供给,这个模型具有以下形式的静态最优条件:

$$\psi c_t l_t^{\eta}=w_t$$

其中w_t是工资。由于我们选择的是对数常相对风险厌恶(CRRA)效用函数,所以l_t是没有自然单位的,因此我们可以固定其确定性稳态值,例如固定为$\overline{l}=1$。除了这种归一化方法,其他归一化方法也一样好用,研究者可以选择最适合自己的需要的归一化方法。

接下来,将所有其他内生变量视为$\overline{l}=1$的函数,我们就可以解析地解出模型其他均衡条件了。在完成了这一步之后,我们再回到静态最优条件,以求得参数ψ的值:

$$\psi=\frac{\overline{w}}{\overline{c}\,\overline{l}^{\eta}}=\frac{\overline{w}}{\overline{c}}$$

其中的$\overline{c}$和$\overline{w}$分别是消费和工资的确定性稳态值。要理解这个过程,另一种思路是一定要认识到,找到暗示了某个特定内生变量值的若干参数值,总是比求解作为某个任意参数值的函数的内生变量值更加容易。

另一个很好的做法是选择适当的单位,使得代数和数值计算更加便于处理,虽然这并不是找到解$(\overline{x},\overline{y})$所严格需要的。例如,我们可以选择适当的单位使得$\overline{output}=1$。再一次,在随机新古典增长模型的情况下,我们可以得到:

$$\overline{output}=1=\overline{AK^{\alpha}\overline{l}^{1-\alpha}}=\overline{AK^{\alpha}}$$

这样一来,我们就可以找到

$$\overline{A} = \frac{1}{\overline{k}^{\alpha}}$$

和工资

$$\overline{w} = (1-\alpha)\frac{\overline{output}}{\overline{l}} = 1-\alpha$$

$$\frac{1}{\overline{c}} = \frac{1}{\overline{c}}\beta(1+\overline{r}-\delta)$$

其中,r 是资本的租金率,δ 是折旧率,于是我们发现

$$\overline{r} = \frac{1}{\beta} - 1 + \delta$$

因为

$$\overline{r} = \alpha\frac{\overline{output}}{\overline{k}} = \frac{\alpha}{\overline{k}}$$

我们得到

$$\overline{k} = \frac{\alpha}{\frac{1}{\beta}-1+\delta}$$

和

$$\overline{c} = \overline{output} - \delta\overline{k} = 1 - \delta\frac{\alpha}{\frac{1}{\beta}-1+\delta}$$

从中,我们可以得出

$$\Psi = \frac{\overline{w}}{\overline{c}} = \frac{1-\alpha}{1-\delta\frac{\alpha}{\frac{1}{\beta}-1+\delta}}$$

在这个例子中,对单位的两个明智选择($\overline{l}=\overline{output}=1$)使得对确定性稳态的求解变成了一件非常简单的事情。虽然更加复杂的模型的确定性稳定状态肯定更加难以求得,但是经验告诉我们,采纳本备注的这两个建议在许多情况下都可以大大简化求解过程。

确定性稳态$(\overline{x},\overline{y})$不同于方程式(13)中的固定点$(\hat{x},\hat{y})$,后者有:

$$\mathbb{E}_t\,\mathcal{H}(\hat{y},\hat{y},\hat{x},\hat{x}) = 0$$

这是因为在前者中,我们消去了条件期望运算符;而在后者中,我们并没有。向量$(\hat{x},\hat{y})$有的时候被称为随机稳态(但是,我们认为,在一个术语中同时使用"随机"和"稳态"这两个词,很容易引起混淆,因此我们将避免使用这个术语)。

4.2.2　外生随机过程
对于外生随机变量,我们设定如下形式的随机过程:

$$x'_2 = C(x_2) + \sigma\eta_\epsilon\epsilon' \tag{15}$$

其中 C 是一个函数,它可能是非线性的。在当前这个抽象水平上,我们不会对 C 施加什么结构限制,而将在具体应用中按需加入更具体的约束条件。例如,研究者经常会假设,在稳态 $(\bar{x},\bar{y})$ 下 C 的黑塞矩阵(Hessian matrix)的特征值位于单位圆内部。向量 ϵ' 包含 n_ϵ 个外生零均值新息。初始时,我们只假设 ϵ' 与有限二阶矩是独立的、同分布的,这意味着我们不依赖于任何关于分布的假设。因此,新息可能是非高斯的。对此,我们用 $\epsilon' \sim iid(0,I)$ 来表示。至于更多的矩限制,则随具体应用的情况在需要时引入。最后,η_ϵ 是一个 $n_\epsilon \times n_\epsilon$ 的矩阵,它确定了创新的协方差,同时令 $\sigma \geq 0$ 为用来缩放 η_ϵ 的微扰参数。

在很多情况下,C 是线性的,此时有:

$$x'_2 = Cx_2 + \sigma\eta_\epsilon\epsilon'$$

其中 C 一个是 $n_\epsilon \times n_\epsilon$ 矩阵,它的所有特征值的模数小于 1。

备注 6(新息的线性问题) 新息以线性形式进入方程式(15)的假设可能显出一定的限制性,但是这并不会损失一般性。试想象一下,如果我们不用方程式(15),转而用一个更加丰富的结构

$$x_{2,t} = D(x_{2,t-1}, \sigma\eta_\epsilon\epsilon_t)$$

为了处理这个更丰富的结构,我们可以通过将新息并入状态向量来扩展状态向量,从而处理更丰富的结构。具体地说,令

$$\tilde{x}_{2,t} = \begin{bmatrix} x_{2,t-1} \\ \epsilon_t \end{bmatrix}$$

且

$$\tilde{\epsilon}_{t+1} = \begin{bmatrix} 0_{n_\epsilon \times 1} \\ \epsilon_{t+1} \end{bmatrix}$$

然后,我们就可以写出:

$$x_{2,t} = \tilde{D}(\tilde{x}_{2,t}, \sigma\eta_\epsilon)$$

于是新的随机过程由下式给出:

$$\begin{bmatrix} x_{2,t} \\ \epsilon_{t+1} \end{bmatrix} = \begin{bmatrix} \tilde{D}(\tilde{x}_{2,t}, \sigma\eta_\epsilon) \\ 0 \end{bmatrix} + \begin{bmatrix} 0_{n_\epsilon \times 1} \\ \epsilon_{t+1} \end{bmatrix}$$

其中 $u_{t+1} \sim iid(0,I)$,或者,重新切换回递归符号表示:

$$\tilde{x}'_2 = C(\tilde{x}_2) + \tilde{\epsilon}'$$

为了说明这一点,我们在这里举一个包含了流行的时变波动性的模型。许多人都认为,时变波动性模型对于理解总体变量的动力学有非常重要的价值——例如,请参见布鲁姆(2009),以及费尔南德斯-比利亚韦德等人(2011)。试想象一下,对于生产率 a_t 我们有如下随机波动过程:

$$\log a_t = \rho_a \log a_{t-1} + \lambda_t v_t, \quad v_t \sim N(0,1)$$

其中 λ_t 是新息的标准偏差。该标准偏差服从另一个自回归过程：

$$\log\lambda_t = \overline{\lambda} + \rho_\lambda \log\lambda_{t-1} + \psi\eta_t, \eta_t \sim N(0,1)$$

为了让这个系统与我们使用的符号一致，我们只需要定义：

$$\widetilde{x}_{2,t} = \begin{bmatrix} \log a_{t-1} \\ \log\lambda_{t-1} \\ v_t \\ \eta_t \end{bmatrix}$$

和

$$\widetilde{\epsilon}_{t+1} = \begin{bmatrix} 0_{2\times 1} \\ \epsilon_{t+1} \end{bmatrix}$$

我们还要注意，微扰参数是如何控制新息 v_t 及其标准偏差 λ_t 的。

微扰法之所以非常适合具有时变波动率的模型的求解，是因为这些模型具有丰富的状态变量：对于每一个随机过程，我们都需要跟踪该过程的水平及其方差。而我们将在下一节中阐述的投影法则会在处理这种众多状态变量时遇到问题。

在方程式（15）中，只会出现一个微扰参数，即便我们的模型有许多新息，也是如此。矩阵解释了不同新息的相对大小（及其协动性）。如果我们设定 $\sigma=0$，那么我们就有了一个确定的模型。

备注7（微扰参数） 在正文中，我们引入了微扰参数来控制随机过程的标准偏差：

$$x'_2 = C(x_2) + \sigma\eta_\epsilon\epsilon'$$

然而，我们不应该过分依赖于这个选择。首先，在某些情况下，对另一个参数进行微扰可能会提供对模型的行为的更准确的描述和/或更深刻的见解。例如，在具有爱泼斯坦–齐恩偏好的模型中，汉森等人（2008）围绕着跨期替代弹性等式1进行了微扰分析。此外，在连续时间模型中，对微扰的选择将会有所不同，因为在连续时间情形下，通常更便于控制方差。

我们的做法与萨缪尔森（Samuelson）（1970）、金和贾德（2002）的做法不同。他们对模型的新息加了一个有界支撑。通过这样做，这些经济学家避免了模拟时的稳定性问题（这源于微扰求解方法，我们在下面还会展开讨论）。与他们不同，我们引入了"修剪"（pruning），作为解决这些问题的另一个策略。

4.2.3 模型的解

模型的解由关于控制变量的一组决策规则

$$y = g(x;\sigma) \tag{16}$$

和关于状态变量的一组决策规则

$$x' = h(x;\sigma) + \sigma\eta\epsilon' \tag{17}$$

给出。其中 g 将 $\mathbb{R}^{n_x}\times\mathbb{R}^+$ 映射到 R^{n_y} 中，h 将 $\mathbb{R}^{n_x}\times\mathbb{R}^+$ 映射到 $\mathbb{R}^{n_x}$ 中。请注意我们在这里的"时间安排"：控制变量取决于当期的状态变量，而下一期的状态变量则取决于当期的状态变量和下一期的新息。通过定义额外的状态变量来存储领先信息和滞后信息，这种结构足够灵活，可以刻画丰富的动态变化。此外，我们还用分号将状态向量 x 和微扰参数 σ 分隔开来,以强调这两个因素之间的差异。

$n_x \times n_\epsilon$ 的矩阵 η 为:

$$\eta = \begin{bmatrix} \emptyset \\ \eta_\epsilon \end{bmatrix}$$

在这个矩阵中,前 n_x 行元素来自当期(今天)的状态变量,它们决定了下一期(明天)的内生状态变量,而最后的 η_ϵ 则来自明天的外生状态变量,它们取决于今天的状态和明天的新息。

微扰的目的是在某个适当的点上找到函数 g 和 h 的泰勒级数展开式。这个点的天然"候选人"正是确定性稳态,即 $x_t = \bar{x}$ 和 $\sigma = 0$。正如我们在上面已经阐述过的,我们知道如何计算出这个稳定状态,从而也就知道如何求得我们所需要的算子 $\mathcal{H}(\cdot)$ 的导数了。

首先,注意到,根据如方程式(14)的确定性稳态的定义,我们有:

$$\bar{y} = g(\bar{x}; 0) \tag{18}$$

和

$$\bar{x} = h(\bar{x}; 0) \tag{19}$$

其次,我们在算子 $\mathcal{H}$ 中插入目前仍属未知的解,并定义一个新的算子 $F: \mathbb{R}^{n_x+1} \to \mathbb{R}^n$

$$F(x; \sigma) \equiv \mathbb{E}_t \mathcal{H}(g(x; \sigma), g(h(x; \sigma) + \sigma\eta\epsilon', \sigma), x, h(x; \sigma) + \sigma\eta\epsilon' = 0$$

由于对于 x 和 σ 的任何值,都有 $F(x; \sigma) = 0$,所以 F 的任何导数也必定为零:

$$F_{x_i^k \sigma^j}(x; \sigma) = 0, \forall x, \sigma, i, WK, j$$

其中,$F_{x_i^k \sigma^j}(x; \sigma)$ 是 F 对 x 的第 i 个分量 x_i 取 k 阶导数,对 σ 的取 j 阶导数,并在 $(x; \sigma)$ 处求值的结果。从直观上看,模型的解必定满足所有状态变量和 σ 的所有可能值的均衡条件。因此,状态或 σ 的值的任何变化,必定仍然会使算子 F 准确地保持为 0。下面,我们还会多次利用这个重要的事实。

备注 8(导数的存在性)　我们将直接假设(而不进行更进一步的讨论),算子 F 的所有相关的导数在 $\bar{x}$ 的邻域中是存在的。这种可微分性假设在具体应用中可能很难加以检验。当然,这个领域还需要更多、更深入的研究[请参见桑托斯(Santos)(1992)的经典论著]。不过,在我们处理 DSGE 模型时,进入 F 的分量(效用函数、生产函数等)通常是平滑的,这表明假设这些导数存在是一个大胆的假设[尽管桑托斯(1993)给出的例子是一个警示]。贾德(1998,第 463 页)也指出,如果导数条件被违背了,那么我们的计算就会给出警告信号,告诉研究者必须关注潜在的问题。

然而,导数假设确实触及了微扰理论的前沿:例如,如果某些变量是离散的或相关的均衡条件是不可微分的,那么就不能应用微扰法。因此,就我们在前面阐述的内容而言,有两个注意事项必须在此强调一下。首先,预期的存在往往会将不连续的问题转化为连续的问题。例如,是否上大学的决策可以通过对大学教育成本的随机冲击来"平滑",或者也可以通过一个努力变量——它控制有可能上大学的学生申请大学或寻求资助的努力程度——来"平滑"之。其次,即便导数假设归于失败、微扰解归于无效,在使用别的求解方法时,这仍然不失为一个相当好的猜测。

备注 9(取导数)　上面这个备注阐明了导数在微扰法中的核心作用。除了一些比较简单的情况之外,用手工计算的方法求得 DSGE 模型中的导数肯定是一项过于繁重的任务。因此,经济学家必须依赖于计算机。第一种可能性是数值导数,但是这也许是不合适的,贾德(1998,第 7 章)对此进行了阐述:由数值导数产生的误差很快就会累积起来,并且在第二或第三次求导之后,严重污染微扰解,以至于实际上无法使用。第二个可能性是,利用计算机软件来分析导数,例如 Mathematica[①] 或 Matlab[②] 的"符号工具箱"。这个方法直接易用,但是可能会减慢计算速度,并且对内在要求过大。第三个,也是最后一个选择是,采用自动微分法,这种技术利用了将链式规则应用于各种基本算术运算和函数运算后的优异特性[关于如何将自动微分法应用于 DSGE 模型的技术细节,请参见巴斯塔尼(Bastani)和圭列里(Guerrieri),2008]。

4.2.4 一阶微扰

一阶微扰在 $(x;\sigma)=(\bar{x};0)$ 附近逼近 g 和 h:

$$g(x;\sigma)=g(\bar{x};0)+g_x(\bar{x};0)(x-\bar{x})'+g_\sigma(\bar{x};0)\sigma$$
$$h(x;\sigma)=h(\bar{x};0)+h_x(\bar{x};0)(x-\bar{x})'+h_\sigma(\bar{x};0)\sigma$$

其中,g_x 和 h_x 分别是 g 和 h 的梯度(仅包括对于 x 分量的偏导数),g_σ 和 h_σ 分别是 g 和 h 对于微扰参数 σ 的导数。

利用方程式(18)和方程式(19),我们可以得出

$$g(x;\sigma)-\bar{y}=g_x(\bar{x};0)(x-\bar{x})'+g_\sigma(\bar{x};0)\sigma$$
$$h(x;\sigma)-\bar{x}=h_x(\bar{x};0)(x-\bar{x})'+h_\sigma(\bar{x};0)\sigma$$

既然我们已经知道 $(\bar{x},\bar{y})$ 了,所以我们只需要找到 $g_x(\bar{x};0)$、$g_\sigma(\bar{x};0)$、$h_x(\bar{x};0)$ 和 $h_\sigma(\bar{x};0)$,就可以求出任意一个点 (x,σ) 的近似值了。这也就是说,我们正在搜索 $n\times(n_x+1)$ 个系数——在 $g_x(\bar{x};0)$ 中有 $n_x\times n_y$ 项,在 $h_x(\bar{x};0)$ 中有 $n_x\times n_x$ 项,在 $g_\sigma(\bar{x};0)$ 中有 n_y 项,在 $h_\sigma(\bar{x};0)$ 中有 n_x 项。

这些系数可以利用下式找到:

$$F_{x_i}(\bar{x};0)=0,\forall i$$

该式给出了 $n\times n_x$ 个方程,以及给出了 n 个方程的这个式子

$$F_\sigma(\bar{x};0)=0$$

但是在这样做之前,我们需要先引入张量(tensor),这也是为了避免符号的失控。

备注 10(张量符号) 在物理学用得非常普遍的张量符号(有人也称之为"爱因斯坦求和符号")在消去 $\sum$ 号和 ∂ 号的同时,能够将需要执行的代数运算保持在一个可控水平上。为了进一步减少符号的混乱,用来表示求导数的那些点,如果从上下文中来看明确无误,不会导致混淆时也可以将之省略掉。于是,m 维空间中的第 n 秩张量是一个具有 n 个指数和 m^n 个分量的算子,并服从特定的变换规则。在这里,$[\mathcal{H}_y]^i_\alpha$ 是 $\mathcal{H}$ 对 y 的导数的 (i,α) 元素,我们有:

---

① 一款科学计算软件——译者注
② 美国 Math Works 公司出品的商业数学软件——译者注

1. $\mathcal{H}$对y的导数是一个$n \times n_y$的矩阵。

2. 因此,$[\mathcal{H}_y]^i_\alpha$是该矩阵的第i行、第α列的元素。

3. 当作为下标的指数(subindex)在下一项中变成了上标的指数(superindex)时,我们就省略掉了一个求和运算符。例如,

$$[\mathcal{H}_y]^i_\alpha [g_x]^\alpha_\beta [h_x]^\beta_j = \sum_{\alpha=1}^{n_y} \sum_{\beta=1}^{n_x} \frac{\partial \mathcal{H}^i}{\partial y^\alpha} \frac{\partial g^\alpha}{\partial x^\beta} \frac{\partial h^\beta}{\partial x^j}$$

4. 以上结果可以直接推广至更高次的导数。如果我们有$[\mathcal{H}_{y'y'}]^i_{\alpha y}$:

(a)$\mathcal{H}_{y'y'}$是一个n行、n_y列、n_y页的三维数组。

(b)因此,$[\mathcal{H}_{y'y'}]^i_{\alpha y}$表示这个矩阵的第$i$行、第$\alpha$列的元素和第$y$页。

这样,利用张量符号,我们可以开始着手求解整个系统了。首先,$g_x(\bar{x};0)$和$h_x(\bar{x};0)$是下式的解:

$$[F_x(\bar{x};0)]^i_j = [\mathcal{H}_{y'}]^i_\alpha [g_x]^\alpha_\beta [h_x]^\beta_j + [\mathcal{H}_y]^i_\alpha [g_x]^\alpha_j + [\mathcal{H}_{x'}]^i_\beta [h_x]^\beta_j + [\mathcal{H}_x]^i_j = 0;$$
$$i = 1, \cdots, n; \ j,\beta = 1, \cdots, n_x; \alpha = 1, \cdots, n_y \tag{20}$$

$\mathcal{H}$在$(y,y',x,x') = (\bar{y}, \bar{y}, \bar{x}, \bar{x})$处的导数已知。因此,我们有了一个有$n \times n_x$个二次方程的系统,它的$n \times n_x$个未知数是由$g_x(\bar{x};0)$和$h_x(\bar{x};0)$的元素给出的。在经过若干代数变换后,如方程式(20)所示的系统可以写成:

$$AP^2 - BP - C = 0$$

其中$\bar{n} \times \bar{n}$矩阵A、$\bar{n} \times \bar{n}$矩阵B和$\bar{n} \times \bar{n}$矩阵C包括了来自$[\mathcal{H}_{y'}]^i_\alpha$、$[\mathcal{H}_y]^i_\alpha$、$[\mathcal{H}_{x'}]^i_\beta$和$[\mathcal{H}_x]^i_j$的元素,$\bar{n} \times \bar{n}$矩阵则包括了来自$[h_x]^\beta_j$中与$x_1$的运动规律有关的元素(在我们下一节给出的例子中,我们将明确地阐述这里涉及的代数变换)。我们可以用一个标准的二次矩阵方程解算器来解出这个系统。

备注11(二次方程解算器) 经济学家已经给出了好几种求解二次系统的方法,以下列出的只是其中一部分文献:布兰查德和卡恩(1980)、金和沃森(Watson)(1998)、厄里格(Uhlig)(1999)、克莱因(Klein)(2000),以及西姆斯(Sims)(2002)。这些不同的方法相互之间的区别主要体现在以下问题的若干细节上:怎样找到系统的解,以及解的一般性程度如何(例如,它们所要求的正则性条件)。但是,只要是有一定适用性的,所有方法都找到了相同的策略函数,因为逼近某个非线性空间的线性空间是唯一的。

为了保证简洁性,我们以厄里格(1999,第43—45页)给出的方法为例,它可以说是上述方法中最简单的方法。给定

$$AP^2 - BP - C = 0$$

定义$2\bar{n} \times 2\bar{n}$矩阵:

$$D = \begin{bmatrix} A & 0_n \\ 0_n & I_n \end{bmatrix}$$

其中,I_n为$\bar{n} \times \bar{n}$的单位矩阵、0_n为$\bar{n} \times \bar{n}$的零矩阵;再定义$2\bar{n} \times 2\bar{n}$的矩阵:

$$F = \begin{bmatrix} B & C \\ I_n & 0_n \end{bmatrix}$$

令 Q 和 Z 为酉矩阵（即 $Q^H Q = Z^H Z = I_{2n}$，其中 H 是复厄米特转置算子）。令 Φ 和 Σ 为具有对角线元素 φ_{ii} 和 σ_{ii} 的上三角矩阵。然后我们发现，(QZ) 对 D 和 F 的广义舒尔分解（Schur decomposition）是：

$$Q'\Sigma Z = D$$
$$Q'\Phi Z = F$$

这使得 Σ 和 Φ 都是对角线的，并且对角线上元素的比率 $|\varphi_{ii}/\sigma_{ii}|$ 是按升序排列的（对于这些比率的每一个排序，都存在一个 QZ 分解）。通过这种方法，F 相对于 D 的稳定（小于 1 的）广义特征值首先得出，不稳定的（大于 1 的和无穷大的）广义特征值将最后出现。QZ 分解可以用像 Matlab 这样的标准数值计算软件执行，而且用很多程序得到的 QZ 分解的比率排序都能符合需要。

那么，如果我们分割：

$$Z = \begin{bmatrix} Z_{11} & Z_{12} \\ Z_{21} & Z_{22} \end{bmatrix}$$

其中每个子矩阵 Z_{ii} 的大小都为 $\tilde{n} \times \tilde{n}$，那么我们可以找到

$$P = -Z_{21}^{-1} Z_{22}$$

如果绝对值小于 1 的对角线元素的比率的数量足够大（即相对于 D，我们的 F 有足够多稳定的广义特征值），那么我们就可以选择一个 P，使得对于任一 $\tilde{n}$-维向量，都有当 $m \to \infty$ 时，$p^m x \to 0$。如果绝对值小于 1 的对角线元素的比率的数量大于 $\tilde{n}$，那么可以选择的 P 就可能不止一个（能够使得对于任一 $\tilde{n}$-维向量，都有当 $m \to \infty$ 时，$p^m x \to 0$）。

之所以会出现二次系统，是因为一般来说，我们能够为满足模型的均衡条件的内生变量提供多个可能的路径（例如，请参见厄里格，1999，以及盖勒，2007）。在这些路径中，一些（稳定的"流形"）是稳定的，并能满足适当的横截面条件（尽管它们可能意味着极限周期），其他路径（不稳定的"流形"）则不能。我们需要选择正确的、能够导致稳定性的特征值。在许多 DSGE 模型中，我们会恰到好处地得到一个稳定的广义特征值和稳定的解——而且这个解也会是独一无二的。如果我们得到的稳定的广义特征值的个数太少，那么均衡动力学将会是内在不稳定的。另一方面，如果我们得到了太多的稳定的广义特征值，那么我们就有了太阳黑子均衡；例如，请参见卢比奥（Rubio）和绍尔夫海德（Schorfheide）（2003）。在这里，只要注意到如下这一点就足够了：所有这些问题都只取决于一阶近似，而且推进到高阶近似也不会改变目前这些问题。如果我们在一阶近似中已经实现了均衡的唯一性，那么我们在二阶近似中也将得到均衡的唯一性。如果我们在一阶近似中的均衡是多重均衡，那么我们在二阶近似中得到的均衡也将是具有多重性的。

备注 12（二次系统的分割） 为了得到一个递归解，如方程式（20）所示的二次系统可以进一步分为两部分。其中，如下系统

$$[F_x(\bar{x};0)]_j^i = [\mathcal{H}_{y'}]_\alpha^i [g_x]_\beta^\alpha [h_x]_j^\beta + [\mathcal{H}_y]_\alpha^i [g_x]_j^\alpha + [\mathcal{H}_{x'}]_\beta^i [h_x]_j^\beta + [\mathcal{H}_x]_j^i = 0;$$
$$i = 1,\cdots,n; \ j,\beta = 1,\cdots,\tilde{n}_x; \ \alpha = 1,\cdots,n_y \tag{21}$$

只涉及 $g_x(\bar{x};0)$ 的 $\tilde{n} \times n_y$ 个元素和 $h_x(\bar{x};0)$ 中与 $\tilde{n}$ 个内生变量 x_1 相关的 $\tilde{n} \times n_x$ 个元素。一旦我

们解出了这个系统的 $\tilde{n}\times(n_y+n_x)$ 个未知数,那么我们就可以将它们代入如下系统:

$$[F_x(\bar{x};0)]^i_j=[\mathcal{H}_{y'}]^i_\alpha[g_x]^\alpha_\beta[h_x]^\beta_j+[\mathcal{H}_{y}]^i_\alpha[g_x]^\alpha+[\mathcal{H}_{x'}]^i_\beta[h_x]^\beta_j+[\mathcal{H}_x]^i_j=0;$$

$$i=1,\cdots,n;\ j,\beta=\tilde{n}+1,\cdots,n_x;\alpha=1,\cdots,n_y \qquad (22)$$

并解出了 $g_x(\bar{x};0)$ 的 $n_\epsilon\times n_y$ 个元素,然后解出 $h_x(\bar{x};0)$ 中与 n_ϵ 个内生变量 x_2 相关的 $n_\epsilon\times n_x$ 个元素。

这种递归求解方法有三个优点。第一个优点,同时也是最明显的优点,是,它能大大简化计算。系统(20)有 $n_x\times(n_y+n_x)$ 个未知数,而系统(21)却只有 $\tilde{n}\times(n_y+n_x)$ 个未知数,两者相差 $n_\epsilon\times(n_y+n_x)$ 个未知数,这使得第二个系统变得小了很多。作为一个例子,不妨看一下费尔南德斯-比利亚韦德和卢比奥-拉米雷斯(2008)的中等规模的新凯恩斯主义模型。根据本章的符号,在这个模型中,$n_x=20$,$n_y=1$,$n_\epsilon=5$。因此,通过对系统进行分割,我们从求解一个有 420 个未知数的系统,转变成了先求解一个有 315 个未知数的系统,再求解一个有 105 个未知数的系统。第二个优点是(尽管这个优点在我们所用的紧凑的符号中并不明显),系统(22)是线性的,因此求解更快,而且有唯一的解。在下一节中,通过我们所举的"主力模型"的例子,我们将会更清楚地看出这个优点。第三个优点是,在某些情况下,我们可能只需要关注与 $\tilde{n}$ 个内生变量 x_1 相关的那些系数。例如,当我们希望计算出,在给定某些初始条件时,模型将以何种确定性过渡路径趋向于稳态时,或者当我们构造由一阶近似生成的脉冲响应函数时。

系数 $g_\sigma(\bar{x};0)$ 和 $h_\sigma(\bar{x};0)$ 是如下 n 个方程的解:

$$[F_\sigma(\bar{x};0)]^i=\mathbb{E}_t\{[\mathcal{H}_{y'}]^i_\alpha[g_x]^\alpha_\beta[h_\sigma]^\beta+[\mathcal{H}_{y'}]^i_\alpha[g_x]^\alpha_\beta[\eta]^\beta_\phi[\epsilon']^\phi+[\mathcal{H}_{y'}]^i_\alpha[g_\sigma]^\alpha$$

$$+[H_y]^i_\alpha[g_\sigma]^\alpha+[\mathcal{H}_{x'}]^i_\beta[h_\sigma]^\beta+[\mathcal{H}_{x'}]^i_\beta[\eta]^\beta_\phi[\epsilon']^\phi\}$$

$$i=1,\cdots,n;\ \alpha=1,\cdots,n_y;\beta=1,\cdots,n_x;\phi=1,\cdots,n_\epsilon$$

然后:

$$[F_\sigma(\bar{x};0)]^i=[\mathcal{H}_{y'}]^i_\alpha[g_x]^\alpha_\beta[h_\sigma]^\beta+[\mathcal{H}_{y'}]^i_\alpha[g_\sigma]^\alpha+[\mathcal{H}_y]^i_\alpha[g_\sigma]^\alpha+[f_{x'}]^i_\beta[h_\sigma]^\beta=0;$$

$$i=1,\cdots,n;\ \alpha=1,\cdots,n_y;\beta=1,\cdots,n_x;\phi=1,\cdots,n_\epsilon.$$

对前面那些方程的检查表明,它们都是 g_σ 和 h_σ 中的齐次线性方程。因此,如果存在唯一的解,那么它必定满足:

$$g_\sigma=0$$

$$h_\sigma=0$$

换句话说,与微扰参数相关的系数为零,而且一阶近似为

$$g(x;\sigma)-\bar{y}=g_x(\bar{x};0)(x-\bar{x})'$$

$$h(x;\sigma)-\bar{x}=h_x(\bar{x};0)(x-\bar{x})'$$

这些方程式体现了西蒙(Simon)(1956)和泰尔(Theil)(1957)所定义的确定性等价原理。根据确定性等价原理,模型的解(到一阶为止)等同于同一个模型在完美预见(或者 $\sigma=0$)假设下的解。不过,确定性等价本身并不能保证冲击不在决策规则中出现。确定性等价能够排

除的是,它的标准偏差作为一个它自己的参数出现,而不管冲击是如何实现的。

确定性等价为什么会存在?这里的直觉很简单。风险规避态度取决于效用函数的二阶导数(凹效用)。然而,利兰(Leland)(1968)和桑德默(Sandmo)(1970)证明,预防性行为取决于效用函数的三阶导数。但是一阶微扰涉及模型的均衡条件(其中包括效用函数的一阶层数,例如,在欧拉方程中,要求各时点上边际效用相等)以及这些均衡条件的一阶导数(因此,效用函数的二阶导数),而不是高阶导数。

确定性等价原理有几个缺点。第一,依赖它,研究者就很难讨论不确定性的福利影响。虽然模型的动力学仍然部分地受新息的方差(新息的实现依赖于它)的驱动,但是模型中的行为主体却不会采取任何预防性行为来保护自己免受这种方差的影响,从而偏离了任何福利计算。第二,与第一点相关,在确定性等价下产生的近似解不能生成任何资产风险溢价,这是一个很强的反事实预测。[①] 第三,确定性等价性还会阻止研究者分析波动性变化带来的后果。

备注 13(微扰和 *LQ* 近似值)　基德兰德和普雷斯科特(1982)——以及其他许多论文——采取了一个不同的求解 DSGE 模型的方法。现假设,我们面对一个最优控制问题,它取决于 n_x 个状态变量 x_t 和 n_u 个控制变量 u_t。为了省略符号,我们再定义列向量 n_x 个状态变量 $w_t = [x_t, u_t]'$,其维度为 $n_w = n_x + n_u$。那么,我们可以把最优控制问题写成:

$$\max \mathbb{E}_0 \sum_{t=0}^{\infty} \beta^t r(w_t)$$
$$\text{s. t. } x_{t+1} = A(w_t, \varepsilon_t)$$

其中,r 是一个回报函数,ε_t 是一个具有零均值和有限方差的 n_ε 个创新组成的向量,A 总结了该经济体的所有约束条件和运动规律。通过适当扩大状态空间,这种表示法还可以将对周期性回报函数有影响的新息包括进来,而且有些变量可以既是控制变量,又是状态变量。

在回报函数 r 是二次函数的情况下,即,当

$$r(w_t) = B_0 + B_1 w_t + w'_t Q w_t$$

(其中,B_0 是常数,B_1 是 $1 \times n_w$ 的行向量,B_2 是一个 $n_w \times n_w$ 的矩阵),函数 A 是线性的:

$$x_{t+1} = B_3 w_t + B_4 \varepsilon_t$$

(其中,B_3 是一个 $n_x \times n_w$ 的矩阵,B_4 是一个 $n_x \times n_\varepsilon$ 的矩阵),我们所面临的,就是一个随机贴现的线性二次型调节器(linear-quadratic regulator,简称 LQR)问题。现在,线性二次型调节器已经成了一个很庞大的、很成熟的研究领域,安德森(Anderson)等人(1996)、汉森和萨金特(2013)都对线性二次型调节器的研究进行过综述。特别地,我们知道,这种环境下的最佳决策规则是状态变量和新息的一个线性函数,即:

$$u_t = F_w w_t + F_\varepsilon \varepsilon_t$$

其中的 F_w 可以通过求解一个黎卡蒂(Ricatti)方程得到;请参见安德森等人(1996,第 182—183 页)。F_ε 则可以通过求解一个西尔维斯特(Sylvester)方程得到;请参见安德森等人(1996,第 202—205 页)。有意思的是,F_w 与 ε_t 的方差无关。这也就是说,如果 ε_t 具有零方

[①] 在一般均衡中,福利计算与资产定价之间存在着密切的联系。讨论前者总是隐含地讨论后者[请参见阿尔瓦雷斯(Alvarez)和杰尔曼(Jermann),2004]。

532 | 宏观经济学手册（第 2A 卷）

差,则最优决策规则将会是如下简单形式的:

$$u_t = F_w w_t$$

F_w 的计算与 F_ε 的计算之间的这种清晰的分离,使得研究者能够相当轻松地处理某些非常庞大的问题。当然,这也意味着确定性等价。

基德兰德和普雷斯科特(1982)在他们设定的经济体中提出了社会规划者问题,那也是一个最优调节问题,他们给出了作为 w_t 的函数的函数 A,但是他们没有使用二次回报函数。相反,他们对社会规划者的目标函数进行了二次逼近。绝大多数追随他们的文献都使用了围绕确定性稳态的目标函数的泰勒级数逼近,这种方法有时被称为近似线性二次型调节器问题(基德兰德和普雷斯科特则采用了一种稍有不同的尝试控制不确定性的点近似方法,两者之间没有太大的定量差异)。此外,基德兰德和普雷斯科特也致力于解决值函数的表示问题。读者如果想深入了解如何处理值函数的线性二次型逼近,请参见迪亚兹-吉梅内斯(Díaz-Gimenez)(1999)的论述。

当函数 A 是线性的时候,求解近似线性二次型调节器的结果,与对模型的均衡条件的一阶微扰的结果是等价的。这里的直觉很简单:因为导数是唯一的,而且这两种方法都寻求对模型的解的线性近似,所以它们必定产生相同的结果。

然而,现在近似线性二次型调节器方法已经不再流行了,这有三个原因。第一,通常很难写出线性形式的函数 A。第二,如果经济不是帕累托有效的,那么构建社会规划者问题就会非常困难。即使有可能给出一个修正后的社会规划者问题,把包含了非最优性的附加约束纳入进来[例如,请参见,贝尼尼奥(Benigno)和伍德福德(Woodford),2004],同样的任务通常也更容易通过对模型的均衡条件进行微扰完成。第三个原因,也许最重要的一个原因是,微扰法可以很容易地达到高阶项,并且能够容纳会破坏确定性等价的非线性。

4.2.5 二阶微扰

一旦我们得到了一阶微扰,我们就可以迭代上面的步骤来生成更高阶的解了。更具体地说,围绕 $(x;\sigma)=(\bar{x};0)$,对 g 的二阶近似为:

$$[g(x;\sigma)]^i = [g(\bar{x};0)]^i + [g_x(\bar{x};0)]^i_a[(x-x)]_a + [g_\sigma(\bar{x};0)]^i[\sigma]$$

$$+\frac{1}{2}[g_{xx}(\bar{x};0)]^i_{ab}[(x-\bar{x})]_a[(x-\bar{x})]_b$$

$$+\frac{1}{2}[g_{x\sigma}(\bar{x};0)]^i_a[(x-\bar{x})]_a[\sigma]$$

$$+\frac{1}{2}[g_{\sigma x}(\bar{x};0)]^i_a[(x-\bar{x})]_a[\sigma]$$

$$+\frac{1}{2}[g_{\sigma\sigma}(\bar{x};0)]^i[\sigma][\sigma]$$

(其中 $i=1,\cdots,n_y;a,b=1,\cdots,n_x;j=1,\cdots,n_x$)。类似地,围绕 $(x;\sigma)=(\bar{x};0)$,对 h 的二阶近似为:

$$[h(x;\sigma)]^i = [h(\bar{x};0)]^j + [h_x(\bar{x};0)]^j_a[(x-x)]_a + [h_\sigma(\bar{x};0)]^j[\sigma]$$

$$+\frac{1}{2}[h_{xx}(\bar{x};0)]^j_{ab}[(x-\bar{x})]_a[(x-\bar{x})]_b$$

$$+\frac{1}{2}[h_{x\sigma}(\bar{x};0)]^j_a[(x-\bar{x})]_a[\sigma]$$

$$+\frac{1}{2}[h_{\sigma x}(\bar{x};0)]^j_a[(x-\bar{x})]_a[\sigma]$$

$$+\frac{1}{2}[h_{\sigma\sigma}(\bar{x};0)]^j[\sigma][\sigma]$$

(其中 $i=1,\cdots,n_y; a,b=1,\cdots,n_x; j=1,\cdots,n_x$)。

这些近似结果中的未知系数为 $[g_{xx}]^i_{ab}$、$[g_{x\sigma}]^i_a$、$[g_{\sigma x}]^i_a$、$[g_{\sigma\sigma}]^i$、$[h_{xx}]^j_{ab}$、$[h_{x\sigma}]^j_a$、$[h_{\sigma x}]^j_a$ 和 $[h_{\sigma\sigma}]^j$。与前面一样,我们可以通过取 $F(x;\sigma)$ 对 x 和 σ 的二阶导数并令它们等于零,然后求其在 $(\bar{x};0)$ 处的值,来求解出这些系数。

那么接下来,我们应该怎样解出这个系统呢?首先,我们利用 $F_{xx}(\bar{x};0)$ 来解出 $g_{xx}(\bar{x};0)$ 和 $h_{xx}(\bar{x};0)$:(此处的"h_{xx}"原文为"h_{xx}",疑有误,已改。——译者注)

$$[F_{xx}(\bar{x};0)]^i_{jk} =$$

$$([\mathcal{H}_{y'y'}]^i_{\alpha\gamma}[g_x]^\gamma_\delta[h_x]^\delta_k + [\mathcal{H}_{y'y}]^i_{\alpha\gamma}[g_x]^\gamma_k + [\mathcal{H}_{y'x'}]^i_{\alpha\delta}[h_x]^\delta_k + [\mathcal{H}_{y'x}]^i_{\alpha k})[g_x]^\alpha_\beta[h_x]^\beta_j$$

$$+([\mathcal{H}_{y'}]^i_\alpha[g_{xx}]^\alpha_{\beta\delta}[h_x]^\delta_k[h_x]^\beta_j + [\mathcal{H}_{y'}]^i_\alpha[g_x]^\alpha_\beta[h_{xx}]^\beta_{jk})$$

$$+([\mathcal{H}_{yy'}]^i_{\alpha\gamma}[g_x]^\gamma_\delta[h_x]^\delta_k + [\mathcal{H}_{yy}]^i_{\alpha\gamma}[g_x]^\gamma_k + [\mathcal{H}_{yx'}]^i_{\alpha\delta}[h_x]^\delta_k + [\mathcal{H}_{yx}]^i_{\alpha k})[g_x]^\alpha_j + [\mathcal{H}_y]^i_\alpha[g_{xx}]^\alpha_{jk}$$

$$+([\mathcal{H}_{x'y'}]^i_{\beta\gamma}[g_x]^\gamma_\delta[h_x]^\delta_k + [\mathcal{H}_{x'y}]^i_{\beta\gamma}[g_x]^\gamma_k + [\mathcal{H}_{x'x'}]^i_{\beta\delta}[h_x]^\delta_k + [\mathcal{H}_{x'x}]^i_{\beta k})[h_x]^\beta_j + [\mathcal{H}_{x'}]^i_\beta[h_{xx}]^\beta_{jk}$$

$$+([\mathcal{H}_{xy'}]^i_{j\gamma}[g_x]^\gamma_\delta[h_x]^\delta_k + [\mathcal{H}_{xy}]^i_{j\gamma}[g_x]^\gamma_k + [\mathcal{H}_{xx'}]^i_{j\delta}[h_x]^\delta_k + [\mathcal{H}_{xx}]^i_{jk}) = 0;$$

$$i=1,\cdots,n; j,k,\beta,\delta=1,\cdots,n_x; \alpha,\gamma=1,\cdots,n_y$$

而且,我们已经知道了 $\mathcal{H}$ 的导数,我们也知道了 g 和 h 在 $(\bar{x};0)$ 的一阶导数。因此,上述表达式就是 g_{xx} 和 h_{xx} 的 $n\times n_x\times n_x$ 个未知元素的 $n\times n_x\times n_x$ 个线性方程组成的系统。这一点是至关重要的,因为线性解算器既快速又有效。在一阶近似中,我们不得不求解一个二次系统,然后对稳定的解与不稳定的解做出选择。但是,一旦我们已经处于稳定流形(stable manifold)当中,那么我们也就不需要再费心思去排除额外的解了。这些二次项涉及内生状态向量 x_1。另外一些项则刻画非线性行为并引发非对称性。我们将在下面我们专门编写的例子中更详细地讨论这些问题。

$g_{\sigma\sigma}$ 和 $h_{\sigma\sigma}$ 中的系数则可以通过求解如下有 n 个未知数、n 个线性方程的系统得出:

$$[F_{\sigma\sigma}\bar{x};0)]^i = [\mathcal{H}_{y'}]^i_\alpha[g_x]^\alpha_\beta[h_{\sigma\sigma}]^\beta$$

$$+[\mathcal{H}_{y'y'}]^i_{\alpha\gamma}[g_x]^\gamma_\delta[\eta]^\delta_\xi[g_x]^\alpha_\beta[\eta]^\beta_\phi[I]^\phi_\xi + [\mathcal{H}_{y'x'}]^i_{\alpha\delta}[\eta]^\delta_\xi[g_x]^\alpha_\beta[\eta]^\beta_\phi[I]^\phi_\xi$$

$$+[\mathcal{H}_{y'}]^i_\alpha[g_{xx}]^\alpha_{\beta\delta}[\eta]^\delta_\xi[\eta]^\beta_\phi[I]^\phi_\xi + [\mathcal{H}_{y'}]^i_\alpha[g_{\sigma\sigma}]^\alpha$$

$$+[\mathcal{H}_y]^i_\alpha[g_{\sigma\sigma}]^\alpha + [\mathcal{H}_{x'}]^i_\beta[h_{\sigma\sigma}]^\beta$$

$$+[\mathcal{H}_{x'y'}]^i_{\beta\gamma}[g_x]^\gamma_\delta[\eta]^\delta_\xi[\eta]^\beta_\phi[I]^\phi_\xi + [\mathcal{H}_{x'x'}]^i_{\beta\delta}[\eta]^\delta_\xi[\eta]^\beta_\phi[I]^\phi_\xi = 0;$$

$$i = 1, \cdots, n; \alpha, \gamma = 1, \cdots, n_y; \beta, \delta = 1, \cdots, n_x; \phi, \xi = 1, \cdots, n_\varepsilon$$

（这里的"$i=1$"原文为"$=1$",疑有误,已改。——译者注）

$g_{\sigma\sigma}$ 和 $h_{\sigma\sigma}$ 中的系数刻画了打破确定性等价的风险校正。另外,当在 $(\bar{x}; 0)$ 处求取时,$g_{x\sigma}$ 和 $h_{x\sigma}$ 的交叉导数为零。为了更清楚地说明这一点,来看一下系统 $F_{\sigma x}(\bar{x}; 0) = 0$。考虑到在 $(\bar{x}; 0)$ 处所有包含 g_σ 或 h_σ 的项都为零。（此处的"g_σ"原文为"g_x",疑有误,已改。——译者注）然后,我们就得到了一个由关于 $g_{\sigma x}$ 和 $h_{\sigma x}$ 的 $n \times n_x$ 个元素的 $n \times n_x$ 个方程式组成的齐次系统:

$$[F_{\sigma x}(\bar{x}; 0)]_j^i = [\mathcal{H}_{y'}]_\alpha^i [g_x]_\beta^\alpha [h_{\sigma x}]_j^\beta + [\mathcal{H}_{y'}]_\alpha^i [g_{\sigma x}]_\gamma^\alpha [h_x]_j^\gamma + [\mathcal{H}_{y'}]_\alpha^i [g_{\sigma x}]_j^\alpha + [\mathcal{H}_{x'}]_\beta^i [h_{\sigma x}]_j^\beta = 0$$

$$i = 1, \cdots, n; \alpha = 1, \cdots, n_y; \beta, \gamma, j = 1, \cdots, n_x$$

因此,二阶微扰的最后一个分量由下式给出:[①]

$$g_{\sigma x} = 0$$
$$h_{\sigma x} = 0$$

4.2.6 高阶微扰

我们可以通过多次迭代如前所述的过程(取高阶导数、插入已经找到的项,并解出剩余各项),来得到我们想要得到的 n 阶近似。我们需要解的所有相关的方程式都是线性的,这就保证了计算复杂性的可控性。唯一要记住的一个新增的要点是,我们需要对新息的高阶矩做出假设,因为我们将会加入涉及这些高阶矩的期望。

如果函数 g 和 h 在 $\bar{x}$ 的邻域中是有解析形式的,那么我们通过采用高阶近似来构建的序列的项数将是无限的并且是收敛的。收敛将发生在以 $\bar{x}$ 为中心的某个收敛半径内(即这个半径 r 将使得所有状态值相对于 $\bar{x}$ 的距离都小于 r)。但是,这个半径也可能是无穷大的,在这种情况下,这个序列将保证在任何地方都一致收敛。当然,这个半径也可以是有限的,并且其边界上存在不可移除的奇点。令人失望的是,对于大多数 DSGE 模型来说,收敛半径都是未知的;在这个方面,更详细的例子,请参见斯万森(Swanson)等人(2006),以及奥德里奇和龚(Kung)(2011)。对于这个主题,进一步的深入研究是非常需要的。此外,即便序列是收敛的,也还有两个潜在的问题。首先,在 j 阶近似的情况下,我们可能会丢失掉 g 和 h 的"正确"形状。例如,阿罗巴等人(2006)证明,在五阶微扰近似时,随机新古典增长模型中的消费和资本的决策规则不再是全局凹性的了(而那是经济学理论所要求的);相反,近似函数呈现出振荡模式。其次,向精确解的收敛可能不再是单调的了;要构造一个这样的例子非常容易:第 $j+1$ 阶近似中,偏离 $\bar{x}$ 的误差的严重情况,反而比第 j 阶近似更甚。尽管这两个问题都不是致命的,但是研究者必须意识到它们的存在,并进行必要的检验以尽量减少它们的影响(例如,看一看不同阶次的近似的解是不是一样)。

在下文中,我们将会讨论如何度量一个解的精确性,以及确定是否需要进行更高阶的近似。例如,为了处理具有时变波动率的模型,我们至少需要三阶近似。又如,莱文塔尔(Levintal)(2015a)指出,为了很好地逼近一个灾害风险模型,我们需要五阶近似。高阶近似的缺点是,我们会遇到计算成本问题和计算机内存使用问题。

[①] 我们猜测(我们已经检验过计算机内存所能允许的最高阶的微扰了),涉及 σ 的奇数阶导数的所有项都为零。然而不幸的是,我们还没有得出正式的证明。

4.3　一个应用实例

上文中的推导可能有些过于抽象，而且符号（即使是在使用了张量符号的情况下）也显得很复杂。因此，通过具体的例子来说明怎样实施微扰法也许是一个好的选择。为此，我们先回到我们在前面用方程式（2）—（4）定义的新古典增长模型那个例子，而且，为了使代数变换更加容易一些，我们再假设 $u(c) = \log c$，且 $\delta = 1$。

在这种情况下，该模型的均衡条件是：

$$\frac{1}{c_t} = \beta \, \mathbb{E}_t \frac{\alpha e^{z_{t+1}} k_{t+1}^{\alpha-1}}{c_{t+1}}$$

$$c_t + k_{t+1} = e^{z_t} k_t^{\alpha}$$

$$z_t = \rho z_{t-1} + \eta \epsilon_t$$

虽然这种参数化对于商业周期分析中通常使用的时间段（例如季度或年度）来说是不切实际的，但是它在另一方面却具有巨大的优势：意味着该模型有解析解。由于 $\delta = 1$，生产率冲击的收入效应和替代效应就相互抵消了，同时消费和投资也分别是收入中的比例为常数的一个部分：

$$c_t = (1 - \alpha\beta) e^{z_t} k_t^{\alpha}$$

$$k_{t+1} = \alpha\beta e^{z_t} k_t^{\alpha}$$

（这些最优决策规则可以通过将它们代入均衡条件中进行验证，不难发现所有约束条件确实得到了满足。）

但是，再想象一下这种情况：我们不知道这个精确解是什么，而且我们正在寻找消费的决策规则：

$$c_t = c(k_t, z_t)$$

以及资本的决策规则：

$$k_{t+1} = k(k_t, z_t)$$

在我们所用的一般符号中，d 无非是 $c(k_t, z_t)$ 和 $k(k_t, z_t)$ 的叠加（stack）。我们将这些决策规则代入前述均衡条件（并且，为了减少问题的维度，我们将预算约束和技术的运动定律消去），就可以得到：

$$\frac{1}{c(k_t, z_t)} = \beta \, \mathbb{E}_t \frac{\alpha e^{\rho z_t + \sigma \varepsilon_{t+1}} k(k_t, z_t)^{\alpha-1}}{c(k(k_t, z_t), \rho z_t + \eta \varepsilon_{t+1})} \tag{23}$$

$$c(k_t, z_t) + k(k_t, z_t) = e^{z_t} k_t^{\alpha} \tag{24}$$

而上述决策规则可以用两个状态变量上的微扰解加上微扰参数 σ 来逼近：

$$c_t = c(k_t, z_t; \sigma)$$

$$k_{t+1} = k(k_t, z_t; \sigma)$$

然而，在技术的运动规律中也引入 σ：

$$z_t = \rho z_{t-1} + \sigma \eta \varepsilon_t$$

这样一来,如果我们设定 $\sigma = 0$,那么我们就重建了确定性模型。如果 $z_t = 0$(这或者是因为 $z_0 = 0$,或者是 t 足够大使得 $z_t \to 0$),那么我们就可以通过求解均衡条件系统找到稳态 k:

$$\frac{1}{c} = \beta \frac{\alpha k^{\alpha-1}}{c}$$

$$c + k = k^\alpha$$

它有一个唯一的解:$k = k(k, 0; 0) = (\alpha\beta)^{\frac{1}{1-\alpha}}$,以及 $c = c(k, 0; 0) = (\alpha\beta)^{\frac{\alpha}{1-\alpha}} - (\alpha\beta)^{\frac{1}{1-\alpha}}$。

消费决策规则的二阶扩展则由下式给出:

$$c_t = c + c_k(k_t - k) + c_z z_t + c_\sigma \sigma$$
$$+ \frac{1}{2} c_{kk}(k_t - k)^2 + c_{kz}(k_t - k) z_t + c_{k\sigma}(k_t - k)\sigma \tag{25}$$
$$+ \frac{1}{2} c_{zz} z_t^2 + c_{z\sigma} z_t \sigma + \frac{1}{2} c_{\sigma^2}\sigma^2$$

而对于资本决策规则,则有:

$$k_{t+1} = k + k_k(k_t - k) + k_z z_t + k_\sigma \sigma$$
$$+ \frac{1}{2} k_{kk}(k_t - k)^2 + k_{kz}(k_t - k) z_t + k_{k\sigma}(k_t - k)\sigma \tag{26}$$
$$+ \frac{1}{2} k_{zz} z_t^2 + \frac{1}{2} k_{\sigma z} \sigma z_t + \frac{1}{2} k_{\sigma^2}\sigma^2$$

[在这里,我们已经利用了二阶导数的对称性,并假设所有项都是在 $(k, 0; 0)$ 处进行求值的]。高阶近似也可以用类似的方法给出,但是对于这个例子来说,我们有了二阶近似就足够了。

除了上面我们讨论过对 $\frac{1}{2} c_{\sigma^2}\sigma^2$ 和 $\frac{1}{2} k_{\sigma^2}\sigma^2$ 的风险校正之外,方程式(25)和(26)中新增的其余各项引入了无法用一阶微扰刻画的动力学。在线性解中,$c_z z_t$ 和 $k_\sigma \sigma$ 意味着正向冲击和负向冲击的影响彼此互为镜像。这就是使用线性模型的研究者通常只报告正向冲击(或负向冲击)的脉冲响应函数的原因,因为另一个方向上的冲击的脉冲响应函数是相同的,只需反转一下即可。但是不同的是,在二阶微扰中,项 $\frac{1}{2} c_{zz} z_t^2$ 和项 $\frac{1}{2} k_{zz} z_t^2$ 意味着,正向冲击和负向冲击有不同的影响:z_t^2 总是正的,而且脉冲响应函数是不对称的。项 $c_{kz}(k_t - k) z_t$ 和项 $k_{kz}(k_t - k) z_t$ 导致的冲击的影响也取决于经济体在第 t 期时有多少资本,这个机制是一阶近似时被遗漏掉的,因为 z_t 是以线性形式进入的。在许多应用中,这一点可能是很重要的。例如,金融冲击的影响可能取决于家庭的资产水平。

为了找到方程式(25)和(26)中的未知系数,我们先回到均衡条件方程式(23)和(24)。我们将决策规则用近似决策规则 $c(k_t, z_t; \sigma)$ 和 $k(k_t, z_t; \sigma)$ 替代,然后我们重新排列各项,就可以得到:

$$F(k_t, z_t; \sigma) = \mathbb{E}_t \left[\begin{array}{c} \dfrac{1}{c(k_t, z_t; \sigma)} - \beta \dfrac{\alpha e^{\rho z_t + \sigma \eta \varepsilon_{t+1}} k(k_t, z_t; \sigma)^{\alpha-1}}{c(k(k_t, z_t; \sigma), \rho z_t + \sigma \eta \varepsilon_{t+1}; \sigma)} \\ c(k_t, z_t; \sigma) + k(k_t, z_t; \sigma) - e^{z_t} k_t^\alpha \end{array} \right] = \left[\begin{array}{c} 0 \\ 0 \end{array} \right]$$

或者,更紧凑地:

$$F(k_t, z_t; \sigma) = \mathcal{H}(c(k_t, z_t; \sigma), c(k(k_t, z_t; \sigma), z_{t+1}; \sigma), WK, WK(k_t, z_t; \sigma), z_t; \sigma)$$

我们将用 $\mathcal{H}_i$ 表示 $\mathcal{H}$ 对第 i 个分量的偏导数,并在不需要的时候舍弃对函数的稳定状态的求导。

我们从一阶导数项开始。先取 $F(k_t, z_t; \sigma)$ 对 k_t、z_t 和 σ 的导数,并令它们都等于零:

$$F_k = \mathcal{H}_1 c_k + \mathcal{H}_2 c_k k_k + \mathcal{H}_3 + \mathcal{H}_4 k_k = 0$$
$$F_z = \mathcal{H}_1 c_z + \mathcal{H}_2 (c_k k_z + c_k \rho) + \mathcal{H}_4 k_z + \mathcal{H}_5 = 0$$
$$F_\sigma = \mathcal{H}_1 c_\sigma + \mathcal{H}_2 (c_k k_\sigma + c_\sigma) + \mathcal{H}_4 k_\sigma + \mathcal{H}_6 = 0$$

注意到:

$$F_k = \mathcal{H}_1 c_k + \mathcal{H}_2 c_k k_k + \mathcal{H}_3 + \mathcal{H}_4 k_k = 0$$
$$F_z = \mathcal{H}_1 c_z + \mathcal{H}_2 (c_k k_z + c_k \rho) + \mathcal{H}_4 k_z + \mathcal{H}_5 = 0$$

是四个未知数(c_k、c_z、k_k 和 k_z)、四个方程式的二次系统(运算符 F 有二维)。如上所述,这个系统可以递归求解。前两个方程:

$$F_k = \mathcal{H}_1 c_k + \mathcal{H}_2 c_k k_k + \mathcal{H}_3 + \mathcal{H}_4 k_k = 0$$

只涉及 c_k 和 k_k(影响确定性变量的项)。

备注 14(再论二次问题)　前述两个方程:

$$F_k = \mathcal{H}_1 c_k + \mathcal{H}_2 c_k k_k + \mathcal{H}_3 + \mathcal{H}_4 k_k = 0$$

很容易就可以重写为如下的二次矩阵系统的形式。首先,我们将这两个方程式改写成:

$$\binom{\mathcal{H}_1^1}{\mathcal{H}_1^2} c_k + \binom{\mathcal{H}_2^1}{\mathcal{H}_2^2} c_k k_k + \binom{\mathcal{H}_3^1}{\mathcal{H}_3^2} + \binom{\mathcal{H}_4^1}{\mathcal{H}_4^2} k_k = \binom{0}{0}$$

其中的 $\mathcal{H}_i^j$ 是 $\mathcal{H}_i$ 的第 j 个维度。但是我们知道,$\mathcal{H}_2^2 = 0$ 且 $\mathcal{H}_3^1 = 0$,这样一来,就可以得到:

$$\binom{\mathcal{H}_1^1}{\mathcal{H}_1^2} c_k + \binom{\mathcal{H}_2^1}{0} c_k k_k + \binom{0}{\mathcal{H}_3^2} + \binom{\mathcal{H}_4^1}{\mathcal{H}_4^2} k_k = \binom{0}{0}$$

我们可以用第二个方程式消去第一个方程中的 c_k。然后,重新排列各项并利用 $P = k_k$,我们得到以下方程式:

$$AP^2 - BP - C = 0$$

对于这个方程式,我们在前面那个小节中已经介绍过。需要注意的是,在现在这个例子中,我们有一个更简单的二次标量方程,而不是一个复杂的矩阵方程。

我们的二次系统有两个解。一个解将意味着 $k_k > 1$,另一个解则意味着 $k_k < 1$。第一个解是不稳定的。请记住,决策规则的第一个要素是

$$k_{t+1} = k + k_k(k_t - k) + \cdots$$

如果 $k_k > 1$,那么 k_t 相对于 k 的偏差就将意味着 k_{t+1} 相对于 k 的更大的偏差,从而导致一种"爆炸性行为"。相比之下,当 $k_k < 1$ 时,k_t 相对于 k 的偏差在没有额外的冲击的情况下,将

会随着时间的推移而消失。一旦我们求得了 c_k 和 k_k,我们就可以回到下式

$$F_z = \mathcal{H}_1 c_z + \mathcal{H}_2 (c_k k_z + c_k \rho) + \mathcal{H}_4 k_z + \mathcal{H}_5 = 0$$

然后解出 c_z 和 k_z。因为正如我们之前强调过的,这个系统是线性的。

最后,与一般情况下一样,后两个方程式

$$F_\sigma = \mathcal{H}_1 c_\sigma + \mathcal{H}_2 (c_k k_\sigma + c_\sigma) + \mathcal{H}_4 k_\sigma + \mathcal{H}_6 = 0$$

也构成了一个关于 c_σ 和 k_σ 的线性齐次系统。因此,令 $c_\sigma = k_\sigma = 0$,我们就可以得到一阶近似的确定性等价。

为了找到二阶近似,我们取 $F(k_t, z_t; \sigma)$ 在 k、0 和 0 附近的二阶导数:

$$F_{kk} = 0$$

$$F_{kz} = 0$$

$$F_{k\sigma} = 0$$

$$F_{zz} = 0$$

$$F_{z\sigma} = 0$$

$$F_{\sigma\sigma} = 0$$

(在这里,我们已经去除了对称的二阶导数。)我们将通过一阶近似求得的系数代入,于是得到一个有 12 个未知数、12 个方程的线性系统。再一次,我们知道 $k\sigma$ 和 $z\sigma$ 上的所有交叉项均为零。

运用系数等于零这个结果,我们可以将方程式(25)和(26)重写为二阶形式,即:

$$
\begin{aligned}
c_t = c + c_k (k_t - k) + c_z z_t \\
+ \frac{1}{2} c_{kk} (k_t - k)^2 + c_{kz} (k_t - k) z_t + \frac{1}{2} c_{zz} z_t^2 + \frac{1}{2} c_{\sigma^2} \sigma^2
\end{aligned}
\tag{27}
$$

以及

$$
\begin{aligned}
k_{t+1} = k + k_k (k_t - k) + k_z z_t \\
+ \frac{1}{2} k_{kk} (k_t - k)^2 + k_{kz} (k_t - k) z_t + \frac{1}{2} k_{zz} z_t^2 + \frac{1}{2} k_{\sigma^2} \sigma^2
\end{aligned}
\tag{28}
$$

即便是这个如此简单的新古典增长模型,前面的方程组也因为牵涉到了太多因素而无法明确写出它的形式。接下来,我们将用数值形式的例子来说明这种程序。在表 1 中,我们总结了模型的四个参数的参数值。我们不需要假装我们选择了一个有实际意义的校准方法(我们选择 $\delta = 1$,也就排除了任何人通过尝试去拟合观察到的数据可能性)。相反,我们选择了文献中常用的标准参数值。

表 1 校准

参数	参数值
β	0.99
α	0.33
ρ	0.95
η	0.01

贴现因子 β 为 0.99,产出相对于资本的弹性 α 为 0.33,自回归过程的持续性 ρ 为 0.95,新息的标准偏差 η 为 0.01。在这个校准中,稳态为 $c=0.388$、$k=0.188$。

解的一阶分量为(已经选择了稳定的解):

$$c_k = 0.680 \quad c_z = 0.388$$
$$k_k = 0.330 \quad k_z = 0.188$$

同时二阶分量则为:

$$c_{kk} = -2.420 \quad c_{kz} = 0.680 \quad c_{zz} = 0.388 \quad c_{\sigma\sigma} = 0$$
$$k_{kk} = -1.174 \quad k_{kz} = 0.330 \quad k_{zz} = 0.188 \quad k_{\sigma\sigma} = 0$$

此外,不要忘记我们的理论结果:$c_\sigma = k_\sigma = c_{k\sigma} = k_{k\sigma} = c_{z\sigma} = k_{z\sigma} = 0$。这样一来,我们就得到了消费决策规则的二阶近似解:

$$c_t = 0.388 + 0.680(k_t - 0.188) + 0.388 z_t$$
$$- 1.210(k_t - 0.188)^2 + 0.680(k_t - 0.188)z_t + 0.194 z_t^2$$

以及资本决策规则的二阶近似解:

$$k_{t+1} = 0.188 + 0.330(k_t - 0.188) + 0.188 z_t$$
$$- 0.587(k_t - 0.188)^2 + 0.330(k_t - 0.188)z_t + 0.094 z_t^2$$

在这个例子中,风险校正为零。对此,我们不应该觉得奇怪。在新古典增长模式中,风险只限于由技术冲击驱动的产出风险。这种产出风险是由资本带来的:代表性家庭积累的资本越多,它对产出风险的"敞口"就越大。而且与此同时,在这个经济体中,净储蓄唯一可以"购买"的资产就是资本。因此,风险的任何增加(即技术冲击的标准偏差的上升)都会产生两个相互"抗衡"的机制:一方面是希望积累更多的资本以缓冲未来的负面冲击,另一方面是希望积累较少的资本以避免额外的产出风险。如果风险厌恶倾向较低,那么这两种机制几乎可以完全相互抵消(在效用函数取对数形式的情况下,它们是完全互补的,因而在精确解中,冲击的新息的标准偏差不会出现,会出现的只有 z_t 实现结果)。但是,对于较高的风险厌恶货币,或者在有不同资产的模型中(例如,代表性家庭能够以购买持有国际债券的形式进行储蓄,而国际债券的回报与本国的生产率冲击并不完全相关),风险校正则可能完全不等于零。

下一步是对精确的决策规则和近似的决策规则进行比较。通过我们的校准,精确解由下式给出:

$$c_t = 0.673 e^{z_t} k_t^{0.33}$$
$$k_{t+1} = 0.327 e^{z_t} k_t^{0.33}$$

为了测定这两个解相互之间有多接近,我们在图 1 中绘出了资本的精确决策规则(图 1 上半部分和下半部分的实线)、一阶近似(上半部分的虚线)和二阶近似(下半部分的虚线)。在图 1 中,我们绘出了当 $z_t = 0$ 时的资本的决策规则,以及稳定状态下的资本价值±25%的资本价值。一阶近似在稳定状态时几乎与精确解完全相同。只有在更远的地方,这两个解才会出现"歧异"。

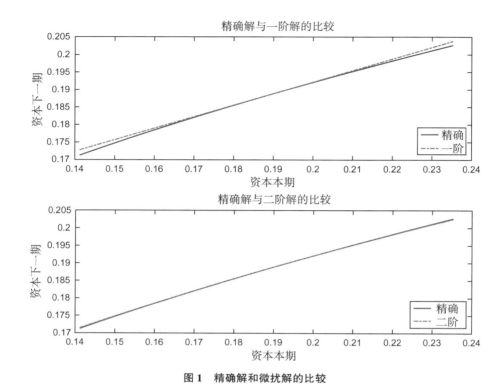

图 1　精确解和微扰解的比较

在坐标开始处($k=0.1412$),精确的决策规则和一阶近似之间的差异接近1%。相比之下,二阶近似在资本价值的整个范围内都更加准确一些。即便是同样在$k=0.1412$处,精确的决策规则与二阶近似之间的差异也只有0.13%。这个结果表明,微扰解通常具有很好的全局性质。

在下文中,我们将会详细讨论如何评估解的准确性。就目前而言,只要指出这一点就足够了:我们不能直接判断0.13%这个差异太大了还是已经足够准确了(这要看具体的应用而定)。例如,在计算商业周期的某个矩时,我们所要求的准确性通常会比福利评估低一些。原因在于,模型的矩(例如,消费的均值或方差)的估计值的误差可能会相互抵消,但是福利却是分配的非线性函数,计算分配时的很小的错误,可能会转化为计算福利时的很大的错误。

4.4　修剪

虽然我们前面描述的高阶微扰很符合直觉,而且计算方法也很简明,但是它们经常导致样本路径的爆发性增长——即使在相对应的线性近似是稳定的,也会如此。样本路径的爆炸性增长之所以会出现,是因为高阶项给系统引入了额外的不动点,而在这些不动点附近,近似解是不稳定的[请参见:金姆等人,2008;邓哈恩(Den Haan)和迪温德(De Wind),2012]。下面,我们举一个简单的例子来说明这一点。假设我们有一个关于资本的近似决策规则(为了简单起见,假设生产率过程z_t的持续性不存在),其形式如下:

$$k_{t+1} = a_0 + a_1 k_t + a_2 k_t^2 + \cdots + b_1 \varepsilon_t + \cdots$$

如果我们递归地进行替代,我们将得到:

$$k_{t+1} = a_1 k_t + a_2 (a_1 k_{t-1} + a_2 k_{t-1}^2)^2 + \cdots + b_1 \varepsilon_t + \cdots$$

这个表示式涉及一些有 k_{t-1}^3 和 k_{t-1}^4 的项。如果 ε_t 的基是无界的,那么或迟或早,我们终将(在模拟中)获得一个足够大的新息,使得 k_{t+1} 远离其稳态值。随着模拟的不断进行,k_{t+1} 的值将提高到立方以及更高次幂,最终引发样本路径的爆炸。这种"爆炸"的存在,会使任何模型评估变得复杂化,因为基于这种近似的无条件矩将不复存在。而且这也意味着,任何无条件的矩匹配估计方法,如广义矩方法(GMM)或模拟矩方法(SMM)都将不再适用,因为它们依赖于来自稳态的和遍历性概率分布的有限矩。

对于二阶近似,金姆等人(2008)提出了修剪近似法。不那么严格地说,修剪意味着在递归中消去比解的阶数更高阶的所有项(即如果我们所处理的是二阶微扰,那么包括了状态或新息的、高于 2 次幂的所有项)。金姆等人(2008)证明,修剪后的近似值不会"爆炸"。

安德烈亚森(Andreasen)等人(2013)扩展了金姆(Kim)等人(2008)的方法。他们阐明了,可以利用所谓的修剪后的状态空间系统来将"修剪法"应用于任意阶的近似。在一般性的技术条件下,安德烈亚森等人(2013)首先证明,修剪状态空间系统的一阶、二阶无条件矩是存在的。然后,他们给出了一阶和二阶条件矩和脉冲响应函数的解析表达式。这一点非常重要,因为有了解析表达式,研究者就可以不用数值模拟来计算这些矩了。事实证明,这种数值模拟通常是不可靠的,特别是当求 DSGE 模型的广义脉冲响应函数的时候[广义脉冲响应函数的定义见库普(Koop)等人,1996]。安德烈亚森等人(2013)还推导出了高阶无条件矩(例如,偏度和高度)存在的条件。

4.5 变量的变化

在前面的备注 4 中,我们讨论了在 DSGE 模型中对我们感兴趣的变量的对数进行微扰,而不是直接在变量本身的水平上进行微扰的可能性。在一篇开创性的论文中,贾德(2003)指出,对数线性化只不过是变量转换的一般思想的一个特例,同时还阐明了如何有效地实现这个技术。在本小节中,我们将按照费尔南德斯-比利亚韦德和卢比奥-拉米雷斯(2006)的思路解释贾德的贡献。

出发点是,注意到,如果我们在 a 点附近对变量 x 有如下的泰勒展开式:

$$d(x) \backsimeq d(a) + \frac{\partial d(a)}{\partial a}(x-a) + H.O.T.$$

(其中的 $H.O.T.$ 代表所有高阶项),那么我们可以用变换后的变量 $Y(x)$ 将上述展开式重写为:

$$g(y) = h(d(X(y))) = g(b) + \frac{\partial g(b)}{\partial b}(Y(x)-b) + H.O.T.$$

其中,$b = Y(a)$,且 $X(y)$ 是 $Y(x)$ 的逆。因为利用一个微扰,我们找到了未知函数 d 的一个泰勒级数近似,能够解出作为状态变量 x 的函数的算子 $\mathcal{H}(\cdot)$,因此,变量的变化意味着我们也

能找到用 $Y(x)$ 表示的另一个泰勒级数。

那么,我们为什么要执行这种变量变换?著名英国气象学家埃里克·艾迪(Eric Eady)(1915—1966)曾经说过这样一句话:"并不是线性化过程限制了洞察力,是我们选择进行线性化的状态的性质限制了洞察力。"通过选择正确的变量变化,我们可以将一个高度非线性的问题重新表述为一个线性更强的问题,从而显著增加微扰的准确性。[1]

4.5.1 一个简单的例子

现在请设想一下,我们的目标是在我们的"主力模型"——随机新古典主义增长模型——中用一阶微扰来逼近资本的决策规则(如果我们想逼近的是其他决策规则,或期望,或值函数等,同样的思想也是适用的)。在前面,我们已经推导出了如下形式的一个近似表示:

$$k_{t+1} = k + a_1(k_t - k) + b_1 z_t$$

其中,a 和 b 是我们通过对 $F(k_t, z_t; \sigma)$ 取导数得到的系数,k 则为资本的稳态值。在本节中,为了方便起见,将决策规则重写为:

$$(k_{t+1} - k) = a_1(k_t - k) + b_1 z_t$$

类似地,策略函数的对数线性近似则取如下形式:

$$\log k_{t+1} - \log k = a_2(\log k_t - \log k) + b_2 z$$

或者,采用等价的符号表示为:

$$\hat{k}_{t+1} = a_2 \hat{k}_t + b_2 z_t$$

其中,$\hat{x} = \log x - \log x_0$ 是变量 x 相对于它的稳定状态百分偏差。

那么,我们如何从一个近似得到第二个近似呢?首先,我们将前述线性系统改写为:

$$k_{t+1} = d(k_t, z_t; \sigma) = d(k, 0; 0) + d_1(k, 0; 0)(k_t - k) + d_2(k, 0; 0)z_t$$

其中,$d(k, 0; 0) = k, d_1(k, 0; 0) = a_1, d_2(k, 0; 0) = b_1$。

其次,我们进行变量变化 $h = \log d$,其中 $Y(x) = \log x$ 且 $Y(x) = \log x$。再次,我们将贾德(2003)给出的方法应用于这个例子中:

$$\log k_{t+1} - \log k = d_1(k, 0, 0)(\log k_t - \log k) + \frac{1}{k} d_2(k, 0, 0)z$$

最后,令各系数相等,我们就可以将两种表达方法的系数之间的关系写成简单的解析形式了,即:

$$a_2 = a_1, \text{且 } b_2 = \frac{1}{k} b_1$$

这里有三点很重要。首先,从 a_1 和 b_1 移动到 a_2 和 b_2 是一个只涉及 k 的操作,而 k 的值是我们在计算对水平的一阶微扰时就已经知道了的。因此,一旦研究者获得了线性解,那么

---

[1] 与变量的变化相关的一个思想是使用度规法(gauges)。简单地说,这种方法是,微扰不在微扰参数 σ 的幂项进行,而是在一系列度规函数 $\{\delta_n(\sigma)\}_{n=1}^{\infty}$ 的幂项上进行,使得 $\lim_n \to \infty \frac{\delta_{n+1}(\sigma)}{\delta_n(\sigma)} = 0$。详见贾德(1998)。

也就马上能得出对数线性解。[①] 其次,对于效用函数或生产函数,除了要求它们满足随机新古典增长模型的一般技术条件之外,我们不需要增加任何新的假设。最后,变量变化可以应用于任意高阶微扰,尽管在这里我们只给出一级逼近的例子——这是为了节省篇幅。

4.5.2 更一般的情况

我们现在可以讨论更一般的情形下的变量变化了。假设,某个模型的一阶解是:

$$d(x) \backsimeq d(a) + \frac{\partial d(a)}{\partial a}(x-a)$$

如果我们在 $b = Y(a)$ 处附近扩展 $g(y) = h(d(X(y)))$,其中 $X(y)$ 是 $Y(x)$ 的逆,那么,我们可以得到:

$$g(y) = h(d(X(y))) = g(b) + g_a(b)(Y^a(x) - b^a)$$

其中 $g_a = h_A d_i^A X_\alpha^i$ 根据链式规则得出。

根据贾德(2003)的思路,我们可以将以下形式的任何幂函数近似包括进来:

$$k_{t+1}(k,z;\gamma,\zeta,\varphi)^\gamma - k^\gamma = a_3(k_t^\zeta - k^\zeta) + b_3 z^\varphi$$

其中,我们施加 $\varphi \geq 1$ 的约束,以确保幂函数 z^φ 有实数值。这里使用的幂函数是很有吸引力的,这是因为,在只有三个自由参数(γ,ζ,φ)的情况下,我们可以刻画许多非线性结构,并将对数变换嵌套为系数 γ 和 ζ 趋向于零且 $\varphi = 1$ 的极限情况。这些函数的变量变化是由以下式子给定的:$h = d^\gamma$、$Y = x^\zeta$,以及 $X = y^{\frac{1}{\zeta}}$。在进行一番与前面相同的推导之后,我们得出:

$$k_{t+1}(k,z;\gamma,\zeta,\varphi)^\gamma - k^\gamma = \frac{\gamma}{\zeta}k^{\gamma-\zeta}a_1(k_t^\zeta - k^\zeta) + \frac{\gamma}{\varphi}k^{\gamma-1}b_1 z^\varphi$$

再一次,新系数与旧系数之间的关系不难计算出来:$a_3 = \frac{\gamma}{\zeta}k^{\gamma-\zeta}a_1$ 且 $b_3 = \frac{\gamma}{\varphi}k^{\gamma-1}b_1$。

一个限制性略强一些的情况是,施加 $\gamma = \zeta$ 和 $z = 1$。然后,我们就可以得出一个只有一个自由参数 γ 的幂函数:

$$k_{t+1}(k,z;\gamma)^\gamma - k^\gamma = a_4(k_t^\zeta - k^\zeta) + b_4 z$$

或者,通过定义 $\tilde{k}_t = k_t^\gamma - k^\gamma$,我们可以得到:

$$\tilde{k}_{t+1} = a_4 \tilde{k}_t + b_4 z$$

以及 $a_4 = a_1$ 和 $b_4 = k^{\gamma-1}b_1$。这种表示法具有作为线性系统的巨大优点,因为线性系统便于进行解析形式的分析研究,并且正如我们将在第 10 节中看到的,线性系统也便于使用卡尔曼滤波器进行估计。

4.5.3 变量的最优变化

上面那个小节阐明了如何从 DSGE 模型的解的一阶近似出发,得出更一般的参数形式的

[①] 另一种"启发式"推理也可以给出相同的结果:对于 $(k_{t+1}-k) = a_1(k_t-k) + b_1 z_1$,两边同时除以 k:$\frac{k_{t+1}-k}{k} = a_1\frac{k_t-k}{k} + \frac{1}{k}b_1 z$。注意到 $\frac{x_t-x}{x} \backsimeq \log x_t - \log x$,我们就可以再次得出与上文一样的关系式。相比之下,我们在正文中的推导更具一般性,而且不依赖于额外的近似。

表达式。剩下来要解决的问题是,如何选择这些参数的最优值。[1]

费尔南德斯–比利亚韦德和卢比奥–拉米雷斯(2006)认为,选择的一个合理标准是(这也是进行变量变化操作的部分动机),怎样选择适当的参数来提高模型的解的精确性。具体地说,这两位作者认为,应该最小化欧拉误差函数(相对于特定的标准)。由于我们尚未引入测度 DSGE 模型的解精确度的指标,因此我们在这里将略过如何实现欧拉误差函数最小化的技术细节,而直接指出如下一点:费尔南德斯–比利亚韦德和卢比奥–拉米雷斯(2006)发现,变量的最优变化大体上能够将解的平均精度提高三倍。这种改进使得一阶近似解在精确性方面与其他更复杂的方法相比有相当大的竞争力。费尔南德斯–比利亚韦德和卢比奥–拉米雷斯(2006)还报告说,最优参数值依赖于对经济体的外部冲击的标准偏差。这是一个重要的结果:变量的变化经由经济体中存在的不确定性实现了修正,并打破了确定性等价。

备注 15(对数线性化 vs 对数正态–对数线性逼近)　还有一种求解技术,它被称为对数正态–对数线性逼近(lognormal-loglinear approximation),它在金融学研究中很受欢迎。但是,很多学生甚至不少研究者都混淆了对数正态–对数线性逼近与标准的对数线性化之间的关系。对数线性化是一阶微扰的一个特例,是对变量进行对数变化的一阶微扰;在我们掌握了变量变化的技术之后,就不难搞清楚一阶对数微扰与对数正态–对数线性逼近之间的相似性和差异性了。要阐述清楚这一点,最好的办法是举出一个具体的例子。请设想一下,我们要考虑的经济体中的代表性家庭的效用函数的形式如下:

$$\max \mathbb{E}_0 \sum_{t=0}^{\infty} \beta^t \log C_t$$

同时,它的预算约束为:

$$W_{t+1} = R_{t+1}(W_t - C_t)$$

其中,W_t 为总财富,W_0 是给定的。那么,最优条件是:

$$1 = \beta \, \mathbb{E}_t \frac{C_t}{C_{t+1}} R_{t+1}$$

$$W_{t+1} = R_{t+1}(W_t - C_t)$$

其稳定状态为 $R = \dfrac{1}{\beta}$ 且 $W = R(W-C)$。

如果在前述稳定状态附件实施标准的一阶对数微扰(对数线性化),并进行适当的对数变换后,我们得到:

$$\mathbb{E}_t \Delta \hat{c}_{t+1} = \mathbb{E}_t \Delta \hat{r}_{t+1}$$

$$\hat{w}_{t+1} = \hat{r}_{t+1} + \frac{1}{\rho} \hat{w}_t = \left(1 - \frac{1}{\rho}\right) \hat{c}_t$$

其中,对于变量 X_t,有:

---

[1] 我们甚至不一定需要找到这些参数的最优值。一种可能的情况是,某个直接选择的并不是最优的参数值,已经以非常低的计算成本实现了精确度的实质性改进。例如,研究者正在最大化的某个似然函数,可能就是很有用的一个参数。事实上,研究者在寻找能够提高精确度的参数时,最优化是可取的目标,但是却不一定是必需的,要与计算成本进行权衡。

$$\hat{x}_t = x_t - x = \log X_t - \log X$$

以及 $\rho = \dfrac{W-C}{W}$。从第二个方程中减去 $\hat{w}_t$，我们得到：

$$\Delta \hat{w}_{t+1} = \hat{r}_{t+1} + \left(1 - \frac{1}{\rho}\right)(\hat{c}_t - \hat{w}_t)$$

如果我们要用对数形式来表示这两个方程，而不是用对数偏差（以及 $r = -\log\beta$ 的事实），那么就有：

$$\mathbb{E}_t \Delta c_{t+1} = \log\beta + \mathbb{E}_t r_{t+1} \tag{29}$$

$$\Delta w_{t+1} = r_{t+1} + k + \left(1 - \frac{1}{\rho}\right)(c_t - w_t) \tag{30}$$

其中，

$$k = -r - \left(1 - \frac{1}{\rho}\right)(c - w)$$

相比之下，对数正态–对数线性逼近则仍然使用如方程式（30）所示预算约束的近似值，而且它要求假设 $\dfrac{C_t}{C_{t+1}}R_{t+1}$ 是一个对数正态随机分布的变量。因为，对于一个任意变量：

$$\log \mathbb{E}_t X_t = \mathbb{E}_t \log X_t + \frac{1}{2} Var_t \log X_t$$

我们都可以回到欧拉方程

$$1 = \beta \, \mathbb{E}_t \frac{C_t}{C_{t+1}} R_{t+1}$$

并将它重写为：

$$0 = \log\beta + \log \mathbb{E}_t \frac{C_t}{C_{t+1}} R_{t+1}$$

$$= \log\beta + \mathbb{E}_t \log \frac{C_t}{C_{t+1}} R_{t+1} + \frac{1}{2} Var_t \log \frac{C_t}{C_{t+1}} R_{t+1}$$

或者，重新排列各项：

$$\mathbb{E}_t \Delta c_{t+1} = \log\beta + \mathbb{E}_t r_{t+1} + \frac{1}{2}\left[Var_t \Delta c_{t+1} + Var_t r_{t+1} - 2cov_t(\Delta c_{t+1}, r_{t+1})\right] \tag{31}$$

更一般地说，在对数正态–对数线性化中，我们使用标准的对数线性化来近似非期望方程，同时利用对数正态假设来推导期望方程（或者，那些至少会产生一定返回值的方程）。更具体地说，在对数正态–对数线性化中，不会去逼近欧拉方程。一旦我们已经假设 $\dfrac{C_t}{C_{t+1}}R_{t+1}$ 是对数正态的，那么所有结果就都是准确的了。

如果我们比较一下消费的两个一阶差分方程，方程式（29）和方程式（31），我们就会看到，对数正态–对数线性近似引入了一个附加项

$$\frac{1}{2}\left[Var_t\Delta c_{t+1}+Var_t r_{t+1}-2cov_t(\Delta c_{t+1},r_{t+1})\right]$$

它打破了确定性等价。这个新特征具有很重要的优势。例如,对于定价核(定价基准)M_t和资产i,我们有如下定价方程:

$$1=\mathbb{E}_t M_{t+1}R_{i,t+1}$$

从而,

$$0=\mathbb{E}_t\log M_{t+1}R_{i,t+1}+\frac{1}{2}Var_t\log M_{t+1}R_{i,t+1}$$

或者,

$$\mathbb{E}_t r_{i,t+1}=-\mathbb{E}_t m_{t+1}-\frac{1}{2}Var_t m_{t+1}-\frac{1}{2}Var_t r_{i,t+1}-cov_t(m_{t+1},r_{i,t+1})$$

然后,我们再考察一下无风险债券的定价的表达方式:

$$1=\mathbb{E}_t M_{t+1}R_{f,t+1}$$

我们得到:

$$r_{f,t+1}=-\mathbb{E}_t m_{t+1}-\frac{1}{2}Var_t m_{t+1}$$

而且,我们可以得到如下的超额回报:

$$\mathbb{E}_t r_{i,t+1}-r_{f,t+1}=-\frac{1}{2}Var_t r_{i,t+1}-cov_t(m_{t+1},r_{i,t+1})$$

这个表达式当不难解释。

但是,这个表达式也体现了几个问题。首先,通常来说,我们并不清楚,在一个一般均衡经济中,$\frac{C_t}{C_{t+1}}R_{t+1}$ 在何种程度上接近于对数正态。其次,在对数正态–对数线性近似中,我们将两种方法混合了起来(即对数正态假设与对数线性化),但是,从微扰理论的角度来看,这两者不一定是一致的,我们这种混合可能是缺乏理论基础的(包括收敛定理的不存在)。再次,在对数线性化中,我们通过求解二次矩阵系统就可以计算出所有系数。而在对数正态–对数线性近似中,我们还需要计算二阶矩,但是在许多应用中,做到这一点可能并不是一件简单的事情。最后,如何用对数正态–对数线性近似来获得高阶近似? 答案并不明显,但是微扰理论却很容易就可以用于处理高阶解。

4.6 对值函数的微扰

在某些应用中,有必要对DSGE模型的值函数进行微扰,例如,当我们处理递归偏好或当我们想评估福利时。此外,微扰后的值函数可能是值函数迭代得非常出色的初始猜测值,从而使得有些不这样做就会收敛得太慢的高维问题也能够处理。考虑到值函数微扰的重要性,本节将通过例子详细说明怎样对值函数实施微扰。

由于我们在讨论一般情况的那一节中阐述的所有内容仍然适用——只需将算子 $\mathcal{H}$ 从均衡条件算子改变为贝尔曼（Bellman）算子即可——所以我们在这里可以直接转而讨论具体的应用。考虑如下这个值函数问题（符号的含义与上面相同）：

$$V(k_t,z_t)=\max_{c_t}\left[\,(1-\beta)\log c_t+\beta\,\mathbb{E}_t V(k_{t+1},z_{t+1})\,\right]$$

$$\text{s. t. } c_t+k_{t+1}=e^{z_t}k_t^{\alpha}+(1-\delta)k_t$$

$$z_t=\rho z_{t-1}+\eta\varepsilon_t,\varepsilon_t\sim N(0,1)$$

在这里，我们已经用 $(1-\beta)$ 对 $\log c_t$ 进行了"归一化"，以保证值函数与效用函数拥有相同的数量级（同时，由于归一化，$V_{ss}=\log c$，其中 V_{ss} 是稳态值函数，c 是稳态消费）。

我们可以利用微扰参数 σ 把上述问题重写为：

$$V(k_t,z_t;\sigma)=\max_{c_t}\left[\log c_t+\beta\,\mathbb{E}_t V(e^{z_t}k_t^{\alpha}+(1-\delta)k_t-c_t,\rho z_t+\sigma\eta\varepsilon_{t+1};\sigma)\right]$$

请读者注意，我们已经明确指出了下一个期间的状态对当前期间的状态的依赖关系。这个问题的微扰解是一个值函数 $V(k_t,z_t;\sigma)$ 和一个消费的策略函数 $c(k_t,z_t;\sigma)$。举例来说，确定性稳态 $(k,0;0)$ 附近的二阶泰勒近似为：

$$V(k_t,z_t;\sigma)=V_{ss}+V_{1,ss}(k_t-k)+V_{2,ss}z_t+V_{3,ss}\sigma$$

$$+\frac{1}{2}V_{11,ss}(k_t-k)^2+V_{12,ss}(k_t-k)z_t+V_{13,ss}(k_t-k)\sigma$$

$$+\frac{1}{2}V_{22,ss}z_t^2+V_{23,ss}z_t\sigma+\frac{1}{2}V_{33,ss}\sigma^2$$

其中：

$$V_{ss}=V(k,0;0)$$
$$V_{i,ss}=V_i(k,0;0),\text{对于 } i=\{1,2,3\}$$
$$V_{ij,ss}=V_{ij}(k,0;0),\text{对于 } i,j=\{1,2,3\}$$

根据确定性等价，有：

$$V_{3,ss}=V_{13,ss}=V_{23,ss}=0$$

因此有：

$$V(k_t,z_t;1)=V_{ss}+V_{1,ss}(k_t-k)+V_{2,ss}z_t$$

$$+\frac{1}{2}V_{11,ss}(k_t-k)^2+\frac{1}{2}V_{22,ss}z_{tt}^2+V_{12,ss}(k_t-k)z+\frac{1}{2}V_{33,ss}\sigma^2$$

注意到 $V_{33,ss}\neq0$，这一点不同于我们在备注 13 中讨论的对效用函数的 LQ（线性二次）近似。

类似地，消费的策略函数也可以扩大为：

$$c_t=c(k_t,z_t;\sigma)=c_{ss}+c_{1,ss}(k_t-k)+c_{2,ss}z_t+c_{3,ss}\sigma$$

其中，$c_{i,ss}=c_i(k,0;0)$，对于 $i=\{1,2,3\}$。由于消费函数的一阶导数只取决于值函数的一阶和二阶导数，所以我们必定有 $c_{3,ss}=0$［但是请注意，预防性消费取决于值函数的三阶导数；见金伯尔（Kimball），1990］。

为了找到我们对值函数的近似的线性分量，我们取值函数对控制变量（c_t）、状态变量（k_t,z_t）和微扰参数 σ 的导数，并求解当 $\sigma=0$ 时的相关的方程组。类似地，为了找到值函数的二次分量,我们可以将前一个步骤中得到的已知分量代入再求二阶导数,并求解当 $\sigma = 0$ 时的相关的方程组。

有了上述铺垫之后,我们现在可以证明值函数微扰法的优点了。首先,利用这种方法,我们对商业周期波动的福利成本进行评估就很容易做到了。在确定性稳态 $k_t = k$ 和 $z_t = 0$ 处,我们有:

$$V(k,0;\sigma) = V_{ss} + \frac{1}{2}V_{33,ss}\sigma^2$$

因此, $\frac{1}{2}V_{33,ss}\sigma^2$ 可以作为衡量商业周期的福利成本的一个指标,它是(截至二阶为止)状态变量的稳态值 $(k,0)$ 处求得的值函数与稳态值函数之间的差异(后者不仅仅是我们在当前期间所处的稳态,我们还知道,在未来期间我们也会处在这个点上)。请注意,最后这个量不一定为负。事实上,在许多模型中,如在具有休闲选择的随机新古典增长模型中,它可能就是正的。有关的解释和定量证据,请参见卓(Cho)等人(2015)。[①]

如果我们可以将之转换为消费单位,那么要解释 $V_{33,ss}$ 就更加容易了。为了做到这一点,我们先计算出消费的减少量 τ ,它使得家庭在每个时期确定地消费 $(1-\tau)c$ 单位,与不确定地消费 c_t 单位之间无差异。这也就是说, τ 满足:

$$\log(1-\tau)c = \log c + \frac{1}{2}V_{33,ss}\sigma^2$$

在这里,我们利用了 $V_{ss} = \log c$ 。然后,我们就可以得出:

$$\tau = 1 - e^{\frac{1}{2}V_{33,ss}\sigma^2}$$

我们用一个数值应用实例来结束本节。为此,我们选择了与表 1 相同的校准。我们可以得到:

$$V(k_t,z_t;1) = -0.54000 + 0.026(k_t - 0.188) + 0.250z_t - 0.069(k_t - 0.188)^2 \tag{32}$$

(其中,对于该校准,有 $V_{kz} = V_{z^2} = V_{\sigma^2} = 0$)以及:

$$c(k_t,z_t;\chi) = 0.388 + 0.680(k_t - 0.188) + 0.388z_t$$

这与我们在处理模型的均衡条件时发现的对消费决策规则的逼近相同。对于这种校准,商业周期的福利成本为零。[②]

我们也可以将方程式(32)作为值函数迭代的初始猜测。有了它,值函数只需要迭代几十次就会收敛,从而不必迭代数百次了(如果从一个盲目的初始猜测开始的话,就必须迭代

[①] 在他关于商业周期的福利成本的计算的经典论文中,卢卡斯(Rucas Jr.)(1987)假设了一个有初始禀赋的经济,其中代表性家庭面临的消费过程与人们在美国经济中观察到的类似。因此,对于任何风险厌恶型效用函数,商业周期的福利成本必定是正的(尽管在卢卡斯本人看来,这个福利成本其实相当小)。而当消费和劳动力供给是内生的时候,经济行为主体就可以利用不确定性来增加福利。分布中为凹的直接效用函数可以生成一个在价格上为凸的间接效用函数,而且,由于经济行为主体对不确定性的反应,这些价格在一般均衡中会发生变化。

[②] 回想一下,确切的消费决策规则是 $c_t = 0.673e^{z_t}k_t^{0.33}$ 。由于效用函数是对数化的,所以这个决策规则的期间效用为 $\log c_t = z_t + \log 0.673 + 0.33\log k_t$ 。 z_t 的无条件均值为 0,同时资本的决策规则按对数是确定性等价的。因此,改变 z_t 的方案,不会带来(无条件的)福利成本。

数百次)。

最后,还可以采取一种"混合策略",即叠加使用模型的均衡条件和算子$\mathcal{H}$中在最优决策规则处求得的值函数:

$$V(k_t, z_t) = (1-\beta)\log c_t + \beta\,\mathbb{E}_t V(k_{t+1}, z_{t+1})$$

这个策略能够以较小的代价获得值函数的近似和决策规则。[①]

5.　投影法

投影法(也称为加权残差法)通过构造由一些系数索引的函数来处理 DSGE 模型,这些系数大致近似地解出了算子$\mathcal{H}$。选择这些系数的原则是最小化一个残差函数,该残差函数反映解与在算子$\mathcal{H}$中产生一个零的距离有多远。更具体地说,投影法在求解

$$\mathcal{H}(d) = 0$$

的时候,是通过在给定系数$\theta = \{\theta_0, \cdots, \theta_j\}$的条件下,设定基函数$\Psi_i(x)$的如下线性组合来进行的:

$$d^j(x \mid \theta) = \sum_{i=0}^{j} \theta_i \Psi_i(x) \tag{33}$$

然后,我们定义一个残差函数:

$$R(x \mid \theta) = \mathcal{H}(d^j(x \mid \theta))$$

并且,我们要选择能够最小化给定特定量值时的残差的系数θ的值。这最后一步被称为"投影"——将$\mathcal{H}$投影到基函数上,以便找到θ的分量(这种方法也因此而得名)。

检视方程式(33),我们可以发现,为了构建函数$d^j(x \mid \theta)$,我们需要选择一个基$\{\Psi_i(x)\}_{i=0}^{\infty}$,并决定使用哪个内积来对基于该基的$\mathcal{H}$进行"投影",以计算出$\theta$。对于基和投影算法的不同选择,意味着不同的投影方法。在文献中,各种备选的投影方法通常都有自己的特定名字,但是这些名字有时相当令人费解。

多年以来,经济学家一直在以一种非常特别的式应用投影理论。贾德(1992)、加斯帕尔(Gaspar)和贾德(1997)将投影理论阐述为一种严格的经济学方法,使它普及开来。而且,在经济学领域,与微扰理论一样,对投影理论最权威性的综述也是由贾德(1998)给出的。[②]

[①] 我们还可以考虑叠加值函数的导数,例如:

$$(1-\beta)c_t^{-1} - \beta\,\mathbb{E}_t V_{1,t+1} = 0$$

然后求得值函数的导数的微扰近似(它本身也是值得研究的,而且还可以用于寻找值函数的高阶近似)。

[②] 投影理论比微扰理论更"现代化"。然而,投影方法在自然科学和工程领域也早就已经使用了几十年了。频谱方法至少可以追溯到兰索斯(Lanczos)(1938)。亚历山大·雷尼科夫(Alexander Hrennikoff)和理查德·科朗特(Richard Courant)在 20 世纪 40 年代发展出了有限元方法,不过该方法是由克劳夫(Clough)(1960)命名的,他在波音公司工作期间为此做出了开创性的贡献。关于有限元方法的早期研究的历史,请参见克劳夫和威尔逊(Wilson)(1999)。

备注 16(线性组合 vs 非线性组合) 我们也可以不使用基函数的线性组合,改而使用更一般的非线性组合,即对某个已知函数 f:

$$d^j(x|\theta) = f(\{\Psi_i(x)\}_{i=0}^j|\theta)$$

然而,非线性组合理论还很不发达,况且我们已经可以通过适当选择基函数 Ψ_i 来很好地刻画 d^j 中的全部非线性了。无论如何,从学习的角度来看,从线性组合情况开始讨论就更加合适,而且下面阐述的大多数思想都可以直接移植到包含非线性组合的情况。我们正在使用基函数的线性组合这个事实还意味着,一般来说,我们的系统中的系数 θ 的数量,将等于基函数 Ψ_i 的个数与 d^j 的维数的乘积。

5.1 基本投影算法

在概念的层面上,投影法比微扰法更容易阐明(尽管它的计算实现更加困难)。我们可以直接从介绍一个基本的投影算法开始。

算法 1(投影算法)

1. 定义 $j+1$ 个已知线性独立函数 $\psi_i:\Omega\to\mathbb{R}$,其中 $j<\infty$。我们将 $\psi_0,\psi_1,\cdots,\psi_j$ 称为基函数。这些基函数取决于状态变量向量 x。

2. 定义一个系数向量 $\theta^l=[\theta_0^l,\theta_1^l,\cdots,\theta_j^l]$,对于 $l=1,\cdots,m$(其中 m 是研究者感兴趣的函数 d 映射到的维数)。将一个 $m\times(j+1)$ 矩阵的所有系数置入为 $\theta=[\theta^1,\theta^2,\cdots,\theta^l]$。

3. 对于 $l=1,\cdots,m$,定义基函数和 θ 的如下组合:

$$d^{l,j}(\,\cdot\,|\theta^l) = \sum_{i=0}^j \theta_i^l \Psi_i(\,\cdot\,)$$

从而,我们有:

$$d^j(\,\cdot\,|\theta) = [d^{1,j}(\,\cdot\,|\theta^1);d^{2,j}(\,\cdot\,|\theta^2);\cdots;d^{m,j}(\,\cdot\,|\theta^l)]$$

4. 将 $d^j(\,\cdot\,|\theta)$ 嵌入算子 $H(\,\cdot\,)$ 中,以便找到残差方程:

$$R(\,\cdot\,|\theta) = \mathcal{H}(d^j(\,\cdot\,|\theta))$$

5. 找到适当的 $\hat\theta$ 的值,(此处"$\hat\theta$ 的值",原文为"$\theta\hat{}$ 的值",疑误,已改。——译者注)使得残差方程尽可能地接近 0(在给定目标函数 $\rho:J^2\times J^2\to\mathbb{R}$ 的情况下):

$$\hat\theta = \arg\min_{\theta\in\mathbb{R}^{m\times(j+1)}} \rho(R(\,\cdot\,|\theta),0)$$

为了简化符号,我们对以前的算法做了两个简化。首先,我们假设,在 d 的每个维度上,我们都使用了相同的基函数 ψ_i 和相同的(它们的)数字 $j+1$。当然,并没有什么特殊因素要求我们必须这么做,如果愿意忍受烦琐的符号所带来的不便,我们原本也可以让每个维度都有不同的基函数、每个基函数都有一个不同的数字的(即不同的 j)。前者在实际应用中是不太常见的,而后者则是标准的做法,因为某些变量对函数 d 的影响可能比其他函数更加难以逼近。①

---

① 对于非线性组合的情况 $f(\{\Psi_i(x)\}_{i=0}^j|\theta)$,我们可以直接写出如下的残差函数:

$$R(\,\cdot\,|\theta) = \mathcal{H}(f(\{\Psi_i(x)\}_{i=0}^j|\theta))$$

然后找到最小化某个给定度量的 θ。除了因处理任意函数 $f(\{\Psi_i(x)\}_{i=0}^j|\theta)$ 而导致的计算上的更高的复杂性之外,从概念上说,所需的步骤是一样的。

我们指定一个度量函数 ρ 来衡量状态变量域中残差函数接近于零的程度。例如,在图 2 中,我们绘制出了同一个问题的两个不同的残差函数。

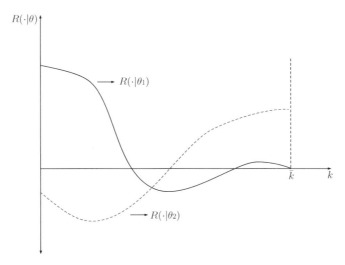

图 2　残差函数

在这个问题中,只有一个状态变量 k_t(例如,试想象一个确定性新古典增长模型),该状态变量位于区间 $[0,\bar{k}]$,这两个残差函数一个是关于系数 θ_1 的(图中的实线),另一个是关于 θ_2 的(图中的虚线)。当 k_t 的值较高时,$R(\cdot|\theta_1)$ 有较大的值;而当 k_t 的值较低时,$R(\cdot|\theta_1)$ 的值却很小。相比之下,$R(\cdot|\theta_2)$ 的平均值较大,但是它的最大值却不如 $R(\cdot|\theta_1)$ 大。在这个区间内,这两个残差函数中哪一个更接近于零呢? 显然,对 ρ 的不同选择将带来不同的答案。在下文中,我们将会讨论到如何选择一个较好的 ρ。

下面举一个简单的例子来说明前述各个步骤。请回忆一下,对于随机的新古典主义增长模型,我们已经用欧拉方程和经济体的资源约束构建了如下系统:对于所有的 k_t 和 z_t,

$$\mathcal{H}(d) = \begin{cases} u'(d^1(k_t,z_t)) \\ -\beta \, \mathbb{E}_t[\, u'(d^1(d^2(k_t,z_t),z_{t+1}))\,(\alpha e^{\rho z_t+\sigma\varepsilon_{t+1}}(d^2(k_t,z_t))^{\alpha-1}+1-\delta)\,] = 0 \\ d^1(k_t,z_t)+d^2(k_t,z_t)-e^{z_t}k_t^{\alpha}-(1-\delta)k_t \end{cases}$$

其中:

$$c_t = d^1(k_t,z_t)$$

$$k_{t+1} = d^2(k_t,z_t)$$

而且,我们已经在第 $t+1$ 期的消费决策规则中递归地代替了 k_{t+1}。因此,我们可以定义,对于特定的基函数 $\psi_0(k_t,z_t),\psi_1(k_t,z_t),\cdots,\psi_j(k_t,z_t)$,

$$c_t = d^{1,j}(k_t,z_t|\theta^1) = \sum_{i=0}^{j} \theta_i^1 \Psi_i(k_t,z_t)$$

和

$$k_{t+1} = d^{2,j}(k_t,z_t|\theta^2) = \sum_{i=0}^{j} \theta_i^2 \Psi_i(k_t,z_t)$$

我们将在下文中讨论选择怎样的基函数来发挥这个作用。

下一步是写出残差函数：对于所有的 k_t, z_t，

$$R(k_t, z_t | \theta) = \begin{cases} u'(\sum_{i=0}^{j} \theta_i^1 \Psi_i(k_t, z_t)) \\ -\beta \mathbb{E}_t \begin{bmatrix} u'(\sum_{i=0}^{j} \theta_i^1 \Psi_i(\sum_{i=0}^{j} \theta_i^2 \Psi_n(k_t, z_t), \rho z_t + \sigma \varepsilon_{t+1})) \\ \times (\alpha e^{\rho z_t + \sigma \varepsilon_{t+1}} (\sum_{i=0}^{j} \theta_i^2 \Psi_i(k_t, z_t))^{\alpha-1} + 1 - \delta) \end{bmatrix} \\ \sum_{i=0}^{j} \theta_i^1 \Psi_i(k_t, z_t) + \sum_{i=0}^{j} \theta_i^2 \Psi_i(k_t, z_t) - e^{z_t} k_t^\alpha - (1-\delta) k_t \end{cases}$$

其中，$\theta = [\theta^1; \theta^2]$。

最后一步是，找到 $\hat{\theta} = \arg \min_{\theta \in \mathbb{R}^{m \times (j+1)}} \rho(R(\cdot | \theta), 0)$。我们将在下文中再来讨论这些选择。在这里，为了让读者留下深刻印象，不妨先举一个具体的例子：试想象一下，我们选择 $m \times (j+1)$ 个点 (k_t, z_t)，并在这 $m \times (j+1)$ 个点的每一个点上选择度量函数为零。如果我们在这些点上使残差函数等于零，那么这样一个度量函数就很容易最小化了。这相当于求解一个有 $m \times (j+1)$ 个方程的系统：

$$R(k_t, z_t | \theta) = 0, \text{对于 } l = 1, \cdots, m \times (j+1)$$

它有 $m \times (j+1)$ 个未知数（我们在这里暂时不讨论它的解的存在性和唯一性问题）。

备注 17（与计量经济学的关系）　许多读者都很熟悉在计量经济学中使用的"投影"这个术语。这并不是一个简单的巧合。现在，线性回归的一个常见思路就是考虑如下问题：给定变量 X 和 Y，怎样找到未知的条件期望函数：

$$\mathbb{E}(Y|X)$$

由于这个条件期望是未知的，所以我们可以用 X 的前两个单项式，1（常数）和 X（线性函数）以及相关的系数 θ_0 和 θ_1 来逼近它：

$$\mathbb{E}(Y|X) \backsimeq \theta_0 + \theta_1 X$$

这两个单项式是由单项方程式（以及切比雪夫多项式，本节稍后部分选择的基）组成的基的前两个元素。因而，残差函数为：

$$R(Y, X | \theta_0, \theta_1) = Y - \theta_0 - \theta_1 X$$

统计研究中最常见的一个度量标准就是能不能通过插入观察到的序列 $\{Y, X\}_{t=1:T}$，最小化这个残差的平方：

$$R(Y, X | \theta_0, \theta_1)^2$$

因此，普通最小二乘法和投影算法两者之间的区别就在于，在前者，我们使用的是观察数据；而在后者，我们使用的是经济学理论所施加的算子 $\mathcal{H}(d)$。当我们研究计量经济学中的半参数-非参数方法，例如筛分方法——请参见陈（Chen, 2007）——的时候，这种联系就更加清楚了。筛分方法能找到只需用很少数量的系数就能索引的柔性基函数，而且所施加的约束条件比线性回归还要更少。

备注 18（与其他方法的比较）　从我们上面对投影方法的简短描述可以看出，经济学中的其他算法其实都是它的特殊情况。举例来说，考虑参数化期望方法［马赛特（Marcet）和洛伦佐尼（Lorenzoni），1999］。这种方法由以下四个步骤组成。

首先，把出现在模型的均衡条件中的条件期望写成一个关于模型的状态变量和特定系

数的柔性函数。其次,将系数初始化为任意值。再次,运行非线性回归来更新系数的值,使得步骤 1 猜测的函数所预测的条件期望与模型的实际实现之间的距离最小化。最后,重复步骤 3,直到用于模拟模型的系数值与从非线性回归得出的系数值足够接近为止。

步骤是任何投影方法都相同的:研究者感兴趣的函数(在这里这个例子中条件期望)由基函数的一个柔性组合来近似。通常,参数化的期望方法依赖于单项方程式(或单项式的函数)来实现这一点,但是,正如我们将在下面所指出的那样,这很难说是一个最佳选择。不过,这并不是这种方法本身的固有性质。克里斯蒂亚诺和弗希尔(Fisher)(2000)认为,如果使用切比雪夫多项式的函数,就可以产生更好的结果。更重要的是步骤 2—4 概述的迭代过程。通过模拟和二次距离方法找到系数值的固定点,也很少是最佳选择。即便在某些特定的技术条件下[例如,马赛特和马歇尔(Marshall)(1994)],算法能够收敛,这种收敛也可能是缓慢的和脆弱的。在正文中,我们将介绍一种配置方法(collocation approach),该方法可以更有效地实现同样的目标,而且不用求助模拟(尽管,在某些具体情况下,模拟可能是一个优越的策略)。

值函数迭代和策略函数迭代也可以被理解为投影的特殊形式,其中基函数是线性函数(或诸如样条函数之类的高阶内插函数)。由于在本章中我们没有讨论这些方法,所以我们将略过进一步的细节。

5.2　基函数和度量函数的选择

前面这个小节再一次突出了我们之前强调过的两个问题:如何决定选择哪个基函数 ψ_0, $\psi_1, \cdots, \psi_j$;如何决定采用哪个度量函数 ρ。在这两个问题上的每一种不同选择,将会导致略有不同的投影方法,而且每个投影方法各有各的优点和缺点。

关于第一个问题,我们可以选择一个全局的基(即基函数在状态变量域 Ω 的绝大部分区域内都是非零的和光滑的),或者也可以选择一个局部的基(即基函数在状态变量的绝大部分域内均为零,而只在 Ω 的一部分区域内是非零的和光滑的)。具有全局的基的投影方法通常被称为谱方法(spectral method),而具有局部的基的投影方法则通常被称为有限元法(finite elements method)。

5.3　谱基

贾德(1992)率先在经济学中引入了谱技术。这种全局基函数的主要优点在于它们的简单性:构造和使用近似值都非常简单直接。谱基的主要缺点是,在处理局部行为时困难重重。例如,考虑一下图 3。该图给出了某个模型的决策规则 $k_{t+1} = d(k_t)$,它在给定今天的资本的前提下,确定明天的资本。这个决策规则意味着一个非单调的、在资本区间中部有一个驼峰状突起的局部性行为(这可能是由某种复杂的激励约束条件所导致的)。刻画 d 的这种局部形状所需的系数 θ 的变化会"泄漏"到整个域 Ω 的近似值中。当我们处理那些间或坚固约束(偶尔有约束的约束)、折弯或奇异点时,也会出现类似的局部行为。

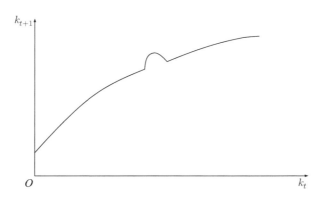

图 3　资本决策规则

这个问题的一个众所周知的例子是吉布斯现象(Gibbs phenomenon)。请想象一下,我们试图通过一个有跳跃不连续性的函数——例如,方波函数(图 4,A 部分)——去逼近一个分段连续可微分的周期函数:

$$f(x) = \begin{cases} \dfrac{\pi}{4}, & \text{如果 } x \in [2j\pi, 2(j+1)\pi], \text{对于 } \forall j \in \mathbb{N} \\[2mm] -\dfrac{\pi}{4}, & \text{否则}. \end{cases}$$

给定这是一个周期函数的条件,对于基的一个明智的选择是三角级数: $\sin(x)$, $\sin(2x)$, $\sin(3x)$, $\cdots$, 而最优近似则为:

$$\sin(x) + \frac{1}{3}\sin(3x) + \frac{1}{5}\sin(5x) + \cdots$$

但是,这种逼近因跳跃不连续性而效果很糟糕,如图 4 所示,即便在使用了 10 个项之后,近似结果表现出了围绕所有不连续点 $2j\pi$ 和 $2(j+1)\pi$ 的大波动。即使我们不断添加更多的项,这些波动性也仍然会存在。实际上,就算是在 $n \to \infty$ 时,收敛到真正解的速率也只有 $O(n)$。

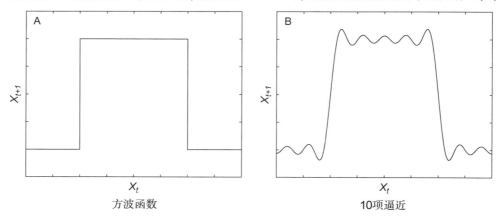

图 4　吉布斯现象

5.3.1　一维基

在本节中,我们将介绍一些最常见的谱基。首先,我们将处理只有一个状态变量的一维的情况。在一维的情况下,我们能够以最简洁的方式呈现大部分相关的信息。然而,重要的是要记住,我们对一维基的阐述仍然不可能已经穷尽了一切(例如,出于节省篇幅考虑,我们将跳过样条函数),研究者可能会发现自己要解决的具体问题需要某种特殊的基。投影方法的一大优点在于,它们能够灵活地适应各种意想不到的需求。在下一节中,我们将处理任意数量的状态变量的情况,届时我们将讨论如何解决投影方法面临的最大挑战:维度的"诅咒"。

5.3.1.1　单项式

第一个基是单项式 $1, x, x^2, x^3, \cdots$,无疑,单项式既简单又直观;再者,斯通-魏尔斯特拉斯定理(Stone-Weierstrass theorem)告诉我们,即使这种基并不是由正交函数组成,只要 J_1 是紧凑集上的有界、可测的函数的空间,那么我们就可以用这些单项式的线性组合一致地逼近任何定义在一个闭区间上的连续函数。

鲁丁(Rudin)(1976,第 162 页)给出了该定理的正式证明:

定理 1(斯通-魏尔斯特拉斯)　令 A 为在一个紧(凑)集 K 上的实值连续函数的一个代数。如果 A 能够分离 K 上的点,且如果 A 在 K 上的任何一点上都不会消失,那么在 K 上的所有实值连续函数就构成了 A 的均匀闭包 B。

这个定理的一个自然推论是,如果我们有一个在 K 上连续的实值函数 f,那么我们就可以找到另一个函数 $h \in B$,使得对于一切 $x \in K$,只要 $\varepsilon > 0$,就有:

$$|f(x) - h(x)| < \varepsilon$$

不幸的是,单项式法会有两个严重的局限。第一,单项式是(几乎)多重共线性的。图 5 描绘了区间 $[0.5, 1.5]$ 上的 x^{10}(实线)和 x^{11}(虚线)的图像。这两个函数的形状看上去非常相似。当我们添加更高次的单项式时,解的新分量将不"允许"我们想要逼近的精确函数与计算出来的近似值之间的距离足够快地减小。[1]

第二,单项式的大小变化很大,从而导致了缩放问题和数值误差的积累。这一点,我们也可以在图 5 中看得非常清楚:x 从 0.5 移动到 1.5,就使 x^{11} 从 $4.8828e^{-04}$ 增大到了 86.4976。

单项式法所面临的上述挑战,激发了研究者在变差范围有界的天然内积中寻找正交基的努力。正交性意味着,当我们在基中额外增加一个元素时(即当我们从第 j 阶提升到第 $j+1$ 阶时),最新的元素能够带来足够不同的行为,从而可以刻画基的先前的元素未能很好地逼近的未知函数的特征。

---

[1] 这个问题的一个突出的例子是当 $\mathcal{H}(\cdot)$ 是线性的时候。在这种情况下,投影的求解方法涉及了矩阵的逆。当基函数相似时,这些矩阵的条件数(最大和最小绝对特征值的比率)太高了。单是前六个单项式,就可以产生 10^{10} 个条件数。事实上,用一个六次多项式拟合函数的最小二乘问题的矩阵(希尔伯特矩阵)是数值精度的一个流行的测试对象,因为它会最大化舍入误差。单项式的多重共线性问题在计量经济学中也很受重视。

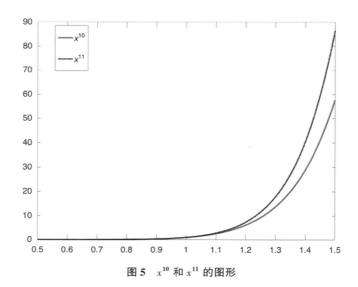

图5 x^{10} 和 x^{11} 的图形

5.3.1.2 三角级数

第二个基是三角级数:

$$1/(2\pi)^{0.5}, \cos x/(2\pi)^{0.5}, \sin x/(2\pi)^{0.5}, \cdots,$$
$$\cos kx/(2\pi)^{0.5}, \sin kx/(2\pi)^{0.5}, \cdots$$

三角级数非常适合用于逼近周期函数(请回顾一下我们在前面举的方波函数的例子)。因此,三角级数在自然科学和工程学中的应用非常普遍,因为在这些领域,周期性问题极为常见。此外,三角级数还容易操作,因为我们拥有很多关于三角函数转换的结果,例如,我们可以充分利用傅立叶分析的强大工具箱。然而可惜的是,经济问题很少是周期性的(除了在时间序列的频率分析之外),而对非周期性函数的周期性逼近是非常低效的。

5.3.1.3 雅可比型正交多项式

在很多情况下,我们都需要使用正交函数基,这给了我们研究这类函数的动力。雅可比(Jacobi)型(也称为超几何型)正交多项式指的是一类灵活度很高的多项式,它们非常适合我们的需要。

次数为 n 的雅可比多项式 $P_n^{\alpha,\beta}(x)$(其中, $\alpha,\beta>-1$,由如下正交条件定义):

$$\int_{-1}^{1}(1-x)^{\alpha}(1+x)^{\beta}P_n^{\alpha,\beta}(x)P_m^{\alpha,\beta}(x)\,dx=0,其中,m\neq n$$

这种类型的多项式的一个优点是,它们有大量的可相互替代的表达式。同时,正交性条件意味着,只要进行了如下归一化:

$$P_n^{\alpha,\beta}(1)=\binom{n+\alpha}{n}$$

一般的 n 项就可以由下式给出:

$$2^{-n}\sum_{k=0}^{n}\binom{n+\alpha}{k}\binom{n+\beta}{n-k}(x-1)^{n-k}(x+1)^{k}$$

递归地:

$$2(n+1)(n+\alpha+\beta+1)(2n+\alpha+\beta)P_{n+1} =$$

$$\begin{pmatrix} (2n+\alpha+\beta+1)(\alpha^2-\beta^2) \\ +(2n+\alpha+\beta)(2n+\alpha+\beta+1)(2n+\alpha+\beta+2)x \end{pmatrix} P_n$$

$$-2(n+\alpha)(n+\beta)(2n+\alpha+\beta+2)P_{n-1}$$

雅可比多项式的两个重要特例是勒让德（Legendre）多项式和切比雪夫（Chebyshev）多项式。在勒让德多项式中，$\alpha=\beta=-\dfrac{1}{2}$；在切比雪夫多项式中，$\alpha=\beta=0$。勒让德多项式和切比雪夫多项式的一个推广是盖根堡（Gegenbauer）多项式，其中 $\alpha=\beta=v-\dfrac{1}{2}$，$v$ 是一个参数。盖根堡多项式仍然属于雅可比多项式。

博伊德（Boyd）和佩茨切克（Petschek）（2014）比较了盖根堡多项式、勒让德多项式和切比雪夫多项式的性能。他们论文中的表 1 的内容非常充实，值得我们借鉴。我们认为，除了与 DSGE 模型的求解方法不太相关的少数例外之外，切比雪夫多项式是这三种多项式中最方便的。因此，从现在开始，我们将专注于讨论切比雪夫多项式。

5.3.1.4 切比雪夫多项式

切比雪夫多项式是应用数学领域最常用的工具之一。例如，请参见博伊德（2000）和福恩伯格（Fornberg）（1996）给出的参考文献和背景资料。只要我们考虑到了切比雪夫多项式的如下优势，就很容易理解它的应用为什么会如此普及。

第一，切比雪夫多项式有无数非常简单的解析表达式可用。因此，研究人员可以根据自己的需要，很方便、很轻松地从一种表示转换到另一种表示。第二，利用余弦变换，可以快速完成一个函数切比雪夫展开系数与切比雪夫节点的函数值之间的转换。第三，切比雪夫多项式的稳健性比有人用来代替它们的插值方法更高。第四，切比雪夫多项式是平滑且有界的（在区间[−1,1]内）。第五，若干定理限制了切比雪夫多项式内插法的误差。

切比雪夫多项式的最常见的定义是递归的：$T_0(x)=1$，$T_1(x)=x$，第 $n+1$ 阶多项式的一般表达式由下式给出：

$$T_{n+1}(x)=2xT_n(x)-T_{n-1}(x)$$

应用这种递归定义，前几个多项式是 $1,x,2x,2x^2-1,4x^3-3x,8x^4-8x^2+1,\cdots$，因此，用切比雪夫多项式对函数的逼近与用单项式对函数的逼近没有什么不同（因此，我们可以利用适当形式的斯通−魏尔斯特拉斯定理），不同之处在于，切比雪夫多项式能够利用其正交性将单项式组合起来，从而让我们能够对逼近更好地进行调节。

图 6 给出了 0—5 阶的切比雪夫多项式。前两个多项式恰与前两个单项式巧合，一个是常数（线），另一个是 45 度线。二阶的切比雪夫多项式是抛物线。高阶切比雪夫多项式则有多个波峰波谷。从图 6 不难看出，n 阶切比雪夫多项式有 n 个零点，位置由下式给出：

$$x_k=\cos\left(\frac{2k-1}{2n}\pi\right),\ WK=1,\cdots,n.$$

当我们在下文中讨论到配置（collocation）法时，这个属性将展现出非常大的用处。此外，这些零点都是向着±1 处二次聚集的。

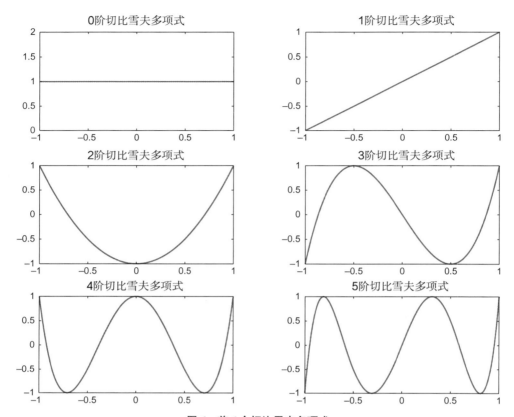

图6 前6个切比雪夫多项式

切比雪夫多项式的其他显式和等价定义还包括:

$$T_n(x) = \cos(n \arccos x)$$

$$= \frac{1}{2}\left(z^n + \frac{1}{z^n}\right) 得 \frac{1}{2}\left(z + \frac{1}{z}\right) = x$$

$$= \frac{1}{2}\left(\left(x + (x^2-1)^{0.5}\right)^n + \left(x - (x^2-1)^{0.5}\right)^n\right)$$

$$= \frac{1}{2}\sum_{k=0}^{[n/2]} (-1)^k \frac{(n-k-1)!}{k!(n-2k)!}(2x)^{n-2k}$$

$$= \frac{(-1)^n \pi^{0.5}}{2^n \Gamma\left(n+\frac{1}{2}\right)}(1-x^2)^{0.5}\frac{d^n}{dx^n}\left((1-x^2)^{n-\frac{1}{2}}\right)$$

在这些定义中,最有趣的也许是第一个定义,因为它告诉我们,切比雪夫多项式其实是一个"伪装"的三角级数(傅伊德,2000)。

关于切比雪夫多项式,还有更多的事实值得在此强调一下。第一,多项式 $T_n(x_k)$ ($n>0$) 的 $n+1$ 个极值由下式给出:

$$x_k = \cos\left(\frac{k}{n}\pi\right), WK = 0, \cdots, n \tag{34}$$

当然,所有这些极值都是-1或1。此外,有两个极值是出现在域的端点上的:$T_n(-1)=$
$(-1)^n$,以及$T_n(1)=1$。第二,切比雪夫的值域为$[-1,1]$,由于DSGE模型中的状态变量x的
域通常不会同于$[-1,1]$,所以我们可以使用如下的线性变换,使之从$[a,b]$变换为$[-1,1]$:

$$2\frac{x-a}{b-a}-1$$

第三,切比雪夫多项式相对于如下权重函数是正交的:

$$w(x)=\frac{1}{(1-x^2)^{0.5}}$$

下面,我们再给出切比雪夫多项式的两个引人注目的结果,它们在下面都会用到。第一
个结果要归功于额尔德(Erdös)和图拉斯(Turás)(1937)的贡献[1],他们告诉我们,如果一个
近似函数在切比雪夫多项式的n_1阶的根处是精确的,那么当$n_1\to\infty$时,近似误差将会变得任
意小。在下文中,根据切比雪夫插值定理,我们将运用正交配置法,即选择切比雪夫多项式
的零点作为配置点(如果选择切比雪夫多项式的极值,而不是使用多项式的零点时,也会得
到类似的结果,不过这种方法较少使用)。

定理2(切比雪夫插值定理) 如果$d(x)\in C[a,b]$,且如果$\{\emptyset_i(x),i=0,1,\cdots\}$是一个多
项式系统[其中,$\emptyset_i(x)$是i阶精确的],它正交于$[a,b]$上的$w(x)$;又如果$p_j=\sum_{i=0}^j\theta_i\emptyset_i(x)$内
插于$\emptyset_{n+1}(x)$的零点上,那么:

$$\lim_{j\to\infty}(\|d-p_j\|_2)^2=\lim_{n\to\infty}\int_a^b w(x)(d(x)-p_j)^2\mathrm{d}x=0$$

我们给出的是这个定理的其中一个版本,它表明L_2收敛(在经济学中,收敛是一个自然
的要求),同时对于任何$p>1$,L_p收敛的结果也成立。尽管我们将这个结果称为切比雪夫插
值定理,但是这种陈述更具一般性,因为它也适用于满足正交条件的其他多项式。我们之所
以要用"切比雪夫"来命名这个命题,是因为如果函数$d(x)$满足迪尼-利普希茨(Dini-
Lipschitz)连续条件且多项式$\emptyset_i(x)$是切比雪夫多项式,那么结果就是一致收敛的,这是一个
更强的结果,也是一个更令人放心的结果。[2]

但是,这第一个结果要求$j\to\infty$,而这在实际应用中是不可能的。因此,我们来看第二个
结果。这个结果将告诉我们,如果在有限的(且通常相对较小的)j之后,截断对d的近似,我
们能够接受的误差有多大。

定理3[切比雪夫截断定理;博伊德(2000),第47页] 近似函数d的误差以所有被忽略
系数的绝对值之和为限。换句话说,如果我们有

$$d^j(\,\cdot\,|\theta)=\sum_{i=0}^j\theta_i\Psi_i(\,\cdot\,)$$

---

[1] 我们这个陈述复制自梅森(Mason)和汉茨孔(Handscomb)(2003,第3章),只是符号上有轻微的改变。在他们的
论著中,感兴趣的读者可以找到其他一些结果和所有相关的细节。这类定理通常是在讲述内插函数时给出的。

[2] 如果

$$\lim_{\delta\to0^+}\omega(\delta)\log\delta=0$$

那么f满足迪尼-利普希茨连续条件,其中$\omega(\delta)$是f相对于δ的一个连续模量,它使得:

$$|f(x+\delta)-f(x)|\leqslant\omega(\delta)。$$

那么

$$|d(x) - d^j(x|\theta)| \leqslant \sum_{i=j+1}^{\infty} |\theta_i|$$

对于任何 $x \in [-1,1]$ 和任何 j 都成立。

　　我们还可以使最后的结果变得更强。在某些特定的技术条件下,我们可以使切比雪夫近似几何收敛至某个准确的未知函数。[①] 而且,当我们得到了这样的几何收敛时,就有:

$$|d(x) - d^j(x|\theta)| \sim O\theta_j$$

这也就是说,在第 j 阶多项式截断而导致的截断误差与最后一个多项式的系数 θ_j 具有相同的数量级。这个结果还为我们提供了一个简单的数值检验:我们可以对我们的近似值中的系数 θ_j 进行检验,如果 θ_j 不够接近于零,那么我们就可能需要增加 j。在下面的第 7 节中,我们还将深入评估近似值的准确性。

　　备注 19(变量的变化)　　我们在上面已经提到过,由于 DSGE 模型中的状态变量 x_t 通常具有一个不同于 $[-1,1]$ 的域,所以我们可以使用如下的线性变换,使之从 $[a,b]$ 变换为 $[-1,1]$:

$$2\frac{x_t - a}{b - a} - 1$$

这种变换还将我们引向了一个更一般的思想:变量的变化本身就是提高近似的精度的一种方法(也请参见上文的第 4.5 节,微扰法中也应用了同样的思想)。想象一下,我们正在求解一个随机新古典增长模式。我们可以不用去直接搜索

$$c_t = d^1(k_t, z_t)$$

和

$$k_{t+1} = d^2(k_t, z_t)$$

相反,我们可以搜索

$$\log c_t = d^1(\log k_t, z_t)$$

和

$$\log k_{t+1} = d^2(\log k_t, z_t)$$

因此根据定义,我们有:

$$\log c_t = d^{1,j}(\log k_t, z_t | \theta^1) = \sum_{i=0}^{j} \theta_i^1 \Psi_i(\log k_t, z_t)$$

和

$$\log k_{t+1} = d^{2,j}(\log k_t, z_t | \theta^2) = \sum_{i=0}^{j} \theta_i^2 \Psi_i(\log k_t, z_t)。$$

　　事实上,即便是在上面给出的基本投影法的例子中,我们就已经利用了这个思想,因为我们以 z_t 为状态变量,尽管它出现在生产函数时是以 e^{z_t} 的形式。另一种可选且等价的再参数化方法是 $A_t = e^{z_t}$ 和 $z_t = \log A_t$。研究者可以利用她对模型的先验知识(或初步计算结果)来选择适合她自己的问题的适当的变量变化。我们能够改变状态变量和控制变量,但是并没

[①] 如果系数的收敛是几何,如果 $\lim_{j \to \infty} \log(|\theta_j|)/j = $ 常数,那么系数的收敛就是几何收敛;如果该极限是无穷大,那么收敛就是超几何的;如果该极限为零,那么收敛就是次几何的。

有什么强制我们必须这样做：我们可以改变一个变量而不改变另一个变量，或者使用不同的变量变化。

备注 20（博伊德的道德原则）

我们刚刚阐述的切比雪夫多项式的各种便利之处不仅仅是理论上的。几十年的实际应用已经反复证明了切比雪夫多项式的强大威力。对于 DSGE 模型中切比雪夫多项式的出色性能，阿罗巴等人（2006）和卡尔达拉等人（2012）已经给出了很好的综述。博伊德（2000，第 10 页）则半开玩笑地将研究者在这个领域几十年来的经验总结为"天字第一号道德原则"：

1. 如有疑问，请使用切比雪夫多项式，除非解是空间周期性的，在那种情况下，普通傅立叶级数更好。

2. 除非你确定另一组基函数更好，否则请使用切比雪夫多项式。

3. 除非你真的非常确定另一组基函数肯定更好，否则请使用切比雪夫多项式。

5.3.2　多维基

上面所有的讨论都只涉及一维基函数。这样处理有助于介绍这个领域的有关知识。然而，经济学中的大多数问题是多维的：几乎所有的 DSGE 模型都涉及好几个状态变量。我们应该怎样把前述基函数推广到更一般的情况呢？

这个问题的答案至关重要。投影法饱受"维度诅咒"之苦。虽然只使用一个或两个状态变量和投影方法来求解 DSGE 模型是相对简单的，但是由于"维度诅咒"，用投影法来求解有 20 个状态变量的 DSGE 模型就成了一项非常有挑战性的任务。解决这类问题的关键在于如何"聪明地"选择多维基。

5.3.2.1　离散状态变量情形

我们以前的讨论都隐含地假设状态变量是连续的。然而，在许多 DSGE 模型中，状态变量却是离散的（例如，政府可以违约或不违约，请参见波科拉（Bocola）（2015）；或者，货币政策可以是主动的或被动的，请参见利珀（Leeper）（1991）。还有一种可能是，我们或许会将一个连续状态变量进行离散处理，而不会损失太多的精确性。后者的最好的例子是生产率冲击或偏好冲击的外生随机过程的离散化。这种离散化可以利用陶亨（Tauchen）（1986）提出的方法完成，也可以通过科佩基（Kopecky）和苏恩（Suen）（2010）构造的程序进行。他们发现了一个有限状态的马尔可夫链，它能生成与连续过程一样的群体矩。经验表明，在大多数应用中，有 5 个或 7 个状态变量的马尔可夫链，就足以刻画随机过程中对定量分析有意义的所有效应了。

对于有离散状态变量的问题，我们可以把它想象为我们是在为这些状态变量的每一个值搜寻不同的决策规则。例如，在具有状态变量 k_t 和 z_t 的随机新古典增长模型中，我们可以将生产率水平 z_t 离散化为具有 n 个点的马尔可夫链

$$z_t \in \{z_1, \cdots, z_n\}$$

以及相应的转移矩阵：

$$P_{z,z'} = \begin{Bmatrix} p_{11} & \cdots & p_{1n} \\ \vdots & \ddots & \vdots \\ p_{n1} & \cdots & p_{nn} \end{Bmatrix} \tag{35}$$

其中元素 p_{ij} 指的是该马尔可夫链从当前期间的位置 i 移动到下一期间的位置 j 的转移概率。

备注 21(离散化方法) 陶亨(1986)给出了离散化一阶自回归随机过程的程序:对于有

平稳分布 $N(0,\sigma_z^2)$ (其中, $\sigma_z = \dfrac{\sigma_\epsilon}{\sqrt{1-\rho^2}}$)的

$$z_t = \rho z_{t-1} + \epsilon_t$$

离散化程序如下:

算法 2(一阶自回归离散化)

1. 设定 n 为过程 z 的潜在实现的数量。

2. 设置该过程的上限($\bar{z}$)和下限($\underline{z}$)。设置上下限的一种直观的方式是选择适当的 m,使得:

$$\bar{z} = m\sigma_z$$
$$\underline{z} = -m\sigma_z$$

给定正态分布围绕 0 的对称性,这种做法是很有吸引力的;通常, m 的取值介于 2 与 3 之间。

3. 设定 $\{z_i\}_{i=1}^{n}$,使得:

$$z_i = \underline{z} + \frac{\bar{z}-\underline{z}}{n-1}(i-1)$$

同时构造中间点 $\{\tilde{z}_i\}_{i=1}^{n-1}$,由以下公式给出:

$$\tilde{z}_i = \frac{z_{i+1}+z_i}{2}$$

4. 根据下式,计算出转移概率 $p_{ij} \in P_{z,z'}$ (转移概率指以状态 z_i 为条件,进入状态 z_j 的概率):

$$p_{ij} = \Phi\left(\frac{\tilde{z}_j - \rho z_i}{\sigma}\right) - \Phi\left(\frac{\tilde{z}_{j-1} - \rho z_i}{\sigma}\right) \quad j = 2, 3, \cdots, n-1$$

$$p_{i1} = \Phi\left(\frac{\tilde{z}_1 - \rho z_i}{\sigma}\right)$$

$$p_{in} = 1 - \Phi\left(\frac{\tilde{z}_{n-1} - \rho z_i}{\sigma}\right)$$

其中 $\Phi(\cdot)$ 表示 $N(0,1)$ 的累积分布函数(CDF)。

下面举例说明陶亨的程序。让我们假设我们有这样一个随机过程:

$$z_t = 0.95 z_{t-1} + \epsilon_t$$

其中 $N(0,0.007^2)$ (这是美国经济中生产率过程的标准季度校准,使用 1984 年以后的数据,标准差大约为 0.0035),我们将用 5 点马尔可夫链和 $m=3$ 来逼近它。根据陶亨的程序,我们有:

$$z_t \in \{-0.0673, -0.03360, 0.0336, 0.0673\} \tag{36}$$

以及如下转移矩阵:

$$P_{z,z'} = \begin{Bmatrix} 0.9727 & 0.0273 & 0 & 0 & 0 \\ 0.0041 & 0.9806 & 0.0153 & 0 & 0 \\ 0 & 0.0082 & 0.9837 & 0.0082 & 0 \\ 0 & 0 & 0.0153 & 0.9806 & 0.0041 \\ 0 & 0 & 0 & 0.0273 & 0.9727 \end{Bmatrix} \tag{37}$$

注意到,上述矩阵中的对角线元素非常接近于 1(这说明该连续随机过程的持续性很高),并且同时移动两个或更多位置的概率为零。马尔可夫链要从 z_1 到 z_5 需要至少 4 个季度(反之亦然)。

陶亨的程序可以扩展到向量自回归过程(而不是自回归过程)。这是很方便的,因为我们总是可以通过改变状态变量的定义来将一个一般的自回归移动平均 (p,q) 过程重写为一个一阶向量自回归过程[以及一个 VAR(p) 重写为一个 VAR(1)]。此外,这个程序已经用所有主要的编程语言实现了,而且是开源的。

科佩基和苏恩(2010)证明,当随机过程的持续性 ρ 接近于 1 时,卢文赫斯特(Rouwenhorst)(1995)提出的另一种方法优于陶亨的方法。卢文赫斯特(1995)方法的实现步骤如下。

算法 3(一阶自回归的另一种离散化方法)。

1. 设定 n 为过程 z 的潜在实现的数量。

2. 设置该过程的上限 $(\bar{z})$ 和下限 $(\underline{z})$。令 $\underline{z} = -\lambda$ 且 $\bar{z} = \lambda$。可以将 λ 设定为 $\lambda = \sqrt{n-1}\,\sigma_z$。

3. 设定 $\{z_i\}_{i=1}^{n}$,使得:

$$z_i = \underline{z} + \frac{\bar{z}-\underline{z}}{n-1}(i-1)$$

4. 当 $n=2$ 时,令 P_2 由下式给出:

$$P_2 = \begin{bmatrix} p & 1-p \\ 1-q & q \end{bmatrix}$$

p 和 q 可以设置为 $p = q = \dfrac{1+\rho}{2}$。

5. 对于 $n \geq 3$,递归地构造转移矩阵如下:

$$P_n = p\begin{bmatrix} P_{n-1} & 0 \\ 0' & 0 \end{bmatrix} + (1-p)\begin{bmatrix} 0 & P_{n-1} \\ 0 & 0' \end{bmatrix} + (1-q)\begin{bmatrix} 0' & 0 \\ P_{n-1} & 0 \end{bmatrix} + q\begin{bmatrix} 0 & 0' \\ 0 & P_{n-1} \end{bmatrix}$$

其中,0 是一个 $(n-1)\times 1$ 的零列向量。将除顶部和底部行之外的所有元素值除以 2,以便使得每行的元素的总和等于 1。最终结果为 $P_{z,z'}$。

只要生产率过程是离散,我们就可以搜寻

$$c(k,z_m) = d^{c,m,j}(k \mid \theta^{m,c}) = \sum_{i=0}^{j} \theta_i^{m,c} \Psi_i(k)$$

$$k(k,z_m) = d^{k,m,j}(k \mid \theta^{m,WK}) = \sum_{i=0}^{j} \theta_i^{m,WK} \Psi_i(k)$$

其中 $m = 1, \cdots, n$。这也就是说,我们要做的是:当今天的生产率为 z_1 时,搜索资本和消费的决策规则;当今天的生产率为 z_2 时,搜索资本和消费的决策规则;等等。总共要搜索 $2 \times n$ 个决策规则。由于 n 通常是一个不大的数(我们上面提到过,往往是 5 或 7),所以问题的复杂性并不会爆炸性增长。

同时注意到,为了得到

$$u'(d^{c,m,j}(k|\theta^{m,c})) =$$

$$\beta \sum_{l=0}^{n} p_{ml} [u'(d^{c,l,j}(d^{k,m,j}(k|\theta^{m,WK})|\theta^{l,c}))(\alpha e^{z_{t+1}}(d^{k,m,j}(k|\theta^{m,WK}))_{t+1}^{\alpha-1}+1-\delta)]$$

我们要在欧拉方程中代入上面这些决策规则:

$$u'(c_t) = \beta \mathbb{E}_t[u'(c_{t+1})(\alpha e^{z_{t+1}} k_{t+1}^{\alpha-1}+1-\delta)] \qquad (38)$$

这样,我们仍然在考虑下一个期间生产率可能会发生变化的事实(因此消费和资本积累将由下一个生产力水平的决策规则决定)。此外,由于随机过程现在已经变成离散的了,所以我们可以将方程式(38)右侧的积分,替换为简单得多的求和与随机转移矩阵(35)中的概率。否则,我们就需要使用正交法来求积分的值[相关公式和计算方法请参见贾德(1998),以及贾德等人(2011a)]。

因此,诸如生产率冲击等状态变量的离散化往往是处理多维问题的一个很好的策略,它简单、透明,而且计算也不十分繁重。再者,我们还可以离散化某些状态变量,并对剩余的连续状态变量用其他方法来处理。从计算的角度来看,"混合策略"通常是非常受欢迎的。

5.3.2.2 张量法

张量法通过找到所有一维基函数的克罗内克积(Kronecker product)来构建多维基函数。[①] 例如,假设我们的模型中有两个状态变量,实质资本 k_t 和人力资本 h_t。对于这两个状态变量中的每一个,我们各有三个切比雪夫多项式:

$$\psi_0^k(k_t), \psi_1^k(k_t), 以及 \psi_2^k(k_t)$$

和

$$\psi_0^h(h_t), \psi_1^h(h_t), 以及 \psi_2^h(h_t)$$

那么,张量由下式给出:

$$\psi_0^k(k_t)\psi_0^h(h_t), \psi_0^k(k_t)\psi_1^h(h_t), \psi_0^k(k_t)\psi_2^h(h_t),$$
$$\psi_1^k(k_t)\psi_0^h(h_t), \psi_1^k(k_t)\psi_1^h(h_t), \psi_1^k(k_t)\psi_2^h(h_t),$$
$$\psi_2^k(k_t)\psi_2^h(h_t), \psi_2^k(k_t)\psi_1^h(h_t), 以及 \psi_2^k(k_t)\psi_2^h(h_t)。$$

或者,更正式地,假设我们想要用 j 阶切比雪夫多项式近似一个有 n 个状态变量的函数 $d:[-1,1]^n \rightarrow \mathbb{R}$。我们先构造如下求和式:

$$d^j(\cdot|\theta) = \sum_{i_1=1}^{j} \cdots \sum_{i_n=1}^{j} \theta_{i_1,\cdots,i_n} \Psi_{i_1}^1(\cdot) * \cdots * \Psi_{i_n}^n(\cdot)$$

其中 $\Psi_{i_\kappa}^\kappa$ 是状态变量 κ 上的 i_κ 阶切比雪夫多项式,θ 是系数 $\theta_{i_1,\cdots,i_n}$ 的向量。为了行文简洁清晰,我们先给出三个简化的假设。首先,我们假设正在处理的是 d 为一维时的情况。其次,对于每个状态变量,我们使用相同数量的切比雪夫多项式。再次,函数 $\Psi_{i_\kappa}^\kappa$ 可能与切比雪夫多项式不同,且属于我们想要的任何基(甚至可以为每个状态变量提供不同的基)。取消这些

---

① 请不要将这里所说的张量与用于微扰方法的张量符号混淆起来。虽然这两种情况所处理的数学对象是密切相关的,但是我们在阐述微扰法时的关键是张量符号提供的便利。

简化的假设并不困难,但是符号会变得很麻烦。

张量法有两个重要的优点。第一,构造起来非常容易。第二,如果一维基是正交的,那么张量基与乘积范也是正交的。它的主要缺点是,系数 $\theta_{i_1,\cdots,i_n}$ 的数量——$(j+1)^n$——会以指数形式增长。在上面这个例子中,尽管对于两个状态变量中的每一个都仅使用三个切比雪夫多项方程式(即 $j=2$),但是我们最终必须求解九个系数。维度的诅咒在这里是非常突出的:如果 5 个有状态变量,每个变量使用 3 个切比雪夫多项式,那么我们最终会有 243 个系数;如果是 10 个切比雪夫多项式,那么我们最终会得到 10 万个系数。

5.3.2.3 完全多项式

在实际应用中,当我们处理具有多于 3 个连续状态变量的模型时,使用张量法就是不可行的。一个解决办法是去除张量的某些元素,同时又努力避免数值退化。更具体地说,这种方法就是,如加斯帕尔和贾德(1997)所述,使用完全多项式:

$$P_\kappa^n \equiv \{ \Psi_{i_1}^1 {}^* \cdots {}^* \Psi_{i_n}^n, \ |i| \leq \kappa \}$$

其中,

$$|i| = \sum_{l=1}^n i_l, 0 \leq i_1, \cdots, i_n$$

完全多项式,并不使用张量的所有元素,而只保留一些元素,使得基函数的阶的总和小于某个预先给定的数值 κ。这里的直觉是,张量的元素 $\Psi_{i_1}^1 {}^* \cdots {}^* \Psi_{i_n}^n, |i|>\kappa$ 给基增加的额外信息几近于无:刻画 d 的行为所需的大部分灵活性已经包括在完全多项式中了。例如,如果我们处理的模型有三个状态变量且切比雪夫多项式 $j=4$,那么我们可以保持 6 阶的完全多项式:

$$P_6^3 \equiv \{ \Psi_{i_1}^1 {}^* \cdots {}^* \Psi_{i_n}^n, \ |i| \leq 6 \}$$

完全多项式消除了许多系数。在我们给出的这个例子中,当 $\kappa=6$ 时,我们只需要近似大约 87 个系数,而不用处理 $(4+1)^3=125$ 个张量系数。然而,不幸的是,我们需要的系数仍然太多了。在下面的第 5.7 节中,我们将介绍一个修正:斯莫利亚克(Smolyak)算法。不过,由于这个方法需要引入新的符号和插值(内插)多项式的概念,所以我们现在暂不讨论,而是着手分析有限元方法。

5.4 有限元方法

有限元方法在经济学界的流行,要归功于麦克格拉顿(McGrattan)(1996)的贡献;关于这种方法的背景,请参见休斯(Hughes)(2000)的论文;至于数学方面的细节(作为《宏观经济学手册》的一章,本章不得不省略大量数学细节),请参见布伦纳(Brenner)和斯科特(Scott)(2008)的论著。这一类基函数的主要优点是,即便是在最具挑战性的问题上,也能轻松地刻画局部行为并获得极高的精确度。这就是为什么有限元方法经常被用于工业的关键任务设计中,例如航空航天或核电站工程。有限元方法的主要缺点是它们难以编码,计算成本高昂。因此,当准确性比计算速度更加重要,或者要处理非常复杂的、不规则的问题时,我们就应该选择这种方法。

有限元方法实施的第一步从界定状态变量的域 Ω 开始。有些上下界是自然的(例如，$k_t>0$)。但是大部分上下界却不是自然的(例如，$k_t<\bar{k}$)，我们在选择的时候必须小心一些。举例来说，我们可能会猜测一个足够大的，从而使得对模型进行模拟时，k_t 永远达不到 $\bar{k}$。然而，这需要验证，同时还可能需要进行迭代微调。[1]

有限元方法的第二步是将 Ω 分割为若干小的、不相交的有限元。这些小小的部分被称为"有限元"(这种方法就是因此而被称为"有限元"方法的)。有限元的边界称为节点。研究者选择分区时应该觉得非常放松。一种自然的划分方法是将 Ω 分成相等的有限元，这种方法简单而直接。但是，有限元的大小可以是很不相等的。更具体地说，我们可以把 Ω 中经济大部分时间都在里面运行的那部分区域划分出很多个有限元，同时只用很少几个有限元覆盖 Ω 中经济不经常访问的区域(这些区域可以根据模型的理论性质来猜测。或者我们也可以通过对有限元的划分的迭代过程来验证，在下文中我们还会回到这一点上来)。另外，我们还可以把 Ω 的区域中我们正在寻找的函数 $d(\cdot)$ 的形状快速变化的部分划分出多个有限元，而把函数 $d(\cdot)$ 接近线性的 Ω 的其他区域保留给大的有限元。正是因为有限元划分时有高度灵活性，所以我们可以处理扭结或约束，而这些是很难用谱方法来处理的(至于微扰法，则几乎不可能处理，因为它们违背了可微分性条件)。[2]

对于有限元方法的上述能力，图 7 给出了一个很好的例子。在图 7 中，我们绘制了一个具有两个状态变量的动态企业模型的域 Ω，x 轴表示的是债券 b_t(右侧的值表示企业的正债券持有量，左侧的值则表示债券持有量为负)，y 轴表示的是资本 k_t。域 Ω 不包括左下角的区域，那里是负的债券持有(即负有债务)和低额资本的组合。之所以要把这个区域排除在外，是因为存在一个财务约束：企业在没有足够多的可以充当抵押品的资本的情况下，不可能承担大量债务(这个财务约束的具体细节以及为什么受限制区域的形状会呈现出我们在图中所绘的样子，对于我们这里的论证是完全无关紧要的)。

---

[1] 即使模拟基本上不会达到 $\bar{k}$，也可以用更高一些的 $\omega\bar{k}$ 重复一下计算过程(其中 $\omega>1$)，以便检查清楚我们是不是仍然没有达到 $\bar{k}$。在某些较少发生的情况下，第一次模拟可能没有达到 $\bar{k}$，因为函数 $d(\cdot)$ 的逼近就已经排除了进入该区域的机会。

[2] 元的定义中的这种灵活性，正是工业应用领域对有限元方法特别青睐的主要原因。那些领域中的实际应用，通常不符合微扰法或谱方法所要求的有正则性的技术条件。

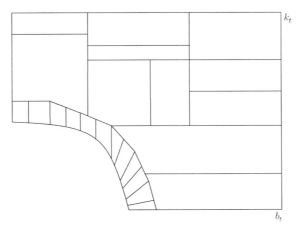

图7　二维有限元网格

在图 7 中,研究者已经将域 Ω 划分为不均等的有限元了:其中有很多有限元非常小,它们靠近左下角的边界。因为研究者有理由怀疑,在这个区域,企业关于 b_t 和 k_t 的决策规则可能会快速变化,或者更直接地说,研究者希望确保这个区域内的解的准确性。越远离边界,有限元的规模越大。但是,即便是在其他区域,研究者也可以将域 Ω 划分为非常不同的有限元,有一些较小(高水平的债务和 k_t),有一些较大(高水平的 b_t 和 k_t),具体取决于研究人员所掌握的关于决策规则的形状的知识。

如何生成一个最优的有限元网格?围绕着这个问题,已经形成了一个完整的研究领域。但是限于篇幅,我们无法在这里详加论述;感兴趣的读者可以阅读汤普森(Thompson)等人(1985)的论著。至于如何在随机新古典增长模型中利用不均等有限元方法来减少计算时间,请参见费尔南德斯–比利亚韦德和卢比奥–拉米雷斯(2004)。

有限元方法的第三个步骤是,在每个有限元内选择策略函数的基。由于域 Ω 的各个分区的有限元通常很小,所以通常能够找到足够好的线性基。例如,令 $\{k_0, k_1, \cdots, k_j\}$ 为域 Ω 划分为有限元节点,我们可以对 $i \in \{1, j-1\}$ 定义如下的帐篷函数:

$$\Psi_i(k) = \begin{cases} \dfrac{k-k_{i-1}}{k_i-k_{i-1}}, & \text{如果 } x \in [k_{i-1}, WK_i] \\[2mm] \dfrac{k_{i+1}-k}{k_{i+1}-k_i}, & \text{如果 } k \in [k_i, WK_{i+1}] \\[2mm] 0 & \text{别处} \end{cases}$$

以及相应的对第一个函数的调整:

$$\Psi_0(k) = \begin{cases} \dfrac{k_0-k}{k_1-k_0}, & \text{如果 } x \in [k_0, WK_1] \\[2mm] 0 & \text{别处} \end{cases}$$

和对最后一个函数的调整

$$\Psi_j(k) = \begin{cases} \dfrac{k-k_{j-1}}{k_j-k_{j-1}}, & \text{如果 } k \in [k_i, WK_{i+1}] \\[2mm] 0 & \text{别外} \end{cases}$$

这些帐篷函数的一些例子如图8所示。

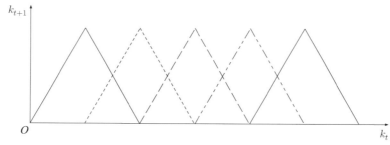

图8　五个基函数

我们可以通过对某些状态变量进行离散化处理(就像我们在讨论谱方法的基时所做的那样),或者通过构建它们的张量来将这里的基扩展到更高的维度。在下文中,我们还将看到如何在有限元中应用斯莫利亚克算法。

有限元方法的第四个步骤与任何其他投影方法相同:我们构造

$$d^{n,j}(\ \cdot\ |\theta^n) = \sum_{i=0}^{j} \theta_i^n \Psi_i(\ \cdot\ )$$

并将之插入算子 $\mathcal{H}$ 当中。这样一来,我们就能找到未知系数,就像我们在用切比雪夫多项式时那样。

根据定义,近似函数的不同部分将被"粘贴"到一起,从而保证了连续性。例如,如我们在上面给出的图8所示,在由节点 k_i 和 k_{i+1} 所定义的有限元中有两个基函数:

$$\Psi_i(k) = \frac{k_{i+1}-k}{k_{i+1}-k_i}$$

$$\Psi_{i+1}(k) = \frac{k-k_i}{k_{i+1}-k_i}$$

同时,它们的线性组合[即该有限元当中 $d^{n,j}(\ \cdot\ |\theta^n)$ 的值]为:

$$\hat{d}(k|k_{i+1}, WK_i, \theta_{i+1}^n, \theta_i^n) = \theta_i^n \frac{k_{i+1}-k}{k_{i+1}-k_i} + \theta_{i+1}^n \frac{k-k_i}{k_{i+1}-k_i} = \frac{(\theta_{i+1}^n - \theta_i^n)k + \theta_i^n k_{i+1} - \theta_{i+1}^n k_i}{k_{i+1}-k_i}$$

这是一个线性函数,其斜率既可能为正,也可能为负,取决于 $\theta_{i+1}^n - \theta_i^n$ 的符号。此外,还要注意到,前一个有限元的 $d^{n,j}(\ \cdot\ |\theta^n)$ 的值也是线性函数:

$$\hat{d}(k|k_i, WK_{i-1}, \theta_i^n, \theta_{i-1}^n) = \frac{(\theta_i^n - \theta_{i-1}^n)k + \theta_{i-1}^n k_i - \theta_i^n k_{i-1}}{k_i-k_{i-1}}$$

当我们在 k_i 处求这两个线性函数时,可以得到:

$$\hat{d}(k_i|k_i, WK_{i-1}, \theta_i^n, \theta_{i-1}^n) = \theta_i^n$$

和

$$\hat{d}(k_i|k_{i+1}, WK_i, \theta_{i+1}^n, \theta_i^n) = \theta_i^n$$

这也就是说,这两个线性函数都有等于系数 θ_i^n 的相同的取值,从而确保了连续性(尽管由于只有帐篷函数,我们不能保证可微分性)。

上面的推导过程其实还说明了为什么有限元是一个聪明的策略。假设我们选择的度量 ρ 能够使得有限元的节点中的残差函数等于零(下面我们将给出这样的度量)。有了上述帐篷函数,这就相当于:在每个 k_i 处,选取适当的系数 θ_i^n,使得近似函数与准确函数重合:

$$d^{n,j}(\ \cdot\ |\theta^n) = d^n(\ \cdot\ )$$

而这就意味着,在 k_i 之外的 d^n 与我们对系数 θ_i^n 的选择无关。这是一种分段线性逼近法(piecewise linear approximation);在一个存在金融摩擦的模型中,对关于明天的债务水平 b_{t+1} 的决策规则(在给定今天的资本 k_t 的前提下)的分段线性逼近的一个例子,如图9所示。在图中,虚线是近似的决策规则,连续线是精确的决策规则。帐篷函数要乘以系数,以使得近似解与精确解在结点处相等。从图9中,我们可以看到,精度已经达到了相当高的水平。随着有限元的不断变小,近似将变得越来越准确(即平滑函数将变得局部线性)。

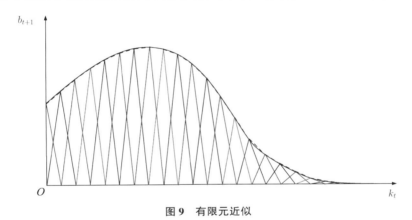

图9　有限元近似

这是一个更一般的思想的明显的例子:在有限元方法中,我们需要解出的非线性方程的大系统将会是稀疏的,而这个性质正是现代非线性解算器可以适当地加以利用的。

备注22(有限元方法的精炼)　有限元方法的一个优点是,我们可以根据需要(只要计算时间和计算机内在允许)来精炼我们获得的解。现有文献区分出了三种不同的精炼方法。第一种精炼方法是 h-精炼。这种方法将每个有限元进一步细分为更小的有限元,从而在整个域上均匀地"提高分辨率"。这也就是说,一旦我们求得了第一个解,我们就检查这个解是否已经达到了我们所要求的精确度。如果没有达到,我们就回过头去考虑我们的划分方案,进一步细分有限元。我们可以根据我们的需要,不断地迭代推进这个过程。第二种精炼方法是 r-精炼。这种精炼方法仅在那些仍然存在较高的非线性的区域中进一步细分每一个有限元。第三种精炼方法是 p-精炼。这种精炼方法要提升每个有限元的近似的阶,这也就是说,要增加更多的基函数(例如,多几个切比雪夫多项式)。如果扩展的阶足够高,那么这种精炼其实就是将谱方法和有限元方法结合起来使用,它被称为谱(有限)元法(spectral elements)。这种方法在自然科学和工程领域早就得到了广泛的使用;例如,请参见,索林(Solín)等人(2004)。

在许多时候,前述 h-精炼法和 p-精炼法也会结合起来使用,那就是所谓的 hp-有限元法。这种有限元法能够得到对精确解的指数收敛。尽管编码比较困难而且计算成本高昂,但是 hp-有限元法也许是 DSGE 模型可用的最强大的求解方法,因为它可以解决许多最棘手的问题。[①]

上述三种精炼方法都是可以自动的:我们可以对有限元算法进行编码以识别 Ω 中的不同区域,然后根据我们想要实现的目标(例如,在何种程度上满足欧拉方程),让程序自动运行,而无须研究者输入进一步的指示;详见德姆柯维茨(Demkowicz)(2007)。

5.5 目标函数

我们要做出的第二个选择是选择度量函数 ρ,以便确定我们进行"投影"的方式。对于这个问题,最常见的答案是通过加权残差给出的:我们选择适当的 θ,使得加权积分的残差接近于 0。因为我们并没有给算子 $\mathcal{H}$ 强加什么结构,也没有规定残差函数 $R(\cdot|\theta)$ 的结构,所以我们下面将处理 $R(\cdot|\theta)$ 是一维的这种最简单的情况。至于更一般的情况,只要改变一下符号即可处理(当然要付出符号更复杂的代价)。给定特定的权重函数 $\emptyset i: \Omega \to \mathbb{R}$,我们定义度量函数(metric function):

$$\rho(R(\cdot|\theta),0)=\begin{cases}0 \text{ 如果} \int_\Omega \emptyset_i(\mathbf{x})R(\cdot|\theta)\mathrm{d}x = 0, i = 1,\cdots,j+1 \\ 1,\text{其他}\end{cases}$$

因此,问题是选择适当的 θ,以解出如下的积分方程系统:

$$\int_\Omega \emptyset_i(x)R(\cdot|\theta)\mathrm{d}x=0, i=1,\cdots,j+1 \tag{39}$$

需要注意的是,上述积分系统要想有解,我们需要 $j+1$ 个权重函数。幸运的是,一方面,我们通过基函数 ψ_i 逼近了函数 d,另一方面我们已经有了权重函数 $\emptyset i$ 的定义,把这两者组合起来,我们就能够将一个相当棘手的函数方程问题转化为标准的非线性方程组。而这个方程组的解是可以用标准方法求得的,例如用于比较小的问题的牛顿算法,或者用于比较大的问题的列文伯格-马夸尔特法(Levenberg-Marquardt method)。

然而,方程组(39)也可能是没有解的,或者可能是有多个解的。我们对用于经济学研究的投影方法的理论性质知之甚少。应用数学中相关文献都是在研究自然科学和工程领域的问题的过程中发展起来的,解的存在性定理和收敛性定理所需的许多技术条件是不能轻易跨学科移植的。事实上,必须注意确保系统(39)的解满足 DSGE 模型的横截面条件(即我们要选择稳定的流形)。通常,这可以通过正确地选择初始的猜测 θ_0,或者通过向解算器增加

[①] 此外,还有一种新的精炼方法:扩展的有限元法(x-有限元法)。这种方法增加了可以帮助刻画解的不规则性的不连续的基函数。但是,我们还不知道如何将 x-有限元法应用于经济学研究中。

边界条件来实现。

与基函数的情况一样,对于权重函数我们有很多种选择。接下来,我们将只重点讨论那些经济学中最受欢迎的权重函数,而不会考察所有可能的选择。

5.5.1　权重函数 I :最小二乘法

最小二乘法以残差函数的导数为权重函数:

$$\emptyset_i(x) = \frac{\partial R(x|\theta)}{\partial \theta_{i-1}}$$

对于所有的 $i \in 1, \cdots, j+1$。这种选择动机源于如下的变分问题:

$$\min_\theta \int_\Omega R^2(\ \cdot\ |\theta)\,\mathrm{d}x$$

其一阶条件为:

$$\int_\Omega \frac{\partial R(x|\theta)}{\partial \theta_{i-1}} R(\ \cdot\ |\theta)\,\mathrm{d}x = 0, i = 1, \cdots, j+1$$

这个变分问题在数学上等价于计量经济学中的一个标准的回归问题。

尽管最小二乘法很符合直觉,而且现在已经有了不少利用某些结构来提高计算速度和减少内存要求的算法,但是,最小二乘法需要计算残差的导数,而这种计算很可能代价高昂。此外,最小二乘问题往往没有很好的性质,而且求数值解非常困难。

5.5.2　权重函数 II :子域法

子域法将域 Ω 划分为 $j+1$ 个子域,用 Ω_i 表示($i = 1, \cdots, j+1$),并定义 $j+1$ 个阶梯函数:

$$\emptyset_i(\mathbf{x}) = \begin{cases} 1 \ \text{如果}\ \mathbf{x} \in \Omega_i \\ 0, \text{其他} \end{cases}$$

选择子域法等价于求解如下系统:

$$\int_{\Omega_i} R(\ \cdot\ |\theta)\,\mathrm{d}x = 0, i = 1, \cdots, j+1$$

研究者在选择适当的子域来满足自己要实现的目标时有很大的灵活性。

5.5.3　权重函数III :配置法

配置(collocation)法也称为伪谱(pseudospectral)法或选点(selected points)法。这种方法将权重函数定义为:

$$\emptyset_i(x) = \delta(x - x_i)$$

其中,δ 是狄拉克得尔塔函数(Dirac delta function),x_i 则为研究者选择的 $j+1$ 个配置点。

配置法意味着,n 个配置点处的残差函数为零。因此,我们不需要计算复杂的积分,而只需要解出如下系统:

$$R(x_i|\theta) = 0, i = 1, \cdots, j+1$$

当算子 $\mathcal{H}$ 会产生大的非线性时,配置法是很有吸引力的。

选择配置点的一个系统性的方法是,使用状态变量的每个维度(或相应的多项式,如果我们沿着每个维度使用了不同的逼近阶数的话)上的第 $j+1$ 阶切比雪夫多项式的零点。这种方法也被称为正交配置。切比雪夫插值定理告诉我们,利用通过这种方法选择出来的配置点,我们可以实现 L_p 收敛于(有时甚至能够实现均匀收敛于)未知函数 d。另外一种方法是,将每个维度上的第 j 阶切比雪夫多项式的极值作为配置点。经验证明,正交配置法的性能非常好。这是我们推荐使用的方法之一。

5.5.4 权重函数 IV:加勒金(Galerkin)法或瑞利-里兹(Rayleigh-Ritz)法

我们考虑的最后一种选择权重函数的方法是加勒金法(当加勒金法满足对于经济学家来说不那么重要的若干附加性质时,也称为瑞利-里兹法)。这种方法将逼近中使用的基函数作为权重函数,即:

$$\emptyset_i(x) = \psi_{i-1}(x)$$

这样一来,我们就有:

$$\int_\Omega \Psi_i(x) R(\,\cdot\,|\theta)\,\mathrm{d}x = 0, i = 1, \cdots, j+1$$

采用这种方法的理由是,残差必定与每个基函数正交。

加勒金法不但非常精确,而且十分稳健,但是它的缺点是很难编码。如果基函数在 J_1 上是完全的(即它们确实是空间的基),那么当 n 趋向于无穷大时,加勒金法的解将会以逐点收敛的方式向真正的解收敛:

$$\lim_{j \to \infty} d^j(\,\cdot\,|\theta) = d(\,\cdot\,)$$

此外,应用研究的经验也表明,j 阶加勒金法得到的近似结果与 $j+1$ 阶伪谱法或其 $j+2$ 阶扩展一样准确。

在接下来的两个备注中,我们为如下非线性方程系统的更快速、更有效的求解方法进行了探索:

$$\int_\Omega \varphi_i(x) R(\,\cdot\,|\theta)\,\mathrm{d}x = 0, i = 1, \cdots, j+1 \tag{40}$$

如果系数的数量很大,同时研究者为解算器提供的初始猜测 θ_0 也不是特别好,那么求解这个系统将会是一个非常困难的任务。

备注 23(问题的转换) 要解出系统(39),一个可能的瓶颈是强非线性的存在。不过幸运的是,在通常情况下,只要对问题进行一些简单的变化,就可以减弱这种非线性。例如,贾德(1992)提出,如果我们有如下这样一个欧拉方程(其中 R_{t+1} 是资本总回报率):

$$\frac{1}{c_t} = \beta\,\mathbb{E}_t\left\{\frac{1}{c_{t+1}} R_{t+1}\right\}$$

那么我们就可以取其逆:

$$\beta c_t = \left(\mathbb{E}_t\left\{\frac{1}{c_{t+1}} R_{t+1}\right\}\right)^{-1}$$

现在,这个方程的左侧是线性的了,而且它的右侧也更接近于线性了。因此,我们不用计算状态变量 x_t 的如下残差:

$$R(\,\cdot\,|\theta) = \frac{1}{c(x_t|\theta)} - \beta\,\mathbb{E}_t\left\{\frac{1}{c(x_t|\theta)} R_{t+1}(x_t|\theta)\right\}$$

而只需计算:

$$\widetilde{R}(\,\cdot\,|\theta)=\beta c(x_t|\theta)-\left(\mathbb{E}_t\left\{\frac{1}{c(x_t|\theta)}R_{t+1}(x_t|\theta)\right\}\right)^{-1}$$

在许多 DSGE 模型中,类似的代数变换都是可以轻易做到的。

备注 24(多步骤方案) 系统(39)很可能包括了非常多的系数。一个自然的策略是首先解出一个较小的系统,并将得到的解作为更大的系统的输入。这种策略称为多步骤方案,它往往会带来非常不错的结果,特别是在处理诸如切比雪夫多项式的正交基这样的问题的时候。

更具体地说,对于这样一个方程组,我们不必直接用 $j+1$ 个基函数来逼近求解,而可以先用 $j'+1$ 个基函数来求解$(j'+1\ll j+1)$,然后再将得到的解作为更复杂的问题的一个猜测。例如,如果我们正在搜索一个有 10 个切比雪夫多项式的、m 维度的系统的解,那么我们可以先用 3 个切比雪夫多项式找到一个近似解。这也就是说,我们不用直接去解一个有 $10\times m$ 个方程的系统的解,而只需求出一个有 $3\times m$ 个方程的系统的解。一旦我们得到了这个有 $3\times m$ 个方程的系统的解 θ^3,我们就可以构造一个用来解决原来那个有 10 个切比雪夫多项式的问题的初始猜测:

$$\theta_0=[\,\theta^3,0_{1\times m},\cdots,0_{1\times m}\,]$$

这也就是说,这个猜测是,对第一个系数使用 θ^3,对于其他额外的新系数使用零。由于新加入的多项式与先前的多项式是正交的,所以与前三个多项式相关联的系数的最终值,不会随着更多的多项式的加入而产生很大的变化,因此,初始猜测 θ^3 是相当不错的。此外,考虑到切比雪夫多项式的快速收敛的特性,与高阶多项式相关的系数将接近于零。因此,我们对那些系数的初步猜测也是高信息含量的。

研究人员可以根据自己的需要,决定分多少个步骤进行。对于投影解算器,聪慧的研究者还可以根据切比雪夫多项式的某个抽象数量编写出高效的程序。然后,她可以循环调用解算器,并迭代地从 j' 到 j 增加逼近的层级,以自己想要的速度(或慢或快)完成计算。

5.6 一个实例

现在,我们将通过一个实例,说明如何在 DSGE 模型中实现投影方法。具体地说,在这个例子中,我们将使用切比雪夫多项式和正交配置法来求解一个具有内生劳动力供给的随机新古典增长模型。

在这个经济体中,有一个代表性的家庭。该家庭对消费(c_t)和闲暇$(1-l_t)$的偏好可以用以下效用函数表示:

$$\mathbb{E}_0\sum_{t=1}^{\infty}\beta^{t-1}\frac{(c_t^{\tau}(1-l_t)^{1-\tau})^{1-\eta}}{1-\eta}$$

其中 $\beta\in(0,1)$ 是贴现因子,η 控制了跨期取代弹性和风险厌恶倾向,τ 控制了劳动力供给,$\mathbb{E}_0$ 则为条件期望算子。

在这个经济体中,只有一种产品,它的生产服从如下总生产函数:

$$y_t = e^{z_t} k_t^{\alpha} l_t^{1-\alpha}$$

其中, k_t 是总资本存量, l_t 是总劳动, 而 z_t 则是技术的随机过程, 它服从:

$$z_t = \rho z_{t-1} + \epsilon_t$$

其中 $|\rho| < 1$, 且 $\epsilon_t \sim N(0, \sigma^2)$。资本的演变可以用下述运动规律描述:

$$k_{t+1} = (1-\delta) k_t + i_t$$

同时, 该经济体必须满足资源约束: $y_t = c_t + i_t$。

因为福利经济学第一定理和第二定理在这个经济体中都成立, 所以我们可以直接求解如下的社会规划者问题(在给定初始条件 k_0 和 z_0 的前提下):

$$V(k_t, z_t) = \max_{c_t, l_t} \frac{(c_t^{\tau}(1-l_t)^{1-\tau})^{1-\eta}}{1-\eta} + \beta \, \mathbb{E}_t V(k_{t+1}, z_{t+1})$$

$$\mathrm{s.t.} \; k_{t+1} = e^{z_t} k_t^{\alpha} l_t^{1-\alpha} + (1-\delta) k_t - c_t$$

$$z_t = \rho z_{t-1} + \epsilon_t$$

当然, 之所以在这里求解社会规划者问题, 只是为了便于阐述, 我们也完全可以求解竞争均衡问题。事实上, 投影方法的一个关键优点就在于, 它们可以轻松地处理非帕累托有效的经济。

我们用标准参数值校准这个模型, 以便匹配美国的季度数据(见表 2)。这里唯一的例外是 η, 我们给它选择的值为 5, 这个值属于较高的经验估计范围。这种高风险厌恶倾向会——通过预防性行为——在决策规则中导致更大的曲率。这种曲率也为投影方法提供了一个更具挑战性的测试台。

表 2　校准参数

参数	值
β	0.991
η	5.000
τ	0.357
α	0.300
δ	0.196
ρ	0.950
σ	0.007

我们先将 z_t 离散化为一个 5 点马尔可夫链 $\{z_1, \cdots, z_5\}$ (利用陶亨的方法), 然后使之涵盖了 3 个条件标准偏差——这条马尔可夫链与上文备注 21 所举的例子一样, 离散化的具体值, 请参见方程式(36) 和方程式(37)。

我们将使用 p_{mn} 来表示通过陶亨过程生成的从今天的 z_m 移动到下一期的 z_n 的转移矩阵 $P_{z,z'}$ 的一般元素。

然后, 我们对 $j = 1, \cdots, 5$, 使用 11 个切比雪夫多项式逼近值函数 $V^j(k_t)$ 和劳动的决策规则 $l^j(k_t)$, 即:

$$V^j(k_t \mid \theta^{V,j}) = \sum_{i=0}^{10} \theta_i^{V,j} T_i(k_t) \tag{41}$$

$$l^j(k_t \mid \theta^{l,j}) = \sum_{i=0}^{10} \theta_i^{l,WK} T_i(k_t) \tag{42}$$

一旦我们得到了劳动的决策规则,我们马上可以求得产出:

$$y^j(k_t) = e^{z_t} k_t^\alpha (l^j(k_t \mid \theta^{l,j}))^{1-\alpha}$$

求得了产出之后,利用将边际效用消费与劳动的边际生产率联系起来的一阶条件,我们可以求得消费:

$$c^j(k_t) = \frac{\tau}{1-\tau}(1-\alpha) e^{z_t} k_t^\alpha (l^j(k_t \mid \theta^{l,j}))^{-\alpha}(1 - l^j(k_t \mid \theta^{l,j})) \tag{43}$$

再利用资源约束,求得下一期的资本:

$$k^j(k_t) = e^{z_t} k_t^\alpha (l^j(k_t \mid \theta^{l,j}))^{1-\alpha} + (1-\delta) k_t - c^j(k_t) \tag{44}$$

我们所用的符号 $y^j(k_t)$、$c^j(k_t)$ 和 $k^j(k_t)$,都凸显了这三个变量对资本和生产率水平的精确依赖:一旦我们已经逼近了 $l^j(k_t \mid \theta^{l,j})$,接下来在均衡条件下进行简单代数运算就可以了,从而避免了进一步的逼近。

我们决定逼近值函数和劳动的决策规则,然后用它们来推导出其他我们感兴趣的变量,这是为了说明投影方法的灵活性。事实上,我们也可以决定逼近消费和资本的决策规则,并利用均衡条件求得劳动的决策规则和值函数。研究者应该根据自己的需要选择更加便利的近似函数——无论是出于代数运算复杂性的原因还是因为特定的研究目标。

为了求解未知系数 θ^V 和 θ^l,我们将函数(41)、(42)、(43)和(44)插入贝尔曼方程中,于是得到:

$$\sum_{i=0}^{10} \theta_i^{V,j} T_i(k_t) = \frac{((c^j(k_t))^\theta (1 - \sum_{i=0}^{10} \theta_i^l T_i(k_t))^{1-\theta})^{1-\tau}}{1-\tau} + \beta \sum_{m=1}^{5} p_{jm} \sum_{i=0}^{10} \theta_i^{V,j} T_i(k^j(k_t)) \tag{45}$$

在这里,由于我们已经在使用最优决策规则了,所以我们可以弃用最大值运算符。此外,我们还用求和运算符和转移概率 p_{jm} 替代了期望。我们再将函数(41)、(42)、(43)和(44)插入欧拉方程中,得到下式:

$$\frac{(c_t^\theta(1 - \sum_{i=0}^{10} \theta_i^{l,WK} T_i(k_t))^{1-\theta})^{1-\tau}}{c_t} = \beta \, \mathbb{E}_T \sum_{m=1}^{5} p_{jm} \sum_{i=0}^{10} \theta_i^{V,j} T_i(k^j(k_t))' \tag{46}$$

其中,$T_i(k^j(k_t))'$ 是切比雪夫多项式相对于其参数的导数。

从而,根据方程式(45)和(46),残差方程组为:

$$R(k_t, z_j \mid \theta) = \begin{cases} \sum_{i=0}^{10} \theta_i^{V,j} T_i(k_t) - \dfrac{(c^j(k_t))^\theta (1 - \sum_{i=0}^{10} \theta_i^l T_i(k_t))^{1-\theta})^{1-\tau}}{1-\tau} \\ \qquad - \beta \sum_{m=1}^{5} p_{jm} \sum_{i=0}^{10} \theta_i^{V,j} T_i(k^j(k_t)) \\ \dfrac{(c_t^\theta(1 - \sum_{i=0}^{10} \theta_i^{l,WK} T_i(k_t))^{1-\theta})^{1-\tau}}{c_t} - \beta \, \mathbb{E}_t \sum_{m=1}^{5} p_{jm} \sum_{i=0}^{10} \theta_i^{V,j} T_i(k^j(k_t))' \end{cases}$$

其中,θ 叠加 $\theta^{V,j}$ 和 $\theta^{l,k}$。由于我们在 z_j 的 5 个水平的每一个水平上,都对值函数使用了 11 个切比雪夫多项式,对劳动的决策规则使用了另外 11 个切比雪夫多项式,所以 θ 有 110 个元素($110 = 11 \times 2 \times 5$)。如果我们直接用这些 11 阶切比雪夫多项式在 11 个零点上求资本和 z_j 的 5

个水平的残差函数,那么我们将需要 110 个方程来求解这 110 个系数。牛顿式解算器可以很容易地处理这样的系统。(尽管,正如我们在备注 24 中已经解释过的,使用多步骤方案能够大大简化计算:我们在第一步中使用了 3 个切比雪夫多项式,在第二步中使用了 11 个切比雪夫多项式。)

图 10 给出了我们的解的主要部分。在图 10 中,左上部分是值函数的图形,共有 5 条线,每条线分别对应于 x 轴上的 5 个生产率和资本的值的一个。与理论预测的一样,值函数对于两个状态变量 k_t 和 z_t 而言,都是递增和凹的。消费的决策规则(右上图)、劳动供给的决策规则(左下图)和下一期资本 k_{t+1} 的决策规则(右下图),也都给出了同样约定的 5 条线。从图 10 可见,最引人注目的模式是资本决策规则的近线性。总之,研究者一旦求得了值函数和所有决策规则,那么就可以很容易地模拟模型、计算脉冲响应函数,并评估福利。

以这种方法求得的解的准确性给我们留下了深刻的印象。欧拉方程误差在 $\log_{10}$ 尺度上低于 -13。我们将在下文第 7 节中深入讨论如何解释这些错误,在这里只需指出如下这一点就足够了:就实际应用目的而言,在离散生产率水平的随机新古典增长模型中,如图 10 所示的解,已经可以用来代替精确解了。

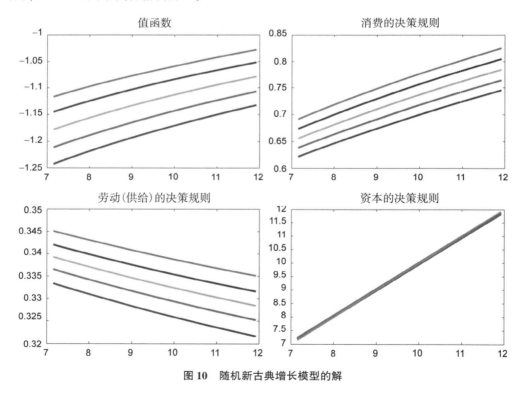

图 10 随机新古典增长模型的解

5.7 斯莫利亚克(Smolyak)算法

完全多项式法之外的另一个选择是斯莫利亚克算法。这种算法可以比其他方法更好地解决"维度的诅咒"问题。关于斯莫利亚克算法,请参见斯莫利亚克(1963)、德尔伏斯

（Delvos）（1982）、巴泽尔曼（Barthelmann）等人（2000），特别是班加尔茨（Bungartz）和格里贝尔（Griebel）（2004）对相关文献的综述。斯莫利亚克算法最先是克鲁格（Krüger）和库布勒（Kubler）（2004）、马林（Malin）等人（2011）引入经济学中的，作为 DSGE 模型的一种求解方法。随后，斯莫利亚克算法很快就被许多经济学家掌握和利用。例如，费尔南德斯-比利亚韦德等人（2015a）依靠斯莫利亚克算法，解出了一个名义利率有零下限约束（ZLB）的新凯恩斯主义模型（他们的模型有 5 个状态变量）；费尔南德斯-比利亚韦德和莱文塔尔（2016）则利用这种算法求解有巨大灾害风险的新凯恩斯主义模型（该模型有 12 个状态变量）；戈登（Gordon）（2011）也使用斯莫利亚克算法解出了一个有异质性经济行为主体的模型。利用斯莫利亚克算法，马林等人（2011）准确地计算出了一个有 20 个连续状态变量，并且生产和效用函数中都具有相当大的曲率的模型。接下来，我们在阐述斯莫利亚克算法时，将追随克鲁格和库布勒（2004）、马林等人（2011）的思路，因此感兴趣的读者，还可以阅读他们的论著，以了解更多的细节。[①]

如前所述，我们的目标是逼近一个关于 n 个变量的函数（决策规则、值函数、期望等等），$d:[-1,1]^n \to \mathbb{R}$（要推广到 $d:[-1,1]^n \to \mathbb{R}^m$ 的情形并不困难，但是并没有太大意思）。斯莫利亚克算法的主要思想是，找到一个"点网格"$\mathbb{G}(q,n) \in [-1,1]^n$（其中，$q>n$）以及一个以系数 θ 为索引的近似函数 $d(x|\theta,q,n):[-1,1]^n \to \mathbb{R}$，使得在点 $x_i \in \mathbb{G}(q,n)$ 处，未知函数 $d(\cdot)$ 与 $d(\cdot|\theta,q,n)$ 相等，即：

$$d(x_i) = d(x_i|\theta,q,n)$$

而且，在点 $x_i \notin \mathbb{G}(q,n)$ 处，$d(\cdot|\theta,q,n)$ 接近于未知函数 $d(\cdot)$。或者，换句话说，在点 $x_i \in \mathbb{G}(q,n)$ 处，算子 $\mathcal{H}(\cdot)$ 将完全得到满足，而在其他点，残差函数将接近于零。整数 q 是网格的大小的索引，而且与网络的大小一起，表征着逼近的精度。

这里的挑战在于，如何明智地选择网格点 $\mathbb{G}(q,n)$，使得系数 θ 的数量不会随着 n 的增加而爆炸性地扩大。在多项式近似集中，斯莫利亚克算法对于完成该任务（几乎）是最优的算法（巴泽尔曼等人，2000）。再者，这种方法还有很强的通用性；这就是说，对于各种不同的函数空间来说，它几乎都是最优的。

5.7.1　斯莫利亚克算法的实现
我们搜索网格点 $\mathbb{G}(q,n)$ 和函数 $d(x|\theta,q,n)$ 的工作网格需要分几个步骤完成。

5.7.1.1　第一步：转换状态变量域

对于任何状态变量 $\tilde{x}_l(l=1,\cdots,n)$，若其域可以表示为 $[a,b]$，那么我们就利用如下的线性变换，使之从 $[a,b]$ 变换为 $[-1,1]$：

$$x_l = 2\frac{\tilde{x}_l - a}{b-a} - 1$$

5.7.1.2　第二步：设定多项式的阶

我们定义 $m_1=1$ 和 $m_i=2^{i-1}+1, i=2,\cdots$，其中 m_i-1 就是我们将用来逼近 $d(\cdot)$ 的多项

① 另外，还有一个很有前途的研究进路，那就是利用遍历集来求解高维度模型（贾德等人，2011b；马里亚尔等人，2011；马里亚尔和马里亚尔，2015）。马里亚尔和马里亚尔（2014）给出的综述非常出色，因此我们在此不再赘述。

的阶。

5.7.1.3 第三步:构建高斯-洛博托(Gauss-Lobotto)节点

我们构造如下集合:

$$\mathcal{G}^i = \{\zeta_1^i, \cdots, \zeta_{m_i}^i\} \subset [-1,1]$$

它包含高斯-洛博托节点——通常也被称为克伦肖(Clenshaw)-柯蒂斯(Curtis)点——也就是切比雪夫多项式的极值:

$$\zeta_j^i = -\cos\left(\frac{j-1}{m_i-1}\pi\right), j=1,\cdots,m_i$$

其中,集合为 $\mathcal{G}^1 = \{0\}$ [虽然符号有些许变化,但是这里的极值公式与方程式(34)中的相同]。例如,前三个集合由下面的方程式给出:

$$\mathcal{G}^1 = \{0\}, \text{其中 } i=1, m_1=1$$
$$\mathcal{G}^2 = \{-1,0,1\}, \text{其中 } i=2, m_3=3$$
$$\mathcal{G}^3 = \left\{-1, -\cos\left(\frac{\pi}{4}\right), 0, -\cos\left(\frac{3\pi}{4}\right), 1\right\}, \text{其中 } i=3, m_5=5$$

由于在构造集合时,我们施加了 $m_i = 2^{i-1}+1$,所以我们生成的是嵌套的集合,即 $\mathcal{G}^i \subset \mathcal{G}^{i+1}, \forall i = 1, 2, \cdots$。这个结果对于斯莫利亚克算法的成功至关重要。

5.7.1.4 第四步:构建一个稀疏网格

对于任一大于状态变量的数量 n 的整数 $q(q>n)$,我们将一个稀疏网格定义为笛卡尔乘积的并集:

$$\mathbb{G}(q,n) = \bigcup_{q-n+1 \le |i| \le q} (\mathcal{G}^{i_1} \times \cdots \times \mathcal{G}^{i_n})$$

其中,$|i| = \sum_{l=1}^n i_l$。

下面通过例子说明这个稀疏网格是发挥作用的。想象我们正在处理一个具有连续状态变量的 DSGE 模型。如果我们选择 $q=2+1=3$,那么我们得到的稀疏网格为:

$$\mathbb{G}(3,2) = \bigcup_{2 \le |i| \le 3} (\mathcal{G}^{i_1} \times \cdots \times \mathcal{G}^{i_2})$$
$$= (\mathcal{G}^1 \times \mathcal{G}^1) \cup (\mathcal{G}^1 \times \mathcal{G}^2) \cup (\mathcal{G}^2 \times \mathcal{G}^1)$$
$$= [(-1,0),(0,1),(0,0),(0,-1),(1,0)\}$$

我们在图 11 的左上小图给出了这个网格[复制自克鲁格和库布勒(2004)的论文的图 1]。

如果我们选择 $q=2+2=4$,那么我们得到的稀疏网格是:

$$\mathbb{G}(4,2) = \bigcup_{3 \le |i| \le 4} (\mathcal{G}^{i_1} \times \cdots \times \mathcal{G}^{i_2})$$
$$= (\mathcal{G}^1 \times \mathcal{G}^2) \cup (\mathcal{G}^1 \times \mathcal{G}^3) \cup (\mathcal{G}^2 \times \mathcal{G}^2) \cup (\mathcal{G}^3 \times \mathcal{G}^1)$$
$$= \left\{ \begin{array}{l} (-1,1),(-1,0),(-1,-1),\left(-\cos\left(\frac{\pi}{4}\right),0\right), \\ (0,1),\left(0,-\cos\left(\frac{3\pi}{4}\right)\right),(0,0),\left(0,-\cos\left(\frac{\pi}{4}\right)\right), \\ (0,-1),\left(-\cos\left(\frac{3\pi}{4}\right),0\right),(1,1),(1,0),(1,-1) \end{array} \right\}$$

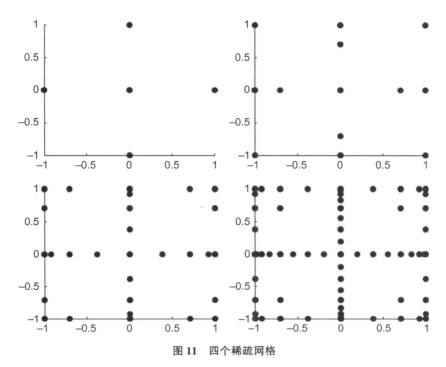

图 11 四个稀疏网格

我们在图 11 的右上角画出了这个网格。请注意,稀疏网格是有层次结构的,其中,$\mathbb{G}(3,2) \in \mathbb{G}(4,2)$ 或更一般地,$\mathbb{G}(q,n) \in \mathbb{G}(q+1,n)$。

采用同样的策略,我们还可以继续构建 $\mathbb{G}(5,2)$,见图 11 的左下角;$\mathbb{G}(6,2)$,见图 11 的右下角。(为了行文简洁,我们不再一一列举这两个网格的每个点。)在图 12 中,我们给出了 3 个状态变量的情况下的一个网络——$\mathbb{G}(5,3)$。

稀疏网格有两个重要的性质。首先,网格点全部聚集在切比雪夫多项式的域的解上和中心十字的周围。其次,当 $q=n+2$ 时,稀疏网格中的点的数量由 $1+4n+2n(n-1)$ 给出。因此,网格的基数是在 n^2 上多项式增长的。类似的公式也适用于其他 $q>n$。例如,当 $q=n+3$ 时,网格的基数在 n^3 上多项式增长。事实上,当我们保持 n 固定不变、让 q 增加时,这种算法的计算负担将显著增加。不过幸运的是,经验表明,$q=n+2$ 或 $q=n+3$ 通常就足以提供一般的 DSGE 模型所需的精度了。

高斯-洛博托节点的集合的嵌套性,在控制 $\mathbb{G}(q,n)$ 的基数方面发挥着核心作用。相比之下,矩形网格中的点的数量为 5^n。在图 11 的右上图中,如果 $n=2$,这就对应于 $\left\{-1,0,-\cos\left(\dfrac{\pi}{4}\right),0,-\cos\left(\dfrac{3\pi}{4}\right),1\right\}$ 和 $\left\{-1,-\cos\left(\dfrac{\pi}{4}\right),0,-\cos\left(\dfrac{3\pi}{4}\right),1\right\}$ 的所有可能的张量,覆盖了 $[1,1]^2$ 的整个方格。

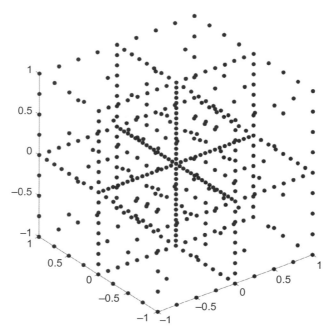

图 12 一个稀疏网格(3个状态变量)

表 3 网络的大小,当 $q = n + 2$ 时

n	$\mathbb{G}(q,n)$	5^n
2	13	25
3	25	125
4	41	625
5	61	3125
12	313	244,140,625

相反,斯莫利亚克的算法并不把这 25 个点全都保留下来,而是去除了其中的 12 个点,只留下了 13 个点。表 3 给出的是,当状态变量的数量从 2 个增加到了 12 个时,两种网格的点的数量之间的对比关系,这说明,多项式增长与指数增长之间的差异确实是非常惊人的。

5.7.1.5 第五步:构建张量积

我们使用切比雪夫多项式 $\psi_i(x_i) = T_{i-1}(x_i)$ 来构建张量积多变量多项式:

$$p^{|i|}(x|\theta) = \sum_{l_1=1}^{m_{i_1}} \cdots \sum_{l_n=1}^{m_{i_n}} \theta_{l_1 \cdots l_n} \Psi_{l_1}(x_1) \cdots \Psi_{l_n}(x_n)$$

其中, $|i| = \sum_{l=1}^{n} i_l$, $x_i \in [1,1]$, $x = \{x_1, \cdots, x_n\}$,同时 θ 叠加了所有系数 $\theta_{l_1 \cdots l_n}$。

因此(例如),对于一个有两个连续状态变量且 $q = 3$ 的 DSGE 模型,我们将得到:

$$p^{1,1}(x|\theta)=\sum_{l_1=1}^{m_1}\sum_{l_n=1}^{m_1}\theta_{l_1l_2}\Psi_{l_1}(x_1)\Psi_{l_2}(x_2)=\theta_{11}$$

$$p^{1,2}(x|\theta)=\sum_{l_1=1}^{m_1}\sum_{l_n=1}^{m_2}\theta_{l_1l_2}\Psi_{l_1}(x_1)\Psi_{l_2}(x_2)=\theta_{11}+\theta_{12}T_1(x_2)+\theta_{13}T_2(x_2)$$

$$p^{2,1}(x|\theta)=\sum_{l_1=1}^{m_2}\sum_{l_n=1}^{m_1}\theta_{l_1l_2}\Psi_{l_1}(x_1)\Psi_{l_2}(x_2)=\theta_{11}+\theta_{21}T_1(x_1)+\theta_{31}T_2(x_1)$$

在这里，我们已经利用了 $T_0(x_i)=1$。因此，对于 $x=\{x_1,x_2\}$：

$$p^{|2|}(x|\theta)=p^{1,1}(x|\theta)$$

$$p^{|3|}(x|\theta)=p^{1,2}(x|\theta)+p^{2,1}(x|\theta)$$

这种方法最方便的是，对于每个维度上由点 $k_1,\cdots,k_n>1$ 组成的任意网格，从下式就可以得出系数：

$$\theta_{l_1\cdots l_n}=\frac{2^n}{(k_1-1)\cdots(k_n-1)}\frac{1}{c_{l_1}\cdots c_{l_n}}\sum_{j_1=1}^{k_1}\cdots\sum_{j_n=1}^{k_n}\frac{1}{c_{j_1}\cdots c_{j_n}}\Psi_{l_1}(\zeta_1)\cdots\Psi_{l_d}(\zeta_n)d(\zeta_1,\cdots,\zeta_n) \tag{47}$$

其中，对于所有 j，都有 $c_j=1$（除了 $c_1=c_{k_d}=2$ 之外），而且 $\zeta_k\in\mathcal{G}^i$ 是高斯–洛博托节点。这个近似值在高斯–洛博托节点中是准确的，而且是它们之间的插值。

事实上，以切比雪夫多项式为基函数 $\psi_j(x)$ 的这种做法并没有什么特别之处，而且，如果需要，我们完全可以依靠其他基函数。例如，我们可以用斯莫利亚克算法实现有限元方法——通过将 Ω 划分为若干有限元并定义一些局部基函数。这方面的一个例子是诺比莱（Nobile）（2008）等人的研究。我们在这里之所以要使用切比雪夫多项式，只不过是因为它们利用斯莫利亚克算法进行的应用在宏观经济学研究中相当流行。

5.7.1.6　第六步：在 n 维中构建插值函数

在 $\mathbb{G}(q,n)$ 上进行插值处理的斯莫利亚克函数是：

$$d(x|\theta,q,n)=\sum_{\max(n,q-n+1)\le|i|\le q}(-1)^{q-|i|}\binom{n-1}{q-|i|}p^{|i|}(x|\theta)$$

这其实就是张量的加权和。在我们前面给出的例子中，那个 DSGE 模型有两个连续状态变量，且 $q=3$。对于它，我们有如下的稀疏网格（这个稀疏网格就是图 11 的左上图）：

$$\mathbb{G}(3,2)=\{(-1,0),(0,1),(0,0),(0,-1),(1,0)\}$$

而且：

$$\begin{aligned}d(x|\theta,q,n)&=\sum_{2\le|i|\le3}(-1)^{3-|i|}\binom{1}{3-|i|}p^{|i|}(x|\theta)\\&=(-1)\binom{1}{1}p^{|2|}(x|\theta)+(-1)^0\binom{1}{0}p^{|3|}(x|\theta)\\&=p^{1,2}(x|\theta)+p^{2,1}(x|\theta)-p^{1,1}(x|\theta)\\&=\theta_{11}+\theta_{21}T_1(x_1)+\theta_{31}T_2(x_1)+\theta_{12}T_1(x_2)+\theta_{13}T_2(x_2)\end{aligned}$$

该近似中的每个系数由方程式（47）中的公式给出：

$$\theta_{21} = \frac{1}{2}(d(1,0) - d(-1,0))$$

$$\theta_{12} = \frac{1}{2}(d(0,1) - d(0,-1))$$

$$\theta_{31} = \frac{1}{4}(d(1,0) + d(-1,0)) - \frac{1}{2}d(0,0)$$

$$\theta_{13} = \frac{1}{4}(d(0,1) + d(0,-1)) - \frac{1}{2}d(0,0)$$

不过常数项除外:

$$\theta_{11} = \frac{1}{4}(d(0,1) + d(0,-1) + d(1,0) + d(-1,0))$$

这反过来又保证了插值函数满足条件 $d(0,0) = d(x|\theta,q,n)$。很容易验证,稀疏网格点上近似函数等于未知函数这个条件确实是满足的。例如,在 $(1,0)$ 处,我们有:

$$d((-1,0)|\theta,q,n) = \theta_{11} + \theta_{21}T_1(-1) + \theta_{31}T_2(-1) + \theta_{12}T_1(0) + \theta_{13}T_2(0)$$

$$= \theta_{11} - \theta_{21} + \theta_{31} - \theta_{13}$$

$$= \frac{1}{4}(d(0,1) + d(0,-1) + d(1,0) + d(-1,0))$$

$$\quad - \frac{1}{2}(d(1,0) - d(-1,0))$$

$$\quad + \frac{1}{4}(d(1,0) + d(-1,0)) - \frac{1}{2}d(0,0)$$

$$\quad - \frac{1}{4}(d(0,1) + d(0,-1)) + \frac{1}{2}d(0,0)$$

$$= d(-1,0)$$

如此构造出来的 $d(x|\theta,q,n)$ 有一个非常有意思的特征,那就是 $\mathbb{G}(q,n)$ 的基数以及 θ 上的系数的数量是相互吻合的。在我们前面那个例子中,$\mathbb{G}(3,2) = 5$ 且 $\theta = \{\theta_{11}, \theta_{21}, \theta_{31}, \theta_{12}, \theta_{13}\}$。第二个重要属性是,$d(x|\theta,q,n)$ 精确地复制了用次数小于或等于 $q-n$ 的单项式构造的多项式函数。

5.7.1.7 第七步:解出多项式系数

对于所有的 $x_i \in \mathbb{G}(q,n)$,我们将 $d(x|\theta,q,n)$ 插入算子 $\mathcal{H}(\cdot)$ 中。在这一步,这个算子必定为零:

$$\mathcal{H}(d(x_i|\theta,q,n)) = 0$$

我们解出 θ 上的未知系数。在我们前面的例子中,我们已经得知,$\mathbb{G}(3,2) = \{(-1,0), (0,1), (0,0), (0,-1), (1,0)\}$,因此有:

$$d((-1,0)|\theta,q,n) = \theta_{11} + \theta_{21}T_1(-1) + \theta_{31}T_2(-1) + \theta_{12}T_1(0) + \theta_{13}T_2(0) = \theta_{11} - \theta_{21} + \theta_{31} - \theta_{13}$$

$$d((0,1)|\theta,q,n) = \theta_{11} + \theta_{21}T_1(0) + \theta_{31}T_2(0) + \theta_{12}T_1(1) + \theta_{13}T_2(1) = \theta_{11} - \theta_{31} + \theta_{12} + \theta_{13}$$

$$d((0,0)|\theta,q,n) = \theta_{11} + \theta_{21}T_1(0) + \theta_{31}T_2(0) + \theta_{12}T_1(0) + \theta_{13}T_2(0) = \theta_{11} - \theta_{31} - \theta_{13}$$

$$d((0,-1)|\theta,q,n)=\theta_{11}+\theta_{21}T_1(0)+\theta_{31}T_2(0)+\theta_{12}T_1(-1)+\theta_{13}T_2(-1)=\theta_{11}-\theta_{31}-\theta_{12}+\theta_{13}$$

$$d((1,0)|\theta,q,n)=\theta_{11}+\theta_{21}T_1(1)+\theta_{31}T_2(1)+\theta_{12}T_1(0)+\theta_{13}T_2(0)=\theta_{11}+\theta_{21}+\theta_{31}-\theta_{13}$$

因此,下面这个方程组:

$$\mathcal{H}(d(x_i|\theta,q,n))=0,x_i\in\mathbb{G}(q,n)$$

可以用一个标准的非线性解算器来求解。克鲁格和库布勒(2004)、马林等人(2011)提出了一种时间迭代方法,它从作为初始猜测的对模型的一阶微扰开始。当然,这种选择对于该方法来说并不是必需的。

5.7.2　扩展

最近,贾德等人(2014b)对斯莫利亚克算法做出了一个重要的改进。具体地说,第一,贾德等人给出了一个更加有效的斯莫利亚克算法(该算法利用了等价于集合的不相交集合生成器)。第二,作者们使用了拉格朗日插值方案。第三,作者构建了一个各向异性网格,从而不同状态变量可以有不同数量的网格点和基本函数。最后这一点可能是很重要的,它刻画了这样一个事实:沿着某些维度的决策规则往往会比其他决策规则更加难以估计。最后,作者们认为,使用无导数不动点迭代方法,要比克鲁格和库布勒(2004)、马林等人(2011)的时域迭代法更加有效。

相比之下,布鲁姆(Brumm)和谢伊德格(Scheidegger)(2015)则仍然采用了时域迭代方法,不过他们同时又嵌入了一个自适应稀疏网格。这个网格能够自动地进行局部精炼,从而可以刻画陡峭的梯度和一些不可微分性。这两位作者提供了这种方法的全混合并行实施方案,从而利用了大规模并行处理所带来的速度上的改进。

6.　微扰法与投影法的比较

前面我们分别描述了微扰法和投影法,现在,我们对这两种方法进行比较,并对它们各自的优缺点加以简短的评论。

微扰法有一个很大的优势:它们计算效率非常高。在使用微扰法的时候,只需利用我们几乎人手一部的普通的笔记本电脑,就可以在几秒钟内完成对有数十个状态变量的 DSGE 模型的三阶近似。但是,各种微扰方法也有一个很大的缺点:它们只能给出局部解。在我们执行微扰的那些点上,泰勒级数展开是准确的,但是,只要我们离开这些点,精确性就会急剧下降。因此,虽然微扰方法在很多时候也能产生良好的全局性结果[例如,请参见:阿罗巴等人(2006)、卡尔达拉等人(2012),以及斯旺森等人(2006)],但是对于这种性能,必须放在每个具体应用中进行评估,而且要强调的是,在许多定量研究中,即便微扰法在相当广的范围内都相当精确,也可能不能保证结果的可靠性。此外,微扰法还依赖于某些可微分性条件,而研究者感兴趣的模型往往违反这些可微性条件,比如说那些存在着折弯的模型,或者存在着间或紧固约束的模型。①

投影法在很大程度上可以说是微扰法的一个反面镜像。投影法有一个很大的优势：利用切比雪夫多项式法和有限元法都能得到在整个状态变量值范围内的高精度的解。相关文献，请参见阿罗巴等人（2006）和卡尔达拉等人（2012）的综述。投影法甚至可以求解很多极其复杂的问题，包括有间断坚固约束、不规则形状和局部行为的模型。当然，投影法的这种威力和灵活性都不是没有成本的：投影法对计算的要求很高。投影法更难编码，要花更长的时间运行，而且很难摆脱"维度的诅咒"（对于最后一点，我们在上文中已经指出过很多次了）。②

那么在实际应用中，到底应该使用哪种方法呢？答案很多人都想得到：这依赖于具体情况。DSGE 模型的各种求解方法构成了一个供我们选择的"菜单"。举例来说，如果我们要处理的是标准的中等规模的有 25 个状态变量的新凯恩斯主义模型，那么微扰法可能是最好的选择。在这类比较规范的新凯恩斯主义模型中，局部近似就足以满足我们的大多数研究目标了。例如，一阶近似就可以给出对于商业周期统计量的准确估计，比如说方差和协方差；二阶近似或三阶近似则能够给出相当不错的福利估计（尽管给出福利判断时始终应该非常小心）。相比之下，如果我们正在处理的是有金融约束条件、严重风险厌恶倾向并只有少数几个状态变量的 DSGE 模型，那么投影法就可能是一个更好的选择。经验丰富的研究人员甚至可能会同时使用这两种不同的求解方法，以便进行交叉检验（也许是利用他们的模型的简化版），然后在编码时间、运行时间和准确性等各方面进行权衡，以选定更好的方法。

备注 25（混合方法） 微扰法与投影法之间的鲜明对比，本身就暗示着开发一种能够将这两种方法的优点结合起来的更好的"混合方法"的可能性。贾德（1998，第 15.6 节）提出了以下混合算法。

算法 4（混合算法）

1. 使用微扰法构造一个为我们需要解决的 DSGE 模型"量身定制"的基。

2. 运用格拉姆-施密特过程（Gram-Schmidt process）从第一步中得到的基构造出一个正交基。

3. 利用第 2 步得到的基，运用投影法。

虽然这个算法看上去很有前途[请参见贾德（1998）提供的例子]，但是我们不知道应该如何进一步发展这种方法。

最近，莱文塔尔（2015b）、费尔南德斯-比利亚韦德和莱文塔尔（2016）建议，使用基于泰勒展开式的逼近方法。这种方法也颇具混合方法的味道。费尔南德斯-比利亚韦德和莱文塔尔的论文表明，当计算有十几个状态变量及大灾害风险的 DSGE 模型时，这种方法的精确

① 为了解决这些问题，研究者已经提出了很多种不同的方法，例如使用惩罚函数（penalty function）。这方面的一个例子请参见普雷斯顿（Preston）和罗卡（Roca）（2007）。事实上，近年来，已经有不少国家的中央银行将目标利率降低到了低于零的水平，这表明许多限制（比如说，零利率下限约束）可能更接近于这种惩罚函数，而不是传统的折弯（kink）。
② 因扰绝大多数运用 DSGE 模型的研究的真正瓶颈在于编码时间，而不是运行时间。微扰法的运行时间只需几秒钟，投影法的运行时间是几分钟，这种成本与有限元法的编码时间相比、与运用 Dynare 等工具找到适当的微扰的成本相比，是微不足道的。

度与纯粹的微扰法或投影方法相比要高得多。其他的混合方法,还包括马里亚尔等人(2013)提出的方法。

7. 误差分析

求 DSGE 模型的数值解的最后一步是评估由近似过程产生的误差,即精确解与近似解之间的差异。乍一看,这项工作应该有很大的挑战性,因为模型的精确解是未知的。不过,现有文献已经给出了很多种评估误差的方法。[①] 不过在这里,我们将只专注于两种最常用的评估误差的方法:χ^2 检验法,由邓哈恩和马赛特(1994)提出;欧拉方程误差法,由贾德(1992)提出。在本节中,我们将统一使用上标 j 来表示微扰顺序、基函数的数量,以及求解方法的其他特征。例如,$c^j(k_t, z_t)$ 代表一个状态变量为 k_t 和 z_t 的模型中的消费 $c^j(k_t, z_t)$ 的决策规则的近似值。

备注 26(理论上的边界) 一些(有限的)理论结果能够限制近似误差及其后果。桑托斯和比戈·阿吉亚尔(Vigo-Aguiar)(1998)推导出了使用值函数迭代计算的模型的误差的上限,然后桑托斯和拉斯特(2004)进一步将这个结论扩展到了政策函数迭代的模型当中。后来,桑托斯和佩拉尔塔-阿尔瓦(Peralta-Alva)(2005)又给出了当近似均衡函数接近于精确(仍然未知的)均衡函数时,模型的模拟矩的误差收敛向零的正则性条件(regularity condition)。费尔南德斯-比利亚韦德等人(2006)则探讨了对于似然函数的类似条件。斯塔丘尔斯基(Stachurski)和马丁(Martin)(2008)也针对研究者感兴趣的变量遍历分布的密度计算误差提出了类似的条件。贾德等人(2014a)则强调了确定近似误差大小下界的重要性,他们还提出了一种确定这种下界的方法。布朗(Brown)等人(2010)首倡了通过放松信息来度量使用近似的决策规则的福利成本的方法,后来科根(Kogan)和米尔特拉(Mitra)(2014)进一步进行了研究。桑托斯和佩拉尔塔-阿尔瓦(2014)对现有文献进行了全面的综述。然而,尽管所有这些研究都非常引人注目,但是这仍然是一个有待进一步研究的领域。

备注 27(初步评估或预备评估) 在正式进行的误差分析之前,我们应首先进行若干预备评估。首先,我们需要检查计算出来的解是不是满足了所要求的理论性质,比如说决策规则的凹性或单调性。其次,我们需要检查决策规则、冲动响应函数和模型的基本统计量的形状和结构。最后,当我们改变模型的校准时,我们还需要检查解会怎样随之而发生变化。

这些步骤虽然简单,但是对于某个近似解的精确性(或精确性不足),它们能告诉我们的,往往会比任何正式的方法更多。很显然,研究者还应该采取积极的步骤去验证自己的编码是否正确、自己所实际计算的到底是不是自己应该计算的东西。使用现代的、在业内已经得到验证的软件工程技术,对于确保编码质量至关重要。

[①] 我们在介绍评估误差的方法时,在很大程度上借鉴了阿罗巴等人(2006)的阐述,有兴趣的读者可以在他们的论著中找到更多的细节。

7.1 χ^2 准确性检验

邓哈恩和马赛特(1994)指出,如果模型的某些均衡条件如下式所示:

$$f(y_t) = \mathbb{E}_t(\varnothing(y_{t+1}, y_{t+2}, \cdots))$$

(其中向量 y_t 包括了时间 t 上的 n 个变量,$f: \mathbb{R}^n \to \mathbb{R}^m$ 和 $\varnothing: \mathbb{R}^n \times \mathbb{R}^\infty \to \mathbb{R}^m$ 都是已知函数),那么我们有:

$$\mathbb{E}_t(u_{t+1} \otimes h(x_t)) = 0 \tag{48}$$

对任何相对于 t 可测试的向量 x_t 都成立,其中 $\mu_{t+1} = \varnothing(y_{t+1}, y_{t+2}, \cdots) - f(y_t)$,且 $h: \mathbb{R}^k \to \mathbb{R}^q$ 是一个任意的函数。

如果我们使用某个给定的求解方法 $\{y_t^j\}_{t=1:T}$ 从 DSGE 模型中模拟出一个长度为 T 的序列,那么我们就能找到 $\{u_{t+1}^j, x_t^j\}_{t=1:T}$ 并计算出方程式(48)的样本模拟值(sample analog):

$$B_T^j = \frac{1}{T} \sum_{t=1}^T u_{t+1}^j \otimes h(x_t^j) \tag{49}$$

如果我们使用的是模型的精确解,那么如方程式(49)的矩将会收敛到零。但是恰恰相反,我们正在使用的是近似值,所以在如方程式(48)所示的总体矩成立的零假设下,统计量 $B(B_T^j)'(A_T^j)^{-1}B_T^j$ 将会以 qm 个自由度收敛于一个 χ^2 分布——其中 A_T^j 为如下矩阵的一致估计:

$$\sum_{t=-\infty}^{\infty} \mathbb{E}_t[(u_{t+1} \otimes h(x_t))(u_{t+1} \otimes h(x_t))']$$

超过临界值的测试值可以解释为解的准确性的证据。由于解都必定是近似值,所以我们最终都会拒绝零假设。为了控制这个问题,邓哈恩和马赛特(1990)建议重复进行对许多模拟的检验,并且报告统计量高于和低于临界值5%的百分比。如果解是一个很好的近似,那么这两个百分比都应该接近于5%。

这种 χ^2 检验有助于研究者评估近似解的误差如何随时间累积。它的主要缺点是对准确性的拒绝可能很难加以解释。

7.2 欧拉方程误差法

贾德(1992)提出,可以通过定义归一化的欧拉方程误差来确定解的质量。这种方法的基本思想是,当我们使用近似解时,可以度量 DSGE 模型核心处的欧拉方程能够在多大程度上得到满足。

与前面一样,要搞清楚如何实现这个思想,最好的途径就是举一个例子。我们可以回到上文第5.6小节求解的那个随机新古典增长模型。该模型生成如下欧拉方程:

$$u_c{}'(c_t, l_t) = \beta \mathbb{E}_t\{u_c{}'(c_{t+1}, l_{t+1}) R_{t+1}\} \tag{50}$$

其中,

$$u_c{}'(c_t,l_t) = \frac{(c_t^\tau (1-l_t)^{1-\tau})^{1-\eta}}{c_t}$$

是消费的边际效用,$R_{t+1}=(1+\alpha e^{z_{t+1}}k_t^{\alpha-1}l_{t+1}^{1-\alpha}-\delta)$ 是资本总回报率。只要取消费的边际效用的倒数,并进行一些代数运算,我们就可以得到:

$$1-\frac{u'_c(\beta\,\mathbb{E}_t\{u'_c(c_{t+1},l_{t+1})R_{t+1}\},l_t)^{-1}}{c_t}=0 \qquad (51)$$

如果将方程式(51)插入消费的精确决策规则

$$c_t=c(k_t,z_t)$$

插入劳动的精确决策规则

$$l_t=l(k_t,z_t)$$

插入资本的精确决策规则

$$k_{t+1}=k(k_t,z_t)$$

那么就可以得到:

$$1-\frac{u'_c(\beta\,\mathbb{E}_t\{u'_c(c(k(k_t,z_t),z_{t+1}),l(k(k_t,z_t),z_{t+1}))R_{t+1}(k_t,z_t,z_{t+1})\},l(k_t,z_t))^{-1}}{c(k_t,z_t)}=0 \quad (52)$$

其中 $R(k_t,z_t,z_{t+1})=(1+\alpha e^{z_{t+1}}k(k_t,z_t)^{\alpha-1}l(k(k_t,z_t),z_{t+1})^{1-\alpha}-\delta)$。方程式(52)对任何 k_t 和 z_t 都成立。

相反,如果我们嵌入方程(52)的是近似决策规则 $c^j(k_t,z_t)$、$l^j(k_t,z_t)$ 和 $k^j(k_t,z_t)$,那么我们将会得到:

$$\begin{aligned}&EEE(k_t,z_t)\\&=\left\{\frac{1-}{\dfrac{u'_c(\beta\,\mathbb{E}_t\{u'_c(c^j(k^j(k_t^j,z_t),z_{t+1}),l^j(k^j(k_t,z_t),z_{t+1}))R_{t+1}^j(k_t,z_t,z_{t+1})\},l^j(k_t,z_t))^{-1}}{c^j(k_t,z_t)}}\right\}\end{aligned} \quad (53)$$

其中,$R^j(k_t,z_t,z_{t+1})=(1+\alpha e^{z_{t+1}}k^j(k_t,z_t)^{\alpha-1}l^j(k^i(k_t,z_t),z_{t+1})^{1-\alpha}-\delta)$。方程式(53)定义了一个函数 $EEE(k_t,z_t)$,我们可以将它称为欧拉方程误差。

对于方程式(53),我们在这里要强调三点。首先,欧拉方程中的误差取决于状态变量 k_t 和 z_t 的值。微扰法有一个倾向:在接近于微扰进行的点的地方,欧拉方程误差较小;而在远离微扰进行的点的地方,欧拉方程误差则较大。与微扰法不同,采用投影法的时候,在整个域 Ω 上的欧拉方程误差都会相当均匀。也正因为如此,研究者认为,将欧拉方程误差总结出来应该会很有用。可用的测度包括欧拉方程误差的均值(简单平均值,或者使用状态变量的遍历分布的估计①),或 Ω 的某些区域中的欧拉方程误差的最大值。其次,由于我们对欧拉方程的代数变换,$EEE(k_t,z_t)$ 是以消费单位表示的,因此具有很强的经济学意义——在经济学上,这可以解释为因使用近似政策规则而引起的相对优化误差(贾德和阿布,1997)。举例来说,如果 $EEE(k_t,z_t)=0.01$,那么就意味着经济行为主体每花出去 100 美元,就有 1 美元是

---

① 使用遍历性分布会带来一个相当复杂的问题,即我们可能无法利用它,因为它是从模型的解(那是我们正在搜寻的对象)导出的。请参见阿罗巴等人(2006)关于如何处理这个问题的建议。

用错了的。相比之下,$EEE(k_t,z_t)=1e^{-6}$则意味着经济行为主体每消费100万美元,才会出现1美分的差错。再次,之所以说欧拉方程误差很重要,是因为我们知道,在某些条件下,决策规则的近似误差与欧拉方程误差在量级上是相同的。因此相应地,福利的变化就是欧拉方程误差的平方量级。最后,这些误差界限所涉及的常数都可能与模型的本原相关(桑托斯,2000)。然而不幸的是,在一些DSGE模型中,要想通过代数变换获得可以解释为消费单位(或其他自然经济单位)欧拉方程误差的表达式,是非常困难的。

按照文献中的惯例,我们在图13中描绘出了第5.6节所述的随机新古典增长模型的$\text{Log}_{10}|EEE(k_t,z_t)|$。取$\text{Log}_{10}$是为了便于解读:例如,$-3$这个值意味着每1000美元有1美元的错误,$-4$这个值意味着每10000美元有1美元的错误……依此类推。图13中有五条线,每条线都代表了一种生产率水平。正如我们在描述切比雪夫-配置投影法时就已经暗示过的,图13显示的这种准确性水平是非常出色的。

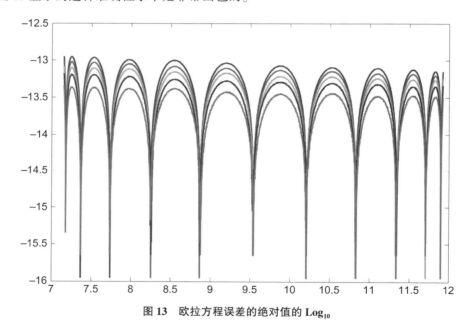

图13　欧拉方程误差的绝对值的 Log_{10}

为了比较这种切比雪夫-配置法与其他求解方法的性能,我们又分别给出了图14和图15,它们复制自阿罗巴等人(2006)的结果。阿罗巴等人的论文使用了相同的随机新古典增长模型(只是校准有点不同,再加上若干关于如何处理z_t的很小的细节上的差异)。从这两张图可以看得很清楚,当$z_t=0$且资本值介于其稳态值(23.14)的70%至130%之间时,欧拉方程误差都出现了急剧的横向下切(transversal cut)。

在图14,我们给出了一阶微扰(水平和对数)、二阶微扰和五阶微扰的结果。从图中可见,首先,微扰在资本的稳态值周围时误差较小,而在远离稳态值时变大;其次,从一阶微扰推进到二阶微扰后,准确度有了相当大的改善;再次,五阶近似甚至在远离稳态的30%的地方也非常好。

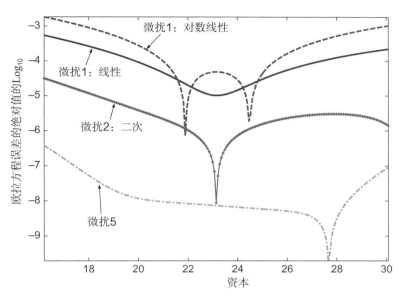

图 14 欧拉方程误差的绝对值的 Log$_{10}$

在图 15 中,我们给出了一阶微扰法的结果(为了与前一图进行比较)、值函数迭代法的结果(这是一个 100 万点的网格:资本为 25000 点、生产力水平为 40 点)、有限元法的结果(71个有限元)和切比雪夫多项式法的结果(如第 5.6 节所述,仍然有 11 个多项式)。

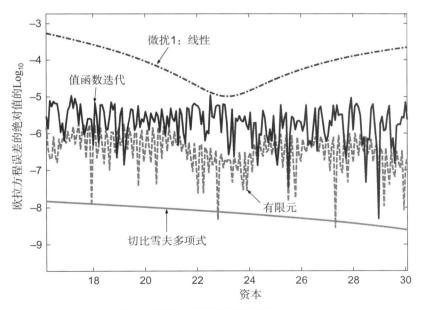

图 15 欧拉方程误差的绝对值的 Log$_{10}$

从图 15 中,我们可以得到的主要结论是,在采用投影法和值函数迭代法(能够提供全局解的另一种算法)时,欧拉方程误差相对来说更加平坦。所有三个函数中的每一个函数的水平都更难解释,因为分别取决于网格点的数量(值函数迭代法)、有限元(有限元法)和切比雪夫多项式。然而,切比雪夫多项式法的表现再一次非常出众,其运行时间远远少于值函数迭代法和有限元法。当然,我们其实不应对这个结果感到惊喜,因为这对随机新古典增长模型的决策规则的"行为"谱基来说是足够好的——足以保证它做出非凡的表现。

计算欧拉方程误差现在已经成为文献中的标准做法,因为它通常都能提供一个尖锐的评估。然而,欧拉方程误差往往不能清晰地说明近似解的误差如何随时间推移而累积的问题,因而在这种任务中会遭到失败[关于如何考虑欧拉方程误差对模型中计算出来的矩的影响,请参见桑托斯和佩拉尔塔-阿尔瓦(2005)]。因此,我们应该把欧拉方程误差理解为对邓哈恩和马赛特(1994)给出的 χ^2 检验的一个补充,而不能认为是它的替代。

7.3 误差的修正

一旦我们测量出了 DSGE 模型的解中的误差,我们就可以决定是不是还需要想方法去进一步提高解的精度了。在其他所有条件都相等的情况下,高精度当然要比低精度好。但是,在实际应用研究中,"其他所有条件都相等的情况"其实很少发生。更高的准确性可能来自更多的编码时间、(特别是)更长的运行时间。例如,在如图 15 所示的随机新古典增长模型中,我们可以通过不断细分有限元,并利用现代科学计算软件包——比如说 GNU 多重精度运算软件包——来实现自己所需的任意精度,但是这必须以更长的运行时间和更大的计算机内存为代价。研究者不能不考虑自己的研究目标和可用资源,在谨慎权衡之后剔除较差的求解方法,选择最适合自己的目标的求解方法。

但是,如果研究目标的实现,确实取决于能不能获得更高的精度,那么选择的求解方法不同,可以改进的途径也会不同。如果使用的是微扰法,那么我们可以增加微扰的阶数。如果选择的是投影法,那么我们可以增加有限元的数量。研究者还可以尝试变量变化,以便使问题变得更线性化,或者便于改变求解方法。

讨论了对模型的误差的评估之后,我们也就做好了转入本章第二部分的准备。接下来,我们就来看看,DSGE 模型是如何解释观察到的数据的。

第二部分 DSGE 模型的估计

8. 让 DSGE 模型与数据"面对面"

前面的几节讨论了如何以 DSGE 模型的参数化为前提条件,计算出模型的近似解。接下来的第二部分则着重于讨论如何根据实证证据确定 DSGE 模型的参数,并对模型的拟合状况进行评估。更加具体地说,我们将提出并回答如下四个基本问题:(i)如何从观察到的宏观经济时间序列估计出 DSGE 模型的参数?(ii)估计得到的 DSGE 模型如何刻画数据的显著特征?(iii)估计得到的 DSGE 模型对于经济周期性波动的来源、外部冲击的传播、宏观经济政策变化的影响以及宏观经济时间序列的未来演化路径等方面,有什么定量含义?(iv)研究者应该如何构造度量 DSGE 模型的参数不确定性和定量含义的指标?为了回答这些问题,我们首先在第 8.1 节中求得了一个程式化的新凯恩斯主义 DSGE 模型的解析解,并在第 8.2 节中研究了它的性质。(这个)DSGE 模型所蕴含的总体矩、自协方差、谱函数和脉冲响应函数,在数据中都有相对应的样本层面上的模拟值(analogs),对此,我们在第 8.3 节中进行了研究。宏观经济时间序列的趋势,DSGE 模型可能很好地加以刻画,也可能无法刻画,这个问题将放在第 8.4 节中讨论。

本章第二部分假设读者相当熟悉计量经济学,即已经达到了美国一年级经济学博士研究生的熟练程度。除了少数几个例外——例如,卡诺瓦(Canova)(2007)、德荣(DeJong)和戴夫(Dave)(2007)——现有的教科书一般都不包括集中讨论如何估计 DSGE 模型的章节。而且,在卡诺瓦等人的这两本教科书出版以后,这个领域的相关文献发展非常迅速。因此,我们在后面的几节中,除了介绍至关重要的"标准方法"之外,还对最新的研究成果进行了相当详尽的文献综述,其中包括了 DSGE 模型的识别条件、能够保障识别稳健性的频率主义推断,以及用于贝叶斯分析的序贯蒙特卡罗技术。不同于赫布斯特(Herbst)和绍尔夫海德(2015)最近出版的专著(它关注各种贝叶斯主义的计算方法),本章的第二部分还花很大篇幅深入探讨了错误设定对计量经济学推断的影响,同时还涵盖了各种频率主义的方法。

8.1 一个程式化的 DSGE 模型

在第二部分中,我们的讨论将围绕一个对数线性化了的程式化的新凯恩斯主义 DSGE 模型而展开。[①] 现有文献中,研究者估计的那些模型,尽管更加现实,但是其实都可以说是这里这个模型的"姊妹模型":它们所拥有的许多特征,这个模型也都有。它是由克里斯蒂亚诺等人(2005)以及斯梅茨(Smets)和沃特斯(Wouters)(2003)发展起来的一个模型的简化版;同时下文中给出的具体模型设定则以德尔内格罗和绍尔夫海德(2008)的论文的设定为基础,并增加了几个参数约束。这个程式化的模型不适合直接面对实际数据,但是它有解析解,这个特点对后续的分析是至关重要的。为保证行文简洁,在本章的剩余部分,我们将把这个模型称为"程式化的 DSGE 模型"。

在这个模型中,经济体由家庭、中间产品生产者、最终商品生产者、货币政策当局和财政政策当局组成。宏观经济的波动则由如下四个外生过程导致:技术性的增长率冲击 z_t、会导致人们的闲暇偏好发生变化的冲击 $\varnothing_t$、价格加成(price markup)冲击 λ_t,以及货币政策冲击 $\epsilon_{R,t}$。我们再假设该经济的生产率水平 Z_t 随一个外生的随机游走过程而变化。该随机游走过程满足:

$$\log Z_t = \log \gamma + \log Z_{t-1} + z_t, z_t = \rho_z z_{t-1} + \sigma_z \epsilon_{z,t} \tag{54}$$

这样,生产率过程 Z_t 会导致产出 X_t 和实际工资 W_t 出现某种随机趋势。为了便于模型的求解,用生产率水平来对产出和实际工资进行去趋势化处理无疑是有益的——分别定义 $x_t =$

---

① 请参见上文第 4.1 节和第 4.5 节,以了解如何将对数线性化解释为一阶微扰。

X_t/Z_t 以及 $w_t = W_t/Z_t$。用去除了趋势的变量来表示，这个模型的稳定状态的形式如下：

$$\bar{x} = x^*, \quad \bar{w} = \overline{lsh} = \frac{1}{1+\lambda}, \quad \bar{\pi} = \pi^*, \quad \bar{R} = \pi^* \frac{\gamma}{\beta} \tag{55}$$

在这里，x^* 和 π^* 都是自由参数，后者可以解释为中央银行的目标通货膨胀率，而前者则原则上可以从家庭效用函数中闲暇所占的权重推导出来。稳态实际工资 $\bar{w}$ 等于稳态劳动所占份额 $\overline{lsh}$。参数 λ 可以解释为垄断竞争的中间产品生产者收取的稳态价格加成，β 则可以解释为家庭的贴现因子，γ 是技术增长率。假设生产技术对劳动是线性的且劳动是唯一的生产要素，那么稳态时的劳动所占份额等于稳态时的去除趋势后的工资。此外，我们还假设所有产出会全部消费掉，这个假设意味着 x 可以解释为总消费。

8.1.1 对数线性化均衡条件

用偏离稳态的对数偏差（以"^"号标记），即 $\hat{x} = \log(x_t/\bar{x})$、$\hat{w} = \log(w_t/\bar{w})$、$\hat{\pi}_t = \log(\pi_t/\bar{\pi})$ 以及 $\hat{R}_t = \log(R_t/\bar{R})$ 来表示，模型的均衡条件可以这样来阐述。首先，家庭消费的欧拉方程的形式为

$$\hat{x}_t = \mathbb{E}_{t+1}[\hat{x}_{t+1}] - (\hat{R}_t - \mathbb{E}[\hat{\pi}_{t+1}]) + \mathbb{E}_t[z_{t+1}] \tag{56}$$

期望技术增长率会上升，因为欧拉方程是用产出对于由 Z_t 引致的随机趋势的偏差来表示的。假设不存在名义工资刚性，那么家庭的跨期欧拉方程会导致如下的劳动供给方程：

$$\hat{w}_t = (1+\nu)\hat{x}_t + \varnothing_t \tag{57}$$

其中 $\hat{w}_t$ 是实际工资，$1/(1+\nu)$ 是弗里施（Frisch）劳动供给弹性，$\hat{x}_t$ 与工作时间成正比，$\varnothing_t$ 是一个外生的劳动供给改变器（shifter）：

$$\varnothing_t = \rho_\varnothing \varnothing_{t-1} + \sigma_\varnothing \epsilon_{\varnothing,t} \tag{58}$$

我们可以将 $\varnothing_t$ 称为偏好冲击。

中间产品生产者从家庭雇佣劳动，生产许多可区分的产品（用 j 来标记），所用的生产技术是线性的，其形式为使用 $X_t(j) = Z_t L_t(j)$。在进行了去趋势化处理并围绕稳态总产出完成了对数线性化之后，生产函数变为：

$$\hat{x}_t(j) = \hat{L}_t(j) \tag{59}$$

再通过卡尔沃（Calvo）机制引入名义价格刚性。在每个期间，企业 j 无法重新优化自己的产品的名义价格的概率为 ζ_p。在这种情况下，公司只能简单地根据前一个期间的稳态通货膨胀率对前一个期间的价格进行调整。企业可以选择产品价格来最大化预期未来总利润的概率为 $1-\zeta_p$。最终产品生产者买入中间产品，然后将之聚合转化为"总产品" X_t；最终产品生产者之间是完美竞争的，并使用一个不变替代弹性的聚合器。

这两种类型的企业的最优条件可以合并成通常人们所称的新凯恩斯主义菲利普斯曲线，其形式可以表示为：

$$\hat{\pi}_t = \beta\,\mathbb{E}_T[\hat{\pi}_{t+1}] + \kappa_p(\hat{w}_t + \lambda_t), \quad \kappa_p = \frac{(1-\zeta_p\beta)(1-\zeta_p)}{\zeta_p} \tag{60}$$

其中，β 是家庭的贴现因子，λ_t 可以解释为一个价格加成冲击，根据下式外生地变动

$$\lambda_t = \rho_\lambda \lambda_{t-1} + \sigma_\lambda \epsilon_{\lambda,t} \tag{61}$$

据此,我们可以推导出一个总资源约束,它将中间产品生产者所雇佣的总劳动 L_t 与经济体的总产出 X_t 关联起来。然后,以这个总资源约束为基础,可以计算出劳动在收入中所占份额——用偏离了稳定状态的偏差来表示——它就是

$$\widehat{lsh}_t = \hat{w}_t \tag{62}$$

最后,中央银行根据如下反馈规则设定名义利率

$$\hat{R}_t = \Psi\hat{\pi}_t + \sigma_R \epsilon_{R,t} \quad \Psi = 1/\beta \tag{63}$$

在这里,我们抽象掉了利率平滑因素以及如下事实,即中央银行通常还会对衡量实际经济活动的某些指标做出反应,例如实际产出与潜在产出之间的差距。冲击 $\epsilon_{R,t}$ 是对利率反馈规则中的"系统性"的那部分的意想不到的偏差,通常被称为货币政策冲击。我们假设 $\psi = 1/\beta$,这样可以确保线性理性预期差分方程组存在着一个唯一的稳定解,从而极大地简化整个模型的求解(这一点在下文中将看得很清楚)。财政政策当局确定债务水平和一次总付性税收的水平,以保证政府预算约束得到满足。

8.1.2 模型的求解方法

为了解出这个模型,首先请注意该经济体的状态变量为 $\emptyset_t$、λ_t、z_t 和 $\varepsilon_{R,t}$。因为模型采取了一种相当简单的对数线性结构,所以总运动规律 $\hat{x}(\cdot)$、$\widehat{lsh}(\cdot)$、$\hat{\pi}(\cdot)$ 和 $\hat{R}(\cdot)$ 对于各状态变量都是线性的,而且可以依次加以确定。我们先利用方程式(63)来消去欧拉方程中的名义利率:

$$\hat{x}_t = \mathbb{E}_{t+1}[\hat{x}_{t+1}] - \left(\frac{1}{\beta}\hat{\pi}_t + \sigma_R \epsilon_{R,t} - \mathbb{E}[\hat{\pi}_{t+1}]\right) + \mathbb{E}_t[z_{t+1}] \tag{64}$$

注意到,新凯恩斯主义菲利普斯曲线现在可以重写为

$$\frac{1}{\beta}\hat{\pi}_t - \mathbb{E}_t[\hat{\pi}_t + 1] = \frac{\kappa_p}{\beta}((1-v)\hat{x}_t + \emptyset_t + \lambda_t) \tag{65}$$

在这里,我们用代替了方程式(57)的右侧部分。将方程式(65)代入方程式(64)并重新排列各项,可以得到如下关于产出 $\hat{x}_t$ 的预期差分方程

$$\hat{x}_t = \Psi_p \mathbb{E}_t[\hat{x}_{t+1}] - \frac{\kappa_p \Psi_p}{\beta}(\emptyset_t + \lambda_t) + \Psi_p \mathbb{E}_t[z_{t+1}] - \Psi_p \sigma_R \epsilon_{R,t} \tag{66}$$

其中,$0 \leq \psi_p \leq 1$,由下式给出

$$\Psi_p = \left(1 + \frac{\kappa_p}{\beta}(1+v)\right)^{-1}$$

我们现在需要找到如下形式的产出(以及等价地、消费)的运动定律:

$$\hat{x}_t = \hat{x}(\emptyset_t, \lambda_t, z_t, \epsilon_{R,t}) = x_\emptyset \emptyset_t + x_\lambda \lambda_t + x_z z_t + x_{\epsilon_R}\epsilon_{R,t} \tag{67}$$

它能够用来解出如下函数方程

$$\mathbb{E}_t \mathcal{H}(\hat{x}(\cdot))$$

$$\mathbb{E}_t\left[\hat{x}(\emptyset_t,\lambda_t,z_t,\epsilon_{R,t}) - \Psi_p \hat{x}(\rho_\emptyset\emptyset_t + \sigma_\emptyset\epsilon_{\emptyset,t+1}, \rho_\lambda\lambda_t + \sigma_\lambda\epsilon_{\lambda,t+1}, \rho z_t + \sigma_z\epsilon_{z,t+1}, \epsilon_{R,t+1}) \right.$$
$$\left. + \frac{\kappa_p \Psi_p}{\beta}(\emptyset_t + \lambda_t) - \Psi_p z_{t+1} + \Psi_p \sigma_R \epsilon_{R,t}\right] = 0 \tag{68}$$

在这里,我们合用的是如方程式(54)、(58)和(61)所示的外部冲击过程的运动定律。假设新息 ε_t 是鞅差序列,那么不难验证,线性决策规则的系数由下式给出

$$x_\emptyset=-\frac{\kappa_p\Psi_p/\beta}{1-\Psi_p\rho_\emptyset},x_\lambda=-\frac{\kappa_p\Psi_p/\beta}{1-\Psi_p\rho_\lambda},x_z=\frac{\rho_z\Psi_p}{1-\Psi_p\rho_z}z_t,x_{\epsilon_R}=-\Psi_p\sigma_R \tag{69}$$

在确定了产出的运动定律之后,我们现在再来求解劳动所占的份额、通货膨胀率和名义利率。利用方程式(57)和(62),我们立即就能根据下式推断出劳动所占的份额

$$\widehat{lsh}_t=[1+(1+v)x_\emptyset]\emptyset_t+(1+v)x_\lambda\lambda_t+(1+v)x_zz_t+(1+v)x_{\epsilon_R}\epsilon_{R,t} \tag{70}$$

为了求得通货膨胀率的运动规律,我们必须解出如下由新凯恩斯主义菲利普斯曲线(60)推导而来的函数方程:

$$\mathbb{E}_t\,\mathcal{H}(\hat{\pi}(\cdot))$$

$$=\mathbb{E}_t\left[\hat{\pi}(\emptyset_t,\lambda_t,z_t,\epsilon_{R,t})-\beta\hat{\pi}(\rho_\emptyset\phi_t+\sigma_\emptyset\epsilon_{\emptyset,t+1},\rho_\lambda\lambda_t+\sigma_\lambda\epsilon_{\lambda,t+1},\rho_zz_t+\sigma_z\epsilon_{z,t+1},\epsilon_{R,t+1})\right. \tag{71}$$

$$\left.-\kappa_p\widehat{lsh}(\emptyset_t,\lambda_t,z_t,\epsilon_{R,t})-\kappa_p\lambda_t\right]=0$$

其中,$\widehat{lsh}(\cdot)$ 由方程式(70)给出。它的解取如下形式

$$\hat{\pi}_t=\frac{\kappa_p}{1-\beta\rho_\emptyset}[1+(1+v)x_\emptyset]\emptyset_t+\frac{\kappa_p}{1-\beta\rho_\lambda}[1+(1+v)x_\lambda]\lambda_t$$
$$+\frac{\kappa_p}{(1-\beta\rho_z)}(1+v)x_zz_t+\kappa_p(1+v)x_{\epsilon_R}\epsilon_{R,t} \tag{72}$$

最后,将方程式(72)与如方程式(63)所示的货币政策规则相结合,就可以得出名义利率的解

$$\hat{R}_t=\frac{\kappa_p/\beta}{1-\beta\rho_\emptyset}[1+(1+v)x_\emptyset]\emptyset_t+\frac{\kappa_p/\beta}{1-\beta\rho_\lambda}[1+(1+v)x_\lambda]\lambda_t$$
$$+\frac{\kappa_p/\beta}{(1-\beta\rho_z)}(1+v)x_zz_t+[\kappa_p(1+v)x_{\epsilon_R}/\beta+\sigma_R]\epsilon_{R,t} \tag{73}$$

8.1.3 状态空间表示法

要用模型拟合数据,就必须考虑模型所蕴含的总产出的随机趋势,并必须把稳定状态(值)加到所有模型变量上去。产出增长率、劳动收入份额、净通货膨胀率和净利率的测量方程(measurement equation)的形式如下:

$$\log(X_t/X_{t-1})=\hat{x}_t-\hat{x}_{t-1}+z_t+\log\gamma$$
$$\log(lsh_t)=\widehat{lsh}_t+\log(lsh)$$
$$\log\pi_t=\hat{\pi}_t+\log\pi^* \tag{74}$$
$$\log R_t=\hat{R}_t+\log(\pi^*\gamma/\beta)$$

DSGE 模型的解则具有通用状态空间模型的形式。将计量经济学中的状态变量的 $n_s\times1$ 向量 s_t 定义为

$$s_t=[\emptyset_t,\lambda_t,z_t,\epsilon_{R,t},\hat{x}_{t-1}]'$$

并把 DSGE 模型的参数的向量定义为①

$$\theta = [\beta, \gamma, \lambda, \pi^*, \zeta_p, \nu, \rho_\phi, \rho_\lambda, \rho_z, \sigma_\varphi, \sigma_\lambda, \sigma_z, \sigma_R]' \tag{75}$$

我们在这里给出的参数列表省略了稳态产出 x^*，因为它不会影响产出增长率的运动定律。使用这些符号，我们可以把状态转换方程表示为

$$s_t = \Phi_1(\theta) s_{t-1} + \Phi_\epsilon(\theta) \epsilon_t \tag{76}$$

其中，ϵ_t 是一个 $n_\epsilon \times 1$ 向量，其定义为 $\epsilon_t = [\epsilon_{\phi,t}, \epsilon_\lambda, \epsilon_{z,t}, \epsilon_{R,t}]'$。决定系数矩阵 $\Phi_1(\theta)$ 和 $\Phi_\epsilon(\theta)$ 的，是方程式(54)、方程式(58)、方程式(61)、恒等式 $\epsilon_{R,t} = \epsilon_{R,t}$，以及决定 $\hat{x}_{t-1}$ 的方程式(69) 的一个滞后。如果我们将 $n_\gamma \times 1$ 可观察向量 y_t 定义为

$$y_t = M'_y [\log(X_t/X_{t-1}), \log lsh_t, \log\pi_t, \log R_t]' \tag{77}$$

(其中 M'_y 是一个矩阵，它的行选自向量 $[\log(X_t/X_{t-1}), \log lsh_t, \log\pi_t, \log R_t]'$)，那么测量方程可以写成如下形式：

$$y_t = \Psi_0(\theta) + \Psi_1(\theta) s_t \tag{78}$$

系数矩阵 $\Psi_0(\theta)$ 和 $\Psi_1(\theta)$ 可以从方程式(74)中得出，去趋势后的模型变量的均衡运动定律由方程(69)、(70)、(72)和(73)给出。这些结果总结在表4中。

　　由方程式(76)和(78)给出的 DSGE 模型的状态空间表示，为后续的计量经济学分析提供了很好的基础。这种表示刻画了以 DSGE 模型的参数 θ 为条件的可观察变量 y_t 和状态变量 s_t 的联合分布

$$p(Y_{1:T}, S_{1:T}|\theta) = \int \left(\prod_{t=1}^{T} p(y_t|s_t, \theta) p(s_t|s_{t-1}, \theta) \right) p(s_0|\theta) ds_0 \tag{79}$$

其中，$Y_{1:t} = \{y_1, \cdots, y_t\}$，$S_{1:t} = \{s_1, \cdots, s_t\}$。由于(至少一部分)状态变量是不可观察的，所以我们经常会利用可观察变量的如下边缘分布来求解

$$p(Y_{1:T}|\theta) = \int p(Y_{1:T}, S_{1:T}|\theta) dS_{1:T} \tag{80}$$

作为 θ 的一个函数，密度 $p(Y_{1:T}|\theta)$ 被称为似然函数。这个似然函数在计量经济学推断中发挥着核心作用。如何求似然函数？我们将在本章第10节中给出详尽的分析。

　　备注28　(若干注意事项)第一，将经济学意义上的状态变量(在这个例子中，包括 ϕ_t、λ_t、z_t 和 $\epsilon_{R,t}$)与计量经济学意义上的状态变量 s_t 区分清楚是非常重要的，后者是用来把 DSGE 模型的解映射成如方程式(76)和(78)所示的状态空间形式的。在我们这个简单的模型中，所有经济状态变量都是外生的，不过，正如我们在上文第4.3节中已经看到的，更丰富的 DSGE 模型的状态变量向量也可以包括一个或多个内生变量，例如资本存量。第二，测量方程中的产出增长(率)也可以用产出水平来代替。如果那样的话，还需要向参数向量 θ 添加 x^*，从 s_t 中消去 $\hat{x}_{t-1}$，将 $\log Z_t/\gamma^t$ 加入 s_t，并计算出测量方程中的对数产出的确定性趋势分量 $(\log\gamma)t$。第三，测量方程式(78)可能因测量误差而扩增。第四，如果 DSGE 模型用高阶微扰法或投影法求解，那么依赖于状态向量 s_t 的定义的准确性，如方程式(76)所示的状态转换方

_____

① 从现在起，我们将用 θ 来表示 DSGE 模型的参数，而不再用它来指依赖于特定的 DSGE 模型参数集的决策规则的系数。此外，为了减少混乱，我们不再通过粗体符号来区分矢量、矩阵与标量。

程、如方程式(78)所示的测量方程都是非线性的。

8.2 模型的含义

一旦指定了新息向量 ϵ_t 的分布,我们也就可以完全确定 DSGE 模型变量的概率分布了。回想一下,新息标准偏差已经被吸收进了方程式(76)中的矩阵 $\Phi_\epsilon(\theta)$ 的定义中。为了说得更具体一些,我们假设

$$\epsilon_t \sim iidN(0, I) \tag{81}$$

其中,I 表示单位矩阵。基于 DSGE 模型的概率结构,我们可以从 DSGE 模型中推导出许多含义,如表 4 所示。在下文中,这些含义都可以用来构造参数向量 θ 的估计量、评估模型的拟合度。不过,就目前而言,我们只需把 θ 的值固定为如表 5 所示的那些值。

表 4 DSGE 模型的系统矩阵

状态空间表示:

$$y_t = \Psi_0(\theta) + \Psi_1(\theta)s_t$$
$$s_t = \emptyset_1(\theta)s_{t-1} + \Phi_\epsilon(\theta)\epsilon_t$$

系统矩阵

$$\Psi_0(\theta) = M'_y \begin{bmatrix} \log\gamma \\ \log(lsh) \\ \log\pi^* \\ \log(\pi^*\gamma/\beta) \end{bmatrix}, x_\emptyset = \frac{\kappa_p\Psi_p/\beta}{1-\Psi_p\rho_\emptyset}, x_\lambda = -\frac{\kappa_p\Psi_p/\beta}{1-\Psi_p\rho_\lambda}, x_z = \frac{\rho_z\Psi_p}{1-\Psi_p\rho_z}, x_{\epsilon_R} = -\Psi_p\sigma_R$$

$$\Psi_1(\theta) = M'_y \begin{bmatrix} x_\emptyset & x_\lambda & x_z+1 & x_{\epsilon_R} & -1 \\ 1+(1+v)x_\emptyset & (1+v)x_\lambda & (1+v)x_z & (1+v)x_{\epsilon_R} & 0 \\ \frac{\kappa_p}{1-\beta\rho_\emptyset}(1+(1+v)x_\emptyset) & \frac{\kappa_p}{1-\beta\rho_\lambda}(1+(1+v)x_\lambda) & \frac{\kappa_p}{1-\beta\rho_z}(1+v)x_z & +\kappa_p(1+v)x_{\epsilon_R} & 0 \\ \frac{\kappa_p/\beta}{1-\beta\rho_\emptyset}(1+(1+v)x_\emptyset) & \frac{\kappa_p/\beta}{1-\beta\rho_\lambda}(1+(1+v)x_\lambda) & \frac{\kappa_p/\beta}{1-\beta\rho_z}(1+v)x_z & (\kappa_p(1+v)x_{\epsilon_R}/\beta+\sigma_R) & 0 \end{bmatrix}$$

$$\Phi_1(\theta) = \begin{bmatrix} \rho_\emptyset & 0 & 0 & 0 & 0 \\ 0 & \rho_\lambda & 0 & 0 & 0 \\ 0 & 0 & \rho_z & 0 & 0 \\ 0 & 0 & 0 & 0 & 0 \\ x_\emptyset & x_\lambda & x_z & x_{\epsilon_R} & 0 \end{bmatrix}, \Phi_\epsilon(\theta) = \begin{bmatrix} \sigma_\emptyset & 0 & 0 & 0 \\ 0 & \sigma_\lambda & 0 & 0 \\ 0 & 0 & \sigma_z & 0 \\ 0 & 0 & 0 & 1 \\ 0 & 0 & 0 & 0 \end{bmatrix}$$

其中,M'_y 是一个 $n_y \times 4$ 选择矩阵——用来选择量 Ψ_0 和 Ψ_1 中的行。

表 5 程式化的 DSGE 模型的参数值

参数	值	参数	值
β	$1/1.01$	γ	$\exp(0.005)$
λ	0.15	π^*	$\exp(0.005)$
ζ_p	0.65	ν	0
ρ_ϕ	0.94	ρ_λ	0.88
ρ_z	0.13		
σ_ϕ	0.01	σ_λ	0.01
σ_z	0.01	σ_R	0.01

8.2.1 自协方差和预测误差方差

DSGE 模型在商业周期领域的应用非常广泛。在这类研究中,模型所蕴含的方差、自相关和交互相关都是重要的研究对象。对于线性 DSGE 模型,我们可以直接从方程式(76)和(78)给出的状态空间表示计算出自协方差函数。[①] 使用如下符号

$$\Gamma_{yy}(h) = \mathbb{E}[y_t y_{t-h}], \Gamma_{ss}(h) = \mathbb{E}[s_t s_{t-h}], \text{ 以及 } \Gamma_{ys}(h) = \mathbb{E}[y_t s'_{t-h}]$$

同时假设 $\mathbb{E}[\epsilon_t \epsilon_t'] = I$,我们可以将 s_t 的自协方差矩阵表示为以下李雅普诺夫(Lyapunov)方程的解:[②]

$$\Gamma_{ss}(0) = \Phi_1 \Gamma_{ss}(0) \Phi_1' + \Phi_\epsilon \Phi_\epsilon' \qquad (82)$$

只要确定了 s_t 的协方差矩阵,我们就可以直接根据公式计算出 $h \neq 0$ 时的自协方差矩阵了:

$$\Gamma_{ss}(h) = \Phi_1^h \Gamma_{ss}(0) \qquad (83)$$

最后,利用测量方程(78),我们可以推导出

$$\Gamma_{yy}(h) = \Psi_1 \Gamma_{ss}(h) \Psi'_1, \Gamma_{ys}(h) = \Psi_1 \Gamma_{ss}(h) \qquad (84)$$

我们可以利用相应的标准偏差对自协方差矩阵的元素加以归一化,从而很方便地计算出相关系数。图 16 显示了模型所蕴含的产出增长自相关函数,以及产出增长与劳动收入份额、通货膨胀率和利率的交互相关系数(作为时域偏移期数 h 的函数)。

[①] 对于表 5 中的参数,方程式(76)中矩阵 $\Phi_1(\theta)$ 的(绝对值)最大的特征值小于 1,这意味着 s_t 的一阶自相关运动定律是协方差平稳的。

[②] 用来求李雅普诺夫方程的数值解的有效方法,已经集成到了许多软件包中,因此很容易找到,例如 MATLAB 中的 *dylap* 函数。

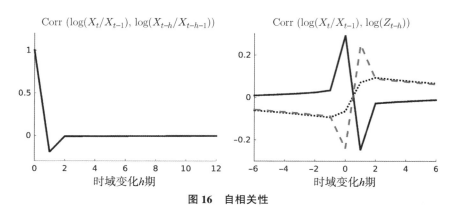

图 16　自相关性

注:在右侧小图中,给出的是产出增长与劳动收入份额(实体)、通货膨胀率(点虚线)和利率(短划虚线)的相关性。

状态向量 s_t 的运动定律也可以表示为一个无穷阶向量移动平均(MA)过程

$$y_t = \Psi_0 + \Psi_1 \sum_{s=0}^{\infty} \Phi_1^s \Phi_\epsilon \epsilon_{t-s} \tag{85}$$

基于这个移动平均表示,我们可以直接计算出超前 h 期预测误差,它由下式给出

$$e_{t|t-h} = y_t - \mathbb{E}_{t-h}[y_t] = \Psi_1 \sum_{s=0}^{h-1} \Phi_1^s \Phi_\epsilon \epsilon_{t-s} \tag{86}$$

超前 h 期预测误差协方差矩阵则由下式给出

$$\mathbb{E}[e_{t|t-h}e'_{t|t-h}] = \Psi_1 \left(\sum_{s=0}^{h-1} \Phi_1^s \Phi_\epsilon \Phi'_\epsilon \Phi_1^{s'} \right) \Psi'_1 \quad \text{with} \quad \lim_{h \to \infty} \mathbb{E}[e_{t|t-h}e'_{t|t-h}] = \Gamma_{ss}(0) \tag{87}$$

在假设 $\mathbb{E}[\epsilon_t \epsilon'_t] = I$ 的情况下,可以对预测误差按如下方法进行分解。定义 $I^{(j)}$,使得单位矩阵 I 的第 j 个对角线元素之外的全部对角线元素为零,然后我们就可以写出

$$I = \sum_{j=1}^{n_\epsilon} I^{(j)} \tag{88}$$

此外,我们可以将冲击 j 对于 y_t 的预测误差的贡献表示为

$$e_{t|t-h}^{(j)} = \Psi_1 \sum_{s=0}^{h-1} \Phi_1^s \Phi_\epsilon I^{(j)} \epsilon_{t-s} \tag{89}$$

这样一来,冲击 j 对于观察值 $y_{i,t}$ 的预测误差的贡献就可以表示为以下比率

$$\text{FEVD}(i,j,h) = \frac{\left[\Psi_1 \left(\sum_{s=0}^{h-1} \Phi_1^s \Phi_\epsilon I^{(j)} \Phi'_\epsilon \Phi_1^{s'} \right) \Psi'_1 \right]_{ii}}{\left[\Psi_1 \left(\sum_{s=0}^{h-1} \Phi_1^s \Phi_\epsilon \Phi'_\epsilon \Phi_1^{s'} \right) \Psi'_1 \right]_{ii}} \tag{90}$$

其中,$[A]_{ij}$ 表示矩阵 A 的元素 (i,j)。下面的图 17 显示了四种冲击对我们这个程式化 DSGE 模型中的产出增长率、劳动收入份额、通货膨胀率和利率的预测误差方差的贡献。

给定如表 5 所示的参数 θ 的选择,产出增长的大部分变化都是由于技术冲击和货币政策冲击所致。劳动收入份额的波动则主要受到了价格加成冲击 λ_t 的影响(在长期中尤其如此)。通货膨胀率和利率的波动则受到了偏好冲击 $\varnothing_t$ 和价格加成冲击 λ_t 的强烈影响。

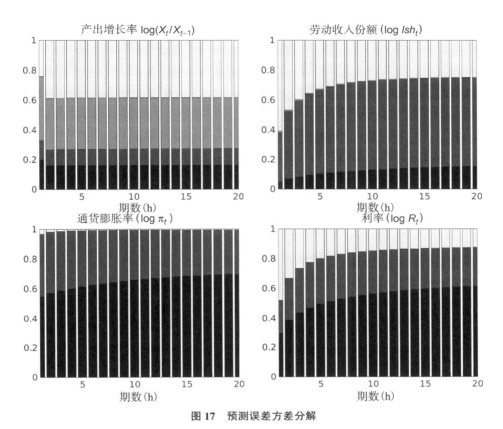

图 17　预测误差方差分解

注：这些堆叠起来的柱状图表示的是累积预测误差方差分解。从最深到最浅的"柱条"，分别表示 ϕ_t、λ_t、z_t 和 $\varepsilon_{R,t}$ 的贡献。

8.2.2　频谱

我们也可以不着重研究模型对不同预测期间的含义，而考虑不同的频率带（frequency bands）。在时间序列文献中，频域分析法已经有了相当悠久的历史。普利斯特莱（Priestley）（1981）的著作是这个领域的经典参考文献。在这里，我们从一个简单的线性循环模型开始讨论，它有助于我们理解随后出现的一些公式。假设，y_t 是一个标量时间序列，满足如下过程

$$y_t = 2\sum_{j=1}^{m} a_j (\cos\theta_j \cos(\omega_j t) - \sin\theta_j \sin(\omega_j t)) \tag{91}$$

其中，$\theta_j \sim iidU[-\pi, \pi]$ 且 $0 \leq \omega_j \leq \omega_{j+1} \leq \pi$。是随机变量 θ_j 引发了循环的相移，并假设它是在无限久远的过去被决定的。简而言之，如方程式（91）所示的模型，将变量 y_t 表示为频率不同的正弦波和余弦波的加总。ω_j 的解释则取决于期间 t 的长度。不妨假设，这个模型是针对季度数据和 $\omega_j = (2\pi)/32$ 设计的。这个假设意味着需要 32 个期间才能完成一个循环周期。商业周期通常包括持续时间为 8 至 32 个季度的循环，这大致上对应于季度期间 t 上的 $\omega_j \in [0.196, 0.785]$。

利用欧拉公式，我们用指数函数将上述周期模型重写为：

$$y_t = \sum_{j=-m}^{m} A(\omega_j) e^{i\omega_j t} \tag{92}$$

其中, $\omega_{-j}=-\omega_j, i=\sqrt{-1}$,且

$$A(\omega_j)=\begin{cases} a_j(\cos\theta_{|j|}+i\sin\theta_{|j|}) & \text{假设 } j>0 \\ a_j(\cos\theta_{|j|}-i\sin\theta_{|j|}) & \text{假设 } j<0 \end{cases} \tag{93}$$

不难验证,方程式(91)与方程式(92)实际上是相同的。函数 $A(\omega_j)$ 刻画了频率为 ω_j 的周期循环的振幅。

在区间 $\omega \in (-\pi,\pi]$ 上, y_t 的频谱分布函数的定义如下式所示:

$$F_{yy}(\omega)=\sum_{j=-m}^{m}\mathbb{E}\left[A(\omega_j)\overline{A(\omega_j)}\right]\mathbb{I}\{\omega_j\leqslant\omega\} \tag{94}$$

其中, $\mathbb{I}\{\omega_j\leqslant\omega\}$ 表示这样一个指标函数,如果 $\omega_j\leqslant\omega$ 且 $\bar{z}=x-iy$ 是 $z=x+iy$ 的复共轭的指标函数,那么其值为1。如果 $F_{yy}(\omega)$ 对于 ω 是可微分的,那么我们就可以将频谱密度函数定义为

$$f_{yy}(\omega)=dF_{yy}(\omega)d\omega \tag{95}$$

如果一个过程具有频谱密度函数 $f_{yy}(\omega)$,那么协方差可以表示为

$$\Gamma_{yy}(h)=\int_{(-\pi,\pi]}e^{ih\omega}f_{yy}(\omega)d\omega \tag{96}$$

对于如方程式(91)所示线性周期模型,其自协方差可以由下式给出

$$\Gamma_{yy}(h)=\sum_{j=-m}^{m}\mathbb{E}\left[A(\omega_j)\overline{A(\omega_j)}\right]e^{i\omega_j h}=\sum_{j=-m}^{m}a_j^2 e^{i\omega_j h} \tag{97}$$

频谱密度唯一地确定了自协方差的整个序列。而且,反之亦然,频谱密度可以从 y_t 的自协方差序列得出,即:

$$f_{yy}(\omega)=\frac{1}{2\pi}\sum_{h=-\infty}^{\infty}\Gamma_{yy}(h)e^{-i\omega h} \tag{98}$$

方程式(96)和方程式(98)意味着,频谱密度函数和自协方差序列包含着相同的信息。它们的有效性不限于线性循环模型,而且可以扩展到有向量值的 y_t 。回想一下,对于用状态空间系统(76)和(78)定义的 DSGE 模型,状态向量 s_t 的自协方差函数被定义为 $\Gamma_{ss}(h)=\Phi_1^h\Gamma_{ss}(0)$,因此我们有:

$$\begin{aligned} f_{ss}(\omega)&=\frac{1}{2\pi}\sum_{h=-\infty}^{\infty}\Phi_1^h\Gamma_{ss}(0)e^{-i\omega h} \\ &=\frac{1}{2\pi}(I-\Phi'_1 e^{i\omega})^{-1}\Phi_\epsilon\Phi'_\epsilon(I-\Phi_1 e^{-i\omega})^{-1} \end{aligned} \tag{99}$$

冲击 j 对频谱密度的贡献则由下式给出:

$$f_{ss}^{(j)}(\omega)=\frac{1}{2\pi}(I-\Phi'_1 e^{i\omega})^{-1}\Phi_\epsilon I^{(j)}\Phi'_\epsilon(I-\Phi_1 e^{-i\omega})^{-1} \tag{100}$$

从而,可观察变量 y_t 的频谱密度(以及冲击 j 对频谱密度的贡献)都可以很容易地求得:

$$f_{yy}(\omega)=\Psi_1 f_{ss}(\omega)\Psi'_1, \text{以及} f_{yy}^{(j)}(\omega)=\Psi_1 f_{ss}^{(j)}(\omega)\Psi'_1 \tag{101}$$

图18给出了我们这个程式化的 DSGE 模型的产出增长、劳动收入份额、通货膨胀率和利率的频谱密度函数(依赖于表5所示的参数)。请注意, $f_{yy}(\omega)$ 是一个矩阵值函数;图18的四个部分分别对应于该函数的对角元素,从而总结了四个序列的单变量自协方差的性质。每个部分都将四个冲击的贡献叠加到频谱密度上了。因为各个冲击是相互独立的,而且它们

的演变服从一阶自回归过程,所以频谱密度的峰值出现在原点处,然后随着频率的上升而衰减。

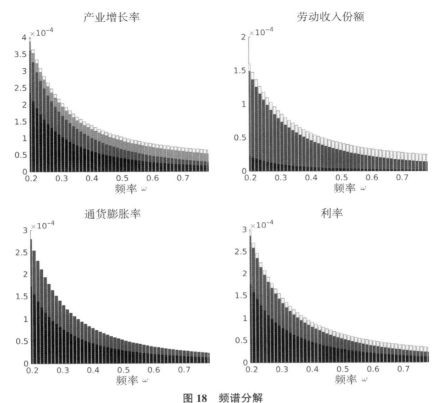

图 18　频谱分解

注:这些堆叠起来的柱状图描绘了累积频谱密度。从最深到最浅的"柱条",依次表示 $\emptyset_t$、λ_t、z_t 和 $\epsilon_{R,t}$ 的贡献。

8.2.3　脉冲响应函数

研究外生性冲击的动态效应的一个非常重要的工具是脉冲响应函数（IRFs）。从形式上看,一个 DSGE 模型中的脉冲响应可以定义为如下两个条件期望之间的差异:

$$\text{IRF}(i,j,h\,|\,s_{t-1})=\mathbb{E}[\,y_{i,t+h}\,|\,s_{t-1},\epsilon_{j,t}=1\,]-\mathbb{E}[\,y_{i,t+h}\,|\,s_{t-1}\,] \tag{102}$$

这两个期望都取决于初始状态 s_{t-1},并且要对当前和未来实现的冲击 ϵ_t 求积分。然而,上式中的第一项还要以 $\epsilon_{j,t}=1$ 为条件,而第二项则对 $\epsilon_{j,t}$ 求均值。在一个具有方程式（76）和（78）那样的状态空间表示的线性化 DSGE 模型中,利用线性以及对于 $h=0,1,\cdots$,必有 $\mathbb{E}[\epsilon_{t+h}\,|\,s_{t-1}]=0$ 这个性质,我们可以推导出

$$\text{IRF}(\,.\,,j,h)=\Psi_1\frac{\partial}{\partial\epsilon_{j,t}}s_{t+h}=\Psi_1\Phi_1^h[\,\Phi_\epsilon\,]_{.j} \tag{103}$$

其中 $[A]_{.j}$ 是矩阵 A 的第 j 列。为了简化符号,我们已经从调节条件集中剔除了 s_{t-1}。

图 19 给出了我们这个程式化 DSGE 模型的对数产出对于四个不同的结构性冲击的脉冲响应函数。从方程式(69)和外生冲击过程的运动定律,很容易就可以推导出这里的脉冲响应函数。偏好冲击和价格加成冲击会在冲击发生当期降低产出,不过之后不久,产出就会恢复到稳定状态。回归稳态的速度由与外生冲击过程相关的自回归系数决定。技术进步冲击会永久性地提高产出的对数水平,而货币政策冲击对产出的影响却只能维持一个期间。

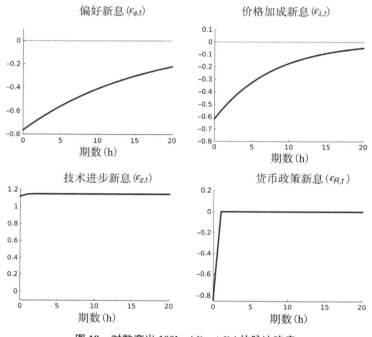

图 19 对数产出 $100\log(X_{t+h}/X_t)$ 的脉冲响应

8.2.4 条件矩限制

跨期最优条件取的是条件矩限制的形式。例如,将如方程式(60)所示的新凯恩斯主义菲利普斯曲线的各项重新排列,我们有:

$$\mathbb{E}_{t-1}\left[\,\hat{\pi}_{t-1}-\beta\hat{\pi}_t-\kappa_p(\widehat{lsh}_{t-1}+\lambda_{t-1})\,\right]=0 \tag{104}$$

条件矩约束条件也可以通过以下步骤转换成无条件矩约束条件向量。令 F_t 表示由无穷久远的历史 $\{y_\tau,s_\tau,e_\tau\}_{\tau=-\infty}^t$ 生成的代数式,并令 $\widetilde{Z}_t$ 为一个随机变量的向量。这个向量相对于 F_t 是可以度量的,而这一点就意味着它的值是根据当前和过去的信息 (y_t,s_t,ε_t) 确定的。那么,对于每个这样的向量 $\widetilde{Z}_{t-1}$,都有:

$$\begin{aligned}&\mathbb{E}\left[\,\widetilde{Z}_{t-1}(\,\hat{\pi}_{t-1}-\beta\hat{\pi}_t-\kappa_p(\,\widehat{lsh}_{t-1}+\lambda_{t-1}))\,\right]\\&=\mathbb{E}\left[\,\widetilde{Z}_{t-1}\,\mathbb{E}_{t-1}\left[\,\hat{\pi}_{t-1}-\beta\hat{\pi}_t-\kappa_p(\,\widehat{lsh}_{t-1}+\lambda_{t-1})\,\right]\,\right]=0\end{aligned} \tag{105}$$

其中,$\mathbb{E}_{t-1}[\ \cdot\ ]=\mathbb{E}[\ \cdot\ |F_{t-1}]$。

从新凯恩斯主义菲利普斯曲线推导出来的矩条件涉及潜在的价格加成冲击波动,如果我们试图用方程式(105)估计目标函数,这种情况会带来一些困难。现在,转而考虑消费欧

拉方程(56)。请读者回想一下,测量方程意味着

$$\hat{x}_t - \hat{x}_{t-1} + z_t = \log X_t - \log X_{t-1} - \log \gamma \ \text{和} \ \hat{R}_t = \log R_t - \log(\pi^* \gamma / \beta)$$

所以我们可以得到

$$\mathbb{E}_{t-1}\left[-\log(X_t/X_{t-1}) + \log R_{t-1} - \log \pi_t - \log(1/\beta) \right] = 0 \tag{106}$$

上式中的 γ 项和 $\log \pi *$ 在名义利率和通货膨胀相抵消的稳态时出现,而且条件矩约束条件只取决于可观察值和模型参数,而不取决于潜在变量。最后,只要货币政策冲击满足鞅差序列的性质 $\mathbb{E}_{t-1}[\epsilon_{R,t}] = 0$,那么我们就可以从货币政策规则中获得如下条件:

$$\mathbb{E}_{t-1}\left[\log R_t - \log(\gamma/\beta) - \psi \log \pi_t - (1-\psi) \log \pi^* \right] = 0 \tag{107}$$

方程式(106)和方程式(107)都可以利用 F_{t-1} 的可测量的随机向量转换成无条件矩条件 z_{t-1},就像方程式(105)所示的一样。

8.2.5 矩的解析求解

我们在前文中已经证明了,在一个线性化 DSGE 模型中,自回归方程、频谱,以及脉冲响应函数都可以从状态空间表示中直接推导出解析解。然后,可以就参数值 θ 的不同向量对这些解析表达式进行数值求解。对于用微扰法求解的 DSGE 模型,也有一些可用的解析表达式,它们利用了某些微扰解的条件线性结构;请参见安德烈亚森等人(2013)。而对于更一般的非线性 DSGE 模型,则必须使用蒙特卡罗模拟方法才能计算出所蕴含的矩。例如,令 $Y_{1:T}^*$ 表示用 DSGE 模型的状态空间表示模拟的观察序列——通过抽取某个初始状态向量 s_0 和新息 ϵ_t(从模型所蕴含的它们的分布中),那么,只要 DSGE 模型所蕴含的 y_t 是严格平稳的、遍历的[①],就有:

$$\frac{1}{T}\sum_{t=1}^{T} y_t^* \xrightarrow{a.s.} \mathbb{E}[y_t] \tag{108}$$

蒙特卡罗近似的一个弱点是,它们与模拟误差相关。我们将在下面的第 11.2 节再回到这个问题上来(当我们使用对矩的模拟近似来构造 θ 的估计量时)。

8.3 经验模拟

我们现在使用美国数据来检验从 DSGE 模型的状态空间表示推导出来的总体矩的样本模拟。这个时间序列的数据是从圣路易斯联邦储备银行所维护的 FRED 数据库中下载的(我们在括号中指明了序列标签)。对于实际总产出,我们使用的是以 2009 年度的美元价值为基准的、按年率进行了季节性调整后的季度数据(GDPC96)。然后,我们通过取对数并求差分,将 GDP 水平数据转变成了 GDP 增长率数据。劳动(收入)份额的定义是,劳动者报酬(COE)除以名义 GDP。上述这两个序列都是季度数据,并按年率进行了季节性调整。我们将对数劳动收入份额作为可观察变量。通货膨胀率是通过对数差分从隐性价格平减指数(GDPDEF)中计算出来的。最后,对于利率,我们使用的是有效联邦基金利率(FEDFUNDS),它是月度数据,而且未经季节性调整;我们通过对每月的利率求平均值,得到季度利率。在

---

① 随机变量 X_T 的一个序列几乎肯定会收敛于一个极限随机变量 X,如果轨迹集 $X_T \nrightarrow X$ 的概率为零的话。

本节中,我们将只关注"大缓和"之后、"大衰退"之前的这个历史时期,并严格地将样本限制在 1984 年第一季度到 2007 年第四季度。

8.3.1 自协方差

与总体自协方差 $\Gamma_{yy}(h)$ 对应的样本自协方差为:

$$\hat{\Gamma}_{yy}(h) = \frac{1}{T} \sum_{t=h}^{T} (y_t - \hat{\mu}_y)(y_{t-h} - \hat{\mu}_y)', \text{其中} \hat{\mu}_y = \frac{1}{T} \sum_{t=1}^{T} y_t \tag{109}$$

在适当的符合正则性的条件下——例如,向量过程 y_t 的协方差符合平稳性、y_t 中的序列自相关性衰减得足够快,以及 y_t 的高阶矩服从某些界限——样本自协方差 $\hat{\Gamma}_{yy}(h)$ 将收敛于总体自协方差 $\Gamma_{yy}(h)$,并满足大数定律(SLLN)和中心极限定理(CLT)。

如果研究感兴趣的对象是自协方差矩阵序列,那么先估计一个辅助模型,然后将辅助模型的参数估计值转换为自协方差序列的估计,这种做法可能会更加有效。通过线性向量自回归(VAR),自然就可以给出一系列辅助模型。下面通过一个例子来说明这一点。考虑以下一阶向量自回归过程:

$$y_t = \Phi_1 y_{t-1} + \Phi_0 + u_t, u_t \sim iid(0, \Sigma) \tag{110}$$

Φ_1 的最小二乘(OLS)估计量可以用下式逼近

$$\hat{\Phi}_1 = \hat{\Gamma}_{yy}(1)\hat{\Gamma}_{yy}^{-1}(0) + O_p(T^{-1}), \hat{\Sigma} = \hat{\Gamma}_{yy}(0) - \hat{\Gamma}_{yy}(1)\hat{\Gamma}_{yy}^{-1}(0)\hat{\Gamma}'_{yy}(1) + O_p(T^{-1}) \tag{111}$$

$O_p(T^{-1})$ 项之所以会出现,是因为在方程式(109)中,样本自协方差定义的范围和最小二乘估计量的定义不完全相同。[1] 现在假设,我们将最小二乘估计量插入自协方差与一阶向量自回归相关的方程式——见方程式(82)和(83),那么就有:

$$\hat{\Gamma}_{yy}^V(0) = \hat{\Gamma}_{yy}(0) + O_p(T^{-1}), \hat{\Gamma}_{yy}^V(h) = (\hat{\Gamma}_{yy}^V(1)\hat{\Gamma}_{yy}^{-1}(0))^h \hat{\Gamma}_{yy}(0) + O_p(T^{-1}) \tag{112}$$

注意到,对于 $h=0,1$,我们可以得到 $\hat{\Gamma}_{yy}^V(1) = \hat{\Gamma}_{yy}(1) + O_p(T^{-1})$。而对于 $h>1$,对自协方差矩阵的一阶向量自回归嵌入式估计不同于样本自协方差矩阵。如果实际的时间序列能够用一阶向量自回归很好地逼近,那么嵌入式自协方差估计可能比样本自协方差估计 $\hat{\Gamma}_{yy}(h)$ 更加有效,这方面的例子,请参见绍尔夫海德(2005b)。

在实际应用中,单凭一个一阶向量自回归很可能不足以刻画时间序列的动态。在这种情况下,可以从 p 阶向量自回归求得自协方差,模型如下:

$$y_t = \Phi_1 y_{t-1} + \cdots + \Phi_p y_{t-p} + \Phi_0 + u_t, u_t \sim iid(0, \Sigma) \tag{113}$$

在这里,我们可以用某种模型选择准则来确定适当的滞后长度 p。例如,施瓦茨(Schwarz)(1978)准则(Schwarz criterion),即通常所称的贝叶斯信息准则(BIC)。符号最简单的一种方法(而不是计算速度最快的方法)是,以配对形式重写 VAR(p)。而这又需要把堆叠向量 $\widetilde{y}_t = [y'_t, y'_{t-1}, \cdots, y'_{t-p+1}]$ 的运动定律表示为一阶向量自回归:

$$\widetilde{y}_t = \widetilde{\Phi}_1 \widetilde{y}_{t-1} + \widetilde{\Phi}_0 + \widetilde{u}_t, \widetilde{u}_t \sim iid(0, \widetilde{\Sigma}) \tag{114}$$

---

[1] 如果当 T 趋向于无穷大时,TX_T 是随机有界的,那么我们就说随机变量序列是 $O_p(T^{-1})$。

其中，

$$\widetilde{\Phi}_1 = \begin{bmatrix} \Phi_1 & \cdots & \Phi_{p-1} & \Phi_p \\ I_{n\times n} & \cdots & 0_{n\times n} & 0_{n\times n} \\ \vdots & \ddots & \vdots & \vdots \\ 0_{n\times n} & \cdots & I_{n\times n} & 0_{n\times n} \end{bmatrix}, \widetilde{\Phi}_0 = \begin{bmatrix} \Phi_0 \\ 0_{n(p-1)\times 1} \end{bmatrix}$$

$$\widetilde{\boldsymbol{\epsilon}}_t = \begin{bmatrix} \boldsymbol{\epsilon}_t \\ 0_{n(p-1)\times 1} \end{bmatrix}, \widetilde{\Sigma} = \begin{bmatrix} \Sigma & 0_{n\times n(p-1)} \\ 0_{n(p-1)\times n} & 0_{n(p-1)\times n(p-1)} \end{bmatrix}$$

然后，通过调整如方程式（112）所示的 $\widetilde{y}_t$ 的一阶自回归方程，并运用能够使得 $y_t = M'\widetilde{y}_t$ 的选择矩阵 $M' = [\, I_n, 0_{n\times n(p-1)} \,]$，求出对应于 y_t 的自协方差矩阵的所需子矩阵，就可得到 $\widetilde{y}_t$ 的自协方差。

　　我们估计了一个关于产出增长率、劳动收入份额、通货膨胀率和利率的 VAR 模型，结果如图 20 所示，其中滞后长度 $p=1$ 是根据贝叶斯信息准则确定的。图 20 的左半部分分别显示了样本层面上产出增长率与劳动收入份额、通货膨胀率、利率的领先变量及滞后变量之间的交互相关系数——根据方程式（109）中的 $\hat{\Gamma}_{yy}(h)$；右半部分则显示了从估计出来的一阶向量自回归中推导出来的相关函数。这两组相关函数的性质是相似的，但是其定量特征则有所不同。因为向量自回归模型更"简省"，所以向量自回归模型所蕴含的相关函数更加平滑。

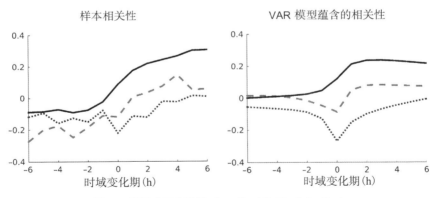

图 20　经验交互相关性 Corr$(\log(X_t/X_{t-1}), \log Z_{t-h})$

　　注：左右两张图都分别显示了产出增长对数 $\log(X_t/X_{t-1})$ 与利率（实线）、通货膨胀率（短划虚线）、劳动收入份额（点虚线）之间的相关性。左图：相关函数根据样本自协方差矩阵 $\hat{\Gamma}_{yy}(h)$ 计算。右图：相关函数根据估计出来的一阶向量自回归计算。

8.3.2　频谱

　　对于频谱，一种符合直觉的合理估计就是样本周期图，其定义为

$$\hat{f}_{yy}(\omega) = \frac{1}{2\pi}\sum_{h=-T+1}^{T-1}\hat{\Gamma}_{yy}(h)e^{-i\omega h} = \frac{1}{2\pi}\left(\hat{\Gamma}_{yy}(0) + \sum_{h=1}^{T-1}(\hat{\Gamma}_{yy}(h) + \hat{\Gamma}_{yy}(h)')\cos\omega h\right) \quad (115)$$

虽然样本周期图是对总体频谱密度的渐近无偏估计,但它并不是一致的,因为它的方差不会随样本规模 T 趋向于过大而消失。要想获得一致估计量,可以先对相邻频率的样本周期图进行平滑化处理。定义基频(fundamental frequency)

$$\omega_j = j\frac{2\pi}{T}, j = 1, \cdots, (T-1)/2$$

并且令 $K(x)$ 表示一个核函数,具有性质 $\int K(x)\,\mathrm{d}x = 1$。平滑处理后的样本周期图可以用下式来定义

$$\bar{f}_{yy}(\omega) = \frac{\pi}{\lambda(T-1)/2} \sum_{j=1}^{(T-1)/2} K\left(\frac{\omega_j - \omega}{\lambda}\right) \hat{f}_{yy}(\omega_j) \tag{116}$$

下面就是简单的核函数的一个例子

$$K\left(\frac{\omega_j - \omega}{\lambda}\right) \hat{f}_{yy}(\omega_j) = \mathrm{II}\left\{-\frac{1}{2} < \frac{\omega_j - \omega}{\lambda} < \frac{1}{2}\right\} = \mathrm{II}\left\{\omega_j \in B(\omega|\lambda)\right\}$$

其中的 $B(\omega|j)$ 是一个频带。只要满足如下条件,平滑处理后的周期图估计量 $\bar{f}_{yy}(\omega)$ 就是一致的:带宽会缩小并趋于零,即当 $T \to \infty$ 时,$\lambda \to 0$,同时由 $\lambda T(2\pi)$ 给定的 ω_j 的数量趋于无穷大。在下面给出的实际应用案例中,我们将使用一个高斯核,而这就意味着 $K(x)$ 等于一个标准正态随机变量的概率密度函数。

频谱密度的估计量也可以通过对方程式(113)中的 VAR(p) 的估计间接获得。定义

$$\Phi = [\Phi_1, \cdots, \Phi_p, \Phi_0]' \text{ 且 } M(z) = [Iz, \cdots, Iz^p],$$

并用 $\hat{\Phi}$ 表示 Φ 的估计量。然后我们就可以用下式给出频谱密度的 p 阶向量自回归嵌入式估计量了

$$\hat{f}_{yy}^V = \frac{1}{2\pi}\left[I - \hat{\Phi}'M'(e^{-i\omega})\right]^{-1} \hat{\Sigma} \left[I - M(e^{-i\omega})\hat{\Phi}\right]^{-1} \tag{117}$$

这个公式将方程式(99)中的 VAR(1) 频谱密度推广到了 VAR(p) 的频谱密度。

图 21 中报告了产出增长率、对数劳动收入份额、通货膨胀率和利率的谱密度的估计结果。图中的阴影区域突出显示了商业周期频率。由于产出增长率的自相关性接近于零,所以频谱密度是相当平坦的。其他三个序列则在低频下显示出了更大的频谱质量,这是它们拥有较高的持续性的反映。劳动收入份额具有明显的驼峰形频谱密度,同时通货膨胀率和利率的频率密度则随着频率 ω 单调递减。周期图估计量 $\hat{f}_{yy}(\omega)$ 的平滑度取决于带宽的选择。图 21 是基于一个标准偏差为 0.15 的高斯核绘制的,大致来说,这个核价会在 0.6 的频带上实现对样本周期图的平均化。虽然平滑的周期图和基于 VAR 的频谱估计的形状在性质上是相似的,但是根据估计出来的 VAR 得到的频谱密度较低。

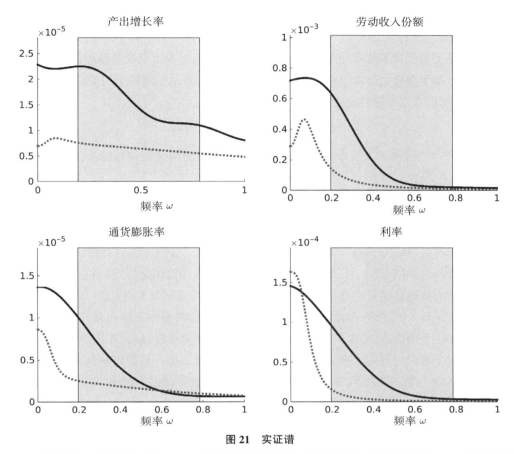

图 21　实证谱

注:虚线是从一个估计出来的 VAR(1)模型计算得到的谱,实线是基于一个标准偏差为 0.15 的高斯核的平滑周期图得到的谱。阴影区域表示商业周期频率(0.196—0.785)。

8.3.3　脉冲响应函数

方程式(113)中的 VAR(p)是所谓的简化式 VAR,因为其中的新息没有具体的结构性解释——它们就是超前一步预测误差。

我们为 DSGE 模型构建的脉冲响应就是对于结构性冲击中的新息的反应,这些新息同时对好几个可观察变量的预测误差都有"贡献"。为了将基于 VAR 模型的脉冲响应与基于 DSGE 模型的脉冲响应联系起来,我们还必须将超前一步预测误差与结构新息的向量联系起来。我们假设

$$u_t = \Phi_\epsilon \epsilon_t = \sum{}_{tr} \Omega \epsilon_t \tag{118}$$

其中,$\sum_{tr}$ 是具有非负对角元素的 $\sum$ 的唯一的下三角乔里斯基因子,Ω 是满足 $\Omega\Omega' = I$ 的 $n \times n$ 正交矩阵。第二个等式确保 u_t 的协方差矩阵可以保持

$$\Phi_\epsilon \Phi'_\epsilon = \sum{}_{tr} \Omega \Omega' \sum{}'_{tr} = \sum \tag{119}$$

根据定义,预测误差的协方差矩阵不会因对 Ω 的选择的变化而变化,这就意味着,我们不可能从数据中识别出 Ω。反过来,讨论结构性向量自回归模型的许多文献最终都归结到

了关于如何对矩阵 Ω 施加适当的限制的观点。例如,科克兰(Cochrane)(1994)、克里斯蒂亚诺等人(1999)、斯托克(Stock)和沃森(Watson)(2001)、雷米(Ramey)(2016)等文献综述,分别详细讨论了对于技术革新冲击、货币政策冲击、政府支出冲击以及其他外部冲击的限制和识别方案。基于对简化形式的系数矩阵 Φ 和 Σ 的估计,以及对矩阵 Ω 中的某一列或多列的识别方案,可以直接将脉冲响应表示为

$$\widehat{\text{IRF}}^V(.,j,h) = C_h(\hat{\Phi})\,\hat{\Sigma}_{tr}[\,\Omega\,]_{.j} \tag{120}$$

其中,移动平均系数矩阵 $C_h(\hat{\Phi})$ 可以通过方程式(114)的向量自回归的伴随形式表示而获得:$C_h(\Phi) = M'\widetilde{\Phi}_1^h$,其中 $M' = [\,I_n, 0_{n\times n(p-1)}\,]$。

为了便于说明问题,我们在这里不以对 Ω 的某种给定的选择为条件来考虑脉冲响应函数的计算,而是采取了近来文献中流行的符号限制方法——请参见福斯特(Faust)(1998)、卡诺瓦和德尼科洛(De Nicolo)(2002),以及厄里格(2005)。这些文献的关键思想是,将矩阵 Ω 限制在一个集合 $O(\Phi, \Sigma)$,使得模型所蕴含的脉冲响应函数满足特定的符号限制。而这就意味着脉冲响应的量级只能是在集合识别(set-identified)的层面上确定的。利用我们识别出来的关于产出增长率、对数劳动收入份额、通货膨胀率和利率的一阶向量自回归模型,我们施加了这样一个约束条件,即作为对紧缩货币政策冲击的反应,利率在四个季度内上升,通货膨胀在四个季度内为负。同时,不失一般性,我们还可以进一步假设各种冲击是这样排序的——使得 Ω 的第一列(用 q 来表示)所刻画的是货币政策冲击的影响。以简化式向量自回归系数的估计量($\hat{\Phi}, \hat{\Sigma}$)为条件,我们可以确定单位长度向量 q 的一个集合,它使得隐含的脉冲响应函数满足符号限制。图 22 中所显示的条带,给出了(以集合识别法)估计出来的产出增长率、劳动收入份额、通货膨胀率和利率对货币政策冲击的(逐点)脉冲响应的上限和下限。不过,对货币政策冲击施加的符号限制还不够强,因此无法确定产出增长率和劳动收入份额对货币政策冲击的反应的符号。需要注意的是,如果研究者选择了某个特定的 q(它可能作为简化式参数 Φ 和 Σ 的一个函数),那么图中的条带将收缩为单一的线,如图 22 中的实线所示。

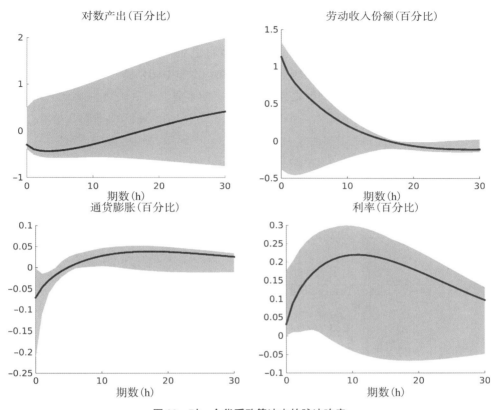

图22　对一个货币政策冲击的脉冲响应

注：这是对一个标准偏差的货币政策冲击的脉冲响应。通货膨胀率和利率的反应没有经过年化处理。图中的条带给出了识别出来的脉冲响应集合的逐点估计量——基于紧缩性货币政策冲击会在四个季度内提高利率并降低通货膨胀率的假设。图中的实线表示识别出来的集合所包含的一个特定的脉冲响应函数。

8.3.4　条件矩限制

从8.2.4节讨论的DSGE模型的均衡条件推导出的无条件矩限制在样本层面上也有对应物（样本无条件矩），其中，总体期望值由样本平均值代替。如果矩条件包含了潜在变量，那么情况就会变得很复杂。

例如，当方程式（105）的矩条件中的冲击过程是从新凯恩斯主义菲利普斯曲线推导出来的时候，就是如此。总体矩条件的样本对应物可以用于生成广义矩方法估计量。对此，我们将在第11.4节中进一步讨论。

8.4　对趋势的处理

趋势是宏观经济时间序列的突出特征。第8.1节给出的程式化DSGE模型的一个特点是，生产率过程$\log Z_t$会生成一个随机趋势，其演变服从一个带有漂移的随机游走。虽然生产率的趋势导致了消费、产出和实际工资的共同趋势，但是模型本身的设定意味着，对数消费–产出比和对数劳动收入份额都是平稳的。

　　图 23 给出了美国从 1965 年到 2014 年的对数消费–产出比和对数劳动收入份额的时间序列。消费–产出比的定义是,个人在服务上的消费支出(PCESV)与个人在非耐用品上的消费支出(PCND)之和除以名义 GDP 的比值。自 20 世纪 90 年代后期以来,消费–产出比一直呈明显的上升趋势,而劳动收入份额则一直在下降。由于 DSGE 模型并没有刻画这些趋势,所以导致了美国实际数据与模型生成数据之间的一阶差异。

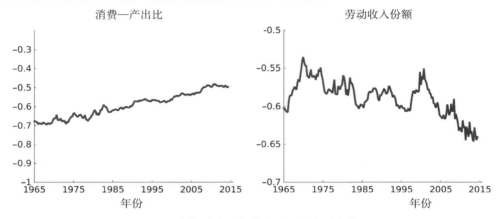

图 23　消费–产出比与劳动收入份额(对数值)

　　实际应用中的大多数 DSGE 模型通常都具有反事实趋势的含义,因为它们都会包含一些共同的趋势的限制,例如,在平衡增长路径上,产出、消费、投资、资本存量和实际工资会呈现出共同的趋势,而且工作时数和资本回报也都是平稳的。在某种程度上,这违背了数据,我们在上述例子中看到的就是如此。为了解决模型与数据之间的不匹配问题,经济学家们经过多方探索,提出了各种各样的补救措施,包括:(i)先分别对每个时间序列进行去趋势化处理,然后用 DSGE 模型去拟合去除了趋势后的数据;(ii)在将 DSGE 模型与数据匹配时,同时对实际数据和模型所蕴含的数据应用适当的趋势滤波器;(iii)创建一个混合模型,例如,在卡诺瓦(2014)的混合模型中,就包含了一个有弹性的非结构化趋势成分,同时使用结构化 DSGE 模型去描述简化形式的趋势;(iv)将更加现实的趋势直接纳入 DSGE 模型的结构中。从建模的角度来看,选项(i)显然是不太可取的,选项(iv)应该是最理想的选择。

9.　统计推断

　　DSGE 模型具有高度的理论一致性。这个事实意味着,描述宏观经济总量行为的方程的函数形式和参数都要受到最优性和均衡条件的严格限制。反过来,由 DSGE 模型生成的概率分布族 $p(Y|\theta)$,$\theta \in \Theta$ 也倾向于比与某个非理论的模型相关联的分布族有更强的限制性——后者如方程式(113)中的简化形式的 VAR 模型。这可能会使实证研究者陷入这样一种相当尴尬的境况:数据更有利于非理论的模型,而理论模型则能给出更准确的预测,同时为了分析特定的经济政策又需要理论上一致的模型。在下文讨论统计推断时,我们将会特别注意

这个错误设定问题。

统计推断的目的包括：根据观察值 Y 推断未知参数向量 θ，提供关于 θ 的不确定性的度量，阐明统计模型的拟合度。如果统计模型有错误设定问题，那么要完成这些任务就会变得更加困难。要让 DSGE 模型接受数据的洗礼，大体上说可以采取两种方法。第一种方法是，如果有充分理由认为 DSGE 模型的概率结构的设定是正确的，那么就可以考察，观察到的数据 $Y_{1:T}^o$ 或根据观察到的数据计算出来的样本统计量 $S(Y_{1:T}^o)$，落在了从 $p(Y_{1:T}|\theta)$ 推导出来的模型所蕴含的分布的尾部的什么位置上。我们可以适当地选择参数向量 θ，以确保 $S(Y_{1:T}^o)$ 密度（似然）在 $p(Y_{1:T}|\theta)$ 下是高的。第二种方法是，如果有强烈的信念（这可能有经验证据的支持），感觉到 DSGE 模型的概率结构不够丰富，不能刻画观察到的数据的显著特征，那么就可以考虑一个具有设定良好的概率结构的参照模型，用它来估计第 8.2 节中介绍的那些总体对象，并将这些估计值与模型中的对应物进行比较。

本节的安排如下。在第 9.1 节中，我们提出并回答这样一个问题：DSGE 模型的参数是否可以根据观察到的结果 Y 来识别，同时回顾了近期的识别文献。然后我们再讨论两类统计推断方法：频率主义的和贝叶斯主义的。[①] 我们特别强调了模型错误设定的后果。在第 9.2 节中，我们引入了频率主义的统计推断，这种推断采取"前实验"的视角，而且重点放在了估计量和检验统计量的特征上，检验统计量是在分布 $\mathbb{P}_\theta^Y$ 下重复抽样时观察到的结果 Y 的函数。频率主义推断是以某个"真实"但未知的参数 θ 为条件的，或者是以某个数据生成过程为条件的。所谓数据生成过程（data-generating process, DGP），是一个假想的概率分布，我们假设数据是在这一概率分布下生成的。频率主义程序必须对所有 $\theta \in \Theta$ 的值都表现良好。第 9.3 节则介绍贝叶斯主义推断。这种推断采取后实验的视角，即将未知参数 θ 视为一个随机变量，根据数据 Y 更新先验分布 $p(\theta)$——使用贝叶斯定理获得后验分布 $p(\theta|Y)$。

估计和推理都要求针对不同的参数值 θ，多次求解模型。接下来的数值实例以前面在第 8.1 节引入的程式化的 DSGE 模型为基础，我们已经得出了该模型的一个解析解。然而，有解析解的情况其实是例外，在比较正式的实证研究中所用的模型往往是无法求得解析解的。因此，任何估计方法——无论是频率主义的，还是贝叶斯主义的——都必定与模型的求解程序密切相关。最终，研究者不得不权衡：假设可用的计算资源是给定的，那么在求解一个以特定的 θ 为条件的模型时所花费的时间越多（例如，通过使用复杂的投影技术），那么，估计目标函数能够求得的机会反而会越少。也正是因为这个原因，绝大多数实证研究都只依赖于 DSGE 模型的一阶微扰近似，它很快就可以得到。用数值上更复杂的投影方法来求解模型的估计则相对较少，因为需要更多的计算资源。此外，正如我们在本章第一部分已经详细讨论过的，微扰求解方法更适宜应用于具有高维状态向量的模型，而且这些模型反过来又不那么容易出现错误设定问题，因此更加便于估计。然而，最近发展起来的低成本并行编程环境和云计算技术，将使得更多的研究者在不久的将来就有机会求解和估计更加精巧的非线性 DSGE 模型。

[①] 基德兰德和普雷斯科特（1982）倡导的校准方法与介绍的这些计量经济学推断方法之间的比较，请参见里奥斯-拉尔（Ríos-Rull）等人（2012）的论著。

9.1 识别

基于样本 Y,能不能识别参数向量 θ? 这个问题对于统计推断是至关重要的——研究的主要目标之一就是基于样本 Y 来推断未知的 θ。现在,我们假设 DSGE 模型生成概率分布族 $p(Y|\theta),\theta \in \Theta$。同时再假设这样一个程式化的设定,其中的数据是用 DSGE 模型以某些"真实的"参数 θ_0 为条件生成的。我们说参数向量 θ_0 是全局可识别的,如果

$$p(Y|\theta) = p(Y|\theta_0) \text{ 蕴含着 } \theta = \theta_0 \tag{121}$$

这个论断颇有些微妙之处,因为它取决于样本 Y。从"前实验"的视角来看,样本是不可观察的,而且它要求方程式(121)在分布 $p(Y|\theta_0)$ 下成立的概率为 1。从"后实验"的视角来看,对于某些轨迹 Y,参数 θ 可能是可识别的,但对于其他轨迹则可能是不可识别的。下面这个例子突出地表明了这个微妙的差异。假设

$$y_{1,t}|(\theta,y_{2,t}) \sim iidN(\theta y_{2,t},1), y_{2,t} = \begin{cases} 0 \text{ w. p. } 1/2 \\ \sim iidN(0,1) \text{ w. p. } 1/2 \end{cases}$$

因此,有 1/2 的概率(w. p.),我们会观察到一个轨迹,沿着该轨迹,θ 是不可识别的,因为对于所有 t,都有 $y_{2,t}=0$。如果 $y_{2,t} \neq 0$,那么 θ 就是可识别的。

9.1.1 局部识别

如果如方程式(121)所示的条件只有对于 θ_0 的某个开放邻域中的 θ 值的时候才能得到满足,那么可以考虑对 θ_0 进行局部识别。这个领域的大多数文献都集中关注如何设计某种方法来实现带有高斯型新息的线性化 DSGE 模型中的局部识别。在这种情况下,$Y|\theta$ 的分布是联合正态分布,并且可以用一个 $Tn_y \times 1$ 的均值向量 $\mu(\theta)$(其中 n 是向量 y_t 的维数)与一个 $Tn_y \times Tn_y$ 的协方差矩阵 $\sum(\theta)$ 来表示。现在,我们定义 $m(\theta) = [\mu(\theta)', vech(\sum(\theta))']'$,其中的 $vech(\cdot)$ 的作用是,向量化一个对称矩阵的非冗余元素。然后,我们可以将识别条件重新定义为

$$m(\theta) = m(\theta_0) \text{ 蕴含着 } \theta = \theta_0 \tag{122}$$

因此,验证局部识别条件就类似于检查如下雅可比函数是不是满秩的:

$$J(\theta) = \frac{\partial}{\partial \theta'} m(\theta) \tag{123}$$

这种方法由伊斯克雷夫(Iskrev)(2010)首先提出并应用于验证线性化 DSGE 模型是可识别性的。如果 Y 的联合分布不是高斯的,例如,因为 DSGE 模型中的新息不是高斯的,或者因为 DSGE 模型是非线性的,那么 θ_0 就可能无法基于 $m(\theta)$ 的一阶矩和二阶矩来识别,尽管如此,还是可以用其他矩来将 θ_0 从 $\tilde{\theta} \neq \theta_0$ 中区分出来的。

局部识别条件通常用所谓的信息矩阵来表示。使用詹森(Jensen)不等式,不难直接验证 $p(Y|\theta) = p(Y|\theta_0)$ 之间的库尔贝克-莱布勒散度(Kullback-Leibler discrepancy)是非负的:

$$\Delta_{KL}(\theta|\theta_0) = -\int \log\left(\frac{p(Y|\theta)}{p(Y|\theta_0)}\right) p(Y|\theta_0) \,\mathrm{d}Y \geq 0 \tag{124}$$

在 Y 的非简并概率分布中,只有当 $p(Y|\theta) = p(Y|\theta_0)$ 时,方程式(124)中的相等关系才成立。因此,我们可以推导出,库尔贝克-莱布勒距离在 $\theta = \theta_0$ 时实现最小化,而且,如果 θ_0 是唯一能使 $\Delta_{KL}(\theta|\theta_0)$ 最小化的值,那么 θ_0 就是可以识别出来的。令 $\ell(\theta|Y) = \log p(Y|\theta)$ 表示一个对数似然函数,再令 $\nabla_\theta^2 \ell(\theta|Y)$ 表示对数似然函数相对于 θ 的二阶导数的矩阵[海赛(Hessian)矩阵],那么我们就有(在允许积分与微分之间的变换的适当的正则条件下)

$$\nabla_{\theta^2} \Delta_{KL}(\theta_0|\theta_0) = \int \nabla_{\theta^2} \ell(\theta_0|Y) p(Y|\theta_0) \mathrm{d}Y \qquad (125)$$

反过来,如果预期的海赛矩阵是非奇异性的,那么这个模型在 θ_0 时是可以局部识别的。

对于可以写成 $Y \sim N(\mu(\theta), \Sigma(\theta))$ 这种形式的对数化高斯 DSGE 模型,我们得到

$$\int \nabla_\theta^2 \ell(\theta_0|Y) p(Y|\theta_0) \mathrm{d}Y = J(\theta)'\Omega J(\theta) \qquad (126)$$

其中,Ω 是与 $N(\mu, \Sigma)$ 的非限制性参数向量 $m = [\mu', vech(\Sigma)']'$ 相关联的海赛矩阵。因为 Ω 是维数为 $\dim(m)$ 的对称全秩矩阵,所以我们可以推导出这样的结论:无论方程式(123)中的雅可比矩阵是不是满秩的,这个海赛矩阵都是满秩的。

曲(Qu)和特卡琴科(Tkachenko)(2012)着重探讨了过程 y_t 的谱密度矩阵。他们得出了对似然函数的频域近似,然后利用信息矩阵相等性,将海赛矩阵表示为相对于 θ 的频谱密度的导数的雅可比矩阵的外积

$$G(\theta_0) = \int_{-\pi}^{\pi} \left(\frac{\partial}{\partial \theta'} vec(f_{yy}(\omega)') \right)' \left(\frac{\partial}{\partial \theta'} vec(f_{yy}(\omega)) \right) \mathrm{d}\omega \qquad (127)$$

他们还建议验证 $G(\theta_0)$ 是不是满秩的。不过,伊斯克雷夫(2010)、曲和特卡琴科(2012)的识别检验都必须以数值方式实施。对于每一个推测的 θ_0,研究者必须分别计算矩阵 $J(\theta_0)$ 或 $G(\theta_0)$ 的秩。因为在典型的实际应用中,矩阵的计算依赖于数值微分(和积分),所以必须非常注意计算矩阵秩的过程的数值容忍度。读者在上面提到过的两篇参考文献中可以找到更详细的进一步的讨论。

科孟杰尔(Komunjer)和吴(Ng)(2011)则采用了不同的方法来进行线性化 DSGE 模型的局部识别。他们考察的是 DSGE 模型的状态空间表示的系数与参数向量 θ 之间的关系。回想一下,状态空间表示的 DSGE 模型的形式为

$$y_t = \Psi_0(\theta) + \Psi_1(\theta), s_t = \Phi_1(\theta)s_{t-1} + \Phi_\epsilon(\theta)\epsilon_t \qquad (128)$$

上式中所用的符号本身就凸显了系数矩阵对 θ 的依赖性。现在将 Ψ 矩阵和 Φ 矩阵的系数叠加到向量 $\varnothing$ 中:

$$\varnothing = [vec(\Psi_0)', vec(\Psi_1)', vec(\Phi_1)', vec(\Phi_\epsilon)']'$$

如果,与经济参数 θ 到简化式状态空间参数 φ 的映射相关联的如下雅可比矩阵在 θ_0 处是列满秩的,那么就有理由推测 θ 是局部可识别的

$$\frac{\partial}{\partial \theta'}\varnothing(\theta) \qquad (129)$$

然而,这个猜想还有一个问题,那就是简化形式下的参数 $\varnothing$ 本身是不可识别的。为此,令 A

表示一个非奇异的 $n_s \times n_s$ 矩阵、Ω 表示一个 $n_\epsilon \times n_\epsilon$ 正交矩阵,那么我们可以定义

$$\tilde{s}_t = As_t, \tilde{\epsilon}_t = \Omega\epsilon_t, \widetilde{\Psi}_1 = \Psi_1 A^{-1}, \widetilde{\Phi}_1 = \Phi_1 A^{-1}, \widetilde{\Phi}_\epsilon = A\Phi_\epsilon \Omega'$$

这样就可以得到一个观察上等价(observationally equivalent)的状态空间系统

$$y_t = \Psi_0 + \widetilde{\Psi}_1 \tilde{s}_t, s_t = \widetilde{\Phi}_1 \tilde{s}_{t-1} + \widetilde{\Phi}_\epsilon \epsilon_t \qquad (130)$$

其中 $\emptyset \neq \tilde{\emptyset}$。因此,可识别的简化形式的状态空间参数的数量小于矩阵 Ψ 和矩阵 Φ 中的元素的数量。科孟杰尔和吴(2011)的主要贡献就在于,他们说明了,像方程式(129)那样构造秩条件,并不能保证简化形式的状态空间参数的可识别性。在许多 DSGE 模型中,状态转换的某个子集是确定性的,这将使得正式的形式化分析更加复杂。

一般来说,向量 y_t 中包含的变量越少,识别就会变得越脆弱。例如,在我们上面给出的那个程式化的 DSGE 模型中,假设向量 y_t 中只包含了劳动收入份额,那么根据方程式(70),劳动收入份额的运动规律是三个 AR(1) 过程(一阶自回归过程)和货币政策冲击的总和。它可以重写为一个 ARMA(3,3) 过程,因此最多具有 8 个可识别的简化式参数。因此,简化式参数的上限小于 DSGE 模型参数的数量(后者为 13),因此反过来,不可能识别整个 θ 向量。

9.1.2 全局识别

全局识别比局部识别更难验证。考虑如下这个源于绍尔夫海德(2013)的论文的例子:

$$y_t = [\begin{matrix} 1 & 1 \end{matrix}] s_t, s_t = \begin{bmatrix} \theta_1^2 & 0 \\ 1-\theta_1^2-\theta_1\theta_2 & (1-\theta_1^2) \end{bmatrix} s_{t-1} + \begin{bmatrix} 1 \\ 0 \end{bmatrix} \epsilon_t, \epsilon_t \sim iidN(0,1) \qquad (131)$$

令 L 表示一个滞后算子,它的性质是使得 $Ly_t = y_{t-1}$,于是我们可以将 y_t 的运动规律写为如下的受限制的 ARMA(2,1) 过程:

$$(1-\theta_1^2 L)(1-(1-\theta_1^2)L)y_t = (1-\theta_1\theta_2 L)\epsilon_t \qquad (132)$$

不难验证,给定 θ_1 和 θ_2,通过选择适当的 $\tilde{\theta}_1$ 和 $\tilde{\theta}_2$,使得下面两式成立,就可以构造一个观察上等价的过程

$$\tilde{\theta}_1 = \sqrt{1-\theta_1^2}, \tilde{\theta}_2 = \theta_1\theta_2/\tilde{\theta}_1$$

在这里,我们切换了自回归滞后多项式的两个根的值。曲和特卡琴科(2014)提出,通过搜寻如下方程的解来检验全局识别

$$0 = \Delta_{KL}(\theta|\theta_0), \theta \in \Theta \qquad (133)$$

如果 θ_0 是唯一的解,那么 DSGE 模型就可以全局识别。曲和特卡琴科使用频域变换法求出了库尔贝克-莱布勒散度。计算上的挑战是如何找到与方程式(133)相关的所有根。科兹伊茨基(Kociecki)和科拉沙(Kolasa)(2015)则使用了另一种稍微不同的方法。他们这种方法很有吸引力,因为它只需要研究者在 θ_0 处求解 DSGE 模型,而不用在 $\theta \in \Theta$ 的所有其他值处求解。

9.2 频率主义的推断

如前所述,统计推断的根本问题是推断参数向量 θ,在我们现在讨论的例子中,就是如何

基于一个随机样本 Y，推断 DSGE 模型的参数。频率主义的推断采取的是"前实验视角"（preexperimental perspective），它考察估计量和检验统计量的抽样分布，后者是随机样本 Y 的变换——以某种假设的数据生成过程（DGP）为条件。在下文中，我们将区分两种情况来讨论。首先，我们考虑程式化的情况，即 DSGE 模型的设定是正确的情况。从形式上来说，这意味着 Y 是从 $p(Y|\theta_0)$ 中抽样得到的，而密度 $p(Y|\theta_0)$ 又是从 DSGE 模型推导出来的，同时 θ 是"真实"但未知的参数向量。[①]　其次，我们还要考虑设定错误的情形，而这就意味着程式化的 DSGE 模型无法刻画数据 Y 的某些关键特征。因此，Y 的抽样分布必须用某个参照模型来表征，例如 VAR 模型或某种线性过程。在符号方面，我们也会有所区分——用 M_1 表示 DSGE 模型，而用 M_0 表示参照模型。为了避免将这两个模型所分别生成的 Y 的抽样分布混淆起来，我们将模型标志加入条件集中，即分别写成 $p(Y|\theta,M_1)$ 或 $p(Y|M_0)$。我们还使用了这样的记号：$\|a\|_W = a'Wa$。

9.2.1　DSGE 模型的"正确"设定

在正确设定的假设下，DSGE 模型本身就是"数据生成过程"，而且 $p(Y|\theta_0,M_1)$ 就描述了我们所据以分析估计量和检验统计量的 Y 的抽样分布。因此在这种情况下，让模型所蕴含的概率分布 $p(Y|\theta_0,M_1)$ 去决定估计量和检验统计量的目标函数的选择，以获得一个有效的统计过程（这里说的有效，意味着在重复采样中，估计量接近于 θ_0 的概率非常高），无疑是可取的。从这个意义上说，最大似然（ML）估计量

$$\hat{\theta}_{ml} = \text{argmax}_{\theta \in \Theta} \log p(Y|\theta,M_1) \tag{134}$$

在频率主义的统计推断中发挥着核心作用，因为它在相当一般的正则条件下都是有效的。这些条件之一就是 θ_0 是可识别的。

其他可替代的估计量则可以通过构建一个度量样本统计量 $\hat{m}_T(Y)$（见第 8.3 节）与模型所蕴含的总体统计量 $\mathbb{E}[\hat{m}_T(Y)|\theta,M_1]$（见第 8.3 节）之间的距离的目标函数 $Q_T(\theta|Y)$ 来获得。例如，向量 $\hat{m}_T(Y)$ 的例子包括，向量化的样本自协方差，例如

$$\hat{m}_T(Y) = [vech(\hat{\Gamma}_{yy}(0))', vec(\hat{\Gamma}_{yy}(1))'] = \frac{1}{T}\sum_{t=1}^T m(y_{t-1:t})$$

或者，VAR(1)模型（这里没有截距项）的系数的最小二乘估计量

$$\hat{m}_T(Y) = vec\left(\left(\frac{1}{T}\sum_{t=1}^T y_{t-1}y'_{t-1}\right)^{-1}\frac{1}{T}\sum_{t=1}^T y_{t-1}y'_t\right)$$

我们将估计目标函数写为

$$Q_T(\theta|Y) = \|\hat{m}_T(Y) - \mathbb{E}[\hat{m}_T(Y)|\theta,M_1]\|_{W_T} \tag{135}$$

其中，W_T 是一个对称正定权重矩阵。在 DSGE 模型的设定是正确的这个假设之下，权重矩阵 W_T 的最优选择是 DSGE 模型所蕴含的协方差矩阵 $\hat{m}_T(Y)$ 的逆。这样一来，就把更大的权重分配给了准确地逼近了潜在的群体矩的那些样本矩。θ 的最小距离（minimum distance，MD）

[①] 实际上，观察到的 Y 当然从来不是用某个概率机制生成的。相反，它反映了度量到的宏观经济活动。因此，我们这里所说的"DSGE 模型的正确设定"，意思是指我们认为其概率结构足够丰富，足以给宏观经济时间序列的显著特征赋予高概率。

估计量则定义为

$$\hat{\theta}_{md} = \text{argmax}_{\theta \in \Theta} \, Q_T(\theta \mid Y) \tag{136}$$

计量经济学推断所依据的,就是估计量 $\hat{\theta}_{md}$ 和置信集的样本分布,以及在分布 $p(Y \mid \theta_0, M_1)$ 下从 $\hat{\theta}_{md}$ 和 $Q_T(\theta \mid Y)$ 推导出来的检验统计量的样本分布。

9.2.2 DSGE 模型的错误设定和不完全性

何为模型错误设定?可以这样解释:从 DSGE 模型参数 θ 到方程式(76)和方程式(78)中的状态空间表示的系统矩阵 Ψ_0、Ψ_1、Φ_1 和 Φ_ϵ 的映射所体现的交互系数约束条件被违背了。这种不完全模型的一个例子,在程式化的 DSGE 模型中,我们没有完全设定外部冲击过程的运动规律,并只关注了某些矩条件,例如消费欧拉方程。在某些情况下,不完全性和错误设定是同一个硬币的两面。举例来说,假设我们现在考虑一个程式化的 DSGE 模型,它只有一个结构性的冲击,即货币政策冲击。这样一个模型就没有包含足够多的冲击来解释观察到的产出增长率、劳动收入份额、通货膨胀率和利率的变化。或者,更具体地说,这个只有一个冲击的 DSGE 模型意味着,(例如)如下线性组合

$$\frac{1}{\kappa_p(1+v) x_{\epsilon_R} / \beta + \sigma_R} \hat{R}_t - \frac{1}{\kappa_p(1+v) x_{\epsilon_R}} \hat{\pi}_t = 0$$

是完全可预测的,见方程式(72)和方程式(73)。但是这个预测显然是反事实的。因此,我们可以认为这个模型是设定错误的,因为它的预测与数据不符;或者是不完全的,因为增加更多的结构性冲击可以减少模型与现实之间的差距。

无论 DSGE 模型是不完全的,还是设定错误的,它所生成的数据 Y 的抽样分布都不足以用来决定估计量和检验统计量的"频率主义"行为。为了进行频率主义的分析,我们需要一个能够确定数据 $p(Y \mid M_0)$ 的分布的参照模型,而且该参照模型能够被视为一个数据生成过程。这个参照模型可能是一个完全设定的参数模型,例如一个向量自回归模型 $p(Y \mid \varnothing, M_0)$,其中 $\varnothing$ 是有限维参数向量。又或者,参照模型也可能是一个一般的随机过程 $\{y_t\}$,它满足构造估计量和检验统计量的样本分布的大样本近似所需的一组正则条件。

如果 DSGE 模型是未完全设定的,那么也仍然有可能维持"真实的"参数向量 θ_0 的概念,不过是在如下这种意义上:我们可以把数据生成过程想象成在一个设定不完全的 DSGE 模型上扩增了一组方程(可能是关于附加的参数的)的结果。如果 DSGE 模型是错误设定的,则"真实的"参数值的概念必须用伪真实的(或伪最优的)参数值的概念代替。伪真实参数值的定义需要利用数据生成过程 $p(Y \mid M_0)$ 与 DSGE 模型 $p(Y \mid \theta, M_1)$ 之间的差距(discrepancy)的概念。不同的差距会导致不同的伪最优值。基于似然的推断与库尔贝克-莱布勒散度相关,并会导致

$$\theta_0(KL) = \text{argmin}_{\theta \in \Theta} - \int \log \left(\frac{p(Y \mid \theta, M_1)}{p(Y \mid M_0)} \right) p(Y \mid M_0) \, \mathrm{d}Y \tag{137}$$

基于矩的推断则以样本目标函数 $Q_T(\theta \mid Y)$ 为基础,这种推断与如下这个伪最优值相关联

$$\theta_0(Q, W) = \text{argmin}_{\theta \in \Theta} Q(\theta \mid M_0) \tag{138}$$

其中

$$Q(\theta|M_0) = \| \mathbb{E}[\hat{m}_T(Y)|M_0] - \mathbb{E}[\hat{m}(Y)|\theta, M_1] \|_W$$

最终,估计量和检验统计量的抽样特性必须从参照模型 M_0 中推导出来。

9.3 贝叶斯推断

在贝叶斯范式下,概率的计算不仅仅用于处理与冲击 ϵ_t、状态 s_t 和观察值 y_t 有关的不确定性,而且还用于处理参数向量 θ 的不确定性。知识(或无知)的初始状态是用一个密度为 $p(\theta)$ 的先验分布来总结的。这个先验分布与给定 θ 时的数据的条件分布(即似然函数)相结合,从而刻画了参数和数据的联合分布。然后,再用贝叶斯定理求得给定观察数据 Y 时的参数的条件分布。这个分布称为后验分布:

$$p(\theta|Y,M_1) = \frac{p(Y|\theta,M_1)p(\theta|M_1)}{p(Y|M_1)}, p(Y|M_1) = \int p(Y|\theta,M_1)p(\theta|M_1)d\theta \quad (139)$$

后验分布包含了以样本信息 Y 为条件的关于 θ 的所有信息。在运用贝叶斯方法时,模型肯定要包括似然函数 $p(Y|\theta,M_1)$ 和先验 $p(\theta|M_1)$。

然后,可以从 $p(\theta|Y,M_1)$,推导出 DSGE 模型参数 θ 的变换,$h(\theta)$ 的后验分布,例如自协方差和脉冲响应函数。比如说,

$$\mathbb{P}_Y\{h(\theta) \leq \bar{h}\} = \int_{\theta|h(\theta)\leq\bar{h}} p(\theta|Y,M_1)d\theta \quad (140)$$

一般来说,推断问题的解通常可以通过设定一个合适的损失函数、将推断问题转述为一个决策问题,并使后验期望损失最小化来求得。例如,为了获得 $h(\theta)$ 的点估计量,我们可以用 $L(h(\theta),\delta)$ 描述与报告 δ 相关的损失——如果 $h(\theta)$ 是正确的话。这样一来,最优决策 δ 就可以通过最小化后验期望损失来求得:

$$\delta_* = \operatorname{argmin}_{\delta\in\mathfrak{D}}\int L(h(\theta),\delta)p(\theta|Y,M_1)d\theta \quad (141)$$

如果损失函数是二次的,则最优点估计量就是 $h(\theta)$ 的后验均值。

贝叶斯推断的最困难的地方在于,如何表示 $h(\theta)$ 后验矩。而且不幸的是,不可能为 DSGE 模型推导出这种后验矩的解析表达式。因此,研究者必须依靠数值方法。在贝叶斯推断的文献中,已经发展出了一系列复杂的算法,它们能够从后验分布抽取 θ^i,使得这些抽取值的均值趋近于后验期望:

$$\mathbb{E}[h(\theta)|Y,M_1] = \int h(\theta)p(\theta|Y,M_1)d\theta \approx \frac{1}{N}\sum_{i=1}^N h(\theta^i) \quad (142)$$

我们在下面的第 12 节中深入讨论了其中一些计算技术。

9.3.1 DSGE 模型的"正确"设定

在运用贝叶斯定理来"了解"DSGE 模型的参数的时候,一个隐含的假设是,研究者认为 DSGE 模型的概率结构的设定是"良好的"。在这里,"良好的设定"的意思是,在先验分布的支撑中存在参数 θ,使得数据 Y 的显著特征会被赋予高概率。当然,在实践中,我们总是免不了担心,是不是还有别的可替代的 DSGE 模型,它能够更好地描述数据。贝叶斯框架非常适

合于解决模型不确定性问题。

假设研究者考虑了两个模型设定,分别记为 M_1 和 M_2。再假设其中只有一个模型设定是正确的。很自然地,我们先对这两个模型赋以先验概率,并用 $\pi_{j,0}$ 表示。模型概率之间的比率称为模型胜率(model odds)。M_1 和 M_2 之间的后验模型胜率由下式给出

$$\frac{\pi_{1,T}}{\pi_{2,T}} = \frac{\pi_{1,0}p(Y|M_1)}{\pi_{2,0}p(Y|M_2)} \tag{143}$$

其中,等号右侧的第一个因子刻画的是先验模型胜率,第二个因素称为贝叶斯因子,是边际数据密度的比率。需要注意的是,$p(Y|M_j)$ 也出现在了贝叶斯定理的分母中——见方程(139)。在 DSGE 模型文献中,后验模型胜率和后验概率概念已经得到了广泛的应用,研究者用它们来比较模型设定或用来取若干个 DSGE 模型的平均值。这方面比较突出的应用包括拉鲍尔(Rabanal)和卢比奥-拉米雷斯(2005)的研究,以及斯梅茨和沃特斯(2007)的研究。

9.3.2 DSGE 模型的错误设定

与在频率主义推断的情况下一样,在贝叶斯主义推断中,模型的错误设定也使推断变得复杂化。在现有文献中,已经出现了好几种调整贝叶斯分析,使之能够处理 DSGE 模型的潜在误差的方法。一般来说,需要扩增模型空间,方法是利用一个更加密集地参数化的参照模型。这个参照模型(记为 M_0)可以提供更符合实际的数据概率表示。

在绍尔夫海德(2000)考虑的情形中,研究者对两个(或多个)DSGE 模型(例如,M_1 和 M_2)解释某些总体特征——比如说自协方差或脉冲响应——的相对能力感兴趣。[1] 然而,这些 DSGE 模型可能都有潜在的错误设定问题,因此研究者还要考虑参照模型 M_0。只要可以基于参照模型构造一个关于 φ 的后验分布,那么就可以用下式来描述整体后验

$$p(\varphi|Y) = \sum_{j=0,1,2} \pi_{j,T} p(\varphi|Y,M_j) \tag{144}$$

如果其中一个 DSGE 模型是设定良好的,那么这个模型就可以得到较高的后验概率,并支配整体后验。如果两个 DSGE 模型都与数据不一致,那么参照模型的后验概率将会接近于1。给定在对 φ 的预测上的损失函数,我们可以计算出专属于某个 DSGE 模型的特定预测:

$$\hat{\varphi}_{(j)} = \mathrm{argmin}_{\tilde{\varphi}} \int L(\tilde{\varphi},\varphi) p(\varphi|Y,M_j)\,\mathrm{d}\varphi, j=1,2 \tag{145}$$

最后,可以根据后验风险对这两个 DSGE 模型进行排序

$$\int L(\hat{\varphi}_{(j)},\varphi) p(\varphi|Y)\,\mathrm{d}\varphi \tag{146}$$

格韦克(Geweke)(2010)则假设,研究者不认为 DSGE 模型是数据 Y 的模型,而是某个总体矩 φ 的模型。这样,参照模型 M_0,例如一个向量自回归模型,就不仅为 Y 提供了模型,同时也允许我们计算隐含的总体矩。格韦克证明,在这些假设下,可以将 DSGE 模型的后验胜率定义为

---

[1] 纳特科斯瓦卡(Hnatkosvaka)等人(2012)、马尔梅(Marmer)和大津(Otsu)(2012)在频率主义推断中也发展出了这种方法。

$$\frac{\pi_{1,T}}{\pi_{2,T}}=\frac{\pi_{1,0}\int p(\varphi\mid M_1)p(\varphi\mid Y,M_0)\,\mathrm{d}\varphi}{\pi_{2,0}\int p(\varphi\mid M_2)p(\varphi\mid Y,M_0)\,\mathrm{d}\varphi}$$

大略地说,如果我们能够观察到 φ,那么 $p(\varphi\mid M_j)$ 是边缘似然。然而,φ 是不可观察的,因此,要用从参照模型 M_0 获得的后验预测分布代替。如果在 DSGE 模型下的总体矩 φ 的先验分布,与在估计参照模型 M_0 时得到的后验分布之间存在很大的重叠,那么模型胜率有利于模型 M_1 的可能性就很高。

类似地,英格拉姆(Ingram)和怀特曼(Whiteman)(1994)的研究、德尔内格罗和绍尔夫海德(2004)的研究也不将 DSGE 模型视为数据 Y 的模型,而是用它来为一个 VAR 模型构造先验分布。现在考虑如方程式(114)所示的 VAR 模型的伴随形式。我们用 DSGE 模型生成 $(\widetilde{\Phi}_1,\widetilde{\Phi}_0,\widetilde{\Sigma})$ 的先验概率,然后把这个先验概率与 VAR 似然函数结合起来:

$$p(Y,\widetilde{\Phi}_0,\widetilde{\Phi}_1,\widetilde{\Sigma},\theta\mid\lambda)=p(Y\mid\widetilde{\Phi}_0,\widetilde{\Phi}_1,\widetilde{\Sigma})p(\widetilde{\Phi}_0,\widetilde{\Phi}_1,\widetilde{\Sigma}\mid\theta,\lambda)p(\theta) \qquad(148)$$

所得到的分层模型称为 DSGE-VAR 模型。其中,先验 $p(\widetilde{\Phi}_0,\widetilde{\Phi}_1,\widetilde{\Sigma}\mid\theta,\lambda)$ 以如下约束函数为中心

$$\widetilde{\Phi}_0^*(\theta),\widetilde{\Phi}_1^*(\theta),\widetilde{\Sigma}^*(\theta)$$

同时允许偏离这些约束函数,以解释模型的错误设定。参数 λ 是一个超参数,它控制偏离限制函数的偏差(先验方差)的大小。这个框架可用于预测,以评估 DSGE 模型的拟合度,也可以用于政策分析。前者的例子如德尔内格罗等人(2007)的研究;后者的例子如德尔内格罗和绍尔夫海德(2009)的研究。

费尔南德斯-比利亚韦德和卢比奥-拉米雷斯(2004)构建了一个参照模型 M_0,发挥着主导作用的框架,他们证明,选择后验概率最高的那个 DSGE 模型(比如说,在相互竞争的两个 DSGE 模型 M_1 和 M_2 之间进行选择),会在库尔贝克-莱布勒的意义上渐近地逼近与 M_0 最接近的设定。他们没有用后验概率在两个 DSGE 模型之间进行选择或加以平均,而是构建了一个预测池,它在本质上是如下两个预测密度的线性组合:

$$\lambda p(y_t\mid Y_{1:t-1},M_1)+(1-\lambda)p(y_t\mid Y_{1:t-1},M_2)$$

权重 $\lambda\in[0,1]$ 可以在下式的基础上确定:

$$\prod_{t=1}^{T}\left[\lambda p(y_t\mid Y_{1:t-1},M_1)+(1-\lambda)p(y_t\mid Y_{1:t-1},M_2)\right]$$

这个目标函数可以相对于 λ 最大化,或者也可以将之视为 λ 的似然函数并嵌入贝叶斯推断过程。这个思想是由格韦克和阿米沙诺(Amisano)(2011,2012)率先提出的。后来,瓦戈纳(Wagoner)和查(Zha)(2012)、德尔内格罗等人(2014)又发展出了 λ 取决于时间 t 的动态版。

10. 似然函数

无论是在频率主义推断中,还是在贝叶斯推断中,似然函数都发挥着核心作用。似然函

数将观察值依赖于参数的联合密度 $p(Y_{1:T}|\theta)$ 视为 θ 的函数。从 DSGE 模型的状态空间表示可以导出一个联合分布 $p(Y_{1:T},S_{1:T}|\theta)$——请参见方程式(79)。为了获得似然函数,需要整合(隐藏的)状态 $S_{1:T}$,而这可以使用称为滤波器的算法递归地完成。

本节重点介绍如何使用线性滤波器和非线性滤波器对以特定参数 θ 为条件的似然函数进行数值计算。我们假设 DSGE 模型具有以下可能是非线性的状态空间表示:

$$y_t = \Psi(S_t,t;\theta)+u_t, u_t \sim F_u(\ \cdot\ ;\theta)$$
$$s_t = \Phi(s_{t-1},\epsilon_t;\theta), \epsilon_t \sim F_\epsilon(\ \cdot\ ;\theta) \tag{149}$$

这个状态空间系统在两个维度上受到了限制。首先,测量方程中的误差以加性可分的方式进入。这意味着条件密度 $p(y_t|s_t,\theta)$ 是由 $p_u(y_t-\Psi(s_t,t;\theta)|\theta)$ 给定的,其中 $p_u(\cdot|\theta)$ 是与测量误差分布 $F_u(\ \cdot\ ;\theta)$ 相关联的概率分布函数(PDF)。在没有测量误差的情况下,分布 $y_t|(s_t,\theta)$ 是 $\Psi(s_t,t;\theta)$ 上的质点质量。其次,状态转换方程有一阶马尔可夫结构。[①] 正是由于状态转换方程的一阶马尔可夫结构,状态 $s_{t-2},s_{t-3},\cdots$,以及观察值 $y_{t-1},y_{t-2},\cdots$ 都不能给出额外的关于 s_t 的(以 s_{t-1} 为条件的)信息。因而,我们有

$$p(s_t|s_{t-1},\theta)=p(s_t|s_{t-1},S_{1:t-2},\theta)=p(s_t|s_{t-1},S_{1:t-2},Y_{1:t-1},\theta) \tag{150}$$

对于第 8.1 节的具有正态分布测量误差 $u_t \sim N(0,\Sigma_u)$ 的 DSGE 模型,条件分布由 $s_t|(s_{t-1},\theta) \sim N(\Phi_1 s_{t-1},\Phi_\epsilon \Phi_\epsilon')$ 以及 $y_t|(s_t,\theta) \sim N(\Psi_0+\Psi_1 s_t,\Sigma_u)$ 给出。

10.1 通用滤波器

我们现在描述一个通用滤波器。利用它,可以从初始条件 $p(s_0,\theta)$ 开始,递归地计算出条件分布 $p(s_t|Y_{1:t},\theta)$ 和 $p(y_t|Y_{1:t-1},\theta)$。分布 $p(s_t|Y_{1:t},\theta)$ 是这个算法的一个副产品,它总结了以当前和过去的观察值 $Y_{1:t}$ 为条件的状态的有关信息,也许有自身的独立意义。预测分布 $p(y_t|Y_{1:t-1},\theta), t=1,\cdots,T$ 的序列则可以用来求得似然函数,可以分解如下

$$p(Y_{1:T}|\theta)=\prod_{t=1}^T p(y_t|Y_{1:t-1},\theta) \tag{151}$$

对于这个滤波器的总结,如算法 5 所述(在描述这个滤波器时,我们从调节集中删去了参数 θ,以简化符号)。

算法 5(通用滤波器) 令 $p(s_0)=p(s_0|Y_{1:0})$ 为状态的初始分布。对于 $t=1,\cdots,T$,

1. 给定 $t-1$,预测 t:

(a)转换方程为:

$$p(s_t|Y_{1:t-1})=\int p(s_t|s_{t-1},Y_{1:t-1})p(s_{t-1}|Y_{1:t-1})ds_{t-1}$$

(b)测量方程为:

$$p(y_t|Y_{1:t-1})=\int p(y_t|s_t,Y_{1:t-1})p(s_t|Y_{1:t-1})ds_t$$

2. 更新贝叶斯定理。一旦 y_t 变得可用,就有:

---

① 状态向量的更多的滞后很容易就可以通过利用状态向量的伴随形式表示并入,如方程(114)所示。

$$p(s_t \mid Y_{1:t}) = p(s_t \mid y_t, Y_{1:t-1}) = \frac{p(y_t \mid s_t, Y_{1:t-1}) p(s_t \mid Y_{1:t-1})}{p(y_t \mid Y_{1:t-1})}$$

10.2　一个线性化 DSGE 模型的似然函数

为了便于说明,下面考虑一个"原型"DSGE 模型。由于模型的结构很简单,我们可以直接利用方程式(69)、(70)、(72)和(73)来求解作为 $\hat{x}_t$、$\widehat{lsh}_t$、$\hat{\pi}_t$ 和 $\hat{R}_t$ 的函数的潜在冲击 $\varnothing_t$、λ_t、z_t 和 $\epsilon_{R,t}$。因此,我们可以从方程式(78)和 s_t 的定义中,推导出,以 $\hat{x}_0$ 为条件,状态 s_t 可以直接以递归方式根据观察值推断,而且这就意味着条件分布 $p(s_t \mid Y_{1:t}, \hat{x}_0)$ 是退化的。因此,状态的唯一不确定性源于初始状态。

现在假设,我们从 y_t 的定义中舍弃了劳动收入份额和利率。在这种情况下,将不可能再唯一地将 s_t 定义为 y_t 和 $\hat{x}_0$ 的函数,因为我们只有两个方程——方程式(69)和方程式(72),但是未知数却有四个。算法 5 中的滤波器,基本上可以解决一个欠定方程组,因为它考虑了四个隐藏过程的概率分布。对于具有高斯新息的线性化 DSGE 模型,算法 5 中出现的所有分布都是高斯的。在这种情况下,我们可以用卡尔曼滤波器递归地计算出这些分布的均值和协方差矩阵。为了完成模型规范,我们对初始状态 s_0 做出以下分布假设:

$$s_0 \sim N(\bar{s}_{0|0}, P_{0|0})$$

在稳态模型中,通常的做法是,将 $\bar{s}_{0|0}$ 和 $P_{0|0}$ 设置为等于方程式(76)中与 s_t 的运动定律相关的不变分布的无条件一阶矩和二阶矩。对于线性高斯状态空间模型,算法 5 所描述的四个条件分布如表 6 所示。详细的推导过程可以在讨论卡尔曼滤波器和平滑器的教科书处理中找到,例如汉密尔顿(Hamilton)的教科书(1994)或德宾(Durbin)和库普曼(Koopman)的著作(2001)。

表 6　卡尔曼(Karman)滤波器的条件分布

	分布	均值和方差
$s_{t-1} \mid Y_{1:t-1}$	$N(\bar{s}_{t-1|t-1}, P_{t-1|t-1})$	由 $t-1$ 阶迭代给出
$s_t \mid Y_{1:t-1}$	$N(\bar{s}_{t|t-1}, P_{t|t-1})$	$\bar{s}_{t|t-1} = \Phi_1 \bar{s}_{t-1|t-1}$ $P_{t|t-1} = \Phi_1 P_{t-1|t-1} \Phi'_1 + \Phi_\epsilon \Sigma_\epsilon \Phi'_\epsilon$
$y_t \mid Y_{1:t-1}$	$N(\bar{y}_{t|t-1}, F_{t|t-1})$	$\bar{y}_{t|t-1} = \Psi_0 + \Psi_1 \bar{s}_{t|t-1}$ $F_{t|t-1} = \Psi_1 P_{t|t-1} \Psi'_1 + \Sigma_u$
$s_t \mid Y_{1:t}$	$N(\bar{s}_{t|t}, P_{t|t})$	$\bar{s}_{t|t} = \bar{s}_{t|t-1} + P_{t|t-1} \Psi'_1 F_{t|t-1}^{-1}(y_t - \bar{y}_{t|t-1})$ $P_{t|t} = P_{t|t-1} - P_{t|t-1} \Psi'_1 F_{t|t-1}^{-1} \Psi_1 P_{t|t-1}$
$s_t \mid (S_{t+1:T}, Y_{1:T})$	$N(\bar{s}_{t|t+1}, P_{t|t+1})$	$\bar{s}_{t|t+1} = \bar{s}_{t|t} + P_{t|t} \Phi'_1 P_{t+1|t}^{-1}(s_{t+1} - \Phi_1 \bar{s}_{t|t})$ $P_{t|t+1} = P_{t|t} - P_{t|t} \Phi'_1 P_{t+1|t}^{-1} \Phi_1 P_{t|t}$

为了说明卡尔曼滤波器的算法,我们根据表 5 中的参数模拟了上文给出的那个程式化 DSGE 模型的 $T=50$ 观察值。图 24 给出了只以产出增长率观察值为基础的滤波后的冲击过程 $\varnothing_t$ 和 z_t(在这里,其定义为 $\mathbb{E}[s_t \mid Y_{1:t}]$)。图中的阴影带给出了 90% 的置信区间,它以滤波后的估计量为中心,基于标准偏差 $\sqrt{\mathbb{V}[s_t \mid Y_{1:t}]}$。产出增长率序列的信息不足以生成对偏好

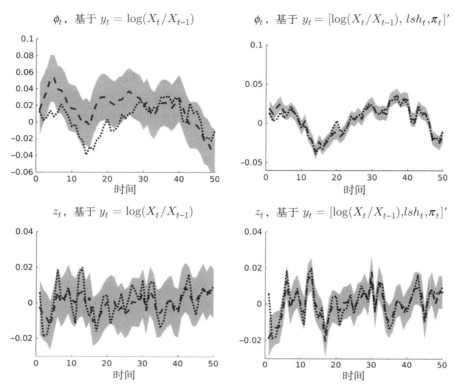

图 24　滤波后的状态

注：图中的滤波后的状态是基于一个 $T=50$ 的观察值的模拟样本给出的。每幅小图都显示真实状态 s_t（点虚线）、滤波后的状态 $\mathbb{E}[s_t|Y_{1:t}]$（短划虚线）和基于 $p(s_t|Y_{1:t})$ 的 90% 置信带（阴影区域）。

冲击过程 $\varnothing_t$ 的准确估计，根据图 17 所示的误差方差分解，$\varnothing_t$ 仅仅解释了产出增长变化当中的极小部分。图 24 的右上子图显示了，如果将通货膨胀和劳动收入份额添加到可观察值集合中，会对隐藏状态的推断产生什么影响。从这三个时间序列来看，还是有可能得出对偏好冲击 $\varnothing_t$ 和技术进步冲击 z_t 的相当不错的估计的。

在具有高斯新息的线性化 DSGE 模型中，不需要使用卡尔曼滤波器，相反，可以直接描述观察值的联合分布。令 Y 表示一个行 y'_t 组成的 $T \times n_y$ 矩阵，那么 Y 的联合分布由下式给出：

$$vec(Y)|\theta \sim N\left(I \otimes \Phi_0(\theta), \begin{bmatrix} \Gamma_{yy}(0|\theta) & \Gamma_{yy}(1|\theta) & \cdots & \Gamma_{yy}(T-1|\theta) \\ \Gamma'_{yy}(1|\theta) & \Gamma_{yy}(0|\theta) & \cdots & \Gamma_{yy}(T-2|\theta) \\ \vdots & \vdots & \ddots & \vdots \\ \Gamma'_{yy}(T-1|\theta) & \Gamma'_{yy}(T-2|\theta) & \cdots & \Gamma_{yy}(0|\theta) \end{bmatrix}\right) \quad (152)$$

要求得似然函数，需要计算自协方差序列和一个 $n_y T \times n_y T$ 的矩阵的逆。如果 T 很大，那么就可以通过通常所称的惠特尔似然函数（Whittle likelihood function）来逼近联合分布：

$$pw(Y|\theta) \propto \left(\prod_{j=0}^{T-1} \left| 2\pi f_{yy}^{-1}(\omega_j|\theta) \right| \right)^{1/2} \exp\left\{ -\frac{1}{2}\sum_{j=0}^{T-1} tr\left[f_{yy}^{-1}(\omega_j|\theta)\hat{f}_{yy}(\omega_j) \right] \right\} \quad (153)$$

其中,$f_{yy}(\omega|\theta)$是 DSGE 模型所蕴含的频谱密度,$\hat{f}_{yy}(\omega)$是样本周期图,ω_j是基频。这个似然函数有一个非常有吸引力的特征,那就是,研究者可以为不同的频率引入不同的权重,例如,在构造似然函数时可以只考虑商业周期频率。惠特尔似然函数已经被不少研究者用于对 DSGE 模型的估计,例如,克里斯蒂亚诺和维格福森(Vigfusson)(2003)、曲和特卡琴科(2012),以及萨拉(Sala)(2015),等等。

10.3　非线性 DSGE 模型的似然函数

如果使用非线性近似技术求解 DSGE 模型,那么状态转换方程式和测量方程至少有一个是非线性的(又或两者都是非线性的)。因此,出现在算法 5 中的密度 $p(s_{t-1}|Y_{1:t-1})$、$p(s_t|Y_{1:t-1})$ 和 $p(y_t|Y_{1:t-1})$ 就都是不再可用的了。虽然现在关于非线性滤波的文献已经很多了[例如,请参见克里桑(Crisan)和罗佐夫斯基(Rozovsky)(2011)的综述],但是我们只专注于其中一类滤波器,即粒子滤波器。从算法归类上说,粒子滤波器属于序贯蒙特卡罗算法(sequential Monte Carlo algorithm),其基本思想是,通过一个粒子群 $\{s_t^j,W_t^j\}_{j=1}^M$ 去逼近分布 $s_t|Y_{1:t}$,使得:

$$\bar{h}_{t,M}=\frac{1}{M}\sum_{j=1}^M h(s_t^j)W_t^j \xrightarrow{a.s.} \mathbb{E}[h(s_t)|Y_{1:t}],$$

$$\sqrt{M}(\bar{h}_{t,M}-\mathbb{E}[h(s_t)|Y_{1:t}])\Rightarrow N(0,\Omega_t[h]),$$

(154)

其中,⇒符号表示分布中的收敛。[①] 同时,这里的 s_t^j 是粒子的值、W_t^j 是粒子的权重。另外,$h(s_t)$ 的条件期望由(转换后的)粒子的加权平均值 $h(s_t^j)$ 来近似。在适当的正则条件下,蒙特卡罗近似满足大数定律(SLLN)和中心极限定理(CLT)。协方差矩阵 $\Omega_t[h]$ 刻画了蒙特卡罗逼近的准确性。令 $h(s_t)=p(y_{t+1}|s_t)$,就可以得到似然增量粒子滤波器近似 $p(y_{t+1}|Y_{1:t})$ $=\mathbb{E}[p(y_{t+1}|s_t)|Y_{1:t}]$。粒子滤波器的每一次迭代,都会操纵粒子值和权重递归地跟踪条件分布 $s_t|Y_{1:t}$ 的序列。费尔南德斯-比利亚韦德和卢比奥-拉米雷斯(2007)是最早运用粒子滤波器近似非线性 DSGE 模型的似然函数的研究者,不过,很快就出现了大量跟进研究。

粒子滤波器广泛应用于工程学和统计学。这个领域的综述(甚至"教程")很多,例如,请参见阿鲁拉姆帕拉姆(Arulampalam)等人(2002)、凯普(Cappe)等人(2007)、杜塞(Doucet)和乔纳森(Johansen)(2011)、克雷尔(Creal)(2012)等论著。在粒子滤波器中,最基本的自举粒子滤波算法是非常简单的,不过在实际应用中的表现可能相当差。因此,大部分文献都着重于自举滤波器的精炼,以提高算法的效率;例如,请参见杜塞等人(2001)。很多统计学教科书都讨论粒子滤波器,比如说刘(Liu)(2001)的著作、凯普等人(2005)的著作和德尔莫拉尔(Del Moral)(2013)的著作。

10.3.1　通用粒子滤波器

接下来,我们引述赫布斯特和绍尔夫海德(2015)对粒子滤波器的介绍。他们在 DSGE

---

① 随机变量序列 X_T 的分布收敛于某个随机变量 X,如果对于任何一个可测量的、有界的连续函数 $f(\cdot)$,几乎处处都有 $\mathbb{E}[f(X_T\to\mathbb{E}[f(X)])]$ 的话。

模型应用的背景下详细阐述了粒子滤波技术,并给出了一个非常全面的文献综述。在最基本的粒子滤波器中,第 t 期的粒子是在第 $t-1$ 期的粒子的基础上,通过前向模拟(正演模拟)状态转换方程而生成的。然后,基于观察值 y_t 在粒子 s_t^j 处的似然 $p(y_t|s_t^j)$,更新粒子权重。对 y_t 的基于 s_t^j 的预测越准确,密度 $p(y_t|s_t^j)$ 越大,赋予粒子 j 的相对权重也越大。然而,这种"幼稚的"正演模拟忽略了当前观察值 y_t 所包含的信息,并且可能导致粒子权重分布非常不均匀,特别是当测量误差方差较小,或者模型无法解释第 t 期的观察结果时(对于大多数粒子来说,实际观察值 y_t 都落在了模型所蕴含的分布 $y_t|s_t^j$ 的很远的尾部上)。这种粒子滤波器可以通过允许预测步骤中 s_t^j 从一个有一般性重要意义的抽样密度 $g_t(\cdot|s_{t-1}^j)$ 中抽取来加以推广,从而导出如下算法:[①]

算法 6(通用粒子滤波器)

1. 初始化。从分布 $s_0^j \overset{iid}{\sim} p(s_0)$ 和集合 $W_0^j = 1, j = 1, \cdots, M$ 中抽取初始粒子。

2. 递归。对于 $t = 1, \cdots, T$:

(a) 预测 s_t。从密度 $g_t(\tilde{s}_t^j|s_{t-1}^j)$ 中抽取 $\tilde{s}_t^j$,并定义如下重要性权重(importance weight)

$$\omega_t^j = \frac{p(\tilde{s}_t^j|s_{t-1}^j)}{g_t(\tilde{s}_t^j|s_{t-1}^j)} \tag{155}$$

$E[h(s_t)|Y_{1:t-1}]$ 的近似则由下式给出

$$\hat{h}_{t,M} = \frac{1}{M}\sum_{j=1}^{M} h(\tilde{s}_t^j)\omega_t^j W_{t-1}^j \tag{156}$$

(b) 预测 y_t。定义增量权重

$$\widetilde{w_t^j} = p(y_t|\tilde{s}_t^j)\omega_t^j \tag{157}$$

于是预测密度 $p(y_t|Y_{1:t-1})$ 可以用下式来逼近

$$\hat{p}(y_t|Y_{1:t-1}) = \frac{1}{M}\sum_{j=1}^{M} \widetilde{w_t^j} W_{t-1}^j \tag{158}$$

(c) 更新。定义归一化权重

$$\widetilde{W_t^j} = \frac{\widetilde{w_t^j} W_{t-1}^j}{\frac{1}{M}\sum_{j=1}^{M} \widetilde{w_t^j} W_{t-1}^j} \tag{159}$$

于是 $\mathbb{E}[h(s_t)|Y_{1:t},\theta]$ 的近似由下式给出

$$\widetilde{h}_{t,M} = \frac{1}{M}\sum_{j=1}^{M} h(\tilde{s}_t^j)\widetilde{W_t^j} \tag{160}$$

(d) 选择。用多项式重采样算法对粒子重新进行抽样。令 $\{\tilde{s}_t^j\}_{j=1}^{M}$ 表示一个多项分布中抽取的 M 个独立同分布的粒子,它们用支撑点和权重 $\{\tilde{s}_t^j, \widetilde{W_t^j}\}$ 刻画,并令 $W^t = 1$(对于 $j=1, \cdots, M$)。(此处原文为 $j=,1\cdots,M$,当有误。已改。——译者注)这样,$\mathbb{E}[h(s_t)|Y_{1:t},\theta]$ 的一

---

① 为了简化符号,我们从调节集(conditioning set)中省掉了 θ。

个近似由下式给出

$$\overline{h}_{t,M} = \frac{1}{M}\sum_{j=1}^{M} h(s_t^j) W_t^j \tag{161}$$

3. 似然的近似。对数似然函数的近似由下式给出

$$\log\hat{p}(Y_{1:T}|\theta) = \sum_{t=1}^{T} \log\left(\frac{1}{M}\sum_{j=1}^{M}\widetilde{w}_t^j W_{t-1}^j\right) \tag{162}$$

以第 $t-1$ 阶段权重 W_{t-1}^j 为条件的似然增量的近似的精度,似然增量 $p(y_t|Y_{1:t-1})$ 取决于方程式(157)中的增量权重 $\widetilde{w}_t^j$ 的可变性。增量权重的方差越大,似然函数的粒子滤波器近似就越不准确。从这个角度上说,在利用粒子滤波器的时候,最重要的一个选择就在于选择分布 $g_t(\widetilde{s}_t^j|s_{t-1}^j)$,我们将在下文中详细讨论这种分布。

在滤波器中包括了选择这一步,是为了避免粒子权重的退化。虽然这一步给蒙特卡罗逼近增加了额外的噪声,但是它同时又使粒子的权重相等,从而增加了后续逼近的准确性。如果没有选择这个步骤,那么粒子权重的分布将会随着迭代的进行而变得更加不均匀。不过,选择这个步骤不必在每一次迭代中都执行一遍。例如,在实际运用中,研究者通常会遵循一个阈值规则。这种阈值规则要求,只要以下指标低于某个阈值(例如粒子数量的25%或50%),就执行选择步骤:

$$\widehat{ESS}_t = M/\left(\frac{1}{M}\sum_{j=1}^{M}(\widetilde{W}_t^j)^2\right) \tag{163}$$

有效样本规模 $\widehat{ESS}_t$(即以粒子的数量计)刻画了粒子权重的方差。如果对于所有 j,都有 $\widetilde{W}_t^j = 1$,那么它就等于 M,并且如果其中一个粒子的权重为 M 且所有其他粒子的权重都等于 0,它就等于 0。重新采样可以通过很多不同的算法来执行,例如前面我们在描述算法 6 时已经提到过的多项式重采样法。多项式重采样法的优点是易于实现并满足中心极限定理(CLT)。然而,还有不少效率更高的算法(这意味着它们只与较小的蒙特卡罗变量相关联),例如分层重采样或系统重采样。对这些算法的深入细致的教科书式的介绍,请参见刘(Liu)(2001)和凯普等人(2005)的论著。

10.3.2　自举粒子滤波器

自举粒子滤波器从状态转换方程中抽取 $\widetilde{s}_t^j$,并设定

$$g_t(\widetilde{s}_t^j|s_{t-1}^j) = p(\widetilde{s}_t^j|s_{t-1}^j) \tag{164}$$

上式意味着 $\omega_t^j = 1$ 且增量权重由似然 $p(y_t|\widetilde{s}_t^j)$ 给出,但是不幸的是,似然 $p(y_t|\widetilde{s}_t^j)$ 可能是高变异性的。图 25 给出了粒子数 $M = 100$ 的自举粒子滤波器的图示,所采用的数值实验设定与第 10.2 节给出的卡尔曼滤波器的图示相同。在这里,观察值是产出增长率、劳动收入份额和利润,观察方程则用测量误差进行了扩增。测量误差方差相当于模拟数据总方差的 10%。因为程式化的 DSGE 模型是对数线性化的,所以卡尔曼滤波器提供的推断是精确的,而且卡尔曼滤波器的输出和粒子滤波器的输出之间的任何差异,都只反映了粒子滤波器的近似误差。在这个应用中,即便只使用极少量的粒子,粒子滤波器的近似也是相当准确的。同时,粒子

滤波后的状态变量 z_t 和 $\epsilon_{R,t}$ 似乎比卡尔曼滤波器的精确滤波后的状态变量更不稳定。

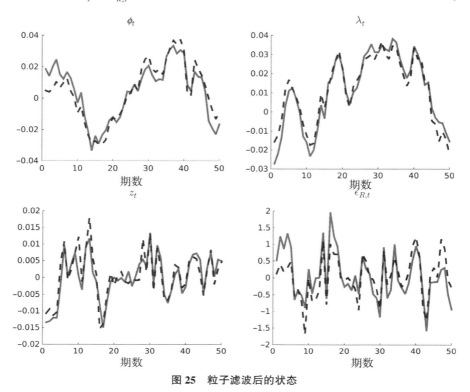

图 25 粒子滤波后的状态

注:我们以数值方式模拟了前述程式化的 DSGE 模型的 $T=50$ 样本的观察值 y_t 和状态 s_t。本图的四个子图对用卡尔曼滤波器滤波后的状态(图中的实线)与粒子数量 $M=100$ 的粒子滤波器运行一次的结果(图中的短划虚线)进行了比较。进行滤波的观察结果包括产出增长率、劳动收入份额和通货膨胀率。测量误差方差为数据总方差的 10%。

图 26 显示了似然近似的准确度。左边小图对得自卡尔曼滤波器的对数似然增量 $\log p(y_t|Y_{1:t-1},\theta)$ 与粒子滤波器单次滤波的结果进行了比较。右边小图则显示了对数似然函数的近似误差 $\log \hat{p}(Y_{1:T}|\theta) - \log p(Y_{1:T}|\theta)$ 的分布。

事实上,许多研究——比如说,德尔莫拉尔(2004),以及匹特(Pitt)(2012)——都证明,对数似然函数的粒子滤波器近似是无偏的,而这就意味着对数似然函数的近似具有向下的偏差。在图中,这一点是显而易见的。在合适的正则条件下,粒子滤波器近似满足中心极限定理。另外,这张图还清楚地表明,随着粒子数量从 $M=100$ 增加到 $M=500$,近似误差的分布也变得更加集中了。

自举粒子滤波器的准确性严重依赖于 DSGE 模型的拟合优度和测量误差 u_t 的方差的大小。请读者回想一下,对于自举粒子滤波器,增量权重为 $\widetilde{w}_t^j = p(y_t|\tilde{s}_t^j)$。如果模型拟合不好,那么以粒子 $\tilde{s}_t^j$ 为条件的超前一步预测就会是不准确的,同时实际观察到的 y_t 的密度将远远地落在预测分布的尾部。因为密度趋向于在尾部迅速衰减,所以增量权重将具有极高的变异性,而这就意味着基于这些增量权重的蒙特卡罗近似将是不准确的。

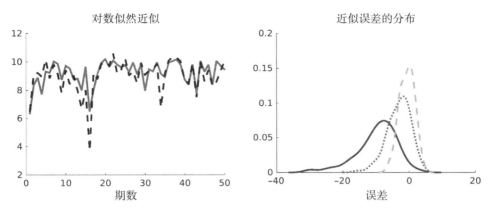

图 26　粒子滤波后的对数似然

注：我们以数值方式模拟了前述程式化的 DSGE 模型的 $T=50$ 样本的观察值 y_t 和状态 s_t。左边的小图对用卡尔曼滤波器滤波后的状态（图中的实线）与粒子数量 $M=100$ 的粒子滤波器运行一次的结果（图中的短划虚线）进行了比较。右边的小图则给出了对数似然函数的近似误差 $\log \hat{p}(Y_{1:T}|\theta) - \log p(Y_{1:T}|\theta)$ 的密度图，这里给出了当粒子数量分别为 $M=100$（实线）、$M=200$（点虚线）和 $M=500$（短划虚线）时，各重复 100 次粒子滤波的结果。测量误差方差为数据总方差的 10%。

　　测量误差是用来度量观察值 y_t 与条件均值预测 $\Psi(s_t,t;\theta)$ 之间的差异的。先考虑一种极端情况，即将测量误差设置为零时的情况。这意味着，对于任何不能预测 y_t 的粒子，都要赋予零权重。在误差分布是连续的模型中，抽取一个被赋予非零权重的概率为零。这也就是说，这种算法在第一次迭代中将遭到失败。由于连续性，测量误差方向越小，将接收到非平凡权重的粒子的数量就越少，同时粒子滤波器逼近的近似误差的方差则越大。通常来说，在实际应用中，一种有效的做法是，以相当大的测量误差方差（例如，可观察值的方差的 10% 或 20%）开始滤波，然后逐步减少测量误差方差，同时观察滤波器的精度。

10.3.3　（近似）条件最佳粒子滤波器

　　条件最佳粒子滤波器要求：

$$g_t(\tilde{s}_t | s_{t-1}^j) = p(\tilde{s}_t | y_t, s_{t-1}^j) \tag{165}$$

这也就是说，$\tilde{s}_t$ 是从第 t 期给定 (y_t, s_{t-1}^j) 时的状态的后验分布中采样的。在这种情况下，我们可以得到：

$$\widetilde{w}_t^j = \int p(y_t|s_t) p(s_t|s_{t-1}^j) \, ds_t = p(y_t|s_{t-1}^j) \tag{166}$$

　　然而不幸的是，在典型的非线性 DSGE 模型的实际应用中，是不可能直接从 $p(\tilde{s}_t|y_t, s_{t-1}^j)$ 进行采样的。在这种情况下，研究者可以考虑逼近条件最优提议密度（onditionally optimal proposal density），或者换种说法，可以使用"近似条件优化粒子滤波器"。例如，如果 DSGE 模型的非线性来自高阶微扰解，而且非线性不太强，那么就可以通过将表 6 所描述的一步卡尔曼滤波器更新，应用于 DSGE 模型的一阶近似，从而得到近似条件最优重要分布（conditionally optimal importance distribution）。更一般地，正如郭（Guo）等人（2005）所指出的，我们还可以

使用传统的非线性滤波器的更新步骤,比如说扩展卡尔曼滤波器、无迹卡尔曼滤波器(unscented Kalman filter)或高斯正交滤波器,来构造有效的提议分布(proposal distribution)。用于非线性 DSGE 模型的近似滤波器也已经由安德烈亚森(2013)和科尔曼(Kollmann)(2015)发展起来了。

无论什么时候,只要我们使用一个不同于 $p(\tilde{s}_t^j | s_{t-1}^j)$ 的提议分布,都必定会变成求解密度 $p(\tilde{s}_t^j | s_{t-1}^j)$。在应用 DSGE 模型时,我们通常无法得到这个密度的解析形式的表达式。不过这个密度是由 ϵ_t 的分布和状态转换 $\Phi(s_{t-1}, \epsilon_t)$ 隐含地决定的。必须求解 DSGE 模型所蕴含的密度 $\tilde{s}_t^j$ 这个问题,可以通过从 $g^\epsilon(\tilde{\epsilon}_t | s_{t-1}^j)$ 进行新息抽样和定义 $\tilde{s}_t^j = \Phi(s_{t-1}^j, \tilde{\epsilon}_t)$ 而回避掉。然而在这种情况下,粒子权量就能够用如下密度比率进行更新了:

$$\omega_t^j = \frac{p^\epsilon(\tilde{\epsilon}_t^j)}{g_t(\tilde{\epsilon}_t^j | s_{t-1}^j)} \tag{167}$$

其中 $p^\epsilon(\cdot)$ 是模型所蕴含的新息 ϵ_t 的概率分布函数(pdf)。

在有些时候,DSGE 模型本身所具有的特定结构可以简化基于粒子滤波器的似然近似。在那些线性性质依赖于某个状态变量子集(例如,波动性状态或马尔可夫转换的区制)的模型中,可以使用卡尔曼滤波器来表示与这个状态子集相关的不确定性。在冲击 ϵ_t 的个数等于可观察值 y_t 的个数的模型中,可能(在没有测量误差的情况下)以某个初始状态向量 s_0 为条件,在 y_t 和 s_{t-1} 的基础上直接求解 ϵ_t,而这就意味着有可能以递归方式求出似然函数 $p(Y_{1:T} | \theta, S_0)$。关于这些问题,以及其他一些与 DSGE 模型中的粒子滤波器相关的问题,赫布斯特和绍尔夫海德(2015)给出了更加详细的讨论。

11. 频率主义估计技术

在本节中,我们将更深入细致地考虑四种频率主义推断技术:基于似然的估计方法(第 11.1 节)、模拟矩估计法(第 11.2 节)、脉冲响应函数匹配法(第 11.3 节)和广义矩估计法(第 11.4 节)。除了脉冲响应函数匹配法之外,所有这些计量经济学技术都已经广泛应用于其他经济学领域了,并且已经积累起了庞大的相关文献——我们在本节中无法对这些文献进行全面的综述,这可能有点不公平。在接下来的各节中,我们将首先概述每种计量经济学技术背后的主要思想,然后着重探索为了将它们应用于 DSGE 模型"量身定制"的修正。每种估计方法都与某种模型求解方法相关联——事实上,模型求解方法基本上决定了,在哪种范围内估计目标是可以达到的。

11.1 基于似然的估计方法

如果某个计量经济学模型的设定是良好的这个假设能够满足,那么基于似然的推理技术就具有很多最优异的性质。由于 DSGE 模型提供了可观察变量的联合分布,因此对 θ 的极大似然估计是非常有吸引力的。前面的方程式(134)已经给出了最大似然估计量的定义。早期用最大似然法估计新古典随机增长模型的主要例子包括奥尔塔格(Altug)的论文(1989)和麦克格拉顿(1994)的论文,而利珀和西姆斯(1995)则用这种方法估计了一个可以用于货币政策分析的 DSGE 模型。

即使在对数化的 DSGE 模型中,DSGE 模型的参数 θ 也会以非线性方式进入状态空间表示的系数,这一点我们从上文的表 4 可以看得很清楚。因此,需要某种数值技术来最大化似然函数。对于这个方面的数值优化方法的教科书式论述,请参见贾德(1998)的论著,以及诺塞戴尔(Nocedal)和赖特(Wright)(2006)的论著。许多算法,例如准牛顿法(Quasi-Newton method),都依赖于目标函数的梯度能否求出(而这又要求可微分性),不过另外一些方法,例如模拟退火法(simulated annealing)则不用。当我们使用粒子滤波器来求似然函数的时候,这种区别就是很重要的。如果不进行进一步的调整,似然函数的粒子滤波器法所得到的对于 θ 的近似是不可微分的,即使精确的似然函数是可微分的也无济于事。关于这个问题及其可能的解决方法的进一步讨论,请参见(例如)马里克(Malik)和匹特(Pitt)(2011)以及康塔斯(Kantas)等人(2014)的论文。

11.1.1 对最大似然估计量的教科书式分析

在 θ 已经得到了很好的识别而且相对于 θ 的对数似然函数是足够平滑的这样的假设之下,DSGE 模型参数的置信区间和检验统计量可以在对最大似然估计量的抽样分布的大样本近似的基础上得出。对于这种技术,许多教科书都在状态空间模型的背景下进行了阐述——例如,在凯普(2005)等人的教科书中。在这里,我们勾勒了这种近似方法的主要步骤,假设 DSGE 模型的设定是正确的,而且数据是由 $p(Y|\theta_0, M_1)$ 生成的。当然,这种分析很容易就可以推广到 DSGE 模型被错误设定并且数据是由参照模型 $p(Y|M_0)$ 生成的情形。在这种情况下,所得到的估计量将被称为准最大似然估计,同时下面给出的渐近协方差矩阵的公式也必须进行调整。对于准似然推断的详细论述,请参见怀特(1994)的论文。

回顾上文第 10 节,对数似然函数可以分解如下:

$$\ell_T(\theta|Y) = \sum_{t=1}^{T} \log p(y_t|Y_{1:t-1}, \theta) = \sum_{t=1}^{T} \log \int p(y_t|s_t, \theta) p(s_t|Y_{1:t-1}) \mathrm{d}s_t \tag{168}$$

由于条件信息 $Y_{1:t-1}$ 是时间依赖的,所以方程式(168)中的这些加法器都不是平稳的。不过,只要假设序列 $\{s_t, y_t\}$ 在无限过去初始化时是平稳的,那么我们仍然可以通过下式逼近对数似然函数:

$$\ell_T^s(\theta|Y) = \sum_{t=1}^{T} \log \int p(y_t|s_t, \theta) p(s_t|Y_{-\infty:t-1}) \mathrm{d}s_t \tag{169}$$

同时还可以证明,当 T 趋向于无穷大时,散度 $|\ell_T(\theta|Y) - \ell_T^s(\theta|Y)|$ 将变成可以忽略的。而且,如果 $T^{-1}\ell_T^s(\theta|Y) \xrightarrow{a.s.} \ell^s(\theta)$ 的收敛是几乎肯定(a.s.)均匀的,那么这个最大似然估计也是一致的——其中 $\ell^s(\theta)$ 是确定的并且在"实际的" θ_0 处实现最大化。这种一致性可以表述为

$$\hat{\theta}_{ml} \xrightarrow{a.s.} \theta_0 \tag{170}$$

频率主义的渐近依赖于对数似然函数的二阶近似。定义得分(一阶导数向量)$\nabla_\theta \ell_T^s(\theta|Y)$、二阶导数的矩阵(海赛矩阵,乘以 -1)$-\nabla_\theta^2 \ell_T^s(\theta|Y)$,并且令

$$\ell_T^s(\theta|Y) = \ell_T^s(\theta_0|Y) + T^{-1/2}\nabla_\theta \ell_T^s(\theta_0|Y)\sqrt{T}(\theta-\theta_0)$$

$$+ \frac{1}{2}\sqrt{T}(\theta-\theta_0)'\left[\nabla_\theta^2 \ell_T^s(\theta_0|Y)\right]\sqrt{T}(\theta-\theta_0) + 小数值$$

如果在参数空间 Θ 的内部达到了最大值,那么一阶条件就可以通过下式来逼近

$$\sqrt{T}(\hat{\theta}_{ml}-\theta_0) = \left[-\nabla_\theta^2 \ell_T^s(\theta_0|Y)\right]^{-1}T^{-1/2}\nabla_\theta \ell_T^s(\theta_0|Y) + 小数值 \tag{171}$$

在合适的正则条件下,得分的过程满足中心极限定理(CLT):

$$T^{-1/2}\nabla_\theta \ell_T(\theta|Y) \Rightarrow N(0, I(\theta_0))$$

其中,$I(\theta_0)$ 是费希尔信息矩阵(Fisher information matrix)。[①] 只要似然函数的设定是正确的,那么 $\| -\nabla_\theta^2 \ell_T(\theta|Y) - I(\theta_0)\|$ 这一项就会在一个围绕 θ_0 的领域中均匀地收敛到。这正是所谓的信息矩阵等式的要求。由此,我们可以推导出以下结果

$$\sqrt{T}(\hat{\theta}_{ml}-\theta_0) \Rightarrow N(0, I^{-1}(\theta_0)) \tag{173}$$

因此,我们可以利用最大似然估计量处的对数似然函数的海赛矩阵的逆矩阵的对角元素,估计出参数向量 θ 的 t-检验的标准误差和置信区间。[②] 此外,最大似然函数还可以用于构造计量经济学教科书所述的瓦尔德(Wald)乘数、拉格朗日(Lagrange)乘数和似然比统计量。至于模型的选择,则可以根据某个惩罚似然函数来进行,比如说施瓦茨(1978)提出的信息准则。

11.1.2 例示

为了说明最大似然估计量的"行为"特征,我们用前述程式化的 DSGE 模型重复地生成数据,并将表 5 中列出的参数值视为"真实的"参数值。我们将卡尔沃(Calvo)参数 ζ_p 之外的所有参数都固定为上述"真实的"参数值,并使用最大似然法来估计 ζ_p。这里的似然函数所依据的是产出增长率、劳动收入份额、通货膨胀率和利率的数据。估计结果如图 27 所示。图 27 的左面小图描绘出了单个模拟数据集 Y 的似然函数,右面小图则显示了用最大似然法估计的 $\hat{\zeta}_{p,ml}$ 的抽样分布,它是通过重复生成数据并求最大似然估计量来近似的。样本分布峰值接近于"真实的"参数值,而且,随着样本规模从 $T=80$ 增加到 $T=200$,变得更加集中了。

当然,在实际应用中,最大似然估计量的性质像图 27 所显示的这么好的情况是非常少见的。这是因为,最大化是在高维参数空间上实施的,并且对数似然函数的形状很可能是高度"非椭圆"的。在本小节的其余部分,我们将重点讨论在 DSGE 模型的最大似然估计这个背景下会出现的两大障碍。

---

① 这个模型的信息矩阵的正式定义相当微妙,在这里不再展开。
② 根据信息矩阵等式,标准误差估计量也可以从得分的外积得出:$\sum_{t=1}^T (\nabla_\theta \log p(y_t|Y_{1:t-1},\theta))(\nabla_\theta \log p(y_t|Y_{1:t-1},\theta))'$。

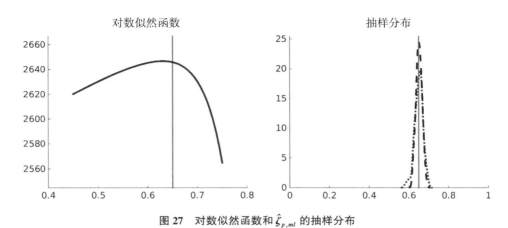

图27 对数似然函数和 $\hat{\zeta}_{p,ml}$ 的抽样分布

注:左侧小图是单个数据集的对数似然函数 $\ell_T(\zeta_p|Y)$(样本规模为 $T=200$)。右侧小图给出了对规模分别为 $T=80$(点虚线)和 $T=200$(短划虚线)的两个样本的模拟结果,同时还给出了卡尔沃参数 ζ_p 的估计值,而所有其他参数都固定为"真实的"参数值。右侧小图描绘了 $\hat{\zeta}_p$ 的抽样分布的密度。这两个小图中的垂直线段都表示 ζ_p 的"真实"值。

第一个障碍是 DSGE 模型所蕴含的给定其过去值时 y_t 的条件分布的潜在随机奇异性。第二个障碍则源于潜在的 DSGE 模型参数的识别不足。

11. 1. 3　随机奇异性

现在我们假设,在前述程式化的 DSGE 模型中,将技术冲击之外的所有冲击都去除,同时让 y_t 继续包括产出增长率、劳动收入份额、通货膨胀率和利率。在这种情况下,我们有一个外部冲击和四个可观察变量,这种假设有很多含义,其中一个含义是,这个 DSGE 模型将对如下事件赋予 1 的概率

$$\beta\log R_t - \log\pi_t = -\beta\log(\pi^*\gamma/\beta) - \log\pi^*$$

因为在实际数据中,$\beta\log R_t - \log\pi_t$ 是时变的,所以似然函数等于 0,因而也就不能用于推断。对于这个奇异性问题,现有的文献提出了两种解决方法,我们分别称之为"测量误差"法和"增加结构性冲击"法。

在"测量误差"法中,方程式(78)要增加一个测量误差过程 u_t,通常来说,它是序列相关的。事实上,"测量误差"这个术语本身是有点用词不当的。这种说法似乎试图将模型与数据之间的差异归咎于后者(数据)在测量时的准确性,而不是前者(模型)的质量。事实上,在应用程式化的 DSGE 模型进行的应用研究中,责任应该是两者共担的。"测量误差"法的一个关键特征是,模型中的经济行为主体在做出决策时不会考虑到 u_t 的存在。在真实商业周期文献中,这种"测量误差"法特别受欢迎,其中一个例子是奥尔塔格(1989)的研究。真实商业周期文献试图只利用很少数量的结构性冲击特别是技术冲击来解释商业周期波动。

"增加结构性冲击"法则给 DSGE 模型增加更多的结构性冲击,直到冲击个数等于或者超过了堆叠于向量 y_t 中的所需数量的可观察变量为止。例如,如果我们将刚才被去除的其他三个冲击过程 $\varnothing_t$、λ_t 和 $\epsilon_{R,t}$ 重新加入"原型"DSGE 模型中,那么随机奇异性就不会再对我

们求解似然函数构成障碍。当然,在更深的层面上,随机奇异性问题并没有消失,因为我们同时也增加了向量 y_t 的维数。由于 DSGE 模型的解中的策略函数将控制变量表述为状态变量的函数,所以在任何一个 DSGE 模型中,潜在可观察的变量的集合必定会大于冲击个数(从经济行为主体所面对的最优化问题的角度来看,它们都是外生状态变量)。大多数估计对数 DSGE 模型的文献都使用经验设定,其中外部冲击的数量至少与可观察变量的数量一样多。这方面的例子包括:绍尔夫海德(2000)、拉鲍尔和卢比奥-拉米雷斯(2005)的研究,以及斯梅茨和沃特斯(2007),等等。

"增加结构性冲击"法的反面也是一种可行的方法,它可以称为"增加可观察变量"法。这也就是说,我们减少在构建似然函数时用的可观察变量的数量,使之与模型所包含的外生冲击的数量相等。这种方法很自然地引出了这样一个问题:到底应该把哪些可观察变量包括进似然函数呢?圭罗恩-昆塔那(Guerrón-Quintana)(2010)和卡诺瓦等人(2014)讨论了这个问题。后来,曲(2015)在他的论文中建议,用复合似然法来估计包含了奇异性的 DSGE 模型。求得复杂似然函数的方法是,将可观察变量向量 y_t 分割为若干个子集,比如说,$y_t' = [y'_{1,t}, y'_{2,t}, y'_{3,t}]$,对于这些子集,似然函数是非奇异的"复合似然函数",然后再将边缘分布之积 $p(Y_{1,1:T} | \theta) p(Y_{2,1:T} | \theta) p(Y_{3,1:T} | \theta)$ 作为估计目标函数。

11.1.4 识别不足问题的处理

在许多应用中,很难最大化似然函数。这种困难部分是由参数空间的某些方向上的局部极值和/或弱曲率的存在所引起的,并且可能是识别不足问题的表现。在实际应用中,广泛使用的一个可能的补救措施是,将参数的某个子集的值固定在"合理"的水平上。在这里,"合理"一词意味着,与不属于估计样本 Y 的某些经验观察值相一致。然后,以这些固定的参数为条件,剩余参数的似然函数可能具有更椭圆的形状,因而也可能更容易最大化。当然,这种方法忽略了那些被固定下来的参数的不确定性。此外,如果那些参数被固定在了"错误的"参数值上,那么关于剩余参数的推断就将是扭曲的。

基于更广泛的关于识别稳健性的计量经济学文献,最近的研究发展出了一些新的推断方法,即使 DSGE 模型的一些参数只能在很弱的意义上识别出来或根本没能识别出来,这些方法仍然有效。接下来,我们以圭罗恩-昆塔那等人(2013)提出的一种方法为例来说明。他们这种方法以对于状态空间表示的系统矩阵的似然估计量 $\hat{\Psi}_0$、$\hat{\Psi}_1$、$\hat{\Phi}_1$ 和 $\hat{\Phi}_\epsilon$ 为基础。我们在上文第 9.1 节已经讨论过与矩阵 Ψ 和 Φ 相关的识别问题,从这个角度来看,他们的方法要求根据可识别的简化形式的参数向量 $\varnothing = f(\theta)$,对状态空间矩阵进行重新参数化,而参数向量 $\varnothing = f(\theta)$ 从 DSGE 模型来看,则是 θ 的函数。在我们给出的程式化的 DSGE 模型中,可以根据表 4 中的信息实现这种重新参数化。

令 $M_1^\varnothing$ 表示 DSGE 模型的以 $\varnothing$ 为基础的状态空间表示,同时令 $\hat{\varnothing}$ 表示 $\varnothing$ 的最大似然估计量。我们的原假设 $H_0 : \theta = \theta_0$ 可以转换为 $\varnothing = f(\theta_0)$,那么相应的似然比统计量则取如下形式:

$$LR(Y | \theta_0) = 2[\log p(Y | \hat{\varnothing}, M_1^\varnothing) - \log p(Y | f(\theta_0), M_1^\varnothing)] \Rightarrow \chi^2_{\dim(\varnothing)} \qquad (174)$$

χ^2 极限分布的自由度取决于 $\varnothing$ 的维数(而不是 θ 的维数),而这就意味着,尽可能地减少 $\varnothing$ 的维数是非常重要的,方法是,使用 DSGE 模型的解的最小状态变量表示,同时将矩阵 Ψ 和矩阵 Φ 中对 $\varnothing$ 的所有值均为零的元素去除。再求出似然比统计量的逆,以生成向量 θ 的 $1-\alpha$ 联合置信集:

$$CS^\theta(Y) = \{\theta | LR(Y|\theta) \lessapprox \chi^2_{crit}\} \tag{175}$$

其中 χ^2_{crit} 是 $\chi^2_{\dim(\varnothing)}$ 分布的 $1-\alpha$ 分位数。对子向量的推断可以通过将联合置信集投影到所需的子空间来实现。检验统计量的逆计算起来相当麻烦,因为检验统计量必须在很宽泛的 θ 值的范围内求得。然而,这种方法不需要最大化似然函数。圭罗恩-昆塔那等人(2013)还阐明了,如何基于来自对 DSGE 模型的贝叶斯估计来实现置信区间的计算。

安德鲁斯(Andrews)和米库舒娃(Mikusheva)(2015)提出了一种识别稳健的拉格朗日乘数检验方法。这种检验统计量基于一个得分过程,后者的二次变体如下

$$s_{T,t}(\theta) = \nabla_\theta \ell(\theta|Y_{1:t}) - \nabla_\theta \ell(\theta|Y_{1:t-1}), J_T(\theta) = \sum_{t=1}^{T} s_{T,t}(\theta) s'_{T,t}(\theta)$$

这个统计量的定义是

$$LM(\theta|Y) = \nabla'_\theta \ell_T(\theta_0|Y)\left[J_T(\theta_0)\right]^{-1} \nabla_\theta \ell_T(\theta_0|Y) \Rightarrow \chi^2_{\dim(\theta_0)} \tag{176}$$

注意到 χ^2 极限分布的自由度现在变成依赖于参数向量 θ 的维数,而不是依赖于可识别的简化形状的系数向量的维数了。用这里的 LM 统计量代替方程式(175)中的 LR 统计量,就可以获得 θ 的置信集。安德鲁斯和米库舒娃(2015)还考虑到了,可以基于轮廓似然函数进行子向量推断,该剖面似然函数集中了精确识别出来的 DSGE 模型参数的子向量。曲(2014)也提出他自己的基于惠特尔似然函数的 LM 检验。此外,安德鲁斯和米库舒娃(2015)、曲(2014)都对自己所提出的识别稳健的检验方法进行了详尽的蒙特卡罗研究,以评估其性能。

11.2　(模拟)最小距离估计法

最小距离(MD)估计法基于这样一种思想:通过最小化数据的抽样矩[我们用 $\hat{m}_T(Y)$ 来表示]与模型蕴含的矩(我们用 $\mathbb{E}[\hat{m}_T(Y)|\theta, M_1]$ 来表示)之间的差异来进行估计。最小距离估计量的定义如方程式(135)和方程式(136)所示。样本统计量 $\hat{m}_T(Y)$ 的例子包括,迪博尔德(Diebold)等人(1998)的论文中的样本自协方差 $\hat{\Gamma}_{yy}(h)$ 和平滑处理后的周期图 $\hat{f}_{yy}(\omega)$,或者近似模型的参数估计量,例如史密斯(1999)的论文中的 VAR(p)——也是方程式(113)所指的 VAR(p)。如果 $\hat{m}_T(Y)$ 包括了参数模型的参数估计值,那么基于矩的估计也称为间接推断;这方面的例子请参见库里鲁斯(Gourieroux)等人(1993)的论文。在某些情况下,我们甚至可以计算出模型所蕴含的解析形式的矩。例如,假设 $\hat{m}_T(Y) = \frac{1}{T}\sum y_t y'_{t-1}$,那么我们就可以从线性化 DSGE 模型的状态空间表示推导出

$$\mathbb{E}[\hat{m}_T(Y)|\theta, M_1] = \frac{1}{T}\sum \mathbb{E}[y_t y'_{t-1}|\theta, M_1] = \mathbb{E}[y_2 y'_1|\theta, M_1] \tag{177}$$

请读者回忆一下,正如我们在前面的第 4.4 节中已讨论过的,安德烈亚森等人(2013)给出

了在修剪后的模型中用微扰法求解矩的显式公式。或者,考虑另一种假设:$\hat{m}_T(Y)$ 对应于一个一阶向量自回归模型的最小二乘估计。在这种情况下,即便是线性 DSGE 模型,要计算出下式也不再可行

$$\mathbb{E}[\hat{m}_T(Y)] = \mathbb{E}\left[\left(\frac{1}{T}\sum_{t=1}^{T} y_{t-1}y_{t-1}'\right)^{-1} \frac{1}{T}\sum_{t=1}^{T} y_{t-1}y_t' \middle| \theta, M_1\right] \tag{178}$$

模型所蕴含的最小二乘估计量的期望也必须通过逼近得出,例如,通过如下总体近似:

$$\mathbb{E}[\hat{m}_T(Y)] = (\mathbb{E}[y_{t-1}y_{t-1}'|\theta, M_1])^{-1} \mathbb{E}[y_{t-1}y_t'|\theta, M_1] \tag{179}$$

或者,模型所蕴含的矩函数必须用一个模拟近似函数来代替。对此,我们将在下面再进一步展开详细讨论。

11.2.1 教科书中的分析

我们先描述最小距离估计量的频率主义抽样分布的渐近近似。将散度做如下定义

$$G_T(\theta|Y) = \hat{m}_T(Y) - \mathbb{E}[\hat{m}_T(Y)|\theta, M_1] \tag{180}$$

以使得方程式(135)中的最小距离估计量的准则函数可以写成

$$Q_T(\theta|Y) = \| G_T(\theta|Y) \|_{W_T} \tag{181}$$

假设存在一个唯一的 θ_0,具有如下的性质[①]

$$\hat{m}_T(Y) - \mathbb{E}[\hat{m}_T(Y)|\theta_0, M_1] \xrightarrow{a.s.} 0 \tag{182}$$

并且样本准则函数 $Q_T(\theta|Y)$ 几乎肯定均匀收敛到极限准则函数 $Q(\theta)$,那么最小距离估计量在 $\hat{\theta}_{md} \xrightarrow{a.s.} \theta_0$ 这个意义上是一致的。

对最小距离估计量的分析几乎与对最大似然估计量的分析互为镜像,因为这两种类型的估计量都被定义为某个目标函数的极值。

$\hat{\theta}_{md}$ 的抽样分布可以从围绕 θ_0 的准则函数 $Q_T(\theta|Y)$ 的二阶近似导出:

$$\begin{aligned}
TQ_T(\theta|Y) &= \sqrt{T}\nabla_\theta Q_T(\theta_0|Y)\sqrt{T}(\theta-\theta_0)' \\
&+ \frac{1}{2}\sqrt{T}(\theta-\theta_0)'\left[\frac{1}{T}\nabla_\theta^2 Q_T(\theta_0|Y)\right]\sqrt{T}(\theta-\theta_0) + \text{小数值}
\end{aligned} \tag{183}$$

如果准则函数 $Q_T(\theta|Y)$ 最小值是在内部获得的,那么

$$\sqrt{T}(\hat{\theta}_{md}-\theta_0)' = \left[-\frac{1}{T}\nabla_\theta^2 Q_T(\theta_0|Y)\right]^{-1} \sqrt{T}\nabla_\theta Q_T(\theta_0|Y) + \text{小数值} \tag{184}$$

利用方程式(180),"得分"过程可以表示为

$$\sqrt{T}\nabla_\theta Q_T(\theta_0|Y) = (\nabla_\theta G_T(\theta_0|Y))W_T\sqrt{T}G_T(\theta_0|Y) \tag{185}$$

而且其分布取决于如下分布

$$\begin{aligned}
\sqrt{T}G_T(\theta_0|Y) &= \sqrt{T}(\hat{m}_T(Y) - \mathbb{E}[\hat{m}_T(Y)|\theta_0, M_1]) \\
&+ \sqrt{T}(\mathbb{E}[\hat{m}_T(Y)|\theta_0, M_1] - \mathbb{E}[\hat{m}_T(Y)|\theta_0, M_1]) \\
&= I + II
\end{aligned} \tag{186}$$

---

① 因为在某些 DSGE 模型中,y_t 中包含的序列的一个子集是不平稳的。因此,只有在应用了能够导致平稳性的变换之后,才能很好地定义矩。格罗德尼申库(Gorodnichenko)和吴(2010)的论文分析了这个问题。

上式中的项 I 刻画的是样本矩 $\hat{m}_T(Y)$ 对它的期望值 $\mathbb{E}[\hat{m}_T(Y)|\theta_0,M_1]$ 的偏离的波动性,而项 II 刻画的则是因为用 $\mathbb{E}[\hat{m}_T(Y)|\theta_0,M_1]$ 逼近 $\mathbb{E}[\hat{m}_T(Y)|\theta_0,M_1]$ 而产生的误差。在适当的正则条件下,我们得到:

$$\sqrt{T}\,G_T(\theta_0|Y)\Rightarrow N(0,\Omega) \tag{187}$$

以及

$$\sqrt{T}\,(\hat{\theta}_{md}-\theta_0)\Rightarrow N(0,(DWD')^{-1}DW\Omega WD'(DWD')^{-1}) \tag{188}$$

其中,W 是权重矩阵 W_T 的序列的极限,同时矩阵 D 则被定义为 $\nabla_\theta G_T(\theta_0|Y)$ 的概率极限。为了构造基于极限分布的检验估计量和置信集,矩阵 D 和 Ω 必须用一致的估计值代替。我们将在下面再来详细地讨论 Ω 的结构。

如果矩条件的数量超过了参数的数量,那么我们就可以根据超识别矩条件来对模型规格进行检验。如果 $W_T=[\hat{\Omega}_T]^{-1}$(其中,$\hat{\Omega}_T$ 是 Ω 的一个一致估计量),那么我们可以得到:

$$TQ_T(\hat{\theta}_{md}|Y)\Rightarrow\mathcal{X}^2_{df} \tag{189}$$

其中,"df" 是指自由度,它等于过度识别矩条件的数量。样本目标函数也可用于构造对于 θ 的假设检验。假设,零假设为 $\theta=\theta_0$,那么,可以基于 $T(Q_T(\theta_0|Y)-Q_T(\hat{\theta}_{md}|Y))$ 构造一个准似然比检验、基于适当地标准化的二次形式的 $\sqrt{T}\nabla_\theta Q_T(\theta_0|Y)$ 构造一个准拉格朗日乘数检验、基于一个适当地标准化的二次形式的 $\sqrt{T}(\hat{\theta}_{md}-\theta_0)$ 构造一个沃尔德检验。而且,所有这些检验统计量的信息都是可以反演并用于构造出一个置信集来的。此外,如果这些参数存在识别问题,那么还可以用安德鲁斯和米库舒娃(2015)的方法,在准拉格朗日乘数检验的基础上进行识别稳健的推断。

11.2.2 对模型所蕴含的矩的逼近

在许多情况下,模型所蕴含的矩 $[m_T(Y)|\theta,M_1]$ 是用 $\mathbb{E}[m_T(Y)|\theta,M_1]$ 来逼近的。这种逼近会通过方程式(186)中的项 II 影响到 $\hat{\theta}_{md}$ 的分布。现在我们考虑方程式(178)和方程式(179)给出的例子,在那里,$\hat{m}_T(Y)$ 对应于一个一阶向量自回归的最小二乘估计量。因为该最小二乘估计量有一个以 $1/T$ 的速率消失的偏差,所以我们可以推导出这样的结论:项 II 收敛为零并且不会影响渐近协方差矩阵 Ω。

更有意思的情况是当 $\mathbb{E}[m_T(Y)|\theta,M_1]$ 基于 DSGE 模型的模拟的时候。佩克斯(Pakes)和波拉尔德(Pollard)(1989)提出了用来处理这种基于模拟的极佳估计量的渐进理论,而李(Lee)和英格拉姆(Ingram)(1991)、小史密斯(1993)等人的论文则是用模拟矩方法来估计 DSGE 模型的最早的研究成果。为了更具体地说明这种方法,假设 $m_T(Y)$ 对应于一阶(非中心)样本自协方差。我们在前文中已经证明过,如果 y_t 是平稳的,那么 $\mathbb{E}[m_T(Y)|\theta,M_1]$ 就可以由 DSGE 模型的总体自协方差矩阵 $\mathbb{E}[y_2y_1'|\theta,M_1]$ 给出,而 $\mathbb{E}[y_2y_1'|\theta,M_1]$ 则可以通过以 θ 为条件对 DSGE 模型 M_1 模拟一个时长为 λT 的人工样本 Y^* 来逼近。根据这些模拟数据,我们能够计算出样本自协方差 $\hat{m}_{\lambda T}(Y^*(\theta,M_1))$。从而,项 II 可以从下式得出,并满足中心极限定理(CLT):

$$II = \frac{1}{\sqrt{\lambda}} \sqrt{\lambda T} \left(\frac{1}{\lambda T} \sum_{t=1}^{\lambda T} y_t^* y_{t-1}^{*\prime} - \mathbb{E}[y_2 y_1' | \theta_0, M_1] \right) \tag{190}$$

由于模拟数据是独立于实际数据的，所以方程式（186）中的项 I 和 II 也是相互独立的，这样我们可以得出

$$\Omega = \mathbb{V}_\infty[I] + \mathbb{V}_\infty[II] \tag{191}$$

其中，

$$\mathbb{V}_\infty[II] = \frac{1}{\lambda} \left(\lim_{T \to \infty} T \mathbb{V}[\hat{m}_T(Y^*(\theta_0, M_1))] \right) \tag{192}$$

而且，$\mathbb{V}_\infty[II]$ 是可以从 DSGE 模型中推导出来的。λ 的值越大，模拟近似就越精确，$\mathbb{V}_\infty[II]$ 对整体协方差矩阵 Ω 的贡献也越大。

上面，我们通过模拟来自 DSGE 模型的一个长观察样本生成了模拟近似。或者，我们也可以模拟 λ 个规模为 T 的样本 $Y^i, i = 1, \cdots, \lambda$。（此处原文为 $i = 1, \lambda$，疑有误。已改。——译者注）事实证明，对于我们要进行的逼近，例如对 $\mathbb{E}[y_2 y_1' | \theta, M_1]$ 的逼近，换一种模拟方法无关紧要，这是因为，$\hat{m}_T(Y^*(\theta_0, M_1))$ 是 $\mathbb{E}[y_2 y_1' | \theta, M_1]$ 的无偏估计量。然而，如果 $\hat{m}_T(Y)$ 被定义为一阶向量自回归的最小二乘估计量，那么该最小二乘估计量的小样本偏差就会使以下两者之间产生一个 $O(T^{-1})$ "裂缝"：

$$\left(\sum_{t=1}^{\lambda T} y_{t-1}^* y_{t-1}^{*\prime} \right)^{-1} \sum_{t=1}^{\lambda T} y_{t-1}^* y_{t-1}^{*\prime}, \text{和} \mathbb{E}\left[\left(\sum_{t=1}^{T} y_{t-1} y_{t-1}' \right)^{-1} \sum_{t=1}^{T} y_{t-1} y_{t-1}' \,\bigg|\, \theta, M_1 \right]$$

不过，对于较大的 λ 值，上述"裂缝"是可以减少的，方法是转而使用

$$\hat{E}[m_T(Y) | \theta, M_1] = \frac{1}{\lambda} \sum_{i=1}^{\lambda} \left[\left(\sum_{t=1}^{T} y_{t-1}^i y_{t-1}^{i\prime} \right)^{-1} \sum_{t=1}^{T} y_{t-1}^i y_{t-1}^{i\prime} \right]$$

取用模型生成的数据估计出来的最小二乘估计量的均值，也会再现最小二乘估计量的 $O(T^{-1})$ 偏差（用 $\mathbb{E}[m_T(Y) | \theta_0, M_1]$ 刻画），并且最终会导致项 II 中的样本偏差变小，这将改进 $\hat{\theta}_{md}$ 的小样本性能。[1]

在实施对矩的模拟逼近的过程中，非常重要的一点是，在生成样本 Y^* 时要固定随机种子，使得对于 θ 的每个参数值，在计算 $Y^*(\theta, M_1)$ 中使用的都是相同的随机变量序列。这样做就能确保样本目标函数 $Q_T(\theta | Y)$ 相对于 θ 保持足够平滑，从而保证目标函数的二阶近似有效。

11.2.3 错误设定

在 DSGE 模型的设定是正确的这个假设下，最小距离估计量有一个明确、几乎肯定的极限 θ_0，而且方程式（186）中项 I 的渐近方差 $\mathbb{V}_\infty[I]$ 是模型所蕴含的方差给定的：

$$\mathbb{V}_\infty[I] = \left(\lim_{T \to \infty} T \mathbb{V}[\hat{m}_T(Y^*(\theta_0, M_1))] \right) \tag{193}$$

因此，它乘以因子 $1/\lambda$ 就与模拟矩近似 $\mathbb{V}_\infty[II]$ 对总体渐近方差 Ω 的贡献相同，请参见方程式（192）。在模型设定正确的假设下，基于矩向量 $\hat{m}_T(Y)$ 的各元素度量总体矩向量 $\mathbb{E}[\hat{m}_T(Y)$

---

[1] 请参见库里鲁斯等人（2010）的论文，他们在动态面板数据模型的背景下给出了形式化的分析。

$|\theta_0, M_1]$ 的精度来选择矩阵 W 是最佳的。如果矩条件的数量超过了参数的数量,那么通过设定 $W=\Omega^{-1}$,将更大的权重赋予那些相互匹配、在数据中得到了准确度量的矩是最优的(在这里,指的是在最小化抽样方差 $\hat\theta_{md}$ 的意义上的最优)。在有限样本的情况下,我们可以从 Ω^{-1} 的一致估计量构造 W_T。

如果有理由认定 DSGE 模型的设定是错误的,那么我们就必须在参照模型 $p(Y|M_0)$ 的分布下推导出最小距离估计量的抽样分布。在这种情况下,我们可以定义

$$\theta_0(Q)=\lim_{T\to\infty}\text{argmin}_\theta\parallel\mathbb{E}[\hat m_T(Y)|M_0]-\mathbb{E}[\hat m|\theta,M_1]|_W \tag{194}$$

这样一来,在适当的正则条件下,估计量 $\hat\theta_{md}$ 将会收敛到伪最优值 θ_0。注意到,θ_0 是已经正在匹配的矩 $\hat m_T(Y)$ 和权重矩阵 W(用 Q 参数表示)的函数。同时,$\hat m$ 和权重矩阵 W 都是研究者根据具体的应用而选定的。这就是说,向量 $\hat m$ 应该对应于 DSGE 模型的一组矩,同时这些矩必须包含了 DSGE 模型的参数化的许多信息,并反映了估计出来的 DSGE 模型的最终目标。权重矩阵 W 应该反映关于特定的样本矩的信息含量的信念——相对于 DSGE 模型所要实现的参数化。

作为例子,下面考虑一个包含了随机奇异性的 DSGE 模型。这种随机奇异性将所有商业周期性波动全都归因于技术冲击。由于观察到的数据与这种奇异性并不一致,所以在这个意义上我们说模型的设定是错误的。对于该模型的基于矩的估计,最终将导致对技术冲击新息的标准偏差的估计严重"膨胀",因为这要求单凭这种冲击生成观察到的所有波动性,比如说产出增长率、劳动收入份额以及其他变量的波动性。估计的冲击方差向上偏误的严重程度,则取决于估计量想匹配的矩是什么。如果估计想要实现的优先目标是匹配产出增长率的无条件方差,那么权重矩阵 W 就应该给这个矩赋予较大的权重——即使从数据来看,在样本层面无法精确地加以度量时也是如此。

在错误设定的情况下,方程式(186)中的项 I 的渐近方差 $\mathbb{V}_\infty[I]$ 由参照模型 M_0 所蕴含的样本矩的方差来决定:

$$\mathbb{V}_\infty[I]=\left(\lim_{T\to\infty}T\,\mathbb{V}[\hat m_T(Y)|M_0]\right) \tag{195}$$

假设 $\hat m_T(Y)=\frac{1}{T}\sum_{t=1}^T y_t y'_{t-1}$,在适当的正则条件下,它会收敛到参照模型 M_0 下的总体自协方差矩阵 $\mathbb{E}[y_1 y'_0|M_0]$。如果参照模型是一个线性过程,那么我们可以利用菲利普斯(Phillips)和索洛(Solo)(1992)发展起来的渐近理论来确定极限协方差矩阵 $\mathbb{V}_\infty[I]$。至于对 $\mathbb{V}_\infty[I]$ 的估计,则可以通过一个有异方差和自相关一致性(HAC)的协方差矩阵估计量来得到,该估计量考虑了矩阵值序列 $\{y_t y'_{t-1}\}_{t=1}^T$ 的序列相关性。这种方法还可以推广到间接推断的情形:$\hat m_T(Y)$ 包含了一个对于错误设定的 DSGE 模型的近似模型的估计。这方面的一个例子请参见德里迪(Dridi)等人(2007)的论文。

11.2.4　例示

关于 DSGE 模型的最小距离估计量的小样本属性,鲁格-穆尔希亚(Ruge-Murcia)(2007,2012)进行了深入细致的研究。在这里,我们将通过一个实例来说明最小距离估计量的"行

为"特征。为此,我们重复地用前述程式化的 DSGE 模型生成数据,并将表 5 所列出的参数值视为"真实的"参数值。在此过程中,我们将卡尔沃参数 ζ_p 之外的所有参数都固定为上述"真实"值,并使用了两种不同的最小距离估计方法来估计 ζ_p。矩条件向量 $\hat{m}_T(Y)$ 的定义如下。令 $y_t = [\log(X_t/X_{t-1}), \pi_t]'$,然后考虑一个关于产出增长和通货膨胀的二阶向量回归:

$$y_t = \Phi_1 y_{t-1} + \Phi_2 y_{t-2} + \Phi_0 + u_t \qquad (196)$$

再令 $\hat{m}_T(Y) = \hat{\Phi}$ 为 $[\Phi_1, \Phi_2, \Phi_0]'$ 的最小二乘估计。

下面的图 28 的左侧小图,给出了我们对模型所蕴含的 $\hat{w}_T(Y)$ 的期望价值进行模拟近似的结果。我们模拟了 $N = 100$ 个轨迹,长度为 $T + T_0$ 并丢弃了第一个 T_0 观察值。令 $Y_{1:T}^{(i)}(\theta)$ 表示第 i 个模拟轨迹并定义

$$\mathbb{E}[\hat{m}_T(Y) | \theta, M_1] \approx \frac{1}{N} \sum_{i=1}^{N} \hat{m}_T(Y^{(i)}(\theta)) \qquad (197)$$

于是就可以求出方程式(181)中的目标函数。为了便于说明,我们使用了最优加权矩阵 $W_T = \hat{\Sigma}^{-1} \otimes X'X$,其中 X 是二阶向量自回归的回归元,同时 $\hat{\Sigma}$ 则是对向量自回归新息的协方差矩阵的估计。因为我们只需要估计一个参数,所以我们可以利用网格搜索(grid search)法计算出估计量 $\hat{\theta}_{md}$。

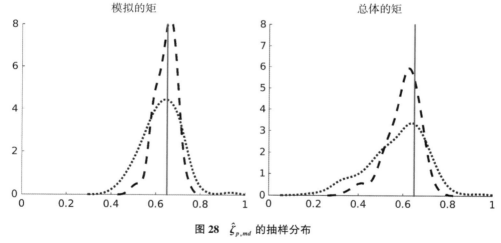

图 28 $\hat{\zeta}_{p,md}$ 的抽样分布

注:我们对两种样本规模进行了模拟。第一种规模为 $T = 80$(图中的点虚线),第二种规模为 $T = 200$(短划虚线),然后计算出两种情况下的卡尔沃参数 ζ_p 的最小距离估计量。所有其他参数都固定为"真实的"参数值。本图描绘了 $\hat{\zeta}_{p,md}$ 的抽样分布的密度,图中垂直线表示 ζ_p 的"真实"值。

在这里,非常重要的一点是,对于 $\theta \in T$ 的每个值,在计算模拟近似 $\mathbb{E}[\hat{m}_T(Y) | \theta, M_1]$ 的时候,都必须使用相同的随机数序列。图 28 的右侧小图的结果,来自在总体回归的基础上对该 DSGE 模型的二阶向量自回归近似。令 0 倒数回归。令 $x'_t = [y_{t-1}', y_{t-2}', 1]$,并令

$$\mathbb{E}[\hat{m}_T(Y) | \theta, M_1] \approx (\mathbb{E}[x_t x_t' | \theta, M_1]))^{-1} \mathbb{E}[x_t y_t' | \theta, M_1] \qquad (198)$$

图 28 描绘出了 $\hat{\zeta}_{p,md}$ 的抽样分布的密度,图中垂直线表示卡尔沃参数 ζ_p 的"真实"值。当样

本量从 $T=80$ 增加到 $T=200$ 时,抽样分布趋向于集中在"真实"值周围,而且看上去开始显得更像正态分布,这也正是本节提出的渐近理论所要求的。基于模拟目标函数的估计量的分布更靠近"真实"值的地方对称性更强,而且波动也更小。然而,即便是基于有 200 个观察值的样本时,卡尔沃参数也仍然存在相当大的不确定性,因而对新凯恩斯主义菲利普斯曲线的斜率来说也是如此。与图 27 比较一下,不难看出,图 28 所涉及的最小距离估计量的有效性低于最大似然估计量。

11.2.5　拉普拉斯型估计量

在 DSGE 模型的实际应用中,估计目标函数 $Q_T(\theta|Y)$ 往往很难实现最优化。切尔诺朱诃夫(Chernozhukov)和洪(Hong)(2003)认为,应该计算准后验密度的平均值,而不要去计算极值估计量。他们把这样得到的估计量称为拉普拉斯型(Laplace-type,CT)估计量,其定义如下(条件是分母中的积分是有明确的定义的):

$$\hat{\theta}_{LT} = \frac{\exp\left\{-\frac{1}{2}Q_T(\theta\mid Y)\right\}}{\int \exp\left\{-\frac{1}{2}Q_T(\theta\mid Y)\right\}\mathrm{d}\theta} \quad (199)$$

这个估计量可以使用我们将在下文第 12.2 节中讨论的米特罗波利斯-黑斯廷斯算法(Metropolis-Hastings algorithm)求得,或者也可以用下文第 12.3 节将会给出的序贯蒙特卡罗算法(sequential Monte Carlo algorithm)计算。后验计算可能要比极值计算更加准确。此外,假设目标函数是多重模态(多峰)的,那么在重复抽样中,目标函数的极值可能从一种模式切换到另一种模式,从而使估计量看上去很不稳定。另一方面,由于求均值运算,拉普拉斯型估计量可能更加稳定。切尔诺朱诃夫和洪(2003)证明了拉普拉斯型估计量的一致性和渐近正态性,不过这个结论并不奇怪,因为当 $T\to\infty$ 时,样本目标函数集中在极值旁边,而且极值与准后平均值之间的差异也消失了。科尔米利茨纳(Kormilitsina)和奈基佩洛夫(Nekipelov)(2012,2016)还给出了如何在 DSGE 模型中应用拉普拉斯型估计量的建议。事实上,拉普拉斯型估计量不但可以用最小距离估计量构造,而且还可以用脉冲响应函数匹配估计量和广义矩估计量构造。下面我们就来讨论这两种估计量。

11.3　脉冲响应函数匹配

如前所述,在许多时候,DSGE 模型的设定之所以是错误的,是因为研究人员有意忽略了某些会导致商业周期波动的结构性冲击。这种模型的一个例子可以从克里斯蒂亚诺等人(2005)的一篇论文中找到。在这篇论文中,作者们集中分析一个单一的冲击,即货币政策冲击的传播。如果 DSGE 模型很明显未能包含足够多的结构性冲击以解释观察到的数据的波动性,那么在尝试将 DSGE 模型与观察到的数据匹配之前,从数据中清除掉未设定的冲击的影响是一种合理的做法。要做到这一点,可以用一个能够识别那些包括在了 DSGE 模型中的冲击的脉冲响应的向量自回归的镜头对数据进行"过滤"。然后再通过最小化模型所蕴含的脉冲响应函数与实际的脉冲响应函数之间的差异来估计模型参数。两组脉冲响应函数之间的不匹配提供了关于传播机制的错误设定的有价值的信息,并且可以用于开发更好的 DSGE 模型。现在,采用通过匹配脉冲响应函数的方法来估计 DSGE 模型的有影响的研究论文已经不少,包括罗滕伯格(Rotemberg)和伍德福德(Woodford)(1997)、克里斯蒂亚诺等人(2005)和阿尔蒂格(Altig)等人(2011)。因果关系分析表明,脉冲响应函数匹配估计量是前面讨论过的最小距离估计量的一种特殊情况(即 DSGE 模型 M_1 是设定错误的,同时以一个结构向量自回归模型为参照模型 M_0——在该参照模型下导出估计量的抽样分布)。然而,不幸的是,这种方法会出现一些问题。本节的剩余部分就来分别讨论这些问题,在讨论的过程中,我们将一直假设 DSGE 模型已经被线性化了。同样的讨论还可以扩展到非线性 DSGE 模型中,具体将参见鲁格-穆尔希亚(2014)的论文。

11.3.1 可逆性与有限阶向量自回归近似

实际的脉冲响应函数是基于一个有限阶向量自回归模型的,如方程式(113)所示。不过,即使是线性化的 DSGE 模型,通常也不能重写为一个有限阶向量自回归模型。相反,它们通常是状态空间模型,往往拥有向量自回归移动平均(VARMA)的表示形式。一般来说,我们可以区分出以下几种情况:(i)DSGE 模型的解可以表示为一个 p 阶向量自回归——VAR(p)。在前述程式化的 DSGE 模型中,如果 y_t 是由四个可观察变量(产出增长率、劳动收入份额、通货膨胀率和利率)组成的,那么就属于这种情况。(ii)DSGE 模型的向量自回归移动平均表示中的移动平均多项式是可逆的。在这种情况下,DSGE 模型可以表示为一个由结构性冲击新息驱动的无限阶向量自回归模型。(iii)DSGE 模型的向量自回归移动平均表示中的移动平均多项式是不可逆的。在这种情况下,在无限阶向量自回归——VAR(∞)——近似中的新息并不对应于结构性冲击新息 ϵ_t。只有在第(i)种情况下,我们才可以指望经验脉冲响应函数与 DSGE 模型所蕴含的脉冲响应函数相对应。(ii)和(iii)这两种情况都会使计量经济学推断复杂化。基于脉冲响应函数的估计和模型求解方法,在何种范围内可能是误导性的,这个问题引起了激烈的争论,例如,请参见克里斯蒂亚诺等人(2007)的论文和沙里(Chari)等人(2008)的论文。

费尔南德斯-比利亚韦德等人(2007)给出了判断一个 DSGE 模型是否属于上述(i)、(ii)或(iii)情况的正式标准。在这里,我们将不会对这个问题进行一般性的分析,相反,我们只关注一个简单的例子。在这个例子中,我们考虑以下两个代表 DSGE 模型的移动平均过程:

$$M_1 : y_t = \epsilon_t + \theta\epsilon_{t-1} = (1+\theta L)\epsilon_t$$
$$M_2 : y_t = \theta\epsilon_t + \epsilon_{t-1} = (\theta+L)\epsilon_t \tag{200}$$

其中,$0<\theta<1$,L 表示滞后算子,且 $\epsilon_t \sim iid\ N(0,1)$。模型 M_1 和 M_2 在观察上是等效的,因为它们都与同一个自变量序列相关联。模型 M_1 的移动平均多项式的根位于单位圆之外,这个事实意味着移动平均多项式是可逆的,而且我们可以将 y_t 表示为一个无限阶自回归——AR(∞)。

$$\text{AR}(\infty)\ \text{for}\ M_1 : y_t = -\sum_{j=1}^{\infty} (-\theta)^j y_{t-j} + \epsilon_t \tag{201}$$

很容易就可以直接验证 AR(∞)近似再现了模型 M_1 的脉冲响应函数:

$$\frac{\partial y_t}{\partial \epsilon_t}=1,\frac{\partial y_{t+1}}{\partial \epsilon_t}=\theta,\frac{\partial y_{t+h}}{\partial \epsilon_t}=0，对于\ h>1$$

因此，只要估计出一个有许多滞后变量的自回归模型，就可以再现模型 M_1 的单调脉冲响应函数了。

模型 M_2 的移动平均多项式的根则位于单位圆内。虽然模型 M_2 同样可以表示为一个无穷阶自回归 AR(∞)，但是那必须用序列不相关的超前一步预测误差 u_t 来表示，从而是 e_t 的无限历史的函数，即 $u_t=(1+\theta L)^{-1}(\theta+L)$。因此，AR($\infty$) 无法再现模型 M_2 的驼峰状的脉冲响应函数。在更一般的意义上，如果 DSGE 模型与不可逆的移动平均多项式相关联，那么它的脉冲响应函数不能用 VAR(∞) 来逼近，而且对向量自回归模型与 DSGE 模型的脉冲响应函数的直接比较也很可能是误导性的。

11.3.2　实际应用时的注意事项

脉冲响应函数匹配估计量的目标函数所取的形式与方程式（180）和方程式（181）中的矩估计方法下的准则函数相同，其中，$\hat{m}_T(Y)$ 是向量自回归模型中的脉冲响应函数。对于 $\mathbb{E}[\hat{m}_T(Y)|\theta,M_1]$，研究者通常直接使用 DSGE 模型的脉冲响应函数，即 $IRF(\cdot|\theta,M_1)$。如上所述，因为不可逆移动平均多项式，以及对无限阶向量自回归表示的有限阶向量自回归近似都会导致问题，所以更谨慎的方法是将 $IRF(\cdot|\theta,M_1)$ 用一个平均脉冲响应函数来替代。通过重复模拟来自 DSGE 模型（给定 θ）的数据并估计一个结构性向量自回归模型，可以获得这个平均脉冲响应函数，就像我们在前文第 11.2 节中描述的间接推断方法一样。进行这样的修正后，就可以解决沙里等人（2008）所担忧的脉冲响应函数匹配估计量性质不佳的问题。

脉冲响应函数匹配估计量的抽样分布则取决于作为参照模型 M_0 的向量自回归模型中的经验向量自回归脉冲响应的抽样分布 $\hat{m}_T(Y)$。运用一阶渐近法和其他数据处理方法——例如，卢特克波尔（Lütkepohl）（1990）、米特尼克（Mittnik）和扎德罗津尼（Zadrozny）（1993）在稳态向量自回归模型中采取的方法，或者，像菲利普斯（1998）、罗西和佩沙韦恩托（Pesavento）（2006），以及佩沙韦恩托和罗西（2007）所述的处理包含了持续性分量的向量自回归模型的方法——可以求得 $\hat{m}_T(Y)$ 的分布的近似。另外一种选择是，我们可以使用基利安（Kilian）（1998,1999）提出的自举近似法。如果堆叠于向量 $\hat{m}_T(Y)$ 中的脉冲响应的个数超过了简化形式的向量自回归模型的系数估计数，那么脉冲响应函数的抽样分布就会变得渐近奇异的。圭罗恩-昆塔那等人（2014）在使用非标准渐近法得出了脉冲响应函数的分布时，他们的模型中的脉冲响应的个数就比简化形式的参数多。

因为对于高维向量 $\hat{m}_T(Y)$ 来说，联合协方差矩阵可能是接近于奇异的，所以研究者通常会选择对角线的权重矩阵 W_T，其中的对角线元素对应于第 i 个变量第 h 期对第 j 个冲击的估计响应的抽样方差的倒数。如前文第 11.2 节所述，在 DSGE 模型被错误设定的情况下，权重矩阵的选择会影响脉冲响应函数匹配估计量的概率极限，因此也将反映研究者的损失函数。

事实上，只有当研究者关注模型错误设定，对它有所了解，脉冲响应函数匹配才是有吸引力的。这种错误设定可能表现为两种形式。首先，DSGE 模型给出的传播机制可能是错误的,此时的目标是找到能够最小化经验脉冲响应与模型所蕴含的脉冲响应之间的差异的伪最优参数值。其次,虽然研究者感兴趣的冲击的传播机制可以认为是设定正确的,但是模型缺乏足够多的随机冲击来刻画观察到的数据中的变化。在第二种情况下,从原则上说是有可能恢复"真实的"DSGE 模型参数 θ_0 的某个子集——该子集会影响我们要计算的脉冲响应函数所对应的结构冲击的传播。估计的一致性,要求 DSGE 模型允许以结构性冲击新息 ϵ_t 来表示无穷阶向量自回归模型[VAR(∞)];要求经验向量自回归模型(empirical VAR)中包括的滞后数量随样本大小 T 的增加而增加,而且,如果数据是由一个扩增了结构性冲击的 DSGE 模型生成的,还要求向量自回归识别方案可以正确地识别所涉及的冲击。

11.3.3 例示

为了说明脉冲响应函数匹配估计量的性质,我们仍然使用表5中给出的参数值来模拟生成前述程式化 DSGE 模型的数据。在这里,我们假设计量经济学家考虑的是一个只包含了货币政策冲击(而忽略了其余的冲击)的不完整的 DSGE 模型。此外,我们还假设计量经济学家只需要估计卡尔沃参数 ζ_p 所包含的价格粘性程度——在估计过程中,所有其他参数都固定在它们的"真实"值上。

向量 $\hat{m}_T(Y)$ 中堆叠的经验脉冲响应函数可以通过估计一个关于利率、产出增长率和通货膨胀率的 p 阶向量自回归[VAR(p)]来获得:

$$y_t = [R_t - \pi_t/\beta, \log(X_t/X_{t-1}), \pi_t]' \tag{202}$$

这个向量自回归模型的第一个方程代表了 DSGE 模型的货币政策规则,同时利率则是用中央银行对通货膨胀的系统反应中的偏差来表示的。因此,以 β 为条件,货币政策冲击就可以用这个向量自回归模型的第一个方程式中正交化的超前一步预测误差来识别。在受到冲击时,y_t 对货币政策冲击的反应是由简化形式的新息 u_t 的协方差矩阵 Σ 的下三角矩阵的第一列给出的。

因为 y_t 不包括劳动收入份额,所以 DSGE 模型的状态空间表示不能用一个有限阶向量自回归模型来表述。不过尽管如此,我们还是按如下步骤构造一个对该 DSGE 模型的向量自回归近似。令 $x_t = [y'_{t-1}, \cdots, y'_{t-p}, 1']'$,并定义函数[①]

$$\Phi^*(\theta) = (\mathbb{E}[x_t, x'_t | \theta, M_1])^{-1}(\mathbb{E}[x_t, y'_t | \theta, M_1]),$$

$$\Sigma^*(\theta) = \mathbb{E}[y_t y'_t | \theta, M_1] - \mathbb{E}[y_t x'_t | \theta, M_1](\mathbb{E}[x_t x'_t | \theta, M_1])^{-1}\mathbb{E}[x_t y'_t | \theta, M_1] \tag{203}$$

注意到,$\Phi^*(\theta)$ 和 $\Sigma^*(\theta)$ 都是 DSGE 模型的总体自相关函数。对于线性化 DSGE 模型来说,这些自协方差可以解析地表示为模型状态空间表示的系数矩阵的函数。

上面对 $\Phi^*(\theta)$ 和 $\Sigma^*(\theta)$ 的定义要求 $\mathbb{E}[x_t, x'_t | \theta, M_1]$ 是非奇异的。只要 $n_y \leq n_\epsilon$,这个条件就可以得到满足了。然而,脉冲响应函数匹配估计量的吸引力恰恰在于,它们可以用于某些特殊的情况,即模型只包含了少数几个重要的冲击模型,而且 $n_y > n_\epsilon$。在这种情况下,我们必须修正 $\Phi^*(\theta)$ 和 $\Sigma^*(\theta)$,例如,通过计算基于 $\tilde{y}_t = y_t + u_t$ 的矩矩阵(其中,u_t 是一个"测量误差"),或者将 $(\mathbb{E}[x_t x'_t | \theta, M_1])^{-1}$ 替换为 $(\mathbb{E}[x_t x'_t | \theta, M_1] + \lambda I)^{-1}$,其中的 λ 是一个标量,而 I 则

---

① 关于矩矩阵 $\mathbb{E}[\cdot | \theta, M_1]$ 的求法,请参见上文第 8.2.1 节。

是单位矩阵。在接下来的讨论中,我们将让 DSGE 模型中的所有结构性冲击都保持"活跃",即令 $n_y \leq n_\epsilon$,从而使得限制函数确实可以在方程式(203)的基础上计算出来。

　　图 29 比较了 DSGE 模型的状态空间表示对货币政策冲击的脉冲响应与 DSGE 模型的一阶向量自回归近似对货币政策冲击的脉冲响应。由于货币政策冲击是独立同分布的,而且我们的程式化的 DSGE 模型不具有内生的传播机制,所以产出增长率和通货膨胀率在一个期间后恢复到了平稳状态。另一方面,向量自回归模型的反应则持续性更强,同时产出增长率和通货膨胀率的相对变化也是扭曲的。而且,往前述一阶向量自回归模型中增加更多的滞后变量对脉冲响应也没有值得注意的影响。

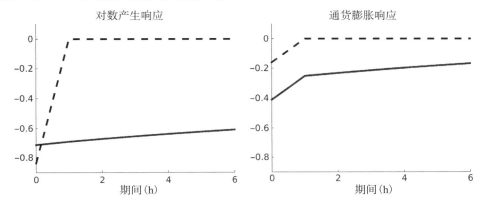

图 29　DSGE 模型和向量自回归模型对一个货币政策冲击的脉冲响应

　　注:本图描绘了 DSGE 模型的状态空间表示对货币政策冲击的脉冲响应(图中的虚线),以及 DSGE 模型的一阶向量自回归[VAR(1)]近似对货币政策冲击的脉冲响应(图中的实线)。

　　脉冲响应函数匹配估计量通过改变 ζ_p 来最小化经验脉冲响应和 DSGE 模型所蕴含的脉冲响应之间的差距。图 30 说明了 ζ_p 对产出增长率和通货膨胀率的反应的影响。ζ_p 越大,名义刚性越大,货币政策冲击对产出增长的影响也就越大。图 31 给出了样本大小分别为 $T=80$ 和 $T=200$ 时的脉冲响应函数匹配估计量的模拟抽样分布。我们对 10 个期间的脉冲响应函数进行了匹配并使用了单位权重矩阵。如果将 $\mathbb{E}[\hat{m}_T(Y)|\theta, M_1]$ 定义为模型的状态空间表示所蕴含的脉冲响应函数,那么得到的对 ζ_p 的估计就应该会有相当大的向下偏误。从图 29 和图 30 所示的"错配"来看,这个结果并不值得奇怪。如果将状态空间表示的脉冲响应函数替换为从对 DSGE 模型的向量自回归近似中得到的脉冲响应函数,那么抽样分布就会大体上以"真实"参数值为中心——尽管它与图 29 中的最小距离估计量相比,这种分布要更加分散一些。这一点与如下事实,即脉冲响应函数匹配估计量不能利用其他冲击导致的产出增长和通货膨胀的变化信息,也是一致的。

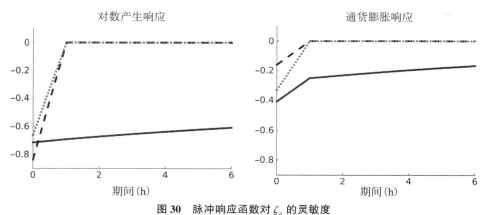

图 30　脉冲响应函数对 ζ_p 的灵敏度

注：图中实线表示从对 DSGE 模型的向量自回归近似计算出来的脉冲响应函数。另外两条虚线则分别描绘基于 $\zeta_p = 0.65$（短划虚线）和 $\zeta_p = 0.5$（点虚线）的 DSGE 模型所蕴含的脉冲响应函数。

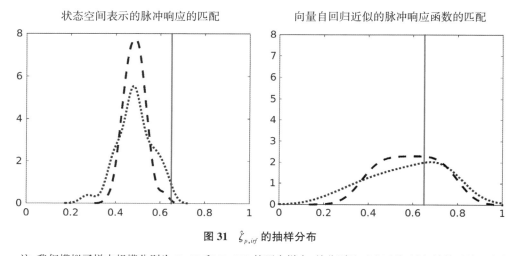

图 31　$\hat{\zeta}_{p,irf}$ 的抽样分布

注：我们模拟了样本规模分别为 $T = 80$ 和 $T = 200$ 的两个样本，并分别基于这两种选择，计算了关于卡尔沃参数 ζ_p 的脉冲响应函数匹配估计量。对于左侧小图，我们使用了来自 DSGE 模型的状态空间表示的脉冲响应函数；对于右侧小图，我们则使用了来自对 DSGE 模型的向量自回归近似的脉冲响应函数。所有其他参数都固定为其"真实"值。左右图分别描绘了 $T = 80$（点虚线）和 $T = 200$（短划虚线）时 ζ_p 的样本密度。图中的垂直线则表示 ζ_p 的"真实"值。

11.4　广义矩估计

我们在前文第 8.2.4 节中已经证明，我们可以从 DSGE 模型的均衡条件中推导出，对于 $\theta = \theta_0$，有以下形式的矩条件：

$$\mathbb{E}\big[\, g(y_{t-p:t}\,|\,\theta, M_1)\,\big] = 0 \tag{204}$$

例如，基于方程式（106）和方程式（107），我们可以定义

$$g(y_{t-p:t}\,|\,\theta, M_1) = \begin{bmatrix} \big(-\log(X_t/X_{t-1}) + \log R_{t-1} - \log\pi_t - \log(1/\beta)\big)Z_{t-1} \\ \big(\log R_t - \log(\gamma/\beta) - \psi\log\pi_t - (1-\psi)\log\pi^*\big)Z_{t-1} \end{bmatrix} \tag{205}$$

θ的可识别性要求,只要$\theta \neq \theta_0$,矩就必须不等于零。这样,用样本平均值代替总体期望,就可以求得广义矩估计量。令

$$G_T(\theta | Y) = \frac{1}{T} \sum_{t=1}^{T} g(y_{t-p:t} | \theta, M_1) \qquad (206)$$

广义矩估计的目标函数由下式给出

$$Q_T(\theta | Y) = G_T(\theta | Y)' W_T G_T(\theta | Y) \qquad (207)$$

而且看上去与我们在前面第 11.2 节研究过的目标函数相同。这也就意味着,前面对$\hat{\theta}_{md}$的抽样分布的分析可以转用于广义矩估计量。

广义矩方法的理论基础是汉森(1982)奠定的,他假定数据是平稳的和遍历的。克里斯蒂亚诺和艾肯鲍姆(1992)、伯恩赛德(Burnside)等人(1993),都使用广义矩估计法来估计实际商业周期 DSGE 模型的参数。在这些论文中,所用的矩条件足够多,能够估计出相应的 DSGE 模型的所有参数。广义矩估计法还可以用于均衡条件的一个子集,例如消费欧拉方程或新凯恩斯主义菲利普斯曲线,来估计与这些均衡条件相关的参数。

与本章中所讨论的所有其他估计量不同,广义矩估计法并不需要研究者去解出 DSGE 模型。在求解模型的计算成本很高的情况下,这种方法可以大大加快估计过程。此外,研究者还可以选择不需要对外生驱动过程的运动规律做出特定假设的矩条件,这就大大加强了广义矩估计量的稳健性——不会受关于外生的传播机制的错误设定的影响。然而,广义矩估计法的缺点是,某些矩条件,尽管其潜在变量看上去显而易见,但是利用起来也可能非常困难。例如,考虑前述程式化的 DSGE 模型中的菲利普斯曲线关系,它要求我们设定

$$g(y_{t-p:t} | \theta, M_1) = (\hat{\pi}_{t-1} - \beta \hat{\pi}_t - \kappa_p(\widehat{lsh}_{t-1})) Z_{t-1} \qquad (208)$$

注意到,因为λ_{t-1}是不可观察的,所以在对$g(y_{t-p}:t | \theta, M_1)$的定义中将它略去了。然而,只要$Z_t$与潜在变量$\lambda_t$相关,那么即使是在$\theta = \theta_0$时,$g(y_{t-p}:t | \theta, M_1)$的期望值也不会等于零:

$$\mathbb{E}[g(y_{t-p:t} | \theta_0, M_1)] = -\kappa_0 \mathbb{E}[\lambda_{t-1} Z_{t-1}] \neq 0 \qquad (209)$$

在λ_t序列相关的范围内,将y_t的高阶滞后变量作为工具变量,并不能解决问题。[①]在最近的研究中,加兰特(Gallant)等人(2013)和辛恩(Shin)(2014)对将广义矩估计法扩展到矩条件具有潜在变量的情形进行了尝试。

正是因为考虑到菲利普斯曲线和货币政策规则参数的弱识别问题,最近关于对 DSGE 模型的广义矩估计的许多文献都把注意力集中到了识别稳健(identification-robust)的推断方法上来。科克兰(2011)突出了货币政策规则估计中的通用识别方法的重要性,而马弗罗艾迪斯(Mavroeidis)(2010)则提出了一些识别稳健的推断方法。此外,马弗罗艾迪斯(2005)、克莱伯根(Kleibergen)和马弗罗艾迪斯(2009),以及马弗罗艾迪斯等人(2014)还讨论了对于菲利普斯曲线参数的识别稳健的推断方法)。迪福(Dufour)等人(2013)则考虑了对 DSGE 模型的所有均衡关系的识别稳健的基于矩的估计方法。

---

① 在假设λ_t遵循一阶自回归过程[AR(1)]的情况下,我们可以对菲利普斯曲线进行准差分,进而可以将$\lambda_{t-1} Z_{t-1}$这一项用$\epsilon_{\lambda,t-1} Z_{t-1}$替代。如果$Z_{t-1}$是日期$t-2$和更早的滞后观察值构成的,那么矩条件的有效性就得以恢复了。

12. 贝叶斯主义估计技术

贝叶斯推断广泛应用于以 DSGE 模型为框架的实证研究。最早运用贝叶斯方法估计小型 DSGE 模型的论文主要有这样一些:德荣等人(2000)、绍尔夫海德(2000)、奥特罗克(Otrok)(2001)、费尔南德斯-比利亚韦德和卢比奥-拉米雷斯(2004),以及拉鲍尔和卢比奥-拉米雷斯的研究(2005),等等。后续的研究则包括对开放经济的 DSGE 模型的估计,例如卢比奥和绍尔夫海德的论文(2006),以及旨在分析货币政策的大型 DSGE 模型,例如斯梅茨和沃特斯(2003,2007)的系列论文。因为贝叶斯主义的方法能够通过设定一个根据观察值 Y 不断更新的联合分布来系统地处理冲击、参数和模型不确定性,所以提供了一个在概念上非常有吸引力的框架,特别适用于对不确定情况下的决策的分析。这方面的突出例子包括,莱文(Levin)等人(2006)以估计的 DSGE 模型为基础,考虑了不确定性情况下的货币政策分析,以及德尔内格罗和绍尔夫海德(2013)在《预测经济学手册》中讨论如何利用 DSGE 模型进行预测的一章。

从概念上看,贝叶斯推断方法是很直观的。先验分布根据似然函数所包含的样本信息进行更新。这样一来,就可以得到一个后验分布,它概括了关于未知参数向量 θ 的知识的状态。这种方法在实施时的主要困难在于,如何计算出参数向量 θ 的变换 $h(\cdot)$ 的后验矩和分位数。这一节的其余部分组织如下。在第 12.1 节中,我们先简要讨论如何提取先验分布。然后在第 12.2 节和第 12.3 节分别讨论从后验分布中生成参数取样(parameter draws)的两个主要算法:马尔可夫链蒙特卡罗法(Markov chain Monte Carlo,简称 MCMC)和序贯蒙特卡罗法(sequential Monte Carlo,简称 SMC)。第 12.4 节综述贝叶斯模型的诊断。

最后,在第 12.5 节中,我们讨论最近出现的关于有限信息贝叶斯推断的文献。第 12.1 节和第 12.3 节在很大程度上是以赫布斯特和绍尔夫海德(2015)的论述为基础的,更详尽的论述请参见他们的论著的原文。第 12.4 节的很多内容取自德尔内格罗和绍尔夫海德(2011)的论著。

12.1 先验分布

现有的贝叶斯主义文献中,关于先验信息在计量经济学推论中的作用,仍然存在一些分歧。有些作者主张取"平坦"的先验分布,说这样不会扭曲似然函数的形状,然而,这种做法会引发两个问题。首先,大多数先验分布在参数变换下都不会是不变的。假设一个标量参数 $\theta \sim U[-M, M]$。如果模型用 $1/\theta$ 进行重新参数化,那么模型所蕴含的先验分布就不再是平坦的了。其次,如果假设先验密度在实数轴上是恒定的,比如说 $p(\theta) = c$,那么先验分布就不再适用了,因为这意味着总先验概率质量是无穷大的。反过来,这也就意味着,无法继续保证后验分布是适当的。

在许多应用中,先验分布用于在未知参数的数量较大——相对于样本观察值的数量而言——的情况下进行推断。一个例子是高维向量自回归。如果向量自回归中的变量的数量为 n,同时滞后数为 p,那么每个方程至少有 np 个未知参数。例如,具有 $p=4$ 个滞后、4 个变量的向量自回归模型有 16 个参数。如果这个模型是在"大缓和"之后、"大衰退"之前的季度数据的基础上估计的,那么数据–参数比大约为 6,这就会导致噪声非常大的参数估计。在这种情况下,先验分布能够用人工观察值 Y^* 在实质上扩增样本 Y,从而使得研究者可以在组合样本 (Y,Y^*) 的基础上估计模型。

先验分布也可以用来"正则化"似然函数,方法是通过赋予后验密度更椭圆的形状。最后,先验分布还可以用于将估计样本 θ 所不包含的、关于模型参数的实质性信息添加到推断问题中。由此,在对 DSGE 模型的贝叶斯主义估计中,先验分布的主要用途是:增加包含在 Y 之外的数据集中的信息,使似然函数更平滑;对于参数空间中结构模型的含义与非样本信息冲突从而导致模型变得不可信的那些区域,降低其权重。这方面的一个例子是,DSGE 模型有一个似然,它的其中一个局部最大值处的贴现因子为 $\beta=0.5$。这样的 β 值是与对实际利率的观察结果完全矛盾的。实际利率在 0% 到 10% 之间的概率非常高的先验分布,能够直接将似然函数的这种不合意的局部最大值排除掉。

只要先验分布是"高信息含量"的,并能影响后验分布的形状,那么对先验分布的设定谨慎从事就是非常重要的。德尔内格罗和绍尔夫海德(2008)在他们的论著中发展出了一种方法,在不直接用于估计 DSGE 模型的预先样本(presamples)或时间序列所包含的信息的基础上,构造先验信息。为了便于先验分布的提取,有必要对三组参数加以区分:与稳态相关的参数、外生性的冲击参数和内生性的传播参数。这种区分是很有用的。

在前述程式化的 DSGE 模型中,与稳态相关的参数包括:β(实际利率)、π^*(通货膨胀率)、γ(产出增长率)和 λ(劳动收入份额)。这些参数的先验信息可以通过相应的时间序列的预抽样均值来获取。内生性的传播参数包括 ζ_p(无法重新最优化的卡尔沃概率)和 ν(它决定劳动的供给弹性);关于价格变化频率和劳动的供应弹性的微观层面的信息,则可以用于设定这两个参数的先验分布。最后,外生性的冲击参数包括自相关参数 ρ 和冲击标准偏差 σ。

由于外部冲击是潜在的,因此很难直接设定外生性的冲击参数的先验分布。不过,我们还是可以将关于可观察变量(产出增长率、通货膨胀率和利率)的持续性和波动性的信念,映射到关于外生性冲击参数的信念上。要做到这一点,可以采用如德尔内格罗和绍尔夫海德(2008)所述的正式方法,或者,也可以非正式地通过从先验分布中生成 θ 的若干抽取值(draws)、模拟 DSGE 模型的人工观察值、计算可观察值的隐含抽样矩来完成。如果这些样本矩的先验预测分布看上去似乎是不太可信的(例如,从根据对实际观察值的预抽样计算出来的样本统计量来看),那么,我们可以调整外生性冲击参数的先验分布,并重复实施模拟过程,直到获得可信的先验分布为止。具体如表 7 所示。表 7 是我们为前述程式化的 DSGE 模型设定的先验分布的一个例子。θ 的联合分布是用向量 θ 的元素(或它们的某种变换)的边缘分布的内积来生成的。[1] 在大多数应用中,边缘分布的这个乘积将会被截断,以确保模型有唯一的均衡。

12.2 米特罗波利斯–黑斯廷斯算法 (Metropolis-Hastings algorithm)

从 θ 的后验分布直接进行抽样是不可能的,这真是一件不幸的事情。为了解决这个问题,在从 $p(\theta|Y)$ 生成样本时,一种广泛使用的算法是米特罗波利斯–黑斯廷斯算法。这个算法是马尔可夫链蒙特卡罗算法的一种。马尔可夫链蒙特卡罗算法能够生成一个序列相关的参数取样序列 $\theta^i(i=1,\cdots,N)$,这个序列的性质是,随机变量 θ^i 会依分布收敛(converge in distribution)到目标后验分布上,具体如表7所示。

表 7 先验分布

名称	定义域	先验分布		
		密度	参数(1)	参数(2)
与稳态相关的参数 $\theta_{(ss)}$				
$100(1/\beta-1)$	$\mathbb{R}^+$	伽玛(Gamma)	0.50	0.50
$100\log\pi^*$	$\mathbb{R}^+$	伽玛(Gamma)	1.00	0.50
$100\log\gamma$	$\mathbb{R}$	正态(Normal)	0.75	0.50
λ	$\mathbb{R}^+$	伽玛(Gamma)	0.20	0.20
内生性传播参数 $\theta_{(endo)}$				
ζ_p	$[0,1]$	贝塔(Beta)	0.70	0.15
$1/(1+\nu)$	$\mathbb{R}^+$	伽玛(Gamma)	1.50	0.75
外生性冲击参数 $\theta_{(exo)}$				
ρ_ϕ	$[0,1]$	均匀(Uniform)	0.00	1.00
ρ_λ	$[0,1]$	均匀(Uniform)	0.00	1.00
ρ_z	$[0,1]$	均匀(Uniform)	0.00	1.00
$100\sigma_\phi$	$\mathbb{R}^+$	逆伽玛(InvGamma)	2.00	4.00
$100\sigma_\lambda$	$\mathbb{R}^+$	逆伽玛(InvGamma)	0.50	4.00
$100\sigma_z$	$\mathbb{R}^+$	逆伽玛(InvGamma)	2.00	4.00
$100\sigma_r$	$\mathbb{R}^+$	逆伽玛(InvGamma)	0.50	4.00

注:这是每个 DSGE 模型参数的边际先验分布。参数(1)和参数(2)所指的分别是:贝塔(Beta)分布、伽玛(Gamma)分布和正态(Normal)分布的均值和标准差;均匀分布的支撑的上限和上限;逆伽玛(InvGamma)分布的 s 和 ν（其中,$PIG(\sigma|v,s) \propto \sigma^{-v-1}e^{-vs^2/2\sigma^2}$）;$\theta$ 的联合先验分布在确定性区域的边界处予以截断。

---

[1] 在高维参数空间中,可能需要将 θ 的一些元素替代为某种变换形式,即稳态,后者可以更合理地假定为独立的。这种变换的实质是,生成原来的 DSGE 模型的参数的非零相关系数。或者也可以采用德尔内格罗和绍尔夫海德(2008)所阐述的方法,在参数之间生成相关系数。

我们将后验分布缩写为：当 $N\rightarrow\infty$ 时，

$$\pi(\theta)=p(\theta|Y)=\frac{p(Y|\theta)p(\theta)}{p(Y)} \tag{210}$$

更加重要的是，在适当的正则性条件下，抽样平均值收敛于后验期望：

$$\frac{1}{N-N_0}\sum_{i=N_0+1}^{N}h(\theta^i)\xrightarrow{a.s.}\mathbb{E}_\pi[h(\theta)] \tag{211}$$

导致这种收敛结果的根本原因在于，所用的算法生成了一个马尔可夫转移核 $K(\theta^i|\theta^{i-1})$，它刻画了 θ^i 的条件分布（以 θ^{i-1} 为条件），它具有如下不变性

$$\int K(\theta^i|\theta^{i-1})\pi(\theta^{i-1})d\theta^{i-1}=\pi(\theta^i) \tag{212}$$

因此，如果 θ^{i-1} 是来自前述后验分布的取样，那么 θ^i 也是。当然，这种不变性不足以保证 θ^i 取样的收敛性。关于米特罗波利斯–黑斯廷斯算法的更多细节，奇布（Chib）和格林伯格（Greenberg）（1995 年）的介绍非常优秀；这方面的教科书，请参见罗伯特（Robert）和卡塞拉（Casella）（2004）以及格韦克（2005）的论著。

12.2.1 基本的米特罗波利斯–黑斯廷斯算法

在米特罗波利斯–黑斯廷斯算法中，最关键的组成部分在于如何构造提议分布 $q(\vartheta|\theta^{i-1})$。提议分布潜在地依赖于算法的第 $i-1$ 次迭代中的取样 θ^{i-1}。接受提议取样且设定 $\theta^i=\vartheta$ 的概率为 $\alpha(\vartheta|\theta^{i-1})$。如果提议取样不被接受，那么马尔可夫链就不能向前移动，此时 $\theta^i=\theta^{i-1}$。接受概率的选择要确保取样的分布收敛到目标后验分布上。具体地说，这个算法的步骤如下：

算法 7（通用米特罗波利斯–黑斯廷斯算法） 对于 $i=1$ 到 N：
1. 从密度 $q(\vartheta|\theta^{i-1})$ 中抽取 ϑ。
2. 以如下概率设定 $\theta^i=\vartheta$

$$\alpha(\vartheta|\theta^{i-1})=\min\left\{1,\frac{p(Y|\vartheta)p(\vartheta)/q(\vartheta|\theta^{i-1})}{p(Y|\theta^{i-1})p(\theta^{i-1}))/q(\theta^{i-1}|\vartheta)}\right\}$$

否则设定 $\theta^i=\theta^{i-1}$。

因为 $p(\theta|Y)\propto p(Y|\theta)p(\theta)$，所以我们在计算接受概率 $\alpha(\vartheta|\theta^{i-1})$ 的时候，可以将后验密度替换为似然与先验密度之积，而且先验密度不需要先求出边数据密度 $p(Y)$。

12.2.2 随机游走米特罗波利斯–黑斯廷斯算法（RWMH）

在 DSGE 模型中应用得最广泛的米特罗波利斯–黑斯廷斯算法是随机游走米特罗波利斯–黑斯廷斯算法。这个算法的最基本的形式是，将以先前取样 θ^i 为中心的正态分布密度作为提议密度，即：

$$\vartheta|\theta^i\sim N(\theta^i,c^2\hat{\Sigma}) \tag{213}$$

给定这种提议分布的对称性，接受概率就变成了

$$\alpha=\min\left\{\frac{p(\theta|Y)}{p(\theta^{i-1}|Y)},1\right\}$$

对于取样 ϑ，如果在 ϑ 处的后验与在 θ^{i-1} 处的后验相比有更高的值，那么就以 1 的概率接受

ϑ。接受的概率随候选值的后验相对于当前的后验的减少而下降。

为了实施随机游走米特罗波利斯-黑斯廷斯算法,研究者需要指定 c 和 $\hat{\Sigma}$。提议方案控制了提议分布中的相对方差和相关性。如果 q 与目标分布有很大的差异,那么这种采样器的效果就会变得非常差。对于 $\hat{\Sigma}$,一个好的选择应该能将来自后验的信息整合进来,从而刻画出参数之间的 α 后验相关性。然而,要获得这种信息可能是非常困难的。绍尔夫海德(2000)在他的论文中使用了一种流行的方法:将 $\hat{\Sigma}$ 设定为对数后验的模 $\hat{\theta}$ 处的逆海赛矩阵(inverse Hessian)的否(negative),这可以通过在执行随机游走米特罗波利斯-黑斯廷斯算法之前先运行一个数值优化程序来获得。然后,再将它作为对后验的协方差的估计。这种方法相当吸引人,因为它可以被视为对后验协方差矩阵的一个大样本近似。

然而不幸的是,在许多应用中,后验密度的最大化是非常烦琐的,并且对海赛矩阵的数值近似也可能不准确。如果后验分布远非椭圆形且可能是多模态的,或者似然函数用一个不可微分的粒子滤波器近似所替代,那么就很可能会出现这些问题。不过,在这两种情况下,如下(部分)适应性方法可能运行良好:第一步,基于对 $\hat{\Sigma}$(即先验协方差矩阵)的合理的初始选择,生成一组后验取样;第二步,从第一个后验取样序列中计算出样本协方差矩阵,然后将它作为第二轮随机游走米特罗波利斯-黑斯廷斯算法中的 $\hat{\Sigma}$。从原则上说,对协方差矩阵 $\hat{\Sigma}$ 可以进行多轮调整。不过,$\hat{\Sigma}$ 最终必须固定下来,以保证后验模拟器的收敛。这里的采样器,能够不断地(或自动地)对 $\hat{\Sigma}$ 进行调整,因此被称为适应性采样器或自适应采样器。但是,它要求我们从理论上给出更加精微的理由。

12.2.3 数值实例

我们使用如表 5 所示的参数化从前述程式化的 DSGE 模型中生成一个规模为 $T=80$ 的样本。将这个 DSGE 模型的似然函数与表 7 中的先验分布相结合,就形成了后验分布。然后,使用我们在上一节描述的随机游走米特罗波利斯-黑斯廷斯算法生成这个后验分布的取样。对马尔可夫链的初始化也是通过从该后验分布的取样来完成的。协方差矩阵 $\hat{\Sigma}$ 则基于模处的否逆海赛矩阵(negative inverse Hessian)。缩放常数(scaling constant)c 被设置为等于 0.075,这导致了 0.55 的提议取样接受率。

在图 32 中,上半部分的两幅图给出了卡尔沃参数 ζ_p^i 和偏好冲击标准偏差 σ_ϕ^i 的后验取样序列。从图中可以很清楚地看出,这些取样是序列相关的。标准偏差的取样虽然被马尔可夫链的初始化严重地"污染"了,但是最终仍然稳定在了 0.8—1.1 的范围内。图 32 的下半部分则给出了如下形式的递归均值

$$\bar{h}_{N|N_0} = \frac{1}{N-N_0} \sum_{i=N_0+1}^{N} h(\theta^i) \tag{214}$$

为了消除马尔可夫链的初始化的影响,一个常见的方法是在计算后验均值近似时把最前面的 N_0 个取样舍弃掉。在图 32 中,我们设定 $N_0=7500$、$N=37500$。两个递归均值最终都稳定在了极限点处。

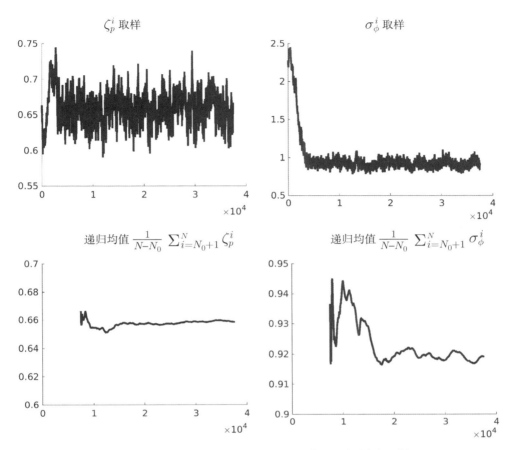

图 32　随机游走米特罗波利斯-黑斯廷斯算法生成的参数取样

注:后验是基于一个规模为 $T = 80$ 个观察值的模拟样本得出的。上部的两幅图显示的是参数取样的序列,下部的两幅图显示的是递归均值。

随机游走米特罗波利斯-黑斯廷斯算法的输出是随机的,这意味着每重复运行一次算法都将产生不同的数值结果。在适当的正则条件下,递归均值满足中心极限定理(CLT)。获得数值精度的一个最简单的方法是,以某个随机的初始点,重复随机游走米特罗波利斯-黑斯廷斯算法多次(比如说 50 次),然后计算出各马尔可夫链之间的样本方差 $\bar{h}_{N|N_0}$。或者,也可以基于某条马尔可夫链的输出,计算出 $\bar{h}_{N|N_0}$ 的异方差和自相关一致(HAC)的标准误差估计。

图 33 给出的是,运用标准核密度估计器从先验分布和后验分布的取样中获得的单变量先验和后验密度。此外,我们还可以基于后验采样器的输出,计算出后验可信集。

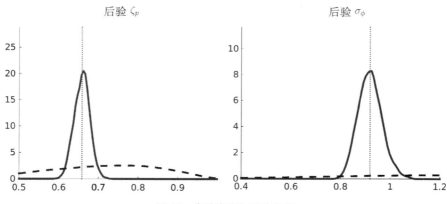

图 33 先验密度和后验密度

注:图中的短划虚线表示 ζ_p 和 σ_φ 的先验密度,而实线则对应于 ζ_p 和 σ_φ 的后验密度。后验是基于一个规模为 $T=80$ 个观察值的模拟样本得出的。我们生成了 $N=37500$ 个取样,并舍弃了前 $N_0=7500$ 个取样。

对于某个单变量参数,最短的可信集由最大后验密度(highest-posterior-density,简称 HPD)集给出,其定义为

$$CS_{HPD}(Y) = \{\theta \mid p(\theta \mid Y) \geqslant \kappa_\alpha\} \tag{215}$$

其中,对 κ_α 的选择必须确保可信集合具有符合期望的后验覆盖概率。

12.2.4 分块

尽管研究者对提议分布 $q(\cdot \mid \theta^{i-1})$ 进行选择时很细心,但是随着参数向量 θ 的维数的增加,米特罗波利斯-黑斯廷斯算法的有效性自然而然地随之降低。提议的随机游走"行动"的成功率,也将随着参数空间维数的增加而下降。缓解这个问题的一种方法是,将参数向量分割成若干"块"。不妨假设,参数向量 θ 的维数为 d。该参数空间的一个分割 B,是 N_{blocks} 个指数集(sets of indices)的合集(collection)。这些集合是互斥的,而且合起来穷尽了参数空间。我们把指数集 $\theta_b(b=1,\cdots,N_{blocks})$ 相对应地称为子向量。在参数取样序列的情况下,令 θ_b^i 表示 θ 的第 i 个取样的第 b 块,同时令 $\theta_{<b}^i$ 表示在 b 之前的所有块的第 i 个取样,并类似地定义 $\theta_{>b}^i$。于是,以下的算法 8 就给出了通用的分块米特罗波利斯-黑斯廷斯算法(block MH algorithm)。

算法 8(分块米特罗波利斯-黑斯廷斯算法) 抽取 $\theta^0 \in \Theta$,然后对于 $i=1,\cdots,N$:

1. 根据某个与马尔可夫链的当前状态无关的规则(可能是概率性的),创建参数空间一个分割 B^i——分为 N_{blocks} 个分块:$\theta_1,\cdots,\theta_{N_{blocks}}$。

2. 对于 $b=1,\cdots,N_{blocks}$:

(a)抽取 $\vartheta_b \sim q(\cdot \mid [\theta_{<b}^i, \theta_b^{i-1}, \theta_{\geqslant b}^{i-1}])$。

(b)以如下概率

$$\alpha = \max\left\{\frac{p([\theta_{<b}^i, \vartheta_b, \theta_{>b}^{i-1}] \mid Y) q(\theta_b^{i-1}, \mid \theta_{<b}^i, \vartheta_b, \theta_{>b}^{i-1})}{p([\theta_{<b}^i, \theta_b^{i-1}, \theta_{>b}^{i-1}] \mid Y) q(\vartheta_b, \mid \theta_{<b}^i, \theta_b^{i-1}, \theta_{>b}^{i-1})}, 1\right\}$$

设定 $\theta_b^i = \vartheta_b$,否则,设置 $\theta_b^i = \theta_b^{i-1}$。

为了保证分块米特罗波利斯-黑斯廷斯算法的可操作性,研究者必须决定如何在每次迭

代中适当地将参数分配到各块,并决定如何为第 b 块的参数选择提议分布 $q(\cdot\mid[\theta_{<b}^i,\theta_b^{i-1},\theta_{>b}^{i-1}])$。

幸运的是,我们有一个很好的经验法则,那就是,我们要努力做到使同一个块中的所有参数(比如说,θ^b)相互之间尽可能地相关,同时使不同块的参数(比如说,θ^b 和 θ^{-b})相互之间尽可能独立。这是罗伯特和卡塞拉(2004)告诉我们的。然而不幸的是,选择"最优"块以最小化对块与块之间的依赖性,还需要关于后验分布的先验知识,而这通常是不可能得到的。为了解决这个问题,奇布和拉玛穆尔蒂(Ramamurthy)(2010)建议对参数随机分组。从根本上说,将参数向量划分为多少块可以完全由研究者决定,而且每一次迭代中,都会有一组新的块被构建出来。这种算法的关键在于,块的配置是独立于马尔可夫链的。这对于保证马尔可夫链的收敛至关重要。

为了确定给各个块"量身定制"的提议分布,奇布和拉玛穆尔蒂(2010)还提出了一个优化方法。具体地说,他们建议使用模拟退火法去找到条件后验分布的模式。正如在随机游走米特罗波利斯–黑斯廷斯算法中一样,提议分布的方差是以在该模式下求得的条件对数后验密度的逆海赛矩阵为基础的。然而不幸的是,这种量身定制需要先求得许多似然,而这会严重减慢算法。事实上,某些更简单的方法,例如使用来自联合后验协方差矩阵的初始近似的边缘或条件协方差矩阵,在计算上反而可能会更有效率。

12.2.5 边缘似然近似

到目前为止,所有计算都无须依赖贝叶斯定理的分母中出现的边缘似然 $p(Y)$。边缘似然在评估模型的相对拟合度中起着重要作用,因为它们能够用来将先验模型概率转化为后验概率。DSGE 模型文献中最广泛使用的边缘似然近似是格韦克(1999)提出的修正谐波平均估计量。这个估计量基于如下恒等式

$$\int\frac{f(\theta)}{p(Y)}\mathrm{d}\theta=\int\frac{f(\theta)}{p(Y\mid\theta)p(\theta)}p(\theta\mid Y)\mathrm{d}\theta \tag{216}$$

其中的函数 $f(\theta)$ 具有 $\int f(\theta)\mathrm{d}\theta=1$ 的性质。这个恒等式是通过重写贝叶斯定理得到的:在两边同时乘以 $f(\theta)$ 并对 θ 求积分。不难注意到,等号左边可以简化为 $1/p(Y)$,同时右边则可以通过蒙特卡罗均值来逼近,于是我们得到

$$\hat{p}_{HM}(Y)=\left[\frac{1}{N}\sum_{i=1}^N\frac{f(\theta^i)}{p(Y\mid\theta^i)p(\theta^i)}\right]^{-1} \tag{217}$$

其中,各 θ_i 是从后验 $p(\theta\mid Y)$ 中抽取出来的。函数 $f(\theta)$ 的选择,应保持方差 $f(\theta^i)/p(Y\mid\theta^i)p(\theta^i)$ 尽可能地小。格韦克(1999)建议,将 $f(\theta)$ 作为对 θ 的后验分布的一个截断的正态近似来使用——该后验分布从后验采样器的输出计算出来。奇布和杰利亚茨科夫(Jeliazkov)(2001)、西姆斯等人(2008),以及阿尔迪亚(Ardia)(2012),还讨论了更多可以用来逼近边缘似然的方法。安(An)和绍尔夫海德(2007)、赫布斯特和绍尔夫海德(2015)则对各种可选方法的精度进行了比较分析。

12.2.6 扩展

线性化 DSGE 模型的前述基本估计方法已经在好几个方面得到了进一步扩展。通常,参

数空间是被限制在一个子空间中的，而且在该子空间中，存在一个有唯一的非爆炸性的理解预期解的线性模型（确定性要求）。卢比奥和绍尔夫海德（2004）放宽了这个限制条件，允许参数空间中的若干区域的解不是确定性的。在计算出与不确定性相关的参数值的后验概率之后，他们还能够对确定性与不确定性的后验"胜率"进行评估。胡斯蒂尼亚诺和普里米切里（2008）则考虑了一个结构性冲击呈现出随机波动性的线性化 DSGE 模型，并且开发出了一种可用于后验推断的马尔可夫链蒙特卡罗算法——后来，库尔迪亚（Curdia）等人（2014）又进一步扩展了这种方法，即允许冲击（以波动过程为条件）有一个长尾（fat-tailed）的学生氏 t-分布来刻画极端性的事件，比如说大衰退。此外，绍尔夫海德（2005a）和比安奇（Bianchi）（2013）还考虑了在状态空间表示系数中存在区制转换的线性化 DSGE 模型的估计。

穆勒（Müller）（2012）构建了一个优雅的方法来评估后验推断对于先验分布的均值的偏移的稳健性。他的方法最吸引人的一个特点是，进行稳健性检验时，无须在其他先验分布下对 DSGE 模型重新进行估计。库普（Koop）（2013）等人则给出了一些诊断方法，允许研究者确定似然函数在何种程度上提供了关于 DSGE 模型的参数的有效信息。他们所建议的诊断方法的核心是，在模拟实验中增加观察值的数量，然后再看边缘后验分布的方差会不会以 T^{-1} 的速率收缩。

12.2.7 粒子马尔可夫链蒙特卡罗法

我们现在转而讨论对完全非线性的 DSGE 模型的估计。如前文第 10 节所述，对于非线性 DSGE 模型，似然函数必须用一个非线性滤波器来逼近。将粒子滤波器近似嵌入马尔可夫链蒙特卡罗采样器中，我们就得到了通常所称的粒子马尔可夫链蒙特卡罗法算法。类似地，我们将粒子滤波器逼近的似然与米特罗波利斯-黑斯廷斯算法的组合称为粒子滤波米特罗波利斯-黑斯廷斯算法（PFMH algorithm）。这个思想最先是由费尔南德斯-比利亚韦德和卢比奥-拉米雷斯（2007）提出的，他们将它用于估计非线性 DSGE 模型。安德里厄（Andrieu）等人（2010）还深入研究了粒子滤波米特罗波利斯-黑斯廷斯算法的基础理论。弗卢里（Flury）和谢泼德（Shephard）（2011）则探讨了粒子滤波米特罗波利斯-黑斯廷斯算法在计量经济学中除了 DSGE 模型的应用。事实上，粒子滤波米特罗波利斯-黑斯廷斯算法对算法 7 的改进非常简单：只需要将精确的似然函数 $p(Y|\theta)$ 替换为粒子滤波近似结果 $\hat{p}(Y|\theta)$ 即可。

算法 9（粒子滤波米特罗波利斯-黑斯廷斯算法） 对于 $i=1,\cdots,N$：

1. 从密度 $q(\vartheta|\theta^{i-1})$ 中抽取 ϑ。

2. 以如下概率设定 $\theta^i=\vartheta$

$$\alpha(\vartheta|\theta^{i-1})=\min\left\{1,\frac{\hat{p}(Y|\vartheta)p(\vartheta)/q(\vartheta|\theta^{i-1})}{\hat{p}(Y|\theta^{i-1})p(\theta^{i-1})/q(\theta^{i-1}|\vartheta)}\right\}$$

否则设定 $\theta^i=\theta^{i-1}$。似然近似 $\hat{p}(Y|\vartheta)$ 是用算法 6 计算出来的。

安德里厄等人（2010）发展的关于粒子滤波米特罗波利斯-黑斯廷斯算法的基础理论，还有一层令人惊奇的含义，那就是，用算法 9（粒子滤波米特罗波利斯-黑斯廷斯算法）通过将 $p$$(Y|\theta)$ 替换为 $\hat{p}(Y|\theta)$ 而生成的取样的分布，事实上真的会收敛到精确的后验上。尽管把似然函数替换为粒子滤波器近似，通常会提高马尔可夫链的持续性，并且会使得蒙特卡罗近似

的准确性下降,也请参见赫布斯特和绍尔夫海德(2015)的数值实例。从形式上说,关键的要求是,粒子滤波器近似必须给出对似然函数的无偏估计。而在实践中,则必须确保数值近似的方差要比理想版本的算法中 $p(Y|\theta^{i-1})$ 与 $p(Y|\vartheta)$ 之间的差分的预期量级更小——理想版本的算法的含义是,能够求得精确的似然函数。因此,在将粒子滤波器近似嵌入似然函数之前,重要的是评估它对于低似然参数值和高似然参数值的精度。

12.3　序贯蒙特卡罗方法(SMC methods)

序贯蒙特卡罗(Sequential Monte Carlo,简称SMC)技术用于静态参数 θ 的后验分布中生成取样。这种方法正在日益成为替代马尔可夫链蒙特卡罗法的一个很有吸引力的选择。序贯蒙特卡罗算法很容易就能够加以并行化,并且,在进行适当的改进之后,它还可以生成比马尔可夫链蒙特卡罗算法更准确的后验分布逼近。肖邦(Chopin)(2002)阐明了如何调整我们在前文第10.3节中讨论过的粒子滤波技术,来对静态参数向量进行后验推断。关于序贯蒙特卡罗算法的教科书式的阐述,请参见(例如)刘(2001)的论著和凯普等人(2005)的论著。

在小型DSGE模型中应用序贯蒙特卡罗技术进行后验推断的第一篇论文出自克雷尔(2007)之手。在肖邦(2004)的理论分析的基础上,赫布斯特和绍尔夫海德(2014)进一步发展了序贯蒙特卡罗算法,为其自适应版本提供了一系列收敛结果。他们还证明,适当地"定制"的序贯蒙特卡罗算法,在用于有一个多峰后验的大型DSGE模型时,能够给出比广泛使用的随机游走米特罗波利斯-黑斯廷斯算法更加可信的后验推断。克雷尔(2012)对序贯蒙特卡罗算法在计量经济学领域的最新应用进行了综述。达勒姆(Durham)和格韦克(Geweke)则阐明了如何并行化一个有弹性的、自我调谐的序贯蒙特卡罗算法,来估计运行于图形处理单元(GPU)上的时间序列模型。本节的其余部分的很多内容都引自赫布斯特和绍尔夫海德(2014,2015)的论述,更多的细节,请参见之。

序贯蒙特卡罗法结合了古典重要性抽样方法和现代马尔可夫链蒙特卡罗技术的特点。它的起点是创建一个中介分布序列或"过桥"分布序列 $\{\pi_n(\theta)\}_{n=0}^{N_\emptyset}$,它会收敛到目标后验分布,即 $\pi_{N_\emptyset}(\theta)=\pi(\theta)$。在任何阶段,后验分布 $\pi_n(\theta)$ 都可以用一个粒子群(swarm of particle) $\{\theta_n^i,W_n^i\}_{i=1}^N$ 来表示,用如下蒙特卡罗均值的形式

$$\bar{h}_{n,N}=\frac{1}{N}\sum_{i=1}^N W_n^i h(\theta_n^i)\xrightarrow{a.s.}\mathbb{E}_{\pi_n}[h(\theta)] \tag{218}$$

而要生成"过桥"分布序列,既可以通过对整个似然函数进行幂变换来实现,即 $[p(Y|\theta)]^{\emptyset_n}$,其中 $\emptyset_n\uparrow 1$,也可以通过将观察值添加到似然函数中来实现,即 $p(Y_{1:t_n}|\theta)$,其中 $t_n\uparrow T$。我们将第一种方法称为似然回火(likelihood tempering),而将第二种方法称为数据回火(data tempering)。在形式上,"过桥"分布序列的定义是(似然回火的定义)

$$\pi_n(\theta)=\frac{[p(Y|\theta)]^{\emptyset_n}p(\theta)}{\int[p(Y|\theta)]^{\emptyset_n}p(\theta)d\theta},n=0,\cdots,N_\emptyset,\emptyset_n\uparrow 1 \tag{219}$$

或者(数据回火的定义,记 $t_n=[\emptyset_n T]$)

$$\pi_n^{(D)}(\theta) = \frac{p(Y_{1:\lfloor\emptyset_n T\rfloor})p(\theta)}{\int p(Y_{1:\lfloor\emptyset_n T\rfloor})p(\theta)d\theta}, n = 0,\cdots,N_\emptyset, \emptyset_n \uparrow 1 \tag{220}$$

虽然,数据回火在有序贯性质的应用中更加有吸引力一些(例如,用于实时预测),但是由于以下两个原因,似然回火通常会导致更稳定的后验模拟结果。首先,在初始阶段,采用似然回火可以添加对应于部分观察值的信息。其次,如果样本的后半部分包含了一些"很有影响力"的观察值,会极大地改变后验质量,那么数据回火就可能难以适应新信息。

12.3.1 序贯蒙特卡罗算法

如果先验密度 $p(\theta)$ 是正确的,那么就可以使用来自先验密度 $p(\theta)$ 的取样来初始化序贯蒙特卡罗算法。对于如表 7 所示的先前,可以直接从 DSGE 模型参数的边缘分布抽出彼此独立的若干取样 θ_0^i。我们还可以加入一个接受/拒绝步骤,以便将线性化模型不具有唯一的稳定理性预期解的那些参数取样去除掉。初始权重 W_0^i 可以设定为等于 1。同时,我们还遵循了将权重归一化为和 N 的惯例。

序贯蒙特卡罗算法从 $n = 0$ 到 $n = N_\emptyset$ 依次迭代进行。从第 $n-1$ 阶段开始,粒子 $\{\theta_{n-1}^i, W_{n-1}^i\}_{i=1}^N$ 在算法的每个阶段都由如下三个步骤组成:(1)校正,即对第 $n-1$ 阶段的粒子进行重新加权,以反映第 n 阶段迭代中的密度;(2)选择,即通过对粒子重新采样来消除粒子权重的高度不均匀分布(退化);(3)突变,即使用马尔可夫转移核将粒子向前传播,以便调整粒子值,从而适应第 n 阶段的"过桥"密度。

算法 10(具有似然回火的通用序贯蒙特卡罗算法)

1. 初始化($\emptyset_0 = 0$)。从先验抽取初始粒子:$\theta_0^i \overset{iidp}{\sim} p(\theta)$,以及 $W_0^i = 1, i = 1,\cdots,N$。

2. 递归。对于 $n = 1,\cdots,N_\emptyset$,

(a)校正。通过定义递增权重来对第 $n-1$ 阶段的粒子进行重新加权

$$\widetilde{w}_n^i = [p(Y|\theta_{n-1}^i)]^{\emptyset_n - \emptyset_{n-1}} \tag{221}$$

并对权重进行归一化

$$W_n^i = \frac{\widetilde{w}_n^i W_{n-1}^i}{\frac{1}{N}\sum_{i=1}^N \widetilde{w}_n^i W_{n-1}^i}, i = 1,\cdots,N \tag{222}$$

(b)选择(此步骤为可选步骤)。用多项式重采样法来对粒子进行重新采样。令 $\{\hat{\theta}\}_{i=1}^N$ 表示来自一个多项分布的 N 个独立同分布的取样,该多项分布用支撑点和权重 $\{\theta_{n-1}^i, \widetilde{W}_n^i\}_{i=1}^N$ 描述,并设定 $W_n^i = 1$。

(c)突变。通过执行具有转移密度 $\theta_n^i \sim K_n(\theta_n|\hat{\theta}_n^i; \zeta_n)$ 和稳态分布 $\pi_n(\theta)$ 的米特罗波利斯–黑斯廷斯算法 N_{MH} 步,将粒子 $\{\hat{\theta}_i, W_n^i\}$ 向前传播。$\mathbb{E}_{\pi_n}[h(\theta)]$ 一个近似由下式给出

$$\bar{h}_{n,N} = \frac{1}{N}\sum_{i=1}^N h(\theta_n^i)W_n^i \tag{223}$$

3. 对于 $n = N_\emptyset(\emptyset_{N_\emptyset} = 1)$,$\mathbb{E}_\pi[h(\theta)]$ 的最后重要性抽样近似由下式给出:

$$\overline{h}_{N_\emptyset, N} = \sum_{i=1}^N h(\theta_{N_\emptyset}^i) W_{N_\emptyset}^i \qquad (224)$$

校正步骤是经典的重要性抽样步骤。在这个步骤中,粒子权重要进行更新,以反映第 n 阶段的分布 $\pi_n(\theta)$。因为这个步骤不会改变粒子值,所以通常不需要重新评估似然函数。

选择步骤是可选的。一方面,重采样会给蒙特卡罗近似增加噪声,这不是我们想要的。另一方面,重采样又能使粒子权重相等,从而提高后续的重要性抽样近似的准确性。那么,到底要不要重新采样呢?通常要根据关于粒子权重方差的某个阈值规则来做出决定。对于前文第10.3节所讨论的粒子滤波器,我们可以将有效的粒子样本大小定义为:

$$\widehat{ESS}_n = N / \left(\frac{1}{N} \sum_{i=1}^N (\widetilde{W}_n^i)^2 \right) \qquad (225)$$

并且规定,只要 $\widehat{ESS}_n$ 小于 $N/2$ 或 $N/4$,那么就会进行重采样。在如前所述的算法 10 中,我们考虑的是多项式重采样。事实上,还有其他一些更有效率的重采样方法,例如,请参见刘(2001)和凯普等人(2005)的论著(以及其中引用的参考文献)。

突变步骤要改变粒子值。在没有突变步骤的情况下,粒子值将被限定在初始阶段从先验分布中抽取的值集合内。这显然是非常低效的,因为在重要性抽样算法中,先验分布是对于后验的一个不良提议分布。随着算法的不断循环,过了 $N_\emptyset$ 个阶段后,粒子值会逐渐适应后验分布的形状。转移核 $K_n(\theta_n | \hat{\theta}_n; \zeta_n)$ 的关键特性是不变性:

$$\pi_n(\theta_n) = \int K_n(\theta_n | \hat{\theta}_n; \zeta_n) \pi_n(\hat{\theta}_n) d\hat{\theta}_n \qquad (226)$$

因此,如果 $\hat{\theta}_n^i$ 是来自 π_n 的一个取样,那么 θ_n^i 也是。于是,突变步骤的实施,可能通过利用第12.2.2节中描述的随机游走米特罗波利斯-黑斯廷斯算法的一个或多个步骤来完成。可以通过分块或通过在多个步骤上迭代随机游走米特罗波利斯-黑斯廷斯算法来增加粒子突变的可能性。向量 ζ_n 总结了调谐参数,即随机游走米特罗波利斯-黑斯廷斯算法中的 c 和 $\hat{\Sigma}$。

序贯蒙特卡罗算法的一个副产品是,它能生成边缘似然的一个近似值。我们不难证明,当粒子数 $N \to \infty$ 时,

$$\hat{p}_{SMC}(Y) = \prod_{n=1}^{N_\emptyset} \left(\frac{1}{N} \sum_{i=1}^N \widetilde{w}_n^i \widetilde{W}_{n-1}^i \right)$$

几乎肯定收敛于 $p(Y)$。

12.3.2　序贯蒙特卡罗算法的调谐

序贯蒙特卡罗算法的实现需要我们选择若干个调谐器。最重要的是对粒子数量 N 的选择。正如肖邦(2004)已经证明的,当粒子数量趋向于无穷大时,利用序贯蒙特卡罗算法的输出计算出来的蒙特卡罗均值满足中心极限定理(CLT)。这也就意味着,蒙特卡罗近似的方差以 $1/N$ 的速率降低。研究者必须确定"过桥"分布的数量 $N_\emptyset$ 和回火调度表 $\emptyset_n$。在对一个小型 DSGE 模型的数值实验的基础上,赫布斯特和绍尔夫海德(2015)给出的建议是,采用一个凸的回火调度表,其形式为 $\emptyset_n = (n/N_\emptyset)^\lambda$,其中 $\lambda \approx 2$。近来,达勒姆和格韦克(2014)发展出了一种自调谐算法,它能够在算法循环遍历各个阶段的过程中以自适应的形式选择序列 $\emptyset_n$。

突变步骤要求用户确定执行米特罗波利斯-黑斯廷斯算法的步数 N_{MH} 和参数分块的块

数。突变概率如果增大,就会提高准确度,但是可惜的是,要求得的似然的数量也随之增加,从而使算法变得更慢。这样,缩放常数 c 和协方差矩阵都能够自适应地选择出来。基于米特罗波利斯–黑斯廷斯算法的拒绝频率,c 可以调整为 25%—40% 的目标拒绝率。而对于 $\hat{\Sigma}_n$,我们可以用第 n 阶段的校正步骤结束时计算出来的后验协方差矩阵的近似。

达勒姆和格韦克(2014)还建议,为了监测序贯蒙特卡罗近似的准确性,可以创建 H 个粒子群(每个粒子群各有 N 个粒子),并设置算法使得不同粒子群之间不存在信息交流。这样就可以得到 H 个对于我们感兴趣的后验矩的蒙特卡罗近似。粒子群内的蒙特卡罗均值的群际标准偏差,为我们提供了一个很好的度量数值精度的指标。至于序贯蒙特卡罗算法的并行化,则是相对简单的,因为可以在多个处理器上并行地执行突变步骤、计算校正步骤中的增量权重——给每个处理器分配一群粒子即可。从原则上说,精确的似然函数可以用粒子滤波器近似替代,这样也就引出了所谓的 SMC^2 算法。这种算法最早是由肖邦等人(2012)开发的,后来赫布斯特和绍尔夫海德(2015)在 DSGE 模型的背景下对它进行了更加详细的讨论。

12.3.3 数值实例

我们现在举例说明在程式化的 DSGE 模型中如何应用序贯蒙特卡罗算法。模型的设置与前面第 12.2.3 节的设置类似。我们使用表 5 所列的参数和表 7 给出的先验分布生成 $T=80$ 个观察值。序贯蒙特卡罗算法的设定如下。我们使用 $N=2048$ 个粒子、$N_\emptyset=500$ 个回火阶段。同时,我们设定 $\lambda=3$,这意味着我们在初始阶段只添加极少的信息,以确保先验取样适应于后验的形状。在突变步骤,我们使用单块随机游走米特罗波利斯–黑斯廷斯算法中的一个步骤,以自适应的方式选择缩放常数 c 和协方差矩阵,就像赫布斯特和绍尔夫海德(2014)在他们的论文中描述的那样。突变步骤的目标接受率为 0.25。在图 34 中,基于序贯蒙特卡罗算法的输出,我们绘制了价格粘性参数 ζ_p 和冲击标准偏差 σ_ϕ 的边缘"过桥"密度 $\pi_n(\cdot)$。初始的粒子集是从先验分布中抽取出来的。随着 $\emptyset_n$ 逐渐增加到 1,该分布趋于集中,直到最后阶段接近于后验分布。

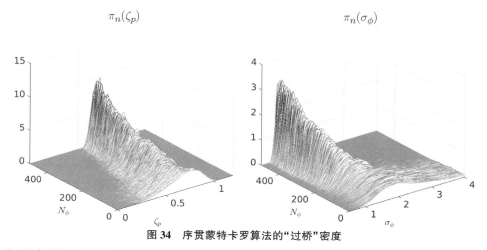

$$\pi_n(\zeta_p) \qquad\qquad \pi_n(\sigma_\phi)$$

图 34 序贯蒙特卡罗算法的"过桥"密度

注:后验是基于大小为 $T=80$ 的模拟观察样本得出的。两幅小图分别显示了后验("过桥")密度 $\pi_n(\cdot)$ 的序列。

12.4 模型诊断

DSGE 模型是一种程式化的表述宏观经济的方式。在考察某个特定的 DSGE 模型是否真的能够从先验的角度刻画数据 Y 的突出特点的时候,先验预测检验提供了一个非常有吸引力的诊断方法。在他们的教科书中,兰卡斯特(Lancaster)(2004)和格韦克(2005)在一般意义上讨论了先验(和后验)预测检验。最早在 DSGE 模型的语境中应用先验预测检验技术的经济学家是卡诺瓦(1994)。

令 $Y_{1:T}^*$ 表示一个长度为 T 的人工样本。基于时间 t 上的信息集 F_t 的 $Y_{1:T}^*$ 的预测分布可以表示为

$$p(Y_{1:T}^* | F_t) = \int p(Y_{1:T}^* | \theta) p(\theta | F_t) d\theta \tag{227}$$

接下来,我们要采用更一般一些的符号(以适应下面的后验预测检验),即按惯例用 F_0 来对应于先验信息。预测检验的基本思想是:检查实际实现的 $Y_{1:T}$ 落在预测分布的尾部的多远的位置上。如果 $Y_{1:T}$ 对应于不太可能发生的偏远尾部事件,那么就认定模型的设定是不高明的,在估计之前应该加以调整。

在实际执行时,高维向量 $Y_{1:T}$ 通常会用低维统计量 $S(Y_{1:T})$——样本自协方差矩阵 $(\hat{\Gamma}_{yy}(h))$ 的元素——替代,因为后者的尾部概率更容易计算或更便于可视化。虽然不可能直接求得样本统计量的预测密度,但是生成取样却是简单直接的。在先验预测检验的情况下,令 $\{\theta^i\}_{i=1}^N$ 表示来自先验分布的一个参数取样序列。对每一个取样模拟 DSGE 模型,从而生成轨迹 $Y_{1:T}^{*i}$。对于每一个模拟轨迹,计算出样本统计量 $S(\cdot)$,从而得到一个来自预测密度的取样。

对于后验预测检验,我们令 F_t 与样本 $Y_{1:T}$ 相等。后验预测检验要考察的是,估计出来的 DSGE 模型是否刻画了样本的显著特征。这种检验在 DSGE 模型的应用的例子,可以参见常(Chang)等人(2007)的论文,他们考察了估计出来的随机 DSGE 增长模型是否刻画了劳动时间的方差和序列相关性。

12.5 有限信息贝叶斯推断

贝叶斯推断需要似然函数 $p(Y|\theta)$。然而,如第 11 节所述,估计 DSGE 模型的许多经典方法,例如(广义)矩估计法和脉冲响应函数匹配法,都不需要利用 DSGE 模型的似然函数,部分原因在于考虑到模型设定错误的可能性。这些方法统称为有限信息技术(而不是完全信息技术)。本小节对有限信息推断的贝叶斯方法进行了简要的综述。

12.5.1 单方程估计

卢比奥和绍尔夫海德(2005)估计了一个小型开放经济体模型的货币政策规则,他们采取的方法是,在内生回归元的向量自回归运动定律的基础上扩增政策规则方程(在我们的程

式化模型中,回归元就是产出差距和通货膨胀率)。由此,他们得到了一个关于产出、通货膨胀率和利率的向量自回归模型,其中的交叉系数约束条件是货币政策规则参数的函数。这种受限制的向量自回归模型可以使用标准的马尔可夫链蒙特卡罗法来估计。与完全设定的DSGE 模型的估计相比,有限信息方法可以使得对于策略规则方程的估计相对于对私有部门的行为的错误设定更加稳健。克莱伯根和马弗罗艾迪斯(2014)在估计新凯恩斯主义菲利普斯曲线时也应用了类似的技术,不过,他们的研究关注的重点是先验分布的设定——在那些样本只能弱识别研究者感兴趣的参数(即新凯恩斯主义菲利普斯曲线的斜率)的模型中,先验分布起着"规范似然函数"的作用。

12.5.2 抽样分布的反演

假设人们知道某个估计量 $\hat{\theta}$ 的抽样分布 $p(\hat{\theta}|\theta)$。在这种情况下,我们不再只能根据观察到的样本 Y 来更新信念,而可以基于 $\hat{\theta}$ 的实现来更新关于 θ 的信念,即:

$$p(\theta \mid \hat{\theta}) = \frac{p(\hat{\theta} \mid \theta)p(\theta)}{\int p(\hat{\theta} \mid \theta)p(\theta)} \tag{228}$$

这种方法背后的思想至少可以追溯到普拉特(Pratt)等人(1965)的论著。在样本 Y 的多种不同的分布都会导致估计量 $\hat{\theta}$ 的相同分布的情况下,这种方法特别有用。这种方法的缺点是,密度 $p(\hat{\theta}|\theta)$ 的解析形式通常无法求得。

不过,在实际应用中,我们可以使用基于模拟的对 $p(\hat{\theta}|\theta)$ 的近似,这个想法源于布斯(Boos)和莫纳翰(Monahan)(1986)的研究。或者,我们也可以用极限分布替代有限样本分布,例如,

$$\sqrt{T}(\hat{\theta}_T - \theta_T) \mid \theta_T \Rightarrow N(0, V(\theta)) \tag{229}$$

其中,"真实的"参数序列 θ_T 收敛到 θ。这种方法最早是关(Kwan)(1999)提出来的。从原则上说,$\hat{\theta}_T$ 可以是我们在第 11 节研究过的任何一个用来推导渐近分布的频率主义估计量,包括最小距离估计量、脉冲响应函数匹配估计量或广义矩估计量。然而,为了使所得到的有限信息后验有意义,很重要的一点是,保证向渐近分布的收敛在 θ 中是均匀的,而这就要求对于每个序列 $\theta_T \to \theta$,方程式(229)都成立。不过,在通常情况下,当 θ_T 接近于时间序列 $Y_{1:T}$ 处于稳态的参数空间区域的边界时,向正态分布的均匀收敛是很难实现的。

有鉴于此,穆勒(2013)没有直接对有限信息的后验近似分布 $p(\hat{\theta}|\theta)$ 做出判断,而是构建了一个决策理论式的框架。穆勒证明,在一些相当一般的条件下,基于准后验的决策都是渐近最优的(在它们最小化了期望损失的意义上)——该准后验是通过对极限分布进行反演获得的。现在假设某个 DSGE 模型的似然函数是设定错误的。在这种情况下,第 11.1 节中所述的对最大似然估计量的教科书式分析必须进行如下修正。首先,用来确保 $\| -\nabla_\theta^2 \ell_T(\theta|Y) - I(\theta_0) \|$ 收敛于零的信息矩阵等式不再成立。如果我们令 $D = \mathrm{plim}_{T\to\infty} -\nabla_\theta^2 \ell_T$ $(\theta|Y)$,那么最大似然估计量的渐近方差将取其夹心形式 $DI(\theta_0)D'$。在有限信息方法下,DSGE 模型参数的覆盖集是根据 $DI(\theta_0)D'$ 的对角元素计算的,而在错误设定的似然函数的全信息贝叶斯方法中,覆盖集则只是(渐近地)基于 $\Gamma^{-1}(\theta_0)$ 的。因此,有限信息方法可以使覆盖

集（相对于模型错误设定）变得更加稳健。

另外，我们也不一定要对估计量的抽样分布进行反演，还可以对辅助样本统计量 $\hat{\varphi}(Y)$ 进行反演。毫不奇怪，对辅助样本统计量的反演的主要障碍也在于描述分布 $\hat{\varphi}|\theta$ 时的困难。为了解决这个问题，人们提出了许多方法，它们可以统称为近似贝叶斯计算方法（approximate Bayesian computations，简称 ABC）。这些方法利用了 $p(\hat{\varphi}|\theta)$ 的模拟近似，而且它们都可以视为间接推断的贝叶斯主义版本。这些算法的目标在于：

$$p^\delta_{ABC}(\theta,\hat{\varphi}^*|\hat{\varphi}) \propto p(\hat{\varphi}^*|\theta)p(\theta)\, \mathbb{I}\{\|\hat{\varphi}^*-\hat{\varphi}\|\leq\delta\} \tag{230}$$

其中，$\hat{\varphi}$ 指从观察到的数据计算出来的辅助统计量，$\hat{\varphi}^*$ 则指从模型以参数 θ 为条件的模拟数据计算出来的辅助统计量，δ 是上述模型模拟辅助统计量与观察数据辅助统计量之间的差异的容忍度。到目前为止，近似贝叶斯方法在计量经济学中的应用还很少。福尔内伦（Forneron）和吴（2015）讨论了近似贝叶斯方法与第 11.2 节中引入的模拟最小距离估计量之间的关系。另外，斯卡龙内（Scalone）（2015）也探讨了近似贝叶斯方法在 DSGE 模型中的应用。

12.5.3 有限信息似然函数

金姆（2002）利用极值估计量的目标函数构建了一个有限信息似然函数。为了便于说明，我们在这里只考虑第 11.4 节中讨论的广义矩估计量，但是同样的思想法可以应用于最小距离估计量和脉冲响应函数匹配估计量。现假设，数据在概率测度 $\mathbb{P}$ 下生成，同时在 $\theta=\theta_0$ 处，以下广义矩条件可以得到满足：$\mathbb{E}_{\mathbb{P}}[g(y_{t-p:t}|\theta_0)]=0$。基于某个加权矩阵的广义矩估计量的样本目标函数 $Q_T(\theta|Y)$ 由方程式（207）给出。如果假设样本目标函数满足一致可积性

$$\lim_{t\to\infty}\mathbb{E}_{\mathbb{P}}[Q_T(\theta_0|Y)]=r \tag{231}$$

其中 r 是过度识别的矩条件的数量[它意味着向量 $g(\cdot)$ 中堆叠的矩的数量与参数向量 θ 的元素的数量之间的差异]。

令 $P(\theta)$ 表示在以下意义上满足矩条件的概率分布的集合（collection）：

$$P(\theta)=\left\{P|\lim_{t\to\infty}\mathbb{E}_P[TQ_T(\theta|Y)]=r\right\} \tag{232}$$

但是 $P(\theta)$ 不能直接用于似然推理，因为它包括了一个用 θ 来索引的概率分布的集合。为了得到每个 θ 的独特分布，金姆（2002）以库尔贝克–莱布勒散度为度量指标，将“真实”分布投影到集合 $P(\theta)$ 上：

$$P^*(Y|\theta)=\mathrm{argmin}_{p\in P(\theta)}\int \log(\mathrm{d}P|d\,\mathbb{P})\mathrm{d}P \tag{233}$$

其解可以取如下方便的形式

$$p^*(Y|\theta)\propto\exp\left\{-\frac{1}{2}Q_T(\theta|Y)\right\} \tag{234}$$

其中 $p^*(Y|\theta)=\mathrm{d}P|d\,\mathbb{P}$ 是 P 相对于 $\mathbb{P}$ 的拉东–尼柯迪姆（Radon-Nikodym）导数。

金姆（Kim）得出的结果表明，前文第 11.2 节至第 11.4 节的频率主义目标函数可以与先验密度结合起来，然后用于（有限信息）贝叶斯推断。同时后验均值

$$\hat{\theta} = \frac{\int \theta \exp\left\{-\frac{1}{2}Q_T(\theta \mid Y)\right\} p(\theta)\,\mathrm{d}\theta}{\int \exp\left\{-\frac{1}{2}Q_T(\theta \mid Y)\right\} p(\theta)\,\mathrm{d}\theta} \tag{235}$$

则类似于第 11.2 节讨论的最大似然估计量。其主要区别在于,最大似然估计量是从频率主义视角来解释的,而基于 $p^*(Y|\theta)$ 的准后验和后验均值等统计量则只能从贝叶斯主义的视角来解释。最近,克里斯蒂亚诺等人(2010)利用了这个思想,建议考虑贝叶斯主义脉冲响应函数匹配估计量。加兰特(2015)则将之应用于资产定价模型。加兰特等人(2013)还扩展至具有潜在变量的模型。此外,井上(Inoue)和新田(Shintani)(2014)还阐述了有限信息边缘似然

$$p^*(Y|M) = \int p^*(Y|\theta, M) p(\theta)\,\mathrm{d}\theta$$

可以作为模型选择准则,以保证"渐近地"选择正确的模型设定。

12.5.4 非参数似然函数

还有一支文献是关于非参数似然函数的,但是这种非参数似然函数仅限于能够满足模型所蕴含的矩条件的那些。拉扎尔(Lazal)(2003)和尚内克(Schennach)(2005)利用的都是经验似然函数——大体上说,经验似然函数将概率 p_t 分配给观察值 y_t,使得似然函数可以写成 $\prod_{t=1}^{T} p_t$(至少,如果数据是独立同分布的,必定如此)。然后,我们就可以施加边界约束 $\sum_{t=1}^{T} p_t g(y_{t-p:t} \mid \theta) = 0$,并将 p_t 概率集中以得到仅依赖于 θ 的轮廓目标函数(profile objective function)。设计这种方法的目标是用于独立同分布的数据和可能的模型,其中 $g(y_{t-p:t} \mid \theta)$ 为一个鞅差序列。北村(Kitamura)和大津(Otsu)(2011 年)的建议则是用一个狄利克雷(Dirichlet)过程来生成 $Y_{1:T}$ 的分布的先验,然后将该分布投影到能够满足矩约束条件的一组分布上。辛恩(2014)也提出了一个狄利克雷过程混合模型,并扩展到了时间序列上。

13. 结论

在过去二十年里,DSGE 模型的求解方法和估计方法的开发和应用发展迅速。这种文献增长的部分原因是各国中央银行的激励——许多国家的中央银行都把 DSGE 模型纳入了工具箱,把它当成了用来预测经济和分析政策的一个重要工具。同时,计算能力的迅速提高,也使得研究人员能够研究越来越多的精致复杂的模型设定。就在我们撰写本章的过程中,研究者又提出了一些新的方法并探索了新的应用领域。尽管我们不可能对这个非常活跃的领域的进展进行巨细无遗的评述,但是我们还是希望通过本章,使那些有兴趣在这个领域工作深耕的研究者受到一个全面的培训,让他们对 2015 年以前的技术和方法有一个充分的了解,从而启发他们推进知识前沿的创新研究。

致谢

本项研究得到了美国国家科学基金会的资助,作者们在此表示衷心感谢(J. 费尔南德斯 比利亚韦德和 J. F. 卢比奥－拉米雷斯的美国国家科学基金会的资助项目编号是 SES 1223271,F. 绍尔夫海德的美国国家科学基金会的资助项目编号是 SES 1424843)。张民苏(Minsu Chang)、欧亨尼奥·罗哈斯(Eugenio Rojas)和雅各布·沃伦(Jacob Warren)作为研究助理,为我们提供了很大帮助。我们还要感谢本章的评议人谢尔盖·玛丽亚(Serguei Maliar)、本手册主编约翰·泰勒(John Taylor)和哈拉尔德·厄里格(Harald Uhlig)的建议和意见。感谢约翰·科克兰(John Cochrane)、迈克尔·柯伦(Michael Curran)、奥伦·莱文塔尔(Oren Levintal)、本·穆尔(Ben Moll)、埃里克·斯旺森(Eric Swanson)以及由胡佛研究所组织的《宏观经济学手册》研讨会的与会者提供的很有帮助的意见和建议。作者网站上提供了实现本章所讨论的求解方法和估计技术所需的计算机代码。

参考文献

Aldrich, E. M., 2014. GPU computing in economics. In: Schmedders, K., Judd, K. L. (Eds.), Handbook of Computational Economics, vol. 3. Elsevier, Amsterdam, pp. 557—598.

Aldrich, E. M., Kung, H., 2011. Computational methods for production-based asset pricing models with recursive utility. Economic Research Initiatives at Duke(ERID) Working Paper Series 87.

Aldrich, E. M., Fernández-Villaverde, J., Gallant, A. R., Rubio-Ramírez, J. F., 2011. Tapping the supercomputer under your desk: solving dynamic equilibrium models with graphics processors. J. Econ. Dyn. Control 35, 386—393.

Algan, Y., Allais, O., Den Haan, W. J., Rendahl, P., 2014. Solving and simulating models with heterogeneous agents and aggregate uncertainty. In: Schmedders, K., Judd, K. L. (Eds.), Handbook of Computational Economics, vol. 3. Elsevier, Amsterdam, pp. 277—324.

Altig, D., Christiano, L., Eichenbaum, M., Linde, J., 2011. Firm-specific capital, nominal rigidities and the business cycle. Rev. Econ. Dyn. 14(2), 225—247. http://ideas. repec. org/a/red/issued/09—191. html.

Altug, S., 1989. Time-to-build and aggregate fluctuations: some new evidence. Int. Econ. Rev. 30(4), 889—920.

Alvarez, F., Jermann, U. J., 2004. Using asset prices to measure the cost of business cycles. J. Polit. Econ. 112, 1223—1256.

An, S., Schorfheide, F., 2007. Bayesian analysis of DSGE models. Econ. Rev. 26(2—4), 113—172. http://dx. doi. org/10. 1080/07474930701220071.

Anderson, E. W., Hansen, L. P., McGrattan, E. R., Sargent, T. J., 1996. On the mechanics of forming and estimating dynamic linear economies. In: Amman, H. M., Kendrick, D.

A., Rust, J. (Eds.), Handbook of Computational Economics, vol. 1. Elsevier, Amsterdam, pp. 171—252.

Andreasen, M. M., 2013. Non-linear DSGE models and the central difference Kalman filter. J. Appl. Econ. 28(6), 929—955.

Andreasen, M. M., Fernández-Villaverde, J., Rubio-Ramírez, J. F., 2013. The pruned state-space system for nonlinear DSGE models: theory and empircal applications. NBER Working 18983.

Andrews, I., Mikusheva, A., 2015. Maximum likelihood inference in weakly identified DSGE models. Quant. Econ 6(1), 123—152.

Andrieu, C., Doucet, A., Holenstein, R., 2010. Particle Markov chain Monte Carlo methods. J. R. Stat. Soc. Ser. B 72(3), 269—342.

Ardia, D., Basturk, N., Hoogerheide, L., van Dijk, H. K., 2012. A comparative study of Monte Carlo methods for efficient evaluation of marginal likelihood. Comput. Stat. Data Anal. 56 (11), 3398—3414.

Arulampalam, S., Maskell, S., Gordon, N., Clapp, T., 2002. Atutorial on particle filters for online nonlinear/non-gaussian Bayesian tracking. IEEE Trans. Signal Proc. 50(2), 174—188.

Aruoba, S. B., Schorfheide, F., 2015. Inflation during and after the zero lower bound. Manuscript, University of Maryland.

Aruoba, S. B., Fernández-Villaverde, J., Rubio-Ramírez, J. F., 2006. Comparing solution methods for dynamic equilibrium economies. J. Econ. Dyn. Control 30(12), 2477—2508.

Barthelmann, V., Novak, E., Ritter, K., 2000. High dimensional polynomial interpolation on sparse grids. Adv. Comput. Math. 12, 273—288.

Bastani, H., Guerrieri, L., 2008. On the application of automatic differentiation to the likelihood function for dynamic general equilibrium models. In: Bischof, C. H., Bucker, H. M., Hovland, P., Naumann, U., Utke, J. (Eds.), Advances in Automatic Differentiation: Lecture Notes in Computational Science and Engineering, vol. 64. Springer, pp. 303—313.

Bender, C. M., Orszag, S. A., 1999. Advanced Mathematical Methods for Scientists and Engineers: Asymptotic Methods and Perturbation Theory. Springer.

Benigno, P., Woodford, M., 2004. Optimal monetary and fiscal policy: a linear-quadratic approach. In: NBER Macroeconomics Annual 2003, vol. 18. MIT Press, Cambridge, MA, pp. 271—364.

Bernanke, B. S., Gertler, M., 1989. Agency costs, net worth, and business fluctuations. Am. Econ. Rev. 79(1), 14—31.

Bernanke, B. S., Gertler, M., Gilchrist, S., 1999. The financial accelerator in a quantitative business cycle framework. In: Taylor, J. B., Woodford, M. (Eds.), Handbook of Macroeconomics, vol. 1. Elsevier, pp. 1341—1393.

Bianchi, F., 2013. Regime switches, agents' beliefs, and post-world war II U. S. macroeconomic dynamics. Rev. Econ. Stud. 80(2), 463—490.

Blanchard, O. J., Kahn, C. M., 1980. The solution of linear difference models under rational expectations. Econometrica 48(5), 1305—1312.

Bloom, N., 2009. The impact of uncertainty shocks. Econometrica 77, 623—685.

Bocola, L., 2015. The pass-through of sovereign risk. Manuscript, Northwestern University.

Boos, D. D., Monahan, J. F., 1986. Bootstrap methods using prior information. Biometrika 73(1), 77—83.

Boyd, J. P., 2000. Chebyshev and Fourier Spectral Methods. Dover.

Boyd, J. P., Petschek, R. G., 2014. The relationships between Chebyshev, Legendre and Jacobi polynomials: the generic superiority of Chebyshev polynomials and three important exceptions. J. Sci. Comput. 59, 1—27.

Brenner, S., Scott, R., 2008. The Mathematical Theory of Finite Element Methods. Springer Verlag.

Brown, D. B., Smith, J. E., Peng, S., 2010. Information relaxations and duality in stochastic dynamic programs. Operat. Res. 58(4), 785—801.

Brumm, J., Scheidegger, S., 2015. Using adaptive sparse grids to solve high-dimensional dynamic models. Manuscript, University of Zurich.

Bungartz, H. J., Griebel, M., 2004. Sparse grids. Acta Numer. 13, 147—269.

Burnside, C., Eichenbaum, M., Rebelo, S., 1993. Labor hoarding and the business cycle. J. Polit. Econ. 101(2), 245—273. http://ideas. repec. org/a/ucp/jpolec/v101y1993i2p245—73. html.

Cai, Y., Judd, K. L., 2014. Advances in numerical dynamic programming and new applications. In: Schmedders, K., Judd, K. L. (Eds.), Handbook of Computational Economics, vol. 3. Elsevier, pp. 479—516.

Caldara, D., Fernández-Villaverde, J., Rubio-Ramírez, J. F., Yao, W., 2012. Computing DSGE models with recursive preferences and stochastic volatility. Rev. Econ. Dyn. 15, 188—206.

Canova, F., 1994. Statistical inference in calibrated models. J. Appl. Econ. 9, S123—S144.

Canova, F., 2007. Methods for Applied Macroeconomic Research. Princeton University Press.

Canova, F., 2014. Bridging cyclical DSGE models and the raw data. J. Monet. Econ. 67, 1—15. http://www. crei. cat/people/canova/pdf/%20files/DSGE_trend. pdf.

Canova, F., De Nicoló, G., 2002. Monetary disturbances matter for business fluctuations in the G-7. J. Monet. Econ. 49 (4), 1131—1159. http://ideas. repec. org/a/ijc/ijcjou/y2007q4a4. html.

Canova, F., Ferroni, F., Matthes, C., 2014. Choosing the VARiables to estimate singular DSGE models. J. Appl. Econ. 29(7), 1099—1117.

Cappe, O., Moulines, E., Ryden, T., 2005. Inference in Hidden Markov Models. Springer Verlag.

Cappe, O., Godsill, S. J., Moulines, E., 2007. An overview of existing methods and recent advances in sequential Monte Carlo. Proc. IEEE 95(5), 899—924.

Carlstrom, C., Fuerst, T. S., 1997. Agency costs, net worth, and business fluctuations: a computable general equilibrium analysis. Am. Econ. Rev. 87, 893—910.

Chang, Y., Doh, T., Schorfheide, F., 2007. Non-stationary hours in a DSGE model. J. Money, Credit, Bank. 39(6), 1357—1373.

Chari, V. V., Kehoe, P. J., McGrattan, E. R., 2008. Are structural VARs with long-run restrictions useful in developing business cycle theory? J. Monet. Econ. 55(8), 1337—1352.

Chen, X., 2007. Large sample sieve estimation of semi-nonparametric models. In: Heckman, J. J., Leamer, E. E. (Eds.), Handbook of Econometrics, vol. 6. Elsevier, pp. 5549—5632.

Chernozhukov, V., Hong, H., 2003. An MCMC approach to classical estimation. J. Econ. 115, 293—346.

Chib, S., Greenberg, E., 1995. Understanding the metropolis-hastings algorithm. Am. Stat. 49, 327—335.

Chib, S., Jeliazkov, I., 2001. Marginal likelihoods from the metropolis hastings output. J. Am. Stat. Assoc. 96(453), 270—281.

Chib, S., Ramamurthy, S., 2010. Tailored randomized block MCMC methods with application to DSGE models. J. Econ. 155(1), 19—38.

Cho, J. O., Cooley, T. F., Kim, H. S. E., 2015. Business cycle uncertainty and economic welfare. Rev. Econ. Dyn. 18, 185—200.

Chopin, N., 2002. A sequential particle filter for static models. Biometrika 89 (3), 539—551.

Chopin, N., 2004. Central limit theorem for sequential Monte Carlo methods and its application to Bayesian inference. Ann. Stat. 32(6), 2385—2411.

Chopin, N., Jacob, P. E., Papaspiliopoulos, O., 2012. SMC2: an efficient algorithm for sequential analysis of state-space models. ArXiv:1101. 1528.

Christiano, L. J., 1990. Linear-quadratic approximation and value-function iteration: a comparison. J. Bus. Econ. Stat. 8, 99—113.

Christiano, L. J., Eichenbaum, M., 1992. Current real-business-cycle theories and aggregate labor-market fluctuations. Am. Econ. Rev. 82(3), 430—450. http://ideas. repec. org/a/aea/aecrev/ v82y1992i3p430—50. html.

Christiano, L. J., Fisher, J. D. M., 2000. Algorithms for solving dynamic models with occasionally binding constraints. J. Econ. Dyn. Control 24, 1179—1232.

Christiano, L. J., Vigfusson, R. J., 2003. Maximum likelihood in the frequency domain: the importance of time-to-plan. J. Monet. Econ. 50(4), 789—815. http://ideas. repec. org/a/ eee/moneco/ v50y2003i4p789—815. html.

Christiano, L. J., Eichenbaum, M., Evans, C. L., 1999. Monetary policy shocks: what have we learned and to what end. In: Taylor, J. B., Woodford, M. (Eds.), Handbook of Macroeconomics, vol. 1a. North Holland, Amsterdam, pp. 65—148.

Christiano, L. J., Eichenbaum, M., Evans, C. L., 2005. Nominal rigidities and the dynamic effects of a shock to monetary policy. J. Polit. Econ. 113(1), 1—45.

Christiano, L. J., Eichenbaum, M., Vigfusson, R., 2007. Assessing structural VARs. In: Acemoglu, D., Rogoff, K., Woodford, M. (Eds.), NBER Macroeconomics Annual 2006, vol. 21. MIT Press, Cambridge, pp. 1—72.

Christiano, L. J., Trabandt, M., Walentin, K., 2010. DSGE models for monetary policy analysis. In: Friedman, B. M., Woodford, M. (Eds.), Handbook of Monetary Economics, vol. 3. Elsevier, pp. 285—367. http://ideas. repec. org/h/eee/monchp/3—07. html.

Christiano, L. J., Eihenbaum, M., Rebelo, S. T., 2011. When is the government spending multiplier large? J. Polit. Econ. 119(1), 78—121.

Christiano, L. J., Motto, R., Rostagno, M., 2014. Risk shocks. Am. Econ. Rev. 104, 27—65.

Clough, R. W., 1960. The finite element method in plane stress analysis. In: Proceedings of the 2nd ASCE Conference on Electronic Computation.

Clough, R. W., Wilson, E. L., 1999. Early finite element research at Berkeley. Manuscript, University of California, Berkeley.

Cochrane, J. H., 1994. Shocks. Carnegie Rochester Conf. Ser. Publ. Pol. 41(4), 295—364. http://ideas. repec. org/a/ijc/ijcjou/y2007q4a4. html.

Cochrane, J. H., 2011. Determinacy and identification with Taylor rules. J. Polit. Econ. 119(3), 565—615. http://ideas. repec. org/a/ucp/jpolec/doi10. 1086—660817. html.

Creal, D., 2007. Sequential Monte Carlo samplers for Bayesian DSGE models. Manuscript, Chicago Booth.

Creal, D., 2012. Asurvey of sequential Monte Carlo methods for economics and finance. Econ. Rev. 31(3), 245—296.

Crisan, D., Rozovsky, B., (Eds.)2011. The Oxford Handbook of Nonlinear Filtering. Oxford University Press.

Curdia, V., Del Negro, M., Greenwald, D. L., 2014. Rare shocks, great recessions. J. Appl. Econ. 29(7), 1031—1052.

DeJong, D. N., Dave, C., 2007. Structural Macroeconometrics. Princeton University Press.

DeJong, D. N., Ingram, B. F., Whiteman, C. H., 2000. A Bayesian approach to dynamic macroeconomics. J. Econ. 98(2), 203—223.

Del Moral, P., 2004. Feynman-Kac Formulae. Springer Verlag.

Del Moral, P., 2013. Mean Field Simulation for Monte Carlo Integration. Chapman & Hall/CRC.

Del Negro, M., Schorfheide, F., 2004. Priors from general equilibrium models for VARs. Int. Econ. Rev. 45(2), 643—673.

Del Negro, M., Schorfheide, F., 2008. Forming priors for DSGE models(and how it affects the assessment of nominal rigidities). J. Monet. Econ. 55(7), 1191—1208. ISSN 0304—3932.

http://dx. doi. org/10. 1016/j. jmoneco. 2008. 09. 006. http://www. sciencedirect. com/ science/article/B6VBW-4TKPVGT-3/2/ 508d89fdb8eb927643250b7f36aab161.

Del Negro, M., Schorfheide, F., 2009. Monetary policy with potentially misspecified models. Am. Econ. Rev. 99(4), 1415—1450. http://www. econ. upenn. edu/schorf/papers/ mpol_p11. pdf.

Del Negro, M., Schorfheide, F., 2011. Bayesian macroeconometrics. In: van Dijk, H., Koop, G., Geweke, J. (Eds.), Handbook of Bayesian Econometrics. Oxford University Press, pp. 293—389.

Del Negro, M., Schorfheide, F., 2013. DSGE model-based forecasting. In: Elliott, G., Timmermann, A. (Eds.), Handbook of Economic Forecasting, vol. 2. North Holland, Amsterdam, pp. 57—140.

Del Negro, M., Schorfheide, F., Smets, F., Wouters, R., 2007. On the fit of new Keynesian models. J. Bus. Econ. Stat. 25(2), 123—162.

Del Negro, M., Hasegawa, R., Schorfheide, F., 2014. Dynamic prediction pools: an investigation of financial frictions and forecasting performance. NBER Working Paper 20575.

Delvos, F. J., 1982. d-VARiate Boolean interpolation. J. Approx. Theory 34, 99—114.

Demkowicz, L., 2007. Computing with hp-Adaptive Finite Elements, Volume 1. Chapman& Hall/CRC.

Den Haan, W. J., De Wind, J., 2012. Nonlinear and stable perturbation-based approximations. J. Econ. Dyn. Control 36, 1477—1497.

Den Haan, W. J., Marcet, A., 1990. Solving the stochastic growth model by parameterizing expectations. J. Bus. Econ. Stat. 8(1), 31—34.

Den Haan, W. J., Marcet, A., 1994. Accuracy in simulations. Rev. Econ. Stud. 61, 3—17.

Díaz-Gimenez, J., 1999. Linear-quadratic approximations: an introduction. In: Marimon, R., Scott, A. (Eds.), Computational Methods for the Study of Dynamic Economies. Oxford University Press.

Diebold, F. X., Ohanian, L. E., Berkowitz, J., 1998. Dynamic equilibrium economies: a framework for comparing models and data. Rev. Econ, Stud. 65(3), 433—452.

Doucet, A., Johansen, A. M., 2011. A tutorial on particle filtering and smoothing: fifteen years later. In: Crisan, D., Rozovsky, B. (Eds.), Handook of Nonlinear Filtering. Oxford University Press.

Doucet, A., de Freitas, N., Gordon, N., 2001. Sequential Monte Carlo Methods in Practice. Springer Verlag.

Dridi, R., Guay, A., Renault, E., 2007. Indirect inference and calibration of dynamic stochastic general equilibrium models. J. Econ. 136(2), 397—430.

Dufour, J. M., Khalaf, L., Kichian, M., 2013. Identification-robust analysis of DSGE and structural macro economic models. J. Monet. Econ. 60, 340—350.

Durbin, J. , Koopman, S. J. , 2001. Time Series Analysis by State Space Methods. Oxford University Press.

Durham, G. , Geweke, J. , 2014. Adaptive sequential posterior simulators for massively parallel computing environments. Adv. Econ. 34, 1—44.

Eggertsson, G. B. , Woodford, M. , 2003. The zero bound on interest rates and optimal monetary policy. Brook. Pap. Econ. Act. 34, 139—235.

Epstein, L. G. , Zin, S. E. , 1989. Substitution, risk aversion, and the temporal behavior of consumption and asset returns: a theoretical framework. Econometrica 57, 937—969.

Erdös P. , Turán, P. , 1937. On interpolation I. Quadrature and mean convergence in the Lagrange inter-polation. Ann. Math. 38, 142—155.

Fair, R. C. , Taylor, J. B. , 1983. Solution and maximum likelihood estimation of dynamic nonlinear rational expectations models. Econometrica 51, 1169—1185.

Faust, J. , 1998. The robustness of identified VAR conclusions about money. Carnegie Rochester Conf. Ser. Publ. Pol. 49(4), 207—244. http://ideas. repec. org/a/ijc/ijcjou/y2007q4a4. html.

Fernández-Villaverde, J. , 2010. Fiscal policy in a model with financial frictions. Am. Econ. Rev. Pap. Proc. 100, 35—40.

Fernández-Villaverde, J. , Levintal, O. , 2016. Solution methods for models with rare disasters. Manuscript, University of Pennsylvania.

Fernández-Villaverde, J. , Rubio-Ramírez, J. F. , 2004. Comparing dynamic equilibrium models to data: a Bayesian approach. J. Econ. 123(1), 153—187.

Fernández-Villaverde, J. , Rubio-Ramírez, J. F. , 2006. Solving DSGE models with perturbation methods and a change of VARiables. J. Econ. Dyn. Control 30, 2509—2531.

Fernández-Villaverde, J. , Rubio-Ramírez, J. F. , 2007. Estimating macroeconomic models: a likelihood approach. Rev. Econ. Stud. 74(4), 1059—1087.

Fernández-Villaverde, J. , Rubio-Ramírez, J. F. , 2008. How structural are structural parameters? In: Acemoglu, D. , Rogoff, K. , Woodford, M. (Eds.), NBER Macroeconomics Annual 2007, vol. 22. University of Chicago Press, Chicago, IL.

Fernández-Villaverde, J. , Rubio-Ramírez, J. F. , Santos, M. S. S. , 2006. Convergence properties of the like lihood of computed dynamic models. Econometrica 74(1), 93—119. http://dx. doi. org/10. 1111/j. 1468—0262. 2006. 00650. x.

Fernández-Villaverde, J. , Rubio-Ramírez, J. F. , Sargent, T. J. , Watson, M. W. , 2007. ABCs(and Ds) of understanding VARs. Am. Econ. Rev. 97(3), 1021—1026.

Fernández-Villaverde, J. , Guerrón-Quintana, P. A. , Rubio-Ramírez, J. F. , Uribe, M. , 2011. Risk matters: the real effects of volatility shocks. Am. Econ. Rev. 101, 2530—2561.

Fernández-Villaverde, J. , Guerrón-Quintana, P. A. , Rubio-Ramírez, J. F. , 2014. Supply-side policies and the zero lower bound. IMF Econ. Rev. 62, 248—260.

Fernández-Villaverde, J. , Gordon, G. , Guerrón-Quintana, P. A. , Rubio-Ramírez, J. F. ,

2015a. Nonlinear adventures at the zero lower bound. J. Econ. Dyn. Control 57, 182—204.

Fernández-Villaverde, J., Guerrón-Quintana, P. A., Rubio-Ramírez, J. F., 2015b. Estimating dynamic equi librium models with stochastic volatility. J. Econ. 185, 216—229.

Flury, T., Shephard, N., 2011. Bayesian inference based only on simulated likelihood: particle filter analysis of dynamic economic models. Econ. Theory 27, 933—956.

Fornberg, B., 1996. A Practical Guide to Pseudospectral Methods. Cambridge University Press.

Forneron, J. J., Ng, S., 2015. The ABC of simulation estimation with auxiliary statistics. Manuscript, Colum bia University.

Gallant, A. R., 2015. Reflections on the probability space induced by moment conditions with implications for Bayesian inference. J. Fin. Econ. Forthcoming. http://jfec. oxfordjournals. org/content/early/2015/05/28/jjnec. nbv008. abstract.

Gallant, A. R., Giacomini, R., Ragusa, G., 2013. Generalized method of moments with latent VARiables. CEPR Discussion Papers DP9692.

Galor, O., 2007. Discrete Dynamical Systems. Springer.

Gaspar, J., Judd, K. L., 1997. Solving large-scale rational-expectations models. Macroecon. Dyn. 1, 45—75.

Geweke, J., 1999. Using simulation methods for Bayesian econometric models: inference, development, and communication. Econ. Rev. 18(1), 1—126.

Geweke, J., 2005. Contemporary Bayesian Econometrics and Statistics. John Wiley & Sons, Inc.

Geweke, J., 2010. Complete and Incomplete Econometric Models. Princeton University Press, Princeton, NJ.

Geweke, J., Amisano, G., 2011. Optimal prediction pools. J. Econ. 164, 130—141.

Geweke, J., Amisano, G., 2012. Prediction with misspecified models. Am. Econ. Rev. Pap. Proc. 103(3), 482—486.

Gordon, G., 2011. Computing dynamic heterogeneous-agent economies: tracking the distribution. PIER Working Paper 11—018, University of Pennsylvania.

Gorodnichenko, Y., Ng, S., 2010. Estimation of DSGE models when the data are persistent. J. Monet. Econ. 57(3), 325—340.

Gourieroux, C., Monfort, A., Renault, E., 1993. Indirect inference. J. Appl. Econ. 8, S85—S118.

Gourieroux, C., Phillips, P. C. B., Yu, J., 2010. Indirect inference for dynamic panel models. J. Econ. 157(1), 68—77.

Guerrón-Quintana, P. A., 2010. What you match does matter: the effects of observable VARiables on DSGE estimation. J. Appl. Econ. 25, 774—804.

Guerrón-Quintana, P. A., Inoue, A., Kilian, L., 2013. Frequentist inference in weakly identified dynamic stochastic general equilibrium models. Quant. Econ. 4, 197—229.

Guerrón-Quintana, P. A., Inoue, A., Kilian, L., 2014. Impulse response matching estimators for DSGE models. In: Center for Financial Studies (Frankfurt am Main): CFS working paper series, No. 498, CFS working paper seriesWirtschaftswissenschaften URL http://ssrn. com/abstract = 2533453.

Guo, D., Wang, X., Chen, R., 2005. New sequential Monte Carlo methods for nonlinear dynamic systems. Stat. Comput. 15, 135—147.

Gust, C., Herbst, E., López-Salido, J. D., Smith, M. E., 2016. The empirical implications of the interest-rate lower bound. Federal Reserve Board.

Hamilton, J. D., 1994. Time Series Analysis. Princeton University Press.

Hansen, L. P., 1982. Large sample properties of generalized method of moments estimators. Econometrica 50(4), 1029—1054. http://ideas. repec. org/a/ecm/emetrp/v50y1982i4p1029—54. html.

Hansen, G. D., Prescott, E. C., 1995. Recursive methods for computing equilibria of business cycle models. In: Cooley, T. F. (Ed.), Frontiers of Business Cycle Research. Princeton University Press, pp. 39—64.

Hansen, L. P., Sargent, T. J., 2013. Recursive Models of Dynamic Linear Economies. Princeton Press.

Hansen, L. P., Heaton, J. C., Li, N., 2008. Consumption strikes back? Measuring long-run risk. J. Polit. Econ. 116(2), 260—302.

Herbst, E., Schorfheide, F., 2014. Sequential Monte Carlo sampling for DSGE models. J. Appl. Econ. 29(7), 1073—1098.

Herbst, E., Schorfheide, F., 2015. Bayesian Estimation of DSGE Models. Princeton University Press.

Hnatkosvaka, V., Marmer, V., Tang, Y., 2012. Comparison of misspecified calibrated models: the minimum distance approach. J. Econ. 169(1), 131—138.

Hughes, T. J. R., 2000. The Finite Element Method: Linear Static and Dynamic Finite Element Analysis. Dover.

Hurwicz, L., 1962. On the structural form of interdependent systems. In: Nagel, E., Tarski, A. (Eds.), Logic, Methodology and Philosophy of Science. Stanford University Press.

Ingram, B., Whiteman, C., 1994. Supplanting the minnesota prior-forecasting macroeconomic time series using real business cycle model priors. J. Monet. Econ. 49 (4), 1131—1159. http://ideas. repec. org/a/ijc/ ijcjou/y2007q4a4. html.

Inoue, A., Shintani, M., 2014. Quasi-Bayesian model selection. Manuscript, Vanderbilt University.

Iskrev, N., 2010. Local identification of DSGE models. J. Monet. Econ. 2, 189—202. http://dx. doi. org/ 10. 1016/j. jmoneco. 2009. 12. 007.

Jin, H. H., Judd, K. L., 2002. Perturbation methods for general dynamic stochastic models. Manuscript, Hoover Institution.

Judd, K., 1998. Numerical Methods in Economics. MIT Press, Cambridge.

Judd, K. L., 1992. Projection methods for solving aggregate growth models. J. Econ. Theory 58, 410—452.

Judd, K. L., 2003. Perturbation methods with nonlinear changes of VARiables. Manuscript, Hoover Institution.

Judd, K. L., Guu, S. M., 1993. Perturbation solution methods for economic growth models. In: VARian, H. (Ed.), Economic and Financial Modeling with Mathematica. Springer Verlag, pp. 80—103.

Judd, K. L., Guu, S. M., 1997. Asymptotic methods for aggregate growth models. J. Econ. Dyn. Control 21, 1025—1042.

Judd, K. L., Guu, S. M., 2001. Asymptotic methods for asset market equilibrium analysis. Econ. Theory 18, 127—157.

Judd, K. L., Maliar, L., Maliar, S., 2011a. How to solve dynamic stochastic models computing expectations just once. NBER Working Paper 17418.

Judd, K. L., Maliar, L., Maliar, S., 2011b. Numerically stable and accurate stochastic simulation methods for solving dynamic models. Quant. Econ. 2, 173—210.

Judd, K. L., Maliar, L., Maliar, S., 2014. Lower bounds on approximation errors: testing the hypothesis that a numerical solution is accurate. Manuscript, Hoover Institution.

Judd, K. L., Maliar, L., Maliar, S., Valero, R., 2014. Smolyak method for solving dynamic economic models: Lagrange interpolation, anisotropic grid and adaptive domain. J. Econ. Dyn. Control 44, 92—123.

Justiniano, A., Primiceri, G. E., 2008. The time-VARying volatility of macroeconomic fluctuations. Am. Econ. Rev. 98(3), 604—641.

Kantas, N., Doucet, A., Singh, S., Maciejowski, J., Chopin, N., 2014. On particle methods for parameter estimation in state-space models. ArXiv Working Paper 1412. 8659v1.

Kilian, L., 1998. Small-sample confidence intervals for impulse response functions. Rev. Econ. Stat. 80(2), 218—230. http://dx. doi. org/10. 1162/003465398557465.

Kilian, L., 1999. Finite-sample properties of percentile and percentile-t bootstrap confidence intervals for impulse responses. Rev. Econ. Stat. 81(4), 652—660.

Kim, J. Y., 2002. Limited information likelihood and Bayesian analysis. J. Econ. 107(1—2), 175—193. http://dx. doi. org/10. 1016/S0304—4076(01)00119—1.

Kim, J., Kim, S. H., 2003. Spurious welfare reversals in international business cycle models. J. Int. Econ. 60, 471—500.

Kim, J., Kim, S. H., Schaumburg, E., Sims, C. A., 2008. Calculating and using second-order accurate solutions of discrete time dynamic equilibrium models. J. Econ. Dyn. Control 32, 3397—3414.

Kimball, M. S., 1990. Precautionary saving in the small and in the large. Econometrica 58, 53—73.

King, R. G., Watson, M. W., 1998. The solution of singular linear difference systems under rational expectations. Int. Econ. Rev. 39, 1015—1026.

King, R. G., Plosser, C. I., Rebelo, S., 1988. Production, growth, and business cycles: Ithe basic neoclassical model. J. Monet. Econ. 21(2—3), 195—232.

King, R. G., Plosser, C. I., Rebelo, S. T., 2002. Production, growth and business cycles: technical appendix. Comput. Econ. 20, 87—116.

Kitamura, Y., Otsu, T., 2011. Bayesian analysis of moment condition models using nonparametric priors. Manuscript, Yale University and LSE.

Kleibergen, F., Mavroeidis, S., 2009. Weak instrument robust tests in GMM and the New Keynesian Phillips curve. J. Bus. Econ. Stat. 27(3), 293—311. http://ideas. repec. org/a/ bes/jnlbes/v27i3y2009p293—311. html.

Kleibergen, F., Mavroeidis, S., 2014. Identification issues in limited-information Bayesian analysis of structural macroeconomic models. J. Appl. Econ. 29, 1183—1209.

Klein, P., 2000. Using the generalized Schur form to solve a multiVARiate linear rational expectations model. J. Econ. Dyn. Control 24 (10), 1405—1423. http://dx. doi. org/10. 1016/S0165—1889(99)00045—7.

Kociecki, A., Kolasa, M., 2015. Global identification of linearized DSGE models. Manuscript, Bank of Poland.

Kogan, L., Mitra, I., 2014. Accuracy verification for numerical solutions of equilibrium models. Manuscript, MIT.

Kollmann, R., 2015. Tractable latent state filtering for non-linear DSGE models using a second-order approximation and pruning. Comput. Econ. 45, 239—260.

Komunjer, I., Ng, S., 2011. Dynamic identification of DSGE models. Econometrica 79(6), 1995—2032.

Koop, G., Pesaran, H. M., Potter, S. M., 1996. Impulse response analysis in nonlinear multiVARiate models. J. Econ. 74, 119—147.

Koop, G., Pesaran, H. M., Smith, R. P., 2013. On identification of Bayesian DSGE models. J. Bus. Econ. Stat. 31(3), 300—314.

Kopecky, K. A., Suen, R. M. H., 2010. Finite state Markov-chain approximations to highly persistent processes. Rev. Econ. Dyn. 13, 701—714.

Kormilitsina, A., Nekipelov, D., 2012. Approximation properties of Laplace-type estimators. Adv. Econ. 28, 291—318.

Kormilitsina, A., Nekipelov, D., 2016. Consistent VARiance of the Laplace type estimators: application to DSGE models. Int. Econ. Rev. 57(2), 603—622.

Krüger, D., Kubler, F., 2004. Computing equilibrium in OLG models with stochastic production. J. Econ. Dyn. Control 28, 1411—1436.

Krusell, P., Smith, A. A., 1998. Income and wealth heterogeneity in the macroeconomy. J. Polit. Econ. 106, 867—896.

Kwan, Y. K., 1999. Asymptotic Bayesian analysis based on a limited information estimator. J. Econ. 88, 99—121.

Kydland, F. E., Prescott, E. C., 1982. Time to build and aggregate fluctuations. Econometrica 50(6), 1345—1370.

Lancaster, T., 2004. An Introduction to Modern Bayesian Econometrics. Blackwell Publishing.

Lanczos, C., 1938. Trigonometric interpolation of empirical and analytical functions. J. Math. Phys. 17, 123—199.

Lazar, N. A., 2003. Bayesian empirical likelihood. Biometrika 90(2), 319—326.

Lee, B. S., Ingram, B. F., 1991. Simulation estimation of time-series models. J. Econ. 47 (2—3), 197—205. http://ideas. repec. org/a/eee/econom/v47y1991i2—3p197—205. html.

Leeper, E. M., 1991. Equilibria under 'active' and 'passive' monetary and fiscal policies. J. Monet. Econ. 27, 129—147.

Leeper, E. M., Sims, C. A., 1995. Toward amodern macroeconomicmodel usable forpolicy analysis. In: Fischer, S., Rotemberg, J. J. (Eds.), NBER Macroeconomics Annual 1994. MIT Press, Cambridge, pp. 81—118.

Leland, H. E., 1968. Saving and uncertainty: the precautionary demand for saving. Q. J. Econ. 82, 465—473.

Levin, A., Onatski, A., Williams, J. C., Williams, N., 2006. Monetary policy under uncertainty in micro-founded macroeconometric models. In: Gertler, M., Rogoff, K. (Eds.), NBER Macroeconomics Annual 2005, vol. 20. MIT Press, Cambridge, pp. 229—287. http:// www. columbia. edu/‰7Eao2027/LOWW. pdf.

Levintal, O., 2015a. Fifth-order perturbation solution to DSGE models. Manuscript, Interdisciplinary Center Herzliya.

Levintal, O., 2015b. Taylor projection: a new solution method to dynamic general equilibrium models. Manuscript, Interdisciplinary Center Herzliya.

Liu, J. S., 2001. Monte Carlo Strategies in Scientific Computing. Springer Verlag.

Lubik, T., Schorfheide, F., 2003. Computing sunspot equilibria in linear rational expectations models. J. Econ. Dyn. Control 28(2), 273—285.

Lubik, T., Schorfheide, F., 2005. Do central banks respond to exchange rate movements? A structural investigation. J. Monet. Econ. 54(4), 1069—1087.

Lubik, T., Schorfheide, F., 2006. A Bayesian look at the new open macroeconomics. NBER Macroeconomics Annual 2005.

Lubik, T. A., Schorfheide, F., 2004. Testing for indeterminacy: an application to U. S. monetary policy. Am. Econ. Rev. 94(1), 190—217.

Lucas Jr., R. E., 1987. Models of Business Cycles. Basil Blackwell, Oxford.

Lütkepohl, H., 1990. Asymptotic distributions and forecast error VARianceu of impulse response functions decompositions of vector autoregressive models. Rev. Econ. Stat. 72 (1),

116—125. http://ideas. repec. org/a/tpr/restat/v72y1990i1p116—25. html.

Maliar, L. , Maliar, S. , 2014. Numerical methods for large scale dynamic economic models. In：Schmedders, K. , Judd, K. L. （Eds. ）, Handbook of Computational Economics. vol. 3. Elsevier, pp. 325—477.

Maliar, L. , Maliar, S. , 2015. Merging simulation and projection approaches to solve high-dimensional problems with an application to a New Keynesian model. Quant. Econ. 6, 1—47.

Maliar, L. , Maliar, S. , Judd, K. L. , 2011. Solving the multi-country real business cycle model using Ergodic set methods. J. Econ. Dyn. Control 35, 207—228.

Maliar, L. , Maliar, S. , Taylor, J. B. , Tsener, I. , 2015. A tractable framework for analyzing a class of nonstationary Markov models. NBER Working Paper 21155.

Maliar, L. , Maliar, S. , Villemot, S. , 2013. Taking perturbation to the accuracy frontier：a hybrid of local and global solutions. Comput. Econ. 42, 307—325.

Malik, S. , Pitt, M. K. , 2011. Particle filters for continuous likelihood evaluation and maximization. J. Econ. 165, 190—209.

Malin, B. A. , Krüger, D. , Kubler, F. , 2011. Solving the multi-country real business cycle model using Smolyak-collocation method. J. Econ. Dyn. Control 35, 229—239.

Marcet, A. , Lorenzoni, G. , 1999. Parameterized expectations approach：some practical issues. In：Marimon, R. , Scott, A. （Eds. ）, Computational Methods for the Study of Dynamic Economies. Oxford University Press.

Marcet, A. , Marshall, D. A. , 1994. Solving nonlinear rational expectations models by parameterized expectations：convergence to stationary solutions.

Marmer, V. , Otsu, T. , 2012. Optimal comparison of misspecified moment restriction models under a chosen measure of fit. J. Econ. 170(2), 538—550.

Mason, J. C. , Handscomb, D. , 2003. Chebyshev Polynomials. CRC Press.

Mavroeidis, S. , 2005. Identification issues in forward-looking models estimated by GMM, with an application to the Phillips curve. J. Money Credit Bank. 37(3), 421—448. http://ideas. repec. org/a/mcb/jmoncb/v37y2005i3p421—48. html.

Mavroeidis, S. , 2010. Monetary policy rules and macroeconomic stability：some new evidence. Am. Econ. Rev. 100(1), 491—503. http://www. ingentaconnect. com/content/aea/aer/2010/00000100/00000001/art00018.

Mavroeidis, S. , Plagborg-Moller, M. , Stock, J. H. , 2014. Empirical evidence on inflation expectations in the New Keynesian Phillips curve. J. Econ. Lit. 52(1), 124—188. http://ideas. repec. org/a/aea/jeclit/v52y2014i1p124—88. html.

McGrattan, E. R. , 1994. The macroeconomic effects of distortionary taxation. J. Monet. Econ. 33(3), 573—601.

McGrattan, E. R. , 1996. Solving the stochastic growth model with a finite element method. J. Econ. Dyn. Control 20, 19—42.

Mittnik, S. , Zadrozny, P. A. , 1993. Asymptotic distributions of impulse responses, step responses, and VARiance decompositions of estimated linear dynamic models. Econometrica 61 (4), 857—870. http:// ideas. repec. org/a/ecm/emetrp/v61y1993i4p857—70. html.

Müller, U., 2012. Measuring prior sensitivity and prior informativeness in large Bayesian models. J. Monet. Econ. 59, 581—597.

Müller, U., 2013. Risk of Bayesian inference in misspecified models, and the sandwich coVARiance matrix. Econometrica 81(5), 1805—1849.

Nishiyama, S., Smetters, K., 2014. Analyzing fiscal policies in a heterogeneous-agent overlapping-generations economy. In: Schmedders, K., Judd, K. L. (Eds.), Handbook of Computational Economics, vol. 3. Elsevier, pp. 117—160.

Nobile, F., Tempone, R., Webster, C. G., 2008. An anisotropic sparse grid stochastic collocation method for partial differential equations with random input data. SIAM J. Numer. Anal. 46, 2411—2442.

Nocedal, J., Wright, S. J., 2006. Numerical Optimization. Springer Verlag.

Otrok, C., 2001. On measuring the welfare costs of business cycles. J. Monet. Econ. 47 (1), 61—92.

Pakes, A., Pollard, D., 1989. Simulation and the asymptotics of optimization estimators. Econometrica 57(5), 1027—1057. http://EconPapers. repec. org/RePEc:ecm:emetrp:v:57:y: 1989:i:5:p:1027—57.

Parra-Alvarez, J. C., 2015. Solution methods and inference in continuous-time dynamic equilibrium economies. Aarhus University.

Pesavento, E., Rossi, B., 2007. Impulse response confidence intervals for persistent data: what have we learned? J. Econ. Dyn. Control 31(7), 2398—2412. ISSN 0165—1889. http:// dx. doi. org/10. 1016/j. jedc. 2006. 07. 006.

Phillips, P. C. B., 1998. Impulse response and forecast error VARiance asymptotics in nonstationary VARs. J. Econ. 83 (1—2), 21—56. http://ideas. repec. org/a/eee/econom/ v83y1998i1—2p21—56. html.

Phillips, P. C., Solo, V., 1992. Asymptotics for linear processes. Ann. Stat. 20(2), 971—1001.

Piazzesi, M., Schneider, M., 2006. Equilibrium yield curves. NBER Macroeconomics Annual 2006.

Pitt, M. K., Silva, R. d. S., Giordani, P., Kohn, R., 2012. On some properties of Markov chain Monte Carlo simulation methods based on the particle filter. J. Econ. 171, 134—151.

Pratt, J. W., Raiffa, H., Schlaifer, R., 1965. Introduction to Statistical Decision Theory. Wiley, New York, NY.

Preston, B., Roca, M., 2007. Incomplete markets, heterogeneity and macroeconomic dynamics. NBER Working Paper 13260.

Priestley, M. B., 1981. Spectral Analysis and Time Series. Academic Press.

Qu, Z., 2014. Inference in dynamic stochastic general equilibrium models with possible weak identification. Quant. Econ. 5, 457—494.

Qu, Z., 2015. Acomposite likelihood framework for analyzing singular DSGE models. Manuscript, Boston University.

Qu, Z., Tkachenko, D., 2012. Identification and frequency domain quasi-maximum likelihood estimation of linearized DSGE models. Quant. Econ. 3, 95—132.

Qu, Z., Tkachenko, D., 2014. Local and global parameter identification in DSGE models：allowing for indeterminancy. Manuscript, Boston University.

Rabanal, P., Rubio-Ramírez, J. F., 2005. Comparing New Keynesian models of the business cycle：a Bayesian approach. J. Monet. Econ. 52(6), 1151—1166.

Ramey, V. A., 2016. Macroeconomic shocks and their propagation. In：Taylor, J. B., Uhlig, H. (Eds.), Handbook of Macroeconomics, vol. 2A. Elsevier, Amsterdam, Netherlands, pp. 71—162.

Ríos-Rull, J. V., Schorfheide, F., Fuentes-Albero, C., Kryshko, M., Santaeulalia-Llopis, R., 2012. Methods versus substance：measuring the effects of technology shocks. J. Monet. Econ. 59(8), 826—846.

Robert, C. P., Casella, G., 2004. Monte Carlo Statistical Methods. Springer.

Rossi, B., Pesavento, E., 2006. Small-sample confidence intervals for multiVARiate impulse response functions at long horizons. J. Appl. Econ. 21(8), 1135—1155. http://ideas. repec. org/a/jae/japmet/v21y2006i8p1135—1155. html.

Rotemberg, J. J., Woodford, M., 1997. An optimization-based econometric framework for the evaluation of monetary policy. In：Bernanke, B. S., Rotemberg, J. J. (Eds.), NBER Macroeconomics Annual 1997. MIT Press, Cambridge.

Rouwenhorst, K. G., 1995. Asset pricing implications of equilibrium business cycle models. In：Cooley, T. F. (Ed.), Frontiers of Business Cycle Research. Princeton University Press, pp. 294—330.

Rudebusch, G., Swanson, E., 2011. Examining the bond premium puzzle with a DSGE model. J. Monet. Econ. 55.

Rudebusch, G., Swanson, E., 2012. The bond premium in a DSGE model with long-run real and nominal risks. Am. Econ. J. Macroecon. 4, 105—143.

Rudin, W., 1976. Principles of Mathematical Analysis. McGraw and Hill, New York, NY.

Ruge-Murcia, F., 2012. Estimating nonlinear DSGE models by the simulated method of moments：with an application to business cycles. J. Econ. Dyn. Control 36, 914938.

Ruge-Murcia, F., 2014. Indirect inference estimation of nonlinear dynamic general equilibrium models：with an application to asset pricing under skewness risk. McGill University, Working Paper.

Ruge-Murcia, F. J., 2007. Methods to estimate dynamic stochastic general equilibrium models. J. Econ. Dyn. Control 31(8), 2599—2636. http://ideas. repec. org/a/eee/dyncon/

v31y2007i8p2599—2636. html.

Rust, J., 1996. Numerical dynamic programming in economics. In: Amman, H. M., Kendrick, D. A., Rust, J. (Eds.), Handbook of Computational Economics, vol. 1. Elsevier, pp. 619—729.

Sala, L., 2015. DSGE models in the frequency domain. J. Appl. Econ. 30, 219—240. http://ideas. repec. org/p/igi/igierp/504. html.

Samuelson, P. A., 1970. The fundamental approximation theorem of portfolio analysis in terms of means, VARiances and higher moments. Rev. Econ. Stud. 37, 537—542.

Sandmo, A., 1970. The effect of uncertainty on saving decisions. Rev. Econ. Stud. 37, 353—360.

Santos, M. S., 1992. Differentiability and comparative analysis in discrete-time infinite-horizon optimization. J. Econ. Theory 57, 222—229.

Santos, M. S., 1993. On high-order differentiability of the policy function. Econ. Theory 2, 565—570.

Santos, M. S., 2000. Accuracy of numerical solutions using the Euler equation residuals. Econometrica 68, 1337—1402.

Santos, M. S., Peralta-Alva, A., 2005. Accuracy of simulations for stochastic dynamic models. Econometrica 73(6), 1939—1976. http://EconPapers. repec. org/RePEc:ecm:emetrp: v:73:y:2005:i:6:p:1939—1976.

Santos, M. S., Peralta-Alva, A., 2014. Analysis of numerical errors. In: Schmedders, K., Judd, K. L. (Eds.), Handbook of Computational Economics, vol. 3. Elsevier, pp. 517—556.

Santos, M. S., Rust, J., 2004. Convergence properties of policy iteration. SIAM J. Control Optim. 42, 2094—2115.

Santos, M. S., Vigo-Aguiar, J., 1998. Analysis of a numerical dynamic programming algorithm applied to economic models. Econometrica 66, 409—426.

Scalone, V., 2015. Estimating non-linear DSGEs with approximate Bayesian computations. Manuscript, University of Rome La Sapienza.

Schennach, S. M., 2005. Bayesian exponential tilted empirical likelihood. Biometrika 92, 31—46.

Schmitt-Grohé, S., Uribe, M., 2004. Solving dynamic general equilibrium models using a second-order approximation to the policy function. J. Econ. Dyn. Control 28, 755—775.

Schorfheide, F., 2000. Loss function-based evaluation of DSGE models. J. Appl. Econ. 15, 645—670.

Schorfheide, F., 2005a. Learning and monetary policy shifts. Rev. Econ. Dyn. 8(2), 392—419.

Schorfheide, F., 2005b. VAR forecasting under misspecification. J. Econ. 128(1), 99—136.

Schorfheide, F., 2013. Estimation and evaluation of DSGE models: progress and challenges.

In：Acemoglu, D., Arellano, M., Dekel, E. (Eds.), Advances in Economics and Econometrics：Tenth World Congress, vol. III. Cambridge University Press, pp. 184—230.

Schwarz, G., 1978. Estimating the dimension of a model. Ann. Stat. 6(2), 461—464.

Shin, M., 2014. Bayesian GMM. PhD Thesis, University of Pennsylvania.

Sikorski, K., 1985. Optimal solution of nonlinear equations. J. Complex. 1, 197—209.

Simmonds, J. G., Mann, J. E. J., 1997. A First Look at Perturbation Theory. Dover.

Simon, H. A., 1956. Dynamic programming under uncertainty with a quadratic criterion function. Econometrica 24, 74—81.

Sims, C. A., 2002. Solving linear rational expectations models. Comput. Econ. 20, 1—20.

Sims, C. A., Waggoner, D., Zha, T., 2008. Methods for inference in large multiple-equation Markovswitching models. J. Econ. 146(2), 255—274. http://www. frbatlanta. org/filelegacydocs/wp0622. pdf.

Smets, F., Wouters, R., 2003. An estimated dynamic stochastic general equilibrium model of the euro area. J. Eur. Econ. Assoc. 1(5), 1123—1175.

Smets, F., Wouters, R., 2007. Shocks and frictions in US business cycles：a Bayesian DSGE approach. Am. Econ. Rev. 97, 586—608.

Smith Jr., A., 1993. Estimating nonlinear time-series models using simulated vector autoregressions. J. Appl. Econ. 8, S63—S84. http://ideas. repec. org/a/jae/japmet/v8y1993isps63—84. html.

Smolyak, S. A., 1963. Quadrature and interpolation formulas for tensor products of certain classes of functions. Sov. Math. 4, 240—243.

Solín, P., Segeth, K., Doležel, I., 2004. Higher-Order Finite Elements Method. Chapman & Hall/CRC.

Stachurski, J., Martin, V., 2008. Computing the distributions of economic models via simulation. Econometrica 76, 443—450.

Stock, J. H., Watson, M. W., 2001. Vector autoregressions. J. Econ. Perspect. 15(4), 101—115. http://ideas. repec. org/a/ijc/ijcjou/y2007q4a4. html.

Stokey, N. L., Lucas Jr., R. E., Prescott, E. C., 1989. Recursive Methods in Economic Dynamics. HarVARd University Press.

Swanson, E. T., Anderson, G. S., Levin, A. T., 2006. Higher-order perturbation solutions to dynamic, discrete-time rational expectations models. Federal Reserve Bank of San Francisco, Working Paper Series, 2006—01.

Tallarini, T. D. J., 2000. Risk-sensitive real business cycles. J. Monet. Econ. 45, 507—532.

Tauchen, G., 1986. Finite state Markov-chain approximations to uniVARiate and vector autoregressions. Econ. Lett. 20, 177—181.

Theil, H., 1957. A note on certainty equivalence in dynamic planning. Econometrica 25, 346—349.

Thompson, J. F., Warsi, Z., Mastin, C. W., 1985. Numerical Grid Generation: Foundations and Applications. North-Holland, New York, NY.

Uhlig, H., 1999. A toolkit for analysing nonlinear dynamic stochastic models easily. In: Marimon, R., Scott, A. (Eds.), Computational Methods for the Study of Dynamic Economies. Oxford University Press, pp. 30—61.

Uhlig, H., 2005. What are the effects of monetary policy on output? Results from an agnostic identification procedure. J. Monet. Econ. 52(2), 381—419.

van Binsbergen, J. H., Fernández-Villaverde, J., Koijen, R. S., Rubio-Ramírez, J. F., 2012. The term structure of interest rates in a DSGE model with recursive preferences. J. Monet. Econ. 59, 634—648.

Waggoner, D., Zha, T., 2012. Confronting model misspecification in macroeconomics. J. Econ. 171(2), 167184.

White, H., 1994. Estimation, Inference, and Specification Analysis. Cambridge University Press.

Woodford, M., 2003. Optimal interest-rate smoothing. Rev. Econ. Stud. 70, 861—886.

第十章　递归合同和内生不完全市场

M. 戈洛索夫(M. Golosov) [*], **A. 奇温斯基(A. Tsyvinski)** [†],

N. 韦尔坎(N. Werquin) [‡]

[*]:普林斯顿大学,美国,新泽西州,普林斯顿;

[†]:耶鲁大学,美国,康涅狄格州,纽黑文;

[‡]:图卢兹经济学院,法国,图卢兹

目　录

本章摘要:在本章中,我们研究了动态激励模型。在动态激励模型中,由于信息上、执行中存在的摩擦,风险分担受到了内生的限制。我们全面综述了分析这些问题的最重要的一个工具——递归合同理论。利用递归方法,我们可以将原来非常复杂的模型简化为一系列(基本上)静态的问题,从而更容易进行解析分析和数值计算。我们首先给出了自成体系的基本理论:显示原理、如何制定和简化激励约束、如何将承诺的效用(promised utilities)作为状态变量、如何使用一阶方法分析存在持续冲击的模型。其次,我们讨论了一些更复杂的问题:二元理论和拉格朗日乘数技术、无承诺的模型,以及连续时间下的鞅方法(martingale method)。最后,我们阐明了如何以递归合同理论为工具,分析公共经济学、公司财务、发展经济学和国际经济学等诸多领域中各种各样的存在不完全风险分担的问题。

关键词:委托-代理模型,动态机制设计,递归合同,私人信息,有限承诺,不完全市场,显示原理,承诺效用,一阶方法,隐藏储蓄(hidden storage),拉格朗日法,连续时间合同

JEL 分类代码:A33,C61,D52,D82,D86,H21

1.　引言

　　动态激励问题在宏观经济领域可以说是无所不在的。政府设计的社会保险计划、银行与企业家之间的长期关系、乡村经济中提供的抗御特异性冲击的非正式保险合同、国家与国家之间的主权借款和贷款……都可以用动态激励理论来解释。这类模型已经在宏观经济学、公共经济学、国际宏观经济学、金融学、发展经济学和政治经济学等领域得到了广泛的应用，而且不仅可以用来解释存在于数据中的现有模式，还可以用来进行规范性的政策分析。这类模型有一个鲜明统一的特征，那就是，它们本质上都是研究内生不完全市场的，即风险分担受到了(信息或执行)摩擦的约束，从而出现了保险安排内生产生的情形。

　　研究动态激励问题的最重要的一个工具之一是递归合同理论。递归方法使得研究者能够将通常非常复杂的模型简化为一系列实质上是静态的问题，这些问题无论是在解析的层面上，还是在计算的层面上，都更加容易分析。这样一来，也就极大地简化了对丰富多彩的现实环境中的最优保险安排的分析和表征。本章的目的是，对递归合同理论进行全面的综述，并给出一些具体应用的例子。本章理论部分的分析是自足的：每当这个领域的教科书给出的方法不能直接适用时——例如，当斯托基等人编写的教科书(Stokey et al., 1989)所述的递归技术的假设不能满足时——我们就给出必要的数学背景加以拓展。我们还讨论了相关文献给出的解决动态激励问题的几种备选方法的优缺点。在本章的最后一节中，我们阐明了如何在各种经济学应用研究中使用递归合同理论这个工具。

　　这一章的具体安排如下。引言之后的第二节研究了动态激励问题的一个原型模型——在得到委托人完全承诺的情况下，如何针对私人可观察的特殊品味(偏好)冲击安排保险。这一节的目标是提供一个自足的、自洽的、严格规范的、比较一般的处理动态激励问题的例子。在随后各节中，我们还将使用这个经济来说明分析动态激励的其他方法。第二节重点阐述了递归契约分析的三个步骤：第一步，运用显示原理，构建一个有激励约束的机制设计问题；第二步，通过专注于单次性激励约束来简化这个机制设计问题；第三步，以"承诺的效用"(promised utilities)为状态变量递归地重写这个问题。其次，阐述了如何用这个递归方法描述经济中的最优保险安排的性质。在第 2.4 节中，推导出了最优保险合同的一般特征，并描述了经济体的长期行为。在第 2.5 节讨论了如何克服持续的特异性冲击所导致的技术难题。最后，在第 2.6 节以该框架的简单版本讨论了当代理人的储蓄行为不可观察的时候，最优保险安排会受到什么影响。在这一节的结论部分(第 2.7 节)，我们阐明了如何将这些方法应用于其他动态激励问题，比如道德风险问题。

　　第三节考虑的是一些更"高级"的研究主题。重点研究了三个问题：第一，如何在递归公式中使用拉格朗日乘数工具；第二，如何解决委托人在承诺不完全的经济体中的动态保险问题；第三，如何采用靷技术来研究连续时间下的递归合同。第 3.1 节讨论了拉格朗日乘数技术。将第二节阐述的递归方法和拉格朗日技术结合起来,大大扩展了可以表征的问题的范围。首先对拉格朗日乘数在有约束最优化理论中的应用进行了综述,在此过程中特别关注的是如何在经常会出现无限维情形下的宏观经济应用研究中使用这种技术。随后,阐明了如何将这些理论技术应用于激励问题,并推导出了与第二节中讨论过的那些递归公式相比有一定优势的几种替代递归公式。本小节给出的不少结果都是对动态合同理论文献的新贡献。在第 3.2 节中,证明了如何在委托人不守承诺(履行)合同的环境中分析动态保险问题。在这样的环境下,原先可以用来证明(在有承诺的情形下的较简单版本的)显示原理的论据都不再成立。我们讨论了推广这个证明的几种方法,并给出了相应的机制设计问题的递归公式。对这些问题的描述在很大程度上依赖于在第 3.1 节中的分析。最后,在第 3.3 节,阐明了如何利用挈方法和动态规划原理在连续时间情况下分析动态合同问题。为了保持分析的自洽性,首先说明了我们所使用的随机微积分结果。连续时间方法通常能够简化最优合同的表征,同时还允许研究者以解析形式进行比较静态分析,并且会使对解的数值分析更加容易。

第四节综述了第二节和第三节讨论的各种递归技术在不同领域中的应用。可以证明,各种不同的应用都有三个重要的共同特点:(i)保险由于摩擦的存在而受到了内生性的限制;(ii)要解决的问题是动态的;(iii)讨论基本理论的各节给出的递归合同技术使得我们能够更加深入地描述这些问题。我们解释了如何将激励约束和承诺效用等理论建构映射到具体的经济概念中;还阐明了怎样对动态激励模型的预测进行实证检验并用于政策分析。在第 4.1 节中,我们将第二节的技术和结果应用于公共财政领域。代理人受到的冲击是不可观察的,因而导致了内生市场的不完全性和有限的社会保险。我们推导出了若干描述最优社会保险机制的核心结果,并阐明了如何用内生的税收和转移支付实现最优配置,而不用将系统外生地限制为特定的函数形式。在第 4.2 节中,阐述了如何将递归技术应用于公司金融问题,并研究了信息摩擦对企业动态融资和最优资本结构的影响。第 4.3 节介绍了如果将这类技术应用于对发展中国家的乡村经济中的保险安排的研究,合同要受到执法形式和信息摩擦的限制。第 4.4 节讨论了这些方法在国际借贷研究中的应用。

2. 动态保险的简单模型

在本节中,将研究一个针对私人可观察的特异性冲击(idiosyncratic shock)的动态保险的原型模型。我们的目标是,在最简单的设定下解释分析各个关键步骤、阐明若干最重要的核心见解。所使用的数学技术以及所获得的经济见解都可以扩展到更加丰富多彩的、更加现实的环境中。我们将在以下各节中讨论此类环境下的示例。

2.1　环境

考虑存在一个持续 T 期的离散时间经济，其中 T 既可以是有限的，也可以是无限的。这个经济体由一个事前完全同质的经济行为主体的连续统组成，它们对于第 t 期的消费 $c_t \geq 0$ 的偏好用 $\theta_t U(c_t)$ 来表示，其中，$\theta_t \in \Theta \subset \mathbb{R}_+$，是个体在第 t 期受到的特异性"品味冲击"（"偏好冲击"）。U 是一个效用函数。

假设 1：效用函数 $U: \mathbb{R}_+ \to \mathbb{R}$ 是一个递增的、严格凹的、可微分的函数，它满足稻田条件（Inada conditions）$\lim_{c \to 0} U'(c) = \infty$ 和 $\lim_{c \to \infty} U'(c) = 0$。

所有经济行为主体都有相同的贴现因子 $\beta \in (0,1)$。在每个时期，该经济都会得到 e 个单位的禀赋。这些禀赋能够以贴现率 β 在不同时期之间自由转移。

特异性品味冲击是随机的。我们用符号 $\theta^t = (\theta_1, \cdots, \theta_t) \in \Theta^t$ 来表示直到第 t 期为止的已经实现的特异性品味冲击的历史，并用 $\pi_t(\theta^t)$ 表示这个历史真正实现的概率。假设大数定律成立，因此 π_t 也是度量经历了 θ^t 的个体数量的一个测度。[1] 任何一个个体，在第 t 期开始时，都知晓自己受到的品味冲击（这是他的私人信息）。因此，在第 t 期开始时，经济行为主体知道他自己在过去和当前所受到的冲击的历史 θ^t，但是不知道未来的冲击。这也就意味着，用来描述他在第 t 期的选择，以及更一般地，他在第 t 期为止的所有选择的随机变量 x_t，只能是这个历史的一个函数。

我们的分析的一些部分要用到概率论的结果，这就要求我们在使用概率空间时所用的符号要更加正式一些。形式化这些随机过程的一个标准方法如下：[2] 令 Θ^T 表示所有历史 θ^T 的空间，并令 π_T 表示 Θ^T 的波莱尔子集（Borel subset）$\beta(\Theta^T)$ 上的一个概率测度。这样一来，$(\Theta^T, \beta(\Theta^T), \pi_T)$ 就构成了一个概率空间。任何一个期间 t 上的随机变量相对于 $\beta(\Theta^t)$ 都必须是可测度的，这也就是说，对于 $\mathbb{R}$ 的任何一个波莱尔子集 M，都有 $x_t^{-1}(M) = B \times \Theta^{T-t}$，其中 B 是 Θ^t 的一个波莱尔子集。这也就完成了如下直觉的形式化：未来期间的冲击的实现是在期间 t 所不能知晓的。

在本章第 2.5.2 节之前，我们对前述特异性品味冲击作以下假设：

假设 2：品味冲击的集合 $\Theta \subset \mathbb{R}_+$ 是离散的和有限的，其基数为 $|\Theta|$。

经济行为主体受到的冲击的演变符合一阶马尔可夫过程，这也就是说，在期间 t 抽取到类型 θ_t 的概率只依赖于期间 $t-1$ 的类型：

$$\pi_t(\theta_t | \theta^{t-1}) = \pi(\theta_t | \theta_{t-1}),\text{对于所有的 } \theta^{t-1} \in \Theta^{t-1}, \theta_t \in \Theta,$$

其中的 θ_{t-1} 是 θ^{t-1} 的最后一个分量。

在这里，我们用符号 $\pi_t(\theta^t | \theta^s)$ 表示：对于 $t>s$，以截至第 s 期已经实现的历史 θ^s 为条件，到第 t 期为止历史 θ^t 得以实现的概率；这里的通常约定是，如果 θ^t 的前 s 个元素不是 θ^s，那么

---

[1] 假设大数定律成立是有理由的，关于这个问题的正式说明，请参见厄里格的论文（Uhlig, 1996）和孙的论文（Sun, 2006）。

[2] 请参见斯托基等人（1989，第 7 章）对于测度理论工具的综述。

$\pi_t(\theta^t|\theta^s)=0$(即,如果直到第 s 期的 θ^s 都没有实现,那么 θ^t 在第 t 期就不可能发生)。我们用 θ_s^t 表示 $(\theta_s,\cdots,\theta_t)$。最后,用下标$(j)$——$j\in\{1,\cdots,|\Theta|\}$——将 Θ 的元素编入索引,并假设 $\theta_{(1)}<\theta_{(2)}<\cdots<\theta_{(|\Theta|)}$。

我们考虑一个社会规划者面临的问题。这个社会规划者需要选择出一个适当的消费分配方案[①],$c_t:\Theta^t\to\mathbb{R}_+$,以最大化代理人的事前期望效用。[②] 而且,这个社会规划者有能力在第 0 期内就承诺进行这样的分配。在这个阶段,我们不知道这个社会规划者到底是谁(或者是什么)。研究者可以认为,社会规划者就是向代理人提供保险的政府,或者是某种分权化的市场制度安排。要研究的是,这样一个社会规划者可以提供的最优保险合同是什么(在给定的可行性约束和信息约束下)。为了行文方便,在下文中用简写符号 **c** 来表示消费计划 $\{c_t(\theta^t)\}_{t\geq 1,\theta^t\in\Theta^t}$。

所有代理人的事前期望效用,或者说"期间 0"的期望效用,用 $U_0(\mathbf{c})$ 表示,它由下式给出

$$U_0(\mathbf{c})\equiv\mathbb{E}_0\left[\sum_{t=1}^T\beta^{t-1}\theta_t U(c_t)\right]=\sum_{t=1}^T\sum_{\theta^t\in\Theta^t}\beta^{t-1}\pi_t(\theta^t)\theta^t U(c_t(\theta^t)) \tag{1}$$

在这里,$\mathbb{E}$ 表示在第 1 期的类型 θ_1 被知晓之前的时间 0 点上的(无条件)期望。在我们的假设下,资源可以在不同期之间自由转移,因此资源约束是

$$\mathbb{E}_0\left[\sum_{t=1}^T\beta^{t-1}c_t\right]\leqslant\frac{1-\beta^T}{1-\beta}e \tag{2}$$

需要注意的是,为了写出这个可行性约束左侧的表达式,我们再次隐含地引用了大数定律。

当社会规划者可以观察到品味冲击的实现时,这个问题就可以很容易得到明确的解决。令 $\zeta>0$ 表示可行性约束上的拉格朗日乘数。在可以观察到冲击的情况下,最优化分配 $\mathbf{c}^{fb}$(此时的最优化分配为"第一最优"分配)是如下方程的解:

$$\theta_t U'(c_t^{fb}(\theta^t))=\zeta,\ \forall t\geqslant 1,\ \forall\theta^t\in\Theta^t \tag{3}$$

马上就可以看出,这个方程式本身就蕴含着 $c_t^{fb}(\theta^t)$ 是独立于期间 t 和过去的冲击历史 θ^{t-1} 的,而且只依赖于目前实现的冲击 θ^t。这也就是说,在这个经济体中,任何一个期间内,信息上不受约束的最优保险分配给品味冲击的实现更高的代理人(因此他们也具有更高的当前边际效用)的消费,比分配给品味冲击的实现更低代理人的消费更多。

2.2 显示原理和激励相容性

这一章的研究的宗旨是,搞清楚社会规划者在一个有私人信息的经济体能够提供的最优保险安排的性质。这种保险可以通过许多不同的机制提供,比如说,可以要求代理人自给自足,即只消费他们自身的禀赋;也可以允许代理人交易资产;又或者,可以由社会规划者提供更复杂的保险安排。事先并不清楚,如何设定问题,才能找到能够为代理人提供最高效用的最佳机制。不过,只要我们很好地利用机制设计的现有文献中的结果(特别是显示原理),

---

① 从形式上看,c_t 是概率空间 $(\Theta^T,\beta(\Theta^T),\pi_T)$ 上的一个随机变量,该概率空间相对于 $B(\Theta^t)$ 是可测度的。

② 这里的"代理人"一词,原文是"agent",在本手册的部分章节中均译为"经济行为主体"。由于本章的论述是在委托-代理理论的框架中展开的,因此在出现了作为委托人的"社会规划者"之后,为了行文的流畅,将"agent"改译为"代理人",与委托人相对。——译者注。

就可以大大地简化这个问题了。几乎所有经济学教科书都会讨论显示原理——例如,请参见马斯-科洛尔等人的教科书(Mas-Colell et al.,1995年,第23章)。在这里,我们将概述显示原理背后的主要论点。这种概述既有助于保持分析的独立性,也有助于强调在引入了额外的摩擦(例如,社会规划者不守承诺)之后使用显示原理时的微妙之处。

赫维茨为我们研究存在私人信息的环境中各种不同分配规则的安排提供了一个一般性的总体框架(Hurwicz,1960,1972)。他证明,这种安排可以表示为抽象的通信机制。举例来说,考虑一个任意的消息空间 M,它由一组消息 m 构成。每个代理人都能观察他自己受到的冲击 θ_t,并发送一个(可能是随机发出的)消息 $m_t \in M$ 给委托人。代理人在第 i 期的报告策略是这样一个映射: $\widetilde{\sigma}_t : \Theta^t \to \Delta(M)$。接下来,社会规划者选择一个(可能是随机的)分配规则 $\widetilde{c}_t : M^t \to \Delta(\mathbb{R}_+)$,其中的 $\Delta(\mathbb{R}_+)$ 表示 $\mathbb{R}^+$ 上的概率测度的空间。这些策略—— $\widetilde{\boldsymbol{\sigma}} = \{\widetilde{\sigma}_t(\theta^t)\}_{t \geq 1, \theta^t \in \Theta^t}$ 和 $\widetilde{\boldsymbol{c}} = \{\widetilde{c}_t(m^t)\}_{t \geq 1, m^t \in M^t}$ ——又引出了一个度量消费路径的测度,$\{c_t\}_{t \geq 1} \in \mathbb{R}_+^T$,我们用 $\widetilde{\boldsymbol{c}} \circ \widetilde{\boldsymbol{\sigma}}$ 来表示。这样一来,每个代理人的期望效用就等于 $\mathbb{E}^{\widetilde{c} \circ \widetilde{\sigma}}[\sum_{t=1}^{T} \beta^{t-1} U(c_t)]$,其中 $\mathbb{E}^{\widetilde{c} \circ \widetilde{\sigma}}$ 中的上标意味着这个期望值是用对于路径 $\{c_t\}_{t \geq 1}$ 的概率分布 $\widetilde{\boldsymbol{c}} \circ \widetilde{\boldsymbol{\sigma}}$ 来计算的。如果下面的方程式(4)成立,那么策略 $\widetilde{\sigma}$ 对于代理人来说,就是激励相容的:[1][2]

$$\mathbb{E}^{\widetilde{c} \circ \widetilde{\sigma}}\left[\sum_{t=1}^{T} \beta^{t-1} \theta_t U(c_t)\right] - \mathbb{E}^{\widetilde{c} \circ \widetilde{\sigma}'}\left[\sum_{t=1}^{T} \beta^{t-1} \theta_t U(c_t)\right] \geq 0, \forall \widetilde{\sigma}', \tag{4}$$

由此,如果满足方程式(4),那么机制 $\widetilde{\Gamma} = (M, \widetilde{\boldsymbol{c}} \circ \widetilde{\boldsymbol{\sigma}})$ 就是激励相容的;同时,如果满足下面的方程式(5),那么这个机制还是可行的:

$$\mathbb{E}^{\widetilde{c} \circ \widetilde{\sigma}}\left[\sum_{t=1}^{T} \beta^{t-1} c_t\right] \leq \frac{1-\beta^T}{1-\beta} e \tag{5}$$

显示原理背后的关键洞见是,一个激励相容和可行的机制的任何结果 $\widetilde{\boldsymbol{c}} \circ \widetilde{\boldsymbol{\sigma}}$,都能够作为一个"直接讲真话"的机制(direct-truthtelling mechanism)的结果而得以实现。在这种"直接讲真话"的机制中,代理人直接将自己的类型报告给委托人。可以将一个直接机制定义为一种报告策略 $\sigma_t : \Theta^t \to \Theta$。再定义一个如下的讲真话策略 σ^{truth}:对于所有的 θ^{t-1},都有 $\sigma_t^{truth}(\theta^{t-1}, \theta) = \theta$。这里的关键观察结果是,对于每个 t,必定存在 $c = \{c_t\}_{t \geq 1}$,其中 $c_t : \Theta^t \to \mathbb{R}_+$,使得(引致的)测度 $\boldsymbol{c} \circ \boldsymbol{\sigma}^{truth}$ 复制了测度 $\widetilde{\boldsymbol{c}} \circ \widetilde{\boldsymbol{\sigma}}$。[3]

定理1(显示原理):任何一个激励相容的和可行的机制 $\widetilde{\Gamma} = (M, \widetilde{\boldsymbol{c}} \circ \widetilde{\boldsymbol{\sigma}})$ 的结果,同时也是一个激励相容的和可行的"直接讲真话的机制" $\Gamma = (\Theta, \boldsymbol{c} \circ \boldsymbol{\sigma}^{truth})$ 的结果。

---

[1] 当允许 T 为无限大时,这些和式可能无法对所有 σ 都能很好地定义,我们需要当 $\limsup_{T \to \infty}$ 时,式(4)成立。

[2] 需要注意的是,约束条件(4)还包括了能够确保在任何历史 t,θ^t 之后 $\widetilde{\sigma}$ 仍然是最优的所有约束,即:

$$\mathbb{E}^{\widetilde{c} \circ \widetilde{\sigma}}\left[\sum_{s=t}^{T} \beta^{s-1} \theta_s U(c_s) \mid \theta^t\right] - \mathbb{E}^{\widetilde{c} \circ \widetilde{\sigma}'}\left[\sum_{s=t}^{T} \beta^{s-1} \theta_s U(c_s) \mid \theta^t\right] \geq 0, \forall \widetilde{\sigma}'.$$

[3] 对这个观察结果的证明简单而直接。为了简便起见,假设 $\widetilde{\sigma}$ 和 $\widetilde{c}$ 涉及在每个历史之后的有限数量的元素的随机化,并且令 $\widetilde{\sigma}^t(m^t \mid \theta^t)$ 表示代理人 θ^t 发送历史消息 m^t 的概率,同时令 $\widetilde{c}_t(x \mid m^t)$ 表示委托人将消费 x 交付给具有报告历史 m^t 的代理人的概率。那么 c_t 就可以直接用 $c_t(x \mid \theta^t) \equiv \sum_{m^t} \widetilde{c}_t(x \mid m^t) \widetilde{\sigma}^t(m^t \mid \theta^t)$ 来定义了。鉴于对 c 的这个定义,原始机制 $(M, \widetilde{\boldsymbol{c}} \circ \widetilde{\boldsymbol{\sigma}})$ 中的任何一个策略 $\widetilde{\sigma}$ 的支付,都可以用在讲真话机制中的一个策略 σ 来复制。

证明:根据构造,我们可以推出

$$\mathbb{E}^{\boldsymbol{c}\circ\boldsymbol{\sigma}^{truth}}\left[\sum_{t=1}^{T}\beta^{t-1}c_{t}\right]=\mathbb{E}^{\breve{\boldsymbol{c}}\circ\widetilde{\boldsymbol{\sigma}}}\left[\sum_{t=1}^{T}\beta^{t-1}c_{t}\right],$$

从而也就证明讲真话策略满足方程式(5)。任何一个替代策略 σ' 都会引致一个度量 $\boldsymbol{c}\circ\boldsymbol{\sigma}'$,它复制了原来的机制中的某个策略 σ' 的度量 $\widetilde{\boldsymbol{c}}\circ\widetilde{\boldsymbol{\sigma}'}$,因此,我们可以推出

$$\mathbb{E}^{\boldsymbol{c}\circ\boldsymbol{\sigma}^{truth}}\left[\sum_{t=1}^{T}\beta^{t-1}\theta_{t}U(c_{t})\right]-\mathbb{E}^{\boldsymbol{c}\circ\boldsymbol{\sigma}'}\left[\sum_{t=1}^{T}\beta^{t-1}\theta_{t}U(c_{t})\right]\geqslant 0,\ \forall\ \widetilde{\sigma}' \tag{6}$$

证明结束。

还可以进一步简化我们的分析,因为只需要证明,如果只考虑确定性的直接机制,也不会影响一般性。在确定性的直接机制中,每个报告的历史都会产生确定性的消费分配 c_{t}^{det}: $\Theta^{t}\to\mathbb{R}_{+}$(而不只是一种度量)。我们证明:

命题1:对于任何激励相容的和可行的直接机制 $\Gamma=(\Theta,\boldsymbol{c}\circ\boldsymbol{\sigma}^{truth})$,都存在着一个激励相容的、可行的、确定性的直接机制 $(\Theta,\boldsymbol{c}^{det}\circ\boldsymbol{\sigma}^{truth})$,它能够实现相同的事前效用。

证明:考虑任何一个激励相容的、可行的,但可能是随机的直接机制 $\Gamma=(\Theta,\boldsymbol{c}\circ\boldsymbol{\sigma}^{truth})$。隐性地通过下面的方程式(7)定义一个确定性的消费分配 c_{t}^{det}: $\Theta^{t}\to\mathbb{R}_{+}$

$$U(\boldsymbol{c}_{t}^{det}(\theta^{t}))\equiv\mathbb{E}^{\boldsymbol{c}\circ\boldsymbol{\sigma}^{truth}}[U(c_{t})\,|\,\theta^{t}],\ \forall\ t\geqslant 1,\theta^{t}\in\Theta^{t}, \tag{7}$$

其中,等号的右侧是在时间 t 报告了历史 θ^{t} 的代理人在机制 Γ 下的期望消费。由于 U 是凹的(根据假设1),詹森不等式(Jensen's inequality)意味着

$$\mathbb{E}^{\boldsymbol{c}\circ\boldsymbol{\sigma}^{truth}}[c_{t}\,|\,\theta^{t}]\geqslant c_{t}^{det}(\theta^{t}),\ \forall\theta^{t},$$

因此机制 $(\Theta,\boldsymbol{c}^{det}\circ\boldsymbol{\sigma}^{truth})$ 是可行的。根据定义,我们知道,对于所有的 t,θ^{t},都有 $\mathbb{E}^{\boldsymbol{c}\circ\boldsymbol{\sigma}^{truth}}[U(c_{t})\,|\,\theta^{t}]=\mathbb{E}^{\boldsymbol{c}^{det}\circ\boldsymbol{\sigma}^{truth}}[U(c_{t})\,|\,\theta^{t}]$,因为方程式(7)中的条件期望意味着对于任何报告,代理人在 c 和 c^{det} 下都会得到相同的期望效用。因此,这个机制是激励相容的。

证明结束。

接下来,冒着滥用符号的风险,我们将使用 $\mathbf{c}=\{c_{t}(\theta^{t})\}_{t\geqslant 1,\theta^{t}\in\Theta^{t}}$,而不是使用 $\mathbf{c}_{t}^{det}$。确定性直接机制中的激励约束可以简单地写为:

$$\sum_{t=1}^{T}\sum_{\theta^{t}\in\Theta^{t}}\beta^{t-1}\pi_{t}(\theta^{t})\theta_{t}[U(c_{t}(\theta^{t}))-U(c_{t}(\sigma'^{t}(\theta^{t})))]\geqslant 0,\ \forall\sigma' \tag{8}$$

除了需要假设社会规划者在第0期就有能力对长期合同做出承诺之外,显示原理的证明只需要很少的假设。定理1和命题1都是非常有力的结果,它们为我们在有信息约束的情形下找到最优分配提供了一个简捷的方法。具体地说,这种最优分配就是下面这个问题的解

$$V(e)=\sup_{\mathbf{c}}\sum_{t=1}^{T}\sum_{\theta^{t}\in\Theta^{t}}\beta^{t-1}\pi_{t}(\theta^{t})\theta_{t}U(c_{t}(\theta^{t})) \tag{9}$$
$$\text{约束条件:方程式(2)、(8)}$$

如果这个问题的上确界在某个向量 $\mathbf{c}^{*}$ 处达到,那么任何能够使代理人在均衡时消费 $\mathbf{c}^{*}$ 的保险安排都是高效的。

在下面的第2.3至第2.5节中,将重点介绍一些可以解决方程式(9)所定义的最大化问题的一般性方法。同时在第4节中,当讨论各种实际应用问题时,我们还会给出一些具体的

保险安排的例子。

2.3 受独立同分布的冲击时的递归公式

如果冲击是独立同分布的(i.i.d.),那么对方程式(9)所描述的问题的解的分析将得到显著简化。在更一般的马尔可夫冲击的情形下,上面的许多讨论仍然成立,但是处理起来更加麻烦,解析结果也更难获得。为此,首先集中分析独立同分布的冲击,然后在第2.5节中分析更一般的马尔可夫冲击。

假设3:假设类型 $\{\theta_t\}_{t\geqslant1}$ 是独立同分布的,即,$\pi_t(\theta_t|\theta^{t-1})=\pi(\theta_t)$。不失一般性,假设 $\mathbb{E}[\theta]=\sum_{\theta\in\Theta}\pi(\theta)\theta=1$。

2.3.1 有限期经济中的主要思想

在一个只存续有限个期间的经济体中,如方程式(9)所示的最大化问题是在一个闭的、有界的集合(有界闭集)上定义的,因为可行性约束要求,对于所有的 t,θ^t,我们都必须有 $0\leqslant c_t(\theta^t)\leqslant\beta\dfrac{1-\beta^T}{1-\beta}(\beta\min_{\theta\in\Theta}\pi(\theta))^{-T}e$。在有限维的情况下,闭的、有界的集合也是紧值的(紧集),因此通过魏尔斯特拉斯定理(Weierstrass' theorem),方程式(9)的最大化问题就可以解出来了。这样一来,就可以将这里的"sup(上界)"用"max(最大)"来代替了。此外,很容易看出,在最优处,可行性约束必定得到满足,而且等号成立。

不过,我们还想简化如方程式(9)所示的问题中的激励约束集。对于所有可能的报告策略 σ',方程式(8)都应该成立。但是,这样的策略的集合很大,它包括了某个代理人在一些状态下(也可能是所有状态下)只在第1期误报了他自己的类型的所有策略;他在一些状态下(也可能是所有状态下)只在第1期和第2期误报了他自己的类型的所有策略,等等。在这些约束中,绝大多数都是冗余的。如果只对一个 θ^t,有 $\sigma''_t(\theta^{t-1},\theta_t)\neq\theta$,那么就称 σ'' 为一个单次偏离策略(one-shot deviation strategy)。事实证明,如果对于单次偏离策略,方程式(8)得到了满足,那么对于有限期经济的所有偏差,方程式(8)都能得到满足。更正式地,可以写出这样一个单次激励约束(参见 Green,1987):对于所有 $\theta^{t-1},\theta,\hat{\theta}$,

$$\theta U(c_t(\theta^{t-1},\theta))+\beta\sum_{s=1}^{T-1}\sum_{\theta^{t+s}\in\Theta^{t+s}}\beta^{s-1}\pi_{t+s}(\theta^{t+s}|\theta^{t-1},\theta)\theta_{t+s}U(c_{t+s}(\theta^{t-1},\theta,\theta_{t+1}^{t+s}))$$

$$\geqslant\theta U(c_t(\theta^{t-1},\hat{\theta}))+\beta\sum_{s=1}^{T-1}\sum_{\theta^{t+s}\in\Theta^{t+s}}\beta^{s-1}\pi_{t+s}(\theta^{t+s}|\theta^{t-1},\theta)\theta_{t+s}U(c_{t+s}(\theta^{t-1},\hat{\theta},\theta_{t+1}^{t+s})) \tag{10}$$

命题2:假设 T 是有限的,且假设3得到了满足,那么当且仅当满足方程式(10)时,分配 **c** 满足方程式(8)。

证明:方程式(8)蕴含了方程式(10),这一点再清楚不过了。因为方程式(10)考虑的是可能有偏差的严格子集。为了证明反命题,现考虑任一报告策略 σ'。假设代理人误报他自己的类型的最后一个期间是第 t 期,根据方程式(10),对于任何 θ_t,代理人在该期间内如实报告自己的类型所能得到的效用比任何偏离真实类型的报告都要高。因此,在前 $t-1$ 个期间内 σ'' 与 σ' 完全一致,且从第 t 期开始总是如实报告自己的类型的策略 σ'',所能带来的效用要比

策略 σ' 更高。因此，逆向归纳法告诉我们，如实地报告带来的效用比 σ' 更高。命题得证。

命题2通过用较小数量的约束（10）替换了约束集（8），从而大大简化了最大化问题（9）。但是，这个得到了一定程度简化的问题仍然太复杂，无法直接求解。我们接下来将阐明如何递归地重写这个问题，最终将它简化为一个本质上是静态的问题，从而在解析上和计算上都可以轻松地加以分析。

重写约束（2）和（10），这要经过好几个中间步骤。首先，不难观察到，方程式（2）和（10）定义的约束集都不是凸的。虽然可以对非凸的最大化问题进行若干分析，但是通过变量的简单变化我们就可以获得凸性：不选择消费 $c_t(\theta^t)$，转而选择效用单位尤特尔（utils）的度量 $u_t(\theta^t) \equiv U(c_t(\theta^t))$。提供 u 单位尤特尔的资源成本为 $C(u)=U^{-1}(u)$，其中，成本函数 C 定义在 U 的范围内，是递增的、可微分的，并且是严格凸的（根据假设1可知）。令 $\underline{u}$ 和 $\bar{u}$ 分别表示（可能是无限大的）U 的最大下限和最小上限。不难观察到，$\lim_{u \to \underline{u}} C(u)=0$ 且 $\lim_{u \to \bar{u}} C(u) = \infty$。我们使用 U 来表示 C 的域，或者是 $(\underline{u}, \bar{u})$（如果效用函数下方无界的话），或者是 $[\underline{u}, \bar{u})$（如果效用函数是下方有界的话）。给定这种变量变化，激励约束（10）在 $\mathbf{u} = \{u_t(\theta^t)\}_{t,\theta^t}$ 就变成线性的了；同时资源约束则变成

$$\mathbb{E}_0\left[\sum_{t=1}^{T}\beta^{t-1}C(u_t)\right] \leqslant \frac{1-\beta^T}{1-\beta}e,$$

它定义了可行的 $\mathbf{u}$ 的一个凸集。

第二种简化方法是，先定义如下的延续效用（或承诺效用）变量

$$v_t(\theta^t) \equiv \sum_{s=1}^{T-t}\sum_{\theta^{t+s} \in \Theta^{t+s}}\beta^{s-1}\pi_{t+s}(\theta^{t+s}|\theta^t)\theta_{t+s}u_{t+s}(\theta^t,\theta_{t+1}^{t+s}), \tag{11}$$

然后使用重复替换，得到

$$v_t(\theta^t) = \sum_{\theta \in \Theta}\pi(\theta)\left[\theta u_{t+1}(\theta^t,\theta)+\beta v_{t+1}(\theta^t,\theta)\right], \forall\theta^t, \tag{12}$$

在这里，利用了通常的约定 $v_T=0$。给定这个定义，可以将激励约束（10）重写为

$$\theta u_t(\theta^{t-1},\theta)+\beta v_t(\theta^{t-1},\theta) \geqslant \theta u_t(\theta^{t-1},\hat{\theta})+\beta v_t(\theta^{t-1},\hat{\theta}), \forall\theta^{t-1},\theta,\hat{\theta} \tag{13}$$

现在万事俱备，只需通过肉眼观察就可以简化分析了，虽然原来的最大化问题没有明显的递归结构，但是它的对偶（dual）却有。上面的论证意味着，最大化问题（9）可以重写为社会规划者的最大化目标，对在方程式（2）、（12）和（13）的约束条件下，最大化 $(\mathbf{u},\mathbf{v}) = (\{u_t(\theta^t)\}_{t,\theta^t}, \{v_t(\theta^t)\}_{t,\theta^t})$。令 $(\mathbf{u}^*,\mathbf{v}^*)$ 为该问题的解，以 v_0 表示它的最大值，那么，从标准的对偶论证可得，$(\mathbf{u}^*,\mathbf{v}^*)$ 同时也使提供 $(\mathbf{u},\mathbf{v})$ 的成本最小化，并服从激励相容约束条件和如下式所示的"信守承诺约束条件"（promise keeping constraint）

$$\mathbb{E}\left[\sum_{t=1}^{T}\beta^{t-1}\theta_t u_t(\theta^t)\right] = v_0 \tag{14}$$

根据 $v_1(\theta^1)$ 的定义，这个约束条件可以重写为

$$v_0 = \sum_{\theta \in \Theta}\pi(\theta)\left[\theta u_1(\theta)+\beta v_1(\theta)\right] \tag{15}$$

定义集 $\Gamma(v_0)$ 为

$$\Gamma(v_0) = \{(\mathbf{u},\mathbf{v}): (12),(13),(15) \text{ hold}\} \tag{16}$$

由此，我们知道，$(\mathbf{u}^*,\mathbf{v}^*)$ 就是下式的解

$$K_0(v_0) \equiv \max_{(\mathbf{u},\mathbf{v}) \in \Gamma(V_0)} \mathbb{E}_0\left[-\sum_{t=1}^{T}\beta^{t-1}C(u_t)\right] \tag{17}$$

这个公式允许进行的关键简化就是它可以轻松地利用递归技术求解。令 $K_{T-1}(\cdot)=-C$ $(\cdot)$，拥有域 $\mathbb{V}_{T-1}=\mathbb{U}$。对于 $0\le t\le T-2$，递归地定义函数 K_t 及其域 $\mathbb{V}_t$ 如下

$$K_t(v)\max_{\{(u(\theta),w(\theta))\}_{\theta\in\Theta}}\sum_{\theta\in\Theta}\pi(\theta)\left[-C(u(\theta))+\beta K_{t+1}(w(\theta))\right] \tag{18}$$

服从信守承诺约束条件

$$v=\sum_{\theta\in\Theta}\pi(\theta)\left[\theta u(\theta)+\beta w(\theta)\right], \tag{19}$$

以及激励相容性约束条件

$$\theta u(\theta)+\beta w(\theta)\ge\theta u(\hat\theta)+\beta w(\hat\theta),\forall\theta,\hat\theta \tag{20}$$

和

$$u(\theta)\in\mathbb{U},w(\theta)\in\mathbb{V}_{t+1}$$

方程式（18）定义了 K_t 的域（用 $\mathbb{V}_t$ 表示）。很容易验证，要么是 $\left[\dfrac{1-\beta^{T-t}}{1-\beta}\underline{u},\dfrac{1-\beta^{T-t}}{1-\beta}\overline{u}\right)$，要么是 $\left(\dfrac{1-\beta^{T-t}}{1-\beta}\underline{u},\dfrac{1-\beta^{T-t}}{1-\beta}\overline{u}\right)$，具体取决于效用函数是下方有界的还是下方无界的。很容易就可以看出，方程式（17）中定义的函数 K_0 在 $t=0$ 时满足方程式（18）。标准的函数性质分析表明，K_t 是一个连续的、严格递减的、严格凹的和可微分的函数。对于任何值 $v\in\mathbb{V}_{t-1}$，其中 $t\ge1$，令 $\vec{u}_{v,t}=\{u_{v,t}(\theta)\}_{\theta\in\Theta}$ 和 $\vec{w}_{v,t}=\{w_{v,t}(\theta)\}_{\theta\in\Theta}$ 表示贝尔曼（Bellman）方程式（18）的解（即 argmax）。我们将 $(\vec{u}_{v,t},\vec{w}_{v,t})$ 称为贝尔曼方程的策略函数（policy function）。鉴于假设 C 是严格凸的，所以这些策略函数对于每个 v,t 都是唯一的。

现在可以描述如何找到方程式（17）的解了。最主要的简化源于这样一个事实：如果知道任何历史 θ^t 之后的最优值 $v_t^*(\theta^t)$，那么就可以找到继 θ^t 之后的节点上的最优分配，而不必知道任何其他节点上的最优分配。我们从 $t=1$ 的情况开始讨论。由于 $K_0(\theta^t)$ 是实现预期效用所需的（负的）资源量，所以初始值 v_0 必定满足 $K_0(v_0)=-\dfrac{1-\beta^T}{1-\beta}e$。因此在第 1 期中，对一个受到了冲击 θ_1 的代理人的有约束的最优效用分配是由 $u_1^*(\theta_1)=u_{v_0,1}(\theta_1)$ 给出的，同时他从第 2 期起的期望效用是 $v_1^*(\theta_1)=w_{v_0,1}(\theta_1)$。从而，第 2 期中对于有冲击历史 (θ_1,θ_2) 的代理人来说，最优效用分配由 $u_2^*(\theta_1,\theta_2)=u_{w_{v_0,1}(\theta_1),2}(\theta_2)$，以及类似地，$v_2^*(\theta_1,\theta_2)=w_{w_{v_0,1}(\theta_1),2}(\theta_2)$ 给出。就这样，可以利用正向归纳法，找到方程式（9）的解，$(\mathbf{u}^*,\mathbf{v}^*)$。也就是在这个意义上，我们说，解 $(\mathbf{u}^*,\mathbf{v}^*)$ 是在给定 v_0 的条件下，通过贝尔曼方程（Bellman equation）的策略函数生成的。

2.3.2　扩展到无限期经济

在前一节中，我们阐述了一种简单的方法，它能够以递归形式刻画有限期情形下动态合同问题的解。然而，在许多实际应用中，无限期模型通常更加方便。原因有两个：第一个原因是，许多问题都没有一个自然的终结期间，所以无限期的假设更加方便；第二个原因是，无限期的假设使得我们能够获得对于激励的最优提供（机制）背后的经济力量更加深刻的见

解,而这在有限期的经济体中是很难有机会得到的。

第2.3.1节分析的关键步骤在于建立对偶问题(17)及其递归表示(18)。在有限期的模型设定中,可以通过证明单次偏离原则(one-shot deviation principle,请参见命题2)来得出方程式(17)。不过在这里,首先假设单次偏离原则是成立的,然后求解一个放松了假设的问题,即激励约束(8)被替换成了(10)。然后,在命题4中阐明,在某些条件下,这个放松了假设的问题的解也是原始问题的解。这个(放松了假设的)序贯对偶问题在无限期情形下的对应问题是

$$K(v_0) \equiv \sup_u \mathbb{E}_0 \left[-\sum_{t=1}^{\infty} \beta^{t-1} C(u_t) \right] \tag{21}$$

约束条件:式(11)、(13)和(14).

接下来证明,方程式(21)中定义的值函数 K 也是可以递归地写出的,而且在某些条件下,该递归公式的解能够恢复原始问题(9)的最大值。令 $\bar{v} = \frac{1}{1-\beta}\bar{u}, \underline{v} = \frac{1}{1-\beta}\underline{u}$,并令 $\mathbb{V} = [\underline{v}, \bar{v})$(如果效用函数是下方有界的;不然,就令 $\mathbb{V} = (\underline{v}, \bar{v})$)[1]。用 $B(v)$ 表示满足递归问题的约束条件的对 $(\vec{u}, \vec{w}) = (\{u(\theta)\}_{\theta \in \Theta}, \{w(\theta)\}_{\theta \in \Theta})$ 的集合,即

$$B(v) \equiv \{(\vec{u}, \vec{w}) \in \mathbb{U}^{|\Theta|} \times \mathbb{V}^{|\Theta|} : (19), (20) \text{ hold}\} \tag{22}$$

下面,首先证明贝尔曼方程(18)在无限期情形下的对应物是存在的。其中部分论证基于法里和韦尔宁的论著(Farhi and Werning, 2007)。

命题3:假设效用函数满足假设1,冲击满足假设2和假设3,以及 $T = \infty$。那么 K 满足贝尔曼方程

$$K(v) = \max_{(\vec{u}, \vec{w}) \in B(v)} \sum_{\theta \in \Theta} \pi(\theta) [-C(u(\theta)) + \beta K(w(\theta))] \tag{23}$$

证明:首先证明,方程式(23)中的最大化问题是界定明确的。这也就是说,对于任何一个 $v \in \mathbb{V}$,都存在 $(\vec{u}_v, \vec{w}_v)$,使得方程式(23)的右边在方程式(22)所定义的集合 $B(v)$ 内实现了最大化。为了做到这一点,我们将对于 $(\vec{u}_v, \vec{w}_v)$ 的最优化集合限制为一个紧集。方程式(23)的右边是 $(\vec{u}, \vec{w})$ 的一个连续函数,这就意味着它已经达到了最大值。

分配 $(\vec{u}_v, \vec{w}_v)$——通过对于所有的 $\theta \in \Theta$,都有 $u'(\theta) = (1-\beta)v$ 以及 $w'(\theta) = v$ 来定义——满足约束方程式(19)和方程式(20),并产生了值 $-C((1-\beta)v) + \beta K(v) \equiv \underline{K}_v$。因此贝尔曼方程中等号的右边是大于 $\underline{K}_v$ 的。现在假设对于某个 $\theta, w(\theta)$ 能够使得 $\beta \pi(\theta) K(w(\theta)) < \underline{K}_v$。这样一来,又可以得到

$$\sum_{\theta \in \Theta} \pi(\theta) [-C(u(\theta)) + \beta K(w(\theta))] < \underline{K}_v,$$

---

[1] 在作为基准的品味冲击模型中,很容易找出用 $\mathbb{V}$ 表示的 K 的域。任何不变的消费序列都是激励相容的。由于消费集的下界为0,所以集合 $\mathbb{V}$ 的最大下界必定为 $\underline{v} = \sum_{\theta \in \Theta} \pi(\theta) \theta [U(0) + \beta \underline{v}] = \frac{1}{1-\beta} \underline{u}$,在这里,进行了归一化处理 $\mathbb{E} \theta = 1$。如果 $U(0)$ 是有限的,那么 $\underline{v}$ 也必定如此。同样地,由于消费集合是上方无界的,所以 $\bar{v} = \frac{1}{1-\beta} \bar{u}$ 是 $\mathbb{V}$ 的最小上限。由于式(13)和式(14)定义了一个凸集,所以任何 $v_0 \in (\underline{v}, \bar{v})$ 都可以通过激励相容的分配得到,这样也就证明了,如果效用函数是下方有界的,那么 $\mathbb{V} = [\underline{v}, \bar{v})$,否则 $\mathbb{V} = (\underline{v}, \bar{v})$。当然,并不一定总是能以这种简单的方式来描述值函数的域。下面的命题8中阐明了描述集合 $\mathbb{V}$ 的一般方法。

但是这就产生了矛盾。因此,可以将搜索范围限制为 $\{w(\theta)\ \text{s.t.}\ \beta\pi(\theta)K(w(\theta))\geq \underline{K}_v\}$,以及类似地, $\{u(\theta)\ \text{s.t.}\ -\pi(\theta)C(u(\theta))\geq \underline{K}_v\}$ 。此外,还可以得到 $\lim_{u\to\bar{u}}-C(u)=-\infty$,以及, $\lim_{v\to\bar{v}}K(v)=-\infty$ 。为了证明后者,考虑函数 $\bar{K}(v)$ 能够在提供终身效用 $v_0=v$ 的条件下最大化目标函数方程式(21),而且不用激励约束条件。很显然,可以推出 $\bar{K}(v)\geq K(v)$ 。然后,很容易就能够证明,这个放松后的问题的解是 $\bar{K}(v)=-\frac{1}{1-\beta}\mathbb{E}[C(C'^{-1}(\gamma_v\theta))]$,其中, $\gamma_v>0$ 是信守承诺约束条件中的乘数。于是,可以推出 $\mathbb{E}[\theta C'^{-1}(\gamma_v\theta)]=(1-\beta)v$,所以, $\lim_{v\to\bar{v}}\gamma_v=\infty$,以及 $\lim_{v\to\bar{v}}\bar{K}(v)=-\infty$ 。而这就意味着, $\lim_{v\to\bar{v}}K(v)=-\infty$,因此利用先前的推导就可以分别得出 $u(\theta)$ 和 $w(\theta)$ 的上界 $\bar{\bar{u}}_\theta,\bar{\bar{v}}_\theta$ 。此外,因为上界是 $\bar{\bar{u}}_\theta,\bar{\bar{v}}_\theta$,如果 $u(\theta)$ 或者 $w(\theta)$ 趋向于 $-\infty$,那么 $\mathbb{E}[\theta u(\theta),\beta w(\theta)]$ 将会趋向于 $-\infty$ 。而这一点与信守承诺约束相矛盾,从而确定了对于所有 θ 的下界为 $\underline{u}_\theta,\underline{w}_\theta$ 。这也就是说,可以将对于 $\{u(\theta),w(\theta)\}_{\theta\in\Theta}$ 的搜索限制在紧集 $\prod_{\theta\in\Theta}[\underline{u}_\theta,\bar{\bar{u}}_\theta]\times[\underline{w}_\theta,\bar{\bar{w}}_\theta]$ 之内。这样也就完成了对方程式(23)的右边有最大值的证明。

接下来,将证明方程式(21)的解 K 满足如方程式(23)所示的贝尔曼方程(Bellman equation)。为此,先要证明式子左边略小于右边。假设对于某个 v ,可以推出

$$K(v)>\max_{(\vec{u},\vec{w})\in B(v)}\sum_{\theta\in\Theta}\pi(\theta)[-C(u(\theta))+\beta K(w(\theta))]$$

这样一来,存在 $\varepsilon>0$,使得

$$K(v)\geq\mathbb{E}[-C(u(\theta))+\beta K(w(\theta))]+\varepsilon,\ \forall(\vec{u},\vec{w})\in B(v)$$

现在考虑满足激励相容性要求式(10),并且能提供终身效用 v 的任何一个分配 $\mathbf{u}=\{u_t(\theta^t)\}_{t\geq 1,\theta^t\in\Theta^t}$ 。可以写出 $\mathbf{u}=(\{u_1(\theta_1)\}_{\theta_1\in\Theta},\{\mathbf{u}_2(\theta_1)\}_{\theta_1\in\Theta})$,其中,对于所有 θ_1 ,都有 $\mathbf{u}_2(\theta_1)=\{u_t(\theta_1,\theta_2^t)\}_{t\geq 2,\theta_2^t\in\Theta^{t-1}}$ 。令 $w_2(\theta_1)$ 表示通过 $\mathbf{u}_2(\theta_1)$ 获得的终身效用。[①] 那么,对 $(\vec{u}_1,\vec{w}_2)=(\{u_1(\theta_1)\}_{\theta_1\in\Theta},\{w_2(\theta_1)\}_{\theta_1\in\Theta})$ 满足方程式(19)和(20),即, $(\vec{u}_1,\vec{w}_2)\in B(v)$ 。因此,前述不等式就意味着

$$K(v)\geq\mathbb{E}[-C(u_1(\theta_1))+\beta K(w_2(\theta_1))]+\varepsilon$$
$$\geq\mathbb{E}\left[-C(u_1(\theta_1))+\beta\,\mathbb{E}_1\left[-\sum_{t=2}^\infty\beta^{t-2}C(u_t(\theta_1,\theta_2^t))\right]\right]+\varepsilon$$
$$=\mathbb{E}_0\left[-\sum_{t=1}^\infty\beta^{t-1}C(u_t(\theta^t))\right]+\varepsilon,$$

其中第二个不等式是从方程式(21)对 $K(w_2(\theta_1))$ 的定义中推导出来的,因为分配 $u_2(\theta_1)$ 满足方程式(10)并且产生了 $w_2(\theta_1)$ 。由于这个推理适用于满足方程式(10)且提供 v 的任何分

[①] 需要注意的是,连续效用具体地说,对于所有 θ 的 $w_2(\theta)$,是有很明确的定义的。事实上,如果不是这样,那么对于某个 $s\geq 0$,就有 $U_s^+\equiv\lim_{T\to\infty}\mathbb{E}_s[\sum_{t=1}^T\beta^{t-1}\{\theta_t u_t(\theta^t)\vee 0\}]=\infty$ 。由于成本函数是凸的,所以对于某些 $A,B>0$,我们可以推出 $C(u)\geq -B+A\{(\max_\Theta)u\vee 0\}$,因而, $\lim_{T\to\infty}\mathbb{E}_s[\sum_{t=1}^T\beta^{t-1}C(u_t(\theta^t))]\geq -\frac{B}{1-\beta}+AU_s^+=\infty$,而这就意味着

$$\lim_{T\to\infty}\mathbb{E}_0\left[\sum_{t=1}^T\beta^{t-1}C(u_t(\theta^t))\right]=\sum_{\theta^t\in\Theta^t}\pi_s(\theta^s)\lim_{T\to\infty}\mathbb{E}_s\left[\sum_{t=1}^T\beta^{t-1}C(u_t(\theta^t))\right]=\infty,$$

从而违背了如式(2)所示的可行性约束。

配 u,因此我们发现了一个矛盾。

接下来证明反向不等式。注意到,根据方程式(21)中对上解界的定义,对于所有的 v 和 $\varepsilon>0$,都存在一个分配 $\widetilde{\mathbf{u}}^{v,\varepsilon}=\{\widetilde{u}_t^{v,\varepsilon}(\theta^t)\}$,它满足方程式(10)并以如下式所示的成本提供 v

$$\mathbb{E}_0\left[-\sum_{t=1}^{\infty}\beta^{t-1}C(\widetilde{u}_t^{v,\varepsilon}(\theta^t))\right]>K(v)-\varepsilon$$

令

$$(\vec{u}_v,\vec{w}_v)\in\arg\max_{(\vec{u},\vec{w})\in B(v)}\mathbb{E}[-C(u(\theta))+\beta K(w(\theta))]$$

考虑对于所有 $\theta_1\in\Theta$ 的、由 $u_1(\theta^1)=u_v(\theta_1)$ 定义的激励相容的分配,以及对于所有 $t\geq2$、$\theta^t\in\Theta^t$ 的激励相容的分配 $u_t(\theta_1,\theta_2^t)=\widetilde{u}_t^{w_v(\theta_1),\varepsilon}(\theta^t)$,我们可以推出

$$K(v)\geq\mathbb{E}_0\left[-\sum_{t=1}^{\infty}\beta^{t-1}C(u_t(\theta^t))\right]$$

$$=\mathbb{E}_0\left[-C(u_v(\theta_1))+\beta\mathbb{E}_1\left[-\sum_{t=2}^{\infty}\beta^{t-2}C(\widetilde{u}_t^{w_v(\theta_1),\varepsilon}(\theta^t))\right]\right]$$

$$\geq\mathbb{E}_0[-C(u_v(\theta_1))+\beta K(w_v(\theta_1))]-\beta\varepsilon$$

$$=\max_{(\vec{u},\vec{w})\in B(v)}\mathbb{E}[-C(u(\theta))+\beta K(w(\theta))]-\beta\varepsilon$$

由于 $\varepsilon>0$ 是任意的,所以可以在这个不等式中令 $\varepsilon\to0$。这样一来,就证明了对偶社会规划者问题的值函数(21)满足贝尔曼方程(23)。

因此,这里的函数 K 继承了与有限期经济中的函数 K_t 相同的性质。

引理 1:假设效用函数满足假设 1,冲击满足假设 2 和 3,以及 $T=\infty$。那么,函数 K 在 v 上是连续的、严格凹的、严格递减的,并且是可微分的,同时有 $\lim_{v\to\underline{v}}K(v)=\lim_{v\to\underline{v}}K'(v)=0$ 和 $\lim_{v\to\overline{v}}K(v)=\lim_{v\to\overline{v}}K'(v)=\infty$。

证明:方程式(21)中的目标函数是凹的,约束集是凸的,因此函数 K 是弱凹的。为了证明 K 的严格凹性,选择任意 $v^a,v^b\in\mathbb{v}$,使得 $v^a\neq v^b$;同时令 $(\vec{u}_{v^a},\vec{w}_{v^a})$ 和 $(\vec{u}_{v^b},\vec{w}_{v^b})$ 为对应的策略函数,它们能够使方程式(23)的右侧最大化。激励相容约束方程式(20)蕴含着 $\vec{u}_{v^a}\neq\vec{u}_{v^b}$。再令,对于 $\alpha\in[0,1]$,$v^\alpha\equiv\alpha v^a+(1-\alpha)v^b$,以及 $(\vec{u}_{v^a},\vec{w}_{v^a})$ 为对应的策略函数。由于方程式(19)和方程式(20)对于 $u(\theta)$ 和 $w(\theta)$ 是线性的,所以我们得到

$$(\alpha\vec{u}_{v^a}+(1-\alpha)\vec{u}_{v^b},\alpha\vec{w}_{v^a}+(1-\alpha)\vec{w}_{v^b})\in B(v^\alpha)$$

因此 K 满足

$$K(v^a)=\sum_{\theta\in\Theta}\pi(\theta)[-C(u_{v^a}(\theta))+\beta K(w_{v^a}(\theta))]$$

$$\geq\sum_{\theta\in\Theta}\pi(\theta)[-C(\alpha u_{v^a}(\theta)+(1-\alpha)u_{v^b}(\theta))+\beta K(\alpha w_{v^a}(\theta)+(1-\alpha)w_{v^b}(\theta))]$$

这样一来,根据 $-C$ 的严格凹性和 K 的弱凹性,我们可以得出

$$K(v^\alpha)>\alpha\sum_{\theta\in\Theta}\pi(\theta)[-C(u_{v^a}(\theta))+\beta K(w_{v^a}(\theta))]$$

$$+(1-\alpha)\sum_{\theta\in\Theta}\pi(\theta)[-C(u_{v^b}(\theta))+\beta K(w_{v^b}(\theta))]=\alpha K(v^a)+(1-\alpha)K(v^b)$$

因此,K 是严格凹的。

K 的严格凹性意味着,它在的 $\mathbb{v}$ 的内部是连续的(参见 Rudin,1976,练习 4.23)。但是,要

想证明 K 在 $\mathbb{V}$ 上的连续性，还需要证明，如果效用函数是下方有界的，那么 $\lim_{v \to \underline{v}} K(v) = K(\underline{v})$。因为对于所有的 t, θ^t，能够提供 $\underline{v}$ 的唯一可行的解满足 $u_t(\theta^t) = \underline{u}$，所以，在这种情况下有 $K(\underline{v}) = -\frac{1}{1-\beta} C(\underline{u}) = 0$。因此，要想证明在 $\underline{v}$ 处连续，就等价于证明 $\lim_{v \to \underline{v}} K(v) = 0$。令 $\underline{K}(v) = -\frac{1}{1-\beta} C((1-\beta)v)$ 为提供 $u_t(\theta^t) = (1-\beta)v$ 的成本，它独立于 θ^t。由于这种分配是激励相容的，所以对于所有 v，都有 $0 \geq K(v) \geq \underline{K}(v)$。由此 $\underline{K}$ 在 $\mathbb{V}$ 上是连续的，有 $\lim_{v \to \underline{v}} \underline{K}(v) = 0$；因此，$\lim_{v \to \underline{v}} K(v) = 0$。

而在对于命题 3 的证明中，已经证明了 $\lim_{v \to \overline{v}} K(v) = -\infty$。

为了证明严格的单调性，对于任何 $v_0^a < v_0^b$，选择适当的 $v \in (\underline{v}, v_0^a)$，$a_v \in [0,1)$，使得 $v_0^a = \alpha_v v + (1-\alpha_v) v_0^b$。因为 K 是严格凹的，所以可以推出 $K(v_0^a) > \alpha_v K(v) + (1-\alpha_v) K(v_0^b)$。令这个不等式中 $v \to \underline{v}$，就可以得到 $K(v_0^a) \geq (1-\alpha_v) K(v_0^b) \geq K(v_0^b)$，由此可见 K 是弱递减的。但是，在前一个不等式中运用 $K(v) \geq K(v_0^b)$，就会导出 $K(v_0^a) > \alpha_v K(v_0^b) + (1-\alpha_v) K(v_0^b) = K(v_0^b)$，因此 K 是严格递减的。

接下来，要证明的是，当效用函数是无界的时候，成本函数 K 是可微分的。当效用函数有界时，可以使用略微不同的扰动法来证明其可微分性，即，要考虑到最优值在角点处的情况（参见 Farhi and Werning，2007 年）。固定一个域内的 v，并定义：对于所有的 $x \in (-\varepsilon, \varepsilon)$，对于某个很小的 $\varepsilon > 0$，

$$L_v(x) = \sum_{\theta \in \Theta} \pi(\theta) \left[-C(u_v(\theta) + x) + \beta K(w_v(\theta)) \right]$$

如果对于所有的 θ，都有 $u_x(\theta) = u_v(\theta) + x$ 且 $w_x(\theta) = w_v(\theta)$，那么分配 $(\vec{u}_x, \vec{w}_x)$ 就是激励相容的，并能够提供终身效用 $v+x$。因此，对于所有的 x，都有 $L_v(x) \leq K(v+x)$，而且等号在 $x=0$ 时成立。既然 $L_v(\cdot)$ 在 $(-\varepsilon, \varepsilon)$ 上是凹的和可微分的——因为 $-C(\cdot)$ 在 $(-\varepsilon, \varepsilon)$ 上是凹的和可微分的——那么本维尼斯特−沙因克曼定理（Benveniste-Scheinkman theorem）就意味着（参见 Benveniste and Scheinkman，1979 年；Stock et al.，1989 年，定理 4.10），K 在 v 处是可微分的，而且可以推出 $K'(v) = L_v'(0)$。对 $L_v'(0)$ 的直接计算表明

$$K'(v) = \sum_{\theta \in \Theta} \pi(\theta) \left[-C'(u_v(\theta)) \right] \leq 0 \tag{24}$$

上下界满足 $\underline{K}(v) \leq K(v) \leq \overline{K}(v)$（请参阅对命题 3 的证明）；同时极限 $\lim_{v \to \underline{v}} \underline{K}'(v) = 0$ 和 $\lim_{v \to \overline{v}} \overline{K}'(v) = -\gamma_v = -\infty$ 则意味着 $\lim_{v \to \underline{v}} K'(v) = 0$ 和 $\lim_{v \to \overline{v}} K'(v) = -\infty$。

最后说到底，我们的兴趣在于找到方程式（9）的问题的解。与有限期的情形类似，将无限期情况下方程式（23）的解也称为策略函数（policy function），并用 $(\vec{u}_v, \vec{w}_v)$ 表示。对任何初始的 v_0，这些函数都会生成 $(\mathbf{u}, \mathbf{v})$，就像我们在第 2.3.1 节阐述的那样。

命题 4：假设效用函数满足假设 1，冲击满足假设 2 和 3，以及 $T = \infty$。将 v_0 定义为 $K(v_0) = -\frac{e}{1-\beta}$。如果在给定 v_0 时，贝尔曼方程（23）的策略函数生成的序列 $(\mathbf{u}, \mathbf{v})$ 满足

$$\lim_{t \to \infty} \mathbb{E}_0 \left[\beta^t v_t(\theta^t) \right] = 0 \tag{25}$$

和

$$\limsup_{t \to \infty} \mathbb{E}_0 \big[\beta^t v_t \big(\sigma^t(\theta^t) \big) \big] \geqslant 0, \ \forall \, \sigma, \tag{26}$$

那么$(\mathbf{u}, \mathbf{v})$就达到了原来的最大化问题(9)的上限。

证明:令$(\mathbf{u}, \mathbf{v})$表示由始于v_0的策略函数$(\vec{u}, \vec{w})$生成的分配。首先,需要证明$(\mathbf{u}, \mathbf{v})$达到了如方程式(21)所示的序贯对偶问题的上确界,而且是对于如方程式(8)所示的全部激励约束条件(而不仅仅是如方程式(10)所示的放松后的问题的部分约束条件)。这也就是说,$(\mathbf{u}, \mathbf{v})$满足方程式(8)和方程式(14)的约束条件,并达到了$K(v_0)$。为了证明方程式(14)的约束条件也得到了满足,请注意通过重复替代,可以证明$(\mathbf{u}, \mathbf{v})$满足下式:

$$v_0 = \mathbb{E}_0 \left[\sum_{t=1}^T \beta^{t-1} \theta_t u_t(\theta^t) \right] + \beta^T \mathbb{E}_0 \big[v_T(\theta^T) \big]$$

如果$(\mathbf{u}, \mathbf{v})$满足方程式(25),那么当取$T \to \infty$时的极限(关于右侧的极限的存在性,请参见脚注 h),就可以导出

$$v_0 = \mathbb{E}_0 \left[\sum_{t=1}^\infty \beta^{t-1} \theta_t u_t(\theta^t) \right]$$

要证明$(\mathbf{u}, \mathbf{v})$满足如方程式(8)所示的激励相容约束,可考虑任何一个报告策略σ。由于生成$(\mathbf{u}, \mathbf{v})$的策略函数$(\vec{u}, \vec{w})$满足方程式(20),因此通过重复替代就可以证明$(\mathbf{u}, \mathbf{v})$满足下式

$$v_0 \geqslant \mathbb{E}_0 \left[\sum_{t=1}^T \beta^{t-1} \theta_t u \big(\sigma^t(\theta^t) \big) \right] + \beta^T \mathbb{E}_0 \big[v_T \big(\sigma^T(\theta^T) \big) \big]$$

如果如方程式(26)所述的条件得到了满足,那么只要取极限,也就意味着证明了$(\mathbf{u}, \mathbf{v})$满足方程式(8):

$$\limsup_{T \to \infty} \left\{ v_0 - \mathbb{E}_0 \left[\sum_{t=1}^T \beta^{t-1} \theta_t U \big(c_t(\sigma^t(\theta^t)) \big) \right] \right\} \geqslant 0, \ \forall \, \sigma$$

接下来,还需要证明$(\mathbf{u}, \mathbf{v})$达到了$K(v_0)$。反复应用贝尔曼方程(23),可以得到

$$K(v_0) = \mathbb{E}_0 \left[-\sum_{t=1}^T \beta^{t-1} C(u_t(\theta^t)) \right] + \beta^T \mathbb{E}_0 \big[K(v_T(\theta^T)) \big]$$

由于$\limsup_{T \to \infty} \beta^T \mathbb{E}_0 \big[K(v_T(\theta^T)) \big] \leqslant 0$,所以可以得出

$$K(v_0) \leqslant \mathbb{E}_0 \left[-\sum_{t=1}^T \beta^{t-1} C(u_t(\theta^t)) \right]$$

但是,$(\mathbf{u}, \mathbf{v})$满足问题(21)的约束条件,所以$K(v_0) \geqslant \mathbb{E}_0 \left[-\sum_{t=1}^\infty \beta^{t-1} C(u_t(\theta^t)) \right]$。因此,$(\mathbf{u}, \mathbf{v})$达到了对偶问题(21)的上确界。

接着,我们证明,对偶问题(21)的最大值也是原始问题(9)的最大值。因为$(\mathbf{u}, \mathbf{v})$给出的v_0满足$-K(v_0) = \dfrac{e}{1-\beta}$,同时$\mathbf{u}$满足可行性约束(2),所以$V(e) \geqslant v_0$。假设这里的不等关系是严格的,那么存在$(\mathbf{u}', \mathbf{v}')$提供终身效用$v_0' > v_0$,它是激励相容的,且满足$\mathbb{E}_0 \left[\sum_{t=1}^\infty \beta^{t-1} C(u'_t) \right] \leqslant \dfrac{e}{1-\beta}$。$K$的连续性和严格单调性(据引理 1)意味着$-K(v_0') > -K(v_0) = \dfrac{e}{1-\beta}$。由于$\mathbb{E}_0 \left[\sum_{t=1}^\infty \beta^{t-1} C(u'_t) \right] \geqslant -K(v_0')$,这就出现了矛盾。命题得证。

如果效用函数是有界的,那么方程式(25)和方程式(26)的约束条件自动就能得到满足,

同时命题 4 意味着问题(21)的上确界已经达到了,而且可以从贝尔曼方程(23)的策略函数中重建。当效用函数无界时,就需要更多的步骤来验证策略函数是否生成了一个能够满足方程式(25)和方程式(26)的条件的解。在第 2.4 节中,将给出一个实例,说明事后如何使用无界效用函数验证这些条件。

如果修改一下假设 1,即假设 U 的域是紧值的,那么就可以极大地简化上面的分析。在这种情况下,$C(\cdot)$ 将会变成为紧集 $[\underline{u},\overline{u}]$ 上的一个有界函数。从而命题 3 和命题 4 的结果就能通过标准的压缩映射方法来加以证明(参见 Stokey et al.,1989,第 9 章)。此外,斯托基等人的结果(Stokey et al.,1989)还表明,满足函数方程(23)的函数 K,是通过下式定义在连续的和有界的函数空间上的贝尔曼算子的唯一不动点,

$$\mathscr{B}(k)(v)=\max_{(\tilde{u},\tilde{w})\in B(v)\theta\in\Theta}\sum \pi(\theta)\big[-C(u(\theta))+\beta k(w(\theta))\big],$$

而且,对于所有有界和连续的 k_0,由 $k_n=\mathscr{B}^n k_0$ 定义的序列 $\{k_n\}_{n\geqslant 0}$(对于所有 n)收敛到了 K。这个表示方法可以用来计算问题的数值解。

2.4 有独立同分布的冲击的解的表示

2.4.1 最优激励条款

在本节中,我们将描述如方程式(23)所示的贝尔曼方程的解。在本节的最后部分,给出了一个简单的例子,用来说明当效用函数无界时如何验证如方程式(25)和方程式(26)所示的约束条件。

为了保证简单性,假设 θ 只能取两个值,即,$\Theta=\{\theta_{(1)},\theta_{(2)}\}$,其中 $\theta_{(1)}<\theta_{(2)}$。这样一来,有两个冲击时的激励约束(20)就可以简化为

$$\theta_{(1)}u(\theta_{(1)})+\beta w(\theta_{(1)})\geqslant\theta_{(1)}u(\theta_{(2)})+\beta w(\theta_{(2)}) \tag{27}$$

和

$$\theta_{(2)}u(\theta_{(2)})+\beta w(\theta_{(2)})\geqslant\theta_{(2)}u(\theta_{(1)})+\beta w(\theta_{(1)}) \tag{28}$$

命题 5:假设效用函数满足假设 1,冲击满足假设 2 和假设 3,$|\Theta|=2,T=\infty$。约束(27)是紧固的(binds),而约束(28)则对所有内部的 v 是松弛的(slack)。此外,$u_v(\theta_{(1)})\leqslant u_v(\theta_{(2)})$ 和 $w_v(\theta_{(1)})\geqslant v\geqslant w_v(\theta_{(2)})$,对于所有内部的 v,不等式都严格成立。对于所有的 $\theta\in\Theta$,策略函数 $u_v(\theta),w_v(\theta)$ 在 v 中都是连续的。如果 $w_v(\theta_{(2)})$ 是内部的,那么策略函数满足

$$K'(v)=\mathbb{E}\big[K'(w_v)\big]=\mathbb{E}\big[-C'(u_v)\big],\forall v \tag{29}$$

证明:我们的证明要通过猜测约束(28)是松弛的并求解一个放弃该约束的松弛问题(relaxed problem)(23)来推进。然后,再从事后的角度验证方程式(28)得到了满足。方程式(23)中目标函数严格的凹性和约束集的凸性意味着,那个松弛问题的解也就是原始问题的唯一解。

令 $\xi_v\geqslant 0$ 和 $\gamma_v\geqslant 0$ 分别表示该松弛问题的激励相容性约束(27)和信守承诺约束(19)的拉格朗日算子。那么关于 $u(\theta_{(1)})$ 和 $u(\theta_{(2)})$ 的一阶条件分别为

$$\pi(\theta_{(1)})C'(u_v(\theta_{(1)}))-\xi_v\theta_{(1)}\geqslant\gamma_v\pi(\theta_{(1)})\theta_{(1)}, \tag{30}$$

$$\pi(\theta_{(2)})C'(u_v(\theta_{(2)})) + \xi_v\theta_{(1)} \geqslant \gamma_v\pi(\theta_{(2)})\theta_{(2)}, \tag{31}$$

如果 $u_v(\theta_{(1)}) > \underline{u}$ 且 $u_v(\theta_{(2)}) > \underline{u}$,那么这些约束(包括其中的等号)成立。

类似地,$w(\theta_{(1)})$ 和 $w(\theta_{(2)})$ 的一阶条件分别为

$$-\pi(\theta_{(1)})K'(w_v(\theta_{(1)})) - \xi_v \geqslant \gamma_v\pi(\theta_{(1)}), \tag{32}$$

$$-\pi(\theta_{(2)})K'(w_v(\theta_{(2)})) + \xi_v \geqslant \gamma_v\pi(\theta_{(2)}), \tag{33}$$

如果 $w_v(\theta_{(1)}) > \underline{v}$ 且 $w_v(\theta_{(2)}) > \underline{v}$,那么这些约束(包括其中的等号)成立。

首先来证明对于所有内部的 v,$u_v(\theta_{(1)})$,$w_v(\theta_{(1)})$ 都是内部的。(下面还将证明,$u_v(\theta_{(2)})$ 也是内部的。)假设 $u_v(\theta_{(1)}) = \underline{u}$,因为 $C'(\underline{u}) = 0$,所以方程式(30)就意味着 $\xi_v = \gamma_v = 0$。如果 $u_v(\theta_{(2)}) > \underline{u}$,那么方程式(31)中的等号成立,而这就意味着 $C'(u_v(\theta_{(2)})) = 0$,从而出现了矛盾。因此,可以推出 $u_v(\theta_{(1)}) = u_v(\theta_{(2)}) = \underline{u}$。而且,通过相同的推导可知,$w_v(\theta_{(1)}) = w_v(\theta_{(2)}) = \underline{v}$,但是这个结果与当 v 是内部的时候方程式(19)的信守承诺约束相矛盾。因此,必定有 $u_v(\theta_{(1)}) > \underline{u}$,从而使得方程式(30)能够成立(包括其中的等号)。相同的推理告诉我们 $w_v(\theta_{(1)}) > \underline{v}$,所以方程式(32)成立(包括其中的等号)。

现在证明对于所有内部的 v,必定有 $\xi_v > 0$。如果 $\xi_v = 0$,那么根据 K 的凹性,方程式(32)和方程式(33)就意味着 $w_v(\theta_{(2)}) \geqslant w_v(\theta_{(1)})$。此外,当 $\theta_{(2)} > \theta_{(1)}$ 时,方程式(30)和方程式(31)就意味着 $u_v(\theta_{(2)}) > u_v(\theta_{(1)})$;但是这违背了激励约束(27),因此如果 $v > \underline{v}$,就有 $\xi_v > 0$。这意味着约束(27)对于所有的 $v > \underline{v}$ 都是成立的(包括其中的等号),并且对于 $v = \underline{v}$,它也同样成立。

接下来,再证明松弛问题的解是满足方程式(28)的。假设不满足,即

$$\theta_{(2)}u_v(\theta_{(2)}) + \beta w_v(\theta_{(2)}) < \theta_{(2)}u_v(\theta_{(1)}) + \beta w_v(\theta_{(1)})$$

将这个不等式与等号成立时的方程式(27)相加,从而得到 $u_v(\theta_{(2)}) < u_v(\theta_{(1)})$,因而 $w_v(\theta_{(2)}) > w_v(\theta_{(1)}) > \underline{v}$。这就意味着方程式(33)中的等号成立。但是,如果真是这样的话,那么 $\xi_v \geqslant 0$,方程式(32)和方程式(33)就意味着 $w_v(\theta_{(2)}) \leqslant w_v(\theta_{(1)})$,从而出现了矛盾。因此,对于所有的 v,如方程式(28)所示的激励约束在这个松弛问题中是得到了满足的。此外,如果 v 是内部的,对于 $\xi_v > 0$ 的相同推理意味着方程式(28)是松弛的。

激励约束方程式(27)和方程式(28)相加,可以看出 $u_v(\theta_{(2)}) > u_v(\theta_{(1)})$,因而有 $w_v(\theta_{(1)}) \geqslant w_v(\theta_{(2)})$。特别地,对于所有的内部的 v,$u_v(\theta_{(2)})$ 都是内部的,从而方程式(31)成立。现在假设 $v > \underline{v}$,如果 $w_v(\theta_{(2)}) = \underline{v}$,那么 $w_v(\theta_{(1)}) > w_v(\theta_{(2)})$。如果 $w_v(\theta_{(2)}) > \underline{v}$,那么方程式(33)的等号成立;这样一来,根据 K 的严格凹性,从方程式(32)与 $\xi_v > 0$ 就可以得出 $w_v(\theta_{(1)}) > w_v(\theta_{(2)})$。然后从方程式(27)得到 $u_v(\theta_{(1)}) < u_v(\theta_{(2)})$。当 v 是内部的时候,我们看到 $u_v(\theta)$ 对所有 θ 都是内部的,因此本维尼斯特·沙因克曼定理的证明成立(请参见方程式(24)的证明过程),或者说,只要利用包络定理并对方程式(30)和方程式(31)求和,就可以证明 $K'(v) = \mathbb{E}[-C'(u_v)] = -\gamma_v$。而且,这个等式在边界 $v = \underline{v}$ 同样成立,因为在这种情况下,这个表达式的两边都等于 0。因此,在假设 $w_v(\theta_{(2)})$ 是内部的情况下,方程式(32)和方程式(33)就分别意味着 $-K'(w_v(\theta_{(1)})) > -K'(v)$ 和 $-K'(w_v(\theta_{(2)})) < -K'(v)$,因此,$w_v(\theta_{(2)}) < v < w_v(\theta_{(1)})$。

接下来,证明策略函数在 v 内是连续的。方程式(23)中的目标函数在 $\mathbb{U}^2 \times \mathbb{V}^2$ 上是严格凹的。按照与之前在证明命题 3 时相同的步骤,将 $(\vec{u}, \vec{w})$ 的最优化限定在一个紧集 $\mathbb{X} \subset \mathbb{U}^2 \times \mathbb{V}^2$

上。这样一来,方程式(22)中定义的约束集 $B(\cdot):\mathbb{V}\to\mathbb{X}$ 是一个连续的、紧值的和和凸值的对应。因此,根据最大值定理(Theorem of the Maximum,请参见 Stokey et al.,1989,定理3.6和练习3.11a),函数 $(\vec{u}_v,\vec{w}_v)$ 在 v 内是连续的。

现在,来证明方程式(29)。在上述内容,我们已经看到,对于所有的 $v\geqslant\underline{v}$,都有 $K'(v)=\mathbb{E}[-C'(u_v)]=-\gamma_v$。此外,当 v 为内部的时候,将条件(30)和(31)(两者的等号都成立)与条件(32)和(33)(前者的等号成立,后者的等号在 $w_v(\theta_{(2)})>\underline{v}$ 的时候成立)结合起来,就可以得到 $\mathbb{E}[-K'(w_v)]\leqslant\mathbb{E}[-C'(u_v)]$,其中的等号在 $w_v(\theta_{(2)})$ 是内部的时候成立。最后,如果 $v=\underline{v}$,那么该式成立,且其中的等号成立。

最后,注意从方程式(30)和(31),可以得出

$$-\theta_{(1)}K'(v)<C'(u_v(\theta_{(1)}))<-K'(v)<C'(u_v(\theta_{(2)}))<-\theta_{(2)}K'(v),\qquad(34)$$

对于所有内部的 v 都成立。

命题5强调了动态经济体中的最优激励条款背后的主要原则。现在考虑无约束的最优分配(first-best allocation),它由下式得出

$$\frac{1}{\theta_{(1)}}C'(u_v^{fb}(\theta_{(1)}))=\frac{1}{\theta_{(2)}}C'(u_v^{fb}(\theta_{(2)}))\qquad(35)$$

在这种情况下,未来的分配持续性与当前实现的冲击无关:社会规划者直接将受到了冲击 $\theta_{(1)}$ 的代理人的资源重新分配给了受到了冲击 $\theta_{(2)}$ 的代理人。正如上面已经讨论过的那样,当冲击是私人信息时,这种分配不是激励相容的。为了提供有效的激励,社会规划者要扩大未来的承诺效用 w_v,用以奖赏那些报告了更低冲击的代理人、惩罚那些报告了更高冲击的代理人。而作为交换,更高的冲击报告会给代理人一个更高的当期效用。方程式(34)中的上下界意味着

$$\frac{1}{\theta_{(2)}}C'(u_v(\theta_{(2)}))<\frac{1}{\theta_{(1)}}C'(u_v(\theta_{(1)}))$$

因此,当期效用(或消费分配)之间的差距将不如最优分配中那么大。这恰恰反映了如下事实:私人信息的存在使得再分配的成本更加高昂。资源仍然从 $\theta_{(1)}$ 类型的代理人那里被重新分配走,但是只能到他的激励约束结合到一起的地方。

方程式(29)表明了,社会规划者是如何随时间分配提供奖励的成本的。承诺的效用的波动是有成本的(因为成本函数是凹性的),随时间推移这些成本是合算的。如果根据当前信息提供奖励的未来边际成本的预测 $\mathbb{E}_t[K'(v_{t+s})]$ 与当期的边际成本 $K'(v_t)$ 相等,那么就能够实现最优平滑(从而 $K'(v_t)$ 是一个随机行走过程)。这个结果也是消费理论和公共财政理论共有的一个一般原则的体现,它既是永久收入假说中的消费平滑的基础(参见 Friedman,1957年;Hall,1978年),也是公共财政理论中的税收平滑的基础(参见 Barro,1979年)。

2.4.2 "长期贫困化"

与有成本平滑化的其他情形类似,$K'(v_t)$ 是一个随机游走过程,这个根本性质对解的长

期特征有非常强大的影响。[1] 为了讨论这些影响,我们要在这里先引入鞅的概念并推导出鞅收敛定理,读者也可以参考比灵斯利的著作(Billingsley,2008 年,第 35 节)。

定义 1:令 $X_t(\theta^t)$ 为概率空间 $(\Omega,\mathcal{F},\mathbb{P})$ 上的一个随机变量。序列 $\{X_t,\mathcal{F}_t\}_{t=1,2,\cdots}$ 是一个鞅,如果:

(i) $\{\mathcal{F}_t\}_{t\geqslant1}$ 是一个 σ-代数的递增序列;

(ii) X_t 相对于 $\mathcal{F}_t$ 是可测度的;

(iii) $\mathbb{E}_0[|X_t|]<\infty$;

(iv) $\mathbb{E}_t[X_{t+1}]=X_t$ 的概率为 1。

还可以定义下鞅(submartingale)。下鞅的定义与鞅只有一点不同,即只需要将上面的条件(iv)替换为 $\mathbb{E}_t[X_{t+1}]\geqslant X_t$。显然,任何一个鞅都是一个下鞅。从鞅和下鞅的定义,马上可以得出如下重要结果(参见 Billingsley,2008 年,定理 35.5)。

定理 2 鞅收敛定理(Martingale Convergence Theorem):令 $\{X_t\}_{t=0}^\infty$ 为一个下鞅。如果 $M\equiv\sup_t\mathbb{E}_0[|X_t|]<\infty$,那么 $X_t\to X$ 的概率为 1,其中 X 是 $(\Omega,\mathcal{F},\mathbb{P})$ 上的一个随机变量,满足 $\mathbb{E}_0[|X_t|]\leqslant M$。

为了在研究中应用这个结果,需要注意的是,策略函数给出了关于承诺效用在时间上的分布的运动规律。对于 $\mathbb{V}$ 上的任何一个概率分布 Ψ,都可以按以下方式定义一个算子 $\mathscr{T}$。对于所有波莱尔(Borel)子集 $A\subset\mathbb{V}$,令

$$(\mathscr{T}\Psi)(A)\equiv\int_\mathbb{V}\left[\sum_{\theta\in\Theta}\pi(\theta)\ \mathbb{I}_{|w_v(\theta)\in A|}\right]\Psi(dv) \tag{36}$$

其中,$\mathscr{T}\Psi$ 定义了 $\mathbb{V}$ 上的另一个概率分布。利用这个算子,我们可以研究经济中终身效用的分布的动态情况。这时候,需要用 Ψ_0 表示 $\mathbb{V}$ 上将概率 1 分配给 v_0 并将 Ψ_t 递归地定义为 $\Psi_t=\mathscr{T}\Psi_{t-1}$ 的概率分布。换句话说,在第 0 期,每个人在开始时都是相同的,都有同样的终身效用 v_0。随着时间的推移,特异性冲击导致了用分布 Ψ_t 刻画的终身承诺(效用)在第 t 期出现了不平等。如果分布 Ψ 满足 $\Psi=\mathscr{T}\Psi$,那么它就是不变的。

假设效用函数是下方无界的,以便使得 $w_v(\theta_{(2)})$ 总是在内部的。考虑定义在概率空间 $(\Theta^\infty,\beta(\Theta^\infty),\pi_\infty)$ 上的、从 $K'(v_0)$ 处开始的随机变量 $K'(v_t(\theta^t))$。序列 $\{K'(v_t(\theta^t)),\beta(\Theta^t)\}_{t=1,2,\cdots}$ 是一个鞅。事实上,$\{\beta(\Theta^t)\}_{t\geqslant1}$ 是一个 σ-代数递增序列,$K'(v_t)$ 是相对于 $\beta(\Theta^t)$ 可度量的,而且,根据命题 5,$\mathbb{E}_0[|K'(v_t)|]=-\mathbb{E}_0[K'(v_t)]=-K'(v_0)<\infty$,同时 $\mathbb{E}_t[K'(v_{t+1})]=K'(v_t)$。因此,定义 1 的所有条件都得到了满足。定理 2 意味着,$K'(v_t)$ 几乎肯定收敛于一个随机变量 X。这也就是说,对于几乎所有历史 $\theta^\infty\in\Theta^\infty$,都有:$K'(v_t(\theta^t))\to X(\theta^\infty)$。以下的命题 6——我们对它的证明遵循了托马斯和沃勒尔的思路(Thomas and Worrall,1990)——进一步刻画了该序列的极限特征。

命题 6:假设效用函数满足假设 1,冲击满足假设 2 和假设 3,$|\Theta|=2$ 且 $T=\infty$。[2] 如果效

---

[1] 类似的结果,在消费平滑模型和税收平滑模型中都很常见,前者请参见张伯伦和威尔逊的论著(Chamberlain and Wilson,2000),后者请参见艾亚格里等人的论著(Aiyagari et al.,2002)。

[2] 条件 $|\Theta|=2$ 对于这个命题本身并不重要。很容易证明,鞅性质(29)适用于任何数量的冲击。

用函数是下方无界的,那么当 $t\to\infty$ 时,$v_t(\theta^t)\to-\infty$ 的概率为 1。如果效用函数以 $\underline{v}$ 为其下界,那么 V 上的连续效用函数的唯一不变分布将质量 1 分配给下界 $\underline{v}$。

证明:假设效用函数是下方无界的,那么 $K'(v_t(\theta^t))$ 是一个鞅,同时定理 2 告诉我们,对于几乎所有 θ^∞,$K'(v_t(\theta^t))$ 都会收敛到某个随机变量 $X(\theta^\infty)$。接下来,只需证明它的极限 $X(\theta^\infty)$ 几乎肯定等于 0。

考虑一个路径 θ^t,它使得 $K'(v_t(\theta^t))\to\kappa<0$。序列 $v_t(\theta^t)$ 因此收敛于 $\hat{v}>\underline{v}$,解则收敛于 $K'(\hat{v})=\kappa$,以概率 1,状态 $\theta_{(2)}$ 无限经常地出现在这个路径上。现选取出现了状态 $\theta_{(2)}$ 的那些日期 $\{t_n\}_{n=1,2,\cdots}$ 组成的序列,可以推出 $\lim_{n\to\infty}v_{t_{n-1}}(\theta^{t^{n-1}})=\hat{v}$,以及 $\lim_{n\to\infty}v_{t_n}(\theta^{t^n})=\hat{v}$。因为对于所有的 $\theta\in\Theta$,策略函数 $w_v(\theta)$ 在 v 上是连续的,所以可以得到

$$\lim_{n\to\infty}w_{v_{t_{n-1}}(\theta^{t_{n-1}})}(\theta_{(2)})=w_{\hat{v}}(\theta_{(2)})$$

但是 $w_{v_{t_{n-1}}(\theta^{t_{n-1}})}(\theta_{(2)})=v_{t_n}(\theta^{t_{n-1}},(\theta_{(2)}))=v_{t_n}(\theta^{t_n})$,因此我们同时也有

$$\lim_{n\to\infty}w_{v_{t_{n-1}}(\theta^{t_{n-1}})}(\theta_{(2)})=\hat{v}$$

这意味着 $w_{\hat{v}}(\theta_{(2)})=\hat{v}$,从而与我们在命题 5 中已经证明的不等式 $w_{\hat{v}}(\theta_{(2)})<\hat{v}$ 矛盾。

现在,再假设效用函数是下方有界的——其下界为 $\underline{v}>-\infty$。在这种情况下,$-K'(v_t(\theta^t))$ 是一个(可能是无界的)下鞅。注意到,点 $\underline{v}$ 是一个"吸引子",即,对于所有的 $\theta\in\Theta$,都有 $u_{\underline{v}}(\theta)=\underline{u}$ 且 $w_{\underline{v}}(\theta)=\underline{v}$。考虑 V 上的连续效用函数的不变分布 Ψ,并用 $\mathrm{Supp}(\Psi)\subset V$ 表示它的支撑。再令 $\mathcal{M}_v$ 表示刻画连续效用的运动定律的马尔可夫链,其起点为 v。定义一个集合 $S_1\subset\mathrm{Supp}(\Psi)$,它由所有这样的连续效用值 v 组成:对于它们,$\mathcal{M}_v$ 只需用有限步就能到达 $\underline{v}$ 的概率为正;同时定义集合 $S_2=\mathrm{Supp}(\Psi)\setminus S_1$。根据 S_1 的构造,每个状态 $v\in S_1\setminus\{\underline{v}\}$ 都是瞬变的,因此这样的一个 v 不能支持不变分布。现在,考虑对于 $v\in S_2$ 的情况,马尔可夫链 $\mathcal{M}_v$ 定义了一个序列 $\{v_t(\theta^t)\}_{t,\theta^t}$。根据 S_2 的定义,过程 $K'(v_t(\theta^t))$ 是一个鞅;而且前面的认证已经表明,v 是不能支持不变分布的。因此,只能有 $\mathrm{Supp}(\Psi)=\{\underline{v}\}$。

命题 6 的结果通常被称为贫困化结果(immiseration result)。这个结果表明,最优合同的一个特征是,随着 $t\to\infty$,代理人的消费 c_t^* 以 1 的概率趋向于 0。如果效用函数是下方无界的,那么这个结果就意味着代理人的效用将发散趋向于 $-\infty$;否则唯一的不变分布是退化的并把概率 1 赋予 $\frac{U(0)}{1-\beta}$。需要注意的是,代理人的消费 c_t^* 以 1 的概率趋向于 0 这个事实并不意味着每个代理人的消费都收敛为 0。正如在命题 5 中已经看到的,实现的冲击类型为 $\theta_{(1)}$ 的代理人在未来总是能获得严格更高的承诺效用(和消费)。因此,总是会有某些代理人(其测度在 $t\to\infty$ 时,将趋向于 0)有严格为正的消费。在下面的第 3.1.2 节中,我们将切断跨期转移资源的通道,并证明在那种情况下,上述贫困化结果也仍然成立。这就意味着,为了给代理人提供足够的激励来透露他们的私人信息,社会规划者需要随着时间的推移而不断加大不平等程度。随着时间趋向于无穷大,这种不平等现象将持续恶化,直到代理人对经济的整体禀赋的消费变成 0 为止。

这个结果背后的观点如下。作为激励代理人披露当期的真实信息的措施,委托人必须承诺未来(的承诺效用,进而是未来的消费)将会变得越来越不平等。当利率等于贴现因子时——我们在本节中就是这样假设的——不会有任何抵消因素出现,最优合同下的不平等状况将随着时间的推移而不断恶化。在一个无限期的经济中,当 $t \to \infty$ 时,它将接近于极限水平,这时只有零测度的代理人消费仍然为正。在后面的章节中,我们还会回过头来重新审视这个结果,特别是在第 2.4.3 节和第 3.2 节。

2.4.3　非退化的不变分布的存在性

在本节中,我们将通过一个简单的例子来证明,如果施加了额外的约束,就可能存在一个非退化的不变分布。在这一节中,要研究的是社会规划者需要在一个紧集 $[\underline{w}, \overline{w}]$(其中,$\underline{v} < \underline{w} < \overline{w} < \overline{v}$)中对未来的效用做出承诺的情况。在下面的第 3.2 节中,还将阐明如何从更复杂的政治-经济观点提取出类似的约束条件。但是现在只是直接在问题(23)中施加如下简单的约束条件[①]:

$$w(\theta) \in [\underline{w}, \overline{w}], \forall \theta \in \Theta \tag{37}$$

很容易就可以看出,修改后的贝尔曼方程的解仍然满足引理 1 的结果,不过以下这点除外:$K'(v)$ 现在严格为负且、在集合 $[\underline{w}, \overline{w}]$ 上是有限的。

引理 2:假设命题 5 的所有假设都满足,另外再加入约束条件(37),那么将不存在吸收点(absorbing point):对于所有的 $v \in [\underline{w}, \overline{w}]$,都有 $w_v(\theta_{(1)}) > w_v(\theta_{(2)})$。

证明:假设对于一些 $v, w_v(\theta_{(1)}) = w_v(\theta_{(2)}) = v \in [\underline{w}, \overline{w}]$,那么这个假设就意味着——根据方程(19)和方程(27)——$u_v(\theta_{(1)}) = u_v(\theta_{(2)}) = (1-\beta)v$。因此,也就有 $K(v) = \underline{K}(v) \equiv -\frac{1}{1-\beta}C((1-\beta)v)$,其中 $\underline{K}(v)$ 的定义在引理 1 的证明中已给出。从方程式(32)中减去方程式(30)(因为条件 $w_v(\theta_{(1)}) \geqslant \underline{w}$,将它写为不等式),得到

$$K'(v) \leqslant -\frac{1}{\theta_{(1)}}C'((1-\beta)v) = \frac{1}{\theta_{(1)}}\underline{K}'(v)$$

但是,$\theta_{(1)} < 1$ 这一点,与对于所有 $v' > v$,均有 $K(v') \geqslant \underline{K}(v')$ 这个事实矛盾。对于 $v = \overline{w}$ 的情形,针对方程式(31)和(33)进行类似的推导可知(由于条件 $w_v(\theta_{(2)}) \leqslant \overline{w}$ 而被写为不等式),

$$K'(w_v(\theta_{(2)})) \geqslant \frac{1}{\theta_{(2)}}\underline{K}'(w_v(\theta_{(2)})) + \frac{\xi_v}{\pi(\theta_{(2)})}\left(1 - \frac{\theta_{(1)}}{\theta_{(2)}}\right)$$,同样也会导出相同的结论。

我们接下来证明,非退化的效用和消费的长期分布是存在的。

命题 7:假设命题 5 的所有假设都得到了满足,并且另外再加入约束条件(37),那么存在一个唯一不变的、非退化的效用分布 Ψ,而且对于状态空间上的任何初始测度 Ψ_0,当 $n \to \infty$ 时(以在 Ψ_0 上均匀的几何速率),$\mathscr{T}^n(\Psi_0)$ 都会收敛至 Ψ^*。

证明:命题 7 的结果可以从斯托基等人的著作中的定理 11.12 推导出来(Stokey et al.,1989),该定理在满足条件 M 时成立(Stokey et al.,1989,第 348 页)。而要想证明这个条件,

---

[①] 这里的论点采纳了阿特基森和卢卡斯(Atkeson and Lucas,1995)以及费伦(Phelan,1995)的思想。另外也请参见法里和韦尔宁的论著(Farhi and Werning,2007),以及霍赛尼等人的论文(Hosseini et al.,2013)。

只要证明以下这个结果就足够了:存在一个 $\varepsilon>0$ 和整数 $N<\infty$,使得对于所有的 $v\in[\underline{w},\overline{w}]$,都有 $P^N(v,\underline{w})\geq\varepsilon$,其中 P 表示马尔可夫链 $\mathcal{M}$ 的转移矩阵——该转移矩阵刻画了延续效用(continuation utility)的运动规律。这个结果意味着,从任何的 v 开始,在 N 个步骤内到达 $\underline{w}$ 的概率至少与 ε 一样大。

为了证明这一点,需要分两步进行。第一步,首先要证明,如果当前期间的延续效用 v 足够接近于 $\underline{w}$,那么受到高品味的冲击 $\theta_{(2)}$ 就意味着下一期的承诺效用为 $\underline{w}$。这也就是说,存在一个 $\varepsilon>0$,使得对于所有的 $v\leq\underline{w}+\varepsilon$,都有 $w_v(\theta_{(2)})=\underline{w}$。假设不是这样,并考虑存在一个序列 $v_n>\underline{w}$(其极限为 $\lim_{n\to\infty}v_n=\underline{w}$),它能够使得对于所有 n,都有 $w_{v_n}(\theta_{(2)})>\underline{w}$。这样一来,根据方程式(29)所示的鞍的性质,可以写出

$$K'(v_n)=\pi(\theta_{(1)})K'(w_{v_n}(\theta_{(1)}))+\pi(\theta_{(2)})K'(w_{v_n}(\theta_{(2)})),$$

在这个方程中令 $n\to\infty$,就可以使得 $w_{\underline{w}}(\theta_{(1)})=w_{\underline{w}}(\theta_{(2)})=\underline{w}$,这与引理 2 互相矛盾。

第二步,要证明的是,存在 $\delta>0$,使得对于任何 $v>\underline{w}+\varepsilon$,受到高的品味冲击 $\theta_{(2)}$ 就意味着下一个时期的承诺效用 $w_v(\theta_{(2)})$ 小于 $v-\delta$。为了证明这一点,首先要注意到,因为 $w_v(\theta_{(2)})$ 在 v 中是连续的,所以它或者对于所有 $v\geq\underline{w}+\varepsilon$ 都是有界的且远离 45 度线,或者对于某个 $v\in[\underline{w}+\varepsilon,\overline{w}]$ 有 $w_v(\theta_{(2)})=v$。根据鞍的性质,后者就意味着 $w_v(\theta_{(1)})=v$,从而与引理 2 互相矛盾。

这些结果意味着,存在 $N<\infty$,使得对于任何 $v\in[\underline{w},\overline{w}]$,自 v 开始,在经过了一个由 N 个高的品味冲击组成的序列之后,承诺效用都会变成 $\underline{w}$。这也就意味着,$\varepsilon<\pi(\theta_{(2)})^N$ 是在 N 个步骤后处于 $\underline{w}$ 处的概率的均匀下界。因此,斯托基等人的著作中论述的条件 M 得到了满足(Stokey et al.,1989)。由此命题得证。

不过,在期望贴现效用受到了方程式(37)约束的情况下,上述贫困化结果不再成立。这是因为下界 $\underline{w}>v$ 在这种情况下起到了一种反射障碍(reflective barrier)——而不是吸收(absorbing)——的作用(见引理 2),这造成了均值回归的情况,从而导致了一个非退化的不变分布。

2.4.4 一个简单的例子

在这一小节中,我们将解决上面的分析所留下来的一个问题。命题 4 表明,只要满足如方程式(25)和方程式(26)所述的极限条件,用贝尔曼方程的策略函数生成的分配就是原来问题(9)的解。如果效用函数是有界的,那么要满足这些条件是相当容易的,但是许多便利的函数形式都必须假设效用是无界的。在本节中,我们将分析一个简单的、效用函数是无界的例子,在这个例子中,可以很容易地验证是否满足条件(25)和(26)。另外,在这个例子中,还可以对贝尔曼方程的"几乎"是解析形式的解加以刻画。

现在,假设一个对数效用函数 $U(c)=\ln c$。当然,如果假设常相对风险厌恶(CRRA)的偏好或常绝对风险厌恶(CARA)的偏好,证明过程也类似。注意到 $(\mathbf{u},\mathbf{v})\in\Gamma(v_0)$,当且仅当 $(\mathbf{u}-(1-\beta)v_0,\mathbf{v}-v_0)\in\Gamma(0)$,其中 $\Gamma(\cdot)$ 的定义见方程式(16)。这样一来,我们就可以将对偶社会规划者问题(21)重写为

$$K(v_0)=\max_{(\mathbf{u},\mathbf{v})\in\Gamma(v_0)}\mathbb{E}_0\left[-\sum_{t=1}^{\infty}\beta^{t-1}\exp(u_t)\right]$$
$$=\max_{(\tilde{\mathbf{u}},\tilde{\mathbf{v}})\in\Gamma(0)}\mathbb{E}_0\left[-\sum_{t=1}^{\infty}\beta^{t-1}\exp(\tilde{u}_t+(1-\beta)v_0)\right]=\exp((1-\beta)v_0)K(0)$$

上式意味着,如果 $\{u_0(\theta),w_0(\theta)\}_{\theta\in\Theta}$ 是 $v=0$ 时贝尔曼方程(23)的解,那么对于任何 $v=0$, $\{u_0(\theta)+(1-\beta)v,w_0(\theta)+v\}_{\theta\in\Theta}$ 就是贝尔曼方程(23)的解。这个特性使得我们可以确定方程式(25)和方程式(26)左侧的上下界。如果从一些初始值 v_0 开始,运用贝尔曼方程(23)的策略函数 $(u_v(\theta),w_v(\theta))$ 生成 $(\mathbf{u},\mathbf{v})$,就像在前文第 2.3 节所描述的那样,那么就可以得到

$$v_t(\theta^t)=w_{v_{t-1}(\theta^{t-1})}(\theta_t)=v_{t-1}(\theta^{t-1})+w_0(\theta_t)$$

$$=w_{v_{t-2}(\theta^{t-2})}(\theta_{t-1})+w_0(\theta_t)=v_{t-2}(\theta^{t-2})+w_0(\theta_{t-1})+w_0(\theta_t)$$

$$=\cdots=v_1(\theta^1)+w_0(\theta_2)+\cdots+w_0(\theta_t)=v_0+\sum_{s=1}^t w_0(\theta_s)$$

令 $\underline{A}\equiv\min_\Theta\{w_0(\theta)\}$,并令 $\bar{A}\equiv\max_\Theta\{w_0(\theta)\}$,这样一来,对于所有 $\theta\in\Theta$,都有 $\underline{A}\le w_0(\theta)\le\bar{A}$。然后我们得到,对于所有的 t,θ^t,都有 $\beta^t(v_0+t\underline{A})\le\beta^t v_t(\theta^t)\le\beta^t(v_0+t\bar{A})$。由于 $\lim_{t\to\infty}\beta^t t=0$,所以这就意味着对于所有 $\theta^\infty\in\Theta^\infty$, $\lim_{t\to\infty}\beta^t o_t(\theta^t)=0$,方程式(25)和方程式(26)得到了满足。

因为值函数 K 是齐次函数,所以很容易求出它的"几乎"是解析形式的解。我们的证明过程表明,对于某个 $a<0$,有 $K(v)=a\exp((1-\beta)v)$。然后,其中的参数 a 也不难找到,因为它是如下方程的不动点

$$a=\max_{(\tilde{u},\tilde{w})\in B(0)}\sum_{\theta\in\Theta}\pi(\theta)[-\exp(u(\theta))+\beta a\exp((1-\beta)w(\theta))]$$

这个例子中所用的证明方法,可以通过观察如果 $(\mathbf{u},\mathbf{v})\in\Gamma(v_0)$,则 $\left(\frac{1}{|v_0|}u,\frac{1}{|v_0|}v\right)\in\Gamma\left(\frac{v_0}{|v_0|}\right)$,推广到函数形式为常相对风险厌恶型或常绝对风险厌恶型时的情形。

2.5 自相关冲击

2.5.1 一般方法

现在来讨论一下这样一种情况:品味冲击 θ 遵循一阶马尔可夫过程。在这个小节中,我们的目标是为解决社会规划者的对偶问题推导出一个递归公式。我们假设,第 1 期的类型 $\theta_1\in\Theta$ 的概率由 $\pi(\theta_1|\theta_{(1)})$ 给出,这也就是说,以第 0 期实现的类型为种子值 $\theta_{(1)}$。这个假设不失一般性,同时大大简化了论证过程。例如,费尔南德斯和费伦(Fernandes and Phelan, 2000)阐明了如何写出这种情形下的社会规划者问题的递归公式。

先定义在冲击为一阶马尔可夫过程的情况下的临时激励相容约束——与方程式(10)相对应。这个马尔可夫过程是,对于所有的 θ^{t-1},θ 和 $\hat\theta$

$$\theta U(c_t(\theta^{t-1},\theta))+\beta\sum_{s=1}^{T-t}\sum_{\theta^{t+s}\in\Theta^{t+s}}\beta^{s-1}\pi_{t+s}(\theta^{t+s}|\theta^{t-1},\theta)\theta_{t+s}U(c_{t+s}(\theta^{t-1},\theta,\theta_{t+1}^{t+s}))$$

$$\ge\theta U(c_t(\theta^{t-1},\hat\theta))+\beta\sum_{s=1}^{T-t}\sum_{\theta^{t+s}\in\Theta^{t+s}}\beta^{s-1}\pi_{t+s}(\theta^{t+s}|\theta^{t-1},\theta)\theta_{t+s}U(c_{t+s}(\theta^{t-1},\hat\theta,\theta_{t+1}^{t+s}))$$

(38)

命题 2 的单阶段偏离结果可以扩展到有持续冲击的问题,从而得出如下引理。

引理 3:假设 T 是有限的,或者 U 是有界的。此外,再假设冲击 θ 满足一阶马尔可夫过程。那么当且仅当一个分配 c 满足了方程式(38)时,它才能满足方程式(8)。

证明:假设某个策略 σ' 违背了方程式(8),但是方程式(38)却成立。如果 σ' 只在有限的节点上导致了不实报告,那么命题 2 的证明方法直接可用。如果 T 是无限的,并且 σ' 所建议的方案落在了无限多的节点上,那么根据前面的结果,可以推出

$$\sum_{t=1}^{\infty}\sum_{\theta^t \in \Theta^t}\beta^{t-1}\pi_t(\theta^t)\theta_t U(c_t(\theta^t)) \geqslant \sum_{t=1}^{\infty}\sum_{\theta^t \in \Theta^t}\beta^{t-1}\pi_t(\theta^t)\theta_t U(c_t(\sigma'^t(\theta^t)))$$

$$\cdots - \beta^T\left[\sum_{s=1}^{\infty}\sum_{\theta^{T+s} \in \Theta^{T+s}}\beta^{s-1}\pi_{T+s}(\theta^{T+s})\theta_{T+s}(U(c_{T+s}(\sigma'^{T+s}(\theta^{T+s})))-U(c_{T+s}(\theta^{T+s})))\right]$$

由于效用是有界的,所以上式的第二行收敛为 0(当 $T \to \infty$ 时),这也就证明了,如果 **c** 满足方程式(38),那么也满足方程式(8)。

与第 2.3 节中一样,我们重新定义了最大化问题——关于 $u_t(\theta^t)$ 的,而不是关于 $c_t(\theta^t)$ 的。不过我们现在要强调的是,持续的冲击引致了重要差异。与第 2.3 节中一样,先假定 T 是有限的。

有限期经济

在本小节中,我们先考虑 $T < \infty$ 的情形。对于任何历史 $\theta^t \in \Theta^t$ 和任何 $\theta' \in \Theta$,将 $v_t(\theta^t|\theta')$ 定义为:

$$v_t(\theta^t|\theta') \equiv \sum_{s=1}^{T-t}\sum_{\theta^{t+s} \in \Theta^{t+s}}\beta^{s-1}\pi_{t+s}(\theta_{t+1}^{t+s}|\theta')\theta_{t+s}u_{t+s}(\theta^t,\theta_{t+1}^{t+s}), \tag{39}$$

其中,$(\theta^t,\theta_{t+1}^{t+s})$ 表示前 t 个元素为 θ^t 的历史 θ^{t+s}。利用这个定义,我们能够将方程式(38)重写为

$$\theta u_t(\theta^{t-1},\theta) + \beta v_t(\theta^{t-1},\theta|\theta) \geqslant \theta u_t(\theta^{t-1},\hat{\theta}) + \beta v_t(\theta^{t-1},\hat{\theta}|\theta), \ \forall \theta^{t-1},\theta,\hat{\theta} \tag{40}$$

与前面第 2.3.1 节中考虑的冲击是独立同分布时的情况不同,在这里,报告 θ^t 的代理人的延续效用不仅取决于报告的历史,而且还取决于该代理人在期间 t 受到的真实的冲击 θ_t'。这个结果背后的经济学直觉是,如果冲击是自相关的,那么实现的冲击 θ_t' 对于从第 $t+1$ 期往后的未来中实现的冲击来说信息量很大。通过重复替代,我们可以将 v_t 重写为

$$v_t(\theta^t|\theta') = \sum_{\theta \in \Theta}\pi(\theta|\theta')[\theta u_{t+1}(\theta^t,\theta) + \beta v_{t+1}(\theta^t,\theta|\theta)], \ \forall \theta^t,\theta', \tag{41}$$

其中我们约定,如果 T 是有限的,那么 $v_T(\theta^T|\theta') = 0$。初始效用 v_0 由下式给出

$$v_0 = \sum_{\theta \in \Theta}\pi(\theta|\theta_{(1)})[\theta u_1(\theta) + \beta v_1(\theta|\theta)] \tag{42}$$

令 $\mathbf{v} = \{v_t(\theta^t|\theta')\}_{t \geqslant 1,\theta^t \in \Theta^t,\theta' \in \Theta}$。集合 $\Gamma(v_0)$ 现在定义为所有满足方程式(40)—(42)的分配 $(\mathbf{u},\mathbf{v})$ 的集合。直接扩展第 2.3 节的证明可知,最优的激励相容的分配,即对原始问题(9)的解,是存在的,而且也是如下对偶最大化问题的解:

$$\widetilde{K}_0(v_0) \equiv \max_{(\mathbf{u},\mathbf{v}) \in \Gamma(v_0)}\left[-\sum_{t=1}^{T}\sum_{\theta^t \in \Theta^t}\beta^{t-1}\pi_t(\theta^t|\theta_{(1)})C(u_t(\theta^t))\right] \tag{43}$$

这个问题可以用与前面推导贝尔曼方程(18)时相同的思路写成递归形式,不过有两个不同之处:(i)当冲击自相关时,状态空间更大;(ii)对状态变量的可行值的空间现在变得更加难以描述了。下面,我们用反向归纳论证来阐述这两个差异。

其实,从激励约束就可以看出这个问题需要更大的状态空间了。代理人报告的每个历史 θ^t 都有一个相应的"承诺效用"的 $|\Theta|$ 维向量 $v_t(\theta^t|\cdot) = \{v_t(\theta^t|\theta_{(j)})\}_{j=1}^{|\Theta|}$,其中,对于每一

个 j，$v_t(\theta^t|\theta_{(j)})$ 是分配给报告了历史 θ^t 的代理人的承诺效用，而且该代理人在期间 t 中的真实类型确实就是 $\theta_{(j)}$。而且，对在第 $t+1$ 期未来实现的冲击的预期，也依赖于期间 t 实现的冲击 θ^t_t。因此，状态空间的维度是 $|\Theta|+1$ 维。接下来，描述值函数 $K_{t-1}(v(\theta_{(1)}),\cdots,v(\theta_{(|\Theta|)}),\theta_-)$ 以及它的域 $\mathcal{V}_{t-1}\times\Theta$ 的递归构造方法。用 $\mathcal{V}_{t-1}$ 表示所有具有如下性质的向量 $v(\cdot)\in\mathbb{R}^{|\Theta|}$ 的空间：存在某个 $u\in\mathbb{U}$ 使得 $v(\theta_{(i)})=u\sum_{\theta\in\Theta}\pi(\theta|\theta_{(i)})\theta$ 对于所有 $i\in\Theta$ 都成立。对于这样的 $v(\cdot)\in\mathcal{V}_{t-1}$，再令 $K_{T-1}(v(\cdot),\theta)=-C(u)$。这个定义简单地抓住了 这样一个事实：在最后一个期间，委托人不能提供任何针对期间 T 的冲击的保险（根据如方程式(40)所述的激励相容约束），同时 K_{T-1} 则为(负的)主体在期间 $T-1$ 可以做出的可行承诺的成本。而对于 $0\leqslant t\leqslant T-2$，可以递归性地将 K_t 定义为

$$K_t(v(\cdot),\theta_-)=\max_{|u(\theta),w(\theta|\cdot)|}\sum_{\theta\in\Theta}\pi(\theta|\theta_-)[-C(u(\theta))+\beta K_{t+1}(w(\theta|\cdot),\theta)] \qquad (44)$$

它要服从信守承诺约束

$$v(\theta_{(j)})=\sum_{\theta\in\Theta}\pi(\theta|\theta_{(j)})[\theta u(\theta)+\beta w(\theta|\theta)],\forall j\in\{1,\cdots,|\Theta|\}, \qquad (45)$$

激励相容约束

$$\theta u(\theta)+\beta w(\theta|\theta)\geqslant\theta u(\hat\theta)+\beta w(\hat\theta|\theta),\forall\theta,\hat\theta\in\Theta, \qquad (46)$$

以及

$$u(\theta)\in\mathbb{U},w(\theta|\cdot)\in\mathcal{V}_{t+1},\forall\theta\in\Theta \qquad (47)$$

K_t 的域则为 $\mathcal{V}_t\times\Theta$，其中 $\mathcal{V}_t$ 的定义是所有具有如下性质的 $v(\cdot)\in\mathbb{R}^{|\Theta|}$ 的集合：存在某个 $\{u(\theta),w(\theta|\cdot)\}_{\theta\in\Theta}$ 使得上述约束(45)、(46)和(47)都得到满足。

到目前为止，我们是完全从数学考虑来定义 K_t 的，因为我们观察到，在某个历史 θ^t 之后，最大化问题(43)的解完全可以独立于任何其他历史 $\hat\theta^t$ 而求得，只要能够追踪向量 $v(\cdot)$ 以及期间 t 实现的冲击 θ^t_t。当然，我们还要描述一下这些方程式背后的经济学直觉。方程式(46)很简单，就是我们熟悉的激励相容约束，与第 2.3 节所述的类似。对于 $\theta_{(j)}=\theta_-$，方程式(45)概述了一个在期间 $t-1$ 受到了 θ_- 冲击的代理人在期间 t 的期望效用，这个方程式可与独立同分布情形下方程式(19)类比。而对于 $\theta_{(j)}\neq\theta_-$，方程式(45)则可以说是备用的"持续威胁"约束(threat-keeping constraint)，它使得我们能够跟踪上一期提供的激励措施。因为分配是激励相容的，所以在均衡路径上不会有代理人虚报自己的类型，因此也就没有任何代理人能够真正在 $\theta_{(j)}\neq\theta_-$ 时获得效用 $v(\theta_{(j)})$。据此，我们可以认为这些 $v(\theta_{(j)})$ 是委托人在期间 $t-1$ 选择发生的威胁，目的是保证代理人不会虚报自己的类型；同时方程式(45)还保证委托人在第 t 期后的选择与这个威胁保持一致。委托人为所有报告了 θ_- 的代理人选择了一个共同的分配方案。这种共同的分配方案是，对于每一个 $j\in\{1,\cdots,|\Theta|\}$，向所有真实类型为 θ_- 的代理人同时提供效用 $v(\theta_-)$，即用概率 $\pi(\theta|\theta_-)$ 计算期望价值；同时，向所有真实类型为 $\theta_{(j)}$ 的代理人提供效用 $v(\theta_{(j)})$，即用概率 $\pi(\theta|\theta_{(j)})$ 计算期望价值。

接下来，我们要阐述方程式(44)定义的函数 $K_0(v(\cdot),\theta_-)$ 与方程式(43)定义的函数 $\widetilde K_0(v_0)$ 之间的关系。不难观察到，在集合 $\Gamma(v_0)$ 内并不存在备用的持续威胁约束。在数学上，这等价于说这些约束是很松弛的。因此，给定假设——第 1 期的冲击抽取自 $\pi(\cdot|\theta_{(1)})$ ——函数 $K_0(v(\cdot),\theta_-)$ 与函数 $\widetilde K_0(v_0)$ 之间的关系可以直接用下式表示

$$\widetilde{K}_0(v_0) = \max_{v(\,\cdot\,)\in\mathcal{V},v(\theta_{(1)})=v_0} K_0(v(\,\cdot\,),\theta_{(1)}) \tag{48}$$

这样也就给出了求得方程式(9)所述的原始问题的解($\mathbf{u}^*,\mathbf{v}^*$)的一个简单方法。这个问题的值应该能够使得可行性约束的等号成立,并可以认为是 $\widetilde{K}_0(v_0) = -\dfrac{1-\beta^T}{1-\beta}e$ 的一个解。然后,从最大化问题(48)中,我们可以生成向量 $v_0(\,\cdot\,)$。最后,利用贝尔曼方程(44)的策略函数生成解($\mathbf{u}^*,\mathbf{v}^*$),与独立同分布情况下类似。

无限期经济

我们现在转而讨论无限期经济,即 $T=\infty$ 情况下的递归公式。为了简单起见,假设效用函数是有界的,即 $\mathbb{U}=[\underline{M},\bar{u}]$。令 $\mathcal{V}$ 为承诺效用向量 $v(\,\cdot\,)$ 的集合,该集合中存在一个分配 $\mathbf{u}$,使得

$$v(\theta_{(j)}) = \sum_{t=1}^{\infty}\sum_{\theta^t\in\Theta^t}\beta^{t-1}\pi_t(\theta^t|\theta_{(j)})\theta_t u_t(\theta^t), \forall j\in\{1,\cdots,|\Theta|\} \tag{49}$$

而且,对于所有 $t\geq 1$,对于所有 $\theta^{t-1},\theta,\hat{\theta}$,

$$\theta u_t(\theta^{t-1},\theta)+\beta\left\{\sum_{s=1}^{\infty}\sum_{\theta^{t+s}\in\Theta^{t+s}}\beta^{s-1}\pi_{t+s}(\theta^{t+s}|\theta^{t-1},\theta)\theta_{t+s}u_{t+s}(\theta^{t-1},\theta,\theta^{t+s}_{t+1})\right\}$$
$$\geq\theta u_t(\theta^{t-1},\hat{\theta})+\beta\left\{\sum_{s=1}^{\infty}\sum_{\theta^{t+s}\in\Theta^{t+s}}\beta^{s-1}\pi_{t+s}(\theta^{t+s}|\theta^{t-1},\theta)\theta_{t+s}u_{t+s}(\theta^{t-1},\hat{\theta},\theta^{t+s}_{t+1})\right\} \tag{50}$$

对于任何 $\theta_-\in\Theta$ 和 $v(\,\cdot\,)\in\mathcal{V}$,该贝尔曼方程可以写为

$$K(v(\,\cdot\,),\theta_-) = \max_{\{u(\theta),w(\theta|\,\cdot\,)\}}\sum_{\theta\in\Theta}\pi(\theta|\theta_-)[-C(u(\theta))+\beta K(w(\theta|\,\cdot\,),\theta)] \tag{51}$$

它服从方程式(45)和(46);而且对于所有 θ,都有 $u(\theta)\in\mathbb{U},w(\theta|\,\cdot\,)\in\mathcal{V}$。

这个贝尔曼方程式是对独立同分布情形下的贝尔曼方程(23)的直接扩展。在一般马可夫冲击的情况下,需要跟踪更多的状态变量,这一点也与我们在有限期经济中得到的结果一样。方程式(51)引入的一个新的因素是,它是在集合 $\mathcal{V}$ 中定义的,但是这个集合本身是有待我们去找出来的。阿布雷乌等人(Abreu et al.,1990)给出了一种找到该集合并描述其性质的方法。

命题8:集合 $\mathcal{V}$ 是非空、紧的和凸的。它是算子 $\mathscr{A}$ 的最大的有界固定点。$\mathscr{A}$ 是为一个任意的非空的紧集 $\widetilde{\mathcal{V}}\subset\mathbb{R}^{|\Theta|}$ 定义的,其定义为 $\mathscr{A}\widetilde{\mathcal{V}}=\{v(\,\cdot\,)\text{ s.t. }\exists\{u(\theta),w(\theta|\,\cdot\,)\}_{\theta\in\Theta}:\text{方程式}(45)\text{和}(46)\text{成立且}(u(\theta),w(\theta|\,\cdot\,))\in\mathbb{U}\times\widetilde{\mathcal{V}},\forall\theta\}$。

它是紧集的单调递减序列 $\{\mathcal{V}_n\}_{n=0,1,\cdots}$ 的极限;该紧集的定义为 $\mathcal{V}_0=\left[\dfrac{\theta_{(1)}}{1-\beta}\underline{u},\dfrac{\theta_{|\Theta|}}{1-\beta}\bar{u}\right]^{|\Theta|},\mathcal{V}_n=\mathscr{A}\mathcal{V}_{n-1}$(对于 $n\geq 1$),从而使得 $\mathcal{V}=\lim_{n\to\infty}\mathcal{V}_n=\bigcap_{n=1}^{\infty}\mathcal{V}_n$。

证明:集合 $\mathcal{V}$ 是非空的,因为任何独立于报告的分配都是激励相容的。集合 $\mathcal{V}$ 是凸的,因为对于一切 $j\in\{1,\cdots,|\Theta|\},v_{\mathbf{u}}(\theta_{(j)})$ 对于 $\mathbf{u}$ 来说都是仿射的——其中 $v_{\mathbf{u}}(\theta_{(j)})$ 是通过方程式(49)的右侧表达式来定义的。将集合 $\mathcal{V}$ 构造为算子 $\mathscr{A}$ 的最大的紧不动点,依据的是阿布雷乌等人的结论(Abreu et al.,1990)。在这里,我们将给出一个简单的证明,说明为什么 $\mathcal{V}$ 是紧的,而且是算子 $\mathscr{A}$ 的不动点。

令 $\mathcal{U}$ 表示分配 $\mathbf{u} = \{u_t(\theta^t)\}_{t\geq1,\theta^t\in\Theta^t}$ 的空间,其中,对于所有的 $t\geq1,\theta^t\in\Theta^t$,都有 $u_t(\theta^t)\in[\underline{u},\overline{u}]$。由于对于所有的 $t\geq1$,都有 $|\Theta^t|<\infty$,所以 $\mathcal{U}$ 是一个紧度量空间 $[\underline{u},\overline{u}]$ 的可数积(countable product)。将 $\mathcal{U}$ 嵌入积拓扑,我们就可以得出, $\mathcal{U}$ 是一个紧度量空间(这种紧性遵循对角化证明的一个标准结果)。当且仅当所有投影 $u_t^{(n)}(\theta^t)$ 都在 n→∞ 时收敛于 $[\underline{u},\overline{u}]$, $\mathcal{U}$ 中的序列 $\mathbf{u}^{(n)}$ 才会在 n→∞ 时收敛。

我们现在要证明集合 ν 是紧的。由于效用函数是有界的,所以 $v_\mathbf{u}$ 也是有界的,进而 ν 也是有界的。为了证明 ν 是闭集,令 $\{\vec{v}^{(n)}\}_{n=1}^{\infty}$ 为 ν 中的一个柯西序列,并用 $\vec{v}^{(\infty)}=\{v^{(\infty)}(\theta_{(j)})\}_{j=1,\cdots,J}$ 表示这个序列的极限。再令 $\{\mathbf{u}^{(n)}\}_{n=1}^{\infty}$ 为一个分配序列,它能使得对于所有的 $j\in\{1,\cdots,|\Theta|\}$ 和 $n\geq1$,都有 $v^{(n)}(\theta_{(j)})=v_{\mathbf{u}^{(n)}}(\theta_{(j)})$。因为 $\mathcal{U}$ 是紧的,所以 $\{\mathbf{u}^{(n)}\}_{n=1}^{\infty}$ 包含着一个收敛序列 $\{\mathbf{u}^{\varphi(n)}\}_{n=1}^{\infty}$,用 $\mathbf{u}^{(\infty)}$ 来表示它的极限。有 $\mathbf{u}^{(\infty)}\in\mathcal{U}$。由于 $v_\mathbf{u}(\theta_{(j)})$ 在 $\mathbf{u}$ 中是连续的,所以我们推得,对于所有的 $j\in\{1,\cdots,|\Theta|\}$,

$$v^{(\infty)}(\theta_{(j)})=\lim_{n\to\infty}v^{(\varphi(n))}(\theta_{(j)})=\lim_{n\to\infty}v_{\mathbf{u}^{(\varphi(n))}}(\theta_{(j)})=v_{\mathbf{u}^{(\infty)}}(\theta_{(j)})$$

最后,因为 $\mathbf{u}^{(n)}$ 满足激励约束(50),根据连续性,得出 $\mathbf{u}^{(\infty)}$ 也满足激励约束(50)。因此 $\vec{v}^{(\infty)}\in\nu$,从而 ν 是闭的。由于 $\nu\subset\mathbb{R}^{|\Theta|}$,所有推出 ν 是紧的。

接下来我们要证明 ν 是 $\mathscr{A}$ 的一个不动点,即 $\mathscr{A}\nu=\nu$。首先,令 $\vec{v}\in\nu$,必定存在 $\mathbf{u}=\{u_t(\theta^t)\}_{t,\theta^t}\in\mathcal{U}$,它满足激励约束(50)并能使得对于所有 $j\in\{1,\cdots,|\Theta|\}$,都有 $v(\theta_{(j)})=v_\mathbf{u}(\theta_{(j)})$。分配规则 $\{u(\theta),w(\theta|\cdot)\}_{\theta\in\Theta}$ 定义为 $u(\theta)=u_1(\theta)$ 和 $w(\theta|\theta_{(j')})=v_{\mathbf{u}_2^{\infty}(\theta)}(\theta_{(j')})$,其中 $\mathbf{u}_2^{\infty}(\theta)$ 表示在给定历史 $\theta^1=\theta$ 时从第2期往后的分配 $\mathbf{u}$ 的延续。因为 $\mathbf{u}_2^{\infty}(\theta)$ 在所有历史出现后都满足如方程式(50)所述的激励相容条件,所以我们可以得出,对于一切 $\theta\in\Theta$,都有 $w(\theta|\cdot)\in\nu$。而且,还可以得到

$$\theta u(\theta)+\beta w(\theta|\theta)=\theta u_1(\theta)+\beta v_{\mathbf{u}_2^{\infty}(\theta)}(\theta)$$

$$\geq\theta u_1(\hat{\theta})+\beta v_{\mathbf{u}_2^{\infty}(\theta)}(\theta)=\theta u(\hat{\theta})+\beta w(\hat{\theta}|\theta)$$

其中的不等式来自方程式(50)。因此,分配规则 $\{u(\theta),w(\theta|\cdot)\}_{\theta\in\Theta}$ 满足方程式(46)。最后,根据构造,我们知道分配规则 $\{u(\theta),w(\theta|\cdot)\}_{\theta\in\Theta}$ 满足方程式(45)。因此 $\vec{v}\in\mathscr{A}\nu$,从而 $\nu\subset\mathscr{A}\nu$。反之,假设 $\vec{v}\in\mathscr{A}\nu$,这时必定存在某个分配规则 $\{u(\theta),w(\theta|\cdot)\}_{\theta\in\Theta}$,满足信守承诺约束(45)和激励相容约束(46),并且对于所有 θ,都有 $w(\theta|\cdot)\in\nu$。然后,以如下方式定义一个分配 $\mathbf{u}$。先令 $u_1(\theta)=u(\theta)$,对于每一个 $\theta\in\Theta$,由于 $w(\theta|\cdot)\in\nu$,所以必定存在某个分配 $\tilde{\mathbf{u}}(\theta)$ 使得对于所有 $j\in\{1,\cdots,|\Theta|\}$,都有 $v_{\tilde{\mathbf{u}}(\theta)}(\theta_{(j)})=w(\theta|\theta_{(j)})$。定义 $\mathbf{u}_2^{\infty}(\theta)=\tilde{\mathbf{u}}(\theta)$。以这样方式构造的分配 $\mathbf{u}$ 必定在 $\mathcal{U}$ 中,同时满足激励约束(50),并且能够使得 $v_\mathbf{u}(\theta_{(j)})=v(\theta_{(j)})$。因此 $\vec{v}\in\nu$,从而 $\mathscr{A}\nu\subset\nu$。

2.5.2 连续冲击和一阶方法

在上一节,我们给出了当冲击是马尔可夫式的时候,以递归形式表示最优保险问题的解的一般方法。在实际应用中,运用贝尔曼方程(51)时会面临一个操作性难题,那就是状态空间的维数会随着冲击次数的增加而提高。当冲击次数变得比较大之后,解出方程式(51)就会变得极其困难。为了保证问题的可处理性,必须找到一种让状态变量的数量保持在较低

水平上的方法。

一种方法是猜测在方程式(38)给出的激励约束中,只有一些在最佳状态下是真的有约束力的。在这种情况下,我们可以将所有非紧固约束都删除掉,从而也就免除了跟踪对应的状态变量的需要。紧固约束的一类天然候选者是那些能够确保类型为 θ 的代理人不会想去模仿最接近于他自己的其他类型的局部约束的人。在本小节中,我们将介绍如何构造这样一个松驰问题(relaxed problem),并将给出足够的条件,这些条件能够在事后加以验证,以确保删除掉的激励约束得到了满足。[①]

这种分析可以用离散数量的冲击来实现,但是,如果允许连续冲击的话,分析将变得特别简单。在这种情况下,将包络定理应用于激励相容性条件,就能够提炼出一个简单的、可追踪的方法,用来推导贝尔曼方程。对于这个问题,卡皮奇卡(Kapic ka,2013)、帕文等人(Pavan et al. ,2014)都给出过一些解决方法。在这里,我们所依据的主要是前者的阐述。

让每个期间的品味冲击 θ_t 都位于一个区隔 $\Theta=(\underline{\theta},\bar{\theta})\subset\mathbb{R}_+$,其中 $\bar{\theta}<\infty$ 。我们假设,冲击 θ_t 的随机过程是一个马尔可夫过程,且具有连续密度 $\pi(\theta_t|\theta_{t-1})$ 。使用 $\pi_s(\cdot|\theta_t)$ 表示第 t 期发生了冲击 θ_t 的历史 θ_{t+1}^{t+s} 的概率分布函数,也就是说,

$$\pi_s(\theta_{t+1}^{t+s}|\theta_t)=\pi(\theta_{t+s}|\theta_{t+s-1})\times\cdots\times\pi(\theta_{t+1}|\theta_t)$$

与上一节一样,假设这些概率是从种子值 $\theta_0=\theta_{(1)}$ 生成的。然后,进一步给出如下假设。

假设 4:假设对于所有的 θ ,密度 $\pi(\theta|\cdot)$ 都是均匀利普希茨连续的(uniformly Lipschitz continuous),而且其导数 $\hat{\pi}(\theta|\theta_-)\equiv\dfrac{\partial\pi(\theta|\theta_-)}{\partial\theta_-}$ 存在且均匀有界。

这些假设都是可以被大幅度放宽的——例如,请参见卡皮奇卡(Kapic ka,2013 年)、帕文等人(Pavan et al. ,2014)对相关问题更一般的论述——但是它们已经在很大程度上简化了我们的分析。在本小节中,为了简化可积分性条件,还要进一步假设效用函数是有界的。

虽然冲击从离散的变为连续的了,但是对约束(40)和(41)的递归表示的推导并不需要做出太多改变,唯一的区别在于,在方程式(41)中对有限数量的冲击实现的求和,现在要用积分来取代了。约束(41)和(40)现在可以改写为

$$v_t(\theta^{t-1},\hat{\theta}_t|\theta_t)=\int_\Theta[\theta'u_{t+1}(\theta^{t-1},\hat{\theta}_t,\theta')+\beta v_{t+1}(\theta^{t-1},\hat{\theta}_t,\theta'|\theta')]\pi(\theta'|\theta_t)d\theta',\forall\theta',\hat{\theta}_t \quad (52)$$

和

$$\theta_tu_t(\theta^{t-1},\theta_t)+\beta v_t(\theta^{t-1},\theta_t|\theta_t)=\max_{\hat{\theta}\in\Theta}\{\theta_tu_t(\theta^{t-1},\hat{\theta})+\beta v_t(\theta^{t-1},\hat{\theta}|\theta_t)\},\forall\theta^{t-1},\theta_t \quad (53)$$

引理 4:假设上面的假设 4 已经得到了满足,且效用函数是有界的,那么函数 $v_t(\theta_{t-1},\theta_t|\cdot)$ 相对于报告的每一个历史 $\theta^t=(\theta^{t-1},\theta_t)$ 实现了的期间 t 的类型 θ 来说,是可微分的,而且它在 θ_t 处的导数值为

$$\hat{v}_t(\theta^t)=\int_\Theta[\theta'u_{t+1}(\theta^t,\theta')+\beta v_{t+1}(\theta^t,\theta'|\theta')]\hat{\pi}(\theta'|\theta_t)d\theta' \quad (54)$$

[①] 这里有一点很重要,我们一定要记住:还存在许多冲击有持续性的激励问题,其中非局部激励约束是坚固约束,例如,请参见巴塔利尼和兰巴对这个问题的讨论(Battaglini and Lamba,2015),因此松驰问题有可能无法满足足够的条件。

此外,如果一个分配是激励相容的,那么对于所有的 $t \geqslant 1, \theta^t \in \Theta^t$,都有

$$\theta_t u_t(\theta^{t-1}, \theta_t) + \beta v_t(\theta^{t-1}, \theta_t | \theta_t) = \int_{\underline{\theta}}^{\theta_t} \{u_t(\theta^{t-1}, \theta) + \beta \hat{v}_t(\theta^{t-1}, \theta)\} \, \mathrm{d}\theta + v(\theta^{t-1}), \quad (55)$$

其中,$v_t(\theta^{t-1}) = \lim_{\theta \to \underline{\theta}} \{\theta u_t(\theta^{t-1}, \theta) + \beta v_t(\theta^{t-1}, \theta | \theta)\}$。

证明:令 $S_{t+1}(\theta^t, \theta') = \theta' u_{t+1}(\theta^t, \theta') + \beta v_{t+1}(\theta^t, \theta' | \theta')$。那么,我们可以推出

$$\frac{v_t(\theta^{t-1}, \theta_t | \theta + \Delta\theta) - v_t(\theta^{t-1}, \theta_t | \theta)}{\Delta\theta} = \int_\Theta S_{t+1}(\theta^t, \theta') \frac{\pi(\theta' | \theta + \Delta\theta) - \pi(\theta' | \theta)}{\Delta\theta} \mathrm{d}\theta'$$

$$\xrightarrow[\Delta\theta \to 0]{} \int_\Theta S_{t+1}(\theta^t, \theta') \hat{\pi}(\theta' | \theta) \mathrm{d}\theta'$$

上面这个推导过程的最后一步是根据控制收敛定理(Dominated Convergence Theorem)得出的,只需注意到,从 $\pi(\theta' | \cdot)$ 的均匀利普希茨连续性(uniform Lipschitz continuity),可以推出 $S_{t+1}(\theta^t, \theta')$ 和 $\left| \dfrac{\pi(\theta' | \theta + \Delta\theta) - \pi(\theta' | \theta)}{\Delta\theta} \right|$ 都是有界的。因此,$v_t(\theta^{t-1}, \theta_t | \cdot)$ 是可微分的,而且对于所有的 $\eta > \underline{\theta}$,在 $[\eta, \overline{\theta})$ 上都是利普希茨连续的(因为 $\hat{\pi}(\theta' | \theta)$ 是均匀有界的)。

再令 $\hat{S}_t(\theta^{t-1}, \hat{\theta}_t | \theta_t) = \theta_t u_t(\theta^{t-1}, \hat{\theta}_t) + \beta v_t(\theta^{t-1}, \hat{\theta}_t | \theta_t)$,那么 $\hat{S}_t$ 在 $(\eta, \overline{\theta})$ 上对于 θ_t 是可微分的(用它的导数 $\hat{S}_{\theta, t}$ 来表示),而且在 $[\eta, \overline{\theta})$ 对于 θ_t 是利普希茨连续的。因此,它在 $(\eta, \overline{\theta})$ 上对于 θ_t 是绝对连续的并有一个有界导数。因为该分配是激励相容的,所以 $\hat{S}_t(\theta^{t-1}, \hat{\theta}_t | \theta_t)$ 在 $\hat{\theta}_t = \theta_t$ 处实现了最大化。根据米尔格罗姆和西格尔的论文中的定理2(Milgrom and Segal, 2002),$\hat{S}_t(\theta^{t-1}, \hat{\theta}_t | \theta_t)$ 可以用其导数的积分来表示,即

$$\hat{S}_t(\theta^{t-1}, \theta_t | \theta_t) = \int_\eta^{\theta_t} \hat{S}_{\theta, t}(\theta^{t-1}, \theta, \theta) \, \mathrm{d}\theta + \hat{S}_t(\theta^{t-1}, \eta | \eta)$$

$$= \int_\eta^{\theta_t} \{u_t(\theta^{t-1}, \theta) + \beta \hat{v}_t(\theta^{t-1}, \theta | \theta)\} \, \mathrm{d}\theta + \hat{S}_t(\theta^{t-1}, \eta | \eta)$$

对上式取 $\eta \to \underline{\theta}$ 时的极限,就可以得到方程式(55)。

现在,我们可以定义一个松弛问题了,方法是对于所有历史,将短期激励相容约束(53)用包络条件(55)来代替。这可以极大地简化分析,因为后者的约束只取决于报告真实信息的代理人(讲真话的人)的终身效用和边际终身效用,而不是取决于如第2.5节所述的所有可能类型的代理人的延续效用。在社会规划者问题的递归表达式中,选择变量包括:当前的效用 $u(\theta)$、报告真实信息的代理人(讲真话的人)的延续效用 $w(\theta)$,以及报告真实信息的代理人(讲真话的人)的延续效用的边际变化 $\hat{w}(\theta)$。状态变量则包括:报告的、在前个期间实现的品味冲击 θ_-,对真实地报告了上个期间的 θ_- 的代理人的承诺效用 v,以及对真实地报告了上个期间的 θ_- 的代理人的边际承诺效用 $\hat{v}$。

现在,我们要阐述无限期情形下的松弛问题的递归表达形式。令 $\mathcal{V}(\theta_-)$ 表示这样的终身效用和边际终身效用对 $(v, \hat{v}) \in \mathbb{R}^2$ 的集合:存在某些值 $\{u(\theta), w(\theta), \hat{w}(\theta)\}_{\theta \in \Theta}$,使得以下条件成立:

(i)包络条件

$$\theta u(\theta) + \beta w(\theta) = \int_{\underline{\theta}}^{\theta} \{u(\theta') + \beta \hat{w}(\theta')\} \, \mathrm{d}\theta' + \lim_{\theta' \to \underline{\theta}} \{\theta' u(\theta') + \beta w(\theta')\}, \quad \forall \theta \in \Theta \quad (56)$$

（ⅱ）信守承诺约束条件

$$v = \int_{\Theta} \{ \theta' u(\theta') + \beta w(\theta') \} \pi(\theta' | \theta_-) \mathrm{d}\theta' \tag{57}$$

（ⅲ）边际信守承诺约束条件

$$\hat{v} = \int_{\Theta} \{ \theta' u(\theta') + \beta w(\theta') \} \hat{\pi}(\theta' | \theta_-) \mathrm{d}\theta' \tag{58}$$

（ⅳ）对于所有的 $\theta \in \Theta$，$(w(\theta), \hat{w}(\theta)) \in \hat{\mathcal{V}}(\theta)$。

注意到，$\hat{\mathcal{V}}(\theta)$ 通常来说依赖于实现的 θ 值，因而对它可以按照命题 8 的思路来表示。

对于任何 $\theta_- \in \Theta$，以及 $(v, \hat{v}) \in \hat{\mathcal{V}}(\theta_-)$，贝尔曼方程为

$$K(v, \hat{v}, \theta_-) = \sup_{\overrightarrow{u, w, \hat{w}}} \int_{\Theta} \{ -C(u(\theta)) + \beta K(w(\theta), \hat{w}(\theta), \theta) \} \pi(\theta | \theta_-) \mathrm{d}\theta \tag{59}$$

它服从方程式（56）—（58），而且对于所有的 $\theta \in \Theta$，都有 $u(\theta) \in \mathbb{U}$，$(w(\theta), \hat{w}(\theta)) \in \hat{\mathcal{V}}(\theta)$。

接下来，我们终于可以讨论前述松弛问题在什么时候能够给出原始问题的解了。包络条件（55）是一个分配暂时激励相容的必要条件，但不是充分条件。如下的命题 9 给出了充分条件：

命题 9：假设分配 $\mathbf{u}$ 除了满足包络条件（55）之外，还满足如下条件：

$$u_t(\theta^{t-1}, \hat{\theta}_t) + \beta \hat{v}_t(\theta^{t-1}, \hat{\theta}_t | \theta_t) \tag{60}$$

对于所有的 t, θ^{t-1} 和几乎所有的 θ_t，都随 $\hat{\theta}_t$ 递增，其中 $\hat{v}_t(\theta^{t-1}, \hat{\theta}_t | \theta_t) \equiv \frac{\partial}{\partial \theta} v_t(\theta^{t-1}, \hat{\theta}_t | \theta_t)$。那么 $\mathbf{u}$ 就是一个激励相容的分配。

证明：固定 t, θ^{t-1}，并令 $S_t(\theta^{t-1}, \theta_t) \equiv \hat{S}_t(\theta^{t-1}, \theta_t | \theta_t)$。如果对于所有的 $\theta^{t-1}, \theta_t, \hat{\theta}_t$，都有 $S_t(\theta^{t-1}, \theta_t) \geq \hat{S}_t(\theta^{t-1}, \hat{\theta}_t | \theta_t)$，那么分配就是暂时激励相容的。方程式（55）表明，对于几乎所有的 $\theta \in \Theta$，$S_t(\theta^{t-1}, \cdot)$ 都是可微分的，即

$$\frac{\partial}{\partial \theta} S_t(\theta^{t-1}, \theta) = u_t(\theta^{t-1}, \theta) + \beta \hat{v}_t(\theta^{t-1}, \theta)$$

因此，可以得到

$$S_t(\theta^{t-1}, \theta_t) - S_t(\theta^{t-1}, \hat{\theta}_t)$$

$$= \int_{\hat{\theta}_t}^{\theta_t} \frac{\partial}{\partial \theta'} S_t(\theta^{t-1}, \theta') \mathrm{d}\theta' = \int_{\hat{\theta}_t}^{\theta_t} \{ u_t(\theta^{t-1}, \theta') + \beta \hat{v}_t(\theta^{t-1}, \theta' | \theta') \} \mathrm{d}\theta'$$

$$\geq \int_{\hat{\theta}_t}^{\theta_t} \{ u_t(\theta^{t-1}, \hat{\theta}_t) + \beta \hat{v}_t(\theta^{t-1}, \hat{\theta}_t | \theta') \} \mathrm{d}\theta' = \hat{S}_t(\theta^{t-1}, \hat{\theta}_t | \theta_t) - S_t(\theta^{t-1}, \hat{\theta}_t)$$

其中的不等式是根据方程式（60）的单调性推导出来的，而最后一个等式则来自 $\hat{S}_t(\theta^{t-1}, \hat{\theta}_t | \theta_t)$ 的可微分性，其中，$\frac{\partial}{\partial \theta} \hat{S}_t(\theta^{t-1}, \hat{\theta}_t | \theta) = u_t(\theta^{t-1}, \hat{\theta}_t) + \beta \hat{v}_t(\theta^{t-1}, \hat{\theta}_t | \theta)$。这样，我们就证明了 $\mathbf{u}$ 是个暂时激励相容（temporarily incentive compatible）的分配。

如果冲击是独立同分布的，那么方程式（60）中的第二项就可以舍弃掉，从而本命题也就等价于这样一个更简单的要求：$u_t(\theta')$ 随 θ' 而递增。我们可以证明，这个要求也是一个必要条件。在静态情形下，u 满足斯彭斯-莫里斯条件（Spence-Mirrlees condition），这是一个充分

条件,而且这个充分条件可以简化为我们更熟悉的分配是单调的这个充要条件(参见 Myerson,1981年)。然而不幸的是,在持续冲击的动态模型中,方程式(60)的单调性条件并 不是必要条件,而且边际终身效用与分配之间也不存在一对一的映射。此外,在实际应用 中,条件(60)也非常难以直接验证。因此,我们必须想办法获得相对较弱的充分条件,或者 在具体应用中从事后的角度(可能是数值上的)检验松弛问题的解是不是真的是最优分配。

2.6 隐藏储蓄

现在,我们假设,代理人可以使用某种存储技术(storage technology),艾伦(Allen,1985 年)以及科尔和柯薛拉柯塔(Cole and Kocherlakota,2001年)分析了这个问题。[1] 他们所用的 模型与我们在第2.3节和第2.4节(冲击是独立同分布且离散的)中所用的模型几乎完全一 样,只有以下这点除外:个体现在能够以利率 R 将非负数量的商品存储起来,而且社会规划 者无法观察到这种私人储蓄。不过,社会规划者仍然能够以与代理人相同的利率 R 借入和 贷出。[2] 我们将证明,允许隐藏私人储蓄,会极大地改变最优社会保险合同:事实上,在这种 情况下,将根本不能提供社会保险。

为了理解这个论点,我们像艾伦(Allen,1985)所作的那样,先假设,这些代理人能够以利 率 R 借入和贷出。在这种情况下,代理人可以完全平滑不同期间的消费。因此,他们总是会 报告能够为他们带来最高现值的转移支付的那种冲击类型,而不管实现的冲击的历史如何。 因此,激励相容约束就要求社会规划者给予所有个体同样的转移支付现值,而它必定等于禀 赋的净现值,即,$e+e/R$。这也就是说,社会规划者将把整个经济的禀赋直接交给代理人,让 他们自己为自己保险。这就意味着,不会存在家庭之间的资源转移支付,即风险共担将不可 能实现。

现在,我们遵循科尔和柯薛拉柯塔的思路(Cole and Kocherlakota,2001),转而假设代理人 只能私下储蓄,而不能以利率 R 借入。出于简单性考虑,进一步假设,涉及的时间期限总共 只有两个时期——关于如何推广至期限 $T \leq \infty$ 的情况下,请参见科尔和柯薛拉柯塔的论文 (Cole and Kocherlakota,2001)。[3] 我们仍然将代理人的消费记为 $\mathbf{c}=\{c_1(\theta_1),c_2(\theta_1,\theta_2)\}$,但 是现在从社会规划者到代理人的转移支付就可能全然不同了,将它记为 $\boldsymbol{\tau}=\{\tau_1(\theta_1),\tau_2(\theta_1,\theta_2)\}$。令 $k(\theta_1)$ 表示代理人的私人积蓄,并用 K 表示公共储蓄或借贷。一个有效率的分配的 定义是一个四元组 $\{\mathbf{c},\boldsymbol{\tau},k,K\}$,它是如下问题的解:

$$\max_{\{\mathbf{c},\boldsymbol{\tau},k,K\}}\sum_{\theta_1\in\Theta}\pi(\theta_1)\left\{\theta_1 U(c_1(\theta_1))+\sum_{\theta_2\in\Theta}\beta\pi(\theta_2)\theta_2 U(c_2(\theta_1,\theta_2))\right\},\tag{61}$$

要服从如下条件:社会规划者的可靠性约束,$\forall\,\theta_1,\theta_2\in\Theta$,

---

[1] 另外,还请参见韦尔宁(Werning,2002)、戈洛索夫和奇温斯基(Golosov and Tsyvinski,2007)、法里等人(Farhi et al.,2009),以及阿勒斯和马兹耶罗(Ales and Maziero,2009)。
[2] 关于可行性,我们在这里采用的是林奎斯特和萨金特的定义(Ljungqvist and Sargent,2012),而不是科尔和柯薛拉柯塔的定义(Cole and Kocherlakota,2001),后者假设社会规划者不能借入。
[3] 本小节的结果可以推广到效用函数不是递增绝对风险厌恶时的有限期情形下,也可以推广到效用函数有界时的无限期情形下。

$$\sum_{\theta_1 \in \Theta} \pi(\theta_1)\tau_1(\theta_1) + K = e,$$

$$\sum_{(\theta_1,\theta_2) \in \Theta^2} \pi(\theta_1)\pi(\theta_2)\tau_2(\theta_1,\theta_2) = e + RK, \tag{62}$$

代理人的资源约束，$\forall \theta_1, \theta_2 \in \Theta$，

$$c_1(\theta_1) + k(\theta_1) = \tau_1(\theta_1),$$

$$c_2(\theta_1,\theta_2) = \tau_2(\theta_1,\theta_2) + Rk(\theta_1),$$

$$k(\theta_1) \geqslant 0, \tag{63}$$

以及激励相容约束，$\forall \hat{\theta}_1, \hat{\theta}_2 \in \Theta$，$\forall \hat{k} \geqslant 0$，

$$\sum_{\theta_1 \in \Theta} \pi(\theta_1)\left\{\theta_1 U(\tau_1(\theta_1) - k(\theta_1)) + \sum_{\theta_2 \in \Theta} \beta\pi(\theta_2)\theta_2 U(\tau_2(\theta_1,\theta_2) + Rk(\theta_1))\right\}$$

$$\geqslant \sum_{\theta_1 \in \Theta} \pi(\theta_1)\left\{\theta_1 U(\tau_1(\hat{\theta}_1) - \hat{k}(\theta_1)) + \sum_{\theta_2 \in \Theta} \beta\pi(\theta_2)\theta_2 U(\tau_2(\hat{\theta}_1,\hat{\theta}_2) + R\hat{k}(\theta_1))\right\} \tag{64}$$

我们首先注意到，如果让社会规划者公开进行（公共的和私人的）储蓄活动，则不会导致损失，因为代理人和社会规划者具有相同的回报率 R。

引理 5：给定任何一个激励相容且可行的分配 $\{\mathbf{c}, \boldsymbol{\tau}, k, K\}$，必定存在另一个激励相容且可行的分配 $\{\mathbf{c}, \boldsymbol{\tau}^0, O, K^0\}$。

证明：将转移支付定义为 $\tau_1^0(\theta_1) = \tau_1(\theta_1) - k(\theta_1)$，$\tau_2^0(\theta_1,\theta_2) = \tau_2(\theta_1,\theta_2) + Rk(\theta_1)$，并把公共储蓄定义为 $K^0 = K + \sum_{\theta_1 \in \Theta} \pi(\theta_1)k(\theta_1)$。对于分配 $\{\mathbf{c}, \boldsymbol{\tau}^0, O, K^0\}$ 来说，如果 $\mathbf{c} = \boldsymbol{\tau}^0$，那么很显然满足社会规划者和家庭的预算约束，因此是可行的。现在要证明的是它还是激励相容的。事实上，假设存在 $(\hat{\theta}_1, \hat{\theta}_2, \hat{k})$，使得

$$\sum_{\theta_1 \in \Theta} \pi(\theta_1)\left\{\theta_1 U(\tau_1^0(\hat{\theta}_1) - \hat{k}(\theta_1)) + \sum_{\theta_2 \in \Theta} \beta\pi(\theta_2)\theta_2 U(\tau_2^0(\hat{\theta}_1,\hat{\theta}_2) + R\hat{k}(\theta_1))\right\}$$

$$> \sum_{\theta_1 \in \Theta} \pi(\theta_1)\left\{\theta_1 U(\tau_1^0(\theta_1)) + \sum_{\theta_2 \in \Theta} \beta\pi(\theta_2)\theta_2 U(\tau_2^0(\theta_1,\theta_2))\right\}$$

那么策略 $(\hat{\theta}_1, \hat{\theta}_2, \{k(\theta_1) + \hat{k}(\theta_1)\})$ 占优 $(\theta_1, \theta_2, k(\theta_1))$，从而分配 $\{\mathbf{c}, \boldsymbol{\tau}, k, K\}$ 不是激励相容的。

接下来，注意到，施加于第 2 期的转移支付之上的激励约束是独立于报告 $\hat{\theta}_2$ 的（不然的话，代理人将永远只报告能够产生最高转移支付的类型，而不管真实类型是什么）。因此，我们可以将社会规划者对代理人的转移支付重写为 $\tau_1(\theta_1)$，$\tau_2(\theta_2)$。

在激励约束（64）下隐藏储蓄存在的可能性，会使得社会规划者的问题方程式（61）—（64）很难直接求解。因此作为第一步，我们考虑在更大的约束集中有更简单的社会规划者问题：假设代理人在谎报时只能向上虚增一个级次（lie upward by one notch）。这样一来，就可以着手分析如下的松弛问题了：

$$\max_{\{\tau_1(\theta_1),\tau_2(\theta_1)\}|\theta_1 \in \Theta} \sum_{\theta_1 \in \Theta} \pi(\theta_1)\left\{\theta_1 U(\tau_1(\theta_1)) + \sum_{\theta_2 \in \Theta} \beta\pi(\theta_2)\theta_2 U(\tau_2(\theta_1))\right\} \tag{65}$$

要服从的条件是

$$\sum_{\theta_1 \in \Theta} \pi(\theta_1)\tau_1(\theta_1) + K = e,$$

$$\sum_{\theta_1 \in \Theta} \pi(\theta_1)\tau_2(\theta_1) = e + RK, \tag{66}$$

同时,对于所有的 $\hat{k} \geq 0$ 和 σ,使得 $\sigma(\theta_{(j)}) \in \{\theta_{(j)}, \theta_{(j+1)}\}$,对于所有 $j \in \{1, \cdots, |\Theta|-1\}$ 和 $\sigma(\theta_{(|\Theta|)}) = \theta_{(|\Theta|)}$,有

$$\sum_{\theta_1 \in \Theta} \pi(\theta_1) \left\{ \theta_1 U(\tau_1(\theta_1)) + \sum_{\theta_2 \in \Theta} \beta \pi(\theta_2) \theta_2 U(\tau_2(\theta_1)) \right\}$$
$$\geq \sum_{\theta_1 \in \Theta} \pi(\theta_1) \left\{ \theta_1 U(\tau_1(\sigma(\theta_1)) - \hat{k}(\theta_1)) + \sum_{\theta_2 \in \Theta} \beta \pi(\theta_2) \theta_2 U(\tau_2(\sigma(\theta_1)) + R\hat{k}(\theta_1)) \right\} \tag{67}$$

下面,我们从分析松弛问题(65)入手,这要分两步完成。首先,证明如下引理。

引理6:考虑任何一个作为松弛问题(65)的解的分配,比如说,$\{\mathbf{c}, \boldsymbol{\tau}, O, K\}$。它必须满足,对于所有的 $j \in \{1, \cdots, |\Theta|\}$,有

$$\theta_{(j)} U'(c_1(\theta_{(j)})) = \beta R \sum_{\theta_{(j')} \in \Theta} \pi(\theta_{(j')}) \theta_{(j')} U'(c_2(\theta_{(j)}, \theta_{(j')})) \tag{68}$$

证明:用反证法。首先假设,存在某个 $i \in \{1, \cdots, |\Theta|\}$,使得

$$\theta_{(i)} U'(c_1(\theta_{(i)})) < \beta R \sum_{\theta_{(j')} \in \Theta} \pi(\theta_{(j')}) \theta_{(j')} U'(c_2(\theta_{(i)}, \theta_{(j')}))$$

如果是这样,那么通过储蓄 $\hat{k}(\theta_{(i)}) > 0$,代理人 $\theta_{(i)}$ 可以提高他自己的事前贴现效用,但这与激励相容约束矛盾。因此,由于私人储蓄的存在,对个体将只能对他们的借入施加约束,而不能对他们的储蓄施加约束。

下一步,假设存在某个 $i \in \{1, \cdots, |\Theta|\}$,使得

$$\theta_{(i)} U'(c_1(\theta_{(i)})) < \beta R \sum_{\theta_{(j')} \in \Theta} \pi(\theta_{(j')}) \theta_{(j')} U'(c_2(\theta_{(i)}, \theta_{(j')})) \tag{69}$$

那么,我们将可以构造一个可替代的激励相容的、可行的分配 $\{\tilde{\mathbf{c}}, \tilde{\boldsymbol{\tau}}, \tilde{O}, \tilde{K}\}$,它提供的事前效用严格高于 $\{\mathbf{c}, \boldsymbol{\tau}, O, K\}$。更具体地,令

$$\tilde{\tau}_1(\theta_i) = \tilde{\tau}_1(\theta_i) + \varepsilon_1,$$
$$\tilde{\tau}_2(\theta_i) = \tilde{\tau}_2(\theta_i) - \varepsilon_2,$$
$$\tilde{K} = K - \pi(\theta_i) \varepsilon_1,$$

其中,对 $(\varepsilon_1, \varepsilon_2)$ 的选择要保证能够使得

$$\theta_{(i)} U(\tilde{\tau}_1(\theta_{(i)})) + \beta \sum_j \pi(\theta_{(j)}) \theta_{(j)} U(\tilde{\tau}_2(\theta_{(i)}))$$
$$= \theta_{(i)} U(\tau_1(\theta_{(i)})) + \beta \sum_j \pi(\theta_{(j)}) \theta_{(j)} U(\tau_2(\theta_{(i)})),$$

以及

$$\theta_{(i)} U'(\tilde{\tau}_1(\theta_{(i)})) \geq \beta R \sum_{\theta_{(j')} \in \Theta} \pi(\theta_{(j')}) \theta_{(j')} U'(\tilde{\tau}_2(\theta_{(i)})) \tag{70}$$

这也就是说,这个替代的分配略微提高了第1期给代理人 $\theta_{(i)}$ 的转移支付,但是在第2期却略微降低了给代理人 $\theta_{(i)}$ 的转移支付,从而使得初始分配与扰动分配对该代理人来说是无差异的。而且,由于增减数量足够小,该代理人仍然是(弱)借贷受限的。

由于方程式(69)仍然成立,根据包络条件,可以推得 $\varepsilon_2 > R\varepsilon_1$。因此,这种替代分配能够释放资源,即

$$\sum_{\theta_1 \in \Theta} \pi(\theta_1) \tilde{\tau}_2(\theta_1) < e + R\tilde{K}$$

释放出来的这些资源可以通过以下方式用来提高代理人的事前效用:可以在第2期把这些资源转移给那些报告了最低品味冲击 θ_1 的家庭。这样做没有违背任何激励约束,因为根据假

设,代理人只能向上谎报,而且这不会导致产生任何私人储蓄(因为额外的消费是在第 2 期才赋予他们的)。

最后,我们来证明替代分配 $\{\tilde{c}, \tilde{\tau}, \tilde{O}, \tilde{K}\}$ 是激励相容的。对于代理人 $\theta_{(i)}$ 这个个体来说,激励相容要求是得到满足的,因为他从谎报和如实报告中能够得到的结果是不变的,而且方程式(70)也保证了,他仍然认为不进行秘密储蓄($\hat{k}=0$)是最优的。

因此,还需要证明代理人 $\theta_{(i-1)}$ 也不会向上谎报。从直观上说,上述扰动的构造,使得社会规划者能够以利率 R 借入(即减少公共储蓄 K),然后以他的影子利率 $\varepsilon_2/\varepsilon_1>R$ 向受到借贷约束的个体提供贷款 ε_1(产生了额外的资源)。现在,谎报的人实际受到的品味冲击比他们所报告的更小(即 $\theta_{(i-1)}<\hat{\theta}_{(i)}$),因此接受的影子利率也比如实报告的人 $\theta_{(i)}$ 更低,这就是说,他们不那么渴望用今天多消费一点去交换明天更大的消费损失 ε_2。如果他们说谎了,那么由于社会规划者的贷款存在,处境就肯定变得更坏了。

为了给出正式的证明,我们定义,对于任何 $\theta \in \mathbb{R}_+$,

$$Z(\theta) = \max_{k\geq 0}\left\{\theta U(\tau_1(\theta_{(i)})-k)+\beta\sum_j \pi(\theta_{(j)})\theta_{(j)}U(\tau_2(\theta_{(i)})+Rk)\right\},$$

$$W(\theta) = \max_{k\geq 0}\left\{\theta U(\tau_1(\theta_{(i)})+\varepsilon_1-k)+\beta\sum_j \pi(\theta_{(j)})\theta_{(j)}U(\tau_2(\theta_{(i)})-\varepsilon_2+Rk)\right\}$$

从对扰动分配的构造过程,可以得出 $Z(\theta_{(i)})=W(\theta_{(i)})$。需要证明的是,$Z(\theta_{(i-1)})>W(\theta_{(i-1)})$(因而代理人 $\theta_{(i-1)}$ 将发现,如果自己撒谎,那么处境就会比社会规划者扰乱分配之前更加糟糕)。用反证法:假设 $W(\theta_{(i-1)})\geq Z(\theta_{(i-1)})$,那么根据平均值定理,我们可以得出,对于某个 $\theta\in(\theta_{(i-1)},\theta_{(i)})$,$W'(\theta)\leq Z'(\theta)$。这个关系可以写为

$$U(\tau_1(\theta_{(i)})-k_W(\theta)+\varepsilon_1)\leq U(\tau_1(\theta_{(i)})-k_Z(\theta)),$$

其中,$k_W(\theta)$ 和 $k_Z(\theta)$ 分别表示 $\mathrm{argmax}W(\theta)$ 和 $\mathrm{argmax}Z(\theta)$。从这个不等式可以推出 $k_W(\theta)-\varepsilon_1\geq k_Z(\theta)\geq 0$,而这反过来又意味着 $k_W(\theta_{(i-1)})\geq k_W(\theta)\geq \varepsilon_1$(因为只要对相关的一阶条件取微分,就可以证明 $k_W(\cdot)$ 是弱单调的)。因此,可以得出

$$W(\theta_{(i-1)})=\theta_{(i-1)}U(\tau_1(\theta_{(i)})-\{k_W(\theta_{(i-1)})-\varepsilon_1\})$$
$$+\beta\sum_j \pi(\theta_{(j)})\theta_{(j)}U(\tau_2(\theta_{(i)})+Rk_W(\theta_{(i-1)})-\varepsilon_2)$$
$$<\theta_{(i-1)}U(\tau_1(\theta_{(i)})-\{k_W(\theta_{(i-1)})-\varepsilon_1\})$$
$$+\beta\sum_j \pi(\theta_{(j)})\theta_{(j)}U(\tau_2(\theta_{(i)})+R\{k_W(\theta_{(i-1)})-\varepsilon_1\})$$
$$\leq Z(\theta_{(i-1)}),$$

其中第一个不等式利用了 $\varepsilon_2>R\varepsilon_1$ 的事实,第二个不等式根据 $k_W(\theta_{(i-1)})-\varepsilon_1\geq 0$ 的事实(如上所示)推出。由此,通过反证法证明了,代理人 $\theta_{(i-1)}$ 不会愿意向上谎报,而且他会以隐含利率 $\varepsilon_2/\varepsilon_1>R$ 接受社会规划者的贷款——在那种情况下,代理人 $\theta_{(i)}$ 是无差异的。

第二步是证明所有代理人都会收到同样现值的转移支付。

引理 7:对于所有的 $\theta\in\Theta$,

$$\tau_1(\theta_1)+\frac{1}{R}\tau_2(\theta_1)=\left(1+\frac{1}{R}\right)e \tag{71}$$

证明:社会规划者的跨期预算约束可以写为

$$\sum \pi(\theta_1)\left(\tau_1(\theta_1)+\frac{1}{R}\tau_2(\theta_1)\right)=\left(1+\frac{1}{R}\right)e$$

因此,为了证明引理7的结果,只需证明对于所有的 $j\in\{1,\cdots,|\Theta|-1\}$,都可以得到 $\psi_j=\psi_{j+1}$ 即可;对于其中 ψ_j,我们记

$$\psi_j\equiv\tau_1(\theta_{(j)})+\frac{1}{R}\tau_2(\theta_{(j)})$$

用反证法,先假设存在 $i\in\{1,\cdots,|\Theta|-1\}$,能够使得 $\psi_i<\psi_{i+1}$。我们定义,对于任何 (θ,ψ),

$$\widetilde{Z}(\theta,\psi)=\max_{k\in\mathbb{R}}\left\{\theta U(\psi-k)+\beta\sum_j\pi(\theta_{(j)})\theta_{(j)}U(Rk)\right\}$$

如果代理人 $\theta_{(i)}$ 报告了自己的真实类型 $\theta_{(i)}$,那么他可以得到效用 $\widetilde{Z}(\theta_{(i)},\psi_i)$,因为从上个引理知道,他能够在各个时期之间最优地平滑消费。如果相反,他撒了谎,报告了 $\theta_{(i+1)}$,那么他将会得到效用 $\widetilde{Z}(\theta_{(i)},\psi_{i+1})$(而且仍然会实现各个时期之间消费的最优平滑),因为他的约束 $k\geq0$ 不是紧固的(因为它对受到较高品味冲击的个体不具备约束力)。因此,代理人 $\theta_{(i)}$ 在向上谎报时,他的处境能够严格地得到改善,这与激励相容约束相矛盾。

再假设存在 $i\in\{1,\cdots,|\Theta|-1\}$,能够使得 $\psi_i>\psi_{i+1}$。然后构造一个可替代的、激励相容的、可行的分配,它能够提供严格更高的事前效用。更具体地说,我们定义如下"确定性等价" $\overline{\psi}$:

$$\pi(\theta_{(i)})\widetilde{Z}(\theta_{(i)},\overline{\psi})+\pi(\theta_{(i+1)})\widetilde{Z}(\theta_{(i+1)},\overline{\psi})$$
$$=\pi(\theta_{(i)})\widetilde{Z}(\theta_{(i)},\psi_i)+\pi(\theta_{(i+1)})\widetilde{Z}(\theta_{(i+1)},\psi_{i+1})$$

由于效用函数 U 是凹的,这个替代分配可以释放出一些资源。如上所述,这些资源可用于提高事前效用。此外,我们很容易证明,激励相容约束仍然可以满足:当代理人 $\theta_{(i+1)}$ 如实报告时,其处境会严格地得到改善;如实报告与向上虚报则对于代理人 $\theta_{(i)}$ 无差异,因为在给出这两种报告时他所得到的资源的现值完全相同,同时他如实报告时的消费最为平滑。至于代理人 $\theta_{(i-1)}$,如果他说谎,那么他的处境就会变得更加糟糕,因为他在 $\theta_{(i)}$ 处的资源的现值更低。

引理6和引理7一起,意味着松弛问题(65)—(67)有一个唯一的解 $\{\mathbf{c}^*,\boldsymbol{\tau}^*,0,K^*\}$,其中 $\boldsymbol{\tau}^*=\mathbf{c}^*$ 且 $K^*=e-\sum\pi(\theta_{(1)})\tau_1(\theta_1)$,而且 $\mathbf{c}^*$ 是由如下问题的解给出的

$$\max_{\{c_1(\theta_1),c_2(\theta_1,\theta_2)\}}\sum_{\theta_1\in\Theta}\pi(\theta_1)\left\{\theta_1U(c_1(\theta_1))+\sum_{\theta_2\in\Theta}\beta\pi(\theta_2)\theta_2U(c_2(\theta_1,\theta_2))\right\},\tag{72}$$

服从条件

$$c_1(\theta_1)+\frac{1}{R}c_2(\theta_1,\theta_2)=\left(1+\frac{1}{R}\right)e,\forall(\theta_1,\theta_2)\in\Theta^2\tag{73}$$

这是因为方程(68)和(71)描述了方程式(72)—(73)的唯一解。后一个问题的解是一个经济体中的分配,它使得每个家庭都能够以无风险的毛利率进行借贷,只不过要服从天然债务的上限,而且收入的现值等于禀赋 $\left(1+\frac{1}{R}\right)e$。

最后我们来证明,社会规划者的原始问题(61)—(64)的解与方程式(65)—(67)的解是相同的。

命题10:任何分配$\{c,\tau,k,K\}$是有效的,即,它是方程式(61)—(64)的解,当且仅当 $c=c^*$(其中 c^* 是问题(72)—(73)的解)。

证明:在方程式(65)—(67)的解中,无论他们报告了什么品味冲击,代理人都会得到相同的净现值。此外,如实报告并且不进行私人储蓄只是弱最优的,因为社会规划者已经最优化地平滑了如实报告的代理人的消费,所以撒谎一方面不会增加转移支付的现值,另一方面也不会随着时间的推移而改善分配。因此,从方程式(64)的角度来看,方程式(65)—(67)的任何解都是完全激励相容的,即是相对于不受限制的可能的偏差集$(\hat{\theta},\hat{k})$。

本小节的结论是,在存在隐藏储蓄的环境中,社会规划者所采取的最优转移支付可以有效地放松对家庭储蓄上的非负约束。然而,最优转移不能对代理人提供任何保险,因此转移支付的现值必须等于经济体的所有历史$(\theta_1,\theta_2)\in\Theta^2$的经济禀赋(见方程式(73))。由此而导致的一个结果是,分配复制了一个自我保险经济。科尔和柯薛拉柯塔的论文(Cole and Kocherlakota,2001)建议对这种分配进行分散化处理,然后可以把它解释为具有外生性的不完全市场的模型一个明显的微观基础;还请参见艾亚格里的论著(Aiyagari,1994)。

2.7 其他模型

从前一节介绍的在品味冲击模型中发展起来的各种技术可以应用到许多其他情况下。首先,格林(Green,1987)、托马斯和沃勒尔(Thomas and Worrall,1990)研究了一个与上述分析结果密切相关的模型。在他们的模型中,代理人受到私人可观察的独立同分布的冲击或持续的禀赋(或收入)冲击 $\theta_t\in\Theta$:在 $t\geq1$ 的每一期,代理人观察到自己的收入冲击 θ_t 并将实现的冲击的情况报告给社会规划者,然后社会规划者再提供转移支付 $\tau_t(\theta_t)$ 给代理人。其次,斯皮尔和斯里瓦斯塔瓦(Spear and Srivastava,1987 年)、费伦和汤森德(Phelan and Townsend,1991)研究了一个道德风险模型:在每个期间,代理人都付出了一定努力,但是私人努力水平 $\theta_t\in\Theta$ 只有自己才能观察到;不过,这种努力产生的产出则是随机的,是社会规划者可以观察到的。在这个道德风险模型中,当期的努力水平只能影响当期的产出这种情况对应品味冲击模型中独立同分布假设下的情形(假设3),而当期的努力水平还会影响未来的产出的情况则对应持续的品味冲击模型。再次,托马斯和沃勒尔(Thomas and Worrall,1988)、柯薛拉柯塔(Kocherlakota,1996)、李戈奈塔尔(Ligonetal,2002)则阐述了有限承诺模型:在这些模型中,不存在信息的不对称,但是一方或双方可以自由地选择放弃保险合同。这些模型可以用与上面描述的递归方法相似的方法进行分析,并将承诺效用作为状态变量处理。我们在下面的第4节中将讨论这些模型中的一些例子。

在这里,将简要介绍一下如何运用我们在上面描述的递归方法来分析重复道德风险模型。在这个模型中,代理人在每个期间内都会付出一定水平的努力 $\theta_t\in\Theta=[0,\infty)$,但是社会规划者无法直接观察到代理人的努力水平,而只能观察到作为这种努力的结果的(随机的）产出 $y_t \in Y = \{y_{(1)}, y_{(2)}\}$，其中 $0 = y_{(1)} < y_{(2)}$。在时间 t 上的流效用（flow utility）是 $U(c_t) - h(\theta_t)$，其中因消费而得到的效用 $h(\cdot): \mathbb{R}^+ \to \mathbb{R}$ 是可微分的、严格递增的和严格凸的，并有 $h(0) = 0$ 和 $h'(0) \geqslant 0$。

我们假设，第 t 期内实现的产出 $y_t \in Y$ 的概率只取决于代理人在该期间内付出的努力的水平 $\theta_t \in \Theta$。[①] 用 $\pi(y_t \mid \theta_t)$ 来表示这个概率，同时还假设，对于所有 $\theta > 0$，都有 $0 = \pi(y_{(2)} \mid 0) < \pi(y_{(2)} \mid \theta) < 1$；而且在 $\pi_\theta(y_{(2)} \mid \cdot) > 0$ 的情况下，$\pi(y_{(2)} \mid \cdot)$ 是二次可微分的。在这个模型中，一个分配由两部分组成：第一，建议努力水平序列 $\boldsymbol{\theta} = \{\theta_t(y^{t-1})\}_{t \geqslant 1}$（其中 $y^0 = \varnothing$），它描述了社会规划者在给定每个期间 t 开始时可以观察到产出的历史的情况下对代理人应该付出何种水平努力的建议；第二，在每个期间 t 结束时给定观察到的产出历史的效用报酬序列 $\mathbf{u} = \{u_t(y^t)\}_{t \geqslant 1}$。社会规划者会选择激励相容的分配 $\{\mathbf{c}, \boldsymbol{\theta}\}$，它能够最小化提供终身效用 v_0 的成本，即令 $C \equiv U^{-1}$，使得

$$K(v_0) \equiv \max_{\boldsymbol{\theta}, \mathbf{u}} \quad \mathbb{E}^{\boldsymbol{\theta}}\left[\sum_{t=1}^{\infty} \beta^{t-1}\{y_t - C(u_t(y^t))\}\right]$$

$$\text{服从} \quad \mathbb{E}^{\boldsymbol{\theta}}\left[\sum_{t=1}^{\infty} \beta^{t-1}\{u_t(y^t) - h(\theta_t(y^{t-1}))\}\right] = v_0,$$

$$\mathbb{E}^{\hat{\boldsymbol{\theta}}}\left[\sum_{t=1}^{\infty} \beta^{t-1}\{u_t(y^t) - h(\hat{\theta}_t(y^{t-1}))\}\right] = v_0, \forall \hat{\theta},$$

其中，期望 $\mathbb{E}^{\boldsymbol{\theta}}$ 和 $\mathbb{E}^{\hat{\boldsymbol{\theta}}}$ 的上标表示–产出路径 $\{y^t\}_{t \geqslant 1}$ 的概率分布（分别地）取决于代理人的策略 $\boldsymbol{\theta}$ 和 $\hat{\boldsymbol{\theta}}$，这也就是说，对于任何期间 t 和随机变量 $X_t(y^t)$，都可以令 $\mathbb{E}^{\boldsymbol{\theta}}[X_t] \equiv \sum_{y^t \in Y^t} \pi_t(y^t \mid \theta^t) X_t(y^t)$。因此，在激励约束中的每个期望不仅直接取决于代理人的努力——通过努力的成本 $h(\theta_t)$ 付出的；同时还间接地取决于代理人的努力——通过它对 y^t 路径上的概率分布 $\pi_t(y^t \mid \theta)$ 的影响付出的。

对直到日期 t 之前和之后"听话的"（如实报告的）代理人的延续效用，按方程式（11）进行定义，然后我们可以将这个问题重写为递归形式：

$$K(v) = \max_{\vec{\theta}, \vec{u}, \vec{w}} \quad \sum_{y \in Y} \pi(y \mid \theta)[y - C(u(y)) + \beta K(w(y))]$$

$$\text{s.t.} \quad v = \sum_{y \in Y} \pi(y \mid \theta)[u(y) - h(\theta) + \beta w(y)], \tag{75}$$

$$\pi_\theta(y_{(2)} \mid \theta)[(u(y_{(2)}) - u(y_{(1)})) + \beta(w(y_{(2)}) - w(y_{(1)}))] - h'(\theta) \leqslant 0$$

如果 $\theta > 0$，等号成立。

其中，激励相容约束已经用一阶条件代替了，为了保证阐述的简单性，假设这个条件就足够了。

采用与证明命题 5 时同样的步骤，就可以给出对社会规划者问题的一个表征了。对于任

[①] 对当前的努力水平也可能会影响未来的产出这种情况下的分析要比第 2.5 节稍微复杂一些。这是因为对于代理人的终身效用存在一种不可分的形式（在某一期间的激励不仅仅取决于他当前的真实类型和过去的报告，而且还取决于他以前的真实类型），这意味着当代理人已经偏离了过去的推荐行动时，如实报告就不一定仍然是可行的了。请参见帕文等人在他们的论文的第 S.5 节给出的例子（Pavan et al., 2014）。因此，在出现了偏差之后，代理人可能更喜欢采取"永远偏差下去"的策略，这样一来，在这种情况下，通常来说，研究者不可以只限于关注一次性偏差。费尔南德斯和费伦还进一步阐明了（Fernandes and Phelan, 2000）如何修改第 2.5 节的证明过程，来给出这个问题的递归公式。

何内部的 v，最优保险合同 $(\theta_v, \overrightarrow{u_v}, \overrightarrow{w_v})$ 满足以下鞅性质（相对于与最优努力策略 $\mathbb{P}^\theta$ 相关的概率测度）：

$$K'(v) = \mathbb{E}^{\theta_v}[-C'(u_v)] = \mathbb{E}^{\theta_v}[K'(w_v)] \qquad (76)$$

这个问题的一阶条件还意味着 $K'(w_v(y_{(j)})) = -C'(u_v(y_{(j)}))$，因此该性质可以重写为：

$$\frac{1}{u'(c_t(y^t))} = \sum_{y_{t+1} \in Y} \pi(y_{t+1} \mid \theta_v(y^t)) \frac{1}{u'(c_{t+1}(y^t, y_{t+1}))} \qquad (77)$$

这个方程式在文献中通常称为逆欧拉方程,请参见戴蒙德和莫里斯（Diamond and Mirrlees, 1978）、罗杰森（Rogerson, 1985）、斯皮尔和斯里瓦斯塔瓦（Spear and Srivastava, 1987），以及戈洛索夫等人（Golosov et al, 2003）的文献。我们将在第 4.1 节中得出这个方程的含义,并将它与分权经济中的个体欧拉方程进行比较,证明代理人的储蓄必须在最优保险安排中得到约束。

我们还可以依照命题 5 的思路,进一步分析问题（75）。当且仅当 $\theta_v = 0$ 且 $(u_v(y), w_v(y)) = ((1-\beta)v, v)$ 时,效用–努力对 (v, θ_v) 才会是吸收的。只要承诺的效用足够小,$v < \bar{v}$,社会规划者建议的努力水平 θ_v 是严格为正的。如果 $h'(0) = 0$,那么可以得出 $\bar{v} = \infty$,所以社会规划者建议的努力水平总是为正,同时鞅收敛定理也意味着贫困化现象确实发生了：当 $t \to \infty$ 时,$v_t(\theta^t) \to \underline{v}$ 的概率为 1。如果相反,$h'(0) > 0$,那么当 $v_t(\theta^t) \geqslant \bar{v}$ 时,委托人将最终让代理人"退休"（即,建议代理人付出 $\theta_t(y^t) = 0$ 的努力）,并提供恒定水平的消费 $c_t(y^t) = c$）,这是因为,对于一个足够大的承诺效用,让他自行工作的好处超过了提供必要的激励和补偿他更高水平的努力而付出的成本。我们将正式的证明和对 $\bar{v}$ 价值的推导留给读者。

3.　若干高级主题

在本节中,我们将讨论另外三个主题。这些主题极大扩展了递归契约理论的适用性。在第 3.1 节中,我们先概述了拉格朗日乘数理论,然后展示了如何利用它递归地去解决各种动态激励问题,即使这些问题不符合第 2 节所述的标准设定也没有关系。第 3.2 节则阐明了如何将分析扩展到委托人没有完美的承诺能力时的情形中。最后,在 3.3 节中,我们描述了如何用鞅方法分析连续时间的动态合同问题。在整个第 3 节中,我们的目标不是提供与第 2 节同样严格的证明;事实上,我们在好几个地方都略去了技术细节,并建议读者阅读相关的参考文献以了解完整的证明过程。

3.1　拉格朗日乘数

之所以能够分析动态合同问题（17）,关键在于我们可以用简单的递归形式把激励约束写出来。然而,在许多应用中,最优合同问题往往有很多无法写成递归形式的附加约束。例如,如果将如方程式(2)所示的现值预算约束替换成如下要求:在每一期,所有代理人的总消费量都等于该期的总禀赋,那么如前所述的方法就不能直接应用了。在本节中,我们将描述一种简单的方法,它使我们能够将分析扩展到这样的问题。这种方法背后的主要思想是将拉格朗日乘数分配给所有不能直接用递归方法表示的约束,并将前面各节阐述的技术应用于生成的拉格朗日乘数。

在第 3.1.1 节中,首先给出了拉格朗日乘数在无限维空间中的一般理论背景。无限维空间在宏观经济应用研究中很常见,而且拉格朗日技术在这样的空间中所能发挥的作用比在有限维空间中更加微妙。本节的主要结果包括:第一,定理 3 和定理 4,它们给出了拉格朗日乘数存在的条件并描述了约束优化问题的解;第二,定理 5,它给出的充分条件,确保拉格朗日可以写为一个无穷和,从而使得我们可能应用熟悉的、来自有限维优化理论的标准技术。第 3.1.2 节至 3.1.4 节给出了应用这些技术的几个具体例子。如果读者只对实际应用感兴趣,那么在第一次阅读时,可以先跳过第 3.1.1 节。

3.1.1 主要理论结果

用拉格朗日乘数来解决优化问题的经典参考文献是龙伯格于 1969 年出版的著作(Luenberger,1969)。在这里,我们直接给出这本著作的两个主要结论,并让它们适用于我们的环境。为了使用这种方法,需要在抽象的线性空间中设定我们的问题。[①] 因此,在正式开始分析之前,先介绍凸锥、映射、对偶空间和 l_p 空间等概念。

首先,令 P 为向量空间 ν 中的一个凸锥(convex cone),即,对于所有 $x,y\in P$ 和 $\alpha,\beta>0$,P 满足 $\alpha x+\beta y\in P$。凸锥定义了 ν 上的一个偏序 $\leq$,使得如果 $x-y\in P$,就有 $x\geq y$。根据定义,P 是相对于这个偏序的正锥,即,子集 $\nu^+=\{x\in\nu:x\geq0\}$。如果 x 是该正锥 p 的一个内点的话,记 $x>0$。引入锥的作用是,它可以定义向量空间 ν 中的正向量,这样一来,也就定义了一个排序关系 $\leq$,并且可以考虑抽象向量空间 ν 中的不等式问题。(通常,我们所考虑的向量空间的正锥是自然构造的,一般都是 $\mathbb{R}^n$ 的正象限,或者是 $C([a,b])$ 的非负连续函数。)再定义映射 $G:\nu_1\rightarrow\nu_2$ 为从向量空间 ν_1 到另一个向量空间 ν_2 的映射,后者有一个符合上面定义的正锥。如果这个映射 G 的域 Ω 是一个凸集,并且对于所有的 $\alpha\in(0,1)$,$x_1,x_2\in\Omega$,都有 $G(\alpha x_1+(1-\alpha)x_2)\leq\alpha G(x_1)-(1-\alpha)Gx_2$,那么就称它是凸的。

其次,赋范向量空间 ν 的对偶 ν^* 是 ν 上所有的有界线性函数(即 $f:\nu\rightarrow\mathbb{R}$)的空间。任何一个元素 $f\in\nu^*$ 的范数均为 $\|f\|=\sup_{\|x\|\leq1}|f(x)|$。点 $x\in\nu$ 处的线性函数 $x^*\in\nu^*$ 的值(即,$x^*(x)$),则用 $\langle x,x^*\rangle$ 来表示。对于 $1\leq p<\infty$,空间 l_p 由所有符合 $\sum_{n=1}^{\infty}|u_n|^p<\infty$ 的标量序列 $\{u_1,u_2,\cdots\}$ 组成,而空间 l_∞ 则由有界序列组成。对于所有的 $p<\infty$,元素 $u=\{u_n\}_{n\geq1}\in l_p$ 的范数定义为 $\|u\|_p=(\sum_{i=1}^{\infty}|u_n|^p)^{1/p}$;而对于 $p=\infty$,则定义为 $\|u\|_p=\sup_n|u_n|$。这样一来,对于每一个 $p\in[1,\infty)$,空间 l_p 的对偶空间就是 l_q,其中 $q=(1-p^{-1})^{-1}$。这是因为空间 l_p 上的每一个有界线性函数 f(其中,$1\leq p<\infty$)都可以唯一地用 $f(u)=\sum_{n=1}^{\infty}v_nu_n$ 的形式来表示,其中 $v=\{v_n\}_{n\in\mathbb{N}}$ 是空间 l_q 上的一个元素;更具体来说,对于所有的 $n\geq1$,$v_n\equiv f(e_n)$,其中 $e_n\in l_p$ 是一

---

① 关于更基本的函数分析,请参见龙伯格(Luenberger,1969),或斯托基等人(Stokey et al.,1989)在第 3 章和第 15 章给出的综述。

个全为 0 的序列(除了其第 n 个分量为 1 之外)。然而,l_∞ 的对偶则严格地包含 l_1。最后很自然地,给定一个赋范向量空间 $\mathcal{V}$,它具有正凸锥 $P\subset\mathcal{V}$,我们可以把对偶空间 $\mathcal{V}^*$ 中与之对应的正凸锥 P^* 定义为:$P^*=\{x^*\in\mathcal{V}^*:\forall x\in P,\langle x,x^*\rangle\geq 0\}$。

现在终于可以引入拉格朗日乘数理论了。考虑如下这个问题

$$\min_x \quad \varphi(x) \tag{78}$$
$$\text{服从}\quad \Phi(x)\leq 0, x\in\Gamma,$$

其中 Γ 是向量空间 X 的一个凸子集,$\varphi:\Gamma\to\mathbb{R}$ 是一个凸函数,$\Phi:\Gamma\to Z$ 是一个凸映射,它将 Γ 映射到一个具有正锥 P 的赋范向量空间 Z 上。令 Z^* 为 Z 的对偶空间,令 Z_+^* 为 Z^* 的正象限(即所有能够使得 $z^*\geq 0$ 的 $z^*\in Z^*$)。在本小节中,我们假设问题(78)的最小值是可以达到的。尽管这个假设并不是必要的,但是它大大地简化了对拉格朗日乘数理论的说明,而且在这里(见命题 11)它往往是可以直接验证的。龙伯格著作(Luenberger,1969)中的"定理1"(P217)和"推论 1"(P219),用拉格朗日乘数法给出了求解最小化问题(78)的主要结果。

定理 3:假设问题(78)在 $\hat{x}$ 处得到其最小值。假设 P 包括了一个内部点,并假设存在 $x'\in\Gamma$,使得 $\Phi(x')<0$。那么,必定存在 $\hat{z}^*\in Z_+^*$,使得拉格朗日算子

$$\mathcal{L}(x,z^*)=\varphi(x)+\langle\Phi(x),z^*\rangle$$

在 $(\hat{x},\hat{z}^*)$ 有一个鞍点,即

$$\mathcal{L}(\hat{x},z^*)\leq\mathcal{L}(\hat{x},\hat{z}^*)\leq\mathcal{L}(x,\hat{z}^*),\forall x\in\Gamma,z^*\in Z_+^* \tag{79}$$

并有

$$\langle\Phi(\hat{x}),\hat{z}^*\rangle=0$$

定理 3 指出,对于凸问题,通常存在一个拉格朗日算子,能够使得原来的约束(约束下)最小化问题的解就是无约束拉格朗日算子的最小化问题的解。下一个结果(在龙伯格的著作中为"定理 2"(Luenberger,1969,第 221 页),则确保了充分性。

定理 4:假设 $X,Z,\Gamma,P,\varphi,\Phi$ 的定义如上所述,并假设正锥 $P\subset Z$ 是闭的。假设存在 $\hat{z}^*\in Z_+^*$ 和 $\hat{x}\in\Gamma$,使得拉格朗日算子 $\mathcal{L}(x,z^*)$ 在 $(\hat{x},\hat{z}^*)$ 处有一个鞍点,那么 $\hat{x}$ 就是问题(78)的一个解。

因此,如果 φ 和 Φ 是凸的、正锥 $P\subset Z$ 是闭的且有非空的内部,同时正则性条件 $\Phi(x')<0$ 得到了满足,那么鞍点条件就是 $\hat{x}$ 达到最优性的必要条件和充分条件。

要求得 $\mathcal{L}$ 的鞍点,其中一种方法是利用如下的推论 1(请参见 Bertsekas et al.,2003 年)。

推论 1:$(\hat{x},\hat{z}^*)$ 是 $\mathcal{L}$ 的一个鞍点,当且仅当如下等式成立:

$$\inf_{x\in\Gamma}\sup_{z^*\in Z_+^*}\mathcal{L}(x,z^*)=\sup_{z^*\in Z_+^*}\inf_{x\in\Gamma}\mathcal{L}(x,z^*), \tag{80}$$

其中

$$\hat{x}=\arg\min_{x\in\Gamma}\sup_{z^*\in Z_+^*}\mathcal{L}(x,z^*),$$
$$\hat{z}^*=\arg\max_{z^*\in Z_+^*}\inf_{x\in\Gamma}\mathcal{L}(x,z^*) \tag{81}$$

特别地,假设定理 3 的所有条件都满足,从而使得 $\mathcal{L}(x,z^*)$ 在 $(\hat{x},\hat{z}^*)$ 处有一个鞍点。进一步假设对于每个 $z^*\in Z_+^*$,$\arg\min_{x\in\Gamma}\mathcal{L}(x,z^*)$ 都存在,且对于 $z^*=\hat{z}^*$ 是唯一的。那么 $(\hat{x},\hat{z}^*)$ 就

是 $\max_{z^* \in Z_+^*} \min_{x \in \Gamma} \mathcal{L}(x, z^*)$ 的解。

证明:假设 $(\hat{x}, \hat{z}^*)$ 是一个鞍点,那么可以推得

$$\inf_{x \in \Gamma} \sup_{z^* \in Z_+^*} \mathcal{L}(x, z^*) \leq \sup_{z^* \in Z_+^*} \mathcal{L}(\hat{x}, z^*) = \mathcal{L}(\hat{x}, \hat{z}^*) = \inf_{x \in \Gamma} \mathcal{L}(x, \hat{z}^*) \leq \sup_{z^* \in Z_+^*} \inf_{x \in \Gamma} \mathcal{L}(x, z^*)$$

根据最大–最小不等性,$\inf_{x \in \Gamma} \sup_{z^* \in Z_+^*} \mathcal{L}(x, z^*) \geq \sup_{z^* \in Z_+^*} \inf_{x \in \Gamma} \mathcal{L}(x, z^*)$,我们知道所有这些不平等式中的等号都是成立的,所以方程式(80)和方程式(81)都可以得到满足。

反过来,假设方程式(80)和方程式(81)成立,那么可以推得

$$\sup_{z^* \in Z_+^*} \inf_{x \in \Gamma} \mathcal{L}(x, z^*) = \inf_{x \in \Gamma} \mathcal{L}(x, \hat{z}^*) \leq \mathcal{L}(\hat{x}, \hat{z}^*) \leq \sup_{z^* \in Z_+^*} \mathcal{L}(\hat{x}, z^*) = \inf_{x \in \Gamma} \sup_{z^* \in Z_+^*} \mathcal{L}(x, z^*)$$

方程式(80)意味着 $(\hat{x}, \hat{z}^*)$ 是一个鞍点。

最后,假设定理 3 的所有条件都满足,从而使得 $\mathcal{L}(x, z^*)$ 在 $(\hat{x}, \hat{z}^*)$ 处有一个鞍点,并假设对于每个 $z^* \in Z_+^*$,$x(z^*) \arg \min_{x \in \Gamma} \mathcal{L}(x, z^*)$ 都存在,且对于 $z^* = \hat{z}^*$ 是唯一的。那么,从方程式(81)中,我们可以推得 $\hat{z}^* = \arg \max_{z^* \in Z_+^*} \mathcal{L}(x(z^*), z^*)$;根据唯一性假设,又可以推得,对于所有 $x \neq x(\hat{z}^*)$,都有 $\mathcal{L}(x(\hat{z}^*), \hat{z}^*) < \mathcal{L}(x, \hat{z}^*)$,从而使得如方程式(79)所述的鞍点只能在 $(x(\hat{z}^*), \hat{z}^*)$ 处得到,这就证明了 $\hat{x} = x(\hat{z}^*)$,因而也就求得了 $\max_{z^* \in Z_+^*} \min_{x \in \Gamma} \mathcal{L}(x, z^*)$ 的解是 $(\hat{x}, \hat{z}^*)$。

推论 1 中给出的最大–最小问题(max-min problem)提供了一个简单的方法,使得我们可以找到最小化问题的解,以及相应的拉格朗日算子。唯一性限定符对于该结果非常重要;没有了它,上述最大–最小问题就可能存在不是鞍点的解,即,不是原来的优化问题的解。关于这一点,请参见,梅斯纳和帕沃尼的分析(Messner and Pavoni, 2016)。

在实际经济应用中,Φ 通常代表每期的约束,而且可以写为 $\Phi = \{\Phi_1, \Phi_2, \cdots\}$。在这类应用中,我们通常会选择的最自然的向量空间是有界序列的空间 l_∞。在这种情况下,将 l_∞ 的正锥 P 定义为正象限的,即由非负序列 l_∞ 构成的子集。斯托基等人的教科书中的练习 15.7 的结果表明(Stokey et al., 1989),l_∞ 是唯一具有正象限和非空内部的 l_p 空间,这正是应用上述定理需要满足的要求。

空间 l_∞ 的一个不足之处在于,它的对偶空间比较复杂。它不仅包含了可求和的序列的空间 l_1,而且还包含了不可求和的其他序列(的空间)。这个事实导致分析变得非常困难,因为线性算子 $\langle \Phi(x), \hat{z}^* \rangle$ 的形式可能极其复杂。如果能够保证 φ 和 Φ 这两个映射都不会受 x "在无穷远处"的"行为"的影响,那么分析就可以大大简化。在这种情况下,就能够给出表示拉格朗日算子的 l_1,而且每一个约束 $\Phi_n(x)$ 都将拥有一个与之相关联的标量乘数 λ_n。对于任何 $x, y \in l_\infty$,定义一个算子 $x^T(x, y)$:如果 $t \leq T$,那么 $x^T(x, y) = x_t$;如果 $t > T$,那么 $x^T(x, y) = y_t$。下面,我们用 $x_t^T(x, y)$ 来表示这个算子的第 t 个元素。

假设 5:令 $X, Z = l_\infty$,$\Psi = \{x \in \Gamma : \varphi(x) < \infty\}$。假设:

(i)如果对于所有足够大的 T,$(x, y) \in \Psi \times l_\infty$ 满足 $x^T(x, y) \in \Psi$,那么当 $T \to \infty$ 时,$\varphi(x^T(x, y)) \to \varphi(x)$。

(ii)如果对于所有足够大的 T,$x, y \in \Gamma$ 且 $x^T(x, y) \in \Gamma$,那么

(a)　$\forall t, \lim\limits_{T\to\infty}\Phi_t(x^T(\mathrm{x},\mathrm{y}))=\Phi_t(\mathrm{x})$,

(b)　$\exists M$ s.t. $\forall T$ large enough, $\|\Phi(x^T(\mathrm{x},\mathrm{y}))\|\leqslant M$,

(c)　$\forall T$ large enough, $\lim\limits_{t\to\infty}[\Phi_t(x^T(\mathrm{x},\mathrm{y}))-\Phi_t(\mathrm{y})]=0$

勒凡和萨格拉姆(Le Van and Saglam,2004)证明,在上述假设下,拉格朗日算子可以写成无限和的形式,[①]这就是下面的定理5。

定理5:令 $\hat{\mathrm{x}}$ 为问题(78)的一个解。假定对于所有的 $\mathrm{x}\in\Gamma$,都有 $\Phi(\mathrm{x})\in l_\infty$。再假设存在 $\mathrm{x}'\in\Gamma$,使得 $\Phi(\mathrm{x}')<0$,这也就是说,$\sup_t\Phi_t(\mathrm{x}')<0$,满足斯莱特条件(Slater condition)。最后再假设前面的假设5成立,而且对于所有足够大的 T,都有 $x^T(\hat{\mathrm{x}},\mathrm{x}')\in\Gamma\cap\Psi$。那么存在 $\hat{z}^*\in l_1$(其中,$\hat{z}^*\geqslant0$),使得

$$\sum_{t=1}^{\infty}\hat{z}_t^*\Phi_t(\hat{\mathrm{x}})=0,$$

且

$$\varphi(\mathrm{x})+\sum_{t=1}^{\infty}\hat{z}_t^*\Phi_t(\mathrm{x})\geqslant\varphi(\hat{\mathrm{x}})+\sum_{t=1}^{\infty}\hat{z}_t^*\Phi_t(\hat{\mathrm{x}}), \forall \mathrm{x}\in\Gamma$$

在下一节中,我们将把这个理论应用于动态合同问题。

3.1.2　应用:一般均衡中的递归合同

在这个小节中,我们考虑的模型是在前面第2.3节的模型的基础上加以简单修改而来的。在这个模型中,社会规划者不能再以某个外生的利率自由地借入和贷出;相反,我们要求该经济每一期都符合可行性约束,即

$$\sum_{\theta^t\in\Theta^t}\pi_t(\theta^t)C(u_t(\theta^t))\leqslant e, \forall t\geqslant1 \tag{82}$$

这个问题其实就是阿特基森和卢卡斯研究的那个问题(Atkeson and Lucas,1992)。为了简单起见,假设 $|\Theta|=2$,而且冲击是独立同分布(这样就类似于我们在第2.3和第2.4节中所讨论的模型了)。这样,我们要分析的这个问题可以表示为

$$\max_u \mathbb{E}_0\left[\sum_{t=1}^{\infty}\beta^{t-1}\theta_t u_t(\theta^t)\right], \tag{83}$$

要服从的约束是

$$\mathbb{E}_0[C(u_t(\theta^t))]\leqslant e, \forall t\geqslant1 \tag{84}$$

和

$$\mathbb{E}_0\left[\sum_{t=1}^{\infty}\beta^{t-1}\theta_t\{u_t(\theta^t)-u_t(\sigma^t(\theta^t))\}\right]\geqslant0, \forall \sigma \tag{85}$$

现在,暂且假设对于所有 $e>0$,问题(83)的最大值都能达到(下面,我们将给出对这一点正式的证明)。

令 Γ 为以 (t,θ^t) 为索引的序列 $\mathrm{u}=\{u_t(\theta^t)\}_{t\geqslant1,\theta^t\in\Theta^t}$ 的集合,它能使得 u 满足第0期的激励约束(85);同时,序列 $\{\mathbb{E}_0[C(u_t)]-e\}_{t=1}^{\infty}$ 在上确界范数内是有界的。集合 Γ 是凸的并且具有内部点,即对于所有的 t,θ^t 以及足够小的 $\varepsilon>0$,有 $u_t(\theta^t)=\varepsilon$。

[①] 另外,请参见鲁斯蒂奇尼的论文(Rustichini,1998),他提供了另一组能够确保拉格朗日乘数的可加性的充分条件。

我们先从充分的条件开始证明。令 X 为所有无限序列 $Z=l_\infty$,以及 $\Phi=\{\Phi_1,\Phi_2,\cdots\}$ 的空间(其中 $\Phi_t:\Gamma\to\mathbb{R}$ 的定义是 $\Phi_t(\mathbf{u})=\mathbb{E}_0[C(u_t)]-e$。假设能够找到一个非负序列 $\lambda=\{\lambda_t\}_{t=1}^\infty$,[1]使得

$$\max_{\mathbf{u}\in\Gamma}\mathbb{E}_0\left[\sum_{t=1}^\infty\beta^{t-1}\theta_t u_t\right]-\sum_{t=1}^\infty\lambda_t\{\mathbb{E}_0[C(u_t)]-e\} \tag{86}$$

对于所有 t,都有一个最大值 $\hat{u}$ 且 $\mathbb{E}_0[C(\hat{u}_t)]=e$。为了验证 $(\hat{u},\lambda)$ 是一个鞍点,我们注意到,对于任何 $z^*\in Z_+^*$,都可以得到 $\langle\Phi(\hat{u}),z^*\rangle\leq 0=\langle\Phi(\hat{u}),\lambda\rangle$。再者,对于某个 $\mathbf{u}'\in\Gamma$,正则条件 $\Phi(\mathbf{u}')<0$ 成立,即 $\mathbf{u}'$ 满足激励相容约束(取 $u_t'(\theta^t)=\varepsilon$)。因此根据定理 4,$\hat{u}$ 是原来的问题 (83) 的一个解。请注意,在这里我们并没有对效用函数施加有界假设。

为了说明这个结果的应用,考虑一个有关对数偏好的例子。假定拉格朗日乘数 λ 对于某个 λ_1,具有 $\lambda_t=\lambda_1\beta^t$ 的形式。按照与第 2.3 节相同的步骤,用一个单次约束序列替换期间 0 的激励约束;同时,我们再考虑一个附加的社会规划者问题,它也具有递归结构,方法是通过扩增一个描述信守承诺条件的约束集,即

$$\mathbb{E}_0\left[\sum_{t=1}^\infty\beta^{t-1}\theta_t u_t(\theta^t)\right]=v_0 \tag{87}$$

这样一来,这个约束集合就是方程式 (16) 定义的集合 $\Gamma(v_0)$。于是我们可以把方程式 (86)—(87) 的问题重写为

$$\max_{(\mathbf{u},\mathbf{v})\in\Gamma(v_0)}v_0-\sum_{t=1}^\infty\lambda_t\{\mathbb{E}_0[C(u_t)]-e\}$$

给定我们的猜测 $\lambda_t=\lambda_1\beta^t$,这个问题的解与如下问题的解重合

$$\max_{(\mathbf{u},\mathbf{v})\in\Gamma(v_0)}-\sum_{t=1}^\infty\beta^{t-1}\mathbb{E}_0[C(u_t)]$$

当然,后者也与我们在第 2.3 节中分析的问题相同。因此,如果能够证明这个问题的解能够满足每个期间 t 的可行性约束 (82),那么也就找到了这个新问题的解。我们通过求解上述辅助问题在 v_0 上的最大值来重建原来的问题的解。

现在就来验证一下。令 $(\mathbf{u},\mathbf{v})$ 表示对于某个 v_0 用如方程式 (23) 所示的贝尔曼方程的策略函数生成的分配。最优条件 (29) 蕴含着

$$K'(v_0)=\mathbb{E}_0[-C'(u_1)]=\mathbb{E}_0[K'(v_1)]=\mathbb{E}_0[\mathbb{E}_1[-C'(u_2)]]=\mathbb{E}_0[-C'(u_2)]$$

当偏好为对数形式时,$C=C'=\exp$,因此利用前向归纳法,可以得出,对于所有 t,都有 $\mathbb{E}_0[C(u_1)]=\mathbb{E}_0[C(u_t)]$。因为 v_0 必定满足 $K(v_0)=-\frac{1}{1-\beta}e$,这就意味着对于所有 t,都有 $\mathbb{E}_0[C(u_t)]=e$,从而证明了我们的结果(并证明了我们对 λ_t 的猜测)。

前面,在设定最大化问题 (86) 时,我们假设存在一个可求和序列 λ,使得所有期间可行性约束满足在最优处都能满足(而且等号成立)。我们随后还阐明了如何在一个具有对数偏好的例子中构造出这样一个显式的乘数序列。现在,我们将讨论能够确保存在一个可求和的拉格朗日乘数序列的充分条件,并以此来结束本小节。不难注意到,不需要任何进一步的

---

[1] 为了与第 3.1.1 节中的讨论保持一致,我们在这里利用了最小化 φ 等价于最大化 $-\varphi$ 这个事实。

假设,如下最大化问题

$$\max_{u \in \Gamma, \Phi(u) \leq 0} \mathbb{E}_0 \left[\sum_{t=1}^{\infty} \beta^{t-1} \theta_t u_t \right]$$

满足定理 3 的所有条件,从而使得拉格朗日乘数序列存在。为了证明这是一个可求和序列,我们来验证定理 5 的条件。很显然,如果效用函数是有界的,那么很最容易就能够做到这一点。[1] 在这种情况下,任何序列 **u** 都存在于 l_{∞} 中。不难看到,根据我们在下面证明命题 11 时给出的证据,假设 5 的(i)是成立的。因为对于每个 t,约束(82)都成立,所以立即就可以得出,当保持 t 固定不变时,对于足够大的 T,有 $\mathbb{E}_0[C(u_t)] = \mathbb{E}_0[C(x_t^T(\mathbf{u}, \mathbf{v}))]$;而当保持 T 固定不变时,对于足够大的 t,有 $\mathbb{E}_0[C(x_t^T(\mathbf{u}, \mathbf{v}))] = \mathbb{E}_0[C(v_t)]$。这就验证了假设 5.ii.a 和假设 5.ii.c。至于假设 5 中的 ii.b,则根据 Γ 的定义可知它成立。因此定理 5 告诉我们,拉格朗日乘数构成了一个可求和序列。

最大值的存在性

最后,来证明问题(83)中的最大值的存在性。请注意,我们已经在第 2.3.2 节中利用该问题的(有限维)贝尔曼公式证明了最大值的存在性。在这里,我们运用一些新的方法来直接证明这一点,这些方法可以应用于以前的方法不可用的情况下。

这个问题的最大值的存在性从先验的角度来看并不是很明显。在有限维空间中,容易证明目标函数的连续性和约束集的紧性,而这直接意味着最大值的存在性。但是。这些性质在无限期经济体中却是很难证明的。下面这个命题保证了,前述无限期社会规划者问题是一个有明确定义的最大化问题,即存在可行的 $(\mathbf{u}^*, \mathbf{v}^*)$,在那里上确界得以实现。如果读者只对应用感兴趣,那么可以跳过本小节。

命题 11:对于所有 $e>0$,问题(83)的最大值是可以求得的。

证明:在这个社会规划者问题中,要证明最大值的存在性,最简单的一个方法是,在任何有限的时间段 T 上截断该经济,首先证明截断后的经济的解的存在性,最后再来证明这个解的极限在 $T \to \infty$ 时达到原来的问题的上确界。在完成这个证明的时候,我们采纳了埃克兰和沙因克曼的方法(Ekeland and Scheinkman, 1986)。

首先,用如下方法将每个期间的分配严格地限制在紧集中。使 $e>0$ 固定。对于任何 $t \geq 1$ 和 $\theta^t \in \Theta^t$,将 $\overline{\overline{u}}_t(\theta^t) \in (\underline{u}, \overline{u})$ 定义为

$$\overline{\overline{u}}_t(\theta^t) = C^{-1} \left(\frac{e}{\pi_t(\theta^t)} \right)$$

如果对于任何历史 $\theta^t \in \Theta^t$,都有 $u_t(\theta^t) > \overline{\overline{u}}_t(\theta^t)$,那么 $\mathbb{E}_0[C(u_t)] > e$,而且分配不再是可行的。对于所有的 t, θ^t,这帮我们确定了一个上界 $u_t(\theta^t) \leq \overline{\overline{u}}_t(\theta^t)$。令

$$\overline{\overline{v}}_t = \mathbb{E}_t \left[\sum_{s=1}^{\infty} \beta^{s-1} \theta_{t+s} \overline{\overline{u}}_{t+s}(\theta^{t+s}) \right]$$

如果 $\overline{\overline{u}} < \infty$,可以得到 $\overline{\overline{v}}_t < \frac{\overline{u}}{1-\beta} = \overline{v}$。如果 $\overline{\overline{u}} = \overline{v} = \infty$,那么可以写出

---

[1] 当效用函数无界时的存在性,请参见鲁斯蒂奇尼的证明(Rustichini, 1998)。

$$\overline{\overline{v}}_t \le \max_{\Theta} \theta \times \sum_{s=1}^{\infty} \beta^{s-1} \left\{ \sum_{\theta^{t+s}} \pi_{t+s}(\theta^{t+s}) U\left(\frac{e}{\pi_{t+s}(\theta^{t+s})} \right) \right\} \le \theta_{|\Theta|} \sum_{s=1}^{\infty} \beta^{s-1} U(|\Theta|e) < \infty$$

其中第二个不等式是根据 U 的凹性推导出来的。因此,对于所有的 t, θ^t,可以得到 $v_t(\theta^t) \le \overline{\overline{v}}_t < \overline{v}$。接下来,如果 $\underline{u} > -\infty$,令 $\underline{u}_t(\theta^t) = \underline{u}$(对于所有的 t, θ^t)。然后反过来假设 $\underline{u} = -\infty$。这样可以推出,当 $\beta^{s-1} \theta_s u_s(\theta^s) \to -\infty$ 时,对于某个 (s, θ^s),$\mathbb{E}_0 \left[\sum_{t=1}^{\infty} \beta^{t-1} \theta_t u_t(\theta^t) \right]$ 向 $-\infty$ 发散。这是因为

$$\sum_{t=1}^{\infty} \beta^{t-1} \sum_{\theta^t \in \Theta^t \setminus |\theta^s|} \pi_t(\theta^t) \theta_t u_t(\theta^t) \le \sum_{t=1}^{\infty} \beta^{t-1} \sum_{\theta^t \in \Theta^t \setminus |\theta^s|} \pi_t(\theta^t) \theta_t \overline{\overline{u}}_t(\theta^t)$$
$$= \overline{\overline{v}}_0 - \beta^{s-1} \pi_s(\theta^s) \theta_s \overline{\overline{u}}_s(\theta^s) < \infty$$

因此,如果 $u_s(\theta^s)$ 足够小,那么对于所有的 (t, θ^t),该分配就会被 $\tilde{u}_t(\theta^t) = C^{-1}(e)$ 占优。这样一来,对于每个 (t, θ^t),都有一个下界 $u_t(\theta^t) \ge \underline{v}_t(\theta^t) > -\infty$。类似地,我们还可以推得 $v_t(\theta^t) \ge \underline{v}_t > -\infty$,其中,

$$\underline{\underline{v}}_t = \mathbb{E}_t \left[\sum_{s=1}^{\infty} \beta^{s-1} \theta_{t+s} C^{-1}(e) \right] = \frac{C^{-1}(e)}{1-\beta}$$

这就是说,定义 $\underline{u}_t \equiv \min_{\theta^t} \underline{u}_t(\theta^t)$,$\underline{v}_t \equiv \min_{\theta^t} \underline{v}_t(\theta^t)$,$\overline{\overline{v}}_t \equiv \max_{\theta^t} \overline{\overline{v}}_t(\theta^t)$ 和 $\overline{u}_t \equiv \max_{\theta^t} \overline{v}_t(\theta^t)$,我们就能够对于所有的 t, θ^t,施加如下额外的约束

$$\underline{\underline{u}}_t \le u_t(\theta^t) \le \overline{\overline{u}}_t,$$
$$\underline{\underline{v}}_t \le v_t(\theta^t) \le \overline{\overline{v}}_t,$$

接下来,我们将经济截断为 $T < \infty$ 个期间,并允许社会规划者在最后一个期间"免费"提供激励。也就是说,定义

$$V^T(e) = \sup_{\substack{u_t(\theta^t) \in [\underline{\underline{u}}_t, \overline{\overline{u}}_t] \\ v_t(\theta^t) \in [\underline{\underline{v}}_t, \overline{\overline{v}}_t]}} \mathbb{E}_0 \left[\sum_{t=1}^{T} \beta^{t-1} \theta_t u_t(\theta^t) \right]$$

服从信守承诺约束

$$v_t(\theta^t) = \sum_{\theta \in \Theta} \pi(\theta) \left[\theta u_{t+1}(\theta^t, \theta) + \beta v_{t+1}(\theta^t, \theta) \right], \forall t \le T-1,$$

激励相容约束

$$\theta u_t(\theta^{t-1}, \theta) + \beta v_t(\theta^{t-1}, \theta) \ge \theta u_t(\theta^{t-1}, \hat{\theta}) + \beta v_t(\theta^{t-1}, \hat{\theta}), \forall t \le T$$

以及可行性约束

$$\mathbb{E}_0 \left[C(u_t) \right] \le e, \forall t \le T。$$

注意,最后一个激励约束是

$$\theta u_T(\theta^{T-1}, \theta) + \beta v_T(\theta^{T-1}, \theta) \ge \theta u_T(\theta^{T-1}, \hat{\theta}) + \beta v_T(\theta^{T-1}, \hat{\theta}), 对于所有 \theta^{T-1}, \hat{\theta},$$

同时,最后两个信守承诺约束分别为

$$v_{T-1}(\theta^{T-1}) = \sum_{\theta \in \Theta} \pi(\theta) \left[\theta u_T(\theta^{T-1}, \theta) + \beta v_T(\theta^{T-1}, \theta) \right] 和 \underline{\underline{v}}_T \le v_T(\theta^T) \le \overline{\overline{v}}_T,$$

这也就是说,期间 T 内的承诺是不用付出资源成本的。在截断后的问题中,我们最大化了一个紧集上的连续函数,即 $\prod_{\substack{1 \le t \le T \\ \theta^t \in \Theta^t}} [\underline{\underline{u}}_t, \overline{\overline{u}}_t] \times [\underline{\underline{v}}_t, \overline{\overline{v}}_t]$,因此最大值是存在的(事实上,这个最大值也是唯一的,因为目标函数是严格凸的)。我们将这个最大值记为 $(\mathbf{u}^T, \mathbf{v}^T) = \{ u_t^T(\theta^t); v_t^T(\theta^t) \}_{t, \theta^t}$。

现在,我们要着手证明 $\lim_{T\to\infty}(\mathbf{u}^T,\mathbf{v}^T)$ 达到了原来的问题的最大值。根据对于任何 $\varepsilon>0$ 的上确界的定义,可以为原来的问题找到一个激励相容的、可行的分配 $(\widehat{\mathbf{u}},\widehat{\mathbf{v}})$,它使得

$$\mathbb{E}_0\left[\sum_{t=1}^{\infty}\beta^{t-1}\theta_t\widetilde{u}_t(\theta^t)\right]>V(e)-\varepsilon.$$

(注意,上式右边是有限的)在 T 期的截断满足截断后经济的所有约束,所以

$$V^T(e)\geq\mathbb{E}_0\left[\sum_{t=1}^{T}\beta^{t-1}\theta_t\widetilde{u}_t(\theta^t)\right],\ \forall\ T\geq1$$

从而

$$\lim_{T\to\infty}\inf V^T(e)\geq\mathbb{E}_0\left[\sum_{t=1}^{\infty}\beta^{t-1}\theta_t\widetilde{u}_t(\theta^t)\right]$$

由于 ε 是任意的,所以

$$\lim_{T\to\infty}\inf V^T(e)\geq V(e)$$

为了证明反向不等式,使 $t\geq1$ 固定。对于所有的 $T\geq t$,$(u_t^T(\theta^t),v_t^T(\theta^t))\in[\underline{u}_t,\overline{\overline{u}}_t]\times[\underline{v}_t,\overline{\overline{v}}_t]$。因此,当 $T\to\infty$ 时,序列 $\{u_t^T(\theta^t)\}_{T\geq t}$ 和 $\{v_t^T(\theta^t)\}_{T\geq t}$ 必定具有收敛子序列。然后,可以使用对角线法(diagonal procedure)求得一个激励相容且可行的分配 $\{(u_t^{\infty}(\theta^t),v_t^{\infty}(\theta^t))\}|_{t\geq1,\theta^t\in\Theta^t}$。具体步骤如下:首先将状态变量组织为

$$\mathcal{R}=\{\theta_{(1)},\cdots,\theta_{(|\Theta|)},(\theta_{(1)},\theta_{(1)}),\cdots,(\theta_{(1)},\theta_{(|\Theta|)}),\cdots\},$$

选择 u^T,v^T 的一个子序列,使得其第一个元素收敛,即

$$\lim_{T\to\infty}(u_1^T(\theta_{(1)}),v_1^T(\theta_{(1)}))=(u_1^{\infty}(\theta_{(1)}),v_1^{\infty}(\theta_{(1)})),$$

再从该子序列中选择另一个子序列,以使得第二个元素收敛,即

$$\lim_{T\to\infty}(u_1^T(\theta_{(2)}),v_1^T(\theta_{(2)}))=(u_1^{\infty}(\theta_{(2)}),v_1^{\infty}(\theta_{(2)})).$$

重复这个过程,直到得到 (u^{∞},v^{∞}) 为止,然后将最后一个子序列称为 $\{T_n\}_{n\geq0}$。因为对于每个 $t\leq T,\theta^t\in\Theta^t,(u_t^T(\theta^t),v_t^T(\theta^t))$ 都位于一个由激励约束定义的闭集中,同时 $(u_t^{\infty}(\theta^t),v_t^{\infty}(\theta^t))$ 也位于同一个集合中,这也就是说,它们是激励相容的。因为 $C(u)$ 在 $[\underline{u}_t,\overline{\overline{u}}_t]$ 上是连续的,所以 $C^T(\theta^t)\equiv C(u_t^T(\theta^t))$(以及,对于 $t\geq T,C^T(\theta^t)=0$)是逐点收敛的

$$\lim_{T_n\to\infty}C^{T_n}(\theta^t)=C^{\infty}(\theta^t)\in[C(\underline{v}_t),C(\overline{\overline{u}}_t)].$$

现在,可以把 $\{\pi_1(\theta_{(1)}),\cdots,\pi_1(\theta_{(|\Theta|)}),\beta\pi_2(\theta_{(1)},\theta_{(2)}),\cdots\}$ 视为 R 上的一个测度了。对于所有的 $t\geq1$,$\{\theta_t u_t^{T_n}(\theta^t)\}_{n\geq1}$ 是该空间正的、可测量的函数的序列;当 $n\to\infty$ 时,它们逐点收敛于 $\theta_t u_t^{\infty}(\theta^t)$。根据法图引理(Fatou's lemma)——见斯托基等人编写的教科书中的引理 7.9(Stokey et al.,1989),$\theta_t u_t^{\infty}(\theta^t)$ 也是可测量的,而且

$$\lim_{n\to\infty}\sup\sum_{t=1}^{T_n}\sum_{\theta^t\in\Theta^t}\beta^{t-1}\pi_t(\theta_t)\theta_t u_t^{T_n}(\theta^t)\leq\sum_{t=1}^{\infty}\sum_{\theta^t\in\Theta^t}\beta^{t-1}\pi_t(\theta_t)\theta_t u_t^{\infty}(\theta^t)\leq V(e)$$

其中,最后一个不平等是从 $\{u_t^{\infty}(\theta^t)\}$ 满足方程式(9)的约束这个事实推导出来的(但是可能不会最大化目标函数)。因此,可以得到

$$\lim_{n\to\infty}\sup V^{T_n}(e)\leq V(e)$$

因此,就证明了 $\lim_{n\to\infty}V^{T_n}(e)$ 是存在的,而且

$$V(e) = \lim_{n \to \infty} V^{T_n}(e).$$

再者,我们前面已经证明,通过该序列的极限$(\mathbf{u}^{T_n}, \mathbf{v}^{T_n})$可以得到$V(e)$的最大值。证明完毕。

3.1.3 应用:可持续性约束

假设除了如方程式(82)所述的约束之外,还要施加另外一个约束,即在任何一个期间,社会福利都不得低于某个特定的阈值$\underline{U}$,

$$\mathbb{E}_0 \left[\sum_{s=1}^{\infty} \beta^{s-1} \theta_{t+s} u_{t+s} \right] \geq \underline{U}, \forall t \geq 1. \tag{88}$$

在现实生活中,这种约束在多种不同的环境中都会出现,例如,当存在不完全承诺或参与限制的时候。我们在下文第4.4节中所讨论的国际金融模型就是其中的一个例子。在那个模型中,这种约束体现在必须为代理人提供坚持发行合同的激励(而不是任由代理人违约并退回到外部选择——在这种情况下,就是指代理人退回到自给自足的状态)。[1] 在这里,将约束(88)加入到问题(83)中,并假设效用函数是有界的。

与以前一样,因为效用函数是有界的,对于所有的t,都可以得到

$$\lim_{T \to \infty} \mathbb{E}_0 \left[\sum_{s=1}^{\infty} \beta^{s-1} \theta_{t+s} x_t^T(\mathbf{u}, \mathbf{u}') \right] = \mathbb{E}_0 \left[\sum_{s=1}^{\infty} \beta^{s-1} \theta_{t+s} u_{t+s} \right],$$

同时,保持T固定不变,对于足够大的t,可以得到

$$\mathbb{E}_0 \left[\sum_{s=1}^{\infty} \beta^{s-1} \theta_{t+s} x_t^T(\mathbf{u}, \mathbf{u}') \right] = \mathbb{E}_0 \left[\sum_{s=1}^{\infty} \beta^{s-1} \theta_{t+s} u'_{t+s} \right],$$

从而对约束(88)验证了假设5.ii.a和假设5.ii.c。假设5的其余部分的验证如前所述。只要U不是太高,就肯定可以找到一个内点$\mathbf{x}'$满足$\boldsymbol{\Phi}(\mathbf{x}') < 0$。因此,从定理5可知,存在着一个非负的、可求和的拉格朗日乘数序列$\{\mu_t\}_{t=1}^{\infty}$,使得这个问题的解,同时也是下面这个问题的解:

$$\max_{\mathbf{u} \in \Gamma} \mathbb{E}_0 \left[\sum_{t=1}^{\infty} \beta^{t-1} \theta_t u_t \right] + \sum_{t=1}^{\infty} \mu_t \mathbb{E}_0 \left[\sum_{s=1}^{\infty} \beta^{s-1} \theta_{t+s} u_{t+s} \right] - \sum_{t=1}^{\infty} \widetilde{\lambda}_t \mathbb{E}_0 \left[C(u_t) \right].$$

由于$\{\mu_t\}_{t=1}^{\infty}$是可求和的,所以可以将上面的方程式重写为

$$\mathbb{E}_0 \left[\sum_{t=1}^{\infty} \beta^{t-1} \theta_t u_t + \sum_{t=1}^{\infty} \sum_{s=1}^{\infty} \beta^{s-1} \mu_t \theta_{t+s} u_{t+s} - \sum_{t=1}^{\infty} \widetilde{\lambda}_t C(u_t) \right] = \mathbb{E}_0 \left[\sum_{t=1}^{\infty} \overline{\beta}_t \{ \theta_t u_t - \lambda_t C(u_t) \} \right]. \tag{89}$$

其中$\overline{\beta}_t = \beta^{t-1} + \mu_1 \beta^{t-2} + \cdots + \mu_{t-2}\beta + \mu_{t-1}$,令$\mu_0 = 0$,$\sum_{t=1}^{\infty} \overline{\beta}_t < \infty$,以及$\lambda_t = \widetilde{\lambda}_t / \overline{\beta}_t$。不难看出,这个问题可以用通常的方法来求解。通过增加信守承诺约束扩增问题后,可以用$(\mathbf{u}, \mathbf{v}) \in \Gamma(v_0)$来代替$\mathbf{u} \in \Gamma$,然后观察到这个问题可以重写为递归形式。令$\hat{\beta}_{t+1} = \overline{\beta}_{t+1} / \overline{\beta}_t$,则

$$k_t(v) = \max_{\{u(\theta), w(\theta)\}_{\theta \in \Theta}} \mathbb{E} \left[\theta u - \lambda_t C(u) + \hat{\beta}_{t+1} k_{t+1}(w) \right]$$

约束条件:式(19)和式(20).

我们可以将引理1直接扩展到k_t,唯一的例外是k_t不是严格递减的而是倒U形的。(很容易就可以证明,$v \to k_t(v)$是凹的、连续的,并满足$\lim_{v \to \overline{v}} k_t(v) = -\infty$和$\lim_{v \to \underline{v}} k_t(v) = \underline{v}$。)我们在

---

[1] 当模型中的政府试图实现重新优化的时候,这种约束也会出现在政治经济学模型中,请参见例如阿西莫格鲁等人(Acemoglu et al.,2008)、斯里特和叶利特金(Sleet and Yeltekin,2008)、法里等人(Farhi et al.,2012)。

第 2.4 节的大部分分析仍然成立,不过其中如方程式(29)所述的条件现在变成了

$$k_t'(v) = \frac{\hat{\beta}_{t+1}}{\beta}\mathbb{E}[\ k_{t+1}'(w_v)\ ]. \tag{90}$$

不难观察到,如果 $\mu_t > 0$,那么 $\hat{\beta}_{t+1} \geq \beta$ 且不等号严格成立。因此,如果约束(88)是紧固的(有约束力的),那么边际成本 k_t' 将不再是一个鞅,而这就意味着某种形式的均值回归。为了证明这一点,我们只需注意到,由于 k 是倒 U 形的,k_t' 对于低的 v 值为正,而对于高的 v 值则为负。因此,方程式(90)说明,如果 v 值低,那么期望中的边际成本会下降(因为 $\mathbb{E}[\ k_{t+1}'(w_v)\ ] = \frac{\beta}{\hat{\beta}_{t+1}}k_t'(v) \leq k_t'(v)$);如果 v 值高,那么期望中的边际成本会上升(因为 $\mathbb{E}[\ k_{t+1}'(w_v)\ ] = \frac{\beta}{\hat{\beta}_{t+1}}k_t'(v) \geq k_t'(v)$)。

3.1.4　使用拉格朗日乘数而不是承诺效用

到目前为止的讨论中,我们一直在使用以下方法解决动态激励问题:利用除了激励约束之外的所有约束构造拉格朗日算子,然后引入承诺效用,以便递归地写出激励约束。从原则上说,激励约束本身没有什么特别之处,我们同样可以将拉格朗日扩展到这些约束,而不需要使用承诺效用。在本小节中,我们通过一个例子来说明如何实现这一点,这个例子改编自前面第 2.3.2 节中作为基准模型的局部均衡模型。

考虑如下最大化问题:

$$K(v_0) \equiv \max_{\mathbf{u}} \mathbb{E}\left[-\sum_{t=1}^{\infty} \beta^{t-1} C(u_t) \right] \tag{91}$$
$$约束条件:式(10), \forall t \geq 1;以及式(14),$$

这个问题已经在前文第 2.3.2 节中分析过了。由于目标函数是严格凹的,同时约束集是严格凸的,所以它的解 $\hat{\mathbf{u}}$ 是唯一的。定义 $W:\mathbb{R} \to \mathbb{R}$ 为

$$W(\alpha) \equiv \max_{\mathbf{u}} \mathbb{E}\left[\sum_{t=1}^{\infty} \beta^{t-1}(\alpha\theta_t u_t - C(u_t)) \right] \tag{92}$$
$$约束条件:式(10), \forall t \geq 1$$

如果 $\hat{\alpha}$ 是约束条件方程式(14)上的拉格朗日乘数,那么 $W(\hat{\alpha})$ 就是与问题(91)相关联的拉格朗日算子;根据定理 4,它的唯一最大值(因为目标是严格凹的,且约束条件是线性的)是在 $\hat{\mathbf{u}}$ 处得到的。[①]

我们现在说明,怎样利用推论 1 来推导出对这个问题的递归表示,而且使用与第 2.3.2 节所描述的不同的技术。在那之后,将比较分析这两种可以相互替代的方法的优缺点。为了简单起见,假设 $|\Theta| = 2$(不过,下面的分析可以直接扩展到研究任何数量的冲击情形)。

当 $|\Theta| = 2$ 时,在第 1 期存在如方程式(10)所示的两个激励约束,它们分别对应冲击 $\theta_{(1)}$ 和 $\theta_{(2)}$。命题 5 的证明过程表明,对类型 $\theta_{(2)}$ 的约束是松弛的。令 $\xi(\theta_{(1)})$ 表示问题(92)中类型 $\theta_{(1)}$ 的第一阶段激励约束的拉格朗日乘数。根据推论 1(它更多的是针对最大化问题而不

[①] 在推论 1 中,可以观察到,由于存在单调性,我们可以将问题(91)中的等式约束(14)替换为不等式约束 $\mathbb{E}[\ \sum_{t=1}^{\infty} \beta^{t-1} \theta_t u_t(\theta^t)\ ] \geq v_0$,因而能够从一个最大一最小问题中求得 $\hat{\alpha}$。

是最小化问题),[1]$\xi(\theta_{(1)})$,以及方程式(92)的解也是以下问题的解:

$$W(\alpha) = \min_{\xi \geqslant 0} \max_{\mathbf{u}} \mathbb{E}\left[\sum_{t=1}^{\infty} \beta^{t-1}(\alpha\theta_t u_t - C(u_t))\right]$$

$$+\xi\left[\left\{\theta_{(1)}u_1(\theta_{(1)}) + \mathbb{E}\left[\sum_{t=2}^{\infty}\beta^{t-1}\theta_t u_t \mid \theta_1 = \theta_{(1)}\right]\right\}\right.$$

$$\left.-\left\{\theta_{(1)}u_1(\theta_{(2)}) + \mathbb{E}\left[\sum_{t=2}^{\infty}\beta^{t-1}\theta_t u_t \mid \theta_1 = \theta_{(2)}\right]\right\}\right]$$

约束条件:式(10),$\forall t \geqslant 2$

重新排列这些项,并利用 W 的定义,可以得到

$$W(\alpha) = \min_{\xi \geqslant 0} \max_{u(\theta_{(1)}),u(\theta_{(2)})}$$

$$\pi(\theta_{(1)})\left[\left(\alpha\theta_{(1)} + \frac{\xi\theta_{(1)}}{\pi(\theta_{(1)})}\right)u_1(\theta_{(1)}) - C(u_1(\theta_{(1)})) + \beta W\left(\alpha + \frac{\xi}{\pi(\theta_{(1)})}\right)\right] \quad (93)$$

$$+\pi(\theta_{(2)})\left[\left(\alpha\theta_{(2)} - \frac{\xi\theta_{(1)}}{\pi(\theta_{(2)})}\right)u_1(\theta_{(2)}) - C(u_1(\theta_{(2)})) + \beta W\left(\alpha - \frac{\xi}{\pi(\theta_{(2)})}\right)\right]$$

问题(93)是表征最大化问题(91)的解的一个替代方法。函数 W 可以使用标准压缩映射技术找到,关于其证明,请参见马塞特和马里蒙的论文(Marcet and Marimon,2015)。然后,我们就可以使用贝尔曼方程的策略函数,通过与第2.3.2节所阐述的相同的方法生成解 $\hat{\mathbf{u}}$。

下面,我们对方程式(23)和方程式(93)这两种可以相互替代的递归公式的优缺点进行比较分析,并以此结束本节。一方面,方程式(23)中的最大化算子比方程式(93)中最小化算子(93)更加容易处理。[2] 这使得方程式(23)更加便于在许多简单的应用中使用。另一方面,函数 W 是定义在先验已知的域 $\mathbb{R}$ 上的,而 K 的域却是内生的。在第2.3.2节的模型设置中,很容易就可以将后者表示出来。然而,在更一般的情况下(在存在马尔可夫冲击、其他约束等情况下),状态空间的表示将更加困难,需要使用阿布雷乌等人给出的技术(Abreu et al.,1990)(见命题8),因而使用本节中描述的工具将会更加简单。不过,对这种方法的详细探讨超出了本章的范围,有兴趣的读者可以深入阅读本章的参考文献,在这里我们只是简略地提一下其中几篇重要论文。首先提出这种方法的开创性论文出自马塞特和马里蒙之手(Marcet and Marimon,2015)。关于最近的应用,请参见梅斯纳等人的论文(Messner et al.,2012,2014)、科尔和库布勒(Cole and Kubler,2012),以及埃斯皮诺等人(Espino et al.,2013)。

---

[1] 我们可以使用与第3.1.2节相同的步骤验证充分条件,使得我们能够应用推论1。

[2] 从问题(93)中,即便不考虑其中的最小化部分,也可以得到许多启示。因为 $\xi(\theta_{(1)}) \geqslant 0$(实际上,从命题5的讨论可知,这是一个严格不等式),问题(93)立即显示,对于报告了 $\theta_{(1)}$ 的代理人来说,权重 $\alpha(\theta_{(1)}) \equiv \hat{\alpha} + \frac{\xi(\theta_{(1)})}{\pi(\theta_{(1)})}$ 是递增的,即 $\alpha(\theta_{(1)}) \geqslant \hat{\alpha}$;而权重 $\alpha(\theta_{(2)}) \equiv \hat{\alpha} - \frac{\xi(\theta_{(1)})}{\pi(\theta_{(2)})}$ 则是递减的,即 $\alpha(\theta_{(2)}) \leqslant \hat{\alpha}$。这个事实的重要含义是,利用它,我们可以看出问题(92)的解 $\hat{u}^{\alpha}$ 的性质,即 $\mathbb{E}[\sum_{t=1}^{\infty}\beta^{t-1}\theta_t u_t^{\alpha}]$ 是随 α 而递增的,从而使得更高的权重对应更高的终身效用。因此,在没有明确考虑最小化算子的情况下,就证明了,从下一期开始,报告了 $\theta_{(1)}$ 的代理人的期望终身效用会增加,而报告了 $\theta_{(2)}$ 的代理人的期望终身效用则会减少。对于这种技术在经济学其他领域中的应用,请参见阿西莫格鲁等人的论文(Acemoglu et al.,2011)。

3.2　机制设计：无承诺情形

到目前为止，在我们的讨论中，一直假定向代理人提供保险的委托人的承诺是完全的：委托人隐含地承诺了一个无限期的分配菜单，并且永远不考虑随着时间的推移而违背这些承诺的可能性。这个假设对于定理 1（显示原理）的证明至关重要。但是，这个假设并不是无害的。例如，正如我们在命题 6 中已经看到的，长期的贫困化是所有最优保险合同的共同特征。虽然这样的合同从事前的角度来看在第 0 期是最优的，但是从长远来看，它却提供了最劣的分配。任何一个稍有仁慈之心的委托人都会希望在那种时候到来时重新优化。因此，在许多应用中，委托人具备完美承诺能力的假设是非常强有力的。

当委托人无法承诺时，怎样分析动态合同问题？在本小节中，我们就来讨论其中几种分析方法。作为开始，我们将讨论前文第 2.2 节所述模型的一个变体。现在这个模型只在原来的模型上做了两个改动。首先，假设经济体中的保险合同来自一个充满仁慈之心的委托人（我们将它称为"政府"），但是他在事前（即第 0 期）并不能对未来的行为做出承诺。其次，为了把重点放在信息揭示和定理 1 的推广上，我们暂且使借贷行为变得抽象，并假设每一期所有代理人的总消费量应等于该期的总禀赋 e，就像第 3.1.2 节中那样。

由于政府不能做出承诺，所以我们在形式上将这个环境描述为一个无限期重复博弈模型——博弈发生在一个"大玩家"（政府）与一个由原子化的代理人组成的连续统之间。[①] 这个无限期博弈的每一期都划分为两个阶段。在第一个阶段，代理人将关于他们的特异性冲击的实现情况的信息报告给政府；在第二个阶段，政府做出分配决策。[②] 如前文第 2.2 节所述，先用一个一般化的消息空间 M 来描述代理人和委托人之间的信息交流，这样处理是有很多好处的。

在第 t 期，代理人的报告策略是映射 $\widetilde{\sigma}_t : M^{t-1} \times \Theta^t \times H^t \to \Delta(M)$；同时，政府的策略则为映射 $\widetilde{c}_t : M^t \times \check{H}^t \to \Delta(\mathbb{R}^+)$，其中 M^{t-1} 和 Θ^t 分别为每个代理人的报告的冲击的历史和实现的冲击的历史，H^t 和 $\check{H}^t$（定义在下面给出）是博弈的总历史。为了避免引入测度理论工具（那会使讨论复杂化），在这里假设 ΔM 和 $\Delta \mathbb{R}^+$ 都直接对有限多个元素进行随机化。我们还假设存在代理人组成的连续统，这也可以简化分析。根据大数定律，$\widetilde{\sigma}$ 生成政府从代理人那里收到的报告的总体分布，同时 $\widetilde{c}$ 生成政府提供的消费分配的分布。此外，如果某一个代理人（其测度为 0）偏离了他的均衡策略，这些分布都不受影响。再假设，总体分布是一个可观察的历史 H^t，由 $\widetilde{\sigma}$ 和 $\widetilde{\sigma}$ 生成的、直到 $t-1$ 期的总体分布构成；而 $\check{H}^t$ 则由 H^t 和由 $\widetilde{\sigma}_t$ 生成的总体报告的

---

① 请参见沙里和基欧的经典论述（Chari and Kehoe，1990，1993）。

② 虽然这种模型设定看上去显得有些程式化，但是它的许多特点在更加复杂的政治经济学模型中也都自然而然地呈现出来了。例如，林德贝克和韦布尔所构建的每一期都通过概率性投票来选择政策的模型（Lindbeck and Weibull，1987），实际上可以简化为我们在这里建立的这个"仁慈的政府"不能对自己未来的行为做出承诺的模型。更多的应用，请参见法里等人（Farhi et al.，2012）、朔伊尔和沃利茨基（Scheuer and Wolitzky，2014），或者多维斯等人（Dovis et al，2015）。

分布组成。

接下来,我们会说明如何描述这个博弈的完美贝叶斯均衡(perfect Bayesian equilibrium,简称"PBE")。该均衡为代理人提供了最高事前效用。经济学家和博弈论专家早就证明——著名的论点请参见,沙里和基欧的论文(Chari and Kehoe,1990),以及林奎斯特和萨金特的教科书(Ljungqvist and Sargent,2012)第 23 章的处理。要描述这种均衡,只需要关注博弈历史的某个子集就足够了。这也就是说,在这里,只需要描述"在均衡路径上"的政府提供的分配和代理人给出的报告就已经足够了。如果政府偏离了均衡路径的分配方案(直到测度为 0),那么在随后的历史中,代理人和政府就会切换进最糟糕的完美贝叶斯均衡中。在这里,冒着轻微滥用符号的风险,用$(\tilde{\boldsymbol{\sigma}},\tilde{\boldsymbol{c}})$来表示代理人和政府在"在均衡路径上"的行为,也就是说,只需要考虑不再有总体历史参数 H^t、$\dot{H}^t$ 的映射 $\tilde{\sigma}_t:M^{t-1}\times\Theta\to\Delta(M)$ 和 $\tilde{c}_t:M^t\to\Delta(\mathbb{R}_+)$ 即可。用 $\tilde{\sigma}_t(m|m^{t-1},\theta^t)$ 来表示一个有历史(m^{t-1},θ^t)的代理人在第 t 期报告消息 m 的概率。

$(\tilde{\boldsymbol{\sigma}},\tilde{\boldsymbol{c}})$ 对必须满足三个约束条件。第一,在均衡中,每个代理人个体都认为坚持自己的报告策略 $\tilde{\boldsymbol{\sigma}}$(而不是偏离该策略,选择任何其他报告策略 $\tilde{\boldsymbol{\sigma}}'$)是最优的,从而使约束(4)得以满足。需要注意的是,为了写出这个约束条件,必须隐含地使用代理人是连续统的假设。而且,即使某个代理人选择了 $\tilde{\boldsymbol{\sigma}}'$ 而没有选择 $\tilde{\boldsymbol{\sigma}}$,提交给政府的报告的总体分布也不会有所改变,因此均衡分配也仍然保持不变。因此,同样的 $\tilde{\boldsymbol{c}}$ 会出现在激励约束的两侧。第二,政府选择的任何分配也必须是可行的,即满足

$$\mathbb{E}^{\tilde{c}\circ\tilde{\sigma}}[c_t]\leqslant e,\forall t.\tag{94}$$

第三,在任何时候,政府都不应该认为偏离均衡的的行动是最优的。这个约束可以写成

$$\mathbb{E}_t^{\tilde{c}\circ\tilde{\sigma}}\left[\sum_{s=t}^{\infty}\beta^{s-t}\theta_s U(c_s)\right]\geqslant\widetilde{W}_t(\{\tilde{\sigma}_s\}_{s=1}^t)+\frac{\beta}{1-\beta}U(e),\forall t\tag{95}$$

在上面这个约束条件中,左侧是政府在第 t 期继续采取均衡策略的回报。右侧则由两部分组成:最有利的一次性偏差行动 $\widetilde{W}_t$(定义在下面给出)的价值,以及从下一期开始的最糟糕的完美贝叶斯均衡的价值。由于我们假设冲击都是独立同分布的,因此很容易证明,最糟糕的完美贝叶斯均衡是代理人不向政府透露任何信息,同时永远会收到独立于冲击的、相同的人均分配 e。这种分配的期望价值是 $\frac{1}{1-\beta}U(e)$。

现在,我们来推导偏差行动 $\widetilde{W}_t$ 的价值。令 $\mu_t(m^t)$ 表示报告了历史 m^t 的代理人的度量。对于这个测度,可以递归地定义为如下:$\mu_{-1}=1$,以及

$$\mu_t(m^t)=\mu_{t-1}(m^{t-1})\sum_{\theta^t\in\Theta^t}\pi(\theta^t)\tilde{\sigma}_t(m_t|m^{t-1},\theta^t).$$

μ_t 这个测度依赖于直到 t 期的报告的整个历史,$\{\tilde{\sigma}_s\}_{s=1}^t$。用 $\mathbb{E}^{\tilde{\sigma}}[\theta|m^t]$ 表示政府对某个代理类型为 θ 的后验期望——它取决于报告的历史 m^t。最好的偏差是以下问题的解:

$$\widetilde{W}(\{\tilde{\sigma}_s\}_{s=1}^t)=\max_{\{c^w(m^t)\}_{m^t\in M^t}}\sum_{m^t\in M^t}\mu_t(m^t)\left[\mathbb{E}^{\tilde{\sigma}}[\theta|m^t]U(c^w(m^t))\right]\tag{96}$$

它要满足可行性约束

$$\sum_{m^t \in M^t} \mu_t(m^t) c^w(m^t) \leqslant e. \tag{97}$$

讨论到了这个阶段,比较一下我们在这里的模型设置与第2.2节的承诺是很有帮助的。相对于那一节的情形,这里多了一个额外的约束(95)。这个约束的一个重要特征在于,后验信念出现在这个约束的表达式的两侧。这一点改变了整个分析。特别要注意的是,当施加了约束(95)之后,定理1的证明不一定仍然行得通。如果将 $\widetilde{\Gamma}=(M,\widetilde{c}\circ\widetilde{\sigma})$ 替换为一个直接的说真话机制 $(\Theta,c\circ\boldsymbol{\sigma}^{truth})$,那么我们仍然获得对所有代理人都可行的且激励相容的分配,就像定理1的证明所表明的那样。然而,在这里有 $\widetilde{W}_t(\{\boldsymbol{\sigma}^{truth}\}_{s=1}^{t}) \geqslant \widetilde{W}_t(\{\widetilde{\sigma}_s\}_{s=1}^{t})$,而且通常不等号严格成立,因为直接机制向政府披露更准确的信息,并会增加政府偏离均衡的激励。因为根据定义有 $\mathbb{E}^{\widetilde{c}\circ\widetilde{\sigma}}\left[\sum_{s=t}^{\infty}\beta^{s-t}\theta_s U(c_s)\right]=\mathbb{E}^{c\circ\sigma^{truth}}\left[\sum_{s=t}^{\infty}\beta^{s-t}\theta_s U(c_s)\right]$,所以直接说真话机制强化了政府的可持续性约束。从直觉上看,与其他信息交流方式相比,这个直接机制总能为政府提供更多信息,提高了政府从事前重新最优化中获得的收益,并降低了(代理人的)事前福利。

上一段的讨论意味着,一般来说,将注意力只局限于代理人直接将自己的类型报告给政府的机制上,可能说不上不失一般性(像我们在上文第2.2节中所做的那样),同时,在这种情况下,可能需要运用更广泛的消息空间去描述最优保险。下面,就简要地说明如何做到这一点。我们的讨论基于戈洛索夫和伊欧维诺的论文(Golosov and Iovino,2014年);因此读者如果想深入了解更详细的讨论和证明,请阅读这篇论文。[①]

要找到没有承诺的情况下的最优保险,最优完美贝叶斯均衡是下式的解:

$$\max_{\widetilde{c}\circ\widetilde{\sigma}} \mathbb{E}^{\widetilde{c}\circ\widetilde{\sigma}}\left[\sum_{t=1}^{\infty}\beta^{t-1}\theta_t U(c_t)\right] \tag{98}$$

要满足的约束条件是方程式(4)、(94)和(95)。在特定的技术条件下,这个问题可以大为简化。特别是,如果冲击是独立同分布的,且过去实现的冲击的历史是无关的,那么就可以将注意力集中到以下形式的报告策略上: $\widetilde{\sigma}_t:M^{t-1}\times\Theta_t\to\Delta(M)$。类似地,还可以证明一个与命题1相对应的结果:消费的随机分配是次优的,所以不失一般性,可以假设: $\widetilde{c}_t:M^t\to\mathbb{R}^+$。最后,仍然不失一般性,可以将 M 限定为一个有限集。[②]

接下来我们会阐明如何递归地写出这个问题。像第2节中一样,更方便的做法是改变变量并求解相对于 $u_t=U(\widetilde{c}_t)$ 的最优化问题。而且,如果运用单阶段偏离原则,那么约束(4)就可以大为简化。使用与导致方程(13)相同的参数,可以将方程式(4)重写为:对于所有 $m^t \in M^t$,

$$v_t(m^t)=\sum_{(\theta,m)\in\Theta\times M}\pi(\theta)\widetilde{\sigma}_{t+1}(m|m^t,\theta)\left[\theta u_{t+1}(m^t,m)+\beta v_{t+1}(m^t,m)\right], \tag{99}$$

同时,对于所有的 $(m^t,\theta)\in M^t\times\Theta$,对于所有的 $m\in M$,以及某个 $m_0\in M$,有

$$\theta u_{t+1}(m^t,m_\theta)+\beta v_{t+1}(m^t,m_\theta)\geqslant\theta u_{t+1}(m^t,m)+\beta v_{t+1}(m^t,m) \tag{100}$$

---

① 更正式地,戈洛索夫和伊欧维诺的论文(Golosov and Iovino,2014)研究了一个更一般的博弈模型,他们允许代理人和政府的策略依赖于某些与支付无关的变量的实现。这样就凸化了均衡支付集,并保证了那些能够简化分析的技术条件成立。为了简化证明,我们在这里只是简单地假设这些条件全都可以得到满足。

② 更具体来说,M 的势数可以取 $2|\Theta|-1$。

而且,对于所有的 $m \in M$,都有

$$\widetilde{\sigma}_{t+1}(m \mid m^t, \theta)[\{\theta u_{t+1}(m^t, m_\theta) + \beta v_{t+1}(m^t, m_\theta)\} - \{\theta u_{t+1}(m^t, m) + \beta v_{t+1}(m^t, m)\}] = 0 \quad (101)$$

方程式(99)是将方程式(12)直接扩展至代理人向政府发出的信息有噪声的情形下的结果。接下来的两个方程式则构成了形成激励相容的约束条件。方程式(100)表明,给定过去的消息 m^t 和实现的冲击 θ,必定存在某个消息 m_θ,代理人 θ 更偏好该消息,甚于所有其他消息。方程式(101)则表明,如果当前实现的冲击为 θ 的代理人以不报告消息 m_θ,而报告任何其他消息 m 的概率 $\widetilde{\sigma}_{t+1}(m \mid m^t, \theta)$ 为正,那么报告 m 和报告 m_θ 对他来说必定无差异,因为他发送出去的报告必须给他带来最高的效用。方程式(100)和(101)是对方程式(13)的推广,同时都具有递归结构,其中的 $v_t(m^t)$ 起到了状态变量的作用。

我们接下来会阐明,如何运用第3.1.2节中引入的拉格朗日算法递归地求解最大化问题(98),并以方程式(94)、方程式(95)和方程式(99)–(101)为约束条件。令 $\widetilde{\boldsymbol{\lambda}} = \{\widetilde{\lambda}_t\}_{t=1}^\infty$ 和 $\widetilde{\chi} = \{\widetilde{\chi}_t\}_{t=1}^\infty$ 分别表示约束(94)和(95)上乘数的序列。假设这些序列都是可求和的(请参见第3.1.1节),我们可以使用阿贝尔公式(Abel's formula)来写出如下利用拉格朗日乘数来表示的问题①:

$$\max_{\mathbf{u}, \widetilde{\sigma}} \mathbb{E}^{\widetilde{\sigma}} \sum_{t=1}^\infty \overline{\beta}_t [\theta_t u_t - \lambda_t C(u_t) - \chi_t \widetilde{W}_t] \quad (102)$$

约束条件如方程式(99)—(101)所示,其中,$\overline{\beta}_t = \beta^{t-1} + \sum_{s=1}^t \beta^{t-s} \widetilde{\chi}_s$,$\lambda_t = \widetilde{\lambda}_t / \overline{\beta}_t$,以及 $\chi_t = \widetilde{\chi}_t / \overline{\beta}_t$。不难观察到,这个问题与第3.1.3节中考虑的问题非常相似,除了以下两点之外:第一,现在要选择的是报告给政府的最优信息数量 $\widetilde{\sigma}$;第二,揭示信息的成本是用 $\chi_t \widetilde{W}_t$ 这一项来刻画的。

但是,这个问题仍然没有一个自然的递归形式。我们在3.1.2节中给出的递归形式的描述依赖于这样的事实:目标函数的线性使我们能够在任何历史 θ^t 之后(在没有承诺的情况下,即指任何报告的历史 m^t 之后)单独求解最优分配,而无需注意其他历史。现在的关键难题是,$\widetilde{W}_t$ 依赖于所有代理人发送的报告的分布。在这里,我们将阐明如何在假定对数形式的偏好的条件下写出递归公式。戈洛索夫和伊欧维诺(Golosov and Iovino, 2014)使用第3.1.1节的技术获得了任意凹效用函数的相同表征。

当偏好是对数形式的时候,$\widetilde{W}_t$ 就很容易得到简化。在这种情况下,问题(102)的一阶条件如下:

$$\lambda_t^w C'(u_t^w(m^t)) = \mathbb{E}^{\widetilde{\sigma}}[\theta \mid m^t] = \frac{\widetilde{\sigma}_t(m_t \mid m^{t-1}, \theta)}{\sum_{\theta' \in \Theta} \pi(\theta') \widetilde{\sigma}_t(m_t \mid m^{t-1}, \theta')},$$

其中,$u_t^w \equiv U(u_t^w)$,且 λ_t^w 是约束条件(97)的拉格朗日乘数。在对数形式的偏好假设下,有 $C' = C = \exp$。利用这个事实和方程式(97),很容易就可以得出 $\lambda_t^w = 1/e$。需要注意的是,这种乘数的关键性质是它不依赖于任何特定的值 $\{\widetilde{\sigma}_t\}_{m^t, \theta^t}$,因此 $\widetilde{W}$ 可以写为

$$\widetilde{W}_t(\{\widetilde{\sigma}_s\}_{s=1}^t) = \sum_{m^{t-1}} \mu_{t-1}(m^{t-1}) W_t(\{\widetilde{\sigma}_t(m \mid m^{t-1}, \theta)\}_{(m, \theta) \in M \times \Theta}),$$

---

① 由于消费分配是确定性的,可以直接写成 $\mathbb{E}^{\widetilde{\sigma}*}$,而不是 $\mathbb{E}^{u, \widetilde{\sigma}*}$。

其中，

$$W_t(\{\widetilde{\sigma}_t(m\mid\cdot,\theta)\}_{(m,\theta)\in M\times\Theta})=\max_{\{u^w(m)\}_{m\in M}}\sum_{(m,\theta)\in M\times\Theta}\pi(\theta)\widetilde{\sigma}(m\mid\cdot,\theta)[\theta u^w(m)-\lambda_t^w C(u^w(m))].$$

如果将这个方程式代入方程式（102），那么就可以很容易地以递归形式写出问题。令 $\hat{\beta}_{t+1}\equiv\overline{\beta}_{t+1}/\overline{\beta}_t$，该问题可以写为

$$k_t(v)=\max_{\substack{\{u(m),w(m),\sigma(m\mid\theta)\}_{(m,\theta)\in M\times\Theta}\\ \sigma(\cdot\mid\theta)\in\triangle(M)}}\mathbb{E}^\sigma[\theta u-\lambda_t C(u)+\hat{\beta}_{t+1}k_{t+1}(w)]-\mathcal{X}_t W_t(\{\sigma(m\mid\theta)\}_{m,\theta})\quad(103)$$

服从于如下条件：对于所有的 θ，

$$v=\sum_{(\theta,m)\in\Theta\times M}\pi(\theta)\sigma(m\mid\theta)[\theta u(m)+\beta w(m)],$$

对于所有的 m 和某个 m_θ，

$$\theta u(m_\theta)+\beta w(m_\theta)\geq\theta u(m)+\beta w(m),$$

对于所有的 m，

$$\sigma(m\mid\theta)[\{\theta u(m_\theta)+\beta w(m_\theta)\}-\{\theta u(m)+\beta w(m)\}]=0$$

不难注意到，问题（103）与第 2 节中的问题（18）非常相似，不过以下两个改动除外：首先，目标函数多了一项 $-\mathcal{X}_t W_t$，它刻画的是均衡路径之外的信息披露的额外成本。其次，在报告的时候，代理人通常会在消息空间 M 中使用混合策略，而不是在集合 Θ 上采取某个纯报告策略。

戈洛索夫和伊欧维诺在他们的论文中也分析了这个问题（Golosov and Iovino，2014），并证明每个代理人披露的最优信息量取决于承诺的效用 v。他们的论文的关键洞见是，应该向政府披露更多信息的代理人，就是那些能够通过这种披露在均衡路径上为政府节约最多资源的人。具体地说，在我们讨论的那种情况下，如果政府在不了解 θ 的情况下只提供低价值的 v，那么失去的资源相对较少，然而，如果具有更高值的 v 的代理人进行信息披露则会导致政府节省更多的资源。戈洛索夫和伊欧维诺证明（Golosov and Iovino，2014）表明，对于所有 v 足够小的代理人来说，他们应该不向政府披露任何信息，并且采取与独立于实现的冲击的相同的报告策略；另外，对于那些具有足够高的承诺价值 v 的代理人来说，则应该向政府披露全部信息（至少在 U 表现出递减的绝对风险厌恶倾向的时候），这与前文第 2.2 节所阐述的策略一致。他们还证明，政府的参与约束意味着，在不变分配中存在着一个内生的下限，在低于这个内生下限时，代理人的承诺效用不会再下降，从而防止了第 2.4 节中讨论过的长期贫困化的出现。戈洛索夫和伊欧维诺还对他们的结论进行了扩展（Golosov and Iovino，2014），方法是将马可夫冲击也考虑进来，并利用如第 2.5 节所述的方法得到了对问题的递归形式的表征。[①]

3.2.1　存在中介时的最优保险

在上一小节描述的博弈中，假设代理人与政府之间存在着某个特定的"通信协议"：代理人首先向政府报告一些信息，然后政府采取某个行动。在政府有能力做出承诺的情形下（如第 2.5 节所述），根据定理 1，只考虑这种限制"通信协议"仍然不失一般性。但是，当政府无

[①] 至于持续性的冲击下的信息揭示问题，则与棘轮效应有关，这方面的文献请参见弗雷克萨斯等人（Freixas et al.，1985）、拉丰和梯若尔（Laffont and Tirole，1988）。

法做出承诺时,定理1就不再有效。因此很自然地,我们希望搞清楚,如果在代理人与政府之间有更丰富的沟通方法,能不能得到更好的结果。事实证明,这个问题的答案是肯定的。在本小节中,我们将给出一些最优"通信工具",然后说明如何描述存在这种最优通信工具的情况下的最优合同。

现假设,代理人与政府可以通过第三方间接地进行通信,这个第三方称为"中介"。这个中介既可以是与博弈没有利害关系的、受博弈双方信任的第三人;也可以是一台机器,它从代理人处接收报告,并在这些报告的基础上按照预先确定的规则(即,根据某个函数)生成结论并向政府提出"行动建议"。不难看出,在这种假设下,博弈与上一小节基本相同,不过有如下几点更改。在每一期,代理人先发送报告 $\widetilde{\sigma}_t : M^{t-1} \times \Theta^t \to \Delta(M)$ 给"中介";接着中介向政府提出关于应该采用什么样的消费分配方案的建议 $\widetilde{\sigma}_t^{med} : M^t \to \Delta(\mathbb{R}^+)$;然后政府就可以自由地做出决策了。

接下来,我们就来研究这个有中介的信息交流博弈中的均衡。这是一个很有意思的问题,原因如下。首先,在不失一般性的情况下,对于代理人研究来说,我们可以将注意力集中在如第2.2节所定义的直接讲真话策略 σ^{truth}(因此,我们可以假设 $\widetilde{\sigma}_t^{med}$ 是从 Θ^t 到 $\Delta(\mathbb{R}^+)$ 的一个映射)。其次,在有了一个中介之后,我们可以复制使用任何通信工具时得出的完美贝叶斯均衡的结果。由此,我们就得到了定理1在贝叶斯纳什均衡下的版本(请参见 Myerson, 1982,1986;Mas-Colell et al. ,1995,Sec. 23. D.)。因此,有中介时的均衡就给出了使用任何其他通信工具时可以实现的结果的上限。

我们对这个有中介参与的博弈从两个方面加以考察。首先,虽然我们可以不失一般性地假设代理人会向中介如实地报告他们的类型,但是中介通常要对政府将收到的信息进行随机化处理,否则政府就能准确地了解代理人的类型,那么这种机制将变得与上一节中所讨论的直接讲真话机制完全相同。其次,虽然任何完美贝叶斯均衡(使用任意的通信工具)都可以在一个有中介参与的博弈中作为一个完美贝叶斯均衡而实现,但是反过来却不成立。因此,有中介参与的博弈中的均衡是否给出了对于最优保险安排的合理描述,通常取决于具体的情境。例如,国家与国家之间在调解彼此冲突的谈判中,许多时候都会利用中介机制,所以这种做法可能是一个自然的选择;但是,在很多政治环境中,要在政治家的控制之外引入一个没有相关利益的第三方却是非常困难的,在这种情况下,我们在上一小节中阐述的做法可能更为可取。

为了解释清楚这种方法是如何改变激励约束的,我们现在考虑一个类似于问题(103)的递归形式的问题。如前所述,中介通常需要在给政府建议的不同分配之间进行随机化处理。为了简单起见,我们假设,针对每个代理人的报告,中介只会给政府提出有限多个建议 m_1, $\cdots$, m_I。这样一来,中介的报告策略就变得很简单了,即:对于 $m \in M \equiv \{m_1, \cdots, m_I\}$,给出报告 $\widetilde{\sigma}_t^{med}(m|m^{t-1}, \theta^t)$。再假设单次偏离原理仍然成立,并假设第 t 期的策略对 θ^{t-1} 的依赖是冗余的,那么就可以将代理人的激励约束写为方程式(99)和下面的方程式(104)

$$\sum_m \widetilde{\sigma}_{t+1}^{med}(m|m^t, \theta) [\theta u(m^{t+1}) + \beta v_{t+1}(m^{t+1})]$$
$$\geqslant \sum_m \widetilde{\sigma}_{t+1}^{med}(m|m^t, \theta') [\theta u(m^{t+1}) + \beta v_{t+1}(m^{t+1})], \forall \theta' \tag{104}$$

约束条件(104)比约束条件(100)和(101)要弱,因此,在引入了中介之后,激励相容的分配就变得更多了。对于这个结论背后的原理,我们可以这样来理解。当代理人通过中介与政府交流信息时,是无法控制中介对政府提出什么建议的。因此,代理人的激励约束(104)应该是对于中介所能提出的所有建议(在期望上)都成立的。而当代理人直接与政府交流信息时,他却绝不会向政府发送任何一个被另一个信息占优的信息。所以他的激励约束(100)和(101)应该是对于所有发给政府的信息都成立的。

接下来,我们仍然要描述政府如何根据中介给出的建议形成后验信念。政府的行为在形式上与方程式(96)所描述的完全相同,只不过现在最优偏差的值可以直接用 $\widetilde{W}_t$ ($\{\widetilde{\sigma}_s^{med}\}_{s=1}^t$)表示,而不再是用 $\widetilde{W}_t$($\{\widetilde{\sigma}_s\}_{s=1}^t$)表示。因此,政府是根据中介的建议(用 $\widetilde{\sigma}^{med}$ 表示),而不是用代理人的报告(用 $\widetilde{\sigma}$ 表示)来形成后验信念的。不过,尽管如此,这两个问题的数学结构是相同的,可以得到如方程式(103)所示的递归表示,只是其中的激励约束要替换为:对于所有的 θ',

$$\sum_m \sigma^{med}(m|\theta)[\theta u(m)+\beta w(m)] \geq \sum_m \sigma^{med}(m|\theta')[\theta u(m)+\beta w(m)]$$

一个提醒

最后,我们要提出一个提醒,并以此来结束本小节。这个提醒就是,对于文献中所用的"显示原理"这个术语的用法,我们要注意它在不同情境下的不同含义。有一些研究者只在委托–代理模型和定理 1 中使用这个术语。由于在委托人不能做出承诺的情况下,定理 1 不再成立,因此这些研究者往往会得出结论"由于不能做出承诺,显示原理失败了"(例如,请参见 Laffont and Tirole,1988;Bester and Strausz,2001)。而更多的研究者(包括我们)则在更宽泛的意义上使用这个术语,例如在第 3.2.1 节中,机制设计者并不是委托人本身,而是某种机械地进行随机化处理的装置。在这种情况下,无论代理人和委托人可以做出承诺还是不能做出承诺,说真话的直接显示机制都仍然成立(例如,请参见 Myerson,1982,1986;Mas-Colell et al.,1995)。在这个意义上,人们常提到的"显示原则始终成立"这种说法也是有道理的。虽然这种语义上的差异可能会令人觉得有些困惑,但是数学事实上没有分歧,我们只需要注意一下所说的"显示原理"到底是指哪一个版本就可以了。

3.3　连续时间框架中的鞅方法

现在,我们要说明如何在连续时间框架下分析动态合同问题。只要方法得宜,这种分析其实并不是太难。限于篇幅,我们在这里只是简要介绍一下相关文献。桑尼科夫(Sannikov,2008,2014)在连续时间框架下分析了动态道德风险问题,在他的模型中,可观察的产出的波动服从布朗运动,而它的漂移则缘于代理人不可观察的努力。威廉姆斯(Williams,2009,2011)基于比斯穆特[Bismut(1973,1978)]的工作,运用随机庞特里雅金原理(stochastic Pontryagin principle),分析了托马斯和沃勒尔(Thomas and Worrall,1990)的禀赋冲击模型的连续时间版本。茨维塔尼奇和张(Cvitanic and Zhang,2013)也在道德风险和逆向选择问题中运用了相同的技术。张(Zhang,2009)还研究过一个同样类型的有限马尔可夫链动态合同问题。苗和张(Miao and Zhang,2015)还将第3.1节讨论的拉格朗日技术扩展到了连续时间下的有限承诺模型当中(详见后文第4节)。

在这里,我们遵循桑尼科夫的思路(Sannikov,2008),运用连续时间下的动态规划原理来分析前文第2.7节在离散时间框架中描述过的道德风险模型。为了讨论这个模型的解,我们先花了一些篇幅介绍了求解的数学技术。对这些数学技术的严格阐述超出了本章的范围,我们的目的是给出主要的数学工具,保证能够以一种自洽的方式描述桑尼科夫的(Sannikov,2008)的模型。

3.3.1 数学背景

关于布朗运动和随机过程的基础知识,请读者阅读瑞韦茨和约尔的教科书(Revuz and Yor,1999)、厄克森达尔的著作(ϕksendal,2003),或者卡拉查斯和施里夫的论文(Karatzas and Shreve,2012)。关于随机最优控制理论的论述,请参见雍炯敏和周迅宇的论著(Yong and Zhou,1999)。在本小节中,我们简要介绍了随机过程的基础概念,然后阐述了对连续时间动态合同模型分析非常重要的三个基本定理,即:伊藤引理(Itô's Lemma)、鞅表示定理(Martingale Representation Theorem)和哥萨诺夫定理(Girsaňnov's Theorem)。我们还启发式地给出了连续时间框架中的动态规划原理。

一个随机过程 X 是概率空间 $(\Omega, \mathcal{F}, \mathbb{P})$ 上的一个随机变量族 $\{X_t\}_{t \geqslant 0}$。定义域流(filtration)$\{\mathcal{F}_t\}_{t \geqslant 0}$,使得对于所有 t,$\mathcal{F}_t = \sigma(\{X_s\}_{s \leqslant t})$ 是 X 在从时间 0 至时间 t 的期间生成的 σ-代数。如果对于所有的 $t>s$ 和所有的波莱尔(Borel)集合 A,都有 $\mathbb{P}(X_t \in A \mid \mathcal{F}_s) = P(X_t \in A \mid X_s)$,那么我们就说过程 X 是一个马尔可夫过程。如果对于所有的 $t \geqslant 0$,都有 $\mathbb{E}[|X_t|] < \infty$,且对于所有的 $t>s$,都有 $\mathbb{E}[X_t \mid \mathcal{F}_s] = X_s$,或 $\mathbb{E}[x_t \mid \mathcal{F}_s] \geqslant X_s$ 那么过程 X 就是一个鞅(或子鞅)。如果对于所有的 $t \geqslant 0$,都有 $\mathbb{E}[|X_t|] < \infty$,且对于所有的 $t>s$,和所波莱尔集合 A,都有 $\mathbb{E}[X_t \mid \mathcal{F}_s] \geqslant X_s$,那么过程 X 就是一个下鞅。鞅的一个非常重要的例子就是布朗运动。概率空间 $(\Omega, \mathbb{P}, \mathbb{R})$ 上的一个随机过程 $Z_t = \{Z_t\}_{t \geqslant 0}$,如果满足以下四个条件,就是一个布朗运动(请参见 Billingsley,2008,第37节):

(i) 该过程开始于 0:$\mathbb{P}(Z_0 = 0) = 1$;

(ii) 所有增量是相互独立的:如果 $0 \leqslant t_0 \leqslant \cdots \leqslant t_n$,那么

$$\mathbb{P}(Z_{t_k} - Z_{t_{k-1}} \in A_k, \forall k \leqslant n = \prod_{k=1}^{n} \mathbb{P}(Z_{t_k} - Z_{t_{k-1}} \in A_k);$$

(iii) 对于所有的 $0 \leqslant s < t$,增量 $Z_t - Z_s$ 服从正态分布,且均值为 0、方差为 $t-s$:

$$\mathbb{P}(Z_t - Z_s \in A) = \frac{1}{\sqrt{2\pi(t-s)}} \int_A e^{-x^2/2(t-s)} \mathrm{d}x;$$

(iv) 采样路径是连续的,即,对于每个 $\omega \in \Omega$,函数 $t \mapsto Z_t(\omega)$ 是连续的。

我们现在定义鞅的二次变分(quadratic variation of a martingale)。假设现有一个具有连续采样路径的鞅 M。考虑区间 $[0, t]$ 上的一个划分 $\pi_t = \{t_0, \cdots, t_n\}$,其中 $0 = t_0 < t_1 < \cdots < t_n = t$;同时将它的网络(mesh)定义为 $\|\pi_t\| \equiv \max_{1 \leqslant k \leqslant n}(t_k - t_{k-1})$。再定义 Plim 为一个过程的极限——在依概率收敛(convergence in probability)的意义上。然后我们可以证明

$$\operatorname*{Plim}_{\|\pi_t\| \to 0} \sum_{k=1}^{n} (M_{t_k} - M_{t_{k-1}})^2 = \langle M \rangle_t$$

其中$\langle M \rangle$是一个适应上述要求的过程,具有连续和非递减的采样路径,称为鞅M的二次变分。特别是,当M是一个布朗运动时,$\langle M \rangle$就是确定性过程$\langle M \rangle_t = t$,而且收敛几乎肯定成立。因为$\langle M \rangle$有非递减的采样路径ω,所以我们可以定义逐路径的(path-by-path)勒贝格-斯蒂尔吉斯积分(Lebesgue-Stieltjes integral)$\int_0^t X_s(\omega) d\langle M \rangle_s(\omega)$。对于区间$[0, T]$上的随机过程$X$的每个$\omega$均如此,只要$T < \infty$,在$M$为布朗运动的情况下,$d\langle M \rangle_s = ds$直接就是勒贝格测度(Lebesgue measure)。

至于一个随机过程X相对于一个具有连续样本路径的鞅M(例如,一个布朗运动)的严格的随机积分$\int_0^t X_s dM_s$的具体构造方法,请读者去阅读瑞韦茨和约尔编写的教科书(Revuz and Yor, 1999)。在这里,我们直接指出,对于这样的一个鞅M,用$L^2(M)$表示过程X的(希尔伯特)空间,使得对于所有的$t \geq 0$,在$\Omega \times [0, t]$上定义的映射$(\omega, s) \mapsto X_s(\omega)$相对于$\mathcal{F}_t \otimes B([0, t])$是可以测度的,而且$\mathbb{E}[\int_0^T X_s^2 d\langle M \rangle_s] < \infty$。随机积分的构造要分几个步骤来进行。首先,假设$X$是一个"简单"过程。在这里,"简单"过程的意义是指,对于$[0, T]$的一个划分$0 = t_0 < t_1 < \cdots < t_n = T$,能够使得$X_s = \xi_j$对于所有的$s \in (t_j, t_{j+1})$都成立,其中,$\xi_j$是一个有界的$\mathcal{F}_{t_j}$可测度的随机变量。这也就是说,$X$可以写为

$$X_s(\omega) = \sum_{j=0}^{n-1} \xi_j(\omega) \, \mathbb{I}_{(t_j, t_{j+1}]}(s).$$

然后,我们可以定义,对于$t_k < t \leq t_{k+1}$,有

$$I_t(X) = \int_0^t X_s dM_s \equiv \sum_{j=0}^{k-1} \xi_j(M_{t_{j+1}} - M_{t_j}) + \xi_k(M_t - M_{t_k})$$

因而,积分式$I(X)$是一个平方可积的连续鞅,其二次差分由$\langle I(X) \rangle_t = \int_0^t X_s^2 d\langle M \rangle_s$给出。接下来,任何过程$X \in L^2(M)$都可以用一个简单过程的序列$\{X^n\}_{n \geq 0}$来逼近——在$\mathbb{E}[\int_0^T (X_s^n - X_s)^2 d\langle M \rangle_s] \to 0$的意义上。然后,我们就可以证明,积分序列$I(X^n)$是完备空间$L^2(M)$中的一个柯西序列(Cauchy sequence)。它的极限就定义了随机积分,满足$\mathbb{E}[I_t(X) = 0$,而且是一个鞅。

下面给出我们在分析中要运用的三个主要定理。第一个定理通常又称伊藤引理,是标准微积分中链式规则的一个扩展:

定理6(伊藤引理):令f为一个确定性的C^2函数,同时令M为一个平方可积的鞅。那么就可以推出

$$f(M_t) = f(M_0) + \int_0^t f'(M_s) dM_s + \frac{1}{2} \int_0^t f''(M_s) d\langle M \rangle_s$$

第二个重要的定理是鞅表示定理。如果M是一个鞅,定义指数鞅(exponential martingale)为

$$\varepsilon(M)_t = \exp\left(M_t - \frac{1}{2}\langle M \rangle_t\right) \tag{105}$$

然后就可以证明$\varepsilon(M)_t$是一个上鞅,而且,如果此外还有$\mathbb{E}\left[\exp\left(\frac{1}{2}\langle M \rangle_T\right)\right] < \infty$,那么它是

一个鞅。特别是,如果 M_t 被定义为一个相对于某个布朗运动 Z 的随机积分,即,几乎肯定有 $M_t = \int_0^t \mu_s \, d z_s$,其中 $\int_0^t \mu_s^2 ds < \infty$,那么我们可以推出,如果 $\mathbb{E}\left[\exp\left(\frac{1}{2}\int_0^T \mu_s^2 ds\right)\right] < \infty$,那么

$$\varepsilon(M)_t = \exp\left(\int_0^t \mu_s \, dZ_s - \frac{1}{2}\int_0^t \mu_s^2 ds\right) \tag{106}$$

是一个鞅。

定理 7(鞅表示定理):令 Z 为一个给定的布朗运动。每一个适应于由 Z 生成的域流 $\mathcal{F}^z$ 的平方可积连续鞅 M 都有一个唯一的表示:

$$M_t = M_0 + \int_0^t \beta_s \, dZ_s$$

对于适应于 $\mathcal{F}^z$ 的某个过程 β,它满足 $\mathbb{E}\left[\exp\left(\int_0^T \beta_s^2 ds\right)\right] < \infty$。

最后,我们将要运用的第三个重要定理是哥萨诺夫定理。这个定理与测度变换有关。

定理 8(哥萨诺夫定理):令 Z 为一个布朗运动,μ 为一个适应过程,其中 $\int_0^t \mu_s^2 ds < \infty$(几乎肯定)。再按方程式(106)定义 $\varepsilon(M)_t$。如果 $\mathbb{E}[\varepsilon(M)_T] = 1$(这意味着 $\varepsilon(M)$ 是一个鞅),那么在如下条件下

$$\widetilde{\mathbb{P}}(d\omega) = \varepsilon(M)_T(\omega) \times \mathbb{P}(d\omega),$$

过程

$$\widetilde{z} = z - \int_0^t \mu_s \, ds$$

是一个布朗运动。

最后,我们以启发式的形式描述一下连续时间下的动态规划原理。我们跳过了很多具体的技术性推导,严密的阐述过程请读者阅读雍炯敏和周迅宇的论著(Yong and Zhou, 1999)。考虑一个域流概率空间 $(\Omega, \mathcal{F}, \{\mathcal{F}_t\}_{t \geq 0}, \mathbb{P})$,以及在该空间上定义的一个布朗运动 Z,并且令 $T \in (0, \infty)$ 和 $A \subset \mathbb{R}$ 为给定的波莱尔集合。对于系统在时间 t 处的状态,我们用一个按照如下的方程式(107)演化的随机过程 $X_t \in \mathbb{R}$ 来描述:

$$X_{t'} = x + \int_t^{t'} b(s, X_s, u_s) \, ds + \int_t^{t'} \sigma(s, X_s, u_s) \, d z_s, \quad 0 \leq t \leq t' \leq T \tag{107}$$

其中,$u: [0, T] \times \Omega \to A$ 是控制过程(control process);同时 $b, \sigma: [0, T] \times \mathbb{R} \times A \to \mathbb{R}$。我们的目标是选择适当的 u 来最大化函数

$$J(u) \equiv \mathbb{E}\left[\int_t^T f(s, X_s, u_s) \, ds + g(X_T)\right] \tag{108}$$

其中,$f: [0, T] \times \mathbb{R} \times A \to \mathbb{R}$ 且 $g: \mathbb{R} \to \mathbb{R}$。[①] 我们假设函数 b, σ, f, g 满足适当的条件,对于任何的 t, x, u 都能够确保方程式(107)存在唯一的解,而且方程式(108)中的函数 $J(u)$ 是有明确

[①] 在这里,控制问题在固定的持续时间 T 后结束。在对道德风险问题的分析中,我们要处理的是由委托人最优选择的随机期间 T("退休时间")。这也就是说,在那里,T 是对于某个开集 $O \subset \mathbb{R}$ 的停止时间 $T \equiv \inf\{t \geq 0: x_t \notin O\}$。动态规划原理可以扩展到这种情况,请参见雍炯敏和周迅宇的论著(Yong and Zhou, 1999, 第 2.7 节),以及厄克森达尔和苏勒姆的论著(∅ksendal and Sulem, 2007, 第 4 章)。

定义的,请参见雍炯敏和周迅宇的论著(Yong and Zhou,1999,第 177 页,定义 6.15,条件
(S1)′和(S2)′)。控制过程 $\boldsymbol{u}$ 是一个许用(admissible)控制过程,如果(i)u_t 是适应于域流
$\{\mathcal{F}_t\}_{t\geqslant 0}$ 的;(ii)X 是方程式(107)的唯一解,以及(iii)函数 $f(\,\cdot\,,X.\,,u.\,)$ 和 $g(X_T)$ 分别在
$L^1_{\mathcal{F}}([0,T],\mathbb{R})$ 和 $L^1_{\mathcal{F}_T}(\Omega,\mathbb{R})$ 上。这样,我们考虑的这个随机控制问题的值函数就可以
写为

$$V(t,x)=\sup_u J(\boldsymbol{u}),$$

其中的上界在所有的许用控制 $\boldsymbol{u}$ 之上。[①]

定理 9(动态规划原理):对于任何在区间 $[0,T]$ 内取值的停止时间 τ,值函数 $V(t,X)$ 必
定等于

$$V(t,x)=\sup_u \mathbb{E}\Big[\int_t^\tau f(s,X_s,u_s)\,ds+V(\tau,X_\tau)\,|\,X_t=x\Big].$$

此外,对于所有可接受的许用控制 $\boldsymbol{u}$,

$$M_{t'}\equiv\int_t^{t'} f(s,X_s,u_s)\,ds+V(t',X_{t'})$$

是一个上鞅(这也就是说,$-M_{t'}$ 是一个下鞅);而且,当且仅当 $\boldsymbol{u}$ 是最优的时候,它才是一个
鞅。再假设值函数 $V\in C^{1,2}[0,T]\times\mathbb{R}$。那么 V 是如下所示的二阶哈密尔顿-雅可比-贝尔曼
偏微分方程(second-order Hamilton-Jacobi-Bellman partial differential equation)的一个解:

$$\begin{cases}-\dfrac{\partial V}{\partial t}+\sup_{u\in A}\Big[f(t,x,u)+b(t,x,u)\dfrac{\partial V}{\partial x}+\dfrac{1}{2}\sigma^2(t,x,u)\dfrac{\partial^2 V}{\partial x^2}\Big]=0, & \forall\,(t,x)\in[0,T]\times\mathbb{R},\\ V(T,x)=g(x), & \forall x\in\mathbb{R}\end{cases}$$

需要注意的是,最后一个论断假设了值函数 V 的平滑性条件(smoothness conditions),这是内
生的。[②]

3.3.2 连续时间框架中的道德风险

现在,我们借鉴桑尼科夫的思路(Sannikov,2008),在连续时间框架下分析道德风险问题
(请参见前文第 2.7 节对该模型的离散时间版本的讨论)。我们的目标是,以最少的技术推
导出主要结果并对其进行解释。因此,我们在这里略去了许多技术性细节,严格的证明请读
者参考桑尼科夫的论著。

如前所述,在我们分析的这个模型中,代理人当期的努力只会影响当期的输出。代理人
在时间 t 的效用 $U(c_t)-h(\theta_t)$ 取决于消费 $c_t\geqslant 0$、努力 $\theta_t\in[0,\bar\theta]$,其中 U 是连续两次可微分
的、递增的和凹的,且有 $U(0)=0$ 和 $\lim_{c\to\infty}U'(c)=0$;同时 h 是可微分的、递增的和凸的,且有
$h(0)=0$ 和 $h'(0)>0$。

我们用 $\mathbb{P}$ 下的标准布朗运动 Z,将参照概率空间 $(\Omega,\mathcal{F},\mathbb{P})$ 固定。如果代理人付出的努力

[①] 严格地说,我们通常考虑的是该问题的一个更弱的形式(这是自然的,而且是有必要的),其中域流概率空间 $(\Omega,$ $\mathcal{F},\{\mathcal{F}_t\}_{t\geqslant 0},\mathbb{P})$,以及在该空间上定义的布朗运动 Z 都是不固定的,而只是控制的一部分,例如,请参见雍炯敏和 周迅宇的论著(Yong and Zhou,1999,第 2.4.4 节和第 4.3.1 节)。这是因为,随机控制问题的目标在于,使只依赖 于所涉及的过程的分布的随机变量的期望最小化。我们在下面的论述中仍然会忽略这个小区别。
[②] 对于随机微分方程的解,还存在其他的概念,它称为粘性解(viscosity solution),能够避免做出这样的假设,请参见 雍炯敏和周迅宇的论著(Yong and Zhou,1999,第 4.5 节)。

的水平服从"努力过程" $\theta = \{\theta_t\}_{t \in [0,\infty)}$,其中,对于所有的 t ,都有 $0 \leq \theta_t \leq \bar{\theta}$ 。令 y_t 表示这个代理人实现的产出,假设 y_t 由 $y_t = \int_0^t \theta_s ds + \sigma Z_t$ 给出,即

$$dy_t = \theta_t \, dt + \sigma dZ_t,$$

其中, $\sigma > 0$ 是一个常数。委托人能够观察到 y_t ,但是不能观察到 θ_t 或 Z_t ;而且委托人付给代理人的报酬服从一个消费过程 $c = \{c_t\}_{t \geq 0}$,其中,对于所有的 t ,都有 $c_t \geq 0$ 。我们用 $\mathcal{F}_t^y$ 表示由 y_t 生成的域流,从而对过程 c_t 施加了一个限制,使它适应于域流 $\mathcal{F}_t^y$;这也就是说,代理人的报酬 c_t 依赖于过去的产出 $\{r_s\}_{s \leq t}$ 。

我们不用求解作为固定的、基础布朗运动 Z 的函数的代理人的努力(水平)选择 θ ,相反,我们可以认为,代理人是在产出空间上选择某个概率测度 $\mathbb{P}^\theta$ 。[①] 这也就是说,对于每一个努力过程 θ ,都可以定义一个过程 $Z_t^\theta = \sigma^{-1}(y_t - \int_0^t \theta_s ds)$ 。根据哥萨诺夫定理,在测度 $\mathbb{P}^\theta$ 下, $\mathcal{Z}_t^\theta$ 是一个布朗运动,其中

$$\mathbb{P}^\theta(d\omega) = \varepsilon(\mathcal{Z})_t \, \mathbb{P}(d\omega) = e^{\int_0^t \theta_s d\mathcal{Z} - \frac{1}{2}\int_0^t \theta_s^2 ds} \, \mathbb{P}(d\omega)$$

产出路径空间上的测度从 $\mathbb{P}^\theta$ 变换为 $\mathbb{P}^\theta$,对应产出过程从 θ 到 $\hat{\theta}$ 的漂移变化。

社会规划者的问题

如果代理人收到了消费 $c = \{c_t\}_{t \geq 0}$,并付出努力 $\theta = \{\theta_t\}_{t \geq 0}$,那么代理人可以获得的期望效用为

$$U(c, \theta) = \mathbb{E}^\theta \left[\int_0^\infty e^{-rt} (U(c_t) - h(\theta_t)) dt \right], \tag{109}$$

其中, $\mathbb{E}^\theta$ 表示概率测度 $\mathbb{P}^\theta$ 下由策略 θ 导致的期望值(定义见上)。期望 $\mathbb{E}^\theta$ 中的上标 θ 强调了,代理人的策略会影响产出路径上的概率分布,进而影响实现的报偿上的概率分布。这就是说,代理人的效用直接取决于他自己的努力,因为它不仅直接成了代理人努力成本 $h(\theta_t)$ 的一部分,而且间接地通过它对 y_t 的路径上的概率分布的影响发挥作用。

由此,委托人获得的期望利润是

$$\mathbb{E}^\theta \left[\int_0^\infty e^{-rt} (dy_t - c_t dt) \right] = \mathbb{E}^\theta \left[\int_0^\infty e^{-rt} (\theta_t - c_t) dt \right] \tag{110}$$

如果代理人认为在每一个时间 t 施加合同努力 θ_t 是最优的,则一份合同 (c, θ) 是激励相容的,或者说,如果在给定 $\{c_t\}_{t \geq 0}$ 的情况下, $\{\theta_t\}_{t \geq 0}$ 最大化了代理人的预期效用 $U(c, \theta)$:

$$\mathbb{E}^\theta \left[\int_0^\infty e^{-rt} (U(c_t) - h(\theta_t)) dt \right] \geq \mathbb{E}^{\hat{\theta}} \left[\int_0^\infty e^{-rt} (U(c_t) - h(\hat{\theta}_t)) dt \right], \forall \hat{\theta}. \tag{111}$$

该合同必须能够"交付"当初承诺的效用 $\hat{v}_0$,即

$$\mathbb{E}^\theta \left[\int_0^\infty e^{-rt} (U(c_t) - h(\theta_t)) dt \right] \geq \hat{v}_0. \tag{112}$$

委托人的问题包含,在所有符合激励相容约束(111)和信守承诺约束(112)的合同中,选

[①] 类似地,在标准的静态道德风险问题中,我们也可以认为代理人是在选择由他的努力 θ 生成的产出值 y 的概率分布 $\mathbb{P}(y|\theta)$ 。

出合同($\mathbf{c}, \boldsymbol{\theta}$),使他能够最大化他的期望利润(110);这也就是说,委托人的问题是

$$\max_{\mathbf{c}, \boldsymbol{\theta}} \mathbb{E}^{\boldsymbol{\theta}} \left[\int_0^{\infty} e^{-rt} (\theta_t - c_t) \, dt \right]$$

约束条件为:方程式(111),方程式(112)

而且,委托人能够对他提供的合同做出承诺。

将社会规划者的问题化简为一个最优随机控制问题

要求解社会规划者的上述问题,可以先将它化简为一个最优随机控制问题。像在离散时间框架中一样,我们将代理的延续效用 v_t 视为一个状态变量来使用(其正式定义将在下面给出)。再一次,化简社会规划者的问题的关键在于利用单阶段偏离原则(连续时间框架中的版本),它能够极大地减少激励约束的集合:如果代理人的激励约束恰恰对那些仅在一瞬间偏离 $\boldsymbol{\theta} = \{\theta_t\}_{t \geq 0}$ 的策略成立,那么这些激励约束也就对所有其他可选策略 $\hat{\boldsymbol{\theta}} = \{\hat{\theta}_t\}_{t \geq 0}$ 成立。这样一来,根据鞅表示定理,我们就可以将那个瞬间激励相容约束用 v_t 表达出来。

固定一个任意的消费过程 $\mathbf{c} = \{c_t\}_{t \geq 0}$ 和一个努力策略 $\boldsymbol{\theta} = \{\theta_t\}_{t \geq 0}$(在给定这个 $\mathbf{c}$ 时,该策略对于代理人来说,不一定是最优的)。代理人的延续效用值 $v_t(\mathbf{c}, \boldsymbol{\theta})$ 定义为时间 t 之后——在给定的产出历史 $\{y_s\}_{s \leq t}$ 之后——他在未来源于 $(\mathbf{c}, \boldsymbol{\theta})$ 的期望支付,由下面的方程式(113)给出

$$v_t(\mathbf{c}, \boldsymbol{\theta}) = \mathbb{E}^{\boldsymbol{\theta}} \left[\int_0^{\infty} e^{-r(s-t)} (U(c_s) - h(\theta_s)) \, ds \mid \mathcal{F}_t \right] \tag{113}$$

在本节中,对于给定的时间 t 和合同 $(\mathbf{c}, \boldsymbol{\theta})$,我们还要在给定时间 t 的信息的情况下,将源于合同 $(\mathbf{c}, \boldsymbol{\theta})$ 的总期望支付定义为[①]

$$V_t^{\mathbf{c}, \boldsymbol{\theta}} = \mathbb{E}^{\boldsymbol{\theta}} \left[\int_0^{\infty} e^{-rs} (U(c_s) - h(\theta_s)) \, ds \mid \mathcal{F}_t \right] = \int_0^t e^{-rs} (U(c_s) - h(\theta_s)) \, ds + e^{-rt} v_t(\mathbf{c}, \boldsymbol{\theta}) \tag{114}$$

下面,我们首先运用鞅表示定理,推导出 $v_t(\mathbf{c}, \boldsymbol{\theta})$ 的运动定律。

命题12:固定一个能让代理人得到有限的期望支付的合同 $(\mathbf{c}, \boldsymbol{\theta})$。一个适应过程 v_t 是一个与合同 $(\mathbf{c}, \boldsymbol{\theta})$ 相关联的延续价值过程(如方程式(113)所定义),当且仅当存在某个适应于 $\mathcal{F}_t$ 的过程 $\boldsymbol{\beta} = \{\beta_t\}_{t \geq 0}$(在这个过程中,对于所有的 t,都有 $\mathbb{E}[\int_0^t \beta_s^2 ds] < \infty$),使得对于所有的 $t \geq 0$,都有

$$dv_t = (rv_t - U(c_t) + h(\theta_t)) \, dt + \beta_t (dy_t - \theta_t dt) \tag{115}$$

而且横截性条件 $\lim_{t \to \infty} \mathbb{E}^{\boldsymbol{\theta}} [e^{-rt} v_{t_0+t} \mid \mathcal{F}_{t_0}] = 0$ 几乎处处成立。

证明:固定合同 $(\mathbf{c}, \boldsymbol{\theta})$。方程式(114)中定义的过程 $V_t^{\mathbf{c}, \boldsymbol{\theta}}$ 在概率测度 $\mathbb{P}^{\boldsymbol{\theta}}$ 下是一个鞅。所以,根据鞅表示定理,存在一个适应过程 β_t,使得

$$V_t^{\mathbf{c}, \boldsymbol{\theta}} = V_0^{\mathbf{c}, \boldsymbol{\theta}} + \int_0^t e^{-rs} \beta_s \sigma \, d\mathcal{z}_s^{\boldsymbol{\theta}}, 0 \leq t < \infty ,$$

其中,$\mathcal{z}_t^{\boldsymbol{\theta}} = \sigma^{-1}(y_t - \int_0^t \theta_s ds)$ 是概率测度 $\mathbb{P}^{\boldsymbol{\theta}}$ 下的一个布朗运动。对两个表示式中 $V_t^{\mathbf{c}, \boldsymbol{\theta}}$ 相对于 t 求微分,并令它们相等,意味着 $v_t(\mathbf{c}, \boldsymbol{\theta})$ 满足方程式(115)。根据控制收敛定理(Dominated

---

① 见定理9。

Convergence Theorem)并利用前面的 θ_s,从下式可以得出横截性条件(为了简单起见,先令 t_0 $=0$):

$$\lim_{t\to\infty}\mathbb{E}^{\theta}\Big[\int_0^t e^{-rs}(U(c_s)-h(\theta_s))\,\mathrm{d}s\Big]=\mathbb{E}^{\theta}\Big[\int_0^{\infty}e^{-rs}(U(c_s)-h(\theta_s))\,\mathrm{d}s\Big],$$

因此 $\int_0^t e^{-rs}(U(c_s)-h(\theta_s))\,\mathrm{d}s$ 是有界的。通过类似的证明过程可以证明,对于所有的 $t_0\geqslant 0$,都有 $\lim_{t\to\infty}\mathbb{E}^{\theta}[e^{-rt}v_{t_0+t}\,|\,\mathcal{F}_{t_0}]=0$。

反过来,假设 v_t 是一个满足方程式(115)(对于某个初始值 v_0 和某个波动过程 β_t)和横截性条件的过程。我们将 v_t 定义为

$$V_t=\int_0^t e^{-rs}(U(c_s)-h(\theta_s))\,\mathrm{d}s+e^{-rt}v_t$$

只要对 v_t 求微分,就可以表明,当代理人遵循努力策略 θ 时,即,在概率测度 $\mathbb{P}^{\theta}$ 下,它是一个鞅。因此我们可以得到

$$v_0=V_0=\mathbb{E}^{\theta}[V_t\,|\,\mathcal{F}_0]=\mathbb{E}^{\theta}\Big[\int_0^t e^{-rs}(U(c_s)-h(\theta_s))\,\mathrm{d}s\,|\,\mathcal{F}_0\Big]+\mathbb{E}^{\theta}[e^{-rt}v_t\,|\,\mathcal{F}_0]$$

由于已经满足了横截性条件(对于 $t_0=0$),在前面的方程式中,取 $t\to\infty$ 时的极限,意味着 $v_0=v_0(\mathbf{c},\boldsymbol{\theta})$。通过类似的证明过程,我们可以证明,对于任何时间 $t\geqslant 0$,v_t 是一个如方程式(113)所定义的延续价值过程 $v_t(\mathbf{c},\boldsymbol{\theta})$。

对于如方程式(115)所示的延续效用的运动定律,我们可以给出如下解释。由于代理人选择了建议的努力水平 $\boldsymbol{\theta}$,所以 $\mathrm{d}y_t-\theta_t\mathrm{d}t=\sigma\mathrm{d}Z_t^{\theta}$ 是一个布朗运动;同时,$[rv_t(\mathbf{c},\boldsymbol{\theta})-U(c_t)-h(\theta_t)]$ 则是代理人的延续价值的漂移。委托人"欠"代理人的价值(未来期望支付)$v_t(\mathbf{c},\boldsymbol{\theta})$ 以利息率 r 增长,同时又随着偿还流 $(U(c_t)-h(\theta_t))$ 而下降。如果"欠的债"最终能够还清,那么横截性条件必定成立。由于代理人的报酬和收到的关于努力水平的建议都是由产出 y_t 决定的,所以他的延续支付 $v_t(\mathbf{c},\boldsymbol{\theta})$ 也是由产出决定的,因而过程 β_t 表示的是代理人的延续价值对于给定时间的产出的灵敏度,这将是影响代理人的激励的关键所在。

前面那个引理是很有用的,因为有了它,我们就能够利用连续时间下的单阶段偏离原则来简化激励约束集(命题13)。单阶段偏离原则表明,如果代理人的激励约束对所有仅在无穷小的时间内偏离 $\boldsymbol{\theta}$ 的策略成立,那么这些激励约束也就对所有其他可选策略 $\hat{\boldsymbol{\theta}}$ 成立。我们可以试探性地假设代理人已经在 $s\leqslant t$ 的时间内完全遵守合同 (c_s,θ_s),然后在时间区间 $[t,t+\mathrm{d}t]$ 内实施欺骗行为(只付出 $\hat{\boldsymbol{\theta}}$ 的努力),并且马上重新回过头来,在一切 $s\geqslant t+\mathrm{d}t$ 的时间内继续执行 $\{\theta_s\}$。他的即时消费 c_t 不会受到影响,他在时间区间 $[t,t+\mathrm{d}t]$ 内的成本则为 $h(\hat{\boldsymbol{\theta}})\mathrm{d}t$;与此同时,他这种行为在 $[0,\infty)$ 期间的期望好处,即,努力水平对他的延续价值的期望影响,则为 $\mathbb{E}^{\theta}[\beta_t\mathrm{d}y_t]=\beta_t\hat{\boldsymbol{\theta}}\mathrm{d}t$。因此,为了保证合同的激励相容性,我们必须使得下式在各处都几乎成立:[1]

$$\beta_t\theta_t-h(\theta_t)=\max_{\hat{\boldsymbol{\theta}}\geqslant 0}\{-h(\hat{\boldsymbol{\theta}})+\beta_t\hat{\boldsymbol{\theta}}\}$$

---

[1] 需要注意这个证明中的不动点性质:θ_t 生成了 $v_t(\mathbf{c},\boldsymbol{\theta})$,后者又生成 β_t;反过来,给定这个过程 β_t,激励约束必定得到满足。

上述证明过程还可以变得更加严格一些；而且这个条件不仅是必要的，还是充分的：如果这个单阶段偏离条件在每个时刻 t 都成立，那么任何动态偏离策略 $\hat{\boldsymbol{\theta}}=\{\hat{\theta}_s\}_{s>0}$ 都是次优的。

命题 13：令 $(\mathbf{c},\boldsymbol{\theta})$ 为一个合同，其中代理人的延续价值为 $v_t(\mathbf{c},\boldsymbol{\theta})$；并令 β_t 表示命题 12 中表征 $v_t(\mathbf{c},\boldsymbol{\theta})$ 的过程。那么，$(\mathbf{c},\boldsymbol{\theta})$ 是激励相容的，当且仅当 $\forall\,\hat{\theta}\in[0,\bar{\theta}]$，$\forall\,t\geq O$，就有

$$\theta_t\in\arg\max_{\hat{\theta}\geq 0}\{\beta_t\hat{\theta}-h(\hat{\theta})\},\ \text{a. e.} \tag{116}$$

证明：假设方程式（116）已经得到了满足。再假设代理人付出的努力的水平在时间 t 之前一直服从另一个努力水平过程 $\hat{\theta}=\{\hat{\theta}_s\}_{s\geq 0}$，然后在那之后就回到 $\boldsymbol{\theta}$ 上来。我们把这个策略记为 $\hat{\boldsymbol{\theta}}_t$。这样一来，代理人在时间 t 时对自己的总支付的期望就由方程式（114）中定义的 $V_t^{\mathbf{c},\hat{\theta}^t}$ 给出

$$V_t^{\mathbf{c},\hat{\theta}^t}=\int_0^t e^{-rs}(U(c_s)-h(\hat{\theta}_s))\,ds+e^{-rt}v_t(\mathbf{c},\boldsymbol{\theta}).$$

对 $V_t^{\mathbf{c},\hat{\theta}^t}$ 求微分，并用方程式（115）计算出 $d[e^{-rt}v_t(\mathbf{c},\boldsymbol{\theta})]$，我们发现①

$$dV_t^{\mathbf{c},\hat{\theta}^t}=e^{-rt}\{(\beta_t\hat{\theta}_t-h(\hat{\theta}_t))-(\beta_t\theta_t-h(\theta_t))\}\,dt+e^{-rt}\beta_t(dy_t-\hat{\theta}_t dt).$$

由此可知，既然 $(dy_t-\hat{\theta}_t dt)$ 在概率测度 $\mathbb{P}^\theta$ 下是一个布朗运动，如果（116）成立，那么 $V_t^{\mathbf{c},\hat{\theta}^t}$ 在概率测度 $\mathbb{P}^\theta$ 下的漂移就应该是非正的，从而 $V_t^{\mathbf{c},\hat{\theta}^t}$ 是 $\mathbb{P}^\theta$ 下的一个下鞅。因此，我们可以得到

$$\mathbb{E}^\theta\Big[\int_0^t e^{-rs}(U(c_s)-h(\hat{\theta}_s))\,ds\Big]+\mathbb{E}^\theta[e^{-rt}v_t(\mathbf{c},\boldsymbol{\theta})]=\mathbb{E}^\theta[V_t^{\mathbf{c},\hat{\theta}^t}|\mathcal{F}_0]\leq V_0^{\mathbf{c},\hat{\theta}^0}=v_0(\mathbf{c},\boldsymbol{\theta})$$

利用 $\mathbb{E}^\theta[e^{-rt}v_t(\mathbf{c},\boldsymbol{\theta})]\geq-e^{-rt}h(\bar{\theta})$ 的事实，取 $t\to\infty$ 时的极限，我们得到 $v_0(\mathbf{c},\hat{\theta})\leq v_0(\mathbf{c},\boldsymbol{\theta})$。

相反，如果方程式（116）在一系列时间上和有正测度的样本路径上不成立，那么取一个偏离 $\hat{\boldsymbol{\theta}}$，将其定义为所有地方都有 $\hat{\theta}_t=\arg\max_\theta(-h(\hat{\theta})+\beta_t\hat{\theta})$，那么 $V_t^{\mathbf{c},\hat{\theta}^t}$ 在概率测度 $\mathbb{P}^\theta$ 下的漂移就应该是非负的——而且在一个正测度的集合上为正，从而对于足够大的 t，偏离策略（在时间 t 之前一直采取 $\hat{\theta}$，然后在那之后就切换到 $\boldsymbol{\theta}$ 上来并保持不变）在时间 0 时的期望支付为 $v_0(\mathbf{c},\hat{\theta}^t)=\mathbb{E}^\theta[V_t^{\mathbf{c},\hat{\theta}^t}|\mathcal{F}_0]>V_0^{\mathbf{c},\hat{\theta}^0}=v_0(\mathbf{c},\boldsymbol{\theta})$。这就证明了，策略 $\boldsymbol{\theta}$ 是次优的。

对于某个给定的灵敏度 β，将能够最大化 $(-h(\theta)+\beta\theta)$ 的努力水平记为 $\theta(\beta)$，这也就是说，如果 $\beta>0$，那么 $\theta(\beta)=h'^{-1}(\beta)$；如果 $\beta=0$，那么 $\theta(\beta)=0$。反过来，对于某个给定的努力水平 θ，定义能够确保激励相容性的灵敏度为 $\beta(\theta)$：如果 $\theta>0$，那么 $\beta(\theta)=h'(\theta)$；如果 $\theta=0$，那么 $\beta(\theta)=0$。

现在，我们终于做好了将社会规划者问题重新定义为一个随机控制问题的准备，方法是将连续的价值 v_t 作为单状态变量。

最优随机控制问题的解

社会规划者最大化他自己的激励相容的合同 $(\mathbf{c},\boldsymbol{\theta})$ 的期望利润（110），约束条件包括 v_t 的运动定律、横截性条件和提供最初的承诺效用 $\hat{v}_0$。我们先来考虑一个没有横截性条件（但

---

① 用这个方程式可以求出代理人由于使用其他的努力水平策略 $\hat{\theta}$ 在额外一单位时间内得到的效用的增量变化，而且可以证明，在期望中这种增量偏离会损害代理人的利益。然后，下一个方程使用上鞅归纳地证明了，从整体看，偏离策略 $\{\hat{\theta}_t\}_{t\geq 0}$ 要比原来的策略 $\{\theta_t\}_{t\geq 0}$ 糟糕。

是在事后的检验中会出现)的松驰问题。在我们分析这个问题之前,需要先指出一点,如同在离散时间情形下一样,委托人可以在某个给定的时间 τ 让代理人"退休"——方法是,分配一个常数消费 $c_t = c$ 并建议代理人在所有的 $t \geq \tau$ 时都选择"零努力"($\theta_t = 0$)。这样,代理人"退休"时的延续价值为 $v_\tau = r^{-1} U(c)$,所以 $c = U^{-1}(r v_\tau)$。同时,退休的时间 τ 必须在合同中指定,因此这里的 τ 就是一个相对于由产出过程 y 生成的截流 $\mathcal{F}_t$ 的停止时间。这样一来,我们就可以把委托人的最优合同的价值写为

$$K(\hat{v}_0) = \max_{c,\theta,\tau} \mathbb{E}^{\theta} \Big[\int_0^\tau e^{-rt} ((\theta_t - c_t) \mathrm{d}t + \sigma \mathrm{d} \mathcal{Z}_t^\theta) - \frac{e^{-r\tau}}{r} U^{-1}(r v_\tau) \Big] \qquad (117)$$

$$\text{要服从约束条件}: \mathrm{d}v_t = (r v_t - U(c_t) + h(\theta_t)) \mathrm{d}t + \beta(\theta_t) \sigma \mathrm{d} \mathcal{Z}_t^\theta \qquad (118)$$

$$v_0 = \hat{v}_0 \qquad (119)$$

特别要注意的是,如果约束条件(118)成立,那么如方程式(111)所述的激励约束就可以自动得到满足。函数 $K(v)$ 可以运用标准的最优控制和最优停止技术找到,其中,控制变量为 θ_t、c_t 和 τ,状态变量则为 v_t。委托人的这个最优化问题可以通过两个步骤来求解。第一个步骤是运用适当的贝尔曼方程猜测出一个最优结果;第二个步骤是事后验证这个合同是否是最优合同。

我们从猜测最优合同开始。函数 K 在 $[0, \infty)$ 上是连续的,而且对于所有的 v,都有 $K(v) \geq -r^{-1} U^{-1}(rv)$;它还满足以下哈密尔顿–雅可比–贝尔曼方程(Hamilton-Jacobi-Bellman equation)[1]

$$rK(v) = \max \Big\{ -U^{-1}(rv); \\ \max_{\substack{0 \leq \theta \leq \bar{\theta} \\ c \geq 0}} (\theta - c) + (rv - U(c) + h(\theta)) K'(v) + \frac{1}{2} \sigma^2 (\beta(\theta))^2 K''(v) \Big\}, \qquad (120)$$

其中,对于某个 $\bar{v} \geq 0$,要满足三个边界条件

$$K(0) = 0, K(\bar{v}) = -r^{-1} U^{-1}(r\bar{v}), K'(\bar{v}) = -U^{-1\prime}(r\bar{v}) \qquad (121)$$

从直觉上看,方程式(120)意味着委托人要最大化的是,当期的期望利润流($\theta - c$)与直到停止时间 τ 为止的未来利润的期望变化之和——未来利润的变化是由代理人的延续价值的漂移和波动导致的。在停止时间 τ,委托人或会让代理人"退休"(如果 $v_\tau = \bar{v}$ 的话),或会直接"开除"代理人(如果 $v_\tau = 0$ 的话)。方程式(121)中的第二个和第三个边界条件意味着,最优退休时间出现在延续价值 $\bar{v}$ 处,在那里,价值匹配条件(即,使代理人的退休价值与继续付出正的努力的价值相等)和平滑贴合条件(即,使退休与继续努力的边际价值相等)都得到满足。我们不难证明,存在一个满足如方程式(120)所示的哈密尔顿–雅可比–贝尔曼方程、带着如方程式(121)所示的三个边界条件的唯一的函数 K。停止时间 $\tau = \inf\{t \geq 0: K(v) \leq -r^{-1} U^{-1}(rv)\}$ 几乎肯定满足 $\tau < \infty$,[2]而且函数 K 是凹的。

---

[1] 实际上,这是一个哈密尔顿–雅可比–贝尔曼变分不等式(Hamilton-Jacobi-Bellman Variational Inequality, HJBVI)。其中 HJB 部分来自最优随机控制问题,而 VI 部分则来自最优停止问题。请参见厄克森达尔和苏勒姆的论著的第 4 章(φksendal and Sulem, 2007)。

[2] 如果 $h'(0) = 0$,那么退休点 $\bar{v}$ 可能不是有限的,所以当 $v \to \infty$ 时,$K(v)$、$c(v)$、$\theta(v)$ 分别渐近于 $-r^{-1} U^{-1}(rv)$、∞、0。

对于任意的一个控制政策$(\mathbf{c},\boldsymbol{\theta})$,过程定义为

$$G_t^{\mathbf{c},\boldsymbol{\theta}} = \int_0^t e^{-rs}(\theta_s - c_s)\,ds + e^{-rt}K(v_t) \tag{122}$$

以下命题从方程式(120)和方程式(121)的解中推测出了最优合同,然后运用鞅技术验证了它确实是最优的。

命题14:用$\theta(v)$和$c(v)$表示前述哈密尔顿-雅可比-贝尔曼方程右边的最大值。[①] 考虑满足哈密尔顿-雅可比-贝尔曼方程(120)的唯一解$K(v) \geq -r^{-1}U^{-1}(rv)$,对于某个$\bar{v} \geq 0$,满足条件(121)。现在,对于任何$\hat{v}_0 \in [0,\bar{v}]$,将过程$v_t$定义为:$v_0 = \hat{v}_0$以及

$$dv_t = r(v_t - u(c(v_t)) + h(\theta(v_t)))\,dt + r\beta(\theta(v_t))(dy_t - \theta(v_t)dt) \tag{123}$$

直到停止时间τ,即,当v_t碰到0或$\bar{v}$为止。对于合同$(\mathbf{c},\boldsymbol{\theta})$,当$t<\tau$时,支付的报酬定义为$c_t = c(v_t)$、建议的努力水平为$\theta_t = \theta(v_t)$;当$t \geq \tau$时,则支付的报酬定义为$c_t = U^{-1}(rv_\tau)$、建议的努力水平为$\theta_t = 0$。在这种情况下,$(\mathbf{c},\boldsymbol{\theta})$是激励相容的,它对代理人的价值为$\hat{v}_0 = v_0(\mathbf{c},\boldsymbol{\theta})$,给委托人带来的利润则为$K(\hat{v}_0)$。此外,考虑哈密尔顿-雅可比-贝尔曼方程方程(120)存在一个凹解K。任何一个激励相容的合同$(\mathbf{c},\boldsymbol{\theta})$给委托人带来的利润都小于或等于$K(v_0(\mathbf{c},\boldsymbol{\theta}))$。

证明:对于$t \leq \tau, v_t$由随机微分方程(123)给出;对于$t>\tau$,则$v_t = v_\tau$(这里特别要注意的是,$v_t \in [0,\bar{v}]$是有界的)。我们要证明的是,对于所有的$t \geq 0, v_t = v_t(\mathbf{c},\boldsymbol{\theta})$,其中的$v_t(\mathbf{c},\boldsymbol{\theta})$是代理人在按上述方法构造$(\mathbf{c},\boldsymbol{\theta})$中的真实延续价值。而这特别意味着代理人从合同中得到的价值为$v_0(\mathbf{c},\boldsymbol{\theta}) = \hat{v}_0$。根据命题12给出的$v_t(\mathbf{c},\boldsymbol{\theta})$的表达式,我们可以推出

$$d(v_t(\mathbf{c},\boldsymbol{\theta}) - v_t) = r(v_t(\mathbf{c},\boldsymbol{\theta}) - v_t)\,dt + (\beta_t - \beta(\theta(v_t)))\sigma dZ_t^\theta$$

因此,对于所有的$s \geq 0$,都有$\mathbb{E}^\theta[v_{t+s}(\mathbf{c},\boldsymbol{\theta}) - v_{t+s}] = e^{rs}(v_t(\mathbf{c},\boldsymbol{\theta}) - v_t)$。但是,$\mathbb{E}^\theta[v_{t+s}(\mathbf{c},\boldsymbol{\theta}) - v_{t+s}]$是有界的,因此$v_t = v_t(\mathbf{c},\boldsymbol{\theta})$。此外,根据定义,合同$(\mathbf{c},\boldsymbol{\theta})$是激励相容的,因为来自命题12的、可以表示$v_t(\mathbf{c},\boldsymbol{\theta})$的过程就是$\beta_t = \beta(\theta_t)$。

接下来我们证明委托人从合同中得到的期望利润是$K(\hat{v}_0)$。对方程式(122)求微分并对$K(v_t)$应用伊藤引理,就可以推导出,在概率测度$\mathbb{P}^\theta$下,$G_t^{\mathbf{c},\boldsymbol{\theta}}$的漂移为

$$e^{-rt}\left\{(\theta_t - c_t - rK(v_t)) + (rv_t - U(c_t) + h(\theta_t))K'(v_t) + \frac{1}{2}\sigma^2(\beta(\theta_t))^2 K''(v_t)\right\}$$

因此,当$c_t = c(v_t)$且$\theta_t = \theta(v_t)$时,在概率测度$\mathbb{P}^\theta$下,$G_t^{\mathbf{c},\boldsymbol{\theta}}$在时间$\tau$之前的漂移为0,因此$G_t^{\mathbf{c},\boldsymbol{\theta}}$是一个鞅。这样一来,根据最优停止定理(Optional Stopping Theorem),我们可以得出委托人从前述合同得到的利润为

$$\mathbb{E}^\theta\left[\int_0^\tau e^{-rs}(\theta_s - c_s)\,ds\right] + \mathbb{E}^\theta[e^{-r\tau}K(v_\tau)] = \mathbb{E}[G_\tau^{\mathbf{c},\boldsymbol{\theta}}] = G_0^{\mathbf{c},\boldsymbol{\theta}} = K(v_0(\mathbf{c},\boldsymbol{\theta})).$$

[①] 最优努力最大化了代理人的产出θ的期望流量与因为他的努力而支付给他的报酬的成本之间的差异,即,$-h(\theta)K'(v)$;同时还最大化了代理人的产出θ的期望流量与将他置于收入不确定性之下以提供激励的成本之间的差异$-\frac{\sigma}{2}\beta(\theta)^2K''(v)$。对于足够小的$v$(即,对于$K'(v) \geq -1/U'(0)$),最优消费为0;不然的话,根据$K'(v) = -1/U'(c)$,最优消费将会随$v$递增,其中$1/U'(c)$和$-K'(v)$分别是通过当期消费给予代理人的价值的边际成本和通过他的延续支付给予代理人的价值的边际成本。

748 | 宏观经济学手册(第2A卷)

最后,再来考虑一个激励相容的合同$(\mathbf{c},\boldsymbol{\theta})$。在这种情况下,方程式(120)就意味着,概率测度$\mathbb{P}^{\boldsymbol{\theta}}$下,$G_t^{c,\theta}$在时间$\tau$之前的漂移为小于0,因此$G_t^{c,\theta}$是一个有界上鞅。从而,根据最优停止定理,我们可以推导出,委托人在时间0时的期望利润小于或等于$G_0^{c,\theta}=K(v_0(c,\theta))$。我们在这里的证明省略了许多技术性细节,关于这个问题的更详尽的、技术性更强的阐述,请读者阅读桑尼科夫的著作(Sannikov,2008)。

对于任何$v_0>\bar{v}$,函数$K(v)$均为负,而且是委托人的价值函数的上界;因此,在这个范围内,不存在能够让委托人获得正利润的合同。而在$(0,\bar{v})$的范围内,我们只要将最优消费$c(v)$和最优努力水平$\theta(v)$代入哈密尔顿-雅可比-贝尔曼方程,就可以得到一个$K(v)$的非线性二阶微分方程,对它可以用数值法求解。最后,我们注意到,将包络定理应用到哈密尔顿-雅可比-贝尔曼方程,就可以推出

$$(rv-U(c)+h(\theta))K''(v)+\frac{1}{2}\sigma^2(\beta(\theta))^2K'''(v)=0.$$

根据伊藤引理,上式左边是$K'(v_t)=-1/U'(c_t)$在区间$[\underline{v},\bar{v},]$上的漂移,因为当代理人的消费为正时,代理人的边际效用的倒数是一个鞅。这个结果与我们在离散时间模型中发现的逆欧拉方程(77)类似。

桑尼科夫后来还进一步将对连续时间的道德风险模型的分析扩展到了当前行为不仅影响当前产出,而且还影响未来产出的情况(Sannikov,2014)。相比于他的前一项研究(Sannikov,2008),这个问题的解要更加复杂一些,但是求解步骤和所用的鞅技术则是类似的(都要利用鞅表示定理去简化激励约束集,并将问题化简为一个随机控制问题)。

接下来,我们简要地讨论一下在分析动态合同问题时,连续时间模型相对于离散时间模型的优点,并以此结束本小节。首先,连续时间框架下的哈密尔顿-雅可比-贝尔曼方程比离散时间框架下的贝尔曼方程(23)更加容易分析。特别是,正如德玛佐和桑尼科夫已经证明的(DeMarzo and Sannikov,2006),对刻画最优合同的哈密尔顿-雅可比-贝尔曼方程及其边界条件进行微分,就能够推导出解析形式的比较静态分析结果。在这里,我们利用一个简单的实例来说明他们的这种方法。假设我们感兴趣的是波动性σ^2对于委托人的利润$K(v)$的影响。对于$v\in(0,\bar{v})$,取方程式(120)的微分,我们得到

$$r\frac{\partial K(v)}{\partial\sigma^2}=\frac{1}{2}(\beta(\theta))^2K''(v)+(rv-U(c)+h(\theta))\left(\frac{\partial K(v)}{\partial\sigma^2}\right)'+\frac{1}{2}\sigma^2(\beta(\theta))^2\left(\frac{\partial K(v)}{\partial\sigma^2}\right)''$$

同时,对方程式(121)的价值匹配条件在$\bar{v}$处取微分,就可以得出如下的边界条件:

$$\frac{\partial K}{\partial\sigma^2}(\bar{v})=-(K'(\bar{v})+U^{-1\prime}(r\bar{v}))\frac{\partial\bar{v}}{\partial\sigma^2}=0$$

根据费曼-卡茨方程式(Feynman-Kac formula)的一般性方程式(具体技术细节请参见德玛佐和桑尼科夫的论著(DeMarzo and Sannikov,2006)),我们知道这个微分方程的解可以写成如下条件期望的形式:

$$\frac{\partial K(v)}{\partial\sigma^2}=\frac{1}{2}\mathbb{E}^{\theta}\left[\int_0^{\tau}e^{-rt}\beta^2(\theta_t)K''(v_t)dt+e^{-r\tau}\frac{\partial K}{\partial\sigma^2}(\bar{v})\mid v_0=v\right]<0,$$

其中,v_t的演变服从方程式(118),而不等式则是从利润函数K的严格凹性推导出来的。从

直观上看,这个方程式的右侧所做的就是,沿着 v_t 的路径,对因波动率 σ^2 增大而出现的收益和损失进行求和。这个方程表明,更高的波动率 σ^2 降低了委托人的利润。类似地,我们还可以评估模型的所有其他参数对委托人的利润的影响,所有参数对代理人在时间 0 上的效用的影响(通过对最优条件 $K'(v_0)]=0$ 求微分),或者对代理人"退休"时的价值的影响(通过对边界条件(121)求微分)。

最后,连续时间模型的另一个优点是,它们在计算上也更易于处理。特别是,在连续时间框架下,方程式(120)作为一个具有自由边界的普通微分方程,它的解很容易计算出来;而对于离散时间框架下的贝尔曼方程(23),它的解的计算就困难得多了。

4. 应用

在本节中,我们将讨论递归合同理论的若干应用。本章前几种阐述的方法可以用于分析公共经济学、公司金融、发展经济学、国际金融学和政治经济学等领域中的各种各样的问题。不过,我们的目标不是全面地综述递归合同理论在这些领域中的应用。相反,我们只想证明这一点:上面几节强调的那些一般原则,可以用于非常不同的领域,而且在帮助我们获得深刻的洞见的同时,还能把这些理论观点与经验观察结合起来。

4.1 公共财政

个人会受到各种各样的特异性冲击。疾病、残疾、失业,以及经济环境中人力资本价值的结构性变化、意外的晋升和降职、商业活动的成败等,都会严重影响个人的收入。至少自维克瑞的研究(Vickrey,1947)以来,一个普遍的共识是,税收和转移(支付)制度可以为这种冲击提供保险,帮助个人在不同时期和状态之间平稳消费。但这样一来,人们自然会提出一个问题:如何设计一个最优的社会保险制度在这些计划造成扭曲的情况下提供最优的保险。

在这个方向上进行系统研究的最早的一批文献是戴蒙德和莫里斯的论文(Diamond and Mirrlees,1978,1986)和戴蒙德等人的论文(Diamond et al.,1980)。从那个时候起,经济学家就发现,即便是在相对简单的动态模型中,要求解这些问题也是非常困难的——无论是用解析方法,还是用计算方法。到了 20 世纪 80 年代末和 90 年代后期,随着递归合同理论的发展,出现了很多工具,它们对研究者克服各种困难提供了很大帮助。新动态公共财政文献,就是将这些工具应用于动态最优税收研究的成果,例如,请参见戈洛索夫等人(Golosov et al.,2003,2006,2016)、阿尔巴内西和斯利特(Albanesi and Sleet,2006)、戈洛索夫和奇温斯基(Golosov and Tsyvinski,2006,2007)、法里和韦尔宁(Farhi and Werning,2013,2012,2007)、韦尔宁(Werning,2009)、柯薛拉柯塔(Kocherlakota,2010)、斯坦特切瓦(Stantcheva,2014),等等。接下来,我们将描述一个模型,并利用它来阐明这些文献的一些主要结论。

在本节中,我们集中关注一个局部均衡模型。在这个模型中,个体会受到对劳动生产率的特异性冲击的影响。[1] 模型设定如下:经济持续 T 期(其中 T 既可以是有限的,也可以是无限的),每个代理人的偏好用一个关于消费 $c_t(c_t \geqslant 0)$ 和劳动力供给 $l_t(l_t \geqslant 0)$ 的时间可分离的效用函数来描述:

$$E_0 \left[\sum_{t=1}^{T} \beta^{t-1} U(c_t, l_t) \right], \tag{124}$$

其中,$\beta \in (0,1)$ 是一个贴现因子,E_0 是第 0 期的期望运算符(以在日期 $t=0$ 发生冲击为条件),$U: \mathbb{R}_+^2 \to \mathbb{R}$ 是一个可微分的、对消费严格递增且凹的、对劳动供给递减且凹的效用函数。这个效用函数的偏导数分别用 U_c 和 U_l 表示。

在第 1 期,代理人从分布 $\pi_1(\cdot)$ 中抽取他们的初始类型(技能)θ_1。自那之后,他们的技能服从马尔可夫过程 $\pi_t(\theta_t | \theta_{t-1})$,其中,$\theta_{t-1}$ 是期间 $t-1$ 中实现的代理人的技能。我们用 π_t $(\cdot | \theta_{t-1})$ 表示期间 t 中代理人的类型(以 θ_{t-1} 为条件)的概率密度函数。技能是非负的:对于所有的 t,都有 $\theta_t \in \Theta \subset \mathbb{R}^+$。在这个阶段,我们还不知道 Θ 的具体维数,Θ 既可以是离散的,也可以是连续的。到第 t 期为止的所有可能的历史的集合用 Θ^t 表示。类型为 θ_t 的代理人提供 l_t 单位的劳动,可以创造 $y_t = \theta_t l_t$ 单位的产出。

在这个局部均衡经济中,我们用 y_t 表示个人的劳动收入。个人可以按一个外生给定的利率 R 自由地借入或贷出。我们假设,除了通过借贷进行自我保险、政府以税收和转移支付为途径提供的保险之外,个人没有任何其他保险。我们感兴趣的是,搞清楚政府如何设计出最佳税收制度 $\tau_t(\cdot)$ ——它是政府所得到的关于个人信息的一个函数。在这里,我们是以一种非常一般的方式考虑 τ_t 这个函数的:它是个人向政府缴付的所有税收,以及从政府那里收到的所有转移支付的组合。我们要找到这样一个 τ_t,它能够在给定方程式(124)的竞争均衡中实现福利最大化。[2]

如果个人的技能是可以观察到的,那么最优的税收函数的形式就非常简单:τ_t 应该依赖于冲击的实现 θ^t,并且能够在不扭曲劳动供给和储蓄决定的情况下确定转移支付的正负。但是在现实中,特异性冲击是很难观察到的。即使是残疾保险计划(广泛采用体检来确定申请人是否患有使其无法工作的疾病),也很容易受制于道德风险问题和不对称信息(请参见 Golosov and Tsyvinski,2006,以及该文给出的参考文献)。

因此,我们假定,政府观察不到 θ_t 的实现情况,可观察的只有劳动收入、消费和资本。

我们分两个步骤来研究最优税制。在第一步中,我们先利用显示原理(参见第 2.2 节)将这个最优税制问题建模为一个机制设计问题,并使得它的解是可以用递归技术来进行表征的。第二步是,我们倒推出一个税收函数 τ_t,它能够在竞争均衡中实现那个解。

---

[1] 关于递归合同方法在受到储蓄冲击的税收问题中的应用,请参见阿尔巴内西(Albanesi,2011)、肖里德(Shourideh,2010),以及亚伯拉罕和帕沃尼(Abraham and Pavoni,2008);关于递归合同方法在人力资本积累问题中的应用,请参见斯坦特切瓦(Stantcheva,2014);关于递归合同方法在生育选择问题中的应用,请参见霍赛尼等人(Hosseini et al.,2013)。

[2] 可以将这个分析直接扩展到存在对于公共物品的其他福利标准或支出的情形下,例如,请参见戈洛索夫等人(Golosov et al.,2003)。

机制设计问题描述如下。将代理人的所有报告用 $\sigma_t:\Theta^t\to\Theta$ 来表示,并将所有分配表示为对于所有 $t\geq1,c_t:\Theta^t\to\mathbb{R}^+,y_t:\Theta^t\to\mathbb{R}^+$。前面的激励约束(8)写为

$$
\mathbb{E}_0\left[\sum_{t=1}^T\beta^{t-1}U\left(c_t(\theta^t),\frac{y_t(\theta^t)}{\theta_t}\right)\right]
$$
$$
\geq\mathbb{E}_0\left[\sum_{t=1}^T\beta^{t-1}U\left(c_t(\sigma^t(\theta^t)),\frac{y_t(\sigma^t(\theta^t))}{\theta_t}\right)\right],\forall\,\sigma^T\in\sum{}^T, \tag{125}
$$

同时,可行性约束如方程式(2)所述,变为

$$
\mathbb{E}_0\left[\sum_{t=1}^T R^{1-t}c_t(\theta^t)\right]\leq\mathbb{E}_0\left[\sum_{t=1}^T R^{1-t}y_t(\theta^t)\right]. \tag{126}
$$

社会规划者最大化了代理人的事前期望效用(124),即,提供了最优的事前保险。因此,这个问题类似于我们在前面第2节中分析的那个问题(见方程式(9)或方程式(74))。但是,直接求解这个问题非常困难。在大多数应用中,无论是解析分析还是数值分析,都会有非常多的激励约束,使得这个问题无法处理。在下一小节中,我们将使用递归技术克服这个难题。具体地说,我们先假设可分离的等弹性偏好为

$$
U(c,l)=\frac{c^{1-\sigma}-1}{1-\sigma}-\frac{l^{1+\varepsilon}}{1+\varepsilon} \tag{127}
$$

虽然这种偏好并不是得出后面的大多数结果的必要条件,但是这种假设能够简化对主要结果的阐述。

4.1.1 当冲击是独立同分布情形下的分析

我们先假设冲击是独立的,而且是在时间上同分布的,因此在任何一个期间内,任何 $\theta\in\Theta$ 实现的概率都可以写成 $\pi(\theta)$ 的形式。这个假设虽然不太符合实际,但是却能够帮助我们非常透彻地阐明许多见解。

同时,在这里采取的分析步骤,也与我们在前面第2.3节和第2.4节中已经熟悉的分析步骤一样。为了确保凸性,我们不直接使用 c 和 l,而用消费和闲暇时间的效用单位尤特尔(utils)重写了最大化问题。为此,我们定义函数 $C(u)=[1+(1-\sigma)u]^{1/(1-\sigma)}$ 和函数 $Y(h)=[1+(1+\varepsilon)h]^{1/(1+\varepsilon)}$。然后,就可以应用命题2和3的单阶段偏离结果,写出如下的激励相容性约束和信守承诺约束:

$$
u_t(\theta^t)-\theta_t^{-(1+\varepsilon)}h(\theta^t)+\beta v_t(\theta^t)\geq u_t(\theta^{t-1},\hat\theta)-\theta_t^{-(1+\varepsilon)}h(\theta^{t-1},\hat\theta)+\beta v_t(\theta^{t-1},\hat\theta)
$$

对于所有的 $\theta^{t-1}\in\Theta^{t-1},\theta_t\in\Theta,\hat\theta\in\Theta$,其中

$$
v_{t-1}(\theta^{t-1})=\int_\Theta[u_t(\theta^{t-1},\theta)-\theta^{-(1+\varepsilon)}h(\theta^{t-1},\theta)+\beta v_t(\theta^{t-1},\theta)]\mathrm{d}\pi(\theta).
$$

采取与第2.3节一样的步骤,我们把贝尔曼方程写为

$$
K_t(v)=\min_{\{u(\theta),h(\theta),w(\theta)\}_{\theta\in\Theta}}\int_\Theta[C(u(\theta))-Y(h(\theta))+R^{-1}K_{t+1}(w(\theta))]\mathrm{d}\pi(\theta) \tag{128}
$$

要满足激励约束:对于所有 $\theta,\hat\theta\in\Theta$,

$$
u(\theta)-\theta^{-(1+\varepsilon)}h(\theta)+\beta w(\theta)\geq u(\hat\theta)-\theta^{-(1+\varepsilon)}h(\hat\theta)+\beta w(\hat\theta)
$$

信守承诺约束:

$$v = \int_{\Theta} \left[u(\theta) - \theta^{-(1+\varepsilon)} h(\theta) + \beta w(\theta) \right] \mathrm{d}\pi(\theta),$$

以及，如果 T 是有限的，那么对于所有的 w，都有 $K_{T+1}(w)=0$；对于 T 是无限的情况，上面的贝尔曼方程中的下标 t 可以直接舍弃掉。

该模型的许多定性特征都可以通过对照命题 5 总结出来。例如，使用与第 2.4 节类似的步骤，很容易证明对应方程式（29）和方程式（76）的类似结果也成立[1]：

$$K_t'(v) = \mathbb{E}\left[C'(u_{v,t}) \right] = (\beta R)^{-1} \mathbb{E}\left[K_{t+1}'(w_{v,t}) \mid v \right] \tag{129}$$

再者，最优性也要求，对于所有的 θ, t, v，有

$$C'(u_{v,t}(\theta)) = (\beta R)^{-1} K_{t+1}'(w_{v,t}(\theta)) \tag{130}$$

这个结果的直觉非常简单。社会规划者在激励代理人报告真实信息的时候，既可以采取同期激励的方程式（即，给"说真话"的代理人更高的同期效用），也可以采取跨期激励的方程式（即，提供更多的未来承诺）。条件（130）的含义是，当这两种提供激励的方法的边际成本相等时，最优的激励就实现了。

上面这些条件会对税收制度产生一些立竿见影的影响，而且这些影响往往是人们意想不到的。不难注意到，$C' = \dfrac{1}{U_c}$，其中 U_c 是消费的边际效用，因此方程式（129）可以重写为

$$\frac{\beta R}{U_c(c_{v,t}(\theta))} = \mathbb{E}\left[\frac{1}{U_c(c_{v,t+1})} \,\Big|\, v \right], \ \forall v, t, \theta.$$

策略函数生成约束下的最优随机过程 $\{c_t^*, y_t^*\}_{t=1}^{T}$，后者满足逆欧拉方程[请参见我们在第 2.7 节中的讨论，以及戈洛索夫等人的论文（Golosov et al.，2003 年）]：

$$\frac{\beta R}{U_c(c_t^*)} = \mathbb{E}_t\left[\frac{1}{U_c(c_{t+1}^*)} \right] \tag{131}$$

根据詹森不等式（Jensen's inequality），对于任意随机变量 X，只要 X 是非确定性的，那么 $\mathbb{E}\left[\dfrac{1}{X}\right] \geq \dfrac{1}{\mathbb{E}[X]}$ 这个不等式中的不等号严格成立。因此，方程式（131）就意味着，在最优点上，如果未来的消费是不确定的，那么下面这个不等式中的不等号就严格成立：

$$U_c(c_t^*) \leq \beta R \, \mathbb{E}_t\left[U_c(c_{t+1}^*) \right]$$

因此，最优税制必定会使这个经济体中产生正的储蓄扭曲。要刻画税收制度产生的这种扭曲，一个有效的方法是将"储蓄楔子"（saving wedge）定义为

$$1 - \tau_t^s(\theta^t) \equiv \frac{1}{\beta R} \frac{U_c(c_t^*(\theta^t), y_t^*(\theta^t)/\theta_t)}{\mathbb{E}_t\left[U_c(c_{t+1}^*(\theta^{t+1}), y_{t+1}^*(\theta^{t+1})/\theta_{t+1}) \right]} \tag{132}$$

最优性意味着，对于所有的 θ^t，都有 $\tau_t^s(\theta^t) \geq 0$；而且，如果第 $t+1$ 期的消费是不确定的，那么不等号严格成立。

分权化

我们现在描述政府如何设计一个最优税收制度 τ_t，使得代理人在如下给定预算约束下，

---

[1] 如果 Θ 是有限的，那么这个条件就很容易推导出来。在这种情况下，对激励约束的拉格朗日算子进行简单变形就足够了。

选择最优的消费和收入 $\{c_t^*, y_t^*\}_{t=1}^T$：

$$c_t + k_{t+1} \leqslant r_t + Rk_t - T_t$$

这也就意味着,这个税收函数 T_t 其实就是约束优化的实现或分散化。我们需要搞清楚的是, T_t 所依赖的参数是什么、怎样把这个函数构造出来。

一般来说,许多税收制度都可以实现同一个分配。[①] 在这里,我们只考虑一个特别简单的实现方式;它是由递归问题自然产生的。不难观察到,要在贝尔曼方程(128)中可以找到第 t 期的最优分配,我们并不需要知道全部的过去历史 θ^t。事实上,只要知道概要统计量(summary statistics) $v_{t-1}(\theta^{t-1})$ 与当期的冲击 θ_t 就足够了。同时,竞争均衡中的承诺效用的一个自然类比是代理人的储蓄。在这个思想的基础上,阿尔巴内西和斯利特(Albanesi and Sleet, 2006)证明,当类型是独立同分布的,且效用函数在消费和劳动供给之间是可分离的时候,我们可以构建出一个最优税收制度。在这个税收制度下,期间 t 的税收只取决于劳动收入 y_t 和该期开始时的储蓄 k_t。

命题 15:假设冲击是独立同分布的,同时偏好在消费和劳动上是可分离的。那么最优分配可以通过税收制度 $T_t(k_t, y_t)$ 实现。

证明:我们在一个持续两期的经济中证明这个结果。令 $K_2(w_2)$ 表示社会规划者在第 2 期中最小化了的成本函数(128),并用 $u_{w_2}^*(\theta)$, $h_{w_2}^*(\theta)$ 表示策略函数——该策略函数是第 2 期中社会规划者问题的解。

在第 2 期中,考虑存在一个在进入第 2 期时拥有储蓄 k_2 并选择了 y_2 劳动收入的个人。假设对于某个承诺效用 w_2,有 $k_2 = K_2(w_2)$;同时对于某个 $\theta \in \Theta = [\underline{\theta}, \bar{\theta}]$,有 $y_2 = Y(h_{w_2}^*(\theta))$。然后我们将税收函数 $T_2(K_2, y_2)$ 定义为[②]

$$T_2(K_2(w_2), Y(h_{w_2}^*(\theta))) = K_2(w_2) + Y(h_{w_2}^*(\theta)) - C(u_{w_2}^*(\theta))$$

根据激励相容性,一个拥有储蓄 $k_2 = K_2(w_2)$ 且类型为 θ 的代理人在第 2 期会选择的劳动供给和消费为 $(y_2, c_2) = (Y(h_{w_2}^*(\theta)), C(u_{w_2}^*(\theta)))$,也就是最优地分配给他的承诺效用类型对 (w_2, Q) 的水平。

而在第 1 期中,考虑存在一个拥有储蓄 k_1 并选择 y_1' 的劳动收入的个人(给定他在第 1 期的类型,这种选择既可能是最优的,也可能不是最优的)。将他在给定 (k_1, y_1') 下的最优消费-储蓄选择记为 $(c_1', R^{-1}k_2')$,同时把他因这个组合而得到的效用以及在第 1 期的劳动带来的负效用总值记为 $\tilde{u}' = U(c_1') + \beta \mathbb{E}[V_2(k_2', \theta_2)]$(其中的 V_2 是代理人在第 2 期已经实现的最大化目标)。我们可以证明,社会规划者在向代理人提供效用 $\tilde{u}'$ 时,实现成本最小化的唯一方法是提供 $(u_1', w_2') = (U(c_1'), K_2^{-1}(k_2'))$,这时相应的成本为 $C_{t'} = c_1' + R^{-1}k_2'$。

现在假设,对于某些 $\theta' \in \Theta = [\underline{\theta}, \bar{\theta}]$,有 $y_1' = y_1^*(k_1, \theta')$,其中 $y_1^*(k_1, \theta')$ 表示社会规划者的

---

① 例如,一个极端的税收制度 $T_t(\{y_s\}_{s=1}^t)$ 可以这样定义:对于所有的 $\theta^t \leqslant \theta^t$,如果 $y_s = y_s^*(\theta^s)$,有 $T_t(\{y_s\}_{s=1}^t) = y_t^*(\theta^t) - c_t^*(\theta^t)$;不然,则有 $T_t(\{y_s\}_{s=1}^t) = \infty$。这个税收制度能够保证,对于消费者来说,唯一可行的选择就是 $\{c_t^*, y_t^*\}_{t=1}^T$。从而,激励相容约束就能够保证 $T_t(\{y_s\}_{s=1}^t)$ 实现 $\{c_t^*, y_t^*\}_{t=1}^T$。

② 这个税收函数可以很容易地得到扩展,以阻止任何行动 $y_2 < Y(h_{w_2}^*(\underline{\theta}))$ 和 $y_2 < Y(h_{w_2}^*(\bar{\theta}))$。

解中,最优地分配给类型 θ' 的第1期的收入。然后将税收函数 $T_1(k_1, y_1')$ 定义为

$$T_1(k_1, y_1^*(k_1, \theta')) = k_1 + y_1^*(k_1, \theta') - C_{\theta'}$$

如果个人的真实类型为 $\theta \neq \theta'$,那么通过谎报,他能够获得效用 $\tilde{u}' - \theta^{-(1+\varepsilon)} h(y_1^*(k_1, \theta'))$。但是,根据激励相容性,这个效用值小于他报告真实类型时所能得到的效用——$\tilde{u} - \theta^{-(1+\varepsilon)} h(y_1^*(k_1, \theta))$。因此,在这个税收函数下,代理人将发现最优行动是,选择与他在第1期内的真实类型相对应的收入水平;同时他所选择的储蓄水平则恰恰满足 $k_2 = K_2(w_2(0))$,因为他的净收入是 $C_{\theta'}$。

这个命题同时还表明,可以通过对当期储蓄和劳动收入征收联合税来实现最优分配。而且,它已经提供了构造这种税的方法。

在考虑这种在理论上构造的税 τ_t 与数据中的税之间的关系时,我们一定要注意,模型中的 τ_t 对应着数据中的所有税收和转移支付的总和。而资本的边际扭曲 $\frac{\partial \tau_t}{\partial k_t}$,以及相对于劳动收入的边际扭曲 $\frac{\partial \tau_t}{\partial y_t}$,则分别对应数据中对于资本收入和劳动收入的有效边际税率(那是所有法定税收的税率的总和,再扣除相应的转移支付率)。由于转移支付正逐渐消失,所以没有理由事先预期模型中的边际税率和数据中的有效边际税率是累进的。[①] 例如,如果拥有更多财富的个人得到的防范劳动收入冲击的保险更小(例如,如果未能通过经济情况调查,这些富裕的个人可能不符合某些福利计划的条件),那么我们应该预料到边际劳动税将在资本中减少。

4.1.2 持续性的冲击

前面的讨论有一个重要的限制,那就是它需要假设冲击是独立同分布的。实证劳动经济学文献一直强调,个体受到的特异性冲击往往是持续性的(例如,请参见 Storesletten et al., 2004;Guvenen et al.,2015)。在本节中,我们讨论如何将前面的分析扩展到受到持续的(马尔可夫)冲击的情形。

我们首先假设,冲击是从一个连续分布中抽取出来的,这种假设无论对解析推导的易处理性,还是对将理论分析结果与实证文献联系起来,都是非常有益的。在这里,我们只讨论劳动经济学和公共财政文献中经常使用的一些随机过程。[②]

假设6:假设冲击 θ_t 的演化服从如下过程:

$$\ln\theta_t = b_t + \rho\ln\theta_{t-1} + \eta_t$$

其中 e^{η_t} 是从以下三个分布中的某一个抽取出来的:

(a)对数正态分布:$\eta_t \sim \mathcal{N}(0, \nu)$;

[①] 在美国,作为收入的函数的有效税率的类型,因为州别、家庭状况、居住地等因素的不同而呈现出显著的异质性。从美国的数据来看,有效边际税率其中的一些典型特征包括递增、呈 U 形、倒 S 形,等等(请参见 CBO,2007 和 Maag et al.,2012)。

[②] 例如,斯多尔斯莱登等人(Storesletten et al.,2004)、法里和韦尔宁(Farhi and Werning,2013)使用的是对数正态分布;巴德尔和赫格特(Badel and Huggett,2014)以及洛克伍德(Lockwood et al.,2014)使用的是帕累托-对数正态分布;而格维克和基亚内(Geweke and Keane,2000)、居文能等人(Guvenen et al.,2015)使用的则是混合对数正态分布。

（b）帕累托-对数正态分布：$\eta_t \sim \mathcal{N}\varepsilon(\mu, \nu, a)$，其中$\mathcal{N}\varepsilon$是一个正态指数分布；

（c）混合对数正态分布：$\eta_t \sim \mathcal{N}(\mu_i, \nu_i)$对于$i = 1, \cdots, I$，概率为$p_i$；并令$\nu = \max_i \nu_i$。

运用第2.5.2节中阐述的一阶技术，我们就可以将这里的社会规划者问题重写为递归形式。在上述假设下，贝尔曼方程可以写为

$$K_t(v, \hat{v}, \theta_-) = \max_{|u(\theta), h(\theta), w(\theta), \hat{w}(\theta)|_{\theta \in \Theta}} \cdots$$

$$\int_0^\infty (Y(h(\theta)) - C(u(\theta)) + R^{-1}K_{t+1}(w(\theta), \hat{w}(\theta), \theta)) \pi(\theta | \theta_-) d\theta \tag{133}$$

需要满足的信守承诺约束和边际信守承诺约束为

$$v = \int_0^\infty \varpi(\theta) \pi(\theta | \theta_-) d\theta, \tag{134}$$

$$\hat{v} = \int_0^\infty \varpi(\theta) \hat{\pi}(\theta | \theta_-) d\theta, \tag{135}$$

$$\varpi(\theta) = u(\theta) - \theta^{-(1+\varepsilon)} h(\theta) + \beta w(\theta), \tag{136}$$

以及，包络条件

$$\dot{\varpi}(\theta) = (1+\varepsilon) \theta^{-(2+\varepsilon)} h(\theta) + \beta \hat{w}(\theta) \tag{137}$$

然后，我们就可以使用最优控制技术来分析这个问题了，请参见戈洛索夫等人的著作（Golosov et al., 2016）。

而对储蓄扭曲的分析则保持不变。特别是，由于逆欧拉方程（131）在这个经济体中仍然成立，因此，利用与上一节相同的方法，立即可以阐明储蓄扭曲的最优性。

现在我们来分析劳动的扭曲。将劳动楔子定义为

$$1 - \tau_t^y(\theta^t) \equiv \frac{-U_l(c_t^*(\theta^t), y_t^*(\theta^t)/\theta_t)}{\theta_t U_c(c_t^*(\theta^t), y_t^*(\theta^t)/\theta_t)} \tag{138}$$

出于简化记号的考虑，对于任何历史$\theta^t = (\theta^{t-1}, \theta)$和随机变量$x_t$，用缩写符号$x_t(\theta)$来表示$x_t(\theta^{t-1}, \theta)$，并用$x_{t-1}$来表示$x_{t-1}(\theta^{t-1})$。对一阶条件进行变换，可以得到

$$\frac{\tau_t^y(\theta)}{1 - \tau_t^y(\theta)} = (1 + \varepsilon) \frac{\int_\theta^\infty \pi_t(x') dx'}{\theta \pi_t(\theta)} \int_\theta^\infty \frac{U_{c,t}(\theta)}{U_{c,t}(x)} \left(1 - \int_0^\infty \frac{U_{c,t}(x)}{U_{c,t}(x')} \pi_t(x') dx'\right) \frac{\pi_t(x) dx}{\int_\theta^\infty \pi_t(x') dx'}$$

$$\rho \beta R \frac{\tau_{t-1}^y}{1 - \tau_{t-1}^y} \cdot \frac{U_{c,t}(\theta)}{U_{c,t-1}}$$

$$\tag{139}$$

方程（139）表明，最优劳动扭曲是两项的和。右侧的第一项（同期项）刻画的是劳动扭曲在提供抵御时期t的冲击的保险的成本和收益。因类型θ的冲击而发生的劳动扭曲会抑制相应类型的劳动供给，就像弗里施的劳动供给弹性（elasticity of labor supply）$1/\varepsilon$所刻画的那样。这会以比例$\theta \pi_t(\theta)$降低总产出，但是同时也使得社会规划者可以放松对所有θ以上类型的激励约束。对于这种权衡关系，我们用（第t期以某个给定的历史θ^{t-1}为条件的冲击）危险比（hazard ratio）这个指标来刻画——$\dfrac{\int_\theta^\infty \pi_t(x') dx'}{\theta \pi_t(\theta)}$。最后，激励约束放松后，就允许社会规划

者从技能高于 θ 的个人那里获取更多的资源,然后转移给所有代理人。右侧的积分项所刻画的就是这种转移支付的社会价值,它取决于技能高于 θ 的代理人的消费的边际效用(用平均边际效用加权)。右侧的第二项(跨期项)则刻画了社会规划者如何在当前期间 t 运用扭曲来提供对在更早期间的披露信息的激励。这取决于期间 t 的冲击所带来的关于 θ^{t-1} 的信息(这一项式中的系数 ρ 总结了这些信息),以及比率 $\dfrac{U_{c,t}(\theta)}{U_{c,t-1}}$。该比率反映了这样一个事实:在消费的边际效用更高的状态下提供激励的成本更低。

我们还可以使用如方程式(139)所示的分解法来获得关于最佳劳动扭曲的时间序列特征的洞见,就像法里和韦尔宁在他们的研究中所做的那样(Farhi and Werning,2013)。将上面的方程式乘以 $\dfrac{1}{U_{c,t}}\pi_t(\theta)$,然后运用分部积分法(integrating by parts),我们就可以得到

$$\mathbb{E}_{t-1}\left[\frac{\tau_t^\gamma}{1-\tau_t^\gamma}\cdot\frac{1}{U_{c,t}}\right]=\rho\beta R\frac{\tau_{t-1}^\gamma}{1-\tau_{t-1}^\gamma}\cdot\frac{1}{U_{c,t-1}}+(1+\varepsilon)\,\mathrm{Cov}_{t-1}\left(\ln\theta,\frac{1}{U_{c,t}}\right) \qquad (140)$$

方程式(140)表明,边际效用调整后的劳动扭曲服从一个带有漂移的一阶自回归过程(AR(1) process with a drift)。这个过程的持续性取决于冲击过程 ρ 的持续性,而它的漂移是严格为正的,因为我们通常应该预期 $\mathrm{Cov}_{t-1}\left(\ln\theta,\dfrac{1}{U_{c,t}}\right)>0$。法里和韦尔宁给出的结论是,最优劳动扭曲应该会随"年龄"的增长而增加(Farhi and Werning,2013)。

戈洛索夫等人(Golosov et al.,2016)则利用条件(139)描述了劳动楔子对实现的冲击 θ 的依赖性。具体地说,他们证明了如下渐近运动定律[1]:

$$\frac{\tau_t^\gamma(\theta)}{1-\tau_t^\gamma(\theta)}\underset{\theta\to\infty}{\sim}\begin{cases}\left(\dfrac{a}{1+\varepsilon}-\dfrac{\sigma}{\sigma+\varepsilon}\right)^{-1},\text{如果 }\eta_t\text{ 是帕累托-对数正态分布},\dfrac{a}{1+\varepsilon}-\dfrac{\sigma}{\sigma+\varepsilon}>0\\[3mm]\left(\dfrac{\ln\theta}{v^2}\dfrac{1}{1+\varepsilon}\right)^{-1},\text{如果 }\eta_t\text{ 是对数正态分布或混合对数正态分布},\end{cases} \qquad (141)$$

$$\frac{\tau_t^\gamma(\theta)}{1-\tau_t^\gamma(\theta)}\underset{\theta\to0}{\sim}\rho\beta R\frac{\tau_{t-1}^\gamma}{1-\tau_{t-1}^\gamma}\left(\frac{c_t(0)}{c_{t-1}}\right)^{-\sigma} \qquad (142)$$

因为 $(\ln\theta)^{-1}$ 的移动是非常缓慢的,所以方程式(141)意味着,对于所有上述三类分布,当高的 θ^t 实现时,劳动扭曲是近似平坦的(尽管在对数正态分布和混合对数正态分布的情况下,它们最终收敛于0),而且不依赖于过去的冲击历史,因此可以用相对简单的闭式表达式给出。方程式(142)则表明,低位冲击的劳动扭曲则取决于冲击的持久性、过去的历史和消费的增长速度,而且一般会随着"年龄"的增长而增加。

这些方程的另一个含义是,更高的矩,例如峰态(kurtosis),无论在定性还是在定量上,都会对劳动扭曲的大小发挥重要的影响。对于这些矩的一些最佳估计是由居文能等人给出的(Guvenen et al.,2014,2015),他们使用对于10%的美国男性纳税人进行随机抽样的美国管理数据,以此来估计劳动收入的随机过程。随后,戈洛索夫等人(Golosov et al.,2016)在居文

---

[1] 对于任何函数 h,g 和 $c\in\overline{\mathbb{R}}$,如果 $\lim\limits_{x\to c}h(x)/g(x)=1$,那么必有 $h(x)\underset{x\to c}{\sim}g(x)$。

能等人的结果的基础上,用新近获得的特异性冲击估计量校准了模型。最优劳动扭曲是 U 型的,同时储蓄扭曲是随当期收入的提高而增加的。约束最优点上的福利水平要比存在"仿射税"(affine taxes)的均衡中高出 2％～4％。这些发现(U 型,非线性、历史依赖的税制相对较高的福利收益)在很大程度上是由数据中发现的劳动收入过程的高峰态性所驱动的。这也就意味着,累进税制度和历史依赖的转移支付制度会随着收入的增长而相对较快地被淘汰,但这种制度可以占据这个经济体中大部分福利收益。

4.2 公司金融

在本节中,我们会介绍递归合同理论在公司金融领域的一些应用。我们将阐明,融资摩擦(公司金融摩擦)是怎样内生地从代理问题中产生,并对企业的资本结构和资本动态产生影响的。在这里列举其中几篇,例如,阿尔伯奎克和霍朋海恩(Albuquerque and Hopenhayn, 2004)、克莱蒙蒂和霍朋海恩(Clementi and Hopenhayn,2006)以及德玛佐和费希曼(DeMarzo and Fishman,2007a,2007b)讨论了离散时间模型;德玛佐和桑尼科夫(DeMarzo and Sannikov, 2006)、比艾等人(Biais et al.,2007)、德玛佐等人(DeMarzo et al.,2012)、比艾等人(Biais et al.,2010),以及何(He,2009)研究了连续时间模型。

内生融资摩擦与企业动态

大量实证研究文献(例如,请参见 Caves,1998 的综述)都描述了企业的动态性质,即,企业的规模、增长率和生存概率等方面的特征和演变。特别是,随着企业"年龄"的增大,它们的规模会扩大且生存率会提高,同时它们的增长速度的均值和方差则趋于下降,被淘汰的危险比则会出现先升高后下降的轨迹。此外,从法扎里等人(Fazzari et al.,1998)进行开创性研究开始,许多经济学家都发现,企业的投资会对现金流过程中的新息(在控制了托宾 q 之后)做出积极的反应,这证明了借贷约束的重要性;同时,投资–现金流的敏感性则会随着企业的"年龄"增长、规模增大而下降。

克莱蒙蒂和霍朋海恩分析了一个动态道德风险模型(Clementi and Hopenhayn,2006)。在他们构建的模型中,上述性质都是内生地出现在借款人(企业,或代理人)与贷款人(银行,或委托人)之间的最优合同中的,而且是当贷款人不能观察贷款人所实施的项目时的结果。克莱蒙蒂和霍朋海恩描述了最优合同,并证明这个模型能够生成丰富的关于企业动态的可检验的预测,它们与前面给出的证据也是一致的。

在他们构建的模型中,代理人的项目需要先进行一个固定的初始投资 $I_0>0$,然后每期都要投放一定数量的资本——我们用记号 k_t 来表示。在每一期开始,银行可以选择对项目加以清算,从中收回的残值记为 $S \geqslant 0$。如果银行决定为项目提供融资,那么企业的收入是随机的(独立同分布的),但是会随着贷款人提供的资金 k_t 的增加而增加。具体地说,在每一个期间 t,项目有 π 的概率会成功并产生非零收入 $R(k_t)$,其中 R 是连续的、有界的和凹的;同时项目也有 $(1-\pi)$ 的概率产生零收入。我们将项目在第 t 期的结果表示为 $\theta_t \in \Theta = \{\theta_{(1)}, \theta_{(2)}\} = \{0,1\}$,其中 $\theta_{(1)}=0$ 表示失败,$\theta_{(2)}=1$ 表示成功,第 t 期为止的历史用 θ^t 来表示。我们假设借款人和贷款人都是风险中性的,具有相同的贴现因子 β,并且都拥有对合同做出承诺的能力。

为便于分析,先假设收入是可以观察到的。在每一个期间,贷款人提供的有效资本的数量为 $k^* = \arg\max(\pi R(k_t)-k_t)$;如果实现了 $W^* \equiv \dfrac{1}{1-\beta}(\pi R(k^*)-k^*)>I_0$,那么我们就说项目的运行是有效的。因此,在基准模型,即在有完全信息的模型中,企业从来都是既不成长、也不收缩,同时也不退出市场;企业的规模 k^* 是恒定的。以这个性质为基础,我们能够清晰地分析信息摩擦对公司动态的影响。

现在假设,收入是代理人的私人信息,所以贷款人必须依赖借款人对每个期间的项目的结果的报告。我们用 $\boldsymbol{\sigma}=\{\sigma_t(\theta^t)\}_{t\geqslant 1}$ 来表示借款人的报告策略。

事件发生的时间顺序如下。在每一个期间 t 的开始阶段,银行决定是不是(如果是,则决定以何种概率)对项目进行清算,如果清算的话,银行可以获得残值 S,同时用转移支付 $Q_t \geqslant 0$ 对代理人给予补偿。我们用 $\boldsymbol{\alpha}=\{\alpha_t(\sigma^{t-1}(\theta^{t-1}))\}_{t\geqslant 1}$ 来表示清算概率,并用 $\boldsymbol{Q}=\{Q_t(\sigma^{t-1}(\theta^{t-1}))\}_{t\geqslant 1}$ 表示在清算的情况下贷款人补偿给借款人的转移支付。随后,如果不对企业的项目进行清算,那么银行就对它即将借给企业的资本的数量 k_t 进行选择,同时如果项目获得了成功,贷款人偿还的款项的数量为 τ_t。我们用 $\boldsymbol{k}=\{k_t(\sigma^{t-1}(\theta^{t-1}))\}_{t\geqslant 1}$ 表示银行预先提供给企业的资本,并用 $\boldsymbol{\tau}=\{\tau_t(\sigma^{t-1}(\theta^{t-1}),(\sigma_t(\theta_t))\}_{t\geqslant 1}$ 表示项目取得成功时借款人支付给贷款人的未定报酬(在项目失败的情况下,不存在转移支付)。对企业的限制是,在任何时候,企业都必须持有非负现金流;这也就是说,必须满足如下有限负债约束(limited-liability constraint):对于所有的 $t,\theta^{t-1},\tau_t(\sigma^{t-1}(\theta^{t-1}),\theta_{(2)}\leqslant R(k_t(\sigma^{t-1}(\theta^{t-1})))$。然后,实现项目的结果为 θ^t,且这个结果只能被借款人观察到(是他的私人信息),接着借款人向银行发送一个报告 $\sigma_t(\theta^t)$。如果项目取得了成功且借款人真实报告了结果,那么借款人向银行支付 $\tau_t(\sigma^t(\theta^t))$。

我们将"权益"(equity)定义为企业家在企业的总价值中所占的份额,而把"债务"定义为贷款人所占的份额。这也就是说,在合同为 $\{k,\tau,\alpha,Q\}$、报告策略为 σ 时,第 t 期的权益 $V_t(\{k,\tau,\alpha,Q\},\sigma),\sigma^{t-1}(\theta^{t-1}))$ 和债务 $B_t(\{k,\tau,\alpha,Q\},\sigma),\sigma^{t-1}(\theta^{t-1}))$ 就是在给定报告历史 $\sigma^{t-1}(\theta^{t-1})$ 下,归属于借款人和贷款人的期望贴现现金流(或延续价值)。不难注意到,这里的权益价值对应我们在第 2 节中讨论的品味冲击模型中的承诺效用变量(11)。

这个模型的设定与第 2.3 节所述的模型类似,而且我们可以使用相同的递归技术来展开分析。具体来说,我们把权益的价值 v 作为状态变量,就可以把这里的问题写成递归形式。我们可以证明,可行的合同能够支持的 v 的连续价值的集合为 $[0,\infty)$。而且,在激励相容的、可行的合同中,任何一个约束有效的(constrained-efficient)合同都能够使贷款人所得到的价值 $B(v_0)$ 最大化,它要满足的条件是向企业家提供某个效用 $v_0 \geqslant 0$。这个二元组 $(v_0, B(v_0))$ 定义了企业的资本结构(权益和债务),并意味着企业的总价值为 $W(v_0)=v_0+B(v_0)$。

我们用 $W(\cdot)$ 表示银行做出清算决定前企业的总价值,并用 $\hat{W}(\cdot)$ 表示企业以不被清算为条件的总价值。采用与证明命题 3 时同样的步骤,我们可以证明后一个价值函数由如下的贝尔曼方程给出:

$$\hat{W}(\hat{v}) = \max_{k,\tau,\{w(\theta)\}} (\pi R(k) - k) + \beta [(1-\pi) W(w(\theta_{(1)})) + \pi W(w(\theta_{(2)}))],$$

它要服从信守承诺约束：

$$\hat{v} = \pi(R(k) - \tau) + \beta [(1-\pi) w(\theta_{(1)})) + \pi w(\theta_{(2)})] \tag{143}$$

在"高"状态下的激励相容约束为：

$$R(k) - \tau + \beta w(\theta_{(2)}) \geqslant R(k) + \beta w(\theta_{(1)}), \tag{144}$$

以及，有限负债约束：

$$\tau \leqslant R(k) \tag{145}$$

企业的清算决策过程可以被描述为：在每一期的开始，企业以概率 α 清算，在企业清算的情况下，借款人可以得到 Q；企业继续运营下去的概率为 $1-\alpha$，在这种情况下，借款人得到的是延续价值 $\hat{v}$。这样，价值函数 $W(\cdot)$ 就是如下贝尔曼方程的解：

$$W(v) = \max_{\alpha,Q,\hat{v}} \alpha S + (1-\alpha) \hat{W}(\hat{v})$$

要满足的条件是

$$v = \alpha Q + (1-\alpha) \hat{v}$$

克莱蒙蒂和霍朋海恩（Clementi and Hopenhayn，2006）对这个问题的解的描述如下。

首先，如果权益（或者，承诺价值）v 足够大，那么在每个期间都提供无约束的有效资本 k^* 的策略不但是可行的，也是激励相容的。在这种情况下，最小值 v^* 由以下问题的解给出：

$$v^* \equiv \min_{\tau,\{w(\theta)\}_{\theta \in \Theta}} \pi(R(k^*) - \tau) + \beta [(1-\pi) w(\theta_{(1)}) + \pi w(\theta_{(2)})],$$

要满足的条件是

$$R(k^*) - \tau + \beta w(\theta_{(2)}) \geqslant R(k^*) + \beta w(\theta_{(1)}),$$

$$\tau \leqslant R(k^*), w(\theta_{(1)}) \geqslant v^*, w(\theta_{(2)}) \geqslant v^*.$$

求解这个问题，我们可以得到：$v^* \equiv \dfrac{1}{1-\beta} \pi R(k^*) = W^* + \dfrac{1}{1-\beta} k^*$。

其次，我们不难证明，存在一个值 $v^* \in (0, v^*)$，使得

（i）当 $v \geqslant v^*$ 时，公司的价值 $W(v)$ 等于 W^*。这时，在将来任何时间，令 $k_v = k^*$，其中对于所有的 $j \in \{1,2\}$，都有 $\tau_v = 0$ 和 $w_v(\theta_{(j)}) = v^*$ 是最优的。

（ii）当 $v \in [v_*, v^*)$ 时，值函数 $W(v)$ 是严格递增的并且是凹的，同时策略函数为 $\alpha(v) = 0$，$k_v < k^*$，$\tau_v = R(k_v)$，以及 $w_v(\theta_{(1)}) < v < w_v(\theta_{(2)})$。至于这里的值 $w_v(\theta_{(1)})$ 和 $w_v(\theta_{(2)})$，作为 k_v 的函数，是根据信守承诺约束和激励相容约束方程式（143）和方程式（144）得出的，这两个约束中的等号均成立。[①] 此外，对于足够接近于 v^* 的 v，k_v 是 v 的增函数；$w_v(\theta_{(1)})$ 和 $w_v(\theta_{(2)})$ 也随着 v 的增加而增加，而且权益是一个下鞅，即，$v < \mathbb{E}[w_v]$。

（iii）当 $v < v_*$ 时，企业清算的概率为正，即，$\alpha(v) = 1 - v/v_*$，清算时转移支付 $Q = 0$；当 $\hat{v} = v_*$ 时，企业继续运行的概率为 $(1-\alpha(v))$。企业的价值则为 $W(v) = \alpha(v) S + (1-\alpha(v)) \hat{W}(v_*)$。

对于最优合同的这种表征的含义，我们可以这样解释：合同确定了公司规模 k_t、权益 v_t，

---

① 如果这些值使得 $w_v(\theta_{(2)}) > v^*$，那么转移支付 τ_v（以及 $w_v(\theta_{(2)})$）的其他值也是最优的。

以及债务 $B(v_t) = W(v_t) - v_t$ 的随机过程。更具体地说,考虑存在一个企业家,他从权益 $v_0 \in (v_*, v^*)$ 时起步创业。从这个区间开始,一个"好"的冲击使得权益的价值提高到了 $w_v(\theta_{(2)}) > v$,而一个"坏"的冲击则会使得权益的价值减少。根据下鞅的性质,我们知道(从方程式 (143)中可以看出),存活下来的企业的平均权益 v_t 会随着时间的推移而增加,同时函数 $w_v(\theta)$ 的单调性则意味着过程 v_t 会表现出持续性。最终,权益或会达到下限阈值 v_*(经过一系列负面冲击之后),从而导致进入这样的区域——以正的概率对企业进行清算是最优的;或者会达到上限阈值 v^*(经过一系列正面冲击之后),在那一点上,激励约束不再是紧固的,资本 k^* 的无约束效率水平自那之后得到提升。因此,这里存在两个吸收状态:一个是企业被清算,另一个是企业成长并达到有效规模。在转换中,在发生"好"的冲击事件时,转移支付 τ_v 设定为等于最大可能量,即,$R(k_v)$。这是因为,银行和企业都是风险中性的,所以将分配的股息"归还"给借款人是最优的(即,通过选择可能的转移支付价值的最高者 τ 并相应地提高 $w_v(\theta_{(j)})$,这样就能够让权益尽可能快地达到 v^*。最后,当达到了 v^* 后,企业的未来现金流就会等于 $v^* = W(v^*) + \dfrac{k^*}{1-\beta} = W^* + \dfrac{k^*}{1-\beta}$,而贷款人的持续价格则为 $B(v^*) = -\dfrac{k^*}{1-\beta}$。这就意味着,企业家在银行积累的资产(利率为 r,使得 $\beta = \dfrac{1}{1+r}$)已经达到了正的余额 $k^* = (1-\beta)$,同时他的付款得以延后,所有的现金流都被贷款人收走。这个余额恰恰足够从那时起以有效的规模实现项目的自我融资。

接下来,最优合同还表明,当权益低于阈值 v^* 时,银行提供的资本金额严格小于无约束效率水平,即,$k_v < k^*$。我们可以将这个结果解释为企业家所面临的(内生)借款约束。此外,如果 v 足够接近于 v^*,那么更高的权益就能导致贷款约束的放松,从而允许企业家以更有效的方式为项目进行融资,因为 k_v 会随着 v 的增加而增加。由于有道德风险,这种融资摩擦会内生地出现在最优合同中。为了让成功的企业家受到足够的激励真实地报告他的项目("好"的)结果,最优合同要求借款人的报酬对报告的产出敏感,而这又使得未来成功状态下的权益价值与不成功状态下的权益价值之间的差距 $w_v(\theta_{(2)}) - w_v(\theta_{(1)})$ 成为必需。此外,如果在今天发放更多的贷款(提供更多的资本),会使激励约束收紧(原因是,那样的话,借款人在项目成功的情况下就必须偿还更多,因为 $\tau = R(k)$),进而要求未来的延续价值之间(项目成功与项目失败的)出现更大的差距。但是,这种差距本身也是有成本的,因为边际收入是会随着资本的增加而下降的,从而企业的总价值 $W(\cdot)$ 是凹的。因此,今天的更高的资本和更高的利润与未来各期的更低的企业价值之间存在着一种权衡,这种权衡意味着,在最优合同中存在着一个低效率的融资水平 $k_v < k^*$。

上面这些结果告诉我们,收入冲击会影响企业的财务结构 $(v, B(v))$,而且对企业动态(规模、增长和生存概率)也会产生一系列重要的影响。将公司的规模定义为已投入项目的(总)投资水平 k_t,将当期投资定义为 $k_t - k_{t-1}$,然后对校准后的模型进行模拟,给出了以下可检验的预测。第一,企业的"年龄"与企业的规模是正相关的。第二,增长的均值和方差随企业的规模和年龄的增加而下降。第三,企业的生存概率 $\mathbb{P}(T > t | v)$ 随着权益的价值 v 的增加而增加,从而也随着企业年龄的增加而增加(其中,T 是退出的时间)。退出的危险比是企业年

龄的函数,且该函数的形状呈倒 U 形,这是因为,"年轻"的企业需要经过好几期才能从初始价值 v_0 到达清算区域,而且选择效应意味着较"年老"的(幸存的)企业的平均价值较高,因而危险比较低。所有这些性质都是与关于企业动态的实证证据一致的,读者可以阅读克莱蒙蒂和霍朋海恩对相关的实证研究的综述(Clementi and Hopenhayn,2006)。最后,克莱蒙蒂和霍朋海恩指出,运用这个模型的策略函数生成的模拟数据给出的预测,与利用经验数据给出的预测一致:投资对现金流新息的反应为正,而且投资对现金流的反应的灵敏度随企业年龄和规模的增加而下降。更加重要的是,在模型中,融资摩擦(借款约束)是作为最优合同的一个特征而内生地出现的。

最优资本结构

现在,我们将给出递归合同理论在公司金融领域的应用的另一个例子。这是一个连续时间框架中的例子,它运用了前文第 3.3.2 节中描述的技术,是德玛佐和桑尼科夫给出的模型(DeMarzo and Sannikov,2006)的一个简化版。[①] 在他们构建的模型中,代理人(企业)可以用令人难以察觉的方法将现金流转而用于谋取私人利益;投资者(委托人)控制代理人的工资,并决定在什么时候清算项目。这个模型与克莱蒙蒂和霍朋海恩的模型(Clementi and Hopenhayn,2006)紧密相关,两者之间的区别在于,克莱蒙蒂和霍朋海恩着重关注的是信息摩擦对作为利润实现的历史的函数中企业投资和增长的重要性(因此,企业的规模,即,企业的资本是一个内生的最优激励合同的组成部分);相反,德玛佐和桑尼科夫(DeMarzo and Sannikov,2006)则假设企业的规模是固定的,他们专注分析企业的最优资本结构选择。[②] 更具体地说,德玛佐和桑尼科夫认为利用简单的金融工具——长期债务与固定息票、信贷额度和权益的组合——就可以实施最优合约。在这个实施过程中,企业因持有一部分权益而获得报酬,如果企业未能偿还债务或者突破了信用额度,那么它就违约了;当现金流超过了偿债支出且信贷额度已经得到了偿还时,就支付股息。因此,这个模型可以帮助我们理解企业在各种形式的借款之间的选择,特别是信贷额度合约的特征,这些都是公司金融的实证研究的重要组成部分。最后,正如我们在前文第 3.3.2 节中已经看到的那样,由于采用了连续时间模型,因此作者们通过一个普通的微分方程,就不仅给出了对最优合同的清晰表征,而且完成了对最优合同的各种参数的解析形式的比较静态分析。

现在我们给出对这个模型的正式描述。代理人管理一个项目,该项目能够产生如下的随机现金流:

$$d\hat{y}_t = (\mu - \theta_t)dt + \sigma d z_t$$

其中,z_t 是一个标准布朗运动,$\theta_t \geq 0$ 是代理人的私人行为,我们可以将它解释为代理人将现金流转用于他途。这种不可观察的转用能够给代理人带来 $\lambda\theta_t$ 的私人利益,其中,$\lambda \in (0,1]$。委托人只能观察到代理人报告的现金流 $\{\hat{y}_t\}_{t\geq0}$。[③] 委托人和代理人都是风险中性的,他

[①] 对于这个模型的离散时间版,德玛佐和桑尼科夫在另一篇论文中进行了分析(DeMarzo and Sannikov,2007b)。

[②] 德玛佐等人(DeMarzo et al.,2012),将该模型扩展到包括投资和非恒定企业规模。

[③] 德玛佐和桑尼科夫(DeMarzo and Sannikov,2006)考虑的是一个更一般的模型。在那个模型中,代理人可以秘密地进行储蓄,并因此谎报,即允许 $\theta_t < 0$,但是他们表明,在最优合同中,代理人总是会选择维持 0 储蓄。

们对未来收益的贴现率分别为 r 和 γ(且有 $r<\gamma$)。项目的启动需要 $I_0 \geqslant 0$ 的额外资本。委托人提供了一个合同 (c,τ),它确定了代理人的报酬 $dc_t \geqslant 0$(对于所有的 t),还确定了一个终止日期 τ,作为历史 $\{\hat{y}_s\}_{s \leqslant t}$ 的函数。在日期 τ,当项目终止时,代理人获得外部选择权 $R \geqslant 0$,同时委托人收到清算收益 $L \geqslant 0$。

最优合同能够最大化委托人的预期利润,同时还要满足将期望效用 $\hat{v}_0$ 给予代理人这个条件以及激励相容性约束。我们不难证明,在最优合同中,对于所有的 $t \geqslant 0$,都有 $\theta_t=0$。这里的问题与我们在第3.3.2节分析过的模型有相似之处,采用类似的方法,可以将这里的问题表示为

$$\max_{c,\tau} \mathbb{E}^{\boldsymbol{\theta}=0} \Big[\int_0^\tau e^{-rt}(\mathrm{d}\hat{y}_t - \mathrm{d}c_t) + e^{-\gamma\tau}L \Big]$$

要满足信守承诺约束

$$\hat{v}_0 = \mathbb{E}^{\boldsymbol{\theta}=0} \Big[\int_0^\tau e^{-\gamma t}\mathrm{d}c_t + e^{-\gamma\tau}R \Big],$$

以及,激励相容约束:对于任何偏离策略 $\hat{\boldsymbol{\theta}}$,

$$\hat{v}_0 \geqslant \mathbb{E}^{\hat{\boldsymbol{\theta}}=0} \Big[\int_0^\tau e^{-rt}(\mathrm{d}c_t + \lambda\hat{\theta}_t \mathrm{d}t) + e^{-\gamma\tau}R \Big]_\tau$$

采用与第3.3.2节(特别是对命题12的证明)相同的步骤,我们发现,在激励相容合同 (c,τ) 与如下的受控过程(控制变量为 (c_t,β_t))之间存在着一一对应关系:

$$dv_t = \gamma v_t dt - dc_t + \beta_t(d\hat{y}_t - \mu dt) \tag{146}$$

其中,代理人的承诺价值对他的报告的灵敏度满足:对于所有的 $t \leqslant \tau$,都有 $\beta_t \geqslant \lambda$。终止时间 τ 是代理人的承诺价值 v_t 最早达到 R 的时间。这里的单阶段激励约束(见命题13)表明,当且仅当对于所有的 t,都有 $\beta_t \geqslant \lambda$ 时,报告真实的信息才是激励相容的,因为代理人如果对于自己报告的每一单位现金流都至少能得到 λ 的承诺价值,那么他就不会再有窃取现金流的想法了。

德玛佐和桑尼科夫(DeMarzo and Sannikov,2006)对最优合同的描述如下。用 $K(v)$ 表示委托人的值函数。我们很容易就可以证明,最优合同必定满足:对于所有的 v,都有 $K'(v) \geqslant -1$。这是因为,委托人总是可以给当前承诺效用为 v 的代理人提供一次性的转移支付(lump-sum transfer)$dc>0$ 后,马上恢复到最优合同——效用为 $v-dc$,从而使得 $K(v) \geqslant K(v-dc)-dc$。将 $\bar{v}$ 定义为能够使得 $K'(\bar{v})=-1$ 的最低值,那么将代理人的承诺效用保持在 $[R,\bar{v}]$ 的范围内并设定 $dc_v = (v-\bar{v})\,\mathbb{I}_{|v \geqslant \bar{v}}$ 是最优的。这样一来,我们就可以像在第3.3.2节中所做的那样,将 $K(v)$ 表示为递归形式。在这种情况下,哈密尔顿-雅可比-贝尔曼方程是

$$rK(v) = \max_{\beta \geqslant \lambda} \mu + \gamma v K'(v) + \frac{1}{2}\beta^2\sigma^2 K''(v),$$

其中,对于所有的 $v>\bar{v}$,都有 $K(v)=K(\bar{v})-(v-\bar{v})$

要满足如下的价值匹配条件(value-matching conditions)、光滑粘贴条件(smooth-pasting conditions)和上接触条件(super-contact conditions):

$$K(R)=L, K'(\bar{v})=-1, K''(\bar{v})=0$$

函数 $K(\cdot)$ 是凹的,所以对于所有的 t,设定 $\beta_t = \lambda$ 是最优的。因此,最优合同(其中 $\hat{v}_0 \in [R, \bar{v}]$)就是能够使得 v_t 根据方程式(146)演变且当 $v_t \in [R, \bar{v})$ 时,$dc_t = 0$ 的合同。如果 $v_t = \bar{v}$,支付 dc_t 导致 v_t 在 $\bar{v}$ 处反射。在时间 τ,当 v_t 达到了 R 时,合同终止。[①]

德玛佐和桑尼科夫(DeMarzo and Sannikov,2006)给出了最优合同的一个实现方式,利用权益(股权)、长期债务 D 和信用额度 C^L。如果代理人违约(未能完成债务偿付)或其代理人的信贷余额超过了 C^L,那么项目终止。实现这个最优合同背后的思想是,将延续价值的区间 $[R, \bar{v}]$ 映射到信贷额度上:让点 $\bar{v}$ 对应于余额 0。根据方程式(146),我们可以将信贷余额 $\lambda^{-1}(\bar{v}-v_t)$ 的演变过程(其中 λ 是用来归一化的)用下式描述

$$d\left(\frac{\bar{v}-v_t}{\lambda}\right) = -d\hat{y}_t + \left\{\gamma\left(\frac{\bar{v}-v_t}{\lambda}\right)dt + \left(\mu - \frac{\gamma}{\lambda}\bar{v}\right)dt + \frac{dc_t}{\lambda}\right\}$$

这个表达式右侧的第一项 $-d\hat{y}_t$ 刻画了信贷余额因现金流减少而出现减少的现象——每一美元的现金流都会使信贷余额减少一美元。右侧的另三项(大括号内的三项)是使合同实现的三个组成部分。大括号内的第一项是对信贷余额收取的利息 $\lambda^{-1}(\bar{v}-v_t)$,该利息使得最优合同的实现具有一个信贷额度 $C^L = \lambda^{-1}(\bar{v}-R)$,即企业以利率 γ 可以获得的信贷的上限。大括号内的第二项是长期债务的"息票",因此债务的账面价值为 $D = r^{-1}(\mu - \gamma\bar{v}/\lambda)$。最后,大括号内的第三项指的是企业支付的股利,即反映了企业的权益。代理人得到股利 dc_t 中的一个份额 λ,而剩余的公司的权益、债务和信贷额度都归外部投资者。一旦偿还部分满足偿还额度,现金流量超过债务利息的部分就会作为股利发放。当信贷余额达到了信贷额度 C^L 时,项目就会终止。不难观察到,在信贷额度上的余额会随着企业过去的表现情况而波动,特别是,杠杆率会随着它的盈利能力的增强而下降,因为企业在能够赚取利润的情况下会清偿全部信贷额度内的债务。

德玛佐和桑尼科夫(DeMarzo and Sannikov,2006)还进一步分析了这种最优资本结构,即,长期债务的数量和信贷额度的大小如何依赖于模型的参数。他们使用了我们在第3.3.2节描述的技术得出了比较静态分析的解析结果。读者如果想深入了解这方面的技术细节,请阅读他们的论文。

4.3 发展经济学

大量文献研究了乡村经济背景下的非正式保险安排。例如,在一项早期研究中,汤森德(Townsend,1994)阐明,在印度农村,消费的特异性变化和收入的特异性冲击之间有系统性的联系,而这就意味着农村家庭只能实现对他们的特异性风险的部分保险。托马斯和沃勒尔(Thomas and Worrall,1988)、基欧和莱文(Kehoe and Levine,1993)、柯薛拉柯塔(Kocherlakota,1996)、阿尔瓦雷茨和杰尔曼(Alvarez and Jermann,2000),以及利根等人(Ligon

---

① 在上一节描述的离散时间框架下的模型中(基于 Clementi and Hopenhayn,2006),允许对何时终止项目的决定加以随机化,这可以改进合同。德玛佐和桑尼科夫(DeMarzo and Sannikov,2006)则证明,在连续时间框架下,这种随机化是不必要的:在不失一般性的情况下,可以假设终止时间 τ 只取决于企业(已经报告)过去的表现。

et al. ,2000,2002)都试图解释这些观察现象。在他们给出的这些模型中,所有的信息都是公开的(即,不存在信息摩擦);相反,只存在执行摩擦(enforcement friction),即,代理人随时都可以退出保险合同。不过,对于这些模型,我们仍然可以使用与第 2 节中描述的相同的递归技术进行分析。与分析过的存在非对称信息的模型相对应,这些模型中的状态变量是向代理人承诺的效用。唯一的区别在于激励相容性约束(8),要用我们在方程式(147)中定义的参与约束来取代。

接下来,作为例子,我们将介绍利根等人在双边有限承诺框架中构建的模型(Ligon et al. ,2002)。在这个模型中,(可观察的)期间 t 的自然状态 $\theta_t \in \Theta = \{\theta_{(1)} , \cdots , \theta_{(|\Theta|)}\}$ 是随机的,而且服从一个转移概率为 $\pi(\theta_{(i)} | \theta_{(j)}) > 0$ 的马尔可夫过程(对于所有的 i,j)。在每个期间 t,都有两个经济行为主体(家庭),其效用分别为 $U^1(c_t^1)$ 和 $U^2(c_t^2)$;同时他们的外生的、不可储蓄的禀赋 (y_t^1, y_t^2) 由 θ_t 决定。这两个家庭中至少有一个家庭是风险厌恶的,而且他们对未来的贴现率均为 β。风险分担合同 τ 规定了每个时间 t 和在给定历史 θ^t 的情况下从家庭 1 到家庭 2 的转移支付(其值可能是负的)。最优合同,或完全风险共享的合同 τ 应该能够使得边际效用之比 $\dfrac{U^{2\prime}(y_t^2(\theta_t) + \tau_t(\theta^t))}{U^{1\prime}(y_t^1(\theta_t) - \tau_t(\theta^t))}$ 对所有历史和日期都保持不变,从而保证每个经济行为主体的消费就是总禀赋的一个函数。

这个模型中的关键摩擦是,经济行为主体可以随机退出保险合同,然后这两个家庭都永远在自给自足的水平上进行消费,即,自那之后,对于所有的 t,θ^t,都有 $\tau^t(\theta^t) = 0$。不过,家庭 $j \in \{1,2\}$ 都没有撕毁合同,如果以下可持续性约束(sustainability constraint)成立:对于所有的 $\theta^t \in \Theta^t$,都有

$$U^j(c_t^j(\theta^t)) + \mathbb{E}_t\left[\sum_{s=1}^{\infty}\beta^s U^j(c_{t+s}^j(\theta^{t+s}))\right] \geq U^j(y_t^j(\theta_t)) + \mathbb{E}_t\left[\sum_{s=1}^{\infty}\beta^s U^j(y_{t+s}^j(\theta_{t+s}))\right] \quad (147)$$

其中,$c_s^1(\theta^s) = y_s^1(\theta_s) - \tau_s(\theta^s)$, $c_s^2(\theta^s) = y_s^2(\theta_s) + \tau_s(\theta^s)$(对于所有的 s);其中 $\mathbb{E}_t$ 为条件期望(以 θ^t 为条件)。

就像在第 3.2 节中一样(在那里的模型中,政府没有能力做出承诺),可以将现在这个双边缺乏承诺的问题建模为一个发生在这两个经济行为主体之间的重复博弈,这样做无疑是有益的。由于回到自给自足状态是最糟糕的子博弈完美均衡("惩罚"),因此在可持续的合同与子博弈完美均衡之间存在着一对一的关系,请参见阿布雷乌的阐述(Abreu,1988)。

我们现在阐明怎样描述约束有效的可持续合同的集合。在这里,我们要运用与第二节类似的递归规则。在给定当前状态为 θ 的情况下,约束有效分配能够在满足如方程式(147)所述的可持续性约束的前提下,最大化经济行为主体 2 的期望终身效用,同时至少给经济行为主体一个给定水平的效用 v^1。在我们写出这个问题的正式表达式之前,先描述一下,在给定当前状态为 θ 的情况下,每个经济行为主体的贴现期望效用为 v^1 和 v^2 的空间(如(11)中的定义)。我们可以证明,对于每个经济行为主体 $j \in \{1,2\}$,这个集合是一个形式为 $[\underline{v}^j(\theta), \bar{v}^j(\theta)]$ 的区间,其中,在当前效用为 θ 的情况下,对于 $j \in \{1,2\}$,最低可持续效用是

$$\underline{v}^j(\theta) = U^j(y^j(\theta)) + \mathbb{E}\left[\sum_{s=1}^{\infty}\beta^s U^j(y_s^j(\theta_s)) \mid \theta\right],$$

这也就是每个行为主体 j 从状态 θ 开始往后的自给自足价值。

一旦知悉了当前状态 θ,事后的效率边界(efficiency frontier)就可以计算出来,然后就可以将问题表示为如下的递归形式:对于 $v^1 \in [\underline{v}^1(\theta), \bar{v}^1(\theta)]$,

$$V(v^1, \theta) = \max_{\tau(\theta), \{w^1(\theta')\}_{\theta' \in \Theta}} U^2(y^2(\theta) + \tau(\theta)) + \beta \sum_{\theta' \in \Theta} \pi(\theta'|\theta) V(w^1(\theta'), \theta'),$$

需满足信守承诺约束

$$U^1(y^1(\theta) - \tau(\theta)) + \beta \sum_{\theta' \in \Theta} \pi(\theta'|\theta) w^1(\theta') = v^1, \tag{148}$$

可持续性约束

$$w^1(\theta') \geq \underline{v}^1(\theta'), \ \forall \theta', \tag{149}$$

$$V(w^1(\theta'), \theta') \geq \underline{v}^2(\theta'), \ \forall \theta', \tag{150}$$

(约束 $w^1(\theta') \leq \bar{v}^1(\theta')$ 等价于方程式(150));以及非负性约束

$$y^1(\theta) - \tau(\theta) \geq 0 \ \text{和} \ y^2(\theta) + \tau(\theta) \geq 0 \tag{151}$$

与约束(148)相关联的拉格朗日乘数 λ 是分析最优保险合同的关键变量。这个问题的一阶条件和包络条件意味着,λ 与边际效用之间的比率相关,即,

$$\lambda = -\frac{\partial}{\partial v} V(v^1, \theta) = \frac{U^{2\prime}(y^2(\theta) + \tau(\theta))}{U^{1\prime}(y^1(\theta) - \tau(\theta))} + \frac{\psi_2 - \psi_1}{U^{1\prime}(y^1(\theta) - \tau(\theta))}, \tag{152}$$

其中 ψ_1 和 ψ_2 是与非负性约束(151)相关联的拉格朗日乘数。

现在假设 λ 的值是已知的。如果 λ 在边际效用比率的集合中——这个集合可以通过状态 θ 中的可行性转移支付来生成(即,通过 $\tau(\theta) \in [-y_2(\theta), y_1(\theta)]$),那么就存在唯一的内部解,而且转移支付 $\tau(\theta)$ 的价值是由方程式(152)在 $\psi_1 = \psi_2 = 0$ 时确定下来的。不然的话,就存在一个所有收入都归其中一个家庭所有的角点解,即,$\tau(\theta) = -y_2(\theta)$,或 $\tau(\theta) = y_1(\theta)$——分别对应于一个正的乘数 ψ_2 或 ψ_1。

因此,约束有效合同通过乘数 $\lambda\theta'$ 的演化(再加上一个初始值 λ_0)就可以得到充分的表征。这一点确实不难做到,只要利用关于 $w^1(\theta')$ 的一阶条件即可。该一阶条件为,对于所有的 $\theta \in \Theta$

$$-\frac{\partial}{\partial v} V(w^1(\theta'), \theta') = \frac{\lambda + \chi_1(\theta')}{1 + \chi_2(\theta')} \tag{153}$$

其中,$\beta\pi(\theta'|\theta)\chi_1(\theta')$ 和 $\beta\pi(\theta'|\theta)\chi_2(\theta')$ 分别是与约束(140)和(150)关联的乘数。这样一来,对于每一个 $\theta \in \Theta$,我们都可以通过如下方法定义区间:$[\underline{\lambda}_\theta, \bar{\lambda}_\theta]$

$$\underline{\lambda}_\theta \equiv -\frac{\partial}{\partial v} V(\underline{v}^1(\theta), \theta), \ \text{以及} \ \bar{\lambda}_\theta \equiv -\frac{\partial}{\partial v} V(\bar{v}^1(\theta), \theta)$$

其中,$\bar{v}^1(\theta)$ 是经济行为主体 1 的最大可行期望价值,它满足 $V(\bar{v}^1(\theta), \theta) = \underline{v}^2(\theta)$。由此,我们得到如下关于 $\lambda(\theta')$ 的运动定律:

$$\lambda(\theta', \theta_{t+1}) = \begin{cases} \underline{\lambda}_{\theta_{t+1}}, & \text{如果 } \lambda(\theta^t) < \underline{\lambda}_{\theta_{t+1}}, \\ \lambda(\theta^t), & \text{如果 } \lambda(\theta^t) \in [\underline{\lambda}_{\theta_{t+1}}, \bar{\lambda}_{\theta_{t+1}}], \\ \bar{\lambda}_{\theta_{t+1}}, & \text{如果 } \lambda(\theta^t) > \bar{\lambda}_{\theta_{t+1}}. \end{cases} \tag{154}$$

最后,在区间 $\left[\min_{\theta \in \Theta}\{\underline{\lambda}_\theta\}, \max_{\theta \in \Theta}\{\overline{\lambda}_\theta\},\right]$ 中改变初始值 λ_0,就可以追踪到帕累托边界。

为了直观地理解这种表示方法,我们假设(为了简单起见),对消费的非负性约束(151)从来都不是确定的,即,$\psi_1 = \psi_2 = 0$。在前面我们已经证明了,在一个完全的风险分担合同中,每一期的当前转移支付都是这样选择的:能够使得两个家庭的边际效用之间的比率(152)保持不变。现在,考虑存在一个约束有效的合同,其中两个家庭的边际效用之间的比率的演化由方程式(154)给出。假设上一期的边际效用之间的比率为 $\lambda(\theta')$,再假设当前状态为 $\theta_{t+1} = \theta'$,它定义了可能的边际效用之比的区间 $[\underline{\lambda}_{\theta'}, \overline{\lambda}_{\theta'}]$。如果 $\lambda(\theta') \in [\underline{\lambda}_{\theta'}, \overline{\lambda}_{\theta'}]$,那么我们就选择 $\tau(\theta')$,使得 $\lambda(\theta', \theta') = \lambda(\theta')$。相反,在 $\lambda(\theta') < \underline{\lambda}_{\theta'}$(以及相应地,$\lambda(\theta') > \overline{\lambda}_{\theta'}$)的情况下,如果边际效率之比仍然保持不变,那么家庭1(以及相应地,家庭2)将会试图退出合同,因为在当前期间内进行相应的转移支付的短期成本将会超过源于对未来对等行为的承诺的长期保险福利。这也就是说,约束(149)(以及相应地,方程式(150))是紧固的(有约束力的),而且乘数 $\chi_1(\theta')$(以及相应地,$\chi_2(\theta')$)是严格正的,这就意味着(根据方程式(153)),$\lambda(\theta^{t+1}) > \lambda(\theta')$(以及相应地,$\lambda(\theta^{t+1}) < \lambda(\theta')$)。所以,(在完全市场中会出现的)完全的风险共担,在这种情况下是不可行的。然后,我们选择 $\lambda(\theta', \theta') = \underline{\lambda}_{\theta'}$(以及相应地,$\lambda(\theta', \theta') = \overline{\lambda}_{\theta'}$)。这样,价值 $\lambda = \underline{\lambda}_{\theta'}$(以及相应地,$\lambda = \overline{\lambda}_{\theta'}$)就对应着在状态 θ' 下家庭1收到可能的可持续的最小剩余 $\underline{v}^1(\theta')$(以及相应地,它的可能的可持续的最大剩余 $\overline{v}^1(\theta')$),或者等价地,对应着家庭2收到 $\overline{v}^2(\theta')$(以及相应地,$\underline{v}^2(\theta')$)。或者换句话说,如果不能实现完全的风险分担,那么边际效用之间的比率就必定会朝着一个终点演变(即,其最小可能的数额),这样其中一个家庭在继续履行合同与中途退出之间的情况将会是无差异的。[①]

接着,利根等人(Ligon et al.,2002)还利用三个印度村庄的数据对模型进行了检验:利用这个模型预测消费分配(先利用经验数据估计边际效用的初始比率和最拟合数据的模型参数),然后测量这种预测与实际数据之间的差异。结果他们发现,在解释消费对收入的动态反应这个方面,动态有限承诺模型的表现要比完全保险的、静态的有限承诺模型或自给自足模型的模式好得多。

在有限承诺模型中,决定最优合同可以提供的非正规保险数额的关键在于,对于家庭来说,撕毁合同的成本有多高。这也就是说,自给自足的价值是保险范围中最重要的决定因素。在一项近期研究中(Morten,2013),莫藤分析了一个具有内生承诺的风险分担模型。在这个模型中,经济行为主体可以决定要不要临时"移民"。移民的可能性产生了一系列意料之外的后果:改善了个人的自我保险和自给自足的价值,从而使得经济中风险分担的保险更难实施。莫藤细致地研究了风险分担决策和移民决策的共同决定,并分解出了移民对收入变化的影响与移民对保险的内生结构变化的影响的福利效应。在这篇论文中,莫藤还进一

[①] 我们可以很容易证明,对于一个足够高的贴现因子 $\beta \geq \beta^* \in [0,1)$,各 λ-区间是有重叠的,因此存在某个最优合同,它是可持续的;但是,如果家庭非常缺乏耐心,$\beta \leq \beta^* \in (0,1)$,那么就不会存在非自给自足的最优合同。在前一种情况下,无论 λ_0 的初始值如何(因此也无论剩余的初始分配如何),合同以概率1收敛为最优合同。因此,如果人们有足够的耐心,没有承诺就不能证明观察到的个人消费缺乏多样化是有效的。

步利用来自印度农村的面板数据,从结构的角度估计出了该模型,并指出移民的可能性也许会显著降低风险分担。

现在,从有摩擦的合同视角来进行发展经济学研究的文献已经非常多了。例如,卡莱瓦诺夫和汤森德(Karaivanov and Townsend,2014)完成了一项综合性的研究,对外生性的不完全市场与因合同摩擦而存在内生性的不完全市场进行了比较。他们关注的重点是泰国小微企业的消费、收入、投资和资产负债。他们得出的结论是,外生不完全市场模型更适合农村样本,而动态道德风险模型则更适合城市家庭。在近期的一项研究中,金南(Kinnan,2011)提出了一种检验方法,根据来自泰国农村的数据区分出了三个模型——有限承诺模型、道德风险模型和隐藏收入模型中的非正式保险遇到的障碍。金南这种检验所依据的理论预测是(请参见,例如方程式(77)),仅用逆边际效用的滞后一期的滞后变量就足以预测当期的逆边际效用,上述三个模型中,前两个模型满足了这一点,但是最后一个模型则不能满足。据此,金南得出的结论是,隐性收入更有可能是阻碍保险的原因。

4.4 国际金融

在本小节中,我们基于基欧和佩里的研究(Kehoe and Perri,2002)讨论递归合同模型在国际金融领域中的应用。他们的基准模型是一个有限承诺模型,这个模型与我们在上一节中讨论的模型类似,但是在这里,我们要运用第3.1.4节中描述的对偶理论来进行分析。有限承诺模型非常适合用于分析与主权债务违约有关的问题,因为这类模型提供了一个框架,能够解释让国家这种特殊的行为主体参与订立只由未来偿还的承诺支持(即,没有一个权威的执法机构来强制执行合同)的转移支付合同的机制。在这种模型中,参与合同的各个国家可以自由决定是否偿还它们的债务,唯一的威胁是它们未来可能会被排除在国际金融市场之外,无法继续参与。

国际经济学中标准的商业周期模型,无论是假设完全市场的,还是假设外生不完全市场的,给出的预测通常都与实际数据不符(请参见 Backus et al.,1992)。例如,消费的跨国相关性远高于产出,不同国家之间的就业和投资的协动性都是负的,等等。此外,在这些模型中,净出口和投资的波动性远远高于实际数据。基欧和佩里(Kehoe and Perri,2002)证明了,引入内生的不完全市场(在一个标准的国际商业周期模型中引入有限的贷款执行摩擦),可以解决这些难题。加入了这个性质后,他们的模型就能够复制数据中生产、消费和产出要素的正跨国协动性了。

从形式上,这个模型由两个国家 $i=1,2$ 组成,它们分别使用国内劳动和资本投入品进行生产,而且都会受到外生的特异性马尔可夫技术冲击 $A_i(\theta^t)$。(为了简单起见,在本节中,如果不会导致混淆,我们就省略这个上标"t"。)国家 i 在一段冲击历史 θ^t 之后的产出由 $F(k_i(\theta^{t-1}),A_i(\theta^t)l_i(\theta^t))$ 给出。社会规划者的问题包含如何选择分配 $\{c_i(\theta^t),l_i(\theta^t),k_i(\theta^{t-1})\}|_{i,t,\theta^t}$,以便最大化每个国家中有代表性的消费者的效用的加权和(权重为 λ_i),即

$$\max_{c,l,k} \sum_{i=1,2} \lambda_i \left\{ \sum_{t=0}^{\infty} \sum_{\theta^t \in \Theta^t} \beta^t \pi_t(\theta^t) U(c_i(\theta^t),l_2(\theta^t)) \right\}, \tag{155}$$

要满足可行性约束

$$\sum_{i=1,2}(c_i(\theta^t)+k_i(\theta^t))=\sum_{i=1,2}\left[F(k_i(\theta^{t-1}),A_i(\theta^t)l_i(\theta^t))+(1-\delta)k_i(\theta^{t-1})\right],$$

以及强制实施约束(类似于方程式(147)):对于所有的 $i=1,2$ 和 t,θ^t,有

$$\sum_{s=t}^{\infty}\sum_{\theta^s\geqslant\theta^t}\beta^{s-t}\pi_s(\theta^s|\theta^t)U(c_i(\theta^s),l_i(\theta^s))\geqslant\underline{V}_i(k_i(\theta^{t-1}),\theta^t),\tag{156}$$

其中,$\underline{V}_i(k_i(\theta^{t-1}),\theta^t)$ 表示国家 i 从 θ^t 往后的自给自足的价值,该价值由下式给出:

$$\underline{V}_i(k_i(\theta^{t-1}),\theta^t)=\max_{c,l,k}\sum_{s=t}^{\infty}\sum_{\theta^s\geqslant\theta^t}\beta^{s-t}\pi_s(\theta^s|\theta^t)U(c_i(\theta^s),l_i(\theta^s))\tag{157}$$

$$服从\ c_i(\theta^t)+k_i(\theta^t)\leqslant F(k_i(\theta^{t-1}),A_i(\theta^t)l_i(\theta^t))+(1-\delta)k_i(\theta^{t-1})$$

上述强制实施约束可以通过类似于我们在第3.2节中推得方程式(95)的过程推导出来。它们确保了国家的最优反应都是坚持自己的均衡策略。

我们可以使用马塞特和马里蒙提出的方法(Marcet and Marimon, 2015),将这个问题重写为递归形方程式(见第3.1.4节)。令 $\beta^t\pi_t(\theta^t)\mu_i(\theta^t)$ 表示强制实施约束(156)上的乘数,通过一个与推导方程(89)类似的推导过程,我们可以将社会规划者问题的拉格朗日表达式写为:

$$\sum_{t=0}^{\infty}\sum_{\theta^t\in\Theta^t}\sum_{i=1,2}\beta^t\pi_t(\theta^t)\{M_i(\theta^{t-1})U(c_i(\theta^t),l_i(\theta^t))$$
$$+\mu_i(\theta^t)[U(c_i(\theta^t),l_i(\theta^t))-\underline{V}_i(k_i(\theta^{t-1}),\theta^t)]\}\tag{158}$$

服从可行性约束,其中 $M_i(\theta^t)$ 是累积拉格朗日乘数,它的递归形式的定义是,对于所有的 $t\geqslant0$,都有

$$M_i(\theta^t)=M_i(\theta^{t-1})+\mu_i(\theta^t),\tag{159}$$

其中,$M_i(\theta^{-1})=\lambda_i$。因此累积拉格朗日乘数 $M_i(\theta^t)$ 等于时间0处的初始计划权重 λ_i,再加上时间 t 时和历史 θ^t 处的强制实施约束的以往乘数。运用第3.1.4节中描述的技术,并用 $z(\theta^t)=\dfrac{M_2(\theta^t)}{M_1(\theta^t)}$ 来表示对国家2的相对权重,那么这个问题就可以写成递归形式,而且它的解在状态空间是稳态的,由当前的冲击、当前的资本存量和相对权重构成,即,$x_t=(\theta_t,k_1(\theta^{t-1}),k_2(\theta^{t-1}),z(\theta^{t-1}))$。

将这里的目标(158)与无约束目标(155)加以比较,可以告诉我们不少东西。强制实施约束引入了三个重要的差异。首先,从一进入该期间开始,累积拉格朗日乘数 $M_i(\theta^{t-1})$ 就会改变每个行为主体的(相对)权重。其次,当期对于可持续性约束的拉格朗日乘数 $\mu_i(\theta^t)$ 进一步改变了当期消费的权重(同时,通过影响未来的累积乘数 $M_i(\theta^t)$,还会改变未来消费的权重)。这两个因素使得一阶条件变成了消费的相对边际效用的一个扭曲(在这里,用 $U_{ic}(\theta^t)$ 表示国家 i 在历史 θ^t 的消费边际效用):

$$\frac{U_{1c}(\theta^t)}{U_{2c}(\theta^t)}=\frac{M_2(\theta^{t-1})+\mu_2(\theta^t)}{M_1(\theta^{t-1})+\mu_1(\theta^t)}\tag{160}$$

再次,积累更多的资本 $k_i(\theta^{t-1})$ 能够增加强制实施约束条件的紧固性(约束力),因为这增加了自给自足的价值。由此而导致的一个结果是,欧拉方程(和资本积累)被扭曲成如下(用

$F_{ik}(\theta^t)$ 表示国家 i 在历史 θ^t 的资本的边际产量)：

$$U_{ic}(\theta^t) = \beta \sum_{\theta_{t+1}} \pi(\theta_{t+1} | \theta_t)$$

$$\times \left[\frac{M_i(\theta^{t+1})}{M_i(\theta^t)} U_{ic}(\theta^{t+1}) (F_{ik}(\theta^{t+1}) + 1 - \delta) - \frac{\mu_i(\theta^{t+1})}{M_i(\theta^t)} V_{ik}(\theta^{t+1}) \right] \quad (161)$$

上面最后一个一阶条件可以写为 $\dfrac{U_{il}(\theta^t)}{U_{ic}(\theta^t)} = F_{il}(\theta^t)$（用 $U_{il}(\theta^t)$ 和 $F_{il}(\theta^t)$ 分别表示国家 i 在历史 θ^t 的劳动边际负效用和劳动的边际产量）：消费-劳动决策没有被扭曲，因为这里的差距（margin）不会影响强制实施约束。[1] 这些一阶条件，以及 $z_2(\theta^t)$ 的转移定律，都可以直接写成 $z_2(\theta^{t-1})$ 和归一化的乘数的函数 $\widetilde{U}_i(\theta^t) \equiv \dfrac{M_i(\theta^t)}{M_i(\theta^{t-1})}$。因此，对于这个问题的解，我们可以这样来刻画：通过形式为 $(c_i(x_t), l_i(x_t), k_i(x_t))$ 的分配，其中状态向量为 $x_t = (\theta_t, k_1(\theta^{t-1}), k_2(\theta^{t-1}), z(\theta^{t-1}))$。这里的策略函数满足上述一阶条件、可行性约束、强制实施约束，以及对乘数的互补松弛条件。

对于这个模型的含义，我们可以这样分析。假设本国（例如，国家 $i=1$）在历史 (t, θ^t) 中受到了一个正的、持续性的生产力冲击 $A_1(\theta^t) > 0$。方程式（157）表明，这样的冲击会增加本国的自给自足价值，从而收紧其强制实施约束（156）。这就可能导致强制执行约束变得坚固化，进而转化为一阶条件（160）中的一个正的乘数 $\mu_1(\theta^t)$。而这个正的乘数反过来又意味着社会规划者在他的目标函数中加大了本国的相对权重，并将一个更大的消费量 $c_1(\theta^t)$ 分配给了本国（这也就是说，令其边际效用 $U_{1c}(\theta^t)$ 更低，以防止它违约）。此外，消费的这种增长是持续性的，因为生产率的冲击是持续性的，同时正的乘数 $\mu_1(\theta^t)$ 提高了本国在所有未来期间 $s \geq t$ 的累积乘数 $M_1(\theta^t)$（其定义与方程式（159）中的一样）。与此相反，外国的消费则不会有多大变化，因为那个经济体所分担的风险本来就很有限。最后，社会规划者最终会限制进入本国（国家 1）的投资，以减少本国在方程式（161）中的自给自足的未来价值，并放宽强制实施约束。社会规划者同时也会增加外国的劳动投入和提高投资水平，以提高本国（国家 1）加入合同的价值，从而导致投资和就业上的正的跨国联系，以及本国的贸易顺差（正的净出口）。

现在，我们将这些效应与一个不存在执行摩擦的经济体（即，拥有完全市场的经济体）中会发生的效应进行比较。作为对本国受到了正的生产力冲击（即，资本和劳动的生产率上升）的反应，社会规划者会通过增加储蓄和引入更多外国投资的方式，最大限度地提高本国劳动努力水平和增加资本存量。相比之下，外国劳动努力水平将下降、投资将减少。此外，由于风险分担，本国会将自己的消费增长与外国分享，从而导致外国消费增加。而在一个存在外生性市场不完全（仅允许债券）的模型中，上述反应从定性的角度上看是相似的，但是却要温和得多。因此，在这样一个模型中，产出的跨国相关性要比消费的跨国相关性更低，而

---

[1] 基欧和佩里证明了（Kehoe and Perri, 2004），可以将约束有效分配进行分散化处理，即，竞争均衡用资本收入税来复制强制实施约束生成的欧拉方程（式 116）中的契子。

投资和就业的跨国相关性则为负数,因而生产率的正面冲击会导致本国的贸易逆差(由于投资净流入)。

基欧和佩里校准了这种经济并对内生不完全市场的这些影响进行了数值分析(Kehoe and Perri,2002)。结果他们发现,这个模型的预测符合数据显示的生产要素(就业、投资)的正的跨国协动性,以及消费和产出的跨国协动性。这就解决了本节第一段所述的标准国际金融模型(有完全市场或外生性不完全的市场的模型)所产生的几个难题。

大量文献都使用(一或双方)有限承诺模型分析国际债务和主权违约问题。在这些文献中,伊顿和格尔索维茨的论文(Eaton and Gersovitz,1981)属于开山之作;对于这个领域的全面的综述,请读者阅读阿奎亚尔和阿马多尔的论文(Aguiar and Amador,2013)。特别值得一提的是,阿奎亚尔等人(Aguiar et al.,2009)分析了小型开放经济体的主权债务和外国直接投资(而不是前面各段所分析的两国一般均衡模型),在他们构建的模型中,政府不能信守承诺(从而导致潜在的违约和资本被占用),而且比市场一般水平更加缺乏耐心。标准的单边有限承诺模型——例如,请参见托马斯和沃勒尔的论文(Thomas and Worrall,1988)——通常预测,政府最终将积累起足够的资产来克服其承诺问题,[①]但是在加入了更高程度的"人性不耐"的假设之后(即,假设存在有限承诺而导致的"后载"和缺乏耐心而导致的"前载"的组合),就会导致主权债务和外国直接投资的循环,并产生一种可以称为"债务压顶"(debt overhang)的结果,即,导致投资在经济衰退中比在繁荣期间更为扭曲。

5. 结论

递归合同理论在公共财政学、发展经济学、公司金融、国际金融、政治经济学等领域都有着广泛的应用。所有这些应用都有一个统一的特征,那就是它们都存在摩擦,例如冲击或者行动的不可观察性,又或者合同的不可执行性,从而内生性地限制了可以实现的风险分担和保险的数量。本章提供了对递归合同理论的基本技术和若干高级主题的一个自足的统一理论框架,并且在这个自足的统一理论框架下评述了递归合同理论的一些应用,说明了这个理论工具的多功能性。

---

① 单边有限承诺模型通常意味着,最优合同存在着某种形式的后载(back loading):消费画像(profile of consumption)则向未来转移。观点如下。发生在某个特定期间的额外消费有助于确保代理人参与合同的订立。此外,它也有助于满足所有之前的强制实施约束,因为强制实施约束的左侧[例如,式(156)]都是"前瞻性"(forward-looking)的。因此,在边际上,因为能够放宽所有以前的参与约束,所以未来的消费是可取的。由此而导致的一个结果是,相关的欧拉方程(包括拉格朗日乘数的累积和),就能够考虑之前所有紧固(有约束力的)的约束。当政府缺乏耐心的程度与市场一般水平相同时,经济最终将实现恒定消费下的完美风险分担,因此,一个国家如果有足够的耐心,就有激励去储蓄以摆脱强制执行约束。雷的论文(Ray,2002)证明,这种后载结果,以及无约束分配的最终获得,都适用于非常一般的情形。

致谢

M. 戈洛索夫(M. Golosov)和 A. 奇温斯基(A. Tsyvinski)感谢美国国家科学基金的资助。

参考文献

Abraham, A., Pavoni, N., 2008. Efficient allocations with moral hazard and hidden borrowing and lending: a recursive formulation. Rev. Econ. Dyn. 11(4), 781—803.

Abreu, D., 1988. On the theory of infinitely repeated games with discounting. Econometrica 56, 383—396.

Abreu, D., Pearce, D., Stacchetti, E., 1990. Toward a theory of discounted repeated games with imperfect monitoring. Econometrica 58, 1041—1063.

Acemoglu, D., Golosov, M., Tsyvinski, A., 2008. Political economy of mechanisms. Econometrica 76(3), 619—641.

Acemoglu, D., Golosov, M., Tsyvinski, A., 2011. Power fluctuations and political economy. J. Econ. The ory 146(3), 1009—1041.

Aguiar, M., Amador, M., 2013. Sovereign debt. Handbook of International Economics, vol. 4.

Aguiar, M., Amador, M., Gopinath, G., 2009. Investment cycles and sovereign debt overhang. Rev. Econ. Stud. 76(1), 1—31.

Aiyagari, S. R., 1994. Uninsured idiosyncratic risk and aggregate saving. Q. J. Econ. 109, 659—684.

Aiyagari, S. R., Marcet, A., Sargent, T. J., Seppälä, J., 2002. Optimal taxation without state-contingent debt. J. Polit. Econ. 110(6), 1220—1254.

Albanesi, S., 2011. Optimal taxation of entrepreneurial capital with private information. Working Paper.

Albanesi, S., Sleet, C., 2006. Dynamic optimal taxation with private information. Rev. Econ. Stud. 73(1), 1—30.

Albuquerque, R., Hopenhayn, H., 2004. Optimal lending contracts and firm dynamics. Rev. Econ. Stud. 71(2), 285—315.

Ales, L., Maziero, P., 2009. Non-exclusive dynamic contracts, competition, and the limits of insurance. Working Paper.

Allen, F., 1985. Repeated principal-agent relationships with lending and borrowing. Econ. Lett. 17(1—2), 27—31.

Alvarez, F., Jermann, U. J., 2000. Efficiency, equilibrium, and asset pricing with risk of default. Econometrica 68, 775—797.

Atkeson, A., Lucas, R. E., 1992. On efficient distribution with private information. Rev.

Econ. Stud. 59(3), 427—453.

Atkeson, A., Lucas, R. E., 1995. Efficiency and equality in a simple model of efficient unemployment insurance. J. Econ. Theory 66(1), 64—88.

Backus, D. K., Kehoe, P. J., Kydland, F. E., 1992. International real business cycles. J. Polit. Econ. 100, 745—775.

Badel, A., Huggett, M., 2014. Taxing top earners: a human capital perspective. Federal Reserve Bank of St. Louis. Working Paper.

Barro, R. J., 1979. On the determination of the public debt. J. Polit. Econ. 87, 940—971.

Battaglini, M., Lamba, R., 2015. Optimal dynamic contracting: the first-order approach and beyond. Working Paper.

Benveniste, L. M., Scheinkman, J. A., 1979. On the differentiability of the value function in dynamic models of economics. Econometrica 47(3), 727—732.

Bertsekas, D. P., Nedi, A., Ozdaglar, A. E., 2003. Convex Analysis and Optimization. Athena Scientific, Boston.

Bester, H., Strausz, R., 2001. Contracting with imperfect commitment and the revelation principle: the single agent case. Econometrica 69(4), 1077—1098.

Biais, B., Mariotti, T., Plantin, G., Rochet, J. C., 2007. Dynamic security design: convergence to continuous time and asset pricing implications. Rev. Econ. Stud. 74(2), 345—390.

Biais, B., Mariotti, T., Rochet, J. C., Villeneuve, S., 2010. Large risks, limited liability, and dynamic moral hazard. Econometrica 80, 73—118.

Billingsley, P., 2008. Probability and Measure. John Wiley & Sons.

Bismut, J. M., 1973. Conjugate convex functions in optimal stochastic control. J. Math. Anal. Appl. 44(2), 384—404.

Bismut, J. M., 1978. An introductory approach to duality in optimal stochastic control. SIAM Rev. 20(1), 62—78.

Caves, R. E., 1998. Industrial organization and new findings on the turnover and mobility of firms. J. Econ. Lit. 36, 1947—1982.

CBO, 2007. Historical effective federal tax rates, 1979 to 2005. Congressional Budget Office.

Chamberlain, G., Wilson, C. A., 2000. Optimal intertemporal consumption under uncertainty. Rev. Econ. Dyn. 3(3), 365—395.

Chari, V. V., Kehoe, P. J., 1990. Sustainable plans. J. Polit. Econ. 98(4), 783—802.

Chari, V. V., Kehoe, P. J., 1993. Sustainable plans and debt. J. Econ. Theory 61(2), 230—261.

Clementi, G. L., Hopenhayn, H. A., 2006. A theory of financing constraints and firm dynamics. Q. J. Econ. 121(1), 229—265.

Cole, H., Kocherlakota, N., 2001. Efficient allocations with hidden income and hidden storage. Rev. Econ. Stud. 68(3), 523—542.

Cole, H., Kubler, F., 2012. Recursive contracts, lotteries and weakly concave Pareto sets. Rev. Econ. Dyn. 15(4), 479—500.

Cvitanić, J., Zhang, J., 2013. Contract Theory in Continuous-Time Models. Springer Science & Business Media.

DeMarzo, P. M., Fishman, M. J., 2007a. Agency and optimal investment dynamics. Rev. Financ. Stud. 20(1), 151—188.

DeMarzo, P. M., Fishman, M. J., 2007b. Optimal long-term financial contracting. Rev. Financ. Stud. 20(6), 2079—2128.

DeMarzo, P. M., Sannikov, Y., 2006. Optimal security design and dynamic capital structure in a continuous-time agency model. J. Finance 61(6), 2681—2724.

DeMarzo, P. M., Fishman, M. J., He, Z., Wang, N., 2012. Dynamic agency and the q theory of investment. J. Finance 67(6), 2295—2340.

Diamond, P., Mirrlees, J., 1978. A model of social insurance with variable retirement. J. Public Econ. 10(3), 295—336.

Diamond, P., Mirrlees, J., 1986. Payroll-tax financed social insurance with variable retirement. Scand. J. Econ. 88(1), 25—50.

Diamond, P. A., Helms, L. J., Mirrlees, J. A., 1980. Optimal taxation in a stochastic economy: a Cobb-Douglas example. J. Public Econ. 14(1), 1—29.

Dovis, A., Golosov, M., Shourideh, A., 2015. Political economy of sovereign debt: cycles of debt crisis and inequality overhang. Working Paper.

Eaton, J., Gersovitz, M., 1981. Debt with potential repudiation: theoretical and empirical analysis. Rev. Econ. Stud. 48, 289—309.

Ekeland, I., Scheinkman, J. A., 1986. Transversality conditions for some infinite horizon discrete time optimization problems. Math. Oper. Res. 11(2), 216—229.

Espino, E., Kozlowski, J., Sanchez, J. M., 2013. Too big to cheat: efficiency and investment in partnerships. FRB of St. Louis Working Paper No. 2013—001C.

Farhi, E., Golosov, M., Tsyvinski, A., 2009. A theory of liquidity and regulation of financial intermediation. Rev. Econ. Stud. 76(3), 973—992.

Farhi, E., Sleet, C., Werning, I., Yeltekin, S., 2012. Non-linear capital taxation without commitment. Rev. Econ. Stud. 79(4), 1469—1493.

Farhi, E., Werning, I., 2007. Inequality and social discounting. J. Polit. Econ. 115(3), 365—402.

Farhi, E., Werning, I., 2012. Capital taxation: quantitative explorations of the inverse Euler equation. J. Polit. Econ. 120(3), 398—445.

Farhi, E., Werning, I., 2013. Insurance and taxation over the life cycle. Rev. Econ. Stud. 80(2), 596—635.

Fazzari, S. M., Hubbard, R. G., Petersen, B. C., Blinder, A. S., Poterba, J. M., 1988. Financing constraints and corporate investment. Brook. Pap. Econ. Act. 1, 141—206.

Fernandes, A. , Phelan, C. , 2000. A recursive formulation for repeated agency with history dependence. J. Econ. Theory 91(2), 223—247.

Freixas, X. , Guesnerie, R. , Tirole, J. , 1985. Planning under incomplete information and the ratchet effect. Rev. Econ. Stud. 52(2), 173—191.

Friedman, M. , 1957. A theory of the consumption function. National Bureau of Economic Research, Inc.

Geweke, J. , Keane, M. , 2000. An empirical analysis of earnings dynamics among men in the PSID: 1968—1989. J. Econ. 96(2), 293—356.

Golosov, M. , Iovino, L. , 2014. Social insurance, information revelation, and lack of commitment. NBER Working Paper No. w20633.

Golosov, M. , Kocherlakota, N. , Tsyvinski, A. , 2003. Optimal indirect and capital taxation. Rev. Econ. Stud. 70(3), 569—587.

Golosov, M. , Troshkin, M. , Tsyvinski, A. , 2016. Redistribution and social insurance. Am. Econ. Rev. 106, 359—386.

Golosov, M. , Tsyvinski, A. , 2006. Designing optimal disability insurance: a case for asset testing. J. Polit. Econ. 114(2), 257—279.

Golosov, M. , Tsyvinski, A. , 2007. Optimal taxation with endogenous insurance markets. Q. J. Econ. 122(2), 487—534.

Golosov, M. , Tsyvinski, A. , Werning, I. , 2006. New dynamic public finance: a user's guide. NBER Macroecon. Annu. 21, 317—363.

Green, E. J. , 1987. Lending and the smoothing of uninsurable income. In: Prescott, E. C. , Wallace, N. (Eds.), Contractual Arrangements for Intertemporal Trade. University of Minnesota Press, Minneapolis, Minnesota.

Guvenen, F. , Ozkan, S. , Song, J. , 2014. The nature of countercyclical income risk. J. Polit. Econ. 122(3), 621—660.

Guvenen, F. , Song, J. , Ozkan, S. , Karahan, F. , 2015. What do data on millions of US workers reveal about life-cycle earnings risk? NBER Working Paper No. w20913.

Hall, R. E. , 1978. Stochastic implications of the life cycle-permanent income hypothesis: theory and evidence. J. Polit. Econ. 86(6), 971—987.

He, Z. , 2009. Optimal executive compensation when firm size follows geometric Brownian motion. Rev. Financ. Stud. 22(2), 859—892.

Hosseini, R. , Jones, L. E. , Shourideh, A. , 2013. Optimal contracting with dynastic altruism: family size and per capita consumption. J. Econ. Theory 148(5), 1806—1840.

Hurwicz, L. , 1960. Optimality and informational efficiency in resource allocation processes. In: Mathematical Methods in the Social Sciences, 1959: Proceedings of the First Stanford Symposium. Stanford University Press, p. 27.

Hurwicz, L. , 1972. On informationally decentralized systems. In: Decision and Organization: A Volume in Honor of Jacob Marschak. North-Holland.

Kapička, M., 2013. Efficient allocations in dynamic private information economies with persistent shocks: a first order approach. Rev. Econ. Stud. 80(3), 1027—1054.

Karaivanov, A., Townsend, R. M., 2014. Dynamic financial constraints: distinguishing mechanism design from exogenously incomplete regimes. Econometrica 82(3), 887—959.

Karatzas, I., Shreve, S., 2012. Brownian Motion and Stochastic Calculus, vol. 113. Springer Science&Business Media.

Kehoe, P. J., Perri, F., 2002. International business cycles with endogenous incomplete markets. Econometrica 70(3), 907—928.

Kehoe, P. J., Perri, F., 2004. Competitive equilibria with limited enforcement. J. Econ. Theory 119(1), 184—206.

Kehoe, T. J., Levine, D. K., 1993. Debt-constrained asset markets. Rev. Econ. Stud. 60, 865—888.

Kinnan, C., 2011. Distinguishing barriers to insurance in Thai villages. Working Paper.

Kocherlakota, N. R., 1996. Implications of efficient risk sharing without commitment. Rev. Econ. Stud. 63(4), 595—609.

Kocherlakota, N. R., 2010. The New Dynamic Public Finance. Princeton University Press, Princeton, NJ.

Laffont, J. J., Tirole, J., 1988. The dynamics of incentive contracts. Econometrica 56(5), 1153—1175.

Le Van, C., Saglam, H. C., 2004. Optimal growth models and the Lagrange multiplier. J. Math. Econ. 40(3), 393—410.

Ligon, E., Thomas, J. P., Worrall, T., 2000. Mutual insurance, individual savings, and limited commitment. Rev. Econ. Dyn. 3(2), 216—246.

Ligon, E., Thomas, J. P., Worrall, T., 2002. Informal insurance arrangements with limited commitment: theory and evidence from village economies. Rev. Econ. Stud. 69(1), 209—244.

Lindbeck, A., Weibull, J. W., 1987. Balanced-budget redistribution as the outcome of political competition. Public Choice 52(3), 273—297.

Ljungqvist, L., Sargent, T., 2012. Recursive Macroeconomic Theory. MIT Press, Cambridge, Massachusetts.

Lockwood, B. B., Nathanson, C. G., Weyl, E. G., 2014. Taxation and the allocation of talent. Working Paper.

Luenberger, D., 1969. Optimization by Vector Space Methods. Wiley-Interscience.

Maag, E., Steuerle, C. E., Chakravarti, R., Quakenbush, C., 2012. How marginal tax rates affect families at various levels of poverty. Natl. Tax J. 65(4), 759—782.

Marcet, A., Marimon, R., 2015. Recursive contracts. European University Institute, Mimeo.

Mas-Colell, A., Whinston, M., Green, J., 1995. Microeconomic Theory. Oxford University Press, New York.

Messner, M. , Pavoni, N. , 2016. On the recursive saddle point method. Dyn. Games Appl. 6, 161—173.

Messner, M. , Pavoni, N. , Sleet, C. , 2012. Recursive methods for incentive problems. Rev. Econ. Dyn. 15(4), 501—525.

Messner, M. , Pavoni, N. , Sleet, C. , 2014. The dual approach to recursive optimization: theory and examples. In: 2014 Meeting Papers, 1267.

Miao, J. , Zhang, Y. , 2015. A duality approach to continuous-time contracting problems with limited commitment. J. Econ. Theory 159(Part B), 929—988.

Milgrom, P. , Segal, I. , 2002. Envelope theorems for arbitrary choice sets. Econometrica 70 (2), 583—601.

Morten, M. , 2013. Temporary migration and endogenous risk sharing in village India. Working Paper.

Myerson, R. B. , 1981. Optimal auction design. Math. Oper. Res. 6(1), 58—73.

Myerson, R. B. , 1982. Optimal coordination mechanisms in generalized principal-agent problems. J. Math. Econ. 10(1), 67—81.

Myerson, R. B. , 1986. Multistage games with communication. Econometrica 54, 323—358.

ϕksendal, B. , 2003. Stochastic Differential Equations: An Introduction with Applications. Springer Berlin Heidelberg, Berlin, Heidelberg.

ϕksendal, B. K. , Sulem, A. , 2007. Applied Stochastic Control of Jump Diffusions. Springer Berlin Heidelberg, Berlin, Heidelberg.

Pavan, A. , Segal, I. , Toikka, J. , 2014. Dynamic mechanism design: a myersonian approach. Econometrica 82(2), 601—653. ISSN 1468—0262.

Phelan, C. , 1995. Repeated moral hazard and one-sided commitment. J. Econ. Theory 66 (2), 488—506.

Phelan, C. , Townsend, R. M. , 1991. Computing multi-period, information-constrained optima. Rev. Econ. Stud. 58(5), 853—881.

Ray, D. , 2002. The time structure of self-enforcing agreements. Econometrica 70(2), 547—582.

Revuz, D. , Yor, M. , 1999. Continuous Martingales and Brownian Motion. Grundlehren der Mathematischen Wissenschaften [Fundamental Principles of Mathematical Sciences], vol. 293. Springer-Verlag, Berlin.

Rogerson, W. P. , 1985. Repeated moral hazard. Econometrica 53(1), 69—76.

Rudin, W. , 1976. Principles of Mathematical Analysis, third ed. McGraw-Hill Book Co. , New York.

Rustichini, A. , 1998. Lagrange multipliers in incentive-constrained problems. J. Math. Econ. 29(4), 365—380.

Sannikov, Y. , 2008. A continuous-time version of the principal-agent problem. Rev. Econ. Stud. 75(3), 957—984.

Sannikov, Y., 2014. Moral hazard and long-run incentives. Princeton University, Mimeo.

Scheuer, F., Wolitzky, A., 2014. Capital taxation under political constraints. Working Paper Series. National Bureau of Economic Research.

Shourideh, A., 2010. Optimal taxation of capital income: a Mirrleesian approach to capital accumulation. Working Paper.

Sleet, C., Yeltekin, S., 2008. Politically credible social insurance. J. Monet. Econ. 55 (1), 129—151.

Spear, S., Srivastava, S., 1987. On repeated moral hazard with discounting. Rev. Econ. Stud. 54(4), 599—617.

Stantcheva, S., 2014. Optimal taxation and human capital policies over the life cycle. Working Paper.

Stokey, N. L., Lucas, R. E., Prescott, E. C., 1989. Recursive Methods in Economic Dynamics. Harvard University Press, Cambridge, MA.

Storesletten, K., Telmer, C. I., Yaron, A., 2004. Consumption and risk sharing over the life cycle. J. Monet. Econ. 51, 609—633.

Sun, Y., 2006. The exact law of large numbers via Fubini extension and characterization of insurable risks. J. Econ. Theory 126(1), 31—69.

Thomas, J., Worrall, T., 1988. Self-enforcing wage contracts. Rev. Econ. Stud. 55(4), 541—554.

Thomas, J., Worrall, T., 1990. Income fluctuation and asymmetric information: an example of a repeated principal-agent problem. J. Econ. Theory 51(2), 367—390.

Townsend, R. M., 1994. Risk and insurance in village India. Econometrica 62, 539—591.

Uhlig, H., 1996. A law of large numbers for large economies. Econ. Theory 8(1), 41—50.

Vickrey, W., 1947. Agenda for Progressive Taxation. The Ronald Press Company, New York.

Werning, I., 2002. Optimal unemployment insurance with unobservable savings. MIT Working Paper.

Werning, I., 2009. Nonlinear capital taxation. MIT Working Paper.

Williams, N., 2009. On dynamic principal-agent problems in continuous time. Working Paper. Citeseer.

Williams, N., 2011. Persistent private information. Econometrica 79(4), 1233—1275.

Yong, J., Zhou, X. Y., 1999. Stochastic Controls: Hamiltonian Systems and HJB Equations, vol. 43. Springer Science & Business Media.

Zhang, Y., 2009. Dynamic contracting with persistent shocks. J. Econ. Theory 144(2), 635—675.

第十一章　宏观经济与家庭异质性

D. 克鲁格(D. Krueger) [*,†,‡,§,¶] **,D. 密特曼(K. Mitman)** [†,‖] **,**

F. 佩里(F. Perri) [†,**]

*:宾夕法尼亚大学,美国,宾夕法尼亚州,费城;

†:经济政策研究中心(CEPR),英国,伦敦;

‡:歌德大学法兰克福分校,金融研究中心(CFS),德国,法兰克福;

§:美国国家经济研究局(NBER),美国,马萨诸塞州,剑桥;

¶:蒂尔堡大学养老金和老龄化问题研究中心(Netspar),荷兰,蒂尔堡;

‖:斯德哥尔摩大学国际经济研究所(IIES),瑞典,斯德哥尔摩;

**:明尼阿波利斯联邦储备银行,美国,明尼苏达州,明尼阿波利斯

目　录

本章摘要:本章的目标是研究家庭收入、财富和偏好异质性会怎样、在何种程度上扩大和传播宏观经济冲击。我们把注意力集中在了 2007 年至 2009 年美国经济大衰退这个特定的时期上,并分两步展开研究。首先,我们利用美国收入动态追踪调查(Panel Study of Income Dynamics,PSID)的数据,分析了大衰退之前和期间家庭收入、消费和财富不平等的模式。其次,我们考察了收入下降会怎样影响位于财富分布阶梯的不同位置上的家庭,以及这些家庭在经济总体下行期间会以怎样不同的方式改变支出。以这方面的证据为基础,我们研究了一个有总量冲击和内生横截面财富分布的标准异质性家庭模型的若干个变体。发现的核心结果是,财富不平等显著地放大了总量冲击的影响,特别是,如果财富分布的特点是财富净值极低的家庭的数量足够多,那么当经济衰退来临时,这些家庭的储蓄将会大幅增加(即,这些家庭将无法保证勉强糊口)。我们证明了美国收入动态追踪调查的数据充分反映了这些特征。我们还考察了诸如失业保险的社会保险政策,在影响横截面收入和财富分布等方面发挥的作用,以及这些机制对商业周期动态的影响。

关键词:经济衰退,财富不平等,社会保险

JEL 分类代码:E21,E32,J65

1. 引言

家庭异质性对宏观经济冲击的放大和传播所起到的作用有多重要?本章的目的就是对

这个非常宽泛的问题中的一个小范围问题给出定量答案。① 具体地说,我们要从两个维度上聚焦这个问题。首先,我们集中关注一个具体的宏观经济事件,即美国 2007 年至 2009 年的经济大衰退。② 其次,我们重点讨论家庭异质性其中的一些方面,即收入、财富和家庭偏好,讨论它们与可支配收入和消费支出上的横截面不平等的相关性及其后果。③

大衰退(the Great Recession)是美国自第二次世界大战结束以来所经历过的最大的负面宏观经济衰退。经济活动水平首次大幅度下降,对所有宏观经济总量——其中特别是私人总消费和就业——都产生了很大的影响,而且此后的复苏非常缓慢。财富的横截面分布是不是最初的衰退和随后的复苏动态的一个重要决定因素?或者换句话说,家庭的异质性对总体经济活动水平(以产出和劳动投入为衡量标准)、对经济活动的消费与投资组成,以及最后对消费和福利的横截面分布,是不是很重要?

为了在实践中解决这些问题,我们充分利用了最近一组美国收入动态追踪调查所提供的关于美国的工资、收入、消费支出和财富等家庭层面的数据。同时,为了从理论的角度和定量的角度回答这些问题,我们又研究了各种版本的标准真实商业周期模型。在这些模型中,不但存在总体技术冲击,还存在家庭的偏好异质性和不可保险的特异性劳动收入冲击导致的事后的家庭收入异质性——例如,像克鲁塞尔和史密斯所构建的模型表明的那样(Krusell and Smith,1998)。在我们要分析的模型中,经济衰退是与较低的总体工资和较高的失业率(即,劳动收入较低的家庭占了较大的比例)联系在一起的。本章的主要实证和基于模型的分析的重点放在了各宏观经济变量——具体地说,即,总消费、投资和产出——对商业周期冲击的动态反应上。或者换句话说,我们研究了使财富不平等的程度能够对这些反应发挥重要的定量作用的条件。还研究了一个程式化的失业保险计划,考察它怎样形塑财富和福利的横截面分布,以及它如何在类似大衰退事件后影响总体经济的复苏。

我们的研究按如下四个步骤依次推进。第一个步骤是,我们先利用美国收入动态追踪调查中关于工资、收入、消费和财富的数据研究了与横截面不平等性有关的三组事实。我们总结了经济大衰退之前(即,对于 2006 年)的收入、财富和消费的联合分布的主要特征。接下来,我们阐明了 2006 年至 2010 年经济衰退期间,这个联合分布是如何变化的;这也就是说,利用数据的面板维度来探究个体家庭如何面对冲击并调整其消费-储蓄行为。这个实证分析有着双重目标。首先,我们认为这些事实本身就是有意义的,因为它们反映了大衰退的分配性后果。其次,这些事实对于我们下一步要研究的各种版本的定量异质家庭模式来说,

① 在本章中,我们关注的是家庭的异质性。相当多文献都研究过具有企业异质性的模型中的类似问题。在这些文献当中,比较有代表性的论文包括卡恩和托马斯(Khan and Thomas, 2008)、巴克默尔恩等人(Bachmallnn et al.,2013)。本章将抽象掉企业异质性中,但是值得指出的是,在计算这种类型的模型时会遇到的方法论上的挑战与这里会遇到的类似。
② 由于只关注这样一个商业周期事件(以及更一般的宏观经济波动),我们还抽象掉了收入或财富不平等与长期总体收入增长率之间的相互作用。请参见库兹涅茨(Kuznets,1955)、贝纳堡(Benabou,2002),以及皮凯蒂(Piketty,2014)对这一庞大文献的重要贡献。
③ 关于微观经济异质性与宏观经济现象的相关文献的早期优秀综述,请参阅:迪顿(Deaton,1992)、阿塔纳西奥(Attanasio,1999)、克鲁塞尔和史密斯(Krusell and Smith,2006)、希思科特等人(Heathcote et al.,2009)、阿塔纳西奥和韦伯(Attanasio and Weber,2010)、居文能(Guvenen,2011),以及夸德里尼和里奥斯-鲁尔(Quadrini and Rios-Rull,2015)等的论文。

是重要的评估矩。

第二个步骤是,我们构建、校准和计算了标准的克鲁塞尔-史密斯模型(Krusell and Smith,1998年)模型的各种版本,并研究了它们的横截面特征和动态性质。在这个步骤中,我们首先回顾了一个众所周知的发现,即,特异性的失业风险和不完全的金融市场本身是不足以生成足够分散的基于模型的横截面财富分布的。这个问题也有双重含义:在模型中非常富有的那些人的财富并不足够多,但穷人所拥有的财富相对于数据来说却"太多"了。我们认为,正是分布底部的这种不一致,意味着在模型中,对于负的技术冲击生成的总消费反应实质上与代表性经济行为主体模型中的反应基本相同。

然后,我们研究了这个模型的一些扩展情况,考虑了一些纳入了偏好异质性、以就业状况为条件的特异性劳动生产率风险,以及程式化的生命周期结构与失业保险和社会保障相互作用的经济,以便给出一个与数据一致的财富分布。在这些经济中,总消费的下降幅度大大超过了代表性主体经济(representative agent economy)——大约多下降了0.5个百分点。之所以会有这个结果,主要是由于这些经济体现在更多地由拥有财富较少的家庭组成,这些家庭的消费对总量冲击的反应非常大,无论是其中由就业转为失业的家庭,还是虽然没有失业但很清楚自己正面临着潜在的长期衰退和更高的失业风险的家庭。我们还将强调,数据和理论都表明,这些拥有较少财富的家庭的行为与那些勉强糊口的消费者并不相同,而是在经济衰退时确实会大幅地降低支出的群体。这种行为意味着,我们的基准模型的含义与那些外生地假设很大一部分家庭都只能勉强糊口的模型的群体有很大的不同。

财富不平等程度越大的经济体,消费下降越严重,这个事实意味着投资的收缩幅度更小,因而经济从衰退中复苏过来的速度也更快,尽管后面这种影响从定量的角度来看是非常小的。

根据上面这些发现,我们认为更大程度的财富不平等——具体地说,拥有较少财富的家庭在经济体中占了很大比例——是大衰退中总消费崩溃的一个重要因素。接下来是第三个步骤,我们要确定公共失业保险对经济受到总体性冲击时的动态反应是不是有重要意义。这个问题的答案在很大程度上取决于家庭财富分布是否有机会对政策的变化做出反应。在短期内,失业保险福利(失业保险金)的意外削减或到期失效会引起显著更大的负消费反应。对于这种动态的解释是,有前瞻能力的家庭会通过增加预防性储蓄来应对趋于减少的公共保险。在中期内,由此而增加的投资将会导致产出上升,不过代价是消费复苏将相当缓慢。

而从长期来看,财富的新一轮遍历性分布是以零资产或只拥有极少量资产的人的数量变得更小为标志的。在这种财富分布向右转移的趋势下,消费对负面技术冲击的动态反应不像在突发性冲击的情况下那么严重,但是仍然会大于经济体的失业保险程度较高的情况。因此,对于某个给定的财富分布来说,社会保险的削减将会导致更大幅度的总消费下降。然而,由于社会保险政策本身就会对财富的遍历分布起到塑造作用,特别是会影响零资产净值或接近零资产净值的家庭所占的份额,所以不同经济体的总体消费反应会被财富分布的这种变化所部分抵消。

在前面考虑的所有模型中,财富分布对总产出在消费和投资之间的分配有很大的影响,但是对总产出本身的影响却不大。因此,在第四个步骤,也是最后一步,我们研究一个具有新凯恩斯主义"范"的经济体,这就是说,我们将引入总需求外部性,它使得产出变成了(部分)由需求决定的,并能够生成一种从私人收入到全要素生产率,进而到产出的内生反馈效应。在这样一个模型中,社会保险政策不仅能够收获提供公共保险本身可以得到的好处,而且还可以为稳定总产出发挥潜在的积极影响。我们发现,一个类似于大衰退这样的大型冲击,对一个失业保险金替代率为50％的经济体的失业率的影响,要比对失业保险金替代率为10％的经济体的影响小1个百分点。

现在这项研究是一个更大的研究议程的一个组成部分,同时它的部分目标也就在于对这个研究议程加以总结。这个大型研究议程的宗旨是,探索微观异质性,特别是家庭收入和财富的异质性,对于经典的宏观经济学问题(例如,某个特定的总体性冲击的影响)的一般性的重要意义;传统上,这些经典的宏观经济学问题是在代表性主体范式下回答的(亦即,从微观到宏观)。我们这个研究议程也是建立在另外一些相关但有所不同的研究宏观经济冲击的分布效应(分配效应)的基础上的,并且它们将会对这项研究做出贡献(亦即,从宏观到微观)。

本章的结构安排如下。第2节讨论大衰退之前和大衰退期间美国家庭的异质性的各个关键维度。第3节和第4节构建家庭异质性的真实商业周期模型的基准模型,并讨论如何校准这个模型。第5节研究这个基准模型在多大程度上与第2节给出的横截面事实相一致。第6节阐述对大型冲击的总消费反应如何取决于横截面财富分布。而第7节中,我们在模型中加入了需求外部性,以便研究横截面财富异质性对总产出动态的重要性。第8节是我们的结论。附录中包含了关于经验事实的建构、理论以及正文所使用的计算算法的更多细节。

2.　大衰退:异质性家庭视角

在本节中,我们要介绍大衰退之前和大衰退时期关于工资、收入、消费和财富的横截面分布的基本情况。我们采用的主要数据源于2004年、2006年、2008年和2010年的美国收入动态追踪调查。这个数据集有两个重要的优点,因此特别适合本研究。首先,它包含了美国人口中一个代表性家庭样本的家庭劳动所得、收入、广泛而全面的消费支出和净资产的信息。其次,它还有面板数据的特征,使得我们能够做到在同一个数据集中,既度量横截面家庭异质性的各个关键维度,又可以研究收入和财富分布中的不同组别如何在大衰退期间改变它们消费支出的结构。①

本节的实证研究的目的是提供一些简单而直接的证据,证明家庭异质性对宏观经济问

---

① 还有一些经济学家也使用同样的面板数据集,对财富、收入和消费的联合分布进行了实证分析,例如费希尔等人对美国的分析(Fisher et al. ,2015),克鲁格和佩里对意大利的分析(Krueger and Perri,2011)。构建收入-消费面板数据集的方法还有许多,例如,请参见斯金纳(Skinner,1987)、布伦德尔等人(Blundell et al. ,2008),以及史密斯和托内蒂(Smith and Tonetti,2014)利用美国收入动态追踪调查数据和美国消费者支出调查(CE)数据构建的收入-消费面板数据集。

题的重要性。大量的实证研究表明,在美国和世界各地,收入、消费和财富出现了明显的不平等化趋势。我们这里给出的证据是对这些文献的一个补充。[1] 如果正如我们记录的那样,在大衰退期间,不同群体在收入和财富分布上的(例如,沿着消费和储蓄的边界)行为存在着显著差异,那么跟踪横截面收入和财富分布、理解其动态变化,对于从宏观经济和分布角度分析大衰退就是非常重要的了。

2.1 总量分析

我们先对源于国民收入和生产账户(NIPA)的美国基本宏观经济总量数据与从美国收入动态追踪调查获得的相同变量的汇总数据进行比较,以此来展开分析。如图1所示,我们所比较的是,美国经济分析局(BEA)给出的人均可支配收入(panel A)和人均消费支出(panel B)的序列趋势与相对应的来自美国收入动态追踪调查的家庭总收入的序列趋势,时间跨度为从2004年到2010年(因为2010年是美国收入动态追踪调查的最后一个可用数据点)。[2]

从图1中,可以得出这样一个主要结论:无论是美国国民收入和生产账户数据,还是美国收入动态追踪调查数据,对2004年至2010年间的美国宏观经济都呈现出了相同的定性图形。可支配收入和消费支出均呈下滑趋势,不过美国收入动态追踪调查数据体现得较为明显一些。此外,美国收入动态追踪调查数据所显示的消费支出复苏的总体趋势,则比我们在国民收入和生产账户中所能观察到的趋势弱得多。[3]

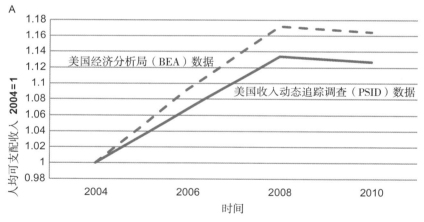

注:2004年,美国收入动态追踪调查(PSID)数据中的人均水平为21364美元,而美国经济分析局(BEA)数据中的人均水平则为24120美元。

---

[1] 对于代表性主体模型,请参见皮凯蒂和塞斯(Piketty and Saez,2003)、克鲁格和佩里(Krueger and Perri,2006)、克鲁格等人(Krueger et al.,2010)、皮凯蒂(Piketty,2014)、阿吉亚尔和比尔斯(Aguiar and Bils,2015)、阿特金森和布吉尼翁(Atkinson and Bourguignon,2015)、库恩和里奥斯-鲁尔(Kuhn and Rios-Rull,2015)。

[2] 在附录A.1中,我们详细描述了这些序列是如何构建的。

[3] 正如希思科特等人所指出的(Heathcote et al.,2010),宏观数据与汇总微观数据之间的这种差异,在美国经济从前几次衰退中复苏的过程中也都可以观察到。

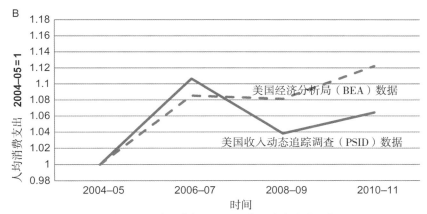

图 1　国民收入和生产账户数据和美国收入动态追踪调查（PSID）
数据呈现的美国经济大衰退。（A）人均可支配收入；（B）人均消费支出。

注：2004 年 5 月，美国收入动态追踪调查数据中的人均水平为 15084 美元，而美国经济分析局（BEA）数据中的人均水平则为 18705 美元。

2.2　经济大衰退之前的不平等

在这个小节中，我们将阐述 2006 年（那正是经济大萧条发生之前的一年）美国经济中基本的不平等情况。由于经济衰退对进入劳动市场的家庭产生了极大的影响，而且我们在下面要给出的模型的关注焦点在于劳动收入风险，所以只考虑了户主年龄在 25 岁到 60 岁之间的家庭。根据美国收入动态追踪调查，这类家庭在 2006 年占略少于 80% 的家庭总数。

表 1 列出了这个组别的家庭的相关统计量，它们描述了四个关键变量：劳动所得（earnings）、可支配收入（disposable income）、消费支出（consumption expendituses）和财富净值（net worth）。在这里，我们对"劳动所得"有特别的定义，这个统计量刻画了模型中外生于家庭决策的所有收入来源，即，包括了一切劳动收入加上转移支付（但是不包括失业救济金），再减去税收。[1] 可支配收入包括了劳动所得、失业救济金、资本收入，资本收入包括来自家庭主要住房的租金等价收入（rental equivalent income）。消费支出包括了美国收入动态追踪调查报告的所有支出类别，即，汽车和其他车辆购置支出、家庭内和家庭外的食品支出、服装支出、住房支出（包括房租和业主的估算租房支出）、家用设备支出、公用事业设施和交通费用。最后，财富净值是指家庭资产减去负债后的净额。[2]

表 1 列出了 2006 年每一个变量（劳动所得、可支配收入、消费支出和财富净值）的横截面均值（以 2006 年的美元价值计），以及相应的各个分布中每一个五分位在总价值所占的份

---

① 在经济衰退期间，转移支付和税收对家庭收入动态有很重要的影响。请参见佩里和斯泰恩伯格的论述（Perri and Steinberg, 2012）。

② 资产包括家庭所拥有的农场和企业的价值、家庭所拥有的支票账户和储蓄账户的价值、家庭所拥有的股票或债券的价值、主要住宅和其他房地产资产的价值、车辆的价值，以及个人退休账户的价值。负债包括任何形式的债务，包括主要住宅或其他房地产的抵押贷款、车辆购置贷款、学生贷款、医疗债务和信用卡债务。

表 1 2006 年的均值和边际分布

数据来源	劳动所得	可支配收入		消费支出		财富净值	
	美国收入动态追踪调查	美国收入动态追踪调查	美国当前人口调查	美国收入动态追踪调查	美国消费支出调查	美国收入动态追踪调查	美国消费者金融调查(2007 年)
均值(以 2006 年的美元价值计)	54349	64834	60032	42787	47563	324951	538265
不同组别家庭的财富所占的份额							
第一个五分位	3.6	4.5	4.4	5.6	6.5	−0.9	−0.2
第二个五分位	9.9	9.9	10.5	10.7	11.4	0.8	1.2
第三个五分位	15.3	15.3	15.9	15.6	16.4	4.4	4.6
第四个五分位	22.7	22.8	23.1	22.4	23.3	13.0	11.9
第五个五分位	48.5	47.5	46.0	45.6	42.4	82.7	82.5
90%至 95%	10.9	10.8	10.1	10.3	10.2	13.7	11.1
95%至 99%	13.1	12.8	12.8	11.3	11.1	22.8	25.3
顶层 1%	8.0	8.0	7.2	8.2	5.1	30.9	33.5
基尼系数	0.43	0.42	0.40	0.40	0.36	0.77	0.78
样本规模	6232	6232	54,518	6232	4908	6232	2910

额。在表 1 的最后几行,我们还列出了各个分布中第 90 个百分位数至第 95 个百分位数的家庭、第 95 个百分位数至第 99 个百分位数的家庭和顶层百分之一的家庭所占的比例,以及基尼系数。所有统计量都是根据美国收入动态追踪调查数据计算出来的,不过对于可支配收入、消费支出和财富净值,我们还对来自美国收入动态追踪调查的统计量与根据其他一些微观数据集计算出来的相同统计量进行了比较。具体地说,对于可支配收入,我们使用的是 2006 年当前人口调查(Current Population Survey,简称 CPS)中的家庭,这是一个更大的样本,经常用于计算收入不平等方面的统计量。对于消费支出,我们使用了 2006 年美国消费支出调查(Consumer Expenditure Survey,简称 CE)的家庭数据。最后,对于财富净值,我们使用了 2007 年美国消费者金融调查(Survey of Consumer Finances,简称 SCF)的数据,这是研究美国财富分布最常用的一个数据集。

　　表 1 清楚地呈现了发达经济体中不同家庭之间的资源分布的典型特征。劳动所得和可支配收入的集中度都相当高,最低一个五分位所占的份额都在 5%以下(准确地说,劳动所得为 3.6%、可支配收入为 4.5%),而最高的五分位所占的份额则接近了 50%(分别是 48.5%和 47.5%)。劳动所得和可支配收入的分布看上去很相似,这是因为对于我们的样本中的家庭(家庭成员年龄为 25 岁至 60 岁)来说,资本收入占总可支配收入的比例相当小(仅占可支

配收入的 1/6)。[1] 我们还注意到,美国收入动态追踪调查数据与当前人口调查数据中的可支配收入分布看上去也很相似。[2]

这张表格还显示出,消费支出的分布的不平等程度,要低于劳动所得和可支配收入。最低的五分位在总支出的份额比较高(5.6％)。同样地,美国收入动态追踪调查数据与美国消费支出调查(CE)数据中的消费支出的分布也有很强的可比性。

最后来看财富净值。财富净值是所有变量中集中度最高的一个,顶层分布的集中度更是惊人。分布在中底部的 40％家庭基本上没有任何净值,而上部的五分之一家庭却拥有了所有财富净值的 83％,前 10％的家庭则更是拥有了总财富的 70％左右。比较表中的最后两列,我们不难看出,虽然美国收入动态追踪调查数据中的平均财富净值水平明显低于美国消费者金融调查数据,但是这两个数据集当中五分位的财富分布状况仍然是很一致的,这就说明,尽管美国收入动态追踪调查数据中的财富净值可能被低估或存在误差,但是这只会影响该数据集所度量的财富总量,而不会对财富的横截面分布产生多少影响,因此与美国消费者金融调查的数据有很强的可比性。

虽然劳动所得、收入和财富的边际分布本身就是非常有意义的,但是与我们的研究目的更相关的是财富、劳动所得、可支配收入和消费支出的联合分布。[3]

为了说明这个联合分布的突出特征,我们将 2006 年美国收入动态追踪调查样本中的所有家庭按财富净值划分为五分位,然后对每个净值五分位,比较这些组别之间的关键差异,结果如表 2 所示。

表 2　家庭净值的分布(美国收入动态追踪调查数据,2006 年)

财富净值五分位	所占份额(百分比)			消费支出所占的比例			人口状况	
	劳动所得	可支配收入	消费支出	劳动所得	可支配收入	年龄	受教育程度(年)
第一个五分位	9.8	8.7	11.3	95.1	90.0	39.2	12
第二个五分位	12.9	11.2	12.4	79.3	76.4	40.3	12
第三个五分位	18.0	16.7	16.8	77.5	69.8	42.3	12.4
第四个五分位	22.3	22.1	22.4	82.3	69.6	46.2	12.7
第五个五分位	37.0	41.2	37.2	83	62.5	48.8	13.9
与财富净值的相关性							
	0.26	0.42	0.20				

---

[1] 请回忆一下我们在上面给出的关于劳动所得的定义,它要扣除税收,而且已经包括了政府的转移支付。

[2] 当前人口调查数据中的劳动所得的平均值之所以较低,是因为它不包括主要住宅的等价租金。此外还要注意的是,这两个数据集的分布在其顶部的集中度都要比利用纳税申报数据计算出来的收入分布集中度低得多,后者的例子如皮凯蒂和塞斯(Piketty and Saez,2003)所述。之所以存在这个区别,有两个原因。第一个原因是,皮凯蒂和塞斯关注的是纳税和收到转移支付之前的收入指标,而我们在这里却把注意力集中在了税后和收到转移支付后的收入上,后者的集中度显然会更低一些。第二个原因是,皮凯蒂和塞斯他们专注于"纳税单位"(tax unit),这是一个与家庭不同的分析单位。关于这种区别的进一步论述,请参见博克豪塞等人(Burkhauser et al.,2012)。

[3] 我们在下文中构建的那一类模型将把财富——除了当前收入之外——作为一个关键的状态变量,因此我们在这里要强调财富净值与劳动所得、收入和消费的相关性,特别是和消费的相关性。

从表2可以看出这个数据集的两个重要特征。第一个观察结果是,财富净值更高的家庭往往拥有更高的劳动所得和更高的可支配收入(这个特征也许根本不足为奇),该表的最后一行更精确地显示了劳动所得和可支配收入与财富净值之间的正相关性。对此,一个简单的解释是,更富裕的家庭往往年龄更长、受过更多教育,这一点也被表中最后两列所证实。第二个观察结果是,消费支出与财富净值之间也表现出正相关性,但是比两个收入变量与净值之间的相关程度低。之所以如此,是因为正如表2的最后两列所显示的,财富净值越低,消费率越高。我们度量消费率的方法是,对特定财富净值五分位,计算出总消费支出,然后将其除以该财富净值五分位的总收入(或可支配收入)。不同财富净值五分位之间在消费率上的差异有重要的经济意义。例如,在最底部的财富净值五分位与最顶部的财富净值五分位之间,消费率差异介于20%至30%之间。

观察这个问题的另一个角度是要注意到,位于底部的两个财富净值五分位的家庭基本上不拥有任何财富(也请参见表1),但是在总消费支出中所占的份额却达到了11.3%+12.4%=23.7%(见表2),因此这个群体对总消费动态有重要的定量影响。根据财富划分的不同群体之间的差异构成了有力的"表面证据"(prima facie evidence),表明财富分布的形态对于总消费对宏观经济冲击的反应(例如,对导致了大衰退的那种类型的冲击的反应)可能有非常重要的影响。

在下一节中,我们将在适当的时候超越家庭异质性,从经验的角度评估在经济大衰退期间,不同财富级别的家庭之间的消费和储蓄行为如何呈现出差异化的特点。

2.3 收入和财富分布中不同家庭所经历的大衰退

在表3中,我们分别列出了所有的家庭,以及财富净值分布中各个五分位的家庭的财富净值的变化(百分比和绝对值)、可支配收入的百分比变化以及消费支出和消费支出率的变化(百分点)。[1] 对每一个变量,我们都先构造一个基准点(非衰退期的增长率),即,通过先报告2004年至2006年度的变化率或增长率来建立一个基准,然后再报告2006年至2010年间的变化率或增长率,这涵盖了整个大衰退时期。为了保证这两种测度之间的可比性,我们对所有的变化都进行了年化处理。[2]

表3很好地凸显了我们想强调的一些有趣的事实。从该表的前四列可知,在2004年至2006年间,所有级别的家庭的财富净值都有所增加,这主要是因为这个时期资产价格(股票价格和房地产价格,特别是房地产价格)出现了快速增长,而且位于财富净值分布底部的家庭的财富增长率最高(当然,它们是从非常低的财富净值水平开始增长,请再次参见表1)。

---

[1] 为了构造出这些变化,我们先保持家庭的身份固定不变。例如,为了计算出2004年至2006年财富净值分布中第一个五分位的家庭的净值变化,我们先选定2004年位于财富分布最底部中所有五分之一的家庭,计算出它们在2004年和2006年的平均财富净值(或收入,又或消费),然后计算出这两个平均值之间的百分比差异。对于消费支出率,我们报告的是百分点差异。

[2] 表A.2列出了表3中所有数字的自举标准误差。在表A.3和A.4中,我们还分别列出了2006年至2008年及2008年至2010年这两个时间段的变化情况。

至于可支配收入(表 3 中的第二个变量),我们观察到最初处于财富净值分布的底部的那些家庭的可支配收入的增长速度高于最高的财富净值五分位的家庭(7.4% 对 1.8%)。这很可能是收入的均值回归趋势所致:低财富净值家庭也是低收入家庭,而且平均而言,低收入家庭的收入增长更快。最后,在 2004 年至 2006 年间,支出增长的轨迹也大体上与各收入变量的增长类似,因此每个群体的消费率基本保持不变。这里唯一的例外或许是最初位于中间五分位的家庭,它们的消费支出经历了强劲的增长势头,因此它们的消费率出现了显著上升的情况。

表 3 净值分布中若干变量的变化(年化处理后),美国收入动态追踪调查(PSID)数据

	财富净值[a]		可支配收入(%)		消费支出(%)		消费支出率(百分点)	
	(1) 2004—2006 年	(2) 2006—2010 年	(3) 2004—2006 年	(4) 2006—2010 年	(5) 2004—2006 年	(6) 2006—2010 年	(7) 2004—2006 年	(8) 2006—2010 年
全部家庭	15.7	44.6	-3.0	-10	4.1	1.2	5.6	-1.3	0.9	-1.6
财富净值分布各五分位								
第一个五分位	NA	12.9	NA	6.6	7.4	6.7	7.1	0.6	-0.2	-4.2
第二个五分位	121.9	19.5	24.4	3.7	6.7	4.1	7.2	2	0.3	-1.3
第三个五分位	32.9	23.6	4.3	3.3	5.1	1.8	9	0	2.3	-1.1
第四个五分位	17.0	34.7	1.7	3.8	5.0	1.7	5.9	-1.5	0.5	-2
第五个五分位	11.6	132.2	-4.9	-68.4	1.8	-1.2	2.7	-3.5	0.5	-1.4

注释:[a]第一个数字是百分比变化(增长率),第二个是千美元变化。

现在,我们来观察一下大衰退期间收入、消费和财富净值的动态变化。表 3 中,标记为 2006—2010 年的各列所显示的是,与上一个时期相比,财富净值分布中各个五分位的家庭的收入、消费和净值的动态变化。所有家庭的财富净值增长出现了大幅放缓的情况(实际上转为负的,即,从 +15.6% 变为 -3%),其中最显著的是财富净值分布中位于顶部五分位的家庭。事实上,在 2006 年至 2010 年间,那些最初(即在 2006 年)位于财富净值顶部的五分位家庭的财富平均每年下降了 4.9%。收入增长也放缓了,尽管在整个财富分配中并不均匀。表 3 表明,财富净值分布中最底部的五分位的收入增长速度有所放缓(从 7.4% 变为 6.7%),但是中部五分位和顶部五分位的放缓幅度更大。例如,第四财富五分位的可支配收入的年增长率在 2004 年至 2006 年间为 5%,但是在 2006 年至 2010 年间则急剧萎缩为 1.7%。

对我们的研究目标来说,最重要的是财富分布中不同点位上的消费支出的变化,特别是

它与劳动所得和可支配收入的变化幅度的相关性(这一点,当消费率随着时间的推移而变化时,就会变得很明显)。我们要强调的第一个事实是,总体而言,美国收入动态追踪调查数据显示,家庭的支出增长率从+5.6%下降到-1.3%。虽然消费支出增长率的下降在所有财富五分位上都相当大,但是仍然以财富分布的底部的下降最为明显。为了突出财富分布中最严重的差异,我们将重点放在财富分布的最顶部五分位与最底部五分位之间的差异上。在2004年至2006年间,财富分布最底部五分位与最顶部五分位的家庭的消费率(占可支配收入的比率)的变化都非常小(都低于0.5个百分点)。相比之下,在2006年至2010年间,在2006年时位于财富分布最底部的家庭的消费率的变化多达4个百分点(从-0.2%变为-4.2%),而最顶部五分位同期的消费率则仅仅下降了1.9个百分点(从0.5%变为-1.4%)。换句话说,在经济大衰退期间,整个财富分布上的家庭的储蓄率都有所上升,但是财富分布最底部的家庭的储蓄率的上升特别强劲。[1]

为了更加详细地考察财富分布中的消费支出增长下降的原因,我们将两个时期的消费增长的差异按以下方式分解:

$$g_{c,it} - g_{c,it-1} \simeq g_{y,it} - g_{y,it-1} + \frac{\rho_{it} - \rho_{it-1}}{\rho_{it-1}} - \frac{\rho_{it-1} - \rho_{it-2}}{\rho_{it-2}}, \tag{1}$$

其中,$g_{c,it} = \frac{C_{it} - C_{it-1}}{C_{it-1}}$是第$i$个组别的家庭的消费支出在第$t$期与第$t-1$期之间的增长率(例如,在第$t-1$期位于第1个财富五分位的家庭的增长率),$g_{y,it}$是对于可支配收入的同样的度量,而$\rho_{it} = \frac{C_{it}}{Y_{it}}$则是第$t$期中第$i$个组别的家庭的消费率(消费支出占可支配收入的比率)。

表4的第一列列出了所有家庭和每个组别的家庭的消费增长率的变化,即,$g_{c,it} - g_{c,it-1}$,这是表3中第(6)列与第(5)列之间的差异。表4的第二列和第三列分别列出了方程式(1)右侧的两项。第一项是可支配收入增长率Y的变化,第二项是消费支出率C/Y的增长速度的变化。从直观上看,如果我们观察到第i个组别的消费增长速度出现了放缓的情况,那可能是因为其收入增长速度正在放缓,即,$g_{y,it} - g_{y,it-1}$在下降;或者,也可能是其消费率,即$\frac{\rho_{it} - \rho_{it-1}}{\rho_{it-1}}$的增速在下降(保持收入增长率固定不变)。表4中括号内的数字表示每一项的相对贡献。[2]

---

[1] 希思科特和佩里(Heathcote and Perri,2015)利用消费支出调查数据,也证明了类似模式的存在。
[2] 各相对贡献之和不等于1,是因为方程式(1)的分解并不是精确的,它没有包括各增长率的乘积项。

表 4 消费增长率变化的分解

	消费增长率的变化 $g_{c,t}-g_{c,t-1}$	可支配收入增长率的变化 $g_{y,t}-g_{y,t-1}$	消费率增长率的变化 $\dfrac{\rho_{it}-\rho_{it-1}}{\rho_{it-1}}-\dfrac{\rho_{it-1}-\rho_{it-2}}{\rho_{it-2}}$
全部家庭	−6.9	−2.9(42%)	−3.8(55%)
财富净值分布各五分位			
第一个五分位	−6.5	−0.7(11%)	−4.5(69%)
第二个五分位	−5.2	−2.6(50%)	−2.3(44%)
第三个五分位	−9.0	−3.3(37%)	−5.2(58%)
第四个五分位	−7.4	−3.3(48%)	−3.8(55%)
第五个五分位	−6.2	−3.0(42%)	−3.4(55%)

从总体上说,表 4 表达的信息是非常明确的。在美国收入动态追踪调查数据中,家庭削减支出的幅度明显大于其可支配收入的放缓程度(−6.9%对2.9%)。这个事实意味着,总体而言,家庭提高了它们的储蓄率。然而,尽管储蓄率上升的情况存在于财富净值分布的所有五分位当中,但是从定量的角度来看,最显著的仍然是第一个五分位,即,经济大衰退开始时财富净值最低的那些家庭。事实上,对于这些家庭而言,储蓄率的增长可以解释为什么消费增长率下降了三分之二以上(69%),而其他财富群体的消费支出增长率的下降,原因则在于收入增长放缓和储蓄增加。我们认为,这个事实是特别有意义的,因为它表明,位于财富净值分布底部的家庭的消费下降并不能简单地用标准的"勉强糊口"的行为(即,这些家庭的收入下降)来解释,而应该主要用消费行为的变化来解释(消费支出率下降)。

阐明了经济大衰退之前美国家庭的财富、收入和消费支出的联合分布的显著特征,以及它们在经济下行期间的动态变化之后,我们现在着手从定量的角度评估标准经济理论——纳入了不可保险的特异性收入风险的、允许异质性家庭的规范的商业周期模型——可以在多大程度上解释上面这些模式。然后,我们再利用这个模型(作为一个"定量实验室"),评估横截面家庭异质性对于商业周期总量现象的重要性。

3. 具有家庭异质性的规范商业周期模型

在本节中,我们给出作为本章讨论基础的基准模型。这个基准模型的原型是克鲁塞尔和史密斯提出的一个有家庭财富和偏好异质性的真实商业周期模型(Krusell and Smith,1998)[1]。我们在他们的模型的基础上进行了一些修改,我们的模型与卡罗尔等人最近研究

---

[1] 克鲁塞尔和史密斯的模型(Krusell and Smith,1998)反过来又是建立在有家庭财富异质性的稳态模型的基础上的,即,是以比利(Bewley,1986)、英姆罗霍罗格鲁(Imrohoroglu,1989)、休格特(Huggett,1993,1997)和艾亚格里(Aiyagari,1994)等人的模型为基础的。也请参见迪顿(Deaton,1991)和卡罗尔(Carroll,1992,1997)对早期若干重要的局部均衡模型的讨论。

的一个模型(Carroll et al.,2015)也有若干共同之处。

3.1 技术

根据真实商业周期理论,总体性冲击体现为对总生产函数的生产率冲击,而总生产函数的形式为

$$Y = Z^* F(K,N) \tag{2}$$

式(2)中的全要素生产率 Z^* 则由下式给出

$$Z^* = ZC^\omega, \tag{3}$$

其中,技术 Z 的外生性部分遵循具有转移矩阵 $\pi(Z'|Z)$ 的一阶马尔科夫过程。在这里,C 是总消费,参数 $\omega \geq 0$ 用来度量总需求外部性的重要程度。在我们构建的基准模型中,先考虑 $\omega = 0$ 的情况。在这种情况下,全要素生产率是外生给定的,并由 Z 的随机过程决定(在这种情况下,我们不必区分 Z 和 Z^*)。在后文第7节中,我们将考虑 $\omega > 0$ 的情况——在那种情况下,当前的全要素生产率是部分由需求(总消费)决定的,因此产出也是部分由需求(总消费)决定的。

在每一种情况下,为了更便于解释结果,我们都将主要侧重于讨论外生性技术 Z 只可以取两个值的情形,即 $Z \in \{Z_l, Z_{lh}\}$。我们然后将 Z_l 解释为严重衰退,而把 Z_h 解释为正常的经济时期。

最后,我们假设资本以固定的折旧率 $\delta \in [0,1]$ 贬值。

3.2 家庭的人口统计特征、禀赋和偏好

3.2.1 家庭的人口统计特征和生命周期

在每一个期间,经济体中都有测度为1的、有可能无限期活下去的家庭。家庭分为两个类型,一类是年轻的、正在工作的家庭(以 W 表示),它们参与劳动力市场;另一类是年老的、已经退休的家庭(以 R 表示)。我们用 $j \in \{W,R\}$ 表示家庭的年龄。年轻的家庭以某个固定的概率 $1-\theta \in [0,1]$ 退休,老年家庭则以某个固定的概率 $1-\nu \in [0,1]$ 去世。去世的家庭被新的年轻家庭所取代。给定这些假设,两个年龄之间的人口分布由下式给出

$$\Pi_W = \frac{1-\theta}{(1-\theta)+(1-\nu)}$$

$$\Pi_R = \frac{1-\nu}{(1-\theta)+(1-\nu)}.$$

有了这样一个简单的结构,就能够刻画家庭的生命周期,进而以非常精练的方式描述它们在生命周期中的储蓄行为。

3.2.2 偏好

我们假设家庭认为闲暇价值不高,而是拥有定义在随机消费流之上的偏好。这种偏好由一个周期性的效用函数 $u(c)$ 和一个时间贴现因子 β 确定。该效用函数具有标准的凹性和

可微分性,而且时间贴现因子对不同家庭来说都是异质性的(但是,对于某个给定的家庭来说,时间贴现因子是固定的,不会随时间的推移而改变)。我们用 B 表示可能的时间贴现因子的有限集合。

3.2.3 禀赋

由于家庭在效用函数中不重视闲暇,所以年轻的家庭可以将自己的所有时间禀赋(归一化为 1)都提供给市场。然而,家庭要面对特异性的劳动生产率风险(因而也就要面对劳动所得风险)。劳动所得风险有两个来源。第一个是家庭容易遭受失业的风险。我们用 $s \in S = \{u,e\}$ 来表示一个家庭当前的就业状态,其中,$s=u$ 表示失业。就业状态的演变服从一个一阶马尔科夫链,该马尔可夫链的转移概率 $\pi(s'|s,Z',Z)$ 依赖于世界的总体状态。这样一来,也就是失业-就业的转换依赖于商业周期的总体状态。

此外,我们再假设,以受雇用为条件,家庭的劳动生产率 $y \in Y$ 是随机的,而且其演变服从一阶马尔可夫链;其中,我们用 $\pi(y'|y)$ 表示从今天的状态 y 转换为明天的状态 y' 的条件概率,并用 $\Pi(y)$ 表示相关联(唯一)的不变分布。在基准模型中,我们假定以受雇用为条件,家庭的劳动生产率的转换与世界的总体状态无关。①

对于两种特异性冲击 (s,y),我们假定它们服从大数定律,所以特异性风险是可以平均掉的,只有总风险才能决定处于某个特定的特异性状态 $(s,y) \in S×Y$ 的经济行为主体的人数。此外,我们还要进一步假设在一个特定的特异性就业状态 s 中,家庭的份额只取决于当前的总体状态② Z,并且 $\Pi_z(s)$ 表示在总体经济状况给定为 Z 的情况下,具有特异性失业状态 s 的家庭的确定性比例。然后,我们用 $\Pi(y)$ 表示劳动生产率的横截面分布。根据假设,这个分布不依赖于总体状态 Z。

家庭不能借款③,但是可以通过(在适度承担风险的情况下)积累实物资本④来实现储蓄目标,并且能够进入完善的年金市场。⑤ 我们用 $a \in A$ 表示某个家庭持有的资产,其中 A 表示所有可能持有的资产的集合。家庭"出生"时的初始财富为零,并根据 $\Pi_z(s)$ 来抽取自己的失业状况,根据 $\Pi(y)$ 来抽取自己的初始劳动生产率。就业状态 s、劳动生产率 y、资产持有量 a 和贴现因子 β 的横截面总体分布,我们用 Φ 来表示,它与总量冲击 Z 总结了任何给定时间点上的经济总体状态。

---

① 即便是对于失业者来说,潜在的劳动生产率 y 也会在隐蔽的位置演变并决定着他在找工作时的生产率,以及失业时的失业救济金。请参见下文的描述。

② 这个假设对转移矩阵 $\pi(s'|s,Z',Z)$ 施加了一致性限制(consistency restriction)。根据假设,开始时 y 上的横截面分布与 Z 无关。

③ 因此,我们抽象掉了无抵押的家庭债务,查特吉等人(Chatterjee et al.,2007)、利夫谢茨等人(Livshits et al.,2007)在他们的模型中也是这样处理的。赫肯霍夫的论文(Herkenhoff,2015)提供了关于消费者信贷获取途径增加对美国商业周期的影响的研究。

④ 因此,我们抽象掉了家庭对资产组合的投资决策。请参见科科等人的论文(Cocco et al.,2005),他们在一个有特异性风险的规范的局部均衡模型中分析了家庭的投资组合决策。至于一般均衡模型,则请参见克鲁塞尔和史密斯(Krusell and Smith,1997)以及斯多尔斯莱登等人(Storesletten et al.,2007)的论文。

⑤ 因此,去世的家庭的资本将用于支付存活下来的退休家庭的资本 $\frac{1}{\nu}$ 的额外回报。

3.3　政府政策

3.3.1　失业保险

政府实行的是平衡预算失业保险制度。这种保险体系的规模用替代率 $\rho = \dfrac{b(y,Z,\varPhi)}{w(Z,\varPhi)y}$ 参数化。这个参数的含义是给予一个家庭的保险金 b，是该家庭的潜在劳动所得 wy 的一个比例。$\rho = 0$ 表示不存在任何针对失业风险的公共社会保险。[①] 这些保险金支付给处于失业状态 $s=u$ 中的家庭，并通过对劳动所得征收一种比例税来融资，其税率为 $\tau(Z,\varPhi)$。而且，这种税，不仅要对劳动所得征收，而且还要对失业救济金征收。

回想一下，我们前面假设，失业人数 $\varPi_Z(u)$ 只取决于当前的总体状态。根据这个假设，前述失业保险制度的预算约束如下：

$$\varPi_Z(u)\sum_y \varPi(y)b(y,Z,\varPhi) = \tau(Z,\varPhi)\left[\sum_y \varPi(y)\big[\varPi_Z(u)b(y,Z,\varPhi)+(1-\varPi_Z(u))w(Z,\varPhi)y\big]\right]$$

利用如下事实：$b(y,Z,\varPhi)=\rho w(Z,\varPhi)y$，以及 y 上的横截面分布对就业者和失业者是相同的，我们可以把上式化简为

$$\varPi_Z(u)\rho = \tau(Z,\varPhi)\big[\varPi_Z(u)\rho+(1-\varPi_Z(u))\big]$$

由此，我们可以得出结论，平衡预算所需的税率必须满足下式：

$$\tau(Z,\varPhi;\rho) = \left(\frac{\varPi_Z(u)\rho}{1-\varPi_Z(u)+\varPi_Z(u)\rho}\right) = \left(\frac{1}{1+\dfrac{1-\varPi_Z(u)}{\varPi_Z(u)\rho}}\right) = \tau(Z;\rho)\in(0,1) \qquad (4)$$

这也就是说，税率 $\tau(Z;\rho)$ 只（正地）取决于衡量失业保险体系规模的外生政策参数 ρ 以及（负地）外生的就业人数与失业人员的比率 $\dfrac{1-\varPi_Z(u)}{\varPi_Z(u)}$，这个比率是随着商业周期而波动的。

3.3.2　社会保障

政府要维持一个平衡预算的现收现付制（PAYGO）保险体系的运行。这个保险体系的规模取决于恒定的工资税率 τ_{SS}（仅适用于劳动所得）。我们假定，保障退休家庭的社会的保险金 $b_{SS}(Z,\varPhi)$ 是独立于过去的缴款的，但是，由于总体税基的波动性，它还是会随着经济总体状态 Z 的不同而有所不同。这样一来，政府的预算约束就决定了保险金与税率之间的关系，如下式所示

$$b_{SS}(Z,\varPhi)\varPi_R = \tau_{SS}\varPi_W\left[\sum_y \varPi(y)(1-\varPi_Z(u))w(Z,\varPhi)y\right]$$

需要注意的是，在不存在失业的情况下（同时有工作的人的平均劳动生产率等于 1），我们可以得到

$$\tau_{SS} = \frac{b_{SS}(Z,\varPhi)}{w(Z,\varPhi)}\cdot\frac{\varPi_R}{\varPi_W}$$

[①] 请读者回想一下，即便是处于失业状态的家庭，也会"携带着"它们的特异性状态 y，尽管这不会影响它们当前的劳动所得（因为它们处于失业状态）。

在这种情况下,社会保障税率就直接等于平均替代率$\dfrac{b_{SS}(Z,\Phi)}{w(Z,\Phi)}$乘以老年人口抚养比$\dfrac{\Pi_R}{\Pi_W}$。

3.4 递归竞争均衡

正如大家已经看到的,这个经济体的状态空间包括了个体特征[①](j,s,y,a,β)的整个横截面分布 Φ。由于年轻的、处于工作年龄的家庭与退休家庭的动态规划问题彼此之间有显著的差异(从个体状态变量,以及预算约束条件上看),所以如果把家庭的年龄$j \in \{W,R\}$与其他状态变量区分开来,那么在记号的使用上将更加方便。这样一来,退休家庭的动态规划问题就可以表示为

$$v_R = (a,\beta;Z,\Phi) = \max_{c,d' \geqslant 0} \left\{ u(c) + \nu\beta \sum_{Z' \in Z} \pi(Z'|Z) v_R(a',\beta;Z',\Phi') \right\}$$

需服从约束条件

$$c + a' = b_{SS}(Z,\Phi) + (1 + r(Z,\Phi) - \delta)a/\nu$$
$$\Phi' = H(Z,\Phi',Z')$$

而对于有工作的家庭来说,决策问题则由下式给出:

$$v_W(s,y,a,\beta;Z,\Phi) = \left\{ \max_{c,d' \geqslant 0} u(c) + \beta \sum_{(Z',s',y') \in (Z,S,Y)} \pi(Z'|Z)\pi(s'|s,Z',Z)\pi(y'|y) \right.$$
$$\left. \times \left[\theta v_W(s',y',a',\beta;Z',\Phi') + (1-\theta)v_R(a',\beta;Z',\Phi') \right] \right\}$$

需服从约束条件

$$c + a' = (1 - \tau(Z;\rho) - \tau_{SS})w(Z,\Phi)y[1 - (1-\rho)1_{s=u}] + (1 + r(Z,\Phi) - \delta)a$$
$$\Phi' = H(Z,\Phi',Z'),$$

其中,$1_{s=u}$ 是一个指标函数。如果某个家庭失业了,那么该指标函数取值为 1,从而它的劳动所得就等于失业救济金,即,$b(y,Z,\Phi) = \rho w(Z,\Phi)y$。

定义 1:递归竞争均衡由工作家庭和退休家庭的值函数和策略函数 $v_j、c_j、a'_j$、定价函数 r、w,以及总体运动定律 H 给出,它们使得:

1. 给定定价函数 r,w,如方程式(4)所示的税率和总体运动定律 H,值函数 v 是关于家庭的如上所述的贝尔曼方程的解,而且 c,a' 就是相关联的策略函数。

2. 要素价格由下式给出

$$w(Z,\Phi) = ZF_N(K(Z,\Phi),N(Z,\Phi))$$
$$r(Z,\Phi) = ZF_K(K(Z,\Phi),N(Z,\Phi))$$

3. 失业保险体系下实现预算平衡,即,式(4)得到了满足。

4. 市场出清

[①] 为了便于递归竞争均衡的计算,我们跟随随克鲁塞尔和史密斯(Krusell and Smith, 1998)以及其他一些研究者的思路,定义和描述了一个仅使用很少几个矩的有限理性家庭递归竞争均衡模型来预测未来价格(具体来说,就是财富净值分布的平均值)。关于计算这类均衡模型的各种替代方法的讨论,请参阅《经济动态和控制》(*Journal of Economic Dynamics and Control*)杂志 2010 年 1 月特刊。

$$N(Z,\Phi) = (1 - \Pi_Z(u)) \sum_{y \in Y} y \Pi(y)$$

$$K(Z,\Phi) = \int a d\Phi.$$

5. 总体运动定律 H 是由外生的特异性风险和总体风险的随机过程,以及关于资产的最优策略函数 a' 推导出来的。[①]

3.5 对于不同版本的模型的一种分类

表5总结了我们将在本章中研究的模型的不同版本,还列出了它们出现的章节序号。我们从该模型的如下版本开始讨论:全要素生产率是外生给定的。总量冲击传播的唯一一来源是资本存量,而资本存量在短期内是预先确定的(因此产出是外生给定的),但是在中期,资本存量则是对技术冲击和/或社会保险体系改革的反应。我们还研究了该模型的两个主要版本。第一个版本是原始的克鲁塞尔–史密斯经济(Krusell and Smith,1998),它不存在偏好异质性(在下文中,我们将会把这种经济称为 KS 经济,或低财富不平等经济,又或同质贴现因子经济);第二个版本是一个具有永久性的贴现因子异质性的经济(我们称之为高财富不平等经济,或异质贴现因子经济,又或者直接简称为基准经济)。后一种经济体还具有一个规模与美国数据中展示的相一致的失业保险制度。在第5.1节中,我们讨论了该模型的这两个版本在多大程度上与经验观察到的美国横截面财富分布相匹配;在第6.1节中,追踪分析了模型所隐含的总消费、投资和产出动态——作为对类似于大衰退的总体性冲击的反应。

表5 本章所使用的模型的不同版本的分类

名称	贴现因子	技术	社会保险	章节序号
KS(克鲁塞尔和史密斯)	$\beta = \bar{\beta}$	$\omega = 0$	$\rho = 1\%$	第6.1节
Het. β	$\beta \in [\bar{\beta} - \varepsilon, \bar{\beta} + \varepsilon]$	$\omega = 0$	$\rho = 50\%$	第6.1节
Het. β	$\beta \in [\bar{\beta} - \varepsilon, \bar{\beta} + \varepsilon]$	$\omega = 0$	$\rho = 10\%$	第6.3节
Dem. Ext.	$\beta \in [\bar{\beta} - \varepsilon, \bar{\beta} + \varepsilon]$	$\omega > 0$	$\rho = 50\%$	第7节

为了评估财富不平等性与社会保险政策的相互作用对总体宏观动态的意义,在第6.3节中,我们研究了异质贴现因子经济的另一个版本,它只有较小规模的失业保险。在第7节中,我们放松了外生全要素生产率(TFP)的假设,从而给出了前述模型的又一个版本,使得全要素生产率部分由需求决定(因而使得产出也部分由需求决定)。在这个版本的模型中,家庭异质性不仅对消费衰退的规模产生了潜在的影响,而且也对产出下降的程度产生了重要影响;而且,稳定个人的消费需求,失业保险可能发挥作为一个在定量层面上有重要意义的宏观经济稳定器的作用。

---

① 我们在附录 B 中给出了运动定律 H 的准确定义。

4.　基准经济(基准模型)的校准

在本节中,我们将描述如何将我们构建的这个经济体(模型)映射到数据上。由于我们想要分析的是商业周期问题以及失业和就业状态之间的转换问题,所以用季度数据来校准模型。

4.1　技术与总体生产率风险

与克鲁塞尔和史密斯(Krusell and Smith,1998)一样,我们假设这个经济体的生产服从如下的科布-道格拉斯生产函数

$$Y = ZK^{\alpha}N^{1-\alpha} \tag{5}$$

我们将资本的份额设定为 $\alpha = 36\%$,每季度的折旧率设定为 $\delta = 2.5\%$。对于总体技术过程,假设总体生产率 Z 可以取两个值 $Z \in \{Z_l, Z_h\}$,我们将其中的 Z_l 解释为一次可能很严重的衰退。假设总体技术过程服从具有如下转移矩阵的一阶马尔科夫链

$$\pi = \begin{pmatrix} \rho_l & 1-\rho_l \\ 1-\rho_h & \rho_h \end{pmatrix}$$

与该马尔科夫链相关的平稳分布满足

$$\Pi_l = \frac{1-\rho_h}{2-\rho_l-\rho_h}$$

$$\Pi_h = \frac{1-\rho_l}{2-\rho_l-\rho_h}$$

在进行归一化 $E(Z) = 1$ 之后,总体生产率过程就完全由两个持续性参数 ρ_l, ρ_h 和总体生产率的离散度(用 Z_l/Z_h 度量)决定了。

为了进行总体生产率过程的校准,我们把 $Z = Z_h$ 的实现视为一场严重的经济衰退——例如,最近这场大衰退,或 20 世纪 80 年代初期的双底衰退——并把 $Z = Z_l$ 的实现视为经济处于正常时期。如果这样来解释这个模型,那么通过选择参数 ρ_l, ρ_h 和 Z_l/Z_h,我们就能让模型与数据中各个严重衰退时期所持续的时间在总时间中所占的比例保持一致,其预期时间长度的计算,以滑入某个严重衰退、与严重衰退有关的人均国内生产总值的下降为条件。[①]

由此,我们不难注意到,在前述生产率过程中,严重衰退所持续的时间所占的比例为 Π_l,条件是陷入某个严重衰退时期,其预期时间长度由下式给出:

$$EL_l = 1 \times 1 - \rho_l + 2 \times \rho_l 2(1-\rho_l) + \cdots = \frac{1}{1-\rho_l} \tag{6}$$

[①] 本章重点关注罕见但规模巨大的经济危机。关于罕见灾难的经济学研究,请参见里茨(Rietz,1988)、巴罗(Barro,2006)和古里奥(Gourio,2013)等的论文。

这意味着要采取如下校准策略:

1. 选择 ρ_l,以匹配一次严重衰退的平均长度 EL_l。这是衡量经济衰退持续性的一个测度。

2. 给定 ρ_l,选择 ρ_h,以匹配经济处于严重衰退当中的时间所占的比例 Π_l。

3. 选择 $\dfrac{Z_l}{Z_h}$,以匹配严重衰退期间人均国内生产总值相对于正常时期的下降。

为了度量数据中与上面这些"模型量"相对应的"经验量",我们需要对严重衰退给出一个操作性的定义。如果模型假设总失业率 $\Pi_z(y_u)$ 就是总体经济状态 Z 的一个函数的话,这个定义可以基于人均国内生产总值、全要素生产率或失业率来给出。

我们在这里选择的是后者,将严重衰退定义为失业率上升到了 9% 以上并至少持续了一个季度,同时把经济严重衰退期的时间长度确定为失业率高于 7% 的时期。从 1948 年第 1 季度至 2014 年第 3 季度,运用这一定义,我们确定了两个严重经济衰退时期:从 1980 年第 2 季度到 1986 年第 2 季度,以及从 2009 年第 1 季度到 2013 年第 3 季度。由此,我们计算出,经济严重衰退的频率(所占时间比例) $\Pi_l = 16.48\%$,而期望时长则为 22 个季度。在这些严重衰退期间,平均失业率为 $u(Z_l) = 8.39\%$;而在正常时期,平均失业率则为 $u(Z_h) = 5.33\%$。在能够给出这种频率和时长的严重衰退时期的马尔科夫转换矩阵中,有 $\rho_l = 0.9545$ 和 $\rho_h = 0.9910$,因此

$$\pi = \begin{pmatrix} 0.9545 & 0.0455 \\ 0.0090 & 0.9910 \end{pmatrix}$$

对于比率 $\dfrac{Z_l}{Z_h}$,我们瞄准的目标值为 $\dfrac{Y_l}{Y_h} = 0.9298$,这也就是说,人均 GDP 与正常时间相比,下降了 7%。[①] 设定受雇佣者的平均劳动生产率等于 1,失业者的平均劳动生产率等于 0,那么衰退状态下和正常时期的失业率分别为 $u(Z_l) = 8.39\%$ 和 $u(Z_h) = 5.33\%$,资本所占份额为 $\alpha = 0.36$,这要求 $\dfrac{Z_l}{Z_h} = 0.9614$。这个比率与如下归一化一起决定了 Z 的水平:

$$Z_l \Pi_l + Z_h \Pi_h = 1$$

即,$Z_l = 0.9676$, $Z_h = 1.0064$。需要注意的是,由于受到资本存量的内生动态的影响(资本存量在经济衰退期间会显著下降),全要素生产率的离散度会小于仅仅通过全要素生产率和失业率上升使得产出下降 7% 时所需的离散度(由于资本存量已预先确定,那就是受到冲击时产出的下降)。[②]

---

① 这是在我们确定的两个衰退期当中实际人均 GDP 的下降情况(人均 GDP 已经进行了线性去趋势处理)。人均 GDP 下降的确切幅度是多少,对我们的结果来说并不是至关重要的;重要的是,严重的经济衰退比通常的商业周期波动更大,(尤其是)持续性更强。

② 在短期内,有

$$\frac{Y_l}{Y_h} = \frac{Z_l}{Z_h}\left(\frac{1-u(Z_l)}{1-u(Z_h)}\right)^{0.64},$$

因此,要在短期内使产出出现 7% 的下降幅度,就要求

$$\frac{Z_l}{Z_h} = \frac{0.9298}{\left(\frac{0.9161}{0.9467}\right)^{0.64}} = 0.9496.$$

4.2 特异性劳动所得风险

回想一下,我们在前面已经提到过,家庭要面对两种特异性风险:反周期的失业风险,用转移矩阵 $\pi(s'|s,Z',Z)$ 描述;以及,以被雇用为条件,由 $\pi(y'|y)$ 决定的非周期的劳动所得风险。下面我们依次描述这两种风险。

4.2.1 失业风险

特殊的失业风险完全可以由 4 个 2 乘 2 转移矩阵 $\pi(s'|s,Z',Z)$ 决定,对于每一个 (Z,Z') 组合,它总结了进入和离开失业状态的转移概率。因此,$\pi(s'|s,Z',Z)$ 的形式为

$$\begin{bmatrix} \pi_{u,u}^{Z,Z'} & \pi_{u,e}^{Z,Z'} \\ \pi_{e,u}^{Z,Z'} & \pi_{e,e}^{Z,Z'} \end{bmatrix} \tag{7}$$

其中,例如 $\pi_{e,u}^{Z,Z'}$ 是当总体生产率由 Z 转换为 Z' 时,一个失业的个体在一个期间与下一个期间之间找到工作的概率。很显然,这个矩阵的每一行的和必定为 1。另外,总失业率只依赖于总体经济状态这个限制,对这些 2 乘 2 矩阵的每一个都施加了一个额外的约束,其形式如下

$$\Pi_{Z'}(u) = \pi_{u,u}^{Z,Z'} \times \Pi_Z(u) + \pi_{e,u}^{Z,Z'} \times (1 - \Pi_Z(u)). \tag{8}$$

因此,对于每一个 (Z,Z') 对,当以经济衰退和经济扩张期间的失业率 (Π_l,Π_h) 为目标时,方程式(8)就对 $(\pi_{u,u}^{Z,Z'},\pi_{e,u}^{Z,Z'})$ 施加了一个联合限制。在这些约束条件的限制下,特异性转移矩阵就由 $\pi_{u,e}^{Z,Z'}$ 唯一地确定下来了;换句话说,求职成功率可以唯一地决定它。[①]

对于某个季度的求职成功率,我们可以这样来计算:考虑存在一个人,在该季度开始时处于失业状态,我们先来计算到了该季度终时,这个人仍然处于失业状态的概率。这种情况可能通过以下方式发生(我们用 f_1、f_2 和 f_3 分别表示在该季度的第一个月、第二个月、第三个月找到工作的概率;用 s_1、s_1 和 s_3 分别表示在该季度的第一个月、第二个月和第三个月离职的概率):

1. 在第一个月、第二个月或第三个月都没有找到工作,概率为 $(1-f_1) \times (1-f_2) \times (1-f_3)$。

2. 在第一个月找到了工作,但是在第二个月又失去了工作,而且在第三个月未能找到工作,概率为 $f_1 \times s_2 \times (1-f_3)$。

3. 在第一个月找到了工作,在第二个月仍然保住了工作,但是在第三个月失去了工作,概率为 $f_1 \times (1-s_2) \times s_3$。

4. 在第二个月找到了工作,但是在第三个月失去了工作,概率为 $(1-f_1) \times f_2 \times s_3$。

因此,某个人在一个季度开始时失业,到该季度终了时没有失业的概率为

$$f = 1 - ((1-f_1)(1-f_2)(1-f_3) + f_1 s_2(1-f_3) + f_1(1-s_2)s_3 + (1-f_1)f_2 s_3) \tag{9}$$

我们遵循夏默(Shimer,2005)的思路,利用对应于特定的 Z–Z' 转换期间的平均值来度量当前

---

① 我们也可以使用离职率 $\pi_{e,u}^{Z,Z'}$。

人口调查数据中的求职成功率和离职率。[1] 将它们与 $\pi_{u,e}^{Z,Z'}$ 联立，可以推导出如下的就业－失业转移矩阵：

· 总体经济原本处于衰退期，并仍然处于衰退期：$Z = Z_l;Z' = Z_l$

$$\begin{pmatrix} 0.3378 & 0.6622 \\ 0.0606 & 0.9394 \end{pmatrix} \tag{10}$$

· 总体经济原本处于正常期，并仍然处于正常期：$Z = Z_h;Z' = Z_h$

$$\begin{pmatrix} 0.1890 & 0.8110 \\ 0.0457 & 0.9543 \end{pmatrix} \tag{11}$$

· 总体经济陷入了衰退：$Z = Z_h;Z' = Z_l$

$$\begin{pmatrix} 0.3382 & 0.6618 \\ 0.0696 & 0.9304 \end{pmatrix} \tag{12}$$

· 总体经济从衰退中恢复了过来：$Z = Z_l;Z' = Z_h$

$$\begin{pmatrix} 0.2220 & 0.7780 \\ 0.0378 & 0.9622 \end{pmatrix} \tag{13}$$

我们观察到，这样得到的所有矩阵都是很直观的。一个可能的（但是在定量的意义上出现的概率较小的）例外是，如果经济仍然处于正常时期，那么与摆脱了衰退的时期相比，求职成功率更高。另一方面，较低的求职成功率与我们在经济大衰退期间的经验是一致的，因为到 2014 年之前，求职成功率一直没有恢复；而通过我们的校准，经济大衰退在 2013 年时就已经结束了。

4.2.2　以就业为条件的劳动所得风险

除了如上所述的失业风险之外，我们再往模型中加入劳动所得风险（以被雇用为条件）。这样一来，我们就可以得到经验上更加合理的劳动所得分布，并使得劳动所得风险成为财富分布中一个更有效的决定因素（并因此降低了偏好异质性对于财富分布的重要性）。我们假设，在被雇用的条件下，家庭的对数劳动所得服从一个既有瞬时性（transitory）冲击、又有持续性（persistent）冲击的过程。[2] 这个过程的定义是

$$\text{Log}(y') = p + \epsilon \tag{14}$$
$$p' = \phi p + \eta \tag{15}$$

这里包括了持续性冲击 ϕ 以及持续性冲击和瞬时性冲击的新息（η,ϵ）。[3] 与这些冲击相关的

---

[1] 令 u_t 表示失业率，并令 u_t^S 表示短期失业率（即，某人这个月失业了，但是上个月并不处于失业状态）。那么我们可以定义月度求职成功为 $1-(u_{t+1}-u_{t+1}^S)/u_t$，并定义离职率为 $u_{t+1}^S/(1-u_t)$。我们利用的当前人口调查数据的相关序列包括失业水平序列（UNEMPLOY）、短期失业水平序列（UNEMPLT5）和平民就业水平序列（CE16OV）。从 1994 年 2 月开始（包括 2 月），当前人口调查的编码方法发生了一些变化，因此从 1994 年 2 月起每月的 UNEMPLT5 被 UEMPL5 ×1.1549 所代替。

[2] 对于作为一个既有瞬时性冲击又有持续性冲击（或者，永久性冲击）的随机过程的对数劳动所得或对数收入的这种建模方法，遵循了劳动经济学领域大量实证研究文献的传统。例如，请参见米格尔和皮斯塔费里（Meghir and Pistaferri，2004）、斯多尔斯莱登等人（Storesletten et al.，2004b）、居文能（Guvenen，2009），以及它们所附的许多参考文献。

[3] 需要注意的，我们在这里假设这个过程的方差和持续性与商业周期的状态无关。正如斯多尔斯莱登等人（Storesletten et al.，2004a，2007）、居文能（Guvenen，2014）所强调的，数据中的劳动所得风险是反周期的。在我们构建的基准模型中，劳动所得风险也是反周期的，但那只是反周期的失业风险所致。

方差记为 $(\sigma_\eta^2, \sigma_\epsilon^2)$，因此整个过程可以用参数 $(\phi, \sigma_\eta^2, \sigma_\epsilon^2)$ 来描述。我们从源于美国收入动态追踪调查的年度数据估计出了税后的家庭劳动所得的过程（首先要去除年龄、受教育程度和时间效应），最后得到的 $\phi, \sigma_\eta^2, \sigma_\epsilon^2$ 的估计值分别为 0.9695、0.0384 和 0.0522。[①] 接下来我们将这些估计值转译为季度持续性和变异性。[②] 然后，我们运用卢文赫斯特（Rouwenhorst）的方法，将该过程的持续性部分离散化为一个包含七个状态的马尔科夫链。[③] 由于冲击是独立同分布的，所以只会成为欧拉方程右侧的一部分进行期望的计算。[④] 我们运用一个具有三个节点的高斯-厄米特（Gauss-Hermite）求积法来近似计算期望的积分。因此，我们通过一个具有 7×3＝21 个状态的离散马尔科夫链有效地逼近了这个连续状态空间过程。[⑤]

4.3 偏好与生命周期

在基准经济中，我们假设对于当期消费的周期效用函数是一个参数 $\sigma = 1$ 的常相对风险厌恶效用函数。如前所述，我们研究了这个模型的两个版本：第一，原始的克鲁塞尔-史密斯经济（Krusell and Smith，1998），在这个经济体中，家庭具有相同的时间贴现因子；第二，像卡罗尔等人构建的模型一样（Carroll et al.，2015），家庭具有永远不同的时间贴现因子（并且家庭会以正的概率死亡，以确保有限的财富净值分布）。

对于存在偏好异质性的模型，我们假设，家庭的生命周期开始时，会从一个以 $[\bar{\beta}-\epsilon, \bar{\beta}+\epsilon]$ 为支撑的均匀分布[⑥]中抽取自己的永久性贴现因子 β，同时选择 $(\bar{\beta}, \epsilon)$，使得在模型的财富分布中（当失业保险替代率为 50% 时），工作年龄人口的基尼系数为 77%（与数据一样），并使得季度财富与产出之间的比率为 10.26（就像卡罗尔等人的模型一样，见 Carroll et al.，2015）。为了满足这些要求，必须有 $(\bar{\beta}=0.9864, \epsilon=0.0053)$，而这就意味着，该经济体的年度贴现因子的范围为 $\beta=0.9265$ 至 $\beta=0.9672$。最后，处在它们的生命周期的工作阶段的所有家庭，都面临恒定退休概率 $1-\theta$；同时，退休的家庭则面临恒定的死亡概率 $1-\nu$。在我们构建

---

① 关于税后劳动所得的准确定义、样本选择标准和估计方法，请参见附录 A。

② 为确保季度对数劳动所得的持续性与年度对数劳动所得相同，我们令季度一阶自回归的持续性为 $\phi = \hat{\phi}^{\frac{1}{4}}$。对于方差，我们注意到，劳动所得冲击的主要目的是帮助提供合理的横截面劳动收入分布。因此，我们的目标是，在季度频率上保持与我们在估计年度频率时同样的劳动所得横截面分布。为此，选择一个与其年度对应物相等的季度瞬时性方差，并令

$$\frac{\sigma_\eta^2}{1-\phi^2} = \frac{\hat{\sigma}_\eta^2}{1-\hat{\phi}^2}$$

就可以实现这个目标。

③ 请参见，科佩奇和孙（Kopecky and Suen，2010）对卢文赫斯特（Rouwenhorst）的方法的详细描述和评估。

④ 这是因为，我们将库存现金和持续收入状态作为个人家庭动态规划问题中的状态变量。

⑤ 为了完成分布式统计量的计算，我们模拟了一组家庭。在这个模拟中，持续性冲击的实现保留在网格上，而瞬时性冲击则是从一个正态分布中抽取出来的，因此不会只限于落在某个正交点上。

⑥ 在实践中，我们要将这个分布离散化，并假设每个家庭以相等的概率抽取五个可能的 β 值中的一个；因此 $B = \{\beta_1, \cdots, \beta_5\}$，且 $\Pi(\beta) = 1/5$。我们也尝试过克鲁塞尔和史密斯的模型中（Krusell and Smith，1998）随机的 β，但是发现还是我们所采取的方法更能提高模型生成足够多的贫困家庭的能力。β 的取值是随机的经济的结果，通常介于本章将详细介绍的原始的克鲁塞尔-史密斯经济（Krusell and Smith，1998）的结果，与具有永久的 β 异质性的模型中所能获得的结果之间。对于这类模型，我们在下面也会详细介绍。

的季度模型中,选择 $1-\theta = 1/160$,这意味着期望工作寿命为 40 年;同时选择 $1-\nu = 1/160$,这意味着期望退休期为 15 年。

对于原始的克鲁塞尔-史密斯经济,我们选择常用的季度贴现因子 $\beta = 0.9899$,以确保这个经济体中的资本产出比(再一次,这是季度频率)与存在异质性 β 的经济中的资本产出比相等。在这个经济体中,所有家庭既不退休也不死亡。

4.4　政府的失业保险政策

社会保险(或者更具体地说,失业保险)体系的规模是由替代率 ρ 决定的。对于基准经济,我们假设 $\rho = 50\%$,这也是相关文献通常设定的 ρ 值,例如请参见格鲁伯(Gruber,1994)。由于观察到许多符合领取失业保险金条件的家庭实际上并没有获得索赔,所以我们也会考虑较低的值 $\rho = 10\%$,例如请参见布兰克和卡德(Blank and Card,1991),或霍多罗夫-赖希和卡拉巴鲍尼斯(Chodorow-Reich and Karabarbounis,2016)。

最后,为社会保障融资的工资税率设定为 $\tau_{SS} = 15.3\%$。选择这个税率意味着,社会保险体系的平均(整个商业周期)替代率大约为 40%,这在经验上也是一个合理的替代率。克鲁塞尔-史密斯经济中,为了避免零消费而导致的数值计算问题,我们的模型中还包括了一个最小失业保险体系,其替代率为 $\rho = 1\%$。

5.　评估基准经济

5.1　基准经济中劳动所得、收入、财富和消费的联合分布

在本节中,我们评估如上所述的基准模型在多大程度上符合财富、收入和消费支出的联合分布的主要实证事实,以及当经济受到一个很大的负面总体性冲击时,这种分布的变化情况。

5.1.1　基准经济中的财富不平等

我们在本章引言中已经指出过了,一个模型所隐含的财富分布,是不是与经验观察到的财富集中情况(尤其是最底部的 40% 家庭的财富净值所占的份额接近于零的事实)一致,对于这个模型能不能作为研究经济总体波动的一个工具是至关重要的。在本节中,我们会证明,我们的基准经济就有这样的性质,但是在类似于克鲁赛尔和史密斯所构造的原始模型(Krusell and Smith,1998)所代表经济体中,由于财富不平等完全是特异性的失业冲击和不完全的金融市场所导致的,就不具有这个性质。[1]

---

[1] 我们保留了对特异性失业风险的校准,在我们版本的克鲁塞尔-史密斯经济中,横截面财富分布与原始数字不一样,但是这种差异的量级不足以改变下面的任何结论。

　　下面的表6列出了财富分布的若干统计量,它们分别来自两个实际数据集(美国收入动态追踪调查,以及美国消费者金融调查)和两个模型经济体(原始的克鲁塞尔-史密斯经济体,以及我们构建的基准模型——该经济体中包括特异性收入风险、不完全市场、基本的生命周期结构、失业保险体系和异质性贴现因子)。[①] 正如我们在上一节中讨论模型校准时已经表明的,通过对时间贴现因子的合理选择,这两个经济体可以实现相同的平均资本产出比(相对于商业周期),而且我们的基准经济体还能得到与美国收入动态追踪调查的微观数据一致的财富分布基尼系数。不过,经验数据横截面财富净值分布的所有其他矩都不是模型校准的目标。

表6　财富净值分布:数据与模型的对比

财富占总财富的份额	数据		模型	
	美国收支动态追踪调查,2006年	美国消费者金融调查,2007年	基准模型	克鲁塞尔-史密斯模型
第一个五分位	-0.9	-0.2	0.3	6.9
第二个五分位	0.8	1.2	1.2	11.7
第三个五分位	4.4	4.6	4.7	16.0
第四个五分位	13.0	11.9	16.0	22.3
第五个五分位	82.7	82.5	77.8	43.0
90%至95%	13.7	11.1	17.9	10.5
95%至99%	22.8	25.3	26.0	11.8
顶层1%	30.9	33.5	14.2	5.0
基尼系数	0.77	0.78	0.77	0.35

　　从表6中,我们不难注意到,总体而言,基准模型很好地拟合了数据显示的经验财富净值分布(尽管不是百分之百地),特别是在分布的底部。具体来说,基准模型准确地捕获了这个事实:构成财富净值分布最底部两个五分位的那些家庭的财富在总财富中所占的份额极少,而构成最高财富五分位的那些家庭却占了美国经济所有财富净值的80%左右。当然,我们也得承认,基准模型使得财富分布的中上阶层(第四个五分位,以及第五个五分位的下部)变得有点太富有了。例如,在财富净值分布中,第90至第99百分位的家庭的财富,在数据中仅占总财富的36%左右,而在基准模型中则占到了44%。而且,最大的问题在于,基准模型仍然显著地忽视了财富向最顶层高度集中的事实。在数据中,财富净值分布中最顶层的1%家庭所持有的财富占经济总体净值的30%以上,而基准模型中相应的数字却只有14.0%。下面的图10给出了模型隐含的财富分布的直方图。[②]

　　最后,表6很好地再现了一个自克鲁塞尔和史密斯(Krusell and Smith,1998)以来就已经

---

① 请读者回想一下,在数据中,我们把注意力限制在处于工作年龄的家庭中。因此,当我们报告基准模型(包括了处于生命周期的退休阶段的家庭)的横截面统计量时,我们也只限于关注处于生命周期的工作阶段的家庭的结果。
② 当然,这显然是模型的一个缺点,但是需要指出的是,在这个财富水平的范围内,消费函数本质上是线性的(如下所示),因而直接对前1%的家庭拥有的财富,与前1%至前20%的家庭拥有的财富进行重组,并不会明显地改变总消费对冲击的反应。我们将在下文第6.2节回过头来讨论这个问题。

变得众所周知的事实：暂时性的失业风险和不完全的金融市场本身，并不会导致足够的财富分散。与数据相关的问题是双重的：第一，模型中处于财富净值分布最顶层的家庭的财富不够多；第二，更重要的是模型的这个结果，即，模型中财富净值分布底部的家庭所持有的财富明显过多。与美国消费者金融调查数据或美国收入动态追踪调查微观数据相比，在模型中，财富净值分布底部的 40% 家庭拥有的财富大约占经济体的总净值的 19%，而在数据中这个比例则大约为 0。基尼系数是衡量财富不平等的综合性指标，在数据中，财富分布的基尼系数远高于 0.7；而在初始的克鲁塞尔-史密斯模型中，这个数字却只有 0.35。

在下一节中，我们着手对模型进行分解，以便搞清楚是哪些因素使得基准经济生成了比初始的克鲁塞尔-史密斯经济更符合实际情况的财富净值分布。然后，我们再对基准模型在再现数据中的劳动所得、收入、消费和财富的经验联合分布方面的成功程度进行评估。

5.2　对机制 I 的考察：基准经济建模中哪些因素导致了财富不平等？

大量文献探讨了导致数据中观察到的财富高度集中现象的各种可能机制，详见德纳尔迪（De Nardi，2015）、德纳尔迪等人（De Nardi et al.，2015），以及本哈比和比辛（Benhabib and Bisin，2016）的文献综述。[①] 这些机制包括：金额较大的暂时性收入，美国收入动态追踪调查可能会错过这些，有关的研究，请参见卡斯塔涅达等人（Castaneda et al.，2003）、金德曼和克鲁格（Kindermann and Krueger，2015 年），或布鲁格曼和柳（Bruggman and Yoo，2015）；大量未投保的或仅部分投保的老年医疗支出冲击，请参见德纳尔迪等人（De Nardi et al.，2010），或阿梅里克斯等人（Ameriks et al.，2015）；通过意外和预期得到的遗产进行的代际间财富传播，请参见德纳尔迪（De Nardi，2004）；财富积累与成功创业之间的相互作用，请参见夸德里尼（Quadrini，2000 年）、卡吉蒂和德纳尔迪（Cagetti and De Nardi，2006）、布埃拉（Buera，2009）；对投资机会或投资回报的特异性冲击，请参见本哈比等人（Benhabib et al.，2011）。

在我们的基准模型中，我们遵循大量文献，它们探讨了符合经验现实的、有很高持续性的劳动所得风险（在实现了就业的条件下），以及一般的偏好异质性（特别是"人性不耐"的横截面离散性）的潜在重要性，它们对生成经验上合理的横截面财富净值分布有很大作用。在探讨初始的克鲁塞尔-史密斯经济（Krusell and Smith，1998）的论文中，作者们已经分析过时间贴现因子的家庭异质性，后来，亨德里克斯（Hendricks，2007）和卡罗尔等人（Carroll et al.，2015）又进一步阐述了这个问题；而且后者还在分析中纳入了随机的收益过程。

在上一节中，我们已经指出过，偏好异质性与特异性失业和劳动所得冲击，以及基本生命周期要素[②]和社会保险政策相结合，能够生成与 2006 年的实际数据很相似的财富分布（无

[①] 加贝克斯等人（Gabaix et al.，2014）评估了现有的理论是否与前 1% 家庭的收入和财富所占的份额长期以来持续上升这个现象一致，他们指出，只有那些嵌入了"超级巨星"现象的理论，才能够再现财富高度集中于最顶层的事实。

[②] 还有一篇文献在一个有不可保险的特异性收入风险的一般均衡经济中对横截面财富分布进行了定量研究。这篇文献始于休格特的论文（Huggett，1996）。

论是在分布的顶部,还是在分布的底部)。在表 7 中,我们进一步阐明,到底是哪个模型元素导致了这些结果。[①]

表 7　净值分布与消费下降:模型的不同版本之间的对比

财富占总财富的份额	模型[a]				
	KS	$+\sigma(y)$	+Ret.	$+\sigma(\beta)$	+UI
第一个五分位	6.9	0.7	0.7	0.7	0.3
第二个五分位	11.7	2.2	2.4	2.0	1.2
第三个五分位	16.0	6.1	6.1	5.3	4.7
第四个五分位	22.3	17.8	19.0	15.9	16.0
第五个五分位	43.0	73.3	71.1	76.1	77.8
90%至 95%	10.5	17.5	17.1	17.5	17.9
95%至 99%	11.8	23.7	22.6	25.4	26.0
顶层 1%	5.0	11.2	10.7	13.9	14.2
财富的基尼系数	0.35	0.699	0.703	0.745	0.767

注释 a:KS 模型(克鲁塞尔–史密斯模型)只考虑了失业风险和市场不完全性,因此本表的第一列重复了表 6 中的信息。在操作中,列$+\sigma(y)$增加了特异性的劳动所得冲击(瞬时性的和永久性的),列+Ret.增加了基本的生命周期结构(退休的概率和死亡的概率均为正,再加上退休后的社会保障),列$+\sigma(\beta)$将偏好异质性纳入了模型。最后一列+UI 则将失业保险体系的替代率从 1%提高到了 50%,因此,这一列所得到的模型就是我们的基准模型,其结果已经记录在表 6 中了。在所有的模型中,(平均)贴现因子都已经校准好,以保证所有模型都具有相同的资本产出比。

　　从这张表中(本表重复了表 6 中的部分信息,以便于不同模型经济体之间进行比较),可以清楚地看到各个模型中五个财富五分位所包含的财富净值、财富基尼系数,以及财富净值分布顶部的更详细的信息。这些模型从原始克鲁塞尔–史密斯经济(Krusell and Smith,1998年)到最后一列我们构建的基准经济。

　　表 7 包含了几个重要的定量结果。第一,比较第一个模型和第二个模型,我们看到除了失业风险外,再把持续性很高的劳动所得风险纳入进来,会非常显著地提高财富分散度(与只考虑失业风险的经济相比)。与大量估计随机劳动所得过程或收入过程的文献的结果一致(例如,请参见斯多尔斯莱登等人(Storesletten et al.,2004b),我们发现持久性的因素确实非常持久,其年度自相关性(以继续被雇用为条件)达到了 0.97。因此,即便是在没有失业的情况下,经济中也会存在一定比例的收入几乎一直都很低的家庭。这些家庭,主要位于财富净值分布的最低五分位,它们没有机会积累起丰厚的财富。[②] 因此,正如我们在数据中观察到的,当包括了特异性收入风险之后,最贫困的那些家庭所拥有的财富就会收缩到相当接近于 0 的水平。与此同时,财富最顶层的五分位家庭是那些实现了高收入的家庭,对他们来说,

---

① 卡斯塔涅达等人(Castaneda et al.,1998)也进行了类似的分解,但是他们更注重商业周期中的收入横截面分布的演变。

② 而且,如果替代率为 ρ = 50%的失业保险制度到位的话,就像在基准经济模型中那样,那么它们也没有强大的动机。

收入持续下降的风险提供了积累大量财富的动力。因此,与只纳入了失业风险的初始克鲁塞尔-史密斯模型相比,财富基尼系数在包含了劳动所得风险的模型经济中整整翻了一番。

第二,加入一个更加明确的生命周期结构,并不会使(劳动年龄人口的)财富净值分布发生太大的改变,但是正如我们在下一节中将会看到的,这意味着会出现一个更合理的财富-消费联合分布,因为这是在预防性储蓄动机之上再增加了一个为退休而储蓄的动机。它还能够在一定程度上降低财富向分布顶部集中的趋势,因为劳动所得风险会因退休而消失,从而削弱了富裕家庭的预防性储蓄动机。[①]

第三,表 7 前三列给出的财富净值分布中最顶层家庭的结果表明,收入风险和生命周期因素本身不足以生成数据中观察到的非常高的财富集中度。而这一点,也恰恰正是基准模型中的贴现因子异质性发挥关键作用的地方。它创造了一批很有耐心的、储蓄倾向性很高的家庭;除了预防性储蓄动机之外,这些家庭还会为了退休而储蓄(因为它们有足够的耐心,所以对这个阶段的生活的"估价"很高),从而确保它们即便处在高财富水平上,也不会让财富减少。我们在表 7 中可以看得很清楚(请比较该表最后两列),同时具有上述两个特征(生命周期和偏好异质性)的模型能够使财富净值分布的顶部五分位出现财富集中现象,这是最接近于我们在美国数据中观察到的分布情况(尽管不是出现在财富净值分布的最顶端)。

第四,纳入失业保险制度后,会进一步减少底层两个五分位所拥有的财富,因为既然现在有了失业保险,失去一个几乎不会带来什么财富净值的工作也就显得不那么有害了。在近期的一篇论文中(Krueger et al. ,2016),我们指出,失业保险体系的规模不仅会对财富净值分布的底部的形态产生关键性的影响,而且对我们在本章中研究的异质性家庭宏观模型经济因严重衰退而出现的福利损失也有很大的影响。

5. 2. 1　财富净值分布不同点的收入和消费

在本节中,我们将评估如前所述的基准模型在重现美国收入动态追踪调查数据中收入、消费和财富的联合分布的关键特征上的能力。为此,我们在表 8 中分别列出了,利用美国收入动态追踪调查数据(前面的表 2 已经包含了这些结果)和基准模型得到的财富净值分布的 5 个五分位的劳动所得、可支配收入、消费支出和消费支出率。

先说积极的方面。第一,模型与数据所显示的财富净值与劳动所得、可支配收入和消费支出之间的显著正相关性是一致的。后三个变量的份额都随着财富净值五分位数的增大而上升。第二,与数据一样,模型中的可支配收入(包括资本收入)与财富净值之间的相关性,同样高于劳动所得与财富净值之间的相关性。第三,这个模型还重现了一个关键的事实,即最底层的两个五分位虽然财富净值基本为 0,但是却为总体消费支出贡献了非常大的份额:在数据中,这个份额为 23. 7%,在模型中虽然稍低一些,但是仍然高达 17. 9%。因为(正如我们在下面将要证明的)这个低收入群体的消费在衰退期间下降幅度最大,所以它们的消费在总消费中占了很大一个份额这个事实对于研究模型对总体性冲击的宏观反应是非常重要

[①] 我们的模型对生命周期中特异性收入冲击与消费之间的联系规定了实质性的结构。在一项方法论意义上与我们构建的模型互补的研究中,阿雷利亚诺等人(Arellano et al. ,2015)构建了一个关于家庭生命周期中劳动所得和消费的弹性更大的非线性实证模型。

的。第四,关于消费支出率,我们构建的基准模型给出的水平与数据中的水平大体相当,而且与根据数据推导出来的实证结果——消费支出率将随财富净值的增加而下降——基本一致。然而,模型中的财富梯度却不如数据中陡峭;而且在模型中,财富净值分布顶部(第五个)五分位的消费支出率竟然比第四个五分位还要高(相对于可支配收入的消费支出率只是略微高一点,但相对于劳动所得的消费支出率则高出不少)。

表 8　财富净值分布各五分位的若干变量值:数据 vs 模型

财富净值分布上的五分位	各五分位所占的比例/%						消费支出率/%			
	劳动所得		可支配收入		消费支出		劳动所得		可支配收入	
	数据	模型	数据	模型	数据	模型	数据	模型	数据	模型
第一个五分位	9.8	6.5	8.7	6.0	11.3	6.6	95.1	96.5	90.0	90.4
第二个五分位	12.9	11.8	11.2	10.5	12.4	11.3	79.3	90.3	76.4	86.9
第三个五分位	18.0	18.2	16.7	16.6	16.8	16.6	77.5	86.0	69.8	81.1
第四个五分位	22.3	25.5	22.1	24.3	22.4	23.6	82.3	87.3	69.6	78.5
第五个五分位	37.0	38.0	41.2	42.7	37.2	42.0	83.0	104.5	62.5	79.6
与财富净值的相关性	0.26	0.46	0.42	0.67	0.20	0.76				

对于上面最后一个发现,将退休阶段包括进来,进而将整个生命周期的储蓄动机都纳入模型是至关重要的。在纯粹的无限期版本的模型中,即便纳入特异性收入冲击和偏好异质性,也仍然会显示出明显过高的消费支出率——所有财富五分位的平均消费支出率达到了百分之一百。而且,消费支出率相对于净值呈现出 U 形。如果没有生命周期储蓄动机,那么家庭积累财富就只是为了平滑负面收入波动,因此位于第四和第五个财富五分位上的家庭(个人)在积累了对于这个目的来说足够多的净资产后,就会表现出非常高的消费支出率(实际上,显著高于100%)——特别是相对于劳动所得的消费支出率。偏好异质性的纳入,能够在一定程度上减轻这个效应,但是由此而得到的模型仍然会导致严重的反事实消费支出率。相反,在包含了随机退休因素之后,就能够使得模型的结果更接近于经验观察结果,这也就成了我们将这个因素纳入模型的主要理由。

接下来,我们继续标示模型在"捕获"经验事实方面不那么成功的另一个维度。首先,虽然模型生成的消费支出份额确实随财富增加而大幅增加,但是在模型中,不仅财富少者的消费水平过低(这一点我们在上面已经讨论过了),而且富裕者(财富净值分布的顶层五分位)的消费水平太高了(42%,相比之下,数据中仅为 37.2%)。尽管模型相当不错地"捕获"了这些家庭的劳动所得和收入的份额,也无法抹杀这个事实。对于模型中的这个问题,我们可以这样总结:与在数据中一样,财富净值与消费支出之间的相关性在模型中也是正的,但是相关程度远远高于美国收入动态追踪调查数据中的相关程度。

总的来说,基准模型相当好地刻画了财富净值、劳动所得、收入和消费支出的横截面联合分布的许多定性特征,但是未能在定量上匹配财富净值与消费支出的联合分布——相对于数据,在模型中,财富少者的消费水平过低,而富裕者的消费水平则过高了。

5.3 正常时期和经济衰退期间收入、消费和财富的动态

在上一节中,我们研究了给定时间点上(在数据中为2006年;在模型中则为正常宏观经济表现长序列之后的一段时间)关键经济变量的联合分布。现在,我们要对模型进行一次更加雄心勃勃的检验(据我们所知,这是一次全新的检验),然后评估模型所隐含的财富、收入和消费的动态是否与数据中观察到的一致。我们不仅会针对宏观经济稳定时期提出这个问题(见第5.3.1节),而且还要针对宏观经济经历严重危机的时期提出这个问题(见第5.3.2节)。需要提请读者注意的是,在这个维度上的经验矩,都不是对模型进行校准时的目标。

5.3.1 正常时期:2004—2006年

关于数据,在这里我们仅限于利用美国收入动态追踪调查的稀疏时间序列(这个调查给出了全面的消费数据)。我们把这个数据集中从2004年至2006年这段时间视为"正常时期";然后我们将这个时期映射到模型中——研究8个有高生产率($Z=Z_h$)的季度,这个时期出现在一个好的总体性冲击的长序列之后,这样在这个时期开始之前,各总量变量和分布都已经稳定下来了。

表9列出了数据(该表复制了表3的部分信息)和模型的若干统计量。[1] 表9所列出的结果是这样计算出来的,对于给定的变量x(财富、收入和消费)和每个财富五分位数,我们先计算出该五分位(的所有家庭)x在2004年的平均值和在2006年的平均值,[2]然后计算出这两个数字之间的年化百分比差异。对于消费支出率,由于它本身就已经以百分比为单位了,所以要计算出2004年与2006年之间年化百分点的差异。

表9 正常时期(2004—2006年)各财富五分位若干待定变量的年化变化:数据 vs 模型

财富净值分布上的五分位	财富净值(%)		可支配收入(%)		消费支出(%)		消费支出率(百分点)	
	数据	模型	数据	模型	数据	模型	数据	模型
第一个五分位	NaN	44	7.4	7.2	7.1	6.7	-0.2	-0.4
第二个五分位	122	33	6.7	3.1	7.2	3.6	0.3	0.5
第三个五分位	33	20	5.1	1.6	9	2.5	2.3	0.8
第四个五分位	17	9	5	0.5	5.9	1.7	0.5	1.2
第五个五分位	12	3	1.8	-1.0	2.7	0.5	1.4	
全部	16	5	4.1	0.7	5.6	1.8	0.9	0.7

就财富净值而言,上述模型很好地捕获了如下事实,即,在经济景气良好时期,财富少的家庭积累财富的速度(财富增长率)比富裕的家庭更快。但是,模型中所有组别家庭的财富增长率都低于数据中的财富增长率。当然,我们应该注意到,在数据中,2004年至2006年正

---

[1] 因为在表9和表10中,劳动所得和可支配收入的统计结果非常相似,所以我们只列出了可支配收入。
[2] 这些家庭在2006年时通常不位于与2004年时相同的财富五分位。

是房地产和金融资产估值快速上升的一个时期,而在我们构建的模型中,财富(资本)的相对价格假设恒定为1,因此在正常时期,模型中的财富净值的增长必定只能来自家庭的净资本积累。①

就劳动所得(表9中未列出其结果)和可支配收入而言,我们构建的模型也呈现出了内嵌于特异性失业和劳动所得过程的大量均值回归趋势,即,财富最底层五分位的收入快速增长(7.2%),而财富最顶层五分位的收入实际是下降的(降幅为1%),尽管总收入不是这样的。这是因为,低财富净值的家庭的劳动所得通常较低,因此收入较低。正如我们在前面已经看到的那样,这个结果在定性上是与数据一致的;但是在定量上,这个模型给出的财富净值分布的顶部和底部之间的收入增长率的差异太大了。或者,换句话说,当所有家庭按财富排列时,这个模型意味着收入下降得稍微多了一些,而且收入的向上流动性过高了一点。②

最后,就消费支出的变化而言,表10表明,在正常时期,与数据中一样(就可支配收入而言亦然),消费增长势头在财富净值分布最底部最为强劲。消费增长率(再一次,可支配收入亦然)的财富梯度在模型中比在数据中更加陡峭。与数据中一样,模型显示(在2004年位于)最低财富五分位的家庭的消费扩张速度不及其收入增长速度,因此这个群体的消费支出率在正常时期是下降的。而对于人口中最富有的那些家庭来说,情况恰恰相反;与数据中一样,模型显示当宏观经济处于正常时期时,最高财富五分位的家庭的消费支出率有所扩大。财富少的家庭与富裕的家庭的消费支出行为之所以会表现出这种差异,其原因从模型的角度来看是非常直观的:拥有较少财富的家庭平均来说以往获得的劳动所得较少,而且它们的财富少于目标财富。因此,这些家庭需要减少消费支出来重建"财富缓冲"。相反的逻辑则适用于财富净值分布最顶部的家庭。模型的这种含义也与数据匹配,但是从定量的角度来看,最顶部财富五分位与最底部五分位的消费支出率的变化,在模型中比在数据中大了一些。

表10 严重衰退时期按财富净值计算的选定变量的年化变化:数据 vs 模型

财富净值分布上的五分位	财富净值(%)		可支配收入(%)		消费支出(%)		消费支出率(百分点)	
	数据	模型	数据	模型	数据	模型	数据	模型
第一个五分位	NaN	24	6.7	4.9	0.6	4.5	-4.2	-0.4
第二个五分位	24	15	4.1	0.3	2.0	1.2	-1.3	0.8
第三个五分位	4	8	1.8	-2.4	0.8	0.0	-1.1	2.2
第四个五分位	2	4	1.7	-4.0	-1.7	-1.5	-2.0	3.2
第五个五分位	-5	-1	-1.2	-6.4	-3.7	-3.5	-1.4	4.6
全部	-3	1	1.2	-3.7	-1.3	-0.8	-1.6	2.0

5.3.2 大衰退时期

在阐明正常时期财富、收入和消费(按财富排序)的动态变化之后,我们在表10中展示了宏观经济经历大衰退时期的模型统计量。这种大衰退是因为总体全要素生产率出现了转

---

① 在没有退休阶段,因而也没有生命周期储蓄的模型中,要使所有财富五分位的净值都发生正的变化,当然是非常困难的。这再一次证明了将基本生命周期元素纳入经济模型的合理性。

② 如果按照劳动所得或可支配收入对家庭进行排序,那么会使这个结论更有力。

变,即,从 $Z = Z_h$ 转换为 $Z = Z_l$。[①] 为了便于对表9和表10进行比较,我们又制作了表11,展示了增长率在衰退时期与正常时期之间的差异。

表11 衰退时期与正常时期的年化增长率的差异:数据 vs 模型

财富净值分布上的五分位	财富净值(%)		可支配收入(%)		消费支出(%)		消费支出率(百分点)	
	数据	模型	数据	模型	数据	模型	数据	模型
第一个五分位	NaN	−20	−0.7	−2.3	−6.5	−2.2	−4.0	0.0
第二个五分位	−98	−18	−2.6	−2.8	−5.2	−2.4	−1.6	0.3
第三个五分位	−29	−12	−3.3	−4.0	−9.0	−2.7	−3.4	1.4
第四个五分位	−15	−5	−3.3	−4.5	−7.4	−2.8	−2.5	2.0
第五个五分位	−17	−4	−3.0	−5.4	−6.2	−2.9	−1.9	3.2
全部	−19	−4	−2.9	−4.4	−6.9	−2.6	−2.5	1.3

同样地,我们首先来观察财富净值。在我们构建的模型中,财富净值是主要的内生状态变量,也是分析所有其他经济变量的动态变化的基础。我们观察到,在模型中(就像在数据中一样),经济衰退时期财富净值的增长率随着财富净值水平的提高而下降,这一点与在正常时期一样。而且,与数据中一样,经济大衰退显著地减缓了所有财富五分位的净值增长速度,甚至使得最富裕家庭的财富净值增长率变为负数,尽管模型预测的下降幅度小于数据所显示的。在模型中,财富分布最顶部五分位家庭所拥有的财富在经济大衰退期间下降了1%,而在正常时期则增长了3%。对于相同的财富五分位,在数据中,年财富增长在两年的时间内从正的12%下降到了负的5%。如前所述,在数据中,处于财富分布最顶部的这些家庭的财富巨幅减少,很大一部分原因是资产价格变动的结果。不过,由于我们设定的模型是单一资产模型,这种资产价格变动因素当然也就不会反映在模型中了。[②]

在2.3节中,我们已经阐明了另外两个经验事实,那就是:第一,在经济衰退中,位于财富最顶部五分位家庭的收入下降的幅度大于最底部五分位;第二,最底部五分位家庭削减消费支出率的幅度则大于最顶部五分位。比较表9和表10中的可支配收入的增长率,可以看到,我们构建的模型很好地捕获了前述第一个事实(至少在定性的意义上)。在这个模型中,最低财富五分位的收入增长率下降了2.3个百分点,而最高财富五分位却下降了5.4个百分点(而且,在这两个极端财富五分位数之间,这种下降是单调的)。而数据则显示,在适龄劳动人口中,拥有财富最少的20%的人的收入增长率下降了0.7个百分点,但是最富裕的20%的家庭的收入增长率则下降了3.0个百分点。

相比之下,这个模型在消费支出率的变化方面的表现更为复杂。在模型中,经济衰退时期,所有财富五分位的家庭相对于可支配收入的消费支出全都增加得更多(或减少得更少),

---

① 在模型中,大衰退发生在2009年第1季度,这符合我们的校准。在那个季度,Z 从 $Z = Z_h$ 转换为 $Z = Z_l$,然后保持不变,直到2013年第3季度。各个统计量是基于对2010年四个季度的平均水平与2008年四个季度的平均水平比较而得出的。在数据中,正如我们在第2节中已经讨论过的,为了便于获取收入和消费数据,我们考虑的是2006年至2010年这个期间。请读者注意,在数据中,所有变化都是经过年化处理的。

② 霍和里奥斯-鲁尔(Huo and Rios-Rull,2016)、卡普兰等人(Kaplan et al.,2016a)研究了住房价格的变化在解释大衰退中的总体消费动态变化方面的作用。

从而使得消费支出率上升,其中又以财富净值分布最底部的五分位的家庭的消费支出率的增长幅度为最小。而在数据中,所有组别的家庭的消费支出率都降低了,而且财富越少的组别下降的幅度越大。因此,尽管该模型与各个财富水平的消费支出率的相对运动(衰退时期相对于正常时期)是一致的;但是在数据中财富最少的家庭的消费支出率的下降幅度是最大的,而在模型中财富最少的家庭的消费支出率却是下降幅度最小的,这就表明,模型夸大了经济衰退期间的消费增长率,从而低估了在数据中显而易见的消费支出率的下降。

在模型中,一方面,当经济衰退发生,导致收入相对于正常时期出现了下降(或增长得更少)的时候,家庭有强烈的动机去利用自己的财富来平滑消费。那些处于失业中的人尤其如此。但是另一方面,由于经济衰退是长期持续的,失业风险持续升高,为了应对未来失业风险的预防性储蓄动机也有所增强——那些原本就财富不足的家庭的这种动机在经济开始衰退时特别强。对于高财富净值家庭来说,第一种动机占据着主导地位,因而这些家庭的消费支出率在经济衰退时期才会增加;而对于低财富净值家庭来说,这两个动机大致相当,因而在经济衰退时期和经济正常时期,消费率大致保持不变。下面,我们将在一个失业保险制度"不那么慷慨"的经济体中证明,在那种情况下,预防性储蓄动机会变得更强,特别是对于财富净值分布最底部的低净值家庭来说,它们确实会削减经济衰退时期的消费支出率,从而使模型与数据一致。

接下来,我们简要地总结一下这个基准模型在面对源于美国收入动态追踪调查的劳动所得、可支配收入、消费和财富数据时的优势和缺点,并以此结束本小节。这个模型成功地重现了观察到的横截面财富净值分布(除了最顶层的 1 % 之外),而且很好地刻画了财富、收入和支出的联合分布的显著特征。此外,这个模型也很好地再现了随着经济衰退而出现的消费支出率相对于财富水平的变动趋势。但是,这个模型未能预测经济衰退期间消费支出率的下降,同时也没有"捕获"到 2006—2010 年的数据中可以观察到的财富的大幅波动,因为它是从资产价格变动中抽象出来的。

在下一节中,我们将使用基准模型及一些它的变体来定量地分析,在经济大衰退期间,财富不平等在何种程度上确定了(作为对全要素生产率冲击的反应的)总消费变动的幅度,以及它的重要性如何。

6.　横截面家庭异质性与严重危机中消费和投资的总体动态

在这一节中,我们会指出,跨个体特征(主要是指财富水平和人性不耐程度)的家庭横截面分布是总体费和总投资对负的商业周期冲击的反应的决定因素。此外,我们还证明了,在存在这种重大的家庭异质性的情况下,社会保险政策的慷慨程度会强烈地影响宏观经济总量的动态变化。

我们关注的是,在经济严重衰退期间,财富的家庭异质性对总消费变量动态的影响。这也是最近许多研究的共同焦点,例如,请参见圭列里和洛伦佐尼(Guerrieri and Lorenzoni,2012)、格洛弗等人(Glover et al.,2014)、希思科特和佩里(Heathcote and Perri,2015),以及伯格和瓦弗拉(Berger and Vavra,2015)。

以克鲁塞尔和史密斯(Krusell and Smith,2006)的论文为基础,在研究社会保险体系在形塑有家庭异质性的经济体中总消费(以及,下一节中要讨论的产出)对负面商业周期冲击的反应中能够发挥的作用时,我们构建的模型同样以收入保险计划——特别是失业保险计划——为焦点。[①] 我们的工作与以下一些研究也有一定联系:麦凯和雷斯(McKay and Reis,2016),他们对商业周期动态的自动稳定计划进行了全面研究;希思科特(Heathcote,2005)、卡普兰和维奥朗特(Kaplan and Violante,2014),以及杰派利和皮斯塔费里(Jappelli and Pistaferri,2014),他们研究了所得税的自由变化对总消费的影响;布林卡等人(Brinca et al.,2016),他们探讨了这一类异质性主体模型中总财政乘数的量级。

6.1 基准检验结果

我们现在需要考虑两个思想实验。这两个思想实验都以在长时间的良性冲击之后的财富净值分布为初始条件,从而使横截面的分布稳定下来。然后,严重的经济衰退发生了。在第一个思想实验中,生产率在一个季度之后就恢复到了正常状态 $Z = Z_h$(并且之后仍然保持这种状态)。虽然这个思想实验并不能很好地描述美国实际发生的大衰退(因为这个思想实验中的经济衰退的持续时间过短),但是它却能够以最清晰的方式显示出衰退的机制。[②] 在第二个思想实验中,我们把经济对大衰退的反应时间设定为典型的持续时间(根据我们的校准),即持续5.5年(22个季度)。在这两个思想实验中,我们追踪了关键宏观经济总量的脉冲响应函数(简称IRF)。我们关注的主要焦点在于,这两个经济体之间总消费和总投资的反应在多大程度上不同——在这两个经济体的家庭异质性的范围之内。

为了阐明主要观点,我们对这两个模型经济体进行了如下实验:第一,原始的克鲁塞尔-史密斯经济,不存在偏好异质性、没有生命周期结构,只有适度的失业保险;第二,我们构建的基准模型,它具有原始的克鲁塞尔-史密斯经济所不具有的上述特点,因而如上所述,给出了一个与经验数据匹配得相当好的模型财富分布。我们还将证明,在克鲁塞尔-史密斯经济中,商业周期中的总消费和投资行为非常接近于代表性主体模型经济——事实上,克鲁塞尔和史密斯在他们最早的论文中(Krusell and Smith,1998)就指出过这一点。因此,到目前为止,如果仅考虑宏观经济总量,那么我们可以认为克鲁塞尔-史密斯经济与代表性主体经济是等价的。

[①] 与我们一样,Auclert(2014)、Auclert和Rognlie(2016),以及Kekre(2015)也强调了家庭之间的边际消费倾向异质性对总需求动态和再分配政策的影响。Wong(2015)则强调了家庭之间的年龄异质性对货币政策和对消费的冲击的传播的影响。

[②] 当然,家庭会形成预期,并基于驱动模型中 Z 的持续性的马尔可夫链做出决策,即便是在这个思想实验中也是如此。

在下面的图2中,我们绘制出了一次性负面技术冲击的模型脉冲响应——这个负面技术冲击是,Z 在长期的"好的"实现 Z_h 之后转换到了 Z_l。在该图中,左上方的子图给出了输入模型的全要素生产率 Z 的时间序列,其余的子图则分别显示了大衰退型全要素生产率冲击引起的总消费、投资和产出的模型动态。根据定义,在短期内,这两个经济体的外生全要素生产率 Z 的时间路径是相同的;就产出而言,在影响上是相同的,而且随着时间的推移,几乎是相同的。既然在这两个经济体中,全要素生产率和劳动供给都是外生的,并且遵循了相同的时间路径,资本的影响是预先确定的,而且一次性冲击不足以引发资本存量的大幅度变动,所以产出的时间路径在这两个经济体中也几乎相同。因此,两个经济体之间的关键差异之处在于,产出的这种非常相似的下降和回升,在多大程度上是反映在更低的总消费而不是总投资上的。

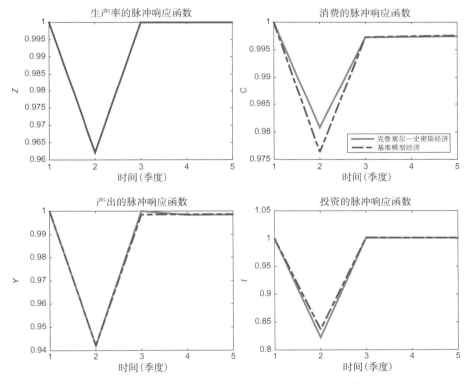

图2　两个经济体对总体性技术冲击的脉冲响应:一次性技术冲击

我们要强调的主要观察结论是,总消费(因此总投资)对负面生产率冲击的反应在两个经济体之间差异很大。在基准模型中,技术冲击发生后,产出下降了6％,作为反应,消费下降了2.4％。而在原始的克鲁塞尔-史密斯经济中,同样的产出下降只是导致消费下降了1.9％。因此,经济衰退对总消费的影响在纳入了(具有经验合理性的)财富异质性的经济体中上升了0.5个百分点,具有经验上合理的财富异质性。考虑到短期内的产出是外生的,而且在这个封闭经济中仅用于消费和投资,所以投资的脉冲响应必定会表现出相反的模式:在财富不平等性很高的经济体中,投资的下降幅度会小得多;这反过来又会导致经济下滑不那么显著,而且一旦经济衰退结束,宏观经济就能更快地开始复苏。然而,由于新投资只是资本存量的一小部分,这种对资本,进而对产出的差异效应(differential effects),从定量的角度来看是相当小的,至少在经济衰退为期甚短的情况下肯定是这样。[1]

需要注意的是,出于若干操作性目的,克鲁塞尔-史密斯经济呈现出了与代表性主体经济非常接近的总消费-投资动态变化。图3显示了克鲁塞尔-史密斯经济和代表性主体经济中各宏观变量对一次性衰退冲击的脉冲响应,证明了这个事实。虽然两者的脉冲响应不完全相同,但是在数量上确实非常接近。例如,克鲁塞尔-史密斯经济的总消费下降了1.9%,同时代表性主体经济的总消费则下降了1.78%。

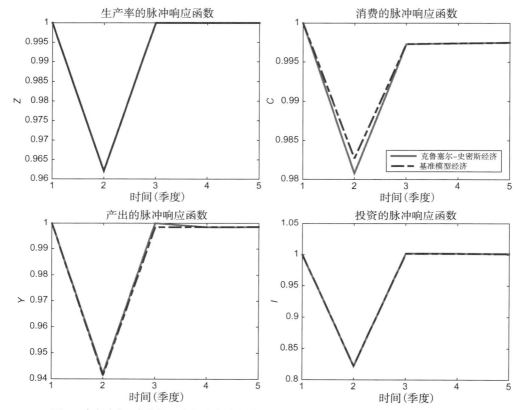

图3　克鲁塞尔-史密斯经济与代表性主体经济中对于总体性技术冲击的脉冲响应函数

在图4中,我们给出了长期持续的严重衰退期间的宏观经济总量变量的动态变化(严重衰退遵循我们在前面给出的工作定义,衰退期为22个季度)。该图表明,在一场持续好几年的大衰退中,在低财富不平等程度的克鲁塞尔-史密斯经济与高度不平等的基准模型之间,资本和产生动态的差异现在更明显了,特别是在经济衰退将结束之际。结果是,在全要素生产率再次回升后,基准经济的复苏力度大大增强——在经济衰退结束后的那个时期,资本大约上升1个百分点、产出增加0.3个百分点。

---

[1] 在附录的C.4中,我们证明了:财富净值分布对于当期总消费对于全要素生产率冲击的反应的重要性,并不意味着财富的更高阶矩是我们准确预测未来的工资和利率所必需的。

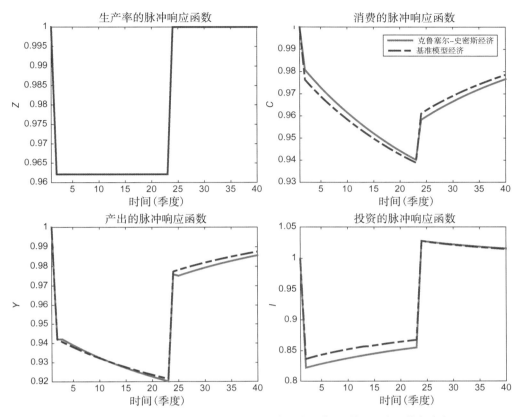

图 4　两个经济中对总体性技术冲击的脉冲响应："典型"的严重衰退技术冲击

由于克鲁塞尔–史密斯经济与我们构建的基准经济在建模的几个层面上都存在差异，所以在下一节中，我们对总体消费响应差异的原因进行了分解，同时仍然把注意力集中在大衰退中总消费的变动与大衰退之前的横截面财富分布之间的相互作用。

6.2　对机制 II 的考察：用什么解释总消费衰退的规模？

在上面一节中，我们的关键发现是，我们构建的（存在偏好异质性和符合现实的财富异质性的）基准经济中的总消费衰退的规模，是相应的代表性主体经济的两倍以上（代表性主体经济依次显示的总时间序列则非常接近于原始克鲁塞尔–史密斯经济）。在本节中，我们将剖析这个结果背后的原因。首先，在下面的图 5 中，我们给出了克鲁塞尔–史密斯经济和基准经济的消费函数和财富净值分布。其中左侧的小图显示了原始的克鲁塞尔–史密斯经济中相对于特异性就业状态与总生产率状态的三种组合中的消费函数（其中 x 轴表示个体家庭的财富）。对于某个给定的财富水平，在总体状态 $Z = Z_h$ 下就业者的消费函数（图中的长虚线）与总体状态 $Z = Z_l$ 下就业者的消费函数（图中的短虚线）之间的垂直距离，给出了大衰退期间消费下降的程度（以不失去工作为条件）。类似地，图中的长虚线显示的消费函数与实线显示的（经济衰退中的失业者的）消费函数之间的垂直距离，则给出了在经济衰退中失业家庭消费下降的程度。该图还包含了经济衰退前的财富净值分布——如图中5的直方图所示,其中特定财富位的质量显示在了右边的 y 轴上。① 图5的右侧子图则显示了我们构建的基准经济中处于工作年龄的家庭(中位劳动所得状态 y、中位贴现因子 $\bar{\beta}$)的对应信息。

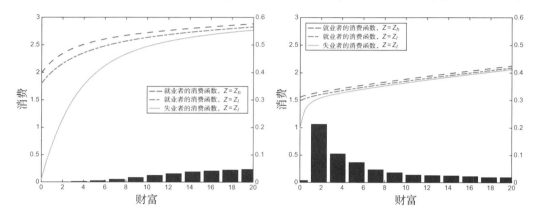

图5 消费函数与财富净值分布:克鲁塞尔-史密斯经济(左图)和基准经济(右图)

我们得到的第一个观察结果是,对于某个特定的财富水平,当克鲁塞尔-史密斯经济陷入大衰退时,个体家庭消费的下降幅度大大超过了我们的基准经济。② 对于那些几乎没有任何财富,且在大衰退开始时就失去了工作的家庭来说,这一点尤其突出,因为它们实际上是没有失业保险的。

克鲁塞尔-史密斯经济中个人消费的下降幅度更大,这个观察结果表明这个经济体中总消费的衰退实际上比基准经济更加严重,而这一点与前一节所述的结果恰恰相反。然而,图5(以及表6)清晰地表明,横截面财富分布赋予那些只拥有极少财富净值的家庭的概率质量几乎为零,但是这些家庭恰恰是消费降幅最大的家庭。与此形成鲜明对照的是,在(符合现实的)财富分布不平等的基准模型中,财富为零或接近于零的家庭却被赋予了相当可观的概率质量,而且这些家庭在大衰退时的消费降幅是非常显著的,特别是(但不仅仅限于)新近失业的家庭。③ 需要注意的是,这两个经济的平均净值是相同的,而且,我们在平均净值达到二十倍的地方进行了截断处理,以便使位于财富分布底部的个体家庭的消费的下降更加清晰可见。但是,基准经济所拥有的财富分布的右侧有一个"肥尾",很接近于帕累托分布,这一点与数据一致,例如,请参见本哈比和比辛(Benhabib and Bisin,2016);而原始的克鲁塞尔-史密斯经济的财富净值分布的右尾与对数正态分布很相似。因此,即便这两个分布具有相同的均值,我们从图中也可以清楚地看出,基准经济中处于低净值水平的家庭数量要多得多。

正如我们在下文第6.3节将会看到的,公共社会保险计划不仅会影响总消费动态(在某个给定的财富水平上,消费对总体性冲击的反应)的各种决定因素,而且还会影响财富分布

---

① 与这些直方图相关的总资本存量是衰退前的资本存量。需要注意的是,这两个经济在校准之后,具有相同的平均(商业周期中的)资本存量。
② 图5显示的是基准经济中中位数为 (y,β) 的家庭的消费函数,但是这些结论在定性的层面上同样适用于有其他 (y,β) 特征的家庭。读者应该还刻,原始的克鲁塞尔-史密斯经济中是不存在 (y,β) 异质性的。
③ 图5中右侧子图的财富分布,所对应的是全部适龄劳动人口的消费函数,而不仅仅是有特定的 (y,β) 特征的家庭的消费函数。

本身。在确定失业保险政策对商业周期中宏观经济的整体影响时,这两点都是至关重要的。不过,在转而讨论这个问题之前,我们还要先深入探讨一下,原始的克鲁塞尔-史密斯经济与我们构建的基准经济在总体性质和分布特征上的显著差异,背后的确切原因到底是什么,这样才能准确地确定哪些模型元素(及其相互作用)可以解释不同经济体之间呈现在总消费动态上的差异。

再提醒一下,请读者不要忘记,与克鲁塞尔-史密斯模型不同,我们构建的基准模型包括了特异性的劳动所得冲击、配有社会保障体系的基本生命周期结构、永久性偏好异质性,以及更慷慨的失业保险制度。

在下面的表 12 中,我们先复制了表 7 中关于不同版本的模型中的财富净值分布的信息,然后给出了大衰退中总消费对冲击的反应的幅度,相关的脉冲响应则显示在图 6 当中。从表 12 和图 6 中,我们可以观察到,在失业风险之上引入持续性的特异性收入风险,显著地放大了总消费的反应,使之高于原始的克鲁塞尔-史密斯模型的反应。事实上,总消费反应的幅度比基准模型的反应幅度还要大(见表 12 的倒数第二列)。考虑到我们在上面的论证,这一点也许并不值得奇怪,因为模型的这个版本生成了显著更大的财富不平等,而且更加重要的是,其中最底部的两个财富五分位几乎不拥有任何净值。[①]

表 12　财富净值分布与消费下降:模型的不同版本之间的比较

财富占总财富的份额	模型*					
	KS	+$\sigma(y)$	+Ret.	+$\sigma(\beta)$	+UI	KS+Top1%
第一个五分位	6.9	0.7	0.7	0.7	0.3	5.0
第二个五分位	11.7	2.2	2.4	2.0	1.2	8.6
第三个五分位	16.0	6.1	6.7	5.3	4.7	11.9
第四个五分位	22.3	17.8	19.0	15.9	16.0	16.5
第五个五分位	43.0	73.3	71.1	76.1	77.8	57.9
90%至95%	10.5	17.5	17.1	17.5	17.9	7.4
95%至99%	11.8	23.7	22.6	25.4	26.0	8.8
顶层1%	5.0	11.2	10.7	13.9	14.2	30.4
财富的基尼系数	0.350	0.699	0.703	0.745	0.767	0.525
ΔC	-1.9%	-2.5%	-2.6%	-2.9%	-2.4%	-2.0%

注释*:KS 模型(克鲁塞尔-史密斯模型)只考虑了失业风险和市场不完全性,因此本表的第一列复制了表 6 中的信息。在操作中,列+$\sigma(y)$增加了特异性的劳动所得冲击(瞬时性的和永久性的),列+Ret. 增加了基本的生命周期结构(退休的概率和死亡的概率均为正,再加上退休后的社会保障),列+$\sigma(\beta)$将偏好异质性纳入了模型。最后一列+UI 则将失业保险体系的替代率从 1% 提高到了 50%,因此,这一列所得到的模型就是我们的基准模型,其结果已经在表 6 中显示出了。在所有的模型中,(平均)贴现因子都已经校准好,以保证所有模型都具有相同的资本产出比。

---

① 然而,需要注意的是,这种机制不足以产生非常高的财富集中度,这一点,正如财富净值分布中最顶部的家庭所拥有的财富所占的份额所揭示的那样。

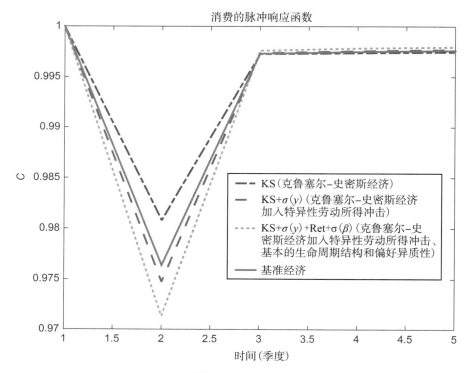

图 6　各种版本的模型中的消费衰退

图 7 比较了克鲁塞尔–史密斯经济与只纳入了持续的劳动所得冲击的克鲁塞尔–史密斯经济中的消费函数和财富净值分布（后者给出的是中位数实现值的策略函数）。尽管这两个经济体的消费策略功能看上去似乎大体上相似，但是在纳入了持续的收入风险的克鲁塞尔–史密斯经济中，低财富净值家庭的概率质量相当大，因此与原始的克鲁塞尔–史密斯经济相比，消费对衰退冲击的反应要大得多。在这个版本的模型中，财富净值分布的底部看上去已经非常类似于基准经济，尽管缺乏有显著意义的失业保险制度意味着财富净值实质上为 0 的家庭的概率质量可以忽略不计。由于没有失业保险，缺少财富的家庭在一定财富水平上的消费下降幅度则与原始的克鲁塞尔–史密斯经济相当。

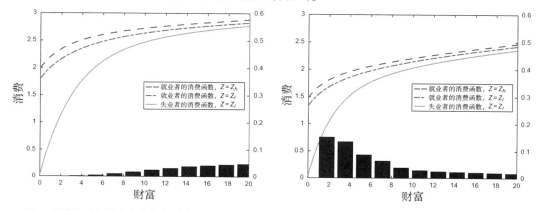

图 7　消费函数与财富净值分布：克鲁塞尔–史密斯经济（左图）与有收入风险的克鲁塞尔–史密斯经济（右图）

图 8 显示了加入了特异性劳动所得冲击的克鲁塞尔-史密斯经济（KS+$\sigma(y)$）中两类不同的家庭的消费函数和财富净值分布，说明了劳动所得不平等与财富不平等之间的相互作用。当前收入很低（且低收入实现的持续性很高）的家庭高度集中在财富净值分布的最底部。但是，即便是对于当期收入水平与中位数相当的那些家庭，在失业时消费大幅度下降的财富区位的质量也显著更高。

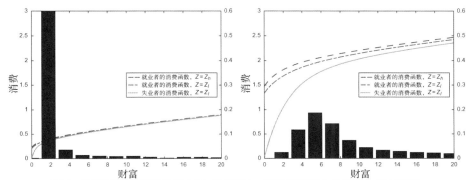

图 8　消费函数与财富净值分布：克鲁塞尔-史密斯经济中的低收入者（左图）
与克鲁塞尔-史密斯经济中的中位数收入者（右图）

现在考察表 12 的第三列。我们观察到，尽管引入生命周期因素对于研究收入-消费的联合分布是至关重要的，但是这种因素对经济衰退中总消费动态的影响是相当有限的。相反，在模型中加入偏好异质性则会放大消费下滑的程度。有一点至关重要，那就是，现在这个经济体中，财富净值分布底部充斥着高度缺乏耐心的家庭。在正常情况下，失业风险较低，而且这些家庭因为缺乏耐心而消费率较高，导致最终没有或几乎不拥有任何财富。当经济陷入衰退时，从这些缺乏耐心的家庭的角度来看，特异性的失业风险在"可预见的未来"显著地大幅上升。面对不断增大的失业的危险，这些缺乏耐心但仍然保住了工作，当前有中高收入实现的家庭开始增加储蓄，以备不时之需。[①]

对于更有耐心的家庭来说，经济衰退开始时预防性储蓄的增加以及由此而导致的消费的下降情况并不是那么严重。由于有耐心，它们能够更加专注于长期的得失，因此这些家庭即便是在经济景气的时期，也会把大部分的收入储蓄起来。由于持续性强的特异性收入因素比经济衰退更为持久，因此即使在经济衰退结束后，当前收入高的家庭也能获得高收入，所以短期失业率上升的可能性对这些家庭来说并不是一个很大的问题。

图 9 展现了有耐心的家庭与缺乏耐心的家庭的消费策略函数以及这些家庭的财富净值分布。对于该图，最主要的观察结果是，即便是在不失去工作的情况下，当经济总体状况转坏时，缺乏耐心的家庭的消费下降也会更加明显。另外，缺乏耐心的家庭的财富水平往往也较低；当然，这个结果并不出人意料，图 9 中消费函数之下的依群体而异的财富分布说明了这一点。作为这种差别效应的一个宽泛的度量指标，最缺乏耐心的那些家庭对总消费的下降幅度的贡献超过了最有耐心的那些家庭的两倍，尽管这两个群体占总人口的比例是相同的。

① 一小部分在经济衰退开始时就失去了工作的缺乏耐心的、财富净值极低的家庭就像"勉强糊口"的消费者：一项接一项地削减消费支出，并且在经济衰退开始后把可能拥有的极少量财富完全消耗掉。

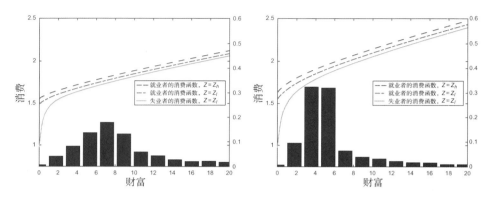

图 9 消费函数与财富净值分布:有耐心的家庭(左图)与缺乏耐心的家庭(右图)

从总量变量来看,纳入了收入和偏好异质性的经济的总消费下降了 2.9%,这个降幅比克鲁塞尔-史密斯经济大了 1 个百分点,比代表性主体经济则大了 1.11 个百分点。这两种异质性对总量波动的规模都非常重要,它们之间的相互作用也是如此,前文对缺乏耐心的、高收入的就业者的讨论已经表明了这一点。

最后,表 12 的倒数第二列将失业保险替代率提高到了与基准模型相同的 50%。正如在本章下文第 6.3 节将会进一步阐述并进行定量化的,社会保险体系慷慨度的变化会对经济产生双重影响:一方面,在给定某个财富水平时,这种变化能够使经济衰退时家庭消费的下降更平缓一些;另一方面,这种变化还会使财富净值分布趋向那些消费会大幅度下降的财富水平,而这意味着经济衰退的福利成本更加高昂。第一个效应可以减少总消费对大衰退的反应,而第二个效应则会放大总消费对大衰退的反应。正如表 12 所表明的,净效应表示的是总消费波动性的下降(下降的幅度为 2.4%),从而使得基准经济的含义向接近于代表性主体经济和不存在(或只存在有限的)财富异质性的克鲁塞尔-史密斯经济的方向靠拢。

总结一下本节的主要观察结果。基准模型的如下关键特征,使得它所隐含的消费动态与代表性主体模型中与之对应的消费动态之间出现了定量区别:(a)均衡的财富净值分布,使得缺少财富的家庭足够贫穷,以至于当经济衰退发生时,它们的消费下滑比一般家庭更为显著;以及(b)这些缺少财富的家庭的消费在总消费中占了相当大的一个份额。这些要求是通过持续性很高的收入冲击来实现的,这种冲击能够生成很多一出生就缺乏财富且永远无法积累起很多财富的家庭,而且这种情况还会由于许多不想积累很多财富的缺乏耐心的家庭的存在而加剧。如果这些家庭不能得到慷慨的失业保险,它们的消费在经济衰退时的下降幅度就会比代表性家庭大得多,这或者是因为它们实际上已经失业了(而且经济衰退期间失业这种"事故"的发生率更高),又或者是因为它们虽然没有失业,但是已经开始着手通过削减消费支出,以"对冲"今后更有可能变成现实的失业风险。

偏好异质性不仅可以生成具有我们上面所讨论的这些特征的缺乏耐心的家庭,还可以生成认为积累大量财富对自己最有利的有耐心的家庭,从而大大加剧财富不平等情况。无论如何,对于解释总消费的动态变化,至关紧要的原因是底层没有财富,而不是因为财富显著集中于最顶层。为了更清晰地阐明这一点,我们现在不妨考虑这样一个模型:所有方面都与原始的克鲁塞尔-史密斯模型相同,但是要加入有限的偏好异质性。更具体地说,在这个模型中,99%的人口的时间贴现因子 β_l 比其余 1% 的人口低一些。选择两个适当的贴现因子,以匹配基准经济中的资本产出比(它实质上确定了 β_l)和财富分布中前 1%—30% 的家庭所拥有的财富份额——就像美国收入动态追踪调查中的数据一样(而在基准经济中,我们要匹配的是资本产出比和财富基尼系数)。这样也就确定了剩余 1% 人口的时间贴现因子 β_h。

构建这个经济体的目的是,评估财富集中程度在分布上对于大衰退期间的总消费下滑的重要性(并且阐明,只要在时间贴现因素中加入了适当的偏好异质性,生成一个财富高度集中于顶部的财富分布就是很简单的,正如数据中一样)。这个模型中的财富净值分布和总消费的下降幅度请参见表 12 的最后一列。由于对于财富水平位于中位数以上的家庭来说,消费函数是近似线性的,而且这个财富水平的家庭在经济衰退中个体消费的下降幅度大致保持不变,因此,如果财富净值分布的最顶部由 1% 的顶级豪富的家庭,或由 20% 的超级富有的家庭组成,对总体消费动态的影响其实并不会太大。因此,这个版本的模型中的消费反应应该与原始的克鲁塞尔–史密斯经济(以及代表性主体经济)的消费反应大致相同。

6.2.1　预防性储蓄的重要性 vs "勉强糊口"的消费者的重要性

鉴于在前面的讨论中赋予了几乎不拥有财富净值的那些家庭一定的重要性,在本节中,我们要简要地分析一下,在一个永远不拥有任何财富(即,在每个期间都把自己的所有收入消费掉)的家庭占某个固定比例 κ 的模型中,这些仅能"勉强糊口"的消费者对模型的消费动态的含义是不是与我们的基准模型中一样。[①]

具体来说,我们求解的是这样一个模型,假设在第 $t-1$ 期位于财富净值分布底部 $\kappa=40\%$ 的家庭从第 t 期开始,会把自己当期的所有劳动所得和失业保险金(如果有失业保险的话)全都消费掉,而(在第 $t-1$ 期)其余的家庭则继续遵循基准经济中的跨期最优决策规则。

在现在这个模型中,一次大衰退期间的消费降幅大致为 2%,相比之下,基准经济中的降幅则为 2.4%。之所以基准模型经济中降幅更大,是因为财富净值分布底部的那些家庭(特别是那些目前尚未失业的家庭)出于预防性原因考虑,认为降低消费支出率是最优的,大衰退预计会持续很长时间,那些目前还没有受到失业影响的家庭试图建立一个财富缓冲来对冲日后可能失业的风险。[②] 对于这种预防性储蓄动机(在面对经济衰退中特异性风险增加的情况下),麦凯在他最近发表的一篇论文中分析得相当透彻(McKay,2015),他指出,在那些机械地遵循"勉强糊口"消费规则的家庭中是不会存在这种动机的,而且这种动机是基准经济中消费衰退更严重的重要原因。[③] 我们在下一节还会回过头来讨论这个问题,研究失业保险体系的慷慨程度对我们的结果的影响,并证明当失业保险金较少时,源于更高的失业风险的

---

① 这个问题从建模的角度来看是很有意思的,因为如果一个模型中,某个固定比例的家庭是仅能"勉强糊口"的,而其余全部家庭都拥有永久性的收入-消费和储蓄函数(鉴于我们构建的模型,这些函数是财富的线性函数,具有相同的边际财富消费倾向),那么就很容易进行加总。

② 在这里研究的这个版本模型中,劳动供给是外生的(但是劳动的生产率在商业周期中是波动的),因此储蓄是家庭对抗较高的特异性风险唯一可能的反应。在内生的劳动供给选择模型中,例如,在 Chang 和 Kim(2007)、Athreya et al.(2015)所研究的模型中,家庭有另一个调整幅度,因此风险提高对预防性储蓄的影响将会更小。对于结合家庭预防性储蓄和摩擦性劳动力市场的模型,见 Krusell 等人(2010)。

③ 很显然,这种效应的大小取决于仅能"勉强糊口"的消费者所占的比例 κ。在极限状态下,当 $\kappa=0$ 时,我们就回到了基准经济。对于 $\kappa=20\%$ 的情况,总消费下降幅度约为 2.1%,即处于代表性主体经济与基准经济的中间。

额外预防性储蓄动机更强,而且这里研究的这些模型与包括了仅能"勉强糊口"消费者模型之间的差异也将更为显著。

这里有一点很重要,需要特别注意,在我们给出的模型中,仅能"勉强糊口"的家庭的比例是外生给定的。最近,卡普点和维奥朗特(2014)、贝尔等人(Bayer et al.,2015)构建了家庭可以内生地选择是否采取"勉强糊口"的消费支出方式的模型,在这些模型中,尽管一部分家庭拥有不少的财富,但也可以表现得像仅能"勉强糊口"的家庭那样。这就是说,由于这些家庭的财富净值主要是以清算成本很高的资产的形式存在的(例如,业主自用住房和免税退休账户),所以这些家庭的消费行为接近于我们这里给出的"勉强糊口"的消费者,特别是在受到中等规模的收入冲击的时候。

6.3 社会保险政策的影响

在本节中,我们探究的问题是,在一个存在着家庭异质性的经济体中,公共社会保险计划的存在如何影响宏观经济变量对总体性冲击的反应。[①] 具体来说,我们关注的是政府提供的、用税收融资的失业保险的影响。在本节中,我们将证明,这个政策的影响是双重的:一方面,它会改变一个具有一定财富水平的家庭对收入冲击的消费-储蓄反应;另一方面,它还会改变社会中的横截面财富净值分布——至少从中期和长期的角度上看是如此。为了将社会失业保险体系的整体影响分解为这两个效应,我们在这里考虑两个思想实验。第一个思想实验是,我们对基准模型经济的宏观经济总量的动态变化与仍然采用这个基准模型但是将失业保险替代率降低为 $\rho=10\%$ 的另一个经济加以比较。对于后一种经济体,我们理解为只提供最基本的社会保险(例如,嵌入在基本福利计划中)的,或者尽管绝大部分家庭都有权享受失业救济金,但是大家都不去领取失业救济金的社会。[②] 这个思想实验同时考虑了失业保险对个人消费行为以及均衡财富净值分布的影响。为了将前一种影响隔离出来,我们还要考虑一个低失业保险(替代率)的经济体,它在经济开始衰退时的财富净值分布与基准模型相同。[③]

---

① 这个分析的目的从本质上说是正面的,并且其范围上受限于以下假设:就业与失业之间的转换是外生性的,因而与政策无关(policy-invariant)。请参见,哈格多恩等人(Hagedorn et al.,2013)和哈格多恩等人(Hagedorn et al.,2015)对失业救济金规模扩大对职位创造和就业的影响。

② 我们之所以选择以 $\rho=10\%$ 的替代率来建模,而不像我们在上一节中研究的原始克鲁塞尔-史密斯模型一样,采用 $\rho=1\%$ 的替代率,是因为我们认为 $\rho=10\%$ 是一个更符合经验的假设。而且,由此得到的宏观经济效应恰恰介于基准经济的结果与替代率 $\rho=1\%$ 的经济的结果之间,见表 12 的第四列所示的($\sigma(\beta)$)经济)。

③ 我们或许可以将这个思想实验解释为,经济衰退开始的那个期间,失业救济金出人意料地永久取消(或出人意料地未能延长)

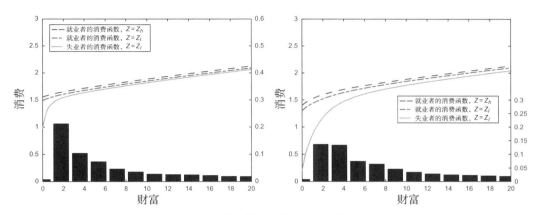

图 10　消费函数与财富净值分布:基准模型经济(左图)与低失业保险替代率经济(右图)

在图 10 的左侧子图中,我们绘出了相对于财富分布的消费函数(失业者受到的是低的总量冲击,就业者受到的是高的总量冲击,两者的贴现因子都取平均值),同时还给出了基准经济中的财富直方图(替代率为 50％),这也就是图 5 的右侧子图。图 10 的右侧子图显示的是失业保险替代率仅为 10％ 的经济体的情况。我们之所以选择给出经济扩张时期的就业者、经济衰退时期的失业者的消费函数,是因为这样做有助于我们更好地理解到底是什么驱动了下文要描述的总消费脉冲响应。[①]

我们要重点强调三个观察结果。第一,在高失业保险经济体中,低财富家庭的消费水平要远远高于在低失业保险经济体中的。第二,与第一点相关,在经济衰退期间失业的低财富家庭的消费支出的下降幅度,也是低失业保险经济体中的大得多。第三,社会保险体系的规模,会影响家庭预防性储蓄的程度,进而成为均衡财富净值分布的关键决定因素。在基准经济中(在数据中也是一样),相当多的家庭几乎不拥有或完全不拥有财富,但是在不存在失业保险制度的经济体中,这种家庭所占的比例明显下降。具体地说,平均资产相对于基准经济增加了 0.5％,而且只有 0.9％ 的家庭完全不拥有任何资产(而基准经济中这类家庭的比例则高达 3.1％)。

然后,前述两个经济体在经济衰退期间的消费下滑的差异就可以分解为:第一,家庭的消费反应的差异,这种差异可以通过对同一个横截面财富净值分布求积分得到(对于这两个经济体中的其中一个来说,这是一个反事实的分布);第二,陷入经济衰退对消费反应的影响,这种影响源于政策引致的财富净值分布差异。事实证明,这两种效应(消费函数的变化和财富净值分布的变化)在定量的角度上都是相当大的,但是两者之间也会部分地相互抵消。

为了分离出第一种效应,我们在图 11 中给出了经济衰退时基准经济和低失业保险经济体中的脉冲响应——与基准经济中一样,也从经济衰退之前的财富分布开始。在这样一种保持财富净值分布固定不变的情况下,这两个经济体中的消费反应都是由消费函数之间的差异给出的,而消费函数则通过对高失业保险经济的财富分布积分求得。我们发现,保险替

[①] 设置 $\rho = 0$ 会在某些分解分析中导致消费为零的问题。对此,我们稍后还会讨论。

代率很低的经济体中消费下降的幅度要大得多——降幅达到了4.6%,而基准经济中却只有2.4%。当然,这正是图10中的消费函数所预测的。

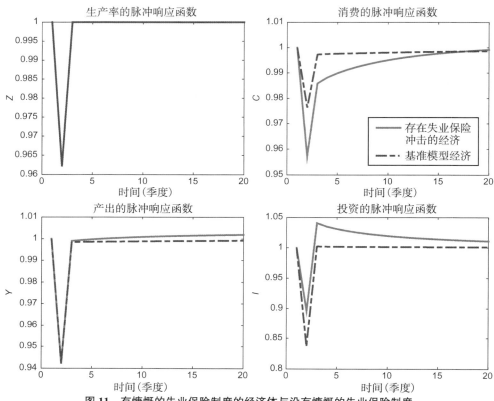

图11 有慷慨的失业保险制度的经济体与没有慷慨的失业保险制度的经济体中的脉冲响应,固定财富分布:一次性技术冲击

为了进一步定量地分析到底是什么因素驱动了消费反应的这种差异,我们在表13中给出了人口中的四个组别的消费下降情况;在经济陷入衰退期间,这些群体的消费下降情况在它们各自的特异性就业状态之间的转换有所不同。经历某种特定转变的家庭的份额是外生给定的,而且在这两个经济体之间是相同的(如表13的第二列中所示)。大多数(88.1%)的家庭都能保住自己的工作,即便总体经济变差时也是如此。相比之下,从就业变为失业的家庭的比例只有6.6%(而且从失业转变为就业的家庭的比例也有3.5%),但是基于前述消费函数,我们可以预测它们的个体消费下降幅度最大。

表13最后一行记录的总消费下降对应于图11所示的脉冲响应,上面各行则给出了四个组别中每一组所占的消费下降的份额,因此各行相加的总和为100%。类似地,表14总结了四个组别中每一组的消费下降百分比,并在第二列中给出了四个组别中每一组在经济衰退前的人口份额。

表 13　三个经济体中不同组别的消费反应：在总降幅中所占的份额

就业状态的转换	在总人口中的比例	$\rho=50\%,\Phi^{\rho=0.5}$	$\rho=10\%,\Phi^{\rho=0.5}$	$\rho=10\%,\Phi^{\rho=0.1}$
$s=e,s'=e$	88.1%	79.8%	72.8%	71.6%
$s=e,s'=u$	6.6%	13.8%	18.5%	21.8%
$s=u,s'=e$	3.5%	2.5%	2.9%	0.3%
$s=u,s'=u$	1.8%	3.8%	5.8%	6.3%
总降幅	100%	-2.4%	-4.6%	-2.7%

表 14　三个经济体中不同组别的消费反应：不同组别的消费增长率

就业状态的转换	在总人口中的比例	$\rho=50\%,\Phi^{\rho=0.5}$	$\rho=10\%,\Phi^{\rho=0.5}$	$\rho=10\%,\Phi^{\rho=0.1}$
$s=e,s'=e$	88.1%	-1.5%	-2.3%	-1.5%
$s=e,s'=u$	6.6%	-3.5%	-7.6%	-6.1%
$s=u,s'=e$	3.5%	-1.2%	-2.3%	-0.0%
$s=u,s'=u$	1.8%	-3.5%	-8.8%	-6.8%
总降幅	100%	-2.4%	-4.6%	-2.7%

　　从表 13 和表 14 这两个表中，我们可以观察到，尽管新近失业的家庭的比例（在人口中所占的比例为 6.6%，$s=e,s'=u$），以及继续失业的家庭的比例（在人口中所占的比例为 1.8%，$s=u$，$s'=u$）相对较小，但是这些组别所能解释的总消费崩溃的比例就已经占了很大的比例，无论是在有慷慨的失业保险的经济体中，还是在只有适度的失业保险的经济体中，都是如此。① 请参见表 13 的第 3 列和第 4 列（这两个经济体都基于同样的经济衰退之前的财富净值分布）。

　　这两个组别的家庭合计占总人口的 8.4%，但在基准经济中占消费下降的 17.6%（表 13，第 3 列）。对有小规模失业保险体系的经济体进行相同的分解（表 13，第 4 列），我们观察到，总消费的下降幅度大约扩大了两倍，这一点在脉冲响应图中就已经清晰地显示出来了。现在（新增的和原有的）失业者的消费的下降幅度也更大了（请参见表 14，第 4 列），因此在（现在变得更大了的）消费降幅中的比例也上升到了 24.3%。当然，在失业保险金很低的环境中（并保持财富净值分布不变），失业家庭的消费下降更加明显。这也正是我们所预测的，并且图 10 的策略函数已经清晰地显示了这一点。

　　表 14 还包含了我们希望强调的第二个重要观察结论。我们先来看一看经济陷入衰退以后侥幸保住了工作的那些家庭的消费下降的幅度（这些家庭的特异性就业状态转换为 $s=u$，$s'=e$ 和 $s=e,s'=e$），不难观察到，这些家庭构成了绝大多数人口，它们在（令人吃惊的）低保险金经济体中也更多地削减了消费支出（请再次比较表 14 的第 3 列和第 4 列）。尽管这两个经济体都是从相同的财富净值分布开始的（根据我们的思想实验的定义），而且蒙受了同样的源于总工资的温和下降的收入损失。更低的失业保险金对这些家庭的收入没有直接影响，因为尽管宏观经济表现不佳，但它们至少目前仍处于就业状态。随着经济陷入持续性的

---

① 关于失业与消费支出之间的联系的实证研究，一个最近的例子是 Ganong 和 Noel（2015），他们发现消费支出的减少机制与我们对低失业保险经济的定量预测相似。

衰退,这些组别的家庭的未来失业风险上升,所以它们开始更大幅度地削减消费,而且低失业保险经济体中未来因为失业而遭受的收入损失也更大。就业的家庭,特别是那些几乎没有什么新财富的家庭开始通过提高储蓄率和降低消费支出率来应对这种风险,而且,既然就业的家庭占人口的份额高达91.6%,因此消费额外下降大约1个百分点(在低失业保险经济体中,相对于高失业保险经济体),就足以成为低失业保险经济体的总消费出现更大的整体下降幅度的一个重要因素。

最后,我们还要阐明,如果财富净值分布是内生决定的,并且会对失业保险制度的缺失做出反应,又将会发生什么。图12显示了基准经济(再一次)和无失业保险金经济的脉冲响应,注意这两个经济体在经济衰退前的财富净值分布是在经济长期繁荣时内生地涌现出来的。[1] 表13和表14的第5列将消费的反应分解到了各个组别。总的来说,我们可以观察到,与无失业保险金的经济体相比,有保险金但不那么慷慨的经济体的财富净值分布内生地向右侧移动,这是因为(无失业保险金的经济体中)给定财富水平的家庭的较大的消费降幅被部分抵消了。

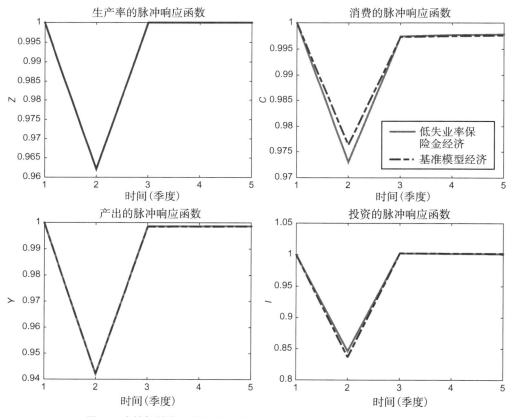

图 12　有慷慨的失业保险制度的经济体与没有慷慨的失业保险制度的
经济体对总体性技术冲击的脉冲响应:一次性技术冲击

① 该财富净值分布显示于图10的右侧子图中。

为了更准确地说明这一点，请比较一下表 14 的第 3 列和第 5 列。失业保险金极少的经济体的总消费下降幅度要比基准经济大得多（基准经济中的降幅只有 0.3 个百分点）。而且有一点非常引人注目，在这个经济体中，失业家庭（无论是新近失业的，还是本来就失业的）在总消费的下降中所占的比例也要大得多，即便这个组别的家庭有可能理解经济衰退并且有机会获得自我保险的机会，也是如此。这主要是因为，就业者现在已经充分意识到了这个事实：如果自己不幸在经济衰退中失了业，那么失业救济金将会很低。因而，这些有工作的家庭在经济衰退开始时的财富水平更高一些，而且不会像非常惊讶地突然发现自己的保险金到期了的那种情况下大幅度地削减消费支出（请比较表 14 中的第 4 列和第 5 列，对于就业家庭，$s'=e$）。这样一来也就意味着，在低失业保险金经济体中，总消费更大的下降幅度全部都是由人数较少的那个失业家庭组别所驱动的（请比较表 14 的第 3 列和第 5 列）。最终结果是总消费下降 2.7％，这个下降幅度虽然有所加大，但是仍然与基准经济的总消费降幅基本一致，尽管这两个经济体的失业家庭对危机的个体消费反应明显不同。

6.3.1　重新审视"勉强糊口"的消费者的重要性

在缺失慷慨的失业保险制度的情况下，不但（如上一节所述）总消费的下降幅度更大，而且那些财富较少的、尚未失业的家庭现在也受到更大的激励去储蓄，以应对更大的失业风险。因此，与存在"勉强糊口"的消费者的经济体相比，我们这个替代率更低的经济体对总体性冲击的反应更加强烈，也比替代率为 $\rho=50\%$ 的基准经济更加强烈。请回想一下，替代率为 $\rho=50\%$ 的基准经济的总消费量下降了 2.4％，相比之下，"勉强糊口"的消费者占 40％的经济体则只下降了 2％。在 $\rho=10\%$ 的情况下，我们构建的经济体的总消费的下降幅度为 2.7％，而"勉强糊口"的消费者占 40％的经济体则为 2.1％。也就是说，两种模型之间的差异变得更加明显了，这是因为财富较少的家庭的预防性储蓄行为的重要性提高了，而这是在"勉强糊口"的消费者所占比例外生给定的模型所没有的。最近出现的一些论文，例如拉弗恩和斯特克（Ravn and Sterk，2013）、麦凯（McKay，2015），以及邓哈恩等人（Den Haan et al.，2016），也都强调了预防性储蓄在面对越来越大的特异性风险时，对宏观总体变量的动态特征的重要性。[①]

7.　不平等与总体经济活动

在前面各节研究的所有模式中，财富净值分布都可能对总消费和总投资的动态产生重要影响，但是——根据定义——对总体经济活动的影响却是几乎可以忽略不计的。产出取决于资本、劳动投入和总全要素生产率；但是在前面描述的模型中，后两者都是外生给定的。资本存量在短期内确实是预先确定的，即便是在中期内，资本存量也只能对净投资做出反

[①] 在一项相关的研究中，哈曼伯格和奥伯格（Harmenberg and Oberg，2016 年）分析了存在时变收入风险的情况下耐用消费支出的动态。

应,而且那只是总资本存量的一小部分。因此,对负面的生产率冲击的产出反应在冲击发生时是外生的,而且即使在中期,也是一阶近似外生的(外生于财富净值分布和社会保险政策)。这也就是为什么在上一节中,我们只关注总消费与投资之间的产出下降的分布的原因。

在前面讨论过的所有模型中,总需求都没有对形塑商业周期动态发挥独立的作用,而且根据定义,政府需求管理是无效的。现在,我们将提出一个新的模型;在这个模型中,产出对负面冲击的反应即便在短期内也是内生的,因此很可能依赖于经济中的财富净值分布以及形塑这种分布的政策。这个模型将只讨论实际变量,而暂不涉及名义变量。[1]

这个模型的总生产函数仍然采取如下形式:

$$Y = Z^* F(K, N)$$

其中,$Z^* = ZC^\omega$ 且 $\omega > 0$。

然后,我们考虑存在这样一个世界:$\omega > 0$,因而全要素生产率 $Z^* = ZC^\omega$ 内生地对总需求水平做出反应。由于 Z 下降而引发的总消费下降,以及随之而来的总工资和家庭收入的减少,会内生性地降低全要素生产率,进而进一步导致产出下降。这个模型纳入了总需求外部性,这种思想与白等人(Bai et al.,2012)、霍和里奥斯-鲁尔(Huo and Rios-Rull,2013),以及卡普兰和门齐奥(Kaplan and Menzio,2014)一脉相承,这些论文为我们在这里假设的总生产率过程提供了微观基础。[2]

由于在这个模型中,总消费 C 的下降(即,由负面的 Z 冲击而引起的)会反馈更低的全要素生产率,进而反馈更低的产出,所以即使没有不完全保险市场,也可能需要政府的"需求管理"来对抗特异性风险。因此,能够在危机中稳定受特异性冲击不利影响的消费需求的社会保险计划,可能不仅仅从收入(财富)分配和保险的角度来看是可取的,而且从经济总体的角度来看也是可取的。在这个具有消费外部性的模型中,除了为消费提供保险外,这种社会保险计划还能够提高生产率并加快经济复苏。[3]

接下来,我们先讨论这个扩展模型的校准,然后再阐明引入需求外部性后,会对我们构建的基准模型的结果产生什么影响。

7.1 校准策略

我们保留支配特异性冲击过程(s,y)的所有模型参数,但是对总体生产率 Z 的外生部分进行重新校准。此外,我们还需要指定需求外部性 ω 的强度。我们的基本思路是,利用对全要素生产率的直接观察结果来校准外部过程 Z,然后适当地选择外部性 ω 的大小,使得需求

---

[1] 在本章中,我们完全抽象掉了各种名义摩擦(它们会使产出部分取决于需求)。关于异质性主体新凯恩斯主义框架下总产出波动性的需求侧和供给侧决定因素,经济学家已经进行了清晰的讨论,这方面有代表性的论著包括:戈内曼等人(Gornemann et al.,2012)、查利等人(Challe et al.,2015),以及卡普兰等人(Kaplan et al.,2016年b)。

[2] 当然,我们不能说我们构建的模型与他们的模型在总体层面上是完全同构的;相反,他们的工作为我们在本节中简化形式方法提供了充分的微观基础动机。

[3] 我们认为,这个模型是嵌入了一个渠道的最简单的结构,通过这个渠道再分配在短期内直接影响产出。

外部性模型展现出与基准模型相同的产出波动性。基准模型是通过匹配我们在数据中识别出来的两个严重衰退事件的严重程度来校准的。[①]

7.1.1　外生的全要素生产率过程 Z

为了保证基准模型的结果之间的可比性，我们保留了转移矩阵 $\pi(Z'|Z)$，但是重新校准了该过程的状态 (Z_l, Z_h)。为了做到这一点，我们利用高通滤波器（HP-filter）对弗纳尔德（Fernald, 2012）的全要素生产率数据进行了滤波，接着将严重衰退识别为高失业率的经验事件（这与基准模型中一样），然后计算出了用失业率数据识别出来的严重衰退时期的平均全要素生产率（相对于 HP 趋势的平均百分比偏差）；同样，我们也从失业数据计算出了正常时期的平均全要素生产率。最后得到的结果是

$$\frac{Z_l}{Z_h} = \frac{1-1.84\%}{1+0.36\%} = 0.9781$$

由此可见，这个重新校准的外生的全要素生产率过程的波动性显著低于基准经济；在基准经济中，相对应的全要素生产率的分散度为 $\dfrac{Z_l}{Z_h} = 0.9614$。

7.1.2　溢出 ω 的大小

给定前述外生的全要素生产率过程，我们现在要选择 ω，使得这个存在外部性的经济具有与基准经济完全相同的产出波动性。这要求 $\omega = 0.30$。

7.2　结果

7.2.1　总体动态

在图 13 中，我们给出了基准经济和前述存在需求外部性的经济体在一个典型的大衰退（低全要素生产率持续 22 个季度）中的动态变动，存在需求外部性的经济体在图中用 C^ω 表示（见图 13）。[②] 图 13 的左上子图表明，如上面讨论校准的那一节所阐述的，在存在需求外部性的经济体中，要生成同样大小的产出下降（以及消费下降和投资下降），所需要的外生性冲击要小得多（全要素税率只需下降 2.2%，而不是 3.9%）。图 13 表明，两个经济的脉冲响应函数在定性的角度上看是相似的，但是同时也存在着重要的定量差异。

---

① 另一种方法是保留 Z 过程的原始校准，然后选择各种各样的 ω 值，并阐明相对于基准模型，外部性会带来多大的放大作用。这种校准策略的缺点在于，除非 $\omega = 0$，否则产出的波动在这样的思想实验中将会是反事实的。
② 单季度大衰退时的图型在定性的角度上看是相似的，但是在显示两个经济之间的差异方面却不太有用。

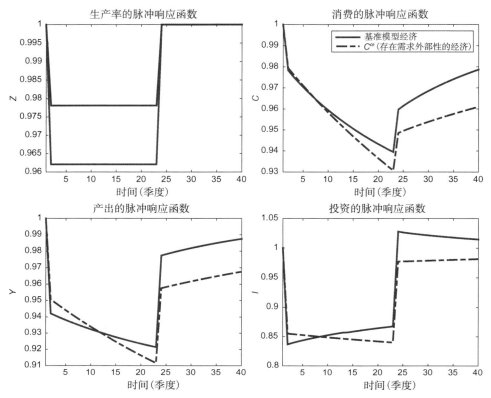

图 13 对总体性技术冲击的脉冲响应:基准模型经济与需求外部性经济之间的比较

首先,在经济大衰退期间,产出的平均下降幅度是相同的,因为在存在外部性的经济体中,对 $\dfrac{Z_l}{Z_h}$ 的校准本身就要求如此。但是,因为在大衰退期间总消费下降,而总消费需求会影响生产率,因而在存在外部性的经济体中,产出下降幅度更大,经济复苏也更加缓慢。

因此,消费的外部性将更多的内生的持久性嵌入了模型中——在原先已经存在的通过内生资本积累的途径之外。

当然,需求外部性机制也给模型增加了内生波动性,但是我们采取的校准策略要求两个模型具有相同的产出波动率,从而掩盖了这个事实。在图 14 中,我们通过比较具有相同外生的全要素生产率过程(为需求外部性经济全新校准的过程),但外部性程度不同($\omega = 0$ 和 $\omega = 0.30$)的两个经济体的脉冲响应函数来显示这种放大的幅度。

与图 13 不同,在图 14 中,时间序列动态之间的差异完全是由需求外部性的存在所驱动的。外生冲击的放大在经济上有很重要的含义:产出、消费和投资的初始下降幅度变大了很多(5.0%、2.1% 和 14.5% vs. 4.2%、1.7% 和 11.8%)。另外,与图 13 一致,这种更大的产出和消费损失在总需求对生产率和产出存在负反馈影响的经济体中更加持久。

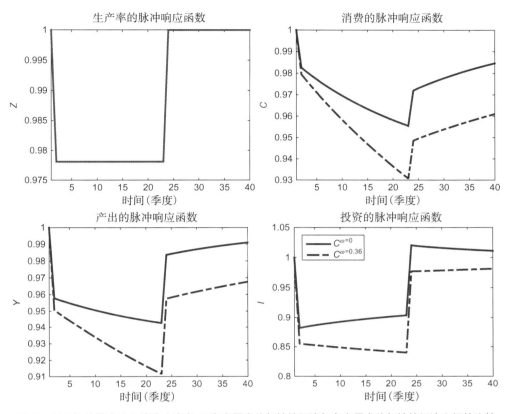

图 14　对总体性技术冲击的脉冲响应:不存在需求外部性的经济与存在需求外部性的经济之间的比较

7.2.2　产生部分由需求决定时财富净值分布的重要性

　　从原则上说,前面得到的结果能够度量总消费需求对产出波动性的重要性,而且根本不要求假设家庭存在异质性。然而,在本章前面的内容中,我们已经证明了,财富净值分布是总消费波动性的一个关键决定因素,因此有理由认为,在 GDP 由需求决定的经济体中,财富净值分布对产出波动同样重要。在图 15 中,我们通过展示两个经济对大衰退的总体脉冲响应证明了这一点,一个是存在符合现实的家庭财富异质性的外部性经济,另一个是初始的克鲁塞尔-史密斯经济的一个纳入需求外部性的变体。作为基础的外生的全要素生产率过程在两个经济体中是完全相同的(而且与图 14 也完全相同);此外,为了最清楚地显示这两个模型之间的差异,我们在一个持续了 22 个季度的大衰退中展现了宏观经济动态变化。

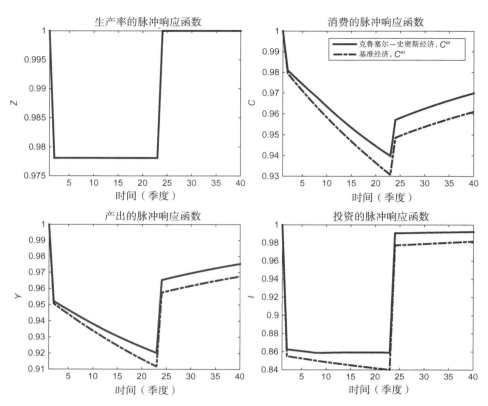

图15 对相同的总体性技术冲击的脉冲响应:高财富不平等经济与低财富不平等经济之间的比较

如图15所示,在财富不平等的经济体中(其不平等程度符合现实),产出的衰退程度明显更大一些,即,经济衰退开始时产出下降了5.0%,到经济衰退结束时,则下降了8.8%;而在原始的克鲁塞尔-史密斯经济(但包括了需求外部性)中,这两个数字却分别只有4.8%和8.0%。[1] 在表15中,我们总结了原始的克鲁塞尔-史密斯经济和基准经济中消费和产出的下降幅度(在冲击发生时,以及在经济大衰退结束时),并将存在消费外部性和不存在消费外部性的情况都包括了进来。[2] 表15进一步验证了图15的主要信息:财富离散程度越高,特别是处于财富净值分布底部的家庭的财富越少,越会放大总消费衰退程度,而且,如果产出水平部分取决于需求,那么也会放大总产出衰退。在后一种情况下,更低的产出在未来又会反过来反应到更严重的消费衰退上。这种差异的大小从定量上看是显著的:更符合现实的家庭异质性导致了程度更大的财富不平等,进而导致经济衰退结束时总消费(以及人均消费)又额外多下降了0.9%(再一次,对基准模型与原始的克鲁塞尔-史密斯模型加以比较)。

---

① 如同在不存在外部性的经济体中一样,在宏观经济总量的层面上,克鲁塞尔-史密斯经济模型为相应的代表性主体模型提供了一个非常好的近似模型。

② 在这里,重要的是要注意,$\omega = 0$ 和 $\omega = 0.3$ 时的结果是不能直接比较的,因为在存在需求外部性的经济体中,我们输入较小的全要素生产率波动,请参见校准一节所述的内容。

表 15　四个经济体中的消费和产出的下降幅度

经济	$\Delta\mathrm{delta}_1 C$	$\Delta\mathrm{delta}_1 Y$	$\Delta\mathrm{delta}_{22} C$	$\Delta\mathrm{delta}_{22} Y$
克鲁塞尔–史密斯经济,$\omega=0$	-1.9%	-5.8%	-6.0%	-8.0%
基准经济,$\omega=0$	-2.4%	-5.8%	-6.1%	-7.8%
克鲁塞尔–史密斯经济,$\omega=0.3$	-1.9%	-4.8%	-6.0%	-8.0%
基准经济,$\omega=0.3$	-2.1%	-5.0%	-6.9%	-8.8%

7.2.3　关于社会保险、财富不平等与需求外部性的相互作用

在第 6.3 节中,我们已经证明,社会保险政策的存在对总消费在给定财富分配下的负面总冲击的反应有很强的影响,而且同时也会改变经济长期的财富净值分布。由于产出部分取决于需求时,社会保险政策会间接地影响总生产率,进而影响产出。同时,如前所述,在存在需求外部性的经济体中,由于持续性更强,这种效应在中期尤为重要。

在图 11 中,我们阐明了,保持财富净值分布固定不变,社会保险体系的规模对总消费(因而,总投资)对总体性生产率冲击的反应有非常重要的意义。图 16 重复了同样的思想实验(考察对具有 $\rho=50\%$ 和 $\rho=10\%$ 的经济体的全要素生产率冲击的脉冲响应,且要求具有相同的衰退前财富净值分布),只不过现在是用于存在消费外部性的模型。

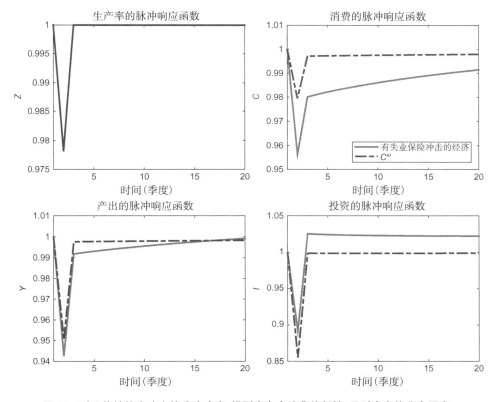

图 16　对总体性技术冲击的脉冲响应:模型中存在消费外部性,且财富净值分布固定,
对有失业保险制度与无失业保险制度的两种情况的比较

我们从图 16 中得到的关键观察结果是,在存在消费外部性的模型中,失业保险体系的规模不仅影响总消费在受到冲击时的下降幅度,同时还会影响总产出,而且后一种效应有相当强的持续性。

这一点从图 17 中可以看得更加清楚。图 17 显示了在基准模型和存在需求外部性的模型中,$\rho=50\%$ 和 $\rho=10\%$ 的两种情况下,产出和消费的脉冲响应函数之间的差异。大规模失业保险体系的存在对总消费的稳定作用,在存在外部性的经济体中更加显著(在存在外部性的经济体中,因失业保险制度而减少的消费下降,在冲击发生当期为 2.3%,而在受到初次冲击 10 个季度后则为 1.3%;相比之下,在基准经济中,这两个数字分别仅为 1.9% 和 1.5%)。

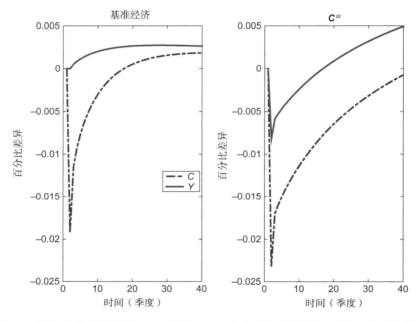

图 17 脉冲响应函数的差异:$\rho=50\%$ 和 $\rho=10\%$;存在消费外部性 vs 不存在消费外部性

另外,在基准经济中,更加慷慨的社会保险制度在短期内对产出没有影响(根据定义),而在中期内则对产出有温和的负面影响(因为在存在更加慷慨的社会保险体系时,投资的恢复速度更加缓慢)。如果产出部分是需求决定的,那么失业保险体系会对产出发挥显著的稳定作用(在冲击发生时接近 1%,而且这种效应在 20 个季度之后就完全消失了——尽管在这个思想实验中,事实上冲击本身只持续了一个季度)。

最后,我们给出的观察结果可能有点出人意料,但是它对于克鲁格等人(Kruege et al.,2016)想计算的大衰退的福利损失来说很重要。[1] 出人意料地取消失业救济金,会使得许多家庭——特别是那些位于财富净值分布底部的家庭——只拥有次优水平的小额资产。这些

---

[1] 在这篇论文中,我们(克鲁格等人)的目标是为数量庞大的文献做出一些贡献,这些文献在定量异质性家庭的框架下研究社会保险政策(例如,失业保险、社会保障和累进所得税制)的规范后果。关于这些文献的最新发展,请参见:多梅伊和希思科特(Domeij and Heathcote,2004)、科卡特等人(Caucutt et al,2006)、科内萨等人(Conesa et al.,2009)、彼得曼(Peterman,2013)、希思科特等人(Heathcote et al.,2014)、米特曼和拉宾维奇(Mitman and Rabinovich,2015)、巴基斯等人(Bakis et al.,2015)、卡拉巴鲍尼斯(Karabarbounis,2015)、克雷布斯等人(Krebs et al.,2015)、克鲁格和路德维希(Krueger and Ludwig,2016)。

家庭开始大量储蓄,特别是在考虑到了失业风险升高之后。因此,在中期内,财富(资本存量)和总消费开始增加。而且,由于全要素生产率与总消费需求有关(因为经济中的资本存量增加了),所以在存在外部性且失业保险金较低的经济体中,总工资和产出在中期内会强劲增长。① 只要家庭是足够有耐心的,②而且在经济衰退中还未失业,那么失业救济金低的宏观经济的强劲复苏力,很可能会让这些家庭优先选择不那么慷慨的失业保险体系,尽管在短期中,失业保险金可以发挥作为有效的总需求稳定器的作用(再一次,请参见图17)。

最后这个发现——在克鲁格等人的论文中(Krueger et al.,2016)得到更加深入的讨论——引导我们回到了本章最重要的主题。正如我们在前文中已经证明的,在规范的异质性家庭商业周期模型中,家庭在收入、财富和偏好诸方面的异质性程度对商业周期内总消费和产出的动态变化的决定作用在定量的意义上是显著的。正是这种异质性的存在,才使得影响着收入、消费和财富净值分布的社会保险政策有可能发挥作为总消费和产出的重要稳定器的作用,并且(正如我们在其他一些研究中所证明的那样)影响家庭的福利(这种影响对不同特征的家庭有很大的差异)。因此,在大衰退的分析中明确地对微观经济异质性建模,从定量研究的角度来看有着非常重要的意义,即便研究者感兴趣的对象本质上是纯粹的总量变量时,也是如此。

8.　结论

在本章中,我们运用来自美国收入动态追踪调查的劳动所得、收入、消费和财富数据,在纳入了家庭收入和财富异质性的规范的商业周期(的不同版本的)模型下,研究了横截面财富净值分布以某种从定量上看有意义的方式塑造了总产出、总消费和投资的商业周期动态。我们证明了,财富净值分布的底部对于这个问题的答案至关重要。我们研究了多种机制,它们有助于模型在高持续性的劳动所得冲击、偏好异质性和政府提供社会保险计划的情况下,生成几乎不拥有正的财富净值的占总人口的比例接近40％的家庭。我们还证明了,经济衰退开始时,正是这些财富较少的家庭的消费的减少,使得总消费的下降幅度比在新古典增长模型的代表性家庭版本中大得多。如果产出是部分取决于需求的,那么产出也会呈现前述特点。我们认为,这个结果的关键机制在于,用增加预防性储蓄来对抗失业率上升的风险;然后,我们分析了社会保险计划能够在多大程度上影响这个途径的重要性。

我们的研究表明,至少可以在如下三个重要的研究方向继续推进,帮助更好地认识家庭异质性对宏观结果的作用。③

第一个方向是引入家庭异质性的更多维度,以便构建可以更好地捕获我们在数据中观

---

① 不过,米特曼和拉宾诺维奇(Mitman and Rabinovich,2014)指出,延长失业保障福利仍然不能解释近期美国经济复苏缓慢的原因。

② 请读者回想一下,人口相对于时间贴现因子来说是异质的。

③ 当然,我们非常清楚,以下这些方向上的研究实际上已经开始了,而且一些非常令人振奋的结果已经出现。

察到的财富、收入和消费支出联合分布的模型。关于模型与家庭微观数据之间的更准确的映射,可能会改变我们关于家庭异质性对宏观动态的影响的定量结论。

第二个方向是引入更加丰富的劳动力市场模型,例如,在模型中加入弹性劳动供给和其他影响均衡工作时数和失业率的参数。采取这种做法之后,我们就能够更好地理解总消费支出的变化与总产出的变化之间的联系。在本章中,我们给出的都是非常简单的简化式模型。

第三个,也是最后一个非常有希望的研究方向是,明确地将总体性冲击引入到家庭财富净值当中来(或者可以称之为金融冲击)。关于家庭财富动态的微观数据表明,在经济衰退期间,家庭财富净值会发生巨大的变化,我们在本章中给出的仅包括了一种资产的模型,无法完整地刻画所有这些变化。引入一个能够生成不同资产价格的波动性的机制,就可以对本章所描述的从微观财富净值分布到宏观总消费和总产出的机制进行修正。

在更广阔的层面上,新的、更加丰富的家庭级和企业级的数据集不断涌现,求解以微观异质性为基础的宏观经济模型的理论方法和数值计算方法也在持续改进,再加上财富分配问题重新得到了经济学界的广泛关注,这一切,必定会使定量异质性主体宏观经济学发展成为未来经济学研究的一个非常激动人心的领域。

附录

A 数据和估计方法附录

A.1 美国收入动态追踪调查数据和美国经济分析局数据中的总量变量

来自美国经济分析局的可支配收入序列是根据个人可支配收入减去医疗保险和医疗补助转移支付得到的,后者在美国收入动态追踪调查数据中没有出现。美国收入动态追踪调查的可支配收入序列则是这样构造出来的:对于每一个家庭及其每一个成员,把工资收入、来自工商活动和农业生产活动的收入、资产收入(包括自住业主的主要住宅的租金等价),以及所有货币转移都加起来,再减去税收(可以用美国国家经济研究局的 TAXSIM 计算器计算)。

消费支出序列(无论是来自美国经济分析局的,还是来自美国收入动态追踪调查的)包括了以下支出类别:汽车和其他车辆的购置支出、(在家中就餐和在外就餐的)食品支出、服饰支出、住房支出(包括租金和业主的估算租房支出)、家用设备支出、公用设施支出、交通运输费用(如公共交通和汽油)以及娱乐和住宿服务支出。在美国收入动态追踪调查中,业主的估算租房支出是用主要住所的价值乘以 4% 的利率计算出来的。由于美国收入动态追踪调查报告的时间安排,总消费支出的报告期为两年。在美国收入动态追踪调查中,某些支出类别(食品,公用事业)是调查当年的,其他支出类别则是调查前一年,因而总支出涉及两年。美国经济分析局的总消费指标是用美国收入动态追踪调查数据在适当时间上的不同支出类别数据加总构建的。例如,2004—2005 年度的总支出包括了 2004 年的汽车购置支出和 2005 年的食品支出;但是我们去掉了健康服务支出,因为美国收入动态追踪调查只报告了自费健康支出和保险费。所有美国收入动态追踪调查的观察值都是用样本权重进行加总的。下面的表 A.1 报告了图 A.1 给出的各变量在 2004 年的人均水平;为了便于比较,同时还表示了来自美国收入动态调查和美国经济分析局的食物支出水平和来自美国经济分析局的家庭个人消费支出总额。

表 A.1　2004 年人均水平:美国经济分析局数据 vs 美国收入动态追踪调查数据

	美国经济分析局	美国收入动态追踪调查
1. 可支配收入	$ 24120	$ 21364
2. 个人消费(PSID aggregate,美国收入动态分析调查总量数据)	$ 18705	$ 15889
3. 食品支出	$ 3592	$ 2707
4. 个人消费(total,总额)	$ 27642	—

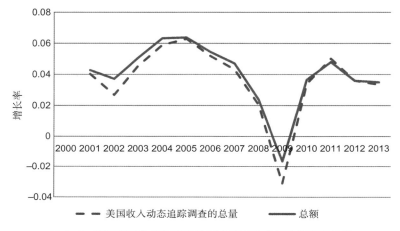

图 A.1　美国经济分析局给出的两个不同的总量的消费增长率

　　表 A.1 表明,美国收入动态追踪调查的数据与美国经济分析局的数据尽管有一定差异,但是相差并不是太远。具体地说,源于美国收入动态追踪调查的总体数据,之所以不同于来自美国经济分析局的总体数据,主要是以下两个原因所致。首先,比较表 A.1 各列的第 2—3 行,我们可以观察到,对于给定的支出类别,美国收入动态追踪调查数据的平均值与美国经济分析局报告的平均值有所不同(通常是美国收入动态追踪调查的值较低)。这种总量和调查数据加总值之间的差异在很早以前就已经普遍被人们注意到了。其次,某些类别没有包括在我们构建的美国收入动态追踪调查加总值数据中,这或者是因为美国收入动态追踪调查出现了度量错误(例如,缺少健康支出),或者是因为根本没有在美国收入动态追踪调查中出现(例如,金融服务支出)。许多人可能会担心,这些被略掉的消费支出会不会对总体支出模式产生重要影响。图 A.1 列出了美国经济分析局得到的家庭个人消费支出总额的增长率,以及美国收入动态追踪调查的总量中已经包括进去的美国经济分析局得出的消费支出的增长率(定义见上)。表 A.1 表明,美国收入动态追踪调查的总量数据包含的类别仅能覆盖总消费支出的 65% 左右;然而,图 A.1 又表明,总消费支出的周期性模式与美国收入动态追踪调查的总量数据的周期性模式相似,这意味着美国收入动态追踪调查中缺失的消费类别不会对我们的结果产生很大的影响。

A.2　标准误差和附加表

表 A.2　美国收入动态追踪调查数据中净资产各变量及其标准误差[a]
（2004—2006 年度 vs 2006—2010 年度）的年化变化

	财富净值[b]				可支配收入（％）		消费支出（％）		消费支出率（百分点）	
	2004—2006 年（1）		2006—2010 年（2）		2004—2006 年（3）	2006—2010 年（4）	2004—2006 年（5）	2006—2010 年（6）	2004—2006 年（7）	2006—2010 年（8）
全部	15.7	44.6	23.0	-10.2	4.1	1.2	5.6	-1.3	0.9	-1.6
	(4.4)	(12.4)	(1.6)	(6.4)	(1.5)	(0.3)	(1.0)	(0.5)	(0.9)	(0.3)
第一个五分位	NA	12.9	NA	6.6	7.4	6.7	7.1	0.6	-0.2	-4.2
		(1.5)		(1.5)	(1.0)	(0.8)	(1.2)	(0.7)	(0.9)	(0.7)
第二个五分位	121.9	19.5	24.4	3.7	6.7	4.1	7.2	2.0	0.3	-1.3
	(38.3)	(5.9)	(5.2)	(0.8)	(1.0)	(0.6)	(1.4)	(0.6)	(1.0)	(0.4)
第三个五分位	32.9	23.6	4.3	3.3	5.1	1.8	9.0	0.0	2.3	-1.1
	(3.7)	(3.1)	(1.5)	(1.1)	(0.7)	(0.4)	(4.1)	(0.7)	(2.6)	(0.4)
第四个五分位	17.0	34.7	1.7	3.8	5.0	1.7	5.9	-1.5	0.5	-2.0
	(2.1)	(4.4)	(1.7)	(3.7)	(0.6)	(0.4)	(1.8)	(0.5)	(1.1)	(0.3)
第五个五分位	11.6	132.2	-4.9	-68.4	1.8	-1.2	2.7	-3.5	0.5	-1.4
	(5.5)	(63.3)	(1.7)	(31.5)	(3.2)	(0.6)	(1.7)	(1.1)	(1.7)	(0.8)

注释：[a]（圆括号中的）标准误差是用有 50 个样本的重复自助法计算的。

[b] 第一个财富净值数字是百分比变化（增长率），第二个数字则是绝对值变化（单位是千美元），其标准误差也是以千美元为单位的。

表 A.3　美国收入动态追踪调查数据中不同财富净值五分位上各变量的年化变化（2006—2008 年）

全部	财富净值[a]		可支配收入（％）	消费支出（％）	消费支出率（百分点）
	-5.1	-17.3	2.5	-3.3	-3.6
第一个五分位	NA	7.7	8.6	-0.7	-7.0
第二个五分位	131.3	19.0	7.7	2.9	-3.1
第三个五分位	18.5	13.8	3.4	-3.4	-4.2
第四个五分位	10.4	23.0	3.2	-1.6	-3.0
第五个五分位	-10.8	-150	-1.1	-7.3	-3.7

注释：[a] 第一个数字是百分比变化（增长率），第二个是绝对值变化（单位为千美元）。

表 A.4 美国收入动态追踪调查数据中不同财富净值五分位上各变量的年化变化(2008—2010 年)

	财富净值[a]		可支配收入(%)	消费支出(%)	消费支出率(百分点)
全部	0.5	1.3	-0.2	1.3	0.9
第一个五分位	NA	14.7	5.4	1.8	-2.4
第二个五分位	101.5	5.6	0.6	3.4	2.0
第三个五分位	24.2	11.6	0.7	1.4	0.4
第四个五分位	12.7	20.4	0.2	2.8	1.5
第五个五分位	-4.2	-44.6	-2.6	-0.8	1.0

注释:[a] 第一个数字是百分比变化(增长率),第二个是绝对值变化(单位为千美元)。

A.3 就业家庭的收入过程的估计

在估计就业家庭的收入过程的时候,我们使用了从 1970 年到 1997 年的美国收入动态追踪调查的年度家庭数据;数据年份都采用了美国收入动态追踪调查当年进行的年份,以便构建出有可比性的数据集。我们选择的是所有户主年龄为 25 岁至 60 岁的家庭。对于每个家庭,我们是这样计算家庭总劳动收入的:户主的劳动收入,加配偶的劳动收入,再加上通过经营农场和经商获得的收入,最后还要加上获得的转移支付。然后,我们用 TAXSIM(第 9 版)税收计算器计算出每个家庭的税负,并在家庭劳动收入中减掉税负,从而计算出家庭可支配劳动收入。接着,我们用消费者价格指数对家庭可支配收入进行去通货膨胀处理,除以家庭成员数量,从而得出人均实际可支配家庭收入。接下来,我们将户主失业的家庭/年度观察点、工资水平(按户主的劳动收入除以总工作时数计算)低于该年度最低工资的一半的观察点,全都剔除掉。在这个样本中,我们运行了人均实际可支配收入对如下变量的对数回归:年龄虚拟变量、教育程度虚拟变量、年龄虚拟变量与教育程度虚拟变量之间的交互作用,以及年度虚拟变量。而且,在进行估计之前,我们排除掉了所有长度短于五年的家庭收入序列。最终,我们得到的是一个由 3878 个家庭/年度序列组成的样本,所有序列的平均长度为13.1 年。对这些数据,我们先计算出了一阶差分,接着计算出了一阶差分的自协方差矩阵。然后,我们使用广义矩方法估计了正文中设定的随机过程,以协方差矩阵为目标。我们所用的加权矩阵是单位矩阵。我们非常感谢克里斯·托内蒂(Chris Tonetti),他为我们提供了进行前述估计所需的 Matlab 常规程序包。

B 理论附录

B.1 关于总体分布的运动定律的明确陈述

由于年轻家庭和年老家庭的异质性程度和选择问题存在显著差异,因此最简单的做法是将横截面概率测度 Φ 划分为两个部分 (Φ_W, Φ_R),指定这两个测度分别积分为 Π_W 和 Π_R。接下来,我们先定义,以留在年轻的工作年龄组 $j=W$ 为条件,马尔可夫转移函数为

$$Q_{W,(Z,\Phi,Z')}((s,y,a,\beta),(\mathcal{S},\mathcal{Y},\mathcal{A},\mathcal{B})) = \sum_{s'\in S,y'\in\mathcal{Y}} \begin{cases} \pi(s'|s,Z',Z)\pi(y'|y): & a'_W(s,y,a,\beta;Z,\Phi)\in\mathcal{A},\beta\in\mathcal{B} \\ 0 & \text{其他} \end{cases}$$

同时,对于年老的、退休年龄组,马尔可夫转移函数为

$$Q_{R,(Z,\Phi,Z')}((a,\beta),(\mathcal{A},\mathcal{B})) = \begin{cases} 1: & a'_R(a,\beta;Z,\Phi)\in\mathcal{A},\beta\in\mathcal{B} \\ 0 & \text{其他} \end{cases}$$

因此,对于每一个波莱尔集 $(\mathcal{S},\mathcal{Y},\mathcal{A},\mathcal{B})\in P(S)\times P(\mathcal{Y})\times B(\mathcal{A})\times P(\mathcal{B})$,年轻组和年老组的横断面概率测度由以下两式给出[①]:

$$H_W(Z,\Phi,Z')(\mathcal{S},\mathcal{Y},\mathcal{A},\mathcal{B}) = \theta\int Q_{W,(Z,\Phi,Z')}((s,y,a,\beta),(\mathcal{S},\mathcal{Y},\mathcal{A},\mathcal{B}))\mathrm{d}\Phi_W$$
$$+(1-\nu)1_{\{0\in A\}}\sum_{s'\in S}\Pi_Z(s')\sum_{y'\in\mathcal{Y}}\Pi(y')\sum_{\beta'\in\mathcal{B}}\Pi(\beta')$$

和

$$H_R(Z,\Phi,Z')(\mathcal{A},\mathcal{B}) = \nu\int Q_{R,(Z,\Phi,Z')}((a,\beta),(\mathcal{A},\mathcal{B}))\mathrm{d}\Phi_R$$
$$+(1-\theta)\int Q_{W,(Z,\Phi,Z')}((s,y,a,\beta),(\mathcal{S},\mathcal{Y},\mathcal{A},\mathcal{B}))\mathrm{d}\Phi_W.$$

C 计算附录

我们的计算策略采用了最初由克鲁塞尔和史密斯(Krusell and Smith,1998)提出、后来又经斯多尔斯莱登等人(Storesletten et al.,2007)以及戈梅斯和迈克利兹(Gomes and Michaelides,2008)进一步修正的框架。特别是,我们遵循了马里亚尔等人(Maliar et al.,

---

① 这些表达式是对以下假设的刻画:在每个时期,都有一些新"出生"的家庭(其测度为 $1-nu$)作为工人进入经济体,它们进入经济体时的资产为零,具有特异性生产力以及从一个平稳分布中抽取来的贴现因子;同时,原来的工作家庭中,比例为 $1-\theta$ 的家庭会退休,而且这个退休概率与所有其他特征都无关。

2010)建议的计算策略,并利用了杨(Young,2010 年)率先引入的非随机模拟算法(nonstochastic simulation algorithm)。

C.1 个体决策问题

我们通过 $\hat{S}$ 来逼近实际总体状态(S=(Z,Φ)),但是 $\hat{S}$ 的具体形式则取决于我们要求解的模型的版本,对此我们稍后会给出详细说明。这样一来,处于工作阶段的家庭的状态就由 $(s,y,a,\beta;\hat{S})$ 确定,而处于退休阶段的家庭的状态则由 $(\alpha,\beta;\hat{S})$ 确定。

马里亚尔等人(Maliar et al.,2010)给出的求解方法,其实是一个考虑了偶尔紧固(有约束力的)的借贷约束的欧拉方程算法。要求解的问题可以表示为如下形式。

退休的家庭:

$$c_R(a,\beta;\hat{S})^{-\sigma}-\lambda=\nu\beta\,\mathbb{E}\big[\,1-\delta+r'(\hat{S}')\,c_R'(a_R',\beta;\hat{S}')^{-\sigma}\,\big]$$

$$a_R'(a,\beta;\hat{S})+c_R(a,\beta;\hat{S})=b_{SS}(\hat{S})+(1+r(\hat{S})-\delta)a/\nu$$

$$a_R'(a,\beta;\hat{S})\geq0$$

$$\lambda\geq0,\lambda a_R'(a,\beta;\hat{S})=0$$

工作的家庭:

$$c_W(s,y,a,\beta;\hat{S})^{-\sigma}-\lambda=\theta\beta\,\mathbb{E}\big[\,(1-\delta+r'(\hat{S}'))\,c_W'(s',y',a_W',\beta;\hat{S}')^{-\sigma}\,\big]$$

$$+(1-\theta)\beta\,\mathbb{E}\big[\,(1-\delta+r'(\hat{S}'))\,c_R'(a_W',\beta;\hat{S}')^{-\sigma}\,\big]$$

$$a_W'(s,y,a,\beta;\hat{S})+c(s,y,a,\beta;\hat{S})=(1-\tau(Z;\rho))w(\hat{S})y\big[1-(1-\rho)1_{s=u}\big]+(1+r(\hat{S})-\delta)a$$

$$a_W'(s,y,a,\beta;\hat{S})\geq0$$

$$\lambda\geq0,\lambda a_W'(s,y,a,\beta;\hat{S})=0,$$

其中,λ 是借贷约束的拉格朗日乘数。

利用预算约束,我们可以消去消费项,然后猜测出 $a_W'(s,y,a,\beta;\hat{S})$ 和 $a_R'(a,\beta;\hat{S})$ 的策略规则。这样,我们就可以代入这个策略规则,计算出 $a_W''(s',y',a_W',\beta;\hat{S}')$,$a_R''(a_W',\beta;\hat{S}')$ 和 $a_R''(a_R',\beta;\hat{S}')$,再利用欧拉方程倒推出 a' 的隐含的策略规则。如果该隐含的策略规则与推测的策略规则一致,那么我们也就计算出了最优的策略;如果不一致,那么就重新推测,重复上述步骤。

C.2 模拟算法

为了对模型进行模拟,我们先在 $\mathcal{A}$ 上选择一个网格,并使工作家庭的一个分布 $\Phi_0\in S\times Y\times A\times B$ 的空间固定。同时,一个很长的实现了总体性冲击的时间序列 Z 固定。使用实现 Z_t 和 Φ_t,我们可以计算出 $\hat{S}_t$,然后利用从个体决策问题中得到的策略规则和与 s、y 相关联的马尔可夫转移矩阵,通过内插到 $\mathcal{A}$ 中点的插入风格来计算出 Φ_{t+1}。

C.3　逼近总体运动定律

C.3.1　克鲁塞尔–史密斯经济和基准经济

对于克鲁塞尔–史密斯经济和基准经济,我们用 $\hat{S}_t = (Z, \overline{WK_t})$ 来逼近实际总体状态,其中,$\bar{K}_t$ 是经济体中的平均资本。经济体中的行为主体需要对资本存量的变动情况进行预测。我们假设,资本的运动定律只取决于 Z 和 $\bar{K}$,即

$$\log(\overline{K_{t+1}}) = a_0(Z_t) + a_1(Z_t)\log(\overline{K_t})$$

我们推测出系数 a_0 和 a_1,解出家庭的决策问题,并对整个经济进行建模。然后,再利用得到的序列 $\hat{S}$,运行与前面一样的回归,并检查隐含的系数是否与推测的系数相同。如果相同,那么我们就已经找到了运动定律;如果不同,我们就重新猜测并重复上述步骤。

对于克鲁塞尔–史密斯经济,计算出来的的运动定律如下:

$$\log(\overline{K_{t+1}}) = 0.1239 + 0.9652\log(\overline{K_t}), \text{如果 } Z_t = Z_l \text{ 的话}$$

$$\log(\overline{K_{t+1}}) = 0.1334 + 0.9638\log(\overline{K_t}), \text{如果 } Z_t = Z_h \text{ 的话}.$$

这两个回归的 R^2 值都超过了 0.999999。不过请注意,正如邓哈恩所指出的(Den Hann,2010年),尽管 R^2 的值很大,得到的解的精确性仍然可能非常低,并且提出了在政策规则下对资本存量的模拟。因此,邓哈恩建议,对策略规则下的资本存量进行模拟,并将其与通过对整个分布进行加总而计算出来的资本存量进行比较。我们就是这样做的(使用了 3000 期的数据),结果是,来自预测方程的隐含的运动定律与计算出来的运动定律之间的平均误差为 0.02％,而最大误差则为 0.10％。

对于基准经济,计算出来的运动定律如下:

$$\log(\overline{K_{t+1}}) = 0.0924 + 0.9716\log(\overline{K_t}), \text{如果 } Z_t = Z_l \text{ 的话}$$

$$\log(\overline{K_{t+1}}) = 0.0929 + 0.9723\log(\overline{K_t}), \text{如果 } Z_t = Z_h \text{ 的话}.$$

这两个回归的 R^2 值都超过了 0.99999。与前一个计算过程一样,我们还需要检验运动定律的准确性。结果我们发现,隐含的运动规律与从分布中计算出来的实际资本存量之间的平均误差为 0.01％,最大误差为 0.07％。

C.3.2　存在消费外部性的经济体

在存在总体消费外部性的经济体中,我们将同期消费作为一个状态变量加入到对实际总体状态的逼近中,即 $\hat{S} = (Z, \overline{WK}, C)$。因此,我们需要给出一个额外的、关于总消费如何演变的运动定律。我们推测,总消费的运动定律的形式与平均资本存量的运动定律一样;同时,我们也允许总消费的演变取决于平均资本存量和总消费,即

$$\log(\overline{K_{t+1}}) = a_0(Z_t) + a_1(Z_t)\log(\overline{K_t})$$

$$\log(C_{t+1}) = b_0(Z_t, Z_{t+1}) + b_1(Z_t, Z_{t+1})\log(\overline{K_t}) + b_2(Z_t, Z_{t+1})\log(C_t).$$

需要注意的是,由于当前期间的资本是预先确定的,所以对资本的"作用力规则"(forces

rule)只取决于各同期变量。因为总消费是下一个期间的均衡结果,所以我们允许预测依赖于下一个期间所实现的 Z 冲击。因此,对于总消费的运动定律,有四组系数需要估计出来。计算得到的预测方程如下:

$$\log(\overline{K}_{t+1} = 0.0872 + 0.9736\log(\overline{K}_t),\text{如果 } Z_t = Z_l \text{ 的话}$$

$$\log(\overline{K}_{t+1} = 0.0626 + 0.9816\log(\overline{K}_t),\text{如果 } Z_t = Z_h \text{ 的话}$$

和

$$\log(C_{t+1}) = -0.0205 + 0.0023\log(\overline{K}_t) + 0.9675\log(C_t),\text{如果 } (Z,Z') = (Z_l,Z_l) \text{ 的话}$$

$$\log(C_{t+1}) = -0.5061 + 0.2882\log(\overline{K}_t) + 0.5297\log(C_t),\text{如果 } (Z,Z') = (Z_l,Z_h) \text{ 的话}$$

$$\log(C_{t+1}) = -0.3560 + 0.1893\log(\overline{K}_t) + 0.6626\log(C_t),\text{如果 } (Z,Z') = (Z_h,Z_l) \text{ 的话}$$

$$\log(C_{t+1}) = -0.0506 + 0.0360\log(\overline{K}_t) + 0.9295\log(C_t),\text{如果 } (Z,Z') = (Z_h,Z_h) \text{ 的话}$$

其中的 R^2 值分别超过了 0.9999、0.9999999、0.9999、0.9999、0.99999 和 0.99999。像以前一样,我们还需要检验这两个运动定律的准确性。结果我们发现,隐含的运动定律与从分布中计算出来的实际资本存量之间的路径,平均误差为 0.02%,最大误差为 0.30%;同时总消费的平均误差为 0.02%,最大误差为 0.24%。虽然存在外部性的经济体中预测误差略大一些,但是预测的总量的拟合度仍然非常不错。

C.4 一个离题论述:为什么需要准加总?

本章正文给出的结果的其中一个含义是,财富净值分布(特别是只拥有极少财富或根本不拥有任何财富的家庭在总人口中的比例)对宏观经济消费和投资对于总体性技术冲击的反应有非常重要的定量意义。然而,这个结果并不意味着克鲁赛尔和史密斯当初给出的准加总结果就不再成立了(Krusell and Smith,1998)。① 请读者回想一下,他们的结果表明,要想准确地预测未来的资本存量,进而准确地预测未来的利率和工资,所需要的只是当前财富净值分布的均值(以及当前的总体性冲击 Z)。

前面的实验比较了两个在财富净值分布上有很大差异的经济体当中的消费和投资动态。对于一个给定的经济体,如果财富净值分布不会(作为对总体性冲击的反应)有显著的变动,那么对于预测未来的总量和价格来说,财富净值分布就是无关紧要的。然而,在财富高度不平等的经济体中,财富净值分布会在商业周期中发生变动。例如,在存在借贷约束的情况下,家庭的份额显示出了 7% 的变动系数。然而,对于准加总的发生,真正重要的是,在商业周期中,财富净值分布的关键特征的变动,能不能很好地用家庭预测方程中的状态变量 Z 和 K 来解释。我们发现确实如此,即便是在财富高度不平等的经济体中也不例外。

例如,如果我们运行处于借贷约束之下的家庭所占的比例对模拟数据的 Z 的回归,那么可以得到一个大约等于 0.8 的 R^2。因此,处于借贷约束之下的家庭数量的变化的绝大部分,

① 实际上,我们的计算方法与他们的一样,都非常依赖于准加总的连续性假设成立。

都可以用总量状态变量(Z,K)很好地预测。无论受制于借贷约束的家庭怎样定义(财富恰恰为 0 的家庭、储蓄率不到季度工资 1％的家庭、储蓄率小于季度工资 10％的家庭,或储蓄率低于季度工资 25％的家庭),财富分布的其他特征如何变动,这个结果都是很稳健的。这个事实保证了准加总的成立,尽管财富净值分布对总消费和投资对于总体性技术冲击的反应有很强的影响。

C.5　重建值函数

与我们利用欧拉方程求解模型时一样,如果研究者试图进行福利计算——例如,请参见克鲁塞尔等人(Krueger et al. ,2016)——那么就需要重建值函数,即,作为特异性状态和总体状态的函数。为了计算出它们,我们使用策略函数迭代。我们先对值函数给出一个初步的猜测 v^0,然后通过求解递归家庭决策问题(我们不需要执行最大化,因为已经计算出了最优策略函数)计算出 v^1。具体地说,我们可以通过在资产以及总资本中进行三次样条插值来估计价值函数(对于存在需求外部性的模型,我们还要对总体消费进行求和)。如果 v^1 已经足够接近于 v^0 了(在上确界范数的意义上),那么我们就停止;否则,我们就继续计算 v^2(以 v^1 为给定的值函数)。我们将一直这样做,直到收敛为止。而对于退休经济,我们将先重建退休家庭的值函数 v_R,然后进一步着手重建劳动年龄家庭的值函数 v_w。

致谢

我们要特别感谢《宏观经济学手册》主编约翰·泰勒(John Taylor)和哈拉尔德·厄里格(Harald Uhlig)。感谢本章的评议人卡洛斯·托马斯(Carlos Thomas)、克劳迪奥·迈克拉齐(Claudio Michelacci)、托尼·史密斯(Tony Smith)和克里斯·托内蒂(Chris Tonetti),以及相关的研讨会的与会者提供的有益评论。感谢研究助理西蒙妮·丁瓦勒(Simone Civale)的出色工作。D. 克鲁格(D. Krueger)感谢美国国家科学基金会的资助(编号:SES 1123547、SES 1326781)。

参考文献

Aguiar, M. , Bils, M. , 2015. Has consumption inequality mirrored income inequality? Am. Econ. Rev. 105, 2725—2756.

Atkinson, A. , Bourguignon, F. (Eds.), 2015. Handbook of Income Distribution, vol. 2. North-Holland, Amsterdam.

Aiyagari, S. , 1994. Uninsured idiosyncratic risk and aggregate saving. Q. J. Econ. 109, 659—684.

Ameriks, J. , Briggs, J. , Caplin, A. , Shapiro, M. , Tonetti, C. , 2015. Long-term care utility and late in life saving. NBER working paper no. 20973.

Arellano, M., Blundell, R., Bonhomme, S., 2015. Household earnings and consumption: a nonlinear framework. Working paper.

Athreya, K., Owens, A., Schwartzman, F., 2015. Does redistribution increase output? The centrality of labor supply. Working paper.

Attanasio, O., 1999. Consumption. In: Taylor, J., Woodford, M. (Eds.), Handbook of Macroeconomics. Elsevier Science, Amsterdam.

Attanasio, O., Weber, G., 2010. Consumption and saving: models of intertemporal allocation and their implications for public policy. J. Econ. Lit. 48, 693—751.

Auclert, A., 2014. Monetary policy and the redistribution channel. Working paper.

Auclert, A., Rognlie, M., 2016. Inequality and aggregate demand. Working paper.

Bachmallnn, R., Caballero, R., Engel, E., 2013. Aggregate implications of lumpy investment: new evidence and a DSGE model. Am. Econ. J. Macroecon. 5, 29—67.

Bai, Y., Rios Rull, J.V., Storesletten, K., 2012. Demand shocks as productivity shocks. Working paper.

Bakis, O., Kaymak, B., Poschke, M., 2015. Transitional dynamics and the optimal progressivity of income redistribution. Rev. Econ. Dyn. 18, 679—693.

Barro, R., 2006. Rare disasters and asset markets in the twentieth century. Q. J. Econ. 121, 823—866.

Bayer, C., Lütticke, R., Pham-Dao, L., Tjaden, V., 2015. Precautionary savings, illiquid assets, and the aggregate consequences of shocks to household income risk. Working paper.

Benabou, R., 2002. Tax and education policy in a heterogeneous-agent economy: what levels of redistribution maximize growth and efficiency? Econometrica 70, 481—517.

Benhabib, J., Bisin, A., 2016. Skewed wealth distributions: theory and empirics. NBER working paper no. 21924.

Benhabib, J., Bisin, A., Zhu, S., 2011. The distribution of wealth and fiscal policy in economies with finitely lived agents. Econometrica 79, 123—157.

Berger, D., Vavra, J., 2015. Consumption dynamics during recessions. Econometrica 83, 101—154.

Bewley, T., 1986. Contributions to mathematical economics in honor of gerard debreu. In: Hildenbrand, W., Mas-Colell, A. (Eds.), Stationary Monetary Equilibrium with a Continuum of Independently Fluctuating Consumers. North-Holland, Amsterdam, pp. 79—102.

Blank, R., Card, D., 1991. Recent trends in insured and uninsured unemployment: is there an explanation? Q. J. Econ. 106, 1157—1190.

Blundell, R., Pistaferri, L., Preston, I., 2008. Consumption inequality and partial insurance. Am. Econ. Rev. 98, 1887—1921.

Brinca, P., Holter, H., Krusell, P., Malafry, L., 2016. Fiscal multipliers in the 21st century. J. Monet. Econ. 77, 53—69.

Brüggemann, B., Yoo, J., 2015. Aggregate and distributional effects of increasing taxes on top income earners. Working paper.

Buera, F., 2009. A dynamic model of entrepreneurship with borrowing constraints: theory and evidence. Ann. Finance 5, 443—464.

Burkhauser, R. V., Larrimore, J., Simon, K., 2012. A "second opinion" on the economic health of the American middle class. Natl. Tax J. 65, 7—32.

Cagetti, M., De Nardi, M., 2006. Entrepreneurship, frictions, and wealth. J. Polit. Econ. 114, 835—870.

Carroll, C., 1992. The buffer-stock theory of saving: some macroeconomic evidence. Brook. Pap. Econ. Act. 1992, 61—135.

Carroll, C., 1997. Buffer-stock saving and the life cycle/permanent income hypothesis. Q. J. Econ. 112, 1—55.

Carroll, C., Slacalek, J., Tokuoka, K., White, M., 2015. The distribution of wealth and the marginal propensity to consume. Working paper.

Castaneda, A., Diaz-Gimenez, J., Rios-Rull, J. V., 1998. Exploring the income distribution business cycle dynamics. J. Monet. Econ. 42, 93—130.

Castaneda, A., Diaz-Gimenez, J., Rios-Rull, J. V., 2003. Accounting for the U. S. earnings and wealth inequality. J. Polit. Econ. 111, 818—857.

Caucutt, E., Imrohoroglu, S., Kumar, K., 2006. Does the progressivity of income taxes matter for human capital and growth? J. Public Econ. Theory 8, 95—118.

Challe, E., Matheron, J., Ragot, X., Rubio-Ramirez, J., 2015. Precautionary saving and aggregate demand. Working paper.

Chang, Y., Kim, S. B., 2007. Heterogeneity and aggregation: implications for labor-market fluctuations. Am. Econ. Rev. 97, 1939—1956.

Chatterjee, S., Corbae, D., Nakajima, M., Rios-Rull, J. V., 2007. A quantitative theory of unsecured consumer credit with risk of default. Econometrica 75, 1525—1590.

Chodorow-Reich, G., Karabarbounis, L., 2016. The cyclicality of the opportunity cost of employment. J. Polit. Econ. (forthcoming).

Cocco, J., Gomes, F., Maenhout, P., 2005. Consumption and portfolio choice over the life-cycle. Rev. Financ. Stud. 18, 491—533.

Conesa, J., Kitao, S., Krueger, D., 2009. Taxing capital? Not a bad idea after all!. Am. Econ. Rev. 99, 25—48.

De Nardi, M., 2004. Wealth inequality and intergenerational links. Rev. Econ. Stud. 71, 743—768.

De Nardi, M., 2015. Quantitative models of wealth inequality: a survey. NBER working paper no. 21106.

De Nardi, M., French, E., Jones, J., 2010. Why do the elderly save? The role of medical expenses. J. Polit. Econ. 118, 39—75.

De Nardi, M., Fella, G., Yang, F., 2015. Piketty's book and macro models of wealth inequality. NBER working paper no. 21730.

Deaton, A., 1991. Saving and liquidity constraints. Econometrica 59, 1221—1248.

Deaton, A., 1992. Understanding Consumption. Oxford University Press, New York.

Den Haan, W., 2010. Assessing the accuracy of the aggregate law of motion in models with heterogeneous agents. J. Econ. Dyn. Control 34, 79—99.

Den Haan, W., Rendahl, P., Riegler, M., 2016. Unemployment (fears), precautionary savings, and aggregate demand. Working paper.

Domeij, D., Heathcote, J., 2004. On the distributional effects of reducing capital taxes. Int. Econ. Rev. 45, 523—554.

Fernald, J., 2012. Productivity and potential output before, during, and after the great recession. Federal Reserve Bank of San Francisco, Working paper 2012—18.

Fisher, J., Johnson, D., Smeeding, T., Thompson, J., 2015. Inequality in 3D: income, consumption and wealth. Presentation at 2015 NBER Summer Institute.

Gabaix, X., Lasry, J., Lions, P., Moll, B., 2014. The dynamics of inequality. Working paper.

Ganong, P., Noel, P., 2015. How does unemployment affect consumer spending? Working paper.

Glover, A., Heathcote, J., Krueger, D., Rios-Rull, J. V., 2014. Inter-generational redistribution in the great recession. Working paper.

Gomes, F., Michaelides, A., 2008. Asset pricing with limited risk sharing and heterogeneous agents. Rev. Financ. Stud. 21, 415—448.

Gornemann, N., Kuester, K., Nakajima, M., 2012. Monetary policy with heterogeneous agents. Working paper.

Gourio, F., 2013. Credit risk and disaster risk. Am. Econ. J. Macroecon. 5, 1—34.

Gruber, J., 1994. The consumption smoothing benefits of unemployment insurance. NBER working paper no. 4750.

Guerrieri, V., Lorenzoni, G., 2012. Credit crises, precautionary savings, and the liquidity trap. Working paper.

Guvenen, F., 2009. An empirical investigation of labor income processes. Rev. Econ. Dyn. 12, 58—79.

Guvenen, F., 2011. Macroeconomics with heterogeneity: a practical guide. Econ. Q. 97, 255—326.

Guvenen, F., Ozkan, S., Song, J., 2014. The nature of countercyclical income risk. J. Polit. Econ. 122, 621—660.

Hagedorn, M., Karahan, F., Manovskii, I., Mitman, K., 2013. Unemployment benefits and unemployment in the great recession: the role of macro effects. NBER working paper no. 19499.

Hagedorn, M., Manovskii, I., Mitman, K., 2015. The impact of unemployment benefit extensions on employment: the 2014 employment miracle? NBER working paper no. 20884.

Harmenberg, K., Oberg, E., 2016. Durable expenditure dynamics under time-varying income risk. Working paper.

Heathcote, J., 2005. Fiscal policy with heterogeneous agents and incomplete markets. Rev. Econ. Stud. 72, 161—188.

Heathcote, J., Perri, F., 2015. Wealth and volatility. NBER working paper no. 20994.

Heathcote, J., Storesletten, K., Violante, G., 2009. Quantitative macroeconomics with heterogeneous households. Annu. Rev. Econ. 1, 319—354.

Heathcote, J., Perri, F., Violante, G. L., 2010. Unequal we stand: an empirical analysis of economic inequality in the United States, 1967—2006. Rev. Econ. Dyn. 13, 15—51.

Heathcote, J., Storesletten, S., Violante, G., 2014. Optimal tax progressivity: an analytical framework. Working paper.

Hendricks, L., 2007. How important is discount rate heterogeneity for wealth inequality? J. Econ. Dyn. Control. 31, 3042—3068.

Herkenhoff, K., 2015. The impact of consumer credit access on unemployment. Working paper.

Huggett, M., 1993. The risk-free rate in heterogeneous-agent incomplete-insurance economies. J. Econ. Dyn. Control. 17, 953—969.

Huggett, M., 1996. Wealth distribution in life-cycle economies. J. Monet. Econ. 38, 469—494.

Huggett, M., 1997. The one-sector growth model with idiosyncratic shocks: steady states and dynamics. J. Monet. Econ. 39, 385—403.

Huo, Z., Rios-Rull, J. V., 2013. Paradox of thrift recessions. Working paper.

Huo, Z., Rios-Rull, J. V., 2016. Balance sheet recessions. Working paper.

Imrohoroglu, A., 1989. Cost of business cycles with indivisibilities and liquidity constraints. J. Polit. Econ. 97, 1364—1383.

Jappelli, T., Pistaferri, L., 2014. Fiscal policy and MPC heterogeneity. Am. Econ. J. Macroecon. 6, 107—136.

Kaplan, G., Menzio, G., 2014. Shopping externalities and self-fulfilling unemployment fluctuations. J. Pol. Econ. 123, 771—825.

Kaplan, G., Violante, G., 2014. A model of the consumption response to fiscal stimulus payments. Econometrica 82, 1199—1239.

Kaplan, G., Mitman, K., Violante, G., 2016a. Consumption and house prices in the great recession: model meets evidence. Working paper.

Kaplan, G., Moll, B., Violante, G., 2016b. Monetary policy according to hank. NBER working paper No. 21897.

Karabarbounis, M., 2015. A road map for efficiently taxing heterogeneous agents. American Economic Journal: Macroeconomics 8, 182—214.

Kekre, R., 2015. Unemployment insurance in macroeconomic stabilization. Working paper.

Khan, A., Thomas, J., 2008. Idiosyncratic shocks and the role of nonconvexities in plant and aggregate investment dynamics. Econometrica 76, 395—436.

Kindermann, F., Krueger, D., 2015. High marginal tax rates on the top 1%? lessons from a life cycle model with idiosyncratic income risk, NBER Working Paper 20601.

Kopecky, K., Suen, R., 2010. Finite state Markov-chain approximations to highly persistent processes. Rev. Econ. Dyn. 13, 701—714.

Krebs, T., Kuhn, M., Wright, M., 2015. Human capital risk, contract enforcement and the macroeconomy. Am. Econ. Rev. 105, 3223—3272.

Krueger, D., Ludwig, A., 2016. On the optimal provision of social insurance: progressive taxation versus education subsidies in general equilibrium. Journal of Monetary Economics 77, 72—98.

Krueger, D., Perri, F., 2006. Does income inequality lead to consumption inequality? Evidence and theory. Rev. Econ. Stud. 73, 163—193.

Krueger, D., Perri, F., 2011. How do households respond to income shocks? Working paper.

Krueger, D., Perri, F., Pistaferri, L., Violante, G., 2010. Cross-sectional facts for macroeconomists. Rev. Econ. Dyn. 13, 1—14.

Krueger, D., Mitman, K., Perri, F., 2016. On the distribution of the welfare losses of large recessions. Proc. Econ. Soc. World Congress (forthcoming).

Krusell, P., Smith, A., 1997. Income and wealth heterogeneity, portfolio choice, and equilibrium asset returns. Macroecon. Dyn. 1, 387—422.

Krusell, P., Smith, A., 1998. Income and wealth heterogeneity in the macroeconomy. J. Polit. Econ. 106, 867—896.

Krusell, P., Smith, T., 2006. Quantitative macroeconomic models with heterogeneous agents. In: Advances in Economics and Econometrics: Theory and Applications. Ninth World Congress.

Krusell, P., Mukoyama, T., Sahin, A., 2010. Labour-market matching with precautionary savings and aggregate fluctuations. Rev. Econ. Stud. 77, 1477—1507.

Kuhn, M., Rios-Rull, V., 2015. 2013 update on the U.S. earnings, income, and wealth distributional facts: a view from macroeconomic modelers. Working paper.

Kuznets, S., 1955. Economic growth and income inequality. Am. Econ. Rev. 45, 1—28.

Livshits, I., MacGee, J., Tertilt, M., 2007. Consumer bankruptcy: a fresh start. Am. Econ. Rev. 97, 402—418.

Maliar, L., Maliar, S., Valli, F., 2010. Solving the incomplete markets model with aggregate uncertainty using the Krusell-Smith algorithm. J. Econ. Dyn. Control. 34, 42—49.

McKay, A., 2015. Time-varying idiosyncratic risk and aggregate consumption dynamics. Working paper.

McKay, A., Reis, R., 2016. The role of automatic stabilizers in the U. S. business cycle. Econometrica 84, 141—194.

Meghir, C., Pistaferri, L., 2004. Income variance dynamics and heterogeneity. Econometrica 72, 1—32.

Mitman, K., Rabinovich, S., 2014. Do unemployment benefit extensions explain the emergence of jobless recoveries? Working paper.

Mitman, K., Rabinovich, S., 2015. Optimal unemployment insurance in an equilibrium business-cycle model. J. Monet. Econ. 71, 99—118.

Perri, F., Steinberg, J., 2012. Inequality and redistribution during the great recession. Federal Reserve Bank of Minneapolis, Economic Policy Paper.

Peterman, W., 2013. Determining the motives for a positive optimal tax on capital. J. Econ. Dyn. Control. 37, 265—295.

Piketty, T., 2014. Capital in the Twenty-First Century. Belknap Press, Cambridge, MA.

Piketty, T., Saez, E., 2003. Income inequality in the United States, 1913—1998. Q. J. Econ. 118, 1—41.

Quadrini, V., 2000. Entrepreneurship, saving, and social mobility. Rev. Econ. Dyn. 3, 1—40.

Quadrini, V., Rios-Rull, J. V., 2015. Inequality in macroeconomics. In: Atkinson, A. B., Bourguignon, F. J. (Eds.), Handbook of Income Distribution, vol. 2B. North Holland, Amsterdam, pp. 1229—1302.

Ravn, M., Sterk, V., 2013. Job uncertainty and deep recessions. Working paper.

Rietz, T., 1988. The equity risk premium: a solution. J. Monet. Econ. 22, 117—131.

Shimer, R., 2005. The cyclical behavior of equilibrium unemployment and vacancies. Am. Econ. Rev. 95, 25—49.

Skinner, J., 1987. A superior measure of consumption from the panel study of income dynamics. Econ. Lett. 23, 213—216.

Smith, M., Tonetti, C., 2014. A bayesian approach to imputing a consumption-income panel using the PSID and CEX. Working paper.

Storesletten, K., Telmer, C., Yaron, A., 2004a. Cyclical dynamics in idiosyncratic labor market risk. J. Polit. Econ. 112, 695—717.

Storesletten, K., Telmer, C., Yaron, A., 2004b. Consumption and risk sharing over the life cycle. J. Monet. Econ. 51, 609—633.

Storesletten, K., Telmer, C., Yaron, A., 2007. Asset pricing with idiosyncratic risk and overlapping generations. Rev. Econ. Dyn. 10, 519—548.

Wong, A., 2015. Population aging and the transmission of monetary policy to consumption. Working paper.

Young, E., 2010. Solving the incomplete markets model with aggregate uncertainty using the Krusell-Smith algorithm and non-stochastic simulations. J. Econ. Dyn. Control. 34, 36—41.

第十二章　宏观经济学中的自然实验

N. 富克斯–申德勒恩 (N. Fuchs-Schündeln)[*,†],

T. A. 哈桑 (T. A. Hassan)[†,‡,§]

[*]:歌德大学法兰克福分校,德国,法兰克福;

[†]:经济政策研究中心(CEPR),英国,伦敦;

[‡]:芝加哥大学,美国,伊利诺伊州,芝加哥;

[§]:美国国家经济研究局(NBER),美国,马萨诸塞州,剑桥

目　录

本章摘要:在宏观经济学中,越来越多的文献依靠自然实验来确定因果关系。在各种各样的应用研究中,经济学家用自然实验验证传统模型的潜在假设、量化特定的模型参数、识别对宏观经济数量有重大影响但传统模型中设有的新机制。在本章中,我们讨论并比较了这些应用的自然实验,然后在此基础上总结了自然实验在各个领域中为我们提供的洞见,比如说,永久收入假说的有效性、财政乘数的大小,以及制度、社会结构和文化对经济增长的影响,等等。此外,我们还概述了这些领域未来研究面临的挑战,并给出了识别有用的自然实验的指导准则,并分析了这种研究方法的优缺点。

关键词:永久收入假说,财政乘数,制度,社会关系,网络,社会结构,公民资本(civic

capital),信任,多重均衡

　　JEL 分类代码:C1,C9,E21,E62,H31,O11,O14,O43,O50

1.　引言

　　建立因果关系是经济学中的一个重大挑战,特别是在宏观经济学中,各种重要因果关系的方向问题被广泛讨论,例如,货币和财政政策的因果性效应究竟如何,就是一个众说纷纭的主题。宏观经济学模型的大多数实证应用都集中在如何匹配条件相关性,以及提高模型对一组数据矩的拟合优度上。尽管近年来这些领域都取得了重大进展,但这种条件相关性往往不能用来识别因果关系链条。例如,新凯恩斯主义模型和实际商业周期模型都可以匹配这类的条件相关性集合,但是对财政政策或货币政策的因果效应却会给出截然不同的预测。尤其是在提供政策咨询的时候,无法识别明确的因果关系是特别令人不安的。

　　相比之下,在应用微观经济学领域,却往往可以通过设计实验室实验(laboratory)或现场实验(field experiment)来确定因果关系。在这种类型的实验中,研究者有意以一种允许建立因果关系的方式去影响经济环境。为了实现这个目的,最流行也是最明晰的方法是将经济行为主体(被试)随机地分配到处理组(treatment group)和对照组(control group)中,然后通过直接比较两组之间的相关结果变量来归纳因果关系,或者运用双重差分方法对处理组和对照组在引入相应的处理后结果变量的变化进行分析,来确定因果关系。现场实验是在现实世界的经济环境中随机化处理变量,而实验室实验则在受控环境中进行这种随机化。由于相当明显的原因,对于宏观经济学家来说,这两种实验方法基本上是完全不可行的。由于宏观经济学所研究的是会给经济带来极大影响的现象(例如经济增长、失业率、货币政策、财政政策,等等),对这类现象的任何实际干预措施,都伴随着非常昂贵的成本,而且会产生极其深远的后果。因为它们不容易针对特定的一小群人,因此也不可能保证任何人都会同意执行它们。在宏观经济学中,将经济环境的关键特征“带入”实验室,也是一项过于复杂的任务,因为在宏观经济领域,不同行为主体和市场的相互作用往往发挥着关键作用。关于宏观经济学中的实验室实验,请参见达菲(Duffy,2008年)的综述。

　　自然实验是现场实验和实验室实验的一个替代方案。根据研究目的,我们将自然实验定义为这样一种历史事件:它提供了可观察的、准随机的处理变化(variation in treatment),服从某个合理的识别假设。自然实验中的“自然”这个词表明,研究者并没有有意设计他们所要分析的事件,而只是利用它们来理解因果关系。经济学家所考虑的这种事件,可以是决策者主动推进的政策干预(例如,税法的变化),远远超越一般的政策措施的重大历史事件(例如,共产主义国家的垮台);或者,也可以是所谓的“真正自然”的自然“实验”,即由自然环境产生的实验(例如,降雨、地震等)引发的事件。在宏观经济学文献中,被引用得最广泛的一个自然实验是德国在1949年分裂,然后在1989年统一。这个历史事件将同质的人口分成了两部分,而且生活在极其不同的经济和政治制度之下,相互之间只有极少的接触,直到 40 年后才重新团聚。这里重要的是,经济学家们可以认为,这种分裂是外生于偏好、经济条件和其他能够直接预测重新统一后不同的经济结果的因素。因此,在分裂之日,个人是被分配到东德,还是被分配到西德,可以认为是随机的,就像在一个现场实验中一样。而且,有大量的微观数据和宏观数据可用来分析这个事件。富克斯－申德勒恩和申德勒恩(N. Fuchs-Schündeln and Sohündeln,2005 年)率先利用这个自然实验,根据人们的风险厌恶态度及其对预防性储蓄的影响,研究了他们对职业的自主选择。后来涌现出来的大量应用分别研究了众多不同的主题:从对经济政策的内生偏好,例如,阿莱西纳和富克斯－申德勒恩(Alesina and Fuchs-Schündeln,2007),到市场准入的重要性,例如,雷丁和斯特姆(Redding and Sturm,2008),再到社会关系对经济的影响,例如,布尔查迪和哈桑(Burchardi and Hassan,2013)。

进行实验室实验或现场实验的研究者的主要任务是,以一种允许因果推断的方式设计实验;与此不同,分析自然实验的研究者的主要任务则在于,证明他们所考虑的历史事件类似于一个实验,同时设法从事后的角度克服实验设计中的缺点,如果真的能事先设计好实验,这些缺点是可以避免的。为了证明自己正在考虑的事件类似于一个实验,识别出有效的处理组和对照组,即,证明处理组的分配实际上是随机的,是自然实验研究者至关重要的任务。要证成这种准随机的处理,就必须证明,拟议中的处理组和对照组在与结果变量相关的所有维度上都是可比的——只有待处理的那个维度除外。毫不奇怪,实现这个目标所用的方法通常是从与现场实验和实验室实验有关的微观计量文献中改进而来的。

本章的宗旨是,帮助读者熟悉自然实验在宏观经济管理中的应用,总结我们到目前为止在这个领域已经学到的知识,并提炼出成功应用自然实验来回答宏观经济问题所需的技术和技巧。我们在本章的结论中总结了因运用自然实验而脱颖而出的成功论文的共同特征。虽然每个自然实验都是不同的(从而也会带来不同的挑战),但是这些特征还是可以作为未来论文的指导方针。此外,我们还讨论了如何将自然实验嵌入到结构式模型中;我们认为,这是未来研究中一个很有前途的一般性途径。最后,我们还指出了自然实验方法的局限性。

与其试图覆盖所有以自然实验为特征的宏观经济学论著(那将是一项艰巨无比的任务),我们只是选择了三个特定的研究方向上的论文,它们将自然实验用于三个不同的目的:验证基础模型的前提(验证)、量化具体的政策参数(量化)、识别除了常规模型之外的因果性机制(识别)。

第一类文献是关于永久收入假说的文献。与简单的凯恩斯主义消费理论相反,永久收入假说的假设是,经济行为主体在做出消费决策时是理性的和有前瞻能力(forward looking)的。因此,除了会考虑当前收入和当前资产之外,对未来收入的预期值在当前的最优消费决策中也发挥着重要的作用。对于这种前瞻性行为,利用预先报告的收入变化就很容易检验:一旦知道有关于未来收入变化的信息,家庭就应该调整消费;相比之下,消费增长在这种收入变化真的实现时应该不受影响,因为家庭已经提前知道了这一点。在这些文献中,自然实验有助于识别这种预先报告的收入变化。如果我们在自然实验中发现,这种预先报告的收入变化真的实现时,家庭调整了消费,那么这个结果就会使人怀疑大多数基于微观的宏观经济学模型的基本假设——经济行为主体在决策时是有前瞻性的。

第二类文献是关于如果对财政乘数进行量化分析。财政乘数是宏观经济学文献中最重要的政策参数之一。政府能不能通过支出政策或税收政策刺激经济？如果能,那么某个给定的财政政策对人均 GDP 的影响到底有多大？估计财政乘数的主要困难在于,必须正确地识别出财政政策的变化——不是商业周期因素所致的变化。在这个领域,研究者经常利用自然实验去识别政府支出政策的这种外生性变化。

前两类文献不仅依赖于自然实验方法,还依赖于其他一些方法,比如说,工具变量方法(在这种情况下,工具变量并不是历史事件),或者具有排除限制(exclusion restriction)的向量自回归(VAR)模型。与这两类文献不同,第三类文献则几乎完全依靠自然实验来识别经济增长的根本原因。这类文献的目的是将标准的宏观经济学模型中缺少的某些机制识别出来。什么因素可以解释穷国与富国之间表现出来的人均国内生产总值的巨大差异？标准经济增长模型通常用人力资本或实物资本的积累,又或者研发投入来解释,但是这些因素其实是经济增长的近因(proximate cause),而不是经济增长的根本原因(fundamental cause),因为它们并没有回答这个问题:为什么有些国家的投资远远超过了其他国家？探讨经济增长的根本原因的这类文献将制度、社会结构和文化视为根本原因,而所有这三个概念在传统的经济增长模型中是基本完全不存在的。再者,即使初始条件是相同的,多重均衡也可能导致不同的经济增长路径。探究经济增长的根本原因的实证研究天然与自然实验密切相关:"历史事件"在这里具有真正的历史意义,因为它们通常来自遥远的过去,并且被用于构建因果联系——通过给出不同国家、不同地区或不同历史时期之间,在制度上的、社会结构上的,或文化上的准随机变化。

在这三类文献中的每一类,我们仍然不打算尝试调查有关该主题的全部文献,而是侧重于剖析不同研究者如何运用自然实验来解决在这三个不同的特定情境中产生的研究问题——通过验证、量化或识别因果机制。几乎所有这些应用研究都有一个共同的特点,那就是它们使用的计量经济学方法都不复杂,或者说,都只是标准计量经济学方法的相当简单的应用,例如普遍最小二乘法、工具变量法、断点回归法(regression discontinuity)和固定效应估计量法,等等。相反,这些论文真正复杂的地方在于,如何将那些能够生成准随机变化的事件识别出来,并且适当地处理"自然的实验设计"中的任何缺陷。在这个意义上,这些运用自然实验的论文最关键的因素反而是,对识别假设的适当陈述和辩护,这也正是我们在这一章中要关注的焦点。

本章有两个目标读者群体:第一个群体是那些在应用计量经济学领域拥有深厚背景知识的研究者,他们正在考虑在某个宏观经济学领域用自然实验法进行研究。我们有理由希望,通过将不同领域使用的自然实验并列呈现,将为这个群体带来智力火花。为此,在我们涉及的每一个领域,我们也试图在方法和实质方面指出研究前沿,并经常明确指出未来研究的重要途径。我们的第二个目标读者群体是主流宏观经济学领域的研究者。为这个群体考虑,我们试图总结一下关于永久收入假说、财政乘数和宏观经济增长的根本原因,自然实验到底能够告诉我们什么。希望我们的总结有助于指导未来的理论研究。

读者还可以到本章作者的网站上下载一套幻灯片，那是两个讲座的材料，延伸了本章的内容。

2.　验证：永久收入假说

在宏观经济学领域，经济学家可以利用自然实验来检验主要模型的基础假设的有效性。这是用自然实验来检验永久收入假说的有效性。弗里德曼（Friedman, 1957）提出的永久收入假说是一个与简单的凯恩斯消费理论相反的消费理论。凯恩斯消费理论假设消费只取决于当期收入，而且认为当期消费就等于当期收入的一个非递增的比例。到现在，永久收入假说已经成了各种现代消费理论（例如生命周期理论、预防性储蓄理论）的核心组成部分，而且也是行为消费模型（例如双曲线贴现模型）的根本性基石。永久收入假说最重要的思想是，在对自己的整个生命周期做出消费决策时，个人是理性的、有前瞻能力的。

根据永久收入假说，个体消费者 i 要求解如下形式的效用最大化问题。

$$\max_{\{C_{i,t+j}\}_{j=0}^{\infty}} E_t \sum_{j=0}^{\infty} \beta^j u(C_{i,t+j}) \tag{1}$$

要满足跨期预算约束：

$$\sum_{j=0}^{\infty} \left(\frac{1}{1+r}\right)^j C_{i,t+j} = A_{i,t} + \sum_{j=0}^{\infty} \left(\frac{1}{1+r}\right)^j Y_{i,t+j} \tag{2}$$

其中 $C_{i,t}$ 为个体消费者 i 在期间 t 的消费，β 为贴现因子，r 为利率，$A_{i,t}$ 为第 t 期的初始资产，$Y_{i,t}$ 为第 t 期的收入，E_t 为期望算子（取决于时间 t 的可得信息）。为了简单起见，我们假设 $\beta(1+r)=1$。同样为了简单起见，我们假设效用函数采取二次形式，使得如下确定性等价成立

$$u(C_{i,t+j}) = C_{i,t+j} - \frac{\alpha}{2} C_{i,t+j}^2 \tag{3}$$

这个简单的模型有一些强大的含义。其中最重要的是，消费不仅仅是当前收入的函数。相反，消费也取决于流动资产和预期的未来收入，而且事实上等于永久收入。永久收入被定义为总净资产的年金值，即，流动资产和所有未来收入流的期望贴现净现值之和：

$$C_{i,t} = \frac{r}{1+r} \left[A_{i,t} + E_t \left(\sum_{j=0}^{\infty} \left(\frac{1}{1+r}\right)^j Y_{i,t+j} \right) \right] \tag{4}$$

由于未来收入的预期贴现净现值进入了个人最优消费决策阶段，所以只要有新的相关信息出现，最优消费就会改变。相反，任何事先已预料到的收入变化都不会影响最优消费。由此，消费的增长率只取决于期间 t 与期间 $t+1$ 之间的信息集的变化。因此，我们可以得到

$$\Delta C_{i,t+1} = \frac{r}{1+r} \left[E_{t+1} \left(\sum_{j=0}^{\infty} \left(\frac{1}{1+r}\right)^j Y_{i,t+j+1} \right) - E_t \left(\sum_{j=0}^{\infty} \left(\frac{1}{1+r}\right)^j Y_{i,t+j+1} \right) \right] \tag{5}$$

特别地，

$$\text{如果 } E_{t+1} = E_t, \text{则有 } \Delta C_{i,t+1} = 0 \tag{6}$$

只要可欲消费路径(desired consumption path)是平坦的,方程式(6)就可以成立,而不依赖于方程式(1)中所用的效用函数的形式。方程式(5)和方程式(6)的预测可以通过分析数据中消费对意料之内的和意料之外的收入变化的反应来加以检验。这方面的实证研究的困难在于,在数据中识别个体是否预料到了任何观察到的收入变化;自然实验就是用来识别明显未预料到的或预料之内的收入变化的。

接下来,我们先引述几篇分析消费对意料之外的收入冲击的反应的论文。关于消费对意料之内的收入变化的反应,相关的文献还要更多(原因如下所述),我们将使用这些文献来更多地了解使用自然实验的具体情况。

2.1 消费对意料之外的收入冲击的反应

消费是不是会对意料之外的收入冲击做出反应——就像方程式(5)所预测的——检验这个问题的论文只有少数。出现这种情况的原因在于,消费对收入冲击的具体最优反应取决于冲击的性质(冲击是临时性的,还是永久性的)和受到冲击的个体的年龄(如果我们不使用无限期模型,转而采用生命周期模型的话),还取决于所采用的效用函数的形式。在更符合现实的模型设定中,效用函数可能需要考虑家庭部分的谨慎行为倾向,即,在没有完全保险的情况下,为了防范未来的收入波动,家庭会通过储蓄建立起一个"缓冲区"。

2.1.1 意料之外的临时收入冲击

我们继续假设效用函数是二次的,同时假设如果一个意料之外的收入变化(即收入冲击)是严格的一次性临时收入变化,那么,方程式(5)就可以化简为

$$\Delta C_{i,t+1} = \frac{r}{1+r}\left[Y_{i,t+1} - E_t(Y_{i,t+1}) \right] \tag{7}$$

这也就是说,最优消费的变化就等于意料之外的收入变化的年金值。所以,一般地说,我们可以预测,临时性收入冲击后的最优消费的变化量显然是相当小的。因此,要识别消费的反应,就需要在数据中找到大量的临时性收入变化

在一篇非常早的论文中,克里宁对这个预测进行了检验(Kreinin,1961)。他的分析结论后来得到了兰茨贝尔格给出的证据的支持(Landsberger,1966。克里宁利用的是以色列 1957年至 1958 年的"家庭储蓄调查"数据(Kreinin,1961),他分析了以色列家庭如何花费一次性的德国赔款(收到该赔偿的以色列家庭占所有城市家庭的比例为 4% 左右)。结果,克里宁发现,这些以色列家庭把大约 85% 的赔偿金都储蓄下来了——储蓄起来的款项接近于这些家庭的年平均可支配收入。[①] 这个结果与消费对临时性收入变化的反应很小这个预测大体一致。

因本斯等人(Imbens et al.,2001)、库恩等人(Kuhn et a.,2011)分析了中了彩票的人的消费行为。很显然,我们可以将"中彩"这种事件识别为随机的大型临时性收入冲击,而且可以

---

① 与此不同的是,博德金(Bodkin,1959)发现,支付给美国退伍军人的兵役人寿保险金则大部分都被消费掉了。不过,这种意料之外的收入平均只占年度可支配收入的 5% 左右。

视之为自然实验。库恩等人(Kuhn et al.,2011)对荷兰彩票中奖者和没有中奖的人的消费行为进行了比较。① 在他们的研究中,中彩者得到的平均彩金为 12500 欧元(大体相当于荷兰家庭八个月的平均收入)。库恩等人发现(Kuhn et al.,2011),与永久收入假说一致,中彩者在非耐用消费品上的支出并没有显著增加,不过,耐用消费品上的支出则有所增加。相比之下,因本斯等人(Imbens et al.,2001)所分析的彩票的彩金则要高得多,要 20 年才能偿付。他们发现,中彩者在获得彩金后的储蓄的增长符合生命周期假说。这两项研究的研究者都是自己动手收集数据的,他们的方法是向彩票中奖者和(抽样选中的)未中奖者发放调查问卷。因此他们得到的最终样本量相对来说都比较小——库恩等人的数据集中只包括 220 个中彩者,因本斯等人也只有 240 个。

布鲁克纳和格拉德斯坦因(Brueckner and Gradstein,2013)则从宏观经济的视角来分析消费对意料之外的临时性收入冲击的反应。他们利用了如下事实,即,降水量是撒哈拉以南非洲各国的年度总产出的一个重要推动因素,而且降水量的年度变化是随机的和无法事先预料的。因此,他们在对私人总消费和总产出进行回归分析时,以降水量为总产出的工具变量。他们的估计表明,临时性产出冲击的边际消费倾向与 0 并没有显著差别(其点估计值仅为 0.2)。因此,与依赖于微观数据的研究的结果类似,布鲁克纳和格拉德斯坦因也得出了人们在遇到临时性收入冲击时平滑消费的显著证据。

2.1.2 意料之外的永久性收入冲击:德国统一的自然实验

从各个方面来看,德国的分裂和随后的统一,在经济学上可以作为一个自然实验。一个具有共同历史的国家分成了两个国家,然后两个国家的民众在不同的经济和政治制度之下生活了整整 40 年,最后又重新统一。而且很重要的一点是,我们可以很确定地认为,德国的分裂是外生地决定的,与当时东西德的人们的偏好和经济条件无关。东西德之间的边界的位置,在很大程度上取决于第二次世界大战结束时盟国军队所处的位置,而这反过来又是由各盟国相对于德国的地理位置决定的。说到底,如果当时苏联位于德国的西部,那么在德国分裂后"走社会主义道路"的将会是西德而不是东德。关于东西德之间的边界的位置的这种随机性,阿莱西纳和富克斯-申德勒恩(Alesina and Fuchs-Schündeln,2007)已经在他们的论文中给出了很详尽的说明,他们对第二次世界大战前德国的经济和政治状况的概述表明,在分裂之前,德国的东西方之间并不存在明显的差异。根据这个证据,我们可以把西德视为东德(德意志民主共和国)的对照组,同时还可以认为,德国统一时东德的经济状况(那是前德意志民主共和国实行了 40 年之久的社会主义制度的结果),是外生于两德统一后的新经济体制的,因为德国统一是一个相当出人意料的事件。这是一个规模巨大的自然实验,它对东德近 2000 万民众在很多方面都产生了深远影响。

因此,过去 20 年以来,作为一个自然实验,德国统一这个事件已经出现在了很多研究中,学者们利用它来分析了很多不同的问题。第一篇将德国统一视为自然实验的论文是富克斯-申德勒恩和申德勒恩(Fuchs-Schündeln and Schündeln,2005)。在这篇论文中,作者们分析了职业选择中根据风险偏好进行的自选择及其对预防性储蓄的估计量的影响。雷丁和斯特

---

① 他们还分析了在一个偏种群(partial population)框架下的社会影响。

姆（Redding and Sturm,2008）利用这个自然实验研究了市场准入的作用。雷丁等人（Redding et al.,2011 年）和阿尔费尔特等人（Ahlfeldt et al.,2015）则利用它研究了工业企业的选址问题。同样地,利用德国统一这个自然实验,格布哈特（Gebhardt,2013）分析了所有权对住房市场上特定关系投资的影响,布尔茨汀和坎通尼（Bursztyn and Cantoni,2016）分析了电视广告对消费的影响。阿莱西纳和富克斯–申德勒恩（Alesina and Fuchs-Schündeln,2007 年）研究了对再分配的内生偏好,而布尔查迪和哈桑（Burchardi and Hassan,2013）则研究了社会关系对经济增长的影响。我们下面将评述这两篇论文,它们都依赖于德国统一这个自然实验。

在永久收入假说的背景下,富克斯–申德勒恩（Fuchs-Schündeln,2008）将德国统一视为原东德受到的一个大规模的正的永久性收入冲击来处理。该论文将这个永久性收入冲击嵌入到结构生命周期消费模型中。这是为数不多的将宏观经济当中的结构模型与自然实验相结合的论文之一。[1] 因为在任何一个结构模型中,这种结合都意味着必须对函数形式做出某种假设和对模型进行仔细校准。然而,这种嵌入了自然实验的结构模型有一个很大的优点:我们可以利用它来分析定量模型的含义和数据之间的匹配,并且可以分别讨论不同模型组件的相对重要性。

在富克斯–申德勒恩构建的生命周期模型中（Fuchs-Schündeln,2008）,包含了退休储蓄动机、针对收入风险和外部流动性约束的预防性储蓄动机,在生命周期中决定性地改变家庭规模。在这个模型中,"西德家庭"的生命周期从头到尾都是在这种模型背景下进行的,而"东德家庭"则在特定年龄于 20 世纪 90 年进入一个新的经济模型环境。在那个时刻,模型赋予东德家庭一个外生给定的财富水平——根据 1992 年的数据,设定随同期特定人群（cohort-specific）而异的东德/西德财富比。对于这个模型的预测来说,非常重要的一点是,在统一那一刻,东德/西德财富比非常低（而且也低于东德/西德收入比）,对于接近退休年龄的较年长的人群来说尤其如此。然后,从那个时刻开始,东德人也生活在同一个新的经济模型环境中。生命周期内的收入增长率、收入风险和不断变化的家庭规模,都分别针对东德和西德进行了校准。

校准后的模型能够定性和定量地匹配统一后德国东部和西部的储蓄率的三个特征性事实:(i)东部地区的德国人的储蓄率高于西部地区;(ii)东西部地区之间在储蓄率上的这种差异随统一时的年龄的增加而扩大,也就是说,年龄较大的同期出生人群的储蓄率差异大于年龄较小的同期出生人群;和(iii)对于每一个同期出生人群,储蓄率的这种差异会随着时间的推移而下降,并最终在 10 年内收敛为完全一致。统一后原东德地区的储蓄率之所以更高,是因为那里的人们的初始财富水平较低,这使得他们在预防性储蓄和退休储蓄两个方面对新经济环境都准备不足。东西部年长的同期出生人群之间的储蓄率差异之所以特别大,是因为原东德地区的老年人对新经济环境的准备更加不足:他们的财富状况相对于原西德地区的同龄人更加糟糕,同时可供他们在未来的工作生活中通过更高的储蓄率积累更多财富的时间也更少。原东德地区的储蓄率迅速向原西德地区的水平趋同,是一个重要的特征事实,使得我们可以对生命周期模型的不同组件进行区分。预防性储蓄动机对于重现这个特

---

[1] 这种方法在其他领域更为常见,例如请参见,阿尔费尔特等人的论文（Ahlfeldt et al.,2015）。

征至关重要,因为预防性储蓄意味着,当财富水平从较低的位置向上接近目标水平时,储蓄率会随之降低。

仅依靠两德统一后的人口增长的特点就能预测原东德地区年轻同期出生人群的储蓄率会上升,这个预测与实证证据背道而驰。在标准模型中,要想将预防性节约动机与基于生命周期中不断变动的家庭规模的人口储蓄动机区分开来,并不是一件容易的事情,因为这两种储蓄动机都预测生命周期中会出现驼峰形的消费路径。但是,在德国统一这一自然实验背景下,情况就不同了:这两种储蓄动机会导致对"东德家庭"的储蓄行为(相对于"西德家庭")的截然相反的两种预测。最终,这篇论文的结论是,"东德家庭"在受到了德国统一这个巨大的冲击之后,尽管要面对全新的经济环境,但是它们的反应是根据生命周期模型的预测做出的,而且预防性储蓄动机对于复制数据至关重要。第一个结论与其他分析巨大的临时性收入冲击的研究的结论一致。另一个结论则只有在一个结构性模型中才可能得出,这证明了这篇论文所使用的方法具有优势。有了这样一个结构性模型,我们可以不限于主要模型预测,进一步分析特定模型组件的重要性。

2.2　消费对意料之内的收入变化的反应

在本节中,我们综述使用自然实验来检验关于永久收入假说的预测——消费对于预先宣告的收入变化是不敏感的,如方程式(6)所示——的文献。如前所述,相关文献数量庞大;表 A.1 总结了 25 项已经发表的、直接检验这个预测的研究,以及 6 项与对这个预测的相关的研究。我们首先通过描述自然实验的使用来关注方法论方面,然后在第 2.2.1 节讨论这些研究中支持随机处理假设的各种不同途径,并在接下来的第 2.2.2 节分析流动性约束的存在会导致理论模型出现什么变化,以及这些论文又是怎样处理流动性约束的。接着,在第 2.2.3 节中,我们结束对方法论问题的讨论,转而重点关注这些研究的具体结果。最终,在第 2.2.4 节中,我们试图将这些在某些情况下看似有矛盾的结果在两个方向上加以调和:第一,收入变化的大小;第二,所研究的事件的可重复性。

永久收入假说的另一个含义——意料之内的收入变化不应该导致消费的变化——有一个优点,即,这个结论独立于问题的具体设定。特别是,除了二次形式(即,常相对风险厌恶)之外,它还独立于效用函数的函数形式;此外,它也独立于生命周期模型中个人年龄的设定,并且与当前收入变化的永久性无关。如果计量经济学家知道,某个观察到的收入变化是意料之内的,那么就可以检验这个预测;这就是说,$Y_{t+1} \neq Y_t$,但是 $E_{t+1} = E_t$。在这种情况下,零假设是 $\Delta C_{t+1} = 0$,而且可以在一个简化形式的回归中对相反的 $\Delta C_{t+1} \neq 0$ 进行检验,其形式如下:

$$\Delta C_{i,t+1} = \alpha + \beta \Delta Y_{i,t+1}^{expected} + \gamma' \Delta X_{i,t+1} + \epsilon_{i,t+1} \tag{8}$$

其中,X 是一个向量,包含了与消费相关并且可能随时间而变化的任何特征,比如说,年龄和家庭规模。识别假设是误差项与意料之内的收入变化不相关;这也就是说,$\text{Cov}\left[\Delta \gamma_{i,t+1}^{expected}, \epsilon_{i,t+1}\right] = 0$,意味着没有观察到的变量与预期收入变化和消费变化相关。永久收入假说表明,$\beta = 0$。如果违背了理性预期和前瞻性行为的基本假设,那么我们预期 $\beta \neq 0$;更具体地说,在凯恩斯主义消费理论中,$\beta>0$。

如果可以直接在数据中观察到意料之内的收入变化,即,如果我们知道基本假设 $E_{t+1}=E_t$ 成立,那么这个回归分析就是容易完成的。然而,一般来说,我们并不清楚数据中观察到的收入变化到底是个人意料之内的还是意料之外的。在依赖于总体消费数据的宏观经济学文献中,实现这种回归分析的常用方法是使用工具变量。例如,卢德维格松和和迈克利兹(Ludvigsonand and Michaelides, 2001)在运行季度消费变化对季度收入变化的回归时,以收入变化自身的滞后变量为工具变量。类似地,卡罗尔和萨默斯(Carroll and Summers, 1991)对国际数据进行了类似的回归,同样以收入增长的滞后为工具变量。但是,在理论同样适用的微观层面,要找到合适的工具变量,就会困难得多。

在微观层面上运行这种回归的一个更优雅、更令人信服的方法是利用自然实验。在这种情况下,自然实验本身就是明确的历史事件,我们很清楚在这样的事件中收入发生了变化,而且这种变化是预先宣告的,因而也是家庭意料之内的。相关文献中分析的这种典型的收入变化,通常与税收(退税、减税、税法变更等)、工资(工资支付表、工资变动、社会保险金收据)和承诺的消费(大学费用、按揭付款等)有关。所有这些变化都有一个共同点,那就是,它们都是提前一段时间明确地宣布了的,因此接收者能够预料到它们。永久收入假说预测,家庭在关于收入变化的消息公布时就会调整消费。但是,公布时最优消费调整的规模取决于对收入变化的确切性质等诸多因素的预期,因此很难准确衡量(请参见第2.1节所描述的论文)。相比之下,对于如下预测——当意料之内的收入变化实际发生时,消费应该不会有什么反应——的检验就容易得多了。

在更一般的意义上,我们还可以把对方程式(8)中 $\beta=0$ 是否成立的检验视为对消费决策中理性预期假设的有效性的一般检验。无论是从宏观的角度,还是从微观的角度,我们也许对家庭到底是在公布收入变化时调整消费还是在收入实际发生变化时调整消费并不是太在意,因为在现在文献所分析的自然实验中,这两者的出现通常只间隔很短的时间。然而,从福利的角度来看,家庭在决定消费多少、储蓄多少时是否有自己的理性预期,是否有前瞻性,却是至关重要的。为了在退休时有恰到好处的储蓄,家庭必须尽早了解自己的生命周期中的收入过程,并据此采取适当的行动。

2.2.1 随机处理:确定适当的对照组

但是,通过自然实验研究一个意料之内的收入变化,以实现对方程式(8)的估计,这种方法仍然会面临一些挑战。在这里,重要的一点是,方程式(8)只有在误差项与预先宣布的收入变化不相关时,即,当 $Cov[\Delta Y_{t+1}^{expected}, \epsilon_{t+1}]=0$ 时,才能得到一致的估计结果。如若不然,由于遗漏了变量,预先宣告的收入变化与消费变化之间的相关就会是伪相关。

可能导致误差项与预先宣布的收入变化之间出现相关性的一个重要原因可能是季节效应。例如,许多国家的工人在十二月会收到第十三个月的工资,从而导致十一月与十二月之间出现预先宣布的月度收入变化。与此同时,由于假日购物,十二月份的支出也会增加,这就导致了预先宣布的收入变化与消费变化之间的伪相关性(spurious correlation)。这里的收入变化是内生的,十二月之所以可以得到第十三个月的工资,恰恰是因为企业知道家庭在十二月份的平均支出较高。

从实验设置的角度来看，只要设定一个有效的对照组，就可以克服这个困难。如果上述预先宣布的收入变动呈现出了时间差异性（也就是说，如果并不是所有家庭的收入变化都发生在同一个月内），那么在处理组的择时上也会存在差异，于是我们可以在模型中加入一个月度虚拟变量来直接刻画支出的季节性。如果预先宣布的收入变化发生在不同年度的不同月份，这种方法同样适用；尽管在后一种情况下，我们必须证明支出季节性逐年保持一致，例如，我们可以分析重大事件是否会导致每一年的同样月份的支出增加，比如说公共假日或假期。相对于永久收入的预先宣布的个人收入变化的数量的差异可能会有所帮助，但是只有在有理由认为这种差异对于任何期望的季节性支出都是外生性的时候才有帮助。

在最理想的自然实验中，一个群体没有任何预先宣布的收入变化，同时另一个群体则有这种收入变化，而且两个群体的所有其他可观察和不可观察的特征都一致，包括导致消费季节性的偏好。在这种情况下，可以将第一个群体视为"控制"组（对照组），将第二组视为"处理"组。在这样的理想状态中，自然实验非常接近于设计好的现场实验或实验室实验：存在两个组，其中一个组是准随机处理的，而另一组则不是，于是可以对这两个组的行为进行比较。这样一来，对消费变化的分析就对应计量经济学中的双重差分分析了。不过，在实验室实验或现场实验中，我们通过实验设计来保证处理组是随机分配的；而在自然实验中，研究者要面对的一个重大的挑战恰恰就在于，如何令人信服地证明分配的随机性，从而证明对照组的适当性。如果两个组都受到了相同的"处理"，不过随机地发生在不同的时间点上，那么要证明上面这点就是非常简单的。这一点，也将自然实验与现场实验及实验室实验区分开来，后两者通常要让对照组不受处理。[①]

在本节中，我们先描述确定处理组具有随机性的若干不同的方法；同时还将顺便讨论相关文献中的一些发现，尽管那将是第 2.2.3 节的重点。

2.2.1.1　处理组中的随机性明确成立的情形

在确定处理组的随机性方面，特别成功的两个范例是约翰逊等人（Johnson et al. ,2006）和阿加瓦尔等人（Agarwal et al. ,2007）对 2001 年联邦所得税退税这个自然实验的研究，以及帕克等人（Parker et al. ,2013）对 2008 年美国经济刺激支出作为自然实验的分析。[②] 在这两个自然实验中，家庭都会收到来自政府的一次性退税支票；而且，对于相关的退税计划，媒体事先都进行了广泛的报道和讨论，因此家庭对于这项收入应该是预先知情的。此外，2001 年

---

① 支持自然实验而不支持现场实验或实验室实验的一个有效的理由也正是，在后两者，研究者要实施"处理"，通常代价不菲。

② 约翰逊等人（Johnson et al. ,2006）和帕克等人（Parker et al. ,2013）分析的是对消费的反应，而阿加瓦尔等人（Agarwal et al. ,2007）分析的则是信用卡消费支出和债务偿还对 2001 年联邦所得税退税的反应。2008 年经济刺激计划已经被许多研究所利用了，包括布罗达和帕克（Broda and Parker,2014）、帕克（Parker,2014）对消费的反应的分析，格罗斯等人（Gross et al. ,2014）对破产申请的分析，伯特兰和莫尔斯（Bertrand and Morse,2009）对发薪日贷款的还款的分析，埃文斯和摩尔（Evans and Moore,2011）、格罗斯和托巴克曼（Gross and Tobacman,2014）则分析了对死亡率和发病率的影响。夏皮罗和斯莱姆罗德（Shapiro and Slemrod,2003）的研究，以及萨姆等人的系列研究（Sahm et al. ,2010,2012）则分析了这两次退税事件中自我报告的消费倾向和储蓄倾向。另外，米斯拉和苏里科（Misra and Surico,2014）还分析了对 2001 年和 2008 年刺激计划的消费反应中的异质性。

小布什实施退税政策时,每个家庭都会提前几个月收到一封信件,信中说明了具体的退税金额。[1] 虽然不同的家庭需要退税的金额差别不是太大(退税金额的变化主要取决于家庭的规模,因此不是外生的),但在支付的时间上存在明显的外生差异,这是因为美国国税局要在同一天内寄出所有退税支票在逻辑上是不可能的,因此美国国税局在 2001 年花了 10 个星期,在 2008 年花了 9 个星期才支付完这些款项,并确定了每个家庭收到款项的确切日期——按照每个家庭的主要纳税人社会保险号码的第二位至最后一位数字确定。因此,在这两个例子中,处理时间的随机性与研究者有意识地通过抽签来确立随机性的任何现场实验或实验室实验一样明确无误。利用这种随机性,上面这些研究者就可以将处理组确定为在某个特定时期内收到了退税收入的那些家庭,而把所有其他家庭都归入对照组(这些家庭在其他时期收到退税收入)。[2] 在这两个自然实验中,每个家庭收到退税收入的时间(哪个星期内)是外生给定的。所以这些研究都发现,家庭的消费是在收到退税收入时才调整的,从而违背了永久收入假说。

2.2.1.2 "叙事性方法"

在没有上面这类明确的"随机处理任务"的情况下,我们还可以采用不同的研究策略。例如,布朗宁和科拉多(Browning and Collado,2001)分析了两种工资支付方式下西班牙工人季度消费的增长情况。这两种不同的支付方式是:对照组使用标准的支付方式,即,每年 12 个月都支付相同的工资;处理组所使用的支付方式,即,六月份(或七月份)和十二月份的工资高一些。支付方式因工厂而异,但是工人们都知道自己所在的工厂采用哪种支付方式,因此处理组的工人很清楚,自己的工资收入在五月份和六月份之间(或六月份和七月份之间,如果特别高的月工资出现在七月份而不是六月份的话)、十一月份和十二月份之间会出现一个高增长,每次都伴随着下一个月异常低的收入增长。为了检验永久收入假说的预测(消费增长不会对预先宣布的收入变化做出反应),这篇论文的作者们直接对处理组(他们称之为"奖金组")和对照组(他们称之为"无奖金组")的季节性消费模式进行了比较。[3] 图 1 左侧给出了这两个组的每个日历周的季度收入增长率,右侧则给出了季度支出增长率。[4] 尽管这两个组的收入增长模式存在很大差异,但是它们的支出增长模式却非常相似。因此,布朗宁和科拉多(Browning and Collado,2001)得到的证据符合永久收入假说的预测。

这项研究要面对的一个主要挑战是,争论支付方式的随机分配。例如,有些工厂之所以采用第二种工资支付方式,是因为它们知道工人对六月份(或七月份)和十二月份的季节性高消费支出有不同寻常的强烈的偏好——这种高消费支出可能是因为某些传统的假日。布朗宁和科拉多专门讨论了这种可能性,并给出了说明这两种支付方式如何出现的一些历史

---

[1] 但是,在 2008 年经济刺激计划中,退税通知信只提前了一周。

[2] 在 2008 年经济刺激计划中,有一部分家庭收到的不是支票,而是直接存款,而且到款时间有所不同。因此,如果不能确定某个家庭收到的是邮寄的支票、还是直接存款,那么使用 2008 年经济刺激退税收入的研究比使用 2001 年联邦所得税退税收入的研究的测量误差更大——在大多数情况下,确实无法确定。

[3] 采取类似的方法,谢(Hsieh,2003)对阿拉斯加州居民的季节性消费模式与美国其他州居民的季节性消费模式进行了比较;帕克森(Paxson,1993)则比较了泰国农民和非农民的季节性消费模式。

[4] 收入用调查前三个季度的平均收入来衡量的;尽管作者们在这里更多把工资称为"奖金",但是它其实并不涉及任何绩效因素。

证据。他们还证明,工厂采取(工人接受)哪种工资支付方式,与任何可以观察到的家庭特征都没有显著的相关性。在这里,我们把这种研究方法称为"叙事性方法",因为它完全依赖于对处理的外生性的论证,以及对潜在的内生性的排除。在这个意义上,"安慰剂"(placebo)可以发挥很好的作用(具体如下述)。布朗宁和科拉多(Browning and Collado,2001)发现,对照组和处理组的年度支出增长模式是相似的,因此关于处理的外生性的争论也就变得不那么重要了;任何内生性都应该会导致在处理组观察到季节性支出模式与预先宣布的收入变化之间的相关性更强,具体见图1。

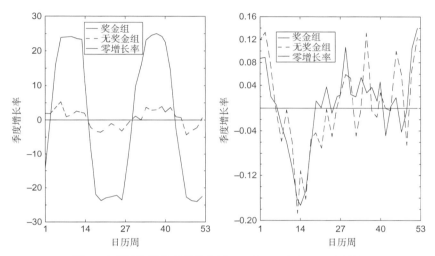

图 1　布朗宁和科拉多的论文(Browning and Collado,2001)
中的季度劳动所得增长率(左图)和季度总支出增长率(右图)

2. 2. 1. 3　使用不同的对照组和不同的匹配方法

有的时候,在采取"叙事性方法"中,即使研究者已经对导致处理 vs 非处理的环境因素进行了详细描述和细致分析,人们对处理的外生性仍然可能疑虑重重,在这种情况下,我们可以考虑采取不同的策略来维持对因果效应的信心。最基本的一种策略,也是许多论文都描述的一种策略是,证明结果在使用各种不同对照组时都是稳健的。在此,不妨以阿加瓦尔和钱的研究(Agarwal and Qian,2014b)为例。他们分析了新加坡政府一次性地发放给每个成年新加坡人一笔现金所引发的消费和偿还债务行为的反应。由于所有符合条件的新加坡人都同时得到这项收入,所以不存在时间上的随机性。虽然每个人得到的款项的数额各不相同,但是这种差异也不是随机的,因为数额是收入和家庭价值的一个函数。阿加瓦尔和钱(Agarwal and Qian,2014b)采取的方法是,将居住在新加坡的外国人作为对照组:外国人差不多占新加坡总人口的40%,但是他们没有资格获得这项收入。阿加瓦尔和钱在这个外国人对照组中得出了分析结果,然后对仅限于新加坡人的情况进行了分析,并且只利用了(非随机)数量变化。

很明显,这两种方法都有自己的缺点。具体来说,只有当外国人的消费模式与新加坡人在非处理的情况下的消费模式相同时,外国人才能构成有效的对照组。因此作为第一步,作者们将新加坡人与外国人的各种可观察特征进行了比较,然后找出了一些显著的差异。为了控制这些可观察的差异,他们遵循罗森鲍姆和鲁宾的思路(Rosenbaum and Rubin, 1983年),使用倾向得分匹配法(propensity score matching method)构造了两个相互匹配的处理组和对照组的子样本,它们在所有最可观察的特征上都是可比的。在微观经济学研究中,当随机处理不能被假设时,倾向得分匹配法是研究者经常使用的一种方法。这种方法有很多变体,它们背后的基本思想是,分别在处理组和对照组中构建一个子样本,并保证这两个子样本在一长串可观察特征上尽可能可比。此外,很重要的一点是,阿加瓦尔和钱(Agarwal and Qian,2014b)还证明,在处理之前,这两个子样本的季节性消费模式是可比的,尽管这些信息并没有用于构建子样本。阿加瓦尔和钱最终发现(Agarwal and Qian,2014b),新加坡人从发放现金补贴的消息公布那一刻起,就开始增加消费,并且在接下来的 10 个月进一步扩大了消费。

阿卜杜拉和拉斯特雷佩斯(Abdallah and Lastrapes,2012)使用类似的方法,分析了 1997年得克萨斯州预先宣布放宽贷款约束的政策对得克萨斯州居民零售消费支出的影响。在第一步,他们使用了两个对照组。第一个对照组由除了得克萨斯州居民之外的美国所有其他各州的居民组成,第二个对照组则由在估计期间未曾改变销售税率的美国所有其他各州的居民组成。由此,他们允许各州的零售消费支出存在随州而异的线性时间趋势,从而确保了"与众不同"的得克萨斯州居民的零售消费支出的一般时间趋势不会错误地归因于政策变化。在第二步中,他们又采用了另一种匹配方法——具体地说,他们采用的是阿巴迪和加尔德阿萨瓦尔(Abadie and Gardeazabal,2003)、阿巴迪等人(Abadie et al.,2010)提出的综合控制方法(synthetic control method)——为每个对照组观察点分配一个选择出来的最优权重,以便在预处理期间最小化得克萨斯州与对照组的预测销售额之间的差距。我们可以把这项研究归入分析放松流动性约束的影响的文献(请参见本章第 2.2.3 节中的讨论),而且,与所有同类研究一样,它找到了一些流动性约束确实有约束力的证据。

2.2.1.4 使用安慰剂

衡量对照组有效性的其中一个正式方法是使用安慰剂。这种方法的基本思想是,定义一系列虚拟的"安慰剂处理",并将这些"安慰剂处理"的平均效应与实际处理的效应进行比较。在这里,我们还是以阿卜杜拉和拉斯特雷佩斯的研究(Abdallah and Lastrapes,2012)为例来说明。在这项研究中,"安慰剂处理"可以定义为先从分析中剔除得克萨斯州,并假设得克萨斯州以外的某个州在同样的时间点上实施了类似于得克萨斯州的放松贷款约束的政策。如果对美国除了得克萨斯州之外的所有州都进行这样的分析,那么最终将可以得到 49 个不同的"安慰剂处理"。[①] 然后,对每一个"安慰剂处理"进行基线回归,并对实际处理的基线估计结果与"安慰剂处理"中得到的估计系数 β 的分布进行比较。基线回归的处理效果应该远远高于"安慰剂"处理效应的中位数,这样才能确认实际效应的存在。这种方法也可以应用于基于匹配方法构建的对照组。格罗斯等人(Gross et al.,2014)、马斯特罗布奥尼和韦恩伯格(Mastrobuoni and Weinberg,2009),以及肖尔尼克(Scholnick,2013)都在研究中使用了类似

---

① 此外,研究者可以设定得克萨斯州出现"安慰剂处理"——但必须是在不同的时间点上;甚至,还可以设定发生在其他州、在不同时间点上出现"安慰剂处理"。

的安慰剂方法。

2.2.2　存在流动性约束的情况

　　如上所述,方程式(6)在多种不同的模型设定下都是成立的,比如说,在无限期或有限期的生命周期中,在不同函数形式的效用函数假设下,等等。但是前提是,必须先保证一个重要假设成立:如方程式(1)和(2)所示的消费者决策问题不包含流动性约束。如果存在流动性约束且这种约束是紧固的,那么家庭就不能在宣布未来收入增长时最优地调整消费,而只能在收入增长真的实现时调整消费。

　　我们可以通过以下两种方法来解答这个难题。第一种,也是最令人信服的方法是,我们可以分析消费对于预先宣布的收入下降(而不是收入上升)的反应。这是因为,流动性约束的存在,不会影响预先宣布的未来收入下降所引发的最优消费变化:消费减少总是有可能的。然而不幸的是,在现实世界中,研究者可以分析的绝大多数"自然"现象所涉及的都是收入增长而不是收入下降。在这一点上,自然实验与自行设计的现场实验或实验室实验相比的一个局限性表现得非常明显,即,自然实验不能通过预先的设定来防止某些先天的限制。就我们视野所及,研究收入下降的论文非常少,有一篇分析收入减少的论文是苏勒雷斯的研究(Souleles,2000)。在这篇论文中,苏勒雷斯分析了一个家庭因大学教育支出(因为有孩子上了大学)增加而出现的消费变化。由于大学入学时间是提前一段时间就可以预见的,所以大学教育支出通常在大学开学前的那个春天就大致预先确定下来了,由此我们可以将大学教育支出的增加视为完美预期的承诺消费增加,这会减少可支配收入净值。[①] 苏勒雷斯(Souleles,2000)发现,严格不耐用的商品支出和食品支出都不会因这种预期的可支配收入的减少而明显下降,即使出现了下降,其降幅也很小,取决于规格。因此,这项研究的结果表明,如果家庭面临预期收入减少的情况,其行为与永久收入假说一致。

　　除了着重关注收入下降之外,我们还可以直接分析流动性约束的重要程度,具体方法是将样本分解为很可能受约束的家庭和最有可能不受约束的家庭。但是,因为紧固的流动性约束通常是不可观察的,所以这种分析是近似而不是准确的。作为一个例子,考虑约翰逊等人的研究(Johnson et al.,2006)。他们采用了三个可以作为流动性约束的代理变量的指标:年龄、收入水平和流动资产;然后假设年轻的家庭(低收入家庭和/或低流动资产水平的家庭)更有可能受到流动性约束的限制。这样一来,就可以根据相应的变量的"高""中"和"低"值,将样本进行拆分,然后分析"低"组(因而可能会受限于流动性约束)的消费变化是否大于其他各组的消费变化。[②] 此外,在流动性约束不存在测量误差的情况下,无约束的"高"的系数 β 应该等于 0。证据指向流动性限制:"低"组在收到退税支票时消费上升的幅度比"高"组更大,尽管这种差异并不一定具有统计上的显著意义。再者,即便是"高"组,在某种条件下也会表现出正的消费反应。这两个结果,也是相关文献中两个常见的结果:受限

---

① 净可支配收入的这种减少当然是内生性的,因为父母可以选择是否要让孩子接受大学教育、准备在孩子的大学教育上花多少钱。这篇论文对大学教育支出进行了有力的稳健性检验。

② 有些研究所依据的是信用卡消费数据,它们可以应用关于度量流动性约束的更加直接的指标,例如,个人是否定期地支付信用卡利息,或者他们有多接近信贷上限。这方面的例子,请参见:阿加瓦尔等人(Agarwal et al.,2007)、阿加瓦尔和钱(Agarwal and Qian,2014b),以及肖尔尼克(Scholnick,2013)。

于流动性约束的群体在收到退税收入时的消费反应更加强烈一些,但是即使是可能不受流动性约束限制的群体,也仍然会有明显的反应。[①] 米斯拉和苏里科(Misra and Surico,2014)还指出,传统的度量流动性约束的指标可能不能反映那些富有但"月月光"的消费者的行为,这些消费者持有的绝大部分资产都是非流动资产(也请参见 Kaplan and Violante,2014a)。米斯拉和苏里科给出的证据表明,事实上,这类消费者也会对预先宣布的收入变化做出强烈的反应。他们主张,强加同质性消费反应假设后,不仅会错失数据中与流动性约束有潜在联系的非常有意思的系统性变化,而且还可能导致对平均消费反应的有偏估计。事实上,如果能够把那些富有但"月月光"的消费者的行为纳入统一的分析框架,那么就有可能将迄今发现的关于流动性约束的一些相互冲突的证据整合起来。

还有一些研究则着重分析收入支付周期中的消费行为。因为劳动所得在工资发放日当天从 0 增加为某个正值,然后又在收到工资之后的第二天再次下降为 0,所以这些研究也包括了周期性的收入减少。这些研究所关注的频率通常比每月一次还要更高,它们分析消费会不会在支付周期内保持稳定,抑或下降。其中的一些例子,请参见:格尔曼等人(Gelman et al.,2014)、马斯特罗布奥尼和韦恩伯格(Mastrobuoni and Weinberg,2009)、夏皮罗(Shapiro,2005)、史蒂芬斯(Stephens,2006 年),以及史蒂芬斯(Stephens,2003)。从原则上说,如果假设第一笔收入款是在"消费周期"结束时"到来"的,那么流动性约束就可能是至关紧要的。但是,如果已经正常地接收这些定期的收入款一段时间了,那么争论家庭不能在收入付款周期内建立起一个"缓冲区"来平滑变化就很难了。尽管如此,还是有一些研究采用上述方法明确地检验了流动性约束,并发现了有利于流动性约束的证据,例如,请参见格尔曼等人(Gelman et al.,2014)、马斯特罗布奥尼和韦恩伯格(Mastrobuoni and Weinberg,2009),以及史蒂芬斯(Stephens,2006)。因为,从原则上说流动性约束在这种情况下并不重要,所以这些有利于证明流动性约束的重要性的证据很可能意味着,流动性约束的代理变量与其他一些可以推动消费对预先宣布的收入变化过度敏感的行为特征是相关联的。

2.2.3　主要发现

二十多篇研究论文以各种方式检验了方程式(8)。在这里,我们无法一一详细描述这些研究,那超出了本章的范围;不过,我们在本章末尾的附表 A.1 中按字母顺序对这些论文进行了简要的概述。在那张表中,我们列明了每篇论文所分析的具体事件的性质、它所涉及的情况是收入增加还是收入减少、论文的数据来源(包括所选用的国家以及具体的数据集)、样本选择、主要的因变量及其频率、论文是不是发现了与永久收入假说冲突的重要证据、论文给出的主要定量结果是什么,以及是不是进行了流动性约束检验、检验的结果如何。在这里,有一点很不幸,那就是,由于每篇论文所得出的具体估计都是不同的,所以我们无法给出一个适用于每项研究的可比的估计系数 β,因此我们只能提供各篇论文的主要定量结果。除了两篇论文之外,所有论文都使用了家庭数据或个人数据。

本章附录中的表 A.1 区分了三组不同的研究。第一组包括了 25 项研究,它们都研究了

[①] 然而不幸的是,并不是所有分析流动性约束的研究都能给出用来检验后一种假说的结果:无流动性约束家庭应该不会做出显著的反应。

与可支配收入的意料之内的变化相关的实验。可支配收入变化最常见的原因是出现了直接的总收入变化或净收入变化，还有一些时候是由于抵押贷款支出或大学教育支出的支付承诺发生了变化。在这些研究中，因变量是用来度量消费支出的某些标准指标，比如说，高于热量摄入水平（over caloric intake）的非耐用消费品支出或耐用消费品支出，信用卡消费支出，或者零售销售额，等等。在这组研究中，大多数研究都发现了不利于永久收入假说的证据：消费增加对意料之内的收入变化作出了反应。不过也有例外，其中比较著名的几个例子包括：阿加瓦尔和钱（Agarwal and Qian, 2014b）、布朗宁和科拉多（Browning and Collado, 2001）、库利巴利和李（Coulibaly and Li, 2006）、谢（Hsieh, 2003）、帕克森（Paxson, 1993 年）和苏勒雷斯（Souleles, 2000）。

　　第二组研究包括了四项分析消费对预先宣布放松借款约束的反应的研究。我们可以把这些研究视为对流动性约束的存在性的直接检验：如果流动性约束是不具有约束力的，那么任何预先宣布的放松借款约束就应该在宣布时导致消费做出反应，而不是在真的实施时。[1]相反，如果当前的流动性约束是有约束力的，那么放松流动性约束就应该在真的实施时导致消费上升。这第一组研究或者涉及直接放宽借款约束的实验（然后将某个度量消费的指标作为因变量）；或者与第一组研究相类似，涉及与意料之内的收入变化相关的实验（同时将某个度量贷款清偿或破产申报的变量作为因变量）。在这种研究中，其中一些仍然分析了流动性受到限制的家庭在放松流动性约束的政策实施时的反应强度是不是高于流动性受限可能性较小的家庭。所有这些研究都发现，流动性约束确实很重要。[2]

　　第三组研究只包括两项分析与临时降价有关的实验研究。在假设了存在前瞻性行为的前提下，家庭在降价期间对降价商品的支出会增加，但是与此同时，如果商品表现出一定程度的耐用性并且降低期相对较短，那么对这些商品的支出在降价前或降价后会有所下降。[3]此外，这两个研究还发现了不同的结果：销售税假期对某些受影响的商品似乎有长期的影响（Agarwal et al., 2013），而 2009 年的"旧车换现金"计划却只起到了改变新车购置时间的作用（Mian and Sufi, 2012）。

2.2.4　是理性预期理论不再成立了，还是只需扩展模型即可？

　　绝大多数检验永久收入假说的自然实验都发现了该假说不成立的证据，即，拒绝了 $\beta=0$ 的零假设。这些结果似乎表明，在做出消费决定时，家庭实际上是不具有前瞻性的，即便它们仅须考虑未来几个月就会发生的收入变化，也做不到"深谋远虑"。那么，我们又怎么可以假设家庭在制定退休计划、为孩子上大学提前储蓄时，能够做到"高瞻远瞩"呢？就这一点来说，永久收入假说的其中一个主要假设似乎被削弱了。前面第 2.2.2 节总结的证据表明，流动性约束可能有助于调和理论和证据，但是，即便是在可能完全不受流动性约束的家庭身上，通常也可以发现对预先宣布的收入变化的重大消费反应。事实上，除了流动性约束这一

---

[1] 消费可能在公布时仍然可以反应，因为流动性约束在未来可能具有约束力的可能性将影响消费。
[2] 最近的两篇论文，德福斯科（DeFusco, 2014），以及阿加瓦尔和钱（Agarwal and Qian, 2014a）所写的，分析了类似的实验，前者涉及放松对业主的借贷约束，后者则涉及意料之外借贷约束的收紧。
[3] 其他商品上的支出也可能会发生变化，这取决于商品之间的替代性或互补性。

点之外,我们没有足够的数据以便进一步深入了解永久收入假说失败的根源。[1]

表 1 将现有的自然实验研究按两个维度进行了分类:一是被分析的收入变化的规模有多大,二是收入变化是不是在生命周期中有规律地定期发生。一方面,如果一个人在自己的生命周期内经历了多次重复发生的收入变化事件(例如每年的 7 月和 12 月总能收到比月收入多一倍的退税收入或现金转移支付),那么我们就说收入变化是有规律的。另一方面,一次性的政府干预措施,比如说,财政刺激计划中的退税或抵押贷款的清偿或大学学费的支付,则可以视为无规律的事件。另外,为了对所涉及的事件按其规模分类为"大的"和"小的",我们用等价变差来衡量与某种行为相关的福利损失。[2] 具体地说,我们要对两个假想的消费者在 1 年之内的消费行为进行比较,方法是假设月度效用的加性和可分性,然后在这个前提下考虑他们每个月的消费情况[3]:第一个"理性"的消费者在一整年内平滑预先宣布的收入变化 x。显然,这种行为不是最优的,因为最优性要求在整个生命周期内平滑收入变化,但是,对于有规律地每年发生一次的经常性收入变化而言,这种平滑却不失为一个很好的近似,再不济也可以给出福利损失的一个下界。我们可以计算出,这个理性消费者在一年内的效用为 $U^{rational}(c) = 12 * u\left(y + \dfrac{x}{12}\right)$,其中的 y 是有规律的每月消费,x 是实验中额外收到的收入的数量。第二个消费者是一个"月月光"消费者,他的基线收入与"理性"消费者相同,但是他会把在特定事件中收到的全部额外收入 x 在收到那个月内全部消费掉,而不是在 12 个月内平均分配;这也就意味着,这个消费者的效用是 $U^{hand-to-mouth}(c) = 11 * u(y) + 1 * u(y+x)$。然后,我们就可以计算等价变差了,为了让那个"月月光"消费者的福利状况与那个"理性"消费者一样好,我们每个月必须为他增加的那个消费量 z 就是等价变差。为了方便,我们通常用这个消费量相当于每月有规律的消费的百分比来表示。[4] 在具体计算中,我们假设了一个风险规避参数为 2 的常相对风险厌恶效用函数。如果某个实验中等价变差大于 1%,那么我们就认为该实验的收入变化是"大的"。我们对效用函数的形式的这种假设,以及对 1% 的阈值的这种设定,是与切蒂的一项研究的结果一致的(Chetty, 2012)。这项研究分析了劳动供给弹性的上下界,允许调整成本或"疏忽大意"导致家庭对税收变化无反应(只要生命周期内的相关效用损失小于 1%)。附录中表 A. 1 详细说明了每项研究中用于计算等价变化的值都有哪些。

---

[1] 在最近的一项研究中,帕克(Parker, 2014)朝着正确的方向迈出了坚实的一步。在这篇论文中,帕克使用尼尔森消费调查的数据分析了消费支出对 2008 年经济刺激计划的反应。他还通过自己设计的问卷调查补充了原来的数据集,从而使得研究者能够得出关于某些个人特征的结论,如缺乏远期规划、没有耐心和不够专注等等。

[2] 很多经济学家都建议对小型冲击和大型冲击加以区分,例如,请参见布朗宁和科拉多(Browning and Collado, 2001)、谢(Hsieh, 2003)、雅佩利和皮斯塔费里(Jappelli and Pistaferri, 2010),等。

[3] 时间单位之所以确定为一个月而不是一年,是因为大多数实验都使用月度数据,并且所考虑的是预测到的收入变化发生在某个月的事件。这也就是说,大多数文献都遵循了这个择时规则。

[4] 换句话说,z 是方程 $11 * u[y+z] + 1 * u[y+x+z] = 12 * u\left(y + \dfrac{x}{12}\right)$ 的解,而且等价变差则用 $EV = z/y$ 来计算。

表 1　检验永久收入假说的若干研究（按收入变化的规模和规律性排列）

	变化小	变化大
有规律	阿伦森等人（Aaronson et al.，2012 年），0.03％ 帕克（Parker，1999 年）[a]，0.00038％ 帕克（Parker，1999 年）[b]，0.82％ 射伊（Shea，1995 年），0.0009％	**布朗宁和科拉多（Browning and Collado，2001 年），2.61％** **谢（Hsieh，2003），4.79％** **帕克森（Paxson，1993 年），－** 苏勒雷斯（Souleles，1999 年），1.24％
无规律	阿加瓦尔等人（Agarwal et al.，2007 年），0.22％ **阿加瓦尔和钱（Agarwal and Qian，2014 年 b），0.04％** 布罗达和帕克（Broda and Parker，2014 年），0.31％ **库利巴利和李（Coulibaly and Li，2006 年），0.56％** 约翰逊等人（Johnson et al.，2006 年），0.10％ 帕克等人（Parker et al.，2013 年），0.46％ 肖尔尼克（Scholnick，2013 年），0.45％ 苏勒雷斯（Souleles，2002 年），0.01％ 史蒂芬斯（Stephens，2008 年），0.35％	**苏勒雷斯（Souleles，2000 年）[c]，5.24％**

注：表中以黑体字表示的那几篇论文不能拒绝永久收入假说。每项研究后的数字表明与各自的实验相关的等价变差（equivalent variation）。等价变差的计算方法如正文所述。本章后面的表 A.1 提供了每一篇论文中等价变差的计算方法的详细信息。

[a] 社会保障税率变化。

[b] 社会保障扣缴的上限。

[c] 由于缺乏适当的支出和收入数据，这里的等价变差用的是约翰逊等人的论文（Johnson et al.，2006）中经价格调整后的平均季度支出来计算的。

在表 1 中，粗体字表示相应的研究结果没有否定永久收入假说。从表中可以看出，在所有这 6 项不拒绝永久收入假说的研究中，有 4 项研究分析的是"大的"收入变化（其中 3 项研究分析了生命周期中多次发生的收入变化，仅有 1 项研究分析了无规律的收入变化）。[①] 而且，在所有分析"大的"收入变化的研究中，只有苏勒雷斯的一项研究（Souleles，1999，分析退税收入）否定了永久收入假说。值得指出的是，这项研究涉及的实验与等价变差几乎不过超过 1％有关，是所有分析"大的"收入变化的研究中最"小"的。

剩下的两项支持永久收入假说的研究分析的是"小的"且无规律性的收入变化。库利巴利和李（Coulibaly and Li，2006 年）发现，房主会在抵押贷款的最后一个还款期内平稳消费——在那之后他们的可支配收入就会增加。这个事件的特点就在于它的"小"，因为抵押贷款的最后一期还款额通常都不高，而且这些家庭的处境相对来说还比较好；然而，从整个生命周期来看，偿还抵押贷款构成了很大的消费承诺，从而减少了可支配收入。在最后一项支持永久收入假说的研究中，阿加瓦尔和钱的论文（Agarwal and Qian，2014b）分析了"2011 年新加坡增长红利"（Singaporean Growth Dividends）的影响。这笔现金赠款的数额相当可观：每个新加坡人都可以得到大约 500 美元。与其他研究不同的是，这项研究分别明确地分析了政策实施时和公布时的消费反应，结果发现消费量在公布时就有所增加，而且在差不多一年的

[①] 与其他研究不同，帕克森的论文（Paxson，1993 年）没有提供计算等价变差所需的足够的信息。然而，很明显，农民因不能在一年中平滑收入波动而遭致的效用损失肯定是"大的"（在等价变差超过了 1％的意义上）。

时间内一直维持在更高的水平上。

综合起来,这些证据似乎意味着,家庭在面对"事关重大"的收入变化的时候,即,在处理"大的"或重复发生的收入变化时,其消费行为通常与永久收入假说一致。要对这些研究给出的不同结果进行合理化,一个简单的方法可能是构建一个允许引入再优化的货币成本或心理调整成本的模型。此外,消费者的学习也可能会发挥作用。货币成本或心理调整成本将指向"近似理性"(near rationality),其定义请参见科克兰的论文(Cochrane, 1989)。支持永久收入假说的证据都来自分析"大的"收入变化的研究,这一点也与上文第2.1节描述的分析收入冲击的自然实验研究类似——那些实验研究所考虑的都是巨大的收入冲击,而且都没有发现违背永久收入假说的证据。此外,就分析临时降价的两项研究而言,米安和苏菲分析大幅度降价的那项研究(Mian and Sufi, 2012)发现了支持理性行为的证据,而阿加瓦尔等人分析相对幅度较小的降价的另一项研究(Agarwal et al., 2013)则发现了违背理性行为的证据。近似理性行为者的概念本质上就相当于赖斯(Reis, 2006)提出的疏忽大意的消费者(inattentive consumers)的概念,或者说,相当于安德森等人(Anderson et al., 2003)所讨论的的不作为惯性(inaction inertia)。[1] 在赖斯构建的模型中(Reis, 2006),那些重新规划成本很高的家庭会成为"疏忽大意的"储蓄者,它们根据既定的储蓄计划安排生活支出,任由消费吸收所有"不够大"的收入变化(即不是引发重新优化)。小额收入变化可能属于这一类。因此,在关于未来小额收入变化的新信息出现时,那些疏忽大意的消费者不会调整自己的消费行为,而是在变化实际发生时消费掉额外的收入。相反,关于未来收入的很大变化的消息,则会触发重新优化。[2]

也许,支持调整成本或近似理性的最有说服力的证据,源于谢的论文(Hsieh, 2003年)。在这项研究中(Hsieh, 2003年),作者利用居民支出调查的数据,对同一组阿拉斯加州家庭的两个自然实验进行了深入细致的分析。第一个自然实验与苏勒雷斯(Souleles, 1999)分析过的退税收入有关。这种退税收入是预期内的,因为纳税人在提交报税表时必须将它计算在内。大约四分之三的纳税人都会收到退款,平均退款额为每个家庭700美元至850美元(1982—1984年的美元币值,请参见Souleles, 1999)。谢(Hsieh, 2003)发现,阿拉斯加州的家庭在收到退税收入的那个季度内就消费了该收入的28%。然后,他又对同一组家庭进行回归,分析了另一个不同的预先宣布的收入变化,即来自阿拉斯加永久基金的收入。阿拉斯加永久基金将石油特许权使用费收入以红利的形式重新分配给阿拉斯加州的居民。支付的红利金额随着时间的推移而不断增加,1984年为每人大约300美元,到了2000年已经达到了每人大约2000美元。阿拉斯加州的每个居民,无论收入和年龄如何,都有权得到这笔款项。一般家庭从阿拉斯加永久基金得到的红利相当高,远高于平均退税收入。谢在研究中

---

[1] 关于近似理性,较早期的研究包括:阿克洛夫和耶伦(Akerlof and Yellen, 1985)以及曼昆(Mankiw, 1985)。也请参见最近的一项研究,即,汉森和默滕斯(Hassan and Mertens, 2014)。

[2] 不过,夏皮罗和斯莱姆罗德(Shapiro and Slemrod, 2003)所分析的调查问卷结果并不支持疏忽大意的储蓄者模型(疏忽大意的消费者模型)的这个含义;与这些模型的预测相反,那些报告说目标在于消费的个人,与那些报告说目标不在于消费的人相比,更有可能将2001年的退税收入消费掉;但是,报告说目标在于储蓄的人则与那些并没有报告说目标在于储蓄的人,却有着同样的储蓄倾向。此外,帕克(Parker, 2014)的调查问卷的证据也同样不支持这种"疏忽大意假说"。

（Hsieh，2003）发现，同样一些家庭，对一种预先公布的收入变化（因退税收入）会表现出显著的额外消费敏感性，对另一种预先公布的收入变化（阿拉斯加永久基金发放的红利）则不会表现出同样的消费敏感性。这是一个强有力的证据，它表明，与未能平滑收入变化相关的福利成本的大小是非常重要的（因为上述不同的反应来自完全相同的一组家庭）。肖尔尼克（Scholnick，2013）提供的直接证据也表明，收入变化的大小至关重要。他分析了信用卡支出对于家庭可支配收入因最后偿还抵押贷款而出现的可预测的变化的反应。由于抵押贷款还款额（以及还款额与家庭收入的比率）因家庭而异，所以肖尔尼克可以对收入变化的大小是否重要进行分析。① 事实上，肖尔尼克确实发现，信用卡支出对抵押贷款最后一期还款付清后的（可支配）收入增长的反应为正，这违背永久收入假说的预测，但是，预先知悉的收入变化越大，这种反应就越小。

　　总而言之，检验永久收入假说的这些自然实验文献发现，流动性约束对某些家庭来说显然是重要的。而对于不受流动性约束的家庭来说，近似理性理论是解释这些家庭对"小的"意料之内的收入变化的过度敏感性的很好的一个候选理论。而在面对"大的"的收入变化的时候，家庭的反应似乎与永久收入假说一致，因此在做出消费决策时，它们是有前瞻性的。

3.　量化：财政乘数

　　在宏观经济学中，财政乘数的大小历来是一个极其有争议的主题。财政乘数衡量的是与某个财政工具的变化相关的产出变化的大小，也就是说：

$$\Delta Y_{t+1} = \alpha + \beta \Delta F_{t+1} + \gamma' \Delta X_{t+1} + \epsilon_{t+1} \tag{9}$$

其中，β 是财政乘数，Y 是产出的某种度量，F 是财政工具的某种度量，X 是潜在控制变量的向量，通常会包括度量增长的变量的滞后变量。

　　虽然从原则上说，只要有了宏观经济数据的时间序列，运行这种回归应该是一件很容易的事情，但是研究财政乘数的宏观经济学文献面临着一个严重的挑战：政府支出的变化必须是外生于经济增长率的。衡量政府支出总额的标准指标当然符合反向因果关系，所以假设 $\mathrm{Cov}[\Delta F_{t+1}, \epsilon_{t+1}] = 0$ 不能成立。例如，医疗补助和失业保险等"自动稳定器"会导致当财政收入增长较少时财政支出增加，从而 $\mathrm{Cov}[\Delta F_{t+1}, \epsilon_{t+1}] < 0$，而这会使得对 β 的估计结果偏向于 0。另外，如果政府增加债务的能力有限，那么政府财政政策中就有可能存在顺周期支出的成分，从而 $\mathrm{Cov}[\Delta F_{t+1}, \epsilon_{t+1}] > 0$，而这又会使得对 β 的估计出现向上的偏差。

　　为了解决这个内生性问题，宏观经济学文献中的通常作法是，使用向量自回归法（VAR），并引入识别限制，例如，请参见布兰查德和佩罗蒂（Blanchard and Perotti，2002），以及

---

① 然而，有人可能会担心，这种大小的变化也是内生的，而这种内生性会影响估计。在最近的一个工作论文中，龚（Kueng，2015）在与谢（Hsieh，2003）在相同的实验中，通过对家庭收入变化的相对大小变化的利用，找到了近似理性的证据。

蒙特福德和厄里格(Mountford and Uhlig,2009)。识别限制的一个例子是,令政府支出不会按季度频率对当前的经济状况做出反应。或者,采用通常所称的叙事性方法,这种方法根据政府记录来确定财政政策对于当前经济状况的外生性,请参见罗默和罗默(Romer and Romer,2010)。我们在这里讨论的自然实验,提供了确立异质性的另一种方法。例如,另一个国家挑起的战争可能会创造一个自然实验,导致政府支出增加,而不由本国当前的经济状况所驱动。虽然比较容易证明这里不存在反向因果关系,但是这种做法仍然面临着一些重要的挑战。第一个障碍是,为了进行实证分析,需要得到这些事件随时间或地理变化的关键数据。第二个障碍在于很难控制这种"自然实验"中不通过政府增加支出这个途径发挥对经济增长的影响。例如,与外国的战争可能会"激发"本国人的爱国主义热情,从而导致对本国产品的需求上升;又如,以本国领土为战场的战争,可能会影响本国资本存量。在这里,我们主要回顾了两支文献:第一支文献依赖于军事开支的外生变化,第二支文献则依赖于不同的自然实验估算地方财政乘数。

3.1 永久收入假说的研究与财政乘数

在分析如何利用自然实验确定财政支出的外生性之前,我们有必要先指出检验永久收入假说的文献与财政乘数大小问题的文献之间的密切联系。一些涉及上述自然实验的永久收入假说的论文自然有助于回答关于财政政策的有效性的问题。例如,退税是刺激经济的有效手段吗?对于这个问题,答案取决于家庭在收到退税收入后,是将它们储蓄起来,还是消费掉。当然,要用上述研究来回答这个问题,还有四个至关重要的注意事项。第一,永久收入假说预测,家庭会在宣布刺激措施时调整消费,而上述论文则分析了家庭在刺激措施实施时的消费反应。在这个意义上,在用它们来检验永久收入假说的同时,又用它们来分析家庭消费对经济刺激的反应,会导致不一致的结果。不过,我们可以将这些论文所得到的估计值作为支出的下界来看待,因为家庭可能已经在消息公布时或在消息公布与实施之间的那段时间内部分地调整了它们的消费。阿加瓦尔和钱的论文(Agarwal and Qian,2014b)是唯一一同时明确地分析了临时收入增长消息公布时和实施时的消费反应的,结果他们发现,信息公布时家庭就会做出显著的消费反应,而且这种反应会持续到收到款项后的一段时间。第二,虽然收到退税支票这个事件本身可以认为是外生于单个家庭的,但是对于整个经济来说,却肯定不是外生的。例如,美国于2008年推出经济刺激计划,很明确地以刺激经济复苏为目标。第三,前述论文只分析了家庭的局部均衡反应,而没有考虑任何一般均衡效应。第四,前面引用的大多数研究都只分析了在非耐用消费品上的支出,而对于财政乘数来说,总支出才是重要的。

话虽如此,分析财政政策措施影响的研究则发现了家庭支出反应更大的证据。帕克等人(Parker et al.,2013)发现,在收到2008年经济刺激计划中的退税收入后的一个季度内,家庭花在耐用品和非耐用品上的钱就占到了总退税收入的50%至90%,表明家庭把大部分款项都消费掉了,而没有储蓄起来。约翰逊等人(Johnson et al.,2006)也发现,在收到2001年退税后的一个季度内,家庭用于非耐用品上的消费的增长额相当于退税收入的 20％至 40％,而且,在考虑了收到退税后 6 个月内的累积效应后,可以计算出退税收入中大约三分之二都是用于非耐用消费品的。① 米斯拉和苏里科(Misra and Surico,2014)则强调了 2001 年和 2008 年这两次退税的消费反应的异质性。他们证明,一旦将这种异质性考虑进去,估计出来的总体消费反应就会小于在假设了同质性时所得到的估计值。2001 年的总支出为 380 亿美元,2008 年则为 960 亿美元,基于异质性假设(同质性假设)估计出来的结果是,2001 年在非耐用消费品上的总消费反应为 160 亿美元(260 亿美元),2008 年的总消费的增量则为 150 亿美元(560 亿美元)。② 萨姆等人(Sahm et al.,2010)则利用关于消费意向的调查数据进行了分析。虽然他们估计出来的支出反应小于实际支出数据,但是也表明 2008 年经济刺激支出计划大约三分之一都被消费掉了。③,豪斯曼(Hausman,2015)在分析了一个更早的事件后发现,在一年内,一战老兵就将在 1936 年获得的奖金的 60％至 75％花掉了(大部分花在了汽车和住房上)。

3.2　作为自然实验的军事新闻冲击

解决政府支出的潜在内生性的其中一个方法是,以军事事件作为自然实验。巴罗的研究(Barro,1981)和霍尔(Hall,1986)的研究很早就认识到军事事件在这方面的有用性。地缘政治事件导致巨额军费支出通常是外生的,因为它们是由其他一些国家的战争行为而引起的。因此,我们有可能将它们作为自然实验,以便隔离出政府支出中的外生变化。第一篇系统性地采用这种方法的论文是雷米和夏皮罗的研究(Ramey and Shapiro,1998)。根据报章杂志上的文章,他们识别出了第二次世界大战之后三个重大的军事新闻冲击:1950 年第三季度的朝鲜战争新闻冲击、1965 年第一季度的越南战争新闻冲击,以及 1980 年第一季度苏联入侵阿富汗之后的卡特－里根军力大集结(Carter-Reagan buildup)新闻冲击。后来,雷米(Ramey,2011)又加上了 2001 年 9 月 11 日的冲击。因为这种识别是以报章杂志上的文章为基础的,所以这些研究也都属于"叙事性方法"的研究,但是雷米等人还试图识别出可以用作自然实验的军事冲击的日期。需要注意的是,军事新闻冲击的时间的确定绝不是微不足道的,越战期间的冲击尤其如此。雷米和夏皮罗(Ramey and Shapiro,1998)证明,1963 年 11 月 1 日越南发生军事政变后很久,即,直到 1965 年 2 月之后美军军营遭到袭击,美国的报章杂志才开始争论关于军事集结的问题。所有这四个事件都是由外国政府的军事行动引发的,因此认定它们外生于美国当前的经济状况的结论是非常合理的。

然而,要将这些事件视为自然实验用以分析财政乘数的大小,仍然面临着一些挑战。具

---

① 他们没有分析耐用品上的支出。
② 卡普兰和维奥朗特(Kaplan and Violante,2014b)指出了 2008 年度的退税影响普遍较小的一些潜在原因,其中一个原因是,单个家庭转移支付的规模较大,而且在最低收入群体中随收入减少而逐渐减少。
③ 利用相同的方法和数据,萨姆等人(Sahm et al.,2012)发现,支付方式也很重要;而且,减少税收扣缴额(tax withholdings)所导致的消费反应要比明确的退税小。米斯拉和苏里科(Misra and Surico,2014)根据支出数据和受访者在调查中的回答,在一定程度上调和了对消费反应的不同估计。

体地说,这些新闻(消息)可能还会影响其他影响 GDP 的相关变量,而不仅仅是政府支出。这一点特别适用于第二次世界大战,因为在第二次世界大战期间美国实施了严格的价格管制,而且全国上下爱国主义情绪高涨,这两者都可能直接影响到劳动供给。为此,雷米和夏皮罗(Ramey and Shapiro,1998)将第二次世界大战排除出了分析的范围。但是,关于其他自然实验中是否存在类似的可能导致混淆的因素,相关文献并没有进行深入的讨论。例如,2001 年 9 月 11 日发生的恐怖袭击,很可能影响未来经济的发展,而且这种不确定性冲击对经济表现可能会有重要的影响——例如,请参见布罗姆的分析(Bloom,2009)。

雷米和夏波罗(Ramey and Shapiro,1998)在他们的早期研究中,运行了 GDP 增长率对季度军事事件虚拟变量(多至 8 个滞后变量)的回归;在后来的一项研究中(Ramey,2011)又在一个向量自回归模型中运用了这些虚拟变量。她发现,军事事件虚拟变量的增加显著地先于军费开支增加;她得出的结论是,传统的向量自回归方法可能无法识别预期效应。但是,这种失败恰恰可能调和传统的向量自回归方法与依赖于军事集结的"叙事性方法"在分析政府支出对私人消费和实际工资的影响时得到的不同结果:传统的向量自回归方法通常会发现政府支出冲击对消费和实际工资的影响为正,而基于军事新闻冲击的方法则认为政府支出冲击对这两个变量的影响为负。艾德尔伯格等人(Edelberg et al.,1999)针对雷米和夏皮罗(Ramey and Shapiro,1998)得出的结果进行了两个稳健性检验:第一,他们证明,结果对事件日期的微小扰动是稳健的;第二,更加重要的是,他们利用第 2.2.1 节讨论的安慰剂实验方法,运行了安慰剂稳健性检验,结果发现使用任意事件日期通常来说会导致脉冲函数落在真实反应的置信区之外。

在后来那项研究中(Ramey,2011),雷米不再继续只依赖于虚拟变量,而是更进一步构建了一个国防新闻变量,它根据报纸的季度频率度量未来军费开支预期净现值变化。只要把第二次世界大战也包含进去,这个变量就可以成为对政府支出的一个强有力的预测器。根据向量自回归模型估计出来的隐含财政乘数介于 1.1 与 1.2 之间,如果将第二次世界大战排除在外,则会下降到介于 0.6 和 0.8 之间。[①] 与这些证据相一致,霍尔(Hall,2009)强调指出,这些研究中的识别差异主要源于"大战",特别是第二次世界大战和朝鲜战争。而奥尔巴赫和格罗德尼琴科[Auerbach and Gorodnichenko,2012]则着重关注各类别支出的不同效用,结果发现军费是与最大的乘数相关的支出变量。

3.3 地方财政乘数

近来,讨论财政乘数的文献在通过自然实验确立财政工具的外生性的时候,也开始依赖地区性数据估计地方财政乘数。之所以说这里的财政乘数是"地方"的,是因为这些文献分析了由联邦行政层面提供资金的地方支出变化的影响,因此,从地方的角度来看,这种资助

[①] 在欧阳格等人的论文中(Owyang et al.,2013),这个国防新闻变量是用 1890 年至 2010 年的美国数据、1921 年至 2011 年的加拿大数据构建的。作者们在此基础上分析了政府支出乘数在经济衰退期是不是大于经济繁荣期,结果发现加拿大的证据支持这个猜测,但是美国的证据则不支持。巴罗和雷德里克(Barro and Redlick,2011)也利用了这个变量(但是其频率为年)来估计乘数,并且发现了比雷米所估计的(Ramey,2011)更小的乘数。

构成了意料之外的收入,而且与税收或地方债务的增加不相关。[1] 在这里,有一点很重要,值得强调指出:这种方法忽略了国家一级的一般均衡效应。Nakamura 和 Steinsson(2014)从理论的角度讨论了如何将地方财政乘数估计与标准的总体财政乘数联系起来的问题。我们在本节的结尾还要回到这个问题上来。

在相关文献中,估计地方财政乘数的典型回归方程是方程式(9)的如下变体:

$$\Delta Y_{i,t+1} = \alpha + \beta \Delta \hat{F}_{i,t+1} + \gamma' \Delta X_{i,t+1} + \delta_i + \eta_t + \epsilon_{i,t+1}, \tag{10}$$

其中,下标 i 代表地方实体,δ_i 是区域固定效应,η_t 是年度固定效应。[2]

本地财政乘数回归方程式(10)超越了设定(9)的一个优点是,它允许包含区域固定效应和年度固定效应。区域固定效应能够刻画("捕获")任何非时变的区域性特征,它们可能导致各自区域(例如,城市地区 vs 农村地区)的增长率系统性地降低或提高。[3] 不过,就估计财政乘数的任务而言,更加重要的可能是纳入年度固定效应。利用这种效应,我们可以控制与地方层面上的财政政策同时出现的任何国家层面上的财政政策以及更为重要的货币政策。货币政策往往与财政政策相关,因此,这两者的效应的混杂,对于财务乘数的宏观估计是一个重大的挑战。但是,由于货币政策是完全在国家层面上进行的,所以只要将年度固定效应纳入对地方财政乘数的估计,就可以很容易地加以控制。由于地方财政乘数研究通常都要分析一个国家的多个地方子实体,因此很自然地就会扩展到分析财政乘数的潜在异质性效应,而这又取决于各种各样的地方性特征,例如商业周期条件、开放性,金融发展程度,等等。

3.3.1 工具变量

为了解决财政工具的潜在内生性问题,研究者一般通过工具变量法估计回归方程式(10),其中 $\Delta \hat{F}_{i,t+1}$ 是预测的财政支出的变化,基于对工具变量 I 的一阶回归:

$$\Delta F_{i,t+1} = \kappa + \theta I_{i,t} + \zeta' \Delta X_{i,t+1} + \epsilon_{i,t+1} \tag{11}$$

这个估计方法的困难之处在于,如何为财政措施找到一个有效的工具变量。对这个工具变量的排除限制是,它只能通过它对财政措施的影响来影响产出的增加。这也正是自然实验得以引入的关键一步。作为例子,现在考虑塞拉托和温詹德的论文(Serrato and Wingender, 2014)。他们所采用的工具变量依赖于这样一个事实,即用于地方一级的联邦支出与当地人口的规模相关。对当地人口规模的估计在不同年份有不同来源:每 10 年进行一次的人口普查直接提供了普查当年的当地人口数字;而在两次人口普查之间的那些年中,人口估计数是根据人口动态统计资料和估计的人口迁移情况进行更新的。因此,在十年一次的人口普查的前一年和人口普查当年,计量人口会出现较大的波动,这种情况也就是通常所称的人口普查的"闭合误差"(error of closure)。塞拉托和温詹德这两位作者就是将这种人口普查闭合误差作为受影响年份用于研究地方一级的联邦支出变化的工具变量的。

---

[1] 这个规则的一个例外是克莱蒙斯和米然(Clemens and Miran, 2012)的论文。
[2] 需要注意的是,科尔比等人(Corbi et al., 2014)、肖格(Shoag, 2013)运行了产出增长对财政工具的水平(而不是其变化)的回归。
[3] 从这个意义上说,塞拉托和温詹德的论文(Serrato and Wingender, 2014)、霍多罗夫-赖希等人的论文(Chodorow-Reich et al., 2012)是例外,因为它们没有考虑区域固定效应。前者包含了州级十年固定效应,而且地方一级是指县(郡)级;后者则不包括时间维度,从而完全无法利用地方固定效应。

　　不过,要想让人口普查的闭合误差成为一个有效的工具变量,它就必须能预测财政支出,而且前述排除限制也必须成立。这两个条件中的前一个是相对容易证明的——只要给出第一阶段的回归结果并对工具变量的联合显著性进行 F-检验即可。至于第二个条件,塞拉托和温詹德在理论上证明,假设人口普查数和管理性的人口估计数中都存在经典测量误差,或者,在一个更弱的条件下,即假设这两种估计方法的偏差的数量级相同,那么排除限制就可以成立。此外,他们还详细解释了这两个估计量是如何得出的、相关文献又是怎样讨论它们的准确性和潜在偏差的。例如,人们可以想象,两次人口普查之间的人口估计系统地低估了那些人口快速增长的县(郡)的人口增长数量,从而使得在此期间经济繁荣的那些县(郡)的闭合误差更大(且为正)。然而在那之后,只要增长持续,就会导致闭合误差对增长产生直接影响,从而违反排除限制。控制过去的人口增长有助于解决这个问题,但不能完全消除。为了给出进一步能够证明排除限制成立的证据,塞拉托和温詹德还证明,人口普查的闭合误差在县(郡)一级只呈现出了最小的地理相关性,而且完全没有呈现出时间序列相关性。最重要的是,在闭合误差真的开始影响联邦在县(郡)一级的财政支出之前的数年间,它与人口增长之间并不存在正相关关系。[1] 尽管说到底这些努力仍然充其量只能说是很有启发性的,但是在进一步的此类证据中解决对排除限制的潜在担忧,确实是一种非常好的做法。

　　这些文献还利用了另外两个非常有趣的自然实验。第一个自然实验是阿科恩西亚等人的论文中所使用的一项意大利法律的实施(Acconcia et al.,2014)。该法律规定,只要发现市议会被黑手党渗透的证据,那么当选的地方官员就要被解职,并由三名外部任命的专员替代,为期 18 个月。这种官员更替会导致州一级的平均公共工程支出急剧下降,究其原因,则在于公共工程原本通常是黑手党的一个利润丰厚的业务来源。阿科恩西亚等人证明,在这种官员更替发生之前,处理州与控制州之间的经济增长率没有显著差异。第二个自然实验出现在科恩等人的论文中(Cohen et al.,2011),包括国会委员会主席的更替,会影响新任主席所代表的州的政府支出。[2] 由于委员会主席的职位在很大程度上由资历决定,而且由于选举失败或在任主席辞职而出现的主席职位空缺是政治环境所驱动的(而不是由主席的州籍所决定的),因此主席职位的更替可以认为是外生的。

　　在文献中,还有其他一些论文也都采取了这种方法去寻找方程式(10)中的财政措施的有效工具变量,但是在那些论文中,这种工具变量很少能明显地成为自然实验。到底什么可以认定为一个自然实验,很显然存在着一个"灰色地带"。根据我们给出的定义,自然实验是一个能够带来外生性变化,从而使得我们可以提出合理的识别假设的历史事件,人口普查的闭合误差、当有证据表明黑手党渗透政界时更换官员的法律,以及国会委员会的主席任职规定,都是符合这个定义的历史事件。在相关文献中,许多论文也都使用工具变量来识别政府

---

[1] 这种闭合误差应该只会影响人口普查两年后的财政支出,因为普查结束后两年才能发布结果。事实上,闭合误差与普查前几年的就业以及收入增长之间存在着显著的负相关关系。这个发现可能会引发这样一种担忧:在过去的经济衰退地区支出会增加,而均值回归的趋势则可能导致这些地区未来支出增加。塞拉托和温詹德这两位作者认为,在第二阶段回归中控制过去的支出,就可以化解这些问题。

[2] 费伊勒和萨塞尔多特(Feyrer and Sacerdote,2012)采取了类似的方法,他们在分析 2009 年《美国经济复苏与再投资法案》的有效性时,也利用了众议院议员的平均资历。

支出中的外生变量,但是这种工具变量并不依赖于特定的历史事件,而且本身就与财政政策直接相关。这类论文的其中一些例子包括:中村和斯泰因森(Nakamura and Steinsson,2014)利用了不同的州对国家军费支出的敏感性;[①]霍多罗夫–赖希等人(Chodorow-Reich et al.,2012)利用经济危机前的州一级的医疗补助支出来提取在 2009 年《美国经济复苏与再投资法案》(ARRA)实施期间,各州的医疗补助支出中联邦配套部分的增加中的外生性因素;以及 Wilson(2012)将规定的分配因子(比如说一个州的联邦公路的里程数,以及一个州的年轻人在总人口中所占的比例)作为 2009 年《美国经济复苏与再投资法案》项下的政府支出的工具变量。类似地,克莱蒙斯和米然(Clemens and Miran,2012)以州一级的财政制度——具体地说,预算规则的严格程度——为工具变量以识别政府支出的外生性变化。肖格(Shoag,2013、2015)则利用了国家养老金计划的回报率变化。[②] 克雷(Kraay,2012、2014)则以世界银行的贷款为焦点,这种贷款是在决定做出后几年的时间内发放的。在所有这些论文中,所用的工具变量都与要研究的问题密切相关,这就使得要证明排除限制成立更加困难。因此,所有这些作者都不得不花费大量精力为证明排除限制的有效性提供额外的证据。确立工具变量的外生性的一个共同策略是,将更多的控制变量包括进来并利用更多的时序方面的具体细节,以证明识别假设是成立的。例如,克莱蒙斯和米然(Clemens and Miran,2012)、克雷(Kraay,2012),[③]以及威尔逊(Wilson,2012)都控制了一系列可能与 2009 年后的增长,以及可能与 2009 年《美国经济复苏与再投资法案》项下的支出潜在相关的变量——例如 2009 年之前的就业增长。

3.3.2 断点回归

使用断点回归方法来研究地方财政乘数的文献不多,迄今只有廖廖几篇论文。由于论文所利用的、产生断点的政策规则与要研究的问题有很密切的关系,所以这几篇论文在"精神上"更接近于上述第二组论文,而不是更加明显地依赖于自然实验的第一组论文。科尔比等人(Corbi et al.,2014)利用了这样一个事实:就像在美国一样,巴西联邦政府向地方市镇政府的转移支付要根据地方的人口数量来确定;不过与美国相反,在巴西,还存在着一个特定的阶梯函数,它确定了给各特定人口类别的转移支付的总额。因此,这个阶梯函数中的截断值附近,人均转移支付会出现急剧的不连续性(断点),尽管所有其他变量在截断值附近仍然是平滑变化的。这就是他们的断点回归方法的识别假设。这种做法的另一个优点是,由于存在好几个截断值,而不是像其他一些论文,例如,特雷齐和波切利(Trezzi and Porcelli,2014

[①] 费希贝克和卡伦(Fishback and Cullen,2013)分析了第二次世界大战期间国家一级的军费开支的影响,但是他们没有利用国家一级的军费开支的工具变量,而是依靠叙事性方法来证明了外生性。

[②] 肖格的这两篇论文使用了相同的工具变量。不过,第一篇论文(Shoag,2013)的分析主要关注 2008 年至 2009 年的经济大衰退,而第二篇论文(Shoag,2015)则利用了 1987 年至 2008 年间的信息。布鲁克纳和图拉达尔(Brückner and Tuladhar,2014)还使用日本都道府县的数据分析了地方财政乘数。虽然布鲁克纳和图拉达尔的研究与上述研究都利用了年度固定效应和区域固定效应,但是这篇论文是通过使用系统广义矩估计法(GMM)来解决地方政府支出的内生性问题的。费希贝克和卡查诺弗斯卡亚(Fishback and Kachanovskaya,2015)的论文分析了大萧条期间州一级的联邦支出,他们所依赖的工具变量与中村和斯泰因森(Nakamura and Steinsson,2014)、霍多罗夫–赖希等人(Chodorow-Reich et al.,2012),以及威尔逊(Wilson,2012 年)的类似。

[③] 为了解决对内生性问题的担忧,克雷(Kraay,2012)另外还使用了给定经济部门和地理区域的预测的项目一级的支出,而不是实际的支付数目。

年)的论文那样,只有一个截断值,因此检验的统计效力较高。在他们得到的样本中,至少有60％的市镇在抽样期间至少改变了一次人口类别。因为数据表明,截断标准并没有百分之百地得到遵循(事实上,围绕着截断标准的设定,还产生了一些司法纠纷),所以作者们面对的是一个模糊断点回归设定情形,于是根据实际人口数量得出对转移支付的理论预测值,作为实际转移支付的工具变量。他们在截断值的周围用不同宽度的置信区间进行了检验,并且还得出了用一个矩形内核运行回归的结果。类似的精神,也体现在了贝克尔等人(Becker et al.,2010,2013)的两篇论文中。他们使用断点回归设计来分析欧盟拨款对区域经济发展的影响,所依靠的是获得拨款的资格的不连续性(各地人均国内生产总值不同,可以获得的拨款不同)。

3.3.3 地方财政乘数的估计结果

上述研究给出的地方财政乘数的估计结果显示出了令人惊讶的一致性:尽管它们使用了(基于自然实验或其他制度细节的)不同的识别限制、不同的计量经济学方法、不同国家的数据、不同的财政支出指标,地方财政乘数的范围全都介于 1.5 与 2 之间。[①] 中村和斯泰因森(Nakamura and Steinsson,2014)证明,利用包括了粘性价格和消费与劳动之间的互补性的开放经济新凯恩斯主义模型,能够很好地复制出这些相当大的地方财政乘数——他们称之为"开放经济相对乘数"。他们还进一步证明,这个模型还意味着,财政乘数文献中通常考虑的"封闭经济总乘数"的大小在很大程度上取决于与财政政策相伴相随的货币政策。

这些研究的另一个共同特征是,对于方程式(10),工具变量法下的估计值往往相当于更简单的普通最小二乘法下的估计值的 5 至 15 倍。[②] 这个事实表明,普遍最小二乘估计量可能存在系统性的向下的偏差,这是因为,例如存在自动稳定器(在经济衰退时自动增加支出)、政府支出具有普遍内生性(在经济不景气时增加自主支出以刺激经济),以及与货币政策相互作用(当货币政策受制于零利率下限而不能发挥作用的情况下,财政支出政策特别容易出台)。

4. 识别:引发经济增长的原因

4.1 经济增长的基本面因素(根本原因)

在前面的两节中,我们探讨了一些研究中的自然实验,实些实验告诉我们关于现有的宏

[①] 这些意外收入的乘数比克莱蒙斯和米然(Clemens and Miran,2012)在考虑了地方税收或债务调整后估计出来的乘数要大。

[②] 例如,在塞拉托和温詹德的论文中(Serrato and Wingender,2014),两阶段最小二乘(2SLS)估计结果是普通最小二乘(OLS)估计结果的 15 倍,也是阿科恩西亚等人(Acconcia et al.,2014)的估计结果的 7 倍,中村和斯坦森(Nakamura and Steinsson,2014)的估计结果的 5 倍(基于区域数据)至 15 倍(基于国家数据)。

观经济模型的有效性,以及在模型中起作用的因果关系的方向和大小,在本节中,我们要问的是另一个问题:关于应该怎样构建模型,这些自然实验可以告诉我们什么? 换句话说,在我们现在的标准模型之外,决定经济绩效的重要因素还有哪些?

到目前为止,在这个方向上,应用自然实验的研究中最有影响力的是那些试图回答有些国家富有而另一些国家贫穷的"根本"原因的研究。与问题的广度相对应,这个领域中的实证研究是非常多样化的,其聚焦程度远远不如我们前面两节中所讨论的那些研究。因此,我们认为,首先得提出一个粗略的框架阐明我们的主要思想,并将这些不同脉络的文献纳入一个连贯的"叙事体系"当中。

为了将促进经济增长的根本原因(fundamental cause)与近因(proximate cause)区分开来,我们考虑这样一个典型的生产函数,它将产出 Y_t 与投入的实物资本 K_t、人力资本 H_t、员工数 L_t,以及劳动扩增型技术水平 A_t 以如下形式联系起来:

$$Y_t = K_t^{\alpha} H_t^{\beta} (A_t L_t)^{1-\alpha-\beta} \tag{12}$$

其中,$0<\alpha<1$,$0<\beta<1$,$\alpha+\beta<1$。在上面这个式子两边同时除以 L,我们可以看出,人均产出是技术和每位 2 人的实物资本和人力资本的资本密集度(intensity)的函数。因此,方程式(12)描述了一种因果关系:拥有更好的技术、更多的人均资本和更高的人均受教育程度,会使一个国家变得更加富裕。[①]

虽然这个结论无疑是对的,但是它对于我们理解不同国家在人均收入方面长期存在的巨大差异,并不是很有帮助——如果不能搞清楚不同国家积累资本和技术的过程的话。当然,这个问题正是大量讨论经济增长的理论文献的主题。

例如,考虑如下基于索洛(Solow,1956)和斯旺(Swan,1956)构建的标准增长模型。在这个模型中,A_t 都以一个外生给定的速度 g 增长(平均增长路径),且在每一个时点上家庭都将固定比例的收入投资于实物资本和人力资本,即,家庭根据下式进行投资:

$$\dot{K}_t = s_k Y_t - \delta_k K_t$$

以及

$$\dot{H}_t = s_h Y_t - \delta_h H_t,$$

其中,储蓄率 s 和折旧率 δ 均介于 0 和 1 之间,而且 $s_k+s_h<1$。

如果我们用小写字母变量来表示以有效劳动表示的产出、实物资本和人力资本水平,即

$$x_t \equiv X_t/(A_t L_t), X=Y,K,H,$$

我们就可以看出,在平衡增长路径上,单位有效劳动的消费、产出、实物资本和人力资本都是不变的。特别是,单位有效劳动的产出是

$$y^* = \left(\frac{s_k}{g+\delta_k}\right)^{\frac{\alpha}{1-\alpha-\beta}} \left(\frac{s_h}{g+\delta_h}\right)^{\frac{\beta}{1-\alpha-\beta}}$$

据此,我们可以直接得出,人均产出(以及人均实物资本和人力资本)都以固定的速率 g

---

① 在这里,我们假设所有国家都有相同的、如式(12)所示的生产函数,但是它们之间不存在其他形式的互动。

增加。

再一次,索洛-斯旺模型也描述了一种因果关系:拥有更好的技术,同时为了进行人力资本和实物资本投资而更多地储蓄,就能使得国家变得更加富裕。虽然这种因果关系能够使我们更好地了解经济增长是如何发生的(通过储蓄和资本积累),但是却几乎完全不能帮助我们更好地理解,为什么在津巴布韦这样贫穷的国家里的人们使用更差的技术和/或在实物资本和教育上的投资少于像美国这样的富裕国家里的人们。自从 Solow(1956)和 Swan (1956)的经典论文发表以来,半个多世纪过去了,经济增长理论取得了长足的进步,使得我们对经济增长的机制有了更好的理解。除了将储蓄率内生 h_V 之外,这个领域的文献的另一个重大进展是,解释技术过程的动态过程,即,使得 A_t 本身在事实上变成了一个内生的积累因素。但是,除了一个主要的例外(对此,我们将在下面详细讨论),所有这些进展都没有改变这个问题的根本性质:实物资本、教育和技术进步尽管是促进经济增长的近因,却不是根本原因。了解它们的动态有助于我们了解增长的机制(增长是如何发生的),但是从概念上说,这并没有告诉我们,为什么像津巴布韦这样的贫穷国家与像美国这样的富裕国家之间存在着根本的不同。

为了便于下面的讨论,我们把经济增长的根本原因定义为阻碍着(许多)国家在技术和生产要素上充分投资的政治性的、体制性和社会性的原因。从形式上看,我们可以将典型的增长模型看成这样一个映射:从支配了一个国家 i 的技术和生产要素的生产和积累的参数向量 ϕ_i,到该国家在平衡增长路径上的人均产出 $\dfrac{Y_{i,t}^*}{L_{i,t}}$ 的映射:

$$F(\varphi_i) \to \frac{Y_{i,t}^*}{L_{i,t}} \tag{13}$$

我们认为,经济增长的近因是在函数 F 中起作用的,而根本原因则是在参数 ϕ_i 中导致了跨国变异的政治、制度和社会因素。

在本章的其余部分,我们考虑自然实验已揭示的如下三个根本原因的证据。

(1)制度上的原因。

(2)社会结构上的原因。

(3)文化上的原因。

为了展开下面的讨论,我们在这里将"制度"(institution)定义为:影响经济激励并进而影响在技术、实物资本和人力资本上的投资的各种各样的规则、条例、法律和政策,请参见阿西莫格鲁(Acemoglu,2009)的论述。至于"社会结构"(social structure)一词,在这里指的是"模式化的关系"(patterned relations),即,每个大群体之间影响信息传播和个人执行合同能力的人际网络和家庭联系网络,以及社会经济分层系统(例如,阶级结构)。然后,我们再把"文化"(culture)或"公民资本"定义为持久的共同信念和共同价值观,它们能够帮助一个团体克服进行有社会价值的活动过程中的搭便车问题,请参见圭索等人(Guiso et al.,2012)的论述。需要注意的是,文献中经常将后两者合在一起,共同称为"社会资本",例如请参见 Putnam (2000)。但是在这里,我们将"社会资本"分开来处理,因为从经验上看,这两个因素对经济增长有各自独立的影响。(因此,我们这样做并不是因为偏爱某种特定的定义。)

　　合到一起,这三个原因决定了经济活动得以发生的社会环境。因为一般来说,要对这样一个社会环境进行受控实验(无论是在国家层面上,还是在地区层面上)是不可能的,所以利用自然实验可以说是我们在这个尺度上做出因果推断的最好的选择。因此对于每一个例子,我们都将先讨论一些自然实验,它们可以给出人均国内生产总值与制度、社会结构和文化因素之间存在因果关系的证据。然后,只要有可能,我们还将讨论一些关于这些因素的动态的证据,并探讨未来研究的可行途径。因为每一支文献数量都非常庞大,所以我们不可能全面地评述每一篇论文——请参见,圭索等人(Guiso et al.,2012)、阿尔甘和卡胡克(Algan and Cahuc,2013)、阿莱西纳和朱利亚诺(Alesina and Giuliano,2015)、纳恩(Nunn,2013)和钱尼(Chaney,2014),他们分别给出了非常优秀的综述。相反,我们在这里只集中讨论这些应用中出现的各种测量问题和识别问题,并提供若干具体的例子。

　　在三个根本原因(制度、社会结构和文化)的基础上,我们加上了一组自然实验,以便说明如方程式(13)所示的映射中是否存在多样性。换句话说,经济增长的机制可能是这样的:两个具有完全相同的参数向量 ϕ_i 的国家,可能会因为纯粹的巧合或运气走上完全不同的平衡增长路径。这种情况就是前面提到过的主要例外:能够产生多重均衡的模型也许能够解释为什么津巴布韦会成为一个穷国(而美国则会成为一个富国),而不需要依靠上述任何促进经济增长的根本原因。这也就是:

　　(4) 运气和多重均衡。

　　关于这个因素,我们仍然会选择一些论文来概略地介绍测量问题和识别问题。

　　所有这四个类别的研究都有一个显著的共同特征,那就是,它们似乎都不怎么需要利用增长模型所提供的结构。这也就是说,绝大多数论文都直接把 ϕ_i 的变化与 $\frac{Y_{i,t}^*}{L_{i,t}}$ 联系起来,而不必利用 F 的结构。在这个意义上,我们可以说关于经济增长的近因的文献与关于经济增长的根本原因的文献是相对独立地发展起来的。在下文中,我们还将对这个问题展开进一步的讨论。

4.2　制度与政治经济学

　　在促进经济增长的三个根本原因中,"制度"——影响人们在可积累的生产要素上的投资激励的规则、制度、法律和政策——向来最受实证研究者的关注。引发这种关注的原因是,制度特别是对产权的保护,完全符合思考激励问题的标准:如果投资的回报可能会消失(落入腐败的官僚的口袋),那么投资者就不会在资本和技术上进行投资。因此很显然,不好的制度是不利于经济增长的。从经济思想史来看,经济学家在很早之前就已经将制度与经济发展联系起来了,例如请参见:诺思和托马斯(North and Thomas,1973)、琼斯(Jones,2003)、诺思(North,1981)、莫罗(Mauro,1995)、霍尔和琼斯(Hall and Jones,1999),以及拉波尔塔等人(La Porta et al.,1998)。

然而,尽管人们思考制度与经济增长的关系已经有很长的历史了,但是因果关系的确切运行方式仍然不清楚。例如,有的研究者可能会怀疑,更富裕的国家可以拥有更好的司法制度,从而能够更好地保护财产权。同样,研究者也可能无法就政府为什么会想保护产权达成一致意见。事实上,某个社会所采取的一整套制度,必定是以非常复杂的方式依赖于社会经济发展水平、文化、社会结构、民众的教育水平,以及历史经验的。因此,要识别制度和经济增长之间的因果关系,就需要先识别出不同社会所采用的制度的类型变化的外生来源。

例如,考虑以下结构方程:

$$\log(Y_i) = \alpha + \beta R_i + X_i'\gamma + \epsilon_i \tag{14}$$

其中,Y_i 是第 i 个国家的人均收入,R_i 是产权保护程度的度量,而 X_i 则是控制变量的向量。识别 β 的根本问题在于,R_i 和 Y_i 有可能是共同决定的,从而使得 $\mathrm{cov}(R_i, \epsilon_i) \neq 0$,进而导致对方程式(14)的最小二乘估计有偏。因此,β 的无偏估计要求 R_i 的变化是外生的。

在本节中,我们先讨论一组用来识别这种外生变化的自然实验,进而确立制度与经济增长之间的因果关系。然后,我们再转而讨论将制度与增长联系起来的机制以及制度的动态。

4.2.1 制度对经济增长的影响

在一项有深远影响力的研究中,阿西莫格鲁等人(Acemoglu et al.,2001)将欧洲殖民者在几乎整个非洲、北美洲和南美洲、澳大利亚和亚洲大部分地区建立殖民地的历史,视为一个自然实验。在今天,在这些前殖民地上涌现出来的国家在经济发展水平和制度运行这两方面都千差万别,而且这种差异随着时间的推移而呈现出了高度的持续性。比如说,一个多世纪以来,美国一直比刚果更富有,而且几乎没有任何证据表明这种状况在不久的将来将会发生改变。阿西莫格鲁等人认为,定居在这些不同殖民地的欧洲人所面临的不同死亡率可能是出现这种异质性的部分原因:进入刚果的欧洲人可能会受到疟疾和黄热病的困扰,因此其预期寿命与前往(今天的)美国定居的欧洲人相比要低得多。欧洲人在考虑是否在世界的不同地区定居时所面临的健康成本决定了每个国家经历的殖民化历程。

阿西莫格鲁等人的想法是,在那些环境对欧洲人的健康有害的国家和地区(比如说刚果),早期的殖民者建立了既能够最大限度地攫取自然资源、又能够尽可能少地需要欧洲人出现在当地的制度。这些制度既不包含多少对财产权的保护,也没有考虑对欧洲人占主导地位的统治精英阶层的权力制衡。与此相反,在那些对欧洲人很有吸引力的殖民地(比如说,澳大利亚和美国),殖民者引入了欧洲的制度,实现了政府对产权的保护和权力的制衡。由此而导致的国与国之间在制度上的历史性差异持续到了今天,从而使得经济绩效出现了持续到今天的巨大分野。

下面的图 2 显示了阿西莫格鲁等人收集的样本中包含的 64 个国家的定居者的死亡率与当地平均征用风险度量之间的相关性。作者们证明,这种负的和高度显著的相关性保证了 R_i 的准随机变化,因为在 17 世纪至 19 世纪的欧洲,在殖民地定居的人的死亡率(或与之相关的任何遗漏变量)不太可能对今天的人均 GDP 产生直接影响——除了通过制度产生影响之外。

通过将 1600 年至 1800 年期间驻扎(定居)在第 i 个国家的士兵、教士和水手的死亡率作

为 R_i 的工具变量,阿西莫格鲁等人得到的参数 β 的估计值是正的,而且在统计学意义上非常显著。这就意味着,如果将尼日利亚的产权保护水平提高到与智利相当的程度,那么从长期来看,尼日利亚的人均国内生产总值将可以提高 7 倍。因此,不同国家的制度之间的异质性也许能够在很大程度上解释今天存在于不同国家之间的财富差距。

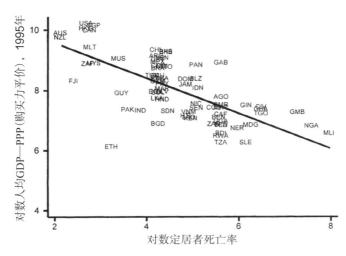

图 2　阿西莫格鲁等人(Acemoglu et al. ,2001 年)给出的定居者死亡率与征用风险之间的关系

在利用同一个自然实验进行的另外一项研究中,阿西莫格鲁等人(Acemoglu et al. ,2002)证明,制度的这种异质性也可以解释自 1500 年以来人类社会出现的相对繁荣问题上的巨大变化。在欧洲开始对其他各洲殖民之前,中美洲地区、南美洲安第斯山脉地区、印度和东南亚各国似乎比北美洲、澳大利亚或新西兰更加富裕。然而到了今天,这种相对繁荣关系却已经出现了逆转:1995 年人均 GDP 对 1500 年城市化水平的简单回归(城市化水平作为人均历史 GDP 的代理变量),得出的相关系数为负,且在统计学意义上高度显著。阿西莫格鲁等人再一次阐明,可以用欧洲殖民者的行为所导致的制度差异来解释这个事实。在将制度因素加入回归(并以在殖民地定居者的死亡率为工具变量)后,现在的人均国内生产总值与历史上的城镇化之间的负相关性就消失了。因为 1500 年的定居者的死亡率和人口密度是正相关关系,欧洲殖民者往往会在当地人口高度密集的地方引入或延用资源攫取型制度,而在他们(殖民者)自己大量定居的地方则创建良好的制度。[①]

在这两篇论文中,对于上述结果的因果性解释的主要识别假设是,根据向量 X 中包括的控制变量,欧洲移民在 17 世纪至 19 世纪的死亡率(或与之相关的任何遗漏变量)对今天的人均 GDP 没有任何影响——除了通过制度发挥的影响之外。

这个假设可能在两个方面引起人们的担忧。首先,与历史死亡率相关的遗漏变量可能与当前的人均国内生产总值相关。在这些被遗漏的变量当中,最明显的是当前的"疾病环

[①]　对于阿西莫格鲁等人论文(Acemoglu et al. ,2001)的优点和缺点,很多研究者包括他们本人在之后都给出了很深入的讨论,例如,请参见:伊斯特利和莱文(Easterly and Levine,2003)、格莱泽等人(Glaeser et al. ,2004)、奥尔森(Olsson,2004)、罗德里克等人(Rodrik et al. ,2004)、阿西莫格鲁等人(Acemoglu et al. ,2012)、阿尔布伊(2012)、伊斯特利和莱文(Easterly and Levine,2012),以及阿西莫格鲁等人(Acemoglu et al. ,2014a)。

境"。例如,在那些历史上不适宜定居的地方,今天的人们可能仍然难以生存,从而导致经济增长缓慢。但是,阿西莫格鲁等人证明情况并非如此。历史疾病环境对从欧洲过去的移民有很大的负面影响,但对土著居民的影响却要小得多。例如,在孟加拉国为英国军队服务的当地军队的死亡率与驻英国本土的英国军队的死亡率相当,但是驻孟加拉国的英国军队的死亡率则高出了 7 至 10 倍。此外,阿西莫格鲁等人发现,在控制了当前疾病环境的各种因素后,对 β 的变化的估计结果几乎没有变化,这表明历史疾病环境的影响确实是通过当时的欧洲定居点来传播的。他们还证明,无论是控制了哪个与人均国内生产总值相关的因素(例如,殖民者的身份、法律制度的起源以及各种各样的气候条件的衡量标准),结果都是稳健的。

其次,第二个担忧则更难解决:欧洲定居点的影响也许会通过各种各样的可能与产权保护相关的机制进行传播。特别是,欧洲移民也可能向殖民地进口自己的文化和高水平的"公民资本",或者可能带来有价值的与原籍国的社会关系。因此,阿西莫格鲁等人无法将制度的影响与其他可能与欧洲定居点和制度相关的持久性变量的影响区分开来——在"其他持久性变量"中,特别重要的是促进经济增长的另外两个根本原因,对此我们将在下面两个小节中分别加以讨论。或者,更一般地说,任何依赖于横截面变化的工具变量方法都会遇到这个问题。

米哈洛普洛斯和帕派约安努试图在利用灯光亮度数据结合断点回归方法在区分制度和文化的影响方面取得进展(Michalopoulos and Papaioannou,2014)。他们证明,许多非洲国家之间的边界是在 19 世纪中期至末期由欧洲人划定的,但是那些欧洲人对于当地条件所知不多。因此,这些边界线以一种准随机的方式,将 200 多个历史悠久的种族(族群)分割开来,使它们归属两个不同的国家;这就是说,许多居住在基本相同的地理环境中的、原属于同一文化传统的人因此而生活在了不同的国家层面的制度下。米哈洛普洛斯和帕派约安努的模型的设定如下:

$$y_{p,e,i} = \alpha + \beta IQL_i^{HIGH} + f(BD_{p,e,i}) + \gamma PD_{p,e,i} + X'_{p,e,i}\Phi + \eta_e + E_{p,e,i}, \qquad (15)$$

其中,$y_{p,e,i}$ 是一个虚拟变量,如果国家 i 中的族群 e 的历史家园中的像素 p(对应于一个 12×12 公里的区域)在灯光图中是"亮"的,那么 $y_{p,e,i}$ 的值就等于1,这是一个用来衡量生活在像素 p 所对应的那片土地上的居民是否能够负担得起夜间照明费用的简单指标。IQL^{HIGH} 是一个指标函数,如果某个像素所属的(划分后的)"族群祖居地"位于具有较高质量的制度的国家中,那么其值为1。$F(BD_{p,e,i})$ 是像素中心到国家边界的最短距离的多项式,PD 是人口密度,X 包含了所有附加控制变量,η_e 则为族群固定效应。识别假设是,在国家边界处,制度发生了不连续的变化,同时影响 $y_{p,e,i}$ 的所有其他相关因素(包括文化和地理)的变化都是连续的,那么 β 就可以衡量国家边界处相对较好的制度的影响。

与阿西莫格鲁等人(Acemoglu et al. ,2001)的跨国分析的结果相反,米哈洛普洛斯和帕派约安努发现国家边界处的制度没有任何影响:在不同的制度之间,它们无法有效地将 β 与零区分开来,这个结果表明在边界处,外生的国家制度的变化与更高的财富(更亮的灯光)之间并不存在系统的相关性。米哈洛普洛斯和帕派约安努的结果可能意味着,至少在非洲,遗漏变量——例如,文化(公民资本)或社会结构等因素也许可以解释制度与人均 GDP 之间的强烈相关性。然而,与阿西莫格鲁等人(Acemoglu et al.,2001)的结果更一致的是,米哈洛普洛斯和帕派约安努(Michalopoulos and Papaioannou,2014 年)还发现,从生活在靠近国家首都地区的小群体来看,更好的制度的影响为正,而且在统计上显著。因此,非洲国家边界平均来说没有影响这个结果可以简单地解释为,许多非洲国家政府在偏远地区的影响非常薄弱。①

平可夫斯基伊(Pinkovskiy,2013)在一篇密切相关的论文中,也使用断点回归方法检验了国家边界处的人均灯光亮度的不连续性,但是他将自己的分析应用于全世界,而不是只针对非洲。因为世界上的大多数国家之间的边界都不是随机划定的,而是由族群祖居地、文化或其他变量来决定的,所以平可夫斯基伊把他的估计限制在了距离边界 50 公里以内的地区。在这个狭窄的带状区域内,人们有理由认为边界的确切位置是准随机的(尽管非洲以外的国家之间的边界并不是由在很大程度上不了解当地情况的"帝国主义强权"划定的)。与米哈洛普洛斯和帕派约安努(Michalopoulos and Papaioannou,2014)的结果相反,平可夫斯基伊在国家边界处发现了很大的且在统计上显著的不连续性,尽管如果将样本限制在非洲各国,那么结果不显著。此外,平可夫斯基伊还发现,如果控制了法治上的差异,那么国家边界的这种影响在统计学意义上就变得不显著了。

4.2.2　制度对商业周期和政治经济冲突的影响

既然有证据表明制度与经济增长之间存在着因果性联系,那么很自然,接下来的一个问题就是,这种效应在现实世界中是如何传播的。一个有趣的但经常被人忽视的证据来自阿西莫格鲁等人(Acemoglu et al.,2001)的自然实验的另一个应用。阿西莫格鲁等人(Acemoglu et al.,2003)证明,制度较差的国家(再一次,考虑定居者的死亡率)通常也有更加不稳定的商业周期,同时也更容易发生经济危机。而且,一旦作者控制了制度的这种影响,通常被认为要对宏观经济不稳定性负责的一些"标准"的宏观经济政策(例如,政府高支出政策和高通货膨胀率政策),就不再与宏观经济波动有系统联系了。

阿西莫格鲁等人从这个发现中推导出了两个重要结论。首先,糟糕的宏观经济政策往往是更深层的制度问题的症状。其次,糟糕的宏观经济政策往往不是制度影响宏观经济稳定性的主要通道。这些结果表明,更加有用的一个思路可能是,过度的政府开支和高通货膨胀率,很可能只是拥有强大的政治力量的那些既得利益群体用来从经济中榨取租金的众多工具中的两个工具而已。因而,(由国际货币基金组织或其他国际机构出面)任何能够消除其中一种扭曲的政策而不致力解决深层次的制度问题,结果只能导致另一种政策工具的出台(以及另一种宏观经济扭曲或微观经济扭曲),既得利益群体能够用新的政策工具实现同样的目标。这样一来,我们就可以把宏观经济不稳定性和经济增长幅度小解释为这种租金榨取过程的"附带损害"。②

---

① 关于夜晚灯光亮度数据的运用,还有一个技术性问题:夜间的灯光可能穿过边界(照到另一个国家去),从而有可能减弱估计出来的边界效应,请参见平可夫斯基伊(Pinkovskiy,2013)对这个问题的讨论。
② 大多数宏观经济模型都暗示,宏观经济波动会削弱经济增长,请参见,贝克和布卢姆(Baker and Bloom,2013)对这种关系的估计。

在另一项利用前述自然实验(不那么了解情况的欧洲人准随机地划定了非洲国家的边界)的研究中,米哈洛普洛斯和帕派约安努(Michalopoulos and Papaioannou,2011)还证明,糟糕的制度也可能引发长期的冲突,从而拖慢经济发展。他们收集了834个族群在被殖民前的居住地的数据,结果发现,由欧洲人划定的非洲各国的边界确实似乎随机地把这834个族群当中的229个划进了两个邻国。除了以下这两点之外,"被割裂"的族群和"未被分割"的族群在其他前殖民地特征方面并不存在系统性的差异:"被割裂"的族群通常拥有较大的土地面积,而且他们历史上的祖居地拥有较大的水域面积。米哈洛普洛斯和帕派约安努证明,在1997年至2010年间,与留在祖居地的"未被分割"的族群相比,"被割裂"的族群遭受政治暴力之苦(例如,因政府军、反叛乱团体以及民兵之间的战斗而流离失所)的可能性高出了30%,遭受针对平民的暴力攻击(例如谋杀、绑架和被虏为童军)的可能性更是高出了40%。而且,这种暴力事件的高发性还与更糟糕的经济绩效、更少的公共物品供给联系到了一起。

4.2.3 历史制度的持续影响

上面这组研究的主要结论是,"功能失调"的制度是经济发展的主要障碍,因为它们阻碍投资,导致宏观经济不稳定,并可能引发暴力冲突。那么政策评估的一个关键问题是,将这些糟糕的制度替换掉,能不能扭转这些不利影响?下面评述的几篇论文,就是利用历史上先强制实施、随后又废除某种制度的自然实验来研究这个问题的。

班纳吉和伊耶尔(Banerjee and Iyer,2005)研究了英属印度殖民地土地税收制度的长期影响。在印度的某些地区,是由英国官员对农业收入征税的;而在其他地区,税收征收权则归属于当地的地主阶层,他们可以随心所欲地规定归自己统治的农民要缴纳多少税款,而且如果农民没有缴纳税收,还有权随意处置。在1947年印度独立后,所有农业收入直接税(即上述两种制度)都被废除了。尽管如此,班纳吉和伊耶尔(Banerjee and Iyer,2005)还是发现,在原先执行以地主为基础的体系的地区,农业产出较低,投资较少,在公共卫生和教育上的投入也更少,而且健康和教育水平都更低。为了证明这些因果关系,班纳吉和伊耶尔(Banerjee and Iyer,2005)如果某地区在1820年至1856年间是被"吞并"的,则作者用一个等于1的虚拟变量来测量土地税收制度的选择。这是因为作者们认为英国人出于政治和知识上的原因,更喜欢不是由地主收税的制度,而且这些原因与被吞并地区的特征是正交的。班纳吉和伊耶尔(Banerjee and Iyer,2005)指出,地主收税的制度的这些不利影响有很强的持续性,因为它们塑造了受影响地区的社会结构:它创造了一种基于阶级的对抗性,从而制约了受影响地区今天的集体行动能力。因此,这些地区的民众聚合起来发挥可观的政治影响的能力相对较低,从而没有机会在教育、医疗保健和公共物品等方面争取到公平待遇。

在另一篇论文中,伊耶尔(Iyer,2010)重点关注的不再是曾经由英国直接控制的地区之间的制度的异质性,而是英国殖民者的直接统治规则与间接统治规则对印度今天415个地区的长期影响。尽管在19世纪中叶,整个印度在政治上都受英国控制,但是英国直接管辖的国土仍然只占很小一部分(通常所称的"英属印度"),印度土邦(Princely States)王公在其他地区拥有较高的自主权。1947年殖民统治结束后,印度的所有地区都处于统一的行政和政治结构之下。然而,要估计英国的直接控制的因果性影响,遇到的一个重要的问题是,英国人不是完全随机地"吞并"某个地区的,而是更"喜欢"比较富裕的地区(而不是更贫穷的地区)。伊耶尔通过利用所谓的"无嗣失权"(Doctrine of lapse)原则来解决这个选择问题。"无嗣失权"是 1848 年至 1856 年实施的一项政策——印度土邦的王公去世后,如果没有自然继承人,那么在这种情况下,英国就可以吞并其土地。伊耶尔以这种"无嗣失权"为工具变量证明,英国直接统治对农业生产率和投资没有影响,但是对公共物品的提供、教育和医疗保健却有负面影响,而且这种影响一直持续到了 20 世纪 90 年代(尽管随着时间的推移而逐渐变弱)。

班纳吉和伊耶尔(Banerjee and Iyer, 2005)以及伊耶尔(Iyer, 2010)都依赖于他们利用的识别策略中的工具变量,戴尔(Dell, 2010)运用断点回归方法来研究西班牙在秘鲁和玻利维亚建立的"米塔"(mita)制的长期影响。这是一种强制劳动制度,持续时期为 1573 年到 1812年。在这种制度下,位于特定地区的村庄必须将七分之一的男性成年人口送到银矿和汞矿去务工。与平可夫斯基伊的做法(Pinkovskiy, 2013)类似,戴尔认为,"米塔"区域边界的确切位置在宽度为 50 公里的带状区域内是准随机的,因此所有其他可能影响家庭消费的相关因素在"米塔"地区边界处的变化是很光滑的。根据这个假设,戴尔估计,"米塔"制的负面影响在该制度被废除将近 200 年之后仍然在持续——使家庭消费降低了 25％左右。戴尔再一次指出,这种负面影响最有可能的传递机制仍然是,向这些地区提供较差的公共物品和教育服务。

阿莱西纳和富克斯-申德勒恩(Alesina and Fuchs-Schündeln, 2007)独辟蹊径,他们没有分析制度对经济结果的影响,而是分析了制度对个人经济偏好的长期影响。他们将德国的分裂和统一视为一个自然实验,然后分析了 45 年的共产主义统治是如何影响个人对市场资本主义的态度、如何影响国家在提供保险和进行由富人向穷人的再分配等方面的作用的。德国统一 7 年之后,原东德地区的民众仍然更倾向于支持"大政府"。其中,老年人的偏好差异更大(因为他们生活在不同制度之下的时间更长)。由于利用的是微观数据,因此阿莱西纳和富克斯-申德勒恩能够很好地控制各种各样的支持"大政府"的个人经济动机,从而令人信服地将这种偏好差异归因于在市场体系之下 vs 共产主义制度之下的生活经历的影响。与伊耶尔(Iyer, 2010)发现的趋同倾向类似,阿莱西纳和富克斯-申德勒恩也发现,原东德地区的民众在新的市场体系之下生活得越久,他们的偏好就越接近于西德人。在线性收敛的假设下,"完全趋同"将需要一到两代人的时间。这种趋同是两种力量的共同产物:大约三分之一的收敛可以归因于出生人口的构成向年轻人口的转变,另外三分之二左右的收敛则可以归因于个人之间的偏好的实际趋同。[1]

这一系列自然实验(研究)的主要结论是,历史制度即使在被废除后也具有长期的影响力。这种影响是通过影响政治权力的分配、社会结构、偏好或其他机制来实现的。虽然以经济结果为关注焦点的所有三项研究都付出了相当大的努力来确定这种影响得以持续存在的通道,但是它们的设定本身使得它们无法识别出确切的通道。因此,未来工作要面对的一个重大挑战是,在识别出了历史制度的处理效应之后,进一步识别那些能够同时解释制度的处

---

[1] 类似地,富克斯-申德勒恩和申德勒恩(Fuchs-Schündeln and Schündeln, 2015)还找到了民主偏好的内生性的证据。

理效应及其持续性的自然实验。

4.2.4 制度的决定因素和制度的动态

如果制度对经济增长有巨大的因果性影响,那么要解决的一个关键问题就是,国家怎样才能"获得"良好的制度,以及随着时间的推移什么决定了它的演变。到目前为止的自然实验研究表明,殖民化对世界各国的治理质量和制度质量的"水平"产生了巨大而持久的差异性影响。这个观点也与大量关于法律起源的经济后果的文献一致,那些文献表明殖民国家的"身份"决定了曾被殖民的国家所使用的法律制度的类型,以及各个维度上的绩效,例如,请参见拉波尔塔等人(La Porta et al.,1997,1998,2008)。外国统治和征服导致制度变革的另一个例子是,在拿破仑战争期间,德意志各邦国封建制度的废除,以及法国民法的强制实施,请参见阿西莫格鲁等人(Acemoglu et al.,2011a)。

除了这些大规模的横截面实验之外,一个更实际的问题是(至少从政策评估的角度来看),到底是什么因素决定了制度随着时间的推移而发生的变化。在解决这个问题的时候,许多经济学家试图从识别能够打破政治实体内部不同群体之间政治权力平衡的外部冲击入手,进而探讨这些冲击如何促进或阻碍良好的政治制度和经济制度的发展。与此相反,另一支密切相关的文献则侧重于识别对社会结构的外部冲击,我们将在下面的第4.3.3节再来讨论这些文献。

4.2.4.1 对权力政治平衡的冲击

要识别对各强权之间的政治平衡的外生冲击,一个很有意思的方法是把对自然环境的冲击作为工具变量。例如,布鲁克纳和西柯恩(Brueckner and Ciccone,2011)在分析的时候,将 1981 年至 2006 年间撒哈拉沙漠以南非洲国家的人均国内生产总值和年均降雨量的信息与衡量民主化和对行政权力的限制程度的指标结合了起来。[1] 由于许多撒哈拉沙漠以南国家的经济严重依赖于农业,负降雨冲击(干旱)可以作为衡量这些国家经济衰退的一个很好的工具变量。基于此,布鲁克纳和西柯恩(2011)在他们设定的模型中,将行政权力受到的约束的变化,与滞后人均国内生产总值以及一整套时间固定效应和国家固定效应联系起来,同时以滞后平均降雨量为研究滞后人均国内生产总值的工具变量。结果他们发现,与人均国内生产总值的相关系数为负,且高度显著。由于他们的设定仅仅利用了国家内部的差异(这是因为包含了国家固定效应),这个发现意味着短暂的衰退与民主化有关,这个结论与认为独裁统治在经济危机时代通常会变得更加脆弱的理论文献也是一致的——例如,请参见利普塞特(Lipset,1959)、亨廷顿(Huntington,1991)、阿西莫格鲁和罗宾逊(Acemoglu and Robinson,2005)。

将自然环境的变化而不是"人为的"历史事件作为工具变量的主要优点是,很容易就能够排除反向因果关系,比如说,人均国内生产总值与干旱之间的反向因果关系。另外,这种方法的主要缺点是,干旱以及更一般的自然环境变化的冲击可能会通过各种渠道影响民主化(以及许多其他事物)。对此,布鲁克纳和西柯恩(Brueckner and Ciccone,2011)主要从两个方面进行了回应。首先,他们构建的标准模型设定将行政权力受到的约束的变化与前一年

---

[1] 对行政权力的限制通常是指对行政长官(比如说,总统)的决策权力的制度性约束。

的 GDP 增长率联系了起来,这就使得这种影响出现在"适当的时机",从而减轻了干旱通过制度影响 GDP 的可能性(而不是相反)。其次,他们还证明,在简化式模型中,降水量对民主化的影响在依赖农业的国家中要小得多。①

钱尼(Chaney,2013)则在一个完全不同的背景下应用了类似的实证研究策略。他指出,在中世纪的埃及,宗教领袖的政治权力往往会在尼罗河洪水泛滥的年份得以增强,因为洪水带来的经济危机提高了宗教领袖平息暴乱的威望。钱尼的基本模型表明,在洪水大肆泛滥的年份,埃及的主要宗教人物更不可能被替换,而且这些年份中动荡和暴乱的证据也更多。然后,他利用来自各种渠道的证据,将他的解释与其他解释洪水可能影响埃及社会的渠道区分了开来。

与上面这个研究不同,霍思贝克和奈杜(Hornbeck and Naidu,2014)利用的不是一段时间内洪水的历史变化,而是研究单一事件的影响,即 1927 年的密西西比大洪水对受影响地区黑人劳工和白人地主的权力制衡的影响。1927 年,密西西比河暴发了前所未有的大洪水,它淹没了 26 000 平方英里的土地,令受影响的人口流离失所。霍思贝克和奈杜(Hornbeck and Naidu,2014)认为,这个事件对于压迫性的种族制度来说是一个重大的冲击,这种制度的目标是把黑人劳工束缚在土地上,并只需支付给他们极低的工资。根据他们的识别假设——同一个州内、有类似特征的未受洪水侵袭的地区和遭受洪水侵袭的地区(假如没有发洪水的话)的经济发展状况本来应该是类似的——他们证明,洪水侵袭的地区在遭水淹后经历了黑人劳工迅速而持久的外迁。在接下来的几十年中,这些地区由于廉价劳动力不复存在了,农业生产现代化程度、资本密集度都比未受此次洪水侵袭的地区更高。

与上述关注一个国家的自然环境的冲击的研究不同,大量关于"资源诅咒"的文献则致力研究某个国家的商品(资源)禀赋的价值的外生变化对该国制度质量的影响。例如,卡塞利和泰塞伊(Caselli and Tesei,2011)计算了商品出口导向的国家的资源租金流量。他们指出,相对于世界市场整体来说,大多数商品出口国其实都很小,例如世界石油价格的变化对委内瑞拉的政治制度是一个外生因素。他们最主要的模型设定是,将衡量某个国家政治体制质量的指标的 1 年变化量与滞后的 3 年该国主要出口商品价格的平均变化联系起来。他们的研究结果与如下理论一致:非民主国家的自然资源价值的增加,会使政治权力天平偏向有利于执政精英的一侧;这也就是说,当专制国家的资源租金流量受到正面冲击时,这些国家做出的回应往往会变得更加专制。②

4.2.4.2 "民众动员"

许多探讨各种冲击对国家权力政治平衡的影响的研究的主要结论是,某些冲击可能会使得更容易对执政精英施加约束,从而获得"良好的"制度。但是,在现实世界中,对行政权力的限制究竟如何实施?现在仍然不清楚,在缺乏有效的取代执政精英机制的非民主社会

---

① 另外也请参见,米格尔等人(Miguel et al.,2004)以及弗兰克(Franck,2015)所完成的类似的自然实验。还有其他一些实证研究论文分析了收入与政治制度之间的关系,包括巴罗(Barro,1999)、格莱泽等人(Glaeser et al.,2007)、阿西莫格鲁等人(Acemoglu et al.,2005b)、佩尔松和塔贝里尼(Persson and Tabellini,2009)、伯克和利(Burke and Leigh,2010),以及阿西莫格鲁等人(Acemoglu et al.,2014b)。

② 另处也请参见布鲁克纳等人的研究(Brückner et al.,2012),他们也采取了类似的做法。

中,尤其如此。这方面的证据之所以非常匮乏,部分原因在于衡量制度质量的典型指标全都每年仅仅变动一次(或者,以更低的频率变动),因此很难将这些指标与特定的事件联系起来。在不久之前的一项研究中,阿西莫格鲁等人(Acemoglu et al.,2015 年)建议,可以利用日常的金融数据来度量街头抗议活动中的民众动员对投资者和对那些"有关系"的政治联结型企业能够从未来的裙带主义和腐败行为中攫取的经济租金的预期实时影响。他们所采取的方法推广了金融学文献中通常使用的事件研究方法——这种方法可以根据政治联结型企业的股票市值的相对变化,来估计"政治关系"的价值,例如,请参见罗伯茨(Roberts,1990)以及菲斯曼(Fisman,2001)。

在埃及的"阿拉伯之春"期间,街头抗议活动推翻了胡斯尼·穆巴拉克(Hosni Mubarak)政府,在那之后,埃及就进入了一个三个群体竞逐政治权力的时代:以穆巴拉克的民族民主党(National Democratic Party,NDP)为核心的一批政治精英、军人集团和伊斯兰穆斯林兄弟会(Islamist Muslim Brotherhood)。在他们构建的基本模型中,阿西莫格鲁、哈桑和塔洪(Acemoglu,Hassan and Tahoun,2015)估计了街头抗议活动对与当前掌权的政治集团有"关系"的企业的估值的直接影响(相对于非政治联结型企业的估值):

$$R_{i,t} = I'_{i,t} \beta + (P_t \times I'_{i,t}) \gamma + X'_i \times \delta_t + \delta_t + \eta_s + E_{i,t}, \tag{16}$$

其中,$R_{i,t}$ 是企业 i 在第 t 天的对数回报,P_t 表示每天聚集在埃及解放广场(Tahrir Square)上的抗议者的人数(根据埃及和国外的纸质媒体与在线媒体的估计)。$I_{i,t}$ 表示一个由两个虚拟对象组成的向量,第一个虚拟变量反映企业与当前执掌政府的统治团体的政治联系,第二个虚拟变量则表示企业与另外两个在野(目前不掌权)的政治团体的政治联系。X_i 是企业一级的控制变量的向量,δ_t 和 η_s 分别表示时间和行业的虚拟变量。这些研究者感兴趣的系数是向量 γ 的元素,他们想衡量的是埃及解放广场上的抗议者的人数对与现任统治集团有"关系"的企业的相对市值的影响,以及对与另两个在野(目前不掌权)的政治集团有"关系"的企业的相对市值的影响。

γ 的估计结果表明,大规模的抗议活动对与现任统治集团有"关系"的企业的回报率从定量的角度来看有很大的、定量的负面影响,但是对其竞争对手的估值没有影响。例如,当埃及解放广场上聚集了 50 万抗议者时,与现任统治集团有"关系"的企业的估值会下降 0.8%(相对于与在野政治集团有"关系"的企业的估值);但是这种情况也不会导致与在野政治集团有"关系"的企业的估值的上升。即便在分析时将一些特殊的时期排除在外(比如说,抗议活动导致现政权倒台或任何形式的正式制度的变化时),上述结果也同样成立。

对于与现任统治集团及其竞争对手有政治联结的企业的相对估值的影响的因果解释,主要的识别假设包括两个:(i)不存在以每日频率波动并与股票收益及埃及解放广场上的抗议者人数相关的遗漏变量;以及(ii)反向因果关系不存在,即,不会因为与不同政治权力团体相联结的公司带给投资者的日常收益的差异,导致抗议活动的强度上升。要证实这些识别假设,关键在于数据的频率(每日)和影响发生的时间:如果股市上的估值和广场上的抗议都对其他缓慢变化的变量做出反应,那么人们可能会认为股票收益与未来的抗议活动相关(抗议的先行指标应该具有统计上的显著意义)。阿西莫格鲁、哈桑和塔洪证明,他们的数据并不是这样的。相反,股票收益只有在抗议期间及之后立即做出反应。根据他们更认可的解释,这些结果提供了证据,表明民众动员和抗议能够发挥限制与政治有"关系"的企业获取超额租金能力的作用,而且即使它们没有导致正式制度或执政者的身份发生变化,也可以限制裙带主义和腐败行为。

对民众动员与腐败之间的因果关系的这种解释,也与另一项自然实验研究给出的证据相符。这个自然实验将民众动员与美国的一系列政治结果联系起来。麦德斯坦姆等人(Madestam et al.,2013)研究了茶党于 2009 年 4 月 15 日(那一天,正是所得税申报到期日)举行的首次大型集会的影响。在许多地区,这个集会也是茶党这个新崛起的运动所组织的第一个大型活动。麦德斯坦姆等人以当天的降雨量为工具变量,证明参加这些创始大会的人的数量越多(由于天气好)与对茶党的政治立场的后续政治支持越多相关,而且也与共和党在 2010 年中期选举中获得更多选票,以及随后在该地区选举出来的国会议员更保守的投票倾向相关。

4.3　社会结构

经济社会学的一个强而有力的思想是,一个经济实体在经济上的成功(无论是个体、家庭还是地理区域),依赖于它在市场的社会结构中的地位。拥有良好的社会关系、在社会结构中能够把"结构洞"连接起来的那些个人,更有可能在经济上取得成功,并可能为他们所工作的企业和他们所在的地区带来竞争上的优势。关于这方面的文献很多,例如,请参见劳瑞(Loury,1977)、伯特(Burt,1992)、格兰诺维特(Granovetter,1985,2005)。我们不难想象到,拥有良好的社会关系的个人在经济交易时能够提供"社会"抵押品(如果没有"关系",这种抵押品就不可得),或者通过提供可信的沟通渠道来减少信息摩擦。这方面的研究例子包括科尔曼(Coleman,1988)、格雷夫(Greif,1993)、斯蒂格利茨(Stiglitz,1990)。根据这个观点,历史或个人原因所形成和维系的社会纽带(关系)也是经济增长的一个根本原因,进而影响整个地理区域的经济发展。

萨克森尼安(Saxenian,1999)给出了可以证明这个观点的一个很好的例子。她分析了 20世纪 70 年代迁移到加利福尼亚州定居的一大批印度工程师的传记。1991 年,印度经济自由化后,这些印度移民可以利用他们身在海得拉巴和班加罗尔的亲戚和朋友的社会关系。许多人因此在自己的职业生涯中表现得非常出色,成为了许多美国公司的外包业务的掌舵者。萨克森尼安认为,通过将硅谷公司与他们自己出生的家乡的低成本、高质量的劳动力结合起来,这些印度移民在帮助自己的家乡发展成为全球 IT 服务行业的主要枢纽的过程中发挥了重要作用。

虽然关于社会关系对很多微观经济结果的影响的实证证据是令人信服的,但是估计社会关系对经济增长的影响却面临着更多的困难。[1] 原因在于,社会关系很可能在区域之内和区域之外都是非随机的。拥有强大社会关系的那些个人可能拥有某些共同的未被观察的特征(它们的排序是跨地区内生的),或者,他们之所以要打造社会关系,就是因为预期到了未来的经济利益,例如,请参见曼斯基(Manski,1993)、格莱瑟等人(Glaeser et al.,2002)。因此,要识别社会关系与宏观经济结果之间的因果关系,就需要同时在以下两方面确立外生性变化:(a)社会关系的经济价值,以及(b)跨地理区域的社会关系的形成。一般而言,尤其是在上述印度的例子中,这种外生性变化是不存在或不能测量的。

在本节中,我们先讨论一个旨在解决这个识别问题的自然实验,并尝试构建社会关系与经济增长之间的因果联系。然后,我们再来分析社会关系对其他总量变量(比如说,贸易和外国直接投资等)的影响。讨论制度对经济增长的作用的文献早就数不胜数了,相比之下,探讨社会结构这个经济增长的根本原因的研究现在仍然处于起步阶段。特别是,我们还不知道,可以用来研究社会关系的形成和价值随着时间的推移而演变的动态过程的自然实验是不是存在。

4.3.1 社会关系对经济增长的影响

布尔查迪和哈桑(Burchardi and Hassan,2013)利用柏林墙倒塌这个自然实验来识别社会关系与经济增长之间的因果关系。他们认为这个模型设定的主要优点是德国的分裂曾经被广泛地认为是永久性的。1961年,德国在实质上分裂为德意志民主共和国(东德)和德意志联邦共和国(西德)两个国家,自那之后,两个"德国"之间的私人经济交流就不复存在了。由此而导致的一个结果是,在分裂期间仍然与东德人保持着社会关系的西德人都完全是出于非经济原因。在柏林墙倒塌后,两个"德国"之间的贸易往来突然之间就变得可行了。因此,在社会关系能够促进经济交流的范围内,柏林墙的倒塌就会导致这些社会关系的价值的外生性变化(从而,上述条件(a)得到了满足)。

在他们的主要设定中,布尔查迪和哈桑(Burchardi and Hassan,2013)研究了德国柏林墙倒塌后的6年内,西德各地区人均收入的增长,方法是,把某个地区的人均收入的增长视为该地区与原来居住在东德的亲属有联系的居民占该地区总人口比例的一个函数。他们的结构方程式如下:

$$Y_r^{95} - Y_r^{89} = \beta T_r^{89} + Z_r' \gamma + \varepsilon_r, \tag{17}$$

其中,Y_r^t 是地区 r 在年份 t 时的对数人均收入,T_r^{89} 是一个代理变量,表示地区 i 与东德有联系的居民占该地区总人口的比例。Z_r 是控制变量的向量,它包含了一整套完整的联邦州固定效应、1989年对数人均收入(Y_r^{89})、1985年至1989年间人均收入的增长率,以及从地区 r 到两个德国之间的边界的距离。由于这种设定控制了经济增长的(统一)前趋势,所以系数 β 就可以估计出1989年以后,与东德有不同强度的社会关系的各个地区之间的人均收入增长

---

[1] 这些微观经济结果涵盖的范围包括:教育程度,例如,萨塞尔多特(Sacerdote,2001);就业,例如,蒙施(Munshi,2003);金融业的业绩,例如,科恩等人(Cohen et al.,2008);农业收益,例如,康利和尤迪(Conley and Udry,2010)。另外,请参见,伯川德等人(Bertrand et al.,2000)、赫克伯格等人(Hochberg et al.,2007)、比曼(Beaman,2012)、库能(Kuhnen,2009)、许(Shue,2013),以及班纳吉等人(Banerjee et al.,2013)。

率的有差别的变化(differential changes)。

如果 $Cov(T_r^{89}, \varepsilon_r) = 0$,那么方程式(17)对我们感兴趣的参数的估计就是一致的。然而,这种协方差限制在数据中却不一定成立,因为与东德的社会关系的强度可能与不同地区的经济增长前景之间的差异相关。因此,对 β 的无偏估计还要求社会关系的地区分布上有外生性变化[上述条件(b)]。布尔查迪和哈桑(Burchardi and Hassan,2013)认为,第二次世界大战结束后,德国出现了人口的大规模迁移,数以百万计的人从东德逃到了西德,从而实现了上述外生性变化。当时,迁居到西德的移民面临着极其严重的住房短缺问题,因为在第二次世界大战期间,西德超过三分之一的住房毁于战火。因此,当数百万来自东德的移民到达西德后,战争破坏程度的差异使得在西德的一些地方比在其他地方更加难以找到住房。布尔查迪和哈桑(Burchardi and Hassan,2013)据此认为,1946年西德不同地区受战火破坏的不同程度,提供了识别 β 所需的社会关系的地区分布的外生性变化的来源。

他们的关键识别假设结合了双重差分法(difference in differences)与工具变量法。它是这样的:以 Z 的协变量为条件,(i)不存在任何既会导致战时房屋被损毁,又会改变1989年后收入增长率的有差别变化的遗漏变量,以及(ii)第二次世界大战结束后,1946年时达到的破坏程度,对1989年以后的人均收入增长率的变化没有影响——除了通过它对与东德有社会关系的移民的定居地的影响这个途径发挥的影响之外。

将战争期间的破坏程度作为研究与东德有社会关系的人口的比例的工具变量,布尔查迪和哈桑(Burchardi and Hassan,2013)就可以明确地针对如下假说进行检验了:1989年时,西德那些集中居住了许多与东德各地有社会关系的家庭的地区在柏林墙倒塌后人均收入增长率的上升,与这种聚居有因果关系。结果他们发现,柏林墙倒塌之后的6年内,在1961年前接收来自东德地区的移民的强度比平均水平高出一个标准差的那些西德地区,人均收入增长率高出了4.6个百分点。虽然生活在与东德有着很强的社会关系的西德地区的企业家和非企业家的收入都在1989年之后有所上升,但是企业家收入的增长速度却显著更快一些。此外,在与东德有着很强的社会关系的地区,从事企业经营活动的人在人口中的比例也显著更高。与企业活动的增加相一致,总部位于与东德有紧密社会联系的地区的西德公司,在1989年至2007年期间也更有可能在东德投资。

要想解释这些结果,我们必须先解决一个关键问题,那就是,社会关系和经济增长之间的这种联系是不是一个纯粹的"微观经济"现象,因为与东德有社会关系的少数人将所有源于这种关系的利益内部化。又或者,这是不是一个"宏观经济"现象,涉及源于个人与东德的社会关系到生活在同一地区的不相关个人的收入增长的正溢出。

布尔查迪和哈桑(Burchardi and Hassan,2013)利用家庭层面的数据证明,在柏林墙倒塌6年后,在东德至少有一个亲属的那些家庭的收入增长率的平均值比没有这种社会关系的家庭高出了6个百分点。然后,作者们针对社会关系对家庭和地区层面的收入增长的影响,构建了一个模型。在这个模型中,家庭收入是与东德的直接和间接(高阶)社会关系的一个函数,而且家庭可以因自己的朋友与东德有社会关系而获益,即便他们自己没有这种关系。他们的首选估计结果表明,在其他条件一样的情况下,与东德有一个直接社会关系对个体家庭收入的影响,与所在地区有这种关系的家庭所占的比例上升 50 个百分点(或者说,提高 3.5 个标准偏差)的影响相同。从个体家庭的角度来看,与东德的直接社会关系带来的收益增量与高阶社会互动带来的收益增量相比是非常大的。然而,与东德的间接社会关系占到了总效应的三分之二,因为一个地区的所有家庭全部都可以受益于间接的社会关系,而只有一部分家庭受益于直接的社会关系。

4.3.2 社会关系对贸易和外商直接投资的影响

除了对识别经济增长的根本原因感兴趣之外,贸易经济学家长期以来一直试图证明社会关系与国际贸易和外商直接投资(FDI)模式之间的"强联系",这也是一项更宽泛的研究纲领的一部分,其目的是理解非正式障碍在塑造跨界经济互动模式中的作用,例如,请参见古尔德(Gould,1994)。[①] 这支文献面临的核心难题在于,即便在控制了任何可衡量的贸易壁垒之后,地理距离和国家边界也会对双边贸易流量产生强烈的负面影响。如果建立社会关系真的是克服非正式贸易壁垒(例如,信息摩擦或合同可执行性问题)的有效手段,而且与地理距离和国家边界负相关,那么它就有可能(部分地)解决这个难题。

在这支文献中,最有影响力的也许是劳赫和特林达德的研究(Rauch and Trindade,2002)。他们研究了华人网络对国际贸易的影响。他们之所以要特别关注华人网络,是因为关于华人在人口中所占份额的数据随时可得,而且华人移民在全世界大多数国家都有分布。在他们的主要模型设定中,劳赫和特林达德估计了一个传统的重力方程,它将双边贸易解释为两国的 GDP、地理距离和两国人口中华人所占的份额的乘积的一个乘积函数。这里这个乘积可以理解为这两个国家的华人居民之间社会关系强度的代理变量,即,如果在每个国家中随机选择一个人,那么这两个被选中的人都是华人的概率。劳赫和特林达德集中分析的是华人至少占总人口 1% 的那些国家(例如,东南亚的所有国家),这个变量对双边贸易有非常显著的预测能力,它表明,如果不存在华人社会网络,贸易将平均下降大约 60%。这种条件相关性在差异化商品贸易中表现得更强,这与华人社会网络减少了信息不对称性,从而促进了贸易的观点也是一致的。库姆斯等人(Combes et al.,2005)发现,给定法国的两个地区,两者的贸易量与双边移民存量之间也存在着类似的强条件相关性。在他们的论文中,库姆斯等人用来衡量两个地区之间的移民存量的是,出生在 i 地区但工作在 j 地区的人的数量。一旦将这个变量添加到他们的重力方程中,距离和地区边界对贸易的影响的估计结果就会降低到一个更加合理的水平(距离效应和边界效应都下降了大约 50%)。加门迪亚等人(Garmendia et al.,2012)在西班牙也得到了相近的结果。

这组论文的主要结论是,我们未能解释社会关系的跨国影响和国内影响,可能恰恰解释了传统的重力方程为什么会发现距离和国界对贸易的巨大影响非常不合理。然而,这三项研究都没有去尝试处理潜在的内生性或反向因果关系,这使得它们所记录的贸易流与社会关系之间的条件相关性不能被解释为因果效应。换句话说,这些论文没有识别出社会关系对贸易流的影响,而且未能识别的原因与方程式(17)没有合适的工具变量就无法识别的原

---

① 其他一些论文也表明,地区之间的"亲和力"的度量,比如说信任度、(通)电话量,以及历史迁移模式,都与其他总量结果——例如,外商直接投资(Guiso et al.,2008b),以及国际资产流动(Portes and Rey,2005)——强相关。

因是一样的。

更近的三项研究利用不同的自然实验解决了这个问题。帕森斯和维齐纳（Parsons and Vezina,2014）、科恩等人（Cohen et al.,2014）和布尔查迪等人（Burchardi et al.,2015）评估了移民网络对美国各地的国际贸易和外商直接投资变化的影响。这些论文考虑的是同一个国家（美国）的贸易和外商直接投资，在这个范围内，对反向因果关系的一些担忧得到了缓解：监管环境、最直接的贸易和投资壁垒以及来自不同国家的移民进入美国的难易程度都可以相对统一。

帕森斯和维齐纳（Parsons and Vezina,2014）的策略与布尔查迪和哈桑（Burchardi and Hassan,2013）的策略类似，因为这两篇论文都研究了在不可能与移民原籍地区发生经济交往的历史迁移活动而导致的社会关系的变化。越南战争结束时，美国政府对越南实施贸易禁运政策，并将130 000名越南难民撤离到美国。这些越南难民来到美国后，先集中在阿肯色州、加利福尼亚州、宾夕法尼亚州和佛罗里达州的四个"集散中心"，然后由慈善组织出面寻找愿意为难民提供食物和住所的赞助者。帕森斯和维齐纳指出，之所以采取这种做法，一个主要目的就是尽可能地将这些越南难民分散到美国全境，以避免出现难民聚居区（就像聚居在佛罗里达州的古巴难民那样）。与这个观点一致，他们证明，由此而形成的难民分布状态与各种有可能代表与越南的贸易潜力的变量不相关；这是相当合理的结论，因为当时美国正在实施对越南的贸易禁运政策。他们认为，这些越南难民在美国各地分布的变化是由在各个不同的州经营的不同慈善组织的能力的准随机性变化所驱动的。在这里，重要的是，帕森斯和维齐纳还证明，在1975年，这批难民的初始安置状态高度预测了1995年（美国最终解除对越南贸易禁运的那一年）越南裔美国人的分布情况。他们感兴趣的结构式方程采取的是如下形式：

$$X_i=\beta V_i+C'_i\gamma+\epsilon_i \tag{18}$$

其中，X_i是1995年至2010年期间州i对越南出口的平均份额，V_i是1995年时越南移民的存量，C_i是控制变量的向量。帕森斯和维齐纳构建的标准模型将1975年越南难民在美国各州的分布作为V_i的工具变量。因此，对因果解释β的识别假设是，难民的初始分布与ϵ_i不相关。根据这个假设，帕森斯和维齐纳的主要设定意味着，越南移民占所在州人口的比例提高到越南移民在全美国的平均人口比例的两倍时，所在州对越南的出口与GDP的比率将会提高19.8%。

科恩等人（Cohen et al.,2014）则将第二次世界大战期间，美国政府强制将日裔搬迁到日籍人士收容营这个历史事件，作为对美国各大都会统计区（Metropolitan Statistical Areas,MSAs）的日裔地位的外生冲击。这些收容营全都设置在非常偏远的地区（即，远离任何可能对战争有敏感意义的工业活动），它们收容了日军偷袭珍珠港之前原先（主要）居住在西海岸的日裔。第二次世界大战结束后，这些日裔从收容营被释放。但是，当初被收容时，他们就已经失去了工作，而且在自己的原籍地区卖掉了房产，因此他们通常在地理位置上接近于他们的收容营的地方重新定居。科恩等人（Cohen et al.,2014）证明，这个历史性的收容事件对今天的日裔的地区分布产生了持续的影响：在今天，那些位于某个收容营250英里半径范围内的大都会统计区的日裔的数量,比其他可比的大都会统计区多 62%。为了证实这一发现,他们表明,重要的是收容营预示着日裔的人口会增加,但其他亚裔则不会。这种对日裔的定居位置的持续影响,对特定大都会统计区内的企业与日本进行贸易的概率产生了相当大的影响。以日裔收容营地点为工具变量,科恩等人(Cohen et al.,2014)证明,给定大都会统计区内日裔的人口比例提高一个标准偏差,就会使给定企业出口商品到日本的可能性增加一倍。此外,日裔的人口比例对于进口、贸易量甚至是给定大都会统计区内某个城市与日本的某个城市结为姊妹城市的可能性,也都有很大的影响。

虽然帕森斯和维齐纳(Parsons and Vezina,2014)、科恩等人(Cohen et al.,2014)都对社会关系与贸易之间的因果联系提出了令人信服的论据,他们所利用的自然实验都对来自某个特定国家的移民分布情况造成了冲击,这使得他们无法控制不可观察的目的地效应(在全力方程中却可以)。因此,要评估这些结果的外部有效性并不容易,而且也很难将它们推广到其他族群。

为了在更一般的层面上量化社会关系与美国贸易和外商直接投资之间的因果联系,布尔查迪等人(Burchardi et al.,2015)转而研究了另一个自然实验,它与整个美国的"定居史"有关。他们采取的策略是,将美国境内移民在不同目的地之间的分布中的准随机变化隔离出来。这种分布状况是在以下两个事实的相互影响下形成的:首先,来自不同国家的移民通常是在不同时间到达美国的;其次,对到达美国的"典型移民"最具吸引力的目的地的集合,会随着时间的推移而改变。

布尔查迪等人(Burchardi et al.,2015)用一个简化形式的动态迁移模型来实现这种思想。在某个期间 t 内,从某个给定的外国原籍国 o 到一个给定的目的地县 d 的迁移,取决于从 o 到达美国的移民的总数(推动因子)、目的地县 d 对当时抵达的移民的相对经济吸引力(拉动因子),以及先前存在的当地人口中 o 国血统的人数的多少——这也就允许了移民更倾向于定居在靠近自己族人的地方的偏好的存在(递归因子)。布尔查迪等人(Burchardi et al.,2015)解出了这个模型并证明,今天的居民中 o 国血统的移民后裔的人数是上述拉动因子和推动因素的序列的简单和高阶交互作用的函数。然后,布尔查迪等人(Burchardi et al.,2015)利用这些交互作用来为美国每一个县今天的"血统构成"(ancestry composition)构建了工具变量。

为了防止影响移民和外商直接投资的遗漏变量驱动他们的结果,他们用 o 国所属的州之外的某个州的、在同一时间到达 d 的移民数量来衡量美国国内每个目的地的拉动因子。这也就是说,布尔查迪等人(Burchardi et al.,2015)在预测移民对美国境内的移民目的地的选择的时候,利用的是同一时间抵达美国但来自不同的州的平均移民所显示出来的行为(偏好)。同样地,他们用来自 o 国、在时间 t 到达美国的移民总数来衡量推动因子,但是把原来就定居在 d 处的人排除在外。然后,就 1880 年以来的每个年份的人口普查数据,对这些拉动因子和推动因子进行交互,就可以分离出今天美国每个县的"血统构成"的变异情况。这些差异只源于美国国内不同目的地的相对吸引力中的时间序列变异,与不同来源国的移民的交错到来这两者之间的交互作用。

在他们的主要模型设定中,布尔查迪(Burchardi)、钱尼(Chaney)和哈桑(Hassan)发现,给定一个美国之外的国家,美国的一个县所拥有的祖籍国为这个国家的人口比例上升一倍,这个县中至少有一家企业对这个国家进行直接投资的概率就会提高4.2个百分点(或者,相对于其均值来说,可以提高237%)。对于这个结果的因果解释,布尔查迪等人的主要识别假设是,能够使得美国境内某个地区相对于别的地区在定居和对外直接投资上都对移民更有吸引力的任何遗漏变量,都不会影响来自其他大洲的典型移民的地理位置选择,而且也不会对所研究的目的地周围的地区产生很大的影响。

布尔查迪等人(Burchardi et al.,2015)灵活地将这种工具变量策略应用于所有来源国和目的地,然后估计出了这种移民事件对各州、各目的地县产生的异质性的"祖先"效应。他们发现,在各移民祖籍国之间,上述效应还随移民祖籍国的地理距离和司法质量的增加而增加。而在各目的地之间,他们也发现了与区域多样性对外商直接投资有积极影响的观点一致的证据:当地人口越多样化、族群之间差异性越大,"血统"对外国直接投资的总体影响就越大。类似的道理,"血统"对外国直接投资的影响还会随着邻县来自同一个祖籍国的移民,以及来自祖籍国邻国的移民的数量的增加而下降,因此来自世界遥远地区的人数最少的少数族裔(如果没有他们,当地就不会出现这种"种族融合")对外国直接投资的边际影响是最大的。

在为每一波移民浪潮分别指定工具变量后,布尔查迪等人(Burchardi et al.,2015年)还将第一代移民的影响与他们的子孙后代的影响区别开来。他们发现,第一代移民的影响明显较小,这个结果意味着"血统"对外国直接投资的全面影响是持续性的,而且需要经过很多代人才能全面展现出来。

另外,为来自多个祖籍国的移民的迁移活动同时指定工具变量,也使得布尔查迪等人能够将自己的估计建立在一个重力方程的基础之上。这个重力方程包括了目的地固定效应,可以控制美国各移民目的地在面积大小、市场准入条件和生产率等方面的差异。尽管关于外国直接投资的结果仍然保持稳定(无论是包含了目的地固定效应,还是包含了其他更加复杂的固定效应),但是作者们也没有发现"血统"对美国国际贸易模式有系统性的因果性影响(控制了目的地固定效应之后)。最后一个发现与帕森斯和维齐纳(Parsons and Vezina,2014)以及科恩等人(Cohen et al.,2014)的结论形成了鲜明的对照,这也就提出了一个问题:这些论文所发现的社会关系与贸易之间的因果关系也许不能推广到更大范围的原籍国。

4.3.3　内部社会结构对制度和增长的影响

虽然上述讨论社会关系的文献都只关注给定社会实体的外部关系,但是还有一些研究也使用自然实验来评估一个社会不同群体之间的内部关系对总体经济结果的影响,特别是这种内部结构对该社会发展出能够有效运行的政治体系和"良好的"制度的能力的影响。

在这个领域,最令人信服的也许是迪佩尔的研究(Dippel,2014)。在这篇论文中,他考虑的自然实验涉及美洲原住民(印第安人)保留地的形成过程。在19世纪,美国政府建立了若干个由种族和语言相同的部族成员组成的保留地。虽然保证了对族群差异的尊重,但是建立保留地的过程在很大程度上忽略了历史制度的差异,使得一些(混合型)保留地同时纳入了若干个以往在政治上独立的子部落团体,而另一些保留地则不然。迪佩尔证明(Dippel,2014 年),这些混合型保留地在当代的经济效益明显更差,即便仅以属于同一部落的保留地之间的差异为条件时也是如此。为了解释在保留地形成过程中潜在的混杂因素,他在分析由若干个原本独立的部落团体混合成一个保留地的可能性时,以部落祖籍地上发生的历史采矿活动为工具变量。在这些地方,以往的采矿活动为美国政府建立数量更少的保留地提供了的激励,因此最后的保留地更有可能是混合型的。随后,迪佩尔证明,经济结果的分野大部分都出现在 20 世纪 80 年代之后,即,当印第安事务局(Bureau of Indian Affairs)将保留地的管治权全部"归还"给了当地保留地之后。利用保留地内关于当代政治冲突和腐败的信息,他令人信服地指出,不利的经济影响是混合型保留地往往"保留"了更多功能失调的政治制度所致。

另一组研究则将"良好的"制度的出现与中产阶级的相对影响力联系起来。阿西莫格鲁等人(Acemoglu et al. ,2005a)使用双重差分法证明,在西欧国家中,那些能够发展出一个具有政治影响力的大型商人阶级的国家,都形成了对后来的经济增长至关重要的对行政权力的制约和对财产权利的保护。阿西莫格鲁等人的证据来自他们构建的一个包含了人均国内生产总值、制度质量和每个欧洲国家在 1300 年至 1850 年间的大西洋航行情况的面板数据库。他们证明,在 1500 年后,大西洋贸易的发生是大西洋沿岸国家人均 GDP 受到的一个主要的正面冲击。然而,这种冲击只会导致一部分大西洋沿岸国家对行政权力进行有力制约,即那些在中世纪时期就已经对行政权力有了相当强的约束的国家。这就是说,大西洋贸易与中世纪制度之间的交互项可以解释欧洲国家之间的大部分制度质量差异。阿西莫格鲁等人认为,这些结果与他们所持的另一个观点,即,商人阶级只能出现在统治者权力受到了一定制约并且没有垄断大西洋贸易的那些国家,也是互相一致的。

虽然阿西莫格鲁等人(Acemoglu et al. ,2005)为上述解释提供了历史证据和逸事证据,但是这种分析方法的一个问题是,他们无法直接观察商人阶级的规模。更一般地说,所有试图在社会结构和制度之间建立因果关系的文献都要面临的一个主要挑战是,很难找到可以用来在很长一段时间内前后一致地衡量社会结构的指标和相关数据,特别是在那些研究者可能观察到社会结构发生了准外生性变异的历史事件窗口期。

尽管还不能声称识别出了因果效应,不过阿西莫格鲁等人(Acemoglu et al. ,2011b)确实在这个方向上取得了很大的进展。他们研究了第二次世界大战中纳粹德国入侵俄罗斯后发生的针对犹太人的大规模谋杀事件,这得益于一个独一无二的条件,苏联当局针对俄罗斯地区(各州)的中产阶级(白领)的规模和种族构成有相当完善的登记制度,其记录最早可以追溯到 1926 年。在第二次世界大战爆发之前,犹太人在白领(中产阶级)中所占的比例很高,从而使得德国占领军对犹太人的迫害和谋杀对中产阶级的整体规模造成了重大冲击。利用被纳粹德国占领的州内的前后变化情况,以及被占领的州与未被占领的州之间的差异,阿西莫格鲁等人证明,在今天,当年的大屠杀导致中产阶级规模减小最严重的那些州的政治制度和经济绩效最糟糕。自 1945 年以来,这些州无论是人口和人均国内生产总值的增长都更加乏力,而且在 20 世纪 90 年代投给共产党候选人的票数更多,同时在 1991 年举行的全民公决中支持保留原苏联体制的人所占的比例也更高。此外,在那些大屠杀使得中产阶级的相对规模减小最多的州中,这种冲击的影响持续了很长一段时间,至少直到 1989 年最后一次全苏联人口普查时仍有反映。阿西莫格鲁等人认为,他们的证据与中产阶级的规模受到的冲击可能会有永久性的影响的观点是一致的,因为这种冲击减少了积极推动限制行政权力、保障财产权利的政策的核心选民(其影响最显著的表现形式是,要求保留共产主义制度的人得到更多的支持)。

4.4 信任与公民资本

讨论文化与经济之间的关系的海量文献提供了关于社会资本、文化、信任以及其他相关概念的各种各样的相互竞争的定义。为了组织讨论,我们在这里聚焦于"公民资本"这个概念。圭索等人(Guiso et al.,2012)将公民资本定义为"持久的共同信念和共同价值观,它们能够帮助一个团体克服进行有社会价值的活动过程中的搭便车问题"。我们之所以更倾向于使用这个相对狭窄的定义,主要是因为利用它便于对现有的实证文献进行分析。首先,这个定义明确区分了公民资本与社会结构(上一节讨论的文献的关注重点)。在一定意义上,我们可以较宽泛地将"社会资本"视为公民资本和社会结构这两个概念的组合。其次,这个定义与实证研究文献中所使用的变量非常贴切,这些变量往往侧重衡量个人愿意在多大程度上信任陌生人的各种指标,以及其他关于他人的意图和行为的信念的度量指标。

那些能够使得个人之间的合作更加容易的规范和信念,应该也是经济增长的驱动力,这种观念在社会科学中具有悠久的传统——至少可以追溯到班菲尔德(Banfield,1967)、科尔曼(Coleman,1988),以及格雷夫(Greif,1993)。又如,普特南等人提出了一个很著名的观点(Putnam et al.,1993),即,意大利南方经济发展水平之所以比北方落后得多,一个重要的原因就是南部的公民资本水平较低,他们还推测,这种差异是北方城市具有悠久的自治传统的结果,因为这种自治促成了北方城市的公民参与传统(而同一时期,南方城市则处于诺曼诸王的严密控制之下)。

这支文献的基本思想是,一般意义上的文化,特别是公民资本,随着时间的推移而变化的速度是非常缓慢的。父母将自己的信仰和价值观传给孩子,使得公民资本类似于一种缓慢变动的、不断积累的要素。公民资本水平较高的社会,经济发展的能力也较高,因为它们能够发展出更好的工具来克服市场失灵问题和集体行动问题。

这种信念的一个最主要的例子是信任。即便是在一个存在着效率极高的警察部门和运行正常的司法体系的社会中,大多数商业交易也肯定会涉及一些信任因素(Arrow,1972)。例如,当你聘请一位会计师来帮你处理纳税事务时,你相信他不会滥用你的私人信息去实施信用卡诈骗。如果你不信任你的会计师,你可能更喜欢自己去申报纳税。同样地,当你坐出租车出行时,你相信驾驶员掌握了必要的驾驶技术,没有醉酒驾车,也没有在计价器上做手脚,更不会将你锁在车里,一路把你拉进沙漠深处,绑架你、勒索赎金。虽然你可以在受到侵害后把这种无良会计师和出租车司机告上法庭,但是那样做无疑要花费许多时间和金钱;而且事实上,即使是最有效的司法体系也不可能完美地执行所有的规则。依赖信任的交易数之不尽,其他一些例子包括:经营者不能按照劳动合同完全监督员工的工作、在付款之后或商品发货之前的销售行为,以及许多金融交易和投资决策。(以这种方式思考,不难看出发达社会中人们对完全陌生的人的信任度是非常高的!)经济越复杂,劳动力越是被分配到专门的任务中,陌生人总体来说是值得信任的这个共同信念越重要。

4.4.1 信任对经济增长的影响

许多论文都使用跨国数据来证明公民资本与经济发展之间的条件相关性。克纳克和基弗(Knack and Keefer,1997)证明,即使在控制了教育、制度和其他因素之后,信任度和公民合作水平也与更高的 GDP、更快的经济增长速度以及更高的投资占 GDP 的比重密切相关。然而,这些结果并不能证明这里存在因果关系。一个显而易见的问题是,生活在有良好制度的富裕国家的人们之所以可以"理性"地更信任陌生人,是因为他们知道自己会受到顺畅运行的警察部门和公正有效的司法体系的有力保护。很显然,制度、公民资本和经济发展是相互依赖的变量。因此,要证明公民资本与经济增长之间存在因果关系的一个重大挑战,不仅在于如何识别公民资本的外生变化,而且还在于如何将它的效应与制度的影响分离开来。

有三篇论文试图用自然实验来解决这个挑战。这些自然实验基于如下观念:公民资本取决于每一代人的经验,而且是(至少部分地)从一代人传递给下一代人的。① 例如,我们有理由相信,如果其他条件相同,父母在独裁专制的社会中长大的甲,与父母在民主社会中长大的乙相比,会更加不愿意信任他人。

塔贝里尼(Tabellini,2010)利用的是这样一个事实:一些西欧国家是由若干个历史上异质性极高的政治实体组成的。他研究了这些国家中 69 个地区之间人均总增加值上的差异。只要现行制度只是在国家层面上有所差异而不会在区域层面上表现出不同,那么国家固定效应就可以吸收现行制度上的任何差异。然后他以 1880 年前的识字率以及一个衡量 1600至 1850 年间行政权力受到的约束程度的指标为公民资本的工具变量,同时控制了 1850 年的城市化程度。关键的识别假设是,这些历史性工具变量只能通过它们对公民资本中有持续性的组成部分去影响今天的经济发展水平。以这个(相当苛刻的)假设为条件,Tabellini(2010)证明,公民资本中的外生性因素对区域经济发展有很大的正面影响。对于这个事实的一个更保守的解释是(尽管这个事实本身就很有意思),久远的政治历史是当前的经济表现的重要决定因素——不仅对国家之间的经济差距是如此,而且对国家内部不同区域之间的经济差异也是如此。

圭索等人(Guiso et al.,2008a)也研究了一个意大利的类似的自然实验。在意大利北部,一些城市在中世纪时期就获得了自由,而其他城市则仍然在封建领主或神圣罗马皇帝的控制之下。与塔贝里尼(Tabellini,2010 年)的结果一致,他们发现,在很早的时候(公元后 1136年或 1300 年)就实现了自治的那些城市,今天所表现出来的社会资本水平更高。不过,圭索等人(Guiso et al.,2008a)还在此基础上又推进了一步:他们以两个虚拟变量作为早期城市自

---

① 多项研究表明,信任确实有"遗传"成分,例如,请参见赖斯和费尔德曼(Rice and Feldman,1997)、普特南(Putnam,2000)、圭索等人(Guiso et al.,2006)。

治的工具变量(他们证明,这两个虚拟变量在历史上会影响城市实现自治的成本,但是不太可能直接影响到今天的公民资本水平或产出水平)。这两个虚拟变量是,给定的某个城市是不是一个有能力协调争取独立地位的斗争的主教的驻地;以及这个城市是不是在前罗马(伊特鲁里亚)时代就已经建成了,因此其地理位置有利于军事防御。使用这两个工具变量,他们证明,更长的自治历史与今天更高的社会资本和人均国内生产总值显著相关。

虽然比塔贝里尼(Tabellini,2010)的结果更加稳健,但是圭索等人(Guiso et al.,2008a)得出的结果的因果解释的识别假设仍然是困难的任务:城市自治、决定自治成本的那两个虚拟变量,或与这些度量相关的任何遗漏变量,对今天的人均 GDP 都没有直接影响——除了通过对公民资本的影响之外。即便正式的制度在意大利国内不会发生变化(事实上在一定程度上是会变化的),行政管理能力、运行机制和制度质量在各地区之间也是不可能全然相同的——尽管各地区可能遵循着相同的法律规定。因此,这些自然实验都可能会混淆公民资本和制度的影响,或者与这些变量相关的任何其他遗漏变量的影响。

较近的两篇论文设计了一些巧妙的策略,试图解决这个问题,不过根据我们的定义,这些策略并非自然实验。阿尔甘和卡胡克(Algan and Cahuc,2010)利用了美国综合社会调查(General Social Survey)所涵盖的美国移民后代的遗传信任的数据,恢复了对原籍国的长期信任时间序列,一直追溯到了 20 世纪初的移民原籍国。然后,他们利用这个长时间序列,将人均 GDP 的变化与几代人的"遗传信任"的变化联系起来,同时控制了使得塔贝里尼(Tabellini,2010)和圭索等人(Guiso et al.,2008a)对结果的解释变得复杂化的所有非时变效应(time-invariant effect)。此外,阿尔甘和卡胡克还控制了制度质量的时间变化,以便令人信服地将制度的影响与信任的影响区分开来。他们最终估计出来的信任效应为正,不但在统计意义上高度显著,而且在数量上也很大。例如,根据他们的估计结果,如果俄罗斯和墨西哥这两个国家的国民继承的信任的水平与瑞典人相同,那么它们的人均国内生产总值就会提高 60%。格罗德尼琴科和罗兰的研究(Gorodnichenko and Roland,2010)也依赖于文化特征可以遗传的思想,并且以某个国家与世界上个人主义倾向最强的国家(即,美国和英国)之间的遗传距离为文化的工具变量(在他们这篇论文中,"文化"是个人主义而不是信任的度量)。与其他研究一致,他们也发现文化对经济增长的影响很大。

4.4.2　信任对金融发展以及其他总体变量的影响

虽然我们在上一节中综述的那些论文可能令人信服地识别出公民资本对经济增长的因果效应,但是它们几乎没有谈到影响传递的机制和公民资本如何影响经济增长。在这个方向上,一个很明显的例子是金融发展问题:所有金融合同都可以说是"信任密集型"的——我之所以愿意在今天将现金交给陌生人,是抱着在未来得到回报的期望,这就需要对这个陌生人高度信任。因此,公民资本的水平更高,社会就能够维持更复杂的金融体系,从而促进经济增长。圭索等人(Guiso et al.,2004)对这个"通道"进行了研究。

与圭索等人的另一篇论文相似(Guiso et al.,2008a),这篇论文也测量了意大利各地公民资本的变化,并将得到的指标与由意大利中央银行完成的"家庭使用金融工具情况调查"的结果联系起来。再一次,识别策略依赖于当代人的社会资本中的一部分是从前几代人那里继承而来的思想。因此,当一个家庭从一个意大利地区迁居到另一个地区时,其原籍地区的公民资本水平(而不是制度的质量)仍然会影响这个家庭的行为。在这篇论文的主要设定中,圭索等人(Guiso et al. ,2004)将家庭对金融工具的使用情况与它们的原籍地区的公民资本水平(用当地的投票率或献血量度量)、一组区域固定效应以及一系列家庭层面的控制变量联系起来。结果他们发现,从社会资本水平较高的地区迁移来的家庭更有可能使用支票、更多地投资于股票市场,而很少依赖于亲友的非正规贷款。在执法力度较差的地区,这种效应通常更强大。

作者们对这些结果的首选解释是,公民资本对意大利各地的金融发展程度起着重要的作用。如果能够将这些结果推广到国与国之间金融发展程度的差异,那么它们可能可以解释公民资本对经济增长的一部分可观察到的影响。

可惜的是,除了来自金融渠道的这些证据之外,能够说明公民资本影响经济增长的机制的其他证据非常有限;即使存在,那些证明能够证明的在很大程度上也不是因果关系。在未来的研究中,自然实验方法的一个很有希望的方向可能是探讨信任与监管之间的关系。例如,阿吉翁等人(Aghion et al. ,2010)的论文表明,几乎所有国家的信任水平和政府监管程度都呈现出很强的负相关关系。

4.4.3 信任的决定因素与动力

前述关于公民资本对经济增长和金融发展的影响的一系列研究的主要结论是,从宏观经济的角度来看,我们可以认为公民资本是一个变化缓慢的状态变量,它与其他变量共同决定了一个社会的经济增长能力。那么,接下来要讨论的一个关键的问题就是这个状态变量本身是怎样动态变化的。这也就是说,为什么一些社会的公民资本水平很高,而另一些社会的公民资本水平很低?这个领域的现有的研究自然实验的文献识别出了决定公民资本动态的三个因素:历史制度、暴力和冲突的经历、地理与气候。

4.4.3.1 历史制度

作为各自的识别策略的一部分,塔贝里尼(Tabellini,2010)和圭索等人(Guiso et al. ,2008a)分别证明,历史制度似乎影响了几十年后甚至几个世纪以后的信任水平。这两篇论文都表明,历史上居住在行政权力受到了有效约束的地区的居民的后代,在今天表现出较高的信任度。

贝克尔等人(Becker et al. ,2015)最近研究了一个自然实验,也得到了类似的结果。他们考虑了五个东欧国家:黑山、波兰、罗马尼亚、塞尔维亚和乌克兰。这五个国家各有一部分直到第一次世界大战结束前,一直由多民族的哈布斯堡帝国统治;在某些地区,这种统治已经持续了数百年之久。相比同时代的其他帝国以及它的某些继承国,哈布斯堡帝国以拥有一个权力有限制且高效的官僚系统、法庭系统和警察部门而有良好的声誉。因此,在这个意义上,相对来说,以往居住在哈布斯堡帝国管辖地区的居民的后代拥有更长的在"良好的"制度下生活的历史。贝克尔等人(Becker et al. ,2015)利用断点回归模型研究了这种处理的效果。

他们的主要模型设定是,将一项涵盖了所有这五个国家的个人层面的调查结果与受访者所处的相对于以往的哈布斯堡帝国边界的位置联系起来。结果他们发现,居住在前哈布斯堡帝国边界 200 公里以内的个人,并没有比该边界另一侧的同胞明显更信任陌生人或更有可能成为公民组织的成员。虽然这个发现可能是由于他们的设定不够强,但是他们确实还发现,居住在前哈布斯堡帝国境内的人们更加相信警察,也更不可能向官员行贿。

4.4.3.2 暴力或冲突的历史

阿尔甘和卡胡克的论文(Algan and Cahuc,2010)讨论了一个很有意思的细节:在 1935 年之后,瑞典继承的信任水平上升了,而欧洲大陆整体和英国则下降了。他们猜测,这种有差别的变化可能是因为第一次世界大战和第二次世界大战的影响:经历了暴力和冲突的个人可能会把较低的信任水平传递给他们的后代。还有两篇论文也研究了不同历史背景下的暴力与信任之间的联系。

纳恩和旺特切肯(Nunn and Wantchekon,2011)将非洲的个人信任水平的变化与奴隶贸易的历史联系了起来。他们认为,主要驻扎在大西洋各港口的欧洲人(后来的美国人)为土著人口间的不信任创造了条件。特别是在奴隶贸易活动的后期,许多人发现自己被贩卖为奴,不是外国人深入内陆偷袭的结果,而是同为土著居民的其他本地人绑架或欺骗的结果。利用将他人卖为奴隶所得到的金钱,土著居民可以获得铁制武器,以此来保证自己不会被贩卖为奴。许多历史资料证明,绝大多数奴隶都是被绑架者卖给奴隶主的,而且绑架者甚至有可能是自己的亲属。因此,处于奴隶贸易带来的暴力威胁之下,这种情况可能极大地降低了受此影响的那些社会的信任水平。

纳恩和旺特切肯(Nunn and Wantchekon,2011)的结构式方程采取了如下形式:

$$trust_{j,e,d,i} = \alpha_i + \beta\ slave\ exports_e + X'_{j,e,d,i}\Gamma + X'_{d,i}\Omega + X'_e\Phi + E_{j,e,d,i}, \tag{19}$$

其中,α_i 表示国家固定效应;$slave\ exports_e$ 衡量的是奴隶贸易期间种族群体 e 在平均每平方公里的土地上被贩卖为奴的数量;$X'_{j,e,d,i}$ 表示一系列的个人层面的控制变量,包括种族、受教育程度和年龄;$X'_{d,i}$ 控制国家 i 的区域 d 内的种族构成;而 X'_e 则是种族层面的控制变量的向量,它刻画了处于殖民统治之下的次国家(subnational)差异,特别是描述疾病环境和度量前殖民地繁荣程度的变量。

在他们的主要模型设定中,纳恩和旺特切肯(Nunn and Wantchekon,2011)以特定族群与海岸的距离作为奴隶贸易的工具变量。海岸是欧洲奴隶贸易商的基地。一般来说,地理特征与很多事物相关,考虑到这一点,他们给出了一个谨慎的结论,即,在标准设定所包含的控制条件下,与海岸的距离应该与影响信任的其他因素无关。他们的论证是这样的。第一,他们指出非洲人在奴隶贸易之前并没有从事跨洋贸易,所以在他们所分析的问题中,与海岸的距离不是一个混杂因素(confounding factor)。第二,他们强调了种族层面控制对于其他形式的欧洲人接触的重要性。第三,他们还纳入了对每个种族以捕鱼为生的历史的附加控制。他们认为,在这些控制条件下,排除限制是可以得到满足的。他们的估计结果表明,被贩卖为奴的风险上升 1 个标准偏差,对邻居的信任、对其他种族的信任的各种度量将下降大约 0.2 个标准偏差。

不过,所有利用大型自然实验(例如,非洲的奴役贸易)的研究都可能面临一个相当普遍的问题,那就是,不可观察的因素可能会潜在地影响结果。例如,对于纳恩和旺特切肯这项研究(Nunn and Wantchekon,2011 年),我们有理由担心,尽管作者给出了大量的控制条件,但是仍然有可能存在一些不可观察的变量未能得到充分的考虑,例如原先就已存在的信任水平和繁荣程度。为了缓解这些担忧,纳恩和旺特切肯(Nunn and Wantchekon,2011)利用阿尔托吉等人(Altonji et al.,2005)、贝洛斯和米格尔(Bellows and Miguel,2009)发展起来的一种技术,计算了:相对于给定的对可观察变量的选择,对不可观察变量的选择性要有多强,才能推翻估计出来的结果,即

$$\hat{\beta}^R / (\hat{\beta}^R - \hat{\beta}^F)$$

其中,$\hat{\beta}^R$ 和 $\hat{\beta}^F$ 分别是用受限的部分控制变量和全部控制变量估计出来的感兴趣系数(coefficients of interest)。如果将可观察的协变量纳入进来对感兴趣系数没有太大的影响,那么这个比值就很大,对不可观察值的选择必须比对可观测值的选择严格好几倍,才能推翻结果。纳恩和旺特切肯(Nunn and Wantchekon,2011)发现,将他们全部的控制变量纳入进来,对感兴趣系数的影响非常小——上述统计量在他们所有的设定中均为 3。因此,无论他们的设定所遗漏的东西是什么,它都必须具有非常大的选择效应才能推翻他们的定性结果。

第二篇论文探讨了国家间的冲突与信任之间的关系。Jancec(2012)采用双重差分法(difference in differences)证明了,生活在今天的斯洛文尼亚、克罗地亚、塞尔维亚、黑山、罗马尼亚和乌克兰等国境内的个人,所居地在 1450 年至 1945 年间经历的统治国家更替越频繁,其对今天的政治制度的信任度也就越低。不过,与贝克尔等人(Becker et al.,2015)的结果相似,詹塞克发现这种历史经历对公民行为和个人对陌生人的信任程度没有影响。

4.4.3.3　地理与气候

杜兰特(Durante,2010)采取了一个更加激进的方法,即,直接将公民资本与决定了合作需要的环境因素联系起来,而不是试图识别诸如战争和历史上的迁移活动之类的"人为"冲击。他的主要思想与奥斯特洛姆(Ostrom,1990)有相似之处:早期人类社会,以生存农业(subsistence farming)为核心,会在生存所需的地方发展出一种合作和信任的文化。杜兰特认为,在降水和气温每年都有很大变化的那些地区,社会必须发展公民资本,以维持在灌溉系统以及生存所需的其他大型工程上的投资。同样,在气候条件多样化的地区,通过促进贸易和分担风险,发展公民资本也可以增加生存下去的可能性。事实上,利用追溯到 1500 年的长期气候数据,他确实发现信任与欧洲地区这些横截面气候变量之间存在显著的联系。有意思的是,当包括了国家固定效应并控制了如塔贝里尼(Tabellini,2010)所研究的早期制度之后,这些结果仍然非常稳健,这就表明气候对信任的部分影响确实可以通过公民资本传递下去。

4.5　多重均衡与路径依赖

一些具有非凸性特点的经济增长模型会出现多重均衡,从而使得方程式(13)中稳定状态的人均国内生产总值与 ϕ_i 之间的映射不再是唯一的。例如,默菲等人(Murphy et al.,

1989)证明,在具有垄断竞争和固定生产成本的简单模型中,就可以出现多重均衡。在他们构建的模型中,给定的企业发现,只有当其他企业也会做同样的事情的时候,承担固定生产成本才是有利可图的(因为这时存在需求溢出)。而在"糟糕的"均衡中,所有企业都不会投资,因为它们预期其他企业也都不会投资。这种情况是所谓的协调失败的一个例子——因为经济行为者有"错误"的预期,不能同时协调投资,导致经济增长无法实现。尽管以下这种可能性似乎不大:一个国家之所以长期陷入贫困,就是因为它的国民无法协调地同时改变预期;但是,许多更加复杂的模型也具有多个稳态。在这些模型中,长期人均国内生产总值是路径依赖的,一旦经济走上了通往不利的稳态的路径,就可能很难再扭转自己的轨迹。

在我们的阅读范围内,直到今天还没有任何研究者能够用单一的自然实验来检验多重稳态可以解释跨国收入差距的假说。之所以还没有出现这样的自然实验,部分原因可能在于,如果直接把刚果与美国之间的收入差距解释为历史上的偶然事件的结果,那么这种解释似乎是无法令人满意的。事实上,现有的文献所集中关注的是更加温和的目标,即,证明非凸性和历史偶然事件的相互作用可以对某个国家的产业部门构成或其空间分布产生影响。

尤哈斯(Juhasz,2014)使用 19 世纪法国的数据证明,拿破仑战争期间的临时贸易保护措施对法国棉纺行业的长期地位存在因果性影响。她指出,在战争期间禁止英国与法国直接通航的大陆封锁令对从英国运往法国不同地区的货物的交易成本(运费)有不同的影响。特别是,法国北部历史上与英国之间的交易成本相对较低的地区暂时受到了保护,不受英国进口商品的影响,因为现在这些进口商品必须通过西班牙转运了。根据这篇论文的识别假设——如果大陆封锁令对贸易成本的影响不存在,那么受保护较多的地区和受保护较少的地区会有类似的发展情况——尤哈斯证明,受保护相对较多的地区的机械化棉花纺纱(这是当时的新技术)的产能显著增加了。然后,尤哈斯还证明,在封锁结束后,法国棉纺行业在地区分布上的这种变化仍然持续了 30 年。因此,她的结果与新技术采用中的非凸性是一致的;而且她还认为对幼稚产业的保护可以对生产地点在国家内部的分布,甚至国家之间的分布产生持久的影响。[①]

在城市经济学中,许多研究都已经在利用自然实验来在城市层面上检验这个问题了。虽然这支文献明确的关注点并不在于宏观经济变量,但是我们在这里还是简要地加以评述;不过需要提醒读者注意的是,各种生产因素,特别是劳动力,在国家层面或地区层面上看,其流动性要低得多,因此在更高的总量水平上,这些研究结果会发生什么变化我们还不清楚。在一项很有影响力的研究中,戴维斯和温斯坦(Davis and Weinstein,2002,2008)运用双重差分法证明,第二次世界大战期间日本城市受到的轰炸对城市的相对规模以及产业构成都没有长期的影响,从而表明是基本面因素而不是偶然机会支配了这些变量的长期空间分布。米格尔和罗兰(Miguel and Roland,2011)也利用美国轰炸越南的自然实验证明了类似的结果。

不过,布里克利和林(Bleakely and Lin,2012)却提供了相反证据,他们证明了临时性的区

---

① 请参见克莱因和莫雷蒂(Kline and Moretti,2014),他们从田纳西河谷管理局的数据中得到类似的证据;补贴似乎永久性提高了制造业的就业水平。

位优势可能对人口密度有长期的影响。他们认为,北美的许多城市都是在水路交通碰到了诸如瀑布此类的自然障碍(因而需要陆路运输接驳)的地方形成的。这些地方(港口所在地)吸引了运输服务业和商业运输业的集聚,从而往往可以导致大型定居点和城市的出现。然而,这种天然优势在今天已经不复存在了,因为火车、卡车和飞机已经取代了船只,成了主要运输工具,同时由于有了船闸和运河,现在也不再需要将货物从一艘船转运到另一艘船上了。从这个意义上来说,技术进步对当前似乎不再存在区位上的基本面优势的港口城市产生了暂时性的正面冲击。然而,布里克利和林却证明,港口城市不但与今天更高的人口密度(包括华盛顿哥伦比亚特区和费城等大城市)有显著关联,而且也没有证据可以证明,这些地区因为它们天生作为货物集散地的优势的消失而处于相对衰落的过程中。因此,他们的研究结果与城镇位置的决定存在多重均衡的理论结论是一致的。

在这支文献中,也有很多论文利用了德国的分裂和统一这个自然实验。其中最直接关注多重均衡的检验的是雷丁等人的研究(Redding et al.,2011)。他们用双重差分法分析了德国各机场的客运量面板数据,结果表明德国的分裂导致法兰克福机场(以前是较次要的目的地)的客运量迅速增长,同时则使柏林机场(以前是德国的主要航空枢纽)的客运量出现了萎缩。而且,在两德统一之后,这个趋势并没有扭转,从而使德国首屈一指的枢纽机场最终花落法兰克福。在利用各种方法进行了研究之后,作者们的结论是,这种显而易见的永久性转变是不能用基本面因素来解释的——它正是一个国家主要机场枢纽的区位选择存在多重均衡的证据。

还有两篇紧密相关的论文也给出了关于多重均衡的其中一个具体来源的证据,这个来源就是新经济地理学模型中经常讨论的集聚外部性(agglomeration externality)。这类文献的基本思想是,消费者喜欢靠近企业,出于各种原因,企业喜欢靠近其他企业,其中最常见的是节省通勤成本和交易成本——例如,请参见,克鲁格曼(Krugman,1991)。如果这种"内聚力"与"外散力"(例如,拥塞的成本)相比足够强大,那么就可能会出现多重均衡。这些模型的一个直接预测结果是,市场准入是经济发展的重要动力。雷丁和斯特恩(Redding and Sturm,2008)利用德国分裂和统一的自然实验检验了这个假说。他们发现,德国在长达40年的分裂的时间里,靠近两德边界的那些西德城市的人口相对于其他西德城市而言出现了显著的下降趋势,这个发现与模型的预测是一致的。雷丁和斯特恩的主要识别假设是,如果不存在两德之间的边界对市场准入的影响,那么靠近和远离边界的德国城市的人口将会同步发展。阿尔费尔特等人(Ahlfeldt et al.,2015)又更进了一步,他们指出,将柏林城的分裂和统一视为一个自然实验,就能够定量地评估城市层面的"内聚力"与"外散力"。他们这篇论文所使用的方法与本章评述的所有其他论文都有所不同,它明确地重点关注结构式模型而不是简化式模型的估计结果。作者们构建了一个具有多重"内聚力"和"外散力"的定量城市结构模型。利用由于城市的分裂和统一而出现的城市街区周边的经济活动的变化,他们能够分别识别出这些"内聚力"和"外散力"。特别有意思的是,这个结构模型的识别假设就是前面讨论的那篇论文所使用的识别假设的一个更加清晰的版本:柏林的分裂以及随后的重新统一,对城市各街区经济活动模式的系统性变化的影响,只能通过对通勤成本的影响、对生产领域准入的变化的影响,以及对居住区外部性的变化的影响来实现。

总而言之,这些研究似乎表明,历史上的偶然事件可能会对某个国家内部的生产空间分布产生影响。然而,重要的是要注意到,从理论上说,这些研究都无法区分多重均衡与长期持续性。此外,他们都没有讨论在国家层面上的多重均衡的存在性。

5. 批判性评估与展望

在本章中,我们综述了在宏观经济学领域运用自然实验方法的一些研究,它们分别服务于三个不同目的:验证现有理论模型的根本前提、量化政策参数,以及识别常规模型中不存在的因果机制。具体地说,我们介绍了关于永久收入假说、财政乘数以及经济增长的根本原因的相关文献对自然实验的利用。

如果能够识别出家庭在什么时候收到了源于预先宣布的收入(变化)款项,那么对于永久收入假说的前瞻性行为假设就可以进行一个简单的测试了。通过一系列能够识别上述预先宣布的收入变化的自然实验,我们发现,经济行为主体在收到款项时才调整消费,这与前瞻性理性行为的假设恰恰相反。在这些自然实验中,有一部分自然实验表明,只要结合流动性约束,就可以部分地(但只是不完全地)解释这个发现。他们发现,流动性约束更强的家庭在收到款项时反应更强烈,但是即便是毫无流动性约束的家庭在实际收到预先宣布的款项之后似乎也会调整消费。不同类型的自然实验的结果一致表明在一定程度上存在“接近理性”的行为:在面对很大的收入变化时,家庭似乎坚持永久收入假说;只有当家庭面临的收入变化很小时,证据才不会与模型的预测相符。对近似理性建模,并且将自然实验直接嵌入到这样一个模型中将有助于产生更多的洞见。此外,分析新的、能够将富有的“月月光”消费者包括进来的衡量流动性约束的变量,可能有助于调和一些相互冲突的关于流动性约束的重要性的证据。自然实验的一个明显的缺点在这个应用中也变得相当明显:分析预先宣布的收入的下降情况,将直接把紧固的流动性约束驱动结果的可能性排除出去;而分析预先宣布的收入变化非常大的情况,则会将近乎理性的行为排除在外。研究者利用现场实验或实验室实验的时候,可以通过实验设计来确保实验同时涵盖这两个特征,但是同时包含这两个特征的自然实验却是罕见的。[①]

关于财政乘数的文献面临的主要挑战是,如何识别出与当前经济条件正交的财政政策。利用以下两类自然实验有助于克服这个困难。第一,地缘政治事件导致军费开支增加是对国家财政政策的外生性冲击;第二,可以利用由历史事件推动的次国家层面上的跨区域差异来确立外生性。第一种方法通常会估计出小于1的总体财政乘数;而第二种方法则往往给出介于1.5和2之间的地方财政乘数的估计结果。然而,这些总体财政乘数和地方财政乘数是

[①] 然而,在设计好的实验(现场实验和实验室实验)中,要想重现大的收入变化的成本是非常昂贵的,因此也是很困难的。

不同的概念,不能直接进行比较。要进一步了解它们之间的关系,我们需要一个专门的模型。[1]

识别出一些国家富有、另一些国家贫穷的根本原因,是经济学面对的一个重大挑战。从实证研究的角度来看,主要的困难在于,经济增长的大多数可能的动力,如实物资本和人力资本的积累、制度的质量、信任水平和社会结构,全都以某种复杂的形式与收入水平相互依赖。过去二十年以来,自然实验已经成了经济学家解决这个问题时使用得最多的一种工具(通过识别出经济增长的因果性决定因素)。利用这种大规模的自然实验(比如说历史上欧洲在全球各地的殖民,或德国的分裂和统一),相关文献已经给出了很多令人信服的证据,证明增长的主要根本原因是传统的经济增长模型所没有刻画的。相反地,政治和经济制度、文化特征和社会结构的跨国变化似乎可以解释大多数国家之间,甚至国家内部的经济增长的变化。然而,相关文献在将这些因果关系相互区分开来这个方面并不成功。特别是,将制度和信任与增长挂钩的大部分工作并不能令人信服地区分这两个渠道。此外,在理解这些根本原因如何随时间推移而演变的动态和它们之间的相互作用等方面,未来仍有许多研究工作要做。对作为经济增长的一个决定因素的社会结构——社会关系、社会网络以及社会分层——的研究,就是在这种情况下涌现出来的一个全新的、非常有希望的领域。这方面的研究,将推进我们更深入地了解社会结构对经济增长的直接影响及其对制度演化的影响。识别经济增长的各个根本原因的不同研究之间,还有一个共同点,那就是它们几乎全都专注于某个基本原因与经济绩效之间的简化形式的关系,而没有利用现有的经济增长模型的结构。弥合这两支文献之间的差距,很可能也是未来研究的一个极有希望的方向。

研究者如何在实践中利用自然实验在我们所涵盖的三类文献中有所不同。关于永久收入假说的文献利用自然实验直接识别预告宣布的收入变化,而其他两类文献则主要依赖于微观计量技术,如工具变量法和断点回归法。还有一些不依赖特定历史事件进行识别的研究也使用了这些技术。因此,要确定后面这两类文献中,哪些研究可以认定为自然实验研究,哪些研究不可以认定为自然实验研究,在很大程度上是一个判断问题。

然而,所有这三类文献所面对的根本挑战都是一样的,那就是,必须证明所讨论的历史事件提供了识别因果关系所必需的准随机变化。虽然要想给出一个全面的清单,把所有涉及自然实验的研究都必须考虑到的事宜都列进去,是一项不可能完成的任务,但是我们还是在下面列出了成功的自然实验研究通常都具备的一些特征。

识别假设:应明确说明研究所依据的识别假设。对于因果效应的解释,读者需要相信什么?研究要利用的是自然实验的哪些方面,又是如何将它们转化为外生的变化的?为什么可以排除反向因果关系?我们能想到任何共同影响着自然实验和我们感兴趣的结果变量的遗漏变量吗?

支持性证据:研究者应提供尽可能多的证据来证实识别假设。这些支持性证据可能包括:能够证明处理组和对照组在处理之前没有可观察性差别的证据、对处理前和处理后的趋

---

[1] 见上文第3节对中村和斯坦森的论文(Nakamura and Steinsson,2014)的讨论。

势的分析、所考虑的效应的时序分析,以及多种工具变量的用法。至少需要细致翔实地描述具体的历史事件,以说明清楚准随机变化的起源,并允许读者衡量内生性和其他混杂因素可能发生的潜在范围。因此,研究者需要给出围绕着实验环境的详细的制度知识。研究者还应该仔细考虑并明确地讨论哪些遗漏变量是需要加以关注的。

支持因果解释的附加方法:如果可能,研究者还应该使用额外的分析方法来确定,是处理而不是与处理相关的其他因素驱动了结果变量。具体来说,分析安慰剂处理效应的"安慰剂方法"可以提高因果关系的可信度。此外,如果可以有不止一个对照组,那么就要证明结果对于所有对照组都是稳健的,同时还要用匹配法来保证在可观察的性质上与处理组有很好的一致性,从而缓解对随机性的担忧。

定量含义:如果不能明确地说明估计结果的定量含义,那么通常也就不可能有说服力地阐明因果解释。效应的大小是否合理? 它与已知的会影响结果变量的其他因素的影响相比如何?

本章综述的所有三类文献都明确地告诉我们,未来研究的一个共同的非常有前景的方向是超越简化形式的方法,将自然实验纳入结构式模型。结构式模型有助于识别起作用的具体机制和效应传播的渠道,并能够更有力地证明对影响大小的定量分析的合理性。那样一来,自然实验将可以用来帮助识别更多种类的结构式模型的参数。

我们关于在宏观经济学中如何运用自然实验这种方法的讨论也表明了这种方法本身的"自然"限制。由于研究者并没有参与构成自然实验的历史事件的创造,因此自然实验往往不能完全适合他们准备分析的问题。因此,不同的自然实验经常会对同一个问题产生不同的答案。此外,许多勉强实现了识别目的的自然实验还揭示了外部有效性是一个悬而未决的问题。最后,由于利用自然实验的识别依赖于历史,所以很自然地,这种方法对于理解过去而不是理解未来更加有用。尽管在许多情况下这本身并不构成一个问题,但是也确实排除了用自然实验来解释某些前所未有的事件(比如说,气候变化)的影响的可能性。

然而无论如何,我们深信,20 多年运用自然实验方法的经济学研究为我们提供了一系列关于经济运行的深刻的洞见,对宏观经济学多个领域做出了重大贡献。

附录

表 A.1　利用自然实验检验永久收入假说的论文概览

研究	实验	数据来源	样本	主要的因变量	数据频率	永久收入假说	实施时的定量反应	流动性约束
标准的永久收入假说研究								
阿伦森等人(Aaronson et al.,2012)	最低工资标准上调;收入增加	美国消费者消费调查(CEX)访谈,(1982—2008年);美国当前人口调查(CPS,1980—2007年)和美国的收入与项目参与调查(SIPP,1983—2007年)中的收入数据是来自全国性金融机构的专有数据集(1995—2008年);信用卡账户以及每个信用卡持卡人的汽车、房产、抵押贷款和信用卡余额	关于支出,有200500个家庭调查观察点,其中11%的家庭一些收入来自最低工资工作	非耐用品和耐用品上的支出,包括各个单独的子类别,以及债务的变化(总额,以及各子类别)	季度	拒绝	在那些最少有20%的家庭收入源于最低工资工作的家庭,会花费短期收入增加值的3.4倍,而且绝大部分都花在汽车上	基于流动资产,有一些证据支持
阿加瓦尔等人(Agarwal et al.,2007)	2001年联邦收入所得税退税;收入增加	来自一家在全国范围内发行信用卡的大型金融机构的专有数据集(2000—2002年);信用咨询公司的报告数据;关于信用卡支出、余额、债务的数据	2000年6月开户的75000个信用卡账户,每月随访24个月	信用卡支出、余额、债务,以及信用额度	月度	拒绝	对于那些最常用的信用卡账户包含在样本中的消费者,在收到平均水平的退税款9个月内,累积消费支出增加了40%	基于信用额度、利率和年龄;有强烈的证据支持
阿加瓦尔和钱(Agarwal and Qian,2014b)	2001年"新加坡增长红利";收入增加	来自一家新加坡主要银行的信用卡、借记卡和支票账户的数据	一家新加坡重点银行的所有顾客的随机样本(180000个观察点)	消费支出、债务、信用卡使用率	月度	不能拒绝	对于收到的每一美元,卡的支出每个月增加8美分,对应于宣布之后10个月增加了80美分;宣布后和实施后的每月增加幅度相差无几	基于流动资产和信用额度;流动性受限的顾客反应更强烈,尽管在宣布时可能受到不完全有约束力的限制
布罗达和帕克(Broda and Parker,2014)	2008年经济刺激计划的退税;收入增加	尼尔森消费者调查数据:食品杂货店、药店和大卖场中的扫码购物	28937个家庭的每周购物数据(1131208个观察点)	在家庭用品上的每周支出(基于条形码扫描购物)	每周	拒绝	尼尔森消费者调查数据中的3个月的累计增幅为7%(ESP数据金额计)	基于收入及关于容易得到的资金的可得性;有利的证据

续　表

研究	实验	数据来源	样本	主要的因变量	数据频率	永久收入假说	实施时的定量反应	流动性约束
布朗宁和科拉多(Browning and Collado,2001)	西班牙的奖金发放计划;收入增加及收入下降	西班牙家庭预算追踪调查(1985—1995年);关于劳动所得和支出的数据	2341个家庭(16143个观察点),其中80%归类为奖金组	用于非耐用品和耐用品的支出,包括单独的子类别	每周	不能拒绝	奖金组和非奖金组的支出模式无法区分	未检验
库利巴利和李(Coulibaly and Li,2006)	抵押贷款最后一期还款;可支配收入增加	美国消费者消费调查(1984—2000年)	70593个观察点,其中包括286个要支付最后一期抵押贷款者	非耐用品和耐用品上的支出,再加上各子类别上的支出	季度	不能拒绝	房主在支付了最后一期抵押贷款后不会增加消费	未检验(但没有一个受访者喜欢受到限制)
格尔曼等人(Gelman et al.,2014)	收到的定期工资或社保支票;收入增加及收入下降	金融聚合和服务应用程序Check,它可以将源于不同金融账户的信息集中到一起(2012—2013年)	75000个随机抽样的美国Check用户	总支出、非经常性支出、快餐和咖啡店中的支出	每天	不能拒绝	非经常性支出、快餐和咖啡店中的支出只随一般性支出增加而平隐地增加	基于储蓄账户与支票账户的平均日余额与日支出之比;强烈的支持性证据
谢(Hsieh, 2003)	阿拉斯加永久基金红利,以及收入所得税退税;收入增加和收入减少	美国消费者消费调查(1980—1981年,1984—2001年)	806个阿拉斯加家庭	非耐用品和耐用品上的支出,以及不同的子类别	季度	不能拒绝	家庭收入提高10%只能使非耐用品上的支出不显著地增加0.002%	基于当前收入;没有支持证据
约翰逊等人(Johnson et al.,2006年)	2001年联邦收入所得税退税;收入增加	美国消费者消费调查(2000—2002年);增加了关于退税的问题	收到退税的家庭中有13066个观察点	非耐用品上的支出,严格限于非耐用品和食物	季度	拒绝	在收到退税收入后3个月左右,家庭将退税收入的20%—40%用于非耐用品上,在6个月的期间,则会花掉大约三分之二	基于年龄、收入和流动资产;一些基于收入和流动资产的证据,而不是基于年龄
马斯特罗布奥尼和韦恩伯格(Mastrobuoni and Weinberg, 2009)	社会保险金付款;收入增加及收入下降	个人食物摄入持续调查(1994—1996年),源于社会保险金收入至少占家庭总收入80%的家庭	745个观察点,源于社会保险金收入至少占家庭总收入80%的家庭	卡路里摄入量	每日	有争议	储蓄高于5000美元的退休者会平滑支付周期内的卡路里摄入量;而储蓄低于5000美元的退休者在支付周期的最后几天的卡路里摄入比第一周要低24%	基于流动资产;强烈的支持证据(请参见其主要结果)

续 表

研究	实验	数据来源	样本	主要的因变量	数据频率	永久收入假说	实施时的定量反应	流动性约束
米斯拉和苏里科(Misra and Surico, 2014)	2001 年联邦收入所得税退税和 2008 年经济刺激计划退税;收入增加	美国消费者消费调查(2000—2002 年和 2007—2008 年),增加了关于退税和经济刺激计划的问题	17718 个家庭,它们在 2001 年或 2008 年收到了退税	非耐用品和耐用品上的支出,再加上子类别上的支出	季度	拒绝	在收到退税的 6 个月内,家庭在 2001 年将退税收入的 43% 花在非耐用品上,在 2008 年则将 16% 花在总消费上	基于高收入和高抵押贷款债务(富有的"月月光"消费者);在有利的支持证据
帕克(Parker, 1999)	社会保险税上限,以及社会保险税扣缴;收入增加及收入下降	美国消费者消费调查(1980—1993 年)	57051 个家庭的 133820 个观察点	非耐用品和耐用品上的支出,以及不同的子类别上的支出	季度	拒绝	当一个家庭的社会保险费下降使得收入上升 1 美元时,非耐用品上的支出会增加 20 美分	基于年龄和流动资产;较弱的支持性证据
帕克等人(Parker et al.,2013)	2008 年经济刺激计划退税;收入增加	美国消费者消费调查(2007—2008 年),增加了关于经济刺激计划的问题	17478 个家庭观察点,其中有 11239 个家庭收到了经济刺激计划退税	非耐用品和耐用品上的支出,再加上子类别上的支出	季度	拒绝	在收到退税的 3 个月内,家庭在非耐用品上的增加额相当于退税收入的 12%—39%;总消费的增加额则相当于 50%—90%	基于年龄、收入和流动资产;基于收入和年龄的证据,但不是基于流动资产
帕克森(Paxson, 1993)	泰国农业的季节性收入模式;收入增加和收入下降	泰国社会经济调查(1975—1976 年;1981 年,以及 1986 年)	27963 个在经济上活跃(即,未退休)的家庭,它们不参加渔业和林业生产	非耐用品上的支出	月度	不能拒绝	农业家庭和非农业家庭的支出模式无法区分	未检验
肖尔尼克(Scholnick, 2013)	最后一期抵押贷款还款;可支配收入增加	来自一家加拿大银行的专有数据(2004—2006 年):信用卡和抵押贷款账户数据	4147 个参与者,他们或者已经还清了抵押贷款,或者只剩下一年的抵押贷款要还	信用卡支出	月度	拒绝	没有定量的结果;消费对预先宣布的收入增加的消息的反应随着收入的增加而减弱	基于家庭支付的信用卡债务的正付息;没有流动性约束的消费者反应较大
夏皮罗(Shapiro, 2005)	食品券;收入增加及收入下降	个人食物摄入持续调查(1989—1991 年);全国食物消费调查(1987—1988 年);关于摄入的食物的市场价值和营养特点的数据;为了说明马里兰州采用电子津贴转账系统的作用而举行的调查(1992—1993 年)	6652 个观察点,来自收到食品券的接受调查的个人	卡路里摄入量	每日	拒绝	在收到食品券后,每天的卡路里摄入量显著下降 0.40%	未检验

续　表

研究	实验	数据来源	样本	主要的因变量	数据频率	永久收入假说	实施时的定量反应	流动性约束
谢伊（Shea，1995）	非工会工资；收入增加及收入下降	美国收入动态追踪调查（PSID，1981—1986年）；食物消费的数据与因工会合同而增加的工资数据相匹配	647个观察点，来自285个家庭。这些家庭的户主是工会会员，且合乎情理地被安排进了某个工会	在家中消费的和在外消费的食物支出，再加上食品券的彩金价值	年度	拒绝	工资每增加1个百分点，食物消费增加0.89个百分点	基于流动资产和对收入增加（减少）的异质性反应；在传统指标上温和地支持流动性约束假说；但是，对收入下降的反应更强烈
苏勒雷斯（Souleles，2002）	1981年经济复兴税收法案（《里根减税法案》）；收入增加	美国消费者消费调查（1982—1983年）	2399个家庭–季度观察点；户主年龄介于24—64岁	在非耐用品上的支出和总消费	季度	拒绝	拿到手的工资每增加1美元，非耐用品上的消费增加三分之二美元	基于年龄、收入和流动资产；没有支持性证据
苏勒雷斯（Souleles，2000）	大学教育支出；收入减少	美国消费者消费调查（1980—1993年）	7200个家庭观察点，孩子年龄介于16—24岁，其中1249个家庭承担着大学教育支出	非耐用品上的支出	季度	不能拒绝	因支付大学教育费用而导致的收入每下降1美元，反而会使非耐用品上的消费增加（不是减少）8美分	不适用
苏勒雷斯（Souleles，1999）	收入所得税退税；收入减少	美国消费者消费调查（1980—1991年）	4121个观察点，均系收到了收入所得税退税的家庭，户主年龄介于24—64岁之间	非耐用品上的支出，但是公共交通支出和汽车用油气支出除外	季度	拒绝	每收到1美元退税，严格非耐用品上的支出增加2.6美分，总消费增加18美分	基于流动资产；一些有利的支持证据
史蒂芬斯（Stephens，2008）	车辆购置贷款的最后一期付款；可支配收入增加	美国消费者消费调查（1984—2000年）	4583个汽车贷款即将还清的家庭观察点	非耐用品和总消费上的支出	季度	拒绝	税后收入增加10%，使得非耐用品上的消费增加2.8%	基于年龄、流动资产以及汽车贷款的到期期限；基于年龄和流动资产的证据是有利的，但基于先前的贷款的到期期限则不然

续　表

研究	实验	数据来源	样本	主要的因变量	数据频率	永久收入假说	实施时的定量反应	流动性约束
史蒂芬斯(Stephens,2006)	定期工资支票;收入增加及收入下降	英国家庭消费支出调查:2 周内所有支出的每日记录(1986—1998 年)	12827 个家庭。每个家庭都有一个被雇用的、每月都有收入的"经济支柱",其年龄介于 25 岁至 59 岁之间	总支出,严格非耐用品上的支出、在家中的食物支出,以及快速消费品上的支出	每周	拒绝	在家庭收到每月工资后的那一个星期里,快速消费增加 5%	基于资产收入;很强的有利证据
史蒂芬斯(Stephens,2003)	在"每月的第 3 天"收到社会保险金;收入增加及收入下降	美国消费者消费调查(1986—1996 年)	9942 个消费者单位,潜在的消费天数为 123034 天	在快速消费品、食物,以及非耐用品上的支出	每日	拒绝	那些至少有 70% 的收入源于社会保险金的家庭,在收到社会保险金支票后的那个星期里快速消费上的支出大约增加了 20%	未检验
史蒂芬斯和宇南(Stephens and Unayama,2011)	日本公共养老金支付频率的变化(1990 年 2 月);收入增加及收下减少	日本家庭收入与支出调查(1986—1994 年):支出和收入的每日记录数据	改革前的 2503 个退休和未退休家庭(养老金每三月支付一次);改革后的 3595 个家庭(养老金每两月支付一次)	非耐用品和耐用品上的支出	月度	拒绝	在收到养老金的那个月,非耐用品消费支出上升了 4%;严格非耐用品消费和食物消费都在收到的时上升了 2%	基于年龄、总净金融资产,以及活期存款;没有有利的支持性证据
威尔考克斯(Wilcox,1989)	社会保险金的变化;收入增加	零售和个人消费支出的总量数据(1965—1985 年)		零售总额,以及划分为耐用品、非耐用品以及所有商品的零售额	月度	拒绝	社会保险金每增加 10%,零售总额上升 1.4%,耐用品销售额提高 3%(主要是汽车)	未检验

流动性约束的放松

研究	实验	数据来源	样本	主要的因变量	数据频率	永久收入假说	实施时的定量反应	流动性约束
阿卜杜拉和拉斯特雷佩斯(Abdallah and Lastrapes,2012)	1998 年得克萨斯州关于房产贷款的宪法修正案允许非住房支出抵押贷款	县(1992 年,1997 年,2002 年)一级、州(1992—2002 年)一级的零售额数据;美国住房调查数据(1994 年和 2002 年):家庭一级的第二留置权房产权益数据	45 个州的县、3006 个县的全部数据	零售总额(县一级直接用销售额度量,州一级则用销售税收入与销售税率之比来度量)	年度(县一级仅有 1992 年、1997 年和 2002 年)	不适用	因为放松了贷款约束,得克萨斯州平均各县的实际人均支出上升了 2%—4%	不适用

研究	实验	数据来源	样本	主要的因变量	数据频率	永久收入假说	实施时的定量反应	流动性约束
伯特兰和莫尔斯（Bertrand and Morse, 2009）	2008 年经济刺激计划退税；收入增加	一个发薪日贷款链（2008 年 3 月至 9 月）的顾客	881 个活跃的发薪日贷款顾客	发薪日贷款接受率（take-up）	每周	不适用	在收到平均600 美元的退税后，发薪日贷款的顾客的平均借款额下降了46 美元；借款的频率也出现了显著下降	基于发薪日贷款的使用频率；没有有利的证据
格罗斯和托巴克曼（Gross and Tobacman, 2014）	2001 年联邦收入所得税退税和 2008 年经济刺激计划退税；收入增加	基于从公开的法院电子记录系统的资料编制的数据集	向美国 94 个法院中的81 个法院申请宣告破产的所有人（1998—2008 年）	根据第 7 章和第 13 章申请破产	每周	不适用	2001 年退税后，破产率上升了 2%；2008年退税后，破产率上升了6%；而且破产还从依据第 13 章转为依据第 7 章	基于收入、次级贷款者的比率，以及邮政编码区一级的自有住房率；没有有利的证据
莱特－彼得森（Leth-Peterson, 2010）	1992 年丹麦信贷市场改革，允许非住房支出抵押贷款	丹麦公共管理部门的登记：关于财富、收入、家庭构成，以及住所特征的数据（1987—1996 年）	63613 个1991 年时的年龄介于25－65 岁的家庭	估算支出（收入减去财富的变动幅度）	年度	不适用	受信贷约束的家庭，如果资产净值与住房价值之比为 0.5 或更高，其支出会在法律变更后的一年内增加 1%—3%	基于流动资产；一些有利的证据（如果净值与住房价值之比较高的话）
临时性的减价								
阿加瓦尔等人（Agarwal et al., 2013）	免销售税节（Sales Tax Holidays）	美国消费者消费调查日记数据（1997—2011 年）；来自一个大型金融机构的关于信用卡交易的专有数据（2003 年 2 月 8 日—10 月 20 日）	来自美国消费者消费调查记录的超过 700000 个家庭—日期观察点；来自信用卡数据的超过1000 万个消费者—日期观察点	在特定消费品类别上的支出（尤其是孩童衣物上的支出），信用卡交易	每日	拒绝	免销售税节使每日衣物支出增加了1.17 美元（即，家庭日常衣物支出上升了 29%）；免销售税节前/后在特定类别上的支出没有显著下降，免销售税节期间在其他类别上的支出也没有显著下降	未检验

续 表

研究	实验	数据来源	样本	主要的因变量	数据频率	永久收入假说	实施时的定量反应	流动性约束
米安和苏菲(Mian and Sufi,2012)	2009 年"汽车折价退款计划"(Car Allowance Rebate System),即,"旧车换现金"计划	车辆购置的数据,各都会统计区或都市统计区源于波尔克汽车调查公司的数据(2004—2010 年),已经利用来自人口调查、艾可飞预测服务公司(Equifax Predictive Services)、联邦住房金融局(Federal Housing Finance Agency)、美国劳工统计局和美国国税局的数据进行了增补	957 个大都会统计区或都市圈统计区	新车购置量	月度	不能拒绝	那些拥有许多符合条件的旧车的城市在计划执行的那几个月新车销售量显著提高,但是随后就出现了下滑,使得 12 个月内的总反应为 0	未检验

致谢

本章因达龙·阿西莫格鲁(Daron Acemoglu)、乔纳森·迪格尔(Jonathan Dingel)、尤里·格罗德尼琴科(Yuriy Gorodnichenko)、谢长泰(Chang-Tai Hsieh)、内森·纳恩(Nathan Nunn)、艾利亚斯·帕派约安努(Elias Papaioannou)、马蒂亚斯·申德勒恩(Matthias Schündeln)、罗勃·维希尼(Rob Vishny)、米尔科·维德霍尔特(Mirko Wiederholt),以及分别在斯坦福大学和德意志联邦银行举行的《宏观经济学手册》研讨会的与会者的意见和建议而增色不少,在此谨致谢意。同时感谢研究助理里昂哈德·车尔尼(Leonhard Czerny)、丹尼斯·哥利亚(Denis Gorea)和菲利普·许(Philip Xu)的出色工作。N. 富克斯-申德勒恩衷心感谢"精英集群"(Cluster of Excellence)计划下的"规范性秩序的形成"项目和欧洲研究委员会启动研究基金(第 262116 号)的资助。

参考文献

Aaronson, D., Agarwal, S., French, E., 2012. The spending and debt response to minimum wage hikes. Am. Econ. Rev. 102 (7), 3111—3139.

Abadie, A., Gardeazabal, J., 2003. The economic costs of conflict: a case study of the Basque country. Am. Econ. Rev. 93 (1), 113—132.

Abadie, A., Diamond, A., Hainmueller, J., 2010. Synthetic control methods for comparative case studies: estimating the effect of California's tobacco control program. J. Am. Stat. Assoc. 105 (490), 493—505.

Abdallah, C. S., Lastrapes, W. D., 2012. Home equity lending and retail spending: evidence from a natural experiment in Texas. Am. Econ. J. Macroecon. 4 (4), 94—125.

Acconcia, A., Corsetti, G., Simonelli, S., 2014. Mafia and public spending: evidence on the fiscal multiplier from a Quasi-experiment. Am. Econ. Rev. 104 (7), 2185—2209.

Acemoglu, D., 2009. Introduction to Modern Economic Growth. Princeton University Press, Princeton, NJ.

Acemoglu, D., Robinson, J. A., 2005. Economic Origins of Dictatorship and Democracy. Cambridge University Press, Cambridge, United Kingdom.

Acemoglu, D., Hassan, T. A., Tahoun, A., 2015. The Power of the Street: Evidence from Egypt's Arab Spring. Fama-Miller Working Paper.

Acemoglu, D., Johnson, S., Robinson, J. A., 2001. The colonial origins of comparative development: an empirical investigation. Am. Econ. Rev. 91, 1369—1401.

Acemoglu, D., Johnson, S., Robinson, J. A., 2002. Reversal of fortune: geography and institutions in the making of the modern world income distribution. Q. J. Econ. 117, 1231—1294.

Acemoglu, D., Johnson, S., Robinson, J., Thaicharoen, Y., 2003. Institutional causes, macroeconomic symptoms: volatility, crises and growth. J. Monet. Econ. 50 (1), 49—123.

Acemoglu, D., Johnson, S., Robinson, J. A., 2005a. The rise of Europe: Atlantic trade, institutional change and economic growth. Am. Econ. Rev. 95, 546—579.

Acemoglu, D., Johnson, S., Robinson, J. A., Yared, P., 2005b. From education to democracy. Am. Econ. Rev. Pap. Proc. 95 (2), 44—49.

Acemoglu, D., Cantoni, D., Johnson, S., Robinson, J. A., 2011a. The consequences of radical reform: the French revolution. Am. Econ. Rev. 101 (7), 3286—3307.

Acemoglu, D., Hassan, T. A., Robinson, J. A., 2011b. Social structure and development: a legacy of the holocaust in Russia. Q. J. Econ. 126 (2), 895—946.

Acemoglu, D., Johnson, S., Robinson, J. A., 2012. The colonial origins of comparative development: an empirical investigation: reply. Am. Econ. Rev. 102 (6), 3077—3110.

Acemoglu, D., Gallego, F. A., Robinson, J. A., 2014a. Institutions, human capital, and development. Ann. Rev. Econ. 6, 875—912.

Acemoglu, D., Naidu, S., Restrepo, P., Robinson, J. A., 2014b. Democracy does cause growth. NBER Working Paper No. 20004.

Agarwal, S., Qian, W., 2014a. Access to home equity and consumption: evidence from a policy experiment. Working Paper.

Agarwal, S., Qian, W., 2014b. Consumption and debt response to unanticipated income shocks: evidence from a natural experiment in Singapore. Am. Econ. Rev. 104 (12), 4205—4230.

Agarwal, S., Liu, C., Souleles, N. S., 2007. The reaction of consumer spending and debt to tax rebates-evidence from consumer credit data. J. Polit. Econ. 115 (6), 986—1019.

Agarwal, S., Marwell, N., McGranahan, L., 2013. Consumption responses to temporary tax incentives: evidence from state sales holidays. Working Paper.

Aghion, P., Algan, Y., Cahuc, P., Shleifer, A., 2010. Regulation and distrust. Q. J.

Econ. 125 (3), 1015—1049.

Ahlfeldt, G. M., Redding, S. J., Sturm, D. M., Wolf, N., 2015. The economics of density: evidence from the Berlin wall. Econometrica. 83 (6), 2127—2189.

Akerlof, G., Yellen, J., 1985. A near-rational model of the business cycle with wage and price inertia. Q. J. Econ. 823—838.

Albouy, D. Y., 2012. The colonial origins of comparative development: an empirical investigation: comment. Am. Econ. Rev. 102 (6), 3059—3076.

Alesina, A., Fuchs-Schündeln, N., 2007. Good bye Lenin (or not?): the effect of communism on people. Am. Econ. Rev. 97 (4), 1507—1528.

Alesina, A., Giuliano, P., 2015. Culture and institutions. J. Econ. Lit. 53 (4), 898—944.

Algan, Y., Cahuc, P., 2010. Inherited trust and growth. Am. Econ. Rev. 100 (5), 2060—2092.

Algan, Y., Cahuc, P., 2013. Trust and growth. Ann. Rev. Econ. 5 (1), 521—549. http://dx. doi. org/10. 1146/ annurev-economics—081412—102108.

Altonji, J. G., Elder, T. E., Taber, C. R., 2005. Selection on observed and unobserved variables: assessing the effectiveness of catholic schools. J. Polit. Econ. 113 (1), 151—184.

Anderson, C. J., 2003. The psychology of doing nothing: forms of decision avoidance result from reason and emotion. Psychol. Bull. 129, 139—167.

Arrow, K. J., 1972. Gifts and exchanges. Phil. Publ. Aff. 1 (4), 343—362. http://www. jstor. org/stable/ 2265097.

Auerbach, A. J., Gorodnichenko, Y., 2012. Measuring the output responses to fiscal policy. Am. Econ. J. Econ. Pol. 4 (2), 1—27.

Baker, S. R., Bloom, N., 2013. Does uncertainty reduce growth? Using disasters as natural experiments. NBER Working Paper No. 19475.

Banerjee, A., Chandrasekhar, A. G., Duflo, E., Jackson, M. O., 2013. The diffusion of microfinance. Science 341 (6144), 363.

Banerjee, A., Iyer, L., 2005. History, institutions and economic performance: the legacy of colonial land tenure systems in India. Am. Econ. Rev. 95 (4), 1190—1213.

Banfield, E. C., 1967. The Moral Basis of a Backward Society. Free Press, Glencoe, IL.

Barro, R. J., 1981. Output effects of government purchases. J. Polit. Econ. 89 (6), 1086—1121.

Barro, R. J., 1999. Determinants of democracy. J. Polit. Econ. 107 (S6), S158—S183.

Barro, R. J., Redlick, C. J., 2011. Macroeconomic effects from government purchases and taxes. Q. J. Econ. 126 (1), 51—102.

Beaman, L. A., 2012. Social networks and the dynamics of labor market outcomes: evidence from refugees resettled in the U. S. Rev. Econ. Stud. 79 (1), 128—161.

Becker, S. O., Egger, P. H., von Ehrlich, M., 2010. Going NUTS: the effect of EU structural funds on regional performance. J. Publ. Econ. 94（9—10）, 578—590.

Becker, S. O., Egger, P. H., von Ehrlich, M., 2013. Absorptive capacity and the growth and investment effects of regional transfers: a regression discontinuity design with heterogeneous treatment effects. Am. Econ. J. Econ. Pol. 5（4）, 29—77.

Becker, S. O., Boeckh, K., Hainz, C., Woessmann, L., 2015. The empire is dead, long live the empire! Long-run persistence of trust and corruption in the bureaucracy. Econ. J. 126（590）, 40—74.

Bellows, J., Miguel, E., 2009. War and local collective action in Sierra Leone. J. Publ. Econ. 93（11—12）, 1144—1157. ISSN 0047—2727 http://dx. doi. org/10. 1016/j. jpubeco. 2009. 07. 012. http://www. sciencedirect. com/science/article/pii/S0047272709000942.

Bertrand, M., Morse, A., 2009. What do high-interest borrowers do with their tax rebate? Am. Econ. Rev. 99（2）, 418—423.

Bertrand, M., Luttmer, E. F. P., Mullainathan, S., 2000. Network effects and welfare cultures. Q. J. Econ. 115（3）, 1019—1055.

Blanchard, O., Perotti, R., 2002. An empirical characterization of the dynamic effects of changes in government spending and taxes on output. Q. J. Econ. 117（4）, 1329—1368.

Bleakely, H., Lin, J., 2012. Portage and path dependence. Q. J. Econ. 127, 587—644.

Bloom, N., 2009. The impact of uncertainty shocks. Econometrica 77（3）, 623—685.

Bodkin, R., 1959. Windfall income and consumption. Am. Econ. Rev. 49（4）, 602—614.

Broda, C., Parker, J. A., 2014. The economic stimulus payments of 2008 and the aggregate demand for consumption. J. Monet. Econ. 68（S）, 20—36.

Browning, M., Collado, M. D., 2001. The response of expenditures to anticipated income changes: panel data estimates. Am. Econ. Rev. 91（3）, 681—692.

Brückner, M., Tuladhar, A., 2014. Local government spending multipliers and financial distress: evidence from Japanese prefectures. Econ. J. 124（581）, 1279—1316.

Brückner, M., Ciccone, A., 2011. Rain and the democratic window of opportunity. Econometrica 79（3）, 923—947.

Brückner, M., Gradstein, M., 2013. Effects of transitory shocks to aggregate output on consumption in poor countries. J. Int. Econ. 91, 343—357.

Brückner, M., Ciccone, A., Tesei, A., 2012. Oil price shocks, income, and democracy. Rev. Econ. Stat. 94（2）, 389—393.

Burchardi, K. B., Hassan, T. A., 2013. The economic impact of social ties: evidence from German reunification. Q. J. Econ. 128（3）, 1219—1271.

Burchardi, K. B., Chaney, T., Hassan, T. A., 2015. Migrants, trade, and investments. Working Paper.

Burke, P. J., Leigh, A., 2010. Do output contractions trigger democratic change? Am. Econ. J. Macroecon. 2（4）, 124—157. http://dx. doi. org/10. 1257/mac. 2. 4. 124.

Bursztyn, L., Cantoni, D., 2016. A tear in the iron curtain: the impact of western television on consumption behavior. Rev. Econ. Stat. 98（1），25—41.

Burt，R. S.，1992. Structural Holes：The Social Structure of Competition. Harvard University Press，Cambridge，MA.

Carroll，C. D.，Summers，L. H.，1991. Consumption growth parallels income growth：some new evidence. In：Bernheim，B. D.，Shoven，J. B.（Eds.），National Saving and Economic Performance. University of Chicago Press，Chicago，IL，pp. 305—348.

Caselli，F.，Tesei，A.，2011. Resource windfalls，political regimes，and political stability. Rev. Econ. Stat. http：//dx. doi. org/10. 3386/w17601.

Chaney，E.，2013. Revolt on the Nile：economic shocks，religion and political power. Econometrica 81（5），2033—2053.

Chaney，T.，2014. Networks in international trade. In：Bramoulle，Y.，Galleoti，A.，Rogers，B.（Eds.），Oxford Handbook of the Economics of Networks. Oxford University Press，Oxford，United Kingdom，pp. 754—775.

Chetty，R.，2012. Bounds on elasticities with optimization frictions：a synthesis of micro and macro evidence on labor supply. Econometrica 80（3），969—1018.

Chodorow-Reich，G.，Feiveson，L.，Liscow，Z.，Woolston，W. G.，2012. Does state fiscal relief during recessions increase employment？Evidence from the American recovery and reinvestment act. Am. Econ. J. Econ. Pol. 4（3），118—145.

Clemens，J.，Miran，S.，2012. Fiscal policy multipliers on subnational government spending. Am. Econ. J. Econ. Pol. 4（2），46—68.

Cochrane，J.，1989. The sensitivity of tests of the intertemporal allocation of consumption to near-rational alternatives. Am. Econ. Rev. 79（3），319—337.

Cohen，L.，Frazzini，A.，Malloy，C.，2008. The small world of investing：board connections and mutual fund returns. J. Polit. Econ. 116（5），951—979.

Cohen，L.，Coval，J.，Malloy，C.，2011. Do powerful politicians cause corporate downsizing？J. Polit. Econ. 119（6），1015—1060.

Cohen，L.，Gurun，U.，Malloy，C.，2014. Resident networks and firm trade. Working Paper，October 2014.

Coleman，J. S.，1988. Social capital in the creation of human capital. Am. J. Sociol. 94，95—120.

Combes，P. P.，Lafourcade，M.，Mayer，T.，2005. The trade-creating effects of business and social networks：evidence from France. J. Int. Econ. 66，1—29.

Conley，T. G.，Udry，C. R.，2010. Learning about a new technology：pineapple in Ghana. Am. Econ. Rev. 100（1），35—69.

Corbi，R.，Papaioannou，E.，Surico，P.，2014. Federal transfer multipliers. Quasi-experimental evidence from Brazil. NBER Working Paper No. 20751.

Coulibaly，B.，Li，G.，2006. Do homeowners increase consumption after the last mortgage payment？An alternative test of the permanent income hypothesis. Rev. Econ. Stat. 88（1），10—

19.

Davis, D. R. , Weinstein, D. E. , 2002. Bones, bombs, and breakpoints: the geography of economic activity. Am. Econ. Rev. 92 (5), 1269—1289.

Davis, D. R. , Weinstein, D. E. , 2008. A search for multiple equilibria in urban industrial structure. J. Reg. Sci. 48 (1), 29—65.

DeFusco, A. A. , 2014. Homeowner Borrowing and Housing Collateral: New Evidence from Expiring Price Controls. Mimeo, University of Pennsylvania.

Dell, M. , 2010. The persistent effects of Peru's mining mita. Econometrica 78 (6), 1863—1903.

Dippel, C. , 2014. Forced coexistence and economic development: evidence from native American reservations. Econometrica 82 (6), 2131—2165.

Duffy, J. , 2008. Macroeconomics: a survey of laboratory research. In: Kagel, J. , Roth, A. E. (Eds.), Handbook of Experimental Economics, vol. 2. Princeton University Press, Princeton, NJ.

Durante, R. , 2010. Risk, Cooperation and the Economic Origins of Social Trust: An Empirical Investigation. Mimeo, Science Po.

Easterly, W. , Levine, R. , 2003. Tropics, germs and crops: how endowments influence economic development. J. Monet. Econ. 50, 3—39.

Easterly, W. , Levine, R. , 2012. The European origins of economic development. NBER Working Paper No. 18162.

Edelberg, W. , Eichenbaum, M. , Fisher, J. D. M. , 1999. Understanding the effects of a shock to government purchases. Rev. Econ. Dyn. 2 (1), 166—206.

Evans, W. N. , Moore, T. J. , 2011. The short-term mortality consequences of income receipt. J. Publ. Econ. 95 (11), 1410—1424.

Feyrer, J. D. , Sacerdote, B. , 2012. Did the Stimulus Stimulate? Effects of the American Recovery and Reinvestment Act. Mimeo, Dartmouth University.

Fishback, P. , Cullen, J. A. , 2013. Second world war spending and local economic activity in US counties, 1939—58. Econ. Hist. Rev. 66 (4), 975—992. http://EconPapers. repec. org/ RePEc:bla:ehsrev:v:66: y:2013:i:4:p:975—992.

Fishback, P. V. , Kachanovskaya, V. , 2015. In Search of the multiplier for federal spending in the states during the great depression. J. Econ. Hist. 75 (1), 125—162.

Fisman, R. , 2001. Estimating the value of political connections. Am. Econ. Rev. 91 (4), 1095—1102.

Franck, R. , 2015. The political consequences of income shocks: eplaining the consolidation of democracy in France. Rev. Econ. Stat. 98 (1), 57—82.

Friedman, M. , 1957. A Theory of the Consumption Function. Princeton University Press, Princeton, NJ.

Fuchs-Schündeln, N. , 2008. The response of household saving to the large shock of German reunification. Am. Econ. Rev. 98 (5), 1798—1828.

Fuchs-Schündeln, N., Schündeln, M., 2005. Precautionary savings and self-selection: evidence from the German reunification "experiment" Q. J. Econ. 120, 1085—1120.

Fuchs-Schündeln, N., Schündeln, M., 2015. On the endogeneity of political preferences: evidence from individual experience with democracy. Science 347 (6226), 1145—1148.

Garmendia, A., Llano, C., Minondo, A., Requena, F., 2012. Networks and the disappearance of the intranational home bias. Econ. Lett. 116, 178—182.

Gebhardt, G., 2013. Does relationship specific investment depend on asset ownership? Evidence from a natural experiment in the housing market. J. Eur. Econ. Assoc. 11 (1), 201—227.

Gelman, M., Kariv, S., Shapiro, M. D., Silverman, D., Tadelis, S., 2014. Harnessing naturally occurring data to measure the response of spending to income. Science 345 (6193), 212—215.

Glaeser, E. L., Laibson, D., Sacerdote, B., 2002. An economic approach to social capital. Econ. J. 112 (483), F437—F458.

Glaeser, E. L., La Porta, R., Lopez-De-Silanes, F., Shleifer, A., 2004. Do institutions cause growth? J. Econ. Growth 9, 271—303.

Glaeser, E. L., Ponzetto, G., Shleifer, A., 2007. Why does democracy need education? J. Econ. Growth 12 (2), 77—99.

Gorodnichenko, Y., Roland, G., 2010. Culture, institutions and the wealth of nation. NBER Working Paper No. 16368.

Gould, D. M., 1994. Immigrant links to the home country: empirical implications for U. S. bilateral trade flows. Rev. Econ. Stat. 76 (2), 302—316.

Granovetter, M., 1985. Economic action and social structure: the problem of embeddedness. Am. J. Sociol. 91 (3), 481—510.

Granovetter, M., 2005. The impact of social structure on economic outcomes. J. Econ. Perspect. 19 (1), 33—50.

Greif, A., 1993. Contract enforceability and economic institutions in early trade: the Maghribi traders' coalition. Am. Econ. Rev. 83 (3), 525—548. ISSN 00028282. http://www. jstor. org/stable/2117532.

Gross, T., Tobacman, J., 2014. Dangerous liquidity and the demand for health care: evidence from the 2008 stimulus payments. J. Hum. Resour. 49 (2), 424—445.

Gross, T., Notowidigdo, M. J., Wang, J., 2014. Liquidity constraints and consumer bankruptcy: evidence from tax rebates. Rev. Econ. Stat. 96 (3), 431—443.

Guiso, L., Sapienza, P., Zingales, L., 2004. The role of social capital in financial development. Am. Econ. Rev. 94 (3), 526—556.

Guiso, L., Sapienza, P., Zingales, L., 2006. Does culture affect economic outcomes? J. Econ. Perspect. 20 (2), 23—48. http://dx. doi. org/10. 1257/jep. 20. 2. 23.

Guiso, L., Sapienza, P., Zingales, L., 2008a. Long-term persistence. NBER Working Paper No. 14278.

Guiso, L., Sapienza, P., Zingales, L., 2008b. Social capital as good culture. J. Eur. Econ. Assoc. 6 (2—3), 295—320.

Guiso, L., Sapienza, P., Zingales, L., 2012. Civic capital as the missing link. In: Benhabib, J., Bisin, A., Jackson, M.O. (Eds.), The Handbook of Social Economics. Elsevier, Amsterdam, Netherlands, pp. 417—480.

Hall, R.E., 1986. The role of consumption in economic fluctuations. In: Gordon, R.J. (Ed.), The American Business Cycle: Continuity and Change. University of Chicago Press, Chicago, IL, pp. 237—266.

Hall, R.E., 2009. By how much does GDP rise if the government buys more output? Brook. Pap. Econ. Act. 40 (2), 183—249.

Hall, R.E., Jones, C.I., 1999. Why do some countries produce so much more output per worker than others? Q. J. Econ. 114 (1), 83—116.

Hassan, T., Mertens, T., 2014. The social cost of near-rational investment. NBER Working Paper No. 17027.

Hausman, J.K., 2015. Fiscal policy and economic recovery: the case of the 1936 veterans' bonus. Am. Econ. Rev. 106 (4), 1100—1143.

Hochberg, Y., Ljungqvist, A., Lu, Y., 2007. Whom you know matters: venture capital networks and investment performance. J. Financ. 62, 251—301.

Hornbeck, R., Naidu, S., 2014. When the levee breaks: black migration and economic development in the American south. Am. Econ. Rev. 104 (3), 963—990. http://dx.doi.org/10.1257/aer.104.3.963.

Hsieh, C.T., 2003. Do consumers react to anticipated income changes? Evidence from the Alaska permanent fund. Am. Econ. Rev. 93 (1), 397—405.

Huntington, S.P., 1991. Democracy's third wave. J. Democr. 2 (2), 12—34.

Imbens, G.W., Rubin, D.B., Sacerdote, B.I., 2001. Estimating the effect of unearned income on labor earnings, savings, and consumption: evidence from a survey of lottery players. Am. Econ. Rev. 91 (4), 778—794.

Iyer, L., 2010. Direct versus indirect colonial rule in India: long-term consequences. Rev. Econ. Stat. 92 (4), 693—713.

Jancec, M., 2012. Do Less Stable Borders Lead to Lower Levels of Political Trust? Empirical Evidence from Eastern Europe. Mimeo, University of Maryland at College Park.

Jappelli, T., Pistaferri, L., 2010. The consumption response to income changes. Ann. Rev. Econ. 2, 479—506.

Johnson, D.S., Parker, J.A., Souleles, N.S., 2006. Household expenditure and the income tax rebates of 2001. Am. Econ. Rev. 96 (5), 1589—1610.

Jones, E., 2003. The European Miracle: Environments, Economies and Geopolitics in the

History of Europe and Asia. Cambridge University Press, Cambridge, United Kingdom.

Juhasz, R., 2014. Temporary protection and technology adoption: evidence from the napoleonic blockade. Job Market Paper.

Kaplan, G., Violante, G. I., 2014a. A model of the consumption response to fiscal stimulus payments. Econometrica 82 (4), 1199—1239.

Kaplan, G., Violante, G. I., 2014b. A tale of two stimulus payments: 2001 vs. 2008. Am. Econ. Rev. 104 (5), 116—121.

Kline, P., Moretti, E., 2014. Local economic development, agglomeration economies, and the big push: 100 years of evidence from the Tennessee valley authority. Q. J. Econ. 129 (1), 275—331.

Knack, S., Keefer, P., 1997. Does social capital have an economic payoff? A cross-country investigation. Q. J. Econ. 112 (4), 1251—1288.

Kraay, A., 2012. How large is the government spending multiplier? Evidence from world bank lending. Q. J. Econ. 127 (2), 829—887.

Kraay, A., 2014. Government spending multipliers in developing countries: evidence from lending by official creditors. Am. Econ. J. Macroecon. 6 (4), 170—208.

Kreinin, M. E., 1961. Windfall income and consumption: additional evidence. Am. Econ. Rev. 51 (3), 388—390.

Krugman, P., 1991. Increasing returns and economic geography. J. Polit. Econ. 99 (3), 483—499.

Kueng, L., 2015. Explaining consumption excess sensitivity with near-rationality: evidence from large predetermined payments. NBER Working Paper No. 21772.

Kuhn, P., Kooreman, P., Soetevent, A., Kapteyn, A., 2011. The effects of lottery prizes on winners and their neighbors: evidence from the Dutch postcode lottery. Am. Econ. Rev. 101 (5), 2226—2247.

Kuhnen, C. M., 2009. Business networks, corporate governance, and contracting in the mutual fund industry. J. Financ. 64 (5), 2185—2220.

La Porta, R., Lopez-de-Silanes, F., Shleifer, A., Vishny, R., 1997. Legal determinants of external finance. J. Financ 52, 1131—1150.

La Porta, R., Lopez-de-Silanes, F., Shleifer, A., Vishny, R., 1998. Law and finance. J. Polit. Econ. 106, 1113—1155.

La Porta, R., Lopez-de-Silanes, F., Shleifer, A., 2008. The economic consequences of legal origins. J. Econ. Lit. 46 (2), 285—332.

Landsberger, M., 1966. Windfall income and consumption: comment. Am. Econ. Rev. 56 (3), 534—540.

Leth-Petersen, S., 2010. Intertemporal consumption and credit constraints: does total expenditure respond to an exogenous shock to credit? Am. Econ. Rev. 100 (3), 1080—1103.

Lipset, S. M., 1959. Some social requisites of democracy: economic development and political legitimacy. Am. Polit. Sci. Rev. 53 (01), 69—105.

Loury, G. C., 1977. Women, minorities and employment discrimination. In: Wallace, P. A., LaMond, A. (Eds.), A Dynamic Theory of Racial Income Differences. Lexington Books, Lanham, MD, pp. 153—188.

Ludvigson, S. C., Michaelides, A., 2001. Does buffer-stock saving explain the smoothness and excess sensitivity of consumption? Am. Econ. Rev. 91 (3), 631—647.

Madestam, A., Shoag, D., Veuger, S., Yanagizawa-Drott, D., 2013. Do political protests matter? Evidence from the tea party movement. Q. J. Econ. 128 (4), 1633—1685.

Mankiw, N. G., 1985. Small menu costs and large business cycles: a macroeconomic model of monopoly. Q. J. Econ. 100 (2), 529—537. ISSN 00335533. http://www.jstor.org/stable/1885395.

Manski, C. F., 1993. Identification of endogenous social effects: the reflection problem. Rev. Econ. Stud. 60, 531—542.

Mastrobuoni, G., Weinberg, M., 2009. Heterogeneity in intra-monthly consumption patterns, self-control, and savings at retirement. Am. Econ. J. Econ. Pol. 1 (2), 163—189.

Mauro, P., 1995. Corruption and growth. Q. J. Econ. 110 (3), 681—712.

Mian, A., Sufi, A., 2012. The effects of fiscal stimulus: evidence from the 2009 cash for Clunkers Program. Q. J. Econ. 127 (3), 1107—1142.

Michalopoulos, S., Papaioannou, E., 2011. The long-run effects of the scramble for Africa. NBER Working Paper No. 17620.

Michalopoulos, S., Papaioannou, E., 2014. National institutions and subnational development in Africa. Q. J. Econ. 129 (1), 151—213.

Miguel, E., Roland, G., 2011. The long run impact of bombing Vietnam. J. Dev. Econ. 96 (1), 1—15.

Miguel, E., Satyanath, S., Sergenti, E., 2004. Economic shocks and civil conflict: an instrumental variables approach. J. Polit. Econ. 112 (4), 725—753. ISSN 00223808. http://www.jstor.org/stable/10.1086/421174.

Misra, K., Surico, P., 2014. Consumption, income changes, and heterogeneity: evidence from two fiscal stimulus programs. Am. Econ. J. Macroecon. 6 (4), 84—106.

Mountford, A., Uhlig, H., 2009. What are the effects of fiscal policy shocks? J. Appl. Econ. 24 (6), 960—992.

Munshi, K., 2003. Networks in the modern economy: Mexican migrants in the U. S. labor market. Q. J. Econ. 118 (2), 549—599. ISSN 00335533. http://www.jstor.org/stable/25053914.

Murphy, K. M., Shleifer, A., Vishny, R. W., 1989. Industrialization and the big push. J. Polit. Econ. 97, 1003—1026. Reprinted in Dilip Mookherjee and Debraj Ray eds., Readings in Theory of Economic Development, Blackwell Publishing, 2001.

Nakamura, E., Steinsson, J., 2014. Fiscal stimulus in a monetary union: evidence from US regions. Am. Econ. Rev. 104 (3), 753—792.

North, D. C., 1981. Structure and Change in Economic History. W. W. Norton & Company, New York, NY.

North, D. C., Thomas, R. P., 1973. The Rise of the Western World: A New Economic History. Cambridge University Press, Cambridge, United Kingdom.

Nunn, N., 2013. Historical development. Handb. Econ. Growth 2, 347.

Nunn, N., Wantchekon, L., 2011. The slave trade and the origins of mistrust in Africa. Am. Econ. Rev. 101 (7), 3221—3252.

Olsson, O., 2004. Unbundling Ex-Colonies: A Comment on Acemoglu, Johnson, and Robinson, 2001. Mimeo, Goteborg University.

Ostrom, E., 1990. Governing the Commons: The Evolution of Institutions for Collective Action. Cambridge University Press, Cambridge, United Kingdom.

Owyang, M. T., Ramey, V. A., Zubairy, S., 2013. Are government spending multipliers greater during periods of Slack? Evidence from twentieth-century historical data. Am. Econ. Rev. 103 (3), 129—134.

Parker, J. A., 1999. The reaction of household consumption to predictable changes in social security taxes. Am. Econ. Rev. 89 (4), 959—973.

Parker, J. A., 2014. Why don't households smooth consumption? Evidence from a 25 million dollar experiment. Mimeo.

Parker, J. A., Souleles, N. S., Johnson, D. S., McClelland, R., 2013. Consumer spending and the economic stimulus payments of 2008. Am. Econ. Rev. 103 (6), 2530—2553.

Parsons, C., Vezina, P. L., 2014. Migrant networks and trade: the vietnamese boat people as a natural experiment. University of Oxford.

Paxson, C. H., 1993. Consumption and income seasonality in Thailand. J. Polit. Econ. 101 (1), 39—72.

Persson, T., Tabellini, G., 2009. Democratic capital: the nexus of political and economic change. Am. Econ. J. Macroecon. 1 (2), 88—126. http://dx.doi.org/10.1257/mac.1.2.88.

Pinkovskiy, M. L., 2013. Economic Discontinuities at Borders: Evidence from Satellite Data on Lights at Night. Mimeo, Feseral Reserve Bank of New York.

Portes, R., Rey, H., 2005. The determinants of cross-border equity flows. J. Int. Econ. 65 (2), 269—296.

Putnam, R. D., 2000. Bowling Alone: The Collapse and Revival of American Community. Simon and Schuster, New York, NY.

Putnam, R., Leonardi, R., Nanetti, R., 1993. Making Democracy Work. Simon & Schuster, New York, NY.

Ramey, V. A., 2011. Identifying government spending shocks: it's all in the Timing. Q. J. Econ. 126 (1), 1—50.

Ramey, V. A., Shapiro, M. D., 1998. Costly capital reallocation and the effects of government spending. Carn.-Roch. Conf. Ser. Public Policy 48 (1), 145—194.

Rauch, J. E. , Trindade, V. , 2002. Ethnic Chinese networks in international trade. Rev. Econ. Stat. 84 (1), 116—130.

Redding, S. J. , Sturm, D. M. , 2008. The costs of remoteness: evidence from German division and reunification. Am. Econ. Rev. 98 (5), 1766—1797.

Redding, S. J. , Sturm, D. , Wolf, N. , 2011. History and industrial location: evidence from German airports. Rev. Econ. Stat. 93 (3), 814—831.

Reis, R. , 2006. Inattentive consumers. J. Monet. Econ. 53 (8), 1761—1800.

Rice, T. W. , Feldman, J. L. , 1997. Civic Culture and democracy from Europe to America. J. Polit. 59 (4), 1143—1172. http://www.jstor.org/stable/2998596.

Roberts, B. E. , 1990. A dead senator tells no lies: seniority and the distribution of federal benefits. Am. J. Polit. Sci. 34 (1), 31—58.

Rodrik, D. , Subramanian, A. , Trebbi, F. , 2004. Institutions rule: the primacy of institutions over geography and integration in economic development. J. Econ. Growth 9 (2), 131—165.

Romer, C. D. , Romer, D. H. , 2010. The macroeconomic effects of tax changes: estimates based on a new measure of fiscal shocks. Am. Econ. Rev. 100 (3), 763—801.

Rosenbaum, P. R. , Rubin, D. B. , 1983. The central role of the propensity score in observational studies for causal effects. Biometrika 70 (1), 41—55.

Sacerdote, B. , 2001. Peer effects with random assignment: results for Dartmouth roommates. Q. J. Econ. 116 (2), 681—704.

Sahm, C. R. , Shapiro, M. D. , Slemrod, J. , 2010. Household response to the 2008 tax rebate: survey evidence and aggregate implications. In: Brown, J. R. (Ed.), Tax Policy and the Economy, vol. 24. The University of Chicago Press, Chicago, IL, pp. 69—110.

Sahm, C. R. , Shapiro, M. D. , Slemrod, J. , 2012. Check in the mail or more in the paycheck: does the effectiveness of fiscal stimulus depend on how it is delivered? Am. Econ. J. Econ. Pol. 4 (3), 216—250.

Saxenian, A. L. , 1999. Silicon Valley's New Immigrant Entrepreneurs. Public Policy Institute of California, San Francisco, CA.

Scholnick, B. , 2013. Consumption smoothing after the final mortgage payment: testing the magnitude hypothesis. Rev. Econ. Stat. 95 (4), 1444—1449.

Serrato, J. C. S. , Wingender, P. , 2014. Estimating Local Fiscal Multipliers. Mimeo, Duke University.

Shapiro, J. M. , 2005. Is there a daily discount rate? Evidence from the food stamp nutrition cycle. J. Publ. Econ. 89 (2—3), 303—325.

Shapiro, M. D. , Slemrod, J. , 2003. Consumer response to tax rebates. Am. Econ. Rev. 93 (1), 381—396.

Shea, J. , 1995. Union contracts and the life-cycle/permanent-income hypothesis. Am. Econ. Rev. 85 (1), 186—200.

Shoag, D., 2013. Using state pension shocks to estimate fiscal multipliers since the great recession. Am. Econ. Rev. 103 (3), 121—124.

Shoag, D., 2015. The Impact of Government Spending Shocks: Evidence on the Multiplier from State Pension Plan Returns. Mimeo, Harvard University.

Shue, K., 2013. Executive networks and firm policies: evidence from the random assignment of MBA peers. Rev. Financ. Stud. 26 (6), 1401—1442.

Solow, R. M., 1956. A contribution to the theory of economic growth. Q. J. Econ. 70 (1), 65—94.

Souleles, N. S., 1999. The response of household consumption to income tax refunds. Am. Econ. Rev. 89 (4), 947—958.

Souleles, N. S., 2000. College tuition and household savings and consumption. J. Publ. Econ. 77 (2), 185—207.

Souleles, N. S., 2002. Consumer response to the Reagan tax cuts. J. Publ. Econ. 85 (1), 99—120.

Stephens, M., 2003. "3rd of tha Month": do social security recipients smooth consumption between checks? Am. Econ. Rev. 93 (1), 406—422.

Stephens, M., 2006. Paycheque receipt and the timing of consumption. Econ. J. 116 (513), 680—701.

Stephens, M., 2008. The consumption response to predictable changes in discretionary income: evidence from the repayment of vehicle loans. Rev. Econ. Stat. 90 (2), 241—252.

Stephens, M., Unayama, T., 2011. The consumption response to seasonal income: evidence from Japanese public pension benefits. Am. Econ. J. Appl. Econ. 3 (4), 86—118.

Stiglitz, J. E., 1990. Peer monitoring and credit markets. World Bank Econ. Rev. 4 (3), 351—366. http://dx. doi. org/10. 1093/wber/4. 3. 351.

Swan, T. W., 1956. Economic growth and capital accumulation. Econ. Rec. 32 (2), 334—361.

Tabellini, G., 2010. Culture and institutions: economic development in the regions of Europe. J. Eur. Econ. Assoc. 8 (4), 677—716.

Trezzi, R., Porcelli, F., 2014. Reconstruction multipliers. Board of Governors of the Federal Reserve System (U. S.) No. 2014—79. Finance and Economics Discussion Series.

Wilcox, D. W., 1989. Social security benefits, consumption expenditure, and the life cycle hypothesis. J. Polit. Econ. 97 (2), 288—304.

Wilson, D. J., 2012. Fiscal spending jobs multipliers: evidence from the 2009 American recovery and reinvestment act. Am. Econ. J. Econ. Pol. 4 (3), 251—282.

第十三章　商业周期的核算

P. 布林卡(P. Brinca) [*,¶] **, V. V. 沙里(V. V. Chari)** [†,‡] **,**

P. J. 科赫(P. J. Kehoe) [†,‡,§] **, E. 麦克格拉腾(E. McGrattan)** [†,‡]

[*]:诺瓦商业与经济学院(Nova School of Business and Economics),葡萄牙,里斯本;

[†]:明尼苏达大学,美国,明尼苏达州,明尼阿波利斯;

[‡]:明尼阿波利斯联邦储备银行,美国,明尼苏达州,明尼阿波利斯;

[§]:伦敦大学学院,英国,伦敦;

[¶]:波尔图大学经济金融中心,葡萄牙,波尔图

目　录

本章摘要:我们将详细介绍沙里等人(Chari et al.,2006)发展起来的商业周期核算方法,同时厘清对这种方法的一些误解,然后利用它对经济和合作发展组织中各国的大衰退以及 20 世纪 80 年代发生在这些国家的衰退进行了比较。我们的发现主要有四个。第一,除了美国、西班牙、爱尔兰和冰岛这几个显著的例外之外,大衰退的发生主要是效率楔所致。第二,在大衰退中,劳动楔(labor wedge)只在美国起到了主导作用,投资楔(investment wedge)则在西班牙、爱尔兰和冰岛起了主导作用。第三,在 20 世纪 80 年代的衰退期间,劳动楔只在法国、英国和比利时发挥了主导作用。第四,总的来说,在大衰退期间,效率楔发挥了更加重要的作用,而投资楔在大衰退中所发挥的作用与它在 20 世纪 80 年代的经济衰退中所发挥的作用相比则显得不那么重要。

关键词：大衰退，劳动楔，效率楔，投资楔，方差分解
JEL 分类代码：E3，E32，F44

在本章中，我们将详细介绍沙里等人（Chari et al. , 2006）提出的商业周期核算方法（business cycle accounting method），并厘清对这种方法的一些误解；然后，我们应用这种方法比较了经济合作与发展组织各成员国的大衰退（the Great Recession），以及这场经济衰退与20 世纪 80 年代发生在这些国家的另一场经济衰退的异同。商业周期核算方法的目的是，帮助研究者决定在什么地方将摩擦引入到具体的定量模型中，以保证模型生成的商业周期波动与数据所显示的商业周期波动相似。

商业周期核算方法有两个组成部分：一是等价结果（equivalence result），二是核算程序（accounting procedure）。等价结果是指，一大类模型（包括包含了各种类型的摩擦的模型），都等价于某个存在各种各样的时变楔（time-varying wedges）的原型模型（prototype model），这种时变楔会扭曲经济行为主体（在不存在这些楔的竞争性市场中）的均衡决策。就其表面来看，这些时变楔看起来就像时变生产率、劳动所得税、投资税和政府消费。在本章中，我们分别将这些楔称为效率楔（efficiency wedge）、劳动楔（labor wedge）、投资楔（investment wedge）和政府消费楔（government wedge）。

核算程序又由两个部分组成。它从对各种楔的测量开始——利用数据和原型模型的均衡条件。然后将测量得到的楔值反馈到原型模型中，一次利用一个楔以及楔的组合，以评估所观察到的产出、劳动和投资的变化在多大程度上可以分别归因于每一个楔以及楔的组合。

在本章中，我们用这种方法研究了经济合作与发展组织各成员国的大衰退。我们还将这场衰退与 20 世纪 80 年代初的经济衰退进行了比较。虽然在我们的经济合作与发展组织样本中，20 世纪 80 年代初的经济衰退的时间因国家而异，但大多数成员国在 1980 年至 1984 年期间都经历了衰退。为了行文方便，在本章中，我们将 20 世纪 80 年代初的经济衰退称为"1982 年衰退"。我们得到的发现主要有四个。第一，除了美国、西班牙、爱尔兰和冰岛这几个显著的例外之外，大衰退主要是效率楔所致。第二，在大衰退中，劳动楔只在美国发挥了主导作用，而投资楔则在西班牙、爱尔兰和冰岛起到了主导作用。第三，在 20 世纪 80 年代的经济衰退期间，劳动楔只在法国、英国和比利时发挥了主导作用。第四，总的来说，在大衰退期间，效率楔发挥了更加重要的作用，而投资楔所起到的作用则要比在 20 世纪 80 年代经济衰退期间所起的作用小得多。

作为起点，我们将先详细阐述 Chari et al. (2006)给出的等价结果。这些等价结果能够将前述四个楔与具体的模型联系起来。我们将首先证明，伴随着与投资相关的技术变化而波动的某个经济——该种技术变化与格林伍德等人（Greenwood et al. , 1997）所述的类似——可以映射为有投资楔的原型经济。这个结果清楚地表明，正如沙里等人（Chari et al. , 2006）一再强调的，投资楔决不是金融摩擦的代名词。

然后，我们考虑了一个融合了清泷和摩尔（Kiyotaki and Moore, 1997）给出的部分因素与格特勒和清泷（Gertler and Kiyotaki, 2009）给出的部分因素的经济。在这个经济中，存在一个

代表性家庭,还有若干异质性银行,它们面临着抵押约束。我们证明,这样一个经济体等价于有投资楔的原型经济。这个结果清楚地表明,金融摩擦建模的某些方法确实显示为投资楔。

最后,我们转而讨论布埃拉和莫尔研究过的一个经济体,它由工人和企业家组成,企业家可以获得会受到抵押限制冲击的异质性生产技术。在本章中,我们沿着布埃拉和莫尔(Buera and Moll,2015)的思路,证明了他们构建的经济相当于存在劳动楔、投资楔和效率楔的原型模型。这个等价结果与沙里等人(Chari et al.,2006)的有生产要素融资摩擦的经济相同,这也就是说,金融摩擦建模的其他方式也可以显示为效率楔和劳动楔。

上面讨论的三个例子的重点,是帮助读者更清楚地了解研究者应该怎样利用数据中的楔的模式缩小他们正在考虑的模型的类别。例如,如果大部分波动是由数据中的效率楔和劳动楔所驱动的,那么在刚才考虑的那三个模型中,第三个模型比前两个模型更有可能取得成功。

然后,我们转而讨论一些存在搜索摩擦的模型。我们讨论这些模型是为了说明下面这一点(它很重要),即,研究者应该选择能够为自己感兴趣的研究计划带来最深刻的洞见的基准原型经济(模型)。特别是,当感兴趣的特定经济与单部门经济增长模型存在着很大的不同之处时,应调整原型模型,使得不存在各种楔时的模型版本与手头要处理的那类模型的规划问题相对应。这样做通常是有意义的。举例来说,当我们将能够高效搜索的模型映射到一个单部门模型上时,该模型确实存在效率楔和劳动楔,但是,如果我们将它映射到一个新的、具有两个资本性质的变量(实物资本和就业工人的存量)的原型模型中,那么这个新的原型模型就不存在楔。

然后,我们考虑一个存在无效均衡的搜索模型。当我们将这个模型映射到一个新的、具有两个资本性质的变量的原型模型上时,该原型模型只存在劳动楔。但是,如果我们将它映射到原始的原型模型中,它就具有效率楔和(复杂的)劳动楔。这些发现进一步加强了前述观点:调整原型模型使得它的不存在楔的版本对应于手头的那类模型的规划问题,通常更具启发性。

总而言之,这些等价结果有助于厘清一些常见的误解。第一个误解是,原型模型中的效率楔只能来自具体模型中的技术冲击。根据我们的判断,到目前为止,对效率楔的最无趣的解释就是,狭隘地将它解释为对于支配着个体企业的生产函数的技术蓝图(blueprints)的冲击。显然,更有趣的一种解释是要以使得这种楔产生高频运动的摩擦为基础。例如,沙里等人(Chari et al.,2006)的生产要素融资摩擦模型表明,具体模型中的融资摩擦可以表现为效率楔。事实上,我们确实认为,探索经济衰退中会出现效率楔突然下降(源于摩擦,比如说,生产要素融资摩擦)的具体模型,与直接把这种下降归因于技术蓝图的突发性负面冲击的模型相比,要更加有前途得多。第二个误解是,原型模型中的劳动楔完全来自具体经济体的劳动市场的摩擦。布埃拉和莫尔(Buera and Moll,2015)构建的经济清楚地表明,这种观点是不正确的。第三个误解是,投资楔是完全由于金融摩擦而产生的。拥有专用于投资的技术变革(investment-specific technical change)的具体模型清晰地表明,这种观点也是不正确的。

接下来转而描述我们设计的核算程序。设计商业周期核算程序是为了回答以下问题：如果唯一波动的楔是效率楔，同时效率楔的概率分布与原型经济相同，那么产出波动会有多大？如果各种楔的所有的领先变量和滞后变量都是独立的，那么核算程序的实施就很简单：（例如）只让效率楔波动并将所有其他楔固定为常数。但是在数据中，所有楔都是相互关联的，所以这种直接的实施方法对解决我们的问题无济于事。

我们的实施方法是，将各种楔视为基础（抽象）事件的函数。在实际操作中，我们假设基础事件的维数与楔的维数相同（即，也是4个），并分别用一个事件来识别一种楔。然后，我们使用数据估计出基础事件的随机过程。有了这个估计出来的随机过程，就可以回答我们的问题了——只需令我们要研究的那个楔随（数据中的）基础事件的波动而波动，同时假设所有其他楔都是基础事件的不变函数。这个程序能够使我们要研究的那个楔的概率分布在实验中与拥有全部楔的原型经济相同。

接下来，我们再简略地讨论一下，我们最初的直觉——从直观上看，不但在估计中，各种楔可以用相应的基础事件来识别，而且在思想实验中也是如此——所隐含的一些问题。这种思维方式的问题在于，它并没有清晰地阐明基础事件和楔之间在概念上的区别。当各种楔相互关联时，这种区别是显而易见的。实际上，在这种情况下，这种程序是不可能在不改变想研究的那个楔的概率分布的前提下，保持所有楔（除了那个楔之外）不变。因此，我们注意到，没有分清楚基础事件与楔之间的这种概念上的区别，就是文献中很多混乱问题的根源所在，请参见，例如，克里斯蒂亚诺和戴维斯（Christiano and Davis，2006年）。

我们的商业周期核算方法旨在阐明原始冲击导致经济波动的有前途的机制类别。这种方法的目标不是要识别出原始冲击的来源。许多经济学家都认为，（例如）对金融部门的冲击推动了发达经济体的大衰退，但是这些经济学家对冲击导致衰退的驱动机制的细节却无法达成一致。我们的分析表明，就从对金融部门的冲击到更广泛的经济活动的传导机制而言，美国、西班牙、爱尔兰和冰岛必定不同于经济合作与发展组织的其他成员国。或者，更确切地说，我们的分析表明，这些冲击在美国表现为劳动楔，而在西班牙、爱尔兰和冰岛则表现为投资楔，但是在经济合作与发展组织的其他成员国则表现为效率楔。

正如沙里等人（Chari et al.，2006）所指出的，等价结果为我们的核算程序所使用的测量楔的方法提供了逻辑基础。而在技术的层面上，各种楔表示的是原型模型的一阶条件中、它的投入与产出之间的关系中以及资源约束变量中的偏差。对于这些偏差，一个简单解释当然是，它们就是误差，因此它们的大小表示了模型的拟合度。但是，如果采用了这种解释，那么将测量出来的楔重新输入到模型中就是没有意义的。而我们得出的等价结果则通过将它们直接与不同模型类别联系起来，更加有效地解释了偏差，因为这种连接提供了将测量出来的楔反馈回模型的基本原理。

另外，从方法论的角度来说，核算程序远远不限于绘制楔形图。这些图本身对评估（导致）商业周期的各种可能机制的定量重要性没有什么用处，因为它们几乎没有告诉我们关于各种楔的均衡响应的任何信息。将测量出来的楔反馈给原型模型并测量模型的均衡响应，我们才可能辨别各种相互竞争的机制的强弱。

相关文献

与本章最密切相关的一篇文献是奥哈尼安和拉弗(Ohanian and Raffo,2012)的,他们用类似的方法,研究了14个经济合作与发展组织国家的大衰退,并研究了不同国家之间、各个衰退之间产出和工作时间从高峰到低谷的下跌幅度。在一定程度上,他们的研究与我们的研究结果实质上是一致的:我们都发现,在大衰退中,劳动楔在美国占据着主导地位。

然而,在另一个角度上,我们的研究结果与他们相反:奥哈尼安和拉弗发现,在韩国,劳动楔在大衰退中起到了主导作用,但是我们却发现是效率楔发挥着主导作用。我们注意到,奥哈尼安和拉弗(Ohanian and Raffo,2012)、洛佩兹和加西亚(Lopez and Garcia,2014)都发现,是劳动楔而不是投资楔在西班牙的大衰退中发挥了主导作用。我们的研究结果之所以与这两项研究部分有所不同,原因在于数据处理方面的差异,这包括(例如)我们用了不同的处理耐用消费品的方法,我们还对名义变量进行了去通货膨胀处理(使之变成真实变量)。而且,我们与奥哈尼安和拉弗(Ohanian and Raffo,2012)在方法论方面也有所不同:我们用各种楔去拟合随机过程,而他们则将重点放在了完美预测模型上。其他的相关研究,请参见穆利甘(Mulligan,2009)和奥哈尼安(Ohanian,2010)。

商业周期核算方法已经广泛用于对许多国家和许多历史时期的经济的研究。例如,卡瓦尔坎蒂(Cavalcanti,2007)对葡萄牙的研究,查克拉伯蒂和大津(Chakraborty and Otsu,2013)对巴西、俄罗斯、印度和中国的研究,查克拉伯蒂(Chakraborty,2006)对印度的研究,卓和多布拉斯-马德里(Cho and Doblas-Madrid,2013)对东亚各经济体的研究,柯斯汀(Kersting,2008)对英国的研究,小林和夕辉(Kobayashi and Inaba,2006)对日本的研究,大津(Ostu,2010)对亚洲各经济体的研究,以及,苏斯戴克(Sustek,2011)和布林卡(Brinca,2013)对货币经济的研究,还有布林卡(Brinca,2014)对世界多个国家的研究。

1. 等价结果的证明

在本节中,我们一一证明,各种不同的、具有基本扭曲的具体模型是怎样等价于具有一个或多个楔的原型经济增长模型的。

1.1 基准原型经济

我们在本章的核算程序中所用的基准原型经济是一个随机增长模型。在每一个时期 t,

经济体会经历(有限的事件集中的)的一个事件 s_t ,它就是经济体受到的冲击。我们用 $s^t = (s_0, \cdots, s_t)$ 表示事件的历史(第 t 期也包括在内)。我们通常会把 s^t 称为状态。第 0 期时,任何给定的特定历史 s^t 的概率为 $\pi_t(s^t)$ 。初始实现值 s_0 是给定的。这个经济有四个外生的随机变量,它们都是基础随机变量 s^t 的函数:效率楔 $A_t(s^t)$ 、劳动楔 $1-\tau_{lt}(s^t)$ 、投资楔 $1/[1+\tau_{xt}(s^t)]$,以及政府消费楔 $g_t(s^t)$ 。

在这个模型中,消费者最大化预期效用(对于人均消费 c_t 和人均劳动 l_t)为

$$\sum_{t=0}^{\infty} \sum_{s^t} \beta^t \pi_t(s^t) U(c_t(s^t), l_t(s^t)) N_t,$$

他们需要服从如下的预算约束

$$c_t + [1+\tau_{xt}(s^t)] x_t(s^t) = [1-\tau_{lt}(s^t)] w_t(s^t) l_t(s^t) + r_t(s^t) k_t(s^{t-1}) + T_t(s^t)$$

和资本积累规则

$$(1+\gamma_n) k_{t+1}(s^t) = (1-\delta) k_t(s^{t-1}) + x_t(s^t), \tag{1}$$

其中, $k_t(s^{t-1})$ 表示人均资本存量, $x_t(s^t)$ 表示人均投资, $w_t(s^t)$ 表示工资率, $r_t(s^t)$ 表示资本的租金率, β 表示贴现因子, δ 表示资本折旧率, N_t 表示人口总数(其增长率等于 $1+\gamma_n$), $T_t(s^t)$ 表示人均一次总付的转移支付。

这里的生产函数为 $A(s^t) F(k_t(s^{t-1}), (1+\gamma)^t l_t(s^t))$,其中 $1+\gamma$ 是劳动扩增型技术进步率(the rate of labor-augmenting technical progress),我们在这里假定它是一个常数。企业通过 $A_t(s^t) F(k_t(s^{t-1}), (1+\gamma)^t l_t(s^t)) - r_t(s^t) k_t(s^{t-1}) - w_t(s^t) l_t(s^t)$ 最大化自己的利润。

这个基准原型经济的均衡可以用资源约束来概括:

$$c_t(s^t) + x_t(s^t) + g_t(s^t) = y_t(s^t), \tag{2}$$

其中, $y_t(s^t)$ 表示人均产出;以及

$$y_t(s^t) = A_t(s^t) F(k_t(s^{t-1}), (1+\gamma)^t l_t(s^t)), \tag{3}$$

$$-\frac{U_{lt}(s^t)}{U_{ct}(s^t)} = [1-\tau_{lt}(s^t)] A_t(s^t)(1+\gamma)^t F_{lt} \tag{4}$$

和

$$U_{ct}(s^t)[1+\tau_{xt}(s^t)]$$
$$= \beta \sum_{s^{t+1}} \pi_t(s^{t+1} | s^t) U_{ct+1}(s^{t+1}) \{A_{t+1}(s^{t+1}) F_{kt+1}(s^{t+1}) + (1-\delta)[1+\tau_{xt+1}(s^{t+1})]\}, \tag{5}$$

其中(在这里以及本章其他地方),像 U_{ct} 、 U_{lt} 、 F_{lt} 以及 F_{kt} 这样的符号,都表示对应于各自的参数的效用函数和生产函数的导数;而 $\pi_t(s^{t+1} | s^t)$ 则表示条件概率 $\pi_t(s^{t+1}) / \pi_t(s^t)$ 。我们假设 $g_t(s^t)$ 围绕 $(1+\gamma)^t$ 的趋势上下波动。

需要注意的是,在这个基准原型经济中,效率楔类似于一个蓝图技术参数(blueprint technology parameter),劳动楔和投资楔则分别类似于劳动所得和投资的税率。我们还可以考虑其他更精细的模型,例如存在着其他类型的摩擦的模型,看起来像消费税或资本所得税。消费税在消费-闲暇边际替代率与劳动边际产品之间生成一个楔(就像劳动所得税一样)。这种税收,如果是时变的,还会扭曲方程式(5)中的跨期差距。资本所得税则在跨期边际替代率与资本边际产出之间形成了一个楔,这个楔与投资税导致的扭曲只是略有不同。我们

对类似于资本所得税而不是投资税的跨期扭曲进行过实验,结果发现我们的实质性结论不受影响。(更多的细节,请参见附录。)

我们要强调的是,每一个楔都代表了模型相关均衡条件的整体扭曲。例如,对劳动供给的扭曲影响着消费者,对劳动需求的扭曲影响着企业,而且这两者都会扭曲如方程式(4)所示的静态一阶条件。我们的劳动楔则代表了这些扭曲的总和。因此,我们的方法识别的是两种扭曲导致的整体楔(overall wedge),并不是分别识别每一个楔。类似地,消费者的流动性约束扭曲了消费者的跨期欧拉方程,同时企业受到的投融资摩擦则扭曲了企业的跨期欧拉方程。我们的方法是将消费者的欧拉方程与企业的欧拉方程组合在一起,因此只需识别如方程式(5)所示的组合欧拉方程式中的整体楔。我们之所以专注于整体楔,是因为对于决定商业周期的波动来说,重要的是整体楔,而不是每一种单独的扭曲。

对于下面的等价结果,使用上面描述的原型模型在记号上很方便。首先,为了得到定量结果,我们加入投资调整成本,即,将如方程式(1)所示的资本积累规则替换为下式:

$$(1+\gamma_n)k_{t+1}(s^t) = (1-\delta)k_t(s^{t-1}) + x_t(s^t) - \phi\left(\frac{x_t(s^t)}{k_t(s^{t-1})}\right), \tag{6}$$

其中,ϕ 表示调整资本存量的单位成本。按照宏观经济学文献的一般惯例,我们假设调整成本可以参数化为如下函数:

$$\phi\left(\frac{x}{k}\right) = \frac{a}{2}\left(\frac{x}{k} - b\right)^2,$$

其中,$b = \delta + \gamma + \gamma_n$,系投资–资本比率的稳态值。

1.2 映射——从摩擦到楔

现在,我们就来说明对于前述各种楔,具体经济与原型经济之间的映射关系。我们证明,具体经济中专用于投资的技术变革映射为我们的原型经济中的投资楔。类似地,银行抵押约束也映射为我们的原型经济中的投资楔。然后,我们考虑一个具有生产率异质性和抵押约束的经济,并证明它可以映射为一个具有效率楔、劳动楔和投资楔的原型经济。最后,我们考虑了一个达到了有效配置的搜索模型,并证明它映射为一个具有劳动楔和效率楔,但没有投资楔的原型经济。我们用来说明这种映射关系的四个经济体都是封闭经济体,其中相关的政府消费楔在原型经济中为 0。因此,我们在本章中专注于讨论其他三种楔,而没有提及政府消费楔。

我们之所以选择这些简单的模型,是为了说明具体模型是如何映射到原型模型上。由于许多模型都会映射到相同的楔配置中,因此识别出某个特定的配置,并不能唯一地识别模型;相反,它只能识别出与该配置一致的一类模型。将对应于具有专用于投资的技术变革的经济的原型模型,与对应于具有银行抵押约束的经济的原型模型进行对比,就可以非常清楚地看到这一点。在这个意义上,我们的方法并不能唯一地确定哪个模型用来分析商业周期波动最为合适。不过尽管如此,它确实能够引导研究者关注要刻画商业周期波动的本质必须讨论被扭曲的关键边际量(key margins)。

1.2.1　具有专用于投资(投资特异性)技术变革的模型的等价结果

我们从具有专用于投资技术变革的两部门经济模型开始讨论,说明如何将这种经济映射为只有投资楔的原型经济。

1.2.1.1　具有专用于投资的技术变革的具体经济的等价结果

假定这个经济的消费 $c_t(s^t)$ 和投资 $x_t(s^t)$ 由下式决定:

$$c_t(s^t) = A_t(s^t) F(k_{ct}(s^t), l_{ct}(s^t)) \text{ 以及 } x_t(s^t) = A_{xt}(s^t) A_t(s^t) F(k_{xt}(s^t), l_{xt}(s^t)), \quad (7)$$

其中,$k_{ct}(s^t)$ 和 $l_{ct}(s^t)$ 分别表示用于生产消费品的资本和劳动,$k_{xt}(s^t)$ 和 $l_{xt}(s^t)$ 分别表示用于生产投资品的资本和劳动,$A_t(s^t)$ 表示中性技术变革,$A_{xt}(s^t)$ 表示专用于投资的技术变革,且 F 满足规模收益不变要求。这个模型的决策时序是这样的:第 t 期所使用的(总)资本存量是在第 $t-1$ 期结束时选择的(在给定冲击历史 s^{t-1} 的情况下);在每一期开始的时候,在当前的冲击 s_t 实现后,劳动和资本在部门之间进行分配。这个时序要求如下的资本积累规则:

$$k_{t+1}(s^t) = (1-\delta)k_t(s^{t-1}) + x_t(s^t) \quad (8)$$

然而再加上部门间资本配置约束,如下式:

$$k_{ct}(s^t) + k_{xt}(s^t) \leq k_t(s^{t-1}) \quad (9)$$

以及部门间劳动分配约束,如下式:

$$l_{ct}(s^t) + l_{xt}(s^t) \leq l_t(s^t) \quad (10)$$

在这里,我们面临的规划问题就是,选择适当的分配,如在方程式(7)—(10)的约束条件下,求解

$$max \sum_{s^t} \beta^t \mu(s^t) U(c_t(s^t), l_t(s^t))$$

由于生产函数 F 具有不变的规模收益,所以一阶条件就意味着:

$$\frac{k_{ct}(s^t)}{l_{ct}(s^t)} = \frac{k_{xt}(s^t)}{l_{xt}(s^t)} = \frac{k_t(s^{t-1})}{l_t(s^t)},$$

从而我们可以得到

$$F_{kc}(k_{ct}(s^t), l_{ct}(s^t)) = F_{kx}(k_{xt}(s^t), l_{xt}(s^t)) \text{ 以及 } F_{lc}(k_{ct}(s^t), l_{ct}(s^t)) = F_{lx}(k_{xt}(s^t), l_{xt}(s^t)),$$

而且,我们可以将这些边际产品写成 $F_k(k(s^{t-1}), l(s^t))$ 和 $F_l(k(s^{t-1}), l(s^t))$ 的形式。从而欧拉方程是

$$\frac{U_{ct}(s^t)}{A_{xt}(s^t)} = \sum_{s^{t+1}} \beta \mu(s^{t+1}|s^t) \left[U_{ct+1}(s^{t+1}) A_{t+1}(s^{t+1}) F_k(s^{t+1}) + (1-\delta) \frac{U_{ct}(s^{t+1})}{A_{xt+1}(s^{t+1})} \right],$$

同时,劳动的静态一阶条件则由下式正式给出:

$$-\frac{U_{lt}(s^t)}{U_{ct}(s^t)} = A_t(s^t) F_l(s^t)$$

如果我们用当前消费单位表示产出,那么由于投资对消费品的相对价格等于 $q_t(s^t) = 1/A_{xt}(s^t)$,可以得到

$$A_t(s^t)F(k_{ct}(s^t),l_{ct}(s^t))+q_t(s^t)A_{xt}(s^t)F(k_{xt}(s^t),l_{xt}(s^t))=A_t(s^t)F(k(s^{t-1}),l(s^t))$$

1.2.1.2 具有投资楔的原型经济

现在考虑一个只有投资楔的原型经济。这种原型经济有一个生产率冲击 $A_t(s^t)$,这种冲击等价于具体经济中的消费品部门的生产率冲击,同时投资楔则等于专用于投资的技术变革水平的倒数,而且不存在其他楔。

命题1:如果原型经济中的效率楔等于消费品部门的生产率冲击,那么具有专用于投资的技术变革的具体经济的总体配置与原型经济的总体配置一致,投资楔由下式给出:

$$1-\tau_{xt}(s^t)=\frac{1}{A_{xt}(s^t)},$$

而且劳动楔为零。

需要注意的是,如果我们以基准期价格而不是当前价格衡量具体经济中的产出,那么具体经济与原型经济之间的映射将更加复杂。

1.2.2 具有银行抵押约束的经济的等价结果

在这个小节中,我们将证明具有银行抵押约束的经济与只有投资楔的原型经济的等价性。

1.2.2.1 具有银行抵押约束的具体经济

考虑如下融合了清泷和摩尔(Kiyotaki and Moore,1997年)给出的部分因素与格特勒和清泷(Gertler and Kiyotaki,2009年)给出的部分因素的无限期限经济。在这个经济中,存在着一个家庭,它经营着通常被称为"银行"的金融中介机构,一些企业和一个政府。家庭有弹性地提供劳动,同时以银行存款和政府债券的形式储蓄并获得红利。银行从家庭吸收存款,并且利用存款加留存收益进行投资、向消费者支付红利。企业"租入"资本和劳动进行生产。政府通过对劳动所得和资本存量征收税收以及出售政府债券来为(外生给定的)政府支出提供资金。

令经济的状态为 $s^t \in S$,其分配服从 $\pi(s_t|s_{t-1})$。令 $s^t=(s_0,\cdots,s_t)$,于是资源约束由下式给出:

$$C_t(s^t)+K_{t+1}(s^t)=A_t(s^t)F(K_t(s^{t-1}),L_t(s^t)),\tag{11}$$

其中,C_t 是总消费量,K_{t+1} 是资本存量,L_t 是总劳动,F 是一个包括了未折旧资本存量的规模收益不变的生产函数。在本章中,我们遵循了用大写字母表示总量、用小写字母表示个体家庭或银行的决策的惯例。

在这里,我们沿用了格特勒和卡拉迪(Gertler and Karadi,2011)以及格特勒等人(Gertler et al.,2012年)对家庭建立的模型。我们将每个家庭的决策都视为分别由不同的"实体"做出的:或者由工人做出,或者由银行家做出。工人提供劳动并将工资返还给家庭,而每个银行家则各自管理一个向家庭转移非负红利的银行。整个家庭的偏好为

$$\sum_{t=0}^{\infty}\sum_{s^t}\beta^t\pi(s^t|s_0)U(c_t(s^t),l_t(s^t)),\tag{12}$$

其中，c_t 是个体家庭的消费，l_t 则为劳动供给。给定初始资产的持有量为 b_{H0} 和 d_0，这个经济中的代理家庭（stand-in household）通过选择适当的 $\{c_t, l_t, d_{t+1}\}$ 来最大化上述效用，其预算约束为

$$c_t(s^t) + \sum_{s^{t+1}} q_{t+1}(s^{t+1}) d_{t+1}(s^{t+1}) \leq w_t(s^t) l_t(s^t) + d_t(s^t) + X_t(s^t) - \frac{1-\sigma}{\sigma}\bar{n},$$

另外还要满足如下约束：

$$d_{t+1}(s^{t+1}) \geq \bar{d}, \tag{13}$$

其中，$\bar{d}$ 是一个很大的负数。在这里，d_{t+1} 是家庭放在银行的存款的灵敏量，q_{t+1} 是相对应的价格。此外，w_t 是真实工资，X_t 是银行支付的红利，同时 $\bar{n}$ 表示赋予每个新成立的银行的初始权益的金额——在每一期，都有一定数量的新银行成立，其度量为 $(1-\sigma)/\sigma$。

家庭的决策问题的一阶条件可以总结为

$$-\frac{U_{Lt}(s^t)}{U_{Ct}(s^t)} = w_t(s^t) \tag{14}$$

$$q_{t+1}(s^{t+1}) = \frac{\beta\pi(s^{t+1}|s^t) U_{Ct+1}(s^{t+1})}{U_{Ct}(s^t)}. \tag{15}$$

代表性企业从银行以利率 R_t 租赁资本，并雇用 L_t 单位劳动力，以最大化利润

$$\max_{K_t, L_t} AF(K_t, L_t) + (1-\delta)K_t - R_t K_t - w_t L_t, \tag{16}$$

这个问题的一阶条件意味着

$$AF_K(s^t) + 1 - \delta = R_t(s^t) \text{ 以及 } AF_L(s^t) = w_t(s^t) \tag{17}$$

接下来考虑银行的存续问题及其决策。在每一期开始的时候，每家原有的银行都会实现一个特异性的随机变量：银行以概率 σ 继续运行到下一期，以概率 $1-\sigma$ 结束经营，然后（根据假设）将累积下来的全部净值以红利形式支付给家庭。与此同时，在每一期开始的时候，新的银行有可能会出现，其度量为 $(1-\sigma)/\sigma$，每一家新银行随即被授予数额外生给定的初始股权。由于这些新出现的银行的也只有一部分 σ 能够存活到期末，所以，存活下来的银行的度量永远保持在 1 的水平。之所以让银行"有生有死"，是为了确保它们不能积累起足够多的资产，从而使我们下面介绍的融资约束不再重要。

接下来讨论个体银行的预算约束。请注意，对于任何"非新出生"银行，第 t 期的预算约束为

$$x_t(s^t) + k_{t+1}(s^t) - \sum_{s^{t+1}} q_{t+1}(s^{t+1}) d_{t+1}(s^{t+1}) \leq R_t(s^t) k_t(s^{t-1}) - d_t(s^t), \tag{18}$$

其中，R_t 为资本的租金率。我们将用 $n_t(s^t) = R_t(s^t) k_t(s^{t-1}) - d_t(s^t)$ 表示方程式（18）的右侧，并将之称为银行的净值。对于在第 t 期"新出生"的银行，预算约束的左侧是相同的，而方程式（18）的右侧则用初始净值 $\bar{n}$ 替换即可。对于每一个 s^{t+1}，银行都面临如下的抵押约束：

$$d_{t+1}(s^{t+1}) \leq \gamma R_{t+1}(s^{t+1}) k_{t+1}(s^t) \tag{19}$$

其中 $0 < \gamma < 1$。银行还面临着红利和债券持有量的非负限制：

$$x_t(s^t) \geq 0 \tag{20}$$

为了保证符号的简洁性，我们先考虑在第 0 期"出生"的一家银行的决策问题。该银行要选

择适当的 $\{k_{t+1}(s^t), d_t(s^t), x_t(s^t)\}$,以求解

$$\max \sum_{t}^{\infty} \sum_{s^t} Q(s^t) \sigma^t [\sigma x_t(s^t) + (1-\sigma) n_t(s^t)] \tag{21}$$

并且要满足如方程式(18)—方程式(20)所示的约束条件,其中,$n_t(s^t) = R_t(s^t) k_t(s^{t-1}) - d_t(s^t)$,$n_0(s^0) = \bar{n}$,且 $Q(s^t)$ 是在经历了历史 s^t 之后,一种商品在日期 t 时的价格(用该商品在日期 0 时的单位数来表示)。如前所述,我们假设一家不再继续经营的银行要把全部累积净值作为红利支付出去。由于银行是家庭拥有的,所以银行可以用消费者的边际替代率来对红利估价,这就是说

$$Q(s^t) = \beta^t \pi(s^t) U_C(s^t) / U_{C0}(s^0) \tag{22}$$

根据家庭的一阶条件可知,银行所用的贴现率是与存款的回报率一致的,即,$U_C(s^t) = q_0(s^0) \cdots q_t(s^t)$。

于是,银行的决策问题的一阶条件可以写成

$$Q(s^t)\sigma^{t+1} + \eta_{xt}(s^t) = \lambda_t(s^t)$$
$$\lambda_t(s^t) = \sum_{s^{t+1}} [Q(s^{t+1})\sigma^{t+1}(1-\sigma)R_{t+1}(s^{t+1}) + R_{t+1}(s^{t+1})(\lambda_{t+1}(s^{t+1}) + \gamma\mu_{t+1}(s^{t+1}))]$$
$$-Q(s^{t+1})\sigma^{t+1}(1-\sigma) + \lambda_t(s^t) q_{t+1}(s^{t+1}) = \lambda_{t+1}(s^{t+1}) + \mu_{t+1}(s^{t+1}), \tag{23}$$

其中,$\lambda_t(s^t)$、$\mu_t(s^t)$ 和 $\eta_{xt}(s^t)$ 分别是银行预算约束的乘数、银行的抵押约束和非负红利约束。对这些约束进行适当变形,我们可以得出

$$1 = \sum_{s^{t+1}} \left[R_{t+1}(s^{t+1}) q_{t+1}(s^{t+1}) \left(1 - (1-\gamma) \frac{\mu_{t+1}(s^{t+1})}{\lambda_t(s^t) q_{Dt+1}(s^{t+1})} \right) \right] \tag{24}$$

从而,以标准方式定义了一个竞争均衡。

1.2.2.2 相应的具有投资楔的原型经济

现在考虑基准原型经济的另一个版本,它具有与刚才描述的"银行经济"相同的总体配置(aggregate allocation)。除了以下这点之外,这个原型经济与我们构建的基准原型模型完全相同:这个新的原型经济具有一个类似于资本所得税(而不是投资税)的投资楔。在这里,政府消费楔设置为 0。

在这个原型经济中,消费者的预算约束是

$$C_t(s^t) + K_{t+1}(s^t) = (1-\tau_{Kt}(s^t))R_t(s^t)K_t(s^{t-1}) + (1-\tau_{Lt}(s^t))w_t(s^t)L_t(s^t) + T_t(s^t) \tag{25}$$

这个经济中投资楔的一阶条件由下式给出

$$U_{Ct}(s^t) = \sum_{s^{t+1}} \beta\mu(s^{t+1}|s^t) U_{Ct+1}(s^{t+1}) [AF_{Kt+1}(s^{t+1}) + 1 - \delta](1-\tau_{Kt+1}(s^{t+1})). \tag{26}$$

比较该具体经济中的一阶条件与相对应的原型经济的银行抵押约束,我们设定

$$\tau_{Kt}(s^t) = (1-\gamma)\frac{\mu_{t+1}(s^{t+1})}{\lambda_t(s^t) q_{Dt+1}(s^{t+1})}. \tag{27}$$

然后我们就可以得出如下命题。

命题 2:如果原型经济中的效率楔 $A_t(s^t) = A$,劳动楔为 0,投资楔由方程式(27)给出,那么具有银行抵押约束的具体经济中的总体配置与原型经济的总体配置一致。

显然,这里的效率楔就是在具体经济中的技术 A 的不变水平。要说明为什么这里不存

在劳动楔,注意到将方程式(14)和方程式(17)结合起来,我们就可以得到

$$-\frac{U_L(s^t)}{U_C(s^t)}=AF_L(s^t).$$

为了推导出投资楔的表达式,将企业的一阶条件方程式(17)中的 $R_{t+1}(s^{t+1})$、消费者的一阶条件方程式(15)中的 $q_{t+1}(s^{t+1})$ 替换掉,我们得到

$$1=\sum_{s^{t+1}}\left[\beta\mu(s^{t+1}\mid s^t)\frac{U_{Ct+1}(s^{t+1})}{U_{Ct}(s^t)}\left[AF_{Kt+1}(s^{t+1})+1-\delta\right]\left(1-(1-\gamma)\frac{\mu_{t+1}(s^{t+1})}{\lambda_t(s^t)q_{Dt+1}(s^{t+1})}\right)\right]$$

并与(26)进行比较即可。

1.2.3 具有生产率异质性和抵押约束的经济的等价结果

我们用布埃拉和莫尔(Buera and Moll,2015)的论文中的一个例子来说明,一个具有随金融摩擦而波动的模型——金融摩擦被建模为对企业家的抵押约束的冲击——为什么会与一个具有劳动楔、投资楔和效率楔的原型模型等价。我们认为,这个例子的结果与沙里等人(Chari et al.,2006)提出的命题 1 相同,只是具体的情境不同。这个命题表明了,一个具有金融摩擦(建模为生产要素融资摩擦(input-financing friction))的具体模型为什么会等价于具有劳动楔、投资楔和效率楔的原型经济。

1.2.3.1 具有生产率异质性和抵押约束的具体经济

我们考虑一个只有特异性冲击且外生的不完全市场抵御这些冲击的经济。单位质量的同质工人以工资 w_t 供给劳动 L_t,而且工们既不能借款也不能贷款。他们的最大化问题如下:

$$\sum_{t=0}^{\infty}\beta^t\left[\log(C_{Wt})-V(L_t)\right],$$

要服从的约束条件是

$$CW_t=w_tL_t \tag{28}$$

该经济还有单位质量的企业家(其类型用 $i\in[0,1]$ 表示),以及单位质量的相同家庭。类型为 i 的企业家受到的特异性冲击为 z_{it},它在时间上和企业家之间是独立同分布的,而且其密度为 $\psi(z)$。这个企业家拥有一种技术,能够生产出产品,生产函数为 $y_{it}=z_{it}^\alpha k_{it}^\alpha l_{it}^{1-\alpha}$,其中 k_{it} 和 l_{it} 分别是企业家 i 投入的资本和雇用的劳动力的数量。

时间安排是这样的,企业家在 $t+1$ 期的生产率(即,z_{it+1})是在第 t 期结束之际、企业家发行新债券 d_{t+1} 之前公之于众的。如果用递归形式来表示,那么具有效用函数 $\sum\beta^t\log(c_t)$ 的企业家需要求解如下形式的问题:

$$V_t(k,d,z_{-1},z)=\max_{c,d',k'}\log c+\beta E\left[V_{t+1}(k',d',z,z')\right],$$

需要服从的条件包括:预算约束

$$c+k'-d'=\Pi(z_{-1},w,k)+(1-\delta)k-(1+r_t)d,$$

以及,抵押约束

$$d'\leq\theta_tk',其中,\theta_t\in[0,1] \tag{29}$$

注意到,方程式(29)将杠杆率 d'/k' 限制在小于某个外生的数量 θ_t 的范围内。我们在这里使

用的是规模收益不变的生产函数和乘性的技术冲击,从而将总利润 $\Pi(z_{-1},w,k)$ 写成技术冲击与资本存量的线性函数,从而使得

$$\Pi(z_{-1},w,k)=z\pi(w)k=\max_l(zk)^\alpha l^{1-\alpha}-wl,$$

其中,$\pi(w)=\alpha\left(\dfrac{1-\alpha}{w}\right)^{(1-\alpha)/\alpha}$。

均衡由如下的价格序列 (r_t,w_t) 和对应的数量组成:它们能够使得相应的分配同时是企业的决策问题和家庭的决策问题的解,并实现市场出清

$$\int d_{it}di=0 \text{ 以及 } \int l_{it}di=L_t \tag{30}$$
$$C_{Et}+C_{Wt}+X_t=Y_t$$
$$K_{t+1}=X_t+(1-\delta)K_t,$$

其中,X_t 表示总投资。为了更好地刻画均衡,我们用 m_{it} 表示企业家当前持有的现金,它由下式给出

$$m_{it}\equiv z_{it}\pi_t k_{it}+(1-\delta)k_{it}-(1+r_t)d_{it},$$

我们再令 a_{it} 表示企业家拥有的净值,即

$$a_{it}\equiv k_{it}-d_{it}$$

我们可以利用这些符号将企业的动态规划问题重写为一个两阶段预算问题:在第一阶段,先决定要转移到下一期的净值水平 a';然后在第二阶段,以净值水平 a' 为条件,决定如何在资本 k' 与债务 $-d'$ 之间分配这个净值。也就是说,这个两阶段问题就是要解决

$$v_t(m,z)=\max_{a'}\left[\log(m-a')+\beta Ev_{t+1}(\tilde{m}_{t+1}(a',z),z')\right],$$

其中,

$$\tilde{m}_{t+1}(a',z)=\max_{k',d'}z\pi_{t+1}k'+(1-\delta)k'-(1+r_{t+1})d',$$

约束条件是

$$k'-d'=a',$$

以及

$$k'\leq\lambda_t a', \text{ 其中,}\lambda_t=\frac{1}{1-\theta_t}\in[1,\infty) \tag{31}$$

从这个方程式立即可以推导出以下结果。

引理1:对于起作用的 z_{t+1},存在一个由 $z_{t+1}\pi(w_{t+1})=r_{t+1}+\delta$ 定义的生产率截断值。给定这个截断值,资本和债务持有量由下式给出:

$$k_{it+1}=\begin{cases}\lambda_t a_{it+1} & \text{对于 }z_{it+1}\geq\underline{z}_{t+1}\\0 & \text{否则}\end{cases}, d_{it+1}=\begin{cases}(\lambda_t-1)a_{it+1} & \text{对于 }z_{it+1}\geq\underline{z}_{t+1}\\-a_{it+1} & \text{否则}\end{cases}, \tag{32}$$

且企业家将持有的现金按某个固定比例储蓄起来,即,$a_{it}=\beta m_{it}$。

请注意,最优资本选择必定会出现在两个角点的其中一个上。非生产性足够高的那些企业家会将自己的所有净值都借给其他企业家使用,并获得回报 $r_{t+1}+\delta$;而生产性足够高的企业家则会借入抵押约束所允许的最大数量的债务 $\lambda_t a_{it+1}$,并将这些资金投资在自己的项目

当中。而边际企业家的生产率水平则会使得资本投资的回报 $z_{t+1}\pi_{t+1}$ 刚好等于借出资金的回报 $r_{t+1}+\delta$。

我们可以将上述对决策规则的表征与市场出清条件结合起来使用,以确定作为经济的参数的函数的截断值 z_{t+1}。为了做到这一点,我们对企业家的决策进行集结,得到

$$K_{t+1}=\beta\left[\alpha Y_t+(1-\delta)K_t\right] \text{ 以及 } Y_t=A_tK_t^{\alpha}L_t^{1-\alpha},$$

其中,

$$A_t=\left(\frac{\displaystyle\int_{\underline{z}_t} z\psi(z)\,\mathrm{d}z}{1-\psi(\underline{z}_t)}\right)^{\alpha}=\left(E[z\mid z\geqslant \underline{z}_t]\right)^{\alpha}, \tag{33}$$

其中 $\underline{z}_t$ 是由下式的解给出的:

$$\lambda_{t-1}(1-\Psi(\underline{z}_t))=1 \tag{34}$$

为了更好地理解生产率的截断水平是如何确定的,我们运用引理 1 的结果,得到

$$d_{it+1}=\begin{cases}(\lambda_t-1)\beta m_{it} & \text{对于 } z_{it+1}\geqslant \underline{z}_{t+1}\\ -\beta m_{it} & \text{否则}\end{cases}$$

利用对 m_{it} 的选择完成于 z_{it+1} 实现之前(因此独立于 z_{it+1})这个观察结果,我们可以写出方程式(30)中给出的债务在第 $t+1$ 期的市场出清条件

$$(\lambda_t-1)\int_{\underline{z}_{t+1}}^{\infty}\psi(Z)\,\mathrm{d}z=\int_0^{\underline{z}_{t+1}}\psi(z)\,\mathrm{d}z,$$

将上式重新排列后,可以得出方程式(34)。

1.2.3.2　相应的具有效率楔、劳动楔和投资楔的原型经济

现在考虑基准原型经济的另一个版本,它具有与前述"银行经济"相同的总体配置。除了以下这点之外,这个原型经济与我们的基准原型经济完全相同:这个新的经济具有一个类似于资本所得税(而不是投资税)的投资楔。

这个经济可以映射到我们的原型经济中,后者具有以下形式的期间效用函数:$U(C_t,L_t)=\log C_t-V(L_t)$。效率楔由方程式(33)给出,劳动楔则由下式给出

$$\tau_{Lt}=-\frac{C_{Et}}{C_{Wt}}, \tag{35}$$

此外,投资楔是以如下递归形式定义的

$$\frac{U_{ct}}{U_{ct+1}}\tau_{xt}=\beta(1-\delta)\tau_{xt+1}+\frac{C_{Wt}}{C_t}\left(\frac{C_{Wt+1}}{C_{Wt}}-\frac{C_{Et+1}}{C_{Et}}\right) \tag{36}$$

其中 $\tau_{x0}=0$。为了推出方程式(35),注意到原型经济中的劳动楔由下式给出

$$C_tV'(L_t)=(1-\tau_{Lt})F_{Lt} \tag{37}$$

接下来,我们还注意到,在这种经济中,工人决策问题的一阶条件是可以加以变换使得 $L_tV'(L_t)=1$ 的。利用这个条件,再加上方程式(37)中的 $w_t=F_{Lt}$,$C_t=C_{Wt}+C_{Et}$ 和 $C_{Wt}=w_tL_t$,我们可以得到方程式(35)。另外还请注意,利用企业家将持有的现金按某个固定比例储蓄起来这个结果,可以推出方程式(36)。

命题3:如果原型经济中的效率楔由方程式(33)给出、劳动楔由方程式(35)给出、投资楔由方程式(36)给出,那么具有生产率异质性和抵押约束的具体经济中的总体配置与原型经济的总体配置一致。

1.2.4 有效搜索经济的等价结果

现在考虑标准的搜索模型的有效结果。我们将证明,如果我们通过原型增长模型的"镜头"来观察这种搜索模型,那么原型模型具有劳动楔和效率楔,但是不存在投资楔。

1.2.4.1 存在有效搜索的具体经济

为了简单起见,我们在这里只考虑不存在总量不确定的有效搜索模型。该模型的设定如下。人口归一化为1。在每一期,人口中都只有一部分人处于就业状态,其度量为n_t,其余的人则处于失业状态。而且,在就业人口当中,又有度量为v_t的人充当招聘人员,其余n_t-v_t的人则生产单一的消费品-投资品。匹配技术(matching technology)取决于招聘人员度量与失业人口度量$(1-n_t)$。在任何一个期间,创造的新匹配m_t的度量都由一个规模收益不变的函数$G(v_t,1-n_t)$给出。现有的匹配以外生速率δ_n解散,从而使得就业人口的度量的运动定律由下式给出

$$n_{t+1} \leq (1-\delta_n)n_t+m_t, \tag{38}$$

同时,商品的资源约束是

$$c_t+k_{t+1} \leq y_t+(1-\delta)k_t, \tag{39}$$

其中,c_t是消费,k_{t+1}是资本存量,$y_t=A_tF(k_t,n_t-v_t)$,δ则为折旧率。我们假设$F=k_t^\alpha(n_t-v_t)^{1-\alpha}$。代理家庭的效用由下式给出

$$\sum\beta^t U(c_t,n_t) \tag{40}$$

社会规划者的决策问题是,选择适当的$\{c_t,v_t,n_{t+1},k_{t+1}\}$,以便在方程式(38)和方程式(39)的约束下最大化效用。我们可以把主要的一阶条件总结为

$$U_{ct}=\beta U_{ct+1}\left[\frac{\alpha y_{t+1}}{k_{t+1}}+1-\delta\right], \tag{41}$$

$$U_{ct}\frac{F_{nt}}{G_{1t}}=\beta U_{ct+1}\left\{\frac{F_{nt+1}}{G_{1t+1}}[(1-\delta_n)-G_{2t+1}]+F_{nt+1}+\frac{U_{nt+1}}{U_{ct+1}}\right\}, \tag{42}$$

以及

$$y_t=A_tF(k_t,n_t-v_t)$$

1.2.4.2 相应的具有效率楔和劳动楔的原型经济

考虑这样一个原型经济,它的生产函数为$y_t=\hat{A}_tk_t^\alpha n_t^{1-\alpha}$,其中

$$\hat{A}_t=A_t\left(\frac{n_t-v_t}{n_t}\right)^\alpha \tag{43}$$

同时它的资源约束则与方程式(39)中的相同。对方程式(42)取滞后并加以变换,然后利用

$$A_tF_{nt}=(1-\alpha)\frac{y_t}{n_t-v_t}=(1-\alpha)\frac{y_t}{n_t}\cdot\frac{n_t}{n_t-v_t},$$

我们可以得到

$$\frac{U_{nt}}{U_{ct}(1-\alpha)y_t/n_t} = \left(\frac{n_t}{n_t-v_t}\right)\left[\frac{U_{ct-1}}{\beta U_{ct}} \cdot \frac{F_{nt-1}}{A_t F_{nt}} \cdot \frac{1}{G_{1t-1}} - \frac{1}{G_{1t}A_t}[(1-\delta_n)-G_{2t}] - \frac{1}{A_t}\right] \qquad (44)$$

由于原型经济中的劳动楔由方程式(44)的右侧给出,所以我们可以得到以下结果。

命题4:如果原型经济中的效率楔由方程式(43)给出,劳动楔$1-\tau_{lt}$由方程式(44)的右边给出,且投资楔为零,那么有效搜索经济中的总体配置与原型经济的总体配置相符。

1.3　调整原型经济

到目前为止,我们一直致力于在给定的具体经济与单部门原型经济增长模型之间构建等价结果。只要适当地运用商业周期核算逻辑,我们就能够做到这一点。然而,当基础经济与单部门增长模式有很大的不同时,调整原型模型,使得不包含任何楔的模型版本对应于手头要解决的规划问题,往往更有建设性的启发意义。

1.3.1　无效搜索经济的等价结果

在本小节中,我们考虑搜索模型的一个特定版本——在该模型中,搜索是无效的(在经济达到均衡时并不能解决刚刚讨论的规划问题这个意义上),以此来说明调整原型模型的意义。对于这类无效搜索模型,另一种选择是继续将原型模型作为单部门增长模型,在这种情况下,模型中的各种楔无非就是刚刚讨论过的那些楔的更复杂的版本。然而在这里,我们将阐述一个替代方案:现在衡量相对于刚刚研究过的社会规划问题的一个扭曲版本的楔。

1.3.1.1　一个具有无效搜索的具体经济

考虑一个标准搜索模型的分散均衡。匹配技术仍然如前所述:在任何一个期间创建的新匹配m_t的度量,都由规模收益不变的函数$G(v_t,1-n_t)$给出。令$\theta_t=v_t/(1-n_t)$表示每个失业工人对应的招聘人员的数量,那么每一个运用了这种招聘手段的企业可以吸引到的工人的数量为$\lambda_f(\theta_t)=G(v_t,1-n_t)/v_t$;从而,度量为$v_t$的招聘人员可以为企业吸引到$v_t\lambda_f(\theta_t)$工人。失业的工人找到工作的概率是$\lambda_w(\theta)=G(v_t,1-n_t)/(1-n_t)$。需要注意的是,在规模收益不变的情况下,$\lambda_w(\theta)=\theta\lambda_f(\theta)$。

在这里,与惯例一样,我们假设工人是家庭的成员,而且家庭的不同成员都面对着各自的特异性风险。由于我们是在总体冲击中进行抽象的,因此大数定律意味着家庭要解决一个确定性的决策问题。正如我们在之前所做的那样,假设生产率肯定会随着时间的推移而变化。为了保持符号的简洁,我们只用时间来索引值函数和价格。这样,采用递归形式,我们可以写出家庭的决策问题

$$V_t(a_t,n_t)=\max_{c,a'}U(c,n)+\beta V_{t+1}(a',n'),$$

需要服从的条件包括家庭的预算约束和就业工人的转换规则:

$$c+q_{t+1}a'=a+wn, \qquad (45)$$

$$n'=(1-\delta_n)n+\lambda_w(\theta)(1-n) \qquad (46)$$

在方程式(45)中,a'表示第t期储蓄的商品的数量,q_{t+1}表示在第$t+1$期交付的单位商品的价

格。在方程式(46)中,δ_n 是就业人员的分离率(separation rate),$\lambda_w(\theta)(1-n)$ 则是失业转换为就业的工人的量度。

a' 的一阶条件是

$$q_{t+1}U_{ct}=\beta V_{at+1},$$

然后,运用 a 的包络条件,即,$V_{at}=U_{ct}$,可以得到

$$q_{t+1}U_{ct}=\beta U_{ct+1} \tag{47}$$

我们可以使用这个包络条件来推导出,在均衡工资 w_t 下,额外增加一个就业工人给家庭带来的边际价值

$$V_{nt}=U_{ct}w_t+U_{nt}+\beta[(1-\delta_n-\lambda_w(\theta_t)]V_{nt+1}(a',n'), \tag{48}$$

其中的 n' 由方程式(46)给出。在方程式(48)中,第一项表示消费增加而导致的效用的边际增量(消费增加是因为新增就业工人带来了工资的增加 w_t);第二项表示因工作增加而减少的效用。第三项则表示因为有更多的工人进入了下一期而增加的效用的现值。

为了确定纳什讨价还价机制中的工资,用(任意的)当前工资 w 来定义拥有一个额外就业工人对家庭的价值是有用的。如果被雇用了,这个工人将在未来所有期间都能获得均衡工资。由此该价值为

$$\widetilde{V}_{nt}(a,n,w)=U_c(w-w_t)+V_{nt}(a,n),$$

这样,当前就业工人存量为 n、资本存量为 k 的企业的规划问题就可以写成如下的递归形式:

$$J_t(n,k)=\max_{v,k'}\{z_tF(k,n-v)-[k'-(1-\delta)k]-w_tn+q_{t+1}J_{t+1}((1-\delta_n)n+v\lambda_f(\theta_t),k')\}$$

其中,这个企业所雇用的工人的转换规则为

$$n'=(1-\delta_n)n+v\lambda_f(\theta_t)$$

在这里,企业在第 t 期的流动利润为产出 $z_tF(k,n-v)$ 减去投资 $[k'-(1-\delta)k]$,再减去工资支出 w_tn。该企业要对第 $t+1$ 期往后的未来利润的现值用 q_{t+1} 贴现。对于资本来说,其一阶条件为 $q_{t+1}J_{kt+1}(n',k')=1$。运用这个一阶条件下,对于 k 的包络条件,$J_{kt}(n,k)=z_tF_{kt}+(1-\delta)$,可以得出

$$1=q_{t+1}[z_{t+1}F_{kt+1}+(1-\delta)] \tag{49}$$

企业在第 t 期要部署的招聘人员的数量的一阶条件为

$$z_tF_{nt}=\lambda_f(\theta_t)q_{t+1}J_{nt+1}(n',k') \tag{50}$$

利用招聘人员的一阶条件(50)中的 n 的包络条件

$$J_{nt}(n,k)=z_tF_n-w_t+[1-\delta_n]q_{t+1}J_{nt+1}(n',k'), \tag{51}$$

可以得到

$$J_{nt}(n,k)=z_tF_{nt}-w_t+[1-\delta_n]\frac{z_tF_n}{\lambda_f(\theta_t)} \tag{52}$$

由此,以当前的一个任意给定的工资 w 额外多雇用一名工人(而且他在未来各期都将获得均衡工资)的价值为

$$\widetilde{J}_{nt}(n,k,w)=w_t-w+J_{nt}(n_t,k_t)$$

工资是利用纳什讨价还价机制决定的，其中工人的讨价还价参数为 ϕ，而企业的讨价还价参数则为 $1-\phi$。讨价还价机制确定的工资 w 最大化了非对称纳什产品，即求解

$$\max_{w} \phi\log\left[\tilde{V}_{nt}(a_t,n_t,w)\right]+(1-\phi)\log\left[\tilde{J}_{nt}(k_t,n_t,w)\right]$$

其中，方括号中的第一项是家庭多拥有一名以任意工资 w 就业的成员（而不是失业者）的价值。一阶条件为

$$\phi\frac{\tilde{V}_{nwt}}{\tilde{V}_{nt}}+(1-\phi)\frac{\tilde{J}_{nwt}}{\tilde{J}_{nt}}=0$$

利用 $\tilde{V}_{nwt}(a_t,n_t,w)=U_{ct}$ 和 $\tilde{J}_{nwt}(k_t,n_t,w)=-1$，并在均衡 $w=w_t$ 处求解这个一阶条件使得 $\tilde{V}_{nt}=V_{nt}$ 且 $\tilde{J}_{nt}=J_{nt}$，就可以得出

$$\phi\frac{U_{ct}}{V_{nt}}=(1-\phi)\frac{1}{J_{nt}} \tag{53}$$

将方程式（53）中的 V_{nt} 和 V_{nt+1} 代入方程式（48）并用方程式（52）的右侧式子替换 J_{nt}，可以得到

$$\phi\left[\left(1+\frac{1-\delta_n}{\lambda_f(\theta_t)}\right)z_tF_{nt}-w_t\right]=(1-\phi)\left[w_t+\frac{U_{nt}}{U_{ct}}\right]+\phi\left[1-\delta_n-\lambda_w(\theta_t)\right]q_{t+1}J_{nt+1}$$

再用方程式（50）的招聘人员的一阶条件替换 J_{nt+1}，我们就可以求解均衡工资

$$w_t=\phi\left[1+\theta_t\right]z_tF_{nt}+(1-\phi)\left(-\frac{U_{nt}}{U_{ct}}\right) \tag{54}$$

在这里，雇用一个失业工人给公司带来的边际价值，包括这个工人生产的直接价值和他为招聘人员节省下来的时间价值。而工资则是这个边际价值与该家庭的消费与就业之间的边际替代率的加权平均值。将工资方程代入招聘人员的一阶条件（50），可以得出

$$z_tF_{nt}U_{ct}=\beta U_{ct+1}\lambda_{ft}\left\{z_{t+1}F_{nt+1}\left[1+\frac{1-\delta_n}{\lambda_{ft+1}}\right]-\phi\left[1+\theta_{t+1}\right]z_{t+1}F_{nt+1}+(1-\phi)\frac{U_{nt+1}}{U_{ct+1}}\right\}, \tag{55}$$

此时，规划者问题（42）中，招聘人员相对应的一阶条件可以变形为

$$z_tF_{nt}U_{ct}=\beta U_{ct+1}G_{1t}\left\{z_{t+1}F_{nt+1}\left[\frac{1-\delta_n}{G_{1t+1}}-\frac{G_{2t+1}}{G_{1t+1}}\right]+z_{t+1}F_{nt+1}+\frac{U_{nt+1}}{U_{ct+1}}\right\} \tag{56}$$

在匹配函数取标准的柯布–道格拉斯（Cobb-Douglas）形式的情况下，即，$G(v,1-n)=Bv^{1-\eta}(1-n)^{\eta}$，我们可以得到 $G_{1t}=(1-\eta)\lambda_{ft}$ 和 $G_{2t}=\eta\theta_t\lambda_{ft}$，它们使得方程式（56）变为

$$z_tF_{nt}U_{ct}=\beta U_{ct+1}\lambda_{ft}\left\{z_{t+1}F_{nt+1}\left[1+\frac{1-\delta_n}{\lambda_{ft+1}}\right]-\eta\left[1+\theta_{t+1}\right]z_{t+1}F_{nt+1}+(1-\eta)\frac{U_{nt+1}}{U_{ct+1}}\right\} \tag{57}$$

很显然，如果莫腾森–霍斯奥斯（Mortensen-Hosios）条件是满足的，那么这些一阶条件就是一致的（因为工人的讨价还价权重 ϕ 等于匹配函数相对于失业率 η 的弹性）。从而，我们可以将该规划问题的解分解为一个均衡，其工资为

$$w_t^p=\eta\left[1+\theta_t\right]z_tF_{nt}+(1-\eta)\left(-\frac{U_{nt}}{U_{ct}}\right) \tag{58}$$

注意到,即便是在有效均衡中,工资通常既不会等于劳动的边际产品 z_tF_{nt},也不会等于边际替代率 $-U_{nt}/U_{ct}$。此外,边际替代率也不会等于劳动的边际产品。这些结果表明,与单部门增长模型中使用的楔的概念相比,这里的楔有着不同的概念。为此,我们将均衡工资写为 $w_t = (1-\tau_{lt})w_t^p$,其中 w_t^p 是规划者的工资。这样一来,就有

$$1-\tau_{lt} = \frac{\phi[1+\theta_t]z_tF_{nt}+(1-\phi)\left(-\frac{U_{nt}}{U_{ct}}\right)}{\eta[1+\theta_t]z_tF_{nt}+(1-\eta)\left(-\frac{U_{nt}}{U_{ct}}\right)} \tag{59}$$

很显然,如果满足莫腾森–霍斯奥斯(Mortensen-Hosios)条件,那么楔 $\tau_{lt}=0$。

1.3.1.2 相应的具有效率楔和劳动楔的原型经济

考虑以下原型模型。在这个模型中,工人的讨价还价能力等于弹性 η,但是工人获得的工资需要缴纳个人所得税,工资税率为 τ_{lt},同时投资税率为 τ_{xt},生产率则由 $\hat{A}_t$ 给出。接下来,我们比较原型模型与均衡搜索模型的总体结果。从方程式(47)和方程式(49),我们马上可以推出,欧拉方程是未受扭曲的,因而使得投资楔 $\tau_{xt}=0$。根据生产函数 $y_t=A_tF(k_t,n_t-v_t)$,立即可以得到 $\hat{A}_t=A_t$。因此,我们有以下命题。

命题5:在原型经济中,如果效率楔由 $\hat{A}_t=A_t$ 给出,劳动楔 $1-\tau_{lt}$ 由方程式(59)给出,同时投资楔为0,那么均衡搜索经济中的总体配置与原型经济中的一致。

请注意,如果搜索是有效的,那么在两部门原型经济中,劳动楔为0。

2. 核算程序

证明了上述等价结果后,我们现在从概念上阐述我们的核算程序,说明如何利用马尔可夫方法来实现它,并将这种程序与其他核算程序区分开来。

我们的核算程序旨在回答以下问题:如果唯一波动的楔是效率楔,并且效率楔的概率分布与原型经济中相同,那么产出波动会有多大?最重要的是,我们的核算程序能够确保经济行为主体对效率楔的变化的预期与原型经济中的相同。对于每一个实验,我们都会将所得到的均衡与原型经济的均衡的性质进行比较。这些比较的基础上,再加上我们前面得到的等价结果,就能够确定哪些类型的具体经济最有希望。

2.1 概念层面的核算程序

请读者回想一下,状态 s^t 是基础抽象事件 s_t 的历史。现在假设,随机过程 $\pi_t(s^t)$ 和状态 s^t 在某些特定情况下的实现情况都是已知的。再回想一下,原型经济有一个基础(向量值)随机变量,即状态 s^t,它的概率为 $\pi_t(s^t)$。所有其他随机变量,包括四个楔——效率楔 $A_t(s^t)$、

劳动楔 $1-\tau_{lt}(s^t)$、投资楔 $1/[1+\tau_{xt}(s^t)]$，以及政府消费楔 $g_t(s^t)$——全都是这个随机变量的函数。因此，当状态 s^t 已知时，这些楔也是已知的。

例如，为了评估效率楔的影响，我们可以考虑这样一个经济——称之为仅有效率楔的经济——它具有与原型经济中相同的基础状态 s^t 和概率 $\pi_t(s^t)$，以及相同的效率楔函数 $A_t(s^t)$，同时把其他三个楔都设置为状态的常数函数，即：$\tau_{lt}(s^t)=\bar{\tau}_l$、$\tau_{xt}(s^t)=\bar{\tau}_x$ 以及 $g_t(s^t)=\bar{g}$。注意到，这样的模型建构能够确保该经济中效率楔的概率分布与原型经济中的概率分布相同。

我们计算了这个仅有效率楔的经济的决策规则，并用 $y^e(s^t)$、$l^e(s^t)$ 和 $x^e(s^t)$ 来表示。对于某个给定的初始值 k_0，相对于任何给定的 s^t 序列，我们将所得到的产出、劳动和投资的值，分别称为产出、劳动和投资的效率楔分量（efficiency wedge component）。

通过类似的过程，我们还可以定义仅有劳动楔的经济、仅有投资楔的经济和仅有政府消费楔的经济；当然也可以定义具有某种楔的组合的经济，比如说，具有效率楔和劳动楔的经济。

2.2 核算程序的马尔可夫实现

到目前为止，我们在描述核算程序时，先假设我们知道随机过程 $\pi_t(s^t)$，并假设我们可以观察到状态 s^t。但是在实际操作中，我们当然需要先验地指定某个随机过程，或者利用数据将它估计出来；而且我们还需要从数据中发现状态 s^t。在这里，我们先描述一组能够使这种估计变得更加容易进行的假设。然后我们再详细描述实施我们的核算程序所涉及的三个步骤。

我们假设状态 s^t 服从马尔可夫过程 $\pi(s_t|s_{t-1})$，并假设可以用第 t 期中的楔唯一地发现事件 s_t——从事件 s_t 到楔 $(A_t,\tau_{lt},\tau_{xt},g_t)$ 的映射是一对一的映射。给定这个假设，不失一般性，令基础事件 $s_t=(s_{At},s_{lt},s_{xt},s_{gt})$，并令 $A_t(s^t)=s_{At}$，$\tau_{lt}(s^t)=s_{lt}$，$\tau_{xt}(s^t)=s_{xt}$，$g_t(s^t)=s_{gt}$。需要注意的是，我们这样做实际上是假设经济行为主体只利用过去的楔去预测未来的楔，而且第 t 期的楔就构成了第 t 期的事件的充分统计量。这个假设的目的是使我们的估计更加容易一些，而且假设可以放宽。

在实际操作中，为了估计状态的随机过程，我们首先为事件 $s_t=(s_{At},s_{lt},s_{xt},s_{gt})$ 指定一个一阶向量自回归过程（AR(1)），其形式如下：

$$s_{t+1}=P_0+Ps_t+\varepsilon_{t+1}, \tag{60}$$

其中，冲击 ε_t 在时间上是独立同分布的（i.i.d），而且服从均值为 0、协方差矩阵为 V 的正态分布。为了确保我们对 V 的估计是正半定的，我们估计下三角矩阵 Q，其中 $V=QQ'$。矩阵 Q 没有构造解释。[试图对 Q 给出一个构造解释，恰恰是对我们的方法在概念上产生混乱的部分原因。这种尝试的一个例子，请参见，克里斯蒂亚诺和戴维斯（Christiano and Davis，2006 年）的论文。]

我们的程序的第一步是，使用来自实际经济的关于 y_t、l_t、x_t 和 g_t 的数据来估计马尔可夫

过程 $\pi(s_t|s_{t-1})$ 的参数。在估计的时候,我们可以采用各种各样的方法,包括稍后描述的最大似然法。

我们的程序的第二步是,通过测量实现的楔来发现事件。对于政府消费楔,我们可以直接用政府消费和净出口的数据和来测量。为了得到其他三个楔的值,我们不仅要利用有关数据,还要利用模型的决策规则。当我们用 y_t^d、l_t^d、x_t^d、g_t^d 和 k_0^d 表示数据,同时用 $y(s_t,k_t)$、$l(s_t,k_t)$ 和 $x(s_t,k_t)$ 表示模型的决策规则时,实现的楔的序列 s_t^d 就是以下方程的解:

$$y_t^d = y(s_t^d,k_t),\, l_t^d = l(s_t^d,k_t),\, \text{以及}\, x_t^d = x(s_t^d,k_t) \tag{61}$$

其中,$k_{t+1} = (1-\delta)k_t + x_t^d$,$k_0 = k_0^d$,以及 $g_t = g_t^d$。注意到,我们在这里实际上构建了一个资本存量序列——利用了资本积累规则(1)、投资数据 x_t,以及对资本存量的初始选择 k_0。事实上,我们是用方程式(3)—方程式(5)这三个方程解出了向量 s_t 的三个未知元素,从而揭示了该状态。我们在实验中使用了这些楔的相关值。

注意到,上述四个楔解释了产出、劳动、投资和政府消费的全部变动,这是因为,如果我们把这四个楔放到方程式(61)的三个决策规则中去,并利用 $g_t(s_t^d) = s_{gt}$ 以及资本运动规律,我们就能够直接重建原始数据。

同时还注意到,在测量已实现的那些楔时,估计出来的随机过程仅仅在测量投资楔时发挥作用。为了说明该随机过程在测量效率楔和劳动楔时不起作用,只需注意到,这些楔可以通过方程式(3)和方程式(4)直接计算出来,而用不着计算模型的均衡。相比之下,计算投资楔则需要计算模型的均衡,因为方程式(5)的右侧是对未来的消费的价值、资本存量和楔的预期。模型的均衡取决于这些期望,因此也就取决于驱动楔的随机过程。

我们的程序的第三步是通过实验来分离各种楔的边际效应。为了做到这一点,我们让楔的某个子集波动(像数据中的波动一样),同时保持其他子集不变。为了评估效率楔的效应,我们计算了仅有效率楔的经济中的决策规则,并将之表示为 $y^e(s_t,k_t)$、$l^e(s_t,k_t)$ 和 $x^e(s_t,k_t)$,其中 $A_t(s^t) = s_{At}$,$\tau_{lt}(s^t) = \bar{\tau}_l$,$\tau_{xt}(s^t) = \bar{\tau}_x$ 以及,$g_t(s^t) = \bar{g}$。我们从 k_0^d 开始,然后运用 s_t^d、决策规则和资本积累规则,计算出实现的产出、劳动和投资的序列 y_t^e、l_t^e 和 x_t^e。对于它们,我们分别称为产出、劳动和投资的有效楔分量。然后,我们拿这些分量与数据中的产出、劳动和投资相比。类似地,我们还计算和比较了其他分量。

需要注意的是,在这个"实验"中,我们计算的是这样的一个经济的决策规则:只有一个楔是会波动的,而其他楔则被设定为在所有事件发生时都不会变动。这样,那个楔的波动是由一个四维状态变量 s_t 的波动所驱动的。

通过将楔所索引的事件与楔本身区分开来,我们就可以分离楔波动的直接效应和预测效果了。当一个楔波动的时候,它或者直接影响预算约束,或者直接影响资源约束。只要一个楔不是设定为常数,那么导致楔波动的基础状态的波动就也会影响这个楔的预测以及其他楔将来的预测。我们的实验是这样设计的:当我们保持某个特定的楔不变时,就能消除这个楔的直接效应,同时我们又保留了基础状态对这个楔的未来演化的预测效应。这样一来,我们就确保了对波动的楔的预期与对原型经济中的楔的预期相同。

2.3　我们的核算程序与其他核算程序的区别

由于上面这种区分楔的直接效应和预测效应的方法对我们的核算程序至关重要,所以我们还要在这里将我们的程序与另一种程序作个简单对比。这种程序初看起来似乎非常符合直觉,但事实并不然,它不能回答我们感兴趣的问题。

考虑一个简单的例子。在一个经济中,只有两种楔:效率楔和劳动楔,我们将它们表示为 $W_t = (A_t, \tau_{lt})'$。假设,我们使用我们的原型模型来估计它们的以下矢量过程,其形式为 $W_{t+1} = PW_t + \varepsilon_{t+1}$,其中 $E\varepsilon_t \varepsilon_t' = V$:

$$\begin{bmatrix} A_{t+1} \\ \tau_{lt+1} \end{bmatrix} = \begin{bmatrix} P_{AA} & P_{Al} \\ P_{lA} & P_{ll} \end{bmatrix} \begin{bmatrix} A_t \\ \tau_{lt} \end{bmatrix} + \begin{bmatrix} \varepsilon_{At+1} \\ \varepsilon_{lt+1} \end{bmatrix}, \tag{62}$$

上式中我们压缩了常数项。再假设,我们有如下形式的决策规则:

$$y_t = y(W_t, k_t), l_t = l(W_t, k_t), \text{以及 } x_t = x(W_t, k_t), \tag{63}$$

而且我们已经重建了实现了的楔序列 W_t^d 以及实现了的新息序列 ε_{t+1}^d。

现在,假设我们试图回答这样一个问题:在以下三个条件下,输出的波动程度有多大? 第一个条件,只有效率楔会波动;第二,对于特定的事件,实现的效率楔的序列与数据中的一致;第三,效率楔的概率分布与原型经济中的相同。

对于这个问题,人们马上可以想到的第一种解决方法是,直接给事件反馈一个实现了的新息序列 $\hat{\varepsilon}_{t+1} = (\varepsilon_{At+1}^d, 0)$,并用下式来模拟由此得到的冲击:

$$\begin{bmatrix} \hat{A}_{t+1} \\ \hat{\tau}_{lt+1} \end{bmatrix} = \begin{bmatrix} P_{AA} & P_{Al} \\ P_{lA} & P_{ll} \end{bmatrix} \begin{bmatrix} \hat{A}_t \\ \hat{\tau}_{lt} \end{bmatrix} + \begin{bmatrix} \varepsilon_{At+1}^d \\ 0 \end{bmatrix} \tag{64}$$

这种尝试符合我们上面说的第一个条件,但是如果 P 或 V 具有非零的非对角线元素(我们证明,在数据中确实如此),那么就不符合我们的第二个条件。事实上,当存在非零的非对角线元素时,这个程序甚至不能完全生成与 A_t^d 一致的模拟的 $\hat{A}_t$ 序列。此外,这种尝试也显然不符合我们的第三个条件。

第二种解决方法是,假设我们能够选择适当的新息序列,使前两个条件得到满足。这也就是说,我们选择序列 $\{\hat{\varepsilon}_{t+1}\}$,使得在该事件发生时,效率楔的实现值与数据中的实现值一致,同时劳动楔则保持恒定——例如等于其平均值 $\bar{\tau}_l$。具体来说,我们选择 $\{\hat{\varepsilon}_{t+1}\}$,使得在该事件发生时,$(\hat{A}_t, \hat{\tau}_{lt}) = (A_t^d, \bar{\tau}_l)$。但是这种程序也有问题,那就是,经济行为主体关于未来的效率楔的预测不同于他们在原型经济中的预测。因此,这种程序虽然满足了我们上面说的前两个条件,但是却不符合第三个条件。要理解这一点,只需注意到,在这个程序中 A_{t+1} 的期望值是由下式给定的:

$$E_t \begin{bmatrix} A_{t+1} \\ \tau_{lt+1} \end{bmatrix} = \begin{bmatrix} P_{AA} & P_{Al} \\ P_{lA} & P_{ll} \end{bmatrix} \begin{bmatrix} A_t^d \\ \bar{\tau}_l \end{bmatrix},$$

使得

$$E_t A_{t+1} = P_{AA} A_t^d + P_{Al} \bar{\tau}_l \text{ 以及 } E_t \tau_{t+1} = P_{lA} A_t^d + P_{ll} \bar{\tau}_l \qquad (65)$$

然而,在原型经济中,状态 s_{t+1} 的期望则是由下式计算出来的:

$$E_t \begin{bmatrix} s_{At+1} \\ s_{lt+1} \end{bmatrix} = \begin{bmatrix} P_{AA} & P_{Al} \\ P_{lA} & P_{ll} \end{bmatrix} \begin{bmatrix} s_{At}^d \\ s_{lt}^d \end{bmatrix}, \qquad (66)$$

该期望使得

$$E_t s_{At+1} = P_{AA} s_{At}^d + P_{Al} s_{lt}^d \text{ 以及 } E_t s_{lt+1} = P_{lA} s_{At}^d + P_{ll} s_{lt}^d \qquad (67)$$

由于我们认为 s_{At+1} 与 A_{t+1} 一致、s_{lt+1} 与 τ_{lt+1} 一致,所以方程式(67)给出了事件发生时原型经济中的关于效率楔和劳动楔的期望。很显然,当 P_{Al} 不为零时,方程式(65)与方程式(67)是不相符的,所以这种程序不符合我们的第三个条件。注意到,在沙里等人(Chari et al.,2006)的一些初步说明中,虽然我们已经意识到了第二种尝试的缺陷,但是我们还是将这种方法作为一种快速近似,以便尽快得到一组初步的结果。不幸的是,克里斯蒂亚诺和戴维斯(Christiano and Davis,2006)没有意识到这一点,尽管在我们的美国国家经济研究局(NBER)工作论文中就已经采用了正确的程序。我们认为,克里斯蒂亚诺和戴维斯这篇论文(Christiano and Davis,2006)的价值就在于,它告诉了我们为什么第三种尝试是不正确的和有哪些缺陷。

接下来,我们就来证明我们的程序符合上面三个条件。在仅有效率楔的经济中,我们的程序显然符合前两个条件:只有效率楔会波动,而且实现的效率楔与数据中测量到的效率楔一致。为了证明它也满足第三个条件(第三个条件更加微妙),只需注意到,从方程式(60)可以看出,s_{t+1} 上的概率分布在原型经济中与仅有效率楔的经济中是一样的,因而在 A_{t+1} 上的概率分布也是相同的。

3. 核算程序的应用

现在我们通过实例详细说明如何将我们的核算程序应用于美国和一些其他经济合作与发展组织国家的大衰退数据和战后数据。(在附录中,我们详细介绍了数据的来源、参数选择、计算方法和估计程序。)

3.1 应用核算程序的细节

在应用我们的核算程序的时候,我们使用了商业循环文献中人们熟悉的函数形式和参数值。我们假设生产函数的形式为 $F(k,l) = k^\alpha l^{1-\alpha}$,效用函数的形式为 $U(c,l) = \log c + \psi \log(1-l)$。我们选择的资本份额 α 为 $1/3$,时间配置参数为 $\psi = 2.5$。我们对折旧率 δ、贴现因子 β,以及增长率 γ 和 γ_n 的选择标准是:使得按年度计,折旧率为 5%、时间偏好率为 2.5%,人口增长率和技术增长率是随国家而异的——我们将用经济合作与发展组织各成员国的数据计算出来。调整成本参数 $b=\delta+\gamma+\gamma_n$ 是由先前的参数固定的,并且在不同国家之间各不相同。而对于另一个调整成本参数 a,我们沿用了伯南克等人(Bernanke et al.,1999)对这个参数的选择,即,使得资本价格相对于投资-资本比率的弹性 η 为 0.25。在这种设定下,由于资本价格 $q=1/(1-\phi')$,因而在稳定状态下可以求得 $\eta=ab$。给定 η 和 b,我们相应地确定 a 的值。

我们的原型经济是封闭的经济。为此,在处理数据时,我们让模型中的政府消费与数据中的政府消费和净出口的总额相对应。至于这种做法的理由,沙里等人(Chari et al.,2005年)已经给出了详细的说明。(在那里,我们证明了开放经济模型与封闭经济模型之间的等价结果,其中的政府消费就是以这种方式处理的。)然后,我们用标准最大似然方法估计了各种楔的一阶向量自回归过程 AR(1)的参数 P_0、P 和 V。在估计过程中,我们使用了原型经济的对数线性决策规则和关于产出、劳动、投资以及政府消费和净出口总额的数据。

在试图匹配理论和数据时,我们还需要决定如何处理耐用消费品和销售税。在概念层面上,我们可以把当期在耐用消费品上的支出视为增加耐用消费品的存量,而由后者为消费者提供消费服务流量。根据这个想法,我们将当期消费耐用消费品的支出从消费转移到了投资上。然后,我们再将从耐用消费品存量中估算出来的服务流量加到消费和产出上。这个估算服务流量是按资本的租金率乘以耐用品存量来计算的。我们假设耐用消费品的存量与实物资本存量以相同的速率贬值。同样地,我们也调整了数据来解释销售税。我们假设销售税仅仅对消费征收。根据这个假设,我们从消费和测量出来的产出中都减去了销售税。

而在实际操作的层面上,事实是,虽然美国的国民收入和生产账户(NIPA)给出了 1980年第 1 季度至 2014 年第 4 季度的耐用消费品支出季度数据,但是经济合作与发展组织其他成员国的数据却相当有限。对于我们的样本中的某些国家,或者只有年度数据,或者数据完全缺失。对于只有年度数据的那些国家,我们用估计值补充了季度数据(方法是通过对一个状态空间模型进行最大似然估计)。对于那些只有子样本季度数据的国家,我们先运行了耐用消费品对投资和产出的回归,然后用得到的相关系数构建了缺失数据的估计值。在得到了耐用消费品季度序列后,我们再使用永续盘存法构建了资本存量的估计值,并假设耐用品的服务流量为耐用品存量的 4%。(更多的具体细节,请参见附录。)

我们的所有变量均以人均形式表示,并用 GDP 平减指数进行了去通货膨胀处理。然后,在去除了每个国家特定的产出、投资和政府消费的趋势之后,我们估计了每个经济合作与发展组织成员国的各个楔的随机过程(方程式(60))的参数集。而对于其他参数,所有国家都是一样的。大衰退的随机过程参数是用 1980 年第 1 季度至 2014 年第 4 季度的季度数据估计的。在这些参数值确定之后,经济中的行为主体就用随机过程(方程式(60))来形成对未来的楔的预期。在附录中,我们按不同国家给出了这个随机过程的估计值的所有细节。

3.2 结果

现在我们要描述将我们的核算程序应用于经济合作与发展组织国家的大衰退和 1982 年经济衰退之后得到的结果。在这里,我们主要关注的是各国经济因效率楔、劳动楔和投资楔而出现的波动。①

3.2.1 大衰退

在本小节中,我们将讨论我们的核算程序应用于 24 个经济合作与发展组织国家后得到的结果。最主要的发现是,对于经济衰退的解释作用,在美国,劳动楔是最重要的;在西班牙、爱尔兰和冰岛,投资楔是最重要的;在其他国家,效率楔是最重要的。

3.2.1.1 通过三个国家的衰退来分别说明各种楔

在本小节中,我们以三个国家为例来说明。在这三个国家的经济衰退过程中,效率楔、劳动楔和投资楔度分别发挥了最重要的作用。在报告研究结果时,我们先去除了每个国家特定的产出、投资和政府消费的趋势。我们以 2008 年第 1 季度为基准期间,并将基准期间的产出和劳动均归一化为 100。在这里,我们主要关注效率楔、劳动楔和投资楔的波动情况。至于政府消费楔及其各分量的波动,我们将在附录中讨论。

3.2.1.1.1 法国:经济衰退的主因是效率楔

我们从法国开始讨论。在图 1A 中,我们可以看到,从 2008 年第 1 季度到 2009 年第 3 季度,法国的产出下降了大约 7%,同时劳动下降了大约 3%,投资下降了大约 18%。在图 1B 中,我们看到,效率楔大约下降了 5%,劳动楔下降了大约 1%,而投资楔则下降了 5% 左右。在图 1C 中,我们看到,效率楔的下降是产出下降的主要原因,即,效率楔可以解释产出 7% 的降幅中 6% 左右的降幅。图 1D 和图 1E 表明,效率楔和投资楔在解释劳动和投资的下降方面发挥着最主要的作用。

总的来说,这些结果意味着,我们应该把法国的大衰退视为一个效率楔型衰退:效率楔发挥了主导作用,劳动楔和投资楔则可以部分地解释劳动力和投资的下降。这个发现意味着,强调法国劳动楔的波动的模型不如强调效率楔和投资楔的波动的模型有。

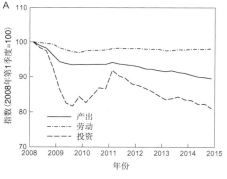
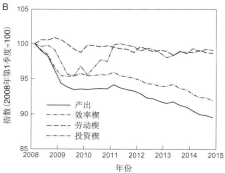

---

① 但是,我们在这里必须提醒读者,对于西班牙的量化结果应该谨慎对待。在对于西班牙的一些稳健性分析中,我们发现,可以直接从消费者的一阶条件(式(4))计算出非线性的劳动楔,而且这个非线性的劳动楔的波动比用我们用对数线性化程序计算出现的劳动楔大得多。

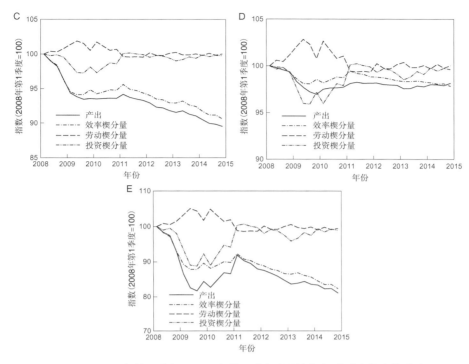

图 1 （A）2008 年第 1 季度至 2014 年第 4 季度法国的产出、劳动和投资的波动；

（B）2008 年第 1 季度至 2014 年第 4 季度法国的产出和三个楔；

（C）2008 年第 1 季度至 2014 年第 4 季度法国的产出和产出的各个分量；

（D）2008 年第 1 季度至 2014 年第 4 季度法国的劳动和劳动的各个分量；

（E）2008 年第 1 季度至 2014 年第 4 季度法国的投资和投资的各个分量

3.2.1.1.2 美国：经济衰退的主因是劳动楔

接下来考虑美国。如图 2A 所示，我们看到，从 2008 年第 1 季度到 2009 年第 3 季度，产出和劳动都下降了大约 7％，投资则下降了大约 23％。在图 2B 中，我们看到，效率楔的下降幅度只有大约 1％，而劳动楔和投资楔则分别急剧下降了大约 8％和大约 9％。在图 2C—图 2E 中，我们看到，劳动楔和投资楔在解释产出和劳动的下滑方面发挥着最主要的作用，而投资楔则可以解释大部分投资下滑的原因。

总体而言，考虑从 2008 年初至 2011 年底这整个时期，这些结果意味着，我们应该将美国的大衰退视为是劳动楔为主因的经济衰退，而投资楔则起着第二重要的作用。这个发现还意味着，最有前景的模型必定是那些劳动楔有显著波动、投资楔有一些作用的模型。强调效率楔的模型则不太有前景。①

---

① 在附录中，我们证明，如果我们估计的是 1948 年到 2015 年的各种楔的随机过程，那么劳动楔的贡献率还会增加，同时投资楔的贡献率则会下降。如果我们调低投资调整成本参数，也会出现类似的变化。

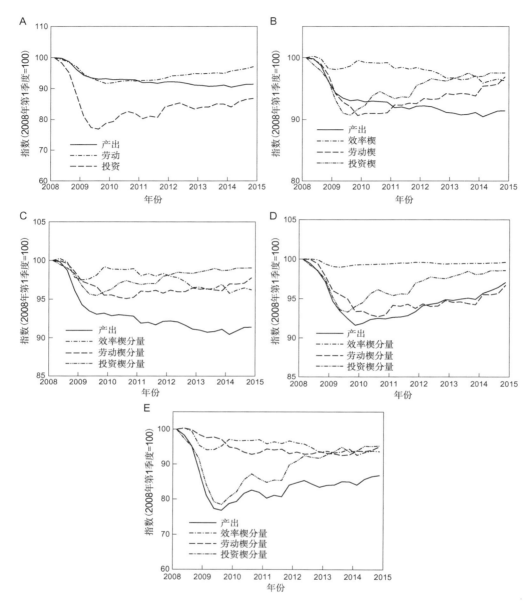

图 2 (A)2008 年第 1 季度至 2014 年第 4 季度美国的产出、劳动和投资的波动;

(B)2008 年第 1 季度至 2014 年第 4 季度美国的产出和三个楔;

(C)2008 年第 1 季度至 2014 年第 4 季度美国的产出和产出的各个分量;

(D)2008 年第 1 季度至 2014 年第 4 季度美国的劳动和劳动的各个分量;

(E)2008 年第 1 季度至 2014 年第 4 季度美国的投资和投资的各个分量

3.2.1.1.3　爱尔兰:经济衰退的主因是投资楔

最后,我们来考虑爱尔兰。在图 3A 中,我们看到从 2008 年第 1 季度至 2009 年第 3 季度,爱尔兰的产出下降了 13% 左右,劳动下降了 11% 左右,投资下降了接近 50%。在图 3B

中，我们看到，在同一个期间，效率楔下降了大约 5％，劳动楔下降了 10％左右，而投资楔更是大幅度下降，即下降了大约 20％。

在图 3C 至图 3E 中，我们看到，投资楔扮演了最重要的角色：它可以解释一半左右产出下降的原因、大约五分之四投资下降的原因，以及全部劳动下降的原因。总的来说，这些结果意味着爱尔兰的大衰退应该被认为主要是投资楔导致的经济衰退。

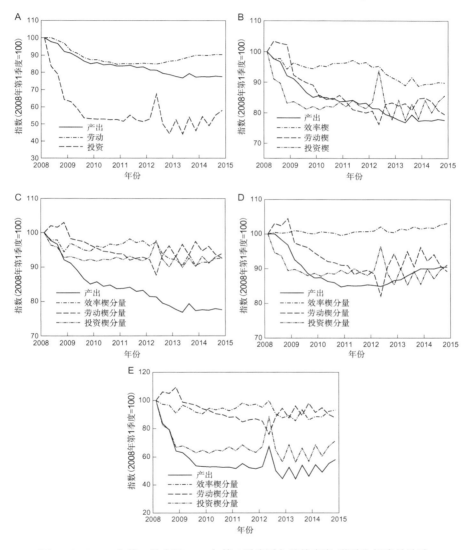

图 3　（A）2008 年第 1 季度至 2014 年第 4 季度爱尔兰的产出、劳动和投资的波动；
（B）2008 年第 1 季度至 2014 年第 4 季度爱尔兰的产出和三个楔；
（C）2008 年第 1 季度至 2014 年第 4 季度爱尔兰的产出和产出的各个分量；
（D）2008 年第 1 季度至 2014 年第 4 季度爱尔兰的劳动和劳动的各个分量；
（E）2008 年第 1 季度至 2014 年第 4 季度爱尔兰的投资和投资的各个分量

3.2.1.2 经济合作与发展组织成员国的汇总统计量

在前面,我们描述了法国、美国和爱尔兰这三个国家的大衰退情况。在本小节中,我们要描述经济合作与发展组织国家在 2008 年第 1 季度至 2011 年第 3 季度的各个汇总统计量。其中有一个汇总统计量,即通常所称的,"ϕ 统计量"(ϕ statistic),目标是捕获某个特定分量(比如说,产出中的效率楔)追踪基础变量(比如说,产出)的密切程度。对于我们对产出的分解,我们令

$$\phi_i^Y = \frac{1/\sum_t (r_t - r_{it})^2}{\sum_j \sum_t (1/(r_t - r_{jt})^2)},$$

其中,y_{it} 是归因于楔 $i = (A, \tau_l, \tau_x, g)$ 的产出分量。对于劳动和投资,我们也可以计算出类似的统计量。ϕ 统计量有一个非常理想的特征:它位于区间 $[0,1]$ 之内,而且所有四个楔的该统计量总和等于 1。另外,当某个特定的产出分量完美地追踪了产出时,也就是说,如果对于所有的 t,都有 $(y_t - y_{it}) = 0$,则 $\phi_i^Y = 1$,即,对于这个楔,ϕ 统计量达到了最大值 1。同时注意到,这个统计量是适当缩放后的每个楔的均方误差的倒数——从而使得所有楔的该统计量之和等于 1。

接下来描述我们的主要发现。在图中 4A 中,我们显示了产出的效率楔分量和劳动楔分量的 ϕ 统计量。图中向下倾斜的两条直线分别代表劳动楔分量和效率楔分量的贡献率之和,分别为 70% 和 90% 的组合。从图 4 可以清楚地看出,美国与其他国家相比,一个非常显著的不同之处在于,在美国,劳动楔能够解释的产出变动的份额比其他任何一个国家都要大得多。具体地说,在美国,劳动楔可以解释产出变动的 46% 左右,而在其他任何国家都不超过 22%。在除了冰岛、爱尔兰、新西兰和西班牙、美国之外的所有其他国家,效率楔大约可以解释产出变动的 50% 以上。在表 1 中,我们展示了所有国家的产出、劳动和投资的分解结果。从表 1 我们可以看出,在冰岛、爱尔兰、新西兰和西班牙,投资楔分别可以解释 51%、48%、42% 和 82% 的产出变动。在图 4 的其他子图中,我们还分别列出了劳动分量和投资分量的 ϕ 统计量。

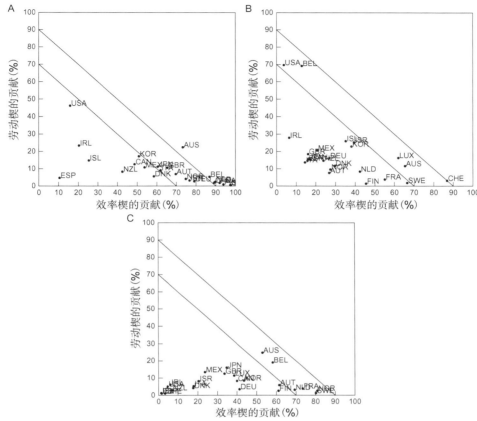

图 4　（A）产出的分解：2008 年第 1 季度至 2011 年第 3 季度；
（B）劳动的分解：2008 年第 1 季度至 2011 年第 3 季度；
（C）投资的分解：2008 年第 1 季度至 2011 年第 3 季度

如果我们用其他方法来衡量给定的楔对于产出、劳动和投资的变动有多重要，我们得出的主要结果也仍然显著成立。我们将它们的产出、劳动和投资从峰顶到谷底的降幅与每个分量的对应度量进行了比较。在表 2A、表 2B 和表 2C 中，我们列出了所有国家的这些度量。仔细阅读这几张表，不难看出它们给出了与前述 ϕ 统计量相同的信息。例如，考虑法国的情况，ϕ 统计量表明，效率楔解释了产出变动的大部分，即，解释了产出降幅的大约 92%。而从峰顶到谷底的度量则表明，效率楔也解释了峰顶到谷底的降幅的绝大部分，即解释了 6.5% 当中的 5.9%（或降幅的大约 91%）。

表 1 大衰退期间产出、劳动和投资分量的 φ 统计量

国家	产出分量			劳动分量			投资分量		
	ϕ_A^Y	$\phi_{\tau l}^Y$	$\phi_{\tau x}^Y$	ϕ_A^L	$\phi_{\tau l}^L$	$\phi_{\tau x}^L$	ϕ_A^X	$\phi_{\tau l}^X$	$\phi_{\tau x}^X$
澳大利亚	0.73	0.22	0.02	0.65	0.12	0.13	0.53	0.25	0.04
奥地利	0.70	0.07	0.11	0.27	0.08	0.19	0.61	0.06	0.21
比利时	0.87	0.05	0.05	0.13	0.69	0.14	0.58	0.19	0.15
加拿大	0.49	0.13	0.18	0.17	0.15	0.32	0.40	0.08	0.47
丹麦	0.58	0.06	0.30	0.30	0.12	0.47	0.18	0.04	0.72
芬兰	0.94	0.01	0.03	0.46	0.01	0.07	0.61	0.03	0.30
法国	0.92	0.02	0.04	0.55	0.04	0.30	0.73	0.04	0.17
德国	0.79	0.03	0.12	0.27	0.16	0.33	0.41	0.04	0.50
冰岛	0.25	0.15	0.51	0.35	0.26	0.27	0.01	0.01	0.95
爱尔兰	0.20	0.23	0.48	0.06	0.28	0.62	0.06	0.06	0.82
以色列	0.77	0.03	0.16	0.39	0.25	0.08	0.20	0.08	0.60
意大利	0.62	0.09	0.22	0.14	0.14	0.64	0.18	0.05	0.74
日本	0.60	0.11	0.15	0.16	0.16	0.45	0.35	0.16	0.32
韩国	0.51	0.17	0.18	0.38	0.23	0.16	0.44	0.09	0.34
卢森堡	0.97	0.01	0.01	0.62	0.16	0.15	0.39	0.11	0.07
墨西哥	0.54	0.11	0.28	0.21	0.21	0.49	0.24	0.13	0.51
荷兰	0.90	0.02	0.05	0.42	0.08	0.25	0.69	0.03	0.24
新西兰	0.42	0.08	0.42	0.24	0.15	0.51	0.07	0.03	0.86
挪威	0.75	0.04	0.05	0.27	0.10	0.23	0.81	0.03	0.05
西班牙	0.11	0.05	0.82	0.16	0.15	0.62	0.02	0.01	0.96
瑞典	0.98	0.00	0.01	0.67	0.02	0.17	0.80	0.01	0.17
瑞士	0.89	0.02	0.07	0.87	0.03	0.03	0.03	0.01	0.94
英国	0.65	0.11	0.15	0.16	0.19	0.55	0.34	0.13	0.42
美国	0.16	0.46	0.32	0.04	0.70	0.25	0.05	0.05	0.88
平均	0.64	0.09	0.20	0.33	0.19	0.31	0.36	0.07	0.48

表 2A 大衰退期间产出及其各分量从峰顶到谷底的降幅

国家	期间终点	产出及其各分量的变动			
		ΔY	ΔY_A	ΔY_{τ_l}	ΔY_{τ_x}
澳大利亚	2011 年第 1 季度	-5.6	-5.6	-2.0	0.7
奥地利	2010 年第 1 季度	-9.2	-6.2	3.3	-4.7
比利时	2010 年第 1 季度	-7.4	-5.8	-2.3	-0.1
加拿大	2009 年第 3 季度	-6.5	-3.2	0.0	-2.1
丹麦	2009 年第 4 季度	-9.9	-6.9	1.4	-5.3
芬兰	2010 年第 1 季度	-14.1	-12.5	4.2	-3.3
法国	2009 年第 3 季度	-6.5	-5.9	1.5	-2.8
德国	2009 年第 2 季度	-8.6	-7.2	2.3	-3.5
冰岛	2011 年第 1 季度	-14.3	-4.6	2.2	-15.5
爱尔兰	2009 年第 4 季度	-14.9	-5.3	-3.6	-7.7
以色列	2009 年第 2 季度	-4.8	-3.3	-1.6	-0.8
意大利	2010 年第 1 季度	-10.5	-6.7	-0.7	-3.5
日本	2009 年第 1 季度	-10.0	-8.3	-0.4	0.4
韩国	2009 年第 2 季度	-7.4	-6.1	4.5	-5.6
卢森堡	2009 年第 4 季度	-15.6	-16.5	1.2	5.9
墨西哥	2009 年第 2 季度	-5.4	-4.7	0.5	-2.0
荷兰	2010 年第 3 季度	-8.5	-7.4	1.2	-2.3
新西兰	2010 年第 4 季度	-7.6	-5.3	-0.2	-2.2
挪威	2011 年第 2 季度	-11.9	-8.8	1.1	0.5
西班牙	2013 年第 4 季度	-19.7	-9.2	-0.6	-10.8
瑞典	2009 年第 4 季度	-10.5	-9.5	2.9	-2.7
瑞士	2009 年第 2 季度	-5.7	-5.7	3.3	-4.8
英国	2012 年第 2 季度	-14.8	-10.3	0.1	-2.9
美国	2009 年第 3 季度	-7.0	-1.9	-3.4	-4.5
平均		-9.9	-7.0	0.6	-3.3

注:所有国家的峰顶日期均为 2008 年第 1 季度。

表 2B　大衰退期间劳动及其各分量从峰顶到谷底的降幅

国家	期间终点	劳动及其各分量的变动			
		ΔL	ΔL_A	ΔL_{τ_l}	ΔL_{τ_x}
澳大利亚	2011 年第 1 季度	-0.5	-1.0	-3.1	1.1
奥地利	2010 年第 1 季度	-4.9	-1.3	5.0	-7.0
比利时	2010 年第 1 季度	-3.2	-0.8	-3.4	-0.1
加拿大	2009 年第 3 季度	-5.7	-0.7	0.0	-3.1
丹麦	2009 年第 4 季度	-5.3	-1.1	2.2	-7.9
芬兰	2010 年第 1 季度	-2.9	-1.3	6.3	-4.9
法国	2009 年第 3 季度	-2.8	-1.9	2.3	-4.1
德国	2009 年第 2 季度	-3.6	-2.0	3.5	-5.2
冰岛	2011 年第 1 季度	-9.1	1.0	3.4	-22.4
爱尔兰	2009 年第 4 季度	-12.6	0.0	-5.3	-11.3
以色列	2009 年第 2 季度	-1.6	0.1	-2.3	-1.3
意大利	2010 年第 1 季度	-5.2	-0.5	-1.0	-5.1
日本	2009 年第 1 季度	-3.4	-1.2	-0.6	0.6
韩国	2009 年第 2 季度	-2.9	-1.7	6.8	-8.3
卢森堡	2009 年第 4 季度	3.7	0.0	1.7	9.0
墨西哥	2009 年第 2 季度	-2.5	-1.1	0.7	-3.0
荷兰	2010 年第 3 季度	-1.1	-0.5	1.9	-3.4
新西兰	2010 年第 4 季度	-3.3	-1.2	-0.3	-3.3
挪威	2011 年第 2 季度	-3.3	1.0	1.7	0.8
西班牙	2013 年第 4 季度	-14.8	-3.7	-0.8	-15.7
瑞典	2009 年第 4 季度	-3.2	-2.0	4.3	-4.1
瑞士	2009 年第 2 季度	-1.2	-1.3	5.1	-7.1
英国	2012 年第 2 季度	-3.8	-1.0	0.1	-4.2
美国	2009 年第 3 季度	-7.5	-0.9	-5.0	-6.7
平均		-4.2	-1.0	1.0	-4.9

注：所有国家的峰顶日期均为 2008 年第 1 季度。

表 2C　大衰退期间投资及其各分量从峰顶到谷底的降幅

国家	期间终点	投资及其各分量的变动			
		ΔX	ΔX_A	ΔX_{τ_l}	ΔX_{τ_x}
澳大利亚	2011 年第 1 季度	−13.0	−9.8	−3.5	3.1
奥地利	2010 年第 1 季度	−19.6	−10.2	8.4	−16.2
比利时	2010 年第 1 季度	−21.8	−11.9	−10.1	−0.3
加拿大	2009 年第 3 季度	−13.9	−7.0	−0.1	−9.7
丹麦	2009 年第 4 季度	−33.1	−14.7	5.0	−23.8
芬兰	2010 年第 1 季度	−23.9	−19.7	8.2	−12.6
法国	2009 年第 3 季度	−18.3	−12.2	4.4	−11.2
德国	2009 年第 2 季度	−19.9	−14.2	4.6	−14.5
冰岛	2011 年第 1 季度	−56.6	−4.6	6.5	−55.0
爱尔兰	2009 年第 4 季度	−46.9	−9.5	−5.9	−35.3
以色列	2009 年第 2 季度	−14.9	−5.6	−4.8	−4.1
意大利	2010 年第 1 季度	−18.4	−9.6	−2.2	−12.7
日本	2009 年第 1 季度	−15.4	−13.1	−2.2	1.7
韩国	2009 年第 2 季度	−23.2	−9.8	9.0	−20.5
卢森堡	2009 年第 4 季度	−13.2	−28.2	−2.7	30.2
墨西哥	2009 年第 2 季度	−18.3	−8.7	−0.4	−9.7
荷兰	2010 年第 3 季度	−16.6	−13.4	4.2	−10.0
新西兰	2010 年第 4 季度	−16.7	−9.8	1.5	−9.9
挪威	2011 年第 2 季度	−16.6	−14.4	4.5	2.0
西班牙	2013 年第 4 季度	−47.9	−17.8	2.2	−38.9
瑞典	2009 年第 4 季度	−21.8	−21.4	8.4	−12.7
瑞士	2009 年第 2 季度	−18.7	−10.4	8.6	−21.8
英国	2012 年第 2 季度	−28.0	−17.5	−1.5	−12.7
美国	2009 年第 3 季度	−23.2	−4.9	−3.0	−21.6
平均		−23.3	−12.4	1.6	−13.2

注：所有国家的峰顶日期均为 2008 年第 1 季度。

3.2.2　大衰退与 20 世纪 80 年代初的经济衰退的比较

在第二次世界大战结束后，有两个时期，大部分发达经济体都在基本上相同的时间上出现了经济衰退，那就是 20 世纪 80 年代初的经济衰退和 2008 年之后的"大衰退"。

在前面，当我们讨论法国、美国和爱尔兰这三个国家的经济衰退时，在这里，我们将 20 世纪 80 年代初的经济衰退与大衰退进行比较。对于美国，我们使用美国国家经济研究局（NBER）公布的的商业周期日期；对于经济合作与发展组织的其他国家，如果可能，我们就使用美国经济周期研究所（ECRI）估计的商业周期日期，不然就使用经济政策研究中心

(CEPR)的欧元区商业周期日期。对于这两个经济衰退时期,我们都使用了根据1980年至2014年期间的数据估计出来的楔的随机过程(具体细节详见附录)。

如图5A所示,我们比较了两个经济衰退期的产出的效率楔分量的ϕ统计量。图5A表明,对于大多数国家来说,效率楔在大衰退期间所发挥的作用要比在20世纪80年代的经济衰退期间大得多。在图5B中,我们比较了两个经济衰退期的产出的劳动分量的ϕ统计量。图5B表明,在大衰退期间,只有在美国,劳动楔能够解释产出波动的40%以上;而在1982年的经济衰退中,劳动楔只有在比利时、英国和法国能够解释产出波动的40%以上。

如图5C所示,我们比较了两个衰退期的产出的投资楔分量的ϕ统计量。图5C表明,在大多数国家,投资楔在20世纪80年代的经济衰退中比在大衰退期间发挥了更大的作用。

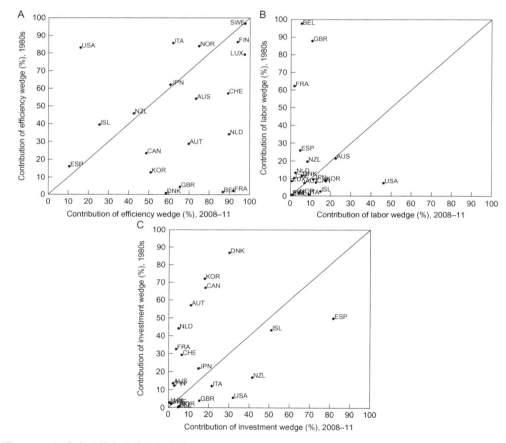

图5　(A)两次衰退的产出的效率分量;(B)两次衰退的产出的劳动分量;(C)两次衰退的产出的投资分量

在表3中,我们列出了1982年经济衰退的ϕ统计量。这个表格告诉我们,效率楔对十个国家最为重要、劳动楔对三个国家最为重要、投资楔对七个国家最为重要。与表1一起,表3有力地强化了两个主要的比较结果。首先,劳动楔在大衰退中仅仅在美国发挥了重要作用,而在1982年的经济衰退中,劳动楔仅在比利时、法国和英国起到了主导作用。其次,对于大多数国家来说,效率楔在大衰退期间发挥的作用比在20世纪80年代的经济衰退中更加重要,而投资楔在大衰退期间发挥的作用与20世纪80年代的经济衰退相比不那么重要。

表 3　1982 年经济衰退期间产出、劳动和投资分量的 φ 统计量

国家	产出分量			劳动分量			投资分量		
	ϕ_A^Y	$\phi_{\tau_l}^Y$	$\phi_{t_x}^Y$	ϕ_A^L	$\phi_{\tau_l}^L$	$\phi_{\tau_x}^L$	ϕ_A^X	$\phi_{\tau_l}^X$	$\phi_{\tau_x}^X$
澳大利亚	0.54	0.22	0.14	0.22	0.39	0.23	0.43	0.18	0.24
奥地利	0.29	0.07	0.57	0.19	0.13	0.59	0.04	0.02	0.91
比利时	0.01	0.98	0.00	0.09	0.82	0.03	0.04	0.91	0.01
加拿大	0.23	0.08	0.67	0.11	0.07	0.82	0.13	0.04	0.80
丹麦	0.01	0.12	0.87	0.02	0.28	0.68	0.01	0.02	0.96
芬兰	0.86	0.01	0.12	0.87	0.06	0.02	0.01	0.01	0.94
法国	0.02	0.62	0.33	0.07	0.63	0.25	0.04	0.10	0.82
冰岛	0.40	0.03	0.43	0.41	0.11	0.07	0.13	0.03	0.77
意大利	0.86	0.01	0.12	0.97	0.01	0.01	0.10	0.02	0.85
日本	0.62	0.10	0.22	0.15	0.15	0.62	0.29	0.13	0.47
韩国	0.13	0.09	0.72	0.09	0.12	0.72	0.02	0.02	0.94
卢森堡	0.79	0.09	0.03	0.05	0.72	0.01	0.73	0.02	
荷兰	0.34	0.13	0.44	0.13	0.28	0.50	0.03	0.01	0.94
新西兰	0.46	0.20	0.17	0.22	0.47	0.09	0.17	0.06	0.61
挪威	0.84	0.01	0.01	0.66	0.23	0.07	0.11	0.34	0.10
西班牙	0.16	0.26	0.50	0.12	0.28	0.54	0.04	0.04	0.90
瑞典	0.97	0.01	0.02	0.85	0.04	0.06	0.52	0.05	0.34
瑞士	0.57	0.10	0.29	0.22	0.59	0.16	0.04	0.03	0.92
英国	0.04	0.88	0.04	0.06	0.85	0.05	0.17	0.49	0.15
美国	0.83	0.07	0.06	0.21	0.54	0.19	0.64	0.14	0.15
平均	0.42	0.22	0.29	0.28	0.33	0.30	0.17	0.16	0.59

　　在表 4A—表 4C 中,我们报告了 1982 年经济衰退的峰顶-谷底结果。将表 3 与表 4A—表 4C 作一对比,就不难发现峰顶-谷底结果所揭示的信息与 φ 统计量揭示的信息相同。如果我们进一步将分别根据产出的 φ 统计量与产出的峰顶-谷底降幅得出的每个国家最重要的楔加以比较,就会发现除了三种特殊的情形之外,它们都是一致的。

表 4A　1982 年经济衰退期间产出及其分量从峰顶至谷底的降幅

国家	峰顶时间	谷底时间	产出及其各分量的变动			
			ΔY	ΔY_A	ΔY_{τ_l}	ΔY_{τ_x}
澳大利亚	1981 年第 3 季度	1983 年第 2 季度	−10.4	−5.9	−1.4	−3.6
奥地利	1980 年第 1 季度	1983 年第 1 季度	−7.2	−2.0	0.5	−6.4
比利时	1980 年第 1 季度	1983 年第 2 季度	−8.6	−3.6	−7.9	2.4
加拿大	1980 年第 2 季度	1982 年第 4 季度	−8.7	−5.1	−1.0	−6.5

国家	峰顶时间	谷底时间	产出及其各分量的变动			
			ΔY	ΔY_A	ΔY_{τ_l}	ΔY_{τ_x}
丹麦	1980 年第 1 季度	1981 年第 2 季度	−5.4	0.4	−2.7	−4.8
芬兰	1980 年第 3 季度	1984 年第 2 季度	−8.3	−7.0	0.9	−5.4
法国	1982 年第 1 季度	1984 年第 4 季度	−4.4	1.5	−3.5	−2.5
冰岛	1980 年第 1 季度	1983 年第 4 季度	−10.5	−13.2	7.3	−5.5
意大利	1980 年第 2 季度	1983 年第 2 季度	−9.2	−8.3	6.1	−9.2
日本	1991 年第 2 季度	1995 年第 1 季度	−5.8	−3.7	−0.9	−1.9
韩国	1997 年第 3 季度	1998 年第 3 季度	−11.5	−3.4	−2.2	−7.1
卢森堡	1980 年第 1 季度	1983 年第 1 季度	−13.2	−9.7	−3.7	3.4
荷兰	1980 年第 3 季度	1982 年第 3 季度	−11.2	−5.2	−3.0	−3.9
新西兰	1981 年第 3 季度	1983 年第 1 季度	−5.1	−3.3	−0.9	−1.9
挪威	1980 年第 1 季度	1982 年第 3 季度	−7.7	−6.7	0.3	3.6
西班牙	1980 年第 1 季度	1984 年第 2 季度	−13.9	0.3	−5.9	−10.8
瑞典	1980 年第 1 季度	1983 年第 1 季度	−6.3	−6.2	1.4	−2.3
瑞士	1981 年第 3 季度	1982 年第 4 季度	−6.6	−6.2	−0.3	−2.6
英国	1980 年第 1 季度	1982 年第 2 季度	−8.7	−1.1	−8.9	1.7
美国	1980 年第 1 季度	1984 年第 4 季度	−9.1	−6.8	−1.3	−1.6
平均			−8.1	−4.2	−1.7	−3.2

表 4B 1982 年经济衰退期间劳动及其分量从峰顶至谷底的降幅

国家	峰顶时间	谷底时间	劳动及其各分量的变动			
			ΔL	ΔL_A	ΔL_{τ_l}	ΔL_{τ_x}
澳大利亚	1981 年第 3 季度	1983 年第 2 季度	−7.7	−1.1	−2.1	−5.3
奥地利	1980 年第 1 季度	1983 年第 1 季度	−6.3	−0.1	0.7	−9.4
比利时	1980 年第 1 季度	1983 年第 2 季度	−8.9	−1.4	−11.6	3.7
加拿大	1980 年第 2 季度	1982 年第 4 季度	−8.4	−3.6	−1.6	−9.7
丹麦	1980 年第 1 季度	1981 年第 2 季度	−8.0	0.2	−4.0	−7.1
芬兰	1980 年第 3 季度	1984 年第 2 季度	−1.2	0.3	1.3	−8.0
法国	1982 年第 1 季度	1984 年第 4 季度	−7.3	−0.6	−5.2	−3.7
冰岛	1980 年第 1 季度	1983 年第 4 季度	3.9	−1.0	11.2	−8.2
意大利	1980 年第 2 季度	1983 年第 2 季度	−2.7	−2.9	9.4	−13.4
日本	1991 年第 2 季度	1995 年第 1 季度	−4.8	−0.8	−1.3	−2.9
韩国	1997 年第 3 季度	1998 年第 3 季度	−11.8	−0.1	−3.2	−10.4
卢森堡	1980 年第 1 季度	1983 年第 1 季度	−5.1	−0.3	−5.5	5.1

续 表

国家	峰顶时间	谷底时间	劳动及其各分量的变动			
			ΔL	ΔL_A	ΔL_{τ_l}	ΔL_{τ_x}
荷兰	1980 年第 3 季度	1982 年第 3 季度	-7.0	1.0	-4.5	-5.8
新西兰	1981 年第 3 季度	1983 年第 1 季度	-3.9	-0.6	-1.4	-2.8
挪威	1980 年第 1 季度	1982 年第 3 季度	-0.5	1.3	0.4	5.5
西班牙	1980 年第 1 季度	1984 年第 2 季度	-15.8	1.3	-8.7	-15.7
瑞典	1980 年第 1 季度	1983 年第 1 季度	-0.4	-0.6	2.0	-3.4
瑞士	1981 年第 3 季度	1982 年第 4 季度	-1.5	-1.1	-0.5	-3.9
英国	1980 年第 1 季度	1982 年第 2 季度	-9.5	-0.1	-13.0	2.5
美国	1980 年第 1 季度	1984 年第 4 季度	-4.2	-1.0	-2.0	-2.4
平均			-5.7	-0.6	-2.4	-4.6

表 4C 1982 年经济衰退期间投资及其分量从峰顶至谷底的降幅

国家	峰顶时间	谷底时间	投资及其各分量的变动			
			ΔX	ΔX_A	ΔX_{τ_l}	ΔX_{τ_x}
澳大利亚	1981 年第 3 季度	1983 年第 2 季度	-25.1	-10.3	-2.1	-14.3
奥地利	1980 年第 1 季度	1983 年第 1 季度	-21.0	-2.9	2.8	-21.5
比利时	1980 年第 1 季度	1983 年第 2 季度	-29.9	-9.2	-25.4	12.8
加拿大	1980 年第 2 季度	1982 年第 4 季度	-35.4	-15.5	0.3	-27.7
丹麦	1980 年第 1 季度	1981 年第 2 季度	-25.6	1.2	-4.4	-21.7
芬兰	1980 年第 3 季度	1984 年第 2 季度	-23.3	-9.8	4.6	-20.0
法国	1982 年第 1 季度	1984 年第 4 季度	-14.2	1.4	-5.3	-10.3
冰岛	1980 年第 1 季度	1983 年第 4 季度	-25.7	-20.7	14.9	-23.6
意大利	1980 年第 2 季度	1983 年第 2 季度	-32.2	-15.1	11.5	-30.9
日本	1991 年第 2 季度	1995 年第 1 季度	-17.1	-6.4	-2.6	-8.2
韩国	1997 年第 3 季度	1998 年第 3 季度	-31.1	-3.9	-1.3	-25.2
卢森堡	1980 年第 1 季度	1983 年第 1 季度	-9.5	-17.6	-7.9	16.6
荷兰	1980 年第 3 季度	1982 年第 3 季度	-23.2	-7.3	-2.9	-16.8
新西兰	1981 年第 3 季度	1983 年第 1 季度	-14.4	-6.0	-0.4	-8.4
挪威	1980 年第 1 季度	1982 年第 3 季度	-1.2	-10.4	1.2	15.4
西班牙	1980 年第 1 季度	1984 年第 2 季度	-39.5	3.0	-8.0	-38.9
瑞典	1980 年第 1 季度	1983 年第 1 季度	-20.8	-13.2	4.7	-10.8
瑞士	1981 年第 3 季度	1982 年第 4 季度	-13.2	-10.6	1.0	-12.5
英国	1980 年第 1 季度	1982 年第 2 季度	-10.9	-2.0	-17.8	8.1
美国	1980 年第 1 季度	1984 年第 4 季度	-20.2	-12.2	-3.2	-8.1
平均			-20.4	-7.4	-2.7	-11.8

3.2.3 整个样本期的汇总统计量

在表 5A-表 5C 中,我们给出了 1980 年第 1 季度至 2014 年第 3 季度的整个样本期的汇总统计量,它们反映了各个楔在解释产出、劳动和投资的变动时的重要性。例如,在表 5A 中,我们报告了在整个样本期,产出分量因为每个楔而出现的标准偏差——相对于产出的标准偏差,以及每个这样的产出分量与产出的相关系数。在表 5B 和表 5C 中,我们还报告了劳动及其分量、投资及其分量的类似统计结果。

使用这些统计量来推断各个楔的重要性比使用 φ 统计量更加微妙。φ 统计量是用一个统计量去捕获,一个分量会因为一个楔的变动而发生多大的变化,以及该分量对基础变量的追踪有多紧。相反,要想利用这些表格中的统计数据去评估楔的重要性,我们还需要将相对标准偏差和相关性联合起来考虑。

例如,考虑法国的例子。单独观察相对标准偏差似乎可以看出,劳动楔和投资楔在解释产出变动时的作用大致相同。确实,产出的劳动分量和投资分量的相对标准偏差分别为 93% 和 92%。但是,这些变量与产出之间的相关性表明,投资楔起着更重要的作用。事实上,产出的劳动分量与产出呈负相关性,而产出的投资分量则与产出呈正相关性。

考虑到了这一点之后,我们就很容易看出,各国的平均值意味着,效率楔在解释产出中发挥着最重要的作用。产出的效率分量的标准差占产出的 92%,而且它与产出的相关系数达到了 0.77。即便产出的劳动分量的可变性相当于产出本身的 89%,但是该分量与产出本质上是不相关的。从这个意义上说,劳动楔不能解释产出的大部分变动。

表 5A　整体样本中产出各分量的性质

国家	标准偏差			相关系数		
	σ_{Y_A}/σ_Y	$\sigma_{Y_{\tau_l}}/\sigma_Y$	$\sigma_{Y_{\tau_x}}/\sigma_Y$	$\rho_{Y_A,Y}$	$\rho_{Y_{\tau_l},Y}$	$\rho_{Y_{\tau_x},Y}$
澳大利亚	0.92	0.94	0.85	0.67	-0.10	0.71
奥地利	1.06	0.98	1.05	0.82	-0.32	0.37
比利时	0.77	1.00	0.44	0.72	0.68	-0.34
加拿大	0.67	0.42	0.63	0.89	-0.03	0.79
丹麦	1.18	0.95	0.89	0.58	-0.15	0.72
芬兰	0.74	0.72	0.89	0.80	-0.33	0.71
法国	1.11	0.93	0.92	0.88	-0.45	0.64
德国	0.74	0.34	0.61	0.87	0.02	0.69
冰岛	0.97	1.19	1.44	0.75	-0.15	0.27
爱尔兰	0.84	0.92	0.92	0.62	-0.02	0.53
以色列	0.83	0.58	0.59	0.92	0.08	0.40
意大利	0.99	1.03	1.39	0.85	-0.32	0.51
日本	0.97	0.48	0.46	0.85	0.01	0.35
韩国	1.04	0.99	0.90	0.69	-0.12	0.58

续　表

国家	标准偏差			相关系数		
	σ_{Y_A}/σ_Y	$\sigma_{Y\tau_l}/\sigma_Y$	$\sigma_{Y\tau_x}/\sigma_Y$	$\rho_{Y_A,Y}$	$\rho_{Y\tau_l,Y}$	$\rho_{Y\tau_x,Y}$
卢森堡	1.14	1.01	1.14	0.95	−0.18	−0.20
墨西哥	0.97	0.69	0.68	0.91	0.15	0.21
荷兰	0.99	0.87	1.06	0.72	−0.27	0.50
新西兰	1.06	0.83	0.88	0.66	−0.14	0.58
挪威	1.08	2.15	1.35	0.71	−0.21	0.24
西班牙	0.72	1.15	1.29	0.34	0.35	0.35
瑞典	0.93	0.53	0.40	0.93	−0.28	0.84
瑞士	1.13	1.15	1.32	0.90	−0.25	0.35
英国	0.73	0.85	0.55	0.61	0.50	0.43
美国	0.60	0.58	0.61	0.76	0.64	0.74
平均	0.92	0.89	0.89	0.77	−0.04	0.46

注:整体样本取自 1980 年第 1 季度至 2014 年第 4 季度。各个序列都先用霍德里克和普雷斯科特(Hodrick and Prescott,1997 年)的滤波器进行了对数化和去趋势处理。

表 5B　整体样本中劳动各分量的性质

国家	标准偏差			相关系数		
	σ_{L_A}/σ_L	$\sigma_{L\tau_l}/\sigma_L$	$\sigma_{L\tau x}/\sigma_L$	$\rho_{L_A,L}$	$\rho_{L\tau_l,L}$	$\rho_{L\tau_x,L}$
澳大利亚	0.27	1.20	1.08	0.39	0.42	0.50
奥地利	0.28	1.77	1.90	−0.14	0.36	0.20
比利时	0.26	1.40	0.61	0.36	0.95	−0.50
加拿大	0.39	0.66	0.99	0.75	0.36	0.82
丹麦	0.23	1.10	1.03	−0.44	0.73	0.53
芬兰	0.16	1.25	1.56	0.19	0.05	0.61
法国	0.63	1.90	1.87	0.25	0.20	0.38
德国	0.27	0.63	1.13	0.40	0.31	0.78
冰岛	0.22	2.05	2.47	−0.33	0.29	0.37
爱尔兰	0.21	1.23	1.24	0.30	0.53	0.39
以色列	0.09	1.69	1.74	−0.88	0.38	0.33
意大利	0.55	2.15	2.90	0.07	0.15	0.29
日本	0.49	1.06	1.02	−0.05	0.46	0.51
韩国	0.45	1.48	1.35	−0.28	0.49	0.34
卢森堡	0.46	3.22	3.63	−0.18	0.39	0.08
墨西哥	0.38	1.64	1.62	0.17	0.39	0.29

续 表

国家	标准偏差			相关系数		
	σ_{L_A}/σ_L	$\sigma_{L\tau_l}/\sigma_L$	$\sigma_{L\tau_x}/\sigma_L$	$\rho_{L_A,L}$	$\rho_{L\tau_l,L}$	$\rho_{L\tau_x,L}$
荷兰	0.39	1.45	1.76	−0.35	0.39	0.41
新西兰	0.28	1.16	1.23	−0.43	0.47	0.55
挪威	0.58	3.49	2.20	−0.13	0.31	0.25
西班牙	0.31	1.19	1.33	0.10	0.49	0.42
瑞典	0.75	0.93	0.69	0.83	0.16	0.70
瑞士	0.38	2.62	3.00	−0.03	0.30	0.13
英国	0.12	1.16	0.75	−0.27	0.81	0.29
美国	0.14	0.84	0.89	0.64	0.83	0.75
平均	0.35	1.55	1.58	0.04	0.43	0.39

注:整体样本取自 1980 年第 1 季度至 2014 年第 4 季度。各个序列都先用霍德里克和普雷斯科特(Hodrick and Prescott,1997 年)的滤波器进行了对数化和去趋势处理。

表 5C　整体样本中投资各分量的性质

国家	标准偏差			相关系数		
	σ_{X_A}/σ_X	$\sigma_{X\tau_l}/\sigma_X$	$\sigma_{X\tau_x}/\sigma_X$	$\rho_{X_A,X}$	$\rho_{X\tau_l,X}$	$\rho_{X\tau_x,X}$
澳大利亚	0.38	0.38	0.77	0.78	−0.31	0.87
奥地利	0.62	0.71	1.35	0.53	−0.71	0.89
比利时	0.39	0.76	0.47	0.84	0.91	−0.69
加拿大	0.43	0.16	0.75	0.89	−0.28	0.97
丹麦	0.54	0.42	0.86	0.44	−0.32	0.97
芬兰	0.34	0.39	0.95	0.73	−0.66	0.98
法国	0.63	0.58	0.97	0.90	−0.72	0.91
德国	0.53	0.22	0.93	0.58	−0.12	0.96
冰岛	0.29	0.40	1.12	−0.17	−0.36	0.93
爱尔兰	0.34	0.40	0.92	0.49	−0.36	0.95
以色列	0.39	0.33	0.79	0.69	−0.03	0.83
意大利	0.47	0.48	1.37	0.54	−0.73	0.90
日本	0.70	0.37	0.74	0.65	−0.01	0.71
韩国	0.56	0.50	1.01	0.57	−0.59	0.93
卢森堡	0.58	0.58	1.33	0.23	−0.92	0.87
墨西哥	0.50	0.36	0.92	0.67	−0.12	0.72
荷兰	0.60	0.54	1.30	0.20	−0.70	0.96
新西兰	0.51	0.40	0.96	0.36	−0.47	0.94

续　表

国家	标准偏差			相关系数		
	σ_{X_A}/σ_X	$\sigma_{X\tau_l}/\sigma_X$	$\sigma_{X\tau x}/\sigma_X$	$\rho_{X_A,X}$	$\rho_{X\tau_l,X}$	$\rho_{X\tau_x,X}$
挪威	0.48	0.88	1.05	−0.06	0.20	0.44
西班牙	0.38	0.49	1.24	0.13	−0.36	0.90
瑞典	0.74	0.32	0.51	0.94	−0.36	0.97
瑞士	0.35	0.41	1.10	0.27	−0.81	0.99
英国	0.39	0.50	0.73	0.42	0.23	0.84
美国	0.35	0.29	0.92	0.79	0.15	0.94
平均	0.48	0.45	0.96	0.52	−0.31	0.82

注:整体样本取自 1980 年第 1 季度至 2014 年第 4 季度。各个序列都先用霍德里克和普雷斯科特(Hodrick and Prescott,1997 年)的滤波器进行了对数化和去趋势处理。

3.2.4　耐用消费品的分类的重要性

长期以来,宏观经济学家一直认为,在理论的层面上,合适的做法是将耐用消费品的支出视为一种投资形式(然后由这种投资产生消费服务流)。这种处理要求我们调整国民收入账户的消费和投资的分类,使之与理论相符。

在这里,我们证明了,虽然这种调整对若干国家来说在定量上有重要意义,但是对于大多数国家来说,并不会改变总体结果。如图 6A 所示,我们比较了进行这种一致性调整时与不进行调整时产出的效率楔分量的 φ 统计量。从图中我们可以清楚地看到,受这种调整影响最大的国家是冰岛和西班牙。例如,在冰岛,效率楔的贡献率从进行调整情况下的 26%,下降到了不进行调整情况下的 12%;而在西班牙,效率楔的贡献率则从进行调整情况下的 11%,上升到了不进行调整情况下的 29%。

类似地,在图 6B 和图 6C 中,我们对比了产出的劳动楔分量和产出的投资楔分量的 φ 统计量。在图 6C 中,我们看到,在冰岛和西班牙,当对耐用品进行了上述调整时,投资楔对产出的贡献率分别为 51% 和 82%,而不进行调整时则分别为 65% 和 35%。

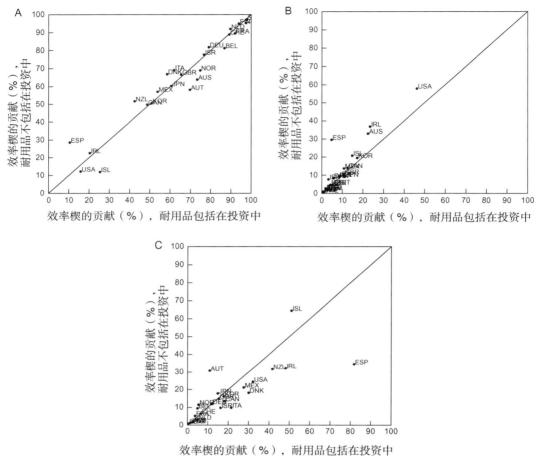

图6 （A）两种投资度量下产出的效率分量；（B）两种投资度量下产出的劳动分量；
（C）两种投资度量下投资的效率分量

3.2.5 我们的程序与完美预见程序的比较

有些研究者在核算中实施的是我们这个程序的"完美预见版"。在一个完美预见程序（perfect foresight procedure）中，经济行为主体能够完美地预见到楔的未来演变。我们的原型模型的"确定性版"的均衡条件是：

$$c_t + x_t + g_t = y_t,\tag{68}$$

$$y_t = A_t F(k_t, (1+\gamma)^t l_t),\tag{69}$$

$$-\frac{U_{lt}}{U_{ct}} = [1 - \tau_{lt}] A_t (1+\gamma)^t F_{lt},\ \text{以及}\tag{70}$$

$$U_{ct}[1+\tau_{xt}] = \beta U_{ct+1} \{A_{t+1} F_{kt+1} + (1-\delta)[1+\tau_{xt+1}]\}\tag{71}$$

很显然，从方程式（68）、方程式（69）和方程式（70）之间的静态关系可以重建效率楔、劳动楔和政府消费楔。然而，重建投资楔则还需要求解欧拉方程式（71）所包含的差分方程。而为了做到这一点，我们还需要施加一个初始条件或一个终止条件。在实际操作中，我们施加了一个初始条件，即令投资楔从0开始。

在图7A—图7C中,我们绘制了完美预见程序下的φ统计量与我们的程序下的φ统计量。从这些图中可以看出,对于很多国家来说,这两种程序下的φ统计量有非常大的区别。特别是,完美预见程序严重地夸大了劳动楔在美国和西班牙的重要性。在完美预见程序下,在美国和西班牙,劳动楔分别可以解释产出变动的92%和72%,而在我们运用的标准的商业周期核算程序下,劳动楔分别仅能解释产出变动的46%和5%。

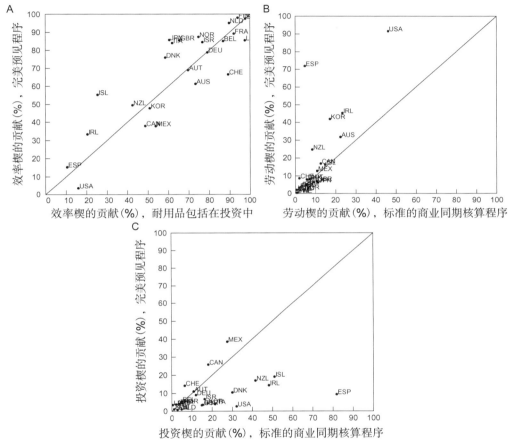

图7 **(A)** 两种预期假设下产出的效率分量;**(B)** 两种预期假设下产出的劳动分量;
(C) 两种预期假设下产出的投资分量

我们要强调这种差异性的两个重要来源。第一个来源是,在完美预见程序中,个体经济行为主体能够完美地预见到未来楔的演变,因此会在当前期间就对楔在未来的实际恶化或改善做出反应。在这个意义上,完美预见程序包含着一切过于简单的"新闻"模型的所有不良性质:比如说,对劳动楔未来将变糟的预期,会导致当期的繁荣,因为家庭会在"紧日子"到来之前选择增加劳动供给。

第二个来源是,正如我们前面已经提到过的,完美预见程序使用非线性版本的一阶条件方程式(68)—方程式(71)来计算各种楔,而我们的核算程度使用的则是这些条件的对数线性化版本。

4. 结论

在本章中,我们详细阐述了沙里等人(Chari et al.,2006年)提出的商业周期核算方法,厘清了对这种方法的一些误解,并应用它比较了经济合作与发展组织成员国的大衰退以及发生在20世纪80年代的经济衰退。

我们阐明了四个主要结论。第一,除了美国、西班牙、爱尔兰和冰岛这几个显著的例外之外,大衰退主要是由效率楔造成的。第二,在大衰退中,劳动楔只在美国起到了主导作用,投资楔则在西班牙、爱尔兰和冰岛起了主导作用。第三,在20世纪80年代的经济衰退期间,劳动楔只在法国、英国和比利时发挥了主导作用。第四,总的来说,在大衰退期间,效率楔发挥了更加重要的作用,而投资楔在大衰退中所发挥的作用与它在20世纪80年代的经济衰退中所发挥的作用相比要小得多。

附录

A.1　数据描述和数据来源

本章用来进行商业周期核算的数据主要来自经济合作与发展组织(在下面,用括号中的可变代码表示)。时间跨度为 1980 年至 2014 年底。除非另有说明,所有数据都是季度数据。不过其中的一些国家(如德国、爱尔兰、以色列和墨西哥),大多数序列的数据的开始时间都始于 1980 年第 1 季度,因此在对它们进行商业周期核算时,样本期要短一些。

· 经济展望 98(Economic Outlook 98)
——国内生产总值,价值,市场价格(GDP)
——GDP 平减指数,市场价格(PGDP)
——资本形成总额,当前价格(ITISK)
——政府最终消费支出,价值,支出法(CG)
——商品和服务出口,价值,以国民账户为基础(XGS)
——货物和服务的进口,价值,以国民账户为基础(MGS)
——每个就业者的工作时数,总体经济(HRS)
——总就业率(ET)
· 季度国民经济核算体系
——耐用品(这是 CQRsa 的子类别:耐用品上的私人最终消费支出,国家货币,当前价格)
· 商品和服务税
——商品和服务税占国内生产总值的比例,年度(TAXGOODSERV,PCGDP)
· 人口和劳动力
——15 至 64 岁的人口,人,年度数据

所有数据都已经用 GDP 平减指数进行去通货膨胀处理。耐用品的数据可用于不同的时间跨度和频率。当可得数据是季度数据时,耐用品序列是用如下方法来计算的:对于可用时间跨度,对耐用品运行关于一个恒定的资本形成总额(ITISK)和对数形式的国内生产总值的回归,然后使用系数估计值计算从样本的起始期开始的耐用品序列。当只能得到年度频率的耐用品数据时,则使用状态空间模型的最大似然估计值来估计季度观测数据,然后,像前面所说的一样,得到关于资本形成总额和国内生产总值的序列。一旦得到了季度频率的耐用消费品序列,我们就通过上述方法将该系列扩展到样本的始点。人口数据是年度数据,因此我们使用三次样条插值得到季度频率的数据。数据的所有其他转换都是标准的,其详细

描述如下：

· 人均产出(y)：实际 GDP－销售税＋耐用消费品的服务(耐用消费品的年化回报率4％＋其年化折旧率25％)按 GDP 平减指数去通货膨胀化，再除以年龄为16至64岁的人口总数。

· 人均工作时数(h)：工作时数×总就业人数，再除以年龄为16至64岁的人口总数。

· 人均投资(x)：资本形成总额＋在耐用消费品上的个人消费支出(减去销售税之下的净值)，均用 GDP 平减指数去除通货膨胀，再除以年龄为16至64岁的人口总数。

· 人均政府消费(g)：政府最终消费支出＋商品和服务出口－商品和服务进口，均用 GDP 平减指数去除通货膨胀，然后除以年龄为16至64岁的人口总数。

A.2　参数化和校准

表 A.1　在不同国家之间保持不变的参数

β	δ	ψ	σ	θ
0.975	0.05	2.5	1	0.33

其中 β 是(年化)贴现因子，δ 是(年化)资本折旧率。[此处原文为"β is the (annualized) and δ the (annualized) depreciation rate of capital"，应该有所遗漏。据文意改。——译者注]

其他所有参数都是随国家而异的，具体如下表 A.2 所示，其中 γ_n 是人口平均增长率，γ 是劳动扩增型技术的增长率，a 是调整成本系数。为了计算出 γ，我们假定它能使得去趋势后的对数产出在样本期间内为0。

表 A.2　随国家而异的参数

国家	γ_n	γ	a
澳大利亚	0.014	0.022	11.550
奥地利	0.005	0.023	12.602
比利时	0.003	0.021	13.348
加拿大	0.011	0.017	13.308
丹麦	0.003	0.021	13.515
芬兰	0.002	0.031	11.956
法国	0.005	0.018	13.563
德国	-0.001	0.021	14.159
冰岛	0.014	0.047	9.370
爱尔兰	0.012	0.025	11.320
以色列	0.020	0.023	10.740
意大利	0.002	0.018	14.206
日本	-0.001	0.021	14.189
韩国	0.013	0.054	8.600

续　表

国家	γ_n	γ	a
卢森堡	0.013	0.037	9.896
墨西哥	0.018	0.007	13.223
荷兰	0.005	0.024	12.539
新西兰	0.008	0.024	12.106
挪威	0.012	0.018	12.963
西班牙	0.007	0.024	12.177
瑞典	0.004	0.022	13.078
瑞士	0.009	0.014	13.600
英国	0.003	0.025	12.745
美国	0.010	0.019	12.574

需要注意的是,还有一些其他参数也是随国家而异的,即,它们是对期望进行建模的最大似然估计程序产生的矩阵 P_0、P 和 Q 的元素。这些估计值可在 http:// pedrobrinca. PT / 2016-accounting-for-business-cycles/网站中下载。

A. 3　重现建议

读者和研究者如果想重现本章的结果,相关文件可以到以下网站获取:http:// pedrobrinca. pt/2016-accounting-for-business-cycles/。我们还提供了一个内容更加广泛的电子附录,不仅包括了本章所列出的所有图表和涉及的数据,还包括了在商业周期核算(包括大衰退期间和20世纪80年代的经济衰退期间)时所用的附加表格和数据。该附录还包括了模型对每个国家所"预期"的最大似然估计程序产生的矩阵 P_0、P 和 Q 的元素。

致谢

我们感谢彼得·克勒瑙(Peter Klenow)的有益评论,同时感谢弗兰西斯卡·洛里亚(Francesca Loria)出色的研究助理工作。V. V. 沙里和 P. J. 科赫感谢美国国家科学基金会的资助。P. 布林卡感谢葡萄牙科技基金会的资助(编号为 SFRH / BPD / 99758/2014、UID / ECO / 00124/2013 和 UID / ECO / 04105/2013)。本章所表达的思想完全是作者们本人的,不代表明尼阿波利斯联邦储备银行或美联储系统的观点。

参考文献

Bernanke, B., Gertler, M., Gilchrist, S., 1999. The financial accelerator in a quantitative business cycle framework. In: Taylor, J. B., Woodford, M. (Eds.), Handbook of

Macroeconomics, vol. 1C. North-Holland, Amsterdam, pp. 1341—1393.

Brinca, P., 2013. Monetary business cycle accounting for Sweden. BE J. Macroecon. 13 (1), 1085—1119.

Brinca, P., 2014. Distortions in the neoclassical growth model: a cross-country analysis. J. Econ. Dyn. Contr. 47, 1—19.

Buera, F. J., Moll, B., 2015. Aggregate implications of a credit crunch. Am. Econ. J. Macroecon. 7 (3), 1—42.

Cavalcanti, T. V., 2007. Business cycle and level accounting: the case of Portugal. Portug. Econ. J. 6 (1), 47—64.

Chakraborty, S., 2006. Business cycle accounting of the Indian economy. Ind. Econ. J. 54 (2), 117.

Chakraborty, S., Otsu, K., 2013. Business cycle accounting of the BRIC economies. BE J. Macroecon. 13 (1), 381—413.

Chari, V. V., Kehoe, P. J., McGrattan, E. R., 2005. Sudden stops and output drops. Am. Econ. Rev. 95 (2), 381—387.

Chari, V., Kehoe, P., McGrattan, E., 2006. Business cycle accounting. Econometrica 75 (3), 781—836.

Cho, D., Doblas-Madrid, A., 2013. Business cycle accounting East and West: Asian finance and the investment wedge. Rev. Econ. Dyn. 16 (4), 724—744.

Christiano, L., Davis, J., 2006. Two flaws in business cycle accounting. NBER Working Paper 12647.

Gertler, M., Karadi, P., 2011. A model of unconventional monetary policy. J. Monet. Econ. 58 (1), 17—34.

Gertler, M., Kiyotaki, N., 2009. Financial intermediation and credit policy in business cycle analysis. In: Friedman, B. M., Woodford, M. (Eds.), Handbook of Monetary Economics. North-Holland, Amsterdam, pp. 547—599.

Gertler, M., Kiyotaki, N., Queralto, A., 2012. Financial crises, bank risk exposure and government financial policy. J. Monet. Econ. 59, S17—S34.

Greenwood, J., Hercowitz, Z., Krusell, P., 1997. Long-run implications of investment-specific technical change. Am. Econ. Rev. 87 (3), 342—362.

Hodrick, R. J., Prescott, E. C., 1997. Postwar U. S. business cycles: an empirical investigation. J. Money Credit Bank. 29 (1), 1—16.

Kersting, E. K., 2008. The 1980s recession in the UK: a business cycle accounting perspective. Rev. Econ. Dyn. 11 (1), 179—191.

Kiyotaki, N., Moore, J., 1997. Credit cycles. J. Polit. Econ. 105, 211—248.

Kobayashi, K., Inaba, M., 2006. Business cycle accounting for the Japanese economy. Jap.

World Econ. 18（4），418—440.

Lopez，J. R.，Garcia，M. S.，2014. Accounting for Spanish business cycles. Macroecon. Dyn. 1—30.

Mulligan，C.，2009. What caused the recession of 2008? Hints from labor productivity.

Ohanian，L.，2010. The economic crisis from a neoclassical perspective. J. Econ. Perspect. 24（4），45—66.

Ohanian，L.，Raffo，A.，2012. Aggregate hours worked in OECD countries：new measurement and implications for business cycles. J. Monet. Econ. 59（1），40—56.

Otsu，K.，2010. A neoclassical analysis of the Asian crisis：business cycle accounting for a small open economy. BE J. Macroecon. 10（1），1—39.

Sustek，R.，2011. Monetary business cycle accounting. Rev. Econ. Dyn. 14（4），592—612.

第十四章 宏观经济学中的不完全信息：在协调中容纳摩擦

G. -M. 安格勒托斯（G. -M. Angeletos）[*,†]，C. 利安（C. Lian）[*]

[*]:麻省理工学院,美国,马萨诸塞州,剑桥;

[†]:美国国家经济研究局,美国,马萨诸塞州,剑桥

目 录

本章摘要:本章研究不完全信息如何有助于在协调中容纳摩擦(accommodate frictions in coordination),并在此基础上提出了一些关于预期和宏观经济结果的联合测定的新思想。我们先回顾和综合了近期在全局博弈(global game)、选美比赛(beauty contest)的理论及其应用的研究成果。然后,我们又详细阐述了策略不确定性(strategic uncertainty)相对于根本不确定性(fundamental uncertainty)的不同影响。我们证明了:宏观经济中标准的"主力模型"在放松了共同知识的假设限制后存在着潜在脆弱性;将"协调失败"和"动物精神"概念可操作化是有可能实现的,而且能够把只存在唯一均衡的模型和存在多重均衡的模型统一起来;不完全信息概念有能力对重要的经验规律提出简明扼要的解释。我们在本章中给出对这些思想的一般性处理,同时还讨论了它们在商业周期、金融危机和资产定价等方面的具体应用。

关键词:信息摩擦,高阶信念,策略不确定性,协调失败,动物精神,总需求,商业周期,金融危机,全局博弈,选美比赛

JEL 分类代码:C7,D8,E1,E3,E4,G1

1. 引言

现代经济体是极度复杂的网络,经济体中任何一个特定的经济行为主体的决策都高度依赖于他对诸多其他经济行为主体的决策的预期。例如,企业要雇用多少工人、投资多少资金,取决于企业关于市场对本企业的产品的未来需求的预期,而这反过来又取决于有可能购买该企业产品的消费者的支出计划,但是消费者的支出计划又依赖于对收入和劳动市场状

况的预期,而这些又取决于其他企业和其他消费者的决定,等等。市场、政府和其他社会机构的存在,有助于协调这些预期和相关的决策,但是也只是在一定程度上。

然而,协调的这种有限性却很少能在宏观经济学中得到认同。经济学中的主力模型是在如下假设的基础上构建而成的:所有经济行为主体之间的沟通协商是顺畅无碍的,他们能够对当前的经济状况和未来前景达成一致,并且在任何时候都能够毫不费力地在作为共同知识的行动计划或分配方案的基础上协调彼此的行动。[①] 而且更加重要的是,这种模型并没有停留在理论探讨的层面上;它们已经构成了解释数据和指导政策的基础。

如果,经济行为主体之间在达成这样的共识和协调彼此的行动的能力当中存在着"非平凡"的摩擦,那么这些模型的预测又会有怎样的不同? 首先要解决的问题是,我们有什么有效的方法来使得这种摩擦形式化和可操作化吗? 将这种摩擦纳入进来,会如何影响我们对观察到的现象的解释以及可能向政策制定者提供的政策建议?

本章回顾和总结了经济学家在试图解决这些问题的过程中取得的最新进展。我们认为,不完全信息提供了一个有用的方法——将协调中的摩擦引入模型,丰富宏观经济学模型期望的动态。这种丰富可能会引导我们对现有的解释提出质疑,并有助于我们阐明商业周期和经济危机等重要经济现象。

1.1　背景和主要思想

在概述本章内容之前,我们要先厘清"这个背离传统的旅程"的起点,并说明"这个背离传统的旅程"的性质。

我们的起点是教科书中的真实商业周期(RBC)模型。这种模型与宏观经济学和金融学中的其他主力模型(workhorse models)一样,也是基于阿罗－德布鲁范式(Arrow-Debreu paradigm)的。在这种范式中,经济行为主体之间能够进行完美的沟通:一般均衡在一定意义上类似于完全信息博弈的纳什均衡,在这样的博弈中,博弈参与人能够获得的共同知识,不仅仅包括了关于外生的、"基本面"方面的信息(例如,关于偏好和技术的信息),而且包括了关于就业、产出和资产价格等内生性结果的信息。[②]

虽然现代宏观经济学模型经常会偏离阿罗-德布鲁范式(一般是通过允许垄断权力、粘性价格、信贷约束、搜索风险……),但是它们通常仍然会假设所有经济行为主体都拥有相同的信息。这个假设与标准的均衡概念一起,倾向于使得对其他经济行为主体的行为以及相关的宏观经济结果的预测变得无关紧要:在均衡中,对于经济将"向何处去"这个问题,所有经济行为主体全都拥有相同的"心理状态"。正是在这个意义上,我们说在这种模型中,信念和行动的完美协调是"强加"上去的。

这种性质在只有一个均衡的动态随机一般均衡(DSGE)模型中最为明显。这类模型将

---

① 这个分配方案不一定是对社会最优的,它只需与均衡一致即可。
② 然而,我们在这里说的"基本面"因素,在博弈论家眼中就是"支付类型";同时,我们所说的"内生性结果"或"经济活动",就是博弈论家所说的"行动"。

等效结果定义为常见的基本面因素(例如,偏好和技术)的函数。不过,某些多重均衡模型有时也表现出这种性质。这类模型将经济衰退、银行挤兑和流动性危机等现象刻画为"协调失败"的产物,例如,请参见戴蒙德(Diamond, 1982)、布赖恩特(Bryant, 1983)、库珀和约翰(Cooper and John, 1988)、戴蒙德和迪布维格(Diamond and Dybvig, 1983)、卡尔沃(Calvo, 1988)和奥布斯特费尔德(Obstfeld, 1986, 1996)。

这里我们得解释一下。前面提到的这些论文中的模型都可以归类为承认存在多重均衡的静态协调博弈(static coordination game)。在这些均衡中,有一部分可以解释为协调失败,因为它们在福利上劣于其他均衡。然而无论如何,以下性质是这些模型的任何一个均衡都具备的:经济行为主体不仅知道各博弈参与人选择了什么策略组合,而且还确切地知道所有其他经济行为主体所采取的具体行动。这无疑代表了一种自相矛盾:虽然从不同均衡之间的比较来看,存在着协调失败;但是给定任何一个特定的均衡,协调仍然是完美的。[1]

而且,一旦我们允许沿着任何一个给定的均衡得到的协调是不完美的(就像我们在下文中将会做的那样),这种自相矛盾的状况还会变得更加糟糕:均衡的多重性可能会消失;而且,当这种情况发生时,对"协调失败"和"动物精神"进行形式化处理的传统方法就会失效。这样也就凸显了标准宏观经济学模型的预测的潜在脆弱性,以及对宏观经济现象的相关解释的潜在脆弱性。对于我们试图研究的这种摩擦(不完全信息),尤其如此。

尽管如此,我们还证明了,对于上述概念,这种摩擦提供一个全新的、精练的版本。特别有意思的是,这个新版本有助于将唯一均衡模型和多重均衡模型统一起来。当然,最重要的是,它引导我们提出了关于许多重要经济现象的性质的新思想,包括金融危机、商业周期和资产价格波动;还带来了关于经济政策的新洞见。

但是,如何保证这种"如此受欢迎"的协调中的摩擦的可操作性呢?我们认为,不完全信息提供了一个非常有效的方法。[2]

因此,我们在一个非常关键的方面偏离了标准的宏观经济学模型:我们允许经济行为主体对"击中"经济的总量冲击有不同的信息。这样一来,也就将宏观经济学模型转变为不完全信息博弈,从而打开了丰富的高阶信念的大门。

而且,当我们看到了修正后的模型的均衡之后,我们就会发现,对于经济在未来将走向何方,经济行为主体不再能达成一致:关于彼此的行为和相关的宏观经济结果,他们不能得到共同的均衡信念。在这个意义上,协调是不完美的。

揭示这种不完美性如何影响宏观经济学模型的预测和我们对宏观经济现象的解释,就是本章的目标所在。

---

[1] 这里说的这几点在静态协调博弈模型中是准确无误的(就像在正文中引述的那些论文所研究的),但是在动态太阳黑子模型中就不明确了。请参见本章第3.4节最后一部分的说明;另外,也请参见奥曼等人(Aumann et al, 1988年)、佩克和谢尔(Peck and Shell, 1991)关于动态宏观经济学模型中的太阳黑子均衡与博弈论中的相关均衡之间的关系的分析。

[2] 在本章中,"不完全信息"这个术语,我们用来指这样一种情形:经济行为主体对于总量冲击拥有分散的私人信息,而且缺乏关于总量冲击的共同知识。对于"不完全信息"以及其他关键概念的首选定义,我们将在本章第3节中给出(在介绍了我们的基本框架之后)。

1.2　本章内容安排和主要结论

我们在本章中的分析在两类模型之间交替推进:一类模型是抽象的,目标是用来突出一般性质;另一类模型是应用型的,目的是在具体应用的背景下阐明具体的经验教训。

在第 2 节中,我们设定了一个基准框架。这是一个高度程式化的框架:它可以归结为一个静态博弈(博弈参与人是经济行为主体的一个连续统)。但是,这个框架足以满足我们的目的。首先,它纳入了对经济结果的预期与实际行为之间的不动点关系——这种关系是大多数宏观经济学模型的核心支点所在。其次,它有助于对这个不动点的理论性质、对这个模型的可观察性的隐含限制如何随信息结构而变化进行深入的分析。最后一点(但并非最不重要的一点)是,它还有助于阐明本章所采用的术语。

在第 3 节中,我们给出了本章所用的关键概念的首选定义,包括"基本面"(fundamentals)、"不完全信息"(incomplete information)和"不完美协调"(imperfect coordiantion),等等。接下来,我们区分了经济行为主体要面对的两种不确定性:关于他人的行为和相关宏观经济结果的不确定性(以下称为"策略不确定性"),以及关于基本面因素(例如,偏好和技术)的不确定性。在第 3 节最后,我们详细说明了不完全信息如何有助于解决这两种不确定性,以及如何有助于使"如此受欢迎"的协调摩擦形式化。

在本章的其余各节,我们会集中讨论我们构建的框架的两个特殊情况(它们分别对应于一类不同的模型)。我们在第 4 节中介绍的第一类模型,就是文献中所称的"全局博弈"(global game)模型。第二类模型则在第 7 节中引入,那就是通常所称的"选美比赛"(beauty contest)模型。这两类模型彼此之间存在着策略互补性,并且都使用不完全信息来容纳协调中的摩擦;它们之间的区别在于,协调动机的强度和摩擦对均衡的确定性的潜在影响不同。

因此在第 4 节中,我们对全局博弈的相关文献进行了评述。全局博弈理论是卡尔森和范戴姆首创的(Carlsson and Van Damme, 1993a, b),然后得到了莫里斯和辛恩的大力推进(Morris and Shin, 1998 年, 2001 年, 2003 年)。以经典的协调模型为例,例如,戴蒙德(Diamond, 1982)、戴蒙德和迪布维格(Diamond and Dybvig, 1983)、卡尔沃(Calvo, 1988)和奥布斯特费尔德(Obstfeld, 1986, 1996)。修正这类模型的一个方法是,在经济行为主体对潜在的基本面的观察中引入特异性的噪声。在极限状态(当这种噪声消失时),这种修正后的模型与原始模型其实是不可区分的,因为此时每一个经济行为主体对潜在的基本面都拥有近乎完美的知识。而且,修正后的模型承认唯一的均衡。

上面这个结果的核心在于相互知识(每个人都知道 A)的扰动与共同知识("每个人都知道 A","每个人都知道大家都知道 A"……)的扰动之间的微妙差异。在每个经济行为主体只需面对关于潜在的基本面的微不足道的不确定性这个意义上,摩擦可能很小。但是它可能会对均衡结果产生相当大的影响,因为它动摇了共同知识。

尽管存在这种微妙的性质,这个结果仍然揭示了,大量扰动信息假设的应用研究的预测的不连续性。乍看之下,这种不连续性是非常令人困扰的:宏观经济学家在多重均衡模型的基础上提出来的对于某些经济现象的解释和相关的政策含义的可靠性似乎是岌岌可危了。

但是我们认为,这种担心在很大程度上并不是必要的。

首先,如果只是为了让经济结果变得更脆弱,为了让自我实现的信念变得更重要,为了达到协调失败的结果,已经不再需要均衡的多重性了。例如,我们证明了,很小的外部冲击就可以触发均衡结果的巨大变化,这是因为(而且只因为)它们触发了经济行为主体所持有的对彼此的选择的均衡预期的巨大变化。

其次,不完全信息下均衡的确定性对信息结构建模的具体方式非常敏感。例如,如果诸如价格之类的市场信号在信念中产生足够的相关性,或产生近似的共同知识,那么多重均衡就可能在扰动下仍然存在——在没有这样的内生信号的情况下,这种扰动会导致均衡唯一性。

这些观察结果有助于推动早期的完全信息博弈模型的"精神复兴"。但是这种复兴并不是终点。由于提供了一种结构化程度更高的对预期进行建构的途径,全局博弈方法使得现有的应用经验得到验证,并开启了新的应用研究方向。

在第 5 节中,我们在若干应用领域扩展了全局模型的理论结果。其中一些应用涉及银行挤兑、货币攻击和主权债务危机;其他一些应用则置于商业周期、市场冻结和泡沫的背景之下。除了这些一般应用实例之外,我们还特别突出强调了大投机者的不利影响、国际货币基金组织等最后贷款人的有效性,以及银行监管在防止协调失败方面的作用等一系列新的经验教训。

我们还讨论了一些旨在将全局博弈的信息结构内生化的扩展。这些扩展使得我们能够深入细致地阐述唯一均衡结果的稳健性和实证内容。更加重要的是,这些扩展还带给了我们新的应用教训,例如知情的政策制定者发现自己陷入困境的可能性:在那种情况下,她的政策行为是由市场预期决定的,而不是相反(市场预期影响政策行为)。

总的来说,尽管全局博弈方法并没有提供保证均衡唯一性的灵丹妙药,但是它确实有助于打开预期和协调的"黑箱",从而打开了新的应用领域,并给我们带来许多有用的教益,这在早期的完全信息协调失败文献的背景下却是完全不可能的。

在第 6 节中,我们将注意力转移到了动态问题上,回顾了关于经济行为主体同步(synchronize)各自选择的能力的两支文献。第一支文献来自弗兰克尔和波兹内(Frankel and Pauzner,2000)以及伯德茨等人(Burdzy et al.,2001)。他们利用了卡尔沃(1983)提出的一种摩擦,在动态协调博弈中引入异步选择(asynchronous choice),并证明这有助于唯一的均衡的选定,即便在卡尔沃式的摩擦逐渐变少、趋于消失的情况下也是如此。第二支文献来自阿布雷乌和布伦纳迈耶(Abreu and Brunnermeier,2003),也围绕一个动态协调博弈展开,不过不是加入一个卡尔沃摩擦,而是引入一个对于环境中的冲击的异步意识(asynchronous awareness),然后证明这种异步意识,不仅会导致对上述冲击的异步反应,而且还会导致这些反应出现显著的延迟。我们接着讨论了这些文献与全局博弈文献之间的联系,并评估了它们所揭示的同步和协调之间的关系。

在第 7 节中,我们转移关注焦点,研究了一类协调动机比全局博弈更弱的博弈模型。这类博弈,通常称为选美比赛博弈,它们具有线性的最优反应条件,而且允许存在唯一的均衡。这个特点通常用于研究商业周期和宏观经济政策的(对数)线性动态随机一般均衡(DSGE)模型,以及某些资产定价模型。

在这类模型中,均衡的决定性不再是一个问题,重点关注的是均衡的随机性质。因此,我们提出了这样的问题:一个经济体如何对基本面的新息做出反应?这种反应又如何取决于策略不确定性而不是基本面不确定性?协调动机是否对总体波动的性质和水平有什么影响?在这种情况下还可以看出"动物精神"和"自我实现的信念"的作用吗?

第 7 节的主要内容就是以相对抽象的方式对上述问题做出回答。我们的分析是建立在莫里斯和辛恩(Morris and Shin,2002b)、安格勒托斯和帕万(Angeletos and Pavan,2007)以及伯格曼和莫里斯(Bergemann and Morris,2013)等论文的基础上的,不过我们修改和扩展了这些论文的结果,使之更适合我们的目的。除了其他一些要点之外,我们主要阐明了以下三个一般要点。

第一,不完全信息有助于在宏观经济结果对基本面上的总量冲击的反应中产生显著的刚性或惯性。即便在对基本面的观察中发现噪声很小,这种惯性也可能在定量上具有显著的意义,这个发现凸显了策略不确定性或不完全协调相对于基本面不确定性的独特作用。

第二,即便在微观层面上基本上不存在,惯性也可能呈现在宏观层面上。这个发现可能有助于将宏观经济学家从以下窘境中解放出来:必须在 DSGE 模型中加入一种"专门设置"的调整成本,不然就无法将宏观经济变量的估计反应中的惯性与识别出来的基本面上的冲击匹配起来。再者,它还进一步凸显了不完全信息与西姆斯(Sims,2003)、雷伊斯(Reis,2006)和加拜克斯(Gabaix,2014)等人所发现的"注意疏忽"的形式化之间的微妙差异——这种形式化就是为了在微观经济层面引入惯性而设计的,因此,我们在本章中所采取的在宏观经济层面上生成惯性的做法是独一无二的。

第三,这种摩擦也可以呈现为外在的波动性,也就是说,均衡结果的波动性不是由基本面或其信念引起的波动性。由此可以推出,在允许多重均衡的模型与不允许多重均衡的模型之间采用的那种传统二分法,对于我们对"动物精神"和"自我实现的信念"的理解不再处于核心位置了,因为同一种类型的波动现在已经可以在任何一类模型中得到了。

在第 8 节中,我们考虑了不完全信息框架在几个领域中的应用。在我们的第一个以安格勒托斯和拉奥(Angeletos and La'O,2010)的论文为基础的应用中,证明了不完全信息如何在就业和产出对技术冲击的反应中引致刚性。这个结果有助于调和真实商业周期模型范式与迄今为止被认为是反对真实商业周期模型、支持新凯恩斯主义模型的初步证据(Gali,1999)。我们还讨论了其他使用信息摩擦在另外一些情况下生成真实刚性的论文。

我们的第二个应用则涉及名义刚性。特别是,我们详细地评述了伍德福德(Woodford,2003)的论文,他证明了高阶信念中的惯性可以成为替代粘性价格的一个有力的(即使不能说是更优越的)分析工具。我们还讨论了与之互补的曼昆和雷伊斯(Mankiw and Reis,2002)、麦克科维亚克和韦德霍尔特(Maćkowiak and Wiederholt,2009)所用的方法之间的联系,以及卢卡斯(Lucas,1972)的开创性的贡献。

我们还评述了一些利用经济预测调查度量信息中的摩擦作用的实证研究。在这些研究中,最著名的是科尔比恩和格罗德尼申库(Coibion and Gorodnichenko,2012)的论文。我们认为,他们这项研究为本章所阐述的主要思想提供了重要的支持依据。不过,我们也强调了,在从这些证据映射到理论时的某些注意事项。

在评述另一个应用时,我们指出,不完全信息有助于容纳需求驱动型波动的概念,而不再需要借助于名义刚性或对货币政策的限制。我们还讨论了,在动态随机一般均衡(DSGE)模型中引入合理的高阶信念动态如何有助于匹配商业周期数据的突出特征。

然后,我们转而回顾了金融领域的应用情况。相关研究表明信息不完全还可以为各种资产定价难题提供简单的解释,例如动量效应、过度波动,以及汇率与宏观经济基本面之间的脱节,等等。

第9节讨论了若干规范问题,以此来结束本章。我们先回顾了一下约束有效(constrained efficiency)的概念,它有助于剖析我们所关注的不完全信息模型中的均衡的规范性质。然后,我们评述了两个领域的应用研究:一支文献涉及如何在存在信息摩擦的情况下描述最优货币政策;另一支文献研究市场、政策制定者或媒体传播的信息的福利效应。

1.3 其他要点及其在文献中的地位

在这里,我们还要就本章的主题及其在文献中的地位作几点补充说明。

1. 本章引入的摩擦的标志性特征是经济行为主体无法就经济状态达成共识。随这种摩擦而来的,经济行为主体所面临的就业、产出和资产价格等内生的经济结果的不确定性与他们对偏好和技术等外生的基本面的不确定性得到一定程度上的解纠缠(disentanglement)。在特定类型的私人信息的帮助下,这种解纠缠确实是可能的,这些信息允许基本面因素的高阶信念与相应的一阶信念分离。这种分离反过来又有助于理解我们所要研究的模型的均衡特性。然而,一旦强加了一个均衡概念,高阶信念也就变成了一种陪衬性的"串场节目"(sideshow):对于经济行为主体的行为来说,重要的是他们所形成的关于相关的经济结果的均衡预期(一阶信念)。此外,对于我们考虑的这些应用来说,更容易检测和量化的也是这种一阶预期,而不是深层的信念等级结构。这些观察结果解释了,为什么我们分析的焦点要放在均衡结果和对它的预期的联合测定上:高阶信念是我们所追寻的机制,而不是核心。

2. 经济行为主体所面对的经济结果的不确定性与他们所面对的其他经济行为主体的行为密切相关,后者在博弈论中通常被称为"策略不确定性"。在最早的完全信息博弈模型中,经济学家注意到,这种模型的均衡排除了所有以其他博弈参与人的行为的收益为条件的任何不确定性。① 在这种模型的基础上,或者可以通过放松解的概念来将这种策略不确定性纳入进来;或者,也可以保持原来的解的概念不变,利用不完全信息概念来"规划"这种策略

---

① 严格来说,这种说法仅适用于纯策略纳什均衡。不过,混合策略与我们的背景无关,因为我们要研究的是排除混合策略时不会有损失的情况。此外,该说法不一定适用于更宽泛的相关均衡情形,但那恰恰是因为那种解的概念偏离了完全信息。

不确定性。本章采取的做法是后者。因此,当我们在下文中谈到策略不确定性时,我们指的是由于信息不完全,经济行为主体所面对的其他行为主体的均衡行为的不确定性。

3.　嵌入在标准宏观经济模型中的信念和行为的无摩擦协调依赖于理性预期均衡概念,就像它依赖于完全信息的传统假设一样。因此,放松后一种假设(这正是本章所推崇的方法)也可以视为放松解的概念的一个替代方法。我们会在适当的时候详细说明这一点。

4.　前面说的这几点应该也有助于将我们这一章与最近在博德里和波蒂尔(Beaudry and Portier,2006)之后的关于"新闻"和"噪声冲击"的文献区分开来。[1] 这支文献通过让经济行为主体观察到关于未来基本面的有噪声的信号来扩展主力模型,同时通常保持所有经济行为主体共享相同信息的假设不变。但是,采取这种做法,也就无法纳入我们所要探究的这种摩擦了。简而言之,这类模型丰富了对基本面的预期的随机性,但是仍然无法将关于内生经济结果的不确定性与关于基本面因素的不确定性的纠缠拆解开来。同样的观点也适用于布鲁姆(Bloom,2009)和随后关于"不确定性冲击"的文献。

5.　类似的观察,还有助于将我们这一章定位于研究各种各样的"疏忽"的文献。例如,考虑西姆斯(Sims,2003)、雷伊斯(Reis,2006)和加拜克斯(Gabaix,2014)等人的论文。这些论文研究的是这样一类单经济行为主体决策问题:经济行为主体要想获取外生收益相关变量的信息(或者,以其他方式使其行动与这种变量适当地实现共变)是昂贵的。在这样做的过程中,这些论文为信息摩擦提供了有用的决策理论基础。但是,它们也绕过了基本面不确定性与策略不确定性之间的区分,因为这种区别只有在经济行为主体彼此互动的环境中才有意义。

6.　许多应用研究往往会混淆上述两种不确定性。在某种程度上,这种混淆可以说是不可避免的:在许多应用研究中,要纳入对他人的行为的不确定性,就必须先纳入对潜在的基本面的不确定性。但是关键在于,这两种类型的不确定性不但在概念上是不同的,而且它们也包含着不同的含义。例如,在我们下面第4节和第5节要研究的全局博弈模型中,对于均衡的决定来说,重要的是由不完全信息引起的策略不确定性,而不是潜在的基本面不确定性。此外,正如我们将会在第7节和第8节中详细阐明的,不完全信息和由此产生的策略不确定性可以帮助在只有唯一均衡的模型中实现协调失败和动物精神的概念的可操作化,而这在仅有基本面不确定性的情况下是不可能做到的。因此,我们的分析的一个不可或缺的部分是,尽可能彻底地对这两种不确定性"解纠缠"。我们希望,这样做不仅有助于阐明理论基础,而且还有助于阐明不断增加的关于信息摩擦的宏观经济学文献的实证含义。

7.　上述文献有好多条脉络,而我们在本章中只综述了关于协调(博弈)、高阶信念和策略不确定性的部分文献。对于其他文献的综述,请参见西姆斯(Sims,2010)、曼昆和雷伊斯(Mankiw and Reis,2011),以及韦尔德坎普(Veldkamp,2011)。

8.　纳入了搜索和交易摩擦的模型偶尔也称为"不完美协调模型",例如,请参见戴蒙德

---

[1] 例如,请参见:巴斯基和西姆斯(Barsky and Sims,2011,2012)、布兰查德等人(Blanchard et al.,2013)、克里斯蒂亚诺等人(Christiano et al.,2008)、贾莫维奇和雷贝洛(Jaimovich and Rebelo,2009),以及洛伦佐尼(Lorenzoni,2009)给出的基线模型。另外,也请参见科拉德和德拉斯(Collard and Dellas,2010)对"当前基本面"的不完美的可观察性的相关研究。

(Diamond, 1982)、夏默(Shimer, 2005)。但是,这类模型并不是我们在本章中要讨论的模型。在这些模型保持了对总体基本面和总体结果的共同知识这个程度上,就我们的研究目的来说,它们施加了与阿罗-德布鲁框架相同的协调水平。[1]

9. 我们更加认同异步选择阻碍了协调的思想。我们在第 6 节中会扩展这种思想,方法是通过揭示在存在策略互补性的环境中不完全信息的作用与卡尔沃式摩擦的作用之间的微妙联系。

10. 我们处理不完全信息的方法与贝叶斯博弈模型中的标准处理方法是一致的。具体地说,在我们构建的基准框架中,我们是用海萨尼(Harsanyi)式的方法来描述信息的,即用经济行为主体所编码的信号来描述——不仅是他们关于支付(基本面因素)的信念,而且还包括他们的"心态",即其他经济行为主体的类型的信念。不过,我们还是对有关概念的定义进行了一些调整,以保证更适合我们的应用目的。此外,我们还绕过了超出本章范围的一些更深层次的理论问题,例如海萨尼等价与信念等级之间的等价性——请参见默腾斯和扎米尔(Mertens and Zamir, 1985);共同知识与共同信念的相近性——请参见蒙德勒和沙梅特(Monderer and Samet, 1989)、莫里斯和辛恩(Morris and Shin, 1997),以及博弈论的认识论基础的有关问题——请参见德克尔等人(Dekel et al. , 2015)。

11. 在我们构建的基准框架以及各种应用中,我们采用了对不完全信息的宽泛阐释:允许用信号去刻画关于他人信念和行为的主观状态。然而,对于某些具体问题,更狭义的阐释可能是更加适当的:当我们研究通过市场或其他渠道的信息集结时,或者当我们讨论中央银行的沟通(central-bank communication)的可取性时,假设信号代表"硬信息"是更安全的。

2. 框架

这一节,介绍我们在本章中所用的主要框架。虽然这个框架仍然是静态和抽象的,但是它有着非常高的灵活性,能够对各项应用中的一般均衡交互作用和协调作用进行形式化。此外,它也有助于对下一节中给出的一系列关键概念的形式化处理。它还有助于阐明标准宏观经济学模型的预测如何依赖于对信念决定的过强的假设,从而为我们在后面要给出的一系列应用研究论文铺平道路。

2.1 行动和支付

考虑一个单次博弈(或,一个"经济"),它有很多参与人(或,"经济行为主体")。我们用 $i \in [0,1]$ 表示这些博弈参与人。每一个经济行为主体 i 都要选择一个行动 $k_i \in D_k \subseteq \mathbb{R}^n$(其中 $n \geq 1$)。该经济行为主体在博弈中的支付由下式给出:

---

[1] 这也就是说,交易摩擦对于缺乏共同知识的状态的维持是有帮助的;容纳不完全信息要求偏离阿罗-德布鲁框架。

$$u_i = U(k_i, \mathrm{K}, \theta_i) \, , \qquad\qquad (1)$$

其中，$\mathrm{K} \in D_{\mathrm{K}}$ 表示行动在总体(总体经济活动)横截面上的分布，$\theta_i \in D_\theta \subseteq \mathbb{R}^m$(其中 $m \geq 1$)概括了与经济行为主体 i 有关的任何外生变量(这就是该行为主体的"基本面")，U 是一个函数，其具体形式将在下文中指定。

随着我们的讨论的推进，我们将讨论许多不同的应用，或者直接将它们嵌入上述框架中，或者先对上述框架加以适当扩展后再来处理。在某些应用中，博弈参与人可能是投机者(他们可能要决定是否对某个国家的货币发动攻击)，或者是存款人(他们决定要不要在出现挤兑风潮时从银行取款)；在另一些应用中，博弈参与人可能是企业(它们要做出生产和定价决策)，或者是消费者(他们要决定在消费品上支出多少)。这里还要指出的是，条件(1)所假设的设定允许经济行为主体的支付取决于行动在总体的横截面上的整个分布。然而，在实际应用中，往往一阶矩和二阶矩(即，均值和分散度)就足够了。此外，虽然我们暂时允许行动和基本面都是多维的，但是我们很快就会将注意力集中在 $n = m = 1$ 的情况上。在这种情况下，我们令 $K \equiv \int k \, dK(k)$ 和 $\sigma_k \equiv \sqrt{\int (k - K)^2 \, dK(k)}$ 分别表示平均行动(mean action)和行动的横截面标准偏差。

备注 1　有的经济学家认为，将宏观经济视为一个(不完全)网络可能更有吸引力。在这样一个网络中，每个经济行为主体都会连接到若干个其他经济行为主体上(但不是整个人群上)。但是，我们在本章中阐述的思想也同样适用于这样的模型设定。对于我们的目的而言，把经济建模作为一个完全的、对称的网络，主要是出于简化分析的需要。然而，对于其他的目的，放弃这种简化的假设可能很重要。例如，一个重要问题是，策略不确定性对可观察变量的影响如何取决于网络结构。但我们在本章中不会考虑这个问题。

备注 2　请读者回想一下，我们感兴趣的问题是对经济结果的均衡预期。在本节介绍的静态框架中，这个问题可以进一步归结为对他人的同时期行动(contemporaneous action)的均衡预期。在具有前瞻性的决策的动态应用中，相关预期还要考虑到他人在未来的行为。

备注 3　尽管有上述备注，但是还有一种非常重要的多期模型设定，它违背了上述区分，并且可以很容易地嵌入到我们构建的静态框架中。那是一个阿罗-德布鲁经济，具有用来交易时间依存(time-contingent)的商品和状态依存的商品的完全市场。在这样一个经济体系中，θ_i 刻画了经济行为主体 i 的偏好和禀赋，k_i 刻画了经济行为主体 i 对各种商品的净需求，而且经济行为主体 i 的效用对于 K 的依赖性源于均衡价格对其他经济行为主体的净需求的依赖性。重要的是，因为在一个完全的阿罗-德布鲁市场中，所有的经济行为主体都可以观察所有的相关价格，因而也就好像他们也能观察到其他经济行为主体的行为一样。这突出地表明，阿罗-德布鲁框架以及许多基于这种框架的宏观经济学主力模型实际上是一类特殊类型的静态完全信息博弈模型。相反，要在宏观经济学模型中纳入不完全信息，就需要某种市场不完全性(例如，缺乏远期市场)。

2.2 两个例子

现在,我们用两个简单的例子来说明,上面假设的这种抽象的支付结构怎样才能与更具体的应用的简化式表示对应起来。第一个例子是一个新古典主义经济,它类似于安格勒托斯和拉奥(Angeletos and La'O,2010,2013)、本哈比等人(Benhabib et al.,2015b)、肖金和熊伟(Sockin and Xiong,2015)、霍震和高山(Huo and Takayama,2015a)所研究的那个经济。第二个例子则与伍德福德(Woodford,2003)、曼昆和雷伊斯(Mankiw and Reis,2002),以及麦克科维亚克和韦德霍尔特(Maćkowiak and Wiederholt,2009)所研究的货币经济类似。在下文中,我们将在这两个例子(和其他例子)中探讨某种信息摩擦的含义。不过现在,我们暂且先把信息摩擦抽象掉,将重点放在说明这些例子如何嵌入到我们的框架中。除了用来给我们的抽象框架提供具体的解释之外,这些例子还有助于阐明,就我们的目的而言,策略性互动往往就是基于市场的一般均衡效应的代名词。

2.2.1 一个新古典经济

假设存在一个"农民"连续统(这里的"农民",可以解释为既是企业,又是消费者),同时存在一个由不同消费品组成的连续统。每个农民只专业化生产某种单一的商品,但是却消费该经济中的所有商品。我们用 $i \in [0,1]$ 表示农民以及该农民所生产的商品。这个经济的运行分两个阶段:生产在第一阶段进行,交易和消费则发生在第二阶段。偏好由下式给出:

$$u_i = v(c_i) - n_i, \tag{2}$$

其中,v 是一个严格递增、严格凹的函数,n_i 表示劳动,c_i 表示农民消费的所有商品的常替代弹性(CES)集结算子,这也就是说

$$c_i = \left[\int c_{ij}^{1-\eta} dj \right]^{\frac{1}{1-\eta}}$$

其中,c_{ij} 表示家庭 i 对商品 j 的消费,$1/\eta$ 则为不同商品之间的替代弹性。任何一个给定的农民(家庭)i 的预算约束都由 $\int p_i c_{ij} dj = p_i q_i$ 给出,其中 p_j 表示商品 j 的(名义)价格,q_i 是该农民的产出。最后,产出由下式给出:

$$q_i = A_i n_i,$$

其中,A_i 是该农民的外生生产率。

众所周知,常替代弹性设定意味着农民 i 的最佳消费组合满足:

$$\int p_j c_{ij} dj = P c_i \text{ 以及} \frac{c_{ij}}{c_i} = \left(\frac{pj}{P} \right)^{-1/\eta} \forall j,$$

其中,$P \equiv \left[\int p_j^{1-1/\eta} dj \right]^{\frac{1}{1-1/\eta}}$ 是理想的价格指数。市场出清条件则要求 $\int c_{ji} dj = q_i \forall i$。从这一点可以推出市场出清价格与生产数量之间的关系如下:

$$p_i = P \left(\frac{q_i}{Q} \right)^{-\eta} \forall j, \tag{3}$$

其中，$Q \equiv \left[\int q_j^{1-\eta} dj \right]^{\frac{1}{1-\eta}}$ 是对总产出的度量。另一方面，预算约束给出 $c_i = \dfrac{p_i q_i}{P} = Q^{\eta} q_i^{1-\eta}$。由此推出，农民 i 的效用减少为

$$u_i = v(c_i) - n_i = v(Q^{\eta} q_i^{1-\eta}) - \frac{q_i}{A_i}$$

这样，我们可以得出结论：我们在这里介绍的例子可以很容易地嵌入到框架中，只要我们令

$$U(k_i, \mathbf{K}, \theta_i) = v\left(\left[\int \exp(x)^{1-\eta} d\mathbf{K}(x) \right]^{\frac{\eta}{1-\eta}} \exp(k_i)^{1-\eta} \right) - \exp(k_i - \theta_i), \tag{4}$$

其中，$k_i \equiv \log q_i$ 且 $\theta_i \equiv \log A_i$。这也就是说，我们现在所考虑的这个经济可以视为一个博弈，其博弈参与人是农民，行动是农民生产的商品的数量，基本面因素是他们的外生生产率以及由方程式（4）给定的支付。[1]

2.2.2　一个货币经济

这个货币经济的结构与前述新古典主义经济相同，不过有以下两个修正之处。第一，农民在第一阶段设定名义价格，并承诺在第二阶段会以这样的价格供应所需的任何数量。第二，名义 GDP 水平由下式给出：

$$PQ = M, \tag{5}$$

其中，M 是一个外生变量。与大部分相关文献一样，我们可以将 M 的变化解释为货币冲击。

按照与前述新古典主义经济中类似的步骤，我们可以将数量作为价格的函数来求解（而不是相反）。具体地说，利用方程式（3）、方程式（5）和预算约束，我们可以得到

$$q_i = Q \left(\frac{p_i}{P} \right)^{-1/\eta} = MP^{1/\eta - 1} p_i^{-1/\eta} \text{ 以及 } c_i = \frac{p_i q_i}{P} = MP^{1/\eta - 2} p_i^{1 - 1/\eta}$$

只要令 $k_i \equiv \log q_i$ 且 $\theta_i \equiv (\theta_{i1}, \theta_2) \equiv (\log A_i, \log M)$，且令[2]

$$U(k_i, \mathbf{K}, (\theta_{i1}, \theta_2)) = v\left(\exp(\theta_2) \left[\int \exp(x)^{1-1/\eta} d\mathbf{K}(x) \right]^{\frac{1/\eta - 2}{1 - 1/\eta}} \exp(k_i)^{1 - 1/\eta} \right)$$

$$- \exp\left(\theta_2 - \theta_{i1} - \frac{1}{\eta} k_i \right) \left[\int \exp(x)^{1-1/\eta} d\mathbf{K}(x) \right]^{-1}. \tag{6}$$

就可以将这个例子嵌入到我们的框架中。

这也就是说，在现在这个博弈中，行动是农民确定的名义价格，基本面则是生产率和货币冲击。需要注意的是，在这个例子中，生产率既可以具有一个特异性分量，也可以具有一个总体分量；但是货币冲击则只可以具有一个总体分量。伍德福德（Woodford，2003）、曼昆和雷伊斯（Mankiw and Reis，2002）接下来采取的嵌入方法是假设所有的生产率冲击不存在，而

---

[1] 注意，在这里，k_i 和 θ_i 也可以定义为 q_i 和 A_i 的绝对水平，而不是它们的对数。我们之所以选择对数变换，其原因如下：如果我们假设生产率是对数正态分布的，同时可用信息是高斯分布的，那么这个例子中的偏好和技术的幂函数形式就保证了一个唯一的均衡的存在性，其中 $k_i \equiv \log q_i$ 可以表示为企业对 $\theta_i \equiv \log A_i$ 和 K 的预期的一个线性函数，而且 K 本身等于 $\log Q$ 再加一个常数。而这反过来又意味着，我们这里考虑的新古典主义经济体系可以映射到我们将在本章第 7 节和第 8 节研究的特定类别的博弈上。

[2] 这里使用对数转换的原因与脚注[1]中所述的原因相同。

麦克科维亚克和韦德霍尔特(Maćkowiak and Wiederholt,2009)则通过只允许特异性生产率冲击来实现嵌入。

备注 4 我们可以认为上面这两个例子代表了两种完全相反的情况:第一个例子是企业设定数量,让价格自行调整;第二个例子是企业设定价格,让数量自行调整。当企业不需要面对任何不确定性时,这种差异是无关紧要的。但是,如果企业对有关的外生基本面因素和其他企业的选择不确定,那么这两种情况之间的差异就是重要的——无论是对于规范问题,还是对于实证问题,都是如此。我们将在本章第 8 节和第 9 节中详细阐述这些观点。

备注 5 虽然在我们所举的例子中,经济行为主体是"农民",但是我们当然不能拘泥于字面意义来理解这两个例子。从卢卡斯(Lucas,1972)开始,许多作者都已经考虑了具有更吸引人的微观基础并纳入了信息摩擦的模型。对于我们的研究目标来说,关键问题是这些模型是不是能够为非平凡的策略不确定性(或高阶不确定性)腾出足够的空间。这也正是最近的这些研究与卢卡斯的早期研究的区别所在:正如我们在下文第 8.3 节进一步阐明的,卢卡斯(1972)所使用的特定模型消除了本章所要得到的效应。

2.3 冲击与信息

到目前为止,我们已经设定了行动和支付。为了完成对我们的基本框架的描述,我们还必须指定外生的随机结构(冲击和信息),同时还必须选定一个解的概念。我们将分别在本节和第 2.4 节中完成这两个任务。

我们用 $\omega_i \in D_\omega \subseteq \mathbb{R}^l$ 表示经济行为主体 i 接收到的信号,在这里,"信号"的意思是经济行为主体的整个信息集,或者等价于海萨尼(Harsanyi)类型。我们用 Ω 表示总体的横截面中 ω_i 的分布,用 Θ 表示 θ_i 的横截面分布。然后,我们用 D_Ω 和 D_Θ 分别表示 Ω 和 Θ 的可能的值的集合。。我们再用 $\mathbf{S}$ 表示"自然"所用来"抽签"的分布——它是独立同分布的(i.i.d.),"自然"要为每个经济行为主体 i 抽取一个"对" $s_i = (\omega_i, \theta_i)$。再令 D_S 表示 $\mathbf{S}$ 的可能的值的集合。我们再假设大数定律是成立的,所以 $\mathbf{S}$ 也是总体中 s_i 的横截面分布。由此可知,Θ 和 Ω 也分别是 $\mathbf{S}$ 的 θ 和 ω 方向上的边缘分布。我们通过允许 $\mathbf{S}$ 的抽取是随机的(因此也就允许 Θ 和 Ω 的抽取是随机的),引入总体不确定性。(根据某个固定的分布 $\mathscr{P}$ 从集合 D_S 中抽取,$\mathscr{P}$ 构成了共同先验。)

因此,我们可以按如下方式描述"自然的行动"。首先,"自然"根据 $\mathscr{P}$ 抽取 $\mathbf{S}$。接下来,"自然"利用 $\mathbf{S}$,以独立同分布(i.i.d.)的方式,为每个经济行为主体 i 抽取一个"对" $s_i = (\omega_i, \theta_i)$。最后,"自然"向经济行为主体 i 揭示 ω_i(而且只揭示 ω_i)。

对象 $\{U, D_k, D_\mathbf{K}, \mathscr{P}, D_\theta, D_\Theta, D_\omega, D_\Omega, D_S\}$ 和上面提到的所有事实都是共同知识。可能不是共同知识的是 $\mathbf{S}$ 的实现——因此 Θ 和 Ω 的实现也可能不是共同知识。随机结构的不同设定——先验的 $\mathscr{P}$ 和基本面与信号的相关域——可以适应不同的情景,即,每个经济行为主体知道多少,不仅是关于他们自己的基本面的,而且是关于其他经济行为主体的基本面和信息的。在这里重要的是,我们可以同时容纳总体性冲击和特异性冲击,不仅仅是对基本面,而且是对信息。

在这里不妨举一个具体的例子来说明。考虑前面引入的新古典主义经济，并且令 $\theta_i \equiv \log A_i = \bar{\theta} + \xi_i$，其中 $\bar{\theta}$ 和 ξ_i 分别表示零均值、零方差的独立正态分布变量，σ_{θ}^2 和 σ_{ξ}^2，以及 ξ_i 在不同的 i 之间是独立同分布的（i.i.d）。这样一来，$\bar{\theta}$ 的变化就代表了总体全要素生产率（TFP）冲击，而 ξ_i 的变化则代表特异性的全要素生产率冲击。关于信息结构，我们可以令 $\omega_i = (x_i, z)$，其中 $x_i = \theta_i + \epsilon_i, z = \bar{\theta} + \zeta$，且 ϵ_i 和 ζ 都服从正态分布，而且对于所有的 i, ϵ_i 和 ζ 都相互独立且独立于 $\xi_i, \bar{\theta}$，且均值为零，分别有固定方差 σ_{ϵ}^2 和 σ_{ζ}^2。这也就意味着，一个经济行为主体的信息集由一个信号对组成，一个信号是他自己的全要素生产率的私人信号，另一个信号是总体全要素生产率的公共信号。最后，由于所有相关的横截面分布，即，$\boldsymbol{\Theta}、\boldsymbol{\Omega}$ 和 S，现在都是具有固定方差的正态分布，所以我们可以将总体性冲击用对 $(\bar{\theta}, \zeta) \in \mathbb{R}^2$ 表示，而不是用高维对象 $(\boldsymbol{\Theta}, \boldsymbol{\Omega})$ 或 S 来表示。

在上面描述的例子中，x_i 作为一个信号，不仅仅是 θ_i 的信号，而且还是 $\bar{\theta}$ 的信号；而且，由于 $\bar{\theta}$ 是实现的 x_j 的分布的均值（对于 $j \neq i$），因此 x_i 也是其他经济行为主体的信号。更一般地，我们注意到 S 的不同实现对应于 ω_i 的不同条件分布——这意味着 ω_i 是 S 的一个信号，并且因此也是 $\boldsymbol{\Omega}$ 的一个信号。[①] 这就有力地说明了，ω_i 塑造了经济行为主体的信念——不仅仅是关于他自己的支付，而且还包括其他经济行为主体的信息。当我们施加均衡后，后者就意味着 ω_i 塑造了关于他人的行动的信念。

我们现在可以给出以下定义了。它们应该能够起到解释清楚本章中所使用的术语的作用。

定义 1 实现的基本面由 $\boldsymbol{\Theta}$ 给出，即，总体的横截面中的外生的支付特征 θ_i 的分布。实现的信息由 $\boldsymbol{\Omega}$ 给出，即，信号 ω_i 的相应分布。自然状态由 S 给出，即，(ω_i, θ_i) 的联合分布。[②]

需要注意的是，上述对象，与我们在下文中将会引入的其他类似对象一样，所指向的都是总体的横截面，而不是指某个具体的经济行为主体。当然，这就反映了，我们关注的焦点只是宏观经济结果，而不是每一个个体博弈参与人的行为。

接下来，我们引入一阶信念和高阶信念的记号。我们用 b_i 表示经济行为主体 i 所持有的关于自己的基本面和总体的基本面的信念，即，以 ω_i 为条件，对 $(\theta_i, \boldsymbol{\Theta})$ 的后验。这种信念囊括了经济行为主体关于经济系统中的支付结构的所有信息，通常也被称为经济行为主体（对潜在的基本面）的一阶信念。很显然，b_i 是 ω_i 的函数。我们用 $\mathbf{B}$ 表示总体的横截面中实现的 b_j 的分布，它是 $\boldsymbol{\Omega}$ 的函数。我们将经济行为主体 i 的二阶信念定义为该经济行为主体对于 $\mathbf{B}$ 的后验，并用 b_i^2 表示之。由于 $\mathbf{B}$ 是 $\boldsymbol{\Omega}$ 的函数，而且因为 ω_i 确定了经济行为主体 i 对于 $\boldsymbol{\Omega}$ 的信念，所以 ω_i 也确定了 b_i^2。令 $\mathbf{B}^2$ 表示二阶信念的横截面分布。然后，我们可以对任何 $h \geq 3$，以递归的方法，将经济行为主体 i 的 h 阶信念 b_i^h 定义为他对 $\mathbf{B}^{h-1}$ 的信念，并把对象 $\mathbf{B}^h$

[①] 注意，ω_i 也是 $\boldsymbol{\Theta}$ 的信号（$\boldsymbol{\Theta}$ 是其他人的基本面）。然而，这一点本身并不重要。经济行为主体只关心自己的基本面和他人的行动。在均衡中，后者是由他们的信息所固定的。因此，真正相关的信息只是 ω_i 所包含的关于经济行为主体自己的基本面的信息和关于其他人的信息。

[②] 需要注意的是，S 是 $s_i = (\theta_i, \omega_i)$ 的联合分布，而不仅仅是相应的边缘分布对；S 包含了比 $(\boldsymbol{\Theta}, \boldsymbol{\Omega})$ 对更多的信息。

定义为 b_j^h 的横截面分布。为了简化记号,我们令 $b_i^1 \equiv b_i$,$\mathbf{B}^1 \equiv \mathbf{B}$。

定义 2 关于基本面的(总体)信念由 $\mathbf{B}$ 给出,即,对于自己的和总体的基本面的一阶信念的横截面。相应的信念层级结构则由 $\{\mathbf{B}^h\}_{h=1}^{\infty}$ 给出。如果经济行为主体对 $\{\mathbf{B}^h\}_{h=1}^{\infty}$ 不确定,那么该经济行为主体就面对着(关于基本面的)高阶不确定性。

因为 $\{\mathbf{B}^h\}_{h=1}^{\infty}$ 是由 $\mathbf{\Omega}$ 固定下来的,所以我们既可以将 $\mathbf{\Omega}$ 想象为信息的横截面侧写(cross-sectional profile),或者也可以将之想象为对信念层次结构的一个汇总统计(summary statistic)。如果经济行为主体知悉 $\mathbf{\Omega}$,那么也应该知悉 $\{\mathbf{B}^h\}_{h=1}^{\infty}$。反过来,对 $\mathbf{\Omega}$ 的不确定性有助于容纳对基本面的高阶不确定性。在这里重要的是,一旦我们施加均衡条件,这种高阶不确定性就有助于引发对于其他人的行为的一阶不确定性,这样就可以"捕获"我们追寻的协调摩擦了。

备注 6 在本章下文的所有内容中,除非另有说明,"高阶信念"和"高阶不确定性"这两个术语均指上面定义的对于基本面的高阶信念,而不是海萨尼型的高阶信念(对于 $\mathbf{\Omega}$ 的信念的信念……),也不是对行为的高阶信念(对于 $\mathbf{K}$ 的信念的信念……)。一般来说,这三种类型的高阶信念彼此是不同的。例如,奥曼证明(Aumann,1974,1989),与支付无关的变量(相关均衡中的工具)的私人信息有助于维持关于其他博弈参与人的信息和行为的高阶不确定性——同时保持对于基本面的共同知识假设不变。① 事实上,这种区分正是所谓的"认识论博弈论"(epistemic game theory,或称"博弈论的认识论基础")的核心所在。然而,就本章的目的而言,我们也可以将这三种类型的高阶不确定性视为同一种高阶不确定性的三个不同的方面,而且都偏离了宏观经济学中的主力模型。事实上,在本章所讨论的应用研究中,只要均衡是唯一的,关于行为的均衡信念就可以用关于基本面的信念的层次结构确定下来。因此,我们所追寻的摩擦只能通过引入对基本面的高阶不确定性才能得以纳入进来。

备注 7 在本章中,当使用"预期""信念""不确定性"等术语而没有在前面加"高阶"这个限定词时,我们都是指一阶信念。

备注 8 在博弈论中,将博弈参与人的支付写成他的海萨尼型的函数,已经成为了一种标准做法。在这里,我们只需要将支付的形式改写一下,就可以做到这一点:$V(k_i, \mathbf{K}, \omega_i) \equiv \int U(k_i, \mathbf{K}, \theta_i) db(\theta_i|\omega_i)$,其中的 $b(\theta_i|\omega_i)$ 是关于 θ_i 的以 ω_i 为条件的后验信念。在本章中,我们选择将支付用 θ_i 的函数而不用 ω_i 的函数来表示,目的是便于分离基本面与信息集,同时也可以应对从计量经济学的角度只能观察到 θ_i 而无法观察 ω_i 的可能性。

2.4 均衡

现在,我们讨论解的概念。与绝大多数的宏观经济学文献一致,我们假设经济行为主体会按照"理性预期均衡"(rational-expectations equilibrium)来采取行动。在上面给出的框架下,

① 在我们的符号体系当中,这对应于 $\mathbf{B}$ 通常是所有人都知悉的,而 $\mathbf{\Omega}$ 却不然的情况。这是因为,$\mathbf{\Omega}$ 包含了那些经济行为主体具有私人信息的相关工具。同样的道理,当关于基本面的高阶信念坍塌为一阶信念时,关于行动的高阶信念却不会这样。

按理性预期均衡行事包括以下含义。

定义 3　理性预期均衡（或者，简单地说，均衡）是一个策略 $k^* \in D_\omega \to D_k$ 和一个映射 $\mathbf{K}^*$：$D_\Omega \to D_k$，它们使得

（ⅰ）策略 k^* 是对映射 $\mathbf{K}^*$ 的最优反应，即

$$k^*(\omega) \in \arg \max_{k \in D_k} \mathbb{E}[U(k, \mathbf{K}^*(\Omega), \theta) \mid \omega] \ \forall \omega; \tag{7}$$

（ⅱ）对于任何 Ω，$\mathbf{K}^*(\Omega)$ 是当 ω 的分布为 Ω 且 $k = k^*(\omega)$ 时得到的 k 的分布。

这个定义与博弈论中的贝叶斯–纳什均衡（Bayesian-Nash Equilibrium）的定义基本相同。然而，这并不意味着经济行为主体本身参与策略性推理。我们在这里所考虑的情境是在一个大型的市场化经济中，存在着无数的企业和消费者，而且每一个企业和消费者都试图预测经济结果——比如说总就业和总产出。这与军备竞赛或其他博弈情境不同——在那些情境下，假设每个博弈参与人都明确地试图猜测其他博弈参与人的行动也许是更有吸引力的。因此，我们只是设想，每个经济行为主体都会将 $\mathbf{K}$ 视为一个外生的随机过程，然后致力于理解任何一个给定模型对这个过程的预测。

在这种解释下，我们采用的解的概念所施加的假设是，所有经济行为主体对于 $\mathbf{K}$ 所设想的随机过程都相同，而且这个"共同设想"的随机过程也恰恰与所有经济行为主体的联合行为所产生的实际过程一致。此外，ω_i 则成为了 $\mathbf{K}$ 的实现价值的信号。另外，我们还可以将 ω_i 视为经济行为主体对经济中所发生的一切的"认知心态"。在这里，重要的是，只要不同的经济行为主体不具有相同的 ω_i，那么他们也就不一定会对内生的经济结果有相同的预期。

总而言之，我们认为，ω_i 可以充当以下三个建模角色中的任何一个角色。第一，它塑造了经济行为主体对自己的基本面的信念。第二，它塑造了经济行为主体对他人的信息的信念，从而也塑造了他对基本面的高阶信念。第三，它塑造了经济行为主体对他人行为的均衡期望，从而也塑造了自己关注的内生的经济结果。前两个建模角色从定义的构造直接可知，第三个建模角色则以我们采用的解的概念所施加的假设为基础。

探讨信息摩擦的一些应用研究文献依赖于第一个建模角色：它们去除了关于 θ_i 的知识，并使 ω_i 成为 θ_i 的一个有噪声的信号；这通常发生在排除了策略性互动的模型设定中。在本章中，我们主要关心的是另外两个建模角色；相比之下，它们本身只有在存在策略性互动的情况下才相关。[①]

备注 9　一旦强加了均衡概念，高阶信念也就变成了一种陪衬性的"串场节目"（sideshow）。这是因为，在均衡中，一个经济行为主体的信号 ω_i 就能够确定他对于 θ_i 和 $\mathbf{K}$ 的联合分布的后验概率；对他的行为来说，只有这才是真正重要的。因此，均衡可以在不需要引用高阶信念的情况下表示出来。然而，理解高阶信念的结构对于理解整个均衡集的结构及其对信息结构变化的敏感性，还是非常有帮助的。随着我们的讨论的不断深入，这将会变得越来越明显。

备注 10　当我们转向动态模型时，我们使用的均衡概念与完美贝叶斯均衡基本相同。

---

① 我们要记住这一点：在下文中，我们将经常需要考虑一些信息结构的设定，它们有助于将对于经济结果的均衡预期的随机变化与对基本面的信念的随机变化区分开来。

唯一的区别是我们进行了有用的简化,即,我们不再总是需要去说明那些非均衡的信念。这是因为,在典型的宏观经济环境中,每一个经济行为主体本身都太"微小",不会触发其他经济行为主体可以观察得到的、与支付相关的偏离。不过,这条规则有一个重要的例外,那就是出现了非常"大"的博弈参与人的时候,例如政府。

备注 11 虽然我们已经介绍了我们所使用的符号和概念,但是我们还没有说明潜在的概率空间的数学结构,而且也没有讨论可测量性和存在性等技术性问题。之所以这样,是因为我们希望可以简化解释,同时又不至于妨碍对更实质性问题的理解。如果读者对这种不精确性感到烦恼,那么可以先阅读下一节,那里所涉及的行动、基本面因素和信号都是有限的。然后,在其余各节中,我们会对随机结构和效用函数(U)给出足够的假设,以保证均衡的存在性,以及对它的刻画的明晰性。

3. 不完美的协调

在本节中,我们运用我们在上面给出的框架来定义某些关键概念,并阐述本章的中心主题。我们还将讨论在不完全信息下如何确定均衡预期和经济结果,并将它们与拥有完全信息时的情况进行了对比。完全信息情形为更丰富的均衡预期提供了一个比较基准。

3.1 一些关键概念

宏观经济学模型通常用于提供对数据的结构性解释,或者用于提供有助于指导政策制定的反事实论证。为了说明这些用途在我们的框架中意味着什么,我们首先要将理论经济学家可以"随心所欲地"设定的外生对象与他们想要预测的内生对象区分开来。在我们构建的这个框架中,外生对象包括:支付函数 U、上一节中引入的基本面因素的随机结构,以及信息集。内生对象则包括经济行为主体的行为和实现的支付。由于支付本身又是由基本面和行为所决定的,因此唯一的"真实"内生对象就是行为。考虑到这一点,我们采用以下定义。

定义 4 经济的结果,或经济的内生状态由 $\mathbf{K}$ 给出,$\mathbf{K}$ 也就是总体的横截面中的行为分布。

在应用研究中,$\mathbf{K}$ 可以代表企业的雇用工人的选择、消费者的消费决策,也可以代表经济的资本存量(这本身就是企业和消费者以往投资选择的产物)。一个模型最终要做的是对这些内生对象与基本面和信息集所受到的外部冲击的联合分布施加一些特定的限制。

现在假设,用来检验或量化模型的数据是可得的,而且模型最多只涉及以下对象:基本面、经济行为主体对自己的基本面的预期、对内生状态的预期,以及经济行为主体的行为。那么,模型的可验证的含义或预测就是它对这些对象的联合分布所施加的限制。当然,我们还可以通过进一步将信息集和/或高阶信念纳入进来,以扩展对象列表。然而,从应用的目的来看，这样做似乎是多余的，因为与关于选择的数据和对经济结果的预测的数据相反，关于信息集和高阶信念的数据几乎是完全不可得的。考虑到这些因素，我们令 π_i 表示经济行为主体 i 对 $\mathbf{K}$ 的预期，并用 $\mathbf{\Pi}$ 表示这种预期在总体中的分布；然后，我们采用以下定义。

定义 5　模型的预测是对 $(\theta_i, b_i, \pi_i, k_i, \mathbf{\Theta}, \mathbf{B}, \mathbf{\Pi}, \mathbf{K})$ 的联合分布所施加的限制。

因此，我们可以将任何一个模型视为这样一个"黑箱"：它输入的是 $(s_i, \mathbf{S})$ 的联合分布，而输出的则是 $(\theta_i, b_i, \pi_i, k_i, \mathbf{\Theta}, \mathbf{B}, \mathbf{\Pi}, \mathbf{K})$ 的联合分布。根据我们感兴趣的问题和/或可用数据的情况，我们可以重点研究上述分布的某些条件或边缘状态，又或者它们的某个矩。这也就是说，我们也可以尝试回答以下这些类型的应用问题：个人行动对基本面的特异性冲击会做出多大的反应？总体活动对于基本面的冲击的相应反应又是什么？对经济结果的预期是否会受到对基本面的预期的影响？总体经济活动的波动是什么？在多大程度上可以用基本面的波动来解释？

为了便于说明，我们从第 2.2 节讨论过的那个早期的新古典主义经济入手。在那个经济中，θ_i 捕获了经济行为主体（农民、企业或岛屿）的外生的全要素生产率（TFP），k_i 则刻画了他的产出水平。假设全要素生产率在横截面中呈对数正态分布，则令 $\bar{\theta}$ 表示总体对数全要素生产率，并假设 $\omega_i = (\theta_i, \bar{\theta})$；后者意味着每个经济行为主体都完全了解自己的全要素生产率水平和总体全要素生产率水平。这些假设，再加上所设定的偏好和技术的幂函数形式，意味着个人层面和总体层面的产出的均衡水平分别由下式给出：

$$\log q_i \equiv k_i = \kappa_1(\theta_i - \bar{\theta}) + \kappa_2 \bar{\theta} \text{ 以及 } \log Q \equiv K = \kappa_2 \bar{\theta},$$

其中，κ_1 和 κ_2 是两个不变的标量，分别由潜在的偏好和技术参数所固定。因此，均衡结果是由基本面确定下来的——均衡预期也是如此。此外，$(\theta_i, b_i, \pi_i, k_i, \mathbf{\Theta}, \mathbf{B}, \mathbf{\Pi}, \mathbf{K})$ 的联合分布现在可以很方便地归结为 $(\theta_i, k_i, \bar{\theta}, K)$ 的分布。至于上面提到过的一些应用问题，只要注意到个体层面的产出对特异性全要素生产率冲击的反应的"微观"弹性是由 κ_1 给出的，而相应的"宏观"弹性则由 κ_2 给出。最后，我们注意到

$$\kappa_1 = \frac{\mathrm{Cov}(k_i, \theta_i \mid \bar{\theta})}{\mathrm{Var}(\theta_i \mid \bar{\theta})} \text{ 以及 } \kappa_2 = \frac{\mathrm{Cov}(K, \bar{\theta})}{\mathrm{Var}(\bar{\theta})}$$

这说明，$(\theta_i, k_i, \bar{\theta}, K)$ 的联合分布如何包含模型关于我们感兴趣的两个弹性的预测。[1]

在下文中，我们还将探讨，在偏离了标准的信息假设的时候，这种预测会发生怎样变化。重要的是，我们将对标准信息假设的两种不同的偏离进行区分：一种与经济行为主体对于自己的基本面的信息或信念有关；另一种与经济行为主体对彼此的信念和相关的协调（或缺乏协调）摩擦的信息或信念有关。

---

[1] 宏观经济学家主要关注宏观弹性 κ_2。许多使用宏观数据的实证研究，例如，我们将在下文第 8.1 节讨论的加利的论文（Gali, 1999），都试图直接估计出这种弹性。相比之下，一些基于横截面数据的研究则更加关注微观层次的弹性 κ_1 的识别（在这里，"微观"既可能意味着个体企业/家庭水平，也可能意味着地区水平）。这两种类型的弹性之间的差异反映了这样一个事实，一般均衡效应是在总体水平上起作用的，因此不能用横截面数据来识别。不过，不完全信息有助于在短期内减少这种差异；请参阅本章下文第 8.2 节对这个问题的讨论。

为此,我们还需要引入更多的定义。我们先从区分引言中提到的两种不确定性入手。

定义 6 当且仅当一个经济行为主体根据自己的信息,不能确定(θ_i, Θ)的值时,我们说该经济行为主体面临着基本面的不确定性。

定义 7 当且仅当一个经济行为主体根据自己的信息,不能确定 **K** 的值时,我们说该经济行为主体面临着对他人的行为或经济结果的不确定性。

正如我们在本章引言中已经指出过的,后一种类型的不确定性与博弈论中的策略不确定性概念密切相连。在下文中,我们将用"策略不确定性"这个术语来指称定义 7 所表示的不确定性,并继续研究不完全信息如何有助于将这种不确定性纳入均衡。这个思路与莫里斯和辛恩(Morris and Shin,2002a,2003)是一致的。但是,需要注意的是,在博弈论中,经济学家还经常使用"策略不确定性"这个术语来表示一个不同的对象,即,经济行为主体可能面临的均衡之外的策略的不确定性。

另外还要注意,定义 6 和定义 7 所说的不确定性是指经济行为主体在接收到信息后在"事中阶段"面临的不确定性,而不是在事前阶段存在的随机性。例如,考虑第 2.2 节中引入的新古典主义经济,并假设全要素生产率(TFP)是随机的,但可以充分地观察到。那么我们就可说,在这个经济中,经济行为主体根本不会存在基本面的不确定性。[①]

上述定义还便于我们设身处地地从某个特定的经济行为主体的角度出发,去考察该经济行为主体面临的依赖于他自己的信息的不确定性。相反,下一个定义则便于我们考察经济行为主体的横截面(依赖于自然的状态)。然后,我们就可以提出如下问题了:经济行为主体能否就相关的经济结果达成共识?

定义 8 协调在状态 S 中是不完美的,当且仅当在该状态下,正测度的经济行为主体不能达成关于 **K** 的相同的信念。

要了解这个定义的动机,不妨考虑以下假想情景。在实现均衡之前,所有经济行为主体聚集在同一个房间里,他们相互沟通,直到达成共识——不仅仅是关于基本面的,而且是关于他们计划中的行动和相关的经济结果的(即,我们设定的环境中的 **K**)。我们认为,这种情况有利于"完美的协调"的实现。相反,如果经济行为主体无法产生对彼此的行为和相关经济结果的共同信念,那么就说明协调中存在着摩擦。

以下说明有助于精炼我们给出的摩擦概念。在我们构建的框架下,一旦我们强加了均衡,那么对别人的选择达成了同样的信念就意味着对它们不会有任何不确定性。然而,这最后一个属性其实是我们构建的框架的静态性质的一个"产物"。在动态环境中,即便经济行为主体对其他人的当前选择不存在任何不确定性,也可能要面对关于他人的未来选择的不确定性。因此,对相关经济结果达成共识,并不等于无须面对关于这些经济结果的不确定性。特别是,标准宏观经济学模型是可以容纳未来经济活动中的不确定性的——由于未来基本面存在不确定性;但是,它们却强加了这样的假设:经济行为主体对于所有未来的经济

---

① 我们在将这个概念扩展到动态情形下时必须非常小心:在(存在资本的)真实商业周期(RBC)模型中,当经济行为主体不仅知悉当前的全要素生产率(TFP),而且知悉未来的全要素生产率时,我们就说基本面的不确定性是不存在的。(这里的原文是"not on current TFP, but also future TFP.",疑有误,应为"not only current TFP, but also future TFP."已改。——译者注)

结果总是持有完全相同的均衡信念。我们认为,这种限制条件——关于经济的当前状态和未来前景必须有完全一致的信念——所确定的完美协调,正是我们试图偏离的。

现在,我们也可以详细地阐明我们在前面对一些相关的应用研究文献的评价的理由了。它们或者混淆了支付不确定性和策略不确定性的作用,或者只关注基本面的不确定性。例如,当西姆斯(Sims,2003)、雷伊斯(Reis,2006)和加拜克斯(Gabaix,2014)引入"疏忽"的不同的(不过也是互补的)形式化方法时,他们只关注单经济行为主体决策问题,从而直接排除了极有意义的对两种类型的不确定性的区分。[①] 当布鲁姆(Bloom,2009)、布鲁姆等人(Bloom et al.,2014),以及阿雷利亚诺等人(Arellano et al.,2012)研究"不确定性冲击"的作用时;或者,当贾莫维奇和雷贝洛(Jaimovich and Rebelo,2009)、克里斯蒂亚诺等人(Christiano et al.,2008)、博德里和波蒂尔(Beaudry and Portier,2006)、巴斯基和西姆斯(Barsky and Sims,2011,2012)、布兰查德等人(Blanchard et al.,2013)研究"新闻"和"噪声冲击"的作用时,他们所考虑的是基本面不确定性的不同方面,但是却不能容纳我们在本章中所追寻到的那种策略不确定性或协调摩擦。[②]

相比之下,当奥曼(Aumann,1974,1987)引入了相关均衡的概念,并实现了对它与博弈论中的贝叶斯理性之间的联系的形式化时,他排除了基本面的不确定性,并用不完全信息去建模对他人行为的不确定性。类似的评论也适用于鲁宾斯坦(Rubinstein,1989)的"电子邮件博弈"——他引入沟通的不完美性,目的是抑制协调,不增加支付的不确定性。

上述观察结论有助于阐明本章的主题。然而,正如我们在本章引言中指出的那样,并不一定总能做到将基本面不确定性与策略不确定性截然分离开来,特别是当我们强加了均衡之后。

例如,在我们在第 7 节和第 8 节研究的模型中,无论信息结构如何,均衡都是唯一的,而且每个经济行为主体的行为都是由他们关于自己的基本面的信念等级结构所确定的。因此,在任何特定状态下,当且仅当经济行为主体在该状态下缺乏关于基本面的共同知识时,就会出现对 $\mathbf{K}$ 的均衡值的不确定性,而这反过来又意味着,至少有一些经济行为主体在某些自然状态中要面临基本面的不确定性。

更加重要的是,假设所有经济行为主体都有相同的基本面因素,即,对于所有的 i,都有 $\theta_i = \bar{\theta}$,并且每个经济行为主体 i 的信息都由一个私人信号 $x_i = \bar{\theta} + \epsilon_i$ 构成,其中 ϵ_i 是特异性噪声,它抽取自一个众所周知的分布,而且在总体水平上会被中和掉。在这些假设下,$\bar{\theta}$ 就成了 Ω 的充分统计量(Ω 是横截面信息的侧写),因而也就成了行动的均衡侧写的充分统计量。

———————————

[①] 这种说法适用于最近围绕着"理性疏忽"的许多应用研究,包括罗(Luo,2008)、马特捷卡(Matejka,2015a,b)、马特捷卡等人(Matejka et al.,2015)。但是却不适用于那些实际上以"理性疏忽"为策略不确定性的一个特定微观基础的研究,例如,麦克科维亚克和韦德霍尔特(Maćkowiak and Wiederholt,2009,2015)。进一步的讨论,请参见下文第 8.5 节。

[②] 同样的论断也适用于洛伦佐尼(Lorenzoni,2009)给出的基准模型。在那篇论文中,关键机制取决于消费者对未来的基本面(全要素生产率)的不确定性以及货币政策与复制的弹性–价格配置的偏差。洛伦佐尼的这篇论文还包含了一个以分散信息为特色的扩展。这种扩展可以用来证明更高阶的基本面不确定性,并提高前述机制的定量分析潜力。它也为我们所关心的这支文献做出了贡献,因为作者相当优雅地处理了"信息地理学"和学习动力学。然而,关键的机制并不在于信息的分散,所以这篇论文不属于本章讨论的范围。

然而,一旦我们强加均衡,这两种类型的不确定性之间就不会存在明显的差异:预测 **K** 就与预测 $\bar{\theta}$ 相同。

因此,为了更好地理解策略不确定性发挥的作用,有必要先完成以下一项或两项工作:(i)考虑足够丰富的信息结构,以确保经济行为主体面对的关于 **K** 的不确定性不是由他们对基本面的不确定性所张成的。(ii)暂时放弃均衡;并且反过来,先考虑有可能证明根据对环境和经济行为主体的理性的共同知识给出的对 **K** 的某些预测的合理性的高阶推理。本章下文将分别探讨这两种途径。

备注 12 无论信息结构如何,一旦达到了均衡,这两种形式的不确定性之间的分歧从模型中的经济行为主体的视角来看就变得模糊不清了:基本面和内生结果都被每个经济行为主体视为外生的随机过程。而在外部观察者的眼中,无论如何,这两种形式的不确定性却是可以通过它们在模型的可观察变量上留下的不同印记来区分的。剖析这种差异是本章不可分割的一个重要部分。[1]

3.2 信息摩擦

如引言所述,本章将不完全信息视为将摩擦引入协调的手段,而没有把不完全信息视为引入与支付相关的基本面因素——例如,技术和偏好,等等——的不确定性的手段。在这样一种情境下,我们现在可以着手阐明两种不同形式的信息摩擦,并指出哪一种与我们的目的更加相关了。

定义 9 如果在所有状态 **S** 下,所有经济行为主体都知悉 $(\theta_i, \mathbf{S})$,那么就称信息是完美的(perfect)。如果相反的情况出现了,那么就称信息是不完美的(imperfect)。

定义 10 如果在所有自然状态下,所有经济行为主体(或者,至少是除了零测度经济行为主体集之外的所有经济行为主体)都知悉 $\mathbf{\Omega}$,那么就称信息是完全的(complete)。如果相反的情况出现了,那么就称信息是不完全的(incomplete)。

这里所用的术语与相关的应用研究文献中通常所用的术语有所不同。在其他相关文献中,研究者经常用"信息摩擦"以及"不完美的信息""分散的信息"或"异质性信息"形容这里定义的两个概念中的某一个。然而问题在于,尽管许多论文确实偏离了明确定义的完美信息基准,但是并没有阐述清楚它们偏离的关键之处到底是(i)引入了某种类型的基本面不确定性,还是(ii)放宽了共同知识假设和相关的策略不确定性。而我们在这里,则试图通过上面这两个定义澄清两种重要信息摩擦类型之间的差异。[2]

特别需要注意的是,完美信息(假设)强加了对于 **Ω** 和 **Θ** 的共同知识,而完全信息(假

---

[1] 这个备注与贝叶斯博弈方法一致,例如,请参见海萨尼(Harsanyi,1967—1968)、奥曼(Aumann,1987)、奥曼和海菲茨(Aumann and Heifetz,2002),等等;而且,它还进一步说明了为什么我们要将不完全信息和高阶信念视为产生关于均衡结果的一阶不确定性的工具,而不把它视为独立的对象。

[2] 需要注意的是,我们这里给出的不完全信息概念与博弈论中的不完全信息概念相同,但是我们对信息不完美性的定义却是截然不同于传统博弈论的。虽然我们对这种差异觉得遗憾,但是我们认为我们在这里采取的定义有助于阐明宏观经济学中使用的语言,并凸显不同应用环境中的特征。

设）则仅仅强加了对于 **Ω** 的共同知识。[1] 例如，假设 **Ω** 是所有人都知悉的，但 **Θ** 则不是，那么在经济行为主体不能确知彼此的基本面这个意义上，信息是不完美的；但是信息仍然是完全的，因为经济行为主体对彼此的信息集不存在任何不确定性。最后还要注意的是，我们对完全信息的定义排除了关于总体性冲击的私人信息，但是仍然允许关于特异性冲击的私人信息存在；这也就是说，完全信息（假设）强加了所有经济行为主体对于 **Θ** 以及更一般地，对于 **S** 都享有的相同信念，同时又允许每个经济行为主体比其他经济行为主体更了解自己的基本面的特异性分量。[2]

3.3 不完全协调等于不完全信息

到目前为止，不完美的协调、策略不确定性和不完全信息这几个概念的定义允许它们彼此互不相联。然而，一旦达到了均衡，这些概念就变得基本相同了。

命题 1（信息与协调） 只有当信息不完全时，以下陈述才为真：

（a）基本面的高阶信念与一阶信念有歧异；

（b）经济行为主体在任何给定的均衡中都要面对关于他人行为的不确定性；

（c）在任何给定的均衡中协调都是不完美的。

我们通过证明完全信息能够排除（a）、（b）和（c）来证明这个命题。回想一下，一阶信念 **B** 是由 **Ω** 确定下来的。如果信息是完全的，这就意味着 **Ω** 是共同知识，从而 **B** 也是共同知识。这样一来，共同先验假设（common prior assumption）就会使高阶信念坍塌为一阶信念。接下来，注意到，在任何一个给定的均衡中，内生结果 **K** 都是由实现的 **Ω** 的某个已知函数 **K*** 给出的。如果后者是共同知识，那么 **K** 也是。[3] 这也就是说，完全信息排除了均衡中的策略不确定性。最后，注意到，**K** 的均衡信念是由对 **Ω** 的信念确定下来的，而当信息是完全的时候，**Ω** 的信念本身会在真实的 **Ω** 上折叠（坍塌）为一个狄拉克函数（Dirac）。因此，所有经济行为主体对 **K** 都有相同的信念，而这就意味着协调中的摩擦消失了。

这也就证明了，在命题 1 中要获得（a）、（b）和（c），不完全信息是必要条件。而且，充分性也成立，只要我们考虑的是不完全信息的非平凡形式——随着我们的分析的继续推进，这一点将会变得越来越清楚。[4] 更进一步，我们还可以加强（b），使之变成这样一个陈述：一个

---

[1] 更确切地说，我们对完全信息的定义只要求经济行为主体"互知" **Ω**。但是，既然 **Ω** 是海萨尼式的完整侧写，对 **Ω** 的"互知"（mutual knowledge）也就意味着对 **Ω** 的共同知识（common knowledge）。

[2] 最后一点强调了，与我们研究的目的相关的信息的异质性或分散性是与总体性冲击相关的信息，而不是那种在莫里斯（Mirrlees）开创的文献（又名新公共财政文献）中居于中心位置的信息。那支文献引入了关于特异性基本面因素的私人信息，以纳入某些激励问题，但是却保持了所有总体性冲击（包括信息集的横截面分布）都是共同知识的假设，从而将我们在本章中感兴趣的所有影响都排除掉了。

[3] 如果存在多重均衡，函数 **K*** 在各均衡之间是不同的，但对任何给定均衡中的经济行为主体来说，函数 **K*** 都是共同知识。即使在太阳黑子均衡的情况下也可以是这样；这是通过允许 ω_i 包含大家都能观察到的太阳黑子来嵌入的。最后，如果我们考虑存在不完美相关的相关均衡，那么函数 **K*** 在任何均衡中仍然可以是共同知识，但是现在不同的经济行为主体对实现的 **K** 具有不同的信念，这无非是因为他们对底层的相关装置（underlying correlation device）拥有私人信息（因而也对 **Ω** 拥有私人信息）。

[4] 请参见，温斯坦和耶尔迪兹（Weinstein and Yildiz，2007a）。

经济行为主体会面临对于 **K** 的不确定性,即便他知悉 **Θ**,或者甚至直到任何有限的期限 H 之前,他都知悉 **Θ** 和 $\{\mathbf{B}^h\}_{h=1}^H$。这就说明了经济行为主体所面临的关于他人的均衡行为和相关的经济结果的不确定性的丰富性——当且仅当信息不完全时。

除了阐明完全信息会将本章所关注的摩擦排除之外,上述结果还突出了以下这个事实。

主力宏观经济学模型通常会将不完美协调排除在外,这不仅是因为它们假设存在完全信息,而且还因为它们强加了一个很强的解的概念。

归根结底,源头在理性预期均衡(Rational-Expectations Equilibrium)。这个概念本身就排除了其他经济行为主体的策略不确定性,而不用考虑信息结构是怎样的、均衡的个数有多少。因此,当且仅当他们不共享相同的信息(这正是不完全信息的定义)时,经济行为主体才可能面临均衡时他人行为的不确定性。

然而,这并不意味着不完全信息只能从字面上理解:正如我们在引言中已经暗示过的,我们也可以将不完全信息视为放松均衡概念的一种替代方法。

现在,我们就来详细阐述这个思想。先来看一个标准的宏观经济学模型,如教科书中的真实商业周期模型或其新凯恩斯主义"兄弟姐妹"。这种模型对商业周期的性质进行了一些预测,即,对诸如就业、消费和投资等关键经济结果的协动性,以及对全要素生产率或其他基本面的潜在冲击的预测。然而,这些预测不仅依赖于微观基础的特征,如劳动供给的弗里施弹性和价格粘性程度,而且依赖于很强的解的概念与过强的信息假设的结合。正是这种组合强加了"无瑕疵"的信念协调。

关于劳动供给的弹性、名义刚性的强度以及宏观经济学模型的其他"微观基础",宏观经济学家们长期争论不休,但是他们对上述组合对他们的模型的预测的影响,进而对他们对数据的解释的影响却置之不理。与此相反,令我们觉得如鲠在喉的,却正是这种组合;我们想放松它们。不完全信息就是我们用来实现这个目标的工具。正是在这个意义上,不完全信息也是放松解的概念的替代方法。[①]

总而言之,我们现在已经正式地阐明了以下事实(我们在引言中就给出过"预告")。

不完全信息是一个建模工具,它扩大了经济行为主体所面对的关于内生经济结果的不确定性的来源,且它使得对这些结果的预期偏离了对基本面的预期。

行将结束本小节之际,我们还要指出一点:就我们的研究目标而言,经济行为主体所面临的关于自己的基本面的不确定性,对其本身几乎没有太大影响。为了形式化地说明这个观点,我们令

$$\hat{U}(k_i, \mathbf{K}, b_i) \equiv \int U(k_1, \mathbf{K}, \theta_i) \, db(\theta_i, \mathbf{\Theta}),$$

[①] 从这个角度来看,可以认为我们在本章中采用的方法是与埃文斯和霍恩卡波贾(Evans and Honkapohja, 1999, 2009)、盖斯内里(Guesnerie, 1992, 2008)、福斯特等人(Fuster et al., 2010)、库尔兹(Kurz, 1994, 2012)、萨金特(Sargent, 2008)等人所采取的方法是互补的(当然有所区别)。另外,也请参见伍德福德(Woodford, 2013)的综述。我们的方法与这些替代方法之间的共同点是,都希望放松(或丰富)信念的随机结构。

其中,b_i 是经济行为主体的一阶信念。① 那么,马上就可以推得以下命题。

命题 2　原始模型的均衡集与如下变体模型的均衡集一致:经济行为主体总是能够完美地知悉他们自己的基本面。在这个博弈变体中,支付由 $\hat{U}(k, \mathbf{K}, \hat{\theta}_i)$ 给出,个人的基本面由 $\hat{\theta}_i \equiv b_i$ 给出,同时总体基本面则由 $\hat{\Theta} \equiv \mathbf{B}$ 给出。

在这个意义上,我们总是可以把任何给定的模型重写为这样一个模型:让经济行为主体完美地知悉自己的基本面。当然,这并不意味着关于基本面的不确定性是无关紧要的。事实上,宏观经济学在完全信息假设下研究各种类型的基本面不确定性早就有悠久的传统了——通常是在代表性经济行为主体模型中进行。这方面的例子包括关于股本溢价的大量文献,以及最近涌现出来的关于新闻和不确定性冲击的文献。我们给出的上述结果的唯一作用是,再一次强调我们感兴趣的是不确定性类型。对于我们的研究目的来说,每个经济行为主体是不是知悉自己的基本面这个事实本身并不重要,重要的是经济行为主体是否对总体基本面具有共同知识。因此,为了将后者分离出来,我们有时会考虑这样一些例子:每个经济行为主体 i 完美地知悉自己的 θ_i,但是却不一定知悉 Θ。与我们的关注点相反,现有文献中的典型例子去掉了异质性(对于所有的 i,都有 $\theta_i = \theta$),同时还混淆了缺乏关于总体基本面的共同知识与关于自己的基本面的不确定性。

3.4　完全信息基准模型和协调动机

上面的第 3.3 节阐明了不完全信息在协调中引发的摩擦的意思。但是,要详细地阐明这种摩擦的可观察的影响和含义,以及本章所采取的方法的应用价值,我们还必须进行更加具体的分析。这是我们在第 4 节—第 8 节中要完成的工作。然而,作为这项工作的前奏,先构建好一个作为我们的抽象框架的完全信息基准模型是有用的。在这一节中,我们将通过对行动空间 D_k 和支付函数 U 做出一些额外的、简化的假设来实现这个目标。然后,我们将运用这个基准来识别出一个特征,该特征能够将第 4 节—第 6 节所研究的内容("全局博弈"模型以及它们的应用)与第 7 节和第 8 节所研究的内容("选美比赛"模型以及它们的应用)区分开来。这个特征就是协调动机的强度。

在前面定义的函数 $\hat{U}$ 的基础上,我们再进行假设。

假设 1　D_k 是 $\mathbb{R}$ 上的一个闭区间,$\hat{U}$ 是严格凹的且对 k 二次可微。

这个假设能够简化分析,因为它使得行动是一维的,并且保证了个人的决策问题的解的存在性和唯一性,即,对于给定的关于基本面的信念和他人的行动的信念,选择 k_i 是最优的。我们可以把这个解的表达式写为

$$k_i = \gamma(\mathbf{K}, b_i) \equiv \arg \max_k \hat{U}(k, \mathbf{K}, b_i)$$

需要注意的是,在这里,经济行为主体不用面对关于 $\mathbf{K}$ 的不确定性,这不仅因为信息是完全

---

① 注意到,对 $\hat{U}$ 的定义将 $\mathbf{K}$ 视为一个确定性变量:在均衡中,$\mathbf{K}$ 与 Θ 相关的可能性在这里是不重要的。同样的道理,$\hat{U}$ 对 b_i 的依赖,也只通过 b_i 对 θ_i 的边缘分布存在;这也就是说,仅仅依赖于经济行为主体对自身的基本面的信念,除此之外,对总体基本面的信念是不变的。

的,而且还因为他知道其他人都是在一个给定的均衡中采取行动。这也就是说,正如预料的那样,这种强信息假设再加上强解概念的组合,已经把策略不确定性排除在外了。

考虑到这一点,我们很容易得到以下结果。

命题 3(完全信息) 假设信息是完全的,那么存在函数 Γ,它仅仅依赖于函数 $\hat{U}$,从而使得以下陈述为真:在任何均衡和任何自然状态下,K 是如下方程的解

$$\mathbf{K} = \Gamma(\mathbf{K}, \mathbf{B}) \tag{8}$$

要证明这个结果:令 $\Gamma(\mathbf{K}, \mathbf{B})$ 为当 $k = \gamma(\mathbf{K}, b)$ 时得到的 k 的分布,同时注意函数 γ 本质上是外生的——在它由函数 $\hat{U}$ 确定的意义上。当只存在唯一的均衡时,这个结果意味着均衡行动只由基本面的一阶信念就可以固定下来了。与此相反,当存在多重均衡时,理论就为"太阳黑子"留下了空间;这也就是说,留下了在符合条件(8)的多个解之间随机选择的机会。然而,对于任何这样的选择,$\mathbf{K}$ 的均衡值仍然通过条件(8)与 $\mathbf{B}$ "捆绑"在一起。此外,无论均衡是不是唯一的,行为横截面的异质性都已经由对于自身的基本面的信念的异质性所固定下来了。[①] 最后,如果信息是完美的(请回想一下,完美信息是比完全信息更强的要求),那么就不会有什么实质性的变化:我们只需要用 θ_i 代替 b_i,用 Θ 代替 $\mathbf{B}$ 就足够了。

相比之下,当信息不完全时,这些限制就会放宽:均衡结果,无论是在总体水平上的,还是在横截面水平上的,都可能会取决于高阶信念,而且这些信念本身可能与一阶信念有所不同。这种情况对任何一个给定模型的可观察性究竟意味着什么?这个问题我们暂且留待本章后面的章节来探讨。现在,我们还是先讨论完全信息基准模型。

为了进一步深化分析,我们接下来再增加一个假设。

假设 2 $\hat{U}_k$ 只通过平均行动 K 依赖于 $\mathbf{K}$,而且在 K 上是可微分的。

有了这个假设之后,我们就可以将经济行为主体 i 的最优反应重写为 $k_i = g(K, b_i)$ 了,其中 g 是一个函数;该函数在 K 上是可微分的,并且可以用 $\hat{U}_k(g(K,b), K, b) = 0$ 这个方程的解来给予清晰的定义了。综合起来,我们可以推导出

$$K = G(K, \mathbf{B}),$$

其中,函数 $G: D_k \times D_{\mathbf{B}} \to D_k$ 由 $G(K, \mathbf{B}) \equiv \int g(K, b) \, d\mathbf{B}(b)$ 来定义。这一点与上述命题 3 基本相同,除了如下事实之外:我们现在是与平均行动 K 有一个不动点关系,而不再依赖与整个分布 $\mathbf{K}$ 的关系。

由于 g 在 K 上是可微分的,所以 G 在 K 上也是可微分的(同时也是在 K 上连续的)。这个事实与 D_k 的紧性一起,保证了均衡的存在性。为了描述均衡的确定性,我们还要先引入以下概念。

定义 11 当且仅当对于一切 $(K, \mathbf{B})$,都有 $G_K(K, \mathbf{B}) < 0$ 时,经济会表现出策略可替代性(strategic substitutablility);而且,当且仅当对于一切 $(K, \mathbf{B})$,都有 $G_K(K, \mathbf{B}) > 0$ 时,经济会表现出策略互补性(strategic complementarity)。

[①] 要看清楚这一点,只需注意到,如果这些经济行为主体具有不同的 b_i,那么 $k_i = \gamma(\mathbf{K}, b_i)$ 就会在两个经济行为主体之间有所不同;而且,因为所有经济行为主体对于 Θ 都有相同的信念,所以不同的 b_i 就意味着关于 θ_i 的不同信念。

定义 12　如果对于一切$(K, \mathbf{B})$，都有$G_K(K, \mathbf{B}) \in (0, 1)$，那么策略互补性就是弱形式的（weak form）；如果对于某些$(K, \mathbf{B})$，存在$G_K(K, \mathbf{B}) > 1$，使得$K = G(K, \mathbf{B})$且K在D_k的内部，那么策略互补性就是强形式的（strong form）。

然后，我们可以得出以下结果。

命题 4（均衡确定性）　假设信息是完全的。那么

（ⅰ）总是存在一个均衡。

（ⅱ）如果经济表现出策略可替代性或弱策略互补性，那么均衡必定是唯一的。

（ⅲ）如果经济表现出强策略互补性，那么存在多重均衡。

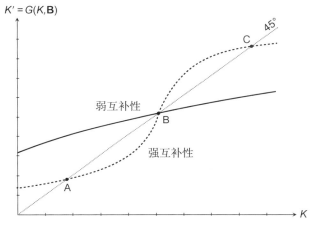

图 1　弱互补性与强互补性下的最优反应

我们在图 1 中通过两个例子说明了上述可能性。在这两个例子中，我们先固定$\mathbf{B}$的一个特定的实现形式，然后描绘出了$G(K, \mathbf{B})$对K的图形。图中，实线对应的是弱互补性的情形，它与 45 度线只相交一次；因此，对于给定的$\mathbf{\Theta}$值，点 B 就给出了K的唯一均衡值。可替代性的情形与此相似，因此我们将它省略掉了。另外，虚线对应的是强互补性的情形，它与 45 度线相交了三次；这样点 A 和点 C 给出了该经济的两个稳定的均衡结果，而点 B 则代表不稳定的均衡结果。[①]

上述分类预测了我们在下文中要集中研究的两类模型：第四节会讨论一组有强互补性的模型，它们通常用于研究自我实现的危机；第 7 节则将注意力集中在了一组弱互补性的模型上，它们通常用于研究商业周期和资产价格。这两类模型的"行为"完全不同——不仅在存在完全信息的情况下如此，而且在不完全信息的情况下也是如此。原因在于高阶不确定性的影响取决于最初的协调的重要程度。因此，高阶不确定性在前一类模型中的影响比在后一类模型中更加显著。[②]

接下来，我们讨论一下完全信息如何将"动物精神"与均衡的不确定性联系到一起，并以

---

① 这里使用的稳定性的概念是指迭代的最优反应。

② 更具体地说，下文第 7 节研究的选美比赛博弈符合温斯坦和耶尔迪兹（Weinstein and Yildiz, 2007b）的"不确定性下的全局稳定"标准，这意味着足够高阶的信念有一种趋于消失的效应。第 4 节的静态全局博弈或第 6 节的相关动态博弈却不是这样。

此结束本小节。为了形式化地说明这一点,我们将"动物精神"这个概念定义如下。

定义 13 某个经济有两个状态(S_1,S_2),与它们相对应的关于基本面的信念为(B_1,B_2),结果为(K_1,K_2),如果 $B_1 = B_2$ 且 $K_1 \neq K_2$,那么就称该经济有动物精神(animals spirit)。

这个定义与卡斯和谢尔(Cass and Shell,1983 年)给出的定义是相同的。同时,它与现有的关于太阳黑子波动的宏观经济学文献也是一致的。这个定义无非是说,即使经济行为主体关于基本面的信念没有发生任何变化,均衡行为也可能发生变化。例如,假设我们现在考虑教科书中的真实商业周期模型,那么动物精神将"要求",在企业和消费者对关于偏好和技术的信念没有发生任何相称的变化的情况下,就业、投资和消费支出也会发生变化。①

现在要注意的是,任何一个特定的经济行为主体的行为总是由他对自己的基本面的信念和对他人的行为的信念所固定的。由此推出,即使两种状态包含着相同的关于基本面的信念,它们也可能与不同的均衡结果相关联——只要这两种状态是与关于内生结果本身不同的均衡信念相关联的。在这个意义上,动物精神的概念从根本上说与自我实现的信念这个概念有关。最后,下述是正确的。

推论 1 假设信息是完全的。当且仅当承认一个经济存在多重均衡时,这个经济才具有动物精神。

这个结果进一步凸显了圈内经济学家倾向于将动物精神这个概念与承认多重均衡的模型联系起来的一般趋势。而且很显然,他们认为这个概念与经常用于研究商业周期和货币政策的强调均衡唯一性的动态随机一般均衡(DSGE)模型是不一致的。在这种情况下,我们的分析的一个关键着眼点是,阐明不完全信息是如何以两种互补的方式模糊了多重均衡模型与单一均衡模型之间的上述分界线的:第一种,通过在完全信息下引入多重均衡模型的均衡唯一性;第二种,通过允许动物精神来尽可能地获得唯一的均衡。②

备注 13 回想一下,我们对完全信息的定义要求所有经济行为主体共享相同的信息——不仅仅是关于基本面的信息,而且是关于"所有一切"的信息。这包括允许公共的太阳黑子事件,但是却排除了不完美的相关装置,例如奥曼(Aumann,1974,1987)所研究的相关均衡中的相关装置。相反,如果我们强加了基本面的共同知识,同时又允许存在关于与支付无关的变量的私人信息,那么就可以设计出这样一个例子:(i)存在一个唯一的相关均衡,(ii)这个均衡"具有"动物精神,因为在这个均衡中,经济行为主体会对他们拥有的关于这个均衡的底层相关装置的私人信息做出反应。要想看清楚这一点,我们在这里考虑一个三人版的"硬币匹配博弈"(matching pennies game):这个博弈在纯策略中不存在(纳什)均衡,但是存在一个相关均衡。在这个相关均衡中,两个博弈参与人协调采取联合混合策略对抗第三个博弈参与人的混合策略。虽然这个例子人为痕迹太强,因而实际意义有限,但是它仍然有助于澄清这个要点:一般来说,不完全信息可以帮助维持"动物精神",这不仅是因为它引

① 因此,读者不应该把我们这里提出的动物精神的概念与另一个比较不常见的动物精神概念混淆,那是洛伦佐尼(Lorenzoni,2009)和巴斯基和西姆斯(Barsky and Sims,2012)在他们的论文中提出的,在那里,他们把"动物精神"定义为未来的全要素生产率的公共信号中的噪声,也即,对关于基本面的信念的一个特定的冲击。

② 另一种方法(但是我们在本章中不会考虑这种方法)是,将"动物精神"形式化为对个人理性的偏离;例如,请参见阿克洛夫和席勒(Akerlof and Shiller,2010)。

入了关于基本面的高阶不确定性，而且还因为它维持了策略不确定性（即便在保持了对基本面的共识知识的情况下也是如此）。

现在再考虑一个世代交叠宏观经济学模型。在这个模型中，基本面是共同知识，而且其不会随着时间的推移而改变；另外，每一期都会出现不同的太阳黑子。即使太阳黑子在它出现的那个时期是可以公开观察到的，这个模型也更接近于具有不完美相关装置的博弈模型，因为在任何给定的期间内行动的那一代经济行为主体不能看到自己的子孙后代选择时所依据的太阳黑子。这个例子凸显了，动态宏观经济模型中太阳黑子均衡的概念与相关均衡概念密切相关——相关均衡本身是允许不完全信息存在的。由此而导致的一个后果是，在以前的研究中证明的太阳黑子的波动性并不严格地要求均衡的多样性。关于这些问题的更详细的讨论，请读者阅读奥曼等人（Aumann et al.，1988）的论文，以及佩克和谢尔（Peck and Shell，1991）的研究；另外也请参见杰克逊和佩克（Jackson and Peck，1991）、所罗门（Solomon，2003）应用这种思想完成的两项研究。

4.　全局博弈：理论

在这一节中，我们转而将注意力集中到我们构建的框架的一种特殊情况上来，即，有强互补性的情况。我们将这种情况视为许多种类的多重均衡模型的一个代表；这些模型是我们为了形式化宏观经济结果是由协调失败、自我实现的信念和动物精神所驱动的这种思想而构建出来的。[1] 当然，我们的框架过于程式化，无法"捕获"这些模型的丰富的微观基础和复杂的动态机制。然而，我们在前面研究的例子确实已经包括了相关文献的两个关键特征：协调的作用和完全信息下多个自我实现均衡的存在。

本节的主要目标是阐明，在这种情况下引入不完全信息是怎样导致了唯一的均衡的，而且这个均衡可能仅由潜在的基本面就可以确定下来。此外，当我们从完全信息基准转移到经济行为主体对基本面的信息具有任意小的噪声扰动的情况时，我们还在均衡结果中证明了一类不连续性的存在。综合起来，这些结果不仅使（关于本章所研究的摩擦类型的）理论预测的潜在敏感性清晰地呈现出来，而且还凸显了：推动力是经济行为主体所面对的关于彼此的行动的不确定性，而不是他们对于潜在的基本面的不确定性。在得到了这个结果之后，我们接着描述了私人信息和公共信息在塑造策略不确定性水平方面各自发挥的独特作用。

本节的分析在很大程度上依赖于卡尔森和范戴姆（Carlsson and Van Damme，1993a，b）、

---

① 除了其他一些文献外，主要的请参见：阿扎利艾迪斯（Azariadis，1981）、本哈比和法默（Benhabib and Farmer，1994，1999）、卡斯和谢尔（Cass and Shell，1983）、库珀和约翰（Cooper and John，1988）、库珀（Cooper，1999）、戴蒙德和迪布维格（Diamond and Dybvig，1983）、法默（Farmer，1996）、法默和伍德福德（Farmer and Woodford，1997）、盖斯内里（Guesnerie，1992）、豪伊特和迈卡菲（Howitt and McAfee，1992）、默菲等人（Murphy et al.，1989）、松山（Matsuyama，1991，1995）、奥布斯特费尔德（Obstfeld，1986，1996）、谢尔（Shell，1977，1987），以及伍德福德（Woodford，1986，1991）。

莫里斯和辛恩(Morris and Shin,1998,2001,2003)的很有影响力的研究。卡尔森和范戴姆的研究强调了多重均衡的潜在脆弱性,他们的方法是证明支付结构和信息结构的微小扰动就可以保证任意的二乘二博弈(有两个博弈参与人、两种行动)出现一个合理的、唯一的结果。而且还可以证明,他们得到的这个结果与海萨尼和泽尔腾(Harsanyi and Selten,1988)提出的风险占优标准(risk-dominance criterion)也是一致的。莫里斯和辛恩(Morris and Shin,1988)的研究,则将卡尔森和范戴姆得到的结果扩展到了更适合研究宏观经济和金融问题的模型中,为大量的应用文献的出现铺平了道路;而且,他们同时也进一步扩大了理论基础。

备注 14 查雷(Chamley,1999)、弗兰克尔和波兹内(Frankel and Pauzner,2000)、伯德茨等人(Burdzy et al.,2001)的论文做出了密切相关的贡献,而且发表的时间也与莫里斯和辛恩(Morris and Shin,1988,2001,2003)的大致相同。所有这些作品都以一个重要的先驱的研究为基础,那就是鲁宾斯坦(Rubinstein,1989),他最早强调了协调对于共同知识受到的扰动的脆弱性。

备注 15 卡尔森和范戴姆(Carlsson and Van Damme,1993b)是在一个二乘二博弈的背景下引入了"全局博弈"这个术语的。他们的博弈模型具有以下两个重要特点:第一,信息不完全;第二,对类型以如下方式进行排序,即,使得一种行动对于足够低的类型是占优的,同时另一种行动对于足够高的类型是占优的。而且在后续的研究中,虽然博弈参与人和行动的数量往往更大,同时也会假设存在策略上的互补性,但是通常都保留了上述关键特征(或其变体)。出于本文的目的考虑,我们在本节中将注意力集中在了文献中通常称为"区制转换博弈"(games of regime change)的这种特定类别的博弈上。

4.1 模型设置

在本节中,我们将一直假设,行动是二元的、基本面不存在异质性,同时支付也取一个特别简单的形式。

假设 3(全局博弈) $D_k = \{0,1\}$ 且 $D_\theta = \mathbb{R}$。此外,θ_i 在不同的 i 之间都是相同的(因此下面直接用 θ 表示)。最后还有

$$u_i = U(k_i, K, \theta) = \begin{cases} k_i(b-c), & \text{如果 } K \geq \theta; \\ -k_i c, & \text{如果 } K < \theta \end{cases}$$

其中,K 为平均行动(或者等价地,选择 $k=1$ 的人所占的比例),而且 b 和 c 都是已知的正标量(并且 $b>c$)。

这个模型设定的关键特征是,它表示的是一个具有强策略互补性的环境。只要经济行为主体不用面对 K 或 θ 的不确定性,他的最优反应就可以由 $k = G(K, \theta)$ 给出,其中

$$G(K, \theta) \equiv \arg\max_{k \in [0,1]} U(k, K, \theta) = \begin{cases} 1, & \text{如果 } K \geq \theta; \\ 0, & \text{如果 } K < \theta \end{cases}$$

这样一来,经济行为主体的最优反应看上去似乎在 $K = \theta$ 的邻域中具有无限大的斜率。

备注 16 我们在上面的 3.4 节中给出了强互补性的定义,它要求 G 是连续的,而且它的

斜率在穿过 45 度线的那一点上必须大于 1。但是在这里,G 是不连续的,所以前面那个定义就不再适用了。尽管如此,本质仍然是一样的。另外,还请注意,在这里略有"滥用记号"之嫌:在前面,G 是 $\mathbf{B}$ 的函数($\mathbf{B}$ 是一阶信念的全横截面分布);现在,G 却成为了 θ 的函数,这是因为我们在本节中所考虑的设定下,它恰好是 $\mathbf{B}$ 的充分统计量。

4.2 模型的解释

为了更流畅地过渡到对应用研究的讨论,同时遵循安格勒托斯等人(Angeletos et al.,2007)的思路,我们将上述支付设定解释为一个"区制转换博弈"(games of regime change)。

这里存在着两种可能的区制(regime):现状,以及(取代现状的)替代方案。每个经济行为主体都可以在有利于替代区制的行动与有利于现状的行动之间进行选择——我们在下文中将这两种行动分别称为"攻击"和"不攻击"。我们用 $R \in \{0,1\}$ 表示区制结果,其中 $R=0$ 表示继续维持现状,而 $R=1$ 则表示现状崩塌(被放弃)。类似地,我们将经济行为主体的行动表示为 $k_i \in \{0,1\}$,其中 $k_i=0$ 表示"不攻击",$k_i=1$ 表示"攻击"。接下来,我们再对支付进行标准化:得自"不攻击"的支付为 0;如果现状被抛弃了,那么得自"攻击"的支付为 $b-c>0$;如果现状得以维持,那么得自"攻击"的支付为 $-c<0$。这意味着,当且仅当预期现状崩塌时,个人的最优行动才会是对现状发动"攻击"。最后,我们假设,现状会被放弃($R=1$),当且仅当

$$K \geqslant \theta,$$

这个式子意味着,θ 表示推翻现状所需要的最小"攻击"的大小。由此不难推得,经济行为主体的支付确实可以像假设 3 中那么表示。

有人可能会将上述博弈解读为革命和政治变革的模型。[①] 而对于宏观经济学家来说,他们更感兴趣的是,上述博弈可以用来捕捉金融危机背景下的协调的作用。

特别是,考虑讨论自我实现的货币攻击的文献,例如奥布斯特费尔德的研究(Obstfeld,1996)。在这种情况下,我们可以认为博弈参与人就是投机者,他们选择是否攻击钉住某种外币的汇率制度;θ 代表中央银行可以用来维护挂钩货币的资源(例如外汇储备),或更一般地说,政策制定者承受投机攻击的能力和意愿;c 表示国内资产与国外资产之间的利率差异,或者表示投机者卖空时要承担的其他费用;b 表示货币贬值时攻击货币的投机者的回报。这样,当有数量足够多的投机者都选择去攻击货币时,就会发生所谓的"区制转换",从而迫使中央银行放弃货币挂钩政策。

类似地,在讨论自我实现的银行挤兑的那些模型中,例如戴蒙德和迪布维格(Diamond and Dybvig,1983)的模型中,θ 可能代表着银行或整个金融体系的流动性。一旦有足够多的储蓄者决定提取存款,就会迫使银行停止付款,从而发生"区制转换"。

在自我实现的债务危机的模型中,例如卡尔沃(Calvo,1988)的模型中,θ 可能代表了企业的长期盈利能力或一个国家的增长潜力,当企业/国家的债权人因担心其他债权人拒绝短

---

① 例如,请参见阿特金森(Atkeson,2000)、埃德蒙德(Edmond,2013)的相关解释。

期债务展期而决定拒绝债务展期时,就会迫使企业/国家违约,从而出现"区制转换"。

最后,"区制转换"也可能代表了墨菲等人(Murphy et al.,1989)所说的"大推动"(big push),这指的是这样一种情况:某个经济行为主体从一种技术转向另一种技术(或者,离开乡村进入城市;又或者,离开原来的行业进入另一个行业)的激励,在很大程度上取决于有多少其他经济行为主体做同样的事情。

备注 17　上面提到的这些论文全都假设存在完全信息。下一节将讨论在这些应用领域中引入不完全信息的最新文献。另外,我们还应该记住,这些应用本质上都是动态的。因此,有人可能会质疑将它们建模为一次性博弈是否合适。我们将在下一节的结尾部分再回过头来讨论这个问题。

4.3　完全信息与多重均衡

现在不妨暂且假设信息是完全的。不失一般性,我们进一步假设信息是完美的,这意味着,在所有自然状态下,所有经济行为主体都知悉 θ 的真实实现情况。

假设 $\theta_L \equiv 0$ 且 $\theta_H \equiv 1$。对于 $\theta \leq \theta_L$,基本面因素非常弱,导致当前的区制注定会受到攻击,因此模型的唯一均衡是每个经济行为主体都会攻击。而对于 $\theta > \theta_H$,基本面非常强大,从而使得该区制能够在任意规模的攻击中幸存下来,因此模型的唯一均衡是每个经济行为主体都不会发动攻击。对于中间值,即 $\theta \in (\theta_L, \theta_H]$ 时,该区制是坚实的,但是在足够大的攻击面前仍是脆弱的,因此存在多重均衡且这些均衡依赖自我实现的预期而维持。在其中一个均衡中,个体预期他人会攻击,所以他们发现自己的最优反应也是攻击,从而导致现状被放弃,预期得到证实。在另一个均衡中,个人预期没有人会攻击,所以他们认为自己的最优反应也是不攻击,于是现状得以维持,预期再次得到证实。

命题 5(多重均衡)　假设信息是完全的(θ 是共同知识)。当 $\theta \leq \theta_L$ 时,唯一的均衡结果为 $K = R = 1$。当 $\theta > \theta_H$ 时,唯一的均衡结果为 $K = R = 0$。当 $\theta \in (\theta_L, \theta_H]$ 时,$K = R = 0$ 和 $K = R = 1$ 都是均衡结果。

因此,区间 $(\theta_L, \theta_H]$ 代表了在完全信息下可以实现多重均衡的"关键基本面因素"的集合。每个不同的均衡都是由其他经济行为主体不同的自我实现的预期维系的。

在上面假设的支付函数下,是很容易对这两个均衡进行排序的:与 $K = R = 1$ 相对应的均衡帕累托(Pareto)优于与 $K = R = 0$ 对应的均衡。因此,我们可以将后面这个均衡与"协调失败"联系起来。更一般地说,代表着"协调失败"的均衡取决于我们所关注的问题的背景。例如,在自我实现的货币攻击的背景中,从外国投机者的角度来看,不攻击均衡是协调失败;而从国内的经济行为主体的角度来看,攻击均衡才是协调失败。然而,无论采取哪一种视角,协调失败概念都与多重均衡之间的某种选择有关。

在下面的第4.4节和第4.5节中,我们将阐明如何通过引入不完全信息来消除均衡的不确定性。事实上,我们将证明,即使可得信息中包含了任意小的噪声,这个结果也仍然成立。虽然这意味着在标准模型中加入现实的扰动可能会破坏关于协调失败和动物精神的传统观点,但是我们认为,即便是在只具有唯一的均衡的模型中,这些观念也可能意味着这些概念会很有意义的复兴。

4.4　不完全信息与均衡唯一性

跟随莫里斯和辛恩(Morris and Shin,1998、2001)的思路,我们对随机结构施加如下限制。"自然"在一个均匀分布的整条实线中抽取 θ。① 以抽到的 θ 为条件,"自然"为每个经济行为主体 i 提供一个私人信号。该信号由下式给出

$$x_i = \theta + \sigma\epsilon_i,$$

其中,ϵ_i 是一个特异性噪声项,而 $\sigma > 0$ 是用来参数化噪声水平的。噪声与 θ 无关,抽取自实线上的一个平滑分布,且其累积分布函数(c.d.f.)是严格递增的——该函数用 Φ 表示。这些事实都是共同知识,但是 θ 和信号的实现则不是共同知识。相反,经济行为主体 i 的信息集 ω_i 就只包含信号 x_i。在没有任何损失的情况下,我们假设一个经济行为主体在攻击与不攻击之间无差异时就会发动攻击。②

请注意,标量 σ 是一个参数,用来表示每个经济行为主体对于实现的 θ 究竟在多大的程度上知情。当 σ 恰好为零时,这个模型就会还原为完全信息基准模型。相反,当 σ 为正但足够小时,每个经济行为主体都几乎完美地知情,而且在外生的原始环境因素中,只存在看似微小的干扰。有人可能会以为,如此微小的对模型的假设的改变,应该只意味着预测的微小差异。但事实证明并非如此:理论预测在 $\sigma = 0$ 处是不连续的。

命题 6[莫里斯-辛恩(Morris-Shin)命题]　对于所有 $\sigma > 0$,都只存在一个唯一的均衡。在这个均衡中,攻击 K 的大小随 θ 单调递减;而且,当且仅当 $\theta < \theta^*$ 时,其中 $\theta^* = 1 - c/b \in (0, 1)$,区制转换出现($R = 1$)。

这个结果凸显了上面提到的尖锐的不连续性:模型对于经济行为主体的信息的假设看似微小的扰动,意味着模型预测的巨大差异。这种不连续性似乎很令人不安,因为它意味着,20 世纪 80 年代和 90 年代的大量多重均衡文献的见解和政策建议可能是值得怀疑的。

我们在第 4.5 节证明这个结果。然后,我们再进一步阐述它的稳健性、理论基础及其对应用研究的含义。

4.5　均衡唯一性的证明

证明是通过一个重复删除被占优策略(iterated deletion of dominated strategies)的过程来

---

① 这里对于 θ 的共同先验的设定,只是为了简化。对于后面得到的那些结果,只要在一个严格包含了临界区域(critical region)的区间上,考虑任何一个平滑的先验,并且使信号中的噪声 σ 足够小就可以了。先验的均匀分布(或不知情)假设的作用是,对于任何 σ,都能保证唯一性,而不仅仅是当 σ 足够小的时候是唯一的。精确的先验的作用,或者公共信息的相关作用,我们将在后面进行讨论。
② 这个假设解决了零概率事件所导致的不确定性问题。这个零概率事件,即当私人信号 x 取下文命题 6 的证明过程中描述的特定值 x^* 时。

完成的。对于任何 $\hat{x}\in[-\infty,+\infty]$，令 $K_{\hat{x}}(\theta)$ 表示总攻击的规模——当每个经济行为主体都攻击时（当且仅当 $x\leqslant\hat{x}$ 时）。接下来，我们再定义函数

$$V(x,\hat{x})=\mathbb{E}\left[U(1,K_{\hat{x}}(\theta),\theta)-U(0,K_{\hat{x}}(\theta),\theta)\mid x\right].$$

这个函数表示一个经济行为主体攻击与不攻击时的效用之间的差异，该经济行为主体具有私人信息 x，并预期其他经济行为主体当且仅当他们的信号低于 $\hat{x}$ 时才会攻击。

现在，我们要确定 V 的值。首先，我们注意到，当其他经济行为主体遵循一个阈值策略时（以 $\hat{x}$ 为阈值），攻击的最终大小由下式给出：

$$K_{\hat{x}}(\theta)=Prob(x\leqslant\hat{x}\mid\theta)=Prob(\theta+\sigma\epsilon\leqslant\hat{x}\mid\theta)=Prob\left(\epsilon\leqslant\frac{1}{\sigma}(\hat{x}-\theta)\right)=\Phi\left(\frac{1}{\sigma}(\hat{x}-\theta)\right)$$

其含义为，原来的区制崩溃（$R=1$），当且仅当 $\theta<\hat{\theta}$ 时，其中 $\hat{\theta}=\hat{\theta}(\hat{x})$ 是 $K_{\hat{x}}(\hat{\theta})=\hat{\theta}$ 的唯一解，或者，等价于下式的逆：

$$\hat{x}=\hat{\theta}+\sigma\Phi^{-1}(\hat{\theta}).$$

由此可以推出，具有信号 x 的经济行为主体会对区制转换这个事件赋予如下概率

$$Prob(R=1\mid x)=Prob(\theta\leqslant\hat{\theta}\mid x)=Prob(\theta-x\leqslant\hat{\theta}-x)=Prob\left(\epsilon\geqslant\frac{1}{\sigma}(x-\hat{\theta})\right)$$

$$=1-\Phi\left(\frac{1}{\sigma}(x-\hat{\theta})\right).$$

从而，我们可以将支付 V 表示为下式：

$$V(x,\hat{x})=b-b\Phi\left(\frac{1}{\sigma}[x-\hat{\theta}(\hat{x})]\right)-c,$$

其中，如前所述，$\hat{\theta}=\hat{\theta}(\hat{x})$ 是 $K_{\hat{x}}(\hat{\theta})=\hat{\theta}$ 的唯一解。

在我们继续讨论之前，还要再强调一次，V 的具体函数形式并不是最重要的。正如我们在下文中将会阐明的，这种结果是由函数 V 以及接下来要引入的与之相关的函数 h 的单调性和连续性驱动的。

记住了这一点，然后再注意到 $\hat{\theta}$ 随着 $\hat{x}$ 而递增，我们不难推出 $V(x,\hat{x})$ 是 $\hat{x}$ 的增函数的结论；这也就是说，其他经济行为主体的行动越有侵略性，得自攻击的预期支付就越高。再者，$V(x,\hat{x})$ 又是 x 的减函数；私人信号的价值越高，得自攻击的预期支付就越低。

接着，注意到 $V(x,\hat{x})$ 在 x 上是连续的，且满足：当 $x\to-\infty$ 时，$V(x,\hat{x})\to b-c>0$；当 $x\to+\infty$ 时，$V(x,\hat{x})\to-c<0$。所以，我们可以定义一个函数 h，使得 $x=h(\hat{x})$ 是 $V(x,\hat{x})=0$ 的唯一的解。由于 $V(x,\hat{x})$ 随着 $\hat{x}$ 而递增、随着 x 而递减，而且对这两个参数都是连续的，所以 $h(\hat{x})$ 是连续的且随着 $\hat{x}$ 而递增。

因此，上面定义的函数 h 总结了单调策略集内的最优反应：假设经济行为主体 $j\neq i$ 发现当且仅当 $x_j\leqslant\hat{x}$ 时攻击，那么经济行为主体 i 就会发现，当且仅当 $x_i\leqslant h(\hat{x})$ 时攻击是最优的。基于同样的推理，h 的不动点确定了单调均衡集：如果存在一个均衡，当且仅当 $x<x^*$ 时经济行为主体攻击，那么 x^* 就是 $x^*=h(x^*)$ 的解。

最后，注意到 $x^*=h(x^*)$，当且仅当 $V(x^*,x^*)=0$。根据 V 的定义，同时令 $\theta^*=\hat{\theta}(x^*)$，我们就可以得到，$V(x^*,x^*)=0$，当且仅当 $\theta^*=1-c/b$。由此可知，存在唯一的阈值 x^*，使得

$x^* = h(x^*)$。这样也就证明，在单调策略集中，存在唯一的均衡。

我们接下来证明，不存在其他的均衡。事实上，我们证明了存在一个更有力的结果：在这种重复删除被占优策略中唯一能够"生存"下来的策略就是由上述阈值确定的单调均衡策略。

我们对于所有 $j \geq 1$ 构造一个序列 $\{\underline{x}_j\}_{j=0}^{\infty}$，其中，$\underline{x}_0 = -\infty$ 且 $\underline{x}_j = h(\underline{x}_{j-1})$。特别地，我们令 $\underline{\theta}_{j-1}$ 为如下方程的解：

$$\underline{x}_{j-1} = \underline{\theta}_{j-1} + \sigma \Phi^{-1}(\underline{\theta}_{j-1}), \tag{9}$$

于是，我们可以得到

$$V(x, \underline{x}_{j-1}) = b - b\Phi\left(\frac{1}{\sigma}(x - \underline{\theta}_{j-1})\right) - c,$$

因此

$$\underline{x}_j = \underline{\theta}_{j-1} + \sigma \Phi^{-1}\left(1 - \frac{c}{b}\right). \tag{10}$$

从而，$\underline{x}_0 = -\infty$，$\underline{\theta}_0 = 0$，$\underline{x}_1 = \frac{1}{\sqrt{\alpha_x}}\Phi^{-1}\left(\frac{b-c}{b}\right)$，等等。很显然，序列 $\{\underline{x}_j\}_{j=0}^{\infty}$ 是递增的，而且其上界为 x^*。所以，序列 $\{\underline{x}_j\}_{j=0}^{\infty}$ 向某个 $\underline{x}$ 收敛。根据 h 的连续性可知，这个极限 $\underline{x}$ 必定是 h 的不动点。然而我们在前面已经证明，h 只有一个唯一的不动点。因此，$\underline{x} = x^*$。

接下来，再构建一个序列 $\{\bar{x}_j\}_{j=0}^{\infty}$，其中，对于所有 $j \geq 1$，$\bar{x}_0 = +\infty$ 且 $\bar{x} = h(\bar{x}_{j-1})$。注意到这个序列是递减的，且下界为 x^*。因此，序列 $\{\bar{x}_j\}_{j=0}^{\infty}$ 收敛于某个 $\bar{x}$。根据 h 的连续性可知，这个极限 $\bar{x}$ 必定是 h 的不动点。然而我们在前面已经证明，h 只有唯一的不动点。因此，$\bar{x} = x^*$。

那么，这两个序列有什么重要的含义呢？

先考虑 $\underline{x}_1$。如果其他人都不攻击，那么一个经济行为主体会发现，当且仅当 $x \leq \underline{x}_1$ 时，自己进行攻击才是最优的。根据互补性，如果有人攻击了，那么经济行为主体会发现，至少当 $x \leq \underline{x}_1$ 时，自己进行攻击才是最优的。这也就是说，对于 $x \leq \underline{x}_1$，攻击是占优的。接下来，再考虑 $\underline{x}_2$。在其他经济行为主体当且仅当攻击是占优时（也就是说，当且仅当 $x \leq \underline{x}_1$ 时）才会攻击的情况下，对这个经济行为主体来说，当且仅当 $x \leq \underline{x}_2$ 时攻击才是最优。根据互补性，如果其他经济行为主体至少在 $x \leq \underline{x}_1$ 时才会进行攻击，那么对这个经济行为主体来说，至少在 $x \leq \underline{x}_2$ 时攻击是最优的。这也就是说，在完成了第二轮的删除被占优策略之后，攻击就成为了 $x \leq \underline{x}_2$ 时的占优策略。

更一般来说，对于任何 $j \geq 1$，在第 j 轮删除被占优策略之后，我们都会得到在 $x \leq \underline{x}_j$ 时攻击是占优策略的结果。因此，$\{\underline{x}_j\}_{j=0}^{\infty}$ 就代表了"自下而上"的重复删除被占优策略的过程。对称地，$\{\bar{x}_j\}_{j=0}^{\infty}$ 则可以表示"自上而下"的重复删除被占优策略的过程。

总的来说，在第 j 轮重复删除被占优策略之后，剩下来的那些策略就是函数 k，使得对于所有 $x \leq \underline{x}_j$，都有 $k(x) = 1$；对于所有 $x > \bar{x}_j$，都有 $k(x) = 0$。因此，在第 j 轮删除中，只有对于 $x \in (\underline{x}_j, \bar{x}_j)$ 时，$k(x)$ 的值仍然是"自由的"。但是，我们已经证明，当 $j \to \infty$ 时，$\underline{x}_j$ 和 $\bar{x}_j$ 都会收敛到 x^*。因此，在极限中，唯一能够"生存"下来的策略就是这样的函数 k：它使得对于所有 $x \leq$

x^*，都有 $k(x)=1$；对于所有 $x>x^*$，都有 $k(x)=0$。

这样，我们就证明，存在一个唯一的可合理化的策略，同时也是一个唯一的均衡。在这个均衡中，当且仅当 $x\leqslant x^*$ 时，经济行为主体才会攻击，而且当且仅当 $\theta\leqslant\theta^*$ 时现状才会崩塌，其中 (x^*,θ^*) 对是方程式（9）和方程式（10）定义的迭代中的唯一不动点。从这最后一个事实，我们马上就可以得出 $\theta^*=\dfrac{b-c}{b}$。

备注 18 最优反应函数 h 是递增的且有一个唯一的不动点，这个性质实际上意味着，我们正在考虑的这个不完全信息博弈具有弱互补性。但是，再回想一下，与之相对的完全信息博弈则有强互补性。因此，引入不完全信息能够有效地将博弈从强互补性转变为弱互补性，从而有助于解释结果的唯一性。对于这一点，请参见比韦斯（Vives，2005）、范赞特和比韦斯（Van Zandt and Vives，2007）、马特韦特（Mathevet，2010）给出的进一步的讨论。对于这一唯一性结果如何通过超模方法来理解的补充分析，请参见比韦斯（Vives，2005）、范赞特和比韦斯（Van Zandt and Vives，2007），或者请参见马特韦特（Mathevet，2010）的收缩映射论证。

4.6 公共信息的作用

在前面的分析中，我们假设关于 θ 的共同先验是"不能提供信息"的（即，在整条实线上都是"不合时宜地"均匀的）。如果先验是不均匀的，那么当 σ 足够小时，就能获得唯一性；但是不然的话，就不一定。如果我们引入一个公共信号，那么类似的属性也适用：在存在足够的公共信息的范围内，多重均衡在存在分散的私人信息的情况下仍然能够"生存"下来。[①]

为了说明这一点，我们要对信息结构进行一些调整。现在，假设私人信号由下式给出：

$$x_i=\theta+\sigma_\epsilon\epsilon_i,$$

其中，ϵ_i 抽取自一个标准的正态分布（均值为零、方差 1）。类似地，公共信号则由下式给出

$$z=\theta+\sigma_\zeta\zeta,$$

其中，ζ 是总噪声项，它也是从一个标准的正态分布中抽取出来的。标量 σ_ϵ 和 σ_ζ 分别对两个信号中的噪声水平加以参数化。

我们可以证明以下命题。

命题 7（公共信息） 当且仅当 $\sigma_\epsilon\leqslant\sqrt{2\pi}\sigma_\zeta^2$ 时，均衡才是唯一的。

对于这两种类型的信息的不同性质，只要对 $\sigma_\epsilon\to0$ 时的极限（固定 $\sigma_\zeta>0$）与 $\sigma_\zeta\to0$ 时的极限（固定 $\sigma_\epsilon>0$）进行一番比较，就可以看得更加清楚。在任何一个极限中，每个经济行为主体关于 θ 的信念以一定概率收敛到真实的 θ。因此，这两个极限都会接近于关于基本面的"完美知识"，这也就是说，从经济行为主体对于基本面的知情程度这个角度来看，它们是不可明确区分的。但是，从经济行为主体对彼此的行为的预测有多好这个角度来看，这两个极

[①] 从策略不确定性的角度来说，公共信号与共同先验并没有什么区别：在研究信念等级结构和/或求解均衡策略时，我们总是可以将公共信号重新表述为共同先验的一部分。因此，研究共同先验与公共信号之间的区别只在应用研究中才比较有用。

限看上去却是截然不同的。也正因如此，它们也对经济行为做出了非常不同的预测。

命题 8(极限)

（i）在对于给定的 $\sigma_\zeta>0,\sigma_\epsilon\to0$ 时的极限中，对于所有的 $\theta<\theta^*$，区制转换的概率收敛于 1，而对于所有的 $\theta>\theta^*$，这一概率则收敛于 0，其中 $\theta^*=1-c/b$。

（ii）在临界区域内选择任意一个紧子集，$A\subset(\theta_L,\theta_H]$。在对于给定的 $\sigma_\zeta>0,\sigma_\epsilon\to0$ 时的极限中存在一个均衡，其中，对于所有 $\theta\in A$，区制转换的概率收敛为 1；同时还存在一个均衡，其中，对于所有 $\theta\in A$，区制转换的概率收敛为 0。

在这个命题中，第（i）部分是将命题 7 重新表述为一种极限情形——当私人信息相对于公共信息是"无限精确"的时候。与此相反，第（ii）部分则将完全信息基准重新表述为公共信息的相对精度无限高的极限情形。因此，综合起来，这两个结果分别强调了两种类型的信息在形塑经济行为主体关于彼此行为的均衡信念、决定协调能力的过程中所发挥的不同作用。

备注 19　请回顾一下第 4.5 节的命题 6 的证明中给出的函数 h。这个函数描述了单调策略集中的最优反应。在那个证明中，我们看到 h 有一个唯一的不动点。然后我们指出了，这个性质意味着引入私人信息后，我们已经将一个强互补性的博弈转变成了一个弱互补性的博弈。公共信息的作用则恰恰相反：当公共信息相对于私人信息来说足够精确时，函数 h 允许存在多个不动点。这也就是说，足够准确的公共信息重新将强互补性请了回来。①

4.7　一些直觉，以及若干教训

对上述结果背后的确切逻辑更深入的理解，需要回顾博弈论中的一些重要进展，但是那超出了本文的范围。建议感兴趣的读者阅读一下鲁宾斯坦的开创性的早期论著（Rubinstein，1989），在那里，他强调了协调对于共同知识的扰动的脆弱性；另外，读者也可以阅读以下论著：关于"近似"共同知识的含义以及相关的均衡对于不完全信息的稳健性，请参见蒙德勒和沙梅特（Monderer and Samet，1989，1996）、梶井和莫里斯（Kajii and Morris，1997a，b）；关于高阶不确定性的"传染效应"，请参见莫里斯等人（Morris et al.，1995）；关于如何将全局博弈的唯一性结果扩展到比我们在本节中研究的简单模型设置更丰富的情形下，请参见莫里斯和辛恩（Morris and Shin，1997，2003）、弗兰克尔等人（Frankel et al.，2003），以及马特韦特和斯坦纳（Mathevet and Steiner，2013）；基于压缩映射论证的变体证明，请参见马特韦特（Mathevet，2010）；关于超模博弈的相关技术，请参见比韦斯（Vives，2005）、范赞特和比韦斯（Van Zandt and Vives，2007）；关于我们在 4.8 节中将会简要讨论的一个有力的结果，请参见温斯坦和耶尔迪兹（Weinstein and Yildiz，2007a）；关于"序位信念"（rank belief，博弈参与人分配给他们自己的信号高于其对手的概率）的重要性，以及全局博弈的共同信念基础，请参见莫里斯等人（Morris，2016）。不过，就我们的目的而言，在这里只需强调以下关键的直觉即可。

---

① 这几个结果也可以从附录中给出的命题 7 的证明中推导出来，只需注意到，那个证明中的函数 G 是将函数 h 从策略空间（用阈值 x^* 表示）转换为区制结果空间（用 θ^* 表示）的一个变形。

　　第一,我们注意到,均衡要求经济行为主体知道彼此的策略,这也就是说,他们知道从他们的信息集(或海萨尼类型)到他们的行动的映射。如果我们假设所有经济行为主体都拥有相同的信息,那么这也就等于要求所有的经济行为主体都不会对他们的行动产生任何不确定性。这种策略不确定性的"缺位",有利于多重均衡的存在:当经济行为主体相信其他经济行为主体将会做同样的事情时,在许多均衡行动中的某一个方面达成协调是很容易的。但是,一旦信息不完全,经济行为主体就可能要面对关于彼此的行动的不确定性,而这种不确定性可能会妨碍协调。因此,均衡的确定性取决于策略不确定性的水平:策略不确定性水平越高,越难以维持多重均衡。

　　第二,我们注意到,策略不确定性的水平不一定与基本面不确定性的水平相关:经济行为主体面对的关于其他经济行为主体的信念和行动的不确定性,必定更多地与信息的异质性以及相关的高阶不确定性相关,而较少与观察基本面时的总体噪声水平相关。事实上,当私人信息变得更加精确时,经济行为主体 i 对基本面的不确定性必定会降低,但是他对于其他经济行为主体 j 的信念和行动的不确定性却可能会增加。这是因为私人信息的精确程度的增加,意味着经济行为主体 j 的信念和行动将变得更加以他自己的私人信息为"锚",而这种私人信息本身却是经济行为主体 i 所不知道的。这种锚定效应反过来可以解释为什么私人信息可能加剧高阶不确定性,进而阻碍协调。

　　对于这种直觉,我们可以形式化如下。首先,我们注意到,当信息是完全的时候,任何经济行为主体关于 K 的均衡信念就是 K 的实现值的一个直接度量。这也就是说,经济行为主体对于均衡时的攻击的规模是完全知情的——无论被选中的均衡是哪一个,都不会影响这一点。其次,我们又注意到,在一个完全相反的情况下,即,当一个经济行为主体对攻击的规模完全不知情时,他对 K 的信念却是在区间 $[0,1]$ 上均匀分布的。最后,考虑在不完全信息下会发生什么。令 σ_{ϵ} 足够小,使得均衡是唯一的,并考虑"边际"经济行为主体。(边际经济行为主体是指,在均衡中攻击与不攻击无差异的类型。)莫里斯和辛恩(Morris and Shin, 2003)证明以下命题为真。

　　命题 9　在极限中,当私人信息变得无限精确时(即,对于给定的 $\sigma_{\zeta}>0, \sigma_{\epsilon}\to 0$),边际经济行为主体对 K 的信念收敛于在区间 $[0,1]$ 上的一个均匀分布。这也就是说,边际经济行为主体在极限处对基本面有完美的了解,但是对于他人的行为,却仍然完全不知情。

　　最后一个结果的锐度(sharpness)取决于边际经济行为主体的信念,或者,与边际经济行为主体之间的距离在 $\sigma_{\epsilon}\to 0$ 时趋于消失的那些经济行为主体的信念,而不是取决于远离阈值 x^{*} 的经济行为主体的信念。无论如何,将这个结果与前面的观察结果结合起来,有助于解释为什么私人信息有助于均衡唯一性,而公共信息则有利于均衡多重性。

　　总而言之,在存在协调动机的情况下,信息起着双重作用:信息塑造了每个经济行为主体的信念——不仅仅是关于外生的、与支付相关的基本面的信念,而且还包括关于其他经济行为主体的内生的行动的信念。在前述结果中,最重要的是第二种作用。私人信息和公共信息在第一种作用中的功能相似,但是在第二种作用中的功能却是截然不同的。

　　接下来,我们讨论一下私人信号和公共信号的性质,并以此结束本节。

对于某些特定的应用目的，人们可能会对这些信号寻求一种相当字面的解释。例如，私人信号 x_i 可能对应于某一个对冲基金的专有信息，也可能对应于银行所拥有的对整个金融网络的"局部"知识，或者还可能对应于企业或消费者从自己的交易中提炼出来的关于总体经济的信息。类似地，公共信号 z 则可能是媒体上的金融新闻、政策制定者发布的公告或选择的政策，以及价格等市场信号。我们将在第 5 节讨论其中一些解释，并分析它们可能导致的额外结果。

因此，当研究者可以想象出私人信号和公共信息的经验对应物，甚至有可能对它们进行测量时，对它们在字面意义上进行解释无疑是有用的。而且，如果研究者希望探究与信息收集和信息集结有关的问题，或者分析市场、媒体和政策制定者传播的信号对福利的影响，那么这种解释也是有益的，我们将在下文中展开讨论这个主题。

然而，从理论到现实世界的映射可能并不像上面所采用的私人信息和公共信息之间的截然二分法所暗示的那么容易。例如，假设私人信号中的噪声恰好是两个分量的总和，一个是特异性的，另一个是总体性的，即：$x_i = \theta + u + \epsilon_i$（其中 u 是总体噪声，ϵ_i 是特异性噪声）。再进一步假设，我们引入了一个关于总体噪声 u 的公共信号（而不是关于基本面 θ 的公共信号）。那么这个公共信号就只会增加个体决策对私人信号的依赖，而且这种依赖性反过来又可能导致更高的策略不确定性。

上述这个例子似乎有点令人费解。但是，一旦我们开始思考应用问题，"基本面"与"噪声"之间的区别就可能会变得非常模糊。例如，在讨论资产市场的时候，是应该把对贴现因子的冲击看作是"噪声"，还是"基本面"呢？只有当我们把这个问题放入了设定好了的微观模型中之后，才可能有意义地解决之。

最后，信号的字面解释对于我们所考虑的一些问题来说，可能显得有些过于狭隘。在真实世界中，特别是在宏观经济现象的背景下，要测量，甚至理解经济行为主体如何收集和交换信息（无论是关于他们的特异性环境，还是关于整体经济状态的信息），往往都是极其困难的。更一般地说，现在仍然不清楚（至少对我们来说是这样），为什么对真实世界的经济现象的所有最有用的解释，都是基于那些排除了相关摩擦的模型做出的——这种摩擦，或者存在于经济行为主体形成自己关于相关经济结果的信念的过程中，或者存在于他们协调行动的过程中。宏观经济学中的标准模型（或主力模型）就是如此。从这个角度来看，我们在本章中所采用的信号结构说到底是这样一种建模工具：它使得研究者有机会"打开黑箱"，即，经济行为主体如何形成关于内生经济结果的信念、如何使彼此的行动协调一致。我们认为，这一基点对于理解将不完全信息纳入宏观经济学的应用价值和可检验的含义至关重要。[①]

[①] 伯格曼和莫里斯（Bergemann and Morris, 2013）在本章第 7 节研究的相关类型的博弈中也证实了这一点。他们证明了，任何高斯式信息结构可以维持的均衡结果，都可以在由假设的私人信号和公共信号维系的信息结构下复制出来。在关于全局博弈的文献中，还介绍了另外两种方法，请参见科尔南德和海涅曼（Cornand and Heinemann, 2009），以及伊兹马尔科夫和耶尔迪兹（Izmalkov and Yildiz, 2010）。第一篇论文研究了具有多个随组而异的信号的模型，第二篇论文则运用了一个关于信念等级结构的异质性先验设定。

4.8 扩展,以及更多教训

前面的分析一直集中在一个相当狭隘的只有二元行动的博弈模型上——我们可以称之为区制转换博弈。莫里斯和辛恩(Morris and Shin,2003)将全局博弈的唯一性结果扩展到了一类更宽泛的二值行动博弈(binary-action game)中,它允许更灵活的支付相互依赖性。弗兰克尔等人(Frankel et al.,2003)则进一步将全局博弈的唯一性结果推广到了行动属于一个任意的有限集的情形下,同时又保持了策略互补性(采用了超模博弈下的定义)。吉马雷伊斯和莫里斯(Guimaraes and Morris,2007)则在他们的应用研究中考虑了一个行动连续体(投资组合选择)。戈尔德斯坦和波兹内(Goldstein and Pauzner,2005)考虑的例子放宽了对策略互补性的假设,以换取较弱的单交点条件,[1]并假设关于基本面的先验信念和特异性噪声的分布都是均匀的。

莫里斯和辛恩(Morris and Shin,2003年)也证明了命题9的结果,即,随着私人信息变得无限精确,边际经济行为主体在这个极限处对攻击的规模是不知情的。他们把这种性质称为"拉普拉斯信念"(Laplacian belief)。这一性质是否是现实的仍有待讨论。莫里斯和辛恩(Morris and Shin,2003)认为,这是一个"颇有道理"的限制,理论经济学家可以通过施加这个限制来锐化自己给出的预测。相比之下,阿特金森(Atkeson,2000)、安格勒托斯和韦尔宁(Angeletos and Werning,2006)、安格勒托斯等从(Angeletos et al.,2006,2007),以及其他一些经济学家则认为,在许多应用中,可用信息的内生性可能导致产生与这个性质相冲突的情况:像价格,以及过去的经济结果这样的市场信号,可能内生性地限制了经济行为主体(包括边际经济行为主体)所面对的关于彼此的行为的不确定性。对于这一点,我们将在下一节详细讨论。

前面提到的这些研究,以及下一节中将讨论的那些应用研究,都将注意力集中在了具体的支付结构和信息结构上。温斯坦和耶尔迪兹(Weinstein and Yildiz,2007a)则将目标定在了更大的一般性上,并得出了一个非常有启发性的结果:对于任何一个给定的博弈,以及通用类型空间(universal type space)中任何一个给定类型的任何一个可理性化的行动 a,都存在一个邻近博弈(nearby game),在该博弈中,那个给定的行动 a 会成为原来类型的受扰动版本的唯一的可理性化的行动。[2] 这个结果的一个推论是,我们可以把均衡的多重性视为一种不稳定的刀锋(knife-edge)情况,通常总是可以通过考虑支付结构和信息结构的任意小的扰动来消除。

乍眼一看,温斯坦和耶尔迪兹(Weinstein and Yildiz,2007a)的结果似乎是对多重均衡模型及其实际应用的"致命打击"。多重均衡是退化的!但是,这个结果的实际意义其实不是这样的。这个结果适用于原始博弈的任何一个可理性化的行动。因此,任何时候,只要我们

---

[1] 这个单交点条件具体如下:随着 K 从 0 变为 1,$u(K,x)$ 只跨越零值一次,即从负变为正,其中 $u(K,x)$ 是经济行为主体接收到信号 x 并知悉 K 时从攻击中得到的净支付。

[2] 这里所说的"邻近"(nearby)和"扰动"(perturbation)的含义相当微妙,更多的细节请参见温斯坦和耶尔迪兹(Weinstein and Yildiz,2007a)。

有一个具有多个均衡的模型,我们都可以发现一些小的扰动(实际上,是这种扰动的开集),它们能够选择任何一个原始均衡结果作为唯一的可理性化结果。

对于应用目的,这意味着如下内容。对于理论经济学家无法在具有多重均衡的模型中确定选择哪一个均衡这种情况,在理论上应该作这样的解释:该经济学家无法根据他在模型中所做的假设(即,无法在他关于环境的先验知识的基础上),得出足够清晰的预测。虽然温斯坦和耶尔迪兹(Weinstein and Yildiz,2007a)的结果表明这种多样性是脆弱的,但是面对多重均衡无法做出足够清晰的预测的情况仍然存在;但是现在是由于缺乏关于信息结构细节的知识,而不是由于缺乏关于何种均衡已经达成的知识。①

那么,我们从中可以吸取什么经验教训呢? 全局博弈方法并不是摆脱多重均衡的灵丹妙药,也无法保证经济学家为政策制定者提供令人满意的、清晰有力的政策建议。相反,全局博弈的均衡唯一性的应用价值在于,在我们感兴趣的问题中,它能够用来阐明协调的机制,并凸显出信息和交流的重要性。在接下来的第 5 节中,我们将试着给出一些能够说明这种价值的具体例子。

5.　全局博弈:应用

在本节中,我们回顾了将全局博弈模型用于分析宏观经济和金融问题的一些最新的应用研究。大体上,这些应用研究可以分为两大类。第一类将信息结构视为外生的,并提出了一系列能够保证均衡唯一性的假设,然后用这种假设对银行挤兑、金融危机和商业周期等现象以及相关的政策问题有新的认识。第二类则以经验相关的方式将信息结构内生化,并研究这种内生化是怎样将多重均衡带回模型中来的,从而给应用问题提供更多可供借鉴的洞见。

第 5.1 节至第 5.6 节是对第一类应用研究的综述,第 5.7 节至第 5.9 节则转而评述第二类应用研究。第 5.10 节则提到了不一定能归入上述两个类别的其他应用研究。

5.1　货币危机和银行挤兑

在使得全局博弈方法广为人知的应用研究中,莫里斯和辛恩(Morris and Shin,1998)在奥布斯特费尔德(Obstfeld,1996)的货币攻击模型中引入了不完全信息。虽然在存在关于基本面(如外汇储备)的共同知识的时候,模型存在着多重均衡,但是在投机者关于基本面的信息中加入了很少的特异性噪声之后,就得到了唯一的均衡。这时,攻击的规模和货币贬值的结

---

① 换句话说,这里的共同线索是,模型的可观察结果的变化既不受潜在的与支付相关的基本面的影响,也不受经济行为主体对它们的信念的影响。在具有多重均衡的原始模型中,残差变异是归因于纯太阳黑子的。而在受扰动的、只有唯一一均衡的模型中,残差变异则归因于高阶不确定性和信息结构中丰富的"噪声"。

果就不再依赖于太阳黑子了,而是相对于基本面表现出了非常强的非线性(或接近于不连续性)特点。因此,大规模的攻击可能因潜在的基本面的微小变化而被触发,这有助于调和均衡的唯一性和投机性攻击会突然发生,且经常发生在可测量的基本面没有重大变化的情况下的事实。再者,现在可以进行政策分析了,而不会遇到与多重均衡和任意的、临时特设的选择有关的困难。莫里斯和辛恩(Morris and Shin,1998)的论文阐明了,对资本外流或国内利率加征边际"税收",可以减少投机攻击,这是一个在多重均衡的情况下不可能得出的政策结论。[1]

关于银行挤兑问题,戈尔德斯坦和波兹内(Goldstein and Pauzner,2005)将戴蒙德和迪布维格(Diamond and Dybvig,1983)的模型扩展为一个全球博弈模型,并研究了其对最优存款合同设计的影响。要想理解戈尔德斯坦和波兹内这篇论文的贡献,我们首先要注意到,在戴蒙德和迪布维格(Diamond and Dybvig,1983)的论文中,最优合同的刻画是建立在自我实现的银行挤兑永远不会发生的假设的基础上的。这个假设要求配以特定的均衡选择方法,但是这种方法只有在戴蒙德和迪布维格原来的完全信息模型设置下才是可行的,在引入了不完全信息之后,就不再可行了。相反,唯一的均衡使得自我实现的银行挤兑在银行的基本面足够低时变得不可避免了。因此,戈尔德斯坦和波兹内(Goldstein and Pauzner,2005)的论文的关键贡献就在于,它阐明了这种"必然性"如何改变了最优存款合同的设计。这篇文献证明,在不完全信息下的最优合同要对提前支取存款者进行惩罚(相对于完全信息基准)。这就是说,那些"不够耐心"的消费者要承受福利损失(因为向他们提供的保障更低了)。但是,现在可以通过银行挤兑的概率下降和规模减小来证明这一代价的合理性。

从本章以及莫里斯和辛恩(Morris and Shin,1998)的论文,我们可以得到如下更一般的经验教训:正如戴蒙德和迪布维格(Diamond and Dybvig,1983)所定义的最优合同取决于完全信息假设一样,文献中的许多政策建议也依赖于对协调中不存在摩擦的假设和对均衡的(通常是武断的)特定选择。相比之下,全局博弈方法则提供了另一种研究政策的方法,而且避免了上述缺陷。

最后,我们建议读者进一步阅读以下论著:关于用全局博弈方法研究"传染效应"的作用和"孪生危机"(即,货币危机与银行挤兑同时发生的现象)的例子,请参见戈尔德斯坦和波兹内(Goldstein and Pauzner,2004)、戈尔德斯坦(Goldstein,2005);关于投机者之间的策略互补性如何变成了中央银行的信号提取问题的副产品(当后者对潜在的基本面不确定性时),请参见戈尔德斯坦等人(Goldstein et al.,2011);关于投机性攻击发生后,中央银行如何解决最优停止问题(optimal stopping problem),请参见库拉特(Kurlat,2015)。

5.2 "大玩家"和最后贷款人

柯尔塞蒂等人(Corsetti et al.,2004)揭示了投机性市场中的"大玩家"的作用。他们的模型与莫里斯和辛恩(Morris and Shin,1998)的模型相似,但是有一个重要的区别:市场中除了

---

[1] 原始论文对与上述税收有关的均衡的比较静态分析有一个错误,请参见海涅曼(Heinemann,2000)对它的修正。

存在一个小投资者的连续统之外,还存在一个大投机家——索罗斯(Soros)。

当一个小投机者选择是否进行攻击时,他会将货币贬值的概率视为外生于自己的选择的。相反,"大玩家"在选择是否发动攻击时,则会考虑到自己的行为会对货币贬值的概率产生重大的影响。因此,在其他条件都相同时,这种效应会使得大型投机者的行为比任何小型投机者更具侵略性(更激进)。[①] 再者,也许更有意思的一点是,"大玩家"的存在,有助于"小玩家"之间进行协调,即便"大玩家"的行为是不可观察的,也是如此。这是因为,既然已经知道"大玩家"更具侵略性,那么每个"小玩家"都发现,无论自己的信号的实现值是什么,表现得更有侵略性总是最优的,而且每个"小玩家"都会预期其他"小玩家"也会这么预期,如此循环。更加重要的是,随着"小玩家"变得越来越激进,"大玩家"也发现更加激进是最优的。如此循环反复。因此,在投机性市场上引入"大玩家"可能会对均衡结果产生不成比例的强烈影响(即便"大玩家"的行动是不可观察的,也是一样)。如果允许"小玩家"观察"大玩家"的行动,那么就会进一步放大这个特点。

达维拉(Davila,2012)研究了在一个不同的背景下另一类"大玩家"发挥的作用,即,大型银行在次贷危机中的作用。他的论文的分析起点是法里和梯若尔的一篇论文(Farhi and Tirole,2012)。法里和梯若尔研究了这样一个集体道德风险问题:因为在整个银行系统陷入困境之后,政府很有可能在事后救助个别银行,所以每个银行在事前都更愿意将自己暴露在总体风险之下——在预期其他银行会做同样的事情的条件下。然而,在法里和梯若尔(Farhi and Tirole,2012)的论文中,这种集体道德风险问题是放在一个完全信息协调博弈模型中讨论的,这个博弈最终出现了多重均衡:一个均衡具有低"系统性风险",另一个均衡则具有"高系统性风险"。[②] 与此不同,达维拉(Davila,2012)则利用全局博弈方法得到了唯一的均衡。他证明,大型银行的存在加剧了集体道德风险问题的严重性,扩大了整个经济的杠杆率,并使得危机在很多基本面情况下都可能发生。一个非常有意思的政策影响:通过将大型银行分成多个小型银行可以降低系统性风险。

罗切特和比韦斯(Rochet and Vives,2004)则构建了这样一个银行挤兑模型:在发生流动性危机的时期,投资者可以拒绝在银行间市场上展期信贷。在他们构建的这个"全局博弈"模型中,均衡是唯一的,危机发生的概率与基本面相关。而在这个唯一的均衡中,银行的基本面存在一定范围的"中间状态"——在政府不进行干预的情况下,银行虽然有偿债能力,但是如果很大比例的投资者撤回资金,那么这些银行还是可能会破产。换句话说,这里存在着协调失败的可能性。罗切特和比韦斯还进一步深入研究了对偿付能力和流动性比例的事前监管与事后的紧急流动性救助之间的相互作用。他们证明了,对流动性和偿付能力的监管可以解决协调问题,但是通常成本太高。这种"审慎措施"必须有紧急贴现窗口贷款的配合。

柯尔塞幕等人(Corsetti et al.,2006)所构建的模型与罗切特和比韦斯(Rochet and Vives,

[①] 事实上,"大玩家"就像一大群总是能够以协调一致的方式行事的"小玩家"——因而克服了其他"小玩家"面临的摩擦。

[②] 需要注意的是,这种情况的出现,依赖于政府无法做出有效承诺的假设。如果政府可以事先做出事后不会救助银行系统的可信承诺,那么就缓解了这个问题。请参见埃尼斯和基斯特(Ennis and Keister,2009)的论文,他们讨论了对银行挤兑的事后最优的政策反应,是如何扭曲了事前的激励、提高了自我实现的银行挤兑的发生率的。

2004）的模型有所类似。在柯尔塞蒂等人的模型中，纳入了由于基本面和自我实现的银行挤兑之间的相互作用引发的流动性危机。作者们关注的焦点是来自"官方"（最后）贷款人的流动性的"催化"效应（catalytic effects）。他们的模型利用了柯尔塞蒂等人早前的一篇论文（Corsetti et al.，2004）给出的关于"大玩家"的作用的结果，将官方债权人（国际货币基金组织）视为世界经济体系中的"大玩家"：即使国际货币基金组织自己没有足够的资源来弥补因投机性挤兑而产生的巨额融资缺口，能够保证流动性危机不会发生的经济基本面的范围也会因这种"催化"效应而有效扩大。由此而得到的一个结论是，提供流动性是有合理依据的，即使在这样做会使得债务人的道德风险问题更为恶化时，也是如此。莫里斯和辛恩（Morris and Shin，2006）独立的、同时期的论文也得到了类似的结果。

我们可以认为从这些论文中总结出来的政策建议全都依赖于均衡的唯一性。因此，在相关的完全信息模型中是无法得出这些政策建议的。但是另外，这些政策建议的提出，还取决于这些论文对如下可能性的抽象处理：只要有意为之，政策行动就可以传递关于政策制定者维护现状（例如，维持与某种外国货币挂钩的汇率政策、保护某个特殊的银行或整个银行系统）的意愿和能力的有价值的信息。我们在下文中将会讨论到，正如安格勒托斯等人（Angeletos et al.，2006）已经阐明的，这种可能性也许会导致潜在的非常不同的教训。

5.3 债务挤兑、违约溢价和信用评级

莫里斯和辛恩（Morris and Shin，2004a）在卡尔沃（Calvo，1988）的传统的债务挤兑模型（debt-run mode）的基础上构建了一个全局模型，用来分析当债务人陷入困境时债权人的协调问题。这个模型分为三个时期。借款人——可以解释为一家企业，也可以解释为一个国家——拥有一个长期投资项目，欠下了一定数量的短期债务。项目的回报在第 3 期实现。债务在第 2 期到期，而且必须展期到第 3 期，否则借款人就会"死去"，同时项目也将夭折。有一大批贷款人，因此相对于借款人的规模来说，每个贷款人都太小了。这就意味着，在第 2 期，当且仅当足够多的贷款人能够协调一致地同意债务展期时，借款人才能继续生存下去。基于同样的理由，协调失败是可能出现的：即便借款人的基本面良好，债权人由于担心其他债权人提前收回贷款，完全可能先发制人地更早采取同样的行动，从而导致项目夭折。

当项目的盈利能力为正，但盈利水平不够高时，不完整信息保证了这种协调失败的发生：存在一个在第 2 期发生违约的唯一的均衡；不但在项目无利可图时会这样，而且在项目的盈利能力为正但不足以排除自我实现的债务挤兑时，也是如此。而在第 1 期，市场价格债务预计第 2 期的结果将以上述方式确定。因此，由于均衡违约结果的唯一性，所以也会有一个唯一的均衡价格——这个性质是这个模型的完全信息版本所不具备的。再者，均衡违约风险还可以分解为两个分量：第一个分量衡量无力偿债的可能性（项目无利可图的可能性），第二个分量衡量债务展期风险（协调失败发生的可能性）。

在一项后续研究中，扎拜伊（Zabai，2014）内生化了借款人的行为；他还阐明了，最优借款行为是如何内部化了债务规模对协调失败的概率的影响，进而导致违约溢价的。综合起来

看,这些论文回答了两个重要问题:协调失败的风险如何定价、政策制定者怎样才能影响这种风险。

在另一篇相关的论文中,霍尔登等人(Holden et al. ,2014)研究了信用评级机构的作用。通过影响债权人的行为,信用评级机构发布的评级报告会影响违约概率,而这反过来又会影响其他信用评级机构的评级。通过这种反馈效应,信用评级机构的存在可能会加剧波动性并减少福利。

最后,何治国和熊伟(He and Xiong, 2012)构建了一个能够借助弗兰克尔和波兹内(Frankel and Pauzner,2000)、伯德茨等人(Burdzy et al. ,2001)发现的技术保证均衡唯一性的模型,然后研究了这个模型债务挤兑的动态。更具体地说,他们这篇论文阐明了,债务挤兑的发生和动态发展是如何依赖于基本面的波动程度、信贷额度的存在以及债务期限结构的。非常有意思的是,他们发现,通常用来缓解债务挤兑的很多措施,例如暂时维持企业的生存和延长到期债务的期限,实际上都可能导致反弹并加剧债务挤兑。这又是从完全信息模型中得出的政策结论可能出错的例子。

5.4 "流动性黑洞"和"市场冻结"

莫里斯和辛恩(Morris and Shin,2004b)研究了信息的不完全性如何有助于解释资产价格和流动性在平稳运转的市场中的突然下跌。在他们的模型中,经验丰富的、风险中性的交易者(可以认为他们就是现实市场中的"对冲基金")与典型的不那么成熟的、风险厌恶的交易者进行互动。这种设定意味着,资产由前者持有时,其价值,进而其价格,要高于由后者持有的时候。主要的是:经验丰富的交易者目光短浅,面临着私下知道的损失上限止损点。当资产的价格足够高于经验丰富的交易者的止损点时,他们对该资产的交易行为就变成了策略互替性的:对于某个交易者来说,其他交易者对该资产购买得越少,该交易者的购买成本就越低(即,对他来说更具吸引力)。但是,一旦资产的价格下降到了足够接近或低于某个交易者的止损点,那么该风险资产上的交易就变成了策略互补性的:其他交易者卖得越多,这个交易者也必须甩卖得越多。这就打开了"流动性黑洞"的大门,它与戴蒙德和迪布维格(Diamond and Dybvig,1983)的模型中的挤兑均衡有类似之处。莫里斯和辛恩接着运用全局博弈模型设定来选择唯一的均衡,并求出了基本面上的唯一的触发点——只要低于这个触发点,就会出现"流动性黑洞"。他们的论文还阐明了,在出现"流动性黑洞"前后,这是如何帮助价格形成一个尖锐的 V 型模式的,并联系了历史经验。

别克丘克和戈尔德斯坦(Bebchuk and Goldstein,2011)也研究了一个债务危机模型。在他们的模型中,银行的自我实现的预期(其他银行不会借贷),会导致信贷市场的冻结——一种银行放弃向好公司放贷的情况。作者们"全局化"了他们的模型,用来研究不同政府干预措施的有效性,包括降低利率、向银行注入资本、直接向企业贷款,以及政府直接出资或提供担保以鼓励私人贷款,等等。另外,也请参见刘(Liu,2016)的论文,他解释了系统性信贷踩踏和银行间市场冻结为什么会一起发生。

5.5　安全的资产

何治国等人（He et al.，2016）研究了，在主权债务的估值同时依赖于偿债能力风险和债务展期风险的情况下，如何对主权债务进行定价的问题。他们的模型以两个在国际资本市场上发行主权债券的国家为特征。投资者对主权债券的估值不仅取决于国家的基本面，也取决于购买同种债券的其他投资者的数量。给定某个国家的债券，它要想成为一种安全的债务，投资该债券的投资者的数量必须超过一个阈值。因此，投资者行为具有类似于第 4 节所述的策略互补性。这个模型的新颖之处在于，当投资于某种债券的投资者的数量超过了该债务展期所需的阈值数量之后，它还具有策略互替性的特点：当超过了阈值后，对债券的需求越大，债券价格越高，从而导致回报越低。回想一下，戈尔德斯坦和波兹内（Goldstein and Pauzner，2005）的模型也有类似的特征。

何治国等人（He et al.，2016）去掉了关于这两个国家的相对基本面的共同知识假设，从而"全局化"了这个环境。他们证明了，在某些条件下，这个模型中存在着一个唯一的单调均衡（monotone equilibrium）。在这个均衡中，如果一个国家的主权债务的基本面与另一个国家主权债务的基本面相比，相对较强（在绝对意义上不一定强），那么该国的主权债务更有可能是安全的。投资者会协调一致地投资于基本面相对较好的那个国家的主权债务，因而相对估值决定了哪个国家的债券的展期风险较低——在这个意义上，也更加安全。这个理论预测可能有助于解释为什么美国的国债的估值可能会上升（尽管其财政状况恶化了）：其他国家情况更加糟糕这个事实，意味着美国主权债务的展期风险变小了。

这篇论文的另外一个洞见是，更高的债务水平可能会带来更高的价格，这或许是自相矛盾的。事实上，当全球资产需求强劲时，往往就会发生这样的事情。在出现了这种情况的时候，投资者就会被吸引到债务最高的国家，因为那个国家更有能力满足他们对资产的高需求。而且，这同时也意味着债务水平更高的国家面临的展期风险更低，而这反过来又意味着这个国家的债券更安全、价格更高。相比之下，当全球对安全的资产的需求较低时，投资者会在投资债务规模最小的国家上达成一致。

最后，作者还运用他们得到的结果对最近有人提出的关于"欧洲债券"的建议进行了评估。"欧洲债券"是若干国家组成的一个"国家俱乐部"发行的共同债券；在大量发行这种债券的时候，"俱乐部"内的所有成员国都能够因为总体展期风险的下降而获益。因此，"欧洲债券"对德国和希腊都有好处。但是，出于同样的原因，这种债券也可能会颠覆美国主权债券作为安全的债务的国际基准的主导地位。

5.6　商业周期和经济衰退

还有一些论文试图运用全局博弈方法来剖析商业周期现象。查雷（Chamley，1999）的论文中最早进行了尝试，它研究了一个相对来说有些抽象的投资博弈中的区制转换动态。弗兰克尔和伯德茨(Frankel and Burdzy,2005)也进行了相关的尝试,他们使用的是我们在本章第6.1节中描述的技术。

更近的一项研究来自沙尔和塔什罗-迪缪克尔(Schaal and Taschereau-Dumouchel,2015),他们将全局博弈模型嵌入真实商业周期框架当中,并用它研究了2008年的大衰退。我们发现这篇文章特别有意义,因为它成功地将更抽象的全局博弈文献与更规范的商业周期范式结合了起来。而且,更重要的是,它接受了用数据来对抗理论的挑战。下面我们就来简要地介绍一下这篇论文的主要内容。

企业可以选择支付固定成本,以提高生产率和降低可变成本。这个选择引入了技术上的非凸性。沙尔和塔什罗-迪缪克尔这种将非凸性与垄断竞争以及总需求外部性结合起来的做法,引入了一个协调问题,它类似于我们在前述二值行动-区制转换模型中形式化的那个问题:一个企业愿意支付上述的固定成本,当且仅当它预期总需求足够高;但是反过来,这一预期成立,当且仅当有足够多的其他企业也愿意支付上述固定成本。

在完全信息下,这个模型存在多重均衡。为此,沙尔和塔什罗-迪缪克尔(Schaal and Taschereau-Dumouchel,2015)考虑了这样一个扰动:保持对以往的经济结果(包括资本存量)的共同知识假设,同时取消对当前的全要素生产率水平的共同知识假设。这种扰动使得他们得到了唯一的均衡和易于处理的动态机制。不过,虽然均衡现在已经是唯一的了,但是仍然存在两个局部稳定的稳态,从而导致了与标准真实商业周期模型非常不同的动态。特别是,大规模的短暂冲击可能会使经济陷入一个准永久的衰退,这个结果有助于解释经济衰退的复苏缓慢以及其他大衰退的突出特征。更加重要的是,这些结果都是协调失败的产物。而且,由于这种协调失败不是对均衡的武断选择所带来的“症状”,所以在这个模型中是可以进行有意义的政策分析的;其中非常突出的一点是,当经济在不同的稳定状态之间来回切换时,这个框架为特定的财政刺激政策提供了合理依据。

吉马雷伊斯等人(Guimaraes et al.,2014)给出了一个有互补性的政策建议。与史卡尔和塔什罗-迪缪克尔(Schaal and Taschereau-Dumouchel,2015)的上述论文相似,这篇论文也研究了一个在生产中有非凸性的具有微观基础的模型,但是这个模型抽象自资本和生产率冲击。这种设定,虽然排除了史卡尔和塔什罗-迪缪克尔所追求的那类定量评估(Schaal and Taschereau-Dumouchel,2015),但是也有助于更清晰地分析财政政策的均衡效应。因此,吉马雷伊斯等人(Guimaraes et al.,2014)的论文的主要贡献是,将财政政策的预期/协调渠道形式化和描述出来。虽然在现实世界,这个渠道是政策辩论中经常会引用的一个渠道,但是在标准宏观经济学模型中没有足够有意义的对应物。

5.7　价格和其他内生公共信号

上面讨论的这些应用研究都将信息结构视为外生给定的,而且还将信息结构的作用限定为一个用来选择唯一的均衡的工具。事实上,应用全局博弈模型的文献经常将注意力集中在公共信息最小、策略不确定性最大的限制上,就像前面定义的那样。但是,在经济危机期间,经济行为主体不太可能完全被蒙在鼓里;恰恰相反,他们会密切地关注其他人的行动。

更一般地说,经济行为主体是有机会获得关于基本面和/或其他人的行动的各种各样的公共信号的。难道经济行为主体不会考虑某国货币危机期间比索的期货市场价格,不会关注银行挤兑期间媒体对 ATM 机(自动取款机)前大排长龙的报道吗? 或者想一想,投机者难道不会观察到那些急于在投机性攻击发生之前行动的政策制定者的行为吗? 这种信息如何影响均衡的确定性和模型的可观察性? 在本节的其余部分,我们简要回顾一些试图回答这个问题的论文。

我们从安格勒托斯和韦尔宁的论文(Angeletos and Werning, 2006)开始讨论。这篇论文通过两种内生的公共信号扩展了我们在前面4.1节中介绍的基本协调博弈模型。第一种公共信号是一种资产的价格,它的红利或者与基本面 θ 相关,或者与攻击的规模 K 相关。第二种信号是关于攻击规模的直接信号。我们可以将一个国家的股票市场或远期外汇市场作为第一种信号的例子,将 ATM 机前大排长龙或抗议活动的规模作为第二种信号的例子。接下来,我们集中关注第二种信号,因为我们的框架很容易容纳这种信号,而第一种信号导致的结论也与第二种信号类似。

这个模型的支付结构与第4.1节所述的相同,私人信息的设定也没有改变。具体地说,经济行为主体 i 的私人信号再次由 $x_i = \theta + \sigma_\epsilon \epsilon_i$ 给出,其中的噪声 $\epsilon_i \sim N(0,1)$ 是在所有经济行为主体之间独立同分布的(i.i.d.),同时 $\sigma_\epsilon > 0$。唯一的变化体现在公共信号的设定上。现在,公共信号是一个关于攻击规模的噪声信号:

$$z = S(K, \zeta),$$

其中,S 是一个单调函数,K 是攻击的规模,$\zeta \sim N(0,1)$ 是噪声,独立于 θ 和 $\{\epsilon_i\}$。

现在,均衡可以定义为如下。

定义 14 一个均衡由一个内生信号 $z = Z(\theta, \zeta)$、一个独立的攻击策略 $k(x,z)$ 和一个总体攻击 $K(\theta, \zeta)$ 构成,它使得

$$k(x,z) \in \arg\max_{k \in [0,1]} \mathbb{E}[U(k,(K(\theta,z),\theta)|x,z] \ \forall \ (x,z) \tag{11}$$

$$K(\theta,z) = \mathbb{E}[k(x,z)|\theta,z] \ \forall \ (\theta,z) \tag{12}$$

$$z = S(K(\theta,z),v) \quad \forall \ (\theta,\xi,z) \tag{13}$$

其中,条件(11)要求,给定所有可用信息(包括实现的信号 z 中所包含的信息),个体选择必须是最优的。方程式(12)是总体方程。方程式(13)则假设信号是由经济行为主体的联合均衡行为产生的。与前面的章节中给出的定义3相比,这个定义唯一的新颖之处在于,经济行为主体对他们的可用信息的反应方式与该信息当中的某些信息(即,信号 z)最初得以生成的方式之间的不动点关系。这种不动点关系在有噪声的理性预期模型中是标准的,也包括那些用于分析金融市场的模型,例如,请参见格罗斯曼和斯蒂格利茨(Grossman and Stiglitz, 1980)、哈桑和默腾斯(Hassan and Mertens, 2014a)。

不难注意到,在均衡中,K 与 θ 相关。因此,在均衡中,z 也就成为了 θ 的信号。这个事实使得我们可以将这个模型的均衡分析映射到第4节。不过,与之前不同的是,z 中包含的关于 θ 的信息的精度,现在对于经济行为主体的行动来说是内生的了。

为了保持内生信息结构的正态性,安格勒托斯和韦尔宁(Angeletos and Werning,2006)假设,S 函数取如下函数形式:

$$S(K,\zeta)=\Phi^{-1}(K)+\sigma_\zeta\zeta,$$

其中,Φ^{-1} 是标准化正态分布的累积分布函数(c.d.f)的逆,σ_ζ 是一个标量参数,用来表示信号中的外生噪声。这种函数形式最早是由达斯古普塔(Dasgupta,2007 年)提出的,它能够保证均衡的存在性——在这个均衡中,对 z 的观察与对以下形式的高斯信号的观察是等价的:

$$\tilde{z}=\theta+\tilde{\sigma}_\zeta\zeta,$$

这种特定标量 $\tilde{\sigma}_\zeta$,本身也是作为均衡的一部分而被决定的。那么取给定的 $\tilde{\sigma}_\zeta$,对均衡策略和区制结果的刻画就可以采用与信息是外生的情况下完全相同的形式(取模,将出现在第 4 节的分析中的标量 σ_ζ 替换为这里引入的标量 $\tilde{\sigma}_\zeta$)。接下来,还需要刻画 $\tilde{\sigma}_\zeta$ 的均衡值。

为了完成这个任务,我们必须求解出策略与信息之间的不动点关系。从直觉上看,$k(x,z)$ 对 x 的敏感度决定了 $K(\theta,z)$ 对 θ 的敏感度,而后反过来又决定了信号 $\tilde{z}$ 相对于 θ 的精度,然后这种精度反过来又决定了 $k(x,z)$ 对 x 的敏感度,如此循环反复。求解这个不动点问题,最终得到的是内生的 $\tilde{\sigma}_\zeta$ 与模型的外生参数之间的如下关系:

$$\tilde{\sigma}_\zeta=\sigma_\epsilon\sigma_\zeta,$$

换句话说,内生公共信号的精度与外部私人信号的精度成正比,同时与观察到的攻击规模当中的外生噪声成反比。

这里的直觉很简单。当私人信号更准确时,个人决策对私人信息更为敏感。结果表明,与对共同噪声 ζ 的反应相比,均衡总体攻击相对于基本面 θ 的反应要更加大,因而也就传递了关于 θ 的更精确的信息。

这个基本的观察结论对均衡的确定性和结果的波动性都具有非常重要的意义。随着私人信息的精度的增加,现有公共信息的内生准确性的提高使得经济行为主体能够更好地预测彼此的行动,从而使协调变得更加容易。因此,唯一性不需要作为偏离完美信息的扰动来获得。事实上,在当前这个模型中,当噪声足够小时,就会出现多重均衡。

命题 10　在上述模型中,均衡总是存在;而且,当任一外生噪声很小时,即当 $\sigma_\zeta^2\sigma_\epsilon<1/\sqrt{2\pi}$ 时,存在多重均衡。

这个结果并没有使前面提出的理论洞见归于无效。当且仅当策略不确定性足够高时,均衡是唯一的这个结论才成立,而且从中可以推出,当且仅当私人信息压倒了公共信息时,这个模型才有唯一的均衡。但是,这个结果确实削弱了全局博弈的均衡唯一性结果的经验相关性。在许多我们感兴趣的应用研究中,我们完全有理由希望信息结构能够使得模型有多重均衡;或者更一般地说,我们希望结果会对与基本面基本无关或完全无关的冲击非常敏感。

安格勒托斯和韦尔宁(Angeletos and Werning,2006)通过显示以下结果强化了这个直觉:即便我们将注意力集中在了能够保证均衡的唯一性的参数空间区域上(即,使得 $\sigma_\zeta^2\sigma_\epsilon>1/\sqrt{2\pi}$ 的 σ_ζ 和 σ_ϵ 的区域),σ_ζ 或 σ_ϵ 的局部减小也会导致均衡区制结果对于 ζ 更敏感(与相对于 θ 的敏感度相比)。简而言之,我们有:

推论 2　外生噪声越小,可能导致的非基本面波动性就越大,之所以如此,不仅仅是因为打开了多重均衡和太阳黑子型波动的大门,而且还因为提高了均衡结果对高阶不确定度的敏感性(即使均衡结果是唯一的)。

这个结果是我们将会在本章第 7 节中遇到的一个结果的变体,与只有单个经济行为主体的决策理论中得到的结果对比:在单人决策模型中,更少的噪声,无论是表现为更多信息的形式,还是表现为更少的认知摩擦的形式,都会减少结果中的"错误"和降低非基本面结果波动性。类似的性质,在关于金融市场的有噪声的理性预期模型中也可以得到,例如在格罗斯曼和斯蒂格利茨(Grossman and Stiglitz,1980)、哈桑和默腾斯(Hassan and Mertens,2014a)研究的模型中,更少的外生噪声,无论是表现为噪声交易者的需求的波动性减少,还是表现为经验老到的交易者手中的更精确的信息,通常都会导致资产价格包含更多的信息和投资包含更低的非基本面波动性。而将这些模型与本章研究的模型区分开来的,就是策略互补性的有无。只要存在这种互补性,就会出现如上所述的看似悖谬的结果——无论我们考虑的是容易产生多重均衡的模型(例如,我们正在研究的模型),还是容易产生均衡唯一性的模型(如在第 7 节中研究的模型),都不例外。

最后,我们还概略地讨论了另外一些论文,它们也涉及全局博弈情境市场所发挥的信息作用,包括:赫尔维希等人(Hellwig et al. ,2006)、塔拉谢弗(Tarashev,2007),以及奥兹德诺伦和袁(Ozdenoren and Yuan,2008)。这些论文分别关注了不同的制度细节,都提供了更多的理论洞见。但是,它们给出的核心信息仍然与安格勒托斯和韦尔宁(Angeletos and Werning,2006)的相同:我们有充分的理由认为,价格机制或其他关于他人的行动的内生信号,很可能能够"驯服"策略不确定性——相对于莫里斯和辛恩所假定的策略不确定性的水平(Morris and Shin,1998,2001)——从而也有助于减少非基本面波动性。伊阿钱和尼诺夫的论文(Iachan and Nenov,2015)在一定程度上补充了这些论文。这篇论文研究的是,私人信息的质量是如何导致不稳定性的,即便是在保持公共信息的精确性不变的情况下,也是如此。

我们的结论可以归结为一个很基本但又很重要的观点,它在赫尔维希等人(Hellwig et al. ,2006 年)的论文中已经得到了很好的阐述。在我们感兴趣的众多应用研究中,之所以出现策略互补性,都是因为,并且很可能仅仅是因为,他人的行为对价格产生了影响。因此,在这些应用研究中,只有在经济行为主体面临着相关价格的不确定性的情况下,策略不确定性才是相关的。赫尔维希等人(Hellwig et al. ,2006)在自我实现的货币危机的背景下探讨了这个基本观察结论的重要意义。更一般地说,这个结论告诉我们,价格机制起着双重作用:一方面,价格机制是策略不确定性的根源(在它引导经济行为主体关心其他人的行动这个意义上);另一方面,价格机制也是策略不确定性的"监管者"(在价格的可观察性控制着相关的策略不确定性的量级的意义上)。

5.8　政策干预措施

上面综述的所有应用研究论文都包含了重要的政策含义。不过,它们都抽象掉了如下这种可能性:积极的政策干预措施可能会揭示关于经济状况和/或政策制定者的目标和意图的有价值的信息。重要的是,因为这种政策干预措施是高度可观察的,它们可能会影响到策略不确定性的水平,从而为前面提到的应用研究假设不存在的效应打开了大门。

正是在这个基本观察结果的启发下,安格勒托斯等人(Angeletos et al. ,2006)、安格勒托斯和帕万(Angeletos and Pavan,2013)在全局博弈模型中加入了政策制定者。这些政策制定者了解相关的基本面,并且会采取可能影响攻击规模的干预行动。请设想一下,某个国家的中央银行试图通过提高国内利率或通过对资本外流征税来先发制人地应对投机性攻击;或者想一想,某个国家的独裁者命令警察或军队去镇压群众抗议。这种行动所揭示的信息可能是:现状既不太强也不太弱——如果现状足够强,那么政策制定者就不用考虑干预了,因为不存在任何攻击风险;如果现状足够弱,那么支付这种干预措施的成本是毫无意义的,因为在任何情况下,现状都注定会被倾覆。

在此基础上,安格勒托斯等人(Angeletos et al. ,2006)证明,这种政策干预可能引致一种相当强的共同信念:基本面 θ 处于临界区域之内,即使它们也许不能揭示关于 θ 的确切值的精确信息。然后,他们继续展示这如何打开多重均衡的大门,不仅在制度结果中,而且在政策行动本身中;因此,从某种意义上说,政策制定者可能会发现自己身处如下困境,他们的行动不得不符合他们自己无法控制的市场预期,而不能通过看似强大的政策工具(如税收和利率)来决定经济结果。

虽然这个结果对全局博弈模型的结果的政策应用意义提出了重要的警告,但是它本身并不一定会消除全局博弈方法的预测能力。安格勒托斯和帕万(Angeletos and Pavan,2013)证明,即便政治干预的这种信号作用重新"请回"了多重均衡,但是由此而导致的均衡多重性仍然比完全信息基准中存在的多重性"小得多"。至于这里说的这个"小得多"的确切含义,我们建议读者去读一下这篇论文的原文。然而,最重要的是,这里出现了一系列具体的政策预测,它们在所有均衡中都是稳健的,但是如果没有引入不完全信息,这些均衡就不可能达成。

埃德蒙(Edmond,2013)研究了一种不同类型的政策干预措施。这种干预措施可以操纵经济行为主体可以得到的信息,而无需直接向他们发出信号。这方面的一个例子是,独裁者试图通过操纵媒体或互联网来消弭革命。独裁者的行动是不能直接观察到的。相反,它会与经济行为主体观察到的关于基本面的信息的信号混淆。这种设定有助于保持均衡的唯一性。最优操纵的性质依赖于它对策略不确定性的影响,而不同于仅仅由经济行为主体提取的关于基本面的信息。

综合起来看,这些论文在更一般的层面上说明了政策是怎样与协调中的摩擦相互作用,以主力宏观经济学模型所没有的方式。在商业周期背景下探索这种可能性,是未来研究一个非常有前途的方向。

5.9 动态

我们在第 4 节中研究的框架是静态的,我们目前研究的应用也是静态的。这就是说,前面这些分析都抽象掉了经济行为主体会对现状做出多步反应的可能性,同时也抽象掉了他们对自身导致区制转换的能力的信念随时间流逝而演变的可能性。但是,无论是从应用研究还是从理论研究的角度来看,这两种可能性都是非常重要的。首先,经济危机本质上是一种动态现象。例如,在货币危机的背景下,投机者可以一次又一次地发动对某个国家的货币的攻击,直到迫使它贬值为止;他们对该国中央银行捍卫本国货币的能力的预期则可能取决于该国中央银行过去是否曾经成功捍卫过本国货币的历史。其次,在动态环境下的学习可能会严重影响策略不确定性的水平(即,对于彼此的行动的不确定性的水平),从而影响协调的动态和均衡的确定性。

出于这些考虑,安格勒托斯等人(Angeletos et al. ,2007)研究我们在上一节中考虑过的区制转换博弈模型的重复版本。在他们这个模型中,每当某个区制在遭到了攻击之后生存下来时,就会导致出现一种共同知识(或者,至少是一个强烈的信念),即该区制是"不太弱的"——否则就不可能在攻击中幸存下来。这种信念的内生转变再次打开了多重均衡的大门,同时也导致了许多不同的预测。一方面,基本面也许还能预测最终的区制结果,但是不能预测攻击的时间或次数。另一方面,均衡的动态将倾向于在平静期(tranquility)与动荡期(distress)之间交替切换(前者是不可能出现攻击的时期,后者是大的攻击可能发生的时期)。最后,攻击形式将表示为经济活动水平的相对不经常的、急剧变化的形式。

科斯坦(Costain,2007)的论文给出了一个补充性的结果,它说明了公众对过去行动的观察是如何导致羊群效应和均衡多重性的。与此不同,海德休斯和梅利莎斯(Heidhues and Melissas,2006)、达斯古普塔(Dasgupta,2007)、达斯古普塔等人(Dasgupta et al. ,2012),以及科瓦克和斯坦纳(Kováč and Steiner,2013)则研究了学习是私有行为的情景。这种学习有助于保持均衡的唯一性。这些论文随后研究了与动态结构有关的一些问题,比如说,不可逆的行动的作用、"观望一下"的价值,以及行动的同步性。

保持了均衡的唯一性的其他动态全局博弈应用研究还包括:查雷(Chamley,1999)、吉安尼查罗和托克斯瓦埃尔德(Giannitsarou and Toxvaerd,2006)、吉马雷伊斯(Guimaraes,2006)、何治国和熊伟(He and Xiong,2012)、黄(Huang,2014)、马特韦特和斯坦纳(Mathevet and Steiner,2013)、斯坦纳(Steiner,2008),以及托克斯瓦埃尔德(Toxvaerd,2008)。最后,查斯桑(Chassang,2010)研究了一个动态退出博弈模型;在这个模型中,均衡多重性虽然存在,但是比完全信息下的均衡多重性要"小"得多,从而有助于给出更清晰的预测,响应了安格勒托斯等人(Angeletos et al. ,2007)和安格勒托斯和帕万(Angeletos and Pavan,2013)的结论。

最后,何治国和曼尼拉(He and Manela,2016)考虑了阿布雷乌和布伦纳迈耶(Abreu and Brunnermeier,2003)的模型的一个变体,它从与安格勒托斯等人(Angeletos et al. ,2007)的模型相同的两个特征的相互作用中推导出了一种有趣的动态。这两个特征是,公共信号形成于区制在攻击之后幸存下来了这个事件,以及新的私人信息会随着时间的推移而出现。不过,一个重要的区别是,在何治国和曼尼拉(He and Manela,2016)那里,私人信息的到来是内生的。这篇论文研究了获取信息的动机,并阐明了这种情况如何内生地导致了在攻击失败后出现新的挤兑的可能性。

5.10　其他相关研究

最终,我们概略地讨论一下另外三个研究路线(一个理论的,两个实证的),以此来结束我们对全局博弈文献的综述。

第一支文献内生化了全局博弈模型中信息的获取。这个领域的重要论文包括:赫尔维希和韦尔德坎普(Hellwig and Veldkamp,2009)、杨(Yang,2015)。第一篇论文将经济行为主体的信息选择限制在了一个固定的高斯式的私人信号和公共信号的集合中。第二篇论文考虑了与西姆斯(Sims,2003)的论文类似的注意力分配问题:经济行为主体可以自由选择任何他们希望的信号,包括非高斯信号,但是他们为此而要承担的成本与所选择的信号结构实现的熵减小成正比。这两篇论文最后得出了类似的结论:策略互补性提高了观察相同信息的动机,这是均衡多重性可能会存在的另一个原因。不过,关于这个结论的重要条件以及对于信息获取技术的更灵活的设定,还请参见登蒂(Denti,2016)、莫里斯和杨(Morris and Yang,2016)。

第二支文献重点关注对全局博弈模型的实证意义的检验。普拉蒂和斯布拉西亚(Prati and Sbracia,2002)先利用六个亚洲国家的共识预测数据测量了信念在投机性攻击背景下的横断面异质性;然后又进一步证明,这种异质性的水平效应,以及它与基本面测度的相互作用,都是与全局博弈的预测相一致的。班尼耶(Bannier,2006)、蒂尔曼(Tillmann,2004)则给出了关于信息差异和信念异质性的作用的补充性的简化式证据。丹尼尔森和皮纳兰达(Daníelsson and Pe neranda,2011)在日元外汇交易市场的背景下对一个全局博弈的结构性进行了估计。陈等人(Chen et al.,2010)使用共同基金数据为投资者之间的策略互补性对金融市场脆弱性的影响提供了证据,并在全局博弈模型的视角下解读了这些证据。纳加尔和余(Nagar and Yu,2014)给出了公共信息对协调的作用的证据,并将会计数据解释为一种公共信号。最后,尼马克和匹兹克纳(Nimark and Pitschner,2015)也给出了报纸传播的信息的内生相关性的补充证据。

第三支文献也与对全局博弈模型的预测的检验有关,不过是在实验室背景下进行这种检验的,其中一些例子请参见:卡布拉莱斯等人(Cabrales et al.,2007)、科尔南德(Cornand,2006)、杜菲和奥克斯(Duffy and Ochs,2012)、海涅曼等人(Heinemann et al.,2004,2009),以及舒尔克科夫(Shurchkov,2013)。

6.　协调与同步

到目前为止,我们一直只关注那些讨论完全信息如何阻碍任何一个给定时期内的协调的模型。接下来,我们将把注意力转移到另一个方向上去:经济行为主体如何让他们的选择同步起来。

更具体地说,我们将主要评述两个方向上的重要贡献。第一个重要贡献,源于弗兰克尔和波兹内(Frankel and Pauzner,2000)、伯德茨等人(Burdzy et al.,2001),研究了在区制转换的动态博弈中加入类卡尔沃摩擦(Calvo-like friction)的作用。他们证明,通过防止同步选择(synchronous choice),这种类卡尔沃摩擦显然有助于选择唯一的均衡。在这里,重要的是,即便这种摩擦小到近乎完全消失,这个结论也仍然成立。第二个重要贡献,源于阿布雷乌和布伦纳迈耶(Abreu and Brunnermeier,2003),它涉及异步选择(asynchronous choice)。然而,现在的原始摩擦表现在对环境变化的异步意识,而不再是经济行为主体行动能力中的类卡尔沃摩擦。他们证明,这种异步意识会导致经济反应的显著延迟,即便所有经济行为主体都相当快地意识到也是一样。在本节中,我们将讨论:这两个贡献如何有助于阐明同步和协调之间的微妙关系;这两支文献与全局博弈文献学有什么联系,以及它们彼此之间又是如何联系在一起的。我们还将讨论,这些文献是如何再一次有力地说明了策略不确定性的重要性和标准宏观经济学模型的潜在脆弱性的。

6.1 卡尔沃摩擦、异步选择与协调

在本小节中,我们讨论了弗兰克尔和波兹内(Frankel and Pauzner,2000)和伯德茨等人(Burdzy et al.,2001)的贡献。不同于全局博弈文献中的那些"规范的"例子,这两篇论文构建了区制转变动态博弈模型(dynamic games of regime change)。在这种模型中,每一时期的基本面都是可以完美地观察到的。然后,这些作者阐明了,对基本面的持续冲击与经济行为主体重新选择自己的行动的能力中的类卡尔沃摩擦,是如何结合起来并导致了均衡的唯一性的。

乍一看,这个结果似乎与全局博弈中的结果不同,并且可能具有更高的相关性。然而,经过仔细观察,我们不难发现它们之间的紧密联系。在下面,我们将主要通过评述弗兰克尔和波兹内的论文(Frankel and Pauzner,2000)来说明这一点。伯德茨等人的论文(Burdzy et al.,2001)包含了对应用研究可能很有用的扩展,但并不是达成我们的目的所需的。

弗兰克尔和波兹内(Frankel and Pauzner,2000)的模型是以松山(Matsuyama,1991)的两部门模型的随机化版本。而松山的模型本身又是默菲等人(Murphy et al.,1989)的"推动"模型的动态变体。在这个模型中,时间是连续的,用 $t \in [0,\infty)$ 表示;经济行为主体的生命也是无限的。在每一个时间点上,每个经济行为主体都可以处于两个特异性状态——状态0或状态1——的其中一个。令 $k_{i,t} \in \{0,1\}$ 表示经济行为主体 i 在时间 t 的状态。对这个模型中的行动的解释与我们对静态框架中的行动的解释类似。例如,在弗兰克尔和波兹内(Frankel and Pauzner,2000)的论文中,$k_{it}=0$ 对应于生活在农村里,并在农业部门就业;而 $k_{it}=1$ 则对应于居住在城市,并从事制造业工作。此外,这里也同样存在策略互补性:当有足够多的其他经济行为主体做同样的事情时,"攻击"(即在城市中生活、从事制造业工作)是更加有利可图的。不同之处在于,每个经济行为主体无法在"攻击"与"不攻击"间实现瞬间切换,这反过

来也说明了为什么 k_{it} 是一个状态变量而不是一个控制变量。

令 $K_t \in [0,1]$ 表示在时间 t 处于状态 1(城市/制造业)的人口在总人口中所占的比例。经济行为主体 i 的终身效用由下式给出:

$$\int_0^\infty e^{-\rho t} U(k_{it}, K_t, \theta_t) \, dt,$$

其中,$\rho > 0$ 是贴现率,θ_t 是影响农村/农业的相对回报的外生基本面变量,$U(k_{it}, K_t, \theta_t)$ 是流量效用(flow utility)。对后者的定义可以用与假设 3 类似的方式给出:源于 $k_{it} = 0$ 的流量支付(flow payoff)归一化为 0;而源于 $k_{it} = 1$ 的"流量支付",当 $K_t \geqslant \theta_t$ 时,由 $b - c > 0$ 给,不然则由 $-c < 0$ 给出。[①]

我们通过假设 θ_t 服从一个零漂移且波动性参数 $\sigma > 0$:$d\theta_t = \sigma dv_t$ 的布朗运动,从而将随机性引入基本面中。我们注意到,没有总体性冲击的情况可以通过取 $\sigma \to 0$ 时的极限来近似(这个结果以后会用到)。我们再令 $\theta_L \equiv 0$ 且 $\theta_H \equiv 1$。这几点也就确定了静态基准模型(我们在第 4 节中研究的单次博弈模型)的占优区域的边界。

不同于本章的其余部分,我们在这里排除了私人信息:第 t 期的外生总体状态 θ_t 和内生总体状态 K_t 的实现值都是公共信息。相反,关键的摩擦是与卡尔沃的论文(Calvo, 1983)所述的那种摩擦同类型的特异性惯性:每个经济行为主体对区制转换的选择服从一个特异性的、到达速率为 $1/\lambda$ 的泊松过程。因此,这个标量 λ 参数化了个体调整中的惯性水平:λ 越高,一个行为经济主体"滞留"在当前位置一段时间的可能性越大。我们不难注意到,瞬间调整可以用极限 $\lambda \to 0$ 来近似,这一点后面将会用到。

为了比较,让我们暂且先考虑 $\sigma = 0$ 且 $\lambda = 0$ 这种边缘情况。这种情况并不意味着前面提到的那个模型的双重极限 $\sigma \to 0$ 且 $\lambda \to 0$。恰恰相反,我们所指的是这样一个变体,它切切实实地断绝了对基本面的冲击和类卡尔沃摩擦。于是,以下命题显然为真。[②]

命题 11　假设 $\lambda = \sigma = 0$,并令 $\theta \in (\theta_L, \theta_H]$,对于任何 t,无论过去博弈的历史如何,都存在一个所有经济行为主体都"攻击"的均衡(即,住在城市/从事制造业工作),同时还存在一个使所有经济行为主体都做出相反选择的均衡。

这本质上就是我们在 4.3 节得出的多重均衡结果的多期间版本。从可观察的影响的角度来看,现在这个模型唯一的新奇之处在于,均衡多重性可以采取某种随时间变化而波动的形式:可以存在 K_t 永远保持为 0 或 1 的均衡,也可以存在 K_t 在任意时间点"跳上跳下"的均衡。简而言之,太阳黑子型波动性将表现在总体经济活动的时间序列中。

接下来考虑 $\sigma > 0$,但是 $\lambda = 0$ 的情况。也就是说,允许对基本面的冲击,但是继续将特异性的惯性排除在外。显然,多重均衡结果仍然存在。唯一的微小差别在于,太阳黑子型波动

[①] 弗兰克尔和波兹内(Frankel and Pauzner, 2000)允许得自 $k_{it} = 1$ 的净支付是一个更一般的函数 $A(\theta_t, K_t)$,它随着 K_t 递增,随着 θ_t 递减。我们采用限制只是为了简化分析。此外,我们也改变了符号,以便使之与本章其余部分所使用的符号一致。尤其要注意的是,在他们那里,$\theta_t = -z_t$;而我们的基本面的符号则与他们的相反。这就解释了为什么下面的函数 κ_L、κ_H 和 κ^* 都具有与原始论文中相应函数相反的单调性质。(这里原文是"why the functions $\kappa_L, \kappa_L,$ and κ^* below",疑为"why the functions $\kappa_L, \kappa_H,$ and κ^* below"之误,已改。——译者注)

[②] 这里的解概念是完美贝叶斯均衡。

的可能性现在会随时间推移而变化,具体则取决于基本面的当前值是否恰好位于临界区域 $(\theta_L, \theta_H]$ 之内。

然后再考虑下面这种正好相反的情况,$\lambda > 0$ 但 $\sigma = 0$。这也就是说,引入卡尔沃摩擦,但是排除基本面的冲击。现在,K_t 变成了一个状态变量,它会随着时间的推移而缓慢地变化。这就扩展了经济行为主体选择任一位置都能占优的区域。具体地说,如果 K_t 足够接近1,那么经济行为主体在高于0的 θ_t 的邻域中选择城市/制造业部门就能占优,这是因为这个经济行为主体知道许多其他经济行为主体将会被"卡"在同一个位置一段时间;对称地,当 K_t 足够接近0时,在低于1的 θ_t 的邻域中选择农村/农业部门就能占优。但是,至少在 λ 不太高的情况下,均衡多重性仍然存在。

对于这种情况,我们结合图2来进行说明。如图中的实线所示,我们很容易证明,存在递增的映射 $\kappa_L : [\theta_L, \theta_H] \to [0, 1]$,以及 $\kappa_H : [\theta_L, \theta_H] \to [0, 1]$,使得以下性质为真。考虑在时间 t 有行动选择的那些经济行为主体,如果 $K_t < \kappa_L(\theta_t)$,那么攻击是占优的(即选择村庄/农业)。如果 $K_t > \kappa_H(\theta_t)$,那么不攻击是占优的(即选择城市/制造业)。最后,如果 $\kappa_L(\theta_t) < K_t < \kappa_H(\theta_t)$,那么就存在所有当前经济行为主体都选择农村/农业的均衡,以及所有当前经济行为主体都选择城市/制造业的均衡。这些均衡之所以得以维系,有赖于所有未来的经济行为主体都会像现在的经济行为主体一样行事的预期。简而言之,映射 κ_L 和 κ_H 分别确定了占优区域的下界和上界。对于任何 $\lambda > 0$,我们有对于所有的 $\theta \in (\theta_L, \theta_H]$,都有 $0 < \kappa_L(\theta)$ 和 $\kappa_H(\theta) < 1$。这个事实反映了上述占优区域的扩张。但是,随着 λ 收敛到0,这些占优区域也均匀地收敛到前述模型变体的占优区域(其中 $\lambda = 0$)。在图2中,垂直虚线所表示的就是后者。

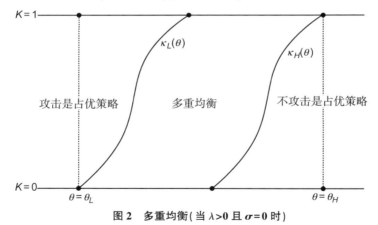

图2 多重均衡(当 $\lambda > 0$ 且 $\sigma = 0$ 时)

现在,考虑我们真正感兴趣的情况,即,λ 和 σ 都取严格正值的情况(尽管可能只是任意小)。以下命题为真。

命题12[弗兰克尔-波兹内(Frankel-Pauzner)命题] 假设 $\lambda > 0$ 且 $\sigma > 0$。存在一个唯一的且递增的映射 $\kappa^* : \mathbb{R} \to [0, 1]$,使得在均衡中以下陈述为真:只要当前的总体状态满足 $K_t > \kappa^*(\theta_t)$,那么在时间 t 有机会采取行动的所有经济行为主体都会选择不进攻(即,在城市定居/在制造业工作);反之,只要当前的总体状态满足 $K_t < \kappa^*(\theta_t)$,那么在时间 t 有机会采取行动的所有经济行为主体都会做出相反的选择。

该结果如图 3 所示。在图 3 中,两条虚线给出了占优区域的边界;实线给出了映射 κ^*,它当然严格位于两个占优区域之间。布朗运动的不同实现可能会导致总体状态 (θ_t, K_t) 遍历空间 $\mathbb{R} \times [0, 1]$ 中的任何一个地方。但是无论如何,K_t 的路径是由 θ_t 的路径唯一地确定的。具体地说,只要 (θ_t, K_t) 位于 κ^* 的左边,那么 K_t 就会出现正漂移;只要 (θ_t, K_t) 位于 κ^* 的右边,那么 K_t 就会出现负漂移。在冲击消失的极限情况下,K_t 因此会收敛于 0 或 1,具体收敛到哪里则取决于初始条件。

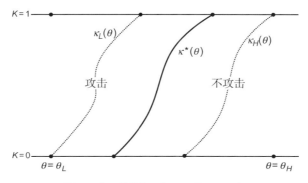

图 3　唯一的均衡(当 $\lambda > 0$ 且 $\sigma > 0$ 时)

即使 λ 和 σ 小到可以忽略不计,上述结果也同样成立。这意味着命题 11 中得到的均衡多重性是非常脆弱的:一个很小的扰动就能够选择出一个唯一的均衡。

此外,如果取特异性惯性的水平变得非常低的时候的极限,那么我们就可以得到如下关于唯一的均衡的清晰的刻画。

命题 13　令 $\theta^* \equiv 1 - \dfrac{c}{b}$,固定任何 $\sigma > 0$,并令 $\lambda \to 0$。那么在这个极限中,以下性质仍然成立:

(i) 映射 κ^* 在 θ^*: $\kappa^*(\theta) \to 0$ $\forall$ $\theta < \theta^*$ 和 $\kappa^*(\theta) \to 1$ $\forall$ $\theta > \theta^*$ 处变为垂直的。

(ii) K_t 以 θ_t 为条件的分布,对于所有的 $\theta_t < \theta^*$,在 1 处收敛于一个狄拉克(Dirac)函数;对于所有的 $\theta_t > \theta^*$,在 0 处收敛于一个狄拉克函数。

这个结果在定性上与命题 8 中的莫里斯-辛恩极限(Morris-Shin limit)的结果相同。本质上,只要当前的基本面低于 θ^*,那么每个经济行为主体都会"攻击";只要当前的基本面高于 θ^*,那么就没有任何一个经济行为主体会攻击——无论过去的基本面或过去的行动的历史如何。此外,这里出现的阈值 θ^* 与命题 6 中出现的那个阈值也完全相同。

乍一看来,这个巧合是非常惊人的,甚至是有些神秘的。这里考虑的扰动的性质与前面考虑的扰动的性质不同:我们并没有消除关于基本面的共同知识,引入私人信息和策略不确定性;相反,我们只是假设了个人层面的(一点点)特异性惯性(idiosyncratic inertia)以及对基本面的总体性冲击。两种截然不同的扰动怎么导致本质上相同的选择呢?

答案是,这里原本就存在着一个深层次的联系:特异性惯性与总体性冲击的组合,将我们这里考虑的动态模型转换成了一个与我们在前面研究过的静态全局博弈有类似数学结构的博弈。只要将弗兰克尔和波兹内(Frankel and Pauzner, 2000)对唯一性结果的证明,与弗兰克尔等人(Frankel et al.,2003)在具有多种行动的静态全局博弈中对唯一性结果的证明进行一番比较,这个事实就会清晰地显露出来。这两篇论文中的证明基本相同!

为了节省篇幅和精力,我们在这里不打算讨论证明的具体细节。相反,我们只是直接给出了对命题 12 中的唯一性结果的证明的大纲,然后将它与命题 6 的证明联系起来。

我们从如下初步观察开始。在任何一个给定的时间点上,外生的基本面 θ_t 和内生的状态变量 K_t 都是所有经济行为主体公开知道的。然而,在任何时间点上都可以选择行动的经济行为主体的数量则为 0。因此,我们可以将这个模型重新解释为单个经济行为主体在每一刻都采取行动的模型。因为这个经济行为主体会被"卡"在他当前选择的行动上一小段时间,所以他必须预测在不久的将来会采取行动的其他经济行为主体的行动。但是,这些经济行为主体自己也必须预测稍远一点的未来将会采取行动的其他经济行为主体的行动。因此,我们可以将一个经济行为主体的行动,理解为他关于其他经济行为主体的行动的信念等级结构的一个函数(其他经济行为主体在不远的未来或更远的未来拥有行动的选择权)。

如果 λ 等于 0,那么这些前瞻性的高阶信念就是不相关的:至关重要的是选择是非同步的(由于类卡尔沃摩擦存在)。然而,这一点并不一定意味着,当 λ 从上方向 0 收敛时,高阶信念的作用可以忽略不计。只要 λ 和 σ 都是正的,在任何给定的点移动的经济行为主体都会面临更高阶的不确定性;而且由于他们都身处具有很强互补性的环境中,即使 λ 和 σ 都变得非常小了,高阶不确定性也可以在均衡结果上留下痕迹。

为了更清楚地说明这一点,让我们先进行以下的基本观察。无论 σ 多么小,只要 σ 严格为正,那么基本面就可以随着时间的推移而偏移到非常低或非常高的水平。由此而导致的一个结果是,总体状态变量(θ_t, K_t)最终必定可以进入两个占优区域中的某一个——即便该变量当前距离它们两者非常远。

再考虑时间上的某个时刻。在那一刻,总体状态仍然位于占优区域之外,但是又任意接近其中一个,比如说,上面那一个。在那一刻采取行动的某个经济行为主体是没有占优行动的。然而,这个经济行为主体预计到,总体状态将以非常接近 1/2 的概率漂移到上面那个占优区域,在此点,未来的经济行为主体选择攻击就是占优策略(即,选择农村/农业)。鉴于此,当前这个经济行为主体在这一刻就进行攻击也就变成了最优选择——实际上,这是他的重复占优策略。

重复这个过程,也就是在"自上而下地"进行重复删除被占优策略的过程,与我们在证明命题 6 时的所采取的方法非常相似。唯一的区别是,现在这个过程是在(θ, K)的空间上进行的,而在前面则是在私人信号 x_i 的空间上进行的。这也就强调了,总体状态的当前价值所扮演的角色与私人信息在全局博弈中所扮演的角色类似。

类似地,我们也可以"自下而上"构建一个对称的重复删除过程,然后再证明这两个过程收敛到同一点,即,收敛到映射 κ^* 所描述的那个策略。不过事实证明,对这两个过程之一进行一些修正,证明将更加方便,详情请参见弗兰克尔和波兹内(Frankel and Pauzner,2000)。然而,实质仍然是一样的:与全局博弈一样,关键机制受高阶不确定性的影响,这种影响表现为始于占优区域的一种传染效应。

这样也就自然而然地引出了下面这个问题。在全局博弈中,当私人信息足够精确时,能够达成均衡的唯一性;而当公共信息足够精确时,多重均衡能"生存"下来。那么,在当前这种情况下,也类似吗?

弗兰克尔和波兹内没有提供这个问题的答案。不过,我们猜测,如果基本面有向临界区域内的某个点均值回归的趋势,那么均衡多重性将会"生存",而且很重要的一点是,均值回归趋势相对于 λ 和 σ 要足够强。我们的观点是,基本面的强大的均值回归趋势能够发挥与公共信息类似的协调效应,即,它有助于当前和未来的经济行为主体对状态达成高度的共同信念。[①]

总而言之,弗兰克尔和波兹内(Frankel and Pauzner,2000)得出的结果强调了,一旦将策略互补性与不断变化的基本面结合起来,卡尔沃(Calvo,1983)所说的那种形式的异步选择就可以解释为协调中的摩擦。

在某种程度上,这个思想其实不能说是完全令人惊讶的。在新凯恩斯主义模型的背景下,卡尔沃摩擦,以及更一般的交错定价行为所刻画的,并不仅仅是个体层面的价格粘性,而且还包括异步价格调整。即便人们不了解全局博弈文献或弗兰克尔和波兹内(Frankel and Pauzner,2000)以及伯德茨等人(Burdzy et al.,2001)的相关研究,他们也可以合理地将这种异步性解释为协调中的摩擦。

然而,这些论文的发现也表明,卡尔沃摩擦的作用可能比我们迄今为止所理解的更加微妙。他们还向我们提出了以下问题。如果卡尔沃摩擦就是用来"捕获"协调中的摩擦,那么只对企业的定价行为施加它有意义吗?或者我们应该对真实选择也施加它?此外,如果卡尔沃摩擦是某种更原始的摩擦的代理变量,那么那种更原始的摩擦又是什么?是菜单成本,还是某种信息摩擦?

这些问题增加了我们探究本章后面将要研究的一个主题的动机。那就是对各种商业周期模型的研究。在这类模型中,名义刚性源于不完全信息,而不是类卡尔沃(Calvo-like)的异步。但是现在,我们给出几个备注,并以此结束本小节。

备注 20 在上述模型中,均衡结果在 $\lambda=0$ 时对 λ 不连续,这反映了任意高阶信念的非平凡影响。这种不连续性,与我们在全局博弈中遇到的不连续性相似,它基于潜在的强策略互补性。如果相反,策略互补性是弱的,就像我们在下面的第 7 节和第 8 节要研究的选美比赛博弈及其在商业周期问题上的应用那样,那么当 h 走向于无穷大时,第 h 阶信念的影响将会消失,而且是以一种足够快的速度消失,使得上述不连续性不会出现。[②]

备注 21 弗兰克尔和波兹内(Frankel and Pauzner,2000)与伯德茨等人(Burdzy et al.,2001)发展起来的方法对宏观经济学家应该是很有吸引力的,因为根据这种方法,均衡唯一性可以在他们很熟悉的两种建模工具的帮助下实现的:对基本面的总体性冲击和类卡尔沃摩擦。因此,当我们发现这种方法应用在宏观经济学研究中并没有受到太多关注的时候,实

[①] 伯德茨等人(Burdzy et al.,2001)也允许均值回归,但是又取 $\lambda\to0$ 时的极限。这种做法似乎类似于允许公共信息,但是取当私人信息变得无限准确时的极限。
[②] 请参见温斯坦和耶尔迪兹(Weinstein and Yildiz,2007b)对这种直觉的形式化处理,尽管他们是在一个静态博弈的背景下完成的。

在有些吃惊。例外包括:弗兰克尔和伯德茨(Frankel and Burdzy,2005)对商业周期的研究、吉马雷伊斯(Guimaraes,2006)对货币攻击的研究,以及何治国和熊伟(He and Xiong,2012)对债务挤兑的研究。

备注 22 卡尔沃摩擦有助于我们"捕获"异步选择,不过是以一种粗暴的方式。一种可能的替代方案是将异步选择视为信息摩擦的副产品。达斯古普塔等人(Dasgupta et al.,2012)给出的分析就采取了这种方法。在他们研究的动态全局博弈模型中,异步行动也是有价值的,而且证明了缺乏共同知识是怎样阻碍了同步的。同样重要的另一个早期贡献源于阿布雷乌和布伦纳迈耶(Abreu and Brunnermeier,2003),他们把异步选择处理为异步意识的副产品。我们接下来就来讨论阿布雷乌和布伦纳迈耶的这篇论文。

6.2 异步意识与协调(及其在研究泡沫时的应用)

我们现在把注意力转向阿布雷乌和布伦纳迈耶的论文(Abreu and Brunnermeier,2003),这是一个重要的贡献,它有力地阐明了异步意识如何打破共同知识,而共识知识的瓦解反过来又是怎样导致均衡结果对环境变化的反应显著延迟的。阿布雷乌和布伦纳迈耶(Abreu and Brunnermeier,2003)还考虑了他们的模型在资产泡沫问题上的具体应用:在那里,他们证明了异步意识延迟了泡沫的破灭。但是我们在这里要强调的是,他们这篇论文能够带给我们的教益,远远超出了这个具体的应用研究的范围。

阿布雷乌和布伦纳迈耶(Abreu and Brunnermeier,2003)的模型与我们迄今为止研究的模型都不同,因为无论信息是完全的还是不完全的,它都能够得到唯一的均衡。但是,这个模型仍然拥有类似的传染机制(通过高阶信念)。事实上,他们这篇论文的主要贡献就在于,阐明这种机制怎样帮助我们解释:为什么当每个交易者都认识到价格是不可持续时,泡沫仍然可以持续很长时间。

具体地说,这篇论文研究了这样一个连续时间模型:经济中存在一单位数量(a unit mass)经验老到的交易者,而且每个交易者的可用资金都不是特别多,交易者要在追逐资产泡沫还是攻击资产泡沫之间做出选择。如果有足够多的交易者去攻击泡沫,那么泡沫就会立即破灭。相反,如果足够多的交易者选择追逐泡沫,那么泡沫就会继续存在一段时间。但是泡沫并不能永远存在下去;特别是,即便没有任何交易者去攻击它,泡沫也会在某个随机的时间 $t=T$ 破灭。

在我们继续进行之前,应该先澄清一下这里所说的"泡沫"到底是什么意思。在阿布雷乌和布伦纳迈耶的论文(Abreu and Brunnermeier,2003)中,泡沫是通过两条可能的价格路径来定义的。第一条路径是他们所称的"泡沫路径",特点是价格水平和价格增长率都比第二条路径——"基本路径"——更高。不过,这两条路径都是外生的;内生的只是泡沫的破灭,也就是从第一条路径到第二条路径的转换。他们这篇论文的贡献集中体现在对这个转换过程的描述上。

阿布雷乌和布伦纳迈耶分别在两种情况下表示这种转换过程。在第一种情况下,"自然"在 $t=0$ 时向所有交易者公布上述日期 T。在第二种情况下,自然在一个长度为 δ 的较短的时间区间内逐渐向交易者揭示这个日期;我们可以把这种情况想象为,交易者们陆陆续续地意识到了资产价格存在泡沫的事实,或者说,他们陆续地"清醒过来"了,但是他们并不能马上就知道还有多少其他交易者也"清醒过来"了。这两种情况会导致不同的预测,即便是在 δ 的值非常小的时候也是一样。这是因为,在第一种情况下,"泡沫"事实立即变成了一个共同知识;而在第二种情况下,异步意识意味着,即便在每一个经济行为主体都知道了这个事实之后,关于上述事实的共同知识也无法实现。

　　下面我们就来详细地说明他们的模型。首先考虑第一种情况。在这种情况下,所有经济行为主体都同时"清醒过来"。泡沫在这种情况下会立即破灭(即,在 $t=0$ 时破灭)。证明如下。假设有一个交易者相信所有其他交易者都不会发动攻击,那么这个交易者将认为,这个资产在任何 $t<T$ 的期间内都可以持续带给他异常收益,而且它的价格将恰恰在 T 点上开始下降,于是,这个交易者的最优选择是一直追逐泡沫,直到 $t=T-\epsilon$ 那一刻为止(并在那一刻将资产售出)。[①] 但是,如果所有的交易者全都这样做,那么泡沫将在 $T-\epsilon$ 那一刻破灭,而不会在 T 时破灭。这样一来,这个交易者的最优选择是在 $t=T-2\epsilon$ 出售资产(而不能再等到 $t=T-\epsilon$ 再出售资产)。重复这种推理,可知泡沫会立即破灭,无论未来的那个 T 距离今天多久远。

　　接下来考虑第二种情况。在这种情况下,经济行为主体以异步方式逐渐"清醒过来"。在这种情况下,即便在所有交易者都"清醒过来"之后,泡沫仍然可以维持相当长的时间。为了说明为什么会这样,先假设泡沫要在 T 之前破灭,至少需要一半的交易者发动攻击。这也就是说,泡沫将至少可以维持到 $t=\delta/2$,因为在此之前,没有足够的交易者清醒过来进行协同攻击?以触发泡沫破灭。(回想一下,δ 表示所有交易者全都"清醒过来"所需花费的时间长度;δ 相对于 T 而言是相当小的。)

　　现在考虑一个刚刚"清醒过来"的交易者。在这一刻,交易者不知道他自己是第一个"清醒过来"的人,还是最后一个"清醒过来"的人。只要他"清醒过来"的序位严格在中线以下,那么他就能够通过追逐泡沫来改善自己的境况,因为有一半的交易者要花更多的时间才能"清醒过来",到那时泡沫才会破灭。但是如果事情真的是这样,那么交易者即使碰巧在中线处或刚刚在中线以上,追逐泡沫也会是他的最优选择。重复这个过程,可以证明一个刚刚"清醒过来"的交易者将会发现,不立即去攻击泡沫是最优策略——事实上也是占优策略。

　　据此,我们可以利用这个事实来启动"自下而上"的重复删除被占优策略的推理过程:给定交易者在刚刚"清醒过来"的那一刻不立即发动攻击是占优策略这个事实,交易者在"清醒过来"后延迟一段时间再攻击是他的迭代占优(iteratively dominant)策略,而这反过来又会使得延迟更长一段时间再攻击成为他的迭代占优策略,如此循环反复。相反的过程也同样成立,即利用如下事实,可以启动一个"自上而下"的重复删除被占优策略过程:一旦到了日期 $t=T-\epsilon$(对任意小的 ϵ),那么交易者选择攻击就是占优策略。

　　阿布雷乌和布伦纳迈耶(Abreu and Brunnermeier,2003)证明,上述两个过程收敛于同一点,这意味着均衡是唯一的,并且使得与如下陈述为真的临界阈值 τ^* 有关:交易者会一直追

[①] 虽然这个模型在时间上是连续的,但是把它重塑为离散时间模型,有助于我们更好地理解——令 ϵ 表示任意两个前后相继的时间点之间的长度,并将 ϵ 想象为任意小的。

逐泡沫,直到自从他"清醒过来"之后时间已经流逝了 τ^* 个单位为止;自那一刻起,他就开始攻击泡沫。因此,泡沫会在日期 $t = t^* \equiv \delta/2 + \tau^*$ 破灭,那正好是有 1/2 的交易者攻击所需的时间。在这里,重要的是,t^* 可以比 δ 大得多(尽管它当然还是会小于 T)。因此,泡沫可以在所有交易者都知道存在泡沫(但不是共同知识)之后仍然持续相当长的时间,然后才会破灭。

概括来说,在第一种情况下,导致泡沫立即破灭的"触发器"与如下假设有关:交易者在一瞬间就可以获得关于协调攻击就会导致泡沫破灭这个事实的共同知识。一旦通过引入对上述事实的异步意识来放松这个假设,那么泡沫破灭(并使市场价格回归资产的基本价值)所需的协调行动就可能会显著延迟。

备注 23 在第 7 节和 8 节中讨论"选美比赛"模型及其在商业周期中的应用,我们也会遇到类似的延迟效应。在那里,延迟效应体现为特定的经济结果对关于基本面的新息的反应中的刚性或惯性。

备注 24 正如我们所预料的,我们在这里所讨论的异步意识的影响与异步选择,或类卡尔沃摩擦的影响有不少类似之处(见我们在 6.1 节中的讨论)。这个事实进一步支持了我们之前的观点,即,异步选择与信息摩擦之间存在着紧密的联系。如何更好地理解这种关系的确切性质,仍然是一个悬而未决的问题。同时,将这方面的思想和洞见应用于商业周期领域,也是未来研究中另一个富有成效的方向。

7. 选美比赛模型:理论

在本节中,我们将注意力转向一类具有弱互补性和线性最优反应的博弈。在不完全信息条件下,这类博弈通常被称为"选美比赛"博弈,因为它们与凯恩斯当年对金融市场的比喻有相似之处。在用于应用研究的时候,我们也可以将这类博弈视为对那些有唯一的均衡的宏观经济学模型的程式化,它们的均衡条件可以表示为一个(对数)线性方程组,或至少可以用一个(对数)线性方程组来近似。因此,我们在本节中总结的教训与标准的商业周期模型有关(无论它们属于真实商业周期模型,还是属于新凯恩斯主义商业期模型),也与某些资产定价模型有关。我们把相关的应用研究放在下一节中讨论;在本节中,我们先给出我们的基本思想——部分基于莫里斯和辛恩(Morris and Shin,2002b)、安格勒托斯和帕万(Angeletos and Pavan,2007,2009)以及伯格曼和莫里斯(Bergemann and Morris,2013)的分析。

备注 25 我们在本节和下一节中研究的模型设置在两个彼此相关的方面不同于第 4 节至第 6 节研究的模型设置。首先,它们都只有一个唯一的均衡——事实上,只有一个唯一的理性化结果——而不管信息结构如何。其次,它们都只允许高阶信念发挥比在全局博弈中更加温和的作用:当 $h \to \infty$ 时,第 h 阶信念的影响可以忽略不计。

7.1　模型设置

在本节中，我们利用了第 2 节中引入的基本框架，然后在此基础上施加了如下限制。

假设 4（选美比赛）　$D_k = D_\theta = \mathbb{R}$，同时 U 是 (k, K, θ) 的二次函数。此外，U 还必须满足以下限制条件：$U_{kk} < 0$，$0 \leqslant -U_{kK}/U_{kk} < 1$，以及 $U_{k\theta} > 0$。

第一个限制 $U_{kk} < 0$，在个体层面强加了凹性，从而保证了最优反应能够得到明确的定义。第二个限制 $0 \leqslant -U_{kK}/U_{kk} < 1$，相当于假设相对于总体活动的最优反应的斜率为正，而且小于 1，而这就意味着策略互补性是弱的，从而保证均衡是唯一的。最后一个限制，$U_{k\theta} > 0$ 则相对来说不那么关键，它意味着，在其他条件都一样的时候，更高的基本面会导致经济行为主体采取更多的行动。（如果相反情形为真，那么我们只需要简单地将 θ 重新定义为 $-\theta$ 即可）。

备注 26　虽然在本节中，我们将注意力集中在了弱策略互补性的情况上（即 $0 \leqslant U_{kK}/U_{kk} < 1$），但是许多重要的结论和经验教训，包括不完全信息在维持惯性和动物精神方面的作用，也同样适用于策略互替性的情况（即 $-U_{kK}/U_{kk} < 0$）。

7.2　完全信息基准

就像在全局博弈中一样，我们还是从研究完全信息基准入手（完全信息包含了完美信息）。

命题 14（完全信息）　存在由支付函数 U 确定的系数 $(\kappa_0, \kappa_1, \kappa_2)$，使得以下陈述为真：只要信息是完全的，那么均衡就可以由下式给出：

$$k_i = \kappa(\mathbb{E}_i \theta_i, \mathbb{E}_i \bar\theta) \equiv \kappa_0 + \kappa_1 \mathbb{E}_i \theta_i + \kappa_2 \mathbb{E}_i \bar\theta, \tag{14}$$

其中，$\bar\theta \equiv \int \theta d\Theta(\theta)$ 为平均基本面，$\mathbb{E}_i$ 是以 ω_i 为条件的理性预期。

系数 $(\kappa_0, \kappa_1, \kappa_2)$ 取决于 U（系数特征见附录），因而取决于 U 背后的特定应用的微观基础。在任何一项应用研究中，分析清楚什么因素决定了这些系数，以及如何从数据中将它们识别出来，都是至关重要的。[①]

请读者回想一下，完全信息意味着，经济行为主体拥有关于信息分布 Ω 的共同知识，同时又允许经济行为主体需要面对关于自己的基本面（θ_i）或总体基本面（Θ 或 $\bar\theta$）的不确定性的存在。这就解释了为什么关于基本面的预测值 $\mathbb{E}_i \theta_i$ 和 $\mathbb{E}_i \bar\theta$ 会出现在上述表示式当中。容易解决地，要嵌入完美信息的情形，直接令 $\mathbb{E}_i \theta_i = \theta_i$ 且 $\mathbb{E}_i \bar\theta = \bar\theta$ 就可以了。这也就是说，当从完美

[①]　例如，在我们在本章第 2 节中介绍的新古典经济的背景下，κ_1 度量的是农民的产出对自己的生产率受到的特异性冲击的反应的"微观"弹性，而 $\kappa_1 + \kappa_2$ 则度量了总产出对总生产率冲击的反应的"宏观"弹性。前者代表邮政编码区一级或州一级的弹性，例如米安等人（Mian et al. , 2013）、米安和苏菲（Mian and Sufi, 2014），以及中村和斯泰因森（Nakamura and Steinsson, 2014）等人根据各自数据的横截面变化估计出来的。后者则是宏观经济学家通常最关注的问题。这两者之间出现差异的原因在于一般均衡效应，在这里，一般均衡效应是用 U（特别是 U_K）对 K 的依赖性来刻画的。

的信息转向不完美但完全的信息时,我们所要做的,无非就是将真实的基本面用对它们的预测来替代。这就非常清晰地证明了我们在第 3 节提出的那个更一般的观点:只要能够把策略不确定性排除在外,那么经济行为主体需要面对基本面不确定性时的情况,就与他们对基本面完全了解时的情况几乎没有什么区别。

7.3 不完全信息下的均衡

现在,我们假设信息是不完全的。在这种情况下,均衡行动不一定仅由基本面(或对基本面的预测)就能确定下来,因为一般来说只凭基本面去预测他人的行动是不足够的。事实上,不完全信息下的均衡结果与完全信息下的均衡结果相比,既有所偏离,又围绕着后者。这种特点可以通过以下两个命题来形式化。

命题 15(均衡与协调) 均衡满足如下不动点关系:

$$k_i = \mathbb{E}_i\left[\kappa(\theta_i, \bar{\theta})\right] + \alpha \cdot \mathbb{E}_i\left[K - \kappa(\bar{\theta}, \bar{\theta})\right], \tag{15}$$

其中,$\alpha \equiv -U_{kK}/U_{kk} \in [0, 1)$。

命题 16(均衡与高阶信念) 假设每个经济行为主体都知道自己的基本面。那么,经济行为主体 i 的均衡行动由下式给出:

$$k_i = \kappa_0 + \kappa_1\theta_i + \kappa_2\mathbb{E}_i\left\{\sum_{h=0}^{\infty}(1-\alpha)\alpha^h\,\overline{\mathbb{E}}^h[\bar{\theta}]\right\}, \tag{16}$$

其中,$\overline{\mathbb{E}}^h[\bar{\theta}]$ 表示对平均基本面的第 h 阶平均预测。[①]

命题 15 强调了均衡分配对关于总体活动(对其他人的行动的预测)的信念的依赖。要想更好地理解条件式(15),请回想一下,$\mathbb{E}_i[\kappa(\theta_i, \bar{\theta})] = \kappa(\mathbb{E}_i\theta_i, \mathbb{E}_i\bar{\theta})$ 是假如信息是完全的情况下,行为经济主体 i 原本会采取的行动。在不完全信息下,经济行为主体 i 的行动会在多大程度上偏离这个基准,取决于 $\mathbb{E}_i[K - \kappa(\bar{\theta}, \bar{\theta})]$,这是他对其他人的平均行动在多大程度上偏离了上述基准的预测——以系数 α 加权。在这个意义上,系数 α 度量的是每个个体对自己的行动是否与他人的行动相一致的关心,或者等价地,这个系数就是协调的私人动机,它确定了策略互补性的程度。

而命题 16 则从信念的等级结构(对其他人的预测的预测)的角度重申了这个结果。对于这一部分,我们还增加了一个限制:每个经济行为主体都知道他自己的基本面。有了这个限制,我们就能够将每个经济行为主体可能面对的关于自己的偏好和技术的不确定性,与经济行为主体所面对的对于彼此的行动的不确定性区分开来了。我们将剥离后者,然后专注于前者。只要将上述结果与命题 14 比较一下,我们就能够看到,从完全信息到不完全信息,两者之间的关键差异就在于,$\mathbb{E}_i\bar{\theta}$ 被 $\mathbb{E}_i\{\sum_{n=0}^{\infty}(1-\alpha)\alpha^h\,\overline{\mathbb{E}}^h[\bar{\theta}]\}$ 替换了,后者是关于潜在的总体

[①] 这里的算子 $\overline{\mathbb{E}}^h$ 是用递归法定义的:对于任意变量 X,令 $\overline{\mathbb{E}}^0[X] = X$,$\overline{\mathbb{E}}^1[X] \equiv \overline{\mathbb{E}}[\overline{\mathbb{E}}^0[X]] \equiv \int \mathbb{E}_i[X]di$ 以及 $\overline{\mathbb{E}}^h[X] \equiv \overline{\mathbb{E}}[\overline{\mathbb{E}}^{h-1}[X]] = \int \mathbb{E}_i[\overline{\mathbb{E}}^{h-1}[\bar{\theta}]]di \quad \forall h \geq 2$。

基本面的整个信念层级的加权平均值。之所以如此,是因为经济行为主体对总体性冲击的一阶信念对于预测总体活动的均衡水平来说,不再是足够的了;这也就是说,经济行为主体需要预测其他人的预测。因此,系数 α 决定了均衡行动对于高阶信念的敏感性:互补性程度越高,高阶信念的影响就越大(相对于一阶信念的影响)。

话虽如此,但要注意,特定高阶信念的细节本身并不重要:如果我们改变一个经济行为主体的第 3 阶和第 7 阶信念,同时保持 $\mathbb{E}_i\left\{\sum_{n=0}^{\infty}(1-\alpha)\alpha^h\mathbb{E}^h[\bar{\theta}]\right\}$ 不变,那么他的最优行动也不会改变。这是因为,经济行为主体的最优反应只取决于他关于 K 的一阶信念,而不是取决于关于基本面的信念层级或潜在的信息结构的细节。这也就再一次强调了,不完全信息和更高阶的不确定性作为建模工具的作用是,允许研究者把经济行为主体对经济结果的预期(一阶信念)中有意义的、可能可以检验的变化包括进来。我们接下来就来讨论一下,怎样才能在一个对各种潜在的微观基础都保持稳健的框架中来理解这一点。

7.4 简化假设

为了简化解释/论述,我们还要再做出一些额外的假设。首先,我们对基本面的度量进行了重新调整,使得以下陈述为真。

假设 5 $\kappa_0=0$ 且 $\kappa_1+\kappa_2=1$。

利用系数 κ_1 和 κ_2 的表达式(见附录中的方程式(A.6)),我们不难得出 $\kappa_1=1-\alpha$ 和 $\kappa_2=\alpha$。而在完全信息下,这就意味着,$1-\alpha$ 度量的是个人的行动对他自己的基本面的微观弹性,α 度量的是总体性冲击发生时的一般均衡反馈效应,同时 $1=(1-\alpha)+\alpha$ 则度量的是总体行动对一个总体性冲击的宏观弹性。这还意味着,经济行为主体在不完全信息下的最优反应,或者说方程式(15)可以简化为如下形式:

$$k_i=(1-\alpha)\mathbb{E}_i[\theta]+\alpha\cdot\mathbb{E}_i[K] \tag{17}$$

为了简化论述,同时尽可能地拉近与应用研究文献的距离,我们排除了支付异质性,并对潜在的共同基本面和经济行为主体收到的关于它的信息假设了一个高斯式的设定。

假设 6 存在一个共同的基本面:对于所有的经济行为主体 i 和所有的自然状态,都有 $\theta_i=\bar{\theta}=\theta$。

假设 7 基本面 θ 是从一个均值为 0,方差为 $\sigma_\theta^2>0$ 的正态分布中抽取出来的。[①] 每个经济行为主体都会观察到两个信号:一个是私人的,一个是公共的。私人信号采取以下形式:

$$x_i=\theta+u+\epsilon_i,$$

其中,u 和 ϵ_i 分别是共同噪声和特异性噪声,它们相互独立,而且都独立于 θ。这两个噪声是分别从均值为 0、方差为 $\sigma_u^2\geq0$、$\sigma_\epsilon^2\geq0$ 的正态分布中抽取出来的。公共信号则取如下形式:

$$z=\theta+\zeta,$$

其中,ζ 是噪声,独立于 θ、u 和所有的 ϵ_i,并且同样抽取自一个均值为 0、方差为 $\sigma_\zeta^2\geq0$ 的正态

---

① 如果允许 θ 有一个非零的先验均值,也只会在均衡行动中增加一个常数,而不会影响我们下面给出的正面性质。

分布。

不完全信息要求 $\sigma_\epsilon>0$ 和 $\sigma_\zeta>0$，即，要求存在关于总体基本面的重要的私人信息，但是并不一定要求 $\sigma_u>0$。事实上，大部分相关文献——例如，莫里斯和辛恩（Morris and Shin, 2002b）、安格勒托斯和帕万（Angeletos and Pavan, 2007）——都是通过施加 $\sigma_u=0$ 的限制来实现嵌入的（即，通过关闭私人信号中的相关噪声 u）。我们之所以允许存在这种相关性，有两个方面的原因。首先，它有助于模拟当经济行为主体与他们的"邻居"交流或参与本地市场时出现的信念的相关性。其次，将噪声 u 与噪声 ζ 结合起来考虑，使我们能够将关于总体活动的信念的总体变化与基本面的变化或关于基本面的信念的变化分离开来。

为了将这个思想形式化，考虑 $\mathbb{E}\theta$ 和 $\mathbb{E}K$ 在 θ 上的投影的残差。[1] 从命题 17 和命题 18（见下文），我们知道这两个残差是 u 和 ζ 的线性变换。如果将 u 去掉（就像许多文献所做的那样），那么这两个残差相互成比例，而这就意味着，内生经济结果的信念中的噪声是完全相关的，因此无法与对基本面的信念中的噪声区分开来。但是，如果将 u 加上（我们在这里就是这样做的），那么这两个残差就不再完全相关，所以我们可以将这两种类型的噪声分解开来。同样的道理，引入 u 有助于适应强烈形式的"动物精神"：正如下面的命题 19 所强调的那样，在保持着真实基本面和经济行为主体对基本面的信念不变的情况下，对经济活动（和实际行动）的预期仍然会出现波动。

同样值得指出的是，我们在这里假设的信息结构的限制性其实不如表面上看来那么强。令 A 表示在假设信息结构下，对于某些 $(\sigma_u^2, \sigma_\epsilon^2, \sigma_\zeta^2)$，可以得到的 $(\theta, \mathbb{E}\theta, K, \mathbb{E}K)$ 联合分布的集合。再令 B 表示在任意高斯信息结构下的均衡中能够得到的 $(\theta, \mathbb{E}\theta, K, \mathbb{E}K)$ 联合分布的集合。后者嵌套了经济行为主体可能观察到高斯信号的任意集合的情况——不仅仅是关于基本面（θ）的信号，而且还包括关于内生结果（K）的信号，或者甚至包括了关于彼此的信号。此外，它还可以嵌套经济行为主体之间能够交流（直接"交谈"或通过某种市场机制）的情况。运用与伯格曼和莫里斯（Bergemann and Morris, 2013）所采取的类似的方法，不难证明 $A=B$。因此，我们可以将假设的信号结构仅仅看作是可以在任意信息结构下获得的结果类型的一种便利的参数化，而不用去苛求它的字面解释。

在下文中，除非另有说明，我们假设 σ_ϵ、σ_ζ、$\sigma_u>0$。

7.5 高阶信念的结构

接下来，我们研究信念层级结构如何随着潜在的总体性冲击——基本面 θ 以及噪声 ζ 和 u——而变化。这是刻画均衡特征的一个必不可少的基础。

命题 17（高阶信念） 对于每一个 $h\geq1$，都存在正的标量 $(\omega_\theta^h, \omega_u^h, \omega_\zeta^h)$，使得对于 (θ, ζ, u) 的每一个实现，对基本面的第 h 阶平均预期都可以由下式给出：

$$\mathbb{E}^h[\theta]=\omega_\theta^h\theta+\omega_\zeta^h\zeta+\omega_u^h u,$$

---

[1] 为了简化符号，对于任何变量 X，我们在下文中都采用 $\mathbb{E}[X]$ 的简写形式 $\mathbb{E}X$。

此外，对于每一个 $h \geqslant 1$，都有

$$1 > \omega_\theta^h > \omega_\theta^{h+1} > 0 \text{ 和 } 0 < \frac{\mathrm{Var}(\overline{\mathbb{E}}^h[\theta]|\theta)}{\mathrm{Var}(\overline{\mathbb{E}}^h[\theta])} < \frac{\mathrm{Var}(\overline{\mathbb{E}}^{h+1}[\theta]|\theta)}{\mathrm{Var}(\overline{\mathbb{E}}^{h+1}[\theta])} < 1$$

这个结果意味着，任何给定的第 h 阶信念，都会随着基本面 θ 和噪声的两个来源 u 和 ζ 而变化；但是，阶数 h 越高，第 h 阶信念对基本面的绝对反应越小，噪声对推动高阶信念波动性的贡献越大（相对于基本面而言）。上面第一个性质，即越高阶的信念对基本面的反应越低，是较高阶信念比较低阶信念更加锚定于先验（先验当然不会随着基本面的实现而变动）这个事实的镜像。另外，第二个性质则意味着高阶信念比低阶信念更加"嘈杂"，这也就是说，前者在基本面上的投影的 R-平方比后者在基本面上的投影的 R-平方更小。

在这里，我们只是在一个非常具体的信息结构下证明了这些性质。不过，使用类似于伯格曼和莫里斯（Bergemann and Morris, 2013）的方法，不难证明这些性质实际上是几乎由任何高斯信息结构所共享的。同样的道理，我们接下来阐明的积极影响（positive implication）也不是由某个特定的信息结构所驱动的；相反，它们是不完全信息所"天生"的。

7.6 实证含义

现在，我们要把前面描述的高阶信念的性质转化为模型的可观察的性质。为了实现这个目标，必须首先明确，我们对模型的"可观察性"持何种立场。从"演练"这个目标出发，我们设想研究者收集了关于外生的基本面 θ、内生的总体结果 K，以及关于这些对象的平均信念（即 $\overline{\mathbb{E}}\theta$ 和 $\overline{\mathbb{E}}K$）的数据。例如，在本章第 2 节所引入的新古典主义经济的框架下（下一节会再次考虑这个框架），K 对应于总产出，θ 对应于劳动生产率。研究者可以在标准的宏观经济数据集中观察这些变量，并且可以从关于预期的问卷调查中提取关于经济行为主体对这些对象的信念的信息。

定义 15 模型的可观察变量为 $(\theta, \overline{\mathbb{E}}\theta, K, \overline{\mathbb{E}}K)$。模型的预测是模型对 $(\theta, \overline{\mathbb{E}}\theta, K, \overline{\mathbb{E}}K)$ 的联合分布施加的限制。

请注意，θ 和 $\overline{\mathbb{E}}\theta$ 的随机性质是直接由研究者对冲击和信息的假设所决定的。因而，一个模型最本质的东西就在于它对内生的对象 K 和 $\overline{\mathbb{E}}K$ 的随机性质所施加的"跨方程交互限制"（cross-equation restrictions）。我们现在就来描述这些限制。

命题 18（实证性质） 对于任何给定的信息结构，存在正的标量 $(\phi_\theta, \phi_u, \phi_\zeta)$ 和 $(\psi_\theta, \psi_u, \psi_\zeta)$，使得总体结果以及对它的平均预测满足以下条件：

$$K = \phi_\theta \theta + \phi_\zeta \zeta + \phi_u u \quad \text{以及} \quad \overline{\mathbb{E}}[K] = \psi_\theta \theta + \psi_\zeta \zeta + \psi_u u$$

此外还有

$$1 > \phi_\theta > \psi_\theta > 0, \tag{18}$$

和

$$0 < \frac{\mathrm{Var}(K|\theta)}{\mathrm{Var}(K)} < \frac{\mathrm{Var}(\overline{\mathbb{E}}[K]|\theta)}{\mathrm{Var}(\overline{\mathbb{E}}[K])} < 1 \tag{19}$$

这个结果是命题 17 在均衡状态时的对应物。为了解释这个结果,只需注意到,ϕ_θ 表示总体结果与基本面的斜率,ψ_θ 表示总体结果的平均预测的相应斜率,最后任一对象的(归一化后的)斜率在完全信息下等于 1。因此,条件(18)也就意味着平均预测相对于实际结果反应不足,并且这两者相对于完全信息基准都反应不足。另外,条件(19)则意味着对 K 的平均预测相对实际的 K 来说更加"嘈杂",因为噪声 ζ 和 u 对 $\mathbb{E}[K]$ 的波动性的相对贡献要大于对 K 的波动性的贡献。在这个意义上,预测对基本面是反应不足的,但是对噪声则是反应过度的。

这个结果表明,对两个看似矛盾的事实可以给出统一的解释:科尔比恩和格罗德尼申库 (Coibion and Gorodnichenko,2012)在他们的论文中记录了预测的反应不足的事实,以及格林伍德和施莱费尔(Greenwood and Shleifer,2014)、詹内奥利等人(Gennaioli et al.,2015)所记录的预测的过度反应的事实。我们在下一节中将进一步讨论本文与科尔比恩和格罗德尼申库 (Coibion and Gorodnichenko,2012)的论文之间的关系。不过,关于与格林伍德和施莱费尔 (Greenwood and Shleifer,2014)、詹内奥利等人(Gennaioli et al.,2015)的论文的潜在联系,我们留待未来的研究。

我们还注意到,总体活动的实际水平以及关于它的平均信念是正相关的,但不完全相关:

$$1 > \mathrm{Corr}(K, \mathbb{E}[K]) > 0.$$

相反,当信息是完全的时候,上述相关性就变成完全相关的了。

将这个观察结果进一步推进,我们就可以得到如下结果。

命题 19(动物精神) 经济具有"动物精神",不仅仅在定义 13 的意义上,而且在下述意义上:

$$\mathrm{Var}(K|\theta, \overline{\mathbb{E}}\theta) > 0$$

此外,以下结果也必定为真:

$$\mathrm{Var}(\overline{\mathbb{E}}K|\theta, \overline{\mathbb{E}}\theta) > 0 \text{ 且 } \mathrm{Cov}(K, \overline{\mathbb{E}}K|\theta, \overline{\mathbb{E}}\theta) > 0$$

回想一下,前面的定义 13 将动物精神等同于这样的情况:结果发生了变化,但是经济行为主体对基本面的信念却并没发生相应的变化。在现在这个情境中,由于个体的基本面与总体基本面是完全一致的(对于所有经济行为主体 i 和所有自然状态,都有 $\theta_i = \bar\theta$),所以,当且仅当 $\mathrm{Var}(K|\overline{\mathbb{E}}\theta) > 0$ 时,动物精神才能在定义 13 的意义上成立。

命题 19 的第一部分证明,不仅仅在保持对基本面的信念不变的情况下,而且在保持实现的基本面不变的情况下,结果仍然会发生变化,从而加强了动物精神出现的可能性。这有助于将"动物精神"从对基本面的信念的噪声中解脱出来,即,使得在实际的基本面和对基本面的信念中的总体误差保持不变的时候,总体活动仍然会发生变化。它还凸显了,这里使用的"动物精神"概念和安格勒托斯和拉奥(Angeletos and La'O,2013)提出的相关概念,无论在概念上和经验上都与洛伦佐尼(Lorenzoni,2009)、巴斯基和西姆斯(Barsky and Sims,2012)所说的"动物精神"不同。在那些论文中,"动物精神"被定义为对基本面的信念中的噪声。相反,这里使用的"动物精神"概念与讨论多重均衡和太阳黑子型波动性的相关文献所使用的"动物精神"概念密切相关;如前所述,两者之间的唯一的区别在于,我们是在更丰富的高阶信念的"帮助"下来剖析这个"动物精神"概念的,而不是在多重均衡和相关装置的语境下讨论它的。

命题 19 的第二部分指出,归因于"动物精神"的波动是实际结果与预期结果之间的正协动性的反映,这也再一次凸显了它的自我实现的性质。

我们的结论是,不完全信息使得研究者能够对存在于基本面、经济结果和信念之间的协动当中的不完美之处进行理性化分析,从而可以将一些可能乍看一下与宏观经济学标准模型不符的事实纳入进来。在下一节中,我们将在具体应用的情境下更详细地说明这一点。

7.7　互补性、信息和波动性

在转而评述一系列应用研究论文之前,我们先研究一下策略互补性程度 α 是如何影响模型的可观察结果的各种类型的波动性的。很显然,θ 和 $\overline{\mathbb{E}}\,\theta$ 的随机性质是不会随着 α 而变化的,因此我们只需要考虑 α 对 K 和 $\mathbb{E}\,K$ 的随机性质的影响,这就是下一个命题的内容。

命题 20(互补性的影响)　更强的策略互补性(即,更高的 α)导致了以下所有各点。

(i)　基本面与总体结果(或对总体结果的平均信念)之间的共变性更低:

$$\frac{\partial \mathrm{Cov}(K,\theta)}{\partial \alpha}<0 \text{ 且} \frac{\partial \mathrm{Cov}(\overline{\mathbb{E}}\,K,\theta)}{\partial \alpha}<0$$

(ii)　波动性中由噪声驱动的部分更大

$$\frac{\partial}{\partial \alpha}\left(\frac{\mathrm{Var}(K|\theta)}{\mathrm{Var}(K)}\right)>0 \text{ 且} \frac{\partial}{\partial \alpha}\left(\frac{\mathrm{Var}(\overline{\mathbb{E}}\,K|\theta)}{\mathrm{Var}(\overline{\mathbb{E}}\,K)}\right)>0$$

(iii)　给动物精神更多的空间,而且不仅仅是在定义 13 的意义上的动物精神,而且是命题 19 中定义的更强的意义上的动物精神:

$$\frac{\partial \mathrm{Var}(K|\theta,\overline{\mathbb{E}}\,\theta)}{\partial \alpha}>0, \frac{\partial \mathrm{Var}(K|\theta,\overline{\mathbb{E}}\,\theta)}{\partial \alpha}>0 \text{ 且} \frac{\partial}{\partial \alpha}(\mathrm{Cov}(K,\overline{\mathbb{E}}\,K|\theta,\overline{\mathbb{E}}\,\theta))>0$$

要理解这些结果,我们只需注意到,在维持归一化 $\kappa_1+\kappa_1=1$ 的情况下,当信息完全时,α 的值与总体结果是完全无关的。因此,上述结果揭示了不完全信息与策略互补性(或一般均衡效应)之间的相互作用,如何塑造了实际经济结果与对它的预测之间的共变性特点。换句话说,这个结果完全取决于策略的不确定性。

我们最后的总结是,虽然不完全信息有助于纳入动物精神和对特定形式的噪声的过度反应,但是只能以减轻整体波动性为代价来做到这一点。

命题 21(波动率边界)　不完全信息下 K 的无条件方差低于完美信息下的。

这个结果可以直接从对任何变量的预测的方差总是小于变量本身的方差这个基本事实推导出来。应用这个基本事实,我们还可以递归地证明,高阶预测的方差低于低阶预测的方差,同时低阶预测的方差又低于基本面的方差。因为均衡 K 是各层级的预测的加权平均值,所以不难证明,在完美信息下,K 的波动性最大。

但是,我们要强调的是,这个结果是关于 K 的无条件方差,而研究者往往对某些有条件的矩更加感兴趣,例如那些以某种冲击为条件的矩,或者(在动态背景下)以特定的以往结果为条件的矩。在涉及这种有条件的矩的时候,不完全信息可能实际上会导致更大的波动性。[①] 最后,尽管在当前的环境中,平均基本面的波动性给总体结果的波动性设置了一个上限,但是这个上限在允许局部交互和/或特异性冲击的环境中是可以放宽的,请参见安格勒托斯和拉奥(Angeletos and La'O,2013)、伯格曼等人(Bergemann et al. ,2015)。

7.8 动态与学习

到目前为止,我们的分析一直都只限于在静态框架下进行,目的是以更加清晰、透明的方式阐明关键的见解。但是,在实际应用中,往往需要允许存在两种不同类型的动态。第一种动态与随着时间的推移而进行的学习有关(即,信念的动态)。第二种动态与跨期支付的相互依赖性有关,这种相互依赖性的存在,导致当期的决策依赖于过去和/或未来的行动(即,后向效应和/或前瞻效应)。

7.8.1 学习迟缓和惯性

为了说明源于学习迟缓(slow learning)的动态作用,我们现在考虑静态选美比赛博弈的一个变体——重复选美比赛博弈。在这种选美比赛博弈中,最优反应依然是静态的,因为它们只取决于他人的同时期行动。但是,这个模型中还有动态因素,因为基本面是可持续的,而且关于基本面的私人学习很迟缓。

例 1 每个经济行为主体 i 的基本面服从如下高斯随机游走:

$$\theta_{it} = \theta_{it-1} + v_t + \xi_{it},$$

其中, $v_t \sim N(0, \sigma_v^2)$ 是一个总体新息, $\xi_{it} \sim N(0, \sigma_\xi^2)$ 是一个特异性新息。此外,在每个时期 t ,博弈参与人 i 都会观察到关于他自己的基本面的一个私人信号:

$$x_{it} = \theta_{it} + \epsilon_{it} \tag{20}$$

其中, $\epsilon_{it} \sim N(0, \sigma_\epsilon^2)$ 是一个特异性噪声。

经济行为主体 i 的最优行动仍然由下式给出:

$$k_{it} = \mathbb{E}_{it}\left[(1-\alpha)\theta_{it} + \alpha K_t\right]$$

相对于我们的静态模型设置,这个动态模型设置只有一个新的地方:有持续性的基本面与有噪声的学习的结合,暗示了信念的动态演变。

为了阐述清楚这些特征对模型的可观察性有什么重要性,我们首先考虑不存在互补性 ($\alpha=0$)的特殊情况。在这种情况下,均衡结果只取决于对基本面的一阶信念。此外,由于采取了高斯式的模型设定,可以证明一阶信念的动态服从如下规则:

$$\mathbb{E}_{it}\theta_t = \mathbb{E}_{it-1}\theta_{it} + \lambda\left[x_{it} - \mathbb{E}_{t-1}x_{it}\right],$$

对于一些 $\lambda \in (0,1)$,这依赖于基本面中的新息的标准偏差和信号中的噪声。这个结果是卡

---

① 作为一个简单的例子,回想一下,仅仅在信息是不完全的时候,才有 $\mathrm{Var}(K|\mathbb{E}\theta)>0$ 和 $\mathrm{Cov}(K,\overline{\mathbb{E}}K)<1$;而在完全信息下,则有 $\mathrm{Var}(K|\overline{\mathbb{E}}\theta)=0$ 和 $\mathrm{Cov}(K,\overline{\mathbb{E}}K)=1$ 。

尔曼滤波器（Karlman filter）的一个应用，这里的 λ 就是卡尔曼增益（Kalman gain）。① 利用 $\mathbb{E}_{it-1}x_{it}=\mathbb{E}_{it-1}\theta_{it}$，并重新排列一下，我们有 $\mathbb{E}_{it}\theta_{it}=(1-\lambda)\mathbb{E}_{it-1}\theta_{it-1}+\lambda x_{it}$。进行加总，我们得到

$$\overline{\mathbb{E}}_t\theta_t=(1-\lambda)\overline{\mathbb{E}}_{t-1}\theta_{t-1}+\lambda\theta_t$$

最后，当 $\alpha=0$ 时，我们得到 $K_t=\overline{\mathbb{E}}_t\theta_t$。因此，我们可以将 K_t 的动态用下式表示：

$$K_t=(1-\lambda)K_{t-1}+\lambda\theta_t,$$

当信息完美时（即 $\sigma_\epsilon=0$），λ 变为1，上述表达式可以化简为 $K_t=\theta_t$，而这就意味着 K_t 服从随机游走，就像潜在的基本面一样。当信息不完全时（即 $\sigma_\epsilon>0$），λ 严格小于1，意味着 K_t 对基本面新息反应迟钝。具体地说，如果我们用 IRF_j 表示新息出现 j 期之后，总体新息对总体活动的累积影响，②那么我们就可以给出如下表示式：

$$IRF_0=\lambda,IRF_1=\lambda[1+(1-\lambda)],IRF_2=\lambda[1+(1-\lambda)+(1-\lambda)^2]\cdots\cdots$$

注意到，IRF_j 是一个始于 λ、最后收敛到1的递增序列，而且当 λ 越大时收敛速度越快。将这个观察结果与 λ 随着 σ_x 而减小的事实结合起来，我们就可以推断出，噪声越多（σ_x 值越大），总体结果 K 对基本面的任何新息的反应中所包含的惯性就越大。

重要的是，我们要认识到，当 $\alpha=0$ 时，能够起作用的信息只是每个经济行为主体所拥有的关于自己的基本面的信息，而不是关于总体基本面的信息。因此，能够解释上面所说的惯性是缺乏关于自己的基本面的（一阶）知识，而不是缺乏关于总体基本面的共同知识。基于同样的道理，这种惯性也只有在经济行为主体对自己的基本面"充分"不了解的情况下才可能具有重要的定量意义。

我们可以将以上各个要点总结如下。

命题 22 学习迟缓本身就可以引发惯性，即便 $\alpha=0$（即，在策略相互依赖性或一般均衡相互依赖性不存在的情况下），也是如此。然而，无论 $\alpha=0$ 是否成立，以下性质始终保持不变：

（i）存在于总体层面上的惯性（即，总体结果对总体性冲击的响应中存在的惯性）与存在于个体层面上的惯性（即，特异性结果对特异性冲击的响应中存在的惯性）是一致的；

（ii）当经济行为主体了解了自己的基本面后，这两种惯性都会消失，无论经济行为主体拥有还是不拥有关于总体经济状况的信息，都是如此。

相比之下，当 $\alpha>0$ 时，惯性却可能是缺乏关于总体基本面的共同知识而导致的，而且也可能在数量上很重要——即便每个经济行为主体对自己的基本面或总体基本面都了如指掌。这是因为，高阶信念对于基本面的新息的敏感程度不如低阶信念，而且不仅仅在同时期时是这样（我们在静态环境中已经阐明了这种效应），而且从动态调整的角度来看也是这样。

为了说明这个性质，我们对前面那个例子进行如下修正。

例2 每个经济行为主体 i 的基本面由 $\theta_{it}=\overline{\theta}_t+\xi_{it}$ 给出，其中，$\xi_{it}\sim N(0,\sigma_\xi^2)$ 是一个特异性冲击，同时 $\overline{\theta}_t$ 是总体基本面。总体基本面 $\overline{\theta}_t$ 服从如下随机行走过程：

① 严格地说，应该让 λ 成为 t 的一个确定性函数，以反映对初始先验的依赖。但是，随着时间的推移，先验的影响会趋于消失，而且 λ 会收敛为一个常数，那就是卡尔曼滤波器的稳态解。在这里，与大多数应用研究文献一样，我们专注于这个解。
② 正式形式是：对于任何 $j\geq0$，都有 $IRF_j=\partial\mathbb{E}[K_{t+j}|K_{t-1},v_t]/\partial v_t$。

$$\bar{\theta}_t = \bar{\theta}_{t-1} + v_t,$$

其中,$v_t \sim N(0, \sigma_v^2)$是一个总体新息。最后,在每个时期$t$,经济行为主体$i$都能够观察到自己的基本面$\theta_{it}$,以及关于总体基本面的如下额外的私人信号:

$$x_{it} = \bar{\theta}_t + \epsilon_{it},$$

其中,$\epsilon_{it} \sim N(0, \sigma_\epsilon^2)$是一个特异性噪声。

然后,我们可以证明以下命题。

命题23(互补性和惯性) 当$\alpha = 0$时,$K_t = \bar{\theta}_t$。相反,当$\alpha \in (0,1)$时,对于某些依赖于$(\alpha, \sigma_\epsilon, \sigma_\xi, \sigma_v)$的标量$\gamma_K, \gamma_\theta, \gamma_v$,我们有

$$K_t = \gamma_K K_{t-1} + \gamma_\theta \bar{\theta}_{t-1} + \gamma_v v_t$$

这个结果来自安格勒托斯和拉奥(Angeletos and La'O, 2010)的论文,他们改编了伍德福德(Woodford, 2003)的模型。伍德福德(Woodford, 2003)研究了一个不存在支付异质性的模型,并将两种机制结合了起来:一是仅缺乏关于自己的基本面的知识而导致的惯性,二是策略互补性和缺乏关于总体基本面的共同知识而导致的惯性。相比之下,在安格勒托斯和拉奥(Angeletos and La'O, 2010)的模型,以及我们在这里研究的这个密切相关的例子,是通过施加关于自己的基本面的完美信息来分离出第二种机制。因此,上述结果中,K_t对K_{t-1}和$\bar{\theta}_{t-1}$的依赖性,反映了仅由协调中的摩擦导致的内生持续性。[1]

为了进一步说明这一点,我们接下来再考虑一个数值示例。图4借用自伍德福德(Woodford, 2003),它说明的是$\bar{\theta}_t$的平均一阶预测和高阶预测对$\bar{\theta}_t$中的正新息的动态反应。对于任何阶数h,$\bar{\mathbb{E}}_t \bar{\theta}_t$的反应(即,第$h$阶预测),随着时间的推移,最终都会收敛到1。这是随着时间推移,越来越多的信息积聚起来的反映。然而,在新息出现之后任何有限的时期内,高阶信念都会比低阶信念更远离1,这印证了我们在静态框架中给出的命题17所述的性质。而且,高阶信念向1收敛的速度也比低阶信念缓慢得多。总而言之,图4表明,高阶信念不仅对冲击更加不敏感,而且随着时间推移表现出更大的迟滞性。

---

[1] 伍德福德(Woodford, 2003)、安格勒托斯和拉奥(Angeletos and La'O, 2010)都没有给出这种依赖性的确切描述,但是有了霍震和高山(Huo and Takayama, 2015a, b)发展起来的方法之后,这种描述应该是可能的。

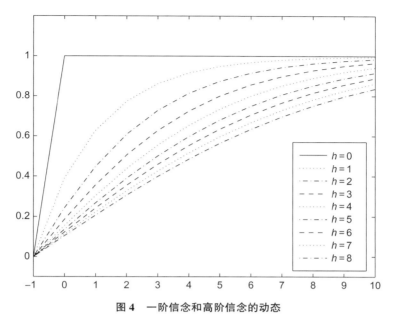

图4　一阶信念和高阶信念的动态

要将这些性质转换为模型的可观察性质也很简单。重要的是，如果我们保持信息结构不变（并因此也保持一阶信念和高阶信念的动态不变），同时增大策略互补性的强度，那么我们就会看到，即时反应变得更小，同时均衡活动水平的调整也变得更加缓慢。

最后（但并不是最不重要的）一点是，我们上面阐述的机制是运行在总体层面上的，而不是运行在个体特异性层面上（或横截面上）。这是因为，经济行为主体完全了解自己的基本面，所以在他们对特异性冲击的反应中，根本不会表现出惯性。

在下一节中，我们将提出这种机制的两类应用：一类是在受到技术冲击的真实商业周期模型的背景下，另一类是在受到货币冲击的新凯恩斯主义模型的背景下。在讨论这些具体例子之前，我们可以先给出如下更宽泛的经验教训。

事实　对于协调中的摩擦，用不完全信息再加策略互补性来建模，有助于在总体结果对于基本面受到的总体性冲击的反应中生成显著的惯性，即便关于基本面的可用信息是准确的，即便在特异性结果对特异性冲击的反应中不存在这种惯性时，也是如此。

备注27　如本章第6.2节所述，我们在这里阐述的惯性与阿布雷乌和布伦纳迈耶（Abreu and Brunnermeier, 2003）在他们的异步意识模型中描述的延迟效应在性质上有相似之处。在他们那里和在我们这里一样，关键都在于高阶信念的调整速度要比一阶信念慢得多；或者，换一种等价的说法，经济行为主体在确信环境中发生了某种变化很久之后，仍然对其他人是否根据环境的这种变化做出了适当的调整缺乏信心。

7.8.2　跨期支付的相互依赖性

现在，我们把注意力转移到跨期支付的相互依赖性上。具体地说，我们要考虑的是，经济行为主体在任何一个时期的行为不仅取决于他对其他经济行为主体在同一时期的行动的预期，而且还取决于他对其他经济行为主体未来的行动的预期。这种"前瞻"特征正是动态宏观经济学模型的标准特征。重要的是，这种特征有效地扩大了高阶信念的空间。

　　例如,考虑教科书中的真实商业周期模型。在这个模型中,在任何一个时期,任何一个家庭对劳动供给和消费-储蓄的选择,都不仅取决于当前的工资和利率,而且还取决于对所有后续时期的工资和利率的预期。此外,在任何一个时期内,能够使相关市场出清的工资和利率都取决于所有消费者和企业的联合行动,而这反过来又取决于他们对未来工资和利率的预期,等等。因此,在真实商业周期模型中,相关的高阶信念的丰富程度可能远远超过了我们前面所讨论的那种高阶信念。特别是,即便关于过去和现在的基本面的知识都是共同知识,我们还是可以通过引入关于未来的基本面的私人信息来维持协调中的摩擦。

　　为了说明这些要点,我们考虑一个动态博弈。在这个博弈中,博弈参与人 i 的最优反应函数恰好取以下形式:

$$k_{it} = \mathbb{E}_{it}[g(\theta_{it}, K_t; \theta_{it+1}, K_{t+1})], \tag{21}$$

其中,g 是一个线性函数。g 对 θ_{it} 和 K_t 的依赖性可以说是我们前面分析的静态框架中的那种依赖性的一个镜像。这个模型的新颖之处在于,它包含了下一期的变量 θ_{it+1} 和 K_{t+1}。这种"包容性"体现了这个环境的前瞻性特点。

　　下面举一个例子。我们考虑这样一个货币模型,它结合了伍德福德(Woodford,2003)的模型和泰勒(Taylor,1979,1980)的模型的一些特点。具体地说,在这个模型中,企业在制定价格时要面临两种摩擦:首先,它们掌握的关于总体经济状况的信息是不完全的——就像在伍德福德的模型(Woodford,2003)中那样;其次,它们每两期才有重新制定价格的机会——就像在泰勒(Taylor,1979,1980)的模型中一样。在不存在这两种摩擦的情况下,企业在第 t 期中的最优价格是由下式给出的(在进行适当的对数线性化处理之后):

$$P_{it}^* \equiv (1-\alpha)\theta_{it} + \alpha P_t$$

其中,θ_{it} 总结了企业在第 t 期内受到的外生的需求和供给冲击,P_t 是第 t 期的内生价格水平,α 是定价决策中的策略互补性程度。当只存在第一个摩擦(不完全信息)时,企业 i 制定的最优价格是

$$p_{it} = \mathbb{E}_{it} p_{it}^* = \mathbb{E}_{it}[(1-\alpha)\theta_{it} + \alpha P_t] \tag{22}$$

相反,当前面所说的两种摩擦都存在时,得重新制定的最优价格则由下式给出:

$$P_{it} = \mathbb{E}_{it}\left[\frac{1}{1+\beta}p_{it}^* + \frac{\beta}{1+\beta}p_{it+1}^*\right] = \mathbb{E}_{it}\left[\frac{1}{1+\beta}((1-\alpha)\theta_{it} + \alpha P_t) + \frac{\beta}{1+\beta}((1-\alpha)\theta_{it+1} + \alpha P_{t+1})\right] \tag{23}$$

其中,β 是企业的贴现因子。很显然,如果说方程式(22)是嵌套在我们的静态框架中的,那么方程式(23)就是嵌套在我们刚刚引入的动态扩展模型中的。[①]

　　现在我们再回到更一般的模型设置,即方程式(21)。我们将证明,策略不确定性不仅源于关于当前基本面和未来基本面的差异化的现有信息,而且也源于其他人在未来可能得到

[①] 如前所述,这里考虑的例子是伍德福德(Woodford,2003)的模型和泰勒(Taylor,1979,1980)的模型的"混合体"。如果考虑伍德福德(Woodford,2003)的模型和卡尔沃(Calvo,1983)的模型的混合体,就像安格勒托斯和拉奥(Angeletos and La' O,2009)、尼马克(Nimark,2011)所研究的混合模型一样,关键的区别在于,P_{it} 取决于 $(\theta_{i\tau}, P_{\tau})$——不仅仅是对于本例中的 $\tau \in \{0,1\}$,而且对于 $\tau > 1$ 也是。显然,后面这个模型丰富了相关的策略不确定性的类型,这对于定量研究的目的可能是重要的。不过,就我们的目的而言,它只不过进一步加强了我们希望在这里表达的信息。

的信息的不确定性。为了把策略不确定性的上述第二个通道隔离出来，我们通过限定 $g_2 = 0$ 来关闭第一个通道。或者换句话说，我们假设，对一个行为主体的最优反应来说，重要的只是其他经济行为主体的未来行为，而不是其他经济行为主体的当前行为。为了简单起见，我们还假设不存在特异性冲击，从而 $\theta_{it} = \theta_t$。然后，利用 g 的线性特征并进行加总，我们得到

$$K_t = g_1 \,\overline{\mathbb{E}}_t \theta_t + g_3 \,\overline{\mathbb{E}}_t \theta_{t+1} + g_4 \,\overline{\mathbb{E}}_t K_{t+1} \tag{24}$$

接下来，令

$$\widetilde{\theta}_t \equiv \theta_t + \frac{g_3}{g_1} \theta_{t+1}$$

很显然，我们可以将上式重写为

$$K_t = g_1 \,\overline{\mathbb{E}}_t \,\widetilde{\theta}_t + g_4 \,\overline{\mathbb{E}}_t K_{t+1} \tag{25}$$

从这里开始，冒着滥用符号的风险，我们将 θ_t 重新定义为 $\widetilde{\theta}_t$。上式表明，对于"第 t 期的基本面"在理论上的含义，适当的解释既不是恰好在第 t 期内实现的与外生支付相关的变量，也不是进入第 t 期某个经济行为主体的流量支付的外部冲击；相反，它指的是所有与第 t 期的决策相关的所有与支付相关的变量的集合，而不管这些变量的值实现（或出现在博弈参与人的流量支付中）的时间是什么。

在得到了这些观察结果之后，我们现在可以求解均衡 K_t 了。为此，我们令 $z_t^0 \equiv \overline{\mathbb{E}}_t \theta_t$，然后，对于所有的 $j \geq 1$，令

$$z_t^j \equiv \overline{\mathbb{E}}_t z_{t+1}^{j-1} = \overline{\mathbb{E}}_t \{ \overline{\mathbb{E}}_{t+1} \{ \cdots \{ \overline{\mathbb{E}}_{t+j} \{ \theta_{t+j} \} \} \cdots \} \}$$

利用方程式（25）进行迭代，我们得到

$$K_t = g_1 \sum_{j=0}^{+\infty} (g_4)^j z_t^j \tag{26}$$

因此不难看出，K_t 不仅取决于今天对基本面的预测（即，用 z_t^0 刻画的预测），而且还取决于今天对明天对基本面的预测的预测（即，用 z_t^1 刻画的预测），而且也取决于今天对明天对两期后的预测的预测的预测（即，用 z_t^2 刻画的预测），等等。由此，对于其他人在未来可能得到的信息的不确定性，可以成为当前的高阶不确定性的一个独立的来源。不过，尽管如此，我们也不一定会迷失在高阶信念的"旷野"当中。如果我们放弃条件（26）并返回到方程式（24），那么我们就可以很容易地证明，以对 K_t 和 K_{t+1} 的均衡一阶信念为条件，实际结果 K_t 对关于基本面的信念的层级结构是不变的。因此，与在我们的静态框架中一样，不完全信息的实际价值仍然体现在进一步充实对模型的可观察变量的可检验的限制。

7.9 内生信息获取

我们接下来讨论的这支文献致力于选美比赛模型中内生化信息的获取（或分配注意力）。我们采纳了米亚特和华莱士（Myatt and Wallace, 2012）、帕万（Pavan, 2015）的思路，因为他们的框架基本上与我们的一样。在这个方向上，其他重要论文还包括：赫尔维希和韦尔德坎普（Hellwig and Veldkamp, 2009）、比韦斯（Vives, 2016）、沙茹（Chahrour, 2014）、科伦波等

人(Colombo et al,2014)、略萨和文卡特斯瓦兰(Llosa and Venkateswaran,2015)、杨(Yang,2015)和登蒂(Denti,2016)。

这支文献与"理性疏忽"(rational inattention)文献密切相关,例如西姆斯(Sims,2003)、麦克科维亚克和韦德霍尔特(Maćkowiak and Wiederholt,2009)。但是,与"理性疏忽"文献不同的是,这支文献还注意到了以下事实:经济行为主体可能希望收集对预测和跟踪他人行动有用的信息,即便这些信息对于预测和跟踪基本面并不是特别有用。

我们仍然运用第7节中引入的支付结构,以及第7.1节和7.4节中引入的简化假设。现在这个模型设置的唯一新奇之处在于,它还引入了一种"信息技术",其含义如下。

每个经济行为主体 i 都可以访问 $N \in \mathbb{N}$ 个关于 θ 的潜在信息源。这里的 θ 是共同基本面,抽取自分布 $N(0,\sigma_\theta^2)$。我们令 $\pi_\theta \equiv \sigma_\theta^{-2}$ 表示关于 θ 的共同先验的精度。假设每一个信息源 $n \in \{1,\cdots,N\}$ 中包含的信息由下式给出:

$$y_n = \theta + \epsilon_n,$$

其中,$\epsilon_n \sim N(0,\eta_n^{-1})$ 是独立同分布的(i.i.d.)正态分布噪声,它独立于 θ。通过关注可用信息源的 $z^i = (z_n^i)_{n=1}^N \in \mathbb{R}_+^N$,经济行为主体 $i \in [0,1]$ 接收到私人信号 $x^i \equiv (x_n^i)_{n=1}^N \in \mathbb{R}^N$,其形式为

$$x_n^i = y_n + \xi_n^i,$$

其中,$\xi_n^i \sim N(0,(t_n z_n^i)^{-1})$ 是独立同分布的(i.i.d.)正态分布噪声,它独立于 θ 且 $\epsilon \equiv (\epsilon_n)_{n=1}^N$。米亚特和华莱士(Myatt and Wallace,2012)和帕万(Pavan,2015)将参数 η_n 解释为信息源的准确度("发送方的噪声"),把 t_n 解释为信息源的透明度(注意力的边际增加是如何增加每个经济行为主体通过"监听"信息源而最终得到的私有信号的精度的)。

经济行为主体在注意任何给定信息源时,都必须付出一定成本。具体地说,支付形式现在变成了

$$U(k_i,K,\theta)-C(z^i),\tag{27}$$

其中,U 与上面第7节给出的一样,C 是一个递增且连续可微的函数。

为了简化论述,我们进行了归一化,即令 $U_{kk}=-1$,并且只讨论一种情形:用于不同信息源的各种注意力在如下假设的意义上是完美互替的。①

假设8 $C(z^i)=c(\sum_{n=1}^N z_n^i)$,其中 $c(\cdot)$ 是一个严格递增的、严格凸的可微函数。

然后,我们就可以证明关于注意力的均衡分配的如下结果了。

命题24 存在一个阈值 $\Delta>0$,它使得在唯一的对称均衡中,有

$$z_n = \frac{\eta_n \max\left\{\left(\Delta-\frac{1}{\sqrt{t_n}}\right),0\right\}}{(1-\alpha)\sqrt{t_n}}$$

命题24可以从米亚特和华莱士(Myatt and Wallace,2012)的论文中的命题2推得,也可以从帕万(Pavan,2015)的论文中的命题1和推论1推出。透明度(t_n)决定信息源是否会被经济行为主体注意到,以及受到多少关注。准确度(η_n)则只会影响每个信息源受到多少关

---

① 对于更一般的情况,请参见米亚特和华莱士(Myatt and Wallace,2012)和帕万(Pavan,2015)。

注,而且以该信息源已经被利用了为条件。那么,为什么准确度在决定信息源是否得到积极关注方面不起作用的直觉如下。在 z_n 很小的时候,来自信息源 n 的噪声总量是被接收器的噪声 ξ_n^i 所支配的。因此,在考虑要注意哪个信息源的时候,博弈参与人以透明度最高的那个信息源为起点。

现在,我们再将信息源的公共度(publicity)定义为两个不同的经济行为主体从这个信息源接收的信号中的噪声的相关性[①]:

$$\rho_n \equiv \mathrm{corr}(x_n^i, x_n^j \mid \theta) = \frac{z_n t_n}{z_n t_n + \eta_n}$$

接下来,我们可以给出以下关于协调动机与信息获取之间的相互作用的结果,它来自米亚特和华莱士(Myatt and Wallace, 2012)的论文。

命题 25　随着策略互补性程度 α 的上升,注意力会越来越多地偏离私人信号,趋向公共信号。这里存在一个 $\hat{\rho}$,使得当且仅当 $\rho_n > \hat{\rho}$ 时,对于信息源 n 的关注随 α 局部递增。

从直观上看,公共信号发挥了作为博弈参与人之间相互协调的有效聚点(focal point)的作用。随着协调的愿望的增强,经济行为主体会更加重视这些信号。

帕万(Pavan, 2015)从一个希望最大化事前福利的社会规划者的角度,探讨了上述均衡注意力配置是否有效的问题。他的分析补充了安格勒托斯和帕万(Angeletos and Pavan, 2007)早期的一项研究。在那项研究中,安格勒托斯和帕万研究了信息均衡使用的效率,不过是将信息视为外生给定的。关于对相关的规范性问题的分析,请参见安格勒托斯和拉奥(Angeletos and La'O, 2012)、略萨和文卡特斯瓦兰(Llosa and Venkateswaran, 2015);关于在商业周期以及宏观经济政策评估领域的应用,请参见帕齐洛和韦德霍尔特(Paciello and Wiederholt, 2014)。

现在,我们还要再回过头去讨论一下当前这个框架与"理性疏忽"文献之间的联系,并以此结束本小节。涉及货币政策的"理性疏忽"应用文献,我们将下面的第 8.5 节加以简要说明;而关于这支文献的更全面的综述,我们请读者参考西姆斯的论文(Sims, 2010)。在这里,我们将关注重点放在两个概念性的问题上:在何种意义上,我们现在给出的这个研究框架可以嵌套西姆斯(Sims, 2003)以及麦克科维亚克和韦德霍尔特(Maćkowiak and Wiederholt, 2009)的工作;以及,在何种意义上,阐明它与这些研究的区别是重要的。

为此,我们令 $x^i = (x_1^i, \cdots, x_N^i)$,并令 $y = (y_1, \cdots, y_N)$。接下来,我们不再假设注意不同的信息源需要付出成本,而是假设经济行为主体要受到如下形式的"能力约束":

$$\Gamma(x^i, y) \leq \overline{\Gamma}, \tag{28}$$

这里的 Γ 是一个给定形式的函数。这样一来,经济行为主体的注意力分配问题就变成了选择 z^i 以最大化

$$\mathbb{E}\left[U(k_i, K, \theta) - \lambda \Gamma(x^i, y) \right]$$

[①] 这个概念与安格勒托斯和帕万(Angeletos and Pavan, 2007)在他们的论文中使用的信息的"共同性"(commonality)概念有关。读者可以阅读一下这篇论文,看看这个概念如何有助于理解我们一直在研究的博弈类的实证和规范性质(positive and the normative properties)。

其中,$\lambda \geqslant 0$,是与上述能力约束相关的拉格朗日乘数。很显然,只要令 $C(z^i)=\lambda\Gamma(x^i,y)$,这个模型就能够嵌入我们的框架,而不管函数 Γ 到底是什么。

而为了容纳西姆斯(Sims,2003)所研究的信息获取问题和大部分相关的"理性疏忽"文献,我们还需要再做出两个假设。第一个假设是,Γ 是衡量两个随机变量之间的相互信息的函数;在一个高斯式的情境中(就像我们在这里研究的情境这样),这意味着我们可以令 $\Gamma(x^i,y)=\frac{1}{2}\log[\det[V(x^i)]/\det[V(x^i|y)]]$,其中 $\det[\,\cdot\,]$ 表示矩阵对应的行列式,$V(x^i)$ 表示随机变量 x^i 的协方差矩阵,$Var(x^i|y)$ 表示以 y 为条件的 x^i 的协方差矩阵。

第二个假设是,只存在一个关于基本面的信息源,而且它是一个完美的信息源,即:$y=\theta$。这个假设意味着,现在注意力分配问题已经简化为只需跟踪基本面就可以了,而不用再跟踪多个不同的信息源。在单一经济行为主体决策理论问题中,这不是一个很严重的限制。然而,在具有策略或一般均衡相互作用情况下,这种限制意味着跟踪基本面与跟踪其他人的行动之间不存在什么有意义的区别;在这种限制条件下,经济行为主体的私人信号中的所有噪声都变为纯特异性的了,而这就意味着 $\mathbf{K}$ 的均衡值将由基本面 θ 固定下来;因此在均衡中,预测 $\mathbf{K}$ 等于预测 θ。

对我们的目的来说,后面这个性质更加重要。如果可用的信息源中没有一个是完美的,那么各信息源中潜在的噪声就会成为不同经济行为主体接收到的私人信号中的相关噪声。如前所述,这种相关噪声有助于将对内生结果的预期与对外生基本面的预期分离开来,因为它容纳了一阶信念与高阶信念之间的差距中的总体性冲击。由此可见,米亚特和华莱士(Myatt and Wallace,2012)和帕万(Pavan,2015)提出的更加灵活的信息获取形式,对于我们理解策略性或一般均衡效应的相互作用如何内生地导致了更相关的噪声,是非常合适的。[1]

另外,麦克科维亚克和韦德霍尔特(Maćkowiak and Wiederholt,2009)的模型还有一个重要的特征,即,它还讨论了注意力分配中,如何在向特异性冲击倾斜与向总体性冲击倾斜之间进行权衡。这是米亚特和华莱士(Myatt and Wallace,2012)和帕万(Pavan,2015)都没有涉及的。如何才能将这两个框架合并起来,将会成为未来研究的一个有趣的方向。[2]

7.10 关于求解方法的一个注意事项

具有时变基本面和分散信息的动态模型可能是难以求解的。汤森德(Townsend,1983)

[1] 我们还建议读者可以阅读一下登蒂(Denti,2016)的论文,他分析了博弈参与人的数量有限或无穷大的博弈。特别请参见这篇论文的第9.4节关于在基本信息源中允许噪声的重要性的讨论——如果希望在具有无限多的博弈参与人的博弈中获得非基本面波动性的话(如本章所研究的那样)。

[2] 如上所述,米亚特和华莱士(Myatt and Wallace,2012)以及帕万(Pavan,2015)将注意力集中在了这样一个模型设置上:所有经济行为主体都有一个相同的基本面。麦克科维亚克和韦德霍尔特(Maćkowiak and Wiederholt,2009)则研究了一个有两种基本面的模型:总体货币冲击和纯粹的特异性全要素生产率(TFP)冲击。他们是在如下限制的基础上研究注意力在这两种基本面之间的最优分配的:每个经济行为主体都能够观察到一对关于这两个基本面的独立的有噪声的私人信号(而不是观察到两个基本面的联合信号)。登蒂(Denti,2016)的论文则考虑了一种更为一般的结构,即,允许不同博弈参与人的基本面之间存在任意关联,但是没有讨论上述权衡。而且,与米亚特和华莱士(Myatt and Wallace,2012)以及帕万(Pavan,2015)不同,登蒂(Denti,2016)的论文还排除了基本信息源中的噪声。

首先指出,均衡动态的有限状态空间解不需要存在,这反映了这样一个事实:在预测他人的预测时,会出现无限回归的情况。

为了规避这个问题,汤森德(Townsend,1983)建议采取以下简便方法:假设外生的自然状态在 T 期之后会成为共同知识,其中,$T \geq 1$ 也许相当大,但却是有限的。然后,对于特定类型的线性模型,我们可以猜测并验证一个均衡是否存在——在这种模型中,当期的总体结果可以表示为过去 T 个时期内发生的冲击的历史,以及那个期间之前的相关的众所周知的状态变量的一个线性函数。[①]

在这里,值得注意的是,汤森德(Townsend,1983)要处理的主要是这样一种情形:行动中不存有策略互补性,而且高阶信念只能通过一个信号提取问题进入决策。[②] 然而,这种方法很容易扩展到我们感兴趣的环境类别。对于这种方法的最近的应用,请参见:巴切塔和范温库普(Bacchetta and van Wincoop,2006)、赫尔维希(Hellwig,2005)、赫尔维希和文卡特斯瓦兰(Hellwig and Venkateswaran,2009)和洛伦佐尼(Lorenzoni,2009)。

人们很容易将汤森德的这个简便方法解读为对以往的冲击永远不会成为共同知识的情况的一种近似求解方法。然而,在哪些条件下才会确实如此? 我们至今仍然没有完全理解。一方面,汉森和萨金特(Hansen and Sargent,1991)以及卡萨(Kasa,2000)证明,这确实是汤森德(Townsend,1983)所举的主要例子的情况。[③] 另一方面,朗迪纳和沃克(Rondina and Walker,2014)提出了辛格尔顿(Singleton,1987)的资产定价模型的一个版本,当滞后期数 T 有限时(无论它有多大),均衡是能够完美揭示的(perfectly revealing),但是当 T 无限时则不然。

一种替代的近似方法是,截断信念的层级,而不是截断冲击的历史。尼玛克(Nimark,2011)对这种方法进行了深入探讨。他还证明了,在一类动态线性模型中,随着截断的层级的不断增加,近似误差逐渐消失,从而表现出了与温斯坦和耶尔迪兹(Weinstein and Yildiz,2007b)所研究的静态博弈相似的"稳定"特性,即,随着阶数的增大,高阶信念对行动的影响以指数形式快速消减。尽管这种方法从理论上看很有吸引力,但是它的计算效率如何,与汤森德的方法相比有什么优缺点,现在仍然不清楚。

除了如上所述的简便方法和近似方法之外,这个领域的研究者长期以来一直在努力争取求出有无限期限和永久分散信息的模型的精确有限状态解。有些研究着重剖析了若干特例,它们可以使用卡尔曼滤波器来猜测和验证这种解的存在性,例如,请参见皮尔曼和萨金

[①] 例如,如果我们考虑第 7.8 节中的例 1,这种做法就意味着将 K_t 表示为 θ_{t-T-1} 和 $(v_{t-T},\cdots,v_{t-1},v_t)$ 的线性函数。更一般地说,必须把任何内生状态变量(如资本)的值,以及对信息的任何总体性冲击(如公共信号中的噪声)都包括进来,而不是仅仅把基本面包括进来。

[②] 更具体地说,汤森德(Townsend,1983)给出了两个例子。在第一个例子中,有两个行业,每个行业试图从另一个行业的价格中提取关于基本面的信号。在第二个例子,有一个行业连续统,每一个行业都试图从总体结果中提取一个关于基本面的信号。汤森德认为这两个都是存在无限回归问题的例子,因为一个经济行为主体的信号提取取决于他人的行动,而他人的行为又反过来依赖于他们对他人的行为的信号提取,如此循环。然而,汉森和萨金特(Hansen and Sargent,1991)却指出,在第一个问题上,这个明显的无限回归问题会消失;他们证明了,解是可以完美呈现的,因为这里不确定性的维度有限。但是,无限回归问题在第二个例子中仍然存在(由于当前可得信号被测量误差污染了),它实际上也是汤森德(Townsend,1983)集中精力进行处理的一个问题。

[③] 也就是汤森德(Townsend,1983)在他的论文第 8 节中所研究的行业连续统的例子。

特(Pearlman and Sargent,2005)、辛格尔顿(Singleton,1987),以及伍德福德(Woodford,2003)。另一条线索是,通过将这个问题转化为频域问题,从而推导出均衡的解析特征,例如,请参见富蒂亚(Futia,1981)、卡萨(Kasa,2000)、卡萨等人(Kasa et al.,2007)、阿查里雅(Acharya,2013),以及朗迪纳和沃克(Rondina and Walker,2014)。总的来说,这些论文对高阶信念的动态提供了重要的洞见,而且通常是在存在内生的信号的环境中。但是这些论文得出的结果似乎都依赖于特殊的模型设置,这使它们的适用性受到了很大的限制,而且无助于推动定量的经验研究。

最近,霍震和高山(Huo and Takayama,2015a,b)实现了一个重大突破。他们证明了,很大一类线性模型都可以求出有限状态空间解,只要观察到的信号是外生的,同时基础的冲击(基本面和噪声)服从自回归滑动平均(ARMA)过程。特别是,解本身也具有自回归滑动平均(ARMA)结构,尽管通常比潜在冲击的自回归滑动平均结构的阶数更高。如果存在多个内生状态变量和多次冲击,这种方法的计算可能相当繁重,但是总的来说,它是灵活的和强大的。①

接下来讨论安格勒托斯等人(Angeletos et al.,2015)提出的方法。那是一个更加激进的方法,它的核心思想是,设定一个异质性先验,它可以作为经济行为主体由不完全信息引致的高阶信念的动态的代理,同时又可以绕过所有的计算难题。在这个模型中,假设每个经济行为主体都认为他人的信号有一定偏差。这种感知到的偏差中的变化会"动摇"高阶信念,但不会"动摇"一阶信念。噪声则被设定为0,从而去掉了有噪声的学习,并使得整个信念层级的随机过程有一个低维表示。总而言之,通过这种方法,安格勒托斯等人(Angeletos et al.,2015)就能够在很大一类动态随机一般均衡(DSGE)模型中加入丰富的而又高度可处理的高阶信念动态了。这种信念增强模型(belief-augmented model)的求解和结构估计,方便程度和计算效应与标准的代理性主体模型相差无几。②

在下面的第8.7节中,我们评述了后两种方法的两个相互有联系的应用,并通过它们证明了,通过高阶信念动态而得以理性化的乐观主义和/或悲观主义的浪潮可以对商业周期现象提供有力的定量解释。在这支文献中,还有不少论文致力推进最前沿的定量研究,例如,梅洛西(Melosi,2014),他估计了伍德福德(Woodford,2003)的模型的一个版本;曼昆和雷伊斯(Mankiw and Reis,2002,2007)、基利(Kiley,2007)和雷伊斯(Reis,2009),他们利用粘性信息估计了动态随机一般均衡(DSGE)模型;麦克科维亚克和韦德霍尔特(Maćkowiak and Wiederholt,2015)研究了动态随机一般均衡模型的定量性质,其中企业和消费者都是"理性疏忽"的状态;戴维等人(David et al.,2014)使用企业级数据测量了由信息摩擦引起的投入的横断面错配。

---

① 该方法也排除了内生性结果的信号。就某些定量研究的目的而言,这不需要一个很严重的限制,因为内生信号的信息内容可以通过适当选择的外生信号来模拟。此外,我们还可以使用对这种方法的一种扩展来求得具有内生信号的模型的近似解;更多的细节,请参见霍震和高山(Huo and Takayama,2015b)。

② 这种方法的一个潜在的缺点是,它给了研究人员过多的自由,即允许他们"随意"地指定高阶信念(即,不再有共同先验假设和特定的信息结构的组合所施加的限制)。在实际应用中,恰当地运用这种自由需要微妙的平衡艺术。安格勒托斯等人(Angeletos et al.,2015)认为,与预测有关的数据可以提供很多所需的"纪律",但是我们不能在这里详细探讨这个思想。

8. 选美比赛博弈：应用

上一节的分析表明，不完全信息有两个关键的积极影响。首先，它抑制了均衡行为对潜在基本面变化的反应。其次，它能沿着唯一的均衡纳入类似于动物精神的因素。在本节中，我们将探讨这样一些问题：这些性质在特定的应用中有什么含义，它们为什么能够容纳某些与宏观经济学模型不一致的重要事实，以及，它们如何为政策提供信息？我们还进一步引申讨论了（作为"离题论述"）我们在这里研究的机制与关于粘性信息和"理性疏忽"的互补文献所探讨的其他机制之间的关系——关于粘性信息，例如曼昆和雷伊斯（Mankiw and Reis，2002）、雷伊斯（Reis，2006）；关于"理性疏忽"，例如西姆斯（Sims，2003）、麦克科维亚克和韦德霍尔特（Maćkowiak and Wiederholt，2009）。

8.1 实际刚性和技术冲击

在本节中，我们讨论协调中的摩擦是怎样成为宏观层面的实际刚性的根源的，[①]并分析实际刚性如何有助于调和真实商业周期（RBC）范式与加利的模型（Gali，1999）。

加利（Gali，1999）认为，真实商业周期模型中就业对技术冲击的反应的关键影响与数据严重不一致。更具体地说，加里运用结构性向量自回归方法估计了宏观经济总量对美国数据中识别出来的技术冲击的脉冲响应函数：他对关键的宏观经济变量进行向量自回归，并将技术冲击识别为长期驱动劳动生产率的唯一冲击，[②]然后再将数据中获得的脉冲响应函数与模型预测的脉冲响应函数进行了比较。

下面的图5是从加利的论文（Gali，1999）中的图4复制过来的，它描述了数据中获得的劳动生产率、产出和就业的脉冲响应。如图中第一个板块所示，数据中识别出来的冲击触发了生产率立即和持续的增长。这使得数据中识别出来的冲击与真实商业周期模型中的理论技术冲击有一定可比性。然而，正如图4的最后一个板块所示，识别出来的技术冲击导致了工作时数/就业在短期内出现了下降，这与真实商业周期模型所预测的完全相反。

加利（Gali，1999）进一步指出，这个事实是符合新凯恩斯主义框架的。假设价格是有粘性的；同时进一步假设货币政策无法"适应"技术的冲击，也就是说，货币政策是通过收缩总需求（相对于弹性价格下本应达到的总需求水平）来做出反应的。最后，他们假设这种紧缩

[①] 在这里，我们用"实际刚性"一词指实际经济指标（比如说就业和产出）对基本面（比如说偏好和技术）冲击的反应中的惯性。请参见安格勒托斯等人（Angeletos et al.，2016b）对相关应用文献所述的不完全信息作为实际或名义刚性（或两者）的来源的意义的补充讨论。

[②] 加利（Gali，1999）先对工作小时数和劳动生产率运行了一个作为基准的双变量向量自回归；对工作小时数、劳动生产率、货币供应量、利率和价格水平运行五变量向量自回归也得到了同样的结果。下面的图5是基于五变量的模型设定的。

效应足够强大。在这些假设下,总产出的增幅可能会比生产率更小。同样的道理,在粘性价格下,均衡就业也可能下降(即便在弹性价格下,它本应增加)。

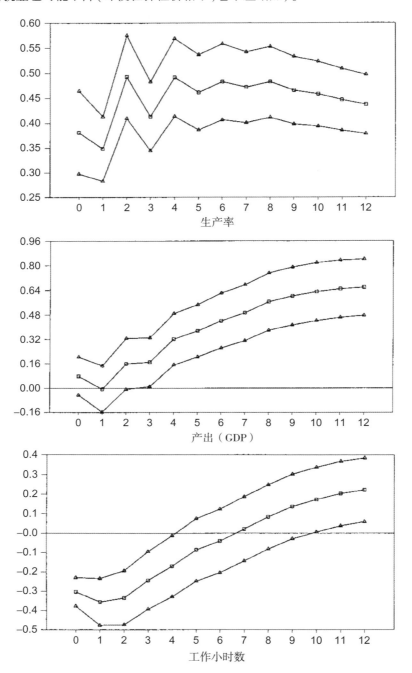

图5 对一个技术冲击的脉冲响应(估计结果)

图中给出的是点估计值和±两个标准误差的置信区间;变量则以百分比表示。

资料来源:Gali, J., 1999. Technology, employment, and the business cycle: do technology shocks explain aggregate fluctuations?. Am. Econ. Rev. 89 (1), 249-271。

不过,这是否已经构成了一个令人满意的理论解释,以及这个事实本身对不同的实证方法的稳健性如何,仍然是一个有争议的问题。更多的补充性证据,请参见加利和拉巴纳尔(Gali and Rabanal,2005);而相关的批评,则请参见克里斯蒂亚诺等人(Christiano et al.,2003)、麦克格拉腾(McGrattan,2004)。在这里,我们认为这个事实是理所当然的,并在此基础上进一步引申出了两个要点:第一个要点与结构性解释有关,第二个要点则与政策含义有关。

第一个要点是,虽然上述事实与标准的完全信息真实商业周期模型不一致,但是当这种模型扩展到不完全信息环境中,就不一定不再一致了。原因从命题18所述的抑制效应中可以找到:缺乏共同知识可能在总产出的反应中引致显著的惯性,甚至有可能引发就业的消极的初步反应。

第二个要点则在于,上述抑制效应可能恰恰反映了分散在经济中的信息已经得到了有效利用。[1] 这与新凯恩斯主义模型的解释形成了鲜明的对比。新凯恩斯主义模型把观察到的这种事实解释为货币当局无力复制弹性价格下的配置的结果。换句话说,新凯恩斯主义模型要匹配加利(Gali,1999年)的事实方面的成功,在该模型背景下,说明了政策制定者的失败(未能做正确的事情)。相比之下,利用协调中的摩擦来扩增真实商业周期模型却可以在没有任何政策失败下帮助合理化上述事实。

这些观点在安格勒托斯和拉奥(Angeletos and La'O,2010)的论文中得到了形式化。这篇论文研究了我们在上面第2.2节引入的新古典主义经济的不完全信息版本。这种经济与教科书中的真实商业周期模型基本相同,除了三处修改。首先,为了简化分析,假定资本不存在。第二,引入了产品差异化,以引发策略互补性。第三,引入信息不完全性,以导致协调不完美。

这个模型的具体设定是这样的:经济体由大量岛屿组成,其编号为$i \in [0,1]$。每个岛屿又都由一个竞争性的企业和一个竞争性的工人所组成,它们共同生产出一种差异化的、特定于岛屿的中间产品。不同岛屿生产出来的中间产品都要进入一种单一的最终消费品的生产。这样就引入了岛屿之间的策略互补性:每个岛屿的最佳产出取决于其他岛屿的产出。然后,引入不完全信息的方法是:假设当任何一个给定的岛屿上的企业和工人决定本岛的就业和产出水平时,它们不拥有关于其他岛屿的生产率、就业和产出的确定信息。此外,尽管信息是不完全的,但是假设不存在不完全的风险分担,方法是让工人们在每一期结束时把收入集中起来。每个人都属于同一个"大家庭",它的收入和消费实现了充分多样化,能够应对不同"大家庭"成员的特异性信息和选择。最后,再假设每个岛屿的"地方"生产率都能被岛内的企业和工人完美地观察到;[2]这种可观察性假设保证了,任何其他信息只有在有助于预测其他岛屿的产出水平这种情况下才是相关的。

为了便于将这个模型准确地映射到我们在上一节中研究过的选美比赛博弈,再假设信息是高斯式、偏好和技术的设定都取幂函数的形式。不失一般性,我们进一步强加一个线性

---

[1] 在这里,我们用的"有效"一词指的是第9节给出的约束条件下有效的概念。
[2] 这是对我们之前在命题16中提出的假设的一个类比。

技术：$y_{it}=a_{it}+n_{it}$，其中 y_{it} 是岛屿 i 的（对数）产出水平，a_{it} 是外生的本地生产率的（对数）水平，而 n_{it} 则是本地就业的（对数）水平。安格勒托斯和拉奥（Angeletos and La'O，2010 年）证明，这个模型的一般均衡可以化简为以下不动点关系的解：

$$y_{it}=(1-\alpha)\chi a_{it}+\alpha\,\mathbb{E}_{it}Y_t \tag{29}$$

（这里原文为"$y_{it}=(1-\alpha)\chi a_{i,t}+\alpha\,\mathbb{E}_{it}Y_t$"，疑有误，已改。——译者注。）

其中，Y_t 是总产出的（对数）水平，$\chi>0$ 和 $\alpha<1$ 是常数，依赖于基本偏好和技术参数。（这里原文为"Y_i 是总产出的（对数）水平"，疑有误，已改。——译者注。）对方程式（29）求解得到产出水平后，本地就业和总就业就可以分别由以下两式给出：$n_{it}=y_{it}-a_{it}$，以及 $N_t=Y_t-A_t$。

很显然，方程式（29）中的不动点关系在数学上等价于我们在上一节讨论到的最优反应条件。因此，我们在那里提出的见解很容易就可以转用于当前的情况。接下来，我们阐述真实商业周期框架的这些经验性质的含义。

假设本地生产率是由一个总体分量和一个特异性分量的总和给出的，即，$a_{it}=A_t+\xi_{it}$，其中的 A_t 是总体技术冲击，ξ_{it} 是一个特异性技术冲击。（为了简单起见），假设后者在各 i 和 t 之间都是独立同分布的（i.i.d.），而前者服从如下的随机游走：

$$A_t=A_{t-1}+u_t,$$

其中，u_t 是第 t 期的新息。

当信息是完全的时候（或者等价地，当协调是完美的时候），对于所有的 i，我们都有 $\mathbb{E}_{it}Y_t=Y_t$。将这个式子代入上面的不动点关系式并对各个 i 进行汇总，我们就可以得出如下结论。

命题 26 在完全信息下，总产出和总就业分别由以下两式给出：

$$Y_t=\chi A_t\ \text{以及}\ N_t=(\chi-1)A_t$$

由此，我们可以得出：均衡结果由技术冲击确定；χ 和 $\chi-1$ 分别识别总产出和总就业对技术冲击的一般均衡弹性——就像完全信息真实商业周期模型所预测的那样；以及，保持 χ 不变，标量 α 与宏观经济结果无关。

当信息不完全时（或者等价地，当协调不完美时），均衡结果实际上取决于关于 A_t 的整个信念等级。这也就是说，标量 α 开始对模型的可观察性发挥关键作用，因为它决定了高阶信念的相对重要性。

命题 27 在不完全信息下，总产出由下式给出：

$$Y_t=\chi\sum_{h=0}^{\infty}(1-\alpha)\alpha^h\,\mathbb{E}_t^h[A_t] \tag{30}$$

α 如何依赖于基本面？安格勒托斯和拉奥（Angeletos and La'O，2010）对这个问题进行过细致详尽的讨论。这里存在两个相反的机制：一是有助于策略互补性（$\alpha>0$）的"需求侧"效应，二是有助于策略可替代性（$\alpha<0$）的"供给侧"效应。

这里我们需要解释一下。当一个岛屿"预计"总产出会增加时，那么对本地商品的需求、它的相对价格和当地的实际工资预计也都会上涨。这种效应会促使当地工人工作得更多、当地企业生产得更多。这就是"需求侧"效应，它导致本地产出随总产出的预期的上升而上升。与之相对的"供给侧"效应则源于收入效应：当一个岛屿预计总产出将增加时，那么预计收入也将上涨，而这通常倾向于阻碍劳动供给和生产。因此，α 最终是正还是负，取决于上述两种效应中哪一种占主导地位。在下面的分析中，我们一律假设 $\alpha>0$。

如果我们保持 χ 不变而让 α 变化，①那么我们就能改变不完全信息结果，而不会改变其在完全信息下的对应物。因此，我们可以认为 α 是环境基本面的一个"充分统计量"，它能够调节策略不确定性的宏观经济影响，并进而调节不完备信息模型的可观察总体含义，并保持标准的完全信息宏观经济学模型的可观察总体含义不变。②

如果我们对现在这个模型进行"宽松"的解释，即，将它解释为一类更加宽泛的真实商业周期模型的一个代表，那么上述最后一个含义似乎特别有用。在这类真实商业周期模型中，互补性不仅会出现在前述"需求侧"效应中，而且也会出现在"财政乘数"或其他类型的市场互动中——这种市场互动使任何一个给定的企业和消费者的命运对总体经济活动非常敏感。我们希望读者能够乐于接受对策略互补性和相关系数 α 进行如此灵活的解释，因为这是进一步的讨论所必需的。

现在让我们回到本节的原始动机，那就是就业对技术冲击的负面反应。正如我们在前面已经指出的那样，相对于任何一个经验上可信的校准，标准的完全信息真实商业周期模型给出的都是相反的预测。在本节给出的框架（假设不存在资本）的背景下，这种预测等价于强加 $\chi>1$，同时让 α 不受任何限制。但是，一旦信息是不完全的，那么预测的就业反应就严重依赖于 α，而且可以变为负值——无论 χ 取何值。这也就是说，我们可以通过取消对于技术冲击的共同知识并令 α 足够大，把真实商业周期框架与加里的发现调和起来。

安格勒托斯和拉奥（Angeletos and La'O，2010）利用数值实例阐明了上述可能性。他们的数值实例不仅允许学习是迟缓的，还允许信息的不完全性无限期地持续下去。在这里，我们也通过一个例子来说明这个关键思想。在这个例子中，只假设了短暂的信息不完全性——只持续一个时期。

假设 9 在每一期 t，上一期的总体技术冲击 A_{t-1} 都会变成共同知识。此外，对于每一个经济行为主体 i，岛 i 上关于当前期间的冲击 A_t 的任何信息，都总结在了以下形式的私人信号当中：

$$x_{it}=A_t+\epsilon_{it},$$

其中，$\epsilon_{it}\sim\mathcal{N}(0,\sigma_\epsilon^2)$ 在 (i,t) 之间是独立同分布的（i.i.d.），且对于所有的 t，独立于 A_t。③

这个假设的第一部分排除了有噪声的动态学习，从而保证这个经济可以化约为一个重复静态选美比赛博弈（如我们在第 7 节中研究的）：在每一期，所有岛屿似乎都是在参加一个选美比赛。在这个模型中，基本面 $\theta=A_t$，关于它的共同先验是一个正态分布，其均值为 $\mu=A_{t-1}$。这个假设的第二部分则将公共信号和任何其他形式的相关噪声抽象掉了，从而将我

---

① 通过改变作为基础的偏好和技术的参数，可以匹配任何一对 (χ,α) 值，它解释了为什么人们确实可以让 α 变动而保持 χ 不变。

② 然而，需要注意的是，α 和 χ 的组合对于两个模型在横截面中的可观察的含义也很重要：在我们考虑的这个经济中，乘积 $(1-\alpha)\chi$ 是用当地产出对岛屿国而异（特定于岛屿）的生产率冲击的反应的微观弹性来识别的。这对于微观数据和宏观数据的结合如何有助于对我们在本节中研究的机制加以规范，并补充第 8.6 节所评述的方法，很有启发意义。

③ 因为本地生产率本身就是总体生产率的一个私人（本地）信号，所以 x_{it} 对于本地生产率所包含的信息和岛屿 i 所拥有的关于 A_t 的任何其他私人信息来说，都必定是一个充分统计量。

们在这一节中重点关注的机制隔离了出来,那就是,策略不确定性在抑制对基本面的反应方面发挥了什么作用。至于关于与动物精神类似的因素的另一类函数,则是我们在第 8.7 节研究的主题。

利用与命题 18 的证明相似的方法,我们可以证明如下命题。

命题 28　根据假设 9,对于一些满足 $0<ø<\chi$ 的正标量 χ,均衡产出由下式给出:

$$Y_t=\chi A_{t-1}+øu_t,$$

此外,对于任何给定的 $\chi>0$ 和 $\sigma_\epsilon>0$,当 α 从下面收敛到 1 时,$ø$ 从上方收敛到 0。

这个结果说明了两个超出了上述假定的特定信息结构的性质。第一个性质是,技术冲击在不完全信息下的长期影响与在完全信息下相同(即为 χ)。第二个性质是,如果 α 足够大,那么在不完全信息下技术冲击的短期效应(由 $ø$ 给出)更小,甚至可以任意接近于 0。第一个性质之所以成立,是因为冲击从长期看会变成共同知识(在上面这个例子中,"长期"的含义就是"以后各期",而在下面要研究的那个例子中,"长期"则是"渐进的")。第二个性质之所以成立,则是因为只要基本面不是共同知识,以下陈述就为真:当 h 趋向于无穷大时,关于 A_t 的第 h 阶信念收敛于共同先验,无论当前的新息 u_t 是什么,令 α 足够高,从而保证对 Y_t 的均衡信念不会因 u_t 而变动太多,那么实际产出也就不会变动太多。

为了推导出总就业的反应,先回想一下,$N_t=Y_t-A_t$;我们据此推出技术冲击对总就业的影响由 $ø-1$ 给出,从而对于足够大的 α 来说,它是负的。

推论 3　假设 $\chi>1$,并接受加里的发现,即就业对技术冲击的短期反应是负的。那么这个发现拒绝了真实商业周期模型的无摩擦版本,但是并不能拒绝将它扩展到不完全信息下的版本——只要 α 足够大。

到现在为止,我们只证明了,在狭义理解的"短期"下,上述结果成立:在滞后一个时期之后,就业的反应就为正了。但是,这最后一个性质是如下简化的假设带来的一个人为结果:技术冲击在仅仅滞后一个时期之后,就变成了共同知识。如果我们允许缺乏对技术冲击的共同知识的状况持续更多的时期,那么就会在更多的时期内出现就业的反应为负的情况。更多的细节,请参见安格勒托斯和拉奥(Angeletos and La'O,2010)。

安格勒托斯和拉奥(Angeletos and La'O,2010)还进一步证明了,经济学对技术冲击的均衡反应在以下意义上是"在约束条件下有效"(constrained efficient):在均衡时,没有任何配置可以在不突破经济的资源可行性或信息约束的情况下改善经济行为主体的境况。[1] 因此,与新凯恩斯主义的解释不同,加里发现的事实不再是货币政策的次优性(或限制)的一个"症状"。

换句话说,只要缺乏共同知识的状况持续足够久、只要策略互补性足够强,那么真实商业周期框架是可以与加里发现的事实相协调的。然而,这与相关的策略互补有多强的问题挂钩。在安格勒托斯和拉奥的论文中(Angeletos and La'O,2010),策略互补性的唯一来源是迪克西特-斯蒂格利茨(Dixit-Stiglitz)的偏好设定。对于常规的参数化来说,这种偏好意味着 α 的值相当低,因此高阶不确定性的作用也比较小。不过,清泷和摩尔(Kiyotaki and Moore,

---

[1]　关于这种效率概念的定义和讨论,请参见第 9 节。

1997)所讨论的金融摩擦和反馈效应可以"提升"真实商业周期框架中存在的互补性程度,同时还能给出不同的规范性结论。因此,未来研究的一个很有希望的方向就是,在金融摩擦文献的模型中引入不完全信息(这类文献因最近的危机的刺激而与日俱增)。

最后,我们再简略地讨论一些对上述研究构成了有益补充的论文,它们运用信息摩擦在不同背景下产生了实际刚性,特别是在标准的消费-储蓄决策问题中。例如,西姆斯(Sims,2003,2006)、罗雨雷(Luo,2008)、图蒂诺(Tutino,2013)阐明了,"理性疏忽"是怎样引发了消费对收入冲击的反应的惯性的。罗雨雷等人(Luo et al,2015)证明了学习迟缓有助于在耐用品和非耐用品的消费中生成过度平滑,从而使模型更接近数据。阿尔瓦雷斯等人(Alvarez et al.,2011)研究了流动性和消费的观察成本与交易之间的相互作用。所有这些论文的结果都与我们得出的结果相似;但是有一个关键的区别:这些论文都不包括策略性互动或一般均衡互动。因此,它们所阐述的刚性只是微观层面的刚性:它会阻碍个人经济活动结果对个人的基本面的反应。而且,在观察这种基本面时也需要足够大的噪声;这也就是说,关于基本面的一阶信念本身就必须是刚性的。相比之下,我们在这里阐述的刚性则是在宏观层面获得的,它以缺乏共同知识为基础(即,建立在高阶信念是刚性的这一基础上),而不依赖于个体层面的不确定性;因此可以在微观层面上具有相当大的灵活性。

8.2 一般均衡抑制与刚性 vs 超调

安格勒托斯和利安(Angeletos and Lian,2016b)进一步深入阐发了上述思想,他们证明了:(i)不完全信息等价于解概念的某种程度的放松;(ii)不完全信息可以抑制宏观经济模型的一般均衡效应,同时又能保持作为基础的微观弹性不变。这些结果显然有助于弥合最近的实证研究——例如米安等人(Mian et al.,2013)、米安和苏菲(Mian and Sufi.,2014)——所识别的区域性冲击的横截面效应与我们所关注的总体性冲击的宏观经济效应这个核心问题之间的"鸿沟"。

此外,安格勒托斯和利安(Angeletos and Lian,2016b)得出的结果还表明,同一个机制即一般均衡效应的抑制,既可能意味着刚性,也可能意味着超调。如果一般均衡效应起作用的方向与相对应的局部均衡效应相同,那么就意味着宏观弹性在完全信息下高于微观弹性,从而引入不完全信息有助于加大刚性。相反,如果一般均衡效应在相反的方向上起作用(这意味着在完全信息下,宏观弹性小于微观弹性),那么不完全信息的引入则有助于超调。

第一种情况对应于一般均衡效应类似于策略互补性的模型设定。第二种情况则对应于一般均衡效应类似于策略互替性的模型设定。我们在上文中讨论过的安格勒托斯和拉奥(Angeletos and La'O,2010)的应用研究,以及我们在下文中将要评述的伍德福德(Woodford,2003)和其他经济学家在货币政策领域的应用,实际上都是第一种情况的例子。安格勒托斯和利安(Angeletos and Lian,2016b)则给出了关于第二种情况的若干例子。

在文卡特斯瓦兰的论文(Venkateswaran,2014)中,也可以找到关于第二种情况的一个有趣的例子。文卡特斯瓦兰在这篇论文中考虑了戴蒙德-默腾森-皮萨里德斯模型(Diamond-

Mortesen-Pissarides model)的一个不完全信息版本,并证明了信息不完全性增加了总失业的波动性,从而有助于将模型与商业周期数据协调起来。

8.3 名义刚性与货币冲击

在本节中,我们将评述伍德福德的论文(Woodford,2003)。这是一篇很有影响的论文,它阐明了不完全信息框架是怎样为更常规的名义刚性形式化方法提供了一个有力的替代工具的。

在评述伍德福德的贡献之前,我们还得先回顾一下关于货币冲击的宏观经济影响的经验证据。克里斯蒂亚诺等人(Christiano et al.,1999)、克里斯蒂亚诺等人(Christiano et al.,2005)使用结构向量自回归方法(structral VAR)识别出了宏观经济变量对货币冲击的脉冲响应(函数)。他们的两个主要发现如下:(i)产出、消费和投资的脉冲响应是驼峰状的,在冲击发生后大约一到一年半后达到峰值,并且在大约三年后恢复为冲击前的水平;(ii)通货膨胀的反应也呈现出类似的驼峰状,大约在冲击发生两年后达到峰值。

这些发现如图6所示,它是对克里斯蒂亚诺等人的论文(Christiano et al.,2005)中的图1的复制。这幅图显示了产出和通货膨胀对一个识别出来的货币冲击的估计反应。[1] 这些反应为新凯恩斯主义框架提供了支持,因为它们表明货币冲击具有很大的且持久的实际效果。但是,它们也提出了一个挑战,这也正是我们接下来要讨论的。

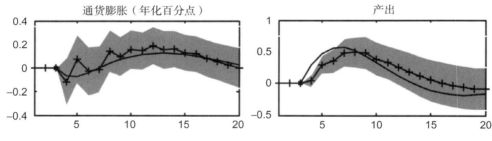

图6 通货膨胀和产出对货币冲击的脉冲响应

图中附有加号的实线是基于 VAR 的脉冲响应,灰色区域是基于 VAR 估计的95%置信区间。水平(横)轴的单位是季度四分之一,星号表示政策冲击发生的时期。垂直(纵)轴的单位是对不发生冲击时的路径的偏差,就通货膨胀而言,单位是年化百分点(APR);而就产出而言,单位是百分比。图中这些实线是用一个中等规模的新凯恩斯主义动态随机一般均衡(DSGE)模型生成的脉冲响应,源于克里斯蒂亚诺等人的论文(Christiano et al.,2005 年)。

新凯恩斯主义的菲利普斯曲线(它是新凯恩斯主义模型的核心所在)取如下形式:

$$\pi_t = \kappa y_t + \beta \, \mathbb{E}_t \pi_{t+1},$$

其中,π_t 表示通货膨胀,y_t 表示产出缺口,κ 是重新制定价格(以及偏好和技术参数)的卡尔

---

[1] 消费和投资的估计反应在这里被忽略了,因为我们在这里所关注的是没有资本的简化模型(因此只需考虑产出和通货膨胀的反应)。水平横轴上的单位是季度;在垂直纵轴上,图形偏离了未受冲击时的路径(对通货膨胀,单位为年化的百分点;对产出,单位则为百分比)。灰色区域表示95%置信区间。

沃概率的函数，β 是贴现因子。① 对上述条件进行迭代处理，就可以得到当前通货膨胀是对产出缺口现值的最佳预测：

$$\pi_t = \kappa\, \mathbb{E}_t\left[\sum_{h=0}^{\infty}\beta^h y_{t+h}\right]$$

这意味着，在发生了货币冲击后，通货膨胀的反应必定领先于（或者说，预测了）产出的反应：如果产出对货币冲击的反应是如图 6 的右图所示的驼峰状的，那么通货膨胀的反应峰值的出现必定要早于产出的反应峰值。但是，这与图 6 的左图所示的恰恰相反。

为了避免失败，许多定量动态随机一般均衡模型在基准的新凯恩斯主义模型的基础上加入了很多"特设"的性质，例如价格指数化和特定的调整成本，但是它们的微观基础并不稳固，能不能经受得住"卢卡斯批判"也存在争议。与这些模型相反，伍德福德（Woodford，2003）则证明，不完全信息与价格制定决策中的策略互补性相结合，不仅可以作为名义刚性的来源（以代替卡尔沃摩擦），而且还可以非常自然地生成如图 6 所示的经验模式。

接下来我们就来详细说明一下。伍德福德（Woodford，2003）考虑的是一个货币经济，它类似于我们在第 2.2 节中描述的那个货币经济。与新凯恩斯主义模型不同，在这个模型中不存在卡尔沃摩擦：企业每一期都可以自行重新制定价格。名义刚性源于关于货币危机的信息的不完全性。具体地说，典型企业在第 t 期制定的（对数）价格由下式给出：

$$p_{it} = \mathbb{E}_{it}\left[(1-\alpha)\theta_t + \alpha P_t\right], \tag{31}$$

其中，θ_t 表示（对数）名义 GDP，P_t 表示（对数）价格水平，α 则表示企业定价决策中策略互补性的程度。名义 GDP 是作为一个外生过程来处理的。与数据一致，假设名义 GDP 的增长率服从如下一阶自回归过程：

$$\Delta\theta_t = \rho\Delta\theta_{t-1} + v_t,$$

其中，$\Delta\theta_t \equiv \theta_t - \theta_{t-1}$，是名义 GDP 的增长率，$\rho \in [0,1]$ 是其持续性，v_t 是新息。最后，假设企业在给定的任何一个期间 t 收到的信息是一个如下形式的私人信号 x_{it}：

$$x_{it} = \theta_t + \epsilon_{it},$$

其中，$\epsilon_{it} \sim N(0, \sigma_\epsilon^2)$ 是噪声，它在所有 (i,t) 之间是独立同分布的（i.i.d.），并且对于所有的 τ，均与 θ_τ 无关。

伍德福德（Woodford，2003）在西姆斯（Sims，2003）的"理性疏忽"模型的基础上构建了上述信息结构：把噪声 ϵ_{it} 解释为认知摩擦的一个副产品。这有助于绕过第一代模型受到的批评，那些模型试图将货币非中性归因于信息摩擦，请参见：卢卡斯（Lucas，1972，1973）、巴罗（Barro，1976，1977，1978）。早期的这些文献是基于这样的假设：不存在关于当前货币政策和当前总价格水平的现成的信息。从表面上看，这个假设似乎是不符合现实的。然而，如果经济行为主体在处理和消化可用信息的能力方面确实遇到了认知上的限制，那么他们就有可

---

① 严格地说，y_t 衡量的是价格−成本加成的对数偏差：粘性价格下可以得到的价格超出成本的加价，要高于弹性价格下本来可以得到的价格超出成本的加价。不过，这个理论对象在经验上的最优对应物是什么，仍然没有定论。为了简单起见，在本讨论中，我们将 y_t 解释为产出缺口。

能像这些信息完全不可用那样去行事,这就是说,"理性疏忽"类似于在观察潜在的冲击时增加了噪声。

在不存在策略互补性的情况下,上述观点无非是为卢卡斯和巴罗所假设的那种类型的信息摩擦提供了一个新理由而已。然而,伍德福德贡献的标志是,信息摩擦与定价决策中的策略互补性之间的相互作用,以及高阶信念的相关作用。

正如我们在下一节将会阐述的,卢卡斯(Lucas,1972)所研究的模型设置类似于施加了 $\alpha = 0$ 的限制(即不存在策略互补),从而起到了去掉高阶信念的作用。简而言之,卢卡斯(Lucas,1972)给出的这种理论机制只涉及一阶信念的反应,这也正是为什么巴罗试图去衡量货币政策的"意料之外的变化"。

相比之下,伍德福德(Woodford,2003)则将关注重点转移到了策略互补性和高阶信念上来。如上一节所述,高阶信念对基本面新息的反应比低阶信念更加弱、更加缓慢。因此可以推出,保持可用信息的准确性和学习速度不变,更强的互补性将使均衡价格对基础的货币冲击的反应更加"低调"、更加缓慢,因此也会导致更大和更持久的实际效果。

将上述观察结果结合在一起,我们就可以看出,伍德福德的首要贡献是,他解释了为什么在总体水平上可能会表现出明显的名义刚性,甚至在以下情况下也是如此:(i)存在着大量的容易获得的关于潜在的货币冲击的信息;(ii)每个企业本身只是稍有不理解或混淆了潜在的货币冲击。认知摩擦可以解释为什么每个企业在一开始的时候可能会有点混淆,而策略互补性则解释了为什么在总体水平上可能会存在显著的惯性(即使上面所说的这种混淆完全称不上严重)。

这种放大效应有别于伍德福德的贡献——不仅区别于卢卡斯和巴罗的早期文献,而且还区别于最近的一些文献(它们认为所谓的"观察成本"是名义刚性的来源,但已从策略互动中抽象出来了)。例如,考虑阿尔瓦雷斯和里皮(Alvarez and Lippi,2014),以及阿尔瓦雷斯等人(Alvarez et al.,2015)。在这两篇论文的模型中,企业很少更新自己的信息集,因为它们每一次更新都必须支付固定的成本。而且,因为更新是不同步的,这还意味着在任何给定的时间点,不同企业对潜在的冲击的了解都是不相同的,从而打开了高阶不确定性的大门。然而,这两篇论文又把定价决策中的策略互补性抽象掉了,这样就最终省略了高阶信念的影响。[①] 因此,这两篇论文中宏观层面的名义刚性的形式化和量化都与微观层面的刚性有关。相比之下,伍德福德的研究则强调了,即使基础的微观层面的刚性是相当温和的,总体层面的名义刚性也可能非常大。从而,未来研究有待解决的一个重要问题就是,上面这个根本性的洞见对阿尔瓦雷斯和里皮(Alvarez and Lippi,2014)以及阿尔瓦雷斯等人(Alvarez et al.,2015)提出的微观层面的数据与宏观层面的反应之间的映射有什么重要意义,这些映射又能给我们带来什么定量结论。

---

① 另一个区别是,这些论文假设,一旦经济行为主体更新了信息,他就能完美地了解整个自然状态。这个假设意味着,在给定的某个日期 t,在日期 $t-j(j \geq 0)$ 更新自己的信息的经济行为主体对于在日期 $t-j$ 之前更新信息的那些经济行为主体的信念没有任何不确定性;他只是对那些在他之后更新信息的那些经济行为主体的信念有一些不确定性(如果 $j=0$,则为空集)。这一点同样适用于曼昆和雷伊斯(Mankiw and Reis,2002)的论文,我们将在下文中讨论。

接下来，让我们再回过头去看一下我们在这一节开始时给出的那些激发我们进行这些思考的证据。不完全信息怎样才能帮助模型匹配这些证据？对于这些证据，不完全信息真的提供了比卡尔沃摩擦所能提供的更好的结构性解释吗？

伍德福德（Woodford，2003）在图 7 的帮助下解决了这些问题（本图复制于他的论文的图 3 和图 4）。图 7 给出了，在 ρ 的四种不同的参数化方法下（ρ 为名义 GDP 增长率的自相关性），通货膨胀和实际产出对 θ_t 的正新息的脉冲响应。右列各子图对应于我们这里研究的不完全信息模型；（为了便于比较）左列给出了新凯恩斯主义模型变体中的脉冲响应，该模型用标准的卡尔沃型粘性价格代替了信息摩擦。[①]

由于上面已经解释过的原因，不完全信息会在价格水平 P_t 对基础的冲击的反应中产生惯性。而经验证据则要求，模型能够给出两个更强的性质：首先，我们要求在通货膨胀的反应中也呈现出惯性，而不仅仅是在价格水平上；其次，通货膨胀的惯性要比实际产出的惯性更为明显。

从图 7 顶部中可以非常清楚地看出，当 $\rho=0$ 时，即当 θ_t 服从随机游走时，不完全信息模型和卡尔沃模型都不能给出上面要求的经验性质，在这种情况下，通货膨胀和产出都达到了峰值（在新息出现的那个时刻）。此外，伍德福德（Woodford，2003）还证明了，就通货膨胀和产出的反应而言，这两个模型其实是同构的。于是，我们有：

命题 29　假设 $\rho=0$。对于卡尔沃模型的任何一种参数化方法，不完全信息模型都有一种参数化方法，能够给出相同的产出和通货膨胀的脉冲响应；反之亦然。

这个结果补充了我们在上文第 6 节中提出的直觉思想。卡尔沃摩擦不仅可以被视为协调中的摩擦，我们现在还得到了一个具体的例子：卡尔沃摩擦在观察上就等同于信息驱动的协调中的摩擦。

这也就是说，只有当 $\rho=0$ 时，这种等价性才成立的。相反，当 $\rho>0$ 时，这种等价性就不再成立了，并且还使得不完全信息模型对数据的拟合胜过了有卡尔沃摩擦的模型。

命题 30　假设产出的脉冲响应是驼峰形的。对于任何参数化方法，卡尔沃模型都将预测通货膨胀的反应在产出的反应达到峰值之前达到峰值。相比之下，对于某些参数化方法，不完全信息模型预测通货膨胀的反应在产出的反应达到峰值之后达到峰值。

这个命题的第一部分可以直接从前面给出的性质推导出来：新凯恩斯主义菲利普斯曲线要求通货膨胀是未来产出缺口的现值的最佳预测器，因此，只要货币冲击（或任何其他冲击）所导致的产出缺口从数据来看呈现出驼峰形的反应模型，那么新凯恩斯主义模型就必定会预测通货膨胀的反应在产出的反应达到峰值之前达到顶峰。

[①] 请参见伍德福德（Woodford，2003），那里给出了这两种模型的校准方法。卡尔沃模型的校准基于通常的标准即可，而不完全信息模型的校准更加特别一些。同时，也请参阅梅洛西（Melosi，2014），他给出了伍德福德（Woodford，2003）的模型的一个估计版本，也提供了类似的经验。

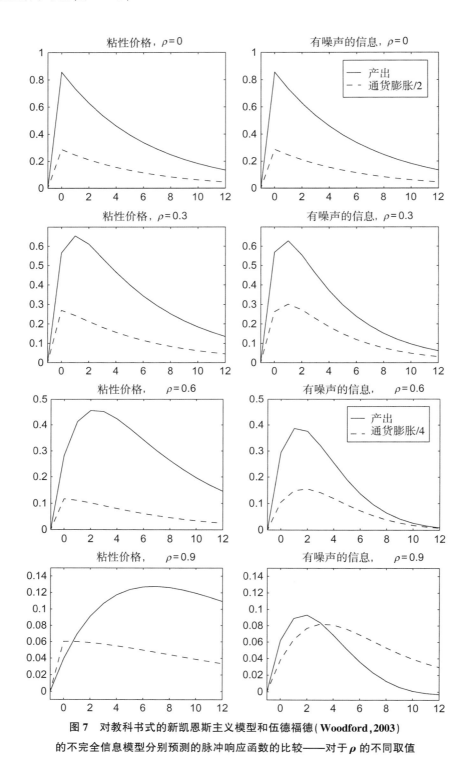

图 7 对教科书式的新凯恩斯主义模型和伍德福德(Woodford,2003)
的不完全信息模型分别预测的脉冲响应函数的比较——对于 ρ 的不同取值

命题 30 的第二部分来自伍德福德(Woodford,2003)给出的数值例子,从图 7 的下半部分也可以看出这一点:一旦 ρ 的值足够高(如图 7 中的 $\rho = 0.6$ 或 $\rho = 0.9$ 时),不完全信息模型就不仅能够为通货膨胀和产出都提供一个驼峰形的反应,而且通货膨胀的反应峰值还出现在了产出的反应达到峰值之后。

现在,让我们解释一下为什么会这样。正的新息 v_t 触发了 θ_t 的逐渐增加,从最初的水平变为一个更高的长期水平。而这就意味着,即便企业立即就能意识到冲击的发生、能够完美地协调进行定价决策,它们也会发现最优反应只能是逐步提高价格。每个企业只能缓慢地意识到冲击的发生这个事实,导致每个企业本身的反应都会变得迟缓。而且,每个企业都会预期其他企业也是会这样,这种事实又进一步导致延迟。当然,这种延迟的时间必定是有限的。随着时间的推移,不仅仅是一阶信念,而且更高阶的信念都会更接近于实际的 θ_t,同时 θ_t 自身也会趋向于其较高的长期运行水平。因此,在某个时间点后价格调整会有所加快。综合考虑这些因素,我们可以推导出,通货膨胀的反应在一开始的时候较低,后来慢慢加速。相比之下,从假设可知,θ_t 的增长率在一开始的时候是较高的,后来放缓。由此可知,这两者之间的差异,即产出的增长率,是在一开始的时候较高,而那时恰恰是通货膨胀仍然很低的时候。这就解释了为什么产出的反应在不完全信息模型设置中会在通货膨胀之前达到峰值。

总而言之,伍德福德(Woodford,2003)强调了,高阶信念的惯性如何有助于对总体水平上的名义刚性的理性化解释;他的方法从实证上看不同于传统的卡尔沃模型的形式化方法,而且很可能比那种常规方法更加优越。后续的补充研究包括:尼马克(Nimark,2008)、安格勒托斯和拉奥(Angeletos and La'O,2009),他们研究了这两种摩擦的相互作用,并发现它们往往会相互加强;梅洛西(Melosi,2014)根据产出和通货膨胀数据估计了伍德福德(Woodford,2003)的模型,并发现该模型在适度的信息摩擦下可以与数据相匹配;赫尔维希(Hellwig,2005)详细阐述了这个模型的微观基础和福利影响;以及,安格勒托斯和利安(Angeletos and Lian,2016c),他们研究了缺乏共同知识是怎样有助于解决前瞻指引难题(forward guidance puzzle)的。接下来,在下一节,我们先不考虑这些扩展研究,而是将伍德福德(Woodford,2003)的思路与其他两个思路联系起来进行剖析。第一个是"粘性信息"(sticky information),例如,曼昆和雷伊斯(Mankiw and Reis,2002);第二个是"理性疏忽"(rational inattention),例如,西姆斯(Sims,2003)、麦克科维亚克和韦德霍尔特(Maćkowiak and Wiederholt,2009)。不过,在这样做之前,我们还要说明一个很重要的问题。在这个"插曲"中,我们要回顾一下一个简化版的卢卡斯(Lucas,1972)的模型,并利用它来阐明我们在本节中刚刚讨论过的机制的新颖之处。

8.4 插曲:Lucas(1972)的模型

考虑下面这个卢卡斯(Lucas,1972)的模型的简化版。模型中的经济由世代交叠构成:每个经济行为主体都生活两期,年轻时工作,年老时消费。经济中存在一个由"岛屿"组成的连续统,$i \in [0,1]$。在每个时期 t,每个岛屿都有一个由年轻和年老的经济行为主体组成的连续统。

现在,先固定一个时期 t 和一个岛屿 i。考虑在那个时期出生、在那个岛屿上工作的年轻经济行为主体。对于这些经济行为主体中的每一个,都存在一个测度,而且它们都是相同的。这些年轻的经济主体中的每个人都会提供 $N_{i,t}$ 单位劳动用于生产出 $Y_{i,t}$ 单位该岛的产品：

$$Y_{i,t} = N_{i,t}, \tag{32}$$

令 $P_{i,t}$ 表示第 t 期中该商品的名义价格。

在第 $t+1$ 期,上述经济行为主体变成了老年人,他们随机地迁移到不同的岛屿(根据一定的分配规则,下文将会描述);他们每个人都会收到一笔与他们年轻时所得到的名义收入成一定比例的货币转移支付。在总体层面上,货币转移会受到货币供应量增长率的限制,后者则服从如下的对数随机游走：

$$M_{t+1} = M_t \mathrm{e}^{v_{t+1}},$$

其中,$v_{t+1} \sim N(0, \sigma_v^2)$ 为一个总体性冲击。由此可知,一个出生在岛 i、现在居住于岛 j 的老年经济行为主体"手中的现金",由下式给出：

$$M_{i,t+1} = P_{i,t} N_{i,t} \mathrm{e}^{v_{t+1}}$$

他的预算约束由下式给出：

$$P_{j,t+1} C_{i,j,t+1} = M_{i,t+1}$$

其中,$C_{i,j,t+1}$ 表示该经济行为主体的消费。最后,他实现的效用由下式给出：

$$\mathcal{U}_{i,j,t} = C_{i,j,t+1} - \frac{1}{1+\kappa} N_{i,t}^{1+\kappa}.$$

接下来,我们详细说明将老年经济行为主体分配到不同岛屿上的规则,以及因这些老年人的到来而出现的对每个岛的当地商品的需求。在每个时期 t,任何一个特定岛屿上的老年经济行为主体都是前一个时期出生,并在不同岛屿上工作的所有经济行为主体的代表性样本。然而,不同的岛屿接收不同大小的样本。具体地说,岛屿 i 在时期 t 接收的老年经济行为主体的质量由 $\bar{\xi} \mathrm{e}^{\xi_{i,t}}$ 给出,其中,$\xi_{i,t} \sim N(0, \sigma_\xi^2)$ 在各岛屿和各时期之间是独立同分布的(i.i.d.),而且独立于 v_t。我们恰当地设定 $\bar{\xi}$,使得 $\mathbb{E}[\bar{\xi} \mathrm{e}^{\xi_{i,t}}] = 1$,即使得其平均质量为 1。由此可以推出,岛屿 i 在时期 t 的名义需求由下式给出：

$$D_{i,t} = \bar{\xi} \mathrm{e}^{\xi_{i,t}} M_t,$$

其中,M_t 是总货币数。然后,市场出清条件要求：

$$P_{i,t} N_{i,t} = D_{i,t} \tag{33}$$

因此,$\xi_{i,t}$ 在建模中的作用就是诱导出特定于岛屿的(因岛屿而异的)的需求冲击,或者等价地,相对价格的变化。

上述假设保证了对年轻经济行为主体的最优劳动供给的简单表征。从预算约束来看,我们可以推导出,第 t 期在岛屿 i 上工作、第 $t+1$ 期在岛屿 j 上消费的经济行为主体的消费如下式所示：

$$C_{i,j,t+1} = \frac{M_{i,t+1}}{P_{j,t+1}} = \frac{P_{i,t} N_{it} e^{v_{t+1}}}{P_{j,t+1}} = \frac{P_{i,t}}{M_t} \cdot \frac{M_{t+1}}{P_{j,t+1}} \cdot N_{i,t}$$

由此可以推得,第 t 期该经济行为主体的最优劳动供给由下式给出：

$$N_{i,t} = arg \max_N \mathbb{E}_{i,t} \left[\frac{P_{i,t}}{M_t} \cdot \frac{M_{t+1}}{P_{j,t+1}} \cdot N - \frac{1}{1+\kappa} N_{i,t}^{1+\kappa} \right] = \left(\mathbb{E}_{i,t} \left[\frac{P_{i,t}}{M_t} \cdot \frac{M_{t+1}}{P_{j,t+1}} \right] \right)^{\frac{1}{\kappa}} \tag{34}$$

接下来，我们还需要指定信息结构。

像卢卡斯（Lucas, 1972）论文中一样，我们假设上一期的货币供应量 M_{t-1} 是公共信息，但是当期的总货币供应量 M_t 则是未知的；这也就等价于说，当期的货币冲击 v_t 是未知的。我们还假设，每个经济行为主体能够观察到自己所在的岛屿上的当期的名义价格，但不能观察到其他岛屿的当期的名义价格。由此可以推知，进入条件（34）的期望中的信息集为对（M_{t-1}, $P_{i,t}$）。[①] 最后，我们只关注 $P_{i,t}$ 对数正态分布的那些均衡。

接下来，我们用小写变量表示相对应的大写变量的对数（以它们相对于稳态的偏离来度量），并将注意力限制在 $P_{i,t}$ 正态分布的那些理性预期均衡上。这种类型的均衡是存在的，而且是唯一的，可以用如下命题来刻画。

命题 31（Lucas 72） 考虑上面描述的卢卡斯（Lucas, 1972）的模型的变体。存在标量 β，$\lambda \in (0,1)$，使得以下性质成立。

（i）名义价格水平由下式给出：

$$p_t = (1-\beta) m_t + \beta \mathbb{E}[m_t] \tag{35}$$

（ii）实际产出由下式给出：

$$\gamma_t = m_t - p_t = \beta \{ m_t - \mathbb{E}[m_t] \} \tag{36}$$

（iii）m_t 的平均预测误差（也称为"意料之外"的货币供应变化）由下式给出：

$$m_t - \mathbb{E}[m_t] = \lambda v_t \tag{37}$$

第（ii）部分和第（iii）部分结合起来，表明货币冲击是有实际效果的。这里点很容易理解。年轻的经济行为主体不能直接观察到货币供应的冲击，相反，他们只能观察到当地价格的变动，这样一来，他们就会把总货币冲击 v_t 与随岛屿而异（特定于岛屿）的需求冲击 ξ_{it} 混淆在一起。由此而导致的一个后果是，他们（会理性地）混淆名义价格变动与相对价格变动。这种混淆解释了，为什么对于年轻的经济行为主体来说，为了应对货币冲击，付出更大的努力、生产出更多的产出是最优的。

然而，出于我们的目的考虑，将重点放在第（i）部分更加有益。将条件（35）与条件（31）对比一下，即伍德福德（Woodford, 2003）的模型中确定价格水平的条件。[②] 很明显卢卡斯的模型中的价格水平只依赖于对货币冲击（"基本面"）的一阶信念，而在伍德福德的模型中，价格水平还依赖于高阶信念。同样的道理，在卢卡斯的模型中，货币非中性的程度只有在经济行为主体对货币冲击不知情的情况下才有可能很高（这个事实反过来又解释了巴罗为什么试图通过测量"意料之外"的货币冲击来检验这个理论）。相比之下，在价格制定决策当中存在着很强的互补性的情况下，伍德福德的模型中的货币非中性程度却可能很高，即便在经济行为主体对货币冲击充分知情的情况下也是如此。后者关键缺乏的是共同知识，而不是缺

---

① 我们也可以允许经济行为主体了解过去所有时期的货币供应和名义价格的全部历史。但是，给定我们已经做出的其余假设和我们在下文中将要构建的均衡，这个历史记录不提供额信息。

② 请注意，上一节中的 θ_t 与这里的 m_t 是同一个东西。

乏个人知识。

备注 28　在卢卡斯的研究中,高阶信念之所以会"缺席",主要有两个原因。一个原因是不存在策略互补性,这一点我们在上面已经强调过了。另一个原因是,他假设在每一期的一开始,前期的基本面(m_{t-1})就成了共同知识。如果适当地放宽后一个假设,即,如果假设任何一个岛屿内的不同经济行为主体都只拥有关于过去的基本面的有差异的信息,那么高阶信念就会通过信号提取问题变得重要起来:任何年轻的经济行为主体对本地价格信号的解释将依赖于自己对年老经济行为主体的信息和信念以及其他年轻人的信息和信念的信念。这种机制——高阶信念在解释他人的活动的信号中的作用——正是汤森德(Townsend,1983)的研究,以及汉森和萨金特(Hansen and Sargent,1991)和卡萨等人(Kasa et al.,2000)的后续作品的主题。但是,就像卢卡斯(Lucas,1972)从行动中抽象掉了策略互补性一样,这些研究也对策略互补性进行了这样的抽象处理。

8.5　粘性信息与"理性疏忽"

在阐明了卢卡斯(Lucas,1972)的模型与伍德福德(2003)的模型之间的关键区别后,我们再来简要地讨论一下伍德福德(2003)的模型与另外两个最近的重要研究之间的联系:曼昆和雷伊斯的研究(Mankiw and Reis,2002)以及麦克科维亚克和韦德霍尔特研究(Maćkowiak and Wiederholt,2009,2015)。

在曼昆和雷伊斯(Mankiw and Reis,2002)的模型中,企业随时都可以自由地调整价格,但是却只是不定期地更新其信息集。具体地说,我们假设在每一个时期,无论其历史如何,企业都有机会观察到基本面的状态,其概率为 $\lambda \in (0,1)$;如果没有观察到,企业就会陷入这个时期之前的信息集当中。同样地,在任何一个给定的时期内,只有比例 λ 的企业是完全知情的,而其余的企业则必须根据"过时"的信息来制定价格。这种摩擦在曼昆和雷伊斯(Mankiw and Reis,2002)的论文中视为给定的,但是在雷伊斯(Reis,2006)、阿尔瓦雷斯等人(Alvarez et al.,2011,2015)的模型中则是以观察自然状态的固定成本为其微观基础的。[①]

在他们的论文中,曼昆和雷伊斯(Mankiw and Reis,2002)关注的重点是,对他们的模型与标准的卡尔沃模型进行比较。特别是,他们证明了,他们的模型对通货膨胀和产出的联合动态施加了如下限制(这种联合动态可以解释为模型的菲利普斯曲线):

$$\pi_t = \left(\frac{(1-\alpha)\lambda}{1-\lambda}\right)y_t + \lambda \sum_{j=0}^{\infty}(1-\lambda)^j \mathbb{E}_{t-1-j}(\pi_t + (1-\alpha)\Delta y_t),$$

其中,α 是定价决策中策略互补性的程度,λ 是前面提到的观察状态的概率。这个结果表明了这个模型的后向性质,不同于新凯恩斯主义菲利普斯曲线的前瞻性质:今天的通货膨胀取决于过去的信息,仅仅是因为过去的信息与那些尚未更新自己的信息的企业的定价决策是相关的。

尽管曼昆和雷伊斯(Mankiw and Reis,2002)的这篇论文明显有它自己的应用贡献,但是

[①] 请参见曼昆和雷伊斯(Mankiw and Reis,2011)给出的综述。

我们接下来还是先说明它所用的方法与伍德福德（Woodford，2003）的方法的相似之处。

因为在这两个模型中，最优反应是相同的，所以均衡价格水平在两个模型中都可以表示为相同的关于信念层级结构的函数。由此可知，只有价格、通货膨胀和产出在高阶信念中具有足够不同的动态特征的情况下，这两个模型才有可能给出关于价格、通货膨胀和产出动态的不同的定量预测。

与伍德福德（Woodford，2003）一样，我们假设 $\Delta\theta_t$ 服从一个一阶自回归过程，其自相关系数为 $\rho\in[0,1]$。当 $\rho=0$ 时，即当 θ_t 服从随机游走时，构成了一个明确的基准。对于这种情况，我们已经研究了在伍德福德设定的信息结构下所隐含的高阶信念的动态。现在着手讨论曼昆和雷伊斯的模型设定所隐含的动态，我们证明了以下命题。

命题 32 当 $\rho=0$ 时，对 θ_t 的一阶和高阶预测由下式给出：

$$\bar{E}_t^h[\theta_t] = \sum_{j=0}^{+\infty}\{(1-(1-\lambda)^{j+1})^h v_{t-j}\} \ \forall h\geq 1,$$

其中，$\lambda\in(0,1)$ 是企业在任何给定时期内更新自己的信息的概率。

这个结果为整个预测信念层级的脉冲响应函数（IRF）提供了一个解析解：新息对 j 期后的 h 阶预测的影响为 $(1-(1-\lambda)^{j+1})^h$。很显然，它随 λ 的增加而增加，随 j 的增加而增加，但随 h 的增加而减少。

在伍德福德的模型设定中，这种解析解是求不出来的（除了一阶信念之外）。然而，现在应该很清楚了，这两种模型设定的定性特征是相同的。在这两个模型设定中，高阶信念对基本面的反应都比低阶信念更弱、更迟缓。此外，λ 在上述脉冲响应函数中的作用也与 σ_ϵ 的倒数在伍德福德模型中的作用基本相同。这是因为，在这两种情况下，这些标量都与学习速度有关。

我们利用图 8 来进一步说明这些要点。图 8 描绘了存在粘性信息的模型中的一阶和高阶信念的脉冲响应（维持 θ_t 服从随机游走的假设）。将图 8 与图 4 对照一下，我们就会发现，信念层级的定性动态在这两幅图中几乎是不可区分的，因而通货膨胀和产出的脉冲响应也一样是几乎不可区分的。

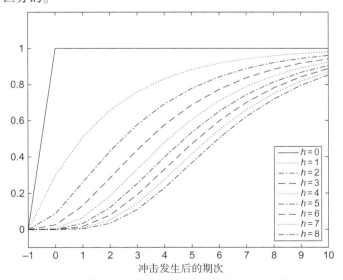

图 8 粘性信息模型中高阶信念的脉冲响应函数

　　不服从随机行走的情况如图9所示。这是我们对伍德福德的模型进行了修正后的结果,它刻画出了对于 ρ 的不同取值,通货膨胀和产出对正的货币冲击的脉冲响应。将此图与图7相比,不难看出这两个模型的预测密切相关。唯一值得注意的区别是(至少对于我们选择的参数化来说),粘性信息模型在匹配通货膨胀的峰值出现在产出之后这个事实时,似乎显得更加轻松一些,即便是对于较低的 ρ 值也是如此。

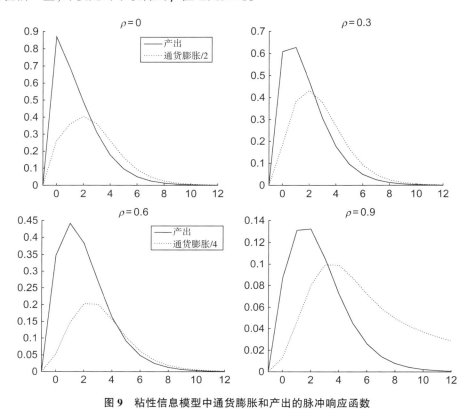

图9　粘性信息模型中通货膨胀和产出的脉冲响应函数

　　总而言之,伍德福德(Woodford,2003)、曼昆和雷伊斯(Mankiw and Reis,2002)这两个模型刻画的高阶信念的动态是类似的,因而它们对通货膨胀、产出以及任何阶数的平均预测的动态的刻画也是相似的。但是,这并不意味着这两个模型在每个维度或每个方面上都是观察上等价的(或几乎等价的)。例如,伍德福德(Woodford,2003)的模型设定意味着预测的横截面离散度——无论是外部冲击的,还是通货膨胀的,抑或是所有其他内生变量的——不会随着时间的推移而变化;但是曼昆和雷伊斯(Mankiw and Reis,2002)的模型设定则意味着预测的横截面离散度会随着基本面的任何新息而增大。

　　有些经济学家对上面最后一个性质特别关注。[1] 但是在我们看来,这个性质其实并不是特别有趣。作为经济学家,我们对人们在现实世界中如何收集、交流和消化信息的准确方式

----

[1] 曼昆等人(Mankiw et al.,2004)认为,这个性质有助于解释对通货膨胀的预测的截面离散度中的某些时变模式。但是相反,科尔比恩和格罗德尼申库(Coibion and Gorodnichenko,2012)并没有在关于通货膨胀对某些识别出来的冲击的反应的预测中发现关于这种性质的证据(更多的细节请参见第8.6节),他们因此得出结论说,与数据更一致的是伍德福德(Woodford,2003)的有噪声信息模型,而不是粘性信息模型。

其实知之甚少。因此,伍德福德(Woodford,2003)和曼昆和雷伊斯(Mankiw and Reis,2002)这两篇论文能够带给我们的共同教益在于,它们对于高阶信念中的惯性,以及随之而来的通货膨胀和产出的动态的相同的预测。这些预测是通过私人学习与策略互补性的组合来驱动的;因此,它们对于信息结构的其他合理设定也是稳健的。

现在,我们再来考虑另一种流行的处理信息摩擦的方法,即,西姆斯(Sims,2003)提出的"理性疏忽"方法。由于篇幅的限制,我们在这里,将不会分析这种方法的基础,也不打算对西姆斯的开创性论文之后涌现的大量应用文献进行详细的综述。[1] 相反,我们将把讨论限制在这种方法与本章的中心主题之间的关系这个范围内。

与我们迄今为止研究过的那些"特设"意味很浓的替代方法不同,西姆斯的形式化的"理性疏忽"概念是以这样一个思想为基础的:即便任意准确的信息可以随时获取,由于人们处理信息的能力有限,他们不会去处理所有信息,因此可能会像他们的信息是有噪声时那样去行事。总之在这里,噪声之所以存在,不是因为信息不足,而是因为认知摩擦。

这个基本思想无疑是非常有吸引力的。例如,如果将它应用于货币政策的背景下,它应该可以使我们避免对早期关于不完美信息的文献的批判,例如,卢卡斯(Lucas,1972),即关于货币政策和价格水平的信息是很容易获得的。这是因为,即便事实真的是这样,"理性疏忽"模型也还是可以解释为什么企业和消费者可能像没有机会获得所有相关数据时那样行事。

这也就是说,我们还应该强调,"合理疏忽"的基础是决策理论。本章中最关键的那些问题——协调、策略不确定性或高阶不确定性,以及解的概念——是西姆斯最初的论文中未曾探讨的。

关于后续的研究论文,其中最著名的是麦克科维亚克和韦德霍尔特的论文(Maćkowiak and Wiederholt,2009,2015),将西姆斯的方法应用于一般均衡模型。这些论文所假设的信息结构排除了相关噪声:在这些模型的均衡中,总体经济结果(如价格和数量)是由总体基本面(如货币冲击和生产率冲击)确定的。这就意味着假设我们在前面识别出来的那种类型的"动物精神"不复存在了。然而,由于经济行为主体就像观察到了具有特异性噪声的基本面一样行事,所以仍然可以保有以下性质:首先,信息是不完全的(在定义10的意义上),而不仅仅是不完美的(在定义9的意义上);其次,只要存在策略互补性,我们之前研究过的关于高阶信念惯性的机制仍然有效。

在这个方向上,麦克科维亚克和韦德雷尔特(Maćkowiak and Wiederholt,2009,2015)所采取的方法与伍德福德(Woodford,2003)、曼昆和雷伊斯(Mankiw and Reis,2002)的方法密切相关,并且构成了互补性。不过,麦克科维亚克和韦德霍尔特还利用他们的方法给出了两个截然不同的预测,它们都有各自的独立的意义。

第一个明显不同的预测是,作为"既成事实"的噪声对于总体性冲击可能比对于特异性

---

[1] 重要的后续研究包括:罗(Luo,2008)、麦克科维亚克和韦德霍尔特(Maćkowiak and Wiederholt,2009,2015)、帕齐洛和韦德雷尔特(Paciello and Wiederholt,2014)、马特捷卡(Matejka ,2015a,b)、马特捷卡和西姆斯(Matejka and Sims. ,2011)、马特捷卡和麦凯(Matejka and McKay. ,2015)、马特捷卡等人(Matejka et al. ,2015)、西姆斯(Sims,2006)、史蒂文斯(Stevens,2015)、图蒂诺(Tutino,2013),以及伍德福德(Woodford,2009)。另外也请参见西姆斯的综述(Sims,2010)。

冲击更大。这是因为以下原因。首先从经验上看,特异性冲击的波动性要比总体性冲击大一个数量级。因此,每个个体经济行为主体都会认为,将自己的注意力(能力)分配给特异性冲击(而不是总体性冲击)更有价值。其次,也是更重要的是,策略互补性又强化了这个决策理论效应:当其他企业对总体性冲击的关注较少时,个体企业关注总体性冲击时得到的激励就更小了。

第二个明显不同的预测与比较静态分析有关。在信号外生给定的模型设定中,人们会很自然地试图通过改变支付结构中的某个要素——例如定价决策中的策略互补性程度,或者货币监管当局所要遵循的政策规则——来保持可用信号的精度不变。相比之下,在"理性疏忽"的模型设定中,信号的精度则与潜在的支付特征紧密相关。因此,即便在政策区制保持不变的情况下,这两种方法对(例如)货币冲击的影响给出了相同的预测,它们仍然可能会对货币政策区制转换的影响给出不同的预测。

无须多说,上面这一点并不是"理性疏忽"模型所特有的,它还更一般地适用于旨在将信息收集或信息集结内生化的任何模型。"理性疏忽"为这种内生性假设了一个特定的结构。雷伊斯(Reis,2006)、阿尔瓦雷斯等人(Alvarez et al. ,2015)提出了一个可行的替代方法。它的特点是,用观察潜在的冲击时所需的固定成本取代"理性疏忽",同时又保留了信息内生于政策的预测。[①]

8.6 关于信息摩擦的调查问卷证据

在第 7 节中,我们强调指出,完全信息模型和不完全信息模型对于总体行动、总体行动的平均预期以及基本面的联合分布的预测有明显的不同。在这一节讨论的货币模型的背景下,除了其他预测之外,尤其重要的是实际通货膨胀、对通货膨胀的平均预测以及潜在的冲击的联合分布的预测。

考虑教科书中的新凯恩斯主义模型,或者任何维持了完全信息假设的现代动态随机一般均衡模型。这些模型都预测,即便面临着潜在冲击的不确定性,企业也不会面对关于同时期价格水平或通货膨胀的不确定性。因此,在这些模型中,所有自然状态下 $\mathbb{E}_t\pi_t$ 都与 π_t 一致。因此,π_t 对任何冲击的脉冲响应函数都与 $\mathbb{E}_t\pi_t$ 的脉冲响应函数一致。相比之下,伍德福德(Woodford,2003)、曼昆和雷伊斯(Mankiw and Reis,2002),以及麦克科维亚克和韦德霍尔特(Maćkowiak and Wiederholt,2009)等的不完全信息模型则预测,这两个脉冲响应函数是不同的,其中特别值得指出的是,$\mathbb{E}_t\pi_t$ 对基本面的新息的反应要比 π_t 更加迟缓。

在最近的一篇重要论文中,科尔比恩和格罗德尼申库(Coibion and Gorodnichenko,2012)提供了支持后面这种预测的证据。这篇论文估计了实际通货膨胀和关于通货膨胀的预测对三个从数据中估计出来的不同的冲击的脉冲响应函数:第一个是加利(Gali,1999)识别的技术冲击,第二个是汉密尔顿(Hamilton,1996)识别的石油冲击,第三个是巴斯基与西姆斯

---

① 这支文献关注的是信息内生性如何影响最优货币政策的性质的问题。关于在这个问题上的研究的最新进展,请参阅帕齐洛和韦德霍尔特(Paciello and Wiederholt,2014)、安格勒托斯等人(Angeletos et al. ,2016 年 b)。

(Barsky and Sims,2011)识别的新闻冲击。[①] 而对通货膨胀的预测的数据的四个来源为:专业预测人员调查(Survey of Professional Forecasters,简称"SPF")、密歇根大学的消费者调查(Survey of Consumers)、利文斯顿调查(Livingston Survey),以及美国联邦公开市场委员会(Federal Open Market Committee,简称"FOMC")蓝皮书。对于这些数据来源中的每一个和上述每一个冲击,前述研究表明,平均通货膨胀预测的反应都要比实际通货膨胀更加迟缓。

这个发现显示在了下面的图 10 中。该图是从科尔比恩和格罗德尼申库的论文中(Coibion and Gorodnichenko,2012)复制来的。这幅图描绘了使用基于专业预测人员调查的数据的$\mathbb{E}_t\pi_t$度量得到的实际通货膨胀率 π_t、平均预测误差$\mathbb{E}_t\pi_t-\pi_t$ 对上述每个冲击的脉冲响应函数。需要注意的是,通常认为技术冲击和新闻冲击是反通货膨胀的,石油冲击则是顺通货膨胀的。所有这些性质都与以前的实证研究的结果,以及标准宏观经济学模型的预测一致。对于我们的目的而言,更重要的是要注意到,在前两种冲击下平均预测误差的反应为负值,而在后一种冲击下则为正值,同时平均预测误差的反应的绝对值总是低于实际通货膨胀的反应。这个结果意味着,对于所有三种冲击,平均预测$\mathbb{E}_t\pi_t$的变动方向都与实际通货膨胀率 π_t 相同,不过变动的方式却更加柔和一些。最后还要注意到,平均预测误差会随时间的推移而渐趋消失。

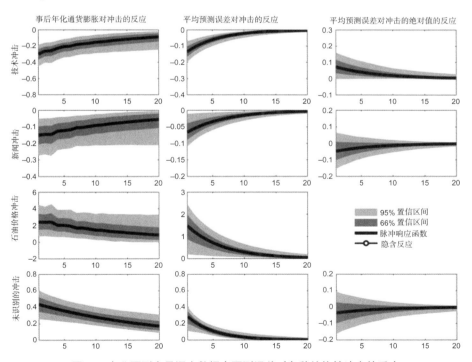

图 10　专业预测人员调查数据中预测误差对各种结构性冲击的反应

---

① 考虑到伍德福德(Woodford,2003)、曼昆和雷伊斯(Mankiw and Reis,2002),以及麦克科维亚克和韦德霍尔特(Maćkowiak and Wiederholt,2009)都主要关注价格对货币冲击的反应,科尔比恩和格罗德尼申库(Coibion and Gorodnichenko,2012)没有研究这种冲击似乎有点奇怪。科尔比恩和格罗德尼申库自己的解释是,因为识别出来的货币冲击所驱动的只是通货膨胀和经济活动的商业周期变化中相对较小的一部分。

科尔比恩和格罗德尼申库(Coibion and Gorodnichenko,2012)证明,如果把对通货膨胀的度量从专业预测人员调查数据替换为密歇根大学消费者调查数据或利文斯顿调查数据或联邦公开市场委员会蓝皮书数据,那么也会得到同样的定性结果。在这些度量能够很好地反映理论所说的平均通货膨胀预测$E_t\pi t$的范围内,上述证据就构成了支持信念惯性、反对标准模型的第一手证据,正如不完全信息模型所暗示的那样。

也就是说,经验分析结果与我们感兴趣的理论模型之间还是存在着一个重要的联系。当科尔比恩和格罗德尼申库(Coibion and Gorodnichenko,2012)试图将他们的证据映射到理论时,他们将观察到的通货膨胀动态视为外生于观察到的预测动态的。相比之下,我们评述的许多模型都假设,通货膨胀的动态是内生于预测动态的,而且的确以一种对理论预测至关重要的方式。换句话说,曼昆和雷伊斯(Mankiw and Reis,2002)、伍德福德(Woodford,2003),以及其他一些研究,都不仅用信息摩擦解释了经济行为主体关于通货膨胀的预测为什么在外生冲击发生时调整得缓慢,而且还用信息摩擦解释了为什么这种信念惯性本身又可能反馈回去,在实际通货膨胀中引起惯性,从而反过来又可能进一步推动信念惯性,如此循环。

总而言之,科尔比恩和格罗德尼申库(Coibion and Gorodnichenko,2012)通过证明通货膨胀预测和实际通货膨胀对特定冲击的联合反应中存在显著的协同模式,从而为这支文献做出了重要贡献。然而,从他们给出的证据到理论的精确映射是怎样的?这仍然是一个悬而未决的问题。由于将通货膨胀视为外生对象,这篇论文未能量化我们所回顾的模型的核心——均衡机制。[1]

在行将结束本节之际,我们再概略地讨论一下其他一些使用问卷调查数据来研究信息异质性的论文。库马尔等人(Kumar et al.,2015)、科尔比恩等人(Coibion et al.,2015)记录了企业对宏观经济状况——特别是通货膨胀——的信念的广泛传播情况。科尔比恩和格罗德尼申库(Coibion and Gorodnichenko,2015)利用事后平均预测误差与平均预测中的事先修订之间的关系来检验信息刚性的存在。安德雷德和勒比罕(Andrade and Le Bihan,2013)、布兰奇(Branch,2007)、卡瓦略和内奇奥(Carvalho and Nechio,2014)、卡瓦略等人(Cavallo et al.,2015),以及萨特(Sarte,2014)都给出了支持信息摩擦的其他证据。综合起来看,这些论文为我们提供了充分的动机,必须好好地研究信息摩擦在商业周期和货币政策背景下的作用。

8.7 需求驱动的波动

在第 8.3 节至第 8.6 节中,我们回顾了这样一支文献,它们阐明了信息摩擦如何为名义刚性提供一个强大的微观基础。这支文献对新凯恩斯主义范式是一个有力的补充,因为名义刚性对于这种范式解释观察到的商业周期现象、容纳需求驱动型波动概念的能力至关重要。接下来,我们把注意力转向与新凯恩斯主义范式恰恰相反的另一个范式;我们认为,即

---

[1] 与此相关,科尔比恩和格罗德尼申库(Coibion and Gorodnichenko,2012)发现,几乎没有关于策略互补性的证据,但是我们不能误解这一点。这个发现是对专业预报人员会扭曲自己的预测,以便与其他人的预测相符这个假设的拒绝。关于策略互补性在价格制定行为中的作用,或者更一般地,关于策略互补性在商业周期现象中的作用,这个发现并不能说明什么。

便在没有名义刚性的情况下,信息摩擦也可以实现上述目标(即,解释商业周期数据并容纳需求驱动型波动)。

在多重均衡模型中,长期以来一直有一个传统,将需求驱动的波动形式化为"动物精神"的产物。例如,请参见:阿扎利艾迪斯(Azariadis,1981)、本哈比和法默(Benhabib and Farmer,1994)、卡斯和谢尔(Cass and Shell,1983)、戴蒙德(Diamond,1982)、库珀和约翰(Cooper and John,1988)、盖内里和伍德福德(Guesnerie and Woodford,1993)。但是,这种方法在现代商业周期文献中的受欢迎程度却比较有限,部分原因在于它的经验基础尚有争议,部分原因在于多均衡模型会给模型结算和政策评估带来不便。然而,我们发现,这种传统的方法还是很有吸引力的,因为它能够有效地将货币非中性概念与需求驱动型波动的概念拆解开来。这与新凯恩斯主义框架形成了鲜明的对照。新凯恩斯主义框架将名义刚性和不能重建弹性价格的货币政策置于中心地位,在不存在这些特征的情况下,需求驱动型波动的概念就会消失,同时新凯恩斯主义框架也将彻底失去匹配商业周期数据的突出特征的能力。

但是我们注意到,现代商业周期模型没有给动物精神留下任何空间,不仅因为现代商业周期模型要求存在唯一的均衡,而且因为它排除了不完美的协调(在我们在本章中给出的定义的意义上)。这就表明,将不完全信息引入原本只有唯一均衡的标准宏观经济学模型中,可能有助于纳入类似于早期多均衡文献中获得的太阳黑子波动的那类预期波动和宏观经济结果波动,从而为需求驱动型波动提供了一种有力的形式化表达,它不需要以对名义刚性或货币政策的"错误"为基础。

安格勒托斯和拉奥的论文(Angeletos and La' O,2013)继续推进了这个基本思想。作者们考虑了一个凸的新古典主义经济。在这个经济中,经济行为主体是理性的,市场是竞争性的,均衡是唯一的,而且没有给任何随机化装置留下空间。他们还排除了对偏好、技术或任何其他与支付相关的基本面的总体性冲击。这样也就关闭了到目前为止我们已经研究过的那些高阶不确定性类型的大门。然而,由于关于特异性交易机会的相关高阶信念仍然存在,所以作者们仍然能够得出总体波动性。

接下来,我们详细说明这篇论文所阐述的机制。经济结构与我们在第 8.1 节中研究实际刚性时所用的结构类似,除了两个修正项:各岛屿随机地配成若干对;而且在给定的任何特定期间,岛屿都只能与自己的贸易伙伴进行贸易和通信。

与第 8.1 节中介绍的那个模型一样,每个岛屿分别专业化生产某种特定的产品,并消费由至少一个别的岛屿生产的产品。这就导致了贸易的出现,进而导致出现了某种策略互补性。然而,与第 8.1 节中的模型不同,这里的贸易是分散化的,并通过随机匹配发生:在每个时期,每个岛屿都只与另一个随机选择的岛屿进行合和交易。这意味着该模型的一般均衡的博弈论表示取如下形式:

$$y_{it} = (1-\alpha)\theta_i + \alpha\, \mathbb{E}_{it}\big[y_{m(i,t),t}\big], \tag{38}$$

其中,y_{it} 是第 t 期中岛屿 i 的产出,θ_i 是该岛屿的外生给定的、时不变的生产率,$\alpha \in (0,1)$ 是基础偏好和技术参数所隐含的策略互补程度,$m(i,t)$ 表示第 t 期岛屿 i 的贸易伙伴(或其"匹对")。由此可以推出,一个岛屿的产出不仅取决于它自身的生产率和可能的贸易伙伴的预期生产率,而且还取决于后者对自己的贸易伙伴的预期,等等。然后,作者们着手对这种源于高阶不确定性的总体波动进行了设计。

从形式上看,安格勒托斯和拉奥(Angeletos and La'O,2013)的模型中得到的这种波动是高阶信念中外生的相关变化在总体层面上的体现。然而,如前所述,对于这些高阶信念的转变不可过于追究其字面含义。相反,我们可以将它们解释为一个在对"需求"的预期中纳入近乎自我实现的波动的装置。这一点从方程式(38)中应该可以看得非常清楚:高阶信念的变化触发了实际产出的变化,因且仅因他们理性化了每个岛屿所形成的对它自己的产品的需求的预期(一阶信念)的变化。[①] 更加重要的是,即便均衡是唯一的,由此而生成的波动也仍然与多重均衡模型中的波动相似:当一个岛屿预期对它的产品的需求增加时,它会生产出更多的产品,从而提高自己对其他岛屿的产品的需求。最后,但并非最不重要的,即便总体基本面保持不变,这种波动也仍然是可能的,因而也就绕过了命题21中所讨论的那种限制。

对总需求波动的另一种相关的形式化方法是本哈比等人(Benhabib et al.,2015b)给出的。与安格勒托斯和拉奥(Angeletos and La'O,2013)的模型类似,在本哈比等人的模型中,基本面(偏好或技术)不会受到总体性冲击,而且当信息完美时,均衡是唯一的。但是与那篇论文不同的是,在这里,一旦引入了一定的信息摩擦,就可以得到多重均衡;而打开均衡多重性的大门的,正是信息的内生性。在本哈比等人的模型中,每个企业都可以观察到一个关于它的需求的内生私人信号,而且该信号反过来又取决于其他企业的行为。他们证明了,在这个模型的其中一个均衡中——本哈比等人认为它是最合理的一个(Benhabib et al.,2015b)——总体活动随着太阳黑子而变化。太阳黑子是不可公开观察的。相反,每个企业所收到的关于它的需求的信号,部分地充当了特异性需求冲击的不完美信号,同时部分地充当了总体太阳黑子的不完美信号。因此,使均衡得以维持的是信号提取问题——企业所面临的需求到底是由这个冲击还是由另一个冲击驱动的。

另外,还有一些文献也构成了有益的补充,例如加巴洛(Gaballo,2015)、沙茹和加巴洛(Chahrour and Gaballo,2015),以及本哈比等人(Benhabib et al.,2015a,2016)。加巴洛(Gaballo,2015)研究了这样一个经济体:最终产品生产商只能通过本地投入要素的均衡价格来了解总体经济条件;并证明当对中间产品的特异性冲击较小时,可能会出现多重均衡。他们还证明,存在着一个有趣的均衡,其中价格对于总体性冲击的反应是刚性的。沙茹和加巴洛(Chahrour and Gaballo,2015)则证明,不平凡的总体波动可能源于对信息或基本面的几乎可以忽略不计的极小的共同冲击。本哈比等人(Benhabib et al.,2015a)在企业同时面临特异性需求冲击和总体性需求冲击的模型中引入了内生信息获取,并证明内生信息获取会使得经济波动呈现出时变性和逆周期性。本哈比等人(Benhabib et al.,2016)则证明,激昂的金融市场情绪可以推高资本价格,那会把强劲的经济基本面导向实体方向,进而导致实际产出和就业的实际增长。

所有上述论文都与安格勒托斯和拉奥(Angeletos and La'O,2013)的论文有一个共同之

[①] 某个岛屿的贸易伙伴的产出 $y_{m(i,t),t}$ 越大,对这个岛屿生产的产品的需求就越大。

处，那就是不完全信息起到了核心作用。如果不具备这个特征，那么所有这些论文所研究的模型都会还原为传统的、只有唯一的均衡的新古典主义模型，其中均衡结果完全由基本面所锁定(pinned down)。然而，使得上述论文与众不同的是它们对信息提取问题的强调；一旦信息不完全，信息提取问题就会出现，而且额外的波动性(包括以多重均衡形式和太阳黑子波动形式出现的波动性)就可能从这些信号提取问题中涌现出来。①

　　最后，安格勒托斯和利安(Angeletos and Lian,2016a)研究了一个与前述论文相关的模型设定。这个模型虽然也依赖于一个信号提取问题(在总体性冲击与特异性冲击之间的信号提取问题)，但是将重点从多重均衡和太阳黑子波动转移到了一个有助于形式化凯恩斯乘数概念的机制上来。具体地说，他们证明，对特异性冲击与总体性冲击之间的"理性混淆"(rational confusion)——或者，至少是缺乏关于总体性冲击的共同知识——能够解释为什么对消费者支出的负面总体性冲击②可能会导致企业雇佣更少劳动力、生产更少的产品，而这反过来又会导致消费者消费得更少，等等，最终导致了经济衰退的后果。他们还证明，同样的机制也会导致财政乘数很大：政府支出的外生增长实际上可能会"挤入"私人消费，从而导致产出增长高于政府支出的外生增长，并帮助结束经济衰退。

　　综合起来看，我们在本节中讨论的这些论文表明，不完全信息有助于为需求驱动的商业周期的概念提供一整套互补的形式化方法。更重要的是，这些形式化方法并不要求——而且也不排除——任何形式的名义刚性或货币政策的任何摩擦。因此，接纳这些形式化方法可能不仅仅会影响经济学家对可用数据的结构性解释，而且还会影响经济学家可能从数据中总结出来的政策含义。事实上，如果假设名义刚性真的是唯一可以理解需求驱动型波动的方法，那么就不得不考虑将货币政策的摩擦(例如，零下限约束)作为观察到的现象的核心。但是，如果关键的相关机制是信息和协调的摩擦，那么货币政策就可能只是一个"串场表演"而已。③

　　安格勒托斯等人(Angeletos et al.,2015)，以及霍震和高山(Huo and Takayama,2015a)的论文进一步推动了这个研究议程，他们试图量化上述信念波动。这些论文有一个类似的共同目标，但是各自采取了相当不同的方法。安格勒托斯等人(Angeletos et al.,2015)放宽了共同先验假设，以便在任意的线性动态随机一般均衡模型中容纳丰富的高阶信念动态，进而在高阶信念、名义刚性与文献中常用的各种各样的结构性冲击之间进行广泛的"赛马"活动。霍震和高山(Huo and Takayama,2015a)的论文则保持了共同先例假设，从而以局限于更有限的定量探索范围为代价，"训导"(discipline)了高阶信念的动态。然而，这两篇论文最终都得出了类似的结论：高阶信念的变动所理性化的那类预期和结果的波动，在定量上可能是很重要的，而且可以为数据的显著特征提供一个有力的结构性解释。

　　表1给出了能够说明上面这个要点的一个例子，它是从安格勒托斯等人的论文中

---

① 在非常抽象的层面上，我们可以说所有这些信号提取问题都与卢卡斯(Lucas,1972)最早形式化的信号提取问题相类似。但是，就具体的研究而言，不但应用的方法有很大的不同，而且高阶信念也发挥了作用。
② 这种冲击可能反映了偏好的变化，或者更可能的是，反映了对消费者信用和/或消费者预期的冲击。
③ 在这里要明白，我们并不是质疑名义刚性的经验相关性；我们只是质疑名义刚性和菲利普斯曲线到底是不是理解需求驱动型波动性概念、商业周期数据的关键规律性的核心。

(Angeletos et al.,2015)复制过来的。这张表格比较了五种相互可替代的模型的实验表现。表 1 中的第一列报告了美国数据中一些关键的商业周期矩,其他五列则分别报告了五个模型的相应矩。接下来,我们就来解释一下这些模型分别是什么。

表 1　真实商业周期(RBC)模型中的高阶信念(HOB)冲击与
新凯恩斯主义(NK)模型中的不同类型的需求冲击

	数据	真实商业周期模型加高阶信念	有全要素生产率(TFP)冲击的新凯恩斯主义模型,再加上……			
			I 冲击	C 冲击	新闻冲击	M 冲击
标准偏差(y)	1.42	1.42	1.24	1.15	1.29	1.37
标准偏差(h)	1.56	1.52	**1.18**	**0.97**	**1.02**	1.44
标准偏差(c)	0.76	0.76	0.86	0.95	0.84	0.77
标准偏差(i)	5.43	5.66	7.03	7.04	7.24	6.20
相关系数(c,y)	0.85	0.77	**0.42**	**0.37**	**0.43**	0.73
相关系数(i,y)	0.94	0.92	0.82	**0.75**	0.84	0.90
相关系数(h,y)	0.88	0.85	0.80	0.77	0.86	0.84
相关系数(c,h)	0.84	**0.34**	−0.19	−0.29	−0.07	**0.24**
相关系数(i,h)	0.82	0.99	1.00	1.00	1.00	0.99
相关系数(c,i)	0.74	**0.47**	−0.17	−0.33	−0.13	**0.35**

注:粗体字表示模型与数据之间存在着显著差异。

第一个模型(表 1 中的第 3 列)是作者的基线模型。它是真实商业周期模型的一个变体,只有两个波动性来源:第一个是持续的技术冲击 A_t,它会使经济的生产可能性发生变化;第二个是短暂的信念冲击 ξ_t,它会改变给定 A_t 时关于 A_t 的高阶信念。在这个模型的均衡中,ξ_t 的变化表现为对短期经济前景的乐观和悲观情绪的波动。我们在这里将 ξ_t 称为"信心冲击"。

其余四个模型都是新凯恩斯主义(New-Keynensian)模型的变体。所有这四个模型的真实商业周期"骨架"都与安格勒托斯等人(Angeletos et al.,2015 年)的基线模型一样。它们仅在两个方面不同于基线模型。首先,所有模型都以卡尔沃摩擦的形式加入了粘性价格,并对货币政策增加了泰勒规则,以便适应新凯恩斯主义的传导机制。其次,每一个模型分别用以下结构性冲击中的其中一个取代了信心冲击——在相关文献中,这些冲击是通常所称的"需求冲击"的代表:特定于投资的(随投资而异的)冲击(I 冲击)、特定于消费的(随消费而异的)冲击或贴现率冲击(C 冲击)、新闻冲击,以及货币冲击(M 冲击)。

所有这五个模型都以相互可比的方式进行了校准:技术和偏好参数,是所有模型共有的,设置为常规值;冲击的随机性质,随不同模型而异,而且通过适当选择,已经使得模型所预测的产出、工作小时数和投资的波动性与美国数据中相应波动性之间的差距最小化。这样一来,我们就可以根据这些目标矩的匹配程度来对各模型加以判断——最重要的是,判断它们是否与数据的其他显著特征相匹配。

从表1中可以看得很清楚,加入了信念冲击后的信念扩增真实商业周期模型在匹配美国数据方面做得非常好。在多方面,它都"胜过了"与它竞争的三个新凯恩斯主义模型,即,加入了投资冲击、消费冲击,或新闻冲击之后的新凯恩斯主义模型。在这个意义上,"信心冲击"优于这三种对"需求冲击"的常规建模方法。

唯一与有信心冲击的真实商业周期模型"做得一样好"的新凯恩斯主义模型是加入了货币冲击的模型。但是,这个模型也有问题,那就是,它的经验拟合依赖于大规模的货币冲击——比通常估计出来的货币冲击大了一个数量级。[①] 然而,这两个模型之间的虚拟联系,可以用来衡量高阶不确定性为"需求冲击"的典型形式化提供强有力的替代的能力。

产生上述结果的原因可以在图11中找到。这幅图显示了模型的主要内生生结果对高阶信念中的外生冲击的脉冲响应函数。这种冲击只引发了就业、产出、消费和投资的强协动性,而没有引发劳动生产率(如图所示)或通货膨胀(图中未显示)之间的强协动性。正是这些协动性模式存在于数据中,而传统的结构性冲击难以匹配。

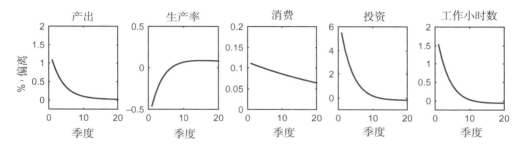

图 11　对高阶信念(HOB)冲击的脉冲响应函数(IRF):非货币需求冲击的形式化

安格勒托斯等人的论文(Angeletos et al. ,2015)表明,这些结果还可以扩展到一个估计出来的中等规模的动态随机一般均衡模型当中,它允许存在更加丰富多样的传播机制(粘性价格、习惯形成和投资调整成本)以及多个结构性冲击。更具体地说,这个更加丰富的模型包括了永久性的和暂时性的全要素生产率冲击、新闻冲击、投资冲击、特定于消费的冲击以及财政冲击和货币冲击。在不存在信心冲击的情况下,估计的模型提供了与现有的动态随机一般均衡文献所发现的相似的图景。但是,一旦在模型中纳入了信心冲击,整个图景就会发生巨大的变化:据估计,信心冲击可以解释产出和其他宏观变量一半以上的商业周期波动。

霍震和高山(Huo and Takayama,2015a)的发现也补充了上述结果。在他们研究的那个真实商业周期模型的版本中,允许存在与安格勒托斯和拉奥的模型(Angeletos and La'O,2013)类似的信心冲击。与安格勒托斯等人的模型(Angeletos et al. ,2015)相比,第一个主要区别是,霍震和高山的模型(Huo and Takayama,2015a)假设了共同先验,这种假设限定了"理论上"可以接受的高阶信念的波动的幅度和持续性。第二个主要区别是,他们使用了预测数据,从而进一步限定了上述波动。尽管存在这些额外的"限制",霍震和高山(Huo and Takayama,2015a)仍然得到了与安格勒托斯等人(Angeletos et al. ,2015)一样的基本结论;他们证明,信心冲击确实生成了符合实际的商业周期模式,而且解释了数据中的波动性的相当

① 相关地,如果我们观察模型预测的通货膨胀和名义利率的矩,那么发现这些矩远离了他们在经验中的对应物。

大的一部分。

无论我们是否只关注这些定量结果的表面价值,它们都提供了一个与本手册中雷米(Ramey,2016)撰写的那一章非常不同的信息。雷米在那一章的结论中总结道:"与 20 年前相比,我们离理解推动宏观经济波动的各种冲击更近了。"但是我们却认为,这个结论依赖于对数据的某种结构性解释,且这种解释排除了协调中的摩擦和其他许多因素(例如,市场心理和动物精神)。一旦将这些因素都考虑进去,对现有的结构性向量自回归证据的解释质量、现有的动态随机一般均衡模型的定量性能,都可能会严重下滑。当然,我们现在的理解水平肯定非 20 年前可比。但是这并不一定意味着我们必定更接近"真理"了——至少在"真理"赋予了我们在本章中研究的这类摩擦如此突出的作用的范围内不是这样的。[1]

最后,但并不是最不重要的,我们在本节综述的研究表明,在某些特定的经济衰退期间或之后,总需求之所以可能会"不足",不仅仅是因为价格粘性和货币政策的约束(比如说,零下限约束),而是(也许更主要是)因为企业和消费者的分散决策中存在协调困难问题。如果将这些思想应用于对大衰退的研究,是一个重要的开放性问题。

8.8 金融市场

在本节中,我们将讨论如何利用不完全信息模型来解释某些资产定价难题,例如资产价格(或汇率)对基本面的偏离,或者说所谓的"动量"(momentum)。为此,我们先引入一个简单的、纳入了不完全信息的前瞻资产定价模型,它是富蒂亚(Futia, 1981)、辛格尔顿(Singleton, 1987)、艾伦等人(Allen et al. , 2006)、巴切塔和范温库普(Bacchetta and van Wincoop, 2006)、卡萨等人(Kasa et al. , 2007),以及朗迪纳和沃克(Rondina and Walker, 2014)等的模型的"骨架"。所有这些论文的主干结构性方程都是相同的——我们在下面给出的条件(39)——但是对信息结构和潜在的随机过程做出了不同的假设。

经济中存在一个由经济行为主体(或交易者)构成的连续统,他们在竞争性市场上参与一个有关风险资产的交易。市场将运行 $T+1$ 期(在这里,T 既可以是有限的,也可以是无限的),在任何一个期间 $t \leq T$ 中,任何给定交易者 i 对资产的需求都与他对该资产的超额收益的预期成正比,即

$$q_{it} = \mathbb{E}_{it} d_t + \beta \, \mathbb{E}_{it} p_{t+1} - p_t, \tag{39}$$

其中,q_{it} 是交易者 i 在期间 t 的净头寸,p_t 是期间 t 中的资产价格,d_t 是资产在期间 t 结束时支付的红利。在期间 $t = T+1$(仅当 T 为有限时才有效),方程式(39)要用下式取而代之:$q_{iT+1} = \mathbb{E}_{iT+1} d_{T+1} - p_{T+1}$,因为在那之后就不会有更多的交易了。在下面的分析内容中,我们将重点放在考虑 $t \leq T$ 中发生了什么。

条件(39),或它的某个略有变化的形式,出现在了上面提到过的所有论文中。这些论文

---

[1] 在这里,我们要澄清以下内容:宏观经济学家无论什么时候谈到"冲击"和"传播机制",都不是在直接讨论数据(现实世界),这一点很重要。冲击和传播机制是在特定模型或相关的结构向量自回归中定义的理论对象,它们是用来解释数据的。

之间的不同之处仅仅体现在对信息结构以及对 d_t 和 s_t 的随机性质的设定上。

在下文中,我们将条件(39)视为原始的结构性方程。不过,值得在此强调的是,这个条件的微观基础(至少)可以通过以下两种方式确立。

第一种方式是,假设交易者是风险中性的,但是需要为自己所持有的风险资产的任何净头寸支付二次的"持有"成本。这意味着交易者 i 的每期支付由下式给出:

$$U_{it} = -p_t q_{it} - \frac{1}{2} q_{it}^2 + \left(d_t + \frac{p_{t+1}}{1+r} \right) q_{it}$$

其中,r 为无风险利率。于是,最优需求由条件(39)给出,其中 $\beta = \frac{1}{1+r}$。

第二种方式是,假设交易者是短视的,并且具有常绝对风险厌恶(CARA)偏好,这就意味着他们每期的支付由下式给出:

$$U_{it} = \frac{1}{\gamma} \exp \left\{ -\gamma \left[-p_t q_{it} + \left(d_t + \frac{p_{t+1}}{1+r} \right) q_{it} \right] \right\},$$

其中,$\gamma > 0$ 表示绝对风险厌恶系数。此外,进一步假设信息结构是高斯式的。我们关注这样一种均衡:均衡价格本身就是红利的高斯信号。那么对资产 i 的最优需求就可以由下式给出:

$$q_{it} = \frac{\mathbb{E}_{it} \left[d_{it}(1+r) + p_{t+1} \right] - (1+r) p_t}{\gamma \operatorname{Var}_{it} \left[d_{it}(1+r) + p_{t+1} \right]},$$

其中,$\operatorname{Var}_{it}(X)$ 表示在期间 t 中 X 以交易者 i 的信息为条件的方差。最后,假设所有潜在的冲击都有已知的时不变的方差,并且让我们把重点放在典型交易者面临的条件风险也是时不变的均衡上。这意味着,对于某个特定的已知常数 V,$\operatorname{Var}_{it}(d_{it}(1+r) + p_{t+1}) = V$,如果我们令 $\beta \equiv \frac{1}{1+r}$,并且(不失一般性)令 $\gamma V = 1+r$,则上述表达式就可以化简为方程式(39)。

我们现在可以暂且把这些微观基础放到一边,重点关注均衡价格动态会如何受到信息不完全性的影响。首先,让我们做出如下基本但重要的观察。在任何一个时期 $t \leq T$ 中,一个交易者在进行投资决策时都要面对两种回报的不确定性:一种是关于期末的红利 d_t 的不确定性,另一种是关于下一期价格 p_{t+1} 的不确定性。第一种不确定性可以认为是外生变量,因此它对应于我们所称的基本面的不确定性。第二种不确定性则与未来的交易者的需求有关,因此它是策略不确定性的一个例子。

令 s_t 表示资产的外生供给,或等价地,用它表示(负的)"噪声交易者"的外生需求。市场出清条件要求 $\int q_{it} di = s_t$。因此,均衡价格满足以下条件:

$$p_t = \beta \, \overline{\mathbb{E}}_t P_{t+1} + \overline{\mathbb{E}}_t d_t - s_t, \qquad (40)$$

其中,$\overline{\mathbb{E}}_t$ 与往常一样,表示第 t 期时的平均预期。接下来,我们将这个模型中的"基本面"定义为 $\theta_t = \overline{\mathbb{E}}_t d_t - s_t$。这与我们在本章其余地方的处理有点不一致,这是因为 θ_t 现在包含了一阶信念的平均值。如果读者觉得这一点令人困惑,那么以后可以将注意力集中在 d_t 已知的特殊情况上——在这种情况下,我们可以令 $\theta_t \equiv d_t - s_t$。考虑这种特殊情况的另一个优点是,它分离出了策略不确定性的作用:在每个交易者的眼中,剩下的唯一不确定性是关于未来交易者的行为(通过未来的价格表现出来)。[①] 不过,无论考虑哪种情况,条件(21)都可以重写为

$$p_t = \beta \, \overline{\mathbb{E}}_t p_{t+1} + \theta_t, \qquad\qquad (41)$$

它与我们在前面第7.8节遇到的前瞻性条件基本相同。这也就强调了,与当前情况相关的策略不确定性涉及其他经济行为主体的未来选择,而不是同时期的策略性互动,那是我们的抽象静态框架或第8.1节至8.5节所讨论的商业周期应用研究的特点。

与在第7.8节中一样,我们令

$$z_t^0 \equiv \theta_t, \qquad z_t^1 \equiv \overline{\mathbb{E}}_t z_{t+1}^0 = \overline{\mathbb{E}}_t \theta_{t+1},$$

并且,对于所有的 $j \geq 2$,令

$$z_t^j \equiv \overline{\mathbb{E}}_t z_{t+1}^{j-1} = \overline{\mathbb{E}}_t \{ \overline{\mathbb{E}}_{t+1} \{ \cdots \{ \theta_{t+j} \} \cdots \} \},$$

迭代方程式(41),我们得到:

$$p_t = \sum_{j=0}^{T+1} \beta^j z_t^j \qquad\qquad (42)$$

由此可以推导出,在任何给定时期,均衡价格都不仅仅取决于今天的基本面(z_t^0)和今天对未来的基本面(z_t^1)的预测,而且还取决于今天对明天对提前两期的基本面(z_t^2)的预测的预测,等等。

这一结果表明,对于未来基本面的高阶信念可能是决定资产价格的重要因素。在这里,重要的是,即便当前的基本面是共同知识,这个结果也可能成立:即使所有交易者在每个时期 t 都能达成关于 θ_t 的共同信念,他们可能仍然无法对未来的需求–供给状况达成共同信念,因而也就不能对未来的价格走势达成一致意见。因此说到底,基本面的相关概念现在不仅包括了红利,而且还包括了资产的供给,或者等价地,还包括了噪声交易者的剩余需求。

在此基础上,相关文献通过分别对期限 T 的长度、红利的随机过程、资产供给的随机过程以及每个期间的信息可得性做出不同的特殊假设,继续推进研究。例如,朗迪纳和沃克(Rondina and Walker,2014)假设 T 是无穷大的,同时将红利固定为一个已知的常数(可以归一化为0),并让供给冲击服从一个自相关过程,然后重点讨论了关于潜在供给冲击的历史的高阶不确定性,以及关于未来的价格走势的高阶不确定性,是如何获得其持续性的,而且即使交易者能够观察到过去价格的整个历史时也是如此。相比之下,艾伦等人(Allen et al.,2006)则假设 T 是有限的,供给冲击在不同时期是独立同分布的(i.i.d.),并假设只在最后一期才能从资产中得到红利;然后他们重点分析了交易者所面对的关于最后一期的红利的高阶不确定性。在本节的其余部分,我们就来评述艾伦等人的这篇论文(Allen et al.,2006),以及巴切塔和范温库普的论文(Bacchetta and van Wincoop,2006)中的一些重要发现。

为了将艾伦等人(Allen et al.,2006)的模型嵌入我们的设置中,假设除了最后一期,所有

[①] 对于这种简化,有一个小的事项需要特别关注一下。如果 T 是有限的,且最后一个期间的红利是已知的,那么经济行为主体在最后一个交易期内不会面临不确定性。在正文中讨论的那两个微观基础的第一个中,定价条件 $p_{T+1} = d_{T+1} - s_{T+1}$ 仍然有效。然而,在第二个微观基础下,交易者不用面临不确定性,同时套利规则要求 $p_{T+1} = d_{T+1}$。因此对于这种情况,我们必须将最后一个期间的基本面重新定义为 $\theta_{T+1} \equiv d_{T+1}$。(注意,对于所有的 $t \leq T$,我们仍然有 $\theta_t \equiv d_t - s_t$。)

其他各个期间的红利均为 0，即 $d_{T+1}=\vartheta\sim\mathcal{N}(y,\sigma_\vartheta^2)$，且 $d_t=0\ \forall\ 1\leqslant t\leqslant T$。再令供给冲击 s_t 在各个期间之间是独立同分布的（i.i.d.），且从分布 $\mathcal{N}(0,\sigma_s^2)$ 中抽取。最后假设交易者不会收到关于供给冲击的外生信息。这时，均衡价格 p_t 总能揭示出关于当前的供给冲击 s_t 的一些信息。然而，因为供给冲击在各个期间之间是独立同分布的（i.i.d.），而且由于交易者没有收到关于未来供应冲击的外部信息，所以对于所有的 t 和 $j>1$，都有 $\mathbb{E}_t s_{t+j}=0$。由此而得到的一个结果是，条件（42）可以化简为如下形式[①]：

$$p_t=\beta^{T-t}\ \overline{\mathbb{E}}_t\ \overline{\mathbb{E}}_{t+1}\cdots\overline{\mathbb{E}}_{T+1}[\vartheta]-s_t$$

简而言之，从根本上说，艾伦等人（Allen et al.，2006）讨论的只是一个特殊情况，其中高阶不确定性的维度相对较小：只涉及最后一期的红利，而不是关于未来红利和供给冲击的整个路径。不失一般性，我们在下文中将假设 $\beta=1$。

作为基准，现在先考虑供给是固定不变的或共同知识的情景。在均衡中，价格 p_t 将完美地揭示 $\overline{\mathbb{E}}_t\ \overline{\mathbb{E}}_{t+1}\cdots\overline{\mathbb{E}}_{T+1}[\vartheta]$ 的值。在存在一个共同先验的情况下，只有当所有的经济行为主体都对一个随机变量有一个共同信念时，对于该随机变量的平均信念才有可能成为共同知识。由此可以推知，在这个基准情景下，对均衡价格的观察会导致所有交易者在所有期间 t 都能形成关于关于潜在的 ϑ 的同样的信念，进而在所有 $t<T$ 的期间形成关于 p_{T+1} 的同样的信念。基于同样的理由，在这个基准情景下，不存在投机交易：所有交易者都会选择同样的头寸，并预期会从自己的交易中赚取零利润。

然后考虑另一种情景，即存在供给冲击且供给冲击未知的情景。一般来说，在这种情况下，均衡价格只是平均信念 $\overline{\mathbb{E}}_t\ \overline{\mathbb{E}}_{t+1}\cdots\overline{\mathbb{E}}_{T+1}[\vartheta]$ 的一个有噪声的信号。因此，在这个基准情景中，在均衡时，不同的交易者可能会维持对这个对象的不同信念，而这反过来又意味着他们能够对自己在所有 $t<T$ 的期间能够赚得的资本收益 $p_{t+1}-p_t$（或者对自己在最后一期 $t=T$ 中能够得到的最终回报 $\vartheta-p_t$）维持不同的信念。换句话说，在均衡时，仍然会存在投机。

以上结果是有一般性的。然而，为了得到更清晰的预测，艾伦等人（Allen et al.，2006）还进一步限定，在期间 t 中，交易者 i 可用的所有信息都由历史价格与私人信号的结合给出，后者的形式为 $x_{it}=\vartheta+\epsilon_{it}$（其中，对于一些 $\epsilon>0$，$\epsilon_{it}\sim\mathcal{N}(0,\sigma_\epsilon)$）。施加这个限制的理由是，他们假设交易者是"短命"的，并且不能观察到前几代交易者的任何私人信号，但是可以观察到公共的价格历史。[②]

在如此假设的信息结构下，我们可以猜测和验证这里存在一个均衡，在该均衡中每个期间 t 的价格都通过一个高斯公共信号的形式传递了相同的信息。该公共信号的形式为：

$$z_t=\vartheta-\chi_t s_t，$$

对于一些确定的标量 $\chi=(\chi_t)_{t=0}^T$；χ 本身是由经济行为主体的交易策略决定的。再假设私人信号也是高斯的，上述性质就可以保证交易者的各种后验都有一个可追踪的动态结构——或

[①]　严格地说，艾伦等人（Allen et al.，2006）给出的均衡还涉及了时变风险，它出现在对资产的需求中（由于假设了常绝对风险厌恶型偏好），从而也出现在了价格的均衡条件中。不过在这里，我们暂且先从这种情况抽象掉。
[②]　对于这个假设以及允许长期交易者存在的替代方案的相关讨论，请参见艾伦等人（Allen et al.，2006）的论文以及其中的相关参考文献。

者换句话说,这里存在着一个对时不变的变量 ϑ 的卡尔曼滤波器。与有噪声的理性预期模型中的标准处理方法一样,这里的标量 $\chi = (\chi_t)_{t=0}^T$ 可以通过求解如下不动点关系来刻画:(i)每个交易者根据可用价格信号形成的预测,(ii)所有交易者的联合行为所产生的价格信号。由此得到的是以下两个结果。

命题 33 存在权重 $\{\lambda_t\}$,其中 $0<\lambda_T<\lambda_{T-1}<\cdots<\lambda_2<\lambda_1<1$,使得

$$E_s(p_t)=\lambda_t y+(1-\lambda_t)\vartheta$$

其中,$E_s(\cdot)$ 表示所有可能的供给冲击的平均值(或者等价地,它表示以 y 和 ϑ 为条件的预期)。

命题 34 对于所有的 $t<T$,都有:

$$E_s(|p_t-\vartheta|)>E_s(|\overline{E_t}(\theta)-\vartheta|)。$$

命题 33 会让我们想起前面阐述的惯性效应:均衡价格被锚定在初始先验 y 之上,并且随着时间的推移而向基本面 ϑ 缓慢地收敛。同样的道理,价格的变动路径也会呈现出一定的"动量":在某种新息(即,ϑ 的新息)出现之后,价格在短期内(相对于长期而言)反应不足;或者等价地,价格会表现出一种漂移走势——让我们联想起关于动量的实证研究所阐明的那种模式。①

命题 33 是对上述观察结果的补充。这个命题证实,基本面与均衡价格之间的差距的波动性,要比基本面与关于基本面的平均信念之间的差距的波动性更大。这种"过度波动"的特点,反映了在给定的一阶信念时高阶信念的变化趋势。由此,命题 34 也让我们联想起我们前面证明的关于不完全信息在动物精神中的作用的结果。

综合来看,这些结果说明,不完全信息和高阶不确定性如何有助于在标准的资产定价模型中容纳资产价格的动量(趋势)和其他有趣的波动模式。在一篇极有预见力的早期论文中,艾伦等人(Allen et al.,1993)证明,高阶不确定性也可以容纳"泡沫":均衡价格不仅可能高于对基本面(价格)的平均预期,而且还可能高于任何一个交易者的预期,这种情况确实是有可能存在的。但是,在现在的设定中,这种特殊的可能性被排除掉了,因为假设高斯信号就意味着,总是会存在某个交易者,他的私人信号非常高,因此他对 ϑ 的预测会高于均衡价格。不管怎样,我们可以把命题 34 中所阐述的过度波动性视为同一种可能性的变体。

艾伦等人(Allen et al.,1993)的论文还对以下问题进行了深入的讨论:资产定价模型中对"基本面"的适当定义是什么;不完全信息下的共同先验设定(例如我们在这里研究的设定)与哈里森和克雷普斯(Harrison and Kreps,1978)、以及沙因克曼和熊伟(Scheinkman and Xiong,2003)研究的对称信息下的异质性先验模型设置之间的密切联系;相关状态空间的潜在丰富度如何。潜在丰富度不高意味着通过价格来揭示信息的做法在实践中可能会受到很大限制,或者必须采用非常复杂的模型——尽管在更简单的模型中这种丰富度可能很高,从而为高阶不确定性推动资产价格留出了巨大的空间。在这方面,朗迪纳和沃克(Rondina and

---

① 如果我们用等精度的公开信号替代交易者在每个期间 t 观察到的私人信号,那么权重 λ_t 保持为正,不过会随着 t 的增大而变小。因此,前面正文中阐述的动态效应不仅仅是缓慢的学习过程的产物,而且也是信息的异质性的结果。

Walker,2014)的研究提供了一些补充性的证据,尽管对他们的结论仍然缺乏必要的定量评估。

让我们现在把注意力转移到巴切塔和范温库普(Bacchetta and van Wincoop,2006)的研究上来。他们这篇论文利用本节引入的框架,证明了不完全信息也许能够解释汇率在短期和中期与宏观经济基本面的偏离。在他们的模型中,资产价格是两个国家之间的名义汇率,在这里我们用 e_t 表示。[①] 核心均衡条件由下式给出：[②]

$$e_t = \beta\, \overline{\mathbb{E}}_t e_{t+1} + f_t - b_t,$$

其中, f_t 是两国之间货币供应量的可观察的差异(巴切塔和范温库普在他们的论文中将之解释为宏观经济基本面),同时 b_t 是不可观察的对冲需求。由此可见,巴切塔和范温库普(Bacchetta and van Wincoop,2006)的模型是嵌套在我们给出的框架中的：他们只是变换了记号, $p_t = e_t$, $d_t = f_t$,以及 $s_t = b_t$ 。

只要假设如下的随机结构,巴切塔和范温库普的模型就存在解析解。宏观经济基本面 f_t 服从一个一般的移动平均过程(MA process), $f_t = D(L)\,\epsilon_t^f$,其中, $D(L) = d_1 + d_2 L + \cdots$ ， L 是一个滞后算子,且有 $\epsilon_t^f \sim \mathcal{N}(0,\sigma_f^2)$ 。 b_t 为对冲需求,服从一阶自回归 AR(1)过程： $b_t = \rho_b b_{t-1} + \epsilon_t^b$,其中 $\epsilon_t^b \sim \mathcal{N}(0,\sigma_b^2)$ 且 $\rho \in [0,1)$ 。在每一期,所有交易者都能观察到基本面和汇率的过去值和当前值,但是无法观察到对冲需求。此外,每个交易者都会收到一个关于未来基本面的私人信号,该信号由 $x_t^i = f_{t+\Delta} + \epsilon_t^{xi}$ 给出,其中 $\epsilon_t^{xi} \sim \mathcal{N}(0,\sigma_x^2)$,对于所有的 τ ,都独立于 f_τ ,也独立于其他经济行为主体的信号中的噪声,且有 $\Delta \geqslant 1$ 。

这个模型的预测如图 12 所示。图 12 复制自巴切塔和范温库普(Bacchetta and van Wincoop,2006)的论文的图 2。[③] 在这幅图中,A 板块表明,汇率对基本面的新息的反应很迟缓,这是本章全文出现的主题。同时,汇率对于对冲需求冲击的反应是非平凡的,而且要比在模型的完全信息变体下更大。这两种效应都源于个体层面的"理性混淆",而且通过我们熟悉的选美比赛机制得到了放大。

对于对冲需求的这种放大效应在图 12 的 C 板块中看得非常清楚。C 板块报告了不同期间 $k \geqslant 1$ 上,汇率的变动方差 $e_{t+k} - e_t$ 对于对冲需求的贡献。尽管对冲冲击在模型的不完全信息和共同知识版本下都有助于短期波动,但是在不完全信息下的贡献要比在共同知识下的贡献大得多。图 12 的 D 板块是这一结果的镜像。D 板块报告的是直到 $t+k$ 为止, $e_{t+k} - e_t$ 对基本面的实现的回归的 R^2 。在短期内,不完全信息下的 R^2 远低于共同知识下的 R^2 ;而在长期中,不完全信息下和共同知识下的 R^2 都收敛于 1,这个结果反映这样的一个事实：随着时间的推移和信息的不断积累,一阶信念和高阶信念逐渐收敛于实现的基本面。但是,在不完全信息下,收敛速度要更慢一些,原因就在于高阶信念的收敛速度要比一阶信念更迟缓。这些

[①] 在巴切塔和范温库普(Bacchetta and van Wincoop,2006)的论文中,汇率是用 s_t 表示的;我们在这里则使用了另一个符号 e_t ,以避免与我们之前的符号相混淆——在前面,我们用 s_t 表示资产的供给。

[②] 在我们对艾伦等人(Allen et al.,2006)研究的讨论中,我们省略了 f_t 和 b_t 的一些潜在的时变系数。

[③] 我们略去了巴切塔和范温库普(Bacchetta and van Wincoop,2006)的论文的图 2 中的 B 板块,因为它对我们在这里的讨论没有用。

特征都与实证研究的结果一致:宏观经济基本面对中短期汇率的解释力较弱,但是会在更长期的时间里发挥更重要的作用。

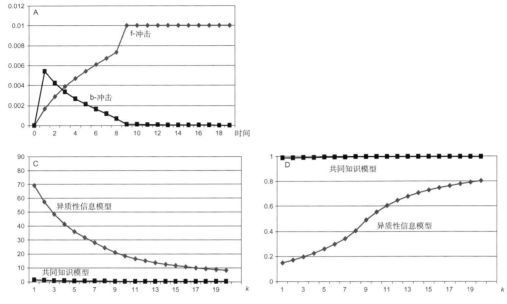

图12　短期和长期中的汇率脱节。(A)　异质性信息模型中的脉冲响应函数;

(C)　b-冲击对 $\mathrm{var}(s_{t+k}-s_t)$ 的贡献份额;

(D)　汇率与观察到的基本面之间的的联系:$(s_{t+k}-s_t)$ 对观察到的基本面的回归的 R^2

此外,对于上面的巴切塔和范温库普的论文(Bacchetta and van Wincoop,2006)等研究,以下论文构成了很好的补充,比艾斯和博萨艾尔茨(Biais and Bossaerts,1998)、卡萨等人(Kasa et al.,2007)、马卡罗夫和里特奇科夫(Makarov and Rytchkov,2012),以及朗迪纳和沃克(Rondina and Walker,2014)。第一篇论文虽然是比较早期的贡献,但是也涉及了资产市场的选美比赛方面,而且还探讨了不完全信息和异质性先验在一个有限经济行为主体、有限期模型中的显著正面的影响。其他三篇论文则都使用频域技术来求解无限期模型,在这些模型中,基本面会反复受到冲击,同时交易者的信念永远都是异质的。综合来看,这些论文显示,高阶信念动态如何解释方差边界(variance bounds)明显被突破以及其他引导着对代表性主体模型的实证检验的交叉方程限制(cross-equation restriction)。它们还试图阐明,高阶信念是如何容纳动量的,又是如何导致了内生的繁荣和萧条周期。

另外两个重要的贡献是塞斯帕和比韦斯(Cespa and Vives,2012,2015)。这些论文重新审视了如下问题:与问卷调查数据所显示的对于基本面的(平均)预测相比,资产价格是更接近于基本面、还是更偏离基本面。尽管前述的艾伦等人(Allen et al.,2006)、巴切塔和范温库普(Bacchetta and van Wincoop,2006)以及其他一些研究都对这个问题给出了肯定的回答,但是塞斯帕和比韦斯(Cespa and Vives,2012,2015)却表明,这个问题的答案在很大程度上取决于对流动性(有噪)交易的持续冲击,后者在文献中通常假定为零。

更具体地说,塞斯帕和比韦斯(Cespa and Vives,2012)所研究的模型类似于艾伦等人

（Allen et al.，2006）的模型——只作了两个修正：知情的、理性的交易者是长期存在的；不可观察的流动性（有噪）交易的冲击是有持续性的。当这种持续性足够低时，均衡价格与平均预期相比，更加系统性地偏离基本面。这个模型/式也与艾伦等人（Allen et al.，2006）、巴切塔和范温库普（Bacchetta and van Wincoop，2006）所得到的一致。但是，当流动性交易足够持久时，相反的模式就会涌现出来：理性交易者追求长期回报，而不是短期的投机收益，导致价格系统地接近基本面，而不是平均预期。在另一篇论文中，塞斯帕和比韦斯（Cespa and Vives，2015）又在一个理性交易者仅拥有短暂的生命周期的模型中得到了互补性的结果。无论如何，不完全信息仍然可以生成很有意思的时间序列模型，这一点并未改变。①

总而言之，我们在本节中评述的所有研究都表明，在资产定价和国际金融等领域，高阶不确定性可以为各种难题提供简洁的解释。这些论文是在资产定价情景下应用信息摩擦概念（尽管并不总是高阶不确定性）的更加广泛的文献的一部分。在这支文献中，格罗斯曼和斯蒂格利茨（Grossman and Stiglitz，1980）、赫尔维希（Hellwig，1980）以及凯尔（Kyle，1985）的研究都很经典，它们强调了通过均衡价格聚合信息。近来，阿尔巴格利等人（Albagli et al.，2014，2015）对早期的模型进行了扩展，可以容纳更一般的关于红利和私人信号的共同分布的设定。这种模型有助于揭示信息异质性对同一标的的资产（例如同一家企业的股票和债券）的不同要价的差异效应。另外，哈桑和默腾森（Hassan and Mertens，2014a）提出了一个扩增动态随机一般均衡（DSGE）模型的框架，它可以容纳有噪声的理性预期资产市场；然后用它研究资产价格中所包含的关于未来基本面的宏观经济新闻的影响。不过有必要指出，尽管这些论文各有各的贡献，但是它们都没有涉及选美比赛效应（这是我们在前面评述的那些论文的核心所在），因为它们研究的模型设置中，或关于基本面的知识会在每一期的最后阶段成为共同知识，例如哈桑和默腾森（Hassan and Mertens，2014a）；或交易只发生一次（本段提及的所有其他论文）。②

与我们上面评述的那些论文更加密切相关的是安格勒托斯等人（Angelotos et al.，(2010)的论文，以及哈桑和默腾森（Hassan and Mertens，2011，2014b）的另两篇论文。安格勒托斯等人（Angelotos et al.，2010）证明，实体经济部门与金融部门之间的信息溢出，会引发企业首次公开募股（IPO）和实际投资中的选美比赛特征，进而导致投资和资产价格出现过度乐观和过于悲观的波动。哈桑和默腾森（Hassan and Mertens，2011，2014b）则阐明了，金融交易如何可能会扩大交易者信念中原本很小的相关偏差，而且这种机制还会减少人们从这种偏见中纠正自己的信念的激励。他们还阐明了这种机制最终是怎样扭曲实际投资的。在这些论文中，策略互补性的内生涌现，是获得上述结果的关键。

此外还要说明一下，资产定价文献中还有一个不断壮大的脉络，它们将重点转移到了信

---

① 而且，塞斯帕和比韦斯（Cespa and Vives，2015）阐明，不完全信息与短期期限的组合，可能打开了多重均衡的大门；而且各个均衡都可以从信息效率的角度或从动量效应（momentum effect）的强度的角度来加以排序。

② 对于这个陈述，不能将它曲解为高阶信念是完全无关紧要的。因为经济行为主体会从价格中提取出一个信号，还因为这个信号是内生于其他经济行为主体的交易的，所以高阶信念在这里提到的所有论文中都是重要的，其理由与汤森德（Townsend，1983）当初给出的一致。但是，这种机制与对内生信号的解释有关，与我们上面讨论的与投机有关的机制不同。

息的获取或注意力的分配上面,这类文献的例子包括:韦尔德坎普(Veldkamp,2006)、范纽沃勒伯格和韦尔德坎普(Van Nieuwerburgh and Veldkamp,2009,2010)、阿贝尔等人(Abel et al.,2007,2013)。但是如果深入讨论这些文献,那将超出了本章的范围。读者要想更深入地讨论关于信息摩擦的更广泛的资产定价文献,请参见比韦斯(Vives,1993)以及韦尔德坎普(Veldkamp,2011)的详细综述。读者还可以参考戈尔德斯坦等人(Goldstein et al.,2011)对交易狂热的讨论,以及戈尔德斯坦等人(Goldstein et al.,2013)在自我实现的金融危机的背景下对中央银行的信号提取问题的探析。

最后,我们还要提一下另一支文献,它们讨论了类似的机制,但是采用了不同的建模技术。这支资产定价文献也关注异质性信念和投机问题,其中的主要例子包括哈里森和克雷普斯(Harrison and Kreps,1978)、沙因克曼和熊伟(Scheinkman and Xiong,2003)。这些文献和我们上面评述的论文之间的共同之处在于都阐明了均衡交易和资产价格是由高阶信念驱动的;而不同之处则在于,相关高阶信念的变化的推动者,是异质性先验和随着时间的推移而陆续出现的公共信息的组合,而不是分散的私人信息。这样的模型设置意味着很好的易处理性(如果缺乏易处理性,就可能会阻碍重要结果的发现)。但是,这样一种模型设置也有三个潜在的成本。首先,这种方法允许理论研究者随意地选择高阶信念,但是这种“自由”的行使是一种必须适度行使的自由。其次,这种方法取消了价格机制在集结信息和协调信念方面的作用,而这种机制本身无疑是极有意义的。最后一点,但并非最不重要的一点是,这种方法还引入了一些非常棘手的规范问题,例如,在评估不同配置的福利含义时,应该选择哪一种先验?[1] 因此说到底,是应该使用这种方法,还是应该使用我们在这一节前文中评述的那些论文所使用的更加“保守”的方法,取决于研究者的研究目标。[2]

9. 效率与政策含义

在前面各节中,虽然我们不时提及各种各样的模型的政策含义,但是并没有系统地研究过我们已经记录的各种“实证性质”(positive property)的规范内容,也没有讨论过协调摩擦对于最优财政政策和货币政策研究中常用的拉姆齐政策问题(Ramsey policy problem)的含义。例如,在第8.1节中讨论的真实商业周期(RBC)模型中,我们直接把“政策”抽象掉了。在第8.3节研究的货币模型中,名义GDP被假定为遵循某个外生的随机过程,并绕过了什么样的货币政策能够证明或不能证明这种假设的问题。最后,在第5节综述全局博弈模型的应用研

---

[1] 对于最后这个问题,一个可能的答案是,社会规划者必定根据经济行为主体自己的先验评估每个经济行为主体的效用。这实际上就是德布鲁对具有主观概率的经济中的两个“福利经济学”定理的经典证明的根本假设。不过,对这个问题,也许还存在其他更合理、更可取的可能答案,例如,请参见布伦纳迈耶等人(Brunnermeier et al.,2014)所给出的福利标准,它要求规划者只有在认为某种配置同时劣于多个先验时才能放弃之。

[2] 这一段的讨论呼应了我们在前面第7.10节关于解方法和安格勒托斯等人(Angeletos et al.,2015)所采用的异质性-先验方法的讨论。类似的结论也适用于最近研究异质性信念与杠杆的关系的文献,例如,请参见,吉纳科普洛斯(Geanakoplos,2010)、西姆塞克(Simsek,2013)。

究时,我们也只将注意力集中在了具体的政策工具上,例如在银行挤兑和债务危机的背景下怎样利用最后贷款人制度进行救助。

在本节中,我们采取了一个不同的但有互补性的方法。我们将抛开任何模型设定的具体情景,转而致力于阐述一系列在各种各样的应用中都相当稳健的政策见解。在这个方向上,我们在本节采取的方法已经体现在了我们在本章前面各节对信息和协调中的摩擦的正面影响的讨论中;关键的区别在于,我们现在把注意力集中到了它们的规范性质上来。

具体地说,我们在本节中的论述将按照以下步骤依序展开。首先,为了适应我们的研究目标,我们将提出一个新概念——约束有效(constrained efficient),并分析约束有效策略与最优策略或均衡策略的区别。接下来,我们比较了第 7 节和第 8 节所研究的选美比赛博弈中的约束有效策略与均衡策略。这反过来又为本节的最后部分铺平了道路,我们分析了几项应用研究。这几项应用研究分别讨论了这样一些问题:信息的社会价值何在、支持(或反对)提高中央银行的沟通的透明度的理由,以及在存在协调摩擦的情况下最优货币政策的性质是什么。

备注 29　与我们在本章中强调的实证性质不同,不完全信息模型的规范性质对基本的微观基础更加敏感。这其实是很自然的,因为同样的策略效应可以与经济行为主体之间的不同的外部性相一致,因此同样的实证性质也可以与不同的规范性质相一致。因此,要对效率和政策进行有意义的讨论,就需要深入研究不同应用的具体情况;但是,这个任务超出了本章的范围——除了本节最后部分简要讨论的那几篇应用研究论文之外。追根究底,我们在本节希望完成的任务是,确定一种我们可以用来提出相关的规范性问题的有用的方法。

9.1　约束有效

我们在本小节中沿用了安格勒托斯和帕万(Angeletos and Pavan,2007,2009)的思路。在这里我们采用的效率概念是约束有效(constrained efficiency),它对应于这样一个"仁慈"的社会规划者,他有权决定经济行为主体如果根据他们的信息行事,但是不能从一个经济行为主体那里收集信息并将信息发送给另一个经济行为主体。因此,约束有效这个概念与哈耶克(Hayek,1945)和拉德纳(Radner,1962)提出的如下观念有共通之处:信息是分散的,不能传递到某个"中心"。类似的效率概念已经得到了应用,例如,比韦斯(Vives,1988)用它来研究大型古诺博弈的福利性质;安格勒托斯和拉奥(Angeletos and La'O,2010)、洛伦佐尼(Lorenzoni,2010)用它来研究具有信息摩擦的商业周期模型。

具体地说,考虑本章第 2 节引入的抽象框架,并且不失一般性,我们先将注意力集中在这样一种设定上:经济行为主体的支付依赖于其他人的行动,但是只通过其平均行动。接下来,对于任何策略 $k(\cdot):D_\omega \to D_k$,用下式①

$$W(k(\cdot)) \equiv \mathbb{E}[U(k(\omega_i),K(\Omega),\theta_i)]$$

① 为了避免将策略与实际做出的行动混淆起来,我们在下文中将用 $k(\cdot)$ 表示策略。这也就是说,k 是 D_k 中的一个对象,而 $k(\cdot)$ 是将 D_ω 映射到 D_k 的函数空间中的一个对象。

表示通过这个策略获得的事前效用,我们有:(i)$K(\Omega) \equiv \int k(\omega) d\Omega(\omega)$是当信息分布为$\Omega$时,由该特定策略引发的平均行动,(ii)期望是对$s_i = (\omega_i, \theta_i)$和$\mathbf{S}$的联合实现取得的。然后,我们就可以将我们的效率基准按以下方式进行定义了。[①]

定义 16 (约束)有效策略就是能够使$W(k(\cdot))$最大化的策略$k^*(\cdot)$。

这个概念使得社会规划者内化了每个经济行为主体的行动如何影响其他经济行为主体的支付;这当然不会在均衡中发生。然而,与均衡时类似,任何一个给定的经济行为主体的行动,严格仅限于依赖自然向该特定经济行为主体揭示的信息,这就意味着社会规划者不能将信息从一个经济行为主体转移给另一个经济行为主体。

如果社会规划者能够将信息从一个经济行为主体转移给另一个经济行为主体,那他也能够影响任何经济行为主体i的行动K_i,不仅可以根据经济行为主体自己的ω_i,也可以根据Ω来调控。如果真的是这样,那么社会规划者可以指示经济行为主体做出最优的行动。但是,只要规定社会规划者不得在经济行为主体之间传递信息,那么最优的行动一般来说是无法实现的。这也就解释了上面所定义的约束有效概念中"约束"(constrained)一词的确切含义:"约束"是指每个经济行为主体的行动不能依赖于其他经济行为主体的私人信息这个可衡量的约束。

虽然社会规划者不能消除信息的异质性,但是他可以通过控制经济行为主体对自己的私人信息的反应的程度来调制策略不确定性的程度。例如,社会规划者可以通过命令所有经济行为主体都只根据公开信息来决定自己的行动,从而彻底消除策略不确定性。但是,这样做也就意味着经济行为主体完全不理会自己的私人信息,而这从社会的角度来看通常是非常不可取的。

因此,研究约束有限策略,能够帮助我们回答下面这些问题:给定交流中的潜在摩擦,社会最优的协调程度是什么? 社会规划者是否应该利用税收或者其他操纵激励的举措去调节信息的均衡使用以及由此产生的策略不确定性? "动物精神"是否能够证明政策干预的合理性? 如果是的话,是哪种政策干预?

回答这些问题的第一步包含在以下命题中。

命题 35(效率) 假设$k^*(\cdot)$是一个有效的策略,$k^*(\omega)$对于所有的ω都位于D_k的内部,U是可微分的。那么,我们有:
$$\mathbb{E}[U_k(k^*(\omega), K^*(\Omega), \theta) + \Lambda^*(\Omega) \mid \omega] = 0 \quad \forall \omega, \tag{43}$$
其中,
$$\Lambda*(\Omega) \equiv \int U_K(k^*(\omega), K^*(\Omega), \theta) d\Omega(\omega) \text{且} K^*(\Omega) = \int k^*(\omega) d\Omega(\omega) \forall \Omega.$$
条件(43)就是社会规划者问题的一阶条件。其均衡对应物的一阶条件是个体经济行为主体

[①] 注意到,定义16强加了对称性:社会规划者必定会为所有经济行为主体选择相同的策略。从环境的对称性和我们在本节剩余部分将进行的分析的目标来看,这个假设不会导致严重的损失,但是在更一般的情况下,它却可能产生较大的影响。相关地,我们要设想这样一个社会规划者,他要在"无知之幕"之后(behind the veil of ignorance)最大化事前效用,因而不是一个有利于任何特定的经济行为主体群体的社会规划者。

的最优反应条件,它由下式给出(再次假定存在一个内部解):

$$\mathbb{E}[U_k(k(\omega),K(\Omega),\theta)|\omega]=0 \quad \forall\,\omega$$

因此,这两个条件之间的唯一的本质区别在于,$\Lambda^*(\Omega)$ 这一项是否存在。这一项刻画的是,当信息的横截面分布为 Ω、所有经济行为主体都遵循策略 k^* 时,经济行为主体在彼此之间施加的平均外部性。从这一点来看,条件(43)类似于一个刻画最优的条件。不同之处在于,由于信息的不完全性,各个经济行为主体不一定共享关于 $\Lambda^*(\Omega)$ 的共同信念。[①] 由此,我们可以得出结论,在都能够指示经济行为主体内部化他们彼此施加的外部性(如果存在的话)这个意义上,有效策略类似于最优策略;但是,在经济行为主体对这些外部性的价值持有不同信念这个意义上(因且仅因彼此之间无法交流),有效策略是不同于最优策略的。

对于这个命题,我们还可以补充如下的解释。不难注意到,我们可以将有效策略表示为一个虚构博弈的均衡;在这个虚构博弈中,信息结构仍然与原始博弈保持一致,但是支付结构则要加以适当地修改,以便虚构博弈的最优反应条件与原始博弈中社会规划者问题的一阶条件相一致。[②] 根据这种表示法,条件(43)就描述了每个经济行为主体对他自己关于其他人的行动的信念的社会最优反应。在这个意义上,有效策略有助于确定,在给定交流中的潜在摩擦的情况下,社会最优协调程度是什么。

接下来,我们将对上述基本思想进行更加深入具体的阐释。在这样做的过程中,我们将注意力限制在第 7 节中研究过的选美比赛博弈模型,以及第 8 节中讨论过的部分相关应用研究。之所以要以这些内容为焦点,部分原因在于我们在这一节中定义的效率概念在全局博弈文献中尚未得到充分研究。

不过,上面最后一个陈述也有一个显著的例外,那就是沙尔和塔什罗–迪缪克尔(Schaal and Taschereau-Dumouchel,2015)的论文,提出了我们在前面第 5、6 节中给出的真实周期模型的一个修正版并描述了——特别是——其中的约束有效配置。另外,也请参见萨科维奇和施泰纳(Sakovics and Steiner,2012)以及弗兰克尔(Frankel,2016),他们都在研究类似于采用网络技术的协调博弈中的最优补贴问题。

最后,我们就我们引入的这个效率概念的适用性给出两点评论,并以此结束本小节。

首先,我们可以直接将这个概念和第9.2节所述的结果应用于有微观基础的宏观经济学模型,至少在对模型的选择是适当的情况下是如此。在此,不妨举一些具体的例子来说明。在安格勒托斯和拉奥(Angeletos and La'O,2010)、洛伦佐尼(Lorenzoni,2010),以及沙尔和塔什罗–迪缪克尔(Schaal and Taschereau-Dumouchel,2015)所研究的商业周期模型中,都通过信息不完全性引入了策略不确定性,但是却没有在消费中引入不完全风险共享。这个性质是通过以下假设而得到的:相关的所有经济行为主体(包括企业、工人等)都属于一个“大家庭”,它的收入和消费实现了完全多样化,从而能够抵消不同经济行为主体的信息中的特异性噪声。总而言之,我们可以在本节的抽象分析与这些论文的具体结果之间发现一个直接

[①] 我们注意到,只要信息是完全的,$\Lambda(\Omega)$ 就仍然是共同知识,即便信息是不完美的,也是如此。与均衡一样,重要的是高阶不确定性,而不是一阶不确定性。

[②] 这也就是说,这个虚构博弈的支付由 $\widetilde{U}(k,K,\theta,\Omega)\equiv\mathbb{E}[U(k,K,\theta)+\Lambda^*(\Omega)k]$ 给出。

映射。这一点我们在下面还会回过头来再讨论。

其次,我们也可以扩展效率的概念,以容纳信息结构中的某种形式的内生性,而不管这意味着信息的内生集结(endogenous aggregation)还是内生的信息集合(collection of information)。对于第一种类型的信息结构,我们建议读者阅读阿马多尔和韦尔(Amador and Weill,2012)、安格勒托斯和帕万(Angeletos and Pavan,2009)、拉来(Laffont,1985)、梅斯纳和比韦斯(Messner and Vives,2005),以及比韦斯(Vives,2016)。对于第二种类型的信息结构,请参见安格勒托斯等人(Angeletos et al.,2016a)、科伦波等人(Colombo et al,2014)、略萨和文卡特斯瓦尔(Llosa and Venkateswaran,2015),以及帕万(Pavan,2015)。

9.2 选美比赛博弈中的有效协调

现在,我们来分析一下第 7.1 节介绍的选美比赛博弈中的约束效率。为了保证有效策略的存在性和唯一性,我们在假设 4 的基础上补充了对支付结构的如下附加限制。

假设 10 $U_{kk}+2U_{kK}+U_{KK}<0$。

这样,我们就得到了有效策略的以下特征。

命题 36(有效协调) 存在标量 $(\kappa_0^*,\kappa_1^*,\kappa_2^*,\alpha^*)$,它们由 U 确定,并使得以下陈述为真:

(i) 只要信息是完全的,那么有效行动就由下式给出:

$$k_i=\kappa^*(\mathbb{E}_i\theta_i,\mathbb{E}_i\bar\theta)\equiv\kappa_0^*+\kappa_1^*\ \mathbb{E}_i\theta_i+\kappa_2^*\ \mathbb{E}_i\bar\theta, \tag{44}$$

(ii) 只要信息是不完全的,那么有效策略就是以下不动点关系的解:

$$k_i=\mathbb{E}_i[\kappa^*(\theta_i,\bar\theta)]+\alpha^*\cdot\mathbb{E}_i[K-\kappa^*(\bar\theta,\bar\theta)], \tag{45}$$

第(i)部分和第(ii)部分就是与命题 14 和命题 15 相对应的规范内容,这两个命题分别表示完全信息下和不完全信息下的均衡。

通过假设信息是完全的,命题 36 的第(i)部分实际上识别出了最优行动。而标量 $(\kappa_0^*,\kappa_1^*,\kappa_2^*)$ 区别于它们在均衡时的对应物的可能性,反映了完全信息模型中均衡和最佳配置不同的可能原因(我们对它们已经很熟悉了)。但是与均衡时一样,这里的关键观察结论是,当信息是完全的时候,只有一阶信念才是重要的。

第(ii)部分则表明了,当信息不完全时,约束有效行动何以与最优行动不同。与均衡时一样,社会规划者希望每个经济行为主体的行动都与自己对总体平均偏差的预测相"对齐";其直接含义是,高阶信念在这里是重要的。但是,与均衡时不同,行动符合"对齐"要求的程度以及高阶信念所扮演的角色在这里是用一个新的标量 α^* 来参数化的,而不是用我们在前面遇到的标量 α 来刻画的。这个新标量已经"封装"了协调的社会价值。

安格勒托斯和帕万(Angeletos and Pavan,2007,2009)分析了如何通过两个我们更熟悉的概念来理解这种价值:总体结果 K 的无效率波动的福利成本;以及个人行动的无效率分散的福利成本。在商业周期的背景下,这两个对象分别映射为"产出缺口"的波动性和相对价格横截面散度的无效率分量——请参见安格勒托斯等人(Angeletos et al.,2016b)。要想理解这里的一般逻辑，只需注意到，如果社会规划者引导经济行为主体更多地协调起来，那么他也就会使经济行为主体更多地依赖于相关的（社会）信息来源，而这反过来又意味着行动中将包含更多的总体"错误"（即，均衡总体活动水平与最优总体活动水平之间的差距更具波动性），不过同时也会减少各种特异性错误（即，横截面中无效率的离散度更低）。因此我们可以推出，改变协调水平意味着要在波动性与离散度之间进行权衡。后者相对于前者的社会成本越高，社会最优协调程度就越高（即，α^* 值越高）。

9.3　政策含义

上述结果对政策意味着什么？如果 α 和 α^* 恰好是重合的，那么均衡配置和有效配置对高阶信念的敏感度也是一样的。因此，尽管我们在第 7 节和第 8 节中一再讨论的均衡惯性和动物精神，必定是偏离最优的一种"症状"，但是它们却不一定构成了对政策"维稳"举措的呼吁，至少在决策无法消除信息不完全性的情况下是如此。

现在，将这个观察结论与"传统智慧"做一番比较。在标准的完全信息模型中，动物精神一般与多重、通常是帕累托排序的均衡相联系。这导致了这样一种观点：动物精神是政策干预的初步理由。例如，凯恩斯主义者的其中一个传统就是认定，如果商业周期是由动物精神驱动的，那么就应该使用货币政策和财政政策来稳定经济。但是，如果动物精神是不完全信息的产物，而且如果 α 恰好与 α^* 一致，那么上述政策处方就是误导性的。

安格勒托斯和拉奥（Angeletos and La'O, 2010）证明，从根本上说，$\alpha = \alpha^*$ 适用于我们在 8.1 节中研究的那类真实商业周期（RBC）模型。换句话说，产品差异化引入的"总需求外部性"使协调的私人价值得以出现，而且它与相应的社会价值是完美一致的。

安格勒托斯和拉奥（Angeletos and La'O, 2012）、安格勒托斯等人（Angeletos et al., 2016b）考虑了一个更加丰富的框架。除了其他一些特点外，这个模型允许我们在第 8.1 节中研究的实际刚性与第 8.3 节中研究的名义刚性共存——名义刚性也是伍德福德（Woodford, 2003）、曼昆和雷伊斯（Mankiw and Reis, 2002），以及麦克科维亚克和韦德霍尔特（Maćkowiak and Wiederholt, 2009）论文的一个特点。在这个框架中，我们表明，当货币政策能够复制弹性价格时，$\alpha = \alpha^*$ 是适用的，而且当商业周期是由技术冲击驱动、或者由对关于技术的信念层级的冲击驱动时，这种政策是最优的。因此，均衡和协调的有效程度的一致性是商业周期分析的一个重要基准依据。

安格勒托斯和拉奥（Angeletos and La'O, 2012）还进一步证明，与基准的新凯恩斯主义框架相似，只要货币政策不一定会取代缺位的税收工具，那么最优货币政策就能够复制弹性价格下的配置。但是，与那种框架不同，复制弹性价格下的配置不再意味着以价格稳定为目标。相反，因为效率要求每家企业的数量和价格随关于经济状况的私人信息变动；同时效率也要求总体价格水平随经济中的平均"情绪"变动。这样，也就给出了又一个具体的例子，它说明了容纳在协调中的现实摩擦会如何扰乱现有的政策教训。

帕齐洛和韦德霍尔特（Paciello and Wiederholt, 2014）还在一个略有不同的企业理性疏忽模型中讨论了其他一些政策含义。在他们的模型中,必须用货币政策取代缺位的税收工具——因为有价格加成(markup)冲击,但是却没有补贴来纠正。对于这种情况,标准的新凯恩斯主义模型的预测是,货币政策应该放弃稳定价格目标,以便于模拟出原应存在的反周期补贴,从而抵消价格加成冲击。但是,帕齐洛和韦德霍尔特(Paciello and Wiederholt,2014)却证明,恰恰相反,这种情况下的最优政策应该以稳定价格为目标,以便减少企业获取关于基础的价格加成冲击的信息的激励。再一次,现有的传统政策建议非常令人不安。

对高阶不确定性的政策影响进行全面、深入的分析超出了本章的范围。此外,相关文献实际上也还相对不那么成熟。例如,所有上述论文都研究了企业的信息可得性受到了一定限制的情况,但是却假设消费者不会受到这种限制;它们也排除了在理解商业周期中很重要的资产市场摩擦和劳动市场摩擦。因此,我们的目标只不过是,希望通过上述例子,向读者指明在商业周期和货币政策背景下进一步研究不完全信息的政策含义是非常有意义的。

9.4 公共信息(以及中央银行透明度)的福利效应

在结束第9节之前,我们还要简要地讨论一下另一个主题:政策制定者、媒体或其他来源提供的公共信息的福利效应。

如前所述,在存在策略不确定性的情况下,公共信号可能会对均衡产生不成比例的影响,因为它们会成为聚点(focal point),并发挥类似于协调工具的作用。莫里斯和辛恩(Morris and Shin,2002b)在一篇很有影响力的论文中,以上述观察结果为基础证明,提供公共信息可能会导致更大的波动,从而也会降低福利。然后,他们进一步指出,这个结果引发了对金融媒体传播的信息的社会价值的质疑,同时也为中央银行在通讯中包含"建设性歧义"的做法提供了一定理由。

但是,随后的研究对莫里斯和辛恩关于公共信息的福利的结果在宏观经济背景下的适用性提出了质疑。安格勒托斯和帕万(Angeletos and Pavan,2004)在一个存在生产溢出的投资博弈中证明了相反的结果,并阐述了信息的福利效应如何取决于外部性的形式,而不是仅仅取决于互补性的形式。安格勒托斯和帕万(Angeletos and Pavan,2007)在一个类柔性的线性二次博弈模型中定义并刻画了协调的社会最优程度,并用它证明了莫里斯和辛恩的福利结果取决于一个特定的假设:协调动机是无社会保证的,但这在"主力"宏观经济学模型中并不一定成立。最后,从赫尔维希(Hellwig,2005)的应用研究开始,许多应用研究都考查了不同类型的信息在有微观基础的货币模型(其中名义刚性来源于不完全信息)中的福利效应,例如,请参见:罗卡(Roca,2005)、沃尔什(Walsh,2007)、贝里斯韦尔和科尔南德(Baeriswyl and Cornand,2010a,b)和洛伦佐尼(Lorenzoni,2010)。这些论文给出了各种各样的福利结果,有些支持、有些则反对中央银行提高透明度的政策。

在最近的一篇论文中,安格勒托斯等人(Angeletos et al.,2016b)在有微观基础的商业周期框架内给出了一个关于信息福利效应的分类表,该框架涵盖了上面提到过的所有应用研究,同时将信息摩擦和货币政策发挥的不同作用分解了开来。更加重要的是,这个框架还允许信息不完全性成为实际刚性和名义刚性的来源（分别如第 8.1 节和第 8.3 节所述）。相应地，公共信息或私人信息的福利效应可以分解为两个渠道：一个通过实际刚性起作用，另一个通过名义刚性起作用。

无论采取的货币政策是什么，上面第一个渠道都必定是存在的；而且它还为我们感兴趣的问题提出了一个特别明确的答案：通过这个渠道，当商业周期是由诸如技术冲击此类的有效率的因素所驱动时，更多的信息毫无疑问会促进更高的福利；而当商业周期由诸如价格加成冲击之类的扭曲因素所驱动时，更多的信息就会导致更低的福利。

第二个渠道则依赖于货币政策的执行。与基准的新凯恩斯主义框架一样，这里存在着一种能够中和名义刚性的政策；这种作用实际上与复制弹性价格下的配置相同，只不过在名义刚性起源于信息摩擦而不是卡尔沃式摩擦的模型下进行了重新表述。在这个基准中，信息的福利效应只通过实际刚性渠道来发挥。当偏离这个基准后，信息的福利效应取决于提供更多的信息是抑制了还是放大了与弹性价格基准的偏差，以及从那种偏差开始是不是可欲的。

当商业周期由技术冲击所驱动时，能够复制弹性价格的政策是最优政策。相反，当商业周期受价格加成冲击的驱动时，则偏离这种政策基准才是可取的。在后一种情况下，私人经济行为主体掌握更多信息可能会减少福利，这不仅是因为它加剧了基础的弹性价格波动的低效率，而且还因为它削弱了货币当局平抑这种波动的能力。

这些研究结果表明，在基准真实商业周期（RBC）模型和新凯恩斯主义模型中，信息的福利效应与我们更熟悉的真实商业周期模型和新凯恩斯主义模型的规范性质密切相关，但是与莫里斯和辛恩（Morris and Shin，2002b）所阐明的机制则只有极少的联系（如果有的话）。也就是说，莫里斯和辛恩的结果很可能只适用于投机交易是一种零和博弈的资产市场。如果确实是这样，那么就会冲击金融市场中的信息作用在于提升福利的传统观念。不过，现在仍然不清楚（因此对我们来说非常有趣），这些结果是否也适用于那些金融市场发挥着核心作用的宏观经济学模型。例如，请参见本手册以下论文对这个问题的讨论：布伦纳迈耶和桑尼科夫（Brunnermeier and Sannikov，2016）、格特勒等人（Gertler et al.，2016），以及圭列里和厄里格（Guerrieri and Uhlig，2016）。

阿马多尔和韦尔（Amador and Weill，2012）识别出了提供公共信息可能会导致福利减少的另一个原因：价格体系的信息作用的内生性。更具体地说，他们构建了一个有微观基础的模型（在这个模型中，行为经济主体能够从名义价格的分布中学习），然后研究了发布关于生产率和/或货币冲击的公共信息的福利效应。这种信息的发布会导致私人经济行为主体更少地依赖于他们自己的私人信息来源。在这种情况下，也就降低了价格体系的信息效率。因此，公共信息的发布实际上具有两个"相互竞争"的影响：一个是有利的直接效应，另一个是不利的间接效应（通过影响价格体系的信息能力）。在某些特定的条件下，第二个效应会占据主导地位，从而产生一个消极的整体福利效应。

比韦斯（Vives，1993，1997）、阿马多尔和韦尔（Amador and Weill，2012）在一系列纳入了社会学习机制的动态博弈的背景下也得到了相关的结果。其中一个关键的结果是，只要某些学习是私有的,在特定时候发布公共信息就可能只在短期内增加信息的整体水平,而且是以在长期中减少信息为代价。当经济行为主体足够有耐心时,这就再次打开了公共信息导致福利恶化的可能性。

上述论文集中关注信息集结问题,[①]而布尔格特和比韦斯(Burguet and Vives,2000)着重于信息获取问题。在他们研究的模型中,经济行为主体可以付出一定成本去收集私人信息;他们利用这个模型证明,发布公共信息可能会减弱人们这样做的激励。这个发现让我们联想到格罗斯曼和斯蒂格利茨(Grossman and Stiglitz,1980)得到的一个重要观察结果,那就是,资产价格揭示的信息可能会降低个人交易者收集有价值的私人信息的激励。

尽管最后这组结果可能具有相关性,但是我们一定要注意以下两个事实。首先,这些结果要求私人和公共信息是相互可替代的,但是这一定是事实;如果相反,即如果它们是互补的,那么提供公共信息可以促进私人信息的获取和集结。[②] 其次,即便在每个经济行为主体的支付与其他经济行为主体的行动无关的情景下,这些结果也同样成立。这些结果与本章所关注的各种机制之间是否存在着足够有意义的互动,现在仍然是一个没有定论的问题。

最后但并非最不重要的是,贝里斯韦尔和科尔南德(Baeriswyl and Cornand,2010b)认定,在货币政策的稳定作用与信号作用之间,存在着一种权衡。假设商业周期是由无效率的因素(比如说,价格加成冲击)驱动的。进一步假设货币当局拥有一些关于这些冲击和/或经济活动水平的私人信息。[③] 更具体地说,假设货币当局对一场低效衰退的根源或严重程度有所了解。在这种情况下,货币当局对自己所拥有的信息秘而不宣就可能是可取的,因为披露信息只会加剧低效率的波动。显然,货币当局根据这些信息采取相应的行动也是可取的(比如说,降低利率,或者采取某种非常规的货币政策)。但是需要强调的是,采取行动本身就意味着披露:公众能够从观察到的针对某种经济状况的政策行动中提取信号。由此我们可以推知,试图"维稳"有时恰恰导致了不稳定,这就是稳定经济与传统信号必须进行权衡的原因。贝里斯韦尔和科尔南德(Baeriswyl and Cornand,2010b)还进一步刻画了这个权衡问题在如下假设下的最优解的特点:在任何信息到来之前,政策制定者能够可信地做出承诺,自己会采取状态依存的决策规则(state contingent policy rule)。但是这也就提出了一个非常有意思的开放性问题,在不存在这种可信承诺的情况下,要想出台这种最优政策时又是怎样进行权

[①] 与此密切相关的还有关于讨论羊群效应和信息级联的文献,例如,请参见班纳吉(Banerjee,1992)、比克钱达尼等人(Bikhchandani et al.,1992)、查雷(Chamley,2004)。正文中描述的结果其实可以看作是这支文献的结论的一个更平滑的变体。这支文献的主要教训是,在披露了关于其他经济行为主体的选择的充分信息后,经济行为主体有可能完全停止对他们自己的私人信息做出反应。

[②] 这涉及了这样一个问题:在资产市场背景下,私人信息的获取中是否存在策略替代性或互补性。这方面的文献请参见(例如):巴勒维和韦尔内西(Barlevy and Veronesi,2000,2007)、韦尔德坎普(Veldkamp,2006),以及第 4 章比韦斯(Vives,2010)的讨论。

[③] 这并不要求货币当局的信息比任何经济行为主体的信息更精确;相反,它只要求货币当局的信息不是私人经济行为主体事前公开可获取的。

衡的？①

在本节的最后，我们将给出一个明确的"免责声明"。虽然我们在这里评述的许多论文都涉及了中央银行的沟通和透明度的问题，但是有关这个主题的文献实在太多，严重超出了本章的范围。仅以重要的早期贡献而言，就至少包括了库齐尔曼和梅尔特泽（Cukierman and Meltzer,1986）以及斯坦（Stein,1989）等一大批论著。另外，请参见吉拉特兹（Geraats,2002）的综述。

10.　结论

自从《宏观经济学手册》第一卷出版以来，关于各种形式的信息摩擦的宏观经济影响，已经有越来越多的文献涌现出来了。在本章中，我们试图呈现并综合了这支文献的结果——因为它与与协调、策略不确定性和高阶信念有关。鉴于这种综合，我们邀请读者考虑本章中对标准宏观经济模型的特殊偏离的两种互补性解释：

第一，如果信号代表了"硬信息"（hard information），那么我们在本章中评述的理论进展，就是有助于了解各种信息摩擦在诸多情况下的积极的、规范性的影响，包括在金融危机和商业周期中。

第二，如果信号代表了"心态"（states of mind），那么信息不完全性就可以成为一个适用范围更广泛的工具，实现协调不完美性概念的可操纵化，并可以用来开发一个更加灵活的框架，以便说明经济行为主体如何形成对内生经济结果的预期。

无论采用哪种解释，我们在本章中综述的各种机制都是适用的。然而，解释对于从理论到现实世界的映射是至关重要的。对于某些问题，例如与信息集结或公共信息的福利效应有关的问题，上面第一个解释似乎是最合适的。而对于其他问题，例如解释观察到的预期变化和经济结果，我们更愿意选择第二个解释。

我们在本章中综述了这些机制的基础，信息摩擦的策略性（博弈）维度与（个体）决策论维度之间的区别。这也是本章反复重现的一个主题。我们认为，策略不确定性特别有助于协调中的摩擦的形式化；我们还探讨了策略不确定性的明显的积极意义。

在本章中，我们自始至终保持了理性预期均衡的标准解概念。虽然这是一种标准的做法，但是并不一定是最好的做法。我们对调查这种做法的合理偏差的其他方法表示赞同。事实上，我们也可以接受这种解释：将本章所考虑的偏离，解释为放松均衡概念的一种代表。

总而言之，我们在本章中总结出了教训。主力宏观经济学模型，特别是对商业周期的研

---

① 我们注意到，这里阐述的思想与安格勒托斯等人（Angeletos et al.,2006）提出的"政策陷阱"概念有类似之处——我们在前面第5.8节中讨论过这篇论文。在这两篇论文中，是要操纵私人经济行为主体的激励，还是要向他们披露信息，两者之间存在一个权衡。除了模型设置的明显差异之外，这两篇论文的主要区别在于它们各自对承诺的假设：安格勒托斯等人（Angeletos et al.,2006）假设，政策是在"事中状态"（interim state）决定的，即在政策制造者收到信息之后。

究中使用的宏观经济学模型,将存在于本章所研究的预期和行为的协调中的各种类型的摩擦抽象掉了。正如我们在本章中证明的,这种抽象在当前对于数据的结构性解释和基于这种结构性解释而展开的相关政策辩论中起着核心作用。然而,一旦考虑到协调和预期中的现实摩擦,我们对数据的结构性解释、我们对现实世界的看法,以及我们给出的"政策处方"就都可能出现根本性的改变。

在本章中,我们将对这种思想的各种类型的应用呈现给了读者。然而,我们并没有提供详细的实证和定量评估。这是因为相关文献仍然很"年轻",而且往往会混淆信息摩擦的决策理论维度和策略维度。通过阐明这种区别及其在各种应用中发挥作用的机制,我们希望不仅仅是提供一个更加清晰的理解和对文献的某种综合,而且也是对未来的实证研究和量化工作的一些指导。

附录 对各命题的证明

命题 1、命题 2 和命题 3 的证明 见正文。

命题 4 的证明 G 的连续性与 D_k 的紧性保证了,$K = G(K, B)$ 肯定存在一个解。

如果经济具有策略互替代性或弱互补性,那么 G_K 是均匀的,而且以 1 为上界,这就保证了对于所有的 B,解是唯一的。这样一来,在确定 K 之后,任何经济行为主体 i 的最优行动就由 $k_i = g(K, b_i)$ 所确定。因此,存在一个唯一的均衡策略,即,存在一个唯一的从 b_i 的实现到 k_i 的实现的映射。基于同样的理由,可以证明存在一个唯一的映射,从基本面 B 的横截面分布的实现到行动 K 的横截面分布。

如果相反,经济具有强互补性,那么就令 K^* 表示强互补性的定义中的不动点问题的解。在 K^* 左边的小邻域,我们有 $G(K, B) < K$,这是因为导数 $G_K(K, B)$ 局部大于 1 这个事实。令 k_{low} 表示 D_k 的下界,那么在 $K = k_{low}$ 处,我们必定有 $G(K, B) \geq K$。根据 G 的连续性可知,G 必定存在另一个不动点。在上述任何一种情况下,一旦 K 被确定为 $K = G(K, B)$ 的一个解,那么任何经济行为主体 i 的最优行动就可以由 $k_i = g(K, b_i)$ 给出。由此可以得出结论:存在多重均衡策略,每个均衡策略都与从 B 到 K 的不同映射相关联。

命题 5 的证明 见正文。

命题 6 的证明 见第 4.5 节。

命题 7 的证明 我们首先从研究单调均衡或阈值均衡的集合入手。单调均衡或阈值均衡是指经济行为主体的策略满足以下属性的均衡:对于 z 的任何实现,都存在阈值 $x^*(z)$,使得经济行为主体当且仅当 $x \leq x^*(z)$ 时发动攻击。

当经济行为主体遵循这样的单调策略行事时,攻击的总体规模将随 θ 而减小,因此也就存在一个阈值 $\theta^*(z)$,使得当且仅当 $\theta \leq \theta^*(z)$,现状被放弃。由此,单调均衡由阈值函数 x^* 和 θ^* 确定。

然后,我们分如下四个步骤来完成证明。在步骤 1 中,我们描述给定 x^* 时的均衡 θ^*。在步骤 2 中,我们描述给定 θ^* 的均衡 x^*。在步骤 3 中,我们结合上面两个条件来建立存在性,并探讨单调均衡的确定性。在步骤 4 中,我们注意到,只要单调均衡是唯一的,它同时也就给出了唯一的可理性化的策略,从而结束证明。

步骤 1。对于给定的 θ 和 z 的实现,攻击的总体规模由接收到信号 $x \leqslant x^*(z)$ 的经济行为主体的数量给出。这也就是说,令 $K(\theta,z)$ 表示当基本面为 θ 且信号为 z 时的攻击规模,那么我们就有:

$$K(\theta,z) = Prob(x \leqslant x^*(z) \mid \theta) = \Phi(\sqrt{\alpha_\epsilon}(x^*(z) - \theta))$$

其中,$\alpha_\epsilon = \sigma_\epsilon^{-2}$ 和 $\alpha_\zeta = \sigma_\zeta^{-2}$,分别表示私人信息和公共信息的准确程度,$\Phi$ 则表示标准化正态分布的累积分布函数。

注意到,$K(\theta,z)$ 随 θ 而减小,所以当且仅当 $\theta \leqslant \theta^*(z)$ 时,区制转换发生,其中,$\theta^*(z)$ 为以下式子的唯一的解:

$$K(\theta^*(z),z) = \theta^*(z)$$

对上式整理一下,就可以得到阈值 x^* 与 θ^* 之间的如下关系式:

$$x^*(z) = \theta^*(z) + \frac{1}{\sqrt{\alpha_\epsilon}}\Phi^{-1}(\theta^*(z)) \tag{A.1}$$

步骤 2。给定当且仅当 $\theta \leqslant \theta^*(z)$ 时,区制转换发生,此时一个经济行为主体的支付为:

$$\mathbb{E}[U(k,K(\theta,z),\theta \mid x,z] = k(b\Pr[\theta \leqslant \theta^*(z) \mid x,z] - c)$$

该经济行为主体的后验信念是一个正态分布,其均值为 $\delta x + (1-\delta)z$,精度为 α,即:

$$\theta \mid x,z \sim \mathcal{N}(\delta x + (1-\delta)z, \alpha^{-1}),$$

其中,$\delta \equiv \alpha_\epsilon/(\alpha_\epsilon + \alpha_\zeta)$ 刻画的是私人信息的相对精度,$\alpha \equiv \alpha_\epsilon + \alpha_\zeta$ 刻画的是信息的整体精度。因此,区制变化的后验概率由下式给出:

$$\Pr[\theta \leqslant \theta^*(z) \mid x,z] = 1 - \Phi(\sqrt{\alpha}(\delta x + (1-\delta)z - \theta^*(z)))$$

这个后验概率在 x 中是单调的。由此可知,当且仅当 $x \leqslant x^*(z)$ 时,经济行为主体会发动攻击,其中 $x^*(z)$ 是如下无差异条件的解:

$$b\Pr[\theta \leqslant \theta^*(z) \mid x^*(z),z] = c$$

代入上述后验概率的表达式以及 δ 和 α 的定义,我们可以得到:

$$\Phi\left(\sqrt{\alpha_\epsilon + \alpha_\zeta}\left(\frac{\alpha_\epsilon}{\alpha_\epsilon + \alpha_\zeta}x^*(z) + \frac{\alpha_\zeta}{\alpha_\epsilon + \alpha_\zeta}z - \theta^*(z)\right)\right) = \frac{b-c}{b} \tag{A.2}$$

步骤 3。结合方程式(A.1)和方程式(A.2),我们可以得出结论:当且仅当 $\theta^*(z)$ 是如下方程式(A.3)的解时,它才可能维持在均衡中:

$$G(\theta^*(z)) = g(z), \tag{A.3}$$

其中,

$$G(\theta) \equiv -\frac{a_\zeta}{\sqrt{\alpha_\epsilon}}\theta + \Phi^{-1}(\theta) \text{ 和 } g(z) \equiv \sqrt{1 + \frac{a_\zeta}{\alpha_\epsilon}}\Phi^{-1}\left(1 - \frac{c}{b}\right) - \frac{\alpha_\zeta}{\sqrt{\alpha_\epsilon}}z$$

当 $\theta^*(z)$ 由方程式(A.3)给出时,$x^*(z)$ 就由方程式(A.1)给出。

我们现在可以利用函数 G 的性质来建立均衡的存在性和确定性了。

注意到,$G(\theta)$ 在 θ 上是连续的,其中 $G(\underline{\theta}) = -\infty$ 且 $G(\overline{\theta}) = \infty$。这意味着必定存在至少一

个解,而且任何解都能满足 $\theta^*(z) \in (\underline{\theta}, \overline{\theta})$。这样也就建立了存在性。接下来,我们建立唯一性。

现在,我们注意到

$$\frac{\partial G(\theta)}{\partial \theta} = \frac{1}{\phi(\Phi^{-1}(\theta))} - \frac{\alpha_\zeta}{\sqrt{\alpha_\epsilon}}$$

由于 $\max_{w \in \mathbb{R}} \phi(w) = 1/\sqrt{2\pi}$,因此我们可以推导出以下性质。如果 $\alpha_\zeta/\sqrt{\alpha_\epsilon} \leqslant \sqrt{2\pi}$,我们就可以知道 G 在 θ 中是严格递增的,而这就意味着对于 z 的所有值,方程式(A.3)只有唯一的解。相反,如果 $\alpha_\zeta/\sqrt{\alpha_\epsilon} > \sqrt{2\pi}$,那么就可知 G 在 θ 中是非单调的,并且存在一个区间 $(\underline{z}, \overline{z})$,使得只要 $z \in (\underline{z}, \overline{z})$,方程式(A.1)就有多个解 $\theta^*(z)$,相反则只有唯一解。

由此,我们得出结论,当且仅当 $\alpha_\zeta/\sqrt{\alpha_\epsilon} \leqslant \sqrt{2\pi}$ 时(或者,等价地,当且仅当 $\sigma_\epsilon \leqslant \sqrt{2\pi}\sigma_\zeta^2$ 时),单调均衡是唯一的,

步骤 4。为了完成证明,我们还需要证明,当单调均衡是唯一的时,也不存在其他(非单调)均衡。证明过程与正文中对命题 6 的证明类似。

为了说明这一点,令 $h(x,z)$ 表示当所有其他经济行为主体都服从阈值 x 且公共信号为 z 时,经济行为主体认为最优的阈值。这与对命题 6 的证明中所用的函数 h 是一样的(对公共信号的存在取模)。接下来,我们注意到,作为方程 $G(\theta) = g(z)$ 的解的阈值 θ^* 与 h 的不动点之间一对一的映射:单调均衡是由 h 的不动点定义的。最后,固定一个任意的 z,并重新考虑我们在命题 6 的证明中构建的那种类型的序列。我们总是可以证明,"自下而上"的序列会收敛到 h 的最低的不动点,而"自上而下"的序列则会收敛到 h 的最高的不动点。当 h 只有一个唯一的不动点时(它对应于唯一的单调均衡),通过与命题 6 的证明同样的证明方法,我们知道唯一的单调均衡也就是唯一的可以理性化的结果。而且,当 h 有多个不动点时,利用同样的方法可以证明,可以理性化的结果都包含在两个极端单调均衡当中。

命题 8 和 9 的证明 参见莫里斯和辛恩(Morris and Shin,2003)的论文。

命题 10 的证明 参见安格勒托斯和韦尔宁(Angeletos and Werning,2006)的论文。

命题 11 的证明 类似于命题 5 的证明。

命题 12 的证明 见正文,以及弗兰克尔和波兹内(Frankel and Pauzner,2000)的论文的定理 1。

命题 13 的证明 第(i)部分从弗兰克尔和波兹内(Frankel and Pauzner,2000)的论文的定理 3 以及如下事实可以证得:弗兰克尔和波兹内所考虑的极限,与莫里斯和辛思所考虑的极限,在海萨尼和泽尔腾(Harsanyi and Selten,1988)的风险占优标准下是一致的。

第(ii)部分则可以从以下事实推出:在 λ 趋向于 0 的极限中,只要 (θ_t, K_t) 在 κ^* 的左侧,那么 K_t 中的漂移就会"爆发"为正无穷大;而只要 (θ_t, K_t) 在 κ^* 的右侧,那么 K_t 中的漂移就会"爆发"为负无穷大。

命题 14 的证明 首先,考虑完美信息的情形。完美信息意味着,经济行为主体知道 $(\theta_i, \overline{\theta})$,并且在均衡中也知道 K。他的最优反应由如下一阶条件确定:

$$U_k(k_i, K, \theta_i) = 0$$

根据 U 是二次函数这个事实，我们可以得到：

$$U_k(0,0,0)+U_{kk}k_i+U_{kK}K+U_{k\theta}\theta_i=0 \tag{A.4}$$

进行集结，得到：

$$U_k(0,0,0)+(U_{kk}+U_{kK})K+U_{k\theta}\overline{\theta}=0 \tag{A.5}$$

这也就证明 K 的均衡值是 $\overline{\theta}$ 的线性函数：

$$K=-\frac{U_k(0,0,0)}{U_{kk}+U_{kK}}-\frac{U_{k\theta}}{U_{kk}+U_{kK}}\overline{\theta}$$

将之代回条件（A.4），就可以得出作为 θ_i 和 $\overline{\theta}$ 的线性函数的 k_i 均衡值：

$$k_i=\kappa(\theta_i,\overline{\theta})\equiv\kappa_0+\kappa_1\theta_i+\kappa_2\overline{\theta}$$

根据定义有 $K=\kappa(\overline{\theta},\overline{\theta})$，其中

$$\kappa_0\equiv-\frac{U_k(0,0,0)}{U_{kk}+U_{kK}},\kappa_1\equiv-\frac{U_{k\theta}}{U_{kk}},\kappa_2\equiv\frac{U_{k\theta}U_{kK}}{U_{kk}(U_{kk}+U_{kK})} \tag{A.6}$$

接下来，考虑信息完全但不一定完美的情形。相对于以前（信息完美）的情形，这时 θ_i 和 $\overline{\theta}$ 不一定是已知的，但是 K 在均衡中仍然是已知的。因此，如果我们简单地用 $\mathbb{E}_i[\theta_i]$ 代替 θ_i，并相应地将 $\overline{\theta}$ 替换为这些一阶预测的横截面平均值，那么上述证明方法仍然适用。这也就是说，我们现在将均衡行动表示为：

$$k_i=\kappa(\mathbb{E}_i[\theta_i],\vartheta^1)$$

其中，$\vartheta^1\equiv\int\mathbb{E}_j[\theta_j]dj$。因为完全信息意味着每个经济行为主体都知道 Ω，并且因为 Ω 是相对于 (ω_i,Ω) 的 $\overline{\theta}$ 的充分统计量，所以我们知道下式成立：

$$\mathbb{E}_i[\overline{\theta}]=\mathbb{E}[\overline{\theta}\mid\Omega]=\mathbb{E}[\theta_j\mid\Omega]=\mathbb{E}[\mathbb{E}[\theta_j\mid\omega_j,\Omega]\mid\Omega]=\mathbb{E}[\mathbb{E}_j[\theta_j\mid\omega_j]\mid\Omega]=\int\mathbb{E}_j[\theta_j]dj=\vartheta^1\,\forall i. \tag{A.7}$$

因此，我们可以将均衡行动表示为下式：

$$k_i=\kappa(\mathbb{E}_i[\theta_i],\mathbb{E}_i[\overline{\theta}])=\mathbb{E}_i[\kappa(\theta_i,\overline{\theta})]$$

这样就证明了本命题。

命题 15 的证明　让我们从初步观察开始证明。根据 $\kappa(\cdot)$ 的定义，对于所有的 θ_i 和 $\overline{\theta}$，下式无需证明即知显然为真：

$$U_k(0,0,0)+U_{kk}\kappa(\theta_i,\overline{\theta})+U_{kK}[\kappa(\overline{\theta},\overline{\theta})]+U_{k\theta}\theta_i=0$$

对上式两边取期望，下式也同样成立（无论经济行为主体的信息状态如何）：

$$U_k(0,0,0)+U_{kk}\mathbb{E}_i[\kappa(\theta_i,\overline{\theta})]+U_{kK}\mathbb{E}_i[\kappa(\overline{\theta},\overline{\theta})]+U_{k\theta}\mathbb{E}_i[\theta_i]=0 \tag{A.8}$$

接下来转而讨论经济行为主体在不完全信息下的最优选择 k_i，注意到它可以用以下一阶条件来刻画：

$$\mathbb{E}_i[U_k(k_i,K,\theta_i)]=0$$

利用 U 是二次函数这个事实，上述方程式可以重写如下：

$$U_k(0,0,0)+U_{kk}k_i+U_{kK}\mathbb{E}_i[K]+U_{\kappa\theta}\mathbb{E}_i[\theta_i]=0 \tag{A.9}$$

方程(A.9)减去方程(A.8)得:

$$U_{kk}\ \mathbb{E}_i\big[\,k_i-\kappa(\theta_1,\overline{\theta})\,\big]+U_{kK}\ \mathbb{E}_i\big[\,K-\kappa(\overline{\theta},\overline{\theta})\,\big]=0$$

由此,我们就得到了命题 15 中的方程式(15),即:

$$k_i=\mathbb{E}_i\big[\,\kappa(\theta_i,\overline{\theta})\,\big]+\alpha\cdot\mathbb{E}_i\big[\,K-\kappa(\overline{\theta},\overline{\theta})\,\big]$$

其中,

$$\alpha\equiv-\frac{U_{kK}}{U_{kk}}=\frac{\kappa_2}{\kappa_1+\kappa_2} \tag{A.10}$$

命题 16 的证明 将方程式(14)和方程式(A.10)代入方程式(15),我们就可以将经济行为主体在不完全信息下的最优行动 k_i 写成下面的形式:

$$k_i=\kappa_0(1-\alpha)+\kappa_1\theta_i+\alpha\ \mathbb{E}_i[K]+(\kappa_2-\alpha(\kappa_1+\kappa_2))\mathbb{E}_i[\overline{\theta}]=\kappa_0(1-\alpha)+\kappa_1\theta_i+\alpha\ \mathbb{E}_i[K] \tag{A.11}$$

对各个 i 进行集结,我们得到:

$$K=\kappa_0(1-\alpha)+\kappa_1\overline{\theta}+\alpha\ \overline{\mathbb{E}}[K]$$

迭代之,我们有:

$$K=\kappa_0+\kappa_1\left\{\sum_{h=0}^{\infty}\alpha^h\ \overline{\mathbb{E}}^h[\overline{\theta}]\right\}$$

其中,$\overline{\mathbb{E}}^0[\overline{\theta}]=\overline{\theta}$。将上式代入方程式(A.11)中,我们得到:

$$k_i=\kappa_0+\kappa_1\theta_i+\alpha\ \mathbb{E}_i\left[\kappa_1\left\{\sum_{h=0}^{\infty}\alpha^h\ \overline{\mathbb{E}}^h[\overline{\theta}]\right\}\right] \tag{A.12}$$

根据条件(A.10)中的 α 的定义,我们可以得到 $\alpha\kappa_1=(1-\alpha)\kappa_2$。将之代入方程式(A.12),我们就可得到条件(16)了,即:

$$k_i=\kappa_0+\kappa_1\theta_i+\kappa_2\ \mathbb{E}_i\left\{\sum_{h=0}^{\infty}(1-\alpha)\alpha^h\ \overline{\mathbb{E}}^h[\overline{\theta}]\right\}$$

命题 17 的证明 仅以公共信号 z 为条件的 θ 的后验由下式给出:

$$\theta|z\sim N(\mu_{\theta|z},\sigma_{\theta|z}^2), \tag{A.13}$$

其中,$\mu_{\theta|z}\equiv\eta_z z\equiv\dfrac{\sigma_\zeta^{-2}}{\sigma_\theta^{-2}+\sigma_\zeta^{-2}}z$,$\sigma_{\theta|z}^{-2}\equiv\sigma_\theta^{-2}+\sigma_\zeta^{-2}$,。然后我们可以推导出,给定经济行为主体 i 的私人信号 x_i 和公共信号 z,θ 的后验由下式给出:

$$\theta|x_i,z\sim N(\lambda_x x_i+\lambda_\mu\mu_{\theta|z},\sigma_{\theta|x,z}^2), \tag{A.14}$$

其中,$\lambda_x\equiv\dfrac{(\sigma_u^2+\sigma_\epsilon^2)^{-1}}{\sigma_{\theta|z}^{-2}+(\sigma_u^2+\sigma_\epsilon^2)^{-1}}=\dfrac{(\sigma_u^2+\sigma_\epsilon^2)^{-1}}{\sigma_{\theta|x,z}^{-2}}>0$,$\lambda_\mu\equiv\dfrac{\sigma_{\theta|z}^{-2}}{\sigma_{\theta|z}^{-2}+(\sigma_u^2+\sigma_\epsilon^2)^{-1}}=\dfrac{\sigma_\theta^{-2}+\sigma_\zeta^{-2}}{\sigma_{\theta|x,z}^{-2}}>0$,且 $\sigma_{\theta|x,z}^{-2}\equiv(\sigma_{\theta|z}^2)^{-1}+(\sigma_u^2+\sigma_\epsilon^2)^{-1}$。

我们还可以在给定经济行为主体 i 的私人信号 x_i 和公共信号 z 的情况下,推导出私人信号 u 中的相关误差的后验,其分布为:

$$u|x_i,z\sim N(\Lambda(x_i-\mu_{\theta|z}),\sigma_{u|x,z}^2), \tag{A.15}$$

其中,$\Lambda\equiv\dfrac{(\sigma_{\theta|z}^2+\sigma_\epsilon^2)^{-1}}{\sigma_u^{-2}+(\sigma_{\theta|z}^2+\sigma_\epsilon^2)^{-1}}=\dfrac{((\sigma_\theta^{-2}+\sigma_\zeta^{-2})^{-1}+\sigma_\epsilon^2)^{-1}}{\sigma_u^{-2}+((\sigma_\theta^{-2}+\sigma_\zeta^{-2})^{-1}+\sigma_\epsilon^2)^{-1}}=\dfrac{(\sigma_\theta^{-2}+\sigma_\zeta^{-2})(\sigma_u^2+\sigma_\epsilon^2)^{-1}}{\sigma_u^{-2}((\sigma_u^2+\sigma_\epsilon^2)^{-1}+\sigma_\theta^{-2}+\sigma_\zeta^{-2})}>0$,且 $\sigma_{u|x,z}^{-2}\equiv\sigma_u^{-2}+(\sigma_{\theta|z}^2+\sigma_\epsilon^2)^{-1}$。

我们接下来给出 λ_x,λ_μ 和 Λ 的两个非常有用的性质，我们在下面将会用到它们：

$$\lambda_x+\Lambda=\frac{(\sigma_u^2+\sigma_\epsilon^2)^{-1}}{(\sigma_u^2+\sigma_\epsilon^2)^{-1}+\sigma_\theta^{-2}+\sigma_\zeta^{-2}}\left(\frac{\sigma_u^{-2}+\sigma_\theta^{-2}+\sigma_\zeta^{-2}}{\sigma_u^{-2}}\right)<1,\tag{A.16}$$

$$\lambda_u-\Lambda=\frac{\sigma_\theta^{-2}+\sigma_\zeta^{-2}}{\sigma_\theta^{-2}+\sigma_\zeta^{-2}+(\sigma_u^2+\sigma_\epsilon^2)^{-1}}\left(1-\frac{(\sigma_u^2+\sigma_\epsilon^2)^{-1}}{\sigma_u^{-2}}\right)>0.\tag{A.17}$$

为了写出给定经济行为主体的信息时他的最优反应的解析形式，我们需要先计算出方程式（16）中的每一项。从条件（A.14），我们知道

$$\mathbb{E}_i[\theta]=\lambda_x x_i+\lambda_\mu\mu_{\theta|z}$$

对各个 i 进行集结，可以得到：

$$\overline{\mathbb{E}}[\theta]=\lambda_x(\theta+u)+\lambda_\mu\mu_{\theta|z}$$

从条件（A.14）和条件（A.15），我们有：

$$\mathbb{E}_i[\overline{\mathbb{E}}[\theta]]=\lambda_x(\lambda_x x_i+\lambda_\mu\mu_{\theta|z}+\Lambda(x_i-\mu_{\theta|z}))+\lambda_\mu\mu_{\theta|z}$$

对各个 i 进行集结，可以得到：

$$\overline{\mathbb{E}}[\overline{\mathbb{E}}[\theta]]=\lambda_x(\lambda_x+\Lambda)(\theta+u)+(\lambda_x(\lambda_\mu-\Lambda)+\lambda_\mu)\mu_{\theta|z}$$

类似地，对于任何 $h\geq 0$，我们有：

$$\mathbb{E}_i[\overline{\mathbb{E}}^h[\theta]]=\lambda_x(\lambda_x+\Lambda)^h x_i+(\lambda_x(\lambda_\mu-\Lambda)(1+(\lambda_x+\Lambda)^1+\cdots+(\lambda_x+\Lambda)^{h-1})+\lambda_\mu)\mu_{\theta|z}$$

$$=\lambda_x(\lambda_x+\Lambda)^h x_i+\left(\lambda_x(\lambda_\mu-\Lambda)\frac{1-(\lambda_x+\Lambda)^h}{1-(\lambda_x+\Lambda)}+\lambda_\mu\right)\mu_{\theta|z},\tag{A.18}$$

以及

$$\overline{\mathbb{E}}^{h+1}[\theta]=\overline{\mathbb{E}}[\overline{\mathbb{E}}^h[\theta]]=\lambda(\mathbb{E}_i[\theta]+\mathbb{E}_i[u])$$

$$=\lambda_x(\lambda_x+\Lambda)^h(\theta+u)+\left(\lambda_x(\lambda_\mu-\Lambda)\frac{1-(\lambda_x+\Lambda)^h}{1-(\lambda_x+\Lambda)}+\lambda_\mu\right)u_{\theta|z}\tag{A.19}$$

因此，对于任何的 $h\geq 1$，我们有：

$$\omega_u^h=\lambda_x(\lambda_x+\Lambda)^{h-1},\ \omega_\zeta^h=\left(\lambda_x(\lambda_\mu-\Lambda)\frac{1-(\lambda_x+\Lambda)^{h-1}}{1-(\lambda_x+\Lambda)}+\lambda_\mu\right)\eta_z,$$

$$\omega_\theta^h=\lambda_x(\lambda_x+\Lambda)^{h-1}+\left(\lambda_x(\lambda_\mu-\Lambda)\frac{1-(\lambda_x+\Lambda)^{h-1}}{1-(\lambda_x+\Lambda)}+\lambda_\mu\right)\eta_z=\omega_u^h+\omega_\zeta^h.$$

然后，我们就可以直接验证：

$$0<\omega_u^h<1,\ \omega_\zeta^h>0,\ \text{以及}\ \omega_\theta^h=\omega_u^h+\omega_\zeta^h>0。$$

现在，我们利用 $\lambda_x+\lambda_\mu=1$ 这个事实去证明关于系数 μ 和 ζ 的一个很有用的性质：

$$\omega_u^h+\frac{\omega_\zeta^h}{\eta_z}=1\tag{A.20}$$

这源于

$$\omega_u^h+\frac{\omega_\zeta^h}{\eta_z}=\lambda_x(\lambda_x+\Lambda)^{h-1}+\left(\lambda_x(\lambda_\mu-\Lambda)\frac{1-(\lambda_x+\Lambda)^{h-1}}{1-(\lambda_x+\Lambda)}+\lambda_\mu\right)$$

$$=\frac{\lambda_x((\lambda_x+\Lambda)^{h-1}-(\lambda_x+\Lambda)^h+(1-(\lambda_x+\Lambda))(1-(\lambda_x+\Lambda)^{h-1}))}{1-(\lambda_x+\Lambda)}+\lambda_\mu$$

$$= \frac{\lambda_x(1-(\lambda_x+\Lambda))}{1-(\lambda_x+\Lambda)} + \lambda_\mu = 1.$$

再加上 $0<\omega_u^h<1$ 和 $0<\eta_z<1$ 的事实,我们可以得到:

$$\omega_\theta^h = \eta_z\omega_u^h + \omega_\zeta^h + (1-\eta_z)\omega_u^h = \eta_z + (1-\eta_z)\omega_u^h < 1 \qquad (A.21)$$

为了证明

$$\omega_\theta^h > \omega_\theta^{h+1}$$

注意到,对于任何 $h \geq 1$,我们都有:

$$\omega_u^h = \lambda_x(\lambda_x+\Lambda)^{h-1} > \lambda_x(\lambda_x+\Lambda)^h = \omega_u^{h+1}$$

再加上方程式(A.21),并根据 $0<\eta_z<1$ 这个事实,我们就可以推导出 $\omega_\theta^h>\omega_\theta^{h+1}$, $\forall h \geq 1$。

要证明

$$0 < \frac{Var(\overline{\mathbb{E}}^h[\theta]|\theta)}{Var(\overline{\mathbb{E}}^h[\theta])} < \frac{Var(\overline{\mathbb{E}}^{h+1}[\theta]|\theta)}{Var(\overline{\mathbb{E}}^{h+1}[\theta])} < 1$$

注意到

$$\frac{Var(\overline{\mathbb{E}}^h[\theta]|\theta)}{Var(\overline{\mathbb{E}}^h[\theta])} = \frac{(\omega_\zeta^h)^2\sigma_\zeta^2 + (\omega_u^h)^2\sigma_u^2}{(\omega_\zeta^h)^2\sigma_\zeta^2 + (\omega_u^h)^2\sigma_u^2 + (\omega_\theta^h)^2\sigma_\theta^2}$$

很显然,我们有:

$$0 < \frac{Var(\overline{\mathbb{E}}^h[\theta]|\theta)}{Var(\overline{\mathbb{E}}^h[\theta])} < 1$$

所以我们只需要证明

$$\frac{(\omega_\zeta^h)^2\sigma_\zeta^2 + (\omega_u^h)^2\sigma_u^2}{(\omega_\theta^h)^2\sigma_\theta^2} < \frac{(\omega_\zeta^{h+1})^2\sigma_\zeta^2 + (\omega_u^{h+1})^2\sigma_u^2}{(\omega_\theta^{h+1})^2\sigma_\theta^2} \quad \forall h \geq 1$$

定义 $t(\omega) = \frac{\omega}{1-\omega} > 0$, $\forall \omega \in (0,1)$,并运用方程式(A.20)和方程式(A.21),我们得到:

$$\frac{(\omega_\zeta^h)^2\sigma_\zeta^2 + (\omega_u^h)^2\sigma_u^2}{(\omega_\theta^h)^2\sigma_\theta^2} = \frac{t(\omega_u^h)^2\sigma_u^2 + \eta_z^2\sigma_\zeta^2}{(t(\omega_u^h)+\eta_z)^2\sigma_\theta^2}$$

接下来,注意到 $1>\omega_u^h>\omega_u^{h+1}>0$,且 $t(x)$ 随 $x \in (0,1)$ 递增,我们有:

$$t(\omega_u^{h+1}) < t(\omega_u^h) \leq t(\omega_u^1) = \frac{\lambda_x}{1-\lambda_x} = \frac{(\sigma_u^2+\sigma_\epsilon^2)^{-1}}{\sigma_\theta^{-2}+\sigma_\zeta^{-2}} < \frac{\sigma_u^{-2}}{\sigma_\theta^{-2}+\sigma_\zeta^{-2}}$$

由此而得到的一个结果是,对于 $t \in (0, t(\omega_u^1)]$,我们有:

$$t\sigma_u^2 - \eta_z\sigma_\zeta^2 = t\sigma_u^2 - \frac{1}{\sigma_\theta^{-2}+\sigma_\zeta^{-2}} < 0 \qquad (A.22)$$

$$\frac{\partial\left[\frac{t^2\sigma_u^2+\eta_z^2\sigma_\zeta^2}{(t+\eta_z)^2\sigma_\theta^2}\right]}{\partial t} = \left(\frac{2t\sigma_u^2}{(t+\eta_z)^2\sigma_\theta^2} - \frac{2(t^2\sigma_u^2+\eta_z^2\sigma_\zeta^2)}{(t+\eta_z)^3\sigma_\theta^2}\right) = 2\eta_z\left(\frac{t\sigma_u^2-\eta_z\sigma_\zeta^2}{(t+\eta_z)^3\sigma_\theta^2}\right) < 0. \qquad (A.23)$$

再加上 $t(\omega_u^{h+1}) < t(\omega_u^h)$ 这一事实,我们有:

$$\frac{t(\omega_u^h)^2\sigma_u^2+\eta_z^2\sigma_\zeta^2}{(t(\omega_u^h)+\eta_z)^2\sigma_\theta^2} < \frac{t(\omega_u^{h+1})^2\sigma_u^2+\eta_z^2\sigma_\zeta^2}{(t(\omega_u^{h+1})+\eta_z)^2\sigma_\theta^2}, \forall h \geq 1$$

因此

$$\frac{Var(\overline{\mathbb{E}}^h[\theta]|\theta)}{Var(\overline{\mathbb{E}}^h[\theta])} < \frac{Var(\overline{\mathbb{E}}^{h+1}[\theta]|\theta)}{Var(\overline{\mathbb{E}}^{h+1}[\theta])}, \forall h \geq 1$$

命题 18 的证明 从方程式（17）中，我们知道个人的最优行动是由下式给出的：

$$k_i = \mathbb{E}_i\left\{\sum_{h=0}^{\infty}(1-\alpha)\alpha^h \overline{\mathbb{E}}^h[\overline{\theta}]\right\}$$

代入方程式（A.18）中的 $\mathbb{E}_i[\overline{\mathbb{E}}^h[\theta]]$，我们可以得到：

$$k_i = (1-\alpha)\sum_{h=0}^{+\infty}\alpha^h\left(\lambda_x(\lambda_x+\Lambda)^h x_i + \left(\lambda_x(\lambda_\mu-\Lambda)\frac{1-(\lambda_x+\Lambda)^h}{1-(\lambda_x+\Lambda)}+\lambda_\mu\right)\mu_{\theta|z}\right)$$

$$= \frac{\lambda_x(1-\alpha)}{1-\alpha(\lambda_x+\Lambda)}x_i + (1-\alpha)\left(\frac{\lambda_\mu}{1-\alpha}+\frac{\lambda_x(\lambda_\mu-\Lambda)}{1-(\lambda_x+\Lambda)}\left(\frac{1}{1-\alpha}-\frac{1}{1-\alpha(\lambda_x+\Lambda)}\right)\right)\mu_{\theta|z}$$

$$= \frac{\lambda_x(1-\alpha)}{1-\alpha(\lambda_x+\Lambda)}x_i + \left(\lambda_\mu+\frac{\alpha\lambda_x(\lambda_\mu-\Lambda)}{1-\alpha(\lambda_x+\Lambda)}\right)\mu_{\theta|z}.$$

对各个 i 进行集结，我们可以得到：

$$K = \frac{\lambda_x(1-\alpha)}{1-\alpha(\lambda_x+\Lambda)}(\theta+u) + \left(\lambda_\mu+\frac{\alpha\lambda_x(\lambda_\mu-\Lambda)}{(1-\alpha(\lambda_x+\Lambda))}\right)\mu_{\theta|z}.$$

由此而得到的一个结果是：

$$\phi_u = \frac{\lambda_x(1-\alpha)}{1-\alpha(\lambda_x+\Lambda)}, \tag{A.24}$$

$$\phi_\zeta = \left(\lambda_\mu+\frac{\alpha\lambda_x(\lambda_\mu-\Lambda)}{(1-\alpha(\lambda_x+\Lambda))}\right)\eta_z, \tag{A.25}$$

$$\phi_\theta = \phi_u + \phi_\zeta. \tag{A.26}$$

与对条件（A.20）的证明类似，利用 $\lambda_x+\lambda_\mu=1$ 这个事实，我们可以证明：

$$\phi_u + \frac{\phi_\zeta}{\eta_z} = 1 \tag{A.27}$$

然后，再结合 $\lambda_x+\Lambda<1$，$\lambda_\mu-\Lambda>0$ 和 $0<\eta_z<1$ 的事实，我们有：

$$0<\phi_u,\phi_\zeta<1$$

$$0<\phi_\theta=\eta_z+(1-\eta_z)\phi_u<1 \tag{A.28}$$

我们也可以将该经济行为主体对 K 的平均期望表示成下式：

$$\overline{\mathbb{E}}[K] = \frac{\lambda_x(1-\alpha)}{1-\alpha(\lambda_x+\Lambda)}(\overline{\mathbb{E}}[\theta]+\overline{\mathbb{E}}[u]) + \left(\lambda_\mu+\frac{\alpha\lambda_x(\lambda_\mu-\Lambda)}{(1-\alpha(\lambda_x+\Lambda))}\right)\mu_{\theta|z}$$

$$= \frac{\lambda_x(1-\alpha)(\lambda_x+\Lambda)}{1-\alpha(\lambda_x+\Lambda)}(\theta+u) + \left(\lambda_\mu+\frac{\lambda_x(\lambda_\mu-\Lambda)}{1-\alpha(\lambda_x+\Lambda)}\right)\mu_{\theta|z}.$$

因此可以得出：

$$\Psi_u = \frac{\lambda_x(1-\alpha)(\lambda_x+\Lambda)}{1-\alpha(\lambda_x+\Lambda)} \tag{A.29}$$

$$\Psi_\zeta = \left(\lambda_\mu+\frac{\lambda_x(\lambda_\mu-\Lambda)}{1-\alpha(\lambda_x+\Lambda)}\right)\eta_z, \tag{A.30}$$

$$\Psi_\theta = \Psi_u + \Psi_\zeta. \tag{A.31}$$

类似于方程式(A.20)和方程式(A.27)的证明,利用 $\lambda_x + \lambda_\mu = 1$ 这个事实,证明下式成立:

$$\Psi_u + \frac{\Psi_\zeta}{\eta_z} = 1. \tag{A.32}$$

然后,再结合 $\lambda_x + \Lambda < 1$, $\lambda_\mu - \Lambda > 0$,以及 $\eta_z > 0$ 的事实,我们有:

$$0 < \Psi_u < \phi_u < 1,$$
$$0 < \phi_\zeta < \Psi_\zeta < 1,$$
$$0 < \Psi_\theta = \eta_z + (1 - \eta_z)\Psi_u < \phi_\theta < 1$$

为了证明

$$0 < \frac{Var(K \mid \theta)}{Var(K)} < \frac{Var(\overline{\mathbb{E}}[K] \mid \theta)}{Var(\overline{\mathbb{E}}[K])} < 1$$

我们采取与对命题 17 的证明相同的方法。首先,注意到

$$\frac{Var(K \mid \theta)}{Var(K)} = \frac{\phi_u^2 \sigma_u^2 + \phi_\zeta^2 \sigma_\zeta^2}{\phi_u^2 \sigma_u^2 + \phi_\zeta^2 \sigma_\zeta^2 + \phi_\theta^2 \sigma_\theta^2}, \text{以及} \frac{Var(\overline{\mathbb{E}}[K] \mid \theta)}{Var(\overline{\mathbb{E}}[K])} = \frac{\Psi_u^2 \sigma_u^2 + \Psi_\zeta^2 \sigma_\zeta^2}{\Psi_u^2 \sigma_u^2 + \Psi_\zeta^2 \sigma_\zeta^2 + \Psi_\theta^2 \sigma_\theta^2}.$$

所以,我们有:

$$0 < \frac{Var(K \mid \theta)}{Var(K)}, \frac{Var(\overline{\mathbb{E}}[K] \mid \theta)}{Var(\overline{\mathbb{E}}[K])} < 1$$

接下来,我们只需要证明:

$$\frac{\phi_u^2 \sigma_u^2 + \phi_\zeta^2 \sigma_\zeta^2}{\phi_\theta^2 \sigma_\theta^2} < \frac{\psi_u^2 \sigma_u^2 + \psi_\zeta^2 \sigma_\zeta^2}{\psi_\theta^2 \sigma_\theta^2}.$$

再一次定义 $t(x) = \frac{x}{1-x} > 0$, $\forall x \in (0,1)$,我们可以得到:

$$\frac{\phi_u^2 \sigma_u^2 + \phi_\zeta^2 \sigma_\zeta^2}{\phi_\theta^2 \sigma_\theta^2} = \frac{t(\phi_u)^2 \sigma_u^2 + \eta_z^2 \sigma_\zeta^2}{(t(\phi_u) + \eta_z)^2 \sigma_\theta^2},$$

$$\frac{\psi_u^2 \sigma_u^2 + \psi_\zeta^2 \sigma_\zeta^2}{\psi_\theta^2 \sigma_\theta^2} = \frac{t(\psi_u)^2 \sigma_u^2 + \eta_z^2 \sigma_\zeta^2}{(t(\psi_u) + \eta_z)^2 \sigma_\theta^2}.$$

$$\frac{\sigma_u^{-2}}{\sigma_\theta^{-2} + \sigma_\zeta^{-2}} > \frac{(\sigma_u^2 + \sigma_\epsilon^2)^{-1}}{\sigma_\theta^{-2} + \sigma_\zeta^{-2}} = t(\lambda_x) > t(\phi_u) > t(\psi_u) > 0$$

其中,为了证明 $t(\lambda_x) > t(\phi_u)$,我们利用了源于 $\lambda_x + \Lambda < 1$ 的一个事实,即:$\phi_u = \frac{\lambda_x(1-\alpha)}{1-\alpha(\lambda_x + \Lambda)} < \lambda_x$。与命题 17 的证明类似,对于 $t \in (0, t(\lambda_x)]$,我们可以证明方程式(A.22)和方程式(A.23)成立。由此:

$$\frac{t(\phi_u)^2 \sigma_u^2 + \eta_z^2 \sigma_\zeta^2}{(t(\phi_u) + \eta_z)^2 \sigma_\theta^2} < \frac{t(\psi_u)^2 \sigma_u^2 + \eta_z^2 \sigma_\zeta^2}{(t(\psi_u) + \eta_z)^2 \sigma_\theta^2},$$

从而,

$$\frac{Var(K \mid \theta)}{Var(K)} < \frac{Var(\overline{\mathbb{E}}[K] \mid \theta)}{Var(\overline{\mathbb{E}}[K])}$$

命题 19 的证明 令 $w \equiv \lambda_x u + (1-\lambda_x)\eta_z \zeta$ 表示 θ 上的投影 $\mathbb{E}[\theta]$ 的残差,然后再令 $R \equiv -(1-\lambda_x)\eta_z \sigma_\zeta^2 u + \lambda_x \sigma_u^2 \zeta$。很显然,我们有 $w \perp \theta$ 且 $R \perp \theta$。进一步,我们还有 $R \perp w$。要证明这一点,需要注意到 $Cov(R, w) = -(1-\lambda_x)\lambda_x \eta_z \sigma_\zeta^2 \sigma_u^2 + (1-\lambda_x)\lambda_x \eta_z \sigma_\zeta^2 \sigma_u^2 = 0$,而且 R 和 w 都服从正态分布。由此可知,θ、R 和 w 分别是由随机变量 θ、ζ 和 u 张成的空间的正交基。

运用上述方法,我们可以将 u 和 ζ 表示为 w 和 R 的线性变换。将它们代入 $K = \phi_\theta \theta + \phi_u u + \phi_\zeta \zeta$,我们就可以将 K 表示为 θ、w 和 R 的如下线性组合:

$$K = \phi_\theta \theta + \frac{\phi_u \lambda_x \sigma_u^2 + (1-\phi_u)(1-\lambda_x)\eta_z^2 \sigma_\zeta^2}{\lambda_x^2 \sigma_u^2 + (1-\lambda_x)^2 \eta_z^2 \sigma_\zeta^2} w + \frac{(\lambda_x - \phi_u)\eta_z}{\lambda_x^2 \sigma_u^2 + (1-\lambda_x)^2 \eta_z^2 \sigma_\zeta^2} R \tag{A.33}$$

类似地,我们还可以将 $\mathbb{E}[K] = \psi_\theta \theta + \psi_u u + \psi_\zeta \zeta$ 表示为 θ、w 和 R 的如下线性组合:

$$\mathbb{E}[K] = \psi_\theta \theta + \frac{\psi_u \lambda_x \sigma_u^2 + (1-\psi_u)(1-\lambda_x)\eta_z^2 \sigma_\zeta^2}{\lambda_x^2 \sigma_u^2 + (1-\lambda_x)^2 \eta_z^2 \sigma_\zeta^2} w + \frac{(\lambda_x - \psi_u)\eta_z}{\lambda_x^2 \sigma_u^2 + (1-\lambda_x)^2 \eta_z^2 \sigma_\zeta^2} R \tag{A.34}$$

根据上面这些式子,我们可以推出:

$$\begin{aligned}
Var(K|\theta, \overline{\mathbb{E}}\theta) = Var(K|\theta, w) &= \left[\frac{(\lambda_x - \phi_u)\eta_z}{\lambda_x^2 \sigma_u^2 + (1-\lambda_x)^2 \eta_z^2 \sigma_\zeta^2} \right]^2 Var(R) \\
&= \frac{(\lambda_x - \phi_u)^2 \eta_z^2 \sigma_u^2 \sigma_\zeta^2}{\lambda_x^2 \sigma_u^2 + (1-\lambda_x)^2 \eta_z^2 \sigma_\zeta^2} \\
&= \left[\frac{\alpha(1-(\lambda_x+\Lambda))}{1-\alpha(\lambda_x+\Lambda)} \right]^2 \frac{\lambda_x^2 \eta_z^2 \sigma_u^2 \sigma_\zeta^2}{\lambda_x^2 \sigma_u^2 + (1-\lambda_x)^2 \eta_z^2 \sigma_\zeta^2} > 0,
\end{aligned} \tag{A.35}$$

$$\begin{aligned}
Var(\overline{\mathbb{E}} K|\theta, \overline{\mathbb{E}}\theta) = Var(\overline{\mathbb{E}} K|\theta, w) &= \left[\frac{(\lambda_x - \psi_u)\eta_z}{\lambda_x^2 \sigma_u^2 + (1-\lambda_x)^2 \eta_z^2 \sigma_\zeta^2} \right]^2 Var(R) \\
&= \frac{(\lambda_x - \psi_u)^2 \eta_z^2 \sigma_u^2 \sigma_\zeta^2}{\lambda_x^2 \sigma_u^2 + (1-\lambda_x)^2 \eta_z^2 \sigma_\zeta^2} \\
&= \left[\frac{1-(\lambda_x+\Lambda)}{1-\alpha(\lambda_x+\Lambda)} \right]^2 \frac{\lambda_x^2 \eta_z^2 \sigma_u^2 \sigma_\zeta^2}{\lambda_x^2 \sigma_u^2 + (1-\lambda_x)^2 \eta_z^2 \sigma_\zeta^2} > 0,
\end{aligned} \tag{A.36}$$

以及,最后的:

$$\begin{aligned}
Cov(K, \overline{\mathbb{E}} K|\theta, \overline{\mathbb{E}}\theta) = Cov(K, \overline{\mathbb{E}} K|\theta, w) &= \frac{(\lambda_x - \phi_u)(\lambda_x - \psi_u)\eta_z^2}{[\lambda_x^2 \sigma_u^2 + (1-\lambda_x)^2 \eta_z^2 \sigma_\zeta^2]^2} Var(R) \\
&= \frac{(\lambda_x - \phi_u)(\lambda_x - \psi_u)\eta_z^2 \sigma_u^2 \sigma_\zeta^2}{\lambda_x^2 \sigma_u^2 + (1-\lambda_x)^2 \eta_z^2 \sigma_\zeta^2} \\
&= \alpha \left[\frac{1-(\lambda_x+\Lambda)}{1-\alpha(\lambda_x+\Lambda)} \right]^2 \frac{\lambda_x^2 \eta_z^2 \sigma_u^2 \sigma_\zeta^2}{\lambda_x^2 \sigma_u^2 + (1-\lambda_x)^2 \eta_z^2 \sigma_\zeta^2} > 0
\end{aligned} \tag{A.37}$$

在这里,我们利用了如下事实:

$$\lambda_x - \phi_u = \lambda_x \left[1 - \frac{1-\alpha}{1-\alpha(\lambda_x+\Lambda)} \right] = \lambda_x \left[\frac{1-\alpha(\lambda_x+\Lambda) - (1-\alpha)}{1-\alpha(\lambda_x+\Lambda)} \right] = \lambda_x \left[\frac{\alpha(1-(\lambda_x+\Lambda))}{1-\alpha(\lambda_x+\Lambda)} \right]$$

和

$$\lambda_x - \psi_u = \lambda_x \left[1 - \frac{(1-\alpha)(\lambda_x+\Lambda)}{1-\alpha(\lambda_x+\Lambda)} \right] = \frac{\lambda_x(1-(\lambda_x+\Lambda))}{1-\alpha(\lambda_x+\Lambda)}$$

命题 20 的证明 利用条件(A.16)中证明的 $\lambda_x+\Lambda<1$ 的事实,我们有:

$$\frac{\partial \phi_u}{\partial \alpha} = \frac{-\lambda_x}{1-\alpha(\lambda_x+\Lambda)} + \frac{\lambda_x(1-\alpha)(\lambda_x+\Lambda)}{(1-\alpha(\lambda_x+\Lambda))^2}$$

$$= \frac{\lambda_x}{1-\alpha(\lambda_x+\Lambda)} \left(\frac{\lambda_x+\Lambda-1}{1-\alpha(\lambda_x+\Lambda)} \right) < 0.$$

由条件(A.28),我们有:

$$\frac{\partial \phi_\theta}{\partial \alpha} = (1-\eta_z)\frac{\partial \phi_u}{\partial \alpha} < 0$$

类似地,

$$\frac{\partial \psi_u}{\partial \alpha} = (\lambda_x+\Lambda)\left(\frac{-\lambda_x}{1-\alpha(\lambda_x+\Lambda)} + \frac{\lambda_x(1-\alpha)(\lambda_x+\Lambda)}{(1-\alpha(\lambda_x+\Lambda))^2} \right)$$

$$= \frac{\lambda_x(\lambda_x+\Lambda)}{1-\alpha(\lambda_x+\Lambda)} \left(\frac{\lambda_x+\Lambda-1}{1-\alpha(\lambda_x+\Lambda)} \right) < 0$$

因此我们又有:

$$\frac{\partial \psi_\theta}{\partial \alpha} = (1-\eta_z)\frac{\partial \psi_u}{\partial \alpha} < 0.$$

注意到:

$$Cov(K,\theta) = \phi_\theta \sigma_\theta^2, \text{以及 } Cov(\overline{\mathbb{E}}K,\theta) = \psi_\theta \sigma_\theta^2.$$

从而我们得到:

$$\frac{\partial Cov(K,\theta)}{\partial \alpha} < 0, \text{以及} \frac{\partial Cov(\overline{\mathbb{E}}K,\theta)}{\partial \alpha} < 0.$$

为了证明

$$\frac{\partial}{\partial \alpha}\left(\frac{Var(K|\theta)}{Var(K)} \right) > 0, \text{以及} \frac{\partial}{\partial \alpha}\left(\frac{Var(\overline{\mathbb{E}}K|\theta)}{Var(\overline{\mathbb{E}}K)} \right) > 0,$$

只需注意到:

$$0 < \frac{Var(K|\theta)}{Var(K)} = \frac{\phi_u^2\sigma_u^2+\phi_\zeta^2\sigma_\zeta^2}{\phi_u^2\sigma_u^2+\phi_\zeta^2\sigma_\zeta^2+\phi_\theta^2\sigma_\theta^2} < 1, \text{以及} 0 < \frac{Var(\overline{\mathbb{E}}[K]|\theta)}{Var(\overline{\mathbb{E}}[K])} = \frac{\psi_u^2\sigma_u^2+\psi_\zeta^2\sigma_\zeta^2}{\psi_u^2\sigma_u^2+\psi_\zeta^2\sigma_\zeta^2+\psi_\theta^2\sigma_\theta^2} < 1$$

为了得到我们想要的结果,现在只需要证明:

$$\frac{\partial}{\partial \alpha}\left(\frac{\phi_u^2\sigma_u^2+\phi_\zeta^2\sigma_\zeta^2}{\phi_\theta^2\sigma_\theta^2} \right) > 0, \text{以及} \frac{\partial}{\partial \alpha}\left(\frac{\psi_u^2\sigma_u^2+\psi_\zeta^2\sigma_\zeta^2}{\psi_\theta^2\sigma_\theta^2} \right) > 0$$

再一次定义 $t(x) = \frac{x}{1-x} > 0, \forall x \in (0,1)$,我们有:

$$\frac{\phi_u^2\sigma_u^2+\phi_\zeta^2\sigma_\zeta^2}{\phi_\theta^2\sigma_\theta^2} = \frac{t(\phi_u)^2\sigma_u^2+\sigma_\zeta^2}{(t(\phi_u)+\eta_z)^2\sigma_\theta^2},$$

$$\frac{\psi_u^2\sigma_u^2+\psi_\zeta^2\sigma_\zeta^2}{\psi_\theta^2\sigma_\theta^2} = \frac{t(\psi_u)^2\sigma_u^2+\sigma_\zeta^2}{(t(\psi_u)+\eta_z)^2\sigma_\theta^2},$$

$$\frac{\sigma_u^{-2}}{\sigma_\theta^{-2}+\sigma_\zeta^{-2}}>\frac{(\sigma_u^2+\sigma_\epsilon^2)^{-1}}{\sigma_\theta^{-2}+\sigma_\zeta^{-2}}=t(\lambda_x)>t(\phi_u)>t(\psi_u)>0,$$

在这里,我们利用了 $\phi_u=\frac{\lambda_x(1-\alpha)}{1-\alpha(\lambda_x+\Lambda)}<\lambda_x$ 的事实(该事实源于 $\lambda_x+\Lambda<1$),证明了 $t(\lambda_x)>$

$t(\phi_u)$。因为 $\frac{\partial\phi_u}{\partial\alpha}<0$ 且 $\frac{\partial\psi_u}{\partial\alpha}<0$,所以我们也可以得到:

$$\frac{\partial}{\partial\alpha}(t(\phi_u))<0,以及\frac{\partial}{\partial\alpha}(t(\psi_u))<0$$

然后,与命题 17 和命题 18 的证明类似,对于 $t\in(0,t(\lambda_x)]$,我们可以证明方程式(A.22)和方程式(A.23)成立。由此,我们有:

$$\frac{\partial}{\partial\alpha}\left(\frac{Var(K|\theta)}{Var(K)}\right)>0,以及\frac{\partial}{\partial\alpha}\left(\frac{Var(\overline{\mathbb{E}}K|\theta)}{Var(\overline{\mathbb{E}}K)}\right)>0,$$

从而,我们最终证明了:

$$\frac{\partial Var(K|\theta,\overline{\mathbb{E}}\theta)}{\partial\alpha}>0,\frac{\partial Var(K|\theta,\overline{\mathbb{E}}\theta)}{\partial\alpha}>0,以及\frac{\partial(Cov(K,\overline{\mathbb{E}}K|\theta,\overline{\mathbb{E}}\theta))}{\partial\alpha}>0.$$

从条件(A.35)、(A.36)和(A.37),我们有:

$$Var(K|\theta,\overline{\mathbb{E}}\theta)=\left[\frac{\alpha(1-(\lambda_x+\Lambda))}{1-\alpha(\lambda_x+\Lambda)}\right]^2\frac{\lambda_x^2\eta_\gamma^2\sigma_u^2\sigma_\zeta^2}{\lambda_x^2\sigma_u^2+(1-\lambda_x)^2\eta_\gamma^2\sigma_\zeta^2},$$

$$Var(\overline{\mathbb{E}}K|\theta,\overline{\mathbb{E}}\theta)=\left[\frac{(1-(\lambda_x+\Lambda))}{1-\alpha(\lambda_x+\Lambda)}\right]^2\frac{\lambda_x^2\eta_\gamma^2\sigma_u^2\sigma_\zeta^2}{\lambda_x^2\sigma_u^2+(1-\lambda_x)^2\eta_\gamma^2\sigma_\zeta^2},$$

$$Cov(K,\overline{\mathbb{E}}K|\theta,\overline{\mathbb{E}}\theta)=\alpha\left[\frac{(1-(\lambda_x+\Lambda))}{1-\alpha(\lambda_x+\Lambda)}\right]^2\frac{\lambda_x^2\eta_\gamma^2\sigma_u^2\sigma_\zeta^2}{\lambda_x^2\sigma_u^2+(1-\lambda_x)^2\eta_\gamma^2\sigma_\zeta^2}.$$

然后再注意到

$$\frac{\partial}{\partial\alpha}\left\{\frac{[1-(\lambda_x+\Lambda)]}{1-\alpha(\lambda_x+\Lambda)}\right\}>0,,以及\frac{\partial}{\partial\alpha}\left\{\frac{\alpha[1-(\lambda_x+\Lambda)]}{1-\alpha(\lambda_x+\Lambda)}\right\}>0$$

至此本命题得证。

命题 21 的证明 不难注意到,对于任意随机变量 X 和任意信息集 I,根据总方差法则(law of total variance),我们有:

$$Var(\mathbb{E}[X|I])\leqslant Var(X)$$

据此,我们得到:

$$Var(\overline{\mathbb{E}}[\theta])=Var(\mathbb{E}[\mathbb{E}[\theta|\omega]|\Omega])\leqslant Var(\mathbb{E}[\theta|\omega])\leqslant Var(\theta)$$

类似地,对于任何 $h\geqslant2$,我们有:

$$Var(\overline{\mathbb{E}}^h[\theta])\leqslant Var(\mathbb{E}[\mathbb{E}[\overline{\mathbb{E}}^{h-1}[\theta|\omega]|\Omega])\leqslant Var(\mathbb{E}[\overline{\mathbb{E}}^{h-1}[\theta]|\omega])\leqslant Var(\overline{\mathbb{E}}^{h-1}[\theta])$$

这样,我们可以推导出 $Var(\overline{\mathbb{E}}^h[\theta])\leqslant Var(\theta)\ \forall\ h\geqslant1$,因此,

$$Var(K)=Var(\sum_{h=1}^\infty(1-\alpha)\alpha^{h-1}\overline{\mathbb{E}}^h[\theta])\leqslant(\sum_{h=1}^\infty(1-\alpha)\alpha^{h-1}\sqrt{Var(\theta)})^2=Var(\theta)$$

对于最后一个结果,我们利用了如下事实:对于任意随机变量 X、Y 和标量 $a,b\geqslant0$,以下不等式为真:

$$Var(aX+bY) = a^2 Var(X) + 2ab Cov(X,Y) + b^2 Var(Y)$$
$$\leqslant a^2 Var(X) + 2ab \sqrt{Var(X)Var(Y)} + b^2 Var(Y)$$
$$= \left(a\sqrt{Var(X)} + b\sqrt{Var(Y)} \right)^2.$$

命题 22 的证明   见正文。

命题 23 的证明   结果基本上来自伍德福德(Woodford, 2003)的论文;对于命题 23 所述的特定版本的证明,请参见安格勒托斯和拉奥(Angeletos and La'O, 2010)的论文。在这些早期的证明中,没有给出标量$(\gamma_K, \gamma_\theta, \gamma_v)$的准确描述,但是它们可以通过霍震和高山(Huo and Takayama, 2015a, b)发展起来的方法获得。

命题 24 的证明   请参见米亚特和沃勒斯(Myatt and Wallace, 2012)的论文的命题 2,以及帕万的论文(Pavan, 2015)的命题 1 和推论 1。

命题 25 的证明   请参见米亚特和沃勒斯(Myatt and Wallace, 2012)的论文的命题 4。

命题 26 的证明   在完全信息下,对于所有的 i,均有 $\mathbb{E}_{it} Y_t = Y_t$。由此,方程式(29)中第 i 个岛屿的最优产出水平可以写为:

$$y_{it} = (1-\alpha)\chi a_{i,t} + \alpha Y_t$$

对上述方程进行加总,我们可以得到 $Y_t = \chi A_t$,从而 $N_t = (\chi-1)A_t$。本命题得证。

命题 27 的证明   对方程式(29)进行加总,我们可以得到:

$$Y_t = (1-\alpha)\chi A_t + \alpha \overline{\mathbb{E}}_t Y_t$$

迭代之,我们有:

$$Y_t = \chi \sum_{h=0}^{\infty} (1-\alpha)\alpha^h \overline{\mathbb{E}}_t^h [A_t]$$

命题 28 的证明   给定假设 9 中引入的信息结构,我们可以得到:

$$\overline{\mathbb{E}}_t^h [A_t] = \left(\frac{\sigma_\epsilon^{-2}}{\sigma_u^{-2} + \sigma_\epsilon^{-2}} \right)^h u_t + A_{t-1} \quad \forall h \in \mathbb{N}.$$

将它代入方程式(30),就可以给出

$$Y_t = \chi A_{t-1} + \chi \frac{(1-\alpha)(\sigma_u^{-2} + \sigma_\epsilon^{-2})}{\sigma_u^{-2} + (1-\alpha)\sigma_\epsilon^{-2}} u_t \equiv \chi A_{t-1} + \phi u_t$$

其中,

$$\phi \equiv \chi \frac{(1-\alpha)(\sigma_u^{-2} + \sigma_\epsilon^{-2})}{\sigma_u^{-2} + (1-\alpha)\sigma_\epsilon^{-2}}$$

度量总产出对当前基本面新息的反应。注意到 $\lim_{\alpha \to 1} -\phi = 0$。这就意味着,无论信息如何精确,我们都可以通过尽可能地提高策略互补性程度来使得上述反应变得任意小。

命题 29 的证明   见伍德福德(Woodford, 2003)论文的第 4 节。

命题 30 的证明   关于第一个属性,见本章第 8.3 节中的证明。关于第二个性质,见图 7。

命题 31 的证明   因为 m_{t-1} 是第 t 期开始时的共同知识,它在那一期内没有真正的影响,而这就意味着 p_{it} 必定一对一地随着 m_{t-1} 变动。因为本地需求只会随着总和 $v_t + \xi_{it}$ 而变化,而且年轻的经济行为主体不拥有关于这个总和的各个组成部分的信息,因此以 m_{t-1} 为条件的

p_{it} 的变化必定是由该总和的变化所张成的。再加上 p_{it} 是正态的假设,这就意味着 $p_{it}-m_{t-1}$ 在总和 $v_t+\xi_{it}$ 中是线性的。在下文中,我们就利用这种方法来猜测并验证均衡的存在性。在这个均衡中,对于某个标量 ϕ(该标量仍有待确定),有:

$$p_{it}=m_{t-1}+\phi(v_t+\xi_{it}),\tag{A.38}$$

以年轻经济行为主体的决策问题的一阶条件为例,我们可以求得他们的最优劳动供给如下式如示(最高为某个常数):

$$n_{it}=\frac{1}{\kappa}(\mathbb{E}_{it}[p_{it}-m_t]-\mathbb{E}_{it}[p_{j,t+1}-m_{t+1}])\tag{A.39}$$

因为 $\mathbb{E}_{it}[m_{t+1}]=\mathbb{E}_{it}[m_t]$,所以我们可以把上式重写为:

$$n_{it}=\frac{1}{\kappa}(p_{it}-\mathbb{E}_{it}[p_{j,t+1}])$$

从直觉上看,劳动供给取决于感知到的相对价格。利用方程式(A.38),我们可以得到 $\mathbb{E}_{it}[p_{j,t+1}]=\mathbb{E}_{it}[m_t+\phi(v_{t+1}+\xi_{i,t+1})]=\mathbb{E}_{it}[m_t]$,这是因为在第 t 期没有任何经济行为主体拥有关于下一期的冲击 v_{t+1} 和 $\xi_{i,t+1}$ 的任何信息。因此我们得出结论,最优劳动供给可以表示为下式:

$$n_{it}=\frac{1}{\kappa}(p_{it}-\mathbb{E}_{it}[m_t])$$

然后,我们注意到,本地需求由下式给出:

$$d_{it}=m_t+\xi_{it}=m_{t-1}+v_t+\xi_{it},$$

同时,市场出清条件则要求:

$$p_{it}+n_{it}=d_{it},$$

把上面各式结合起来,我们就可以得到:

$$y_{it}=n_{it}=\frac{1}{\kappa+1}(\xi_{i,t}+v_t-\mathbb{E}_{it}[v_t])$$

以及

$$p_{it}=v_{it}+\xi_{it}-\frac{1}{\kappa+1}(\xi_{i,t}+v_t-\mathbb{E}_{it}[v_t])=m_{t-1}+\frac{\kappa}{\kappa+1}(\xi_{i,t}+v_t)+\frac{1}{\kappa+1}\mathbb{E}_{it}[v_t]$$

加总上面最后一个方程,并令 $\overline{\mathbb{E}}_t$ 表示各岛屿横截面上年轻经济行为主体的平均预期,我们就可以得到关于总体价格水平的如下结果:

$$p_t=m_{t-1}+\frac{\kappa}{\kappa+1}v_t+\frac{1}{\kappa+1}\overline{\mathbb{E}}[v_t]=\frac{\kappa}{\kappa+1}m_t+\frac{1}{\kappa+1}\overline{\mathbb{E}}[m_t]$$

利用 $m_t=m_{t-1}+v_t$ 和 m_{t-1} 为共同知识这两个事实,我们可以将上面这个式子重写为:

$$p_t=(1-\beta)m_t+\beta\overline{\mathbb{E}}[m_t],$$

其中,$\beta\equiv\frac{1}{\kappa+1}$。这样就完成了本命题第(i)部分的证明。

然后,我们可以将实际产出表示为:

$$y_t=m_t-p_t=\beta\{m_t-\overline{\mathbb{E}}[m_t]\},$$

这给出了本命题的第(ii)部分。上述条件意味着,实际产出是由对基础的货币供应的平均预测误差(也称为货币增长的"意料之外"的成分)确定下来的。

本命题的第(iii)部分可以求得年轻经济行为主体的信号提取问题得证。具体地说,条件(A.38)意味着 p_{it} 的观察值包含了与信号的观察值一样的信息,即,

$$x_{it} \equiv \frac{1}{\phi}(p_{it} - m_{t-1}) = \frac{1}{\phi}(v_t + \xi_{it}),$$

而这反过来又意味着 $\mathbb{E}_{it}[m_t] = m_{t-1} + \delta \chi_{it}$,因此我们有 $\mathbb{E}_t[m_t] = m_{t-1} + \delta v_t$,其中 $\delta \equiv \frac{\sigma_v^2}{\sigma_v^2 + \sigma_\xi^2} \in (0,$
1)。根据含义,我们可以把价格水平重写为 $p_t = m_{t-1} + (1 - \beta + \beta\delta)v_t$,这反过来又验证了我们在方程式(A.38)中的初步猜测,其中 $\phi = 1 - \beta + \beta\delta \in (0,1)$。这样就完成了均衡的表征;同时也就完成了条件(37)的证明,其中 $\lambda \equiv 1 - \delta = \frac{\sigma_\xi^2}{\sigma_v^2 + \sigma_\xi^2}$。

命题 32 的证明　θ_t 的平均一阶信念就是在不同滞后期更新自己的信息的企业的信念的简单加权平均结果:

$$\overline{\mathbb{E}}_t[\theta_t] = \lambda \sum_{j=0}^{\infty} (1-\lambda)^j \mathbb{E}_{t-j}[\theta_t]$$

其中,$\mathbb{E}_{t-j}[\theta_t]$ 是以第 $t-j$ 期可用的所有信息为条件的期望值。这就证明了,对于 $h=1$,以下条件成立:

$$\overline{\mathbb{E}}_t^h[\theta_t] = \sum_{j=0}^{+\infty} [(1-(1-\lambda)^{j+1})^h - (1-(1-\lambda)^j)^h] \mathbb{E}_{t-j}[\theta_t] \tag{A.40}$$

然后,我们通过归纳法来证明,对于所有的 $h \geq 1$,这个条件都成立。

为此,假设条件(A.40)对于某个任意的 h 成立。然后,我们可以得出:

$$\mathbb{E}_{t-j}[\overline{\mathbb{E}}_t^h[\theta_t]] = (1-(1-\lambda)^{j+1})^h \mathbb{E}_{t-j}[\theta_t] + \sum_{l=j+1}^{\infty} [(1-(1-\lambda)^{l+1})^h - (1-(1-\lambda)^l)^h] \mathbb{E}_{t-l}[\theta_t].$$

然后,我们还可以得到:

$$
\begin{aligned}
\overline{\mathbb{E}}_t^{h+1}[\theta_t] &= \sum_{j=0}^{+\infty} [\lambda(1-\lambda)^j(1-(1-\lambda)^{j+1})^h + \sum_{l=0}^{j-1}\lambda(1-\lambda)^l[(1-(1-\lambda)^{j+1})^h - (1-(1-\lambda)^j)^h]] \mathbb{E}_{t-j}[\theta_t] \\
&= \sum_{j=0}^{+\infty} [\lambda(1-\lambda)^j(1-(1-\lambda)^{j+1})^h + [1-(1-\lambda)^j][(1-(1-\lambda)^{j+1})^h - (1-(1-\lambda)^j)^h]] \mathbb{E}_{t-j}[\theta_t] \\
&= \sum_{j=0}^{+\infty} [(1-(1-\lambda)^{j+1})^{h+1} - (1-(1-\lambda)^j)^{h+1}] \mathbb{E}_{t-j}[\theta_t],
\end{aligned}
$$

这意味着条件(A.40)在 $h+1$ 时成立,从而证明了原命题。

现在让我们把焦点放在 $\rho = 0$ 的情况下,即,$\theta_t = \theta_{t-1} + v_t$。我们得到的结果是:

$$\mathbb{E}_{t-j}[\theta_t] - \mathbb{E}_{t-j-1}[\theta_t] = v_{t-j}, \forall_j \geq 0$$

这样一来,条件(A.40)就可以重写为

$$\overline{\mathbb{E}}_t^h[\theta_t] = \sum_{j=0}^{+\infty} \{(1-(1-\lambda)^{j+1})^h (\mathbb{E}_{t-j}[\theta_t] - \mathbb{E}_{t-j-1}[\theta_t])\} = \sum_{j=0}^{+\infty} \{(1-(1-\lambda)^{j+1})^h v_{t-j}\}$$

命题 33 和命题 34 的证明　请分别参见艾伦等人的论文艾伦等人(Allen et al., 2006)的命题 2 和命题 1。

命题 35 的证明　用与安格勒托斯和帕万(Angeletos and Pavan, 2009)的论文中命题 1 和命题 2 的证明的第一步相同的方法可证。两者之间只存在一些非本质性的差异:(i)安格勒托斯和帕万(Angeletos and Pavan, 2009)使用了不同的符号;(ii)他们的框架允许外部性不仅

可以从平均行动中获得，而且可以从行为的分散中获得。

命题 36 的证明　请参见安格勒托斯和帕万（Angeletos and Pavan, 2009）的命题 1 和命题 2。

致谢

我们感谢本手册的主编约翰·泰勒（John Taylor）和哈拉尔德·厄里格（Harald Uhlig）给出的有益建议和意见。同时感谢我们这一篇的评议人阿尔普·辛塞克（Alp Simsek）、芝加哥贝克尔-弗里德曼研究所主办的《宏观经济学手册》研讨会的各位与会者，尤其是哈里斯·戴拉斯（Harris Dellas）的中肯评论。

参考文献

Abel, A. B., Eberly, J. C., Panageas, S., 2007. Optimal inattention to the stock market. Am. Econ. Rev. 97 (2), 244—249.

Abel, A. B., Eberly, J. C., Panageas, S., 2013. Optimal inattention to the stock market with information costs and transactions costs. Econometrica 81 (4), 1455—1481.

Abreu, D., Brunnermeier, M. K., 2003. Bubbles and crashes. Econometrica 71 (1), 173—204.

Acharya, S., 2013. Dispersed beliefs and aggregate demand management. University of Maryland, Mimeo.

Akerlof, G. A., Shiller, R. J., 2010. Animal Spirits：How Human Psychology Drives the Economy, and Why It Matters for Global Capitalism. Princeton University Press, Princeton.

Albagli, E., Hellwig, C., Tsyvinski, A., 2014. Risk-taking, rent-seeking, and investment when financial markets are noisy. Yale, Mimeo.

Albagli, E., Hellwig, C., Tsyvinski, A., 2015. A theory of asset prices based on heterogeneous information. Yale, Mimeo.

Allen, F., Morris, S., Postlewaite, A., 1993. Finite bubbles with short sale constraints and asymmetric information. J. Econ. Theory 61 (2), 206—229.

Allen, F., Morris, S., Shin, H. S., 2006. Beauty contests and iterated expectations in asset markets. Rev. Financ. Stud. 19 (3), 719—752.

Alvarez, F., Lippi, F., 2014. Price setting with menu cost for multiproduct firms. Econometrica 82 (1), 89—135.

Alvarez, F., Lippi, F., Paciello, L., 2011. Optimal price setting with observation and menu costs. Q. J. Econ. 126 (4), 1909—1960.

Alvarez, F., Lippi, F., Paciello, L., 2015. Phillips curves with observation and menu costs. Uchicago, Mimeo.

Amador, M., Weill, P. O., 2010. Learning from prices：public communication and welfare. J. Polit. Econ. 118 (5), 866—907.

Amador, M., Weill, P. O., 2012. Learning from private and public observations of others' actions. J. Econ. Theory 147 (3), 910—940.

Andrade, P., Le Bihan, H., 2013. Inattentive professional forecasters. J. Monet. Econ. 60 (8), 967—982.

Angeletos, G. M., La'O, J., 2009. Incomplete information, higher-order beliefs and price inertia. J. Monet. Econ. 56, 19—37.

Angeletos, G. M., La'O, J., 2010. Noisy business cycles. In: NBER Macroeconomics Annual 2009, vol. 24. University of Chicago Press, Chicago, pp. 319—378.

Angeletos, G. M., La'O, J., 2012. Optimal monetary policy with informational frictions. MIT, Mimeo.

Angeletos, G. M., La'O, J., 2013. Sentiments. Econometrica 81 (2), 739—779.

Angeletos, G. M., Lian, C., 2016a. A (real) theory of aggregate demand. MIT, Mimeo.

Angeletos, G. M., Lian, C., 2016b. Dampening general equilibrium: from micro elasticities to macro effects. MIT, Mimeo.

Angeletos, G. M., Lian, C., 2016c. Forward guidance without common knowledge. MIT, Mimeo.

Angeletos, G. M., Pavan, A., 2004. Transparency of information and coordination in economies with investment complementarities. Am. Econ. Rev. 94 (2), 91—98.

Angeletos, G. M., Pavan, A., 2007. Efficient use of information and social value of information. Econometrica 75 (4), 1103—1142.

Angeletos, G. M., Pavan, A., 2009. Policy with dispersed information. J. Eur. Econ. Assoc. 7 (1), 11—60.

Angeletos, G. M., Pavan, A., 2013. Selection-free predictions in global games with endogenous information and multiple equilibria. Theor. Econ. 8 (3), 883—938.

Angeletos, G. M., Werning, I., 2006. Crises and prices: information aggregation, multiplicity, and volatility. Am. Econ. Rev. 96 (5), 1720—1736.

Angeletos, G. M., Hellwig, C., Pavan, A., 2006. Signaling in a global game: coordination and policy traps. J. Polit. Econ. 114 (3), 452—484.

Angeletos, G. M., Hellwig, C., Pavan, A., 2007. Dynamic global games of regime change: learning, multiplicity, and the timing of attacks. Econometrica 75 (3), 711—756.

Angeletos, G. M., Lorenzoni, G., Pavan, A., 2010. Beauty contests and irrational exuberance: a neoclassical approach. MIT, Mimeo.

Angeletos, G. M., Collard, F., Dellas, H., 2015. Quantifying confidence. NBER Working Paper Series.

Angeletos, G. M., Iovino, L., La'O, J., 2016a. Efficiency and policy with endogenous learning. MIT, Mimeo.

Angeletos, G. M., Iovino, L., La'O, J., 2016b. Real rigidity, nominal rigidity, and the social value of information. Am. Econ. Rev. 106 (1), 200—227.

Arellano, C., Bai, Y., Kehoe, P. J., 2012. Financial frictions and fluctuations in volatility. University of Minnesota, Mimeo.

Atkeson, A., 2000. Discussion of Morris and Shin's "rethinking multiple equilibria in macroeconomic modelling". NBER Macroecon. Annu. 15, 162—171.

Aumann, R. J., 1974. Subjectivity and correlation in randomized strategies. J. Math. Econ. 1 (1), 67—96.

Aumann, R. J., 1987. Correlated equilibrium as an expression of Bayesian rationality. Econometrica 55, 1—18.

Aumann, R. J., Heifetz, A., 2002. Incomplete information. In: Aumann, R., Hart, S. (Eds.), Handbook of Game Theory with Economic Applications, vol. 3. Elsevier, Amsterdam, Netherlands, pp. 1665—1686.

Aumann, R. J., Peck, J., Shell, K., 1988. Asymmetric information and sunspot equilibria: a family of simple examples. CAE, Mimeo.

Azariadis, C., 1981. Self-fulfilling prophecies. J. Econ. Theory 25 (3), 380—396.

Bacchetta, P., van Wincoop, E., 2006. Can information heterogeneity explain the exchange rate determination puzzle? Am. Econ. Rev. 96 (3), 552—576.

Baeriswyl, R., Cornand, C., 2010a. Optimal monetary policy in response to cost-push shocks: the impact of central bank communication. Int. J. Cent. Bank. 6 (2), 31—52.

Baeriswyl, R., Cornand, C., 2010b. The signaling role of policy actions. J. Monet. Econ. 57 (6), 682—695.

Banerjee, A. V., 1992. A simple model of herd behavior. Q. J. Econ. 107, 797—817.

Bannier, C. E., 2006. The role of information disclosure and uncertainty in the 1994/95 Mexican Peso crisis: empirical evidence. Rev. Int. Econ. 14 (5), 883—909.

Barlevy, G., Veronesi, P., 2000. Information acquisition in financial markets. Rev. Econ. Stud. 67(1), 79—90.

Barlevy, G., Veronesi, P., 2007. Information acquisition in financial markets: a correction. University of Chicago, Mimeo.

Barro, R. J., 1976. Rational expectations and the role of monetary policy. J. Monet. Econ. 2 (1), 1—32.

Barro, R. J., 1977. Unanticipated money growth and unemployment in the United States. Am. Econ. Rev. 67 (2), 101—115.

Barro, R. J., 1978. Unanticipated money, output, and the price level in the United States. J. Polit. Econ. 549—580.

Barsky, R. B., Sims, E. R., 2011. News shocks and business cycles. J. Monet. Econ. 58 (3), 273—289.

Barsky, R. B., Sims, E. R., 2012. Information, animal spirits, and the meaning of innovations in consumer confidence. Am. Econ. Rev. 102, 1343—1377.

Beaudry, P., Portier, F., 2006. Stock prices, news, and economic fluctuations. Am. Econ. Rev. 96 (4), 1293—1307.

Bebchuk, L. A., Goldstein, I., 2011. Self-fulfilling credit market freezes. Rev. Financ. Stud. 24 (11), 3519—3555.

Benhabib, J., Farmer, R. E. A., 1994. Indeterminacy and increasing returns. J. Econ.

Theory 63（1），19—41.

Benhabib, J., Farmer, R. E. A., 1999. Indeterminacy and sunspots in macroeconomics. In: Taylor, J., Woodford, M. (Eds.), Handbook of Macroeconomics, vol. 1. Elsevier, Amsterdam, Netherlands, pp. 387—448.

Benhabib, J., Liu, X., Wang, P., 2015a. Endogenous information acquisition and countercyclical uncertainty. NYU mimeo.

Benhabib, J., Wang, P., Wen, Y., 2015b. Sentiments and aggregate demand fluctuations. Econometrica 83（2），549—585.

Benhabib, J., Liu, X., Wang, P., 2016. Sentiments, financial markets, and macroeconomic fluctuations. J. Financ. Econ. 120（2），420—443.

Bergemann, D., Morris, S., 2013. Robust predictions in games with incomplete information. Econometrica 81（4），1251—1308.

Bergemann, D., Heumann, T., Morris, S., 2015. Information and volatility. J. Econ. Theory 158, 427—465.

Biais, B., Bossaerts, P., 1998. Asset prices and trading volume in a beauty contest. Rev. Econ. Stud. 65, 307—340.

Bikhchandani, S., Hirshleifer, D., Welch, I., 1992. Atheory of fads, fashion, custom, and cultural change as informational cascades. J. Polit. Econ. 100, 992—1026.

Blanchard, O. J., L'Huillier, J. P., Lorenzoni, G., 2013. News, noise, and fluctuations: an empirical exploration. Am. Econ. Rev. 103（7），3045—3070.

Bloom, N., 2009. The impact of uncertainty shocks. Econometrica 77（3），623—685.

Bloom, N., Floetotto, M., Jaimovich, N., Saporta Eksten, I., Terry, S., 2014. Really uncertain business cycles. Stanford, Mimeo.

Branch, W. A., 2007. Sticky information and model uncertainty in survey data on inflation expectations. J. Econ. Dyn. Control 31（1），245—276.

Brunnermeier, M. K., Sannikov, Y., 2016. Macro, money and finance: a continuous time approach. In: Taylor, J. B., Uhlig, H. (Eds.), Handbook of Macroeconomics, vol. 2B. Elsevier, Amsterdam, Netherlands, pp. 1497—1545.

Brunnermeier, M. K., Simsek, A., Xiong, W., 2014. A welfare criterion for models with distorted beliefs. Q. J. Econ. 129（4），1753—1797.

Bryant, J., 1983. A simple rational expectations Keynes-type model. Q. J. Econ. 98（3），525—528.

Burdzy, K., Frankel, D. M., Pauzner, A., 2001. Fast equilibrium selection by rational players living in a changing world. Econometrica 69（1），163—189.

Burguet, R., Vives, X., 2000. Social learning and costly information acquisition. Econ. Theory 15（1），185—205.

Cabrales, A., Nagel, R., Armenter, R., 2007. Equilibrium selection through incomplete information in coordination games: an experimental study. Exp. Econ. 10（3），221—234.

Calvo, G. A., 1983. Staggered prices in a utility-maximizing framework. J. Monet. Econ. 12（3），383—398.

Calvo, G. A. , 1988. Servicing the public debt: the role of expectations. Am. Econ. Rev. 78, 647—661.

Carlsson, H. , Van Damme, E. , 1993a. Equilibrium selection in stag hunt games. In: Binmore, K. , Kirman, A. , Tani, P. (Eds.), Frontiers of Game Theory. MIT-Press, Cambridge, USA, pp. 237—253.

Carlsson, H. , Van Damme, E. , 1993b. Global games and equilibrium selection. Econometrica 61, 989—1018.

Carvalho, C. , Nechio, F. , 2014. Do people understand monetary policy? J. Monet. Econ. 66, 108—123.

Cass, D. , Shell, K. , 1983. Do sunspots matter? J. Polit. Econ. 91, 193—227.

Cavallo, A. , Cruces, G. , Perez-Truglia, R. , 2015. Inflation expectations, learning and supermarket prices: evidence from field experiments. NBER Working Paper Series.

Cespa, G. , Vives, X. , 2012. Dynamic trading and asset prices: Keynes vs. Hayek. Rev. Econ. Stud. 79 (2), 539—580.

Cespa, G. , Vives, X. , 2015. The beauty contest and short-term trading. J. Financ. 70 (5), 2099—2154.

Chahrour, R. , 2014. Public communication and information acquisition. Am. Econ. J. Macroecon. 6 (3), 73—101.

Chahrour, R. , Gaballo, G. , 2015. On the nature and stability of sentiments. Boston College, Mimeo.

Chamley, C. , 1999. Coordinating regime switches. Q. J. Econ. 114, 869—905.

Chamley, C. , 2004. Rational Herds: Economic Models of Social Learning. Cambridge University Press, Cambridge, UK.

Chassang, S. , 2010. Fear of miscoordination and the robustness of cooperation in dynamic global games with exit. Econometrica 78 (3), 973—1006.

Chen, Q. , Goldstein, I. , Jiang, W. , 2010. Payoff complementarities and financial fragility: evidence from mutual fund outflows. J. Financ. Econ. 97 (2), 239—262.

Christiano, L. J. , Eichenbaum, M. , Evans, C. L. , 1999. Monetary policy shocks: what have we learned and to what end? In: Taylor, J. B. , Woodford, M. (Eds.), Handbook of Macroeconomics. Elsevier, Amsterdam, Netherlands, pp. 65—148.

Christiano, L. J. , Eichenbaum, M. , Vigfusson, R. , 2003. What happens after a technology shock? NBER Working Paper Series.

Christiano, L. J. , Eichenbaum, M. , Evans, C. L. , 2005. Nominal rigidities and the dynamic effects of a shock to monetary policy. J. Polit. Econ. 113 (1), 1—45.

Christiano, L. , Ilut, C. , Motto, R. , Rostagno, M. , 2008. Monetary policy and stock market boom-bust cycles. Northwestern, Mimeo.

Coibion, O. , Gorodnichenko, Y. , 2012. What can survey forecasts tell us about information rigidities? J. Polit. Econ. 120 (1), 116—159.

Coibion, O. , Gorodnichenko, Y. , 2015. Information rigidity and the expectations formation process: a simple framework and new facts. Am. Econ. Rev. 105 (8), 2644—2678.

Coibion, O. , Gorodnichenko, Y. , Kumar, S. , 2015. How do firms form their expectations? New survey evidence. NBER Working Paper Series.

Collard, F. , Dellas, H. , 2010. Monetary misperceptions, output, and inflation dynamics. Journal of Money, Credit and Banking 42 (2—3), 483—502.

Colombo, L. , Femminis, G. , Pavan, A. , 2014. Information acquisition and welfare. Rev. Econ. Stud. 81 (4), 1438—1483.

Cooper, R. , 1999. Coordination Games: Complementarities and Macroeconomics. Cambridge University Press, Cambridge.

Cooper, R. , John, A. , 1988. Coordinating coordination failures in Keynesian models. Q. J. Econ. 103, 441—463.

Cornand, C. , 2006. Speculative attacks and informational structure: an experimental study. Rev. Int. Econ. 14 (5), 797—817.

Cornand, C. , Heinemann, F. , 2009. Speculative attacks with multiple sources of public information. Scand. J. Econ. 111 (1), 73—102.

Corsetti, G. , Dasgupta, A. , Morris, S. , Shin, H. S. , 2004. Does one soros make a difference? A theory of currency crises with large and small traders. Rev. Econ. Stud. 71 (1), 87—113.

Corsetti, G. , Guimaraes, B. , Roubini, N. , 2006. International lending of last resort and moral hazard: a model of IMF's catalytic finance. J. Monet. Econ. 53 (3), 441—471.

Costain, J. S. , 2007. A herding perspective on global games and multiplicity. BE J. Theor. Econ. 7 (1), 1—55.

Cukierman, A. , Meltzer, A. H. , 1986. A theory of ambiguity, credibility, and inflation under discretion and asymmetric information. Econometrica 54, 1099—1128.

Danielsson, J. , Pe naranda, F. , 2011. On the impact of fundamentals, liquidity, and coordination on market stability. Int. Econ. Rev. 52 (3), 621—638.

Dasgupta, A. , 2007. Coordination and delay in global games. J. Econ. Theory 134 (1), 195—225.

Dasgupta, A. , Steiner, J. , Stewart, C. , 2012. Dynamic coordination with individual learning. Games Econ. Behav. 74 (1), 83—101.

David, J. M. , Hopenhayn, H. A. , Venkateswaran, V. , 2014. Information, misallocation and aggregate productivity. NYU, Mimeo.

Davila, E. , 2012. Does size matter? Bailouts with large and small banks. Harvard, Mimeo.

Dekel, E. , Siniscalchi, M. , et al. , 2015. Epistemic game theory. In: Peyton, Y. H. , Zamir, S. (Eds.), Handbook of Game Theory with Economic Applications, vol. 4. Elsevier, Amsterdam, Netherlands, pp. 619—702.

Denti, T. , 2016. Games with unrestricted information acquisition. MIT, Mimeo.

Diamond, P. A. , 1982. Aggregate demand management in search equilibrium. J. Polit. Econ. 90, 881—894.

Diamond, D. W. , Dybvig, P. H. , 1983. Bank runs, deposit insurance, and liquidity. J. Polit. Econ. 91, 401—419.

Duffy, J., Ochs, J., 2012. Equilibrium selection in static and dynamic entry games. Games Econ. Behav. 76 (1), 97—116.

Edmond, C., 2013. Information manipulation, coordination, and regime change. Rev. Econ. Stud. 80 (4), 1422—1458.

Ennis, H. M., Keister, T., 2009. Bank runs and institutions: the perils of intervention. Am. Econ. Rev. 99 (4), 1588—1607.

Evans, G. W., Honkapohja, S., 1999. Learning dynamics. In: Taylor, J., Woodford, M. (Eds.), Handbook of Macroeconomics, vol. 1. Elsevier, Amsterdam, Netherlands, pp. 449—542.

Evans, G. W., Honkapohja, S., 2009. Learning and macroeconomics. Annu. Rev. Econ. 1, 421—451.

Farhi, E., Tirole, J., 2012. Collective moral hazard, maturity mismatch, and systemic bailouts. Am. Econ. Rev. 102 (1), 60—93.

Farmer, R. E. A., 1996. A theory of business cycles. Finn. Econ. Pap. 9 (2), 91—109.

Farmer, R. E. A., Woodford, M., 1997. Self-fulfilling prophecies and the business cycle. Macroecon. Dyn. 1, 740—769.

Frankel, D. M., 2016. Optimal insurance for users of network goods. Iowa State University, Mimeo.

Frankel, D. M., Burdzy, K., 2005. Shocks and business cycles. Adv. Theor. Econ. 5(1).

Frankel, D. M., Pauzner, A., 2000. Resolving indeterminacy in dynamic settings: the role of shocks. Q. J. Econ. 115, 285—304.

Frankel, D. M., Morris, S., Pauzner, A., 2003. Equilibrium selection in global games with strategic complementarities. J. Econ. Theory 108 (1), 1—44.

Fuster, A., Laibson, D., Mendel, B., 2010. Natural expectations and macroeconomic fluctuations. J. Econ. Perspect. 24 (4), 67—84.

Futia, C. A., 1981. Rational expectations in stationary linear models. Econometrica 49 (1), 171—192.

Gabaix, X., 2014. A sparsity-based model of bounded rationality. Q. J. Econ. 129 (4), 1661—1710.

Gaballo, G., 2015. Price dispersion, private uncertainty and endogenous nominal rigidities. Banque De France, Mimeo.

Gali, J., 1999. Technology, employment, and the business cycle: do technology shocks explain aggregate fluctuations? Am. Econ. Rev. 89 (1), 249—271.

Gali, J., Rabanal, P., 2005. Technology shocks and aggregate fluctuations: how well does the real business cycle model fit postwar US data? In: Gertler, M., Rogoff, K. (Eds.), NBER Macroeconomics Annual 2004, vol. 19. MIT Press, Cambridge, USA, pp. 225—318.

Geanakoplos, J., 2010. The leverage cycle. In: Acemoglu, D, Rogoff, K., Woodford, M. (Eds.), NBER Macroeconomics Annual 2009, vol. 24. University of Chicago Press, Chicago, USA, pp. 1—65.

Gennaioli, N., Ma, Y., Shleifer, A., 2015. Expectations and investment. In:

Eichenbaum, M., Parker, J. (Eds.), NBER Macroeconomics Annual 2015, vol. 30. University of Chicago Press, Chicago, USA.

Geraats, P. M., 2002. Central bank transparency. Econ. J. 112 (483), 532—565.

Gertler, M., Kiyotaki, N., Prestipino, A., 2016. Wholesale banking and bank runs in macro-economic modelling of financial crises. In: Taylor, J. B., Uhlig, H. (Eds.), Handbook of Mac-roeconomics, vol. 2B. Elsevier, Amsterdam, Netherlands, pp. 1345—1425.

Giannitsarou, C., Toxvaerd, F., 2006. Recursive global games. University of Cambridge, Mimeo.

Goldstein, I., 2005. Strategic Complementarities and the Twin Crises. The Economic Journal 115, 368—390.

Goldstein, I., Ozdenoren, E., Yuan, K., 2011. Learning and complementarities in speculative attacks. The Review of Economic Studies 78, 263—292.

Goldstein, I., Ozdenoren, E., Yuan, K., 2013. Trading frenzies and their impact on real investment. Journal of Financial Economics 109, 566—582.

Goldstein, I., Pauzner, A., 2004. Contagion of self-fulfilling financial crises due to diversification of investment portfolios. Journal of Economic Theory 119, 151—183.

Goldstein, I., Pauzner, A., 2005. Demand-deposit contracts and the probability of bank runs. J. Financ. 60 (3), 1293—1327.

Greenwood, R., Shleifer, A., 2014. Expectations of returns and expected returns. Rev. Financ. Stud. 27 (3), 714—746.

Grossman, S. J., Stiglitz, J. E., 1980. On the impossibility of informationally efficient markets. Am. Econ. Rev. 70 (3), 393—408.

Guerrieri, V., Uhlig, H., 2016. Housing and credit markets: booms and busts. In: Taylor, J. B., Uhlig, H. (Eds.), Handbook of Macroeconomics, vol. 2B. Elsevier, Amsterdam, Netherlands, pp. 1427—1496.

Guesnerie, R., 1992. An exploration of the eductive justifications of the rational-expectations hypothesis. Am. Econ. Rev. 1254—1278.

Guesnerie, R., 2008. Macroeconomic and monetary policies from the eductive viewpoint. In: Schmidt-Hebbel, K., Walsh, C. (Eds.), Central Banking, Analysis, and Economic Policies Book Series, vol. 13. Central Bank of Chile, Santiago, Chile, pp. 171—202.

Guesnerie, R., Woodford, M., 1993. Endogenous fluctuations. In: Laffont, J. J. (Ed.), Advances in Economic Theory, vol. 2. Cambridge University Press, Cambridge, United Kingdom, pp. 289—412.

Guimaraes, B., 2006. Dynamics of currency crises with asset market frictions. J. Int. Econ. 68 (1), 141—158.

Guimaraes, B., Morris, S., 2007. Risk and wealth in a model of self-fulfilling currency attacks. J. Monet. Econ. 54 (8), 2205—2230.

Guimaraes, B., Machado, C., Ribeiro, M., 2014. A model of the confidence channel of fiscal policy. J. Money Credit Bank. (forthcoming).

Hamilton, J. D., 1996. This is what happened to the oil price-macroeconomy relationship. J.

Monet. Econ. 38 (2), 215—220.

Hansen, L. P., Sargent, T. J., 1991. Exact linear rational expectations models: specification and estimation. In: Hansen, L. P., Sargent, T. J. (Eds.), Rational Expectations Econometrics. Westview Press, Boulder and Oxford, pp. 45—76.

Harrison, J. M., Kreps, D. M., 1978. Speculative investor behavior in a stock market with heterogeneous expectations. Q. J. Econ. 92, 323—336.

Harsanyi, J. C., 1967—1968. Games with incomplete information played by Bayesian players, Parts I, L, and III. Manag. Sci. 14, 159—182, 320—334, 486—502.

Harsanyi, J. C., Selten, R., 1988. A General Theory of Equilibrium Selection in Games, vol. 1. The MIT Press, Cambridge, USA.

Hassan, T. A., Mertens, T. M., 2011. Market sentiment: a tragedy of the commons. Am. Econ. Rev. 101 (3), 402—405.

Hassan, T. A., Mertens, T. M., 2014a. Information aggregation in a dynamic stochastic general equilibrium model. NBER Macroecon. Annu. 29 (1), 159—207.

Hassan, T. A., Mertens, T. M., 2014b. The social cost of near-rational investment. Uchicago, Mimeo.

Hayek, F. A., 1945. The use of knowledge in society. Am. Econ. Rev. 35, 519—530.

He, Z., Manela, A., 2016. Information acquisition in rumor-based bank runs. J. Financ. 71, 1113—1158.

He, Z., Xiong, W., 2012. Dynamic debt runs. Rev. Financ. Stud. 25 (6), 1799—1843.

He, Z., Krishnamurthy, A., Milbradt, K., 2016. A model of safe asset determination. UChicago, Mimeo.

Heidhues, P., Melissas, N., 2006. Equilibria in a dynamic global game: the role of cohort effects. Econ. Theory 28 (3), 531—557.

Heinemann, F., 2000. Unique equilibrium in a model of self-fulfilling currency attacks: Comment. Am. Econ. Rev. 90 (1), 316—318.

Heinemann, F., Nagel, R., Ockenfels, P., 2004. The theory of global games on test: experimental analysis of coordination games with public and private information. Econometrica 72 (5), 1583—1599.

Heinemann, F., Nagel, R., Ockenfels, P., 2009. Measuring strategic uncertainty in coordination games. Rev. Econ. Stud. 76 (1), 181—221.

Hellwig, C., 2005. Heterogeneous information and the welfare effects of public information disclosures. UCLA, Mimeo.

Hellwig, M. F., 1980. On the aggregation of information in competitive markets. J. Econ. Theory 22 (3), 477—498.

Hellwig, C., Veldkamp, L., 2009. Knowing what others know: coordination motives in information acquisition. Rev. Econ. Stud. 76 (1), 223—251.

Hellwig, C., Venkateswaran, V., 2009. Setting the right prices for the wrong reasons. J. Monet. Econ. 56, 57—77.

Hellwig, C., Mukherji, A., Tsyvinski, A., 2006. Self-fulfilling currency crises: the role of interest rates. Am. Econ. Rev. 96 (5), 1769—1787.

Holden, S., James, G., Vigier, N. A., 2014. An equilibrium theory of credit rating. University of Oslo, Mimeo.

Howitt, P., McAfee, R. P., 1992. Animal spirits. Am. Econ. Rev. 493—507.

Huang, C., 2014. Defending Against Speculative Attacks: Reputation, Learning, and Coordination. University of California, Irvine Mimeo.

Huo, Z., Takayama, N., 2015a. Higher order beliefs, confidence, and business cycles. Yale, Mimeo.

Huo, Z., Takayama, N., 2015b. Rational expectations models with higher order beliefs. Yale, Mimeo.

Iachan, F. S., Nenov, P. T., 2015. Information quality and crises in regime-change games. J. Econ. Theory 158, 739—768.

Izmalkov, S., Yildiz, M., 2010. Investor sentiments. Am. Econ. J. Microecon. 2 (1), 21—38.

Jackson, M., Peck, J., 1991. Speculation and price fluctuations with private, extrinsic signals. J. Econ. Theory 55 (2), 274—295.

Jaimovich, N., Rebelo, S., 2009. Can news about the future drive the business cycle? Am. Econ. Rev. 99 (4), 1097—1118.

Kajii, A., Morris, S., 1997a. Commonp-belief: the general case. Games Econ. Behav. 18 (1), 73—82.

Kajii, A., Morris, S., 1997b. The robustness of equilibria to incomplete information. Econometrica 1283—1309.

Kasa, K., 2000. Forecasting the forecasts of others in the frequency domain. Rev. Econ. Dyn. 3(4),726—756.

Kasa, K., Walker, T. B., Whiteman, C. H., 2007. Asset prices in a time series model with perpetually disparately informed, competitive traders. University of Iowa, Mimeo.

Kiley, M. T., 2007. A quantitative comparison of sticky-price and sticky-information models of price setting. J. Money Credit Bank. 39 (s1), 101—125.

Kiyotaki, N., Moore, J., 1997. Credit cycles. J. Polit. Econ. 105 (2), 211—248.

Kováč, E., Steiner, J., 2013. Reversibility in dynamic coordination problems. Games Econ. Behav. 77 (1), 298—320.

Kumar, S., Afrouzi, H., Coibion, O., Gorodnichenko, Y., 2015. Inflation targeting does not anchor inflation expectations: evidence from firms in New Zealand. NBER Working Paper Series.

Kurlat, P., 2015. Optimal stopping in a model of speculative attacks. Review of Economic Dynamics 18, 212—226.

Kurz, M., 1994. On the structure and diversity of rational beliefs. Econ. Theory 4 (6), 877—900.

Kurz, M., 2012. A new Keynesian model with diverse beliefs. Stanford, Mimeo.

Kyle, A. S., 1985. Continuous auctions and insider trading. Econometrica 53 (6),

1315—1335.

　　Laffont, J. J. , 1985. On the welfare analysis of rational expectations equilibria with asymmetric information. Econometrica 53 (1), 1—29.

　　Liu, X. , 2016. Interbank Market Freezes and Creditor Runs. Review of Financial Studies. forthcoming.

　　Llosa, L. G. , Venkateswaran, V. , 2015. Efficiency with endogenous information choice. NYU, Mimeo.

　　Lorenzoni, G. , 2009. A theory of demand shocks. Am. Econ. Rev. 99 (5), 2050—2084. http://dx. doi. org/ 10. 1257/aer. 99. 5. 2050.

　　Lorenzoni, G. , 2010. Optimal monetary policy with uncertain fundamentals and dispersed information. Rev. Econ. Stud. 77 (1), 305—338.

　　Lucas, R. E. , 1972. Expectations and the neutrality of money. J. Econ. Theory 4 (2), 103—124.

　　Lucas, R. E. , 1973. Some international evidence on output-inflation tradeoffs. Am. Econ. Rev. 63 (3), 326—334.

　　Luo, Y. , 2008. Consumption dynamics under information processing constraints. Rev. Econ. Dyn. 11 (2), 366—385.

　　Luo, Y. , Nie, J. , Young, E. R. , 2015. Slow information diffusion and the inertial behavior of durable consumption. J. Eur. Econ. Assoc. 13 (5), 805—840.

　　Maćkowiak, B. , Wiederholt, M. , 2009. Optimal sticky prices under rational inattention. Am. Econ. Rev. 99 (3), 769—803. http://dx. doi. org/10. 1257/aer. 99. 3. 769.

　　Maćkowiak, B. , Wiederholt, M. , 2015. Business cycle dynamics under rational inattention. Rev. Econ. Stud. 82 (4), 1502—1532.

　　Makarov, I. , Rytchkov, O. , 2012. Forecasting the forecasts of others: Implications for asset pricing. J. Econ. Theory 147, 941—966.

　　Mankiw, N. G. , Reis, R. , 2002. Sticky information versus sticky prices: a proposal to replace the New Keynesian Phillips Curve. Q. J. Econ. 1295—1328.

　　Mankiw, N. G. , Reis, R. , 2007. Sticky information in general equilibrium. J. Eur. Econ. Assoc. 5, 603—613.

　　Mankiw, N. G. , Reis, R. , 2011. Imperfect information and aggregate supply. In: Friedman, B. M. , Woodford, M. (Eds.), Handbook of Monetary Economics. Elsevier, Amsterdam, Netherlands, pp. 183—229.

　　Mankiw, N. G. , Reis, R. , Wolfers, J. , 2004. Disagreement about inflation expectations. In: Gertler, M. , Rogoff, K. (Eds.), NBER Macroeconomics Annual 2003, vol. 18. The MIT Press, Cambridge, MA, pp. 209—270.

　　Matejka, F. , 2015a. Rationally inattentive seller: sales and discrete pricing. Rev. Econ. Stud. 83 (3), 1125—1155.

　　Matejka, F. , 2015b. Rigid pricing and rationally inattentive consumer. J. Econ. Theory 158, 656—678.

　　Matejka, F. , McKay, A. , 2015. Rational inattention to discrete choices: a new foundation for the multinomial logit model. Am. Econ. Rev. 105 (1), 272—298.

Matejka, F., Sims, C. A., 2011. Discrete actions in information-constrained tracking problems. CERGE-EI, Mimeo.

Matejka, F., Steiner, J., Stewart, C., 2015. Rational Inattention Dynamics: Inertia and Delay in Decision-Making. CERGE-EI mimeo.

Mathevet, L., 2010. A contraction principle for finite global games. Econ. Theory 42 (3), 539—563.

Mathevet, L., Steiner, J., 2013. Tractable dynamic global games and applications. J. Econ. Theory 148 (6), 2583—2619.

Matsuyama, K., 1991. Increasing returns, industrialization, and indeterminacy of equilibrium. Q. J. Econ. 104, 617—650.

Matsuyama, K., 1995. Complementarities and cumulative processes in models of monopolistic competition. J. Econ. Lit. 33 (2), 701—729.

McGrattan, E. R., 2004. Comment on Gali and Rabanal's "technology shocks and aggregate fluctuations: how well does the RBC model fit postwar US data?" NBER Macroecon. Annu. 19, 289—308.

Meese, R. A., Rogoff, K., 1983. Empirical exchange rate models of the seventies: do they fit out of sample? J. Int. Econ. 14 (1), 3—24.

Melosi, L., 2014. Estimating models with dispersed information. Am. Econ. J. Macroecon. 6 (1), 1—31.

Mertens, J. F., Zamir, S., 1985. Formulation of bayesian analysis for games with incomplete information. Int. J. Game Theory 14 (1), 1—29.

Messner, S., Vives, X., 2005. Informational and economic efficiency in REE with asymmetric information. IESE, Mimeo.

Mian, A., Sufi, A., 2014. What explains the 2007—2009 drop in employment? Econometrica 82 (6), 2197—2223.

Mian, A., Rao, K., Sufi, A., 2013. Household balance sheets, consumption, and the economic slump. Q. J. Econ. 128 (4), 1687—1726.

Monderer, D., Samet, D., 1989. Approximating common knowledge with common beliefs. Games Econ. Behav. 1 (2), 170—190.

Monderer, D., Samet, D., 1996. Proximity of information in games with incomplete information. Math. Oper. Res. 21 (3), 707—725.

Morris, S., Shin, H. S., 1997. Approximate common knowledge and co-ordination: recent lessons from game theory. J. Logic Lang. Inf. 6 (2), 171—190.

Morris, S., Shin, H. S., 1998. Unique equilibrium in a model of self-fulfilling currency attacks. Am. Econ. Rev. 88, 587—597.

Morris, S., Shin, H. S., 2001. Rethinking multiple equilibria in macroeconomic modeling. In: Bernanke, B. S., Rogoff, K. (Eds.), NBER Macroeconomics Annual 2000, vol. 15. MIT Press, Cambridge, MA, pp. 139—182.

Morris, S., Shin, H. S., 2002a. Measuring Strategic Uncertainty. Princeton University,

Mimeo.

Morris, S. , Shin, H. S. , 2002b. Social value of public information. Am. Econ. Rev. 92 (5), 1521—1534.

Morris, S. , Shin, H. S. , 2003. Global games: theory and applications. In: Advances in Economics and Econometrics (Proceedings of the Eighth World Congress of the Econometric Society). Cambridge University Press.

Morris, S. , Shin, H. S. , 2004a. Coordination risk and the price of debt. Eur. Econ. Rev. 48 (1), 133—153.

Morris, S. , Shin, H. S. , 2004b. Liquidity black holes. Rev. Financ. 8 (1), 1—18.

Morris, S. , Shin, H. S. , 2006. Catalytic finance: when does it work? J. Int. Econ. 70 (1), 161—177.

Morris, S. , Yang, M. , 2016. Coordination and the relative cost of distinguishing nearby states. Princeton, Mimeo.

Morris, S. , Postlewaite, A. , Shin, H. S. , 1995. Depth of knowledge and the effect of higher order uncertainty. Econ. Theory 6 (3), 453—467.

Morris, S. , Shin, H. S. , Yildiz, M. , 2016. Common belief foundations of global games. J. Econ. Theory 163, 826—848.

Murphy, K. M. , Shleifer, A. , Vishny, R. W. , 1989. Industrialization and the big push. J. Polit. Econ. 97, 1003—1026.

Myatt, D. P. , Wallace, C. , 2012. Endogenous information acquisition in coordination games. Rev. Econ. Stud. 79 (1), 340—374.

Nagar, V. , Yu, G. , 2014. Accounting for crises. Am. Econ. J. Macroecon. 6 (3), 184—213.

Nakamura, E. , Steinsson, J. , 2014. Fiscal stimulus in a monetary union: evidence from US regions. Am. Econ. Rev. 104 (3), 753—792.

Nimark, K. , 2008. Dynamic pricing and imperfect common knowledge. J. Monet. Econ. 55 (2), 365—382.

Nimark, K. , 2011. Dynamic higher order expectations. Universitat Pompeu Fabra, Mimeo.

Nimark, K. P. , Pitschner, S. , 2015. Beliefs, coordination and media focus. Cornell, Mimeo.

Obstfeld, M. , 1986. Rational and self-fulfilling balance-of-payments crises. Am. Econ. Rev. 76 (1), 72—81.

Obstfeld, M. , 1996. Models of currency crises with self-fulfilling features. Eur. Econ. Rev. 40 (3), 1037—1047.

Ozdenoren, E. , Yuan, K. , 2008. Feedback effects and asset prices. J. Finance 63, 1939—1975.

Paciello, L. , Wiederholt, M. , 2014. Exogenous information, endogenous information, and optimal monetary policy. Rev. Econ. Stud. 81 (1), 356—388.

Pavan, A. , 2015. Attention, coordination, and bounded recall. Northwestern, Mimeo.

Pearlman, J. G. , Sargent, T. J. , 2005. Knowing the forecasts of others. Rev. Econ. Dyn. 8

(2), 480—497.

Peck, J., Shell, K., 1991. Market uncertainty: correlated and sunspot equilibria in imperfectly competitive economies. Rev. Econ. Stud. 58 (5), 1011—1029.

Prati, A., Sbracia, M., 2002. Currency crises and uncertainty about fundamentals. IMF, Mimeo.

Radner, R., 1962. Team decision problems. Ann. Math. Stat. 33 (3), 857—881.

Ramey, V. A., 2016. Macroeconomic shocks and their propagation. In: Taylor, J. B., Uhlig, H. (Eds.), Handbook of Macroeconomics. vol. 2A. Elsevier, Amsterdam, Netherlands, pp. 71—162.

Reis, R., 2006. Inattentive producers. Rev. Econ. Stud. 73 (3), 793—821.

Reis, R., 2009. Optimal monetary policy rules in an estimated sticky-information model. Am. Econ. J. Macroecon. 1, 1—28.

Roca, M., 2005. Transparency and monetary policy with imperfect common knowledge. Columbia, Mimeo.

Rochet, J. C., Vives, X., 2004. Coordination failures and the lender of last resort: was Bagehot right after all? J. Eur. Econ. Assoc. 2 (6), 1116—1147.

Rondina, G., Walker, T., 2014. Dispersed information and confounding dynamics. Indiana University, Mimeo.

Rubinstein, A., 1989. The electronic mail game: strategic behavior under "almost common knowledge". Am. Econ. Rev. 79, 385—391.

Sakovics, J., Steiner, J., 2012. Who matters in coordination problems? Am. Econ. Rev. 102 (7), 3439—3461.

Sargent, T. J., 2008. Evolution and intelligent design. Am. Econ. Rev. 98 (1), 3—37.

Sarte, P. D., 2014. When is sticky information more information? J. Money Credit Bank. 46 (7), 1345—1379.

Schaal, E., Taschereau-Dumouchel, M., 2015. Coordinating business cycles. NYU, Mimeo.

Scheinkman, J. A., Xiong, W., 2003. Overconfidence and speculative bubbles. J. Polit. Econ. 111 (6), 1183—1220.

Shell, K., 1977. Monnaie et allocation intertemporelle. CNRS, Mimeo.

Shell, K., 1987. Sunspot equilibrium. In: Eatwell, J., Milgate, M., Newman, P. (Eds.), The New Palgrave: A Dictionary of Economics, vol, 4. Macmillan, New York, pp. 549—551.

Shimer, R., 2005. The Assignment of Workers to Jobs in an Economy with Coordination Frictions. J. Polit. Econ. 113 (5), 996—1025.

Shurchkov, O., 2013. Coordination and learning in dynamic global games: experimental evidence. Exp. Econ. 16 (3), 313—334.

Sims, C. A., 2003. Implications of rational inattention. J. Monet. Econ. 50 (3), 665—690.

Sims, C. A., 2006. Rational inattention: beyond the linear-quadratic case. Am. Econ. Rev.

96（2），158—163.

Sims，C. A.，2010. Rational inattention and monetary economics. Handbook of Monetary Economics，vol 3，pp. 155—181.

Simsek，A.，2013. Belief disagreements and collateral constraints. Econometrica 81（1），1—53.

Singleton，K. J.，1987. Asset prices in a time-series model with disparately informed，competitive traders. In：Barnett，W. A.，Singleton，K. J.（Eds.），New Approaches to Monetary Economics. Cambridge University Press，Cambridge，United Kingdom，pp. 249—272.

Sockin，M.，Xiong，W.，2015. Informational frictions and commodity markets. J. Financ. 70（5），2063—2098.

Solomon，R. H.，2003. Anatomy of a twin crisis. Bank of Canada，Mimeo.

Stein，J. C.，1989. Cheap talk and the fed：a theory of imprecise policy announcements. Am. Econ. Rev. 79，32—42.

Steiner，J.，2008. Coordination cycles. Games Econ. Behav. 63（1），308—327.

Stevens，L.，2015. Coarse pricing policies. Federal Reserve Bank of Minneapolis，Mimeo.

Tarashev，N. A.，2007. Speculative attacks and the information role of the interest rate. J. Eur. Econ. Assoc. 5（1），1—36.

Taylor，J. B.，1979. Staggered wage setting in a macro model. Am. Econ. Rev. 69（2），108—113.

Taylor，J. B.，1980. Aggregate dynamics and staggered contracts. J. Polit. Econ. 1—23.

Tillmann，P.，2004. Disparate information and the probability of currency crises：empirical evidence. Econ. Lett. 84（1），61—68.

Townsend，R. M.，1983. Forecasting the forecasts of others. J. Polit. Econ. 91，546—588.

Toxvaerd，F.，2008. Strategic merger waves：a theory of musical chairs. J. Econ. Theory 140（1），1—26.

Tutino，A.，2013. Rationally inattentive consumption choices. Rev. Econ. Dyn. 16（3），421—439.

Van Nieuwerburgh，S.，Veldkamp，L.，2009. Information immobility and the home bias puzzle. J. Financ. 64（3），1187—1215.

Van Nieuwerburgh，S.，Veldkamp，L.，2010. Information acquisition and under-diversification. Rev. Econ. Stud. 77（2），779—805.

Van Zandt，T.，Vives，X.，2007. Monotone equilibria in bayesian games of strategic complementarities. J. Econ. Theory 134（1），339—360.

Veldkamp，L. L.，2006. Media frenzies in markets for financial information. Am. Econ. Rev. 96，577—601.

Veldkamp，L. L.，2011. Information Choice in Macroeconomics and Finance. Princeton University Press，Princeton.

Venkateswaran，V.，2014. Heterogeneous information and labor market fluctuations. NYU，Mimeo.

Vives，X.，1988. Aggregation of information in large cournot markets. Econometrica 56（4），

851—876.

Vives, X., 1993. How fast do rational agents learn? Rev. Econ. Stud. 60 (2), 329—347.

Vives, X., 1997. Learning from others: a welfare analysis. Games Econ. Behav. 20 (2), 177—200.

Vives, X., 2005. Complementarities and games: new developments. J. Econ. Lit. 43 (2), 437—479.

Vives, X., 2010. Information and Learning in Markets: The Impact of Market Microstructure. Princeton University Press, Princeton.

Vives, X., 2016. Endogenous Public Information and Welfare in Market Games. Review of Economic Studies. forthcoming.

Walsh, C. E., 2007. Optimal economic transparency. Int. J. Cent. Bank. 3 (1), 5—36.

Weinstein, J., Yildiz, M., 2007a. Impact of higher-order uncertainty. Games Econ. Behav. 60 (1), 200—212.

Weinstein, J., Yildiz, M., 2007b. A structure theorem for rationalizability with application to robust predictions of refinements. Econometrica 75 (2), 365—400.

Woodford, M., 1986. Stationary sunspot equilibria in a finance constrained economy. J. Econ. Theory 40 (1), 128—137.

Woodford, M., 1991. Self-fulfilling expectations and fluctuations in aggregate demand. The New Keynesian Macroeconomics. MIT Press, Cambridge, USA.

Woodford, M., 2003. Imperfect common knowledge and the effects of monetary policy. In: Aghion, P., Frydman, R., Stiglitz, J., Woodford, M. (Eds.), Knowledge, Information, and Expectations in Modern Macroeconomics: In Honor of Edmund S. Phelps. Princeton University Press, Princeton.

Woodford, M., 2009. Information-constrained state-dependent pricing. J. Monet. Econ. 56, 100—124.

Woodford, M., 2013. Macroeconomic analysis without the rational expectations hypothesis. Annu. Rev. Econ. 5, 303—346.

Yang, M., 2015. Coordination with flexible information acquisition. J. Econ. Theory 158, 721—738.

Zabai, A., 2014. Managing Default Risk. Bank of International Settlements, Mimeo.

第十五章 宏观-金融模型比较与政策分析的新方法

V. 维兰德(V. Wieland)[*], E. 阿法纳西耶娃(E. Afanasyeva)[*],
M. 库埃特(M. Kuete)[*], J. 柳(J. Yoo)[*,†]

[*]:法兰克福歌德大学,货币与金融稳定研究所(IMFS),德国,法兰克福;

[†]:韩国(中央)银行,韩国,首尔

目 录

    本章摘要：全球金融危机和宏观经济学随后受到的批评，激发了经济学研究者探索新的建模方法的热情。很多新模型都提供了对宏观经济政策传导的改进估计，并努力尝试更好地将金融部门纳入商业周期分析当中。毫无疑问，决策机构需要比较现有的政策传导模型、评估各种政策工具的影响和相互作用，以便制定有效的政策战略。本章回顾了模型比较的相关文献，并提出了一种进行比较分析的新方法。有了我们这种新方法的计算实现（computational implementation）之后，个体研究者就能够以很低的成本轻松进行系统的模型比较和政策评估。这种方法还有助于提高宏观经济建模中计算研究的可复制性。我们还给出了几个应用研究的例子，以便说明模型比较的有用性以及适用于货币和财政政策领域的新工具，它们包括：参数变化对财政政策效应的影响的分析，对货币政策传导的跨模型化比较以及对美国与欧元区央行利率变动的影响的跨国比较。此外，本章还对不同宏观—金融模型的动态和政策含义进行了大规模比较。这些模型考虑了投资融资中的金融加速器的作用、信贷和房价上涨的关系，以及银行资本的作用。最后给出的实训演练则说明了，如何利用这些模型来评估向信贷增长倾斜的货币政策的好处。

    关键词：模型比较，模型不确定性，货币政策，财政政策，政策稳健性，宏观—金融模型

    JEL 分类代码：E17，E27，E32，E44，E52，E58

1.　引言

    全球金融危机和宏观经济学随后受到的批评，激发了经济学研究者探索新的建模方法的热情。很多新模型都致力于尝试怎样才能更好地将金融部门纳入到商业周期分析当中去。在这些模型中，金融动荡可能会导致非常重大的宏观经济后果，金融部门可能会放大其他行业产生的扰动。它们对货币政策和财政政策的效应、对宏观审慎和监管政策工具的作用，都具有潜在的重要影响。因此，能够比较各种模型对商业周期和政策分析的含义，并及时向政策制定者告知对模型不确定性具有稳健性的政策策略，就成了一件至关重要的事情。事实上，宏观经济模型的比较在货币政策和财政政策领域具有悠久的传统。各国中央银行和国际组织也一直在利用宏观经济模型的学术研究成果，而且它们已经将人力资源投入到了实际政策应用当中，有时还进行大规模的模型比较。

    在本章中，我们介绍了宏观经济建模中比较分析的新发展和新技术。这阐明了模型比

较与有关财政措施效果和货币政策传导的实际应用的有用性。此外,本章还概述了最近涌现的一些宏观-金融模型,并比较了不同金融摩擦所产生的多种新的传播机制。

本章的目标是,为经济学专业研究者、经济学专业研究生、就职于政策机构的经济学家以及商业周期分析人员介绍反映了不同理论范式的多种宏观经济模型,并为他们提供可以用来对各种模型的政策含义和商业周期含义进行比较分析的趁手的新工具。现在,新的在线宏观经济模型数据库以及用来进行模型比较的计算平台已经走到了舞台的中央。它建立在泰勒和维兰德(Taylor and Wieland,2012)、维兰德等人(Wieland et al.,2012),以及施密特和维兰德(Schmidt and Wieland,2013)最近关于模型比较的研究的基础之上,并进行了扩展。模型比较的计算平台——宏观经济模型数据库(Macroeconomic Model Data Base,简称:"MMB")——的出现,使得个体研究人员能够轻松地、低成本地进行系统的模型比较和政策评估。[①] 此外,有了这个计算平台之后,直接将新出现的模型包括进来,并对它们的实证含义和政策含义与来自学术界和决策机构的大量原有的基准模型进行比较,也变得非常简单易行了。

因此,本章以及相关工具可以帮助用户研究这样一些问题:那些大名鼎鼎的宏观经济模型的核心特征是什么? 它们如何影响这些模型对决策和商业周期分析的意义? 随着新模型的发展,这些影响随着时间的推移在多大程度上发生了变化? 我们怎样才能轻松地复制其他研究者开发的模型,以便将它们应用于新的政策问题,或者扩展它们得出新的理论洞见? 如何将我的模型与其他模型进行比较,以揭示它的新颖之处以及它对早期研究的改进? 哪些"政策处方"在诸多不同的模型和经济体中都表现出色?

本章的安排如下。在接下来的第2节中,我们回顾了讨论模型比较的文献中的一些重要贡献,并强调了一个最近的大衰退时期财政刺激的例子。第3节简要介绍了一个正式的方法,它能够确保对不同模型的比较集中在真正可比较的对象上。第4节讨论了进行比较时会遇到的一些实际问题,包括可重复性和用户友好性。第5节介绍了早期比较的说明性应用和扩展。第6节讨论了关于金融传播机制的深入比较。第7节给出了如何评估政策稳健性的一个例子。第8节是总结和结论。

2. 模型比较和政策稳健性文献

2.1 到目前为止,模型比较是怎样进行的

在货币经济学和宏观经济建模领域,模型比较具有悠久的传统。通常情况下,模型比较不是个体研究者或小型研究者团队来实施的。相反,模型比较研究要想取得成果,往往需要把多个研究团队多次聚集到一起来"攻关"。而且,在这样的环境中,每个研究团队通常只使

---

① 模型存档和软件可以从 www.macromodelbase.com 网站下载。

用自己开发的模型。

中型和大型的模型比较研究,一般都是在各国中央银行和国际组织的支持下进行的。数十年来各国中央银行和国际组织一直在构建和运用宏观经济模型。中央银行和财政部门中的政策制定者通常需要依靠他们部门的经济学家来告诉他们各种政策行动的可能的宏观经济后果。此外,他们对以不同政策措施为条件的预测也十分有兴趣。宏观经济模型正是实现预测这个任务的核心工具。而且,由于政策制定者对多种多样的政策决策情景都很感兴趣,他们想了解政策对不同市场和经济部门的影响,他们所在机构的经济学家经常需要构建一个相当庞大的经济模型,或者必须维护好一系列模型(用于解决不同的问题)。

在下面,我们回顾了对这篇文献的一些贡献,讨论了这个领域中被研究的主要问题、与表述这些问题相关的方法论、获得的主要结果以及若干当前热门话题。

2.1.1　20 世纪 80 年代至 90 年代初：标准化实验与对政策乘数的比较

在 1984 年至 1993 年期间,经济学界完成了一系列大规模的模型比较,其中有几个比较是由在华盛顿特区的布鲁金斯学会协调的。这些模型比较的成果后来都结集成书出版,书中的各章则由该领域的知名学者分头撰写。有代表性的文集包括布莱恩特等人(Bryant et al. ,1988,1989)、克莱因(Klein,1991),以及布莱恩特等人(Bryant et al. ,1993)。

布莱恩特等人(Bryant et al. ,1988)主持的模型比较项目的目标是增进人们对跨国宏观经济和政策互动的实证理解。这个研究侧重于货币和财政政策的影响,同时还比较了政策乘数。为了实现这个目标,参与者们在 12 个多国计量经济学模型中设计并实施了一系列标准化实验。所用的计量经济学模型分别来自包括国际货币基金组织(IMF)、经济合作与发展组织(OECD)、美国联邦储备委员会(FED)以及其他政策机构,此外还包括了若干由顶尖的宏观经济学家提出的模型。正如休斯-哈利特(Hughes-Hallett,1989)所强调的,在那个时代,这是一个非常引人注目的学术研究项目。参与者们希望通过比较,探索不同的模型在多大程度上给出了不同的、潜在相互冲突的政策含义。

要进行模型比较,一个关键的要点是要实施在模型之间相互可比的共同政策实验。为此,参与者们构建了各个模型变量的共同基线路径和共同冲击。此外,还提出了推导标准化的可比较对象的方法,例如政策乘数估计量。特别有意思的是,这项研究还提出了计算程序来恢复"最终形式"的方程中的政策变量系数的估计值、将模型投射为 IS-LM 关系、把模型性能用一些简单的分析结构来总结(例如 IS-LM 曲线的斜率、通货膨胀–产出权衡系数、局部政策乘数,等等)。这项研究帮助明确了标准化模型比较的许多挑战,同时还解决了其中一些问题。它还揭示了不同模型之间的动态政策乘数存在着实质性差异。弗兰克尔和罗奇特(Frankel and Rockett,1988)还利用布鲁金斯学会这个模型比较项目的结果,探讨了真实的模型的不确定性对政策有多重要的问题。

布莱恩特等人的后续研究(Bryant et al. ,1989)则主要考察了美国政府支出和美国货币政策变化的影响。参加实验的绝大多数模型都包含了适应性预期的特点。作者们计算了 20 个全球计量经济学模型中美国政策的国内和跨国影响的平均值和标准偏差。然而,不同模型所预测的效应差别很大。因此,这项模型比较研究提出了这样一个问题:多个模型的这种平均值是否可以作为稳健政策设计的指南？这个模型比较项目给出的另一个教训是,必须了解和评估政策对更多变量的影响,例如,可以将政策对产出的影响分解为各个组成部分,而不再只集中于这个变量本身。

克莱因(Klein,1991)记录了另一轮模型比较的结果。这项研究的侧重点是财政支出增加、货币扩张和供给冲击的动态乘数。与早期研究类似,作者们发现不同模型的"行为"有显著的差异,而且导致了非常不同的政策乘数。这个研究项目旨在实施一个共同的政策实验,并利用一些共同的方法去探究乘数这种差异性的根源。不过,这项研究最突出"成果"却体现在,它凸显了实现可比性的困难。参与这项模型比较的各个研究团队都承认,"肯定要花上一年多的时间,反复举行多次会议才能就所有模型都使用的输入达成一致,并确保每个模型的操作员都能进行适当的算术计算"(第1章,第8页)。

布莱恩特等人(Bryant et al.,1993)继续了1984年开始的布鲁金斯学会模型比较项目。这项研究旨在评估国家货币政策实施的替代制度,并探析各种替代制度的稳定性质。在比较时,各种政策制度都是用简单的政策规则来表示的。泰勒(Tylor,1993a)认为,布莱恩特等人(Bryant et al.,1993)完成的这项模型比较为后来众所周知的泰勒规则(Taylor rule)奠定了检验的基础。与以往仅仅聚焦于政策乘数的模型比较研究不同,布莱恩特等人(Bryant et al.,1993)的研究是第一个在不同模型之间对各种货币政策制度所拥有的稳定经济的性质进行比较的大型研究项目。该书的编辑们是这样总结的:"这本书的主要结论是,就能不能实现政策制定者通常追求的稳定经济的目标这一点而言,货币政策的一些简化的制度明显不如其他制度。最引人注目的结果是,在很多情况下,无论是以货币为标靶,还是以汇率为标靶,都远远不如以名义国民生产总值(或实际国民生产总值)和通货膨胀率为标靶的制度。"

当然,所有这些模型比较实验都是在模拟技术比现在落后得多的时候完成的。这使得这种比较变成了一个如此有挑战性的任务。特别是,冲击和外生过程在各个模型之间是非常不同的,这就使得研究者很难将不同模型结构和不同政策制度下随机冲击的不同模式的影响分解开来。在许多情况下,他们不可能使用随机扰动的共同结构、共同的转换路径和共同的终止条件。而且,随机模拟中还必须使用不同的技术去进行政策实验,这就再一次影响了结果的可比性。此外,季度模型和年度模型也不是完全可比的。年度模型根据构造对货币政策进行非常不同的识别。因此,这一波模型比较研究浪潮的其中一个教训就是,使用的方法还需要进一步标准化。此外,作者们还强调了,在那些假设了适应性预期或理性预测的模型中,预期形成是至关重要的。当然,同样值得一提的是,这些模型比较研究在结论中,通常都会发出这样的"紧急呼吁":改进经验模型的有效性和估计技术已经刻不容缓了。

2.1.2 20世纪90年代末和2000年代初期：新模型、政策规则和稳健性

泰勒(Taylor,1999)重新开始了大规模模型比较研究。首先,涌现出了一大批拥有"微观基础"的新一代凯恩斯主义模型;其"微观基础"是建立在一个代表性主体框架上的,即,家庭要随时间最大化自己的效用。当然,这些模型的规模仍然都相当小,例如罗腾伯格和伍德福德(Rotemberg and Woodford,1997)以及麦卡勒姆和纳尔逊(McCallum and Nelson,1999)分别构建的模型。经济学家将这些模型与前一代新凯恩斯主义模型进行了比较。前一代新凯恩

斯主义模型也具有名义刚性和理性预期,而且也拥有自己的微观经济学基础——但是这种微观经济学基础是由家庭消费或企业投资和生产问题的独立决策规则组成的,而不是一致的代表性主体框架。这些前一代新凯恩斯主义模型包括:福尔勒的模型(Fuhrer,1997)——那是由英格兰银行的职业经济学家构建的一个模型——以及由联邦储备委员会的职业经济学家提出的四个模型。此外,还包括一些具有适应性预期的模型,如鲁德布施和斯文松(Rudebusch and Svensson,1999)、鲍尔(Ball,1999)提出的模型。

在建模方法和数值求解技术方面,从早期的研究以来,到现在已经有了非常大的进步。正如本手册的导论所指出的那样,参与比较的各个模型所具有的一些共同的特征,使得关键统计量(比如说,不同货币政策规则下的通货膨胀和产出的差异)的计算更容易。这种特征的一个例子是,有可能推导出线性方程系统,将内生变量确定为变量自身的滞后、政策规定的利率和外部冲击的函数。

这个模型比较研究的一个核心目标是提供计量经济学证据,识别出哪一种类型的货币政策规则在作为制定美国货币政策的指导原则时,不仅是有效的,而且具备很高的稳健性。研究者们在 9 个模型之间评估了选中的若干利率规则在稳定经济方面的"性能"。利用改进后的模型求解技术,莱文等人(Levin et al.,1999)设法通过对四个不同的模型的比较来优化政策规则,其中就包括大规模美国联邦储备委员会的模型,它为美国联邦储备委员会的政策制定者提供了大量信息。泰勒(Taylor,1999)的结论是,简单的政策规则表现得最好——其表现令人惊讶地接近于完全最优政策。此外,比较结果也证明,简单的规则在各种模型中都比复杂的规则更加稳健。

但是,关于中央银行是否应该对汇率变化做出反应,政策是否应该对滞后利率(利率平滑)做出反应,仍然有不同意见。此外,利率是否应该只对预期未来通货膨胀做出反应,也存在分歧。在后续研究中,莱文等人(Levin et al.,2003)发现,对超过一年的预测做出反应的规则,其稳健性不如只对当前观察值或近期预期做出反应的规则,而导致均衡不确定性的可能性则高于后者。

在欧元区建立以后,又有许多新的模型涌现出来,它们的目标是向欧洲中央银行(ECB)和其他欧洲机构与国际机构的政策制定者提供信息。为此,休斯-哈利特和瓦利斯(Hughes-Hallett and Wallis,2004)专门为《经济建模》杂志组织了一期专刊,集中刊载一批讨论欧元区的模型并对它们进行比较的论文。事实上,在那之前,来自欧洲各国中央银行、国际机构和学术界的建模者已经举行过好几次国际会议,对不同的模型的估计进行了剖析。瓦利斯的论文(Wallis,2004)给出了对 4 个模型——欧洲中央银行的全区域模型和 3 个多国模型(国际货币基金组织的 MULTIMOD 模型、英国伦敦的国家经济和社会研究所的 NIGEM 模型,以及欧盟委员会的 QUEST 模型)——进行比较之后的结果。他发现,这 4 个模型之间的差异的主要来源是,在处理消费决策和投资决策时以及对工资和价格的设定中纳入前瞻性行为的程度不同。当然,在那个时候,欧元区的各个模型必须根据欧洲经济和货币联盟成立之前的宏观经济数据来加以估计。因此,这种既定经验规律的稳定性仍然存在很大的不确定性。

2.1.3　创建模型档案以便轻松地进行模型比较

过去 15 年以来,各种各样的宏观经济模型不断涌现。继克里斯蒂亚诺等人(Christiano

et al.,2005)的贡献之后(该论文的工作论文版早在2001年就在经济学界圈内流传了),新一代中等规模的新凯恩斯主义动态随机一般均衡(DSGE)模型涌现出来。这些模型扩展了代表性主体框架的微观基础,并加入了更多的刚性、调整成本和行为经济学特征(如习惯形成)。斯梅茨和沃特斯(Smets and Wouters,2003)估计了一个关于欧元区的中型动态随机一般均衡模型,它推动了使用贝叶斯估计方法的普及。由茱莉亚(Juillard,2001)开发的DYNARE软件包,实现了一系列广泛使用的求解方法和估计技术——另外也请参见阿迪米安等人(Adjemian et al.,2011)。

模型构建、模型求解方法、模型估计技术和技术的软件实现方面的进步都为更便捷地进行模型比较奠定了基础,也为小型研究团体对政策稳健性的分析创造了条件。泰勒和维兰德(Taylor and Wieland,2012)将早期的模型比较扩展为对关于美国的早期模型与新一代中型动态随机一般均衡(DSGE)模型的比较。具体地说,他们将针对美国经济体构建和估计的3个中型动态随机一般均衡(DSGE)模型与泰勒(Taylor,1993b)的前一代多国模型进行了比较。有些令人惊讶的是,尽管结构假设、估计技术和数据样本都有所不同,但是所有这四个模型中的产出都对货币政策冲击产生了显著相似的反应。关于这一点,我们将在本章第5.2节展开进一步的分析。

库埃斯特和维兰德(Kuester and Wieland,2010)、欧菲尼德斯和维兰德(Orphanides and Wieland,2013)研究了简单货币政策规则的稳健性。特别是在后一项研究中,欧菲尼德斯和维兰德使用了11个利用欧元区数据来估计的新模型。最后,欧菲尼德斯和维兰德(Orphanides and Wieland,2013)发现,仅仅在某一个模型中最优规则的稳健性并不高,因为这种规则在其他模型中通常会导致显著更糟的结果。然而,他们也证明,只对当前通货膨胀和产出增长做出反应的简单规则(并不是最优规则)在所有模型中的表现都相当好。

维兰德等人(Wieland et al.,2012)将这些模型比较研究以及更早的研究中涉及的所有模型都汇集到了一起,构建了一个"宏观经济模型档案",以便于模拟和比较。这个模型档案,以及一个用来实施标准化的模型比较实验的全新平台,我们将在本章的后续章节中介绍和运用。

2.1.4 热门主题:财政政策、宏观-金融模型与宏观审慎政策

全球金融危机和大衰退(Great Recession)以来,对新模型和改进后模型的"需求"非常大。经济学家们特别感兴趣的问题包括:财政刺激和财政巩固政策的影响、非常规货币政策措施的影响以及实体经济部门和金融部门的相互影响,等等。此外,在银行监管和宏观审慎政策领域,都出现了很多有待评估的新工具。因此,许多新的宏观-金融模型正在发展。

关于财政政策,比较典型的几个模型比较研究包括:科根等人(Cogan et al.,2010)、奎克和维兰德(Cwik and Wieland,2011)、科根等人(Cogan et al.,2013)、克能等人(Coenen et al.,2012)。特别是,克能等人(Coenen et al.,2012)、基尔坡能等人(Kilponen et al.,2015)的对不同模型和不同国家之间的财政乘数的两项大规模比较研究。下面第2.2节对这些研究给出的关于零利率附近的财政政策影响的结果进行了评述。

当然,政策制定者和建模者向来都很关注金融部门作为经济波动的根源,以及作为其他

经济波动放大器的作用。在这个领域,也涌现出了许多新的建模方法。因此,比较研究可以给我们带来很多有用的见解。作为第一步,格克等人(Gerke et al. ,2013)考察了欧洲经济体的 5 个模型,这些模型是以此次金融危机之前的经济学理论为基础的,而且也是欧元区国家的中央银行当前正在使用的。他们比较了伯南克等人(Bernanke et al. ,1999)的具有金融加速器机制的开放型经济模型和/或具有抵押品约束的模型——两者带有亚科维耶洛的精神(Iacoviello,2005)。格克等人的研究的重点是将宏观经济和金融变量对一系列常见的冲击(例如货币政策冲击、净值冲击、贷款价值冲击)的脉冲响应函数进行定性比较。这项比较研究得出的结论是,各个模型在定性的层面上显示出了相似的特征,从而反映了金融危机和大衰退之前学界对宏观经济-金融部门的联系有一个共同理解。然而,作者们又强调,这恰恰表明需要新一代的宏观-金融模型。

　　明确考虑银行体系本身产生的风险的模型进行首批比较研究之一的,是圭列里等人(Guerrieri et al. ,2015)。在这项研究中,共有来自联邦储备委员会的 5 组建模者参加。作者们比较了 5 个动态随机一般均衡(DSGE)模型中源于银行资本(已进行标准化)缺口的宏观经济溢出效应。银行资本的短缺,它们是用逐渐衰减的从银行部门到家庭部门的净转移来模拟的。

　　圭列里等人考虑的这些模型相互之间表现出了很多差异。这里有关于名义变量的模型和关于实际变量的模型;利用线性求解技术的模型和利用非线性求解技术的模型;还有采用互补方法对金融中介建模的模型。但是,被仔细地标准化了。结果表明,宏观经济变量和金融变量的反应都有很大差异。值得注意的是,基于模型的结果的范围仍然包含在双变量向量自回归(VAR)的置信区间之内,这意味着模型中对金融冲击的反应的不确定性程度与VAR 模型相似。作者们识别出了模型之间的反应差异的若干个来源。例如,他们发现,对于银行融资的不同来源(例如,内部股权 vs 外部股权)以及可以为经济提供信贷的各个相互可替代部门之间的相互作用的建模,对结果的影响特别大。

　　本章的第 6 节综述对宏观经济-金融之间的相互作用进行建模的不同方法。在那里我们还将给出一系列实例和模型比较的新发现。重要的是,有了我们在下面将要描述的模型档案,个体研究者独立进行这种模型比较研究将非常方便。而且,他们还可以把自己的模型也包括进去,以便确定它相对于更成熟的基准模型的贡献。

2. 2　最近的例子:比较 2009 年—2010 年出台的财政刺激政策的影响

　　正在进行的关于相机抉择财政刺激政策的优点和缺点的辩论为需要进行模型比较提供了一个很好的例子。2008 年和 2009 年的大衰退引发了学界对评估财政措施可能产生的影响的巨大兴趣。作为对金融市场崩溃和实际国内生产总值急剧萎缩的反应,各经济发达国家的中央银行首先调降了央行提供的流动性的利率,然后又采取了量化宽松政策来进一步扩张资产负债表(因为政策利率已经下降到并维持在了零点附近)。与此同时,各国政府也纷纷出台了大规模的财政刺激计划。

例如,在美国,2009 年 2 月颁布实施的《美国复苏与再投资法》(*American Recovery and Reinventment Act*,*ARRA*)就包括了总额高达 7870 亿美元的额外政府购买、转移支付和减税计划。其中最大的一部分计划在 5 年内完成,并在 2010 年达到峰值。欧盟也启动了欧洲经济复苏计划(European Economic Recovery Plan,EERP),欧元区各成员国则推出了总额为 1750 亿欧元的财政刺激一揽子方案,计划在 2009 年和 2010 年实施完毕。很显然,在决定诸如此类的大型财政计划时,业内专家应该告知政策制定者可能产生的定量影响。

2.2.1　凯恩斯乘数效应的决定因素

财政刺激政策的倡导者都喜欢拿凯恩斯主义的乘数效应说事,并强调说,当利率保持不变时,乘数效应的力量还会增强。在教科书的 IS-LM 模型中,乘数效应之所以会出现,是因为凯恩斯消费函数的静态性质:它假定消费与当前的家庭收入呈正相关关系。根据这种说法,更多的政府支出会导致更多的总需求、更多的产出和更多的收入,而这反过来又会增加家庭消费,从而增加收入……这种乘数效应意味着,政府支出每增加 1 个单位,将会导致 GDP 总额增加不止 1 个单位。

然而,这里还存在好几个反制力量。政府为了资助支出,就必须进行融资,会对利率和汇率构成上行压力,而这往往会降低国内消费和投资,并削弱外国对本国产品的需求。为了还债,政府未来就必须增税,而这就会减少考虑自己的终生收入的家庭的当前和未来消费。因此,政府需求的增加往往会挤出私营部门的需求。然而,如果中央银行能够保持利率不变,那么挤出效应就会比较小,乘数效应的空间就会比较大。

在这种情况下,GDP 最终能不能提高、能够提高多少,这是一个定量问题。要回答这个问题,需要一个可以从经验上进行估计的宏观经济模型,这个模型能够解释经济的各种关键结构特征,因为正是这些结构特征影响了乘数效应和挤出效应的相对大小。此外,政府支出和税收政策的出台时机和实施路径的选择、货币政策的反应以及家庭和企业对财政和货币措施路径的预期,都会对财政刺激政策的最终效应产生影响。

2.2.2　对《美国复苏与再投资法》和零利率下限政策的基于模型的评估及其争议

一些研究采用宏观经济模型比较研究的方法,为政策制定者提供关于上述刺激措施可能产生的影响的定量估计。2009 年 1 月,美国总统经济顾问委员会主席克里斯蒂娜·罗默(Christina Romer)和副总统办公室首席经济学家杰瑞德·伯恩斯坦(Jared Bernstein)估计,政府采购占国内生产总值的比例持续增加 1.0%,将会导致国内生产总值快速增长 1.6%,而且这种乘数效应至少持续 5 年。他们是通过对两个宏观经济模型的影响进行平均计算出这一乘数效应的。这两个宏观经济模型一个来自未公开名称的私营预测公司,另一个来自美国联邦储备委员会。他们还同时假设在整个模拟期间利率保持不变。在此基础上,罗默和伯恩斯坦(Romer and Bernstein,2009)预计,《美国复苏与再投资法》将在 2010 年第四季度使美国国内生产总值(GDP)提高 3.6%、就业人数增加 350 万。他们的报告为时任美国总统奥巴马和美国国会议员的决策提供了重要的定量依据。

然而,在一项最早从 2009 年 3 月就开始流传的研究中,科根等人(Cogan et al.,2010)对上述"罗默-伯恩斯坦"估计的有效性提出了质疑,同时报告了根据泰勒(Taylor,1993b)的多国模型以及斯梅茨和沃特斯(Smets and Wouters,2007)对于美国经济模型进行模拟得到的结果——这些结果表明《美国复苏与再投资法》对 GDP 的影响要小得多。斯梅茨和沃特斯(Smets and Wouters,2007)的模型在当前宏观经济学模型中极具代表性,它主要基于克里斯蒂亚诺等人(Christiano et al.,2005)的模型。后者是一个广为人知的、已经从经验上估计的中型新凯恩斯主义模型。在模型比较的基础上,科根等人(Cogan et al.,2010)得出的结论是,《美国复苏与再投资法》对 GDP 的影响可能只有罗默和伯恩斯坦估计的 1/6 左右。

在科根等人(Cogan et al.,2010)讨论的这些模型中,挤出效应更为重要,因为它们考虑了家庭和企业的前瞻性行为。关于财政政策,政府采购的路径是可以预计的(根据《美国复苏和再投资法》颁布后发布的信息)。关于货币政策,科根等人(Cogan et al.,2010)的模拟中假设利息锁定的状况会持续一到两年,这比罗默和伯恩斯坦的假设更符合当时的市场预期。在那之后,政策利率会再次对经济状况做出反应,依据的规则为泰勒的简单货币政策规则(Taylor,1993a)。利率保持不变的时期是由利率的下限驱动的。由于现金的可用性(现金就是一种零利率资产),储蓄者在银行存款时不会接受负利率。因此,在中央银行的反应函数要求实施负利率政策的情况下,利率将会被限定在零利率附近。由此导致的一个结果是,旨在推高 GDP 的财政刺激政策出台后,紧缩的货币政策将不会像平时那样随之而至。

科根等人(Cogan et al.,2010)解释了未来的(一次总付税)加税对家庭收入和当前消费的负面影响,但是,这不是因为扭曲的税收对潜在增长率的负面影响——参见,德劳茨伯格和厄里格(Drautzburg and Uhlig,2015)。此外,他们还将依据"经验法则"行事的家庭包括进来,扩展了斯梅茨和沃特斯(Smets and Wouters,2007)的模型。这些家庭会像凯恩斯主义消费函数描述的那样去消费当前收入。这种"凯恩斯主义消费者"的经验估计份额大约为27%。这种依据"经验法则"行事的消费者的存在,以及对未来两年利率将维持在零利率水平的预期,最终使得《美国复苏与再投资法》对 GDP 的影响提高到罗默和伯恩斯坦所估计的水平的大约 1/4。

与科根等人(Cogan et al.,2010)得到的这些结果相反,克里斯蒂亚诺等人(Christiano et al.,2011)证明,在某些条件下,即便是在现代新凯恩斯主义模型中,当货币政策受到了零利率下限约束时,凯恩斯乘数效应也可能大于 1。他们在一个小型新凯恩斯主义模型和克里斯蒂亚诺等人(Christiano et al.,2005)的模型的一个中等规模的变体中对特定冲击进行了模拟。这样一来,就出现了一种看起来挺奇怪的现象:尽管科根等人(Cogan et al.,2010)和克里斯蒂亚诺等人(Christiano et al.,2011)这两项研究都依赖于根据美国宏观数据估计的相当相似的现代新凯恩斯主义宏观经济模型,而且全都试图解释零利率下限的影响,但是却产生了鲜明的分歧。

2.2.3　大型模型比较研究

考虑到上述结果的歧异性,为了进一步说明模型比较研究如何有助于改善政策建议,看一下国际货币基金组织所组织的大规模的模型比较研究,就可以得到不少启发。在这项研究中,来自多个国家的中央银行和多家国际机构的几组研究人员,它们先用本机构所用的模型对财政刺激政策进行标准化模拟,然后在国际货币基金组织的会议上一起进行比较。克能等人(Coenen et al.,2012)的期刊文章总结了这个大规模的模型比较研究的主要发现。这篇论文共有 17 位作者,涉及了 9 个不同的宏观经济模型。作者都是职业经济学家,分别来自6 个不同的机构:国际货币基金组织、美国联邦储备委员会、加拿大中央银行、欧洲中央银行,经济合作与发展组织以及欧盟委员会。在那 9 个宏观经济模型中,有 7 个是这些机构的工作人员开发和使用的,另外两个模型则分别来自科根等人(Cogan et al.,2010)和克里斯蒂亚诺等人(Christiano et al.,2011),详见表 1。

表 1　参与克能等人(Coenen et al.,2012)模型比较研究的模型

模型简称	模型描述
CEE	克里斯蒂亚诺等人(Christiano et al.,2011)的模型
CCTW	克能等人(Coenen et al.,2012)对斯梅茨和沃特斯(Smets and Wouters,2007)的模型扩展后得到的模型(加入根据"经验法则"行事的家庭后)
IMF-GIMF	国际货币基金组织的全球一体化货币和财政政策模型
FRB-US	美国联邦储备委员会关于美国经济的模型
SIGMA	美国联邦储备委员会的两国动态随机一般均衡(DSGE)模型
BoC-GEM	加拿大中央银行的全球经济模型
EC-QUEST	欧盟委员会的宏观经济模型(QUEST)
ECB-NAWM	欧洲中央银行的新全球经济模型(New Area-Wide Model)
OECD	经济合作与发展组织的宏观经济模型

在这里,我们只简要评述一下克能等人(Coenen et al.,2012)报告的一组模拟结果。在这个比较中,参与的所有模型都运用了相同的模拟财政措施。这种财政刺激对应于《美国复苏与再投资法》和科根等人(Cogan et al.,2010)以前研究过的计划的政府采购的增加。在技术上,支出路径则被模拟为预期的相机抉择冲击的序列。关于货币政策,则根据零利率下限约束的重要性,考虑了三种不同的情景。

研究结果如图 1 所示。这幅图也就是克能等人(Coenen et al.,2012)论文中的图 7。图 1的每幅子图中的条形图都是相同的,它们显示了《美国复苏与再投资法》规定的政府采购的时间表。模拟时,假设市场参与者根据该计划预期未来几年宣布的购买的执行情况。每幅子图中的不同的线则表示在不同宏观经济模型中政府采购对 GDP 的影响。用欧元区数据估计的模型在标有"欧洲"字样的右栏中列出,而左列显示的则是关于美国经济的各个模型的结果。

关于货币政策,研究者们考虑了三种不同的情景。图 1 中第一排的两幅子图显示的是不存在宽松的货币政策的情况下的结果,这也就是说,在这种情况下,每个模型中的名义利率都是根据该模型自己的特定利率规则来设定的。

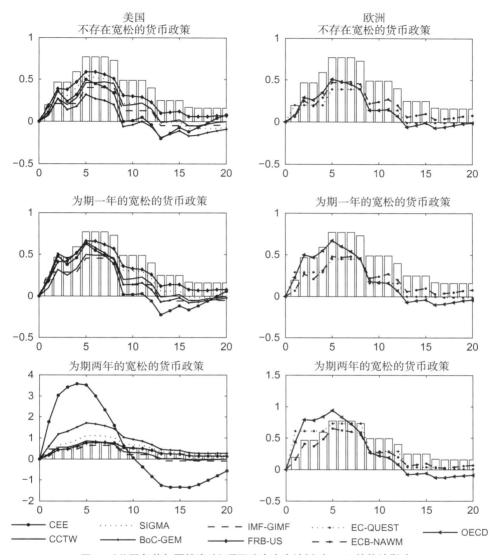

图1 《美国复苏与再投资法》项下政府支出计划对 GDP 的估计影响

注:横轴表示时间(单位为季度),纵轴的单位则是 GDP 的百分比。本图显示的是 2009 年 2 月美国立法通过《美国复苏与再投资法》对 9 个宏观经济模型中政府采购对 GDP 的估计影响。每幅子图中的条形图都是相同的,它们代表着《美国复苏与再投资法》项下政府采购的时间表。在图中,CEE 表示克里斯蒂亚诺等人(Christiano et al.,2011)的模型;CCTW 表示科根等人(Cogan et al.,2010)的模型;IMF-GIMF 是国际货币基金组织的全球一体化货币和财政政策模型;FRB-US 是美国联邦储备委员会关于美国经济的模型;SIGMA 是美国联邦储备委员会的两国模型;BoC-GEM 是加拿大中央银行的全球经济模型;EC-QUEST 是欧盟委员会的QUEST 模型;ECB-NAWM 是欧洲中央银行的新区域范式模型;OECD 则指经济合作与发展组织的宏观经济模型。

　　因此,随着国内生产总值和通货膨胀率的上升,利率上升,抑制了政府支出刺激经济的效应。在这种情况下,所有模型在刺激之后的前两年半的时间内都能实现 GDP 的增长。然而,由于私人需求被政府需求挤压,国内生产总值的增长率仍远低于政府支出相应的增长率。其中一些模型甚至预测,在刺激之后的第四年,总体上就会对 GDP 产生负面影响。从图 1 左侧各子图可以看出,科根等人的模型(CCTW)的模拟结果位于其他模型的结果之间。这个结果为 CCTW 模型提供了进一步支持,这是因为其他几个模型都包含了更具体的财政部门。

对于图 1 中第二排各幅小图所示的模拟,名义利率在一年内保持不变,一年之后则根据各模型自己的特定利率规则来设定。对于图 1 中第三排显示的结果,名义利率则在两年内保持不变。这些模拟结果说明了货币宽松程度对财政刺激政策有效性的影响。如果名义利率最初保持不变,则财政乘将会增大。在宽松的货币政策将维持一年的预期下,所有模型的乘数仍然低于 1。由于私人需求的挤入效应,在宽松的货币政策维持两年的情况下,国内生产总值的增长率在部分模型中小幅超出了政府支出的增长率。但是,这里还存在一个异常值。克里斯蒂亚诺等人的模型(CEE)中财政刺激政策在宽松的货币政策维持两年的情况下影响非常大,然后继之以经济衰退。正如克里斯蒂亚诺等人(Christiano et al.,2011)阐明的,政府支出乘数在他们这个模型中可能会很大。但是,在克能等人(Coenen et al.,2012)所考虑的所有其他模型中,政府支出对 GDP 的影响都要小得多。因此,在这种情况下,克里斯蒂亚诺等人的模型(CEE)之所以会表现出更大的乘数效应,肯定不仅仅是由于存在零利率下限约束而导致的货币宽松政策;这个模型还有其他一些特征,它们在这种情况下会导致财政刺激更大的效果。克能等人(Coenen et al.,2012)认为,克里斯蒂亚诺等人的模型(CEE)本身就是一个"异常值",因为它的价格刚性低得多。

总而言之,这个大规模的模型比较研究的结果证实了科根等人(Cogan et al.,2010)给出的对于《美国复苏与再投资法》的可能影响的警示性评估。它也有助于识别异常值。毫无疑问,在 2009 年的时候,如果能够进行这种大规模的模型比较研究,那么肯定非常有益——能够向奥巴马政府和美国国会提供政策建议。因此,当这种分析可以帮助决策者实时了解情况,探索如何更容易、更频繁地实施模型比较是非常有趣的。

3. 模型比较的系统方法

模型比较研究的一个重要目标是确定由于模型的不同结构特征而导致的不同政策含义。然而,定量模拟结果之所以不同,也可能是因为各个模型对要比较的经济概念和经济变量的定义并不完全一致。此外,不同的结果还可能是由于对政策的不同假设所致,而不是不同的经济结构所致。

本节概略地介绍如何通过少数方程系统地增广宏观经济模型,以便生成关于关键宏观经济总量变量的政策含义的可比较对象,同时又能保证总的修改次数相当少。对于方法的正式阐述,请参见维兰德等人的论文(Wieland et al.,2012)。

3.1　一个一般的非线性模型的记号

我们用以下记号来定义一个一般的非线性经济模型。上标 $m=(1,2,3,\cdots,M)$ 表示一个要进行比较的特定模型的方程、变量、参数和冲击。这些特定于模型的对象不一定是在模型之间相互可比的。我们把它们列在了表 2 中。在计算实现中，m 对应于一个缩写的模型名称，而不是一个简单的数字。

表 2　特定于模型的变量、参数、冲击和方程

记号	描述
x_t^m	模型 m 中的内生变量
$x_t^{m,g}$	模型 m 中的政策变量（也包括在 x_t^m 中）
η_t^m	模型 m 中的政策冲击
ϵ_t^m	模型 m 中的其他经济冲击
$g_m(\cdot)$	模型 m 中的政策规则
$f_m(\cdot)$	模型 m 中的其他模型方程
γ^m	模型 m 中的政策规则参数
β^m	模型 m 中的其他经济参数
$\sum^m$	模型 m 中的冲击的协方差矩阵

在这里，我们要区分两种类型的模型方程。政策规则（Policy rule）用 $g_m(\cdot)$ 表示，而所有其他方程式和恒等式则用 $f_m(\cdot)$ 表示。它们一起决定由向量 x_t^m 表示的内生变量。这些变量彼此互为函数，同时也是特定于模型的冲击 $[\epsilon_t^m\ \eta_t^m]$ 的函数，以及特定于模型的参数 $[\beta^m\ \gamma^m]$ 的函数。因此，一个特定模型 m 可以用下式来定义：

$$E_t[g_m(x_t^m,x_{t+1}^m,x_{t-1}^m,\eta_t^m,\gamma^m)]=0 \tag{1}$$

$$E_t[f_m(x_t^m,x_{t+1}^m,x_{t-1}^m,\epsilon_t^m,\beta^m)]=0 \tag{2}$$

在这里，上标 m 是指由其作者最初提出的相应模型的版本。这个模型可以包括当前值、滞后值和内生变量的预期值。在方程式（1）和（2）中，为了记号方便，已经将领先长度和滞后长度统一设定为单位长度。如果有更多的领先和滞后值，那么可以包含在辅助变量当中。不过，尽管模型如此设定，我们的软件实现并不会限制参与比较的模型的潜在的领先长度和滞后长度。

上述模型还可以纳入用随机变量表示的新息，这些随机变量具有零均值和如下的协方差矩阵 $\sum^m$：

$$E([\eta_t^m\ \epsilon_t^m]')=0 \tag{3}$$

$$E([\eta_t^{m'}\ \epsilon_t^{m'}]'[\eta_t^{m'}\ \epsilon_t^{m'}])=\sum{}^m=\begin{pmatrix}\sum_\eta^m & \sum_{\eta\epsilon}^m\\ \sum_{\eta\epsilon}^m & \sum_\epsilon^m\end{pmatrix} \tag{4}$$

在本节中，我们将新息可互替地称为冲击。一些模型包括序列相关的经济冲击，它们本身就是随机的新息的函数。在我们的记号体系中,这种序列相关的经济冲击将表示为内生向量 x_t^m 的元素,而且只有新息才会表示为冲击。方程式(4)区分出了政策冲击的协方差矩阵与其他经济冲击的协方差矩阵,两者分别表示为 $\sum_\eta^m$ 和 $\sum_\epsilon^m$。政策冲击与其他冲击之间的相关系数通常假设为零,即,$\sum_{\eta\epsilon}^m = 0$。

3.2 引入共同变量、参数、方程和冲击

为了比较不同模型的政策含义,有必要定义一组有可比性的变量、冲击和参数。它们是所有模型所共有的。然后我们就可以用这些共同的参数、变量和政策冲击来表示政策,并且用一组共同的内生变量去计算政策后果。我们在本章中要用到的这些有可比性的内生变量、政策工具、政策冲击、政策规则和参数的符号,已经在表 3 中给出了。

表 3　可比较的共同变量、参数、冲击和方程式

记号	描述
z_t	所有模型的共同变量
z_t^g	所有模型的共同政策变量(也包括在 z_t 中)
η_t	所有模型的共同政策冲击
$g(\cdot)$	共同的政策规则
γ	共同的政策规则参数

要纳入比较的每一个模型都必须先进行适当的增广,即,加入共同的变量、参数和冲击。要增广模型,就意味着要添加一些方程式。这些新增的方程式的作用是,用特定于模型的变量去定义共同变量。我们用符号 $h_m(\cdot)$ 表示这些定义方程式或恒等式。很显然,它们必定是特定于模型的(因模型而异的)。另外,原始的特定于模型的政策规则也需要用共同的政策规则来代替。当然,我们可以将这些共同规则定义得足够"一般化",以便让它们能够嵌套进各种各样的特定于模型的政策规则。此外,当政策遵循了各自相应的特定于模型的规则时,许多有趣的问题需要比较共同变量的模型含义。下面的第 5.3 节提供了这方面的一个例子。

至于模型的所有其他方程式、变量、参数和冲击,则全都可以继续使用该模型的构建者所给出的原始符号。因此,增广后的模型包括了如下三个组成部件:

(i)共同的政策规则 $g(\cdot)$,用共同的变量 z_t,政策冲击 η_t 和政策参数 γ 表示;(ii)用原始的特定于模型的内生变量 $h_m(\cdot)$ 表示的共同变量的特定于模型的定义以及相应的参数 θ^m 表示;(iii)确定各内生变量的原始的特定于模型的一系列方程式 $f_m(\cdot)$。以上三个组成部分分别对应于:

$$E_t[g(z_t, z_{t+1}, z_{t-1}, \eta_t, \gamma)] = 0 \tag{5}$$

$$E_t[h_m(z_t, x_t^m, x_{t+1}^m, x_{t-1}^m, \theta^m)] = 0 \tag{6}$$

$$E_t[f_m(x_t^m, x_{t+1}^m, x_{t-1}^m, \epsilon_t^m, \beta^m)] = 0 \tag{7}$$

完成了上述增广之后,就可以比较各个模型的政策含义了。例如,我们可以直接比较,

某个政策规则对内生变量的动态行为的影响,只要这些内生变量在不同模型之间的定义是一致的。这种方法所要求的共同元素的数量很少,每个模型的其余部分都可以保持它的构建者给出的原始符号不变。可以保持不变的元素包括:变量名称、内生变量 x_t^m 的定义、其他经济冲击 ϵ_t^m、方程式 $f_m(\cdot)$ 和模型参数 β_m,以及冲击的协方差矩阵 Σ_ϵ^m。政策冲击的协方差矩阵 Σ_η 则可以视为政策参数向量的一个元素或直接设定为零。

维兰德等人(Wieland et al.,2012)为上述模型增广的步骤给出了一些具体的例子,其中包括设置额外的定义方程式 $h_m(\cdot)$,并确定它们的参数 θ^m。对政策含义的比较的后续步骤还包括求解增广模型、构建适当的比较对象,以及计算出某个可以对感兴趣的差异进行量化分析的度量。

3.3　计算可比较的政策含义

要求解由方程(5)—(7)定义的增广非线性结构模型,就必须先利用当前可用信息来将未来变量的预期表示出来。而要做到这一点,我们就需要先界定预期是如何形成的。我们的计算实现方法和模型档案——宏观经济模型数据库(Macroeconomic Model Data Base)——包括了运用多个不同假设的模型。虽然大多数模型是在理性的模型一致预期的假设下求解的,但也有一些模型可以在斯洛波迪安和沃特斯(Slobodyan and Wouters,2012)的预期适应性学习假设下求解。关于预期形成的其他假设的另一个例子是曼昆和雷伊斯(Mankiw and Reis,2007)提出的粘性信息模型,它使用的是一个"交错"信息集——理性的预期与基于向量自回归的预期交错,后者是欧菲尼德斯的模型(Orphanides,2003)和美国联邦储备委员会的 FRB-US 模型中所使用的预期。

不过在这里,我们将在理性预期的假设下进行模型比较。求解步骤包括检查均衡的存在性和唯一性。对于线性模型,可以利用布兰查德-卡恩(Blanchard-Kahn)条件。对于非线性模型,我们可能不得不依赖于数值方法的搜索。结构模型的解由如下形式的一组简化式方程给出:

$$z_t = k_z(z_{t-1}, x_{t-1}^m, \eta_t, \epsilon_t^m, k_z) \tag{8}$$

$$x_t^m = k_x(z_{t-1}, x_{t-1}^m, \eta_t, \epsilon_t^m, k_x) \tag{9}$$

如果结构模型是非线性的,那么简化式方程也将是非线性的。我们用 (κ_z, κ_x) 表示简化式方程中的参数。它们是结构参数 β^m、政策参数 γ 和协方差矩阵 Σ^m 的函数,形式通常相当复杂。非线性模型可以通过数值方法近似地求解,例如采用基于扰动的算法、基于投影的方法或两点边界值算法——请参见贾德(Judd,1998)、费尔和泰勒(Fair and Taylor,1983)、科拉尔和茱莉亚(Collard and Juillard,2001)。只要模型能够在确定性稳态附近实现线性化(无论是解析地,还是数值地),那么就有一系列方法可以用来计算出预期方程线性系统的解。这些方法包括:广义特征值-特征向量法,请参见厄里格(Uhlig,1995);广义舒尔分解法(Schur decomposition),请参见克莱因(Klein,2000);QZ 分解法,请参见西姆斯(Sims,2001);待定系数法,请参见克里斯蒂亚诺(Christiano,2002);以及,用于求解线性鞍点模型的安德森-摩尔(Anderson-Moore)算法,请参见安德森和摩尔(Anderson and Moore, 1985)。

求得了扩增非线性模型的简化形式解之后,我们就可以用它来给出根据可比变量定义的待比较的特定对象了。关于政策含义,研究者感兴趣的一个对象可能是政策冲击的影响以及向关键的宏观经济总量传输这种影响。这个对象对应于特定公共变量(z 的一个元素)对策略冲击 η_t 的动态响应——以某个共同政策规则 $g(z_t, z_{t+1}, z_{t-1}, \eta_t, \gamma)$ 为条件。(在保持其他条件不变的情况下,)这种脉冲响应函数描述了单个冲击对动态系统的独立效应。在对政策影响的比较研究中,其他值得关注的对象还包括无条件方差和序列相关函数。最后,我们可以计算出若干合适的度量指标,用于测量两个模型或更多模型之间的距离。这些指标可能是无条件方差,或者是不同模型下政策冲击的影响的绝对差异。

4. 若干实际操作问题,以及一个新的模型比较平台

大规模的宏观经济模型比较研究通常是比较少见的。这种研究成本非常高昂,因为要进行这种大规模的模型比较,通常要组织多次由多个模型开发团队参加的会议,每个团队都要在自己的模型中分析各自的“政策场景”。同时,这种比较研究真正能研究的政策场景的数量其实相当有限。在本节中,我们讨论了一些实际操作问题,它们对频繁进行模型比较构成了障碍。我们还报告了在构建宏观经济模型数据库的过程中采取的策略和获得的经验,它们有助于克服上述问题。到目前为止,有66种模型可供个人研究人员和学生轻松使用,引入新模型并将其政策含义与现有基准进行比较是简单的。

4.1 复制、计算实现和模型归档

4.1.1 复制

如果经济学家希望将自己构建的宏观经济模型与其他模型进行比较,那么遇到的第一个实际问题就是,如何获得关于这些模型的足够信息来推进自己的分析?可复制性是一个基本科学原则。加州大学伯克利分校名为“理解科学101”的网络课程是这样描述这个原则的:

“科学家的目的是让他们的研究结果具备可复制性,例如,在不同实验室重复进行的实验检验中,电子与质子之间存在着吸引力这想法应该能够产生相同的结果。类似地,两位不同的研究人员用同样的方法研究同一块恐龙骨头,应该能够得出相同的关于它的测量和构成的结论。以这种可复制性为目标是有道理的。毕竟,科学旨在重建宇宙运行的不变规律,而不管研究者到底是谁。这些规律适用于从瑞典到土星的任何地方,每天24小时、每周7天,都不例外。如果一个发现无法复制,那么就表明我们目前对研究系统的理解或我们的

检验方法不够好。"

　　然而,不幸的是,并没有通用的做法能够保证通过计算方法求解和模拟的宏观经济模型的可复制性。与其他经济学领域相比,这些领域的这种状况在一定程度上是令人惊奇的。在理论经济学领域中,发表在经济学专业期刊的论文都会提供关于数学推导和证明的足够多的细节,以保证业内专家(以及学习经济学的高年级学生)可以复制其中的分析。在计量经济学领域中,新的方法和估计器在诸如 EViews、RATS、SAS、GAUSS 等软件包中都能相当快速地实现。因此,新的计量经济学工具不仅在学术研究人员和学生中传播,而且还被许多应用经济分析领域的从业者所广泛利用。在过去 20 年以来,宏观经济模型已经因用于解决和估计具有理性预期的模型的数值方法的发展而受益不少了。在一开始,只是个别研究者提供了特定的工具包,并为同领域的其他研究者所采用。后来,经过很多年的努力,米歇尔·茱莉亚(Michel Juillard)及其合作者开发的软件包 DYNARE 有了越来越多的使用者,同时也汇集了其他研究者的很多贡献,到现在已经发展成为业界广泛使用的宏观经济模型求解方法和估计工具;关于这个软件包的更多细节,请参见茱莉亚(Juillard,2001)、阿迪米安等人(Adjemian et al. ,2011)。然而,虽然模型解决和评估的新技术现在可以很容易地被学者、学生和实践者当作"黑匣子"系统来使用,但是对于大多数新的宏观经济模型来说,这种简便方法并不适用。

　　当我们试图复制经济学期刊论文中给出的宏观经济模型时,可能会碰到以下问题:

　　1.　期刊上发表的论文可能并没有包含我们编写用于复制论文的分析的模型代码所需的所有方程式。通常,经济学期刊版面有限,不会投入太多空间来呈现所需的所有信息。此外,这些模型通常非常复杂。因此,在将计算机代码中成功实现的模型方程转写为文章的文本文件时,可能会出现错误。

　　2.　期刊上发表的论文不会包含复制论文中报告的模型模拟所需的所有参数值或稳态值。

　　3.　期刊的网站往往不提供用于复制模型的代码。虽然许多期刊都提供在线存档补充材料的选择,但是极少数期刊真的做到了要求每个作者都提供可靠的程序代码。

　　4.　作者没有在自己的网站上提供代码,而且作者也不回复索取代码的请求。

　　5.　程序代码虽然可用,但是模拟所需要的软件对于个体研究者来说却是不可用的,因为它的价格可能很高,而且只有某些大型机构才在使用。这方面的一个例子是某些决策机构所使用的 TROLL 软件。

　　6.　程序代码虽然可用,但它提供的仿真结果却与发表的论文中给出的结果不同。这种不一致性可能仅仅是由于准备论文所示结果时所用的程序的版本与复制时的版本存在差异。

　　7.　虽然给出的程序代码是可以使用的,但是并没有包含足够多的描述和解释,导致用户很容易理解。

　　8.　用来编写代码的软件平台已经更新了,导致在原先的平台上可以正常运行的代码无法在更新后的平台上运行。

9. 尝试复制的研究者在实现模型时会发生错误。

10. 已发表的模型无法被正确复制,还可能是因为方程式的推导或它们在计算机代码中的实现包含了错误。鉴于中型和大型宏观经济模型的计算实现的复杂性,这种错误是意料之中的,即便是在最小心谨慎的学者身上,也可能会出现。识别和纠正这种错误是很有用的,这样其他研究人员就可以更容易地在这项工作的基础上进行工作。

当然,所有这些困难并不是宏观经济模型所独有的。在其他学科中,这种参照计算进行的复制通常被称为可重复性研究,它已经成为计算机科学、统计学和相关应用学科一个迅猛发展的领域,例如,请参见:福梅勒和克拉尔布特(Fomel and Claerbout, 2009)、多诺霍(Donoho, 2010)、弗莱雷等人(Freire et al., 2012)、桑德维等人(Sandve et al., 2013)。对于这个领域的核心问题,斯坦福大学的统计学家多诺霍是这样说的(Donoho, 2010):

"发表了一篇关于计算结果的论文,那只是发了一个广告,而不是真正的学术成就的体现。真实的学术成就是完整的软件环境、代码和数据,它们生成了论文报告的结果。"①

在考虑将哪些模型纳入我们的模型比较软件时,我们遵循了如下的复制模型的策略:

1. 最理想的情况是,模型的构建者或其他使用者提供了描述模型的代码,并主动将它集成到了宏观经济模型数据库中。一般来说,模型的构建者之所以这样做,是希望其他研究者会更广泛地传播、使用和引用他们的模型(只要他们的程序代码以易于使用的格式提供)。我们还发现,许多决策机制,例如各国中央银行和国际组织,也已经变得非常开放,愿意向外界提供自己的模型——至少就这些机构的经济学家在用于内部交流的工作论文和用于发表的期刊论文中所涉及的那些模型而言,确实如此。

2. 下一个最理想的情况是,模型的构建者提供了完整的代码,可以复制出他们的论文所报告的结果;而且,他们还愿意回答身处法兰克福、负责将模型集成到宏观经济模型数据库中的研究助理的问题。

3. 法兰克福的宏观经济模型数据库团队的研究助理,利用在期刊或作者网站上提供的软件复制出了许多模型。

4. 我们教授专注于新模型开发的特定领域的高级博士课程。我们会组建一个由两三名博士生组成的研究团队,他们的任务是报告相关文献,复制模型并将模型整合到宏观经济模型数据库中。这种方法在训练博士生建立模型、促使他们进入研究前沿(他们可致力于为新的应用扩展现有的模型)方面已经被证明是相当成功的。而且,他们能否成功复制模型,往往取决于他们能不能得到模型构建者对他们提出的问题或缺失项的反馈。学生要提交关于原始论文和复制技术的报告,还要准备好具体的复制报告。

5. 一旦模型得到了复制,我们会将记录复制的文件放在宏观经济模型数据库网站(http://www.macromodelbase.com)供下载(如图2所示)。复制包是与比较软件分开提供的。它没有为了模型比较而进行扩增,并且尽可能地接近于模型构建者的原始代码或论文。此外,我们还提供了一个自述文件(readme)和一个图形文件,它们引用了具体的原始研究结

---

① 值得指出的是,多诺霍这种观点明显受到了克拉尔布特(Claerbout, 1994)的启发。事实上,非常类似的观点 A. 威廉斯(A. Williams)在更早的时候就表达过了——见怀特(White, 1978)。

果,并提供了关于我们的复制在何种程度上接近原作者的工作的相关信息。

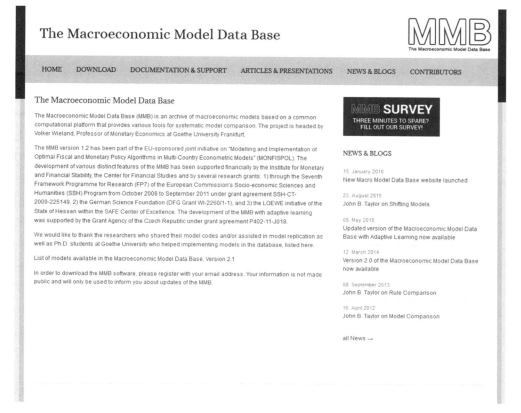

图 2　宏观经济模型数据库(MMB)网站的示意

总而言之,最新一版的宏观经济模型数据库(MMB 2.1)提供了 66 个模型。不过,由于其中一些模型是一个模型的简单变体,现在这个宏观经济模型数据库 MMB 2.1 实际包括 57个不同的模型。在这 57 个模型当中,大约有 12 个模型准备由各自的作者或其他研究人员进行整合,31 个模型是由法兰克福的宏观经济模型数据库研究团队与原作者合作实现的,其余的模型则是在我们的博士生的课程作业的基础上完成整合的。

4.1.2　计算实现

在实现前一节中概述的模型比较方法的计算方面,在计算机语言、模型求解和仿真方法等方面都有选择。此外,我们还要解决软件和操作系统的早期版本或后续版本的兼容性的问题。

宏观经济学建模领域的大多数研究者(学术界人士)都将 MATLAB 作为首选的高级编程语言。这一选择特别关注动态随机一般均衡(DSGE)模型在真实商业周期和新凯恩斯主义文献中的最新发展。MATLAB——这个名字来自 MATrix LABoratory(矩阵实验室)——是迈斯沃克公司(MATHWORKS Inc.)的商业软件产品。它在工程、物理、经济学和应用计算方法的领域得到了广泛的普及。这个软件产品价格很昂贵,但是学生用户可以得到一定折扣。此外,还有一个名为"GNU OCTAVE"的免费软件,它与专有的 MATLAB 软件基本兼容。因此,在 MATLAB 上运行的可执行文件通常可以直接在 OCTAVE 上运行,而无需进行重大的修改。其他一些与之竞争的软件包如 GAUSS 和 MATHEMATICA 在宏观经济建模中不是非常流行,但是它们分别在计量经济学领域和运用符号化方法的研究领域中有一定优势。

长期以来,理性预期的宏观经济模型的数值求解方法的开发者已经编写了 MATLAB 可执行的程序。近年来,自由软件包 DYNARE 已被许多在宏观经济建模领域辛勤耕耘的经济学家、各国中央银行和很多国际组织的研究者广泛采用(请参见 www. dynare. org)。DYNARE通常在 MATLAB 上运行,不过也可以在 OCTAVE 上运行。现在,有越来越多的研究团体都在为 DYNARE 环境下提供关于求解方法、估计技术和优化方案的免费程序。此外,一些国家的中央银行和若干国际组织也采用软件系统 TROLL 来模拟各国政府和国际机构在决策中所使用的模型。TROLL 是一个商业软件,它具有的一个很大的优点是,便于管理大型数据集。

宏观经济模型数据库(MMB)是作为与 DYNARE 和 MATLAB 一起使用的免费软件而开发的。各个模型均以 DYNARE 的语法来定义。不过,我们也可以使用免费软件 OCTAVE 来运行 1.2 版的宏观经济模型数据库和 DYNARE。但是,到目前为止,我们还没有资源来确保宏观经济模型数据库 2.0 版和 2.1 版与 OCTAVE 兼容。宏观经济模型数据库 2.0 已经扩展为图形用户界面(GUI),以便提高用户友好性。但是到目前为止,图形用户界面在 OCTAVE环境下仍然无法实现,这样也就将宏观经济模型数据库 2.0 限制在了 MATLAB 环境中。另外,感谢亚利桑那大学的雷蒙德·霍金斯(Raymond Hawkins)的贡献,宏观经济模型数据库1.2 的 Mac OS 兼容版已经可供下载了。

4.2 用户友好性和一个基于 MATLAB 的模型比较分析平台

4.2.1 用户友好性

宏观经济模型数据库 1.2 的第一版是面向构建宏观经济模型的研究人员的。宏观经济模型数据库 2.0 和更新的版本则旨在让更广泛的公共部门和私营部门的专业经济学家和宏观经济学学生使用。为此,我们构建了图形用户界面,以便让用户更容易地使用模型档案库中包含的任何模型来模拟各种场景。

首先,用户可以在不同的应用程序之间进行选择,例如,在某个共同的政策规则下对不同模型进行比较(一个政策规则,多个模型),或者在不同政策规则下对某一个特定的模型进行深度分析(一个模型,多种政策规则)。总之,在我们这个用户界面中,提供了一个选择菜单,可以按需要选择模型、政策规则、模拟场景和输出格式。

例如,图 3 给出了"一个政策规则,多个模型"的菜单。在每个模型中的中央银行都实施相同的利率规则的假设下,这个菜单提供了在模型之间进行比较的选项。它提供了访问第 3节用数学方程形式给出的模型比较的软件实现。

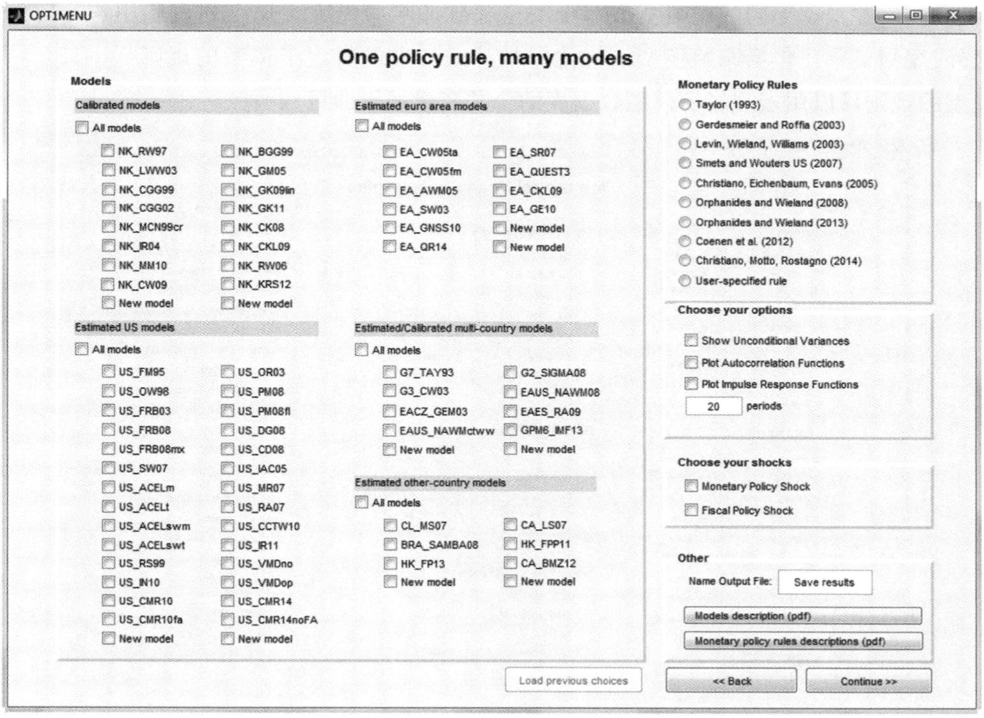

OPT1MENU

One policy rule, many models

Models

Calibrated models
□ All models

□ NK_RW97	□ NK_BGG99
□ NK_LWW03	□ NK_GM05
□ NK_CGG99	□ NK_GK09lin
□ NK_CGG02	□ NK_GK11
□ NK_MCN99cr	□ NK_CK08
□ NK_R04	□ NK_CKL09
□ NK_MM10	□ NK_RW06
□ NK_CW09	□ NK_KRS12
□ New model	□ New model

Estimated US models
□ All models

□ US_FM95	□ US_OR03
□ US_OW98	□ US_PM08
□ US_FRB03	□ US_PM08fl
□ US_FRB08	□ US_DG08
□ US_FRB08mx	□ US_CD08
□ US_SW07	□ US_IAC05
□ US_ACELm	□ US_MR07
□ US_ACELt	□ US_RA07
□ US_ACELswm	□ US_CCTW10
□ US_ACELswt	□ US_IR11
□ US_RS99	□ US_VMDno
□ US_IN10	□ US_VMDop
□ US_CMR10	□ US_CMR14
□ US_CMR10fa	□ US_CMR14noFA
□ New model	□ New model

Estimated euro area models
□ All models

□ EA_CW05ta	□ EA_SR07
□ EA_CW05fm	□ EA_QUEST3
□ EA_AWM05	□ EA_CKL09
□ EA_SW03	□ EA_GE10
□ EA_GNSS10	□ New model
□ EA_QR14	□ New model

Estimated/Calibrated multi-country models
□ All models

□ G7_TAY93	□ G2_SIGMA08
□ G3_CW03	□ EAUS_NAWM08
□ EACZ_GEM03	□ EAES_RA09
□ EAUS_NAWMctww	□ GPM6_IMF13
□ New model	□ New model

Estimated other-country models
□ All models

□ CL_MS07	□ CA_LS07
□ BRA_SAMBA08	□ HK_FPP11
□ HK_FP13	□ CA_BMZ12
□ New model	□ New model

Monetary Policy Rules
○ Taylor (1993)
○ Gerdesmeier and Roffia (2003)
○ Levin, Wieland, Williams (2003)
○ Smets and Wouters US (2007)
○ Christiano, Eichenbaum, Evans (2005)
○ Orphanides and Wieland (2008)
○ Orphanides and Wieland (2013)
○ Coenen et al. (2012)
○ Christiano, Motto, Rostagno (2014)
○ User-specified rule

Choose your options
□ Show Unconditional Variances
□ Plot Autocorrelation Functions
□ Plot Impulse Response Functions
[20] periods

Choose your shocks
□ Monetary Policy Shock
□ Fiscal Policy Shock

Other
Name Output File: [Save results]
[Models description (pdf)]
[Monetary policy rules descriptions (pdf)]

[Load previous choices]　[<< Back]　[Continue >>]

图 3　模型数据库的菜单:一个政策规则,多个模型

　　在菜单的左侧,用户可以通过选中相应的复选框来选择多个模型。模型是按不同的类别列示的,例如校准的新凯恩斯主义模型;美国经济的估计模型;欧元区经济的估计模型;加拿大、智利、巴西或中国香港等其他经济体的模型;最后还有一些多国模型。在菜单的右下方有一个名为"模型描述"的按钮,点击它会弹出与模型相对应的 PDF 文件,它包含了关于模型档案中包含的模型的更多信息。在菜单的右上方,是规则选择区,用来从一个规则列表中选出一个共同的政策规则。或者,用户也可以在选择"用户指定的规则"之后在子菜单中输入公共规则的系数。此外,还有一些用于生成模拟输出的选项,例如无条件方差、自相关函数和对货币和财政政策冲击的脉冲响应函数,等等。

4.2.2　共同政策规则与特定于模型的政策规则

　　"一个共同的政策规则,多个模型"这种比较能够确定由于模型结构和参数估计的差异而导致的政策影响的差异。当然,还有许多有意思的问题值得研究。例如,在各种不同的政策规则下更深入细致地探索某个特定模型的动态就可能是一个有趣的问题。还有一些问题则需要根据模型构建者估计或校准的原始政策规则去模拟每个模型。例如,假设想要比较每个模型与数据的拟合程序,那么就需要运用特定于模型的规则;假设想要识别对于某个特定于模型的冲击的典型经验反应,或者想要比较从不同模型得出的预测,那么也需要运用特定于模型的规则。

　　"一个模型,多种政策规则"的应用程序的菜单如图 4 所示,它使得我们可以对单个的模型的性质进行彻底地考察,还可以比较这个模型中各种政策规则的含义。用户一次只能选择一个模型,但可以选择多个政策规则。利用这个菜单,我们可以列出每个模型中的所有结构性冲击,并根据不同的规则模拟部分或全部脉冲响应。除了规则列表和用户指定的规则之外,规则菜单还包括原始模型的构建者估计或校准的特定于模型的规则——只要特定于模型的规则可以用宏观经济模型数据库的公共变量编码即可。

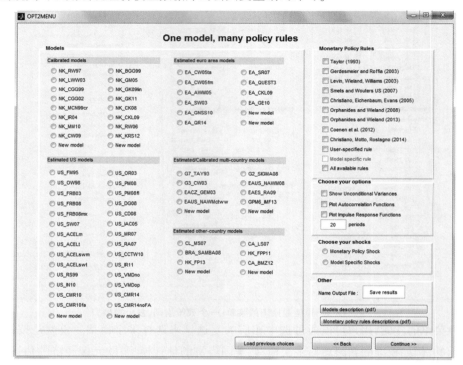

图 4　模型数据库的菜单:一个模型,多种政策规则

4.2.3　如何在宏观经济模型数据库中包含自己的模型

要在模型档案中加入其他模型也是相当简单的。"宏观经济模型数据库用户指南"中提供了对所有必要步骤的详细说明,这个文档可以与宏观经济模型数据库软件一起下载。因此,用户可以轻松地将自己的模型集成进去,以便与存档的原有模型进行比较。用户可以在图形用户界面中为新模型分配一个按钮。如果用户将模型文件发送给法兰克福的模型基础团队,就可以将自己的模型包含进公开的模型档案中了。

我们在第 3 节中已经正式描述过如何扩增模型的完整过程。如果建模者已经使用 DYNARE 模拟过自己的模型,那么就只需对 DYNARE 模型进行一些调整和补充,以便将自己的模型集成到宏观经济模型数据库软件中。为了进一步说明这个过程,下面的图 5 和图 6 以罗腾伯格和伍德福德(Rotemberg and Woodford, 1997)的新凯恩斯主义模型(编号为 NK_RW97)为例,给出了宏观经济模型数据库的 DYNARE 模型文件的核心元素。一个典型的模型文件由引导块(用于对变量和参数进行初始化)和模型块组成。①

对于他们的模型文件的引导块,准备集成模型的人只需要从另一个宏观经济模型数据

---

① 更详细的说明,请参阅"宏观经济模型数据库用户指南"中的第 1. 4 节,该文档可以从 www. macromodelbase. com 在线获取。

库模型文件中,把共同的变量、共同的政策冲击和共同政策参数复制粘贴过来即可。如图 5
所示,程序文件的引导块中加了星号的那些行之间的代码,就是需要粘贴上去的代码。对于
所有宏观经济模型数据库模型文件,它们都是一样的。

```
1   // Model: NK_RW97
2
3   var pi y ynat rnat i x u g g_
4   //*********************************************************//*
5   // Modelbase Variables                                   //*
6      interest inflation inflationq outputgap output fispol; //*
7   //*********************************************************//*
8
9   varexo u_
10  //*********************************************************//*
11  // Modelbase Shocks                                      //*
12      interest_ fiscal_;                                   //*
13  //*********************************************************//*
14
15  parameters
16  //*********************************************************//*
17  // Modelbase Parameters                                  //*
18                                                           //*
19        cofintintb1 cofintintb2 ... coffispol              //*
20  //*********************************************************//*
21   beta sigma alpha theta omega kappa rhou rhog stdinflation_ stdfiscal_;
22
23  beta = 1/(1+0.035/4);  // 0.9913
24  sigma= 6.25;
25  alpha= 0.66;
26  theta= 7.66;
27  omega= 0.47;
28  kappa= (((1-alpha)*(1-alpha*beta))/alpha)*(((1/sigma)+omega)/(1+omega*theta));
29  rhou=0;
30  stdinflation_=0.154;
31  rhog= 0.8;
32  stdfiscal_=1.524;
33
34  //*********************************************************//*
35  // Specification of Modelbase Parameters                 //*
36                                                           //*
37  // Load Modelbase Monetary Policy Parameters             //*
38  thispath = cd; cd('..');
39  load policy_param.mat;
40  for i=1:33
41      deep_parameter_name = M_.param_names(i,:);
42      eval(['M_.params(i)  = ' deep_parameter_name ' ;'])
43  end
44  cd(thispath);
45  // Definition of Discretionary Fiscal Policy Parameter   //*
46  coffispol = 1;                                           //*
47  //*********************************************************//*
```

图 5　罗腾伯格和伍德福德(Rotemberg and Woodford,1997)
的模型(编号为 NK_RW97)的模型文件的结构:引导块

　　扩增的模型块则由三部分组成:(ⅰ)共同政策规则,即方程式(5)中的 $g(\cdot)$;(ⅱ)方程
(6)中的定义方程 $h_m(\cdot)$;(ⅲ)方程式(7)中的原始模型方程式 $f_m(\cdot)$。把共同的政策规则
包括进来,也只需要另一个"复制和粘贴"操作即可(见图 6 中的第63-第75行)。当然,对于
特定于模型的货币政策规则,则需要明确声明(见图 6 中的第 87 行)。唯一需要更多关于原
始模型的知识的一个步骤就是,根据特定于模型的变量将公共变量的定义添加到代码中。
表 4 描述了相关的共同变量。在上面所举的模型 NK_RW97 这个例子中,由此得到的定义方
程可以在图 6 的第 54-59 行中找到。

```
49   model(linear);
50
51   //***************************************************************
52   // Definition of Modelbase Variables in Terms of Original Model Variables //*
53
54   interest   = i*4;                                        //*
55   inflation = (1/4)*(4*pi+4*pi(-1)+4*pi(-2)+4*pi(-3));      //*
56   inflationq = pi*4;                                       //*
57   outputgap  = x;                                          //*
58   output = y;                                              //*
59   fispol = g_;                                             //*
60   //***************************************************************
61
62   //***************************************************************
63   // Policy Rule                                            //*
64                                                            //*
65   // Monetary Policy                                        //*
66                                                            //*
67   interest =    cofintintb1*interest(-1)                   //*
68             + cofintintb2*interest(-2)                     //*
69               ...
70             + cofintoutpf4*output(+4)                      //*
71             + std_r_ *interest_;                           //*
72                                                            //*
73   // Discretionary Government Spending                      //*
74                                                            //*
75   fispol = coffispol*fiscal_;                              //*
76   //***************************************************************
77
78   // Original Model Code:
79
80   pi   =   beta * pi(+1)+ kappa*x+ u;
81   u=rhou*u(-1)+u_;
82   x   =   x(+1) - sigma *( i - pi(+1) - rnat) ;
83   rnat = sigma^(-1)*((g-ynat)- (g(+1)-ynat(+1)));
84   ynat = sigma^(-1)*g /(sigma^(-1)+omega);
85   x = y-ynat;
86   g = rhog*g(-1) + g_;
87   // i=phipi*pi + phix*x;
88   end;
89
90   shocks;
91   var fiscal_= 1.524^2;
92   var u_=0.154^2;
93   end;
94
95   //stoch_simul (irf = 0, ar=100, noprint);
```

图 6　罗腾伯格和伍德福德(Rotemberg and Woodford,1997)
的模型(编号为 NK_RW97)的模型文件的结构:模型块

表 4　宏观经济模型数据库中的可比较的公共变量

符号	变量名称	描述
i_t^z	利率（Interest）	年化季度货币市场利率
g_t^z	财政政策（Fispol）	相机抉择的政府购买（占 GDP 的比例）
π_t^z	通货膨胀率（Inflation）	与上年同期相比的通货膨胀率
p_t^z	季度通货膨胀率（Inflationq）	年化的与上季度同期相比的通货膨胀率
y_t^z	产出（Output）	季度实际 GDP
q_t^z	季度产出缺口（Outputgap）	季度产出缺口（偏离弹性价格水平）

5.　使用我们的新平台比较财政政策和货币政策的传导机制

宏观经济模型数据库为个人用户提供了许多可选项——用于比较模型结构和政策含义，以及更详尽深入地探索某个特定模型。这样一来，就没有必要再将各个模型的构建者召集到一起来分析各自的模型了。接下来，我们将展示三个很容易实施的实验，它们充分展示了宏观经济模型数据库技术对经济学界和政策机构的经济学家的潜在有用性。

第一个实验可以表明研究者应该如何利用我们的宏观经济模型数据库来评估政策影响对关键模型参数的敏感性。更具体地说，它利用克能等人（Coenen et al.，2012）在模型比较研究中所用的那些模型，考察了凯恩斯式消费者和宽松的货币政策对于财政刺激效应的重要性。第二个实验扩展了泰勒和维兰德（2012）对早期和最近几代结构性宏观模型中货币政策传导的研究，包含了克里斯蒂亚诺等人（Christiano et al.，2014）最近对美国经济估计的中等规模的新凯恩斯主义模型，它纳入了金融摩擦和风险冲击。第三个，也是最后一个实验是用来说明怎样进行跨国比较的，它还解释了怎样运用特定于模型的规则来衡量关于政策效应的模型不确定性。

5.1　财政刺激的影响：对结构参数的敏感性

克能等人（Coenen et al.，2012）的大规模模型比较研究强调了宽松货币政策对凯恩斯财政乘数效应的重要性（见本章第 2.2 节）。然而，这项比较研究中所用的模型恰恰在这方面的结构性特征有所不同，具体地说，根据当前收入做出决策的凯恩斯式消费者与根据终身收入做出前瞻性决策的弗里德曼-莫迪利亚尼（Friedman-Modigliani）式永久收入消费者的相对重要性不同。在这里，我们将阐明，宏观经济模型数据库用户应该怎样评估财政政策效应对于家庭消费选择和中央银行反应的参数的敏感性。为此，我们考虑克能等人（Coenen et al.，2012）的模型比较研究中所用的其中一个模型：科根等人（Cogan et al.，2010）的模型（其编号为 US_CCTW10）。

在财政冲击方面，我们考察的是政府采购突然增加的影响（它会以一个自回归过程逐渐淡出）。这个冲击在宏观经济模型数据库中，是作为一个共同政策冲击而实施的，也就是说，它是上面第 3 节引入的共同冲击向量 η_t 的一个元素。[①] 因此，冲击发生时，政府采购增加 GDP 的 1％，然后又慢慢恢复为原来的水平。

5.1.1 参数敏感性分析：根据经验法则做决策的消费者所占的比例

科根等人（Cogan et al. , 2010）模型（其编号为 US_CCTW10）扩展了斯梅茨和沃特斯的模型（Smets and Wouters, 2007）。在这个模型中，凯恩斯式的家庭按照经验法则做出消费决策，也就是说，这些家庭直接把一切可支配收入都消费掉。使用与斯梅茨和沃特斯（Smets and Wouters, 2007）相同的数据，结合模型的其他结构参数，科根等人（Cogan et al. , 2010）估计了凯恩斯式的根据经验法则做出决策的消费者在总人口中所占的比例。对于贝叶斯估计，先验均值假设为 50％，这样得到的后验均值为 27％，其标准偏差为 6％。与此同时，在克能等人（Coenen et al. , 2012）使用的其他模型中，财务上有约束的家庭的人口份额的校准值或估计值在 20％～50％之间。

图 7 报告了，在 US_CCTW10 模型中，用 ω 表示的根据经验法则做出消费决策的消费者在总人口中的比例分别取三个不同的值时，财政政策冲击的影响。图 7 的 6 张小图，分别给出了 GDP、通货膨胀、名义利率、消费、投资和政府采购的模拟结果。每张小图上面都有三条线，它们分别给出了根据经验法则做出消费决策的家庭所占的比例为 0％（$\omega=0$），26.5％（$\omega=0.265$，US_CCTW10）和 50％（$\omega=0.5$）时的结果。[②] 对于每一个模拟，其他参数值都保持在科根等人（Cogan et al. , 2010）估计出来的后验均值的水平上不变。这里值得注意的是，设定 $\omega=0$ 或 $\omega=0.5$ 意味着与提供模型对数据的最优拟合的点估计的偏差。对于这种模拟的结果，最好理解为针对单个参数 ω 的一个敏感度检验。

在 $\omega=0$ 的情况下，不存在按经验法则做出消费决策的家庭。所有消费者都是有前瞻性的，并根据预期终生收入做出消费决定，就像斯梅茨和沃特斯的模型所假设的那样（Smets and Wouters, 2007）。相比之下，$\omega=50％$ 的情况可以认为是关于美国经济的文献中发现的根据经验法则做出消费决策的消费者所占份额的估计上限。在所有这三个模拟中，冲击发生时政府支出增加国内生产总值的 1％，然后逐渐回到政府支出与产出的稳态比例（图 7 的右下图）。

[①] 在这个实验中，自回归参数仍然是特定于模型的，是参数向量 β_m 的一个元素。然而，在另外两个实验中，我们将阐明如何考虑共同的自回归参数。

[②] 在技术上，用户可以通过编辑模型文件 US_CCTW10. mod 来轻松地更改这个结构参数。该文件位于模型档案的子目录/MODELS/US_CCTW10 中。这个参数可以在"// fixed parameters"项下找到，它在发表遥论文中被表示为"omega=0.2651；//share of rule-of-thumb cousumers"。然后，用户只需要在菜单"一个模型，多种政策规则"下运行对财政冲击的模拟即可——每次重复时，都要编辑一次模型文件。然后就可以把得到的三组结果保存在 Excel 文件中，并以图形显示出来。

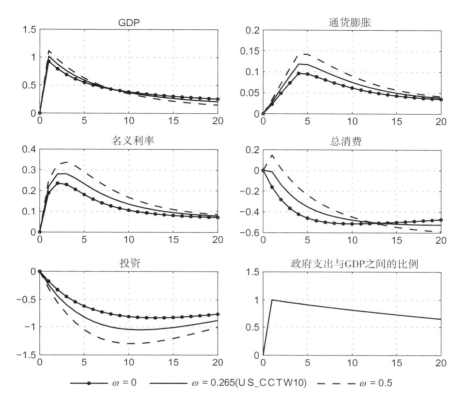

**图7　US_CCTW10 模型中,根据经验法则做出消费决策的家庭
占总人口的三个不同比例下,对扩张性财政政策冲击的脉冲响应**

注:横轴表示冲击发生后的季度数。纵轴的单位是对除政府支出外的稳态值的百分比偏差。政府支出是用占 GDP 的比例偏离各自的稳态比例的百分点来表示的。通货膨胀率是过去四个季度的通货膨胀率。名义利率是年化名义利率。其他变量则都是季度指标。ω 指根据经验法则做出消费决策的家庭在总人口中所占的比例。$\omega=0.265$(US_CCTW10)的值对应于科根等人(Cogan et al.,2010)的后验均值估计值。模拟是在科根等人(Cogan et al.,2010)的货币政策规则下进行的。

(财政政策冲击)对 GDP 的影响随着根据经验法则做出消费决策的消费者在总人口中所占的比例的增加而加大。然而,各种情况下财政冲击对 GDP 影响的定量差异并不是很大。原因在于,当根据经验法则做出消费决策的消费者在总人口中所占的比例更大时,挤出效应变得更加显著。一方面,ω 值越高,总消费越大。根据经验法则做出消费决策的消费者在总人口中所占的比例达到了 50% 时,总消费在冲击发生的第一个季度甚至还有所增长,这与凯恩斯乘数效应一致。然而,为了应对更高的 GDP 和更高的通货膨胀率,中央银行会提高名义利率。而价格由于存在名义刚性只能缓慢调整,所以实际利率也会上升(图中未显示),而且 ω 值越大,实际利率上升的幅度也越大。更高的实际利率降低投资需求,并鼓励前瞻性家庭推迟消费。因此,政府支出的扩大,挤出了私人投资和消费支出。这个纳入了根据经验法则做出消费决策的消费者的模型也可以解释政府债务和税收的动态:首先,政府债务增加,然后一次总付税收做出反应,恢复到债务与 GDP 的初始比率。虽然根据经验法则做出消费决策的消费者忽视了未来可支配收入的减少,但是前瞻性消费者则会通过减少当前消费来做出反应。

5.1.2 参数敏感性分析：中央银行的反应函数

接下来，通过改变货币政策规则中的反应系数，我们很容易就可以评估宽松货币政策的效果。在我们的宏观经济模型数据库软件中，这有两种实现方法：既可以在"一个模型，多种政策规则"菜单下选择不同的预设规则；也可以通过在"用户指定的规则"子菜单中输入不同的系数。我们比较了科根等人(Cogan et al.,2010)估计的特定于模型的规则(即,CCTW10 规则)下的结果与伯南克等人(Bernanke et al.,1999)的特定于模型的规则(即,BGG99 规则)下的结果。在第 6 节中,当我们对伯南克等人(Bernanke et al.,1999)的小型新凯恩斯主义模型(即,NK_BGG99 模型)与更近的宏观经济模型进行比较时,也采用了后一条规则。在本节中,我们之所以对 BGG99 规则感兴趣,是因为它只对通货膨胀和利率的滞后值做出反应,而对 GDP 则没有反应(见方程式(12)。① 因此,BGG99 规则应该比 CCTW10 规则更加宽松。

图 8 给出了在上述两种不同的政策规则下,政府支出冲击对通货膨胀、名义利率和产出的影响。右侧的各小图报告了使用 CCTW10 规则时的结果——这是上一个实验的部分结果(请与图 7 比较)。我们再次考虑了 ω 的那三个值。左侧的各小图则显示了在 BGG99 规则下的模拟结果。

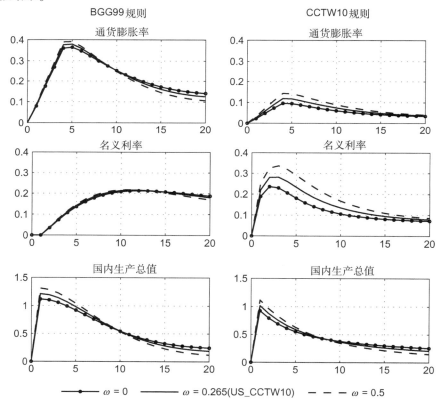

图 8 在 US_CCTW10 模型中,在不同的货币政策规则下,对于扩张性财政政策冲击的脉冲响应

---

① 在宏观经济模型数据库图形用户界面中,可以使用货币政策规则中的"用户指定的规则"选项卡来指定这个规则。更具体地说,用户需要为利息(t-1)项赋值"0.9",并为通货膨胀(t-1)项赋值"0.11"。

注：横轴表示冲击发生后的季度数。纵轴的单位是与稳态值的偏差的百分比。通货膨胀率是过去四个季度的通货膨胀率。名义利率按年计算。GDP 是季度指标。BGG99 规则是指伯南克等人（Bernanke et al.，1999）的模型（NK_BGG99 模型）的货币政策规则。CCTW10 规则是指科根等人（Cogan et al.，2010）的 US_CCTW10 模型中的估计规则。

在 BGG99 规则下，政府采购的增加对总 GDP 的影响更大。即便不存在根据经验法则做出消费决策的消费者（即，$\omega=0$），冲击发生后前四个季度对国内生产总值的影响也超过了 1。BGG99 规则所代表的更宽松的货币政策制度，使得凯恩斯乘数效应得以发挥。私人消费由于政府消费的增加而上升。这种挤入效应超过了来自更高的预期未来税收的负面财富效应。这个比较凸显了财政与货币互动对于相机抉择的财政政策的影响的重要性。

5.2　货币政策传导：对各代模型的比较

宏观经济模型数据库作为"模型档案"，包含了不同时期、根据关于经济如何运行的不同理论开发出来的模型。因此，宏观经济模型数据库还提供了对不同代的模型及其政策含义进行比较的可能性。有的人可能会认为，模型的政策含义会随着时间的推移而大幅度地发生变化，这可能是新的理论对宏观经济依赖关系提出新的见解，也可能是因为新的估计方法和新数据导致了对关键参数的不同估计。但是，各代模型之间也可能存在惊人的相似之处。

例如，泰勒和维兰德（Taylor and Wieland，2012）比较了四个关于美国经济的不同模型，它们是用不同数据在不同时期开发和估计的，结果发现货币冲击对 GDP 的传导的估计非常相似——至少，当使用共同的中央银行反应函数时是这样的。在这里，我们将他们这个模型比较研究进行扩展，使之包含最近估计出来的第五个模型。这些模型罗列在表 5 中。宏观经济模型数据库的用户可以轻松地复制并进一步扩展这个比较——只需在宏观经济模型数据库的图形用户界面的"一个政策规则，多个模型"菜单下进行选择即可。

表 5　三代模型

称号	描述
G7_TAY93	泰勒（Taylor，1993b）：第一代新凯恩斯主义模型，具有理性预期、工资和价格刚性
US_ACELm	克里斯蒂亚诺等人（Christiano et al.，2005）：第二代新凯恩斯主义中型动态随机一般均衡模型
US_SW07	斯梅茨和沃特斯（Smets and Wouters，2007）：第二代新凯恩斯主义动态随机一般均衡（NK-DSGE）模型
US_DG08	德格雷夫（De Graeve，2008）：具有金融摩擦的第三代新凯恩斯主义动态随机一般均衡（NK-DSGE）模型
US_CMR14	克里斯蒂亚诺等人（Christiano et al.，2014）：具有金融摩擦的第三代新凯恩斯主义动态随机一般均衡（NK-DSGE）模型

5.2.1　模型

G7_TAY93 模型是一个关于 G7 经济体的多国模型，它是 20 多年前构建的，在 20 世纪 80 年代末和 90 年代曾经被广泛用于模型比较研究项目（见本章 2.1 节）。它具有一些"新凯恩斯主义"特征,如名义工资和价格刚性、理性预期和政策规则。然而,它还没有纳入真实商业周期文献和货币商业周期文献中发展起来的完整的微观经济基础。我们把它称为第一代新凯恩斯主义模型。

US_ACELm 模型①和 US_SW07 模型是第二代经验估计的新凯恩斯主义模型最著名的代表,这些模型具有新加入的微观经济基础,通常被称为新凯恩斯主义动态随机一般均衡(DSGE)模型。尽管他们在估计方法、数据和样本跨度方面也和 G7_TAY93 模型不同,但是,所有这三个模型中,联邦基金利率的意外变化对 GDP 的影响几乎完全相同。在全球金融危机之后,新凯恩斯主义动态随机一般均衡(DSGE)模型已经配备了更详细的金融部门和金融摩擦,它们能够放大金融和经济冲击。泰勒和维兰德(Taylor and Wieland,2012)证明,第三代新凯恩斯主义模型中的 US_DG08 模型,也呈现出了类似的货币政策效应。

在这里,我们进一步扩展模型比较,即将另一个具有金融摩擦的模型也纳入比较的范围。值得注意的是,US_CMR14 模型是这五个模型中唯一根据涵盖了大衰退的数据估计的模型(其样本范围为 1985 年第 1 季度至 2010 年第 2 季度),而且它的数据还包括了对非金融企业的信贷、期限结构的斜率、公司债券的信用利差以及股价指数等多个金融时间序列。

对 US_CMR14 模型的描述:克里斯蒂亚诺等人(Christiano et al.,2014)将伯南克等人(Bernanke et al.,1999)的金融加速器机制引入到一个标准的新凯恩斯主义模型中——后者的一个例子是克里斯蒂亚诺等人构建的模型(Christiano et al.,2005)。(对于这个机制,我们在第 6 节中再给出详细的描述。)与早期的有金融摩擦的模型——例如,请参见克里斯腾森和迪布(Christensen and Dib,2008)、德格雷夫(De Graeve,2008)——不同,克里斯蒂亚诺等人引入了特异性生产率的方差冲击,这种冲击会影响个体企业家的资本回报。这种冲击被称为风险冲击。企业家和银行之间存在代理问题,正的风险冲击会增加所要求得到的借款回报率,即,产生外部融资溢价。由此导致的一个后果是,企业家的借款会减少,投资也随之下降。随着资本价格的下跌,企业家净值下降,这反过来又进一步抬高了外部融资溢价。这种放大效应还会随着时间的推移传播到实体经济。对我们来说,重要的是,作者们的分析表明,风险冲击是美国商业周期的主要驱动力量之一。

5.2.2 惊人相似的对货币政策冲击的脉冲响应

图 9 显示的是,在两种不同的货币政策规则下,联邦基金利率意外上调一个百分点对所有五种模型中的产出、通货膨胀和利率本身的影响。左侧的各小图给出的是在斯梅茨和沃特斯(Smets and Wouters,2007)估计的货币政策规则(SW 规则)设定利率时的结果,而右侧的各小图给出的则是在克里斯蒂亚诺等人(Christiano et al.,2014)估计的货币政策规则(CMR 规则)下的结果。SW 规则②和 CMR 规则分别由下面的方程式(10)和方程式(11)给出:

$$i_t^i = 0.81i_{t-1}^z + 0.39p_t^z + 0.97q_t^z - 0.90q_{t-1}^z + \eta_t^i. \tag{10}$$

① 阿尔蒂格等人(Altig et al.,2005)给出的对货币政策冲击的脉冲响应函数,几乎与克里斯蒂亚诺等人(Christiano et al.,2005)给出的完全相同。不过,阿尔蒂格等人(Altig et al.,2005)还增加了两个额外的冲击(一个中性冲击、一个特定于投资的技术冲击)。因此,宏观经济模型数据库也收入了阿尔蒂格等人(Altig et al.,2005)的模型。
② 斯梅茨和沃特斯(Smets and Wouters,2007)估计的货币政策冲击呈现出弱序列相关性,其相关系数为 0.15。而在宏观经济模型数据库中,政策冲击则是独立同分布的(i.i.d.)。

$$i_t^z = 0.85i_{t-1}^z + 0.36p_t^z + 0.05y_t^z - 0.05y_{t-1}^z + \eta_t^i. \tag{11}$$

其中,上标 z 指共同变量,它们在所有模型中的定义都是一致的,因此可以进行定量比较。所用的货币政策工具是第 t 季度的年化短期联邦基金利率,用 i_t^z 表示。p_t^z 指的是年化季度通货膨胀率,y_t^z 是季度实际 GDP 与其长期潜力之间的偏离值,而 q_t^z 则指产出缺口定义为实际 GDP 与价格和工资都有弹性时可以实现的 GDP 水平之间的差值。所有变量都用偏离稳态值的百分比来表示。η_t^i 是指共同的货币政策冲击。

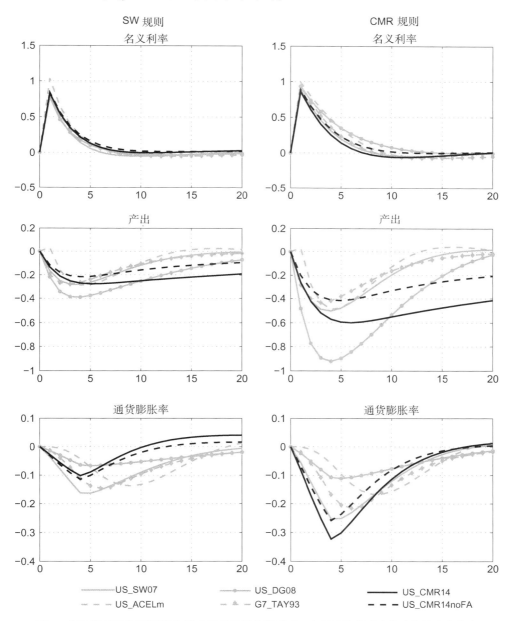

图 9　在两种不同政策规则下,选定的美国经济模型对一个紧缩性货币政策冲击的脉冲响应

注:横轴表示冲击发生后的季度数。纵轴的单位是与稳态值的偏差百分比。通货膨胀率是过去四个季

度的通货膨胀率。名义利率是年化利率。产出用的是季度指标。SW 规则和 CMR 规则分别指斯梅茨和沃特斯(Smets and Wouters,2007)与克里斯蒂亚诺等人(Christiano et al. ,2014)估计的货币政策规则。US_SW07 是斯梅茨和沃特斯(Smets and Wouters,2007)的模型;US_ACELm 复制了克里斯蒂亚诺等人(Christiano et al. ,2005)的模型;G7_TAY93 是泰勒(Taylor,1993b)的模型,US_CMR14 是克里斯蒂亚诺等人(Christiano et al. ,2014)的模型;而 US_CMR14noFA 则是 US_CMR14 在不存在金融摩擦时的修正版。

在 SW 规则下,对于利率冲击,US_SW07、US_ACELm 和 G7_TAY93 这三个模型的 GDP 反应几乎完全相同,通货膨胀的反应也相当接近。在冲击发生后的 3 至 4 个季度内,国内生产总值(GDP)会下降 25 至 30 个基点,然后再恢复到它的稳态水平。在泰勒和维兰德(Taylor and Wieland,2012)也考虑过的 US_DG08 模型中,这种影响只是稍大一些。

有趣的是,在 US_CMR14 模型中,GDP 反应的最大值仍然属于同一个量级,即,在 SW 规则下,冲击发生后四个季度内约为 30 个基点。但是在 US_CMR14 模型中,这种效应更加持久。国内生产总值回升的速度非常缓慢——事实上,在前 20 个季度内几乎没有回升。从对实体经济产生持久影响来看,货币政策似乎已经变得更强大了。很显然,这个发现值得进一步研究。

在使用 CMR 规则时,我们发现,在所有五个模型中,政策冲击对 GDP 和通货膨胀的影响都更大。原因在于,CMR 规则更加宽松,其与实际 GDP 相关的反应系数较小。再次,在 US_SW07、US_ACELm 和 G7_TAY93 这三个模型中都呈现出了非常类似的国内生产总值的反应:在冲击发生后三到四个季度内下降了 45 到 50 个基点。而且,在这个规则下,具有金融摩擦的第三代新凯恩斯主义模型之间的差异变得更加清晰:在 US_DG08 模型中,对 GDP 的影响更加强大——达到了 90 个基点;而在 US_CMR14 模型中,这种影响则持续了更长时间。

为了进一步考察货币政策对实际 GDP 的这种更强大、更持久的影响的来源,我们对 US_CMR14 模型作了一个修正,以此来取消金融加速机制。我们用 US_CMR14noFA 来表示这个修正后的模型,它的所有其他参数的取值都与原始模型设定中一样。值得注意的是,US_CMR14noFA 模型在结构上非常接近 US_ACELm 模型,两者之间的主要区别在于 US_ACELm 中存在成本渠道。我们发现,在没有金融加速器的模型中,GDP 对冲击的反应不那么显著,但是与其他模型相比,GDP 对冲击的反应的持续性则更加持久。

5.2.3 克里斯蒂亚诺等人(Christiano et al. ,2014)的模型中货币冲击的实际影响的异乎寻常的持久性

为了探究 US_CMR14 模型中货币政策的异常持久的实际效应的可能起源,我们用该模型的四个不同版本重复了同样的实验,并得出了冲击发生后 40 个季度的脉冲反应。在这样做的时候,我们使用的政策规则一直是特定于模型的规则,即 CMR 规则的。除了如前所述的取消了金融加速器的 US_CMR14noFA 模型版本之外,我们还考虑了一个取消了名义工资刚性的模型版本(记为 US_CMR14noNW 模型),以及一个不存在工资刚性和金融摩擦的模型版本(记为 US_CMR14noFA&NW 模型)。下面的图 10 给出了实验产生的脉冲响应。

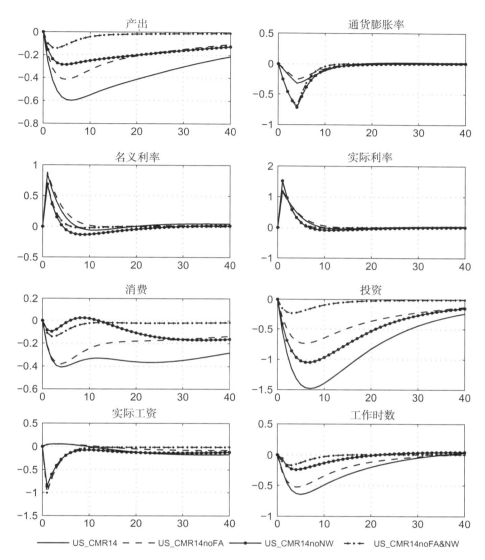

图 10　克里斯蒂亚诺等人(Christiano et al. ,2014)的模型的
若干变体在 CMR 规则下对紧缩性货币政策冲击的脉冲响应

注意:横轴表示冲击发生后的季度数。纵轴的单位是与稳态值的偏差百分比。通货膨胀率是过去四个季度的通货膨胀率。名义利率是年化利率。其他变量用的都是季度指标。US_CMR14 模型是克里斯蒂亚诺等人(Christiano et al. , 2014)的模型;US_CMR14noFA 模型是 US_CMR14 模型没有金融摩擦的版本;US_CMR14noNW 模型是 US_CMR14 模型没有名义工资刚性的版本;而 US_CMR14noFA&NW 模型则是 US_CMR14 模型没有金融摩擦和名义工资刚性的版本。

GDP 在基准模型(US_CMR14)中对 GDP 的持续反应同时反映在了投资和消费两方面。冲击发生后,投资持续下降了八个季度,然后缓慢地恢复到稳态/稳定状态。消费下降并且在大约三十个季度内一直保持在远低于稳定状态的水平上,然后才开始恢复为稳定状态水平。货币冲击对家庭实际消费产生如此持久的影响似乎是不符合现实的。尤其是,通货膨胀率、名义利率和实际利率在十个季度内恢复到稳定水平。

虽然在不存在金融加速器（US_CMR14noFA 模型）的情况下，前述紧缩性货币政策冲击的影响有所下降，但是消费和投资对冲击的反应仍然具有很高的持续性。而在不存在名义工资刚性的模型（US_CMR14noNW 模型）中，实际工资大幅下降，不过工作时数则只是有所减少。原因是中间产品生产企业是通过调整价格而不是调整数量来应对紧缩性货币政策的冲击的。因此，这种反应对产出的影响较小，而对通货膨胀的影响则较大。然而，产出、消费和投资的动态仍有很高的持续性。例如，消费在冲击发生后的第十个季度会先恢复到稳定状态，但是接着又会继续下降，甚至比最初的十个季度下降得更多。

最终，在既没有工资刚性又没有金融摩擦的模型（US_CMR14noFA&NW 模型）中，政策冲击的实际影响大大降低。最大产出反应的大小约为基线模型的三分之一。而且，最重要的是，实际变量显著的持久动态反应消失了。产出、投资、消费和工作时数在十至十五个季度内恢复到了接近稳定的水平。

我们的比较研究表明，与对美国经济进行估计的其他模型相比，US_CMR14 模型意味着货币政策冲击的高度持久产出反应。考虑到如下事实——全球金融危机和大衰退之后的政策辩论一直被对货币政策效力下降的担忧所主导——这个结果是非常令人惊讶的。与该模型的前述修正版本进行的比较表明，US_CMR14 模型的这个特征的源于控制工资刚性和金融加速器的重要性的参数估计。无论如何，我们有必要进一步探讨：这种影响是否取决于参数估计的某种不寻常的组合？如果在部分数据样本上估计模型，那么这种极端持续性是不是会消失？这些都是非常重要的问题。

5.3 识别出来的政策冲击的预测效应：美国 vs 欧元区

5.3.1 模型比较在什么情况下应该使用特定于模型的政策规则？

在上一个实验中，我们考虑了，当每个模型中的中央银行都运用同一个共同政策规则时，货币政策冲击在不同模型中造成的后果。这些模拟的想法是检验模型结构导致的模型差异，同时消除因特定于模型的货币政策规则而引起的差异。它们完全符合我们在上面第 3 节所述的方法：假设一个共同规则，其目的是对不同模型结构的政策含义进行清晰地比较。

然而，还有其他问题可以通过采用特定于模型的规则的模型比较来回答。例如，如果我们想比较不同模型的预测效能，那么就应该将这些模型用于对数据的拟合。使用特定于模型之外的政策规则将会降低模型与用来估计它的数据的拟合度，并且模型的预测效能也可能会恶化。因此，对于这样的模型比较研究，每个模型都应与特定于该模型的政策规则一起使用，该政策规则是与模型的其余部分一起估计出来的。

因此，任何涉及对模型拟合比较的问题都需要使用特定于模型的规则。我们这里进行的模型比较实验要考虑的问题是，分别用美国数据 vs 欧元区数据识别出来的货币政策冲击后果的模型不确定性在实证程度。更具体来说，我们的目标是评估不同模型之间预测效应的范围。以模型的结构假设和用来估计模型的样本为条件，在特定于模型的规则下的脉冲响应代表了最有可能的经济对货币政策冲击的数据驱动的反应。这样一来,这种模型比较研究就提供了一种衡量货币政策传导的模型不确定性程度的方法。

5.3.2　用美国数据和欧元区数据估计的具有不同结构特征的模型

我们进行这个模型比较研究的具体做法是:先从我们的宏观经济模型数据库中选出所有符合如下条件的模型:方程是联合估计的,同时特定于模型的货币政策规则是针对名义短期利率的。我们选择出来的模型包括 12 个美国模型和 8 个欧元区模型(见下面的表 6)。虽然所有模型都具有一定的新凯恩斯主义特征,但是它们在结构假设、可观察变量和估计技术等方面存在很大的异质性。[①]

表 6　用来对不同经济体进行比较的估计模型

估计的美国模型		估计的欧元区模型	
US_ACELm	克里斯蒂亚诺等人（Christiano et al.,2005）	EA_SW03	斯梅茨和沃特斯（Smets and Wouters,2003）
US_IAC05	亚科维耶洛（Iacoviello,2005）	EA_SR07	阿道尔夫森等人（Adolfson et al.,2007）
US_MR07	曼昆和雷伊斯（Mankiw and Reis,2007）	EA_QUEST3	拉托等人（Ratto et al.,2009）
US_RA07	拉巴纳尔（Rabanal,2007）	EAES_RA09	拉巴纳尔（Rabanal,2009）
US_SW07	斯梅茨和沃特斯（Smets and Wouters,2007）	EA_CKL09	克里斯托弗尔等人（Christoffel et al.,2009）
US_CD08	克里斯腾森和迪布（Christensen and Dib,2008）	EA_GE10	热兰（Gelain,2010）
US_DG08	德格雷夫（De Graeve,2008）	EA_GNSS10	杰拉里等人（Gerali et al.,2010）
US_PM08fl	卡拉本西奥夫等人（Carabenciov et al.,2008）	EA_QR14	奎特和拉巴纳尔（Quint and Rabanal,2014）
US_IN10	亚科维耶洛和奈里（Iacoviello and Neri,2010）		
US_CCTW10	科根等人（Cogan et al.,2010）		
US_IR11	爱尔兰（Ireland,2011）		
US_CMR14	克里斯蒂亚诺等人（Christiano et al.,2014）		

注:第一列和第三列给出了宏观经济模型数据库中所包含的与相应的论文相对应的模型名称。

所有美国模型和大部分欧元区模型都是针对封闭经济体的模型。不在此列的模型只有4 个:两个小型开放经济体模型,EA_SR07 模型和 EA_QUEST3 模型;以及两个两国模型,EAES_RA09 模型和 EA_QR14 模型。大多数模型只考虑了前瞻性的根据永久收入来假设的家庭,只有 EA_QUEST3 和 US_CCTW10 这两个模型也包括了根据经验法则行事的家庭。其中有几个模型包括了住房融资,例如 US_IAC05 模型、US_IN10 模型、EA_GNSS10 模型和 EA_QR14 模型,它们都以两类家庭为特征,分别表现为借款人和储蓄者。决策的差异来自贴现

[①] 每个模型的简要描述都包含在了宏观经济模型数据库软件包中,而且可以从宏观经济模型数据库网站下载。

因子的差异。储蓄者比借款人更有耐心。缺乏耐心的经济行为主体要受到借款约束,并会将住房作为借款的抵押品。

影响信贷需求的另一种金融摩擦——伯南克等人(Bernanke et al.,1999)的金融加速器机制——也被纳入了 US_CD08、US_DG08、US_CMR14 和 EA_GE10 等多个模型。EA_GNSS10 模型则考虑了信贷供给中的摩擦,该模型还包括了银行部门的不少细节。US_PM08fl 是国际货币基金组织针对美国经济构建的小型投影模型,它也包括了一种宏观金融联系机制,其形式是银行贷款条件与实体经济之间存在着的"行为"上的关系。在下面的第 6 节中,我们将更深入地研究金融摩擦所生成的传播机制。

这个模型比较实验中考虑的模型还纳入了不同的劳动市场结构。一些模型(US_IAC05、US_CD08、US_IR11、EA_QR14)假定了竞争性的劳动市场,但是大多数模型都涉及劳动供给中的垄断竞争和名义工资中的卡尔沃式刚性。EA_CKL09 模型还引入了类似默腾森和皮萨里德斯(Mortensen and Pissarides,1994)那种类型的劳动市场上的匹配摩擦。

此外,由于假设了粘性信息,US_MR07 模型与所有其他模型都不一样。在这个模型中,只有一小部分经济行为主体(消费者、工人和企业)在做出决策时会定期更新他们的信息,而其他经济行为主体是"疏忽大意的"。这个特点导致宏观经济调整缓慢。

关于特定于模型的利率规则,大多数模型都具有利率平滑特点以及对通货膨胀和实际变量(通常是产出缺口或产出增长)的反应。例外是 US_CD08 模型和 EA_SR07 模型。在这两个模型中,货币政策规则还包括对货币增长和实际汇率的反应。

最后,用来估计模型的时间序列也有重要的区别。在最低限度上,所用的时间序列至少包括了实际 GDP、通货膨胀率和短期名义利率。然而,大多数模型是在更大的可观察变量数集上估计的。例如,斯梅茨和沃特斯(Smets and Wouters,2007)、德格雷夫(De Graeve,2008)、斯梅茨和沃特斯(Smets and Wouters,2003)和热兰(Gelain,2010)都使用了 7 个宏观经济时间序列:实际 GDP、通货膨胀率、消费、投资、实际工资、就业率和短期利率。阿道尔夫森等人(Adolfson et al.,2007)更是利用了 15 个宏观经济时间序列来估计瑞典中央银行(Sveriges Riksbank)的欧元区模型(EA_SR07 模型)。亚科维耶洛和奈里(Iacoviello and Neri,2010)使用了 10 个可观察量,包括住宅建设和价格的指标。从样本周期来看,估计美国模型的样本周期比欧元区模型的更长。大多数模型是用贝叶斯技术估计的,不过 US_CD08 模型和 US_IR11 模型是用最大似然法估计的,而 US_ACELm 模型和 US_IAC05 模型则是通过最小化基于 VAR 的脉冲响应与模型隐含的脉冲响应之间的距离来估计的。

5.3.3 产出、通货膨胀和利率的动态反应:美国 vs 欧元区

下面的图 11 报告了在特定于模型的规则下各模型对名义利率提高一个百分点的紧缩性货币政策冲击的反应。① 左侧的各小图显示的是对美国经济的 12 个估计模型的结果,右侧的各小图显示的则是 8 个欧元区模型的结果。

① 我们以两种方式来获得模拟结果。当一个特定于模型的政策规则嵌套在宏观经济模型数据库中的一般化规则时,这个模型就可以使用"一个模型,多种政策规则"选项菜单进行模拟。如果不属于这种情况,那么我们就利用与宏观经济模型数据库的比较软件一起提供的原始模型的复制文件。

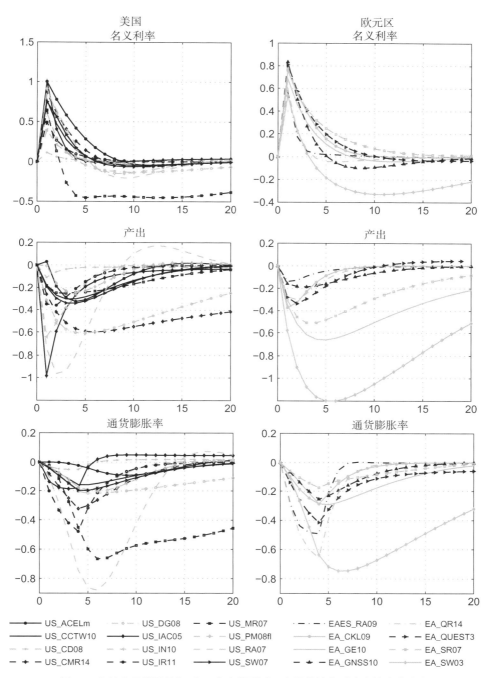

图 11　在特定于模型的规则下,各个模型对一个紧缩性货币冲击的脉冲响应

注:横轴表示冲击发生后的季度数。纵轴的单位是与稳态值的百分比偏差。名义利率是年化利率。通货膨胀率是过去四个季度的通货膨胀率。产出用的是季度指标。

在所有情况下,名义利率出人意料的上升会导致产出和通货膨胀率下降。由于粘性价格,实际利率上升,压低了总需求。更低的需求反过来限制了生产。当一小部分价格制定者适应更低的需求时,通货膨胀率会下降。

乍一看图 11,这种效应的大小和动态模式在各模型之间似乎有相当大的差异。然而,这种印象其实是由几个异常值导致的。关于产出,异常值分别源于模型 US_IAC05、US_RA07 和 EA_SW03;关于通货膨胀动态,异常值则源于模型 US_MR07、US_RA07 和 EA_SW03。而且,除了 US_IAC05 之外,对政策冲击的强烈反应主要是由于政策规则中对滞后利率有一个接近于 1 的系数。① 对更长期的更高的利率的预期会对产出和通货膨胀产生更大、更持久的影响,因为家庭和企业会在决策时考虑对未来利率的预期。而在 US_IAC05 模型中,由于缺乏重要的实际刚性(例如消费习惯形成和投资调整成本),再加上存在抵押约束,导致货币政策冲击对产出的初期影响非常大。

5.3.4 若干汇总统计量

表 7 给出了一些汇总统计量。在各个美国模型中,紧缩政策冲击发生后的一到六个季度内,产出的低谷就会出现(平均来说,出现在第三个季度);产出下降的平均幅度为 0.48%,其标准偏差则为 0.28%p。有意思的是,在欧元区模型中,波谷出现时间和产出下降幅度都非常相似。在欧元区,产出也在冲击发生后一至六个季度下降到谷底(平均来说也是在第三个季度达到谷底)。在谷底处,产出的平均下降幅度为-0.46%。因此,欧元区与美国的情形非常接近,尽管其标准偏差为 0.34%p,稍大一些。

表 7　美国模型和欧元区模型中政策利率出人意料地提高一个百分点对产出和通货膨胀率的影响

	产出		通货膨胀率	
	时间	大小	时间	大小
(a) 估计的美国模型				
US_ACELm	4	0.32%	9	-0.09%
US_IAC05	1	0.98%	3	-0.19%
US_MR07	3	0.25%	6	-0.67%
US_RA07	2	0.96%	6	-0.88%
US_SW07	4	0.34%	5	-0.20%
US_CD08	1	0.11%	3	-0.05%
US_DG08	5	0.61%	6	-0.22%
US_PM08fl	4	0.25%	6	-0.20%
US_IN10	1	0.64%	5	-0.20%
US_CCTW10	3	0.30%	5	-0.16%
US_IR11	2	0.36%	4	-0.48%
US_CMR14	6	0.60%	4	-0.32%
模型均值	3.0	0.48%	5.2	-0.30%
标准偏差	1.7	0.28%p	1.6	0.25%p

---

① 具有最强响应的模型的政策规则中滞后利率的系数分别如下:US_RA07 模型为 0.94,US_MR07 模型为 0.92,EA_SW03 模型为 0.96。值得注意的是,在曼昆和雷伊斯(Mankiw and Reis,2007)那里,特定于模型的规则并没有明确纳入滞后利率,而是把政策冲击模拟为一个一阶自回归(AR(1))过程,其持续系数为 0.92。

续　表

	产出		通货膨胀率	
	时间	大小	时间	大小
（b）估计的欧元区模型				
EA_SW03	6	-1.20%	6	-0.75%
EA_SR07	3	-0.51%	4	-0.18%
EA_QUEST3	2	-0.34%	4	-0.42%
EAES_RA09	1	-0.14%	4	-0.49%
EA_CKL09	1	-0.37%	4	-0.29%
EA_GE10	5	-0.66%	5	-0.29%
EA_GNSS10	3	-0.19%	4	-0.26%
EA_QR14	2	-0.30%	4	-0.66%
模型均值	2.9	-0.46%	4.4	-0.42%
标准偏差	1.8	$0.34\%p$	0.7	$0.20\%p$

注:时间指的是冲击发生后,相应变量的反应达到了谷底或最低点时的季度数。

就通货膨胀率而言,美国模型意味着,通货膨胀率的反应的最低点出现在冲击发生后三至九个季度(平均来说,出现在第五个季度)。而在欧元区模型中,这个范围的跨度更窄一些:出现在四至六个季度,平均则为第4.4个季度。在谷底处的平均通货膨胀率的降幅,美国模型为-0.30%,而欧元区模型则为-0.42%为;两者的标准偏差则非常相似:美国为$0.25\%p$,欧元区为$0.20\%p$。

因此,上述模型比较实验表明,从谷底出现的时间和下降幅度来看,政策冲击所产生的对产出和通货膨胀率的预测效应的的模型平均值,在前述美国模型和欧元区模型之间是非常相似的。时间和幅度方面与之相似。

6.　比较新的宏观—金融模型的政策含义

6.1　关键特征:投资金融、住房金融,以及银行资本

全球金融危机使人们注意到需要在用于商业周期和政策分析的宏观经济模型中改进金融部门的特征。许多新贡献已经将金钱市场不完美性纳入了新凯恩斯主义动态随机一般均衡(DSGE)模型,尤其在如下三个领域:为满足企业用于生产的资本而进行的新投资融资,住房投资的融资,以及银行和银行资本作为金融中介的作用。这些金融摩擦有助于解释宏观经济总量的经济冲击的后果是如何通过金融部门而扩大的,以及金融部门的压力和金融危

机又是如何渗透进实体经济中的。

6.1.1 企业投资融资与金融加速器

幸运的是,将金融摩擦整合进宏观经济模型并用于政策分析的研究并不需要从零开始。一个非常重要的起点是的伯南克等人(Bernanke et al.,1999)提出的金融加速器模型(BGG99)。在这个语境中,"加速器"一词是指金融部门所起的扩大经济波动的作用。在全球金融危机爆发之前很久,伯南克等人就已经给出了一种很容易跟进的方法:将信息不对称包括进动态新凯恩斯主义模型中,而这种不对称性正是借款人和贷款人之间的关系的核心。

贷款机构和金融合同,都试图降低收集信息的成本、缓解信贷市场中的委托代理问题。相反,经济冲击却可能会增加信贷扩张的成本,并降低借款人和贷款人之间的匹配效率。因此,信贷市场的不完美性可能会扩大金融部门以及其他经济部门的冲击的影响。伯南克等人的模型(BGG99)以企业用于生产的资本的投资融资为关注焦点,在这个模型中,包括了风险厌恶的家庭,风险中性的企业家,以及零售商。企业家利用资本和劳动来生产出批发产品。这些产品会销售给零售商。而零售市场的特点则是垄断竞争和价格刚性。企业家通过金融中介从家庭借款。这些资金用于支付部分新资本,该部分新资本要到下一期才会变成生产性的。之所以会出现委托代理问题,是因为资本回报会受到特异性风险的影响,而且金融中介机构只有在支付了一定的审计费用后才能观察到这种风险。由此而导致的一个结果是,企业家的净值就成为了决定借款成本的关键因素。对于某个给定的资本投资项目,拥有高净值的企业家只需要较少的外部资金,而且只须支付较低的溢价。在净值随着商业周期波动而上升或下降的范围内,为了得到外部借款而支付的溢价也会周期性地发生变化。因此,它增大了借款、投资、支出和生产的波动。

在我们的宏观经济模型数据库中,也包括了BGG99模型的一个版本。不过,它的实现与伯南克等人为《宏观经济学手册(第1卷)》撰写的那篇论文有所不同,因为它略去了企业家的消费。在宏观经济模型数据库中,该模型的编号为NK_BGG99。另外,模型档案还包括了几个最近的经验估计模型的贡献,这些模型扩展了BGG99模型的金融加速器机制。例如,克里斯腾森和迪布(Christensen and Dib,2008)的模型(编号为US_CD08)扩展了爱尔兰(Ireland,2003)的动态新凯恩斯主义模型(编号为US_IR04),使之包含了一个金融加速器,然后利用美国数据估计出了该模型。在他们的模型中,与在BGG99模型中不同,债务合同是用名义变量撰写的。德格雷夫(De Graeve,2008)的模型(编号为US_DG08)则将金融加速器融合进了斯梅茨和沃特斯(Smets and Wouters,2007)的中等规模的新凯恩斯主义模型(编号为US_SW07),并用贝叶斯方法以美国数据为依据估计出了这个扩展模型——他用了与斯梅茨和沃特斯(Smets and Wouters,2007)相同的非金融宏观经济时间序列数据。此外,德格雷夫还记录了模型隐含的外部融资溢价与较低等级的公司债券利差之间存在着相当紧密的匹配关系。类似地,克里斯蒂亚诺等人(Christiano et al.,2014)的模型(编号为US_CMR14)将BGG99模型的金融摩擦融合进了克里斯蒂亚诺等人(Christiano et al.,2005)的模型(编号为US_ACEL)。与德格雷夫(De Graeve,2008)不同,克里斯蒂亚诺等人还利用金融数据,包括估计中所用的信用利差(credit spread)。此外,他们还允许特异性生产率的波动随时间变化。表 8 总结了这些融合了金融加速器模型相对于比较基准模型(US_SW07)的主要特征。

表 8　关键建模特征的比较:纳入了金融加速器的各模型与作为基准的 US_SW07 模型

		US_SW07	NK_BGG99	US_CD08	US_DG08/ US_CMR14
模型结构	主要经济行为主体	代表性家庭	代表性家庭、风险中性的企业家	代表性家庭、风险中性的企业家	代表性家庭、风险中性的企业家
	生产部门	单部门柯布-道格拉斯技术	单部门柯布-道格拉斯技术	单部门柯布-道格拉斯技术	单部门柯布-道格拉斯技术
实际刚性和名义刚性	消费习惯形成	是	否	否	是
	支出调整成本	投资调整成本	资本调整成本	资本调整成本	投资调整成本
	资本利用	是	否	否	是
	消费品价格	卡尔沃式定价,部分指数化	卡尔沃式定价,完全指数化(根据稳态通货膨胀率)	卡尔沃式定价,完全指数化(根据稳态通货膨胀率)	卡尔沃式定价,部分指数化
	名义工资	卡尔沃式定价,部分指数化	有弹性	有弹性	卡尔沃式定价,部分指数化
金融摩擦	债务合同	—	标准风险债务,实际价值	标准风险债务,名义价值	标准风险债务,实际价值/名义价值
模型参数	估计/校准	贝叶斯估计法,美国数据:1966 年第 1 季度—2004 年第 4 季度	校准,美国数据	最大似然估计法,美国数据:1979 年第 3 季度—2004 年第 3 季度	贝叶斯估计法,美国数据:1954 年第 1 季度—2004 年第 4 季度(US_DG08),1985 年第 1 季度—2010 年第 2 季度(US_CMR14)
	参考文献	斯梅茨和沃特斯(Smets and Wouters, 2007)	伯南克等人(Bernanke et al. ,1999)	克里斯腾森和迪布(Christensen and Dib, 2008)	德格雷夫(De Graeve, 2008)/克里斯蒂亚诺等人(Christiano et al., 2014)

6.1.2　住房金融

房地产繁荣和萧条发挥了引发全球金融危机的核心作用。我们所说的房地产繁荣和萧条,不仅包括美国的次级抵押贷款繁荣和萧条,还包括西班牙和爱尔兰等一些欧洲国家的信贷驱动的房地产繁荣。因此,政策制定者对具有更详细的住房部门、认识到相关融资约束的模型非常感兴趣。

住房金融的基本原理是,债务合同的可执行性是有限的,因为借款人可能会选择违约。为了克服有限承诺问题,贷方需要抵押品(通常是住房和土地),并且只提供低于抵押品价值的资金。因此,借款能力以及相应的贷款规模都与住房价值有关。在宏观经济模型中,对这种抵押约束下的借贷行为建模的一个出发点是引入让经济行为主体充当贷款人或贷款人的激励。从技术上说,可以假设不同经济行为主体的贴现因子有所不同:有些代理人比其他人更有耐心。在均匀中,更有耐心的人会成为储蓄者,而缺乏耐心的人则为成为借款人。

抵押约束会导致如下后果:假设某个总体性冲击使得住房需求向上移动,从而推动了房价上涨,结果是借款能力扩大。在此基础上,缺乏耐心的经济行为主体会增加在非住房和住房用品上的支出,而这反过来又给房价带来了额外的上涨压力。因此,由于存在抵押约束,初始冲击的影响会随着时间的流逝而被放大。

为了说明抵押约束这个渠道如何产生大规模、高持续性的商业周期,清涨和摩尔(Kiyotaki and Moore,1997)构建了一个简单的动态模型。在这个模型中,存在两类企业家,一类是有耐心的(和非生产性的)企业家,另一类是缺乏耐心的(和生产性的)企业家。后来,亚科维耶洛(Iacoviello,2005)又将这种抵押约束与名义债务一起纳入了一个动态的新凯恩斯主义模型当中。在亚科维耶洛的模型设定中,缺乏耐心的家庭和企业家从有耐心的家庭那里借款时会受到抵押约束的限制;但是,这两种类型的家庭都能从住房服务中获得效用,而企业家则利用住房服务来生产非住房(消费)商品。[①] 这个模型是根据美国数据估计的,在我们的宏观经济模型数据库档案中,它被称为 US_IAC05 模型。

宏观经济模型数据库还包括了另外两个具有住房金融的美国模型。一个是亚科维耶洛和奈里(Iacoviello and Neri,2010)的模型(记为 US_IN10),它具有两部门生产结构(一个是住房部门,另一个是非住房产品部门),而且仅对缺乏耐心的家庭施加抵押约束。亚科维耶洛和奈里(Iacoviello and Neri,2010)在这个模型中考虑了多种实际刚性和名义刚性,它们类似于如克里斯蒂亚诺等人(Christiano et al.,2005)、斯梅茨和沃特斯(Smets and Wouters,2007)的中等规模的新凯恩斯主义模型中的刚性。US_IN10 模型是用美国的宏观经济和住房数据估计的。坎南等人(Kannan et al.,2012)的模型(记为 NK_KRS12)则是亚科维耶洛和奈里(Iacoviello and Neri,2010)的简化版本。这个模型的关键要素是金融中介机构的存在以及贷款利率与存款利率之间的利差的确定。而且,用于确定利差的函数形式是直接假定的,而不是从微观基础的最优化问题导出的。金融中介机构从有耐心的家庭吸收存款,然后出借给缺乏耐心的家庭,收取存款与贷款之间的利差,这种利差与借款人的的净值成反比。由此,金融加速器机制得以在住房金融中发挥作用。表9给出了这三个具有住房金融的模型的关键特征的进一步信息。

---

① 假设总体住房供给是固定的。

表9　关键建模特征的比较:具有住房金融的模型

		US_IAC05	US_IN10	NK_KRS12
模型结构	主要经济行为主体	有耐心的家庭、缺乏耐心的家庭、缺乏耐心的企业家	有耐心的家庭、缺乏耐心的家庭	有耐心的家庭、缺乏耐心的家庭
	生产部门	单部门柯布-道格拉斯型技术、固定的住房供给	两部门柯布-道格拉斯型技术、(非住房部门和住房部门)	两部门,规模报酬不变型技术,没有资本
实际刚性和名义刚性	消费习惯形成	否	是	是
	支出调整成本	资本调整成本	无	住房投资调整成本
	资本利用	否	是	否
	消费品价格	卡尔沃式定价,不指数化	卡尔沃式定价,部分指数化	卡尔沃式定价,完全指数化(根据过去的通货膨胀率)
	名义工资	有弹性	卡尔沃式定价,部分指数化	有弹性
	住房价格	有弹性	有弹性	卡尔沃式定价,完全指数化(根据过去的住房价格上涨率)
金融摩擦	抵押约束	清泷和摩尔(Kiyotaki and Moore,1997)类型,名义价值	清泷和摩尔(Kiyotaki and Moore,1997)类型,名义价值	伯南克等人(Bernanke et al.,1999)类型,实际价值
		固定的贷款价值比	固定的贷款价值比	可变的贷款价值比
模型参数	估计/校准	通过最小化一个衡量VAR脉冲响应与模型反应之间的距离的度量来估计,美国数据:1974年第1季度—2003年第2季度	贝叶斯估计法,美国数据:1965年第1季度—2006年第4季度	校准,美国数据
	参考文献	亚科维耶洛(Iacoviello,2005)	亚科维耶洛和奈里(Iacoviello and Neri,2010)	坎南等人(Kannan et al.,2012)

6.1.3　金融中介和银行资本

银行的流动性不足、资不抵债以及(交易)对手违约风险,在全球金融危机中扮演着重要角色,它们摧毁了银行的信贷供给能力,从而深化了借款人过度杠杆化对实体经济的负面影响。与那些具有金融加速器和住房部门的、侧重于金融中介的"需求侧"的模型不同,这些融合了银行部门的模型面对的主要是"供给侧"的问题。在这些模型中,银行的资产负债表和决策流程都得到了明确的处理。因此,当把宏观-金融联系考虑在内时,源于银行部门的冲击可能会对宏观经济产生重大的溢出效应,同时标准的非金融冲击也可以通过新的传播渠道发挥作用。接下来,我们将重点考察三个定量的货币动态随机一般均衡(DSGE)模型,银行资本在这些模型中扮演着重要的角色。

在格特勒和卡拉迪(Gertler and Karadi,2011)的模型(记为NK_GK11模型)中,银行从家庭获得短期资金,并通过购买企业的长期证券将资金出借给非金融企业。银行与非金融企业之间不存在金融摩擦。相反,由于银行家可以转移部分银行资产,这种可能性导致了银行与家庭之间的道德风险问题。为了吸引家庭提供资金,银行必须满足如下激励约束:转移资金可以获得的金钱利益必须至少与将它们留在银行内部的收益一样小。这个条件是对银行杠杆作用的内生约束。由此,这样的金融中介机构就嵌入进了标准的中等规模的新凯恩斯主义模型(如克里斯蒂亚诺等人(Christiano et al.,2005)的模型)当中了。

梅和莫兰(Meh and Moran.,2010)的模型(记为 NK_MM10 模型)则利用了霍姆斯特罗姆和梯若尔(Holmstrom and Tirole,1997)的双重道德风险框架,并通过一个最佳金融合同引入了银行决策过程。第一个道德风险问题出现在代表性家庭和代表性银行之间。由于银行的监管技术不是投资者可以直接观察到的,因此后者就要求银行以自己的净值参与项目,以减轻这种信息不对称问题。因此,银行吸引可贷资金的能力取决于自身的资本状况。第二个道德风险问题出现在银行和企业家之间,因为企业家的努力(程度)是私人信息,所以银行要求企业家也投入自己的一部分身家。然后,他们把这个双重道德风险问题纳入了一个标准的新凯恩斯主义框架。

在杰拉里等人(Gerali et al.,2010)的模型(记为 EA_GNSS10 模型),银行将资金从有耐心的家庭转移到企业家和没有耐心的家庭手中。同时,当银行的净资产与资产比率偏离了外生给定的某个目标值时,银行就会面临杠杆约束——表现为付出一定金钱成本的形式。银行的最优决策意味着信贷供给取决于银行净值。此外,银行具有设定存贷款利率的垄断权力。这些费率由于调整成本的存在而表现出粘性。亚科维耶洛(Iacoviello,2005)的模型把银行部门包含在了一个具有抵押约束的模型中。前两个模型完成了校准,而 EA_GNSS10 模型则是根据欧元区宏观经济数据估计的。下面的表 10 总结了这些具有银行资本的模型的主要特征。

表 10　关键建模特征的比较:具有银行资本的模型

		NK_GK11	NK_MM10	EA_GNSS10
模型结构	主要经济行为主体	代表性家庭	代表性家庭、风险中性的企业家、风险中性的银行家	有耐心的家庭和缺乏耐心的家庭、效用最大化的企业家、垄断竞争的银行
	生产部门	单部门柯布-道格拉斯型技术	单部门柯布-道格拉斯型技术	单部门柯布-道格拉斯型技术
实际刚性和名义刚性	消费习惯形成	是	是	是
	支出调整成本	投资调整成本	无	投资调整成本
	资本利用	是	是	是
	消费品价格	卡尔沃式定价,部分指数化	卡尔沃式定价,部分指数化	罗腾伯格式定价,部分指数化
	名义工资	有弹性	卡尔沃式定价,部分指数化	罗腾伯格式定价,部分指数化
	住房价格	—	—	有弹性
金融摩擦	银行的角色	存款人与金融中介之间的道德风险问题	霍姆斯特罗姆和梯若尔(Holmstrom and Tirole,1997)的双重道德风险:第一种道德风险出现在存款人与银行之间,第二种道德风险出现在银行与企业家之间	银行资本与资产比率的调整成本,存款利率与贷款利率的粘性
	抵押约束	—	—	清泷和摩尔(Kiyotaki and Moore,1997)类型,名义价值

续 表

		NK_GK11	NK_MM10	EA_GNSS10
模型参数	估计/校准	核准,美国数据	核准,美国数据	贝叶斯估计法,欧元区数据:1998 年第 1 季度—2009 年第 1 季度
参考文献		格特勒和卡拉迪(Gertler and Karadi,2011)	梅和莫兰(Meh and Moran.,2010)	杰拉里等人(Gerali et al.,2010)

6.1.4 对金融部门如何传播和扩大扰动的探讨

在下文中,我们利用宏观经济模型数据库来探索和比较上述宏观金融模型的动态。对于企业投资有金融加速器的模型和具有住房金融的模型,我们将比较各种脉冲响应函数:对于货币政策冲击的、对于一般技术冲击的,以及对于更类似于总体需求冲击的其他冲击的。在本节中,我们通过利用一些经济冲击作为所考虑的模型中的常见冲击,扩展了上文第 3 节中概述的模型比较方法。斯梅茨和沃特斯(Smets and Wouters,2007)模型(US_SW07 模型)将作为比较的基准。此外,我们还将以斯梅茨和沃特斯(Smets and Wouters,2007)估计的货币政策规则(简称为"SW 规则")作为所有模型的共同政策规则。这样一来,我们就可以把每个模型从归因于结构假设的差异与归因于货币政策假设的差异中分离开来。SW 规则如方程式(10)所示。对于银行资本在其中起作用的模型,我们则通过对原始模型的模拟来考察银行资本意外减少的影响。

6.2 传播机制:投资融资与金融加速器

6.2.1 货币政策效应的放大作用之间令人惊讶的差异

我们比较了相对于基准模型(US_SW07),4 个具有金融加速器的模型(NK_BGG99,US_CD08,US_DG08 和 US_CMR14)中因为企业投资融资信息不对称性而出现的货币政策冲击传导的异同。图 12 显示的是名义利率出人意料地提高一个百分点对通常定义的宏观经济总量的影响。在所有这 4 个模型中,名义利率的上升,都会导致产出和通货膨胀率下降。货币传导的标准通道反映在更高的实际利率上,它导致家庭减少消费、企业克制投资。

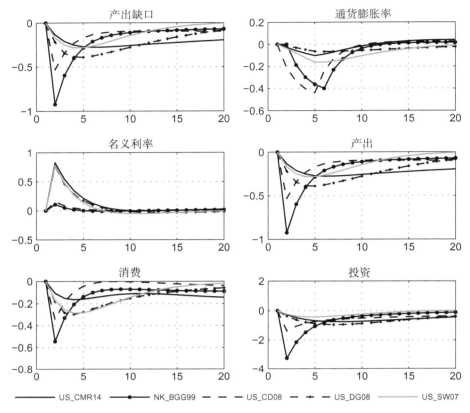

图 12 在 SW 规则下对紧缩性货币政策冲击的脉冲响应:宏观变量

注:横轴表示冲击发生后的季度数。纵轴的单位是与稳态值的百分比偏差。通货膨胀率是过去四个季度的通货膨胀率。名义利率是年化利率。其他变量用的都是季度指标。

金融加速器机制在所有这四个包含了金融摩擦的模型中都发挥了作用。从图 13 中可以看出,企业的净值由于资本价格和资本回报率的下降而下降。[①] 企业家的借款需求和杠杆率[②]增大,外部融资溢价(EFP)也随之上升,抑制了投资。金融合同在名义价值上订立的 US_CD08 模型也表现出了这种债务-通货紧缩机制。

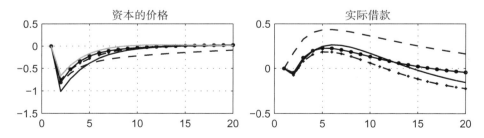

___

① 请注意,在这里金融变量并没有被重新定义为共同变量。因此,这种差异只可以加以定性地解释。不过,对 GDP 的影响是直接可比的。
② 杠杆率定义为资本价值 $Q_t K_t$ 与企业家净值之间的比率。

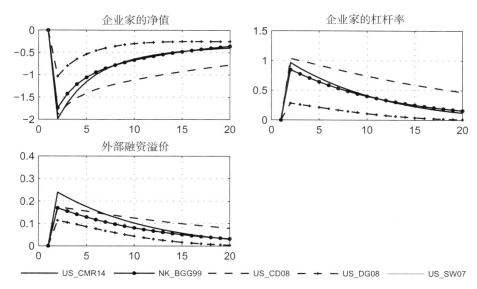

图 13　在 SW 规则下对紧缩性货币政策冲击的脉冲响应：金融变量

注：横轴表示冲击发生后的季度数。纵轴的单位是与稳态值的百分比偏差。外部融资溢价是年化的。其他变量用的都是季度指标。

然而，各个模型之间，反应的大小、时间和动态模式则有很大的不同。其中特别引人注目的是，与中等规模的动态随机一般均衡（DSGE）模型 US_SW07、US_DG08 和 US_CMR14 相比，在规模更小的新凯恩斯主义模型 NK_BGG99 和 US_CD08 中，产出和通货膨胀显示出了更强大的反应，同时名义利率的反应则要小得多。这种对同一个货币政策冲击的多样性反应，与泰勒和维兰德（Taylor and Wieland）的研究结果形成了对比。具有金融加速器的估计出来的中型动态随机一般均衡（DSGE）模型 US_DG08 和 US_CMR14 仍然接近于其他中等规模的模型，尽管如前面第 5.2 节已经讨论过的，US_CMR14 模型中产出的反应的持续性明显更持久。

在 US_DG08 模型中，由于金融加速器的影响，投资对意料之外的政策收紧的反应比在 US_SW07 模型中更强。[①] 对消费的影响则仍然非常相似。总的来说，对 GDP 的影响有所放大。GDP 下降了大约 40 个基点（相比之下，在 US_SW07 模型则只下降了大约 30 个基点）。不过，当对模型 US_SW07 与模型 US_CMR14 的产出反应进行比较时，则没有发现相似的放大效应。原因在于：在模型 US_CMR14 中，消费者的反应更小，同时金融对投资的加速效应更弱。特别是，由于投资调整成本函数的曲率较大，模型 US_CMR14 中的投资反应远远不如在模型 US_DG08 中那么明显。

6.2.2　投资调整成本削弱了外部融资溢价的剧烈反应

那么，中型动态随机一般均衡（DSGE）模型与具有金融加速器的小型模型之间 GDP 的反应的巨大差异来自哪里？究其原因，在于两种小型模型中金融加速效应对投资的作用方式

---

① 值得注意的是，US_SW07 和 US_DG08 中的投资调整成本函数曲率的估计几乎完全相同。

不同。在两个具有金融加速器的小型模型中,外部融资溢价的大幅上涨直接转化成了投资的急剧下降。与此相反,在US_DG08和US_CMR14中,投资的反应是驼峰形和持续性的,最终达到的峰值效应要比在NK_BGG99和US_CD08中低得多。这是因为不同模型之间对调整成本的设定是不同的:US_DG08和US_CMR14假设存在投资调整成本——就像克里斯蒂亚诺等人(Christiano et al.,2005)所认为的那样;而NK_BGG99和US_CD08则假设存在资本调整成本。在US_DG08和US_CMR14中,由于调整投资流要付出一定成本,所以前瞻性经济行为主体会在预期外部融资溢价上升时,今天就已经对投资进行了调整。因此,假设其余情况都相同,溢价的波动对经济的影响,在投资调整成本假设下要比在资本调整成本假设下小得多——请参见德格雷夫(De Graeve,2008)。但是,有人可能会问,为什么对国内生产总值(GDP)的最大影响发生在了模型NK_BGG99中,而不是在US_CD08中,后者的金融加速器还得到了一种债务-通货紧缩机制的强化。这必定与资本调整成本的校准有关。在模型NK_BGG99中,调整资本的成本要比在模型US_CD08中更低。

给定资本调整成本假设 vs 投资调整成本假设的重要性以及它们所导致的产出的反应的显著差异,有人可能会问,数据到底支持哪一个假设?我们将各个模型的产出的脉冲响应与来自一个向量自回归(VAR)的经验脉冲响应进行了比较。为此,我们针对1965年第3季度至2007年第3季度的样本,使用了与克里斯蒂亚诺等人(Christiano et al.,2005)相同的观察值和递归识别来估计VAR。[①] 图14给出了对于货币政策利率提高一个百分点,联邦基金利率和实际GDP的脉冲响应。联邦基金利率受影响而上升了一个百分点,然后逐渐下降。实际GDP的反应则呈现出了驼峰形,在冲击发生后六个季度到达谷底。显然,GDP反应的这种动态模式与投资调整成本假设一致。值得注意的是,从定量的角度来看,基于VAR估计的产出的中位数反应,接近于表7中所报告的估计的美国各模型的谷底产出效应的模型平均值。

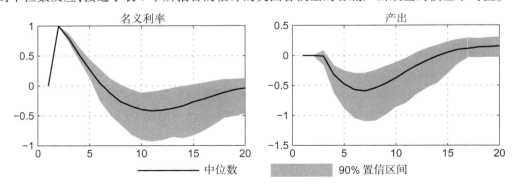

图14 在一个结构性VAR中,对联邦基金利率上升一个百分点的脉冲响应

注:变量和递归识别与克里斯蒂亚诺等人(Christiano et al.,2005)一致,针对的样本为1965年第3季度至2007年第3季度。横轴表示冲击发生后的季度数。实线是指中位值脉冲响应。阴影区域表示通过自举法(bootstrapping)获得的90%置信区间。

① 可观测向量中的变量排序如下:实际GDP、实际消费、GDP平减指数、实际投资、实际工资、劳动生产率、联邦基金利率、实际货币存量(M2)的变化,以及实际利润。根据赤池信息准则(Akaike Information Criterion),滞后长度设置为两个季度。这个向量自回归(VAR)模型还包括了截距和线性趋势。置信区间是通过一个有500个抽取值的自举过程获得的。

6.2.3　剧烈的 GDP 反应触发了强大的同时期政策反馈

中型模型和小型模型之间的另一个明显区别体现在名义利率的行为上(见上文图 12)。在模型 US_DG08、US_CMR14 和 US_SW07 中,如我们所料,在政策冲击发生后,名义利率上升了大约 1 个百分点。相比之下,在模型 NK_BGG99 和 US_CD08 中,名义利率上升的幅度还不到 20 个基点。在这两类模型中,货币政策对国内生产总值增长具有很强的同时期效应,而在 SW 规则下,这种效应对 GDP 增长的同时期反应反馈给利率。乍一看,这个发现很奇怪,特别是考虑到伯南克等人(Bernanke et al.,1999)报告的货币政策冲击的模拟——他们指出,政策冲击对利率的季度内影响要强得多。然而,事实证明,在原有的货币政策规则下,模型的动态却相当不同。为了说明这个效应,我们在伯南克等人(Bernanke et al.,1999)的原始政策规则下对所有其他模型进行了模拟。[①] 该规则由下式给出:

$$i_t^z = 0.9 i_{t-1}^z + 0.11 p_t^z + \eta_t^i, \tag{12}$$

其中,i_t^z 表示年化的短期利率;p_t^z 是年化的季度对季度通货膨胀率,η_t^i 则指共同的货币政策冲击。如图 15 所示,当以滞后通货膨胀率来模拟这个规则时,对名义利率的强烈同期反馈消失了。由于这条规则意味着对当经济状况没有任何反应,因此政策冲击对产出和通货膨胀的影响就要大得多。

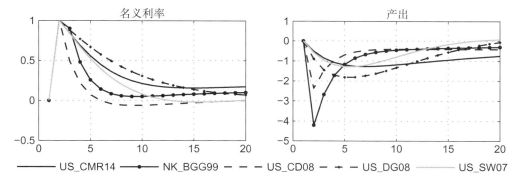

图 15　在 BGG99 规模下,对紧缩性货币政策冲击的脉冲响应:名义利率和产出

注:横轴表示冲击发生后的季度数。纵轴的单位是与稳态值的百分比偏差。名义利率是年化利率。产出用的是季度指标。

在这两个小型模型中,利率动态对政策规则中的时序假设的敏感性表明,这些模型中对动态的设定还不够丰富,不足以完成对于货币政策的传导的定量评估(以达到政策目的)。这也就意味着,构建和估计中型动态随机一般均衡(DSGE)模型是很有用的。有意思的是,在伯南克等人(Bernanke et al.,1999)的规则下,我们在这里考虑的 5 个中型模型继续表明政策冲击对国内生产总值的影响相当类似(图 15 中给出了模型 US_SW07、US_DG08 和 US_CMR14 的结果,但是没有给出 G7_TAY93 和 US_ACEL 这两个模型的结果)。

[①] 这个模拟是利用宏观经济模型数据库的"一个政策规则,多个模型"菜单完成的;只要在"用户指定的规则"选项卡下分配适当的政策规则系数即可。

6.2.4 生产率扰动的金融加速器,还是金融减速器?

图16和图17报告了一个正面技术冲击(变动1%)的影响。[①] 我们假设,在我们考虑的所有这些模型中,这种冲击的外生持久性程度都是相同的。具体地说,我们将这种一阶自回归AR(1)技术过程的共同持久性参数设置为0.9。再一次,共同货币政策规则对应于模型US_SW07中的估计利率规则。

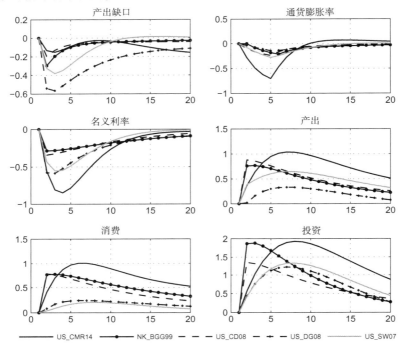

图16 在SW规则下对正面技术冲击的脉冲响应:宏观变量

注:横轴表示冲击发生后的季度数。纵轴的单位是与稳态值的百分比偏差。通货膨胀率是过去四个季度的通货膨胀率。名义利率是年化利率。其他变量用的都是季度指标。

在所有4个模型中,产量都会随着这种技术进步的出现而上升。同样的增长在投资和消费方面也不难观察到。由于价格调整存在刚性,而且在US_SW07和US_DG08这两个模型中也是名义价格的调整,所有实际产出的增长要小于弹性价格下能够实现的产出增长水平。于是过了一段时间之后,实际产出与这种衡量的潜在产出之间会出现一个缺口。[②] 这种负产出缺口导致通货膨胀率下降。因此,SW规则将要求货币宽松化和名义利率的下降。

从金融加速器效应的角度来看,作为对技术冲击的反应,资本价格、企业净值和实际借款都上升了。由于杠杆率先降后升,外部融资溢价也随之发生同样的变动。不过幅度和动

[①] 为了比较的方便,我们对每个模型中的冲击的大小都进行了缩放处理,从而使得冲击发生时,各个模型中产出都会上升1%——当然是在没有其他变量的内生反应的情况下。

[②] 德格雷夫(De Graeve,2008)将潜在产出定义为弹性价格下的产出水平(并且不存在金融摩擦)。为了与其他具有金融加速器的模型(US_CD08和NK_BGG99)进行直接比较,我们采用了关于潜在产出的定义——即,在弹性价格下并存在金融摩擦时的产出——对模型US_DG08也是如此。当然,我们这里给出的结果对于潜在产出的不同定义并不敏感。

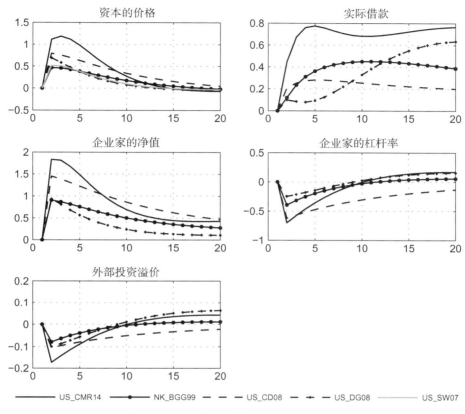

图17　在 SW 规则下对正面技术冲击的脉冲响应：金融变量

注：横轴表示冲击发生后的季度数。纵轴的单位是与稳态值的百分比偏差。外部融资溢价（EFP）是年化的。其他变量用的都是季度指标。

态模式各不相同。再一次，NK_BGG99 和 US_CD08 这两个模型表明，金融变量对企业投资的变化产生了明显的积极影响。而在 US_SW07、US_DG08 和 US_CMR14 这 3 个模型中，投资和产出的动态则呈现出了驼峰形状，而且从稳定状态起始和恢复到稳定状态的速度也比另两个模型要慢一些。这 3 个中型模型都存在投资调整成本，这可以解释它们的反应为什么会比 NK_BGG99 和 US_CD08 这两个模型更加缓慢（后两个模型假设了资本调整成本）。伯南克等人（Bernanke et al.，1999）证明，金融加速器会放大技术冲击对投资和 GDP 的影响（相对于不存在金融摩擦的基准模型）。但是，德格雷夫（De Graeve，2008）的模型却给出了相反的结果。相对于不存在金融摩擦的模型，德格雷夫（De Graeve，2008）加入的金融加速器机制实际上抑制了投资和 GDP 对技术冲击的反应。随着对资本的需求和资本的价格的上涨，投资会在一段时间内保持在高位。因此，在相当长的一段时间内，资本存量的价值的增长会超过净值，从而提高借款需求。这样一来，外部融资溢价也随之上升。正如德格雷夫（De Graeve，2008）指出的，由于长期持续的正的投资是有高昂成本的（由于未来的外部融资溢价处在高位），因此投资在所有期间都将低于不存在这种情况的时候。事实上，模型 US_DG08 的投资反应相对于模型 US_SW07 而言更小（后者也具有投资调整成本，但是不存在金融摩擦）。然而，模型 US_CMR14 却不是这样的,它在结构上非常接近于模型 US_DG08,但是相对于模型 US_SW07 而言,它的消费、投资的反应都更大,从而产出的反应也更大。

6.2.5 价格粘性的估计参数对加速效应产生了影响

投资动态的一个关键参数是投资调整成本函数的曲率。在模型 US_SW07 和 US_DG08 中,这个参数几乎完全相同(分别为 5.76 和 5.77);而在模型 US_CMR14 中,其估计值却要高得多(10.78)。如果所有其他条件都保持不变(Ceteris paribus),那么较高的曲率会使得调整过程的成本更加高昂,从而抑制投资的反应。然而,模型 US_CMR14 的投资反应比其他模型更加强劲。

另一个重要的参数是价格粘性的程度。在 US_DG08 这个模型中,企业无法重新定价的可能性估计为 0.92,而在 US_SW07 和 US_CMR14 这两个模型中,相应的估计值则为 0.65 和 0.74。换句话说,在 US_SW07 和 US_CMR14 这两个模型中,价格更加有弹性。价格弹性的程度决定了消费和投资变量对技术冲击的反应强度,因为它决定了实际利率的动态。以给定的货币政策规则为条件(在本次实验中,所有模型都采用了共同的货币政策规则),更有弹性的价格意味着通货膨胀对技术性冲击的反应将会下降得更多(在其他条件保持不变的情况下),从而导致中央银行更大幅度地放松名义利率。因此,更有弹性的价格下,实际利率更低。结果是,在更有弹性的价格下,消费会增加,且投资大幅上升。在不存在金融摩擦的模型中,例如在 US_SW07 这个模型中,均衡要求实际利率与总资本回报率一起变动。结果是,在价格弹性较高的经济体中,资本会增加得更多(在其他条件保持不变的情况下),从而导致更高的投资反应。而在存在金融加速器的情形中,更低的实际利率会转化为更低的外部融资溢价,从而增强了企业家的净值,进而也支撑了投资热潮。

总而言之,更大的价格粘性会削弱消费和投资对技术冲击的反应。这是 US_DG08 这个模型的反应更小的一个重要的原因(相对于不存在金融摩擦的模型 US_SW07)。另一个重要的原因就是德格雷夫(De Graeve,2008)所述的“减速器”效应的存在。与 US_DG08 模型相比,模型 US_CMR14 中的价格粘性差异也解释了为什么该模型的消费和投资反应会更强。

关于伯南克等人(Bernanke et al.,1999)早期的研究结果,值得指出的一点是,他们对关于货币政策规则和技术过程的持续性的假设是相当敏感的,因为他们使用了一个随机游走的技术过程。在这种情况下,冲击对产出有大且持久的影响。因此,实际产出超过潜在产出,通货膨胀上升。

6.2.6 特定于投资的冲击

我们还模拟并比较了 US_SW07、US_DG08 和 US_CD08 这 3 个模型中特定于投资冲击的影响。德格雷夫(De Graeve,2008)把这种冲击称为“投资供给冲击”(investment supply shock),因为这种冲击会导致投资增加、资本价格下降。斯梅茨和沃特斯(Smets and Wouters,2007)则将这种冲击归到了(总体)需求冲击的类别之下,因为它们会导致产出和通货膨胀率都有所上升。而在本节的语境下,值得注意的是,这种特定于投资的冲击在解释全球金融危机之后的大衰退时可以发挥重要的作用——只要将 USSW07 模型延伸,以覆盖大衰退时期即可,例如请参见维兰德和沃特斯(Wieland and Wolters,2013)。以模型参数化为条件,US_DG08 和 US_CD08 这两个模型中的金融摩擦都弱化了这种投资冲击对投资和 GDP 的影响。

6.3　传播机制：住房金融与信贷繁荣

接下来,我们比较货币冲击和技术冲击在 3 个有住房金融的模型中的影响,这 3 个模型是 US_IAC05、US_IN10 和 NK_KRS12。在比较的过程中,我们将以模型 US_SW07 为基准模型。[①] 此外,我们还研究了源自住房部门的需求冲击对更广泛的经济的影响。

6.3.1　通过住房金融实现的货币传导

图 18 显示了紧缩性货币政策冲击对宏观变量的影响。从定性的角度来看,这 3 个具有住房金融的模型与基准模型一样,都有同样鲜明的凯恩斯主义风格。由于价格刚性,紧缩性

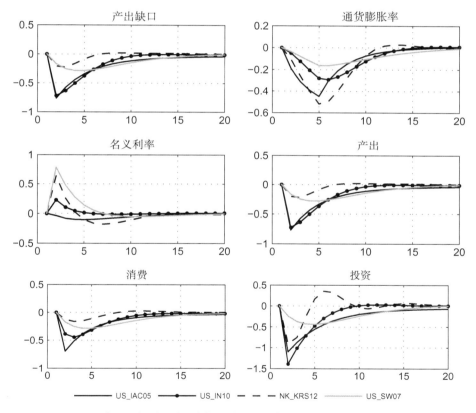

图 18　在 SW 规则下对一个紧缩性货币政策冲击的脉冲响应:宏观变量

注:横轴表示冲击发生后的季度数。纵轴的单位是与稳态值的百分比偏差。通货膨胀率是过去四个季度的通货膨胀率。名义利率是年化利率。其他变量用的都是季度指标。

[①] 因为对于生产部门和住房市场的假设不同,在不同模型中,总消费和总投资的组成部分也有所不同。在 US_IN10 和 NK_KRS12 这两个模型中,总消费包括了有耐心的和缺乏耐心的家庭的消费,而投资则定义为非住宅投资和住宅投资的总和。与此不同,在 US_IAC05 这个模型中,总消费还包括企业家的消费(除了前述两类家庭的消费之外),而总投资则只包括非住宅投资。

货币政策冲击会导致实际利率上升,从而使产出下降到低于弹性价格下的产出的水平;①这种产出缺口会导致通货膨胀率下降,并使消费和投资都减少。而从定量的角度来看,在USIAC05和US_IN10这两个模型中,对实际GDP的影响更加剧烈,也更加突出。然而,NK_KRS12这个模型则更接近于US_SW07这个基准模型。在后两种模型中,GDP及其各组成部分、消费和投资的反应,都显得更温和,而且呈现出了驼峰形状。

图19显示了货币冲击通过住房金融的传导机制。在US_IAC05和US_IN10这两个模型中,对名义借款的抵押约束放大了意料之外的政策收紧的影响。随着通货膨胀的下降和房价的下跌,借款人的举债能力(可举借债务的额度)缩小。在US_IAC05这个模型中,缺乏耐心的家庭和企业家都受到了借款限制。因此,缺乏耐心的家庭在消费方面的削减幅度将更大,而企业家则会减少非住房投资和消费。类似地,在US_IN10这个模型中,缺乏耐心的家庭将进一步削减消费。此外,住宅投资也大幅下降,因为粘性工资与弹性住房价格相结合,加剧了货币冲击对住房部门的产出的影响。与此同时,在这两个模型中,产出的反应也不再呈现出驼峰形。原因在于,在US_IAC05这个模型中,并不存在消费中的习惯形成,而只呈现出了很小的资本调整成本,而US_IN10模型则是不存在资本调整成本。

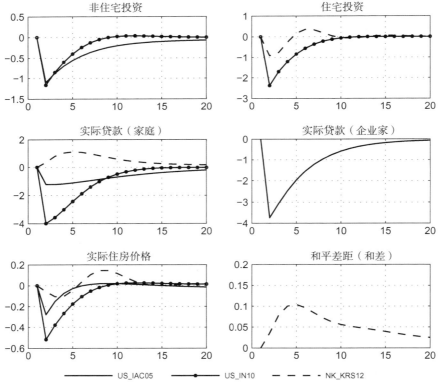

图19 在SW规则下对一个紧缩性货币政策冲击的脉冲响应:投资和金融变量

注:横轴表示冲击发生后的季度数。纵轴的单位是与稳态值的偏差百分比。利率差距(利差)是年化的。其他变量用的都是季度指标。

_____

① 在NK_KRS12模型中,潜在产出被定义为不存在名义摩擦和金融摩擦时可以实现的产出水平。

NK_KRS12 这个模型则呈现了更加灵活的抵押约束。这个特点导致了比其他具有住房金融的模型所使用的标准抵押约束下更小的放大效应。在这个模型中,更高的贷款价值比率伴随着贷款利率的上升。相比之下,在标准抵押限制的情况下,借款金额受限于抵押品的一定比例;因此抵押品价值的下降会直接导致借款减少。而在 NK_KRS12 这个模型中,缺乏耐心的家庭在对紧缩性货币冲击做出反应的时候,即便面对更高的利率,也会承担更多的贷款。而这就削弱了消费和住宅投资的反应。此外,由于这个模型中不存在资本,所以总需求不包括非住宅投资——而非住宅投资是国内生产总值中对利息敏感的组成部分。因此总体而言,在 NK_KRS12 模型中货币冲击对产出的影响要小于其他模型。

我们发现,与前面第 6.2.3 节中讨论的 NK_BGG99 和 US_CD08 那两个模型中一样,由于实体刚性不充分,US_IAC05 和 US_IN10 这两个模型中的产出显示出了强烈的同时期的反应——通过 SW 规则强烈反馈到同期的名义利率上。对于 US_IAC05 模型,正的货币政策冲击意味着名义利率略有下降。类似于前面分析过的金融加速器模型,当在伯南克等人(Bernanke et al. ,1999)的政策规则下模拟这个模型时,这种强大的同时期效应就消失了(请参见图 20)。

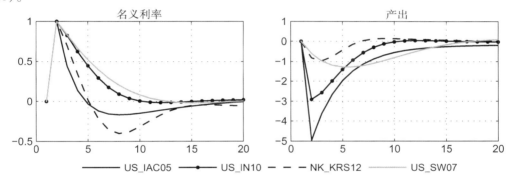

图 20　在 BGG99 规则下对一个紧缩性货币政策冲击的脉冲响应:名义利率与 GDP

注:横轴表示冲击发生后的季度数。纵轴的单位是与稳态值的百分比偏差。通货膨胀率是过去四个季度的通货膨胀率。名义利率是年化利率。产出用的都是季度指标。

利率动态对政策规则的时序假设的敏感性表明,这些模型的动态仍然不够丰富,不足以完成对货币政策传导的定量评估——就像中等规模的、具有更多内生的持久性来源的动态随机一般均衡(DSGE)模型那样。因此,这两组宏观–金融模型的货币传导机制的比较结果,对将消费习惯形成和投资调整成本等因素纳入模型的定量货币政策分析提供了有力支持。

6.3.2　一般技术进步和住房融资

我们还研究了共同技术冲击在具有住房金融的模型中的影响。我们所考虑的这个冲击具有 0.9 的共同自相关系数。在 US_IN10 和 NK_KRS12 这两个包含了两个生产部门的模型中,冲击提高了非住宅(消费品)部门的全要素生产率。图 21 和图 22 给出了这种冲击(增长 1%)的影响。

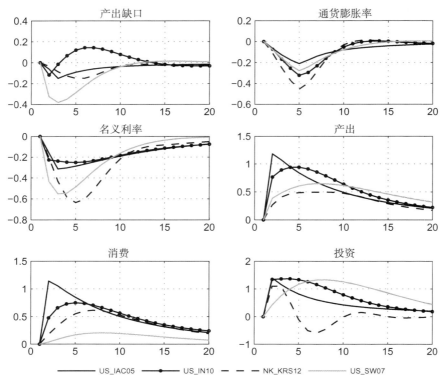

图 21 在 SW 规则下对一个正面技术冲击的脉冲响应:宏观变量

注:横轴表示冲击发生后的季度数。纵轴的单位是与稳态值的百分比偏差。通货膨胀率是过去四个季度的通货膨胀率。名义利率是年化利率。其他变量用的都是季度指标。

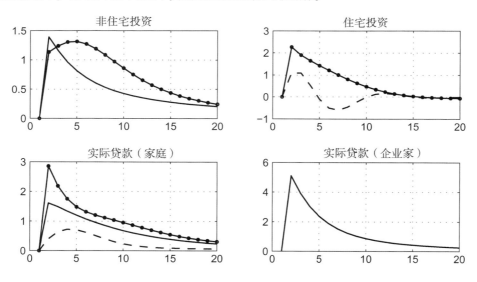

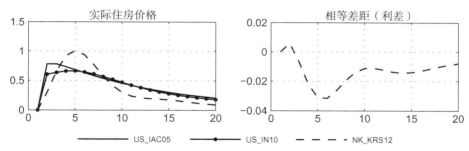

图 22 在 SW 规则下对一个正面技术冲击的脉冲响应:投资和金融变量

注:横轴表示冲击发生后的季度数。纵轴的单位是与稳态值的百分比偏差。利率差距(利差)是年化的。其他变量用的都是季度指标。

就像在 US_SW07 模型中,在具有住房金融的模型中,作为对正面的技术冲击的反应,国内生产总值增加了、通货膨胀率下降了。这会导致一种没有通胀的房地产繁荣,并可以通过抵押约束而得到放大。

非居民部门的生产率在短时间内持续上行,但随之而来的则是实际利率降低,因此总需求量等于扩大后的总供给。实际利率的下降导致房价上涨,这反过来又增加了受到抵押品约束的经济行为主体的借款能力。这使得借款人有机会获得更多的资金;这些资金或者用于消费,或者用于投资。抵押约束的放大效应在消费的反应中最为明显。在有住房金融的模型中,消费比在 US_SW07 模型下增加了两倍至四倍。虽然通货膨胀的下降降低了抵押品价值,但是抵押渠道压倒了债务通缩渠道。

令人惊讶的是,在 US_IN10 模型中,产出缺口有所扩大,同时通货膨胀率却下降了。当房价上涨时,住房部门的有弹性的房价和粘性工资的结合,使得新的住房建设的增幅大于工资有弹性时的增幅。

由此而导致的一个后果是,总产出(两个部门的增加值之和),超过了价格和工资是有弹性的情况下能够实现的产出水平。然而,在两部门生产结构下,正的产出缺口不一定会导致消费品部门的通货膨胀率上升。虽然住宅部门对非住宅部门的正的外溢效应对通货膨胀产生了上行压力,但是正面技术冲击也降低了中间产品的边际成本。而且后一种效应占据了主导地位,因此通货膨胀率下降。

6.3.3 住房需求冲击推动住房市场繁荣

具有住房部门的模型包含了这个部门产生的新型冲击。这些冲击可能带来重大的宏观经济后果。在下文中,我们考虑住房需求冲击。这种冲击也可以称为住房偏好冲击,因为将其建模为住房服务对效用的随机干扰。为了便于进行比较,我们对在各个模型中的住房需求冲击的大小进行了调整,使得它对房价的影响表现为导致实际房价上涨 1%。不过,我们在这里提出的问题略微不同于前面技术冲击的影响时提出的问题。现在的问题是,如果外生的持续性的程度仍然是特定于模型的,这种住房需求冲击的后果将会是什么?[1] 在这种情况下,所有模型的国内生产总值都将增长。也就是说,住房繁荣导致了经济繁荣。

---

[1] 每个模型的住房需求冲击的一阶自回归 AR(1) 系数如下:0.85(模型 US_IAC05)、0.96(模型 US_IN10),以及 0.95(模型 NK_KRS12)。

　　然而,其他宏观经济和金融变量的反应在不同模型之间的差异是相当大的,这一点从图 23 和图 24 可以看得很清楚。这种异质动态是不同模型结构和关于住房市场的不同假设的反映。

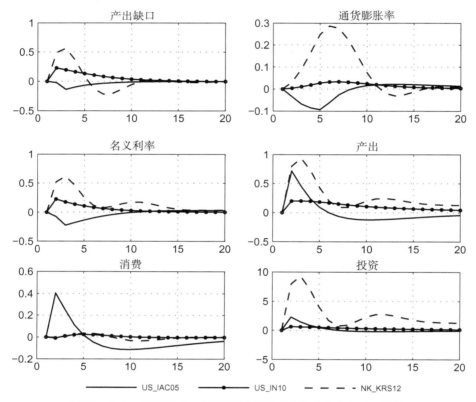

图 23　在 SW 规则下对一个正面住房需求冲击的脉冲响应:宏观变量

　　注:横轴表示冲击发生后的季度数。纵轴的单位是与稳态值的百分比偏差。通货膨胀率是过去四个季度的通货膨胀率。名义利率是年化利率。其他变量用的都是季度指标。

　　与在 US_IAC05 和 US_IN10 这两个模型中不同,在 NK_KRS12 这个模型中,房价要受卡尔沃式的名义摩擦的影响。这也就是说,房价在初次冲击发生一年多之后还会继续上涨。[①] 房价上涨对投资和 GDP 的影响又会被金融加速器机制所放大。如图 24 所示,住宅投资和房价的巨幅上涨,主导了家庭借款的增加。随着家庭杠杆率的下降,金融中介机构能够收到的贷款利率与存款利率之间的利差趋于减少。利差的减少,又导致借款人的住房需求进一步增加,反过来又导致房价再次上涨。因此,实际国内生产总值将比弹性价格下增长得更多,然后(正)产出缺口开始张大,通货膨胀率上行。

---

① 住房部门的卡尔沃(Calvo)定价参数为 0.75。

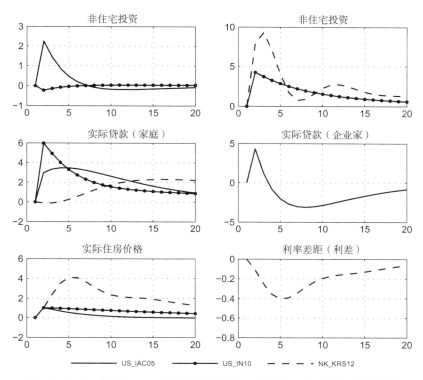

图 24　在 SW 规则下对一个正面住房需求冲击的脉冲响应:投资和金融变量

注:横轴表示冲击发生后的季度数。纵轴的单位是与稳态值的百分比偏差。利率差距(利差)是年化的。其他变量用的都是季度指标。

在 US_IAC05 这个模型中,住房需求冲击剧烈地推高了消费、投资和 GDP。家庭住房需求增加带动房价上涨。而房价上涨的结果是,借款人的抵押品价值上涨,借款能力扩大。这又导致缺乏耐心的家庭增加消费,企业家扩大投资。该模型没有呈现出驼峰形动态,因为它并没有假设消费中的习惯形成,而且假设住宅投资中只存在少量调整成本。与其他两个模型相反,弹性价格下产出的增长幅度超过了实际产出。相应地,通货膨胀率下降。原因是增加的实物资本和住房存量提高了要素生产率,从而使得总供给曲线向外移动。由于企业的借款受到限制,所以住房偏好冲击就像一个总体供给冲击一样,会导致产出和通货膨胀率向相反方向变动。

在 US_IN10 这个模型中,产出的反应最小。住房需求冲击扩大了缺乏耐心家庭的借款能力,从而导致家庭的消费和住房投资增加。抵押渠道的作用可以用住宅投资和实际家庭借款的反应来说明。但是,由于利率上涨,有耐心的家庭会减少消费和投资。总体而言,GDP的增加要比其他两个模型都小。

6.4　传播机制:金融中介与银行资本

最后,我们探讨源于银行部门的冲击的宏观经济后果。为此,我们使用了 3 个详细代表银行部门的宏观-金融模型:格特勒和卡拉迪(Gertler and Karadi,2011)的模型(记为 NK_GK11 模型)、梅和莫兰(Meh and Moran,2010)的模型(记为 NK_MM10 模型),以及杰拉里等人(Gerali et al.,2010)的模型(记为 EA_GNSS10 模型)。具体来说,我们将评估银行资本的意外减少对宏观经济和金融变量的影响。这种冲击可以解释为由于银行贷款损失和资产减值而导致的银行资本的突然减少。

然而,这3种模型对这种冲击的技术性定义是各不同的。在 NK_GK11 模型中,这种冲击被模拟为从银行到家庭的一次性财富转移,而在 NK_MM10 模型中,冲击则被定义为银行净值突然加速贬值。另外,在 EA_GNSS10 模型中,冲击意味着银行净值无法预测的无谓损失。在 NK_MM10 和 EA_GNSS10 这两个模型中,冲击服从一阶自回归过程,而在 NK_GK11 模型中,冲击是被假设为完全没有持续性的。[①] 我们对冲击的规模进行了归一化处理,使得所有模型中的银行资本都会在冲击时下降 5%。

这个模型比较实验要回答的问题与以往的模型比较分析都不同。我们没有调查在某个共同的货币政策和共同的冲击过程下银行资本冲击的后果,而是询问不同的模型预测的结果。为此,我们的模型比较方案假设了特定于模型的政策规则和特定于模型的银行资本冲击过程。

图 25 显示了会减少银行净值的冲击的模拟结果。[②] 在所有模型中,由于存在对银行杠杆率的约束,银行净值的下降导致贷款下降,从而减少了投资和产出。然而,在 NK_GK11 模型中,投资和产出在下降后就相对较快地恢复了;而在 EA_GNSS10 和 NK_MM10 这两个模型中,投资和产出下降了一段时间。

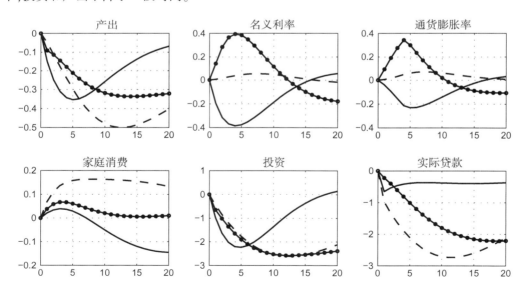

---

① 自相关系数如下:0.95(EA_GNSS10 模型)、0.9(NK_MM10 模型)和 0(NK_GK11 模型)。杰拉里等人(Gerali et al.,2010)在模拟实验时将该参数设置为 0.95,尽管这个参数的后验分布的中位数仅为 0.81。
② 要执行这些模拟,我们需要对每个模型使用复制文件。

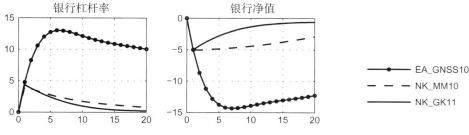

图 25 对一个负面银行净值冲击的脉冲响应

注:横轴表示冲击发生后的季度数。纵轴的单位是与稳态值的百分比偏差。通货膨胀率是过去四个季度的通货膨胀率。名义利率是年化利率。其他变量用的都是季度指标。

传导途径和传播通道在不同模型之间是不同的。在 NK_GK11 模型中,金融加速器机制适用于银行。因为银行净值下降,融资条件更加紧张。相应地,银行贷款下降,外部融资溢价急剧上升,投资总额下降。至于回归稳态条件的速度,投资反弹较快的主要原因是银行资本冲击没有序列相关性。在这种来自银行的一次性再分配之后,家庭的消费有所增加,但是随后就稳步下降。

在 EA_GNSS10 模型中,银行减少信贷供给并提高贷款利率,以便在出现银行净值不足的情况后修复自己的资产负债表。银行还通过抵押渠道抑制贷款需求。因此,投资下降。由于银行利率只能以粘性方式进行调整,导致融资条件紧张的情况持续了多个时期,从而进一步抑制了投资。银行净值的下降是持续性的。这是由于银行留存收益的内生性下降以及冲击过程的外生持续性。与此同时,家庭消费略有上升,这主要是由于工资有所提高。

在模型 NK_MM10 中,金融合同对银行规定了偿付能力条件;这种条件决定了银行吸引资金放贷的能力。因此,作为对银行净值意料之外的下降的反应,银行吸引资金的能力恶化,因而会减少贷款。贷款供给的下降抑制了投资,降低了银行的留存收益,从而降低银行净值,这样内生地加强了初期的冲击。然而,家庭消费则会增加;原因是资本价格(图中未显示)会随着冲击的发生而上升,而这反过来又会导致家庭增加消费(因为消费品相对于资本品更加便宜了)。

在产出和通货膨胀方面,银行净值冲击在 NK_GK11 模型中似乎发挥着一个负面需求冲击的作用。产出和通货膨胀率都出现下降,从而"呼吁"货币政策转向宽松。与此不同,在 NK_MM10 和 EA_GNSS10 这两个模型中,银行净值冲击却发挥着负面供给冲击的作用:产出收缩,伴随着适度的通货膨胀压力,要求实施货币紧缩政策。

7. 如何评估政策的稳健性:一个说明性的例子

我们以一个如何在模型不确定性下评估政策规则的稳健性的例子来结束这一系列的模型比较。背后的思想很简单,要说一个政策规则比另一个政策规则更加稳健(robust),条件是它在一系列模型中表现出来的（平均）性能更加好。寻求稳健性是许多模型比较文献的核心目标（见本章第 2 节）。在本节中，我们只是说明如何利用宏观经济模型数据库软件来实现这个目标。

在全球金融危机发生之前，美国和其他经济体的海量信贷驱动了房地产的繁荣。如果相关国家的中央银行能够早些提高利率来应对，那么也许就可以避免过度的信贷增长和房价泡沫。例如，泰勒规则要求，在危机爆发之前实施较高的利率。具有金融摩擦的模型包括了可以解释这种信贷驱动的（房地产）热潮的机制。因此，对何种政策规则的性能更好进行评估无疑是有意义的；对是否应该进行"逆风干预"——即，是否应该将信贷增长的某种明确的反制措施纳入政策规则——进行评估无疑也是非常有益的。

7.1 参与比较的模型和政策规则

在现在这个模型比较实验中，"政策绩效"是在 4 个具有金融摩擦的不同模型下进行评估的。这些模型都是对美国经济的估计，而且都是我们在前面已经提到过的：US_DG08、US_CMR14、US_IAC05 和 US_IN10 模型。在本节中，我们考虑 8 个简单的货币政策规则（见表11）。这些货币政策规则包括 4 个特定于模型的规则，它们是与各自相应的宏观-金融模型一起估计的，即 DG08、CMR14、IAC05 和 IN10 规则。这 4 个规则将与其他 4 个简单规则进行比较：著名的泰勒规则（见 Taylor, 1993a）；SW 规则；OW08 规则，这是一个基于预测的规则，由欧菲尼德斯和维兰德（Orphanides and Wieland, 2008）提出，它利用实时数据估计，以便拟合美国联邦公开市场委员会的决策（作为对美国联邦市场公开委员会的预测的反应）；以及 DIF 规则，这是一个简单的差异规则（difference rule），它在莱文等人（Levin et al., 2003）、欧菲尼德斯和维兰德（Orphanides and Wieland, 2013）对政策稳健性的研究中表现出来的性能非常好。

表 11　用来比较的 8 个利率规则

特定于模型的 4 个规则	
DG08 规则	$i_t^z = 0.90 i_{t-1}^z + 0.23 p_t^z - 0.08 p_{t-1}^z + 1.14 q_t^z - 1.10 q_{t-1}^z$
IAC05 规则	$i_t^z = 0.73 i_{t-1}^z + 0.34 p_t^z + 0.14 y_{t-1}^z$
IN10 规则	$i_t^z = 0.60 i_{t-1}^z + 0.56 p_t^z + 0.82 y_t^z - 0.82 y_{t-1}^z$
CMR14 规则	$i_t^z = 0.85 i_{t-1}^z + 0.36 p_t^z + 0.05 y_t^z - 0.05 y_{t-1}^z$
其他 4 个简单规则	
泰勒规则	$i_t^z = 1.5 \pi_t^z + 0.50 q_t^z$
SW 规则	$i_t^z = 0.81 i_{t-1}^z + 0.39 p_t^z + 0.97 q_t^z - 0.90 q_{t-1}^z$
OW08 规则	$i_t^z = 2.34 E_t \pi_{t+3}^z + 0.765 E_t q_{t+3}^z$
DIF 规则	$i_t^z = i_{t-1}^z + 0.5 \pi_t^z + 0.5 (q_t^z - q_{t-4}^z)$

注：上标 z 是指共同变量。i_t^z 表示第 t 季度的年化短期联邦基金利率，p_t^z 指的是年化季度通货膨胀率，π_t^z 是同比年通货膨胀率，y_t^z 是季度实际 GDP 对它的长期潜力之间的偏离值，而 q_t^z 指产出缺口，定义为实际 GDP 与价格和工资都有充分弹性时可以实现的 GDP 水平之间差值。所有变量都用偏离稳态值的百分比偏差来表示。

7.1.1 "维稳性能"和稳健性

我们可以用一个简单的"中央银行损失函数"来作为衡量中央银行绩效的一个指标;它指的是通货膨胀率偏离中央银行目标的无条件方差与产出缺口的无条件方差的总和。这两个方差都是我们的宏观经济模型数据库的标准模拟输出。这个损失函数的形式为:

$$L = Var(\pi_t^2) + Var(q_t^2) \tag{13}$$

下面的表 12 报告了用这种方法计算出来的"损失"。该表的第一行显示了每个模型在各自的特定于模型的规则下的损失。第二行给出了其中一个规则,即 CMR14 规则在所有 4个模型中的性能。相对于特定于模型的估计规则,在 US_DG08 和 US_IAC05 这两个模型中,它的性能恶化了;而在 US_IN10 这个模型中,则有所改善。泰勒规则给出了比 4 个宏观-金融模型中所估计的任何规则都要稳定的结果。它的平均损失远低于 CMR14 规则。SW 规则在 US_DG08 这个模型中比泰勒规则更差一点,但是在其他 3 个模型中都进一步改善了结果。

表 12　"维稳性能"(Stabilization Performance)和稳健性(Robustness)

	US_DG08	US_CMR14	US_IAC05	US_IN10	平均损失
特定于模型的规则	5.8	47.6	12.3	6.9	——
CMR14 规则	9.1	47.6	20.4	3.0	20.0
泰勒规则	5.3	34.5	6.2	4.3	12.5
SW 规则	5.7	19.6	5.1	3.3	8.3
OW08 规则	4.6	29.3	∞	3.0	∞
DIF 规则	2.7	5.5	3.3	2.6	3.6

注:损失函数是通货膨胀的无条件方差与产出缺口的无条件方差的总和。表中的 ∞ 表示不确定性。

很显然,根据联邦市场公开委员会的预测估计的规则(OW08 规则)缺乏稳健性。虽然它在 US_DG08 和 US_IN10 这两个模型中改善了性能,但是在 US_CMR14 模型中的损失却恶化了,而且在 US_IAC05 模型中导致了不稳定性和多重均衡。最后,DIF 规则在 4 个模型的每一个模型中都表现得最好,因此其平均性能也最优。

7.1.2 逆风干预信贷增长

接下来,我们考虑这样一个问题:增加一个明确针对信贷增长的规则会不会有所帮助?我们将实际季度信贷增长率[①]的反应系数设定为 0.1 和 0.3 这两个值的其中一个。

表 13 报告了这种逆风干预政策的有效性。事实上,在 US_DG08、US_CMR14 和 US_IAC05 这 3 个模型中,它确实有助于增加特定于模型的估计规则对信贷增长的直接反应。当反应系数设定为 0.1 时,它们就优于原来的特定于模型的规则了。但是,在 US_IN10 这个模型中,逆风干预信贷增长并不能改善基准规则的"维稳性能"。在 US_CMR14 和 US_IAC05 这两个模型中,对信贷增长的更强烈的逆风干预(反应系数设定为 0.3)进一步降低了损失;但是在 US_DG08 和 US_IN10 这两个模型中,损失却再一次增加了。

[①] 由于 US_IAC05 这个模型中特定于模型的规则对滞后结果做出了反应,因此对该规则考虑了滞后的信贷增长率。而在其他情况下,使用的则是同期的信贷增长。

表 13　加入了逆风干预(信贷增长)措施的政策规则的"维稳性能"

规则	模型	US_DG08	US_CMR14	US_IAC05	US_IN10
特定于模型的规则	基准规则	5.8	47.6	12.3	6.9
	逆风干预(0.1)	5.3	28.8	11.4	7.0
	逆风干预(0.3)	6.1	19.8	11.3	7.8
SW 规则	基准规则	5.7	19.4	5.1	3.3
	逆风干预(0.1)	4.9	13.1	5.3	3.1
	逆风干预(0.3)	4.7	8.4	6.7	3.7
DIF 规则	基准规则	2.7	5.5	3.3	2.6
	逆风干预(0.1)	2.8	4.7	3.9	2.7
	逆风干预(0.3)	3.5	5.2	5.0	3.3

注:损失函数包括了通货膨胀的方差和产出缺口的方差。

对于 SW 规则,在 US_DG08、US_CMR14 和 US_IN10 这 3 个模型中,至少一些信贷增长的逆风干预是有益的,但是在 US_IAC05 中这个模型中却是不利的。而在采用 DIF 规则的情况下,在这 4 个模型中的任何一个模型中,对产出和通货膨胀的稳定原本就已经非常有效了,逆风干预信贷增长反而会导致不稳定(除了 US_CMR14 这个模型之外)。

这些结果表明,对信贷增长的某种程度的逆风干预有助于减少产出和通货膨胀的波动性。但是,改进的可能性则取决于基准规则和具体模型。如果不考虑信贷增长的基准规则本身就已经相当稳健了,那么"逆风干预"反而更有可能损害其性能。

在下一步研究中,我们可以采用模型平均法和最坏情况分析技术,在更大的宏观-金融模型集中搜索符合稳健性要求的规则。这会很有趣。这种搜索研究可以利用早期关于模型不确定性下的策略稳健性的优化程序(见本章第 2 节)。

8.　批判性评估和展望

虽然我们可用的宏观经济时间序列有限、可借鉴的各国的经验也有限,但是却已经拥有了大量宏观经济模型,而且它们的数量仍然在迅速增长。在很大程度上,这是因为经济学家的创造力和政策制定者面临的巨大挑战。政策制定者需要经济学家在更充分的模型的基础上提供咨询和政策建议。现实世界中,随时都会出现各种各样的紧急政策问题。例如,经济学家需要更好地理解银行监管、私人和公共债务、财政巩固、宏观审慎政策和结构改革的宏观经济后果及其相互作用。此外,经济全球化和增长在世界许多国家创造了对经济建模专业知识的需求。虽然宏观经济学的学术研究主要集中在美国、欧洲和日本,但是许多其他国家的中央银行和政府机构也都需要更适合分析它们的经济的模型。

此外,许多经济学家煞费苦心构建的许多模型,却可能完全没有任何人使用。许多研究者都习惯于从头开始构建自己的模型,而不愿意在现有的模型的基础上开展研究。确保模型的可重复性,仍然没有成为一种普遍的做法。对现有模型的系统比较也非常少见。

事实并非如此。在模型设计、模型求解技术、计量经济学估计程序和软件求解方法等方面,我们都已经取得了巨大的进步。许多研究者也都在使用相同的技术。虽然在过去,要对模型进行比较研究是一件特别繁琐的事情,是只有具备组织来自多个政策研究机构的建模团队到一起开会的国际机构才能完成的任务,而现在单个研究人员可以相当容易地完成这项工作。本章的目标就是要阐明,比较模型分析有助于批判性地评估可用的模型,识别模型之间的相似性和差异性,以及需要进一步研究的经验不一致性。

直到今天,比较工作的潜力仍然几乎完全没有被挖掘出来。展望未来,可以快速取得成果的与模型比较的方法论有关的关键研究领域如下:对预期形成、学习和异质性的作用的比较;对相互竞争的宏观经济模型的有效性和实时估计的比较;将统计即时预测技术与基于模型的中期预测相结合;以及,用非线性求解技术解决间或紧固的约束问题。

另一个重要的方面则与各种相互竞争的建模范式的开放性相关。尽管在全球金融危机爆发之后,经济学界对动态随机一般均衡(DSGE)方法及其微观基础已经给出过许多批判性评估,但是动态随机一般均衡(DSGE)建模目前仍然是宏观经济建模的最有成效的一个分支。它能够融合源于行为经济学和其他经济学领域的因素。模型比较技术将有助于我们创建一些标准。有了这种标准,我们就可以对基于不同建模范式的模型进行比较。这些标准必定支持更加多元化、同时又更加严谨的宏观经济学研究。

致谢

本章因以下人士的讨论和评价而增色不少,在此谨致谢意:托尔斯腾·德劳茨伯格(Thorsten Drautzburg)、西蒙·吉尔克里斯特(Simon Gilchrist)、约翰内斯·普法伊费尔(Johannes Pfeifer)、约翰·B. 泰勒(John B. Taylor)、哈拉尔德·厄里格(Harald Uhlig),以及以下会议的与会者——芝加哥举办的宏观经济学手册研讨会、贝克尔–弗里德曼研究所(Becker Friedman Institute)在纽约举办的 2015 年宏观金融建模冬季会议、在巴黎举行的MACFINROBODS 年会、在德累斯顿德国经济研究所(Ifo Institute)举办的第十届宏观经济与商业周期研讨会、以及在旧金山的举办的美国经济学会年会。E. 阿法纳西耶娃诚挚地感谢FP7 研究和创新资助计划的支持(批准号 FP7-SSH-2013-2)。J. 柳和 M. 库埃特衷心感谢德SAFE 研究中心的支持(该中心由黑森洲 LOEWE 计划资助)。J. 柳已经重新加盟韩国中央银行,但是本章所表达的任何观点都不代表韩国银行的官方立场。

参考文献

Adjemian, S., Bastani, H., Juillard, M., Karame, F., Mihoubi, F., Perendia, G., Pfeifer, J., Ratto, M., Villemot, S., 2011. Dynare:reference manual, version 4. Working Papers 1, Dynare.

Adolfson, M. , Laseen, S. , Linde, J. , Villani, M. , 2007. Bayesian estimation of an open economy DSGE model with incomplete pass-through. J. Int. Econ. 72, 481—511.

Altig, D. E. , Christiano, L. J. , Eichenbaum, M. , Linde, J. , 2005. Firm-specific capital, nominal rigidities and the business cycle. Discussion Paper 4858, CEPR.

Anderson, G. S. , Moore, G. , 1985. A linear algebraic procedure for solving linear perfect foresight models. Econ. Lett. 17 (3), 247—252.

Ball, L. , 1999. Policy rules for open economies. In: Taylor, J. B. (Ed.), Monetary Policy Rules. University of Chicago Press, Chicago, IL.

Bernanke, B. , Gertler, M. , Gilchrist, S. , 1999. The financial accelerator in a quantitative business cycles framework. In: Taylor, J. B. , Woodford, M. (Eds.), Handbook of Macroeconomics. In: vol. 1C. Elsevier Science, Amsterdam.

Bryant, R. , Henderson, D. W. , Holtham, G. , Hooper, P. , Symansky, S. A. , 1988. Empirical Macroeconomics for Interdependent Economies. The Brookings Institution, Washington, DC.

Bryant, R. , Currie, D. , Frenkel, J. , Masson, P. , Portes, R. , 1989. Macroeconomic Policies in an Interdependent World. The Brookings Institution, Washington, DC.

Bryant, R. , Hooper, P. , Mann, C. , 1993. Evaluating Policy Regimes: New Research in Empirical Macroeconomics. The Brookings Institution, Washington, DC.

Carabenciov, I. , Ermolaev, I. , Freedman, C. , Juillard, M. , Kamenik, O. , Korshunov, D. , Laxton, D. , 2008. A small quarterly projection model of the US economy. Tech. Rep. 08/278, IMF.

Christensen, I. , Dib, A. , 2008. The financial accelerator in an estimated new Keynesian model. Rev. Econ. Dyn. 11, 155—178.

Christiano, L. J. , 2002. Solving dynamic equilibrium models by a method of undetermined coefficients. Comput. Econ. 20 (1—2), 21—55.

Christiano, L. J. , Eichenbaum, M. , Evans, C. L. , 2005. Nominal rigidities and the dynamic effects of a shock to monetary policy. J. Polit. Econ. 113 (1), 1—45.

Christiano, L. , Eichenbaum, M. , Rebelo, S. , 2011. When is the government spending multiplier large? J. Polit. Econ. 119, 78—121.

Christiano, L. J. , Motto, R. , Rostagno, M. , 2014. Risk shocks. Am. Econ. Rev. 104 (1), 27—65.

Christoffel, K. , Kuester, K. , Linzert, T. , 2009. The role of labor markets for euro area monetary policy. Eur. Econ. Rev. 53, 908—936.

Claerbout, J. , 1994. Hypertext documents about reproducible research. http://sepwww. stanford. edu/sep/ jon/nrc. html.

Coenen, G. , Erceg, C. J. , Freedman, C. , Furceri, D. , Kumhof, M. , Lalonde, R. , Laxton, D. , Linde, J. , Mourougane, A. , Muir, D. , Mursula, S. , de Resende, C. , Roberts, J. , Roeger, W. , Snudden, S. , Trabandt, M. , in't Veld, J. , 2012. Effects of fiscal stimulus in structural models. Am. Econ. J. Macroecon. 4, 22—68.

Cogan, J., Cwik, T., Taylor, J., Wieland, V., 2010. New Keynesian versus old Keynesian government spending multipliers. J. Econ. Dyn. Control 34, 281—295.

Cogan, J., Taylor, J., Wieland, V., Wolters, M., 2013. Fiscal consolidation strategy. J. Econ. Dyn. Control 37, 404—421.

Collard, F., Juillard, M., 2001. Accuracy of stochastic perturbation methods: the case of asset pricing models. J. Econ. Dyn. Control. 25, 979—999.

Cwik, T., Wieland, V., 2011. Keynesian government spending multipliers and spillovers in the Euro area. Econ. Policy 26, 493—549.

De Graeve, F., 2008. The external finance premium and the macroeconomy: US post-WWII evidence. J. Econ. Dyn. Control. 32, 3415—3440.

Donoho, D., 2010. An invitation to reproducible computational research. Biostatistics 11 (3), 385—388.

Drautzburg, T., Uhlig, H., 2015. Fiscal stimulus and discretionary taxation. Rev. Econ. Dyn. 18 (4), 894—920.

Fair, R. C., Taylor, J. B., 1983. Solution and maximum likelihood estimation of dynamic nonlinear rational expectations models. Econometrica 51, 1169—1185.

Fomel, S., Claerbout, J. F., 2009. Reproducible research. Comput. Sci. Eng. 2009 (1), 5—7.

Frankel, J., Rockett, K., 1988. International macroeconomic policy coordination when policymakers do not agree on the true model. Am. Econ. Rev. 78, 318—340.

Freire, J., Bonnet, P., Shasha, D., 2012. Computational reproducibility: state-of-the-art, challenges, and database research opportunities. In: Proceedings of SIGMOD, pp. 593—596.

Fuhrer, J. C., 1997. Inflation/output variance trade-offs and optimal monetary policy. J. Money Credit Bank. 29 (2), 214—234.

Gelain, P., 2010. The external finance premium in the euro area: a dynamic stochastic general equilibrium analysis. N. Am. J. Econ. Finance 21, 49—71.

Gerali, A., Neri, S., Sessa, L., Signoretti, F. M., 2010. Credit and banking in a DSGE model of the euro area. J. Money Credit Bank. 42 (s1), 107—141.

Gerke, R., Jonsson, M., Kliem, M., Kolasa, M., Lafourcade, P., Locarno, A., Makarski, K., McAdam, P., 2013. Assessing macro-financial linkages: a model comparison exercise. Econ. Model. 31 (C), 253—264.

Gertler, M., Karadi, P., 2011. A model of unconventional monetary policy. J. Monet. Econ. 58 (1), 17—34.

Guerrieri, L., Iacoviello, M., Covas, F. B., Driscoll, J. C., Kiley, M. T., Jahan-Parwvar, M., Olive, A. Q., Sim, J. W., 2015. Macroeconomic effects of banking sector losses across structural models. Board of Governors of the Federal Reserve System, Finance and Economics Discussion Series 2015—044.

Holmstrom, B. , Tirole, J. , 1997. Financial intermediation, loanable funds, and the real sector. Q. J. Econ. 112 (3), 663—691.

Hughes-Hallett, A. , 1989. Empirical macroeconomics for interdependent economies: book review. J. Int. Econ. 26 (1—2), 189—194.

Hughes-Hallett, A. , Wallis, K. F. , 2004. EMU Macroeconomic Model Comparison excercise for the Euro? conference 7—8 June 2002. vol. 21, p. 5.

Iacoviello, M. , 2005. House prices, borrowing constraints, and monetary policy in the business cycle. Am. Econ. Rev. 95 (3), 739—764.

Iacoviello, M. , Neri, S. , 2010. Housing market spillovers: evidence from an estimated DSGE model. Am. Econ. J. Macroecon. 2 (2), 125—164.

Ireland, P. , 2003. Endogenous money or sticky prices? J. Monet. Econ. 50, 1623—1648.

Ireland, P. , 2011. A new Keynesian perspective on the great recession. J. Money Credit Bank. 43 (1), 31—54.

Judd, K. , 1998. Numerical Methods in Economics. MIT Press, Cambridge, MA.

Juillard, M. , 2001. Dynare: a program for the simulation of rational expectation models. Computing in Economics and Finance 213.

Kannan, P. , Rabanal, P. , Scott, A. M. , 2012. Monetary and macroprudential policy rules in a model with house price booms. B. E. J. Macroecon. 12 (1), 16.

Kilponen, J. , Pisani, M. , Schmidt, S. , Corbo, V. , Hledik, T. , Hollmayr, J. , Hurtado, S. , Julio, P. , Lozej, M. , Landfall, H. , Maria, J. R. , Micallef, B. , Papageorgiou, D. , Rysanek, J. , Sideris, D. , Thomas, C. , De Walque, G. , 2015. Comparing fiscal multipliers across models and countries in Europe. Working Paper Series 1760, European Central Bank.

Kiyotaki, N. , Moore, J. , 1997. Credit cycles. J. Polit. Econ. 105 (2), 211—248.

Klein, L. , 1991. Comparative Performance of U. S. Econometric Models. Oxford University Press, Oxford, UK.

Klein, P. , 2000. Using the generalized Schur form to solve a multivariate linear rational expectations model. J. Econ. Dyn. Control 24 (10), 1405—1423.

Kuester, K. , Wieland, V. , 2010. Insurance policies for monetary policy in the Euro area. J. Eur. Econ. Assoc. 8 (4), 872—912.

Levin, A. , Wieland, V. , Williams, J. C. , 1999. Robustness of simple monetary policy rules under model uncertainty. In: Taylor, J. B. (Ed.), Monetary Policy Rules. University of Chicago Press, Chicago, IL.

Levin, A. , Wieland, V. , Williams, J. C. , 2003. The performance of forecast-based monetary policy rules under model uncertainty. Am. Econ. Rev. 93 (3), 622—645.

Mankiw, N. G. , Reis, R. , 2007. Sticky information in general equilibrium. J. Eur. Econ. Assoc. 5 (2—3), 603—613.

McCallum, B. , Nelson, E. , 1999. Performance of operational policy rules in an estimated semi-classical structural model. In: Taylor, J. B. (Ed.), Monetary Policy Rules. University of

Chicago Press, Chicago, IL.

　　Meh, C. A., Moran, K., 2010. The role of bank capital in the propagation of shocks. J. Econ. Dyn. Control 34 (3), 555—576.

　　Mortensen, D., Pissarides, C., 1994. Job creation and job desctruction in the theory of unemployment. Rev. Econ. Stud. 61 (3), 397—415.

　　Orphanides, A., 2003. The quest for prosperity without inflation. J. Monet. Econ. 50, 633—663.

　　Orphanides, A., Wieland, V., 2008. Economic projections and rules of thumb for monetary policy. Fed. Reserve Bank St. Louis Rev. 90 (4), 307—324.

　　Orphanides, A., Wieland, V., 2013. Complexity and monetary policy. J. Int. Cent. Bank. 9 (1), 167—204.

　　Quint, D., Rabanal, P., 2014. Monetary and macroprudential policy in an estimated DSGE model of the euro area. Int. J. Cent. Bank. 10 (2), 169—236.

　　Rabanal, P., 2007. Does inflation increase after a monetary policy tightening? answers based on a estimated DSGE model. J. Econ. Dyn. Control 31, 906—937.

　　Rabanal, P., 2009. Inflation differentials between Spain and the EMU: a DSGE perspective. J. Money Credit Bank. 41 (6), 1141—1166.

　　Ratto, M., Roeger, W., in't Veld, J., 2009. QUEST III: an estimated open-economy DSGE model of the euro area with fiscal and monetary policy. Econ. Model. 26 (1), 222—233.

　　Romer, C., Bernstein, J., 2009. The job impact of the American recovery and reinvestment plan.

　　Rotemberg, J. J., Woodford, M., 1997. An optimization-based econometric framework for the evaluation of monetary policy. NBER Macroecon. Annu. 12, 297—346.

　　Rudebusch, G. D., Svensson, L. E. O., 1999. Policy rules for inflation targeting. In: Taylor, J. B. (Ed.), Monetary Policy Rules. University of Chicago Press, Chicago, IL.

　　Sandve, G. K., Nekrutenko, A., Taylor, J., Hovig, E., 2013. Ten simple rules for reproducible computational research. PLoS Comput. Biol. 9 (10), 1—4.

　　Schmidt, S., Wieland, V., 2013. The new Keynesian approach to dynamic general equilibrium modeling: models, methods and macroeconomic policy evaluation. In: Dixon, P. B., Jorgenson, D. W. (Eds.), Handbook of Computable General Equilibrium Modeling. North Holland, Amsterdam.

　　Sims, C., 2001. Solving linear rational expectations models. J. Comput. Econ. 20 (1—2), 1—20.

　　Slobodyan, S., Wouters, R., 2012. Learning in an estimated medium-scale DSGE model. J. Econ. Dyn. Control.

　　Smets, F., Wouters, R., 2003. An estimated dynamic stochastic general equilibrium model of the Euro area. J. Eur. Econ. Assoc. 1 (5), 1123—1175.

　　Smets, F., Wouters, R., 2007. Shocks and frictions in US business cycles: a bayesian

DSGE approach. Am. Econ. Rev. 97 (3), 586—606.

Taylor, J. B., 1993. Discretion versus policy rules in practice. Carn.-Roch. Conf. Ser. Public Policy 39, 195—214.

Taylor, J. B., 1993. Macroeconomic Policy in a World Economy. W. W. Norton, New York, NY. http://www.stanford.edu/johntayl/MacroPolicyWorld.htm.

Taylor, J. B., 1999. Monetary Policy Rules. The University of Chicago Press, Chicago, IL.

Taylor, J. B., Wieland, V., 2012. Surprising comparative properties of monetary models: results from a new data base. Rev. Econ. Stat. 94 (3), 800—816.

Uhlig, H., 1995. A toolkit for analyzing nonlinear dynamic stochastic models easily. Discussion Paper 97, Tilburg University, Center for Economic Research.

Wallis, K. F., 2004. Comparing empirical models of the euro area economy. Econ. Model. 21 (5), 735—758.

White, W. W., 1978. Computers and mathematical programming. In: Proceedings of the Bicentennial Conference on Mathematical Programming Held at the National Bureau of Standards, Gaithersburg, Maryland, November 29-December 1, 1976, Band 13, U. S. Government Printing Office, Washington.

Wieland, V., Wolters, M., 2013. Forecasting and policy making. In: Elliott, G., Timmermann, A. (Eds.), Handbook of Economic Forecasting. North Holland, Amsterdam.

Wieland, V., Cwik, T., Mueller, G. J., Schmidt, S., Wolters, M., 2012. A new comparative approach to macroeconomic modeling and policy analysis. J. Econ. Behav. Organ. 83 (3), 523—541.